Dieses Werk ist entstanden unter der wissenschaftlichen Betreuung des

«Comité pour une Nouvelle Histoire de la Suisse»

Vorsitz: Jean-Claude Favez (Universität Genf). Mitglieder: Beatrix Mesmer (Universität Bern), Marc-A. Barblan (Genf), Jean-François Bergier (Eidgenössische Technische Hochschule, Zürich), Louis Binz (Universität Genf), Romano Broggini (Liceo Classico e Scientifico, Bellinzona), Alain Dubois (Universität Lausanne), Frantisek Graus (Universität Basel), Ulrich Im Hof (Universität Bern), Markus Mattmüller (Universität Basel), Roland Ruffieux (Universitäten Fribourg und Lausanne)

Redaktion
Beatrix Mesmer (deutsche Ausgabe)
Jean-Claude Favez (französische Ausgabe)
Romano Broggini (italienische Ausgabe)

Autoren
Ulrich Im Hof
Pierre Ducrey
Guy P. Marchal
Nicolas Morard
Martin Körner
François de Capitani
Georges Andrey
Roland Ruffieux
Hans Ulrich Jost
Peter Gilg
Peter Hablützel

Koordination der Vorbereitungsarbeiten
Marc-A. Barblan

Wissenschaftliche Mitarbeiter
Denis Bertholet, Pierre-Yves Favez, Regula Frei-Stolba, Monique Hofstetter, Peter Maurer, Michèle Seemüller, Anne-Marie Stalder, Urs Zwahlen

Abbildungen
Denise Fromaigeat

Karten und Grafiken
Koordination: Georges Boghossian. Realisation: Denise Rebmann, Robert Flach

Gestaltung
Denis Barbey, Albert Steinmann

Übersetzungen
Kapitel 1: Regula Frei-Stolba
Kapitel 3: Béatrice Raboud, Georgette Streiter
Kapitel 5: Ursula Sturzenegger
Kapitel 6: Alexander Hofacker
Kapitel 7: Ursula Sturzenegger, Benedikt Bietenhard

Geschichte der Schweiz und der Schweizer

Vierte, unveränderte Auflage
der Studienausgabe in einem Band

Schwabe Verlag Basel

Übersetzt mit Unterstützung der Stiftung Pro Helvetia

Umschlaggestaltung: Karl Leiner
Abbildungen Umschlag:
Oben von links nach rechts: Grenzwache während des 2. Weltkriegs an der Bahnlinie Pruntrut–Delle–Belfort, Photographie von Hans Staub, 1940 (Schweizerische Stiftung für die Photographie, Zürich); Beginn der Bauarbeiten am Berner Münster, Zeichnung aus der «Spiezer Chronik» des Diebold Schilling des Älteren, 1485 (Burgerbibliothek Bern, Mss.h.h.I.16, S. 755); Besteigung des Mont-Blanc durch Horace Bénédict de Saussure und Begleiter, Stich von Christian von Mechel, 1790 (Genève, Bibliothèque publique et universitaire, Collections iconographiques).
Unten von links nach rechts: Augster Gladiatorenmosaik, Ausschnitt, ausgestellt beim «Römerhaus», um 200 n. Chr. (Römerstadt Augusta Raurica); Kartoffelernte auf dem Zürcher Bellevueplatz im Rahmen der sog. Anbauschlacht, Photographie von Hans Staub, 1943 (Schweizerische Stiftung für die Photographie, Zürich); die Batterie Rust bei Gisikon während des Sonderbundskriegs, Aquarell von F. George, undatiert (Stiftung Dr. Eduard Müller, Beromünster).

Gesamtherstellung: Schwabe AG, Druckerei, Muttenz/Basel
Printed in Switzerland
ISBN-13: 978-3-7965-2067-9
ISBN-10: 3-7965-2067-7

www.schwabe.ch

Inhalt

Einleitung 11

Ulrich Im Hof

Von den Chroniken der alten Eidgenossenschaft bis zur neuen «Geschichte der Schweiz und der Schweizer» 13

Bibliographie und Forschungsstand 22

Pierre Ducrey

Kapitel 1 **Vorzeit, Kelten und Römer (bis 401 n. Chr.)** 23

A. Die ersten Menschen 23

1. Die frühesten Spuren 23
2. Der Mensch als Wildbeuter 26

B. Die ersten Kulturen zwischen Alpen und Jura 27

1. Die neolithische Revolution 27
2. Neuer wirtschaftlicher, technologischer und kultureller Aufschwung 36
3. Die Alpen – Ort des Handels und der Begegnungen 42
4. Die Welt der Kelten 48
5. Die Schweiz und ihre Bewohner am Vorabend der römischen Eroberung 54

C. Die römische Schweiz 58

1. Die Etappen der Eroberung 58
2. Die römische Schweiz: ein Modellfall der Akkulturation 74
3. Der Alltag 79
4. Arbeit, Güteraustausch, Geld und Verwaltung 86
5. Heidentum und Christentum 95
6. Vom römischen Reich zum Mittelalter 100

Bibliographie und Forschungsstand 106

Guy P. Marchal

Kapitel 2 **Die Ursprünge der Unabhängigkeit (401–1394)** 109

A. Nach dem Turmbau von Babel 111

1. Die Romanen: Wegzug und Beharrung 112
2. Die Stunde der Burgunder 113
3. Die Stunde der Alemannen 116
4. Die Ausbildung von Sprachgrenzen 119

B. Christliche Schweiz 122

1. Die bischöflichen Zentren 122
2. Die Christianisierung des Landes 124
3. Zwei Zentren von europäischer Bedeutung: St. Gallen und Saint-Maurice 127

C. Die Schweiz «im Herzen Europas» 128

1. Land am Gotthard – Land am «End der Welt»? 129
2. Zwischen zwei politischen Polen: das Königreich Hochburgund und das Herzogtum Schwaben 133
3. Der Vorstoß in den zentralen Alpenraum: die Zähringer 136
4. St. Gotthard – der neue Handelsweg 138
5. Herren der Pässe: die Grafen von Savoyen im Westen 139

6. Eine schicksalhafte Erbschaft: die Habsburger im Norden 141
7. Eine Vielzahl weltlicher und kirchlicher Herrschaften im Osten und Süden 142
8. Die Schweiz um 1300 144

D. Von der Selbstversorgung zur Austauschwirtschaft 146

1. Die Grundherrschaft: Adlige, Freie und Unfreie 146
2. Die Wiedergeburt der Städte und des Handelsverkehrs 148
3. Die neuen Kräfte: Stadtbürger und «Hirten» 150
4. Die charakteristischen Züge der schweizerischen Entwicklung 154

E. Die «alpine Gesellschaft» 155

1. Die «Hirtenkultur» 157
2. Von der Freiheit und der alpinen Gemeindebildung 158
3. Der herrschaftliche Zugriff 163

F. Von der Abwehr einer unsicheren Zukunft zum Streben nach einem kollektiven Sicherheitssystem 165

1. Bern und die burgundische Eidgenossenschaft 168
2. Zürich und die Bodenseestädte 170
3. Der Bund der Waldstätte 171
4. Der Bund zwischen Städten und Ländern 177
5. Genf und das Wallis im Kampf gegen Savoyen 189
6. Umworbene Säumer: das Tessin 196
7. Vom feudalherrschaftlichen Partikularismus zur föderativen Sammlung: Graubünden 198
8. Entscheidung bei Sempach 200
9. Das schweizerische 14. Jahrhundert 209

Bibliographie und Forschungsstand 212

Nicolas Morard

Kapitel 3 **Auf der Höhe der Macht (1394–1536)** 215

A. Die Schweiz in Europa 215

1. Die Schweiz und die europäische Krise (1350–1450) 215
2. Die gesellschaftlichen Kräfte 228

B. Die Verfestigung der Territorialherrschaft: die natürlichen Grenzen (1389–1460) 248

1. Ziele und Grenzen einer friedlichen Ausdehnung 249
2. Die Versuchung der Gewalt: Schwyz und Appenzell, Uri und die Leventina 258
3. Ein Sezessionskrieg 270
4. Die Nachkriegszeit: Bilanz und Ausblick 283

C. Die Eidgenossen auf der europäischen Bühne (1469–1536) 295

1. Die Burgunderkriege: Verstrickung oder Absicht? 295
2. Der schwierige innere Ausgleich 309
3. Weder Österreich noch das Reich 316
4. Die italienischen Kriege: ein unnötiges Unternehmen? 326

Bibliographie und Forschungsstand 354

Martin Körner

Kapitel 4 **Glaubensspaltung und Wirtschaftssolidarität (1515–1648)** 357

A. Bevölkerungsentwicklung 358

1. Größe und Dichte der Bevölkerung 358
2. Bevölkerungsverhalten: Heiraten, Zeugung, Sterben 361

B. Arbeit und Einkommen 367

1. Landwirtschaft 367
2. Vom Handwerk zur Industrie 371

3. Dienstleistungen: Handel, Bank, Solddienst 375
4. Preise, Löhne, Vermögensbildung 380

C. Staat und Gesellschaft 384

1. Politische Struktur der Schweiz 384
2. Soziale Gegensätze in der Gesellschaft 388
3. Die Abhängigkeit der Landschaft von der Stadt 392
4. Unruhen und Volksaufstände 396

D. Tradition und Erneuerung 399

1. Die Reformation 399
2. Die katholische Erneuerung 402
3. Häresie, Intoleranz und verpaßte Reformen 407
4. Wissenschaften, Geist und Kunst 411

E. Politische Kräfte und Ereignisse 417

1. Die Politisierung der Reformation 417
2. Der Weg zum Religionskrieg 419
3. Auswirkungen des zweiten Landfriedens 422
4. Die politische Tragweite der Gegenreformation 425
5. Eskalation der Gewalt 429
6. Die Schweiz im Dreißigjährigen Krieg 433

Bibliographie und Forschungsstand 440

François de Capitani Kapitel 5 **Beharren und Umsturz (1648–1815)** 447

A. Die Bevölkerungsentwicklung 447

B. Die Wirtschaft 453

1. Die landwirtschaftliche Produktion 453
2. Transport und Reisen 459
3. Gewerbe und Industrie 460
4. Der Handel und die Banken 464
5. Die Verflechtung des wirtschaftlichen Lebens 465

C. Die Gesellschaft 466

1. Die ländliche Gesellschaftsordnung 466
2. Die städtische Gesellschaft 469

D. Die Politik 473

1. Europa und die Schweiz – Der Einfluß Frankreichs 473
2. Das Spiel der Mächte unter den Orten 475
3. Die interne Politik der Orte 482

E. Die Kultur 492

1. Die europäischen Strömungen 492
2. Die traditionelle Volkskultur 494
3. Die offizielle Kultur 495
4. Die Verbreitung der Ideen 501
5. Literatur, bildende Kunst und Wissenschaft 505
6. Der Helvetismus 506

F. Übergang und Erneuerung 508

1. Das Ende des Ancien Régime 508
2. Die Helvetische Republik 514
3. Die Mediation 519

Bibliographie und Forschungsstand 523

Georges Andrey

Kapitel 6 **Auf der Suche nach dem neuen Staat (1798–1848)** 527

A. Ein erster Überblick 527

B. Bevölkerung und Wirtschaft 532

1. Bevölkerungszunahme und Wanderungen 534
2. Wirtschaftsstruktur und Konjunktur 541
3. Ausbau der Dienstleistungen 549

C. Gesellschaft und Alltag 563

1. Lebenshaltung und Umwelt 564
2. Lebenserwartung und Familienverhalten 579
3. Die Wege des Wissens 583

D. Das Werden des modernen Staates 593

1. Äußere und innere Grenzen 593
2. Entstehung eines Nationalbewußtseins 600
3. Die politischen Institutionen 608

E. Die Kantone und der Bund 613

1. Die Anfänge der liberalen Demokratie 613
2. Krieg und Frieden zwischen den Kantonen 621

Bibliographie und Forschungsstand 631

Roland Ruffieux

Kapitel 7 **Die Schweiz des Freisinns (1848–1914)** 639

A. Die Anfänge des Bundesstaates (1848–1870) 640

1. Vom Bundesvertrag zur Bundesverfassung 641
2. Die Modernisierung von Politik und Verwaltung 646
3. Die Außenpolitik im Zeitalter der Nationalbewegungen 652
4. Auf dem Weg zu einer Wirtschaft von europäischem Format 656
5. Ein neuer politischer Aufbruch 666

B. Umgruppierung und Integrationskrisen (1871–1891) 669

1. Von der Totalrevision zum dauernden Kompromiß 670
2. Auf dem Weg zur Demokratie der Gruppen 678
3. Die «große Depression» und die erste Umstrukturierung der Wirtschaft 685
4. Zurückhaltung in der Außenpolitik 692

C. An der Schwelle zum 20. Jahrhundert (1891–1914) 700

1. Die politischen Entwicklungslinien 700
2. Spezialisierung als wirtschaftlicher Entwicklungsfaktor 707
3. Glanz und Elend der Gesellschaft 714
4. Vom Wissenschaftsglauben zum ästhetischen Bruch 723

Bibliographie und Forschungsstand 727

Hans Ulrich Jost

Kapitel 8 **Bedrohung und Enge (1914–1945)** 731

A. Die wichtigsten Themen und Phasen in der Zeit von 1914 bis 1945 731

1. Stellung der Schweiz in der Weltwirtschaft 731
2. Die Außenpolitik 734
3. Das politische System 738

B. Bevölkerung und Wirtschaft 741

1. Bevölkerungsentwicklung 741
2. Abriß der Konjunkturentwicklung 744
3. Soziale Lage 746
4. Sozialpolitik 748

C. Kultur, Staat und Gesellschaft 749

1. Prolog: Ungleichzeitigkeiten und Entfremdungen in der politischen Kultur 749
2. Kulturpolitik am Vorabend des Ersten Weltkrieges 751
3. Die Kulturkrise nach dem Ersten Weltkrieg 753
4. Die Kultur der Geistigen Landesverteidigung 758
5. Die Kirchen in der Gesellschaft 759
6. Epilog: Kulturelle Verarmung in der Enge von Abwehr und Geistiger Landesverteidigung 761

D. Erster Weltkrieg und Nachkriegskrisen (1914–1923) 762

1. Verlust der Illusionen 762
2. Kriegsende und Landesstreik 765
3. Nachkriegskrise 1921/22 770

E. Prosperität und Weltwirtschaftskrise (1924–1936) 797

1. Verwirtschaftlichung der Politik 774
2. Entwicklung der innenpolitischen Verhältnisse 776
3. Weltwirtschaftskrise 779
4. Schweiz und Faschismus 783

F. Sammlung und Integration der Kräfte (1937–1943) 788

1. Der außenpolitische Druck 788
2. Innenpolitische Stabilisierung ohne grundlegende Reformen 792
3. Mobilisation und Krieg 797
4. Widerspruchsvolle Innenpolitik 803

G. Am Ende des Zweiten Weltkrieges 807

1. Umstellung auf die neuen Machtverhältnisse in Europa 807
2. Innenpolitik und Gesellschaft 810

Bibliographie und Forschungsstand 815

Peter Gilg und Peter Hablützel

Kapitel 9 **Beschleunigter Wandel und neue Krisen (seit 1945)** 821

A. Geschichte unserer Zeit 821

B. Die Wirtschaft 827

1. Kapitalismus der Nachkriegszeit 827
2. Entwicklung der Schweiz – Musterbeispiel und Sonderfall 830
3. Das Wirtschaftswunder der Nachkriegszeit 832
4. Belastende Folgen des Wachstumsprozesses 840
5. Von der Konjunkturüberhitzung in die Wirtschaftskrise 843
6. Auf dem Weg in eine neue Wachstumsphase? 848

C. Infrastruktur und öffentliche Finanzen 850

1. Raumordnung und Umweltschutz 851

2. Energie 854
3. Verkehr 856
4. Wohnungsbau und Miete 858
5. Gesundheit, Bildung und Forschung 860
6. Die öffentlichen Finanzen 862

D. Die Gesellschaft 869

1. Entwicklung von Wohlstand und Sozialstaat 869
2. Ausbau der sozialen Sicherung 871
3. Das Arbeitsverhältnis im Zeichen der Sozialpartnerschaft 876
4. Wandlung der Bevölkerungs- und Sozialstruktur 878
5. Neue sozialpolitische Probleme und Forderungen 880
6. Wirtschaftskrise und Grenzen des Sozialstaates 885

E. Vorstellungswelt und Verhaltensweisen 887

1. Auf der Suche nach der Normalität 887
2. Neue Abwehrhaltung 889
3. Überfremdungsangst 890
4. Alternative Bewegungen 892
5. Zwischen Bewegung und Restabilisierung 898

F. Kultureller Ausdruck 901

1. Wandlungen des künstlerischen Ausdrucks 901
2. Äußere Bedingungen des Kulturlebens 907
3. Die Kirchen 909

G. Die politische Struktur 911

1. Ausbau der Verhandlungsdemokratie 911
2. Erweiterung demokratischer Mitwirkungsrechte 917
3. Wandlung der politischen Kräfte und Ausdrucksformen 919
4. Entwicklung und Grenzen der Staatstätigkeit 927
5. Veränderungen in der föderativen Struktur 930
6. Bestrebungen zur Bildung neuer Kantone 932
7. Auswege aus der politischen Krise? 937

H. Äußere und innere Sicherheit des Staates 939

1. Militärische Landesverteidigung im Wandel 939
2. Von der Landesverteidigung zur Sicherheitspolitik 942

I. Die Schweiz in der Welt 944

1. Die Grundfragen der schweizerischen Außenpolitik 944
2. Wirtschaftliche Integration 947
3. Die Schweiz in einer sich wandelnden Welt 950

K. Überlegungen zu einer historischen Ortsbestimmung der Gegenwart 954

Bibliographie und Forschungsstand 960

Anhang

Zeittafel 969
Erklärung der Fachausdrücke 1013
Allgemeine bibliographische Hinweise 1023
Nachweis der Abbildungen 1028
Orts- und Personenregister 1031
Sachregister 1045
Karte der Schweiz 1056

Einleitung

Alle Geschichte ist Erzählung – Bericht und Deutung in einem. Zwar kommen in dieser Geschichte der Schweiz und der Schweizer verschiedene Autoren zu Worte: Zehn Historiker haben in Zusammenarbeit mit einer Gruppe von Kollegen eine Darstellung verfaßt, zu der jeder von ihnen seine eigene Sicht beigesteuert hat. Doch liegt dem Werk eine gemeinsam erarbeitete Gesamtkonzeption zugrunde.

Ein solches Gemeinschaftsunternehmen ist nicht einfach, vor allem dann nicht, wenn es in drei Sprachen den verschiedenen Kulturkreisen der Schweiz gerecht werden will. Trotz allen Bemühungen ließen sich gewisse Ungleichgewichte nicht vermeiden; Ton und Stil der einzelnen Kapitel wechseln ebenso wie die Standpunkte und Wertungen. Aber gerade diese Vielfalt entspricht dem Eigencharakter der schweizerischen Geschichte. Denn diese Geschichte kreist nicht um ein Herrscherhaus, um eine tragende Schicht, um eine Kirche – ja nicht einmal um einen Staat. Sie besteht aus den Entwicklungen von 23 Kantonen, von zahlreichen Regionen, von politischen, kulturellen und religiösen Gemeinschaften, die über die Grenzen hinweg Verbindungen pflegen, sich zusammenfinden, aber auch miteinander rivalisieren. Das Ergebnis dieser Geschichten, das den Blickwinkel bestimmt, ist die Entstehung eines modernen Bundesstaates. Deshalb sind von den neun Kapiteln dieses Buches vier den letzten zwei Jahrhunderten gewidmet.

Geschichte ist immer eine Neuentdeckung der Vergangenheit. Die schweizerische Geschichtsschreibung hat viele wertvolle Arbeiten hervorgebracht, viele auch, die ihre Zeit mitgeprägt haben. Obschon sich mit dem Bundesstaat von 1848/74 für Generationen das liberale Geschichtsbild durchgesetzt hat, sind immer auch andere Interpretationen vertreten worden. Was an der hier gebotenen Schweizergeschichte neu sein dürfte, ist der Einbezug von Fragestellungen und Methoden, die erst in den letzten zwei Jahrzehnten von der Forschung aufgegriffen worden sind. Die moderne Sozial- und Wirtschaftsgeschichte, die historische Demographie und die Mentalitätsforschung haben Ergebnisse erarbeitet, die neuartige Perspektiven eröffnen. Wenn auch noch viel zu tun bleibt, viele Dokumente aufgespürt und ausgewertet werden müssen, so schien es doch an der Zeit, diese neuen Impulse aufzunehmen. Als eine erste Gesamtschau will dieses Buch gleichzeitig auch ein Wegweiser sein, der die Forschungslücken aufzeigt und weitere Arbeiten auf bisher vernachlässigten Gebieten anregt. Es wendet sich jedoch nicht in erster Linie an den Fachgelehrten, sondern möchte möglichst vielen Lesern zur Orientierung dienen. Dem Text sind deshalb einerseits viele Illustrationen und Graphiken zur Veranschaulichung beigegeben worden, andererseits ein bibliographischer Apparat, der zu den Quellen und Spezialuntersuchungen hinführt.

Da es in diesem Buch vor allem um die Menschen und ihre Gesellschaft geht, treten die politischen und militärischen Ereignisse, die in den bisherigen Schweizergeschichten ausgiebig behandelt worden sind, etwas in den Hintergrund. Nicht nur von der Schweiz, sondern von den Schweizern ist die Rede, ihr alltägliches Tun und Lassen soll ebenso aufgezeigt werden wie ihre gemeinsamen Erinnerungen und Erfahrungen. Diese kollektive Vergangenheit wird in die jeweiligen Zeitumstände hineingestellt und beleuchtet durch Beispiele aus allen Winkeln des Landes, das schließlich zur Schweizerischen Eidgenossenschaft geworden ist. Vor allem aber geht es darum, die Zusammenhänge aufzuspüren und sie verständlich zu machen.

Diese Zusammenhänge sind vielfältig und erlauben weder eine selbstbewußte Verherrlichung der Vergangenheit, noch geben sie Lehren für die Zukunft. Sie reichen aber bis in die Gegenwart hinein und damit über das letzte Kapitel dieses Buches hinaus in die Entscheidungen, die hier und jetzt im schweizerischen Alltag zu treffen sind.

Die 1982/83 in drei Bänden erschienene «Geschichte der Schweiz – und der Schweizer» liegt nun als einbändige Studienausgabe vor: äußerlich in einem einfacheren Kleide, inhaltlich jedoch überarbeitet und auf den aktuellen Forschungsstand gebracht. So wurden die bibliographischen Angaben ergänzt, der Text bereinigt und vor allem das letzte Kapitel bis an die Gegenwart herangeführt. Zudem enthält das Buch nun ein Personen- und Ortsregister sowie ein Sachregister, um die Benutzung als Nachschlagewerk zu erleichtern.

Ulrich Im Hof

Von den Chroniken der alten Eidgenossenschaft bis zur neuen «Geschichte der Schweiz und der Schweizer»

Von der Chronik zur Geschichtserzählung

Jedes Volk, jeder Staat, jede Republik beginnt an einem bestimmten Moment der Selbstfindung sich auf Ursprünge und Vergangenheit zurück zu besinnen, sei es im Heldenlied, im Heldenepos oder in der Heldenchronik. Die entstehende schweizerische Eidgenossenschaft besingt sich selbst in Schlachtliedern, historischen Volksliedern – etwa Uristier gegen Habsburgerlöwe im Sempacherlied oder «Vom Ursprung der Eidgenoschaft» im alten Tellenlied. Die Lieder leben fort in mündlicher Tradition. Dazu tritt die geschriebene Chronik, sei es als Bericht eines Privatmanns oder im offiziellen Auftrag verfaßt. Besonders die Behörden der Städte gaben Chroniken in Auftrag, um über Werden und Funktion ihrer Republik klarere Auskunft zu erhalten. Solche Chroniken wurden meist instruktiv bebildert – wie die großen Berner und Luzerner Chroniken der beiden Diebold Schilling (Onkel und Neffe), die zur Zeit der Burgunder- beziehungsweise Mailänderkriege im Dienst ihrer städtischen Räte standen. Diese handgeschriebenen Chroniken waren allerdings nur den Behörden zugänglich.

Initiale aus dem Vorwort der «Spiezer Schilling» genannten Fassung der Berner Chronik von Diebold Schilling, ca. 1485. Die im Auftrag der städtischen Räte verfaßten Chroniken waren in der Tradition klösterlicher Handschriften mit Zierbuchstaben und Bildern ausgestattet.

Die chronikalisch-historiographische Tätigkeit wurde im Laufe der Zeit in den Städten und auch in den «Ländern» immer reger. Sie setzt sich ungebrochen fort bis in die heutige Zeit. Sobald eine Republik in das eidgenössische Bundessystem involviert wurde, lief in diesen lokalen Chroniken auch viel allgemeine schweizerische Geschichte mit. Nur diese gesamtschweizerische Linie ist hier zu verfolgen: die Darstellungen der Schweizergeschichte als Geschichte des ganzen Bundessystems, des ganzen Landes und seiner Vorgeschichte. Schon an der Wende vom 15. zum 16. Jahrhundert wurden etliche Werke verfaßt, die diesen Blickpunkt berücksichtigen, so etwa die Chroniken von Bonstetten, Edlibach und Brennwald.

Mit der Möglichkeit des Druckes tritt die Chronik vor eine weitere Öffentlichkeit. Dies geschah für die Schweizergeschichte erstmals 1507 mit der «Kronica von der loblichen Eydtgnoschaft» durch den Luzerner Stadtschreiber Petermann Etterlin, die – weil gedruckt zugänglich – ausgiebig von vielen spätern Geschichtsschreibern benutzt wurde.

Der Stolz, zu diesem merkwürdigen Bundessystem in den oberdeutschen Landen des römischen Reiches zu gehören, spricht aus allen Chroniken dieser Zeit. Als Humanist konnte man außerdem nun an eine altrömische Vergangenheit anknüpfen, an die Helvetier, die *Raetia* und die *vallis Poenina*. Über Etterlin hinaus führte die 1548 gedruckte «Gemeiner loblicher Eydtgnoschaft Stetten, Landen und Völckeren Chronick wirdiger thaaten beschreibung» des Zürcher Pfarrers Johannes Stumpf. Sie war mit Hilfe anderer schweizerischer Historiker wie Vadian, Aegidius Tschudi und Heinrich Bullinger ausgearbeitet worden, ist reich an Quellen, Abbildungen und topographischen Karten und führt bis in die Gegenwart des Verfassers. Umfassender als diejenige Stumpfs war die Arbeit des Glarners Aegidius Tschudi, die eine Fülle von Material von den römischen Anfängen bis 1370 bringt. Sie erschien aber nicht im Druck.

Die Verpflegung der eidgenössischen Zuzüger vor der Schlacht bei Laupen. Illustration aus dem «Spiezer Schilling». Die Eidgenossen sind an den aufgenähten Kreuzen zu erkennen. Im Hintergrund die Fahnen von Schwyz, Uri und Unterwalden und eine stilisierte Darstellung der Stadt Bern im Aarebogen.

Entscheidend für das historiographische Bild der Schweizergeschichte wurden «De Helvetiorum Republica libri duo», die zwei Bücher von der Republik der Helvetier, des Zürcher Theologieprofessors Josias Simler. 1576 lateinisch geschrieben, erlebte das Werk sofort eine deutsche und eine französische Übersetzung, später noch eine holländische. Es wurde bis ins 18. Jahrhundert gegen 30mal neu aufgelegt. Simler gab damit ein nüchternes Handbuch der damaligen verfassungsrechtlichen Position der Schweiz und der Kantone mit dem entsprechenden historischen Hintergrund. Die Geschichte der Schweiz ist der Welt fortan in erster Linie durch Simler vertraut geworden.

Für das 17. Jahrhundert mit seiner stärkeren Tendenz zur Abschließung von Konfession zu Konfession, Kanton zu Kanton und Stand zu Stand ist typisch, daß die letzte Leistung humanistischer Geschichtsschreibung, die des Freiburgers Franz Guilliman, «De rebus Helvetiorum sive antiquitatum» («Von den Taten der Helvetier und ihren Altertümern») keine Fortsetzung fand, weil dieser begabte Gelehrte und Historiker an parteipolitischen Schikanen scheiterte. Dem barocken Zeitalter lag kein Buch näher als dasjenige von Johann Grasser aus Basel, der 1625 ein «Schweizerisches Heldenbuch» herausgab. Dem auf *curiosa* neugierigen Jahrhundert stand von 1642 an auch das große Bildwerk von Matthäus Merian, «Topographia Helvetiae, Rhaetiae et Vallesiae», zur Verfügung. Typisch für diese Epoche, wo der Kanton wichtiger war als der Gesamtbund, ist wohl auch, daß Michael Stettler seine Bern-Chronik (1627–1631) später als «Schweitzer-Chronic» bezeichnete. Schweizergeschichte im Rahmen einer Stadtgeschichte gab noch einmal sein Fortsetzer Johann Jakob Lauffer, «Genaue und umständliche Beschreibung helvetischer Geschichten» (1738).

Das XIIII blat.

wie die dryg landtman so zesamen geschwo-
ren ander from lütt den ouch allerhand begegnet zů inen zugene.

Und als die dryg man also einanderen ge-
schworē hattent/do was ir anschlag das yegklicher vnder inē
sůchen vnd heimlichen fragen solten wo sy mer lütten möch-
ten fīdē vñ zů inen bringen/Also funden sy den/der den her-
C iij

Nun erschien auch eine erste Schweizergeschichte in französischer Sprache, durch Jean-Baptiste Plantin, Professor in Lausanne, im «Abrégé de l'histoire générale de la Suisse» (1666). Plantin hatte schon 1656 in der «Helvetia nova et antiqua» eine Landeskunde in barokkem Vergleich der gegenwärtigen und der antiken Schweiz gegeben.

Geschichte wird Wissenschaft

Johann Jakob Wagners «Historia naturalis Helvetiae curiosa» (1680) zeigt schon den Übergang zum neueren, aufklärerischen

Die Chronik des Werner Schodeler um 1530 nimmt zwar den Text alter Vorlagen auf, zeichnet sich aber durch ihre naturalistischen Illustrationen aus. Hier eine Darstellung zu den Italienzügen: «Das gar vil redlich gesellen an dem Gotthart jn dem Schnee gar jämerlich umbkamen und verdurben.»

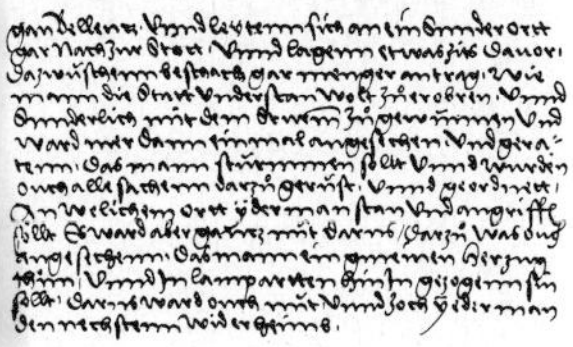

Für ein gebildetes Publikum

Petermann Etterlin, Eidgenössische Chronik, gedruckt in Basel 1507. Eine der ersten Darstellungen des Rütlischwurs – freilich in der Tracht des frühen 16. Jahrhunderts. Im Hintergrund eine stilisierte Gebirgslandschaft mit drei Szenen: Drachentötung durch Schrutan Winkelried, Rodung eines Waldes, Zug bewaffneter Krieger.

Interesse an der Natur dieses merkwürdigen Landes. Nach ausländischen Vorbildern wollte man im 18. Jahrhundert wissenschaftlicher hinter die Geschichte des eigenen Landes gehen. Quellenkenntnis wurde unabdingbar, kritische Quelleneditionen ein Erfordernis. Andererseits blieb der nationalpatriotische Impuls stark, ja um so intensiver, als man sich in einer weniger heldenhaften Gegenwart befand. Jetzt schrieb man außerdem immer mehr für die Öffentlichkeit und nicht mehr nur für die Regierungen. Die Archive blieben allerdings in der Regel verschlossen und wurden nur sehr beschränkt für Forschung geöffnet.

Es war der Kreis um den Zürcher Geschichtslehrer Johann Jakob Bodmer, der zuerst daran ging, Editionen älterer Texte zu schaffen. 1735 erschien der «Thesaurus historiae helveticae» mit Neudrucken lateinischer Autoren. Dazu gehörte die Publikation des «Chronicon Helveticum» des Aegidius Tschudi durch den Basler Juristen Johann Rudolf Iselin. Es sollte von weiter Wirkung sein.

Eine erste Fachzeitschrift, die «Helvetische Bibliothek», wurde 1735–1741 unter Bodmers Redaktion herausgegeben. Historische Themen behandelte auch die von 1735 an erscheinende langlebige französische Zeitschrift «Mercure Helvétique» beziehungsweise «Journal Helvétique», redigiert in Neuenburg durch Louis Bourguet, dann Elie Bertrand und schließlich Henri-David Chaillet bis 1782. Von 1783–1796 publizierte der Historiker Johann Heinrich Füßli in Zürich das «Schweizerische Museum» als ausgesprochen historische Fachzeitschrift. Für die Popularisierung sorgten die «Neujahrsstücke» oder «Etrennes», die in Zürich, Luzern und Lausanne herauskamen.

Die bedeutendste Leistung des Jahrhunderts ist aber wohl das große «Allgemeine helvetische eidgenössische Lexikon», von Johann Jakob Leu aus Zürich in 20 Bänden von 1747–1763 (und sechs Supplementsbänden von 1786–1797) herausgegeben. Es entstand unter Mitarbeit von Fachleuten aus allen Kantonen. Eine knappe, sehr handliche Übersicht boten die zwei Bände des «Dictionnaire géographique historique et politique de la Suisse», ein französisch geschriebenes Lexikon von Vinzenz Bernhard Tscharner und Gottlieb Emanuel Haller (1775/76). Letzterer verfaßte mit den sechs Bänden der «Bibliothek der Schweizergeschichte» 1785–1788 die erste umfassende Historiographie. Johann Konrad Fäsi und sein Konkurrent Johann Konrad Füßli sorgten für die «Staats- und Erdbeschreibung» der Eidgenossenschaft, topographisch-geographisch und historisch konzipierte Übersichts- und Nachschlagewerke (1765–1768 beziehungsweise 1770–1772).

Das Bedürfnis nach Gesamtdarstellungen erfüllten verschiedene Unternehmungen, erst der Freiburger François-Joseph-Nicolas d'Alt de Tieffenthal mit der «Histoire des Helvétiens» (1749–1753), des Schweizer Ruhmes voll, dann die Berner Alexander Ludwig von Wattenwyl mit der «Histoire de la Confédération helvétique» (1754), Rokokovorspiel des Kritizismus in der Schweiz, und – auf deutsch – Vinzenz Bernhard Tscharner mit der «Historie der Eidgenossen»

(1756–1771), patriotisch ausgerichtet. Die beiden Berner gelangten nur bis zum Ende des 16. Jahrhunderts, der Freiburger bis zur Allianz von 1663.

Es fehlten nicht Spezialwerke über die Frühgeschichte (Guillaume Loys de Bochat), die welsche Reformation (Abraham Ruchat), die Juden in der Schweiz (Johann Kaspar Ulrich) oder die fremden Dienste (Beat Fidel von Zurlauben und Beat Emanuel von May).

Immer zahlreicher wurden die Reisebeschreibungen von Ausländern, die ihren Lesern ein lebendiges Bild von diesem nun allmählich touristisch interessanten Land – sowohl die Gegenwart wie die Vergangenheit betreffend – mitgaben.

Titelblatt der holländischen Übersetzung von Josias Simlers «De Helvetiorum Republica», erschienen in Amsterdam 1613. Das Titelkupfer zeigt Szenen der schweizerischen Gründungssage in niederländischer Manier.

Im allgemeinen hielten sich die Darsteller der Schweizer Vergangenheit an das im 15. und 16. Jahrhundert erarbeitete Bild der Entstehungszeit. Der Kanon war, daß die «ersten Schweizer», d. h. die Einwohner der drei Waldstätte Uri, Schwyz und Unterwalden, – im Besitz der Reichsfreiheit – gegen die Usurpation österreichischer Landvögte den Bund auf dem Rütli schlossen, daß Tell den schlimmsten der Vögte in legitimem Widerstandsrecht erschoß und daß die Landvögte vertrieben wurden. Die «Schweizerfreiheit» führte dann zum Anschluß von Städten und Ländern bis ins 16. Jahrhundert, begleitet von den entsprechenden Heldenschlachten zwischen Morgarten und Dornach.

Ein erster Angriff auf die Gründungssage

Auch wenn sich die Historiker des 18. Jahrhunderts der Objektivität befleißigten, verstärkt landeskundliche Beobachtungen in ihre Werke aufnahmen, sich der Parteinahme zu enthalten versuchten, so blieb die nationale Gründungslegende erhalten, bis sich die Berner Uriel Freudenberger und Gottlieb Emanuel Haller daran machten, die Tellegende zu zerstören, an die die Intellektuellen auch in der Schweiz eigentlich nicht mehr so ganz glaubten. Als sie in «Der Wilhelm Tell. Ein dänisches Mährgen» (1760) auf deutsch und französisch den Nachweis führten, daß es sich um die Übernahme einer nordischen Wandersage in humanistischer Zeit handle, führte dies zum politischen Skandal, zum Protest der Regierung des Landes Tells – Uri – beim Stande Bern, zu Verbot und Verbrennung des Werks.

Die Geschichtsschreibung der Romantik

Das war noch zur rationalistischen Zeit der Aufklärung. Kurz danach wandelte sich der Zeitgeschmack, und die Romantik kündigte sich an, die aus einem gefühlsbetonteren Verhältnis zur Vergangenheit heraus den Heldenkult einer großen Zeit wieder aufgriff: die Schweizergeschichte war die Geschichte eines Heldenvolkes. Genial und geschickt zugleich hat sich der Schaffhauser Historiker Johannes von Müller die Aufgabe gestellt, aus der nun vorhandenen Fülle des geförderten Materials noch einmal die Schweizergeschichte als nationalen Mythos darzustellen: nun aber nicht annalistisch/chronikalisch oder rational erzählend, sondern wie ein Epos – aber quellennah und außerordentlich lebendig, in den fünf Büchern der «Geschichten Schweizerischer Eidgenossenschaft» (1786–1808). Müllers Schweizergeschichte hatte Wirkung wie nie eine zuvor. Sie erschien im richtigen Moment einer nationalen Krise. Aus dieser Vergangenheit konnte die nachfolgende Zeit die Kraft gewinnen, nach dem Zusammenbruch des Ancien Régime eine neue Schweiz aufzubauen. Müllers Geschichte ist bis weit ins 19. Jahrhundert recht eigentlich zelebriert worden.

Titelblatt der «Schweizer Chronik» von Michael Stettler (1631). Die barocke Symbolik führt heimische Tradition mit antiken Vorstellungen zusammen. Oben der Reichsadler, flankiert von Kaiser Friedrich II. und Berchtold von Zähringen; in der Mitte links Wilhelm Tell in der Tracht des 16. Jahrhunderts; rechts ein antikisierter Schweizerkrieger; unten: symbolische Darstellungen von Krieg, Einigkeit und Frieden.

Da Müllers Werk nur bis in die Zeit vor dem Schwabenkrieg führte, bemühte sich eine ganze Generation von Historikern um die Fortsetzung; der Solothurner Robert Glutz von Blotzheim für die Epoche des Schwaben- und der Mailänderkriege (1816), der Zürcher Johann Jakob Hottinger für die Reformation (1825/29), der Waadtländer Louis Vuillemin für das 16. und 17. Jahrhundert (1841/42) und sein Landsmann Charles Monnard, der nicht nur Müller und Glutz ins Französische übersetzte, sondern auch Vuillemin bis 1815 weiterführte. Die ganze «Histoire de la Confédération Suisse» erschien 1842–1851, die entsprechende deutsche Ausgabe 1853. In den Jahren, da die Staatskrise mit der Bundesverfassung abgeschlossen worden war, besaßen die beiden großen Sprachteile der Schweiz nun eine gemeinsame Darstellung der nationalen Vergangenheit. Auch wenn sich Müllers Nachfolger vom gleichen nationalen Ethos leiten ließen, so gingen sie – insbesondere Glutz und Monnard – doch nüchterner zu Werk. Schon 1803 hatte der Genfer Paul-Henri Mallet einen Auszug aus Müllers Werk verfaßt und ihn weitergeführt als «Histoire des Suisses ou Helvétiens» (1803). 1823 wurde seine Geschichte für die selbständig gewordene italienische Schweiz übersetzt als «Storia degli Svizzeri o Elvezi».

Popularisierung der nationalen Geschichte

Man befand sich in der historisierenden Epoche, wo auch auf schweizerischem Boden die Beschäftigung mit der Vergangenheit zu einem zentralen Anliegen wurde. Mehr denn je wollte man aus ihr für die Gegenwart und die Zukunft Lehren ziehen. Ein viel breiteres Publikum begann sich im Zeitalter nationalen Wiedererwachens um die Taten der Vorfahren zu kümmern. Eine popularisierende Geschichtsschreibung fing dieses Bedürfnis auf. Am einflußreichsten – da bald auch in Übersetzungen in die andern Landessprachen vorliegend – wurde des Volkserziehers Heinrich Zschokke «Des Schweizerlands Geschichte für das Schweizervolk» (1822), später die «Histoire de la Confédération Suisse» (1851/53 beziehungsweise 1879/80) des liberalen Freiburger Historikers Alexandre Daguet. Im Rahmen der demokratisierenden Schulreformen erhielt die Geschichte – und damit auch die Geschichte des Vaterlandes – einen festen Platz im Unterricht aller Stufen mit vielen, vielen kantonalen Schulbüchern. Erforschung und Darstellung der Schweizergeschichte bekamen neuen Stellenwert durch die Errichtung von Lehrstühlen für Schweizergeschichte an den neu organisierten Philosophischen Fakultäten der Hochschulen. Die Kantone reorganisierten ihre Archive und öffneten sie für die wissenschaftliche Forschung. Nach 1848 errichtete der neue Bundesstaat sein Bundesarchiv. 1811 wurde der erste Versuch zur Gründung eines gesamtschweizerischen historischen Vereins gemacht, der sich von 1841 an in der «Allgemeinen Geschichtforschenden Gesellschaft der Schweiz» konsolidierte, die bis heute die gesamtschweizerischen Belange wahrnimmt. Im Laufe des 19. Jahrhunderts entstanden sukzessive kantonale und regionale Geschichtsvereine mit entsprechenden Publikationen und Zeitschriften. Es begann ein außerordentlich reges Forschen und Schreiben von wissenschaftlichen und populären Werken, die unübersehbar geworden sind.

Die wissenschaftliche Forschung nahm sich auf gesamtschweizerischem Boden vor allem zwei große Editionen vor. Einmal die «Amtliche Sammlung der Eidgenössischen Abschiede», ein Unternehmen des neuen Bundesstaates, an welchem unter andern der bedeutendste Historiker der katholischen Schweiz, Philipp Anton von Segesser, beteiligt war. Der junge Bundesstaat bekannte sich zu seiner Vergangenheit mit der Herausgabe der Protokolle und vieler Akten der Tagsatzung, breit angelegt bis 1798, noch breiter für die Helvetik und in kürzerer Fassung für die Zeit von 1803–1848. Der erste Band erschien 1856, der letzte der Helvetikbände 1966.

«Histoire de la Réformation de la Suisse» von Abraham Ruchat, Genf 1727. Die Schweizergeschichte erscheint nun unter dem Licht des Heiligen Geistes, das freilich nur die evangelischen Kantone erleuchtet.

Eine zweite große Leistung stellt die Edition der «Sammlung schweizerischer Rechtsquellen» dar, die vom «Schweizerischen Juristenverein» – in der typischen rechtshistorischen Orientierung des 19. Jahrhunderts – in zahlreichen kantonalen und regionalen Bänden von 1898 bis heute herausgegeben wird.

An diese Tradition knüpften im 20. Jahrhundert weitere Unternehmen an. Vor allem ist zu erwähnen die Reihe der «Kunstdenkmäler der Schweiz», herausgegeben seit 1927 von der «Gesellschaft für schweizerische Kunstgeschichte». Die neueste große Edition ist die Publikation der «Diplomatischen Dokumente der Schweiz 1848–1945», die – getragen von den verschiedenen Hochschulen – seit 1979 erscheinen.

Was das Lexikalische betraf, so mußte man sich für mehr als 100 Jahre mit dem Leu'schen Lexikon aus dem 18. Jahrhundert begnügen, bis unter der Leitung von Bundesarchivar Heinrich Türler, dem Direktor der Landesbibliothek Marcel Godet und dem Verleger Victor Attinger in Neuenburg das siebenbändige «Historisch-biographische Lexikon der Schweiz» von 1921–1934 in französischer und deutscher Ausgabe erschien, die Summe vielfältigster historiographischer Anstrengungen der ganzen Schweiz.

Die im 19. Jahrhundert intensivierte Forschungstätigkeit bezog sich besonders stark auf die ältere Geschichte. Mit neuen archäologischen Methoden ging man an die Probleme der Urgeschichte, besonders reizvoll in diesem Land der Pfahlbauten und der ja noch sichtbaren römischen Altertümer. Das Schwergewicht lag, entsprechend ausländischen Vorbildern, stark auf dem Mittelalter, dem Spätmittelalter und der Reformation. Quelleneditionen betrafen fast nur diese älteren Gebiete.

Das 17. und 18. Jahrhundert galten als Zeiten der Spaltung, der Erstarrung, der Immobilität. Sie lagen im Schatten der erfolgreichen Zeiten des Bundesstaates. Hier konnte höchstens die kulturelle Seite Interesse wecken. Paul Wernles Geschichte «Der schweizerische Protestantismus im 18. Jahrhundert» (1923–1925) ist denn auch eine großangelegte Darstellung der schweizerischen Aufklärungsepoche, freilich nur für den protestantisch-kirchlichen Bereich. Im Rückstand blieb jedenfalls die Beschäftigung mit der katholischen Schweiz – und nicht nur in dieser Epoche. Wilhelm Oechslis breit angelegte «Geschichte der Schweiz im 19. Jahrhundert» (1903/1913) blieb stecken; sie kam nicht über 1830 hinaus.

Es war gegen die Jahrhundertwende an der Zeit, eine gründliche, nicht mehr vom Müllerschen Pathos getragene und wissenschaftlich zuverlässige Darstellung zu geben. Karl Dändlikers «Geschichte der Schweiz» (1883–1888) berücksichtigte insbesondere das Kulturleben. Sie wurde aber bald, vor allem im politischen Bereich, überholt von Johannes Dierauers «Geschichte der Schweizerischen Eidgenossenschaft» (1887–1917). Der St. Galler Geschichtslehrer und Bibliothekar gab hier eine kühl sachliche, um strikte Objektivität bemühte Gesamtdarstellung, die durch eine französische Übersetzung auch für den andern Landesteil zugänglich wurde. Dierauers Werk ist die Zusammenfassung der gesamten damals vorliegenden Forschung. Dank einem exakten kritischen Apparat wurde sein Werk zur Basis für alle weitere Arbeit und ist bis heute unentbehrlich geblieben. Dierauer führte es bis 1848. Es ist 1931 bis 1874 ergänzt worden.

Parallel zu Dierauer erschien als glänzendes Resultat der großen Rechtsschule des 19. Jahrhunderts Eugen Hubers «System und Geschichte des schweizerischen Privatrechts» (1893). 1920 folgte Andreas Heuslers kurze und geistreiche «Schweizer Verfassungsgeschichte». Das gleiche Thema wurde vor kurzem für die Zeit vor 1798 neu gefaßt und sozial- sowie wirtschaftsgeschichtlich untermauert durch Hans Conrad Peyer in seiner «Verfassungsgeschichte der alten Schweiz» (1978). 1920–1938 gab Eduard His seine «Geschichte des neueren schweizerischen Staatsrechts» heraus, eine breite, intensive Darstellung von der Helvetik bis zum Ersten Weltkrieg.

Das Gebiet der Schweizer Außenpolitik fand schon 1895 in Paul Schweizers «Geschichte der schweizerischen Neutralität» eine umfassende Darstellung, stoffreich und quellennah. Sie ist von 1946 an durch Edgar Bonjour fortgesetzt worden.

Scheinbar war zur Zeit Dierauers nun alles Nötige durchforscht und dargestellt, allerdings unter dem Zeichen des Primats der Politik. Was aber immer mehr fühlbare Lücke wurde, war der wirtschaftsgeschichtliche und sozialgeschichtliche Aspekt, der höchstens lokal- oder kantonsgeschichtlich sporadische Berücksichtigung fand. Es bedeutete einen Neubeginn, als William Rappard kurz vor dem Ersten Weltkrieg «Le facteur économique dans l'avènement de la démocratie moderne en Suisse: L'agriculture à la fin de l'ancien régime» (1912) und «La révolution industrielle et les origines de la protection légale du travail en Suisse» (1914) publizierte. Diese Arbeiten bilden eine Grundlage der modernen Wirtschaftsgeschichte der Schweiz. Für den Bereich der Bundesstaatsgeschichte eröffnete Eduard Fueter 1928 mit seinem Werk «Die Schweiz seit 1848» eine

Der Lexikograph Hans Jakob Leu führte Simlers «De Helvetiorum Republica» weiter und versah sie mit einem ausgiebigen Kommentar. Die erste Auflage erschien 1722, die zweite 1735. Die Emblematik der Eidgenossenschaft hat sich angereichert. Unter himmlischem Schutz halten zwei Putten den Freiheitshut. Die dreizehn Orte, Zugewandte und gemeine Herrschaften gruppieren sich um den Rütlibund. Die heroische und pastorale Landschaft ist entdeckt. Ein «Alter Schweizer» bewacht den einstigen Waffenruhm, während die «Republik» für Wohlstand und Reichtum bürgt.

auf sozioökonomischen Analysen basierende Sicht. Rappard und Fueter waren nach der angelsächsischen Forschung hin orientiert und brachten damit eine neue Richtung in die schweizerische Historiographie, die sich im 19. Jahrhundert in den Schatten des schnell wachsenden Baumes deutscher Geschichtsforschung begeben hatte. Damit war ein verheißungsvoller Anfang gegeben, der aber aus verschiedenen Gründen allzufrüh abgebrochen ist.

Man war in der Schweiz bis ins beginnende 20. Jahrhundert vornehmlich politisch-rechtsgeschichtlich orientiert und stand auf dem Boden freisinniger Überzeugung, daß die Schweizergeschichte ihren Zielpunkt eigentlich mit der Bundesverfassung 1848 erreicht habe.

Mit dieser Geschichtsauffassung brachen zwei Werke, die nach der Katastrophe des Ersten Weltkrieges erschienen, welche für die Schweiz die tiefgehende soziale und politische Krise des Landesstreiks und eine stärkere Position der konservativ-katholischen Minorität gebracht hatte. Der Führer des Generalstreiks, Robert Grimm, benutzte seine Haft auf Schloß Blankenburg zur Abfassung einer «Geschichte der Schweiz in ihren Klassenkämpfen» (1920). Es stand ihm dazu wenig Literatur, eigentlich nur Dändliker, zur Verfügung, und er war kein Historiker. So wurde seine Schweizergeschichte eine rote Interpretation der alten liberalen Feststellungen. Eine *«conspiration de silence»* verhinderte eine Kenntnisnahme des Unternehmens, das hätte befruchtend wirken können. So äußerte sich der Literaturwissenschaftler Gonzague de Reynold, der seinerseits in Opposition zum bürgerlich-liberalen Geschichtsbild des 19. Jahrhunderts stand. 1929 erschien sein Buch «La démocratie et la Suisse. Essai d'une philosophie de notre histoire» – eine Apologie der alten vorrevolutionären Schweiz, der Schweiz der Landsgemeinden und der städtischen Patriziate, vom katholischen, nationalen und korporativen Gesichtspunkt aus, eine Abrechnung mit der radikal freisinnigen Demokratie, d. h. mit dem Geist der Helvetik und des Bundesstaates. Reynolds Sicht der Dinge hat in der recht konservativ empfindenden bürgerlichen Nachkriegsgeneration etwelche Schule gemacht, während diejenige Grimms erst mit der 68er Bewegung eine Wiederauferstehung feierte (Neuausgabe von 1976).

Denkmal für Johannes von Müller in Schaffhausen, errichtet 1851. Die Büste wurde von Johann Jakob Oechslin nach dem Vorbild von G. Schadow geschaffen. Die ursprüngliche Gedenktafel, auf der die Worte standen: «Nie war ich von einer Partei, sondern für Wahrheit und Recht, wo ichs erkannte», wurde 1863 entfernt.

Robert Grimm hat zwar als Geschichtsschreiber bisher kein Denkmal erhalten, einen Entwurf dazu lieferte aber die satirische Zeitschrift «Bärenspiegel» 1926. Die Inschrift – die einen Ausspruch Bubenbergs aufnimmt – spielt auf das revolutionäre und das traditionale Element im Denken Grimms an.

Weder Grimm noch Reynold waren Historiker. Die Impulse, die sie gaben, wurden erst nach zwei Jahrzehnten in der Geschichtsschreibung spürbar. 1941 erschien die «Geschichte der Schweiz» des sozialistischen Historikers und Politikers Valentin Gitermann. Die konservative Sicht fand – nicht in einer gesamtschweizerischen Darstellung, aber in derjenigen des größten Kantons – einen eindrücklichen Niederschlag, als Richard Feller in umfassender Art, auch sozial und wirtschaftsgeschichtlich beschlagen, die Geschichte Berns in vier Bänden vorlegte (1946–1960), ein wahres Epos auf die alte Patrizierrepublik, das aus inneren Gesetzen heraus nur bis zu deren Untergang von 1798 geführt wurde.

Die zwanziger Jahre zeitigten vorerst allgemeine Darstellungen, die – wenn auch modifiziert – noch in der Dierauerschen Tradition standen, so diejenigen von Ernst Gagliardi und von den «vier Männern» Hans Nabholz, Leonhard von Muralt, Richard Feller und Edgar Bonjour. Die französische Schweiz hatte das Glück, in William Martin einen überlegenen, staatsrechtlich geschulten Historiker zu finden, der 1926 seine kluge «Histoire de la Suisse» herausgab. Außerdem verstand es Charles Gilliard, 1944 mit seiner «Histoire de la Suisse» eine knappe, konzise Darstellung zu verfassen.

Rückwendung zu alten Fragestellungen

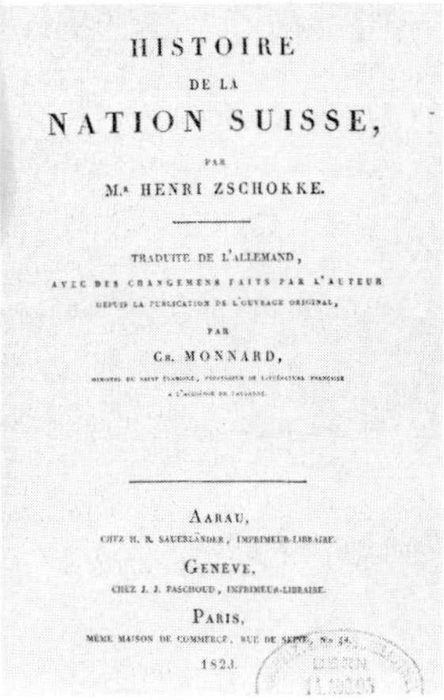

HISTOIRE
DE LA
NATION SUISSE,
PAR
M.r HENRI ZSCHOKKE.

TRADUITE DE L'ALLEMAND,
AVEC DES CHANGEMENS FAITS PAR L'AUTEUR
DEPUIS LA PUBLICATION DE L'OUVRAGE ORIGINAL,
PAR
CH. MONNARD,

AARAU,
CHEZ H. R. SAUERLÄNDER, IMPRIMEUR-LIBRAIRE.
GENÈVE,
CHEZ J. J. PASCHOUD, IMPRIMEUR-LIBRAIRE.
PARIS,
MÊME MAISON DE COMMERCE, RUE DE SEINE, No 48.
1823.

Titelblatt der französischen Übersetzung von Heinrich Zschokkes «Des Schweizerlands Geschichte für das Schweizervolk» von Charles Monnard. Das «Schweizervolk» wird zur «Nation suisse», die Druckorte dokumentieren schweizerische Einigkeit und Weltoffenheit.

Die Epoche der Geistigen Landesverteidigung brachte einen erstaunlichen Rückgriff auf die längst verblichene Gründungstradition. Seitdem nämlich der Luzerner Joseph Eutych Kopp in seinen «Urkunden zur Geschichte der eidgenössischen Bünde» (1835–1851) die ganze Nationallegende mit positivistischer Kritik verworfen hatte, hielt sich wenigstens die wissenschaftliche Geschichtsschreibung an diese Tatsache. Von 1933 an machte man sich jedoch an eine Überprüfung der Sachlage und begann mit dem «Quellenwerk zur Entstehung der Eidgenossenschaft» (von 1933 an). Jetzt versuchte Karl Meyer mit kühnen Kombinationen die Nationallegende noch einmal zu retten («Die Urschweizer Befreiungstradition» 1927 und weitere Publikationen). Widersprochen wurde diesen Thesen allerdings durch Bruno Meyer, Thurgauer Staatsarchivar, und Theodor Mayer, Leiter des Reichsinstituts für ältere deutsche Geschichtskunde.

Mit diesem «Gesellschaftsspiel unter Gelehrten» – so Hans von Greyerz – trat man in die Nachkriegsphase ein, die vorderhand noch vom Problem des «Sonderfalls Schweiz» dominiert war. Große Verbreitung fanden die populärwissenschaftlichen Darstellungen von Peter Dürrenmatt (1957) und Sigmund Widmer (1965). Da nun aber schon bald ein halbes Jahrhundert seit Dierauers fundierter Arbeit vergangen war und auch das «Historisch-biographische Lexikon» zu veralten begann, zeigte sich in Fachkreisen das Bedürfnis nach einem neuen «Dierauer» in doppeltem Sinn: einerseits Verarbeitung der seither erschienenen Literatur, deren Mitteilung in Fußnoten, Literatur- und Quellenverzeichnissen sowie Einbau neuer Forschungserkenntnisse und andererseits Darstellung der Geschichte der letzten 100 Jahre. Die Bewältigung des stets anwachsenden Stoffes und der stets anwachsenden Literatur konnte nun nicht mehr durch einen einzelnen geleistet werden, und so unterzog sich ein Dutzend von Spezialforschern dieser Aufgabe. Mit etwas ungleicher Methode und ungleicher Verteilung des Stoffes erschien 1972/77 das «Handbuch der Schweizer Geschichte», das seither Basis aller Weiterarbeit geworden ist. Da es aber in den meisten Teilen schon um 1960 abgeschlossen war, steht es weitgehend noch in der althergebrachten Tradition ereignisgeschichtlicher Mitteilung und hält sich an den Primat politischer Geschichte.

Materiell neu ist der letzte Teil, d. h. die nachdierauersche Zeit von 1874–1960, die Hans von Greyerz zum überlegenen Verfasser hat. Was immer noch fehlt, ist jedoch ein neues historisches Lexikon.

Neue Fragestellungen und Methoden

Gerade die Arbeit am Handbuch hatte gezeigt, daß man vor großen Lücken stand – Lücken vornehmlich in der Sozial- und Wirtschaftsgeschichte. Der Rappard-Fuetersche Ansatz lag nun mehr als 50 Jahre zurück und war kaum weiter verfolgt worden. Die sozial- und wirtschaftsgeschichtlichen Zusammenfassungen von Albert Hauser, «Schweizerische Wirtschafts- und Sozialgeschichte (1961) und Walter Bodmer, «Schweizerische Industriegeschichte» (1960), riefen nach Verbreiterung der diesbezüglichen Forschung. Sie hat inzwischen auch eingesetzt und zahlreiche wertvolle Einzeluntersuchungen hervorgebracht, die Jean-François Bergier 1983 in seiner «Wirtschaftsgeschichte der Schweiz» zusammengefaßt hat. 1968 legte Erich Gruner zudem mit «Die Arbeiter in der Schweiz im 19. Jahrhundert» den ersten Teil einer breitangelegten Darstellung vor. Gruner sind auch die ersten großen politologisch orientierten Untersuchungen zur bisher vernachlässigten Bundesstaatsgeschichte zu verdanken: «Die Schweizerische Bundesversammlung» (1966/1970) und «Die Wahlen in den Schweizerischen Nationalrat» (1978). Die Verfassungsgeschichte wurde von Jean-François Aubert im «Traité de droit constitutionnel suisse» (1967) neu aufgearbeitet.

Gleichzeitig begann man in der Schweiz auch den lange unterbrochenen Anschluß an die angelsächsische und französische Forschung wieder zu suchen. Quantitative Methoden, historische Demographie und Ökologie wurden zuerst zögernd, dann entschlossen rezipiert. Das Postulat der «Histoire totale» steht im Raum. Die Erkenntnis langfristiger historischer Strukturen verdrängt das teleologische Geschichtsdenken, das in der Schaffung des bestehenden Staates Ziel und Ende politischer Ereignisketten sah. Die «Geschichte der Schweiz – und der Schweizer» soll erstmals diese neuen Gesichtspunkte und Postulate in einer Gesamtdarstellung zusammenfassen. In diesem Sinne schließt sie nicht einfach an die bisherige Geschichtsschreibung an, auch wenn sie ihr viel verdankt. Wenn sie neu ist, so nicht nur deshalb, weil sie neue Forschungsresultate verarbeitet, sondern weil die Fragestellungen der Forschung, auf die sie sich stützt, neue Bereiche der Geschichte erschließen.

Gonzague de Reynold (1880–1970), der konservative Deuter schweizerischer Eigenart, in aristokratischer Selbstdarstellung. Der Freiburger Patrizier und Professor residierte auf Schloß Cressier.

Bibliographie und Forschungsstand

Zur schweizerischen Geschichtsschreibung sind seit Ende des 19. Jahrhunderts einige grundlegende Arbeiten erschienen wie G. von Wyss, Geschichte der Historiographie in der Schweiz, Zürich 1895, oder R. Feller, Historiographie der Schweiz, in: Historisch-biographisches Lexikon der Schweiz, Bd. 4, Neuenburg 1927. Dieser Aufsatz R. Fellers ist in erweiterter Form bei R. Feller, E. Bonjour, Geschichtsschreibung der Schweiz vom Spätmittelalter zur Neuzeit, 2 Bde., Basel 1962, aufgenommen worden. Neueren Datums sind schließlich die Beiträge von H. Helbling, Gehalt und Deutung der Schweizer Geschichte, in: Handbuch der Schweizer Geschichte, Bd. 1, Zürich 1972, und von A. Hadorn, M. Wick, Geschichtsschreibung der Schweiz, in: Die Schweiz vom Bau der Alpen bis zur Frage nach der Zukunft, Zürich 1975.

Der Geschichtsschreibung der älteren Epochen wendet sich J.-P. Bodmer, Chroniken und Chronisten im Spätmittelalter, Bern 1976 (Monographien zur Schweizer Geschichte, 10), zu. Die Probleme der neueren Zeit werden sodann von E. Vischer, Zur schweizerischen Geschichtsschreibung im ersten Drittel des 20. Jahrhunderts, in: Schaffhauser Beiträge zur vaterländischen Geschichte, 50, 1973, und P. Stadler, Zwischen Klassenkampf, Ständestaat und Genossenschaft. Politische Ideologien im schweizerischen Geschichtsbild der Zwischenkriegszeit, in: Historische Zeitschrift, 219, 1974, aufgeworfen.

Einem einzelnen Kanton widmet sich schließlich in überlegener Art H. von Greyerz, Nation und Geschichte im bernischen Denken. Vom Beitrag Berns zum schweizerischen Geschichts- und Nationalbewußtsein, Bern 1953.

Kapitel 1 *Pierre Ducrey*

Vorzeit, Kelten und Römer (bis 401 n. Chr.)

A. Die ersten Menschen

1. Die frühesten Spuren

Die ersten Menschen, die in der Schweiz ihre Spuren hinterlassen haben, gehörten zur Rasse der Neandertaler. Klein von Wuchs (ca. 1,50 m groß), gedrungen und stark, wiesen sie charakteristische Gesichtszüge auf: fliehende Stirne, tiefliegende Augen unter knochigen Wülsten, wenig hervorstehende Backenknochen und ein kaum ausgeprägtes Kinn. Ihre Werkzeuge gewannen sie aus Splittern und Abschlägen von Feuerstein (Silex). Es waren bearbeitete Faustkeile, die mit ihren Formen eine recht hohe Stufe handwerklicher Kultur bezeugen. Ihre Siedlungsformen blieben noch unentwickelt, im besten Fall benutzten sie Höhlen oder Rastplätze unter Felsvorsprüngen, aber man kennt auch offene Plätze, deren Umkreis durch weggeworfene Abfälle begrenzt wurde. Über die gesellschaftliche Ordnung dieser Menschen weiß man nichts Genaueres. Man kann nur vermuten, daß Gruppierungen nach Sippen oder Horden unter der Befehlsgewalt eines stärkeren, geschickteren und erfahreneren Einzelnen standen. Die Toten wurden in der Erde bestattet.

Die klimatischen Voraussetzungen

Klima und Umwelt steckten den Spielraum des Lebens ab. Die Ausbreitung der Neandertaler fällt in die Zeit der Erwärmung, die in Westeuropa zwischen 120000 und 75000 v. Chr. festzulegen ist. Damals waren die Lebensbedingungen günstiger als während der vorangehenden Eiszeit, die von 1000000 bis 120000 dauerte, obwohl auch diese Epoche nicht durchgehend ungastlich gewesen war. Verschiedene Zwischeneiszeiten haben vielleicht einem anderen Menschentyp, dem Pithecanthropus, erlaubt, unsere Gegend zu durchwandern oder sich sogar hier niederzulassen. Der einzige Hinweis, der diese Annahme stützen würde, ist ein zweiseitig bearbeiteter Faustkeil, ein typisches Werkzeug aus dem Ende der älteren Altsteinzeit (Paläolithikum). Falls es noch andere Spuren gab, so sind diese wahrscheinlich durch spätere Eiszeiten verwischt worden.

Man darf sich aber diese markanten eiszeitlichen Klimawechsel nicht als rasche Übergänge von Warm zu Kalt und umgekehrt vorstellen. Der Zeitmaßstab, den unsere Kenntnisse gestatten, rechnet nicht mit Jahrhunderten oder Jahrtausenden, sondern mit Zehntausenden von Jahren. So umfaßt die Rißeiszeit, benannt nach dem bayerischen Gebirgsflüßchen, bis zu dem die alpinen Gletscher bei ihrer größten Ausdehnung vorstießen, etwa die Zeit von 200000 bis 120000 v. Chr. Sie war gefolgt von einer Warmzeit (Riß-Würm-Zwischeneiszeit, 120000 bis 75000 v. Chr.) und wurde dann durch eine neue Eiszeit (Würmeiszeit, 75000 bis 10000 v. Chr.) abgelöst, die wieder durch verschiedene wärmere Phasen unterbrochen war.

Die Möglichkeiten unserer Erkenntnis

Hält man sich an die übliche Definition der Geschichte und versteht man darunter einen möglichst auf schriftlichen Quellen beruhenden Tatsachenbericht, so wird man für die Schweiz kaum hinter die letzten Jahrhunderte des 1. vorchristlichen Jahrtausends zurückgehen. Damals nämlich haben die ersten Geographen und Historiker des Mittelmeerraumes ihren Blick gegen die Alpen und die Länder jenseits der Alpen gerichtet – einen freilich häufig zerstreuten, manchmal beunruhigten und immer sehr oberflächlichen Blick. Das bedeutet, daß im Rahmen einer traditionellen Geschichtsschreibung die Zeiten vor dem 1. Jahrtausend unsere Aufmerksamkeit nicht lange fesseln würden.

Seit einigen Jahrzehnten aber wendet sich, unter dem Einfluß neuer Strömungen in der Geschichtswissenschaft, das Interesse stärker den wirtschaftlichen und gesellschaftlichen Zuständen zu, der Untersuchung von Mentalitäten und Techniken, des Alltagslebens, des Handwerks, der Siedlungsformen und der Umwelt im weitesten Sinne des Wortes.

Die Beschreibung der antiken Gesellschaften greift deshalb auf die Ergebnisse der Anthropologie, der Archäologie, der Ethnologie und der naturwissenschaftlichen Disziplinen wie Biologie, Zoologie, Geologie und Botanik zurück. Man zögert auch nicht, wenn nötig die Physik zu Hilfe zu rufen, wenn es sich darum handelt, organische Stoffe aufgrund der Radioaktivität des Kohlenstoffisotops C-14 zu datieren. Die Geophysik wird herangezogen, um mit Thermolumineszenz- oder Archäomagnetismus-Untersuchungen das Alter von Steinen und gebranntem Ton festzustellen.

Auf diese Weise kann der Historiker heute auch ohne ereignisgeschichtliches Wissen versuchen, die Zehntausende von Jahren zurückliegende Vergangenheit der Menschheit zu beschreiben. Freilich setzt er sich bei diesem Unterfangen mannigfachen Gefahren aus: Wie groß auch immer die Fortschritte der Naturwissenschaften sein mögen, Unsicherheiten jeglicher Art bleiben doch bestehen. Der Historiker kann zudem der Versuchung einer trügerischen, allzu technischen Auffassung erliegen, die seine wirkliche Unwissenheit nur überdeckt. Die Typologie der Faustkeile und ihre Einordnung mit Hilfe eines Computers oder die systematische Laboranalyse von Keramik oder Metallgegenständen dürfen auf jeden Fall nicht

Selbstzweck sein. Es handelt sich dabei für den Historiker nur um Mittel, die neue Erkenntnisschritte ermöglichen sollen.

Der Beitrag der Naturwissenschaften

Die Naturwissenschaften haben in drei Bereichen zur Erhellung der frühen geschichtlichen Epochen beigetragen:
1. Zur Kenntnis des Menschen: Die Biologie und die Anthropologie liefern dank der Genauigkeit ihrer Untersuchungen neue Informationen über die verschiedenen Menschenrassen, ihr Aussehen und ihre typischen körperlichen Merkmale.
2. Zur Erforschung der Umwelt: Dank der Geologie, der Klimatologie, der Pollenanalyse, der Zoologie und der Biologie hat sich unsere Kenntnis der damals vom Menschen bewohnten Welt ganz beträchtlich erweitert.
3. Zur Verbesserung der Chronologie: Die neuen Methoden der Physik und der Naturwissenschaft (C-14-Methode, Dendrochronologie, d. h. Datierung nach den Jahrringen der Bäume) haben eine oft unerwartete und erstaunliche Altersbestimmung von archäologischen Schichten erlaubt. Für gewisse relativ junge Epochen innerhalb der vier letzten vorchristlichen Jahrtausende ist es jetzt möglich geworden, Datierungen aufs Jahr genau vorzunehmen, wenn die Grabung Holzreste in genügender Menge zutage fördert und die Archäologen über ununterbrochene und gut erstellte Reihen von Jahrringen verfügen. Dies ist für Deutschland und die Schweiz der Fall. Die C-14-Methode erlaubt zwar weniger genaue Datierungen, hat aber eine Reichweite von 50000 Jahren in die Vergangenheit zurück. Mit dem Fortschritt der Technik unterliegen diese Datierungsmöglichkeiten im Bereich der Prähistorie natürlich einer ständigen Revision.

Damit ermöglichen die Naturwissenschaften eine systematische Abklärung der archäologischen Zusammenhänge und tragen zur Aufhellung der Techniken bei, die der Mensch in Auseinandersetzung mit seiner Umwelt entwickelt hat. Die Geschichte des Menschen läßt sich unter diesem Blickwinkel als kontinuierliche Verlagerung seiner Abhängigkeit von der Natur verstehen.

Die ur- und frühgeschichtliche Forschungsarbeit

Die Erweiterung unseres Wissens über die ur- und frühgeschichtlichen Epochen kann heute kaum mehr im Alleingang bewältigt werden. Ein einzelner Mensch könnte weder alle wissenschaftlichen Arbeitsmethoden beherrschen noch sie ohne Hilfe von außen einsetzen. Nur ein Team, das von den Ergebnissen gewissenhafter Ausgrabungen ausgeht, kann die Resultate voll auswerten und anschließend interpretieren. Die Zuhilfenahme von immer besseren Laboratorien, von modernsten Maschinen und Techniken bedingt zugleich die Beteiligung von immer mehr Personal, was zu einer Verlangsamung der Forschung im Verhältnis zu den beträchtlich ansteigenden Kosten führt. Hier zeigt sich einer der Widersprüche unserer Zeit: Parallel zur wachsenden Bedrohung, die von unserer Industriegesellschaft auf unser kulturelles Erbe ausgeht, vervielfachen sich die Notgrabungen und die Zerstörungen. Niemals haben die Spuren der Vergangenheit so viel Information weitergegeben wie heute. Und trotzdem:

Niemals sind sie mit einer solchen Schnelligkeit und einer solchen Gründlichkeit zerstört worden wie heute.

2. Der Mensch als Wildbeuter

Während des längsten Abschnittes ihrer Geschichte wurde die Schweiz von Menschen durchstreift, deren Hauptsorge das Überleben war. Die zur Rasse der Neandertaler gehörenden Menschen der jüngeren Altsteinzeit und ihre Nachfolger lebten von der Jagd, vom Fischfang und dem Sammeln von wilden Früchten und Beeren. Im Gegensatz zu den Tieren konnten sie aber Steinwerkzeuge herstellen, die ihnen bei der Jagd, aber auch zur Verteidigung von Nutzen waren.

Die Lebensbedingungen

Über die ersten Bewohner des Mittellandes und der Alpen weiß man nichts, besser ist man dagegen über die Lebensumstände des Neandertalers in der mittleren Altsteinzeit unterrichtet (ca. 60000 bis 40000 v. Chr.). In den Höhlen von St-Brais im Kanton Jura (960 m ü. M.) und von Cotencher am Neuenburgersee (659 m ü. M.), vom Wildkirchli (Appenzell-Innerrhoden, 1500 m ü. M.) und vom Drachenloch (St. Gallen, 2445 m ü. M.) sind zahlreiche Steinwerkzeuge gefunden worden. Wichtig sind auch die dort erhaltenen Tierknochen für die Knochenbestimmung. Der Hauptgegner des Menschen war der Bär, liefert er doch 95 % der gefundenen Knochen. Die restlichen 5 % entfallen auf 68 andere Wirbeltierarten, so Löwen, Panther, Auerochsen, Wölfe und Hirsche.

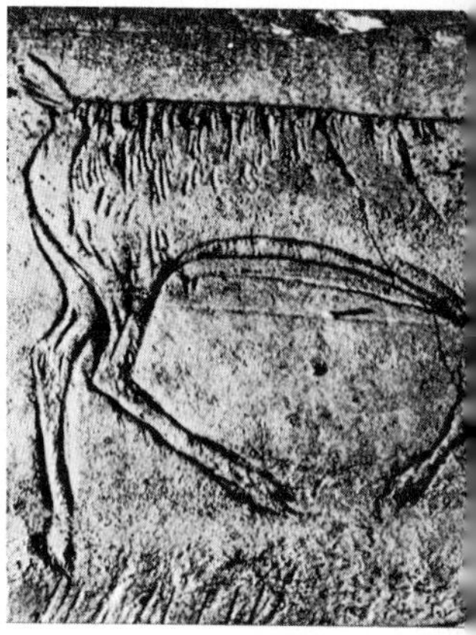

Haben die Jäger der Altsteinzeit, die Bewohner des Drachenlochs oder des Wildenmannlislochs, einen Bärenkult ausgeübt, wie Emil Bächler am Anfang dieses Jahrhunderts aufgrund seiner Ausgrabungen glaubte? Heute teilt man diese Ansicht nicht mehr. Hingegen besteht kein Zweifel darüber, daß die Bewohner des Drachenlochs gegen 49000 v. Chr. (die Datierung ist durch die C-14-Methode gesichert) das Feuer kannten (Spuren von Feuerstätten) und daß sie den Stein nach den damals in Europa weitverbreiteten Techniken bearbeiten konnten (Kulturen des Moustérien und des Levallois).

Während das gemäßigte Klima der Riß-Würm-Zwischeneiszeit das Leben möglich, ja sogar angenehm machte, scheint die Würmeiszeit, die die lange Epoche von 75000 bis 10000 v. Chr. umfaßte, den Menschen dazu veranlaßt zu haben, gemäßigtere Klimazonen aufzusuchen. Die Gegend, wo heute Genf liegt, war damals von einer über 1000 m dicken Gletscherdecke überzogen. Einige typische Tiere der kalten Zone, Mammut, Rentier, Murmeltier, Steinbock und Gemse, haben dort ihre Spuren hinterlassen. Die Vegetation wurde ärmer, und die Landschaft nahm mit Zwergbirken und arktischen Weiden das Aussehen einer nördlichen Tundra an.

Ende der Eiszeit: Auftreten des Homo sapiens

Erst um 12000 v. Chr. kehrten einige Horden von Menschen in unsere Gegend zurück. Nun erst wurde der Neandertaler durch den Homo sapiens, unseren unmittelbaren Vorfahren, ersetzt. Während sich die Gletscher zurückzogen und dabei die Seen und Flüsse des

Mittellandes bildeten, ließen sich die Menschen des Magdalénien am Ende der Altsteinzeit nach und nach in unserer sich wandelnden Landschaft nieder.

Die nördliche Tundra wich allmählich einigen Bäumen: Vorerst erschienen Kiefern und Birken, später auch Hasel, Eiche, Linde, Ulme, Ahorn und Esche. Die Wälder bevölkerten sich mit Hirschen, Wildschweinen, Braunbären, Dachsen und Mardern. Die Menschen benutzten Holz und Rentierknochen, um Sägen, Harpunen und Nadeln herzustellen. Bearbeitete Steinwerkzeuge waren aber immer noch die wichtigsten Gebrauchsgegenstände.

Das älteste Kunstwerk, das in der Schweiz gefunden wurde: Ein Ren wittert ein Weibchen oder einen Rivalen, eine Darstellung, die uns vor Augen führt, daß die Jagd für die Menschen in der Altsteinzeit (Magdalénien) im Mittelpunkt stand (Keßlerloch, SH, um 10000 v. Chr.).

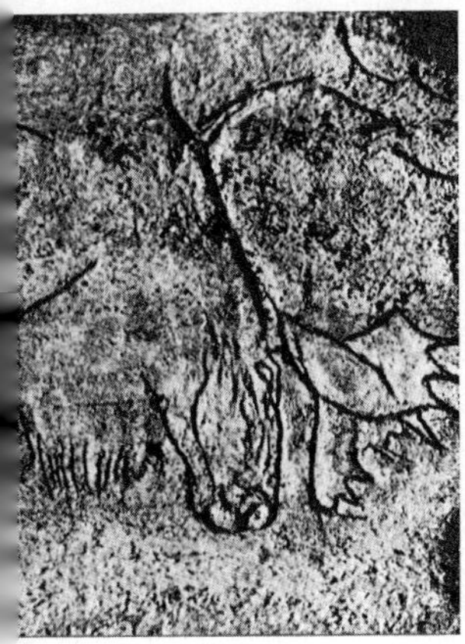

Da man verschiedene Gemeinsamkeiten zwischen den Bewohnern Mitteleuropas und des südlichen Frankreichs festgestellt hat, nahm man lange Zeit an, daß die Rentierjäger, um ihr Überleben zu sichern, gezwungen gewesen seien, bei der Verfolgung ihrer Beutetiere weite Gebiete zu durchwandern. Heute neigen die Prähistoriker dazu, kulturelle Kontakte zwischen den verschiedenen Siedlungsräumen Westeuropas zu vermuten, ohne jedoch die Möglichkeit einer gewissen Wanderbewegung und Bevölkerungsvermehrung völlig auszuschließen. Der letzte Abschnitt der Altsteinzeit erscheint demnach als eine blühende, durch beträchtliche Fortschritte in der Bearbeitung von Steinen und Knochen gekennzeichnete Zeit, die in Südwestfrankreich ein bisher beispielloses Aufblühen der Felsmalerei hervorbrachte, von der Beispiele in den berühmten Höhlen von Lascaux erhalten geblieben sind.

Während des Mesolithikums – in unseren Gegenden üblicherweise von 8000 bis ca. 3000 v. Chr. angesetzt – näherten sich Klima und Vegetation dem heutigen Zustand an. Die Bewaldung war aber viel ausgedehnter und behinderte dadurch sowohl die Kontakte zwischen den Menschen als auch ihre Wanderbewegungen. Die Tierwelt änderte sich bis zum Ende des Mittelalters kaum mehr. Sie war durch Bär, Rot- und Schwarzwild und im Alpengebiet durch Gemse und Steinbock beherrscht. Der Mensch lebte noch von der Jagd, vom Fischfang und vom Sammeln und blieb dabei vollständig von dem abhängig, was ihm die wilde Natur lieferte, ohne daß er irgendeinen direkten oder indirekten Einfluß auf sie ausüben konnte.

B. Die ersten Kulturen zwischen Alpen und Jura

1. Die neolithische Revolution

Entwicklung neuer Mentalitäten

Die Behauptung ist sicher nicht übertrieben, daß der Mensch in seiner Geschichte zwei Revolutionen erlebt hat: die eine im Neolithikum (Jungsteinzeit) und die andere im industriellen Zeitalter. Beide sind charakterisiert durch Erfindungen, die das Verhalten und das Alltagsleben vollständig umgestalteten, und beide können überdies nur erklärt werden, wenn man sie als Folge tiefgreifender Veränderungen der Geisteshaltung und grundlegender kultureller Erneuerungen versteht. Beiden gemeinsam ist auch, daß der Übergang von einer Entwicklungsstufe zur andern sich nicht abrupt, sondern allmählich vollzog. In dieser Hinsicht ist der Begriff «Revolution» für die Entstehung der neolithischen Kulturen mißverständlich, da es sich um einen äußerst langsamen Vorgang handelte.

Zwischen die Phasen der nichtseßhaften Abhängigkeit und der Seßhaftigkeit, die auf eine gewisse Selbstversorgung abzielte, schob sich eine Lebensform, wo die Menschen darauf vertrauen konnten, in der Nähe des Niederlassungsortes Jahr für Jahr die unerläßliche Nahrungsgrundlage zu finden. Dafür mußten die Umwelt, das heißt das Klima, die Bodenbeschaffenheit und die Pflanzen- und Tierwelt günstig sein. Die zweite Bedingung bestand in der Wahl von eßbaren Getreidesorten, die ohne Unterbruch immer wieder ausgesät werden konnten. Die Erfindung des Getreideanbaues muß im Orient, in der mesopotamischen Tiefebene oder auf dem iranischen Hochplateau, stattgefunden haben. Man weiß nicht, wie im 5. oder 4. Jahrtausend v. Chr. die ersten Getreidekörner ins Wallis gelangt sind. Kamen sie aus dem Süden oder durch das Donaubecken über uns noch unbekannte Zwischenstufen in die Schweiz? Beim gegenwärtigen Stand unseres Wissens sind Aussagen darüber nicht möglich.

Aus Hirschgeweih angefertigte Harpune aus neolithischer Zeit (Zürich, Utoquai, um 2500 v. Chr.).

Das Herstellen und Brennen von Keramik ist die zweite Haupterfindung der Jungsteinzeit. Das Auftauchen von Töpferwaren geht im Vorderen Orient auf das 8. Jahrtausend v. Chr. zurück. Ihre Anwendung ist vielfältig: Aufbewahrung von flüssigen und festen Nahrungsmitteln, Kochvorgang, Transport. Auch das heutige Plastikmaterial hat den gebrannten Ton nicht vom Thron gestoßen. Die Verbreitung dieser neuen Technik nach Westeuropa erfolgte nur sehr langsam, zeigte sie sich doch in der Schweiz erst um 4000 v. Chr.

Zu den großen Erfindungen der Menschheit dieser Epoche gehörte auch die Domestizierung der Tiere. So sind in Egolzwil, einer der ältesten neolithischen Fundstellen der Schweiz am Ufer des ausgetrockneten Wauwilersees im Kanton Luzern, Ziegen, Schafe, Schweine, Rinder und auch Hunde bezeugt. Aber 57 % der Tierknochen stammen immer noch von Wildtieren.

Die Anthropologie gibt keine Auskunft darüber, wie die kulturellen Errungenschaften der Jungsteinzeit in die Schweiz gelangt sind. Wurden die neuen Ideen, Techniken und Produkte durch Einzelne oder durch wandernde Völker eingeführt? Die in den Gräbern aufgefundenen Skelette bezeugen jedenfalls sehr unterschiedliche Menschentypen, was ein Zeichen für Wanderungen von Völkern und Stämmen ist.

Die Jungsteinzeit brachte für das gesellschaftliche Leben ebenfalls revolutionäre Neuerungen. Die landwirtschaftliche Produktion und die Tierzucht gestatteten einen Nahrungsüberschuß, der seinerseits wieder einige Menschen von der Urproduktion, d. h. der Jagd, dem

Wissenschaftliche Ausgrabungen haben das romantische Bild der auf einer Plattform über dem Wasser errichteten Pfahlbauten widerlegt. Es stehen für die Pfahlkonstruktionen im Augenblick zwei Erklärungen zur Verfügung: A: die Häuser wurden ebenerdig direkt auf dem Boden gebaut, dies vornehmlich in sumpfigem Gelände oder in der Nähe von Tümpeln; B: die Siedlungen wurden zum Schutz vor Schwankungen des Wasserstandes an Gestaden größerer Seen errichtet. Man sollte sich jedoch vor voreiligen Verallgemeinerungen in bezug auf diese Bauten hüten, da die Anpassungsfähigkeit der neolithischen Siedlungen an die topographischen Gegebenheiten beachtlich war.

Beobachtung und Rekonstruktion

Erklärung A

Hypothese: ebenerdig, auf festem Grund errichtete Siedlungen.

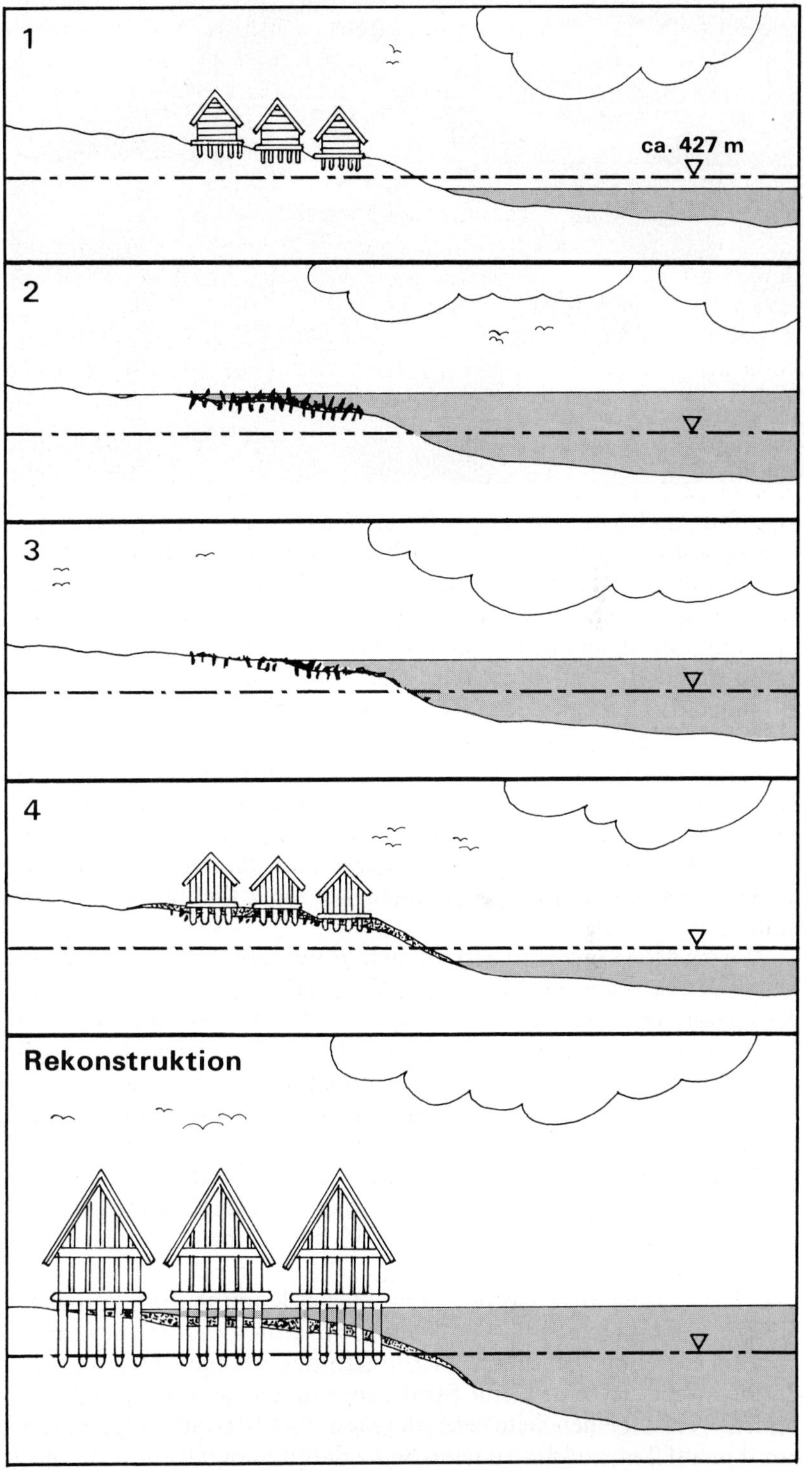

Phase 1: Siedlung auf trockenem Boden, die nur im Extremfall von Wasser überschwemmt wird. Bildung der archäologischen Schicht. Wasserstand: tief.

Phase 2: Verlassen der Siedlung. Ablagerung der archäologischen Schicht. Wasserstand: tief wie bei Phase 1 oder schon im Steigen begriffen. Das Steigen des Wasserstandes kann auch der Grund für das Verlassen der Siedlung sein.

Phase 3: Veränderungen der archäologischen Schicht durch den Wechsel des Wasserstandes. Wasserstand: steigend mit starken Wechseln.

Phase 4: Errichtung einer neuen Siedlung auf den alten, trockenen, archäologischen Ablagerungen, die nun vor den saisonalen Schwankungen des Wasserstandes geschützt ist. Bildung einer neuen archäologischen Schicht. Wasserstand: tief.

Erklärung B

Hypothese: oberhalb des Bodenniveaus erstellte Bauten.

Errichtung einer Siedlung aufgrund der Annahme, daß die Häuser vom Boden abgehoben waren. Wasserstand: tief. Der steigende Wasserstand beeinflußt die Ablagerung der sich bildenden archäologischen Schicht. Er führt nicht zum Verlassen des Dorfes.

Auf einem hölzernen Geflecht aus Ton errichtete Feuerstelle, die unmittelbar auf der Seekreide ruht, womit zweifelsfrei bewiesen ist, daß die Siedlung auf festem Grund errichtet wurde (Egolzwil, LU, um 3500 v. Chr.).

Fischfang und dem Sammeln befreite. Die Horden und Sippen, deren Größe vorher durch die Möglichkeit der Nahrungsbeschaffung beschränkt gewesen war, konnten sich nun dank der wachsenden Nahrungsproduktion, dank der Möglichkeit der Nahrungsaufbewahrung und schließlich dank der Haustierzucht zu größeren Siedlungsgemeinschaften entwickeln. Die ersten Dörfer entstanden und mit ihnen das Leben in organisierten Gesellschaften.

Die von der Urproduktion befreiten Kräfte konnten sich nun auf viele sekundäre Tätigkeiten verlegen: den Bau von Häusern, die Herstellung von Werkzeugen und Geräten aus verschiedensten Materialien, die Herstellung von Töpferware und von Geweben; es wurden sogar schon Gegenstände hergestellt, die eine kunstvollere Form oder Verzierung aufweisen, als es der bloße Gebrauch erfordert hätte.

Wegen des Mangels an bebaubarem Boden ergaben die Landstreifen an den See- und Flußufern günstige Siedlungsplätze für die Niederlassung der Menschen. Die Träger der Schnurkeramik, d.h. von Keramik, deren Verzierung durch auf den noch weichen Ton eingedrückte Schnüre hergestellt wurde, bauten ihre Häuser auf unsicherem oder sogar von Überschwemmungen bedrohtem Grund: Sie gruben lange Holzpfähle in den Boden, die als Verankerung für die leichten Wände und als Grundlage für Bretterböden dienten. Der Grundriß von mehreren Gebäudekomplexen ist uns bekannt: Egolzwil 4 stellt einen Wohnkomplex von 10 bis 12 aneinandergereihten Häusern dar, die bei 8 bis 10 m Länge und 4 m Breite mit einer oder zwei Herdstellen ausgerüstet waren. Durch Kombination von sorgfältiger Aufnahmetechnik und Dendrochronologie ist in Auvernier-Port am Neuenburgersee eine andere Siedlung nachgewiesen worden, die aus zwei durch eine kleine Straße getrennten Gebäudekomplexen besteht. Auf der einen Seite vermutet man etwa 12 rechteckige Räume von 4 m auf 2 m, auf der anderen Seite glaubt man 6 Räume des glei-

Schnurkeramik (um 2500 v. Chr.). Dieser Keramiktyp wurde von wandernden Gruppen aus Nord- und Osteuropa mitgebracht, die wohl in der Schweiz in dauernden oder zeitweise bewohnten Siedlungen, meist an Seegestaden, seßhaft wurden.

chen Ausmaßes erkennen zu können. Die Isolation der Böden bestand aus einem mit Zweigen und Rinde bedeckten Balkenrost. Die Spezialisten des dendrochronologischen Labors von Neuenburg schlagen für dieses Dorf das Jahr 3677 v. Chr. vor, was für unsere Gegend das Aufkommen der ersten dörflich organisierten Siedlungen in sehr frühe Zeiten datieren läßt.

Technik der Jungsteinzeit

Die Herstellungstechnik der Steinwerkzeuge aus poliertem Stein, deren Formen sich ständig verbesserten, ist gut bekannt. Aus der einfachen Schneide einer Hacke entwickelte sich die Axt mit einem Loch für den Holzgriff. Die Verbindung von Steinwerkzeug mit den feineren und leichteren Werkstoffen, die sich aus Hirschgeweih oder Tierknochen gewinnen ließen, ergab vielfältige Verwendungsmöglichkeiten. So gab es besondere Werkzeuge für das Fällen von Bäumen, für das Zuhauen des Holzes zum Bau von Wohnhäusern und für die Herstellung von Einbäumen, die aus einem einzigen Baumstamm ausgehöhlt wurden, sowie die verschiedensten Werkzeuge für den Ackerbau.

Die Töpferware gestattete es nicht nur, trockene oder flüssige Nahrungsmittel aufzubewahren, sie ermöglichte auch eine Veränderung der Ernährung durch das Kochen. Der Speisezettel wurde reichhaltiger: Mehrere Getreidesorten – Gerste, Weizen, Hirse – und zahlreiche Früchte – Apfel, Birne, Himbeere, Erdbeere, Haselnuß und Baumnuß – sind bezeugt.

Spindeln und Webgewichte beweisen, daß man gelernt hatte, Wolle zu verspinnen und zu weben. Die Herstellung von Textilien stellt ebenfalls einen wichtigen technischen Beitrag der Jungsteinzeit dar, bewirkte sie doch einen Wandel in den Bekleidungsgewohnheiten. Bis anhin hatten nur Tierfelle den Menschen vor Kälte und Witterung geschützt. Gewebe sind aber für die Bedürfnisse des Menschen sehr viel geeigneter. Der jungsteinzeitliche Handwerker stellte Körbe her, von denen uns einige noch erhalten sind, ebenso Gegenstände aus

Leder und aus Rinde; daneben schuf er auch Schmuck aus den Stoßzähnen von Ebern, aus Schneckenhäuschen und aus Muschelgehäusen. Er kannte auch ein Verfahren, um zerbrochene Töpfe mit Birkenharz wieder zu reparieren, «dem einzigen Klebstoff, von dem man weiß, daß er 5000 Jahre hält», wie Michel Egloff schreibt.

Die Gräber von Petit-Chasseur bei Sion-Sitten

Die Mentalität der jungsteinzeitlichen Menschen spiegelt sich in der Sorgfalt, mit der sie ihre Toten bestatteten. Man kennt mehrere Gräberfelder aus dieser Periode, so etwa dasjenige von Chamblandes bei Lausanne, das aus der mittleren Jungsteinzeit stammt. Seine mit Steinen ausgekleideten Kistengräber weisen reiche Beigaben von Eberstoßzähnen, Muscheln und Steinbeilen auf. Die Ausgrabungen des Fundplatzes von Petit-Chasseur bei Sion haben ein bis jetzt einzigartiges Monument an den Tag gebracht: ein Grab in der Form eines Dolmen, das in ein großes gleichschenkliges Dreieck eingelassen war (Länge mehr als 16 m, Breite 6 m). Dieses wie auch andere Gräber waren in ihrem unteren Teil von einer Reihe von Stelen mit menschenähnlichem Aussehen (anthropomorphe Stelen) gesäumt, die kunstvolle Verzierungen mit Schachbrettmuster, Sonne, Kupferdolchen und Doppelspiralen aufweisen. Das Alter dieser Gräber ist ziemlich genau bekannt: Sie gehen auf etwa 2200 v. Chr. zurück. Die verschlungenen Wege der Geschichte wollen es, daß ungefähr 200 Jahre später Neuankömmlinge der Glockenbecherkultur (nach dem Namen der Keramik, die sie mit sich brachten oder herstellten) diese Denkmäler zerstörten und die unnütz gewordenen anthropomorphen Stelen für ihre eigenen Kistengräber benützten. Die bekanntesten Zeugnisse für das Kultleben der Jungsteinzeit sind die zahlreichen noch heute aufrecht stehenden Steinmonumente, die man allgemein Megalithen, Dolmen oder Menhire nennt.

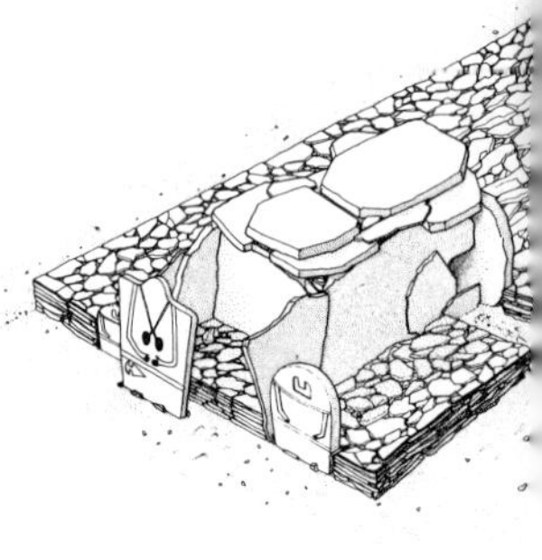

Traditionen und Einflüsse

Die zusammenfassende Darstellung eines Zeitraumes von etwa 1600 Jahren neigt natürlich dazu, die einer Zivilisation gemeinsamen Züge hervorzuheben, die Abweichungen und Sonderformen dagegen eher zu vernachlässigen. Die wichtigsten kulturellen Strömungen, die in Mittel- und Westeuropa während etwa 15 Jahrhunderten faßbar sind, haben aber Spuren hinterlassen, die durchaus lokale Eigenheiten, verschiedene Traditionen und unterschiedliche Einflüsse verraten. Die Archäologen und Prähistoriker geben den einzelnen prähistorischen Kulturen Namen, die von Fundorten oder Fundgegenden oder von einem bestimmten Keramiktyp abgeleitet sind. Es kommt sogar vor, daß eng verwandte Kulturen von einem Land zum anderen verschieden benannt werden. Diese sehr verfeinerten Bezeichnungen erlauben eine fast unbeschränkte Abstufung der Kulturen in Gruppen und Untergruppen. Es ist unmöglich, hier alle im einzelnen zu beschreiben. Wir beschränken uns darauf, einen kurzen Überblick zu geben. Die Cortaillod-Kultur, wie diejenige von Lagozza in Italien und von Chassey in Frankreich, sind in den Ufersiedlungen des Mittellandes vom Genfer- bis zum Zürichsee vertreten, ebenso auch im Wallis in Sion (Petit-Chasseur, Zeit vor den Dolmengräbern), in Saint-Léonard und in Raron; in der Nordschweiz und in Süddeutsch-

Für die Glockenbecherkultur typischer Goldbecher; er wurde in Eschenz (Thurgau) gefunden und gehörte wahrscheinlich zu den Beigaben eines Grabes (1800–1600 v. Chr.).

land tritt die Michelsberger- und die Pfynerkultur in Erscheinung. Später macht die Kultur der Saône-Rhone-Gegend mit ihren Untergruppen von Lüscherz (Kanton Bern) und Auvernier (Kanton Neuenburg) ihren Einfluß im Südwesten der Schweiz geltend. Die Horgener Kultur (Horgen, Zürichsee) dagegen ist im Norden der Schweiz vertreten. Mit der Schnurkeramik- und der Glockenbecherkultur fand die Jungsteinzeit in der Schweiz ihr Ende.

Verbesserte Lebensbedingungen dank der Bronze

Rekonstruktion des Dolmen M.VI aus der späten Jungsteinzeit in seinem ursprünglichen Zustand (Petit-Chasseur, um 2200 v. Chr.). Die Form des Sockels, ein gleichschenkeliges Dreieck von 6 m Grundlinie und 16,5 m Höhe, war bisher nicht bekannt. Möglicherweise wurden Stelen mit menschenähnlichem Aussehen (anthropomorphe Stelen) vor dem Denkmal errichtet.

«Das Metall, ein zugleich biegsames und festes Material, bietet dem Menschen die Möglichkeit, eine unbeschränkte Zahl von Gegenständen zu gestalten, und dank der Gußtechnik in hundert Exemplaren, wenn er will» (Michel Egloff). Sicherlich ist die Förder- und Gußtechnik von Kupfer schon sehr alt und geht auf die Jungsteinzeit zurück. Deshalb hat man gelegentlich der letzten Periode der Jungsteinzeit den Namen Chalkolithikum, auch Äneolithikum (Kupfersteinzeit) gegeben. Die Darstellung eines Dolches und eines Anhängers aus Metall auf einer zum Dolmengrab von Petit-Chasseur in Sion gehörenden Stele, die um etwa 2200 v. Chr., also in die jüngere Phase der Jungsteinzeit datiert wird, zeigt, daß die bisher gebrauchten Einteilungen – so bequem sie auch sind – verfeinert werden müssen. Der Übergang von der Kultur der Jungsteinzeit zum allgemeinen Gebrauch der Bronze erfolgte ganz allmählich und – was die Schweiz betrifft – auch sehr spät. Es sei daran erinnert, daß unsere Bronzezeit im Ostmittelmeerraum der Vorpalastphase der kretischen Kultur (2. Jahrtausend v. Chr.), der kretischen Palastkultur und der mykenischen Kultur entspricht. Der Weg, den die Einführung der Bronzetechnik in Europa genommen hat, ist kaum bekannt. Man kann nur vermuten, daß über Mitteleuropa oder Italien zwischen 2000 und 1700 v. Chr. zuerst Bronzegegenstände, dann die entsprechenden Handwerker aufgetaucht sind.

Im kulturellen und gesellschaftlichen Bereich stellt die Bronzezeit in der Schweiz keinen sehr markanten Einschnitt gegenüber der Jungsteinzeit dar. Immerhin brachte der Rückgriff auf das Metall beträchtliche Vorteile und erlaubte in den verschiedensten Tätigkeits- und Lebensbereichen eine merkliche Verbesserung. Darüber hinaus waren die wirtschaftlichen und militärischen Folgen des neuen Materials von großer Wichtigkeit. An Kupfer und Zinn arme oder völlig metallose Gegenden mußten Mittel und Wege finden, um sich damit zu versorgen: Dies bedeutete den Anfang der Handelswege, die die Welt während Jahrhunderten durchzogen. Man spricht vor allem von der Zinnstraße, war dieses Metall doch seltener und auch weniger verbreitet als das Kupfer. Auf dem militärischen Sektor stellten die langen Bronzeschwerter eine neue, äußerst wirksame Waffe dar. Sie haben die Mykener zum Sieg geführt, wurden aber auch im Westen hergestellt und brachten ihren Trägern eine beträchtliche Überlegenheit.

Die Bronze kann nach zwei verschiedenen, sich aber ergänzenden Techniken bearbeitet werden, durch Guß oder durch Schmieden. Gußformen für die Herstellung von Klingen, Sicheln, Schmuck und verschiedenen anderen Gegenständen sind in ziemlich großer Zahl überliefert. Sie sind in weichen Stein geschnitten, in Ton modelliert oder in Bronze gegossen. Was das Hämmern und Schmieden betrifft, so erlaubte diese Technik die Herstellung von flachen Gegenständen, zum Beispiel von Klingen, von Äxten und von Verzierungen.

Der Triumph des Bronzeschmiedes

Die große Errungenschaft der Bronzezeit liegt in der Meisterschaft, ja Virtuosität, mit der die Handwerker neue Formen und neue Gegenstände schufen. Dolche mit dreieckiger Klinge und Rillenverzierungen, manchmal mit massivem, angenietetem Griff (sogenannte Vollgriffdolche) sowie Beile mit abgerundeter Spitze und verdickten Seiten (sogenannte Randleistenbeile) gehören zu den häufigsten und charakteristischsten Gebrauchsgegenständen. Aber ohne Zweifel bewiesen die Handwerker der Bronzezeit ihre höchste Originalität bei der Herstellung von Nadeln: Der immer länger werdende, vierkantige Schaft wurde durch eine außergewöhnliche Ornamentik bekrönt (Ringkopfnadel). Am Anfang bestanden die Nadelköpfe nur aus gerundeten Platten, die zum Teil mit eingravierten Motiven verziert waren. Dann wurden sie allmählich immer luxuriöser und reicher. Um den Mittelkörper rankten sich Blätter oder andere Rundformen mit verschiedenartigstem Dekor. Zugleich erschien der Halsring *(torques)* als weiteres Schmuckstück, der in der keltischen Welt höchst beliebt wurde. Dieser mehr oder weniger dicke und verschieden verzierte Halsschmuck sollte sich in ganz Europa verbreiten.

Was die Keramik betrifft, so wurde sie immer noch von Hand ohne Töpferscheibe hergestellt; teilweise wies sie eine glatte Oberfläche, meist aber eingeritzte geometrische Motive auf. Mit der Verbreitung der Spinn- und Webkunst ging auch jene von Kleidungsstücken einher. Es handelte sich um lose Gewänder, die mit Nadeln und später mit Fibeln befestigt wurden. Die Fibeln (eine Art Sicherheitsnadeln) waren zugleich Schmuckstücke und unerläßlicher Gebrauchsgegen-

Die rätselhaften, aus Ton geformten, mondsichelförmigen Gegenstände (sogenannte Mondhörner) könnten frühe religiöse Zeugnisse aus dem Gebiet der Schweiz sein. Waren sie einem Kult, dem Mond oder dem Stier, gewidmet, oder hatten sie – viel einfacher – nur die Funktion eines Brennbockes? (Mörigen, BE, um 1100 v. Chr.).

Luftaufnahmen erlauben es, viele Pfahlbauten aus der Bronzezeit auszumachen und die Regelmäßigkeit ihrer Siedlungsanlage zu erkennen; hier ein Bild von Cortaillod, NE, um 1100 v. Chr.

Doppelflügelnadel mit getriebenem Bronzeblech (Leytron, Wallis). Sie ist typisch für die Rhonekultur (frühe alpine Bronzezeit) um 1800 v. Chr.

stand bis zum Ende der Antike, das heißt bis zum grundlegenden Wechsel der Kleidermode.

Die Bronzezeit ist durch ein relativ mildes Klima gekennzeichnet, das gegen Ende sogar zur Trockenheit neigte, was die Absenkung der Seespiegel zur Folge hatte. Neue Getreidesorten, wie Hafer und Spelz, fanden Verbreitung. Der Anteil der Haustiere an der Ernährung nahm zu, mit einem deutlichen Überwiegen von Ziegen und Schafen. Auch ist es die Bronzezeit, in der an allen Siedlungsplätzen das Pferd erschien, für welches die Bronzeschmiede die Zäume herstellten.

Die Landwirtschaft gewann durch die Einführung des Pfluges und der Bronzesichel an Leistungsfähigkeit. Der Angelhaken aus Metall erwies sich als wirkungsvoller für den Fischfang als die bisher gebrauchten Haken aus Knochen. Die See- und Flußufer wurden weiterhin für Wohnplätze gebraucht, wobei man noch immer Pfähle in den Boden rammte, zum Teil aber die Wände schon in Blockbauweise errichtete. Moderne Alphütten geben eine gute Vorstellung von den Behausungen der Bronzezeit. Mit ihrem quadratischen oder rechteckigen Grundriß, ihren Bohlenwänden und ihren Schindeldächern unterscheiden sich diese Blockhütten nicht stark von den Jahrtausende zurückliegenden Bauten.

Beginn städtischer Organisation

Was die Siedlungsweise betrifft, wiesen die Dörfer der Bronzezeit eine stärkere Spezialisierung auf als ihre Vorgänger der Jungsteinzeit:

So sind nun besondere Quartiere den Töpfern, andere den Schmieden und wieder andere den Webern zugeteilt. Die Erbauer der bronzezeitlichen Dörfer dachten bei der Auswahl der Siedlungsstellen und der Fluchtburgen an die äußeren Gefahren: Einige Siedlungen entstanden auf den Höhen, um äußere Bedrohungen abwehren zu können, doch entwickelten sich auch in der Ebene Dörfer und sogar stadtähnliche Siedlungen.

Sandsteinform, die zur Herstellung von Messern und Ringen diente (Auvernier, NE, 1100–800 v. Chr.).

Für die Bronze- wie für die Jungsteinzeit stellt sich das schwierige Problem der Völker und der Kulturen, die sie repräsentierten. Die Anthropologie hat eine Entwicklung in der durchschnittlichen Größe des Menschen von 1,55 m im Neolithikum auf 1,65 m in der Bronzezeit nachgewiesen. Die untersuchten Schädelformen könnten andeuten, daß in der Jungsteinzeit Menschen von mediterranem Typus im Gebiet der Schweiz siedelten, während in der Bronzezeit mehrheitlich Menschen vom Rundschädeltypus ansässig waren.

Die archäologische Hinterlassenschaft der Westschweiz ist, wenigstens zu Beginn der Bronzezeit, derjenigen der Region Jura–Burgund sehr ähnlich. Später schloß sich die Kultur des Mittellandes eher derjenigen Mitteleuropas an, die von der Unetiče-Aunjetitzerkultur beherrscht war. Ihre Spuren dringen bis nach Italien vor. Ein besonderes Kennzeichen dieser Kultur sind die Grabformen: Die Toten wurden in reich ausgestatteten Steingräbern unter großen Grabhügeln bestattet, die heute freilich durch die Erosion kleiner geworden sind.

2. Neuer wirtschaftlicher, technologischer und kultureller Aufschwung

Übergang von der Bronze- zur Eisenzeit

Die Mitte des 13. Jahrhunderts v. Chr. ist im Osten durch einen tiefgreifenden Einbruch gekennzeichnet, der in Griechenland das Ende der mykenischen Welt, in Anatolien, im Vorderen Orient und bis nach Ägypten aber Unruhen mit sich brachte. Ohne daß man die Ursachen dieser Ereignisse bestimmen noch deren Verlauf nachzeichnen kann, beobachtet man doch auch in Mitteleuropa das Aufkommen neuer Begräbnissitten: Die Toten wurden nun kremiert und ihre in Urnen aufbewahrte Asche in mehr oder weniger ausgedehnten Gräberfeldern geborgen. Diese Gräberfelder, die ein reiches Material liefern, haben der Zivilisation der jüngeren Bronzezeit, für die sie charakteristisch sind, den Namen der Urnenfelderkultur gegeben. In der Schweiz haben sich die Begräbnissitten am Ende der Bronzezeit rasch verändert.

Das Ende der Bronzezeit zeichnet sich durch die hohe Qualität des Kunsthandwerks aus. Die zu Tausenden in der zweiten Hälfte des 19. Jahrhunderts bei der Korrektion der Seespiegel und der Flußläufe geborgenen Gegenstände bezeugen den hohen Stand des Handwerks, der Töpferei und vor allem der Bronzeschmiedekunst. Unglücklicherweise sind die Funde zum größten Teil von Amateuren gesam-

Stele in Menschengestalt (anthropomorphe Stele) aus dem späten Neolithikum (Sion, Petit-Chasseur, Wallis, um 2200 v. Chr.), welche von den Vertretern der Glockenbecherkultur rund 200–150 Jahre später zur Errichtung eines Dolmen verwendet wurde. Dolch und Brustschmuck aus Kupfer geben Aufschluß über den Übergang vom Neolithikum zur Bronzezeit.

melt worden, die sich wenig um den gesamten Fundkomplex kümmerten. Auf diese Weise sind leider sehr viele kostbare Informationen auf immer verlorengegangen. Die neuesten Ausgrabungen in Auvernier und in Twann am Neuenburger- bzw. Bielersee haben gezeigt, wie wichtig eine genaue Fundaufnahme ist. Nur dadurch konnte festgestellt werden, daß offenbar dem Bau der Häuser und der Handwerksbetriebe eine Siedlungsplanung zugrunde lag.

Es scheint sicher, daß die aufeinanderfolgenden Kulturen von Aunjetitz, der mittleren Bronzezeit und der Urnenfelder, die alle einen bemerkenswerten Aufschwung in Technik, Wirtschaft und Kultur aufwiesen, die Entfaltung der Eisenzeit vorbereitet haben. Einige Autoren glauben sogar, daß die Grabhügel der Bronzezeit wie später die reichen Gräber der Urnenfelderkultur eine gesellschaftliche Schichtung erkennen lassen. An der Spitze der Stämme und Dörfer könnten Könige oder Fürsten gestanden haben, die ihre Herrschaft über Handwerker und Bauern ausübten. Man würde so bereits seit der Bronzezeit die gesellschaftlichen Strukturen finden, die auch später die Hallstattzeit oder ältere Eisenzeit prägen sollten.

Die ältere und die jüngere Eisenzeit

Man setzt gewöhnlich den Beginn der älteren Eisenzeit um 750 v. Chr. an. Die Periode, die um 450 v. Chr. beginnt und mit der Anwesenheit der Römer endigt, heißt üblicherweise jüngere Eisenzeit. Aber diese Bezeichnungen werden oft durch die Namen Hallstattzeit (nach einem österreichischen Fundplatz) und Latènezeit (nach einem Fundort am Neuenburgersee) ersetzt. Archäologen pflegen diese beiden Perioden noch weiter in verschiedene Unterabschnitte aufzuteilen. Die detaillierten Auflistungen, die man in vielen archäologischen Untersuchungen findet, machen zwar einen durchaus rationalen Eindruck. Heute versucht man sich jedoch mehr und mehr von solchen Schemata zu befreien, die zwar für die Einordnung grundlegender Klassifikationselemente nützlich sein mögen, aber doch zu starr sind, um der Vielschichtigkeit von Kulturen gerecht zu werden.

Der Historiker kann sich auch weniger denn je mit der konventionellen Bezeichnung «Eisenzeit» zufrieden geben. Der Gebrauch und die Verbreitung des Eisens sind sicher ein wichtiges Ereignis in der Geschichte der Technologien; sie haben die Wirksamkeit bestimmter menschlicher Tätigkeiten im Bereich des Handwerks, des Ackerbaus und des Krieges verbessert, stellen aber nur einen der sichtbaren Aspekte der sich wandelnden gesellschaftlichen, wirtschaftlichen und politischen Ordnung dar. Das gleiche gilt für die Namen Hallstatt- und Latènezeit. Wenn auch die diesen Kulturen gemeinsamen Züge den Spezialisten geläufig sind, so gleicht doch ihre Zuordnung zu bestimmten Fundplätzen einem normierten Code. Man möchte gerne mehr über die Völker wissen, die Mitteleuropa im 1. vorchristlichen Jahrtausend besiedelten, mehr über ihre Herkunft und mehr über ihre Eigenheiten erfahren. Es gibt jedoch keine ethnischen Kriterien, die den verschiedenen kulturellen Entwicklungsstufen, die man unter der Bezeichnung der Eisenzeit zusammenfaßt, entsprechen würden. Auch die schriftlichen Quellen lassen uns bis auf die beiden letzten Jahrhunderte vor unserer Zeitrechnung vollständig im Stich. Immerhin wäre die Behauptung nicht ganz zutreffend, wonach wir gar nichts von der Persönlichkeit, der Einstellung und der Lebensweise der Menschen der Eisenzeit wüßten. Trotz ihrer Unterwerfung unter die Römer bewahrten sie nämlich ihre Sitten und Gebräuche wie auch ihre einheimischen Götter, die nie vollständig von denjenigen der Neueinwanderer verdrängt worden sind.

Ungeklärte Ursprünge

Fragt man weniger nach der materiellen Hinterlassenschaft der Hallstatt- und der Latènezeitkultur als vielmehr nach den Menschen, die sie geschaffen haben, so stößt man auf das bis heute ungelöste Herkunftsproblem. Läßt sich der Übergang von der Bronzetechnik zum Gebrauch des Eisens durch die Zuwanderung neuer Völker erklären, oder haben die alten Bewohner eine Entwicklung durchgemacht, welche sie zu einer anderen, höheren Kulturstufe führte? Heute gibt man eher der zweiten Hypothese den Vorzug und erklärt den kulturellen Aufschwung der Eisenzeit mit der Entwicklung, die schon am Ende der Bronzezeit eingesetzt hatte. Nach dieser Hypothese wäre die vom Eisen bestimmte Zivilisation eine Schöpfung der seßhaft gewordenen Träger der Aunjetitzer- und der Urnenfelderkultur. Gleichzeitig wäre es sogar möglich, sie mit einem Namen zu belegen: Es dürften die Vorfahren der Kelten gewesen sein (die sogenannten Protokelten), die seit dem 5. Jahrhundert einen Großteil Mitteleuropas durchwandert und dann besetzt hatten.

Bemalte Graburne mit Kerbschnitt und Stempelverzierung. Ältere Eisenzeit, 600–450 v. Chr., Dinhard, ZH.

Aber die Wirklichkeit war ohne Zweifel komplexer. Je nach dem Wanderungs-, Durchmischungs- und Assimilationsgeschehen verlief die Entwicklung der einzelnen Gegenden sehr unterschiedlich. So hat beispielsweise die Verbindung der keltischen und iberischen Kultur in Südwestfrankreich und Spanien die keltiberische Kultur hervorgebracht. Ähnliches ereignete sich auch in den mitteleuropäischen Kulturregionen.

Die Anthropologie lehrt uns, daß es weder einen keltischen Menschentyp noch eine keltische Rasse gegeben hat. Es läßt sich höchstens eine erneute Zunahme der durchschnittlichen Körpergröße beobachten, die von 1,65 m in der Bronzezeit auf 1,70 m in der Eisenzeit stieg. Gleichzeitig vergrößerte sich auch der Anteil der dolichozephalen Schädelformen (Langschädel). Freilich ist die Anzahl der in der Schweiz gefundenen Skelettüberreste zu klein, um schlüssige Aussagen zu erlauben.

Technische und kulturelle Neuerungen

Wie dem auch sei, unbestreitbar ist nach 750 v. Chr. nördlich der Alpen eine neue Kultur entstanden. Sie entwickelte im 5. Jahrhundert eine Expansionskraft, die sich bald einmal den Bewohnern der kulturell andersartigen Regionen Italiens, Griechenlands und Kleinasiens durch gewalttätige Einfälle bemerkbar machte. Die Menschen der Mittelmeerländer verstanden die Geisteshaltung der vordringenden Nordvölker nicht und empfanden sie als brutal und unorganisiert. Nach Rom waren Delphi, dann Pergamon den Schlägen der keltischen «Barbaren» ausgesetzt. Bei diesem Zusammenstoß trug dank den Gänsen auf dem Kapitol, dank Apoll und dank den Königen von

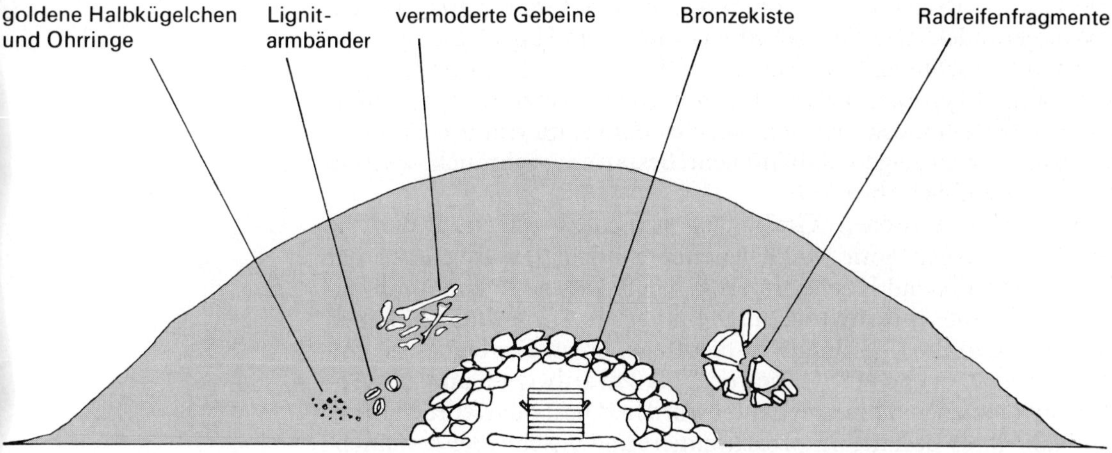

Die Grabhügel der Hallstattzeit enthalten oft Wagengräber mit reichen Beigaben und liefern damit wichtige Informationen über Gesellschaft und Kunst in der älteren Eisenzeit. Querschnitt durch den Hügel von Urtenen, BE, 600–450 v. Chr.

Pergamon die mediterrane «Zivilisation» den Sieg davon. Die Gallier wurden gezähmt, assimiliert, ihre Kraft wurde verwertet und dort eingesetzt, wo sie am deutlichsten in Erscheinung trat, nämlich im Krieg. In allen hellenistischen Heeren finden sich gallische Söldner.

Die großen Neuerungen der Eisenzeit in unseren Gegenden waren nicht so sehr die Verhüttungsverfahren als vielmehr der Gebrauch der Töpferscheibe, des eisenbeschlagenen Pfluges und die Verbreitung des Geldes nördlich der Alpen. Auch das Aufkommen des Pferdes gehört in diesen Zusammenhang. In der Latènezeit stellte es einen Drittel aller Haustiere und hatte eine dreifache Aufgabe zu erfüllen, nämlich als Reittier, als Zugtier und als Fleischlieferant. Einer der Vorzüge des Eisens gegenüber der Bronze besteht zwar im reichlichen und überall verbreiteten Vorkommen des Erzes. Aber im 8. Jahrhundert v. Chr. war das Eisen in der Schweiz trotzdem noch selten und wurde nur sparsam verwendet, beispielsweise für Inkrustierungen (Einlegearbeiten) in Bronze und für die Herstellung von Schmuckgegenständen.

Hallstattgräber, Zeugen einer gesellschaftlichen Schichtung

Merkwürdigerweise haben die Bewohner der älteren Eisenzeit in der Schweiz als früheste Spuren ihrer Existenz nicht etwa Siedlungen, sondern Gräber hinterlassen. Vom Rhein bis zum Fuß des Waadtländer Juras gibt es eine Menge von Hallstatt-Grabhügeln, die sowohl reich an Gräbern wie auch an Beigaben sind. Einer der wichtigsten Grabhügel dieser Zeit, der Magdalenenberg, ist freilich außerhalb der Schweiz, bei Villingen im Schwarzwald, gefunden worden: ein Grabhügel von 8 m Höhe und einem Durchmesser von 200 m mit einem Zufahrtsweg und einer mit Balken abgestützten Grabkammer. Durch die Dendrochronologie läßt sich die Bestattung des dort ruhenden Toten auf 604 v. Chr. festlegen. Leider wurde das Grab seit der Antike zu verschiedenen Malen ausgeraubt, und deshalb haben sich nur bescheidene Spuren der Ausstattung erhalten. Dies war glücklicherweise nicht in gleichem Maße bei dem berühmten Grab von Vix bei Châtillon an der Seine in Frankreich der Fall. Neben einem reichgeschmückten Wagen hat man dort einen einzigartigen griechischen Bronzekrater von fast 2 m Höhe mit wundervollem Dekor gefunden. Die Tote selbst war mit einem Halsring aus massivem Gold geschmückt. Vor kurzem (1978) ist auch ein ungestörtes Grab von außerordentlichem Reichtum bei Hochdorf in der Nähe von Stuttgart entdeckt worden. Die Grabhügel im Kanton Freiburg und in Grächwil zeigen, daß ähnliche Bestattungsgebräuche auch in der Schweiz üblich waren.

Die schweizerischen Grabhügel erreichen freilich weder die Größe desjenigen vom Magdalenenberg noch den Reichtum der Gräber von Vix und Hochdorf, sie geben uns aber trotzdem zahlreiche interessante Informationen. Die jüngsten Ausgrabungen haben bestätigt, daß die Grabhügel in der Regel einen Durchmesser von etwa 10 bis 20 m und eine Höhe von 2 bis 3 m aufwiesen und aus großen, unbehauenen Steinen errichtet wurden. Die Toten wurden oft in der Nähe ihres Bestattungsortes kremiert und anschließend, manchmal in einer Urne, auf dem Grund des Grabhügels bestattet.

Prachtvolle Grabbeigaben

Das Inventar der Grabbeigaben gibt Anlaß zu Überlegungen über die gesellschaftlichen und wirtschaftlichen Zusammenhänge. Das Inventar umfaßt nämlich zahlreiche Gefäße, aber auch Waffen (Schwerter mit Eisenklingen und manchmal Bronzegriffen sowie Pfeilspitzen), Bronzegegenstände wie Schmuck, Armringe und Nadeln und schließlich Goldschmiedearbeiten, von denen einige wie etwa die mit Pferdedarstellungen geschmückte Schale von Zürich-Altstetten eine hohe Qualität aufweisen. Der überraschendste Gegenstand ist wohl die Hydria von Grächwil im Kanton Bern. Es handelt sich um ein Bronzegefäß, das sehr wahrscheinlich aus Großgriechenland (Tarent) stammt und ungefähr in die Zeit um 570 v. Chr. zu datieren ist. Es stellt die Herrin der Tiere dar *(potnia theron),* eine weibliche geflügelte Gottheit, die hier von vier Löwen, zwei Hasen und zwei Schlangen begleitet wird und auf deren Haupt ein Adler mit geschlossenen Flügeln sitzt. Schulterpartien und Hals sind mit einem für die lakonische Kunstlandschaft (das heißt Kreta, Rhodos und einige Städte des griechischen Westens) typischen mythologischen Dekor geschmückt. Die Bedeutung dieses Stückes für das Studium der griechischen Bronzekunst wird in unseren Gegenden wohl nur noch durch den noch außergewöhnlicheren Krater von Vix übertroffen, der zweifellos ebenfalls aus einer Werkstatt in Großgriechenland oder Sizilien stammt.

Was kann man aus den Grabhügelfeldern und ihrer reichen Ausstattung schließen? Man ist sich darin einig, daß sich die Gesellschaft der Hallstattzeit durch außergewöhnliche soziale Unterschiede ausgezeichnet haben muß. Einheimische Fürsten oder aristokratische Oligarchen, die sich vielleicht auf eine Leibwache stützten, übten die politische Macht in verschieden großen Herrschaftsgebieten aus. Am Ende der älteren Eisenzeit scheint sich ihre Macht sogar gefestigt zu haben. Die Fürsten wurden jetzt mit reichen Grabbeigaben bestattet, manchmal sogar mit einem Prunkwagen und luxuriösem Pferdegeschirr.

Münzstempel (Avenches, Waadt) aus der ersten Hälfte des 1. Jahrhunderts v. Chr. Bis heute wurde noch keine damit geprägte Münze gefunden.

Der Besitz von Weideland für die Herden und von Ackerland für den Getreidebau genügt aber nicht, um den Aufwand der Fürsten der Hallstattzeit zu erklären. So verdankten sie höchstwahrscheinlich ihren Reichtum anderen, einträglicheren Tätigkeiten, unter denen

Bronzehydria aus Grächwil, BE, ein Prunkgefäß aus einer Werkstatt Großgriechenlands (Süditalien oder Sizilien) mit der Darstellung der Herrin der Tiere (potnia theron) auf den Schulter- und Halspartien. Der Fundort (Grächwil, BE) beweist, daß es einen Handelsstrom über die Alpen gegeben hat (580–570 v. Chr.).

sich bestimmt Handel und Warentransport befanden. Nur wenn man gut eingespielte Handelswege voraussetzt, läßt sich erklären, daß der Krater und die Hydria mit der Herrin der Tiere an ihre Fundorte gelangt sind.

3. Die Alpen – Ort des Handels und der Begegnungen

Flüsse und Pässe im Dienste des Handels

Die Flüsse und die Flußtäler stellen seit altersher wichtige Handelswege dar. So verbinden die Flußläufe der Rhone, Saône und Seine Marseille mit der Küste des Ärmelkanals. Vix befand sich an dieser Verkehrsachse, und zwar an einem Warenumschlagplatz, was vielleicht den Reichtum und das Ansehen des Ortes erklärt. Über die Rhone konnte man zum Genfersee gelangen, dann über den Neuenburger- und Bielersee ins schweizerische Mittelland und schließlich in die Gegenden nördlich des Rheins. Zu den wichtigen Flußverbindungen gehörte auch diejenige entlang der Donau vom Schwarzen Meer nach Westeuropa und von Mitteleuropa nach Osten.

Obwohl die Alpenübergänge schwieriger begehbar waren, so wurden sie doch seit dem Altertum benützt. Die in der Nähe des Theodulpasses (3317 m) gefundene Spitze einer neolithischen Axt bleibt ein isolierter Fund; aber die Verwandtschaft zwischen den jungsteinzeitlichen Kulturen des Wallis und denjenigen des Aostatales bezeugen Verbindungen, die schon immer zwischen den Bewohnern der beiden Seiten des Großen St. Bernhard bestanden haben. Man kann nicht ausschließen, daß die Händler in der Eisenzeit den kürzeren Weg vom Rheingebiet nach Italien über die Alpen und nicht den Umweg über die Rhone-Ebene gewählt haben, zumindest wenn sie leicht transportierbare Gegenstände und Nahrungsmittel mit sich führten. Deshalb haben einige Autoren bei der Untersuchung des Weges, den der große Krater von Vix aus Großgriechenland nach Châtillon an der Seine genommen haben könnte, die Meinung vertreten, daß dieser zwar demontierbare, aber trotzdem schwere und sperrige Gegenstand über die Alpen transportiert worden sei.

Im Laufe des 1. vorchristlichen Jahrtausends vertieften und vervielfachten sich die Beziehungen zwischen der mediterranen Kultur und den nördlichen Gegenden. In der Schweiz sind dafür die Hydria von Grächwil und die attische Keramik, die man in Châtillon-sur-Glâne im Kanton Freiburg und auf dem Uetliberg im Kanton Zürich ausgegraben hat, mehr als bloße Hinweise. Seit der Bronzezeit durchkreuzten die Zinnstraße und die Bernsteinstraße Europa vom Mittelmeer gegen Nordwesten nach Britannien und gegen Nordosten ins Baltikum. Es ist sicher, daß die Einwohner der Schweiz und ganz besonders die Alpenbewohner den Händlern und Reisenden seit der ältesten Zeit wichtige Dienste geleistet haben. Denis van Berchem hat die Beziehungen nachgezeichnet, die sich zwischen den Fremden und den Führern, Säumern, Wirten und Besitzern von Schuppen und Lagerhäusern entwickelten; denn alle diese Leute zogen Nutzen aus dem Aufkommen des Handelsverkehrs. Die doppeldeutige Aufgabe der Aufrechterhaltung von Ordnung und Sicherheit kam den einheimischen Potentaten, Kleinkönigen und Fürsten zu, auf deren Gebiet sich die Durchgangswege befanden. Ihre Gunst mußte ohne Zweifel durch zahlreiche Abgaben und Wegzölle ausgehandelt werden.

Karte mit den im Text genannten Pässen und prähistorischen Fundorten

)(in prähistorischer Zeit begangene Pässe

Fundorte:

● Paläolithikum
1 Cotencher NE
2 Drachenloch SG
3 Saint-Brais I JU
4 Saint-Brais II JU
5 Schnurenloch BE
6 Wildenmannlisloch SG
7 Wildkirchli AI

▲ Neolithikum
8 Auvernier NE
9 Chamblandes VD
10 Egolzwil II LU
11 Egolzwil III LU
12 Lüscherz BE
13 Petit-Chasseur, Sitten VS
14 Pfyn TG
15 Raron VS
16 Saint-Léonard VS

■ Eisenzeit
17 Basel, Münsterhügel
18 Bern, Engehalbinsel
19 Burgenrain, Sissach BL
20 Castaneda GR
21 Erstfeld UR
22 Grächwil, Meikirch BE
23 Mesocco GR
24 Wittnauerhorn, Wittnau AG
25 Zürich-Altstetten ZH

Der Mythos der Alpen

In den Augen der Griechen und Römer gehörten die Alpen und die Länder des Nordens lange Zeit in die Welt des Mythos: Herakles soll als erster den Weg geöffnet haben. Das plötzliche Erscheinen der Gallier im Süden der Alpenbarriere verschärfte zweifellos noch das schreckliche Bild, das sich die Römer von den Alpen machten. Schließlich vollbrachte Hannibal eine fast übermenschliche Tat, als er auf den Spuren des Herakles und der Gallier sein Heer einen verschneiten Paß überqueren ließ. Immerhin trugen die Geschichtsschreiber, vor allem Polybios, der die vom karthagischen Führer durchzogenen Gegenden selbst besucht hatte, dazu bei, die Griechen und die Römer mit dieser für sie noch ganz unbekannten Welt vertraut zu machen. Doch dauerte es noch mehr als 100 Jahre, bis das *tropaeum Alpium,* der Triumphbogen bei La Turbie über Monaco, der Welt verkünden konnte, daß die Römer die Alpen und die dortigen wilden Völker unterworfen hätten.

Das Rätsel von La Tène

Man kennt keine Landstraße, die sicher aus der vorrömischen Zeit stammt, obwohl sich die Römer ohne Zweifel oft damit begnügt haben, schon bestehende Straßenführungen auszubauen. Zu den Durchgangsorten, die schon für die Eisenzeit bezeugt sind, gehört auch La Tène. Die dortigen Ausgrabungen in den Jahren 1874–1885, 1907–1917 und neuerdings 1965–1966 3 km von der eigentlichen Station entfernt haben die Existenz von drei Brücken über die Zihl nachgewiesen, über den Fluß also, der den Wasserüberfluß des Neuen-

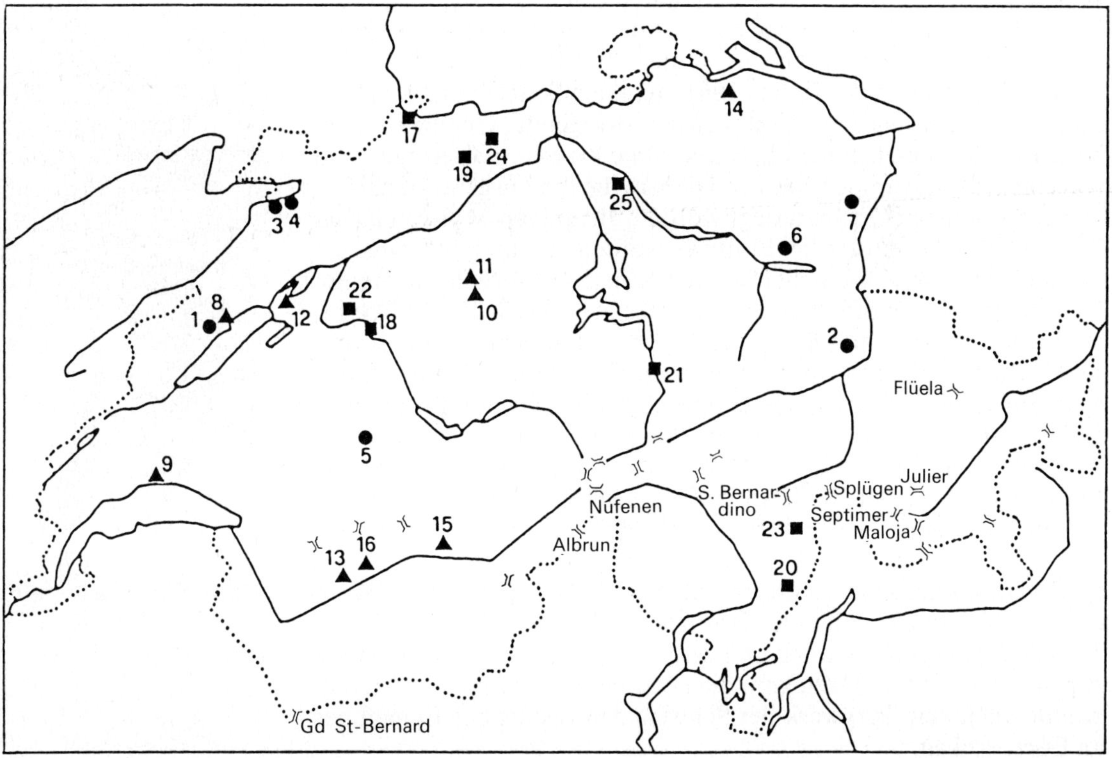

burgersees in den Bielersee abführt. Diese Brücken ermöglichten den Verkehr von Personen und Waren zwischen dem schweizerischen Mittelland, genauer der Gegend um Bern, und dem Jura, Lothringen und der Champagne. Nach den archäologischen Befunden zu schließen, war dieser Übergang, vor allem während der letzten drei Jahrhunderte v. Chr., sehr stark begangen. Eine der Brücken, die erst 1966 gefunden wurde, war etwa 90 m lang und ruhte auf sieben Pfeilern. Sie ist offenbar durch einen Unglücksfall eingestürzt, wobei mehr als 20 Menschen und einige Haustiere den Tod fanden. Die Entdeckung der Brücke von Cornaux-Les-Sauges und ihres Einsturzes hat die Diskussion darüber wieder aufflammen lassen, warum La Tène im 1. Jahrhundert v. Chr. seine Bedeutung einbüßte. Die Frage ist um so schwerer zu beantworten, als über die Funktion des Ortes als ökonomisches oder religiöses Zentrum nur Hypothesen möglich sind.

Importe und Exporte

Ebenso wie die Einwohner der Schweiz den großen internationalen Handelsströmen den Weg bahnten, so führten sie auch in nahe und ferne Gegenden die Erzeugnisse ihres Handwerks aus: nämlich Körbe, Felle und gepökeltes Fleisch. Der griechische Geograph Poseidonios von Apamea, der zu Beginn des 1. Jahrhunderts v. Chr. den Westen bereiste, beschreibt die Helvetier als einen Volksstamm, der reich an Gold sei. Er berichtet, wie die Frauen und die schwächeren Männer Goldstaub gewannen, den einige Wasserläufe im Sand mit sich führten. Er läßt keinen Zweifel daran, daß das Gold wie die Waffen oder die Erzeugnisse des Metallhandwerkes als Tauschmittel diente. In diesem Zusammenhang wirft der Zufallsfund von Erstfeld im Kanton Uri ein Licht auf den Güter- und Personenverkehr. Bei Bauarbeiten stieß man nämlich 1961 auf einen Schatz von vier Halsringen und Armringen aus Gold von hervorragender Qualität und im besten Erhaltungszustand. Sie waren ohne Zweifel nie getragen und von einem Händler oder von den Dieben, die ihn ausgeraubt hatten, an einem sicheren Ort hinterlegt worden. In einigen Motiven lassen diese Stücke hellenistische Einflüsse spüren, in anderen dagegen unterscheiden sie sich gänzlich von der Kunst des Mittelmeerraumes. Es handelt sich hier offenbar um Schöpfungen eines keltischen Goldschmiedes, dazu bestimmt, in der Ferne verkauft zu werden. Man weiß natürlich nicht, ob diese Stücke aus Norditalien über die Alpen gekommen sind oder ob sie den umgekehrten Weg genommen haben. Sicher ist, daß der Gotthardpaß in der Antike schwer zu überqueren war, wenn nicht die obersten Übergänge benutzt wurden. Erst die Erbauung der ersten Teufelsbrücke in der Schöllenenschlucht im 13. Jahrhundert hat diesen Paß dem Nord-Süd-Verkehr geöffnet.

Was die Importe aus dem Mittelmeerraum betrifft, so umfaßten sie die traditionellerweise dort produzierten Nahrungsmittel: Wein und Öl in den dazugehörenden Bronze- oder Tongefäßen, die für den Transport gebraucht wurden und deren Fragmente man nördlich der Alpen gefunden hat. Dazu kam die notwendige Einfuhr von Metall, konnte doch kein Bergwerk der Schweiz den Bedarf der Einwohner an Eisen decken.

Die Siedlungen der älteren Eisenzeit – Hinweise auf eine Krise

Im 8. Jahrhundert v. Chr., zu Beginn der Eisenzeit, nahmen die Niederschlagsmengen zu. Die Seespiegel stiegen allmählich um mehrere Meter an (z. B. der Genfersee von 366 m auf 375 m), was das Verschwinden der Siedlungen an den Seeufern zur Folge hatte. Die Bauformen sind uns nur durch viel spätere, aus der zweiten Phase der Hallstattzeit stammende Überreste bekannt. Ein Gefühl der Unsicherheit scheint sich verbreitet zu haben, und die Bewohner verschiedener Gegenden flüchteten an leicht zu verteidigende Orte. Eine Befestigung wie die Heuneburg bei Sigmaringen an der Donau wurde durch eine Mauer aus ungebrannten Ziegeln umwehrt. Diese Maßnahme ist nördlich der Alpen sonst nicht bezeugt und weist auf den Einfluß griechischer Ingenieure hin.

Diese in Zürich-Altstetten gefundene goldene Schüssel (um 600 v. Chr.) mit in einem Buckelteppich ausgesparten Darstellungen von Sonne, Mond und Tieren (Hirsch und Hund) erklärt die Aussage des Diodorus von Sizilien: «Silber gibt es in Gallien gar nicht, aber viel Gold, welches die Natur den Einwohnern zuführt, ohne daß diese Bergbau betreiben oder Mühen auf sich zu nehmen hätten.»

Darüber hinaus bestätigen die Keramik wie auch andere aus dem Mittelmeerraum stammende Gegenstände den Kontakt mit Griechenland, der sich auf dem Flußweg über die Donau, aber auch über die Alpenpässe mit Etrurien herstellen ließ.

Zwei schweizerische Fundorte weisen die charakteristischen Merkmale von Fluchtburgen auf, nämlich das Wittnauerhorn und der Burgenrain im Kanton Baselland. Die Siedlung des Wittnauerhornes bestand aus kleinen Holzhäusern mit trocken gemauerten Steinfundamenten. Sie liegt auf einem Bergvorsprung mit steil abfallenden Hängen. Der Zugang ist durch eine oder sogar mehrere gestaffelte Mauern versperrt, die aus Stein und Erde errichtet und mit einer Holzkonstruktion verstärkt worden waren. Man erkennt hier die Konstruktionstechnik, die die Römer *murus gallicus* nannten und die in den keltischen Gebieten des Westens für zahlreiche Verteidigungsanlagen gebraucht worden ist. Der Burgenrain dagegen ist über einen sanften Abhang erreichbar. Die Anlage von Châtillon an der Glâne im Kanton Freiburg darf höchstwahrscheinlich als eine weitere Hallstattsiedlung betrachtet werden, obwohl sie erst ganz fragmentarisch ausgegraben werden konnte. Jedoch scheint ihre Bestimmung als Handelszentrum gut belegt zu sein.

Der Goldschatzfund von Erstfeld (Uri) bei der Gotthardrampe stammt aus dem ersten Viertel des 4. Jahrhunderts v. Chr. Er ist in zweierlei Hinsicht interessant: Die Darstellungen mythischer Tiere wie Geier und Sphinx sind wichtige Zeugnisse für die keltische Kunst und Religion. Der Fundort läßt die Frage nach der Begehung des Gotthardpasses aufkommen, der zur Latènezeit als unüberwindbar galt.

Der Bau von Fluchtburgen wie des Wittnauerhorns, des Burgenrains und der Heuneburg an der Donau deutet auf eine politische und ohne Zweifel auch soziale Unsicherheit am Ende der älteren Eisenzeit hin. Die Vormacht der Hallstattfürsten war in Frage gestellt, einige ihrer Gräber wurden sogar geschändet. Dies ist der Fall beim Grabhügel von Magdalenenberg im Schwarzwald, der erstmals gegen 555 v. Chr. und nochmals gegen 420 v. Chr. geplündert wurde. (Die Grabräuber haben bei ihren beiden Raubzügen Holzstücke hinterlassen und so die Datierung ermöglicht.) Die Lage in Mitteleuropa im 6. Jahrhundert und zu Beginn des 5. Jahrhunderts ist schwierig einzuschätzen, da sie widersprüchliche Elemente aufweist. Einerseits werden die Grabhügel seltener, enthalten aber manchmal zahlreiche Gräber und sehr schön gestaltete Grabbeigaben. Ohrringe, Armringe und Fibeln treten in großer Zahl und in immer feinerer und differenzierterer Ausführung auf. Das Ansehen der Toten wurde noch durch Wagen und Teile von Pferdegeschirr unterstrichen. Anderseits nahm jedenfalls im schweizerischen Mittelland aber gleichzeitig die Qualität der Töpferware, die als Maßstab des Wohlstandes gelten kann, in merklicher Weise ab.

Die Veränderungen in der jüngeren Eisenzeit

Man hat sich auch bei der Suche nach einer Erklärung für die Veränderungen, die Mitte des 5. Jahrhunderts v. Chr. einsetzten, wieder gefragt, ob sie auf das Eindringen von neuen Menschengruppen zurückzuführen seien oder ob innere Gründe, Wandlungen in der Gesellschaft und des Bewußtseins das hervorgerufen haben, was vor allem eine kulturelle Erneuerung zu sein scheint. Im Bereich der Techniken bemerkt man das Aufkommen neuer Erfindungen. Daneben stellt man Völkerbewegungen fest, die erst einige Jahrhunderte später, zu Beginn der römischen Kaiserzeit, zu Ende gingen. Die Kelten schufen durch ihre Wanderungen eine Kultur- und Sprachgemeinschaft, die sich von Anatolien bis nach Großbritannien erstreckte und die ganz Mitteleuropa mit einbezog. Aber niemals hat eine Zentralgewalt diese ausgedehnten Gebiete zu einem Reich zusammengefaßt, nicht einmal zu einer Art Staatenbund. Das keltische Volk war offenbar unfähig, seine tatsächliche Macht auch staatlich zu konsolidieren, was übrigens einer der charakteristischen Züge der Kelten war.

Die großen Neuerungen der jüngeren Eisenzeit in der Schweiz betrafen das Metall- und das Töpferhandwerk. Im Bereich der Eisenverarbeitung brachte die Herstellung vielfältigster Arten von Werkzeugen neue Verbesserungen des Alltags. Sense, Messer und Pflug, Sichel, Hacke und Hammer entstanden. Durch die Einführung der im minoischen Kreta schon im Gebrauch stehenden Töpferscheibe gelang das Formen sehr viel eleganterer und feinerer Gefäße.

Im 2. Jahrhundert v. Chr. wurde die Schweiz ein Fabrikationszentrum für Glasringe, Email und Schmuck. Mit ihrer zentralen Lage zwischen der Champagne, die ihrerseits einen großen Aufschwung erfuhr, und Böhmen lag die Schweiz an einem Kreuzweg, wo sich die verschiedenen Einflüsse schnitten und von wo auch neue Schöpfungen ihren Ausgang nahmen. Der Schatz von Duchcov (Dux), der wahrscheinlich von Frauen zusammengetragene Opfergaben umfaßt, zeugt davon, daß in der Schweiz hergestellte Fibeln und Schmuckstücke aus Bronze und Gold bis nach Böhmen gelangten.

Waffen und Münzen

Auch in bezug auf die Waffentechnik nahm die Schweiz einen hervorragenden Platz ein. So hat man verschiedene Bronze- und Eisenhelme ausgegraben, die alle aus dem Gebiet südlich der Alpen, dem Tessin und Graubünden, stammen. Die beiden charakteristischsten Waffen waren ein Langschwert mit flacher Klinge und ein Wurfspeer mit Eisenspitze. Mit diesen Waffen, zu denen noch Pfeile mit gestählten Spitzen und lange mit Leder überzogene und einem Schildbuckel *(umbo)* versehene Holzschilde kamen, erlangten die Gallier ihre Überlegenheit gegenüber den lediglich mit Kurzschwertern ausgerüsteten römischen Legionären, jedenfalls so lange, bis die Römer das *pilum* erfanden, eine neue militärische Taktik anwandten und am Ende des 2. Jahrhunderts v. Chr. zur allgemeinen Aushebung übergingen.

Schließlich ist das Erscheinen der Münzen nördlich der Alpen zu erwähnen. Dieses Zahlungsmittel hatten die Griechen schon seit dem 6. Jahrhundert v. Chr. überall verwendet, aber die Italiker brauchten viel länger, um sich mit ihm vertraut zu machen. Die keltische Welt des Westens öffnete sich dem Gebrauch des Geldes schrittweise, indem zuerst Drachmen, Nachahmungen der Münzen von Philipp II. von Makedonien, geprägt wurden. Im 2. und 1. Jahrhundert v. Chr. begannen die Stämme Galliens dann, eigene Münztypen zu schaffen. In der Schweiz gab es sicherlich mehrere Münzstätten; eine davon kann man in La Tène lokalisieren, eine andere in der Nordschweiz, eine dritte sicherlich im Gebiet der Veragrer im Wallis. 1976 und 1977 wurde bei Ausgrabungen in Martigny, dem Ort des antiken Octodurus, in einem gallo-römischen Heiligtum ein 960 Stücke umfassender Tempelschatz gefunden, der 120 keltische Münzen enthielt. 104 davon passen zu denjenigen Münztypen, die man schon früher im Heiligtum auf dem Großen St. Bernhard gefunden hatte. Die Verbreitung fast aller Münzen dieses Typs liegt innerhalb eines Kreises von 35 km Radius, in dessen Zentrum Octodurus-Martigny liegt. Deshalb darf man mit gutem Gewissen dem Stamm der Veragrer die Prägung dieser Münzen zuschreiben; sie stellen auf der Vorderseite eine Diana-Statue, auf der Rückseite einen Löwen dar, und ihre Emission kann in das 2. und 1. Jahrhundert v. Chr. datiert werden.

Keltische Münze (Martigny, Wallis); eine lokale Nachahmung der massiliotischen Drachme (2.–1. Jahrhundert v. Chr.), die auf der Vorderseite die Göttin Artemis, auf der Rückseite einen Löwen zeigt.

Handelskontakte mit den Etruskern, die – wie die Nekropolen von Spina und Adria zeigen – im 5. Jahrhundert v. Chr. auf der Höhe ihrer Macht standen, sind ohne Zweifel der Einwanderung einiger keltischer Stämme nach Italien vorausgegangen. Diese Keltenstämme haben die Alpenpässe über- und das Tessin durchquert, bevor sie sich in die Po-Ebene ergossen. Die Spitze ihrer Wanderung hat sie bis nach Rom geführt, wo sie kurz nach 390 die Stadt, aber nicht das Kapitol eroberten.

Ein Spezialfall: das Tessin

Aus der Südschweiz, d.h. dem Kanton Tessin und dem Misox (Kanton Graubünden), sind wenige archäologische Funde bekannt, die vor die Eisenzeit zurückreichen, außer einigen Gräbern, die den Südabhang der Alpen seit dem Ende der Bronzezeit der Golaseccakultur in Norditalien zuweisen. Bis zu der Kelteneinwanderung dominierte der Einfluß der etruskischen Kultur, die nach Norden ausstrahlte. Die Importe über die Alpen erfolgten über die Pässe San Bernardino, Splügen, Maloja und Julier.

Die keltischen Einwanderer nach Italien gingen den umgekehrten Weg. Die Gallier setzten sich in der Po-Ebene fest, und erst nach mehr als 200 Jahren ununterbrochener Kämpfe gelang es den Römern, mit ihnen fertig zu werden und ihrerseits den Fuß der Alpen zu erreichen. Unterdessen hatten sich die Gallier völlig mit der ansässigen Bevölkerung vermischt. Nur wenige Nekropolen, von denen diejenige in Giubiasco die wichtigste ist, zeugen von kulturellen Einflüssen der Eisenzeit im Tessin.

Das Gebiet war von den Lepontiern besiedelt; ihr Name steckt noch in der heutigen Bezeichnung des Tales Leventina. Ihre Sprache war indogermanisch, stand dem Keltischen nahe, war aber mit mediterranen (nicht-indogermanischen) Elementen vermischt. Wir kennen sie durch etwa 100 Inschriften.

Plinius der Ältere überliefert, daß die Uberi im Oberwallis ebenfalls zu den Lepontiern zu zählen seien. Es trifft jedenfalls zu, daß die materielle Hinterlassenschaft auf beiden Seiten des Albrunpasses sehr ähnlich ist. Die Einflußzone der Lepontier erstreckte sich im Norden bis zum Vorder- und Hinterrheintal. Sie haben während Jahrhunderten die Rolle der Säumer übernommen, die weiter oben geschildert worden ist. Das Problem der Beziehungen zwischen den Lepontiern und den Kelten der jüngeren Eisenzeit ist noch nicht gelöst. Es scheint, daß trotz der Anwesenheit der Gallier in der Po-Ebene der wichtigste kulturelle Einfluß immer noch von der Golaseccakultur ausging und daß die Beiträge der Gallier relativ geringfügig waren, hatten sie sich doch rasch assimiliert. Nur zwei Ausgrabungsplätze können uns über die Siedlungsart dieser Epoche informieren: Castaneda und Mesocco-Misox im Kanton Graubünden, wo man gemauerte Steinhäuser und Bruchstücke einer Schutzwehr gefunden hat.

Die Bronzeschnabelkanne, ein Weinkrug mit schnabelartiger Öffnung, ist ein weitverbreiteter etruskischer Gefäßtyp. Die Kopie aus Keramik (rechts) und das Original aus Bronze (links) – beide in Grabhügeln im Tessin gefunden – deuten auf die Verbindungen zwischen den Etruskern und den Bewohnern der Alpensüdseite hin (zweite Hälfte des 5. Jahrhunderts v. Chr.).

4. Die Welt der Kelten

Die ersten städtischen Zentren

Seit dem 3. Jahrhundert v. Chr. erlebten die Kelten Rückschläge: Sie wurden aus Mittelitalien zurückgedrängt, in der Po-Ebene besiegt und gelangten auch im Osten an die äußerste Grenze ihrer Ausdehnung. Nur die Britischen Inseln nahmen die Einwanderer noch ohne Widerstand auf. Dies ist auch die Zeit, aus welcher die ersten städtischen Zentren der Kelten stammen, nämlich in Italien Como, Brescia, Bergamo und Mailand, in Deutschland Manching und in der Schweiz

Bern-Engehalbinsel, Genf und Basel-Münsterhügel, die ins 2. und 1. Jahrhundert v. Chr. zurückgehen. Es handelt sich dabei um eine besondere Art städtischer Siedlungsform, das sogenannte *oppidum,* das verschiedene Aufgaben zu erfüllen hatte: Das *oppidum* war Marktplatz, militärischer Stützpunkt und zugleich politischer Mittelpunkt eines Stammes (*civitas* oder *populus,* wie die Römer später sagten).

So war der Mont Beuvray bei Autun, Bibracte, das Zentrum der Häduer und Genf nach Caesar das nördlichste *oppidum* der Allobroger. Neben der wirtschaftlichen und politischen Rolle dieser Siedlungen, die klar hervortritt, betont der lateinische Begriff *oppidum* ihre Verteidigungsaufgabe, die am deutlichsten beim berühmtesten *oppidum,* Alesia, in Erscheinung tritt. Lange Zeit hat man die Funktion der keltischen *oppida* als Fluchtburgen in gefahrvollen Zeiten mit den im 2. Jahrhundert auftretenden Bedrohungen in Verbindung gesetzt, die an den großen Wanderzügen der Kimbern und Teutonen ablesbar sind. Aber die Rolle der *oppida* blieb sicherlich nicht auf die Verteidigung beschränkt, sie hatten wichtigere Aufgaben als nur eine (unbesiedelte) Zufluchtsstätte für die in der Nähe siedelnden Bauern zu bieten.

Die helvetischen oppida

In der Beschreibung des Helvetierauszuges von 58 v. Chr. erwähnt Caesar, daß die Helvetier alle ihre *oppida* – 12 an der Zahl – verbrannt hätten, ebenso ihre Dörfer – etwa 400 – und ihre Weiler (Gall. Krieg I, 5). Während vieler Jahrzehnte hat man vergeblich versucht, diese von Caesar genannten 12 *oppida* der Helvetier zu identifizieren. Das *oppidum* der Allobroger in Genf, das auf dem Plateau der heutigen Altstadt in der Nähe der Rhonebrücke lag, ist schon längst bekannt, aber Genf gehörte zur Zeit Caesars zur römischen Provinz *Narbonensis* und kann deshalb nicht zu den helvetischen *oppida* gezählt werden. Deshalb haben die Wissenschafter auf die Hilfe der Ortsnamenforschung zurückgegriffen und die Ortsbezeichnungen mit deutlich vorrömischen Namensbestandteilen zusammengestellt: Noviodunum (Nyon), Eburodunum (Yverdon), Minnodunum (Moudon), Solodurum (Solothurn), Vitudurum (Winterthur) usw. Aber trotz dem keltischen Wortstamm und der keltischen Endung *-dunum* oder *-durum,* die vermutlich «Burg», «Festung» bedeutet, haben die meisten dieser Ortschaften keine oder nur bescheidene Spuren aus der jüngeren Eisenzeit geliefert. So ist das keltische Lousonna (Lausanne), das auf dem Altstadthügel gelegen haben könnte, durch archäologische Zeugnisse bisher nicht sicher belegt worden. Auch das etwas erhöhte Zentrum der Stadt Nyon (Noviodunum), der Sitz der zukünftigen römischen Kolonie, weist keine deutlichen Spuren einer keltischen Vergangenheit auf. Was schließlich den Mont Vully (Wistelacherberg) in der Nähe von Avenches betrifft, wo man den Hauptort der Tiguriner, des helvetischen Hauptstammes, vermutet, so haben die Ausgrabungen zwischen 1975 und 1985 Hinweise auf eine befestigte, aber nur kurzlebige Siedlung ergeben. Immerhin bezeugen die Überreste einer massiven Befestigungsanlage, die am Ende des 2. Jahrhunderts erbaut und während des 1. Jahrhunderts zerstört

wurde, den gemeinsamen Verteidigungswillen der Bewohner dieses Ortes.

Bern-Engehalbinsel und Basel-Münsterhügel

Unter den Siedlungsplätzen, die unzweifelhaft *oppida* dargestellt haben, sind in erster Linie Bern-Engehalbinsel (in der Tiefenau) und der Münsterhügel von Basel zu nennen. Beide Siedlungen zeichnen sich durch eine gute Verteidigungslage aus, die Engehalbinsel in einer großen Aare-Schlaufe, der Münsterhügel auf dem Gipfel einer kleinen Anhöhe. Beide verfügten auch über heute noch sichtbare Festungsanlagen: Auf der Engehalbinsel hat man verschiedene Abschnitte eines Verteidigungswalles mit vorgelagertem Halsgraben ausgegraben, dessen Mauern aus Stein und Erde durch Balkenwerk und eine große Aufschüttung verstärkt waren. Die befestigte Halbinsel umfaßte eine Siedlung, von der heute erst ein kleiner Teil ausgegraben ist. Immerhin hat man schon Lagerräume einer Töpferei und die Werkstätten eines Kunstschmiedes und eines Wagners gefunden. Man kann zwei Besiedlungen unterscheiden, eine in der ersten Hälfte des 1. vorchristlichen Jahrhunderts, die andere in dessen zweiter Hälfte.

Neueste Ausgrabungen einer ähnlichen Verteidigungsanlage mit Tor auf dem Münsterhügel in Basel haben die Hypothese bestätigt, daß sich eben an dieser Stelle ein keltisches, in die Mitte des 1. Jahr-

Modell einer keltischen Befestigungsanlage (1. Jahrhundert v. Chr., Münsterhügel, Basel). Die Konstruktionstechnik des Schutzwalles entspricht dem von Caesar beschriebenen murus gallicus: Ein Balkengitter wurde mit Erde und Steinen ausgefüllt. Die Enden der Balken bildeten mit aufeinandergeschichteten Steinen die Außenseite des Walles.

Keltischer Helm (Castiel, Graubünden, 1. Jahrhundert v. Chr.).

hunderts v. Chr. zurückgehendes *oppidum* befunden hat. Leider verhindert die dichte moderne Überbauung eine systematische archäologische Erforschung der Siedlung. In der Umgebung von Basel ist bei der alten Gasfabrik zudem noch eine weitere Station aufgedeckt worden, diesmal eine Siedlung in der Ebene, die aus dem Ende des 2. und Anfang des 1. Jahrhunderts v. Chr. stammt. Es scheint demnach, daß die ältere Siedlung in der Ebene zugunsten der leichter zu verteidigenden Siedlung auf dem Münsterhügel aufgegeben wurde.

Bis heute kann man also die 12 *oppida* Caesars nicht mit Sicherheit identifizieren. Was die 400 Dörfer betrifft, die der römische Feldherr im weiteren nennt, so kennen wir sie auch nicht besser. Immerhin sind die Spuren der Spätlatènezeit in der Schweiz sehr zahlreich, und viele Gräber bezeugen eine dichte Besiedlung des Landes. Merkwürdigerweise sind aber die erhaltenen Gebäude äußerst selten: Es sind nur einzelne Hütten, aber nirgends eine zusammenhängende Siedlung zum Vorschein gekommen. Auch hat man noch an keinem Ort – mit Ausnahme vielleicht von Bern-Engehalbinsel – eine Brandschicht gefunden, die sich mit der absichtlichen Zerstörung der Städte und Dörfer durch die Helvetier bei ihrem Auszug zweifelsfrei in Verbindung setzen ließe.

Die keltische Gesellschaft aus der Sicht Caesars

Unser Wissen über die keltische Gesellschaft ist zu großen Teilen Caesar zu verdanken. Seine Kommentare über den Gallischen Krieg dürfen als erstes und bestes völkerkundliches Werk über die Gallier betrachtet werden, da ja die Kelten selbst nichts Schriftliches hinterlassen haben. Ohne im einzelnen auf die gesellschaftliche Struktur der Gallier einzugehen, kann man doch festhalten, daß es nach der Aussage des römischen Feldherrn in der keltischen Gesellschaft zwei herrschende Schichten gegeben hat: die adligen Ritter und die Druiden.

Die Grundzelle der Gesellschaft war die Sippe, der Familienclan mit seinen zugeordneten Verwandten, Klienten (Hörigen) und Leibeigenen *(ambacti)*. Die Stellung eines Adligen in der Gesellschaftspyramide bemaß sich insbesondere nach der Zahl der Hörigen und *ambacti*. Ein Gau *(pagus)* umfaßte mehrere Sippen, ein Stamm *(civitas, populus)* seinerseits mehrere Gaue. Die Macht lag in den Händen einer kleinen Zahl begüterter Adliger, die augenscheinlich das erbliche Königtum abgelöst hatten.

Bronzespirale aus der älteren Eisenzeit (Chur, Graubünden, um 750 v. Chr.). Die Funktion dieses Gegenstandes bleibt rätselhaft.

Die Gestalt des Orgetorix, «des bei den Helvetiern bei weitem vornehmsten und reichsten Mannes», scheint in mancherlei Hinsicht charakteristisch zu sein. «Verführt durch die Begierde nach Königsherrschaft», schreibt Caesar, «zettelte er eine Verschwörung des Adels an.» Aber Orgetorix wurde verraten und unter Anklage gestellt. «Nach ihren Sitten zwangen die Helvetier Orgetorix, sich, in Ketten gelegt, vor Gericht zu verantworten. Am festgesetzten Prozeßtermin versammelte Orgetorix vor dem Gericht seine ganze Gefolgschaft, an die 10000 Menschen, und brachte alle seine Hörigen und Schuldner, deren er viele besaß, mit. Mit ihrer Hilfe entzog er sich der gerichtlichen Verantwortung.» Die Notabeln bereiteten sich auf eine Kraftprobe vor, als Orgetorix plötzlich starb, ohne daß man die Ursache kannte.

Diese Geschichte, die Caesar übrigens mit großer Liebe zum Detail ausmalt (Gall. Krieg, I, 2–5), wobei er sogar das Gerücht erwähnt, das bei den Helvetiern über einen Selbstmord des Orgetorix umging, zeigt das Gewicht, das ein Adliger infolge seiner wirtschaftlichen und gesellschaftlichen Stellung innehaben konnte. Die politischen Umstände erinnern an den mißlungenen Versuch des Celtillos, des Vaters von Vercingetorix, der sich zum Monarchen erheben wollte, aber dann von seinen Mitbürgern hingerichtet wurde. Die Geschichte zeigt auch die Schwierigkeiten, die den Gegnern der Monarchie erwuchsen, selbst wenn ihr Ziel ein durchaus aristokratisches Regime war.

Das dritte Horn (leider verloren) dieses monumentalen, überlebensgroßen Stierkopfes unterstreicht den heiligen Charakter dieser alten einheimischen Gottheit (Martigny, Wallis, 1.–2. Jahrhundert n. Chr.).

Die Exekutive wurde durch einen obersten Magistraten, den Vergobreten, ausgeübt, ein Titel, den Caesar freilich im Zusammenhang mit den Helvetiern nicht nennt. Der Vergobret berief die Heeresversammlungen ein, die nach erfolgten Diskussionen Beschlüsse faßte. Diese Beschlüsse wurden durch Gesetze bestätigt: So wurde, als die Helvetier beschlossen, ihr Land zu verlassen, der Zeitpunkt des Auszuges durch ein Gesetz auf das dritte Jahr nach diesem Beschluß festgelegt.

Die Schicht der Druiden verkörpert den zweiten Stand der keltischen Gesellschaft und repräsentiert die priesterliche Funktion. Bei den Kelten sind demnach zwei Elemente der nach George Dumézil dreigliedrigen indoeuropäischen Gesellschaft nachweisbar. Die Druiden regelten das religiöse Leben, standen den Opferhandlungen vor und übernahmen die Erziehung und Ausbildung der Jugend. Die Ausbildung zukünftiger Druiden, die aus dem Adel stammten, dauerte Jahre und bestand vornehmlich in einer Einführung in die Texte und geheiligten Überlieferungen. Die Druiden verfügten nicht nur über moralisches Ansehen, sondern zudem über richterliche und politische Autorität, indem sie als Schiedsrichter bei Streitigkeiten zwischen Einzelpersonen und sogar zwischen Stämmen amtierten.

Kontinuität und Erneuerung in Religion und Kunst

Die Gallo-Römer haben uns zahlreiche Zeugnisse über die keltischen Götter und ihre Kulte hinterlassen. Die Mehrheit der römischen Siedlungen in der Schweiz besitzt wenigstens ein typisches keltisches Heiligtum mit quadratischer Umfassungsmauer. Inschriften und bildliche Darstellungen aus allen Gegenden der Schweiz bezeugen das Weiterleben alter, nicht-römischer Glaubensinhalte in der römischen Kaiserzeit. Wir werden weiter unten bei der Behandlung der Religion in Helvetien nochmals auf einige keltische Kulte zurückkommen.

Im Bereich der Kunst wie der Religion ist es nicht leicht, alte Traditionen und mediterrane Einflüsse zu gewichten. Lokale Traditionen zeigen sich noch lange, vor allem bei den Stein- und Bronzestatuen. Man hat oft den Eigenwert der Kunst der älteren und jüngeren Eisenzeit verkannt. Das klassische Ideal der naturgetreuen Abbil-

Ein außergewöhnliches Zeugnis zu Kunst und Mythologie der Kelten: Zwei torques (Halsringe) mit der Darstellung von Sagengestalten aus dem Goldschatzfund von Erstfeld (Uri).

dung vertrug sich nicht mit der viel freieren Ikonographie der Eisenzeit. Dazu kommt, daß viele Kunstwerke der Eisenzeit, wie Goldschmiedearbeiten, Verzierungen und Fibeln, sehr klein sind und sich deshalb für die Ausstellung in Museen und fotografische Aufnahmen schlecht eignen. Erst die moderne Museumstechnik und die neuen Möglichkeiten fotografischer Reproduktion haben diese Schwierigkeiten überwunden. Auch der tiefgreifende Wandel des Kunstverständnisses und ein verstärktes Interesse für die Vergessenen der Geschichte und der Kunstgeschichte sind der keltischen Kultur zugute gekommen. Die kühne Stilisierung und die Freiheit, mit der die keltischen Künstler Mensch und Tier dargestellt haben, erinnert häufig an abstrakte moderne Kunstwerke. Die abstrakten Formen und rein dekorativen Elemente wie Kurven, Spiralen und Voluten unterscheiden sich auch deutlich von den klassischen Kunstwerken. Das beste und bezeichnendste Beispiel dafür bieten die Münzen: Die keltischen Münzmeister haben Prägungen aus Griechenland und Marseille nachgeahmt, dabei aber eigene Münzbilder geschaffen, die menschliche oder tierische Figuren in reich bewegten, dekorativen Kompositionen auflösen.

Die großen Wanderungen des 2. Jahrhunderts v. Chr.

Will man die Bedeutung verstehen, welche die Römer seit 113 v. Chr. den Wanderungen der Kimbern und Teutonen beimaßen, dann muß man sich einerseits an die tödliche Bedrohung erinnern, welche die Gallier im Jahr 387 v. Chr. für Rom selbst bedeuteten, andererseits an die langwierigen Kämpfe, die die römischen Heere mit den Einwohnern Norditaliens (der *Gallia Cisalpina*) bis ins 2. Jahrhundert auszufechten hatten. Auch hatte das seit Urzeiten mit Rom verbündete Marseille mehr als einmal mit seinen nördlichen Nachbarn ein Hühnchen zu rupfen. 125 v. Chr. rief Massilia die Römer gegen die in Südfrankreich zwischen Aix-en-Provence und Vaison-la-Romaine ansässigen Salluvier und Vocontier zu Hilfe. Zwischen 125 und 121 besiegten die Römer der Reihe nach die Salluvier, Vocontier, Allobroger und Arverner aus Mittelfrankreich. Lange Zeit hat man angenommen, daß damals eine neue Provinz geschaffen worden sei, die von den Alpen bis zu den Pyrenäen gereicht und die das ganze Gebiet links der Rhone vom Mittelmeer bis zum Genfersee umfaßt habe. Damals (121 v. Chr.) wäre auch das *oppidum* von Genf unter die römische Herrschaft getreten. Heute ist man viel vorsichtiger: Das Gebiet der Allobroger ist an die neue Provinz *Gallia Narbonensis* nicht durch einen Rechtsakt *(lex provinciae)* angeschlossen worden. Die Verbindungen der Allobroger mit Rom blieben während mehrerer Jahrzehnte nur informell bis, kurz vor der Eroberung Galliens durch Caesar, Unruhen das militärische Eingreifen Roms zur Folge hatten. Erst bei diesem Anlaß verstärkte sich die römische Herrschaft maßgeblich.

Die erste Drohung der Kimbern, die aus Jütland stammten und vermutlich Kelten waren, richtete sich gegen Noricum, d. h. gegen die Gegend nördlich von Triest, die sich kurz vorher mit Rom verbündet hatte. Obwohl die Kimbern den Konsul Papirius Carbo bei Noreia vernichtend geschlagen hatten, zogen sie sich nach Norden zurück und marschierten vielleicht der Donau entlang, bevor sie «das Gebiet der goldreichen, doch friedlichen Helvetier» erreichten. «Als diese gesehen hätten, daß der Reichtum, den sich jene durch Räubereien erworben hatten, den ihrigen übertraf, seien sie hingerissen worden, am meisten aber unter ihnen die Tiguriner und die Tougener, so daß sie mit ihnen zogen.» (Poseidonios von Apamea.) Wer waren die Helvetier? Wo hatten sie sich niedergelassen? Der Text des Poseidonios bezeugt zweifellos die Existenz eines Volkes dieses Namens gegen 100 v. Chr. Außerdem werden auf einer Inschrift der augusteischen Zeit bei Klagenfurt in Österreich die Elveti erwähnt. Handelt es sich um Abkömmlinge der von Poseidonios erwähnten Helvetier? Man weiß es nicht. Zwar bietet die Lokalisierung der Helvetier im schweizerischen Mittelland in der römischen Zeit keine Schwierigkeiten; aber nach dem Zeugnis einiger literarischer Quellen bewohnten die Helvetier vermutlich in einer früheren Zeit, zweifellos vor dem Kimbernzug, die Gegend zwischen Main und Rhein. Dies schließt freilich nicht aus, daß sich schon Teile des Helvetierstammes in der Nordwestschweiz niedergelassen haben können.

Jedenfalls schlossen sich die beiden helvetischen Gaue der Tiguriner und Tougener (Teutonen?) den Kimbern auf ihrem Marsch nach Südwesten an. Man findet die Tiguriner in der römischen Provinz *Gallia Narbonensis,* wohin sie zweifellos durch die Rhoneebene gelangt waren. Dann wandten sie sich offenbar gegen Nordwesten und gelangten nach einem Marsch längs der Garonne ins Gebiet der Nitiobriger (um Agen). Dort vernichteten sie 107 v. Chr. das Heer des Konsuln Lucius Cassius Longinus, töteten ihn und schickten die Römer unter das Joch. Einer ihrer Führer hieß Divico. Nach fünf Jahren des Herumirrens wurden die Teutonen von Marius bei Aix (Aquae Sextiae, 102 v. Chr.) und die Kimbern bei Vercellae in Norditalien besiegt. Die Tiguriner ihrerseits konnten den Niederlagen ihrer Weggefährten entgehen. Im Augenblick der Schlacht von Vercellae befanden sie sich noch in den norischen Alpen und verschwanden dann klugerweise auf die Nachricht der Niederlage hin. Wurden die früher von ihnen besetzten Gebiete nördlich des Rheins inzwischen von den Germanen eingenommen? Wie dem auch sei, wir wissen, daß sich die Tiguriner nun im schweizerischen Mittelland niederließen.

5. Die Schweiz und ihre Bewohner am Vorabend der römischen Eroberung

Man hat viel über die Unmöglichkeit geschrieben, den modernen Begriff der Schweiz auf die Antike anzuwenden. Wir unsererseits möchten dagegen eher die Logik in der Zusammensetzung des Gebietes hervorheben, das später die Schweiz werden sollte. Zwei Konstanten ergeben sich nämlich aus der Geschichte dieses Landes von der Antike bis heute: auf der einen Seite der Zusammenhalt des Gebietes,

Die hölzerne Votivstatue aus Villeneuve (Waadt) zeugt von einem bis anhin unbekannten Devotionsritual der keltischen Religion: In eine Ritze beim rechten Armansatz sind drei Münzen gesteckt worden (1. Jahrhundert v. Chr.).

das durch natürliche Grenzen zusammengefaßt wird, die Caesar als erster zu erkennen wußte: durch den Rhein, den Genfersee und die Rhone. Der römische Feldherr nennt die östliche Grenze nicht, da die Alpen ohne Zweifel in seinen Augen eine unüberwindbare Schranke darstellten, die zu nennen überflüssig war. Innerhalb dieser Grenzen befinden sich noch immer die Hauptgebiete der modernen Schweiz, zu der noch Genf, Schaffhausen, das Tessin und die Bündner Täler kamen. Die zweite Konstante ist wirtschaftlicher Art: Es ist die Rolle, welche die Schweiz als Durchgangsland und als Ort der Begegnung spielt. Diese Rolle geht, wie gezeigt worden ist, in die Vorgeschichte zurück, und es wird von ihr noch weiter die Rede sein.

Völker und Stämme

Kurz bevor die Schweiz in das römische Reich einverleibt wurde, war sie von drei Völkern bewohnt, nämlich den Kelten, den Rätern und den Lepontiern. Was heute über die Lepontier bekannt ist, sei nochmals zusammengefaßt. Sie waren ein mit südlichen Elementen vermischter keltischer Volksstamm, der beidseits der Alpen das Tessin, das Oberwallis, Uri, Glarus sowie die Oberläufe des Rheins bewohnte. Die südlichen Gebiete des Kantons Tessin, das Sottoceneri, waren von Kelten besiedelt, die zu den Stämmen der Insubrer und der um Como sitzenden Orumbovier gehörten.

Die Helvetier waren ebenfalls Kelten. Nach Caesar umfaßte ihr Stamm vier Gaue, aber nur der Name eines einzigen Gaues ist uns überliefert: die Tiguriner. Der ebenfalls von Caesar erwähnte Gau der Verbigener wurde von ihm vernichtet, und die Lokalisierung der beiden anderen Stämme, die die Helvetier bei ihrem Auszug 58 v. Chr. begleiteten, nämlich der Tulinger und der Latobici, ist bisher nicht geglückt. Die Rauraker schließlich, die ebenfalls 58 v. Chr. ihre Wohnsitze verließen, besiedelten die Nordwestecke der Schweiz mit Basel, dem Oberelsaß und einem Teil des Juras bis gegen Solothurn und den Aargau.

Das Oberwallis wurde bis zum Pfynwald von den Uberi eingenommen, einem Stamm, den man nach Plinius dem Älteren den Lepontiern zurechnen muß. Das Unterwallis dagegen war durch drei Keltenstämme bevölkert, durch die Seduner (Gegend um Sitten/Sion), die Veragri (Martigny) und die Nantuates im untersten Teil des Wallis bis zur Rhonemündung.

Die Räter hatten die Bündner Täler besetzt, doch ihr Siedlungsgebiet reichte auch bis in die südlichen Alpentäler und im Nordosten bis zum Rheintal und Bodensee. Ihr Gebiet scheint eng mit dem der Lepontier und der Kelten verzahnt gewesen zu sein. Auch ihre Sprache, die nach der einen Ansicht indogermanischen Ursprungs zu sein scheint, nach einer anderen jedoch mit dem Etruskischen verbunden werden muß, wurde mit keltischen Elementen durchsetzt. Die Sprache ist durch Ortsnamen und einige Inschriften bekannt. Nicht alle Stämme der Bündner Täler und der Südalpentäler konnten mit Sicherheit lokalisiert werden, was auf das historische Problem der Eroberung Rätiens, das wir weiter unten besprechen werden, einen gewissen Einfluß hat.

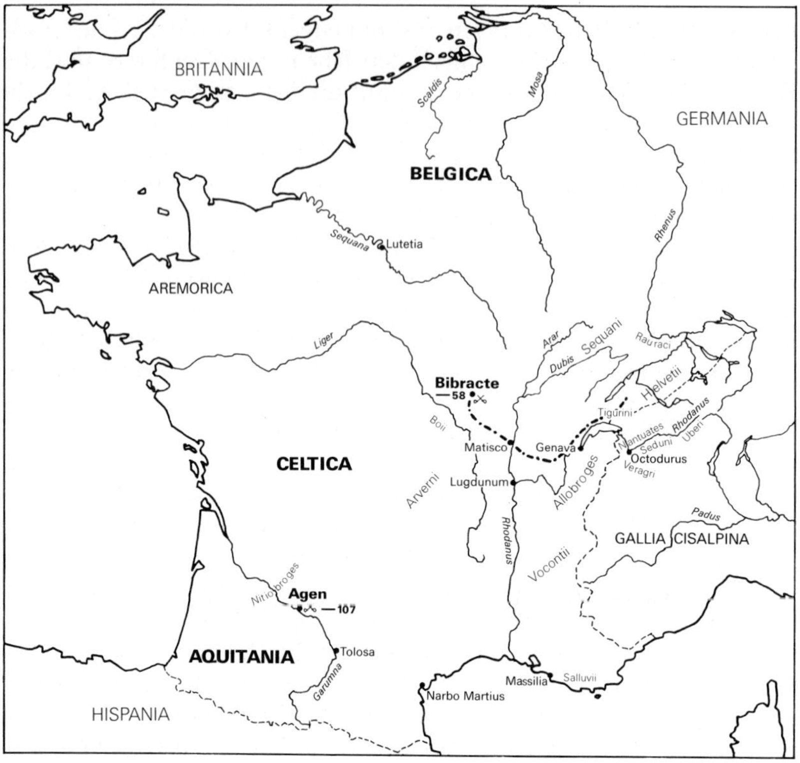

Karte der helvetischen Wanderzüge (2.–1. Jahrhundert v. Chr.).

Die Beschreibung einer prähistorischen Wanderung

Caesar war, wie gesagt, ein guter Ethnograph. Er hat mit bemerkenswerter Genauigkeit die Umstände beschrieben, unter denen ein noch nicht ganz seßhaftes Volk, die Helvetier, sich zu seiner Wanderung aufmachte, einer Wanderung, die in vielem auf urtümliches menschliches Verhalten zurückverweist. Zuerst die Vorbereitungen: «Sie beschlossen, Zugtiere und Karren in möglichst großer Zahl zu kaufen, möglichst umfangreiche Aussaaten zu machen, um unterwegs einen ausreichenden Getreidevorrat zu haben, und mit den Nachbarstämmen einen sicheren Frieden und feste Freundschaft zu schließen. Für diese Aufgaben hielten sie zwei Jahre für ausreichend. Für das dritte Jahr legten sie den Aufbruch gesetzlich fest. – Sobald sie sich hierfür bereit glaubten, zündeten sie all ihre Städte – an die 12 –, ungefähr 400 Dörfer und dazu die Einzelgehöfte an und verbrannten alle Getreidevorräte mit Ausnahme derer, die sie mitnehmen wollten, um, wenn erst einmal die Hoffnung auf eine Rückkehr genommen sei, desto entschlossener alle Gefahren auf sich zu nehmen. Befehlsgemäß sollte ein jeder einen Mehlvorrat für drei Monate mitnehmen.» (Caesar, Gall. Krieg I, 3,1; 5.) Nach der Schlacht bei Bibracte, «fand man im Lager der Helvetier in griechischer Schrift geschriebene Verzeichnisse; diese wurden Caesar überbracht. Sie enthielten eine namentliche Aufstellung der Waffenfähigen, die ausgewandert waren, und ebenso gesondert die der Kinder, Greise und Frauen. Es ergab sich als Summe: 263000 Helvetier, 36000 Tulinger, 14000 Latobici, 23000

Rauraker, 32000 Boier; davon waren etwa 92000 Waffenfähige. Die Gesamtzahl belief sich auf 368000 Köpfe. Nach einer auf Caesars Anordnung veranstalteten Zählung wurden 110000 in die Heimat Zurückgekehrte festgestellt» (Caesar, Gall. Krieg I, 29).

Die commentarii Caesars

Die Kommentare Caesars sind das Werk eines Historikers, eines Ethnologen, aber auch und vor allem das eines Politikers. Deshalb untersucht man sie heute auch immer wieder kritisch, um den Anteil der Propaganda, der persönlichen Rechtfertigung und der objektiven Information zu bestimmen. Die Helvetier, wie übrigens auch die Belger, werden als besonders kriegerisch und furchterregend dargestellt: «Sind sie doch in fast tägliche Kämpfe mit den Germanen verwickelt, wenn sie diese von ihren Grenzen abwehren oder selbst in deren Land Krieg führen» (Gall. Krieg I, 1). Nach Caesar hätte nicht nur die Wanderung der Helvetier, sondern vor allem ihre Ansiedlung im Gebiet der Santoner zwischen Toulouse und Bordeaux eine ernste Gefahr für die römische Provinz *Gallia Narbonensis* bedeutet. Zudem hätte das südlich des Rheins durch den Wegzug der Helvetier geschaffene Vakuum die Germanen bedrohlich angezogen. Und wenn sich diese einmal im schweizerischen Mittelland festgesetzt hätten, so wären sie zu Nachbarn der Allobroger und der römischen Provinz geworden und hätten eine weitere Gefahr für die Gebiete der Römer und der mit den Römern verbündeten Völker bedeutet. Hat Caesar – so fragt man sich – absichtlich diese Gefahren aufgebauscht, um seine massive Truppenaushebung und sein Eingreifen gegen die Helvetier zu rechtfertigen? Die Akten über diese Streitfrage sind noch nicht geschlossen. Auf jeden Fall haben die Helvetier dem Statthalter ohne Zweifel eine Gelegenheit gegeben, sich mit Ruhm zu bedecken. Deshalb lag es auch ganz in seinem Interesse, ihre militärische Stärke zu betonen, und wenn dies auch nur dazu gedient hätte, seinen Erfolg bei Bibracte ins rechte Licht zu rücken.

Wir wollen nun weder bei der geschickten Art und Weise verweilen, mit der Caesar Zeit gewann, um Truppen am Südufer der Rhone zu sammeln, noch bei den Etappen des Feldzuges und der endgültigen Niederlage der Helvetier. Der Bericht Caesars ist unsere einzige Informationsquelle, und man kann nichts Besseres tun, als den Leser auf diese Quelle zu verweisen. Dies gilt ebenso für das Netz internationaler Beziehungen der helvetischen Führer, ihre Familienverbindungen mit den Adligen der benachbarten Stämme wie etwa der Sequaner und für die dem Auszug vorangegangenen Intrigen, deren Haupturheber wohl Orgetorix gewesen ist.

Die Rechtslage der Helvetier nach ihrer Niederlage

Die Rückkehr der Helvetier ins schweizerische Mittelland und der Rauraker in ihr Gebiet stellt die Wissenschaft vor neue Probleme in bezug auf die Lokalisierung und die Rechtsstellung dieser Stämme. Was die Lokalisierung betrifft, so nimmt man an, daß die Rauraker wieder vollständig in die ursprünglichen, von ihnen verlassenen Gebiete zurückgekehrt seien, wobei sie vielleicht überdies durch die Niederlage Ariovists und seiner Truppen gegen Caesar begünstigt waren. Die Helvetier ihrerseits ließen sich zwischen Genfersee, Jura,

Rhein und Bodensee nieder. In der jüngsten Zeit ist sehr eingehend über die Rechtslage der Helvetier nach ihrer Rückkehr diskutiert worden. Früher nahm man an, daß die Helvetier 58 v. Chr. unter die römische Herrschaft gekommen seien. Cicero zählt in einer 56 v. Chr. gehaltenen Rede eine Reihe von verbündeten Völkern auf, von *foederati,* die mit Rom ein Bündnis geschlossen hatten. Unter ihnen werden auch die Helvetier genannt. Obwohl Caesar nirgends den Abschluß eines Bündnisses mit den Verlierern von Bibracte erwähnt, haben die meisten Historiker der römischen Schweiz angenommen, daß Cicero auf ein eben geschlossenes Bündnis anspiele. Diese Auffassung ist jetzt freilich in Frage gestellt worden, und zwar aus guten und überzeugenden Gründen. Das von Cicero genannte Bündnis könnte sich nämlich auf frühere Ereignisse, vielleicht auf den Zug am Ende des 2. Jahrhunderts v. Chr. beziehen. Wichtiger aber ist die Tatsache, daß die Rückkehr der Helvetier in ihr Gebiet durch kein völkerrechtliches, von Rom garantiertes Abkommen geregelt worden ist. Der Befehl zur Rückkehr in die ursprünglichen Gebiete muß vielmehr mit ungeschriebenem römischem Kriegs- und Völkerrecht in Beziehung gesetzt werden. Nach ihrer Niederlage ergaben sich die Helvetier ihren Siegern nach dem Grundsatz der *deditio,* der vorsieht, daß der Sieger über die Besiegten völlig frei verfügen kann. Caesar entschied, die Helvetier wieder in ihre frühere Lage einzusetzen *(restitutio),* und zwar außerhalb des römischen Territoriums und der römischen Souveränität. So wurden die Helvetier zwar besiegt, aber dem Imperium Romanum weder unterworfen noch einverleibt. Gleichwohl traten sie in die Kategorie der «befreundeten» Völker und Staaten ein und, was wichtig ist, sie hielten ihre besonderen Beziehungen zum römischen Feldherrn aufrecht. Trotz des Verlustes ihrer Handlungsfreiheit auf dem Gebiet der Außenpolitik konnten sie so ihre innere Autonomie bewahren, und dies sogar noch nach dem großen Aufstand unter Vercingetorix im Jahre 52 v. Chr.

Kopf eines jungen Helvetiers (gallo-römisch; Prilly, Waadt, 1.–2. Jahrhundert n. Chr.). Das wirklichkeitsgetreue Porträt zeigt römischen Einfluß, die stilisierte Frisur hingegen deutet auf einen lokalen Hersteller.

C. Die römische Schweiz

1. Die Etappen der Eroberung

Die Eroberung der Schweiz durch die Römer beginnt mit der Unterwerfung des Südtessins, das zum Territorium der Insubrer gehörte. Diese wurden 222 besiegt und 197–194 v. Chr. endgültig der römischen Souveränität unterworfen. Dann kam die Reihe an Genf, das zusammen mit dem Gebiet der Allobroger seit 121 in die römische Einflußsphäre geriet und zweifellos kurz vor dem Gallischen Krieg der Provinz *Narbonensis* einverleibt wurde.

Die Politik Caesars gegenüber den Helvetiern

Die Helvetier dagegen, die in ihrem Territorium und ihrer Souveränität «restituiert» worden waren, hatten zumindest implizit den Auftrag, ein Einsickern der Germanen in das Gebiet südlich des

Rheins zu verhindern. Ihr Schicksal unterschied sich damit von jenem ihrer Nachbarn, der Sequaner, die in der Region westlich des Juras siedelten. Kurz nach der Schlacht von Bibracte hatte Caesar den suebischen Häuptling Ariovist besiegt und ihn gezwungen, mit seinen Truppen wieder über den Rhein zurückzukehren. Er gab den Sequanern, diesen Hauptopfern Ariovists, ihr Territorium, zu dem ohne Zweifel auch das Elsaß gehörte, in seiner Gesamtheit wieder zurück. Aber im Gegensatz zu den Helvetiern behielt er sie unter römischer Souveränität. Die Rauraker schließlich erhielten ebenfalls ihr Gebiet in der Region von Basel zurück; für sie wurde vermutlich die gleiche Lösung wie für die Helvetier angewandt.

Die Politik Caesars in Gallien zielte darauf ab, das bis zur Rhein- und Juragrenze eroberte Territorium zu kontrollieren und die Einfallachsen entlang des Juras nach Westen zu halten. Die gleiche Aufgabe hatten die Helvetier östlich des Juras wahrzunehmen. Allerdings bot ihre politische Haltung keine absolute Sicherheit, wie die Entsendung eines wenn auch kleinen Kontingents zur Unterstützung des großen Gallieraufstandes im Jahre 52 v. Chr. beweist. Darüber hinaus bildeten die Räter aus den Bündner Alpen durch ihre kriegerischen Einfälle in der Region des Bodensees und des Mittellandes eine Bedrohung; daß diese nicht leichtgenommen werden durfte, zeigt ein Text des freilich mit Vorsicht zu lesenden griechischen Geographen Strabon, der die Räter als wildes Volk beschreibt, das die Ländereien der Nachbarn verwüste und Männer, Knaben und schwangere Frauen umbringe, die nach Meinung der Wahrsager ein Kind männlichen Geschlechts trügen.

Die Militärkolonien

Um den Helvetiern die zwei nach Westen mündenden Ausgänge zu verriegeln und um ein Vordringen der Räter bis nach Gallien zu verhindern, gründeten Caesar und seine Nachfolger am Ufer des Genfersees und des Rheins zwei Kolonien. Die *Colonia Julia Equestris* an der Stelle des heutigen Nyon versperrte den Durchgang nach Südwesten. Das Territorium dieser Kolonie wurde im Osten durch den Lauf der Aubonne begrenzt und erstreckte sich vom Jura bis zum Genfersee und zur Rhone; es schloß auch das Pays de Gex ein. Wie zahlreiche ähnliche Kolonien aus der Zeit der Republik und des Beginns des Kaiserreichs, wurde die *Colonia Julia Equestris* Veteranen übergeben, die sich durch einen langjährigen Waffendienst eine Entschädigung in Form von zu vollem Eigentum überlassenem Landbesitz verdient hatten. Die in Nyon angesiedelten Veteranen kamen aus Reitereinheiten der Legionen; sie besaßen folglich volles römisches Bürgerrecht. Daß man es vorzog, in Helvetien eher Reiter als Fußsoldaten anzusiedeln, hatte seinen Grund vielleicht im Ruf, den die Helvetier auf dem Gebiet der berittenen Kriegsführung genossen. Die Gründung dieser Kolonie geht mit hoher Wahrscheinlichkeit auf die Jahre 45/44 v. Chr. zurück und fand also vor dem Tod Caesars statt.

Die zweite Kolonie, im Nordwesten der Schweiz, gibt mehr historische Probleme auf. Sie wurde in der gleichen Absicht angelegt wie jene von Nyon, und zwar wurde sie kurz nach dem Tod Caesars durch einen seiner früheren Untergebenen gegründet, den inzwischen zum Statthalter Galliens beförderten Lucius Munatius Plancus. Die Grabinschrift dieses hohen römischen Beamten erwähnt einen von ihm über die Räter errungenen Triumph, allerdings ohne irgendwelche weiteren Einzelheiten. Vermutlich handelt es sich dabei um eine

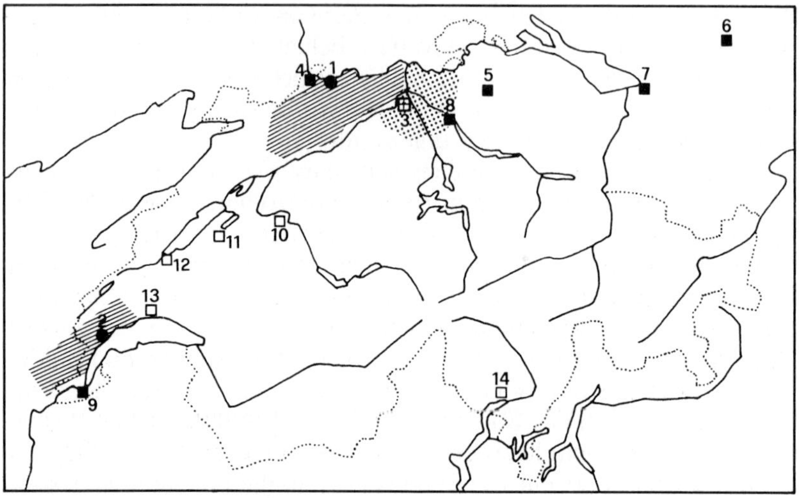

Karte der Kolonien und militärischen Anlagen (1. Jahrhundert v. Chr.–1. Jahrhundert n. Chr.)

▨ Koloniegebiet
● Zentrum einer Kolonie
1 Colonia Augusta Raurica (Augst)
2 Colonia Julia Equestris (Nyon)
░ Territorium einer Legion
⊞ Legionslager
3 Vindonissa (Windisch)
■ militärische Posten
4 (Basel)
5 Vitudurum (Oberwinterthur)
6 Cambodunum (Kempten)
7 Brigantium (Bregenz)
8 Turicum (Zürich)
9 Genava (Genf)
□ erste Siedlungen
10 (Bern, Enge)
11 Aventicum (Avenches)
12 Eburodunum (Yverdon)
13 Lousonna (Lausanne)
14 (Locarno)

römische Intervention an einem unbekannten Ort zwischen Basel und dem Bodensee, deren Umstände im Dunkeln bleiben, die aber zum Ziel hatte, einen Streifzug der wilden Stämme aus den Alpen abzuwehren.

Die besonderen Probleme der Colonia Augusta Raurica

Bis vor einigen Jahren kannte man lediglich eine einzige Kolonie in der Nordwestschweiz: die *Colonia Augusta Raurica,* die von Augustus in Augst vorgenommene Gründung. Man hat sich lange gewundert, weshalb diese Kolonie, deren Existenz ja auf die Politik Caesars zurückgeht und die unmittelbar nach seinem Tod durch Munatius Plancus gegründet wurde, überhaupt den Namen des Augustus trage. Überdies hat man trotz umfangreichen Ausgrabungen auf dem Areal in Augst bisher keine bedeutsamen Keramikfunde entdeckt, die sich in die Zeit vor dem ersten Kaiser datieren lassen. Eine kürzlich ausgegrabene Inschrift hat etwas zur Klärung des Problems beigetragen; es handelt sich um die Ehreninschrift der Kolonie auf einem Denkmal für Lucius Octavius, der im Namen des Augustus einer Neugründung dessen Namen verliehen hat. Dieses Dokument erbringt den Beweis dafür, daß eine erste Kolonie mit anderem Namen jener von Augst vorangegangen war. Aber man weiß immer noch nicht, wo diese erste Kolonie lag, wer ihre Siedler waren und weshalb es der Kaiser für nötig hielt, ganz in der Nähe eine Neugründung vorzunehmen. Fest steht einzig, daß jene kurzlebige erste Kolonie die Aufgabe hatte, den Durchgang zwischen Jura und Rhein zu blockieren, mögliche Verschiebungen der Helvetier oder bewaffneter Räter zu verhindern und die Helvetier von den mit ihnen verbündeten Raurakern zu trennen.

Die beiden Hauptaufgaben: Sicherung der Grenzen und der Verbindungen

Die Zeit des Bürgerkriegs nach dem Tod Caesars brachte die politischen und militärischen Aktivitäten der Römer in der Rheinregion zum Stillstand. Nach der Errichtung des Prinzipats durch Augustus wurde dagegen die Lage an der Nordgrenze des Reiches unter zwei Gesichtspunkten neu überdacht: in bezug auf die Sicherheit der Grenzen und in bezug auf die Sicherung der Verbindungen. Was die Grenzen betrifft, so wurde nur die Sicherheit der Rheingrenze gewährleistet, nicht aber jene der Donaugrenze. Das heutige Bayern, Österreich und Jugoslawien (also Pannonien und Noricum) blieben nach wie vor Einfällen aus dem Norden ausgesetzt. Andererseits mußte jeder militärische Eingriff entweder in östlicher oder westlicher Richtung um die Alpen geführt werden. Die aus dieser Verlängerung der Verbindungswege erwachsenen Unannehmlichkeiten wurden noch durch den Zustand der Alpenübergänge vergrößert, von denen einige unter Kontrolle feindlich gesinnter Stämme standen. Schon Caesar hatte die Größe dieser Schwierigkeiten erfahren müssen, als er im Jahr 57 einen seiner Legaten mit der 12. Legion und einer Reiterabteilung beauftragte, die Alpenroute, wie er schreibt, für den Handel zu öffnen, «eine Alpenstraße, welche die Kaufleute bisher gewöhnlich nur unter großer Gefahr und Abgabe hoher Zölle benutzen konnten». Der Versuch, einen römischen Stützpunkt in Octodurus, dem Marktflecken der Veragrer, zu errichten, rief eine heftige Reaktion der Einwohner hervor, die das römische Detachement zum Rückzug zwangen. Caesar verzichtete darauf, den Großen St. Bernhard zu öffnen, und benützte weiterhin für seine Verbindungen mit Italien den Paß des Mont Genèvre. Auch der Kleine St. Bernhard blieb nur schwer benützbar, weil die Salasser im Aostatal im Ruf standen, die Reisenden auf diesem Weg zu belästigen und auszurauben. Aber nach Caesar begann sich die Situation zu ändern. Im Jahre 43 v. Chr. wurde Lyon gegründet, und die rasche Entwicklung dieser Stadt machte eine direkte Verbindung mit Italien, die den Umweg über den Mont Genèvre ersparte, zur Notwendigkeit. Davon konnte sich Augustus anläßlich seines Aufenthaltes in Gallien von 27 bis 25 v. Chr. überzeugen. Das ist der Grund, weshalb im Jahr 25 eine Armee unter Aulus Terentius Varro Murena die Salasser vernichtete, wobei 40 000 Menschen, worunter 8000 Männer im waffenfähigen Alter, als Sklaven verkauft wurden. Damit erlosch der Stamm der Salasser, aber der Alpenübergang war geöffnet. Dessen Überwachung wurde den in der Kolonie von *Augusta Praetoria* (Aosta) angesiedelten Veteranen anvertraut, einer im gleichen Jahr am Ausgangspunkt der Alpenübergänge im Aostatal errichteten Kolonie.

Wurde also der Große St. Bernhard im Jahr 25 v. Chr. für den Verkehr geöffnet und wurden folglich die Veragrer und Nantuaten an der Walliser Alpennordseite ebenfalls bei dieser Gelegenheit unterworfen? Die Meinungen über diesen Punkt gehen auseinander. Es gibt weder in Aosta noch in Octodurus irgendwelche bemerkenswerte Funde, die darauf schließen ließen, daß ein bedeutender Personen- und Warenverkehr bereits vom Anfang der Herrschaft des Augustus an die Route über den Großen St. Bernhard benützt hätte. Sicher ist einzig, daß die vier keltischen Stämme im Wallis (Uberi, Seduner, Veragrer und Nantuaten) in der Liste der Alpenvölker erwähnt werden, die auf dem im Jahr 7/6 v. Chr. in La Turbie oberhalb Monaco errichteten *tropaeum Alpium* eingemeißelt ist. Ihre Unterwerfung muß somit zwischen 25 und 7 v. Chr. erfolgt sein, und zwar entweder gleichzeitig mit der Eroberung des Aostatals oder – wahrscheinlicher – im Zusammenhang mit dem Feldzug von 16/15 v. Chr. in Rätien.

Die Eroberung Rätiens

Augustus sorgte sich unaufhörlich um die Errichtung sicherer Reichsgrenzen und verwendete ganz besondere Sorgfalt darauf, jeden neuen Angriff auf Norditalien von seiten der wilden Stämme zu unterbinden; diese hätten wie einst die Gallier die Alpen überqueren oder, wie die Teutonen, durch Noricum durchbrechen können. Eine uralte Erfahrung zwingt denjenigen, der einen Alpenübergang beherrschen will, sich beider Abhänge zu bemächtigen. Strategisch bedeutete dies die Eroberung der gesamten Alpen bis an den Rhein und die Donau. Eine solche Expansion öffnete sehr viel kürzere Wege nach Germanien und den mitteleuropäischen Ebenen. Freilich bleiben die tieferen Beweggründe der augusteischen Politik umstritten und können auf ganz verschiedene Weise interpretiert werden. Was immer auch der Grund des römischen Vormarsches nach Norden und sein eigentliches Ziel gewesen sein mag, das letzte zu beseitigende Hindernis blieb jedenfalls der von den Rätern besetzte Alpenabschnitt.

Der auf der Nord-Süd-Achse gelegene Julierpaß (Graubünden) war in römischer Zeit stark begangen, wie die auf der Paßhöhe gefundenen zylinderförmigen Säulen, deren Funktion rätselhaft bleibt, zeigen.

Nach seinem Sieg über die Volksstämme der Alpen ließ Augustus in La Turbie oberhalb Monaco ein großes Siegesdenkmal (tropaeum Alpium) errichten, auf dessen einer Seite die Namen der unterworfenen Volksstämme eingemeißelt sind (7–6 v. Chr.).

16 v. Chr. unternahm Publius Silius Nerva an der Spitze eines Expeditionskorps einen ersten Alpenfeldzug. Nach der Meinung einiger Autoren hätte er sich damit begnügt, die Alpenpässe auszukundschaften, ohne sie zu überqueren. Nach der Meinung von Denis van Berchem und der Mehrheit der Historiker stieß er sicherlich bis zum Bodensee vor und stellte so eine direkte Verbindung mit den am Rhein stationierten Truppen her.

Im nächsten Jahr führten die beiden Stiefsöhne des Augustus, Drusus und der künftige Kaiser Tiberius, einen neuen, nun aber sehr viel umfangreicheren Feldzug gegen die Räter. Auch hier stehen sich zwei Thesen gegenüber: Nach Ernst Meyer griffen die kaiserlichen Brüder in zwei parallelen Heeressäulen an, wobei Drusus die Pässe der Ostalpen (Brenner und Reschenscheideck), Tiberius die rätischen Pässe benützte. Nach Denis van Berchem wäre der Angriff in einer Zangenbewegung erfolgt, indem Tiberius den Rhein hinauf dem Bruder entgegenmarschierte, während dieser direkt von Süden nach Norden vorstieß. Es scheint sicher, daß Tiberius eine Seeschlacht auf dem Bodensee lieferte, aber die übrigen Episoden dieses Feldzuges entgehen uns. Die beiden vorgelegten Hypothesen beruhen auf gegensätzlichen Interpretationen einiger schriftlicher Quellen, die auf die Eroberung Rätiens anspielen, und vor allem auf der großen Inschrift vom *tropaeum Alpium*.

Zusammenfassend darf man sagen, daß 15 v. Chr. Rätien erobert und das Gebiet der Helvetier vollständig einverleibt worden ist. Um die Sicherheit der Verbindungswege zu gewährleisten, haben die Römer, vielleicht schon seit 20 v. Chr., verschiedene Stützpunkte in Basel-Münsterhügel, Dangstetten, Oberwinterthur, Zürich-Lindenhof und am Walensee errichtet. Die drei auf den Höhen um den Walensee gelegenen Türme von Filzbach, Strahlegg und Biberlikopf dienten als Beobachtungs- und Wachposten längs der besonders engen Walenseestraße, die direkt von Chur nach Zürich führt. Von der Höhe des Biberlikopfes aus hat man eine ausnehmend weite Sicht bis ins Linthtal und den heutigen Kanton Glarus. Die Grundmauern des römischen Turmes sind übrigens während des Zweiten Weltkrieges wieder als Unterstand eines Beobachtungspostens der Schweizer Armee benützt worden – ein schönes Beispiel dafür, wie wenig militärische Gesichtspunkte sich ändern.

7/6 v. Chr. wurde die Eroberung der Alpen durch die Errichtung des *tropaeum Alpium* in La Turbie gekrönt. Zu den hier verewigten unterworfenen Völkern zählen die rätischen Stämme, die Stämme des Wallis, aber nicht die Helvetier. Diese sind offenbar kampflos dem Imperium Romanum einverleibt worden; sie bleiben darin bis zum allmählichen Verblassen des Reiches im 5. Jahrhundert n. Chr.

Die Angliederung des Wallis an Rätien

Die ersten Jahre der römischen Herrschaft sind in der Schweiz schwer zu fassen. Die zwei Kolonien von Nyon und Augst waren sicherlich rein römische Zentren, aber ihr Einfluß blieb auf ihr Territorium beschränkt. In den Alpengebieten hingegen machte sich die römische Herrschaft von Anfang an deutlicher bemerkbar, und zwar viel mehr aus militärischen Gründen als um eine zivile Verwaltung durchzusetzen. Es war nämlich von entscheidender Wichtigkeit, die Alpenwege frei und sicher zu halten, um allfällige Truppenverstärkungen an die Rhein- und Donaugrenze in Marsch setzen zu können. In einer ersten Phase bildete die Gegend zwischen der Donau und dem Bodensee, zusammen mit den rätischen Alpen und dem Wallis, einen großen Verwaltungsbezirk; er wurde durch einen Offizier, den Kommandanten der im Lager von Oberhausen-Augsburg stationierten Legion mit dem Titel eines *legatus pro praetore in Vindolicis* (Heereskommandant bei den Vindolikern) beaufsichtigt. Vielleicht hatte er an seiner Seite einen Gehilfen für die Finanzverwaltung dieses Alpendistrikts mit dem Titel eines *procurator Caesaris Augusti in Vindolicis et Raetis et in valle Poenina* (Finanzverwalter des Kaisers bei den Vindolikern und Rätern und im Wallis). Diese beiden Männer trugen also die Verantwortung für zwei scheinbar weit auseinanderliegende Gebiete, nämlich für das nördliche Grenzgebiet und für die Zufahrtswege, die über die Alpenpässe führten, Reschen und Fernpaß im Osten, Maloja, Julier und Splügen in der Mitte und Großer St. Bernhard im Westen. Die Zusammenfassung des Kommandos über die Grenze und die Zufahrtswege, die diese mit Italien verbanden, widerspiegelt eine freilich mehr theoretische als praktische strategische Überlegung. Die Verbindung zwischen dem Wallis und den rätischen Alpen läßt sich nämlich nur über die schwierigen Pässe der Furka (2434 m) und des Oberalp (2047 m) bewerkstelligen.

Die Verwaltung dieses Alpengebietes ging anschließend in die Hände eines Präfekten, dann in diejenigen eines ritterlichen Prokurators mit dem Titel eines Provinzstatthalters über: *procurator Augustorum et pro legato provinciae Raetiae et Vindeliciae et vallis Poeninae* (Statthalter des Kaisers über die Provinz Rätien und Vindelikien und das Wallis) hieß der Statthalter zur Zeit des Kaisers Claudius (41–54 n. Chr.). Die Inschrift mit der Nennung dieses hohen Beamten ist die erste, die Bezug auf eine alle diese Gegenden zwischen Donau und Italien umfassende Provinz nimmt. Zugleich ist sie auch die letzte, da in der gleichen Zeit das Wallis einem anderen Verwaltungsbereich zugeordnet worden ist.

Die Reichsstraße über den Großen St. Bernhard

Man nimmt an, daß das Wallis unter Claudius von Rätien abgetrennt worden ist. Es war im Jahre 43 n. Chr., als dieser Kaiser das seinerzeit von Caesar vor mehr als einem Jahrhundert in Angriff genommene Unternehmen der Eroberung von Britannien, des heutigen England, verwirklichte. Um die Verbindungslinien zu verkürzen, ließ er die Straße über den Großen St. Bernhard für den Wagenverkehr ausbauen und in den Rang einer Reichsstraße erheben. Die *vallis Poenina,* das Wallis, wurde einer neugeschaffenen Provinz, den *Alpes Graiae et Poeninae,* zugeschlagen, die auch die seit der Öffnung des Kleinen St. Bernhard im Jahre 25 v. Chr. bestehende Provinz *(Alpes Graiae)* umfaßte. Der neue Verwaltungsbereich erstreckte sich von nun an auf die beiden von Aosta aus erreichbaren Pässe. Auch die beiden wichtigsten Marktflecken, Axima (Aime) und Octodurus

(Martigny), profitierten von der Bedeutung, welche der Kaiser den Alpenübergängen beimaß, und erhielten beide den Titel eines *Forum*. So wurde Axima in *Forum Claudii Ceutronum* und Octodurus in *Forum Claudii Vallensium* umbenannt.

Die Rheingrenze

Aber kommen wir zu den Jahren unmittelbar nach der Unterwerfung der Alpenstämme zurück. Man weiß zwar nicht, ob Rätien von Augustus erobert wurde, um die Reichsgrenze weiter nach Norden zu verschieben oder um dieses Gebiet als östliche Aufmarschbasis für die Eroberung Germaniens bis zur Elbe zu benutzen. Jedenfalls kamen die militärischen Operationen am Rhein und jenseits desselben von 12–9 v. Chr. und von 6–9 n. Chr. die Römer ziemlich teuer zu stehen und endeten sogar mit einer Katastrophe. Die Grenze wurde an den Rhein zurückgenommen, und nur der Name der beiden Militärzonen – *Germania Superior* zwischen Bodensee und dem Vinxtbach südlich von Bonn und *Germania Inferior* zwischen dem Vinxtbach und der niederländischen Küste – erinnerte noch an die ehrgeizigen Pläne der augusteischen Zeit. Die Sicherheit der Rheingrenze wurde durch einen mächtigen Truppenaufmarsch von acht Legionen gewährleistet; sie waren auf sechs Legionslager und zwei Heereskommandos – Vetera-Xanten für das niedergermanische Heer, Mainz für das obergermanische Heer – verteilt. Seit 17 n. Chr. wurde der südliche Heeresabschnitt durch das Legionslager von Vindonissa (Windisch bei Brugg, Kanton Aargau) gedeckt.

Die Errichtung des Legionslagers in Vindonissa

Die Lage von Vindonissa eignete sich ausgezeichnet für Verteidigungsaufgaben, wurde das Lager doch auf dem durch den Zusammenfluß von Aare und Reuß gebildeten Geländesporn errichtet, der über eine natürliche Befestigung nach Norden, Osten und Süden verfügte. Der etwa 15 km weiter nördlich vorbeifließende Rhein kann nur über das enge Aaretal erreicht werden. So beherrscht Vindonissa einerseits die Straßenachse, die durch das schweizerische Mittelland über die Brücke von Tenedo (Zurzach) an den Rhein und die Donau führt; anderseits aber auch die West-Ost-Achse von Augusta Raurica an den Bodensee oder über Baden nach Zürich und Chur. Deshalb konnte das mitten in einem Straßenknotenpunkt gelegene befestigte Legionslager den Verkehr gut überwachen; ohne Verzögerungen und nach allen Richtungen konnten von hier auch Abteilungen für kurzfristige Eingriffe ausgesandt werden.

Vindonissa weist alle Merkmale eines auf Dauer eingerichteten römischen Lagers auf. Die siebeneckige Lagermauer war in den vier Himmelsrichtungen von turmbewehrten Toranlagen durchbrochen. Die Tore führten zu den Hauptlagerstraßen, der *via decumana* und der *via principalis*, die sich ungefähr in der Mitte des Lagers rechtwinklig schnitten. Außer Kasernen enthielt das Lager auch ein Hauptquartier, die sogenannte *principia*, ein großes Gebäude mit zwei Flügeln. Jeder Flügel war mit einem Hof ausgestattet, der auf drei Seiten durch kleine Läden und auf der vierten Seite durch eine große dreischiffige Basilika (95 m × 20 m) begrenzt war. Das Lager verfügte außerdem über eine schöne Badeanlage mit Mosaikböden und

Wandmalereien und ebenso über die üblichen Innenbauten wie Spital, Lagerhallen und Speicherbauten. Außerhalb der Lagermauer erhob und erhebt sich noch jetzt ein Amphitheater, das größte in der Schweiz (112 m × 98 m). Es war für Tierhetzen und andere Spektakel bestimmt, auf welche die Soldaten versessen waren. Es ist noch nicht gelungen, die Geschichte des Lagers vollständig zu erhellen. Vorgänger war vielleicht ein *oppidum,* sicherlich jedoch eine grabenge-

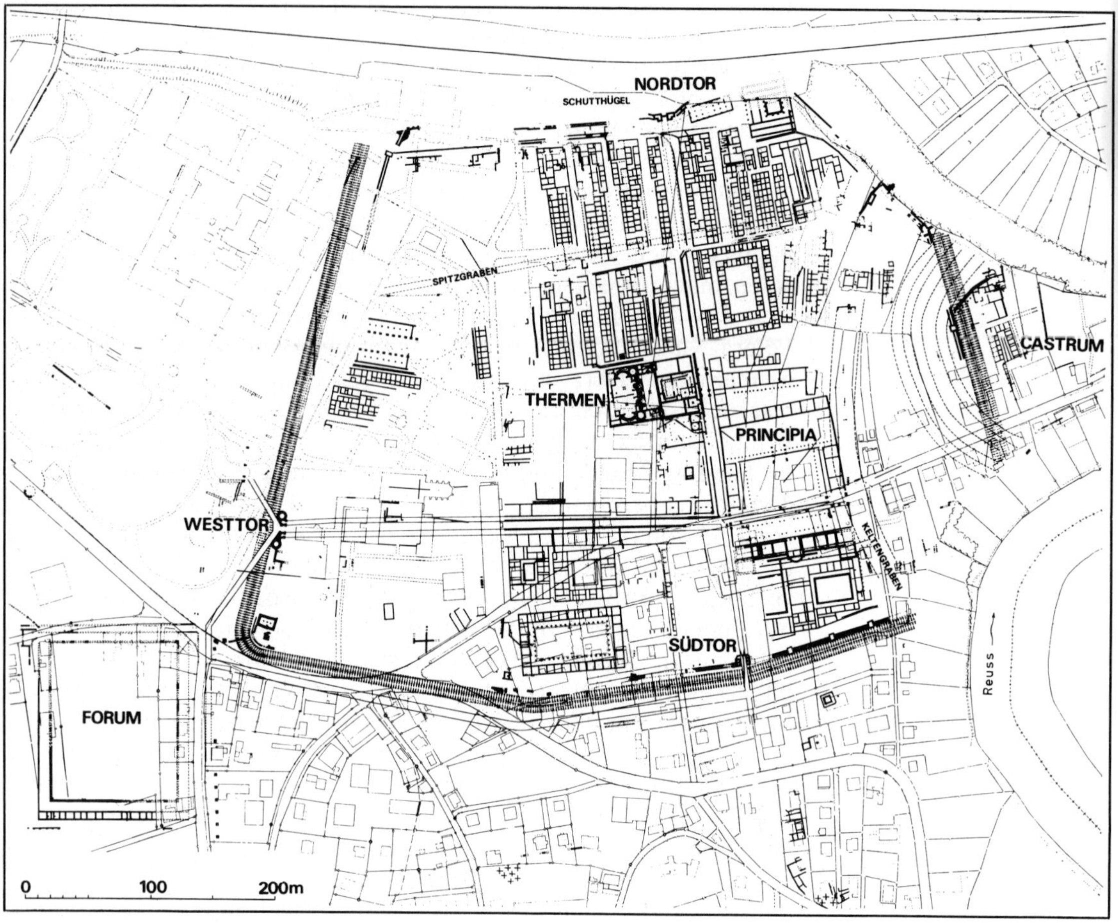

Karte des Legionslagers von Vindonissa (Windisch, Aargau, zweite Hälfte des 1. Jahrhunderts n. Chr.); das Lager wurde um 17 n. Chr. gegründet und gewährleistete die Sicherheit der Nordgrenze des Reiches während des ganzen ersten Jahrhunderts n. Chr.

schützte keltische Siedlung (sogenannter Keltengraben); in der Regierungszeit des Augustus wurde hier ein bescheidener kleiner Stützpunkt errichtet, und erst nach dem Verzicht auf die Eroberungspläne in Germanien zog Kaiser Tiberius die in Oberhausen-Augsburg stationierte Legion *(legio XIII Gemina,* die 13. Zwillingslegion) 17 n. Chr. an den Rhein zurück. Diese Legion baute die ersten noch bestehenden Lagerbauten aus Holz. Im Jahre 45 n. Chr. wurde sie durch die 21. Legion mit dem Beinamen die «ungestüme» ersetzt, die durch zwei Hilfstruppen, die 3. Kohorte der Spanier und die 6., dann die 7. Kohorte der Räter verstärkt wurde. Damals wurde das Lager in Stein errichtet. Schließlich verlegte Kaiser Vespasian ein Jahr nach den Wirren von 69 die 11. kaisertreue claudische Legion *(legio XI Claudia Pia Fidelis)* nach Vindonissa. Als 101 die Grenze weiter nach Norden verschoben und das Dekumatenland einverleibt wurde, verlor das Lager seine strategische Bedeutung und fand diese, zum Teil wenigstens, erst nach 260 wieder.

Die wirtschaftliche und gesellschaftliche Rolle von Vindonissa

Ein militärischer Stützpunkt von der Bedeutung Vindonissas mit seinen verschiedenen Truppenteilen (eine Legion umfaßte in der Kaiserzeit etwa 5000 Mann, eine Kohorte etwa 500 Mann) spielte sowohl in der unmittelbaren Umgebung als auch in einem größeren Umfeld eine bedeutende wirtschaftliche und gesellschaftliche Rolle. Die mit den Legionsnummern gestempelten Ziegel sind ein Mittel, die Ausstrahlungen der militärischen Werkstätten zu ermessen. So hat man einerseits längs der Hauptstraßen zahlreiche Legionsziegel gefunden, die für die Bedachung der Straßenposten gebraucht wurden. Zahlreiche Legionsziegel sind aber auch rings um Vindonissa in einem etwa 45 km langen und 30 km breiten Gebiet belegt. Es ist wahrscheinlich, daß die Legion nicht nur militärische Bauten versorgte, sondern die Ziegel auch an die Einwohner der Gegend ver-

Das Amphitheater von Vindonissa (Windisch, Aargau) hatte eine wichtige Funktion im Prozeß der Romanisierung, da es neben den Legionären auch den Bewohnern des benachbarten vicus offenstand (Mitte 1. Jahrhundert n. Chr.).

kaufte. Die Region, in der die meisten Legionsziegel aus Vindonissa gefunden wurden, diente sowohl als Absatzgebiet für die eigene Produktion als auch als Versorgungsbasis. Man nimmt heute nicht mehr an, daß es sich dabei um ein eigentliches Legionsterritorium gehandelt hat. Sicherlich benötigte die Legion Land als Übungsplätze, als Steinbrüche für die Legionsbauten oder als Weidegebiete für das Vieh, und diese Nutzung wurde von den Einheimischen zweifellos nicht immer nur freudig begrüßt. Aber daraus folgt nicht, daß die Einheimischen notwendigerweise enteignet oder verjagt wurden.

Vor den Lagertoren entwickelte sich allmählich eine zivile Siedlung, die zuerst sehr bescheiden war, dann aber bald den Titel eines *vicus* (Dorf) annahm. Dort lebten alle mit dem Lagerleben normalerweise verbundenen Leute wie Händler und Gastwirte usw., wobei es sich hier wohl in der Hauptsache um Helvetier handelte. Man kennt einige von ihnen; sie vereinigten sich unter dem Namen *vicani Vindonissenses* (Bewohner des Dorfes Vindonissa).

Die Helvetier im römischen Reich

Die Reorganisation Galliens durch Augustus geht auf das Jahr 22 v. Chr. zurück. Damals teilte der Kaiser die von Caesar eroberten Gebiete in drei Provinzen ein: *Aquitania, Lugdunensis* und *Belgica,* die ihm übrigens alle direkt, über einen kaiserlichen Legaten, unterstanden. Die Provinz *Gallia Belgica* umfaßte etwa 15 Stämme der alten *Gallia Comata* (des ursprünglich freien, von Caesar eroberten Galliens), die westlich des Juras saßen, darunter die Sequaner um Besançon und die Lingonen um Langres, sowie zwei Völker östlich des Juras, die Helvetier und die Rauraker. Die östliche Grenze der Provinz stieß an die Grenzen der Provinz Rätien, deren Verlauf man ungefähr kennt: Von Pfyn (*ad fines* = an den Grenzen) südlich des Bodensees führte sie über den Walensee und das Berner Oberland bis in die Nähe von Vevey. Verwaltungsmäßig gehörte das schweizerische Mittelland demnach zur Provinz *Belgica,* deren Statthalter zuerst in Reims, dann in Trier saß. Was die militärische Organisation betraf, war das schweizerische Mittelland hingegen Teil der *Germania Superior;* diese Provinz umfaßte den Verteidigungsabschnitt des Hochrheins bis zum Bodensee. Nach heutigen Erkenntnissen wandten die Römer dabei das gleiche Verteidigungssystem an wie in Rätien, wo sie ebenfalls Grenzland und Hinterland miteinander verbanden. Die Zufahrtsstraßen durch das Gebiet der Sequaner östlich und diejenigen durch das Gebiet der Helvetier westlich des Juras unterstanden nämlich der Heeresverwaltung des Grenzabschnittes. Parallel zu dieser Verwaltungseinteilung erfolgte auch eine Neuverteilung verschiedener Siedlungsgebiete unter die einzelnen Stämme. Nach dem alexandrinischen Gelehrten Ptolemaios besetzten die Helvetier unter Augustus nur den Nordosten des schweizerischen Mittellandes mit einem noch nicht identifizierten Hauptort Forum Tiberii, während der Süden für einige Zeit den Sequanern überlassen wurde, bis das ganze Gebiet wieder den Helvetiern zurückerstattet wurde.

Die dramatischen Ereignisse des Jahres 69

Der Zufall der Überlieferung der literarischen Quellen bringt es mit sich, daß wir über die Ereignisse des Jahres 69 ausgezeichnet unterrichtet sind. Diese kriegerischen Ereignisse hätten fast zur Zerstörung des eben neu erbauten Hauptortes Aventicum (Avenches) geführt und kosteten immerhin die Helvetier Tausende von Toten und zahlreiche in die Sklaverei verkaufte Gefangene. Die Stellen in den Historien des Tacitus, die über diese brutale Unterdrückung der Aufstandsbewegung der Helvetier berichten, sind uns nämlich vollständig überliefert. Sie geben uns zahlreiche Hinweise auf den Zustand und die Bewohner des schweizerischen Mittellandes, auch wenn noch einige Probleme ungeklärt sind.

Einer der aufsehenerregendsten archäologischen Funde, die im 20. Jahrhundert in der Schweiz gemacht wurden: Kopf der Minerva aus Marmor (Avenches, Waadt, 2. Jahrhundert n. Chr.).

In großen Zügen ist über den Hintergrund dieses Aufstandes zu erwähnen, daß der Sturz des Kaisers Nero durch die Erhebung des Statthalters der *Gallia Lugdunensis,* Vindex, im Jahre 68 beschleunigt wurde. Das mächtige obergermanische Heer rief seinen Kommandanten Vitellius zum Kaiser aus und marschierte in zwei Heereskolonnen nach Rom – die eine durch Gallien, wo sie die Stadt Metz zerstörte, die andere durch das schweizerische Mittelland. Die Helvetier hatten sich unterdessen mit der in Vindonissa stationierten Legion zerstritten. Diese hatte ihrem Übernamen *Rapax* (die «ungestüme», vielleicht auch die «räuberische») alle Ehre gemacht, indem sie den Sold geraubt hatte, den die Helvetier selbst einer aus ihren eigenen Leuten bestehenden, vermutlich am Rhein oder ganz in dessen Nähe stationierten Garnison bezahlten. Darauf fingen die Helvetier eine kleine Abteilung des obergermanischen Heeres ab, die den pannonischen Legionen eine Botschaft überbringen sollte. Diesen Vorfall nahm Caecina, der Kommandant der Heeresabteilung des Vitellius, zum Vorwand, um die Bewohner des schweizerischen Mittellandes blutig niederzuwerfen. Der wahre Grund lag wohl darin, daß die Helvetier einem anderen Thronprätendenten, Galba, treu blieben, da sie noch nichts von dessen Tod wußten – so wenigstens erzählt Tacitus. Caecina plünderte das Dorf Aquae Helveticae (Baden) und vernichtete darauf das schlecht trainierte Heer der Helvetier, die es wagten, sich ihm und seinen durch Reiterei und rätische Hilfstruppen unterstützten Berufssoldaten entgegenzustellen. Die römische Heeresabteilung marschierte in Schlachtordnung auf Aventicum zu, als die Helvetier ihre Kapitulation anboten. Die Entscheidung über ihr Schicksal wurde Vitellius überlassen. Claudius Cossus, einem der helvetischen Abgeordneten, gelang es, das Mitleid der römischen Soldaten zu erregen, «die Tränen vergossen und die Straflosigkeit der Stadt erwirkten», erzählt uns Tacitus. Auch wenn man der Erzählung dieser dramatischen Szene nicht vollen Glauben schenkt, so trifft doch zu, daß Vitellius Gnade gewährte und Aventicum rettete.

Die Gründung der Kolonie Aventicum

Die ältesten Spuren von Aventicum reichen nicht über die Regierungszeit des Augustus zurück. Im gegenwärtigen Stadium der archäologischen Untersuchungen dieses Ortes nimmt man an, daß die ersten Bauten der Siedlung am Anfang des 1. nachchristlichen Jahrhunderts aus Holz errichtet worden sind. Aus dieser Zeit stammen auch die jüngst ausgegrabenen Hafenanlagen mit einem Damm, der auf einem in den weichen Grund des Murtensees eingerammten Pfahlrost ruht. Aventicum scheint seit seinen Anfängen Hauptort der Helvetier gewesen zu sein, und in dieser Eigenschaft hat die Stadt auch sogleich einen gewissen Wohlstand erreicht. Aber ihren Aufschwung verdankt sie vor allem dem Ausbau der Straße über den Großen St. Bernhard durch Kaiser Claudius in den vierziger Jahren. Die Verbindungsstraßen durch das schweizerische Mittelland erhielten dadurch große Bedeutung für die Verschiebung von Truppen wie für den Handel. In Aventicum ersetzten nun nach und nach Steinhäuser die früheren Bauten.

Die Schweiz im 1.–3. Jahrhundert n. Chr.

Zeichenerklärung:

⧈	Legionslager, frühaugusteisch
■	Legionslager, 1. Jahrhundert n. Chr.
✕	Wachtturm
■	Stadt
●	vicus
◉	Zollstation
•	Gutshof (nur Fundstellen in der Schweiz vermerkt)
)(	Paßübergang
(Basel)	antiker Ort, dessen Name für diese Zeit nicht gesichert ist

Abkürzungen:

D	Dietikon
L	Lenzburg
OH	Oberer Hauenstein-Paß

Gebirgsnamen:

Abnoba mons	Schwarzwald
Iura mons	Jura
Mons Vosegus	Vogesen
Adulas	Splügen (nach E. Meyer †)

Gewässernamen:

Aenus	Inn
Arura	Aare
Dubis	Doubs
Rhenus	Rhein
Rhodanus	Rhone
Lacus Clisius	Luganersee
Lacus Larius	Comersee
Lacus Lemannus	Genfersee
Lacus Venetus	Bodensee
Lacus Verbanus	Langensee

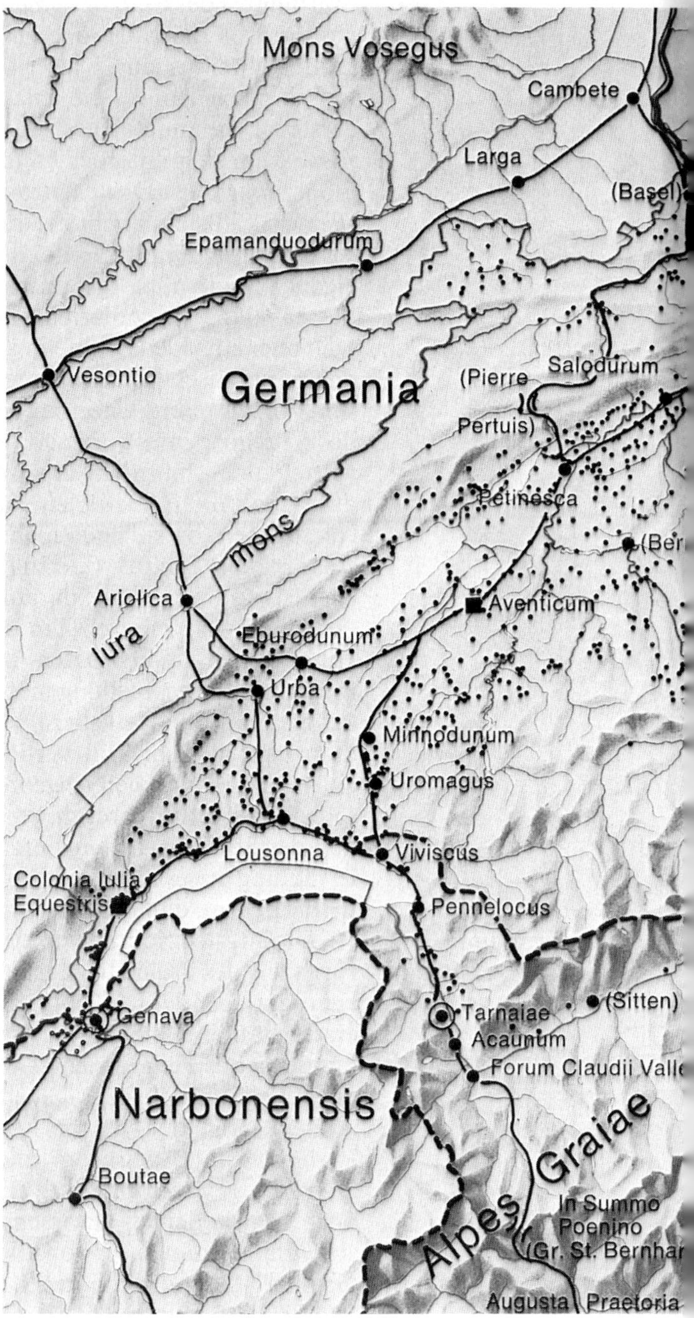

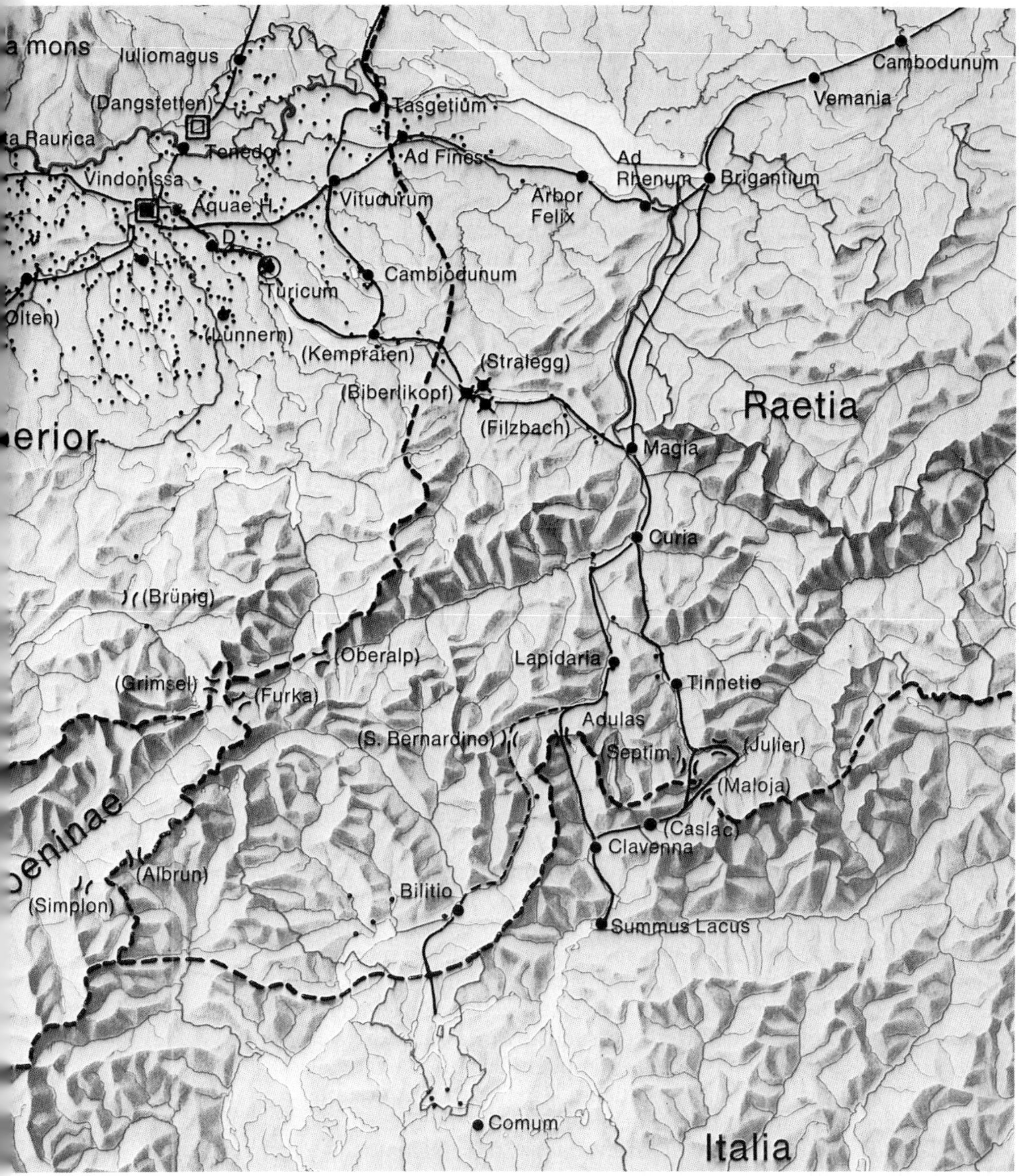
Iuliomagus
(Dangstetten)
Tasgetium
Cambodunum
Vemania
Tenedo
Ad Fines
Ad Rhenum
Brigantium
Vindonissa
Aquae H.
Vitudurum
Arbor Felix
D
L
Turicum
Cambiodunum
(Lunnern)
(Kempraten)
(Stralegg)
(Biberlikopf)
(Filzbach)
Raetia
Magia
Curia
(Brünig)
(Oberalp)
Lapidaria
(Grimsel)
(Furka)
Tinnetio
Adulas
(S. Bernardino)
(Septim.)
(Julier)
(Maloja)
(Caslac)
Clavenna
(Albrun)
(Simplon)
Bilitio
Summus Lacus
Comum
Italia

Gerade in jener Zeit hätte nach Denis van Berchem Vespasian, der künftige Kaiser, damals noch Kommandant einer in Straßburg stationierten Legion, seinem Vater Flavius Sabinus, einem pensionierten hohen römischen Beamten, geraten, sich in Aventicum niederzulassen. Die Entwicklung Helvetiens versprach nämlich einem wohl informierten und aktiven Bankier gute Geschäfte. Nun wissen wir durch den Historiker Sueton, daß Flavius Sabinus seine in der Zollverwaltung erworbene Sachkenntnis später für seine einträglichere Bankierstätigkeit nützte, und niemand konnte die wirtschaftliche Entwicklung eines Gebietes besser voraussehen als ein höherer Offizier im Oberkommando, das eben dieses ihm unterstellte Gebiet wirtschaftlich fördern wollte. Man darf also annehmen, daß der Vater Vespasians sich kurz nach 40 in Aventicum niederließ. Als Vespasian selbst im Jahre 43 Straßburg verließ, um mit seiner Legion an der Eroberung Britanniens teilzunehmen, ließ er vielleicht seinen kleinen Sohn Titus bei seinem Vater und einer *educatrix* – übersetzen wir «Erzieherin, Kinderfrau» – Pompeia Gemella, zurück. Der Grabstein dieser Pompeia Gemella ist in Aventicum gefunden worden; sie trägt die ehrenvolle Bezeichnung *educatrix Augusti nostri* (Erzieherin unseres Kaisers). Hinter dieser hübschen kleinen Anekdote verbirgt sich ein Problem, das die Historiker der römischen Schweiz sehr beschäftigt hat, nämlich die Frage nach den Umständen, unter welchen Aventicum im Jahre 71 römische Kolonie geworden ist. Die Grabplatte der Pompeia Gemella spielt bei der Untersuchung dieses Problems und den vorgeschlagenen Lösungen eine bedeutende Rolle.

Die Flavier und Aventicum

Man hat lange Zeit angenommen, daß der in der Inschrift genannte Kaiser niemand anders als Vespasian selbst gewesen sei und daß der Kaiser, um die Stadt seiner Jugendzeit zu ehren, Aventicum das Privileg einer römischen Kolonie verliehen habe. Aber was für die einen Autoren eine Ehre schien, wurde von den andern als eine den Helvetiern nach den Ereignissen von 69 aufgezwungene Ordnung verstanden: Sie sind der Ansicht, daß diesem wegen seines unruhigen Geistes berüchtigten Volk die für die Einordnung ins römische Reich und für eine beschleunigte Romanisierung nötige Disziplinierung nur durch die Anwesenheit einer Veteranenkolonie auferlegt werden konnte. Denis van Berchem hat viel zur Verbreitung dieser Interpretation beigetragen. Wenn er heute weniger entschieden ist, so vor allem unter dem Eindruck der neu entdeckten engen Beziehungen zwischen der Hauptstadt der Helvetier und den Flaviern, die sich offenbar drei Generationen lang um Aventicum bemüht haben.

Tatsache ist jedenfalls, daß Aventicum seit 71 den Rechtsstatus einer römischen Kolonie besessen hat. Ihr voller Name *(Colonia Pia Flavia Constans Emerita Foederata Helvetiorum,* d.h. fromme flavische standhafte verbündete Veteranenkolonie der Helvetier) enthält die Attribute, die für Militärkolonien üblich waren: Treue und Standhaftigkeit sind Eigenschaften, deren sich die römischen Legionen gerne rühmten. Man glaubte früher, das Rechtsstatut einer verbün-

Ziegel aus den Werkstätten mit dem Stempel der 21. Legion Rapax; sie waren in der Umgebung von Vindonissa verbreitet (Windisch, Aargau, 1. Jahrhundert n. Chr.).

deten Stadt mit dem von Caesar 58 v. Chr. mit den Helvetiern abgeschlossenen Bündnis in Verbindung bringen zu können. Heute wird, wie wir gesehen haben, diese frühere Vereinbarung aber in Frage gestellt. Man könnte eher an ein Bündnis des Vespasian mit den Helvetiern nach 69 denken.

Eine neue prosopographische Untersuchung des Inschriftenmaterials von Aventicum hat nur eine ganz beschränkte Zahl von rein römischen Namen geliefert. Die Mehrheit der Beamten der Kolonie trugen sogar helvetische Namen. Es ist kaum zu erwarten, daß die Ansiedlung zahlreicher römischer Bürger in einer Kolonie hätte erfolgen können, ohne daß ihnen die Macht und vor allem die höchsten Beamtenstellen zugefallen wären. Die Erhebung von Aventicum in den Rang einer Kolonie erscheint unter diesen Umständen doch eher als eine Ehrung der lokalen Elite, als daß sie als Ausdruck des Willens, den Stamm der Helvetier zu überwachen oder gar zu unterdrücken, gedeutet werden könnte. Anstelle einer politischen oder militärischen Rolle könnte man sich für die Kolonie vor allem auch wirtschaftliche und kulturelle Aufgaben vorstellen. Die Erhöhung des Rechtsstatus brachte der ganzen Region erheblichen Gewinn, gleichgültig, ob es sich dabei – was nicht zu entscheiden ist – um römisches oder latinisches Recht handelte. Die rechtliche Besserstellung muß viele Leute, darunter auch römische Bürger, nach Aventicum und ins ganze schweizerische Mittelland gezogen haben.

Das Theater von Avenches (Waadt) konnte nahezu 6000 Besucher für die verschiedensten Anlässe aufnehmen. Es wurden hier nicht nur Tragödien und Komödien gespielt, sondern auch religiöse und politische Veranstaltungen abgehalten (2. Jahrhundert n. Chr.).

Die Integration der Einheimischen ins römische Reich wurde erleichtert, dies um so mehr, als die zurückgetretenen Beamten ohne Einschränkung das römische Bürgerrecht erhalten konnten, auch wenn die Kolonie tatsächlich nur latinisches Recht besessen haben sollte.

2. Die römische Schweiz: ein Modellfall der Akkulturation

Der Kaiserfrieden

Man hat die Epoche vom Beginn unserer Zeitrechnung bis zum Jahr 260 n. Chr. die Zeit des Kaiserfriedens genannt. Dieser Begriff paßt ausgezeichnet auf die römische Schweiz, erlebte sie doch im Schutze weit entfernter und gut verteidigter Reichsgrenzen *(limes)* eine bisher beispiellose wirtschaftliche und gesellschaftliche Entwicklung. Dank den zahlreichen Ausgrabungsbefunden kann man sich das Aussehen des Landes nun leicht vorstellen. Zu den Verbesserungen materieller Art, die das Alltagsleben prägten, brachte die Romanisierung aber auch tiefgreifende Änderungen des Denkens, der Lebensführung, der Sitten und Bräuche. Unter diesem Blickwinkel kann das römische Helvetien als ein Modellfall der Akkulturation betrachtet werden: Die Überlagerung der einheimischen Tradition durch eine neue Kultur hat sich offenbar reibungslos vollzogen und äußerte sich in der Schaffung einer Gesellschaft, in der unter der Oberfläche römischer Zivilisation zahlreiche ursprüngliche Züge weiterlebten. Die Verschmelzung der alten keltischen Kultur mit der mediterranen läßt sich in allen Bereichen beobachten: in den städtischen und ländlichen Siedlungsformen, in Sprache, Religion, Institutionen und Kunst. Man könnte diese Bewegung in Formeln wie «Tradition und Erneuerung» oder «Angleichung und Widerstand» fassen, um die Dynamik des Vorganges hervorzuheben.

Vor der Eroberung durch die Römer kannten weder Gallien noch Helvetien ein entwickeltes städtisches Leben. Die *oppida* mit ihren verschiedenen Funktionen als politische, wirtschaftliche und religiöse Zentren wie als Verteidigungsstellungen kamen zwar städtischen Formen sehr nahe, aber die Stadtanlage blieb doch in struktureller und baulicher Beziehung bescheiden.

Die Urbanisierung war wohl das wichtigste, jedenfalls das sichtbarste Ergebnis der Romanisierung. Die beiden in der zweiten Hälfte des 1. Jahrhunderts v. Chr. gegründeten Städte, Nyon und Augst, erreichten rasch große Bedeutung. Bald entwickelten sich auch der Hauptort der Helvetier, Avenches, das *Forum Claudii Vallensium* (Martigny) und zahllose Dörfer *(vici)*.

Urbanisierung als Zeichen der Romanisierung

Die Urbanisierung ist sicher nicht als Eroberungs- und Assimilierungsmaßnahme geplant worden. Die Entwicklung der Städte und Dörfer hing vielmehr mit der Verstärkung des Warenaustausches und dem wirtschaftlichen Wachstum zusammen und scheint demnach eher eine Folge der Integration der Helvetier ins römische Reich als ein Mittel zur Erreichung dieses Zieles gewesen zu sein. Die Zuweisung von Land an Veteranen war geeignet, die Wirtschaft einer Gegend zu beleben. Später zog die Schaffung von Straßen und Städten eine immer größere Zahl von Römern an, die wie Flavius Sabinus in diesen neu eroberten Gebieten eine günstige Gelegenheit erblickten, Gewinne zu erzielen. Sie trugen gleichzeitig zur Verbreitung der neuen Ideen und Lebensgewohnheiten bei.

Die wichtigsten öffentlichen Bauten

Die städtischen Zentren wie Avenches, Augst und Nyon sind durch einen schachbrettartigen Stadtplan gekennzeichnet, der auf die Gründung dieser Städte zurückgeht und an die ältesten Traditionen der griechischen Stadtanlagen anknüpft. Der wichtigste Platz der Stadt, das Forum, befand sich grundsätzlich am Schnittpunkt der beiden Hauptachsen, des *cardo maximus* und des *decumanus*. Um diesen Mittelpunkt gruppierten sich wichtige öffentliche Gebäude: Säulenhallen mit Kaufläden und Geschäften, Tempel, Basilika und Rathaus *(curia)*. Das Forum erscheint somit als politisches, wirtschaftliches und religiöses Zentrum der Stadt.

Das Forum von Augst, das man schon lange ausgegraben hat, wies in seiner Mitte einen großen, auf der Nord- und Südseite von zwei Säulenhallen und Läden gesäumten rechteckigen Platz (33 m × 58 m) auf. An der Ostseite des Platzes erhob sich eine auf zwei Seiten durch je eine Apsis begrenzte dreischiffige Basilika. Der Innenraum dieses Gebäudekomplexes maß 22 m auf 49 m. Unmittelbar östlich an die Basilika schloß sich das Rathaus an, das Versammlungslokal der 100 Mitglieder des Stadtrates der Kolonie *(ordo decurionum)*. Auf der westlichen Seite des Platzes, am höchsten Punkt eines Treppenaufganges mit etwa 12 Stufen, erhob sich ein Tempel, ein imposanter Bau mit sechs mächtigen Säulen auf der Front- und acht Säulen auf der Längsseite. Der Tempel war sowohl der kapitolinischen Trias (den Göttern Jupiter, Juno und Minerva) wie auch dem Kaiserkult geweiht.

Seit den neuen Ausgrabungen in den Jahren 1974–1977 auf dem Gelände der *Colonia Julia Equestris* (Nyon) weiß man, daß die von Caesar gegründete Stadt ebenfalls um ein monumentales Zentrum angelegt war, das mit demjenigen von Augst fast vollständig übereinstimmt. Im Norden und Süden des Forums, das etwa gleich groß war

Modell des Zentrums von Augusta Raurica (Augst, BL) mit den wichtigsten Gebäuden. Im Vordergrund die Basilika und das Forum mit dem Jupitertempel; im Hintergrund der Tempel-Theater-Komplex auf dem Hügel von Schönbühl (2. Jahrhundert n. Chr.).

wie dasjenige von Augst, standen Säulenhallen mit Läden, im Osten eine riesige, dreischiffige Basilika und im Westen ein Tempel. Wie in Augst durchschnitt die Hauptstraße (hier die Straße Genf–Avenches) das Forum am Fuße des Tempels. So war das Forum nicht nur religiöses und wirtschaftliches Zentrum, sondern auch topographischer Mittelpunkt.

Der Tempel von Nyon, der vermutlich ebenfalls dem Kaiserkult geweiht war, ruhte auf einer großen Kryptoporticus, d. h. unterirdischen Galerien, die hauptsächlich die Säulen des Obergeschosses zu stützen hatten.

Die Geschichte des Zentrums mit den öffentlichen Bauten der Kolonie ist jetzt bekannt: Auf die erste Belegung des Platzes mit kleinen Holzkonstruktionen in lokaler Bautradition folgten im 1. Jahrhundert n. Chr. gemauerte Gebäude, dann eine zweischiffige Basilika von 12 m Breite und 50 m Länge. Schließlich wurde in den letzten Jahren des 1. Jahrhunderts die ursprüngliche Basilika abgerissen und durch ein neues Gebäude mit drei Schiffen und zwei Apsiden an den Schmalseiten ersetzt, das dem von Augst glich.

Der Architekturkomplex von Forum, Basilika und Säulenhallen mit Kaufläden und Tempel findet sich in allen Gegenden des römischen Reiches, in der Schweiz namentlich in Augst, in Nyon, in Martigny, wo sich der Tempel außerhalb des Forums befindet, und in Lousonna-Vidy. In diesem letzten Fall freilich wird ein Teil des Gebäudekomplexes durch einen gallo-römischen Tempel gebildet, was der ganzen Anlage einen anderen architektonischen Sinn gibt. Die Basilika von Lousonna war nach dem Vorbild der ersten Basilika von Nyon erbaut worden. Avenches besaß ebenfalls ein Forum, aber seine Anlage ist nicht so klar, wenigstens nicht beim Stand der gegenwärtigen Ausgrabungen. Man glaubt immerhin, dort einen Tempel ausmachen zu können, der sich im Zentrum eines von Säulenreihen umgebenen Platzes erhob.

Welches war nun die Zweckbestimmung der verschiedenen Gebäude der Fora? Der große offene Platz diente als Ort der Begegnung und symbolisierte den Mittelpunkt der Stadt und ihres Territoriums. Was die Basilika betrifft, so scheint sie mehrere Aufgaben erfüllt zu haben: Sie war Versammlungsort, gedeckter Markt und Geschäftszentrum. Die Basilika von Lousonna-Vidy lag am Ufer des Sees, in der unmittelbaren Nähe des Hafens und des Warenumschlagplatzes. Die Anordnung der Läden, die an die Nordmauer des Gebäudes

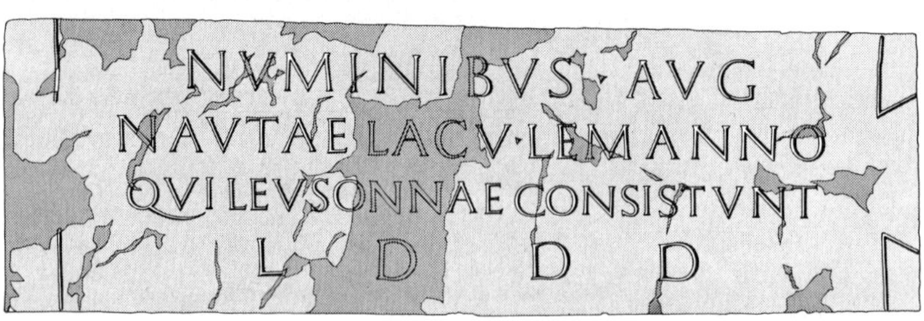

«Der Göttlichkeit der Kaiser die Schiffer auf dem Genfersee, die in Lausanne niedergelassen sind. Der Platz für diese Weihung wurde angewiesen durch Beschluß des Stadtrates.» Diese Weihinschrift ist ein bedeutendes Zeugnis des wirtschaftlichen Lebens von Lousonna-Vidy; hier war der Umschlagplatz für Waren, die aus dem Rhonetal kamen und rheinabwärts für Germanien bestimmt waren (Vidy-Lausanne, Waadt, Ende 2. Jahrhundert n. Chr.).

angebaut waren und die sich auf den Platz öffneten, unterstreicht den funktionellen Charakter dieses städtischen Mittelpunktes. Die gleiche Anordnung bestand auch in Augst, das zwei Fora besaß, ebenso in Avenches und in Martigny. Die vom Forum her zugänglichen Geschäftsräume wurden oft als Büros von *collegia* benutzt, d.h. von Zünften oder Berufsverbänden. So hat man in Lousonna in einem dieser Räume eine Inschrift gefunden, die von der dort niedergelassenen Vereinigung der Genferseeschiffer der Göttlichkeit der Kaiser gestiftet worden ist. In Aventicum ließen die Schiffer der Aare und eines anderen Flusses eine *schola,* d.h. den Versammlungsraum ihres Collegiums, nicht weit vom Forum erbauen, ebenfalls zu Ehren des Kaiserhauses.

Das Rathaus von Augst ist das einzige erhaltene Gebäude mit ausschließlich politischer Zweckbestimmung. Es handelt sich um einen kleinen Rundbau (Durchmesser 16 m), in dessen Innenraum fünf konzentrische, 30 cm hohe und 2 m breite Stufen aufgemauert waren, die als Sitzstufen für die 98 Decurionen (Stadträte) dienten. Die *duoviri* (Exekutivbeamte) saßen in der Mitte auf einem Podium.

Theater und Tempel

Im allgemeinen standen auf dem Forum oder in dessen unmittelbarer Nähe ein oder sogar mehrere Tempel. Die meisten von ihnen hatten das Aussehen eines klassischen griechisch-römischen Kultgebäudes, d.h. sie hatten einen Innenraum, der die Götterstatue beherbergte, waren von einem Giebel mit zwei Giebelfeldern überdacht und von einer Säulenreihe umgeben. Die römischen Tempel standen häufig auf einem erhöhten Podium, zu dem eine Freitreppe hinaufführte. Trotzdem blieben die einheimischen Formen im religiösen Bereich zahlreich, setzte sich doch hier häufig die Tradition gegenüber den fremden Einflüssen durch. So findet man in fast allen städtischen Siedlungen und sogar auf dem offenen Land gallo-römische Vierecktempel im einheimischen Stil. Zudem können sich, auch wenn ein Kultgebäude klassische römische Form aufwies, die Riten und Opfer doch an eine einheimische Gottheit gerichtet haben. Von den Problemen des religiösen Synkretismus wird noch die Rede sein; hier sei nur betont, daß die Kultgebäude vollständig in das Weichbild der Stadt und in die städtische Architektur integriert waren.

Flachrelief, das einen Gladiatorenkampf darstellt (Aubonne, Waadt, 2.–3. Jahrhundert n. Chr.).

Die Städte Augst und Avenches besaßen beide einen aus einem großen Heiligtum und einem Theater bestehenden monumentalen Gebäudekomplex. Schon die Stellung dieser Gebäude im Stadtbild hebt ihre Wichtigkeit hervor. In Augst bilden sie mit dem Straßennetz einen Winkel von 20 Grad; in Avenches sind sie abseits des städtischen Zentrums gelegen. Aber noch mehr als diese Besonderheiten der Lage fällt jeweils die Art der Verbindung und Gegenüberstellung dieser beiden Gebäude auf.

Auch wenn der sogenannte Cigogniertempel in Avenches, der seinen Namen der heute einzig noch aufrechtstehenden «Storchensäule» verdankt, fast vollständig zerstört ist, so kann man sich trotzdem ein ausreichendes Bild seiner Ausmaße machen. Der eigentliche Tempel stand auf der einen Seite einer quadratischen Anlage. Beider-

Das Theater des vicus Lenzburg (Aargau), das 1964 entdeckt wurde, zeugt für den Romanisierungsprozeß auf dem Land (letztes Drittel des 1. Jahrhunderts n. Chr.).

seits zogen sich zwei Säulenreihen hin, die drei Seiten eines großen Hofes umschlossen. Auf der vierten Seite öffnete sich der Platz in Richtung des Theaters. Die neuesten Untersuchungen, die sich vor allem auf die Ergebnisse der Dendrochronologie stützen, lassen den Beginn des Tempelbaues auf die Zeit um 100 n. Chr. und den anschließenden Theaterbau auf den Anfang des 2. Jahrhunderts n. Chr. datieren. Der Tempel war vermutlich dem Kaiserkult gewidmet.

Die Kolonie Augst besaß einen fast gleichen Gebäudekomplex. Auf dem Schönbühlhügel erhob sich ein Tempel mit sechs Säulen in der Front, mit Säulenreihen an zwei Seitenflügeln und einer großen zum Heiligtum hinaufführenden Freitreppe. Das Theater ist in dem dem Tempel gegenüberliegenden Hügel eingebettet. Das Bühnengebäude *(scaena)* hatte, wie in Avenches, eine Öffnung auf den Tempel hin, so daß man ihn und die Kultszenen sehen konnte, die sich dort abspielen mochten.

Die Gesamtanlage von Theater und Tempel erlaubte riesige Menschenansammlungen zu Festen, Spielen und religiösen Zeremonien. Man schätzt, daß das Theater von Avenches ungefähr 8000 Zuschauer fassen konnte, jenes von Augst sogar noch mehr. Übrigens hat das Theater von Augst verschiedene Bauphasen und auch verschiedene Bestimmungszwecke gekannt; einmal wurde die *orchestra* sogar in eine halbrunde Arena umgebaut.

Die Theater waren in der römischen Schweiz seltener als die Amphitheater. Es ist wahrscheinlich, daß Nyon eines besaß, was nicht erstaunen dürfte. Hingegen war die Freilegung eines großen ländlichen Theaters in der Nähe des kleinen *vicus* Lenzburg schon sehr viel überraschender. Dagegen besaßen recht viele Städte und Dörfer in der römischen Schweiz ihr Amphitheater: Augst, Vindonissa, Avenches, Martigny und Bern-Engehalbinsel. Ohne das Ausmaß des Kolosseums in Rom zu erreichen (188 m × 156 m), wiesen doch einige von ihnen beträchtliche Dimensionen auf. Jenes von Vindonissa mißt 110 m × 98 m, jenes von Avenches 115 m × 87 m. Zu sehen gab es dort unter anderem die vom Publikum besonders geschätzten Gladia-

Linienführung des Aquäduktes von Nyon (Waadt, 1.–2. Jahrhundert n. Chr.). Die Bedeutung der Wasserleitung für die römischen Städte erlaubt Rückschlüsse auf den Lebensstandard ihrer Bewohner.

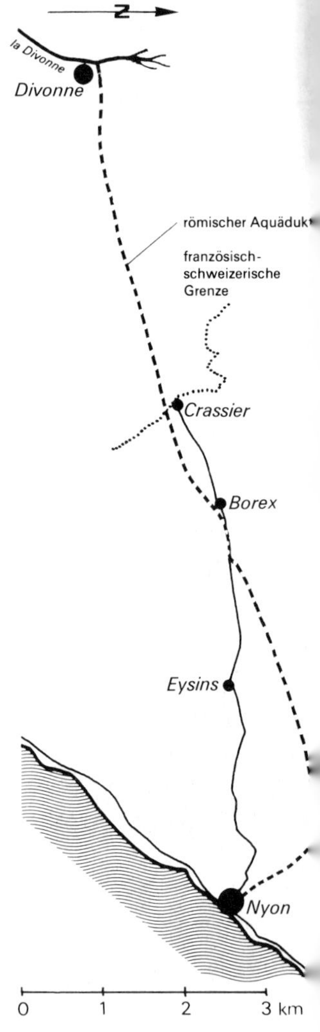

torenkämpfe. In der Regel beschränkte man sich jedoch auf Tierhetzen, bei denen manchmal Exotisches wie Löwen und Geparden, meistens aber einheimische Tiere, vor allem Bären, vorgeführt wurden.

3. Der Alltag

Eine Revolution der Sitten: die Bäder

Zu den immer wieder in den Städten und Dörfern der römischen Schweiz nachgewiesenen Gebäuden gehören auch die Bäder. Die Thermen stellen einen der typischen Beiträge der Mittelmeerkultur, und besonders der römischen Kultur, in unseren nördlichen Gegenden dar. Die bescheidensten Dörfer verfügten über Thermenanlagen, die jeweils ein heißes Bad *(caldarium),* ein laues Bad *(tepidarium)* und ein kaltes Bad *(frigidarium)* boten, die man in freigewählter Reihenfolge, mit dem kalten oder mit dem warmen Bad beginnend, benutzen konnte. Eine Folge zusätzlicher Räume war dieser Grundausstattung angeschlossen: Umkleideräume, Spielhalle, Schwitzbäder. Anlage und Ausführung der Bäder setzen uns noch heute durch die Sorgfalt der Konstruktion wie auch der Ausstattung in Erstaunen. So findet man Marmorböden, Mosaike, bemalte oder mit farbigem Stuck geschmückte Wände. Die Säle waren mit Hypokaustheizung ausgestattet, bei welcher die Warmluft horizontal unter dem Fußboden in dem durch die Stützpfeilerchen leer gelassenen Raum zirkulierte und vertikal durch kastenförmige Hohlziegel aufstieg.

Mehr noch als der technische Fortschritt beeindruckt uns heute die durch die Einführung des Bades bedingte Revolution der Sitten. Der Umstand, daß die Städte ihren Einwohnern eine oder sogar mehrere öffentliche Badeanlagen zur Verfügung stellen wollten oder mußten, bezeugt die Verbreitung einer Körperkultur, die bei den Griechen gut bekannt war und dann von den Römern dem ganzen Reich aufgedrängt wurde. Das Schwitzbad, das warme und kalte Bad, die körperliche Sauberkeit verbreiteten sich während der römischen Kaiserzeit, um dann seit dem Ende der Antike wieder zu verschwinden. Freilich muß zugegeben werden, daß die neuen Bedürfnisse auch eine beträchtliche Erhöhung des Wasserverbrauchs bedingten – ein in der Vergangenheit wie auch heute gültiger Parameter, um die Entwicklung des Lebensstandards und des Komforts zu messen. Die großen Städte bauten also ein Netz von Wasserleitungen, deren Spuren noch an vielen Stellen des ehemaligen römischen Reiches sichtbar sind. In dieser Hinsicht sind die Aquädukte von Avenches und Nyon, mit ihren unterirdischen Abschnitten und ihren überhöhten Teilen, nur ein Beispiel unter vielen. In der Stadt selbst war die Wasserversorgung durch öffentliche Spring- und Sodbrunnen gesichert. Der Abfluß des Abwassers erfolgte durch unterirdische Leitungen und Kanäle, von denen heute noch einige wegen der darin gemachten Funde berühmt sind. So ganz besonders in Avenches, wo die Goldbüste des Kaisers Marc Aurel aus einem Abflußkanal des Cigogniertempels geborgen wurde; auch die Votivhand des Sabazios ist in einer Abwasserleitung gefunden worden.

Die 1939 in Avenches (Waadt) gefundene Goldbüste des Kaisers Marc Aurel (161–180) zählt zu den wertvollsten Funden aus der römischen Zeit der Schweiz.

CARDO MAXIMUS
NORDOSTTOR
Nekropole
Nekropole
NORDTOR
OSTTOR
Nekropole
KAPITOL
THERMEN
THERMEN DES FORUM
FORUM
PALAST
THERMEN
TEMPEL
sog. CIGOGNIERTEMPEL
AMPHITHEATER
THEATER
DECUMANUS MAXIMUS
WESTTOR
Nekropole
RINGMAUER
0 100 200 400 m
N
E
O
S

Die eindrucksvolle Stadtmauer von Avenches

Der eindrucksvollste heute noch erhaltene, öffentliche römische Bau der Schweiz ist ohne Zweifel die Stadtmauer von Avenches. Mit ihrer Länge von 5,7 km, ihren 73 Türmen und ihren bewehrten Toranlagen bildet sie ein großartiges, aber auch – das sei hier zugegeben – noch nicht erklärtes Ganzes. Die Mauern bestehen aus durch Quadersteine gebildeten Schalungen mit einer Ziegelstein- und Mörtelfüllung; sie sind 2,40 m breit und mehr als 7 m hoch. Die monumentalen Tore im Westen und im Osten mit ihren Türmen, Vorhöfen und parallelen Durchgängen erinnern an die beeindruckendsten Kunstwerke in Trier oder in Autun. Weshalb aber ist eine solche Stadtmauer für eine zu Beginn der Kaiserzeit gegründete und weit von der Grenze gelegene Stadt erbaut worden? Unseres Wissens haben weder Augst noch Nyon, bei denen die militärische Bestimmung doch klar umschrieben war, über ein ähnliches oder vergleichbares Verteidigungssystem verfügt. Man muß hier wohl an das «Recht» erinnern, das einige Kolonien wie Nîmes, Vienne und Autun in Gallien für sich beanspruchten, eine Stadtmauer bauen zu dürfen, die offenbar dazu beitrug, ihren politischen und rechtlichen Status zu festigen. Zudem ist es schwer vorstellbar, daß Avenches, auch mit dem Titel einer Hauptstadt der Helvetier, die notwendigen Geldmittel für ein solches Unterfangen allein hätte aufbringen können. Nur wenn wir annehmen, daß der Kaiser hier mitgeholfen hat, läßt es sich erklären, daß der Bau der Stadtmauer auch vollendet worden ist. Wenn sich ihr Verlauf auch mit strategischen Überlegungen rechtfertigen läßt – er folgt nämlich der Höhenlinie im Norden, Südwesten und Süden –, so übertrifft doch die Größe des eingeschlossenen Gebietes bei weitem die tatsächlich bebaute Fläche, auch bei der größten Ausdehnung der Stadt. Man darf deshalb wohl an ein neues Zeichen kaiserlicher Gunst denken. Da die jüngsten Untersuchungen es gestatten, den Bau der Stadtmauer, des Cigogniertempels und des Theaters an den Anfang des 2. nachchristlichen Jahrhunderts zu datieren, dürften die Rangerhöhung von Avenches zur Kolonie und der außerordentliche Aufschwung im Bauwesen wohl auf kaiserlichen Wunsch erfolgt sein.

Osttor der Mauer von Avenches (Waadt) mit drei parallelen Durchgängen: in der Mitte für die Fahrzeuge, rechts und links für Fußgänger (Anfang 2. Jahrhundert n. Chr.).

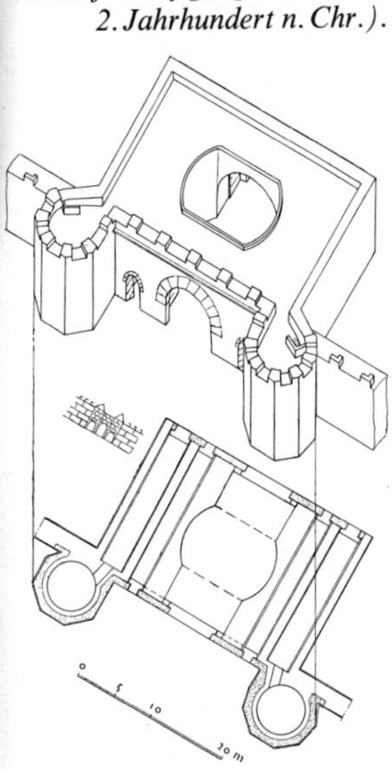

Städtische Siedlung

Auch das Straßensystem der städtischen Zentren gehörte zu den Einrichtungen der öffentlichen Hand. Man muß hier präzisieren, daß der Stadtplan ohne Zweifel auf die Stadtgründung zurückgeht und daß er sich aus einer vorher festgesetzten Raumordnung ergeben hat, zumindest was die Kolonien angeht. Das rechtwinklige Straßennetz diente dazu, *insulae,* d.h. rechteckige Wohnblöcke gegeneinander abzugrenzen.

Dank den Ausgrabungen der letzten Jahre in Avenches und, in einem weniger großen Umfang, in Augst wissen wir nun auch über die städtischen Wohnbauten besser Bescheid. Die nordöstlich des Forums liegende *insula 16* in Avenches mißt ca. 75 m × 50 m. Sie hat eine Reihe von Besitzern gekannt: Am Anfang des 1. Jahrhunderts war der Wohnblock unter drei Besitzer aufgeteilt, die noch Holzbauten bewohnten. Unter Kaiser Claudius wurde das Quartier in den vierzi-

Plan der Kolonie von Avenches (Waadt). Das überbaute Stadtgebiet dehnte sich nie bis zu den Mauern aus (2. Jahrhundert n. Chr.).

ger Jahren bei steigendem Wohlstand in Stein umgebaut, wobei aber die Aufteilung in drei Partien beibehalten wurde. In den siebziger Jahren schließlich wurde der Block offenbar unter Vespasian von einer reichen Persönlichkeit aufgekauft, die sich hier nun ein großes Wohnhaus in italischem Stil bauen ließ. Von der Straße aus unterschied sich dieses Wohnhaus wohl kaum von anderen Häusern, da die Säulenporticus zur Normalausstattung gehörte; aber in der Innenarchitektur zeigte es sich in seiner ganzen Eleganz. Die Wohnräume waren um einen großen, mit Säulen gesäumten und sicherlich mit einem Garten ausgestatteten Innenhof angeordnet. Die Ausstattung und das Mobiliar des Hauses waren der Architektur ebenbürtig: Mosaikböden und Wandmalereien geben nur einen unvollkommenen Eindruck, der durch die Fragmente des Tafelgeschirrs und der aus Italien eingeführten Keramik ergänzt werden muß.

Die im Norden sich anschließende *insula 10* erfuhr nicht die gleiche Konzentration und bewahrte auf diese Weise stärker den Charakter eines Gewerbe- und Handelsquartiers. Weiter östlich findet man in der *insula 4* einen Gebäudekomplex, der in kleinere Wohneinheiten von zwei bis drei Räumen unterteilt war. Sein bescheideneres Aussehen stimmt mit der Ärmlichkeit des Fundmaterials, besonders mit der fast nur einheimischen Keramik, überein. Es scheint, daß die Wohnstätten mit wachsender Entfernung von Forum und Stadtzentrum ärmlicher wurden; ihre Bewohner mußten sich offenbar auf das Lebensnotwendige beschränken.

Immerhin sollte man mit Verallgemeinerungen vorsichtig sein. Die bisher in Avenches ausgegrabenen *insulae* stellen nur einen Bruchteil der bebauten Fläche der Kolonie dar und erlauben noch keine endgültigen Aussagen. Auch die neuesten Ausgrabungen in Augst haben kaum Anhaltspunkte für die Sozialstruktur der Stadt gegeben. Die oft geäußerte Hypothese, wonach einige Quartiere aus luxuriöseren und reicheren Wohnhäusern bestünden als andere, ist bisher durch keinen Beleg gestützt worden.

Vici – Marktflecken

Die Kolonien Avenches, Augst und Nyon, ebenso wie das Forum Octodurus-Martigny erreichten die Ausdehnung von ziemlich großen Städten. Auch der *vicus* von Lousonna-Vidy war bei allen einheimischen Zügen mit seinen sich rechtwinklig schneidenden Straßen, dem Forum, der Basilika, den Heiligtümern und seiner beträchtlichen Ausdehnung eine römisch geprägte städtische Siedlung. Im Gegensatz zu den anderen Städten verdankte Lousonna seine Entwicklung jedoch nicht der Stellung als politischer Hauptort eines Volkes, sondern ausschließlich seinem wirtschaftlichen Wohlstand. Es stellte nämlich mit seinem Hafen einen Umschlagplatz dar, wo die auf Schiffen ankommende Ware ausgeladen und in den Zwischenlagern gestapelt wurde.

Die Stadt Aventicum verfügte ebenfalls über einen Hafen, der mit einer Treideleinrichtung ausgestattet und mit der Stadt durch eine Überlandstraße verbunden war. Nach der Erbauung der Stadtmauer wurde der Hafen durch einen bis knapp vor das nordöstliche Stadttor

Episoden aus der klassischen Mythologie und Szenen aus dem Alltagsleben zeigen die Mosaiken der villa von Boscéaz bei Orbe (Waadt). Hier ein Wagen, der von einem Ochsengespann gezogen wird (erste Hälfte des 3. Jahrhunderts n. Chr.).

führenden Kanal ersetzt, an dem sich die Lagerhäuser und Handelsgebäude befanden.

Außer Lousonna kennen wir eine große Zahl anderer *vici,* von denen einige umfangreiche archäologische Spuren hinterlassen haben, wie etwa Aquae Helveticae (Baden), Bern-Engehalbinsel, Lenzburg, Turicum-Zürich, Vitudurum-Oberwinterthur. Andere bewahren nur noch die Erinnerung an ihren antiken Namen wie Viviscus (Vevey), Uromagus (Oron), Pennelocus (Villeneuve) und Tasgetium (Eschenz) in unmittelbarer Nähe des spätantiken Nachfolgeortes Stein am Rhein.

Prächtige Villen auf dem Lande

Schon ein oberflächlicher Blick auf die Karte der römischen Schweiz zeigt, daß die Besiedlung des offenen Landes zwischen dem 1. und 3. Jahrhundert viel dichter geworden ist. Neben den vier Städten Nyon, Avenches, Augst und Martigny und den beinahe 20 Dörfern *(vici)* gab es Hunderte von unterschiedlich großen Villen und Gutshöfen. Ihre geographische Verbreitung läßt sich klar umschreiben: Man findet sie im Mittelland, zwischen Jura und Voralpen und im unteren Rhonetal, aber kaum jemals jenseits einer Linie vom Westende des Bodensees zum Walensee, d. h. jenseits der Grenze zwischen der Provinz Rätien und dem Gebiet der Helvetier. Höchstens trifft man noch in der Nordostschweiz auf einige Gutshöfe. Überdies läßt sich feststellen, daß die Dichte der Gutshöfe in der Nähe der städtischen Zentren, vor allem im nordwestlichen, zentralen und südlichen Mittelland, zunimmt.

Nicht alle ländlichen Wohnstätten waren von Römern bewohnt. Die einheimische Aristokratie und die Bauern bewirtschafteten weiterhin ihre mehr oder weniger ausgedehnten Güter. Sie hatten noch stärker als die Städte am gesellschaftlichen, wirtschaftlichen und vor allem kulturellen Aufschwung teil, den die Romanisierung mit sich gebracht hat. Eine Untersuchung über die Verteilung der reichsten Landgüter vermittelt darüber interessante Hinweise. Die Wohnsitze, die die schönsten Malereien, die prunkvollsten Mosaike und die interessantesten Einzelgegenstände geliefert haben, befinden sich im Westen und Süden der Schweiz, in der Nähe der Kolonien und

Medaillon mit dem Sturz des Ikarus. Indem der Künstler den Meeresgott Neptun durch einen Flußgott ersetzte, wollte er vielleicht ein lokales Element, etwa einen Hinweis auf Rhone oder Genfersee, beifügen (Vidy, Lausanne, Waadt, 2.–3. Jahrhundert n. Chr.).

nicht weit vom benachbarten Gallien entfernt, dessen städtische Zivilisation eine ältere und enger mit der Mittelmeerkultur verbundene Entwicklung durchgemacht hat. Der Norden der Schweiz verdankte dagegen einen Teil seiner auf kulturellem Gebiet sicherlich weniger anregenden Romanisierung der Anwesenheit des Legionslagers von Vindonissa.

Die römische villa Grundriß, Ausstattung und wirtschaftliche Funktion

Die Römer gaben ihren Landsitzen den Namen *villa.* Eine *villa,* die man als landwirtschaftliche Produktionseinheit auffassen kann, setzte sich aus einem Herrenhaus und einem ganzen Komplex von Nebengebäuden zusammen, dem Gesindehaus, den Ställen, Vorratshäusern und Werkstätten. Der Gutshof von Seeb im Kanton Zürich lag in der Mitte eines durch Umfassungsmauern eingeschlossenen Areals von mehr als 7,5 ha, und die *villa* von Boscéaz bei Orbe war von einer über 400 m breiten und 420 m langen Hofmauer umgeben. Das Herrenhaus von Boscéaz stand am Rande des Plateaus, das die Orbe-Ebene beherrscht. Es war mit Mosaiken geschmückt, die zu Recht als die schönsten der römischen Schweiz berühmt sind. Denis van Berchem dürfte wohl den Wohlstand des Gutes von Orbe durch die Nähe der wichtigen Handelsstraße erklären, die das Mittelland mit dem benachbarten Gallien über den Col de Jougne verbindet. Die einheimische Aristokratie habe – so Denis van Berchem – seit jeher als Vermittler, Transportunternehmer und Treuhänder aus dem Personen- und Güterverkehr Gewinn gezogen. Auf jeden Fall zeugt der prunkvolle Lebensrahmen jener Menschen vom hohen kulturellen Standard dieser Elite. Die Ikonographie der Mosaiken geht auf klassisch-mythologische Quellen zurück und stellt sowohl Göttergestalten (Sol, Luna, Mars, Merkur, Jupiter und Ganymed) dar als auch mythologische Szenen (Labyrinth, Kampf des Theseus mit dem Minotaurus) und Bilder aus dem täglichen Leben. Wie Victorine von Gonzenbach feststellt, «verfügten die Herren von Boscéaz über genügend geistiges Rüstzeug, um außer der unmittelbaren Bildaussage und einigem Kunstgenuß auch die besondere, hier erzählte Geschichte würdigen zu können.» Diese Mosaiken zeigen, daß es im römischen Helvetien eine gebildete und kultivierte Oberschicht von reichen Grundbesitzern gab.

Einige der Mosaiken von Orbe stellen Zirkusspiele dar. Man erkennt einen Bären, der sich gegen einen Stier wendet, und einen Löwen, der ein Pferd verfolgt, lauter Szenen, die sich im nahen Amphitheater von Aventicum hätten abspielen können. In der vor kurzem ausgegrabenen *villa* von Pully sind Wandmalereien mit Szenen anderer Spiele zutage gefördert worden, nämlich mit Wagenrennen. Zwei Zweigespanne, von behelmten Wagenlenkern geführt, ziehen zwei Rennwagen gegen die Spitzsäule, welche die Wagen umfahren mußten. Ebenfalls in der Waadt, in Commugny bei Nyon, sind durch Ausgrabungen einer *villa* Wandmalereien zum Vorschein gekommen, die auf schwarzem Grund Blumenmotive mit Vase und Girlanden aufweisen sowie auf rotem Grund eine Ziege und eine Taube.

Die Helvetier zwingen nach ihrem Sieg von 107 v. Chr. die Römer unter das Joch. Dieses heroische Schlachtbild, das der Maler Charles Gleyre 1858 auf Bestellung der Waadtländer Regierung geschaffen hat, ist als Dokument des Historismus von Interesse, obwohl es einen grundlegenden Fehler enthält: Die Schlacht fand nämlich nicht am Ufer des Genfersees statt, wie die Geschichtsschreibung vor Mommsen annahm, sondern in der Nähe von Agen im Südwesten Frankreichs.

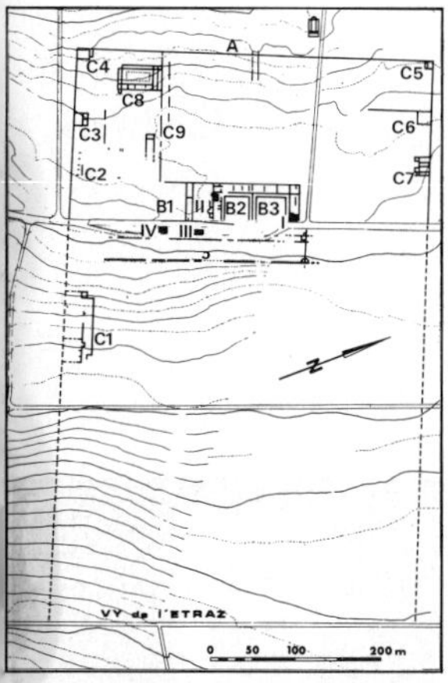

Die Trockenheit des Sommers 1976 erlaubte es, den Grundriß der seit dem Ende des letzten Jahrhunderts durch ihre Mosaiken bekannten villa von Orbe-Boscéaz (Waadt) zu rekonstruieren (2. Jahrhundert n. Chr.). Im Zentrum des ummauerten Grundstückes steht das Herrenhaus (B): die pars urbana. Es besteht aus dem Gebäude B1, in welchem sich möglicherweise die Bäder befanden, und aus zwei Höfen (B2 und B3), die von Wohnräumen umgeben waren. I, II, III, IV: moderne Pavillons, in denen die im letzten Jahrhundert entdeckten Mosaiken untergebracht sind. Die landwirtschaftlichen Bauten (C1 bis C9: die pars rustica) dienten als Unterkünfte der Bediensteten oder als Wirtschaftsräume.

Der luxuriösen Innenausstattung dieser Bauten entsprach die Großzügigkeit und Vielgestaltigkeit ihrer Grundrisse. Sie äußerte sich in den Flügelbauten, den Portiken (Loggien) und an Peristylen. Die *villa* von Pully mit ihren halbrunden Pavillons, die sich auf eine Portikus öffneten, und ihren auf mehrere Geschosse verteilten Räumen, zeigt die raffinierte Planung solcher Anlagen.

Das Bauprogramm einer *villa* konnte von recht einfachen Formen bis zu komplexeren Gebäudestrukturen reichen. Die meisten Wohnhäuser enthielten eine vollständige Badeeinrichtung mit den drei Haupträumen für kaltes, laues und warmes Wasser sowie Umkleide- und weitere Räume. Die Konstruktionstechnik folgte den Vorbildern der griechisch-römischen Architektur: Dies gilt für die Übernahme von Mauerwerk anstelle von Holz, die Einführung des Backsteines, die Bedachung mit Ziegeln anstatt mit Stroh und auch für die Errichtung von Wasserleitungen.

Die *villa* bestand aber nicht nur aus dem Herrenhaus, da ja das Gewicht auf ihrer wirtschaftlichen Funktion lag. Dank ihren Erträgen und den Erzeugnissen aus den Werkstätten (Schmiede, Brennofen für Keramik oder Ziegel, Webereien, Vorrichtungen, um Fleisch zu trocknen oder zu räuchern) war sie weitgehend autark; darüber hinaus versorgte die *villa* auch die Märkte der Nachbarschaft.

Die Zusammensetzung des Personals eines Gutsbetriebes ist uns durch Nachrichten bekannt, die meist aus Italien stammen. Man findet dort außer dem Besitzer, der übrigens in der Stadt wohnen konnte, neben seiner Familie und seinen Angehörigen in der Regel einen oder mehrere Verwalter, dazu das Gesinde des Betriebes oder des Hauses. Zu dieser Gemeinschaft gehörte auch eine gewisse Anzahl von Sklaven, die zweifellos zu Beginn der Kaiserzeit zahlreicher waren als später, wobei es natürlich immer schwierig ist, genaue Zahlen anzugeben.

Die Aufmerksamkeit der Historiker und Archäologen hat sich bisher mit Vorliebe auf die großen Güter und die stattlichen, reich ausgestatteten Villen gerichtet. Untersuchungen über das Dasein und die Lebensführung der großen Mehrheit der Landbevölkerung mögen vielleicht weniger spektakulär sein, sie wären jedoch von ebenso großem Interesse. Eine Gesamtdarstellung der wirtschaftlichen und gesellschaftlichen Aspekte des bäuerlichen Lebens der römischen Schweiz, die sich auf die Ergebnisse der Archäologie stützt, bleibt noch zu schreiben. Immerhin lassen sich zwei Bereiche ausmachen, in welchen die Romanisierung besonders deutlich hervortritt: einerseits die Verbreitung mediterraner Lebenskultur, wie Bad und Heizung, bis in die bescheidensten Wohnstätten hinein; andererseits die Allgegenwart importierter Gegenstände wie Keramik, Gläser, Bronzestatuetten, Marmor. All dies bezeugt die Assimilation der von außen kommenden Gebräuche, Glaubensinhalte und Geschmacksrichtungen.

4. Arbeit, Güteraustausch, Geld und Verwaltung

Kunst und Handwerk

Die rasche Anpassung der Handwerker an den Geschmack und die Bedürfnisse der römischen Einwanderer erklärt sich in verschiedenen Bereichen aus dem Erbe der keltischen Traditionen. Die Töpferei der späten Latènezeit hatte einen beachtlichen Stand erreicht. Es ist deshalb nicht erstaunlich, daß die Töpfer sehr bald eine neue Keramik entwickelten, die die besten Erzeugnisse der italienischen Werkstätten nachahmte. Die Keramik von Arezzo aus rot überzogenem Ton, glatt oder mit Reliefmotiven geschmückt, folgte getreulich den römischen Heeren auf allen ihren Feldzügen seit Beginn des augusteischen Prinzipats. Diese sogenannte *terra sigillata* erscheint spätestens gegen 15 v. Chr. in der Schweiz.

Sogleich machten sich nun einheimische Werkstätten ans Werk und schufen Teller und Platten, die in Form und Aussehen ihren Vorbildern fast vollständig glichen. Nur die geringere Kratzfestigkeit des roten Überzugs und das Aufkommen schwarzer Überzüge weisen heute auf die einheimischen Imitationen hin.

Der erste uns bekannte Töpfer, der seine Erzeugnisse in der ganzen Schweiz vertrieb, zeichnete seine Werke mit dem Namen Vepotalus. Seine Werkstatt war seit etwa 10 v. Chr. tätig. Ein anderer Fabrikant, Villo, scheint Bestellungen für das Legionslager von Vindonissa ausgeführt zu haben. Jedenfalls sind bei den Ausgrabungen des dortigen Areals eine große Zahl von Scherben mit seinem Stempel gefunden worden. Töpfereiwerkstätten sind bekannt aus Augst, Baden, Bern-Engehalbinsel, Lousonna-Vidy und noch aus vielen anderen Orten. Die Töpfereiproduktion dauerte ohne Unterbruch bis gegen 260 n. Chr., als die Alemanneneinfälle die Wirtschaft und Gesellschaft tief erschütterten.

Auch das Baugewerbe erlebte einen Aufschwung. Die großen städtebaulichen Programme erforderten die Anwerbung und Ausbildung einer großen Zahl von Arbeitern, um Quader aus den Steinbrüchen zu holen, meist auf dem Wasserwege zu transportieren und einzupassen. Die Bautechnik mit Backstein und Mörtel wie die Einführung südländischer Ziegeldächer führte zur Eröffnung spezialisierter Werkstätten. Auf die Rolle der Legionssoldaten bei der Herstellung von Ziegeln ist schon hingewiesen worden. Das Erlernen der neuen Techniken schloß auch die Kunst mit ein, Mosaikböden oder Platten zu legen, Fresken oder Stukkaturen anzubringen. Ebenso gehört hierhin die Übernahme der Tischlerei, der Schlosserei usw. Auch der Beruf des Architekten erreichte zweifellos ein ungeahntes Ansehen, auch wenn uns kein Name eines Mitgliedes dieses Berufsstandes überliefert ist.

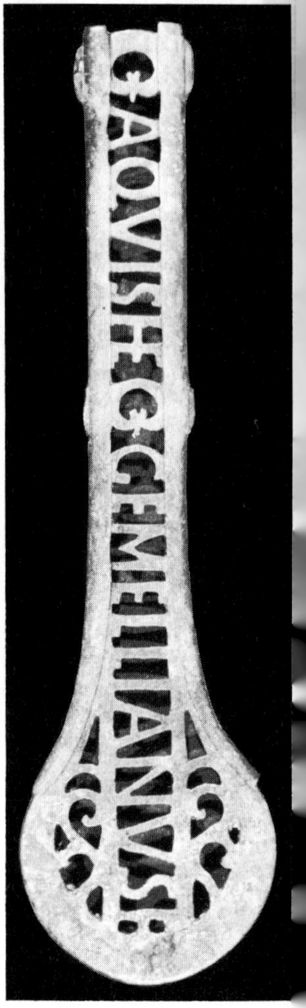

Bronzebeschläge für Lederetuis des Bronzeschmiedes Gemellianus von Baden – Aquae Helveticae (Aargau), welche bis an den Mittelrhein und bis nach Marokko exportiert wurden (zweite Hälfte des 2. Jahrhunderts n. Chr.).

Die alte Tradition der Eisenzeit wurde durch die Herstellung von Werkzeugen aller Art fortgeführt, die überall in der Schweiz gefunden worden sind. Dies gilt auch für Gegenstände aus Bronze, Statuetten, Gefäße und Gebrauchsgegenstände wie etwa die Beschläge für Lederetuis, die in der Werkstatt des Gemellianus in Baden hergestellt und bis nach Marokko ausgeführt wurden. Höchst wahrscheinlich wurden die Schwerter, Schilde und Lanzenspitzen wie auch die Kleider und Sandalen, die die in Vindonissa stationierte Legion benötigte, in zivilen Werkstätten im nahe gelegenen *vicus* produziert. Alltägliche Gebrauchsgegenstände wie einfaches Geschirr, Stoffe und Gewänder wurden an Ort und Stelle auf den Gutshöfen angefertigt. Die Städte beherbergten hingegen das spezialisierte Handwerk.

Handel und Wirtschaft

Angesichts der beschränkten Produktionsmittel konnte der Warenaustausch in Industrie und Handwerk keine bedeutenden Ausmaße annehmen. Diese Bemerkung gilt für die gesamte antike Wirtschaft. Während sich also der lokale Handel nur auf einer begrenzten Ebene abspielte, gab es doch im Innern des römischen Reiches einen großräumigen Austausch. Italien litt schon seit dem Ende des 3. Jahrhunderts chronisch an Getreidemangel; dieser wurde durch die Lieferungen der Provinzen wettgemacht. Gallien war eine Kornkammer und exportierte einen großen Teil seiner Produktion. Ohne Zweifel produzierte auch das schweizerische Mittelland Korn im Überfluß und schickte dieses in weniger fruchtbare Gebiete: Die Anwesenheit eines in der Verwaltung der Getreideversorgung Roms eingesetzten kaiserlichen Beamten ist durch eine Inschrift des 2. Jahrhunderts n. Chr. aus Augst bezeugt. Zu den Exportgütern gehören auch das auf Karren oder Floßen transportierte Holz, Pech, Vieh, Käse, geräuchertes und eingepökeltes Fleisch.

Symbol des allgegenwärtigen und allmächtigen römischen Reiches: Die auf einer Erdkugel stehende beflügelte Victoria hält eine mit einer Götterbüste verzierte Sonnenscheibe (Augst, BL, 3. Jahrhundert n. Chr.).

Die Spuren von Importgütern aus dem Süden sind sehr zahlreich. Zahllose Amphoren mit Stempeln aus Italien, Gallien, Spanien und sogar Griechenland deuten auf den Absatz von Olivenöl und südländischen Weinen. Die Entwicklung des Geschmacks und der Eßgewohnheiten läßt sich auch an der Nachfrage nach Oliven und der scharfen Fischsauce *(garum)* ablesen. Unter dem Prinzipat des Augustus erfuhren zuerst die italische Töpferei, dann jene von Süd- und Mittelgallien eine außerordentliche Verbreitung. Es gibt keinen Ausgrabungsplatz, wo man ihre Scherben nicht in großer Menge findet. Aus Italien und dem Osten stammende Glaswaren sowie Bronze-, Silber- und Goldarbeiten liefern den Beweis, daß sich nördlich der Alpen ein Markt für feine und kostbare Gegenstände entwikkelt hat. Es ist unmöglich, die Wirtschaft der römischen Schweiz zu untersuchen, ohne auf die Wirtschaft des ganzen Reiches Bezug zu nehmen, in die sie vollständig integriert war. Die wirtschaftliche Entwicklung in der Periode von Augustus bis zum Ende des 2. Jahrhunderts war durch Friede, Ordnung und Freiheit begünstigt. Zu den Faktoren, die zum allgemeinen Wohlstand beitrugen, gehören die Schaffung neuer Verbrauchs- und Produktionszentren in den Städten, die Schaffung einer stabilen Währung, die Verbesserung und die Sicherheit der Verbindungswege zu Wasser und zu Land, die gerechte Verteilung der erworbenen Güter und der aus den kurz vorher annektierten Gebieten gezogenen Gewinne. In diesem günstigen Rahmen vergrößerte sich der Warenaustausch, und der Reichtum breitete sich aus. Obwohl das Regime im Grunde autoritär und zentralistisch war, begünstigte es das freie Unternehmertum. Die Unternehmer, die Kaufleute, die Fuhrhalter und Schiffer schlossen sich in Vereinigungen (oder Zünften) zusammen, um das Geschäftsleben besser zu koordinieren. Selbstverständlich muß unter dem Eindruck späterer Rückschläge dieses allzu optimistische Bild stark differenziert werden. Die Faktoren des wirtschaftlichen Ungleichgewichtes, die sich dann seit dem Ende des 2. Jahrhunderts n. Chr. zeigten und die das Reich im 3. Jahrhundert in die Anarchie stürzten, waren schon in den vorhergehenden Jahrzehnten latent vorhanden. Auch der Reichtum war sehr ungleich verteilt. Neben dem reichen städtischen Bürgertum und den wohlhabenden Gutsbesitzern entwickelte sich eine immer wichtigere Bevölkerungsschicht, deren Lebensunterhalt lediglich durch die Großzügigkeit oder besser durch die Fürsorge des Kaisers oder der öffentlichen Hand gesichert war. Überdies beruhte die Prosperität des Reiches zu einem Teil auf Eroberungsgewinnen und der Ausbeutung der unterworfenen Gebiete, der Wohlstand der Grundbesitzer und Unternehmer auf Ausbeutung der billigen Arbeitskraft der Armen und der Sklaven.

Das Münzwesen

Der Gebrauch von Münzen geht schon auf die letzten vorchristlichen Jahrhunderte zurück. Wie bereits erwähnt, haben die keltischen Stämme griechische Münzen verwendet und nachgeahmt, bevor sie ihre eigenen Geldstücke schufen. Die Entdeckung von etwa 100 Silbermünzen lokaler Prägung in der Umgebung des kürzlich in Martigny ausgegrabenen gallo-römischen Tempels, die dort kurz vor der Eroberung durch die Römer als Spenden hinterlegt worden waren, bestätigt das Vorhandensein eines Warenaustausches, der zum Teil wenigstens auf Geld beruhte. Der Geldumlauf vor der Eroberung durch die Römer kann jedoch in keiner Weise mit dem späteren Zirkulationsvolumen verglichen werden. Man kann das Volumen der vom Legionslager von Vindonissa in Umlauf gesetzten Denare während des 1. Jahrhunderts nämlich auf mehrere Millionen schätzen. Die römischen Reichsprägungen ersetzten die übrigen Zahlungsmittel jedoch nur langsam, weil ein ausgesprochener Mangel an kleinen Münzen bestand. Wie schwierig es für einen antiken Staat war, seine Einwohner mit genügend Scheidemünzen zu versorgen, läßt sich daran ermessen, daß selbst in modernen Staaten zeitweilig der Kleingeldumlauf zusammenbrechen kann. Die Lösung, die man im 2. Jahrhundert n. Chr. traf, hieß Dezentralisierung durch Schaffung von Reichsmünzstätten in den Provinzen. Als Folge der unvollständigen Versorgung wurden vorerst die Lebensdauer und die Geltung der lokalen Münzen, oft auch ihre Neuprägung über den Verlust der Unabhängigkeit hinaus verlängert.

Synthese aus mediterraner Technik und einheimischen, vorrömischen Formen: Keramik mit glänzendem Überzug (2.–3. Jahrhundert n. Chr.).

Erst vom 2. Jahrhundert an hatte sich die römische Währung vollständig durchgesetzt und wurde nun das einzige anerkannte Zahlungsmittel. Die Funktion des kaiserlichen Münzwesens beschränkte sich aber nicht nur auf das Wirtschaftliche: Das Bildnis des Kaisers mit seinen Titulaturen samt der Erwähnung seiner militärischen Erfolge auf der Vorderseite, die Schlagwörter wie Friede,

Eintracht, Freiheit, Vorsehung, Hoffnung, Sicherheit auf der Rückseite widerspiegeln die Doppelrolle der Münze als Informationsträger und Propagandamittel.

Das Steuerwesen

Ein sehr geschmeidiges Fiskalsystem verschaffte dem Staat die notwendigen Mittel für die Aufrechterhaltung seiner Dienstleistungen. Der Hauptteil seiner Einkünfte stammte aus den Steuern in Geld oder in Naturalien, wobei den verschiedenen Stämmen ein Tribut auferlegt war, der von den einheimischen Behörden eingezogen wurde. Ein kaiserlicher Prokurator in Trier verkörperte die zentrale Finanzverwaltung. Seine Befugnisse erstreckten sich auf die Gesamtheit der Provinz *Belgica* und, seit 83/84 n. Chr., auf die beiden neugeschaffenen Provinzen *Germania Superior* und *Germania Inferior,* so daß ihm auch das schweizerische Mittelland unterstand. Die Ostschweiz hingegen gehörte zur Verwaltung der Provinz Rätien, das Wallis seit seiner Abtrennung von Rätien zur Provinz *Alpes Graiae et Poeninae.*

Römische Straße in der Nähe von Ste-Croix (Waadt). Die Erbauer haben tiefe Furchen ausgehauen, um die Durchfahrt von Wagen zu erleichtern. Auf der Straße war nur Einbahnverkehr möglich, da Ausweichstellen fehlten.

Die indirekten Steuern umfaßten hauptsächlich die Zölle, deren Zweck übrigens rein fiskalischer Art war. Das Reich war in Zollbezirke eingeteilt, deren Grenzen von der Provinzverwaltung unabhängig waren. So gehörte der westliche Teil der Schweiz zum gallischen, der östliche Teil zum illyrischen Zollbezirk. Der Zoll wurde auf dem Warenwert *(ad valorem)* nach einem gleichförmigen Satz von 2½ % vom Preis der Lebensmittel und der zollpflichtigen Waren erhoben *(quadragesima,* Zoll des Vierzigstels). Zu Beginn wurde die Erhebung des Zolles wie auch das Einziehen der übrigen indirekten Steuern an Pächter *(publicani)* vergeben. Nachher gelangte die Zollerhebung allmählich in die Hände der kaiserlichen Verwaltung. Die Zollstationen befanden sich nicht an den Grenzen der Zollbezirke, sondern an den wichtigen Durchgangsorten wie Brücken, Engpässen und Umschlagplätzen. Auf diese Weise wurde etwa die *quadragesima Galliarum* in der Schweiz in Turicum-Zürich, in Tarnaiae-Massongex, bei der Talenge von St-Maurice und in Genf erhoben. Die Zollstationen wurden von zivilen Beamten versehen, denen aber aus Sicherheitsgründen ein militärischer Posten beigegeben war.

Ein hervorragendes Straßensystem

Der Aufbau eines einzigartigen Verkehrsnetzes war neben der Urbanisierung die zweite hervorstechende Folge der Einbeziehung der Schweiz ins römische Reich. Schon zur Hallstatt- und Latènezeit wurden beim Überqueren der Alpen und im inneralpinen Verkehr zahlreiche Pässe und Verkehrswege benutzt. So konnte man, um ins Wallis zu gelangen, die Pässe des Großen St. Bernhard, des Theodul, des Simplon, des Albrun und der Furka benutzen, was deutlich die große Zahl der Wege bezeugt. Aber keiner dieser Pässe wurde durch einen mächtigen und zentralisierten Staat unterhalten. Die frühen Verkehrswege wiesen denn auch nur wenig Gemeinsamkeiten mit den Straßen auf, die die Römer zu bauen verstanden. Die durch die geographische Lage bedingte Linienführung konnte natürlich keine großen Änderungen erfahren. Dagegen verbesserte sich die technische Qualität des Straßenbaues in unvergleichlicher Weise. Vor allem erlaubte das in eine Gesamtpolitik eingebettete römische Straßennetz nun das Setzen von Prioritäten, welche den ansässigen Völkern nicht offengestanden hatten. Folglich gerieten einige Verkehrswege in Vergessenheit und verschwanden, während andere, die zu Reichsstraßen wurden, eine beträchtliche Bedeutung erlangten.

Die Entstehung und Entwicklung des Reichsstraßennetzes war eine Folge der Ausweitung des zuerst unter römisches Protektorat, dann unter römische Herrschaft gelangten Gebietes. Wie wir gesehen haben, läßt sich die Eroberung von Rätien in den Jahren 16–15 v. Chr. wenigstens teilweise durch die Notwendigkeit erklären, die Verbindungen zwischen Mitteleuropa und Italien zu verkürzen. Der Bau der Straße über die Maloja, den Julier und den Splügen nach Chur und an den Oberrhein läßt sich auf die Niederlassung einer Legion in Oberhausen und die Gründung der Kolonie *Augusta Vindelicum* (Augsburg) zurückführen. Von der in den Bündner Alpen geschaffenen Nord-Süd-Achse gingen zwei West-Ost-Achsen aus: die eine längs des Walensees nach Zürich, die andere an den Bodensee und dem Rhein entlang. Beide reichten bis nach Vindonissa und überquerten den Bözberg nach Augst und Straßburg oder nach Mittelgallien. Die große Südwest-Nordost-Achse Genf–Lausanne–Avenches–Windisch–Zurzach setzte die von Valence nach Genf führende Reichsstraße fort. Die dritte Verkehrsachse schließlich führte über den Großen St. Bernhard, dem Nordufer des Genfersees entlang und über den Col de Jougne (Vallorbe) und sicherte so die kürzeste Verbindung zwischen Italien und dem Norden Galliens. Man bringt ihre Eröffnung, die vor allem durch die Meilensteine von Saint-Saphorin und Yvorne datiert ist, mit der Eroberung von Britannien durch Kaiser Claudius in Verbindung.

Dieser Meilenstein, der die Distanz von 37 Meilen (ca. 55 km) ab Martigny angibt, erinnert uns an die Erbauung der Straße über den Großen St. Bernhard durch Kaiser Claudius (St-Saphorin, Waadt, 47 n. Chr.).

Die Ähnlichkeiten zwischen dem römischen Straßennetz und dem in der zweiten Hälfte des 20. Jahrhunderts konzipierten eidgenössischen Nationalstraßennetz sind höchst erstaunlich. Das setzt die Leistungen der römischen Topographen und Ingenieure, die doch sehr viel schlechter ausgerüstet waren als ihre modernen Kollegen, ins rechte Licht. Die römischen Straßen in der Schweiz waren zwar nicht wie einige andere Reichsstraßen mit Steinplatten belegt, doch gestatteten ihr mehrschichtiges Straßenbett und ihre glatte Fahrbahn ein zügiges Fortkommen des Verkehrs. An verschiedenen Orten wurde sogar der Fels ausgebrochen, um an besonders abschüssigen Stellen die Wagen durch Geleise zu sichern oder, wie bei der Pierre Pertuis im Jura, eine tunnelartige Durchfahrt zu schaffen. Säulenförmige beschriftete Meilensteine gaben die Distanz zum Ausgangspunkt des jeweiligen Straßenabschnitts an. Auf diesen Meilensteinen wird überdies das Datum der Erbauung oder der Wiederherstellung bestimmter Straßenabschnitte erwähnt, so daß sie eine nützliche Quelle für die Kenntnis der Straßengeschichte und der Verkehrswege darstellen. Neben den Reichsstraßen erschloß ein bescheideneres Straßennetz die Dörfer *(vici)* und sogar die einzelnen Gutshöfe.

Öffentliche Organisation und Verwaltung

Die von den Römern nach der Eroberung errichtete Verwaltung spielte eine wichtige Rolle bei der Romanisierung des Landes. Die Einwohner des Südtessins (des Sottoceneri) erhielten 49 v. Chr. das römische Bürgerrecht und waren an die Städte Como und Mailand angeschlossen. Genf und das Gebiet links der Rhone, als Teil des Stammes der Allobroger, wurde von Caesar 45–44 v. Chr. der Kolonie *Julia Vienna* beigefügt, wodurch die Einwohner das latinische Recht erhielten. Dabei wurde Genf zu einem *vicus* der Kolonie *Vienna.* Seit 41 n. Chr. kamen seine Bewohner dann in den Genuß des römischen Bürgerrechtes. Wie diese beiden Beispiele zeigen, nützten die Römer, die ausgezeichnete Juristen, aber auch ausgesprochene Pragmatiker waren, auf kluge Weise die verschiedenen Rechtsstellungen aus, um die unterworfenen Völker ganz allmählich in ihren Staat zu integrieren. Ihr größtes Geschick bestand darin, den Untertanen den Zugang zu den verschiedenen Stufen des Bürgerrechts als Belohnung und Auszeichnung erscheinen zu lassen – eine Auszeichnung, die eifrig gesucht wurde und den Zwang zur politischen und kulturellen Assimilation verschleierte. Die Reichsuntertanen waren ausnahmslos Bürger einer Stadt oder – in Gallien und der Schweiz – Glieder eines Stammes. Drei Rechtsstellungen standen ihnen offen: erstens jene eines Peregrinen, d. h. eines Fremden, Nichtbürgers. Dann jene des latinischen Rechtes, das die einzelnen Personen zivilrechtlich, aber nicht politisch den Römern gleichstellte und dessen Hauptkennzeichen darin bestand, daß die gewesenen Beamten freien Zugang zum römischen Bürgerrecht erhielten. Das römische Bürgerrecht erlaubte dem Inhaber das Tragen der «drei Namen» (Vorname, Geschlechtsname oder Familienname und Zuname oder Cognomen), um seine Rechtsstellung zu dokumentieren. Es beinhaltete darüber hinaus das Recht, sich rechtsgültig zu verheiraten *(conubium)*, Geschäfte zu betreiben *(commercium)*, ein gültiges Testament abzuschließen und sich vor Gericht zu verteidigen. Der politische Status äußerte sich in der Zugehörigkeit des Bürgers zu einer der 35 *tribus* von Rom und zog das Stimm- und Wahlrecht *(ius suffragii)* mit sich, wie das Recht, sich um die Ämter zu bewerben und in den Legionen zu dienen.

Teil einer Votivtafel mit der Darstellung eines beladenen Maulesels (Großer St. Bernhard, 1.–2. Jahrhundert n. Chr.).

Die Bewohner der Kolonien

Die drei Kolonien Nyon, Augst und Avenches, die je aus einer Stadt mit zugehörigem Territorium bestanden, erinnern in ihrer politischen Organisation an das republikanische Rom. An ihrer Spitze standen zwei jährlich zuerst durch die Bürgerversammlung, später faktisch durch die Ratsversammlung gewählte Beamte, die *duoviri,* wobei die mehr als 25 Jahre alten Bürger wählbar waren. Die *duoviri* besaßen Exekutiv-, Legislativ- und religiöse Befugnisse. Im Falle seiner Abwesenheit wurde der *duovir* durch einen *praefectus pro duoviro,* einen im Namen eines *duovir* handelnden Präfekten, ersetzt. Die *duoviri iure dicundo* waren mit richterlichen Befugnissen ausgestattet. Man kennt auch noch mehrere andere Beamte wie beispielsweise die Ädilen, die mit der Wahrung der öffentlichen Ordnung beauftragt waren, die Quästoren, die für die Finanzverwaltung zuständig waren, sowie die *praefecti* mit ganz verschiedenen Amtsbefugnissen, wie etwa die Erhebung bestimmter Steuern, die Errichtung öffentlicher Bauten und die Unterdrückung des Bandenunwesens.

Dem Senat in Rom entsprach der *ordo decurionum* oder kurz *ordo* (Stadtrat). Die Dekurionen, die 100 Mitglieder dieser Versammlung, wurden alle fünf Jahre gemäß ihrem Zensus (Vermögen) durch die *duoviri,* die bei dieser Gelegenheit den Namen von *duoviri quinquennales* trugen, aus dem Kreis der ehemaligen Beamten oder Priester bestimmt. Die Würde eines *decurio* wurde auf Lebenszeit verliehen. Wie der Senat in Rom versammelte sich auch der *ordo* im Rathaus *(curia)* unter dem Vorsitz eines der beiden *duoviri.* Die Kompetenzen des Stadtrates waren bescheiden: Er beschränkte sich im wesentlichen auf die Wahl der Beamten, hatte aber auch das Recht, Ehrungen in Form von Dekreten und Erlassen oder Statuen zu beschließen. Außerdem kamen dem Rat die verschiedensten Aufsichts- und Kontrollbefugnisse über Straßenwesen, Wasserversorgung, Markt, Bauten und Kult zu.

Diese Inschrift, ein Zeugnis für die Übernahme römischer Sitten in den vici des Mittellandes, gibt an, daß die Zinsen einer Stiftung von 750 Denar (römische Silbermünzen) einen Beitrag zur Durchführung antiker Spiel- und Sportanlässe in Moudon leisten sollten (Ende 2., Anfang 3. Jahrhundert n. Chr.).

Neben ihrer Stellung als römische Kolonien waren Augst und Avenches zudem die Hauptorte der *civitates,* d. h. nicht-römischer Stämme, nämlich der Rauraker im Nordwesten und der Helvetier im Zentrum und Südwesten der römischen Schweiz. Der Fall von Aventicum ist uns durch zahlreiche Inschriften aus der Stadt und ihrem Territorium besser bekannt. Der Kompetenzbereich der *duoviri coloniae Helvetiorum* – der *duoviri,* die die Kolonie zu verwalten hatten – erstreckte sich auf die Gesamtheit der helvetischen Bevölkerung und nicht auf die *coloni* (Kolonisten). Die letzteren waren im Besitz des römischen Bürgerrechtes, während sich die Einheimischen (genannt *«incolae»,* d. h. Einwohner oder dauernd Niedergelassene) mit dem latinischen Recht begnügten. Die *incolae* konnten sich in Versammlungen vereinigen und Beschlüsse fassen. Die *coloni* ihrerseits besaßen eine eigene Behörde, um ihre Interessen durchzusetzen, nämlich die *curatores colonorum Aventicensium* (die Vorsteher der Kolonisten von Aventicum). Die römischen Bürger der Gegend schließlich vereinigten sich zu einem Verein der Niedergelassenen: *cives Romani conventus Helvetici,* was ungefähr soviel bedeutet wie: Vereinigung der römischen Bürger in Helvetien, die ebenfalls über *curatores* (Vorsteher) verfügte. Zur Zeit der Koloniegründung wurden die alten helvetischen *pagi* (Gaue) aufgelöst und als Verwaltungseinheiten durch die *vici* (Dörfer) ersetzt. Die *vici* genossen eine gewisse kommunale Selbstverwaltung; die Bürgerversammlung (Gemeindeversammlung) wählte für ein Jahr Exekutivbeamte, die den Titel *magistri* oder *curatores* trugen. Diese hatten die Aufgabe, das Polizeiwesen, die öffentlichen Bauten, die Finanzen und die Kulte zu beaufsichtigen. Die Gemeindeversammlung hatte im weiteren das Recht, in allen diesen Bereichen Verordnungen zu erlassen.

Die civitates

Die Verwaltung der *civitas* (Stammesgemeinde) der Helvetier weist einige Ähnlichkeiten mit derjenigen der verschiedenen Walliser Stämme auf. Zu Beginn des Prinzipats des Augustus erwähnen einige

Inschriften die «vier Stammesgemeinden der *vallis Poenina»,* und es gibt gute Gründe für die Annahme, daß Tarnaiae-Massongex, Zentrum eines Jupiter-Taranis-Kultes, ihr Hauptort und zugleich Bundesheiligtum gewesen ist. Zu einem nicht näher bestimmbaren Zeitpunkt ihrer Geschichte, den man mit der Eröffnung der Reichsstraße über den Großen St. Bernhard gegen 40 n. Chr. in Verbindung bringt, wurden die vier Stämme zu einer einzigen *civitas Vallensium,* Stammesgemeinde der Walliser, vereinigt mit dem alten Octodurus – jetzt *Forum Claudii Vallensium* – als Hauptort. Die Einwohner des Wallis kamen dabei in den Genuß des latinischen Rechts, was einigen von ihnen den Zugang zum römischen Recht gewährte. Die Beamten an der Spitze dieser neuen politischen Einheit wurden *duoviri* genannt, wie die Bürgermeister der Kolonien.

Während wir die politische Organisation des Mittellandes und des Wallis ziemlich genau kennen, liegt diejenige der Ostschweiz vollkommen im dunkeln. Es ist bis jetzt kein Zeugnis auf uns gekommen, das uns Informationen über die Verwaltungsstruktur der Stämme in den Bündner Alpen und den Südalpentälern in der Kaiserzeit gäbe.

Neuere Untersuchungen haben gezeigt, daß die Römer die einheimische Oberschicht, vor allem die helvetische Aristokratie, sogleich an der Machtausübung auf lokaler Ebene teilnehmen ließen. Die große Zahl der Namen einheimischer Adliger in den wichtigsten öffentlichen, politischen und religiösen Ämtern dokumentiert den Willen der Römer, die eroberten Gebiete dadurch zu beherrschen, daß sie sich auf die einheimische Führungsschicht stützten. Diese übernahm politische Verantwortung und wurde auf diese Weise auch rasch assimiliert.

Die Wohltätigkeit

Anhand zahlreicher Ehrenbeschlüsse für verdienstvolle Mitbürger kann man die Verbreitung einer Sitte ermessen, die im Mittelmeergebiet seit dem Hellenismus geübt wurde, nämlich die öffentliche Wohltätigkeit. Könige, Dynasten und Kaiser wie auch Beamte und gewöhnliche Bürger wetteiferten in der Großzügigkeit, die darin bestand, ihrer Heimat, ihrer Stammesgemeinde oder sogar dritten Staaten und Städten faßbare Beweise ihres Reichtums und ihrer Gunst zu geben. Die Wohltaten entsprangen dem Bedürfnis, sich hervorzutun, und wurden durch öffentliche Anerkennung belohnt. Es kam vor, daß die Würde eines *patronus,* d. h. eines Schutzpatrons und Anwalts, sogar einfachen Beamten zugesprochen wurde, die ihre Aufgabe zur allgemeinen Zufriedenheit gelöst hatten. Diesen öffentlichen Dankbezeugungen lag die – in den Dekreten der hellenistischen Städte oft zum Ausdruck gebrachte – Hoffnung zugrunde, das Beispiel sorgfältiger Amtsführung möge von den Nachfolgern nachgeahmt werden. Das Aufhören der Wohltätigkeit und der Spendefreudigkeit in der zweiten Hälfte des 2. Jahrhunderts, bedingt durch die Verschlechterung der allgemeinen Lage, war eines der Zeichen des Niederganges der Städte und Dörfer. Übrigens sei darauf hingewiesen, daß die Ehreninschriften vor allem die hervorragendsten Persönlichkeiten der städtischen Gesellschaft nennen: die Honoratioren, die gewesenen Beamten, die Priester, mit einem Wort die Reichen und Mächtigen.

Die Gesellschaftsschichten

Zeugnisse, die uns über die mittleren oder gar unteren Schichten der Gesellschaft informieren, sind dagegen sehr viel seltener und auch sehr viel weniger aussagekräftig. Zwar findet man da und dort Nachrichten über die Welt des Handels oder der Arbeit, wie etwa das Weihtäfelchen, das dem Jupiter Poeninus von einem helvetischen Sklavenhändler gestiftet und im Heiligtum des Großen St. Bernhard gefunden wurde. Leider weiß man aber nichts über die Herkunft der Sklaven, die dieser fromme Mann verkauft hat. Handelte es sich hier um italische «Einfuhr» nach Helvetien oder im Gegenteil um «Ausfuhr» aus dem Gebiet nördlich der Alpen? Die öffentlichen Äußerungen einiger Korporationen, Berufsverbände oder Zünfte *(collegia)* geben einen weiteren Einblick in Arbeit und Gesellschaft. So erfahren wir von der Existenz der Zunft der Schiffer auf dem Genfersee oder den Flüssen des Mittellandes, von einer Zunft der Ärzte und Lehrer in Avenches, schließlich von einer Zunft der römischen Händler mit Eingesalzenem und Gemüse in Vindonissa. Aber nur eine systematische Untersuchung der Grabinschriften mit ihrem reichen Namenmaterial könnte unser Wissen über die Gesellschaft der römischen Schweiz wesentlich erweitern.

Falls es gewisse Spannungen zwischen den verschiedenen Volksschichten gegeben hat, so haben sie jedenfalls keine Spuren hinterlassen. Man könnte sich fragen, ob die Revolte der Helvetier im Jahre 69 darauf abzielte, die von den Römern auferlegte oder aufrechterhaltene soziale Ordnung zu verändern. Aber diese Hypothese wird durch die Tatsache widerlegt, daß die Führer des Aufstandes eben gerade Mitglieder der helvetischen Aristokratie gewesen sind. Was die Unruhen am Ende des 2. Jahrhunderts betrifft, so lassen sie sich durch die wachsende Unsicherheit im Reich erklären, ebensogut aber auch durch eine Infragestellung der städtischen Gesellschaft.

Die Provinzeinteilung

Weiter oben wurden die Hauptzüge der Provinzverwaltung skizziert, zu der die Schweiz in der hohen Kaiserzeit gehörte. Schließt man Genf, das zur Provinz *Narbonensis* gehörte, und das Sottoceneri, das Teil Italiens war, aus, so stellt man fest, daß das Land vom Jura bis zu den Bündner Alpen in drei Verwaltungsbereiche eingeteilt war. Das Mittelland hing bis zum Jahre 89 von der Provinz *Belgica* ab. In diesem Jahr löste nämlich Domitian die Probleme der durch zwei Militärkommandos befehligten, allzu ausgedehnten Provinz dadurch, daß er zwei neue Provinzen mit den gleichen Namen, *Germania Inferior und Germania Superior*, schuf. Seither gehörten die Rauraker, die Helvetier und die drei Kolonien im Mittelland zur Provinz *Germania Superior* und waren dem in Mainz sitzenden Statthalter, einem Legaten von senatorischem Rang, unterstellt. Dessen Befugnisse erstreckten sich auf die Zivilverwaltung und auf das Kommando der mächtigen Heere der Provinz, nicht aber auf die Finanzen, die weiterhin dem kaiserlichen Finanzprokurator in Trier unterstanden.

«Dem Jupiter Poeninus hat Gaius Julius Primus diese Tafel geweiht, in der Hoffnung auf eine glückliche Reise und eine ebensolche Rückkehr.» Votivtafel, gestiftet von einem der zahlreichen Reisenden, die den Großen St. Bernhard benutzten (2.–3. Jahrhundert n. Chr.).

Die Ostschweiz, jenseits einer Linie von Pfyn *(ad fines)* bis zur Furka und unter Einschluß des Sopraceneri und Graubündens, war der Provinz Rätien unterstellt, mit der *Colonia Augusta Vindelicum* (Augsburg) als Verwaltungsmittelpunkt. Schließlich bildete seit der Regierungszeit des Claudius gegen 40 n. Chr. das Wallis mit dem oberen Isère-Tal zusammen die Provinz *Alpes Graiae et Poeninae* mit einem ritterlichen Prokurator in Axima (Aime) als Statthalter. Diese Provinzorganisation blieb bis zur Regierungszeit des Diokletian (284–305) in Kraft.

5. Heidentum und Christentum

Die Religion: eine Vielzahl von Göttern

Man kann die Bedeutung der Religion im Leben der römischen Schweiz schon ermessen, wenn man sich lediglich die Heiligtümer, die Tempel und ihre Lage im Stadtplan in Erinnerung ruft. Ob man nun an die beiden Tempel denkt, die die Fora von Nyon und Augst dominierten, oder an die imposanten Gesamtanlagen, die durch das sogenannte Cigognier-Heiligtum in Avenches oder durch dasjenige von Schönbühl in Augst gebildet werden – immer wird man sich davon überzeugen können, daß die religiösen Bauten im Stadtbild der römischen Schweiz einen beherrschenden Platz eingenommen haben. Es wäre ein leichtes, noch weitere Belege aufzuzählen, wie den Tempel der Götter der Wochentage in Augst *(septizonium)*, den Kaiserkulttempel in Avenches (Grange-des-Dîmes) oder die zahlreichen einheimischen Heiligtümer in der Stadt und auf dem Land. Alle diese Gebäude bezeugen die Frömmigkeit der Gesellschaft der ersten Jahrhunderte der Kaiserzeit. Und dazu kommen noch die unzähligen Votivgaben, die Statuen und Darstellungen der Gottheiten, die Altäre und privaten Heiligtümer. Wenn man die antike Religion, und ganz besonders die keltische und römische Religion, untersuchen will, so empfiehlt es sich, die Allgegenwart und fast unendliche Zahl der Gottheiten im Gedächtnis zu behalten. Das ganze Universum war mit großen und kleinen Göttern bevölkert. An sie konnte man sich mit einer Bitte, einem Weihgeschenk oder einem Trankopfer an jedem Ort und bei jeder Gelegenheit wenden.

Die Darstellung eines Bären vor der Göttin Artio unterstreicht die Bedeutung dieser einheimischen Gottheit und Herrin der Bären, die hier nach griechisch-römischer Auffassung in Menschengestalt wiedergegeben wird (Beginn des 3. Jahrhunderts n. Chr.).

Die alten keltischen Gottheiten behielten in der römischen Zeit ihre Anhänger, was Inschriften und bildliche Darstellungen bezeugen. So ist uns die Artio, eine mit dem Bärenkult verbundene Gottheit, durch eine Statuette bekannt, die die Göttin ihrem Schutztier gegenüberstellt. Aventia oder Genava personifizierten Ortschaften, genauso wie es Poeninus, der Beherrscher des Wallis, tat. Die Kelten kannten Gottheiten in Gruppen wie die Lugoves, die Suleviae und die Matres; sie griffen auch manchmal auf Götter in Tiergestalt zurück, wie beispielsweise den monumentalen Bronzestier mit den drei Hörnern aus Martigny, von dem auch mehrere Darstellungen in kleinerem Format erhalten sind.

Eine Auswirkung der Romanisierung bestand darin, daß die großen keltischen Gottheiten mit den Göttern der Einwanderer verschmolzen wurden. Caesar setzte als erster in die Tat um, was er selbst die *interpretatio Romana* (die römische Umdeutung) nannte, als er schrieb: «Als Gott verehren sie besonders Merkur. Er hat die meisten Bildnisse, ihn halten sie für den Erfinder aller Künste, ihn für den Führer auf Wegen und Wanderungen, ihm sprechen sie den größten Einfluß auf Gelderwerb und Handel zu. Nach ihm verehren sie Apollo, Mars, Jupiter und Minerva» (Gall. Krieg VI, 17). Offensichtlich gab Caesar den keltischen Göttern römische Namen: So entsprach Lug dem Merkur, Belenus oder Vindonnus dem Apoll, Teutates dem Mars und Taranis dem Jupiter.

Oft erscheinen die Namen der überlieferten einheimischen Götter auch neben denjenigen der römischen: Mars wurde mit dem keltischen Beinamen Caturix geschmückt, Merkur mit dem des Cissonius, und Poeninus, der Gott der poeninischen Alpen, hieß «Jupiter Poeninus». Was Taranis betrifft, so hatte er zeitweise Jupiter zum Nachfolger und direkten Erben. Dies läßt sich aus der Umwandlung seines Heiligtums in Massongex schließen, dessen antiker Name Tarnaiae den ersten Inhaber erahnen läßt, selbst wenn alle aufgefundenen Weihungen nur Jupiter nennen. Übrigens kann Taranis, Gott des Himmels und des Blitzes, ausgezeichnet als Jupiter umgedeutet werden.

Die Minerva von Avenches

Im April 1972 förderte man in Avenches den Kopf, die Hände und die Füße einer monumentalen Marmorstatue der Minerva zutage. Die nicht mehr erhaltenen Körperteile der Göttin waren in Holz ausgeführt und mit einem Kleid bedeckt. Die Identität der Göttin unterliegt heute keinem Zweifel. Der behelmte Kopf und mehr noch das ebenfalls in Marmor ausgeführte Gorgoneion (Medusahaupt), welches die Brust schmückte, gehören zu den typischen Attributen der griechisch-römischen Athena-Minerva. Aber bei näherem Hinschauen stellt man einige bezeichnende Unterschiede fest. So trägt Minerva hier nicht den gewohnten Helm, sondern einen Kopfschutz, dessen Vorderseite ein menschliches Gesicht trägt. Diese Stileigenheit genügt, um die Statue den zahlreichen Darstellungen des gleichen Typs in Stein oder Bronze aus den Gegenden westlich des Juras anzunähern. Auch wenn eine ausführliche Untersuchung dieses meisterhaften Stücks noch aussteht, läßt sich sagen, daß die römische Göttin beim Zusammenprall mit der keltischen Zivilisation und ihren Überlieferungen Umwandlungen erfahren hat.

Dem Sabazios, einem kleinasiatischen Gott, gewidmete Votivhand. Sie vereinigt die Attribute orientalischer Gottheiten (Kybele, Attis) und die Symbole der Fruchtbarkeit (Reptil, Tannzapfen) (Avenches, Waadt, 2. Jahrhundert n. Chr.).

Man erkennt auch in der Verehrung der Schiffer des Genfersees für den Meeresgott Neptun die Absicht, einer alten Seegottheit unter neuem Namen treu zu bleiben. Und die Erscheinung von göttlichen Triaden, bald Merkur, Apoll und Minerva, bald Mars, Apoll und Minerva, bald Jupiter, Mars und Merkur, überdeckt das Weiterleben von keltischen Dreigottheiten.

Heute kann man kaum mehr zwischen dem Anteil der einheimischen religiösen Tradition und jenem der neuen Kultformen unterscheiden. Diese Schwierigkeit begegnet auch beim römischsten aller Kulte, dem Kaiserkult. Wie alle Reichsuntertanen mußten sich auch die Helvetier dem Ritus des Kaiserkults unterziehen, der das einigende Band innerhalb des riesigen römischen Kaiserreiches darstellte. Trotzdem konnten sie ihre Kulthandlungen mit einheimischen Bräuchen ausstatten, etwa wenn sie Merkur den Zunamen «Augustus» gaben und ihn so zur kaiserlichen Gottheit machten. Avenches hat nichtsdestoweniger mit der Büste des Kaisers Marc Aurel (161–180) das schönste Zeugnis des Kaiserkultes geliefert. Und die Stellung des Kaiserkulttempels im Herzen des Forums von Nyon zeigt deutlich das Übergewicht der Staatsreligion gegenüber allen anderen Kulten.

Der Aufschwung der orientalischen Religionen

Schon in der republikanischen Zeit waren über die Vermittlung der griechischen Städte Süditaliens einige Kulte aus dem Orient nach Rom gekommen. Die Beliebtheit der orientalischen Götter wuchs im

Laufe der Jahrhunderte und brachte auch in den Westprovinzen des römischen Reiches die Einbürgerung einer großen Zahl von Gottheiten und Kulten aus dem Gebiet des östlichen Mittelmeeres: So kamen aus Ägypten Isis, Osiris und Serapis, aus Kleinasien Kybele, die Große Mutter, und Sabazios, aus Griechenland Dionysos und aus Persien Mithras. Der Erfolg dieser Gottheiten und ihrer Kulte war vor allem durch den Jenseitsglauben bedingt. Die Hilfe der römischen Götter erstreckte sich nämlich hauptsächlich auf das Hier und Jetzt und war meistens an die Erfüllung von Riten geknüpft, deren Formalismus die geistige Leere nur übertünchte. Die orientalischen Götter hingegen gewährten den Eingeweihten die Erlösung von den Sünden und die Hoffnung auf ein glückseliges Leben im Jenseits. Es gibt keinen römischen Fundplatz in der Schweiz, wo nicht in dieser oder jener Form das Vorhandensein eines Heiligtums oder eines Kultes einer orientalischen Gottheit bezeugt wäre.

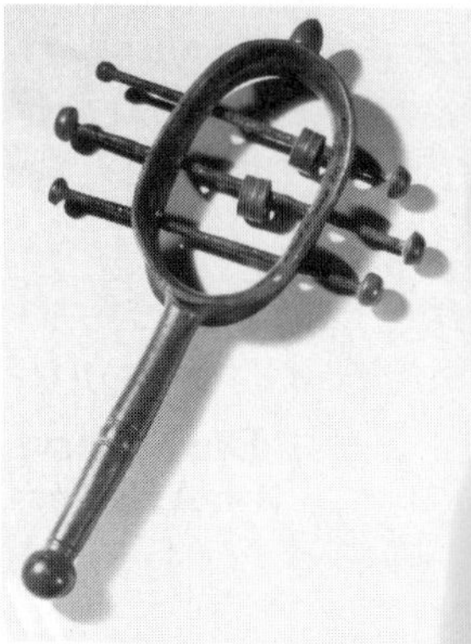

Das sistrum, ein im Zusammenhang mit dem Isiskult auftretendes Musikinstrument, beweist die Anwesenheit von Anhängern dieses ägyptischen Kultes in Lousonna-Vidy (Waadt) (2.–3. Jahrhundert n. Chr.).

Unter eben diesem Gesichtspunkt muß auch der außerordentliche Erfolg des Christentums gesehen werden. Bekanntlich erhielt das Christentum nach zahlreichen Versuchen der Ausrottung durch die kaiserliche Regierung seine erste offizielle Anerkennung 313 durch das Toleranzedikt von Mailand, das von Konstantin und Licinius erlassen wurde. Das Auftauchen der ersten christlichen Zeugnisse in der Schweiz erst nach diesem Datum erklärt sich durch den Geheimcharakter, den der christliche Gottesdienst bis zu diesem Zeitpunkt hatte. Das Bestehen christlicher Gemeinden einige Zeit vor 313 ist jedoch völlig sicher, auch wenn sie nicht ausdrücklich bezeugt sind, wie dies für Gallien der Fall ist.

Das Wirken des ersten genannten Bischofs, des *episcopus Rauricorum* (Bischof der Rauriker), Justinianus, um 340 ist nicht mit Sicherheit nachgewiesen. Dagegen scheint die Teilnahme von Theodorus, des Bischofs von Octodurus, am Konzil von Aquileja von 381 festzustehen. Nach Eucherius hätte dieser Theodorus gegen 400 Isaac, dem Bischof von Genf, die Geschichte des Martyriums der thebäischen Legion berichtet, die Geschichte jener Legion, die um ihres Glaubens willen zweimal dezimiert und schließlich bei Agaunum, dem späteren Saint-Maurice, hingerichtet wurde, wobei die Ortschaft Saint-Maurice in ihrem Namen die Erinnerung an einen der Märtyrer bewahrt hat. Auch wenn die Geschichtlichkeit der durch Eucherius, den Bischof von Lyon, überlieferten Ereignisse angezweifelt worden ist, so stellen doch das Aufkommen dieser Tradition, ihre Verfestigung in einer Legende und die rasche Popularität des Heiligtums, wo die Reliquien der Heiligen verehrt wurden, ein interessantes Zeugnis für die Christianisierung des Wallis dar. Die ersten christlichen Kultbauten stammen aus dem 4. Jahrhundert. Sie wurden in Saint-Maurice, in Chur und in Genf ausgegraben. Die kirchlichen Apsidenbauten aus Tenedo-Zurzach und Kaiseraugst lassen sich ins 5. Jahrhundert datieren.

Die städtische Gesellschaft des römischen Helvetien hatte, wenigstens was die vermögenden Oberschichten betrifft, eine Lebensweise

Kunst
und Gesellschaft

angenommen, die derjenigen der Mittelmeergebiete ähnlich war. Die geraden Straßen mit ihren Laubengängen *(porticus)* zu beiden Seiten, die geräumigen Plätze mit ihren öffentlichen Bauten, die Bäder, die Amphitheater und Theater verlangten nach einer Ausschmükkung, die ihrer Größe und Erhabenheit würdig war. Die eleganten Landhäuser wurden ebenfalls mit Mosaiken, Wandmalereien, Statuen und kostbaren Möbeln ausgestattet. Auch wenn die erhaltenen Überreste nur noch einen kleinen Teil der ursprünglichen Ausstattung darstellen, so geben sie uns doch eine Vorstellung vom Skulpturenschmuck der Tempel, Plätze und Straßen. So standen beispielsweise in Martigny eine überlebensgroße Kaiserstatue aus Bronze und ein großer Stier mit drei Hörnern, von dem nur noch der Kopf erhalten ist.

Unter den erhaltenen Werken überwiegen aber die kleineren und bescheideneren. Im Bereich der Skulptur sind kleine Bronzestatuetten weitaus am häufigsten, darunter Nutzgegenstände, wie der wunderschöne Delphin, eine Brunnenfigur mit Wasserspeier aus der römischen *villa* von Munzach bei Liestal (Baselland), ebenso auch Götterstatuetten oder Darstellungen von mythologischen Gestalten.

Dieser einzigartige, wasserspeiende Delphin ist ein gutes Beispiel für die Verbindung von Kunstwerk und Nutzgegenstand (Munzach, BL, Mitte des 2. Jahrhunderts n. Chr.).

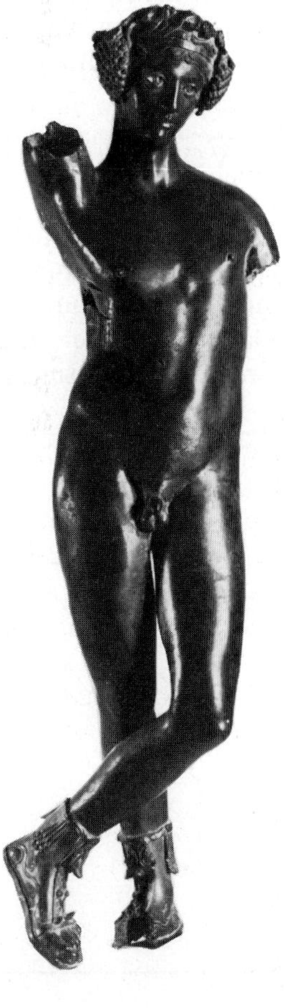

Ein typisches Beispiel klassizistischer kaiserzeitlicher Kultur: der Bacchus von Avenches (Waadt). Er kann als Leuchter verwendet werden und zeugt für den erlesenen Geschmack gewisser Kreise in der Hauptstadt der Helvetier (2. Jahrhundert n. Chr.).

Häufig wird der Bacchus von Aventicum als eine der schönsten Bronzestatuetten nördlich der Alpen betrachtet, der freilich in seiner Zartheit schon fast geziert wirkt.

Wie in der Religion und den Göttervorstellungen läßt sich auch in der Kunst eine Vielzahl von Einflüssen feststellen. Die gleichen beiden Grundströmungen, die das religiöse Leben prägten, flossen auch im künstlerischen Ausdruck zusammen. Zur alten keltischen Tradition, der die naturalistische Abbildung der Modelle immer fremd blieb, traten die Forderungen der klassischen griechisch-römischen Kunstauffassung, und zwar durch ein ganzes Bündel von Stilrichtungen und Einflüssen, die hier nicht im einzelnen beschrieben werden können. Sogar die fernsten Kunstwerkstätten des Orients und des ägyptischen Alexandrien haben ihre Erzeugnisse in die römische Schweiz geliefert und dadurch verschiedene Werke beeinflußt. Mehr noch als im Bereich der Religion sind deshalb im Bereich der Kunst die Auswirkungen der verschiedensten geographischen wie auch gesellschaftlichen Strömungen erkennbar. Aus dieser Mischung gingen Werke hervor, die man lange Zeit als mißglückt oder «lokal» betrachtete, wobei «lokal» als abwertender Begriff verstanden wurde. Heute ist man im Beurteilen der Kunstgegenstände aus den einheimischen Werkstätten viel vorsichtiger, widmet ihnen das ihnen zukommende Interesse und respektiert ihren Eigenwert.

6. Vom römischen Reich zum Mittelalter

Die Krise des Reiches

Der englische Historiker Edward Gibbon hat seinerzeit das 2. nachchristliche Jahrhundert als eine Art goldenes Zeitalter beschrieben, ausgezeichnet durch eine gemäßigte politische Führung, durch aufgeklärte Herrscher, durch Frieden und Wohlstand. Diese äußeren Erscheinungen sind freilich trügerisch, denn hinter der Größe des

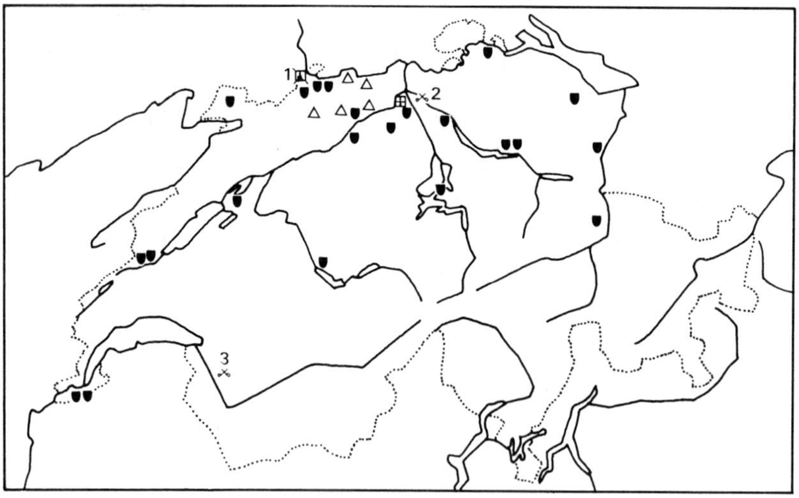

Karte der Alemanneneinfälle der 2. Hälfte des 3. Jahrhunderts n. Chr. Die Verteilung der Münzschatzfunde, die während der in der zweiten Hälfte des 3. Jahrhunderts n. Chr. erfolgten Alemanneneinfälle vergraben wurden, zeigt die Einfallswege dieser Stämme zwischen 260 und 275 n. Chr.

- Münzschatzfunde
- Befestigung – Unterschlupf
- römisches Lager
  1 Castrum Rauracense
- Legionslager
- Schlacht
  2 Vindonissa (298 n. Chr.)
  3 Saint-Maurice (260 n. Chr.)

Reiches verbargen sich bereits die Schwächen, die zu seiner Auflösung führen sollten. Es ist unmöglich, hier in allen Einzelheiten die Ursachen der Krise zu untersuchen, die im 3. Jahrhundert über das römische Reich hereinbrach. Und ebensowenig können die Ereignisse dargestellt werden, die zwei Jahrhunderte später zum Untergang des weströmischen Reiches führten. Es genügt, hier an die politische Unstabilität in Rom, an die wirtschaftlichen und sozialen Schwierigkeiten, an die hohen Verteidigungskosten sowie an die inneren und äußeren Bedrohungen zu erinnern. All dies wurde überall stark verspürt, vor allem in den Westprovinzen.

Die Katastrophe von 260

Die Krise erreichte ihren Höhepunkt in den Jahren 259–260, als Kaiser Valerian in Persien in Gefangenschaft geriet und sein Sohn Gallienus gegen den Usurpator Ingenuus kämpfte. Gallienus wurde gezwungen, die Rheingrenze von Truppen zu entblößen, was das Eindringen der Alemannen ins schweizerische Mittelland erleichterte. Das nun vom Machtzentrum abgeschnittene Gallien fiel ab und konstituierte sich als Sonderreich. Es begann eine lange Zeit der Unsicherheit und der Wirren.

Die Städte und Dörfer des Mittellandes wurden von räuberischen Scharen eingenommen, geplündert und zerstört, ebenso auch die Mehrzahl der Landgüter *(villae)*. Die in den Jahren 250–280 vergrabenen Münzschätze, von denen man über 70 gefunden hat, bestätigen das Ausmaß der drohenden Gefahr und die Last ihrer Folgen. Einzig das Wallis konnte den Eindringlingen entgehen. Ammianus Marcellinus, der ungefähr ein Jahrhundert später Aventicum besuchte, schreibt, daß die Stadt «einst sehr berühmt war, wie heute noch die halbzerfallenen Gebäude bezeugen» (XV, 11, 12). Und tatsächlich zeigen die archäologischen Funde aus der Zeit nach 260 durch ihre Bescheidenheit, daß die großartige städtische Kultur der vergangenen Jahrhunderte verblaßte.

Die zivile und militärische Organisation der Spätantike

Trotz diesem Schlag gehörte die Schweiz weiterhin zum römischen Reich. Im Jahre 260 ließ Gallienus die Mauer des Lagers von Vindonissa verstärken oder sogar neu erbauen. Die Verteidigungslinie des Reiches wurde weiter nach Süden an den Rhein zurückgenommen, und das Hinterland wurde wieder Grenzgebiet, was eine militärische und verwaltungsmäßige Neuordnung nach sich zog. Es war die Aufgabe der Kaiser Diokletian und Konstantin, das Straßennetz wieder instandzustellen und ein neues Verteidigungssystem zu errichten; dies belegen sowohl die zahlreichen Meilensteine dieser beiden Herrscher als auch die Ausgrabung von etwa einem Dutzend befestigter Plätze, die alle ins Ende des 3. Jahrhunderts oder an den Anfang des 4. Jahrhunderts zu datieren sind.

Die Kastelle der Spätantike *(castra)* standen an den wichtigsten Verkehrswegen. Umgeben von Mauern und mit Türmen bewehrt dienten sie als Stützpunkte, Widerstandsnester und Zufluchtsorte, aber auch als Ausgangspunkte für Gegenschläge. Das größte dieser *castra* liegt nur 2 km von der Kolonie *Augusta Raurica* entfernt, am Kopf einer Brücke über den Rhein bei Kaiseraugst (Kanton Aargau).

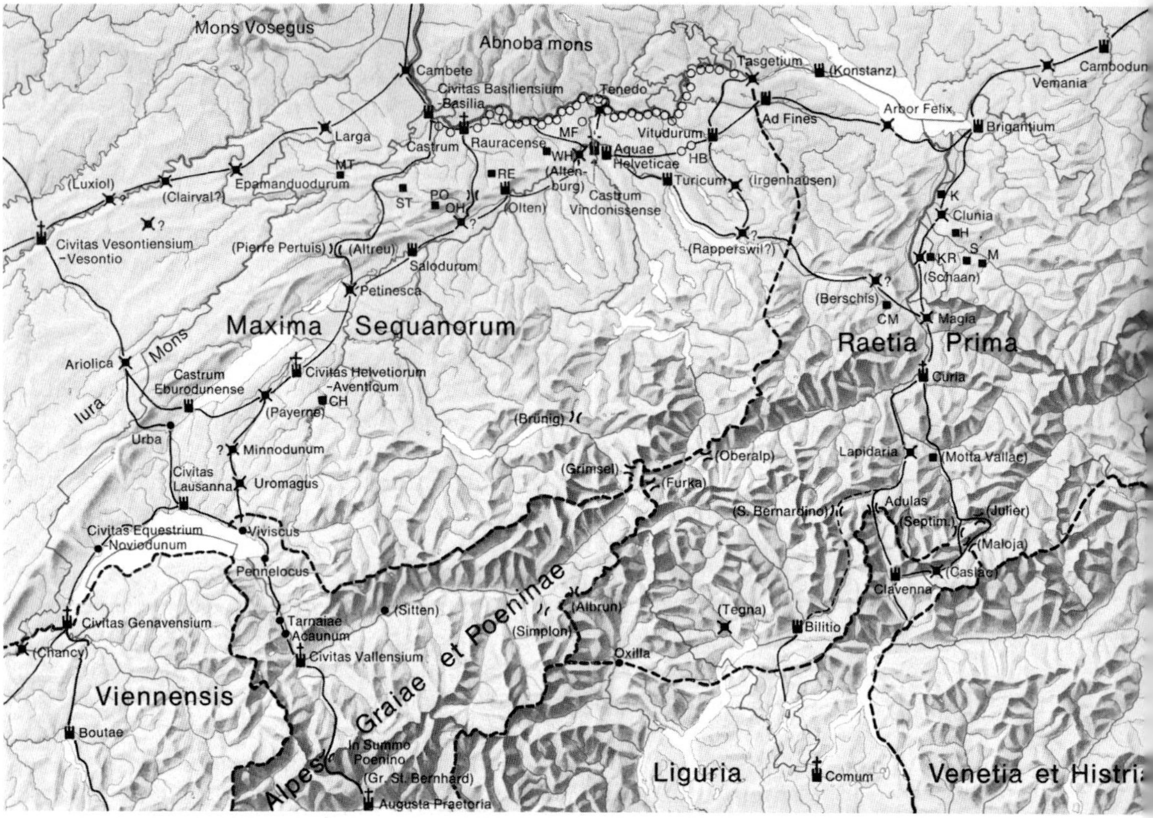

Die Kastellmauer ist viereckig, mißt in der Länge 260–280 m, in der Breite 150–170 m und war mit 17 Türmen bekrönt. Das Kastell wurde auf Befehl des Kaisers Konstantin I. erbaut und hatte die *legio Martia* (1. Legion des Mars) als Garnison. An der Rheingrenze standen ferner die Kastelle von Tenedo-Zurzach und Tasgetium (Eschenz) bei Stein am Rhein. Neu am strategischen Plan des Diokletian war die Staffelung in die Tiefe: Der Kastellkette am Rhein entsprachen im Mittelland die Kastelle in Vitudurum-Winterthur, in Irgenhausen bei Zürich, in Salodurum-Solothurn und Eburodunum-Yverdon.

Die Befestigung der Grenze, der *limes,* wurde 371 von Kaiser Valentinian vollendet, indem er das Kastellnetz am linken Rheinufer durch eine dichte Kette von kubischen Wachttürmen im Abstand von 1,5 bis 2 km ergänzte, die vom Bodensee bis nach Basel reicht. Die Meldungen über verdächtige Truppenbewegungen konnten auf diese Art sehr rasch von einem Kastell zum anderen weitergegeben werden, was einen sofortigen Gegenschlag ermöglichte. Dieser neuen Strategie entsprach übrigens auch eine Neuordnung des römischen Heeres in zwei Heeresgruppen, eine mobile Feldarmee *(comitatenses)* und eine in Garnison liegende Grenztruppe *(limitanei)*. Hinsichtlich der Verwaltung und des öffentlichen Lebens war der Einbezug der Ein-

Die Schweiz im späten 3. und im 4. Jahrhundert n. Chr.

Zeichenerklärung:

- castrum
- castrum mit Bischofsitz
- castrum mit kurzfristigem Bischofsitz
- Kastell
- ○ Wachtturm (burgus)
- ■ Höhenfestung (refugium)
- ● übrige Orte
-)(Paßübergang

Abkürzungen:

CH	Châtillon, Gem. Posieux (Fribourg)
CM	Castels bei Mels (St. Gallen)
H	Heidenburg, Gem. Göfis (Österreich)
HB	Heidenburgen, Gem. Nürensdorf (Zürich)
KR	Krüppel, Gem. Schaan (Fürstentum Liechtenstein)
M	Montikel, Gem. Bludenz (Österreich)
MF	Mandacher Fluh, Gem. Mandach (Aargau)
MT	Monterri, Gem. Cornol (Jura)
OH	Oberer Hauenstein-Paß
PO	Portifluh, Gem. Erschwil (Solothurn)
RE	Renggen, Gem. Diegten (Baselland)
S	Stellfeder, Gem. Nenzing (Österreich)
ST	Stürmenkopf, Gem. Wahlen (Bern)
WH	Wittnauer Horn, Gem. Wittnau (Aargau)

Gebirgs- und Gewässernamen siehe Legende S. 70/71

wohner der römischen Schweiz ins Reich bereits verstärkt worden, als Kaiser Caracalla im Jahre 212 ein Edikt erließ, wonach alle Untertanen Roms vollberechtigte römische Bürger *(cives Romani)* wurden. Aber die Jahre der Wirren im 3. Jahrhundert machten neue Reformen notwendig, die Diokletian und Konstantin schließlich zu Ende führten. Für die Schweiz lassen sich die Ergebnisse der administrativen Neuordnung wie folgt zusammenfassen: Seit Diokletian war das römische Reich in vier Präfekturen eingeteilt; diese wiederum in Diözesen und die letzteren in Provinzen. Die Schweiz gehörte zu zwei Präfekturen: die Westschweiz zur Präfektur Gallien, die östlichen Gebiete zur Präfektur Illyrien, Italien und Afrika. Die Westschweiz war dabei auf zwei Diözesen verteilt, das Mittelland und das Wallis gehörten der Diözese Gallien an, Genf aber der Diözese der «7 Provinzen». Die Ostschweiz hingegen war ein Teil der Diözese Italien. Die Nordwestecke der Schweiz wurde der Provinz *Sequania,* später *Maxima Sequanorum,* angeschlossen, Genf der Provinz *Vienna* und die Ostschweiz der Provinz *Raetia Prima,* welche ihrerseits aus der Teilung der Provinz Rätien in zwei Teile *(Raetia Prima* und *Secunda)* hervorgegangen war. Das Sottoceneri gehörte zur Provinz Ligurien, während das Wallis weiterhin Bestandteil der Provinz *Alpes Graiae et Poeninae* blieb.

Das zentrale Medaillon auf einer Platte aus dem Schatz von Kaiseraugst zeigt eine befestigte Stadt am Meer und kleine Liebesgötter beim Fischfang (Mitte des 4. Jahrhunderts n. Chr.).

Kastelle und Zufluchtsorte

Trotz der großen militärischen Anstrengung und der unaufhörlichen Feldzüge gelang es den Römern nicht, in Helvetien für längere Zeit Ordnung und Sicherheit wiederherzustellen. Die alten städtischen Zentren wurden verlassen, und die Bevölkerung zog sich an Orte zurück, die sich besser verteidigen ließen. So wurde z.B. Nyon aufgegeben, und die Bauten, die einst den Stolz der Kolonie gebildet hatten, dienten nun dazu, Material für den Bau der Verteidigungsmauer von Genf zu liefern. Die gleiche Entwicklung zeigte sich in Basel, wo der Münsterhügel seine einstige Rolle als Zufluchtsort wieder aufnahm. Die zugehauenen Blöcke von Augst wurden hierhin gebracht und wieder verwendet. Die letzten Einwohner des *vicus* Lousonna zogen sich auf den Hügel der Stadt zurück.

Es ist unter diesen Umständen nicht erstaunlich, daß das bedeutendste Zeugnis für die Anwesenheit der Römer in dieser Zeit aus dem Kastell Kaiseraugst stammt, wo Grabungsarbeiten zufällig im Dezember 1961 ein silbernes Tafelgedeck zutage gefördert haben, das nur dem Kaiser selbst oder seinem Gefolge gehört haben kann. Es

besteht aus reich mit Gold und Niello verzierten Platten und Tellern mit den dazu gehörenden Tassen und Bechern. Der Silberschatz von Kaiseraugst enthält einige der schönsten Goldschmiedearbeiten der Antike, und man ist sich heute darüber einig, daß er in die Mitte des 4. Jahrhunderts zu datieren ist.

Oft ist das Ende der römischen Zeit der Schweiz auf das Jahr 401 angesetzt worden. Zwar hat Stilicho, der Heermeister unter Kaiser Honorius, in jenem Jahr zweifellos die Rheingrenze von Truppen entblößt, aber man nimmt heute nicht mehr an, daß damit Verwaltung und Lebensweise der vorhergehenden Jahrzehnte nun von einem Tag auf den anderen verschwanden. Eher wird heute eine allmähliche Entwicklung von der einen Welt, jener der Spätantike, in eine neue Welt, jene des frühen Mittelalters, angenommen. Dieser Übergang war von der Festsetzung der Burgunder im Süden und der Alemannen im Norden der Schweiz begleitet, die anscheinend gewaltlos erfolgte. Es ist sogar zu vermuten, daß die Zeitgenossen den Anbruch der neuen Zeit überhaupt nicht spürten.

Achillesplatte: mit Szenen aus dem Leben des griechischen Helden verzierte Silberplatte aus dem Schatz von Kaiseraugst (Aargau) – ein wichtiges Zeugnis spätantiker Kultur (Mitte des 4. Jahrhunderts n. Chr.).

In Olten (SO) lassen sich in den mittelalterlichen Bauten noch die Formen des römischen Kastells erkennen (4.–5. Jahrhundert n. Chr.).

Bibliographie und Forschungsstand

Allgemeines

Während die Urgeschichte ihre wichtigsten Erkenntnisse den Naturwissenschaften verdankt, vervielfachen sich mit dem Beginn der jüngeren Eisenzeit (La Tène) die eigentlich geschichtlichen Nachrichten; Angaben, die den schriftlichen Quellen (Texte und Inschriften) zu entnehmen sind, müssen nun mit dem Material der Parallelwissenschaften, wie vor allem der Archäologie, verbunden werden. Im einen wie im anderen Fall spielt der Beitrag des Historikers, sobald es sich darum handelt, die Anhäufung von Material in ein gezieltes, auf die Kenntnis vergangener menschlicher Gesellschaften ausgerichtetes Wissen umzuwandeln, eine entscheidende Rolle.

Prähistoriker und Archäologen bemühen sich im allgemeinen, das Material im Rohzustand, möglichst frei von jedem subjektiven Element, vorzulegen. Der Fortschritt der Erkenntnisse stammt aus der unerhörten Vermehrung des Materials sowie aus der äußersten Genauigkeit seiner Bestimmung. Die Geschichtswissenschaft sucht ihrerseits, diese Daten zu verarbeiten, und schreitet deshalb im Rhythmus der Entdeckungen fort. Darüber hinaus kennt sie ihre eigene Entwicklung, die mit der Zeitgebundenheit jeglicher Fragen und Problemstellungen verknüpft ist. Der Positivismus des ausgehenden 19. Jahrhunderts und der naturwissenschaftlich orientierte Neo-Positivismus des dritten Viertels des 20. Jahrhunderts bemühten sich beide, auf bestimmte Fragen der Wirtschafts- und Gesellschaftsgeschichte zu antworten; die Geistesgeschichte stellt andere Probleme und antwortet auf andere Fragestellungen. Dies bedeutet, daß einerseits in der Urgeschichte die Daten außerordentlich rasch veralten und daß andererseits die Geschichtswissenschaft selbst eine dauernde Erneuerung kennt.

Der kurze Forschungsüberblick und die Einführung in die Literatur zielen also darauf ab, die hauptsächlichsten Zugänge zur neuesten Literatur über die Geschichte der Schweiz von der Urzeit bis zur römischen Epoche aufzuzeigen. Wichtig ist in diesem Zusammenhang, daß die Schweiz nicht als ein zusammenhängendes und unabhängiges Ganzes betrachtet werden darf. Die Geschichte der Schweiz ist Teil der Geschichte West- und Mitteleuropas. Ob dies nun die großen Epochen der Urgeschichte, der keltischen und römischen Zeit betrifft, die Geschichte der Schweiz läßt sich nur verstehen, wenn sie in die richtigen Zusammenhänge eingeordnet wird. Es kann sich jedoch im beschränkten Rahmen dieser Übersicht nicht darum handeln, alle Bücher und Artikel zu zitieren, die man zitieren müßte. Man muß sich auf die Nennung der neuesten allgemeinen Werke und auf die wichtigsten Gesamtstudien zur Geschichte der Schweiz beschränken, wobei freilich nicht zu vergessen ist, daß diese Werke und Studien in einen größeren Zusammenhang gestellt werden müssen, den sie übrigens fast immer erwähnen.

Urgeschichte

Der Fortschritt der Wissenschaft, die sich mit der fernen Vergangenheit des Menschen beschäftigt, hat sich so weit entwickelt, daß es heute für einen Historiker und sogar für einen Prähistoriker unmöglich ist, alles zu kennen und alles zu wissen. So gibt es denn den allwissenden und bahnbrechenden Wissenschafter nicht mehr. Und trotzdem verdankt ihm die schweizerische Urgeschichtsforschung viel: Es ist kein Zufall, daß Fundstellen wie La Tène und Cortaillod ganzen Kulturen ihren Namen gegeben haben. Seit der Mitte des 19. Jahrhunderts hoben Privatgelehrte wie Gustave de Bonstetten (1816–1892) und der in Lausanne wirkende Frédéric Troyon (1815–1866) durch ihre Ausgrabungen und Interpretationen die Bedeutung der im helvetischen Boden verborgenen Funde hervor. Vor allem schufen Ferdinand Keller (1800–1881), der Gründer und erste Präsident der Antiquarischen Gesellschaft von Zürich, und sein Kreis mit der Interpretation der Funde im Zürichsee den lange Zeit höchst berühmten Mythos der «Pfahlbaudörfer», der bis zur Kritik durch Emil Vogt (1906–1974), d. h. bis in die fünfziger Jahre dieses Jahrhunderts, unangefochten gegolten hat. Zu erwähnen sind schließlich noch Albert Jahn (1811–1900) mit seinen Ausgrabungen im Kanton Bern und Oberst Friedrich Schwab (1803–1869), der Entdecker der Fundstelle La Tène am Neuenburgersee.

So hat denn das schweizerische Mittelland eine außerordentlich hohe Zahl von Fundstellen und Spuren der Jungsteinzeit, der Bronzezeit und der Eisenzeit freigegeben; und die schweizerischen Prähistoriker haben diese Funde im allgemeinen durch Bücher und Ausstellungen auch im Ausland bekannt gemacht. Die 1907 gegründete Schweizerische Gesellschaft für Ur- und Frühgeschichte ist ein Kristallisationspunkt aller lebendigen Kräfte der Prähistorie und provinzialrömischen Archäologie und sieht ihre Aufgabe darin, Untersuchungen in diesem Forschungsgebiet in doppelter Hinsicht zu fördern: Sie wendet sich nämlich einerseits an Wissenschafter, andererseits an interessierte Laien. Auch ist erstaunlich festzustellen, welchen Anteil die Kantonsarchäologen an dieser Forschung seit längerem nehmen, obwohl die Grabungen technisch immer anspruchsvoller werden: Es genügt in dieser Hinsicht, auf die Ausgrabungen von Auvernier hinzuweisen, die während Jahren entweder mit Hilfe von abgedichteten Spundwänden, die zur Trockenlegung der Ausgrabungsfläche dienten, oder sogar unter dem Seespiegel mit Tauchern durchgeführt wurden.

Allgemeine und einführende Werke

Seit 1908 veröffentlicht die Schweizerische Gesellschaft für Ur- und Frühgeschichte ihr Jahrbuch, das grundlegende Artikel und eine Chronik der wichtigsten archäologischen Funde seit den Anfängen bis zum Frühmittelalter enthält. Darüber hinaus hat die Gesellschaft zwei Zeitschriften geschaffen, die Helvetia Archaeologica, 1970–1975 unter ihren Auspizien, seit 1979 von einem unabhängigen Redaktor herausgegeben, und das Mitteilungsblatt der Schweizerischen Gesellschaft für Ur- und Frühgeschichte, jetzt die Archäologie der Schweiz; beide Zeitschriften sind reich illustriert. Schließlich publiziert die Gesellschaft Monographien mit wichtigen Beiträgen zur Geschichte und Archäologie der Schweiz. Im weiteren organisiert die Schweizerische Gesellschaft für Ur- und Frühgeschichte alle zwei Jahre abwechselnd in der deutschen und in der welschen Schweiz Einführungskurse für ihre Mitglieder wie für ein weiteres Publikum. Diese Kurse werden durch die Veröffentlichung der Vorträge ergänzt, die sowohl Forschungsüberblicke als auch Literaturzusammenstellungen darstellen. Freilich ist die Mehrzahl dieser Publikationen nur vervielfältigt und im Buchhandel nicht erhältlich. Eine in sechs Büchern die Epoche von der Altsteinzeit bis zum Frühmittelalter umfassende Reihe ist in den Jahren 1968–1979 unter dem Namen Ur- und frühgeschichtliche Archäologie der Schweiz, in Basel gedruckt, erschienen. Man darf sagen, daß diese von der Schweizerischen Gesellschaft für Ur- und Frühgeschichte herausgegebene Reihe für fast alle Themen und fast alle Epochen den neuesten Forschungsstand bietet und mit Illustrationen und Bibliographien reich ausgestattet ist. Eine neue Reihe von Kursen dieser Gesellschaft hat 1980 in Genf mit einem der Umwelt des prähistorischen Menschen gewidmeten Faszikel unter dem Titel L'environnement naturel de l'homme préhistorique begonnen.

Die beste und neueste Zusammenfassung der schweizerischen Urgeschichte aus archäologischer Sicht stammt von M.-R. Sauter, La Suisse préhistorique des origines aux Helvètes,

Neuchâtel 1977. Dieser kleine, aus der englischen Originalfassung umgearbeitete Band enthält einen Forschungsüberblick bis zum Jahr 1975, Illustrationen, Karten und eine reiche Bibliographie. Für den deutschen Sprachbereich wird man vor allem auf E. Vogt, Urgeschichte, in: Handbuch der Schweizer Geschichte, Bd. 1, Zürich 1972 (das Manuskript wurde 1961 abgeschlossen und 1966 mit Nachträgen ergänzt), sowie auf W. Drack, K. Schib, Illustrierte Geschichte der Schweiz, Bd. 1: Urgeschichte, Römische Zeit und Mittelalter, 2. Aufl., Zürich 1971, zurückgreifen. Ausgezeichnete populäre Darstellungen sind die Bände von Ch. Osterwalder, Die ersten Schweizer, München 1977, und von Ch. Osterwalder, R. André, Fundort Schweiz, Bd. 1: Von den Eiszeitjägern zu den ersten Bauern, Solothurn 1980; Ch. Osterwalder und M. Zaugg, Fundort Schweiz 2: Von den ersten Bronzegießern bis zu den Helvetiern, Solothurn 1981; St. Martin-Kilcher und M. Zaugg, Fundort Schweiz 3: Die Römerzeit, Solothurn 1983. Die französische Zeitschrift Archaeologia gibt ebenfalls regelmäßig Überblicke und Hinweise auf prähistorische und römische Forschung der Schweiz.

Spezialstudien

Jeder Abschnitt der Urgeschichte hat in den letzten Jahrzehnten Anlaß zu zahlreichen Publikationen gegeben. Dasselbe gilt für die wichtigsten Fundorte, die in Ausstellungen thematisch behandelt und in Museumskatalogen sowie oft in ausführlichen Monographien aufgearbeitet worden sind. Es kann sich im folgenden deshalb nur darum handeln, einen Überblick über die wichtigsten Forschungsrichtungen in einigen ausgewählten Bereichen zu geben. Für den Rest darf auf die Reihe der Ur- und frühgeschichtlichen Archäologie der Schweiz sowie auf die oben genannten Darstellungen von M.-R. Sauter und E. Vogt verwiesen werden. Herausgegriffen sei die anregende Studie von R. Wyss, Wirtschaft und Gesellschaft in der Jungsteinzeit, Bern 1973 (Monographien zur Schweizergeschichte, 6); zudem ist die Reihe der Cahiers d'archéologie romande, Lausanne, zu nennen, in der verschiedene wichtige Bände zu Problemen der Urgeschichte herausgegeben worden sind. Einige umstrittene Forschungsprobleme wie jenes der Pfahlbauten sind in verschiedenen neueren Studien untersucht worden, etwa anläßlich der Ausgrabungen am Ufer des Neuenburgersees in Auvernier, Yverdon und in Portalban (FR) oder veranlaßt durch die Tauchgrabungen im Zürichsee. Auch die durch den Nationalstraßenbau verursachten Ausgrabungen in Twann sind für die Kenntnis der Jungsteinzeit wesentlich geworden; ihre Publikation liegt bis jetzt in 13 Bänden vor: Die neolithischen Ufersiedlungen von Twann, Bern 1977. Die zweite Juragewässerkorrektion hat ebenfalls zahlreiche Ausgrabungen ermöglicht, die von H. Schwab publiziert worden sind: Die Vergangenheit des Seelandes in neuem Licht, Freiburg 1973.

Zu den Entdeckungen von Hallstattgrabhügeln und Ausgrabungen auf Fundplätzen der jüngeren Eisenzeit sind ebenfalls zahlreiche Untersuchungen erschienen. Die keltische Welt findet in allen Ländern Europas erhöhte Aufmerksamkeit, so daß in neuerer Zeit verschiedene zusammenfassende und reich illustrierte Werke über die Kelten entstanden sind, wie etwa jenes von P.-M. Duval, Die Kelten. Universum der Kunst, München 1978, oder von B. Cunliffe, Die Kelten und ihre Geschichte, Bergisch-Gladbach 1980. Für die Helvetier siehe A. Furger-Gunti, Die Helvetier, Zürich 1984.

Das schwierige Räterproblem ist an einer Tagung in Chur (1968) untersucht und seither nochmals überprüft worden, siehe: Das Räterproblem in geschichtlicher, sprachlicher und archäologischer Sicht, mit Beiträgen von B. Frei, R. Frei-Stolba, O. Menghin, J. Rageth und E. Risch, Schriftenreihe des Rätischen Museums Chur 28, 1984.

Römische Zeit: allgemeine und einführende Werke

Die römische Schweiz hatte das Glück, das Thema eines 1854 geschriebenen Aufsatzes des großen deutschen Gelehrten Th. Mommsen zu bilden, welcher von G. Walser neu herausgegeben wurde: Th. Mommsen, Die Schweiz in römischer Zeit, Zürich 1966. Die beste Geschichte der römischen Schweiz stammt von F. Staehelin, dessen Buch Die Schweiz in römischer Zeit in drei Auflagen erschienen ist. Die dritte und letzte Auflage von 1948 enthält die Ereignisgeschichte von den Anfängen bis zum Ende der römischen Zeit, verschiedene Kapitel zur Kultur sowie eine Beschreibung der wichtigsten Fundorte. Die Gesamtschau von F. Staehelin ist seit 1948 nicht mehr überarbeitet worden, aber zahlreiche Zusätze und Verbesserungen sind erschienen. Eine wesentliche Ergänzung zur politischen Geschichte stammt von R. Frei-Stolba, Die römische Schweiz. Ausgewählte staats- und verwaltungsrechtliche Probleme im Frühprinzipat, in: Aufstieg und Niedergang der römischen Welt, 2. Teil: Prinzipat, Bd. 5/1, Berlin, New York 1976. Die Autorin legt in dieser Untersuchung den Forschungsstand für alle umstrittenen Fragen von den Anfängen der römischen Herrschaft bis zum Ende des 1. Jahrhunderts n. Chr. dar. Unter den übrigen Übersichten sei jene von E. Meyer erwähnt, Neue Forschungsergebnisse zur Geschichte der Schweiz in römischer Zeit, in: Jahrbuch der Schweizerischen Gesellschaft für Ur- und Frühgeschichte 1968/69. Parallel zu den Arbeiten von F. Staehelin haben zwei Forscher die Kenntnisse über die Schweiz in römischer Zeit stark bereichert: E. Meyer und D. van Berchem. E. Meyer ist der Autor eines kleinen Buches mit dem Titel Die Schweiz im Altertum, Bern 1946, das in einer zweiten, um einen Anhang erweiterten Auflage von R. Frei-Stolba, Bern 1984 herausgegeben worden ist. Ebenfalls verfaßte er neben verschiedenen Spezialstudien eine Gesamtdarstellung im Handbuch der Schweizer Geschichte, Bd. 1, Zürich 1972. Erst 1972 erschienen, ist das Manuskript schon in den Jahren 1955–1960 entstanden, weist aber Nachträge auf. D. van Berchem hat seinerseits ebenfalls stark auf die schweizerische Historiographie des klassischen Altertums eingewirkt; seine wichtigsten Artikel zur gallo-römischen Schweiz, die sich hauptsächlich mit wirtschaftlichen und gesellschaftlichen Problemen beschäftigen, sind in einem Sammelband unter dem Titel Les routes et l'histoire, Genf 1982, veröffentlicht worden.

Auch hier ist der der römischen Schweiz gewidmete Band der Reihe Ur- und frühgeschichtliche Archäologie der Schweiz zu nennen. Dieser 1975 erschienene Band enthält gemäß den Prinzipien des Herausgebers zu jedem Thema den Beitrag eines Spezialisten und ist mit reichen Literaturangaben und guten Illustrationen ausgestattet. Ein weiterer Einführungskurs der Schweizerischen Gesellschaft für Ur- und Frühgeschichte hat 1975 in Lausanne stattgefunden, von dem wiederum eine vervielfältigte Zusammenfassung der Vorträge erhältlich ist. Wie oben in bezug auf die Urgeschichte erwähnt worden ist, sind auch für die römische Zeit das Jahrbuch der Gesellschaft für Ur- und Frühgeschichte der Schweiz und die beiden Zeitschriften Helvetia Archaeologica und Archäologie der Schweiz sowie die Sonderhefte der französischen Zeitschrift Archaeologia heranzuziehen. Ebenfalls enthält das oben genannte Werk von W. Drack, K. Schib, Illustrierte Geschichte der Schweiz, Bd. 1, einen Abschnitt über die römische Schweiz.

Quellen

Th. Mommsen benützte seine Zeit als Professor an der Universität Zürich unter anderem, um 1854 eine Sammlung der lateinischen Inschriften der Schweiz herauszugeben. Diese Edition bildet den

Grundstein zur Hauptausgabe der lateinischen Inschriften im großen Sammelwerk Corpus inscriptionum latinarum, Bd. 13. E. HOWALD und E. MEYER veröffentlichten unter dem Titel Die römische Schweiz, Zürich 1940, alle literarischen Texte, die sich auf die Schweiz beziehen, sowie eine Auswahl der repräsentativsten Inschriften mit Übersetzung und Kommentar; dieses wichtige Arbeitsinstrument wird jetzt von R. FREI-STOLBA für eine Neuauflage mit Überprüfung der älteren Lesung und unter Einbezug der Neufunde überarbeitet. G. WALSER stellte ebenfalls eine Auswahl römischer Inschriften mit Photographie, Übersetzung und knappem Kommentar zusammen: Römische Inschriften der Schweiz, 3 Bde., Bern 1979–80, dazu eine kommentierte Sammlung der römischen Meilensteine: Die römischen Straßen der Schweiz, Bd. 1: Die Meilensteine, Bern 1967.

Verschiedene private Gesellschaften bemühen sich um die Ausgrabungen in den wichtigsten römischen Siedlungen, wobei sie oft einen Jahresbericht oder ein Bulletin herausgeben. So kann man sich im Bulletin der Association Pro Aventico über die Ausgrabungen und Neufunde von Aventicum orientieren, desgleichen im Jahresbericht der Gesellschaft Pro Vindonissa über die Probleme dieses in der Schweiz einzigen römischen Lagers. Nur im Vorbeigehen sei auf die nützliche Zusammenfassung des Forschungsstandes der römischen Siedlungen in der Encyclopedia of Classical Sites, Princeton 1976, von V. VON GONZENBACH hingewiesen. Unerläßlich ist auch die Reihe Archäologische Führer der Schweiz, in welchen einzelne Bauten oder ganze Siedlungen monographisch behandelt und mit vielen Literaturangaben versehen sind.

Kapitel 2

Guy P. Marchal

Die Ursprünge der Unabhängigkeit (401–1394)

Vom Abzug der Römer zum Aufstieg der Eidgenossenschaft

Als nach 401 die Legionen Roms vom Rheinlimes abgezogen wurden, um nie mehr dahin zurückzukehren, bedeutete das auf lange Sicht eine definitive Wende. Wohl war die antike Blüte bereits seit Ende des 3. Jahrhunderts erloschen, wohl sollte andererseits die *Romanitas* unsern Raum bis ins 6. Jahrhundert hinein noch prägen, aber seit Beginn des 5. Jahrhunderts war die machtpolitische Präsenz Roms nur mehr ephemer, war das Gesetz des Handelns seinen Händen entglitten und ging allmählich in andere Hände über. Dieser epochale Wandel, der ein Stück römischer Provinz aus dem bisherigen, auf den Mittelmeerraum ausgerichteten Zusammenhang löste und neue zukunftsbestimmende Bezugssysteme und Strukturen entstehen ließ, er hat Jahrhunderte gedauert, und er ist das Thema dieses Kapitels.

Es mag auf den ersten Blick befremden, daß das Kapitel chronologisch vom beginnenden 5. Jahrhundert bis zum endenden 14. Jahrhundert hinführt. Doch können wir im Rahmen einer Schweizergeschichte füglich von der traditionellen Epochalisierung absehen und uns allein nach dem großen Entwicklungsbogen ausrichten, der zu Beginn des 5. Jahrhunderts unser Gebiet aus dem untergehenden römischen Reich herausführt und zu Ende des 14. Jahrhunderts die Entscheidungen fallen läßt, die jener politischen Potenz zum Durchbruch verholfen haben, welche schließlich die Geschichte wiederum unseres ganzen Raumes bestimmen sollte: der schweizerischen Eidgenossenschaft.

Auch dieser zweite Zeitpunkt – Ende 14. Jahrhundert – stellt an sich keine epochale Zäsur unserer Landesgeschichte dar, sondern wiederum lediglich einen für die Zukunft richtungweisenden Akzent. Die Anfänge der Eidgenossenschaft finden sich bekanntlich im 13. Jahrhundert, und ihre staatliche Ausformung sollte noch bis in die frühe Neuzeit hinein andauern. Aber zu Ende des 14. Jahrhunderts ist doch zumindest im nördlichen Vorland des Gotthards jene Verschiebung des machtpolitischen Schwergewichts erfolgt, die dem neu entstandenen Gebilde «unser eydgnosschaft» *de facto* endgültig zum Durchbruch verholfen hat, auch wenn dieses noch bis Ende des 15. Jahrhunderts rechtlich und politisch in seiner Existenzberechtigung angefochten und in seinem Zusammenhalt gefährdet blieb. Im

«Das Alte stürzt, es ändert sich die Zeit, und neues Leben blüht aus den Ruinen» (Friedrich Schiller, Wilhelm Tell, 4. Akt, 2. Szene). Romantischer Stich der Ruinen von Avenches (VD).

übrigen nachmalig schweizerischen Gebiet stellt unsere Zeitgrenze keine Zäsur dar. Wenn verschiedentlich – in Genf, im Wallis, im Tessin – bereits die Bedingungen geschaffen worden sind, die dann später zur Verbindung mit der Eidgenossenschaft führen sollten, so ist doch die Option zu diesem Zusammengehen Ende des 14. Jahrhunderts noch nicht gefallen. So ist der von uns gewählte chronologische Rahmen – wie jede Epochalisierung – lediglich eine auf gewisse Beobachtungen abgestützte, darstellerische Hilfskonstruktion, die zumindest das für sich hat, daß sich die Entstehung der Eidgenossenschaft aus der Vorgeschichte heraus fließend beschreiben läßt, während das nachfolgende Kapitel Clios Fadenspiel gerade noch rechtzeitig aufgreifen kann, um mit den entscheidenden wirtschaftlichen Entwicklungen um die Mitte des 14. Jahrhunderts einsetzen zu können.

Die Entwicklung während des so eingegrenzten Jahrtausends hat zu jener sprachlichen und kulturellen Vielfalt geführt, die für unser Land noch heute charakteristisch ist, sie hat unsern Raum in den *orbis christianus,* den christlichen Erdkreis, einbezogen und politisch jene Voraussetzungen geschaffen, welche die Existenz der Eidgenossenschaft ermöglicht haben. Sie ist zeitlich wie geographisch – wie wir sehen werden – absolut nicht gleichförmig verlaufen und hat zu keinem einheitlichen Resultat geführt.

Die geopolitische Situation – ein Faktor der Kontinuität

Wenn wir uns trotzdem die Frage stellen, ob es ein Element gegeben habe, das kontinuierlich die Entwicklung beeinflußte, so ist dieses vor allem in der geopolitischen Situation unseres Raumes, wie sie sich in römischer Zeit ausgestaltet hat, zu sehen. Verwaltungsverkehr, wirtschaftlicher und kultureller Austausch wie die militärische Strategie des römischen Reiches beruhten auf einem für damalige Zeiten gigantischen, breit ausgefächerten Straßensystem. Diesem Verkehrsnetz stellte sich nun in unserem Raum die gewaltige Kette der Alpen entgegen, kanalisierte es in wenigen Nord-Süd-Verbindungen: in unserem Bereich im Westen vor allem über den Großen St. Bernhard, im Osten über den Splügen, den Maloja und Septimer. Dieses Verkehrsnetz, entscheidend für Handel und Wandel, hat das römische Imperium überdauert. An den wichtigsten Straßensträngen, vor allem aber an den entscheidenden Alpentraversen klammern sich die noch verbliebenen spätrömischen Strukturen fest, bilden sich neue Machtkomplexe, auf sie streben die Nachfolgemächte hin. Die Entwicklung unseres Raumes ist nicht zu verstehen, wenn man nicht um diese geopolitische Gegebenheit weiß. Sie hat – wie wir sehen werden – vor allem eines bewirkt, nämlich daß unser zentralschweizerischer Alpenraum durch Jahrhunderte in einem Vakuum lag, das sich in jeder Beziehung, vor allem aber machtpolitisch auswirkte. Der zentrale Alpenraum ist durch die in römischer Zeit fixierte geopolitische Lage gleichsam ausgespart, freigehalten worden für spätere Entwicklungen. Daß es die schweizerische Eidgenossenschaft war, die sich hier schließlich durchsetzen sollte, dazu haben, wie wir im weiteren sehen werden, verschiedene Umstände geführt. Aber im großräumigen Überblick und in der Rückschau auf die langzeitige geschichtliche Entwicklung kann man in der Tat sagen, daß es das gewaltige Massiv der Alpen gewesen ist, das unserm Land Pate gestanden hat.

A. Nach dem Turmbau von Babel

Das Problem der Sprachen – Quellen und Hinweise

Eines der größten Rätsel für den mittelalterlichen Menschen stellte die Tatsache der sprachlichen Vielfalt dar. Daß er sich mit seinesgleichen nicht oder nur schwer verständigen konnte, erschien ihm wie ein Fluch. In Herkunftssagen und Weltchroniken suchte er diese Tatsache zu begründen, wobei er seine Kenntnisse und Ahnungen von der Frühzeit ganz selbstverständlich aus der Bibel schöpfte. So gibt es eine breite Überlieferung, welche die Vielfalt der Völker und ihrer Idiome auf den Turmbau von Babel zurückführte und auf die göttliche Strafe: «Lasset uns ihre Sprache verwirren, daß keiner des anderen Sprache verstehe» (Genesis 11, 7). Von da an hätten sich die Erbauer nicht mehr verstanden und über die Erde zerstreut – so stand es in der Genesis –, und so suchte die mittelalterliche Vorstellungswelt die zahlreichen Völker unter anderm auf dieses alttestamentliche Ereignis zurückzuführen. Mit diesen Vorstellungen haben unsere Kenntnisse noch eines gemeinsam: daß es ethnische Wanderbewegungen gewesen sind, welche den Anstoß zur sprachlichen Differenzierung gegeben haben.

Aber woher nehmen wir unsere Kenntnisse? Die frühen schriftlichen Quellen stammen vor allem von den Römern, d. h. von den Feinden dieser seit dem Beginn unserer Zeitrechnung in das Blickfeld der römischen Welt tretenden Völker. Die wenigen von diesen selber stammenden Quellen, wie die frühen Herkunftsberichte, die ohne

Zweifel Kenntnisse von den frühen Wanderbewegungen übernommen haben, sind durch zeitgenössische Vorstellungen in solchem Maße verdeckt, daß sie dem Forscher nur widerwillig den historischen Kern ihrer Berichte preisgeben. Und schließlich darf nicht übersehen werden, daß schriftliche Quellen in dieser Frühzeit und noch lange außerordentlich spärlich sind. Bei dieser Sachlage greifen wir zum Spaten und suchen die Überreste im Boden zu enträtseln, untersuchen wir die Namen unserer Wohnorte, von denen viele in jene frühe Zeit zurückweisen und uns verraten, welches Idiom jene frühen Bewohner gesprochen haben, die dem Ort den Namen gegeben haben. Gerade die faszinierenden Fortschritte, welche Archäologie und Onomastik in der jüngeren Zeit erfuhren, haben eine vertiefte Kenntnis jener Entwicklungen in unserm Raum ermöglicht, die von der einheitlichen *Romanitas* zur Vielsprachigkeit geführt haben. Aber zugleich haben sie uns auch unsicher gemacht, denn niemand weiß, was alles noch unter der Erde verborgen liegt, und jeder neue Fund bietet neue Lösungen an, wirft neue Fragen auf. Das sei im Auge behalten, wenn im folgenden versucht wird, zu zeigen, wie es zur Vielsprachigkeit unseres Raumes gekommen ist. Daß aber der Fluch «daß keiner des anderen Sprache verstehe» für die Schweiz nicht – oder beinahe nicht – in Erfüllung gegangen ist, das zu erklären ist eines der großen Themen unserer neueren nationalen Geschichte.

1. Die Romanen: Wegzug und Beharrung

Langsame Entvölkerung

Wir haben im vorausgehenden Kapitel erfahren, wie seit der Aufgabe des obergermanisch-rätischen Limes 260 die Situation der Romanen – d. h. der gallo-römischen Bevölkerung – immer unsicherer wurde. Der große Schreck sind in unserem Bereich die Alemannen. Im 3. und 4. Jahrhundert zählen sie zu den gefürchtetsten Gegnern Roms. Ihr Name beginnt jetzt in den Siegertiteln der römischen Kaiser aufzutreten: *Alamannicus* – Besieger der Alemannen – dieser Titel erhält nun einen besondern Glanz. Vor dieser Gefahr beginnen sich die Romanen allmählich – in Krisenzeiten beschleunigt – abzusetzen. Zunächst vor allem jene Schicht, die am meisten zu verlieren hat und am ehesten über die Mittel zu einem solchen Wohnortswechsel verfügt, die Herren der römischen Gutshöfe. Der archäologische Befund etwa der Nordwestschweiz zeigt, welches Ausmaß diese Bewegung schließlich genommen hatte: Etwa drei Viertel der Gutshöfe sind damals für immer von den Romanen aufgegeben worden. Die Abwanderung aber vollzieht sich in Richtung der Verbindungen nach Italien, in die den Westalpenpässen vorgelagerte Westschweiz und Rhonelandschaft, im Osten in die durch Bergzüge und Gewässer, wie Walensee und Bodensee, abgeschirmte Raumkammer nördlich der rätischen Nord-Süd-Verbindungen. Jedenfalls hat hier eine dichte romanische Besiedlung fortbestanden, während im übrigen Land die Besiedlung immer spärlicher wurde: Nur ein Fünftel der verbliebenen Gutshöfe scheint kontinuierlich weiterbesiedelt gewesen zu sein. Erst sehr viel später, im 7. Jahrhundert, dürfte die Besiedlung wieder jene Dichte erreicht haben, die im 2. Jahrhundert bestanden hatte.

Die verbliebene Bevölkerung

Beachtlicher aber ist das Überdauern romanischer Präsenz in diesem aufgegebenen Gebiet bis weit ins Frühmittelalter hinein. Es dürfte sich hier vor allem um die weniger begüterte Bevölkerungsschicht gehandelt haben. Sie zog sich in die Kastelle, die nun keinen Truppen mehr dienten, und auf das umliegende Land zurück; wo ein schützendes Kastell fehlte, auf die höheren Talstufen im Jura und in den Alpen. Um die Kastelle haben sich romanische Siedlungsinseln gebildet, besonders ausgeprägt etwa im Falle Kaiseraugst, aber auch in Solothurn, Zurzach und Zürich. Sie blieben mehr oder weniger intensiv in Verbindung mit dem romanischen Siedelland, wie man es besonders deutlich beim Kastell Arbon erkennen kann, wo eine romanische Kolonie bis ins 7. Jahrhundert hinein sich in Kontakt mit dem rätischen Hinterland hat erhalten können. Die romanisch geprägten Lebensformen brechen also nicht ab, sie laufen in den alten Bahnen, allerdings auf einem auch durch die Wirtschaftskrise des spätrömischen Reiches bedingten mehr oder weniger ärmlichen Niveau, mit nachlassender Kraft aus. Wir erhalten aber nicht den Eindruck, daß diese zurückgebliebenen Romanen die Schicksalsschläge ergeben hingenommen haben. Vielmehr ist es ein zähes Festhalten an den vorhandenen Positionen, das von einer eigenen Vitalität zeugt. Und so erstaunt es nicht, daß es offenbar im 6. Jahrhundert nochmals zu einem romanischen Landesausbau in den höheren Lagen gekommen ist – wie im Hinterland der Augster Siedlungsinsel oder in der Bielerseegegend –, daß das Romanentum sich unter härtesten Lebensbedingungen in den Alpen lange hat halten und die alpine Kultur prägen können – so etwa in der mit Romanismen durchsetzten mittelalterlichen Hirtensprache.

Aber bei dem unaufhörlichen Zerfall der römischen Macht standen diese Restromanen auf verlorenem Posten. Die Zukunft gehörte nicht ihnen, sondern neuen, seit Beginn des 5. Jahrhunderts in unseren Raum eintretenden Kräften: den Burgundern, den Alemannen und Franken und ganz im Süden den Langobarden. Jede dieser Siedlungsbewegungen ist unter einem andern Gesetz angetreten, ist in ihrem Ausmaß und in ihren Folgen anders verlaufen.

2. Die Stunde der Burgunder

Es sind paradoxerweise nicht die ehedem gefürchteten Alemannen gewesen, die sich als erste für immer in unserem Gebiet niedergelassen haben, sondern, ganz im Südwesten, die Burgunder. Zum Jahr 443 berichtet nämlich die *Chronica Gallica,* daß den Überbleibseln der Burgunder, den *reliquiis Burgundionum,* durch den römischen Feldherrn Aetius die Sapaudia überlassen worden sei, die sie mit den Einheimischen, den Gallo-Romanen, zu teilen hatten.

Ansiedlung von Hilfstruppen?

Welches waren die Hintergründe dieses Ereignisses, und was haben wir uns unter den *reliquiis* vorzustellen? Die Burgunder hatten im 2. Jahrhundert, vermutlich von Bornholm her kommend, auf dem Kontinent Fuß gefaßt, waren in verschiedenen Wanderstößen bis zum Ende des 4. Jahrhunderts an den Mittelrhein vorgedrungen. Dabei waren auch sie im Dekumatenland wiederholt mit den Alemannen zusammengestoßen. Diese Feindschaft bot die Grundlage für die bereits zu Beginn des 4. Jahrhunderts einsetzenden und um die Jahrhundertmitte konkrete Gestalt annehmenden Verbindungen zu den Römern. 406/407 überschritten sie zusammen mit andern germanischen Stämmen den Rhein. Hier bildete sich jenes ephemere, mit dem römischen Machthaber föderierte Burgunderreich, das nach Vertragsbrüchen jedoch im Jahre 436 unter Aetius zwischen Römern und Hunnen aufgerieben worden ist. Offenbar mit dieser Katastrophe bringt nun der südgallische Chronist die in der Sapaudia angesiedelten *reliquiae Burgundionum* zusammen. Ob wir diesen Zusammenhang annehmen wollen oder nicht – Beweise haben wir nicht, und zwischen den Ereignissen liegen immerhin sieben Jahre –, der Begriff *reliquiae* vermittelt zumindest eines: Es handelte sich nur um einen Rest, um eine kleine Gruppe. Sie dürfte nach einer neuerdings von archäologischer Seite vorgebrachten Schätzung kaum ein Zehntel der eingesessenen Bevölkerung auf dem Land ausgemacht und selbst im Zentrum der burgundischen Ansiedlung, in Genf, höchstens ein Viertel bis ein Drittel der Gesamtbevölkerung betragen haben. Es ist nicht ein Volk, das da in die Genferseegegend einwandert, das Ganze macht eher den Eindruck einer Einquartierung von Hilfstruppen. Sie ist offenbar im Zeichen der *lex hospitalitatis* von 398 erfolgt, die die Teilung des Grundbesitzes mit den Neuzugezogenen regelte. Der Siedlungsraum der Burgunder befand sich nicht südlich des Genfersees, wie der Name Sapaudia suggeriert, sondern – der archäologische Befund ist hier nun eindeutig – im untersten Genferseegebiet mit Konzentration auf Genf und in der nördlichen Uferlandschaft bis Lausanne.

Über die Aufgabe dieser Hilfstruppen gehen die Meinungen auseinander. Immerhin macht ihre herkömmliche Feindschaft gegen die Alemannen und die Tatsache, daß die wichtigen Westalpenpässe und das Rhonetal am ehesten durch die Alemannen gefährdet werden konnten, ihre Ansiedlung gerade in diesem Raum plausibel.

Zusammenleben und Assimilierung

Wichtiger in unserem Zusammenhang ist jedoch die Frage, wie sich das Verhältnis dieser Neuankömmlinge zu den Gallo-Romanen entwickelte. Welten trennten die romanische Kultur von den Sitten der Burgunder. Wie klagt doch der aus gallo-romanischem Hochadel stammende Apollinaris Sidonius über die rauhen germanischen Laute, die er zu erdulden habe, über die barbarischen Lieder des burgundischen Vielfraßes, die er pflichtbewußt loben müsse, während sie ihm jedes Dichten verunmöglichten. Mit ranziger Butter beschmiere der Burgunder sein langes Haar. Glücklich die Augen und Ohren dessen, der das nicht sehen und hören müsse; glücklich die Nase dessen, dem nicht schon früh morgens der Gestank von Knob-

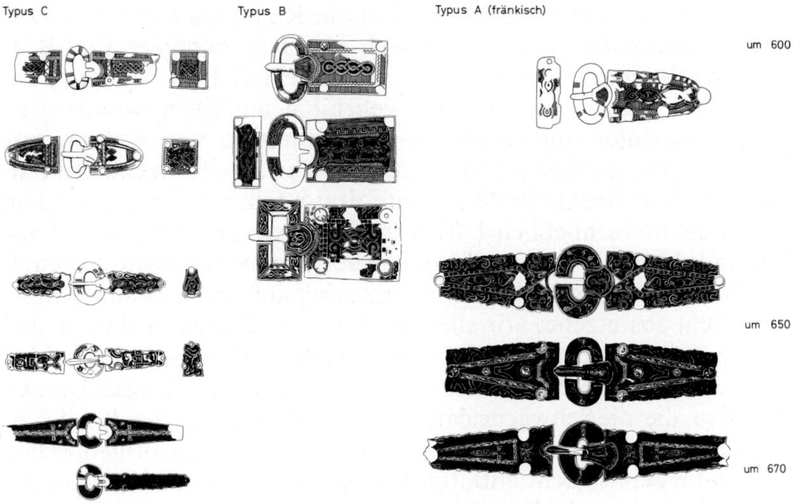

Die hauptsächlichsten Gürtelgarnituren im 7. Jahrhundert, wie man sie heute interpretiert: Typus C, allgemein zur Männertracht gehörend. Typus B, romanisch-burgundischer Frauengürtel (asymmetrisch), der sich allmählich dem durch symmetrische und trapezförmige Beschläge gekennzeichneten Frauengürtel vom Typus A romanisch-fränkischen Ursprungs angleicht. Die – hier fehlende – Gürtelschnalle der Alemannin ist dagegen eine rein funktionale, kleine Schnalle (vgl. Seite 118, Abb. c) (nach Max Martin).

lauch und elenden Zwiebeln entgegengerülpst werde. Aber von Sidonius erfahren wir noch anderes und mehr: Der Lyoner Patrizier Syagrius beherrschte offenbar das burgundische Idiom bereits so, daß es den Burgundern peinlich war, vor ihm sich dieses nur mehr unvollkommen beherrschten Verständigungsmittels zu bedienen. Bereits ist es der Romane, der ihnen, «den an Leib und Seele gleich Starren und Ungelenken», mit ihrer Muttersprache auch lateinische Gesinnung beibringt. Zwei Dinge sind hier beachtenswert: Die Burgunder verkehren mit den obersten Schichten, Apollinaris Sidonius muß sie als Tischgenossen erdulden, und ein Lyoner Patrizier beschäftigt sich so sehr mit ihnen, daß er geradezu als der *novus Burgundionum Solon* apostrophiert wird. In der Begegnung mit der überlegenen romanischen Kultur treten die Burgunder zusehends in ein zwiespältiges Verhältnis zur eigenen Kultur, während die Romanen sich von überlegener Warte aus mit ebendieser Kultur auseinandersetzen. Das ist nicht nur tendenziöse gallo-römische Propaganda: Die archäologischen und sprachgeschichtlichen Erkenntnisse zeigen das gleiche Bild. Tatsächlich hat eine Austausch- und Assimilationsbewegung eingesetzt, die überwiegend zugunsten der überlegenen Kultur verläuft. Die Neuankömmlinge treten so sehr in die romanische Sprachkultur ein, daß es der Forschung kaum mehr möglich ist, burgundische Sprachrelikte zu erfassen. Ähnliches, wenn auch nicht so ausschließlich, stellt der Archäologe im handwerklichen Bereich fest. Weisen die Waffenfunde in den allgemeinen germanischen Kreis, so ist man gerade dort, wo man typisch Burgundisches vom Alemannischen unterscheiden zu können glaubte, vorsichtiger geworden und spricht heute von einer romanischen Trachtprovinz Nordburgund und nicht mehr von burgundischer Tracht im ethnischen Sinn.

Das Reich der Burgunder

Das Reich, das hier im 5. Jahrhundert an der Rhone entstand, war nicht das Reich eines Volksstammes, wie etwa später jenes der Franken. Wenn auch seit 451 burgundische Könige an der Spitze stehen, so gehören zur tragenden Schicht ebensosehr Romanen wie Burgunder. Die *lex Gundobada* trennt wohl noch zwischen Romanen und Burgundern, aber beiden wird das gleiche Wergeld als Entschädigung bei Totschlag zugestanden, beide sind wehrfähig, und Ehen zwischen den beiden Elementen sind erlaubt, was die ethnische Vermischung nur förderte. – Die nach Süden das Rhonetal abwärts erfolgende Entfaltung des Machtbereiches im Laufe des 5. Jahrhunderts, die Lyon einschließt und schließlich 470 bis zur Durance vorstößt, ist nicht nur burgundisches Streben zum Mittelmeer, sie entspricht ebensosehr der Politik des gallo-römischen Adels, die, sich auf das bestehende Straßensystem abstützend, vor allem die lebenswichtigen Verbindungen zur römischen Zentrale sichern will. Das burgundische Reich gehört so zu jenen für die Schlußphase des römischen Reiches bezeichnenden Gebilden, die, die Schwäche der Zentralverwaltung nutzend, aus dem Rahmen der ursprünglichen Verwaltungsorganisation ausgebrochen sind und eigene Macht entfaltet haben. So erscheint es ganz in die spätrömische Entwicklung integriert.

Als sich die geopolitische Lage des Burgunderreiches mit dem Zusammenbruch des römischen Reiches grundstürzend änderte, als die neuen Kräfte der Franken im Westen und der Ostgoten im Süden an es herantraten, hat es sich denn auch nicht mehr lange halten können. 534 wurde es in den merowingischen Machtbereich eingegliedert. Aber die durch das hier skizzierte Verhältnis zwischen Romanen und Burgundern bewirkte romanische Prägung des den Westalpen vorgelagerten Raumes hat – und das ist in unserem Zusammenhang entscheidend – überdauert. Wenn die politische Eigenentwicklung dieses Raumes fürs erste abgebrochen worden ist, so wird ihre geopolitische Tendenz nach Süden und Südwesten gerade wegen der überdauernden verkehrspolitischen Bedeutung der Westalpenpässe und des Rhonetals auch späterhin dominant bleiben und – wie wir sehen werden – die Entfaltung der späteren Staatswesen bestimmen. Weiter überlebt schließlich auch gleichsam die Idee von Burgund, im Laufe der Geschichte immer wieder neue, wirkkräftige politische Inhalte und kulturelle Werte aufnehmend – und noch heute steigt mit dem vollen Duft aus einem Glas Burgunder die Erinnerung daran auf.

3. Die Stunde der Alemannen

Als in unserem Raum die Stunde der Alemannen schlug, gehörte das römische Reich der Geschichte an, war das burgundische Reich bereits in den ungleichen Kampf mit der fränkischen Macht verstrickt. Auch die Alemannen waren nicht mehr jene Schreckenshorden, die blühende Städte wie Augst und Avenches zerstört und raubend und sengend das Land verunsichert hatten. Sie kamen spät, sie kamen in mehreren langdauernden Siedlungsschüben, und was sie suchten, war nicht mehr Beute, sondern aufgegebenes Siedelland.

Wer waren sie, und was war in der Zwischenzeit geschehen? Als

Zusammengelaufenes Volk

der griechische Geschichtsschreiber Agathias im 6. Jahrhundert nach einer Quelle aus dem 3. Jahrhundert von den Alemannen berichtete, erklärte er ihren Namen dadurch, daß sie ein «zusammengelaufenes und gemischtes Volk» seien. Wenn diese Deutung, die heute noch vertreten wird, auch nicht unumstritten ist, so spiegelt sie doch die Tatsachen, wie man sie heute sieht, sehr gut wider. Denn die Alemannen sind kein alter Volksstamm, sondern ein im 2. Jahrhundert im Laufe der Wanderbewegungen neu entstandener Verband, der die alten Stammesbedingungen sprengte und jedem, der an den kriegerischen Unternehmungen teilnehmen wollte, offenstand. Diese zusammengewürfelten Horden sind es gewesen, die, im 3. und 4. Jahrhundert über den Limes hinweg vorstoßend, den Römern den Schrecken in die Glieder gejagt hatten. Nur allmählich haben sie sich zu einem festen Neustamm zusammengeschlossen, möglicherweise unter dem Einfluß der römischen Limeskommandostellen am Rhein oder gar erst jenes ebenfalls sich bildenden, allerdings viel mächtigeren Neustammes der Franken.

Seit dem endenden 3. Jahrhundert rückten sie nach dem Abzug der römischen Truppen aus dem Dekumatenland an das rechte Rheinufer heran. Erst seit der Mitte des 5. Jahrhunderts begannen sie sich im Elsaß niederzulassen. Daß sie damals nicht in großem Ansturm ins seit 406 entblößte Gebiet südlich des Rheins eingebrochen sind, stellt eines der großen Rätsel der alemannischen Geschichte dar. Sie scheinen eines geschlossenen inneren Stammesaufbaus entbehrt zu haben, der ihrem Bestreben eine einheitliche Richtung gegeben hätte. Und zudem boten sich den im Rücken von Alanen und Wandalen Bedrängten gerade im 5. Jahrhundert verschiedene Möglichkeiten zur Siedlungserweiterung. So sehen wir sie weit nach Osten vordringen, bis sie mit den Bajuwaren zusammenstoßen. Andere Teile streben aus dem Elsaß nach Westen, werden aber seit 480 von den Burgundern wieder zurückgedrängt, und der letzte Versuch, an den Niederrhein vorzustoßen, scheint schließlich in der Niederlage gegen die vereinigten Franken 496/97 wahrscheinlich bei Zülpich geendet zu haben. Damals haben die Alemannen das Rhein-Main-Gebiet verloren. Doch sollte das süddeutsche Gebiet für immer ihr hauptsächlicher – wenn auch offenbar zu kleiner – Siedlungsraum bleiben.

Ein Flüchtlingsstrom

Mit der Niederlage von 496/97 wird in der Regel die Einwanderung der Alemannen in den Raum südlich des Rheins zusammengebracht. Der Siedlungsschub mutet jedenfalls eher wie ein Flüchtlingsstrom an, der sich vor allem in das nur mehr dünn besiedelte Kulturland ergießt, eine Konfrontation mit den romanischen Siedlungskernen vermeidend. Nur allmählich rückte die immer dichter werdende alemannische Besiedlung an die Kastelle heran und trat zusehends in den Verkehr mit den Romanen. Hier kam es nicht zur Konfrontation der Kulturen, deren Niveauunterschied ohnehin nicht mehr so eklatant gewesen sein dürfte wie im Falle der Burgunder, sondern zu einer langwierigen und allmählichen Assimilation, die zugunsten der an Zahl zunehmenden Alemannen verlief. Doch erst im Laufe des

7. Jahrhunderts sind die letzten romanischen Reste in der alemannischen Bevölkerung und Sprachgemeinschaft aufgegangen.

Ob diese Landnahme nun unter ostgotischer Schutzherrschaft oder fränkischer Macht erfolgte, ist vielleicht weniger wichtig als die Tatsache, daß die Alemannen nicht unter eigenständiger Führung in unsern Raum traten, sondern in Abhängigkeit von einer fremden Macht. Seit 537 zeichnet sich immer deutlicher eine fränkische Prädominanz ab. Von den frühen alemannischen Herzögen weiß man wenig und neigt heute eher dazu, in ihnen fränkische Amtsträger denn eigentliche Stammesherzöge zu sehen. Eine eigenständige alemanni-

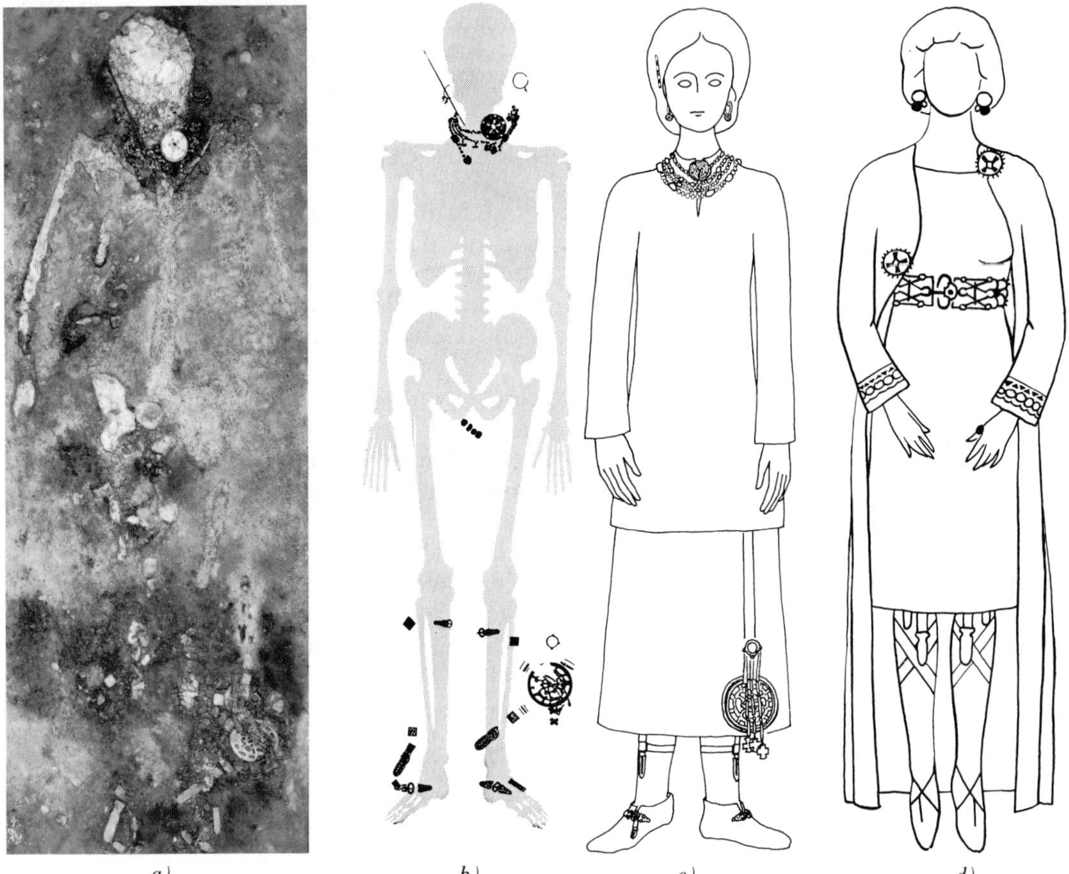

a) b) c) d)

Rekonstruktion der Frauentracht aus dem Grabbefund einer mit reichen Beigaben versehenen Alemannin (Bülach): Aus der vorgefundenen Lage der Gegenstände und Schmuckstücke im Verhältnis zu den Skelettresten wird ihre Funktion gedeutet: a) Grabbefund; b) Umzeichnung dieses Befundes nach R. Christlein; c) Interpretation: Aus dem Fehlen einer repräsentativen Gürtelgarnitur schließt man, daß die Alemannin den Gürtel verdeckt trug. Typisch ist auch das am verborgenen Gürtel befestigte Gehänge aus Zierscheibe und weiteren Gegenständen. Es wird heute als schützendes Amulett gedeutet und nicht mehr als Hängetasche. d) Zum Vergleich die Rekonstruktion der romanisch-fränkischen Frauentracht (vgl. Abb. Seite 115). Der Gürtel wurde, bei abgeworfenem Mantel, offen getragen. Daß es sich hierbei nicht um eine Eigentümlichkeit bloß des burgundischen Gebietes handelt, zeigt das Beispiel: Es ist das Grab der merowingischen Königin Arnegundis, St. Denis, Paris, 2. Hälfte 6. Jahrhundert (Rekonstruktionsvorschlag Max Martin).

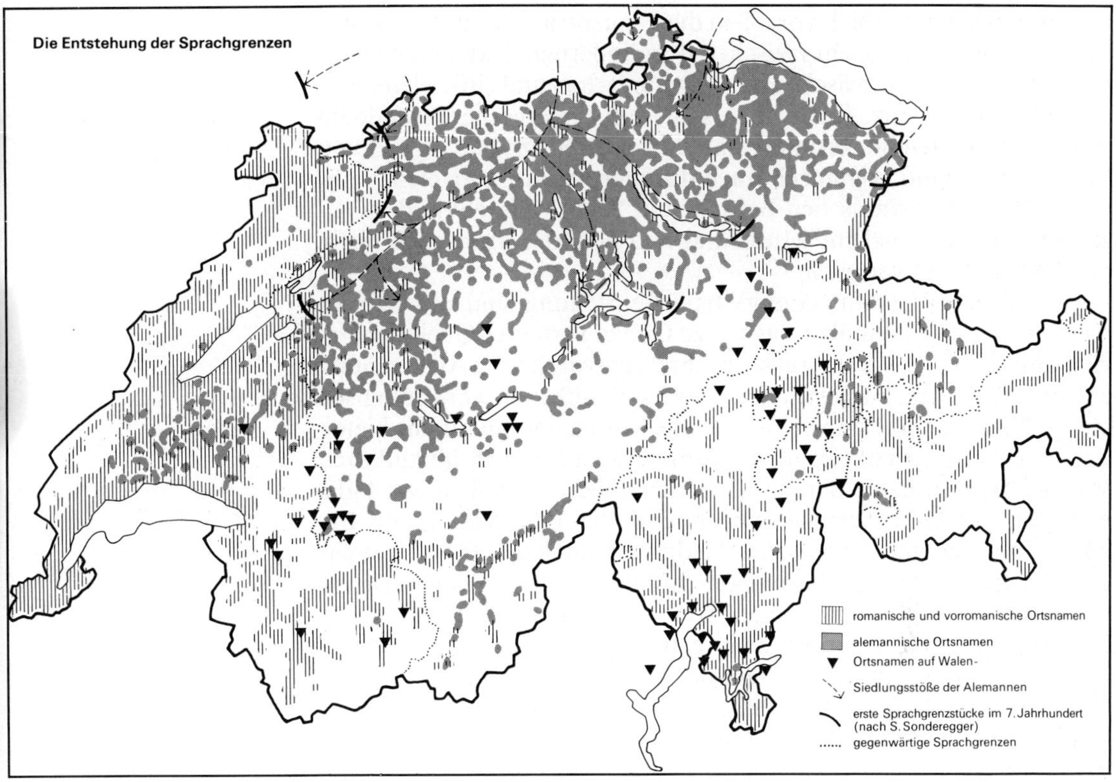

sche Machtbildung, die ein übergeordnetes System in die alemannischen Bewegungen gebracht hätte, ist jedenfalls zunächst nicht zu erkennen, und so ist auch die nun einsetzende Begegnung der Alemannen mit dem dicht durch die Romanen besetzten Raum, die schließlich zur Abgrenzung zweier Sprach- und Kulturlandschaften führte, kein politisches oder militärisches, sondern ein siedlungs- und kulturgeschichtliches Phänomen gewesen.

4. Die Ausbildung von Sprachgrenzen

Grabbeigaben und Ortsnamen

Die Kenntnisse über die alemannischen Siedlungsbewegungen ziehen wir nicht aus schriftlichen Quellen, sondern in erster Linie aus den von den Archäologen und Namensforschern aufgedeckten Befunden. Die archäologischen Kenntnisse beruhen vor allem auf den im 6. und 7. Jahrhundert den Toten mitgegebenen Grabbeigaben. So präzis und vielschichtig die Aufschlüsse aus diesen Funden sind, sie beziehen sich immer punktuell auf ein Gräberfeld und sind nur für die betreffende Region exemplarisch aussagekräftig. Bei den Versuchen, durch Quervergleiche zu globalen Beurteilungen zu gelangen, wozu vor allem die am häufigsten auftretenden Gürtelschnallen beigezogen werden, ist man heute vorsichtiger geworden. Als markantes Unterscheidungsmittel hat sich vor allem die Frauentracht erwiesen, wobei man allerdings nicht mehr zwischen Burgundern und Alemannen unterscheidet, sondern zwischen einer romanischen und einer alemannischen Trachtprovinz. Dabei zeigt sich, daß romanische Befunde im westlichen Mittelland bis zum Aarelauf und bis in die Gegend von Solothurn gehäuft, vereinzelt auch darüber hinaus, auftreten, während sich die alemannischen Befunde mit Schwergewicht in der Ostschweiz über das östliche Mittelland und über den Jura noch bis in den Basler Raum verteilen.

Aussagekräftiger für eine globale Beurteilung sind die Ortsnamen, die nicht nur ein über das ganze Gebiet verteiltes Quellenmaterial darstellen, sondern auch in ihrer sprachlichen Ausformung entsprechend den linguistischen Gesetzmäßigkeiten chronologisch eingeordnet werden können bis ins hohe Mittelalter hinauf. Sie bieten dadurch die Möglichkeit, einen großräumigen, zeitlich abstufbaren Entwicklungsvorgang herauszuarbeiten. Hier vor allem wird die Persistenz romanischer Siedlungen und die Überschneidung der alemannischen und romanischen Siedlungsräume deutlich, wenn wir die voralemannischen Ortsnamen mit den frühen alemannischen Ortsnamensgruppen vergleichen. Überraschender aber ist das weite Vordringen der ältesten nicht mehr romanischen Namensschicht, der -ingen-Orte in der Form von *-ens* oder *-ence,* bis an die Gestade des Genfersees. Sie können nicht einseitig als burgundisch angesprochen werden, da sie außerhalb des burgundischen Siedlungsgebietes liegen, während anderseits dort diese Namenstypen gerade fehlen. So neigt man heute eher dazu, hier weit ins Waadtland vorgetragene alemannische Siedlungsschübe zu sehen, wie denn auch die karolingische Bezeichnung *pagus Waldensis* eher dem fränkisch-alemannischen denn dem burgundischen Sprachbereich angehört. Das bedeutet aber, daß hier im Waadtland lange Zeit eine gemischtsprachige Siedlungszone bestand. Erst nachträglich hat sich im Sinne einer gegenseitigen Absetzbewegung eine sprachliche Aussonderung vollzogen. Und die Grenzzone zwischen den Sprachgruppen hat sich dort abzuzeichnen begonnen, wo sie sich gegenseitig die Waage hielten.

Die Stabilisierung im Westen

Das hat Jahrhunderte gedauert. Erst im 8./9. Jahrhundert kam es in den dichter besiedelten Kontaktzonen zu deutlicheren Abgrenzungen zwischen den beiden Sprachkulturen im Aare-Saane-Raum, deutlich erkennbar auch am Auftreten der Walen-Namen, die ja nur aus einer Grenzsituation zu erklären sind, in der romanische Siedlungen von den deutschsprachigen als solche – als welsche nämlich – gekennzeichnet werden konnten. Gegenüber einer simplifizierenden Ideologie der Ethnie (Sprachgemeinschaft) gilt es zu betonen, daß diese Ausgleichsbewegung in hohem Maße durch Momente wie Sozialprestige und kulturelle Wirkkraft einer Sprache bestimmt worden ist. Am ehesten ließe sich diese Entwicklung vergleichen mit den heutigen Verhältnissen in Graubünden, wo ja Rückgang, Bewahrung und Pflege des Rätoromanischen sicher nicht nur ethnisch zu erklären sind, während die wiederholt festgestellte rasche Assimilation neu angesiedelter deutschsprachiger Bauern im Südjura ja gerade gegen das ethnische Prinzip spricht.

Die alpine Sprachgrenze

Ist im Westen die sprachliche Ausdifferenzierung als Ausgleich in gemischtsprachigem Gebiet erfolgt, so vollzieht sie sich im Osten und Süden als eine sich immer weiter verschiebende, noch lange nicht zur Ruhe kommende Sprachschranke. Vor allem in den Alpen, soweit sie besiedelt waren, ist das Romanische beziehungsweise Rätoromanische noch lange dominant geblieben. Im 8. Jahrhundert finden sich die Sprachgrenzstücke noch im Voralpengebiet. Im 10. Jahrhundert ist das Rätoromanische in Einsiedeln noch immer wirksam, und Glarus scheint noch im 11. Jahrhundert zweisprachig gewesen zu sein. Seit dem 8./9. Jahrhundert wird das Oberwallis durch alemannische Siedler belegt, aber ein eigentlicher Landesausbau im Goms scheint erst seit dem 11. Jahrhundert stattgefunden zu haben.

Die Walser

Der alpine rätoromanische Block, der lange Zeit erhalten geblieben ist und etwa auch die von Disentis her erschlossene Ursern einschließt, wird schließlich während des ganzen späteren Mittelalters zusehends mit deutschsprachigen Regionen durchsetzt durch Infiltration das Rheintal hinauf, vor allem aber durch die Ende des 12. Jahrhunderts aus dem Oberwallis heraustretende, im 13. Jahrhundert die südalpinen, dann die bündnerischen Hochtäler erreichende Wanderbewegung der deutschsprachigen Walser. Auch hier sind nicht ethnische Momente ausschlaggebend gewesen, sondern soziokulturelle: Gerade die rechtliche Vorzugsstellung der freien Walsergemeinden einerseits, die Deutschsprachigkeit der herrschaftlichen Schicht anderseits haben zum Beispiel im ursprünglich völlig rätoromanischen Vorarlberg bewirkt, daß bis Ende des 14. Jahrhunderts die deutsche Sprache vorherrschend geworden ist. Insgesamt hat die romanische Sprache nur dort überdauern können, wo Verbindungen zum mediterranen Raum bestanden, über die der Kulturstrom aus dem romanischen Hinterland weiterwirken konnte.

Im Bereich der Zentralalpen war eine solche direkte Verbindung nicht gegeben, und hier ist denn schließlich das Romanische völlig eliminiert worden. So ist die Herausbildung der sprachlichen Differenzierung unseres Raumes letztlich auch durch die geopolitische Konfiguration bestimmt worden.

Ausbildung verschiedener Vulgärsprachen

Doch ist es – und daran gilt es schließlich auch zu erinnern – nicht nur zu einer Ausdifferenzierung zwischen romanischer und alemannischer Sprache gekommen. Nicht übersehen werden darf die eigenartige Tatsache, daß bei uns auf engem Raum auch die *Romanitas* selbst sich in verschiedene Vulgärsprachen aufzugliedern begann, ins Französische, Italienische, Rätoromanische. Schwer zu sagen in welchen Zeiten das erfolgt ist, aber ohne Zweifel muß es auf unterschiedliche Arten der Kontinuität zurückgeführt werden, die hier im sprachlichen Bereich ihre Spuren hinterlassen haben.

B. Christliche Schweiz

Christliche Dominanz und heidnisches Nachleben

Bekanntlich beginnt die geltende Verfassung unseres Landes mit der Anrufung Gottes, hierin formelhaft den ersten eidgenössischen Bünden folgend. Ohne Zweifel ist die Schweiz ein christlich geprägtes Land. Auch wenn man heute versucht sein mag, diese Aussage nur noch in mehr oder weniger bedingter Form aufrecht zu erhalten – bezeichnenderweise steht ja bei der Totalrevision der Bundesverfassung auch diese *invocatio* zur Diskussion –, so kommen wir um die Tatsache nicht herum, daß die zivilisatorischen und kulturellen Grundlagen unseres Landes auf christlichem Boden ruhen.

Doch müssen wir uns im klaren sein, was wir hierunter zu verstehen haben. Es ist nicht so, daß das Abendland je in allen seinen Fasern christlich gewesen wäre. Wenn auch das Christentum dominant und prägend war, das Heidentum ist nie für immer und vollständig eliminiert worden. In den verschiedensten Schichten wirkt es weiter, sei es in mehr oder weniger inniger Vermischung mit christlichen Elementen, wie wir sie besonders in der bildenden Kunst beobachten können, oder im Bereich der kultischen Praktiken, die oft vom Christentum übernommen und getauft worden sind – denken wir nur an die Benennung der Wochentage –, sei es in jenen irrationalen Bewußtseinsschichten, in denen es in Form von magischen Vorstellungen, von Zauber- und Aberglauben durch die Jahrhunderte hindurch, oft in innigster Verbindung mit christlichen Devotionsmotiven, mitgeführt worden ist. Es sei hier nur an den Amulettcharakter der seit dem 14. Jahrhundert aufkommenden Passionsandachtsbilder oder der bis in die jüngste Zeit vorkommenden «wundertätigen Medaillen» erinnert. Denken wir nur an den Patron der Reisenden und Pilger, den heiligen Christophorus, der, im Mittelalter weithin sichtbar, überdimensional an Kirchenwänden und etwa auch an Berns Stadttor prangend, all jenen, die ihn sahen, Schutz vor plötzlichem Tod bot und der auch heute an manchem Armaturenbrett haftet, obwohl er neuerdings von der Kirche aus dem Kreis der authentischen Heiligen verstoßen worden ist. Dies gilt es sich vor Augen zu halten, wenn man von der allgemeinen Christianisierung spricht.

Heidentum und Christentum auf einem Brustkreuz, 6.–7. Jahrhundert: Auf dem Kreuz ist eine magische Formel in Anlehnung an das schon in der Antike bekannte Abracadabra mit Kreuzen eingeritzt. Goldblattkreuz, Kathedrale Lausanne.

Auch wenn man eine oberflächliche Gleichsetzung einer Geschichte des Christentums mit der Kirchengeschichte vermeiden will, die Geschichte der Christianisierung läßt sich in diesen frühen Zeiten von der Quellenlage her nicht anders denn als Geschichte der kirchlichen Institutionen, ihrer Protagonisten und ihrer Kulte erfassen.

1. Die bischöflichen Zentren

Kontinuität und Neuordnung

Bekanntlich haben sich noch zur spätrömischen Zeit Bischöfe in einigen Städten festgesetzt. Dabei handelte es sich wie anderwärts um stadtkirchliche Zentren, die das umliegende Land noch kaum erfaßten. In der nun folgenden Zeit bleiben die Bischofssitze – bis auf eine

Ausnahme – bestehen, nehmen aber der siedlungsmäßigen Umstrukturierung entsprechend eine unterschiedliche Entwicklung. Vor allem beginnt das Christentum allmählich das Land zu erfassen, was schließlich zu eigentlichen Grenzziehungen zwischen den Diözesen führt.

Eine mehr oder weniger ungebrochene Kontinuität haben die Bischofssitze im ungefährdeten romanischen Gebiet erfahren, vor allem Chur in der von den Umwälzungen jener Zeit kaum berührten Provinz *Raetia I,* aber auch Genf, das von den politischen Wandlungen nicht in Frage gestellt worden zu sein scheint und das nach dem zu Beginn des 6. Jahrhunderts erfolgten Übertritt der Burgunder unter König Sigismund, dem Wiedererbauer der Kathedrale St. Pierre, vom arianischen zum römischen Glauben in seiner Kontinuität endgültig gesichert gewesen sein dürfte.

Alle andern Bistümer haben in der zweiten Hälfte des 6. Jahrhunderts eine mehr oder weniger tiefgreifende Neustrukturierung erfahren. Im Wallis kann die Verlagerung des bischöflichen Sitzes von Martigny auf den sicheren Fels von Sitten mit der exponierten Lage am Ausgang des Großen St. Bernhard in Verbindung gebracht werden, über den eben noch 574 die Langobarden hereingebrochen waren. Die Aufgabe von Windisch, der Rückzug des bischöflichen Sitzes von Avenches nach Lausanne, jenes von Augst auf den Sporn am Basler Rheinknie aber dürften im Zusammenhang mit der alemannischen Siedlungsbewegung und der fränkischen Neuorganisation stehen, insbesondere wohl mit der zweiten fränkischen Reichsteilung von 561, die den Aareraum zur Grenze machte. Bezeichnend ist jedenfalls, daß Lausanne nicht mehr wie Avenches und Windisch auf der ehedem wichtigen Verbindungsachse zwischen Genfer- und Bodensee liegt, sondern auf der Route vom Wallis nach Westen über den Jura in die fränkischen Lande. Während für Avenches-Lausanne in der Person des Bischofs Marius ein ungebrochenes Weiterwirken der bischöflichen Zentrale festgestellt werden kann, ist das bei Augst-Basel höchst ungewiß, da die Quellen schweigen.

Das erste rein germanische Bistum

Ausdruck der neuen Bevölkerungsstruktur ist es schließlich, wenn nun um das Jahr 600 wohl von einem alemannischen Herzog unter fränkischer Mitwirkung erstmals ein Bistum neu gegründet wird, das, wenn es seine ersten Anstöße auch aus dem romanischen Hinterland, woher seine ersten Bischöfe stammen, erhält, auf keinen spätrömischen Grundlagen ruht: das alemannische Bistum Konstanz. Von diesen kirchlichen Zentren aus wird nun – nur allmählich – das Land erfaßt, was im Laufe des 8. Jahrhunderts gerade im alemannisch besiedelten Raum, wo alles in Fluß geraten ist, zu einer Abgrenzung der Zuständigkeitsbereiche zwischen Konstanz und Basel einerseits, Konstanz und Chur anderseits führt.

Im Süden hat der alte Metropolitansitz Mailand seinen Anspruch bis weit in die Alpentäler vorgetragen und ist hier zusehends auf die erwachende Konkurrenz des dem Patriarchat Aquileja unterstellten Bischofs von Como gestoßen, so daß die Gebietsabgrenzungen besonders im Sopraceneri nur schwer festzustellen sind. Als bedeutsam sei hier lediglich hervorgehoben, daß es Mailand gewesen ist, das schließlich – oder seit jeher – die oberen drei sogenannten «ambrosianischen» Täler Riviera, Blenio und Leventina in seinen Einflußbereich gezogen hat.

Soviel zu den bischöflichen Zentren. Wie aber steht es mit der Christianisierung auf dem Land?

Taufbecken von Palagnedra (TI), 13. Jahrhundert: Neben Kreuzen erscheinen Sonne, Blume, Brot und zwei Menschenfiguren: heidnische oder christliche Symbole?

2. Die Christianisierung des Landes

Die römische Tradition

Vieles weist darauf hin, daß im romanischen Rückzugsgebiet im Westen das Land relativ früh und weitgehend vom Christentum erfaßt worden ist. Im Wallis ist uns die erste christliche Inschrift aus dem Jahre 377 erhalten geblieben. Hier blühte zu Beginn des 5. Jahrhunderts ein wirkkräftiger Heiligenkult um den heiligen Mauritius und seine thebäische Legion auf, die bei Saint-Maurice das Martyrium erlitten haben sollen. Im Westen finden wir seit der Wende zum 5. Jahrhundert christliche Grabmemorien. Im 5. Jahrhundert wirken die Juraväter, jene noch ganz in der spätantiken-südgallischen Tradition stehenden Mönche, von ihrem Zentrum Condate, heute Saint-Claude (Departement Jura), aus auch in unser Gebiet herein: Romainmôtier, Genolier und Saint-Maurice – um nur das Wichtigste zu nennen – standen unter ihrem Einfluß. Im 6. Jahrhundert scheint es zumindest am Genferseeufer in den Siedlungen zahlreiche christliche Gotteshäuser gegeben zu haben, die nach dem Bericht des Marius von Avenches 563 durch eine Hochwasserkatastrophe in Mitleidenschaft gezogen wurden. Wenn in Rätien für die Frühzeit ähnlich dichte Hinweise fehlen – neueste archäologische Funde haben auch hier einige Zeugnisse erbracht –, so darf doch auch in diesem geschützten Raum ruhiger Kontinuität mit einer breiteren Christianisierung gerechnet werden.

Wie weit hat sich das Christentum aber in den romanischen Restsiedlungen erhalten? Es hat überdauert, wie wir es archäologisch aus den in verschiedenen Kastellen, wie Kaiseraugst und Zurzach, ausge-

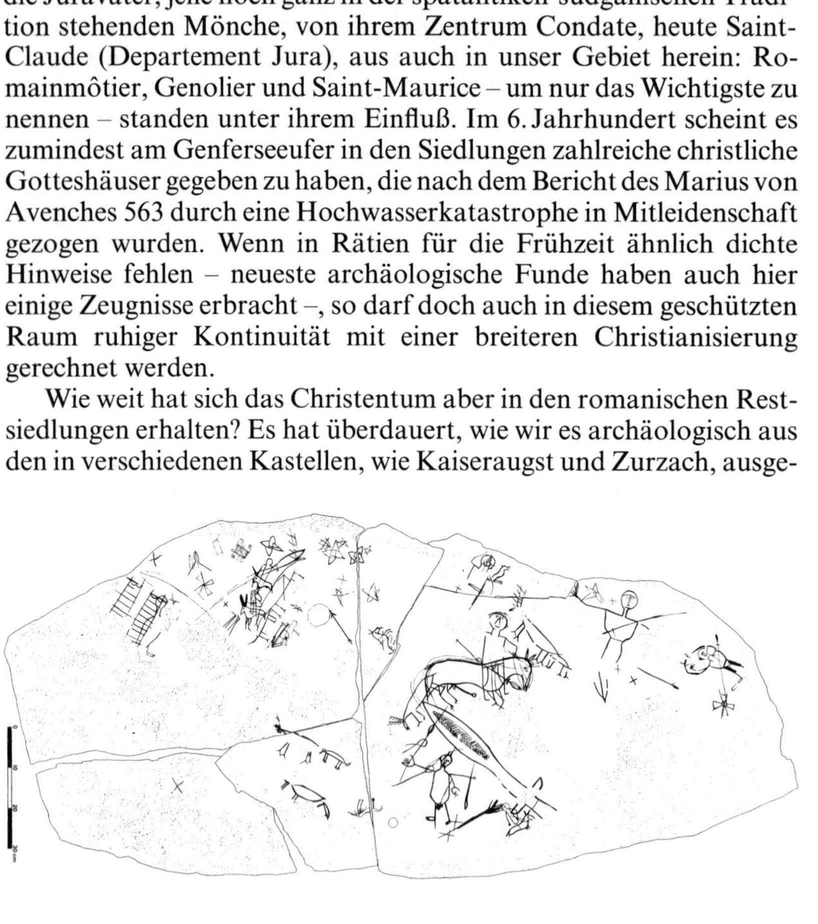

Grabplatte aus dem 8. Jahrhundert (Frick, AG, Kirche Peter und Paul). Frühe Spuren einer volkstümlichen Auseinandersetzung mit dem Christentum? Die Ritzzeichnungen stellen einen mit einer Lanze bewaffneten Krieger zu Pferd dar. Vergleiche mit eindeutig christlichen Gürtelschnallen mit dem «lanzenreitenden Christus» (Landelinusschnalle) legen die Vermutung nahe, daß es sich hier um eine mit den Formen heidnischer Lebenssymbole gestaltete Darstellung des Auferstehungschristus handelt. Später wurden die Zeichnungen auf der Grabplatte mit Kreuzen und Kreisen teilweise überdeckt.

grabenen Kirchenbauten erkennen und für Solothurn aus der vor Mitte des 5. Jahrhunderts entstandenen *passio Acaunensium martyrum* indirekt erschließen können, wenn dort berichtet wird, daß die Märtyrer Ursus und Viktor zu Solothurn den Thebäern zugeordnet würden. Nach der *Gallusvita* lebte noch zu Beginn des 7. Jahrhunderts inmitten weitgehend noch heidnischer Alemannen zu Arbon eine romanische Christengemeinde. Gerade das Bild, das wir aus der *Gallusvita* erhalten, zeigt, wie lange alemannisches Heidentum und romanisches Christentum nebeneinander lebten, wie gering offenbar die Ausstrahlungskraft dieser kleinen Christengemeinschaft war. In der Tat fehlen deutlichere Zeugnisse für eine Christianisierung der Alemannen von diesen romanisch-christlichen Kernen her, wenn auch im einzelnen diese Möglichkeit gewiß nicht ausgeschlossen werden kann.

Der fränkische Einfluß

Die breite Christianisierung des Landes erfolgte erst spät, nur allmählich und vor allem unter dem Einfluß der fränkischen Macht. Dabei hat das irische Mönchtum, vom gegen Ende des 6. Jahrhunderts gegründeten Vogesenkloster Luxeuil ausstrahlend, in unserm Gebiet vermittelnd gewirkt, nachhaltiger im Grenzbereich zum romanischen Gebiet, im Jura, wo es im 7. Jahrhundert zu mehreren Klostergründungen und Erneuerungen kam – genannt seien hier vor allem Moutier-Grandval, St-Imier, Romainmôtier und möglicherweise Saint-Ursanne –, wo in Basel ein Luxeuiler Mönch als Bischof erscheint, weniger erfolgreich zunächst im Innern des alemannischen Gebietes. So spektakulär und lebendig überliefert die Taten eines Columban und Gallus sind, ihre unmittelbare Wirkung war im Grunde nur gering: Eher war es die bereits christliche, vor allem fränkische Führungsschicht und das christliche Rätien, die hier fördernd gewirkt haben. Das Bistum Konstanz bestand schon vor der Ankunft der irischen Mönche, und erst rund ein Jahrhundert nach dem Tode des heiligen Gallus begann das fruchtbare Wirken der Mönche an der Steinach (720).

Ein häufig auftretendes christliches Motiv auf Gürtelschnallen: Daniel in der Löwengrube. Die formale Besonderheit der hier abgebildeten Schnalle ist, daß die Löwen von Daniel abgewendet sind und dieser nach der Längsachse der Schnalle ausgerichtet ist. Gürtelschnalle von Cras-Chalet, JU, 7. Jahrhundert.

Die zahlreichen späteren Klostergründungen stehen weniger unter dem Zeichen der Christianisierung, wenn ihr Beitrag zur Vertiefung und Intensivierung christlichen Lebens auch nicht übersehen werden kann, sie erscheinen vielmehr als regionale Wirkungszentren, Stützpunkte jener Herren, die sie gegründet haben, vorab – wie wir sehen werden – der Franken. Fränkischer Einfluß bei der Christianisierung läßt sich vor allem aus den allenthalben auftretenden typisch fränkischen Kirchenpatrozinien herauslesen, vor allem aus den alten Martins-, dann auch Remigius- und Hilariuspatrozinien. In breitem Maße ist das alemannische Gebiet erst im Laufe des 7. Jahrhunderts dem Christentum erschlossen worden. Deutlich zeigt sich das vor allem im Erlöschen der Grabbeigabensitte gegen Ende dieses Jahrhunderts, nachdem zunächst bereits christliche Elemente in die Grabbeigaben eingeflossen waren.

Ganz im Süden haben sich die arianischen Langobarden dem römischen Christentum nur langsam und spät in der zweiten Hälfte des 7. Jahrhunderts geöffnet, während die romanische Bauernschicht etwas früher, im 6. und 7. Jahrhundert vom ursprünglich nur städtischen Christentum erfaßt worden ist. Mit dem inneralpinen Landesausbau ist auch das Christentum in den folgenden Jahrhunderten immer weiter in die Alpen vorgedrungen. Auch im Tessin liegt eine Ausbreitung von Süden, vom flachen Land her nahe. Wenn man die Martins- und Protasiuspatrozinien in den oberen Tälern wirklich der ersten, fränkischen Patroziniumsschicht zuordnen will, ließe sich auch – wie es schon geschehen ist – eine fränkische Missionierung über den Alpenkamm hinweg annehmen, die aber in Anbetracht der damals kaum vorhandenen fränkischen Präsenz etwas im luftleeren Raum stünde.

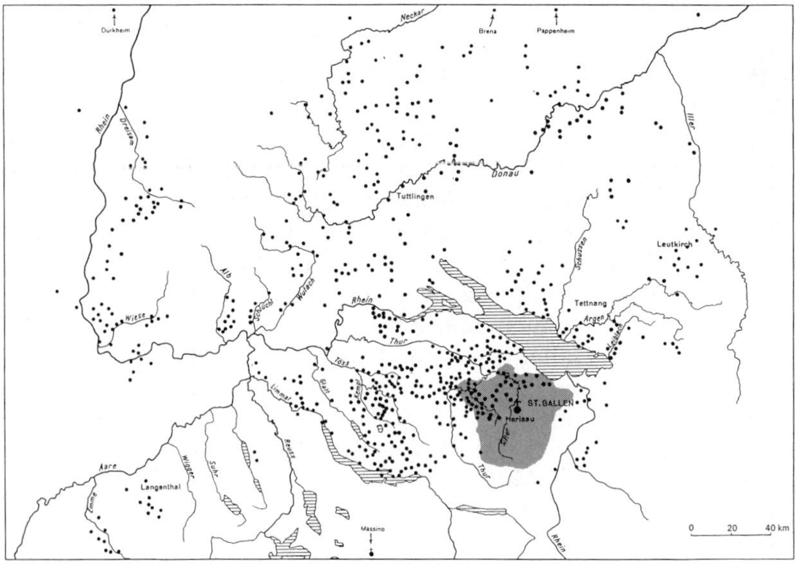

Geschlossenes Herrschaftsgebiet

Einzelbesitzungen

Die Besitzungen des Klosters St. Gallen um 920: Die Karte zeigt, wie weit die Besitzungen einer von den Karolingern begünstigten Abtei ausgreifen, und macht deutlich, daß solche Klöster wichtige Einfluß- und Herrschaftsinstrumente darstellen können.

Die Pfarreien

Die Herausbildung eines eigentlichen Pfarreisystems hat sich im großen und ganzen kontinuierlich bis ins Hochmittelalter hinein vollzogen, wobei im Süden die auf die spätrömische *pagus*-Einteilung zurückgehende Großpfarrei, die *pieve rurale,* wie etwa Locarno, Biasca, Balerna oder Agno, das kirchliche Leben kennzeichnet, während im Norden die Grenzziehung zwischen den Pfarreien vor allem durch die karolingische Zehntgesetzgebung im 9. Jahrhundert gefördert wurde. Die organisatorische Ausgestaltung der Diözesen im Innern der gegebenen Grenzen, wie z. B. die Herausbildung von Archidiakonaten oder Landdekanaten, hat sich dann vom 11. bis zum 13. Jahrhundert vollzogen.

3. Zwei Zentren von europäischer Bedeutung: St. Gallen und Saint-Maurice

Wir können die Behandlung der christlichen Schweiz nicht beenden ohne zu fragen, ob unser Land nur empfangend gewesen sei oder nicht auch Impulse weitergegeben habe. Unübersehbar ist da die kulturelle Ausstrahlungskraft des Klosters St. Gallen, das unter dem frommen und emsigen Wirken der Mönchsgemeinschaft zu einem Brennpunkt der karolingischen Renaissance geworden ist. Hier entwickelte sich im 9. Jahrhundert nicht nur eine einzigartige Schreib- und Buch-

Eindrücklich in ihrer Klarheit, Formstrenge und Geschlossenheit, zeugt diese Kreuzigungsdarstellung aus dem 10./11. Jahrhundert von der durchgreifenden Wirkung des Christentums (Münchenwiler, BE).

kunst, es kam auch zum regen, die Stiftsbibliothek ständig erweiternden Bildungsaustausch, zur eigenen Auseinandersetzung mit dem antiken und christlichen Kulturgut in Musik und Dichtung und schließlich zu dessen Assimilation in der eigenen alemannischen Zunge.

Ein Kult mit politischer Ausstrahlung

Geht hier die Wirkung im wesentlichen auf die Mönchsgemeinschaft zurück und bleibt an ihr haften, so hat ein anderes Zentrum lange Zeit und weit in den abendländischen Raum hinausgestrahlt durch seinen Kult: Wir meinen St-Maurice. Hier an der Völkerstraße über den Großen St. Bernhard hatte sich seit dem 5. Jahrhundert der Kult des heiligen Mauritius und der thebäischen Legion zu entwikkeln begonnen und zu Beginn des 6. Jahrhunderts durch den katholisch gewordenen Burgunderkönig Sigismund eine bleibende Stätte erhalten, gleichsam als burgundisches Heiligtum. Das immerwährende Gotteslob, die *laus perennis,* das Tag und Nacht ununterbrochen erklang und hier von König Sigismund eingerichtet worden war, scholl bald auch in den merowingischen Hausklöstern, gegen Ende des 6. Jahrhunderts in Châlons-sur-Marne, zu Beginn des 7. Jahrhunderts in Saint-Denis.

Mauritius war der Patron des späteren rudolfingischen Burgunderreiches, er wurde unter den Ottonen nicht nur der Patron der deutschen Ostexpansion – das Bistum Magdeburg steht unter seinem Patrozinium –, sondern auch zum persönlichen Patron der ottonischen Herrscher, und unter den Saliern scheint er so etwas wie ein Reichspatron, *«totius regni summus patronus»,* geworden zu sein. Im Nachfolgestaat Burgunds, in Savoyen, wirkte der Mauritiuskult ungebrochen weiter bis in die neuere Zeit.

Auch im schweizerischen Gebiet lebte der Kult in enger Verbindung mit den übrigen Thebäern, Ursus und Viktor in Solothurn, Felix und Regula in Zürich, Verena in Zurzach, weiter, und verschiedentlich hat man auch schon das eidgenössische Kreuz auf die in der Ikonographie der thebäischen Legion entwickelte rotweiße Kreuzfahne zurückzuführen gesucht. Brennpunkt und Zentrum dieses weitausgreifenden, politisch so bedeutsamen Kultes blieb aber immer die Gedächtnisstätte im Rhonetal.

C. Die Schweiz «im Herzen Europas»

Wir sind gewohnt, von «unserer Schweiz im Herzen Europas» zu sprechen, obwohl jene Region, die man als Mitteleuropa zu bezeichnen pflegt, von unserem Land um einiges entfernt im Nordosten liegt. Abgesehen davon, daß man aus subjektiver Sicht immer dazu geneigt ist, sich in der Mitte der Welt oder aber dann auch am Ende der Welt zu sehen, hat in unserem Raum im Früh- und Hochmittelalter eine Entwicklung stattgefunden, die man gleichsam als einen Weg vom Ende der Welt zur Mitte der Welt umschreiben kann. Durch Jahrhunderte lag der Kern unseres Gebietes im Windschatten der großen historischen Bewegungen und glich jenen ausweglosen Taltobeln, die noch heute oft den suggestiven Flurnamen «End der Welt» tragen. Erst die entscheidenden geopolitischen Veränderungen zu Ende des Hochmittelalters haben dann zusehends jene Situation geschaffen, die uns erlaubt, in einem gewissen Sinne zu Recht von der «Schweiz im Herzen Europas» zu sprechen.

1. Land am Gotthard – Land am «End der Welt»?

Das abgelegene Rätien

Bis jetzt ist noch nichts von der Zentralschweiz und nur wenig von Rätien und vom Tessin berichtet worden. Das entspricht durchaus der historischen Entwicklung in unserm Gebiet. Rätien ist zunächst und noch lange unberührt geblieben, ein erratischer Block kontinuierlicher und selbständiger Romanität, selbst dann, als im romanischen Hinterland im Süden sich vorübergehend die ostgotische Herrschaft etablierte. Recht, staatliche und kirchliche Institutionen, wie sie sich in spätrömischer Zeit entwickelt hatten, haben sich unter den Viktoriden besser erhalten als irgendwo nördlich der Alpen, und noch im Hochmittelalter leben hier römisch-rechtliche Formen fort, wenn auch nur mehr formelhaft und unverstanden. Grund hierfür war nicht nur die geschützte Lage, sondern auch der vorübergehende geopolitische Bedeutungsverlust dieser Region: Rätien lag noch nicht im Blickwinkel der aufstrebenden fränkischen Macht.

Neue Grenzen im Süden

Südlich der Alpen ist die Entwicklung dadurch bestimmt worden, daß die römische Verteidigungslinie, der *tractus Italiae circa Alpes,* nach der Aufgabe der Rheingrenze sich an den Südausgängen der transalpinen Verbindungsachsen, an den Klausen *(clusae),* fixierte, ein Grenzsystem, das auch von den Byzantinern im 6. Jahrhundert aufrecht erhalten wurde. Solche Klausen waren Verona für den Brenner, die Isola Comacina und vorgeschoben Chiavenna für die Bündnerpässe, Château Bard im Aostatal für den Großen St. Bernhard, San Michaele für den Mont Cenis. Wie weit Bellinzona, das archäologisch bis ins 4. Jahrhundert zu belegen ist, in dieses System gehörte, ist ungewiß.

Diese Grenzziehung hatte in den nördlichen Alpentälern zur Folge, daß die großen Völkereinbrüche der Ostgoten und vor allem seit 568 der Langobarden, die nach Süden strebten, sich nur in geringem Ausmaß manifestierten. Von den Goten finden wir nichts Eindeutiges. Soweit das Tessin in die langobardische Ansiedlung einbezogen worden ist, scheint dies vor allem im Zusammenhang mit zwei Schlüsselstellungen innerhalb des norditalienischen Verteidigungssystems gestanden zu haben: dem auf einem wichtigen Straßenknotenpunkt gelegenen Castelseprio, Sitz eines langobardischen Ducats, sowie dem alten Flottenstützpunkt Stazzona (Angera) am Langensee, zu deren Einzugsbereich das Sottoceneri und das Locarnese gehörten. Eindeutig langobardische Grabfunde, wie z. B. in Stabio, Ortsnamen wie Sala und Castro weisen auf langobardische Siedlungsgruppen hin, ebenso die südtessinischen *-engo*-Namen, während die zahlreichen, alle sehr spät belegten *-engo*-Namen in der Leventina eher auf einen zu unbekannter Zeit aus der deutschen Schweiz erfolgten Siedlungsschub zurückzuführen sein dürften. Eine einschneidende Veränderung der Bevölkerungsstruktur wie der geopolitischen Situation hat sich aber in langobardischer Zeit nicht ergeben.

Die aufstrebende Macht der Franken

Bewegung ist vor allem in den nördlichen und westlichen Raum gekommen. Immer spürbarer ist hier die Ausstrahlung einer neuen Macht geworden, die ihr Schwergewicht nun nicht mehr im Mittelmeerraum, sondern im Westen Europas hat und im 6./7. Jahrhundert zusehends unser Land in ihre Einflußsphäre einbezieht: die aufstrebende Macht der Franken. Wenn sich die Franken Zugang zum wirtschaftlichen Zentrum jener Zeit, zum Mittelmeerraum verschaffen wollten, so lagen ihnen die Westalpenpässe näher als die rätischen, und hier haben sie denn zuerst die bestehenden Strukturen durchbrochen, 534 Burgund unterworfen, sich 536 von den Ostgoten die Provence abtreten lassen und um dieselbe Zeit in Italien einzugreifen begonnen. Die folgenden wechselvollen Auseinandersetzungen, die zur Elimination des Ostgotenreiches und zum Konflikt mit Ostrom führten, rückten die bündnerischen Pässe, die wiederholt überschritten wurden, wieder ins Blickfeld. Wie weit jedoch der fränkische Einfluß am Ende des 6. Jahrhunderts in Rätien gegangen sein mag, ist schwer zu sagen, und die in diesem Zusammenhang immer zitierte Teilnahme des an und für sich von Mailand abhängigen Churer Bischofs 614 an einer fränkischen Kirchensynode dürfte in ihrer Aussagekraft überschätzt worden sein. War Mailand nicht von Langobarden besetzt und der Erzbischof in seinem genuesischen Exil kaum erreichbar?

Mitte des 7. Jahrhunderts findet diese frühe Phase fränkischer Alpenpolitik ihr Ende: Die fränkische Machtentfaltung brach wegen der inneren Auseinandersetzungen des Merowingerreiches in sich zusammen. Trotzdem ist es in unserem Raum nicht zur Herausbildung einer eigenen politischen Kraft gekommen: Die Westschweiz bildete den transjuranischen Teil des weit nach Südwesten orientierten merowingischen Teilreiches Burgund und unterstand einem fränkischen *dux*. Dagegen zeigen sich am südlichen Rand des alemannischen Bereiches – in unserm Gebiet – allenthalben Ansätze zu politischer Entfaltung: Die elsässischen Etichonen dringen tief in den Jura ein und ziehen den Basler Raum an sich.

Die alemannischen Herzöge

Die alemannischen Herzöge – über deren Ansprüche wir aus der *lex Alemannorum,* die den herzoglichen Standpunkt wiedergibt, wohl gut unterrichtet sind, über deren konkrete Herrschaftsformen wir aber recht wenig wissen – scheinen sich im Laufe des 7. Jahrhunderts mehr und mehr verselbständigt zu haben. Wie sie uns zu Beginn des 8. Jahrhunderts deutlicher entgegentreten, finden wir sie im offenen Konflikt mit den energisch eingreifenden austrischen Hausmeiern, aus deren Geschlecht die Karolinger hervorgehen sollten. Die bewaffnete Auseinandersetzung führte schließlich in den vierziger Jahren des 8. Jahrhunderts zur endgültigen Unterwerfung Alemanniens. Die Zielrichtung des fränkischen Zugriffs läßt sich an den unter fränkischem Einfluß stehenden Klostergründungen – 724 Reichenau, 731 Pfäfers –, an den Ereignissen im Kloster St. Gallen und bei der Gründung von Disentis leicht erkennen: Es geht um den Zugang zu den rätischen Pässen, da die Westalpenpässe jetzt im Einflußbereich des neustrischen Teilreiches lagen.

Die Paßpolitik der Karolinger

Unter den Karolingern setzt nun in der zweiten Hälfte des 8. Jahrhunderts eine Paß- und Italienpolitik von bisher nicht dagewesener Intensität ein, in deren Verlauf in den Jahren 773/774 das langobardische Reich erobert wird. Damit werden aber die rätischen Pässe zu Verbindungswegen zwischen zwei Reichsteilen im Süden und Norden, und diese neue Bedeutung des rätischen Raumes führt zu verstärktem fränkischem Durchgreifen: Sukzessive wird die alte rätische Präsesverfassung durch Trennung der weltlichen und geistlichen Gewalt abgelöst von der karolingischen Grafschaftsverfassung. Damit hat im Jahre 807 die politische Sonderstellung Rätiens ihr Ende gefunden. Sonst aber hat die fränkische Herrschaft in unserm Raum keine einschneidenden Wirkungen gehabt: Sie bemühte sich vor allem um die rätischen Pässe, während das restliche Gebiet noch völlig im Windschatten der großen politischen Bewegungen blieb. Die Zentralschweiz bleibt auch weiterhin jenes abgeschiedene Land, wie zur Zeit des letzten Alemannenherzogs, der 732 den frankenfreundlichen Reichenauer Abt Heddo nach Uri ins Exil schicken konnte, offenbar auf seine herzoglichen Güter.

Typisch für die langobardischen Grablegungen sind in der christlichen Zeit die feinen Goldblattkreuze, die wohlhabende Langobarden auf das Leichentuch aufnähen ließen, mit dem sie ihre Verstorbenen bedeckten. Im 7. Jahrhundert wurde dieser Brauch nördlich der Alpen auch von den christlichen Alemannen übernommen. Goldblattkreuz von Stabio (TI).

Die geopolitische Belanglosigkeit unseres Raumes tritt besonders deutlich hervor in den karolingischen Reichsteilungen. Vom Teilungsentwurf von 806 über den Vertrag von Verdun 843 bis zum Vertrag von Meersen von 870 verschob sich die Scheidelinie von der zentralen Aare–Reuß–Gotthard-Linie sukzessive, ohne Rücksicht auf die Bevölkerungsstruktur noch auf die sprachlichen Verschiedenheiten, nach Westen bis weit über den Jura hinaus, unser ganzes Gebiet, mit Ausnahme des Wallis und des Genferseeraums, dem ostfränkischen Reich zuschlagend. Nur auf dem Alpenkamm blieb sie am Gotthardmassiv haften, die rätischen von den Westalpenpässen scheidend, und bewirkte so, daß nie alle Alpenübergänge in der Hand eines einzigen Teilreiches vereinigt wurden. Im Vordergrund stand die Verfügbarkeit über die Pässe und nicht der Raum an sich.

Zwei neue politische Schwerpunkte

Wenn diese Verträge, vor allem der letzte, nicht voll zur Geltung kamen, so vor allem auch deshalb, weil nun die einheimischen Kräfte sich zusehends wirkungsvoller zu manifestieren begannen. Gegen den widerspenstigen alemannischen Adel sah sich Ludwig der Deutsche seit den vierziger Jahren des 9. Jahrhunderts zu intensiverem Eingreifen genötigt. Nun entsteht an dem wichtigen Verkehrsknotenpunkt Zürich der königliche Pfalzkomplex mit der Fraumünsterabtei. Nun erfolgen die königlichen Schenkungen an ebendiese Abtei und an das Kloster Luzern, durch die schwer erreichbare Güterkom-

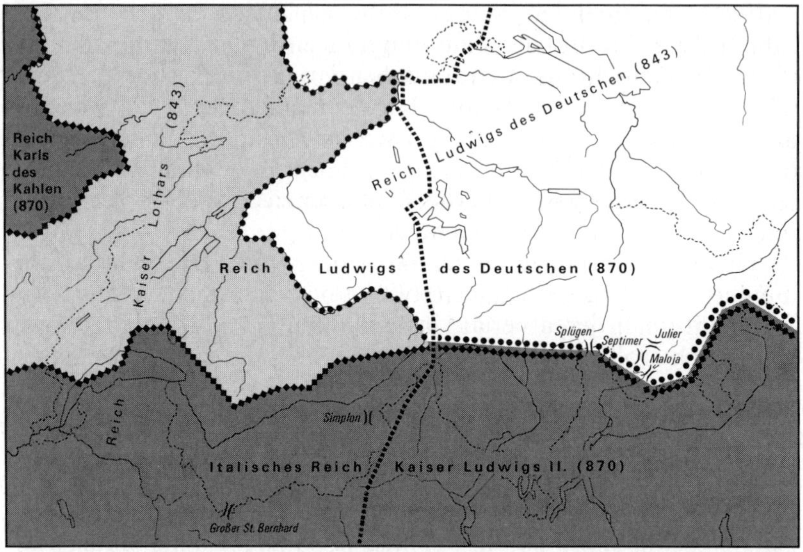

Die Alpen in den karolingischen Reichsteilungen (806–870)

.... Teilungsplan Karls des Großen (806)
••••• Vertrag von Verdun (843)
◆◆◆◆◆◆ Vertrag von Meersen (870)

plexe an der südwestlichen Reichsgrenze und im Alpenraum – z. B. Uri – dem Königtum gesichert werden sollten. Nun wird der kirchliche Komplex St. Gallen–Konstanz–Reichenau in enge Beziehung zur ostfränkischen Herrschaft gebracht. Keiner der Nachfolger Ludwigs hat eine nur annähernde Herrschaft entfalten können, und so ist in den alten Stammesgebieten wieder ein politisches Eigenleben aufgebrochen unter Führung der herausragendsten Angehörigen der Reichsaristokratie, die sich nun als Stammesherzöge etablierten. Am spätesten und erst nach mehreren vergeblichen Anläufen ist das im alemannischen Bereich erfolgt: Erst 917 tritt uns das neue schwäbische Herzogtum entgegen.

Rascher und in gleicher Richtung ist die Entwicklung im Westen verlaufen. Hier hatte sich im Kampf gegen die einheimischen Geschlechter, die im Besitze der Abteien St-Maurice und Moutier-Grandval waren und damit die wichtige lothringische Achse kontrollierten, nicht das Königtum durchgesetzt, sondern der aus dem welfischen Grafenhaus von Auxerre stammende Konrad, dem es im Auftrage Kaiser Ludwigs II. 864 gelang, sich in Transjuranien, d. h. diesseits des Jura, zu etablieren. Hier entwickelte sich, vom karolingischen Königtum und den Dispositionen des Vertrages von Meersen kaum beeinträchtigt, ein von der frisch eingewanderten westfränkischen Reichsaristokratie getragenes kraftvolles Eigenleben. Bereits 888 ließ sich der Sohn Konrads, Rudolf I., in St-Maurice zum König von Hochburgund ausrufen.

So haben sich nördlich der Alpen zwei politische Pole, das Königreich Hochburgund und das Herzogtum Schwaben, herauszubilden begonnen, die während der nächsten Jahrhunderte die Geschichte unseres Raumes bestimmen sollten.

Im Süden sind die byzantinisch-langobardischen Strukturen in einer zunehmenden Zerstückelung durch Grundbesitz und klösterli-

Der Mensch oder Engel al Symbol des Evangeliste Matthäus. Titelblatt de «Liber viventium von Pfäfers (SG), um 800

che Immunitäten aufgegangen. Als dominierendes regionales Kraftzentrum hat sich vor allem Mailand behauptet, während das bischöflich-comaskische Hoheitsgebiet sich erst zu bilden beginnt, im 9. Jahrhundert im Sottoceneri, dann im 10. Jahrhundert zusehends nach Norden nach Chiavenna und ins Veltlin ausgreifend.

2. Zwischen zwei politischen Polen: das Königreich Hochburgund und das Herzogtum Schwaben

Das Königreich Hochburgund

Im 10. Jahrhundert ist wiederum vor allem in das Gebiet der westlichen Alpen Bewegung gekommen. Hier gewann der Rhoneraum mit seinen nach Süden führenden Verbindungen, zwischen Italien, Westfrankenreich und deutschem Reich gelegen, zusehends zentrale Bedeutung. In diese Richtung, bis in die Provence hinunter, strebte das hochburgundische Reich, nachdem die Expansion ins westliche Vorland des Juras vor der westfränkischen Gegenwehr zum Stillstand gekommen war, gleich wie jene nach Osten, wo die Niederlage gegen den ersten schwäbischen Herzog 919 bei Winterthur zum Ausgleich mit Schwaben geführt hatte. Dieser Friede wurde übrigens besiegelt durch die Vermählung König Rudolfs II. mit der schwäbischen Herzogstochter, der in viel späteren Zeiten in zahlreichen Legenden weiterlebenden Königin Bertha. Noch in den zwanziger Jahren suchte Rudolf in Italien Fuß zu fassen und ein politisches Gebilde rittlings auf den Alpen zu errichten. Konnte sich dieser «Paßstaat» auch nicht lange halten, so zeigt sich die Bedeutung dieses Versuches und die Bedeutung Burgunds darin, daß nun das wiedererstarkte deutsche Königtum es energisch unter seinen Einfluß brachte, gegen Abtretung schwäbischer Gebiete sowie Basels (926). Burgund tritt nun völlig – auch in den verwandtschaftlichen Beziehungen zwischen den beiden Dynastien – in den Bannkreis der Ottonen und ihrer Italienpolitik, die vor allem am Großen St. Bernhard interessiert sind, eine Ausrichtung, die durch die Reihe rudolfingisch-ottonischer Eigenklöster Lure, Moutier-Grandval, das 968 dem elsässischen Grafen entzogen worden war, Romainmôtier und Payerne auf der wichtigen lothringischen Achse dokumentiert wird. Damit ist jene Entwicklung eingeleitet, die über Lehenshuldigungen des burgundischen Königs an den ottonischen Kaiser und durch Erbverträge schließlich zu Beginn des 11. Jahrhunderts zur vollständigen Eingliederung Hochburgunds in das deutsche Reich führte, eine Eingliederung, die aber den sprachlichen Charakter jener Region in keiner Weise berührte.

Grafen und Bischöfe

Doch hatte unterdessen das hochburgundische Reich seine Physiognomie verändert: Mächtige Grafschaften hatten sich, die Schwäche des hochburgundischen Königtums nutzend, gegen Ende des 10. Jahrhunderts herauszubilden begonnen, bedeutsam für uns vor

Abteikirche von Payerne. Als königlicher Stiftung des 10. Jahrhunderts kam dem Kloster in Hochburgund eine hervorragende Bedeutung zu. In dieser Königskirche von Hochburgund ließ sich Kaiser Konrad II. 1033 zum König des Reiches krönen gegen den andauernden Widerstand der burgundischen Großen.

allem der von Westen in die Alpen hineinwachsende Herrschaftsbereich Humbert Weißhands, des Stammvaters der savoyischen Dynastie. Zudem hatte der letzte Rudolfinger die ottonische Reichskirchenpolitik übernommen und den Bischöfen seines Reiches wichtige politische Rechte verliehen, so unter anderem 999 die Grafschaft im Wallis dem Bischof von Sitten, 1011 jene in der Waadt dem Lausanner Bischof. Im gleichen Zusammenhang ist die Schenkung des im Jura reich begüterten Klosters Moutier-Grandval 999 an den Basler Bischof zu sehen. Hier greifen wir die ersten Anfänge der späteren bischöflichen Landesherrschaften im Wallis und im Jura.

Überschauen wir die Geschichte des hochburgundischen Reiches, so zeigt sich, daß dieses seine Bedeutung in erster Linie der geographischen Lage verdankt. Als politische Macht hat es trotz des Machtvakuums in Italien und Frankreich nie eine allzugroße Wirkung entfaltet. Und so ist es denn auch nicht der politische Erbe, der zum burgundischen König erhobene Kaisersohn Heinrich III. gewesen, der das historische Erbe angetreten hat, obzwar er sich um eine enge Einbindung Burgunds ins Reich bemühte. Es waren jene regionalen Mächte, die bereits die entscheidenden Verbindungen über die Alpen und im Rhonetal besetzt hatten, allen voran und für unseren Raum von Bedeutung die Nachfahren Humbert Weißhands, die Grafen der Maurienne, die seit dem Beginn des 13. Jahrhunderts als Grafen von Savoyen Geschichte machen sollten.

Zürich als Zentrum des schwäbischen Herzogtums

Im Unterschied zum Königreich Hochburgund war der zweite politische Machtfaktor nördlich der Alpen, dem wir uns jetzt zuwenden, das neue Herzogtum Schwaben, seit seiner Entstehung an das deutsche Königtum gebunden. Der erste aus den Wirren der karolingischen Herrschaft hervortretende Schwabenherzog hat sich 919 Heinrich I. unterworfen, ist in eine Abhängigkeit getreten, die zugleich auch königliche Legitimation bedeutete. Lag der Schwerpunkt im Kampf um die Durchsetzung der herzoglichen Macht zunächst im Bodenseegebiet, so verschob er sich seit der erfolgreichen Abwehr der burgundischen Expansion bei Winterthur nach Westen. Nun wird die königliche Pfalz Zürich zum eigentlichen Zentrum des schwäbischen Herzogtums. Hierher beriefen die Herzöge bereits 924 den schwäbischen Landtag ein, hier erweiterten sie die bestehende Pfalz, hier an diesem Marktort prägten sie die ersten herzoglichen Münzen. Hier fand sich bereits ein für den herrscherlichen Gottesdienst eingerichtetes kirchliches Zentrum, welches das bischöfliche Konstanz damals überflügelte, und in unmittelbarer Nähe entstand nun, von der Herzogsfamilie entscheidend unterstützt, 948 das Kloster Einsiedeln, das in seiner Anfangszeit geradezu als herzogliches Hauskloster erscheint.

Doch wie weit strahlte nun von diesem sakral überhöhten Zentrum die herzogliche Herrschaft in den nachmalig schweizerischen Raum aus? Rätien, aus dem die ersten schwäbischen Herzöge, die ursprünglich Grafen von Rätien waren, ja stammten, war mindestens bis zu Beginn des 11. Jahrhunderts in ihrer Hand. Auch hier im Osten der Alpen sehen wir, wie die Alpenübergänge angestrebt werden: Mehrere Heereszüge führen den schwäbischen Herzog nach Oberitalien. Doch wenn sich dort im 10. Jahrhundert auch alemannische Kolonien unter alemannischem Recht feststellen lassen, wenn noch im 12. Jahrhundert die Zugehörigkeit Chiavennas zum dannzumal staufischen Schwabenherzogtum umstritten ist, so ist hier die Errichtung eines Paßstaates nicht geglückt. Im Westen ist das 926 von Heinrich I. an Hochburgund abgetretene Gebiet, jener «nicht geringe Teil der alemannischen Provinz», der am ehesten wohl östlich der Linie zwischen Aarwangen und Huttwil gesehen werden muß, von den schwäbischen Herzögen nie aufgegeben worden. Doch ihre Vorstöße scheiterten an der burgundischen Gegenwehr, besonders aber an der Tatsache, daß sie hier die burgundischen Pläne der deutschen Könige störten: Herzog Hermann II. mußte sich dem König unterwerfen, der aufständische Herzog Ernst II. gar bezahlte seine Prätentionen 1030 mit dem Tod.

Die weitreichende Folge dieser Katastrophe war, daß im 11. Jahrhundert das schwäbische Herzogtum aus den westlichen Positionen zusehends ausschied, nach Nordosten abrückte, wobei schließlich Ulm die ehemalige Funktion Zürichs übernehmen sollte. Diese großräumige Machtverschiebung wurde noch durch den nun entbrennenden Investiturstreit gefördert, der die Parteiungen mitten durch das Herzogtum gehen ließ, bis sich vier Adelsfamilien gegenüberstanden, die alle den schwäbischen Herzogstitel beanspruchten: die Rheinfelder, die Zähringer, die Welfen und die Staufer.

Neue Lehensbeziehungen

Die Auseinandersetzung, die schließlich in unserm Raum von Zähringern und Staufern ausgetragen wurde, fand ihren Abschluß in jenem Ausgleich von 1098, der die Physiognomie des Herzogtums entscheidend und für immer veränderte. Berthold II. von Zähringen verzichtete zugunsten des Staufers auf die Herzogsrechte gegen die Unterordnung vor allem der Lenzburger mit der Reichsvogtei Zürich und die Abtretung des bisherigen herzoglichen Zentrums, der «vornehmsten Stadt Schwabens», wie der Chronist berichtet, nämlich Zürichs. Dieser Ausgleich erfolgte nicht in der Form einer territorialen Teilung, sondern durch einen rechtlichen Strukturwandel: Das alte, das gesamte Herrschaftsgebiet in gleicher Weise bindende alemannische Volksrecht wurde aufgelöst durch die Exemtion der zähringischen Vasallen von der herzoglichen Herrschaft. An seine Stelle trat das alleinige Lehensrecht, das sich in jahrhundertelanger Entwicklung herausgebildet hatte und nun zur tragenden Grundlage neuer personenrechtlicher Beziehungssysteme wurde. Entstanden waren so zwei vom König verliehene Fahnlehen innerhalb der alten *provincia Alamanniae,* denen die alemannischen Großen nun allein lehensrechtlich verpflichtet waren: Diese lehensrechtlichen Bezüge haben sich zunächst vielfach überschnitten, wenn auch eine Schwerpunktbildung des schwäbischen Herzogtums der Staufer im Nordosten und des seit 1100 als solches auftretenden zähringischen Herzogtums im Westen nicht zu übersehen ist. Damit ist jenes Geschlecht in unsern Raum eingetreten, dessen staatsbildende Kraft für die weitere Entwicklung entscheidende Impulse geben sollte.

3. Der Vorstoß in den zentralen Alpenraum: die Zähringer

Mißerfolge im Südwesten

Die Möglichkeiten, die sich den Zähringern 1098 eröffneten, scheinen sie voll genutzt zu haben. Von ihrem großen Hausgut nördlich des Rheins aus stoßen sie nach Südwesten in die Landschaft der Aare und Emme vor. Bereits in den zwanziger Jahren des 12. Jahrhunderts steht Konrad von Zähringen, das Erbe Graf Wilhelms IV. von Burgund beanspruchend, in der Waadt. Wenn er dabei zunächst von den Kaisern unterstützt wird, die ihm sukzessive das recht ephemere Rektorat Burgund, dann das Vikariat über Burgund und Provence übertragen, so gelingt es ihm doch nicht, diese Titel machtpolitisch wirksam werden zu lassen. Schon 1156 zieht Kaiser Friedrich I. die Rechte über Burgund und Provence an sich, und aus den verbliebenen

Vogteirechten über die Bistümer Lausanne und Sitten wird der Zähringer noch vor Ende des 12. Jahrhunderts durch Heinrich VI. verdrängt. Nicht nur die wechselhafte Reichspolitik hatte den Ausgriff der Zähringer auf die Vorlande der Westalpenpässe verhindert, es waren vor allem regionale Kräfte, die sich ihnen immer energischer entgegenstellten: die Grafen von Genf, die Bischöfe von Lausanne und vor allem dann die aus den Alpen heraustretenden Grafen von Savoyen. Ein dauerhafter und spürbarer zähringischer Einfluß ist so eigentlich nie über Freiburg im Uechtland hinausgetreten.

Erfolge im zentralalpinen Raum

Dagegen hat sich ihnen 1173 durch die Lenzburger Erbschaft der Reichsvogtei Zürich mit Uri die Möglichkeit eröffnet, im Zentralalpenraum einen Herrschaftskomplex zu errichten. Damit tritt zum ersten Mal ein mächtiges Geschlecht in den zentralalpinen Raum ein. Seit der zweiten Hälfte des 12. Jahrhunderts setzt nun der zähringische Herrschafts- und Landesausbau ein. Er führte zur Gründung der Städte Freiburg, Bern, Burgdorf, Murten, Thun und Rheinfelden, welches letztere die Verbindung zum alten Besitz sichern sollte. In diesem Zusammenhang ist nun auch die Verschiebung zahlreicher Adelsfamilien aus dem kleinburgundischen Raum in die Zentral-

Stadtbefestigung von Murten (FR). Murten bildete für einige Jahrzehnte einen wichtigen Stützpunkt der Zähringer bei ihren Versuchen, in die Waadt auszugreifen. Die Stadtmauern selbst sind jene, welche die Heere Karls des Kühnen gesehen haben.

schweiz zu sehen, wobei es offen bleiben mag, ob sie von den Zähringern gesteuert oder nicht eher in Opposition zu diesen erfolgt ist. Noch waren jedoch die Blicke auf die Walliser Nord–Süd-Verbindungen gerichtet, die man nun vom Hasli her über die Grimsel und das Goms zu erreichen hoffte. Die Niederlage im Goms von 1211 hat – sofern diese Schlacht überhaupt stattgefunden hat, was neuerdings bezweifelt worden ist – den Zähringern auch diesen Zugang verschlossen.

4. St. Gotthard – der neue Handelsweg

Der Zeitpunkt der Erschließung

Doch hatte sich um dieselbe Zeit eine vorher ungeahnte Möglichkeit im zentralen Alpenabschnitt eröffnet, die auch das geopolitische Gewicht dieses Raumes grundlegend verändern sollte: Wir meinen die Erschließung des Gotthardpasses für den internationalen Handelsverkehr. Sie ist nicht schlagartig erfolgt und offenbar zunächst von Süden, von Mailand her voran getrieben worden. Hauptindiz hierfür ist – mangels schriftlicher Quellen – die ausgegrabene, archäologisch leider nicht datierbare erste Kapelle auf der Paßhöhe. Sie wird verschiedentlich ins 9./10. Jahrhundert versetzt, und damit wird auch gleich die Benützung des Gotthardpasses bereits um die Jahrtausendwende angenommen. Verschiedene Gründe sprechen aber für einen späteren Zeitpunkt: einmal der weiträumige Vergleich mit den übrigen an Pässen eingerichteten Hospizen, dann auch das relativ junge, sonst in der Diözese Mailand erst seit der zweiten Hälfte des 12. Jahrhunderts auftretende Patrozinium des 1131 kanonisierten Hildesheimer Bischofs Gotthard. Schließlich scheint die kirchliche und politische Erschließung der Leventina ziemlich deutlich die Angabe einer allerdings sehr späten Tradition zu bestätigen, nach der der Mailänder Bischof Galdinus in den siebziger Jahren des 12. Jahrhunderts eine Kapelle errichtet und geweiht habe. Die Öffnung der Schöllenenschlucht am Nordzugang, welche die beschwerliche Umgehung über den Bäzberg erübrigte, dürfte im Zusammenhang mit der Einwanderung der Walser in die Urseren, die nach 1200 abgeschlossen war, gesehen werden. Denn sie waren es, die die Technik der Konstruktion mit Eisen am glatten Fels, die hier erforderlich war, von den im Wallis üblichen Wasserleitungsbauten her beherrschten. Das alles legt nahe, die Erschließung der Gotthardroute für den Fernverkehr um die Wende zum 13. Jahrhundert anzunehmen, wobei nicht verschwiegen werden soll, daß hierüber in der Forschung noch kein Konsens besteht.

Wasser am Fels vorbeiführen ... – Menschen am Fels vorbeiführen (am Felsen befestigte Bisse im Baldschiedertal, VS).

Der Gotthard war die kürzeste Alpentransversale. Zudem war er begünstigt durch weit in das Alpenmassiv hineinführende Wassertransportmöglichkeiten: im Norden auf dem Vierwaldstättersee bis nach Flüelen, im Süden auf dem Langensee bis nach Bellinzona – wo im 13. Jahrhundert ein *portus* belegt ist. So scheint er rasch an Bedeutung gewonnen zu haben: 1230 wird die Erweiterung der Gotthardkapelle notwendig, und die frühesten erhaltenen Säumerstatuten, die ja einen regen Transportverkehr voraussetzen, jene von Osco, stammen aus dem Jahre 1237.

Wie weit die Zähringer an dieser Entwicklung tatsächlich beteiligt waren, wie oft vermutet wird, ist schwer zu sagen. Jedenfalls hätte sie der ursprünglichen zähringischen Ausrichtung südlich des Rheins hin zu den westlichen Alpenübergängen, die verhindert und in die Zentralalpen abgebogen worden war, einen vollwertigen Ersatz geboten. Kaum auszudenken, wie die Entwicklung weitergegangen wäre, hätte sich die herrschaftsbildende zähringische Dynastie in unserm nun aus der geopolitischen Isolation heraustretenden Raum weiter entfalten können. Der Tod des letzten Herzogs von Zähringen 1218 stellt einen der großen Schicksalsmomente unserer Landesgeschichte dar. Andere nicht vorhersehbare Entwicklungen traten ein, neue Kräfte füllten das entstandene Vakuum und dies um so lebhafter, als es sich um eine erst vor kurzem für den Fernverkehr erschlossene Zone handelte.

Wir sind den Spuren der Zähringer bis hin in die Zentralschweiz gefolgt. Wie verlief die Entwicklung in den andern Gebieten?

5. Herren der Pässe: die Grafen von Savoyen im Westen

Im Westen waren es die wohl von den Grafen von Troyes abstammenden Humbertiner, die späteren Grafen von Savoyen, die von ihrem Ursprungsbesitz im Gebiet von Vienne, Grenoble und Belley in die Alpen vordrangen. Sie erbten vom rudolfingischen Burgund die Ausrichtung auf die Paßverbindungen und die sakrale Überhöhung ihrer Herrschaft durch den Mauritiuskult.

Im 11. Jahrhundert gewannen sie die Maurienne und das Aostatal und entfalteten ihren Einfluß in einem weiten Bereich, der die wichtigsten Alpenverbindungen vom Rhonetal in die Poebene bis nach Turin umschloß. Genügte im flachen Land eine allgemeine Präeminenz vor den lokalen Geschlechtern, abgestützt auf einige Kontrollpunkte in festem Besitz, so erwies sich innerhalb der Paßtäler für die Regelung des Paßverkehrs ein geschlossenes Territorium als günstiger. Hier liegt der Ansatzpunkt für die Territorialpolitik der Humbertiner, die zu einem eigentlichen Paßstaat führen sollte. So ziehen sie im 11. Jahrhundert die Grafschaft Chablais und die Vogtei St-Maurice an sich und wirken aufgrund der Besitzungen dieser Abtei und eigenen Besitzes weit in die Grafschaft Wallis hinein. Im 12. Jahrhundert beherrschen sie das Entremont und das Unterwallis, bringen den Bischof von Sitten unter ihren Einfluß und kontrollieren dadurch den Nordausgang des Großen St. Bernhard. Gegenüber dieser bereits etablierten Machtposition der Grafen von Savoyen blieb der Versuch des deutschen Königs, 1189 die Grafschaft Wallis wieder direkt ans Reich zu ziehen, Episode. Der Sittener Bischof erscheint fortan als Alliierter des Savoyers, von ihm läßt sich der Savoyer in Form einer

Das Schloß Lucens, Zeuge der ehemaligen bischöflich-lausannischen Herrschaft über die Waadt. Im 12. Jahrhundert zunächst von den Grafen von Genf, dann von den Zähringern zerstört, wurde die Burg um 1200 von Bischof Roger von Vico-Pisano auf dem Felsen über der Broye neu erbaut. Der mächtige Donjon mit weiter Ringmauer und Wohntrakt zeigt, daß hier eine wehrhafte und stattliche Bischofsresidenz geplant und errichtet wurde, welche in der Folge auch viel benützt werden sollte.

Belehnung das Schloß Chillon abtreten. Damit befinden sich die Savoyer Ende des 12. Jahrhunderts im Besitz der beiden Schlüsselstellungen im Norden: der Engpässe bei St-Maurice und Chillon. Die Beherrschung dieser Position war grundlegend: Sie stellte gleichsam das Rückgrat des ganzen savoyischen Paßstaates dar.

Der Niedergang der Grafen von Genf

Doch verlor neben diesem beharrlichen Herrschaftsausbau in den Alpen die weiträumige Perspektive nicht an Anziehungskraft, wie wir es vor allem im oberitalienischen Raum feststellen können. Aber auch im Norden greift Savoyen im 13. Jahrhundert weit in die Gebiete nördlich des Genfersees aus und eliminiert hier zunächst einmal eine andere im Westalpenraum entstandene Herrschaft, jene der Grafen von Genf.

Diese Herrschaft reicht ebenfalls in die hochburgundische Zeit zurück. Bereits im 9. Jahrhundert sind Grafen von Genf belegt. In der Spätzeit des Königreiches, gegen die Mitte des 11. Jahrhunderts, beginnt das möglicherweise von den alemannischen Gerolden abstammende Grafengeschlecht sich zu verselbständigen. Doch war es von Anfang an auf einen lediglich sekundäre Verkehrswege erfassenden Raum – das Genevois – eingeengt und zudem durch den anhaltenden Widerstand des Genfer Bischofs, der schließlich die Herrschaft über seine Stadt behaupten konnte, vom regionalen Zentrum ausgeschlossen. Wenn die Grafen von Genf dann im 11. und 12. Jahrhundert ihren Einfluß südlich des Genfersees bis ins Tal von Chamonix, nördlich des Genfersees in die Waadt und bis ins Tal der Sarine vorschieben konnten, so stießen sie auf den verbissenen Widerstand des Lausanner Bischofs, dem ja die Grafschaft Waadt zukam, und auf die Südwestbestrebungen der Zähringer, vor allem aber auf die Machtentfaltung der Savoyer.

1207 erhielt Thomas I. von Savoyen vom deutschen König Moudon zu Lehen. Die eigentliche Expansion in die Waadt setzte dann um

Zwei wichtige Instrumente herrschaftlichen Landesausbaus: Burgenbau und Stadt-

die Jahrhundertmitte mit Peter II. von Savoyen ein, der seinen Einfluß rasch bis in die Gegend von Murten und Freiburg, Bern und Hasli vortrieb. Zusehends sahen sich die Grafen von Genf auf das Genevois zurückgedrängt, und selbst in Genf konnte der Savoyer wirkungsvoller eingreifen, als es ihnen selber je gelungen war: Gegen den Bischof rief Peter II. in Genf 1263 die erste kommunale Bewegung ins Leben Nach mehr als einem Jahrhundert wechselvoller Auseinandersetzungen mit dem mächtigen Savoyen sollte die Genfer Grafschaft schließlich zu Beginn des 15. Jahrhunderts im savoyischen Staat aufgehen.

6. Eine schicksalhafte Erbschaft: die Habsburger im Norden

Die Kyburger

Als die Grafen von Savoyen in die Waadt vorstießen, trafen sie schon nicht mehr auf die Zähringer, sondern auf deren Erben. Südlich des Rheins waren das vor allem die Kyburger, die bereits im 11. Jahrhundert im Zürich- und Thurgau zu einiger Bedeutung gelangt waren und nun zu den mächtigsten Herren aufstiegen. Allerdings wurden verschiedene zähringische Reichslehen an andere Geschlechter verliehen – so die Reichsvogtei Uri an Habsburg –, wodurch es Kaiser Friedrich II. nochmals gelang, eine größere Machtkonzentration am Nordausgang des Gotthards zu verhindern und für eigene Optionen frei zu halten.

Rudolf von Habsburg

Die Kyburger selbst starben schon nach nicht ganz 50 Jahren aus. Sie waren während dieser Zeit durch ihre verwandtschaftlichen Beziehungen zusehends unter den Einfluß zweier nach Besitzerweiterung strebender Dynasten geraten: Zunächst Peters von Savoyen, des Schwagers des letzten Kyburgers, der jede Gelegenheit benutzte, um den Besitzwechsel nach dessen Ableben zu seinen Gunsten zu sichern, wobei seine Ambitionen weit nach Osten reichten und schließlich auch die Landgrafschaft in Zürich, Thurgau und Glarus umfaßten. An Zielstrebigkeit wurde der Savoyer nur noch übertroffen von seinem direkten Gegenspieler, dem Grafen Rudolf IV. von Habsburg. Diese möglicherweise dem einstigen Grafengeschlecht der elsässischen Etichonen entstammende Familie, die neben ihrem elsässischen Hausgut im 11. Jahrhundert nur wenige Besitzungen im unteren Aaretal ihr eigen nannte, hatte beim lenzburgischen und zähringischen Erbgang 1173 und 1218 die Gunst der staufischen Herrscher, auf deren Seite sie focht, erfahren und mit der Grafschaft Zürich, der Vogtei Säckingen und Uri ihren Einfluß bis in die Zentralschweiz vorgeschoben. Rudolf, der eine Herrschaft vom Elsaß bis zum Gotthard anstrebte, hat die Gefahr der savoyischen Intentionen früh erkannt und seinerseits auf die Kyburger einzuwirken versucht. Entscheidend war schließlich, daß Rudolf, als der letzte Kyburger 1264 starb, am Ort war und sofort das anfallende Erbe an sich riß. Peter von Savoyen sah seine Vorbereitungen durchkreuzt und konnte nur noch die waadtländischen Besitzungen, teilweise in bewaffneter Auseinandersetzung mit Habsburg, erhalten.

gründung (Städtchen Bülach, Kyburg, beide Stiche 1. Hälfte des 18. Jahrhunderts).

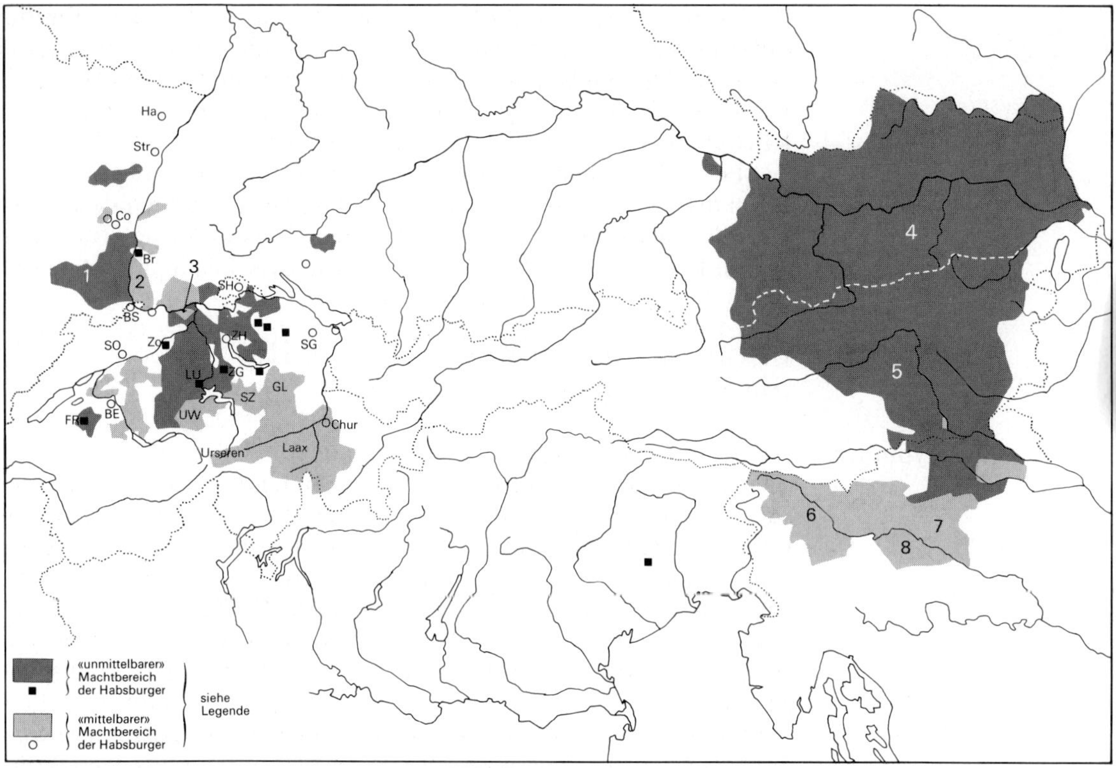

Besitzungen der Habsburger 1291: Die Karte zeigt einerseits, wie weit fortgeschritten der habsburgische Machtkomplex in unserm Gebiet um 1291 war. Anderseits zeichnet sich deutlich die Verlagerung des Schwerpunktes nach Osten ab.

In der Folgezeit war Rudolf vor allem bemüht, die Verbindung zwischen seinen elsässischen und transjuranischen Besitzungen und Herrschaftsrechten herzustellen, vor allem durch die Eingliederung Basels. Hier hatten die Bischöfe seit Ende des 12. Jahrhunderts begonnen, ihre Herrschaft gegen die über den Hauenstein zu den rätischen Pässen und zum Gotthard führenden Übergänge auszudehnen und im Westen die Beherrschung der Verbindung in die Westschweiz zu konsolidieren. So stießen hier im nordwestlichen Jura zwei einander ausschließende Herrschaftsansprüche aufeinander. Die Entscheidung blieb aus, denn mitten im Kampf wurde Rudolf 1273 zum deutschen König gewählt. Dadurch wurde er aus seiner erfolgreichen regionalen Politik herausgerissen in jene Reichspolitik, die schließlich zur Gewinnung der gewaltigen Hausmacht im Osten geführt hat, welche die ganze spätere Geschichte der Habsburger bestimmen sollte.

7. Eine Vielzahl weltlicher und kirchlicher Herrschaften im Osten und Süden

Wir haben bis jetzt, dem Lauf der Ereignisse folgend, vor allem den Westen und das Zentrum unseres Gebietes ins Auge gefaßt und den Osten noch kaum in unsere Betrachtung einbezogen. Anders als im

1 Sundgau
2 Breisgau
3 Habsburg-Laufenburg
4 Herzogtum Österreich
5 Herzogtum Steier
6 Mark Krain
7 Mark im Sanntal (Grafschaft Cilli)
8 Windische Mark

Ha Hagenau
Str Straßburg
Co Kolmar
Br Breisach
Zo Zofingen

Übrige Abkürzungen: übliche Kantonszeichen

Westen ist hier kein Versuch zu dynastischer großräumiger Machtentfaltung erfolgt.

In ottonischer Zeit hatte vor allem das Churer Bistum zahlreiche Schenkungen und Rechte erhalten, während die karolingische Grafschaft zusehends zersplittert wurde. Gerade das Interesse der deutschen Herrscher an den rätischen Paßübergängen und die sich daraus ergebenden Parteiungen und Interessensgegensätze haben kleine und mittlere Adelsherrschaften heranwachsen lassen, die einander bald konkurrenzierten, bald miteinander paktierten. Dagegen hat das in der Hand der Staufer liegende Herzogtum Schwaben in diesem Raum als Instrument der kaiserlichen Paßpolitik zu wenig Kraft entfalten können, um einen größeren Herrschaftskomplex auch nur in den Bereich des Möglichen zu rücken. Die Verleihung der Churer Hochvogtei an die staufertreuen Pfullendorfer, des Blenio und der Leventina an die Lenzburger, die Güterschenkungen auf der südlichen Zufahrtsroute an das Kloster Disentis sind im großen Zusammenhang nur Episode geblieben. Nicht zuletzt auch deshalb, weil die staufische Paßpolitik in Graubünden nicht mehr weitergeführt worden ist, da im Brenner unterdessen eine bequemere Verbindungslinie zur Verfügung stand. Es war die bischöfliche Herrschaft, die, ins Engadin, Puschlav und Veltlin übergreifend, sich bei dem steten Wechsel der Adelsherrschaften als kontinuierlichste Kraft in Rätien behauptet hat.

Südlich der Alpen war nach dem Zusammenbruch der gesamtitalienischen Politik der Karolinger eine Regionalisierung der Macht erfolgt, wobei sich langobardische Tradition mit fränkischen Neuansätzen vermischte. Seit dem endgültigen Ausscheiden der karolingischen Monarchie 887/888 bildeten sich unter einem weiterbestehenden ephemeren Königtum selbständige regionale Machtsphären verschiedener fränkischer Geschlechter heraus. Zugleich wurde Italien von einem langdauernden Feudalisierungsprozeß ergriffen, der zusehends zu einer Zerstückelung des Territoriums führte. Im Verlauf dieser Entwicklung, die in Norditalien noch durch die verheerenden Ungarneinfälle geprägt wurde, hat sich in unserem Raum das unter einem Erzbischof stehende Mailand als dominierendes Machtzentrum abzuzeichnen begonnen. Diese mailändische Prädominanz wurde nun zusehends beeinträchtigt durch den sich auf die Seite der deutschen Kaiser, besonders dann der Staufer schlagenden Bischof von Como. Wohl zu Beginn des 11. Jahrhunderts ist jene Veränderung der Diözesangrenzen erfolgt, die das Locarnese und Bellinzonese Como zuteilte und damit einen Riegel zwischen die drei ambrosianischen Täler und das Mailänder Diözesangebiet schob. Zur gleichen Zeit – wenn nicht schon früher – hatte der Comasker das Reichsgut Bellinzona verliehen bekommen, und seit Beginn des 12. Jahrhunderts besaß er auch Lehen im Locarnese. Die zunehmende Verzahnung von Herrschaftsrechten und -ansprüchen führte in der Folgezeit zu wechselvollen, durch die große zeitgenössische Parteiung in Ghibellinen und Welfen noch verschärften Auseinan-

dersetzungen zwischen den verschiedenen lokalen Kräften. Dabei ging es natürlich nicht nur um die Gebietserweiterung an sich, sondern immer auch um die Sicherung der Nord-Süd-Verbindungen für die eine oder andere Partei, und in diesem Zusammenhang ist wohl auch die Initiative des Mailänder Bischofs am Gotthard zu sehen: Der Patron, den er für die Kapelle wählte und der Ende des 13. Jahrhunderts dem ganzen Gebirgsmassiv den Namen geben sollte, war jedenfalls ein Patron der papsttreuen antistaufischen Partei.

8. Die Schweiz um 1300

Wir sind in unserer Betrachtung in jene Zeit gekommen, in der – im engern Sinne – eidgenössische Geschichte einzusetzen beginnt. Welches war das Resultat dieser Jahrhunderte durchmessenden Entwicklung? Festzuhalten ist zunächst die Tatsache, daß der zentralalpine Raum und seine Vorlande bis Ende des 12. Jahrhunderts im Vergleich zu den Paßlandschaften im Westen und Osten vom Kräftespiel der großen Mächte nur geringfügig, nur am Rande mitbetroffen worden sind. Hier in dieser noch unverfestigten Randzone blieb bis ins 13./14. Jahrhundert die Möglichkeit zu neuen politischen Entwicklungen offen, während sich im Westen Savoyen bereits zu einem durch das Kastellaneisystem geordnet verwalteten, «staatlichen» Gebilde zu entwickeln begann. Im Osten hatte das vielfältige Interesse an den Verkehrswegen und nicht zuletzt die intensiver und länger einwirkende kaiserliche Politik zu einer Zersplitterung und Verzahnung der Adels-, Bischofs- und Klosterherrschaften geführt, die zumindest vorläufig eine Entwicklung zu einem größeren, etwa bischöflichen Territorialstaat oder zur bündischen Vereinigung, wie sie dann gegen Ende des 14. Jahrhunderts erfolgen sollte, verhinderte. Dagegen erscheint die Entwicklung im zentralschweizerischen Raum noch völlig im Fluß. Habsburg hatte eben erst begonnen, ähnliches anzustreben wie Savoyen. Das Ausscheiden König Rudolfs aus den regionalen Interessenskämpfen hat dieses Bestreben wohl in entscheidendem Maße verzögert. Noch bis gegen Ende des 14. Jahrhunderts hat Habsburg versucht, von seinen verschiedenen Besitzungen und Rechten aus eine Landesherrschaft zu erreichen. Es sollte dabei nicht nur auf die allenthalben entstehenden kommunalen Kräfte stoßen, sondern vor allem auf Kräfte, die sich in langwieriger Entwicklung im alpinen Bereich herausgebildet hatten und die sich nun hier in den Zentralalpen, durch keine bereits etablierte Herrschaft behindert oder integriert, freier artikulieren konnten als irgendwo.

Es ist vielleicht nicht unangebracht, gegenüber gewissen Ideologien, die in ihrer Argumentation gerne bis ins hohe und frühe Mittelalter zurückgreifen, die effektive Bedeutung der Sprachgrenzen in dieser Epoche festzuhalten. Wir haben schon gesehen, wie die Bildung von Sprachscheiden keinesfalls nur ethnisch erklärt werden kann und zudem nie eigentlich zum Stillstand gekommen ist. Die

Bonifatius von Modena, Bischof von Como, dargestellt als idealer Kirchenfürst, gebietend, segnend, lehrend, in der von ihm gestifteten Kirche San Pietro. Die Inschrift im Lehrbuch weist auf die zweifache, weltliche und geistliche, Herrschaft hin: Humanu(m) gen(us) duob(us) regitur. Reliefstein, Castel San Pietro.

Entwicklung der frühen politischen Gebilde zeigt, zumindest in unserm Raum, wie wenig Bedeutung diesen sprachlichen Unterschieden zukam. Nie hat sich eine politische Grenzzone mit der Sprachscheide gedeckt, und wenn man schon vom «zähringischen Staatsgedanken» gesprochen hat, der die deutschen und französischen Zungen in einem Gebilde einbeschlossen habe, so war dieser Gedanke – sofern er bestanden hat – in unserem Gebiet zumindest nicht neu. Erst im 15. Jahrhundert sollte sich dann besonders im Zusammenhang mit den Burgunderkriegen der Unterschied zwischen *«Walchen»* und *«Tütschen»* auch politisch artikulieren.

Grenzen der Bistümer und Kirchenprovinzen in der Schweiz (13.–15. Jahrhundert)

Bistumsgrenzen
Grenzen der Kirchenprovinzen
heutige Landesgrenze
Bischofssitz
abgegangener Bischofssitz
Kloster von abendländischer Bedeutung
M Exklaven der Diözese Mailand
M_1 drei ambrosianische Täler: Leventina, Blenio, Riviera
M_2 Brissago, Canobbio
M_3 Tesserete, Val Solda und Val Cavargna, Campione

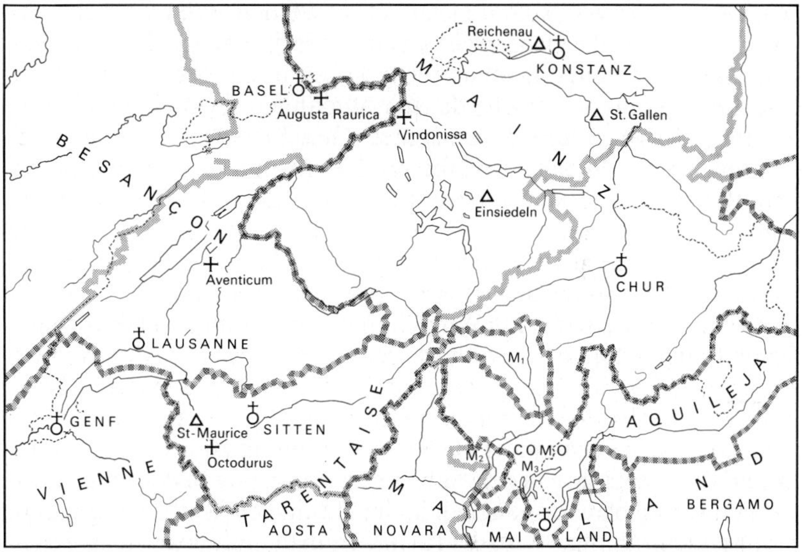

Keine kirchliche Geschlossenheit

Schließlich ist noch darauf hinzuweisen, daß unser Gebiet auch in bezug auf die kirchliche Organisation absolut keine Einheit gefunden hat: Mit den Bistümern Konstanz und später auch Chur war der größte Teil unseres Gebietes der Erzdiözese Mainz zugeordnet. Die Bistümer Basel und Lausanne gehörten zum Erzbistum Besançon. Im Südwesten – Genf und Wallis – wirkten die Erzdiözesen Vienne und Tarentaise herein, im Süden das Erzbistum Mailand und das Patriarchat Aquileja (Bistum Como). Diese Aufteilung sollte im großen und ganzen bis weit in die Neuzeit hinein aufrecht erhalten bleiben.

Rudolf von Habsburg verdient an dieser Stelle sein Porträt. Hat er nicht im Grunde jene Konstellation geschaffen, mit der sich das 14. Jahrhundert auseinandersetzen mußte, wobei sich die Eidgenossenschaft herauszubilden begann? (Ausschnitt aus der Grabplatte).

D. Von der Selbstversorgung zur Austauschwirtschaft

1. Die Grundherrschaft: Adlige, Freie und Unfreie

Bisher haben wir in den großen Linien die Entwicklung der herausragendsten Herrschaftsbildungen in unserm Raum verfolgt. Wenn dabei verschiedentlich von Einflußbereich, Herrschafts- oder Machtbereich die Rede war, so muß jetzt betont werden, daß man sich hierunter keinesfalls die Beherrschung eines geschlossenen Territoriums vorstellen darf. Diese frühen Herrschaften bestanden vielmehr aus einem Konglomerat verschiedenster allmählich erworbener Rechte, wie freies Erbeigentum, Lehensgüter, Gerichtsbarkeiten, wie Grafschaften oder Vogteien, Abgabe- und Zollrechte usw. Diese Güter und Rechte lagen weit zerstreut, waren durchsetzt von fremden Gütern und überlagert von fremden Rechten. Diese Zerstückelung und Vermengung von Grund- und Rechtsbesitzen ensprach den sozialen und wirtschaftlichen Bedingtheiten jener Zeit.

Landwirtschaft und Villikationssystem

Die alles beherrschende Wirtschaftsform war im frühen Mittelalter und noch lange die Landwirtschaft. Das Gewerbe war lediglich auf den Eigenbedarf ausgerichtet und damit unbedeutend, der Handel beim geringen Münzumlauf hauptsächlich regionaler Tauschverkehr, wenn der Fernhandel auch nie vollständig zum Erliegen kam. Die Städte hatten ihre in der Antike hervorragende Bedeutung verloren und waren beinahe gänzlich in der ländlichen Welt aufgegangen.

Die kleinräumige wirtschaftliche Einheit nun war in unserem Gebiet wie anderwärts die hier oft auf römische Vorgänger zurückgehende *villa,* auf der der *dominus,* der Grundherr, oder bei königlichen Villen der *villicus,* der Verwalter, saß und um die sich die Gehöfte der von ihm abhängigen Landleute mehr oder weniger zerstreut gruppierten. Diese Landleute erhielten von ihm das Ackerland zur Bebauung zugewiesen und waren ihm leistungs- und abgabenpflichtig, er sorgte für Recht und Schutz. Zu einer Zeit, wo die übergeordnete Herrschaft noch weitgehend ineffizient und fern war, bot dieses Villikationssystem die beste Garantie für einigermaßen geregelte Verhältnisse, und so zog die Grundherrschaft zusehends auch bis dahin freie Bauern, die zur Selbstbehauptung nicht mehr fähig waren, in ihren Bann. Wenn dieses gemeinfreie Element offenbar auch nie völlig ausschied, so stand doch der weitaus größte Teil der Bevölkerung in Abhängigkeit von einem Grundherrn, war unfrei.

Die Macht der Grundherren

Diese nicht nur ökonomische, sondern auch alle andern sozialen und rechtlichen Bereiche erfassenden Grundherrschaften waren weitestgehend autark und führten eine Selbstversorgungswirtschaft, die dem Grundherrn ökonomisch die Unabhängigkeit sicherte. Die

Der Monat Juli (Medaillon aus dem Wandgemälde des Hauses «zum langen Keller», Zürich, um 1300).

Grundherren konnten so eine weitgehend selbständige Herrschaft ausüben, nur mehr oder weniger eingeschränkt durch die für die Heerfolge und das Gericht zuständige Grafschaft, mit der die übergeordnete Herrschaft Einfluß zu gewinnen suchte. Sie waren die *conprovinciales,* die der schwäbische Herzog auf seinen Landtagen zu versammeln pflegte, und die Großen des burgundischen Reiches. Sie bildeten jene Führungsschicht, die sich im 11./12. Jahrhundert zusehends im Adelsstand abschließen sollte. Sie waren wehrfähig und fehdeberechtigt – ein Recht, bei dem gerade die übergeordnete Herrschaft im Kampf um die Durchsetzung ihres Anspruchs ansetzte –, während die übrige ländliche Bevölkerung die Wehrfähigkeit verloren hatte.

Da diese Führungsschicht im Sippschaftsdenken verhaftet war, wurde die Entwicklung der Adelsherrschaften und mit ihnen jene der wirtschaftlichen Verhältnisse bestimmt durch genealogische Momente: Durch Sippenverbindungen wurden oft weitverzweigte Domanialverbände geschaffen, die verschiedensten Rechte erworben, durch Erbteilungen immer wieder neu und anders gruppiert, so daß ihre oft merkwürdige Zusammensetzung vielfach nur aus den genealogischen Zusammenhängen erklärt werden kann.

Das Lehenswesen, das, auf der gegenseitigen persönlichen Verpflichtung des Lehensherrn und des Vasallen beruhend, die Führungsschicht im Sinne einer Lehenshierarchie strukturieren sollte, hat hier am Ende kaum eine Änderung gebracht, denn das Sippschaftsdenken assimilierte es in seinem Sinne: Das ursprünglich am persönlich beschworenen, unvertauschbaren Treueverhältnis zwischen Herrn und Lehensmann haftende Lehen wurde zusehends vom Bestreben des Lehensmannes nach dauerhaftem Güterbesitz aufgesogen, es wurde erblich, während die Lehenshuldigung selbst zur Formalität absank. Das alles führte zu einer stark parzellierten Strukturierung der Landschaft, besonders ausgeprägt bei uns im Mittelland. Die breite Landbevölkerung, größtenteils Unfreie, hat, an der Scholle haftend, mit dieser das Schicksal geteilt, den Besitzer gewechselt, ist vererbt, geerbt, veräußert oder etwa an Kirchen geschenkt worden.

Die alpine Subsistenzwirtschaft

Nicht oder kaum erfaßt wurde von der Grundherrschaft und vom Lehenswesen das Alpenmassiv, in dem Grundbesitz nur vergleichsweise gering vertreten war. Die schwierige Erschließbarkeit des zerklüfteten Geländes, die geringe Ertragsfähigkeit des kargen Bodens gestalteten hier die Domanialwirtschaft zu einem wenig verlockenden Unternehmen. Dies um so mehr als zu jener von der Subsistenzwirtschaft geprägten Zeit auch in den Alpen die Wirtschaft auf Selbstversorgung angewiesen war und auf sie ausgerichtet sein mußte. Auch hier ist – soweit wir das seit dem 12. Jahrhundert vor allem den Rödeln der grundbesitzenden Klöster entnehmen können – in der Frühzeit bis ins 14. Jahrhundert hinein neben der dominierenden Viehzucht in überraschend großem Ausmaß Ackerbau, Gemüse- und selbst Weinbau bis in relativ hohe Lagen hinauf betrieben worden: Noch im Schächental und in Göschenen pflanzte man Korn, Hafer, Gerste. Weinberge finden wir bis hinauf nach Erstfeld und Silenen. Selbstversorgung war bei der geringen Besiedlungsdichte und kargen Anspruchslosigkeit der Gebirgsbevölkerung durchaus noch möglich.

2. Die Wiedergeburt der Städte und des Handelsverkehrs

Wirtschaftlicher Aufschwung und Bevölkerungswachstum

Seit etwa der Jahrtausendwende beginnt zunächst langsam und kaum erkennbar, dann rasch an Profil gewinnend, eine wirtschaftliche Renaissance, die im Laufe des 12. und 13. Jahrhunderts zu bedeutsamen Änderungen führte. Schwer zu sagen, welches das auslösende Moment war, was das eine voraussetzte, das andere bedingte. Eine langfristige und günstige Klimaevolution dürfte hier wirksam gewesen sein, ebenso der Einsatz neuer Techniken, etwa des Eisenpflugs, oder die Ausbreitung der Dreifelderwirtschaft, welche den Bodenertrag wesentlich erhöhte. Dieses wirtschaftliche Wiederaufleben ist gekennzeichnet durch einen demographischen Aufschwung, der den weiteren und intensiveren Landesausbau notwendig machte und ermöglichte. Im 12. und 13. Jahrhundert hat der Landesausbau, vorangetrieben von den kleineren Herren, denen sich nun eine letzte Möglichkeit der Entfaltung bot – denken wir an die verschiedenen Adelsgeschlechter im Jura, allen voran die Froburger, oder die zähringischen Ministerialen in der Innerschweiz –, aber auch von den neuen Orden, wie den Prämonstratensern und den Zisterziensern, jenen Erschließungsgrad erreicht, der späterhin nur mehr geringfügig erweitert werden sollte.

Zur Gründung einer Stadt genügte der Wille des Herrn allein nicht. Es brauchte die anonyme Masse der Bauarbeiter und Handwerker, der Händler und Bewohner, die der Stadt Leben verlieh oder eben nicht (Miniatur «edificatio magne civitatis» aus dem Kommentar des Nikolaus von Lyra zu den Büchern der Makkabäer, 1393).

Der demographische Schub führte auch zu einem weiteren für jene Zeit charakteristischen Phänomen: Es wurde nun möglich, Teile der Bevölkerung aus dem agrarischen Produktionsprozeß herauszulösen und mit besonderen ökonomischen Aufgaben in Gewerbe und Handel zu betrauen. Die alten z. T. auf römischen Grundlagen beruhenden Städte, wie Genf, Basel, Zürich und andere sind, von der allgemeinen wirtschaftlichen Prosperität getragen, wieder zu ökonomischer und eigenständiger politischer Bedeutung gelangt. Eine eigentliche Städtegründungswelle, betrieben von großen, wie den Zähringern, aber auch von kleinen Herren, von weltlichen und geistlichen, hat unser Gebiet erfaßt, allein im 13. Jahrhundert zu 64 Gründungen geführt und schließlich das Land mit einem dichten Netz von gegen 200 Städten überzogen.

Die Stadtgründungen

Was haben wir uns unter dieser Vielzahl von Städtegründungen auf relativ beschränktem Raum vorzustellen? Nur in den wenigsten Fällen handelt es sich um vollständige Neugründungen wie jene klassischen zähringischen Beispiele Freiburg, 1157, oder Bern, Ende des 12. Jahrhunderts. Meistens geht es um die Verleihung des Stadtrechts an einen bereits bestehenden Ort, den der betreffende Herr aus wirtschaftlichen, strategischen, administrativen Gründen oder auch lediglich um des Prestiges willen zu fördern gedachte. Durch die Stadtrechtsverleihung wurde die dort ansässige oder sich erst niederlassende Einwohnerschaft rechtlich aus den grundherrlichen Abhängigkeiten der Landbevölkerung gelöst, erhielt eine eigene, relativ selbständige Rechtsstellung begleitet von Markt- und andern wirtschaftlichen Rechten und vom Recht auf Mauerbau. Ob die durch Rechtsverleihung gegebene Möglichkeit verwirklicht werden konnte, ob der begünstigte Ort in die sozioökonomische Funktion einer Stadt hineinwachsen konnte, war damit noch nicht gesichert. Entscheidend war, wie weit sich eine Stadt als handwerkliches Produktions-, als Markt- und Umsatzzentrum innerhalb einer Region durchsetzen konnte. Nur bei wenigen war das im großen räumlichen Rahmen der Fall, viele sind kleine und kleinste, sich von einem Dorf kaum unterscheidende Regionalzentren geblieben, viele vermochten nie in die städtische Funktion hineinzuwachsen oder sind bald wieder in den dörflichen Rahmen abgesunken. Ohne Zweifel hat der feudale Partikularismus auf engem Raum zu viele Städte ins Leben gerufen, die sich gegenseitig behindern, ja sogar ausschließen mußten und z. T. auch sollten. Es sei hier nur an das Schicksal Glanzenbergs erinnert, jener Gründung der Herren von Regensberg, die den zürcherischen Handel so sehr beeinträchtigte, daß diese die erstbeste Gelegenheit während des Streites zwischen Friedrich II. und dem Papst ausnützten, um dieses Städtchen zu eliminieren. Ganz ähnlich war auch das Schicksal des Städtchens St. Andreas vor den Toren Zugs im 14. Jahrhundert.

Arbeitsteilung und Geldumlauf

Das geringe Wachstum und die Entwicklungsschwierigkeiten vieler Städte waren aber auch durch die im europäischen Vergleich doch geringe Dichte der Landbevölkerung bedingt, auf die ja die städtischen Agglomerationen angewiesen waren. Denn wurde die in die Stadt ziehende Bevölkerung der Landwirtschaft entzogen, so blieb sie dennoch von der Versorgung mit landwirtschaftlichen Gütern abhängig. Zudem war das städtische Handwerk, das sich ja nicht mehr bloß auf den Eigenbedarf beschränken konnte, sollte es rentabel sein, auf einen Absatzraum angewiesen. Das führte zu einer Arbeitsteilung zwischen städtischer und ländlicher Wirtschaft. Sie war durch den wiedereinsetzenden Münzumlauf möglich geworden, denn die Münze als Zahlungsmittel erlaubte einen handelsmäßigen Güteraustausch.

Das Wiedereinsetzen des Münzumlaufs gehört ebenfalls zu den für den damaligen ökonomischen Aufschwung entscheidenden Elementen, denn erst er erlaubte im großen Rahmen die Überwindung der in ihrer Expansionsfähigkeit beschränkten Selbstversorgungswirtschaft durch die Austauschwirtschaft. Sie hat nicht nur die städtische Entwicklung begünstigt, sondern auch im Alpenraum eine wirtschaftliche Umstrukturierung eingeleitet, die im 13., vor allem aber im 14. und 15. Jahrhundert zur weitgehenden Aufgabe der Selbstversorgungswirtschaft führte. Viel ergiebiger als der mühsame und kärgliche Getreideanbau waren bei den sich zusehends einspielenden Handelsmöglichkeiten die Viehzucht und Milchwirtschaft. Ihre Erträge, Fleisch und Käse, wurden nun in die Städte des Mittellandes, aber auch und in immer größerem Umfang über die Alpen nach Italien exportiert, Getreide, Korn und das für die Konservierung der Fleischprodukte unentbehrliche Salz importiert.

Der transalpine Handelsverkehr

Eng im Zusammenhang mit dem Münzumlauf steht auch die Wiederbelebung des internationalen Handelsverkehrs. Sie wirkte sich in unserm Raum insofern besonders spürbar aus, als um 1200 die Öffnung des Gotthards als direktester Nord-Süd-Verbindung völlig neue Verhältnisse schuf. Sie beeinflußte die frühe Entwicklung der noch jungen Städte Luzern und Zug. In ihrem Zusammenhang wird im allgemeinen auch der erste Brückenschlag über den Rhein in Basel 1225 gesehen, der die Verkehrsfrequenz im Vergleich zum vormaligen Fährbetrieb erheblich erhöht haben muß. Neuere Forschungen messen diesem Ereignis eher lokale und regionale Bedeutung zu, da sich die Hauptverkehrsader von Straßburg nach Basel ja bereits diesseits des Rheins befunden habe. Dagegen hat der Septimerpaß seine ursprünglich monopolähnliche Stellung trotz aller Bemühungen der Churer Bischöfe rasch und kontinuierlich verloren. Wenn Zürich durch seine geographische Lage ganz natürlich auf die Bündner Routen ausgerichtet war und blieb, so wird doch auch die Anziehungskraft des Gotthardverkehrs zu jener politischen Wendung um die Mitte des 14. Jahrhunderts, von der weiter unten zu sprechen sein wird, beigetragen haben.

Auch im Westen ist Bewegung in die Verkehrsgeographie gekommen mit dem neuerlichen Aufschwung des Simplonpasses als Fernstraße seit der zweiten Hälfte des 12. Jahrhunderts. Der Simplon, der im 13. und 14. Jahrhundert seine eigentliche Blütezeit erlebte, stellte für den Handel mit Orientgütern die kürzeste Verbindung zwischen Venedig und den Messen der Champagne dar. Von ihm profitierte vor allem Genf, dessen eben damals aufkommende Messen nach dem Niedergang der Champagner Messen seit Beginn des 14. Jahrhunderts zu internationalem Rang aufstiegen.

3. Die neuen Kräfte: Stadtbürger und «Hirten»

Von diesem allgemeinen wirtschaftlichen Aufschwung haben nun vor allem jene profitiert, die durch ihre Stellung innerhalb des ökonomischen Systems am intensivsten an der Austauschwirtschaft teilnahmen, die Handwerker, die Krämer, die Nah- und Fernhändler und in den Alpen die Säumer und Viehzüchter. Handwerk und Handel haben in den Städten, vor allem jenen, die durch ein großes Einzugsgebiet oder ihre Verkehrslage begünstigt waren, zu einer wirtschaftlichen Blüte geführt, die nun nicht den städtegründenden oder sonst die Herrschaft innehaltenden Herren zugute kam, sondern dem zu einem neuen Selbstbewußtsein erwachenden Stadtbürgertum.

Stadtbürgerschaft und Zünfte

Dieses Aufleben des Stadtbürgertums und dessen Griff nach den politischen Rechten, das vielfach mit dem suggestiven, aber im Vergleich mit den früheren italienischen und vor allem nordfranzösischen Stadtkommunen leicht irreführenden Begriff «kommunale

So sah die Bürgerschaft ihre Stadt: Versehen mit wohlhabenden Steinhäusern und Kirchen, bewehrt mit Mauertürmen und Palisaden im See, umgeben mit fruchtbaren Feldern und fischreichen Gewässern – man beachte die reusenartigen Palisaden in der Limmat –, erfüllt von Handel und Wandel – man beachte die Warenschiffe, die Anlegestelle, das Wasserrad –, beherrscht durch eine geordnete Rechtspflege – eben wird ein Verbrecher ins Gefängnis im Wasserturm gebracht – und beschirmt durch die heiligen Stadtpatrone im Vordergrund (Ausschnitt aus dem nur noch teilweise erhaltenen Altargemälde von Hans Leu dem Ältern, das Martyrium von Felix und Regula darstellend, Ende 15. Jahrhundert).

Bewegung» gekennzeichnet wird, führte seit dem Beginn des 13. Jahrhunderts überall – wenn sie vorhanden war – zur Elimination oder zumindest zur starken Einschränkung der Stadtherrschaft und zur Einrichtung eines Ratsregiments. Am frühesten geschah dies in Zürich, wo sich schon unter den Zähringern Ende des 12. Jahrhunderts eine Führungsgruppe zu regen beginnt. Mit dem Ausscheiden jenes Geschlechts übernimmt statt der ursprünglichen Stadtherrin, der Äbtissin des Fraumünsters, das Bürgertum die Stadtherrschaft. Aber auch innerhalb der Bürgerschaft selbst fand in zunehmendem Maße eine Ausmarchung statt, in der die bürgerlichen Handwerker und Händler den herrschaftlichen Ministerialen und dem Stadtadel gegenübertraten und in der Regel dann die Oberhand, Einsitz und schließlich Mehrheit im Rate gewannen. Diese als «Zunftbewegung» bekannte Entwicklung stellt jedoch keinesfalls eine Demokratisierung des Stadtregiments dar. Es war vielmehr eine innerhalb der Zünfte sich ausbildende begüterte Oberschicht, die in die vom Adel freigegebenen Ränge einrückte und als neue Führungsschicht die städtische Politik in ihrem Sinne führte. Bisweilen ist es auch das Rittertum gewesen, das sich an die Spitze der Bewegung gestellt hat, wie gerade in Zürich.

Auffallend ist in unserem Raum, daß die Zünfte, neben ihrer wirtschaftlichen Funktion als gewerbeinternes Regulativ, eine solche politische Rolle im Norden und Osten, von Basel bis Zürich und St. Gallen gespielt haben, wo es zur Einrichtung der Zunftverfassung gekommen ist, während ihnen in Bern und Freiburg nur eine wirtschaftlich-militärische Bedeutung, weiter in der Westschweiz gar nur jene einer kirchlich wohltätigen Bruderschaft zugekommen ist.

Im großen und ganzen sind die Städte durch ihre wirtschaftliche Kraft, durch das Wirken eines seiner politischen Fähigkeiten immer bewußter werdenden Stadtbürgertums im 13. und besonders im 14. Jahrhundert zu den bestimmenden Faktoren im Alpenvorland geworden. Die bäuerliche Bevölkerung des flachen Landes hat von dieser Entwicklung ökonomisch und rechtlich zunächst kaum etwas verspürt. Erst im Verlaufe des 14. Jahrhunderts ist eine gewisse Loslösung aus der Unterordnung unter die Adelsherrschaft möglich geworden, aber auch nur in Anlehnung an die Stadt, wie etwa durch das von den Städten, an niedere Adlige und herrschaftliche Eigenleute verliehene Ausburgerrecht.

Die alpinen Genossenschaften

Dagegen hat die alpine Bevölkerung, die aus vielfältigen, z. T. weit zurückreichenden Gründen, auf die wir weiter unten näher eingehen werden, ohnehin eine andere Stellung innehatte als die Flachlandbauern, wirtschaftlich durch das alpine Transportwesen vom Handelsverkehr in beachtlichem Maße profitiert. Im gemeindlichen Rahmen bildeten sich nun Säumergenossenschaften, welche intern die Transportmodalitäten regelten, etwa durch geordnete Verteilung der Ladungen auf die Genossenschaftsglieder und die Verpflichtung derselben zu regelmäßigen Fuhren. Vor allem suchten sie das Transportmonopol auf dem Gemeindegrund zu wahren. Denn die Säumerei brachte der Bergbevölkerung nicht nur den begehrten Bargeldgewinn, sondern auch einen Nebenerwerb, vor allem im Winter, wenn die landwirtschaftliche Tätigkeit ohnehin beinahe zum Erliegen kam, während die Transportkapazität und damit die Verkehrsfrequenz ganz offensichtlich jeweilen zuzunehmen pflegte.

Dabei stießen die lokalen partikularistischen Interessen der Bevölkerung zusammen mit jenen der Händler, die an einem möglichst speditiven Direkttransport («Strackfuhr») interessiert waren, und den Interessen der übergeordneten Herrschaften, die – wie der Bischof von Chur – durch Ermöglichung der Strackfuhr den Paß konkurrenzfähig zu halten suchten. Das hatte mitunter heftige Auseinandersetzungen zwischen den Kontrahenten zur Folge, die etwa beim graubündnerischen Portensystem zu verschiedenen Kompromissen

Die Zünfte hatten nicht nur wirtschaftliche, sondern auch religiöse und militärische Funktionen in der Stadt: Fahnen der Schmiedenzunft (16. Jahrhundert) und der Rebleutenzunft – mit Papst Urban – (um 1500) in Basel.

über eine beschränkte Direkttransportmöglichkeit geführt oder beim Gotthard vertragliche Festlegung gegenseitiger Durchfahrtsrechte gezeitigt haben. Dabei hat am Gotthard, besonders aber auch auf der Simplonroute die mailändische Kaufmannschaft ihre Interessen aktiv vertreten und durch verschiedene Verträge bei der Gestaltung der Verkehrsverhältnisse mitgewirkt. Wie weit politische Momente, wie die Erhaltung der Gemeindeautonomie oder die Rechte der Talschaft, bei dieser Entwicklung eine Rolle gespielt haben, ist ungewiß. Die Intensität der Auseinandersetzungen um die Transportrechte zeigt jedoch deutlich, wie wichtig das Verkehrswesen innerhalb der alpinen Wirtschaft geworden war. Und schließlich ist es ja gerade das Interesse an der Sicherheit des Verkehrsnetzes gewesen, das die Urner und ihre Verbündeten zu einem politisch-militärischen Vorgehen drängte, um das Tessin unter ihre Kontrolle zu bringen.

Das Verkehrswesen dürfte wohl entscheidend mit dazu beigetragen haben, daß die Gebirgsbevölkerung zu jener trotz des Städtewesens noch beinahe gänzlich durch die Landwirtschaft geprägten Zeit im Vergleich zu den Flachlandbauern keineswegs arm war. Vieh- und Fleischexport und Transportwesen sorgten für ein Einkommen, das im 13. und besonders im 14. Jahrhundert immerhin den oft kostspieligen Freikauf aus der Leibeigenschaft und anderen Bindungen ermöglichte: Es scheint, daß Heinrich (VII.) 1231 Uri gegen eine von den Urnern nachträglich zu erbringende Ablösungssumme von den Habsburgern losgelöst und wieder in die Reichsunmittelbarkeit zurückgeführt hat. Ähnliche Loskäufe von Gemeinden sind im 13. Jahrhundert auch im Goms und im bündnerischen Bereich zu finden. Individuelle Freikäufe und Aufkäufe von Grundherrschaften – am bedeutendsten wohl der Aufkauf der Wettinger Grundherrschaft durch die Urner von 1359 – sind das ganze 14. Jahrhundert hindurch zu belegen und zeugen von doch recht großen finanziellen Mitteln, die damals zur Verfügung standen.

Es waren in den Alpen die unmittelbar am Verkehr beteiligten Gemeinden und Talschaften, die von der Entwicklung des Handels profitierten, und nicht die Herrschaften. Dabei sind auch diese Talgenossenschaften und alpinen Gemeinden nicht als demokratische Gebilde im modernen Sinn zu verstehen. Es waren einige wenige eingesessene und mächtige, z. T. auf die zähringische Zeit zurückgehende Ministerialen- und Bauernfamilien, welche die Geschicke der Gemeinschaft bis in die zweite Hälfte des 14. Jahrhunderts dermaßen bestimmten, daß man versucht ist, von einer «Bauernaristokratie», ja im Falle der Attinghusen in Uri geradezu von einer Signorie zu sprechen.

Der Niedergang des Adels

Die Stadtbürger und die Bergler, sie waren es, die vom wirtschaftlichen Aufschwung vor allem profitierten. Und die vielen großen und kleinen Adelsherrschaften? Sie sollten zusehends in wirtschaftliche Schwierigkeiten geraten, zunächst die kleineren, dann auch die größeren Herren, weil sie just jenen allmählichen Übergang von der Selbstversorgungs- zur Austauschwirtschaft nicht oder nur zögernd und mangelhaft vollzogen. Deutlich zeigt sich das bei den kleinen

Rittern im Jura und im Alpenraum, deren Tätigkeit und Lebensstandard sich kaum von jenem der selbständigen Viehzüchter unterschied, die aber im Unterschied zu jenen den Schritt zum Handel nicht mitvollzogen und sich daher auch nicht halten konnten. Hinzu kam, daß der Adel trotz einer expansionsunfähigen Wirtschaftsform am herkömmlichen standesmäßig gehobenen Lebensstandard festhielt und dies zu einer Zeit fortlaufender Geldentwertung, wie es das 14. Jahrhundert war. Dies und die weitergehende Zerstückelung des Besitzes durch die Erbteilung führte zu einer wachsenden Verschuldung, aus der sich die Herren vielfach nur mehr durch Verpfändung und Verkauf ihrer Güter und Rechte lösen konnten. Käufer waren nun im 13. und 14. Jahrhundert in erster Linie die dominierenden Dynastien, wie die Savoyer im Waadtland und die Habsburger im dem Gotthard vorgelagerten Aare- und Juraraum. Käufer waren aber auch schon, besonders seit dem 14. Jahrhundert, die Städte.

4. Die charakteristischen Züge der schweizerischen Entwicklung

Das Ausgreifen der Städte

Suchen wir abschließend aus dieser Entwicklung die für das Gebiet der nachmaligen Schweiz charakteristischen Züge herauszuarbeiten, so treten vor allem zwei Momente hervor. Zunächst ist es die Tatsache, daß die Städte, getragen durch ein beachtliches politisches Selbstbewußtsein, auf das Land auszugreifen beginnen. Mit ihrem wirtschaftlichen Potential erwerben sie Pfandschaften, kaufen vom umliegenden Adel Güter auf, aus ihrem gestärkten Selbstverständnis heraus übernehmen sie Schirmvogteien, verleihen sie ihr Burgrecht an auswärtige Gemeinwesen und Einzelne, zwingen sie den Adel dazu, Burgrecht in ihrer Stadt zu nehmen.

Diese Expansion aufs Land hinaus erfolgt unter verkehrspolitischen Gesichtspunkten, wie die Sicherung der Straßen, Flußübergänge und Flußläufe, unter wirtschaftlichen, wie die Sicherung von Kornkammern und Absatzmärkten, schließlich aus einem politischen Sicherheitsbedürfnis heraus in einer machtpolitisch noch unverfestigten Region, in der die Einflußnahme der nach Landesherrschaft strebenden savoyischen und habsburgischen Dynastien noch relativ jung und erst in voller Entfaltung begriffen ist. Diese Entwicklung hat am frühesten in Bern eingesetzt, im 14. Jahrhundert Zürich, Luzern und Solothurn, später auch Basel, Freiburg, Schaffhausen und St. Gallen erfaßt. Sie sollte in der Folge zu jenem nördlich der Alpen einzigartigen Phänomen eigentlicher Stadtstaaten führen, besonders ausgeprägt im Falle Berns und Zürichs.

Interdependenz zwischen Städten und Alpenregion

Das zweite charakteristische Moment ist, daß sich mit dem Durchdringen der Austauschwirtschaft in unserem Raum auch zusehends – in relevanterem Ausmaß seit Ende des 14. Jahrhunderts – eine gleichsam feste wirtschaftliche Interdependenz zwischen der Alpenregion und den ihr vorgelagerten Städten einspielte. Die Städte waren auf die Vieh- und Käseversorgung aus der Innerschweiz angewiesen, mehr aber noch die Alpenregion auf die Korn-, Getreide- und Salzeinfuhr aus dem Flachland. Beide, die Städte des Mittellandes und die an den Nord-Süd-Verbindungen gelegenen Talgenossenschaften, nahmen aktiv am Handelsverkehr teil und verfolgten hier letztlich gemeinsame Interessen. Dies ist der wirtschaftliche Hintergrund der gegen Ende des 14. Jahrhunderts erfolgenden politischen Entwicklung in diesem Raum – ein Zusammenhang, der etwa im Zürcher Bund deutlich hervortritt, wenn der dort festgelegte Hilfskreis im großen und ganzen dem Umlaufbereich der Zürcher Münze entspricht.

Man mag in diesem der wirtschaftlichen und sozialen Entwicklung gewidmeten Abschnitt quantifizierende Angaben und tabellarische Zusammenstellungen vermissen. In der Tat sind Quellen, die dazu verwertbar wären, in dieser frühen Zeit äußerst rar, sporadisch und von nur punktueller Aussagekraft. Es ist vielleicht nicht unnütz, darauf hinzuweisen, daß alle in der Literatur erscheinenden, allgemeinen quantifizierenden Angaben für diese Zeit auf indirekten Rückschlüssen und auf Schätzungen beruhen – von der Quellenlage her beruhen müssen. Aus diesem Grunde haben wir in unserm Versuch, die großen Entwicklungslinien in groben Zügen zu umreißen, bewußt auf solche leicht trügerischen Angaben verzichtet.

E. Die «alpine Gesellschaft»

Entspricht die ökonomische und soziale Entwicklung in unserem Raum im großen und ganzen dem allgemeinen Bild, so haben wir im alpinen Bereich doch verschiedentlich abweichende Züge feststellen können. In der Tat haben sich unter den alpinen Lebensbedingungen nicht nur in wirtschaftlicher, sondern auch in kultureller, rechtlicher und schließlich politischer Hinsicht ganz eigentümliche Verhältnisse herausgebildet, die sich den neuen feudalen und zusehends auch landesherrlichen Bestrebungen widersetzten und zu einer der zentralen Voraussetzungen für die nachmalige eidgenössische Sonderentwicklung werden sollten. Sie verdienen daher, in einem eigenen Abschnitt genauer betrachtet zu werden.

Ein besonderer Menschenschlag

Das rauhe Klima der alpinen Höhenlage, die geologische Zergliederung der Landschaft forderte den Menschen heraus. Die Gewinnung neuen Lebens- und Kulturraumes, der Aufbau einer für die alpine Viehzucht unabdingbaren geregelten Alpwirtschaft, die in den abschüssigen Lagen notwendige künstliche Bewässerung, für die das «heilige Wasser» oft über kühne Kunstbauten von weit herangeführt werden mußte, die Pflege des Waldes, der hier nicht nur Lieferant des lebenswichtigen Holzes, sondern auch Schutzschild vor Lawinen und Steinschlag war – all dies waren wirtschaftliche Betätigungen, die im Kampf gegen die Gewalten einer unwirtlichen Natur vom Menschen eine beachtliche physische Resistenz, Geschicklichkeit und Umsicht forderten. Das prägte nicht nur einen eigenen Menschenschlag, sondern auch, da die Menschen hier weit mehr als im flachen Land auf gegenseitige Unterstützung und gemeinsames Handeln, ohne das etwa Alpwirtschaft oder Bewässerungsarbeiten nicht zu denken sind, angewiesen waren, das gemeinschaftliche und genossenschaftliche Bewußtsein.

Nur als Gemeinschaftswerk machbar... (Bisse von Savièse, Revision der Galerie des Branlires).

Dabei sind die Bewohner der verschiedenen Täler durch die Bergkämme nicht voneinander abgeschnitten geblieben. Bergzüge bedeuten nicht unbedingt Grenzen. Sie standen über viele oft halsbrecherische, heute z.T. vergletscherte Wege der Kommunikation offen. Es sei hier an die Urseren erinnert, die über den Oberalppaß von Rätien her erschlossen worden ist. Und ebenso wie die Alpbestoßung von der Leventina her über den Gotthard erfolgte, so sind die urnerischen Viehherden über den Surenenpaß, den Kinzig- und Klausenpaß in die benachbarten Täler vorgestoßen. Ohne diese Durchlässigkeit der Alpen wäre auch die Wanderbewegung der Walser gar nicht möglich gewesen. In diesem im Innern kommunizierenden, nach außen aber fast abgeschlossenen Raum hat sich nun eine besondere alpine Gesellschaft herausgebildet.

1. Die «Hirtenkultur»

Adliger Lebensstil

Kulturell-ethnologisch kann die alpine Gesellschaft von der dominierenden Wirtschaftsform her als Hirtenkultur angesprochen werden. Unter «Hirten» haben wir uns nicht etwa mehr oder weniger primitive Viehhüter vorzustellen, sondern selbständige Viehzüchter, die sich deutlich von den Bauern des flachen Landes unterschieden. Der Hirte war jener «verehrenswürdige» Vertreter der alpinen Wirtschaftsform und Kultur, vor dem, wie ein St. Galler Mönch ums Jahr 1000 herum berichtet, die alemannischen Herzöge den Hut gezogen haben, weil er ihnen gleich einem Edelmann erschien.

Diese alte Hirtenkultur war von der voralemannischen Besiedlungsschicht her noch lange romanisch geprägt, was z. B. in den romanischen alpwirtschaftlichen Fachausdrücken weiterlebte, wie sie in einem Güterverzeichnis des Klosters Muri aus dem 13. Jahrhundert zusammengestellt sind. Beherrscht wurde sie durch eine – im guten Sinn – archaisch anmutende sippschaftliche Vorstellungswelt, von gleichsam aristokratischen oder gentilen Formen des Zusammenlebens, die keineswegs modernen demokratischen Vorstellungen entsprechen. Standesgefühl und Gehaben der Viehzüchter und des ja auch Viehzucht treibenden niederen Adels kamen einander sehr nahe. Im Unterschied zum Bauernstand im Flachland ist der Hirte und Bergbauer immer wehrfähig geblieben. Der Umgang mit Waffen und die Kampftüchtigkeit wurden durch die Gebirgsjagd und die Hirtenspiele geschult, die sich in wehrhaften Bräuchen wie den im Volkstum verwurzelten Heimsuchungen und Heischezügen spiegeln.

Konservative Grundhaltung

Diese alpine Kultur ist durch eine ausgesprochen konservative Haltung geprägt. In den Bergtälern der südlichen Alpenabdachung, wo sich ehedem die vorromanische Bevölkerung lange der Aufnahme römischer Kultur widersetzt hatte – die Romanisierung ist hier später erfolgt als im Mittelland –, haben im Alltagsgebrauch, etwa für Geschirr, die uralten Materialien Holz und Lavezstein bis ins späte Mittelalter in Gebrauch gestanden; römisches Importgut, besonders Glas, setzte sich hier nicht durch. Diese konservative Einstellung zeigte sich späterhin auch im Weiterleben romanischer Sprachrelikte in der Hirtensprache, in ihrem Zeichen steht das Festhalten an den herkömmlichen Gewohnheiten, die Ablehnung neuer Gesellschaftsstrukturen, wie sie die dynastische und feudale Kraftentfaltung oder der landesherrliche Zugriff darstellten. Doch darf dies nicht mit Rückständigkeit gleichgesetzt werden. Es ist jedenfalls nicht zum vornherein davon auszugehen, daß der Alpenraum im Vergleich zum Flachland retardierte. In einer vorwiegend landwirtschaftlich geprägten Zeit wirkte sich das kulturelle Gefälle zwischen Alpen und Flachland lange nicht so aus, wie man es vom neuzeitlichen Erscheinungsbild her glauben möchte. Einerseits haben sich in den Alpen lebenskräftige, eigenständige kulturelle Werte herausgebildet, die sich durchaus mit den Verhältnissen im flachen Land messen lassen, anderseits war die alpine Bevölkerung durch den Paßverkehr unmittelbar in die vielfältigen Kulturströmungen einbezogen.

Die Archäologie kann noch manche Aufschlüsse zur Kultur der Bergbevölkerung erbringen: Wie bei diesem vor allem im 14. Jahrhundert belegten Alpsiedelplatz von Bergeten (Glarus, 1650 m) wurden auch anderwärts Wohnhütten aus Stein in enger Anlehnung an die vorhandenen Felsbrokken errichtet. Hier sind die Reste zweier Häuser erkennbar, beim Maßstab eine Feuerstelle. Aus den Kleinfunden geht hervor, daß neben Viehzucht und Milchwirtschaft auch Jagd betrieben wurde. Die Häuser mögen ähnlich ausgesehen haben wie der Milchkeller aus Nidleren, Unterschächen (UR), Abb. unten (Grabung W. Meyer).

2. Von der Freiheit und der alpinen Gemeindebildung

Die mittelalterliche Freiheit

Im Rahmen dieses Konservativismus muß auch die Freiheit der alpinen Gesellschaft gesehen werden. Freiheit im Mittelalter darf – es ist vielleicht nicht unnütz, darauf hinzuweisen – nicht verwechselt werden mit dem modernen Begriff «Freiheit». Sie war wie das Recht selbst ein ausfüllungsbedürftiger Begriff, dessen Inhalt nicht zum vornherein feststand, sondern je nach den Herrschafts-, Schutz- oder Rechtsverhältnissen anders ausgeprägt erscheint. So gehen auch über ihren Ursprung die Meinungen weit auseinander, und wollte man diese Problematik ausführen, müßte man die ganze Diskussion um

Dieses den Weinstock darstellende Mauerfresko aus der 2. Hälfte des 13. Jahrhunderts, mit seiner gekonnten Raumaufteilung und lebendigen Bewegtheit, stammt aus dem Haslital. Eine eindringliche Warnung für jeden, der sich die alpine Kultur generell als primitiv vorstellen möchte (Meiringen, BE, reformierte Kirche).

den mittelalterlichen Freiheitsbegriff aufrollen, die in wesentlichen Punkten noch zu keinem Konsens geführt hat, in der nach wie vor Theorie gegen Theorie steht. Das gilt neuerdings besonders auch für die Königsfreientheorie der sogenannten «neuen Lehre», gegen die stichhaltige Einwände erhoben worden sind und die zumindest im alemannischen Rechtsbereich als überholt gelten darf. Man tendiert heute dahin, verschiedene chronologisch und entstehungsmäßig unterschiedliche Schichten von Freien anzunehmen, die nebeneinander bestanden. Für unser alpines Gebiet ist bei der spärlichen Quellenlage der Anteil der verschiedenen Gruppen von Freien und jener der Unfreien aber ohnedies kaum auszumachen. Will man sich Gedanken machen über die oft berufene «urschweizerische Freiheit», so mag es ergiebiger sein, die Verhältnisse im gesamten alpinen Bereich zu betrachten und zu verfolgen, wie sich diese Freiheit im Augenblick, da sie quellenmäßig faßbar wird (13./14. Jahrhundert), artikuliert.

«Freiheit» im Alpenraum

Da fällt zunächst auf, daß Grundbesitz hier im Vergleich zum Flachland nur sehr gering vertreten war, daß die Grundherrschaft selbst vielfach nur lose ausgestaltet war, sei es, weil der Grundherr, wie lange Zeit in der Zentralschweiz, nicht im Lande selber ansässig war oder weil die grundherrliche Verwaltung durch Streulage des Besitzes in coupiertem Gelände erschwert war.

Auch auf seiten der Eigenleute konnte die rechtliche Stellung gemildert erscheinen, wie etwa im Tirol, wo die Bauern persönlich frei waren und nur wirtschaftlich und sachenrechtlich vom Grundherrn abhingen, was zum allmählichen Zusammenschmelzen der verschiedenen Rechtsgruppen zu einem einheitlichen freien Bauernstand führte. Diese ständische Nivellierung, die eben die Scheidung der verschiedenen Grade und Arten von Hörigkeit und Freiheit so erschwert, scheint mehr gemein zu haben mit der in Oberitalien eingetretenen Verwischung der Standesunterschiede als mit den Verhältnissen im nördlichen Alpenvorland.

Die gleiche Entwicklung wie im Tirol finden wir auch im oberen Tessin und vor allem und früher als im übrigen deutschsprachigen

Alpengebiet im Goms, das ja nachweislich rege Kontakte nach Süden pflegte. Die Walserwanderungen, wiewohl sie anfangs manchmal durch italienische Grundherren unterstützt worden sind, wären ohne die frühe Gewinnung des Rechts auf Freizügigkeit nicht möglich gewesen. Die Bergbevölkerung nahm so *de facto* gewohnheitsmäßig eine ziemlich selbständige Stellung ein, wobei es zu einer mehr oder weniger weitgehenden Nivellierung der rechtlichen Standesunterschiede auf der Ebene der persönlichen Freiheit gekommen ist.

Im zentralschweizerischen Raum ist diese Entwicklung etwas langsamer erfolgt: Der Bundesbrief von 1291 garantiert noch die Rechte der Grundherrschaft auf ihre Hörigen, was der Bundesbrief von 1315 dann nur noch bedingt gelten ließ. Geschah dies hier ganz deutlich in Abwehr gegenüber feudalen und landesherrlichen Aspirationen – die Hörigen wurden aus ihrer Verpflichtung dem Herrn gegenüber gelöst, solange dieser mit den drei Ländern im Krieg lag –, so dürfte es auch ganz allgemein erst diese neue feudale Kraftentfaltung vom Tiefland her gewesen sein, die im 13. Jahrhundert den Freiheitsbegriff an eine alpine Gesellschaft herangetragen hat, die eine unter den besonderen alpinen Lebensbedingungen gewonnene, weitgehende Selbständigkeit gewohnt war und die sich nun bewußt gegen die neuen Kräfte wehren mußte.

Genossenschaftliche Organisation und italienische Vorbilder

Eng mit dieser Entwicklung verbunden, durch sie bedingt, sie aber auch bedingend, ist die Ausbildung des genossenschaftlichen Gedankens zu sehen. Alpine Wirtschaftsform wie die Notwendigkeiten des Saumverkehrs erforderten gemeinsame Absprachen und Zusammenarbeit nicht nur zwischen den Individuen, sondern auch zwischen den verschiedenen Gemeinwesen innerhalb eines Wirtschaftsraumes. Die alpinen Genossenschaften erscheinen zunächst durchwegs als wirtschaftliche Organisationsformen, die sich nun zusehends und in unterschiedlichem Maße politisch artikulieren.

Wie weit hier die Verhältnisse in Oberitalien hereingewirkt haben oder nicht eher gleiche Bedingungen gleiche Folgen zeitigten, ist ungewiß. Jedenfalls hat in Oberitalien die kommunale Bewegung nicht nur die Stadt, sondern schon sehr früh auch das Land ergriffen, wo in den spätrömischen bäuerlichen Nachbarschaften, den *vicinia,* Gemeinschaftsrechte an den *beni communi* neben jenen des Großgrundbesitzers, des *dominus loci,* schon früh zur Entfaltung gekommen sind und kontinuierlich in die nachfolgende mittelalterliche Landgemeinde, die *commune rurale,* übergingen, während sich die jüngere Grundherrschaft gegenüber dieser bis in römische Zeit zurückreichenden städtischen wie ländlichen Tradition nicht in dem Maße durchsetzen konnte wie im Norden.

Ganz ähnlich ist im Tessin die auf der gemeinsamen Dorfmark beruhende gemeindliche Ausgestaltung vergleichsweise früh erfolgt. In den *Vicinanzen* faßten die *vicini,* die Gemeindemitglieder, seit dem 12. Jahrhundert im Rat, dem *consilium,* gemeinsam über die anstehenden gemeindlichen Probleme Beschluß, während in den Regionalversammlungen, den *interconciliaritia,* über die nachbarlichen

Verhältnisse der *Vicinanzen* innerhalb des größeren Verbandes der *pagi* oder *pieve* beraten wurde. Der herrschaftliche Einfluß auf die Ernennung des Vorstehers, in der *Vicinanz* des Dekans, in der *pieve* des *scultetus* (Schultheißen), ist zusehends verdrängt worden durch die Wahl der *vicini,* was einer erheblichen politischen Verselbständigung gleichkam.

Wie im Tessin so sehen wir auch im Bündnerland das gemeindliche Prinzip sich früh regen, erstmals um die Wende zum 12. Jahrhundert im Schanfigg, wo die *vicini de Leune,* die Gemeindeleute von Lüen, ihre Kirche erbauen und ausstatten, hierin eine eigentlich grundherrliche Aufgabe wahrnehmend. Ähnlich erbaut die Genossenschaft der Einwohner von Olivone im Blenio zu Beginn des 12. Jahrhunderts das Hospiz zu Casaccio am Lukmanierpaß, und zu Beginn des 13. Jahrhunderts erscheint die *communitas* neben der Herrschaft mit bedeutenden Rechten ausgestattet im Misox wie im sich nördlich anschließenden, jenseits des San Bernardino gelegenen Schams.

Die Talgenossenschaften nördlich der Alpen

Kann man hier, wenn nicht Einflüsse, so doch Analogien zu den südlichen Verhältnissen vermuten, so ist im nördlichen Alpenraum die Herleitung der Talgenossenschaft ungewiß. Weder von den innerschweizerischen Talgenossenschaften noch von den Walliser Zenden läßt sich sagen, in welchen zeitlichen und damit auch verfassungsrechtlichen Zusammenhang sie zu stellen sind. Die Diskussion hierüber ist dadurch erschwert, daß sie eng mit jener zuvor erwähnten über die Herleitung der Freiheit verquickt ist. Wer der Königsfreientheorie folgt, wird überall Zentenen, fränkische Hundertschaften als

Kirchenbau und -unterhalt lagen auch im Aufgabenbereich der Gemeinde. Die Kirche St. Georg in Rhäzüns (GR) hat weitgehend das Gepräge des 14. Jahrhunderts behalten. Die Wandmalerei stellte im Vergleich zur Steinmetzarbeit und Skulptur ein billiges Ausdrucksmittel dar, das einer leseunkundigen Bevölkerung vielfältige Inhalte vermitteln konnte.

Vorläufer der späteren Gerichtsgemeinden finden. Wer die These der alten Markgenossenschaft vertritt, wird eher mit Altfreien oder Gemeinfreien operieren, denn sie postuliert ein frühes Gemeineigentum der Märker. Gerade über das Alter der Markgenossenschaft besteht aber in der Forschung kein Konsens. Im allgemeinen wird die ein hohes Alter postulierende Markgenossenschaftstheorie abgelehnt, allerdings mit Argumenten, deren Stichhaltigkeit auch wieder in Frage gestellt worden ist. Mag man einer allzu hemmungslosen Rückführung der Verhältnisse auf frühe alemannische Zeiten auch skeptisch gegenüberstehen, so ist es andererseits nicht von vorneweg von der Hand zu weisen, daß gerade im lange Zeit abgeschlossenen Zentralalpenraum alte Zustände reliktartig überdauert haben können. Ob bei der Ungunst der Quellenlage sich genauere Kenntnisse gewinnen lassen, ist zweifelhaft. Hier soll nur auf die Vielschichtigkeit des Problems hingewiesen werden ohne den Anspruch, es einer Lösung entgegenführen zu können. Das mag verwirrend wirken, aber es scheint uns nicht unnütz zu betonen, daß aufgrund der Quellenlage die Diskussion noch weitgehend offen ist – ein Tatbestand, der durch die oft erstaunlich absolute Vertretung der einen oder anderen Theorie nur zu leicht verdeckt wird.

Jedenfalls läßt sich – nach vereinzelten früheren Zeugnissen – gegen Ende des 12. Jahrhunderts im Gotthardraum die Ausgestaltung der Talgemeinde – nicht Dorfgemeinde – als handelnder Faktor erkennen. Es sind die *inhabitantes Uroniam,* die sich in einer Zehntfrage bereits 955 erstaunlich selbständig erwiesen haben, die *Uranienses,* Urner, und *Claronenses,* Glarner, die einen Alpgrenzstreit 1196 untereinander beilegen, es ist die *gemeind der lüten dess tals zu Ure* und ihr *Amman,* denen sich der Abt von Engelberg bei den Alpstreitigkeiten, 1275, gegenüber sieht.

Universitas et minister

Im 13. Jahrhundert erscheinen nun nicht nur in der Zentralschweiz, sondern allenthalben in den Alpen, so etwa auch im Hasli- und Frutigtal oder dann in der Dauphiné *universitates.* Was dieser Begriff beinhaltet hat, ist nicht eindeutig feststellbar. Doch scheint sich die *universitas* der Talbewohner über die verschiedenen Rechtskreise, wie Freie, Hintersässen und Gotteshausleute, gelagert und eine eigenständige politische und rechtliche Funktion erfüllt zu haben, wie es etwa in der Siegelführung zum Ausdruck kommt oder im Auftreten eines eigenen Landrechtes. Sie erscheint nicht nur im Falle von Schwyz im Bundesbrief 1291, bereits 1260 hat die *universitas* des Frutigtals einen Beistandspakt mit Graf Peter von Savoyen geschlossen. In der Dauphiné wird der Begriff *universitas* in den *enquêtes* seit 1265 von der Kanzlei konsequent verwendet für die Einwohnerschaft eines *mandements* – was noch 1250 nicht der Fall war – und hier eindeutig im Zusammenhang mit politischen Rechten. Nicht daß damit die Verhältnisse in den Südwestalpen einfach mit den unseren gleichgesetzt werden sollen, aber die Neueinführung und konsequente Verwendung des Begriffs durch die delphinale Kanzlei zeigt doch deutlich, daß dem Begriff im 13. Jahrhundert in diesem

Bäuerliche Eidgenossenschaften (13.–15. Jahrhundert)

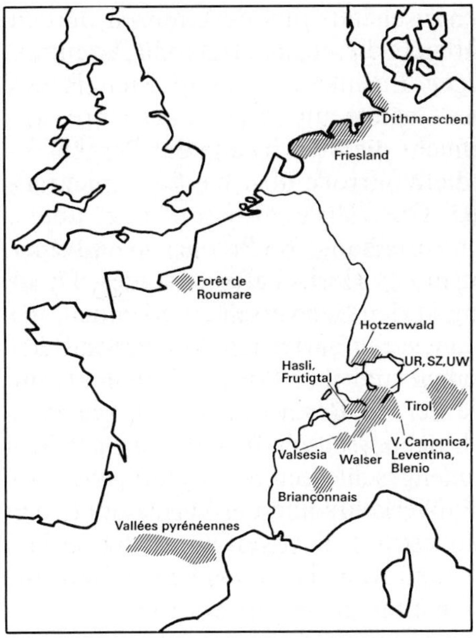

Die drei Eidgenossen aus der Chronik des Johannes Stumpf, 1547. In Tracht und Hintergrund wird hier der ländlich-bäuerliche Ursprung der Eidgenossenschaft bewußt hervorgehoben, der Rütlischwur nicht als pathetischer Akt, sondern als Zusammentritt von Landleuten dargestellt.

Zusammenhang rechtlich-politische Realität entsprochen haben muß: eine personale, die *inhabitantes* ins Auge fassende Vorstellung einer politisch gewordenen Gemeinde.

Dabei haben einander politische Mündigkeit der Talgenossenschaft und vogteiliches Hoheitsrecht zunächst nicht ausgeschlossen: Gemeinsam erscheinen etwa 1234 der *minister* und die *universi homines Uraniae,* Vogt und Talleute von Uri, als Adressaten einer königlichen Urkunde, und Rudolf von Habsburg hat als Schirmherr noch 1257 im Einvernehmen mit den Landleuten von Uri eine Familienfehde geschlichtet, welche diese nicht aus eigener Kraft beilegen konnten. In Tirol und Vorarlberg, wo die bäuerlichen Vertreter sich mit dem Landesfürstentum zusammenfanden, stellte die Vogtei gar den maßgeblichen Faktor der Landwerdung dar.

3. Der herrschaftliche Zugriff

Herrschaft durch Privilegien

Doch sind diese alpinen Verhältnisse nicht abgeschieden und unberührt geblieben. Überall greifen von außen her Kräfte in den Alpenraum hinein, feudale und bald auch landesherrliche, die hier wie im flachen Land ihr rechtliches wie administratives System zu entfalten suchen. Wir können diesen Zugriff in der Dauphiné, in Savoyen, im Tessin und im Tirol verfolgen und überall feststellen, daß sie zu einer mehr oder weniger großen Prädominanz der Herrschaft bei gleichzeitiger Wahrung einer privilegierten Sonderstellung durch die alpinen Gemeinschaften geführt hat.

Hier an den alten Pässen, am Mont Genèvre, am Großen und Kleinen St. Bernhard, an den Bündner Pässen und am Brenner, hatten sich schon sehr früh dynastische und bischöfliche Herrschaften festgesetzt. Doch zeigten sich zusehends auch die Grenzen, die den dynastischen und feudalen Kräften in diesem den Herrschaftszentren fernen und von einem kräftigen Eigenleben durchpulsten Raum gesetzt waren: Sie konnten diese Gebiete nur beschränkt in ihre Einflußsphäre ziehen, mußten vielmehr die Mitwirkung der Bergbevölkerung gewinnen, wollten sie die Kontrolle über die Pässe nicht an andere Konkurrenten verlieren. Das führte zu besonderen, unterschiedlichen Arrangements, zur Verleihung von Privilegien und einer gewissen Autonomie im Rahmen des Herrschaftsverbandes. Deutlich läßt sich diese Entwicklung in den Südwestalpen erkennen, wo die Dauphins sich am Mont Genèvre in harter Konkurrenz mit den Savoyern in der Maurienne sahen und ihre Position offenbar nur behaupten konnten, indem sie der im Briançonnais sich seit dem 13. Jahrhundert ausbildenden Eidgenossenschaft zahlreiche Freiheiten verliehen. Den hier zusammengeschlossenen Talgenossenschaften war die Organisation des Paßverkehrs und die Verteidigung der Position gegenüber Savoyen anvertraut. Savoyen hinwiederum hat durch Verleihung von Vergünstigungen und Abgabebefreiung an entlegene Talgenossenschaften in ähnlicher Weise gewirkt.

Das Mailänder Hochstift hat der genossenschaftlichen Entwicklung in den entlegenen ambrosianischen Tälern ihren Lauf gelassen, ja es war gar der mailändische Erzpriester selbst, der schließlich an der Spitze des gegen den einheimischen staufischen Reichsvogt Artusio da Torre gerichteten Schwurbunds der drei Täler von 1182 erschien. Auch diese Talschaften haben aus eigener Kraft lediglich eine Sonderstellung innerhalb des nachmaligen mailändischen Territoriums erreicht.

Anderwärts haben sich die Landesherren in ihrer Herrschaftsentfaltung vom Adel beeinträchtigt gesehen und ihr Ziel durch das Zusammengehen mit den bäuerlichen Gemeinden angestrebt und z. T. erreicht: Die Bischöfe von Sion haben sich seit Ende des 12. Jahrhunderts – 1181 wurde Lauinen als freie Genossenschaft privilegiert – gegen die sich von ihnen emanzipierenden Vögte auf die bäuerlichen Genossenschaften abgestützt, ein Verhältnis, das dann durch die Entwicklung im 14. Jahrhundert getrübt werden sollte. Bekannter noch und im Bereich der Ostalpen einzigartig ist die Verbindung, die der Tiroler Landesherr mit den freien Bauern gegen den Adel eingegangen ist und die im 15. Jahrhundert verfassungsmäßig zur Herausbildung des einzigen bäuerlichen Landstandes in Österreich geführt hat, des tirolischen Landstandes.

Widerstehende Talgenossenschaften

Anders im zentralen Alpenraum. Hier hatte sich – wie wir sahen – bei der späten Öffnung des Gotthards für den Handelsverkehr eine intensivere herrschaftliche Kraftentfaltung erst spät – im endenden 13. und vor allem im 14. Jahrhundert – auszuwirken begonnen. Dabei stieß sie nun auf politische Gebilde, die sich im lange bestehenden geopolitischen Vakuum unter den allgemeinen alpinen Bedingungen bereits herausgebildet hatten, erstarkt waren und nun durchaus eigene Interessen vertraten: die bereits an eine große Selbständigkeit gewöhnten innerschweizerischen Länder. Sie sträubten sich gegen

Reliquienschrein der Kinder des heiligen Sigismund in Saint-Maurice (VS). ... der heilige Mauritius auf dem Pferd, auf der Seite sechs Apostel in Zweiergruppen 12. Jahrhundert

MAVRI
CIVS
SCS

jede verwaltungsmäßige Durchdringung und herrschaftliche Einbindung, wie sie gerade von den Habsburgern angestrebt wurden. Freilich war ihnen hier auch das staufische Herrscherhaus behilflich, das offenbar eine ganz ähnliche Paßpolitik betrieb wie die Dauphins, die Savoyer oder die Tiroler Landesfürsten, indem es die innerschweizerischen Talschaften durch Verleihung der Reichsfreiheit privilegierten und so ans Reich zog. Wenn diese Eingriffe von Reiches wegen den habsburgischen Bemühungen in die Quere kamen und von ihnen noch lange mit wechselndem Erfolg angefochten wurden – besonders der schwyzerische Rechtstitel war wenig sicher –, so war doch entscheidender, daß die Länder diese mehr oder weniger gesicherte Rechtsstellung nutzend ihre Selbständigkeit bewahren konnten. Das war im Vergleich zur übrigen Entwicklung nicht selbstverständlich, und die Frage, wie das geschehen konnte, führt unmittelbar über in die Entstehungsgeschichte der nachmaligen Eidgenossenschaft.

F. Von der Abwehr einer unsicheren Zukunft zum Streben nach einem kollektiven Sicherheitssystem

Das Ziel unserer Darstellung – wir haben es zu Beginn dieses Kapitels erklärt – ist es, die großen Entwicklungslinien aufzuzeigen, welche die Herausbildung einer neuen politischen Potenz zu einer relativ späten Zeit im «Herzen Europas» ermöglicht haben. In diesem Sinne ist bis jetzt die Entwicklung des schweizerischen Raumes vom 5. bis zum beginnenden 14. Jahrhundert – wo unsere eigentliche «nationale» Geschichte einsetzt – in kultureller, machtpolitischer, wirtschaftlicher und sozialer Hinsicht skizziert worden.

Möglichkeit heißt aber noch nicht Notwendigkeit. Und so gilt es zunächst mit allem Nachdruck festzuhalten, daß die verschiedenen Faktoren, die in unserem Gebiet gestaltend wirksam geworden sind, nicht notwendig – gleichsam schicksalhaft – auf die Herausbildung jener politischen Struktur hingewirkt haben, die sich nördlich des Gotthards schließlich durchsetzen sollte: die schweizerische Eidgenossenschaft. Am Ende des 13. Jahrhunderts – und noch lange! – war die Entwicklung völlig offen, hätte sie auch andere Folgen zeitigen können. So kommt, wer die Entstehung der Eidgenossenschaft ins Auge faßt, nicht um die Feststellung herum, daß diese Eidgenossenschaft in erster Linie eine Schöpfung politischen Willens ist. So wenig man auch den wirtschaftlichen und sozialen Hintergrund übersehen darf, er allein genügt nicht, um die Entwicklung zu erklären. Nichts zeigt das deutlicher als die Tatsache, daß der politische Anschluß an die Eidgenossenschaft bisweilen gerade gegen die bisherigen wirtschaftlichen und kulturellen Interessen eines Gemeinwesens erfolgte, wie es in Zürich und Basel der Fall war.

Wie es schließlich der Staat sein wird, der unserer Schweiz – dieser «Staatsnation», wie man sie auch schon genannt hat – Einheit und Form gibt, und nicht die Kultur, nicht das Volkstum noch die Sprache, so kann man auch die Entwicklung der Eidgenossenschaft grundsätzlich nur vom Politischen her begreifen und darstellen. Dieser Vorrang führt jenen, der das Besondere der schweizerischen Entwicklung darstellen will, dazu, das Hauptgewicht auf die politische Geschichte zu legen.

Die Unsicherheit der Zeit

Allein aus der geopolitischen Konfiguration, wie sie sich im Laufe des 13. Jahrhunderts im Bereich des zentralen Alpenabschnittes abzeichnete, hat sich die eidgenössische Sonderentwicklung nicht ergeben. In entscheidendem Maß ist es die pragmatische Politik der aufstrebenden Kräfte gewesen, die – auf konvergierenden Einzelinteressen und Sicherheitsbedürfnissen aufbauend – bis zum Ende des 14. Jahrhunderts zu jener komplexen Gemeinschaft von Städten und Ländern zwischen Jura und Alpen geführt hat, die man die achtörtige Eidgenossenschaft zu nennen pflegt. Diese Entwicklung ist weder vorgegeben noch im 13. Jahrhundert absehbar gewesen.

Haben bisher vor allem die Herrscher und führenden Geschlechter die Geschicke unseres Landes bestimmt, so werden jetzt im 13. Jahrhundert die großräumigen Absichten der Savoyer, Kyburger, Habsburger – um nur die wichtigsten zu nennen – durchkreuzt durch die ihre partikularen Interessen verfolgenden Städte und Talgenossenschaften. Im Vordergrund dieser Interessen stand die Sicherheit des Gemeinwesens, denn die Zeiten waren unsicher: Da waren im regionalen Bereich die großen dynastischen Wechsel, das Aussterben der Zähringer (1218) und Kyburger (1264), der Einbruch der Savoyer und Habsburger. Da war in der ersten Hälfte des 13. Jahrhunderts die große, die Parteiungen bis in die lokalen Verhältnisse hineintreibende Auseinandersetzung zwischen den staufischen Kaisern und Päpsten, an der große und kleine Adelige im Land und in den Städten die Bürgerschaften lebhaft teilnahmen und deren Hauptwirkung darin bestand, daß ein wirkkräftiges, friedenwahrendes Königtum bis weit in die zweite Hälfte des 13. Jahrhunderts hinein ausschied.

Paradoxerweise war diese Zeit dynastischer Umschichtungen und kriegerischer Auseinandersetzungen gleichzeitig eine Zeit wirtschaftlicher Prosperität. Sie wurde getragen durch die Handel und Gewerbe treibenden Städte, durch die am Verkehr beteiligten Talgenossenschaften und – in geringerem Maße – Herrschaften. Gewerbe, Handel, Verkehr brauchten für ihr Gedeihen ein gewisses Maß an Frieden und Ruhe. Vor allem zwei Mittel standen den Betroffenen hiefür zur Verfügung: eine schutzbedürftige Stadt oder Talgenossenschaft

Einen Schirmherrn suchen

begab sich unter die Schirmherrschaft eines mächtigen Herrn, wie Bern oder die Messestadt Genf unter jene der Savoyer, wie Zürich und vorübergehend auch Uri unter jene der Habsburger. Der Schirmherr war effizienter als der ferne König. Er sollte anstelle des Königs den Frieden wahren, und meist waren die Schirmverträge so angelegt, daß sie erloschen, wenn wieder – wie es oft heißt – ein König in Basel mächtig sei, die Königsmacht also in unserm Raume wieder wirksam wurde. Aber der mächtige Schutzherr stellte auch eine Gefahr dar, die Gefahr, daß die Reichsstädte über die Schirmherrschaft in dauernde Abhängigkeit geraten konnten, zu Landstädten absanken. Murten etwa, ursprünglich wie Bern auf Reichsboden gegründet, hat dieses Schicksal erfahren.

Oder einen Bund schließen

Das andere Mittel, das diese Gefahr entscheidend verringerte, war das des Landfriedensbundes. Es kann hier nicht die lange Entwicklung des Landfriedens aufgezeigt werden. Er sollte – seiner Zielsetzung nach – Fehde und Blutrache, d.h. die wuchernde, von keiner Macht kontrollierte, eigenständige Rechtsverfolgung eindämmen und einen gesetzlich geregelten Rechtsverkehr durchsetzen. Solche Friedenswahrung – ursprünglich in den Händen des Königs, dann auch des hohen Adels – wurde bei der im späten Mittelalter sich mehr und mehr artikulierenden ständischen Gliederung der Gesellschaft zunehmend von den zu einer solchen Interessengruppe Gehörenden selber übernommen: Hauptsächlich Städte begannen sich – neben den gleiche Ziele verfolgenden Herren- und Ritterbünden – zusammenzuschließen, um den Rechtsverkehr untereinander zu regeln, um sich gegen die Wechselfälle der Herrschaft zu schützen. Die Sicherheit der Verkehrswege auf dem weiten Land ließ sich erhöhen, wenn man auch die großen und kleinen Herren in das Bündnis mit einschloß, und so entstanden verschiedene gemischtständische Landfriedensbünde. Diese Bünde, oft in Zeiten größerer Gefahr – vor allem bei Thronvakanzen – geschlossen, strebten lediglich nach unmittelbarer Sicherheit der Verhältnisse. Weitergehende Absichten, etwa in Richtung eines auf Dauer gedachten politischen Gebildes waren ihnen wesensfremd, und es wäre ein Anachronismus, wollte man ihnen solche Tendenzen unterschieben. Die Rechte der Herrschaft sind bekanntlich in der Regel immer vorbehalten, also nicht in Frage gestellt worden.

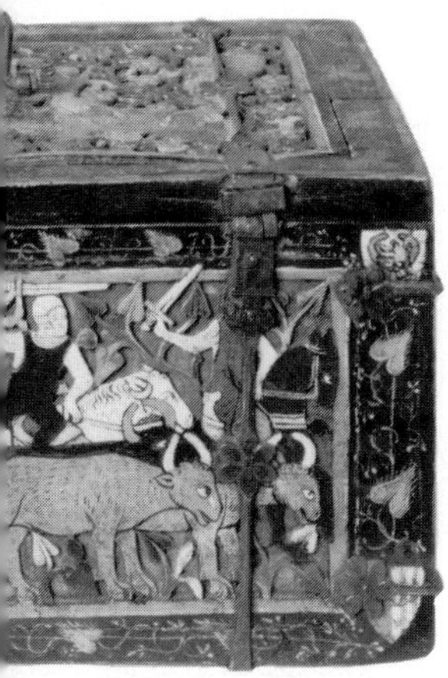

Die Kriege der Großen bedeuten hauptsächlich Raubzüge und gegenseitige Schädigung der Untertanen. Während der Bürger im Stadttor das Nachsehen hat, treiben die Ritter in heroischer Gebärde die Viehherde weg (Schmuckkästchen von Konstanz um 1300).

Landfriedensbünde stellten den meist kurzfristigen Versuch dar, sich gegen eine in der Tat äußerst ungewisse und unberechenbare Zukunft abzusichern. Sah man sich nicht den unerwartetsten Wechselfällen der dynastischen Kraftentfaltung gegenüber, ohne Möglichkeit, bestimmenden Einfluß auszuüben? Erlebte man nicht bisweilen innert kürzester Zeitspannen eine völlige Umkehr der Herrschaftsverhältnisse, mit allen Unsicherheiten, die das beinhalten mochte? Durch gegenseitige eidesmäßige Verpflichtung besonders auf dem Gebiet der Rechtswege konnten benachbarte Städte wenigstens kurzfristig eine minimale Stabilität der Verhältnisse, die für ihr Gedeihen unabdingbar war, erreichen. In unserem Bereich haben mehrere Faktoren aus solchen Bünden einen politischen Willen und schöpferische Kräfte entstehen lassen, die diesen Bünden nicht immanent gewesen sind und die im Laufe des 14. Jahrhunderts aus der Schutzmaßnahme gegen eine noch lange offene und ungewisse Zukunft herausgeführt haben zu einem dauerhaften System kollektiver Sicherheit.

1. Bern und die burgundische Eidgenossenschaft

Konkurrenzkämpfe der Landesherren

Die frühesten in der Schweiz erhaltenen Bünde stammen aus dem westlichen Bereich. Hier sahen sich die Städte nach dem Aussterben der Zähringer dem Konkurrenzkampf der diesen Raum beanspruchenden Dynasten und geistlichen Landesherren, der Kyburger, der Bischöfe von Lausanne, der Grafen von Savoyen und bald auch schon der Habsburger gegenüber, – Konkurrenzkämpfe, welche die Städte, je nach den Wechselfällen der Auseinandersetzungen in verschiedene oft entgegengesetzte Lager trieben. Kriegerische Ereignisse blieben nicht aus, um so mehr als die allgemeine Auseinandersetzung zwischen Kaiser und Papst auch hier hereinwirkte und die ehemals zähringischen Städte, das von den papsttreuen Kyburgern ererbte Freiburg und die auf Reichsboden stehenden und dem Kaiser verpflichteten Städte Bern und Murten, ergriff.

Diese drei Städte sind denn auch zu den Hauptpromotoren eines immer wieder zerrissenen und wieder geflickten Netzes von zweiseitigen Bündnissen geworden, die sie zunächst untereinander, dann mit immer mehr Städten wie Avenches, Payerne, Biel, Neuenburg, Solothurn usw. schlossen. Diese Städtebünde – der älteste erhaltene ist jener zwischen Bern und Freiburg von 1243 – verfolgen alle den Zweck, die Folgen der von den Schirm- und Stadtherren aufgezwungenen Waffengänge so weit wie möglich zu mindern, etwa durch Einräumung einer Frist zur Schlichtung des Streitfalles oder dann durch frühzeitige Fehdeerklärung und – nach Friedensschluß – durch rasche Rückgabe der gegenseitigen Kriegsbeute und Verzicht auf Rache. Möglichst rasche Befriedung, Normalisierung der Lage für ein gedeihliches Gewerbe, für unbehinderten Handel wurde hier erstrebt, während zugleich längerfristig eigene vertragliche Vorkehrungen für einen geregelten Rechtsverkehr im Falle von Rechtsbrüchen und Verbrechen getroffen wurden.

Die verschiedenen Peripetien und Frontwechsel dieser bewegten Zeit, in der sich unterhalb der sich befehdenden Großen – vor allem schließlich Savoyens und Habsburgs – die Städte als wirtschaftliche und eigenständige politische Potenzen dieses Raumes herausschälten, können hier nicht nachgezeichnet werden. Ende des 13. Jahrhunderts stehen indessen zwei Resultate fest: Freiburg ist 1277 in den Besitz Habsburgs übergegangen und innerhalb des kleinburgundischen Raumes isoliert worden. Weit entfernt von den übrigen habsburgischen Besitzungen sah es sich – und hier lag seine Chance – zusehends genötigt, seine Interessen selbständig zu vertreten, eine eigene Politik zu führen. Exponiert wie es war, begann es durch territoriale Expansion schützendes Umland zu gewinnen, wobei es hauptsächlich auf die Saaneübergänge und die Verbindung zum Aargau hinstrebte. Die Reichsstadt Bern hat dagegen trotz der wiederholten Schirmherrschaft Savoyens ihre Eigenständigkeit und Reichsunmittelbarkeit bewahren können. Auch sie begann nun Umland zu gewinnen, zunächst indem sie die finanzielle Schwäche des Hauses Habsburg-Kyburg zielbewußt nutzte. Im Grenzbereich zwischen savoyischer und habsburgischer Einflußsphäre treten so gegen Ende des 13. Jahrhunderts jene Kräfte zutage, die das Geschick jener Region mehr und mehr prägen und schließlich entscheiden sollten: die Städte Bern und Freiburg.

Die bernische West- und Ostpolitik

Vor allem Bern griff seit Beginn des 14. Jahrhunderts weit aus, zunächst ins Oberland durch Bundesschlüsse, Erwerbungen und Burgrechtsverleihungen, aber auch durch Waffengänge. Wenn es sich dabei einer zunehmenden Gegnerschaft des Adels im weiteren Umkreis gegenübersah, so hat es durch das Bündnis mit den Waldstätten von 1323, dem gemeinsame Interessen im Oberland und gemeinsame Gegnerschaft gegen Österreich mit seinen oberländischen Besitzungen zugrunde lagen, eine Rückendeckung gewonnen, die sich beim Waffengang von Laupen 1339 voll bewährte. Damals hatte sich eine weitausgreifende, von Ludwig dem Bayern unterstützte Koalition der großen und kleinen Herren vom Oberland bis hin zum Jurarand zusammengeschlossen, darunter auch das habsburgische Freiburg, während Bern völlig isoliert dastand. Es hatte ja seinen Herrn, Ludwig den Bayern, nicht anerkannt, weil er mit dem kirchlichen Bann belegt war, und vielleicht ergab sich hieraus jene religiöse Überhöhung des Waffengangs, bei dem der Berner Leutpriester mit dem Sakrament dem Heer vorangeschritten sein soll. Damals am 10000-Rittertag, dem 21. Juni, wurde nach anfänglichem Zögern im wilden Anlauf der Berner und ihrer innerschweizerischen Helfer das vereinigte Ritterheer geschlagen und in die Flucht getrieben. Aber der glückliche Sieg bedeutete noch nicht das Ende des Krieges, und die Lage der Stadt blieb noch weiterhin sehr kritisch.

Aber Bern konnte sich behaupten, und wenn es auch einstweilen keinen unmittelbaren territorialen Gewinn erreichen konnte, so rückte es doch in jene im burgundischen Raum dominierende Stellung ein, die nun in den verschiedenen Bünden zum Ausdruck kommt, besonders in jenem von 1350, in dem Bern und das ihm wieder freundliche Freiburg als Vertragspartner den Herren der Waadt gegenübertraten und der zum Ausgangspunkt der bernischen und freiburgischen Westpolitik werden sollte. Dieses Bündnis strebte die Landfriedenswahrung im gesamten kleinburgundischen Raum, vor allem aber zwischen den beiden Städten an wie schon das 1341 geschlossene Bündnis Berns mit dem Stadtherrn Freiburgs, mit Österreich, das bis in die siebziger Jahre dieses Jahrhunderts wiederholt erneuert werden sollte. Diese Bündnisse haben im westschweizerischen Raum einen bis in die achtziger Jahre hinein dauernden Friedenszustand eingeleitet, der allerdings wegen der einengenden Entfaltung des österreichischen Einflusses nicht ungetrübt geblieben ist.

Bedeutsam für die künftige Entwicklung in diesem Raum war nun, daß Bern sich nicht nur auf eine kleinburgundische Politik beschränkte, sondern als Reichsstadt seit Ende des 13. Jahrhunderts eine Politik einleitete, die aus seiner geopolitischen Lage nicht vorgegeben war und nur durch die gemeinsame, gegen die zunehmende habsburgisch-österreichische Machtentfaltung gerichtete Frontstellung der verschiedenen Reichsstädte erklärt werden kann. Bern hat seine Fühler nach Osten ausgestreckt, an der weitausgreifenden antihabsburgischen Koalition der Reichs- und Bodenseestädte von 1291 teilgenommen, hat über den Brünig – wie schon erwähnt – mit den Waldstätten Verbindung aufgenommen und ist 1333 mit der Reichsstadt Solothurn jenem weitgesteckten Landfriedensbund beigetreten. Dieser Bund, in dem sich wohl ein österreichisches Übergewicht auswirkte, der aber auch einen Kompromiß zwischen Österreich und den Reichsstädten darstellte, ist im Zusammenhang mit dem Laupenkrieg wieder auseinandergebrochen.

2. Zürich und die Bodenseestädte

Erste Bündnisse

Im nordöstlichen Raum hatte die große Auseinandersetzung zwischen Kaiser und Papst in doppelter Hinsicht zu einem Umsturz der Verhältnisse beigetragen: Die Staufer verschwanden nicht nur als kaiserliche Partei, sondern auch als Herzöge von Schwaben. Aus dieser Situation heraus scheinen zunächst vor allem Konstanz und Zürich eine eigenständige Sicherheitspolitik angestrebt zu haben. Doch waren die Möglichkeiten einer solchen Politik mit dem Beitritt zum rheinischen Städtebund von 1255 vorerst erschöpft. Denn hier spitzte sich die Lage für die Städte ungleich bedrückender zu als im Westen, wo sich mehrere regionale Dynasten konkurrenzierten und sich so über einen weiten Raum hin gegenseitig die Waage hielten. Hier dagegen hatte sich neben den zahlreichen regionalen Adelsgeschlechtern das Haus Habsburg als eine seit 1232 wohl in sich gespaltene, aber doch dominierende Macht hervorgetan, hatte in den sechziger Jahren die kyburgischen Landgrafschaften Thurgau und Burgund unter seine stellvertretende Verwaltung gezogen und besaß so landgräfliche Gewalt vom Bodensee bis hin zum Murtensee, vom Elsaß bis zu den Alpen. Keine Kraft konnte dieser Machtentfaltung entgegentreten, und auch das Königtum konnte nur gelegentlich und kurzfristig hereinwirken, fiel im großen und ganzen aber kaum ins Gewicht.

Unter österreichischem Schutz

So suchten die Städte des Bodenseeraumes – und auf sie war Zürich politisch wie wirtschaftlich ausgerichtet – sich in verschiedenen Bündnissen gegenseitig abzusichern, so in der antihabsburgischen Koalition von 1291 und dem ersten königlichen Landfriedensbund von 1312. Doch sahen sie sich bald dazu genötigt, sich mit Österreich zu arrangieren. Dieses hatte zusehends an Übergewicht gewonnen, eine Sachlage, die durch die Episode am Morgarten kaum beeinträchtigt worden ist und sich im verwaltungsmäßigen Ausbau der Herrschaft niederschlug.

Gewerbe und Handel waren auf offene und sichere Verkehrswege angewiesen, und das war ohne oder gegen Österreich nicht zu bewerkstelligen. Die Reichsstädte mußten 1313 vorübergehend die österreichische Schirmherrschaft annehmen, und das 1315 erneuerte Städtebündnis erstrebte vor allem, durch eine neutrale Haltung den möglichen Folgen der Doppelwahl Ludwigs des Bayern und Friedrichs des Schönen von Österreich auf den deutschen Königsthron vorzubeugen. Die verschiedenen folgenden Landfrieden, bald auf Initiative Ludwigs des Bayern, bald auf eigene, bald – so 1333 – auf jene Österreichs geschlossen, waren alle vom gleichen Bestreben erfüllt: Die Städte bemühten sich um möglichste Reduzierung der Kriegsfolgen durch geregelten Rechtsverkehr, und die beteiligten Herrscher sahen hierbei eine Möglichkeit, politisch Einfluß zu gewinnen.

Die Kehrtwendung in den Bündnisbeziehungen

Seit der Brunschen Zunftrevolution von 1336 – wir werden noch darauf zurückkommen – zeigt sich in der zürcherischen Politik ein Wandel, der die Stadt zusehends aus den bisherigen Bundessystemen herauslöste: In den Vordergrund von Zürichs Interesse trat immer deutlicher die Garantie seiner neuen und noch lange bedrohten Zunftverfassung. In einer ambivalenten Politik verfolgte es seinen Alleingang weiter, indem es einerseits den Waffengang mit den Habsburg-Laufenburgern in Rapperswil nicht scheute, anderseits vorsichtig nur geringe Ansprüche stellende, kurzfristige Bündnisse einging. Und tatsächlich gelang es ihm, die Garantieklausel für die Brunsche Verfassung in die Verträge einzubringen. So schloß es unter anderen 1343 ein Bündnis mit Habsburg-Laufenburg unter Anerkennung seiner Verfassung, ließ sich diese von Karl IV. bestätigen und trat dann 1349 dem großen schwäbischen Städtebund nicht bei, weil eine Verfassungsgarantie nicht zu erreichen war. Noch standen zudem die 1346 und 1347 mit den Bodenseestädten geschlossenen Bündnisse in Geltung. Erst die sich überstürzenden Ereignisse von 1350 führten zum Abbruch dieser Beziehungen – die Bünde wurden nicht erneuert – und zu jener Kehrtwendung, die Zürich in Verbindung mit einem andern, bisher eher peripher gelegenen Bundessystem brachte, mit den Waldstätten.

3. Der Bund der Waldstätte

Zwischen dem Kaiser und Habsburg

In der Innerschweiz trafen die politischen Auseinandersetzungen jener Zeit auf eine erst vor kurzem aus der Isolierung herausgetretene alpine Gesellschaft. Die Auseinandersetzung zwischen päpstlicher und kaiserlicher Partei, die hier zusammenfiel mit dem Kampf der im Gebiet der Innerschweiz, in Schwyz und Unterwalden, Vogteirechte besitzenden Habsburg-Laufenburger gegen die ältere habsburg-österreichische Linie, wurde im Vorland des Gotthardpasses mit besonderer Heftigkeit ausgetragen. Zudem hatte der neu erschlossene Paß die Interessen des staufischen Hauses geweckt, da diese kürzeste Verbindung es erlaubte, die dem Brenner vorgelagerte unsichere Feste Verona zu umgehen. 1231 hat so die Urner Talschaft die Reichsunmittelbarkeit erlangt, und auch der Schwyzer Talschaft hat der Schutzbrief Friedrichs II. 1240 den Weg zur Reichsfreiheit eröffnet.

Während dieser Auseinandersetzungen hatten Schwyz und Obwalden schon um die Mitte des 13. Jahrhunderts kurzfristig Kontakte mit Bern, Zürich und den Bodenseestädten aufgenommen. Nach dem Abflauen der Kämpfe sahen sich die Talschaften, wie die Städte, dazu genötigt, zur wirksamen Rechtswahrung unter die Schirmherrschaft des regionalen Machthabers, Habsburgs in diesem Falle, zu treten. Denn die Kämpfe hatten auch innerhalb der Bürgerschaften und Talschaften zu Parteiungen geführt, die in der Folgezeit nicht zur Ruhe kamen. Luzern suchte diese Erscheinung, die das innerstädtische Leben vergiftete und das wirtschaftliche Gedeihen gefährdete, durch den geschworenen Brief von 1252 zu bekämpfen, eine innerstädtische Landfriedenseinung mit zahlreichen Strafbestimmungen gegen Friedensbrecher. Wenn hier eigens festgehalten wurde, daß sich die Luzerner Bürger aus den Händeln der Waldstätte heraushalten, höchstens vermittelnd wirken sollten, wirft das ein Licht auf die innerschweizerischen Verhältnisse.

Fehden unter den Talleuten

Hier lebten – wie wir gesehen haben – archaische, durch das Sippschaftsdenken geprägte Gesellschaftsvorstellungen fort, die es noch nicht erlaubten, das eigene Recht einem allgemeinen Gesetz unterzuordnen. Das war um so folgenschwerer, als im wehrfähigen Hirten- und Bergbauerntum der Innerschweiz die Fehde in den verschiedensten Abstufungen weiterlebte, während sie sonst überall auf den Adel beschränkt und mehr und mehr durch die Landfriedensbewegung eingedämmt worden war. Die einzelne Talschaft scheint der inneren Kämpfe nur mit Mühe oder gar nicht mehr Herr geworden zu sein, und so wandten sich z. B. die Talleute von Uri für die Schlichtung der das ganze Tal in Aufruhr versetzenden Fehde zwischen den beiden Familien Izzeli und Gruoba 1257 an den Schirmherrn, Graf Rudolf von Habsburg.

Ein konservativer Bund

Aus diesen inneren Zuständen heraus müssen nun die zu unbekannter Zeit, am ehesten wohl in der zweiten Hälfte des 13. Jahrhunderts entstandene *antiqua confoederatio* und der Bundesbrief von 1291 verstanden werden. Es handelte sich um eine kleinräumige, vor allem der Durchsetzung eines übergeordneten Rechts im Innern gewidmete Einung der Länder am Vierwaldstättersee, die durch ihre geographische Lage aufeinander angewiesen waren: Uri, Schwyz und Nidwalden. Im Vordergrund stehen Bestimmungen über die gegenseitige Hilfe bei Gewalttaten inner- und außerhalb der Länder, die Schlichtung von Streitigkeiten zwischen den Ländern, über die gegenseitige Hilfe bei der Strafverfolgung im Fall von Fehde, Brandstiftung, Raub, Schädigung und willkürlicher Pfändung. Bezeichnend für diese Gewichtung sind die auffallend eingehenden strafrechtlichen Bestimmungen, die das bei Landfriedensbünden übliche Maß weit übersteigen. Hierin steht der Bundesbrief der innerstädtischen Luzerner Einung von 1252 näher als den Bünden zwischen verschiedenen Gemeinwesen. Erstrebt werden in erster Linie Friede im Innern und Aufrechterhaltung der bestehenden Verhältnisse. Beachtlich ist in diesem Zusammenhang, daß die alten Bindungen der Hörigen, die im Laufe der vorausgegangenen bewegten Zeiten sich offenbar gelöst hatten oder zumindest gefährdet gewesen waren, in aller Form vorbehalten und garantiert worden sind, was deutlich die Interessen jener führenden einheimischen Geschlechter offenbart, die am Bundesschluß beteiligt waren. Ein räumlich eng begrenztes und in seiner Haltung durchaus konservatives Abkommen, so tritt uns der Bund von 1291 entgegen.

Der Streit der Meinungen

Es ist eine der vieldiskutierten Fragen der schweizerischen Gründungsgeschichte, ob der Bund von 1291 so zu sehen sei oder ob ihm die Bedeutung eines politischen Abwehrbundes gegen die habsburgische Gefahr zukomme. Zu Recht hat man dabei auf die Tatsache hingewiesen, daß der Abschluß eines Landfriedensbündnisses durch Landgemeinden ohne Beteiligung der Herrschaft recht außerordentlich, ja «revolutionär» war. Freilich ließe sich fragen, ob der Erwähnung des alten Bundes, der *antiqua confoederatio,* die man sich zu erneuern anschicke, nicht die Bedeutung einer Legitimation des ungewohnten Vorgehens zukomme, sei es im Sinne einer Berufung auf altes Recht, das ja allein schon aufgrund des Alters legitimierende Wirkung besaß, oder im Sinne einer Rückführung auf den noch von König Rudolf von Habsburg 1287 erneuerten großen Landfrieden von 1235, der auch schon hinter der *antiqua confoederatio* vermutet worden ist.

Entscheidender aber ist der vielbeachtete Richterartikel, der landesfremde Richter und solche, die ihr Amt erkauft haben, ausschließt und der als einziger formal durch seine subjektive Fassung vom übrigen Text abweicht und deshalb allgemein als Zusatz von 1291 beurteilt wird. Wenn dieser Artikel auch ziemlich genau das wiederholt, was Rudolf 1274 den Urnern und noch im Februar 1291 den Schwyzern zugestanden hatte, so ist doch bedeutsam genug, daß man es offenbar für nötig befunden hat, diese Bestimmung in den vorhandenen Text neu einzufügen. Ob das auf bereits erfolgte Übergriffe unter Rudolf zu beziehen ist? Die Wirklichkeit muß bekanntlich dem schriftlichen Recht nicht unbedingt entsprechen, und Rudolf hat auch anderwärts seine Ministerialen in richterliche Funktionen eingesetzt. Oder ob es bloß präventiv auf die mögliche Entwicklung nach Rudolfs Tod gemünzt war? Solche Fragen sind bei der Quellenlage schwer zu beantworten. Ein Mißtrauen gegenüber mißbräuchlichen Übergriffen der Herrschaft ist aber kaum zu übersehen.

Ein fast vergessener Bund

So hätten wir alles in allem ein enges, formal nicht zuletzt auch durch die Unbefristetheit von ähnlichen Bünden abweichendes Landfriedensbündnis mit einer beschränkten politischen Zielsetzung vor uns. Sicher keine *Magna Charta* des sich gegen die Bedrücker erhebenden Volkes, keine Gründungsakte der Eidgenossenschaft, sondern ein Bündnis, wie es damals viele ähnliche gab. Wie so viele andere Verträge jener Zeit geriet der Bundesbrief später beinahe gänzlich in Vergessenheit. In Nidwalden ist er wohl noch um die Wende zum 15. Jahrhundert übersetzt und 1616 in einer Klageschrift erwähnt worden, aber sonst wußte man wenig von ihm. Nur Werner

Steiners Liederchronik von 1532/36 erwähnt ihn noch, während Aegidius Tschudi ihn bei all seinen Nachforschungen nicht gefunden zu haben scheint. Erst in der zweiten Hälfte des 18. Jahrhunderts ist er recht eigentlich wiederentdeckt worden. Erst wenn man die immer wieder vorgebrachte Berufung auf die Reichsfreiheit und die Freiheitsbriefe dagegen stellt, erhält dieses relative Schweigen um den Bundesbrief seine volle Aussagekraft: Für die alten Eidgenossen hatte der Bundesbrief nicht jene Bedeutung, die man ihm vor allem im 19. Jahrhundert beizumessen begann. Aber für seine Zeit – Ende des 13. Jahrhunderts – stellt er ohne Zweifel ein beachtliches Zeugnis für ein kräftiges Selbstbewußtsein zumindest der führenden Geschlechter der drei Waldstätte dar.

Das Überdauern des Bundes

Dieses Selbstbewußtsein und weniger das geschriebene Wort ist für das Überdauern des Bundes am Vierwaldstättersee ausschlaggebend gewesen. Es wurde wachgehalten und intensiviert durch die eben um die Wende zum 14. Jahrhundert einsetzenden habsburgisch-österreichischen Bemühungen um eine Zusammenfassung der verschiedenen Besitzungen und Rechte in diesem Gebiet. Wirtschaftlich ging es dabei um den Gotthardverkehr, was in der 1291 erfolgten Erwerbung der Stadt Luzern durch Rudolf von Habsburg und in der Verlegung des Zolls der Herren von Châlons-Arlay aus Jougne im Jura nach ebendieser Stadt zum Ausdruck kommt. Machtpolitisch ging es um die Weiterführung der unter Rudolf eingeleiteten Bestrebungen zur Gewinnung eines möglichst geschlossenen Einflußbereichs. So wird unter anderem zu Beginn des 14. Jahrhunderts jenes Habsburger Urbar (1303 bis um 1330) angelegt, das in einer einzigartigen Übersicht alle Besitzungen, Rechte, Zölle und sonstigen Einkünfte der Habsburger im Elsaß, im badischen und schweizerischen Gebiet erfaßt. Dabei dürften, soweit man das aus dem Erhaltenen noch erschließen kann – die Eidgenossen haben gerade diese Teile des Urbars bei der Eroberung Badens 1415 zerstört – auch die in der Innerschweiz verlorenen und wiederherzustellenden Rechte Habsburgs verzeichnet worden sein. Es war diese zunehmende Machtkonzentration, die zusehends zum Konflikt mit den aufstrebenden Städten und den auf ihrer Selbständigkeit beharrenden Ländern führte. Dabei kamen diesen Gemeinwesen zunächst die innerhabsburgischen Zwistigkeiten, die 1308 in der Ermordung König Albrechts gipfelten, zugute, vor allem aber dann die Auseinandersetzungen um den Königsthron, bei denen die Waldstätte, die Gunst der nichthabsburgischen Könige nutzend, sich die Reichsfreiheit wiederholt bestätigen ließen. Hierbei ist übrigens auch Unterwalden 1309 auf recht zweifelhafte Weise erstmals in eine reichsfreie Stellung eingerückt, als Ludwig der Bayer die Freiheiten der Waldstätte ohne genauere Prüfung einfach global bestätigte.

Morgarten und der Bund von 1315

Doch schwelte seit 1308 ein Kleinkrieg, der nach der Doppelwahl Ludwigs des Bayern und Friedrichs des Schönen von Österreich seinen Höhepunkt erreichte. Eine im Rahmen der großen Politik völlig nebensächliche Aktion, der schwyzerische Überfall auf das unter habsburgischer Vogtei stehende Kloster Einsiedeln 1314, der eigentlich nur ein weiteres Kapitel in der Jahrhunderte alten Auseinandersetzung zwischen den Talleuten und dem Kloster darstellte, löste jene recht unsorgfältig vorbereitete Strafaktion Herzog Leopolds aus, die in der Niederlage am Morgarten endete. Am 15. November 1315 wurde das anrückende Ritterheer am Engpaß beim Ägerisee von den rechtzeitig alarmierten Schwyzern überfallen und in die Flucht geschlagen. Politisch hatte dieser Ausgang der Dinge lediglich lokale Bedeutung: Die Stellung Österreichs in unserm Bereich ist durch diese verunglückte Nebenaktion in keiner Weise beeinträchtigt worden. Friedrich konnte in den folgenden Jahren gegenüber den Reichsstädten seine Stellung festigen, was auch in dem 1319 errichteten österreichischen Landfrieden zum Ausdruck kommt.

Morgarten, wie es ein behäbiges Bürgertum im 17. Jahrhundert sah (Ofenkachel, Rathaus Zürich, 1698).

Innerhalb der Waldstätte aber hat das Ereignis zu einer Mobilisation des politischen Bewußtseins geführt. Unter dem Eindruck des Ereignisses trafen ihre Vertreter schon drei Wochen nach der Schlacht zusammen, um am 9. Dezember 1315 den Bund zu erneuern und wesentlich zu erweitern. Gerade die Erweiterungen zeigen, worum es den Landesvertretern jetzt vor allem ging, nämlich um die Koordination einer gemeinsamen Politik gegenüber den auswärtigen Kräften. Keines der Länder soll ohne Zustimmung der andern einen Herrn annehmen, keines soll ohne die andern auswärtige Verhandlungen führen oder Verträge abschließen. Und wenn wiederum die alte Garantie der grund- und leibherrlichen Rechte übernommen wird, so soll sie jetzt für jene Herren, welche die Länder mit Gewalt angreifen, so lange nicht mehr gelten, als der Kriegszustand dauert. Erst jetzt ist ein gemeinsamer Schutzbund gegen äußere Herren, ein eminent politischer Bund entstanden, motiviert durch ein gemeinsames Sicherheitsbestreben.

Hatte noch im März 1316 Ludwig der Bayer alle Rechte und Freiheiten der Länder bestätigt, so sahen sich diese aber doch auch genötigt, sich mit dem nahen Österreich zu arrangieren, nicht nur wegen der wandelbaren Haltung König Ludwigs, sondern vor allem auch um Zusammenstöße zu verhindern, die den Gotthardverkehr stören konnten. So setzen 1318 jene Waffenstillstände mit Österreich ein, die immer wieder verlängert werden sollten. Innerhalb der Länder jedoch hatte sich eine gemeinsame politische Ausrichtung ergeben, die sich als dauerhaft erweisen sollte.

Ohne Wilhelm Tell

Man mag in dieser Darstellung die Geschichten von der «Befreiung», vom Burgenbruch, von Wilhelm Tell und den anderen bekannten Gestalten vermissen. In der Tat glauben wir nicht, daß in diesen Geschichten sich Ereignisse aus der Zeit der ersten Bundesschlüsse widerspiegeln oder dann nur in einer solchen Verzerrung, daß die möglicherweise zugrunde liegenden historischen Fakten kaum herausdestilliert werden können. Die Überlieferung vom Tell tritt erst 1472 im Weißen Buch von Sarnen ans Licht, und alle Versuche, einen früheren Zeitpunkt für ihr Auftreten zu finden, sind entweder völlig fehlgeschlagen oder nicht unumstritten geblieben. Hinzu kommt, daß die Geschichte vom Tell ein geradezu topisch in verschiedenen alten nordischen Sagen auftretendes Handlungsmuster wiedergibt und wohl am ehesten diesem allerdings sehr viel älteren Sagenkreis zuzuordnen ist, wenn auch eine direkte Herleitung nicht bewerkstelligt werden kann. Jedenfalls kann nicht davon ausgegangen werden, daß hier vergangene Ereignisse in mündlicher Überlieferung tatsachengetreu über die Zeiten hinweg weitervermittelt worden wären, da auch diese Überlieferungsform zeitbedingten Veränderungen unterworfen ist.

Die Burgenbrüche

Die Geschichte vom Burgenbruch ist zwar schon früher – 1420 – bei Conrad Justinger belegt, aber auch sie läßt sich, so wie sie berichtet wird, nicht in die Entstehungsgeschichte der Eidgenossenschaft einordnen. Wohl mag es bei den verschiedenen oben geschilderten Konflikten nicht ohne Zerstörung oder Aufgabe von Burgen abgegangen sein, aber hiervon berichten weder die zeitgenössischen Chroniken noch die Urkunden. Jene allgemeine Erhebung und Zerstörung der Zwingburgen läßt sich bei aller Spitzfindigkeit nicht in den Ablauf der Ereignisse einbauen, und die Vorschläge für ihre Datierung bewegen sich denn auch in einem Zeitraum von etwa 100 Jahren zwischen 1239/40 und 1314/15. Die neueren archäologischen Befunde über das Aufhören einer ständigen Belegung der Burgen sprechen nun eindeutig gegen einen Burgenbruch, wie ihn die Befreiungstradition berichtet: Die Auflassungsdaten liegen nämlich viel zu weit auseinander. Der Landenberg ist bereits um 1200 verlassen worden, Schwanau wurde um die Mitte des 13. Jahrhunderts zerstört, Zwing Uri wurde noch bis mindestens 1315/20 bewohnt. Andere mit dem Burgenbruch in Verbindung gebrachte Anlagen sind erst um die Wende vom 14. zum 15. Jahrhundert aufgegeben worden. So ließe sich höchstens Zwing Uri in Verbindung mit einem Ereignis der Gründungszeit bringen, der Schlacht bei Morgarten, über die sich aber – merkwürdig genug – die Befreiungstradition vollkommen ausschweigt.

Die moderne Burgenarchäologie bringt immer wieder neue und präzisere Aufschlüsse zur Geschichte der Burgen: Bei Zwing Uri ließ sich so feststellen, daß offenbar um 1310–20 ein großzügig geplanter Burgausbau vorzeitig abgebrochen worden ist. Man fand ausgemeißelte Fundamentlager ohne Mörtelspuren (2) und trocken verlegtes Vorfundament ohne Hinweise auf einen gemörtelten Aufbau (1) (Grabung W. Meyer).

Das Geschichtsbild des 15. Jahrhunderts

Wenn so die Sagen- und Erzählforschung den Aussagewert mündlicher Überlieferung für die Historizität des berichteten Inhalts grundsätzlich in Frage stellt, wenn die archäologische Forschung nachweist, daß es so, wie berichtet, sicher nicht geschehen sein kann, so stellt sich die Frage, wie denn dieses Erzählen von der Befreiungstat zu verstehen sei. Man wird wohl, um zu einer adäquateren Beurteilung der ganzen Befreiungstradition zu gelangen, diese bewußter, als es bisher geschehen ist, im Rahmen der Entwicklung des 15. Jahrhunderts betrachten müssen. Nicht über die Ereignisse der Gründungszeit gibt sie uns Auskunft, sondern über das Geschichtsbild, das man sich im Laufe des 15. Jahrhunderts über die Entstehung der Eidgenossenschaft zurechtgelegt hat. Noch vieles bleibt hier rätselhaft, insbesondere die Entstehung der Tellsgeschichte. Aber ohne Zweifel werden Ereignisse und Erscheinungen des 15. Jahrhunderts – es sei hier nur an die anachronistische Rolle Tirols in der Version des Weißen Buches erinnert – in diese Vorstellung von der Frühzeit hineingewirkt haben. Auch die respektablen Burgruinen auf Zwinguri, Schwanau

und Landenberg gehören zum Erscheinungsbild des 15. Jahrhunderts. Waren sie – wie so viele andere Burgruinen – nicht geeignet, die deutende Phantasie der Zeitgenossen anzuregen?

4. Der Bund zwischen Städten und Ländern

Wenn wir die weiteren Entwicklungen in unserem nachmals schweizerischen Raum verfolgen wollen, so drängt sich eine regionale Gliederung der Darstellung auf. Denn noch ist kein einheitliches, den ganzen Raum erfassendes geschichtliches Geschehen zu erkennen. Verschiedene Kräfte, im Norden Habsburg-Österreich, im Westen Savoyen, im Süden Mailand, im Osten – zunächst noch – die regionalen Kirchen- und Adelsherrschaften, wirken sich aus und prägen das Geschehen. Wir werden im folgenden die Entwicklung in diesen verschiedenen Machtbereichen verfolgen, und auch die werdende Eidgenossenschaft ist zunächst nur eine dieser Entwicklungen.

Der Druck Habsburgs

Der ganze weitere historische Ablauf nördlich der Alpen ist dadurch bestimmt, daß Habsburg-Österreich beharrlich an seiner auf die Errichtung einer geschlossenen vorderösterreichischen Landesherrschaft ausgerichteten Politik festhielt, bald die guten Beziehungen zum Kaiser nutzend, bald gegen diesen die eigenen Interessen verfolgend. Auf verschiedensten Wegen wurde das Ziel, die Einordnung der reichsfreien Städte und Länder, angestrebt: so durch die Aufnahme von Pfandschaften, wie jene von 1330, aus der sich allerdings Zürich und St. Gallen gleich wieder auslösten, oder auf dem Rechtswege, wie etwa die schiedsgerichtliche Feststellung der habsburgischen Rechte in den innerschweizerischen Ländern. Vor allem aber bemühte sich Österreich um die Errichtung eines eigenen landesherrlichen Landfriedens, der unser Gebiet in seinen Kreis einschloß.

Hat so Österreich in unserer Gegend während des 14. Jahrhunderts eine recht starke und zukunftsträchtige Stellung erreicht, die man im nachhinein nur zu leicht unterschätzt, so sah es sich doch auch erheblichen internen Schwierigkeiten gegenüber: Sein politisches Schwergewicht lag und blieb im Osten, und die aufwendige Politik beanspruchte seine Mittel in einem Ausmaß, das durch die regelmäßigen Einkünfte nicht mehr gedeckt werden konnte. Schließlich kamen auch noch innere dynastische Spannungen hinzu. Alles Momente, die es von einer dezidierten Durchsetzung seines Standpunktes ablenkten und so einen gewissen Freiraum schufen für die Entwicklung entgegengesetzter Kräfte.

Für den Verlauf der schweizerischen Geschichte war ausschlaggebend, daß die habsburgischen Bemühungen zusehends in Konflikt mit lokalen, zunächst sehr partikulären und unterschiedlich gelagerten Interessen gerieten und hier bei der Unmöglichkeit eines energischen großräumigen Zugriffs in den komplexen lokalen Verhältnissen festfuhren. Als man sich schließlich österreichischerseits doch noch zur großen bewaffneten Konfrontation entschloß, war es offensichtlich zu spät. Die lokalen Gegenkräfte hatten damals bereits zu einer nicht selbstverständlichen, aber durch den ständigen österreichischen Druck möglich gewordenen Kohärenz gefunden, die jene Kraftprobe bestehen konnte. Denn die politische Entwicklung in unserm Raum ist durch eine Reihe von Bundesschlüssen gekennzeichnet, die sich neben und unter den von Österreich geflochtenen Bündnissen aus dem Augenblick heraus ergeben hatten. Nur allmählich verfestigten sie sich zu einem die Einzelinteressen überlagernden, aber nicht eliminierenden Bundesgeflecht.

Das habsburgische Luzern

Es war zunächst Luzern, das in eine Verbindung mit den drei verbündeten Waldstätten eintrat. Zu Beginn des 13. Jahrhunderts beim schon lange bestehenden Kloster gegründet, am Ausfluß des Vierwaldstättersees gelegen, hatte Luzern als wichtigste Stadt innerhalb des Verkehrssystems unmittelbar am Nordausgang des Gotthards in seiner Funktion als Brückenstadt, bald auch als Markt- und Umschlagplatz und Verwaltungszentrum rasch eine bedeutende Stellung gewonnen. Als eine Stadt, die mit dem Kloster seit ihrer Entstehung unter habsburgischer Vogtei stand, vollends dann seit ihrem 1291 erfolgten Erwerb durch Rudolf von Habsburg, stellte Luzern eine hervorragende verkehrspolitische Position der Habsburger dar und wurde von diesen vor allem durch zollpolitische Maßnahmen entscheidend gefördert.

Kleinräumig beruhte die Prosperität der Stadt aber auch auf dem Handelsaustausch innerhalb des durch den Vierwaldstättersee erschlossenen Wirtschaftsraumes. Der zunehmend straffere Zugriff Habsburgs am Gotthard wurde deshalb für ihre Bürger doppelt spürbar. Die österreichische Landstadt wurde durch die herrschaftliche Verfügung über das Schultheißenamt und durch Steuerbelastung immer stärker untergeordnet. Dazu gefährdete die seit 1308 zunehmend härtere Polarisierung der Kräfte in der Innerschweiz ihr wirtschaftliches Gedeihen zusehends, besonders durch die österreichischerseits verhängte Lebensmittelsperre. Der Stadt wurde politisch und militärisch eine Haltung aufgenötigt, die den persönlichen und wirtschaftlichen Beziehungen ihrer Bürger diametral entgegengesetzt war. Nicht zur Förderung der Warenballen befuhren nun die luzernischen Schiffe den See, sie führten nun Kriegsvolk zu den innerschweizerischen Gestaden, wo sich allenthalben Küstenbefestigungen erhoben: eindrücklich vor allem bei Stansstad, wo ein gigantisches, dem Ufer vorgelagertes Pfahlsystem sowohl den Hafen wie den Alpnachersee abriegelte.

Gegen den Vogt von Rothenburg für die Herrschaft

In der Folgezeit verschlechterte sich die Lage Luzerns noch aus anderen Gründen. In den zwanziger Jahren begann der österreichische Amtsmann, der Vogt von Rothenburg, zusehends, die altgewohnten Rechte der Stadt zu beeinträchtigen, indem er die Wald- und Allmendnutzung durch die Bürger rigoros einengte. Mochte er damit auch einer tatsächlich bestehenden Gefahr der Übernutzung zu steuern gesucht haben, so führte das zu einer für jedermann empfindlich spürbaren Einschränkung. 1326 trat eine zusätzliche Verhärtung der Situation ein, als er auch die Besetzung des Schultheißenamts beanspruchte und vermehrten Einfluß auf die Wahl des Rates zu gewinnen suchte. Indem hier von der österreichischen Herrschaft ihrer Landstadt zugestandene Rechte beeinträchtigt wurden, war nun auch diese in ihrem Recht verletzt. Die führenden Kreise der Stadt schlossen sich zur Abwehr in den Schwureinungen von 1328 und 1330 zusammen. Diese Einungen galten ausdrücklich der Aufrechterhaltung der Rechte auch der Herrschaft, stellten also keine proeidgenössische Verschwörung dar. Erst als der Versuch, das altgewohnte Recht vom Herzog wieder zurückzuerlangen, 1330 scheiterte, da der Herzog die Tragweite des Geschehens völlig verkannte, erfolgte jene dritte erweiterte Schwureinung, die als der Vierwaldstätte- oder Luzerner Bund in die Geschichte eingehen sollte.

Der Luzerner Bund 1332

Am 7. November 1332 kam es zum Bundesschluß. Wie im Bund von 1315 legte man sich auf eine gemeinsame Außenpolitik fest. Neu kamen hinzu ein Regulativ zur Verhinderung leichtfertiger Mahnung der Bundesglieder und die Einrichtung eines Schiedsgerichtsverfahrens. Bei Streitigkeiten unter den Waldstätten hatte sich Luzern der Mehrheit anzuschließen, wodurch eine Spaltung des Bundes vermieden werden sollte. Dagegen fehlte der ganze strafrechtliche Teil, wodurch der strenge Einungscharakter des Dreiländerbundes entfiel.

Der Luzerner Bund trug unverkennbar politische Züge. Doch wurden, wie es bei solchen Bünden üblich war, die Rechte der zuständigen Herrschaft vorbehalten: Luzern wahrte die Rechte Österreichs – allerdings nur jene «nach altem Herkommen». Die alten Bindungen wurden also nicht aufgelöst zugunsten einer neuen politischen Einheit. Das Luzerner Bündnis ist, wie alle anderen jener Zeit, innerhalb der bestehenden Herrschaftsstrukturen geschlossen worden, ohne diese grundsätzlich in Frage zu stellen. Allerdings wurde Luzern von den Waldstätten zu einem unbefristeten Bündnis bewogen. Die Stadt selbst unterwarf sich nach anfänglich offenen Feindseligkeiten 1336 einem Schiedsspruch, der alle Rechte der österreichischen Herrschaft bestätigte. Luzern blieb noch lange im Bannkreis der österreichischen Macht.

Ein Umsturz in Zürich

Ähnlich wie Luzern ist auch Zürich aus einer augenblicklichen Krisenlage heraus in nähere Verbindung mit den Waldstätten getreten. Vor dem Hintergrund der österreichischen Machtentfaltung, die sich für Zürich besonders 1330 durch den Übergang Rapperswils und damit des Zugangs zu den Bündner Pässen in österreichische Oberhoheit manifestierte, hatte sich zusehends ein politischer Zwiespalt entwickelt, der sich mit sozialen und persönlich-familiären Spannungen verbunden hatte. Das Handwerksvolk war überwiegend reichsfreundlich, das Patriziat hielt zu Österreich. Da erfolgte im Jahre 1336 ein Umsturz, der im Zusammenhang der allgemeinen Zunftbewegung jener Jahrzehnte zu sehen ist, in Zürich aber durch die Führung eines Mannes, des Ritters Rudolf Brun, bestimmt wurde. Brun benützte den Aufstand für sich und seine seit Ende des 13. Jahrhunderts wirtschaftlich ins Hintertreffen geratenen ritterlichen Standesgenossen, um an die Macht zu kommen. Dieser Umsturz, der die Handwerkszünfte und die Ritter an die Macht brachte, und die daraus folgende Umorientierung bedeuteten auch das Ende des zürcherischen Fernhandels. Und vielleicht ist die neuerdings von der Archäologie festgestellte städtebauliche Stagnation Zürichs im 14. Jahrhundert im Zusammenhang mit dieser wirtschaftlichen Umstrukturierung zu sehen.

Der wirtschaftlich bedrohte Stand: die Ritter (Haus «zum langen Keller», um 1300, Zürich).

In der nun beschworenen neuen Verfassung erhielten die Zunftmeister zur Hälfte Einsitz im Rat, vor allem aber wurde Brun Hauptmann und Bürgermeister auf Lebenszeit. Aus dieser quasi-monarchischen Stellung heraus leitete Ritter Brun die weitere Politik der Stadt. Sie war nur in dem Maße gegen Österreich gewendet, als dieses sich der vertriebenen, nach Rapperswil geflohenen Räte annahm. Als der Graf von Habsburg-Laufenburg in Rapperswil sich nach Waffengängen und einer kaiserlichen Friedensvermittlung bereit fand, die Brunsche Verfassung anzuerkennen, hat Brun auch mit ihm 1343 ein ewiges Bündnis abgeschlossen.

Weitere Auseinandersetzungen

Da spitzte die Mordnacht vom 23./24. Februar 1350, in der die Gegner Bruns unter dem Rapperswiler Grafen nächtlicherweile in Zürich eindrangen, die Lage drastisch zu: In raschem Gegenzug nahm Zürich Rapperswil ein, wohl als Pfand im Hinblick auf den Friedensschluß. Doch nach diesem Anfangserfolg wurde die Lage für Brun rasch prekär: Die Vermittlungsbemühungen führten nur zu Waffenstillständen, die Bodenseestädte folgten dieser riskanten

Politik nicht, und bereits hatte sich im vorderösterreichischen Gebiet eine Koalition gegen Zürich gebildet. In dieser Isolation hat Brun sich nochmals mit der Macht, ohne die es für Zürich nicht zu gehen schien, mit Österreich, zu arrangieren gesucht und jenes offenbar doch wirksam gewordene Bündnis vom 4. August 1350 abgeschlossen, in dem er durch sehr weitgehende Zugeständnisse bezüglich des Hilfskreises und den Verzicht auf eine von Österreich unabhängige Bündnispolitik sich die bestehende Verfassung hat garantieren lassen.

Als aber der Waffenstillstand mit Habsburg-Laufenburg ungenutzt verstrich, damit auch die Verfassungsgarantie Österreichs unsicher erschien, schlug Zürich, wohl in der Absicht, die Lage endgültig zu bereinigen, los, zerstörte die Rapperswiler Festungen und zwang die Bewohner der unteren March unter seine Hoheit: ein eklatanter Bundesbruch und Übergriff auf österreichische Rechte, der nicht nur Herzog Albrecht auf den Plan rufen mußte, sondern Zürich ins Unrecht setzte und innerhalb seines bisherigen politischen Bezugssystems vollends isolierte. In diesem Augenblick mußte Zürich möglichst rasch einen anderen Bundesgenossen suchen und fand diesen in den Waldstätten.

Der Zürcher Bund 1351

Wie die ganze zürcherische Politik jener bewegten Jahre in ihrer rasche Wechsel nicht ausschließenden Forschheit und Risikofreude nicht anders zu verstehen ist als aus dem Führungsstil einer dominierenden Persönlichkeit, so erscheint auch der Zürcher Bund vom 1. Mai 1351 geprägt durch die Interessen der führenden Geschlechter, einerseits Bruns, andererseits vor allem der Attinghusen von Uri. Denn liegen die Gründe für den Zusammenschluß für Zürich einigermaßen auf der Hand, so ist das weit weniger der Fall für die Länder. Sicher war es kein spontaner Zusammenschluß demokratischer Kräfte gegenüber der Herrschaft, andererseits auch kein verzweifelter Pakt des Diktators mit den ihm wesensfremden innerschweizerischen Demokratien. Der Zusammenschluß ist jedenfalls von den Ländern her gesehen nicht so selbstverständlich, wie man im nachhinein anzunehmen geneigt ist. Langwierige, die im Spiel stehenden Interessen auswiegende Verhandlungen dürften dem Bundesschluß vorangegangen sein, in den nun die ganze vielfältige Bündniserfahrung der zürcherischen Kanzlei eingeflossen ist.

Deutlich treten die hier eingebrachten Interessen und die hinter ihnen stehenden Kräfte in dem gleich zu Beginn umschriebenen Hilfskreis hervor. Er entspricht einerseits ziemlich genau dem Zürcher Münzkreis, andererseits umschließt er den Einflußbereich der Attinghusen in Graubünden, im oberen Tessin und im Goms. Die Modalitäten der Hilfeleistungen sind sorgfältig durchdacht und suchen vor allem übereilte und unbegründete Mahnungen und Waffengänge zu verhindern. Da nun fünf Bundesglieder sich verständigen mußten, wurde erstmals ein fester Tagungsort, an dem man sich vor größeren Unternehmungen beraten mußte, eingerichtet: Einsiedeln. Hier auch sollten die Schiedsgerichte bei Streitfällen unter den

Bündnispartnern, deren Prozedere nun genau fixiert wurde, abgehalten werden. Selbstverständlich wurde die Brunsche Verfassung garantiert, ja noch mehr – in aller Form die aktive Hilfeleistung im Falle ihrer Gefährdung, und sei es selbst von innen her, zugesprochen. Wie sehr aber im weiteren die Verhältnisse damals noch offen waren, zeigen die Klauseln, in denen die Vertragspartner sich die Freiheit, selbständig weitere Bündnisse zu schließen, vorbehielten ebenso wie natürlich die Rechte der jeweiligen Herrschaft: also Österreichs für Luzern, des Reiches für Zürich und die Waldstätte.

So erscheint auch der Zürcher Bund, mehr noch als der Luzerner, auf die augenblickliche Situation zugeschnitten, wobei vor allem jedes Präjudiz gegen eine weitere selbständige Außenpolitik der Vertragspartner vermieden werden sollte. Gerade Zürich, das durch seine Wirtschaftsbeziehungen in den Bodenseeraum und durch seine Ausrichtung auf die bündnerische Verkehrsachse nach wie vor in andere wirtschaftspolitische Bezugssysteme eingebunden war und sich durchaus als schwäbische Reichsstadt empfand, machte bald und noch lange von dieser außenpolitischen Autonomie Gebrauch, schließlich bis hin zur Zerreißprobe für das eidgenössische Bündnis.

Zunächst ist es aber paradoxerweise gerade Österreich gewesen, das durch seine unmittelbar folgende Machtdemonstration die Bündnispartner zu einer gemeinsamen Abwehrpolitik zwang. Diese Demonstration war einerseits groß genug, um die Eidgenossen, insbesondere Zürich, in eine arg bedrängte Lage zu bringen, in der sie zeitweilig in ihren Stellungnahmen auseinanderfielen. Sie war anderseits zu wenig griffig, zu sehr auch beeinträchtigt durch die Ereignisse in den östlichen Hausländern, als daß sie die Verhältnisse hätte bereinigen können. Vielmehr scheint die dauernd angespannte Lage bei den Bundespartnern Energien freigelegt zu haben, die zu weiterer, räumlicher Absicherung drängten und zum Einbezug zweier weiterer Gemeinwesen führten, Glarus und Zug.

Glarus und Zug 1352

Glarus, seit 1264 in den Händen Habsburgs, welches auch das säckingische Meieramt und damit die gesamte Gerichtsbarkeit über das Tal innehielt, hatte über die Berge hinweg wohl schon früh in nicht immer reibungslosem Kontakt zu den Nachbartälern Schwyz und Uri gestanden. Seit dem Morgartenkrieg, in dem die Talleute nicht auf seiten ihrer Herrschaft mitgefochten hatten, häuften sich die Hinweise auf ein politisches Eigenleben der Talschaft. Glarus nahm so am habsburgischen Landfrieden von 1333 nicht teil. Jetzt, 1351, schloß es sich der antiösterreichischen Bewegung an, um sich aus den bestehenden herrschaftlichen Bindungen zu lösen.

Aber nur zögernd kam es zum Bundesschluß, der zudem für Glarus recht ungünstig und unter Abseitsstehen Luzerns erfolgte. Grund hiefür war die offen gegen die Herrschaft gerichtete Tendenz des Glarner Bundes, denn dieser behielt die Rechte der Herrschaft nicht mehr vor. Gerade die österreichische Stadt Luzern mußte durch den Eintritt einer solchen kompromißlos gegen die Herrschaft gerichteten Komponente in ihr Bündnissystem ihre eigene, ja auch recht ambivalente Stellung gefährdet sehen. Luzern hat sich daher gegen diesen Bundesschluß gesträubt und ist nicht direkt, sondern nur durch Begleitbreife über die anderen Bundesgenossen mit Glarus in Verbindung getreten. Dies obwohl der schließlich am 4. Juni 1352 geschlossene Bund die Parteien in sehr unterschiedlichem Maße verpflichtete: Glarus sollte überall dann und dort helfen, wo seine Bundesgenossen es wünschten, sie selbst aber nur innerhalb des glarnerischen Gebietes und nur, wenn sie es tatsächlich für nötig hielten. War Glarus fest an den Wortlaut der Bestimmungen gebunden, so konnten die Bündnispartner diese beliebig ändern.

Ein erstaunlich ungleiches Bündnis also, das nur daraus zu erklären ist, daß von Glarus eine Rückendeckung im Konflikt mit der rechtmäßigen Herrschaft offenbar als – um welchen Preis auch immer – notwendig erachtet wurde, während die übrigen Orte die Möglichkeit zusätzlicher Waffenhilfe nicht ausschlagen, aber doch sich nicht allzusehr auf seiten des entlegenen und in rechtlich ungünstiger Position stehenden Glarus engagieren wollten. Zugleich kann aber doch auch schon danach gefragt werden – besonders wenn man die gleichzeitige Großzügigkeit gegenüber Zug in die Betrachtung miteinbezieht –, wie weit nicht bereits ein Unbehagen der Städte gegenüber einem Übergewicht der Bauernschaften hier hereingewirkt habe.

Anders gestalteten sich der Verlauf der Ereignisse und das Resultat bei Zug. Dieses, eine österreichische Landstadt wie Luzern, war der Güterumschlagplatz auf der Route von Zürich zum Gotthard. In habsburgisch-österreichischen Händen stellte es eine entscheidende, zwischen die Gebiete der Bündnispartner vorgeschobene Position der Herrschaft dar, die im Ernstfall gerade auch die Verbindung zwischen den Städten Luzern und Zürich gefährden konnte. Gerade diese beiden Städte gehörten zu den Triebkräften für einen Einbezug Zugs in das entstehende Bundesgeflecht, während andererseits Schwyz vor allem auf die Bevölkerung des Zuger Amtes einwirkte und dadurch wiederholt mit dieser Stadt in offenen, sich in Raubzügen und Scharmützeln äußernden Konflikt geriet.

Wenn sich nun im Juni 1352 die eidgenössischen Zuzüge vor der österreichtreuen Stadt sammelten, so zeigt sich bereits in der Art und Weise der Kriegsführung die Absicht, mit Zug in ein geregeltes Einvernehmen zu gelangen. Nicht in wildem Ansturm wurde die Stadt genommen, sondern nach allen Formen des Kriegsrechts, indem nach der Kapitulation Zugs der österreichischen Herrschaft noch drei Tage Zeit zum Entsatz zugestanden wurden. Nachdem die Frist verstrichen war, ohne daß die Herrschaft ihrer Schutzpflicht nachkommen konnte, öffneten sich die Tore den Belagerern, und schon zwei Tage später kam es am 27. Juni 1352 zum Bundesschluß. Dieser Schritt war für die Stadt nun rechtlich möglich, da die Herrschaft ihre Pflicht nicht hatte wahrnehmen können. Ohnehin wurden die bestehenden Herrschaftsstrukturen nicht aufgelöst, denn Zug konnte in aller Form die Rechte Österreichs vorbehalten. Die starke

Verhandlungsposition, die sich aus dem Interesse der Sieger für die unterlegene Stadt ergab, äußert sich auch darin, daß der Zuger Bund beinahe wörtlich dem Zürcher Bund entsprach. So fand sich Zug in der gleichen Stellung wie Luzern, und bezeichnenderweise fehlt hier wieder das kurz zuvor in das Bundessystem aufgenommene Glarus.

Ein Rückschlag

Diese Entwicklung der Dinge ist durch das Erscheinen Herzog Albrechts mit bewaffneter Macht im Juli 1352 und den sich hieraus ergebenden, vom Markgrafen Ludwig von Brandenburg vermittelten sogenannten Brandenburger Frieden vom 1. September 1352 wieder weitgehend rückgängig gemacht worden: Luzern mußte die Herrschaft, Schwyz und Unterwalden die grundherrlichen Rechte Österreichs anerkennen, Zürich Rapperswil und die March wieder herausgeben, und die eidgenössischen Bündnisse Zugs und Glarus' sind stillschweigend fallen gelassen worden. Dagegen hat Österreich das eidgenössische Bündnis Luzerns anerkannt und gegenüber Schwyz und Unterwalden seinen Anspruch auf die dortigen, faktisch ohnehin inexistenten gräflichen Rechte aufgeben müssen.

Doch wurde der Brandenburger Friede von keiner Seite richtig gehalten. Wenn jeder auf seine Weise in der Folgezeit seine Stellung zu festigen suchte, so buchten zunächst die verbündeten Städte und Länder einen wichtigen Erfolg: Am 6. März 1353 erfolgte der Bundesschluß mit der Reichsstadt Bern.

Der Berner Bund 1353

Diese war seit dem Laupenkrieg zusehends unter den Einfluß Österreichs geraten, das gerade mit der Bundeserneuerung von 1348 Bern in seinen umfassenden Landfrieden einzugliedern suchte. Bern sah sich in seiner Aktionsfreiheit mehr und mehr eingeschränkt, was in der vertraglichen Verpflichtung der Stadt, ohne Zustimmung Österreichs keine neuen Bünde abzuschließen, zum Ausdruck kommt. Bereits hatte Bern auch auf österreichischer Seite an den Auseinandersetzungen mit der anderen Reichsstadt, Zürich, teilnehmen müssen.

Es war die gleiche exponierte Stellung der beiden Reichsstädte, welche zum Zusammenschluß führte. Dabei hatten offenbar vor allem Zürich, dann auch Luzern, auf eine Verbindung hingewirkt: Viele Formulierungen des Berner Bundes lehnen sich direkt an das Zürcher Vorbild an – einen Entwurf hierfür von der Hand des Zürcher Schreibers hat man denn auch in Zürich gefunden –, und die Verhandlungen wurden in Luzern geführt. Wenn der Bund allein mit den Waldstätten geschlossen worden ist, so aus dem formalen Grund, daß Bern hier ein altes Bündnis erneuern konnte, ohne, wie bei einem neuen Vertragsschluß, an eine österreichische Zustimmung gebunden zu sein. Aus dieser Sachlage heraus ist es zu verstehen, daß die Städte Zürich und Luzern, obwohl führend am Bundesschluß beteiligt, erst tags darauf in Beibriefen nur indirekt über die Waldstätte in das Bündnis mit Bern eingetreten sind.

In diesem Bund erscheinen nun die Hilfsverpflichtungen neuartig geregelt, indem der Hilfskreis völlig offen gelassen wurde außer im

Berner Oberland. Sonst wurden lediglich die finanziellen Aspekte geregelt, die sich durch die Entfernung und die Dauer einer Hilfeleistung ergeben konnten. In den Beibriefen verpflichteten sich die Waldstätte bei Mahnung durch Bern auch Luzern und Zürich zur Hilfeleistung aufzufordern und umgekehrt. Auch hier wurde ein Tagungsort für gemeinsame Beratungen und Abhaltung des Schiedsgerichts bestimmt: Kienholz bei Brienz. Der Berner Bund stellt eine recht lockere Verbindung dar, bei der die Hilfsverpflichtungen weitgehend offenblieben. Daß hier vor allem der bernische Standpunkt zum Ausdruck gekommen ist, zeigt die Tatsache, daß es nur dort, wo Bern seinen Anspruch durchzusetzen gedachte, im Oberland, zur geographischen Festlegung der Hilfeleistung gekommen ist. Es paßt in dieses Bild, wenn auch hier beide Parteien sich eine selbständige weitere Bündnispolitik vorbehielten. Bern wollte und konnte angesichts seiner österreichischen Bindung sich im Osten nicht allzuweit engagieren, und das vielschichtige Vertragswerk ermöglichte es ihm vor allem, unter Berufung auf das wiedererneuerte Bündnis mit den Waldstätten sich aus den weiteren Kämpfen Österreichs gegen Zürich herauszuhalten.

Zürich unter österreichischem Einfluß

Der österreichische Druck hatte nämlich seit dem März 1353 durch das Zusammengehen des österreichischen Herzogs mit König Karl IV. weiter an Bedrohlichkeit zugenommen. Es war schließlich nur die offenkundige Interesselosigkeit des nach Italien strebenden Königs an den Verhältnissen in den Vorlanden, die eine entscheidende Auseinandersetzung verhinderte. So kam es zum Regensburger Frieden von 1355, der die Ergebnisse des Brandenburger Friedens bestätigte. Der Erfolg der herzoglichen Politik zeigte sich aber vor allem in der Wiedereinbindung Zürichs in das österreichische Bezugsnetz. Die Stadt mußte sich mit der Erklärung abfinden, daß kein Bund mit den Eidgenossen sie in ihren Verpflichtungen gegenüber Österreich behindern könne. Das Ausscheren Zürichs, das aber keineswegs ein Fallenlassen der eidgenössischen Bünde bedeutete, fand seine Fortsetzung bereits 1356 bei der Erneuerung des österreichischen Bündnisses von 1350 und nochmals 1359 bei der Erneuerung desjenigen von 1356. Will man diese zürcherische Politik verstehen, so muß man sich vor Augen halten, daß das eidgenössische Bündnis ja locker gestaltet war, für Zürich damals lediglich ein Bündnis unter anderen darstellte und daß das Hauptinteresse seiner Politik neben den wirtschaftlichen Gesichtspunkten nach wie vor der Sicherung seiner Verfassung und seines reichsstädtischen Status galt. Sobald sich Österreich zu einer solchen Garantie bereit fand, stand einer näheren Fühlungnahme zwischen der Stadt und Österreich nichts mehr im Wege. Rudolf Brun selbst hat späterhin als herzoglicher Hofrat bis zu seinem Lebensende von Österreich ein Jahrgeld bezogen – wie übrigens auch bernische Schultheißen –, ein Jahrgeld, das aus den durch einen österreichischen Vogt eingezogenen glarnerischen Einkünften stammte.

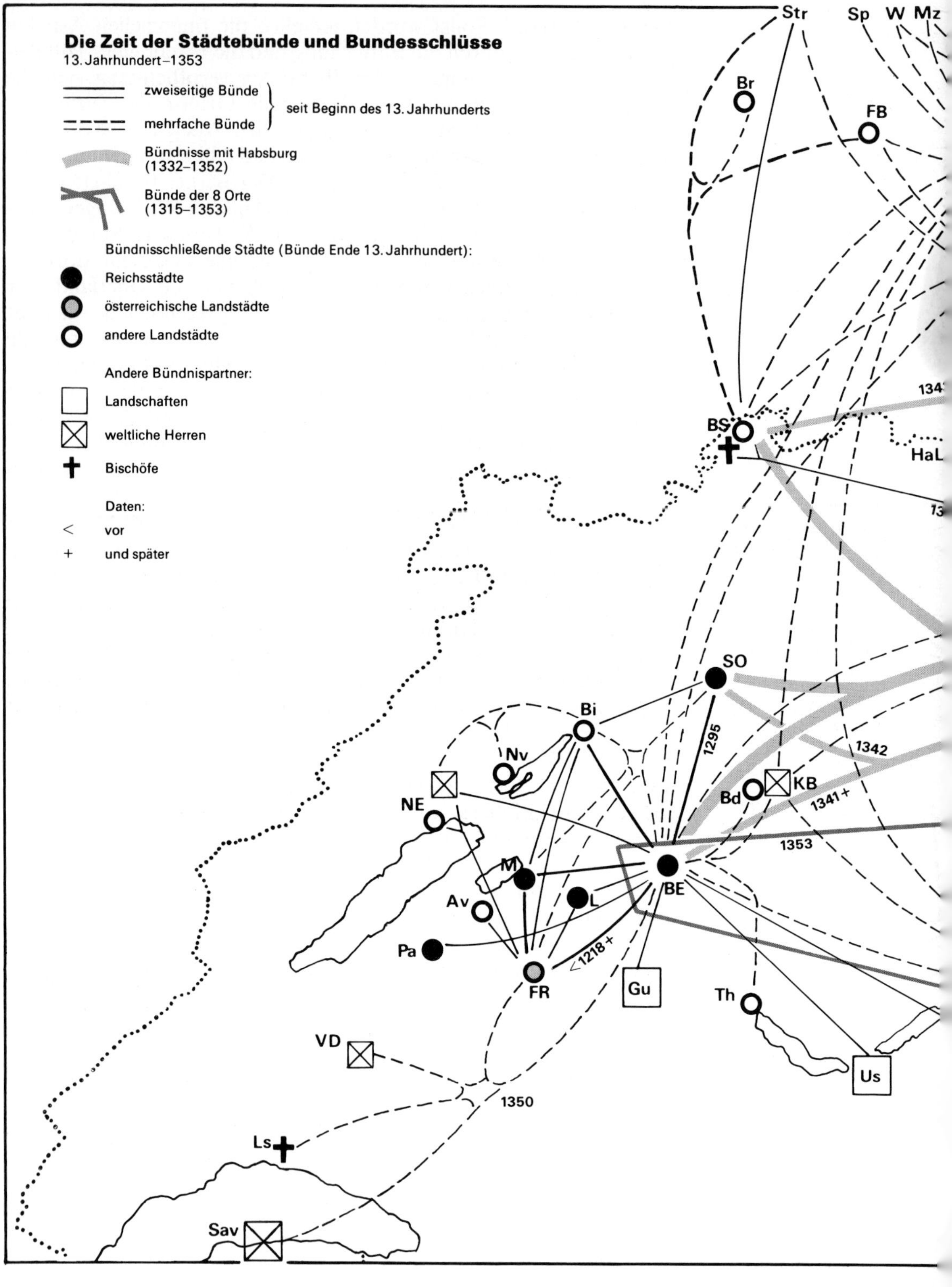
Die Zeit der Städtebünde und Bundesschlüsse
13. Jahrhundert–1353
zweiseitige Bünde
mehrfache Bünde
seit Beginn des 13. Jahrhunderts
Bündnisse mit Habsburg (1332–1352)
Bünde der 8 Orte (1315–1353)
Bündnisschließende Städte (Bünde Ende 13. Jahrhundert):
Reichsstädte
österreichische Landstädte
andere Landstädte
Andere Bündnispartner:
Landschaften
weltliche Herren
Bischöfe
Daten:
< vor
+ und später
Str
Sp
W
Mz
Br
FB
BS
HaL
SO
Bi
Nv
NE
Bd
KB
1295
1342
1341+
1353
M
Av
L
BE
Pa
FR
<1218+
Gu
Th
Us
VD
1350
Ls
Sav

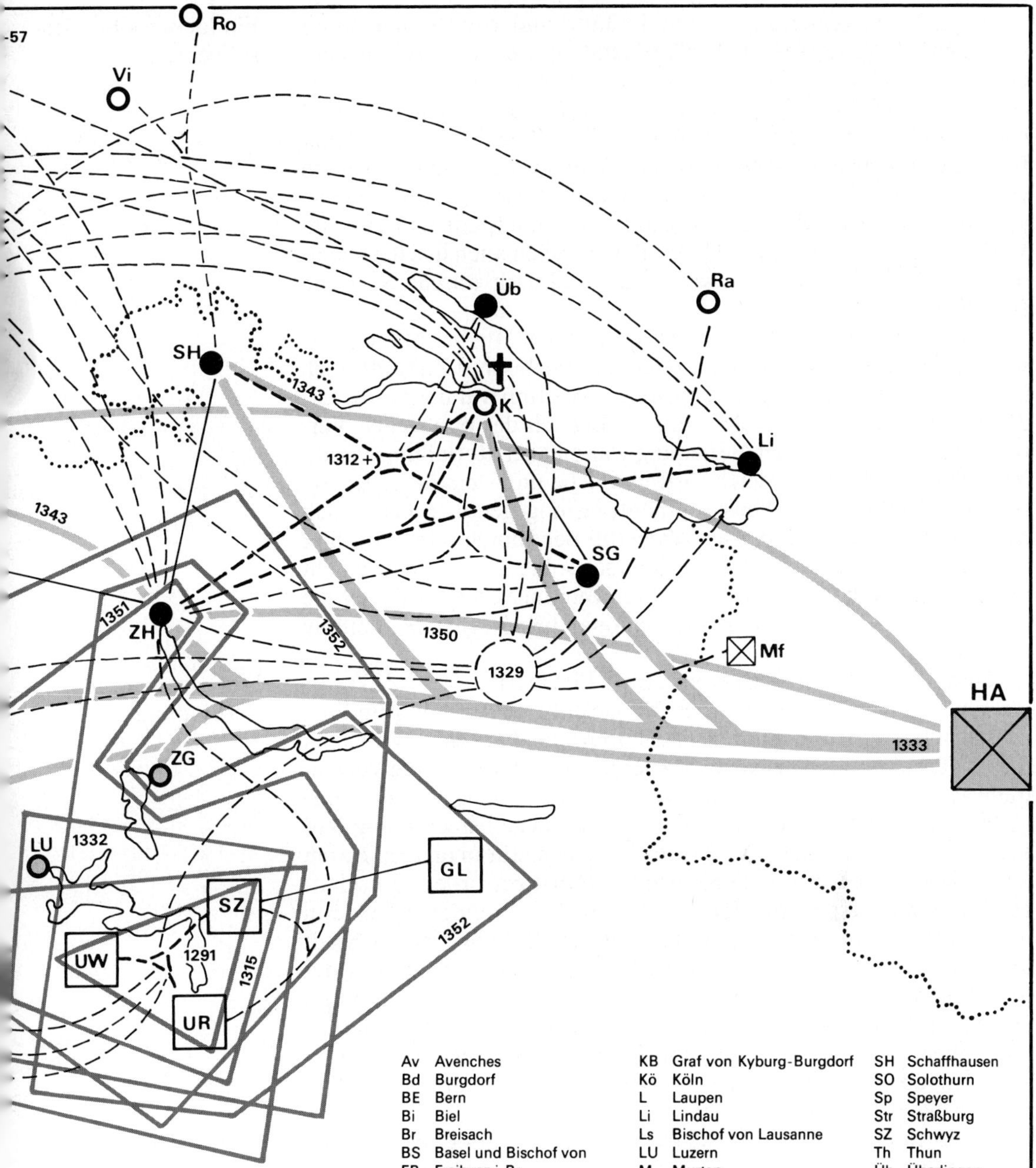

Av Avenches
Bd Burgdorf
BE Bern
Bi Biel
Br Breisach
BS Basel und Bischof von
FB Freiburg i. Br.
FR Freiburg i. Ue.
GL Glarus
Gu Guggisberg
HA Herzog von Habsburg-Österreich
HAL Graf von Habsburg-Laufenburg
Has Hasli
K Konstanz und Bischof von
KB Graf von Kyburg-Burgdorf
Kö Köln
L Laupen
Li Lindau
Ls Bischof von Lausanne
LU Luzern
M Murten
Mf Graf von Montfort
Mz Mainz
NE Neuenburg und Grafen von
Nv Neuenstadt
Pa Payerne
Ra Ravensburg
Ro Rottweil
Sav Graf von Savoyen
SG St. Gallen
SH Schaffhausen
SO Solothurn
Sp Speyer
Str Straßburg
SZ Schwyz
Th Thun
Üb Überlingen
UR Uri
Us Unterseen
UW Unterwalden
VD Erbinnen der Waadt
Vi Villingen
W Worms
ZG Zug
ZH Zürich

Ein lockeres Bundesgeflecht

Nach den bewegten Jahren um die Jahrhundertmitte steht somit noch keine Eidgenossenschaft als besonderes, in sich geschlossenes politisches Gebilde vor uns. Noch gab es kein dauerhaftes, auf das eidgenössische Bundesgeflecht konzentriertes gemeinsames Sicherheitsbestreben. Es bestand lediglich eine Anzahl verschiedener Bünde, wie sie damals allenthalben zu finden waren: ein fester Kern von Ländern am Vierwaldstättersee, eine mit diesen eng verbundene, aber unter österreichischer Herrschaft stehende Stadt und zwei im Vorland gelegene Reichsstädte, die aber zugleich auch in österreichische Bündnisse verflochten waren und politisch durchaus eigene Interessen verfolgten.

So war, außer was den Kern der drei Waldstätte betraf, der Entscheid zwischen eidgenössischer oder österreichischer Zukunft noch keineswegs gefallen, ja die österreichische Position war noch außerordentlich stark, und zwar nicht nur im Bereich der politischen Verträge. Auch in personeller Beziehung war eine territorial umschreibbare Ausscheidung in österreich-freundliche und -feindliche Kräfte bei den vielfältigen Lehensverpflichtungen gegenüber Österreich noch lange nicht erreicht. Der Abschluß der Bünde selbst hat hier zunächst wenig bedeutet. Entscheidender sollte sein, welche Macht im Kampf um die Durchsetzung ihrer Bündnisverpflichtungen die Oberhand gewinnen und in die regional beherrschende Stellung einrücken konnte.

Eine einzigartige Verbindung

Und doch hat sich hier bereits etwas Einzigartiges und Zukunftweisendes angebahnt: Es ist dies die gleichberechtigte Verbindung zwischen Ländern und Städten als ebenbürtigen Partnern. Wir haben dieses Verhältnis als einzigartig bezeichnet. In der Tat hat die Verbindung zwischen Stadt und Land, wo sie – selten genug – eintrat, nirgends diesen Charakter der politischen Gleichberechtigung auf Dauer bewahren können. Als Musterbeispiel hiefür in unserm Raum kann die als erste schon 1218 reichsunmittelbar gewordene Talschaft Hasli genannt werden, die sich 1275 mit Bern verbündet hatte, dann aber von Reichs wegen verpfändet und bereits 1334 von der Stadt absorbiert wurde. Eine ähnliche Einordnung in die Herrschaft der Stadtkommunen haben auch die Tessintäler in bezug auf Como und Mailand erfahren. Es war die übliche Entwicklung, daß die Stadt als aufstrebendes Wirtschaftszentrum das Land in ihren Wirtschaftsraum einzubeziehen und zusehends politisch zu durchdringen suchte, was ihr in der Regel früher oder später auch gelang.

Wenn nun in der Zentralschweiz die Entwicklung nicht diesen Lauf genommen hat, so wegen eines ganz bestimmten Zusammenspiels von verschiedenen Bedingungen: Zunächst bildeten die Waldstätte seit 1315 durch die gegenseitige Verpflichtung auf gemeinsame «Außenpolitik» einen nach außen hin geschlossenen Block mit einem beachtlichen politischen Selbstbewußtsein. Getragen wurde dieses Bewußtsein durch die führenden Geschlechter der Talschaften, deren Interessen sich mit jenen der in den Städten herrschenden Schicht trafen, wie wir es besonders deutlich im Zürcher Bund erkennen.

Wirtschaftlich traten gemeinsame Interessen am Gotthardverkehr und eine in den Besonderheiten des Austauschverkehrs zwischen Gebirge und Flachland begründete gegenseitige Abhängigkeit schon früh hervor. Vor allem aber war es die gemeinsame Frontstellung gegen die gerade seit der Mitte des 14. Jahrhunderts sich intensivierenden Bemühungen Österreichs um eine übergreifende Landesherrschaft, die dem eidgenössischen Zusammengehen schließlich überdauernde Kraft verleihen sollte.

Insofern ist die Wirkung Österreichs auf die sich bildende Eidgenossenschaft nicht wegzudenken. Denn dieses Zusammengehen von Städten und Ländern war auch hier im zentralalpinen Raum schon zur Zeit der Bundesschlüsse keinesfalls selbstverständlich. Gerade die Auseinandersetzungen der Bündnispartner um den Glarner Bund sind nicht nur auf die ohne Zweifel gewichtige Rücksichtnahme Luzerns auf seine Herrschaft zurückzuführen, sondern auch schon auf das Unbehagen des mittelländisch städtischen Elements vor einem Übergewicht der alpinen Bauernschaften. Die für den Zuger Bund gewählte Reihenfolge der Vertragspartner folgt weder der Anciennität noch der standesmäßigen Rangfolge, nach der die reichsunmittelbaren Orte den unter habsburgischer Herrschaft stehenden vorgehen müßten. Es erscheinen vielmehr zunächst die Städte, selbst das neuaufgenommene österreichische Zug, und erst nachher die reichsfreien Länder: Deutlicher läßt sich die Gruppierung in Länder und Städte und das politische Gewicht, das ihr beigemessen wurde, kaum mehr fassen.

Der Gegensatz zwischen Stadt- und Länderorten, der sich ja auch schon im engeren zugerischen Bereich im Hineinwirken von Schwyz in das Zuger Amt zu manifestieren begann, sollte aber erst nach dem faktischen Ausscheiden der österreichischen Macht und damit einer gemeinschaftsfördernden Abwehrstellung zu einer bestimmenden Komponente unserer nationalen Geschichte werden. Das 15. Jahrhundert sollte die ersten tiefgreifenden und bis zum Zerreißen geführten Bewährungsproben für diese eigenwillige Verbindung von Stadt und Land bringen. Daß sie – allerdings auf gewandelten, für das 14. Jahrhundert noch undenkbaren staatspolitischen Grundlagen – bestanden wurden, ist eines der Hauptresultate des 15. Jahrhunderts. Dabei hat sich vor allem auch eine Institution als segensreich ausgewirkt, die bereits in den ersten Bünden verankert worden war, die Einrichtung des Schiedsgerichts.

5. Genf und das Wallis im Kampf gegen Savoyen

Anders als im Gebiet der werdenden Eidgenossenschaft verlief die Auseinandersetzung um die Beherrschung des Landes im Machtbereich der Grafen von Savoyen, wenn auch der Gegensatz und der Einsatz derselbe war. Hier beherrschten – wenn wir von dem von Bern und Freiburg dominierten Grenzgebiet zum österreichischen Einflußbereich hin absehen – nicht die sorgfältig den Rahmen des Möglichen ausschöpfenden Bundesschlüsse das Geschehen, sondern vor allem die zumeist feudalen Charakter tragenden kriegerischen Auseinandersetzungen, die nur unterbrochen wurden durch herrschaftlich-dynastische Verträge und Waffenstillstände. Hier in der Westschweiz entfaltet sich das 14. Jahrhundert zu einem dramatischen, oft düsteren Fresko: Genf gemahnt mit seinen blutigen Familienfehden an die Verhältnisse in den italienischen Stadtkommunen; Sitten, mehrmals unterworfen und geplündert, steht in Flammen, und in selbstzerstörerischer Rache überfällt Anton von Turn auf Schloß La Soie bei Savièse den greisen Bischof Tavel, stößt ihn über die Burgmauer in die Tiefe – so reiht sich Szene an Szene ...

Die Genfer Bürgerschaft im Bündnis mit Savoyen

Savoyen hatte sich während der zweiten Hälfte des 13. Jahrhunderts in der Waadt auf Dauer etablieren können und bereits auch – wie überall in seinem Herrschaftsbereich – begonnen, durch das Kastellaneisystem die Verwaltung des Gebietes auszubauen. Die direkteste Verbindung zwischen den savoyischen Stammlanden und der Waadt stellte nun Genf dar. Durch ihre zentrale Lage in dieser Region, deren Bedeutsamkeit zudem durch die Rhonebrücke gesteigert wurde, mußte die Stadt den Savoyern als gegebenes Herrschaftszentrum für ihre nordalpinen Territorien erscheinen, um so mehr, als eben seit der Mitte des 13. Jahrhunderts die Genfer Messen zu internationalem Rang aufzusteigen begannen. In Genf aber herrschte unangefochten seit der 1219 erfolgten Aussöhnung mit dem Grafen von Genf das Regiment des Bischofs. Gegen dieses verbündete sich nun der Savoyer mit dem Stadtbürgertum, dessen Führer sich allerdings aus dem niederen Stadtadel rekrutierten, zuerst 1263, dauerhafter dann 1285. Unter savoyischem Schutz ist die Genfer kommunale Bewegung zum Leben erwacht und hat sich nach einer oft stürmischen, durch wiederholte Rückschläge gekennzeichneten Entwicklung 1309 gegenüber dem Bischof durchgesetzt.

Aber nicht nur Savoyen interessierte sich für eine solche Verbindung, sondern auch das Stadtbürgertum selbst: Der savoyische Graf war weit eher in der Lage, den für das Gedeihen der Genfer Messen entscheidenden Straßenfrieden zu wahren als der Bischof, der nicht einmal in der Stadt selbst den Marktfrieden garantieren konnte. Bildet die politische Emanzipation der Stadtbürgerschaft die eine charakteristische Komponente jener Zeit, so der immer enger werdende Zugriff Savoyens die andere. In einer fast ein Jahrhundert dauernden kriegerischen Auseinandersetzung – einem «Hundertjährigen Krieg», den die Lokalgeschichtsschreibung in über sieben feudale Einzelfehden aufteilt – gelang es dem Savoyer, seinen Vasallen und seiner Partei im Innern der Stadt den verbündeten Bischöfen und Grafen von Genf und deren Vasallen bis in die fünfziger Jahre des 14. Jahrhunderts hinein Herrschaft um Herrschaft abzuringen. Höhepunkte dieser Kämpfe bildeten unter Amadeus V. von Savoyen 1285 die Besetzung Genfs und die Organisation eines bürgerlichen Stadtregiments, 1287 die Eroberung des Château de l'Ile und damit der Über-

Haus der Familie Tavel in Genf.

gang der Kontrolle über die Rhonebrücke an Savoyen, 1288 die Usurpation des Vitztumamtes, d. h. der weltlichen Gerichtsbarkeit des Bischofs, das nun mit der auf Château de l'Ile eingerichteten Kastellanei verbunden bis ins 16. Jahrhundert hinein in savoyischem Besitz bleiben sollte. Die erbittert und blutig ausgefochtenen innerstädtischen Auseinandersetzungen von 1356–1358, in denen die savoyische Partei unter Führung der Familie Tavel gegen die bischöfliche rang, standen wohl schon unter dem Zeichen der nun auch für die Bürgerschaft unheimlich werdenden savoyischen Übermacht. Denn Savoyen hatte 1355 Faucigny und Gex erworben und damit die Stadt bis auf den Herrschaftsbereich der machtlosen Grafen von Genf eingeschlossen.

Frontwechsel der Bürgerschaft

Diese Wendung der Dinge führte zu einem allmählichen Frontwechsel der Bürgerschaft auf die Seite des Bischofs. Wenn auch der Savoyer, die Gunst Karls IV. nutzend, in den sechziger Jahren vorübergehend das Reichsvikariat über das Bistum Genf erwerben konnte – im Zeichen dieser kaiserlichen Gunst steht auch die auf Veranlassung des Savoyers 1365 geplante, aber nicht verwirklichte Genfer Universitätsgründung –, so ist doch dieser neue Zusammenschluß bestimmend geblieben. Er fand seinen Ausdruck in der durch Bischof Adhemar Favre (Fabri) verliehenen Handfeste für Genf von 1387. Bürgerschaft und Bischof von Genf haben ihre Selbständigkeit bewahrt, wenn diese auch immer gefährdet blieb, um so mehr als die Stadt seit Beginn des 15. Jahrhunderts mit dem Ausscheiden des Grafen von Genf völlig von Savoyen eingeschlossen war. So hat sich im Laufe des 14. Jahrhunderts in diesem Raum jenes Kräfteverhältnis eingestellt, das die weitere Geschichte der Stadt kennzeichnete und schließlich im 16. Jahrhundert zur Verbindung mit der Eidgenossenschaft führen sollte.

Das bischöfliche Wallis

Auch im nordöstlichen Bereich seines Herrschaftsgebietes war Savoyen, seitdem es sich während des 12. Jahrhunderts im Unterwallis etabliert hatte, aktiv geblieben und erstrebte nach wie vor die Herrschaft über das ganze Tal. Dabei ging es ihm vor allem um die möglichst weitgehende Kontrolle der Simplonroute, der kürzesten Verbindung für den Handel mit Orientgütern zwischen Venedig und der Champagne, die eben im 13. Jahrhundert im Begriff stand, sich zur Fernhandelsstraße zu entwickeln. Doch setzte die savoyische Politik im Wallis auf ganz andere Karten als in Genf: Sie stützte sich hier auf den bischöflichen Landesherrn, später auf die regionalen Machthaber ab und stand im allgemeinen im Gegensatz zur kommunalen Bewegung, die im Wallis ihren besonderen Ausdruck in den Zenden fand. Gerade diese dauerhafte Gegnerschaft sollte – ähnlich wie bei Habsburg-Österreich – ausschlaggebend dafür sein, daß sich Savoyen schließlich nur mit einem Teilerfolg zufrieden geben mußte.

Die Ausrichtung auf die bischöfliche Position war dadurch gegeben, daß Savoyen seit dem späten 12. Jahrhundert – oder vielleicht schon 1037, als Aimon von Savoyen die bischöfliche Vogtei innehielt – das Bistum zusehends in den Griff bekommen hatte. Aber damit sah es sich auch mit allen Problemen der bischöflichen Herrschaft konfrontiert. Da war zunächst die feudale Zersetzung der ursprünglich grafschaftlichen Verwaltungsorganisation. Die bischöflichen Meierämter waren im 12./13. Jahrhundert zusehends zu erblichen Lehen geworden, wodurch eine mehr oder weniger selbständige und für den Bischof unzuverlässige, sekundäre Adelsschicht entstand. Die Bischöfe haben dem seit den dreißiger Jahren des 13. Jahrhunderts entgegenzuwirken gesucht durch die Einrichtung von ihnen unmittelbar abhängiger bischöflicher Meier und des sie vertretenden Landeshauptmanns. Andererseits haben sie die Güterverluste auszugleichen versucht durch eine vielfältige Erwerbspolitik. Die Mittel hierfür gewannen sie aus den Steuern, die im 13. Jahrhundert den Kopfzins

Schloß Saillon: eindrücklicher Zeuge savoyischer Machtentfaltung im mittleren Wallis. Saillon ging zu Beginn des 13. Jahrhunderts durch Kauf an Savoyen über, das hier eine Kastlanei errichtete. Die mächtigen Befestigungswerke wurden durch savoyische Baumeister um die Mitte des 13. Jahrhunderts errichtet.

der Gotteshausleute ablösten und alle, Freie wie Unfreie, auf den bischöflichen Territorien erfaßten. Damit rückt das zweite Element, mit dem die bischöfliche Herrschaft sich auseinandersetzen und ein Einvernehmen suchen mußte, ins Blickfeld: die ländlichen Gemeinden.

Die geographisch vorgegebene Gliederung des Walliser Raumes in viele Einzeltäler und abgeschlossene Sprengel war der Bildung von selbstverantwortlichen Gemeinden günstig. Ihr politischer Aufstieg beruhte auch auf der Tatsache, daß sich der Bischof bei seinen Auseinandersetzungen mit Savoyen wegen der lehensrechtlichen Auflösung der ursprünglichen Herrschaftsstrukturen auf die Gemeinden abzustützen begann. Zudem hatten der Bischof, dem das Straßenregal zukam, wie die Gemeinden, die an der Gestaltung des Verkehrs teilnahmen, ein gemeinsames Interesse am ertragreichen Simplonverkehr. Der Bischof holte nach alter Gewohnheit in lokalen Angelegenheiten den Rat der Gemeindevertreter ein, und gegen Ende des 13. Jahrhunderts wirkten die Walliser Gemeinden bereits bei politischen Geschäften mit, die das ganze Land betrafen. Im Frieden mit Savoyen von 1301 erscheinen auch Vertreter des Landes, und seit Beginn des 14. Jahrhunderts waren die zehn großen Gemeinden als eigene politische Körperschaft neben dem Adel im Walliser Generalrat vertreten, ohne den kein das Land betreffender Entscheid getroffen werden konnte.

Bischof, Adel und Gemeinden, das waren die drei Faktoren, die das politische Kräftespiel im Wallis bestimmten und, da sie bald gemeinsame, bald einander entgegengesetzte Interessen vertraten, in einem unbeständigen Schwebezustand hielten. So haben etwa die Gemeinden sich energisch dem bischöflichen Versuch, das Notariatsmonopol zurückzugewinnen, widersetzt und dies zu einer Zeit guten Einvernehmens mit dem Bischof.

Das savoyische Eingreifen und die Aufstände der Zenden

Dieses Gleichgewicht war um so gefährdeter, als nun Savoyen in die Walliser Angelegenheiten involviert war: durch seine Besitzungen besonders im Unterwallis, die mit der Einrichtung der Kastellaneien

Saillon und Saxon im 13. Jahrhundert konsolidiert worden waren, durch seine lehensrechtlichen Bindungen und schließlich durch seine den Simplon betreffenden Verträge mit dem Bischof. Jede Gewichtsverlagerung mußte hier zu den heftigsten Ausschlägen führen.

Das trat denn 1342 auch ein mit der Verleihung des Bistums an den völlig auf Savoyen ausgerichteten Guichard Tavel, der einer die savoyische Partei in Genf anführenden Familie entstammte und vor seiner Ernennung Kanzler am savoyischen Hofe gewesen war. Sein Nachfolger wurde 1375 sogar ein Sprößling des savoyischen Geschlechts selbst: Eduard von Savoyen-Achaia. Im Jahre 1350 brach der Aufstand der Gemeinden aus, provoziert durch einen bischöflichen Übergriff in den Zuständigkeitsbereich der Gemeinde Sion. Bischof Tavel rief die savoyische Macht zu Hilfe, die 1352 in energischem Vorstoß den Aufstand niederwarf, die hohe und niedere Gerichtsbarkeit an sich nahm und den Grafen von Savoyen für neun Jahre zum Landeshauptmann im Wallis erhob. Damit schien der Unterwerfung des Wallis unter Savoyen nichts mehr im Wege zu stehen.

Schild der Herren von Raron um 1300. Die Raron stiegen im 13. Jahrhundert in bischöflichem Dienst zu einem der mächtigsten Geschlechter des Wallis auf. Im 14. Jahrhundert halfen auch sie mit, die Macht der Familie von Turn zu brechen, scheiterten aber dann beim Versuch, eine eigene Vormachtstellung zu errichten.

Doch wuchs nun die Auseinandersetzung zu einem eigentlichen Freiheitskrieg der Walliser Gemeinden an, wobei vor allem der Zenden Leuk als treibende Kraft hervortrat. Der Kampf wurde mitunter mit außerordentlicher Erbitterung und Grausamkeit geführt. Er hat die unteren Zenden und insbesondere die Stadt Sion in raschem Wechsel kurzfristigen Erfolg und demütigende Erniedrigung erfahren lassen und sollte, durch die von Savoyen oktroyierten Waffenstillstände und Friedensschlüsse, aber auch durch die Erschöpfung der Gegner immer wieder unterbrochen, bis gegen Ende des Jahrhunderts dauern.

In diesen Auseinandersetzungen kam die ganze Komplexität der Verhältnisse im Wallis zum Ausdruck. So haben, in völliger Umkehr der ursprünglichen Frontstellung, die Gemeinden und Bischof Tavel in dessen letzten Jahren zusammengefunden gegen die neu und gewaltsam eine eigene Herrschaft anstrebenden savoyischen Vasallen, die Herren von Turn. Wenn sich auch alle Zenden am 10. Oktober 1355 in einem Bund zusammenschlossen, in dem man auch schon eidgenössischen Einfluß erkennen wollte – Attinghusen und Silenen erscheinen unter den Zeugen –, der aber durchaus auf die Walliser Verhältnisse zugeschnitten war, so handelte es sich dabei um keine dauerhafte Verbindung. In ihren Zielen wie in ihren Interessen gingen sie eben doch völlig auseinander: Die oberen Zenden scheinen eine vollständige Autonomie in Anlehnung an Uri erstrebt zu haben, und tatsächlich sind hier die savoyischen Ansprüche *de facto* nie zur Geltung gekommen. Die unteren, an den alpinen Verkehrslinien weniger interessierten Zenden strebten nach einer Restitution des reichsunmittelbaren Bistums, und so erfuhren sie schließlich ein anderes Schicksal.

Den folgenschweren Höhepunkt erreichte die Auseinandersetzung im April des Jahres 1384, als das gesamte Walliser Volk den Bischof Eduard von Savoyen-Achaia aus dem Lande vertrieb und

Amadeus VII. von Savoyen im Gegenschlag den Aufstand blutig niederwarf. Wie in den fünfziger Jahren war wieder hauptsächlich Sion betroffen: Die Stadt wurde ausgeplündert und in Brand gesteckt. Das Hauptresultat der verschiedenen Verträge von 1384 war schließlich, daß das Unterwallis bis nach Conthey und einschließlich des Val d'Hérémence definitiv in die Hände Savoyens kam. Dagegen sind alle Versuche Savoyens, auch das Oberwallis zu gewinnen, schließlich 1388 in der Schlacht bei Visp, in der die savoyische Ritterschaft dem Aufgebot der oberen Zenden unterlag, gescheitert. Der Friede von 1392 besiegelte den 1384 erreichten Stand: In den sieben oberen Zenden hat sich die kommunale Bewegung gegenüber der savoyischen Macht behaupten können. Der Preis allerdings war die Teilung des Wallis.

Damit war auch im Wallis zu Ende des 14. Jahrhunderts jene Situation erreicht, aus der heraus es zum Zusammenschluß mit den eidgenössischen Orten kommen sollte: Durch die savoyische Machtentfaltung vom Talausgang abgedrängt, ergab sich den im oberen Wallis abgeschlossenen Zenden die Hinwendung über die Gebirgskämme zu den benachbarten ländlichen Talschaften von selbst.

Das Wallis und die Eidgenossen

Wie weit ein eidgenössischer Einfluß bereits auf diese Entwicklung des 14. Jahrhunderts eingewirkt hat, ist schwer zu sagen. Bern hat in diesem Raum noch keine gezielte Politik verfolgt und sich vorübergehend mit dem Walliser Bischof, aber auch mit den Herren von Turn verbunden, ohne daß diese Beziehungen sichtbare Folgen gehabt hätten. Den wiederholten Mahnungen des Grafen von Savoyen scheint es, im Unterschied zu Freiburg, nicht Folge geleistet zu haben. Die urnerischen Umtriebe jenseits der Furka verbinden sich vor allem mit dem Namen der Attinghusen, dann auch der von Silenen in Visp. Bekanntlich schließt der Hilfskreis des Zürcher Bundes, hierin die Interessen der Attinghusen berücksichtigend, auch das Goms ein, und um die Mitte der 1350er Jahre hat für kurze Zeit auch das bis nach Visp reichende recht ephemere attinghusische Rektorat Wallis bestanden.

Doch dürfen wir den Einfluß der eidgenössischen Entwicklung, die ja im Vergleich zum Wallis andere, wesentlich undramatischere Formen angenommen hatte, nicht überschätzen. Von den im nachhinein feststellbaren säkularen Folgen der damaligen eidgenössischen Entwicklung her, die schließlich in einen modernen Staat mündete, ist man nur zu leicht versucht, alle übrigen ähnlich gelagerten Entwicklungen auf das Vorbild der Eidgenossen zurückzuführen. Das harte Ringen, das besonders für das mittlere Wallis mit entsagungsvollen Leidenszeiten – wie sie die innerschweizerischen Talschaften und die mit ihnen verbündeten Städte nie gekannt haben – verbunden war, hätte nicht durchgehalten werden können, wäre es nicht tief in einem eigenständigen Unabhängigkeitswillen gegenüber der savoyischen Macht und in einem tragfähigen Selbstbewußtsein verwurzelt gewesen. Wenn irgendwo während des 14. Jahrhunderts in unserem Bereich um die Freiheit gekämpft worden ist, dann hier.

6. Umworbene Säumer: das Tessin

Umständlicher Partikularismus

Unter der wenig effizienten Herrschaft des Mailänder Domkapitels hatten die Gemeinden der ambrosianischen Täler schon früh eine kommunale und talgenossenschaftliche Eigenständigkeit entwickelt. Der früheste politisch artikulierte Bund alpiner Talschaften ist hier beschworen worden: der Schwur von Torre von 1182. Er bezog sich nicht nur auf den Augenblick, den Kampf gegen Artusio da Torre, sondern sah auch für die weitere Zukunft das Zusammenstehen der Talschaften Blenio und Leventina gegen die dem staufischen Kaiser ergebenen Geschlechter und die Verhinderung jedes neuen Burgenbaus in den Tälern vor. Mit der Öffnung des Gotthards für den Fernverkehr gewannen diese Gemeinden an Bedeutung, denn der Verkehr spielte sich hier im Rahmen der Dorfgemeinschaften ab: Die Gemeinden hatten das Transportmonopol auf ihrem Gebiet inne, in ihrem Rahmen bildeten sich die Säumergenossenschaften heraus, und bezeichnenderweise stammt das früheste auf uns gekommene Säumerstatut von 1237 aus Osco.

Das hatte für die an raschem und sicherem Transport interessierten Kaufleute störende Komplikationen zur Folge. Schon um die Mitte des 13. Jahrhunderts ist es so zu einem Abkommen zwischen den Städten Mailand und Como und den Talgemeinden der Leventina und des Blenio, z. T. auch der Riviera gekommen, in dem diese sich zum Straßenunterhalt und zu sicherem Geleit wenigstens zur Tageszeit verpflichteten. Ein anderes Mittel, diesen kostspieligen und umständlichen Partikularismus zu umgehen, war die Durchsetzung der Direktfuhr, eine Lösung, die in der ersten Hälfte des 14. Jahrhunderts vor allem von den nördlichen Nachbarn angestrebt worden zu sein scheint.

Eine Intervention der Urner

Wie weit nun am Gotthard ein unmittelbarer Zusammenhang zwischen der politischen Einflußnahme und dieser Verkehrsproblematik besteht, in dem Sinne, daß eine übergreifende Herrschaft die kommunalen und säumergenossenschaftlichen Partikularismen eingedämmt hätte, ist umstritten. Doch ist der erste Übergriff der Urner, unterstützt durch die Schwyzer, Unterwaldner und auch schon Zürcher 1331 eindeutig auf Wegzollauseinandersetzungen zurückzuführen, die man offenbar militärisch-politisch zu lösen trachtete. Der anschließende Vertrag von 1331 hat dann in der Tat für die Urner freies Wegrecht in der Leventina und die gegenseitige Verpflichtung zum Straßenunterhalt erbracht. Ihm schloß sich 1335 auch das am Gotthardverkehr besonders interessierte Luzern an. Auf die in diesem Zusammenhang immer erwähnte Rolle der in der Urseren herrschenden von Moos in der Leventina sei hier nicht näher eingegangen, da die verschiedenen kaiserlichen und königlichen Rechtsbestätigungen des 14. Jahrhunderts nach den neuesten Forschungen samt und sonders spätere Fälschungen darstellen.

Christus vor Pilatus. Ausschnitt aus der größten Monumentalmalerei, die uns aus karolingischer Zeit erhalten ist, Klosterkirche St. Johann Baptista, Müstair (GR), kurz nach 800.

Rivalität zwischen Mailand und Como

Die Urner und ihre Helfer trafen 1331 nicht mehr auf die Vertreter des Mailänder Hochstifts, sondern bereits auf die vereinigten Kräfte der Städte Como und Mailand. Diese beiden Städte hatten einander während des ganzen 13. Jahrhunderts in wechselvollen Auseinandersetzungen, in denen Como nicht nur das Locarnese, sondern auch für kurze Zeit (1270–73) die ambrosianischen Täler an sich reißen konnte, im südalpinen Raum konkurrenziert und im Frieden von Como 1292 die Einflußsphäre unter sich geteilt: Das mailändische Hochstift behielt die ambrosianischen Täler, Bellinzona und Locarno anerkannten die Herrschaft Comos. Dieses für Como günstige Resultat aber blieb nur Episode, nicht nur weil Locarno seine alte, auf Friedrich I. 1186 zurückgehende reichsfreie Stellung wieder errang, sondern auch weil Mailand nach der endgültigen Machtübernahme durch die Visconti 1311 sich dezidiert durchzusetzen begann. Das Mailänder Hochstift hat den Visconti die ambrosianischen Täler zunächst verpachtet und schließlich ganz abgetreten. Die neue Machtentfaltung des viscontischen Mailand führte 1335 zum Ende der Unabhängigkeit Comos, und der darauf folgende Aufstand der comaskischen Rusca in Bellinzona endete 1340 mit der endgültigen Behauptung der mailändischen Position an dieser alles beherrschenden Riegelstellung. Das unter den Herren von Muralti unabhängige Locarno wurde 1342 unterworfen. Damit hatte sich der Dualismus Mailand–Como vor Mitte des 14. Jahrhunderts aufgelöst und zu einer umfassenden Domination Mailands gewandelt.

Diese Entwicklung der Herrschaftsverhältnisse ist jedoch weniger im Zusammenhang mit dem Gotthardverkehr zu sehen, denn die Visconti hatten bezeichnenderweise ihre Rechte in der Leventina bereits 1313 an die Rusca von Como weiterverliehen, jene im Blenio etwas später den Pepoli von Bologna. Sie entsprach vielmehr der allgemeinen territorialen Expansionspolitik der italienischen Stadtkommunen und Signorien, die ja gerade in Mailand besonders vorangetrieben wurde und dieses zur dominierenden Stadt Oberitaliens werden ließ. Die Sorge um die Verkehrsverbindungen wurde eher von der sehr aktiven mailändischen Kaufmannschaft wahrgenommen, wie es in den Verträgen mit dem Bischof von Sion im 13. Jahrhundert im Bereich der Simplonroute oder am Gotthard im Vertrag mit Bellinzona von 1346 zum Ausdruck kommt.

Um die Mitte des 14. Jahrhunderts ist so das ganze nachmalige südliche Tessin bis Bellinzona unter die direkte Herrschaft des mailändischen Stadtstaates gelangt. In der Leventina, weniger im Blenio blieb indessen ein Schwebezustand erhalten, der sich aus der Überkreuzung herrschaftlicher, verkehrspolitischer und kommunaler Interessen ergeben hatte: Mailändische Herrschaft, urnerischer Einfluß – der Hilfskreis des Zürcher Bundes schließt ja die obere Leventina bis zum Monte Piottino mit ein – und das Streben der Gemeinden nach Eigenständigkeit wirkten in diesem Raum und hielten sich die Waage.

7. Vom feudalherrschaftlichen Partikularismus zur föderativen Sammlung: Graubünden

Der Bischof von Chur und die Freiherren von Vaz

In Graubünden ist im 14. Jahrhundert das politische Erscheinungsbild noch durchaus bestimmt durch eine Vielzahl von weltlichen und geistlichen Herrschaften, unter denen neben den Freiherren von Belmont und jenen von Sax-Misox, neben den Äbten von Disentis, die begüterten Freiherren von Vaz und, an Ausdehnung des Besitzes alle überragend, die Bischöfe von Chur hervortreten: eine bunte, von feudalherrschaftlichem Partikularismus geprägte Miniaturwelt, ohne umfassende politische Ausrichtung, wie sie früher etwa durch die kaiserliche Paßpolitik noch gegeben war. Vielfältige, oft lange dauernde Auseinandersetzungen aus mannigfachen Motiven, die bald auf Familienfehden, bald auf die allgemeinen Gegensätze im Reich, dann aber auch schon auf österreichische Einflußnahme zurückzuführen sind, lösten einander ab; auch hier wieder an Dauer und Intensität die anderen überragend die Fehde zwischen den beiden Großen, die erst durch den Hinschied des letzten Freiherrn von Vaz und die erbliche Aufteilung des großen Besitzes 1337/38 gegenstandslos geworden war. In sie hatten auch schon über die Bergkämme hinweg auf seiten der Vazer Innerschweizer eingegriffen, denen die österreichische Bedrohung von dieser Seite her deutlich erkennbar geworden war. Hatte doch 1333 der österreichisch gesinnte Disentiser Abt, allerdings erfolglos, versucht, die Urseren zu sperren.

Erster föderativer Zusammenschluß

Nach dem Ausscheiden der Freiherren von Vaz befand sich der Churer Bischof um die Mitte des 14. Jahrhunderts auf dem Höhepunkt seiner Macht. Um so folgenschwerer war es, daß im Jahre 1360

Die Kirche von Rhäzüns (um 1340, GR) bietet ein sehr schönes Beispiel der in unserm Raum feststellbaren intensiven, ländlich-volkstümlichen Passionsverehrung. Rechts die Gregorsmesse: Dem an der Gegenwart Christi im Altarssakrament zweifelnden Papst Gregor erscheint Christus als Schmerzensmann mit allen Leidenswerkzeugen. Aus diesem Beweis göttlicher Gegen-

der ohnehin häufig abwesende, schon durch österreichische Einflußnahme zum Bischofsamt gelangte Peter Gelyto, ein Böhme, seine weltliche Herrschaft gegen eine jährliche Entschädigung für acht Jahre an Österreich abtrat. Die hier ausgelöste politische Gewichtsverschiebung akzentuierte sich noch bedrohlicher, als Österreich 1363 mit Unterstützung des Churer Bischofs in den Besitz der unmittelbar benachbarten Grafschaft Tirol einrückte. Diese neue und gefährliche Konstellation führte zum ersten föderativen Zusammenschluß der Betroffenen: Am 29. Januar 1367 schlossen sich das Domkapitel, die Ministerialen, die Stadt Chur und die Gemeinden des «gemeinen Gotteshauses» im sogenannten Gotteshausbund zusammen. Dieser sollte zunächst die Selbständigkeit des Bistums wahren, aber er enthielt auch schon gemeinsame Absprachen in Angelegenheiten, die das ganze Bistum betrafen, und Bestimmungen über gegenseitige Hilfeleistung. Damit war – wenn auch das bäuerlich-gemeindliche Element in diesem ersten Bund nicht überschätzt werden darf – jener föderative Weg aufgezeichnet, der im 15. Jahrhundert vollends eingeschlagen werden sollte und der schließlich für jene Region namengebend wurde: Aus «Rätien» ist über die Zwischenstufe kleinräumiger politischer Namengebung – «Herrschaft Vaz», «Herrschaft Rhäzüns», «Herrschaft Belmont» usw. – späterhin «Graubünden» geworden.

Der Aufstieg der Gemeinden

Wenn auch das kommunale Element im 14. Jahrhundert noch nicht als bestimmender politischer Faktor in Erscheinung tritt, so hat es – wie wir gesehen haben – sich besonders in den Südtälern Graubündens schon früh manifestiert und regt sich nun überall unverkennbar. Vor allem die im 13./14. Jahrhundert sich niederlassenden Walsergemeinden, mit der ihnen eigenen Selbständigkeit und rechtlichen Freiheit, haben hier beispielgebend gewirkt. Anderseits war bereits ein alteingesessenes halbfreies und freies Bauernelement stark vertreten, neben den besonders im mittleren Vorderrheintal nachgewiesenen, offenbar auf eine sehr frühe Zeit zurückzuführenden Freien. Waren diese zusammen bereits in wirtschaftlichen Talgenossenschaften miteinander verbunden, so gelangten sie nun, von den Herrschaften, die auf ihr Mitwirken in den verschiedenen Fehden angewiesen waren, umworben und begünstigt, zusehends zu politischem Bewußtsein. Dieses äußert sich etwa darin, daß die Gemeinden auf das Gerichtswesen zunehmend Einfluß nehmen und die herrschaftlichen Vertreter eliminieren.

Diese gemeindliche Aktivität zeigt sich auch in der regen Teilnahme am sich über die Bündner Pässe ergießenden Handelsverkehr, der sich über die an ihren Transportrechten zähe festhaltenden Porten abwickelte. Das kommunale Interesse am Verkehr trat hier in Konkurrenz zum bischöflichen: Alle Bemühungen des Bischofs, seinen Paß, die obere Straße mit dem Septimer, konkurrenzfähig zu halten, schlugen fehl. Weder von Kaiser Karl IV. zugestandene recht ephemere Verkehrsmonopole – die Kaufleute der deutschen Städte sollten nur diese Verkehrsverbindung benutzen dürfen – noch die

wart wird unmittelbar das Gebot der Sonntagsheiligung abgeleitet im Motiv des Feiertagschristus (links). Diesmal erscheint der Leidensmann umgeben von Werkzeugen und Gegenständen – vom Bett, dem Krug des Trinkers bis hin zu Pflug und Rebmesser –, mit denen man den Sonntag entheiligt und damit den gegenwärtigen Christus erneut verletzt (vgl. Abb. Seite 161).

Durchsetzung gewisser Direkttransportmöglichkeiten gegenüber den oberen Porten wie Lenz, Tinizong, Bivio hatten die erwartete Wirkung. Der Versuch schließlich, die unsichere Lage am Gotthard – 1386 kam es zur Katastrophe von Sempach – zu nutzen und den Verkehr durch den Ausbau des Septimers zur Fahrstraße 1387 auf seinen Paß zu leiten, endete als Fiasko: Der Septimer wurde lediglich zum teuersten Paß. Die Kaufleute blieben auf der außerhalb des direkten bischöflichen Einflusses liegenden unteren Straße zum Splügen und San Bernardino, und hiefür sorgten weniger die Herrschaften, sondern die an der Straße liegenden Gemeinden, wie Rhäzüns, Thusis, Schams, Rheinwald usw.

Offene Möglichkeiten

Im 14. Jahrhundert verfolgt die Entwicklung in Graubünden noch durchaus eigene Wege, ohne daß sich die Voraussetzungen für das spätere Zusammengehen mit der Eidgenossenschaft deutlicher abzeichneten. Das Auftreten innerschweizerischer Schlachtenbummler in den verschiedenen Fehden hatte zunächst nur vorübergehenden Charakter ohne weiterreichende Folgen. Das österreichische Heranrücken hatte wohl Bewegung in die politische Landschaft gebracht und zu einem ersten Bundesschluß geführt – und in dieser Richtung waren die Möglichkeiten noch lange nicht erschöpft –, aber noch erscheint die Entwicklung als durchaus regionales Geschehen, wird nicht in übergeordneten Zusammenhängen erfaßt, wie es dann seit Ende des 15. Jahrhunderts geschehen sollte. Unter und neben diesen vorwiegend von den Herrschaften wahrgenommenen, eingeleiteten oder erduldeten politischen Gewichtsverschiebungen zeichnet sich in einer langfristigen und untergründigen Bewegung, der seit Mitte des 14. Jahrhunderts die ökonomischen Schwierigkeiten der Herrschaften zusehends zugute kommen sollten, die zunehmende politische Artikulation der Gemeinden bereits deutlich ab. Doch erst im 15. Jahrhundert sollte das ländlich kommunale Element zu einem bestimmenden Faktor aufsteigen.

8. Entscheidung bei Sempach

Die Ambitionen Rudolfs IV.

Wir haben die Betrachtung der Entwicklung im Gebiet der entstehenden Eidgenossenschaft zu einem Zeitpunkt unterbrochen, wo die Option Österreich oder Eidgenossenschaft noch völlig offenstand. Tatsächlich schien sich seit der Mitte der fünfziger Jahre des 14. Jahrhunderts die Waage wieder zugunsten Österreichs zu neigen, als der Schwiegersohn des Kaisers, Rudolf IV. von Habsburg-Österreich, 1357 die Verwaltung der Vorlande übernahm, von Karl IV. die Ermächtigung zur Auslösung aller verpfändeten Reichsländer in Burgund erhielt und zum Reichslandvogt im Elsaß und in unserem Gebiet ernannt wurde.

Doch ist es bald auch zum Zerwürfnis mit Karl IV. gekommen, als Rudolf IV. – ungestüm, wie er war – unter vielem anderen auch den Titel und die Herrschaftsansprüche eines Herzogs in Schwaben und

Elsaß usurpierte, hierin einen alten Leitgedanken habsburgischer Politik in den Vorlanden wieder aufnehmend. Das führte in unserem Raum zu erhöhter politischer Spannung, als Rudolf die Herzogsgewalt auch gegen den Kaiser erzwingen wollte. Allerdings wurde hier seine Stellung nun dadurch geschwächt, daß nach dem Tode des zuletzt österreich-freundlichen Rudolf Brun 1360 die Zürcher Politik sich entschieden Kaiser und Reich zuwandte, womit dieser wichtige Faktor österreichischer Machtentfaltung verloren ging. In der Folge schloß Karl IV. verschiedene Bündnisse mit den Reichsstädten Bern und Zürich und den Waldstätten, denen er insgesamt und einzeln die Freiheiten bestätigte – was er noch 1353 verweigert hatte. Nun begann Zürich wieder, unterstützt durch die kaiserliche Rückendekkung, gegen das österreichische Zug vorzugehen, zunächst durch die Stadtrechtsverleihung an das vor den Toren Zugs gelegene St. Andreas, das von Karl IV. bereits ein Wochenmarktprivileg erhalten hatte. Wie weit diese Bündnisse mit dem Kaiser tatsächlich zum Tragen gekommen sind, ist nun schwer zu sagen, da Rudolf IV., in die große Politik verwickelt, sich der neuen Entwicklung nicht mehr wirksam entgegenstellen konnte und bereits im Juli 1365 verstarb, worauf die Herrschaft an seine beiden noch blutjungen Brüder überging.

Österreich verliert Zug

In diesem Zeitpunkt größter Schwäche rissen die Schwyzer im Herbst 1365 Stadt und Amt Zug an sich und erneuerten mit diesen das eidgenössische Bündnis. Die österreichische Gegenwehr war äußerst gering, die Mobilisierung der Kräfte um so mühsamer, als kaiserlicherseits jede Unterstützung für das in seinen Rechten verletzte Österreich ausblieb. Schließlich endete der nie richtig zum Ausbruch gekommene Kriegszustand im Torberger Frieden, einem bis 1370 dauernden und dann immer wieder verlängerten Waffenstillstand.

Blieb so ein ungewisser Schwebezustand erhalten, so mußte doch die neue rechtliche Lage Zugs geklärt werden. Das war es, was vor allem die Städte Zürich und Bern durch das zwischen Österreich und Schwyz vermittelte Abkommen von Ende 1369 erstrebten. Darin behielt sich Österreich bis in den November 1370 hinein die Möglichkeit offen, doch noch zum Mittel des Krieges zu greifen, und konnte wieder frei über seine Privatrechte in der Stadt und im Amt Zug verfügen. Wenn es aber die Hoheitsrechte und das Ammannamt an Schwyz überlassen mußte, so zeigt sich – auch wenn dieses Abkommen ja nur als Übergangslösung gedacht war –, wie weit sich die Machtverhältnisse in diesem Raum schon verschoben hatten. Ja, Österreich muß zu jener Zeit auch seine Rechte in Glarus gefährdet gesehen haben, und in der Tat läßt sich hier feststellen, daß das Amt eines glarnerischen Untervogts auf unbekanntem Weg, am ehesten wohl käuflich, in die Hände eines eidgenössisch gesinnten Einheimischen übergegangen war.

Komplexes politisches Spiel

Die bisherige Entwicklung seit der durch Rudolf Bruns Politik ausgelösten Krise um die Jahrhundertmitte war weniger durch bewaffnete Auseinandersetzungen und entscheidende Schlachten geprägt, als vielmehr durch ein komplexes Spiel ineinandergreifender, einander behindernder, dann wieder die Rechtspositionen des Gegners umgehender Verträge und Bünde zwischen den Talschaften, den Städten des Vorlandes und den Herrschaften Österreich und Savoyen.

Den eidgenössischen Verbündeten ging es dabei um die Durchsetzung des auf dem Höhepunkt ihres Erfolges 1352 erreichten Standes, den man für die politische Sicherheit wie für die Sicherung der wirtschaftlich entscheidenden Verkehrswege für notwendig erachtete: Die eidgenössischen Bemühungen konzentrierten sich so auf die Durchsetzung des Zuger Bundes.

Österreich strebte nach wie vor nach Erhaltung seiner früheren Rechte und der mit dem Brandenburger und Regensburger Frieden erreichten Machtposition, die im großen und ganzen die Verhältnisse vor jener Krise beibehielt. Es sei daran erinnert, daß das wichtige Zuger Bündnis und der Glarner Bund fallengelassen werden mußten, daß Luzern österreichische Landstadt blieb wie eh und je, wenn hier Österreich auch das eidgenössische Bündnis anerkannte, daß Zürich Rapperswil und die March wieder herausgeben mußte und daß schließlich Österreich mit den beiden Reichsstädten Bern und Zürich ebenfalls in wiederholt erneuerten Bündnissen stand, denen zumindest das gleiche Gewicht zukam wie der eidgenössischen Verbindung jener Städte. Österreich suchte diese Position, die durchaus als Basis zum Aufbau einer Landesherrschaft dienen konnte, zunächst auf dem Wege eines übergeordneten herrschaftlichen Landfriedens durchzusetzen. Zudem führte eine mit einiger Umsicht betriebene Pfandschaftspolitik überall, aber besonders im Vorraum Luzerns, zu einer empfindlich spürbaren Herrschaftsverdichtung, wenn auch in mediatisierter Form. Diesem zunehmenden Druck standen die uneinheitlichen Bemühungen der Eidgenossen gegenüber, die sich aus den unterschiedlichen Interessen und dem verschiedenen Status der einzelnen Orte ergaben.

Der Pfaffenbrief 1370

In dieser Entwicklung stellt der erst im 16. Jahrhundert so bezeichnete sogenannte Pfaffenbrief vom 7. Oktober 1370 einen entscheidenden Schritt dar. Zunächst erscheint hier Zug *de facto* wieder als vollwertiger Vertragspartner, womit der eidgenössische Standpunkt von 1352 unbeschadet des österreichischen Anspruchs sich durchgesetzt hat. Vor allem aber – und das war neu – sind hier Ansätze zu einem neuen gemeinsamen Recht in Ergänzung zu den verschiedenen Bünden geschaffen, der Vorgang der Rechtssetzung vom Einzelort auf die Gesamtheit der eidgenössischen Orte übertragen worden. Daß ein solches gemeinsames Vorgehen, wenn auch in einem kleinen Bereich, möglich war, ist bedeutsam genug, unterscheidet sich völlig vom Bild, das zur Zeit der Bundesschlüsse gewonnen werden konnte und zeigt, wie sehr die Eidgenossenschaft – erst jetzt läßt sich dieser Begriff für alle Orte ohne Vorbehalt verwenden – schon zu einer Gemeinschaft herangewachsen ist. Bezeichnenderweise erscheint hier erstmals in einer Rechtssetzung der Begriff «unser Eydgnosschaft» eindeutig als geographische Bezeichnung für das gesamte Gebiet der eidgenössischen Orte. Und in der Tat, in den wichtigsten neuen Bestimmungen dieses ersten «gemeinen Verkommnisses» wird gegen das bestehende ständisch-personale Recht ein neuer territorialer Rechtsgrundsatz beansprucht: Die in der Eidgenossenschaft wohnenden österreichischen Vasallen sollten auch den Eidgenossen den Huldigungseid leisten, und dieser war im Konfliktfall jedem andern, auch dem österreichischen, vorzuziehen. Die in der Eidgenossenschaft wohnenden fremden Kleriker durften gegen die Eidgenossen kein fremdes, weder weltliches noch geistliches Gericht anrufen. Schließlich ist ein für das ganze eidgenössische Gebiet geltender Straßenfrieden eingerichtet worden, ein gemeineidgenössischer Friede, der die Kompetenzen der einzelnen Orte ergänzte, sich vor allem aber auch einem landesherrlichen österreichischen Geleit entgegenstellte. Wenn Bern als einziger eidgenössischer Ort in dieser gemeineidgenössischen Satzung fehlte, so weniger wegen seiner gewiß anders gelagerten Interessen, sondern vor allem deshalb, weil Bern damals als einziger Ort noch durch das 1363 erneuerte Bündnis an Österreich gebunden war. So sind auch zur Zeit des Pfaffenbriefs und noch späterhin die unterschiedlichen Bündnisverpflichtungen wie auch die herrschaftlichen Zuordnungen der einzelnen Orte spürbar geblieben.

Auch der dem ganzen Bundesgeflecht inhärente Gegensatz zwischen Städte- und Länderorten ist nicht überwunden worden: Gerade die Spannungen vor allem zwischen Zürich und Schwyz um die Besetzung des Zuger Ammannamtes sprechen eine deutliche Sprache. Auch wenn sie schließlich durch die Schaffung eines Zuger Schwurverbandes im November 1376, die den Weg Zugs zur selbständigen, durch königliches Privileg 1381 von jedem fremden Gericht befreiten Stadt einleitete, gegenstandslos geworden sind, so sollte auch späterhin der Interessensgegensatz zwischen den Städten Zug und Zürich und dem Land Schwyz in diesem Raum virulent bleiben. Gerade in Zug, wo wir von früh an innerhalb eines Ortes das städtische und ländliche Element, Stadt und Amt Zug, vereinigt sehen, hat sich dieser Gegensatz in der Folgezeit deutlich herauskristallisiert.

Österreichs Schritte gegen Basel

Die weitere Auseinandersetzung mit Österreich ist durch ein beidseitiges Streben nach Machtausweitung gekennzeichnet. Leopold III. von Österreich hatte mit der habsburgischen Güterteilung von 1379 einen weithin gestreckten Länderblock von Steier, Kärnten und Krain über das 1363 an Habsburg gefallene Tirol bis hin ins Oberelsaß erhalten. Im Raume zwischen Tirol und Elsaß war er vor allem bemüht, durch eine rege, unter großräumigen Gesichtspunkten vorangetriebene Erwerbspolitik eine möglichst kontinuierliche Verbindung herzustellen: Der Erwerb der Grafschaft Feldkirch am nordwestlichen Zugang zum Vorarlberg 1375, die Pfandnahme der Reichslandvogtei Oberschwaben 1379, das waren unter anderem die Etappen hierzu. In unserem Gebiet hatte er sich 1379 die Herrschaften Nidau, Büren, Altreu im Aaretal verpfänden lassen und so die Ansätze zu einer territorialen Verbindung zum exponierten Freiburg geschaffen. Vor allem war er aber – die Politik Rudolfs I. wieder aufnehmend – bemüht, die entscheidende Verbindung vom Elsaß über die Hauensteinpässe zu den Besitzungen im Aaretal herzustellen.

Hier stieß er auf die im wesentlichen während des 13. Jahrhunderts entstandene, den Jura belegende bischöfliche Herrschaft und vor allem auf die von der bischöflichen Herrschaft sich emanzipierende Stadt Basel. Bischof und Stadt hatten sich während des ganzen 14. Jahrhunderts österreichischem Druck gegenüber gesehen – die Parteiung ging auch hier, wie anderwärts, mitten durch die Bürgerschaft –, hatten verschiedene Bündnisse bald mit Österreich, bald mit andern Städten, Straßburg etwa, geschlossen, wobei sie sich oft in entgegengesetzten Lagern fanden. Jetzt in den siebziger Jahren steigerte sich die österreichische Bedrohung für die Stadt schlagartig, als Herzog Leopold vom Bischof sich 1375 Klein-Basel verpfänden ließ, 1376 die Reichsvogtei über Basel erwarb und schließlich die wegen eines Aufruhrs der Bürger gegen seine Ritter, der sogenannten bösen Fasnacht von 1376, verhängte Reichsacht dazu benutzte, die Stadtbürgerschaft in einem demütigenden Vertrag an Österreich zu binden. Leopold schien damals auf dem besten Weg, die Schlüsselstellung Basel in seine Herrschaft einzugliedern.

Der Burgdorferkrieg

Auch südlich des Juras schien sich mit dem Niedergang der lehensrechtlich von Österreich abhängigen, vom Aaretal zum Thunersee quer durch das Mittelland gelagerten Herrschaft Neu-Kyburg der Heimfall eines wichtigen Güterkomplexes anzubahnen. Doch wandelten sich hier die Verhältnisse durch eine unvorhersehbare Entwicklung zuungunsten Leopolds III. Zunächst führte der nächtliche Überfall des Neu-Kyburgers auf die mit Bern verbündete Reichsstadt Solothurn zum bewaffneten Eingreifen Berns, dem Burgdorfer- oder Kyburgerkrieg, der schließlich 1384 in einem durch die eidgenössischen Boten vermittelten Frieden endete. Leopold hatte, von den Ereignissen überrascht, nicht offen auf seiten des Friedensbrechers eingreifen können, und auch von den Friedensverhandlungen blieb er jetzt ausgeschlossen. Diese verliefen nun völlig zugunsten Berns: Statt der österreichischen Herrschaft breitete sich das stadtbernische Regiment aus, vor allem durch den Erwerb der beherrschenden Positionen Burgdorf und Thun. Der im Gegenzug von Leopold III. 1385 bewerkstelligte kyburgische Pfanderwerb, vor allem der buchsgauischen Herrschaft Bipp und der Stadt Olten, konnte wohl auf dem linken Aareufer die Verbindung nach Freiburg hin verstärken, die dominierende Position Berns aber nicht rückgängig machen.

Der Burgdorferkrieg zeigt, welche Kräfte sich nun den habsburgisch-österreichischen Bestrebungen in unserem Raum entgegenstellten: Es waren die Städte, die immer energischer ihre eigenen wirtschaftlich und sicherheitspolitisch begründeten territorialen Interessen verfolgten. Sie taten das nur ausnahmsweise in offenem Waffengang, meistens durch käuflichen, pfandweisen oder lehensrechtlichen Erwerb, vor allem durch Burgrechtsverleihungen und durch Aufnahme von Ausburgern. Gerade das letztgenannte Mittel, das vor allem niedere Adlige und Ministerialen, die fremden Herrschaften unterstanden, in den eigenen städtischen Rechtskreis hinüberzog, unterhöhlte die Adelsherrschaft in zunehmendem Maß. Das wird gerade auch deutlich im Frieden zwischen Bern und Neu-Kyburg von 1384, in dem sich Bern verpflichten mußte, ohne Wissen der Kyburger keine Ausburger mehr aufzunehmen; und vor allem wegen solcher Ausburgerpraktiken sollte es schließlich im zentralschweizerischen Vorland zur entscheidenden Auseinandersetzung kommen.

Ständische Konfrontation

Die Situation der Neu-Kyburger kann als Beispiel genommen werden für die Lage, in der sich die mittleren und kleineren Adelsherrschaften ganz allgemein befanden: Sie bieten das Bild familieninterner Zwistigkeiten, das Bild einer zunehmend prekärer werdenden wirtschaftlichen Lage und, damit verbunden, einer ständig schwindenden politischen Macht. Aus dieser Situation heraus erwächst eine neue Komponente im Kampf um die Herrschaft im Lande: die standesmäßige. Es ist der bedrohte Adels- und Ritterstand, der sich gegen das aufstrebende kommunale Element zur Wehr setzt, was im Überfall Rudolfs II. von Neu-Kyburg auf Solothurn deutlich zutage tritt, einem sinnlosen, zum vornherein zum Scheitern verurteilten, durch einen nebensächlichen Anlaß ausgelösten und nur durch eine ständisch motivierte Antipathie gegen die Stadt zu erklärenden Unternehmen. Vor diesem Hintergrund gewinnt eine Bestimmung wie jene des Pfaffenbriefes, die in territorial-rechtlichem Sinn die auf eidgenössischem Gebiet wohnenden Adligen zur Huldigung zwang, ihre ganze Schärfe, und es wird begreiflich, daß sich die Auseinandersetzung zwischen Österreich und der Eidgenossenschaft so intensiv mit dem standesmäßigen Gegensatz verband.

Der Konstanzer Bund

Diese Entwicklung ist nicht einzigartig, sie entspricht der allgemeinen ständischen Konfrontation, auf die das Reich in der zweiten Hälfte des 14. Jahrhunderts hintrieb und in der sich Fürsten, Ritterschaft und Reichsstädte gegenüberstanden. Es war die Zeit, in der die zum Teil geographisch weitausgreifenden, auch Fürsten einschließenden Rittergesellschaften entstanden. Aber die eigentlichen Kontrahenten der Auseinandersetzung waren die Fürsten und die Städte. Auch sie schlossen sich zusammen in Herrenbünden und in zur Verteidigung der reichsfreien Stellung sich bildenden Städtebünden, dem elsässischen Städtebund der Decapolis von 1354, dem schwäbischen Städtebund von 1376 und dem mittelrheinischen von 1381. In unserm Raum kam es kaum ein Jahr nach der Beilegung des Burgdorferkrieges zu einem weitausgreifenden, offensichtlich gegen die landesherrschaftlichen Anstrengungen Leopolds III. im äußeren Schwaben und südlich des Rheins gerichteten Zusammenschluß, dem Konstanzer Bund (1385), in dem sich die Reichsstädte Zürich, Bern und Solothurn, aber auch das immer noch von Österreich beanspruchte Zug, mit schwäbischen, rheinischen und fränkischen Städten verbanden, während das österreichische Luzern sich wiederum nur mittelbar anschloß und die Waldstätte abseits blieben. Zudem hatte Bern sein Bündnis mit Savoyen 1384 erneuert und verstärkt.

Starke österreichische Präsenz

Für Leopold III. wurde die Lage zusehends prekärer, um so mehr als er damals die königliche Unterstützung verlor und zudem im bestehenden kirchlichen Schisma der avignonesischen Obödienz angehörte, während sonst der oberdeutsche Raum nach der römischen Obödienz ausgerichtet war. Die Tatsache hingegen, daß viele Hoheitsrechte von der österreichischen Herrschaft verpfändet worden waren, hat – wie bei zahlreichen Territorialstaaten jener Zeit – nicht zu einer staatlich-organisatorischen Auflösung geführt. Die Pfandherren blieben in die österreichische Verwaltung eingebunden. Doch ist durch das Pfandschaftswesen Herrschaft mediatisiert worden. Diese wurde nun vom Pfandherrn völlig legitim intensiv wahrgenommen, was, kleinräumig gesehen, zu einer spürbaren Verdichtung letztlich österreichischer Herrschaft geführt hat, wie es besonders im Vorraum der Stadt Luzern festzustellen ist. Im Zeichen mediatisierter Pfandherrschaft war es den österreichischen Untertanen nicht mehr möglich, gegen den ihnen vorgesetzten Vogt das Recht bei der Herrschaft zu suchen. Es war dieser strukturelle Wandel, der insbesondere Luzern in seiner Bewegungsfreiheit zusehends einschnürte und dieses schließlich, wie auch Zürich und Zug, zu einem Zeitpunkt, wo die Lage der Herrschaft im großen politischen Zusammenhang bedrängt erschien, zum Losschlagen bewog. Ohne formelle Kriegserklärung und z. T. auch in Form jener für die Eidgenossen typischen, durch die Obrigkeiten nicht gesteuerten Unternehmungen wilder Haufen kam es im Winter 1385/86 zu Anschlägen der Zürcher gegen Rapperswil, der Zuger gegen das österreichisch gewordene St. Andreas, der Luzerner gegen Rothenburg und Wolhusen.

Die Schlacht von Sempach 1386

Höhepunkt dieser sich überstürzenden Entwicklung stellte im Januar 1386 die Aufnahme Entlebuchs und Sempachs ins luzernische Burgrecht dar, und als die Vertreter der Herrschaft zurückschlugen, war für Luzern der Grund gegeben, seine Verbündeten zu mahnen. Nochmals versuchten vor allem die schwäbischen Städte zu vermitteln. Doch im Sommer brach der Krieg wieder aus. Er gestaltete sich zur entscheidenden ständischen Abrechnung zwischen Stadt- und Talgemeinden einerseits und der Ritterschaft anderseits aus, als sich die Rittergesellschaften bis weit nach Schwaben hinaus und zur Etsch hinüber, der niedere und hohe Adel aus dem Elsaß, aus Schwaben, aus dem Aargau, Thurgau und dem Tirol mit ihrem Aufgebot auf die Seite Herzog Leopolds stellten. Am 9. Juli 1386 kam es auf der Anhöhe oberhalb Sempachs zum Zusammenstoß. Die vereinigten Luzerner, Urner, Schwyzer und Unterwaldner gewannen nach anfänglich unentschiedenem, langem und heißem Ringen gegen die Übermacht die Oberhand. Leopold III. ist in dieser Schlacht, erst 35 Jahre alt, gefallen. Die Ritterschaft und vor allem die patrizische Oberschicht in den Städten hat einen noch lange nachwirkenden Aderlaß erlitten.

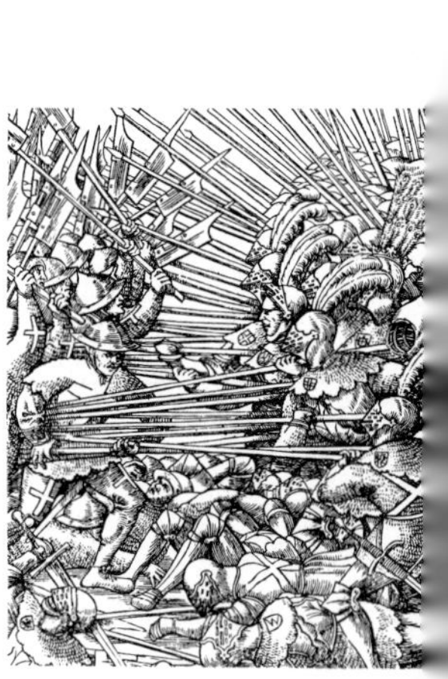

Von kaum einem Ereignis wußte und weiß man aus zeitgenössischen Quellen so wenig und machte man sich im Laufe der Zeit so viele bis in alle Einzelheiten ausgeformte Vorstellungen wie von der Schlacht bei Sempach. Eindrückliches Zeugnis dafür, daß jede Zeit das Recht und die Pflicht hat, sich ihr eigenes Bild von der Vergangenheit zu

machen – und zwar nicht nur in der bildenden Kunst: romantisch und gefühlvoll: Ludwig Vogel, 1841 (oben rechts); mit wuchtigem Realismus: Konrad Grob, 1900 (rechts); beflissen: Holzschnitt Hans Rudolf Manuels, 1551 (Ausschnitt) (links); selbstgefällig: Ofenkachel, Rathaus Zürich, 1698 (oben).

Die grundsätzliche Bedeutung dieses Ausgangs vom ständischen Gesichtspunkt her war, daß hier das feudale Rittertum dem Stadtbürger- und Bergbauerntum in einer großen Schlacht unterlegen war. Dieser Bedeutung war man sich damals durchaus bewußt: Die Schlacht hat in der Chronistik jener Zeit in weitem Umkreis bis an die Nordsee und bis nach Polen hinein ein vielfältiges Echo gefunden. Sie war ein europäisches Ereignis, das sich nicht wiederholte. 1388 wurde das städtische Element in den Schlachten von Döffingen und Alzay von der adligen Herrschaft besiegt.

Freiraum für eidgenössische Expansion

Für Österreich bedeutete die Niederlage schlechthin eine Katastrophe: Sie führte zu einem Machtzusammenbruch, der sich im ganzen vorderösterreichischen Gebiet auswirkte. So ist etwa Basel

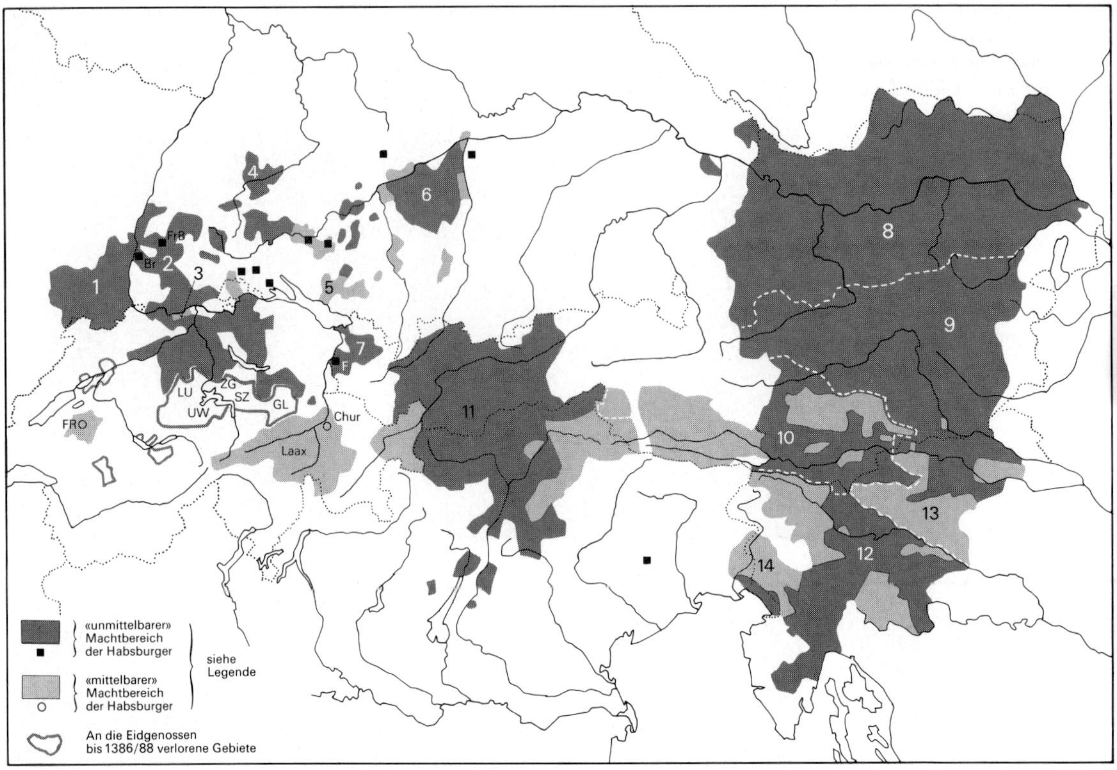

durch das Ereignis von Sempach für immer vom bedrückenden österreichischen Zugriff befreit worden, wenn auch das Verhältnis zu dieser benachbarten Macht weiterhin für die baslerische Politik bestimmend bleiben sollte. Aber es hatte nun jene Bewegungsfreiheit wiedergewonnen, die es ihm erlaubte, die finanzielle Notlage des Bischofs auszunutzen und vor allem seit 1400 ein eigenes, den Nordzugang zu den Hauensteinpässen beherrschendes Territorium zu errichten. Längerfristig hat die Schlacht von Sempach den Beginn des endgültigen Ausscheidens Österreichs aus dem nachmals schweizerischen Gebiet eingeleitet, wenn auch gewisse Positionen, wie besonders Freiburg, noch bis in die zweite Hälfte des 15. Jahrhunderts in seiner Hand geblieben sind. Für die eidgenössischen Orte, insbesondere für Luzern, Bern und das mit ihm verbündete Solothurn, die von der leopoldinischen Territorialpolitik am stärksten bedrängt worden waren, bedeutete der Ausgang der Schlacht das Fanal zum expansiven Ausgreifen in die praktisch wehrlosen österreichischen Herrschaften. Bis Ende des Jahrhunderts hat so Bern einerseits im Oberland, anderseits zusammen mit Solothurn am Jurasüdfuß die österreichischen Positionen liquidiert. Luzern löste sich und seine neuerworbenen Gebiete endgültig von der österreichischen Herrschaft ab. Und schließlich hat auch Glarus die Herrschaft in hartem Ringen, das in der siegreich durchgestandenen Schlacht bei Näfels am 9. April

1 Sundgau
2 Grafschaft Breisgau
3 Grafschaft Habsburg-Laufenburg
4 Grafschaft Hohenberg
5 Landvogtei Oberschwaben
6 Markgrafschaft Burgau
7 Grafschaft Feldkirch
8 Herzogtum Österreich
9 Herzogtum Steier
10 Herzogtum Kärnten
11 Grafschaft Tirol (1363 habsburgisch)
12 Mark (Herzogtum) Krain
13 Grafschaft Cilli
14 Grafschaft Görz

Br Breisach
FrB Freiburg im Breisgau
F Feldkirch

Übrige Abkürzungen: übliche Kantonszeichen

1388 gipfelte, abgeworfen und endgültig Anschluß an die Eidgenossenschaft gefunden.

Der Sempacherbrief

So eindeutig die geschilderte Entwicklung erscheint, so hat die österreichische Stellung vorübergehend doch eine solche Stärkung erfahren, daß die eidgenössische Front unter dem Druck auseinanderbrach: 1393 hat Zürich nochmals einen Bund mit Österreich geschlossen. Erst auf innerschweizerische Pressionen hin und nach einem innerstädtischen Aufruhr hat es sich wieder auf die Seite der inneren Orte gestellt. Der Sempacherbrief von 1393 stellt jene gemeinsame Übereinkunft dar, die Zürich wieder auf die eidgenössische Linie verpflichtete.

Durch die eingehenden Kriegsbestimmungen wurde zudem jene Selbstdisziplinierung erreicht, welche Voraussetzung für den Abschluß wie für die Einhaltung des Zwanzigjährigen Friedens von 1394 bildete.

Doch darf man bei der Beurteilung der Tragweite des Sempacherbriefes nicht übersehen, daß diese Bestimmungen, wie sie ja gegen eingebrochene Rohheit und Disziplinlosigkeit gerichtet waren, auch späterhin im allgemeinen nicht durchgesetzt werden konnten. Die Wirklichkeit sah anders aus, und die Greuel des Alten Zürichkrieges, die Zwistigkeiten in den Burgunder- und Schwabenkriegen sprechen hier eine deutliche Sprache.

Besitz der Habsburger 1386–88: Im Vergleich mit der Karte Seite 142 zeigt sich hier eindrücklich, wie die österreichische Position in unserm Raum durch die mit der Schlacht bei Sempach eingeleitete Entwicklung aufgerissen worden ist.

Vor allem decken die Bestimmungen des Sempacherbriefes ein Problem auf, dem sich die Eidgenossenschaft, jene im Entstehen begriffene, noch lange nicht sich reibungslos gestaltende Gemeinschaft verschiedener eigenständiger und eigene Interessen verfolgender Gemeinwesen, gegenübersah: das Problem der Integration, das sich im militärischen Bereich natürlich besonders akut und je nachdem folgenschwer auswirkte. Denn trotz der territorialrechtlichen Auffassung, wie sie erstmals im Pfaffenbrief sichtbar geworden ist, war das Verständnis für die Einfügung in ein übergeordnetes Ganzes noch sehr rudimentär und erst im Entstehen. Das zeigte sich etwa bei gemeinsamen Auszügen, aber auch innerhalb der einzelnen Orte bei der Durchsetzung obrigkeitlicher Verfügungen. Das Problem der Integration, das hier am Ende des 14. Jahrhunderts erstmals und vor allem zunächst im militärischen Bereich sichtbar geworden ist, sollte noch lange wie ein roter Faden die Geschichte unseres Landes durchziehen und eines der Leitmotive eidgenössischer Entwicklung darstellen.

9. Das schweizerische 14. Jahrhundert

Eine Kraft hat sich durchgesetzt

Welches sind die Resultate der geschichtlichen Entwicklung am Ende des 14. Jahrhunderts?

Zunächst das Wichtigste: Auf dem Nordzugang zum späterschlossenen Gotthard hat keine landesfürstliche Dynastie ihre Herrschaft errichten können. Habsburg-Österreich ist trotz seiner jahrhundertelangen Bestrebungen *de facto* bereits endgültig aus diesem Raume ausgeschieden, wenn es auch seine Ansprüche noch lange aufrechterhalten sollte. Den Raum beherrschte eine durch verschiedene Bünde und zwei gemeinsame Rechtssetzungen verbundene Gruppe von Städten und Ländern. Dabei waren nicht so sehr diese Bünde an sich das Entscheidende, sondern die Tatsache, daß die Verbündeten ihre Interessen und auch schon ihre Macht gegenüber Österreich durchsetzen konnten. So war es vor allem der ständige österreichische Druck, der neben den bestehenden Partikularinteressen der einzelnen Orte durch gemeinsam erfahrene Geschichte zusehends ein – noch recht verletzliches – Gemeinschaftsbewußtsein entstehen ließ.

Die Eidgenossenschaft als umfassendes Ganzes war am Ende des 14. Jahrhunderts bereits auf dem Weg, eine Realität zu werden. Aber noch war sie kein «staatlich» gefestigtes Gebilde, denn es gab keine zentrale, das Ganze zusammenhaltende Institution, ja noch nicht einmal eine regelmäßige, alle miteinschließende, gemeinsame Konzertation: Die Tagsatzung als festes Institut wie auch die Einrichtung des Vorortes sind erst Erscheinungen des 15. Jahrhunderts.

Keime der Auflösung

Am ehesten läßt sich die Eidgenossenschaft des endenden 14. Jahrhunderts umschreiben als eine geschichtliche Schicksalsgemeinschaft, die sich unter den besondern, vor allem durch den Gotthard geschaffenen Bedingungen aus einem konvergierenden politischen Willen, gemeinsamen wirtschaftlichen Interessen und einer sich immer mehr abzeichnenden gegenseitigen ökonomischen Abhängigkeit der einzelnen Glieder ergeben hatte. Das war nicht selbstverständlich und mußte nicht so bleiben. Denn diese Gemeinschaft trug auch Keime der Auflösung in sich: zunächst den Gegensatz zwischen Städte- und Länderorten, der sich schon etwa zwischen Zug, Zürich und Schwyz oder zwischen Obwalden und Bern abzuzeichnen begonnen hatte und der wegen der gemeinsamen Frontstellung gegen die österreichischen Aspirationen noch gar nicht zum Austrag gekommen war. Zudem waren die Länder im 14. Jahrhundert noch weitgehend durch innere Auseinandersetzungen absorbiert, hatten nur in Zeiten der Krise mit ihrer ganzen urwüchsigen Kriegskraft in die Geschicke eingegriffen. Es war die Zeit, in der sich die wichtigen Freikäufe von der Grundherrschaft abspielten, in der die bisherige Führungsschicht, wie die Attinghusen, die Wolfenschießen und Stauffacher, teils mehr, teils weniger gewaltsam durch neue Führungskräfte abgelöst wurden. Bestimmend für die eidgenössische Politik waren im 14. Jahrhundert vor allem die Städte, wozu noch in gewissem Umfang das Land Schwyz trat, und sie haben auch am meisten profitiert. Erst in der Folgezeit sollte das in den Ländern aufgestaute Potential zur Wirkung kommen und das Bundesgeflecht bis zum Zerreißen auf die Probe stellen.

Eine weitere Gefahr bestand darin, daß die Integration noch kaum entwickelt war. Dies entspricht gewiß dem allgemeinen europäischen Entwicklungsstand, fiel aber hier besonders ins Gewicht, weil die Eidgenossenschaft ja nicht ein von einem Fürsten zentral beherrschtes Gebilde war, sondern auf einer breiten – wenn auch gewiß noch lange nicht demokratischen – politischen Willensbildung beruhte, beruhen mußte und weil das Integrationsproblem durch den eben genannten Gegensatz der Städte- und Länderorte noch verschärft wurde.

Verschiedene Entwicklungen

Als weiteres Ergebnis ist festzuhalten, daß die Entwicklung im nachmals schweizerischen Gebiet noch keineswegs einheitlich verlief. Noch müssen wir – wenn wir die mittelalterliche Geschichte des schweizerischen Raumes schreiben wollen – mehrere Geschichten schreiben. Wir sind dabei der historischen Wirklichkeit entsprechend von den verschiedenen Machtkonzentrationen, die in unseren Raum einwirkten, ausgegangen. Dabei hat sich im Westen und im Süden in durchaus eigenständiger Entwicklung bereits jene Situation herausgebildet, die den Weg für das eidgenössische Ausgreifen in diese Regionen eröffnen sollte. In Graubünden und in der Ostschweiz sind dagegen die Verhältnisse noch weitgehend offen. Erst die Entwicklungen des 15. Jahrhunderts sollten hier die Entscheidungen herbeiführen.

Hier handelt es sich nicht um ein kirchliches Andachtsbild, sondern um das Arma-Christi-Eckquartier des Schwyzer Banners (stilistisch in der 2. Hälfte des 14. Jahrhunderts anzusetzen, 1420 erstmals bezeugt). Dieses galt im Volksglauben als ein mächtiges Schutzzeichen, das reichen Ablaß gewährte und Unheil abwendete. Es erfüllte die unter ihm Kämpfenden mit Gottvertrauen und Zuversicht. In Schwyz wurde dieses Zeichen bis zum Beginn des 17. Jahrhunderts verwendet. Möglicherweise ist der wirkkräftige Inhalt dieses Zeichens übertragen worden auf das weiße Schweizerkreuz in den Standesfahnen, das seinerseits formal auf die Kreuze zurückzuführen ist, die von den Eidgenossen als Parteizeichen auf die Kleidung geheftet worden sind.

Das eidgenössische 14. Jahrhundert hat so im wesentlichen in bezug auf Habsburg-Österreich die Vorentscheidung getroffen und ganz allgemein die Möglichkeit zu einer geschichtlichen Eigenentwicklung in unserem Raum eröffnet. Daß diese Möglichkeit trotz aller inneren Spannungen zur dauerhaften Wirklichkeit geworden ist, das sollte die große Leistung des eidgenössischen 15. Jahrhunderts sein.

Bibliographie und Forschungsstand

Grundlegendes Handbuch, sowohl was die Fakten als auch die bibliographischen Hinweise anbetrifft, ist natürlich das Handbuch der Schweizer Geschichte, Bd. 1, Zürich 1972. Für die größeren abendländischen Zusammenhänge, die hier bewußt nur soweit nötig einbezogen worden sind, sei statt vieler anderer auf die neueste handbuchmäßige, mit eingehenden Literaturhinweisen versehene Übersicht verwiesen, welche der von Th. Schieffer redigierte Band des Handbuchs der europäischen Geschichte, Stuttgart 1976, vermittelt. Die folgenden bibliographischen Notizen setzen die in diesen beiden Handbüchern enthaltenen Bibliographien voraus und geben nur in Auswahl Hinweise auf jene Literatur, die am direktesten weitere Informationen zu unserer Darstellung bietet. Bei diesem gegen ein Jahrtausend umfassenden Abschnitt alle offenen Fragen zusammenzustellen, würde den hier zur Verfügung stehenden Raum bei weitem sprengen. Man kann auf eine solche Zusammenstellung um so eher verzichten, als die wichtigsten Kontroversen bei den bibliographischen Angaben selbst ohnehin nicht zu umgehen waren.

Überblick über die Frühzeit

Den besten Einblick in den gegenwärtigen Forschungsstand über die Frühzeit gewährt nun unter Berücksichtigung der archäologischen, numismatischen, realienkundlichen und rechtsgeschichtlichen Aspekte mit eingehenden bibliographischen Hinweisen W. Drack (Hg.), Ur- und frühgeschichtliche Archäologie der Schweiz, Bd. 6: Das Frühmittelalter, Basel 1979. Hier auch orientiere man sich zur nun doch wohl beendeten Kontroverse um die Interpretation der Gürtelschnallen. Neben dem hier veröffentlichten Überblick S. Sondereggers zur Bildung der Sprachgrenze konsultiere man von demselben, Die Siedlungsverhältnisse Churrätiens im Lichte der Namensforschung, in: Von der Spätantike zum frühen Mittelalter, Sigmaringen 1979 (Vorträge und Forschungen, 25). Einen Überblick über die gesamte Diskussion um die deutsch-französische Sprachgrenzenbildung bietet F. Petri, Die fränkische Landnahme und die Entstehung der germanisch-romanischen Sprachgrenze in der interdisziplinären Diskussion, Darmstadt 1977 (Erträge der Forschung, 70). Eine leicht faßliche, dem modernen Forschungsstand entsprechende Darstellung vor allem von der archäologischen Seite her mit ausgezeichnetem Bildmaterial bieten M. Martin, Die Schweiz im Frühmittelalter. Vom Ende der Römerzeit bis zu Karl dem Großen, Bern o. J., sowie – die Alemannen betreffend – R. Christlein, Die Alemannen. Archäologie eines lebendigen Volkes, Stuttgart 1979. Zur Frage der recht geringen Siedlungskontinuität von der Antike zum Mittelalter im deutschsprachigen Teil unseres Landes zuletzt M. Martin, Die spätrömisch-mittelalterliche Besiedlung am Hochrhein und im schweizerischen Jura und Mittelland, in: Von der Spätantike zum frühen Mittelalter, Sigmaringen 1979 (Vorträge und Forschungen, 25). Zum Weiterwirken der «Idee Burgund» konsultiere man die knappgefaßte Geschichte Burgunds von L. Böhm, Stuttgart, Berlin, Köln, Mainz 1971.

Grundlegendes Handbuch zur Kirchengeschichte der Schweiz stellt die im Erscheinen begriffene Helvetia Sacra, Bern 1972 ff., dar, deren umfassende Orientierungen auch mit eingehenden Literaturverzeichnissen versehen sind. Für die Frühzeit einschlägig sind hier Abteilungen I, II (Bistümer und weltliche Kollegiatstifte), z. T. publiziert, und III A (frühe Klöster und Benediktiner), noch nicht publiziert. Wichtig ist auch die leicht faßliche, besonders das Problem der Pfarreibildung – das in der Helvetia Sacra ausgeklammert ist – behandelnde, geographisch jedoch auf die Alpentäler beschränkte Darstellung mit Bibliographie und Patrozinienverzeichnis von H. Büttner, I. Müller, Frühes Christentum im schweizerischen Alpenraum, Einsiedeln, Zürich, Köln 1967. Der neueste Stand der Forschung für die Zentralschweiz findet sich jetzt in der Jubiläumsschrift Luzern 1578–1978, Luzern 1978, aus der Feder P. Fischers. Eine wichtige methodische Ergänzung dazu stellt durch den Einbezug des archäologischen Aspekts die Arbeit von W. Müller dar, Die Christianisierung der Alemannen, in: Zur Geschichte der Alemannen, Darmstadt 1975 (Wege der Forschung, 100). Schließlich sei auf den mit einer soliden historisch-kunstgeschichtlichen Darstellung versehenen Bildband von K. Speich, H. R. Schläpfer, Kirchen und Klöster der Schweiz, Zürich 1978, hingewiesen.

Über die frühmittelalterlichen Verhältnisse südlich der Alpen besonders zur Langobardenzeit orientiert jetzt mit bibliographischen Hinweisen: I Langobardi e la Lombardia, Milano 1978, sowie die schon genannte Ur- und frühgeschichtliche Archäologie der Schweiz, Bd. 6. Zur Frage des fränkischen Einflusses konsultiere man das ebengenannte Werk sowie H. Keller, Fränkische Herrschaft und alemannisches Herzogtum im 6. und 7. Jahrhundert, in: Zeitschrift für Geschichte am Oberrhein 1976, wo auch die Kontroverse über die Bedeutung des frühen alemannischen Herzogtums aufgegriffen wird. Hingewiesen sei auf die zahlreichen Arbeiten H. Büttners, darunter in diesem Zusammenhang vor allem Die Alpenpolitik der Franken im 6. und 7. Jahrhundert, in: Historisches Jahrbuch 1960, sowie – für die ganze Entwicklung – Vom Bodensee und Genfersee zum Gotthardpaß. Grundzüge des politischen Geschehens im Zentralalpengebiet vom 6. bis 12. Jahrhundert, Sigmaringen 1965 (Vorträge und Forschungen, 10.). Zur Geschichte der beiden Pole Königreich Burgund und Herzogtum Schwaben sei auf die kurze, die geopolitische Bedeutung Burgunds im Überblick darstellende Studie von H. E. Mayer, Die Alpen und das Königreich Burgund, Sigmaringen 1965 (Vorträge und Forschungen, 10), verwiesen und auf die das «neue» Herzogtum Schwaben und den Aufstieg der Zähringer in neues Licht rückende Arbeit von H. MAURER, Der Herzog von Schwaben. Grundlagen, Wirkung und Wesen seiner Herrschaft in ottonischer, salischer und staufischer Zeit, Sigmaringen 1978. In bezug auf die Gotthardkapelle, die die Kontroverse um den Beginn einer intensiveren Begehung des Gotthardpasses von archäologischer Seite her wieder in Bewegung zu bringen schien, haben wir uns von den Argumenten I. MÜLLERS überzeugen lassen in seiner Studie Zur älteren Kultgeschichte des hl. Gotthard, in: Schweizerische Zeitschrift für Geschichte 1978. Zur Situation im Urserental hat sich I. MÜLLER zuletzt geäußert in Urseren im Früh- und Hochmittelalter, in der Festschrift für G. Boesch, Schwyz 1980. Den neuesten Stand zur Frage der Gründung Luzerns, die nicht mehr im Zusammenhang mit der Öffnung des Gotthardpasses gesehen wird, vermittelt J. J. SIGRIST, Zur Entstehung und frühen Entwicklung der Stadt Luzern, in: Luzern 1578–1978, Luzern 1978. Eine knappgefaßte, sehr informative Orientierung über den Aufstieg der savoyischen Macht (mit weiterführender Literatur) gibt G. TABACCO, La formazione della potenza sabauda come dominazione alpina, Sigmaringen 1965 (Vorträge und Forschungen, 10). Leicht lesbar, gut dokumentiert, aber nur ereignisgeschichtlich die Entwicklung im Überblick darstellend ist M.-J. DE SAVOIE, La maison de Savoie, t. 1, Paris 1956. Zur Geschichte der Grafschaft Genf beziehe man sich auf die grundlegende Arbeit von P. DUPARC, Le comté de Genève du 9e–15e s., Genève 1955 (Mémoires et Documents publiés par la Société d'Histoire et d'Archéologie de Genève, 39), sowie auf den Überblick von L. BINZ, in: P. GUICHONNET (Ed.), Histoire de Genève, Toulouse, Lausanne 1974.

Für die Entwicklung im Süden steht jetzt vor allem die sehr informative, allerdings nicht leicht lesbare, einerseits weit in die allgemeine Geschichte ausholende, anderseits auf die zahlreichen Einzelkontroversen eingehende Arbeit von G. WIELICH, Das Locarnese im Altertum und Mittelalter. Ein Beitrag zur Geschichte des Kantons Tessin, Bern 1970, mit reichen Literaturangaben zur Verfügung. Von den besonderen Kontinuitätsverhältnissen in Rätien handeln mehrere Arbeiten in: Von der Spätantike zum frühen Mittelalter. Aktuelle Probleme in historischer und archäologischer Sicht, Sigmaringen 1979 (Vorträge und Forschungen, 25); hingewiesen sei insbesondere auf O. P. CLAVADETSCHER, Churrätien im Übergang von der Spätantike zum Mittelalter nach den Schriftquellen. Zur Herrschaftsbildung im Mittelalter vergleiche man vom selben Autor, Die Herrschaftsbildung in Rätien, Sigmaringen 1965 (Vorträge und Forschungen, 10). Zur besonderen Frage der Rechtskontinuität, mit einem wichtigen Nachweis der Beeinflussung durch den burgundischen Kreis, äußerte sich zuletzt C. SOLIVA, Die Lex Romana Curiensis und die Stammesrechte, in: C. SCHOTT (Hg.), Beiträge zum frühalemannischen Recht, Bühl, Baden 1978 (Veröffentlichungen des Alemannischen Instituts Freiburg i. Br., 42).

Wirtschafts- und Sozialgeschichte

Für die allgemeine Entwicklung sei auf die leicht lesbare, knappgefaßte Darstellung von J.-F. BERGIER, Problèmes de l'histoire économique de la Suisse, Bern 1968 (Monographien zur Schweizergeschichte, 2), mit einer bibliographischen Orientierung hingewiesen, sowie vom selben Autor Histoire et aménagement du territoire. De quelques expériences de la Suisse médiévale, in: Dokumente und Informationen zur schweizerischen Orts-, Regional- und Landesplanung 1980. Einen Überblick über das Städtewesen in unserem Gebiet erhält man immer noch am ehesten bei H. AMMANN, Das schweizerische Städtewesen des Mittelalters in seiner wirtschaftlichen und sozialen Ausprägung, in: Recueils de la Société Jean Bodin, 2e partie: La ville, Bruxelles 1956. Die Bedeutung und Bedingtheit des alpinen Transitverkehrs sind neuerdings vermehrt ins Blickfeld gerückt. Über den allgemeinen Forschungsstand referiert J.-F. BERGIER, Le trafic à travers les Alpes et les liaisons transalpines du haut moyen-âge au 17e s., in: Le Alpi e l'Europa, t. 3: Economia e Transiti, Bari 1975. Anschaulich werden die sich für die Bergbevölkerung ergebenden Probleme greifbar bei P. CARONI, Zur Bedeutung des Warentransportes für die Bevölkerung der Paßgebiete, in: Schweizerische Zeitschrift für Geschichte 1979. Über die Zusammenhänge zwischen politischer Dorfgemeinde und Säumergenossenschaft von demselben Autor Soma et alpis et vicinale. Einleitende Bemerkung zu einer Rechtsgeschichte der Säumergenossenschaft, in: Festschrift F. Elsener, Sigmaringen 1977, sowie Dorfgemeinschaft und Säumergenossenschaft in der mittelalterlichen und neuzeitlichen Schweiz, in: Festgabe zum 70. Geburtstag von B. M. Biucchi: Nur Ökonomie ist keine Ökonomie, Bern, Stuttgart 1978. Zu den Bündner Pässen hat neuerdings W. SCHNYDER ein umfassendes Dossier zusammengestellt: Handel und Verkehr über die Bündner Pässe im Mittelalter, 2 Bde., Zürich 1973–75. Für die Verkehrsverhältnisse im Mittelland siehe jetzt auch F. GLAUSER, Stadt und Fluß zwischen Rhein und Alpen, in: Die Stadt am Fluß (Stadt in der Geschichte 4), Sigmaringen 1978. Das Problem des Adels in unserm Raum – das wir nur gestreift haben – ist Gegenstand einiger neueren Forschungen geworden: A. BICKEL, Die Herren von Hallwil im Mittelalter. Beitrag zur schwäbisch-schweizerischen Adelsgeschichte (Beiträge zur Aargauergeschichte), Aarau, Frankfurt 1978; R. SABLONIER, Adel im Wandel. Eine Untersuchung zur sozialen Situation des ostschweizerischen Adels um 1300 (Veröffentlichungen des Max-Planck-Instituts für Geschichte 66), Göttingen 1979. Eine leicht lesbare allgemeine Orientierung, begleitet von hervorragendem Bildmaterial, bietet W. MEYER, E. WIDMER, Das große Burgenbuch der Schweiz, Zürich 1977, 2. Aufl. 1978.

Rechtliche und politische Strukturen

Verschiedentlich ist schon der Versuch unternommen worden, die Zusammenhänge zwischen den besonderen alpinen Bedingungen und den «staatsbildenden» Kräften darzustellen, so u. a. von P. LIVER, Alpenlandschaft und politische Selbständigkeit, in: Bündnerisches Monatsblatt 1942; ein Neuabdruck erschien daselbst unter dem Titel Abhandlungen zur schweizerischen und bündnerischen Rechtsgeschichte, Chur 1970. Am Beispiel Tirols und der Eidgenossenschaft werden diese Probleme eingehend dargestellt von H. STEINACKER, Staatswerdung und politische Willensbildung im Alpenraum, Darmstadt 1967, und schließlich von L. CARLEN, Alpenlandschaft und ländliche Verfassung besonders im Tirol, im Wallis und in den Walsersiedlungen, in: Montfort 1969.

Zur Hirtenkultur sei auf die anregenden volkskundlich-historischen Arbeiten H. G. WACKERNAGELS hingewiesen, die im Sammelband Altes Volkstum der Schweiz, Basel 1956, zusammengefaßt sind. Erwähnt sei auch die mit reichen Literaturhinweisen versehene, vor allem rechtsgeschichtlich orientierte, aber auch volkskundliche Aspekte miteinbeziehende Arbeit von L. CARLEN, Das Recht der Hirten. Zur Rechtsgeschichte der Hirten in Deutschland, Österreich und der Schweiz, Aalen 1970 (Studien zur Rechts-, Wirtschafts- und Kulturgeschichte, 7).

Zum Problem der Freiheit konsultiere man jetzt am ehesten den einschlägigen Abschnitt des Handbuches der europäischen Geschichte, Bd. 1, § 8: Ständeordnung und soziale Schichtung, der mit Literaturangaben versehen ist. Die Grundsatzdiskussion, die bei uns vor allem von F. WERNLI in den einschlägigen Faszikeln seiner Studien zur mittelalterlichen Verfassungsgeschichte angestrebt wurde, ist neuerdings wieder ausgelöst worden durch H. K. SCHULZE, Rodungsfreiheit und Königsfreiheit. Zur Genesis und Kritik neuerer verfassungsgeschichtlicher Theorien, in: Historische Zeitschrift 1974. Für den Bereich des alemannischen Rechts beachte man jetzt C. SCHOTT (Hg.), Beiträge zum frühalemannischen Recht, Bühl, Baden. 1978 (Veröffentlichungen des

Alemannischen Instituts Freiburg i. Br., 42), hier besonders die Beiträge von G. KÖBLER und C. SCHOTT, welche den Sinngehalt von Freiheit aus dem alemannischen Quellenmaterial herausarbeiten (keine Königsfreiheit). Zur Diskussion um die Markgenossenschaft lese man jetzt F. WERNLI, Markgenossenschaft, in: Handwörterbuch der deutschen Rechtsgeschichte, Bd. 3 (mit Literatur). Zur Gemeindebildung in Norditalien sind vor allem die diesbezüglichen Arbeiten von C. P. BOGNETTI zu konsultieren, jetzt zusammengefaßt in Studi sulle Origini del comune rurale, Milano 1978, sowie die einschlägigen, aus der Feder G. TABACCOS stammenden Partien der Storia d'Italia, v. 2/1, Torino 1974. Zu den alpinen Gemeindebildungen beachte man H. BÜTTNER, Vom Bodensee und Genfersee zum Gotthard (siehe oben), sowie seine fundierten Überlegungen in der Arbeit Zur politischen Erfassung der Innerschweiz im Hochmittelalter, in: Deutsches Archiv 1943, die von ihm zuletzt wieder aufgenommen und postum von G. BOESCH und I. MÜLLER veröffentlicht worden sind: H. BÜTTNER, Der Weg der Innerschweiz zur antiqua confoederatio, in: Geschichtsfreund 1971. Über die Verhältnisse in der Dauphiné (Briançonnais) orientiert P. VAILLANT, Les origines d'une libre confédération de vallées. Les habitants des communautés Briançonnaises au 13ᵉ s., in: Bibliothèque de l'Ecole des Chartes 1967. Zu Tirol gibt die bereits erwähnte Arbeit H. STEINACKERS Aufschluß sowie das Sammelwerk Herrschaftsstrukturen und Ständebildung. Beiträge zur Typologie der österreichischen Länder aus ihren mittelalterlichen Grundlagen, Bd. 3: E. BRUCKMÜLLER, Täler und Gerichte; M. MITTERAUER, Ständegliederung und Ländertypen, München 1973.

Gründungsgeschichte und frühe Bündnisse

Zur alten und zentralen Kontroverse um die Gründungsgeschichte sind seit dem Erscheinen des Handbuchs der Schweizer Geschichte keine wesentlich neue Gesichtspunkte bringenden Beiträge mehr herausgekommen. Es sei daher auf die bibliographischen Angaben des Handbuchs sowie auf M. BECK, Habsburg und die Schweiz, in: Veröffentlichungen des Verbandes Österreichischer Geschichtsvereine 1974, Neuabdruck in: M. BECK, Legende, Mythos und Geschichte, Frauenfeld 1978, verwiesen. Über den Forschungsstand zur Befreiungstradition informiert stichwortartig G. P. MARCHAL, Die Chronik im Weißen Buch von Sarnen, in: Deutsche Literatur des Mittelalters. Verfasserlexikon, Bd. 1, Berlin, New York, 1977–78 (mit Literatur). Hingewiesen sei auch auf den sich lediglich auf die Befreiungsgeschichte (ohne Tellepisode) beschränkenden, im methodischen Ansatz richtigen und weiterführenden Beitrag von B. STETTLER, Geschichtsschreibung im Dialog. Bemerkungen zur Ausbildung der eidgenössischen Befreiungstradition, in: Schweizerische Zeitschrift für Geschichte 1979. Der neueste Stand der Frage findet sich nun in der aus der gleichen Feder stammenden Einleitung, in: Aegidius Tschudi Chronicon Helveticum, 3. Teil, hg. von B. STETTLER (Quellen zur Schweizer Geschichte N. F., I. Abt.: Chroniken VII/3), Bern 1980. Zu den Landfriedensbünden in unserem Raum ist neu erschienen, die verschiedenen Bünde verfassungsgeschichtlich bearbeitend und in den größeren Zusammenhang stellend, die Arbeit von J. FÜCHTNER, Die Bündnisse der Bodenseestädte bis zum Jahre 1390. Ein Beitrag zur Geschichte des Einungswesens, der Landfriedenswahrung und der Rechtsstellung der Reichsstädte, Göttingen 1970 (Veröffentlichungen des Max-Planck-Instituts für Geschichte, 8). Einen Überblick über die vielfältigen Bündnissysteme im oberdeutschen Raum gewährt K. RUSER, Die Urkunden und Akten der oberdeutschen Städtebünde vom 13. Jahrhundert bis 1549, Bd. 1: bis 1347, Göttingen 1979. Grundlegend für die politische Entwicklung nach Mitte des 14. Jahrhunderts, mit vielen wichtigen Einzelbeobachtungen versehen und die in der schweizerischen Historiographie etwas vernachlässigten Zusammenhänge von 1352–1370 aufdeckend, sind die verfassungsgeschichtlichen Arbeiten von B. MEYER, Die Bildung der Eidgenossenschaft im 14. Jahrhundert. Vom Zugerbund zum Pfaffenbrief, Zürich 1972 (Beihefte der Schweizerischen Zeitschrift für Geschichte, 15), und Zürcherbund und Bernerbund, in: Schweizerische Zeitschrift für Geschichte 1972. Diese Arbeiten sind leider nicht leicht zu lesen, doch sind die Erkenntnisse B. MEYERS weitgehend, mit Ausnahme der periodisierenden Gesamtinterpretation mit ihrem fragwürdigen Bezug auf die Reichsentwicklung, in unserer Darstellung eingeflossen. Zudem kann auf die einschlägigen, ebenfalls B. MEYER folgenden Partien der leicht faßlichen Gesamtdarstellung H. C. PEYERS, Verfassungsgeschichte der alten Schweiz, Zürich 1978, verwiesen werden. Dazu ergänzend, die allgemeine Situation darstellend, B. STETTLER, Habsburg und die Eidgenossenschaft um die Mitte des 14. Jahrhunderts, in: Schweizerische Zeitschrift für Geschichte 1973.

Die beste Orientierung über die Entwicklung in Genf findet man jetzt in der klaren, die Zusammenhänge aufzeigenden Übersicht von L. BINZ, in: P. GUICHONNET (Ed.), Histoire de Genève, Toulouse, Lausanne 1974. Für das Wallis ziehe man bei: L. CARLEN, Gericht und Gemeinde im Goms, Freiburg 1967; V. VAN BERCHEM, Guichard Tavel. Evèque de Sion (1342–1375), in: Jahrbuch für schweizerische Geschichte 1899; B. TRUFFER, Das Wallis zur Zeit Bischof Eduards von Savoyen-Achaia (1375–1386), Freiburg i. Ue. 1971. Ein leicht faßlicher Überblick zu Geschichte und Kultur des Wallis liegt nun vor bei L. CARLEN, Kultur des Wallis im Mittelalter, Brig 1981. Zum Tessin gibt weiterhin die schon erwähnte Arbeit G. WIELICHS Auskunft. Schließlich sei für die zweite Hälfte des 14. Jahrhunderts ganz allgemein auf den anregenden und in magistraler Weise die gesamte Entwicklung im Überblick darstellenden, leider an unglücklicher Stelle publizierten und daher etwas übersehenen Wurf von E. DÜRR hingewiesen, Die Politik der Eidgenossen im 14. und 15. Jahrhundert, in: Schweizer Kriegsgeschichte, Heft 4, Bern 1933. Seit Erscheinen der ersten Auflage ist die Forschung bei verschiedenen Ereignissen zu einer Neubewertung gekommen. Diese wurde, zumindest was die frühe eidgenössische Entwicklung betrifft, in die Studienausgabe eingearbeitet. Zur Befreiungstradition: W. MEYER, J. OBRECHT, H. SCHNEIDER, Die bösen Türnli, archäologische Beiträge zur Burgenforschung in der Urschweiz (Schweizer Beiträge zur Kulturgeschichte und Archäologie des Mittelalters 11), Olten 1984: G. P. MARCHAL, Das Meisterli von Emmenbrücke oder: Vom Aussagewert mündlicher Überlieferung. Eine Fallstudie zum Problem Wilhelm Tell, in: Schweizerische Zeitschrift für Geschichte 1984. Zur Vorgeschichte des Luzerner Bundes: F. GLAUSER, Luzern und die Herrschaft Österreich 1326–1336. Ein Beitrag zur Entstehung des Luzerner Bundes von 1332 (Luzern und die Eidgenossenschaft), Luzern 1982. Zur Situation Ende des 14. Jahrhunderts: B. STETTLER, Der Sempacher Brief von 1393 – ein verkanntes Dokument aus der älteren Schweizergeschichte, in: Schweizerische Zeitschrift für Geschichte 1985; derselbe, Aegidius Tschudi, Chronicon Helveticum 6 (Quellen zur Schweizer Geschichte N. F. I. Abt.: Chroniken VII/6), Bern 1986: F. GRAUS, H. KOLLER, G. P. MARCHAL, P. MORAW, Neue Forschungen zur Epoche des Sempacherkrieges (Jahrbuch der Historischen Gesellschaft Luzern), Luzern 1986: G. P. MARCHAL, Sempach 1386. Von den Anfängen des Territorialstaates Luzern, Basel 1986; G. P. MARCHAL, W. SCHAUFELBERGER, A. STEINER, J. STÜCKELBERGER, Winkelried – Mythos und Wirklichkeit, Stans 1986. Die Beurteilung der österreichischen Stellung um 1400 (bis 1415) ist gegenwärtig in Bewegung geraten. Diese Stellung scheint stärker gewesen zu sein als gemeinhin angenommen.

Kapitel 3 *Nicolas Morard*

Auf der Höhe der Macht (1394–1536)

Der hier behandelte Zeitraum steht im Zeichen des politischen und militärischen Aufstiegs der jungen Eidgenossenschaft. Dies sollte ihr erlauben, wenn auch nur vorübergehend, bestimmenden Anteil am Kräftespiel der europäischen Mächte zu haben. Die kühn und gewaltsam seit den siegreichen Schlachten von Sempach und Näfels durchgesetzte Selbstbehauptung mit dem Resultat einer faktischen Unabhängigkeit blieb länger als ein Jahrhundert unbestritten, bis zu jenem Zeitpunkt, da die Schweiz, mit inneren Problemen konfrontiert, in eine Phase zwar nicht des Rückzugs, aber der Rückbesinnung trat und ihre Kräfte auf andere Ebenen verlagerte.

A. Die Schweiz in Europa

1. Die Schweiz und die europäische Krise (1350–1450)

Ein gegenläufiger Aufstieg

Dieser erstaunliche Aufstieg vollzog sich gegenläufig zur europäischen Entwicklung. Denn die Jahre um 1350, in denen die Zukunft der Eidgenossenschaft durch das Bündnis mit Zürich und insbesondere mit Bern sich endgültig festigte, brachten zugleich einen der schlimmsten Schicksalsschläge, die Westeuropa je heimsuchten. 1348–1349 setzte das große Pest-Sterben ein, damit verbunden ein tiefer Bevölkerungseinbruch, der bis zur Mitte des folgenden Jahrhunderts dauerte, und ein Rückgang der landwirtschaftlichen und gewerblichen Tätigkeit. Die acht alten Orte dagegen konnten nicht nur politische und militärische Erfolge verbuchen.

Aufgrund eines ausgewogenen Zusammenwirkens von dynamischen städtischen Zentren und neuerungsfreudigen landwirtschaftlichen Randzonen gelang es ihnen, sich einen beneidenswerten materiellen Wohlstand und einen relativen sozialen Frieden zu sichern. Und das kleine Gebiet zwischen Rhein, Alpen und Jura sollte auch eines jener Zentren werden, von denen bald – mit Basel, Zürich und

Genf – einige der entscheidenden Anstöße ausgingen, die das geistige und kulturelle Leben in Europa erneuerten.

Die Bevölkerung von 1350–1500: eine widersprüchliche Entwicklung

Diese unausgeglichene Entwicklung läßt sich vielleicht am besten an der Bevölkerungszahl der Schweiz im ausgehenden Mittelalter aufzeigen, und zwar sowohl an den Veränderungen der Bevölkerungsgröße als auch an ihrer räumlichen Verteilung.

Genauere Angaben über die demographische Situation der Schweiz lassen sich erst für den Beginn des 15. Jahrhunderts machen. Die ersten Zahlen für einen wichtigen Teil des Landes, namentlich die Westschweiz zwischen Genfersee, Jura und Aare, sind Hektor Ammann zu verdanken.

Die Bevölkerung der Westschweiz um 1400

Region:	Herd-stätten:	Ein-wohner:	Dichte Einwohner/km²:
Genf	3 200	16 000	65
Waadt	11 500	55 000–60 000	20
Neuenburg	1 300	6 500	9
Freiburg	6 000	30 000	19
Bern (linkes Aareufer)	6 000	30 000	10
Solothurn (linkes Aareufer)	700	3 500	28

Das von ihm untersuchte Gebiet deckt rund 8500 km² ab. Es umfaßt so unterschiedliche Regionen – Flachland und Bergtäler, Städte und Dörfer –, daß es zulässig scheint, die errechnete Bevölkerungsdichte von 17 Einwohnern pro km² als repräsentativ für das schweizerische Mittelland anzusehen. Diese Annahme wurde durch die Arbeiten eines andern Historikers über die Region Zürich bestätigt. Werner Schnyder konnte im Kanton Zürich für das Jahr 1467 eine Bevölkerung von 27 000 bis 29 000 Einwohnern bei einer Fläche von 1573 km² (Freiburg: 1600 km²) ermitteln, zusätzlich 4500 bis 5000 Personen in der Stadt selbst. Dies ergibt eine Dichte von 18 Einwohnern pro km² ohne den Hauptort, respektive 21 Einwohner pro km² mit dem Hauptort. Man kann also für das Mittelland im Spätmittelalter ohne großes Fehlerrisiko eine mittlere Dichte von 17–18 Einwohnern pro km² annehmen.

Es ist mangels quantitativer Angaben sehr viel schwieriger, die Bevölkerungszahl der Berggebiete auch nur grob zu schätzen. Geht man aber von der Hypothese aus, daß sich vom Spätmittelalter bis zum Beginn der Industrialisierung weder die Einnahmequellen noch der Lebensstandard der Bergbevölkerung wesentlich erhöht haben, so darf man für das Jahr 1400 sicher die gleiche mittlere Dichte von 13 Einwohnern annehmen, die 1800 für die wichtigsten Alpenkantone Waldstätte, Graubünden und Wallis ermittelt wurden.

Aufgrund dieser verschiedenen Angaben und Annahmen haben die Fachleute errechnet, daß um 1400 innerhalb der Grenzen der heutigen Schweiz wahrscheinlich eine Gesamtbevölkerung von 600 000 bis 650 000 Einwohnern bei einer mittleren Dichte von 15 Einwohnern pro km² lebte.

Es wäre jedoch falsch, dieses Ergebnis als den höchsten je erreichten Stand der Bevölkerungsentwicklung im Mittelalter zu betrachten. Wie überall in Europa wütete die Pest in den Städten wie auf dem Land ein erstes Mal zwischen 1348 und 1349, dann in Abständen von etwa zehn Jahren bis zu Beginn des 15. Jahrhunderts. Ferner gab es in vielen Gegenden der Schweiz gegen die Mitte des 15. Jahrhunderts Bürgerkriege und Wirren. Es steht fest, und auch einige Quellen sagen es deutlich, daß im Vergleich zur Periode von 1250–1300 das Mittelland zwischen 1400 und 1450 einen Bevölkerungsverlust um wahrscheinlich 25–30 % erlitten hat. Es sind sogar Fälle bekannt, wo der Rückgang bei 50–60 % lag! Die Bevölkerung befand sich also 1400 auf einem Tiefstand, der mit dem Aufhören der Kriege und Seuchen wieder aufgefüllt werden konnte.

Der heilige Sebastian, Fresko aus der Kirche von Waltensburg (GR), 14. Jahrhundert. Der heilige Sebastian war im Mittelalter der Schutzpatron der Bogenschützen, wurde aber auch gegen den Schwarzen Tod angerufen. Der erste Pestzug von 1349 forderte in der Schweiz wohl nicht am meisten Opfer, wurde aber von zwei neuen Wellen in den Jahren 1360 und 1380 gefolgt, deren Auswirkungen zwischen 1420 und 1440 in der Bevölkerungsstruktur hervortraten.

In der zweiten Hälfte des 15. Jahrhunderts wurden die Verluste denn auch rasch wettgemacht. Um 1500 erreichte die Schweiz wahrscheinlich wieder die gleiche Bevölkerungszahl wie zwischen 1300 und 1350. Die folgende Zusammenstellung macht das deutlich.

Wahrscheinliche Bevölkerungsentwicklung in der Schweiz von 1300–1500

1300/1350	800 000–850 000	Einwohner
1400	600 000–650 000	Einwohner
1500	900 000	Einwohner

Freilich bedarf diese Übersicht einiger Differenzierung. Es ist nämlich nicht sicher, daß die Bevölkerungsentwicklung überall die gleichen Tendenzen aufwies. So ist anzunehmen, daß die Bergtäler von der Geißel der Pest wie auch des Krieges weniger stark getroffen wurden als das offene Unterland und insbesondere die Städte, die im Mittelland relativ zahlreich und der Ansteckungsgefahr stärker ausgesetzt waren. In den voralpinen Dörfern (800–1000 m) der Freiburger Landschaft beispielsweise gab es weiterhin eine größere Anzahl Familien als im Flachland, trotz des schweren Tributs, den sie der Pest zahlen mußten. Sogar noch nach 1400 wurden hier 40 bis 50 Familien pro Dorf gezählt, im Unterland dagegen nur 15 bis 20 Familien. Die Ortschaften waren zwar nicht zahlreich und die Dichte blieb aufgrund der weiten unbewohnten Flächen gering. Die Gemeinden scheinen aber besser strukturiert und aktiver gewesen zu sein, hatten mehr Bürger und damit mehr Waffenfähige und fielen für die Grundherren oder Beamten, die mit ihnen zu tun hatten, folglich stärker ins Gewicht.

Anderseits zeugen zahlreiche, für die Schweiz allgemeingültige Indizien dafür, daß um 1350 die Erschließung der nutzbaren Böden bei weitem nicht abgeschlossen war. Im Flachland und in den Bergtälern, in Stadtnähe und in den abgelegenen Gegenden, überall waren

Fresko aus der Kirche von Schlans (GR). Ob es sich bei dieser Darstellung um einen einfachen Hakenpflug oder um einen Räderpflug handelt, ist nicht genau erkennbar. Wichtig ist das Pferd, das als Zug- und Arbeitstier in der Schweiz bereits weite Verbreitung fand. Dazu gehörte der vierrädrige Wagen, der für die zunehmende Bedeutung von Verkehr und Transport zeugt.

Rodungsbauern am Werk und auf der Suche nach bebaubarem Boden bis zu 1000 m Höhe, um eine wachsende Bevölkerung zu versorgen. Damit bestanden Expansionsmöglichkeiten, die im gegebenen Zeitpunkt ausgenutzt werden konnten. Noch 1350 boten die spät und spärlicher besiedelten Berggebiete gutes, brachliegendes Land. Hier sind die Dörfer Saanen, Gsteig und Lauenen im Berner Oberland zu nennen, die einen ungestört andauernden Aufschwung erlebten und von 1312–1416 von etwa 350 auf 600 Herdstätten wuchsen. Auffälliger noch ist das Beispiel des Neuenburger Juras, für den die berichtigten Zahlen von Georges-Auguste Matile einen ununterbrochenen Aufstieg belegen. Ist es schließlich Zufall, daß in der Urschweiz die Pfarreigründungen erst um 1500 ihren Abschluß finden?

Es wird noch von den politischen Konsequenzen zu sprechen sein, welche die Bewohner der Berggebiete aus ihrer privilegierten demographischen Lage um 1400 zu ziehen wußten. Vorerst soll ein anderes mit der Bevölkerungsentwicklung verbundenes Problem, die Entwicklungsmöglichkeiten in der schweizerischen Landwirtschaft zwischen 1350 und 1450, behandelt werden.

Die Veränderungen in der Landwirtschaft: hin zu einer Spezialisierung?

Die Landwirtschaft jener Zeit verdient vor allem Aufmerksamkeit, weil sie die Beschäftigung und Versorgung der überwältigenden Mehrheit der Bevölkerung sicherstellte und sich deren Schwankungen anzupassen hatte. Es darf dabei nicht vergessen werden, daß die Zahl und die Verteilung der Bevölkerung wiederum die Entscheide und das Verhalten der Bauern entscheidend prägten.

Im Mittelland ...

Im schweizerischen Mittelland äußerte sich der Bevölkerungsrückgang nicht nur in der zahlenmäßigen Abnahme der Einwohner, sondern auch im Verschwinden mehrerer Dörfer und Weiler, ein feststellbares Phänomen, das aber in unserem Land noch wenig untersucht worden ist. Dennoch hatte der starke Bevölkerungseinbruch innerhalb von 50 Jahren aber auch positive Folgen. Die Aufgabe von Randzonen oder ertragsarmen Ackerflächen ermöglichte eine den Interessen der Dorfgemeinden angepaßtere Nutzung, insbesondere die Erhaltung von Wald- und Weideflächen. Außerdem führte die Verfügbarkeit von herrenlosem Land zu einer Ausweitung der durchschnittlichen Anbauflächen und erlaubte somit eine Art von Flurbereinigung. Ist es wohl Zufall, daß eine rationellere Bewirtschaftung, d.h. die Einteilung der gesamten Dorfflur in drei gleich große Zelgen *(soles* oder *fins de pie* in der Westschweiz) gemäß den Regeln der Dreifelderwirtschaft erst im 14. Jahrhundert entstand, während diese Bewirtschaftungsform vorher nur auf einzelne Betriebe beschränkt war?

Die rückläufige Zahl der Bauern und gleichzeitig die Vergrößerung der Betriebe, d.h. die Erhöhung der Produktivität, lockerten gesamthaft gesehen die chronische Nahrungsmittelknappheit und bewirkten einen Überschuß, der in die schnell wachsenden Marktflecken und Städte abfließen konnte. Außerdem erlaubte die Arrondierung der bäuerlichen Güter (die Sterblichkeit bewirkte eine Konzentration des Bodens zugunsten der Überlebenden) eine Ausdehnung der Weideflächen, die bisher auf das Verhältnis von einer Flächeneinheit Grasland auf acht bis zehn Flächeneinheiten Saatland beschränkt waren. Dadurch konnte der Bauer seinen Viehbestand erhöhen und daraus Gewinn erzielen. Die Voraussetzungen für eine spürbare Verbesserung der wirtschaftlichen Lage der Bauern waren nun gegeben. Die Bürger in den Städten waren sich dessen bewußt. Sie investierten in die Landwirtschaft über Pacht-, Halbpacht- und Viehpachtverträge oder Zehntenpachten. Aus Furcht vor der Abwanderung ihrer zinspflichtigen Bauern milderten schließlich die Feudalherren, insbesondere im Flachland, die Abgabepflichten und die Härten der Leibeigenschaft (viele vollständige oder partielle Befreiungen stammen aus jener Zeit). Der Bauer war nun weniger arm, beweglicher und unternehmungsfreudiger. Er begab sich vermehrt in die Stadt und ließ sich dort endgültig nieder. Diese Landflucht, die im übrigen durch den städtischen Aufschwung gefördert wurde, verstärkte noch die positiven Auswirkungen der hohen Sterblichkeit auf dem Gebiete der landwirtschaftlichen Produktivität.

... und in den Bergtälern

Die schweizerische Bergbevölkerung wurde durch Epidemie und hohe Sterblichkeit zwar weniger betroffen, dafür aber wirkten sich der Aufschwung der Städte und der damit verbundene Handelsverkehr auf ihre Landwirtschaft aus. Sie wurde in ihren Strukturen tiefgreifend verändert und schlug den Weg der Spezialisierung ein.

Hier sind nun zwei gegensätzliche, aber gleicherweise irrtümliche Meinungen zu widerlegen: Die eine betrachtet das Übergewicht der Viehhaltung in den Schweizer Alpen und Voralpen als seit undenklichen Zeiten gegeben, die andere will ihr Aufkommen erst im 17., ja sogar 18. Jahrhundert ansiedeln. Der richtige Zeitpunkt liegt wohl in der Mitte, d.h. näher bei der Neuzeit als beim Neolithikum. Die Rinderhaltung in der Zentralschweiz wie anderswo geht zwar gewiß weit zurück. Es muß aber betont werden, daß die ersten, die sich der

Spezialisierung zuwandten, die Grundherren waren und lange in der Minderheit blieben. Die ersten Besitzer von bedeutenden Rinder- oder Pferdeherden waren Klöster wie Einsiedeln oder Engelberg. Es scheint, daß umfangreiche Bestände an Großvieh zuerst an die Bewirtschaftung der großen Fronhöfe gebunden waren, an denen die abhängigen Bauern keinen Nutzungsanteil hatten.

Im Gegensatz dazu waren die in den hochgelegenen und schlecht erreichbaren Tälern isolierten Bauern gezwungen, Subsistenzwirtschaft zu betreiben und folglich in erster Linie die im Ertrag pro Flächeneinheit nährstoffreichsten Getreidearten anzubauen, d.h. jene Getreidearten, die man noch in Höhen über 1000 m säte. Es ist in diesem Zusammenhang nicht genug betont worden, daß die schweren Konflikte zwischen den Talgenossenschaften und den großen Klöstern im 13. und sogar noch im 14. Jahrhundert nicht immer oder nicht nur die ausschließliche Nutzung bestimmter Weiderechte zum Gegenstand hatten. Wie die Chronik berichtet, warfen die Frauen von Schwyz den Mönchen von Einsiedeln vor, als Viehzüchter rücksichtslos den Boden zu vergeuden, unbekümmert um die Hungersnot ihrer Nachbarn. Das war 1315 – das Jahr von Morgarten war auch das Jahr einer großen Hungersnot in Westeuropa. Es ist auch dem dringenden Bedarf nach bebaubarem Land zuzuschreiben, daß die Unterwaldner noch nach 1350 sich in die Angelegenheiten der Vogtei Interlaken einmischten und ins Berner Oberland einzudringen versuchten.

Alles in allem war der Fleischkonsum im Rahmen der Ernährung noch Luxus und das Land, das für Futtergewinnung erübrigt werden konnte, noch recht bescheiden. Es handelte sich um einige hochgelegene Weiden, die Gemeinbesitz der Talgenossenschaften oder im Besitz der Grundherren waren. Das größte Problem stellte nämlich die Überwinterung dar. Wo konnte genügend Stallfutter für den Winter gefunden werden? Futter- und Getreideanbau (Gerste, Roggen, Dinkel) konkurrenzierten sich bis in Höhen weit über 1000 m. Im Flachland standen dem Futteranbau nur Randzonen zur Verfügung, und in den Höhenlagen befanden sich die für die Übersömmerung unentbehrlichen Alpweiden. Dazwischen bot zwar der Waldgürtel, der mehr aus Laub- denn aus Nadelbäumen bestand, dem Vieh Weidegelegenheiten. Aber bald schon, spätestens am Ende des 13. Jahrhunderts, wurden Maßnahmen zum Schutz des Waldes getroffen.

Eines steht fest: Nirgends in der Schweiz konnte vor 1500 oder 1550 die Viehhaltung den bäuerlichen Mischbetrieb verdrängen, der in erster Linie auf dem Getreidebau basierte. Es sei nochmals betont, daß in der Zentralschweiz, in den Berner Alpen und in der Grafschaft Greyerz zwischen 1350 und 1450 bis zu Höhen von mindestens 1000 m immer noch Land gerodet und bebaut wurde. Die Ergebnisse der Dendrochronologie scheinen im übrigen diese Feststellung zu erhärten: Eine Folge von trockenen Sommern, vorwiegend im Zeitraum von 1350 bis 1550, begünstigte den Getreideanbau in Höhenlagen.

Der Alpaufzug – ein langsamer Vorgang

Für einmal decken sich auch die Schlüsseldaten der politischen Geschichte mit jenen der Wirtschaftsgeschichte: «Bis in die Zeit der Schlacht von Sempach (1386) lieferte Obwalden der Stadt Luzern genügend Getreide, um die Marktpreise festsetzen zu können» (Jean-François Bergier). Nach Meinung der Historiker hat sich seit der zweiten Hälfte des 14. Jahrhunderts die Viehhaltung verbreitet. Gleichzeitig setzte der unausweichliche Rückgang des Getreideanbaus zugunsten einer Ausweitung der Weideflächen ein. Diese Entwicklung verlief über mehrere Jahrhunderte. Frühestens 1550 wurde im ganzen Alpenraum der Getreideanbau völlig zugunsten der Viehwirtschaft aufgegeben. Die Bedeutung dieser Umstellung läßt sich namentlich in der Greyerzer Landschaft an der ab 1390 einsetzenden Einhegungsbewegung ablesen, deren Spuren in den Gemeinden durch das ganze 15. Jahrhundert hindurch verfolgt werden konnten. Um 1450 wurde auf dem Markt von Greyerz Getreide gegen Käse eingetauscht. Im Kanton Freiburg gab es zwei weitere Gegenden in Höhenlagen von 800 und 1500 m, deren Qualitätsvieh guten Absatz fand. Die Bergbauern von Charmey verkauften ihre Zuchtstiere mit Gewinn den Verwaltern des Spitals von Freiburg. Diese wurden auch von den teilweise gerodeten Höhen des Glâne- und Broyetales mit Ochsen beliefert, die ihnen als Zugtiere und Düngerlieferanten dienten.

Der Erfolg der landwirtschaftlichen Spezialisierung hing vor allem von einer gesicherten Nachfrage ab, da nur so die Risiken wettzumachen waren, welche die Viehbauern durch den Verzicht auf ihre Autarkie eingegangen waren. Diese Nachfrage wurde erst durch den städtischen und gewerblichen Aufschwung möglich, der zu jener Zeit allmählich Norditalien und Oberdeutschland erfaßte. Hinzu kam die neue Ausweitung des Handels. So ist es bezeichnend, daß unser Hartkäse mit der goldgelben Rinde kaum vor dem Ende des 15. Jahrhunderts hergestellt wurde. Erst die sichere Haltbarkeit machte ihn für die langen Transportwege geeignet.

Der städtische Aufschwung – die neue Welle

Eine weitere Besonderheit der Schweiz im Spätmittelalter ist das erneute Wachstum der städtischen Bevölkerung. Auch hier war die Entwicklung unseres Landes wiederum gegenläufig zu der des übrigen Europa, zumindest des klassischen Europa, nämlich Frankreichs und Englands. Es ist das Europa der Kathedralen und der geeinten Monarchie, das durch den Niedergang der Champagner Messe und der flämischen Tuchproduktion, durch den Hundertjährigen Krieg und die darauffolgenden Wirren geprägt wurde.

Zunächst muß man sich von der irrigen Vorstellung lösen, die schweizerische Bevölkerung in den letzten zwei Jahrhunderten des Mittelalters sei ausschließlich in der Landwirtschaft tätig gewesen. Zweifellos beschäftigte wie überall der Primärsektor, in erster Linie die Landwirtschaft, eine erdrückende Mehrheit von 80–90 % der Bevölkerung. Dennoch war in der Schweiz städtisches Leben verbreitet, im Flachland und in den Alpentälern, stärker sogar als in andern Ländern. Um 1400 gab es in der deutschen Schweiz, einschließlich des Bistums Basel, 79 Städte, allein in der Waadt 30 bis 40, d. h. eine Stadt pro ca. 80 km². Gemessen an heutigen Kriterien waren diese Ortschaften natürlich klein, zudem «waren selbst die wichtigsten Städte für damalige Verhältnisse kleine Städte». Mehrere verschwanden in der Folge gänzlich oder blieben bis in unsere Zeit einfache Dörfer, so Jussy und Peney im Kanton Genf, Arconciel und Châtel-sur-Montsalvens im Kanton Freiburg. Wer würde heute vermuten, daß Corbières im Greyerzerland einst ein Beginenhaus und eine Wechselstube besaß? Indessen trugen all diese Ortschaften zu einem bestimmten Zeitpunkt ihrer Geschichte die charakteristischen Züge einer echten Stadt. Ein Mauerring trennte sie vom Umland, rechtliche Freiheiten *(franchises)* unterschieden ihre Einwohner von den Bauern der Umgebung. Vorwiegend auf Gewerbe, Handel und Verwaltung beruhende Tätigkeiten brachten einen Markt hervor mit Waren und Kunden aus einem weiteren oder engeren Umkreis.

Trotz ihrer geringen Einwohnerzahl – die Zuwanderung aus den wenig besiedelten ländlichen Gebieten fiel kaum ins Gewicht – waren die mittelalterlichen Schweizer Städte vor allem im Mittelland zahlreich und dicht besiedelt und verliehen dem Land insgesamt einen unbestritten städtischen Charakter. So wurde für Regionen wie den Aargau, Freiburg und die Waadt im 15. Jahrhundert ein Verhältnis von eins zu zwei zwischen Stadt- und Landbevölkerung errechnet (eins zu dreieinhalb im Kanton Zürich). Dies ergibt einen Anteil städtischer Bevölkerung, der zwei bis drei Mal höher liegt als der europäische Durchschnitt. Zudem steht fest, daß das Wachstum der Städte zwischen 1350 und 1450 in der Schweiz den ländlichen Bevölkerungsrückgang noch verstärkte. Dieser Umstand belastete die (administrativen) Beziehungen zwischen den herrschaftsausübenden Städten und dem untertänigen Land mit schweren politischen und sozialen Problemen. Die wichtigsten Aspekte des städtischen Lebens im Spätmittelalter lassen sich also wie folgt zusammenfassen: 1. erhöhter Anteil des städtischen Elements, bezogen auf die Gesamtbevölkerung; 2. zahlreiche, aber durchschnittlich kleine Städte; 3. relativ schwache Einwohnerzahl auch der wichtigsten Ortschaften, verglichen mit den westeuropäischen Großstädten wie Paris, Florenz oder London.

Für die Zeit von 1450–1550 lassen sich die städtischen Zentren, die für die Westschweiz besser erforscht sind, unter Berücksichtigung der verschiedenen Schätzungen folgendermaßen einreihen:

Basel	10000–12000	Einwohner
Genf	10000	Einwohner
Bern	5000– 6000	Einwohner
Freiburg	5000– 5500	Einwohner
Zürich	4500– 5500	Einwohner
Lausanne	5000	Einwohner

Im Vergleich dazu zählten Paris, Florenz, Genua, London annähernd 150000, 100000 und 50000 Einwohner. Aber auch 20–30 andere westeuropäische Städte erreichten 10000–20000 Einwohner und mehr.

Um auf die schweizerischen Verhältnisse zurückzukommen, so rangieren hinter den sechs größten Städten mit einigem Abstand Romont, Solothurn und Vevey mit etwa 2000 Einwohnern. Yverdon, Neuenburg, Thun, Aarau und Zofingen zählten etwa 1500 Einwohner, Moudon, Estavayer, Biel und Burgdorf erreichten die Tausendergrenze.

Einige ziemlich genaue Zahlen geben Aufschluß über den Verlauf des damaligen städtischen Bevölkerungswachstums wie auch den darauffolgenden Rückgang. Hier sei als Beispiel Genf erwähnt, das im Jahre 1407 4500, 1449 8500 Einwohner zählte und bis zum Jahre 1464 mehr als 10000 Einwohner erreichte. Die Stadt wies «während des ganzen 15. Jahrhunderts ein außergewöhnlich regelmäßiges, starkes Wachstum auf, das mit jährlichen Zuwachsraten von 1–1,4% dem moderner Städte entspricht.» (Jean-François Bergier). Basel erreichte 1429 schätzungsweise eine Einwohnerzahl von 8000–10000. In der regen, aber außergewöhnlichen Zeit des Konzils (1431–1449) stieg sie etwa auf 12000, fiel dann aber wieder auf den niedrigsten Stand von 7000–8000. Zürich hatte zur Zeit der Belagerung von 1351–1355 offenbar 6000–6500 Einwohner, zählte aber von 1357–1467 nur noch 5500 und zeitweise sogar bloß 4500 Einwohner.

Das Auf und Ab der Konjunktur

Einige Städte konnten ihren höchsten Einwohnerstand halten, andere erlebten zeitweilig einen Bevölkerungsrückgang. Darin spiegeln sich die Folgen von stabilen Strukturen auf der einen, von sprunghaften konjunkturellen Schwankungen auf der andern Seite. Zum Verständnis der städtischen Entwicklung in der Schweiz des Spätmittelalters muß man sich vor Augen halten, daß sie von der zweiten Hälfte des 12. Jahrhunderts bis zum Beginn des 15. Jahrhunderts in zwei aufeinanderfolgenden Phasen verlief. Dies hing mit der offensichtlichen Wechselbeziehung zwischen dem städtischen Aufschwung und der verschiedenen Ausrichtung der großen Fernhandelsrouten zusammen.

Die Krise, die im Spätmittelalter das Sozialgefüge erschütterte, erfaßte nicht alle Gebiete gleichmäßig. Besonders stark betraf sie Frankreich, England und Flandern, in geringerem Maße auch Mitteleuropa und Italien. Ganze Regionen wie Schwaben und Bayern, das schweizerische Mittelland, Norditalien und die Toskana profitierten dagegen vom relativen Abstieg ihrer Konkurrenten, die außerdem unter den aus dem französisch-englischen Konflikt entstandenen inneren und äußeren politischen Wirren zu leiden hatten.

Die Schweiz – Drehscheibe Europas

Um die Entwicklung der Schweiz im 15. Jahrhundert verstehen zu können, muß man den Platz unseres Landes innerhalb des durch neue Bedingungen bestimmten internationalen Handelsaustausches kennen. Charakteristisch für die europäische Wirtschaft zu jener Zeit war das Aufkommen neuer, bedeutender Gewerbezentren in der Lombardei, in Ligurien oder in der Toskana wie auch in Süddeutschland. Schon zu Beginn des 14. Jahrhunderts führte Italien weniger flämisches Tuch als englische Wolle ein, um seine eigenen kunstvoll gefärbten und gewirkten Qualitätsstoffe herzustellen. Neben anderen Zentren hatte sich Florenz darauf spezialisiert. In der Lombardei wurde die Ausfuhr durch die Verarbeitung der aus Syrien und Kleinasien und bald auch aus Spanien eingeführten Baumwolle stark gefördert. Rasch folgte aber Deutschland, zweifellos angespornt durch die Verbindungen, die über die schweizerischen und österreichischen Alpen zu den norditalienischen Zentren Mailand und Verona und zu den Umschlaghäfen Genua und Venedig bestanden. Im deutschen Raum hatten sich vor allem zwei Branchen der Textilindustrie stark entwickelt: die Herstellung von Leinwand und von Barchent, bei dem die Kette aus Leinen und der Schuß aus Baumwolle bestand. Bei der Verarbeitung von Metallen, vor allem von Bronze, Eisen und Stahl, machte sich Nürnberg die bedeutenden Naturvorkommen in Sachsen, Böhmen, Schlesien und den weiter entfernten Ländern Polen und Ungarn zunutze. Es war dank der bemerkenswerten Kenntnisse seiner Bergleute und Schmiede fähig, eine ernstzunehmende Konkurrenz für die Kunst- und Waffenschmiede von Mailand darzustellen.

Auch die Schweiz hatte an diesem Aufschwung teil. Seit langem bereits blühten im Konstanzer Becken die Herstellung und der Handel mit Leinwand. Spätestens seit dem 13. Jahrhundert verkehrten in Genua Kaufleute aus «Konstanz», eine Bezeichnung, die nicht nur die Stadt, sondern auch die umliegenden Gegenden meinte. Möglicherweise führte ihr Weg über den Großen St. Bernhard oder die Bündnerpässe. Bedeutsamer aber ist, daß die erste städtische Wachstumswelle im schweizerischen Mittelland, sichtbar am schnellen Wachstum von Zentren wie Basel, Schaffhausen, Konstanz, Zürich, St. Gallen, in jenes «Zeitalter der Kathedralen» gehört, als der Handel der Champagne dank italienischer Vermittlung über die Alpen und vor allem durch das Rhonetal und seine Mittelmeerhäfen den gewerblichen Fleiß des Nordens mit dem Luxus des Orients verband. Gehandelt wurde flandrisches, in geringerem Maße auch deutsches Tuch, bald auch englische Wolle (die Zolleinnahmen von Jougne erreichen ihren höchsten Stand um 1350) gegen die berühmten Gewürze. Es war ein Handel mit wertvollen Waren, deren hoher Preis und geringe Mengen große Umwege und einen langsamen Transport auf dem Landweg zuließen.

Aber dieser erste Handelsaufschwung, der zeitlich mit einem kulturellen Höhepunkt zusammenfiel, kam durch die Krise um 1350 zu einem Stillstand, eine Krise, die sich bereits seit 1315 abgezeichnet hatte. Die Bevölkerungsabnahme, der Mangel an Arbeitskräften und das Fallen der Preise für landwirtschaftliche Erträge führten in ihrer Wechselwirkung sowohl zu einem Rückgang der Absatzmöglichkeiten für gewerbliche Erzeugnisse als auch zu einer Erhöhung der Herstellungskosten. Dies um so mehr, als die Zunftbewegung auf künstlich hochgehaltenen Preisen für Gewerbeprodukte beharrte und sich jeder technischen Innovation widersetzte. Die administrativen Schikanen der siegreichen Zunftherrschaft in Basel und Zürich behinderten nach Meinung aller Historiker für lange Zeit einen frühzeitigen industriellen Aufschwung. An die Stelle einer Produktion im großen

Wehrturm von Thusis (GR). Beim Bau von Befestigungsanlagen spielte nicht nur die militärische Verteidigung, sondern auch das Bedürfnis nach Kontrolle des Handelsverkehrs eine Rolle. Viele noch heute bestehende Städte entstanden in Anlehnung an solche Burgen.

Stil werden in der Folge das Handels- und Finanzwesen treten. Zu dieser Zeit setzte der unabwendbare Niedergang der zürcherischen Seidenindustrie ein. Aber man darf hier nicht Ursache und Wirkung verwechseln und sollte sich vor Augen halten, daß der Malthusianismus der Zünfte vor allem eine verzweifelte Reaktion der Produzenten auf einen tatsächlichen Rückgang der Absatzmöglichkeiten darstellte.

Es unterliegt keinem Zweifel, daß die oberrheinischen Städte, Basel, Konstanz, Zürich, Schaffhausen, die vom Handel mit der Champagne derart stark abhängig waren, daß sie das Mittelmeer und Italien nur auf dem Umweg über die Messen der Champagne erreichten, zwischen 1300 und 1350 in ihrer Entwicklung stehen blieben. Das gleiche gilt für Lausanne, von dessen Bedeutung im 13. Jahrhundert die Kathedrale zeugt und das seinen Aufstieg der ausgezeichneten Lage an der Verbindungsstraße von Flandern und der Champagne zu den Städten Norditaliens verdankte. (Die Lausanner Mark, damals von guter Qualität, war diejenige von Troyes.)

Es wäre jedoch falsch, von andern europäischen Ländern entlehnte Muster direkt auf die Schweiz zu übertragen. Die Krise, deren Auswirkungen die wichtigsten Wirtschaftszentren des Nordens, vor allem Flandern und Nordfrankreich, lange Zeit hart trafen, hatte im schweizerischen Mittelland nicht die gleichen Folgen. Denn kurze Zeit nach 1350 entstanden neue Handels- und Produktionszentren, die an die alte Tradition anknüpften oder auch einen neuen wirtschaftlichen Aufschwung einleiteten. Diese zweite Expansionswelle in der Schweiz muß mit der Entwicklung der deutschen und italienischen Produktionsgebiete in Zusammenhang gesehen werden, von denen weiter oben schon die Rede war. Mehr als je zuvor kreuzten und überlagerten sich die Handelsströme, die Nordeuropa mit dem Mittelmeerbecken, den Osten mit dem Westen des Kontinents verbanden, in dem weiten Gebiet, das von Genf nach Konstanz und von Basel und Zurzach zum Gotthardmassiv reicht.

Neue Schwerpunkte und Wege des europäischen Handels

Innerhalb des europäischen Handelsnetzes, das sich nun nach allen Seiten ausbreitete, beeinflußten drei Hauptverkehrsströme die Schweiz und trugen ihr von 1350–1460 unleugbare Prosperität ein. Es handelt sich dabei um drei Handelswege, die wegen ihrer Dauerhaftigkeit strukturelle Bedeutung für die weitere Entwicklung der Eidgenossenschaft erhielten und auch ihre Politik stark beeinflußten, weshalb näher auf sie einzugehen ist.

Der erste dieser großen Handelswege erklärt sich aus der Nähe der Gewerbezonen um Mailand, Verona, Genua, Venedig und Florenz einerseits, Nürnberg, Augsburg, Ulm, St. Gallen und Konstanz andererseits zur Alpenkette. Sie waren Produktions- und Verbrauchszentren zugleich. Den Bündner Pässen, welche diese Zentren direkt miteinander verbanden, kam deshalb eine besondere Bedeutung zu. Die Händler aus Oberdeutschland hatten keinen Grund, über den Gotthardpaß nach Mailand, Genua und Venedig zu reisen, da sie in Lindau direkt abbiegen und durch das Oberrheintal Sargans

Die Burg von Les Clées (VD). Der Col de Jougne erlangte im Mittelalter große Bedeutung, lag er doch an der Handelsstraße, die die Verbindung zwischen der Champagner Messe und den norditalienischen Städten über Jura und Alpen sicherstellte.

und die Bündner Pässe Splügen und San Bernardino erreichen konnten. Handelsreisen in umgekehrter Richtung waren weniger häufig, denn die Schwaben beherrschten die italienische Sprache besser als die Lombarden die deutsche. Die Eidgenossen hatten also auch ein Interesse an der Kontrolle der Zufahrtswege zu den Bündner Pässen. Schwyz und Zürich wetteiferten denn auch darum, im Linthtal, Richtung Sargans, Fuß zu fassen. Zudem konnten die Zürcher mit gutem Recht für ihre Stadt die Funktion einer bequemen Relaisstation zwischen Schwaben und Graubünden beanspruchen; ihre freundschaftlichen Beziehungen zu den Habsburgern, die weiterhin die Hauptverbindungen über den Rhein beherrschten, lassen sich nicht anders erklären.

Die Appenzeller und auch der letzte Graf von Toggenburg bekundeten ähnliche Interessen und stritten sich um den Besitz des Rheintales und des Vorarlbergs. Mit anderen Worten, die Ostschweiz bildete in der ersten Hälfte des 15. Jahrhunderts zweifellos den Schwerpunkt eidgenössischer Außenpolitik. Einzig Bern und Uri verfolgten aus guten Gründen andere Interessen.

Die anderen wichtigen Verbindungen des internationalen Handels berührten vor allem die Westschweiz. Es sind zunächst die Anstrengungen der Italiener zu nennen, die auf der Suche nach neuen Absatzmärkten nördlich der Alpen waren. Schon am Ende des 14. Jahrhunderts herrschten auf den westeuropäischen Märkten die italienischen Waren vor. Ohne daß die Niederlande ihre durch Reichtum und gewerbliche Produktion privilegierte Stellung eingebüßt hatten, ergab sich für Italien nun eine positive Handelsbilanz. Zwischen diesen zwei Polen des Wachstums verstärkte sich der Verkehr. Die direkteste Verbindung führte natürlich über den Gotthard und weiter über den *«caminus Basle»* von Luzern nach Basel. Zu jener Zeit war Basel ein wichtiger Verkehrsknotenpunkt zwischen Italien und Nordeuropa. Die Rheinstraße in nördlicher Richtung wurde sowohl von den Italienern als auch von Deutschen und Flamen benutzt. Nun führte aber der Weg von Luzern nach Basel durch das Gebiet der Habsburger, die ihre wichtigsten Zollstätten in Sursee, Aarburg und Olten eingerichtet hatten. Das Bestreben der acht alten Orte von 1386–1415, sich die Kontrolle über diese Durchgangsstellen zu sichern, beruhte demnach auf tieferliegenden Überlegungen als bloß auf dem atavistischen Bedürfnis nach Gebietsausbau.

Die Italiener waren bei ihrem Vorstoß über die Alpen auch auf eine Relaisstation angewiesen, die sie mit ihren Handelspartnern im Norden verband und die inzwischen eingegangenen Champagner Messen ersetzte. Diese Funktion wurde nun von Genf übernommen, dessen berühmte Messen zwischen 1400 und 1460 ihren Höhepunkt erlebten. Genf fiel diese Rolle nicht nur deshalb zu, weil es nördlich der Alpen liegt und ein Verbindungsglied zwischen zwei so bedeutenden Polen wie den Niederlanden und Italien darstellt. Wichtiger war die Lage der Stadt an einer Handelsroute, die direkt aus Süddeutschland und weiter noch aus Zentral- und Osteuropa kam und in Richtung

Rhonetal weiter nach Spanien und dem westlichen Mittelmeer führte. In Genf überlagerte so der weitaus stärker kanalisierte Ost-West-Handel den für die Schweiz, gesamthaft gesehen, eher marginalen Süd-Nord-Handel.

Dieser dritte Verkehrsstrom hatte den Vorteil größerer Stabilität, weil er kontinental und vor der maritimen Konkurrenz besser geschützt war. Von Genua nach Brügge bot sich spätestens seit 1300 eine Alternative für den Umweg über die Meerenge von Gibraltar, die für den Verkehr von Leipzig nach Marseille außer Betracht fiel. Der Verkehrsweg wurde hauptsächlich von den deutschen Produktions- und Verbrauchszentren Nürnberg, St. Gallen und Augsburg belebt. Diese wiederum wurden angeregt und angezogen von den Reichtümern und vielversprechenden Perspektiven im südwestlichen Mittelmeergebiet, nämlich Katalonien, Andalusien und nahes Afrika, über das Rhonetal, die Languedoc oder die Provence.

Das schweizerische Mittelland wurde zur bevorzugten Hauptachse dieses Handelsverkehrs. Hier begegneten sich Kaufleute aus Augsburg, St. Gallen oder Nürnberg. Die günstige Lage der Schweizer Städte auf dieser Achse sollte sich auszahlen. Blühende und einflußreiche Städte wie Zürich, Bern und Freiburg verdanken ihr einen wesentlichen Teil ihres Aufstiegs. Ein Beispiel aus den Freiburger Notariatsakten zeigt aufs schönste, wie der Handel den Austausch von technischen Kenntnissen und Waren verschiedenster Herkunft förderte und damit befruchtend auf Produktion und Absatz wirkte. Es ist bezeichnend, daß die Stadt Freiburg um 1360 innerhalb ihrer Mauern gleichzeitig einen Juden aus Córdoba und einen Polen aus Krakau beherbergte; beide übrigens Gerber von Beruf, womit gleichsam die beiden Endpunkte der transeuropäischen Handelsstraße zusammenkamen.

Auf der gleichen Achse werden die Eidgenossen Besitzansprüche durchzusetzen wissen, an denen vor allem Bern interessiert war, als der Handelsstrom nach 1450 weiter anstieg. Aber schon zwischen 1415 und 1425 nahmen die acht alten Orte gemeinsam oder im Alleingang die wichtigsten Übergangsstellen und Zollstätten an dieser Handelsstraße in Besitz. Mit den Orten Kloten, Baden, Lenzburg, Aarburg und Mellingen, die an den Flußübergängen der Glatt, Limmat, Aare und Reuß liegen, kontrollierten sie nun einen Teil jener Transitstraße, die das Donaubecken mit dem Rhonetal verband.

Gelungene Anpassung an die neue Lage

Gesamthaft gesehen zeigte sich also die europäische Krise von 1350–1450 in unserem Lande weniger im spürbaren Rückgang der Gesamtproduktion als vielmehr in einer Neustrukturierung des internationalen Handels und einer verstärkten Spezialisierung der landwirtschaftlichen Produktion. Der Bevölkerungsrückgang auf dem Land, so stark er auch war, läßt sich ebensosehr auf die Anziehungskraft der Städte wie auf die erhöhte Sterblichkeit zurückführen. Die in vielen Gegenden noch intakte Bevölkerungsreserve kam dem städtischen Aufschwung wie der Verwirklichung politischer Ziele zugute.

2. Die gesellschaftlichen Kräfte

Es wäre falsch, unsere nationale Vergangenheit allein als hartnäckigen Freiheitskampf gegen die Herrschaftsansprüche der Habsburger zu betrachten. Gewiß war der Unabhängigkeitswille während der ersten Jahrhunderte stets offenkundig und der Griff zu den Waffen, vor allem von seiten der Eidgenossen, erschreckend häufig. Nicht zu Unrecht zeugt die Historienmalerei vom Blut der Schlachten wie vom Geist friedlicher Hoffnung: Adrian von Bubenberg und Murten, Niklaus von der Flüe und Stans waren eidgenössische Wirklichkeit.

Es ging aber nicht nur um Politik, und die Parteien waren auch nicht nur ein Häuflein rauher Landleute – «gute Wilde» nach der von Jean-Jacques Rousseau angehauchten Mythologie unserer Schulbücher – die sich einmütig gegen die bösen fremden Fürsten erhoben. In Wirklichkeit kamen, hier wie überall, stets die Interessen der einen oder andern Seite zum Vorschein, Interessen, die auf Bedingungen beruhten, die mangels eines besseren Begriffs als sozioökonomisch bezeichnet werden – *honni soit qui mal y pense!*

Die Geschichte der Eidgenossenschaft läßt sich zwar nicht einfach auf einen Klassenkampf reduzieren. Es wäre aber ebenso absurd zu vergessen, daß so gegensätzliche Gruppen wie Adlige, Bauern und Bürger und so unterschiedliche Individuen wie Mönche und gebildete Geistliche, kluge Finanzleute, geschickte Weber oder schlaue Pferdehändler aktiv zum Gang der Ereignisse beigetragen und ihm ihren Stempel aufgedrückt haben. Sowohl der Landritter aus dem Thurgau, der als Minnesänger bekannt wurde, als auch der sachkundige und ergebene Ministeriale aus dem Aargau waren Österreicher, weil sie Vasallen Habsburgs waren. Aber sie gehören nicht minder zur Schweiz und sind des Interesses nicht weniger würdig als der rauhe Appenzeller Hirte, der Basler Finanzmann oder der Zürcher Kaufmann, der in seinen Vorlieben etwas eklektisch und alles in allem vielleicht weniger sympathisch wirkt als ein Berner oder Luzerner Patrizier.

Im 15. Jahrhundert standen sich in der Schweiz sehr unterschiedliche soziale Gruppen gegenüber, die sich je nach Interessenlage und Umständen bald bekämpften, bald annäherten, ohne um ihre Rolle in der Geschichte, die hier geschrieben wird, zu wissen. Die üblichen Ausdrücke «Österreicher» oder «Eidgenossen» sind eher bequeme Etiketten, welche die Existenz von realeren und konkreteren Sozialgruppen und Schichten wie Adlige, Bürger und Bauern nur verdekken. Tatsächlich in Erscheinung treten vor allem ein oft begüterter und stets unruhiger Bauernstand, ein aufblühendes städtisches Bürgertum, ehrgeizig und machthungrig, und der grundherrliche Adel, in der Defensive, zugleich aber auch in seinen Sympathien und Zielsetzungen gespalten, weil die Abgrenzung vom städtischen Bürgertum nicht mehr klar zu ziehen war. Das politische Kräftemessen zwischen Österreich und der Eidgenossenschaft verfolgte demnach nicht allein den Zweck, je nachdem Herrschaft aufrechtzuerhalten oder Unab-

Der Tod des Geizigen. Ausschnitt aus dem rechten Flügel des Altars in der Franziskanerkirche in Freiburg von Hans Fries (1506). «Denn wo euer Schatz ist, da wird auch euer Herz sein» (Lukas 12, 34). Das Thema der Predigt des heiligen Antonius von Padua prägte den kirchlichen Diskurs während des ganzen Mittelalters: Reichtum sollte nicht angehäuft werden, sondern zur Ehre Gottes und als Dienst am Nächsten verteilt werden. Eine Ordnung des Gebens, nicht des Nehmens (G. Duby) gewährleistete das Seelenheil. Weder der Bürger noch der Adelige verschloß sich dieser Ermahnung, obwohl gerade der Bürger seinen Gewinn in Grundeigentum anzulegen strebte, da Grundherrschaft der einzige Weg zu adeligem Status war. Dieser moralische Widerspruch verursachte die Angst des Reichen vor dem Tod und ließ ihn um sein Seelenheil bangen. Wahrscheinlich trat dieser Konflikt in der Schweiz in besonderer Schärfe hervor, wo Geldüberfluß seit langem eher zu Geiz als zu Freigebigkeit anregte; ein Konflikt, der in der Kunst und in andern Bereichen deutlich wird.

·IOKES· ·FRIES·
1·5·0·6

hängigkeit zu erlangen. Man kann sich vorstellen, daß es auch durch die wechselhaften Interessen dieser sehr unterschiedlichen sozialen Gruppen polarisiert worden ist. Von der sich ständig verändernden Kräftekonstellation war auch Stärke oder Schwäche des Hauses Habsburg abhängig.

Das städtische Bürgertum: Handel und Wohlstand

Spätestens nach dem 13. Jahrhundert begann sich überall in Europa eine neue zentralistische Ordnung gegenüber der feudalen Zersplitterung durchzusetzen. Frankreich und England erzielten dabei die wirkungsvollsten Ergebnisse. Weil aber die oberste Staatsgewalt in beiden Königreichen sich stets in der Person des von Beratern umgebenen Königs konzentrierte, blieb der Hof das wichtigste Herrschaftsorgan. Die Stadt war daran nur indirekt, allerdings sehr aktiv beteiligt. Statt wie bisher die Geistlichkeit stellte nun das städtische Bürgertum dem königlichen Hof Richter und Anwälte, Leute, die bereits von ihren privaten Geschäften her mit komplexen Verwaltungsaufgaben vertraut waren.

In der Schweiz, wie auch vor allem in Italien und in geringerem Maße in Deutschland, gelang es den Städten seit dem 12. und 13. Jahrhundert, eine autonome Rechtsstellung zu erringen. Die Stadt selbst verwandelte sich in einen souveränen Staat und unterwarf der Autorität ihres Patriziats ein mehr oder weniger großes ländliches Gebiet. In Italien ist es der *«contado»,* in der Schweiz das «Land», der «Ort» oder «Kanton» (ist dies Wort nicht italienischen Ursprungs?). Alle Gewalten waren im wesentlichen in den Händen eines städtischen Rates vereinigt, d. h. von Kaufleuten und Handwerkern, die sich nach und nach der ursprünglich führenden Gruppe von stadtansässigen Rittern und Ministerialen beigesellt hatten. Umgekehrt waren auch viele Bürger durch Investitionen im Grundbesitz zu echten Grundherren geworden. So bildete sich, ungeachtet der unterschiedlichen sozialen Herkunft, mit der Zeit eine homogene, städtische Oligarchie heraus.

«Die Einladung», Urs Graf, 1516. Der Luxus der galanten Damen verwischte die ständischen Unterschiede, die nach obrigkeitlichen Vorstellungen auch in der Bekleidung hätten zum Ausdruck kommen sollen. Ohne allzu großen Erfolg versuchte man mit Luxus- und Sittenmandaten die Prachtentfaltung breiter Volksschichten einzuschränken.

Offensichtlich haben der französisch-englische Konflikt und vor allem der lange andauernde Bruderzwist zwischen den französischen Königen und den Herzögen von Burgund den schweizerischen Städten zu Vorteilen bei der neuen Beteiligung am internationalen Handelsaustausch verholfen. Die kriegerischen Auseinandersetzungen, aber auch die in Zeiten der Waffenruhe gefürchtete Geißel der als Straßenräuber und «Schinder» *(écorcheurs)* umherziehenden entlassenen Söldner bewirkten eine Verschiebung der Nord-Süd-Handelswege nach Osten. Die flämischen, englischen und deutschen Kaufleute zogen, um die italienischen Händler in Genf aufzusuchen, den unsicheren Straßen des französischen Königreichs den Umweg über das Rheintal nach Basel und von dort weiter durch das Mittelland vor. So wurden spätestens um 1400 die Jurapässe aufgegeben. Umgekehrt kennen wir den Fall von Händlern aus Toulouse, die, um dem Tal der Saône auszuweichen, über die Waadt und die jurassischen Seen nach Nordfrankreich gelangten. Andere Ereignisse wie etwa die Konzilien von Konstanz und Basel, die zunächst nicht mit dem Handel zusammenhängen, brachten in das helvetische Durchgangsland den Zulauf einer bunten Schar von Prälaten, geistlichen und weltlichen Herren, Bürgern und Klerikern aus zahlreichen Mittelmeerländern.

Diese für die Schweiz günstige Lage, die noch durch die Ausstrahlung der Genfer Messen verstärkt wurde, beschränkte sich im wesentlichen auf die erste Hälfte des 15. Jahrhunderts. Die Jahre 1435 und 1444 brachten mit den Friedensschlüssen zwischen Frankreich und seinen Rivalen Burgund und England wieder ruhigere Zeiten. Doch trugen verschiedene Umstände zwischen 1400 und 1450/60 dazu bei, daß die schweizerischen Handelswege weiterhin begünstigt blieben.

So haben zwei Ereignisse den deutschen Handel mit Genua stark gefördert. Schon 1398 hatte die Kommune den Deutschen beachtliche Steuervorteile angeboten und damit ihre Niederlassungsbereitschaft gefördert. Der ligurische Absatzmarkt zog dann Nutzen aus der Handelssperre, die König Sigismund gegen Venedig verfügte, weil er die Lagunenstadt beschuldigte, den ungarischen Widerstand zu unterstützen. «Wenn auch die kaiserlichen Regelungen nicht streng gehandhabt wurden, so steht doch fest, daß etwa zwischen 1414 und 1430 ein beträchtlicher Teil des Nürnberger Handels nach Genua umgeleitet wurde», urteilt darüber Jacques Heers. Ein entscheidender Aufschwung setzte 1421 ein, als die Genueser Behörden unter dem Druck Mailands den Stapelzwang aufhoben zum Vorteil der deutschen (und schweizerischen) Händler, die in Genua residierten oder ihre Geschäfte tätigten. Es war ihnen nun erlaubt, auf die lokalen Zwischenhändler zu verzichten und ihre Waren direkt ein- und auszuführen, vor allem von und nach den spanischen Häfen Barcelona, Valencia und Tortosa. Auch fiel die Tatsache ins Gewicht, daß 1429 der neue Zolltarif von Genua die deutschen Händler gegenüber ihren französischen, flämischen und brabantischen Konkurrenten begünstigte. Deshalb richtete sich die damals größte Handelsgesellschaft nördlich der Alpen, die große Ravensburger Gesellschaft, mit Vorzug nach Genua aus, wo auch einer ihrer wichtigsten Partner, der St. Galler Othmar Sklapfer, mindestens von 1449–1466 residierte. Es ist natürlich die Bündner Route, welche die schnellsten Verbindungen von Genua und Mailand nach St. Gallen oder Nürnberg bietet. Von den zwei letzteren Städten aus sind wiederum Frankfurt, Köln und die rheinische Tiefebene leicht erreichbar. Die Mailänder, die kurz in Como, Chiavenna und Konstanz über die Gewährung von Privilegien verhandelt hatten, waren darauf aufmerksam geworden. «Sie waren bestrebt, die Hauptroute über den Gotthard nach Basel und die rheinische Tiefebene durch einen weiter östlich gelegenen Weg vom Veltlin übers Bünderland und über Konstanz zu ersetzen.»

Von nun an begannen die souveränen Staaten, die an den neuen Handelsstraßen zwischen Süddeutschland, der Lombardei und Spanien lagen, den Handel zu fördern, um ihn noch stärker anzuziehen. Die nunmehr gut ausgebaute Seeverbindung zwischen Genua und Katalonien verschaffte dem spanischen Absatzmarkt einen zusätzlichen Anreiz. Der Landweg von Konstanz nach Genf, von Nîmes

Tanzendes Bauernpaar, Zeichnung aus dem Anfang des 16. Jahrhunderts. Der Mann scheint ein wesentlich lockerer Tänzer zu sein als die Frau, die durch ihren langen Rock behindert wird. Locker saß ihm auch die Waffe: Volksfeste und Kirchweihen arteten oft zu blutigen Schlägereien aus, die nur durch die Wachsamkeit obrigkeitlicher Ordnungstruppen in Schranken gehalten werden konnten.

nach Montpellier und Barcelona wurde aber dennoch nicht aufgegeben, da er den Deutschen seit dem Aufenthalt der Päpste in Avignon vertraut war. Zweifellos aufgrund der so angeknüpften Beziehungen gewährten nun die Grafen von Savoyen sowie 1420 die Könige von Aragonien gleichzeitig mit Genua den im ganzen Mittelmeergebiet tätigen Kaufleuten aus Oberdeutschland eine Reihe von Zollprivilegien und Garantien.

In der ersten Hälfte des 15. Jahrhunderts richteten sich so sämtliche Handelsinteressen nach Süden aus. Ein regelmäßiger Handelsstrom beförderte Eisenwaren, Silber, Quecksilber, Tuche und Barchent von Deutschland zum Mittelmeer und in umgekehrter Richtung Alaun, Baumwolle, Safran, Südfrüchte und andere Luxusgüter wie Seide und die traditionellen Gewürze. Parallel dazu erlebten zwischen 1430 und 1460 die Humpisgesellschaft in Ravensburg und die Watt-Diesbachgesellschaft in Bern oder St. Gallen, zu jener Zeit die bedeutendsten nördlich der Alpen, ihren wirtschaftlichen Höhepunkt. Ebenfalls zu dieser Zeit verzeichneten die spanischen Häfen eine beträchtliche Zunahme ihrer Zolleinkünfte, so Valencia von 1430–1460 und Barcelona von 1425–1440.

Es steht auch fest, daß Genua oder Genf die nicht zu umgehenden Stapelplätze waren, je nachdem der reine Landweg oder streckenweise der Seeweg benützt wurde. Wichtig für die Entwicklung im schweizerischen Gebiet ist die Tatsache, daß der eine Etappenort den Weg von Konstanz nach Chur und Chiavenna, der andere die Straße von Konstanz nach Genf begünstigte. Auch wenn der Gotthardpaß schon vor dem Eisenbahnzeitalter jene Bedeutung erreicht haben sollte, die ihm einige Historiker in etwas großzügiger Weise zuschreiben, so besteht doch kein Zweifel, daß sich die Nord-Süd-Verbindung sowohl nach Osten wie nach Westen zu seinen Ungunsten verschob.

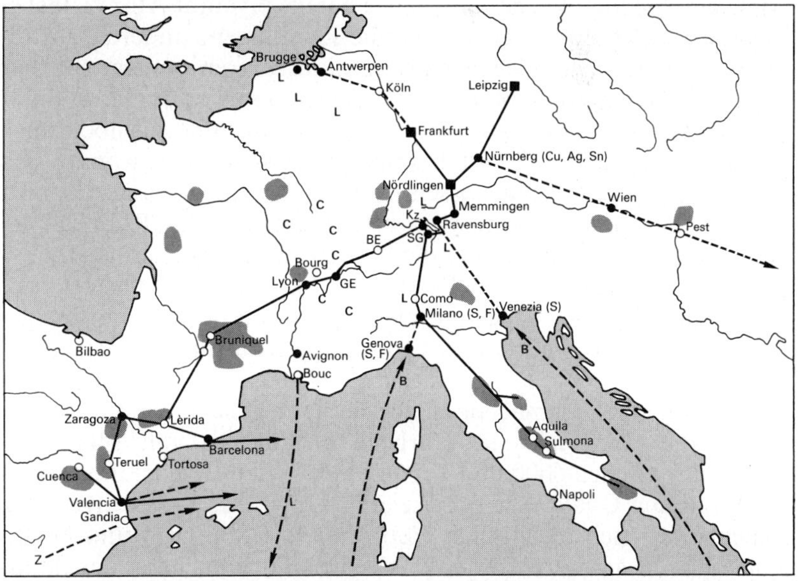

Der Geschäftskreis der Ravensburger Gesellschaft um 1490

- ▪ Messen
- • Filialen
- ○ andere Niederlassungen
- B Baumwolle
- C Hanftuch
- F Goldfäden
- L Leinwand oder Barchent
- S Seide
- Z Anbau von Zuckerrohr
- ▇ Safranproduktion
- —— Safranstraßen
- ---- andere Verkehrswege

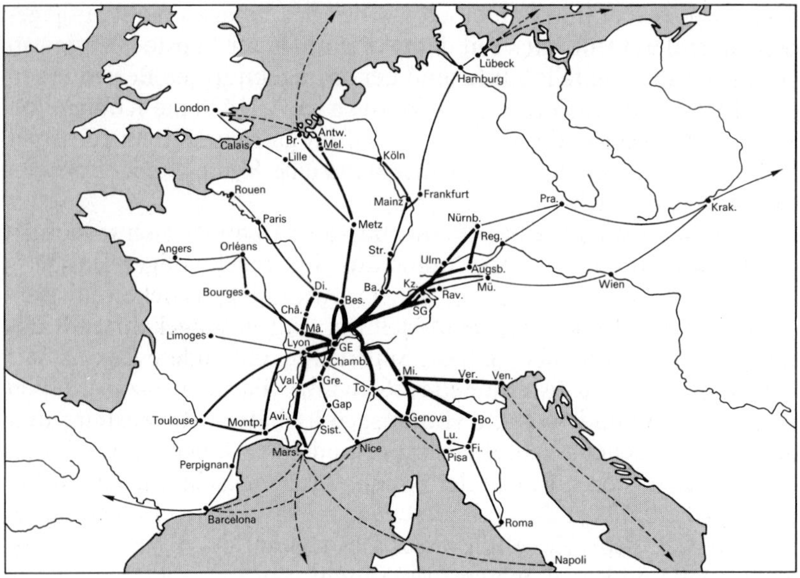

Die Ausstrahlung des Genfer Handels im 15. Jahrhundert

Auf diese Weise läßt sich die isolierte Stellung der Urner besser erklären, die in ihrem Bestreben, nach Süden vorzustoßen, von ihren eidgenössischen Verbündeten lange Zeit allein gelassen wurden.

Leinen, Tuch und Leder

Diese für Handel und städtischen Aufschwung günstige Periode entspricht einer Phase der zunehmenden Produktion; von ihrer damaligen Bedeutung zeugen mindestens zwei Zentren. Im Nordosten des Landes war die Stadt St. Gallen dabei, Konstanz zu überflügeln und die Herstellung von Leinwand zu beherrschen. In ihrer Umgebung befanden sich gleich Satelliten die Produktionsstätten wie Wil, Appenzell, Arbon, Bischofszell und Lichtensteig. Ihre international geschätzten Waren fanden wie bereits erwähnt Absatz, insbesondere im Mittelmeerbecken, wo die Konkurrenz anderer, nördlicher oder westlicher gelegener Produktionszentren weniger spürbar war. Das wirtschaftlich blühende St. Galler Gebiet, d. h. das Südufer des Bodensees, das im ersten Viertel des 15. Jahrhunderts noch stark von den schwäbischen Städten abhängig gewesen war, wandte sich nun entschieden der Eidgenossenschaft zu, die ihm Zugang zu seinen wichtigsten Absatzmärkten gewährte: Genf und das Rhonetal im Südwesten sowie Genua, über die Bündner Pässe, im Südosten.

Das Leinengewerbe der Ostschweiz bezog seine Rohstoffe auf dem lokalen Markt. Anders verhielt es sich mit dem freiburgischen Tuchgewerbe, das während des ganzen 15. Jahrhunderts mit unbestrittenem Erfolg Wolle verschiedenster Herkunft verarbeitete. Die Originalität der Tuchmacher an der Saane zeigt sich in ihrem Bemühen, große Mengen – die jährliche Produktion von 1400–1460 schwankt zwischen 6000 und 12000 Stück – zu niedrigen Preisen bei guter mittlerer Qualität zu produzieren. Um dieses Ziel zu erreichen, bedienten sie sich technischer Verfahren wie Spinnrad und Walkmühle, die in der berühmten, klassischen Tuchmacherei der flämischen Städte auf Ablehnung gestoßen waren. Die Freiburger standen also im Sog der zweiten Welle des europäischen Tuchgewerbes nach England, Brabant und Lüttich. Ihre Ausrichtung auf eine eher mittlere Verbraucherschicht zeigte sich auch in der Herkunft der Wolle: Man verarbeitete nicht mehr ausschließlich englische Wolle, sondern nun auch jene aus Burgund, aus der Provence, aus Süddeutschland und der Freiburger Landschaft. Die ausgeführte Ware ging vor allem nach Genf und von dort weiter nach Marseille, Genua oder Venedig ins Mittelmeer und in den Vorderen Orient (einige Jahrhunderte später wird der Greyerzer Käse auf dem gleichen Weg befördert, wobei Genf als Etappenort von Lyon abgelöst wird). Die Messen von Zurzach und dank ihnen auch Süddeutschland bildeten einen weiteren, wenn auch weniger wichtigen Absatzmarkt. Die Tuchmacherei faßte ebenfalls in Schaffhausen und Bern Fuß, ohne aber den lokalen oder regionalen Rahmen zu sprengen.

Überall in der Schweiz machte sich die Textilverarbeitung, insbesondere die Tuchmacherei, zwei günstige Umstände zunutze: einerseits die Erfahrung ausländischer Handwerker aus Flandern, Lüttich, Brabant (und vielleicht Italien), welche durch die nach 1300 sozial unsichere Situation in den großen Tuchmacherzentren aus ihren Heimatländern vertrieben worden waren, anderseits das Scheitern der Zunftbewegung in Freiburg und Bern, die weder ihre politischen noch ihre wirtschaftlichen Ansprüche durchsetzen konnte.

Niklaus Manuel Deutsch, «Edelmann», um 1516. In den schweizerischen Städten durchmischten sich Adel und Bürgertum. Der Landjunker wurde in der Stadt ansässig, während der Bürger adelige Rechtstitel und Grundherrschaften auf dem Land erwarb. In Auftreten und höfischer Sitte suchten beide Gruppen einander zu überbieten. Die Bildung von festen Oligarchien wurde durch den raschen Elitewechsel und die Verbreitung neuer Lebensformen gemildert.

Die Zünfte sind anscheinend überall ziemlich straff im Zaum gehalten worden, denn die neuen herrschaftsausübenden Schichten – auch wenn sie teilweise niederer Herkunft waren – neigten sogleich dazu, sich zu einer privilegierten Oligarchie zu verfestigen. Das Fehlen von organisiertem Widerstand seitens der Handwerker begünstigte, wie das Beispiel von Freiburg zeigt, gewiß die Einführung technischer Neuerungen. Walkmühlen traten an der Saane, wie auch in Lüttich, spätestens um 1250 in Erscheinung. Die damit erreichte Produktionssteigerung machte den Einsatz zahlreicher stets unzufriedener Tuchwalker überflüssig. Hier muß auch bemerkt werden, daß die mehr oder weniger bewußt und willentlich verfolgte Politik, fremde Arbeitskräfte heranzuziehen – was auch wegen der geringen Bevölkerung des landwirtschaftlichen Hinterlandes nötig war –, es den Behörden ermöglichte, Unruhen niederzuhalten. Anderseits sei auch gesagt, daß der in seinen Anfängen vielversprechende gewerbliche Aufschwung dort, wo sich die Zunftherrschaft festigte und vor 1350 sogar die politischen Institutionen der Stadt zu verändern vermochte, langsam erstickt wurde. Beispiele dafür sind das Zürcher Seidenexportgewerbe am Ende des 14. Jahrhunderts und die Basler Drillichproduktion zu Beginn des 15. Jahrhunderts.

Erwähnung verdient auch ein anderer Zweig des Verarbeitungsgewerbes, der im Spätmittelalter in der Schweiz von Bedeutung war. Es ist dies die Gerberei, die vor allem in Freiburg und Bern, aber vermutlich auch in großen ländlichen Marktflecken blühte. In diesen beiden Städten hat sich nämlich das Tuchgewerbe aus einer auf Ge-

Bleiche in St. Gallen, 1572. Das seit langem in St. Gallen beheimatete Leinengewerbe erlebte Ende des 15. Jahrhunderts einen neuen Aufschwung, während es in andern Städten rückläufig war. Das Bleichen erforderte viel Platz und Licht und wurde daher auf den Wiesen vor den Stadtmauern durchgeführt.

treideanbau und Schafzucht beruhenden Wirtschaft heraus entwikkelt. In Freiburg waren um 1350 die Tuchmacher noch selten, die Gerber hingegen zahlreich. Es war daher naheliegend, die Wollweberei zu entwickeln, um das in den Gerbereien anfallende Vlies zu verwerten. Die Ausfuhr von Schafs- und später von Rindsleder trug in Bern und Freiburg wesentlich zur Ankurbelung und zum Gedeihen der städtischen Wirtschaft bei. Die wichtigsten Absatzmärkte waren anscheinend Mailand und die Lombardei, Basel und Süddeutschland. Die in den Notariatsakten verwendete Bezeichnung *«basane»* (braunes Schafsleder) deutet auf sorgfältig verarbeitetes Leder hin, das eher feinen Lederwaren oder der Weißgerberei entspricht als der Schuhmacherei.

Das städtische Handwerk – Quelle des Wohlstands

Die Produktionskurve der freiburgischen Tuche, über die im 15. und 16. Jahrhundert Jahr für Jahr Angaben bekannt sind, gibt für den Zeitraum von 1400–1460 die allgemeinen Tendenzen von Produktion und Handel in der Schweiz recht gut wieder. Nach einer fast ungebro-

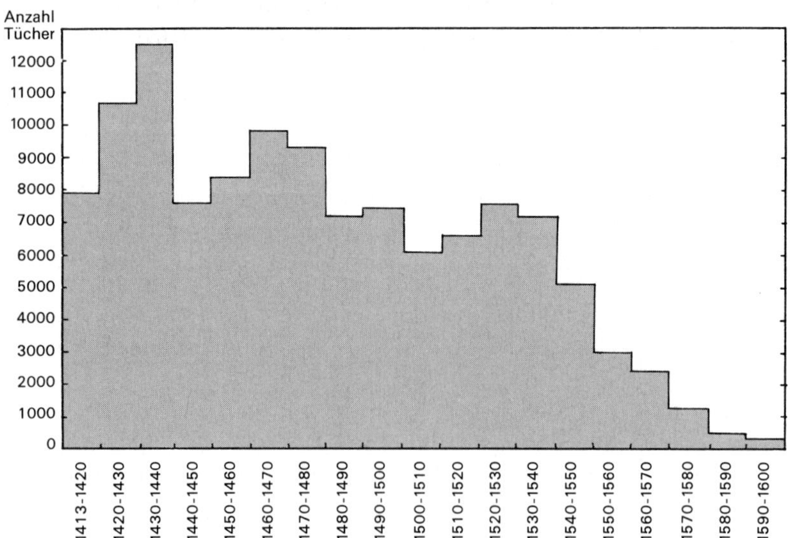

Durchschnittliche Zahl der in Freiburg jährlich gesiegelten Wolltücher

chenen Aufstiegsphase seit spätestens 1400 erreicht sie ihren Höhepunkt um 1430. Es ist dies der gleiche Zeitpunkt, der auch für die günstigste Konjunktur im internationalen Handel genannt worden ist. Das Jahrzehnt von 1430–1440 hingegen fiel ungünstiger aus. In der Schweiz wie in Frankreich (wo der «Bourgeois de Paris» in seinem Tagebuch die Not der Zeit beschrieb) führten Mißernten zu Hunger und Teuerung, wodurch sich die Einkünfte verminderten, die für den Kauf von gewerblichen Erzeugnissen eingesetzt werden konnten. Zudem beeinträchtigten politische Ereignisse, von denen weiter unten noch die Rede sein wird, von 1436–1446 vielfach die Verkehrssicherheit im Mittelland und im Elsaß, in Schwaben und in Bayern. Unter diesen Wirren hatte vor allem die Watt-Diesbach-Gesellschaft

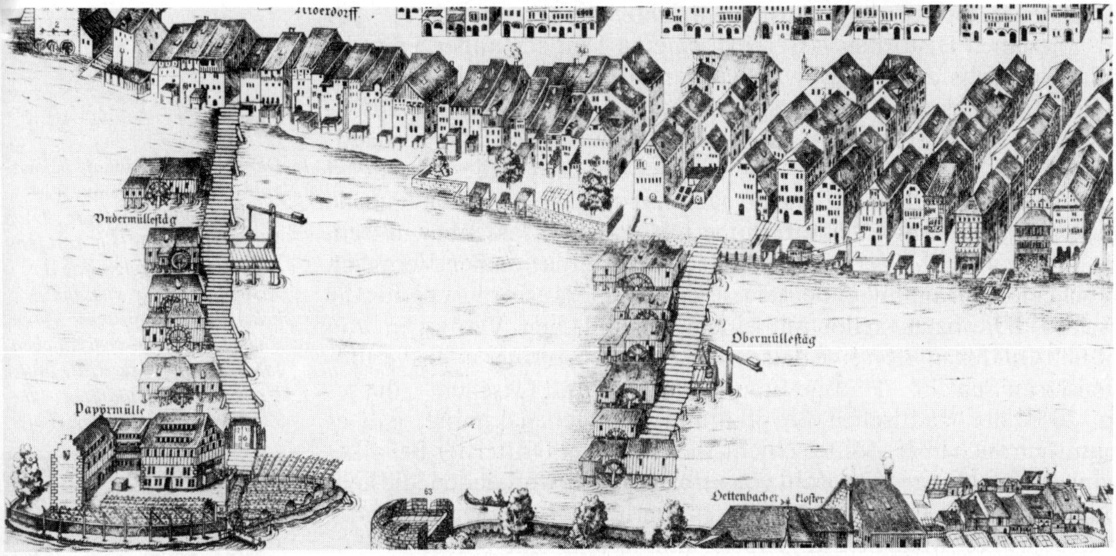

Mühlen in Zürich, Ausschnitt aus dem Stadtplan von Jost Murer, 1576. Was die Dampfmaschine dem industriellen Europa des 19. Jahrhunderts, war die Mühle dem Mittelalter. Die Wasserräder, die verschiedensten Gewerben dienten, nutzten die Strömung, wie hier auf den Mühlestegen oder auch auf eigentlichen Mühleschiffen.

zu leiden. Eine Erholung der Wirtschaft machte sich jedoch nach 1445 bis etwa 1460 bemerkbar.

Von den konjunkturellen Aufschwüngen profitierte offensichtlich das städtische Bürgertum, da das Gewerbe sich in der hier behandelten Zeit ausschließlich in den Städten entfaltete, während vorher und nachher, wie Hans Conrad Peyer betont hat, eine Ausbreitung des Handwerks auf dem nun dichter besiedelten Land stattfand. Zwischen 1430 und 1450 erlangten Städte wie Genf, Basel, St. Gallen, Zürich, Luzern, Bern und Freiburg, um nur die wichtigsten zu nennen, einen ansehnlichen Reichtum. Im Jahre 1445 besaßen die Bürger von Freiburg und Bern ein Gesamtvermögen von 700 000 und 800 000 rheinischen Gulden, was 140 respektive 160 Gulden pro Kopf ausmachte. Es sind die höchsten Zahlen, die damals in der Schweiz erreicht wurden, höher als die entsprechenden Werte in Basel, Zürich, Schaffhausen und Luzern. Man hat auch bei diesen Angaben den Eindruck, daß sie das Ende einer langfristigen, ja säkularen Entwicklung widerspiegeln. Der Aufschwung in Zürich z. B. ist höchst auffällig: das Bürgertum verzeichnet 1357 ein Gesamtvermögen von 431000 Gulden, das 1444 auf 800000 Gulden angestiegen war. Es handelt sich jedoch um einen Gipfelpunkt, da nach 1430 die Steuereinnahmen fast überall merklich zurückgehen.

Die urbanen Lebensbedingungen

Wenn es darum geht, die wahre Bedeutung dieser Prosperität zu beurteilen, stehen sich unter den Historikern «Optimisten» und «Pessimisten» gegenüber. Letztere betonen mit Recht die sehr ungleichmäßige Verteilung des Reichtums, der in den Händen einer Minderheit von 3–5 % der Gesamtbevölkerung konzentriert war. Als reich konnte gelten, wer mehr als 1000 Gulden versteuerte. So besaßen in Freiburg 2 %, in Basel 3–5 % der Einwohner gut die Hälfte des Gesamtvermögens. Dagegen bezahlten in Zürich 1357 die Hälfte und 1467 noch ein Drittel der Einwohner nur eine Kopfsteuer, eine Pauschalsteuer, die von den Ärmsten entrichtet werden mußte.

Dieselben Historiker lassen jedoch eine Tendenz außer acht, die damals bereits deutlich war und unserem Land vielleicht eigen ist, nämlich die Tendenz zum Ausgleich sozialer Gefälle und zur Ausebnung des Lebensstandards. Zwei Aspekte städtischer Behaglichkeit, der urbane Komfort und der soziale Friede, scheinen dies zumindest zu bestätigen. Die Reichen waren nicht nur zu gering an Zahl, um eine besondere gesellschaftliche Gruppe mit realem Klassenbewußtsein zu bilden, auch ihr Vermögen, das sich im internationalen Vergleich bescheiden ausnimmt, bedeutete selten eine Herausforderung für die Armen. Diesbach stellte mit einem persönlichen Vermögen von 50000 Gulden in Bern eine Ausnahme dar. Neben einer völlig vermögenslosen Schicht – Hausgesinde, Taglöhner und Gesellen –, die bis zu 20 % der städtischen Bevölkerung ausmachen konnte, gab es natürlich auch in der Mittelschicht, die etwa zwei Drittel der Bevölkerung stellte, eine gewisse Zahl von selbständig Erwerbenden, die kein oder fast kein Vermögen hatten. Immerhin besaß aber jeder, der dieser großen Mehrheit angehörte, mindestens eine eigene Wohnstätte. In einer Zeit, wo auch die kleinste Münze eine beachtliche Kaufkraft hatte, entsprach ein Kapital von 20 bis 30 Pfund im Jahre 1400 dem Wert eines Bürgerhauses, während ein repräsentativer Steinbau nie mehr als 120 bis 150 Pfund kostete (um 1400 galten 15 Lausanner oder Savoyer Schillinge = 1 Florentiner Gulden). Diese Anhaltspunkte sollten genügen, um bei der Interpretation der Steuerregister nicht einem übertriebenen Pessimismus zu verfallen.

Der heilige Krispin als Schutzpatron der Gerberzunft, Grisaille-Malerei, Freiburg, Ende 15. Jahrhundert. Die Anrufung eines Heiligen zeigt, daß die Zünfte nicht nur wirtschaftliche Interessengruppen waren, sondern auch dem christlichen Ideal gegenseitiger Hilfe und Unterstützung huldigten – die Zunft war auch Bruderschaft.

Im übrigen herrschten in den schweizerischen Städten des 15. Jahrhunderts Wohnverhältnisse und relativ hygienische Bedingungen, die von einem allgemein verbesserten Lebensstandard zeugen. Stein in reichlichen Mengen, fließende Gewässer und eine günstige topographische Lage spielten dabei sicher eine Rolle. Die Straßen waren sorgfältig gepflästert, in den Quartieren wurden zahlreiche Brunnen gebaut, und das Quellwasser, das weit außerhalb der Stadt angezapft wurde, floß durch ständig erneuerte Rohre aus Eichenholz. Entlang den Hauptgassen, die gar nicht so eng waren, sorgten zweckmäßig angelegte Wasserführungen und kleine Sammelbecken für

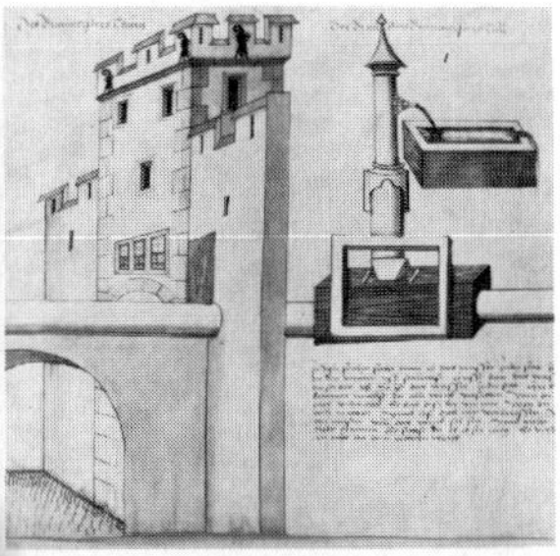

Brunnplan der Stadt Basel von 1501. Das fließende Wasser brachte eine entscheidende Verbesserung der städtischen Hygiene und ersetzte die alten Ziehbrunnen. Es stammte von Quellen außerhalb der Stadtmauern, wurde durch unterirdische Röhren in die Stadt geleitet und speiste Brunnen auf den Plätzen und Kreuzungen der Quartiere.

eine recht wirksame Straßenreinigung. Gemauerte oder aus Tonröhren erstellte Abflußleitungen führten die Abwässer der zahlreichen privaten und öffentlichen Abtritte weg. Daß man solche Bedürfnisanstalten an den Brückenköpfen, vor den Stadttoren und bei den Graben errichtete, belegen Baukontrakte aus jener Zeit.

Schließlich ist auch festzuhalten, daß die Lohnarbeiter im 15. Jahrhundert günstige Bedingungen auf dem Arbeitsmarkt vorfanden. Arbeitskräfte, ob spezialisiert oder nicht, waren gesucht, was die häufige Präsenz fremder, vor allem süddeutscher Handwerker in Städten wie Zürich und Freiburg erklärt. Aus den mehr oder weniger genauen Angaben, die in Rechnungsbüchern oder Verordnungen zu finden sind, kann man ferner schließen, daß die Ernährungsbasis sich verbessert und verbreitert hatte. Wichtig waren Fleisch, Eier, Butter und Käse, ohne daß aufgrund des Preisniveaus dieser Konsum einigen wenigen vorenthalten blieb, abgesehen von Teuerungsphasen; aber Hungersnöte gab es nicht mehr.

Jede Beurteilung bleibt selbstverständlich relativ und darf vor allem nicht nach modernen Kriterien erfolgen. Die Lebenshaltung der städtischen Bevölkerung verdient es aber, beschrieben zu werden, um so mehr als sie zu jener Zeit in der Schweiz 15–25 % der Gesamtbevölkerung ausmachte.

Die Bauern: unterschiedliche Organisationsformen

Es gab in der Schweiz keinen einheitlichen Bauernstand, sondern zweifellos so viele unterschiedliche wie es Orte, Regionen und Täler gab. Um klarer zu sehen, läge es nahe, wie heute, zwei Hauptgruppen mit je fest umrissener wirtschaftlicher Basis und Tätigkeit zu bilden: die Tal- und die Bergbauern. Die bedenkenlose Übertragung dieser modernen Vorstellung wäre jedoch ein schwerwiegender Anachronismus. Wie bereits erwähnt, genügt im Spätmittelalter das Kriterium der Höhenlage nicht, um die Frage der Spezialisierung auf Getreideanbau oder Viehzucht beantworten zu können.

Die bäuerlichen Schichten, noch größtenteils autark und den Zwängen einer gemischten Landwirtschaft unterworfen, unterschieden sich weniger aufgrund der Lebensart und der Bodennutzung als vielmehr aufgrund der politischen und sozialen Organisationsformen. Diese wiederum waren von zwei Faktoren abhängig: erstens von der Dichte der Besiedlung und dem Konzentrationsgrad der Bevölkerung, zweitens vom Grad der Abhängigkeit von den feudalen Mächten, den weltlichen oder geistlichen Herren in ihren Burgen und Klöstern.

Besser als der offene Kamin ermöglichte der Steingutofen eine gleichmäßige und zudem rauchlose Heizung der Wohnräume. Dieser Heizkörper, den Michel de Montaigne im 16. Jahrhundert als Neuerung pries, verbreitete in der Schweiz und in Zentraleuropa schon im 14. Jahrhundert Behaglichkeit und Wohnkomfort (Kachelofen, Freiburg, 16. Jahrhundert).

Abgesehen von dieser im übrigen entscheidenden Präzisierung stimmt es, daß die Bevölkerung der Alpen und in geringerem Maße auch der Voralpen sich eindeutig von den Bauern im Flachland oder in den unteren Tälern unterschied. Die Gründe demographischer Natur sind weiter oben schon ausführlich dargelegt worden; es sei bloß noch beigefügt, daß die Siedlungskonzentration, offensichtlich gefördert durch die bestehenden Bewirtschaftungsmethoden in den Alpentälern, bei der Entstehung eines lebendigen Gemeinschaftsgefühls und Gemeinwillens eine nicht zu unterschätzende Rolle gespielt hat. Im Grunde unterschieden sich die Verhältnisse hier nicht wesentlich von jenen in einer dichtbevölkerten Stadt. Darin liegt vielleicht, neben der sich abzeichnenden wirtschaftlichen Zusammenarbeit, einer der Gründe, die sehr früh die Waldstätte veranlaßten, sich mit den Städten des Flachlandes zu verbünden. Diese wiederum müssen ihre Verbündeten in den Bergtälern angesichts der alten Institution des Söldnerwesens als große und schnell mobilisierbare Truppenreserven betrachtet haben. Diese Vorstellung beruhte zweifellos weniger auf der tatsächlichen oder vermuteten Fülle von Waffenfähigen als vielmehr auf der Fähigkeit der alpinen Gemeinwesen, am gewünschten Ort und zur gewünschten Zeit bedeutende Mannschaften schnell zusammenzuziehen und zu konzentrieren. Diese strategische Stärke erklärt sich aus den topographischen Bedingungen: Die zum Gotthardmassiv ansteigenden Täler ergaben einen fächerförmigen Aufmarsch, der sich leicht verlagern ließ.

Wo genügend Futter für die Überwinterung des Viehs eingebracht werden konnte, gehörten auch die Ställe zum Bild der Bergbauerndörfer (Bosco-Gurin, TI).

Offensichtlich waren kriegerische Unternehmungslust und Stärke, betrachtet man die Ereignisse der ersten Hälfte des 15. Jahrhunderts, fast ausschließlich den Bergbewohnern von Uri, Schwyz, Appenzell usw. eigen. Lassen sich daraus konkrete Unterschiede zwischen der Bevölkerung in den Alpen und jener im Unterland ablesen? Nämlich etwa so: Die Bergbewohner waren vor Epidemien besser geschützt, hatten eine höhere Geburtenziffer, vielleicht auch relativ bessere hygienische Verhältnisse, sei es nur aufgrund der besseren Konservierungsmöglichkeiten für Lebensmittel, Fleisch, Brot und Käse, und sicher auch einen bedeutenderen Nahrungsanteil an tierischen Proteinen. Die Bewohner des Unterlandes hingegen entsprachen eher dem demographischen Modell, das für Europa im 14. und 15. Jahrhundert erarbeitet worden ist. Der Unterschied ist zwar noch schwer genau auszumachen, aber zahlreiche Dokumente enthalten doch überzeugende Hinweise. Kürzlich stellte ein Historiker fest, daß die Annexion des Unterwallis durch die oberen Zenden am Ende des 15. Jahrhunderts sich im Grunde nur aus dem demographischen Gefälle zwischen beiden Regionen erklären läßt.

Herren und Bauern in den Berggebieten: ein entspanntes Verhältnis

Alle Historiker sind sich einig, daß im Spätmittelalter die Beziehungen zwischen Herren und Bauern in den Berggebieten sich durch Flexibilität und gegenseitige Anpassung auszeichneten, im Gegensatz zum Unterland, wo öfter Spannungen herrschten. Die Ursache ist vielleicht darin zu suchen, daß die Gegebenheiten der alpinen Umwelt eine Solidarität erforderten, die die Ungleichheiten in der sozialen Hierarchie ausglich. Die Verwaltung der Gemeindegüter kam in den Bergtälern einer Schule gleich, in der sich niemand der Zusammenarbeit entziehen konnte. Gab es nicht in den Greyerzer Voralpen Grundherren, selbst den Grafen persönlich, die das Einverständnis der Gemeindeversammlungen einholten, um in den individuellen Genuß eines vormals kollektiven Nutzungsrechtes wie beispielsweise des Ertrags einer zweiten Heuernte zu kommen? Im Grunde genommen vermochten gleiche Lebensbedingungen und Schwierigkeiten, die sich bei der Sicherung der materiellen Existenz

Das Ortsbild von Saillon (VS) bringt das politische Bewußtsein der Dorfbewohner in den Bergen zum Ausdruck: Die Untertanen lebten in eng ineinandergeschachtelten Häusern, während sich der Herr, von ihnen getrennt und in die Defensive gedrängt, in die Burg zurückgezogen hatte.

ergaben, eine gegenseitige Sympathie, ein Gefühl von Verwandtschaft zu erzeugen, das stärker war als der natürliche Respekt. Andere Bedingungen wirkten jedoch dieser moralischen Annäherung entgegen und führten zur örtlichen Distanz zum Grundherren, dessen Abwesenheit der Autonomie der Untertanen zugute kam.

Dem adligen Herrn war zunächst nicht daran gelegen, sich in der Mitte seiner Untertanen niederzulassen, sondern eher abseits, an einem Ort, der nach taktischen und strategischen Gesichtspunkten ausgesucht wurde. Die Kirche muß ja auch nicht unbedingt mitten im Dorf stehen. Da er genötigt war, die kargen Bodenerträge durch anderweitige Einkünfte aufzubessern, war er oft lange Zeit abwesend und stellte sich vor allem in den militärischen und diplomatischen Dienst großer Fürstenhäuser.

Schließlich begünstigten die immer beträchtlicheren Profite aus der Viehzucht, die den natürlichen Bedingungen eindeutig besser angepaßt war, die Talgenossenschaften, denn durch den Verkauf ihrer Produkte auf den städtischen Märkten kamen sie vermehrt zu Geld (einige Grundherren versuchten sogar, es ihnen gleichzutun). Dank ihren reichlichen Geldmitteln, die sich auf Hunderte, ja Tausende von guten Goldgulden belaufen konnten, waren sie in der Lage, sich von den Abgaben, Frondiensten und anderen Reallasten loszukaufen, von Lasten also, die irgendwie mit dem Makel der Unfreiheit behaftet waren. In den Alpen- und Voralpengebieten waren die guten Beziehungen zwischen dem paternalistischen Herrn und seinen Untertanen von Wohlwollen und gegenseitigem Vertrauen geprägt. Es ist keine Legende, sondern eine geschichtliche Tatsache, daß sich im Bündnerland, im Wallis und im Greyerzerland manchmal Adel und Bauern Hand in Hand erhoben gegen maßlose Übergriffe des Landesherren, des Bischofs von Chur oder Sitten, oder gegen die Einmischungen fremder Mächte.

Grundherren und abhängige Bauern im Mittelland

Dagegen gestalteten sich die Beziehungen zwischen Herren und Untertanen im Unterland anders. Die Grundherren sahen sich hier immer größeren Schwierigkeiten, insbesondere der laufenden Verminderung ihrer Einkünfte ausgesetzt. Darauf reagierten sie mit einer verstärkten Ausbeutung der abhängigen Bauern, die einst ihren Wohlstand begründet hatten. Kurzum, die Rentenempfänger wurden Reaktionäre. Ging die Zahl der Bauern auf dem Lande nicht durch die Anziehungskraft der Städte, durch Kriege und Epidemien zurück? Man wollte sie an die Scholle binden, und die Einziehung der Bauerngüter bei widerrechtlichem Wegzug war ein wirkungsvolleres Abschreckungsmittel als das unsichere Revokationsrecht. Wurden die gewohnheitsmäßig oder vertraglich festgelegten Einkünfte, Zinsabgaben und Renten nicht durch Währungskrisen und Geldmanipulationen vermindert? Man versuchte alte Abgaben wieder einzuführen oder auch neue durchzusetzen, wobei es der sich weiter ausbildenden Verwaltung (der Grundherr hatte auch einen Teil der öffentlichen Gewalt inne) nicht an Vorwänden fehlte. Ging es den Bauern finanziell nun nicht besser, war der Bodenbesitz nicht breiter gestreut und verteilt? Durch die Einforderung des Ehrschatzes ließ sich auch daraus materieller Nutzen ziehen. War nicht schließlich auch die Sterbeziffer gestiegen? Auch da bot sich durch die Besitzwechselabgabe (Mannfall) und sehr oft durch das Fallrecht eine Profitmöglichkeit.

Hirte mit Schafen, Fresko aus der Kirche von Waltensburg (GR), 15. Jahrhundert. Seit langem und überall gehörte das Schaf zur autarken Wirtschaft, in welcher der Bauer auch für seine Bekleidung selber sorgte. Die Schafzucht war eine unerläßliche Voraussetzung für die Entstehung der städtischen Textilindustrie.

Ein Paradebeispiel dafür ist der Kampf, der während 30 Jahren (1401–1429) zwischen dem Abt von St. Gallen und seinen Untertanen, den Gotteshausleuten im Appenzellerland, geführt wurde. Die Absichten der St. Galler Äbte, insbesondere von Kuno von Stoffeln (1379–1411), waren klar: Die Abgaben sollten erhöht werden und zwar entweder über die Vogtsteuer, wie sie aufgrund der 1345 pfandweise erworbenen Reichsvogteirechte erhoben wurde, oder über die grundherrlichen Berechtigungen. Dazu kam ein soziales Unbehagen: Während die Renten gewohnheitsmäßig festgelegt und praktisch unantastbar waren, wurden die andern Abgaben, so etwa Ehrschatz und Mannfall, die systematisch ausgedehnt oder erhöht werden konnten, zum Merkmal der hörigen und erniedrigenden Stellung all jener, die sie entrichten mußten. Insbesondere die Vogtsteuer, einst das Kennzeichen des freien Mannes, nahm von dem Zeitpunkt an, da der Kaiser auf ihre Entrichtung durch die Reichsstädte immer mehr verzichtete, diskriminierenden Charakter an und wurde dadurch unerträglich. Ob nun die Untertanen der Abtei von ihrer sozialen Herkunft her Hörige, Halbfreie, Leibeigene oder öfters noch freie Bauern waren, die Bemühungen um eine administrative Zentralisierung und Rationalisierung zielten auf eine Vereinheitlichung der Abgabepflichten hin. Daher rührten die Tendenz, die Rechtsstellung der Gotteshausleute einander anzugleichen, wie auch die stark ausgeprägte Furcht, eine neue Leibeigenschaft entstehen zu sehen.

Ein Beispiel: das Appenzellerland

Worin bestanden nun diese Abgabepflichten? Im Appenzellerland, das als bezeichnendes Beispiel gelten kann, mußte bei einer Handänderung der Nutznießer einen Ehrschatz von drei Schillingen pro Pfund entrichten. War ein Todesfall Grund für die neue Besitzeinweisung, zahlten die direkten Erben drei Schillinge und die Seitenverwandten ein Pfund pro Jucharte Land. Auch wenn ein direkter Erbe fehlte, wurde das Land nicht zugunsten des Grundherrn konfisziert, sondern weiter entfernten Erbberechtigten gegen Entrichtung einer Abgabe überlassen. Genau genommen kann hier also nicht von Sterbfall gesprochen werden.

Unzufriedenheit trotz steigendem Wohlstand

Viel komplexer hingegen war das System, das die Erbschaft der beweglichen Güter und das dabei angewandte Fallrecht regelte. Beim Tode eines Untertanen hatte der geistliche Grundherr Anspruch auf das beste Tier im Stall oder auf ein Pfund Konstanzer Pfennige, wenn kein Vieh vorhanden war. Dies wird das Anrecht auf das Besthaupt genannt, ein Gewohnheitsrecht, das in den deutschsprachigen Ländern und in Nordfrankreich verbreitet war.

Zu dieser Praxis kamen noch andere Forderungen hinzu. Fehlte ein ehelicher männlicher Erbe, so hatte der Abt über das Besthaupt hinaus Anrecht auf zwei Drittel der beweglichen Güter, und nur das

Zehnthaus von Estavayer (FR). Der Zehnt war neben den Geld- und Naturalzinsen die wichtigste Abgabe, die der Grundherr von den Bauern einzog. Kirchliche und weltliche Herren erwarben auf Kosten der Gemeindegeistlichen das Recht, den Zehnten zu erheben. Spätestens seit dem 13. Jahrhundert gelangte es auch in die Hände von Bürgern.

letzte Drittel kam der Witwe zu. Hinterließ der Verstorbene nur (eheliche) Töchter, fiel dessen bestes Kleid dem Abt zu. So lassen sich die überlieferten, zwar sicher erfundenen, aber sehr bildhaften Geschichten um Leichen erklären, die man ausgrub, um sie ihres besten Kleides zu berauben! Die Stellung der Witwe war unterschiedlich: Starb sie ohne eheliche Tochter, bekam der Grundherr ihr «Sonntagskleid». Hatte sie überhaupt keine legitimen Nachkommen, so wurde die Gesamtheit ihrer beweglichen Güter konfisziert. Nur unbewegliches Gut entfiel auf die Seitenverwandten.

Dieses eine Beispiel veranschaulicht die Schwierigkeit, die realen Lebensbedingungen des Schweizer Bauern im 15. Jahrhundert genau einzuschätzen. Obwohl es keine Anhaltspunkte gibt, die auf eine geminderte Rechtsstellung hinweisen, ist man doch erstaunt über die vielen Forderungen, die seine Freiheit beeinträchtigen. Der Appenzeller Bauer beklagte sich insbesondere darüber, daß ihm die Freizügigkeit verweigert wurde, so daß er sich nicht in einer Stadt, in erster Linie in St. Gallen, niederlassen konnte. Beschränkungen der Mobilität der Bauern bestanden im 15. Jahrhundert mehr oder weniger explizit auch an andern Orten, namentlich im Waadtland. Sie lassen sich zweifellos durch den Bevölkerungsrückgang erklären, der das Mittelland in Mitleidenschaft zog, während anderseits der städtische Aufschwung den ungeduldig gewordenen Bauern lockte.

Der Schweizer Bauer war gegen solche oft ziemlich formale Hindernisse um so mehr aufgebracht, als seine materielle Situation sich verbessert hatte. Auch die städtischen Behörden, die nun im Flachland an die Stelle der Grundherren traten, bedrückten ihre untertänigen Bauern sowohl durch die Bestrebungen zu administrativer Vereinheitlichung und Rationalisierung als auch durch steuerliche Überforderung.

Im übrigen nahmen keine Bauernaufstände in der Schweiz des 15. Jahrhunderts jene großen Ausmaße an, noch lösten sie jene extreme Repression aus, die andere europäische Länder zur selben Zeit erlebten.

Der grundherrliche Adel: Schulterschluß oder Verarmung

Der grundherrliche Adel als Schicht der Gesellschaft ist zunächst einmal näher zu umschreiben. Nicht mehr zu ihr gehörten, gegen oben, jene Familien, denen der Aufstieg zu fürstlichen Herrschergeschlechtern und die Gründung von echten Staaten gelang, die mit Fiskalrechten und einer zentralisierten Verwaltung ausgestattet wurden. In unserem Land galt dies einzig für die Habsburger und Savoyer. Dabei muß gleich bemerkt werden, daß sich ihre Machtzentren zu jener Zeit bereits vom Mittelland und von den Alpen in die Gebiete jenseits des Rheins und der Rhone verschoben hatten. Mit andern Worten, der Raum der Schweiz war dem Aufblühen von hochadligen Fürstenhäusern nie förderlich. Es fehlte an großen landwirtschaftlichen Räumen, in denen sie ihre eigenen Territorien und damit auch ihre Macht hätten ausbilden können. Ehrgeizige Grafen mußten in der Schweiz auf die vorhandenen Kräfte von Handel und Verkehr setzen, die in den städtischen Zentren konzentriert waren.

Bevor ganze Häuser mit Inschriften versehen wurden, war dieser Schmuck auch auf einfachen Holztruhen zu finden. Die mittelalterliche Volkskunst läßt darauf schließen, daß das Schreiben auch der ländlichen Bevölkerung nicht durchwegs fremd war (Les Haudères, VS, 1449).

Aber diese Gemeinden, die Bausteine unserer nationalen Geschichte, entzogen sich sehr früh den Eingliederungsversuchen der Feudalherren.

Die untere Schicht der Grundherren umfaßte auch jene Kleinadligen, die vor 1350 noch reich genug waren, um einen Sohn zum Ritter schlagen zu lassen, die sich später aber mit dem Titel eines Edelknechtes oder Junkers begnügen mußten. Zu erwähnen sind schließlich auch bestimmte Rittergeschlechter und Ministerialenfamilien, die als Beamte mit Dienstlehen in romanischen und deutschsprachigen Ländern sich dem niederen Adel und sogar dem Ritterstand anglichen. Ohne ihren sozialen Status zu verlieren, traten Ritter und Ministeriale auch in das städtische Bürgertum ein, so etwa in Bern oder Freiburg, und machten dort ihren übrigens großen Einfluß geltend. Einen besonderen Fall stellten die geistlichen Fürsten – Äbte oder Bischöfe – dar, die durch das Zölibat zwar nicht den Genüssen des Lebens, aber der Aufteilung ihres Besitzes unter Leibeserben entgingen.

Was hat nun den Adel zum Verschwinden gebracht, jene doch zahlreiche Gruppe, zu der sowohl Grafengeschlechter mit regionaler Bedeutung wie jene von Kyburg, Neuenburg, Thierstein, Greyerz, Werdenberg, Monfort und Toggenburg gehörten als auch Freiherren, die am Fuß einer kleinen Burg das Gebiet von fünf bis sechs heutigen Gemeinden besaßen? Ihr Niedergang ist weniger auf Kriege oder Fortschritte wie die Belagerung und die aufkommende Artillerie zurückzuführen, beides Techniken, welche die Eidgenossen noch schlecht beherrschten, als vielmehr auf die Wechselfälle des Lebens wie Heirat, Witwenschaft, vorzeitiger Tod, Bruderzwist, finanzielle Schwierigkeiten, Geldentwertung, usw.

Es ist zunächst angebracht, auf die reiche Ernte des Todes hinzuweisen. Überall in Westeuropa fand in den letzten zwei Jahrhunderten des ausgehenden Mittelalters die Ritterschaft ihr Grab auf den Schlachtfeldern, in Crécy, in Azincourt im französischen Königreich, in Laupen oder Sempach im schweizerischen Mittelland (und wer wüßte nicht, wie blutig die Rosenkriege in England waren!). Auch die Pest lichtete die Reihen des Adels. Manch ein Testament wurde in jenem Monat Mai 1349 in aller Eile gemacht! Gewiß, Ritter und Edelknechte waren auf ihren entfernten Burgen vor der Pest relativ gut geschützt, verglichen mit den dicht gedrängt lebenden Bürgern in den Städten oder den Bauern in ihren strohbedeckten Hütten. Eine Elite aber, die definitionsgemäß zahlenmäßig schwach ist, widersteht dem harten Schlag einer hohen Sterblichkeitswelle schlecht.

Eine dünne Oberschicht

Was allerdings dem Adel am meisten schadete, war vielleicht nicht so sehr die hohe Sterblichkeit an sich als vielmehr die Reaktion darauf. In dieser Hinsicht ging sein nicht mehr gutzumachendes Fehlverhalten lange vor die Pestwelle zurück. Man nimmt an, daß seit der Mitte des 13. Jahrhunderts die familienspezifische Solidarität, die bisher ein Adelsgeschlecht zusammengehalten hatte, sich aufzulösen begann. Die traditionelle Unteilbarkeit des Stammgutes, auf der die gemeinsame Herrschaft des ganzen Geschlechts beruht hatte, wurde

Der Bischof ist zugleich weltlicher Fürst und geistlicher Führer. Fresko aus Prugiasco, Negrentino (TI), 14. Jahrhundert.

durch die Erbteilung abgelöst. Zwar erhöhte sich dadurch die Zahl der Nebenlinien, diese blieben aber oft ohne Nachkommen, so daß paradoxerweise gesamthaft gesehen die Zahl der Nachkommen abnahm. Die einst kinderreichen Herren, die früher ihre überzähligen jüngeren Söhne und unverheirateten Töchter in Klöster oder Kapiteln untergebracht hatten, begannen nun zweifellos die Zahl ihrer ehelichen Kinder einzuschränken (beziehungsweise jene ihrer unehelichen zu erhöhen). Indem das Erbrecht der Seitenlinien mehr individuelle Besitzer schuf, ließ es gleichzeitig auch das Risiko der weiteren Besitzzerstückelung vermehrt bewußt werden. Der Mentalitätswandel zeigt sich in der demographischen Entwicklung. Die zahlenmäßig nun schwächeren Geschlechter verloren an Dynamik und Aggressivität oder rieben sich in internen Zwistigkeiten auf. Denken wir bloß an all die durch Fragen der Besitzaufteilung und der Nachfolge verursachten Erbstreitigkeiten, an die Mißgunst und den Haß, entstanden aus mehrmaligem verwitwetem Stand und Wiederverheiratung, zwischen Halbbrüdern und -schwestern aus zweiter und dritter Ehe.

Falsche Erbstrategie und rasche Verschuldung

Die Aufteilung einer Erbschaft hatte noch andere verheerende Folgen. Wer eine Erbschaft anerkannte, war gezwungen, auch die Schulden zu übernehmen. Obwohl sie auf die Erbberechtigten gleichmäßig verteilt wurden, wogen sie verhältnismäßig schwer, da jeder immer nur einen Teil der Erbschaft erhielt. War sein bereits bestehender Besitz auch schon mit Schulden belastet, so konnte sich der kumulative Effekt als katastrophal erweisen. Damit ist eine weitere, ebenso entscheidende Ursache für den Niedergang des Adels berührt. Es ist sicher müßig, an seinen Hang zum Luxus, an den übertriebenen Aufwand und an die Lösegelder zu erinnern, die ihn zwangen, sich bei den Besitzern von flüssigem Geld, den Juden, Lombarden und bald auch bei einheimischen Kaufleuten zu verschulden. Der Mechanismus der Abhängigkeit ist bestens bekannt: Die vertraglich eingegangene Verpflichtung ging stets mit einer Hypothek einher. Da sie meistens nicht fristgerecht zurückbezahlt werden konnte, wurde die Schuld mit dem Verkauf von Ländereien oder – schlimmer noch – mit der Abtretung von lehensherrlichen Nutzungsrechten und Einkünften (oder Regalien) zugunsten von Stadtbürgern oder -räten eingelöst.

Die Folgen dieser allgemeinen Verschuldung wären sicher weniger verheerend ausgefallen, hätten die Grundherren ihren Besitz effizienter verwaltet. Aber die allzu große Streulage der Ländereien und die späte Einführung rationeller Verwaltungsmethoden (kaum vor der ersten Hälfte des 14. Jahrhunderts) machten jeglichen gutgemeinten Anpassungsversuch zunichte. Die schleichende Geldentwertung untergrub alle bereits erreichten oder erhofften Ergebnisse. In diesem Zusammenhang war das Jahr 1350 zumindest für die Schweiz ein Schlüsseldatum. Zu jener Zeit wurden große Goldmünzen in Umlauf gesetzt: der Florentiner und der deutsche Gulden, die genuesischen und venezianischen Dukaten, die französischen Franken und bald auch die Taler. Gewiß flossen sie über den Handel in die Hände von Kaufleuten, städtischen Händlern oder Viehzüchtern aus den Bergtälern. Um sie zu erwerben, mußten aber die Adligen in ihrer Eigenschaft als Rentenempfänger die kleinen Silbermünzen wechseln, die sie als Einkünfte von ihren Abhängigen, freien oder hörigen Bauern, erhielten. Aus den verschiedensten Gründen nun vermin-

Während des ganzen 15. Jahrhunderts war der rheinische Gulden (a) bei großen Geschäften in der Schweiz die wichtigste Währung. Seine häufige Verwendung deutet auf eine starke Ausrichtung der schweizerischen Wirtschaft nach Deutschland. Die Bischöfe am Rhein prägten diese Münze reichlich; der Feingoldgehalt sank von 3,5 (1354) auf 2,5 Gramm (1490). Gleichwertig mit dem Florentiner Gulden waren die savoyischen (b) und venetianischen (c) Dukaten. Besonders in der Westschweiz wurden sie oft miteinander verwechselt; schließlich teilten sie das Schicksal des Florentiner Guldens. Die erste Ausgabe des Florentiner Guldens (e) von 1253 markierte den Neubeginn der Goldprägung in Europa. Er lief seit spätestens 1330 auch in der Schweiz um und erlangte um 1400 seine größte Bedeutung, sank jedoch danach in eine zweitrangige Position ab, obwohl der Feingoldgehalt bei 3,5 Gramm unverändert blieb. Wie alle harten Währungen war er ein Opfer der ausgedehnten Münzspekulation. Der Savoyer Gros (Groschen) (d) war in der Westschweiz eine weitverbreitete Silbermünze: Sein Silberfeingehalt sank im Laufe des 15. Jahrhunderts von 3,3 auf 1,1 Gramm. 12 dieser Groschen entsprachen einem savoyischen Goldgulden, dessen Wert auch beständig sank. Diese beiden miteinander verbundenen Währungen bildeten die Grundlage für den Handels- und Wechselverkehr in der ganzen Westschweiz und in Savoyen.

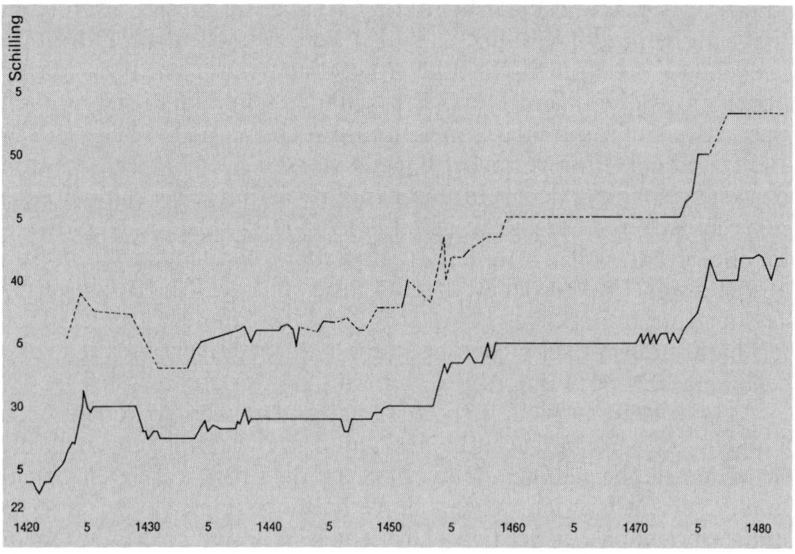

Kurs des rheinischen Goldguldens und der savoyischen Dukaten in kleinen Lausanner Schillingen

a)

b)

derte sich seit 1360 mit der zunehmenden Münzprägung der Gehalt an Feinmetall der Silberheller und Groschen (1 Groschen = 1 Schilling oder 12 Heller) in besorgniserregendem Maß. Als Reaktion darauf stieg der Nominalwert der Goldstücke, um so mehr als sie im internationalen Handel notwendig und gesucht waren.

Geldmangel und Aufwand

Angesichts dieser Situation hatten die Grundherren, selbst die reichsten unter ihnen, die ihre Einkünfte weder aus dem Handel noch aus dem Handwerk (oder nur indirekt in Form von kleinen Gebühren) bezogen, einige Mühe, die nötigen Gulden oder Dukaten für den Kauf einer Rüstung, eines Kampfrosses oder eines wertvollen Stoffes aufzubringen, es sei denn, sie überließen dem Wechsler eine immer größere Anzahl jener Silberstücke, die sie von ihren Bauern durch Abgaben einzogen – Abgaben, gegen deren Erhöhung das Gewohnheitsrecht und die Entvölkerung standen. Folglich war der Grundherr gezwungen, Anleihen bei Kaufleuten aufzunehmen, die allein imstande waren, Devisen in Gold vorzustrecken, dafür aber Boden und Nutzungsrechte als Pfand nahmen.

c)

d)

e)

Es steht jedoch fest, daß die Grundherren die widrigen Umstände besser überstanden hätten, wenn sie, ähnlich den Stadtbürgern, ihren Hang zum Luxus gemäßigt hätten. Der Umfang ihrer Einkünfte wurde nicht durch eine allgemeine Preissteigerung gemindert. Zwischen 1350 und 1450 jedenfalls blieben die Preise für Nahrungsmittel und für Güter des täglichen Bedarfs auf dem lokalen Markt äußerst stabil, wenn sie nominal (und tatsächlich auch real) nicht gar sanken. Es war der stetig steigende Goldpreis, der zur Verarmung des Adels führte.

Der unvermeidliche Niedergang

Alle diese Ursachen des Abstiegs wirkten nicht überall gleichzeitig: Vielmehr läßt sich sogar ein gewisses zeitliches Auseinanderfallen feststellen. Die Zerstückelung des Grundbesitzes als Folge von Erbteilungen wurde im zweiten Drittel des 14. Jahrhunderts spürbar und noch vor 1400 voll wirksam. Die Sterblichkeit stieg in der zweiten Hälfte mit den großen Epidemien und auch mit den Kriegsgeschehnissen der Jahre um 1380. Aufgrund der vorhandenen Urkunden ist nicht auszuschließen, daß der Geburtenrückgang schon vor 1350 einsetzte, denn nach 1300 wird eine deutliche Abnahme der Adelsgeschlechter erkennbar. Ihr Aussterben wird schließlich durch die Last der Armut und wegen der fehlenden männlichen Erben besiegelt.

Emil Dürr sagte: «In der Zeit von etwa 1375 bis 1420 hat sich das Geschick der meisten Dynastengeschlechter und ihrer Herrschaften zwischen Jura und Alpen und in deren Bereich erfüllt.»

Österreich: Adler oder Albatros

Seit den Siegen von Sempach und Näfels schwebte Österreichs Damoklesschwert nicht mehr über der jungen Eidgenossenschaft. Die furchterregende Stunde der Entscheidung schien in weite Ferne gerückt. Der am 1. April 1389 für die Dauer von sieben Jahren beschlossene Waffenstillstand wurde am 11. Juli 1394 im gegenseitigen Einverständnis in einen 20 Jahre dauernden Friedensvertrag umgewandelt. Rechtlich gesehen änderten diese Verträge nichts an der politischen Situation, denn formal verzichtete Österreich auf keinen seiner Ansprüche. Faktisch aber bot diese Einigung große Vorteile, denn sie bedeutete den impliziten Verzicht Österreichs sowohl auf die Herrschaftsrechte, die es noch 1350 über die drei Waldstätte geltend gemacht hatte, als auch über die Hoheitsrechte über Luzern, welche die Stadt noch im Bund von 1332 hatte einräumen müssen. Darüber wurde aber in den Vertragstexten kein Wort mehr verloren. Glarus und Zug erlangten ihre vollständige Autonomie zurück, und die Eroberungen, welche die Eidgenossen im letzten Krieg gemacht hatten, wurden für die Dauer des Vertrags anerkannt. Es war gewiß ein faktischer, aber kein rechtlich gesicherter Friede, denn er galt nicht über die zeitlich festgesetzte Grenze hinaus. Aber blieb den Österreichern mehr als die stille Hoffnung, diesen Status quo eines Tages ändern zu können?

Ein langer Waffenstillstand

Was war inzwischen aus der Macht der Habsburger auf dem linken Rheinufer geworden? Sie schienen noch viele Trümpfe in der Hand zu haben: zahlreiche Verwaltungsgebiete (Vogteien und Ämter), strategische Punkte oder ganz einfach Einflußbereiche aufgrund ihrer Stellung als Landvögte. Der Thurgau, der Aargau, das Fricktal, ein großer Teil des heutigen Kantons Zürich (ehemaliger Besitz der Kyburger), die Grafschaft Willisau, das Amt Münster (im heutigen Kanton Luzern) standen unter ihrer direkten Herrschaft. Mehrere Städte nahmen für sie Schlüsselstellungen ein: Schaffhausen (als Pfandschaft), Dießenhofen, Rheinfelden und Laufenburg waren Brückenköpfe am Rhein, die eine unentbehrliche Verbindung mit den jenseits des Rheins gelegenen Besitzungen herstellten, ganz zu schweigen von den Städten Kaiserstuhl und Stein am Rhein, über welche sie zumindest mittelbar ihren Einfluß ausübten. Hinzu kamen Rapperswil an der Zufahrt zu den Bündner Pässen und Freiburg, die reiche untertänige Stadt, die als Wachtposten nach Westen ausgerichtet war.

Neue Erwerbungen

Außerdem hatte Österreich den neuen, lang dauernden Waffenstillstand auszunützen gewußt, um einen klaren, territorialen Anspruch in die Tat umzusetzen. Seit 1363 war es im Besitz des Tirols und versuchte seither, die Lücke zu füllen, welche diese Provinz vom österreichischen Thurgau trennte. Es ging um Vorarlberg und das St. Galler Rheintal, die im Besitz von zwei mit den Montfort und den Werdenberg verwandten Grafenfamilien waren. Diese Politik war übrigens Teil jener weitgesteckten Ziele, die eine Vereinigung des vorderösterreichischen Streubesitzes vom Tirol bis zum Elsaß bezweckten. Den österreichischen Herzögen kamen dabei die Streitigkeiten sehr gelegen, die auf die weiter oben erwähnten verheerenden Erbteilungen zurückzuführen waren. Diese kostspieligen Auseinandersetzungen höhlten nach und nach den zusammengeschrumpften Besitz aus. Die Erben mußten zwangsläufig Schulden machen, diese irgendwann aber durch Verkauf oder Verpfändung ihres Besitzes zurückzahlen. Österreich, das solche Gelegenheiten wahrzunehmen wußte, bot seine finanzielle Hilfe allen Streitparteien gleichzeitig an bis zu jenem Zeitpunkt, da der eine oder andere ruinierte Gegner sich gezwungen sah, ihm seine Herrschaftsrechte abzutreten. So gelangte Österreich zwischen 1375 und 1413 in den Besitz fast aller Territorien der Grafen von Monfort und Werdenberg im Rheintal und im Toggenburg, insbesondere der Stadt und Herrschaft Sargans (1396), von Rheineck (1403), Bludenz und des Tales Montafon (1413). Die Verbindung zwischen dem Tirol und dem Rheintal war nun endlich hergestellt.

Weiter westlich war es Habsburg gelungen, einen wichtigen Punkt zum Nachteil der Eidgenossen zu buchen. Während sich die eidgenössischen Orte und Städte gegenüber den energischen Umtrieben des Herzogs Leopold III. behaupten konnten, bereitete die adlige Reaktion unter der Führung des Herzogs Eberhard von Württemberg vier Monate nach der Schlacht von Näfels den schwäbischen Städten eine schwere Niederlage. Aufgrund solcher Erfahrungen schien deshalb Vorsicht geboten. So hielten es im Jahre 1393 Konstanz und dann auch die übrigen Städte um den Bodensee für wünschenswert, eine Allianz von mindestens sieben Jahren mit Österreich zu schließen. Deshalb beschloß der Abt Kuno von St. Gallen am 23. Januar 1392, sich auf Lebenszeit unter den Schutz des Herzogs Leopold IV. zu stellen. Er hatte es zwar stets verstanden, von den Habsburgern unabhängig zu bleiben, erkannte nun aber, daß er auf ihre Hilfe angewiesen war, stellte sich auf ihre Seite und erklärte sich bereit, ihnen sogar im Kriegsfall mit seinen Untertanen, Städtern und Bauern, zu dienen. Diese politische Kehrtwendung, die beide Parteien teuer zu stehen kommen sollte, hatte unverzüglich ihre Auswirkungen bei den Eidgenossen und den Untertanen des Abtes.

Schwäche des österreichischen Machtgefüges

Diese Gebietserwerbungen und die erneute Einflußnahme zogen für Österreich umfangreiche finanzielle Lasten nach sich. Die neu dazugewonnenen Gebiete wurden sogleich mit Pfandschaften belastet. Die Einkünfte aus der komplexen Verwaltung, den vielfältigen Gerichtsbarkeiten und zahlreichen Brücken- und Straßenzöllen, die an den nicht zu umgehenden Durchgangsstellen erhoben wurden, genügten auf lange Sicht nicht mehr.

Alles in allem versteckten sich hinter der vordergründigen Stärke Österreichs um 1400 zahlreiche Schwächen. Die strategischen Stellungen am Rhein wiesen eine ungenügende Flankendeckung auf. Schon vor Sempach war im Westen der Expansionsdrang in Richtung

Basel erfolglos geblieben; die angestrebte Verbindung zwischen den Besitzungen im Elsaß, Breisgau und Schwarzwald ging den Habsburgern ebenso verloren wie das Erbe der Herrschaften von Nidau, Büren, Erlach und Aarberg am Jurafuß, das der Einkreisung Berns und der Verbindung mit Freiburg hätte dienen sollen. Im Osten hielt sich die mächtige Dynastie der Toggenburger außerhalb der Einflußsphäre Österreichs, bot ihm aber die Stirn im Rheintal. Im Süden schließlich war Österreich von den Zufahrten zum Gotthard und Simplon abgeschnitten und deshalb einer wesentlichen Basis für die Aufrechterhaltung seiner Präsenz diesseits des Rheins beraubt.

Das innere Machtgefüge war ebenfalls brüchig geworden; es mangelte ihm vor allem an Zusammenhalt. Die Habsburger konnten sich zweifellos auf die Loyalität ihrer Untertanen verlassen. Die Bürger und Bauern mit ihren bestätigten Freiheiten waren mit den eher nachsichtigen Verwaltungsbeamten zufrieden. Was bedeuteten aber für sie die weit entfernten Herzöge? Durch ihre Geschäfte, durch vielfältige Beziehungen und Interessen waren sie viel enger an die Städte und Täler der Eidgenossenschaft gebunden. Und der lokale Adel, abgesehen von einigen Ausnahmen, verarmt und fast völlig verschwunden, war in den Augen des Landesherrn nicht mehr stark genug, um ihm Rückhalt zu geben oder Interesse und Unterstützung zu verdienen. Die hauptsächlichste Schwäche aber des dynastischen Territorialstaates, der, wie überall in Europa, durch das Zusammenwirken von Zentralisierungsbemühungen und militärischem Ehrgeiz zustande gekommen war, lag vor allem im Mangel an verfügbaren finanziellen Mitteln, dem chronischen Übel der Habsburger im 15. Jahrhundert.

B. Die Verfestigung der Territorialherrschaft: die natürlichen Grenzen (1389–1460)

In der politischen Geschichte der Schweiz des 15. Jahrhunderts – verlängert bis 1536 – lassen sich zwei verschiedene Phasen unterscheiden: eine erste von 1389–1460, eine zweite von 1469–1536.

Der vorgegebene Raum

In der ersten Hälfte des 15. Jahrhunderts verfestigte sich ein autonomer Raum, der als eigenes und natürlich gewachsenes Ganzes erlebt und empfunden wurde. Vorerst war er begrenzt durch die Alpen im Süden, die Jurakette im Westen und den Rhein im Norden und Osten. Diese Phase war nicht nur durch die faktisch erlangte Unabhängigkeit von Habsburg charakterisiert, sondern noch mehr durch die Tatsache, daß dessen Präsenz und Machtanspruch diesseits des Rheins nun der Vergangenheit angehörten. Es war die Phase der leichten Erfolge über einen verunsicherten, ja heruntergekommenen Gegner.

Einem zeitgenössischen Beobachter der Situation, wie sie nach Sempach bestand, hätten sich zweifellos einige Fragen aufgedrängt. Würde wohl der harte Kern der Waldstätte, der nun ein gesichertes Gebiet vollständig beherrschte, seinen Expansionsdrang zähmen? Würden anderseits die Städte die Aufrechterhaltung friedlicher, von gemeinsamen Handelsinteressen diktierter Beziehungen mit Deutschland und Österreich allen andern Überlegungen vorziehen?

In der Tat begannen unter den Eidgenossen zwei unterschiedliche Zielrichtungen sichtbar zu werden, zwei unterschiedliche Denk- und Handlungsweisen, die in der Wahl der einzusetzenden Mittel zu starken Gegensätzen führten. Während die einen die Waffengewalt befürworteten, vertrauten die andern auf die Macht des Geldes und der Diplomatie. Die beiden Ausrichtungen deckten sich keineswegs mit der Gruppierung in Stadt- und Landorte. Vielmehr vollzogen sich unerwartete Schwenkungen, zeigte sich an unvermuteter Stelle ein kriegerischer Geist. Beide Gruppen hatten ihre Rufer zum Streit, die den allgemeinen Willen zur Expansion wahrnahmen und diese aus ihrer Optik auch vorantrieben. Schwyz, Zürich, Uri und Bern ergriffen abwechselnd, gleich Flügelstürmern, die Initiative.

Es braucht wohl kaum erwähnt zu werden, daß diese Initianten sowohl von rücksichtslosem Egoismus getrieben waren als auch von eidgenössischer Solidarität, so vage diese sein mochte. Reibungen unter den Beteiligten blieben denn auch nicht aus, ja es kam sogar zu einem erbitterten Bürgerkrieg, wie er als notwendiger Prüfstein vor der endgültigen staatlichen Einigung nötig zu sein scheint.

1. Ziele und Grenzen einer friedlichen Ausdehnung

Wohlerwogene Investitionen

Seit den Niederlagen von Sempach und Näfels waren die österreichischen Herzöge sehr bemüht, Konflikte mit den Eidgenossen zu vermeiden. Der Waffenstillstand von 1389, der 1394 für die Dauer von 20 Jahren erneuert worden war, konnte vor seinem Auslaufen nochmals verlängert werden. Am 28. Mai 1412 legten sich Österreicher und Eidgenossen im gegenseitigen Einverständnis auf eine neue Frist von 50 Jahren fest. Das bedeutete nun aber nicht, daß Österreich seine Interessen aufgegeben hätte. Die erfolgreichen Gebietserweiterungen im Rheintal verrieten, wie gezeigt worden ist, daß es beharrlich an seinen Absichten festhielt. Dennoch begünstigte dieser Friede die traditionellen Infiltrationsbemühungen und versteckten Erwerbungen der Eidgenossen durch Burgrechte, durch die Aufnahme von Ausburgern und vor allem durch Kauf und Verpfändung.

So vollzog sich im 15. Jahrhundert die Expansion der eidgenössischen Orte, soweit sie Bestand haben sollte, zunächst mit friedlichen Mitteln, mit Landkäufen und Grundpfandleihen. Die schweren Goldgulden, die in den Schweizer Städten dank dem gut bürgerlichen Sinn für Sparsamkeit und Tüchtigkeit angehäuft wurden, bestimmten das nationale Geschick genauso stark wie Spieße und Hellebarden.

Die Methoden einer solchen kleinräumigen Politik beruhten nicht so sehr auf diplomatischen oder militärischen Überlegungen als vielmehr auf einer vorsichtigen Geschäftsführung, welche die Investitionsmöglichkeiten auf Kosten des verschuldeten Adels wahrzunehmen wußte. Es war auch nicht die Größe der Territorien, sondern eher die Vielfalt von Herrschaftsrechten, welche die Städte anzog. Die Herrschaft über Menschen ermöglichte die Anknüpfung privilegierter Handelsbeziehungen, die Erhebung einträglicher Gerichtsabgaben, die Besteuerung des bäuerlichen Besitzes und auch die Nutzung von Fronen in Form von Fuhr- und Unterhaltsdiensten.

Die städtischen Räte verfolgten hier eine Politik der territorialen Autonomie, die zunächst darin bestand, die Versorgung der Stadtbevölkerung mit Nahrungsmitteln sicherzustellen und gleichzeitig das Umland, das man einzugliedern versuchte, den lokalen Handwerkern als Arbeits- und Absatzmarkt zu öffnen. Es handelte sich, so wird man sagen können, um die Schaffung von geschlossenen Herrschaftsräumen.

Zürich erwirbt sich ein geschlossenes Gebiet

In diesem Zusammenhang ist die Politik Zürichs ein aufschlußreiches Beispiel, aber auch der Ausgangspunkt zur Erklärung seiner späteren Zwistigkeiten mit den Eidgenossen.

Der größte Teil des heutigen Kantons Zürich war noch am Ende des 14. Jahrhunderts Besitz der Habsburger, die darin mancherorts Erben der Lenzburger und Kyburger waren. Die ständig in finanziellen Schwierigkeiten stehenden österreichischen Herzöge waren immer wieder gezwungen, ihre Vasallen und Ministerialen um Aushilfe zu bitten, die übrigens bereitwillig geboten wurde. In einer ersten Phase zumindest war es der niedere und mittlere Adel, der als Pfandgläubiger Österreichs auftrat. Im Laufe der Zeit aber, als sich mit dem städtischen Aufschwung auch der Niedergang des Adels vollzog, begann auch die Stadt Zürich, den Besitz der Habsburger nach und nach zu erwerben. Im Jahre 1408 übernahm sie als Pfand Österreichs die Herrschaft Grüningen, welche die aargauischen Ministerialen aus der Familie der Gessler bis 1374 innegehabt hatten. Dasselbe geschah 1405 mit Männedorf und 1409 mit Neu-Regensberg.

Nichts hatte für die Stadt Zürich aber so tiefgreifende Folgen wie das Schicksal der sogenannten Grafschaft Kyburg und der Herrschaft Gaster-Windegg. Zur Grafschaft Kyburg gehörten damals die österreichischen Ämter Kloten, Embrach, Winterthur und Kyburg, welche die Habsburger seit dem 14. Jahrhundert Stück um Stück verpfänden mußten, wobei sämtliche Forderungen in den Besitz der Gräfin Kunigunde von Toggenburg, der Gattin des Grafen Wilhelm von Montfort, übergingen. Die Herrschaft Gaster-Windegg anderseits, die als ehemaliger Besitz der Lenzburger in die Hände der Kyburger und später der Habsburger gelangt war, wurde im Jahre 1406 an den Grafen Friedrich VII. von Toggenburg verpfändet.

Nun bot sich den Zürchern in den Jahren 1417–1424 in beiden Fällen die unerwartete Gelegenheit, ihr Gebiet auszudehnen dank

Obwohl die städtischen Gemeinden in der Schweiz im 15. Jahrhundert darauf abzielten, ein Gewerbemonopol zu errichten – was, wie der Zürcher Waldmannhandel zeigt, zu Konflikten führte –, konnten einige Gewerbe in den Dörfern überleben oder wie die Küferei in den Rebbaugebieten sogar zu hoher Blüte gelangen (Fresko in der Kirche St. Martin von Ronco, TI, 1492).

dem Konflikt zwischen dem deutschen König Sigismund und dem österreichischen Herzog Friedrich IV. Nach einer vorübergehenden Versöhnung wurde Herzog Friedrich 1417 wieder mit dem Reichsbann belegt. Diese Maßnahme bedeutete konkret, daß nun die Gläubiger Österreichs gehalten waren, sämtliche Pfänder zuhanden des Reiches einzuziehen. Darunter befand sich auch die Grafschaft Kyburg, die zum Reichspfand erklärt wurde. 1418 räumte Sigismund der Stadt Zürich das Recht ein, sie aufzukaufen. Ihre Inhaberin, Gräfin Kunigunde von Toggenburg, wagte sich nicht zu widersetzen und mußte 1424 schließlich darauf verzichten.

Am 9. Februar 1424 gab Sigismund auch Friedrich von Toggenburg zu verstehen, daß er von nun an die Herrschaft Gaster als Reichspfand zu betrachten habe. Gleichzeitig bot der König dem Rat von Zürich auch diese zur Auslösung an, zum selben Preis, den einst der Graf von Toggenburg bezahlt hatte. Obwohl verständlich ist, daß Zürich seine später erhobenen Ansprüche auf Gaster, Windegg und Wesen als genauso berechtigt betrachtete wie die dank der Gunst des Königs erworbenen Rechte über die Grafschaft Kyburg, so überrascht es doch nicht, daß Friedrich VII. von Toggenburg im Jahre 1432 auf den Vorschlag des Großen Rates von Zürich, das Pfand zu liquidieren, nicht einging.

Im Jahre 1424 hatte Zürich so sein Territorium auf einen Schlag verdoppelt, und zudem konnte es sich begründete Hoffnung machen auf einen weiteren Gebietsausbau in Richtung Obersee und Linthtal, jenem wichtigen Verbindungsweg zum Bündnerland.

Bern schließt Burgrechtsverträge

Auch Bern versuchte zu Beginn des 15. Jahrhunderts sein Gebiet auf friedliche Weise durch Burgrechtsverträge auszudehnen, ohne dabei gelegentlich vor Drohungen und Erpressungen zurückzuschrecken. So ging es mit Freiburg, Neuenburg und dem Greyerzerland engere Beziehungen ein. Das Prinzip der gegenseitigen Hilfe diente seinen eigenen Interessen, doch mußte gerechterweise hinzugefügt werden, daß Bern dadurch eine Verbindung zwischen den übrigen Orten und ihren späteren Miteidgenossen herstellte.

Im Fall von Freiburg handelte es sich eher um die Wiederherstellung eines früheren Vertragsverhältnisses als um einen Neubeginn, um eine willkommene Normalisierung nach der Beilegung des Konflikts mit Österreich. Der Burgrechtsvertrag von 1403 begünstigte Freiburg, das mit den andern Eidgenossen Beziehungen anknüpfen konnte: Auf Ansuchen der Waldstätte mußte die Stadt, die Österreich untertänig war, auf der Seite Berns kämpfen, konnte aber anderseits auch durch die Vermittlung der verbündeten Stadt Bern die Eidgenossen um Hilfe angehen. Die dem freiburgischen Handel erwachsenden Vorteile waren im übrigen offenkundig, denn das Aaretal stellte den Zugang zum Rheinbecken dar.

Die Stadt betrachtete die Landschaft einerseits als Versorgungsgebiet, anderseits als Absatzmarkt für das städtische Handwerk. Auf jeden Fall strebte sie danach, die Gewinne den städtischen Bürgern vorzubehalten (Fresko in der Kirche St. Martin von Ronco, TI, 1492).

In Neuenburg konnten der neue Graf Konrad von Freiburg i. Br. und die Bürgerschaft keine Verständigungsbasis finden und wandten sich deshalb an Bern, um der Stadt die Rolle des Schiedsrichters anzubieten. Die beiden Verträge vom 23. und 24. April 1406, die Bern zuerst mit dem Grafen und dann mit der Stadt und dem Stiftskapitel abschloß, begründeten faktisch eine Art Protektorat. Im Fall eines Konflikts zwischen dem Grafen und der Bürgerschaft hatte Bern die Schiedsrichterrolle inne, wodurch es in der Folge diejenige Streitpartei begünstigen konnte, die sich seinem Willen unterzog.

Im Greyerzerland schließlich wurden die wahren Absichten Berns offen sichtbar. Als nämlich im Jahre 1401 Graf Rudolf und die Leute von Saanen ein Burgrecht mit Bern eingingen, stand im Vertrag folgende, sehr bezeichnende Klausel: Sollte der Bischof von Lausanne der Stadt Bern den Krieg erklären und müßte der Graf dabei den Prälaten unterstützen, so würden sich die Saaner Untertanen dennoch auf die Seite Berns schlagen. Beim Tod des Grafen im Jahre 1403 erneuerte die Gemeinde Saanen den Vertrag selbständig, und Château-d'Œx schloß sich ihr an.

Stets um seine Unabhängigkeit besorgt, dehnte Bern so sein Vorfeld aus und sicherte sich sowohl gegen Habsburg als auch gegen Savoyen ab. Zu diesem Zweck zögerte es nicht, die Adligen in der Umgebung in sein Burgrecht zu zwingen oder dafür günstige Umstände auszunützen. Erwähnt sei der Eintritt der letzten Grafen von Kyburg ins Berner Burgrecht im Jahre 1406, die endgültige Abtretung ihrer landgräflichen Rechte über Kleinburgund auf dem rechten Aareufer sowie ihrer restlichen Besitzungen im nördlich der Aare gelegenen Buchsgau zugunsten Berns. Auch wenn der Erwerb der Landgrafschaft von Kleinburgund für die Stadt Bern unmittelbar keinen wesentlichen Machtzuwachs bedeutete, so diente er langfristig als wirkungsvolles Rechtsmittel zur Durchsetzung der bernischen Herrschaft über zahlreiche kleine Herren.

Die Friedensphase brachte schließlich auch der Stadt Luzern Vorteile. 1406 konnte sie nämlich von den hochverschuldeten Grafen von Aarberg-Valangin die Herrschaft Willisau aufkaufen.

Die Grundlagen einer langfristigen Politik

Es wäre falsch, diese Reihe von Erwerbungen als Ausdruck eines zielgerichteten politischen Willens zu betrachten. Es ging taktisch eher noch darum, von einem städtischen Zentrum aus Stück für Stück Land zu erwerben, mit der bereits erwähnten Absicht, die wirtschaftliche Autarkie als Basis der politischen Autonomie zu erlangen. Der friedliche Charakter der dabei eingesetzten Mittel, der zwar gelegentlich Machiavellismus nicht ausschloß, entsprang im übrigen dieser eher beschränkten Zielsetzung. Doch kann man weder Bern noch Zürich, um hier nur diese beiden Orte zu nennen, eine gewisse politische Weitsicht absprechen. Ihre Globalstrategie lag auf einer andern Ebene und ging über den Erwerb verschuldeter lokaler Herrschaften weit hinaus. Diese zwei Städte erwarben zuerst die für eine unabhängige Stellung unentbehrliche territoriale Basis und zielten dann langfristig darauf ab, zunächst nicht den Besitz an sich zu vergrößern, sondern starke Stellungen an bestimmten Punkten zu erwerben, die ihnen für die Zukunft klar vorausgesehene Vorteile boten. Zu dieser Planung auf längere Sicht gehörte auch die Kontrolle über Straßen und Zollstätten, welche die größten Gewinne abwerfen sollten.

Wandteppich von Bischofszell (TG), um 1530. Steinbrücken wie die hier dargestellte waren im Mittelalter eine Seltenheit. Auch Holzbrükken waren nicht viel häufiger, konnte man doch die Rheinbrücken zwischen Vaduz und Basel an den Fingern abzählen.

Der wirtschaftliche Aufschwung Süddeutschlands, die Blüte der Genfer Messen im Zusammenhang mit den Wirren des Hundertjährigen Krieges sind einige der bereits erwähnten Faktoren, die von 1350 an das schweizerische Mittelland zum bevorzugten Handelsweg werden liessen. Hier kreuzten und überlagerten sich die zwei wichtigen Achsen des Nord/Süd- und Ost/West-Verkehrs. Diese Handelsströme aus und nach Italien, dem Rhonetal und Süddeutschland, gleichsam das Achsenkreuz des helvetischen Mikrokosmos, trafen zum größten Teil in der Grafschaft Baden aufeinander. Sie machten aus dem von der Aare und ihren Nebenflüssen durchflossenen Unteraargau mit seinen zahlreichen Zollstätten, Brücken, Fährverbindungen, aber auch Burgen und befestigten Städten eine bedeutende Drehscheibe. Insbesondere Baden war ein nicht zu umgehender Knotenpunkt. Der gesamte Verkehr durch das Mittelland wurde hier, um einen Ausdruck Hektor Ammanns zu verwenden, wie in einem Trichter erfaßt. Diese wirtschaftlichen und verkehrstechnischen Gegebenheiten stellen einen wichtigen Schlüssel zum Verständnis des diplomatischen und militärischen Kräftespiels in der Eidgenossenschaft von der Eroberung des Aargaus bis zur endgültigen Eingliederung des Waadtlandes dar. Wenn es in der ersten Hälfte des 15. Jahrhunderts, bis 1460, darum ging, den sogenannt natürlichen Raum von den Alpen bis zum Rhein zu dominieren, so ist dieser Raum als vorrangiges Interessengebiet zu verstehen. Und es wurden auch die Gelegenheiten nicht verpaßt, über die natürlichen Grenzen auszugreifen: Davon zeugen die starken Brückenköpfe, die in der Folge am andern Ufer des Rheins errichtet wurden.

Ersatz dafür bot die Fähre, die oft von einer Seilwinde von einem Ufer zum andern gezogen wurde, wie man das heute noch in Basel sehen kann.

Die Erkenntnis, daß die Entwicklung und Veränderung des internationalen Handels neue Perspektiven bot, löste in Bern und in Zürich konkrete Reaktionen aus. Bern beispielsweise verfolgte am Ende des 14. Jahrhunderts eine Politik, welche darauf abzielte, den Verkehr auf den Achsen zu sichern, die es einerseits mit der Lombardei, anderseits mit Basel und den wichtigsten Rheinübergängen verbanden. Was den direkten Zugang zum Genferseebecken, zur Stadt Genf und zum Rhonetal betraf, so konnte sich Bern bereits auf das traditionelle

Bündnis mit Savoyen und auf das jüngst erneuerte Burgrecht mit Freiburg stützen. Neu dazu kam das Übereinkommen vom August 1397 mit den Gemeinden des Oberwallis und der Talschaft Antigorio, das die Beziehungen mit der Lombardei vom Oberland her über den Grimsel- und Griespaß fördern sollte (der Einfluß Mailands auf die Wirtschaft und insbesondere auf das Geldsystem von Bern und Freiburg liefert den Beweis direkter Kontakte). Bern sicherte sich auch im Norden ab und schloß am 31. Mai 1399 gemeinsam mit Solothurn eine fünfjährige Übereinkunft mit dem Markgrafen Rudolf von Hochberg, dem Herrn von Röteln und Sausenberg, ab, um den Handels- und Personenverkehr im Gebiet der Vertragsparteien zu schützen. Mit dem gleichen Ziel schlossen um 1400 Bern und Solothurn ein Bündnis auf 20 Jahre mit Basel und vereinbarten eine gegenseitige Hilfsverpflichtung für das zwischen Basel und Bern gelegene Gebiet. Dieser Vertragsabschluß ist schon deshalb erwähnenswert, weil bis dahin nur Geldgeschäfte zu Vereinbarungen zwischen beiden Städten geführt hatten.

Ebensowenig läßt sich die kalte Berechnung, mit der im Frühling 1415 zuerst Bern und in der Folge die Eidgenossen den österreichischen Aargau besetzten, allein mit dem Zynismus des Eroberers und dem Interesse an fruchtbarem Land erklären, das in guten Jahren einige Überschüsse abwarf. Die Episode ist allzu bekannt, um nochmals ausführlich erzählt zu werden. Der Aufruf König Sigismunds zur Beschlagnahme des Besitzes Friedrichs IV. von Österreich, der in den Reichsbann versetzt worden war, weil er für den abgesetzten Papst Partei ergriffen und so die Einheit der Christenheit gefährdet hatte, war ein allzu schlechter Vorwand, um die Bedenken der mit Bern verbündeten Orte gleich zerstreuen zu können. Hatten sie nicht 1412, also wenige Jahre zuvor, auf ausdrückliche Bitte Österreichs den Friedensvertrag um 50 Jahre erneuert?

Die entschlossene Haltung Berns bei der Durchsetzung seiner eigenen Interessen, die freilich größtenteils, wenn auch unbewußt, von den übrigen Orten geteilt wurden, war bereits ein Vorzeichen der Verwegenheit, die es 60 Jahre später gegenüber Karl dem Kühnen an den Tag legen sollte; es war stets darum bemüht, den Handel von Basel und dem Oberrhein nach Genf und dem Rhonetal und damit auch den Zusammenhalt und den Aufschwung der schweizerischen Städte sicherzustellen. Aufgrund der früher vereinbarten Gebietsgrenze nahmen Bern und das verbündete Solothurn den wichtigsten Abschnitt das *caminus Basle* von Luzern nach Basel in Besitz, nämlich Aarburg (Olten folgte etwas später) und die Übergänge am Hauenstein. Die Grafschaft Baden hingegen, nebst andern in Absprache eroberten Gebieten, wurde zur gemeinen Herrschaft erhoben. Dank diesem Kompromiß blieb der wichtige Verkehrsknotenpunkt Baden in den Händen aller Eidgenossen, die aus dieser Zollstätte beträchtliche Summen herausholen sollten.

Wie ungewiß dieser Gewinn aber blieb, zeigte die Versöhnung, die schon am 7. Mai 1415 zwischen dem Herzog von Österreich und dem

Silberrelief der Ruine Stein bei Baden (AG), Mitte 14. Jahrhundert. Die Festung «Stein» bei Baden wurde nicht im Sturm erobert, sondern von den Österreichern in der Verzweiflung wegen ausbleibender Hilfe verlassen. Die Sieger säumten nicht mit der Schleifung eines Bollwerks, von welchem aus ihr heranwachsender Bund so oft bedroht worden war.

Die Belagerungstechnik, in der die Eidgenossen sich nie als Meister erwiesen, verwendete bis ins 16. Jahrhundert neben Kanonen weiter die alten Steinschleudern. Die Österreicher ihrerseits nutzten die Fortschritte der deutschen Metallindustrie zur Verbesserung ihrer Artillerie. Daraus erklärt sich, daß die Österreicher, die immer in der Rolle der Belagerten waren, von den Eidgenossen nur durch einen Überraschungsangriff aus ihren festen Stellungen gedrängt werden konnten. Belagerung von Aarau durch die Berner. Darstellung aus der Chronik von Bendicht Tschachtlan, 1470.

König stattfand. Die Eidgenossen weigerten sich allerdings, die – vergessen wir dies nicht – im Namen des Reichs eroberten Gebiete zurückzugeben und konnten schließlich Sigismund dazu bringen, ihnen den Aargau, wenn auch als Pfandschaft, für 10 000 Gulden abzutreten. Es war ein weiteres Pfand, das nie mehr ausgelöst werden sollte. Die städtischen Bürgerschaften hatten einmal mehr die finanziellen Schwierigkeiten ihres weit entfernten Oberherrn auszunützen gewußt. Ihre Finanzkraft festigte den militärischen Erfolg.

Auch Zürich verfolgte eine für das 15. Jahrhundert bezeichnende Politik, die von der Sorge der Kontrolle einer wichtigen Handelsstraße beherrscht war. Aber im Unterschied zum Aargau, wo die interessierten Parteien ihre Einflußgebiete schon vor der Besetzung aufgeteilt hatten, führte hier die Absicht, sich die alleinige Herrschaft über einen Verkehrsweg zu sichern, zu einem unerbittlichen Kampf zwischen benachbarten Konkurrenten, zu einem Kampf, der sich nach und nach auf die gesamte Eidgenossenschaft ausweiten sollte.

Die Herrschaft der Grafen von Toggenburg, die von beachtlichem Umfang war, stand bald als Vorwand, bald als Gegenstand der Rivalität im Zentrum dieses Konflikts. Seit 1394 schon richtete Zürich seine Aufmerksamkeit vermehrt auf den letzten Vertreter des Geschlechts, den jungen Friedrich VII.; sicher zunächst nicht, weil seine 1391 geschlossene Ehe kinderlos bleiben und er ohne Erben erst im Jahre 1436 sterben sollte! Diese Umstände kamen erst später hinzu. Im Jahre 1394 hatte Friedrich den Besitz der Toggenburger mit seinem Onkel Donat geteilt und sich dabei die jüngsten Erwerbungen vorbehalten, in den Augen der Zürcher die interessantesten, nämlich die Herrschaft Uznach und die obere March, dazu noch die rätischen Freiherrschaften Maienfeld-Malans, Prättigau, Davos, Schanfigg und Churwalden. Es ging also um ein wichtiges zusammenhängendes Gebiet von strategischer Bedeutung, am Weg von Basel nach Mailand oder Venedig über die Bündner Pässe. Diese waren wohl für den Zürcher Handel von größerer Bedeutung als die Gotthardroute. Die Gelegenheit war einmalig, sich mit dem Besitzer dieses Gebietes zu verbinden. Folglich war es keineswegs erstaunlich, daß am 20. September 1400 der Rat von Zürich den Grafen Friedrich in das Burgrecht aufnahm. Als Gegenleistung verpflichtete sich dieser, Zürich jederzeit mit all seinen Leuten beizustehen und ihm Städte und Burgen offenzuhalten. Der Burgrechtsvertrag wurde 1405, dann 1416, diesmal auf Lebenszeit erneuert.

Unterdessen war am 7. November 1400 Friedrichs Onkel Donat von Toggenburg gestorben. Friedrich konnte nun auf die Hilfe Zürichs zählen, um sich das Toggenburg, seinen Stammbesitz, wieder anzueignen. Er ließ es jedoch nicht dabei bewenden. Geschickt und reich zugleich, verfolgte er im Grunde genommen die gleiche Politik wie die Städte Bern und Zürich, er dehnte wie sie sein Gebiet auf Kosten Österreichs aus. Namentlich Herzog Friedrich IV. gab ihm 1406 pfandweise die Herrschaften Sargans und Gaster-Windegg. Diese beiden Gebiete, beidseits des Walensees gelegen, hatten für den Grafen den unschätzbaren Vorteil, daß sie seinen rätischen und toggenburgischen Besitz zumindest über Uznach direkt verbanden. Für die Zürcher war es das fehlende Teilstück an der Bündner Route, das die Reihe der Ländereien und Burgen vervollständigte, deren Zugang im Burgrechtsvertrag von 1400 garantiert worden war.

Die Chancen des Grafen Friedrich, seinen Besitz irgendeinem direkten Erben zu übergeben, schwanden mit den Jahren immer mehr. Ist es deshalb erstaunlich, daß die Zürcher sich um seine Gunst bemühten, um vielleicht sogar noch zu seinen Lebzeiten einen Teil dieses Nachlasses zu erhalten?

Das Vordringen Uris südlich des Gotthards: eine friedliche Expansion

Ebenso friedlich verlief zumindest in der Anfangsphase der von Uri und Obwalden angeführte Vorstoß in eine andere Richtung, nämlich nach Mailand und in die lombardische Ebene.

Eine Vorbemerkung drängt sich hier auf, wenn man die Italienpolitik der eidgenössischen Orte verstehen will. Für die Innerschweizer – mit Ausnahme von Uri und Obwalden – erwies sich die Öffnung der Gotthardroute offenbar vorerst keineswegs als Gelegenheit, um sich die Kontrolle über einen neuen internationalen Handelsstrom zu sichern. Die Bedeutung dieser neuen Nord-Süd-Achse war zunächst nur interregional. Sie war weniger auf eine rege Benützung durch den Transitverkehr zurückzuführen als vielmehr auf die unmittelbare Nähe des Absatzmarktes von Mailand, einer Stadt mit vielfältiger wirtschaftlicher Aktivität, inmitten einer reichen, dichtbesiedelten Region. Unbestritten war sicher das Interesse, das die Urner als Säumer, Wirte und Lagerverwalter diesem Handelsweg sogleich entgegenbrachten. Schließlich gelang es ihnen auch nicht zufällig, sich schon 1360 den Reichszoll von Flüelen anzueignen, natürlich mit Hilfe von Mailänder Kaufleuten.

Dennoch war die Handelsroute, die sich von Flüelen nach Bellinzona abzuzeichnen begann, einseitig von Norden nach Süden ausgerichtet. Den Urnern und Obwaldnern ging es in erster Linie darum, einen riesigen städtischen Verbrauchermarkt auszunutzen, um die gefragten Produkte ihrer Viehzucht zu guten Preisen abzusetzen: Vieh und Pökelfleisch, Käse, Butter und vor allem Pferde. Auch Getreide kauften die Norditaliener bei Hungersnöten sogar nördlich der Alpen. Was die Waldstätte und Luzern dafür eintauschten, war nicht weniger wichtig, betraf aber, wenn nicht wertmäßig so doch umfangmäßig geringere Mengen: Es ging um die gelegentliche Einfuhr von Wein, Eisen, Salz und Tuch. Auch ist der Beweis bisher nicht erbracht worden, daß der Zürcher Großhandel von der gewohnten Bündner Route abwich. Erst im 16. Jahrhundert wurde die Einfuhr von Getreide und Reis aus der Lombardei in größerem Umfang für die Schweiz zu einem ständigen Bedürfnis.

Der noch lockere und wenig ausgebaute Handelsaustausch machte starke Druckversuche überflüssig. Die Durchdringung der Märkte setzte sichere Verkehrswege und Zollerleichterungen voraus, Vorteile also, die man sich durch gegenseitige Zugeständnisse und Absprachen leicht verschaffen konnte.

Um sich über möglichst weite Strecken einen ungehinderten Durchgang zu sichern, nahm Uri seinen unmittelbaren südlichen Nachbarn und möglichen Konkurrenten auf den lombardischen Märkten, die Leventina, in sein Landrecht auf. Der Urner Landammann Johann von Attinghausen wurde zum Vorkämpfer einer Handelspolitik, die eine Schutzherrschaft über das obere Tessintal zum Ziel hatte. Seit 1331 hatten die Leventiner die Verantwortung für den Schaden zu tragen, der auf ihrem Boden den eidgenössischen Reisenden und Kaufleuten zustoßen konnte. Als Gegenleistung erhielten sie freien Zugang zu den Versorgungsmärkten, allen voran den Getreidemärkten nördlich der Alpen. Durch diese gegenseitige Begünstigung sollte die Leventina aus der allzu starken Abhängigkeit von der lombardischen Wirtschaft gelöst und zugleich dem zunehmenden Druck Mailands entzogen werden.

Mit Mailand begegnete Uri weiter südlich einem echten Staat, der sich in vollem Aufschwung befand und regen Unternehmungsgeist entfaltete. Im 13. Jahrhundert war es der mächtigsten aller Kommunen gelungen, ihre Herrschaft über ihre unmittelbaren Nachbarn durchzusetzen. Von 1332–1340 eroberten die Mailänder Schlag auf Schlag Novara und das Eschental, Como mit dem Veltlin und dem Sottoceneri und schließlich die Städte und Burgen Bellinzona und Locarno, die Überreste des ehemaligen Stadtstaates von Como.

Uri legte zunächst eine pragmatische Haltung an den Tag, die sich sogleich bezahlt machen sollte. Die Visconti als Herren von Mailand führten nämlich von 1335 an die Politik weiter, die schon die Republik Como geübt hatte, und gewährten in diesem Sinne Zollprivilegien für die aus der Innerschweiz, dem Urserental und der Leventina eingeführten Waren. Daher waren die gut ausgebauten Beziehungen Mailands zu Uri, Obwalden und Luzern anfänglich durchaus freundschaftlich. Das gute Einvernehmen erlebte 1374 seinen Höhepunkt, als Uri und Luzern dem päpstlichen Aufruf, gegen Mailand zu den Waffen zu greifen, keine Folge leisteten. Im Gegenteil, sie lieferten der Stadt sogar Waffen, Pferde und Nahrungsmittel. Uri und Obwalden verfolgten so eine friedliche Politik, die jedoch ganz bestimmten Zielen diente und gewalttätige Mittel zu deren Durchsetzung keineswegs ausschloß.

2. Die Versuchung der Gewalt: Schwyz und Appenzell, Uri und die Leventina

Die schweizerischen Städte bevorzugten zunächst die Expansion mit friedlichen Mitteln, in Form von Käufen und Pfandschaften, die durch feierliche Burgrechtsverträge in die Wege geleitet oder bekräftigt wurden. Geld vermochte nämlich ungleich besser Tore zu öffnen und Burgen zu erschüttern als militärische Feldzüge, die selbst von siegreichen Kämpfern rasch abgebrochen wurden, um die Kriegsbeute eilig nach Hause zu bringen. Wenn Gewalt angewendet wurde, dann nur im richtigen Zeitpunkt, aufgrund eines raschen, klaren und ausgereiften Entscheids, der lediglich das absehbare Ende eines Konflikts vorwegnahm.

Die Mentalität der inneren Orte

Bedeutete dies, daß die Expansion der städtischen Zentren weiter voranschreiten würde, ohne auf Widerstand zu stoßen, wie es die Eroberung des Aargaus hatte erhoffen lassen? Bevor die Streitigkeiten aufgerollt werden sollen, die durch gegensätzliche und einander konkurrenzierende Ziele der eidgenössischen Orte verursacht wurden, ist ein Blick auf die anders gearteten Zentren politischen Handelns in den Alpentälern nötig. Aufgrund anderer örtlicher und sozialer Gegebenheiten hatte sich nämlich dort die Entwicklung anderer Gesetzmäßigkeiten vollzogen.

Mehrere Faktoren trugen dazu bei, daß die Talschaften auf die politischen Ereignisse und Situationen anders reagierten als die Stadtorte: Berge und enge Täler gewährten besseren Schutz als Stadtmauern; das starke Sicherheitsbedürfnis wurde durch großzügig zugestandene Eigeninitiative und Unabhängigkeit nicht beeinträchtigt; die wachsende Bevölkerung mußte sich in die Erträge eines kargen Bodens teilen und erschien um so kräftiger und unternehmungsfähiger. Schließlich waren hier die Habsburger nicht nur Feinde des Freiheitsstrebens, sondern auch Klassengegner. Als Adelige hatten sie mit den bescheidenen Bauern nichts gemein, während die reichen Stadtbürger stets bemüht waren, den adligen Lebensstil nachzuahmen. Infolge des Wechselspiels dieser verschiedenen Faktoren schätzten die Bergbewohner Aussichten und Gelegenheiten zur Gebietsausdehnung wie die dazu notwendigen Mittel anders ein.

Der reiche Wappenschmuck dieser Truhe (Scheid, GR, 1. Hälfte 14. Jahrhundert) sollte nicht vergessen lassen, wie einfach die häusliche Einrichtung selbst in adeligen rätischen Häusern war: Einig[e] Kisten und Truhen bildeten neben den Betten das Hauptmobiliar.

Der demokratische Impetus

Was war es, das diese Leute dazu bewog, immer wieder aus ihren Tälern auszubrechen, um in die Ferne zu streben? Denn das Verlangen nach größerer Freiheit und das Bedürfnis nach Autonomie war nämlich im wesentlichen befriedigt. Oft ist als Erklärung auf den demokratischen Geist hingewiesen worden, der die Innerschweizer so beseelt habe. Die Tradition des Kampfes um Unabhängigkeit blieb zweifellos innerhalb der Talgenossenschaften lebendig; auch galten ihre Sympathien jenen, die sich noch nicht endgültig befreit hatten. Es

Die hier versammelten abgesessenen Ritter tragen die Rüstung, die in der Schweiz und im Tirol vor dem blanken Harnisch üblich war: Brustschild, Beinschienen, Hand- und Fußschutz. Die Helme haben noch kein Visier, das Kettenhemd deckte Hals und Schultern (Kirche von Tenna, GR, Ende 14. Jahrhundert).

steht beispielsweise fest, daß die Einmischung der Schwyzer im Konflikt zwischen der Stadt Zug und ihren ländlichen Ämtern Baar, Ägeri und Menzingen schließlich die rechtliche Gleichstellung der Bauern des flachen Landes mit den Stadtbürgern bewirkt hat, und dies trotz des eidgenössischen Schiedsspruchs von Beckenried im Jahre 1404, der ihr einseitiges Eingreifen streng verurteilte. Im Unterschied zu den Städten, die nun die traditionellen Formen von Herrschaft und Untertänigkeit übernahmen, blieben Schwyz und Unterwalden ihren demokratischen Ansprüchen treu und machten sich zu Vorkämpfern einer echten Volksherrschaft. Unübersehbar ist ein gewisses missionarisches Sendungsbewußtsein, das ihre Interventionen prägte. Die Tragweite dieses revolutionären Eifers und dessen Bedeutung darf auch bei nüchterner Betrachtung nicht unterschätzt werden. Ebenso wenig kann der irrationale Aspekt geleugnet werden, der oft das politische Verhalten dieser in mehr als einer Hinsicht archaischen Gesellschaften beeinflußte, für die der Krieg – wie das Spiel – eine wichtige Betätigung war und eine Funktion der sozialen Integration erfüllte. Werte und Leidenschaften geben jedoch nicht die ganze Wirklichkeit wieder. Auch realistische Überlegungen konnten in zweifacher Hinsicht Antrieb zu kriegerischen Aktionen sein; man reagierte entweder auf die Zwänge der natürlichen Umwelt, oder man nahm die günstige Gelegenheit zu einem beträchtlichen Profit wahr.

So schematisch und vage die Darstellung der mit Lanzen bewaffneten angreifenden Ritter bleibt, gibt sie doch die Kopfbedeckung genau wieder: Es handelt sich um den visierlosen «Barbuta»-Helm, der im 15. Jahrhundert in der Schweiz und in Italien sehr verbreitet war (Kirche St. Stephan, Cumbels, GR, 16. Jahrhundert).

Dabei ging es allerdings nicht bloß um gelegentliche Beute, sondern um die systematische Aneignung von Gewinn, wie sie sich beispielsweise durch die Kontrolle über einen Durchgang oder Absatzmarkt bot.

Darin lag wohl der größte Unterschied zwischen den Länder- und Städteorten: Während die Städte, Feudalherren gleich, keine Hemmungen hatten, das umliegende Land zu beherrschen, ja sogar auszubeuten (dies gilt für die Schweiz und Norditalien, nicht aber für Deutschland), konnten die Talgenossenschaften kaum dasselbe tun, ohne dabei ihre überkommenen Vorstellungen zu verleugnen. War es deshalb aus ihrer Sicht nicht besser, anderswo Aufstände gegen die Habsburger und ihre Verbündeten zu schüren und zu unterstützen, selbst wenn der dadurch gewonnene Einfluß auf Herrschaft hinauslief? Daher rührt jedenfalls der Eindruck fortwährender Widersprüchlichkeit, den man angesichts der demokratischen und revolutionären Welle verspürt, die sich während der ersten drei Jahrzehnte des 15. Jahrhunderts von den inneren Orten, insbesondere Schwyz und Glarus, in die Ostschweiz oder von Uri und Obwalden gegen Süden ergoß. Soll man es den Menschen übelnehmen, wenn sie ihre Wertordnung stets als Vorwand zur Durchsetzung handfester Interessen benutzten?

Es scheint jedoch, daß ein Teil der Unruhe, die um 1400 die Waldstätte ergriff, auf einen relativen Bevölkerungsdruck zurückzuführen ist. Dies ist jedenfalls der Eindruck, den die Unternehmungen der Unterwaldner über den Brünigpaß oder ins Entlebuch um 1380 hinterlassen. Zwar versprachen diese Vorstöße der dortigen Bevölkerung mehr innere Autonomie, dahinter stand aber das Streben der Innerschweizer, ihr eigenes Gebiet zu erweitern. Die Schutzherrschaft, die Schwyz von 1365–1404 über Zug ausdehnte, ging mit dem Vordringen ins Ägerital durch Landerwerb und Besiedlung einher.

Die Darstellung empört protestierender Bauern im Vordergrund und von grobschlächtigen Kriegsleuten entführter Frauen im Hintergrund aus Diebold Schillings Luzerner Chronik (1513) hat wohl eher symbolischen als realen Gehalt. Die Appenzeller Bauern hatten sich weniger gegen mißbräuchliche feudale Übergriffe zu wehren als gegen die übermäßigen Steuerlasten und die hohen Handänderungsabgaben, die ihnen der Abt von St. Gallen auferlegte.

Im übrigen ließen sich die eidgenössischen Orte nicht täuschen. Ob es sich nun um die Vorstöße handelte, die Unterwalden ins Oberland und Entlebuch (1381/82) oder Schwyz in Richtung Zug unternahmen, jedes Mal beendete ein eidgenössischer Schiedsspruch die Expansion der kleinen Orte, die wegen ihrer vermutlich zu dichten Bevölkerung auf der Suche nach mehr Land waren. Das gleiche Problem scheint auf, wenn 1411 die Untertanen des Klosters Engelberg von ihren Herren forderten, daß die Domänen der Abtei ausschließlich von den Talbewohnern bebaut werden sollten. Der zunehmende Landhunger führte zweifellos zu einer Konkurrenzsituation zwischen den neuzuströmenden Siedlern aus dem Unterland und den ansässigen Bauern.

Die Ausnützung des bäuerlichen Unbehagens: der Appenzellerkrieg

Wie auch immer die Mischung von Uneigennützigkeit und Berechnung gewesen sein mag, verschiedene Umstände kamen den Zielen der Waldstätte entgegen. Während die Städte die finanziellen Nöte des Adels auszunutzen wußten, profitierten die Talschaften der Innerschweiz schon seit dem Ende des 14. Jahrhunderts von der sozialen Unruhe, die in vielen ländlichen Gegenden unseres Landes herrschte.

Die landwirtschaftliche Krise, die von 1350–1450 in der ganzen Schweiz unterschiedlich spürbar wurde, äußerte sich im Appenzellerland auf besonders deutliche Weise. Die wichtigsten Gründe für die bäuerlichen Forderungen sind bereits gezeigt worden; sie waren übrigens im ganzen Mittelland ziemlich ähnlich. Die Unzufriedenheit spitzte sich zu, als die Feudalherren versuchten, rücksichtslos ihre Rechte auszudehnen: Der Abt von St. Gallen hatte als Oberherr über die von den Appenzeller Bauern bewirtschafteten Ländereien bisher lediglich die von den abhängigen Bauern geschuldeten grundherrlichen Abgaben eingezogen. Die öffentlichen Ämter, insbesondere die Ausübung der hohen Gerichtsbarkeit und das Eintreiben der Reichssteuer fielen in die Kompetenz eines weltlichen Vogtes, der hier sozusagen den Abt ersetzte. Nun aber fielen im Jahre 1345 die Vogteirechte über die Abtei, die einst dem Kaiser selbst zugestanden hatten und mit denen später verschiedene Herren belehnt worden waren, an den Abt Hermann von Bonstetten zurück. Der letzte Inhaber der Vogtei, der schwer verschuldete Graf von Werdenberg, war nämlich gezwungen, seine Rechte dem Abt zu verkaufen. Diese neue vorteilhafte Situation nutzte der Abt aus, um Macht und Prestige, die ihm aus den Rechten öffentlichen Ursprungs erwuchsen, in den Dienst seiner persönlichen Interessen zu stellen. Es ging dabei vor allem um die Reichsvogteirechte, die er von nun an über die vier Gemeinden Appenzell, Hundwil, Teufen und Urnäsch ausübte.

Sehr rasch zeichneten sich unter den Appenzeller Dörfern eine Verständigung und Annäherung ab. Vor allem die Vogtsteuer belastete sie schwer, und zusätzlich verfolgten die Äbte eine ihre Rechte beschränkende Politik. Die Beamten des Klosters beschnitten die Freizügigkeit der Bauern, die in die Stadt abwandern wollten (St. Gallen war dabei ein Anziehungspol); die Steuereintreiber miß-

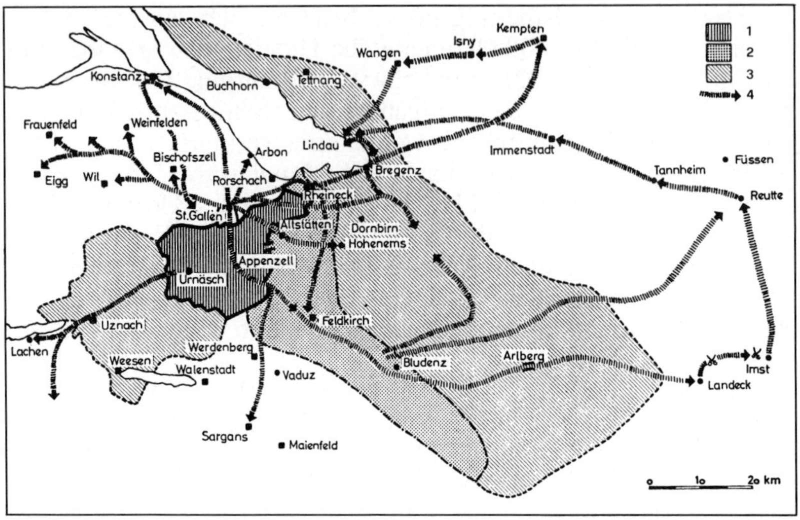

Die Appenzellerkriege

1 Gebiet der Appenzeller
2 mit Appenzell im «Bund ob dem See» vereinigt, 1405–08
3 mit dem «Bund ob dem See» verbündet
4 Appenzeller Kriegszüge

brauchten bei jedem Todesfall die Abgaberechte auf den beweglichen Gütern. Die Bauern forderten eine Lockerung dieser Regelungen und widersetzten sich vehement einer Verschärfung der Rechte bei Erbfolge oder Handänderung der unbeweglichen Güter. In der Tat zeigen die zeitgenössischen Urkunden, daß offensichtlich nicht nur eine Gebühr erhoben wurde, die im Verhältnis zum Wert des Gutes stand, sondern daß auch die Neuverleihung, d.h. die unmittelbare Übergabe an den direkten Erben, nicht mehr gewährleistet war, zumindest nicht ohne gleichzeitige Zinserhöhung.

Immerhin hatten aber auch die Bauern ihre Trümpfe in der Hand. Einerseits hatte sich in den um die Stadt gelegenen Ländereien der Abtei St. Gallen ein wirtschaftlich blühendes, für die Ausfuhr arbeitendes Textilgewerbe entwickelt, von dem die Landschaft zu profitieren begann, andererseits lag der gesamte schweizerische Nordosten an einem der meist benutzten Verkehrswege von Deutschland über die Bündner Pässe nach Italien. Zweifellos waren die Appenzeller in ihrem Hügelland und hinter ihren Letzinen über den Ausfallstraßen zum Rheintal in einer ausgezeichneten strategischen Position. Da sie die Weggabelung ins Linth- oder Rheintal fest in der Hand hielten, konnten sie jederzeit die Zufahrt zu den Bündner Tälern abschneiden. Friedrich VII. von Toggenburg wußte, was er tat, wenn er lange Zeit freundschaftliche Beziehungen zu ihnen pflegte und einmal sogar versuchte, mit ihrer Waffenhilfe die Österreicher aus dem Rheintal zu vertreiben.

Diese Voraussetzungen sind im Auge zu behalten, wenn es darum geht, die Tragweite der Schwyzer Einmischung in den Aufstand der Appenzeller richtig zu gewichten. Sie bestimmten den Ausbruch und Verlauf des Konflikts, der mindestens bis 1450 dauerte und zur Beherrschung des gesamten linken Rheinufers vom Quellgebiet bis nach Basel durch die eidgenössischen Orte führte.

Der Aufbruch der Appenzeller

Der Aufstand der Appenzeller verlief trotz einiger lokaler Erfolge anfänglich glücklos. Sie waren zunächst auf sich selbst gestellt und glaubten aus eigener Kraft nichts erreichen zu können. In der Tat schien der Abt von St. Gallen durch das Bündnis gesichert, das er 1402 mit Österreich um 15 Jahre erneuert hatte. Trotz zahlreicher gemeinsamer Interessen stellten sich andererseits St. Gallen und die Städte am Bodensee nicht auf die Seite der Bauern, sondern schlugen vielmehr eine Vermittlung vor, denn Verkehrssicherheit und Handelsvorteile geboten eine Aufrechterhaltung des Friedens. Die Appenzeller aber beharrten auf ihrem Konfrontationskurs nicht zuletzt wegen der Unterstützung durch die Schwyzer, die 1403 einen Landrechtsvertrag mit ihnen abschlossen. In der Folge sandte Schwyz Söldner und übernahm sogar die politische und militärische Führung, die einem mit nahezu diktatorischen Befugnissen ausgestatteten Schwyzer Hauptmann oder Landammann anvertraut wurde.

Die kämpferischen Bauern schöpften daraus neuen Mut, der sich bezahlt machen sollte. Im Mai 1403 schlugen sie auf der Vögelinsegg das rasch zusammengetriebene Heer des Klosters und der Stadt St. Gallen. Die Aufständischen schlossen sogleich großmütig Frieden (23. April 1404) mit den schwäbischen Städten und vor allem mit St. Gallen, verweigerten ihn aber dem Abt und dem Klosterkapitel. In der Folge wurde allerdings die Lage durch die Intervention des Herzogs Friedrich IV. von Österreich kompliziert. Als Verbündeter des Abtes glaubte er nämlich, sich seinen Verpflichtungen nicht länger entziehen zu können, vor allem in Anbetracht des sozialen Charakters des Konflikts. Auch war der gesamte thurgauische Adel – wie sich zeigen sollte, zu Recht – sehr beunruhigt beim Gedanken, es könnte sich ein allgemeiner Aufstand der untertänigen Bauern entwickeln. Das österreichische Heer, aus Adligen und Städten Vorderösterreichs zusammengesetzt, erlitt am Stoß im Juni 1405 eine erdrückende und demütigende Niederlage.

Darauf folgte in der Ostschweiz ein eigentlicher Bauernaufstand, der sich rasch jenseits des Rheins ausbreitete. In diesem Siegestaumel bildeten die Appenzeller mit St. Gallen den Bund ob dem See, einen Bund, der revolutionären Charakter trug, gegen den Adel und das Feudalsystem gerichtet war und sowohl Städte wie auch Bauern im Rheintal, Vorarlberg und Liechtenstein umfaßte. Die aufständische Flut ergoß sich über den Arlberg und bedrohte das Tirol. Mit Hilfe der ansässigen Bauern wurden die Schlösser zerstört – 67 Festungen wurden eingenommen oder dem Erdboden gleichgemacht – und Dorfgenossenschaften nach demokratischen Prinzipien organisiert. Der ganze Thurgau wurde auf einen Schlag erobert. Der Vorstoß der aufständischen Hitzköpfe schien unaufhaltsam zu sein. Alles sprach für ihren Sieg, als Friedrich IV., der über keine Geldmittel mehr verfügte, einen Waffenstillstand unterzeichnete und damit die Landeroberungen anerkannte; der Abt Kuno, im Stich gelassen, mußte sich und seinen Konvent sogar unter die gemeinsame Schutzherrschaft der Stadt St. Gallen und der Appenzeller stellen.

Der Appenzeller Aufstand, der seine Kraft aus dem Volk geschöpft hatte, wurde schließlich durch eine Bewegung niedergeschlagen, die ebenfalls klassenspezifischen Charakter trug. Auf Initiative der Stadt Konstanz, die sich 1407 der Ritterschaft mit St. Jörgen Schild anschloß, einer mächtigen und weitverzweigten Organisation, die in Süddeutschland fest verankert war, sammelte der gesamte Adel in einer Aufwallung von Clangeist seine Kräfte von Schwaben bis Oberbayern. Seine militärische Leistung war zwar nicht glanzvoll; die Appenzeller und der Schwyzer Hauptmann wurden am 13. Januar 1408 während der vergeblichen Belagerung von Bregenz überrascht und in die Flucht geschlagen. Aber der psychologische Effekt war groß, denn die Appenzeller zogen sich eilig wieder in ihren natürlichen Schutzraum zurück. Die Flut der Rebellion legte sich so schnell, wie sie gekommen war. Der Bund ob dem See wurde auf einen Schlag aufgelöst; die (Klein-)Adligen aus dem Vorarlberg bekamen ihre Ländereien wieder zurück, und der Thurgau wurde wieder unter österreichische Herrschaft gestellt.

Aus diplomatischer Sicht wog die Niederlage genauso schwer. Ein von König Ruprecht im Jahre 1409 gefällter Schiedsspruch verfügte nämlich, daß der Abt von St. Gallen die Reichsvogtei über die Appenzeller Bezirke behielt, so daß die Einwohner derselben in die alte Abhängigkeit zurückkehren und die üblichen Abgaben entrichten mußten.

Die Appenzeller blieben aber trotzdem in ihrem uneinnehmbaren Hügelland faktisch unabhängig. Sie konnten es sich leisten, selbstsicher das königliche Urteil zu verwerfen, das sie zu Untertanen des Abtes machte, und ihrerseits nichts weniger als die Reichsunmittelbarkeit zu fordern.

Machtkämpfe in der Ostschweiz

Die Unruhen im Appenzell hatten auf die politischen Beziehungen zwischen den acht Orten schwerwiegende Auswirkungen. Der Hilferuf der Appenzeller Bauern spaltete sogleich die Eidgenossenschaft. Nur Schwyz erklärte sich bereit, auf der Seite der Aufständischen zu kämpfen, während die andern Orte sich aus verschiedenen Gründen entzogen. Meist berief man sich auf den Waffenstillstand mit Österreich, der den Eidgenossen in einer wichtigen Klausel verbot, neue Mitglieder in ihren Bund aufzunehmen. Im übrigen hegte man wahrscheinlich auch den echten Wunsch, keine neuen Feindseligkeiten gegen Habsburg eröffnen zu müssen, das als Verbündeter des Abtes von St. Gallen in diesen Konflikt stark verwickelt war.

Zürich seinerseits hielt sich aus konkreteren Gründen abseits. Sicher empfand es das natürliche Unbehagen aller Städte gegenüber der demokratischen Propagandawelle, der die untertänige Landschaft ausgesetzt war. Ein Blick auf die Landkarte zeigt aber noch etwas anderes: Eine Achse Schwyz–Appenzell schnitt die wichtigen Verkehrsverbindungen zwischen Zürich und den Bündner Pässen entzwei. Die Gefährdung durch Schwyz wurde offenbar, als 1405 die Appenzeller die mittlere March, d. h. Lachen und das Wägital am Rande des Linthbeckens, eroberten, um sie sogleich den Schwyzern als Anerkennung für die geleisteten Dienste zu übergeben. Dieser Landgewinn konsolidierte den Stützpunkt, den schon die kleine, seit 1397 in Schwyzer Besitz stehende Vogtei von Reichenburg darstellte.

Dank mehreren Eroberungen, die auf den Sempacher Krieg und auf den Appenzeller Aufstand zurückgingen, erstreckte sich nun Schwyz jenseits des Etzels bis hin zum oberen Ende des Zürichsees und zum Linthtal. Dadurch erhielt dieser innere Ort, der sich von den Abhängen des Gotthards abzuwenden schien, Zugang zur internationalen Bündner Straße. Durch diese systematische Ausdehnung nach Nordosten stieß Schwyz zwangsläufig an Zürich, das danach strebte, den gesamten Seeraum zu kontrollieren und seine Herrschaft über das Linthtal hinaus bis nach Sargans festigen zu können. Deshalb ist die Verärgerung der Zürcher leicht zu verstehen, die Gefahr liefen, die über die Täler von Linth, Thur und Oberrhein am Fuße der Bündner Pässe zusammenlaufenden Straßen allesamt an Schwyz und die mit ihm verbündeten Appenzeller zu verlieren, was den Verlust aller ihrer früheren Anstrengungen bedeutet hätte.

Angesichts dieser Spannungen und Rivalitäten konnte Zürich einen Pluspunkt verbuchen, als die Appenzeller aus ihrer guten Verteidigungsstellung heraus ihre diplomatische und rechtliche Isolation zu überwinden trachteten. Der Burgrechtsvertrag, der diesmal (1411) mit sieben Orten – einzig Bern hielt sich abseits – abgeschlossen wurde, trug die Züge der zürcherischen Politik. Der Vertrag brachte den sieben Orten mehr Vorteile als den Appenzellern, deren äußere Politik trotz der garantierten Unabhängigkeit unter die strenge Kontrolle der Eidgenossen gestellt wurde. Immerhin waren die unruhigen Bauern nun dem ausschließlichen Einflußbereich der Schwyzer entzogen, und die Eidgenossen konnten glauben, sich mit Appenzell verbünden zu können, ohne dadurch in Abenteuer mit ungewissem Ausgang hineingezogen zu werden. Für die Zürcher war dies ein unbestrittener Erfolg, denn im Gegenzug gegen Schwyz und seine revolutionäre Propaganda hatten sie die Annäherung zwischen Appenzell und den Eidgenossen zustande gebracht.

Die Stimme der Vernunft: eidgenössische Vermittlung

Was auch immer das Ziel der Zürcher war, fest steht, daß Schwyz sich nicht länger um das Geschick der Appenzeller kümmerte, ja sogar eine reservierte bis feindselige Haltung ihnen gegenüber einzunehmen begann. Der Amtsantritt Ital Redings als Schwyzer Landammann – er blieb es fast ohne Unterbruch von 1411–1445 – war für diese veränderte Haltung gewiß weitgehend verantwortlich. Diese Abwendung zeigt im übrigen die Grenzen des sogenannten demokratischen Geistes oder zumindest dessen eigennützige Motive auf. Von nun an schienen in der Tat Schwyz und Zürich danach zu trachten, die Appenzeller streng innerhalb ihrer Grenzen zu halten, da beide um die Gunst des letzten Grafen von Toggenburg bemüht waren. Jetzt aber war der Graf derjenige, der unter den unruhigen Appenzellern am meisten zu leiden hatte; ihrer Einmischung und ihren Gewaltakten ausgesetzt, verlor er viele Untertanen im Rheintal und Toggenburg, die in das Landrecht der Appenzeller aufgenommen wurden. Es war denn auch Friedrich VII., der ihnen im Herbst 1428 mit der Hilfe einiger Zürcher und Schwyzer Kontingente den letzten Schlag versetzte. So wenig entscheidend diese Niederlage war, sie wirkte ernüchternd genug, um die Appenzeller zur Annahme der Bedingungen einer eidgenössischen Vermittlung zu bewegen, die dem Konstanzer Frieden vorausging, der 1429 auch ihren Feindseligkeiten mit dem Abt von St. Gallen ein Ende setzte. Außerdem wurden die Appenzeller einem Landvogt unterstellt, der als oberste Aufsichtsperson von den Eidgenossen eingesetzt wurde, sie nach außen vertrat und gleichzeitig ihre innere Verwaltung kontrollierte.

Der Appenzeller Aufstand hielt Eidgenossen, Habsburg und Toggenburg 30 Jahre lang in Atem. Obwohl er anfänglich breit abgestützt war, wurden 1411/1412 doch nur Appenzell und die Stadt St. Gallen in den eidgenössischen Bund aufgenommen. Neben dem Vorteil der so gewonnenen Unabhängigkeit erhielten sie damit auch die Aussicht auf Absatzmärkte im Westen dank der blühenden Genfer Messen und der sicheren Handelswege, die dorthin führten.

Größer noch war der Vorteil, den die gesamte Eidgenossenschaft aus der Erweiterung des Bundes zog. Die Stadt St. Gallen und in ihrem Gefolge auch Appenzell entzogen sich nämlich dem politischen Einfluß der schwäbischen Städte, die sich als unfähig erwiesen hatten, die Freiheitsbestrebungen dieser zwei Gemeinwesen zu verstehen und zu unterstützen. Sie wandten sich endgültig den Eidgenossen zu und trugen von nun an als vorgelagerte Wachtposten zur Auflösung der letzten österreichischen Bastionen auf helvetischem Boden bei. Auch der Thurgau verlor nun als völlig isolierter Besitz für Österreich an Bedeutung, nachdem die Verbindung zum Vorarlberg unterbrochen war. Die Ostschweiz geriet damit endgültig in die Einflußsphäre der Eidgenossen, und der Rhein wurde zur natürlichen Grenze.

Erfolge und Mißerfolge der Tessiner Politik

Während Schwyz und Zürich in der ersten Hälfte des 15. Jahrhunderts sich in die Ostschweiz ausdehnten, verfolgten Uri und Obwalden expansive Ziele jenseits des Gotthards.

Die Mailänder Erbfolge bot beiden die Gelegenheit, in jenem Gebiet zu intervenieren, das sie seit langem als erstrangige Interessensphäre betrachteten. Der 1402 verstorbene Herzog Gian Galeazzo Visconti hinterließ einen minderjährigen Sohn, der, schwach und regierungsunfähig, bald zum Spielball der einander bekämpfenden Parteien wurde. In verschiedenen Regionen des noch ungefestigten Herzogtums kam es zu großen Unruhen. In der Leventina brach ein Aufstand aus, und die über die Mesolcina gebietenden Freiherren von Sax bemächtigten sich Bellinzonas und des Bleniotals.

In dieser Situation suchte logischerweise die Leventina, besorgt um die Bewahrung ihrer soeben zurückgewonnenen Unabhängigkeit, die Unterstützung der inneren Orte, um eine Offensive Mailands abwehren zu können. Anderseits stellte das Tal des Tessins für Uri und Obwalden die einzige Möglichkeit einer territorialen Expansion dar und bot sich gleichzeitig als natürliches geographisches und wirtschaftliches Ausfallstor an. Wenn auch die Interessen der Bevöl-

Bellinzona, der Schlüssel zu Italien. Die Eidgenossen sollten ein ganzes Jahrhundert brauchen, um sich diese Festung zu sichern. Die militärischen Operationen der Zeit zielten nicht wie heute darauf ab, ein Territorium systematisch zu besetzen. Daher gab es auch keine «Fronten», sondern nur Kämpfe um strategisch wichtige Positionen und Verkehrswege. Alles andere war unnötiger Mehraufwand.

kerung beidseits des Gotthards sich annäherten, beabsichtigte Uri zweifellos nicht eine Regelung der gegenseitigen Beziehungen nach dem Prinzip strikter Gleichheit. Die Vorherrschaft von Uri und Obwalden, zumindest die Notwendigkeit einer militärischen Unterstützung, schien sich aufzudrängen, und sei es bloß, um das mögliche Eindringen der Freiherren von Sax in die Leventina aufzuhalten, die nun das Bleniotal und den verkehrspolitisch und strategisch wichtigen Knotenpunkt Bellinzona besaßen. So nahm der Burgrechtsvertrag zwischen den beiden Waldstätten und ihrem Leventiner Nachbarn im Jahre 1403 den Charakter eines echten Protektorates an. Nebst ihrer Stellung als oberste Gerichtsinstanz und dem Privileg des freien Durchgangs durch das Tal behielten sie sich das Recht vor, auf die Bitte der Leventiner und nach freiem Ermessen militärisch einzugreifen sowie auch jederzeit sich zurückzuziehen, da sie ihnen gegenüber jeglicher Verpflichtung entbunden waren.

Vom Protektorat zur Annexion

Diese Vorteile wurden 1407 durch einen ähnlichen Vertrag mit den Freiherren von Sax, den Herren der Festung von Bellinzona, entscheidend abgesichert. Diese verpflichteten sich nämlich, die Festung niemandem, insbesondere nicht Mailand, zu veräußern, sondern sie jederzeit den eidgenössischen Truppen zur Verfügung zu stellen. Damit sicherten sich die beiden Orte zwar nicht den eigentlichen Besitz, aber zumindest die Schlüsselstellung am Verkehrsweg vom Gotthard nach Mailand. Zur bereits eingeräumten Zollfreiheit in der Leventina kam noch eine ganze Reihe von Handelsprivilegien hinzu. Alle Eidgenossen, die Leute von Urseren, Biasca und auch aus der Leventina waren nun von den in der Herrschaft Bellinzona erhobenen Zollgebühren befreit. Der dadurch erzielte Vorteil war bedeutend, vor allem weil er geschickt ausgenützt wurde. Die Kaufleute der Leventina hatten sich stets beim mailändischen Hof über die in Bellinzona entrichteten hohen Zollgebühren beklagt. Deren Abschaffung verstärkte nun ihre ohnehin schon durch die geographische Lage günstigere Stellung auf Kosten der Urner, der wichtigsten Konkurrenten auf den Mailänder Märkten und bisher einzigen Nutznießer der Zollfreiheiten. Von nun an waren die Leventiner an einer Aufrechterhaltung der – wenn auch fremden – Herrschaft der Waldstätte in Bellinzona stark interessiert.

Das Vordringen der zwei inneren Orte in die Leventina schien völlig friedlich zu verlaufen. Das verhinderte aber nicht, daß sich daraus weitere Konflikte ergaben, die zwangsläufig zum Krieg führten. Im übrigen waren sich Uri und Obwalden dessen voll bewußt, denn von 1407 an nahmen ihre Vorstöße kriegerische Züge an. Der Besitz des Eschen-, Maggia- und Verzascatales wurde zum Schutz der Leventina mit Recht als notwendig betrachtet. Außerdem fielen die traditionellen Handelsbeziehungen sowie die Existenz einer antimailändischen, den Eidgenossen freundlich gesinnten Partei innerhalb dieser Täler ins Gewicht.

Die Versuche zur Eroberung des Eschentales nahmen von 1410–1417 Uri und Obwalden, die von den Truppen anderer Orte mehr oder weniger unterstützt wurden, voll in Anspruch. Schließlich waren sie nach vier Feldzügen erfolgreich, trotz der von 1411–1416 dauernden Feindseligkeiten Savoyens, das sich gegen einen Unterbruch dieser Verbindung vom Genferseebecken zur Lombardei wehrte. Immerhin legte diese Erwerbung die immanente Schwäche der transalpinen Politik der Eidgenossen bloß, die weder Geld noch Söldner hatten, um starke Garnisonen in entfernten und weit auseinanderliegenden Gebieten zu unterhalten. Das Ausgreifen über die Alpen wurde namentlich von Zürich und Schwyz, die andere Interessen verfolgten, mißbilligt. Bern seinerseits wollte neutral bleiben, denn es war an einem guten Einvernehmen mit seinem Verbündeten Savoyen interessiert und zählte auf ihn und den Bischof von Sitten, um seine transalpinen Verbindungen durch das Oberland und das Eschental sicherzustellen.

Schwäche und Wiedererstarken Mailands

Der Erfolg Uris und Obwalden läßt sich vermutlich mit dem vorübergehenden Kräftezerfall Mailands erklären, das 1403 nicht nur unter inneren Unruhen litt, sondern auch dem Expansionsdrang Venedigs die Stirn bieten mußte, das auf der *terra ferma* Fuß faßte und 1405 die nahe des lombardischen Staates gelegenen Städte Padua, Vicenza und Verona einnahm. Erst unter der Herrschaft von Filippo Maria Visconti (1412–47) gewann das Herzogtum seine Macht zurück und nahm 1416 Como wieder in Besitz.

Um gegen das erstarkte Mailand gewappnet zu sein, zwangen Uri und Obwalden die Freiherren von Sax dazu, ihnen gegen 2000 Gulden die Festung und Herrschaft von Bellinzona abzutreten, die für sie von unschätzbarem strategischem Wert war. Trotz dieses glänzenden Erfolgs im Jahre 1419 fehlte es dem eidgenössischen Defensivsystem südlich der Alpen an Kohärenz und sicheren Verbindungen zum Hinterland. Zwischen dem Eschental und Bellinzona waren diese schlecht, da Locarno in mailändischem Besitz blieb und dadurch die

Verbindung zum Centovalli abschnitt und den natürlichen Südausgang der Täler der Verzasca und Maggia kontrollierte. Die schwerwiegende Schwäche der beiden inneren Orte, die ihre Expansion im Alleingang vorantreiben mußten, war jedoch in erster Linie die Gleichgültigkeit der andern Orte, namentlich der drei stärksten, Bern, Zürich und Schwyz, die nördlich der Alpen eigene Ziele verfolgten. Die Haltung Zürichs ist einmal mehr bezeichnend für die verhältnismäßig geringe Bedeutung des internationalen Handelsverkehrs über den Gotthard. Zürich wollte zwar gerade wegen des regen Verkehrs mit Italien seine guten Beziehungen zu Mailand aufrechterhalten, bevorzugte aber andere Verbindungen als die Gotthardroute und befürchtete deshalb Repressalien, die seinen Handel hätten beeinträchtigen können. Wäre die Gotthard- und Leventinaroute nicht nur für die Zentralschweiz als Zugang zu ihren unmittelbaren Absatzmärkten, sondern auch als internationale Verbindung von Bedeutung gewesen, hätte Zürich bestimmt anders reagiert und die gesamte Strecke zu kontrollieren versucht, um alle Verwaltungs- und Zollhindernisse aus dem Weg zu räumen. Sogar Luzern und Zug, die ja immerhin am nördlichen Fuß des Passes gelegen waren, unterstützten die Vorstöße Uris nur gelegentlich.

Filippo Maria Visconti seinerseits wollte die alten Gebietsgrenzen von 1402 wieder herstellen. Nachdem er Uri und Obwalden vergeblich um die Rückgabe von Bellinzona gegen Entgelt gebeten hatte, griff er zu den Waffen und vertraute die Rückeroberung dem Condottiere Francesco Carmagnola an. Schon im Monat April 1422 fielen nacheinander Bellinzona und die Riviera, dann das Eschen-, das Maggia- und Verzascatal in die Hände der Mailänder. Im Norden wurde das gesamte Tal des Tessins aufgegeben mit Ausnahme der oberen Leventina, wo sich die Urner mit der Unterstützung der Einwohner behaupten konnten. Die Freiherren von Sax ihrerseits verloren das Bleniotal und Monte Dongo.

Arbedo: Glück im Unglück

Nun begann jene lange Periode von Erfolgen und Rückschlägen, die bis 1478 und sogar weit darüber hinaus bis 1516 dauerte. Stets zeigte sich jener Widerspruch, welcher die Italienpolitik der alten Eidgenossenschaft kennzeichnete: Jede Gebietserweiterung, die mit Waffengewalt durchgesetzt wurde, endete für die Eidgenossen gerade wegen des Umfangs ihrer Eroberungen schließlich mit dem Verlust der erworbenen Positionen, selbst jener, die sie früher aufgrund von diplomatischen Verhandlungen erreicht hatten.

Auf den Verlust von Bellinzona und des Tessins reagierten die Waldstätte sogleich wieder mit Gewalt. Der Versuch endete mit der bekannten unglücklichen Niederlage bei Arbedo im Juli 1422. An diesem Kampf hatten sich die andern Orte nur aufgrund der Solidaritäts- und Beistandspflicht beteiligt, die ihnen die Bundesbriefe auferlegten. Hätte damals schon das Mehrheitsprinzip bei außenpolitischen Entscheidungen den Ausschlag gegeben, so hätten Uri und Obwalden niemals die Öffnung nach Süden in Angriff nehmen können. Geht man allein von handelspolitischen Überlegungen aus, so kann man sich mit Recht fragen, ob der Verhandlungsweg, bei Gelegenheit durch den nötigen Druck unterstützt, sich nicht als wirksameres Mittel erwiesen hätte, um dauerhafte Vorteile zu erlangen und aufrechtzuerhalten. Die Walliser verfolgten diesen Weg und waren nach der Niederlage von 1422 bemüht, sich mit Mailand ins Einvernehmen zu setzen. Sogleich zogen sie beträchtliche Gewinne aus dem Simplonverkehr, der den für mehrere Jahre unterbrochenen Gotthardhandel ablöste. Dazu kam, daß Mailand, von den Leistungen der Eidgenossen auf dem Schlachtfeld tief beeindruckt, im Jahre 1425 aus einer Position der Schwäche heraus verhandeln mußte, da es sich einmal mehr einer Koalition gegenüber sah, die Venedig, Florenz, Savoyen und bald auch den deutschen König Sigismund vereinigte. Die Klauseln des Friedensvertrages von Mailand aus dem Jahre 1426 kamen für die Eidgenossen denn auch paradoxerweise fast einem Sieg gleich. Durch den endgültigen Verzicht auf die Leventina erhielten sie nämlich nicht nur eine Geldentschädigung, sondern sie wurden auch für die Dauer von zehn Jahren von allen Zollabgaben an der Gotthardroute über Varese oder Como nach Mailand befreit.

Die Präferenzen der Leventina

Eine solche Betrachtungsweise läßt jedoch zwei wesentliche Aspekte außer acht, welche die hartnäckige, langfristig immerhin nutzbringende Politik Uris mitbestimmten. Eine tiefverwurzelte Neigung und unverwüstliche Treue bewog die Leventiner, sich trotz ihrer kulturellen Eigenständigkeit politisch den Eidgenossen anzuschließen. Aufgrund ihrer seit jeher bestehenden Tradition der Selbstverwaltung zogen sie eine Unterstellung unter die Gerichtsbarkeit Uris oder Obwaldens, die beide ihre innere Autonomie zu achten wußten, der Annäherung an die glanzvolle, aber autoritäre und zentralistische Macht des Herzogtums Mailand vor. Uri, das sein Rechtsempfinden allen andern Erwägungen überordnete, gab den Anspruch auf ein Protektorat über die Leventina nie auf. Ein solches Protektorat, das jede andere Herrschaft ausschloß, brachte vor allem der Leventina Vorteile, während der materielle Nutzen, den Uri daraus zog, über direkte Vereinbarungen mit Mailand leichter hätte erreicht werden können. Für die Urner boten die auf der lombardischen Seite regelmäßig wiederkehrenden sozialen Unruhen sowie Koalitionen, die sich gegen die Stadt und ihren Herzog richteten und dessen Stellung schwächten, jeweils die willkommene Gelegenheit, ihr Glück zu versuchen, d.h. ihre Verhandlungsbemühungen mit kühnen Handstreichen zu verbinden. Wer wollte es ihnen verdenken?

3. Ein Sezessionskrieg

Die Nachfolge der Grafen von Toggenburg: der Kampf um die Kontrolle über die Bündner Route

Man kann sich des Eindrucks nicht erwehren, daß Schwyz von 1411 an, als die Eidgenossen den Landrechtsvertrag mit Appenzell abschlossen und Ital Reding sein Amt antrat, eine neue Taktik anzuwenden begann, ohne jedoch seine Ziele aufzugeben. Die Expansion nach Nordosten, die durch das Appenzeller Abenteuer vorübergehend in einer Sackgasse geendet hatte, behielt Vorrang. Beweis dafür ist der feste Wille der Schwyzer, sich von jedem Vorstoß der Waldstätte jenseits des Gotthards fernzuhalten. Ihrem Landammann ging es offenbar darum, die alten Ziele mit andern Mitteln zu erreichen, d. h. Krieg durch Diplomatie zu ersetzen. Denn auch ein kleiner Staat kann im richtigen Zeitpunkt auf der großen politischen Bühne mitspielen, wenn er über geschickte Diplomaten verfügt. Nun war Ital Reding ein Staatsmann, der den kämpferischen Eifer seiner Leute in den Dienst einer von Klugheit diktierten Strategie zu stellen wußte. Er setzte zwar nun friedliche Mittel ein, die Rivalität zwischen Zürich und Schwyz blieb aber bestehen. Der Konflikt zwischen dem größten Städteort und dem mächtigsten Länderort wurde vorübergehend durch den Vertrag von 1411 etwas abgeschwächt, er sollte sich aber bald wieder verschärfen, gemäß dem berühmten Satz, der Krieg sei die Fortsetzung der Politik mit andern Mitteln.

Was waren die Ursachen der Rivalität zwischen Zürich und Schwyz? Die Handbücher führen den Konflikt, der allgemein Alter Zürichkrieg genannt wird, auf die Erbfolge des letzten Grafen von Toggenburg, Friedrichs VII., zurück, der 1436 kinderlos und ohne Testament starb. Man kann dieser Ansicht beistimmen, wenn damit der Anlaß gemeint ist, der einen seit mindestens 40 Jahren dauernden latenten Antagonismus verschärfte und zum Ausbruch kommen ließ. Anderseits muß man sich davor hüten, die Erbmasse des Toggenburger Hauses als eine verlockende Beute zu betrachten, von der jeder aus reiner Habgier das größte Stück für sich erlangen wollte. Vielmehr war es so, daß Zürich und Schwyz früher oder später bei ihrem beiderseitigen Vordringen in Richtung Chur auf das Hindernis stoßen

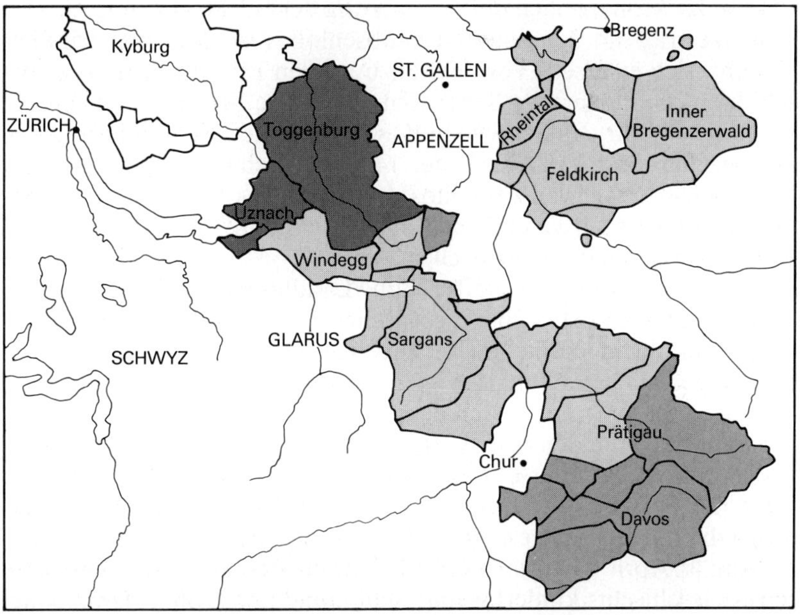

Das Toggenburger Erbe

Grafschaft Toggenburg und toggenburgische Erwerbungen vor 1300

toggenburgische Erwerbungen 1300–1385

toggenburgische Erwerbungen 1385–1436 (Zeit Friedrichs VII.)

mußten, das in Besitz, Macht und Willen des letzten Toggenburgers bestand.

Beide Orte waren deshalb bemüht, Friedrich VII. zu umwerben und vorteilhafte Verträge, sogenannte Burgrechtsverträge, auszuhandeln, um ihren Einfluß geltendzumachen und ihr Vordringen zu erleichtern. Bekanntlich war dies Zürich in den Jahren 1400, 1405 und 1416 teilweise schon gelungen. Es hatte politische und strategische Vorteile von unbestrittenem Wert, aber keine formalen Versprechungen über zukünftige territoriale Abtretungen, keine Anwartschaften, erhalten und sich in Hoffnungen gewiegt, die von geradezu blindem Optimismus zeugten. Die Toggenburger, zu jener Zeit tatsächlich die einzigen Feudalherren, die nicht an der für den Adel fatalen Geldknappheit litten, hatten sich den Luxus leisten können, einige, vor allem aus österreichischem Besitz stammende Ländereien pfandweise zu erwerben. Infolge der bereits erwähnten Umstände war Zürich 1432 vom Reich dazu ermuntert worden, diese Besitzungen durch Kauf an sich zu bringen. Dieses ungeschickte Vorgehen hatte erneut das Mißtrauen des Grafen geweckt, den die Zürcher schon 1419 skeptisch gemacht hatten, als sie mit seinem Erzfeind, dem Bischof von Chur, einen Burgrechtsvertrag für eine Dauer von 50 Jahren abschlossen und damit einmal mehr ihren Willen, in Richtung Graubünden vorzustoßen, bekundeten.

Das Totenbanner des Grafen von Toggenburg. Obschon der Name des Hauses vermutlich auf althochdeutsch dokko = die Höhe zurückgeht, zeigt das Wappen der Herren von Toggenburg seit dem 13. Jahrhundert «in Gold eine schwarze Dogge mit roter Zunge und rotem Halsband».

Dem Grafen Friedrich schien es geschickt, sich gerade mit jenen Orten zu verbünden, die der feudalen Ordnung feindlich gesinnt waren. Darunter zählten Zürich und vor allem Schwyz, das bekannt war als Vertreter demokratischer Vorstellungen, deren Verbreitung sich für die Stellung des Grafen als besonders schädlich erweisen konnte. Deshalb ergänzte Friedrich sein Defensivsystem, indem er 1417, zehn Monate nach der Erneuerung des Burgrechts mit Zürich, einen Vertrag mit den Schwyzern abschloß. Der Graf war nämlich bemüht, sich einerseits vor dem allzu großen Einfluß Zürichs abzuschirmen und anderseits Schwyz als nützliche Stütze zu gewinnen, dies um so mehr, als Schwyz nun auch für eine Disziplinierung der Appenzeller eintrat. Der zweite, 1428 mit Schwyz abgeschlossene Burgrechtsvertrag war zweifellos Ausdruck des Mißtrauens Friedrichs gegenüber Zürich und auch eine Antwort auf die Bedrohung des Rheintales durch die Appenzeller.

Dieser Vertrag verschaffte nun Landammann Reding einen entscheidenden Vorteil über die Zürcher. Er erhielt durch ein schriftliches und unwiderrufliches Versprechen das, um was sich die Zürcher vergeblich bemüht hatten – einen strategischen und territorialen Vorteil erster Ordnung! Nach dem Tod des Grafen sollten die Leute der oberen March den Schwyzern huldigen und den Treueid leisten; zudem hatten diese feste Aussichten, in den Besitz der am oberen Ende des Sees in beherrschender Stellung über die Handelsstraße durch die Linthebene gelegenen Burg Grinau zu gelangen.

Die Erbfolge

Am 30. April 1436 starb Graf Friedrich VII. als letzter Vertreter seines Geschlechts kinderlos und, schlimmer noch, ohne Testament.

Zurück blieb eine schwer lösbare Erbfolge. Die Sache ist verwickelt, doch ist es gerade deshalb nötig, sie Schritt für Schritt zu verfolgen, um verstehen zu können, weshalb zwei Orte heftig aneinandergerieten und einen Bruderkrieg auslösten, der die junge Eidgenossenschaft beinahe für immer zerstört hätte. Zudem zeigte gerade dieser Erbfolgestreit überzeugend die Lähmung und Ohnmacht auf, die damals den Adel erfaßt hatte und ihn an der Durchsetzung seiner Rechte hinderte, die schließlich in einem unabwendbaren Prozeß in die Hände der Eidgenossen fielen. Der alte Graf von Toggenburg hat wahrscheinlich auf die Niederschrift seines letzten Willens nicht, wie auch schon gesagt worden ist, böswillig verzichtet, um Bürger und Bauern sich gegenseitig aufreiben zu lassen, sondern vielmehr aus der resignierten Einsicht, daß seine Standesgenossen nicht mehr fähig sein würden, die Macht aufrechtzuerhalten. Friedrich VII. war als herausragender Vertreter der schweizerischen Adelsschicht zweifellos ein kluger und gerissener, aber vor allem auch ein enttäuschter, mißtrauischer und einsamer Mensch, der im hohen Alter in Gleichgültigkeit versank.

Die Erbmasse bestand, kurz zusammengefaßt, zunächst aus den Stammlanden vom Oberlauf der Thur – dem eigentlichen Toggenburg – bis zum Linthtal, an dessen Ausgang sich die Grafschaft Uznach und die obere March befanden. Durch die rätische Heirat eines Großvaters, Friedrichs V., kamen noch mehrere Bündner Ländereien in den Tälern von Landquart, Plessur und Landwasser hinzu. Mit den österreichischen Pfandschaften Gaster-Windegg, Weesen, Sargans, Nidberg, Freudenberg und Walenstadt hatte er im Lauf seiner langen Herrschaftszeit (1400–1436) seinen Besitz verdoppeln können. Außerdem hatte auch er Nutzen gezogen aus der Verhängung der Reichsacht über den Herzog Friedrich IV. von Österreich und 1417 als Reichspfand die Herrschaft Feldkirch, 1424 mit Altstätten, Rheineck und dem Bregenzerwald die Vogteien vom Rheintal bis zum Bodensee erworben. Dieses weite Gebiet, das zur Hälfte als österreichische Pfandschaft auf Kosten des Hauses Werdenberg erworben worden war, verlief gabelförmig einerseits in Richtung Linth- und Thurtal, anderseits in Richtung Rheintal, wobei sich diese Verzweigungen mit den Hauptachsen deckten, die den Verkehr von den Bündner Pässen nach Schwaben und ins Rheintal führten. Damit ist eigentlich alles über die Bedeutung dieser Erbschaft gesagt.

Die Sache komplizierte sich zusätzlich, da ein klar bestimmter Erbe fehlte und zahlreiche Anwärter auftraten, so der Freiherr Wolfhart von Brandis, der auf die Erblande im Toggenburg und die Grafschaft Uznach Anspruch erhob, die Grafenwitwe Elisabeth von Matsch, die unter Umständen das gesamte Erbe beanspruchen konnte, sowie eine Vielzahl naher und ferner Verwandter. Jedermann konnte sich als erbberechtigt ansehen, außer den Eidgenossen, die sich lediglich auf die Versprechungen des Verstorbenen stützten, aber dabei klare Ziele verfolgten.

Der Wettlauf zwischen Schwyz und Zürich

Aufgrund des schriftlichen Versprechens von 1428 besetzte denn auch Schwyz sogleich die Obermarch. Zürich unternahm daraufhin einen ähnlichen Vorstoß. Sein Bürgermeister Rudolf Stüssi berief sich dabei auf das 1417 von Sigismund eingeräumte Recht, die Pfandschaft zurückzukaufen, die auf der österreichischen Herrschaft Gaster-Windegg lastete und einst dem Grafen von Toggenburg gehört hatte. Er forderte von den dortigen Landleuten die Huldigung im Namen der Stadt Zürich, stieß aber auf eine strikte Weigerung; weder die Androhung von Gewalt noch eine Wirtschaftsblockade konnten daran etwas ändern. Dennoch schien vorerst der Zürcher Bürgermeister einer der großen Gewinner zu sein, trat ihm doch die Witwe des Toggenburger Grafen am 31. Oktober 1436 Stadt und Burg Uznach endgültig ab. Aber auch die Leute von Uznach weigerten sich, der Stadt Zürich die Huldigung zu leisten. Das Selbstbestimmungsrecht begann sich durchzusetzen.

Entgegen allen Erwartungen war es Österreich, das in dieser ausweglosen Situation den Ansprüchen Zürichs den ersten kräftigen Stoß versetzte. Gemäß einer Abmachung zwischen den potentiellen Erben und dem österreichischen Herzog sollten die einst dem Grafen Friedrich verpfändeten Herrschaften nun gegen die unverzügliche Bezahlung von 22 000 Gulden an Habsburg zurückgegeben werden. Die Stellung der Zürcher brach damit auf einen Schlag zusammen. In der Tat konnten Forderungen, welche auf alte Versprechungen eines weitentfernten Kaisers zurückgingen, erbrechtlichen Ansprüchen auf Besitzungen, die nun von der Verpfändung befreit waren, nicht glaubhaft entgegengehalten werden. So ging die erste Runde in diesem Erbschaftsstreit zumindest vorübergehend zugunsten von Habsburg aus, das außer Feldkirch und Weesen, die von Zürich geforderten Gebiete Windegg und Gaster wie auch Sargans und Walenstadt zurückerhielt.

Während des Alten Zürichkriegs unterhielten beide Seiten richtige Seeflotten aus bewaffneten Schiffen und Floßen. Die Zürcher waren durch ihre eingespielten Verbindungen nach Graubünden begünstigt und kontrollierten den See, was ihnen erlaubte, den Widerstand des verbündeten Rapperswil zu unterstützen. 1445 kam es bei Männedorf zu einer Seeschlacht, in welcher das Schwyzer Schiff «Gans» aus Pfäffikon versenkt wurde. Darstellung aus der Berner Chronik von Diebold Schilling, 1478.

Darauf folgt der zweite Akt der erbschaftlichen Regelung, den man das Spiel der Burg- und Landrechte nennen könnte. Dank ihm erschlichen sich die zwei Länderorte Schwyz und Glarus einen beträchtlichen Teil des Erbes auf Kosten der andern Anwärter. Als erstes setzte Habsburg seinen anfänglichen Vorteil durch ein Zeichen der Schwäche aufs Spiel; Herzog Friedrich von Österreich gab nämlich im geheimen seinen Untertanen im Gaster, die den Ansprüchen Zürichs ausgesetzt waren, die Erlaubnis zum Abschluß eines Landrechtsvertrages mit Schwyz und Glarus. Dies bestärkte die Leute von Gaster in ihrem festen Willen, sich einer Herrschaft Zürichs zu widersetzen; aus Vorsicht aber unternahmen sie diesbezüglich noch keine Schritte.

Es war Zürich, das die Initiative ergriff und einen ersten Burgrechtsvertrag zu seinen Gunsten abschloß. Nach dem Rückkauf der auf der Grafschaft Sargans lastenden Pfandrechte hatte nämlich Herzog Friedrich IV. einen ihrer ehemaligen Besitzer, den Grafen Heinrich von Werdenberg-Sargans, wieder damit belehnt. Die Mehrheit der Untertanen wehrte sich aber dagegen. Einzig die kleine Stadt

Sargans mochte dem Grafen Heinrich den Treueid leisten. Die andern Gemeinden Walenstadt, Flums, Mels und Ragaz dagegen nahmen Zürichs Angebot an und schlossen kurz vor Weihnachten 1436 einen ewigen Burgrechtsvertrag mit der Stadt ab.

Dieser überraschende Erfolg konnte den Zürchern, die darauf sehr stolz waren, allerdings keinen dauerhaften Vorteil bringen, solange die Gasterfrage nicht gelöst war. Er hatte vielmehr zur Folge, daß sich Schwyz und Glarus die Vorteile eines ähnlichen Vertrages anderswo holten. Die Stoßrichtung war eindeutig, als am 20. Dezember 1436 die beiden Landammänner Ital Reding und Jost Tschudi mit den Toggenburger Leuten ein ewiges Landrecht (unter Vorbehalt der Ansprüche zukünftiger Erben) eingingen. Dasselbe wiederholte sich in Gaster und Uznach. Die Schwyzer nahmen die Gelegenheit wahr, um das Gebiet von Uznach wie auch die westlich davon auf dem linken Linthufer gelegene Festung Grinau gemäß dem Versprechen, das ihnen 1428 gegeben worden war, zu besetzen.

Es handelte sich also um einen zweifachen über Zürich und Österreich errungenen Sieg. Zürich war von nun an von seinen Verbündeten im Oberland abgeschnitten, und Österreich seinerseits blieb nichts anderes übrig, als das Bündnis, das seine Untertanen im Gaster mit Schwyz und Glarus abgeschlossen hatten, nun auch offiziell zu billigen. Dadurch wurde die rechtliche Stellung der Schwyzer gestärkt, um so mehr als auch ihr Landrecht mit Uznach und dem Toggenburg dem einst vor Zeugen ausgesprochenen letzten Willen Friedrichs entsprach. Daß sie jetzt im Vorteil waren, läßt sich am Schiedsspruch ablesen, den die fünf neutralen Orte am 9. März 1437 fällten, um angesichts der zunehmenden Verärgerung der Zürcher das Schlimmste zu verhüten.

Dieser Schiedsspruch lief darauf hinaus, das Landrecht zwischen Schwyz und seinen Verbündeten in Uznach und im Toggenburg anzuerkennen, mit dem einzigen Vorbehalt, daß innerhalb einer sechswöchigen Frist – die eingehalten wurde – der Beweis erbracht werde, daß es dem letzten Willen des verstorbenen Grafen entsprach. Das Bündnis der zwei Orte mit Gaster wurde auch nicht in Frage gestellt, zumindest solange nicht, als Zürich rechtlich und faktisch keine kaiserliche Ermächtigung für seine Besitzansprüche nachweisen konnte, was tatsächlich auch nicht geschah.

Neue Fundierung der Herrschaftsverhältnisse

Der Erfolg der Schwyzer überraschte um so mehr, als sie sich ohne Waffengewalt und sogar gegen anderslautende, vom Hochadel erlassene Verfügungen durchzusetzen vermochten. So erwies sich die Schenkung von Uznach an Zürich durch Elisabeth, die Witwe des Grafen von Toggenburg, letzten Endes als völlig illusorisch. Gerade darin lag der Sinn und Zweck der Landrechte; sie waren unter den Gemeinden, d.h. an der gesellschaftlichen Basis, abgeschlossen worden und boten die Möglichkeit, die alten feudalen Strukturen aufzubrechen und die an der Spitze getroffenen Entscheidungen zunichte zu machen. Im übrigen waren sich offensichtlich alle an der Erbschaft interessierten Herren dieser neuen Kräfteverhältnisse bewußt, als sie sich am 13. April 1437 endlich entschlossen, die Erbschaftsregelung einem Schiedsgericht zu übertragen, dem der Schwyzer Landammann, Ital Reding, vorsaß. Der Schiedsspruch trug freilich nur formalen Charakter und legte die Zukunft der Ostschweiz und vor allem das politische Geschick ihrer Einwohner nicht fest. Alle Erben, die adlige Verwandtschaft des Verstorbenen, schlossen nämlich gleichzeitig ein ewiges Burgrecht mit Schwyz und Glarus, anerkannten dadurch deren Vorkaufsrecht auf die toggenburgischen Besitzungen und bestätigten die Bündnisse, die die Leute von Uznach und des Toggenburgs mit den beiden Orten eingegangen waren.

Diese Landrechte schufen letzten Endes die rechtlichen und sozusagen demokratischen Voraussetzungen zur Eingliederung neuer, von nun an den Eidgenossen unterstehender Bezirke. Schwyz und Glarus griffen zu einem altbewährten Mittel, das die Städte schon oft gewinnbringend eingesetzt hatten, und erwarben Schlag auf Schlag von den Rechtsnachfolgern, den Erben des Toggenburgs und den österreichischen Herzögen, pfandweise gegen die Auslösungssumme von einigen tausend rheinischen Gulden die Herrschaften Uznach (1437) und Gaster (1438), die Vogtei von Schänis und das Städtchen Walenstadt (letzteres zwar nur provisorisch). Diese Gebiete wurden zu gemeinen Herrschaften der beiden Orte; sie stellten die unentbehrlichen Verbindungsglieder zwischen Chur und der Zentralschweiz dar und fügten sich endgültig in die territorialen Erwerbungen der alten Eidgenossenschaft ein. Im übrigen gewannen die Schwyzer in der Ostschweiz noch weiter an Einfluß, dank einem 20jährigen Bündnis, zu dem Reding den Abt von St. Gallen bewegen konnte.

Der Abfall der Zürcher

Entrüstet griff Zürich zu Gewaltmaßnahmen. Ein seltsames Hin und Her setzte ein, wobei die einst so kühnen Schwyzer nun offensichtlich der Vernunft das Wort redeten, während die früher stets bürgerlich-vorsichtigen Zürcher in aggressiver Engstirnigkeit verharrten. Ihr Bürgermeister Stüssi wollte von den Vermittlungsvorschlägen der andern Orte nichts wissen, die auf eine Teilung der toggenburgischen Burgrechte zwischen Schwyz und Zürich zielten. Auf die durchaus vernünftigen Vorschläge, namentlich die so typisch eidgenössische Anrufung eines Schiedsgerichts, antworteten die Zürcher Räte mit feindseligen Entscheiden, die den Status quo unerträglich machten, vor allem mit einer Kornsperre gegenüber Schwyz und Glarus.

Im übrigen ist bisher zu wenig betont worden, daß die Verschlechterung der Beziehungen zwischen den Eidgenossen und Zürich stark durch die damalige wirtschaftliche Krise bestimmt wurde. Viele Hinweise deuten darauf hin, daß von 1430 bis in die vierziger Jahre zwischen Rhein und Alpen eine allgemeine Teuerung der Nahrungsmittel und eine Absatzflaute für gewerbliche Produkte herrschte. Die Not erreichte ihren Höhepunkt um 1438: So mußte Freiburg, das sein Tuch in Genf schlecht verkauft hatte – *«pour (les) chieres annees qui sont heues»* – Getreide aus der Lombardei, dem Piemont und Schwaben, ja sogar aus Avignon einführen, was die Stadtkasse mehr als

5000 Pfund kostete. Die Verknappung mag also teilweise die Marktsperre der Zürcher gegenüber Schwyz und Glarus erklären. Vielmehr noch brachten die Unruhen der arbeitenden städtischen Bevölkerung den Bürgermeister Stüssi dazu, am harten Vorgehen festzuhalten. Trotz eines einjährigen Waffenstillstandes, der bis zum Auffahrtstag 1440 wenigstens oberflächlich den Frieden zu sichern vermochte, weigerte sich Zürich weiterhin, einen vernünftigen Kompromiß zu suchen. Schließlich ergriff Schwyz die Initiative. Ital Reding vertrieb noch vor der formellen Kriegserklärung vom 2. November 1440 die Zürcher aus dem Sarganserland, dessen Einwohner sogleich ein Landrecht mit Schwyz und Glarus schlossen.

Weder die Stadt Zürich noch ihr Bürgermeister hatten die Stärke des eidgenössischen Zusammenhaltes richtig eingeschätzt. Die fünf unbeteiligten Orte stellten sich entschlossen auf die Seite der zwei innern Orte, und zwar sicher nicht aus einer Parteinahme für deren Sache heraus, sondern vielmehr, um jenen Bündnispartnern Unterstützung und Schutz zu gewähren, welche die Geltung des eidgenössischen Bündnisses und das Primat gemeinsamer Interessen anerkannten. Diese Einmütigkeit dämpfte den Mut und den Kriegswillen der zürcherischen Führung. Nachdem die Zürcher in Pfäffikon Widerstand vorgetäuscht hatten, zogen sie sich fast sofort wieder in die Stadt zurück und überließen am 5. November 1440 die restliche Landschaft ihrem Schicksal. Bewegungsunfähig und auch durch eine Spaltung im eigenen Lager gelähmt, konnte Stüssi nur noch um Waffenruhe bitten.

Die von den vermittelnden Orten angebotenen Bedingungen waren vernünftig und maßvoll. Sie bewahrten Zürich vor der vollständigen Zerstückelung. Diese drohte nicht so sehr durch die eidgenössischen Ansprüche, für deren Begrenzung allein schon die eidgenössische Solidarität sorgte, als vielmehr durch unmittelbare Nachbarn der Stadt, die Herren von Raron, die als Erben des Toggenburgs im Trüben gefischt und sich die Vogteien Kyburg und Grüningen gesichert hatten. Wenn es auch den eidgenössischen Orten gelang, diese Eindringlinge zur Rückgabe der Vogteien zu zwingen, so konnte der Luzerner Friede vom 1. Dezember 1440 doch nicht verhindern, daß sich die Schwyzer alles in allem einen übermäßigen Vorteil einhandelten. Zürich mußte ihnen die 1386 erworbenen Höfe Pfäffikon, Wollerau, Hurden und Ufenau abtreten, wichtige Stellungen also, die dem Besitzer unmittelbaren Zugang zum unteren Zürichsee verschafften.

Die Ausweitung des Konflikts: Anrufung fremder Mächte

Dieser Verlust eines Teils des durch die Stadt erworbenen Territoriums an einen andern eidgenössischen Ort widersprach dem Geist der eidgenössischen Verträge und Bündnisse. Der Groll, den Zürich darüber empfand, war natürlich dazu angetan, den Konflikt zu verlängern und Revanchegelüste aufkommen zu lassen.

Wie sich im Laufe der Geschichte immer wieder gezeigt hat, bleiben Bürgerkriege meistens nicht auf ihren ursprünglichen Konfliktherd beschränkt, sondern bieten den Nachbarstaaten die Möglichkeit, unter dem Deckmantel der uneigennützigen Unterstützung ihre eigenen Ziele zu fördern. Ebenso häufig erhalten solche Konflikte im Lauf ihrer Ausweitung eine ideologische Färbung. Dabei wird das individuelle Verantwortungsgefühl durch das vage Alibi der Verteidigung kollektiver Werte verdrängt, wodurch sich die Härte und Unerbittlichkeit der Auseinandersetzung erklärt.

Auch der Alte Zürichkrieg hat sich auf zweifache Weise ausgeweitet: einerseits durch die Anrufung und Intervention fremder Mächte, anderseits durch ideologische Motivierungen. So standen einander schließlich auf politischer Ebene nicht nur Zürich und Schwyz gegenüber, sondern auch das Reich und die Eidgenossenschaft, die Habsburger und die schweizerischen Bauern, während auf sozialer Ebene sich der Feudaladel mit den ländlichen und städtischen Gemeinwesen maß.

Habsburg reicht Zürich die Hand ...

Der zunächst auf den Zürichsee begrenzte Konflikt erstreckte sich bald auf das ganze obere Rheintal von Chur bis Basel.

Für die Zürcher war entscheidend, daß wieder das Haus Habsburg an die Spitze des Reichs gelangte. Im April 1440, fast genau zu dem Zeitpunkt, da Zürich sich dem Willen der eidgenössischen Orte beugen mußte, wurde der Habsburger Friedrich III., vormals Friedrich V. von Steiermark, zum deutschen König gewählt. Mit ihm wurde man rasch handelseinig, denn die beiderseitigen Interessen ergänzten sich bestens. Am 17. Juni 1442 gab Zürich die 1424 pfandweise erworbene Grafschaft Kyburg zurück und verpflichtete sich, Österreich bei der Rückeroberung des Aargaus und der Herrschaft Baden zu unterstützen oder zumindest nicht zu behindern. Dafür würde Österreich die Grafschaften Uznach und Toggenburg zurückkaufen, die am 17. Juni 1442 von ihren Einwohnern mit Schwyz geschlossenen Landrechte auflösen und beide Gebiete an Zürich abtreten. Noch folgenschwerer war das Bündnis, das Zürich mit dem König abschloß. Unter bestimmten Bedingungen und innerhalb eines umschriebenen Gebietes verpflichteten sich die Vertragspartner zu gegenseitigem Beistand. Der Hilfskreis umfaßte Besitzungen, die bereits den Habsburgern gehörten oder von ihnen beansprucht wurden, und reichte von den Alpen bis zum Rhein, vom Schwarzwald bis zum Saanetal. Zürich behielt zwar formal die mit den Eidgenossen geschlossenen Bündnisse vor, faktisch waren aber diese angesichts der nun eingegangenen Verpflichtungen gegenstandslos geworden.

Die Verlagerung der österreichischen Politik gegenüber den Eidgenossen kam auch darin zum Ausdruck, daß der König die Bestätigung ihrer Freiheiten und Privilegien von der vorherigen Rückgabe des Aargaus abhängig machen wollte. Ohne den Inhalt des mit Friedrich abgeschlossenen Vertrages genau zu kennen, erkannten die Orte, daß Zürich als Speerspitze für eine neue, gegen sie gerichtete Politik Österreichs benutzt werden sollte. Damit standen die Einheit, ja sogar die Existenz der Eidgenossenschaft und ihrer Freiheiten auf dem Spiel.

Am 20. April 1443 brach wieder Krieg aus; er wurde von Schwyz und Glarus erklärt und bald auch von den andern Orten unterstützt. Die gesamte Zürcher Landschaft fiel rasch in die Hände der Eidgenossen. Aber diese waren, wie etwa am 22. Juli 1443 bei St. Jakob an der Sihl vor den Toren Zürichs, zwar im Feld unschlagbar, dafür aber schlechte Belagerer. Von nun an traten sie an Ort, und da keine Entscheidung zu erzwingen war, beschlossen beide Seiten, von August bis April 1444 einen achtmonatigen Waffenstillstand einzuhalten. Daß die Anregung zu diesem Waffenstillstand von einer so einflußreichen Persönlichkeit wie dem Bischof von Konstanz ausging, zeigt, wie später der Teilnehmerkreis an den Verhandlungen, die am 22. März 1444 aufgenommen wurden, die Tragweite des Konflikts und die Sorge, die er all jenen Machthabern bereitete, die in erster Linie an der Verkehrssicherheit im Alpenraum interessiert waren: die Herzöge von Savoyen und Württemberg, die Bischöfe von Basel und Lausanne, die Gesandten von mindestens 20 Reichsstädten aus Schwaben und dem Elsaß, von Augsburg und Nürnberg bis Straßburg.

Die Zürcher befanden sich in einer eher prekären Lage, denn die von Friedrich versprochene, dringend benötigte Truppenverstärkung und Hilfe traf nicht ein. Es ist deshalb erstaunlich, daß Zürich glaubte, die überaus maßvollen Vorschläge der Verhandlungspartner zurückweisen zu können: Die Stadt hätte nämlich die 1440 von Schwyz eroberten Gebiete zurückerhalten und dafür nur ihr Bündnis mit Österreich formell widerrufen müssen. Die Zürcher wurden aber in ihrer hartnäckigen Haltung durch eine zweite Intervention von außen bestärkt, die sich dann aber trotz anfänglicher Erfolge schließlich als wirkungslos erwies.

… aber Frankreich zieht die seine zurück

Die Verhandlungen in Baden scheiterten; die Wiederaufnahme der Feindseligkeiten am 23. April 1444 fiel mit dem Ablauf des Waffenstillstands zusammen. Genau zu jenem Zeitpunkt erfolgte die erste Einmischung des französischen Königs in die eidgenössischen Angelegenheiten. Um die eigene Schwäche zu vertuschen, war der deutsche König dem Rat seiner österreichischen Vasallen aus dem Sundgau, Breisgau und Schwarzwald gefolgt und hatte sich an die stärkste Macht im Westen gewandt. Diese Vasallen waren nämlich seit dem Frühling 1443 durch den Krieg beunruhigt, den die eidgenössischen Orte, allen voran Bern, im Westen gegen sie führten. Der deutsche König begründete sein Hilfsersuchen denn auch mit der aristokratischen und monarchischen Solidarität gegen die Eidgenossen. Gewiß betrachtete Karl VII. als nüchterner Realpolitiker dieses Gesuch als eine günstige Gelegenheit, um sich der Söldner zu entledigen, die wegen des kurz zuvor, am 25. Mai 1444, vereinbarten Waffenstillstands mit den Engländern unnütz geworden waren. Es ist aber nicht zu übersehen, daß er seine Hilfszusage auch in den Rahmen einer umfassenden Strategie stellte; er beabsichtigte nämlich, jenseits der Vogesen am Rhein Fuß zu fassen, um gewissermaßen Burgund und Lothringen, die er als gefährliche Gegner der französischen Krone ansah, einzukreisen. Der Dauphin Ludwig, an die Spitze des Feldzuges gestellt, genoß weitgehende Handlungsfreiheit und wünschte nichts sehnlicher, als beim Durchmarsch oder Rückzug die Stadt Basel einzunehmen, deren handelspolitische und strategische Bedeutung ihm nicht entgangen war.

Eigentlich interessierte den Dauphin nur die Stadt Basel; diese genoß aber schon den Beistand von Bern und Solothurn und damit der Eidgenossen. So begünstigte die durch den Sieg der Franzosen bei St. Jakob an der Birs am 26. August 1444 entstandene Lage schließlich die Eidgenossen auf Kosten Österreichs und seiner Zürcher Verbündeten. Während die Eidgenossen aus Furcht vor weiteren Siegen des Dauphin die Belagerung Zürichs aufhoben, betrachtete sich dieser anderseits nun von jeglichen Verpflichtungen gegenüber dem deutschen König entbunden. Zürich war befreit und damit auch seine Mission erfüllt. Inzwischen hatten aber weder die Zürcher ihre Landschaft noch die Habsburger den Aargau zurückgewonnen. Außerdem mußte der vorderösterreichische Adel, der die Franzosen um militärische Hilfe gebeten hatte, zusehen, wie sich die Armagnaken, in gerechter Umkehr der Dinge, auf seinen fruchtbaren Ländereien niederließen und seine Untertanen unterdrückten. Zudem machte Ludwig, weit davon entfernt, die Eidgenossen der Gnade Habsburgs zu überlassen, auch die letzten Illusionen zunichte: Er behandelte die Eidgenossen als gleichberechtigte Verhandlungspartner, ja sogar freundschaftlich. Der Friede von Ensisheim, der am 28. Oktober 1444 als erster Vertrag zwischen Frankreich und den eidgenössischen Orten geschlossen wurde, war zukunftsweisend: Er begründete die freundschaftlichen Beziehungen zwischen beiden Ländern und legte die für ein gutes Einvernehmen unentbehrlichen allgemeinen Regeln fest, d. h. die Sicherheit von Personen und Gütern sowie den gegenseitigen freien Austausch.

Die niederschmetternde Nachricht von der Niederlage bei St. Jakob an der Birs zwang die Eidgenossen, alle Belagerungsunternehmen aufzugeben. Die Berner und ihre Verbündeten mußten dabei oft wegen Man-

Die ideologische Ausweitung des Konflikts

Da keine der Kriegsparteien diplomatisch oder militärisch überlegen war und außerdem keine Hoffnung auf irgendwelche Konzessionen bestand, zog sich der Alte Zürichkrieg zwangsläufig in die Länge. König Friedrich, unfähig, durch seine eigenen Machtmittel den Lauf der Ereignisse zu beeinflussen, gelang es mit einigem Geschick, die ursprünglichen, recht belanglos anmutenden Kriegsziele vergessen zu machen, selbst wenn dabei die Herrschaftsansprüche seines Hauses vorübergehend zurückgestellt werden mußten. Hingegen konnte er mit der Sympathie und Unterstützung des feudalen Adels rechnen, jener im endgültigen Abstieg begriffenen Schicht, deren Ängste und Aversionen gegenüber dem aufsteigenden freien städtischen und ländlichen Gemeinwesen er geschickt auszunützen wußte. Zu diesem Zweck brauchte er bloß der Ursache des Konflikts, der alten Rivalität zwischen Zürich und Schwyz, einen andern Akzent zu geben und sie als Sache des gesamten Adels, sei er nun österreichischer oder deutscher Herkunft, erscheinen zu lassen.

Solche Überlegungen standen wohl hinter dem Aufruf des Königs an die Reichsfürsten vom 30. August 1444, seinen Bruder, Herzog

gel an Zugtieren und Transportmöglichkeiten die schwere Artillerie zurücklassen. Aufhebung der Belagerung von Zürich. Darstellung aus der Chronik von Gerold Edlibach, 1485.

Albrecht, der die österreichischen Besitzungen im Namen des jungen Herzogs Sigmund verwaltete, im Kampf gegen die Schwyzer und ihre Verbündeten zu unterstützen. Der hohe Adel und die einfachen Ritter folgten diesem Appell willig und übersandten ihre Fehdeansagen. Der gesamte Adel Süddeutschlands, vom Arlberg bis nach Schwaben und Franken, war besessen vom Geist eines Ku-Klux-Klan zur Verteidigung der ritterlichen Werte, was seine erstaunliche Aggressivität erklärt. Die Feudalherren, die angesichts schwindender Einkünfte und Privilegien in eine reaktionäre Haltung getrieben wurden, verziehen den Eidgenossen nur schwer, daß sie der Welt ein Musterbeispiel erfolgreicher Unabhängigkeit und Selbstverwaltung in Stadt und Land boten. Der Adel haßte den genossenschaftlichen Geist, den Bürger wie Bauern zeigten, denn «ob Städter oder Landleute, der Unterschied ist gering: zwischen ihnen liegt nur eine schwache Stadtmauer.» Ist es übrigens nicht bezeichnend, daß man zu jener Zeit anfing, die Eidgenossen allgemein «Schwyzer» zu nennen?

Aufschlußreich für die Tragweite des Konflikts ist auch die Tatsache, daß eine Anzahl Adliger in blindem Haß die im Konzil versammelte Kirche baten, zu einem Kreuzzug gegen die Eidgenossen aufzurufen, «da sich dieses Mittel im Kampf gegen die hussitischen Bauern bewährt hätte.» Die Reaktion fand sogar ihren Theoretiker in der Person des Zürcher Chorherren Felix Hemmerli, der auf Betreiben des Herzogs Albrecht die Schrift «De nobilitate ac rusticitate» verfaßte. Wenn er darin den Adel verteidigte, so stand seine Kritik an den demokratischen Bestrebungen der Eidgenossen offensichtlich unter dem Eindruck der Niederlagen und Demütigungen seiner Heimatstadt. Hemmerli, der in den Auseinandersetzungen des Konzils von Basel stark engagiert war und gegen Hussiten und Bettelmönche, vor allem gegen Beginen und Lollarden kämpfte, brachte auf seine Art die ideellen und religiösen Verwicklungen seiner Zeit zum Ausdruck. Es war eine tiefgreifende, ganz Mitteleuropa umfassende Bewegung, die die Schweiz mit den Bauernunruhen und -aufständen des 15. und 16. Jahrhunderts in Beziehung brachte.

Schrecken des Bürgerkrieges

Die neue Kampfphase trug alle Züge eines Bürgerkrieges. Plünderungen, Mord und Brandstiftungen als Ausdrucksformen mutwilliger Grausamkeit wechselten ab mit Überfällen und Angriffen aus dem Hinterhalt. Aber kein einziges höheres Ziel vermochte dem durch Leidenschaften angeheizten Kampf in seiner ganzen Sinn- und Zwecklosigkeit eine Rechtfertigung zu geben. Nur da und dort waren sporadisch bestimmte Tendenzen und Absichten zu erkennen. Die Auseinandersetzungen wurden besonders in den von österreichischem Besitz durchsetzten Gebieten im Westen wie im Osten ausgetragen und zogen die rheinischen Gebiete von Rätien bis zum Sundgau stark in Mitleidenschaft.

Zürich war auf diesem nun ausgeweiteten Kriegsschauplatz zweifellos nicht mehr das vordergründige Angriffsziel, und Schwyz konnte auch nicht länger die ausschließliche Leitung der Unternehmungen beanspruchen, denn dieser Krieg war Sache aller eidgenössischen Orte geworden. Sie und ihre Verbündeten hatten die volle Kontrolle über die wichtigen Rheinbiegungen bei Basel und Appenzell, d.h. über jene Stellungen, die dem militärischen Druck Österreichs am stärksten ausgesetzt waren. Im Hinterland jedoch, diesseits des Rheins, waren die Eidgenossen weniger erfolgreich. Sie mußten auf die Eroberung der habsburgischen Enklave Rapperswil verzichten, denn die Zürcher kontrollierten weiterhin den Seeverkehr und waren noch jederzeit in der Lage, dem Gegner empfindliche Niederlagen beizubringen, sei es im Aargau, Thurgau oder in ihren eigenen, noch von den Eidgenossen besetzten Vogteien.

Kriegsmüdigkeit und Friedensbereitschaft

Der Sieg, den die Eidgenossen am 6. März 1446 bei Ragaz über die österreichische Reiterei und Artillerie errangen, die das kurz zuvor eroberte Sarganserland zurückgewinnen wollte, hatte unter diesen Umständen wenig zu sagen. Viel mehr Gewicht kam der Kriegsmüdigkeit auf beiden Seiten zu. Die vielen Zerstörungen – die Zürcher Landschaft war stark verwüstet worden – sowie die Lähmung des gesamten Handels auf der lebensnotwendigen Rheinverbindung von Chur nach Basel bedeuteten einen spürbaren Schaden für alle Parteien. Bern, das sich trotz anfänglicher Erfolge die Rheinübergänge nicht sichern konnte, stieß nun im Oberland auf den Widerstand seiner Untertanen, die sich weigerten, weitere Opfer an Gut und Blut für den Krieg zu bringen. Zürich seinerseits begann einzusehen, daß es zu hohe Erwartungen in die Habsburger gesetzt und dies mit Abhängigkeit und dem Verlust der Handlungsfreiheit zu bezahlen hatte.

Bei der Anbahnung des Friedens fiel wiederum den Reichsstädten und den deutschen Kurfürsten eine entscheidende Rolle zu. Es war Zürich gewesen, das 1439 ihre Intervention angefordert hatte, bevor es zum nicht wiedergutzumachenden Bruch kommen sollte. Nun blieb denselben aus Schwaben, Augsburg und Ulm herbeigerufenen Schiedsrichtern nichts anderes übrig, als die Eidgenossen in ihren Rechten zu bestätigen: Als Vorbedingung aller weiteren Verhandlungen hatte Zürich sein Bündnis mit Österreich aufzulösen.

Inzwischen hatten am 12. Juni 1446 die kriegführenden Parteien einen Waffenstillstand ausgehandelt und damit einen entscheidenden Schritt vollzogen. Gewiß verzögerten sich die Gespräche auf unnütze Weise um vier Jahre, aber die leidvolle Erinnerung bewahrte jeden davor, erneut zu den Waffen Zuflucht zu nehmen. Der Lauf der Zeit ließ schließlich die Streitpunkte auf drei wesentliche Komplexe zusammenschrumpfen.

Es dauerte bis zum 13. Juli 1450, bis Zürich beschloß, seine Vertragsfreiheit dem Vorrang des eidgenössischen Bündnisses unterzuordnen, und sich bereit erklärte, sein Bündnis mit Österreich, das die eidgenössischen Orte stets angefochten hatten, aufzulösen. Anderseits kam man beidseitig überein, auf Kriegsentschädigung zu verzichten und alle eroberten Gebiete wieder an Zürich abzutreten, mit Ausnahme der vier Höfe, die Schwyz 1440 erobert hatte und die nun definitiv in seinem Besitz bleiben sollten.

Auch die mit Österreich aufgenommenen Verhandlungen kamen nur zögernd voran, denn König Friedrich und sein Bruder, Herzog Albrecht, waren stark mit den großen Problemen auf internationaler Ebene beschäftigt und zeigten wenig Interesse für die Vorgänge in ihren vorderösterreichischen Erblanden. Deren Übernahme durch den jungen Herzog Sigmund bedeutete in erster Linie eine Rückkehr zum Status quo: Der 1412 auf 50 Jahre geschlossene Waffenstillstand wurde verlängert und für rechtsgültig erklärt. Die Ansprüche auf den Aargau wurden stillschweigend aufgegeben.

In Basel, wo man das Zusammenspiel der Habsburger und Armagnaken nicht so schnell vergaß, ergaben sich Schwierigkeiten mit dem ansässigen, mit Habsburg und der Stadt gleichermaßen verbundenen Adel als drittem Verhandlungspartner. Der Friede von Breisach am 14. Juni 1449 garantierte vor allem die lange Zeit bedrohte wirtschaftliche und politische Unabhängigkeit der Stadt. Die mit Basel verbündete Stadt Rheinfelden hingegen mußte die Herrschaft der Habsburger wieder anerkennen und büßte damit die 1415 errungene Reichsunmittelbarkeit ein.

4. Die Nachkriegszeit: Bilanz und Ausblick

Verstärkte Solidarität

Im Jahre 1450 ging die kritischste Phase im Aufbau der Eidgenossenschaft zu Ende: Der Wille der Orte, unabhängig von den benachbarten Mächten eine Gemeinschaft zu bilden, hatte sich bestätigt. Es hatte sich um die Wachstumskrise des Bundes gehandelt, der noch nicht einheitlich und fest gefügt war, aber echte Territorialhoheit beanspruchte. Es hatte sich auch um eine Identitätskrise gehandelt, die Zürich schließlich klar erkennen ließ, daß das 1351 geschlossene Bündnis ihm zwar unwiderrufliche Verpflichtungen, aber auch Entwicklungsmöglichkeiten und Handlungsfreiheiten einräumte, die sein Bündnis mit Österreich nur eingeschränkt hatte.

Die erste Hälfte des 15. Jahrhunderts verlief hinsichtlich der Ausbildung des Territorialstaates für die Schweiz ähnlich wie für andere westeuropäische Länder. Hier wie in Frankreich, England und sogar Spanien war diese Zeit durch Bürgerkriege und große Erschütterungen gekennzeichnet, die ernsthaft die Chance einer mehr als hundertjährigen Entwicklung zur Einheit gefährdeten. Gleichsam gestärkt und geläutert durch die schweren Belastungen entfaltete sich in dieser Periode auch ein nationales Bewußtsein und, wichtiger noch, es vollzog sich die Anerkennung der Legitimität öffentlicher Gewalt. Obwohl die einzelnen Orte durchaus souverän waren und die Rivalitäten noch nicht durch eine klare Konzeption der gegenseitigen Rechte und Pflichten begrenzt wurden, setzte sich die Idee eines gemeinsamen politischen Raumes durch. Es gehörte nun zur Pflicht jedes einzelnen Ortes, gemäß dem Grundgedanken der Solidarität seinen Beitrag zum Schutz der Eidgenossenschaft vor äußerer Einmischung zu leisten.

In einer Zeit, die noch keinen Anspruch auf soziale Sicherheit im heutigen Sinne kannte, gewährte christliche Mildtätigkeit einen gewissen Ausgleich. Bei Hungersnöten organisierten die Gemeindebehörden die Verteilung von Brot an die Bedürftigen. Die Reichen pflegten in ihren Testamenten Legate für die Armen auszurichten, die von Kirche und Spitälern in der Form von Brot, Wein, Fleisch oder auch Kleidern verteilt wurden (sogenannter «Bugnon-Altar» von Hans Fries, 1507).

Über diese Gemeinsamkeiten waren sich alle einig, und da die als Ergebnis vereinter Bemühungen neu erworbenen oder eroberten Gebiete nicht klar dem einen oder andern Ort zugeteilt werden konnten, wurden sie als gemeine Herrschaften verwaltet, es sei denn, man gewährte ihnen den großzügiger anmutenden, aber faktisch ein Protektorat begründenden Status eines zugewandten Ortes, ein Ausdruck, der von 1440 an allgemein verwendet wurde. Schritt für Schritt festigte sich nun die eidgenössische Einheit auf der Grundlage gemeinsamer Interessen und Pflichten; gleichzeitig brachte der Ausbau von Verwaltung und Diplomatie zusätzliche Sachkenntnis und Erfahrung.

Der Preis für die Überwindung der Krise war hoch. Die kriegerischen Auseinandersetzungen, welche die Zeit zwischen 1368 und 1450 erschütterten – der Sempacher-, Appenzeller- und Alte Zürichkrieg – brachten zahlreichen Gebieten unseres Landes Verwüstung und Tod. Zu den Folgen der Pestepidemien des 14. Jahrhunderts kamen noch jene der Kriegsverwüstungen hinzu. Aufgrund dieser zwei aufeinanderfolgenden Einbrüche ist es deshalb nicht verwunderlich, daß der tiefste zwischen dem 13. und 16. Jahrhundert je erreichte Bevölkerungsstand, in der Schweiz wie überall in Europa, für die erste Hälfte des 15. Jahrhunderts registriert worden ist.

Die wahren Verlierer

Übrigens waren nicht die Zürcher die großen Verlierer des letzten Krieges. Sie hatten zwar ihre Gebietsansprüche, namentlich die Kontrolle über die Route nach Chur, aufgeben müssen, auch Schlachten und einen kleinen Teil ihres Territoriums verloren. Aber die Eidgenossenschaft als Ganzes trug den Sieg davon, und entscheidend war die Rückkehr Zürichs in den Bund der Eidgenossen, der früher oder später doch die Verwaltung der von Glarus und Schwyz erworbenen neuen Besitzungen übernehmen würde.

Verlierer waren vielmehr die Adelsgeschlechter, die auf das Erbe der Toggenburger Anspruch erhoben. Obwohl sie das eine oder andere Recht erfolgreich durchgesetzt hatten, konnten sie nicht verhindern, daß die Leute in den ihnen zugeschlagenen Gebieten, wie etwa im Toggenburg, in Gaster und Uznach, selbständig mit den Eidgenossen Verträge abschlossen. Aufgrund ihrer schlechten Finanzlage blieb ihnen auch nichts anderes übrig, als diese Gebiete ganz oder teilweise den Eidgenossen zu verpfänden und dann zu verkaufen. Selbst das Toggenburg, das, so schien es, endgültig den Herren von Raron zufallen sollte, wurde schließlich 1468 von der Abtei St. Gallen zurückgekauft, die sich inzwischen durch ein Bündnis unter den Schutz der Eidgenossen gestellt hatte.

Die Festigung der eidgenössischen Einflußsphäre in der Ostschweiz ...

Das Haus Habsburg seinerseits hatte nicht nur sein Prestige und damit auch dasjenige von Kaiser und Reich verspielt, sondern auch jegliche territoriale Basis, die seine Ansprüche diesseits des Rheins untermauert hätten. Nun war der alte Traum von der Verbindung der Vorlande mit dem Tirol zerbrochen. Der Aargau war endgültig verloren, und die acht alten Orte und ihre Verbündeten setzten sich in aller Ruhe in der ganzen Nordostschweiz fest.

Die Eidgenossen nutzten ihre Überlegenheit aus, um das in der Ostschweiz bestehende Bündnissystem auszubauen. Das wesentliche Ergebnis bestand in der Festigung ihres Einflusses auf den Abt und die Bürgerschaft von St. Gallen sowie auf die Appenzeller, wodurch gleichzeitig die Frage der rechtlichen Beziehungen zwischen diesem geistlichen Fürsten und seinen ehemaligen ländlichen und städtischen Untertanen geregelt wurde. Nachdem sich die Bürger von St. Gallen 1415 von ihren Verpflichtungen gegenüber dem Reich befreit hatten, indem sie sich von der Reichssteuer loskauften und die hohe Gerichtsbarkeit erwarben, versuchte nämlich der neue Abt, sie wieder unter seine Herrschaft zu stellen. Als aber die Abtei am 17. August 1451 ein ewiges Burg- und Landrecht mit Zürich, Luzern, Schwyz und Glarus schloß, weil sie Schutz und Hilfe nur noch von den Eidgenossen erhoffen konnte, mußte sie unter eidgenössischem Druck gegen eine Entschädigung von 7000 Gulden auf alle Hoheitsansprüche verzichten. Am 13. Juni 1454 wurden die nun unabhängigen St. Galler, die früher lediglich in einem Burgrecht gestanden hatten, zu «ewigen Eidgenossen» der Orte Zürich, Bern, Luzern, Schwyz und Glarus. Bezeichnenderweise kam dieser Bund gegen den erbitterten Widerstand von Uri und Unterwalden durch die Vermittlung Berns zustande, das den Abt zu beschwichtigen vermochte. Die St. Galler Unternehmer kannten nun die Bedeutung ihrer Absatzmärkte im Westen, während Bern seinerseits bemüht war, den größten Teil des Handelsverkehrs von Süddeutschland zum Rhonetal und westlichen Mittelmeerraum in seinem Sinne zu kanalisieren. Nicht umsonst waren an der Watt-Diesbachgesellschaft Teilhaber aus beiden Städten beteiligt. Uri und Unterwalden, welche sich an diesem Bund nicht beteiligten, richteten ihre Politik in erster Linie auf den südlichen Ausgang des Gotthards aus. Außenpolitisch waren den St. Gallern fortan allerdings die Hände gebunden, denn sie konnten sich ohne die Zustimmung der übrigen eidgenössischen Orte in keinen Krieg einlassen. In dieser Beziehung waren sie kaum besser gestellt als die Appenzeller, die auch in den ewigen Bund der sieben eidgenössischen Orte – ohne Bern – aufgenommen wurden, aber weiterhin verpflichtet waren, militärische Hilfsersuchen jeweils auf deren Notwendigkeit hin überprüfen zu lassen. Im Fall eines Krieges innerhalb der Eidgenossenschaft – was ja schließlich auch eintreten konnte – mußten sich St. Gallen wie auch Appenzell der Mehrheit fügen. Verglichen mit dem bis anhin geltenden Neutralitätsgebot war dies immerhin ein Zeichen erhöhter Wertschätzung.

… und am Rhein

Weitere Verträge stärkten zusätzlich die bereits bestehenden Bande, ergänzten unser Defensivsystem und brachten Österreich um seine letzten Ansprüche. So schlossen Schaffhausen und Stein am Rhein am 1. Juni 1454 und 6. Dezember 1459 ein 25jähriges Bündnis mit Zürich, Bern, Luzern, Schwyz, Glarus und Zug. Diese zwei seit kurzem reichsunmittelbaren Städte wurden von den benachbarten österreichischen Vasallen, die sie erneut in die Abhängigkeit von Habsburg bringen wollten, arg bedrängt. Anderseits deckte sich ihr

Schutzbedürfnis mit den berechtigten Interessen der Eidgenossen, denn beide Städte, die übrigens stark befestigt waren, beherrschten wichtige Rheinübergänge. In Stein befand sich die erste Rheinbrücke flußabwärts, und Schaffhausen war ein vorzüglicher Brückenkopf an der Grenze zum rechtsufrigen Hegau und Klettgau. Der strategische Vorteil deckte sich ausgezeichnet mit den wirtschaftlichen Interessen, die Zürich verfolgte.

Der Abschluß dieser Bündnisse war nicht nur eine Antwort auf die Bedrohung, die der von Habsburg abhängige Adel durch seine ständigen Übergriffe darstellte, sondern auch ein Zeichen dafür, daß diese Städte, wie übrigens auch St. Gallen, keinen genügenden Schutz durch die andern deutschen Reichsstädte erhielten. Die Städtebünde hatten sich wegen mangelnder Eintracht und Übereinstimmung immer wieder als wirkungslos erwiesen. Aus einer ähnlichen Situation heraus wandten sich später auch Rottweil und Mülhausen der Eidgenossenschaft zu. Das am 18. Juni 1463 geschlossene Bündnis mit der Reichsstadt Rottweil am Neckar konnte aufgrund der allzu großen Entfernungen kaum von großer Tragweite sein, das am 17. Juni 1466 von Bern und Solothurn geschlossene Bündnis mit Mülhausen hingegen sollte gewichtige Folgen zeitigen.

Wie die Reichsstadt Schaffhausen war auch Mülhausen seit langem schon ständigen Feindseligkeiten seitens des Sundgauer Adels in der Umgebung ausgesetzt, der im Verdacht stand, mit seinem Lehensherrn Österreich unter einer Decke zu stecken. Einige in der Stadt ansässige Herren wurden nach dem Wegzug der Armagnaken aus diesem Grunde sogar vertrieben. Die von den Habsburgern eingesetzten Vögte konnten sich deshalb auf den Adel verlassen, wenn es darum ging, Intrigen und Belästigungen anzuzetteln mit dem Ziel, die Stadt Mülhausen ihrer Autonomie zu berauben. Die Wirtschaftssperre und die Vernichtung von Getreidefeldern und Weinbergen waren nicht einmal die schwerwiegendsten Mittel, die dazu eingesetzt wurden. Die Stadt, die sich bereits in einer prekären Situation befand, war durch ihre Schulden gegenüber dem gleichen Kleinadel noch zusätzlich belastet. Als im Frühling 1466 die Adligen aus einem belanglosen Grund einen offenen Angriff unternahmen, baten die Stadtbürger die Eidgenossen um Unterstützung und schlossen am 17. Juni 1466 mit Bern und Solothurn ein Hilfsbündnis auf 25 Jahre.

Die Auflösung des österreichischen Besitzes

Die eidgenössische Vorherrschaft zwischen Alpen und Rhein führte folgerichtig im Jahrzehnt 1450–1460 zur fast vollständigen Auflösung des habsburgischen Hausbesitzes. Formell blieb der Friede mit Österreich, der nach dem Alten Zürichkrieg wiederhergestellt worden war, erhalten. Es galt weiterhin der Waffenstillstand von 1389, der 1412 im gegenseitigen Einverständnis um weitere 50 Jahre verlängert worden war. Auf habsburgischer Seite hatte sich die Situation dank einer weiteren Teilung vereinfacht; am 4. März 1450 erhielt der nun volljährige Herzog Sigmund den größten Teil der vorderösterreichischen Lande, die sein Onkel, Herzog Albrecht VI., bisher in seinem Namen verwaltet hatte. Dazu zählten das Tirol, das

Vorarlberg, der Breisgau und Freiburg im Uechtland. Dieser Wechsel war für die eidgenössischen Orte vorteilhaft, denn Sigmund sollte sich langfristig als gemäßigter und versöhnlicher erweisen als sein aggressiver und rachsüchtiger Verwandter.

Die Eidgenossen wußten die Rückkehr zu stabilen und gesicherten Verhältnissen jedoch bei jeder Gelegenheit auszunutzen, um ihre Herrschaft zu festigen und auszudehnen. So verlor Österreich seine letzten Bastionen auf eidgenössischem Boden: Freiburg (1452), Rapperswil (1458) und den Thurgau (1460).

Freiburg löst sich von den Habsburgern

Freiburg litt schon seit langem unter seiner zwiespältigen Stellung, die sich insbesondere im Sempacherkrieg nachteilig ausgewirkt hatte. Das 1403 geschlossene Burgrecht mit Bern regelte die schwierige Neutralitätsfrage nur unvollständig. Beide Städte konnten nämlich in einen Krieg zwischen ihren Oberherren, den Habsburgern und dem deutschen Reich, verwickelt werden. Die Freiburger ihrerseits hatten alles vorgekehrt, um die nachteiligen Folgen des viel wahrscheinlicheren Falles eines Krieges zwischen Bern und Österreich zu vermeiden, indem sie sich verpflichteten, bei einem Auszug nur so weit vorzustoßen, daß sie sich am selben Tag wieder hinter ihre Stadtmauern zurückziehen konnten. Somit beschränkte sich ihr militärischer Einsatz eigentlich auf einen symbolischen Akt. Der Burgrechtsvertrag bewährte sich vorerst allen heiklen Situationen zum Trotz. Bei der Eroberung des Aargaus hatte Freiburg, das korrekterweise weder Bern die Unterstützung verweigern noch seine Treue gegenüber Österreich brechen konnte, sich auf die Entsendung einer 700 Mann starken Wachtruppe an die Aare beschränkt, während sein Bündnispartner in aller Ruhe Krieg führte. Den österreichischen Vorwürfen konnte die Stadt leicht entgegenhalten, daß ein anderer Entscheid sie unweigerlich der Gefahr ausgesetzt hätte, zu einer Vogtei Berns zu werden.

Der Bürgerkrieg, der das Bestehen der Eidgenossenschaft ernsthaft gefährdete, weckte neue Ansprüche. Die eidgenössischen Orte wußten der habsburgischen Stadt Freiburg wenig Dank für die strikt eingehaltene Neutralität. Sie warfen ihr vielmehr Passivität und mangelnde Unterstützung bei der Belagerung der Farnsburg und der Abwehr der Armagnaken vor. Hinter diesen recht unbegründeten Vorwürfen, die vor allem von seiten der Berner kamen, verbargen sich handfestere und eigennützigere Interessen.

Ähnliches läßt sich auch über die Haltung Savoyens sagen. Das Herzogtum war mit Bern verbündet und teilte dessen Feindschaft gegen Österreich, besonders seit der Annäherung Habsburgs an das benachbarte Frankreich, dem der savoyische Hof mit Argwohn gegenüberstand. Der wahre Grund für die Haltung des Herzogs Ludwig aber lag auf einer anderen Ebene: Er strebte nach der Herrschaft über die Stadt und Landschaft Freiburg. Diese Handels- und Gewerbestadt mit ihrem fruchtbaren Umland hätte nämlich die ständige Geldnot in der herzoglichen Kasse beheben können. Seit einem Jahrhundert schon vermochte die Stadt dank ihrer guten finanziellen Lage Vorschüsse oder Bürgschaften für Savoyen auf dem Platz Basel zu leisten. Außerdem gab es in Freiburg wohlhabende Bürger, eine eher eidgenössisch als savoyisch gesinnte Partei, die aus guten Gründen glaubten, daß die Unabhängigkeit ihrer Stadt gegenüber Bern und Savoyen durch einen endgültigen Bruch mit Österreich besser gesichert wäre als durch den ungewissen Schutz eines fernen und gleichgültigen Herren (hatte man diesbezüglich nicht schon 1387 und 1388 Erfahrungen gemacht?). Diese neue Politik, die übrigens gar nicht so viel Neues enthielt, zielte außerdem auf eine bessere Ausnützung des ausgezeichneten Absatzmarktes, den das schweizerische Mittelland mit seinem Durchgangshandel darstellte.

Savoyen verhielt sich derart ungeschickt, daß seine heimlichen Absichten ans Tageslicht kamen. Die Drohungen des Herzogs Ludwig und seine skrupellose Ausnützung belangloser Vorfälle gaben der österreichischen Partei, die in den städtischen Unterschichten und vor allem unter den Bauern breite Unterstützung fand, unglücklicherweise wieder starken Auftrieb. Die untertänigen Bauern stießen sich an der Last ihrer Abgaben und beschuldigten ihre Zinsherren, die zugleich Stadtbürger und Grundbesitzer waren, die Grundzinsen entgegen dem Gewohnheitsrecht erhöht zu haben. Die reichen Bürger hatten in der Tat die gesamte Gerichtsbarkeit an sich gerissen und bekundeten in ihrer doppelten Eigenschaft als Gerichtsherren und Bodenbesitzer einige Mühe, gerechte Urteile in eigener Sache zu fällen.

Das politische Ungeschick der Anhänger Österreichs brachte der Stadt langwierige und unerfreuliche Schwierigkeiten. Sie begingen zwei entscheidende Fehler: Einmal lehnten sie nicht nur jegliche Hilfe an die Berner ab, die weiterhin mit den Eidgenossen gegen Österreich und die aufständischen Zürcher kämpften, sondern sie hetzten sogar gegen sie auf. Zum zweiten erklärten sie am 17. Dezember 1447 Savoyen den Krieg und begründeten diesen Schritt mit den zahlreich vorgekommenen administrativen Schikanen, der Wirtschaftssperre und den von savoyischen Anhängern und Spitzeln verübten Gewaltakten. Diese beiden Fehler führten logischerweise zu einem verstärkten Mißtrauen der Berner und Eidgenossen, die befürchteten, Österreich und Freiburg könnten gemeinsame Sache machen.

Freiburg ging blind in die von Savoyen aufgestellte Falle und kam dadurch der heimlichen Absicht des Herzogs Ludwig entgegen, der die Stadt unter seine Herrschaft zwingen wollte. Bern, weitsichtiger, knüpfte deshalb seine Unterstützung für Savoyen an die Bedingung, daß beide Parteien das freiburgische Territorium weder ganz noch teilweise annektieren dürften, es sei denn, dies werde von den Freiburgern selbst gewünscht (Vertrag von 1448, 1450 erneuert).

Die savoyische Diplomatie hatte ihr Ziel erreicht, denn Freiburg war nicht in der Lage, sich dem Feind gegenüber zu behaupten. 1448 wurde die Stadt gezwungen, Frieden zu schließen, eine Kriegsentschädigung zu zahlen und derart hohe Leistungen zu erbringen – gesamthaft belief sich die Summe auf 100000 rheinische Gulden –, daß sie zu unpopulären Mitteln wie Steuern und Zwangsanleihen Zuflucht nehmen mußte. Aber während die armen Steuerzahler nicht in der Lage waren, die Gelder aufzubringen, glaubten sich die reichen Steuerzahler, die den Krieg nicht gewünscht hatten, von Verpflichtungen entbunden, die sie nicht eingegangen waren. So entstanden bald Auseinandersetzungen und sozialer Aufruhr, welche die Stadt unregierbar machten. Deshalb wurde Herzog Albrecht von Österreich herbeigerufen, um die rechtlichen Beziehungen zwischen den Grundherren und den Bauern, die mit den Abgaben und den Steuerforderungen nun doppelt belastet waren, neu zu regeln. 1449 stellte er einen Landbrief zugunsten der Bauern aus, aber das brennende Problem der öffentlichen Schulden und die Zwistigkeiten unter den rivalisierenden Parteien blieben ungelöst. Die Anhänger Österreichs versuchten 1451 durch eine Verschwörung ihre Ziele durchzusetzen, blieben aber auf der Strecke.

Savoyen, in seiner Politik unerbittlich und konsequent, übte inzwischen immer stärkeren Druck aus. Die stockende Bezahlung der Kriegsentschädigung, von der nur eine erste Rate eingegangen war, gab ihm den Anlaß, um Freiburg im Mai 1452 erneut den Krieg zu erklären und eine Wirtschaftssperre zu erlassen. Sogleich bekräftigten auch Bern und Savoyen ihr Bündnis. Freiburg, das nun unter Zugzwang stand, leistete am 19. Juni 1452 dem Herzog von Savoyen den Huldigungseid, der großzügig honoriert wurde. Mit der Anerkennung der savoyischen Hoheit – die alles in allem leichter zu ertragen war als die Herrschaft einer anderen Stadt – behielt Freiburg, oder besser die städtische Oligarchie der Grundherren und Kaufleute, zunächst ihre Privilegien und ihren Rat; gleichzeitig erlosch ihre Schuldenlast, und schließlich wurden auch ihre Rechte über die untertänige Landschaft (der Landbrief wurde abgeschafft) sowie ihre alten begünstigten Handelsbeziehungen mit dem Westen wieder hergestellt.

Freiburg nähert sich eher Bern als Savoyen an

Über diesen mehr diplomatischen denn militärischen Erfolg Savoyens ist viel geschrieben worden, wobei die Tatsache betont wurde, daß 1277 Rudolf von Habsburg die savoyische Expansion in der Stadt Freiburg zurückgedrängt habe, 175 Jahre später aber der Herzog von Savoyen sich revanchieren konnte, indem er dem Einfluß Österreichs in der Schweiz einen endgültigen Schlag versetzte. Sicherlich stand die Niederlage der Habsburger fest, aber bei weitem nicht der Sieg Savoyens. Davon zeugt die Haltung Berns, das nach einer ersten raschen Aufwallung den Dingen, die als entscheidende Einmischung Savoyens in seine Interessensphäre hätten gelten können, keine große Bedeutung mehr beimaß. Trotz der Verletzung der Verträge von 1448 und 1450, die Freiburg vor jeglicher Annektierung schützen sollten, wurde das Bündnis zwischen Bern und Savoyen dank eidgenössischer Vermittlung aufrechterhalten. Bern erneuerte 1454 sogar sein Burgrecht mit Freiburg, das 1448 durch den Frieden von Murten theoretisch aufgelöst worden war.

Bern erkannte, daß es sich mit dem Erwerb Freiburgs ernsthafte administrative und politische Probleme aufgeladen hätte, die durch die rasche, erst vor kurzem erfolgte Ausdehnung seines Gebietes noch zusätzlich verschärft worden wären. Hinzu kamen die Folgen der Agrarkrise von 1430/40, die noch nicht ganz überwunden waren. Taten deshalb die einzelnen Staatswesen nicht besser daran, sich auf der Grundlage der Koexistenz und der gegenseitigen Hilfe zu verständigen, zumal da immer wieder die Bauern zu Aufständen ansetzten?

Der Erwerb Freiburgs durch Bern hätte vor allem auch den Wünschen der Eidgenossen widersprochen. In diesem Zusammenhang sei an die Bemerkungen zum Toggenburger Erbstreit erinnert. Auch dort standen einander zwei Auffassungen gegenüber, eine alte, feudale und eine neue, kommunale: Die erstere bestand im beharrlichen Glauben sowohl an die Wirksamkeit von Bindungen mittels Mannschaft und Treueid wie an die Realität der dadurch erworbenen territorialen Herrschaftsrechte; die andere Auffassung setzte im wesentlichen auf die Verständigung unter selbständigen und unterschiedlichen Gemeinwesen gleicher sozialer Herkunft in der Form eines gegenseitigen Konsenses, wenn auch manchmal ein gewisses diplomatisches und militärisches Ungleichgewicht unter den Vertragspartnern bestand. Die Spitze der politischen Hierarchie war also in der Eidgenossenschaft direkt mit der Basis verbunden, und Savoyen war in bezug auf seinen Erfolg einem Irrtum erlegen, den Bern seinerseits keineswegs aufklärte. Die savoyische Hoheit über Freiburg bewirkte in erster Linie die erneute Erstarkung der Bürgerschaft einer Stadt, die sich in der vollen Entfaltung ihrer Möglichkeiten und Freiheiten gehemmt fühlte. Im übrigen scheute sich Freiburg durchaus nicht, trotz der formellen Anerkennung der savoyischen Herrschaft selbständig und meistens im Einvernehmen mit Bern, Verhandlungen mit den eidgenössischen Orten, Österreich und dem Reich zu führen, d.h. überall dort, wo Savoyen nicht direkt betroffen war. Sollte dessen Oberhoheit eines Tages lästig werden, würde sich Freiburg im richtigen Zeitpunkt mit Leichtigkeit von ihr zu befreien wissen. Freiburg und Bern hatten außerdem spätestens seit dem Aufstand der Walliser gegen ihren Bischof (1416–1419) die militärische Schwäche des Herzogtums erkannt.

Schließlich muß betont werden, daß mit der endgültigen Machteinbuße Österreichs südlich des Rheins die diplomatische Führung gänzlich in die Hände Berns überging, das sich nun, da im Norden keine Gefahr mehr drohte, in aller Ruhe dem Westen und Süden zuwenden konnte. Savoyen, einst ein wertvoller Verbündeter Berns, wurde zwar nicht offen als Gegner, aber immer mehr als potentielles Einflußgebiet, ja als Objekt zukünftiger Ausdehnung gesehen. Freiburg, das von der österreichischen Hoheit entbunden war, galt nun auch eher als Verbündeter denn als Rivale Berns; künftig gingen die beiden Schwesterstädte gemeinsam gegen Savoyen vor.

Scheidung der Geister: vom Erwerb Rapperswils zur Eroberung des Thurgaus

Zwischen den Eidgenossen und den letzten vorderösterreichischen Herren diesseits des Rheins war keine Verständigung mehr möglich, allzu verschieden waren die Wertvorstellungen und Ziele beider Seiten. Österreich glaubte einen Zustand des Friedens mit den eidgenössischen Orten aufrechterhalten zu können, aber sein unrealistisches und hartnäckiges Auftreten lieferte den Eidgenossen willkommene Interventionsgründe. So sollten die Habsburger nach Freiburg auch Rapperswil und den Thurgau verlieren.

Durch den Friedensschluß von 1450 war Rapperswil in österreichischem Besitz geblieben. Wegen ihrer Verteidigungsaufwendungen – sie hatte während des Alten Zürichkrieges zwei Belagerungen zu erdulden – steckte die Stadt aber tief in Schulden. Statt zumindest Verständnis und Nachsicht walten zu lassen, bedrängte sie Österreich als direkter Gläubiger oder im Namen österreichischer Vasallen immer mehr, ähnlich wie das auch in Mülhausen geschah. Schließlich bildete sich innerhalb der Bürgerschaft eine Partei, die eine Annäherung an die Eidgenossenschaft befürwortete. Es war nur noch eine Frage der Zeit, bis sich tatsächlich eine günstige Gelegenheit zum Anschluß ergab. Am 14. September 1458 bemächtigte sich eine Gruppe junger Leute aus der Innerschweiz der Stadt, die sich darauf unter die Schirmherrschaft der Eidgenossen stellte. Am 10. Januar 1464 wurde dieses Verhältnis durch einen Vertrag mit Uri, Schwyz, Unterwalden und Glarus besiegelt; Rapperswil wurde, wie St. Gallen, eine verbündete Stadt. Herzog Sigmund, der kurz zuvor die gesamten vorderösterreichischen Lande übernommen hatte, protestierte zwar gegen diesen Kraftakt, aber vergeblich, denn er scheute davor zurück, auf Worte Taten folgen zu lassen und zum Angriff überzugehen. Er mußte am 9. Juni 1459 einen dreijährigen Waffenstillstand akzeptieren, der den kurz vor dem Auslaufen stehenden 50jährigen Frieden künstlich aufrechterhielt.

Die Ritterschaft konnte kaum ein besseres Legitimationssymbol finden als den heiligen Georg als Drachentöter. Unter diesem Zeichen vereinigte sich die berühmte Ritterschaft mit St. Jörgenschild im süddeutschen Raum (Fresko des heiligen Georg aus der Kirche von Luzein, GR, 15. Jahrhundert).

In der unterschiedlichen Einschätzung der Realität, in unvereinbaren Mentalitäten und Auffassungen lag letztlich der Grund für den Bruch zwischen Habsburg und den Eidgenossen, deren Verhalten – stellt man diese Hintergründe nicht in Rechnung – oft wie Verrat und Vertragsbruch anmutet. Anderseits zeugt die Episode, die mit dem Erwerb des Thurgaus durch die Eidgenossen endete, auch für eine Art Schizophrenie – der Ausdruck ist keineswegs übertrieben – der adligen und geistlichen Führungsschicht in der alten Gesellschaftsordnung. In völliger Verkennung der Wirklichkeit stießen sie die Eidgenossen, die vor allem dem gesunden Menschenverstand folgten, vor den Kopf. Das hinderte diese jedoch nicht daran, aus den Streitigkeiten der alten Autoritäten den größtmöglichen Nutzen zu ziehen.

Die Ursachen für das Zerwürfnis zwischen Papst Pius II. und Herzog Sigmund gingen auf die von der römischen Kurie erzwungene Ernennung des Kardinals Nikolaus von Cusa zum Bischof von Brixen im Tirol zurück. Wie so oft, wurde auch dieser Konflikt verschärft durch die Ansprüche der geistlichen wie der weltlichen Macht, sich gegenseitig den Einfluß streitig zu machen. Dieser unzeitgemäße Streit interessierte die Eidgenossen recht wenig. Was kümmerte es sie schon, daß sich der Papst über die mangelnde Begeisterung Sigmunds, einen Kreuzzug gegen die Türken zu unterstützten, empörte oder daß letzterer besorgt war über einen eigenmächtigen Entscheid der Kirche in einer Sache, die eigentlich seiner Rechtssprechung unterstand.

Als der verärgerte Papst am 8. August 1460 über Herzog Sigmund sogar den Kirchenbann aussprach, bedeutete dies eine Wende zugunsten der Eidgenossen. Denn bis dahin war Pius II. eher bemüht gewesen, sie mit dem Herzog zu versöhnen und sie zur Rückgabe der Habsburg kurz zuvor entrissenen Besitzungen, in erster Linie Rapperswil, zu bewegen. Dieser Ermahnung hatte er in einem Breve vom 18. Januar 1460 sogar mit der Androhung des Kirchenbanns und Interdikts Nachdruck verliehen.

Die Kehrtwendung des kirchlichen Oberhauptes brachte die Eidgenossen in eine ähnliche Lage, wie sie auch schon während des Konzils von Konstanz im Jahre 1415 bestanden hatte, als König Sigismund die Eidgenossen ermunterte, die Besitzungen des im Reichsbann stehenden Herzogs Friedrich IV. einzunehmen. Sie machten sich die Gelegenheit wieder mit Eifer zunutze, ohne viele Bedenken wegen des erneuten Friedensbruchs zu haben. So fielen sie Ende September 1460 in den Thurgau ein, das letzte österreichische Gebiet diesseits des Rheins, abgesehen vom Fricktal. Die Eroberung glich einem Blitzkrieg. Der Thurgau wurde in wenigen Tagen eingenommen und huldigte den sieben Orten; einzig Bern hielt sich abseits. Frauenfeld ergab sich am 12. Oktober, das belagerte Dießenhofen am 28. Oktober. Gleichzeitig beendete ein anderer Auszug im Südosten die 15 Jahre früher begonnene Abrundung: Walenstadt und die Vogtei Pfäfers (Freudenberg) wurden besetzt und die Grafschaft Sargans nach einem wechselvollen Hin und Her unter eidgenössische Hoheit gestellt.

Einzig Winterthur, gut befestigt wie alle habsburgischen Städte, leistete weiterhin Widerstand. Die dadurch entstandene Verzögerung ermöglichte die Aufnahme von Friedensverhandlungen. Die Eidgenossen waren der Meinung, ihre Ziele erreicht zu haben, und kümmerten sich überhaupt nicht um den Wunsch des Papstes, der eine Fortsetzung des Kampfes bis zur völligen Vernichtung der österreichischen Kräfte anstrebte. Am 1. Juni 1461 wurde zwischen den Eidgenossen und Sigmund ein Friede auf 15 Jahre geschlossen, der den auslaufenden 50jährigen Waffenstillstand ersetzte. Die eidgenössischen Orte behielten die während des Krieges erworbenen Gebiete, die sogleich zu gemeinen Herrschaften erklärt wurden.

Der Erwerb des Thurgaus war für die Eidgenossen von zweifachem Vorteil. Ähnlich wie der Aargau, der eine unentbehrliche Landbrücke zwischen Bern und Zürich darstellte, gewährleistete der Thurgau von nun an die Verbindung mit St. Gallen, Appenzell und der übrigen Ostschweiz. Sein Besitz bedeutete ferner eine ausgezeichnete Ergänzung des Defensivsystems längs des Rheins von Basel bis Ragaz. Während die Städte Rheinfelden und Laufenburg sowie ihr Hinterland in österreichischen Händen blieben, hatten sich die Eidgenossen als Ausgleich den Besitz oder die Kontrolle von so bedeu-

Dieser auf anfangs 14. Jahrhundert datierte Topfhelm wurde bei Ausgrabungen der Geßlerburg bei Küßnacht (SZ) gefunden. Das aus mehreren Platten genietete Stück wurde im Kampf und bei Turnieren getragen. Die schmalen Sehschlitze sind bezeichnend für den begrenzten Horizont einer Ritterklasse, die sich weder der Entwicklung der Gefechtstaktik noch dem sozioökonomischen Wandel anzupassen vermochte.

tenden Übergängen und Brückenköpfen wie Dießenhofen, Stein, Schaffhausen und Kaiserstuhl gesichert.

Die Machtausdehnung nach Süden: die Eingliederung der Leventina

Während nördlich der Alpen die Rivalität zwischen Zürich und Schwyz mit all ihren Folgen die volle Aufmerksamkeit der eidgenössischen Orte beanspruchte, glaubte Uri freie Hand zu haben, um erneut sein Glück jenseits des Gotthards zu versuchen. Von 1439–1467 wiederholte sich die schon zwischen 1403 und 1426 beobachtete Entwicklung: ein zunächst erfolgreicher eidgenössischer Vorstoß, dem sogleich militärische Rückschläge folgten, die aber durch wesentliche Vorteile auf diplomatischer Ebene wiederum mehr als wettgemacht wurden. Dies lag auch daran, daß Mailand den Angriffen der anderen italienischen Staaten, bald auch der europäischen Mächte und Fürstenhäuser ausgesetzt war und deshalb nicht in der Lage war, seine Stellung gegenüber den Eidgenossen zu verteidigen. Schließlich sah es sich gezwungen, gewisse Ansprüche für immer aufzugeben.

Dieser gepanzerte Ritter kämpfte zu Pferde. Seit dem 14. Jahrhundert waren Norditalien, Süddeutschland und Lüttich (Niederlande) die Hauptlieferanten von ganzen Rüstungen, sogenannten Plattenrüstungen (Holzplastik von Hans Tußmann, Basel, 1453–1456).

Die endgültige Eingliederung der Leventina durch Uri geht auf das Jahr 1439 zurück. Die Urner nahmen einen Anschlag gegen Kaufleute aus der Innerschweiz zum Anlaß, um erneut das Tal als Pfand für den erlittenen Schaden zu besetzen. In Tat und Wahrheit aber nutzten sie die heikle Situation Mailands und den Waffenstillstand des Zürichkrieges aus. Sie wurden als Befreier empfangen, konnten aber Bellinzona nicht besetzen und stießen zusätzlich auf den Widerstand von Locarno und Lugano. Trotzdem hatten sie nun Fuß gefaßt und sollten von da an nie mehr das ennetbirgische Gebiet verlassen, das sie als Bestandteil der Eidgenossenschaft betrachteten. Der Friedensschluß, dem Filippo Maria Visconti 1441 zustimmen mußte, gestand den Urnern die Pfandschaft freilich nur für eine Dauer von mindestens sechs und höchstens fünfzehn Jahren zu.

Die rechtliche Lage der Leventina war zweideutig und ließ widersprüchliche Interpretationen zu: Das Gebiet war als Besitz des Mailänder Domkapitels durch einen Pachtvertrag von den Herzögen dieser Stadt verwaltet worden. Die Talbewohner aber betrachteten diesen Vertrag als ungültig und beriefen sich dabei auf ein altes Privileg der Unveräußerlichkeit; die Visconti ihrerseits waren auch nicht befugt, das Gebiet, sei es auch nur als Pfand, einem Dritten abzutreten, um so mehr als nicht daran gezweifelt wurde, daß es die Urner nie zurückerstatten würden. Einmal mehr stand man einer verworrenen Mischung überlieferter Rechtsansprüche gegenüber, welche die einen wie die anderen geschickt ausnutzten, um sich den eingegangenen Verpflichtungen und Versprechungen zu entziehen. So konnten einerseits die Talbewohner dem Herzog wie dem Domkapitel die Gefolgschaft und die Entrichtung von Abgaben verweigern, anderseits die Mailänder eine formelle Gebietsabtretung an die Urner verhindern, indem sie sich darauf beriefen, daß sie nur einfache Pächter seien und überdies kirchliche Sanktionen zu gewärtigen hätten. Es galt nun, diesen gordischen Knoten zu durchhauen, aber wer würde das Schwert führen?

Die große Chance schien sich abzuzeichnen, als Filippo Maria Visconti im Jahre 1447 starb und die Frage seiner Nachfolge einen Bürgerkrieg auslöste. Bevor Francesco Sforza, der Gatte einer unehelichen Tochter des letzten Visconti, seine Erbansprüche erfolgreich durchzusetzen vermochte, wurde in Mailand eine kurzlebige Republik errichtet, eine Situation, aus der Uri wie schon im Jahre 1403 allen erdenklichen Nutzen zu ziehen verstand. Durch rasche militärische Vorstöße, die jedoch vor der uneinnehmbaren Festung Bellinzonas aufgehalten wurden, und durch geschickte Verhandlungen gelang es den Urnern für kurze Zeit, alle Bewohner des heutigen Kantons Tessin für eine Koalition gegen Francesco Sforza zu gewinnen. Manchmal aber wiederholt sich die Geschichte: Uri und seine Verbündeten erlitten im Sommer 1449 in Castiglione bei Varese eine schwere Niederlage. Wie nach Arbedo ließ sich aber dieser Mißerfolg in den darauffolgenden Verhandlungen wiederum gutmachen. In Italien sprachen für die Eidgenossen offenbar nicht so sehr die Waffen als vielmehr die Diplomatie.

Es war Sforza, der, wie vor ihm die Visconti, im Norden auf das Wohlwollen der Eidgenossen, zumindest der Urner, angewiesen war, um seinen italienischen Rivalen die Stirn bieten zu können. Sforza erkaufte denn auch dieses Wohlwollen, indem er am 17. April 1450 in Lodi den Besitztitel der Urner über die Leventina erneuerte und auch die seit 1426 gewährten Zollfreiheiten auf den von ihnen eingeführten Waren «bis zum Stadtgraben Mailands» bestätigte.

Bruch und Kontinuität im Herzogtum Mailand: von den Visconti zu den Sforza

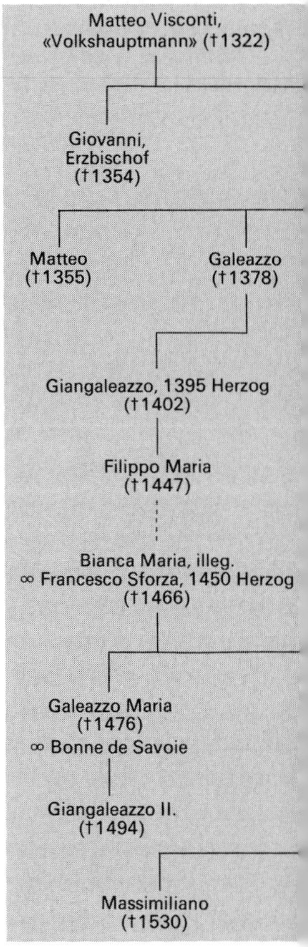

Die Beziehungen verbesserten sich soweit, daß Francesco Sforza kurz vor seinem Tod im Jahre 1466 die Eidgenossen um den Abschluß eines Offensiv- und Defensivbündnisses ersuchte. Das Kapitulat wurde dann 1467 von Sforzas Sohn Galeazzo unterzeichnet, dem auf europäischer Ebene die Rivalen Venedig, Savoyen und Burgund zu schaffen machten. Die Vertragspartner verpflichteten sich gegenseitig, allfälligen Gegnern keine Hilfe zu leisten. Die Urner ihrerseits erwirkten für ihre Leventiner Verbündeten dieselben Zollfreiheiten, die schon den Eidgenossen eingeräumt worden waren. Damit genossen die abgefallenen Talleute günstigere wirtschaftliche Bedingungen als die herzoglichen Untertanen. Eine formelle Abtretung der Leventina kam aber nicht zustande. Uri mußte sich diesbezüglich mit Sforzas Versprechen begnügen, vom Mailänder Kapitel die endgültige Einwilligung fordern zu wollen. Der faktische Besitz des Tales erschien unter diesen Umständen um so wertvoller.

Schon kurz vor 1470 zeichneten sich im Norden, Osten und Süden die Umrisse des helvetischen Raumes deutlich ab. Einzig im Westen gab es noch eine Art Niemandsland, ein Vakuum, das fortan die Aufmerksamkeit auf sich ziehen sollte.

Es ist oft gesagt worden, daß die Schweiz gleichsam von der Peripherie zum Zentrum hin gewachsen sei, indem selbständige Gemeinwesen sich immer fester zusammengeschlossen hätten. Diese Vorstellung geht natürlich von unserem föderalistischen Denken aus und

Wappen der Visconti. Portal des Kastells von Locarno, TI.

schließt gewissermaßen von der gegenwärtigen Erfahrung auf vergangenes Verhalten.

Ein solches vereinfachendes Denkschema bedarf jedoch der Korrektur. Es dürfte deutlich geworden sein, daß es von 1389–1467 vor allem die Eigendynamik einzelner Orte wie Schwyz, Zürich, Uri und Bern war, durch die die zukünftigen Umrisse unseres Landes festgelegt wurden, ohne daß diese Orte bei ihren oft weit zielenden Vorstößen das Bedürfnis gehabt hätten, sich die neuen Gebiete wirklich einzugliedern. Es scheint vielmehr, als ob es ihnen vorerst darum gegangen wäre, die Grenzen eines von ihnen kontrollierten Raumes abzustecken, der von jeglicher äußerer Einmischung frei gehalten werden sollte. Erst nachdem sie dies erreicht hatten, erfolgte die innere Ausgestaltung der Eidgenossenschaft und konnte sich gleichsam als Luxus der Kult der Vielfalt, d. h. der Föderalismus, entfalten.

C. Die Eidgenossen auf der europäischen Bühne (1469–1536)

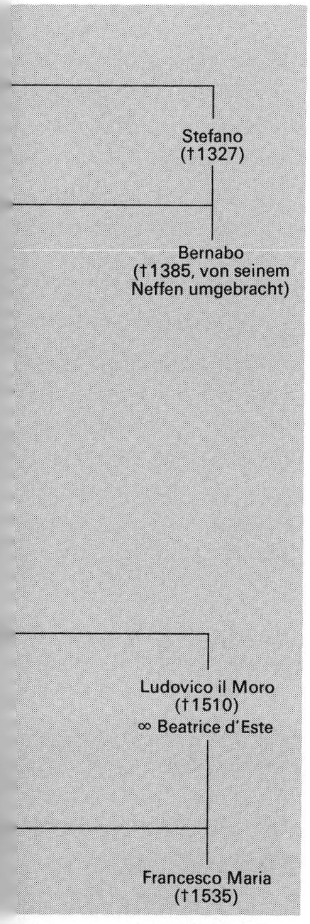

Die zahlreichen Krisen, welche die Eidgenossen zur Bewahrung ihrer äußeren Unabhängigkeit und zur Lösung ihrer inneren Konflikte durchstehen mußten, haben sie nicht etwa geschwächt, sondern vielmehr ihren Mut und ihre Tatkraft gestärkt. Das Wissen darum, ein besonderes militärisches Ansehen zu genießen und Herr im eigenen, nun gefestigten Land zu sein, gab ihnen auch schon das Bewußtsein, eine eigene Nation zu bilden. Diese Selbstsicherheit erlaubte ihnen, neue Risiken einzugehen, ja solche Risiken sogar durch Präventivschläge herauszufordern.

Auf dieser Stufe der staatlichen Entwicklung begann sich nun eine eigentliche Euphorie unter den Eidgenossen breitzumachen, zu einem Zeitpunkt übrigens, da die Voraussetzungen für die Prosperität, die von 1350–1450 ihren Aufschwung mitbestimmt hatte, sich abzuschwächen begannen. Angesichts der neu sich abzeichnenden Schwierigkeiten lag die Versuchung nahe, in kriegerische Abenteuer auszuweichen und so gleichsam die Flucht nach vorn zu ergreifen. Aber ist unter bestimmten Umständen die militärische Offensive nicht der einzige Ausweg, um das Errungene zu verteidigen und zu erhalten?

1. Die Burgunderkriege: Verstrickung oder Absicht?

Einmal mehr läßt sich die Geschichte der Schweiz nur erklären, wenn man den vielfachen Fäden nachgeht, die sie mit der europäischen Gesamtentwicklung verknüpfen. Der Eroberungsdrang der Eidgenossen am Ende des 15. Jahrhunderts und ihre Beteiligung am Kräftespiel der fremden Mächte war eine Antwort auf eine Reihe innerer und äußerer Herausforderungen, die von jenem Europa ausgingen, das die Eidgenossenschaft von allen Seiten bedrängte.

Die Krise zu Ende des Jahrhunderts

Wie schon erwähnt, hatten die eidgenössischen Orte aus Verlagerungen des Handelsverkehrs, die wegen des Hundertjährigen Krieges zum Nachteil Frankreichs stattgefunden hatten, großen Nutzen gezogen. Als aber unter Karl VII. und Ludwig XI. das Königreich wieder erstarkte, wurden die wirtschaftlichen Zentren unseres Landes in den Grundfesten ihrer Prosperität stark erschüttert.

Im Zuge der zurückgewonnenen Sicherheit spielte sich zunächst die direkte Verkehrsverbindung zwischen dem Mittelmeerbecken, Nordfrankreich und den Niederlanden wieder ein, jener Landweg, den man den französischen Isthmus genannt hat. Das Abklingen und schließlich das Ende der französisch-englischen Kriege nach 1444 beziehungsweise 1453 gestattete auch die Wiederaufnahme und Verstärkung des Seeverkehrs entlang der Küsten und auch zwischen dem Ärmelkanal und dem Mittelmeer, wodurch die Landwege stark konkurrenziert wurden. Die Schiffahrt war zwar noch nicht in der Lage, das offene Meer voll einzubeziehen, aber sie belebte dennoch den allzu lange Zeit vom internationalen Verkehr isolierten Handel Frankreichs.

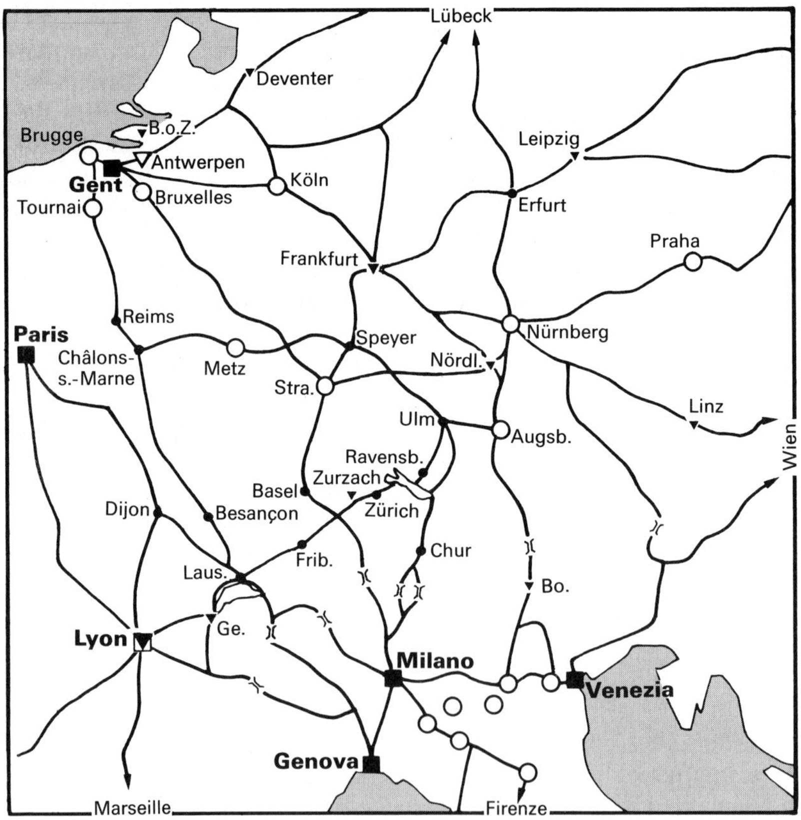

Handelsverkehr in Mitteleuropa um 1500

Städte mit

■ ◪ mehr als 50000 Einwohn

○ ▽ 20000–50000 Einwohne

● ▼ andere wichtige Städte

◪ ▽ ▼ Messestädte

— große Handelsstraßen

Die Konkurrenz der Lyoner Messen: Symbol für Frankreichs Erstarken

Obwohl der französische Handelsweg für die internationale Wirtschaft nicht mehr jene lebensnotwendige Bedeutung hatte wie im 13. Jahrhundert zur Blütezeit der Champagner Messen, verschob sich der Verkehr zwischen Nord und Süd dennoch von den traditionellen transalpinen Wegen weg deutlich nach Westen. Außerdem brauchte das nun aufstrebende Königreich ein Zentrum, das durch seinen Anschluß an den internationalen Handel die wirtschaftlichen Kräfte des Landes anziehen und beleben konnte. Die Stadt Lyon als Umschlagplatz zwischen Italien und den Nordrouten, sollte diese Funktion übernehmen und dank ihrer vorteilhaften Lage von 1420 an zum Messezentrum werden. Durch die Privilegien, die ihr Ludwig XI. 1462 und 1464 einräumte, war sie in der Lage, mit der Stadt Genf in Konkurrenz zu treten und ihr bald einmal sogar den Rang abzulaufen; es war ein ungleicher Kampf, denn der König verbot seinen Untertanen, die Genfer Messen zu besuchen.

Aufgrund dieser neuen Lage verließen die italienischen Kaufleute seit 1465 Genf, um sich endgültig in Lyon niederzulassen. Hier fanden sie denselben vorteilhaften Zugang zu den nördlichen Märkten, den ihnen vorher der Stapelplatz Genf geboten hatte. Sie setzten in erster Linie Seide und Gewürze ab, die problemlos auf dem Landweg befördert werden konnten. Es gelang Lyon sogar, im Gewürzhandel mit den Verteilungszentren Brügge und bald auch Antwerpen gleichzuziehen. Der Schlag war für Genf und Savoyen zwar hart, aber nicht endgültig, denn nach einem spürbaren Rückgang von etwa zwei Dritteln des Handelsvolumens erlebten die Genfer Messen zwischen 1480 und 1500 dank dem deutschen Handel einen gewissen Aufschwung. In der Tat steigerten die Kaufleute aus dem immer reicheren süddeutschen Raum weiterhin den jahrhundertealten Handelsverkehr, der sie über das Rhonetal und das Languedoc mit Katalonien oder Spanien verband. Für Deutschland war es im Grunde genommen ziemlich unwichtig, ob die Relaisstation an der Rhonestraße Genf oder Lyon hieß, denn Sicherheit und ein guter Straßenzustand wurden allen andern Erwägungen übergeordnet. Die Auswirkungen der Verlagerung des wirtschaftlichen Brennpunktes – denn darum ging es bei den Messen – von Genf nach Lyon auf die Politik wurden sogleich spürbar. Die städtischen Zentren, die bis dahin am Gedeihen Genfs vor allem interessiert gewesen waren, Freiburg, Bern und Solothurn wie auch die elsässischen Städte Basel, Straßburg, Kolmar, Schlettstadt, ja eigentlich die ganze Region, durch die der Verkehr vom Rhonebecken nach Süddeutschland und dem Rheintal ging, waren betroffen. Bern und Savoyen waren leider, aufgrund ihrer verschieden gelagerten Interessen, nicht einig darüber, wie auf die Herausforderung Ludwigs XI. reagiert werden sollte. Für den Herzog von Savoyen konnte es ein wirksames Mittel sein, den Deutschen und den Italienern auf dem Weg nach Lyon die Durchquerung des savoyischen Gebiets zu verbieten, sie notfalls sogar aufhalten und ausplündern zu lassen, selbst auf die Gefahr hin, dass sie auf die schlechteren Straßen durch die Freigrafschaft Burgund auswichen. Für Bern hingegen war es lebenswichtig, den über zahlreiche gewinnbringende Zollstätten führenden Verkehrsweg durch das Mittelland den eidgenössischen, deutschen und allen andern Kaufleuten offenzuhalten, ob sie sich nun nach Genf oder Lyon begaben. Es galt, wesentliche Vorteile zu bewahren, d.h. die Kaufleute auf dem *«iter helveticum»* zu halten und hier die Zollabgaben einzuziehen und damit zu vermeiden, daß sie über Basel auf der anderen Seite des Juras ins Saônetal und nach Lyon zogen.

Bern und Freiburg hatten offensichtlich keine großen Skrupel gegenüber ihrem savoyischen Verbündeten, um so mehr als dieser dem Einfluß Burgunds größere Bedeutung beimaß, als ihnen lieb war. So mußte Savoyen schon 1467 unter dem Druck beider Städte die Durchgangssperre gegen die nach Lyon fahrenden Deutschen aufheben und erst recht das Plündern ihrer Habe unterlassen. Hier lag einer der wesentlichsten Gründe für das Scheitern der Gegenmaßnahmen Genfs und Savoyens auf den königlichen Boykott. Gegenüber den Deutschen hatte sich nämlich diese Sperre nie ganz bewährt, auch wenn zunächst Bern und Freiburg sie angeblich zu befürworten schienen. Den Beweis dafür liefert folgende Tatsache: Das Fernbleiben französischer Käufer – oder von Ausländern, die auf ihrem Rückweg durch französisches Gebiet ziehen mußten, – von den Genfer Messen brachte nicht den behaupteten Rückgang in der Produktion freiburgischer Tuche, deren Absatz stark vom Genfer Markt abhängig gewesen war. Ganz im Gegenteil, die Freiburger, wie übrigens auch die Berner, ließen es sich nicht nehmen, ungeachtet der Meinung des Herzogs oder der Genfer, von 1464 an auf eigene Faust über die Freigrafschaft oder Savoyen nach Lyon zu fahren. Es steht hingegen fest, daß der Ausbruch der Burgunderkriege, d.h. der Unterbruch der Straßen von und nach Lyon beidseits des Juras, einen spürbaren Rückgang der freiburgischen Tuchproduktion zur Folge hatte.

Dieser wirtschaftliche Aspekt ist zu berücksichtigen, will man die wahren Gründe Berns verstehen, das sich mit allen Kräften gegen die Herrschaftsansprüche Burgunds über die Waadt und Savoyen wehrte. Das Ziel, das Karl der Kühne verfolgte, bestand nämlich in der Schaffung eines neuen lotharingischen Reiches, das außer der Waadt, dem Chablais und dem eigentlichen Savoyen auch noch Piemont bis Nizza und zweifellos Mailand umfassen sollte. Dadurch wären aber die Handelsstraßen durch das schweizerische Mittelland – und die Freigrafschaft, auf die Bern übrigens sehr konkrete Ansprüche erhob, – von ihrem südlichen Ausgang in Richtung Lyon und Mittelmeer abgeschnitten worden. Es wäre dazu gekommen, daß die Verkehrsachse von den Niederlanden nach Italien wieder direkt über die Champagne, Lothringen, die jurassischen Pässe und den Großen St. Bernhard geführt hätte. Dies wäre zweifellos der wirtschaftliche Ruin von Lyon gewesen, vom endgültigen Niedergang Frankreichs ganz zu schweigen. Bern aber wäre diesmal vom neuen Handelszentrum an der Rhone noch stärker abgeschnitten worden, als es Savoyen je erhoffen konnte, es hätte überhaupt keine Möglichkeit gehabt, an dem verlagerten Handel teilzunehmen, außer es hätte sich

Bevor im 15. Jahrhundert die Bedeutung der Messe allgemein zurückging, spielten die Zurzacher Messen für Zürich und die Deutschschweiz die gleiche Rolle wie Genf für die Westschweiz: Sie waren die wichtigsten Umschlagplätze für Vieh, Leder, Freiburger Wolltuch, Zürcher Seidenwaren usw. Daneben waren die Messen ein Ort der Begegnung und der Geselligkeit für Menschen verschiedenster Herkunft (Fresko aus dem Benediktiner-Kloster St. Georg in Stein am Rhein, SH, 1515).

vollständig dem Willen Karl des Kühnen unterworfen, der im Grunde weniger der Erzfeind der Eidgenossen als vielmehr der städtischen Autonomie war.

Abschwächung der Wirtschaftstätigkeit und Niedergang des städtischen Gewerbes

Man sollte sich im übrigen davor hüten, den seit 1450 beobachteten Niedergang zahlreicher Gewerbezweige, unter anderem der Textilherstellung, in den schweizerischen Städten allein auf den französischen Boykott der Genfer Messen zurückzuführen. Die internationale Konjunktur flaute eindeutig ab; die wirtschaftliche Aktivität blieb bestenfalls stabil, lag aber weit unterhalb der Spitzenjahre von 1375–1430. Insofern war die Akzentverschiebung von Genf nach Lyon eher Symptom einer allgemeinen Erscheinung denn ihre tatsächliche Ursache. In den letzten 20 Jahren des 15. Jahrhunderts fand in Genf zwar wieder ein gewisser Aufschwung statt; er ging auf die Initiative deutscher Händler zurück, die plötzlich wieder in größerer Zahl auftraten (Jean-François Bergier), wie auch auf den vorübergehenden Niedergang der Konkurrenzstadt Lyon von 1484–1494. Trotzdem begann von 1480 an die Talfahrt der freiburgischen Tuchmacherei. Die Neuerungen in der Mode – man zog leichtere Stoffe vor –,

die mangelnde Anpassungsfähigkeit und die Konkurrenz billigerer Waren aus Como und Lugano mögen dabei ihre Rolle gespielt haben. Zur gleichen Zeit verschwand aber auch die Tuchmacherei in Basel, Bern usw., soweit sie über den lokalen Bedarf hinaus produziert hatte.

Arbeitslosigkeit und Solddienst

Während in den städtischen Zentren mangels fehlender Absatzmöglichkeiten für gewerbliche Produkte Arbeitskräfte freigesetzt wurden, vollzog sich auch in der Landwirtschaft ein Strukturwandel, der mit der Spezialisierung auf Viehzucht zusammenhing. Die Nachfrage nach Milch- und Fleischprodukten, ein Indiz für steigende Kaufkraft der Verbraucher, ging auf den relativen Wohlstand der Städte zurück, der sich während mehr als eines Jahrhunderts entfaltet hatte. Aber die Steigerung des Angebots ging auf Kosten des Getreidebaus: Die Weide verdrängte den Acker, und die Schafzucht, die eng mit dem nun niedergehenden Textilgewerbe zusammenhing, mußte der immer bedeutenderen Großviehhaltung weichen. Dies zog wiederum eine Freisetzung von Arbeitskräften nach sich. Die Folge dieser wirtschaftlichen Veränderungen war im städtischen Bereich eine eher konjunkturell, im ländlichen Bereich dagegen eher eine strukturell bedingte Arbeitslosigkeit. Sie löste einen starken Auswanderungsstrom aus, insbesondere in der Form des Reislaufens, das von Zwingli und vielen andern nach ihm mit harten Worten gebrandmarkt wurde. Aus dem Blickwinkel einer puritanischen Betrachtungsweise, wie sie noch bis vor kurzem galt (Hektor Ammann), soll die Abwanderung junger Arbeitskräfte der Erhaltung eines gesunden Gewerbes zum Verhängnis geworden sein. Offensichtlich wird diese Meinung heute revidiert. Vertiefte Forschungen (Hans Conrad Peyer) haben nämlich ergeben, daß vielmehr die schwere Strukturkrise im Bereich von Produktion und Beschäftigung Ursache für den Solddienst, das Betteln und das Landstreichertum in all seinen Formen war und nicht das vermeintliche Streben nach Gold und einem Leben ohne Sorgen, wenn auch nicht ohne Gefahren. Nichts spricht jedoch dagegen, daß die anhaltende Arbeitslosigkeit und der dadurch gesteigerte Hang zu verantwortungslosem Handeln die politischen Entscheide der eidgenössischen Orte um 1500 mit beeinflußt haben.

Der Interessenkonflikt zwischen Bern und Burgund

Die Burgunderkriege sind so bekannt, daß es sich erübrigt, ihre Geschichte nochmals ausführlich zu erzählen. Aber es ist nötig, auf diejenigen Fragen genauer einzugehen, die von der neueren Forschung in entscheidendem Maß revidiert worden sind.

Im Anhang eines recht guten und weiterhin verwendeten Geschichtsbuchs für den Schulunterricht war vor kurzem noch der bezeichnende Satz zu lesen: «Gleich nach dem Abschluß der Ewigen Richtung mit Österreich gelang es dem französischen König Ludwig XI. mit List und Gold einen Krieg zwischen den Eidgenossen und dem burgundischen Herzog Karl dem Kühnen auszulösen.»

Solche Darstellungen sind zwar geläufig, aber dennoch falsch. Ausgezeichnete Historiker wie Karl Bittmann und Richard Vaughan, deren Thesen von Adolf Gasser in einer vorzüglichen Zusammenfassung präzisiert worden sind, haben kürzlich überzeugend nachgewiesen, daß Ludwig XI. die Eidgenossen keineswegs zu einem Krieg gegen Karl den Kühnen überredete, sondern daß die Initiative vielmehr von Bern, Basel und Straßburg ausging.

Das ist verständlich, wenn man bedenkt, welche Gefahr tatsächlich die burgundische Machtausweitung für die Unabhängigkeit und langfristig selbst für die Existenz der Eidgenossenschaft darstellte, und direkter noch für die vitalen Interessen der westschweizerischen und oberrheinischen Städte, in erster Linie für Bern, das mit Freiburg und Solothurn verbündet war, und in gleichem Maße auch für die freien elsässischen Städte Basel, Straßburg, Kolmar und Schlettstadt.

Trotz der Fortschritte, die der Ackerbau seit dem 10. Jahrhundert durch die Verbesserung der Pflüge, den Einsatz von Zugpferden und neue Anbaumethoden machte, blieben die Erträge immer noch kläglich. Für ein gesätes Korn erntete man nur fünf oder sechs, die Hektarerträge erreichten mit fünf bis sechs Zentnern ein Zehntel der heute üblichen (Chorgestühl aus dem Basler Münster, 15. Jahrhundert).

Die Haltung Ludwigs XI. ist schwieriger auszumachen und bietet zu Kontroversen Anlaß. Nachdem er allzu lange Zeit als «Spinne» dargestellt worden ist, in deren feingesponnenem Netz sich die Eidgenossen verstrickt hatten, um so zum gefügigen Werkzeug seiner Politik zu werden, neigt die Geschichtsschreibung heute dazu, den Absichten und der Rolle der Eidgenossen, verglichen mit der des französischen Königs wie auch hinsichtlich ihrer Versöhnung mit Österreich, ein übergroßes Gewicht zu geben.

Immerhin scheint festzustehen, daß der eigentliche Geniestreich Ludwigs XI. darin bestand, in intuitiver Voraussicht der günstigen Gelegenheiten, die sich ihm eröffnen würden, 1468 dem österreichischen Herzog die erbetene Unterstützung zu verweigern. Er wußte, daß Sigmund keine andere Wahl blieb, als beim Herzog von Burgund Hilfe zu suchen. «Mit seiner abschlägigen Antwort», so sagt der amerikanische Historiker Paul Murray Kendall, «lenkte Ludwig XI. wie durch keine andere Handlung während seiner ganzen Herrscherzeit die Ereignisse in die von ihm gewünschten Bahnen ... Alles, was Ludwig zu jener Zeit voraussehen konnte, war die Reaktion des burgundischen Herzogs und ihre möglichen Konsequenzen. Mehr brauchte es nicht.»

An dieser Stelle ist der Lauf der Ereignisse aufzunehmen, um die Situation Berns und seiner Verbündeten in der Schweiz und am Rhein beurteilen zu können.

Der Vertrag von Saint-Omer und die österreichisch-burgundische Allianz

Mit dem 1469 abgeschlossenen Vertrag von Saint-Omer trat Sigmund dem Herzog von Burgund einen Teil seiner Vorlande pfandweise ab: elsässische Besitzungen (Sundgau), den Breisgau und die Vogteien im Schwarzwald mit den Städten Laufenburg, Rheinfelden, Säckingen und Waldshut. Damit konnte er seinen im Friedensvertrag von Waldshut 1468 eingegangenen Verpflichtungen nachkommen und die Schuld von 10000 Gulden gegenüber den Eidgenossen tilgen sowie sich darüber hinaus dringend benötigte Geldmittel verschaffen.

Dieser Vertrag schuf die Voraussetzungen, die zur unausweichlichen Konfrontation der Eidgenossen mit Karl dem Kühnen führten. Auf den ersten Blick schien das ausschließlich defensive Abkommen – das Versprechen der militärischen Unterstützung im Fall eines eidgenössischen Angriffs auf Sigmund – keine Bedrohung der Eidgenossenschaft zu bedeuten, obwohl sie es fortan mit der besten Armee Europas zu tun hatten. Eine weit schlimmere Gefahr stellten die hintergründigen Absichten der Vertragspartner dar. Das Bündnis konnte nämlich als Versuch verstanden werden, die Machtansprüche der Habsburger über die eidgenössischen Orte neu zu beleben. Inzwischen wissen wir, daß Karl der Kühne entschlossen war, eventuellen kaiserlichen Schiedssprüchen wegen der Gebietsstreitigkeiten der Eidgenossen mit Sigmund notfalls mit Gewalt Hochachtung zu verschaffen. Anderseits war es ein offenes Geheimnis, daß Karl der Kühne mit der Kaiserkrone liebäugelte. Um dabei nicht an der Ablehnung Friedrichs III. oder der deutschen Kurfürsten zu scheitern, blieb ihm allein der Vorschlag einer Heiratsverbindung zwischen den Häusern Habsburg und Burgund. Wenn Karl der Kühne also nicht a priori an einem Krieg mit den Eidgenossen interessiert war, konnte er ihm doch nützlich erscheinen, wenn er ihn für die Habsburger führte, als Gegengabe für die Kaiserkrone und für die Verlobung von Maria von Burgund, seiner Alleinerbin, mit Maximilian von Österreich. In dieser Richtung liefen die Verhandlungen, die Sigmund als Vermittler mit Kaiser Friedrich III. führte. Wenn sie zum Ziel führten, dann erst hatte er (so Karl der Kühne) ein wahrhaft reales Interesse, für Habsburg zu marschieren. Dann war die Zeit der Restauration gekommen (Emil Dürr).

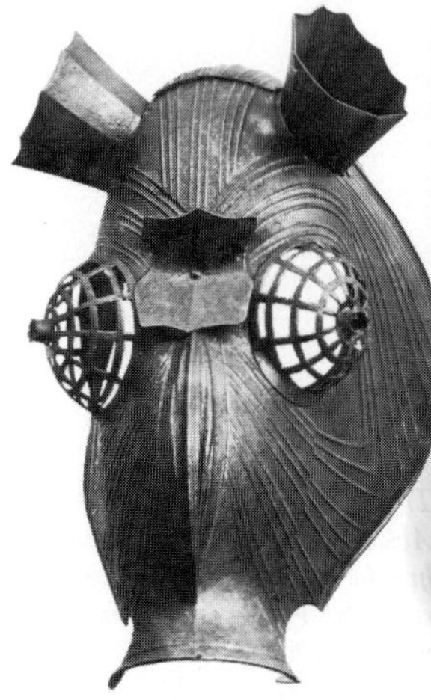

Dieses in vielen Geschichtsbüchern abgebildete Stirnblatt ist nicht etwa eine Gasmaske für Pferde, sondern die schlechte Kopie eines Stückes aus der Burgunderbeute, die sich an süddeutsche Vorbilder aus dem 2. Viertel des 16. Jahrhunderts anlehnt. Zu eben dieser Zeit, vor allem in den Italienfeldzügen zu Beginn des 16. Jahrhunderts, erreichte die gepanzerte Reiterei ihre größte Schlagkraft, bevor sie von der Artillerie verdrängt wurde.

So schwerwiegend diese Aussichten auch waren, einstweilen ließen sie sich nicht abschätzen. Es ist zweifelhaft, ob man sich im eidgenössischen Lager überall der realen Gefahr klar bewußt war. Auch konnte man noch keine konkreten Gegenmaßnahmen ergreifen, um das Gesetz des Handelns in die eigenen Hände zu nehmen.

Es war Bern, es waren Straßburg und Basel, die schließlich die Geister wachrüttelten, die Kräfte mobilisierten und die Eidgenossen und die Verbündeten mitrissen, ohne deren Hilfe die große Aufgabe, die Befreiung der Eidgenossenschaft von der tödlichen Gefahr einer burgundischen Einkreisung, nicht erfolgreich durchgeführt werden konnte. Die Stadt an der Aare wie auch die freien Städte im Elsaß teilten dieselbe vordringliche Sorge angesichts der Bedrohung der Verkehrswege und Absatzmärkte der Städte am Oberrhein und im schweizerischen Mittelland durch das burgundische Ausgreifen. Niemand war besser in der Lage, die lebenswichtige Bedeutung solidarischen Handelns zu erkennen, als der bernische Schultheiß Niklaus von Diesbach, der durch seine Herkunft mit der wichtigen Watt-Diesbach-Gesellschaft verbunden war und in seiner Jugend seine kaufmännische Ausbildung in Barcelona erhalten hatte, diesem großen Umschlagplatz des durch die Schweiz führenden deutschen Handelswegs.

Die burgundische Gefahr: die drohende Einkreisung

Bern, Basel und Straßburg hatten unterschiedliche Gründe, die burgundische Machtausweitung zu fürchten, die sie je nach geographischer Lage in verschiedenem Ausmaße zu spüren bekamen. Die freien elsässischen Städte waren seit jeher den Schikanen der österreichischen Adligen, die nunmehr Vasallen Burgunds geworden waren, ausgesetzt. Sie kannten auch den Haß, den Karl der Kühne gegenüber den autonomen städtischen und ländlichen Kommunen hegte und

Der burgundische Machtbereich

1 Burgund 1474
2 abhängige oder verbündete Gebiete
3 1473 und 1475 durch Karl den Kühnen annektierte Gebiete
4 Städte der Niederen Vereinigung
5 Reichsgrenze

Br Breisgau
BS Basel
C Kolmar
Ca Bistum Cambrai
MH Mühlhausen
R Grafschaft Rethel
S Sundgau
Sch Schlettstadt
Str Straßburg

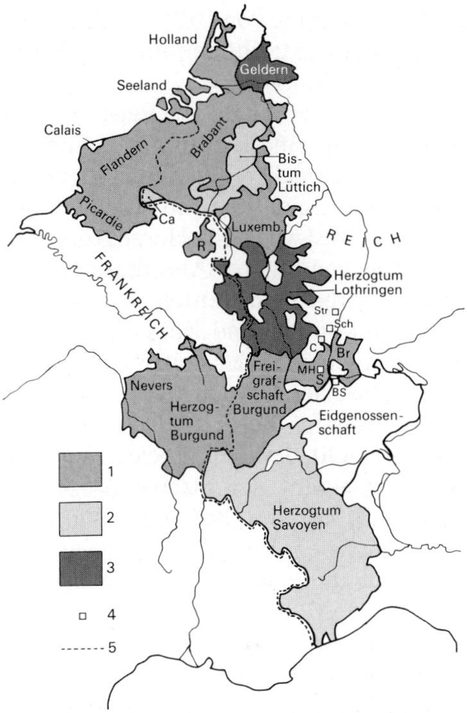

den schon die Städte Gent und Lüttich zur Genüge zu spüren bekommen hatten. Von Bedeutung war in diesem Zusammenhang die Stellung der Stadt Mülhausen, die seit 1466 mit Bern und Solothurn verbündet war, wie auch die Rolle Peter von Hagenbachs, der von Karl dem Kühnen als Landvogt im Elsaß eingesetzt worden war. Durch ihr Bündnis stellte die Stadt Mülhausen einen Konfliktherd in einem besonders gefährdeten Gebiet dar und drohte die Eidgenossen in schwerwiegende Verwicklungen mit ihrem neuen Nachbarn hineinzuziehen. Hagenbach, der trotz der Schutzklauseln des Waldshuter Vertrags die Stadt Mülhausen ständig unter Druck setzte, verfolgte im wesentlichen Ziele seines Herrn, obschon Karl der Kühne seine Absichten aus Zweckmäßigkeitserwägungen hinauszuzögern oder zu verbergen wußte.

Für Bern drohte von zwei Seiten Gefahr, oder genauer, seine eigenen Ausdehnungsabsichten wurden in zwei Richtungen, im Norden und Süden, durch die burgundische Machterweiterung behindert. Der Waldshuter Krieg, den die Eidgenossen im Jahre 1468 zur Unterstützung der Stadt Mülhausen geführt hatten, war eigentlich nur ein von Bern angeregtes Unternehmen gewesen, das die Kontrolle des Oberrheins und den Besitz der Stadt Waldshut am Zusammenfluß von Aare und Rhein hätte einbringen sollen. Nun aber wurde die Ausdehnung Berns nach Norden durch den Vertrag von Saint-Omer schlagartig zum Stillstand gebracht. Dazu kam ein Gefühl der Frustration, da ihm in einer Klausel der Vereinbarung von Waldshut die Stadt versprochen worden war für den Fall, daß Österreich die Zahlung von 10000 Gulden nicht leisten würde. Zum großen Ärger Berns entrichtete nun aber Karl der Kühne anstelle von Sigmund diese Summe.

Savoyen – Berns Feind

Das Problem, das sich Bern im Süden stellte, wies zwei Aspekte auf. Es ging einerseits um den inneren Zusammenhalt Savoyens, seines traditionellen Verbündeten, und um den Einfluß, den Bern hier neben Frankreich ausüben konnte. Seit dem Tod von Amadeus VIII. im Jahre 1451 wies das Herzogtum Zeichen von Schwäche auf und drohte wegen innerer Auseinandersetzungen zum Spielball mächtigerer Nachbarn zu werden. Frankreich schien sich zunächst durchsetzen zu können, und sei es nur aus verwandtschaftlichen Gründen, denn Ludwig XI., der Gatte von Carlotta von Savoyen, betrachtete seine Schwester Jolanda, die Gattin des neuen Herzogs Amadeus IX., als zuverlässige Verbündete. Er hatte aber die Rechnung ohne den Wirt gemacht, denn seine beiden savoyischen Schwäger, Philippe von Bresse, genannt der Streitsüchtige, und vor allem der ehrgeizige Jakob von Romont, Baron der Waadt, standen seit 1467 in burgundischen Diensten. Eine Zeitlang gelang es dem König, die auf den Hof von Chambéry wirkenden gegensätzlichen Einflüsse Frankreichs, Burgunds, Mailands, Berns und Freiburgs im Gleichgewicht zu halten und somit zu neutralisieren. Aber nach dem Tod von Amadeus IX. im Jahre 1472 stellte sich die Regentin Jolanda auf die burgundische Seite, beeinflußt von Jakob von Romont, der inzwischen zum Vertrauensmann Karls des Kühnen und einer seiner fähigsten Heerführer geworden war.

Indem er Savoyen für seine Sache zu gewinnen suchte, drang Karl der Kühne in die Einflußsphäre Berns ein. Dies allein genügte schon, um die einst gut nachbarlichen Beziehungen Berns zu Burgund radikal zu ändern. Burgund machte nicht bloß seinen Einfluß geltend, sondern bezog das Waadtland regelrecht in seinen Herrschaftsbereich ein. Es war nun keine Landvogtei mehr unter der direkten Hoheit Savoyens, sondern dem Einfluß Burgunds unterworfen, seit Jakob von Romont, Baron der Waadt, es zusammen mit Payerne und Murten als Apanage erhalten hatte. Daneben gab es noch andere Herren, die hier wichtige Lehen innehatten und gleichzeitig Vasallen Burgunds waren; so besaß etwa die Familie der Chalon die Herrschaften Erlach, Grandson, Echallens, Jougne und Orbe, und der burgundische Herr de la Baume-Montrevel, besaß Illens und Plaffeyen in der Nähe von Freiburg.

Damit war gerade die Entwicklung eingetreten, die den traditionellen Interessen der Republik Bern zuwiderlief. Die Stadt war seit jeher bemüht gewesen, sich mit einem Schutzgürtel von verbündeten, untertänigen oder verburgrechteten Gebieten zu umgeben. Nun aber begann diese Pufferzone unter dem Druck Burgunds überall zu zerbröckeln. Auch die Grafen von Neuenburg und Valangin, treue Verbündete Berns, wurden in den burgundischen Sog gezogen.

Bern, Freiburg und Solothurn wurden so von allen Seiten, von Waldshut bis zum Oberland, vom Bieler- bis zum Genfersee in die

Zange genommen. Im Norden und Süden wurde die schwache Herrschaft Vorderösterreichs und Savoyens durch Burgund verdrängt, das militärisch und finanziell zur dominierenden Macht aufgestiegen war.

Angesichts der bestehenden Kräfteverhältnisse mußten sich zwangsläufig Spannungen ergeben, die im Rückblick die kommenden Auseinandersetzungen ankündigten. Damals waren jedoch diese Perspektiven, sieht man von Ludwig XI. und Niklaus von Diesbach ab, kaum jemandem bewußt. Vielleicht wäre selbst Karl der Kühne ob der Voraussage erstaunt gewesen, daß sowohl Bern als auch der französische König seine ärgsten Todfeinde werden sollten.

Zunächst einmal waren die strategischen Stellungen zwischen Rhein und Rhone vollständig blockiert. Keiner der beiden künftigen Protagonisten, weder Ludwig XI. noch Karl der Kühne, waren daran interessiert, an diesen potentiellen Gefahrenherd zu rühren. Als sich die Eidgenossen über die lästige Präsenz Burgunds im Elsaß beklagten, antwortete der französische König mit dem mäßigenden Ratschlag, ja keine Provokationen zu unternehmen. Dem Herzog Sigmund, der sich doch auf die in Saint-Omer mündlich erhaltenen Zusicherungen stützte, gab Karl der Kühne zu Beginn des Jahres 1471 zu verstehen, daß vorläufig nicht an ein gemeinsames Vorgehen zur Wiederherstellung der österreichischen Herrschaft in der Schweiz zu denken sei. Der König und der Herzog verfolgten in der Tat wichtigere Interessen; deshalb waren das Elsaß wie auch die Eidgenossenschaft oder gar Savoyen nur von zweitrangiger Bedeutung. Der Schwerpunkt lag weiter nördlich: 1471 und 1472 lieferten sich Ludwig XI. und Karl der Kühne Kämpfe mit wechselndem Erfolg im Gebiet der Somme, an der Grenze zwischen dem französischen Königreich und den burgundischen Staaten.

Das Zögern Ludwigs XI. und Karls des Kühnen führt zur Annäherung zwischen Österreich und den Eidgenossen

Ludwig XI. sah vor allem eine Gefahr, die er trotz aller Anstrengungen bisher noch nicht hatte bannen können, daß sich nämlich England und Burgund zusammenfinden würden – das Schreckbild aus dem Hundertjährigen Krieg –, um sein Reich von der Normandie bis zur Loire hinwegzufegen. Er hatte im englischen Thronstreit auf die falsche Karte gesetzt. Nachdem er mit guten Gründen die Lancaster begünstigt und 1470 Heinrich VI. zur Wiedererlangung der Königskrone verholfen hatte, gelangte 1471 schließlich doch der Herzog von York, der Schwager Karls des Kühnen, an die Macht. Folglich mußte sich der französische König davor hüten, im Osten in einen neuen Konflikt verwickelt zu werden, denn dies hätte ihn gezwungen, Truppen aus dem Westen, der Bretagne oder Normandie abzuziehen, wo die englische Invasion befürchtet wurde. Aus demselben Grund lehnte er auch jedes noch so verlockende militärische Bündnis ab, das zu einer direkten Konfrontation mit dem Herzog von Burgund hätte führen können. Allzu groß war nämlich seit 1472 sein Interesse an den Verlängerungen des Waffenstillstandes, und das dauerte bis zum 1. Mai 1475. Seit es ihm gelungen war, die feudale Opposition innerhalb Frankreichs niederzukämpfen, war er hauptsächlich damit beschäftigt, die europäischen Koalitionen auf diplomatischem Weg zu hintertreiben. Mehr aus Vorsicht denn aus Trägheit zog er sich auf die Rolle eines Statisten zurück, der, ohne zu agieren, zum Katalysator der Handlung wird. Wie Paul Murray Kendall richtig gesagt hat, begünstigte Ludwig XI. damit eine politische Entwicklung, die er selbst hatte herbeiführen helfen, ohne daß man ihn dafür hätte verantwortlich machen können.

So lagen die Dinge, als die Situation am Oberrhein wieder in Bewegung geriet durch mehrere miteinander verknüpfte Ereignisse, in die Bern und das Elsaß, Hagenbach und die Pfandlande und schließlich vor allem Sigmund und die Eidgenossen verwickelt waren. Es ging dabei einerseits um die alten Ansprüche und mehr noch die Befürchtungen, die Sigmund gegenüber den Eidgenossen hatte, und anderseits um die feste Absicht der alten Orte und der mit ihnen verbündeten Städte Basel und Straßburg (die Niedere Vereinigung von 1473), die Burgunder aus den österreichischen Landen zu vertreiben. Karl der Kühne reagierte darauf mit Gleichgültigkeit. Seitdem er darauf verzichtet hatte, sich in die inneren Angelegenheiten Frankreichs einzumischen und im November 1472 einen Waffenstillstand mit dem König geschlossen hatte, konzentrierte er sich ganz auf die europäische Politik, schloß Allianzen mit Aragon, England, Ungarn, Dänemark, Neapel und bald auch Mailand, und richtete mehr und mehr sein Augenmerk auf das deutsche Reich. So mischte er sich in die Angelegenheiten des Herzogtums Geldern und des Erzbistums Köln ein, ganz zu schweigen von seinen Bemühungen um eine Königskrone während des ganzen Jahres 1473.

Da begann Sigmund ernsthaft an der Unterstützung Karls des Kühnen bei der Wiedererlangung der ihm von den Eidgenossen entrissenen Gebiete zu zweifeln. Ja, er hatte den Eindruck, daß der Herzog ihn gegenüber den Eidgenossen, die nichts von ihrer Angriffslust eingebüßt hatten, völlig im Stich ließ. Die Affäre um Bilgri von Heudorf im Frühling 1473 wurde für ihn zum Testfall: Sein Beschützer ließ ihn angesichts der Forderungen und Vergeltungsdrohungen der Tagsatzung fallen. Die Lage wäre einfacher gewesen, wenn er über die nötigen Geldmittel verfügt hätte, nicht nur für sein Wohlergehen und seine Sicherheit, sondern auch, um die im Vertrag von Saint-Omer verpfändeten Ländereien auszulösen. Denn er wußte – und dies ließ ihn nicht gleichgültig –, daß sich nicht nur die Eidgenossen und die freien Städte im Elsaß über die anmaßenden Umtriebe des Peter von Hagenbach beklagten. Auch seine Untertanen, Bauern wie Ritter, im verpfändeten Sundgau und Schwarzwald trauerten der ehemaligen habsburgischen Herrschaft nach, die sicher weniger wirkungsvoll, dafür aber humaner gewesen war.

Unter diesen Umständen begannen die bisher gegensätzlichen Interessen Sigmunds und der Eidgenossen sich zu ergänzen. Nachdem der Herzog erkannt hatte, daß sich die in den Vertrag von Saint-Omer gesetzten Erwartungen nicht erfüllten und ihm nur die Last einer Pfandschaft eingetragen hatten, wandte er sich dem einzigen

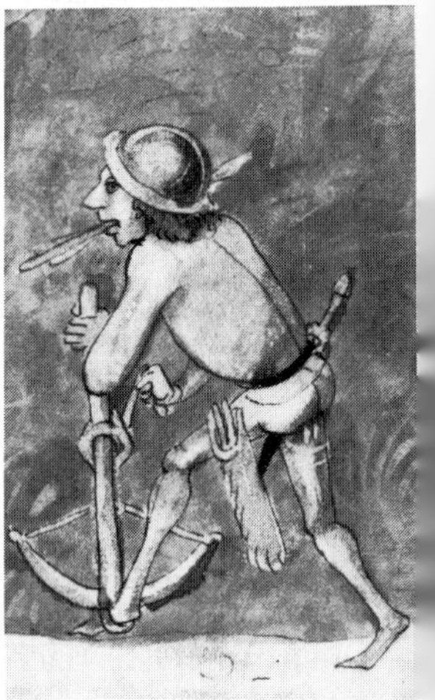

Windarmbrust, wie sie von den Eidgenossen während der Burgunderkriege verwendet wurde. Diese erst etwa 1440 in der Schweiz geläufige Weiterentwicklung der alten Armbrust konnte durch einen Hebelmechanismus gespannt werden, so daß nun auch die Kräfte eines Jugendlichen dazu ausreichten, Waffen zu handhaben, die noch ein Jahrhundert früher die ganze Kraft eines Erwachsenen beanspruchten. Darstellung aus der Berner Chronik von Diebold Schilling, 1478.

Ausweg zu, der ihm damals offenstand, nämlich einer Übereinkunft mit den Eidgenossen, die ihm dauerhafte Sicherheit gewährleisten und ihm gleichzeitig erlauben sollte, kostenlos den Sundgau und Breisgau zurückzuerhalten. Er brauchte bloß endgültig auf seine territorialen Ansprüche südlich des Rheins zu verzichten, um dann die Burgunder dank der finanziellen und militärischen Hilfe der eidgenössischen Orte und ihrer elsässischen Verbündeten notfalls mit Gewalt aus den verpfändeten Gebieten zu vertreiben.

Die «Ewige Richtung» mit Österreich und ihre Folgen

Aus diesen Überlegungen erwuchs die «Ewige Richtung», die am 30. März 1474 in ihren Grundsätzen von den Eidgenossen und Sigmund vereinbart und durch einen noch weitergehenden Vertrag über gegenseitige Waffenhilfe zwischen den eidgenössischen Orten und der Niederen Vereinigung (Straßburg, Schlettstadt, Basel und Kolmar) ergänzt wurde. Hinter diesem anscheinend rein defensiven Hilfsvertrag, dem Bündnis von Konstanz, verbarg sich eine recht deutliche Absicht. Mit der Möglichkeit nämlich, weitere Verbündete – gedacht war an Sigmund – zu gewinnen, waren die Eidgenossen und die Niedere Vereinigung in der Lage, einen Aufstand des habsburgischen Elsasses gegen die Burgunder zu unterstützen und den Österreichern Hilfe zu leisten, falls Karl der Kühne sich mit Gewalt einer Rückgabe der Pfandschaften widersetzte.

Es ist nicht daran zu zweifeln, daß sich die Berner der Folgen, die sich aus dem Abschluß der «Ewigen Richtung» ergeben konnten, nämlich eines Krieges mit Burgund, ganz genau bewußt waren. Das Abkommen zielte auf die Befreiung des Elsaß und der seit dem Vertrag von Saint-Omer verpfändeten Besitzungen. Wenn Karl der Kühne auch andernorts, namentlich in Deutschland mit der Belagerung von Neuß (Juli 1474–Juni 1475), beschäftigt war, so konnte er die Erhebung, die im Mai 1474 das Elsaß von seinen Besetzern befreite, nicht ohne Reaktion hinnehmen. Bei einem Gegenangriff mußten die Eidgenossen und die Niedere Vereinigung Österreich, das zu schwach war, um sich im Elsaß allein zu behaupten, den eingegangenen Verpflichtungen gemäß mit ihren beträchtlichen Kräften zu Hilfe eilen.

Die Befreiung des Elsaß: erstes Ziel der Eidgenossen

So geschah es auch. Die Eidgenossen und ihre Verbündeten schlugen vorerst in aller Form den Rückkauf der verpfändeten Besitzungen vor und warteten sogar einen erneuten burgundischen Angriffsversuch auf den Sundgau ab, bevor sie aus eigener Initiative am 25. Oktober 1474 Herzog Karl den Krieg erklärten. Es braucht wohl nicht erwähnt zu werden, daß die Berner diesen Krieg vorausgesehen und auch herbeigewünscht hatten, wobei ihnen bewußt war, daß sie auf einen Partner angewiesen waren, der sie notfalls aus ihrer isolierten Stellung befreien und ihnen vor allem bei der militärischen Rüstung finanzielle Hilfe leisten konnte.

An dieser Stelle kommt die Bedeutung der Beziehungen ins Spiel, die zwischen Bern und den Eidgenossen einerseits und dem französischen König anderseits bestanden. Diese Beziehungen waren durch Komplizenschaft, ja Freundschaft gekennzeichnet. Seit langem

Die Rolle Ludwigs XI.

schon unterhielt Ludwig XI. die besten Kontakte mit den eidgenössischen Orten – Niklaus von Diesbach war Rat und Kammerherr des Königs seit 1468 –, und sie reichten vom Informationsaustausch über eine Fülle von Ratschlägen bis hin zu ausgedehnten Aufenthalten des bernischen Schultheißen am französischen Hof. Auch wenn die eidgenössisch-österreichische Annäherung nicht eigentlich auf die Initiative des Königs zurückging und Ludwig XI. im Frühling 1473 erst auf Anraten von Niklaus von Diesbach und Jost von Silenen den Herzog Sigmund, der sich finanzielle Hilfe erhoffte, zu einer Versöhnung mit den Eidgenossen drängte, lag die Idee zu einer solchen Verständigung doch in der Luft, und es war Sache des diplomatisch und militärisch bestgestellten Partners, sie zu fördern.

Bis dahin hatte sich Ludwig XI. den Eidgenossen gegenüber in vorsichtiger Neutralität geübt. Die gemeinsame tiefe Feindschaft gegenüber Karl dem Kühnen führte zwar zu einer beidseitigen Annäherung, aber – und dies kann nicht genug betont werden – die in Savoyen wie in Italien verfolgten langfristigen Ziele der beiden Partner deckten sich nicht. Vor allem war der Zeitplan des Königs ein anderer als derjenige der Eidgenossen. Deshalb hielten beide Verbündeten an ihrer vollständigen Handlungsfreiheit fest. Insbesondere die Ansicht, wonach Ludwig die ahnungslosen Eidgenossen manipuliert und zu einer Kriegserklärung an Burgund getrieben hätte, um sie anschließend ihrem traurigen Schicksal zu überlassen, gründet letzten Endes auf einer falschen Interpretation des zwischen Frankreich und den Eidgenossen geschlossenen Vertrags. Vielmehr enthielt diese militärische Allianz, die von Diesbach mit Ludwig XI. im Sommer 1474 ausgehandelt und von der Tagsatzung gleichzeitig mit der Kriegserklärung genehmigt wurde, mit ihrem letzten Artikel, wie Karl Bittmann in aller Deutlichkeit aufgezeigt hat, einen nachträglich durch Bern und die eidgenössischen Orte eigenmächtig angefügten Zusatz, von dem der König bis zur Ratifikation nichts wußte. Dieser beinhaltete den Wunsch der Eidgenossen nach einer formellen Zusicherung Ludwigs, sie bei einem bewaffneten Konflikt mit Karl dem Kühnen sogleich zu unterstützen. Ludwig nahm aber diesen berühmten Artikel 8, der ihm den ungerechten Vorwurf des Meineids eingebracht hat, nur unter sehr wesentlichen Abänderungen an, die von der Tagsatzung erst am 4. Januar 1475, d. h. einige Zeit nach Ausbruch der Feindseligkeiten registriert wurden. Aufgrund dieser Vorbehalte war der König nur auf ein förmliches Hilfsgesuch hin und nur im Fall einer echten Bedrohung verpflichtet, den Eidgenossen Hilfe zu leisten.

Überdies wurde der endgültige, am 4. Januar 1475 ratifizierte Vertragstext, wie Adolf Gasser hervorgehoben hat, in diesem Punkt auf den 2. Oktober 1474 vordatiert, um den Schein zu wahren und nicht den Eindruck zu erwecken, Ludwig sei vor vollendete Tatsachen gestellt worden. Es kann folglich auch nicht mehr die Rede sein von einem geheimen hinter dem Rücken der Eidgenossen vereinbarten Zugeständnis der Berner an den König.

Für Ludwig wie für Diesbach waren die finanziellen Subsidien, die an die Eidgenossen zu leisten waren, das wichtigste Element des Vertrages. Die wesentlichen Bestimmungen sahen Zuschüsse von 20000 Pfund jährlich bis zum Tode des Königs zur Deckung der eidgenössischen Militärausgaben vor. Die andern Artikel enthielten allgemein gehaltene Aussagen oder schlossen aufgrund ihrer Bedingungen für beide Seiten die Verpflichtung der unmittelbaren gegenseitigen Hilfe aus.

Die Eidgenossen haben also dem Herzog von Burgund aus eigenem Entschluß den Krieg erklärt, ohne daß der König sich verpflichtet gefühlt hätte, ihnen bei diesem einseitigen Vorgehen Hilfe zu gewähren. Außerdem konnte es sich Ludwig XI. zu diesem Zeitpunkt gar nicht leisten, sich ihnen anzuschließen, denn er war bis zum 1. Mai 1475 an einen Waffenstillstand mit Karl dem Kühnen gebunden – das Bündnis zwischen Frankreich und den Eidgenossen trat nicht vor jenem Datum in Kraft. Vor allem aber war sein Augenmerk auf zwei andere Fronten gerichtet: Einerseits beschäftigte ihn der Aufstand im Süden Frankreichs, im Roussillon und in Perpignan, in Gebieten, die er 1462 als Pfandschaften von Aragon erhalten hatte – er hatte also die gleichen Probleme wie Karl der Kühne im Elsaß –, anderseits stellte der im Juli 1474 unterzeichnete Londoner Vertrag eine schwere Bedrohung dar, denn eine Landung der Engländer zur militärischen Unterstützung Burgunds hätte dem französischen Königreich den Todesstoß versetzen können. Es war die größte Leistung Ludwigs XI., daß er dieses Zusammenspiel vereiteln und am 29. August 1475 mit Eduard IV. von England den Vertrag von Picquigny abschließen konnte, der die Ansprüche der englischen Monarchie auf französisches Gebiet für alle Zeiten aufhob.

Die neuere Geschichtsforschung hat, oft in mühseliger Kleinarbeit, also ein anderes Bild von den Zusammenhängen gewonnen, die zu den Burgunderkriegen führten.

2. Der schwierige innere Ausgleich

Auch über den Verlauf und die Folgen der Burgunderkriege ist viel Unrichtiges gesagt worden. Vor allem stimmt es nicht, daß die Kriegsbeute und deren Teilung der Ursprung allen Übels gewesen sein soll. Die Gegensätze, die nach den Kriegen unter den Eidgenossen aufbrachen und 1481 zum Stanser Verkommnis führten, waren keineswegs, wie oft bei Verbündeten, ein Zwist unter triumphierenden Siegern.

Im Schatten Berns

Schon zu Beginn des Konflikts traten die Rivalitäten zutage, die sich aus den unterschiedlichen mit den Feldzügen verfolgten Zielen ergaben. Die Basler und die Straßburger Bischöfe und Bürgerschaften waren in erster Linie um die Verteidigung des Elsaß gegen den erwarteten Angriff Karls des Kühnen bemüht und suchten die befestigten Orte in der Freigrafschaft zu neutralisieren, welche die Sicherheit des Sundgaus bedrohten. Die Berner und die Eidgenossen nahmen sich anfangs dieser Sache ebenfalls an, denn vom Erfolg dieser Operation hing die Verwirklichung der «Ewigen Richtung» und die Beseitigung der burgundischen Gefahr im Norden ab. Dieser Feldzug endete mit dem Sieg bei Héricourt am 23. November 1474.

Spaltung unter den Eidgenossen

Es vollzog sich hingegen eine echte Spaltung unter den Eidgenossen, als Bern seine Offensive gegen die Waadt eröffnete. Sein Ziel bestand darin, Savoyen aus der Einflußsphäre Burgunds zu lösen, um Karl den Kühnen endgültig zu isolieren. Zu diesem Zweck stellte es im Januar 1475 ein Ultimatum an Herzogin Jolanda von Savoyen und forderte sie auf, Karl dem Kühnen den Krieg zu erklären und die Waadt, die bisher als Apanage Jakob von Romont, dem Vasallen Karls, zugeteilt war, wieder unter ihre unmittelbare Herrschaft zu nehmen.

Wie erwartet, lehnte Herzogin Jolanda diesen Schritt unter einem Vorwand ab. Daraufhin eroberten die Berner im April 1475 die in der Waadt gelegenen, aber dem burgundischen Hause Chalon gehörenden, strategisch wichtigen Orte Jougne, Orbe, Grandson und Echallens. Es muß betont werden, daß Bern diese Feldzüge führte und darin nur von Freiburg, Solothurn und Luzern unterstützt wurde. Die andern Orte, insbesondere Zürich und die Waldstätte, weigerten sich kategorisch, an Unternehmungen teilzunehmen, die sie als ausschließliche Angelegenheit bernischer Ambitionen betrachteten. Sie sahen in einer etwas engen Optik die Sicherheit im Westen als keineswegs gefährdet an, sondern fürchteten vielmehr die Hegemonieabsichten der Berner.

Leider vermochten die Eidgenossen das gemeinsame Interesse nicht zu erkennen, das die Motive Berns mitbestimmte. Bern strebte in erster Linie die Beseitigung Jakobs von Romont an, des eigentlichen Initiators der Koalition, die zwischen Burgund, Savoyen und Mailand im Entstehen war (Liga von Moncalieri am 30. Januar 1475). Aus militärischer wie auch aus politischer Sicht drängte sich die Eroberung der Waadt zur Abwehr des burgundischen Zugriffs auf, denn die Pässe im Jura und Unterwallis und die Wege durch das waadtländische Flachland stellten die Verbindung zwischen Burgund und Italien her und ermöglichten den Durchmarsch der in burgundischen Diensten stehenden lombardischen Söldner. In strategischer Hinsicht konnte die Waadt als das fehlende Verbindungsstück des Herrschaftskomplexes betrachtet werden, den Herzog Karl mit der Wiederherstellung des lotharingischen Reichs von Brügge bis Nizza anstrebte.

Die berühmte Freiburger Murtenlinde auf dem Wirtshausschild (1626) wurde nicht, wie es der Volksmund will, nach der siegreichen Schlacht bei Murten gepflanzt, sondern schon sechs Jahre vorher, 1470, nach der Schleifung der alten Befestigungen.

Trotz der heimlichen Opposition Adrian von Bubenbergs und den Verhandlungsangeboten der Herzogin Jolanda, die eine mögliche Zusammenarbeit mit den Eidgenossen erkundete, setzte sich die weitsichtige Politik Diesbachs über seinen Tod im August 1475 hinaus durch. Unter der Führung von Bern, Freiburg und Solothurn, denen sich die andern Orte halbherzig anschlossen, fielen sämtliche befestigte Stützpunkte in der Baronie Waadt im Oktober und No-

Während der Burgunderkriege war rund ein Viertel der eidgenössischen Infanterie mit Langspießen ausgerüstet. Diese Waffe wurde eingesetzt, um die Schlachtordnung des Gegners aufzubrechen, worauf die nachfolgenden Truppen den Feind mit ihren Hellebarden niedermachten. 1974 stellte eine Rekrutenkompanie das «carré suisse» auf dem Schlachtfeld von Grandson nach. Dabei zeigte sich, daß die Staffelung von sechs bis acht Langspießreihen große Anforderungen an die Disziplin stellte, da sich die Spießspitzen der vierten Reihe genau auf Kopfhöhe der ersten befanden.

vember 1475 in die Hände der Eidgenossen. Dank dem inzwischen mit dem Bischof von Sitten, Walter Supersaxo, abgeschlossenen Bündnis konnte noch das ganze Unterwallis von Conthey bis Aigle mit Martigny und Saint-Maurice gewonnen und der savoyischen Herrschaft entzogen werden. Dadurch wurde ein Keil zwischen den Jura und die Alpen getrieben, das einzige Mittel, um den Aufbau eines Reichs, das die Vernichtung der Eidgenossenschaft zur Folge gehabt hätte, wirksam zu verhindern.

Es hätte in der Logik der Dinge gelegen, wenn die Eidgenossen nun, im Sinn des mit Frankreich geschlossenen Bündnisses, ihrerseits die Zangenbewegung vollzogen hätten, die Karl dem Kühnen beinahe geglückt wäre. Als im Mai 1475 der seit dem Jahre 1472 verlängerte Waffenstillstand auslief, griff Ludwig XI. die burgundischen Staaten von allen Seiten gleichzeitig an und erwartete dabei die Schützenhilfe seiner eidgenössischen Verbündeten. Auf diese Weise hätte das Zögern Karls des Kühnen, der vor Neuß an Ort trat, ausgenützt werden können, bevor sich die Gefahr einer englischen Landung abzeichnete.

Aber die Eidgenossen drückten sich. Die Tagsatzung von Zug sanktionierte am 4. Juli 1475 die Weigerung der sechs unter dem Einfluß Zürichs stehenden Orte, sich am bernischen Vorstoß in die Freigrafschaft und nach Lothringen zu beteiligen. Da unter diesen Umständen nicht mehr von einem gemeinsamen Vorgehen der eidgenössischen und französischen Truppen die Rede sein konnte, mußte Ludwig sein ursprüngliches Ziel aufgeben. Sein diplomatisches

Geschick in Picquigny erwirkte zwar den Rückzug der Engländer, aber der Kaiser versöhnte sich vor Neuß wieder mit Karl dem Kühnen. Das Ausfallen zweier Verbündeter, mit deren Hilfe der französische König gerechnet hatte, zwang ihn zur Vorsicht. Da sich im Osten kein Umschwung abzeichnete, entschied er sich für einen langen, diesmal neunjährigen Waffenstillstand mit dem Herzog. Der Vertrag, den er am 13. September 1475 in Souleuvre mit Karl dem Kühnen schloß, bezog auch die Eidgenossen ein, unter der Bedingung jedoch, daß sie das Elsaß den Burgundern überließen. Auf sich selbst gestellt, standen nun die Eidgenossen allein Karl dem Kühnen gegenüber und bekamen damit die Gelegenheit, sich im Urteil der Nachwelt Ruhm zu erwerben.

Die allgemein als Burgunderkriege bekannten Auseinandersetzungen, ein Höhepunkt militärischen Heldenmuts und Einsatzes, aber auch ein Musterbeispiel politischer Inkohärenz, fanden auf verschiedenen Schauplätzen statt und liefen in drei Phasen ab, die sich eher überlappten als ineinanderfügten. Den elsässischen Ereignissen, dem Schleifen der Festungen in der Freigrafschaft entsprach als Gegenstück die bernische und freiburgische Aktion, die zur ersten Eroberung der Waadt führte. Erst die Siege bei Grandson und Murten brachten angesichts der nun drohenden Invasionsgefahr einen gesamteidgenössischen Konsens. Denn es war doch so, daß Bern, das im Westen eine immer wichtigere Rolle spielte, die Unterstützung Zürichs, der innern Orte und ihrer Zugewandten nur aufgrund der in den Bündnissen verankerten Verpflichtungen erhielt und nicht etwa aufgrund von gemeinsam ausgearbeiteten außenpolitischen Grundsätzen.

Ein Sieg ohne Einigkeit

Die unmittelbar auf die Burgunderkriege folgenden Ereignisse sind von der gleichen Uneinigkeit im eidgenössischen Lager geprägt. Wenn es nach dem Tode Karls des Kühnen das Ziel Berns gewesen sein sollte, die Freigrafschaft wie zuvor die Waadt zu erwerben, – was jedoch zu bezweifeln ist angesichts der bestehenden Kräfteverhältnisse, die es bestimmt richtig einzuschätzen wußte, – so blieb ihm die dazu unentbehrliche Unterstützung der andern Orte versagt. Das harte Nein, das sich seine Verbündeten Freiburg und Solothurn beim ersten von ihnen gewagten Versuch, in den Bund der Eidgenossen aufgenommen zu werden, einhandelten, erklärt sich zunächst aus dem Gegensatz zwischen Stadt und Land. Die fünf Stimmen der Länderorte wären dann durch die Stimmen der Städteorte aufgewogen worden.

Der Zwietracht unter den Eidgenossen lag aber ein tiefergehendes Unbehagen zugrunde. Stärker noch als der eher formelle soziale Gegensatz zwischem städtischem Patriziat und ländlicher Demokratie wirkte sich die Verlagerung des geopolitischen Schwerpunktes zugunsten Berns aus. Bis zum 15. Jahrhundert hatten stets die innern Orte, die ihre räumliche Enge durch ihre günstige geographische Lage wettmachen konnten, die großen politisch-militärischen Entscheide innerhalb des eidgenössischen Bundes getroffen. Noch im Alten Zürichkrieg war ihre Bedeutung wie auch die enge Verbindung ihrer

Interessen mit dem Verkehr über den Gotthard und die Bündner Pässe deutlich geworden. Aber die immer wichtigere Rolle Berns seit der Eroberung des Aargaus und vor allem seit der neuen Lage in Burgund und Savoyen zeugte zweifellos von einer politischen Gewichtsverschiebung innerhalb der acht alten Orte.

Die beiden Blöcke

Die Tragweite der Öffnung nach Westen entging den andern Städten nicht. Den ländlichen Demokratien dagegen war diese neue Ausrichtung fremd, um so mehr als sie durch das bernische Gebiet von den zwei Bundesanwärtern Freiburg und Solothurn vollständig getrennt waren. Sicherlich hatten die zwei Stadtrepubliken als unentbehrliche Bastionen in den neuerworbenen Gebieten und durch ihre großen Opfer während den Kämpfen die Aufnahme in die Eidgenossenschaft verdient. Aber ihr Beitritt hätte, auch wenn er die bisher zugunsten der Länderorte bestehenden Mehrheitsverhältnisse an der Tagsatzung nicht umkehrte, endgültig die Überlegenheit der Westschweiz gesichert. Es war klar, daß Bern, Zürich und Luzern, zusammen mit Freiburg und Solothurn, an Menschen, Führungstalenten und Finanzen ein mindestens dreimal so großes Gewicht besaßen wie die Länderorte.

Druck der Städte und Gegendruck der Länder

Dieser städtischen Vorherrschaft, die sich insbesondere nach außen in der großen Diplomatie und im militärischen Potential geltend machte, hatten die inneren Orte freilich auch etwas entgegenzusetzen, und es gelang ihnen auf ihre Art, das eidgenössische Gleichgewicht zu stören. Die Schwäche der städtischen Republiken des Ancien Régime lag darin, daß sie wie Feudalherren die Herrschaft über ihre bäuerlichen Untertanen ausübten. Diese wurden aber von den benachbarten Länderorten bei Konflikten aktiv unterstützt. So rief Obwalden das Entlebuch zum Widerstand gegen Luzern auf, was 1478 zur Hinrichtung von Peter Amstalden führte. Ja, die in den Waldstätten übliche politische Willensbildung beeinträchtigte sogar die Ausbildung einer kohärenten und gemeinsamen Außenpolitik. Die Volksversammlungen als Ausdrucksform direkter Demokratie verwandelten sich bald einmal in Auszüge, die keine Rücksicht nahmen auf bestehende Verpflichtungen und die feingesponnenen Pläne der städtischen Diplomatie. Dies war beispielsweise beim sogenannten Zug «vom thorechten Leben» (Saubannerzug) zu Beginn des Jahres 1477 der Fall, als einige tausend junge Leute aus der Zentralschweiz sich in den Kopf setzten, auf eigene Faust den Brandschatz einzuziehen, den die Stadt Genf akzeptiert hatte, um im Herbst 1475 den Härten einer militärischen Besetzung zu entgehen – ein Zwischenfall, der Bern und die andern eidgenössischen Städte gegenüber dem französischen König, dem Beschützer Savoyens, leicht hätte in ein schiefes Licht bringen können.

Angesichts der Gefahren, die diese zweifache Gleichgewichtsstörung in sich barg, suchte man nach neuen Formen der Zusammenarbeit innerhalb des Bundesgeflechtes, das die acht Orte zu einem eigenartigen, aber doch sehr realen Staat machte. Um die eigenen wie auch die gesamteidgenössischen Interessen wahren zu können, suchten sich die Städte unter sich zu verbünden. Am 23. Mai 1477 schlossen die Vertreter der fünf Städte Zürich, Bern, Luzern, Freiburg und Solothurn einen ewigen Burgrechtsvertrag, eine Art Offensiv- und Defensivbündnis «für alle und gegen alle». Damit bot sich die Möglichkeit, eine Straffung der inzwischen locker gewordenen verfassungsmäßigen Bindungen, welche die Beziehungen der eidgenössischen Orte untereinander regelten, ins Auge zu fassen. Die Idee, ein allgemeines Bündnis mit gegenseitiger Garantie abzuschließen, um den bisherigen Vertragswirrwarr aufzuheben, wurde erwogen, aber nicht im einzelnen weiterverfolgt.

Das Burgrecht der fünf Städte

In diesen verschiedenen Projekten tauchte bereits der Gedanke an eine Beschränkung der Souveränität der einzelnen Orte auf, was an sich schon genügte, um den Argwohn der Länderorte gegen den Burgrechtsvertrag der Städte zu wecken. Außerdem wurde dieser Bund als ein Akt des Mißtrauens und als Herausforderung empfunden, d. h. als ein Schlag gegen den eidgenössischen Geist. Dazu kam, daß der Beitritt Luzerns eine Verletzung des Ewigen Bundes von 1332 darstellte, in dem die ausdrückliche Zustimmung der Waldstätte zu jedem von der Stadt geschlossenen Vertrag vorbehalten war.

Das waren die strittigen Punkte, über die nun verhandelt werden mußte. Man kann ohne weiteres annehmen, daß das Burgrecht der fünf Städte oder zumindest dessen Aufrechterhaltung über die erklärten Ziele hinaus auch als Druckmittel gegenüber den fünf Länderorten gedacht war. Wenn die Städte auf ihr Bündnis verzichten sollten, so mußten die Länderorte jegliche subversive Tätigkeit auf Kosten der Städte und der ganzen Eidgenossenschaft einstellen. Mit den Worten von David Lasserre: Es mußte den Städten, vor allem Luzern, die Möglichkeit gegeben werden, sich wieder innerhalb der Legalität zu bewegen, ohne dabei ihre Sicherheit aufs Spiel zu setzen.

Zunächst schien es, als ob ein auf die acht Orte beschränktes Abkommen relativ leicht erreicht werden könnte, denn beide Seiten erkannten, daß ein Sonderbündnis einerseits und die Fortdauer von revolutionären Umtrieben anderseits mit der Wahrung der eidgenössischen Bünde unvereinbar waren. Die schwierigste Hürde war aber noch zu überwinden. Die fünf Städte wollten mit dem Burgrechtsvertrag die Länderorte auch noch in anderer Hinsicht unter Druck setzen. Ein Verzicht kam für sie nur dann in Frage, wenn dies keinen Bruch mit Freiburg und Solothurn bedeutete, die sie als wichtige Partner bei ihrer Politik der Öffnung nach Westen betrachteten. Es ging aber darum, den Rechtsstatus festzulegen, der den beiden neuen Orten innerhalb der Eidgenossenschaft gewährt werden sollte.

Das Stanser Verkommnis

Die Kunst des Kompromisses, die als eine helvetische Tugend gilt, ist zweifellos in Stans zum Bestandteil unserer nationalen Identität erhoben worden. Hier gaben die Eidgenossen als Zeichen des gegenseitigen guten Willens und der loyalen Unterstützung endgültig ihre Zustimmung zum Primat der Solidarität, die fortan alle aus lokalen Partikularismen und sozialem Eigennutz entstehenden Sonderinteressen überwinden sollte.

Diese Notwendigkeit wurde zwar allgemein klar anerkannt, aber nicht kampflos akzeptiert. Ihr Durchbruch wird der entscheidenden Intervention und dem moralischen Einfluß des Eremiten aus dem Ranft, Niklaus von Flüe, zugeschrieben. Worin genau seine Ratschläge bestanden haben, ist durch die historische Forschung nicht geklärt worden. Es steht aber fest, daß durch das Stanser Verkommnis und die Aufnahme von Freiburg und Solothurn in die Eidgenossenschaft die Zusammenarbeit so weit vorangetrieben wurde, wie das damals möglich war.

Das Stanser Verkommnis stärkte den inneren Zusammenhalt des Bundes, indem es jedem Ort seine territoriale und verfassungsmäßige Integrität garantierte und alle zu gegenseitiger Achtung und Hilfe anhielt. Die Orte verpflichteten sich, einander nicht anzugreifen und die Untertanen nicht zum Ungehorsam aufzuwiegeln. Der einzelörtlichen Souveränität waren fortan bei der Gestaltung der Außenpolitik Grenzen gesetzt, die in den Bündnissen Freiburgs und Solothurns mit der Eidgenossenschaft vorgezeichnet waren. Sie durften keine Bündnisse schließen und folglich auch keinen noch so erfolgversprechenden Krieg gegen eine auswärtige Macht führen ohne die Zustimmung der Mehrheit der acht alten Orte. Sollten sie in Kriegshandlungen verwickelt werden, so verpflichteten sie sich, einen Waffenstillstand oder Friedensschluß zu akzeptieren, wenn die acht Orte die Umstände dazu als günstig erachteten.

Diese Verpflichtungen wurden zwar nicht auf die andern Orte ausgeweitet, sie prägten aber die späteren Bündnisse mit Basel und Schaffhausen im Jahre 1501 sowie mit Appenzell im Jahre 1513. Grundsätzlich blieben die alten Orte zwar weiterhin für ihre eigene Bündnispolitik zuständig, doch der Alte Zürichkrieg wie nun auch das Stanser Verkommnis führten zur ungeschriebenen, aber zwingenden Regel, daß kein Bündnis mit einer fremden Macht ohne Zustimmung aller andern Orte geschlossen werden durfte. Damit setzte sich das Prinzip der Einstimmigkeit bei wichtigen Entscheiden über Krieg, Frieden und Bündnisse durch, das fortan die faktische Souveränität der einzelnen Orte beschränkte. Die Tagsatzung traf ihre Beschlüsse eigentlich nur mehr in der Form von Verkommnissen. Es ist oft gesagt worden, daß die Unfähigkeit der Tagsatzung, eine nach dem Mehrheitsprinzip festgelegte Politik zu verfolgen, für alle Zeiten großangelegte Projekte wie etwa die Eroberung der Freigrafschaft Burgund und später die Annexion der Lombardei blockiert habe. Dabei wird leicht vergessen, daß die meisten erfolgreichen Unternehmen der acht alten Orte im Alleingang oder trotz der Opposition der andern Partner zustande gekommen waren. Es sei nur an die Rolle der Schwyzer in der Ostschweiz, der Urner südlich der Alpen und an die letztlich doch wohlüberlegte Sonderpolitik Berns gegenüber Burgund erinnert.

Man kann natürlich einwenden, daß die äusseren Umstände nach 1481 ein anderes, besser koordiniertes Vorgehen erforderten. Dies ist aber eine anachronistische Argumentation, die Voraussetzungen und Auswirkungen vertauscht. Tatsache ist, daß die einzelnen Orte schon aufgrund ihrer geographischen Lage unterschiedliche Interessen verfolgen mußten. Zürich und die Waldstätte waren durch ihre Beziehungen zu Süddeutschland in erster Linie auf Italien ausgerichtet und konnten die Zielsetzungen und Probleme von Bern, Freiburg und Solothurn schlecht verstehen, die eher dem Südwesten zugewandt waren als der italienischen Halbinsel, mit der sie nur indirekt zu tun hatten. Es ist deshalb anzunehmen, daß eine relativ zentralistische Institution, wie sie später in der Form des Bundesstaates geschaffen werden sollte, sich 1481 gegenüber den zentrifugalen Kräften nicht hätte durchsetzen können. Sie hätte den Orten den Verzicht auf äußere Ausdehnung und Einflußnahme auferlegt, d.h. auf die Verwirklichung von Zielen, die dazu angetan waren, innerhalb der Eidgenossenschaft Neid und Rivalitäten auszulösen oder an den unterschiedlichen Konzeptionen und Vorstellungen zu scheitern. In gewisser Weise hätte dies außenpolitische Zurückhaltung bedeutet, lange bevor die bewußte Neutralität wegen dem konfessionellen Pluralismus, der wiederum neue Solidaritäten nach außen schuf, für das Weiterbestehen der nationalen Einheit absolut unerläßlich wurde. Das Mehrheitsprinzip kam um diesen Preis zustande.

3. Weder Österreich noch das Reich

Das Erbe Karls des Kühnen

Es fällt schwer, bei den Burgunderkriegen von einem eigentlichen Sieger zu sprechen. Gewinner war vielmehr der Haupterbe Karls des Kühnen: sein Schwiegersohn Maximilian aus dem Hause Habsburg; 1486 wurde er zum König gekrönt und regierte seit 1493. Mit Ausnahme des eigentlichen Herzogtums Burgund, das an die französische Krone zurückfiel, erhielt Maximilian das Erbe des Herzogs, und zwar zunächst die sehr reichen Niederlande. Durch einen klugen Schachzug, indem er seine Absicht verkündete, in zweiter Ehe die Herzogin Anna von Bretagne zu heiraten, zwang er den Dauphin, den späteren Karl VIII., selber die «bretonische Heirat» zu vollziehen (Jacques Bainville) und damit auf die Mitgift zu verzichten, die eine Ehe mit Margarethe von Österreich ihm laut dem Vertrag von Senlis von 1493 eingebracht hätte, nämlich die Grafschaft Artois und die Grafschaft Burgund. Außerdem erwarb Maximilian durch seine Wiederverheiratung mit Bianca Sforza Rechte und Ansprüche auf das Herzogtum Mailand.

Zwar übte Maximilian über die Niederlande nur die Regentschaft für seinen Sohn Philipp den Schönen aus der einträglichen burgundischen Ehe aus, aber seine Hausmacht war doch beträchtlich gewachsen. Zu Ende des Jahrhunderts wies alles darauf hin, daß die gesamte burgundische Erbschaft auf Reichsgebiet ausschließlich im Besitz seiner männlichen Nachfolger verbleiben würde. Im Jahre 1490 hatte zudem Erzherzog Sigmund alle seine Rechte zugunsten von Maximilian abgetreten und zumindest vorübergehend der Teilung des habsburgischen Hausbesitzes ein Ende gemacht.

Strategisch gesehen stellte diese neue Besitzkonzentration für die Eidgenossen zweifellos eine potentielle Bedrohung dar. Im Westen wie im Norden und Osten, überall trat ein dynamischer und tatkräftiger Monarch an die Stelle der verbündeten, aber schwachen Fürsten. Überdies stand noch nicht fest, ob Maximilian nicht auch seine Ansprüche auf das Herzogtum Mailand würde durchsetzen können.

Der institutionelle Hintergrund der Schwabenkriege

Wie alle Herrscher seiner Zeit suchte auch Maximilian den monarchischen Zentralstaat auszubauen. Als Nachfolger seines Vaters Friedrich III., den er an natürlicher Begabung bei weitem übertraf, beabsichtigte er sämtliche Möglichkeiten, die ihm Glück und Herkunft gewährten, für die Wiederherstellung der kaiserlichen Macht im Reich einzusetzen.

Diese Zielsetzung löste bei den Eidgenossen unvermeidlicherweise Mißverständnisse aus, erzeugte Mißtrauen und führte schließlich zu kriegerischen Auseinandersetzungen. Das Heilige Römische Reich war für die Eidgenossen stets die Schutzmacht gewesen, die sie gegen die territorialen Ansprüche lokaler Dynasten angerufen hatten. Nun war es aber einem unter ihnen gelungen, die kaiserliche Würde für das eigene Haus zu erlangen und anscheinend sogar erblich zu machen. Nach langer Abwesenheit trugen seit 1437 wieder die Habsburger die Kaiserkrone. Es war ihnen sogar gelungen, der Krone eine Hausmacht zu unterlegen, die breit genug war, um ihre Herrschaftsansprüche abzustützen.

Gewiß waren alle zehn eidgenössischen Orte reichsunmittelbar. Sie erinnerten sich aber daran, daß Kaiser Friedrich III. aus dem Hause Habsburg während seiner mehr als 50jährigen Regierungszeit (1440–1493) stets seine Erbansprüche auf schweizerischem Boden geltend gemacht hatte. Sie hatten weder seine Haltung während des Alten Zürichkrieges vergessen noch seine Weigerung, den meisten von ihnen jene Privilegien gewohnheitsmäßig zu erneuern, die ihre reichsunmittelbare Stellung sicherten. Außerdem hatte Friedrich III. die Ewige Richtung von 1474 nie ratifizieren wollen. Schlimmer noch, nachdem er die Eidgenossen dazu ermutigt hatte, dem Herzog von Burgund den Krieg zu erklären, hatte er sie ohne Hemmungen preisgegeben, als Karl der Kühne sich als Gegenleistung für die Heiratsverbindung der beiden Häuser (Vertrag von Lausanne am 6. Mai 1476) verpflichtete, die eidgenössischen Orte wieder unter habsburgische Herrschaft zu bringen.

Maximilian zeigte sich den Eidgenossen gegenüber zuerst freundlich. Das Bündnis, das er dank dem Einfluß des Zürcher Bürgermeisters Hans Waldmann auf der Tagsatzung abschließen konnte, blieb aber ohne Wirkung. Das Mißtrauen der Eidgenossen war derart groß, daß sie sich nicht dazu verstanden, dem ewigen Reichslandfrieden beizutreten. Aus den gleichen Gründen hatten sie sich schon dem Angebot entzogen, das ihnen Friedrich 1487 und 1488 gemacht hatte, sich dem Schwäbischen Bunde anzuschließen. Diese Vereinigung der Fürsten, Ritter und Städte, die einer echten Sorge um das Gemeinwohl entsprang, war den Eidgenossen allzu aristokratisch geprägt,

Die Darstellung des Schwabenkrieges von 1499 durch den Kölner Meister P. W. zeigt auch die Entwicklung der Kartographie: Die Schlachtszenen, wie sie in den Bilderchroniken üblich waren, werden nun ersetzt durch eine Gesamtübersicht, welche die einzelnen Phasen eines Kriegszuges vor einem geographisch definierten Hintergrund ablaufen läßt.

um so mehr als sie sich faktisch gegen das dynamische bayrische Haus Wittelsbach richtete, das mit seinen Ansprüchen auf die österreichischen Rheinbesitzungen eigentlich ein günstiges Gegengewicht zum habsburgischen Einfluß darstellte. Die Eidgenossen waren zwar weit davon entfernt, die Verwirklichung des Friedens, den sie im Innern schon weitgehend erreicht hatten, als Leitgedanken aufzugeben, erkannten aber deutlich, daß er für die deutschen Herrscher und deren große Ziele eine untergeordnete Rolle spielte.

Welche Aussichten bot denn der ewige Reichslandfriede, der auf dem Reichstag zu Worms 1495 verkündet wurde und eine ganze Reihe von neuen Einrichtungen brachte, denen die Eidgenossen unterworfen werden sollten? Der jährlich stattfindende Reichstag, das stehende Reichsheer, das Reichskammergericht und vor allem die Reichssteuer bedeuteten für sie lediglich einen klaren Einbruch in jene traditionellen Privilegien, die Friede und Ordnung innerhalb der Eidgenossenschaft sicherten. Während in Deutschland, wo Raubritter ihr Unwesen trieben und sogar bedeutende Städte wie Nürnberg gefährdeten, ein echtes Bedürfnis nach Ruhe und Ordnung bestand, war die Sicherheit und Annehmlichkeit der schweizerischen Verkehrswege sprichwörtlich. Die so mühsam erworbene Unabhängigkeit der eidgenössischen Städte- und Länderorte schien eher durch das Reich gefährdet.

Konsequenterweise mußten die Eidgenossen die Beschlüsse des Wormser Reichstags ablehnen, die sie als schlechten Vorwand zur Durchsetzung einer im Grunde auf Zentralisierung gerichteten Politik empfanden. Dieser ewige Reichslandfriede schien auch nicht dem Reich im traditionellen Sinne, dem anerkannten Garanten der zwischenstaatlichen Ordnung, zu nützen, sondern eher dem österreichischen Staat, der gute Aussichten hatte, zur ersten europäischen Macht aufzusteigen, falls es Maximilian gelang, durch die Erhebung der Reichssteuer seine Finanzen zu sanieren (bis die Augsburger Bankiers in die Bresche sprangen).

Ursachen des Schwabenkrieges

Man kann verstehen, daß dieses Ausscheren der Eidgenossenschaft das Nationalgefühl der Deutschen traf und sie mit Groll erfüllte. War Maximilian nicht der große Retter, der dem jenseits des Rheins weitverbreiteten Ruf nach mehr Ordnung, Sicherheit und auch Größe ein Ziel zu weisen verstand? War es nicht bedrückend, daß die geistigen und kulturellen Leistungen der deutschen Länder keine politische Entsprechung hatten? War es nicht ärgerlich, daß die Eidgenossen auf der Höhe ihrer Macht kein Interesse zeigten, ihre militärische Stärke und ihr wirtschaftliches Gewicht in den Dienst einer Gewalt zu stellen, deren Sinn ihrer Meinung nach, falls sie überhaupt einen hatte, bloß darin bestand, ihnen die Lasten der Herrschaft ohne einen Gegenwert zu bescheren?

Es mag auch sein, daß innerhalb des enger begrenzten Raums, den man Schwaben oder einfach Süddeutschland nennen kann, zu diesem Zeitpunkt alte, intensive Wirtschaftsbeziehungen nicht mehr spielten, die bis anhin die Menschen des gleichen Volksschlages beidseits

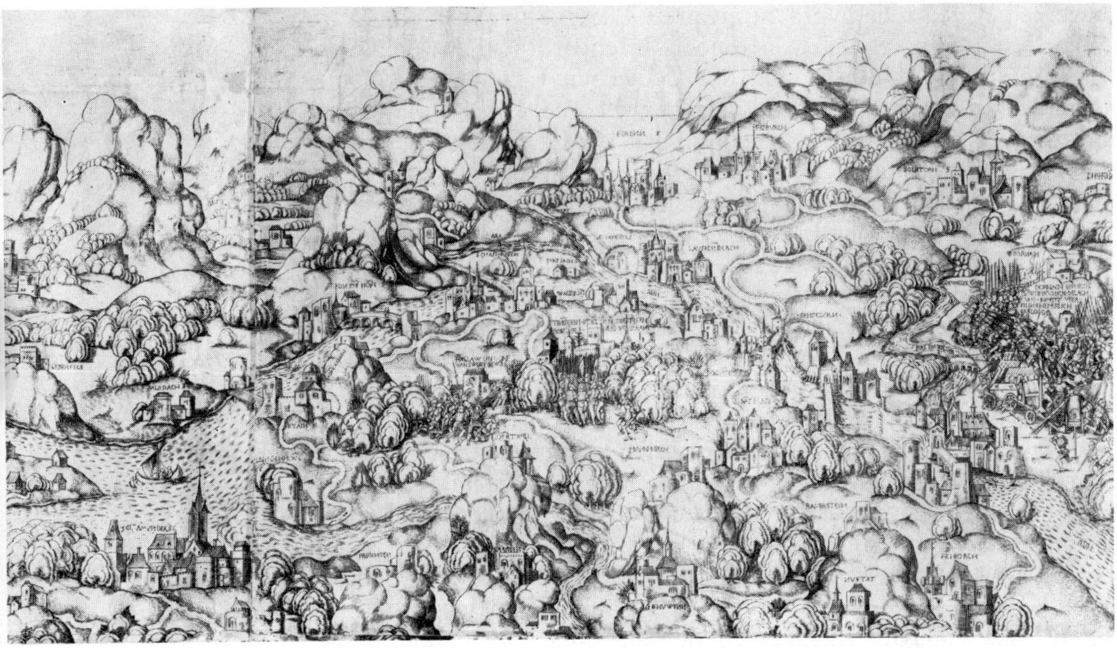

des Rheins miteinander verbunden hatten. Die Absatzmärkte am Mittelmeer, die über Genf oder Lyon bis Barcelona reichten, übten auf die Kaufleute aus Ulm, Augsburg und Nürnberg nicht mehr dieselbe Anziehungskraft aus. Der neue Handelsweg führte zum Atlantik über Antwerpen, das inzwischen zur wirtschaftlichen Metropole der österreichisch gewordenen Niederlande aufgestiegen war. Das Silber aus dem Tirol begann das Gold zu ersetzen, das früher von den rheinischen Finanzleuten auf vielen Wegen über Genf oder Flandern in Umlauf gesetzt worden war. In diesem Zusammenhang ist das Verhalten einiger Städte am Rhein zu sehen, die bisher in bestem Einvernehmen mit den Eidgenossen gestanden waren und sich nun in manchen Fällen mehr als zurückhaltend gaben. So stellten sich die Städte der Niederen Vereinigung unter das Reichsbanner, Mülhausen und Basel nahmen eine neutrale Haltung ein, Rottweil und Konstanz wandten sich ganz von den Eidgenossen ab.

Bereits begannen sich nationale Gegensätze abzuzeichnen. Das Zusammengehörigkeitsgefühl, daß die Eidgenossen angesichts der Gefahren vor Grandson und Murten zum ersten Mal deutlich äußerten, hatte unter besonders förderlichen Umständen entstehen können, sahen sie sich doch der manischen Menschenverachtung eines einzelnen gegenüber, der Paranoia Karls des Kühnen, dem der Ausspruch zugeschrieben wird: «Beim heiligen Georg, Kinder, was für ein wunderbares Gemetzel habt ihr da vollbracht!» Der Schwabenkrieg dagegen war in mancher Hinsicht viel moderner, denn nun stießen zwei Gemeinschaften aufeinander, die sich ihrer Verschiedenheit bewußt geworden waren und nationalen Charakter angenommen hatten. Der schwäbische Ritter gab die «Kuhschweizer» der allgemeinen deutschen Verachtung preis. Dieser Spott verlor nicht an Schärfe, sondern verstärkte sich noch durch Brotneid zwischen den eidgenössischen Söldnern und den deutschen Landsknechten, die einander bei den Werbern auszustechen suchten. Der Konflikt, der bei uns als Schwabenkrieg bekannt ist, wird jenseits des Rheins Schweizerkrieg genannt.

Anderseits darf auch nicht übersehen werden, daß seit dem Problem der burgundischen Erbfolge zwischen den französischen Königen und dem Haus Habsburg ein ausgesprochenes Rivalitätsverhältnis bestand. Die Eidgenossen wurden in ihrer standhaften Abwehr gegen die Ansprüche des Reichs von Frankreich ermutigt und unterstützt, das an einer Zusammenarbeit mit ihnen interessiert war. Karl VIII. und später Ludwig XII. schlossen mit ihnen Freundschafts- und Beistandsverträge in der klaren Absicht, sich ihre Hilfe für die italienischen Feldzüge zu sichern. Im Austausch gegen Pensionsgelder und verschiedene Subsidien erhielt Frankreich das Recht, Söldner anzuwerben, und die Zusicherung, daß dem deutschen Kaiser eine solche Erlaubnis verwehrt würde.

Obwohl die schweizerische wie auch die deutsche Seite in ihren grundsätzlichen Absichten unnachgiebig blieben und der französische König ins Feuer blies, hegten die Eidgenossen noch die ehrliche Hoffnung, den Krieg vermeiden zu können. Maximilian war in den Niederlanden immer noch sehr beschäftigt und hatte erkannt, daß seine Ziele nur mit Gewalt erreicht werden konnten. Er bemühte sich deshalb, einstweilen kleinere und lokale Konflikte zu entschärfen, so etwa den Prozeß des Reichskammergerichtes gegen die Stadt St. Gallen oder gegen Appenzell (Ausgleich von Innsbruck vom 9. September 1497).

Der Funke im Pulverfaß war schließlich einer jener traditionellen und gewohnten Streitfälle zwischen Habsburg und den Eidgenossen, die vor allem dann aufzubrechen pflegten, wenn letztere ihren bedrohten Verbündeten zu Hilfe kamen. Zwischen 1470 und 1480 war es dem Haus Habsburg gelungen, von ihrer Tiroler Linie trotz vieler Schwierigkeiten die Hoheitsrechte über sämtliche Bezirke des Zehngerichtebundes – das Prättigau, Davos, Schanfigg und Churwalden – außer Malans und Maienfeld zu erwerben. Zudem übte es die Vogteirechte über das Münstertal, das Unterengadin, den Vintschgau und Samnaun aus, die ihnen jedoch der Gotteshausbund im Einvernehmen mit der Bischofsstadt Chur streitig machte.

Bereits ein erstes Mal war der wichtige Besitz Österreichs in Graubünden in Gefahr geraten, als Erzherzog Sigmund ihn gegen ein Darlehen verpfänden mußte, und zwar an die zu Rivalen Habsburgs gewordenen Herzöge von Bayern, Albert und Georg von Wittelsbach, die zudem mit den Eidgenossen verbündet waren. Gerade zur Abwehr des Einflusses der Wittelsbacher war aber auch der Schwäbische Bund gegründet worden – und es kann nicht erstaunen, daß diese Vereinigung später den Österreichern bei der Bedrohung ihrer rätischen Besitzungen zu Hilfe eilte. Hier zeichneten sich schon jene

Silberne Bundes- und Gerichtssiegel aus den Drei Bünden. Von oben nach unten: Gericht Safien 1495, Gericht Heinzenberg ca. 1500, Gericht Rheinwald 16. Jahrhundert, Gericht Klosters ca. 1545. Der 1367 begründete Gotteshausbund ist der älteste der drei rätischen Bünde, gefolgt vom Grauen oder Oberen Bund (gegründet 1395 und bestätigt 1424) und vom Zehngerichtebund von 1436. Obwohl die drei Bünde unabhängig entstanden, begannen sie bald enge Beziehungen untereinander zu knüpfen und hielten seit 1461 – vielleicht schon früher – gemeinsam Tagsatzung. In einem 1524 geschlossenen Vertrag verpflichteten sie sich, nicht einzeln Krieg zu erklären oder Frieden zu schließen, und erreichten auf diese Weise eine außenpolitische Einheit.

Allianzen ab, die dann schlagartig zur Ausbreitung des Konfliktes längs des Oberrheins bis nach Basel führen sollten.

Die Stellung Österreichs verbesserte sich jedoch wieder, als nach dem Tod Sigmunds im Jahre 1496 sein Vetter und Alleinerbe Maximilian Tirol und die bündnerischen Gebiete in seinen Händen vereinigte. Im Oktober 1497 fügte er noch die Herrschaft Rhäzüns im Herzen der Drei Bünde hinzu. Diese Bedrohung veranlaßte den Grauen Bund, den Gotteshausbund und die Stadt Chur ihre schon seit langem bestehenden Bande zur Eidgenossenschaft vertraglich (1497/98) zu festigen.

An sich waren diese Bündnisse nicht sehr eng. Es handelte sich um bloße Freundschaftsverträge ohne strenge Hilfsverpflichtung. Für die tirolischen Statthalter, die eine eidgenössische Einmischung in diesem seit jeher den Habsburgern unterstehenden Gebiet sehr ungern sahen, waren sie ein willkommener Anlaß, die bestehenden Kompetenzstreitigkeiten über die gerichtliche Zuständigkeit mit Gewalt zu lösen. So ließ im Januar 1499 der Hof in Innsbruck ohne Wissen Maximilians das Kloster Münster besetzen, wo die Interessen des Bistums Chur und der Grafen von Tirol um Vogteirechte und Gerichtsbarkeit aufeinanderstießen. Dieser vorsätzliche Rechtsbruch der Tiroler führte zwangsläufig zum Krieg, den auch die von beiden Streitparteien akzeptierte Vermittlung des Bischofs von Chur nicht mehr verhindern konnte, da weitere Provokationen auf beiden Seiten die Situation zusätzlich verschärften.

Die Tiroler riefen den Schwäbischen Bund, die Bündner die Eidgenossen zu Hilfe. Der Krieg wurde damit zum Kräftemessen zweier verbündeter Lager: auf der einen Seite die zehnörtige Eidgenossenschaft mit ihren Zugewandten einschließlich dem Wallis, auf der andern Seite der Schwäbische Bund. Diese Konstellation führte sogleich zu einer Ausdehnung der Kämpfe vom Tirol bis in den Sundgau.

Der Frontenkrieg

Durch eine Reihe von Handstreichen setzten sich die Bündner und ihre eidgenössischen Verbündeten zwischen dem 11. und 20. Februar 1499 ein erstes Mal in den Besitz von Maienfeld, Vaduz und des Wallgaus, genauer gesagt des Rheintals vom Luziensteig bis zum Bodensee (Schlacht beim Hard am 20. Februar). Fast gleichzeitig versuchten die etwa 5000 Mann starken Truppen der schwäbischen Herren und Städte an zwei Stellen, die sich für einen Angriff auf schweizerisches Gebiet besonders gut eigneten, vorzustossen. Sie wurden aber unter schweren Verlusten sowohl im Süden von Basel (Bruderholz, 22. März) wie im Westen von Konstanz (Triboldingen, 11. April) zurückgeschlagen. Im Osten erlitt einige Tage später das österreichisch-schwäbische Heer, das im Wallgau für einen Einfall ins Rheintal bereitstand, am 20. April in Frastanz eine erdrückende Niederlage. Es gab eine Art von Fronten in diesem Krieg.

Nach jedem Sieg zogen sich die Eidgenossen wieder hinter den Rhein zurück, obschon ihnen der Weg in den Schwarzwald, das Vorarlberg oder auch den Hegau und Klettgau, wo sie vorübergehend einige befestigte Orte besetzten, offen gestanden hätte. Sie nutzten ihren Erfolg nicht aus, sondern beschränkten sich auf die Sicherung ihrer Freiheit und der Unverletzbarkeit ihres Gebietes. Ihre Überlegenheit war eine Frucht der Zusammenarbeit, die sich hier wie in Grandson und Murten angesichts der drohenden Gefahr bewährte. Obwohl dieser Krieg nicht als Unabhängigkeitskrieg verstanden wurde, festigte er dennoch die Einheit und förderte das nationale Bewußtsein. Ein Beschluß der Tagsatzung verpflichtete jeden Soldaten, woher er auch immer stammte, zum unbedingten Gehorsam gegenüber allen eidgenössischen Hauptleuten, ungeachtet deren Herkunft.

Auf deutscher Seite hingegen fehlte der Zusammenhalt völlig. Die Verachtung der Herren wie der österreichischen und schwäbischen Bürger gegenüber den Eidgenossen genügte als Motivation nicht, um Kampfeifer und Disziplin aufrechtzuerhalten, um so weniger als die Städte sich darüber beklagten, daß die Herren die Kriegslast auf sie abzuwälzen versuchten. Der Schwäbische Bund drohte auseinanderzubrechen.

Die Intervention Maximilians, der nach einer Verzögerung durch die Auseinandersetzungen in den Niederlanden persönlich eingriff, gehörte in den Rahmen einer dynastischen Politik, die vor allem die Sicherung des Hausbesitzes in Graubünden zum Ziel hatte. Dabei blieb die Absicht, im Fall eines Sieges die alten Ansprüche des Hauses Habsburg in der Schweiz wieder durchzusetzen, weiterhin bestehen. Als er am 28. April 1499 mit dem Reichsbanner gegen die Eidgenossen, die er zuvor in die Reichsacht versetzt hatte, auszog, sprach er noch kühn von ihren frevelhaften Eingriffen in die Herrschaftsrechte seines Hauses.

Die militärischen Operationen nahmen denn auch in der letzten Phase des Krieges einen größeren Umfang an, und es wurden zur Verstärkung größere Kontingente deutscher Landsknechte und niederländischer Söldner angeworben. Der Druck verstärkte sich an beiden Enden des Bodensees, während auf den Anhöhen zwischen Konstanz und Frauenfeld bei Schwaderloo, in einer strategischen Schlüsselstellung, die Hauptmacht der Reichtstruppen die Eidgenossen in Schach hielt und ihre Verbindungswege ins Hinterland gefährdete.

Maximilian übernahm persönlich die Führung eines Vorstoßes, der zunächst dazu dienen sollte, seine rätischen Besitzungen zu festigen oder zu erweitern. Die bündnerischen Truppen kamen ihm aber zuvor und vernichteten am 22. Mai 1499 an der Calven im oberen Etschtal ein österreichisches Heer, das 5000 Mann verlor. Durch diese Niederlagen keineswegs entmutigt, da ja die Eidgenossen jeweils auf ein Ausnützen der Situation verzichteten, unternahm Maximilian eine neue, letzte Generaloffensive am Rhein mit je einem Schwerpunkt im Osten bei Rheinegg und im Westen im Sundgau. Seine Hauptinteressen deckten sich hier mit der Besorgnis der schwäbischen Führungsschichten, die befürchteten, daß die Eidgenossen

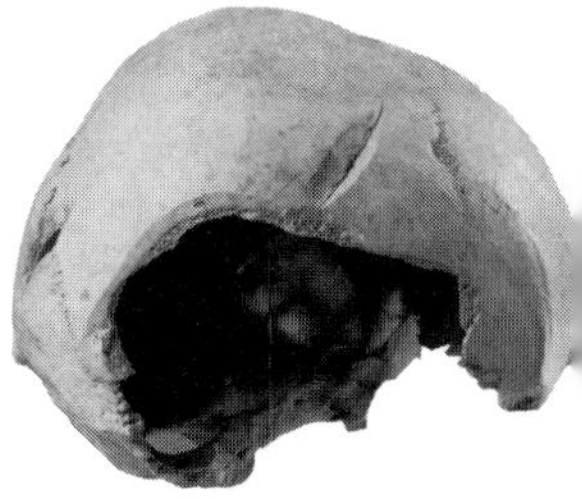

Die Schädel im Beinhaus von Dornach zeugen von der schrecklichen Wirksamkeit der Hellebarde. Ein wuchtig geführter Schlag mit dieser Waffe hat die rechte Seite dieser Schädeldecke abgetrennt, während ein Schwertstreich nur eine kleine Kerbe hinterließ.

durch ihr Beispiel die demokratischen Bestrebungen der ländlichen Untertanen fördern und als Befreier auftreten könnten. Der strategische Plan war zwar gut, schätzte aber die Eidgenossen falsch ein. Man glaubte sie bei Schwaderloo auf den Seerücken gebunden, was den Grafen Heinrich von Fürstenberg und seine 16000 Mann ermutigte, weiter westlich entlang der Birs zu einem Überraschungsangriff überzugehen. Der Angriff fand statt, aber die wachsamen Eidgenossen trugen am 22. Juli 1499 bei Dornach den entscheidenden Sieg davon.

Nach dieser Niederlage waren weder das Reich noch der Schwäbische Bund an einer Fortsetzung des Krieges interessiert. Maximilian mußte wider Willen an Friedensverhandlungen denken. Er unterbrei-

Der Holzschnitt (Basel um 1500) stellt, in damals üblicher Manier, die einzelnen Phasen der Schlacht von Dornach dar, wo 500 Eidgenossen und 3000 Kaiserliche fielen. Die Solothurner weigerten sich, die gefallenen Feinde zurückzugeben: «Die Ritter bleiben bei den Bauern», sagten sie.

tete den Eidgenossen Vorschläge, die sie angesichts der allgemeinen Kriegsmüdigkeit nicht zurückwiesen. Maximilian war politisch und militärisch geschlagen, die Eidgenossen ihrerseits standen militärisch auf der Höhe ihrer Macht. Nachdem sie lange Zeit über die besten Reitertruppen gesiegt hatten, war nun auch ihre Infanterie, allerdings nur vorübergehend, sogar der Artillerie überlegen, die das österreichische und schwäbische Heer massenhaft, aber noch ungeschickt eingesetzt hatte. Ihr Aufstieg hatte aber den Zenith erreicht; gleichsam als Zeichen der Zeit war der Führer der Urner Truppen, Heinrich Wolleb, nicht vom Pfeil einer Armbrust, sondern von einer Kugel tödlich getroffen worden. Vorerst aber behaupteten sie das Feld. Wenn Maximilian je ernsthaft daran gedacht hatte, die Eidgenossen mit Waffengewalt der Reichseinheit unterzuordnen, so mußte er diese Absicht nun endgültig aufgeben.

Ein Friede in Ehren

In dieser Situation waren zwei europäische Mächte bemüht, je nach ihrer Interessenlage, den Feindseligkeiten ein Ende zu setzen oder aber sie in die Länge zu ziehen. Mailand übernahm die Vermittlerrolle, denn solange der Krieg dauerte, konnte Ludovico il Moro weder auf die Hilfe der Eidgenossen noch auf jene Maximilians zählen, um sich der Ansprüche des französischen Königs auf das Herzogtum Mailand zu erwehren. Ludwig XII. jedoch war aus eben diesen Gründen auf eine Verlängerung des Krieges bedacht; sein Gesandter versuchte Maximilian zu maßlosen Forderungen bei den Friedensverhandlungen zu drängen.

Schließlich setzte sich aber Mailand durch; sein Gesandter Galeazzo Visconti konnte Maximilian davon überzeugen, seine Ansprüche zurückzuschrauben. Zweifellos brachte der glanzvolle Sieg Ludwigs XII. über Mailand den deutschen König auf den heilsamen Gedanken, den Frieden mit den Eidgenossen zu suchen. Daß Maximilian einen Kompromiß fand, ohne allzu viel von seiner Ehre opfern zu müssen, ist besonders darauf zurückzuführen, daß es den Eidgenossen nicht darum ging, ihren Sieg in Gebietsgewinne umzumünzen, sondern daß sie nur ihren Rechtsstatus gegenüber dem Reich durchsetzen wollten. So blieb Maximilian im Frieden von Basel vom 22. September 1499 das für ihn Wesentliche erhalten, jener Besitz, der im Grunde genommen den Krieg ausgelöst hatte und um den er gekämpft hatte: die österreichischen Herrschaftsrechte über die acht Gerichte des Zehngerichtebundes, ausgenommen Maienfeld und Malans. Dies zeigt, daß dynastische Interessen sich gegenüber allen andern politischen Überlegungen durchsetzten. Die Eidgenossen willigten in den Verzicht auf diese Gebiete ein unter der Bedingung, daß Maximilian die für die Zukunft bestimmenden Verbindungen, das Bündnis des Zehngerichtebundes mit den andern zwei Bünden – dem Grauen Bund und dem Gotteshausbund – und die 1497 und 1498 geschlossenen Freundschaftsverträge derselben mit den eidgenössischen Orten, anerkannte.

Die Abkehr vom Reich

In bezug auf die fortan bestehenden rechtlichen Beziehungen zwischen dem Reich und der Eidgenossenschaft kann man sicher behaupten, daß die Forderungen der Eidgenossen sich durchgesetzt haben. Während man heute eher dazu neigt, die Dinge der Verständlichkeit wegen klar beim Namen zu nennen, schwiegen sich die Vertragspartner zu Basel, ganz nach der Tradition ungeschriebener Rechtssätze, über die zentrale Frage aus. Die Trennung der Eidgenossenschaft vom Reich wurde in keiner Klausel ausdrücklich erwähnt. Aber der Text implizierte durch das, was gesagt, wie durch das, was nicht gesagt wurde, den Verzicht des Königs auf alle Oberhoheitsrechte, die er den Eidgenossen mit den Wormser Beschlüssen hatte aufzwingen wollen. So etwa bedeutete der Artikel «und daß sonst in betreff aller andern Sache, so hierin nicht begriffen sind, beide Teile bleiben sollten, wie sie vor dem Kriege bestanden und herkommen sind», daß die Eidgenossen weder zur Teilnahme an den Reichstagen noch zur Entrichtung des Reichspfennigs gezwungen werden konnten.

In weiteren Bestimmungen wurden die Eidgenossen von der Kammergerichtsordnung befreit. Das Landgericht über den Thurgau wurde der Stadt Konstanz entzogen. Auch die hängigen Prozesse beim Reichskammergericht wurden für alle Zeiten eingestellt. Alle zukünftigen Konflikte mit Österreich und dem Schwäbischen Bund sollten durch ein Schiedsverfahren geregelt werden, wobei die Appellation an ein anderes Gericht und demzufolge auch an das Reichskammergericht untersagt wurde.

Die Eidgenossenschaft ging aus diesen Verhandlungen gestärkt hervor; sie brachten ihr die faktische Unabhängigkeit vom Reich, die dann 1648 im Westfälischen Frieden völkerrechtlich sanktioniert wurde.

Auf die unnötigen Massaker des Krieges – die Eidgenossen waren der barbarischen Sitte, keine Gefangenen auf dem Schlachtfeld zu machen, treu geblieben – folgte 1501 eine erfreuliche Tat: die Aufnahme der zwei neuen Orte Basel und Schaffhausen in die Eidgenossenschaft. Die Bundesbriefe, die sie erhielten, nahmen bis auf einige Einzelheiten Bedingungen auf, die auch für Freiburg und Solothurn galten.

Die Hintergründe des Anschlusses von Basel verdienen eine nähere Betrachtung, weil sie nochmals die gleichen Gewichtsverlagerungen deutlich machen, die auch zur Abkehr der Eidgenossenschaft vom Reich führten. Bis 1501 hatte der Rat außenpolitisch stets eine vorsichtig neutrale Linie verfolgt. Die Stadt war durch ihre geographische Lage und vor allem durch ihren Handel auf das Rheintal und die elsässischen Städte ausgerichtet. Deshalb mußte sie sich auch gegenüber den Ansprüchen und Empfindlichkeiten der vorderösterreichischen Herren und Länder, die sie auf allen Seiten umgaben, vorsichtig verhalten. Aber obwohl sie wirtschaftlich nach Norden orientiert war, suchte sie dennoch ernsthaft eine politische Stütze auf eidgenössischer Seite, vor allem bei Bern und Solothurn, mit denen sie durch ihre Mittlerfunktion zwischen Rhein, Rhone und Mittelmeer in Verbindung stand.

Am stärksten äußerte sich diese Zerrissenheit während des Schwabenkrieges, als Basel sich weder seinen elsässischen Schwesterstädten der Niederen Vereinigung, die sich auf die Seite des Reichs schlugen, noch dem eidgenössischen Lager anschließen wollte. Nach Kriegsende vermochte sich die eidgenössische Partei im Rat besser durchzusetzen, denn dieser erkannte nun auch die Notwendigkeit eines endgültigen Anschlusses an die Eidgenossenschaft, eine Notwendigkeit, die sich aus den hartnäckigen Feindseligkeiten des österreichischen Adels ergab, der die Verkehrswege rund um die Stadt beherrschte.

Es ist jedoch anzunehmen, daß die Entscheidungen von Basel und Schaffhausen sich letztlich durch die Neuorientierung der wirtschaftlichen Aktivitäten in Europa erklären, die sich an vielen Orten entfalteten, sich aber vor allem zur Atlantikküste hin ausrichteten. Hier wird wieder jene bereits erwähnte Spaltung zwischen der schwäbischen und eidgenössischen Welt deutlich. Es scheint, daß mit dem

Gerichtssiegel (Gotteshausbund, 1529). Auf dem Gericht beruht, wie in den Walliser Zenden, auch in Graubünden die politische Struktur. Grundherrlicher Gerichtsbarkeit entspringend, übernahm das Gericht im Laufe der Zeit mit der Verwaltung der Allmenden auch eine wirtschaftliche Rolle. In Graubünden hatte es jedoch in erster Linie politische Funktion: Die an der Tagsatzung versammelten Drei Bünde faßten Mehrheitsbeschlüsse nach Stimmen der vertretenen Gerichte (ein oder zwei Stimmen pro Gericht, je nach Gewichtigkeit). Die Abstimmung erfolgte nach Köpfen, nicht nach «Ständen».

Rückgang der italienischen Wirtschaft seit dem letzten Drittel des 15. Jahrhunderts, der auch einen Bedeutungsverlust als internationaler Finanzplatz mit sich brachte, der Süden Deutschlands auf der Suche nach Ersatz sich nicht mehr so sehr nach Venedig wandte als vielmehr sich nach dem nordwestlich gelegenen Antwerpen ausrichtete.

Folglich verlor der schweizerische Raum etwas von seiner bisherigen Bedeutung als Durchgangsland. Die Verbindungsfunktion im Handelsaustausch zwischen Norden und Süden hatte es der Eidgenossenschaft während zweier Jahrhunderte ermöglicht, sich als unabhängige politische Kraft zu entfalten. Es war deshalb logisch, daß die Eidgenossen vom Reich abrückten und sich anderswo abzustützen suchten, als die großen internationalen Handelsströme einen andern Lauf nahmen und in Deutschland eine neue Macht aufstieg.

So gesehen war das Bündnis der Städte Basel und Schaffhausen nicht so sehr auf ihre günstige Lage beidseits des Rheins zurückzuführen als vielmehr auf ihre Bedeutung als Übergang und Brückenkopf an einer Grenze, die nun zur Verteidigungslinie wurde.

Übrigens hat sich Bern als kluger Wegbereiter einer Öffnung nach Westen energisch für die Aufnahme Basels eingesetzt, so wie es sich bereits im Jahre 1412 für das Bündnis mit St. Gallen ausgesprochen hatte, als diese Stadt sich von der schwäbischen Welt abwenden mußte. Als ob Bern, wie niemand sonst, vorausgesehen hätte, daß in den nächsten Jahrhunderten der Wind aus Westen wehen würde.

4. Die italienischen Kriege: ein unnötiges Unternehmen?

Gleichgerichtete Zielsetzungen

Über den Burgunder- und Schwabenkriegen sollte ein Problem nicht vergessen werden, das sich einigen Orten schon seit langem stellte: die Beziehungen zu Italien und die Ausrichtung, die Uri und Luzern ihrer ennetbirgischen Politik zu geben versuchten. Das Ziel dieser Politik, das Uri schon immer angestrebt hatte, war die vollständige Beherrschung und Sicherung der Gotthardroute bis in die Lombardei. Aber der Ausführung dieses Vorhabens stand das mailändische Bellinzona als unüberwindliches Hindernis im Weg. Zwar wurde 1477 das Kapitulat von 1467 erneuert und gleichzeitig die Absprache zwischen den Sforza und Karl dem Kühnen aufgehoben, und andererseits wurde die Besetzung der Leventina (seit 1439) nun durch das Domkapitel von Mailand bestätigt, doch beides konnte den zwei Orten nicht genügen. In den Augen Uris wog selbst die großzügigste Zollfreiheit bis an die Stadtgräben Mailands für alle Angehörigen der Eidgenossenschaft den endgültigen Besitz der Festung Bellinzona und der dort einmündenden Nebentäler keineswegs auf – Bellinzona war gleichsam der Schlüssel zu ganz Italien.

Diese Fragen wurden nach dem Frieden von Basel (1499) wieder akut, als die Rheinlinie nicht mehr die ganze Aufmerksamkeit bean-

Die Italienfeldzüge der Eidgenossen

Grenzen von 1499
Schlachten und militärische Gefechte
eidgenössische Gebietserwerbungen bis 1513

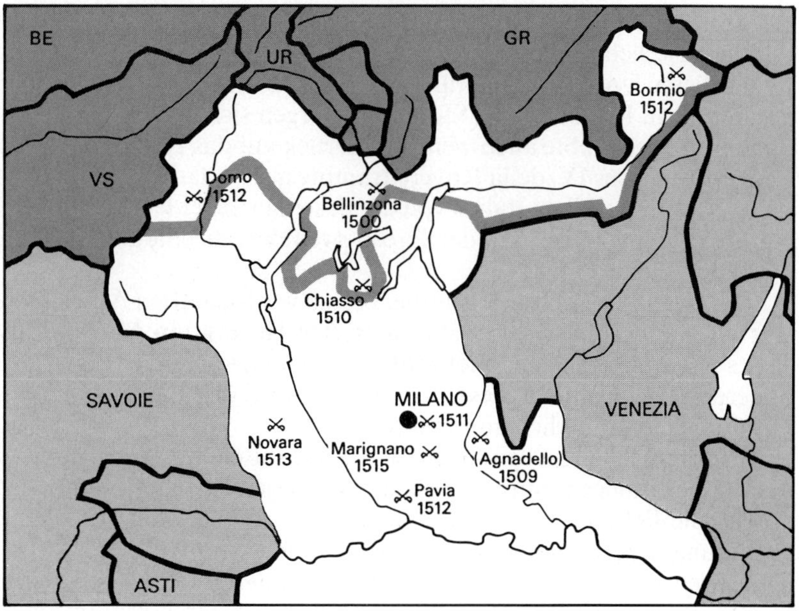

spruchte. Die außenpolitische Aktivität der Orte konnte sich neuen Horizonten zuwenden, und neue Voraussetzungen erlaubten es, gegenüber Italien die bisherige Strategie zu erweitern. Die ennetbirgische Politik gehörte nun nicht mehr ausschließlich in den Zuständigkeitsbereich der innern Orte. Bern hatte sich in Aigle festgesetzt, wo es den Ausgangspunkt eines der wichtigsten Alpenübergänge zwischen Frankreich und Italien überwachte; im Wallis nahm Bern eine neutrale Haltung ein zwischen seinem Schützling Savoyen und den Walliser Zenden, die nur aufgrund eines Waffenstillstands, der allerdings 1492 auslief, im Besitz der Eroberungen waren, die sie 1477 auf Kosten des Herzogtums unterhalb von Conthey gemacht hatten. Der Bischof von Sitten übernahm seinerseits ein altes Walliser Projekt betreffend das Eschental und sicherte sich durch einen 1484 erneuerten Vertrag die Unterstützung von Luzern, Uri und Unterwalden. Schließlich richteten die rätischen Bünde, die sich jetzt enger an die Eidgenossenschaft angeschlossen hatten, ihr Augenmerk auf das Veltlin.

Wie weit all diese Absichten und Pläne zum Ziele führen sollten, hing weniger von der Tagsatzung ab, die praktisch unfähig war, eine gemeinsame Politik durchzusetzen, als vielmehr von der Lage im Herzogtum Mailand: Auf dieses Gebiet richteten sowohl die eidgenössischen Orte und ihre Zugewandten als auch die großen Nachbarstaaten ihr Augenmerk; im gleichen Maß also, in dem sich die schweizerischen Pläne ausweiteten, trafen sie auf die europäische Politik. Ludwig von Orléans, der spätere König Ludwig XII., machte unmittelbar nach dem ergebnislosen Zug Karls VIII. nach Neapel als Enkel der Valentina Visconti Ansprüche auf das Herzogtum geltend. Maximilian I. bestätigte hingegen Ludovico Sforza, genannt il Moro, durch kaiserliche Investitur als Herzog in seinen Gebieten (1494); hinter dieser Unterstützung für Ludovico il Moro, den Onkel seiner zweiten Frau Bianca Maria Sforza, verbargen sich andere Hintergedanken; Venedig übte auch weiterhin Druck auf das Herzogtum aus. Und Papst Sixtus IV. della Rovere träumte als Vorläufer einer nationalen Kirchenpolitik in Italien von der Beseitigung der letzten Sforza – ein Unternehmen, für das der Papst zweifellos die Eidgenossen zu gewinnen suchte (1478).

Die Haltung der Orte gegenüber diesen wechselhaften Aussichten war alles andere als klar. Sollte man das Herzogtum Mailand als Beute mit anderen teilen, oder sollte man es als Beschützer gegen alle anderen verteidigen? In dieser Frage gingen bei den Eidgenossen die Meinungen beträchtlich auseinander.

Es geht nicht an, in den sogenannten italienischen Kriegen nur das keineswegs immer ruhmvolle Abenteuer eidgenössischer Söldner zu sehen; alle Feldzüge und Schlachten, ob für andere oder auf eigene Rechnung unternommen, fügen sich nämlich vom Anfang bis zum Ende in ein einziges Grundmuster ein: Uris ständiges und handgreifliches Streben nach Süden. Uri, das sich zuerst von der habsburgischen Bevormundung befreit hatte, war auch zuerst daran gegangen, seinen Vorteil in der Ferne zu suchen – eben in der Lombardei. Bern hingegen, das seine eigenen Interessen im Mailänder Raum durchaus nicht vernachlässigte, verfolgte sie lieber durch eine Politik der Zurückhaltung oder der Schutzherrschaft und ging darin, zumindest dem Anschein nach, mit Matthäus Schiner einig. Abgesehen von diesen Gegensätzen war es der Zufall, der den Lauf der Ereignisse steuerte, aber weder die Abenteuerlust der Söldnerhaufen noch anarchische Aufbrüche gaben letztlich den Ausschlag.

Giornico und die Illusion eines Friedens mit Mailand

Das Kapitulat mit Mailand, das die acht Orte und die Stadt St. Gallen 1477 erneuerten, schien für die Zukunft das gute Einvernehmen wiederherzustellen und die schlechte Erinnerung an Galeazzo Maria Sforza zu zerstreuen, der kurz zuvor die zweifelhafte Gesellschaft Karls des Kühnen dem traditionellen Bündnis mit dem französischen König vorgezogen hatte. Galeazzo Maria Sforza war nun tot, und seine Witwe, Bona von Savoyen, schien den Eidgenossen wohlgesonnen zu sein. Aber die Herzogin mochte damit einverstanden sein oder nicht, ihre Berater glaubten jedenfalls, auch weiterhin durch Kunstgriffe den Vollzug der wichtigsten Vertragsbestimmungen verzögern zu können. Uri sah darin einen weiteren Beweis für die «mailändische Hinterhältigkeit»; es kümmerte sich daher wenig um Zweckmäßigkeitserwägungen noch um die Meinung der eidgenössischen Städte, die eine Einigung auf dem Verhandlungsweg vorgezogen hätten. Einmal mehr stellten die Urner ihre Verbündeten vor vollendete Tatsachen: Mitte November 1478 zogen sie über den Gotthard und mahnten alle andern Orte zum geschuldeten Beistand.

Die Eidgenossen fühlten sich stark genug, Recht mit Gewalt durchzusetzen. 10000 Mann Verstärkung – unter dem Befehl so glänzender Hauptleute wie Adrian von Bubenberg und Hans Waldmann – hätten eigentlich in der Lage sein sollen, Bellinzona einzunehmen, wären nicht in ihrem Lager die unvermeidlichen Auseinandersetzungen ausgebrochen. Mailand bekam dadurch Zeit, eine starke Hilfstruppe zu schicken, und die Eidgenossen waren gezwungen, die Belagerung der Festung aufzugeben. Sie stellten in Giornico eine kleine Nachhut auf, die ihren Rückzug und den südlichen Zugang gegen einen allfälligen mailändischen Gegenangriff schützen sollte. Tatsächlich kam es zu einem Überfall, und obwohl die Angreifer zahlenmäßig weit überlegen waren – es standen 10000 gegen 700 Mann –, kam es in ihren Reihen zu einem heillosen Durcheinander, so daß sie schließlich die Flucht ergriffen (28. Dezember 1478).

Auf mailändischer Seite war man nun bereit, Frieden zu schließen, um so mehr, als Ludovico Sforza il Moro durch einen Staatsstreich Bona von Savoyen als Regentin ausgeschaltet und die Nachfolgeansprüche ihres minderjährigen Sohnes Giangaleazzo abgelehnt hatte. Darauf bedacht, vorerst seine noch kaum gesicherte Herrschaft zu konsolidieren, mußte er sich den Eidgenossen gegenüber friedlich und versöhnlich verhalten.

Der Friede mit Sforza wurde auch von den Eidgenossen während des Zeitraums von 1479–1495 eingehalten, doch war nicht zu verhindern, daß sich auf seiten der zugewandten Orte eine aggressive Haltung abzeichnete, besonders bei den Wallisern und den Bündnern. Diese handelten sicher im Hinblick auf ihre eigenen Interessen, aber ebenso auch auf Anregung auswärtiger Mächte hin – und mit der heimlichen Unterstützung der Eidgenossen, Bern und Zürich ausgenommen.

Der Bischof von Sitten, Jost von Silenen, war schon seit den Burgunderkriegen ein Verfechter der französischen Pläne. Er brauchte die Unterstützung Frankreichs, das ihm die Eroberungen im Wallis gegenüber Savoyen sicherte; außerdem vergriff er sich zweimal, 1484 und 1487, an den mailändischen Besitzungen im Eschental und zwar mit Hilfe von Söldnern aus den Waldstätten. Eidgenössischer Vermittlung verdankte er es, daß die Niederlage, die er in Masera und Crevola 1487 hinnehmen mußte, mit einem Friedensvertrag abgeschlossen wurde (Januar 1495), der im großen und ganzen für den Walliser Handelsverkehr von Vorteil war. Das gleiche geschah im Bündnerland und im Veltlin; und kaum war der Status quo zwischen Mailand und dem Wallis wiederhergestellt, als Luzern einen Vergeltungszug in die Lombardei plante, der in letzter Minute durch das Eingreifen der Eidgenossen verhindert wurde. So bildete sich in der Schweiz eine eigentliche antimailändische Partei, die durch die Machenschaften der französischen Diplomatie lebhaft unterstützt wurde.

Die Annäherung an Frankreich

Die Ansprüche Karls VIII. und Ludwigs XII. in Italien gaben der antimailändischen Partei in der Schweiz die günstige Gelegenheit, ihre eigenen Pläne zu verwirklichen; Karl VIII. wollte im Königreich Neapel die Ansprüche des Hauses Anjou wieder geltend machen, und

Ludwig XII. strebte – über seine Großmutter Visconti – den Besitz des Herzogtums Mailand an, denn die Sforza konnten als Usurpatoren betrachtet werden.

Zu Recht oder Unrecht, jedenfalls hielten die europäischen Fürsten die militärische Hilfe der Schweizer für unumgänglich, um ihre Unternehmungen erfolgreich durchzuführen, und so bemühten sie sich, mit der Tagsatzung die nötigen Abkommen und Verträge für die Erlaubnis zur Soldwerbung auszuhandeln. Ob diese Bewilligung nun zugestanden oder, wie z. B. im Juli 1495, verweigert wurde, die jungen Schweizer, unbeschäftigt oder voll Abenteuerlust, setzten sich überall ein, wo ihre Sympathien und ihre Interessen sie hinführten.

Die Eidgenossen zwischen Orléans und Sforza

Mindestens in der ersten Zeit hat der französische König unbestreitbar den größten Zulauf erhalten, besonders aus den innern Orten, nicht nur, weil er großzügig Gold verteilte, sondern weil auch er sich seit einigen Jahren den habsburgischen Absichten entgegenstellte. Auf die Schilderungen der Glanzleistungen, die die Schweizer im Dienst Karls VIII. erbracht haben, kann hier verzichtet werden, da dessen Zug nach Neapel außerhalb des Problemkreises Mailand–Schweiz liegt. Hingegen muß daran erinnert werden, daß Herzog Ludwig von Orléans, der zukünftige König Ludwig XII., schon 1495 – also noch bevor das Abenteuer in Neapel abgeschlossen war und gleichsam in dessen Kielwasser – sich das Herzogtum Mailand mit Schweizer Hilfe einzuverleiben versuchte. Ausgehend von der Basis Asti, die seit 1447 im Besitz seines Hauses war, wollte er die Lombardei besetzen, wozu er die militärische Unterstützung der Orte brauchte. Seine Vorschläge waren immerhin recht verlockend: Sein Botschafter Antoine de Baissey, *bailli* von Dijon, bot im August 1495 der in Luzern versammelten Tagsatzung an, gegen eine offizielle Unterstützung Frankreichs über den üblichen Sold und die Pensionen hinaus den Eidgenossen die Gebiete von Bellinzona, Lugano, Locarno und Arona abzutreten. Für Uri, Nidwalden, Luzern und das Wallis war das die ersehnte Gelegenheit, das Problem der völligen Beherrschung der Zugangsstraßen nach Mailand endgültig zu lösen – und zwar sowohl über den Gotthard als auch über den Simplon.

Die Könige von Frankreich und das Herzogtum Mailand: Rivalität unter Verwandten

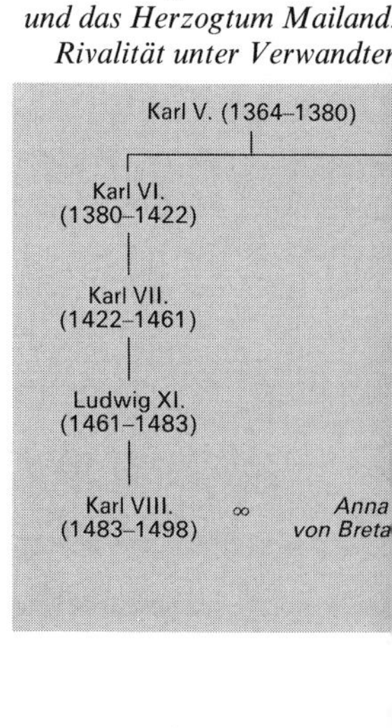

Auf einen Schlag offenbarte sich damit auch die Spaltung unter den Eidgenossen: Vor allem Bern und Zürich nahmen Partei für Mailand. Das Aufeinanderprallen dieser beiden Richtungen sollte über 20 Jahre andauern.

Bern dachte an seine Interessen und seinen Eigennutz. Für die Italienpolitik der innerschweizerischen Orte hatte es wenig Verständnis. Welche Gründe hätte es auch haben sollen, diejenigen zu unterstützen, die es völlig im Stich gelassen hatten bei seiner eigenen Expansionspolitik im Westen, die mit den Burgunderkriegen so gut begonnen hatte? Ebensowenig konnte Bern das Spiel der französischen Diplomatie spielen; sie hatte Bern 1477 in allen seinen Hoffnungen auf Gewinne zu Lasten des Hauses Burgund und des Herzogtums Savoyen in der Freigrafschaft und in der Waadt enttäuscht. Schließlich lagen Berns wahre Ziele immer in dieser Richtung. Und wenn nun

Mailand ganz in die Hände Frankreichs fiel, was würde aus der Unabhängigkeit Savoyens werden, das dann auf beiden Seiten der Alpen eingeschlossen wäre und für das Bern und Freiburg schon seit längerem zielstrebig als Schutzmächte auftraten? Zürich verteidigte wie 1422 auch jetzt seine Handelsinteressen in Mailand. So bevorzugten also Bern und Zürich eine Friedensdiplomatie und setzten sich vorläufig für die Erneuerung des Kapitulats zwischen Mailand und der Schweiz ein; diese stellte Ludovico il Moro auch unter sehr vorteilhaften Bedingungen in Aussicht.

Trotz entsprechender Verbote nutzten Tausende von Schweizern die Unsicherheiten und bald auch die Uneinigkeit der örtlichen Obrigkeiten und verpflichteten sich auf beiden Seiten. Daraus entwikkelte sich eine gefährliche Lage, sowohl für Ludwig von Orléans, der in Novara durch die Truppen der Liga von Venedig eingeschlossen war, als auch für die Eidgenossen, die auf der Seite der Belagerer kämpften. Der Frieden von Vercelli (9. Oktober 1495) ermöglichte es Karl VIII., sich aus Italien zurückzuziehen, und aufgrund einer Übereinkunft trat Ludovico Sforza aus der Liga aus, während Ludwig von Orléans Asti halten konnte. Diese Vereinbarungen zwischen dem Mailänder und den Franzosen erlaubten schließlich die Übergabe von Novara und die Rückkehr der Schweizer in ihre Heimat.

In dieser ersten Episode, die in gewissem Sinne bereits das künftige Drama vorwegnimmt, tauchen bereits all die Züge auf, die für die schweizerische Haltung in den italienischen Kriegen bezeichnend waren: das eigensinnige Festhalten einiger Orte an ihren eigenen Zielen entgegen den Verträgen, die die Tagsatzung in anderem Sinne verpflichteten; ungeordnete Aktionen und Söldnerauszüge, die trotz ihrer scheinbaren Spontaneität den gleichen Zielen dienten. So nutzten Uri, Schwyz und Luzern die erste Auseinandersetzung zwischen Ludwig von Orléans und Ludovico il Moro, um endgültig das Bleniotal in ihren Besitz zu nehmen, diese wichtige Verbindung zwischen der urnerischen Leventina und dem Grauen Bund.

Nachdem Ludwig von Orléans 1498 französischer König geworden war, machte er sogleich seine Ansprüche auf das Herzogtum Mailand wieder geltend und stellte die neapolitanische Frage vorläufig in den Hintergrund. Seine diplomatischen Bemühungen waren insofern erfolgreich, als es ihm wenigstens vorübergehend gelang, den Papst und die Venezianer von der Sache der Sforza abzubringen. In der Schweiz profitierte Ludwig eindeutig von der günstigen Konstellation, die der Schwabenkrieg geschaffen hatte: Maximilian, der Lehensherr und Beschützer von Ludovico il Moro, war gleichzeitig der Hauptfeind der Eidgenossen und der Venezianer. Im März 1499 fanden sich sämtliche eidgenössischen Orte bereit, Ludwig XII. vorbehaltlos für zehn Jahre die Anwerbung von Söldnern zu gestatten. Unter diesen Umständen und mit der Hilfe von 5000 Schweizern, die der König trotz des Krieges, der am Rhein wütete, mühelos rekrutieren konnte, war es ein Kinderspiel, die Lombardei zu erobern; Mailand kapitulierte am 17. September 1499.

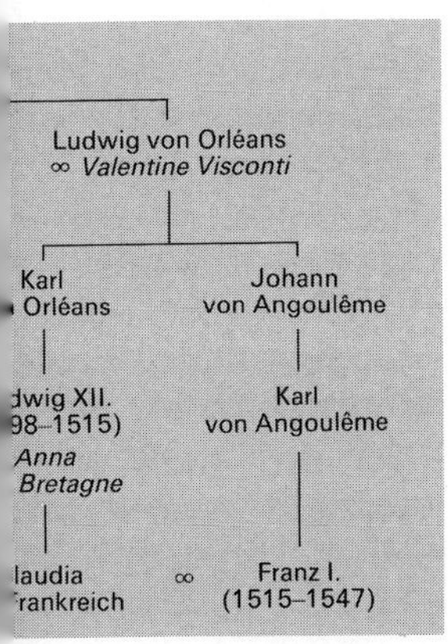

Die Tagsatzung zögert – die Söldner entscheiden

Ludovico il Moro, der große Anstrengungen gemacht hatte, die Schweizer und Maximilian zu versöhnen, um seinerseits ihre Unterstützung zu erhalten, hatte Zuflucht am Hof von Innsbruck gefunden. Sobald in Oberdeutschland Frieden eingekehrt war, wurden seine Absichten von einem Teil der Eidgenossen wohlwollender aufgenommen. Mit deutschen Landsknechten und 6000 Schweizer Söldnern, die er trotz Verbot angeworben hatte, verjagte er vorübergehend die Franzosen mit der gleichen Leichtigkeit aus seinem Herzogtum, mit der ihn diese vorher vertrieben hatten (21. März 1500). Während nun die Tagsatzung jedermann verbot, sich von dem einen oder dem andern Lager anwerben zu lassen, und zuerst von Frankreich die in Verzug geratene Zahlung von Sold und Pensionen verlangte, startete der französische Gesandte eine Bestechungskampagne, und ohne sich um den Tagsatzungs-Abschied zu kümmern, gestatteten die durch das Gold gewonnenen Orte erneut die Werbung zugunsten Ludwigs XII. So kamen 14 000 Mann zusammen, die unter der Führung der Franzosen am 6. April 1500 vor Novara anlangten. Der Schauplatz des Geschehens war der gleiche wie fünf Jahre zuvor, aber die Rollen waren nun vertauscht: Diesmal ließ sich Ludovico Sforza mit den von ihm angeworbenen Schweizer Söldnern einschließen. Aber diese wollten auf keinen Fall gegen ihre Landsleute im Dienst des französischen Königs kämpfen. Fahneneid und eidgenössische Solidarität gerieten in Konflikt. Zwar erlaubte eine mündliche Abmachung zwischen Schweizern und Franzosen dieses Dilemma zu lösen, jedoch nur um den Preis der eidgenössischen Ehre: Denn wohl durften die herzoglichen Truppen sich ungehindert aus Novara zurückziehen, Ludovico il Moro war aber nicht in den Waffenstillstand miteinbezogen und blieb seinem traurigen Schicksal überlassen. Umsonst versuchte man, ihn zu verkleiden; der Urner Turmann verriet ihn, und er wurde als Gefangener nach Frankreich geführt, wo er ein paar Jahre später starb (1508).

Der Vertrag von Arona: Die inneren Orte nehmen ein Faustpfand

Nach dem Sieg Ludwigs XII. in der Lombardei fühlten sich die Orte berechtigt, nun die Erfüllung seiner Versprechungen aus dem Jahre 1495 zu verlangen. Als der König Ausflüchte machte, griffen sie zur Selbsthilfe. Truppen aus Uri und Schwyz, die im Frühjahr 1500, als Ludovico Sforza vorübergehend Mailand erobert hatte, dem französischen König über den Gotthard zu Hilfe gekommen waren, besetzten in einem Überraschungsangriff Stadt und Grafschaft Bellinzona sowie Biasca und die Riviera. Der dortigen Bevölkerung, die bisher dem Herzogtum Mailand unterstanden hatte, blieb keine andere Wahl, als den «Deutschen» den Treueid zu leisten, allerdings unter Vorbehalt der Wahrung ihrer überlieferten Rechte (14. April 1500).

Dieses Vorgehen war typisch für die Art und Weise, wie die eidgenössischen Orte das wilde und eigenmächtige Reislaufen auszunützen verstanden. Sicherlich haben die Truppen, die das Tessin in Besitz nahmen, dies im Namen ihrer Obrigkeiten getan. Aber die Orte, in diesem Fall Uri, Schwyz und Nidwalden, leiteten ihre Ansprüche doch wieder auch aus den maßlosen Forderungen der Söldner ab: Da der König mit 300000 Talern Sold im Rückstand sei, wurden die besagten Gebiete als Faustpfand genommen. Um Ludwig XII., der damals in Neapel gebunden war, zum Nachgeben zu bewegen, ließ man am Ende des Sommers 1501 Lugano und Locarno plündern; im Februar 1503 unternahm man einen neuen Feldzug, begann dabei mit der Belagerung von Locarno und machte einen Vorstoß bis Varese und Arona. Schließlich setzten die Eidgenossen die Höhe ihrer Forderungen von 300000 Talern auf 40000 Pfund herunter.

Durch den Vertrag von Arona vom 11. April 1503 erhielten die drei Orte Uri, Schwyz und Nidwalden dann Stadt, Schloß und Grafschaft Bellinzona sowie Biasca, die Riviera und die beiden Dörfer Isone und Medeglia, zwei strategisch wertvolle Positionen am Südfuß des Monte Ceneri. Ferner bestätigte der Vertrag zugunsten der gesamten Eidgenossenschaft alle Handelsprivilegien, wie sie bis dahin durch die Sforza zugestanden worden waren.

Der Augenblick für eine Gewissenserforschung schien gekommen. Die Befriedigung darüber, endlich Bellinzona, das Ziel jahrhundertelanger Anstrengungen, gewonnen zu haben, wurde durch eine gewisse Irritation über den französischen König getrübt, der sich mit der Erfüllung seiner Versprechen drei Jahre Zeit gelassen und sich recht undankbar für das für ihn vergossene Blut gezeigt hatte. Noch immer strömten Söldner nach Italien, denn nachdem Ludwig XII. seine Herrschaft in Mailand gefestigt hatte, konnte er seine Hoffnungen auf das Königreich Neapel richten, wo er wie Karl VIII. die Erbfolge anstrebte. Er hatte allerdings nicht mehr Glück als sein Vorgänger. Erst geprellt, dann besiegt von seinem großen spanischen Rivalen, König Ferdinand von Aragon, mußte er sich 1504 geschlagen geben. Tausende von Schweizern hatten während diesem unglücklichen Feldzug ihr Leben gelassen. Man rechnete damals aus, daß in Italien 30000 Schweizer für eine fremde Sache gestorben seien; bei vorsichtiger Schätzung waren das 6% der gesamten männlichen Bevölkerung – eine um so beachtlichere Zahl, als es sich dabei ausschließlich um junge und kräftige Leute handelte.

Die moralische Erschütterung, die nun um sich griff, blieb nicht ohne Auswirkungen auf die politischen Entscheide in der Eidgenossenschaft.

Bruch mit Frankreich und Streben nach Neutralität

Schon lange hatte die Öffentlichkeit das Verbot der Söldnerdienste und Pensionen verlangt. Die Tagsatzung, die sich im Juli 1503 versammelte, kam denn auch mehrheitlich zu Beschlüssen, die praktisch darauf hinausliefen, die außenpolitischen Kompetenzen der Orte drastisch zu beschneiden. Künftig sollte es verboten sein, von auswärtigen Mächten Geld in Form von Sold oder Pensionen anzunehmen; ohne das Einverständnis der anderen Orte oder ihrer Mehrheit sollte die Anwerbung von Söldnern nicht mehr geduldet werden, und jeder unbefugte Werbeoffizier sollte mit dem Tod bestraft werden. In diesen Punkten erreichte die Versammlung Einstimmigkeit. Darüber hinaus sollte sich in allen Fragen der Außenpolitik, besonders wenn es sich um Krieg handelte, kein Ort dem Willen der Mehrheit entziehen und auch ohne die Zustimmung der anderen Eidgenossen oder ihrer Mehrheit keine auswärtigen Bündnisse eingehen.

In diesen Badener Verkommnissen äußerte sich der Wille, das lose Bundesgeflecht der Eidgenossenschaft in einen enger verbundenen föderativen Staat umzuformen, d.h. die Orte, die in der Tagsatzung vertreten waren, so weit zu bringen, einen Teil ihrer Souveränität abzugeben und sich der Mehrheit zu unterwerfen. Um das Mehrheitsprinzip stand es aber noch schlecht. Der Verzicht der einzelnen Orte auf ihre vollen Hoheitsrechte ließ sich nicht durch einen Beschluß durchsetzen, sondern konnte erst das Resultat einer langsamen Entwicklung sein. Solange unter den Orten kein Ausgleich der Kräfte und der Interessen erfolgt war, ließ sich auch keine gemeinsame Haltung gegenüber dem Ausland erzwingen.

Für den Moment wurden weder die Übereinkunft über die Begrenzung der ausländischen Söldnerwerbung – der sogenannte Pensionenbrief – noch die neuen Vorschriften des eidgenössischen Rechts eingehalten, obwohl die Orte ihnen förmlich beigetreten waren. Die Versuchungen waren noch zu stark, und die Vertreter Frankreichs konnten sich auf das bestehende Bündnis berufen und zudem alle Mittel der Korruption benutzen. Zuerst zog sich Luzern (1505), dann Bern, Freiburg und Solothurn von der Übereinkunft zurück, und andere folgten ihnen, so daß sich die Tagsatzung 1508 damit abfinden mußte, die Befolgung des Pensionenbriefs jedem Ort freizustellen.

Auch wenn sich kein Fortschritt des Verfassungsrechts daraus ergab, so hatte man den Pensionenbrief doch mit einem deutlichen Hintergedanken gegenüber Frankreich unterzeichnet, dem man nicht zu Unrecht unterstellte, daß es mit dem Leben der Schweizer und der Unabhängigkeit der Orte recht leichtfertig umsprang. Die jüngsten Ereignisse bestätigten diesen Vorwurf, vor allem der Aufstand in Genua und seine Niederschlagung mit Hilfe schweizerischer Soldtruppen (April 1507). In dieser Angelegenheit hatte Ludwig XII. die Tagsatzung vom Anfang bis zum Ende über seine wahren Absichten und über den Bestimmungszweck der Truppen getäuscht.

Aber deswegen hatten die Versuche Maximilians I., die Mißstimmung der Eidgenossen für seine eigenen Zwecke auszunutzen, nicht mehr Erfolg. Die Tagsatzung war zu Beginn des Jahres 1508 zu dem Beschluß gelangt, offiziell auf jedes auswärtige Engagement zu verzichten; gleichzeitig mußte sie übrigens zugeben, daß sie nicht in der Lage war, den privaten Anwerbungen in den verschiedenen Lagern ein Ende zu machen. Die Liga von Cambrai und der Krieg, den die europäischen Mächte gegen Venedig einleiteten (Dezember 1508), hatten daher keine direkte Auswirkung auf die Schweiz.

In diesem noch vagen Streben nach Neutralität und in einer Frankreich günstigen Stimmung näherte man sich 1509 dem Ende der zehnjährigen Allianz mit Ludwig XII. Auf beiden Seiten schien man nicht bereit, sie wieder zu erneuern. Angesichts der damaligen Entspannung der Beziehungen zu Habsburg – Maximilian war in der

Darstellung der seit Mitte des 15. Jahrhunderts von den Eidgenossen entwickelten Kampftaktik: Der Langspieß, die Hellebarde und die Büchse wurden kombiniert angewendet. Eidgenössischer Angriff auf Genua nach der Chronik des Johannes Stumpf von 1548.

gegen Venedig gerichteten Liga von Cambrai sein Verbündeter – glaubte der französische König, leicht ohne die Hilfe der Schweizer auszukommen. Weder der Schutz der Ostflanke seines Reiches noch die Sicherung seines lombardischen Herzogtums nach Norden schienen ihm im Moment vordringlich. Aus Erfahrung wußte er zudem besser als jeder andere, wie man Schweizer auch ohne offizielle Vereinbarungen anwerben konnte. Er sah sich dabei in einer besonders günstigen Lage, da er die besten finanziellen Angebote machen konnte, und kümmerte sich keinen Deut um die Souveränität der Orte. Die Verbitterung der Eidgenossen erhöhte das Gewicht der antifranzösischen Partei, die vor allem in Bern und Zürich stark war. Angesichts der unerwarteten Annäherung zwischen Frankreich und dem Reich sowie der seit dem Sieg über die Venezianer bei Agnadello (Mai 1509) erdrückenden militärischen Überlegenheit der Franzosen in Italien bangten die Eidgenossen jedoch vor allem um ihre jüngsten Erwerbungen im Tessin. Schließlich gaben sie aber ihrem Mißtrauen und ihrem Groll nach und wiesen den Vorschlag, das französische Bündnis wieder zu erneuern, zurück.

Politische Veränderungen in Italien

Mit dem Verzicht auf ein Bündnis mit Frankreich schienen sich die Eidgenossen von den italienischen Angelegenheiten zurückziehen zu wollen. Doch ihr Engagement auf der Halbinsel wurde verlängert, weil Papst Julius II. (1503–1513) den Anstoß zu einer neuen politischen Konstellation gab. Der neue Papst, der fast unmittelbar auf seinen alten Gegner Alexander VI. Borgia folgte, betrieb eine Politik, die insgesamt der seines Vorgängers nicht unähnlich war, wenn nicht in den Mitteln, so doch im angestrebten Ziel: der Errichtung eines starken Kirchenstaates, der Italien zur Verwirklichung seiner nationalen Eigenart in Einheit und Unabhängigkeit verhelfen sollte.

Zur Verwirklichung dieser großen Idee – die der europäischen Geschichte einen anderen Verlauf hätte geben können – erstrebte Julius II. den Ausschluß der fremden Mächte, die seiner Meinung nach den lebendigsten Teil der Halbinsel zu ersticken drohten, das reiche Norditalien mit den politischen Zentren Mailand und Venedig. Dagegen schien es ihm zweitrangig, daß das Königreich Neapel, auf das Ludwig XII. seit 1504 seine Ansprüche hatte aufgeben müssen – nicht ohne zuvor dort der Dynastie von Aragon in die Hände gearbeitet zu haben – im Mittelmeerraum die Grundlage der neuen spanischen Machtausweitung geworden war. Hier bahnte sich die Erfüllung des alten imperialen Traumes der Habsburger an. Denn 1496 hatte Philipp der Schöne, der einzige Sohn Maximilians I. und Enkel Karls des Kühnen, Johanna von Kastilien geheiratet, die im Jahre 1500 durch den frühen Tod ihrer Geschwister Alleinerbin der spanischen Königreiche wurde, im gleichen Jahr, in dem ihr Sohn, der spätere Karl V., zur Welt kam. Das Reich, in dem die Sonne nicht unterging, war im Entstehen. Es war eine nachträgliche Genugtuung für Burgund, aber unter welchen Vorzeichen!

Die relative Ruhe in Italien zwischen dem Jahr 1500, als die französischen Ansprüche in Mailand durchgesetzt wurden, und dem Jahr 1508, als unter der Leitung von Papst Julius II. die europäischen Mächte gemeinsam gegen Venedig gesiegt hatten, das den päpstlichen Expansionsplänen in der Romagna im Weg stand, diese achtjährige Ruhe hatte Ludwig XII. über die tatsächlichen Absichten des Papstes getäuscht. Der Sieg, den der französische König in Ausführung der päpstlichen Pläne bei Agnadello über die Venezianer errungen hatte, löste nämlich zwei Entwicklungen aus, die für den Papst und seine Politik von Vorteil waren: Die Adriametropole war gedemütigt, ihre Arroganz und ihr unersättlicher Appetit, der jeden auf der *Terra ferma* das Fürchten lehrte, waren gebrochen: Vor ihr brauchte man künftig nicht mehr zu zittern, man konnte ihr vergeben und sie in den Schoß der Mutter Italia zurückkehren lassen. Frankreich hingegen hatte durch seine wirkungsvollen Interventionen an Glanz gewonnen und blieb die beherrschende und bedrohende Macht, von der jede Entscheidung abhing. Zusätzlich hatte das gemeinsame Vorgehen gegen Venedig gezeigt, daß Ludwig XII. sich Maximilian I. angenähert hatte, dem geschworenen Feind dieser Republik, die seine Kaiserkrönung verhindert und ihm Fiume und Triest geraubt hatte. Dieses heimliche Einverständnis, auch wenn es nicht lange dauern sollte, machte die Eidgenossen dem französischen König gegenüber nur noch mißtrauischer. – Dieses Mißtrauen kam dem Papst zugute, der sich nun gegen Frankreich, seinen alten Verbündeten aus der Liga von Cambrai, wandte und die militärische Unterstützung der eidgenössischen Orte suchte. Daß er sie erhielt, ging auf die Vermittlung eines bemerkenswerten Mannes zurück, des Wallisers Matthäus Schiner, seit 1499 Bischof von Sitten.

Silbertaler, den Matthäus Schiner schlagen ließ. Das Prägen von großen Silbermünzen Ende des 15. Jahrhunderts in Italien, in Frankreich und im Reich deutet einerseits auf die verstärkte Nachfrage des Handels nach Zahlungsmitteln – das Gold genügte nicht mehr –, andererseits auf die Entdeckung oder Reaktivierung von Silbervorkommen in Mitteleuropa.

Die Eidgenossen als Beschützer der Kirche, des Herzogtums Mailand und ihrer eigenen Interessen

Matthäus Schiner kam wie gerufen, um die Pläne des Papstes zu unterstützen. Der politische Werdegang der beiden Männer hatte sie trotz verschiedener Herkunft und unterschiedlichen Erfahrungen zu dem gleichen Schluß geführt, nämlich daß es absolut notwendig war, die Franzosen aus Italien zu vertreiben. Die Haltung Julius' II. läßt sich leicht verstehen; die Haltung Schiners bedarf einer Erläuterung, auch wenn sie nicht nur von ihm vertreten wurde und sich mit ähnlichen Ansichten in der Schweiz traf, insbesondere mit dem Standpunkt Berns. Die Motive seiner tiefen Feindschaft dem französischen Königreich gegenüber gingen über die gewöhnlichen Beschwerden über unbezahlten Sold oder unbefriedigte Gebietsansprüche weit hinaus und bezogen sich letztlich auf die unerträgliche Bedrohung, die die französische Vormachtstellung seiner Meinung nach für die in der Lombardei erworbenen Besitzungen und Privilegien der Eidgenossen darstellte. Tatsächlich hatte Ludwig XII. selbst zur Bestätigung dieser Annahme beigetragen, indem er die Handelsvorteile und den freien Verkehr, die in den Mailänder Kapitulaten zugunsten der Eidgenossen festgelegt worden waren, ständig in Frage stellte. Die ökonomische Bedeutung des Mailänder Raumes wuchs übrigens in den Augen der Eidgenossen in dem Moment, als die Schweizer Bevölkerung wieder spürbar zunahm. Die Lombardei war ein traditionell wichtiger Absatzmarkt für Produkte der Viehzucht und ein mögliches Gebiet für die Winterweide, und sie konnte außerdem zu einem bequemen Notspeicher werden, aus dem man im Fall von Mißernten die zusätzlich notwendigen Mengen an Getreide, Reis und Wein beziehen konnte.

Diese Überlegungen waren vor allem für die Orte an der Gotthardroute und in der Ostschweiz wichtig. Die unnachgiebigste Feindseligkeit gegenüber Frankreich fand sich merkwürdigerweise aber nicht in diesen Orten, sondern eher in den führenden Kreisen in der Westschweiz. Es ist doch wohl an der Berechtigung der Warnungen Schiners und der Berner zu zweifeln, daß die französische Präsenz in der Lombardei eine Gefahr für die Unabhängigkeit des Wallis, der Waadt und ganz Savoyens bedeute; diese Regionen wurden von Bern, Freiburg und Solothurn ja als ihre natürliche Einflußzone angesehen, in der sie allein zu bestimmen hatten.

Man kann in der Tat feststellen, daß den französischen Truppen bei jedem Einfall in die Lombardei von Savoyen der Durchmarsch gestattet wurde – in gehöriger Entfernung vom Genferseebecken über die Pässe des Mont Cenis oder des Mont Genèvre. Jedenfalls scheint es Frankreich nicht für nötig gehalten zu haben, Savoyen zu annektieren, um seine Nachschubwege nach Italien zu sichern, wenigstens so lange Savoyen nicht seine Neutralität aufgab, die übrigens für die Eidgenossen ebenso vorteilhaft war wie für Frankreich. Um etwas vorzugreifen: Für den Angriff, den Franz I. 1536 auf Savoyen unternahm, war nicht in erster Linie das Verhältnis zu Italien ausschlaggebend, sondern die offenkundige Absicht Kaiser Karls V., des Schwagers der Herzogin von Savoyen, sich in die Angelegenheiten des

Herzogtums einzumischen. Mit einer gewissen Ironie hat das Schicksal schließlich gezeigt, wie sinnlos die Schweizer Befürchtungen waren, als kurz vor der verhängnisvollen Schlacht bei Marignano die französischen Truppen über den weit südlich gelegenen Col de Larche in die Lombardei gelangten – den am weitesten vom Jura und vom Wallis entfernten Paß, den es gab. Es wäre außerdem erstaunlich gewesen, wenn nach dem Vertrag von Senlis, der die Freigrafschaft dem österreichisch-burgundischen Erbe zuerkannt hatte, Ludwig XII. oder Franz I. es gewagt hätten, die Waadt und das Wallis als Verbindung nach Italien zu benutzen, denn damit hätten sie das Haus Habsburg herausgefordert und den territorialen Status der Freigrafschaft in Frage gestellt.

Die Machenschaften Schiners ...

Deshalb gelang es Schiner am Ende nur mit Mühe, die Überlegenheit und das Ansehen der französischen Partei bei der Tagsatzung und bei den Orten zu erschüttern. Das verschiedentliche Wiederaufleben der Frage eines französischen Bündnisses im Wallis bewies zur Genüge, daß seine Argumente lange keinen einmütigen Beifall fanden; in seinem eigenen Bistum, in seiner engeren Heimat, bot ihm Georg Supersaxo, übrigens auch ein alter Gegner seines frankophilen Vorgängers, des Bischofs Jost von Silenen, die Stirne, indem er mit Frankreich wieder Beziehungen anknüpfte (1510) und in den anderen Orten, besonders in Freiburg, Gleichgesinnte sammelte.

Jedenfalls war Schiner in dem Moment zur Stelle, als Papst Julius II. nach der Niederwerfung Venedigs von 1510 an ernstlich mit Frankreich brechen wollte; und er knüpfte sogleich mit dem Papst persönliche Beziehungen an, dessen politisches Programm er unterstützte. Als Nuntius bei der Tagsatzung setzte er einen Vertrag durch, der dem Papst gestattete, zum Schutz des Heiligen Stuhls gegen jeden Feind während fünf Jahren in der Schweiz ein ständiges Kontingent von 6000 Söldnern anzuwerben, und die Eidgenossenschaft verpflichtete, gegen etwaige Gegner des Papstes Neutralität zu wahren (März 1510).

Daß Schiner die Schweizer dazu gebracht hatte, sich von Frankreich zu lösen, war ein erster Schritt, der in weitere Verwicklungen führte. Immerhin ist festzuhalten, daß sie in diesem Augenblick die wahren Absichten Julius' II. und seines Legaten noch völlig verkannten. Gewiß hatten die Eidgenossen auf ihr Bündnis mit der französischen Monarchie verzichtet, aber deswegen wollten sie sich nicht vom Wege der Neutralität ablenken lassen, wie sie ihn schon gegenüber Venedig und der Liga von Cambrai eingehalten hatten. Und in einen Krieg gegen Frankreich wollten sie sich schon gar nicht hineinziehen lassen – während Julius II. gerade für diesen Krieg ihre Hilfe insgeheim, aber dringend benötigte.

... und die Haltung des französischen Königs

Auch Ludwig XII. trug für die Entwicklung der Dinge einige Verantwortung, da er es nicht verstand, eine Einigung mit den Schweizern zu finden. An Gelegenheiten dazu hätte es nicht gefehlt. Schiner machte sich zunächst an die Ausführung eines regelrechten Betrugs, als er im Lauf des Sommers 1510 die Schweizer aufforderte,

Die Mazze war im Wallis das Symbol der Volkserhebung. Die Holzkeule – oft mit einem geschnitzten Antlitz versehen – wurde auf dem Dorfplatz aufgestellt, wo sich die Aufständischen versammelten und einen Eid schworen, den sie mit dem Einschlagen eines Nagels in die Mazze bekräftigten. Große Volkserhebungen, bei welchen die Mazze von Dorf zu Dorf getragen wurde, richteten sich gegen unliebsame Herren wie die Silenen, Schiner und Supersaxo (Goldene Pforte der Pfarr- und Wallfahrtskirche Glis, VS, Anfang 16. Jahrhundert).

gegen den Markgrafen von Ferrara zu ziehen, angeblich weil dieser ein unbotmäßiger Vasall des Heiligen Stuhls war, in Wirklichkeit aber, weil er von Frankreich unterstützt wurde. Die Schweizer, so hoffte man, sollten mit der französischen Streitmacht zusammenstoßen. Aber die Gesandten des Königs und des Kaisers klärten die Abgeordneten der Tagsatzung auf und veranlaßten sie zu zögern. Die Schweizer Truppen erreichten die Lombardei zu spät, um rechtzeitig nach Ferrara zu kommen, und bei Chiasso kehrten sie klugerweise wieder um. Dieser mißglückte Feldzug, der «Chiasserzug», erregte den Zorn Julius' II., der sich weigerte, den vereinbarten Sold zu zahlen, erweckte aber auch Mißtrauen gegenüber Schiner, der wegen des Ausbruchs von Unruhen im Wallis das Land verlassen mußte (Juli 1511).

Die Orte lehnten es ab, als Instrument des Papstes gegen Frankreich mißbraucht zu werden. König Ludwig XII. bemühte sich, ihr Unbehagen auszunützen, und ging so weit, ihnen ein neues Bündnis vorzuschlagen – umsonst. Vielleicht mangelte es ihm an der Ausdauer, die Schiner bei seiner Propaganda für den Papst und gegen Frankreich bewies, auf jeden Fall fehlten dem König Fingerspitzengefühl und psychologisches Geschick. Er trieb die Verwirrung der Schweizer auf die Spitze, als er sich weigerte, Schadenersatz für die Ermordung zweier Boten aus Schwyz und Freiburg durch französische Soldaten in Lugano zu leisten (Frühjahr 1511).

Aber obschon es dem Papst gelang, in der Heiligen Liga Spanien, Venedig und England gegen Ludwig XII. zu vereinen (4. Oktober 1511), nahmen die Ereignisse eine unerwartete Wendung, die immer noch Frankreich begünstigen konnte. Die Eidgenossen hatten im Dienste des Papstes wenig Glück. Bei einem Vergeltungszug scheiterten sie bei Varese und vor Mailand kläglich, als sie den ausweichenden Feind verfolgten und vergeblich auf spanische Verstärkung warteten (Dezember 1511). Da schien sich eine letzte Gelegenheit zur Annäherung an Frankreich zu bieten, als die Schweizer zunächst bereit waren, neue Allianzpläne des Königs zu prüfen. Aber sein Überraschungssieg bei Ravenna über die Spanier und Venezianer (April 1512), der mit einem Schlag sein Ansehen in den Augen der Tagsatzung wiederherstellte, während Julius II. die Flucht erwog und Verhandlungen anstrebte, machte Ludwig XII. hochmütig. Der Abstand zwischen den Angeboten Frankreichs und den eidgenössischen Forderungen blieb zu groß, und der Bruch war besiegelt, als die Vertreter des Königs zur allgemeinen Entrüstung das Land verließen.

Schiner dagegen verstand es, aus dieser Situation Nutzen zu ziehen. Es war ihm zuzuschreiben, daß Venedig und Maximilian I. sich versöhnten und damit der Beitritt des Kaisers zur Heiligen Liga möglich wurde. Übrigens bemühte sich Maximilian, die Schweizer Orte über seine Absichten zu beruhigen, und er erkannte (mehrmals) ausdrücklich ihre Unabhängigkeit an. Von nun an war der Weg dafür geebnet, daß sich die Eidgenossen voll und ganz für die weltliche Macht der Kirche einsetzten, und nichts konnte sie mehr davon abbringen.

Man hat mit Recht darauf hingewiesen, daß Ludwig XII. zum Schiedsrichter der europäischen Politik geworden wäre, wenn er es verstanden hätte, das Bündnis mit den Eidgenossen aufrechtzuerhalten (Henri Hauser). Ein solches Zusammengehen hätte ohne Zweifel das europäische Gleichgewicht verändert und wäre Italien und der Herstellung des Friedens zugute gekommen. Schiner hat sicher große diplomatische Leistungen vollbracht. Ob er dabei genügend Weitblick bewies, läßt sich bezweifeln. Er verfolgte im Grunde die bereits überholte Idee, daß ein universales Kaiserreich sich mit der Kirche verbinden könne, um Gerechtigkeit und Frieden zu wahren. Für Karl V. wäre Schiner der kongeniale Berater gewesen.

Die Teilnahme der Eidgenossen an der Heiligen Liga

Die Eidgenossenschaft gehörte zwar der Heiligen Liga nicht an, doch war sie bereit, deren Ziele zu fördern, nicht nur, um das Schreckgespenst der französischen Präsenz in Italien für immer zu bannen, sondern auch um – so Zwingli – einer durch den König von Frankreich bedrohten Kirche zu Hilfe zu eilen. Eben hatte nämlich Ludwig XII. das Konzil von Pisa einberufen, das den Papst absetzen und die Kirche reformieren sollte – eine weitere Ungeschicklichkeit des Königs, die in der Schweiz die Erinnerung an das große Schisma und die Unterstützung Avignons durch das Haus Habsburg wachrief.

Die Tagsatzung folgte deshalb ohne weiteres dem Appell Schiners. Ein 18000 Mann starkes eidgenössisches Heer zwang nach seiner Vereinigung mit den Venezianern in Villafranca am 1. Juni 1512 nacheinander Cremona und Pavia zur Kapitulation. Mailand, dessen aufgebrachte Bevölkerung die Franzosenpartei zur Flucht gezwungen hatte, ergab sich ebenfalls und wurde sogleich besetzt. Ende Juni waren die Franzosen über die Alpen zurückgedrängt und hielten nur noch ein paar feste Plätze besetzt.

Die dynastischen Ursprünge des spanischen Reiches

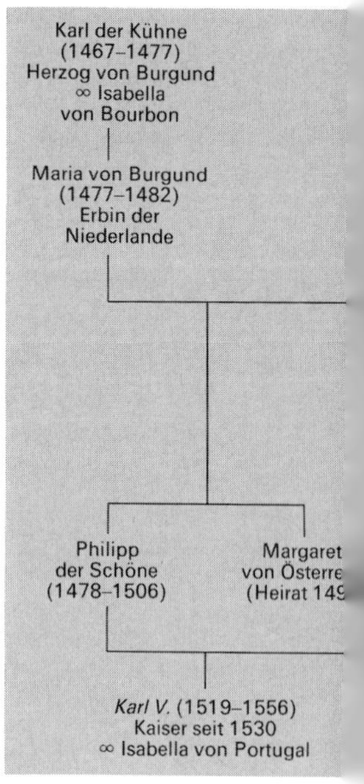

Nun war es an den Schweizern, aus diesen Siegen Nutzen zu ziehen. Ihr neuer Titel «Beschützer der Freiheit der Kirche» hinderte sie nicht daran, ihren gutausgebildeten Wirklichkeitssinn unter Beweis zu stellen, indem sie ihre Überlegenheit in politisches Gewicht und Gebietsgewinn umsetzten.

Und so wiederholte sich das, was schon 1500 geschehen war: Der militärische Einsatz zugunsten der Liga machte sich sogleich durch planmäßige Eroberungen bezahlt, die einigen interessierten Orten zugute kamen, wenn man auch behauptete, im Namen der ganzen Eidgenossenschaft zu handeln. Zur gleichen Zeit, als der Hauptteil des Heeres nach Pavia marschierte, besetzten Truppen aus Uri und Schwyz gemeinsam das Val Antigorio mit Domodossola sowie das ganze Tessin zwischen Bellinzona und Chiasso, d.h. Lugano, Mendrisio und Balerna. Unmittelbar darauf erklärten die drei rätischen Bünde dem König von Frankreich den Krieg und bemächtigten sich ihrerseits des Veltlins, Bormios und Chiavennas, womit sie das ganze obere Tal der Adda unter Kontrolle hatten. Ebenso wie die Waldstätte zurückerhielten, was sie 1422 bei Arbedo verloren hatten – und einiges mehr dazu –, gewannen auch die Bündner die Gebiete zurück, die sie 1486 und 1487 bereits ein erstes Mal erobert hatten. Es war nicht zu übersehen, daß sich unter dem Deckmantel der von der Tagsatzung einmütig betriebenen Politik der Erhaltung der Unabhängigkeit und Unverletzbarkeit Mailands das Partikularinteresse der Waldstätte auf ausschließliche Kontrolle des lombardischen Absatzmarktes verbarg, was freilich nicht ausschloß, daß die gesamte Eidgenossenschaft auf ihre Rechnung kam.

Ebenso klar war aber auch die Absicht der Eidgenossen, den begrenzten Rahmen der Soldzüge und Handstreiche zu sprengen und sich im europäischen Konzert als eigenständige souveräne Macht zu etablieren. Und genau hier zeigt sich das Risiko des Unternehmens.

Zunächst schienen die Schweizer unbestreitbar einen diplomatischen Erfolg errungen zu haben, als sie allein, ohne vorher die Meinung der Verbündeten einzuholen, über die politische Zukunft der Lombardei bestimmten und damit ihre Neutralitätspolitik bestätigten. Die Tagsatzung von Baden (August und September 1512) erreichte in Übereinstimmung mit dem Papst tatsächlich, daß Massimiliano Sforza, der Sohn und Erbe des unglücklichen Ludovico il Moro, zu vollen Rechten als Herrscher des Herzogtums Mailand eingesetzt wurde. Diese Lösung befriedigte jeden: Der Papst und die Eidgenossen konnten sicher sein, daß Mailand nicht in die Hände einer fremden Macht fiel; Venedig konnte sich zur Herrschaft eines so schwachen Herzogs nur beglückwünschen; und der Habsburger Maximilian konnte nicht umhin, den Vetter seiner zweiten Frau Bianca Maria Sforza zu unterstützen.

Als weitere Konsequenz ihres militärischen Übergewichts erhielt die Eidgenossenschaft faktisch die Schutzherrschaft über das Herzogtum Mailand. Sie durfte es sich sogar erlauben, Kaiser Maximilians Forderung zurückzuweisen, dem jungen Sforza die Investitur in sein Herzogtum als ein Reichslehen zu erteilen. Ihre guten Dienste wurden freilich durch entsprechende Gewinne und Kompensationen vergolten: Sie erhielten Abfindungen und staatliche Pensionen in Höhe von mehreren zehntausend Dukaten. Ferner leistete der junge Sforza Verzicht auf seine Rechte über die ennetbirgischen Gebiete, die während der verschiedenen Feldzüge besetzt worden waren, wozu von 1513 an noch die Herrschaft Locarno sowie das Maggia- und das Verzascatal kamen, die bis dahin noch von den Franzosen gehalten worden waren. Damit zeichnete sich ein geopolitisch wichtiges Ereignis der Italienzüge ab: Die Orte und ihre Zugewandten beherrschten alle Alpenübergänge vom Stilfserjoch bis zum Großen St. Bernhard.

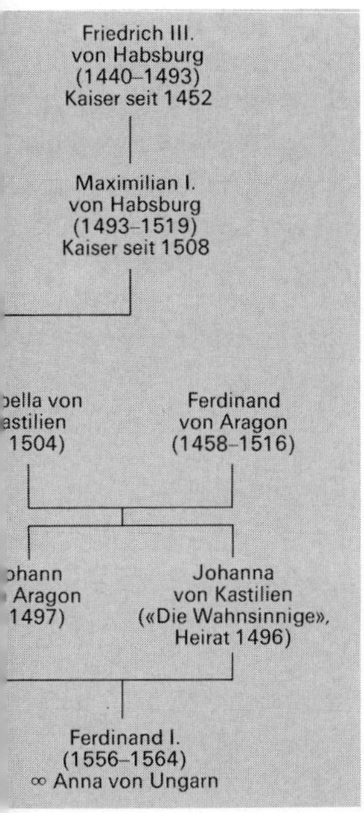

Trotz dieser offenkundigen Erfolge erwies sich das diplomatische Gleichgewicht, das der Papst und die Schweizer unter dem Einfluß von Kardinal Schiner in ihrem Sinne hergestellt hatten, als höchst labil. Es konnte jederzeit in Frage gestellt werden: An die Stelle der französischen Vormachtsstellung in Italien drohte die spanische zu treten. Schon während der Auseinandersetzungen um den Status des Herzogtums Mailand hatte Ferdinand von Aragon im Einvernehmen mit Maximilian I. den – von den Eidgenossen sofort zurückgewiesenen – Vorschlag gemacht, das Herzogtum für seinen Enkel Karl von Habsburg zu erwerben. Daher war es für Julius II. wichtig, Maximilian für die Sache des Heiligen Stuhls zu gewinnen, um das gefährdete Gleichgewicht zu retten und bei dieser Gelegenheit auch Venedig zurückzubinden, das dem Kaiser feindlich gesinnt war und ihm die Tiroler Pässe streitig machte. Die Serenissima ihrerseits war ungehalten, weil sie das von ihr beanspruchte Cremona nicht erhalten hatte, und sie versuchte sich darauf erneut Frankreich anzunähern. Am 23. März 1513 schloß sie einen Vertrag mit Ludwig XII., in dem sie versprach, ihn mit allen Kräften bei der Wiedereroberung des Herzogtums zu unterstützen.

Vom Triumph zur Niederlage: der Preis der Isolation

Unter diesen Umständen handelten die Schweizer kaum klug, als sie die Friedensangebote Frankreichs beharrlich zurückwiesen, weil der König nicht auf seine Rechte auf Mailand verzichten wollte. Nach dem Tod Julius' II. am 21. Februar 1513 folgte ihm in der Person Leos X., eines Medici, ein viel weniger entschlossener Papst. Er teilte anfangs die antifranzösischen Gefühle seines Vorgängers und verbündete sich in der neuen Liga von Mecheln (5. April 1513) mit Kaiser Maximilian I., Heinrich VIII. von England und Ferdinand von Aragon. Aber diese Koalition war eher gegen Frankreich gerichtet, das man so schnell wie möglich angreifen wollte, als daß sie Italien vor fremder Einmischung schützen und dem ja nun befreiten Herzogtum Mailand beistehen wollte. Die Wahrheit war, daß im Grunde kein Koalitionspartner bereit war, für die Sforza zu kämpfen.

Einzig die Schweizer waren entschlossen, Mailand gegen einen neuen Invasionsversuch zu verteidigen, nicht nur, um in «Treue und Ehren» die eingegangenen Verpflichtungen zu erfüllen, sondern ebensosehr, um ihre traditionellen Interessen in der bedrohten Lombardei zu verteidigen. Diese Haltung hatte ohne Zweifel ihre Würde, aber die Eidgenossen kamen dadurch in Gefahr, sich von den anderen Staaten zu isolieren. Mehr noch, die mailändische Trumpfkarte begann ihnen zu entgleiten.

Novara – ein trügerischer Sieg

Unter diesem Gesichtspunkt erwies sich der Sieg von Novara (6. Juni 1513), so glänzend er auch gewesen sein mag, als trügerisch. Zu leicht wird vergessen, daß Ludwig XII. trotz einer gegen ihn gerichteten europäischen Koalition die Wiedereroberung des mailändischen Gebiets wagte. Er glaubte, mit Hilfe Venedigs sein Ziel erreicht zu haben, als die Schweizer einmal mehr von ihren Bergen herabstiegen und ihn nach einem kurzen Gefecht vor Novara zurückdrängten. Trotz dieser Niederlage, die ihn zwang, die Lombardei aufzugeben, verstand er es im Lauf des Sommers, sich erfolgreich gegen eine Koalition zu behaupten, die ihn innerhalb seines eigenen Königreichs zu erdrücken suchte.

Und genau zur gleichen Zeit fielen auch die Eidgenossen, «die sich jetzt jenseits des Juras die gleichen Vorteile sichern wollten, die sie südlich der Alpen besaßen …» (Henri Hauser), in das Herzogtum Burgund ein. Novara hatte sie auf den Geschmack gebracht, und der Ausfall lenkte von den schweren inneren Spannungen ab. Sie belagerten Dijon (7. September 1513) und bedrohten die Stadt mit Kanonen, die ihnen Maximilian I. zur Verfügung gestellt hatte, der bei dieser Gelegenheit wohl wie seine Tochter Margarethe vom Wiedererstehen des burgundischen Staates träumte. Der mit der Verteidigung der Stadt beauftragte französische Gouverneur La Trémouille war bald zum Verhandeln gezwungen; er erkaufte den Rückzug der Schweizer mit Gold und vor allem mit Versprechungen – unter anderem dem Verzicht auf das Herzogtum Mailand –, die Ludwig XII. später leicht zurücknehmen konnte, da sich die Angreifer vertrauensselig zurückgezogen hatten, bevor solche Zusagen überhaupt ratifiziert werden konnten!

Die europäische Koalition, die sich zusammengefunden hatte, um Ludwig XII. zu vernichten und der die Schweizer Schützenhilfe geleistet hatten, löste sich im Laufe des Jahres 1514 unverrichteter Dinge von selbst auf. Es kam zu Sonderverhandlungen, in denen die Eidgenossenschaft und ihr mailändischer Schützling völlig isoliert wurden. Papst Leo X. wußte, was er tat, als er, «zufrieden über die Auflösung des Konzils von Lyon, bei Schiner Entrüstung hervorrief durch seine Milde gegenüber dem König» (Henri Hauser) und Frieden mit ihm schloß. Im Hinblick auf die Wiedereroberung des Herzogtums Mailand erkaufte sich Ludwig XII. die Neutralität Spaniens, genauer gesagt, Ferdinand von Aragon ließ sich «durch die Aussicht auf das Herzogtum Mailand verführen, das einem seiner Enkel durch Heirat mit einer Prinzessin aus dem französischen Königshaus zufallen sollte» (Gaston Zeller).

Dilemma der Eidgenossen in der Lombardei

So war der Friede wiederhergestellt, zum Ruhm und zum Vorteil des Königs von Frankreich, als dieser am 1. Januar 1515 starb. Aber welchen Wert hatte dieser Friede, der ohne sie und gegen ihren Willen geschlossen worden war, für Mailand und die Eidgenossen? Mochten sie auch – wie die Handbücher zu betonen pflegten – auf der Höhe ihres kriegerischen Ruhmes stehen. Vor ihnen tat sich der Abgrund einer diplomatischen Niederlage auf. Es war niemandem in Italien entgangen, daß die Schweizer aus eigener Kraft nicht imstande waren, die Selbständigkeit des mailändischen Staates auf die Dauer zu sichern. Sie befanden sich in einem echten Dilemma: Entweder überließen sie Mailand ganz der Verantwortung des jungen Herzogs; in diesem Fall würde der unfähige und sorglose Sforza wieder als Spielball der auswärtigen Mächte und der italienischen Fürstentümer in eine endlose Folge von Konflikten hineingerissen, die immer wieder bewaffnetes Eingreifen erforderten. Oder die Eidgenossen traten aus ihrer bloßen Schutzfunktion heraus und übernahmen die Macht im Herzogtum; dann war es jedoch höchst unwahrscheinlich, daß sie diese diplomatische und administrative Aufgabe, auf die sie überhaupt nicht vorbereitet waren, allein bewältigen konnten.

Es zeigte sich auch immer deutlicher, daß die lombardische Bevölkerung die Eidgenossen genauso wenig liebte wie die Spanier; sie stöhnte unter dem Druck der Steuerforderungen eines genußsüchtigen Fürsten, und zu dieser Last traten nun noch die finanziellen

Ansprüche einer Besatzungsmacht, die sich schadlos halten und sich ihre Unterstützung bezahlen lassen wollte. Zu der ständig latenten Gefahr äußerer Einmischung kam die Unzufriedenheit in der Bevölkerung, die eine Einladung für jeden neuen Prätendenten darstellte.

Die Eidgenossen mochten militärisch absolut überlegen sein, ihrer mangelnden politischen Reife wegen waren sie noch nicht in der Lage, die Anforderungen der Organisation und Verwaltung eines so komplexen zentralisierten Staatswesens wie des Herzogtums Mailand zu erfüllen. Dem Ehrgeiz der Eidgenossen, sich in der Lombardei zu halten, fehlten offensichtlich die realen Grundlagen, und der gute Wille der Orte, selbst wenn sie einmütig gewesen wären, konnte das nicht aufwiegen.

Es ist schwer erklärlich, wie hartnäckig viele Schweizer Historiker das Scheitern der eidgenössischen Politik auf das Fehlen einer klaren Außenpolitik zurückführen. Offenbar ist dies nur ein Vorwand, hinter dem sich das Bedauern über die Kurzlebigkeit der Eroberungen versteckt, die Sehnsucht nach einem Imperialismus, der sich so wenig mit den authentischen Interessen einer kleinen Nation vereinbaren läßt und gegen dessen Versuchungen sich schon Niklaus von Flüe gewandt hatte.

Diplomatische Erfolge des neuen französischen Königs

Der neue französische König Franz I., ehrgeizig und von ritterlichem Streben nach ruhmvollen Taten erfüllt, wurde in die gleiche Bahn wie schon sein Vorgänger getrieben: Seine erste Sorge sollte sein, Ludwig XII. zu rächen und Mailand zurückzuerobern. Da er aber keinen rechtlich begründeten Anspruch auf das Herzogtum geltend machen konnte, ließ er sich die Erbrechte seiner Frau aus dem Hause Orléans notariell beglaubigt abtreten.

Der Angriff Franz' I., dieses «neuen Hannibal» – um die hübsche Bezeichnung von Jean Jacquart zu übernehmen – erfolgte zwar in raschem Schlag, war deshalb aber nicht minder sorgfältig vorbereitet worden. Die Eidgenossen wußten um die Gefahr, aber während sie zögerten, hatte sich Frankreich die Unterstützung der anderen Mächte oder deren Neutralität gesichert. Die nördliche Grenze des Königreichs war gegen jeden Angriff geschützt durch Verträge mit Heinrich VIII. von England und mit dem jungen Erzherzog Karl von Habsburg, dem künftigen Karl V. Ebenso wichtig waren in Italien selbst die Rückkehr Genuas ins französische Lager und vor allem das Bündnis mit der mächtigen Republik Venedig. Die Schweizer waren in Mailand gut verschanzt und genossen den strategischen Vorteil einer starken Defensivstellung. Auf die Aufforderung der Tagsatzung hin wurden zusätzliche Truppen in Piemont zusammengezogen und an die Ausgänge der üblicherweise von den Franzosen benutzten Pässe in den Tälern von Susa und Pinerolo gelegt.

Rückweisung einer friedlichen Lösung

Noch fühlten sich die Eidgenossen stark genug, um mit Hochmut die Friedensangebote zurückzuweisen, die Franz I. ihnen schon am zweiten Tag seiner Herrschaft gemacht hatte. Was aber war die Rückversicherung wert, die sie den diplomatischen Schachzügen des französischen Königs glaubten entgegensetzen zu können? Am 7. Fe-

Der Venner oder Bannerherr war ursprünglich eine wichtige Persönlichkeit innerhalb der ländlichen oder städtischen Gemeinschaft. Er verfügte über politische oder militärische Kompetenzen als eine Art Stabschef. Später wurde das Banner nicht mehr vom Venner persönlich getragen. Die Ehre des Bannertragens hatte jedoch auch ihre Kehrseite: Wer das Standeszeichen während des Kampfes verließ, wurde auf dem Schlachtfeld hingerichtet (Federzeichnung von Urs Graf, um 1515).

bruar 1515 hatten sie sich mit dem Kaiser, dem jungen Sforza und dem König von Spanien über ein mögliches gemeinsames Vorgehen gegen Frankreich verständigt, um so das mailändische Gebiet zu schützen. Aber die Unschlüssigkeit Papst Leos X., dieser Vereinbarung formell beizutreten –, er tat es erst am 15. Juli – lieferte den andern Vertragspartnern den Vorwand, ihre Unterstützung an Soldaten, Waffen und vor allem Geld zu verzögern oder zu verringern. Die Hilfe des jungen Sforza blieb unbedeutend; Maximilian von Habsburg beschränkte sich nicht darauf, nichts zu tun, sondern stellte sich auch blind, als Franz I. 15000 bis 20000 deutsche Landsknechte anwarb, die in der Schlacht dann den Ausschlag gaben. Noch schlimmer war, daß die auf dem Papier bedeutende Hilfe des Papstes und Spaniens entwertet wurde durch die Hintergedanken der beiden Herrscher: Papst Leo X., ein Medici, dachte vor allem an den Vorteil seines in Florenz herrschenden Hauses und war zu heimlichen Verhandlungen mit dem König von Frankreich bereit; der König von Aragon war vor allem um die künftigen Ansprüche seiner Enkel im Herzogtum Mailand besorgt und beschäftigte sich vor allem damit, die Venezianer an der Grenze zwischen den beiden Staaten in Schach zu halten.

Die Schweizer, die im Laufe des Sommers 1515 wußten, daß der Einmarsch des französischen Königs in Italien unmittelbar bevorstand, wurden dennoch völlig überrascht. Sie erwarteten ihn im Norden, am Fuß des Mont Cenis und des Mont Genèvre, er drang jedoch viel weiter südlich in der Markgrafschaft Saluzzo ein. In Gefahr, eingekreist zu werden, mußten sich die eidgenössischen Truppen hastig bis nach Vercelli zurückziehen und verloren damit auf einen Schlag alle strategischen Vorteile.

In diesem Moment hielt es Franz I. für günstig, sich den Eidgenossen gegenüber besonders hochherzig zu zeigen. Er versprach ihnen große Geldsummen, über die schon im Vertrag von Dijon vereinbarten hinaus, im ganzen 700000 Dukaten – das entsprach dem Gegenwert von zweieinhalb Tonnen Gold –, wenn sie auf das Herzogtum Mailand Verzicht leisteten. Er erlaubte ihnen auch, ihre Ehre zu retten, indem er sich verpflichtete, Massimiliano Sforza selbst zu entschädigen und mit dem Herzogtum Nemours zu belehnen. Diese verlockenden Aussichten säten unter den Eidgenossen Zwietracht: Es wurden Bevollmächtigte zu Gesprächen entsandt, aber während die Truppen Berns, Freiburgs, Solothurns und Biels sich anschickten, in die Heimat zurückzukehren und über Arona nach Domodossola hinaufzogen – wie in Dijon ohne den Abschluß der Verhandlungen abzuwarten –, gingen gleichzeitig die Orte der Zentral- und Ostschweiz, denen sich das Wallis, Basel und Schaffhausen anschlossen, nur vorläufig bis Varese am Weg zum Gotthard zurück, denn sie wollten die Besitzungen, die sie nach langen Anstrengungen erworben hatten, um jeden Preis behalten. Der ganze westliche Teil des Herzogtums Mailand fiel in die Hände der Franzosen. Inzwischen waren jedoch weder die Tagsatzung noch Kardinal Schiner untätig geblieben. Am 20. August, als der Einmarsch der Franzosen in Piemont gemeldet wurde, hatte die Tagsatzung beschlossen, nochmals 7000 Mann als Verstärkung zu entsenden; damit betrug die Gesamtzahl der schweizerischen Truppen in der Poebene 30000 Mann, eine noch nie erreichte Zahl. Kardinal Schiner begab sich seinerseits nach Piacenza, um den Anmarsch der spanischen und päpstlichen Verstärkung zu beschleunigen. Diese energische Tat, die leider zu spät kam, verhinderte nicht, daß sich die Spaltung der Eidgenossen wiederholte: Die Hilfskontingente der westlichen Orte, vor allem Berns, gingen nicht weiter als bis Domodossola, und ihnen schlossen sich bald ihre Landsleute an, die in Arona geblieben waren; für sie alle war der Krieg schon zu Ende. Dagegen gelang es den Einheiten der Zentral- und der Ostschweiz, ihre Waffenbrüder in Varese mitzureißen, und sie zogen mit ihnen bis kurz vor Mailand in das Lager von Monza.

Es wäre zu einfach, die Kehrtwendung der Schweizer einzig der Aussicht auf die finanziellen Vorteile zuzuschreiben, die ihnen der König vorspiegelte. Das Problem lag viel tiefer: Ihre Begeisterung war gebrochen, ihr Unternehmungsgeist und ihr Urteilsvermögen waren gelähmt, weil ihnen bewußt wurde, daß ihre Verbündeten sie im Stich gelassen hatten. Der Papst, Spanien und Mailand hatten sich ihren Verpflichtungen entzogen, und es war nicht mehr möglich, aus einem Land, das schon durch Kontributionen und Plünderungen erschöpft war, noch Geld oder Verpflegung herauszuholen.

Andererseits haben die Eidgenossen sicher einen folgenschweren taktischen Fehler begangen, als sie sich nach Mailand zurückzogen, statt in nördlicher Richtung vorzurücken und darauf zu achten, daß sie die schützenden Alpen im Rücken behielten. Sie hätten dabei den Vorteil gehabt, daß sie in hügeligem Gelände geschickt manövrieren konnten; dies hätte ihnen mit Sicherheit erlaubt, ihre zahlenmäßige Unterlegenheit (ungefähr im Verhältnis von eins zu zwei) wettzumachen, wie es ihnen in Giornico so glänzend gelungen war. Bern hatte dies sofort erkannt und zog es – gefolgt von seinen gewohnten Komparsen – vor, sich rechtzeitig zurückzuziehen, ohne das Risiko einer offenen Feldschlacht mit unsicherem Ausgang einzugehen.

Der Starrsinn Kardinal Schiners

Die Bestimmungen, die die eidgenössischen Bevollmächtigten am 8. September in Gallarate auf der Grundlage der oben genannten Friedensangebote des französischen Königs annahmen, gingen nicht nur den Truppen und ihren Hauptleuten gegen Ehre und Gewissen, denn es handelte sich um nichts weniger als um die glatte Preisgabe Massimiliano Sforzas; sie bedeuteten auch den Verlust aller ennetbirgischen Besitzungen mit Ausnahme Bellinzonas und der talaufwärts gelegenen Tessiner Gebiete.

Uri, Schwyz und auch Glarus konnten sich nicht dazu entschließen, mit einer über 100 Jahre alten Tradition von ennetbirgischer Politik zu brechen. In Monza, wo sich die Innerschweizer eingefunden hatten, verwarf die Mehrheit der Soldaten, noch unter dem Einfluß einer denkwürdigen Predigt Zwinglis, der damals Feldgeistlicher der Glarner war, das Abkommen, das sie für einen schändlichen

Verrat hielten. Hingegen hatten Bern, Freiburg, Solothurn und diesmal auch die Walliser nichts einzuwenden; ihre Truppen kehrten, nachdem sie der Übereinkunft zugestimmt hatten, «auf dem kürzesten Weg in ihre Heimat zurück», wie die gängige Formel lautet.

Man kann sich mit gutem Recht über das Verhalten der Berner wundern: Obwohl sie die Unternehmen der Waldstätte jenseits der Alpen nie hatten unterstützen oder verstehen wollen, hatten sie immer lautstark verkündet, sie würden es nie zulassen, daß Mailand unter französische Herrschaft komme. Berns scheinbare Inkonsequenz erklärt sich durch sehr direkte Interessen, die sich mit denen von Freiburg und Solothurn deckten: Diese drei Orte hatten an dem Feldzug, zu dem sie ihre Bundespflicht zwang, nur mit dem Hintergedanken teilgenommen, die Gelegenheit der Vertreibung der Franzosen aus der Lombardei zur Regelung der Probleme auszunutzen, die seit den Burgunderkriegen offen geblieben waren: die Angliederung der Waadt und die Gleichschaltung Savoyens. Der ursprüngliche Plan Berns, den Franzosen auf dem Weg über Chambéry ein drittes Truppenkontingent auf den Hals zu schicken, zeigt das zur Genüge (Emil Dürr). Erst als die Ereignisse eine ungünstige Wendung nahmen, und zwar weil sich die anderen Orte weigerten, sich seinen durchaus richtigen strategischen Überlegungen anzuschließen, beschloß Bern, gefolgt von Freiburg und Solothurn, rechtzeitig abzuspringen, da es keine Kastanien mehr aus dem Feuer zu holen gab.

Umgekehrt muß man Matthäus Schiner zugestehen, seine sorgfältig aufeinander abgestimmten Ziele beharrlich verfolgt zu haben. Seine Antwort auf die Aufnahme der Verhandlungen in Gallarate war deutlich und klar und wurde von der Mehrheit der Orte unterstützt, die ihre Gesandten sofort zurückriefen. Statt den Rückzug anzutreten, wie es der französische König erwartete, der dann die ganze Lombardei kampflos hätte besetzen können, folgten die Schweizer den Vorschlägen des Kardinals und verschanzten sich in Mailand (10. September), wo sie sowohl vom Herzog wie von der Bevölkerung gut aufgenommen wurden. Schiner rechnete damit, auf diese Weise den König zu weiteren Verhandlungen und noch mehr Zugeständnissen zwingen zu können.

Marignano

Franz I. richtete sich nun in einem befestigten Lager bei Marignano, 12 km südöstlich von Mailand ein, um eine Vereinigung des eidgenössischen Heeres mit der spanischen und päpstlichen Verstärkung, die von Süden anrückte, zu verhindern. Die Ausgangslage war noch durchaus offen; jedenfalls läßt sich nicht mit völliger Sicherheit behaupten, daß Schiner, wie die inneren Orte und die Glarner, schon eindeutig zum Kampf entschlossen war, als er darauf beharrte, das Abkommen von Gallarate zurückzuweisen. Es scheint, daß erst die neue Spaltung unter den Eidgenossen Schiner dazu getrieben hat, alles auf eine Karte zu setzen, als nämlich die Zuger und die Zürcher von ihren Regierungen die Anweisung erhielten, sich einem ehrenhaften Kompromiß mit Frankreich nicht zu widersetzen und sich zurückzuziehen. Er griff wieder zu unredlichen Mitteln, die in allem an die List erinnern, die er einige Jahre vorher bei dem unglücklichen Chiasserzug angewandt hatte, um die Schweizer gegen Ludwig XII. zu hetzen. Da er nicht befugt war, an den militärischen Beratungen der eidgenössischen Hauptleute teilzunehmen, brachte er das Gerücht in Umlauf, daß Aufklärungseinheiten – wie wir heute sagen würden – an den Stadttoren von der Vorhut der anrückenden französischen Armee angegriffen worden seien. Seiner Beflissenheit, jede Aussicht auf Frieden zu zerstören, gelang es, die Entscheidung herbeizuführen: Die Falschmeldung genügte, um jedermann, auch Zürcher und Zuger, gegen den Feind zu mobilisieren und jenes unwiderstehliche Solidaritätsgefühl zu erzeugen, das den Eidgenossen in der Stunde der Gefahr eigen war. Der Punkt, an dem es kein Zurück mehr gab, war schon überschritten, als sich die Nachricht als falsch erwies. Selbst Schiner konnte nichts mehr tun, obschon er merkte, daß die Schlacht aus Proviantmangel auf den folgenden Tag hätte verschoben werden müssen.

Die entthronte Infanterie

In der Schlacht am 13. und 14. September 1515, die der alte Trivulzio einen «Kampf der Riesen» nannte, standen 20000 Eidgenossen einem ungefähr 30000 Mann starken Gegner gegenüber. Die Kampfkraft der Schweizer Infanterie hätte diese zahlenmäßige Unterlegenheit aufwiegen können, wenn Franz I. nicht zwei Trümpfe von entscheidender Bedeutung in seiner Hand gehabt hätte: seine Artillerie und seine Kavallerie. Ihm kam die vorausschauende Bewaffnungs- und Ausrüstungspolitik zugute, die das französische Königshaus seit Karl VII. eifrig betrieben hatte. Marignano, so pflegt man zu sagen, bedeute in der Militärgeschichte den Anfang einer neuen Ära, in der die Artillerie das Feld beherrschte. Es handelt sich freilich eher um eine allgemeinere Wende, denn wenn es auch stimmt, daß das Feuer der Kanonen und Hakenbüchsen «Todesfurchen in die (eidgenössischen) Reihen gezogen hat», so war es doch die schwere französische Kavallerie, diese «regelrechte force de frappe auf dem Schlachtfeld» (Jean Jacquart), die schließlich die unerschrockenen Schweizer Infanteristen überwältigte, und zwar in dem Moment, als es diesen wie in Novara gelang, sich der feindlichen Geschütze zu bemächtigen. Genau genommen müßte man sagen, Marignano sei die erste und einzige Schlacht unserer Geschichte gewesen, in der die bürgerlichen Fußtruppen einem Reiterangriff gepanzerter Edelleute unterlagen.

Aufbau und Taktik der eidgenössischen Truppen mußten also den Anforderungen der neuen Techniken von Artillerie und Kavallerie angepaßt werden. Die unbestreitbaren Qualitäten des Schweizer Infanteristen genügten künftig nicht mehr, um ihm die absolute Überlegenheit auf dem Schlachtfeld zu sichern; er mochte auch weiterhin zum Einsatz kommen, aber er wurde zu einer zwar immer noch unentbehrlichen und notwendigen Ergänzung, zum Bestandteil eines übergeordneten Ganzen, das nicht mehr von ihm geführt wurde. Vom rein militärischen Standpunkt aus zeichnete die Niederlage von Marignano die geradlinige Entwicklung zu einer Berufsarmee im Dienst ausländischer Fürsten vor.

Die letzten Auswirkungen des italienischen Abenteuers

Es wäre ein Irrtum zu glauben, Marignano habe sofort das kriegerische Naturell der Eidgenossen gedämpft. Die öffentliche Meinung und die Abgesandten der Orte, die die Tagsatzung bildeten, waren noch fast ein Jahr lang von gegensätzlichen Ansichten hin- und hergerissen, die sich abwechselnd durchsetzten.

Die erste, rachsüchtige Reaktion der Tagsatzung war, die Friedensvorschläge Frankreichs, die der König großmütig erneuerte, energisch abzulehnen; mehr noch, die Tagsatzung beschloß einen Feldzug über die Alpen mit einem neuen Heer von 22000 Mann, das Mailand zurückerobern sollte! Schiner wurde zum Kaiser geschickt, um Hilfe anzufordern. Aber nur eine Handvoll Männer aus der Innerschweiz zog schließlich ins Tessin. Da es überdies aussah, als ob Leo X. und Ferdinand von Aragon offen den Herzog von Mailand fallen ließen, konnte die friedfertige Partei Berns, Freiburgs und Solothurns dem anderen Lager leicht einsichtig machen, daß es im Interesse der augenblicklich völlig isolierten Eidgenossenschaft war, zu möglichst günstigen Bedingungen Frieden zu schließen. Diesmal fand sich die Tagsatzung damit ab und leitete seit dem 6. Oktober 1515 durch die Vermittlung des Herzogs von Savoyen Friedensverhandlungen ein.

Der Vertrag mit Frankreich

Am 7. November einigte man sich in Genf auf ein Friedens- und Bündnisprojekt, das die wesentlichen Bestimmungen wieder aufnahm, die bei den Verhandlungen in Gallarate beschlossen worden waren. Während sich alle Orte bereit erklärten, die Kampfhandlungen einzustellen, lehnte doch ein unnachgiebiger Kern – Uri, Schwyz sowie Zürich, Basel und Schaffhausen – jeden Gedanken an ein Bündnis mit Frankreich ab. Verletzte, aber verständliche Empfindlichkeit des geschlagenen Kriegers, der sich sträubt, dem alten Gegner zu nahe zu kommen? Eher ist anzunehmen, daß es die Machenschaften des unermüdlichen Schiner waren, die wieder zum Verhängnis der Eidgenossen wurden. Er verwickelte die Orte erneut in die Politik fremder Mächte, nicht mehr in die des Papstes – was die Person Leos X. betraf, war Schiner Realist –, sondern in die des Königs von England und vor allem des Kaisers, die gegen allen gesunden Menschenverstand unbedingt den Krieg gegen Frankreich wieder aufnehmen wollten.

Während im Januar 1516 die acht friedenswilligen Orte erklärten, daß sie sich an die Bestimmungen des Genfer Abkommens halten wollten, gestatteten die fünf unnachgiebigen Orte unter dem Einfluß Schiners Maximilian I. einmal mehr, für einen neuen Feldzug nach Italien Söldner anzuwerben. Aus ihrem unerschöpflichen Menschenreservoir schickten die fünf verführten Orte 15000 Soldaten vor die Mauern Mailands, denen 6000 andere Schweizer, in der Mehrzahl aus Bern, als französische Söldner gegenüberstanden.

Der höllische Reigen schien niemals aufhören zu wollen, und es mußte bis zur erneuten Gefahr eines brudermörderischen Kampfes kommen, damit sich wenigstens eine Seite endlich den höheren Interessen der Eidgenossenschaft bewußt wurde und ihre Truppen zurück-

Armbrustschützenstand am großen Schützenfest von Zürich, 1504. Es handelt sich hier nicht um das Schießen des «Obligatorischen» nach alteidgenössischer Manier, sondern um ein festliches Wettschießen, da schon zu jener Zeit die Armbrust durch Feuerwaffen wie Büchsen und Feldschlangen verdrängt wurde. Ein interessantes Detail ist der Armbrustspanner neben dem vordersten Schützen.

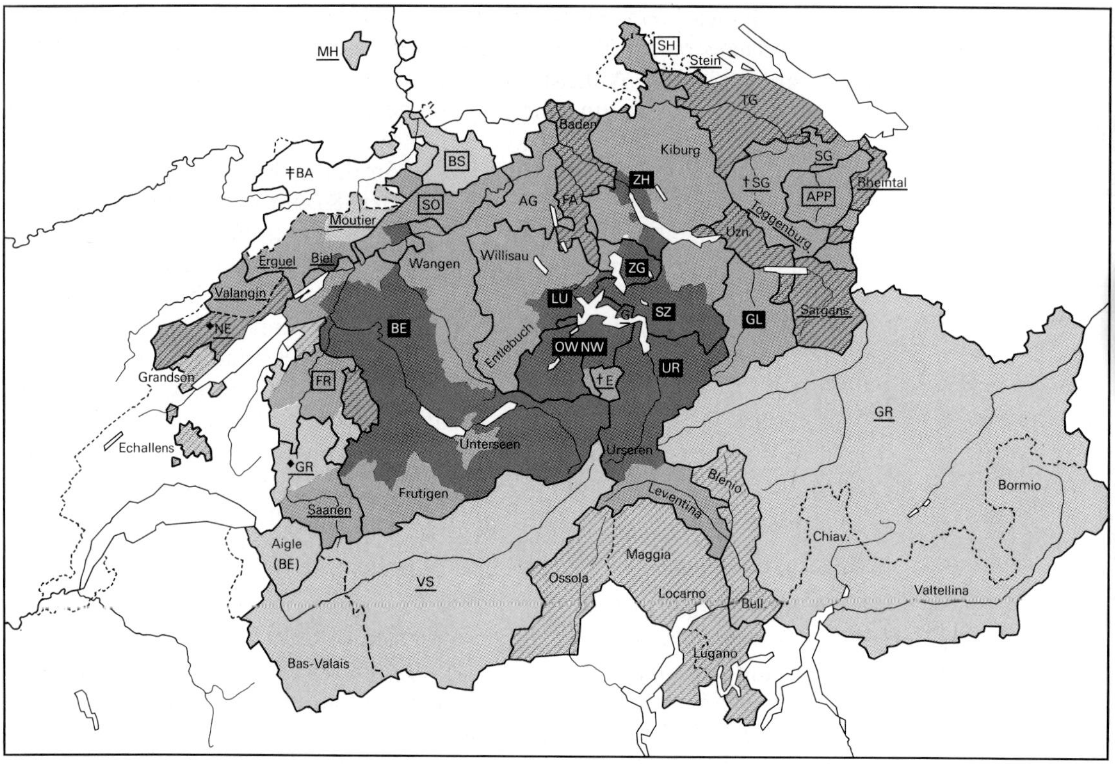

zog. Die Schweizer der kaiserlichen Partei setzten sich in Lodi fest, aber das englische Geld, mit dem sie bezahlt wurden – Maximilian I. hatte keines – ging bald aus. Die alte Weisheit bestätigte sich: «Zum Kriegführen sind dreierlei Dinge nötig: Geld, Geld, Geld!» (Trivulzio).

Der sogenannte «Ewige» Friede von Freiburg (29. September 1516) – «vielleicht der einzige ewige Friede in der Geschichte, der seinen Namen verdient», betont Jean Jacquart – bestätigte die Bestimmungen des Vertrags von Gallarate, bis auf eine bedeutende Ausnahme: Den Eidgenossen wurde nicht nur Bellinzona zugesprochen, sondern auch Locarno, das Maggiatal, Lugano, Mendrisio, mit einem Wort, das ganze heutige Tessin; dazu erhielten sie noch das Veltlin mit Bormio und Chiavenna. Einzig Domodossola mit seinem Tal wurde ihnen verweigert, aber wenn man bedenkt, daß die Franzosen dieses Gebiet nach Marignano durch den Verrat eines bernischen Hauptmanns wieder zurückgewannen, so hat nur wenig gefehlt, und es wäre auch in den Händen der Eidgenossen geblieben.

Die Gegner Frankreichs schlossen sich dieser Friedenslösung als letztem Ausweg an. Sie gaben sich damit zufrieden, daß die acht Orte auf ihren Wunsch hin den Gedanken an ein regelrechtes Bündnis fallengelassen hatten und nur eine Nichtangriffsklausel im Vertrag stehen sollte. In Wirklichkeit gewannen die Anhänger Frankreichs Zeit. Trotz Schiners Bemühungen wurde 1521 ein neues Abkommen

Die territoriale Ausdehnung der Eidgenossenschaft 1385–1515

- eidgenössische Gebiete 1385
- Ausdehnung 1386–1474
- Ausdehnung 1475–1515
- gemeine Herrschaften
- Grenzen von 1515
- heutige Schweizergrenze
- LU die acht alten Orte
- FR die fünf neuen Orte (1481–1513)
- SG Verbündete (und zu gemeinen Herrschaften gewordene ehemalige Verbündete)
- FA Freie Ämter
- G Gersau
- ◆GR Grafschaft Greyerz
- ◆NE Grafschaft Neuenburg
- ☨BS Bischof von Basel
- †SG Abtei St. Gallen
- †E Abtei Engelberg

getroffen, das «den französischen Werbern den Zugang zu Europas bedeutendstem Menschenmarkt öffnete» und in dem die Schweizer Frankreich den Besitz Mailands und Genuas zu sichern versprachen. Das Bündnis mit Frankreich hatte sich durchgesetzt und sollte so lang dauern wie die Monarchie.

Wenn es die Teilnahme an den italienischen Kriegen den eidgenössischen Orten erlaubte, unter Ausnutzung der Solddienste ihr Gebiet abzurunden und ihre südlichen Grenzen zu berichtigen, so warteten zwei unter ihnen doch immer noch auf die bis dahin verpaßte Gelegenheit; sie fanden sie endlich 20 Jahre nach Marignano. Die Rede ist von Bern und Freiburg: Die Eingliederung der Waadt in ihren Herrschaftsbereich hing ganz offensichtlich mit dem umfassenden Konflikt zusammen, der nochmals die Habsburger und das französische Königshaus in Italien zusammenstoßen ließ.

Der Friede von Cambrai hatte 1529 die Auseinandersetzungen vorläufig beendet und Franz I. gezwungen, zugunsten der Spanier auf seine Gebietsansprüche auf der Halbinsel zu verzichten. Doch der unerwartete Tod Francesco II. Sforzas (1. November 1535), des letzten Herzogs von Mailand und zuverlässigen Vasallen Karls V., gab dem König von Frankreich die törichte Hoffnung zurück, das Herzogtum Mailand wiederzugewinnen. Um in die Lombardei zu gelangen, wollte Franz I. den Weg durch Savoyen nehmen. Zu dieser Zeit war Herzog Karl III. von Savoyen jedoch mit Karl V. verbündet, mit dessen Schwägerin er verheiratet war.

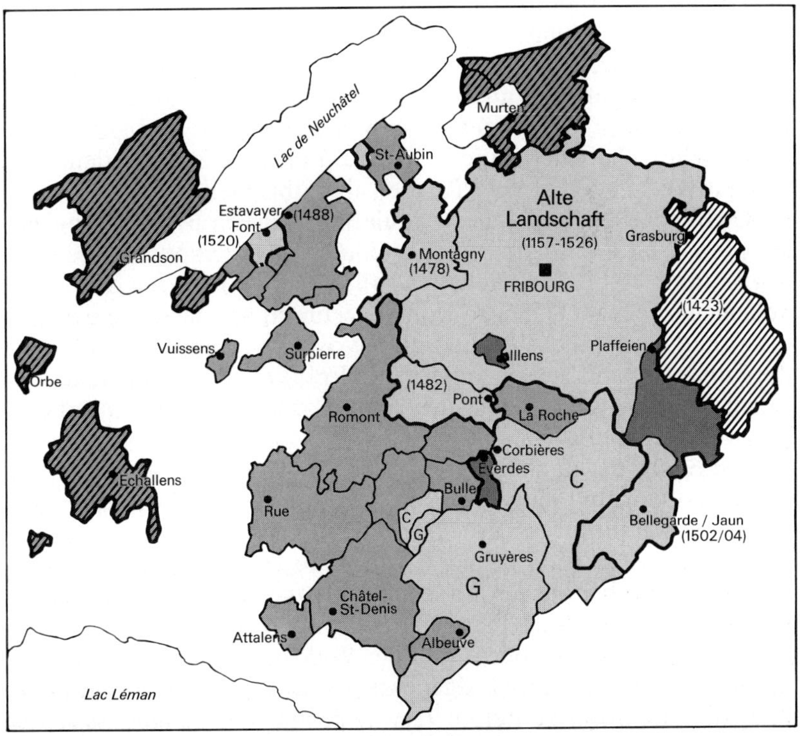

Die Herausbildung des freiburgischen Territoriums 1157–1555

Geld war wichtiger als Waffen.

- Ausdehnung durch Kauf (1157–1526)
- – gemeinsam mit Bern
- Eroberungen und Annexionen von 1475
- – gemeinsam mit Bern
- Eroberungen und Annexionen von 1536/37
- durch Verpfändungen erworbene Gebiete
  C: Freiherrschaft Corbières (1553)
  G: Grafschaft Greyerz (1555)

Die Absage, die der Herzog dem König nun erteilte, brachte klar zum Ausdruck, daß Savoyen seine traditionelle Treue oder zumindest seine frühere Neutralität Frankreich gegenüber aufgeben wollte. Ebenso konnte über die Absichten des Monarchen auch kein Zweifel herrschen: Er war der Sohn von Louise von Savoyen und als solcher berechtigt, sein Erbe einzufordern. Er wußte aber auch genau, in welch heikler Lage Genf sich befand; insbesondere war ihm bewußt, daß die neue Blockade, die Karl III. über die Stadt verhängt hatte, den Herzog den Eidgenossen gegenüber in eine sehr schwierige Lage brachte. Der Vertrag von St. Julien, den der Herzog 1530 unter dem Druck von Bern und Freiburg, den Verbündeten Genfs, geschlossen hatte, sah nämlich vor, daß die Waadt den beiden Orten als Pfand für das friedliche und tolerante Verhalten Karls III. der Stadt gegenüber dienen sollte.

Franz I. machte also nicht ohne Hintergedanken Genf das Angebot, es unter seinen Schutz zu nehmen. Glaubte er, im Dezember 1535, auf die Unterstützung einer katholischen Partei in der Stadt zählen zu können? Bern befürchtete daraufhin, vor vollendete Tatsachen gestellt zu werden, und erklärte Savoyen sofort den Krieg (16. Januar 1536). Es besetzte die Waadt und das Chablais, ohne auf Widerstand zu stoßen, zog dann in Genf ein und verfügte dort die Aufhebung der Rechte des Bischofs und des *vizedominus* (2. Februar). Etwas später schlossen sich Freiburg und das Wallis dem Feldzug an; Freiburg behändigte die Kastlaneien an der Glâne und an der Broye, in erster Linie Romont, Rue und Estavayer, die Walliser besetzten einen Teil des Chablais.

Kriegsleute mit den drei klassischen Waffen, die die Überlegenheit der Eidgenossen ausmachten: der Langspieß (5,4 m), die Hellebarde und der Schweizerdegen. Weder die französischen noch die burgundischen Armeen kannten diese Waffen vor 1480. Der mobile und schlagkräftige eidgenössische Fußsoldat war nur leicht gepanzert, oft trugen nur die Langspießträger eine Rüstung (Federzeichnung von Urs Graf 1507/1508)

Bern fand sich in der Folge zwar bereit, die Unabhängigkeit Genfs zu garantieren und zog auch seine Truppen aus der Stadt ab; dafür unterwarf es das Waadtland seiner Vormundschaft und gliederte es seinem Herrschaftsbereich ein. Freiburg tat dasselbe mit dem Teil, den sein Verbündeter – und Rivale – ihm übrigließ.

Das Vorgehen der Berner veranlaßte natürlich Franz I., sogleich Savoyen, die Landschaft Bresse und auch das Piemont zu besetzen, das Frankreich bis 1552 behalten sollte. Jedenfalls liefen die Unternehmen auf beiden Seiten so wohlabgestimmt ab, daß man den Eindruck hat, hinsichtlich der Zukunft Savoyens habe ein stillschweigendes Einverständnis zwischen Bern und Frankreich bestanden, das bei jedem einseitigen Vorgehen der einen Partei der anderen entsprechende Schritte erlaubte.

Bilanz und Ausblick

Die Bilanz der italienischen Kriege, soweit die Schweizer in eigener Verantwortung teilgenommen haben, läßt sich etwa folgendermaßen ziehen: Eine verbindliche und umfassende Italien- oder Mailandpolitik hat es nie gegeben – sieht man von derjenigen Schiners einmal ab, die aber nur für ihn selber und in seinen Träumen bestand. Dagegen aber gab es die Pläne und Ansprüche der einzelnen Orte, in erster Linie diejenigen Berns und der Waldstätte, die leicht mit dem allgemeinen Interesse der Eidgenossenschaft in Übereinstimmung zu bringen waren und zu deren Verwirklichung die Eidgenossen sich manchmal den Ansichten des Bischofs von Sitten anschlossen. Man kann sich sogar fragen, ob die Schweizer Schiner nicht ebensosehr benutzt haben, wie dieser sie nach seinem Sinne einzusetzen suchte.

Die wesentliche Frage scheint jedoch folgende zu sein: Wenn die Schweizer das Bündnis mit Frankreich schon 1509 aus eigener Initiative und nicht erst 1516 beziehungsweise 1521 gezwungenermaßen erneuert hätten, hätten sie dann nicht die 12000 Toten von Marignano verhindern können – und die wahrscheinlich 10000 Toten auf französischer Seite, die ebensosehr ein Recht auf unser Mitgefühl

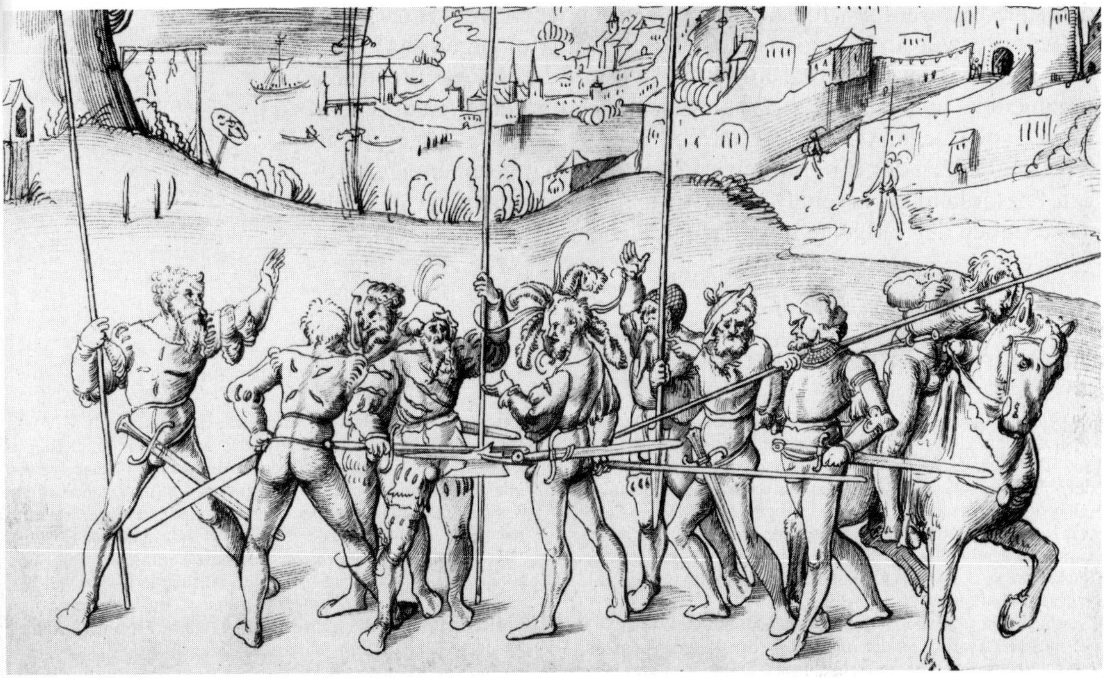

haben? Hätten sie auf diese Weise nicht das gleiche bekommen können, was sie dann durch den Vertrag von Arona erhalten haben: die Gebiete, die dem heutigen Kanton Tessin seine Abrundung gegeben haben? Oder muß man diesen Gewinn, der sich stark vom Verzicht in Gallarate abhebt, dem berglerischen Starrsinn des Kardinals Schiner gutschreiben?

Ohne der Versuchung zu erliegen, die Geschichte von nicht verwirklichten Möglichkeiten her neu zu schreiben, darf man doch festhalten, daß es gewiß besser zu unserer Tradition und zu unserem Unabhängigkeitsstreben gepaßt hat, in Italien auf die französische Monarchie zu setzen als die Einflußnahme der österreichisch-burgundisch-spanischen Dynastie auf Italien zu beschleunigen: Was wäre geschehen, wenn die Schweizer in Marignano gesiegt hätten? Der Kreis, in den sie eingeschlossen waren, wäre dadurch vorübergehend erweitert, aber nicht gesprengt worden.

Zum Schluß noch ein Ausblick. Die italienischen Kriege hatten wohl auch die heilsame Folge, daß sie die Eidgenossen unwillentlich von ihren kriegerischen Aufwallungen geheilt haben. So viel Grauen, so viel unnötig vergossenes Blut ließ sich nicht vergessen. Diese Erfahrung steht vermutlich in einem Zusammenhang mit dem relativ ruhigen Verlauf der Religionskämpfe des 16. Jahrhunderts in der Schweiz.

Im Grunde genommen hat Schiner in gewisser Beziehung für unser Land psychologisch eine ähnliche Rolle gespielt wie Luther für Deutschland: Das seit dem Ende des 15. Jahrhunderts aufbrechende deutsche Nationalbewußtsein, das sich gegen jede Form von Latinität wandte, wurde durch den deutschen Reformator gegen das Papsttum gelenkt; der Kardinal aus Sitten verstand es, diese Strömung umzuleiten und gegen die französische Monarchie einzusetzen. Dieser spirituelle Aspekt seines Wirkens, der gewisse hagiographische Tendenzen der Biographen erklärt, die sich mit seiner eigenartigen Persönlichkeit beschäftigen, ist nicht ohne Folgen für das religiöse Leben der Eidgenossenschaft geblieben.

Bibliographie und Forschungsstand

Zu dem hier behandelten Zeitabschnitt sind in letzter Zeit durch mehrere Untersuchungen neue Fragestellungen erarbeitet worden. Trotzdem darf die ältere Forschung nicht übergangen werden. Sie blieb zwar den Methoden der sogenannten Ereignisgeschichte verhaftet, schuf jedoch noch heute gültige Grundlagen, welche für jede weitergehende Forschung unerläßlich bleiben. So kann man den Leser weiterhin auf folgende grundlegenden Arbeiten verweisen: J. Dierauer, Geschichte der Schweizerischen Eidgenossenschaft, Bde. 1 u. 2, 3. Aufl., Gotha 1919–22; H. Nabholz, Geschichte der Schweiz, Bd. 1, Zürich 1930; A. Gasser, Die territoriale Entwicklung der schweizerischen Eidgenossenschaft 1291–1797, Aarau 1932, und schließlich E. Dürr, Von Morgarten bis Marignano 1315–1515, in: Schweizer Kriegsgeschichte, Heft 4, Bern 1933. Als Abriß empfiehlt sich W. Schaufelberger, Spätmittelalter, in: Handbuch der Schweizer Geschichte, Bd. 1, Zürich 1972, der an einigen Stellen nützliche Präzisierungen bringt und überdies zahlreiche und wertvolle bibliographische Hinweise gibt.

Demographie und Ökonomie

Wie anderswo in Europa begünstigte die Zäsur der dreißiger Jahre unseres Jahrhunderts auch in der Schweiz neue Forschungsansätze zu den bereits hinreichend bekannten Ereignissen unserer Geschichte. Man wurde gewahr, daß demographische Bewegungen, Beschäftigung, Preisniveau, Verkehr und Absatzmärkte großen Wandlungen unterworfen sind, und begriff, daß diese längerfristigen und kürzerfristigen Veränderungen in Geschichte und Gegenwart entscheidenden Einfluß auf die konjunkturellen und strukturellen Entwicklungen haben. H. Ammann, dessen Name immer wieder in den Bibliographien der Wirtschafts- und Sozialgeschichte der Schweiz im Hoch- und Spätmittelalter erscheint, hat erste Elemente zur mittelalterlichen Demographie unseres Landes zusammengetragen: Die Bevölkerung der Westschweiz im ausgehenden Mittelalter, in: Festschrift E. Welti, Aarau 1937; Die schweizerische Kleinstadt in der mittelalterlichen Wirtschaft, in: Festschrift W. Merz, Aarau 1928. Neben eigenem Quellenstudium stützte er sich auf zwei grundlegende ältere Werke: F. Buomberger, Bevölkerungs- und Vermögensstatistik in der Stadt Freiburg um die Mitte des 15. Jahrhunderts, Freiburg i. Ue. 1900, und W. Schnyder, Die Bevölkerung von Stadt und Landschaft Zürich vom 14. bis 17. Jahrhundert, Zürich 1925. Einen wichtigen Beitrag bietet neuerdings L. Binz, La population du diocèse de Genève à la fin du Moyen Age, in: Mélange A. Babel, Genève 1963; bis dahin gab es nämlich keine Vergleichsmöglichkeiten zwischen der Bevölkerungsdichte vor der großen Pest und derjenigen um 1420–50, auf welche sich H. Ammann etwas zu ausschließlich stützt. Das Interesse an einem solchen Vergleich kommt in zwei Artikeln von P. Dubuis, Démographie et peuplement dans le diocèse de Sion au Moyen Age, in: Schweizerische Zeitschrift für Geschichte 1979, und Le rôle du facteur démographique dans les crises du Bas Moyen Age: La vision des victimes. Le cas du Valais savoyard, in: Schweizerische Zeitschrift für Geschichte 1980, zum Ausdruck; sie geben überdies Aufschluß über die neuen Forschungsansätze einer nächstens erscheinenden Dissertation. Dabei wird deutlich, daß zum Vergleich der Bevölkerungsniveaus von 1300 und 1450 noch weitere Einzeluntersuchungen nötig sind; besonders die unterschiedliche Bevölkerungsentwicklung in den alpinen und voralpinen Gebieten (Hirtenland) einerseits, im Mittelland (Kornland) andererseits muß noch näher umschrieben werden. Eine solche Gegenüberstellung wird wohl eher zugunsten der alpinen Regionen ausfallen, die eine stabilere Entwicklung vorweisen; so jedenfalls betont es J.-F. Bergier in einer neuen Arbeit Le cycle médiéval, in: Histoire et civilisation des Alpes, v. 1: Le destin historique, Toulouse, Lausanne 1981. Der hier vorgestellte Ansatz sollte auf alle Fälle eine nächste Historikergeneration zur Erforschung der noch wenig bekannten alpinen Demographie anregen.

Die Demographie öffnet das Verständnis für die Ökonomie. Die Spezifizierung und Spezialisierung der alpinen Welt ist der Gegenstand der brillanten Darstellung von J.-F. BERGIER; wenn man diesen packenden Gegenstand noch zeitlich um ein oder zwei Jahrhunderte ausdehnen könnte, würden sich sicher neue wissenschaftliche Debatten eröffnen. Zu diesen Problemen erinnert H. C. PEYER, Die Schweizer Wirtschaft im Umbruch in der zweiten Hälfte des 15. Jahrhunderts, in: 500 Jahre Stanser Verkommnis, Stans 1981, in einem kurzen, aber sehr anregenden Text, der nach der Niederschrift dieses Kapitels erschienen ist, daran, daß erst im 15. Jahrhundert Viehexport und Solddienst zu den dominierenden Zweigen der schweizerischen Wirtschaft wurden. Diese Meinung wurde bereits bei W. RÖLLIN, Siedlungs- und wirtschaftsgeschichtliche Aspekte der mittelalterlichen Urschweiz bis zum Ausgang des 15. Jahrhunderts, Zürich 1969, wenn auch nur skizzenhaft vertreten.

Städtische und ländliche Schweiz

Ansatzpunkt für die aktuelle Forschung scheint die Erfassung von Realität und Bedeutung der Krise um 1450 für die ganze Gesellschaft zu sein. Dazu hebt H. C. PEYER im oben erwähnten Aufsatz hervor: «Von 1350 bis 1450 Blüte der Stadt, Krise der Landschaft; von 1450 bis über 1500 hinaus aber Krise der Stadt, Blüte der Landschaft.» Vor der Jahrhundertmitte war das Gebiet der Schweiz «mehr eine Treff- und Kontaktzone der oberdeutschen, rheinischen, südfranzösischen und oberitalienischen Wirtschaftsräume städtisch-fernhändlerischer Prägung und nicht ein eigenständiges Wirtschaftsgebiet». Die damit aufgezeichnete Trennungslinie erlaubt uns zwei Entwicklungsstränge zu unterscheiden und danach die Bibliographie zu strukturieren. Die Schweiz der Städte, in denen das Handwerk nicht zuletzt deshalb blühte, weil es ihnen vorbehalten war, erlebte durch den Anstieg des internationalen Handels und den Bevölkerungszustrom, der z. T. aus der ökonomisch darniederliegenden Landschaft kam, einen großen Aufschwung. Diese Schweiz der Städte ist das Forschungsgebiet von H. AMMANN; seine Werke alle zu zitieren wäre nutzlos, da die klare und ausführliche Bibliographie bei A. HAUSER, Schweizerische Wirtschafts- und Sozialgeschichte von den Anfängen bis zur Gegenwart, Zürich 1961, dasselbe leistet. Auch W. BODMER, Die Entwicklung der schweizerischen Textilwirtschaft im Rahmen der übrigen Industrien und Wirtschaftszweige, Zürich 1960, befaßt sich im wesentlichen mit diesem Gebiet. Über die mit dem Aufblühen der Städte verbundene Verkehrskonjunktur sowohl auf der Nord-Süd- als auch auf der Ost-West-Achse informiert J.-F. BERGIER in seinem grundlegenden Werk Genève et l'économie européenne de la Renaissance, Paris 1963; die Untersuchung der Genfer Messe erlaubt es ihm, den Höhepunkt der Verkehrskonjunktur zu bestimmen. Spätere Höhepunkte der Genfer Messe, die z. T. durch den Handel mit dem Deutschen Reich erreicht wurden, behandelt der gleiche Autor in neueren Artikeln: De Nuremberg à Genève. Quelques notes sur l'activité des marchands d'Allemagne aux foires de Genève, autour de 1500, in: Festschrift für H. Kellenbenz, Nürnberg 1978; La politique commerciale de Genève devant la crise des foires de Lyon, 1484–1494, in: Mélanges d'histoire offerts à R. Gascon, Lyon 1980. Zum Thema der Genfer Messe selbst vergleiche man M. CASSANDRO, Il libro giallo di Ginevra della compagnia fiorentina di Antonio della Casa e Simone Guadagni, 1453–1454, Prato 1976. Im weiteren scheint es, daß sich die Städte in einer noch stark ländlichen und autarken Umgebung verwurzelten, von welcher sie besonders im handwerklichen Bereich manche Anregungen erfuhren: H. C. PEYER, Leinwandgewerbe und Fernhandel der Stadt St. Gallen von den Anfängen bis 1520, St. Gallen 1960; N. MORARD, Une réussite éphémère: l'économie fribourgeoise aux XIVe et XVe s., in: Histoire du Canton de Fribourg, Chap. VII, Fribourg 1981.

Über den Charakter der Krise, die gekennzeichnet war durch industriellen Rückgang und landwirtschaftliche Spezialisierung und die logischerweise Arbeitslosigkeit und Solddienst zur Folge hatte, vergleiche man am besten die Untersuchungen von H. C. PEYER, Wollgewerbe, Viehzucht, Solddienst und Bevölkerungsentwicklung in Stadt und Landschaft Freiburg i. Ue. vom 14. bis 16. Jahrhundert, in: Agrarisches Nebengewerbe und Formen der Reagrarisierung im Spätmittelalter und 19./20. Jahrhundert, Stuttgart 1975, und Fribourg, in: Freiburger Geschichtsblätter 1977; N. MORARD, Les premières enclosures dans le canton de Fribourg à la fin du Moyen Age et les progrès de l'individualisme agraire, in: Schweizerische Zeitschrift für Geschichte 1971. Die Reagrarisierung war dann die Folge der Krise, wobei Freiburg und Zürich als Beispiele unterschiedlicher Krisenauswirkungen gelten können: Freiburg für den, allerdings durch den Aufschwung in der Landwirtschaft kompensierten Niedergang der Textilindustrie, Zürich für den Aufbau einer neuen, durch ländliche Arbeitskräfte unterstützten Textilindustrie. Zu dieser Entwicklung liest man am besten J.-F. BERGIER, Problèmes de l'histoire économique de la Suisse. Population, vie rurale, échanges et trafics, Bern 1968 (Monographien zur Schweizergeschichte, 2), und Naissance et croissance de la Suisse industrielle, Bern 1974 (Monographien zur Schweizergeschichte, 8), sowie die beiden Mitteilungen H. C. PEYERS, Wollproduktion und Wolleinfuhr in der Schweiz vom 12. bis zum 17. Jahrhundert, in: La lana come materia prima, Prato 1969, Firenze 1974, und Wollverarbeitung und Handel mit Wollproduktion in der Schweiz vom 14. bis 17. Jahrhundert, in: Produzione, commercio e consumo dei panni di lana nei secoli XII–XVIII, Prato 1970, Firenze 1976.

Gesellschaftliche Strukturen und Konflikte

Die Veränderungen in der Wirtschaft finden natürlich ihren Niederschlag auf der gesellschaftlichen Ebene. Die Welle von Städtegründungen und deren anschließende Stagnation hatte Auswirkungen auf die Zusammensetzung der städtischen Räte und auf die Konflikte unter den städtischen Eliten. Lebten diese vor der Krise von Textilexport, Industrie und Handel, so wurden diese Einnahmen nach der Krise in der Regel von Grundrenten, Staatsdienst und ausländischen Pensionen oder Soldunternehmungen abgelöst. Zu diesem Thema wird man in erster Linie folgende Literatur beiziehen: H. AMMANN, Untersuchung über die Wirtschaftsstellung Zürichs im ausgehenden Mittelalter, in: Schweizerische Zeitschrift für Geschichte 1949, 1950, 1952; W. SCHNYDER, Soziale Schichtung und Grundlagen der Vermögensbildung in den spätmittelalterlichen Städten der Eidgenossenschaft, in: Festschrift K. Schib, Thayngen 1963; U. SCHÜLER, Untersuchungen über die soziale Struktur von Stadt und Landschaft Zürich im 15. Jahrhundert, Zürich 1978: H. C. PEYER, Die Anfänge der schweizerischen Aristokratien, in: K. MESSMER, P. HOPPE, Luzerner Patriziat, Luzern 1976; F. DE CAPITANI, Gesellschaft und Gesellschaften in Bern im 15. Jahrhundert. Adel, Bürger und Zünfte in der spätmittelalterlichen Stadt, Lizentiatsarbeit, Universität Bern 1976. Auf die demographischen, ökonomischen und schließlich politischen Gewichtsverschiebungen zwischen Stadt und Land reagierten der grundbesitzende Adel und die Landbevölkerung je auf ihre Weise. Die Bauernunruhen, die während des ganzen 15. Jahrhunderts die Ostschweiz erschütterten, waren der Ausdruck eines doppelten Konfliktes: der Anziehungskraft der Städte auf die Landbewohner einerseits, der Reaktion des grundbesitzenden Adels, der sie vor allem an das Land binden wollte, andererseits. Einen ausgezeichneten Gesamtüberblick dazu liefern P. R. FISCHER, W. SCHLÄPFER, F. STARK, Appenzeller Geschichte, Bd. 1, Appenzell 1964, und neuerdings P. BLICKLE (u. a.), Aufruhr und Empörung? Studien zum bäuerlichen Widerstand im alten Reich, München 1980, der besonders den Versuch der Intensivierung der Herrschaft und der Erhöhung der Steuerbelastung als Ursachen der Unruhen betont. Die rechtliche Stellung der Bauern, sowohl der freien als auch der abhängigen, scheint in der Westschweiz nicht viel anders gewesen zu sein. Ob man die Waadt betrachtet wie D. Anex, Le servage au Pays de Vaud XIIIe–XVIe siècles, Lausanne 1973, oder die savoyische Lehensfolge im Kanton Freiburg wie N. Morard, Servage et manumission dans le canton de Fribourg à la fin du Moyen Age (XIVe–XVe siècles), in: Mémoires de la Société pour l'histoire du droit, Dijon 1967, das Konzept der Freiheit kann in seiner Anwendung Abschwächungen erfahren, die es geradezu auszuhöhlen drohen; dazu vergleiche man N. Morard, Servage ou dépendance au Pays de Vaud? in: Schweizerische Zeitschrift für Geschichte 1975; M. de Tribolet, Seigneurie et avouerie en Pays neuchâtelois au XIIIe siècle, in: Musée neuchâtelois 1981.

Was den Adel betrifft, empfehlen wir das Werk von R. Sablonier, Adel im Wandel, Göttingen 1979. Obwohl der Gegenstand seiner Forschung vor dem Zeitabschnitt liegt, den unser Kapitel behandelt, betreffen seine Schlußfolgerungen genau Stellung und Einfluß des Adels in der Deutschschweiz nach 1370, dessen Schicksal sich auf allen Ebenen mit dem der Habsburger zu decken scheint. Ein vergleichbares Schicksal erlebte mutatis mutandis der Waadtländer Adel beim Rückzug der Savoyer.

Neue Schwerpunkte in der Kriegsgeschichte

Betrachtet man die politische Ebene, muß man besonders auf die kleine historiographische Revolution hinweisen, welche in den letzten Jahren durch Studien zu den Burgunderkriegen ausgelöst wurde. Vorerst sei aber auf ein die Zeit unmittelbar vor den Burgunderkriegen behandelndes, gleichermaßen detailliertes und informatives Werk hingewiesen: H. Berger, Der alte Zürichkrieg im Rahmen der europäischen Politik, Zürich 1978, der die Ereignisse dieser bewegten Zeit der achtörtigen Eidgenossenschaft, zu dem Zeitpunkt, in dem sich die politische Einheit der Staaten herausbildete, in Zusammenhang zu europäischen Verhältnissen setzt. Die hier vertretene Interpretation verdiente eine eingehende Auseinandersetzung. Die historische Forschung der letzten Jahre legte ihr Schwergewicht besonders auf eine gewisse Rehabilitation von Ludwig XI. und auf ein besseres Verständnis der Rolle Berns und der Verbündeten, welche im Gegensatz zur lange vorherrschenden Meinung ganz entscheidend war. Das Verdienst dieser Erkenntnis liegt jedoch hauptsächlich bei ausländischen Autoren. Neben den klassischen und immer nützlichen Werken von J. Calmette, Les premières grandes puissances, in: G. Glotz (Ed.), Histoire du Moyen-Age. Histoire générale, v. 7, Paris 1939, und Les grands ducs de Bourgogne, Paris 1949, war es K. Bittmann, Ludwig XI. und Karl der Kühne. Die Memoiren des Philippe de Commynes als historische Quelle, 2 Bde., Göttingen 1964/1970, dessen einzigartig neue und originelle Interpretation von A. Gasser, Ewige Richtung und Burgunderkriege. Zur Klärung einer alten Streitfrage, in: Schweizerische Zeitschrift für Geschichte 1973, in bezug auf die Politik der Eidgenossenschaft klar und einsichtig aufgenommen und verwendet wurde. Man muß in diesem Zusammenhang das Verdienst von A. Gasser betonen, der im Werk des österreichischen Historikers K. Bittmann eine Bestätigung seiner seit 1950 vertretenen Thesen fand. Zum Teil ist es der Arbeit Bittmanns zu verdanken, daß die Hauptfiguren der Zeit, Karl der Kühne und Ludwig der XI., in neuem Licht erscheinen – so etwa bei P. Murray Kendall, Louis XI, Paris 1974 (Übersetzung aus dem Englischen), und R. Vaughan, Charles the Bold. The Last Valois Dukes of Burgundy, London 1973, sowie vom selben Autor Philip the Bold. The Formation of the Burgundian State, London 1962. Der ausschließlich pädagogische Charakter des Buches von P.-R. Gaussin, Louis XI, ce roi méconnu, Paris 1976, vermindert in keiner Weise seinen Wert.

Die kürzlich abgehaltenen Gedenkfeiern zu den Burgunderschlachten verschafften uns verschiedene Sammelbände mit Aufsätzen und Ergebnissen von Historikertagungen. Neben einem schon zitierten Werk zu Grandson erwähnen wir V^e^ centenaire de la bataille de Morat, Fribourg, Bern 1976 (Actes du colloque) und Cinq-centième anniversaire de la bataille de Nancy (1477), Nancy 1979 (Actes du colloque organisé par l'Université de Nancy II).

Staat und Krieg

Die Macht der Eidgenossenschaft, welche Ende des 15. Jahrhunderts ihren Höhepunkt erreichte, könnte nicht ohne Hinweise auf militärisches Leben und Militärorganisation erforscht werden. In den letzten Jahren wurde der institutionelle und soziale Hintergrund des eidgenössischen Kriegswesens durchleuchtet. Dies gilt besonders für W. Schaufelberger, Der alte Schweizer und sein Krieg. Studien zur Kriegführung vornehmlich im 15. Jahrhundert, Zürich 1952 (2. Aufl., 1966), und für H.-G. Wackernagel, Altes Volkstum der Schweiz, Basel 1959 (Gesammelte Schriften zur historischen Volkskunde). Die beiden Autoren gehen vor allem von kulturanthropologischen Quellen aus; sie stellen sodann das – allgemein anerkannte – Fortbestehen der Fehde und den Mangel staatlicher Monopolgewalt im Kriegswesen fest und versuchen schließlich zu zeigen, welche Faktoren die militärischen Erfolge ermöglichten, womit also die allzu offensichtlichen organisatorischen Mängel kompensiert wurden. Diese Schlußfolgerungen werden von R. Sablonier, Etat et structures militaires dans la Confédération autour des années 1480, in: Cinq-centième anniversaire de la bataille de Nancy (1477), Nancy 1979 (Actes du colloque organisé par l'Université de Nancy II), relativiert, der mehr auf die Zusammenhänge zwischen einer noch stark archaischen politischen Struktur und militärisch-organisatorischer Schwäche und zwischen traditionellen Strukturen und Interesse der Herrschenden hinweist. Die zunehmende Stärkung der Staatlichkeit führte von 1500 an zu einer Revision dieses Systems, welches immer weniger der persönlichen Initiative offen blieb. Die politische und militärische Ernüchterung erlaubte im 16. Jahrhundert eine verstärkte militärische Kontrolle im Innern, während der Solddienst gegenüber dem Ausland in privaten Händen blieb. Dies ist eines der Resultate der Italienfeldzüge, zu welchen ein kürzlich erschienenes Werk zitiert werden muß: P. Usteri, Marignano. Das Schicksalsjahr 1515/1516 im Blickfeld der historischen Quellen, Zürich 1974.

Mentalitätsgeschichte

Der Übergang der Schweiz des Mittelalters zu dem, was man Renaissance nennt, war das Resultat mannigfacher latenter ökonomischer, sozialer und politischer Kräfte, die nur schwer konkret zu fassen sind, die wir jedoch nichtsdestoweniger umschreiben müssen. In Kultur, Mentalität und Religion trat das Neue in Erscheinung, gleichzeitig waren diese Bereiche aber auch Träger und Katalysatoren für neue Werte. Einige neuere Werke müssen hier dem Leser vorgestellt werden; sein Interesse wird allerdings kaum durch ein einziges, sondern nur durch die Lektüre verschiedener dieser Bücher befriedigt werden: R. Pfister, Kirchengeschichte der Schweiz, Bd. 1: Von den Anfängen bis zum Ausgang des Mittelalters, Zürich 1964; W. Muschg, Die Mystik in der Schweiz, 1200–1500, Frauenfeld, Leipzig 1935; H. Naef, Les origines de la Réforme à Genève, t. 1, Genève, Paris 1936; H. von Greyerz, Studien zur Kulturgeschichte der Stadt Bern am Ende des Mittelalters, in: Archiv des Historischen Vereins des Kantons Bern 1940; J.-P. Bodmer, Chroniken und Chronisten im Spätmittelalter, Zürich 1976 (Monographien zur Schweizergeschichte, 10), und schließlich eine immer nützliche Quellenedition: Concilium Basiliense, Studien und Quellen zur Geschichte des Konzils von Basel, 8 Bde., Basel 1896–1936.

Kapitel 4 *Martin Körner*

Glaubensspaltung und Wirtschaftssolidarität (1515–1648)

Ein Jahrhundert der Gegensätze

Reformation und Gegenreformation; Kirchenspaltung und konfessionelles Zeitalter; Religionskrieg und Landfrieden; Säkularisierung und Rekatholisierung; Protestantismus und Kapitalismus; Unternehmertum und soziale Abhängigkeit; Überproduktion und Mißernten; Hochkonjunktur und Wirtschaftskrisen; Renaissance und Barock; Häresie und Orthodoxie; Humanismus und Intoleranz; Wissenschaften und Hexenwahn; Demokratie und Oligarchie; Minderheiten und Mehrheitsprinzip; Gewohnheitsrecht und Absolutismus; Volksaufstände und Unterdrückung; europäischer Krieg und eidgenössische Neutralität; Heiraten, Kinderreichtum und Seuchentod.

Wie lebte man in der Schweiz in einem von Gegensätzen strotzenden Jahrhundert? Wie und unter welchen Bedingungen bewältigten die Schweizer im 16. und beginnenden 17. Jahrhundert ihre zahlreichen Probleme? War die Schweiz ein wirtschaftlicher, sozialer, politischer, religiöser und kultureller Sonderfall im Herzen Europas? In welchem Maß entwickelte sie sich losgelöst vom Reich, in welchem Maß war sie dennoch in Europa integriert?

Manche Entwicklung in Wirtschaft, Gesellschaft und Politik wird erst dann klar verständlich, wenn man über die Bevölkerungsentwicklung, insbesondere über demographische Krisen, Bescheid weiß. Deshalb beginnt dieses Kapitel entgegen alter Gewohnheit mit einer Beschreibung der schweizerischen Bevölkerung und fährt dann sogleich mit den Fragen fort, welche sich zur Arbeit und zum Einkommen der Bewohner unseres Landes ergeben. Dann erst folgen die von der traditionellen Geschichtsschreibung bevorzugten Themen wie «Staat und Gesellschaft», «religiöse und kulturelle Tradition und Erneuerung», «politische Kräfte und Ereignisse».

Die im folgenden dargestellten Abschnitte der Geschichte unseres Landes werfen vielleicht mehr Fragen auf, als sie beantworten. Es ist sogar zu hoffen, daß sie den Leser weder beruhigen noch mit Befriedigung über die Leistungen der Schweizer erfüllen, sondern zum Nachdenken über die Möglichkeiten der menschenwürdigen Bewältigung von Gegensätzen und Problemen anregen.

A. Bevölkerungsentwicklung

Der Umfang der Eidgenossenschaft

Ihre größte Ausdehnung erlangte die Schweiz 1536, als Bern das Waadtland und die um Genf liegenden Herrschaften Gex, Gaillard, Ternier und Chablais bis zur Drance eroberte und die Walliser gleichzeitig den östlichen Teil des Chablais an sich zogen. Bereits 1564 und 1569 mußten aber außer der Waadt und dem Gouvernement Monthey alle übrigen annektierten Gebiete wieder an Savoyen zurückgegeben werden. Dennoch umfaßte die Schweiz gesamthaft immer noch eine größere Fläche als heute. Wohl blieben das jetzt aargauische Fricktal noch österreichisch und Teile des heutigen Kantons Genf savoyisch beziehungsweise französisch. Dagegen gehörten Mülhausen und Rottweil als zugewandte Orte sowie das Veltlin und die Grafschaften Chiavenna und Bormio als Untertanengebiete der Drei Bünde zur Eidgenossenschaft. Das territoriale Wachstum war also um die Mitte des 16. Jahrhunderts praktisch abgeschlossen. 1632 löste sich Rottweil aus dem Bund. Dann aber blieb das Gebiet der Schweiz bis zum Ende des Ancien Régime unverändert.

1. Größe und Dichte der Bevölkerung

Die Quellen

Für die Untersuchung der Bevölkerungsentwicklung im 16. und 17. Jahrhundert stehen keine Volkszählungen zur Verfügung. Man ist deshalb auf parastatistische Quellen wie Erhebungen von Feuerstätten und Haushaltungen sowie Listen von Steuer- und Wehrpflichtigen angewiesen. Wohl gab es wie in Italien vereinzelt bereits Ende des 15. Jahrhunderts auch Taufbücher; allgemein kamen kirchliche Ehe-, Tauf- und Sterberegister aber erst nach der Reformation in Gebrauch. Den Anfang machte Zürich 1526, gefolgt von St. Gallen (1527), Basel (1529) und den übrigen reformierten Orten. Für die katholischen Gebiete gaben die Beschlüsse des Konzils von Trient 1563 den Anstoß zur Einführung von Ehe- und Taufregistern. Katholische Totenregister wurden erst durch ein *Rituale Romanum* von 1615 veranlaßt. Durch die Glaubensspaltung und die obrigkeitlich-kirchliche Sorge beider Konfessionen, über Taufe, Ehe und Begräbnis ihrer Kirchenangehörigen eine gewisse Kontrolle auszuüben, verfügen wir heute über sehr reichhaltige Unterlagen zur Geschichte der schweizerischen Bevölkerung in vorstatistischer Zeit. Anhand neuester, auf der Analyse solchen Materials beruhender Arbeiten ist man jetzt in der Lage, ältere Theorien zu überprüfen und neu zu interpretieren.

Unterschiedliche Schätzungen

In der Tat ist man sich über die Bevölkerungszahl und deren Entwicklung im 16. und 17. Jahrhundert nicht einig. Um 1400 soll sie nach Wilhelm Bickel 600000 bis 650000 betragen haben, ein Jahrhundert später 800000 bis 850000 und um 1600 ungefähr eine Million. Jean-François Bergier dagegen meint neuerdings, die Schweiz habe um 1500 etwas weniger als 800 000 und um 1600 bereits über eine Million Einwohner gehabt. Verläßt man sich nämlich auf Bickels Zahlen, so ergäbe das für das 16. Jahrhundert eine jährliche Wachstumsrate von 1,6 bis 2,2‰ und für das 17. Jahrhundert eine solche von 1,8‰. Damit würde die schweizerische Bevölkerungsentwicklung besonders im 16. Jahrhundert zum Sonderfall, denn für dieselbe Zeitspanne werden aus Teilgebieten unserer Nachbarländer durchwegs zwei- bis dreimal höhere Wachstumsraten bezeugt. Es liegen auch sämtliche mit einiger Genauigkeit errechenbaren schweizerischen Wachstumsraten über dem auf der Basis von Bickels Schätzungen erhaltenen Landesdurchschnitt: 9‰ für Glarus (1542–1572), 7,7‰ für die alte Berner Landschaft (1499–1558), 6,7‰ bis 10,6‰ für diejenige Zürichs (1467 beziehungsweise 1529–1585), rund 4‰ für die luzernischen Landvogteien (1489–1591), 3,8‰ für das alte Freiburger Uechtland (1494–1555). Selbst wenn man hier die stagnierende Bevölkerung der Stadt Freiburg miteinbezieht, verbleibt noch eine Wachstumsrate von 2,3‰. Dabei haben längst nicht alle größeren Städte das Schicksal Freiburgs erlitten. Genf, Bern, Basel, Zürich, St. Gallen und Schaffhausen sind im 16. Jahrhundert gewachsen, letzteres von 1520–1600 nachweisbar um jährlich 6,0‰.

Aufgrund obiger Gegebenheiten stellt sich nun die Frage nach der Bevölkerungsentwicklung in den übrigen Schweizergebieten. Theoretisch verbliebe für deren Wachstum noch eine Marge von jährlich weniger als 1,1‰. Es ist aber praktisch ausgeschlossen, daß die Verhältnisse für die zwischen Genfer- und Bodensee sowie nördlich der Alpen gelegenen Regionen grundsätzlich anders als in Glarus, Zürich, Luzern und Bern, beziehungsweise generell schlechter als in Freiburg lagen. Dann allerdings müßte es im eigentlichen Alpengebiet zu einer massiven wirtschaftsbedingten Entvölkerung gekommen sein.

Der Bevölkerungseinbruch im 15. Jahrhundert

Eine befriedigende Lösung des Problems läßt sich wohl nur mit Einschluß der gesamteuropäischen Bevölkerungsbewegung finden. Emmanuel Le Roy Ladurie hat in diesem Zusammenhang darauf hingewiesen, daß die alte Welt aufgrund der *«unification microbienne»* eine Großregion dargestellt habe, in der die gleichen Krankheitserreger übertragen wurden. Bis zur sachgemäßen Bekämpfung von Seuchen war es beinahe unmöglich, Pest-, Pocken- und Choleraepidemien und dergleichen wirkungsvoll zu begegnen. Dieser Tatsache ist es hauptsächlich zuzuschreiben, daß die Bevölkerungszahl Europas bis zur Mitte des 15. Jahrhunderts auf ein Minimum zusammenschrumpfte. Auch die Schweiz ist davon nicht verschont geblieben. Die Bevölkerung der Diözese von Genf, diejenige Luzerns und der Städte Schaffhausen und Zürich erreichten zwischen 1450 und 1490 einen absoluten Tiefstand. Nur die Stadt Genf machte hier dank ihres wirtschaftlichen Aufstiegs im 15. Jahrhundert eine Ausnahme. In der ersten Hälfte des 17. Jahrhunderts waren es wieder zwei verheerende Pestzüge, die um 1610/15 und 1628/29 das Bevölkerungswachstum lähmten.

Wachstum nach 1500

Wir sind also gezwungen, von einem linearen Wachstum zwischen 1400 und 1700 abzusehen und eine für das 16. und 17. Jahrhundert maßgebende andere Artikulation der schweizerischen Bevölkerungsentwicklung in Betracht zu ziehen: Zu Beginn des 15. Jahrhunderts dürfte die Schweiz 600000 bis 650000 Einwohner gezählt haben. Um die Jahrhundertmitte konnten es also höchstens 600000, eher weniger gewesen sein. Im Lauf der zweiten Hälfte des 15. Jahrhunderts aber kommt wie im übrigen Europa die Wende. Bis um 1500 nimmt die Bevölkerung gemächlich, dann während der zwei ersten Drittel des 16. Jahrhunderts sehr rasch zu. Später verlangsamt sich das Wachstum, um gegen 1610 eine vorübergehende oberste Grenze von vielleicht 1100000 zu erreichen. Dann kommen die Rückschläge des frühen 17. Jahrhunderts, die eine Erholung erst wieder gegen 1650 erlauben. Die durchschnittliche jährliche Wachstumsrate für das 16. Jahrhundert liegt jetzt bei 4‰ bis 5‰. Damit befindet sich die Schweiz wohl immer noch auf einem relativ niedrigen Wachstumsniveau. Im großen und ganzen atmet sie aber, was ihre Bevölkerungsentwicklung angeht, wie das übrige Europa.

Die Bevölkerungsdichte

Als durchschnittliche Dichte ergeben sich für die Zeit von 1450–1650 Werte, die zwischen 15 und 30 Einwohnern pro km² oszillieren, wobei z. B. die größte Dichte in der Luzerner Landschaft um die Wende vom 16. zum 17. Jahrhundert mit 20 Einwohnern pro km² erreicht wird. Anderswo liegen die Zahlen gegen 1600 zum Teil um einiges höher: bei 50 in der Region Zürich, bei 70 in den beiden Appenzell. Die Schweizer wohnen demnach mindestens gleich eng beieinander wie ihre Nachbarn in Deutschland (25 bis 30), verfügen aber vielleicht doch noch über mehr Platz als jene in Frankreich und Italien (bereits 34 beziehungsweise 44 um die Mitte des 16. Jahrhunderts). In mehreren Dörfern der Luzerner Landschaft z. B. stehen 1591/92 bereits wieder einige Hofstätten leer. Zeichen von Überalterung gibt es noch nicht. Die Altersgliederung eines Teils der Zürcher Bevölkerung um 1637 zeigt, daß ganze 35 % unter 16 und nur 8,2 % über 60 Jahre alt waren.

Die Städte

In der Schweiz gab es keine großen Städte, dafür existierten seit dem Mittelalter zahlreiche Kleinstädte. Von den wichtigsten Hauptorten der eidgenössischen Stadtstaaten zählte Solothurn im 16. und in der ersten Hälfte des 17. Jahrhunderts vielleicht 2000, Luzern 3500 bis 4100, Freiburg 4500, Bern 5000, St. Gallen 4500 bis 5500, Schaffhausen 3700 bis 6000 und Zürich 5000 bis 8000 Einwohner, Basel und Genf waren mit 9000 bis 10000 beziehungsweise 10000 bis zeitweise 17000 Einwohnern am größten. Der Unterschied zu den 26 Städten Europas, die um 1500 zwischen 40000 und 200000 Einwohner aufwiesen, ist gewaltig. Ein Jahrhundert später gab es in Europa sogar 42 Städte mit 40000 bis 600000 Bewohnern. Diese waren aber größtenteils in Richtung Mittelmeer oder Atlantik orientiert. Im Innern Deutschlands kannte man nur wenige große Städte. Um 1580 wohnten in Augsburg 60000, in Nürnberg und Köln je ungefähr 40000, in Straßburg etwa 20000 Menschen. Auch in Frankreich gab es zu

Dieser Ausschnitt aus einer perspektivischen Darstellung der Stadt Freiburg i. Ue. von Gregor Sickinger aus dem Jahre 1582 illustriert die Errungenschaften der Städtebaupolitik des 15. und 16. Jahrhunderts. Es gibt kaum mehr Holzhäuser; man hat sie durch stabilere und feuersichere Steinbauten ersetzt. Die wenigen Holzkonstruktionen – das Holz war im 16. Jahrhundert knapp geworden – beschränken sich auf einige Lauben und Werkstätten, wie sie sich vor allem in den engen Gassen der Handwerkerviertel vor den Türen der dicht aneinandergereihten Häuser finden. Die Privilegierten besaßen einen überdeckten Balkon und einen Garten. Wegen der Hanglage der Stadt führten oft lange Treppen vom Erdgeschoß zu den am Fuß der Mauer gelegenen Gärten. Rechts oben sieht man Tuchmacher bei der Arbeit.

Beginn des 17. Jahrhunderts nur drei sehr große Städte: Lyon und Rouen mit je 100000 und Paris mit 300000 bis 400000 Einwohnern. Die Schweiz gehörte eindeutig zu dem innern Teil des europäischen Kontinents, der wie Deutschland über wenige bis keine Großstädte verfügte und auch wirtschaftlich anders strukturiert war als die Länder an den beiden aktiven Meeresfronten.

2. Bevölkerungsverhalten: Heiraten, Zeugung, Sterben

Entwicklung und Struktur der Schweizer Bevölkerung im 16. und in der ersten Hälfte des 17. Jahrhunderts haben sich nicht zufällig ergeben. Ökonomische und soziale Faktoren, Brauchtum und Religion, Krieg und Epidemien haben das Verhalten der Menschen hinsichtlich der Eheschließungen und Geburten, aber auch das Sterben bestimmt. Auf einige dieser Zusammenhänge wollen wir jetzt hinweisen.

Die Heiraten

Als sakrale Handlung hing das Heiraten stark von der Regelung durch die Kirche ab. Das kanonische Recht schloß die Eheschließung in der Fastenzeit vor Ostern und während des Advents aus. Tatsächlich hielt man sich von einigen Ausnahmen abgesehen in den katholischen Landesteilen im 16. und 17. Jahrhundert allgemein an diese Bestimmungen. In Genf hat aber die Reformation dieses dem liturgischen Kalender unterworfene Verhalten im Lauf einer einzigen

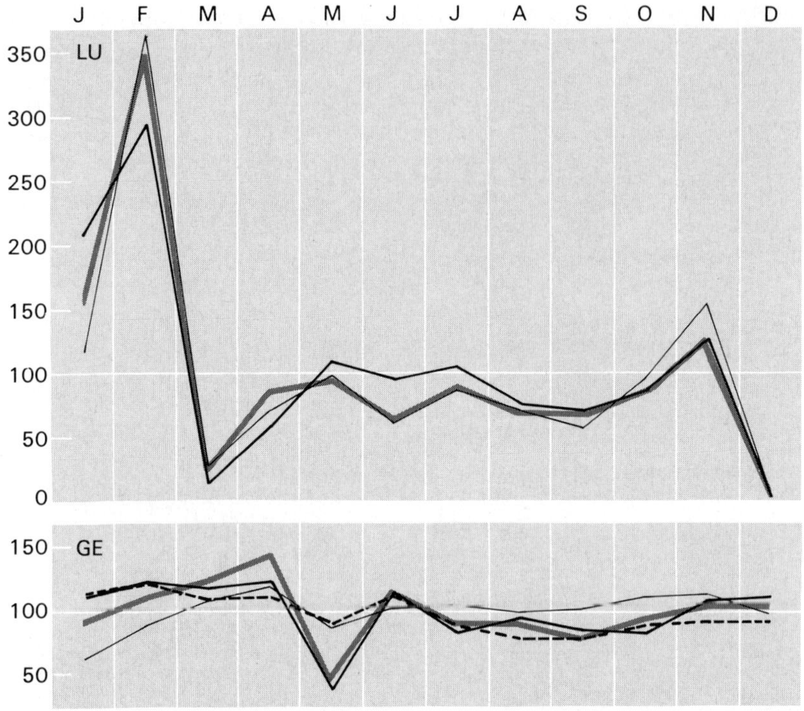

Saisonale Schwankungen der Eheschließungen in Luzern und Genf

(Monatsindex)

17. Jahrhundert
18. Jahrhundert
1801–1833

16. Jahrhundert
17. Jahrhundert
18. Jahrhundert
19. Jahrhundert

Generation weggefegt, wobei mit der Abstinenz im November und Dezember noch schneller als mit jener im März aufgeräumt wurde. An die Stelle der römisch-katholischen trat aber beinahe ebenso rasch eine andere, für die Calvinstadt eher ungewöhnliche, dem heidnischen Volksbrauch entspringende Prohibition: die Heiratsabstinenz im Monat Mai. Ob sich das Heiratsverhalten der Bevölkerung anderer reformierter Orte der Schweiz ähnlich wie in Genf gewandelt hat, bedarf noch der Untersuchung.

Der Arbeitsrhythmus der Landbevölkerung bedingte eine gewisse Zurückhaltung während anderer Monate. Im Alpengebiet verzichtete man gezwungenermaßen während der Viehsömmerung vom Juni bis zum September aufs Heiraten. Selbst in den Städten nahm man auf die in die Sommermonate fallende Landarbeit Rücksicht; in Luzern allerdings weniger als in Genf. Einwanderer rekrutierten sich normalerweise zu über 50 % aus der ländlichen Umgebung der Städte und behielten ihre sozioökonomischen Gewohnheiten bei. Anderseits besaßen viele Stadtbürger Land in der näheren oder weiteren Umgebung und waren deshalb mit dem landwirtschaftlichen Arbeitsablauf verbunden. In Genf beeinflußte sogar die Weinlese die Eheschließungen im Herbst. Heiße Sommer mit früh angesetzter Weinlese verursachten ein Heiratsminimum im September, kalte, nasse Jahre ein solches im Oktober und November. Aufgrund von Religion, Brauchtum und Wirtschaft verblieben den Heiratslustigen im katholischen Luzern zur Hauptsache die Monate November und Januar und vor allem Februar, während sich die Heiraten im reformierten Genf auf das Winterhalbjahr von November bis April und auf den Monat Juni verteilten.

Alfred Perrenoud hat für Genf nachgewiesen, wie sehr auch die Kornpreise den Brautleuten das Heiraten erleichtern oder verleiden konnten. In schlechten Erntejahren mit hohen Kornpreisen nahm die Zahl der Eheschließungen rasch ab. Sobald die Preise wieder sanken oder meist schon in Erwartung der im folgenden Jahr besseren Ernte entschloß man sich, das Versäumte nachzuholen. Ein analoges Verhalten verursachte die Pest. Während der Monate hoher Peststerblichkeit verzichtete man aufs Heiraten zugunsten der Wintermonate, während welcher die Epidemie etwas nachließ. Zur ordentlichen gesellte sich dann allerdings noch eine außerordentliche Ehebereitschaft. Witwer und Witwen, die mit ihren Kindern überlebten, brauchten einen neuen Ehepartner. So löste praktisch jede Pestepidemie mit der von ihr verschuldeten extrem hohen Sterblichkeit zu Stadt und Land eine Heiratswelle aus. Zweit- und Drittheiraten waren deshalb im 16. und 17. Jahrhundert keine Seltenheit. Daher ist auch die Nuptialität hoch; sie muß durchschnittlich um 10‰ ausgemacht haben. Aufgrund des großen Frauenüberschusses blieben aber immer noch gut zehnmal mehr Witwen als Witwer sitzen.

Die Konzeptionen

Anders als die Eheschließungen paßten sich die Konzeptionen nur bedingt dem durch die Jahreszeiten bestimmten Arbeitsablauf an. Die Monate Juli bis November zwangen die Leute in der Schweiz wie in Frankreich zu einer gewissen Kontinenz. Zum Kindermachen hatte man in den Winter- und Frühlingsmonaten eher Lust und Zeit, in Luzern am ehesten von April bis Juni, in Genf bereits im März. Obgleich die katholische Kirche während der Fastenzeit zur sexuellen Enthaltsamkeit aufrief, hielten sich sehr wenige Luzerner an dieses Gebot. Auch in Genf scheint man im Mai nur dem Heiraten, nicht aber dem Zeugen von Kindern abhold gewesen zu sein. Diese Fakten decken einen Mentalitätsdualismus auf. Die Heirat steht in vielen Dingen unter sozialem und religiösem Druck. Man paßt sich wohl oder übel an. Im Ehebett dagegen ist man von den formalen kirchlichen und gesellschaftlichen Zwängen eher frei.

Saisonale Schwankungen der Konzeptionen in Luzern und Genf

(Monatsindex)

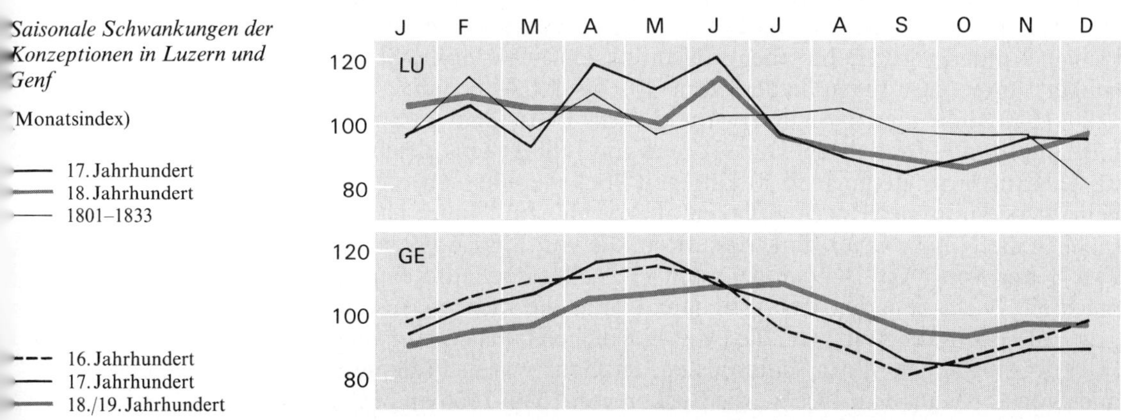

Etwas weniger aktiv, aber mindestens ebenso regelmäßig wie beim Heiraten paßten sich die Genfer Eheleute bei der Familienplanung im 16. und 17. Jahrhundert den kurzfristigen Bewegungen der Kornpreise an. Schlechte Ernten, hohe Preise mahnten zur Vorsicht: Unerwünschte Kinder konnten das physiologische Gleichgewicht ins Wanken bringen. Was man aber während der Versorgungskrise unterlassen hatte, holte man nach der Normalisierung der Lage nicht unbedingt wie bei den Eheschließungen nach, denn im auf die Krise folgenden normalen Jahr gab es immer weniger Zeugungen als vorher. Die Geburtenverluste der Krisenjahre schwanken zwischen 7 % und 40 %, diejenigen der darauffolgenden Jahre zwischen 5 % und 12 %. Für diese verlängerten Defizite waren weder die Sterblichkeit noch eine durch die Notlage ausgelöste Unfruchtbarkeit, sondern die Abstinenz oder Schwangerschaftsverhütung verantwortlich, eine bewußte strategische Geburtenkontrolle, an die sich jeweils eine gewisse Anzahl Eheleute im Lauf der Wirtschaftskonjunktur gewöhnte.

Wie verhielt man sich während der Pestepidemien? Im Gegensatz zu den Ernährungskrisen regte die Pest die Lebensenergien an. Nur ein ungewöhnlich hoher Bevölkerungsverlust brachte die Konzeptionen und dadurch die darauf folgenden Geburten wesentlich zum Absinken. In Pestjahren mißachtete man auch die saisonalen Zeugungsgewohnheiten, indem man selbst in den Sommermonaten nicht mit dem Schaffen neuen Lebens zurückhielt.

Die Sterblichkeit

Die Forschungsergebnisse über das Heiraten und die Konzeptionen werfen Licht auf das Verhalten der Braut- und Ehepaare. Was wir über die Sterblichkeit in Erfahrung bringen können, spricht vom Leiden der Bevölkerung. Im 16. und in der ersten Hälfte des 17. Jahrhunderts war man dem Sterben noch machtlos ausgesetzt. Nicht so sehr Versorgungskrisen, sondern häufige Epidemien entschieden über Leben und Tod. Hohe Abweichungen von der normalen Sterblichkeit sind in Genf bis um 1650 die Regel (24 % bis 34 %). Bezeichnend für jene wie auch für die spätere Zeit ist die hohe Säuglings- und Kindersterblichkeit. Durchschnittlich starb ein Viertel aller Kinder im Lauf des ersten Lebensjahrs, später noch ein Drittel vor Erreichen des zehnten Geburtstags. Aber auch mit mehr als zehn Jahren war man noch nicht unbedingt außer Gefahr. Die Pest verschonte eher die kleinen Kinder, verursachte aber erbarmungslos eine erhöhte Sterblichkeit unter den Jugendlichen vom 10. bis 19. Altersjahr. Von 1500–1640 zählte man in St. Gallen mindestens 14, in Genf 13 Epidemien mit total 31 Pestjahren. Dazu kamen von 1580 an teils gleichzeitig, teils außer der Reihe noch 20 Jahre mit Pockenepidemien, die mit beinahe pedantischer Regelmäßigkeit alle vier bis fünf Jahre hauptsächlich die Kinder unter fünf wegrafften, die von 1580–1599 ganze 91,2 % und von 1600–1649 immer noch 83 % aller Pockentoten ausmachten. Nach dem fünften Altersjahr waren die meisten Kinder gegen diese Krankheit immun. Diese zwei Seuchen hausten von allen Infektionskrankheiten am schlimmsten. In Genf waren Pestepidemien von 1565–1640 an 14,5 %, die Pocken von 1580–1669 an 6,7 %

Saisonale Schwankungen der Todesfälle in Luzern und Genf

(Monatsindex)

— 17. Jahrhundert
— 18. Jahrhundert
— 1801–1833

— 1568–1640
— 1641–1743
— 1755–1833

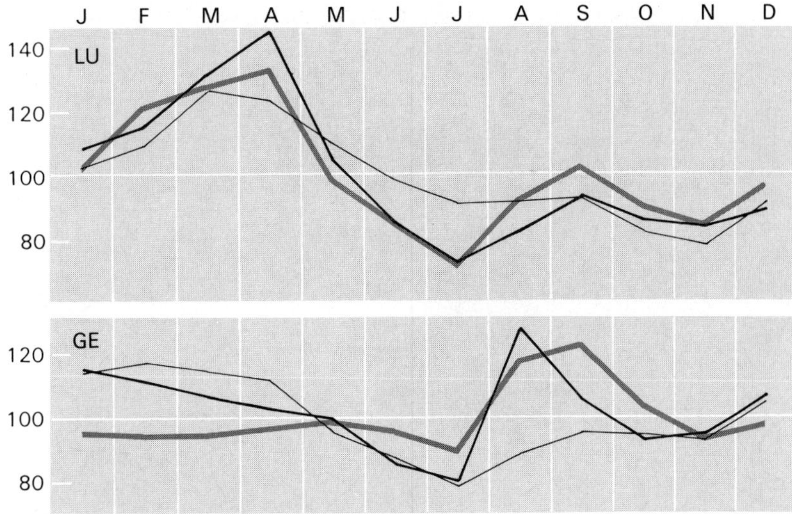

aller Sterbefälle direkt schuld.

Man versuchte, die Pest zu bekämpfen, riegelte Straßen, Pässe und Städte ab, setzte Kaufleute und Handelswaren, die aus pestverdächtigen Gebieten kamen, unter Quarantäne. Dadurch kamen aber wichtige Handelsströme zum Erliegen, was dann natürlich auch die Lebensmittelversorgung der Bevölkerung in Frage stellte. Das Beispiel Genf erhärtet die These, wonach nicht Ernährungskrisen die Pest brachten, sondern die Pest Ernährungskrisen verschuldete. Letztere führten aber im 16. Jahrhundert auch unabhängig von Pestepidemien zu einer erhöhten Sterblichkeit, zu eigentlichen Bevölkerungskrisen mit drei parallel verlaufenden Phänomenen: überhöhte Preise, Verdoppelung der Todesfälle, starkes Absinken der Konzeptionen. In Genf verschuldete so die ungünstige Kornkonjunktur von 1582–1587 und 1589/1590 eine zusätzliche Sterblichkeit von 14 %. Eine ähnliche Einbuße erlitt die Bevölkerung der Zürcher Landschaft zwischen 1585 und 1595. In dieses Jahrzehnt fiel gesamtschweizerisch gesehen die schlimmste und wahrscheinlich letzte große städtische Versorgungskrise des Ancien Régime. Im Lauf des 16. und besonders im 17. Jahrhundert bekamen nämlich die Behörden dank konsequenter Getreidepolitik und staatlicher Lagerhaltung die Versorgungskrisen mehr und mehr in den Griff, so daß dieser Sterbefaktor allmählich verschwand.

Wie sehr die Epidemien das Sterben bestimmten, ergibt sich aus der Tatsache, daß der Tod in den Monaten August und September stark zuschlug, während der Winter das Sterben nicht maßgebend beeinflußte. Die älteren, von der kalten Jahreszeit eher betroffenen Leute machten ja insgesamt nur rund 10 % aller Todesfälle aus. Dieses archaische Sterberegime blieb bis um die Mitte des 17. Jahrhunderts bestehen. So gab es denn für alles eine bestimmte Zeit: den Winter zum Heiraten, das Frühjahr zum Zeugen, den Sommer zum Sterben.

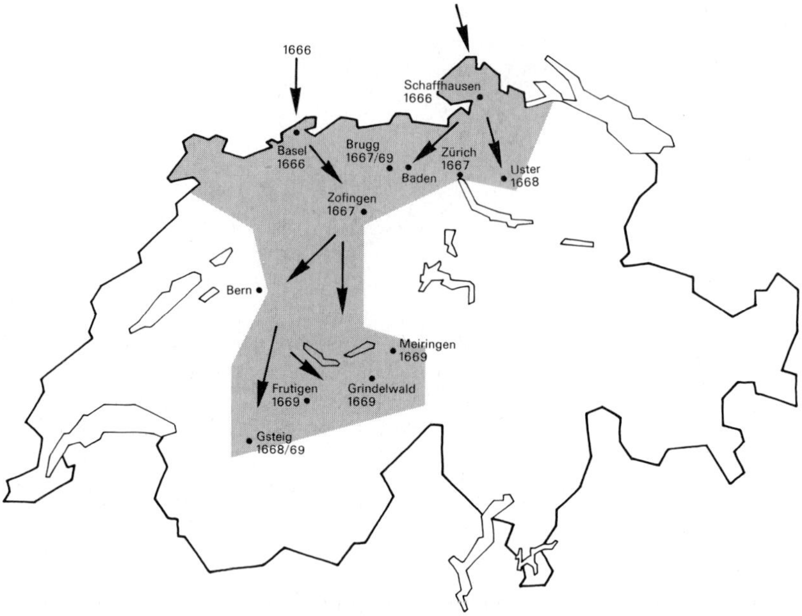

Der letzte schweizerische Pestzug von 1665–1669

Auf die langfristige Bevölkerungsentwicklung hatte das Heiratsverhalten keinen Einfluß. Die in den Ernährungskrisen ausfallenden Konzeptionen wirkten nur leicht wachstumshemmend. Ausschlaggebend für das Zu- und Abnehmen der schweizerischen Bevölkerung waren die vielen Seuchen, von denen wir leider nur Pest und Pocken etwas näher kennen. Normalerweise waren zwei bis drei Geburten notwendig, um eine erwachsene Person zu ersetzen. Vier bis sechs Geburten schafften Ersatz für ein Ehepaar. Sieben bis acht gaben Hoffnung auf mehr erwachsene Menschen. Die Geburtenziffern dürften in der Schweiz zu Stadt und Land wie in den Nachbarländern zwischen 30‰ und 40‰ gelegen haben. Die für Genf bekannten Sterbeziffern schwanken zwischen 30‰ und 53‰. Für die Dorfgemeinden im Entlebuch erhält man um die Mitte des 17. Jahrhunderts unter Einbezug der damaligen Kindersterblichkeit eine Sterbeziffer von rund 20‰ in normalen Zeiten.

Geburtenüberschüsse der Landschaft

Was die Städte an Menschen verbrauchten, konnte meist nur die Landschaft ergänzen. Das Anwachsen der Bevölkerungszahl war also angesichts des labilen Gleichgewichts zwischen Natalität und Mortalität nur möglich, wenn nicht eine Häufung außergewöhnlicher Sterblichkeit auftrat. Hier bedarf die bisher gültige Meinung, wonach die Pestepidemien eher in Städten als auf der Landschaft wüteten, einer gewissen Revision. Die von der Pest momentan verursachten Abweichungen von der normalen Sterblichkeit waren in Genf relativ gering; die kleinere Stadt St. Gallen spürte sie bereits viel stärker; das Pestjahr 1629 war für das Dorf Schüpfheim im Entlebuch eine Katastrophe. Umgekehrt brauchte Schüpfheim theoretisch nur 18 Jahre, um mit seinem durchschnittlichen Geburtenüberschuß das

Während Emmentaler Käselaibe leicht bombiert sind, muß der Greyerzer Käslaib flach gepreßt werden. Dazu verwendete man mit Schnitzereien versehene Holzbretter. Das hier abgebildete wurde 1569 in Château-d'Œx hergestellt

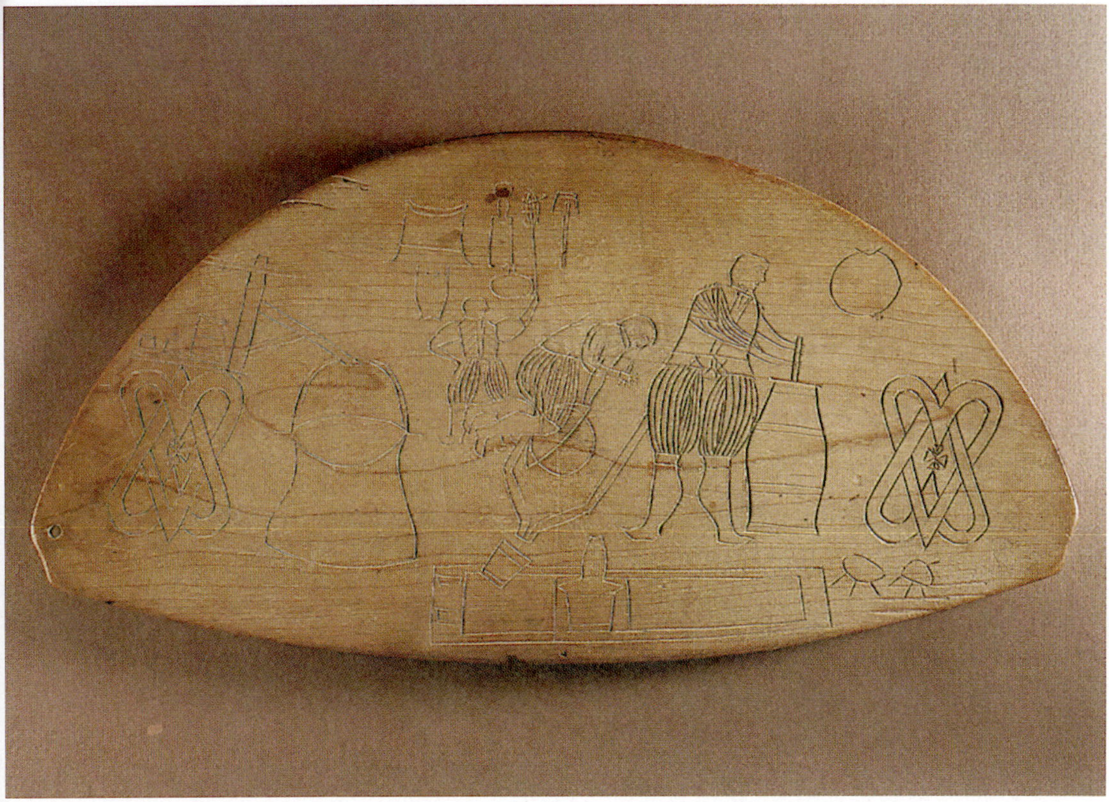

durch die Epidemie von 1629 verursachte Bevölkerungsdefizit von 370 Personen wettzumachen. St. Gallen verlor damals rund 1400 Personen mehr als in normalen Jahren und hätte mit seinem üblichen Geburtenüberschuß ganze 33 Jahre, Genf seinerseits nach 1615 mit 1500 Pesttoten sicher noch länger gebraucht, um das frühere Bevölkerungsniveau wieder zu erreichen. Man kann sich leicht vorstellen welch ein Schlag 1609–1611 der Verlust von 3500 Menschen für Basel gewesen sein muß, das damals ein gutes Viertel seiner Einwohner verlor. Tatsächlich sackten die Geburtenzahlen der Städte nach den meisten Pestepidemien jeweils auf ein tieferes Niveau ab, von dem ohne vermehrte Fruchtbarkeit oder Einwanderung nicht mehr loszukommen war. Das Wachstum der Städte hing zu einem großen Teil von der Immigration aus ländlichen Gegenden ab. In der ersten Hälfte des 17. Jahrhunderts konnte aber auch die Landschaft trotz weiterhin steigenden Geburtenzahlen nicht mehr genügend Bevölkerung an die Städte abgeben, da sich der Wanderungsstrom besonders während des Dreißigjährigen Kriegs vermehrt in die entvölkerten Gebiete des Auslands ergoß.

Obwohl die jährlichen Heiraten und Geburten in den Städten bereits um 1560/1570 nicht mehr zunahmen, konnte das Wachstum der gesamten Bevölkerung bis ins erste Jahrzehnt des 17. Jahrhunderts dank regelmäßiger Geburtenüberschüsse weitergehen. Erst die brutalen Bevölkerungseinbrüche der folgenden 30 Jahre, unterstützt von der Abwanderung ins Ausland, brachten den negativen Umschwung. Der letzte große Pestzug traf die Schweiz von 1666–1670. Über Schaffhausen und Basel eindringend, kam diese Geißel aber nicht über Zürich, den Aargau und das Berner Oberland hinaus. Daß das Ende der Pest die eigentliche Ursache für das nachfolgende schnelle Bevölkerungswachstum bedeutet, ist wahrscheinlich, bedarf aber noch der näheren Untersuchung.

B. Arbeit und Einkommen

1. Landwirtschaft

Die Agrarstruktur

Die Struktur der schweizerischen Landwirtschaft im 16. Jahrhundert ergab sich aus einem lang anhaltenden Umwandlungsprozeß. Das Nachlassen des Bevölkerungsdrucks im 14. und 15. Jahrhundert erlaubte mancherorts, unrentable, vom Klima benachteiligte Produkte auszuschalten. Die Berg- und z. T. auch die Voralpengebiete verzichteten allmählich auf den Wein- und Getreidebau zugunsten der Vieh- und Alpwirtschaft. Die fruchtbaren Ackerbauzonen des Mittellandes verlegten sich dagegen mehr und mehr auf den Anbau von Getreide; die wärmsten Gegenden der Schweiz produzierten Wein.

Arbeitsteilung im Schaffhauser Weinberg 1587: Im Frühjahr schneiden die Männer die alten Triebe ab, welche von den Frauen zusammengelesen werden. Die Männer schlagen die Rebstecken ein, während die Frauen mit der Hacke die Erde lockern. Zur Erntezeit lesen die Frauen die Trauben, die von den Männern zur Kelter gebracht werden. Das Pressen des Weinmostes ist ebenfalls Männerarbeit. Da Vater und Mutter im Weinberg arbeiten, findet dort auch das Kind seinen Platz. Der Graveur Daniel Lindtmayer (1552–1604) gibt ein idealisiertes Bild der in der Arbeit vereinigten Familie.

Diese regionale Arbeitsteilung war auch deshalb möglich geworden, weil sich Bergländer und Stadtstaaten zu einer politischen und wirtschaftlichen Interessengemeinschaft, der schweizerischen Eidgenossenschaft, zusammengefunden hatten. Die strukturelle Entwicklung ging aber im 16. Jahrhundert weiter. Den Hintergrund dazu bildeten die mangelnde Autarkie der Schweiz, das starke Bevölkerungswachstum, die Zunahme der Nachfrage im In- und Ausland und die allgemeine Preissteigerung.

Die mangelnde Autarkie bestand darin, daß die Getreideversorgung der Schweiz durch die Inlandproduktion nicht gesichert war. 25 % des schweizerischen Bodens ist unproduktiv (Deutschland: 6 %; Österreich: 8 %). Bei der üblichen Dreifelderwirtschaft lag jeweils ein Drittel des Bodens brach. Planmäßige Stallfütterung des Viehs kannte man nicht, und systematische Düngung der Äcker war nicht üblich. Ob die Anleitungen des Luzerner Ratschreibers Renward Cysat zum Gebrauch von Mist und Jauche wirklich befolgt wurden, ist fraglich. Der Ertrag war dementsprechend mäßig und labil. Man rechnet mit Ertragsfaktoren für Dinkel von etwa sechs bis acht auf ein gesätes Samenkorn in der Zeit von 1520–1550, später immer weniger, gegen 1590 noch zwischen drei und sechs. Die Produktivität verbesserte sich darauf langsam wieder bis 1660/1675. Eine hohe Ertragslabilität besaß der Weizen, dessen Faktor sich im 16. Jahrhundert zwischen 0,71 und 18,9 bewegte, weshalb man auch meist dem kräftigeren Dinkel den Vorzug gab. In guten und normalen Erntejahren konnten die Nordschweiz, Zürich, Luzern und Basel ihren eigenen Bedarf decken, das Uechtland, das Berner Mittelland und der Aargau sogar Korn exportieren. Die übrige Schweiz mußte Getreide aus den Nachbarkantonen und aus dem Elsaß, dem Burgund, dem Klettgau, aus Schwaben, aber auch aus Italien und Savoyen einführen. Genf bezog seinen Wein aus der nächsten Umgebung, Bern vom Bielersee und aus dem Waadtland; Neuenburg, Zürich und Schaffhausen besaßen eigene Rebberge wie auch das Wallis, die ennetbirgischen Vogteien und das die Drei Bünde beliefernde Veltlin. Doch deckte die schweizerische Produktion den gesamten Weinbedarf kaum. Die fehlenden Mengen importierte man zur Hauptsache aus dem Elsaß. Qualitätsweine bezog man aus dem Burgund. Genf deckte sich in den Mittelmeerregionen mit teurem Süßwein ein. Demgegenüber war das Alpengebiet in der Lage, nicht nur Zucht- und Schlachtvieh für die ganze Schweiz und für den Export nach Oberitalien zu züchten, sondern auch noch Alpen zur Sömmerung der Talherden zur Verfügung zu stellen. Auch spezialisierte sich das ganze Alpengebiet westlich des Gotthards auf die Produktion und den Export von Hartkäse. In der Ostschweiz baute man Hanf und Flachs für die St. Galler Leinenindustrie an.

Die Landwirtschaftskonjunktur

Das Bevölkerungswachstum im In- und Ausland verstärkte aber im 16. Jahrhundert die Nachfrage nach landwirtschaftlichen Erzeugnissen, brachte die Preise rasch zum Steigen und machte auch in der

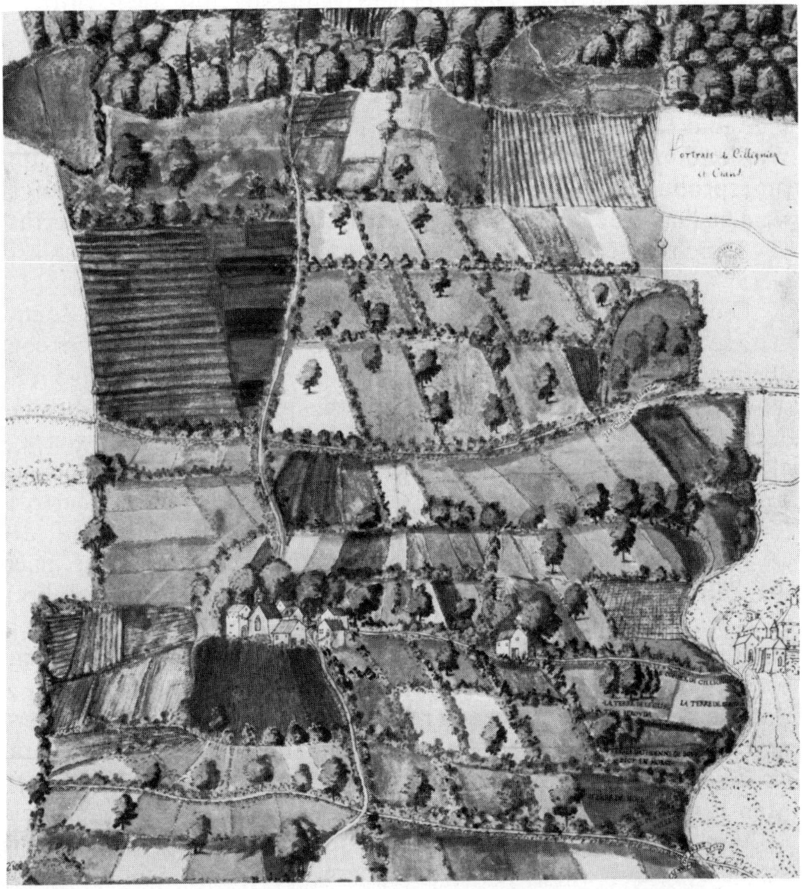

Die Gemeinde Céligny am Genfersee um 1550 aus der Vogelschau. Das Dorf mit seiner Kirche liegt etwa auf halbem Weg zwischen See (ganz unten) und Wald (oben). Südlich des Dorfes erstreckt sich der Weinberg. Durch Wege gut erschlossen sind die kollektiv genutzten Ackerflächen, welche entweder die wachsende Wintersaat aufweisen, frisch gepflügt sind oder noch brach liegen. Die Abgrenzungen der einzelnen Besitzanteile sind markiert. Daneben besteht bereits ein großer Teil des Gemeindegebietes aus eingezäuntem Individualland, erkennbar an den Hecken und Obstbäumen. Links oben, am Waldrand, sowie rechts oben, in einer Rodung, die Allmend. Darüber unterscheidet sich der minderwertige verstrauchte Wald vom gepflegten herrschaftlichen Hochwald.

Schweiz eine höhere Produktion nicht nur notwendig, sondern auch interessant. Das Brotgetreide weitete sich auf Kosten des Hafers aus. Im frühen 17. Jahrhundert wird der Hafer vermehrt durch das Vordringen der wesentlich nahrhafteren Bohnen verdrängt. Der Verknappung von Boden und Nahrungsmitteln stand ein steigendes Angebot an Arbeitskraft gegenüber. Otto Sigg hat am Beispiel des Zürcher Ackerbaulandes gezeigt, daß man mancherorts Neuland durch Abholzen von Wäldern gewann, lange brachgelegenen Boden wieder bebaute oder Allmenden durch Einschlagen als Ackerland nutzte. Versuche, den Rebbau auf ähnliche Art auszudehnen, wurden zugunsten des Getreidebaus eingeschränkt. Auch auf der luzernischen Landschaft hat man in den 1580er Jahren Allmendland eingeschlagen. Ähnliches ist aus Freiburg bekannt. Die verstärkte Nutzung des Bodens für den Getreidebau ging natürlich zu Lasten des Weidlands. Demgegenüber galt in den Berggebieten die umgekehrte Politik. So war der Freiburger Rat 1589 der Überzeugung, die Berggebiete seien für den Getreidebau ungeeignet, die Großviehzucht bilde dort die beste Existenzgrundlage für die Einwohner. Tatsächlich förderte man weiterhin die Ausdehung, Abrundung und Einzäunung von Höfen und individuellem Alpbesitz mit allen Mitteln. Analog dazu verlief die Entwicklung im Berner Oberland. In Boltigen z. B. nutzte man 1615 ganze 36 % mehr Kulturland als 1488, wovon der größte Teil im 15. Jahrhundert brach gelegen hatte. Zwischen 1515 und 1567 wandelte man in der Talzone gelegenes Ackerland in Wiesland um; die Heualpen, welche man früher für die Winterfütterungsproduktion genutzt hatte, wurden zu bestoßenen Sömmerungsweiden. Das neue Wiesland in der Talzone lieferte jetzt das Winterfutter. Durch diesen Strukturwandel wurde die Viehwirtschaft intensiviert.

Glasmalereien waren im 15., 16. und 17. Jahrhundert gebräuchliche Geschenke unter Zünften, Schützenvereinen, Städten, eidgenössischen Orten, Politikern und Geistlichen. Die Darstellungen zeigen oft neben biblischen oder symbolischen Allegorien Bilder aus der Alltagsrealität, wie dieses Fenster aus dem Jahr 1598, das die Kunstfertigkeit der Zimmerleute veranschaulicht.

Die laufende Forschung zur Klimageschichte, über die Zehnterträge und die Preisentwicklung in der Schweiz gibt eine Übersicht über die Landwirtschaftskonjunktur, vornehmlich diejenige des schweizerischen Ackerbaugebiets. Die zweite Hälfte des 16. Jahrhunderts war kalt und naß. Besonders die Jahre von 1585–1595 werden als klimageschichtlich außergewöhnlicher Abschnitt bezeichnet, in dem etliche Alpengletscher bis zu einem seither nicht wieder übertroffenen historischen Maximalstand vorstießen. Die im Lauf des 16. Jahrhunderts erzwungene Produktionsausweitung, welche, nach den Zehnterträgen zu schließen, in den sechziger und siebziger Jahren zu Höchsternten an Brotgetreide geführt hatte, erlitt durch schwerwiegende Miß- und Katastrophenernten einen allgemeinen Einbruch. Im Gebiet von Zürich und Schaffhausen wurden die Rebberge noch schwerer mitgenommen als die Getreidefelder. Aber auch Bern und die Westschweiz blieben nicht verschont. Das Ausmaß der Katastrophe läßt sich am besten an den in der Hungersnot verlorenen Menschenleben in Genf (14 %) und Zürich (12 % bis 15 %) messen.

Ausschnitt aus einer Wappenscheibe von 1531 mit einer Darstellung der wichtigsten landwirtschaftlichen Arbeiten in der Schaffhauser Gemeinde Hallau, nämlich Feld- und Weinbau. Zum Pflügen des Ackers braucht der Bauer die Hilfe des Sohnes oder eines Taglöhners, der die Zugtiere führt. Die vier vorgespannten Pferde zeugen vom Reichtum der Hallauer Bauern.

Von 1596–1613 konnte sich die Landwirtschaft von West bis Ost erholen. Das Produktionsvolumen von 1560/1570 wurde wieder

erreicht oder überboten. Dann folgte eine neue Serie schlechter Ernten, von denen für Luzern diejenige des Jahres 1614 die allerschlimmste seit 1551 war. Da aber andere Regionen nicht annähernd so stark betroffen wurden, erreichten die Produktionseinbußen gesamthaft das katastrophale Tief der 1580er Jahre nicht mehr. Die Entwicklung von 1614–1634 ist vielleicht auch im Zusammenhang mit der durch einige folgenschwere Pestzüge verursachten Bevölkerungseinbuße und leicht abgeschwächten Nachfrage zu sehen. Man dürfte dann allerdings nicht von schlechten Ernten, sondern von absichtlich reduzierter Produktion sprechen. Nach 1635 begann für die deutsche Schweiz eine Zeit mit guten und sehr guten Ernten, die im Durchschnitt alle seit 100 Jahren realisierten Erfolge übertrafen. Abgesehen von einem vorübergehenden Einbruch, der auf die rückläufigen Preise und den seit Ende des Dreißigjährigen Kriegs wieder unbedeutenden Export zurückzuführen ist, dauerte die günstige Produktionskonjunktur bis gegen 1690. Hier kann man absolut nicht von einer Produktionskrise des 17. Jahrhunderts sprechen.

Anders verlief die Konjunktur in der Genfer Region, die höchst wahrscheinlich wie Frankreich ein düsteres 17. Jahrhundert zu verspüren bekam. Für die konjunkturelle Entwicklung der Viehzuchtgebiete liegen bis heute noch keine eindeutigen Resultate vor. Doch scheinen auch hier die Expansion im 16. Jahrhundert, die Rückschläge der achtziger Jahre und der darauf folgende Aufschwung einschließlich der Hochkonjunktur während des Dreißigjährigen Kriegs inbezug auf die Produktionsmengen der Wirklichkeit zu entsprechen.

Die Luzerner Zehnterträge weisen von 1550/60–1600/10 eine jährliche Wachstumsrate von rund 0,4 %, von 1550/60–1640/50 eine solche von rund 0,6 % auf. Aufgrund dieser Teilresultate könnte man zur Schlußfolgerung kommen, die landwirtschaftliche Produktion habe mit der Bevölkerungsentwicklung mitgehalten. Die Entwicklung der Lebensmittelpreise gestattet aber diese optimistische Auslegung nicht vorbehaltlos.

2. Vom Handwerk zur Industrie

Neue Produktionsformen

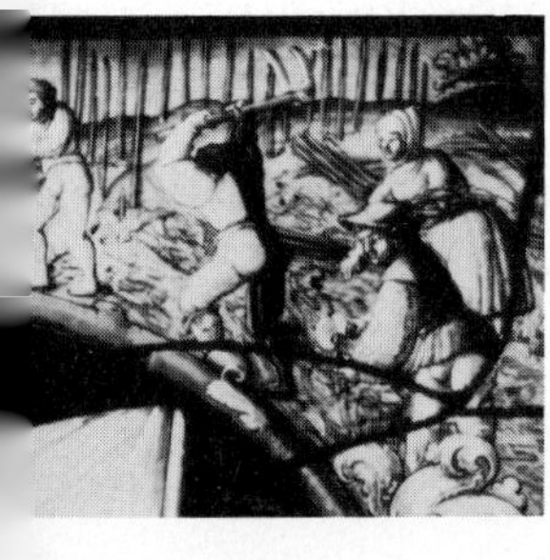

Das 16. und 17. Jahrhundert gelten als Übergangsphase vom traditionell organisierten Handwerk zu moderneren Produktionsformen, nach Jean-François Bergier als Zeit der «Industrie vor der eigentlichen Industrie». Bis 1550 kannten die Schweizer Städte wohl ein in Zünften organisiertes Handwerk, aber nirgends existierte etwas, was man industrielle Konzentration hätte nennen können, außer in St. Gallen, für dessen auf den Export orientierte Leinwandindustrie eine ganze Region arbeitete, vom Anbau des Rohstoffs über Spinnen, Weben, Färben und Bleichen. Die Freiburger Tuchproduktion war der wirtschaftlichen Dekadenz verfallen. Bern, Basel und Zürich arbeiteten nur für ihr natürliches Umland. Die Basler und nach der

Reformation auch die Genfer Buchdruckerei setzten wohl große Kapitalinvestitionen und hohes technisches Können voraus. Doch weiß man noch zu wenig über die Auflageziffern der Editionen wie auch über den Umsatz und den Kapitalertrag. Man wird deshalb bis auf weiteres von der Buchdruckerei als von einem elitären Gewerbe oder Handwerk sprechen müssen.

Eine lebensfähige Industrie setzt dynamische Unternehmer, viel Kapital, eine große Zahl fähiger Arbeiter, günstige Rohstoffquellen und ein ausgedehntes Absatzgebiet für die Fertigprodukte voraus, etwas zu viel für eine Gesellschaft, der das Industriedenken fremd ist. Kapital wäre bereits Ende des 15. Jahrhunderts vorhanden gewesen. Doch bestand der Kreis von Kapitalisten hauptsächlich aus erfolgreichen Kaufleuten und Militärunternehmern, die sich nicht unbedingt zu Industrieunternehmern berufen fühlten. Es war auch nicht üblich, Kapital langfristig in Unternehmungen zu immobilisieren. Wer es sich leisten konnte, kaufte, dem Vorbild des Adels folgend, Leibrenten, Gülten und Land. Man zog die Sicherheit dem Risiko vor. Die Industrie hing ausschließlich vom Unternehmergeist jener Kaufleute ab, die bereit waren, Kapital in die Produktion zu stecken, um diese den Bedürfnissen des Marktes anzupassen. Diesen Unternehmergeist besaßen die italienischen und französischen Refugianten, welche in den vierziger Jahren in Genf, später auch in anderen reformierten Städten der Schweiz Aufnahme fanden. Sie verfügten z. T. auch über viel Kapital, Fachkenntnisse und Geschäftsverbindungen. Sie haben Genf im Lauf der zweiten Hälfte des 16. Jahrhunderts zur Industriestadt gemacht.

Festgelage einer Zunft (Daniel Lindtmayer «Tafelrunde», 1588, Schaffhausen). Die Zunfthäuser waren Zentren des vielgestaltigen gesellschaftlichen Lebens; dort traf man sich zu Umtrunk, geschäftlichen Besprechungen und Versammlungen der Zunftleute, zu Heiraten und andern Familienfesten, zu Leichenmahl und Jahrzeiten (Gedenkgottesdiensten) für die Toten, zu Karneval und Schützenfesten. Auch der Kleine Rat der Stadt, die Boten der verbündeten Orte und ausländische Gesandte trafen sich hier zum Abschluß oder zur Erneuerung der Bündnisse.

In anderen Städten stießen die Initianten der Industrie auf den Widerstand der Zünfte. Das traditionelle Handwerk duldete keine Konkurrenz, war Neuerungen abhold und hatte kein Verständnis für industrielle Produktionsformen. Daran ist das Freiburger Exportgewerbe zugrunde gegangen. In der zweiten Hälfte des 16. Jahrhunderts stiegen die Textilpreise erheblich. Teure Qualitätsprodukte waren weniger gefragt. Die große Masse konnte sich diese auch nicht mehr leisten. Dafür wuchs der Bedarf an billigen, leichten Tuchen minderer Qualität. Das Zunftgewerbe mit seinem «starren Purismus» suchte am guten alten Produkt festzuhalten, fand dafür aber keine Abnehmer mehr. Um die Mitte des 15. Jahrhunderts hatten an der städtischen Schau in Freiburg noch über 10000 Tuche das Qualitätssiegel erhalten. Um 1500 waren es noch rund 7000, um 1550 noch 5000 und um 1600 sozusagen keine mehr.

An Versuchen, die Hochkonjunktur des 16. Jahrhunderts industriell zu nutzen, fehlte es nicht, weder in Freiburg noch in den anderen Städten. Doch als man die institutionellen und strukturellen Hindernisse endlich überwunden hatte, war es meist schon zu spät. Die Zeiten der leichten Expansionsmöglichkeiten waren nach 1560 vorüber, die Marktlücken von der Konkurrenz ausgefüllt und der Absatz durch den merkantilistischen Protektionismus des Auslandes erschwert. Der Refugiant Evangelista Zanino gründete die erste Zürcher Industrieunternehmung, eine Seidenfabrikation mit Spinnerei, Weberei, Färberei um 1565. Nach wenigen Jahren war er aber mangels Kapital, Absatz und obrigkeitlicher Unterstützung am Ende. Kleinrat Hans Heinrich Lochmann versuchte 1572 zusammen mit einigen Refugianten ein mit Staatsmitteln gefördertes Unternehmen zur Verarbeitung provenzalischer Wolle aus Lyon aufzuziehen. Er scheiterte aber auch, und zwar am mangelnden Können der Arbeiter. Ebenfalls mit staatlichen Darlehen gestützt baute Hans Ratze mit drei anderen Freiburgern 1579 eine Wolltuchverlagsgesellschaft zur Erneuerung des Freiburger Wollgewerbes auf. Daß diese Gesellschaft aber bereits nach zwei Jahren aufgab, ist der zermürbenden Obstruktion seitens der Zunftweber zuzuschreiben. Auch ein mächtiges Kartell wie die 1593 entstandene *Grande Boutique* der italienischen Seidenhändler und Fabrikanten Turrettini, Balbani, Micheli und Diodati in Genf überlebte die nach 1620 eintretende Absatzkrise nicht. Berns Politik, auf seinem Gebiet Seidenindustrie anzusiedeln, blieb erfolglos.

Das Verlagssystem

Zahlreich sind die Beispiele von schweizerischen Industrieunternehmungen des ausgehenden 16. und frühen 17. Jahrhunderts, welchen die Instabilität der Marktlage, der Widerstand der Zünfte, das Mißtrauen der Regierung, der Mangel an Kapital, die Härte der Konkurrenz, die schlechte Wirtschaftskonjunktur oder ungenügendes Know-how zum Verhängnis wurden. Andere wiederum hatten mehr Geschick und sicher auch mehr Glück. Wenigstens wußten sie die institutionellen Hindernisse, vor allem den Widerstand der Zünfte und der Regierungen zu umgehen, indem sie die Arbeit der Landbevölkerung in den im nähern Umkreis der Stadt gelegenen Dörfern und Weilern zuhielten. Das Verlagssystem bot mehrere Vorteile: Die Zunftreglemente hatten auf der Landschaft keine Gültigkeit. Die Zahl der Arbeiter war also nicht wie in den städtischen Werkstätten begrenzt. Dazu waren die Löhne auf der Landschaft niedriger als in der Stadt. Das Produktionsvolumen kannte außer den ökonomischen keine anderen Einschränkungen mehr. Das in der St. Galler Region seit dem 15. Jahrhundert verankerte Verlagssystem setzte sich auch in Zürich, Genf und Basel durch, wobei die Basler Verlagsunternehmer bereits Anfang des 17. Jahrhunderts Bauern und Handwerker im Laufental bis Delsberg und auch in den angrenzenden solothurnischen Dörfern beschäftigten. In der Region Zürich arbeiteten 1591 bereits 1000 Spinnerinnen für Peter Hirzel und die Gebrüder Werdmüller.

Die Textilindustrie

Unter allen Industriezweigen stand die Textilindustrie an erster Stelle. Weder die Papierfabrikation und der Buchdruck in Basel noch die Goldschmiedekunst und die junge Uhrenindustrie in Genf machten ihr den Rang streitig. Innerhalb der Textilfabrikation steht mit großem Abstand die Leinenweberei der Ostschweiz mit St. Gallen als Metropole an der Spitze. Die Verarbeitung von Seide zu Stoffen, Bändern, Hüten usw. begann 1547 in Genf, etwas später in Zürich und in Basel, überall auf Initiative von französischen Refugianten.

Nach wenigen Jahren gesellten sich in Genf Italiener aus Lucca, in Zürich Vertriebene aus Locarno dazu. Aus beiden Städten gelangten diese dann auch nach Basel. In Genf dominierte die Seidenindustrie um die Wende vom 16. zum 17. Jahrhundert, ging aber in der Wirtschaftskrise nach 1620 wegen mangelnder Rohstoffzufuhr, der starken Lyoner Konkurrenz und der allgemeinen Absatzkrise unter. Zürichs Seidenproduzenten importierten das Rohmaterial aus Italien, verarbeiteten es nach italienischem Muster und verkauften ihre Produkte weiter nördlich, in Deutschland und Holland. Auch die Basler Seidenindustrie überlebte die Krisen des Dreißigjährigen Kriegs, spezialisierte sich aber zusehends auf die Posamenterie, vornehmlich auf die Seidenbandweberei. Die Wolltuchfabrikation machte in Zürich eine ganz andere Entwicklung durch als in Freiburg. Während sich hier die Produktion auf den regionalen Bedarf reduzierte, florierte sie dort dank dem Verlagssystem und konnte sogar gegen Ende des Dreißigjährigen Kriegs dank Marktlücken in Süddeutschland und Frankreich zum Export beitragen. Aus Zürich sind im 16. Jahrhundert einige unbedeutende Initiativen zur Baumwollindustrie bekannt. Im Jura und in Olten brachten Basler Unternehmer zu Beginn des 17. Jahrhunderts durch das Verlagssystem das Stricken von Strümpfen, Handschuhen und Mützen kommerziell an sich.

Wegen des Rheinfalls entwickelte sich Schaffhausen zum wichtigsten Umschlagplatz für bayrisches und tirolisches Salz, das in den Bodenseestädten und an den Produktionsorten selbst eingekauft und in der Eidgenossenschaft vertrieben wurde. Schaffhausens Kaufleute, aber auch jene der Handelsstädte rund um den Bodensee waren auf die zuverlässige Arbeit der Schiffsleute angewiesen. Der Reichsadler und die Apfelschußszene aus der Tellensage zeugen 1582 einerseits noch von der vergangenen Zugehörigkeit zum Reich, anderseits vom Bekenntnis zum eidgenössischen Nationalgefühl (Daniel Lindtmayer, Rheinfall und Warenschiff, 1582, Schaffhausen).

Salz und Eisen

Der Bergbau spielte in der Schweiz eine untergeordnete Rolle, verdient aber dennoch Erwähnung. Seit 1554 betrieben die Berner mit

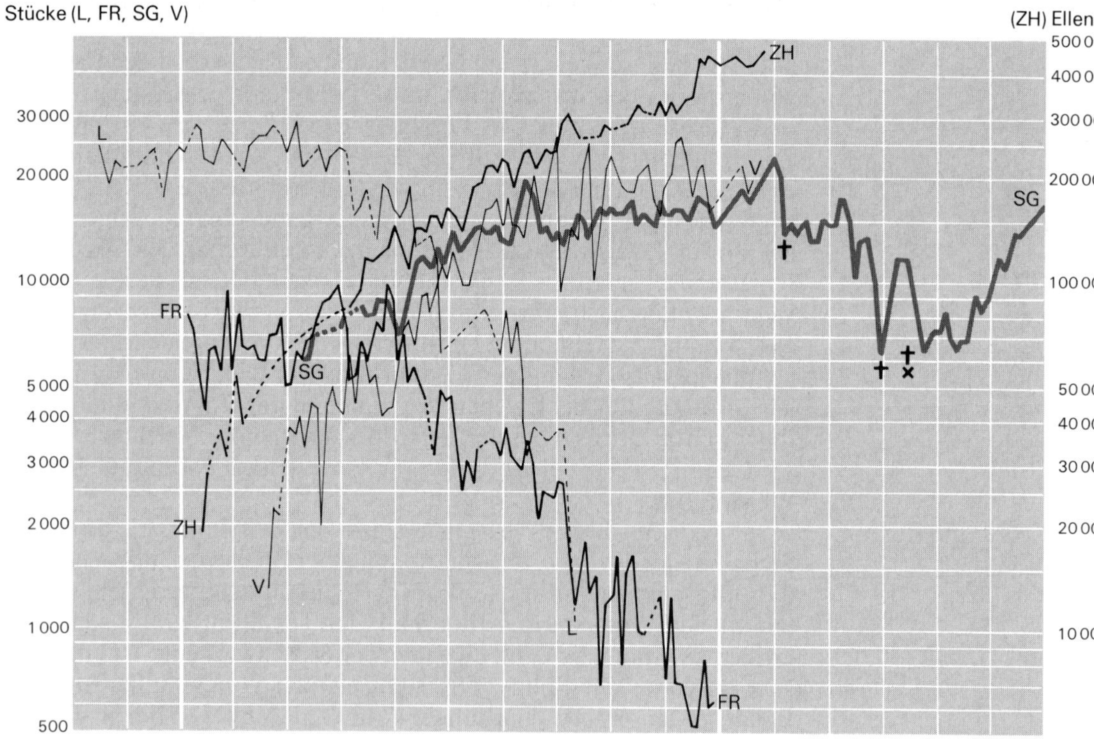

ausländischem Kapital bei Bex in der Herrschaft Aigle Salzsalinen, die aber nur einen geringen Teil des eigenen Bedarfs deckten. Eisenerz gewann man am Ofenberg in Graubünden, am Gonzen in der Grafschaft Sargans, im Oberhasli und im Lauterbrunnental, aber auch im Fricktal, im Waadtländer Jura und im Bistum Basel. Die Eisenhütten von Undervelier, die Bischof Blarer um 1599 errichten ließ, aber auch von 1604 an der Hochofen von Courrendlin, brachten einer geringen Zahl der Landbevölkerung, etwa 200 bis 360 Personen, industrielle Arbeit und veränderten bis 1635 in einem Raum von 500 km² auch das Landschaftsbild.

Der Konjunkturverlauf

Von der industriellen Produktion her gesehen bestand der schweizerische – auf einige Regionen reduzierte – Konjunkturverlauf aus zwei Phasen: aus einer Expansion bis 1610/1620, gefolgt von der Rezession bis 1640/1650. Trotz aller Rückschläge, die seit 1560 bereits als Vorboten der Krise zu werten sind, hielt das industrielle Wachstum bis 1601/1610 an. Die durchschnittlichen Wachstumsraten pro Jahr dürfen sich neben der ausländischen Konkurrenz durchaus sehen lassen: St. Galler Leinwand (1521/30–1601/10): 1,45%; Zürcher Tuch (1501/10–1601/10): 2,77%; Venezianer Tuch (1521/30–1591/1600): 2,4%. Vergleicht man diese Wachstumsraten mit denjenigen der Landwirtschaft und der Bevölkerung, so kommt man zum Schluß, daß die industrielle Entwicklung rascher und dynamischer vorangegangen ist als der Getreidebau. Sie hat auch mit der erhöhten Nachfrage nach Verbrauchsgütern Schritt gehalten.

3. Dienstleistungen: Handel, Bank, Solddienst

Märkte und Messen

Wochenmarkt, Jahrmarkt, Messe – auf diesen drei Stufen bewegte sich auch im 16. und 17. Jahrhundert der Handel in der Schweiz. Dem Wochenmarkt oblag primär die Versorgung mit den wichtigsten alltäglichen Konsumgütern, d. h. mit Getreide, Gemüse, Obst, Salz, Fleisch, Fisch, Eiern, Milch, Butter, Käse. Er war aber nicht für alle Handelsgeschäfte geeignet. So zwangen sich z. B. im Viehzuchtgebiet im Hinblick auf den Rindvieh- und Pferdeexport die Jahrmärkte auf. Außerordentlich wichtig war der in Luzern im Herbst abgehaltene Exportmarkt. Da trafen sich Viehhändler aus dem Entlebuch, aus der nahen Luzerner Landschaft, aus der Innerschweiz, aus den ennetbirgischen Vogteien und aus Italien. Das in Luzern eingehandelte Vieh wurde über den See gefahren, über den Gotthard getrieben und auf einem weiteren überregionalen Jahrmarkt in Lugano nach Italien verkauft. Andere transalpine Viehexportmärkte befanden sich in Bellinzona, Chiavenna, Tirano und Domodossola. Aber auch für Krämerwaren galt der freie Kauf und Verkauf an den Jahrmärkten. Man setzte diese an allen Orten entweder ergänzend zu verschiedenen oder konkurrenzierend zu gleichen Zeitpunkten an. Die Kaufleute teilten ihre Reisen entsprechend ein. Die wichtigsten Jahrmärkte hatten sich bereits früh zu ein bis zwei Wochen dauernden Messen

Textilproduktion einiger schweizerischer und ausländischer Städte im 16. und 17. Jahrhundert

Freiburg: Wolltuch } (in gesiegelten Stücken)
St. Gallen: Leinwand }
Zürich: gebleichtes Gewebe (in Ellen)

Leiden } Wolltücher
Venedig }

✝ Pest
✕ Krieg

entwickelt, welche hauptsächlich für den Fernhandel und den Warenaustausch unter Kaufleuten bestimmt waren. Die im 15. und zu Beginn des 16. Jahrhunderts noch blühenden internationalen Genfer Warenmessen hielten der drückenden Konkurrenz der modernen europäischen Mustermessen nicht stand und gingen nach den Revolutions- und Reformationswirren gegen die Mitte des 16. Jahrhunderts ein. Dafür entwickelte sich Zurzach zum wichtigsten Messeort der Schweiz zwischen den Alpen und dem Rhein, ohne je das internationale Niveau zu erreichen, zu welchem sich z. B. Frankfurt am Main aufschwingen sollte. Schweizer Kaufleute waren auch auf den großen Messen wie Leipzig, Frankfurt am Main und Lyon anzutreffen. Wichtige Importartikel waren Getreide, Salz und Wein. Demgegenüber exportierte man hauptsächlich Vieh, Hartkäse und Holz.

Der Marktplatz von Basel um 1651 – wie in jeder Stadt Mittelpunkt des städtischen Lebens. Umgeben von Werkstätten, Verkaufsläden und Zunfthäusern – rechts im Bild der elegante Renaissancebau der Geltenzunft –, diente er der ganzen Bevölkerung als Ort der Begegnung und zum Austausch von Informationen, besonders an Markttagen, wo Händler, Bauern, Reisende und Boten Neuigkeiten brachten. Hier kamen Stadt- und Landbevölkerung ins Gespräch, das bisweilen in Aufruhr ausmündete. Daher stand hier auch das Rathaus, von welchem aus die Obrigkeit das gesellschaftliche und wirtschaftliche Leben regelte und mit Zureden oder Gewalt die von ihr gewünschte Ordnung durchsetzte (Kupferstich von M. J. Meyer, Basel 1651).

Straßen und Pässe

Zum schweizerischen Handel gehörten nicht nur interner Warenaustausch, Import und Export, sondern auch der Transit auf der Ost-West-Straße wie auf den Alpenübergängen zwischen den Niederlanden und Italien. Von Antwerpen führte die Straße via Lothringen nach Basel. Dort teilte sie sich in eine östliche, eine zentrale und eine westliche Straße. Die «Zürcherstraße» führte über Chur, Splügen und Chiavenna nach Mailand, die «Straße durch die Schweiz» über Luzern, Gotthard, Bellinzona ebenfalls nach Mailand, die westliche Straße machte dem Jurafuß entlang einen Umweg über Genf, Lyon, Mont-Cenis nach Genua. Ein anderer internationaler Warenstrom floß von Holland und Hamburg über Nürnberg, den Bodensee, Chur und die Bündnerpässe nach Mailand und Genua, beziehungsweise über Augsburg und den Brenner nach Venedig. In der Schweiz galten die Straßen als sicher; Zollstellen gab es vor Mitte des 17. Jahrhunderts noch relativ wenige.

Doch bildeten die Alpenübergänge für die deutschen und italienischen Fuhrleute ein fast unüberwindbares Hindernis. Auf den Seen und Gebirgsstrecken mußte man die Dienste der einheimischen Schiffer- und Säumergenossenschaften in Anspruch nehmen. Nur unbedeutende Kaufleute begleiteten und überwachten ihren Gütertransport noch selbst. Die Großkaufleute zwischen Antwerpen und Mailand z. B., auch diejenigen von Genf, Basel und Zürich überließen diese Aufgabe den darauf spezialisierten Speditionsfirmen. Anfangs waren die Spediteure und ihre Faktoren in Basel, Luzern und Altdorf noch Italiener, im 17. Jahrhundert vermehrt auch Ortsansässige.

Offenbar hat der Gotthard in jener Zeit nicht die dominante Rolle gespielt, wie man das bisher angenommen hat. Das Transitvolumen der Bündnerpässe war zeitweise mit rund 28 000 Doppelzentnern im Jahr eineinhalb mal so groß. Gotthard und Bündnerpässe ergänzten sich. Der Simplonverkehr lag im 16. Jahrhundert darnieder und kam erst nach 1620 wieder auf. Die Entscheidungen zur Benützung der einen oder andern Straße fielen nicht im engen Einzugsbereich der Pässe in Brig, Luzern, Uri oder den Drei Bünden, sondern in den großen Wirtschaftszentren des Nordens und Italiens, gelegentlich auch in Knotenpunkten wie z. B. Basel.

Der niederländische Landschaftsmaler Jan Hackaert zeichnete die Via Mala, die «schlechte Straße», die er 1655 auf seiner Reise zu den Quellen des Rheines kennengelernt hatte. Die Via Mala war für Reisende und Händler der schwierigste und gefährlichste Abschnitt auf der Splügenstraße. Während sie im 15. Jahrhundert noch in recht gutem Zustand war, verkam sie im Lauf der Wirren des Dreißigjährigen Krieges zum einfachen Saumpfad.

Die Handelskonjunktur

Die Entwicklung des Transits bestimmte denn auch zu einem großen Teil die gesamtschweizerische Handelskonjunktur. Von regionalbedingten kurzfristigen Abweichungen abgesehen, verzeichneten sämtliche wichtigen Zollstellen parallel verlaufende Tendenzen: Von 1500–1530 war die Güterdurchfuhr unregelmäßig, zuerst wegen der italienischen Kriege, dann auch wegen der Pest und inneren Unruhen in Mailand, vielleicht auch wegen der Religionswirren in der Schweiz. Von 1532–1560/70 erfolgte eine steile, noch nie dagewesene Aufwärtsentwicklung mit jährlichen Wachstumsraten des Transits von 2,04 % in Basel und 2,56 % in Luzern während der ersten 10 Jahre und für die ganze Schweiz eine lang andauernde Blüte. Mit dem Niedergang Antwerpens nach 1567 verlegte sich das Schwergewicht

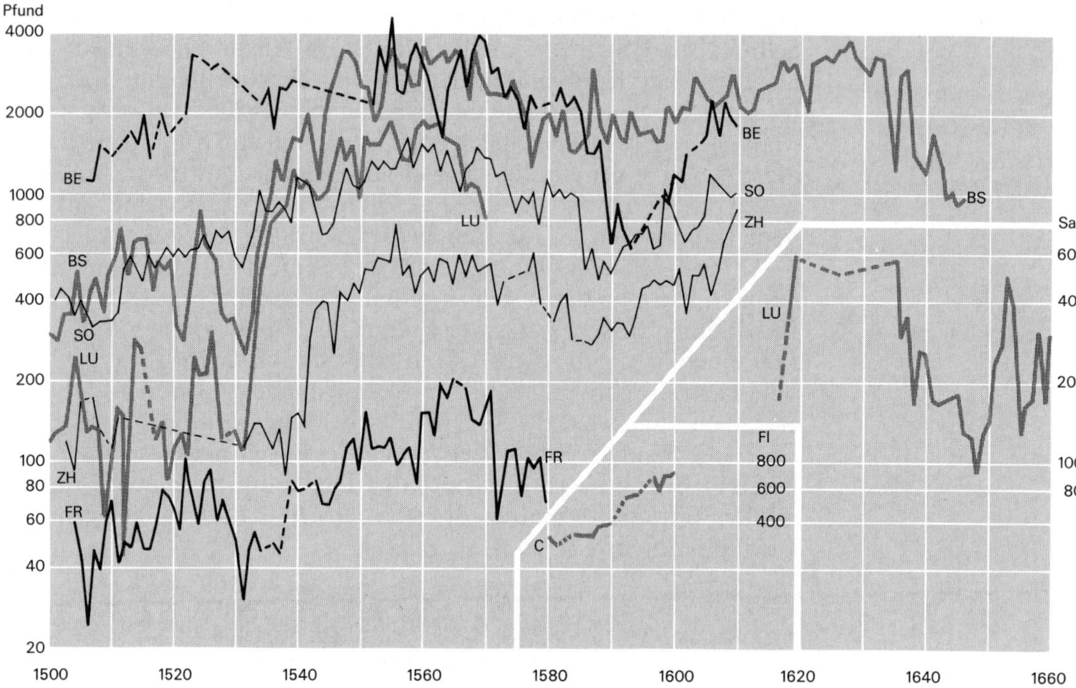

des Handels nach Osten. Das Transitvolumen nahm in Chur zu, in der übrigen Schweiz rasch ab. Von der Krise am meisten betroffen war die Westschweiz. Der Umschwung erfolgte in den achtziger- und neunziger Jahren, erst für den internen Handel, dann für den Transit, und brachte einen neuen Höhepunkt gegen 1630/40. Das Ende des Dreißigjährigen Kriegs verursachte die Rezession der zweiten Hälfte des 17. Jahrhunderts, der nur diejenigen entrinnen konnten, welche dank ihrer dynamischen Industrie den Handel aus eigener Initiative zu beleben verstanden.

Als treue Dienerin von Handel und Politik gewann die Bank an Ansehen. Jeder Staat, der mehr oder weniger fest mit der Eidgenossenschaft verbunden war, pflegte eigene Münzen zu schlagen. Dazu zirkulierte in der Schweiz eine stets wachsende Menge deutscher, französischer, italienischer und spanischer Gold- und Silbermünzen, deren Anteil z. B. an den solothurnischen Zolleinnahmen 1531/40 nur 10 %, 1620/30 jedoch 68,1 % ausmachte. Wechsler waren demnach unentbehrlicher als je zuvor. Meist waren es von der Regierung beauftragte Münzmeister oder angesehene ortsansässige Kaufleute. Die Regierung legte den Kurswert der zirkulierenden Münzen fest. Schlechtes Geld wurde verrufen. Als internationale Leitwährung gebrauchte man in der Schweiz den rheinischen Goldgulden bis 1530/40. Um diesen Zeitpunkt löste ihn die französische Goldsonnenkrone ab.

Der herkömmlichen Praxis entsprechend und den wachsenden Bedürfnissen von Handel, Gewerbe und Staat entgegenkommend,

Die bernische Kaufleutezunft bestellte 1643 bei einem Goldschmied in Augsburg, einem der großen Zentren dieses Handwerkes, ein Trinkgefäß. Der Händler hält einen Wechselbrief in der Hand und deutet auf das große Warenpaket zu seiner Rechten. Der Wechselbrief war in Zeiten regen Handelsaustauschs ein gebräuchliches Mittel bei Handelskrediten und internationalen Kapitaltransfers. Der eingravierte Text mit den Namen A. Loredo, A. Mayer und J. Fugger verweist auf die Großen des internationalen Handels.

Schwankungen im Handelsverkehr durch die Schweiz zwischen 1500 und 1660

Einnahmen einiger Schweizer Zölle

BE: «Gleit» von Bern, Gümmenen, Laupen, Aarberg, Wangen, Langenthal
BS: Kaufhaus in Basel
SO: Olten und Trimbach
LU: Luzern
ZH: Eglisau
FR: Sensebrücke
C: Chur (in Fl = Gulden)
In Luzern: Volumen der Transitwaren zwischen 1616 und 1660 (Einheit: 1 Saum)

weitete sich der Kredit in seinen verschiedenen Formen aus: als Konsumkredit gegen Faustpfand oder Bürgschaft, als Bau- oder Hypothekarkredit, als Kontokorrent oder Betriebsmittelkredit, als Export- oder auch als Kapitaltransferkredit gegen Wechsel. Was unter Kaufleuten schon lange üblich war, wurde unter staatlicher Aufsicht noch gefördert. Der bereits am Ende des 15. Jahrhunderts bestehende und 1504 mit staatlicher Beteiligung und Garantie reorganisierte Basler Stadtwechsel, bei dem alle diese Kreditformen anzutreffen sind, funktionierte auch als Depositen- und Girobank, die den zwischen ihren Kunden getätigten Zahlungsverkehr bargeldlos erledigte. Daneben spezialisierte sich die Basler Staatsbank auf die Emission von Partialanleihen und vermittelte gegen Kommission Anleihen für Hunderttausende von Gulden und Kronen für die Schweizer Städte und Länder, für die Grafen von Baden, Fürstenberg und Neuenburg, für die Herzöge von Württemberg und Savoyen sowie für die Könige Frankreichs von Franz I. bis Heinrich IV. und für Kaiser Ferdinand I. Basel entwickelte sich dadurch zum zentralen Finanzplatz der Schweiz und des Oberrheins.

In Genf wollte man das Basler Beispiel nachahmen und gründete 1568 eine eigene Staatsbank. Diese ging aber wegen schlechter Geschäftsführung und der ungünstigen Handels- und Industriekonjunktur 1581 wieder ein. Die Bank lebte in Genf auf privater Basis weiter. Ende des 16. und Anfang des 17. Jahrhunderts transferierten Kaufleute Kapitalien nach Genf durch Eigenwechsel und gezogene Wechsel auf Basel, St. Gallen, Straßburg, Lyon und alle wichtigen Bankplätze bis London, Amsterdam und Hamburg. Genfer und Basler Kaufleute entwickelten sich allmählich zu Privatbankiers, von denen besonders die ersteren ihre Tätigkeit im 17. Jahrhundert zunehmend auf Anlagen und Beteiligungen im Ausland verlagerten und so den Grund zur internationalen protestantischen Bank legten.

Aber auch Städte und Länder sowie Äbte und Bischöfe beteiligten sich am Kreditgeschäft. Sie legten ihre Rechnungsüberschüsse in ihrem eigenen Hoheitsgebiet und im Ausland zinstragend an, wobei sie im 16. Jahrhundert Frankreich und nach 1610 Deutschland den Vorzug gaben. Ein dogmatisch begründetes Zinsproblem gab es bereits vor der Reformation nicht mehr. Man beschränkte sich darauf, Ausschreitungen und eigentlichen Wucher zu bekämpfen. Daß es die Aufgabe der weltlichen Obrigkeit sei, nach «menschlicher Gerechtigkeit» den zulässigen Zinsfuß für investitive Geldschulden so lange festzulegen, als die «göttliche Gerechtigkeit» in der unzulänglichen menschlichen Gesellschaft nicht die Oberhand gewonnen habe, war schon 1523 Zwinglis Meinung, lange bevor sich Calvin zu diesem Thema äußerte. Die Praxis der konfessionell getrennten Gebiete entwickelte sich darin nicht auseinander. In den fünfziger Jahren spekulierten katholische wie reformierte Schweizer in Lyon gleichermaßen auf Höchstgewinne, die von den 15 % und 16 % versprechenden Anleihen Heinrichs II. zu erhoffen waren.

Basel, Finanzplatz der Schweiz

Die Überschüsse des Basler Stadtwechsels geben stellvertretend Aufschluß über die schweizerische Bankkonjunktur: Die Bilanzsumme wuchs von 1540–1593 zyklisch um durchschnittlich 3,6 % im Jahr, also um einiges mehr als die Produktion der Landwirtschaft und der Industrie, auch um mehr als das Handelsvolumen in der Zeit des wirtschaftlichen Aufschwungs im 16. Jahrhundert. Die jährliche Wachstumsrate der ausgewiesenen Gewinne ist mit rund 4,1 % noch höher. Wen wundert's? Doch verkraftete die Bank auch harte Rückschläge. Nach einem ersten Abflauen der Gewinne von 1590–1606 folgte die Scheinexpansion des 17. Jahrhunderts, die am Ende des Dreißigjährigen Kriegs die Sanierung der Bank unter Abschreibung von rund 90 000 Basler Gulden Verlust auf faulen Debitoren notwendig machte.

Vom Basler Stadtwechsel durch Subskription vermittelte Anleihen: geographische Streuung der Gläubiger

- weniger als 1000 Goldsonnenkr
- 1 000 bis 4 999 Goldsonnenkr
- 5 000 bis 19 999 Goldsonnenkr
- 20 000 bis 49 999 Goldsonnenkr
- 50 000 und mehr Goldsonnenkr

Fremde Dienste und Pensionen

Auf die wirtschaftliche Bedeutung der fremden Dienste für die Schweiz ist immer wieder hingewiesen worden. Man schätzt die Zahl der schweizerischen Söldner, die in französischen, päpstlichen, spanischen, deutschen und anderen Diensten gestanden sind, auf gesamthaft 400 000 Mann im 16. und ebensoviel im 17. Jahrhundert. In einer Zeit meist chronischer Unterbeschäftigung waren temporäre und definitive Abwanderung für die schweizerische Volkswirtschaft kein Verlust. Allein schon die vertraglich festgelegten französischen Bundesgelder trugen den Staatsfinanzen – von einigen wenigen Ausfällen abgesehen – jährlich zwischen 40 000 und 50 000 Goldsonnenkronen ein. Dazu kamen die an die politischen Führungsschichten der meisten Schweizer Städte und Länder ausbezahlten privaten Pensionen. Die Zahlungen anderer Staaten fallen langfristig weniger ins Gewicht. Solddienst und Pensionen bildeten im 16. und 17. Jahrhundert die wichtigste Quelle für große und größte Vermögen in der Schweiz. Bis um 1600 konnte sogar die Masse der einfachen Söldner im fremden Kriegsdienst eineinhalb bis zweimal mehr verdienen als ein Maurergeselle in der Schweiz. Die gleichzeitig mit den Soldbündnissen eingehandelten schweizerischen Handelsprivilegien, wie verbilligte Salzlieferungen, Zoll- und Steuervergünstigungen entziehen sich einer zahlenmäßigen Bewertung. Gewiß gingen die Söldner zeitweise ohne Sold aus und machte hin und wieder ein Söldnerführer Bankrott. Doch dürfen diese Ausnahmen gesamthaft gesehen nicht über die Wichtigkeit dieses Wirtschaftszweigs bis um die Mitte des 17. Jahrhunderts hinwegtäuschen. Den fremden Diensten und den damit zusammenhängenden Einnahmen an Sold, Pensionen und Bundesgeldern ist nämlich die generell positive Zahlungsbilanz der Schweiz zuzuschreiben.

4. Preise, Löhne, Vermögensbildung

Die Preise

Wie überall in Europa stiegen die Preise in der Schweiz von der zweiten Hälfte des 15. bis zur Mitte des 17. Jahrhunderts. Obwohl unsere Preis- und Lohnforschung erst spärliche Resultate aufweisen kann,

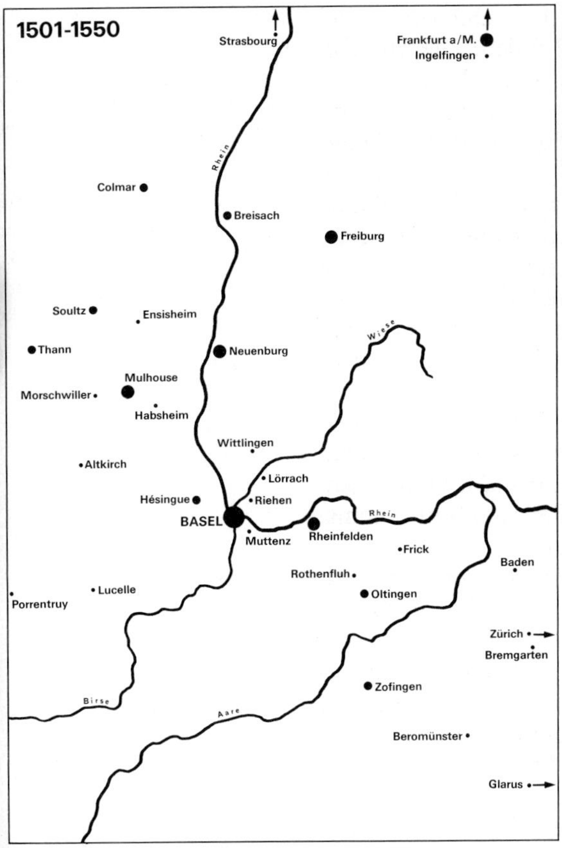

Total angelegtes Kapital: ungefähr 360000 Goldsonnenkronen

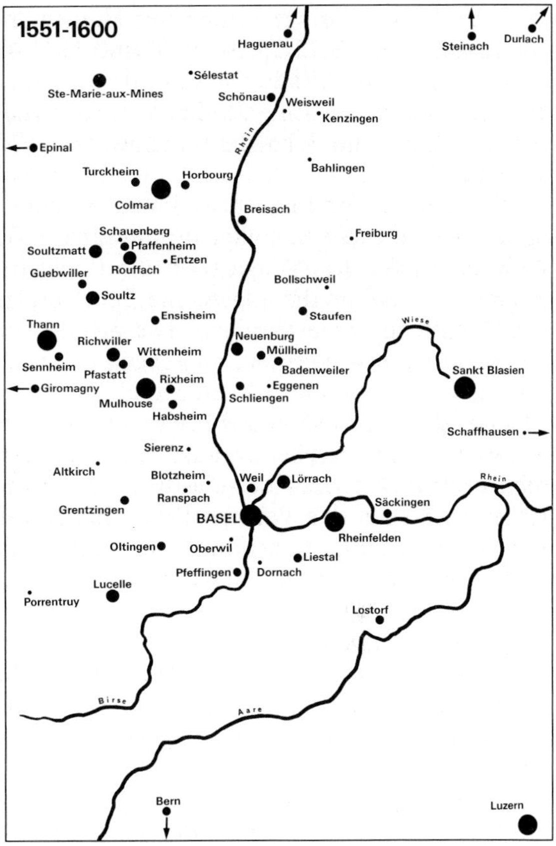

Total angelegtes Kapital: ungefähr 1 Million Goldsonnenkronen

scheint doch festzustehen, daß die Wein-, Getreide- und Fleischpreise rascher gestiegen sind als diejenigen für Erbsen, Käse und Butter, während die Preise für Tuch besonders in der ersten Hälfte des 16. Jahrhunderts nur sehr langsam höher kletterten. Der zum Silberwert umgerechnete obrigkeitliche Richtpreis für Korn stieg in Basel von 1501/10–1601/10 um 1,2%, also um mehr als der Kornpreis in Bern von 1500–1550 (0,7%), in Genf von 1568–1608 und in Zürich von 1500–1600 (je 1,0%). Gesamthaft war der Preisanstieg in der Schweiz ungefähr wie in Deutschland (1,05%) und in Österreich (1,12%), aber weniger stark als in Frankreich (2,10%). Die schweizerischen jährlichen Wachstumsraten liegen ja ebenfalls viel tiefer als der europäische Durchschnitt von 1,59%.

Der eineinhalb Jahrhunderte dauernde zyklische Anstieg der Kornpreise nach 1500 gliedert sich in drei Phasen. Die erste, eine Hausse, dauerte bis 1592/93 mit vier Teuerungsspitzen um 1529/32, 1544/45, 1571/74 und 1586/93. Die zweite Phase von 1592/93–1613/19, für Genf eine starke, für Basel eine schwache, für den Berner Aargau eine kaum spürbare Baisse, schließt nur eine einzige vorübergehende Lebensmittelteuerung um 1609/11 ein. Die dritte Phase von

1613/19–1641/42 bringt wieder eine Hausse, in die gleich drei Teuerungsstürme um 1622/23, 1629/30 und 1641/42 fallen. Die nun folgende Depression kündet sich mit dem Absacken der Preise in den Jahren 1646/48 an. Eine ähnliche Entwicklung kannten die Weinpreise in Genf und Schaffhausen sowie die Viehpreise in der Innerschweiz.

Die langfristige Preisentwicklung ist zum großen Teil auf den jeweiligen Stand des Bevölkerungsniveaus zurückzuführen. Das stete Anwachsen der Nachfrage trieb die Preise in die Höhe. In einem geringeren Maß ist die allgemeine Teuerung auch der Ausdehnung der Geldmenge zuzuschreiben. Die meisten Preisspitzen gehen auf das Konto von Mißernten, diejenigen des 17. Jahrhunderts auch zu Lasten von Spekulationskäufen und Export in die kriegführenden Länder. Wenn trotzdem das Preiswachstum im Vergleich zum übrigen Europa eher bescheiden ausfiel, so ist das in erster Linie mit dem relativ schwachen Bevölkerungsdruck in Zusammenhang zu bringen. Es ist aber auch das Verdienst der eher konsumentenfreundlichen Preis- und Lagerhaltungspolitik der Regierungen.

Die Löhne

Während der ersten Hälfte des 16. Jahrhunderts paßten sich die Löhne den steigenden Lebenskosten nicht an. Eine leichte Verbesserung trat erst nach 1550 ein. Bis 1600 hatten sich mancherorts die Nominallöhne gegenüber 1500 verdoppelt, während die entsprechenden Kornpreise einen zweieinhalb bis dreimal höheren Stand erreicht hatten als 100 Jahre zuvor. Der wachsende Frauenüberschuß ließ eine unterschiedliche Bewegung von Frauen- und Männerlöhnen zu: In Genf stieg der Nominallohn der Wäscherinnen von 1557–1601 um 160 %, derjenige der Maurer um 200 %. Nur der großen Nachfrage seitens der bürgerlichen Familien hatten es die Ammen zu verdanken, daß sich ihr Lohn bis 1606 vervierfachte. Die Preisflaute des beginnenden 17. Jahrhunderts brachte die sehr träge reagierenden Löhne nicht zum Sinken. Diesem Umstand ist es zuzuschreiben, daß der Reallohnzerfall etwas ausgeglichen wurde. Anderseits wurde in Phasen steigender Preistendenz die Härte von Teuerungskrisen etwas ausgeglichen, wenn der Lohn aus einem fixen Barbetrag und zusätzlichen Naturalien bestand.

Mehr als die Löhne und Preise stiegen die Grundstückspreise im 16. Jahrhundert. Aufgrund vieler Beispiele konnte nachgewiesen werden, daß bis in die 1530er Jahre das Preisniveau in der Zürcher Landschaft nicht deutlich über demjenigen des späteren 15. Jahrhunderts liegt. Nach 1540 ist aber mit Land- und Hofpreisen zu rechnen, die nominal wenigstens das fünffache und gegen 1600 bis das zehnfache ausmachen. Jedermann spekulierte demnach mit der durch die steigenden Preise immer interessanter werdenden Grundrente. Tatsächlich nahm das Einkommen, welches die Staatshaushalte aus ihren Naturalieneinkünften bezogen, absolut und relativ zu den gesamten ordentlichen Einnahmen zu. Bürger und Patrizier der Städte legten ihr Kapital auch auf der Landschaft an und halfen mit, die Grundstückspreise in die Höhe zu treiben. Die Ernüchterung kam

Gesandtenansprache vor dem versammelten Rat in der Berner Ratsstube im Jahr 1584. Bis ins 17. Jahrhundert hinein war die Einrichtung der schweizerischen Ratssäle noch von spartanischer Einfachheit. In Bern saßen die Ratsherren auf langen Bänken ohne Rükkenlehne. Einzig die eingebauten Sitze des Kleinen Rates vor den Längswänden und des Schultheißen vor der Fensterfront waren leicht erhöht. So ließ sich der ganze Raum nach Gewohnheit des Spätmittelalters und der Renaissance jederzeit auch als Fest- und Tanzsaal verwenden. Erst gegen Ende des 17. Jahrhunderts wurde die Inneneinrichtung im Sinne des absolutistischen Staatsverständnisses umgestaltet, z. B. durch einen repräsentativen Thron für das Standeshaupt

Die Währungskrise von 1620–1622

Zu Beginn des Dreißigjährigen Krieges wurde die Schweiz von einer aus dem Reich importierten galoppierenden Münzverschlechterung betroffen. Um das rasche Einströmen der minderwertigen Kipper- und Wippermünzen und das gänzliche Abfließen guten inländischen Geldes zu verhindern, mußten auch die schweizerischen Obrigkeiten den Feingehalt ihrer Münzen in kurzen Abständen reduzieren. Der Kurswert der groben Gold- und Silbersorten (harte Währung) stieg dadurch immer höher. Diese Währungskrise gilt als die schlimmste der alten Schweiz.

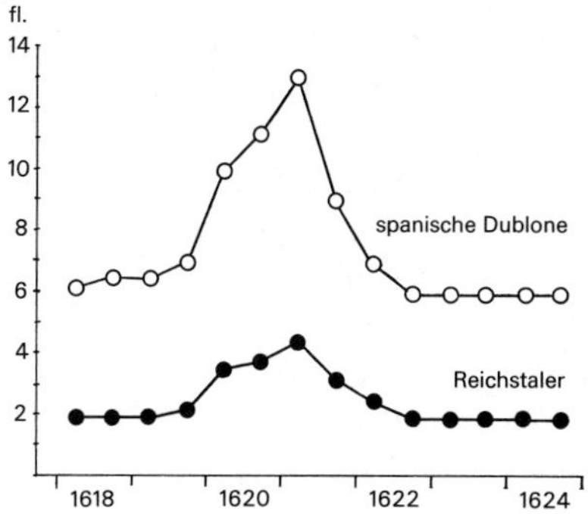

Kurs der spanischen Dublone (Gold) und des Reichstalers (Silber) in Luzern (in Luzerner Gulden)

Preisindex in Bern in der ersten Hälfte des 16. Jahrhunderts (Nominalpreise)

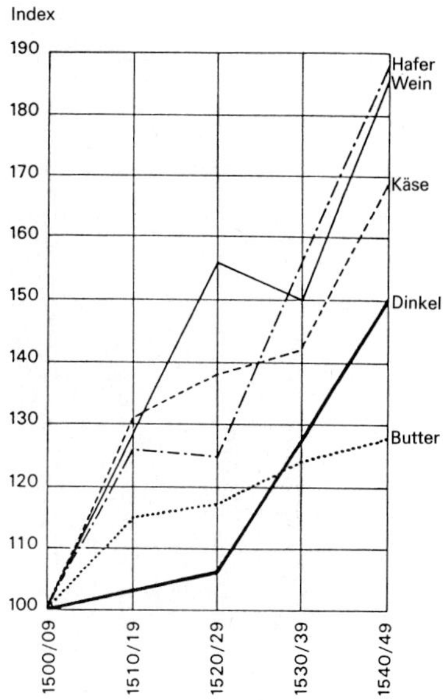

spätestens mit der 1646/48 einsetzenden anhaltenden Depression, als der sinkende Ertrag nicht mehr zur Deckung der fixen Kosten, insbesondere zur Verzinsung und Amortisation der angehäuften Schulden ausreichte.

Private und öffentliche Vermögensbildung

Einer Oberschicht von Söldnerführern, Kaufleuten, Verlagsunternehmern und Bankiers gelang es, in dem langen, merkantilistischen beziehungsweise frühkapitalistisch geprägten Jahrhundert nicht nur über ein gesichertes Einkommen zu verfügen, sondern dank realisierter Riesengewinne auch ihr Vermögen auf- oder auszubauen. Der Ende des 16. Jahrhunderts als reichster Schweizer bekannte Luzerner Ludwig Pfyffer hinterließ 1593 bei seinem Tod ein Vermögen im Wert von über 110 000 Kronen. Um dieselbe Zeit versteuerte die reichste St. Gallerin, Laurenz Zollikofers Witwe, ein Vermögen von rund 70 000 Kronen. Der Goldwert der St. Galler und Schaffhauser Vermögen ist von 1500–1600 jährlich um rund 2,0 % bzw. 1,5 % angewachsen. In St. Gallen ging das globale Vermögenswachstum praktisch ungehindert bis 1640 weiter. Ähnliche Verhältnisse dürften in den andern Städten der Eidgenossenschaft geherrscht haben. Die dynamischen Elemente der Genfer Hautefinance setzten sich zur Hauptsache aus französischen und italienischen Refugianten zusammen.

Parallel zur privaten Kapitalakkumulation verlief auch diejenige des Staats. Die Staatswesen der dreizehn alten Orte haben ihren Finanzhaushalt im 16. Jahrhundert grundlegend saniert und sich dabei ansehnliche Vermögen errichtet, die sie im 17. Jahrhundert z. T. noch weiter ausbauen konnten. Der Anteil der von den reformierten Orten unter staatliche Verwaltung genommenen Klostergüter wird im allgemeinen überbewertet. Die eigentlichen Grundlagen der

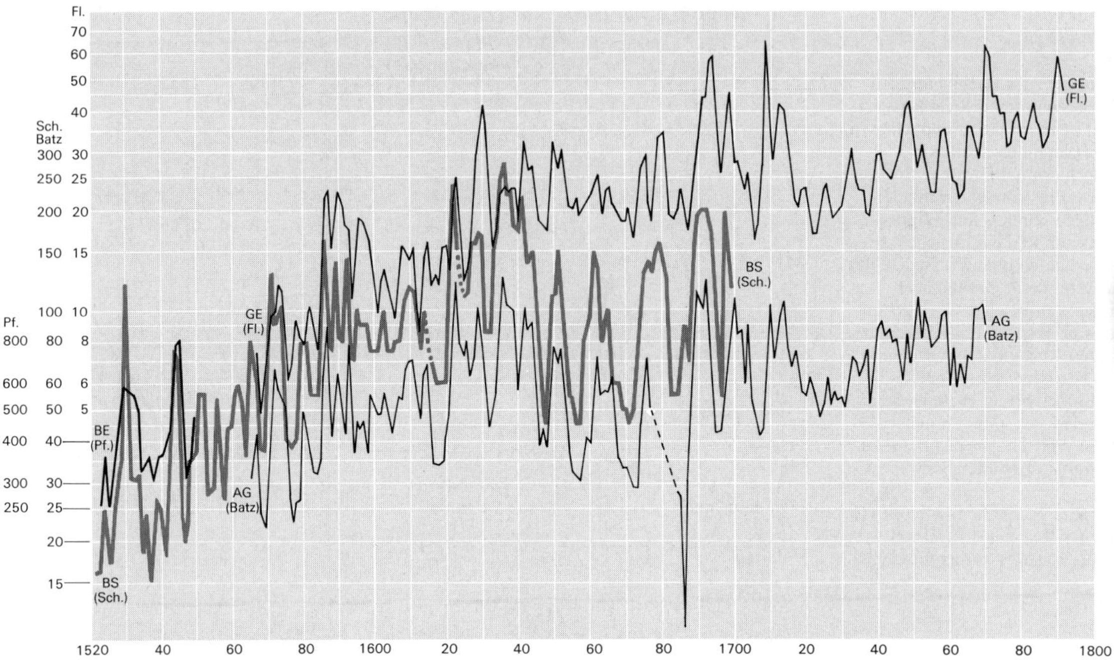

Schwankungen der nominalen Preise für Korn 1522–1791

Bern: Pfennig
Basel: Schilling
Genf: Fl = Gulden
Berner Aargau: Batzen

Die unterschiedlichen Währungen erlauben keinen Vergleich der Preisebenen an den verschiedenen Orten. Die Graphik zeigt nur die allgemeine Preisbewegung und die kurzfristigen Schwankungen.

verbesserten Staatsfinanzen waren anderer Natur: Die Schweizer Städte bezahlten keine Reichssteuern, hielten ihre Militärausgaben niedrig, investierten in Monopolunternehmungen und legten ihre Rechnungsüberschüsse zinstragend an. Diese ergaben sich allerseits aus den ausländischen Bundesgeldern, der wirtschaftsfiskalischen Hochkonjunktur im zweiten Drittel des 16. Jahrhunderts und den wachsenden Aktivzinsen. Wer ohne Bundesgelder auskommen und dazu noch des öftern auf eigene Kosten Krieg führen mußte, kam wie Genf trotz konfiszierten Kirchengütern auf keinen grünen Zweig.

C. Staat und Gesellschaft

1. Politische Struktur der Schweiz

Die Schweiz und das Reich

Das Staatswesen, welches wir der Einfachheit halber Schweiz nennen, hat sich im Lauf des 15. Jahrhunderts aus einem wachsenden Mangel an Gemeinsamkeiten dem Reich entfremdet und, obgleich es sich immer noch als reichsunmittelbar empfand, die neuen Auflagen der Reform von 1495 nicht angenommen. Hinsichtlich Recht, Krieg und Finanzen (Reichsgericht, Wehrordnung und Reichssteuer) wollte man kraft alter Reichsprivilegien wie Fürsten souverän entscheiden. Der Reichskrieg, den Maximilian gegen die ausscherenden Eidgenossen und Bündner führte, vertiefte den Graben zwischen «Schwaben» und «Schweizern». Diese konnten den Krieg siegreich beenden und ihre Positionen behaupten. Nach dem Frieden von Basel gehörten sie wohl «in sehr weitem Sinne des Reiches als universaler Rechtsordnung noch dazu, im engeren Sinn des Reiches als einer Organisation von Staatsgebilden für die Friedens- und Rechtswahrung aber offensichtlich nicht mehr.» *De jure* kam die Loslösung erst am Ende des Dreißigjährigen Kriegs mit den Friedensverträgen, welche die volle Freiheit und Exemtion vom Reich bestätigten.

Das Bundesgeflecht

Die Schweiz bestand im 16. Jahrhundert aus drei auf gleichem Fuß miteinander verbündeten Staatsgebilden: der Eidgenossenschaft, der Landschaft Wallis und den Drei Bünden. Das Fürstbistum Wallis wurde 1627 zur republikanischen Föderation von sieben Zenden mit zwei Landvogteien, Saint-Maurice und Monthey im Unterwallis, und anderen Untertanengebieten minderen Rechts. Der Freistaat der Drei Bünde war ebenfalls eine demokratische Föderation von ca. 50 Gerichtsgemeinden, die ihrerseits über die drei gemeinen Herrschaften Chiavenna, Veltlin und Bormio herrschten.

Zu der eigentlichen Eidgenossenschaft gehörten dreizehn «Orte», acht alte (Zürich, Bern, Luzern, Uri, Schwyz, Unterwalden, Zug und Glarus), die sich bereits vor 1415 verbündet hatten, und fünf neue (Freiburg, Solothurn, Basel, Schaffhausen und Appenzell), ehemalige Zugewandte, die zwischen 1481 und 1513 als Orte in den Bund aufgenommen wurden. Diese dreizehn – sieben Städte, fünf Länder und Zug – die alle ein gewisses Territorium beherrschten, nahmen im Bund einen höheren Rang ein und hatten Anrecht auf Mitregierung in den gemeinen Herrschaften. Die zugewandten Orte, eine Gruppe Verbündeter von niedrigerem Rang, bestanden aus den vier Städten St. Gallen, Mülhausen, Biel und Rottweil, von welchen die ersten drei über kein oder nur sehr wenig, die letzte über etwas mehr Untertanengebiet verfügten, sowie aus der Grafschaft Neuenburg und der Fürstabtei St. Gallen. Je mit einem Teil der Eidgenossenschaft verbündet waren die Stadtrepublik Genf und der Bischof von Basel mitsamt seinem Untertanengebiet im Jura und im Laufental. Die Abtei Engelberg und die Republik Gersau standen als Protektorate einzelner Orte unter eidgenössischem Schutz.

Die Tagsatzung

Zur Behandlung gemeinsamer Geschäfte diente die eidgenössische Tagsatzung, halb Gesandtenkongreß halb oberste Föderationsregierung. Jeder Ort, auch Stand oder Kanton genannt, sandte meist eine an Instruktionen gebundene Zweierdelegation, die aber nur über eine Stimme verfügte. Entschlüsse wurden einstimmig gefaßt. Das Mehrheitsprinzip konnte sich nicht durchsetzen. Um Einstimmigkeit zu erreichen, schloß sich die Minderheit in der Praxis der Mehrheit an, aber nur bei relativ unbedeutenden Angelegenheiten. Ein Entscheid der Tagsatzung wurde erst verbindlich, wenn ihn alle Orte ratifiziert hatten. Zu den Arbeitssitzungen lud man die Drei Bünde und das Wallis immer, andere Zugewandte und verbündete Orte nur nach Bedarf ein. Dort wurden auch die Botschafter der europäischen

Mächte empfangen und angehört. Der Kanton, in dessen Gebiet die Tagsatzung stattfand, führte als Vorort den Vorsitz. Er besorgte die diplomatische Korrespondenz und verwahrte die gemeinsamen Verträge. Gegen Ende des 15. Jahrhunderts wurde Zürich zum permanenten Vorort der Eidgenossenschaft. Auch drängte sich die Stadt Baden, Kurort und Hauptort der gleichnamigen gemeinen Herrschaft, als bleibender Sitzungsort auf.

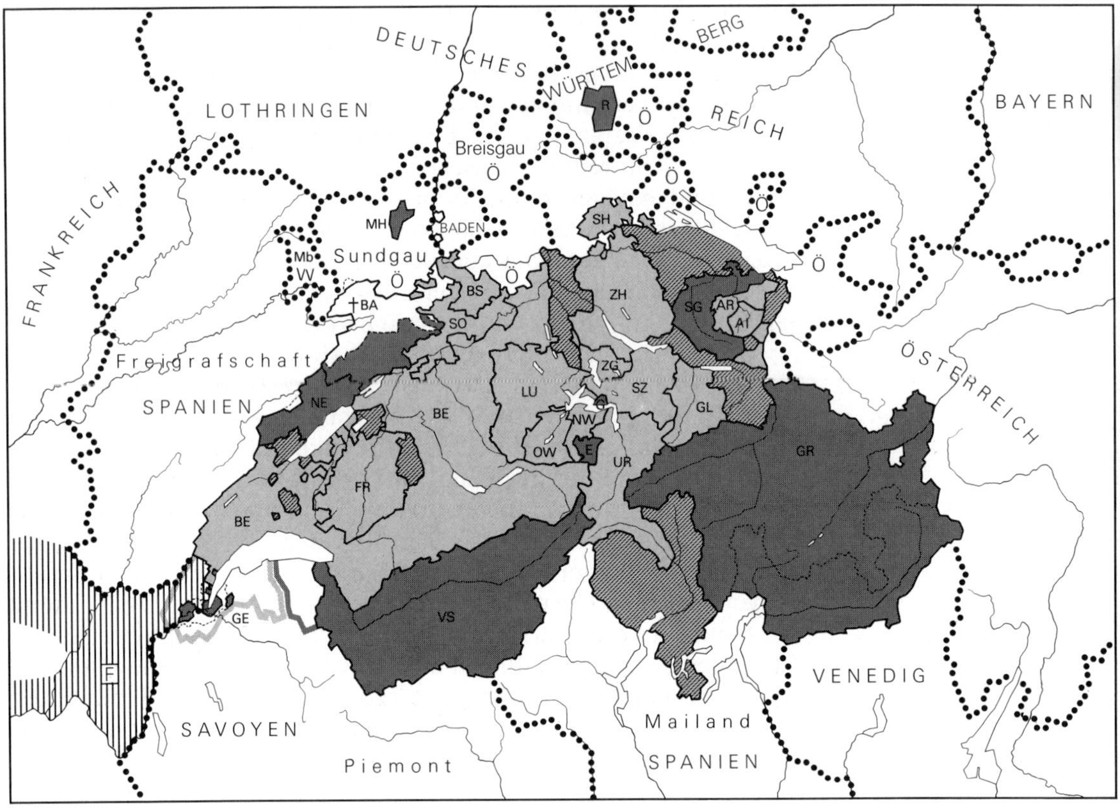

Das Grundrecht der Eidgenossenschaft stand in den einzelnen, auf ewige Zeiten abgeschlossenen Bundesbriefen. Diese enthielten wenige nur allgemein umschriebene Abmachungen über gegenseitige Militär- und Rechtshilfe sowie über die Schiedsgerichtsbarkeit. Die drei letzten dem Bund beigetretenen Orte Basel, Schaffhausen und Appenzell hatten wie Solothurn und Freiburg die Auflage, sich bei inneren Streitigkeiten des Bundes neutral zu verhalten und zwischen den Parteien schlichtend zu vermitteln. Neben den Bundesbriefen waren der Pfaffen- und der Sempacherbrief sowie besonders das Stanser Verkommnis von 1481 Teil des verbindlichen Grundrechts. In diesen Verträgen ging es zur Hauptsache um die Regelung innerer Konflikte und die Bewahrung des inneren Friedens. Alter germanischer Tradition gemäß legte man auch großes Gewicht auf das Gewohnheitsrecht. Zusätzlich erwuchs aus den «Abschieden» der Tagsatzung neues Bundesrecht.

Bundesbriefe und Schiedsverfahren

Die Praxis der eidgenössischen Rechtsprechung kannte vor allem das Schiedsverfahren. Bei Streitigkeiten wählte jede der beiden Parteien zwei Schiedsrichter, welche, wenn sie sich nicht einigen konnten, ihrerseits einen neutralen obersten Schiedsrichter ernannten. Dieser fällte nach eingehender Untersuchung und Beratung mit den vier Richtern das endgültige und verbindliche Urteil. Sollte ein Ort den Schiedsspruch ablehnen, riskierte er eine eidgenössische Intervention, die ihn zur unbedingten Unterwerfung zwang. Auch bei inneren Unruhen einzelner Orte spielte die eidgenössische Schiedsgerichtsbarkeit bis zur Mitte des 17. Jahrhunderts eine entscheidende Rolle.

Die Schweiz und ihre Nachbarn 1601

Orte, Verbündete, gemeine Herrschaften. Frankreich vor den Toren Genfs

- Orte und ihre Untertanen
- gemeine Herrschaften
- Verbündete und ihre Untertanen
- 1567/69 wieder abgetretene Eroberungen
- französische Erwerbungen von 1601

Ö Österreich
E Engelberg
F Frankreich
G Gersau
Mb Montbéliard
MH Mülhausen
R Rottweil
W Württemberg
BA Bistum Basel

Da die Orte über gemeinsame Untertanengebiete, die gemeinen Herrschaften verfügten, ergaben sich daraus Verwaltungs- und Finanzprobleme, die man auf der Grundlage des Kondominiums regelte. Dazu dienten besondere Tagsatzungen, die nur von den Orten beschickt wurden, welche in den jeweiligen gemeinen Herrschaften regierungsberechtigt waren. Das waren in der Regel jene, welche sich am Erwerb beteiligt hatten. Im 16. Jahrhundert standen die «italienischen» Vogteien Valle Maggia, Locarno, Lugano und Mendrisio unter der Verwaltung der 12 Orte, ohne Appenzell, von denen jeder turnusgemäß für zwei Jahre den eidgenössischen Landvogt stellte. Analog verlief die Verwaltung der den sieben alten Orten unterstellten «deutschen» gemeinen Herrschaften Freie Ämter, Baden, Thurgau, Rheintal und Sargans. Die Kontrolle über die Amtsführung der Landvögte geschah durch die Jahrrechnungstagsatzungen in Baden, seit 1713 in Frauenfeld, oder durch das ennetbirgische Syndikat jenseits des Gotthards. Neun weitere gemeine Vogteien wurden von nur zwei oder drei Kantonen auf ähnliche Art verwaltet.

Innere Spannungen

Das eidgenössische Bundes- und Regierungssystem war nicht ständisch, unterschied sich aber im übrigen nicht wesentlich von den Provinzparlamenten und Landtagen der Nachbarländer. Vorstöße, den Staatenbund zu einem einzigen Bundesstaat zusammenzuschmelzen, wurden wiederholt abgeschlagen. Im 15. Jahrhundert waren es die archaisch gebliebenen Länder, welche sich einer Vereinheitlichung der alten Bünde widersetzten in der Befürchtung, von den territorial mächtiger und in der Verwaltung moderner gewordenen Stadtstaaten überstimmt und beherrscht zu werden. Im 16. und 17. Jahrhundert verhinderten die Partikularinteressen aller Orte ein Zustandekommen des Mehrheitsprinzips, eine gemeinsame Haltung im Solddienst und eine entschlossene Außenpolitik. Durch die Glaubenstrennung wurden die Gegensätze noch verschärft und kompliziert, das Weiterbestehen des Bundes sogar in Frage gestellt. Der Besitz der gemeinen Herrschaften und die Eintreibung von noch nicht bezahlten Pensionen und Soldrückständen waren aber stark genug, um die Antagonisten trotz Kappeler- und Villmergerkriegen zu Kompromissen zu zwingen, wie sie in den Landfrieden zum Ausdruck kommen.

Außenpolitik

Eine gesamtschweizerische Außenpolitik gab es bis zur Mitte des 17. Jahrhunderts nicht. Wohl kam es hie und da zu Absprachen zwischen den dreizehn Orten, dem Wallis und den Drei Bünden. Die beiden letztgenannten Staaten gingen aber oft eigene Wege. Auch in der Eidgenossenschaft handelte nicht die Tagsatzung für den Staatenbund, sondern jeder Ort für sich. Verträge schlossen die Orte einzeln oder gemeinsam mit fremden Fürsten oder Staaten ab. Die Tagsatzung behandelte oft außenpolitische Fragen und faßte auch Beschlüsse; deren Anwendung blieb jedoch den einzelnen Orten vorbehalten. Die Diplomatie war Sache einflußreicher Ratsherren, die im Ausland meist als Soldoffiziere und Kaufleute tätig waren und die politischen Geschäfte mit der Ausübung ihres Berufs verbanden. Die Beziehungen zu den europäischen Staaten und Fürsten widerspiegeln die innenpolitischen Verhältnisse der Schweiz. Die Politisierung der Reformation übertrug sich auf die Außenpolitik der Orte, die infolge der faktischen Aufteilung in zwei konfessionelle Blöcke auf internationaler Ebene oft entgegengesetzte Ziele verfolgten. Aber auch frühere Gegensätze wie diejenigen zwischen Stadt- und Landkantonen sowie die Spannungen zwischen Bern und Zürich in Sachen West- oder Ostpolitik schimmerten immer wieder durch.

2. Soziale Gegensätze in der Gesellschaft

Das Entstehen von Aristokratien

In nahezu allen Orten der Eidgenossenschaft zeichneten sich im 16. Jahrhundert deutliche Tendenzen zur Abschließung und Verfestigung der städtischen und ländlichen Oberschichten ab. Anfangs waren diese noch wegen ihrer ökonomisch bevorzugten Lage und ihres sozialen Ansehens bereit, die ihnen bei formaler Demokratie übertragenen Regierungs- und Verwaltungsämter freiwillig und nebenamtlich zu übernehmen. Allmählich wurde diese Art der Ämterzuteilung Gewohnheit. Schließlich beanspruchten die seit Generationen an der Herrschaft beteiligten Familien ihre Machtposition für sich allein. Daraus entstand eine Geschlechterherrschaft oder Aristokratie, vom progressiven Zwingli als neuer Adel oder Oligarchie, vom konservativen Aegidius Tschudi als staatstragende «Ehrbarkeit» bezeichnet.

Abschließung und Verhärtung

Diese Entwicklung ist aber nicht nur der sich verhärtenden Tradition zuzuschreiben. Für das 16. und 17. Jahrhundert ganz typische bevölkerungs- und wirtschaftsgeschichtliche Gegebenheiten haben zur Bildung einer geschlossenen Oberschicht beigetragen. Das Ausscheiden der Eidgenossenschaft aus dem Kampf der Großmächte und der rasche Abschluß des schweizerischen Religionskriegs hatten wichtige Sterblichkeitsfaktoren beseitigt. Demographische Untersuchungen des Luzerner Patriziats ergeben eine eindeutige Korrelation zwischen den sinkenden Sterbequoten unter den Ratsmitgliedern und der jeweiligen Anzahl Ratsgeschlechter im Lauf des 16. Jahrhunderts. Gleichzeitig nahm die Bevölkerung der Schweiz stark zu, der relative Lebensraum aber ab. Daraus ergab sich eine allgemeine Angst und

Die Topographie des Dorfes Altishofen (LU) spiegelt die Machtverhältnisse in der ländlichen Gesellschaft wider: das Bauernvolk unten, der Herr oben, dazwischen die Kirche, die als verlängerter Arm der Obrigkeit die Untertanen auf dem rechten Weg hält.

Rivalität um Arbeit und Einkommen, welche alle Bevölkerungsschichten erfaßte.

Man begann, sich gegen Zuwanderer abzuschließen. Die Städte erschwerten zusehends die Aufnahme ins Bürgerrecht, indem sie die notwendige Einkaufsgebühr immer höher ansetzten und nach 1600 die Einbürgerung praktisch verunmöglichten. Gleich verfuhren die Berufsstände und Zünfte, welche die Kinder der bereits sozial und materiell benachteiligten Bevölkerungsschichten von der Berufsausbildung ausschlossen und den Gesellen alle nur möglichen Schikanen in den Weg legten, um sie von der Meisterwürde fern zu halten. Von den obersten bis zu den untersten Schichten versuchte man, einmal errungene wirtschaftliche, soziale und politische Positionen zu verteidigen und im Interesse der eigenen Nachkommen und Verwandten auszubauen. Deshalb gelang es auch immer weniger neuen Leuten, einen Sitz im Großen und vor allem im Kleinen Rat zu erlangen. Gleichzeitig vergrößerte sich auch das Angebot an Ratsstellen und zu verteilenden Landvogteien und Verwaltungsämtern nach 1560 nicht mehr, da die territoriale Ausdehnung der Eidgenossenschaft und der einzelnen Orte abgeschlossen war.

Macht, ...

Galten Regierungs- und Verwaltungstätigkeit früher als kostspielige ehrenamtliche Nebenbeschäftigungen, so wurden sie jetzt zur einträglichen Beteiligung am Unternehmen Staat. In den Verwaltungs- und Soldpatriziaten von Freiburg, Bern, Solothurn und Luzern verteilte man die Offiziersstellen in fremden Diensten sowie die französischen und spanischen Pensionen zum größten Teil unter die Ratsmitglieder und deren Angehörige. Analog handelten die regierenden Familien der Länder. Allerorts hielten die an der Macht beteiligten Familien einander auch öffentliche Gelder für ihre privaten Geschäfte zu. In Luzern war der den Obersten und Hauptleuten gewährte Kredit zur Finanzierung und Ausrüstung ihrer Truppen im letzten Drittel des 16. Jahrhunderts zu einer Konstante der staatlichen Anlagepolitik geworden. Von 1570–1610 sind so rund 40000 Kronen, d. h. 49 % aller den Luzerner Privaten gegen Zins überlassenen Summen, investiert worden. Aber auch Kaufleute und Verlagsunternehmer sind vor allem in St. Gallen, Zürich und Luzern als Ratsmitglieder dank staatlicher Darlehen zu billigem Betriebskapital gekommen.

Angesichts dieser Gründe ist es verständlich, daß in der zweiten Hälfte des 16. Jahrhunderts ein verschärfter Kampf um die Ratssitze einsetzte. In den Städten sanken die im Kleinen Rat vertretenen und an der Regierung beteiligten Familien innert 80 bis 100 Jahren um ein Viertel bis ein Drittel. Wohl war es in Luzern einer Ende des 15. Jahrhunderts eingewanderten Familie wie den Pfyffer noch möglich, in der ersten Generation einen Großrat, in der zweiten Generation einen Schultheißen zu stellen und dann die politische und gesellschaftliche Szene des Staats zu beherrschen. In Genf gelang es noch den Söhnen der erst in den 1540er Jahren immigrierten französischen Refugianten, zu den Ratsstellen vorzudringen. Um 1605 bestand bereits ein Drittel des Großen Rats aus ehemals französischen Familien. Im 17. Jahrhundert war diese Art des raschen politischen und sozialen Aufstiegs nicht mehr möglich.

... Reichtum ...

Die Zugehörigkeit zu den Räten war aber nicht absolute Voraussetzung, um zu Ansehen und Reichtum zu gelangen. Besonders in jenen reformierten Orten, die sich im Lauf des 16. Jahrhunderts vom Solddienst abwandten, brachten Handel und Industrie wohl größere Verdienstmöglichkeiten als die Politik mit ihren Haupt- und Nebeneinkünften. In St. Gallen nahm der Anteil der Reichen im Rat und am Bürgermeisteramt ständig ab. Am Anfang des 16. Jahrhunderts verfügten die 50 reichsten St. Galler noch über mehr als die Hälfte und 1650 nur noch über 8 % der Kleinratssitze. Erfolgreicher Fernhandel und intensive Beteiligung am Rat waren hier unvereinbar. Die Stadt hatte aber auch keine einträglichen Ämter zu vergeben. Von den zahlreichen in Genf wohnhaften Italienern verzögerte manch einer seine Aufnahme ins Bürgerrecht absichtlich um Jahrzehnte, Francesco Turrettini sogar um 50 Jahre, weil die Tatsache, Bürger der Calvinstadt zu sein, für den Handel in katholischen Ländern ein Hindernis bedeutete. Assimilation, wirtschaftlicher Erfolg und soziales Ansehen hingen also nicht ausschließlich von der Aufnahme ins Bürgerrecht ab.

... und Adel

Die sehr Reichen ahmten den Lebensstil des aus der Schweiz noch nicht ganz verschwundenen Adels nach. Einige waren durch ihre Erfolge in fremden Diensten sogar zu Ritterwürde und Adelsauszeichnung gelangt. Andere wiederum beanspruchten den Adelstitel, ohne ihn je erhalten zu haben. Doch fanden diese Emporkömmlinge in den Augen des alten Adels kaum Anerkennung. So verweigerte man den Luzernern trotz ihres Titels die Aufnahme ins Domkapitel von Konstanz. Den politischen, wirtschaftlichen und sozialen Erfolg zeigte man auch, indem man sich in der Stadt ein herrschaftliches

Haus nach dem Muster eines italienischen Palastes bauen ließ und auf der Landschaft einen Herrschaftssitz, wenn möglich mit einem Schloß erstand.

In den Ländern des Alpengebiets wurden Politik und Ämter ebenfalls von einer Oberschicht beherrscht, welche ihre Einkünfte hauptsächlich aus dem Salzhandel, der Ausbeutung von Bergwerken, dem Solddienst und den Pensionen bezog. Auch brachten Viehhandel und der Alpentransit manch eine Familie von Rang zu großem und größtem Vermögen, wie z. B. die Stockalper in Brig, welche von der Blüte des Simplontransits im 17. Jahrhundert profitierten und ihre Gewinne nach dem noch heute am Stockalperpalast zu lesenden Motto *nihil solidum, nisi solum* in Immobilien anlegten.

Eine Art Mittelstand

Daneben gab es eine Art Mittelstand, eine zahlenmäßig größere Gruppe, welche über weniger Vermögen verfügte als die wenigen Privilegierten. Von 1500–1650 versteuerten in der Stadt St. Gallen drei Viertel der Steuerzahler nur zwischen 5 % und 15 % des gesamten Vermögens. In Schaffhausen war das Vermögen der Rebleute im Durchschnitt rund 80 mal niedriger als jenes der Kaufleute. Auch Genf kannte eine Masse von Leuten, die zwischen wohlhabend und arm zu klassieren waren, je nach dem Verlauf des Klimas und der Wirtschaftskonjunktur.

Die Armut in den Städten…

Wie groß der Anteil der Armen im Verhältnis zur gesamten Bevölkerung unserer Städte war, ist nicht bekannt. Aufgrund des Bevölkerungswachstums muß die Zahl der Armen im 16. Jahrhundert nicht nur absolut, sondern auch relativ zugenommen haben. Dabei hat sich der Anteil der Alten, Kranken und Krüppel kaum vermehrt. Die Armut ist hauptsächlich auf die chronische oder saisonale Arbeitslosigkeit zurückzuführen. In Genf arbeiteten 1615/1650 rund 73 % der aktiven Bevölkerung im industriellen und handwerklichen Sektor, darunter 23 % bis 32 % in der Textilbranche. Die 1620 einsetzende lange Produktions- und Absatzkrise ließ manche Spinnerin und manchen Weber ohne Arbeit. Im Winter, wenn die Lebenskosten hoch standen, waren auch Bau- und Landarbeiter ohne Beschäftigung und Verdienst. Die Situation war in allen Städten ungefähr dieselbe. Je nach Konfession fanden einige der Armen Unterstützung bei den Klöstern, im Spital, in der Spende oder beim Almosen, welches besonders in den reformierten Orten mit dem staatlich verwalteten Kirchenvermögen ausgebaut wurde und dennoch oft den Anforderungen nicht genügte. Den weniger Glücklichen blieb das Betteln, das Stehlen und die Prostitution. Die öffentliche Armenfürsorge wandelte sich zur Armenpolizei. Die Habenichtse holte man von der Straße und beschäftigte sie in Arbeitshäusern. Dadurch war zwar die öffentliche Ordnung wiederhergestellt, die Armut hatte man damit aber nicht behoben.

… und auf der Landschaft

Auch auf der Landschaft nahm die strukturelle und konjunkturelle Armut im Lauf des 16. Jahrhunderts zu. Mit dem zunehmenden Bevölkerungsdruck kam es zu einer ungewohnt intensiven Besitzzersplitterung, der durch obrigkeitliche Vorschriften nicht zu steuern war. Verschuldung und Verarmung begleiteten naturgemäß den Vorgang der Hofteilungen, wobei die Hypothekarbelastungen und Abgaben in keinem vernünftigen Verhältnis zum Einkommen standen. Damit entstand eine unterbäuerliche Schicht von unbekanntem Ausmaß. Nach Otto Sigg bildeten die Taglöhner Ende des 16. Jahrhunderts in den meisten Dörfern der Zürcher Landschaft die Mehrheit. Als parallele Entwicklung ist die Einzäunung von offenem Land und von Allmenden zu betrachten. Dies geschah im Ackerbauland und im Viehzuchtgebiet stets auf Kosten der ländlichen Unterschicht. Damit ergaben sich auf der Landschaft analoge Sozialgegensätze wie in der Stadt: Einige vermögende und initiative Bauern, Müller und Wirte bestimmten das Leben im Ackerbauland; im Viehzuchtgebiet waren es einige Großgrundbesitzer und Viehhändler. Dem neuen Landproletariat blieben im besten Fall ein Taunerhaus, ein wenig Kleinvieh, das unsichere Dasein als Taglöhner, der Reallohnzerfall und der Bezug von Almosen. Andere zogen vorübergehend oder endgültig weg. Aus der Not machte man in den Berggebieten, in Luzern, Solothurn, Bern und Freiburg eine Tugend und kanalisierte die Landflucht in die fremden Solddienste. In der Ostschweiz, in der Zürcher Landschaft und der Umgebung von Basel wirkte das aufkommende Textilverlagsgewerbe als Ventil.

Finanzielle Abhängigkeit der Landschaft von der Stadt

Schuldner von
■ Schaffhausen
○ Zürich
● Zug
▴ Luzern
im 16. und 17. Jahrhundert

--- heutige Kantonsgrenzen

3. Die Abhängigkeit der Landschaft von der Stadt

Finanzielle Überlegenheit und territoriale Ausdehnung

Wohl konnten die Länder Ende des 15. und Anfang des 16. Jahrhunderts die wachsende politische Vormachtstellung der Stadtorte einigermaßen aufhalten. Doch waren sie der wirtschaftlichen Überlegenheit der Städte auf die Dauer nicht gewachsen. Vor allem nahm das städtische Kapital immer mehr überhand. In der ersten Hälfte des 16. Jahrhunderts waren noch hie und da einige reiche Vertreter der Länder als Geldgeber des Adels und der Städte anzutreffen. Später wurde das ländliche Kapital aber aus dem schweizerischen Kreditmarkt verdrängt. Die reiche Oberschicht der Länder beschränkte sich fortan auf Investitionen im eigenen politischen und wirtschaftlichen Einflußgebiet: auf Viehzucht und Solddienste. Um die Wende vom 16. zum 17. Jahrhundert sahen sich Zug, Appenzell Innerrhoden und Nidwalden sogar gezwungen, bei der Stadt Luzern kurzfristige Kredite aufzunehmen. Für größere Anleihen war man wie die übrige Schweiz von den Diensten der Basler Staatsbank abhängig.

Die materielle Überlegenheit der Städte und deren Bürgerschaft zeigt sich bereits in der Geschichte der territorialen Ausdehnung der Stadtstaaten. Am Anfang beinahe jeden territorialen Zuwachses stand im 16. Jahrhundert eine Finanzaffäre. Die Städte liehen einem Bischof, Fürsten oder Grafen Geld. Der Vertrag wurde als Hypothekardarlehen abgefaßt. Oft standen auch reiche Bürger für den vornehmen Kunden gut. Da dieser aber meist über seine Verhältnisse lebte, mußte er seinen verpfändeten Besitz abtreten. Die Fulach und

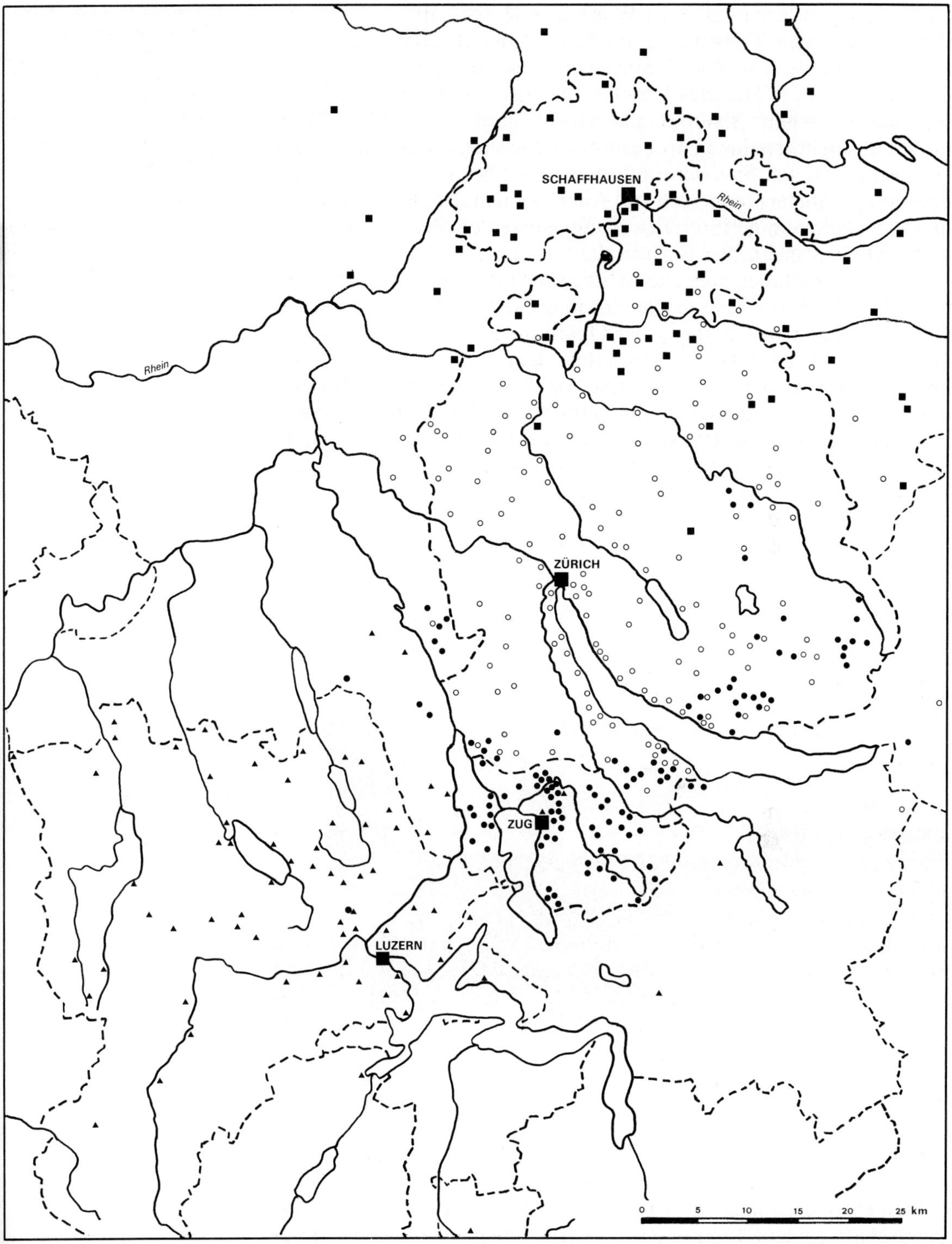
SCHAFFHAUSEN
Rhein
Rhein
ZÜRICH
ZUG
LUZERN
0 5 10 15 20 25 km

Landenberg verloren auf diese Weise ihre Herrschaften an Zürich. Basel weitete sein Territorium auf Kosten des Bischofs aus. Solothurn profitierte von der finanziellen Schwäche der Grafen von Thierstein und des Herzogs Ulrich von Württemberg, um die Herrschaften Thierstein, Blamont und Montbéliard zu erwerben. Bern und Freiburg übernahmen durch militärische Intervention die Waadt vom verschuldeten Savoyen und teilten den Besitz des bankrotten Grafen von Greyerz unter sich auf. Auch wenn man in Betracht zieht, daß die Städte einige ihrer Erwerbungen wieder abtreten mußten, verbleibt ein respektabler territorialer Gewinn.

Der St. Galler Leinenhändler Klaus von Gugga (Gugger) stützt sich auf die Quelle seines Reichtums – die mit dem Gütezeichen der Stadt versehene Qualitätsleinwand. Zugleich legt er Rechenschaft darüber ab, wem er seinen Erfolg verdankt: der Wirtschaftspolitik des Rates, der in Heimarbeit webenden Landbevölkerung und den guten Preisen des Jahres 1615.

Stadtbürger als neue Herren

Der alte Stadtadel, die neue Aristokratie und auch die neureichen Bürger legten ihr Geld in Gülten an und kauften Herrschaften teils vor, teils nach dem Übergang der Oberhoheit an ihre Stadt. Damit konnten sie als neue Herren den alten Landadel eliminieren. Freiburgs Investitionspolitik ist für diese Art der finanziellen Kolonisierung typisch. Während der ersten Hälfte des 16. Jahrhunderts gingen Darlehen der Stadt fast ausschließlich an den kleinen und großen Adel von Corbières, Greyerz und dem Waadtland. Später verlagerten sich die Investitionen auf die ländlichen Gemeinden und deren Einwohner, was darauf schließen läßt, daß auf die Phase der finanziellen Eroberung diejenige der finanziellen Erschließung folgte. Analog verlief die Entwicklung in den übrigen Stadtstaaten.

Das Rathaus von Freiburg i. Ue. (1501–1508) als sichtbares Machtsymbol des städtischen Rates, der durch den Einsatz politischer, kriegerischer und finanzieller Mittel die Souveränität über ein ausgedehntes Territorium erworben hatte. Die Haltung Freiburgs ist typisch für die aller Städte, die im 15. und 16. Jahrhundert ihre politische und territoriale Macht erweiterten.

In Luzern hat das Patriziat nach Kurt Meßmers Angaben seinen ländlichen Besitz zwischen 1550 und 1600 verdreifacht. Am Anfang des 16. Jahrhunderts kaufte jeder sechste Kleinrat Gülten, ein halbes Jahrhundert später bereits jeder dritte. Von dem Geld, welches die Bürger von Schaffhausen, Zürich und Luzern in ihrer Region in Gülten anlegten, gingen 75 % bis 80 % an die Bauern und Müller der Landschaft. In dem Tempo, wie die Grundstückspreise in die Höhe kletterten, nahm auch die ländliche Verschuldung zu. Nur die Klüg-

sten unter den Schuldnern nützten die Hochkonjunktur des Dreißigjährigen Kriegs aus, um einen Teil ihres Schuldenbergs abzutragen.

Der Radius des von der Stadt finanziell beherrschten regionalen Umkreises dehnte sich von 20 km in der ersten Hälfte des 16. auf 30 km zu Beginn des 17. Jahrhunderts aus. Für Luzern und Zürich bildete das eigene Hoheitsgebiet die natürliche Grenze für regionale Kapitalinvestitionen. Bei den Städten mit nur wenig Territorium überbordeten die Darlehen das engere politische Einflußgebiet. Bei Freiburg wurde das finanziell kolonisierte Gebiet später ins Hoheitsgebiet eingegliedert. Schaffhauser Kapital drängte während des ganzen 16. Jahrhunderts nach Süden im Hinblick auf den Erwerb einiger auf der linken Rheinseite gelegener Herrschaften, die aber jedesmal an Zürich verloren gingen. Selbst in Zug, wo Stadt und Landschaft politisch und rechtlich gleichgestellt waren, dominierte das städtische Kapital weit über die politischen Grenzen hinaus.

Ausbau der politischen Herrschaft

Die Abhängigkeit der Landschaft verstärkte sich auch mit dem obrigkeitlichen Ausbau der fremden Dienste, die nun bei staatlicher Finanzierung und unter Leitung von städtischen Offizieren keine Freischärlerzüge mehr zuließen. Die Verlagsindustrie brachte der Landbevölkerung wohl Arbeit, schuf aber ein zusätzliches Abhängigkeitsverhältnis, da die Unternehmer in der Stadt wohnten. Dazu bauten die Städte auch ihre politische Herrschaft in ihren Territorien aus.

An den Grundformen änderte sich zwar nicht viel, aber langfristig zwangen die städtischen Behörden der Landschaft durch häufige Ordnungserlasse und die Verwaltungspraxis der Landvögte beinahe unmerklich die von der Stadt gewollte Disziplin auf. Wohl blieb das ländliche Gewohnheitsrecht weitgehend erhalten. In Zweifelsfällen zog man aber die im 14. und 15. Jahrhundert schriftlich angelegten städtischen Rechtssammlungen zu. Während das lokale und regionale Recht stagnierte, entwickelte sich das obrigkeitliche Recht. Besonders die Systematisierung der Stadtrechte in Bern (1536), Luzern (1588), Solothurn (1604) und Freiburg (1648) erlaubte eine immer stärkere Verabsolutierung der Staatswesen. In den Ländern war diese Entwicklung am schwächsten.

Die gemeinen Herrschaften

Weniger durchgreifend wirkte sich in dieser Hinsicht der Einfluß der Städte in den gemeinen Herrschaften aus. Dort fehlte in der Verwaltung die Kontinuität, weil ja der eidgenössische Landvogt alle zwei Jahre von einem anderen Stand, also auch von den Ländern gestellt wurde. Als die Eidgenossen die Oberhoheit über diese Herrschaften übernommen hatten, änderten sie praktisch nichts an der traditionellen Rechtsordnung. Die eidgenössische Obrigkeit begnügte sich zur Hauptsache mit dem Mannschaftsrecht, der obersten Polizeigewalt und dem Landvogteigericht, normalerweise mit einheimischem Beisitz. Die zahlreichen Kleinstädte und Dörfer in den gemeinen Herrschaften besaßen deshalb weit mehr Freiheiten als diejenigen, welche in den städtischen Gebieten von der administrativen Vereinheitlichung erfaßt wurden.

4. Unruhen und Volksaufstände

Berufung auf das Gewohnheitsrecht

Die meisten Unruhen, Proteste und Erhebungen, welche in den Städten und auf der Landschaft zu verzeichnen waren, hatten trotz ihres örtlich und zeitlich unterschiedlichen Auftretens etwas Gemeinsames: Sie richteten sich gegen die Verabsolutierung der Herrschaft in den Händen einer Oligarchie und standen deshalb für die Rückkehr zum alten mißachteten Gewohnheitsrecht ein. Dabei spielten oft geistige, religiöse, psychologische, wirtschaftliche, soziale und politische Faktoren mit, welche je nach Konjunkturlage mehr oder weniger ins Gewicht fielen.

Städtische Unruhen

Die städtischen Unruhen fanden ihre Anstifter jeweils unter jenen regimentsfähigen Bürgern, welche man aufgrund des bestehenden Wahl- oder Kooptationsrechts durch einige herrschende aristokratische oder patrizische Familien von der effektiven Mitbestimmung fernhielt. In den Basler Religionswirren (1528) zeigte sich die regierende Schicht zu konservativ; die revolutionäre Partei aber bestand aus der aufsteigenden, durchaus nicht mehr armen Schicht der progressiven Zünfte, welche den Mut zum Neuen aufbrachte und, nachdem sie auf politischer Ebene nicht durchdringen konnte, die gewaltsame Lösung suchte. Nachdem die Durchführung der Reformation der Kirche gesichert war, gab man sich einigermaßen zufrieden. Das oligarchische Regierungssystem blieb intakt. Auch beim Luzerner Burger-Handel 1651/53 ging es der gewöhnlichen Burgerschaft nur darum, die Ausbreitung der junkerlichen Geschlechterherrschaft aufzuhalten und selbst nach altem Recht wieder über die Geschicke Luzerns mitzureden. Die sozialpolitische Konjunktur schien ihnen wie schon 1525 den Schaffhauser Rebleuten günstig. Unruhen und Proteste seitens der Bauern stärkten ihnen den Rücken. Mit dem Sieg der Stadt über die Bauern gingen allerdings den Bürgern die ihnen gemachten Zugeständnisse im Wahlverfahren wieder verloren.

Desgleichen in Genf, wo sich in den 1520er Jahren innerhalb der Kommune zwei konkurrierende Parteien gegenüberstanden: die arrivierten, dem konservativen Adel nahestehenden «Mamelucken» und die aufsteigenden, beweglicheren «Eidgenossen». Außen- und handelspolitische Interessen hatten im Auf und Ab dieses Machtkampfes ein großes Gewicht. Hier ging es weniger um die Beteiligung an der Regierungsmacht als um die Beziehungen Genfs zum Herzogtum Savoyen, um politische Abhängigkeit oder Freiheit. Der Kampf, den die eidgenössische Partei führte, war nicht eine aus Protest ausgelöste Revolution, sondern eine hartnäckige Reaktion gegen die territoriale Eingliederung in den Savoyerstaat und die damit verbundene Gefahr, alte Rechte und Freiheiten zu verlieren.

Bauernerhebungen

Auch die Bauernerhebungen der Schweiz im 16. und 17. Jahrhundert waren Proteste, gewalttätiger Widerstand, keine Revolutionen oder Umwälzungsversuche. Die konservativen Bauern verlangten grundsätzlich nichts Neues und Modernes. Sie versuchten auch nicht, die herrschende Obrigkeit zu beseitigen oder zu ersetzen. Ihre Forderungen beschränkten sich auf die Beibehaltung oder Wiederherstellung der alten Rechtsordnung. Das für die damalige Zeit moderne, progressive Element war das absolutistische Staatsdenken der regierenden Oberschicht.

Die Bauernaufstände von 1523/25 fielen in die Zeit des intensiven Ausbaus städtischer Territorialherrschaften. Sie erklären sich aus der zunehmenden wirtschaftlichen, sozialen und politischen Abhängigkeit der Landschaft beziehungsweise der wachsenden Ausübung obrigkeitlicher Regierungsgewalt der Städte. In erster Linie richteten sich die Proteste der Bauern gegen den Absolutismus der städtischen Obrigkeit. Deshalb forderten sie die Rückerstattung der niederen Gerichtsbarkeit an die Landschaft, eine Rechtsprechung aufgrund alten Gewohnheitsrechts, die erneute Freigabe von Jagd, Fischfang und Waldnutzung. Analog den städtischen Streitigkeiten zwischen Bürgern und Patriziern machten die Bauern auch Forderungen der politisch übergangenen ländlichen Oberschicht geltend: In der monarchistisch regierten Fürstabtei St. Gallen verlangten sie eine gewisse Selbstverwaltung und Mitregierung, in der gemeinen Herrschaft Thurgau erhofften sie sich die Wiedereinberufung der Landsgemeinden oder Dorfversammlungen.

Dieser Punkt und andere lassen darauf schließen, daß die Bauern auch auf die Praxis in anderen Regionen achteten. Bern hatte die Leibeigenschaft in seinem Territorium bereits Ende des 15. Jahrhunderts weitgehend abgeschafft. Weshalb also sollten sich die Bauern anderer Regionen nicht ebenfalls um die Befreiung bemühen? Anstoß dazu gab ihnen die reformatorische und die täuferische Predigt von der Gleichheit der Menschen vor Gott und dessen Gerechtigkeit. Also verlangten sie die Abschaffung der kleinen Zehnten, die freie evangelische Predigt und die Pfarrwahl durch die Kirchgemeinden. Der Wunsch nach Ergänzung ihres alten Gewohnheitsrechts durch das noch ältere, ewige göttliche Recht lag in der Logik ihres konkreten Verständnisses des Evangeliums. Daß es in der Schweiz nicht zu den blutigen Auseinandersetzungen kam, wie wir sie aus dem Reich kennen, lag wohl an der beidseitigen Moderation. Besonders die reformierten Orte hatten kein Interesse an einer harten Auseinandersetzung mit ihren Untertanen und ließen sich einige Zugeständnisse abringen.

Tanzvergnügen auf dem Land, nach Urs Graf. Die Darstellung entstand vor Reformation und katholischer Reform, als Tanzen noch als legitimes Vergnügen des einfachen Volkes galt.

Die nach 1570 in Luzern, Bern, Basel und Zürich auftretenden Steuerunruhen sind ebenfalls dem bäuerlichen Widerstand gegen den staatlichen Absolutismus zuzuschreiben, ebenso der große Bauernkrieg von 1653, welcher nichts anderes als eine geballte Reaktion gegen in der rückläufigen Konjunktur als zu hart empfundene alte und neue Lasten war. Während des Dreißigjährigen Kriegs hatte man da und dort das Salzmonopol sowie neue Export-, Brücken- und Wegzölle eingeführt. Die 1650er Jahre lagen aber in einer für die Landwirtschaft verheerenden Preis- und Einkommensdepression. Schulden- und Steuerlast waren nicht mehr auszuhalten. Die in diese

Zeit fallende drastische Erhöhung der Weinumsatzsteuer, eine vielleicht ungeschickte Münzpolitik und das allgemein erschütterte Vertrauen in die oligarchische Führung entflammten den Zorn der Bauern. Eine Protestwelle erfaßte vom Entlebuch aus das Emmental, den bernischen Aargau, Solothurn und die Basler Landschaft. Nach mißglückten Aussprachen mit der Obrigkeit beschlossen die Bauern, die Hauptstädte zu stürmen und die Abschaffung der neuen Lasten sowie die Wiederherstellung ihrer alten Rechte und Gewohnheiten, wie die außer Gebrauch gekommenen Volksanfragen, zu erzwingen.

Im 17. Jahrhundert begannen auch die schweizerischen Orte zu wichtigen politischen Ereignissen Gedenkmedaillen zu schlagen, die an Personen verteilt wurden, welche sich im Staatsdienst auszeichneten. Die Republik Bern ließ eine solche Medaille 1653 nach ihrem Sieg über die aufständischen Bauern prägen.

Da diesmal im Gegensatz zu 1523/25 noch zusätzlich die Gefahr eines bäuerlichen Sonderbundes drohte, handelten die von Gottes Gnaden regierenden Herren auch viel härter. Der Aufstand wurde mit zürcherisch-ostschweizerischer militärischer Unterstützung und Zuzügen aus der bäuerlichen Waadt blutig niedergeschlagen. Die Bauern blieben von der Beteiligung am öffentlichen Leben ausgeschlossen. Ihr Aufstand hatte die weitere Entwicklung zum Absolutismus noch gefördert.

D. Tradition und Erneuerung

1. Die Reformation

Von der Reform der Kirche zur Reform des Glaubens

In der Schweiz bestand scheinbar kein dringendes, in der Volksfrömmigkeit verwurzeltes Verlangen nach geistlicher Erneuerung. Natürlich gab es in der Kirche und unter dem Klerus Mißstände, denen man aber z. T. bereits Ende des 15. Jahrhunderts begegnet war. In Städten wie Bern und Schaffhausen standen mehrere Klöster und Stifte unter obrigkeitlicher Verwaltung und Oberaufsicht. Überall hatte sich die staatliche Macht gegenüber der Kirche verstärkt. Diese stand der weltlichen Obrigkeit gegenüber in einem Verhältnis, welches am ehesten mit demjenigen der gallikanischen Kirche zu vergleichen ist. Die noch bestehenden Probleme der Pfründenhäufung, der kirchlichen Abgaben, der Lebensweise der Geistlichkeit und des Einflusses der römischen Kurie erheischten allerdings eine gewisse Kirchenreform. Die Reformation sollte aber mehr erwirken, nämlich die Wiederentdeckung des evangelischen Glaubens.

Daß es überhaupt dazu kam, ist in erster Linie Erasmus und der humanistischen Bewegung zuzuschreiben. Huldrych Zwingli war ein Anhänger der erasmischen Idee von der Renaissance des Christentums. Er studierte eifrig die Werke der Scholastik, der Kirchenväter und der heidnischen Klassiker und vertiefte von 1514–1515 sein Verständnis der Bibel durch die humanistische methodische Textkritik. Die neuere Zwingliforschung zeigt immer mehr, daß der Zürcher Reformator unabhängig von Luther zu seinem neuen Glaubensbekenntnis durchgedrungen ist. Bereits 1516, noch als Leutpriester in Einsiedeln, begann er gegen die Mißstände in der Kirche, in Klöstern, in der Hierarchie sowie gegen die Bedeutung von Zölibat, Fegefeuer und Heiligenverehrung zu predigen. Jeden Morgen legte er vor der Messe einen Bibeltext aus. Seine eigentliche reformatorische Tätigkeit begann aber, als er Ende 1518 nach Zürich gewählt wurde. Dort setzte er sich auch mit Luthers Schriften und Wirken auseinander, Lutheraner ist er aber deswegen nicht geworden.

Persönliche und kollektive Entscheide

Luthers Thesen und Zwinglis Predigt von Christus als dem einzigen Weg zur Seligkeit für alle, die je waren und sein werden, und vom Glauben an das Evangelium Christi, das auch ohne die Bestätigung der Kirche gelte, fanden ein lebhaftes Echo. Sicher haben neben der religiösen Überzeugung auch wirtschaftliche, soziale und politische Motive bei der Annahme oder Rückweisung der Reformationsbotschaft mitgewirkt. Gerade jene Kreise der Bevölkerung, denen die Kirche als wirtschaftlich und gesellschaftlich autarke Größe im Wege stand, wurden zur treibenden Kraft für die Reformation. Die konservativ gesinnte, mit der Kirche eng verbundene Oberschicht verhielt sich skeptisch reserviert. Den Anstoß zum gesellschaftlichen Durchbruch der Reformation brachte die Disputation von 1523 in Zürich.

Dort nahm der Rat als christliche Gemeinde für Zwingli Stellung. In den folgenden zwei Jahren entschied sich Zürich konsequent für die Reformation: Die Predigt aus der Bibel und das Abendmahl ersetzten die Messe. Bilder und Orgeln verschwanden aus dem Predigtraum. Dafür sang die Gemeinde zum Gottesdienst einfache, klare und für alle verständliche Lobgesänge. Die Pfarrer wurden vom Zölibat befreit. Das Ehegericht überwachte die Kirchendisziplin. Der Staat übernahm treuhänderisch für die ganze Gemeinde die Verwaltung des Kirchen- und Klosterguts, welches er für die Besoldung der Pfarrer, die Finanzierung der Schulen, die Armenfürsorge und andere soziale Bereiche zu verwenden hatte.

Nach und nach folgten die Bürgerschaften von Biel, St. Gallen, Konstanz, Schaffhausen, Basel, Mülhausen und Bern dem Beispiel der Zürcher, aber auch die «Bauernrepubliken» Glarus, Appenzell und die Drei Bünde, in denen sich jeweils die einzelne Kirchgemeinde für oder gegen die Reformation entschied. In den Untertanengebieten befragte man erst die Volksversammlungen. Als sich diese aber nicht bestimmt für die Reformation, sondern z. T. sogar dagegen entschieden, ließ man von weiteren Meinungssondierungen ab und führte die Änderung mittels obrigkeitlicher Mandate durch. Damit wandelte sich die Reformation von der inneren, geistlichen Erneuerung zur äußeren Kirchenreform um der staatlichen Einheit willen. Dies zeigte sich auch 1529/30 in der Einführung des Kirchenzwangs. Gleichzeitig entstand ein eifriges Ringen zwischen reformierten und katholischen Orten um die Konfession der Untertanen in den gemeinen Herrschaften.

Der Entscheid des Staates

Der zweite Kappeler Landfrieden von 1531 verankerte in der Schweiz das Prinzip des *«cuius regio, eius religio»*. Auf dieser Basis ging die Reformation an anderen Orten weiter. Bern setzte Guillaume Farel in den gemeinen Herrschaften der Waadt, in Neuenburg und in den mit Bern verburgrechteten Gebieten im Süden des Bistums Basel ein. Vielerorts wurde ohne sorgfältige geistige und geistliche Vorbereitung ein rascher Entscheid für die Reformation erzwungen. Auch in Genf, wo Luthers Schriften dank ihrer Verbreitung durch oberdeutsche Kaufleute bereits seit Beginn der 1520er Jahre bekannt waren, verstrickte sich die religiöse mit der politischen Frage. Bischof und katholische Partei dienten den savoyischen Machtplänen, Eidgenossen und reformierte Partei hatten Genf mit Bern und Freiburg verburgrechtet. Unter Berns Druck konnten Guillaume Farel und Pierre Viret ihre Ideen in den Genfer Kirchen frei verkündigen. Den endgültigen Übertritt zur Reformation bestimmte aber 1536 die im Generalrat versammelte Stadtgemeinde. In den während desselben Jahres eroberten Gebieten Savoyens führten die Berner Behörden nach der Disputation von Lausanne die Reformation durch obrigkeitliche Mandate ein.

Die reformierte Kirche und der Staat

An vielen Orten war der Entscheid unter dem Druck der politischen Ereignisse gefallen. Bilder und Altäre waren entfernt, die päpstlichen Zeremonien abgeschafft und die evangelische Predigt eingeführt. Aber die Kirche war damit noch nicht reformiert und die Glaubenserneuerung noch nicht in der Bürgerschaft verwurzelt. Das zu erreichen machten sich Räte und Reformatoren zur gemeinsamen Aufgabe, an der Heinrich Bullinger in Zürich, Friedrich Myconius in Basel, Berthold Haller in Bern, Guillaume Farel in Neuenburg, Pierre Viret in der Waadt, Johannes Calvin und Theodor Beza in Genf wirkten. Den reformierten Kirchen gelang es aber nirgends, sich von der weltlichen Gewalt unabhängig zu machen. Überall behielten die Räte, die sich als evangelisch verstanden, die Oberaufsicht. Zürich gab dazu das Vorbild, Genf sollte das System trotz Calvins hartnäckiger Gegenwehr vervollkommnen. Hier hatte einer der vier *Syndics,* also ein Laie, den Vorsitz im Konsistorium. Die Synode hingegen als oberste kirchliche Instanz mit vom Rat bestimmten weltlichen Beisitzern – in Genf waren die Geistlichen in der *«Vénérable Compagnie des pasteurs»* unter sich – hatte unter dem Vorsitz des ersten Geistlichen (Antistes, Dekan, Moderator) die Aufsicht über die Pfarrer, entschied in allen wichtigen kirchlichen Fragen und konnte der Obrigkeit gegenüber die Meinung der Kirche vertreten. Dies gab der Synode ein großes politisches Gewicht, welches aber an den meisten Orten durchaus obrigkeitlich ausgerichtet war. Die Verbindung mit dem Staat und die im Blick auf die bürgerliche Ordnung verwirklichte Monopolstellung der reformierten Lehre verstärkte so das Staatskirchentum.

Unterricht und Disziplin

Etwas langsamer als die strukturelle Umgestaltung der Kirchen verlief die Umerziehung der Gesellschaft. Die vorübergehend geschlossene Basler Universität wurde 1532 als Lehrinstitut des evangelischen Staates wieder eröffnet. Von 1525–1559 entstanden sukzessive in Zürich, Bern, Lausanne und Genf Hohe Schulen, vornehmlich

Die reformierte Kirche von Chêne-Pâquier (VD), 1667 vom Berner Architekten Abraham Dünz nach den Plänen der hugenottischen Paradies-Kirche in Lyon erbaut, ist eines der ersten, nach der Reformation erstellten Gotteshäuser. Der Bau verzichtet auf einen Chor und stellt die Kanzel ins Zentrum des Innenraumes, wie das Wort Gottes im Mittelpunkt der erneuerten Predigt steht.

zur Ausbildung der reformierten Pfarrer. Diese Einrichtungen, wie auch die Lateinschulen, dienten ebenfalls der Allgemeinbildung der Laien. Die große Masse der Kinder erhielt durch den Katechismusunterricht einen ersten Kontakt mit der Schule. Damit hat die Reformation wesentlich zur Alphabetisierung der Bevölkerung beigetragen. Über die Alltagsmoral und die kirchliche Disziplin der Erwachsenen wachte in jeder Kirchgemeinde das aus Pfarrer und Laien zusammengesetzte Chorgericht (Ehegericht, Bann, *Consistoire*). Häufige Visitationen zur Prüfung von Lehre und Lebenswandel der Pfarrer und eine konsequente Sittengesetzgebung prägten gleichermaßen einen neuen Arbeits- und Lebensstil. Diese noch immer viel diskutierte protestantische Ethik entstand wohl parallel mit der kapitalistischen Frühindustrialisierung in Genf, Basel, Zürich und St. Gallen. Auf ihre Art hat sie den Kapitalismus bestimmt geprägt, er läßt sich aber nicht auf sie zurückführen.

Der Papst – ein Antichrist; dieses Flugblatt des Künstlers Tobias Stimmer aus dem Jahr 1577 stellt ein aus Waffen zusammengesetztes päpstliches Medusenhaupt dar. Unter dem Bild folgen 150 Verse von Johann Fischart, einem der eifrigsten Streiter im reformierten Lager.

Ausstrahlung der schweizerischen Reformation

Wegen der Abendmahlsfrage hatte Luther bereits früh mit Zwingli gebrochen. Heinrich Bullinger versuchte ohne Erfolg, die Verbindung mit Wittenberg wiederherzustellen. Mit um so größerer Energie arbeitete er deshalb auf das Einvernehmen unter schweizerischen Reformierten hin. Nach anfänglichen theologischen und kirchenorganisatorischen Differenzen kamen 1549 zwischen Zürich und Genf der *Consensus Tigurinus* und 1566 unter Einschluß der reformierten Orte außer Basel, welches erst 80 Jahre später dazukam, und der Zugewandten das zweite Helvetische Bekenntnis zustande. Auch in Holland, Schottland, Polen, Böhmen und Ungarn ist der von Bullinger verfaßte Text angenommen worden. Damit ist die schweizerische Reformation in ihrer zwinglisch-calvinischen Verwirklichung zum Vorbild der nicht vom Luthertum erfaßten reformierten Gebiete in Europa und Nordamerika geworden.

2. Die katholische Erneuerung

Wie bei der Reformation waren spätmittelalterliche Reformbestrebungen die Wurzel der katholischen Besinnung. Diese wurde durch die Erfolge Zwinglis und Luthers ungewollt gefördert. Die katholische Erneuerung läßt sich am besten in drei sich zeitweise überschneidende Phasen gliedern: Reaktion, Kirchenreform, Gegenreformation. Einige Länder und Städte mit ihren Untertanengebieten und gemeinen Herrschaften ließen die von Zwingli hervorgerufene religiöse Umwälzung nicht zu. Zum Teil herrschten hier bereits Zustände eines gewissen Staatskirchentums, welches der Geistlichkeit nicht viel Macht überließ. Aber auch die Neigung zu alter Sitte und Gewohnheit, die wirtschaftliche Notwendigkeit der fremden Dienste, das Gewicht einiger mächtiger Familien und die Tatsache, daß die Neuerung aus dem expansionistischen Zürich kam, waren für den Verbleib der Urkantone und Zugs beim römischen Glauben maßgebend. In den Städten Luzern, Freiburg und Solothurn konnten die Patrizier

Martin Luther – ein siebenköpfiges Monster; mit dieser Darstellung versuchten die Gegner der Reformation zu zeigen, daß deren Lehre eine Eingebung des Widersachers Gottes und seiner Kirche sei.

ihre Vormachtstellung im Rat behaupten und die Reformation fernhalten.

Ablehnung der Reformation

Im gemeinsamen Glaubensmandat von 1525 bekannten sich die katholischen Orte denn zu allen traditionellen kirchlichen Dogmen- und Kultuselementen: Feier der Messe und Sakramente, Marien- und Heiligenverehrung, Statuen und Bilder, Fasten und Fegefeuer, Zölibat und Klöster. Das Evangelium sollte gepredigt und gelehrt werden, wie es die kirchliche Auslegung vorsehe. Reformationsfreundlichen Geistlichen verbot man die Verkündigung oder verwies sie des Landes. An den ersten Religionsgesprächen beteiligten sich die der römischen Kirche treugebliebenen Theologen, unter denen sich Johann Eck besonders hervorhob, indem er die Einheit der katholischen Lehre der Zwietracht Luthers und Zwinglis in der Abendmahlsfrage gegenüberstellte und dadurch das reformatorische, von der Kirche unabhängige Bibelverständnis in Zweifel stellte. Doch war der evangelischen Bewegung durch Religionsgespräche nicht beizukommen.

In den katholischen Gebieten, die als Randgebiete des Bistums Konstanz nur schlecht verwaltet wurden, übernahmen die weltlichen Behörden angesichts der Ohnmacht der Kirche die gerichtliche, disziplinarische und finanzielle Zuständigkeit der Bischöfe. Sie befaßten sich mit der Lebensweise der Geistlichkeit, befahlen die Residenzpflicht, verboten Konkubinat, Pfründenmißbrauch, Druck, Besitz und Lesen lutherischer und zwinglischer Schriften sowie das Studium der hebräischen und griechischen Sprache. Am radikalsten verfuhr Freiburg, das sich die Verwaltung sämtlicher Pfründen aneignete und damit die Pfarrstellen mit zuverlässigen Geistlichen selbst besetzte. Es beteiligte sich 1536 an der Vertreibung des Bischofs von Lausanne durch die Berner, konfiszierte den bischöflichen Besitz in den freiburgisch gewordenen Herrschaften der Waadt, errichtete ein eigenes geistliches Gericht über Priester und Laien mit Appellationsrecht an den Freiburger Rat und eine kantonale Priestersynode. Den Stiftsprobst am Münster machte man zum geistlichen Oberhaupt der Freiburger Kirche. Etwas weniger forsch, aber ähnlich verfuhr man in Solothurn. Unter den fünf Orten baute Luzern seine Kontrolle über Kirche und Klerus aus. In den Ländern verankerten die Gemeinden ihre Autonomie bei der Pfarrwahl auf Kosten des geschwächten Bistums von Konstanz.

Reform der Kirche

Als Papst Paul III. nach jahrelangem Zögern 1545 endlich das Konzil von Trient eröffnete, hatten die Regierungen der katholischen Orte die Situation bereits organisatorisch gemeistert. Durch ihr entschlossenes Handeln in früher Stunde hatten sie der Reformation einen Riegel vorgeschoben und ihre Untertanen vom Abfall bewahrt. Indem sie die Kirche schützten, machten sie diese auch von sich abhängig. Aus der ersten Phase der Reformationskrise ist der obrigkeitliche Staat also auch in den katholischen Orten verstärkt hervorgegangen. Deshalb waren die Schweizer an den Arbeiten des Konzils gar nicht besonders interessiert. Die zwei ersten Sessionen verliefen ohne ihre Beteiligung. An der dritten ließen sich die katholischen Orte auf Treiben des Nuntius Volpe durch den Abt von Einsiedeln und den Landammann von Nidwalden, Melchior Lussy, vertreten. Im Namen des Klerus und der weltlichen Behörden der katholischen Orte nahmen beide 1564 die Beschlüsse des Konzils an. Doch war deren Verwirklichung in der Schweiz damit noch nicht gewährleistet.

Kardinal Carlo Borromeo, ein Streiter für die katholische Reform in der Schweiz, bewilligte 1584 das Projekt zur Errichtung des Collegio Papio in Ascona. (Dem Maler Pietro Francesco Pancoli-Mola zugeschriebenes Gemälde.)

Um die praktische Durchführung der vom Tridentiner Konzil beschlossenen katholischen Reform setzte in der Schweiz ein heftiges Ringen ein. Zu der 1567 versammelten Synode des Bistums Konstanz begaben sich die Schweizer nicht vorbehaltlos. Die Äbte von Einsiedeln und St. Gallen pochten auf ihre Unabhängigkeit vom Bistum. Luzern war nicht bereit, seine Hoheitsrechte und Privilegien in Kirchensachen durch ein Reformwerk schmälern zu lassen. Mit der besseren Ausbildung und sittlichen Hebung der Geistlichen erklärte man sich allerdings einverstanden. Trotz aller Bemühungen ist aber zunächst alles unverändert geblieben, wie Kardinal Borromeo 1570 auf seiner Visitationsreise durch die Schweiz feststellen mußte. Auch Nuntius Bonhominis übereifrige Visitationstätigkeit stieß beim reformunwilligen Klerus auf geharnischten Widerstand. In der katholischen Schweiz blieb man den von der auswärtigen Hierarchie ausgeübten Kontrollen gegenüber mißtrauisch.

Der Schaffung eines zentralschweizerischen Bistums widersetzte man sich energisch. Eine ständige Nuntiatur der Kurie wurde endlich 1586 in Luzern errichtet. Erst zu Beginn des 17. Jahrhunderts ließen sich die katholischen Orte in der Bischofsfrage zu Kompromißlösungen bewegen. In einer mit dem Bischof von Konstanz abgeschlossenen Vereinbarung akzeptierte Luzern die Errichtung eines bischöflichen Kommissariats für die Zentralschweiz. Der Kommissar sollte wohl vom Bischof gewählt werden, aber auf den Vorschlag Luzerns hin. Zu seiner Aufgabe gehörten die Überwachung der Pfarrer und die Ausübung einer beschränkten Ehegerichtsbarkeit. Der Staat behielt aber die Kontrolle über die Verwaltung von Kirchen- und Klostergut. Durch das Vorschlagsrecht zuhanden des Bischofs blieb die Pfarrwahl ein praktisch ungeschmälertes Privileg der Räte und Gemeinden. Im Lauf der Jahre ergaben sich ähnliche Konkordate zwischen den Bischöfen und Uri, Schwyz, Solothurn und dem Fürstabt von St. Gallen. 1613 durfte der Bischof von Lausanne nach Freiburg ziehen, das aber keines von seinen Rechten aufgab. Auch der Bischof von Sitten konnte 1630 nur seine Stellung als geistliches Oberhaupt halten.

Gegenreformation

Anders verhielten sich die katholischen Orte dem tridentinischen Volkserziehungsprogramm gegenüber. Kardinal Borromeo und Schultheiß Ludwig Pfyffer gelang es unter großem Einsatz, die Jesuiten zur Gründung einer Schule in Luzern zu bewegen. Diese wurde 1574 eröffnet. Sechs Jahre später erreichte Nuntius Bonhomini dasselbe für Freiburg trotz des Widerstandes seitens des Rats und des Ordensprovinzials der Gesellschaft Jesu. Eine dritte Jesuitenschule entstand 1591 in Pruntrut. Im 17. Jahrhundert wurden – mit unter-

schiedlichem Erfolg – noch weitere Kollegien gegründet. Damit waren die Grundsteine zur Ausbildung einer geistigen Elite von Laien in der katholischen Schweiz gelegt. Dazu gehörte auch das *Collegium helveticum,* welches dank Borromeo 1579 in Mailand als eigentliches Priesterseminar mit Universitätsrang gegründet wurde. Dort bildeten die Jesuiten jährlich etwa 50 Studenten aus der ganzen Schweiz zum Priester aus. Die gründlich geschulten Priester und Laien wurden denn auch die theologischen und moralischen Stützen der katholischen Reform in der Schweiz.

Nicht nur durch die Schulen, sondern auch durch Predigt und Seelsorge sollte der Katholizismus eine Erneuerung erfahren. Diese Aufgabe übertrug man den Kapuzinern. Es war nicht leicht, diesen in Italien verwurzelten Orden in die Schweiz zu holen. Melchior Lussy, Landammann von Nidwalden, und Walter Roll, Landschreiber von Uri, erreichten aber 1581 mit Hilfe von Kardinal Borromeo und dem Papst die Einwilligung der Ordensleitung zur Errichtung eines Kapuzinerklosters in Altdorf. Zwei weitere folgten wenig später in Stans und Luzern. Bereits 1589 wurde eine schweizerische Ordensprovinz mit Sitz in Luzern errichtet. Der Kapuzinerorden breitete sich rasch in der gesamten katholischen Schweiz aus. Im Jahre 1668 zählte man insgesamt 33 Klöster: 22 im deutschsprachigen Gebiet, sechs in der Welschschweiz und fünf im Tessin. Doch waren die Tessinerklöster, deren erstes bereits 1535 in Bigorio gegründet worden war, der Ordensprovinz Mailand unterstellt. Auch ältere Orden waren zur organisatorischen Straffung und zur Erneuerung des religiösen Lebens bereit. So entstand denn auf der Basis einer großangelegten Umerziehungsaktion eine neue katholische Frömmigkeit, die dem tridentinischen Geist entsprach.

Gleichzeitig mit der katholischen Erneuerung verlief die Gegenreformation oder Rückgewinnung von abgefallenen Gebieten zum römisch-katholischen Glauben. Die rechtliche Grundlage dazu lieferte der zweite Kappeler Landfrieden von 1531, der es den reformierten Einwohnern der gemeinsamen Untertanengebiete erlaubte, katholisch zu werden. Auf dieser Basis wurde in den gemeinen Herrschaften Freie Ämter, Rapperswil, Uznach und Gaster die Rekatholisierung rasch durchgesetzt. Auch die in den 1540er Jahren in Locarno entstandene reformierte Gemeinde konnte man nach einer konfessionellen Machtprobe mit den evangelischen Orten ausmerzen. Die eine Hälfte der Betroffenen wanderte nach Zürich, Basel und Bern aus. Die andere wurde von der katholischen Kirche reintegriert. Nach dem Vertrag von Lausanne mußte Bern 1567 dem Herzog von Savoyen die Herrschaften Chablais, Ternier-Gaillard und Gex abtreten, was deren Rückführung zum Katholizismus bedeutete. Dasselbe geschah um 1581 mit dem reformierten Birstal, welches Bischof Jakob Christoph Blarer von Wartensee den Baslern abgezwungen hatte. Das Eingreifen der fünf Orte im Wallis im Jahr 1603 brachte die Reformation auch in diesem Staat allmählich zum Erlahmen. Trotz seiner Hoheitsrechte über das Toggenburg gelang es hingegen dem Abt von St. Gallen nicht, seine Untertanen vom reformierten Glauben abzubringen. Noch weniger Erfolg hatte die Gegenreformation im paritätischen Glarus. Im ebenfalls paritätischen Appenzell, wo die Gemeinden während Jahren religiöse Minderheiten geduldet hatten, machten die Katholiken Innerrhodens nach der Ankunft der Kapuziner das Mehrheitsprinzip geltend und zwangen die reformierte Minderheit zum Übertritt oder zur Abwanderung, worauf ihnen die reformierten Mehrheiten in den äußeren Rhoden mit gleicher Münze heimzahlten. Das unter der Herrschaft der Drei Bünde stehende Veltlin ging im Lauf des Dreißigjährigen Kriegs an den katholischen Glauben zurück. Der Abt von Pfäfers hingegen hatte einige Mühe mit der Durchführung der katholischen Reform in seinen von Reformierten durchsetzten Gebieten. Bei der Umerziehung der Bevölkerung spielten Jesuiten und Kapuziner gleichermaßen eine wichtige Rolle. Die materielle Unterstützung dazu lieferte der Staat.

3. Häresie, Intoleranz und verpaßte Reformen

Das Zeitalter der Glaubensspaltung hatte ideologische Minderheiten und soziale Randgruppen hervorgebracht, welche neben den beiden vom Staat gestützten Religionsparteien nicht bestehen konnten, weil diese sie entweder vertrieben oder aufrieben. Die seit alters bestehende Überzeugung von der notwendigen Einigkeit von Glaube, Kirche, Staat und Gesellschaft ließ den Gedanken der Toleranz und Gewissensfreiheit nicht durchdringen. Es gab aber zwischen den Glaubensparteien eine Anzahl Persönlichkeiten, die eine Position der Mitte bezogen hatten und oft auf eine Vermittlung hin wirkten. Diese Vertreter der Kontinuität und der verbindenden Kräfte verkörpern die *via media* in der schweizerischen Reformation. Zu ihr gehörten christliche Humanisten, die, wie Erasmus, Valentin Tschudi, Bonifazius Amerbach und Konrad Pellikan, immer noch auf eine Reform und die Einheit der Kirche hofften. Aber auch alte Bindungen und Traditionen politischer, wirtschaftlicher, gesellschaftlicher und persönlicher Art erwiesen sich als dauerhaft, bis der Prozeß der konfessionellen Verhärtung und Abschließung sie nach der Mitte des 16. Jahrhunderts zerstörte. Die später geborene Generation wuchs bereits im Klima der Trennung und Gegensätzlichkeit auf und hatte kaum noch eine wirklich freundschaftliche Bindung zu den Menschen und Verhältnissen im fremden Glaubensraum. Neben der Unmäßigkeit der Extreme hatte die von ihrem Charakter her zurückhaltende *via media* keine Chance.

Scheitern der via media

Die Täuferbewegung

Unter Zwinglis Freunden waren bereits 1523 einige der Ansicht, der Reformator gehe mit der Umbildung der Kirche zu langsam voran. In einigen Glaubensfragen wich ihr Bibelverständnis sogar von demjenigen Zwinglis ab. Neben dem gemeinen reformatorischen Glaubensgut stand bei ihnen das baldige Kommen des Herrn zum Jüngsten Gericht im Vordergrund. In Erwartung der bevorstehenden Errichtung des Reiches Gottes war ihnen die rasche Verwirklichung einer Gesellschaftsordnung nach dem Muster der staatsfreien christlichen Urgemeinde vordringlich. Mit ihrer Forderung und durch ihr Verhalten kamen sie unweigerlich mit der offiziellen Reformation und dem Staat in Konflikt. Die Abschaffung von Zinsen und Zehnten, das Prinzip der Gewaltlosigkeit und die Ablehnung des Eides dem Staate als Einrichtung der verdorbenen Welt gegenüber mußte in den Augen der Obrigkeit als staatsfeindlich und gesellschaftszersetzend erscheinen. Da aber in den Anfängen der Reformation Zürich innerhalb der Eidgenossenschaft noch gänzlich isoliert war, konnte es sich eine unkontrollierte Umwandlung der Gesellschafts- und Wirtschaftsordnung wie auch die Schwächung seiner Verteidigungskraft nicht leisten.

Im Streit um die Kinder- oder Erwachsenentaufe sollten sich die Geister ganz scheiden. Conrad Grebel, Felix Manz und ihre Anhänger entdeckten nach dem Zeugnis des Neuen Testaments, daß ein Mensch erst dann getauft werden soll, wenn er Christus erkennt und an ihn glaubt. Dem gegenüber meinte Zwingli aus der Analogie zur Beschneidung im Alten Testament ableiten zu können, daß auch Kinder in den Bund Gottes gehörten und man sie deshalb taufen dürfe. Nach einem öffentlichen Gespräch zwischen Zwingli und den Täufern entschied der Rat 1525 gegen die Erwachsenentaufe, gebot diejenige der Kinder, entzog den Täufern das Versammlungsrecht, verbot ihnen die Predigt und verwies die nicht-zürcherischen Anhänger des Landes. Dieser schwerwiegende Entscheid brachte die Täufer nicht von ihrer Überzeugung ab. Die Unmittelbarkeit des Sündengefühls, der Buße, des Verlangens nach dem Zeichen der Gnade und Vergebung machte die Erwachsenentaufe für sie zwingend. Trotz obrigkeitlichen Verbots verbreitete sich ihre Lehre rasch auf der Zürcher Landschaft. Die Vertriebenen trugen sie nach Chur, St. Gallen, Schaffhausen, Hallau, in die Basler Landschaft, den Aargau und das Emmental.

Neben einer eher gemäßigten Richtung, welche in der Überzeugung von ihrer Auserwähltheit einfach eigene Gemeinden gründete, die sich in Häusern versammelten, gab es auch Fanatiker, welche die reformierten Pfarrer verdrängen wollten, Zwingli als Vertreter des Teufels bezeichneten und über die Zürcher Unheil herabpredigten. Dazu kam die Tatsache, daß die radikalen Ideen der Täufer besonders unter den Bauern guten Boden fanden. Dadurch erschienen sie der Obrigkeit als Zerstörer der bürgerlichen Ordnung und der Reformation. Wer weiterhin Erwachsene taufte, sollte ertränkt werden. Felix Manz erlitt als erster 1527 in der Limmat den Wassertod. Weitere Verurteilungen folgten in Zürich und Bern. Auf den Disputationen von Zofingen und Bern fand die Lehre der Täufer von der Erwachsenentaufe, dem Bann, dem Brotbrechen, der Absonderung von der bösen Welt, vom Hirtenamt, vom Schwert und vom Eid kein Gehör. Weil Kirche und Staat nirgends getrennt waren, wurden die Täufer weiterhin wegen ihres zweifachen Ungehorsams verfolgt. Die katholischen Orte kamen den reformierten in dieser Frage gleich. Dennoch lebten die Täufergemeinden in der Verborgenheit weiter. Einige flohen nach Mähren, wo man die Schweizer Brüder als Bauern gern aufnahm.

Das Schicksal Servets

Die Täufer waren aber nicht die einzige heterodoxe Glaubensrichtung der Reformation. Um die Mitte des 16. Jahrhunderts kam unter den italienischen und spanischen Humanisten eine geistig viel unabhängigere und intellektuellere Bewegung auf, welche die traditionelle Trinitätslehre verwarf. Durch Michel Servet fanden die Gedanken der Antitrinitarier Eingang in der Schweiz. Bereits in den 1530er Jahren stritt Servet mit Wort und Schrift für seine Ideen, die von den Schweizer Reformatoren entschieden abgelehnt wurden. Seit 1546 in schriftlichem Kontakt mit Calvin, der ihn sachlich widerlegte, veröffentlichte er dennoch 1553 die Summe seiner Glaubensüberzeugung. Ein erstes Mal wurde er im katholischen Vienne verhaftet, konnte aber aus dem Gefängnis entfliehen. Darauf verbrannte man ihn *in effigie* mit seinen Schriften. Bei seiner Durchreise in Genf wurde er hier ebenfalls ins Gefängnis gesteckt und nach einem zwei Monate dauernden Prozeß nach Einholung von Gutachten aus der ganzen reformierten Schweiz als Ketzer verurteilt. Der Genfer Rat ließ ihn darauf zusammen mit seinem jüngsten Buch öffentlich verbrennen.

Dieses Ereignis, welches nicht die einzige Verbrennung eines Häretikers in Genf blieb, und der darauf folgende Genfer Exkommunikationsstreit verursachten eine heftige Reaktion in der übrigen Schweiz. Im Lauf dieser Toleranzkontroverse entwickelte sich Basel zum Zentrum des geistigen Widerstands gegen Calvin und die harte Linie der Kirche. Sebastian Castellio zeigte sich dabei als eifriger Vertreter der Religionsfreiheit. Nachdem sich aber weitere italienische Antitrinitarier 1558 weigerten, ein trinitarisches Glaubensbekenntnis zu unterzeichnen, wurden sie aus Genf vertrieben. Sie verlegten ihre Tätigkeit nach Transsylvanien und Polen. Die Orthodoxie der reformierten Theologie ließ in der Schweiz keine Abweichungen von der anerkannten Richtung zu.

Die Juden

Die meisten Orte hatten die Juden bis spätestens Ende des 15. Jahrhunderts aus ihren Hoheitsgebieten vertrieben. Die im Thurgau seßhaften jüdischen Familien wurden jedoch immer wieder geduldet, weil sich die Tagsatzung über die praktische Durchführung ihrer Ausweisung nie endgültig einig werden konnte. Um die Mitte des 17. Jahrhunderts verwies man sie in die gemeine Herrschaft Baden, wo sie sich zusammen mit anderen Juden in den Gemeinden Lengnau und Oberendingen niederließen. Anderswo duldete man sie endgültig nicht mehr. Doch ist bekannt, daß sie sich im 16. wie im 17. Jahrhundert in der Schweiz, wenn auch ohne Niederlassung, u. a. als Viehhändler betätigten. Die Bekehrung einiger Christen zum Judentum hatte aber immer noch wie jede andere Häresie böse Folgen, wie im Fall von Nicolas Antoine, einem früheren Katholiken, der, nachdem er reformiert geworden war und sogar als Pfarrer in Divonne gewirkt hatte, zum Judentum übertrat und deswegen noch 1632 in Genf als Ketzer hingerichtet wurde.

Hexenwahn und Hexenprozesse

Zu den todwürdigen Häresien zählte auch die Hexerei. Nach der Dämonologie des 16. und 17. Jahrhunderts unterschied man zwischen weißer und schwarzer Magie. Erstere versuchte verbotenerweise mittels Divination und Beschwörungen helfend und heilend zu wirken. Letztere galt als besonders gefährlich, weil man des Aberglaubens war, die Hexe sei mit dem Teufel verbündet oder treibe mit ihm sogar Hurerei. Der Hexenwahn war in allen Schichten der Bevölkerung anzutreffen. Auch die Geistlichkeit war davon nicht frei. Hexenjagden nahmen in den vorwiegend ländlichen Gegenden der katholischen und reformierten Schweiz gleichermaßen in den 1530er Jahren einen eigenartigen Aufschwung, kulminierten um 1590/1600, nahmen dann zusehends ab und hörten in der zweiten Hälfte des 17. Jahrhunderts auf. Wie die Bekämpfung der Täufer und Antitrinitarier waren die Hexenverfolgungen eine Angelegenheit, bei der katholische und reformierte Orte gemeinsame Sache machten. Von ungefähr 2000 in einigen Gebieten des Landes untersuchten Hexen-

Die Hexerei in der Vorstellungswelt des Volkes: auf dem Thron der Große Teufel als Herr und Gebieter des Hexenwesens. Ringsum bereiten Hexer, Hexen und kleine Teufel ihren Sabbat vor. Eine Hexe braut einen Zaubertrank, eine andere läßt sich unter den Rock greifen, während eine dritte sich mit einem Monstrum einläßt (Johann Jakob Wick, «Wickiana», Zürich 1570).

prozessen endeten rund 46 % mit einem Todesurteil. Diesem Landesdurchschnitt entsprach Solothurn mit einer Todesurteilsquote von 44 %. Genf (21 %), Freiburg und Zürich (33 %) waren hexenfreundlicher, Luzern (51 %), das Bistum Basel (52 %) und Neuenburg (63 %) etwas härter, die Richter in der Waadt (90 %) am unbarmherzigsten. Das generelle zahlenmäßige Ansteigen der Hexenjagd verlief parallel mit dem heftigen Bevölkerungswachstum im 16. Jahrhundert. Ein innerer Zusammenhang ist nicht von der Hand zu weisen. Dabei läßt sich aus der Soziologie der Hexen erkennen, daß deren Verbrennung der Gesellschaft als Ventil zur Ausschaltung eines Teils der wirtschaftlich schwächsten Glieder diente. Als Hexen verurteilte man meist Frauen (58 %–95 %), ältere Leute (Medianalter: 60–65 Jahre), Mittellose, Verkrüppelte und alleinstehende Außenseiter. Da auf dem Gebiet der Hexerei noch weitergeforscht wird, ist vermutlich mit einschneidenden Ergänzungen zu den vorliegenden Resultaten zu rechnen.

Kirchliche Zucht

Aber auch das alltägliche private und öffentliche Leben stand unter dem wachenden Auge von Kirche und Staat. Vergehen gegen die Sittenmandate und die kirchlichen Einrichtungen galten nicht nur als Sünde, sondern auch als Verbrechen. Umgekehrt erheischte jede strafrechtliche Verfehlung eine entsprechende kirchliche Sühne. Das ganze System erforderte eine Anzahl heimlicher Aufpasser, welche den Chorgerichten den leichtsinnigen Lebenswandel und die religiöse Gleichgültigkeit der Bürgerschaft und Untertanen anzeigten. In den katholischen Gegenden schickte man die Sünder auf Bußwallfahrten. Allerorts sah man für Gotteslästerung noch die Todesstrafe vor, welche meist öffentlich durch Verbrennen, Ertränken und Rädern vollstreckt wurde. In den reformierten und katholischen Landesteilen war die Bevölkerung formell einer strengen kirchlichen und staatlichen Zucht unterworfen. Die freie, geistliche innere Erneuerung hatte man verpaßt. Sie blieb und bleibt wohl immer nur dem einzelnen vorbehalten.

4. Wissenschaften, Geist und Kunst

Die Naturwissenschaften

Es ist der politischen und sozialen Struktur der Schweiz zuzuschreiben, daß hier die Wissenschaft und die Künste nicht wie an den europäischen Fürstenhöfen intensiv gepflegt und gefördert wurden. Geistige und künstlerische Leistungen, die den Durchschnitt übertrafen, kamen meist aus persönlicher Initiative und Intuition heraus. Der in St. Gallen wirkende Humanist und Reformator Vadian verhalf 1514 der Erkenntnis zum Durchbruch, daß die bewohnte Erde eine Kugel und die Schwerkraft darauf überall gleich ist. Im Reich der Naturwissenschaften gilt der in der Nähe von Einsiedeln geborene Theophrastus Paracelsus als Erfinder der Chemotherapie. Als Arzt lehrte er 1526–1528 an der Universität Basel, wo er sich für die Gleichberechtigung von innerer Medizin und Chirurgie einsetzte. Conrad Geßner, seit 1554 Zürcher Stadtarzt, half die Fundamente einer systematischen Botanik legen. Der seit 1571 in Basel als Arzt tätige Felix Platter, dessen Vater aus dem Walliser Bergdorf Grächen stammte und von dort ausgewandert war, befaßte sich systematisch mit der Erforschung der Pestepidemien, über die er statistische Vergleiche anstellte. Die geographischen Karten in den Chroniken von Johannes Stumpf und Aegidius Tschudi zeugen von den Bemühungen um eine wissenschaftliche Kartographie im 16. Jahrhundert. Große Leistungen vollbrachten auf diesem Gebiet in der ersten Hälfte des 17. Jahrhunderts Hans Conrad Gyger mit seinen präzisen Zürcher- und Schweizerkarten sowie der Basler Matthäus Merian mit zahlreichen sauberen, sachlichen Ansichten der meisten schweizerischen Städte und Klöster. Als Kartograph und Konstrukteur von Fernrohren und wissenschaftlichen Geräten betätigte sich der Basler Pfarrer Johann Jakob Mentzinger in Dießenhofen. Im allgemeinen beschränkte sich aber das geistige Schaffen auf die Bedürfnisse und Interessen der engeren Heimat.

Vorboten des Weltunterganges: Am 7. August 1566, vor und während des Sonnenaufganges, sahen die Basler große schwarze Kugeln durch die Luft fliegen, von denen einige gegeneinander prallten und sich in Flammen auflösten. Solche Ereignisse verstand man als Zeichen des bevorstehenden Weltendes und als Aufforderung zur Buße. Naturereignisse konnten noch nicht aufgrund objektiver wissenschaftlicher Forschungen erklärt werden. Dieses in Bern bei Samuel Apiarium gedruckte Flugblatt gehört zu einer großen, durch Johann Jakob Wick aus Zürich zusammengetragenen Sammlung merkwürdiger Begebenheiten.

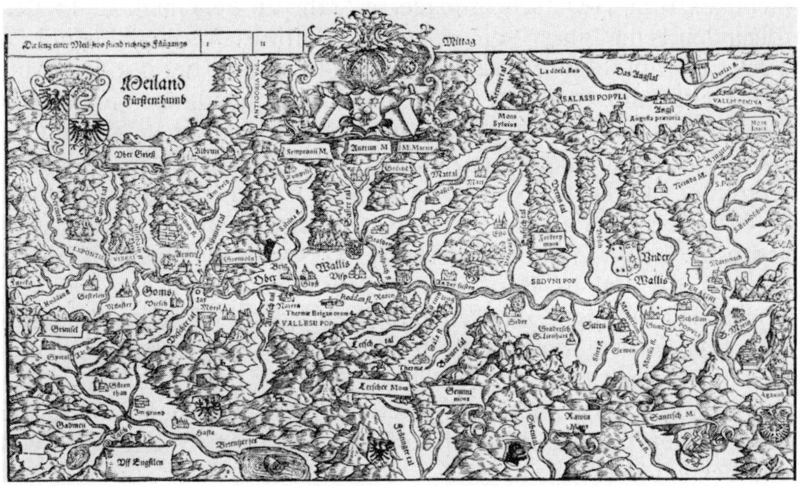

Karte des Wallis – eine der 12 «Landtafeln» aus dem Atlas der Schweiz, der 1548 in Zürich bei Christoph Froschauer gedruckt wurde. Johannes Stumpf schuf sie zur Illustration seiner berühmten Schweizerchronik.

Aufschwung des Buchdrucks

Basels Buchdrucker hatten mit den Schriften von Erasmus, Luther und Oekolampad große Geschäfte gemacht. Die Wiedereröffnung der Universität brachte von den 1530er Jahren an ein halbes Jahrhundert der Hochkonjunktur, während der sich Basels Ruf als überkonfessionelle Editionsstätte bestätigte. Calvins «Christianae Religionis Institutio» erschien erstmals 1536 in Basel. Hier druckte man auch alle wichtigen Werke der italienischen Klassiker, Humanisten und Historiker wie Dante, Petrarca, Ficino, Pico della Mirandola, Guicciardini, Machiavelli, Giovio. Genf hatte vor 1540 selten

Zwei Zürcher Handwerker, der Steinmetzmeister Philipp Eberhard und der Goldschmied und Feinmechaniker Leonhard Zubler, bauten 1601 das erste Telemeter und legten damit den Grundstein zum Theodolit. Dank dieser Erfindung wurde es endlich möglich, alle Höhen, Weiten, Längen und Tiefen leicht und ohne kompliziertes Rechnen abzumessen, was für die Schweiz mit ihrem Relief von höchster Bedeutung war. Zürich war die erste Stadt der Welt, die auf moderne Art vermessen wurde. Die Abbildung stammt aus Zublers Anleitung zum «Novum Instrumentum Geometricum» aus dem Jahr 1607.

mehr als fünf Neuerscheinungen im Jahr zu verzeichnen. In den folgenden zehn Jahren schwankte die Edition zwischen 12 und 20 Titeln. Darauf folgte wie in Basel ein Aufschwung, der mit dem Aufstieg Genfs zur reformierten Metropole zusammenhing. Von einigen Ausnahmen abgesehen, zählte man jährlich zwischen 50 und 75 Editionen. Man schätzt die Zahl der 1561/62 gedruckten Hugenottenpsalter mit Texten von Clément Marot und Theodor Beza auf 27400. Die letzte Fassung von Calvins Institutio wurde in Genf 1559 gedruckt. Gegen Ende des Jahrhunderts erschienen neben Bibeln und Werken von Calvin, Beza und Lambert Daneau auch solche von Michel de Montaigne, dazu eine wachsende Zahl Klassiker der Antike wie Cicero, Plutarch und Aristoteles. Im letzten Jahrzehnt des 16. Jahrhunderts standen Genf und Basel auf der Frankfurter Büchermesse an achter, beziehungsweise zehnter Stelle mit 184 und 136 ausgestellten Titeln und kamen damit an Bedeutung Straßburg, Lyon und Leyden gleich.

Im Schatten Basels und Genfs standen Lausanne, Neuenburg, Bern, Zürich, St. Gallen und Poschiavo, wo der Buchdruck ebenfalls mit der Reformation Eingang gefunden oder sich stärker entwickelt hatte. Gegen Ende des 16. Jahrhunderts ließ auch Freiburg, welches sich zu einer Hochburg des schweizerischen Katholizismus entwik-

Die Reformatoren nahmen am Theaterspielen noch keinen Anstoß. Zwingli komponierte sogar zu einer Aufführung des «Pluto» von Aristophanes für die agierenden Großmünsterschüler die Musik. Auf dem Zürcher Münsterhof führte Jakob Ruf 1539 sein Spiel «Von des Herrn Weingarten» auf. Darin wirkten auch der Kunstmaler Hans Asper und der Buchdrucker Christoph Froschauer mit. Das Zentrum der Szenerie bildete der Weinberg mit Turm und Trotte. Auf der einen Seite befand sich der Himmel, auf der anderen die Hölle (oben). Trotz aller pädagogischen Absicht überwog beim Publikum die Schaulust für die Auftritte des Teufels und für brutale Szenen – Satan in Gestalt eines Bischofs und dessen Koch schlagen den Propheten Zacharias tot (links). Anfang 17. Jahrhundert verbannte die Obrigkeit das Theater aus Zürichs Mauern.

kelte, einen Buchdrucker kommen. Ein Inventar der schweizerischen Buchdruckereien des 16. und 17. Jahrhunderts ist noch zu erstellen.

Die Geschichtsschreibung

Neben der zahlreichen klassischen und theologischen Literatur, die wohl zum größten Teil für das Ausland bestimmt war, entstanden eine Anzahl Stadt- und Staatschroniken sowie Sammlungen zur eidgenössischen Geschichte und Staatskunde. In der Geschichtsschreibung geht Aegidius Tschudi von der kritik- und zusammenhanglosen Aufzählung der Ereignisse zu einer methodisch, enzyklopädisch und philosophisch untermauerten Gestaltung über. Von Ausländern gelesen wurde der Zürcher Staatskundler Josias Simler, insbesondere vom Engländer Thomas Moryson; dieser verfaßte seinerseits aufgrund persönlicher Beobachtungen während einer Europareise in den 1590er Jahren eine originelle Soziologie und Volkskunde der Schweiz, welche weit über das hinaus ging, was seinerzeit Machiavelli zum schweizerischen Regierungssystem zu sagen hatte. Weniger für die wissenschaftliche Bearbeitung als aus Freude am Sammeln entstand in Basel das in ganz Europa bekannt gewordene Amerbachsche Kabinett mit über 2000 antiken Münzen, Medaillen und anderen z. T. aus dem Nachlaß des Erasmus stammenden Kunstwerken, zu welchen auch einige Meisterwerke Hans Holbeins des Jüngeren zählten.

Die Presse

Gegen Ende des 16. Jahrhunderts verdichtete sich in Europa die periodische Verbreitung gedruckter Nachrichten. Auch in der Schweiz informierte man sich vermehrt über das politische Geschehen im übrigen Europa. Die erste bekannte Monatsschrift erschien 1597 in Rorschach. Eine Wochenzeitung gab es bereits 1610 in Basel. In Zürich kamen von 1622 an regelmäßig zwei Wochenblätter heraus. Bern erhielt seine erste Zeitung ungefähr zwei Jahrzehnte später. Die Zeitungen unterstanden der obrigkeitlichen Zensur und Approbation. Aus diesem Grund wurde das Erscheinen der ersten Basler Zeitung bereits nach einem Jahr wieder eingestellt.

Orthodoxe Theologie

Der Zensurgeist entsprach einerseits den absolutistischen Tendenzen der sich abschließenden Geschlechterherrschaft und anderseits dem dogmatischen Immobilismus und Formalismus der in ihrer Orthodoxie festgefahrenen Kirchen der reformierten Orte. An allen Hohen Schulen der Schweiz dominierte die Theologie, die besonders von Genf aus ihre beherrschende Stellung ausbaute und auch 1618 an der Synode von Dordrecht entschieden mitwirkte. Daneben hatten andere Gebiete mit Ausnahme der klassischen und orientalischen Philologie (Jacques Lect, Johann Heinrich Hottinger) und der Rechtswissenschaften (Jacques Godefroy) einen schweren Stand. Die dordrechtische Intoleranz verunmöglichte jegliche kritische Geistesarbeit. Sie bewirkte die Flucht in die Philologie oder das Abwandern aller des Liberalismus verdächtigen Männer und verschuldete den Niedergang der Basler Universität, insbesondere deren Einbuße an Internationalität. Genfs Buchdrucker verloren wichtige Kunden wie Agrippa d'Aubigné, Jean Le Clerc und Alexander Morus.

Palast des Luzerner Schultheißen Lux Ritter. 1557 durch Tessiner Architekten und Maurer gebaut, zeugt er von den engen Banden zwischen Luzern und Italien. Die strenge Rustika-Fassade und der durch toskanische Arkaden gegliederte Innenhof gehen auf die Florentiner Palastarchitektur zurück, die hier zum ersten Mal nördlich der Alpen nachgeahmt wurde

Das Zusammengehen von Staat und Kirche bestimmte auch das Schicksal des Theaters. Dieses kam im 16. Jahrhundert in humanistischem und patriotischem Geist zur Blüte. In Genf und Zürich wurde es aber um 1620 auf Betreiben der Geistlichkeit untersagt. Die Äch-

Das Theater

Das «Urner Spiel vom Wilhelm Tell» war das erste deutschsprachige politische Theaterstück; es wurde 1512 in Altdorf von einem Unbekannten geschrieben und stellt ein frühes Zeugnis gemeineidgenössischen Denkens und Empfindens dar. Das Stück, das aus einer ländlichen und katholischen Umgebung stammt, wurde 1540 in der reformierten Stadt Zürich gedruckt.

tung des Theaters breitete sich rasch in allen reformierten Orten aus. Nur in Bern behauptete sich die dramatische Kunst im Dienst der geschichtlich-staatsbürgerlichen Besinnung. In der katholischen Schweiz und in St. Gallen blieb eine gewisse Theatertradition erhalten.

Im 16. Jahrhundert gehörten zu den beliebtesten Stoffen die schweizerische Gründungsgeschichte mit dem Helden Wilhelm Tell und patriotische Ermahnungen mit der Gestalt des Niklaus von Flüe. Politische Ideen vermischte man mit geistlicher Erbauung in Spielen nach biblischen Themen. Als die Jesuiten die Führung des kulturellen Lebens übernahmen, ersetzten sie die einheimischen historisch-politischen und religiösen Stoffe durch Themen aus der Antike, durch Moralitäten, Gleichnis- und Heiligenspiele. Ihre Aufführungen dienten aber weniger bürgerlich-patriotischen Absichten als der *propaganda fidei*. Beinahe zur gleichen Zeit wie die Kirchen in den reformierten Orten hatten die Jesuiten in der katholischen Schweiz das politische Volkstheater erstickt. Dennoch und trotz der konfessionellen Gegensätze haben Theater und Geschichtsschreibung zur Stärkung des Nationalbewußtseins beigetragen.

In der Malerei blühte der Renaissancestil in den 1520er Jahren in den Fresken, Altarbildern, Porträts und Stichen von Hans Holbein dem Jüngeren, Hans Herbst und Urs Graf in Basel, Niklaus Manuel in Bern, Hans Asper in Zürich, Bernardino Luini in Lugano, Giovanni Antonio de Lagoia in Ascona. Neben biblischen Darstellungen, Heiligenbildern und Szenen aus dem Landleben standen die Landschaften und Figuren, Kompositionen mit Landsknechten, Liebespaaren, Dirnen, der Vergänglichkeit und der pervertierten Justitia noch eindeutig unter dem Einfluß der italienischen Feldzüge.

Die Malerei

Nachdem Holbein 1526 die Schweiz verlassen hatte, ging es hier wie in Deutschland mit der Malerei rasch bergab. Eine markante Ausnahme ist der Schaffhauser Tobias Stimmer, welcher in der zweiten Hälfte des 16. Jahrhunderts vermehrt Gestalten der Antike allegorisch in seine Darstellungen aufnahm. Im frühen 17. Jahrhundert wirkte in Zürich Samuel Hofmann, dessen Bildnisse von Bürgermeistern und Angehörigen der Oberschicht wie die niederländische Malerei dieser Zeit den Erfolg der industriellen und kaufmännischen Bürgerschaft verherrlichen. In der katholischen Schweiz lebte die sakrale Kunst im Totentanz von Jakob von Wyl weiter.

Die Architektur

Die stilistischen Neuerungen haben sich in der Schweiz stets mit einer gewissen Verspätung durchgesetzt. Dies gilt für die Renaissance und den Barock. Deshalb blieb in der Malerei und Architektur der Renaissancestil bis um die Mitte des 17. Jahrhunderts maßgebend. Städte wie Genf, Freiburg und Luzern ließen sich neue Rathäuser bauen. Schaffhausen erstellte die Festung Munot. Reiche Bürger leisteten sich den Bau von Palästen. In Luzern wurde der in seiner Konzeption mit dem Florentiner Palazzo Strozzi vergleichbare Ritterpalast mit seiner schwerfälligen Quaderfassade und dem lichten Säulenhof mit Loggia wegweisend für weitere Patrizierhäuser. In einem deutlichen Kontrast dazu stehen in Basel die elegante Geltenzunft und der Spießhof mit ihren Prunkfassaden. Eine gewisse Parallelität zwischen der allgemeinen Wirtschaftskonjunktur und dem Ansteigen von privaten und öffentlichen Bauinvestitionen ist unverkennbar.

Im Sakralbau hatte die Frührenaissance bereits in den 1520er Jahren ihren Platz mit den Kirchen Santa Maria del Ponte in Brissago und San Lorenzo in Lugano. Ende des 16. Jahrhunderts erst wuchs die wuchtige katholische Kirche Santa Croce in Riva San Vitale. Nördlich der Alpen entstanden die Hofkirche in Luzern, die Pfarrkirchen in Stans und Sachseln wie auch die Wallfahrtskirche in Werthenstein um 1610–1650 als Spätrenaissancebauten, bei denen immer noch Renaissancearkaden mit toskanischen Säulen vorherrschen. Die wenigen reformierten Neubauten enthalten bereits den ganz auf die Predigt ausgerichteten nüchternen Innenraum. Daneben zeugen

Der Tessiner Architekt Francesco Borromini, gezeichnet von einem seiner Mitarbeiter.

Die 1520–1524 von Hans Holbein dem Jüngeren als Altarbild geschaffene Abendmahldarstellung wurde im Bildersturm von 1529 in einer Basler Kirche durch gezielte, gegen den gemalten Christus gerichtete Schläge zertrümmert. Von den mindestens sieben Bruchstücken gingen die zwei äußersten verloren. Ein frommer Anhänger der alten Lehre zersägte zudem noch den mittleren Teil, vermutlich um das Abbild Christi zu retten. Etwas später wurden die Einzelteile wieder zusammengeformt und die schadhaften Stellen übermalt. Auf unbekannten Wegen gelangte das Bild vor 1568 in die Kunstsammlung des Bonifazius Amerbach.

die schönen und hablichen Pfarrhäuser in den Dorfgemeinden vom hohen politischen und sozialen Rang der Pfarrer in der reformierten Gesellschaft. An manchen Orten, vor allem in ländlichen Gegenden, bleibt der Einfluß der Renaissance marginal. Die Gothik setzt sich fort und geht fast nahtlos in den Manierismus oder den Barock über. Wenn auch die Schweiz dem Barock noch verschlossen bleibt, hat sie doch durch die aus der Luganerseegegend stammenden Architekten Domenico Fontana, Carlo Maderna und Francesco Borromini zum Triumph dieses neuen Stils in Rom beigetragen.

E. Politische Kräfte und Ereignisse

1. Die Politisierung der Reformation

Mahnungen an Zürich

Noch bevor sich Zürich zur Reformation bekannte, war diese in der Eidgenossenschaft zum Politikum geworden. Zwingli betrachtete man schon Ende 1520 als wichtigsten Lutheraner der Schweiz. Als aber Zürich seinen Leutpriester gewähren ließ und die Bewegung immer weitere Kreise zog, intervenierten sukzessive der päpstliche Legat, der Bischof von Konstanz, der Reichstag und die österreichische Regierung im Oberelsaß bei der Tagsatzung und baten diese, den heiligen Glauben zu beschirmen und die lutherische Lehre zu unterdrücken. Bereits 1522 hatten die Eidgenossen die Glaubensfrage an der Tagsatzung besprochen und allen Orten empfohlen, das Predigen der «neuen Lehre» zu verbieten. Nach der zweiten Zürcher Disputation kam 1524 die Mahnung von den Orten, Zürich solle sich doch nicht von der Eidgenossenschaft absondern. Aus der ketzerischen Lehre wüchsen nur Unruhen und Gefahren. Zürich ließ sich aber nicht von dem eingeschlagenen Weg abbringen.

Uneinigkeit an der Tagsatzung

An den Tagsatzungen kam es aber zu keiner einheitlichen Front gegen Zürich. Bern, Basel, Glarus, Solothurn und Schaffhausen, bei denen die reformatorische Bewegung bereits eingedrungen war, wollten mit Zürich gütlich verhandeln. Für die fünf Orte der Zentralschweiz barg das Zuwarten allerdings die Gefahr der Zerrüttung geistlicher und weltlicher Obrigkeit in sich. Luzern, Uri, Schwyz, Unterwalden und Zug tagten deshalb unter sich und beschlossen, die lutherischen und zwinglischen Reformationsbestrebungen in ihren Hoheitsgebieten auszurotten. In der Eidgenossenschaft hatten diese fünf Orte schon immer eine geschlossene Gruppe gebildet und, trotz zeitweiliger Spannungen zwischen der Stadt Luzern und den ländlichen Waldstätten, ihre gemeinsamen Fragen auf Sondertagungen besprochen. Mit der Politisierung der Reformationsfrage machten sie sich zum harten Kern der katholischen Front innerhalb der Eidgenossenschaft.

Diese Haltung ist nicht allein der ungebrochenen katholischen Frömmigkeit zuzuschreiben. Auf Zwinglis Mahnungen achtend, hatte sich Zürich bereits 1521 durch das Fernbleiben vom Soldbündnis mit Frankreich von den übrigen Orten isoliert. Das Söldner- und Pensionenwesen war aber für alle Bevölkerungsschichten der fünf Orte eine wirtschaftliche Notwendigkeit. Das macht auch den volkshaften Charakter der Widerstandsbewegung gegen Zwinglis Predigt besser verständlich. Dazu kam eine traditionelle Abneigung gegen jedes mögliche Anwachsen von Zürichs Vormachtstellung in den nordöstlichen Gebieten der Eidgenossenschaft. Auch übten die weltlichen Obrigkeiten in den fünf Orten das Aufsichtsrecht über die vorhandenen Stifte und Klöster aus und beeinflußten weitgehend die kirchliche Disziplin. Man war also gar nicht daran interessiert, die bestehende, von der Obrigkeit gelenkte Einheit von Glauben, Kirche, Staat, Gesellschaft und Wirtschaft aufsplittern zu lassen. Je früher man eingriff, desto sicherer blieb die bestehende Ordnung. Darin wurden die fünf Orte vorerst nur von Freiburg und dem katholischen Ausland unterstützt.

Diese Politik war im eigenen Hoheitsraum erfolgreich. Sie sollte konsequent auf die noch zögernden Orte und auf Zürich ausgedehnt werden. Die Bauernunruhen, welche in den Untertanengebieten ausbrachen, bekräftigten die fünf Orte und Freiburg in ihrer Haltung und gaben ihnen Gelegenheit zur Intervention. Als in den gemeinen Herrschaften regierende Orte erwirkten sie die Hinrichtung eines Bilderstürmers und der am Aufruhr bei der thurgauischen Karthause Ittingen verantwortlichen Männer. Gleichzeitig drohten sie, mit Zürich nicht mehr zu tagen und, in Mißachtung des Stanser Verkommnisses von 1481, in die zürcherischen Ämter zu reiten, um die dortige Bevölkerung vom zwinglischen Glauben abzuhalten. Für die bernischen Untertanengebiete bestand ein ähnlicher Plan. Man erhoffte sich dadurch das Einschwenken der zögernden Berner auf die katholische Linie. Als es dann wirklich zu einem bewaffneten Angriff der Unterwaldner und Urner im Berner Oberland kam, wußte sich Bern entschieden zu wehren. An einer bereits nicht mehr von allen Orten besuchten Reformtagsatzung arbeitete man 1525 ein katholisches Glaubenskonkordat aus. Es fand wohl die Zustimmung der Abgeordneten. Als es aber die fünf Orte und Freiburg als allgemeine eidgenössische Ordnung durchsetzen wollten, machten Bern, Solothurn und Appenzell Vorbehalte. Genauso erging es der Schlußakte der 1526 durchgeführten Badener Disputation. Bern, Basel und Schaffhausen verweigerten die Ratifikation.

In den Jahren 1526–1529 traten aber drei der zögernden Orte nach und nach zur Reformation über. Solothurn blieb katholisch. Glarus und Appenzell wurden aufgrund der Gemeindeautonomie paritätisch. Die konfessionellen Fronten waren damit gezogen. An den Tagsatzungen standen sich sieben katholische und vier evangelische Orte gegenüber. Dazwischen befanden sich die beiden paritätischen Länder. Für die katholischen Orte war das Weiterbestehen der Eidgenossenschaft in Frage gestellt. Bereits seit 1525 diskutierte man über die im Stanser Verkommnis verankerte, traditionelle Beschwörung der Bünde. Die katholischen Orte verlangten, daß jeder wie bisher bei Gott und den Heiligen zu schwören habe. Wer dazu nicht bereit sei, solle aus den Bünden austreten. Zürich und die andern evangelischen Orte wünschten aber das Auseinanderfallen der Eidgenossenschaft nicht. Zürich wollte nur auf Gott schwören und pochte auf seine Hoheit und Freiheit auch in Glaubensfragen. Die Bünde schrieben keine bestimmte Religion vor und regelten ausschließlich weltliche Probleme. Der Mensch sei zwar mit seinem Körper der Obrigkeit untertan, die Seele müsse aber Gott mehr gehorchen als den Menschen. Zum Beweis, daß man nicht einerlei Glaubens sein müsse, um miteinander tagen zu können, führten die Zürcher das Beispiel der verschiedengläubigen deutschen Städte im Reichstag an. Die reformierten Orte waren bereit, ihren Bundesverpflichtungen treu nachzukommen. Die katholischen Orte wollten diese Argumente aber nicht gelten lassen. In ihren Augen galt die Verwerfung der Heiligen als Ketzerei, und mit Ketzern wollten sie nicht mehr zu Tage sitzen. Für sie war die Glaubenseinheit untrennbar mit dem Weiterbestehen der Bünde verknüpft.

Der definitive Bruch

Tatsächlich konnten sich die beiden Glaubensparteien bis zum Ende des Ancien Régime nicht mehr auf die Neubeschwörung der Bünde einigen. Vorerst kündigte diese aber auch kein Ort auf. Jedermann hoffte nämlich, auf die Veränderung der Lage noch im eigenen Interesse einwirken zu können. Die Verhärtung der Positionen institutionalisierte aber *de facto* die gesonderten Tagsatzungen, einerseits die katholischen der fünf oder sieben Orte, welche sich meist in Luzern zusammenfanden, anderseits die evangelischen der vier Städte, die dafür Aarau auswählten. Für die gemeinsam zu behandelnden Fragen betreffend die Verwaltung der gemeinen Herrschaften, die Außenpolitik, die Finanz- und Münzpolitik und die Wirtschaftslage dienten nach wie vor allgemeine Tagsatzungen. Die ungelöste Frage der Glaubensspaltung blieb aber neben allen anderen innenpolitischen Problemen das schmerzlichste Politikum der Eidgenossen.

2. Der Weg zum Religionskrieg

Konfessionspolitische Bündnisse

In den spannungsgeladenen Jahren von 1527–1529 entstanden mehrere konfessionspolitische Bündnisse, wobei einerseits die katholische Schweiz alles unternahm, um durch die reformierten Eidgenossen nicht eingekreist und vom katholischen Ausland abgeschnitten zu werden, und anderseits die reformierte Schweiz Rückhalt bei protestantischen Städten und Fürsten suchte, um die Einkreisung durch eine feindliche katholische Übermacht zu vermeiden. Zürich war ja anfangs noch alleiniger reformierter Ort und suchte sich abzusichern. Man gewann im ebenfalls reformiert gewordenen Konstanz durch ein gemeinsames Burgrecht Rückendeckung. Auch Bern, welches einen bewaffneten Übergriff der Unterwaldner und Urner im Oberland hatte abwehren müssen, war auf der Hut und schloß sich dem «Christlichen Burgrecht» an. Das Bundesgeflecht erweiterte sich mit St. Gallen, Basel, Schaffhausen, Biel und Mülhausen. Auf der anderen Seite befürchteten die inneren Orte wegen ihres Aufwiegelns der Untertanen von Bern einen Vergeltungsschlag. Das katholische Verteidigungsbündnis, die «Christliche Vereinigung», entstand denn auch zwischen den fünf Orten und Erzherzog Ferdinand von Österreich.

Aus den Verträgen geht klar hervor, daß es sich allerseits um Defensivbündnisse handelte. Militärische Hilfe war nur im Falle eines Angriffs von dritter Seite und nicht bei eigener Kriegsinitiative vorgesehen. Man behielt sich jeweils die Einhaltung der alten Bünde vor. Die Zürcher Burgrechtsverträge erwähnen hier ausdrücklich die permanente Gültigkeit der mit den Eidgenossen früher abgeschlossenen Verträge. Zusätzliche Bündnisse waren nichts Außerordentliches. Sie waren auch nicht gegen die Eidgenossenschaft als Bundesganzes gerichtet. Die einzelnen Parteien wollten nur innerhalb des Staatenbundes ihre Position verstärken. Zu diesem Zweck suchte man sich hüben und drüben geeignete Alliierte.

Ringen um die gemeinen Herrschaften

Die Glaubensfrage war in den gemeinen Herrschaften noch nicht entschieden. Die fünf Orte waren entschlossen, die reformierte Lehre auch hier zu unterdrücken. Zürich und Bern wollten aber nicht zulassen, daß die reformiertgläubigen Untertanen bestraft würden. Dazu machten sie die Einheit des Kondominiums geltend, nach der keine Bestrafung ohne einstimmigen Beschluß der regierenden Orte erfolgen dürfe. Die katholischen Orte hingegen beriefen sich auf eine frühere Tagsatzung, die mit Mehrheitsbeschluß entschieden habe, man wolle beim «alten» Glauben bleiben. Genau umgekehrt waren die Positionen in bezug auf die Entscheidungsfreiheit der einzelnen Gemeinden. Aufgrund der bestehenden Gemeindeautonomie und Selbstverwaltung wollten es die reformierten Orte jeder einzelnen Gemeinde überlassen, durch eine Abstimmung zu beschließen, ob sie katholisch bleiben oder reformiert werden wolle. Die katholischen Orte widersetzten sich dieser Art der Selbstbestimmung in den Untertanengebieten kategorisch. Durch Zugeständnisse auf diesem Gebiet hätten sie nur an Macht eingebüßt.

Jede Partei praktizierte nun in den gemeinen Herrschaften jene Politik, welche ihrer Rechtsvorstellung entsprach. Da die Landvögte und Schirmhauptleute turnusgemäß wechselten, standen die Gebiete einmal unter katholischer und einmal unter reformierter Verwaltung. In den Jahren 1528 und 1529 entschieden sich deshalb auch viele thurgauische Gemeinden für die Reformation. Die einen faßten diesen Entschluß selbständig, die andern unter dem Einfluß und im Beisein von Zürchern. Ähnliches geschah im Rheintal und im Toggenburg. Die St. Galler stürmten im Februar 1529 mit der moralischen Unterstützung Zürichs das Kloster ihres Fürstabts. Anderseits wurde im Juni ein evangelischer Pfarrer, der im Gaster gepredigt hatte, zu Schwyz verbrannt. Darauf bemühten sich Zürich und Bern, den Amtsantritt eines katholischen Landvogts in den Freien Ämtern zu verhindern. Obschon Bern vom Krieg abgeraten hatte, besetzte Zürich die Städte Bremgarten und Mellingen. Dazu ließ es rund 4000 Mann bei Kappel aufmarschieren und erklärte den fünf Orten den Krieg. Jene sammelten ihre Truppen bei Baar.

Erster Kappeler Landfriede

Der Krieg fand aber dank der Vermittlung der übrigen eidgenössischen Orte nicht statt. Gegen Ende Juni 1529 hatte man sich auf den ersten Kappeler Landfrieden geeinigt. Das katholische Bündnis mit Österreich wurde aufgelöst. Die Parteien sollten einander in Glaubensfragen in Ruhe lassen. Bei den zugewandten Orten und Vogteien drang das Prinzip der konfessionellen Gemeindeautonomie durch. Die von den fünf Orten zu bezahlende Kriegsentschädigung erfolgte nach Androhung einer Proviantsperre. Das Schicksal der Fürstabtei St. Gallen blieb aber noch offen. Der Konflikt war also nicht aufgehoben, sondern nur aufgeschoben. Der Streit ging vorerst als kalter Krieg weiter.

Kalter Krieg

Die reformierte Partei nützte ihren Erfolg entschlossen aus. Im Thurgau organisierten sich die Gemeinden während der Amtszeit eines evangelischen Glarner Landvogts in einer besonderen Kirchensynode. Im Rheintal behielt die Reformation nach einigen Rückschlägen die Oberhand. Auf der St. Galler Landschaft und im Toggenburg geriet der Übergang zur Reformation im geistlichen wie im weltlichen Bereich sehr revolutionär. Luzern und Schwyz sahen sich deshalb zum Protest veranlaßt. Dem katholischen Glarner Landvogt Gilg Tschudi gelang es noch, den Umsturz in Sargans zu verhindern. Das wiederum betrachteten die reformierten Orte als Schmähung und Bruch des Landfriedens. Des weitern befürchteten sie die kommenden fünfmal zwei Jahre katholischer Landvogtei in den gemeinen Herrschaften, in welchen die Reformation die Oberhand gewonnen hatte. Im Jahr 1530 erweiterten deshalb Zürich, Bern und Basel ihre Burgrechtsverträge mit Straßburg; Zürich und Basel verbündeten sich mit Landgraf Philipp von Hessen. Als sich die fünf Orte im Frühjahr 1531 weigerten, den mehrheitlich reformiert gewordenen Bündnern im Müßerkrieg zu Hilfe zu ziehen, faßten das die Zürcher als

Der Kappelerkrieg: die Schlacht in der Nähe des Klosters von Kappel 1531 nach der Chronik von Johannes Stumpf aus dem Jahr 1548. Aus der Höhe greifen die Truppen der katholischen Orte die Zürcher an, welche die Umzingelung nicht verhindern können. Links beschießt die gegnerische Artillerie eine Abteilung, welche darauf Hals über Kopf flieht. Kavallerie und Armbrustschützen wurden offenbar nicht eingesetzt.

weiteren Vertragsbruch auf und entschieden mit den Burgrechtsstädten, den inneren Orten die Lebensmittelzufuhr abzuschneiden. Damit standen die beiden Lager bereits im Wirtschaftskrieg. Dieser traf die fünf Orte besonders hart, da er mit einer schweren allgemeinen Versorgungskrise und Lebensmittelteuerung zusammenfiel. Die betroffenen Orte mußten entweder nachgeben oder die Lebensmittelblockade mit einem bewaffneten Schlag durchbrechen.

Offener Krieg und zweiter Kappeler Landfriede

Den offenen Krieg versuchten die übrigen Orte durch Vermittlung zu verhindern. Darin wurden sie auch vom französischen Gesandten unterstützt. Die Vermittler erreichten aber von den fünf Orten keine Garantien für die Zulassung der freien Predigt. Darauf hoben Bern und Zürich die Proviantsperre nicht auf, obwohl diese wohl kaum 100prozentig wirksam sein konnte. Doch waren ihr psychologischer Effekt und die Teuerung immer noch stark genug, um die fünf Orte zum Angriff zu bewegen. Dank besserer Organisation und stärkerer Motivation entschieden diese im Oktober 1531 die wichtigsten Schlachten zu ihren Gunsten. Die schleppende Mobilmachung, ungenügende Koordination, die miserable Verpflegungslage und die mangelnde Bereitschaft der Truppen, sich für die Glaubensfreiheit anderer zu schlagen, trugen zur Niederlage der Reformierten bei. Diese mußten sich zum politischen Einlenken bequemen.

Die Vermittlungen der am Krieg nicht beteiligten eidgenössischen Orte bewirkten, daß die fünf Orte ihren Sieg nicht unbeschränkt ausschlachteten. Der zweite Landfriede hob die reformierten Burgrechtsverträge auf. Hüben und drüben versprach man, einander beim gewählten Glauben zu lassen. Im Thurgau ließ man die reformierten Gemeinden in Ruhe. Katholische Minderheiten hatten aber die Möglichkeit, die Errichtung eines eigenen Gottesdienstes zu verlangen; den evangelischen Minderheiten blieb das versagt. Für die Städte Rapperswil, Bremgarten und Mellingen sowie die Vogteien Freie Ämter, Gaster, Uznach und einen Teil des Rheintals erzwangen die Sieger die Rekatholisierung. Der Abt von St. Gallen wurde wieder in seine Hoheitsrechte eingesetzt. Die Toggenburger durften aber ihren reformierten Glauben behalten. In politischer Weisheit beschränkten sich die fünf Orte auf Forderungen, die ihnen nach allen Seiten freie Verbindungen mit dem katholischen Europa garantierten, die Umkreisung durch reformierte Orte und reformierte gemeine Herrschaften verhinderten und eine erneute Wirtschaftsblockade verunmöglichten. Bis zum dritten Landfrieden im Jahr 1656 war dieser Vertrag neben den alten Bünden und Abkommen maßgebendes Grundgesetz des eidgenössischen Staatenbundes.

3. Auswirkungen des zweiten Landfriedens

Krise in Zürich

Die evangelischen Orte hatten im Krieg 1300 Mann verloren. Die meisten davon waren Zürcher, welche die Hauptlast am Krieg zu tragen hatten. In Zürich löste das militärische und politische Fiasko

Der Berner Bär schwingt ein zweischneidiges, das Wort Gottes und die Reformation symbolisierendes Schwert; mit dieser Darstellung begrüßte der Lausanner Jurist Jehan Loys Blécheret die Eroberung der Waadt durch die Berner Armee unter Hans Franz Nägeli im Jahr 1536.

denn auch eine schwere Krise aus. Zwingli war gefallen, die Reformation im Wanken, das Vertrauen in die politische Führungsschicht schwer erschüttert und der Staat hoch verschuldet. Leo Jud, dem Freund und Mitarbeiter Zwinglis, gelang es, die Zürcher von der Rückkehr zum Katholizismus abzuhalten. Auch die Landschaft bekannte sich klar zur Reformation, verlangte aber von der Stadt, nicht mehr ohne ihre Einwilligung Krieg zu führen. Die Geheimen Räte sollten abgeschafft werden. Auch sollten die gewählten Räte ohne Einmischung von Ausländern (Schwaben) regieren. Von den Pfarrern erwartete man, daß sie das Wort Gottes predigten und sich nicht mehr in weltliche Sachen mischten. Man wünschte sich auch friedliebende Prediger und wollte vor deren Wahl konsultiert werden. Die Obrigkeit nahm diese Begehren an und konnte durch ihre Einsicht die Einheit des Landes retten und ihre Herrschaft wieder aufbauen. Die in Zürich, Konstanz und vor allem in Basel aufgenommenen Gelder zahlte man innert zehn Jahren zurück. Bern, Basel und Schaffhausen erlitten keine innenpolitische Krise wie Zürich. Ihre und Solothurns kriegsbedingte Schulden waren rasch amortisiert.

Neue Ausweitung der städtischen Territorien

In den nun folgenden Jahren konzentrierten sich die Orte wieder vermehrt auf die Ausdehnung und Verwaltung ihrer Hoheitsgebiete. Davon waren aber ausgerechnet die fünf siegreichen inneren Orte ihrer geographischen Lage wegen ausgeschlossen. Schaffhausen, Zürich, Basel und vor allem Freiburg, Bern und dem Wallis gelang es, größere und kleinere Herrschaften zu erwerben. Dabei hatte Zürich im Norden durchwegs die glücklichere Hand als seine Nachbarn. Die Herrschaft Wädenswil schnappte es den Schwyzern und Zugern vor der Nase weg. Am linken Rheinufer gelegene Herrschaften entzog es dem Einfluß Schaffhausens. Basel schickte sich an, seine Macht im Laufental und im bischöflichen Jura zu festigen. Bern, Freiburg und das Wallis dehnten sich nach Westen aus. Die Partikularinteressen der einzelnen Orte ließen besonders zwischen den drei letztgenannten die konfessionellen Gegensätze verblassen. Dies zeigte sich nicht nur anläßlich der Eroberung der savoyischen Gebiete in der Westschweiz, sondern auch bei der Liquidation der Grafschaft Greyerz.

Teilung der Grafschaft Greyerz

Diese war ganz von bernischem und freiburgischem Gebiet umschlossen. Innert wenig mehr als zehn Jahren nach seinem Regierungsantritt im Jahre 1539 hatte der junge luxusliebende Graf Michael seine Grafschaft mit Schulden überladen. Freiburg hatte rund 30000, die Luzerner hatten 23000, die Basler 21000 und andere Gläubiger 10000 Goldsonnenkronen auf ihm stehen. Sein nicht mehr aufzuhaltender Konkurs wurde zu einer gesamteidgenössischen Angelegenheit. Im Namen der Gläubiger konfiszierten die Schiedsleute der dreizehn Orte die Grafschaft und verkauften diese 1555 an Freiburg und Bern. Die beiden Nachfolger des Grafen verpflichteten sich zur Rückzahlung aller auf der Grafschaft stehenden Schulden. Nach der erfolgten Teilung führte Bern im Obergreyerz, in Saanen und Château-d'Œx, die Reformation ein. Auf der Grafschaft standen zur Zeit der Liquidation über 60000 Kronen aus der katholischen und nur 21 000 Kronen aus der reformierten Schweiz. In diesem Fall hatten die finanziellen den konfessionellen Interessen gegenüber die Oberhand gewonnen. Aber mit den bernischen Erwerbungen in der Waadt und im Greyerzer Oberland hat sich das Gleichgewicht zahlenmäßig zugunsten der reformierten Bevölkerung verschoben.

Gegenreformation im Tessin

Beinahe zur selben Zeit entschied sich das Schicksal der reformierten Gemeinde in Locarno. Seit 1535 lehrte der Priester Giovanni Beccaria an der Klosterschule zu San Francesco. Durch sein reformatorisches Wirken bildete sich in Locarno eine evangelische Gemeinde. Auch Lugano wurde von der Bewegung erfaßt. Nach einem mißglückten Glaubensgespräch mußte Beccaria auf Betreiben des Obwaldner Landvogts 1549 die Stadt verlassen. Darauf regierten während sechs Jahren wieder reformierte Landvögte. Doch verstand es der als Landschreiber tätige Urner Walter Roll, dank seiner ständigen Gegenwart dafür zu sorgen, daß der Streit um die evangelische Gemeinde nicht in Vergessenheit geriet. Die mangelnde Einheit unter den reformierten Orten kam ihm gelegen. Die Mehrheit der Gemeinde Locarno entschied, beim katholischen Glauben zu bleiben. Maßnahmen der katholischen Orte brachten die reformierten Gläubigen in arge Bedrängnis. Als diese die reformierten Orte um Hilfe angingen, entschloß man sich, die Glarner und Appenzeller als unparteiische Orte mit der Vermittlung zu beauftragen. Die Schiedsrichter hielten sich an die Bestimmungen des zweiten Landfriedens in bezug auf die gemeinen Herrschaften. Da die Locarner durch einen Mehrheitsbeschluß die Beibehaltung des katholischen Bekenntnisses wünschten, stellte man die Reformierten unter ihnen Ende November 1554 vor die Wahl, wieder katholisch zu werden oder innert dreier Monate auszuwandern.

Beziehungen zu den fremden Mächten

Eine gewisse Mäßigung der innereidgenössischen Verhältnisse zeigte sich vorerst auch in den Beziehungen zu den fremden Mächten. Als 1546 im Reich der deutsche Religionskrieg ausbrach, verhielten sich die eidgenössischen Orte aufgrund eines gemeinsamen Tagsatzungsbeschlusses militärisch neutral. Berns Vorschlag einer Intervention zugunsten der von kaiserlichen Truppen belagerten Stadt Konstanz fand kein Gehör. Basel hielt sich offiziell an die Neutralität, erleichterte aber den bedrängten reformierten Städten des Schmalkaldischen Bunds die Aufnahme von Anleihen. Am Ausgang des Kriegs änderte sich dadurch aber nichts. Konstanz ging der Schweiz endgültig verloren.

Am Krieg, welchen das französische Königshaus in den 1550er Jahren gegen Habsburg führte, nahmen die mit Heinrich II. verbündeten Orte aktiv teil. Einerseits kämpften schweizerische Regimenter in französischem Sold im Piemont, in der Picardie und in Flandern, anderseits liehen die Schweizer dem französischen König über die Finanzplätze Basel und Lyon über eine halbe Million Goldsonnenkronen. An dieser Kriegsfinanzierung betätigten sich Katholiken und Reformierte gemeinsam. Sogar die Genfer beteiligten sich an der interkonfessionellen Finanzbrücke, indem sie den von Schaffhausen,

St. Gallen, Glarus, Uri, Luzern, Bern und Solothurn durch ihre Stadt in den Krieg ziehenden Hauptleuten Darlehen gewährten.

Gefährdete Entspannung

Man konnte also durchaus während beinahe 30 Jahren innereidgenössische Probleme friedlich auf der Basis des Schiedsgerichts lösen sowie finanziell und außenpolitisch eine gemeinsame Linie verfolgen. Zudem brachten die Jahre zwischen 1530 und 1560 einen gewissen wirtschaftlichen Aufschwung, der allem Anschein nach die politischen Glaubenskonflikte ein wenig verschleierte. Mit dem Konzil von Trient, der einsetzenden Gegenreformation und der allgemeinen Verschlechterung der Wirtschaftslage verschärften sich die Gegensätze auch wieder auf der politischen Szene. Dazu war die territoriale Ausdehnung der einzelnen Orte mit der Aufteilung der Grafschaft Greyerz praktisch abgeschlossen. Die eidgenössischen Krisen der zweiten Jahrhunderthälfte standen wieder fast ausschließlich unter dem Zeichen sturer Konfessionspolitik. Die von der Bevölkerungszahl her schwächere katholische Schweiz nützte ihr politisches Übergewicht an der Tagsatzung aus, um einerseits nicht noch mehr ins Hintertreffen zu geraten und anderseits reformierte Gebiete wieder zu rekatholisieren.

4. Die politische Tragweite der Gegenreformation

Die fünf innern Orte und Glarus

Die Reformation war in Glarus nicht stillgestanden. Ein durchaus reformiertes Glarus drohte das im zweiten Landfrieden geschaffene katholische Übergewicht der Orte im allgemeinen abzuschwächen und in den Vogteien Uznach und Gaster, in denen neben Glarus nur noch Schwyz an der Verwaltung beteiligt war, gar in Frage zu stellen. Dem schier unaufhaltbaren Fortschritt des reformierten Glaubens in den Glarner Gemeinden suchten die fünf Orte mit allen möglichen Mitteln entgegenzuwirken, zumal sie ihrer strategisch wichtigen Verbindung mit den katholischen Gebieten der Ostschweiz nicht verlustig gehen wollten. In ihrem Forderungskatalog beriefen sie sich auf frühere Versprechungen der Glarner und verlangten 1559/1560 die Landesverweisung eines zürcherischen reformierten Pfarrers und die Wiedereinführung der Messe in den Gemeinden Linthal und Schwanden. Aegidius Tschudi war Landammann und arbeitete im Einklang mit der Konfessionspolitik der fünf Orte. Er vermittelte diesen Informationen über das politische Vertrauen, das die mehr oder weniger lauen Glarner Katholiken verdienten, beteiligte sich an der Ausarbeitung eines Planes zur gewaltsamen Rekatholisierung der Glarner und entwarf eigenhändig eine Kriegserklärung der fünf Orte an Glarus in Anrufung der von den reformierten Glarnern an ihren katholischen Landsleuten vorgeblich begangenen Vergehen. Schon bereiteten sich die Glaubensparteien zum Krieg.

Wie vor dem ersten Religionskrieg suchten die fünf Orte auch jetzt wieder fremde katholische Alliierte. Wohl fanden sie den moralischen Rückhalt bei Savoyen und dem Papst durch die Vermittlung des

Die Federzeichnung Niklaus Manuel Deutschs zeigt einen Schweizer Söldner unter einer Arkade, auf welcher die Erstürmung der Burg von Castellazzo von 1507 dargestellt ist. Uniformen und Bewaffnung sind die des Schwabenkrieges und der Italienfeldzüge. Im Kampf wird noch mit traditionellen Waffen – Hellebarden und Schilden zum Sturmangriff – gefochten. Artillerie und Handfeuerwaffen kamen kaum zum Einsatz. Nach dem Sieg adelte der französische König Ludwig XII. einige der in seinen Diensten stehenden Schweizer. Hier wird einer der Geadelten dargestellt, gleichsam als Symbol für den sozialen Aufstieg durch das Kriegshandwerk.

Nidwaldner Landammanns Melchior Lussy. Aber das zum Krieg notwendige Geld blieb ihnen trotz Versprechungen versagt. Als sich auch noch herausstellte, daß von Spanien keine Unterstützung zu erwarten war, mußten sie auf ein kriegerisches Eingreifen in Glarus verzichten. Tschudi wurde auch 1560 als Landammann nicht wieder gewählt. Der Weg zu Verhandlungen war offen. Der Landesvertrag von 1564 führte zu einem Kompromiß, zum Simultaneum in der Kirche zu Glarus. Die Zahl der Katholiken nahm aber weiterhin ab. Um 1600 machten sie nur noch rund 22 % der Bevölkerung aus. Diese Minorität kämpfte verbissen um ihr Weiterbestehen. Nach jahrelangen Reibereien konnten sich die Glarner auf einen neuen Landesvertrag einigen. Demnach wurden die Ämter nach einem bestimmten Schlüssel auf die beiden Konfessionen aufgeteilt, getrennte Landsgemeinden abgehalten und die Tagsatzung durch je einen Vertreter der beiden Konfessionen beschickt. 15 Jahre später wurde auch in bezug auf die Landvogteien folgendes festgelegt: In Werdenberg amtierten nur noch reformierte, in Uznach und Gaster nur noch katholische Landvögte. Damit war Glarus wohl noch ein territorial einiger, aber funktionell geteilter Staat.

Bündnis mit Savoyen

Im Frieden von Cateau-Cambrésis von 1559 hatte der Herzog von Savoyen seine in französischem Besitz befindlichen Herrschaftsgebiete zurückerhalten. Er dehnte nun seine Ansprüche auch auf Genf und jene Gebiete aus, die Bern, Freiburg und das Wallis 1536 erobert hatten. Seine Politik fand bei den inneren Orten volles Verständnis, da diese ja des Herzogs Unterstützung suchten, um einerseits im Glarnerhandel hart eingreifen und anderseits das Übergewicht Berns beschneiden zu können. Deshalb schlossen die fünf Orte und Solothurn mit Savoyen einen Allianzvertrag ab, in dem sie den Herzog offiziell als Herrn über die von ihren Miteidgenossen besetzten Gebiete anerkannten. In einem geheimen Beibrief verpflichtete sich Savoyen zu militärischer und finanzieller Unterstützung im Falle eines schweizerischen Religionskriegs. Das führte aber auch zu einem Gegensatz der katholischen Orte zu Freiburg, das jetzt um seine Besitzungen in der ehemals savoyischen Waadt bangen mußte.

Bern, das Wallis und Freiburg waren nun den Forderungen des Herzogs ausgesetzt, der noch von Frankreich und Spanien Rückendeckung erhielt. Die schweizerischen Kontrahenten des Herzogs fanden sich zu keiner entschlossenen Einheit. Nach langen, zähen Verhandlungen verzichtete Bern 1564 im Vertrag von Lausanne auf alle südlich des Genfersees liegenden Herrschaften. Fünf Jahre später trat das Wallis im Vertrag von Thonon das Gebiet westlich Saint-Gingolph an Savoyen ab. Wenigstens blieb ihm mit dem Bezirk Monthey der Zugang zum Genfersee erhalten.

Militärallianz der fünf Orte mit dem Papst

Unterdessen war auch das Konzil von Trient zu Ende gegangen. Eine rein politische Folgeerscheinung davon war die Militärallianz von 1565 zwischen den fünf Orten und Papst Pius IV. Dieser verpflichtete sich, den katholischen Orten im Falle eines gegen sie gerichteten Angriffs Geld- und Truppenhilfe zukommen zu lassen und seine persönliche Garde nur noch mit Schweizern zu besetzen, welche ein Luzerner Hauptmann befehligen sollte. Wenn dieser Vertrag auch nicht von langer Dauer war – Pius IV. starb noch im selben Jahr – so zeigt er doch zusammen mit dem Savoyerbündnis die Entschlossenheit der fünf Orte, den politischen Boden für die Gegenreformation zu bereiten.

Nachdem Bern die Herrschaften Chablais, Ternier-Gaillard und Pays de Gex an Savoyen abgetreten hatte, war das mit der Aarestadt verburgrechtete Genf territorial von seinem einzigen schweizerischen Verbündeten getrennt. Die konfessionellen, sozialen und wirtschaftlichen Verbindungen mit der reformierten Schweiz sowie die finanziellen Beziehungen, die besonders mit Basel und Bern, zeitweise aber auch mit der katholischen Seite bestanden, bewegten die Genfer, sich auch politisch fester mit der Eidgenossenschaft zu verbünden, zumal ein solcher Anschluß der Sicherheit der Stadt dienlich sein mußte. Obwohl der Genfer Michel Roset die Vorteile, welche der Schweiz aus einem engeren Bündnis mit Genf erwachsen konnten, aufs Beste hervorstrich, fand die von Bern unterstützte Initiative nur wenig Gehör. Die fünf inneren Orte wiesen den Antrag Genfs entschieden zurück. Die reformierten Orte zeigten sich wohlwollend, unternahmen aber nichts Konkretes. Nur Freiburg und Solothurn waren an einem Bündnis mit der Rhonestadt interessiert. Als ein erster Vertrag endlich vorlag, verweigerte aber Genf aufgrund einiger unklarer Bestimmungen Siegel und Unterschrift.

Genf eidgenössisch

Erst die 1577 von den fünf Orten mit Savoyen abgeschlossene Allianz brachte die Genferfrage wieder ins Rollen. Bern und Solothurn vereinbarten mit Frankreich 1579 im Vertrag von Solothurn, Genf zu schützen. Wenige Jahre später war auch Zürich infolge der verschärften Haltung Savoyens Genf gegenüber zu einem Bündnis bereit und schloß 1584 mit Bern zusammen einen neuen Burgrechtsvertrag mit Genf. Die Verhärtung der innereidgenössischen politischen und konfessionellen Fronten hatte insofern für die Schweiz positive Folgen, als Savoyen endgültig zugunsten Freiburgs auf die 1536 verlorene Grafschaft Romont verzichtete, Frankreich die Waadt als bernisches Untertanengebiet anerkannte und Genf wenigstens von einigen Orten als eidgenössisch akzeptiert war.

Basel und der Fürstbischof

Auch in der Nordwestschweiz hatte die katholische Gegenreformation politische Krisen ausgelöst. Jakob Christoph Blarer von Wartensee wurde 1575 zum Bischof von Basel gewählt. Von seinem Sitz in Pruntrut wollte er, nachdem er sich als Landesherr den Untertanen gegenüber durchgesetzt hatte, die bischöflichen Hoheitsrechte, die seine Vorgänger der Stadt Basel verpfändet hatten, wieder zurückgewinnen. Dazu benötigte er die Unterstützung der katholischen Orte. Einem 1579 in Luzern abgeschlossenen Bündnis traten die sieben katholischen Orte bei. Der Form nach handelte es sich um ein Verteidigungsabkommen, in der Tat richtete es sich eindeutig gegen Basel. Der Bischof nahm darauf die Rekatholisierung der mit Basel verburgrechteten Gemeinden an die Hand. Den Interventionen der evangelischen Orte gegenüber stellte er sich taub. Auf seinen Rechtskonsulenten, Basilius Amerbach, hörend, schlug Basel dem Bischof vor, den Streit einem eidgenössischen Schiedsgericht zu unterbreiten. Dort verlangte Blarer aber die Unterwerfung ganz Basels unter die bischöfliche Herrschaft. Die Schiedsleute einigten sich 1585 auf einen Kompromiß. Demnach verzichteten Bischof und Domkapitel auf die Stadt, die basellandschaftlichen Ämter und das Münster. Für deren Ablösung bezahlte Basel rund 111 000 Goldsonnenkronen abzüglich der von Blarers Vorgängern gemachten Schulden. Die Stadt mußte das Burgrecht mit den übrigen bischöflichen Ämtern aufgeben. Dort durfte der Bischof die Bevölkerung wieder dem Katholizismus zuführen.

Biel und das südliche Fürstbistum

Nun unternahm Blarer eine ähnliche Aktion gegen Biel. Als zugewandter Ort der Eidgenossenschaft stand die Stadt mit Bern, Solothurn und Freiburg im Burgrecht. Es hatte zusammen mit Bern das Münster- und das St. Immertal reformiert. Der Bischof rechnete nun damit, die beiden Täler durch einen Tauschhandel wieder in seine Gewalt zu bringen. Dafür war er bereit, auf seine Ansprüche in Biel gegen eine zu bestimmende Summe Geld zu Berns Gunsten zu verzichten. Bern ging auf den Vorschlag ein. Der Teilungsvertrag kam 1599 zustande, löste aber in Biel, das damit zu einer Berner Landstadt degradiert worden wäre, und auch in der übrigen Schweiz heftigsten Protest aus. Man wollte einerseits den größten Kanton nicht noch größer werden lassen, anderseits dem Bischof nicht zuviel Macht in die Hände spielen. Der Tauschhandel kam schließlich nicht zustande.

Teilung Appenzells

In Appenzell hatten sich wie in Glarus beide Konfessionen behaupten können. Aber auch hier war die reformierte Bevölkerung gegen Ende des 16. Jahrhunderts in der Überzahl. Nur im Hauptort Appenzell und in den inneren Rhoden gab es eine katholische Mehrheit. Obwohl ein alter Landsgemeindebeschluß die Konfessionswahl den einzelnen Gemeinden nach dem Mehrheitsprinzip überließ, hatten sich die Appenzeller an eine gewisse Toleranz gewöhnt, die in jeder Ortschaft religiöse Minderheiten zuließ. Die Gegenreformation räumte mit dieser Duldsamkeit auf. Kaum hatten sich die Kapuziner in Appenzell niedergelassen, erzwangen die Katholiken Innerrhodens von den reformierten Minderheiten ihrer Gemeinden die Konversion oder die Auswanderung. Nach vergeblichen Protestaktionen gingen die Gemeinden Außerrhodens ihrerseits zur Unterdrückung der katholischen Minderheiten über.

Die Krise wurde noch durch die Uneinigkeit in bezug auf das spanische Bündnis verschärft. Die katholischen Orte wollten Appenzell zum Beitritt bewegen. 1596 sprach sich die Gemeinde Appenzell dazu aus politischen, konfessionellen und finanziellen Gründen bejahend aus. Der reformierte Kantonsteil wollte sich aber nicht zur gleichen Haltung verleiten lassen. Die Tagsatzung schlug den Appenzellern zur Rettung der Situation die Zweiteilung des Landes vor. Diese erfolgte im folgenden Jahr endgültig. Obgleich Gais zu den inneren Rhoden gehörte, schloß es sich dem reformierten Kantonsteil

In den französischen Religionskriegen wurden Artillerie, Kavallerie und berittene Armbrustschützen zur Offensive eingesetzt, doch blieben die Lanzenträger für die Verteidigung unerläßlich. Dort findet man Frankreichs «enfants perdus», die deutschen Landsknechte und die berühmten Schweizer Karrees. In der Schlacht bei Ivry, am 14. März 1590, kämpften Schweizer auf seiten der königlichen Armee Heinrichs IV (unten) und auf seiten der feindlichen Liga (oben) – die politischen und konfessionellen Konflikte zwischen den eidgenössischen Orten wurden so auf die internationale Ebene verschoben (Kupferstich Ende 16. Jahrhundert) an. Das Staatsgut wurde aufgeteilt, ebenso die Stimme Appenzells an der Tagsatzung.

5. Eskalation der Gewalt

Das Ende der Kompromisse

In den meisten Fällen ließen sich so die Streitigkeiten ohne Blutvergießen durch einen Vergleich beilegen. Daß es aber dennoch zu lokalen kriegerischen Auseinandersetzungen kam, lag an der Tatsache, daß der Gegensatz der Glaubensparteien im Lauf der 1580er Jahre immer mehr an Schroffheit zunahm. Gegenseitige Ermahnungen zur Mäßigkeit fruchteten nichts. So wurde eine 1585/86 unternommene Initiative der evangelischen Städte zur Entspannung des konfessionspolitischen Klimas von den katholischen Orten entschieden zurückgewiesen. Der Geist der Gegenreformation ließ auf dem religiösen Gebiet keine Nachgiebigkeit zu. Die Beispiele von Glarus und Appenzell zeigten klar, daß der Katholizismus ohne obrigkeitlichen Rückhalt den Fortschritt der Reformation nicht aufhalten konnte. Man ließ sich deshalb zu immer härterem Eingreifen verleiten. Das Vorbild dazu lieferten die Religionskriege in Frankreich.

Einmischung in die Hugenottenkriege

Die gegenreformatorische Politik der französischen Könige trug von 1560 an effektiv dazu bei, auch die schweizerischen konfessionellen und politischen Gegensätze zu verschärfen. Gleich zu Beginn der französischen Religionskriege liefen die Truppen der katholischen Orte dem König zu, während Bern, Neuenburg und Wallis ihre Söldner den Hugenottenführern zuhielten. Im Lauf der Auseinandersetzungen handelten die reformierten Orte immer aktiver, indem sie den Hugenotten nicht nur Truppen, sondern auch vermehrt Kapital zur Verfügung stellten. König Heinrich III. schritt anscheinend zu wenig konsequent gegen die Hugenotten ein. In Frankreich bildete sich deshalb um die Familie der Guisen eine katholische Front, die Liga, welche vermehrt auch bei den sieben Orten Sympathien gewann. 1586 bildeten diese im Goldenen Bund eine exklusiv katholische Eidgenossenschaft. Bereits ein Jahr später schlossen die fünf Zentralschweizer Orte eine Allianz mit Spanien. Freiburg schloß sich 1588 an. Wirtschaftlich sicherte dieser Vertrag den inneren Orten den freien Warenaustausch mit dem Herzogtum Mailand. Militärisch richtete er sich gegen Frankreich und die Drei Bünde. Im Fall eines schweizerischen Religionskriegs waren die katholischen Orte der spanischen Unterstützung gewiß. Bei allen Beteiligten dürften neben den konfessionellen, politischen und allgemein wirtschaftlichen Aspekten auch

finanzielle Erwägungen bei der Entscheidung mitgespielt haben. Die französischen Pensionen und Bundesgelder flossen nur noch sehr stockend. Trotz heftiger Interventionen Ludwig Pfyffers blieben sie gegen Ende der achtziger Jahre ganz aus. Spaniens Zahlungen füllten die Lücke vorübergehend einigermaßen aus.

In Frankreich kämpften die spanienfreundlichen katholischen Schweizerregimenter auf der Seite der ebenfalls von Spanien gestützten Guisen. Frankreichtreue Solothurner und Freiburger Soldtruppen hielten aber zu Heinrich III., während sich die Verbände der reformierten Orte für den Hugenotten Heinrich von Navarra einsetzten. Katholische wie reformierte Schweizer kämpften mit unterschiedlichem Erfolg. Nach dem Zusammenschluß der beiden Heinriche gegen die Guisen fochten die vereinten reformierten und katholischen königstreuen Truppen gegen die Liga.

Genf kann sich halten

Unterdessen war zwischen Genf und Savoyen Krieg ausgebrochen. Der Herzog, welcher seine Ansprüche auf Genf nicht aufgeben wollte, umschnürte die Stadt seit 1586 mit einer Wirtschaftsblockade. Genf riß aber die Initiative an sich und löste 1589, von seinen französischen und schweizerischen Verbündeten finanziell und militärisch unterstützt, den Krieg gegen den Herzog aus. Nach anfänglichen Siegen ließ der französische General Sancy die Genfer und Berner allein und zog mit seinen Truppen nach Paris, um dem König im Kampf gegen die Liga beizustehen. Militärische Rückschläge bewegten Bern im Oktober zum faulen Frieden von Nyon. Genf blieb dem von den inneren Orten unterstützten Herzog überlassen. Unter dem Druck der öffentlichen Meinung zu Stadt und Land nahm Bern allerdings den Kampf wieder auf.

Eine endgültige Befriedung der Genferseegegend erreichte man weder mit dem Waffenstillstand von 1593 noch mit dem Frieden von Vervins, der 1598 den Krieg zwischen Frankreich, Spanien und Savoyen beendete. Im Frieden von Lyon ging Genf sogar das Pays de Gex, welches die Rhonestadt im Krieg erobert hatte, an Frankreich verloren. Der Herzog versuchte 1602 noch einmal, Genf in seine Gewalt zu bringen. Doch die *Escalade* mißlang. Unter Vermittlung neutraler schweizerischer Orte einigte man sich in Saint-Julien auf einen Frieden, der in den wesentlichsten Punkten für Genf günstig ausfiel.

Intervention in Mülhausen

In den achtziger Jahren des 16. Jahrhunderts war es aber auch in Mülhausen zu einer konfessionell-politischen Krise gekommen. Die Stadt war seit 1515 mit allen dreizehn Orten verbündet. Als zugewandter, mehrheitlich reformierter Ort hatte es aber kaum noch Beziehungen zu den katholischen Orten. In einem Rechtsstreit suchten zwei Mülhauser Bürger, die Brüder Fininger, bei den katholischen Orten Unterstützung. Diese versuchten für die beiden Brüder zu intervenieren, wurden aber vom Mülhauser Rat 1586 abgewiesen. Die katholischen Orte und Appenzell reagierten mit der Aufkündigung des alten Bunds. Die Fininger benützten die darauf folgende Unzufriedenheit der Mülhauser Bürgerschaft zur erfolgreichen Aus-

Die Luzerner Armee schlägt die Berner in der Schlacht bei Villmergen 1656

Als die Stadt und Republik Genf nach fast einem Jahrhundert wiederholter Verteidigungskriege gegen Savoyen und dessen expansive Territorialpolitik im Dezember 1602 auch die Escalade glücklich überstanden hatte, schrieb man diesen wie die vorangegangenen Siege über den Erzfeind der Allmacht und dem besonderen Schutz Gottes für die eigene gerechte Sache zu. Ein Detail des Gedenkblattes (im Medaillon rechts) zeigt Genf als unversehrte Arche Noah nach dem Sturm (Radierung von François Diodati, 1667–1670).

lösung eines Aufruhrs. Die bisherigen Obern wurden gefangengenommen. Für die Stadt bahnte sich die Zwangsrekatholisierung an.

Ein Vermittlungsversuch der reformierten Orte schlug jetzt ebenfalls fehl. Darauf handelten diese rasch und hart. Truppen aus Zürich, Schaffhausen, Bern und Basel nahmen Mülhausen im Sturm. Die Aufständischen wurden gerichtet, die gestürzte Regierung wieder eingesetzt, die alte Ordnung wieder hergestellt und zur Wahrung der inneren Sicherheit eine ständige Garnison zurückgelassen. Der Protest der katholischen Orte blieb unbeachtet. 1588 verbündeten sich Bern und Zürich erneut mit Straßburg, nachdem die Tagsatzung dessen Gesuch um Beitritt zur Eidgenossenschaft aus konfessionellen Gründen abgewiesen hatte. Im Elsaß, dem Kornhaus und Weinkeller der Schweiz, schien dadurch der Einfluß der reformierten Orte gewährleistet.

1593 trat Heinrich IV. zum katholischen Glauben über. Die Liga gab ihren Widerstand allmählich auf. Die Kompanien der inneren Orte, welche gegen den König gestritten hatten, zogen heim. Die Politik der Anhänger Savoyens, Spaniens und der Liga hatte weder in den französischen noch in den genferischen Kriegen Erfolg gehabt. Heinrich IV. erließ 1598 das Edikt von Nantes, welches Frankreich zum gemischt-konfessionellen Land machte. Genf blieb unabhängig und mit einem Teil der Eidgenossenschaft verbündet. Die Rekatholisierung Mülhausens war mißlungen. Dazu stand jetzt Straßburg wieder mit den reformierten Orten im Bund. Anläßlich der Allianzerneuerung mit dem französischen König waren 1602 endlich die dreizehn Orte inklusive Zürich zugegen. Die reformierten und gemäßigten katholischen Orte, welche Heinrich IV. im Kampf um die Krone die Treue gehalten hatten, erhielten sämtliche rückständigen Pensionen und Bundesgelder ausbezahlt. Die inneren Orte mußten die Ausstände von acht Jahren abschreiben.

Das Wallis bleibt katholisch

Erfolg war den inneren Orten wenigstens im Wallis beschieden. Dort war der Bischof von Sitten formell noch oberster Landesherr. Die eigentliche politische Gewalt hatten ihm aber die sieben oberen Zenden nach und nach abgerungen, so daß er Ende des 16. Jahrhunderts nicht mehr viel zu sagen hatte. Auch das gemeinsame Organ, der Landrat, bewirkte keine besonders starke Bindung unter den Gemeinden. Als zugewandter Ort der Eidgenossenschaft war das Wallis mit den sieben Orten, mit Bern und mit den Drei Bünden assoziiert, um im gemeinsamen Interesse die Großmächte von den Alpenpässen fernzuhalten.

Die Reformation hatte hauptsächlich in den unteren Zenden Sitten und Leuk Eingang gefunden. Das war möglich gewesen, weil die Bischöfe im 16. Jahrhundert nicht durchgreifend gegen die Reformation vorgegangen waren. Doch hatte die evangelische Bewegung unter dem Bauernvolk keine bedeutenden Fortschritte gemacht. Die oberen Zenden blieben mehrheitlich bewußt katholisch. Um 1600 war Adrian von Riedmatten, Neffe und Generalvikar des amtierenden Bischofs von Sitten, im Begriff, Kapuziner und Jesuiten ins Wallis zu holen. Darin unterstützten ihn die Gesandten der katholischen Orte. Eine Einsprache der reformierten Orte und der Drei Bünde fand kein Gehör. Aber der Landrat zögerte. Der Protestantismus hatte nämlich in den führenden Schichten Fuß gefaßt, die dem Bischof die Herrschaft streitig machten und gleichzeitig den Einfluß der Volksversammlungen einzuschränken suchten. Die fünf Orte entschieden darauf, die ländliche Bevölkerung für Riedmattens Reformpolitik zu begeistern. Dazu gebrauchten sie die Mazze, eine Holzkeule, in welche man als Zeichen seiner Teilnahme an einer Volkserhebung Nägel einschlug und welche die aufgebrachte Menge mit sich trug.

Der Mazzenaufstand war eine alte, volkstümliche und rohe Form der kommunalen Meinungsäußerung. Da die Obrigkeit diese plötzlich auftretenden Volkserhebungen nicht kontrollierte, hatte der Landrat oft versucht, sie einzudämmen oder abzuschaffen – doch ohne Erfolg. Die Gemeinden ließen sich die Mazze nicht nehmen. Die Gesandtschaft der fünf Orte begann 1603 die Gemeinden systematisch zur Bekämpfung und Vertilgung des «neuen» Glaubens aufzufordern. Bewußt setzte man auf die Begeisterungsfähigkeit des Volkes und auf die Möglichkeit, die Mazze zu entfesseln. Bewaffnetes Volk sammelte sich tatsächlich um die Gesandten, die Menge wurde immer größer, stärker und gewalttätiger. So zog man bis nach Sitten, wo der Landrat nach zaghaften Protestversuchen nachgab. Im folgenden Jahr verfügte er, die Protestanten hätten zum Katholizismus zurückzukehren oder wegzuziehen, der Besuch reformierter Schulen wie auch die Lektüre reformierter Bücher sei allen Wallisern verboten. Die emigrierten Protestanten, soweit sie der Oberschicht angehörten, kehrten aber bald wieder zurück und übten weiterhin einen maßgebenden Einfluß aus. In den 1620er und 1630er Jahren stellten sie sogar mit Michael Mageran den Landeshauptmann und mit Sebastian Zuber den Landschreiber. Erst die Tätigkeit der Reformorden und der Druck der außenpolitischen Umstände brachten den Protestantismus allmählich zum Verschwinden.

Als Riedmatten im Jahr 1604 zum Bischof von Sitten gewählt wurde, konnte er sich ganz der kirchlichen Erneuerung hingeben. Er versuchte aber auch, seine Stellung als Landesherr zu festigen. Nach seinem Tod setzte der Landrat jedoch einen Erlaß durch, der die Rechte des Bischofs eingreifend beschnitt und die Genehmigung aller bischöflichen Erlasse durch die Zenden und Gemeinden vorschrieb. Da sich der neue Bischof, Hildebrand Jost, diesen Bestimmungen nicht unterwerfen wollte, wurden ihm seine wenigen Rechte als Landesherr aberkannt. Während der Bischof ins Exil ging, rief der Landrat die Republik aus. Analog zu der Entwicklung in den dreizehn Orten setzten sich aber auch hier die regierenden Familien in der politischen Willensbildung nicht nur auf Kosten des Bischofs, sondern auch der Gemeinden durch.

6. Die Schweiz im Dreißigjährigen Krieg

Bündnispolitik Zürichs und Berns

Um sich aus der katholischen Umklammerung zu befreien, haben Zürich und Bern im letzten Jahrzehnt vor dem Ausbruch des Dreißigjährigen Kriegs mehrere außenpolitische Bündnisse abgeschlossen. Über den Markgrafen von Baden-Durlach verbanden sie sich lose mit der protestantischen Union im Reich. Zürich trat dem Genfer Schirmvertrag und dem französischen Soldbündnis von 1614 bei, um mit dieser Rückversicherung eine von Frankreich unabhängige Politik betreiben zu können. Durch einen Sold- und Beistandsvertrag mit Venedig versuchten die beiden großen reformierten Städte, dem spanischen Einfluß in den Drei Bünden und der Eidgenossenschaft entgegenzuwirken. Gegen Spanien richtete sich auch das Abkommen, welches Bern mit Savoyen abschließen konnte, nachdem der Herzog ausdrücklich auf die Waadt verzichtet und den Frieden von Saint-Julien bestätigt hatte. Die Verflochtenheit der Verbindungen barg Gefahren in sich. Die Verträge hatten aber auch den Vorteil, daß sie einander z.T. neutralisierten, und zwar so, daß sich die daran beteiligten Orte der Eidgenossenschaft mit einiger Vorsicht aus dem großen europäischen Krieg heraushalten konnten.

Die Bündner Wirren

Dieser verschonte die Drei Bünde nicht. Nebst deren geopolitischer Lage zog die innenpolitische Zerrissenheit den Krieg ins Land. In den Drei Bünden besaßen die 48 Gerichtsgemeinden eine fast unbeschränkte Autonomie. Obwohl ein höchstes Organ, der Bundestag, bestand, bürgte dieses doch nicht für Einheit. Finanzkraft und Kriegsführung lagen ganz im Bereich der einzelnen Gemeinden. Ähnlich wie im Wallis den Mazzenaufstand gab es hier den Fähnlilupf, eine tumultartige Mobilisierung unter der Fahne der Gemeinde zur Durchführung spontaner Strafaktionen oder Rachezüge.

Es ist der weitgehenden Gemeindeautonomie zuzuschreiben, daß die Reformation im allgemeinen friedlich angenommen wurde. Zwei Drittel des Gebiets waren schließlich reformiert, zehn Gemeinden wählten die Parität. Die Stadt Chur, der Zehngerichtebund und der Gotteshausbund (Engadin) waren zur Hauptsache reformiert, im Grauen Bund dominierten zusammen mit der Abtei Disentis als geistlichem Zentrum die Katholiken. Wo sich die Reformation entfaltet hatte, intensivierte sie noch die bereits fortgeschrittene Föderalisierung. Hier waren die eifrigen Pfarrer überaus volksverbunden. Tragendes Element der Reformation war hier auch die rätoromanische Sprache. Die rätische Synode übte einen starken Einfluß auf das politische Leben aus. Aber wirtschaftlich und politisch gegensätzliche Interessen verursachten Fehden unter den führenden Familien und Clans. Dies zeigte sich besonders im z.T. auch konfessionell bedingten Streit zwischen den Planta und den Salis. Johann von Plantas katholische Politik brachte die reformierte Bevölkerung in Empörung und endete 1572 mit seiner Verhaftung und Hinrichtung im Rahmen eines von den Salis geleiteten Fähnlilupfs.

Anarchie in Graubünden – dargestellt in einer Karikatur aus dem Jahr 1615 durch einen Mann mit vielen Tier- und Menschenköpfen, darunter die von Jürg Jenatsch, Pompeius und Rudolf von Planta. Korruption und unkontrollierte Auslandabhängigkeit führten in eine Sackgasse, was hier durch drei umgekehrte Geldbeutel – einen venezianischen, einen französischen und einen spanischen – angedeutet wird, aus denen Zechinen, Kronen und Dublonen zu Boden fallen, ohne daß die untereinander uneinigen Häupter dies beachten.

Obwohl der Dreisiegelbrief von 1574 die tumultuarischen Erhebungen und Fähnlilupfe verbot und unter strenge Strafe stellte, machte sich der von einzelnen führenden Köpfen angeheizte Volkszorn wiederholt Luft. Die gegenseitigen Strafaktionen mündeten aber in die Anarchie. Besonders verheerend wirkten die Volksstrafgerichte von 1618/1619, als sich ihr Terror nicht mehr nur auf Graubünden beschränkte, sondern vermehrt auf die ennetbirgischen Vogteien Chiavenna, Veltlin und Bormio übergriff. Die mehrheitlich katholischen Veltliner antworteten dort mit gleicher Münze, indem sie die reformierte Bevölkerung in einer vorbedachten Mordaktion beseitigten. Zugleich drängten die Häupter der katholischen Parteien auf ein Eingreifen Spaniens und der inneren Orte.

Eine Besetzung Graubündens lag im Interesse Spaniens, welches dadurch zwischen Mailand und dem österreichischen Tirol eine direkte Verbindung herstellen konnte. Die internationale Lage war dazu günstig. Die Drei Bünde waren mit Venedig nicht mehr alliiert. Frankreich, dessen Außenpolitik zwischen dem Tod Heinrichs IV. und dem Amtsantritt Richelieus große Schwächen aufwies, erhob keinen Einspruch. Die konfessionell zerstrittene Eidgenossenschaft schien nicht in der Lage, den mit ihr alliierten Drei Bünden wirkungsvoll beizustehen. Somit konnten spanische Truppen 1620 ins Veltlin eindringen und die Österreicher das Münstertal angreifen. Von Bern und Zürich entsandte Hilfstruppen zogen sich nach mißglückter Intervention wieder zurück. Dafür griff der Abt von Disentis mit

Die Ermordung der reformierten Veltliner während eines Gottesdienstes im Juli 1620 war eine Bluttat, die nicht nur aus konfessionellen Gründen von den protestantischen Zeitgenossen verurteilt wurde, sondern auch wegen der verhängnisvollen politischen Rückwirkungen auf die ganze Eidgenossenschaft. In der Tat wurden die Drei Bünde durch Anarchie und konfessionelle Exzesse in den Dreißigjährigen Krieg hineingezogen (Flugblatt von 1620).

innerschweizerischen Söldnern vom Grauen Bund aus auf der spanischen Seite in den Kampf ein.

Dies war der Auftakt zu einem zwei Jahrzehnte dauernden Krieg, der Graubünden wechselweise den spanischen, österreichischen und auch französischen Heeren auslieferte. Dabei blieb das Land zerrissen und die Bevölkerung entzweit. Der schwelende Bürgerkrieg und die unkontrollierten Volkserhebungen gegen die fremden Besatzungen lieferten stets Begründungen zur fremden Einmischung. Auch eignete sich die geographische Lage des Zehngerichtebundes vorzüglich als Durchgang der habsburgischen Truppen. Diese wurden aber, nachdem sich Frankreich seit der Machtübernahme durch Kardinal Richelieu im Einverständnis mit Venedig und Savoyen erstmals 1624 zum Eingreifen entschlossen hatte, um die feindliche Verbindung zwischen Mailand und Innsbruck zu unterbrechen, von der unter dem Herzog von Rohan kämpfenden französischen Armee 1635/1636 vertrieben. Der französische Befriedungsplan für die Drei Bünde und das Veltlin stieß aber auf kein einhelliges Verständnis. Tatsächlich erreichte der militärisch und politisch einflußreiche reformierte Pfarrer Jürg Jenatsch mit seinem Übertritt zum Katholizismus, durch Intrigen und Verschwörungen den Abzug der Franzosen.

Damit bekam Spanien wieder die Oberhand. Im Mailänder Kapitulat von 1639 erhielt Bünden zwar seine italienischen Untertanengebiete zurück. Diese mußten aber katholisch bleiben. Spanien behielt sich das Aufsichtsrecht über die Verwaltung dieser Vogteien und die Benützung der Bündner Pässe vor. Einige Jahre später erreichten die

Drei Bünde auch mit viel Ausdauer und Geld, welches sie bei den reformierten eidgenössischen Städten aufnahmen, einen Ausgleich mit Österreich, welches damit seine Ansprüche auf die Gebiete des Zehngerichtebunds aufgab.

Neutralität der Eidgenossenschaft

Im Gegensatz zu den Drei Bünden gelang es der Eidgenossenschaft, sich aus dem Dreißigjährigen Krieg herauszuhalten, obwohl auch hier die konfessionell bedingten Sympathien den Graben zwischen den Orten hätten vertiefen können. Nachdem man anfangs noch in die Bündner Wirren eingegriffen hatte, drängte sich die eidgenössische Neutralität immer mehr auf. Das Stillehalten war aber nicht nur ein Gebot der Vorsicht, sondern eine Frage der Existenz. Als erster bekam der Markgraf von Baden den Neutralitätswillen der reformierten Orte zu spüren, als ihm die Erneuerung des Beistandspaktes nicht mehr gelang. Dann bekannten sich auch die inneren Orte zur Neutralität, als sie sich der geringschätzigen Behandlung seitens der spanischen Diplomatie ausgesetzt sahen.

In den zehn ersten Kriegsjahren bildete sich eine eidgenössische Kompromißbereitschaft, die sich im konsequenten Festhalten der Tagsatzung an der Neutralität zeigte. Das Bedürfnis, den Krieg vom eigenen Land fernzuhalten, bewegte auch zugewandte Orte wie die Fürstabtei von St. Gallen, sich an die Anweisungen der Tagsatzung zu halten. Entgegen ihrer vertraglichen Verpflichtung verweigerten die inneren Orte den Spaniern die Öffnung der Alpenpässe. Ein schwedisches Bundesangebot wies die Tagsatzung mit dem Hinweis auf die schon bestehenden Abkommen zurück. Auch die reformierten Orte verhielten sich hier zurückhaltend, obwohl König Gustav Adolfs Botschafter ihre Neutralität verurteilte und sie des Verrats am wahren Glauben bezichtigte.

Die Schweiz und ihre Nachbarn 1648

Obrigkeit und Untertanen. Frankreich vor den Toren von Basel

- ● unabhängige Städte
- ▇ souveräne Staaten
- ✢ absolute Fürstentümer
- ░ unterworfene Länder
- ▥ französische Erwerbungen von 1648

F	Frankreich
Ö	Österreich
Bi	Biel
G	Gersau
R	Rottweil
BA	Bistum Basel
E	Abtei Engelberg
SG	Abtei St. Gallen
NE	Grafschaft Neuenburg
MH	Mülhausen

Dennoch blieben der Eidgenossenschaft innere Krisen nicht erspart. Übereifrige Solothurner überfielen 1632 eine Abteilung bernischer Soldaten, die zur Hilfeleistung nach Mülhausen eilten und ohne Voranzeige durch die Klus bei Balsthal zogen. Im darauffolgenden Jahr beschuldigten die inneren Orte Zürich zu Unrecht, der Belagerung der Stadt Konstanz durch die Schweden Vorschub geleistet zu haben. Bern erhielt von Solothurn Genugtuung, indem die Hauptschuldigen hingerichtet beziehungsweise verbannt wurden. Die katholischen Orte ließen sich zu einem Racheakt gegen Kilian Kesselring, einen ihrer Ansicht nach pflichtvergessenen Kommandanten des thurgauischen Landsturms, hinreißen. Im übrigen konnte man sich bis zum Ende des Kriegs beherrschen.

Auf internationaler Ebene blieb 1636 ein Versuch eidgenössischer Friedensvermittlung erfolglos. Dafür lief man zwei Jahre darauf Gefahr, in den Krieg verwickelt zu werden, als der Herzog von Weimar das Bistum Basel und die vorderösterreichischen Städte Waldshut, Laufenburg, Säckingen und Rheinfelden besetzte. Einhellig erließ die Tagsatzung Durchmarschverbote gegen alle kriegsführenden Armeen und rief sämtliche Orte und Zugewandten auf, treu zusammenzuhalten. Als dann neben den kaiserlichen auch noch schwedische und französische Truppen das Bistum Basel heimsuchten, überließen die katholischen Orte den mit ihnen verbündeten Bischof seinem Schicksal.

Das Defensionale von Wil

Die wachsende Gefahr und sich häufende Grenzverletzungen ließen den Wunsch nach einem eidgenössischen Defensionale aufkommen. Einem exklusiv reformierten Defensionswerk widerstrebte Basel in den 1620er Jahren, weil es eine gesamteidgenössische Lösung anstrebte. Eine bernische Initiative scheiterte 1629 an der Tagsatzung, ebenso der französische Vorschlag einer von Frankreich zu finanzierenden *armée volante*. Als sich dann Basel 1638/39 mit einem Plan meldete, waren Bern und Zürich nicht mehr einverstanden. Erst als die militärische Lage durch das Vordringen der Schweden zum Bodensee 1646/1647 wieder bedrohlich wurde, beschloß man in Wil ein eidgenössisches Defensionale ausschließlich zum Schutze von Thurgau, Rheintal und Sargans. Im Lauf des Kriegs haben die reformierten Städte, vor allem Zürich, ihre Befestigungen teilweise erweitert und verbessert. In bezug auf Ausbildung und Bewaffnung der Truppen geriet die Schweiz mehr und mehr in Rückstand. Die schweizerischen Zeitgenossen haben es denn auch als höhere Fügung und Gnade empfunden, daß der Eidgenossenschaft die Greuel des Kriegs erspart geblieben waren.

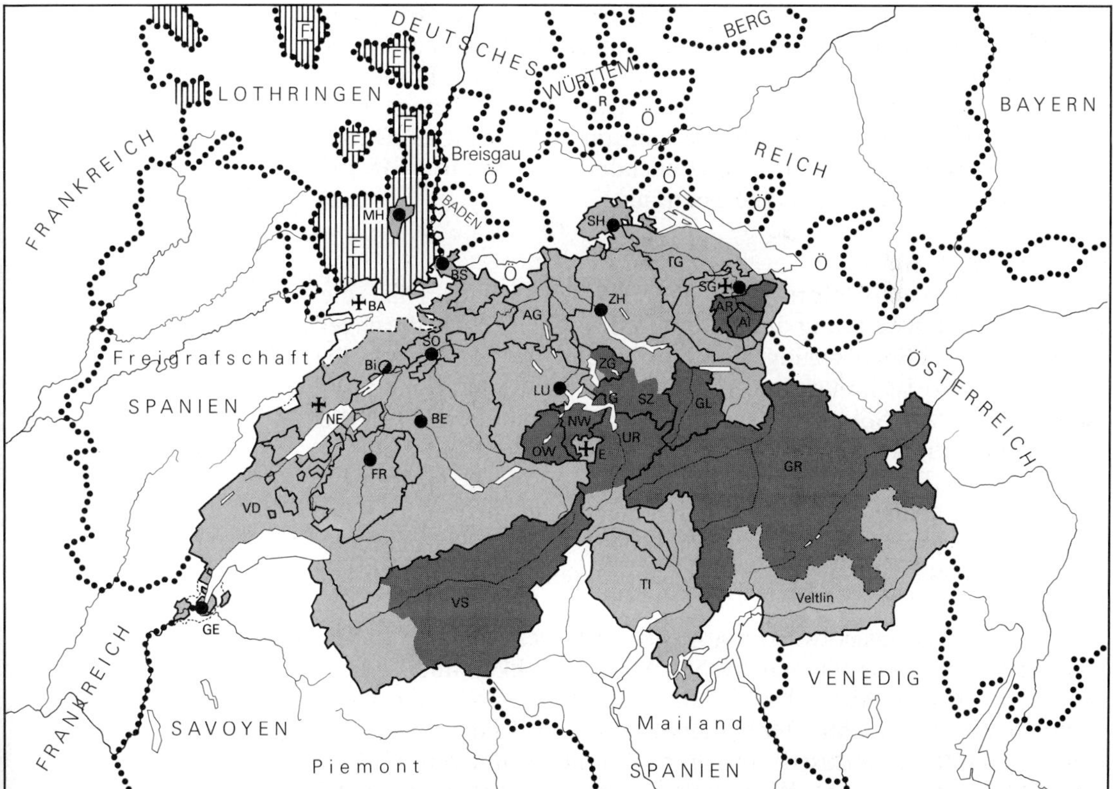

Der Westfälische Friede

Die Eidgenossen hatten seit jeher die Gewohnheit, sich in die wichtigen europäischen Friedensverträge einschließen zu lassen. Auch am Ende des Dreißigjährigen Kriegs hatten sie wieder eigene Interessen zu vertreten. Einerseits bedeuteten die französischen Ansprüche im Elsaß eine Bedrohung der Schweiz. Anderseits wollte Basel endlich in einem klaren Verhältnis zum Reich stehen, da man seine Kaufleute dort wiederholt gerichtlich belangte unter dem Vorwand, Basel, Schaffhausen, Appenzell und St. Gallen seien im Frieden von 1499 nicht inbegriffen und unterständen noch der Rechtsprechung des Reichskammergerichts. Deshalb arbeiteten vorerst der französische Gesandte und der kaiserliche Vertrauensmann in der Eidgenossenschaft gemeinsam der Entsendung einer schweizerischen Delegation zu den Friedensverhandlungen in Westfalen entgegen.

Als der Basler Bürgermeister Johann Rudolf Wettstein im Dezember 1646 dennoch nach Münster reiste, besaß er nur die Legitimation der vier reformierten Städte und der beiden Zugewandten Biel und St. Gallen. Die gesamte Tagsatzung hatte hier wieder einmal versagt. Dennoch erreichte Wettstein, daß Basel von der Zugehörigkeit zum Reichsgericht losgesprochen wurde. Darauf gedachte man an der Tagsatzung, die diplomatische Initiative der reformierten Orte doch noch im Namen der dreizehn Orte zu unterstützen. Auch gelang es, das Wohlwollen des Herzogs von Orléans-Longueville, Graf von Neuenburg und Leiter der französischen Delegation bei den Friedensverhandlungen in Westfalen, zu gewinnen. Das gab den Forderungen des Basler Diplomaten mehr Gewicht. Der Stadt Basel und den übrigen Orten der Eidgenossenschaft sicherten die Verträge denn auch den Besitz voller Freiheit und Exemtion vom Reich zu. Damit erhielt ein geschichtlich längst feststehender Sachverhalt 1648 die reichs- und völkerrechtliche Anerkennung.

Die Schweiz im europäischen Umfeld

Im Zeitalter der Reformation und Gegenreformation hat die Schweiz ihre Entwicklung im europäischen Gleichmaß durchgemacht. Die hohe Bevölkerungsmobilität brachte mit den Einwanderern neue Ideen, Techniken und Kapitalien in das Land. Temporäre Wanderungen von Söldnern, Handwerkern und Schülern ließen die Schweizer über ihre Grenzen blicken und fremde Sitten und Gebräuche annehmen. Dazu gehörten auch die geistigen Werte der Renaissance und des Humanismus, die in unserem Land die religiöse Erneuerung mindestens ebenso früh wie in Deutschland hervorbrachten und weit über die enggesetzten Landesgrenzen hinausstrahlen ließen.

Die Bevölkerungsentwicklung paßte sich gezwungenermaßen derjenigen Europas an, da man die Seuchensterblichkeit und Versorgungskrisen bis zur Mitte des 17. Jahrhunderts wie anderswo nicht einzudämmen vermochte. Hochkonjunktur und Rückschläge der Landwirtschaft, der Industrie, des Handels und der Banken spiegeln ebenfalls die internationale Wirtschaftsentwicklung. Selbst die politische Struktur, in der die Schweizer bis zu einem gewissen Grad als Staatenbund eigene Wege gingen, zeugt von der europäischen Tradition und verrät mit dem Wachsen des Patriziats und des Absolutismus den Einfluß allgemeiner Tendenzen, wobei demokratische und republikanische Elemente den Weg zum Zentralismus versperrten.

Für die sozialen und politischen Spannungen und Krisen finden sich ebenfalls Parallelen in den Nachbarländern, mit dem Unterschied vielleicht, daß sich die Schweizer im allgemeinen rascher als ihre Nachbarn mit Kompromißlösungen abfanden. Wahrscheinlich lag das aber weniger an den Schweizern selbst als am politischen System, welches niemand zu mächtig werden ließ. Die traditionelle Rechtspflege des Schiedsgerichts wirkte hier moderierend mit. Dieser Kompromißzwang, der für manchen Beteiligten sicher frustrierend war, ersparte den Schweizern, von einigen Ausnahmen abgesehen, lange, verheerende Kriege im eigenen Land und ermöglichte das Erarbeiten eines gewissen Wohlstandes. Außenpolitisch verzichtete die Schweiz gezwungenermassen auf jegliche Großmachtpolitik sowie nach 1536 auch auf weitere territoriale Eroberungen und zog demgegenüber eine vorsichtige, bewaffnete Neutralität vor. Dies entspricht auch dem Bild, das man sich damals im Ausland von der Schweiz machte.

Weil sie die mittelalterlichen Befestigungsanlagen für ungenügend hielten, bauten mehrere Schweizer Städte im 17. Jahrhundert – Jahrzehnte nach den italienischen und flämischen Städten – moderne Schanzen, die sie allerdings nie zum Schutz vor fremden Armeen brauchten. Nach dem Bauernkrieg von 1653 erhöhten die neuen Befestigungsanlagen jedoch die Sicherheit der über eine ständig wachsende Zahl ländlicher Untertanen herrschenden Städte (Ofenkachel, Rathaus Zürich, 1698).

Bibliographie und Forschungsstand

Allgemeine Literatur

Die Quellen und Literaturverzeichnisse im Handbuch der Schweizer Geschichte, Bd. 1, Zürich 1972, bleiben unentbehrliche Grundlage für die Kenntnis des schweizerischen 16. und 17. Jahrhunderts. Unter den zahlreichen, im Handbuch aufgeführten Werken berücksichtigen wir jene, welche für die in unserem Kapitel behandelte Zeitspanne grundlegendes Wissen vermitteln. Durch die vorliegende Bibliographie soll der Leser aber vor allem auf die reichhaltige Forschung seit 1970 aufmerksam gemacht werden. Darstellungen älteren Datums, welche noch immer als unerläßliche Grundlage der schweizerischen Geschichte gelten, aber den chronologischen Rahmen dieses Kapitels sprengen, sind im allgemeinen Literaturverzeichnis zu finden. Neuere Werke zur allgemeinen Geschichte berücksichtigen die schweizerischen Beiträge unterschiedlich, wobei das 16. mehr als das 17. Jahrhundert Beachtung findet. Stark Rechnung getragen wird der schweizerischen Geschichtsschreibung bei J.-F. Bergier, J. Boisset, A. Chatelet, J.-C. Margolin, C. Verlinden, B. Vogler, L'Avènement des temps modernes, Paris 1977, sowie im Handbuch der europäischen Geschichte, wo ihr zwei Kapitel gewidmet sind, nämlich: Die Entstehung des neuzeitlichen Europa, Bd. 3, Stuttgart 1971, wo H. von Greyerz die Zeit zwischen 1499 und 1648 behandelt, und Europa im Zeitalter des Absolutismus und der Aufklärung, Stuttgart 1968, wo A. Staehelin die Entwicklung von 1648–1789 darstellt.

In den Arbeiten zur allgemeinen Wirtschaftsgeschichte spürt man bei H. Hausherr, Wirtschaftsgeschichte der Neuzeit vom Ende des 14. bis zur Höhe des 19. Jahrhunderts, 4. durchgesehene Aufl., Köln, Wien 1970, noch sehr wenig von den Publikationen schweizerischer Historiker. Etwas mehr werden diese bei F. Mauro, Le XVIe siècle européen. Aspects économiques, Paris 1966, und The Cambridge Economic History of Europe, v. 4: The Economy of Expanding Europe in the 16th and 17th Centuries, Cambridge 1967, berücksichtigt. Nur F. Mauro nimmt auf A. Hauser, Schweizerische Wirtschafts- und Sozialgeschichte, Erlenbach-Zürich 1961, Bezug. Die Schweizer Stadt nimmt einen wichtigen Platz ein bei H. Mauersberg, Wirtschafts- und Sozialgeschichte zentraleuropäischer Städte in neuerer Zeit. Dargestellt an den Beispielen Basel, Frankfurt a. M., Hamburg, Hannover und München, Göttingen 1960. F. Braudel schreibt die Civilisation matérielle, Economie et Capitalisme, XVe–XVIIIe siècles, 3 Bde., Paris 1979, ohne auf die schweizerische Historiographie Bezug zu nehmen.

Demographie

Die jüngere schweizerische Forschung beschäftigt sich vermehrt mit der Bevölkerungsentwicklung der Schweiz, so O. Sigg, Bevölkerungs-, agrar- und sozialgeschichtliche Probleme des 16. Jahrhunderts am Beispiel der Zürcher Landschaft, in: Schweizerische Zeitschrift für Geschichte 1974; H. P. Höhener, Bevölkerung und Vermögensstruktur der Stadt Sankt-Gallen im 16. und 17. Jahrhundert (Auswertung der Steuerbücher), Zürich 1974; A. Perrenoud, La population de Genève du XVIe au début du XIXe siècle. Etude démographique, 1re partie: Structures et mouvements, Genève 1979; S. Bucher, Die Pest in der Ostschweiz, St. Gallen 1979. Dazu ein origineller Aufsatz von E. Le Roy Ladurie, Un concept: l'unification microbienne du monde (XIVe–XVIIe siècles), in: Schweizerische Zeitschrift für Geschichte 1973. Aber auch die Arbeiten von S. Bucher, Bevölkerung und Wirtschaft des Amtes Entlebuch im 18. Jahrhundert, Luzern 1974, H. Burri, Die Bevölkerung Luzerns im 18. und frühen 19. Jahrhundert, Luzern 1975, und F. Gschwind, Bevölkerungsentwicklung und Wirtschaftsstruktur der Landschaft Basel im 18. Jahrhundert, Liestal 1977, gehen teilweise bis ins 16. Jahrhundert zurück. Erwähnung verdient auch eine noch ungedruckte Arbeit von N. Furrer, L'attitude de la diète valaisanne face à la peste aux XVIe et XVIIe siècles d'après les recès de la diète, Lausanne 1978. Grundlegend erwies sich auch hier L. Schelbert, Einführung in die schweizerische Auswanderungsgeschichte der Neuzeit, Zürich 1976. Verschiedene Untersuchungen sind im Gange oder noch nicht publiziert: B. Mugglin, V. Wyss, Bevölkerungsentwicklung von Olten, 17. bis 19. Jahrhundert; L. Hubler, Histoire démographique de Vallorbe, fin XVIe–XIXe siècles. Ebenfalls mit der Pest befassen sich drei am Medizinhistorischen Institut der Universität Zürich bearbeitete Themen: Die Pest im alten Winterthur, Die Pest und Pestbekämpfung im alten Solothurn, Schweizerische Pestschriften in deutscher Sprache 16.–17. Jahrhundert.

Obwohl das Quellenmaterial für das 16. und 17. Jahrhundert z. T. sehr lückenhaft ist, dürfte eine auf breiterer Basis angelegte Forschung auf die Bevölkerungsentwicklung und das Bevölkerungsverhalten neues Licht werfen, vorausgesetzt, daß man sich nicht nur auf in sich abgeschlossene Lokalmonographien beschränkt. Von quantitativen, geographischen und sozialgeschichtlichen Standpunkten aus noch ungenügend erforscht sind auch die Inland- und Regionalwanderungen.

Agrargeschichte

Der schweizerischen Landwirtschaft sind einige wenige Aufsätze gewidmet. Mit der durch die strukturelle Veränderung der Produktion bedingten Umgestaltung des Landschaftsbildes befassen sich A. Hauser, Spätmittelalterliche Forst- und Landwirtschaft in der Sicht des Luzerners Cysat (1545–1614), in: Der Geschichtsfreund 1974; R. Tuor, Boltigen. Ein Beitrag zur historischen Siedlungsgeographie im Simmenthal, in: Berner Zeitschrift für Geschichte und Heimatkunde 1975; N. Morard, Les premières enclosures dans le Canton de Fribourg à la fin du Moyen Age et le progrès de l'individualisme agraire, in: Schweizerische Zeitschrift für Geschichte 1971. In Anlehnung an dieses Thema verstehen sich auch W. Bodmer, L'évolution de l'économie alpestre et du commerce de fromage du XVIe siècle à 1817 en Gruyère et au Pays d'Enhaut, in: Annales fribourgeoises 1967, sowie W. Bodmer und R. Ruffieux, Histoire du Gruyère du XVIe au XXe siècle, Fribourg 1972; A. Dubois, L'exportation de bétail suisse vers l'Italie du XVIe au XVIIIe siècle, in: Internationaler Ochsenhandel (1350–1750), Stuttgart 1979 (Beiträge zur Wirtschaftsgeschichte, 9).

Lange nach W. Pfister, Getreide- und Weinzehnten und Getreidepreise 1565–1770 im bernischen Aargau, in: Argovia 1940, erhält die quantitative Erforschung der Getreideproduktion mit zwei Arbeiten von A.-L. Head-König, B. Veyrassat-Herren, La production agricole du Plateau suisse aux XVIIe et XVIIIe siècles, in: Schweizerische Zeitschrift für Geschichte 1970, sowie Les revenus décimaux à Genève de 1540 à 1783, in: Les fluctuations du produit de la dîme. Conjoncture décimale et domaniale de la fin du Moyen Age au XVIIIe siècle, Paris, La-Haye 1972, neuen Aufschwung. Dazu zählt auch A.-L. Head-König, La mesure de la production et des rendements céréaliers en Allemagne et en Suisse à l'époque moderne, in: Proceedings of the Seventh International Economic History Congress, v. 1, Edinburgh 1978, und Les fluctuations des rendements et du produit décimal céréaliers dans quelques régions du Plateau suisse (1500–1800), in: Schweizerische Zeitschrift für Geschichte 1979. In derselben Richtung gehen Lausanner Lizentiatsarbeiten von Ph. Heuby, J. Christinet, V. Nicot und P. Monbaron über die Zehnterträge in den Landvogteien Romainmôtier, Orbe-Echallens und Lausanne zur Zeit der bernischen Verwaltung wie auch die Forschung von CH. PFISTER über die Berner Zehnten. Auch die agrargeschichtlichen Arbeiten M. MATTMÜLLERS (Basel) und seiner Mitarbeiter, die zwar mehrheitlich das Ende des Ancien Régime betreffen, tragen zur Kenntnis des 16. und 17. Jahrhunderts bei.

Handel, Preise und Kornpolitik werden behandelt bei A.-M. DUBLER, Das Fruchtwesen der Stadt Basel von der Reformation bis 1700, Basel 1969, H. WERMELINGER, Lebensmittelteuerung, ihre Bekämpfung und ihre politischen Rückwirkungen in Bern vom ausgehenden 15. Jahrhundert bis in die Zeit der Kappelerkriege, Bern 1971, und A. RADEFF, Les prix des céréales à Lausanne de 1550 à 1720, in: Revue historique vaudoise 1978.

Eng mit der Getreideproduktion verknüpft ist das Müllereigewerbe. Die Studie von A.-M. DUBLER, Müller und Mühlen im alten Staat Luzern, Luzern 1979, darf hier als origineller Beitrag zur Kenntnis der Entwicklung eines kapitalintensiven ländlichen Unternehmens gewertet werden. Neue Impulse zur Erforschung der Landwirtschaft gingen auch von E. LE ROY LADURIE aus. In einigen in Le territoire de l'historien, Paris 1973, zusammengestellten Aufsätzen plädiert er unter anderem mit schweizerischem Material für eine Geschichte ohne Menschen; das Klima wird zur Aufgabe für Klio: Pour une Histoire sans les hommes. Le Climat, nouveau domaine de Clio; vom gleichen Autor sehe man auch: Histoire du climat depuis l'an mil, Paris 1967. Zu diesem Bereich zählt auch von A.-M. PIUZ, Climat, récolte et vie des hommes à Genève, XVIe–XVIIIe siècles, in: Annales Economies – Sociétés – Civilisations 1974, sowie von M. PELLEGRINI, Materiali per una storia del clima nelle Alpi lombarde durante gli ultimi cinque secoli, in: Archivio Storico Ticinese 1974. M. ORGIS bearbeitet zur Zeit das Thema Wirtschaft, Recht und Bevölkerung der Luzerner Landschaft im 17. Jahrhundert. Die wichtigen Stadt-Land-Beziehungen behandelt A. RADEFF, Lausanne et ses campagnes au XVIIe siècle, Lausanne 1981 (Bibliothèque historique vaudoise, 69).

Auch in der Agrargeschichte bedarf die Forschung noch einer breitangelegten geographischen Basis in bezug auf den Strukturwandel, das Klima, die Zehnterträge und die Produktivität. Die laufenden Untersuchungen von CH. PFISTER, Das Klima der Schweiz von 1525 bis 1860 und seine Bedeutung in der Geschichte von Bevölkerung und Landwirtschaft, zeigen diesbezüglich, daß eine engere interdisziplinäre Zusammenarbeit angebracht wäre; das gesamte Beobachtungsmaterial zu diesem Buch (über 30000 Records) für den Zeitraum 1525 bis 1863 ist in Form einer Datenbank (CLIMHIST) in lesbarer Form gespeichert.

Industrie und Handwerk

Im Bereich von Industrie und Handwerk bleibt W. BODMER, Die Entwicklung der schweizerischen Textilwirtschaft im Rahmen der übrigen Industrien und Wirtschaftszweige, Zürich 1960, unentbehrlich. Ergänzend dazu von A. HAUSER, Schweizerische Wirtschafts- und Sozialgeschichte, Erlenbach-Zürich 1961, und J.-F. BERGIER, Naissance et croissance de la Suisse industrielle, Bern 1974 (Monographien zur Schweizergeschichte, 8), sowie auf dem Gebiet der Textilindustrie von H.-C. PEYER, Wollgewerbe, Viehzucht, Solddienst und Bevölkerungsentwicklung in Stadt und Landschaft Freiburg i. Ue. vom 14. bis 16. Jahrhundert, in: Agrarisches Nebengewerbe und Formen der Reagrarisierung im Spätmittelalter und 19./20. Jahrhundert, Stuttgart 1975. Eng mit diesem z. T. landwirtschaftlichen Thema verbunden vom gleichen Autor: Wollproduktion und Wolleinfuhr in der Schweiz vom 12. bis 17. Jahrhundert, in: La lana come materia prima, Firenze 1974.

Das wachsende Interesse an den auf der Landschaft angesiedelten Industrie- und Handwerkszweigen bezeugen laufende Forschungsarbeiten: A.-M. DUBLER, Handwerk, Gewerbe und Zunft in Stadt und Landschaft Luzern; M. VERNEZ, Les salines de Bex et les problèmes du sel des origines à la fin du 17e siècle; M. STEINER, La métallurgie de l'ancien évêché de Bâle sous l'Ancien Régime. Auf dem Gebiet der städtischen Industrie in Bearbeitung stehende Themen: P. FINK, Geschichte der Basler Seidenbandindustrie 1570–1800, und P. GRANDEY, Die solothurnische Waffenproduktion im 15.–16. Jahrhundert, in: Jahrbuch für solothurnische Geschichte 1980. Als besonderes Handwerk aus schweizerischer Sicht ist der fremde Solddienst zu bewerten: G. BERTHOUD, Valanginois au service étranger au XVIe siècle, in: Musée neuchâtelois 1978; H. STEFFEN, Die Kompanien Kaspar Jodok Stockalpers. Beispiel eines Soldunternehmens im 17. Jahrhundert, Brig 1975; H.-C. PEYER, Die wirtschaftliche Bedeutung der fremden Dienste für die Schweiz vom 15. bis 18. Jahrhundert, Nürnberg 1978 (Beiträge zur Wirtschaftsgeschiche, 5).

Welche technologische Entwicklung haben in der Schweiz Handwerk und Industrie mitgemacht? Eine systematisch angewandte Industriearchäologie dürfte auf diesem Gebiet weiterhelfen; man vergleiche dazu bereits etwa P.-L. PELET, Fer, charbon, acier dans le pays de Vaud. Les sources archéologiques, Lausanne 1973 (Bibliothèque historique vaudoise, 49), und L'archéologie industrielle, science ou fiction? Une question de définition, in: Schweizerische Zeitschrift für Geschichte 1981. Auch die Entfaltung von Gewerbe und Handwerk auf der Landschaft ist noch ungenügend erforscht.

Handel, Preise und Löhne

Gewichtig sind die neueren Beiträge zur schweizerischen Handels- und Preisgeschichte, die meist direkt oder indirekt durch H. AMMANNS Arbeiten inspiriert sind. Dies trifft besonders auf die Quellenveröffentlichungen und Untersuchungen auf dem Gebiet des Straßen- und Zollwesens zu: W. SCHNYDER, Handel und Verkehr über die Bündner Pässe im Mittelalter zwischen Deutschland, der Schweiz und Oberitalien, 2 Bde., Zürich 1973–1975; W. BODMER, Ursachen der Veränderungen des Verkehrsvolumens auf der Wasserstraße Walenstadt–Zürich von 1600 bis 1800, in: Schweizerische Zeitschrift für Geschichte 1977; F. GLAUSER, Der Gotthardtransit von 1500 bis 1660. Seine Stellung im Alpentransit, in: Schweizerische Zeitschrift für Geschichte 1979; J.-F. BERGIER, Simplon ou Mont-Cenis. Deux mémoires sur la concurrence des voies transalpines vers 1600, in: Festschrift für H. Hassinger: Erzeugung, Verkehr und Handel in der Geschichte der Alpenländer, Innsbruck 1977. Unter den verschiedenen Handelsgütern findet das Salz seiner wirtschaftlichen Bedeutung wegen besondere Beachtung bei A. Dubois, Die Salzversorgung des Wallis 1500–1600. Wirtschaft und Politik, Winterthur 1965, bei B. FRITZSCHE, Der Zürcher Salzhandel im 17. Jahrhundert, Zürich 1964, sowie in einer allerdings noch nicht veröffentlichten Lausanner Lizentiatsarbeit von J. SCHMID, La reprise de la ferme du sel en Valais par Gaspard Jodok Stockalper. Aber auch dem Korn als Grundnahrungsmittel der Bevölkerung werden einige Monographien meist mit Preisangaben gewidmet: A.-M. DUBLER, Das Fruchtwesen der Stadt Basel von der Reformation bis 1700, Basel 1969; H. WERMELINGER, Lebensmittelteuerungen, ihre Bekämpfung und ihre politischen Rückwirkungen in Bern vom ausgehenden 15. Jahrhundert bis in die Zeit der Kappelerkriege, Bern 1971; A. RADEFF, Les prix des céréales à Lausanne de 1550 à 1720, in: Revue historique vaudoise 1978.

Mehr zur Handels- und Wirtschaftspolitik bei A.-M. PIUZ, Affaires et politique. Recherches sur le commerce de Genève au XVIIe siècle, Genève 1964, bei H. C. PEYER, Von Handel und Bank im alten Zürich, Zürich 1968, und bei W. BODMER, Die Wirtschaftspolitik Berns und Freiburgs im 17. und 18. Jahrhundert, in: Archiv des Historischen Vereins des Kantons Bern 1973. Die Präsenz von im Ausland, insbesondere in Lyon und Leipzig tätigen Schweizer Kaufleuten wird ebenfalls gewürdigt: R. GAS-

CON, Grand commerce et vie urbaine au XVIe siècle. Lyon et ses marchands (environs de 1520–environs de 1580), 2 v., Paris, La Haye 1971; F. LENDENMANN, Schweizer Handelsleute in Leipzig. Ein Beitrag zur Handels- und Bevölkerungsgeschichte Leipzigs und Kursachsens vom beginnenden 16. Jahrhundert bis 1815, Bern 1978. Grundlegend für die schweizerische Präsenz in Lyon bleibt E. WILD, Die eidgenössischen Handelsprivilegien in Frankreich, 1444–1635, St. Gallen 1915. Betreffend Schweizer Handelswege und Handelsverbindungen siehe die Karte von H. AMMANN, Wirtschaft und Verkehr im Spätmittelalter um 1500, in: Handbuch der deutschen Wirtschafts- und Sozialgeschichte, Bd. 1, Stuttgart 1971.

Eine schweizerische Preis- und Lohngeschichte fehlt noch immer. Es wird noch einiger Regionalmonographien bedürfen, bevor man einen klaren Vergleich mit den Arbeiten von W. ABEL anstellen kann. Neben einigen Spezialuntersuchungen über einzelne Messeorte, wie z. B. von W. BODMER, Die Zurzacher Messen von 1530–1856, in: Argovia 1962, verfügt man nur über spärliche Informationen über das schweizerische Markt- und Messenetz, dessen geographische Struktur und zeitliche Funktion.

Münzen und Geld

Die Literatur zur schweizerischen Münz- und Geldgeschichte läßt sich in zwei Kategorien aufteilen: in kantonale Einzeldarstellungen und in Beiträge zur allgemeinen Geldzirkulation. Mit bestimmten schweizerischen Münztypen befaßt sich H. U. GEIGER, Entstehung und Ausbreitung des Batzens, in: Schweizerische Numismatische Rundschau 1972; C. MARTIN behandelt die Rolle ausländischer Münzen: De quelques monnaies italiennes circulant en Suisse centrale au début du XVIe siècle, in: Quaderni ticinesi di numismatica e antichità classiche, Lugano 1978; Le Valais dans la lutte, aux XVIe siècle, contre les monnaies étrangères, in: Vallesia 1978. Der gesamten Münzzirkulation widmen sich E. B. CAHN, Zwei Münzschatzfunde und ihre Aussage zum Geldumlauf in der Schweiz zwischen 1580 und 1630, in: Schweizerische Numismatische Rundschau 1973; M. KÖRNER, Zum Geldumlauf in der Schweiz 1500–1629, in: Schweizerische Münzblätter 1977; D. DE ROUGEMONT, Taux et circulation des monnaies à Neuchâtel 1590–1681, in: Schweizerische Numismatische Rundschau 1979. Die jüngste, gründliche Untersuchung der zu Beginn des Dreißigjährigen Krieges die Schweiz überrollenden Geldkrise verdanken wir A. DUBOIS, Une crise monétaire au XVIIe siècle. La Suisse pendant les années 1620–1623, in: Etudes des lettres 1973.

In erster Linie sollte man die Untersuchung der allgemeinen Münzzirkulation und des sozialpolitischen Gewichts, welches der Besitz oder Nichtbesitz von Bargeld hatte, weitertreiben. Numismatische Publikationen wären für die Preis- und Lohngeschichte um einiges nützlicher, wenn Gewicht und Feingehalt der in der Schweiz geprägten und zirkulierenden Münzen angegeben würden. Sodann sollte man Aufschluß erhalten über die unterschiedlichen Grade der Monetarisierung der Wirtschaft, über die Zusammenhänge zwischen Zahlungsbilanz und Geldmarkt, über die Versorgung mit hochwertigen Münzen, über die unterschiedliche Geldpolitik der einzelnen Kantone und über das ganze Wechselgeschäft. Zu letzterem vergleiche man neuerdings A. DUBOIS, Eins gleich Eins. Einige Überlegungen zur Theorie und zur Geschichte der Wechselkurse vom Hochmittelalter bis zum Ausgang des Ancien Régime, in: Festgabe für M. Silberschmidt: Geschichte in der Gegenwart, Zürich 1981.

Banken und öffentliche Finanzen

Einige Arbeiten haben die Bank- und Finanzgeschichte zum Gegenstand. J.-F. BERGIER, Zu den Anfängen des Kapitalismus. Das Beispiel Genf, Köln 1972; A. DUBOIS, Economie alpine et capitaux urbains. Les investissements du Genevois Hippolyte Rigaud en Valais au début du XVIIe siècle, in: Schweizerische Zeitschrift für Geschichte 1979. M. KÖRNER, Solidarités financières suisses au XVIe siècle, Lausanne 1980, gilt als Beitrag zugleich zur Geld-, Bank- und Finanzgeschichte. Diesen Arbeiten gehen andere, auf die staatlichen und kirchlichen Finanzen gerichtete Nachforschungen voraus: D. HEUSCHEN, Reformation, Schmalkaldischer Bund und Österreich in ihrer Bedeutung für die Finanzen der Stadt Konstanz 1499–1648, Konstanz 1969; O. SIGG, Die Entwicklung des Finanzwesens und der Verwaltung Zürichs im ausgehenden 16. und 17. Jahrhundert, Bern 1971; M. KÖRNER, Die Kreditgeschäfte der Stadt Schaffhausen im 16. Jahrhundert, in: Schaffhauser Beiträge zur vaterländischen Geschichte 1974; vom selben Autor Réforme et sécularisation des biens ecclésiastiques, in: Schweizerische Zeitschrift für Geschichte 1974. Die Forschung geht weiter: zum Thema Banken und Finanzen mit M. KÖRNER, Der Luzerner Staatshaushalt 1415–1798, Luzern 1981, und derselbe, Schweizerische Wechselkurse 15.–18. Jahrhundert. Betreffend die Verwendung des Kirchen- und Klostergutes: A. BEGUIN, Les comptes du chapitre collégial de Neuchâtel 1530–1537; A. KASPAR, Die wirtschaftlichen Verhältnisse des Domkapitels Basel zwischen Reformation und Revolution 1450–1800; R. NÄGELI, St. Blasier Besitz im Kanton Zürich, 15.–18. Jahrhundert.

Ein umfangreiches Quellenmaterial wartet in den Archiven auf die Untersuchung der strukturellen und konjunkturellen Entwicklung der Finanzhaushalte der Kantone, Städte und kirchlichen Einrichtungen. Hier einige Forschungsgebiete: der Steuer-, Gebühren- und Unternehmerstaat; die Finanz- und Investitionspolitik der Obrigkeit; der Staatshaushalt als Spiegel der Wirtschaftskonjunktur. Die Forschung müßte auch auf diesem Gebiet zu schweizerischen und europäischen komparativen Arbeiten hinführen.

Staat und Gesellschaft

Auf dem Gebiet von Staat und Gesellschaft sind vorab die Veröffentlichungen von Urkunden, Landratsabschieden und Rechtsquellen zu erwähnen, so etwa Die Walliser Landratsabschiede seit dem Jahre 1500, bearbeitet von B. TRUFFER, Bd. 3: 1529–1547, Sion 1973, Bd. 4: 1548–1565, Sion 1977, Bd. 5: 1565–1575, Sion 1980. Eine ausgezeichnete Gesamtübersicht über die Verfassungsgeschichte der Eidgenossenschaft von den Anfängen bis zum Ende des Ancien Régime bietet – seit A. HEUSLER, Schweizerische Verfassungsgeschichte, Basel 1920 – neuerdings H. C. PEYER, Verfassungsgeschichte der Alten Schweiz, Zürich 1978. Man vergleiche zu diesem Thema auch F. ELSENER, Das Majoritätsprinzip in konfessionellen Angelegenheiten und die Religionsverträge der Schweizerischen Eidgenossenschaft vom 16. bis 18. Jahrhundert, in: Zeitschrift der Savigny-Stiftung für Rechtsgeschichte (Kanonistische Abteilung) 1969; R. HAUSWIRTH, Zur Realität des Reiches in der Eidgenossenschaft im Zeitalter der Glaubenskämpfe, in: Festgabe L. von Muralt, Zürich 1970; K. MOMMSEN, Auf dem Wege zur Staatssouveränität. Staatliche Grundbegriffe in Basler juristischen Doktordisputationen, Bern 1970; P. BLICKLE, Landschaft im Alten Reich, München 1973. F. WALTER, Niederländische Einflüsse auf das eidgenössische Staatsdenken im späten 16. und frühen 17. Jahrhundert, Zürich 1979, weist auf neue Aspekte des aufkommenden Absolutismus in der Schweiz hin. Zum Verhältnis zwischen Kirche und Staat vergleiche man P. RÜCK, Die letzten Versuche Sebastians von Montfaucon (1517–1560) zur Wiederherstellung der bischöflichen Verwaltung in den katholischen Teilen der Diözese Lausanne, in: Schweizerische Zeitschrift für Geschichte 1966; vom selben Autor, Bischof und Nuntius im Bemühen um den Wiederaufbau der Diözese Lausanne nach der Reformation 1565–1598, in: Schweizerische Zeitschrift für Geschichte 1968; CH. WEBER-HUG, Der

Klosterhandel von Luzern, Bern 1971. Die Regierungs- und Verwaltungsform einzelner Orte und Untertanengebiete behandeln: H. HÜSSY, Das Finanzwesen der Stadt Zürich im Zeitalter der Reformation, Zürich 1946; O. SIGG, Die Entwicklung des Finanzwesens und der Verwaltung Zürichs im ausgehenden 16. und 17. Jahrhundert, Bern 1971; R. AERNI, Johannes Jacob von Staal und das Solothurner Stadtrecht von 1604, Zürich 1974; F. HÄUSLER, Das Emmental im Staate Bern bis 1798. Die altbernische Landesverwaltung in den Ämtern Burgdorf, Trachselwald, Signau, Brandis und Sumiswald, 2 Bde., Bern 1958–1968; W. MÜLLER, Landsatzung und Landmandat der Fürstabtei St. Gallen. Zur Gesetzgebung eines geistlichen Standes vom 15. bis zum 18. Jahrhundert, St. Gallen 1970; A.-L. PONCET, Châtelains et sujets dans la campagne genevoise, Genf 1973; D. ANEX, Le servage au Pays de Vaud XIIIe–XVIe siècles, Lausanne 1973; A. PASTORE, Nella Valtelina del tardo cinquecento: fede, cultura, società, Milano 1975; G. BERGER-LOCHER, Neuchâtel sous l'occupation des douze cantons, 1512–1529. Contribution à la connaissance de la gestion des baillages communs sous l'Ancien Régime, Neuchâtel 1975; H. BILLETER, Die Landvogtei Maintal (Valle Maggia und Lavizzara). Die eidgenössische Herrschaft von 1513 bis 1798, Zürich 1977.

Einige Untersuchungen sind den politischen Führungsschichten gewidmet: R. HAUSWIRTH, Politische Führungsschicht und Reformation, in: Zwingliana 1970; E. FABIAN, Geheime Räte in Zürich, Bern, Basel und Schaffhausen. Quellen und Untersuchungen zur Staatskirchenrechts- und Verfassungsgeschichte der vier reformierten Orte der Alten Eidgenossenschaft (einschließlich der Zürcher Notstandsverfassung). Mit Namenlisten 1339/1432–1798 (1800), Köln 1974; K. MESSMER, P. HOPPE, Luzerner Patriziat. Sozial- und wirtschaftsgeschichtliche Studien zur Entstehung und Entwicklung im 16. und 17. Jahrhundert. Mit einer Einführung von H. C. PEYER, Luzern 1976. Über besondere Probleme des Schweizer Adels informiert W. KUNDERT, Die Aufnahme von Schweizern ins Domkapitel Konstanz 1526–1821, in: Zeitschrift für Schweizerische Kirchengeschichte 1974.

Mit der Vermögensbildung und der Vermögensstruktur befassen sich J. ZIMMERMANN, Die Vermögensverhältnisse der Familie Ziegler in Schaffhausen in der ersten Hälfte des 16. Jahrhunderts, in: Schaffhauser Beiträge zur vaterländischen Geschichte 1970; H. P. HÖHENER, Bevölkerung und Vermögensstruktur der Stadt St. Gallen im 16. und 17. Jahrhundert (Auswertung der Steuerbücher), Zürich 1974. Demgegenüber finden die Probleme der ärmeren Volksschichten besondere Beachtung bei A.-M. PIUZ, Alimentation populaire et sous-alimentation au XVIIe siècle. Le cas de Genève, in: Schweizerische Zeitschrift für Geschichte 1968, und bei A.-M. DUBLER, Armen- und Bettlerwesen in der Gemeinen Herrschaft «Freie Ämter», 16. bis 18. Jahrhundert, Basel, Bonn 1970. Politische, soziale und ökonomische Aspekte des städtischen Lebens werden behandelt bei: E. W. MONTER, De l'évêché à la Rome protestante, und A.-M. PIUZ, De la Réforme aux lumières, beide Beiträge in: Histoire de Genève, Genève 1974: R. GUERDAN, La vie quotidienne à Genève au temps de Calvin, Paris 1973; B. LESCAZE, Crimes et criminels à Genève en 1572, in: Pour une histoire qualitative, Genève 1975; M. GASSER, Zürich von außen gesehen. Die Stadt im Urteil ihrer Besucher vom Ende des 15. bis zur Mitte des 18. Jahrhunderts, Zürich 1973.

Die laufende Forschung befaßt sich vornehmlich mit Staatsverwaltung und Oberschichten: C. PETTENATTI, Landständische Verfassung und städtischer Territorialstaat. Die «Trois états de Vaud» im Jahre 1536 und nach der Eingliederung der savoyischen Waadt in den Stadtstaat Bern; S. FÄRBER, Der Bündner Herrenstand im 17. Jahrhundert; U. SCHMUKI, Die Steuerbücher von Schaffhausen.

Des weiteren sollte man nach Möglichkeit auch die mittleren und unteren Volksschichten individuell und kollektiv vermehrt erfassen, damit die gesamte Gesellschaftsstruktur überschaubar wird. Obwohl bereits eine große Zahl schweizerischer Sozialunruhen bekannt sind, fehlt zu diesem Thema eine systematische, kritische Gesamtdarstellung.

Reformation

Die Reformation in der Schweiz wird erwartungsgemäß in in- und ausländischen Handbüchern und Forschungsberichten gewürdigt, und zwar aus reformierter wie aus katholischer Sicht: E. ISERLOH, J. GLAZIK, H. JEDIN, Handbuch der Kirchengeschichte, Freiburg i. Br. 1967; J. DELUMEAU, Naissance et affirmation de la Réforme, Paris 1968; H. JEDIN, R. BÄUMER, Die Erforschung der kirchlichen Reformationsgeschichte, Darmstadt 1975; R. PFISTER, Kirchengeschichte der Schweiz, Bd. 2: Von der Reformation bis zum zweiten Villmergerkrieg, Zürich 1973; Historiographie de la Réforme, Paris, Neuchâtel, Montréal 1977.

Die jüngsten Arbeiten über Zwingli befassen sich wohl noch mit dessen Politik, suchen aber auch vermehrt dessen Theologie neu zu deuten: W. BENDER, Zwinglis Reformationsbündnisse, Zürich 1970; E. KOBELT, Die Bedeutung der Eidgenossenschaft für Huldrych Zwingli, Zürich 1970; M. HAAS, Huldrych Zwingli und seine Zeit. Leben und Werk des Zürcher Reformators, Zürich 1969; G. W. LOCHER, Huldrych Zwingli in neuer Sicht. Zehn Beiträge zur Theologie des Zürcher Reformators, Zürich 1969; F. BÜSSER, Huldrych Zwingli. Reformation als prophetischer Auftrag, Göttingen 1973. Die seit Jahren intensiv betriebene Zwingliforschung verlangte eine Standortbestimmung, worüber gleich zwei Arbeiten vorliegen: U. GÄBLER, Huldrych Zwingli im 20. Jahrhundert. Forschungsgebiet und annotierte Bibliographie 1897–1972, Zürich 1975; F. BÜSSER, Das katholische Zwinglibild von der Reformation zur Gegenwart, Zürich, Stuttgart 1968. Zu erwähnen wären jedoch auch ältere Werke zu den Anfängen der Reformation in der Schweiz: E. EGLI, Schweizerische Reformationsgeschichte, Bd. 1, Zürich 1910, und O. VASELLA, Reform und Reformation in der Schweiz. Zur Würdigung der Anfänge der Glaubenskrise. Katholisches Leben und Kämpfen im Zeitalter der Glaubensspaltung, Münster 1958.

Einige Beiträge zur Reformationsgeschichte werfen vermehrt Licht auf andere Männer um und nach Zwingli: C. ZÜRCHER, Konrad Pelikans Wirken in Zürich 1526–1556, Zürich 1975; Bullinger-Tagung 1975, Zürich 1977; Gesammelte Aufsätze zum 400. Todestag Heinrich Bullingers. 1504–1575, 2 Bde., Zürich 1975; H. BULLINGER, Werke, bis jetzt 2 Bde.: Bibliographie und Briefwechsel 1524–1531, Zürich 1972–1973; K.-H. WYSS, Leo Jud. Seine Entwicklung zum Reformator, Bern 1975. Über den St. Galler Reformator Vadian ist ein von C. BONORAND und G. KISCH gezeichnetes Büchlein erschienen: Aus Vadians Freundes- und Schülerkreis in Wien. Vadians Valla-Ausgaben, St. Gallen 1965; es ergänzt das grundlegende Werk W. NÄFS, Vadian und seine Stadt St. Gallen, 2 Bde., St. Gallen 1944–1947.

Beachtung heischt auch die stark mit Zürich verbundene Reformation in Konstanz: H. C. RUBLACK, Die Einführung der Reformation in Konstanz von den Anfängen bis zum Abschluß 1531, Karlsruhe 1971; J. VÖGELI, Schriften zur Reformation in Konstanz 1519–1538, 2 Halbbde., Tübingen 1972. Zur Reformation in der Westschweiz: H. NAEF, Les origines de la Réforme à Genève, 2 v., Genève 1936–1968; G. BERTHOUD, Antoine Marcourt, réformateur et pamphlétaire, Genève 1973, und Calvinus catholicus. Die katholische Calvinforschung im 20. Jahrhundert, Basel, Wien 1974; U. PLATH, Calvin und Basel in den Jahren 1552 bis 1556, Zürich 1974; Registres de la Compagnie des Pasteurs de Genève, v. 1–5, Genève 1962–1976. Die Veröffentlichung der Korrespondenz von Theodor Beza ist 1973 und 1976 mit den Jahren 1566 und 1567 fortgeschritten. Mit einer neuen Persönlichkeit um den Nachfolger Calvins macht uns O. FATIO bekannt:

Méthode et théologie. Lambert Daneau et les débuts de la scolastique réformée, Genève 1976. Über die Möglichkeit und das Funktionieren eines Wegs der Mitte berichtet K. MAEDER, Die Via Media in der Schweizerischen Reformation. Studien zum Problem der Kontinuität im Zeitalter der Glaubensspaltung, Zürich 1970. Einen wertvollen Beitrag zur Reformationsgeschichte, besonders zur Ökumene bildet: 450 Jahre Berner Reformation. Beiträge zur Geschichte der Berner Reformation und zu Niklaus Manuel, Bern 1980–1981.

Die laufende Forschung gibt sich eingehend mit der Reformationsgeschichte ab. R. JÖRG bearbeitet die Textedition von Hans Salats Reformationschronik. Die Zürcher Reformation bleibt weiterhin Gegenstand biographischer Untersuchungen: G. WIESNER, Beiträge zum Studiengang Zwinglis; H. U. BÄCHTOLD, Bullinger vor dem Rat; K. J. RÜETSCHI, Rudolf Gwalther 1519–1586. Seine Jugendzeit. Brief- und Werkverzeichnis; M. SCHMID, Ludwig Lavater 1527–1586. Zum Basler Reformationsgeschehen laufen zwei Dissertationen: K. FISCHER, Die Basler Geistlichkeit in der Reformation; B. NOTTER, Das führungspolitische Verhalten des Basler Rates in der Reformation. I. KRONIG untersucht die Ausbreitung der Reformation im Wallis unter Fürstbischof Hildebrand von Riedmatten 1565–1604. Endlich kommt auch bei A. ZIMMERLI die Frage nach der Stellung der Frau in der Reformation auf.

Bei der reichen Literatur zur Reformationsgeschichte erstaunt es eigentlich, wie wenig man über die Entwicklung des Inhalts der reformierten Predigt, der Qualität der Seelsorge und die Praxis der individuellen Frömmigkeit von der Reformation bis zur Mitte des 17. Jahrhunderts weiß. Forschungen auf diesen Gebieten brächten ein Gegengewicht zu dem bisherigen Wissen um die Organisation und Theologie der reformierten Kirchen. Dasselbe gilt für die katholische Erneuerung und die Propaganda der Gegenreformation.

Katholische Reform

In bezug auf die Gegenreformation oder katholischen Reformbestrebungen konzentrieren sich die historischen Beiträge auf die katholische Präsenz, auf das Schicksal der Klöster und Stifte, auf die Durchführung der tridentinischen Reform in der Schweiz, wobei auch hier mehrere Arbeiten den zeitlichen Rahmen dieses Kapitels gezwungenermaßen sprengen. Über die in der Reformation aufgehobenen Klöster schreiben: V. GERZ-VON BÜREN, Geschichte des Clarissenklosters St. Clara in Kleinbasel 1266–1529, Basel 1969; B. DEGLER-SPENGLER, Das Klarissenkloster Gnadental in Basel 1289–1529, Basel 1969; B. M. VON SCARPATETTI, Die Kirche und das Augustiner-Chorherrenstift St. Leodegar in Basel 11./12. Jahrhundert–1525, Basel, Stuttgart 1974.

Klöster und Stifte stehen auch im Zentrum von Arbeiten, die sich mit der Zeit nach der Krise der ersten Reformationsimpulse befassen: W. LIMACHER, Geschichte der Zisterzienserabtei St. Urban im Zeitraum von 1551–1627, Freiburg i. Ue. 1969; J. SCHENKER, Geschichte des Chorherrenstiftes Schönenwerd von 1458 bis 1600, Freiburg i. Ue. 1972. Das Ringen um die Durchführung der katholischen Reform behandelt J. STUDHALTER, Jesuiten in Luzern 1574–1652. Ein Beitrag zur Geschichte der tridentinischen Reform, Stans 1969; W. VOGLER, Das Ringen um die Reform und Restauration der Fürstabtei Pfäfers 1546–1637, Mels 1972. Zurzeit beschäftigt sich G. HUBER mit dem Beichtigerhandel der Klöster Eschenbach und Rathausen im 17. Jahrhundert, mit den Problemen der Nonnen zwischen Nuntiatur, Rat, Kapuzinern und Jesuiten. Zur Geschichte der katholischen Mission sehe man P. CHARLES, Les trophées sacrés ou missions des Capucins en Savoie, dans l'Ain, la Suisse romande et la vallée d'Aoste à la fin du XVIe et au XVIIe siècles, 3 v., Lausanne 1976 (Mémoires et documents publiés par la Société d'histoire de la Suisse romande, 3/12–14).

Minderheiten und Randgruppen

Um die konfessionellen Minderheiten beziehungsweise sozialen Randgruppen und das Problem der Intoleranz ist es nur scheinbar etwas still geworden. Neue Gesichtspunkte zum umstrittenen Täufertum erschienen bei C. P. CLASEN, Anabaptism. A Social-History, 1525–1618. Switzerland, Austria, Moravia, South and Central Germany, Ithaca, London 1972. Calvins Kampf gegen die Antitrinitarier wird von verschiedenen Autoren erörtert: A. R. ROTONDÒ, Studi e ricerche di storia ereticale italiana del cinquecento. Torino 1974; G. J. E. MAUTNER MARKHOF, Verschwörung der Inquisitoren. Kriminalprozeß Miquel Serveto 1553, Wien 1974; G. HALDER, Passion et mort de Michel Servet. Chronique historique et dramatique, Lausanne 1975. Über die durch Servets Hinrichtung zwischen Genfer und Basler Theologen entstandenen Spannungen: U. PLATH, Calvin und Basel in den Jahren 1552 bis 1556, Zürich 1974. Am intensivsten hat sich E. DROZ mit den Fragen der Häresie beschäftigt. Ihre Bilanz: Chemins de l'hérésie, 4 v., Genève 1970–1976. Eine überregionale Untersuchung der Hexenverfolgungen stammt von E. W. MONTER, Witchcraft in France and Switzerland. The Borderlands during the Reformation, Ithaca, London 1976. Ergänzend dazu: A. CAIROLI, G. CHIABERTO, La strega, i corpi, la terra. Lettura di processi per stregoneria nel baliaggio di Mendrisio (1536–1615), in: Archivio Storico Ticinese 1979; P. KAMBER, Hexenverfolgung im Waadtland (1581–1620), Zürich 1980.

Einzelne Persönlichkeiten

Mehrere Einzeldarstellungen sprechen von Persönlichkeiten, welche ihre Zeit auf politischem, sozialem, intellektuellem und wissenschaftlichem Gebiet prägten. Für Basel: Die Amerbachkorrespondenz (Bonifacius Amerbach), Bde. 1–8, Basel 1942–1974; G. KISCH, Claudius Cantiuncula. Ein Basler Jurist und Humanist des 16. Jahrhunderts, Basel 1970; F. MEYER, Andreas Ryff (1550–1603). Reisebüchlein, in: Basler Zeitschrift für Geschichte und Altertumskunde 1972; K. H. BURMEISTER, Achilles Pirmin Gasser 1505–1577. Arzt und Naturforscher, Historiker und Humanist, Wiesbaden 1970–1975; F. THÖNE, Johann Jakob Mentzinger 1604–1668. Pfarrer von Dießenhofen, Orgel- und Klavichordbauer, Konstrukteur von Fernrohren und wissenschaftlichen Geräten und Kartograph, Schaffhausen 1975; V. LÖTSCHER (Hg.), Felix Platter. Lebensbeschreibungen 1536–1567, Basel 1976. Für Bern: U. MOSER, Schultheiß Hans Steiger. Bern und die Waadt in der Mitte des 16. Jahrhunderts, Bern 1977. In Bearbeitung von B. BRAUN-BUCHER, Schultheiß Samuel Frisching 1605–1683. Für Genf: E. H. KADEN, Le jurisconsulte Germain Colladon, ami de Jean Calvin et de Théodore de Bèze, Genève 1974. Für Luzern: R. CYSAT, Collectanea chronica und denkwürdige sachen pro chronica Lucernensi et Helvetiae, Luzern 1961–1977 (Quellenedition); F. PETER, Franz von Sonnenberg. Ritter, Komtur, Reichsfürst und Großprior von Deutschland im Malteserorden 1608–1682, Freiburg i. Ue. 1977; J. WIGET, Wirtschaft und Politik im spätmittelalterlichen Luzern. Die wirtschaftlichen Unternehmungen des Luzerner Schultheißen Heinrich Fleckenstein (1484–1558), Schwyz 1978. Für Zürich: H. STUCKI, Bürgermeister Hans Rudolf Lavater 1492–1557. Ein Politiker der Reformationszeit, Zürich 1973; M. SENN, Johann Jakob Wick (1522–1588) und seine Sammlung von Nachrichten zur Zeitgeschichte, Zürich 1974; N. DOMEISEN, Bürgermeister Johann Heinrich Waser (1600–1669) als Politiker. Ein Beitrag zur Schweizer Geschichte des 17. Jahrhunderts, Bern 1974.

Buchdruck, Schule und Bildung

Ein wichtiger Platz gebührt auch der Buchdruckerei in Basel, Genf und den Drei Bünden: P. G. Bietenholz, Basle and France in the Sixteenth Century. The Basle Humanists and Printers in their Contacts with Francophone Culture, Geneva 1971; H. J. Bremme, Buchdrucker und Buchhändler zur Zeit der Glaubenskämpfe. Studien zur Genfer Druckgeschichte 1565–1580, Genf 1969, und vom selben Autor, Genfer Drucke aus dem 16. Jahrhundert, Genf 1976; R. Bornatico, L'Arte tipografica nelle tre Leghe 1549–1803, Chur 1971; H. Strehler, R. Bornatico, Die Buchdruckerkunst in den Drei Bünden, Chur 1971; G. Barth, Annus Christi 1597. Die Rorschacher Monatsschrift. Die erste deutschsprachige Zeitung, St. Gallen 1976.

Ein weiterer, vom vorangegangenen nicht unabhängiger Fragenkomplex umfaßt die Schule und Bildung. Ganz allgemein handeln davon: H. Meylan, D'Erasme à Théodore de Bèze. Problèmes de l'Eglise et de l'Ecole chez les Réformateurs, Genève 1976; U. Im Hof, Die Entstehung der reformierten Hohen Schule. Zürich (1525) – Bern (1528) – Lausanne (1537) – Genf (1559), in: Beiträge zu Problemen deutscher Universitätsgründungen der frühen Neuzeit, Wolfenbüttel 1978. Zur Universität Basel: J. Rosen, Die Universität Basel im Staatshaushalt 1460 bis 1535, in: Basler Zeitschrift für Geschichte und Altertumskunde 1972. Für Bern: 450 Jahre Berner Hohe Schule 1528–1978, in: Berner Zeitschrift für Geschichte und Heimatkunde 1978. Noch in Arbeit befindet sich von H. Stucker, Die Professoren der Hohen Schule zu Bern 1528–1798. Für Genf: B. Troesch, Origines géographique et sociale des étudiants immatriculés à l'académie de Genève 1559–1798, Genf 1969; P. Fraenkel, De l'écriture à la dispute, in: Cahiers de la revue de théologie et de philosophie 1977. Für Luzern: F. Glauser (Hg.), Das Schülerverzeichnis des Luzerner Jesuitenkollegiums 1574–1669, Luzern 1976. Für Freiburg: A. J. Marquis, Le Collège de Saint-Michel de Fribourg (Suisse). Sa fondation et ses débuts 1579–1597, Fribourg 1969.

Zur pädagogischen Tätigkeit Vadians: V. Schenker-Frei (Hg.), Bibliotheca Vadiani. Die Bibliothek des Humanisten Joachim von Watt nach dem Katalog des Josua Keßler von 1553, St. Gallen 1973; B. Hertenstein, Joachim von Watt (Vadianus), Bartholomäus Schobinger, Melchior Goldast. Die Beschäftigung mit dem Althochdeutschen von St. Gallen in Humanismus und Frühbarock, Berlin 1975. Beiträge zur frühen Pressegeschichte von Zürich, Bern, Basel, Schaffhausen, St. Gallen und Solothurn stammen von E. Bogel, Schweizerzeitungen des 17. Jahrhunderts, Bremen 1973. Weitere Entdeckungen darf man von M. del Buono, Patrizische Familienliteratur in Schweizerstädten 15.–18. Jahrhundert, und von M.-L. von Wartburg-Ambühl, Alphabetisierung und Lektüre. Untersuchung am Beispiel einer ländlichen Region im 17. und 18. Jahrhundert, Bern, Frankfurt a. M. 1981, erwarten.

Kulturelles Leben

In dieser Hinsicht müßten in Zukunft reformierte und katholische Regionen parallel Gebiete der Untersuchung werden, sofern die Quellenlage ein solches Unterfangen zuläßt. Ganz allgemein bleibt noch abzuklären, welche Elemente man als gemeinsame Kultur betrachten darf. Die Reformation hat ja nicht eine absolut neue kulturelle Welt geschaffen, auch nicht mit allem Kulturgut aufgeräumt. Sie hat aber dem kulturellen Leben positive und negative Impulse gegeben.

Die jüngsten Arbeiten im Bereich des Theaters behandeln ausschließlich Texte aus der vorreformatorischen oder der späteren katholischen Schweiz: H. Wuhrmann, Das Luzerner Spiel vom Klugen Knecht. Ein Beitrag zur Erforschung des schweizerischen Dramas im frühen 16. Jahrhundert, Zürich 1975; N. King, Das Solothurner Dreikönigsspiel des Johannes Wagner (Carpentarius) vom Jahre 1561, in: Jahrbuch für solothurnische Geschichte 1976; V. Uffer (Hg.), Pamphilius Gengenbach, Der Nollhart, Bern 1977; Ein hübsch Spiel – Urner Spiel von Wilhelm Tell. Gedruckt zwischen 1540 und 1544 bei Augustin Fries in Zürich, Dietikon-Zürich 1977; R. Charbon, Vom politischen Theater zum Festspiel, in: Schweizerische Zeitschrift für Geschichte 1977. Im großen und ganzen handelt es sich um einzelne Mosaiksteine, welche das bisherige Wissen um das schweizerische Theater ergänzen.

Dasselbe gilt verstärkt auch für die Mal- und Baukunst. Hier besteht die neue Literatur von einzelnen Ausnahmen abgesehen aus Aufsätzen zu Detailfragen: Probleme der Baldung-Forschung, in: Zeitschrift für Schweizerische Archäologie und Kunstgeschichte 1978; B. Weber, «Die Auffindung des heiligen Ursus». Ein unbekannt gebliebener Holzschnitt von Urs Graf (1519), in: Zeitschrift für Schweizerische Archäologie und Kunstgeschichte 1977; L. Wüthrich, Quellen zur Biographie des Malers Hans Herbst 1470–1552, in: Zeitschrift für Schweizerische Archäologie und Kunstgeschichte 1978; H. Reinhardt, Einige Bemerkungen zum graphischen Werk Hans Holbeins des Jüngeren, in: Zeitschrift für Schweizerische Archäologie und Kunstgeschichte 1977; H. Wagner, Der einstige Hochaltar der Predigerkirche zu Bern von Niklaus Manuel. Zu seiner Rekonstruktion, in: Zeitschrift für Schweizerische Archäologie und Kunstgeschichte 1977. Das Schaffen des großen Berner Künstlers wird umfassend behandelt in Niklaus Manuel Deutsch, Maler, Dichter, Staatsmann, Bern 1979. Neues über die schöpferischen Leistungen in der zweiten Hälfte des 16. Jahrhunderts findet sich bei W. G. Zimmermann, Ein Fund zum Corpus der Handzeichnungen Tobias Stimmers, in: Zeitschrift für Schweizerische Archäologie und Kunstgeschichte 1977; E. Landolt, Daniel Heintz, Balthasar Irmi und der Spießhof in Basel, in: Zeitschrift für Schweizerische Archäologie und Kunstgeschichte 1978; F. Maurer, Entwurf einer Baugeschichte des Spießhofs in Basel, in: Zeitschrift für Schweizerische Archäologie und Kunstgeschichte 1978.

Somit bleibt vorerst die einzige Gesamtdarstellung diejenige von P. Ganz, Geschichte der Kunst in der Schweiz von den Anfängen bis zur Mitte des 17. Jahrhunderts, Basel 1960. Es liegen aber auch kleinere und größere Gesamtdarstellungen zu ganz bestimmten Themen oder Regionen vor: E. Landolt, Die Fenster- und Wappenschenkungen des Standes Basel 1556–1626, in: Zeitschrift für Schweizerische Archäologie und Kunstgeschichte 1977; M. Riedler, Blütezeit der Wandmalerei in Luzern, Luzern 1978; E. M. Lösel, Das Zürcher Goldschmiedehandwerk im 16. und 17. Jahrhundert, Zürich 1975; P. R. Fischer, Die Malerei des 17. Jahrhunderts in Appenzell Innerrhoden, in: Zeitschrift für Schweizerische Archäologie und Kunstgeschichte 1977; T. Vignau-Wilberg, Zur Ikonographie des Rütlischwurs im 17. Jahrhundert, in: Zeitschrift für Schweizerische Archäologie und Kunstgeschichte 1975.

Innen- und Außenpolitik

Etwas spärlich erweist sich die Literatur zur innen- und außenpolitischen Ereignisgeschichte. Die Schweiz erscheint bei H. Lapeyre, Les monarchies européennes du XVIe siècle. Les relations internationales, 2e éd., Paris 1973, und bei B. Bilgeri, Geschichte Vorarlbergs, Bd. 2: Bayern, Habsburg, Schweiz – Selbstbehauptung, Wien 1974. Schweizerische Arbeiten gruppieren sich um einige der wichtigsten Krisen beziehungsweise Entscheidungen: W. Bender, Zwinglis Reformationsbündnisse. Untersuchung zur Rechts- und Sozialgeschichte der Burgrechtsverträge eidgenössischer und oberdeutscher Städte zur Ausbreitung und Sicherung der Reformation Huldrych Zwinglis, Zürich 1970; H. Meyer, Der Zweite Kappeler Krieg. Die Krise der schweizerischen Reformation, Zürich 1976; R. M. Kingdon, Geneva and the Consolidation of the French Protestant Movement 1564–1572, Genf 1967; E. Meyer, Oberst Urs Zurmatten und die Niederlage bei Dié 1575, in: Jahrbuch für solothurnische Geschichte 1976; J. L. Hanselmann, L'alliance hispano-suisse de 1587, Bellinzona 1970. Dazu kommt von R. Bolzern, Spanien, Mailand und die katholischen Orte der Eidgenossenschaft zur Zeit Alfonso Casatis. 1594–1621, Luzern 1982.

Der Dreißigjährige Krieg ist Gegenstand mehrerer Arbeiten: A. Stadler, Die Stellung der Fürstabtei St. Gallen im Dreißigjährigen Krieg, St. Gallen 1974; E. Bonjour, Bittgesuche Graubündens an die Niederländischen Generalstaaten Anno 1621, in: Schweizerische Zeitschrift für Geschichte 1975; G. Marquis, Le premier séjour du duc de Rohan dans les Grisons 1631–1633, Neuchâtel 1978. Zum Thema Bauernkrieg im 17. Jahrhundert entsteht eine Basler Lizentiatsarbeit von R. Meier, Der Kanton Solothurn im Bauernkrieg 1653. Hier stehen allerdings wieder sozial- und wirtschaftsgeschichtliche Gesichtspunkte im Vordergrund.

Die politische Geschichte steht noch zu sehr im Licht der Gegensätze. Die Forschung dürfte nun vermehrt daran gehen, das Gemeinsame und Verbindende hervorzuheben. Ansätze dazu sind gegeben: Wirtschaft, Finanzen, soziale Randgruppen, Verwaltung, Neutralität, via media während und eventuell nach der Reformation.

Kapitel 5 *François de Capitani*

Beharren und Umsturz (1648–1815)

A. Die Bevölkerungsentwicklung

Beginn der Bevölkerungsexplosion

Seit dem ausgehenden 17. Jahrhundert beschleunigte sich in Europa der Bevölkerungszuwachs. Für das Jahr 1650 nimmt man 100 Millionen Einwohner an, 1750 waren es schon gegen 140 Millionen, und 1800 stieg die Zahl auf 187 Millionen. Die Entwicklung verstärkte sich im 19. Jahrhundert noch. Das Ancien Régime bildete also nicht eine in sich abgeschlossene demographische Epoche, sondern lag in der Anfangsphase der Bevölkerungsexplosion.

Wie für die vorhergegangenen Jahrhunderte fehlen auch bis zum Ende des 18. Jahrhunderts verläßliche Zahlen. Die Methode der Familienrekonstitution gibt genaue Resultate für kleine Einheiten, für Dörfer und Städte. Weitere Quellen wie die Feuerstättenzählungen für militärische oder staatliche Zwecke ermöglichen Einblicke in die Entwicklung. Aber erst als gegen Ende des 18. Jahrhunderts richtige Volkszählungen vorgenommen wurden, fand die sogenannte prästatistische Epoche ihr Ende.

Der Bevölkerungszuwachs Europas spiegelt sich auch in den für die Schweiz berechneten Zahlen. Im Laufe des 17. Jahrhunderts erreichte die Einwohnerzahl der Schweiz eine Million und stieg bis zum Beginn des 18. Jahrhunderts auf 1,2 Millionen. Die Zählungen während der Helvetischen Republik vermitteln gegen Ende des Jahrhunderts genauere Angaben über die Zahl – 1,7 Millionen – und die Verteilung der Einwohner. Die Zunahme war weder stetig noch in allen Gegenden gleichmäßig. Lokale Studien deuten auf einen leichten Rückgang in den neunziger Jahren des 17. Jahrhunderts hin; darauf folgte vom zweiten Jahrzehnt des 18. Jahrhunderts an ein leichter und in der zweiten Hälfte des Jahrhunderts ein beschleunigter Anstieg der Bevölkerung. In der ersten Hälfte des Jahrhunderts betrug die jährliche Zunahme rund 2 ‰, später rund 5 ‰.

Jedoch war nicht überall ein Wachstum der Bevölkerung zu verzeichnen. In hochindustrialisierten Gebieten, z. B. in der Stadt Genf, nahm die Zahl beträchtlich zu. In mittleren Städten jedoch wie Zürich und Bern und in Landstädten von geringerer Bedeutung stagnierte oder schrumpfte die Einwohnerzahl. Neue wirtschaftliche Möglichkeiten fehlten, und das Patriziat schloß sich konsequent ab, was zu späten Heiraten und kleinen Familien führte. Erst im 19. Jahrhundert, als die wirtschaftliche und politische Situation sich von Grund auf änderte, dehnten sich diese Städte aus. Sie waren nun nicht mehr lediglich Zentren der industriellen Organisation, sondern wurden auch zu Zentren der industriellen Arbeit. Die Entwicklung war regional sehr unterschiedlich. In den Berggebieten nahm die Bevölkerung nur langsam und erst etwa von 1770 an zu, während im Mittelland und vor allem in den industrialisierten Gebieten der Zuwachs viel rascher vonstatten ging. Im Kanton Neuenburg erhöhte sich die Einwohnerzahl in der zweiten Hälfte des 18. Jahrhunderts um rund 44 %, in der Innerschweiz waren es nur ungefähr 10 %.

Bevölkerungswachstum und Industrialisierung

Es ist schwer zu entscheiden, ob die demographische Entwicklung die Ursache oder die Wirkung der wirtschaftlichen Entwicklung war; auf jeden Fall hängen die beiden Phänomene eng zusammen. In den industrialisierten Gebieten und in Regionen, wo neue Formen der landwirtschaftlichen Produktion aufkamen, nahm die Bevölkerung am meisten zu. Die Karte des Kantons Zürich läßt zum Beispiel klar hervortreten, wo sich der Bevölkerungszuwachs und die Ausbreitung der Textilindustrie gegen Ende des 18. Jahrhunderts parallel miteinander entwickelten. Es sind die stark industrialisierten Gebiete des

1. Unterschiedliche Bevölkerungsentwicklung in den Zürcher Dekanaten zwischen 1781 und 1790 nach einer Enquête von Stadtarzt J. K. Hirzel aus dem Jahr 1793
2. Geographische Verteilung der in der Zürcher Textilindustrie tätigen Heimarbeiter 1787

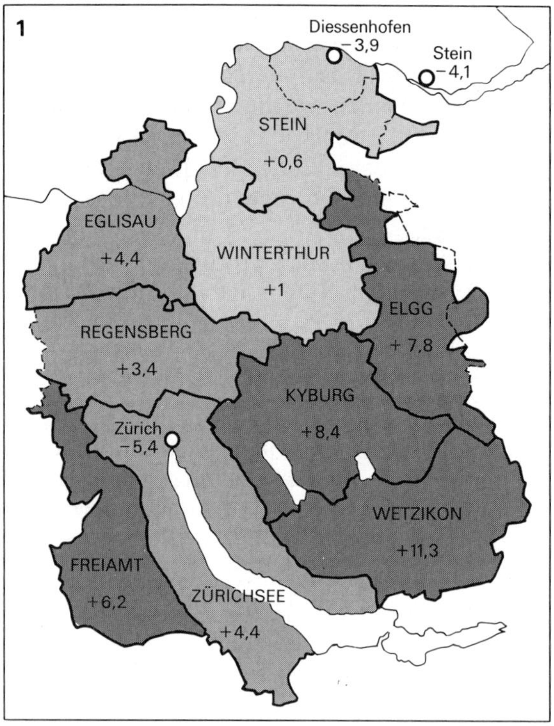

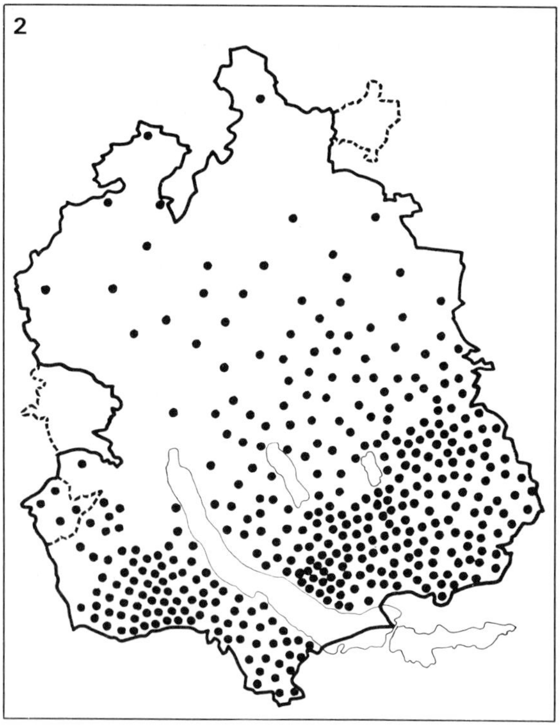

—— Dekanatsgrenzen
--- heutige Kantonsgrenzen
+4,4 Veränderung der Bevölkerung in % (1781–1790)

—— Grenzen des zürcherischen Territoriums im 18. Jahrhundert
• 100 Heimarbeiter 1787

Zürcher Oberlandes, in denen die Einwohnerzahl am deutlichsten anstieg.

Die Ursachen des Bevölkerungszuwachses

Dieser Bevölkerungszuwachs hat verschiedene Ursachen. Lange glaubte man, daß der Hauptgrund der Rückgang der Epidemien war. Tatsächlich wurde Europa, und damit die Schweiz, im 18. Jahrhundert von ganz großen Epidemien verschont. Die letzte große Pest suchte unser Land in den Jahren 1669/70 heim. Die Schließung der Grenzen und die strenge Kontrolle der Reisenden und der fremden Waren konnten verhindern, daß die Pest von 1720 die Schweiz erreichte. Die einzigen ansteckenden Krankheiten von Bedeutung im 18. Jahrhundert waren die Pocken und die Ruhr, die jedoch nie die Ausmaße der Pest annahmen. Neueste Untersuchungen haben jedoch gezeigt, daß die Epidemien kaum einen Einfluß auf das längerfristige Bevölkerungswachstum hatten, denn die Bevölkerungsverluste wurden regelmäßig in den darauffolgenden Jahren durch erhöhte Geburtenzahlen wettgemacht.

Die Familie des 1783 verstorbenen Landammanns Johann Conrad Füesser als Stifter auf einer Altartafel von Carl Anton Oegster aus dem Jahr 1784. Während des Ancien Régime waren die Geburtenraten und die Sterberaten hoch. Die Darstellung zeigt den Verstorbenen mit seinen beiden Gattinnen und allen Nachkommen; aus der ersten Ehe, der drei Kinder entsprossen, erreichte nur eine Tochter das Erwachsenenalter. Aus zweiter Ehe überlebten von 13 Kindern nur zwei Töchter.

Zwei andere Phänomene spielten die Hauptrolle: Die Kindersterblichkeit ging etwas zurück, und die Lebenserwartung stieg an. Trotzdem war die Kindersterblichkeit noch beträchtlich. Wie in den vorhergehenden Jahrhunderten erreichten ein Drittel bis ein Viertel der Neugeborenen das erste Altersjahr nicht. 5 % wurden tot geboren. Mit einigen regionalen Abweichungen glichen sich die Zahlen überall. Das Fehlen medizinischer Betreuung und der einfachsten Hygiene erklären diese hohe Sterblichkeit; mit einem gewissen Fatalismus betrachtete man sie als normal. In den Gegenden mit wenig Expansionsmöglichkeiten betrachtete man die Kinder ohnehin oft als Last.

Es zeichnet sich jedoch – vorerst in den Städten – eine neue Einstellung ab, welche die Lage der Kinder verbessern sollte. Einerseits konnte man die Kinder als Arbeitskräfte brauchen, andererseits aber fing man auch an, sich für sie in pädagogischer Hinsicht zu interessieren. Die medizinischen Fortschritte und vor allem deren Verbreitung verminderten die Kindersterblichkeit. Die Regierungen begannen, Hebammenschulen einzurichten, die es ermöglichen sollten, das Leben der Neugeborenen und der besonders gefährdeten Mütter zu retten. Man begann, auf Sauberkeit und Hygiene zu achten. Durch die besseren Lebenserwartungen der Neugeborenen konnte die Geburtenzahl pro Familie gesenkt werden. In allen untersuchten Schichten wurden die kinderreichen Familien seltener: In den Städten beschränkte man sich auf zwei bis vier Kinder pro Haushalt, auf dem Land waren es etwas mehr. Der Rückgang der Geburtenhäufigkeit deutet auf eine sich verbreitende Geburtenkontrolle hin, was durch wiederholte Verbote der Kirchen gegen Ende des 18. Jahrhunderts bestätigt wird.

Neben der Abnahme der Kindersterblichkeit veränderte sich auch die Lebenserwartung der Erwachsenen. Eine zunehmende Zahl von Menschen erreichte das heiratsfähige Alter, und dies war eine der Hauptursachen des Bevölkerungszuwachses. Der Rückgang der

Sterblichkeit bei den Erwachsenen hat vermutlich die Bevölkerungsentwicklung mehr beeinflußt als die verminderte Kindersterblichkeit. In den Gebieten mit diversifizierter Wirtschaft war der Zuwachs am höchsten. Eine stark verminderte Erwachsenensterblichkeit in den Regionen mit zusätzlicher Verdienstmöglichkeit durch Heimindustrie deutet darauf hin, daß auch eine abwechslungsreiche Ernährung viel zur Stärkung der Bevölkerung beitrug. In industrialisierten Gebieten stieg die Lebenserwartung einer 20jährigen Person auf 40 Jahre. In rein landwirtschaftlichen oder milchwirtschaftlichen Gegenden war der Bevölkerungszuwachs geringer und langsamer.

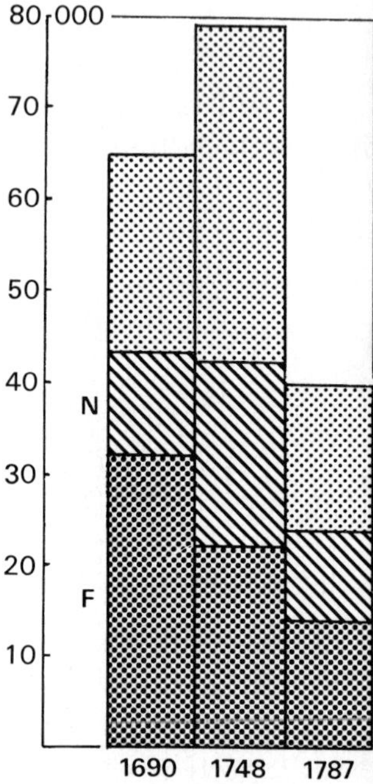

Die Geburtenrate blieb im 18. Jahrhundert trotz leichtem Geburtenrückgang hoch. Die Sterblichkeit hingegen nahm rasch ab. Diese ungleichzeitige Entwicklung erklärt die Bevölkerungsexplosion im Ancien Régime.

Die Regierungen versuchten, Heiraten von Personen zu verhindern, die nach ihrer Ansicht die Mittel nicht besaßen, um für eine Familie aufzukommen. Manchenorts mußte der heiratswillige Mann Vermögen haben und beweisen, daß er im Besitze der vorgeschriebenen militärischen Ausrüstung war. Die strenge Handhabung solcher Gesetze erklärt vielleicht den leichten Rückgang der Heiraten im 18. Jahrhundert, der jedoch den allgemeinen Trend kaum beeinflußte. Wie in den vorhergehenden Jahrhunderten waren aber die Schwankungen von Jahr zu Jahr groß. Heiraten, Geburten und Todesfälle waren – je nach wirtschaftlicher und politischer Lage – beträchtlichen Veränderungen unterworfen.

Die Wanderungen

Neben diesen Vitalfaktoren beeinflußten auch die Wanderungen das Bevölkerungsverhalten. Die Einwanderung war zahlenmäßig gering; einzig der Strom französischer Hugenotten nach der Aufhebung des Ediktes von Nantes nahm größeres Ausmaß an: 10 000 bis 20 000 Flüchtlinge fanden damals in der Schweiz eine neue Heimat. Ihre Bedeutung lag nicht in ihrer Zahl, sondern in den neuen Impulsen, die sie der schweizerischen Industrie brachten. Übrigens war während des ganzen 18. Jahrhunderts eine gewisse Einwanderungsrate von ausländischen Handwerkern in die Schweiz zu beobachten.

Wichtiger war die Auswanderung. Wie in den vorhergehenden Jahrhunderten bot der Dienst in fremden Armeen eine zumindest temporäre Auswanderungsmöglichkeit. Man schätzt für das 18. Jahrhundert 350 000 bis 500 000 Schweizer Soldaten in fremden Diensten. In der ersten Hälfte des Jahrhunderts waren es etwa 3 % der erwachsenen männlichen Bevölkerung, in der zweiten Hälfte dann noch 1–2 %. Zwei Drittel dieser Männer kamen nicht mehr in die Schweiz zurück, was einen Bevölkerungsverlust von 200 000 bis 300 000 Personen bedeutete. Nicht alle von ihnen kamen in fremden Diensten um, viele fanden im Ausland eine neue Heimat. Die militärische Auswanderung nahm also im Laufe des Jahrhunderts ab, obwohl sich die Bevölkerung vermehrte.

Hingegen nahm die Auswanderung in andere Länder Europas und nach Amerika zu. Nach dem Dreißigjährigen Krieg zogen viele

Sollbestände der schweizerischen Truppenkontingente in französischen (F), niederländischen (N) und andern fremden Diensten im 18. Jahrhundert. Diese Kontingente wurden nie erreicht, so daß ein Teil der Söldner im Ausland angeworben wurde.

Auswanderer in die entvölkerten Gebiete Süddeutschlands. Nach Wirtschaftskrisen und Verfolgung religiöser Minderheiten ergoß sich eine neue Welle von Emigranten in Richtung Brandenburg und Preußen und später Amerika. Für die Schweiz wird die Anzahl der Auswanderer im 18. Jahrhundert auf 50000 geschätzt (gegenüber 20000 bis 25000 im 16. Jahrhundert und ungefähr 40000 im 17. Jahrhundert). Die Hälfte, also etwa 25000 Personen, emigrierten nach Amerika. In den dreißiger und vierziger Jahren des 18. Jahrhunderts wurden in der neuen Kolonie von Carolina sogar Schweizer Städte gegründet. Wie der Solddienst wurde auch die Auswanderung von Unternehmern organisiert, die den Transport und die Kolonisation

Militärische Entlassungsurkunde für Melchior Hurter von Schaffhausen; wie viele andere Schweizer aus den protestantischen Orten stand er in holländischen Diensten – in einem Regiment, das von einem Bündner Obersten kommandiert wurde. Das mit militärischen Symbolen verzierte Pergament diente als Passierschein und Urlaubsbestätigung.

in Amerika leiteten. So gründete der Neuenburger Jean-Pierre de Pury im Jahr 1732 die Stadt Purysburg und führte Werbekampagnen in der Schweiz und in Deutschland durch, um sie zu bevölkern. Im Vergleich zur zehnmal höheren Auswanderung im 19. Jahrhundert war diejenige des 18. Jahrhunderts noch bescheiden; trotzdem stellt sie den Beginn einer Bewegung dar, die später immer stärker wurde.

Gesamthaft gesehen macht die Zahl der Menschen, die in der Schweiz ihren Unterhalt nicht mehr fanden und deshalb in den Kriegsdienst zogen oder sonst auswanderten, mehr als einen Drittel des Geburtenüberschusses aus.

Hinzu kam noch die saisonale Auswanderung, z. B. die sogenannten Schwabenzüge der Bergbewohner aus Graubünden und Appenzell, die als Erntearbeiter nach Süddeutschland gingen. Auch die Einwohner der Tessiner Täler suchten vorübergehend Arbeit in den norditalienischen Städten, ebenso Engadiner, von denen viele als Konditoren und Cafébesitzer ihr Auskommen fanden. Es ist jedoch unmöglich, für diese temporären Bevölkerungsbewegungen Zahlen anzugeben.

Der Anfang der demographischen Wissenschaft

Diese demographischen Erscheinungen weckten das Interesse der Zeitgenossen, die sich mit sozialen Problemen befaßten. Das 18. Jahrhundert markiert nicht nur den Beginn großer Bevölkerungsbewegungen, sondern auch wissenschaftlicher Untersuchungen auf diesem Gebiet. Mit den Arbeiten des französischen Physiokraten François Quesnay setzte die Analyse der Beziehungen zwischen dem wirtschaftlichen Fortschritt und dem Bevölkerungszuwachs ein. Die Kontroversen, die in jener Zeit ihren Anfang nahmen, haben eine Diskussion ausgelöst, die sich im 19. Jahrhundert dann um das Werk von Thomas Robert Malthus konzentrierte.

Erstmals versuchte man, mit statistischen Methoden eine Theorie zu begründen. Seit der zweiten Hälfte des 18. Jahrhunderts fanden die quantitativen Methoden immer mehr Anklang. So wollte im Jahr 1766 der Waadtländer Pfarrer Jean-Louis Muret anhand statistischer Analysen beweisen, daß die Bevölkerung der Waadt abnehme. Der bernische Kriegsrat betrachtete seine Arbeit als gefährlich, da er Auswirkungen auf die Rekrutierung der waadtländischen Regimenter befürchtete. Die bernische Regierung erkannte – obwohl die Untersuchung des Pfarrers Muret nicht stimmte – die Bedeutung statistischer Angaben und bemühte sich in der Folge selbst darum. In Zürich erstellten der Pfarrer Johann Heinrich Waser und später der Arzt Johann Konrad Hirzel monumentale Statistiken über die demographische Entwicklung und deren Ursachen.

Die Regierungen ließen nicht nur aus wissenschaftlichem Interesse statistische Erhebungen durchführen. Eine bernische Zählung von 1764 gibt die Bevölkerungsstruktur nach der Wehr- und Gebärfähigkeit wieder. Für die Männer enthält die Statistik drei Kategorien, von denen die zweite – das Alter zwischen 16 und 60 Jahren – die dienstpflichtige Zeit angibt. Solche Statistiken, die immer nur ungefähre Zahlenangaben enthalten, sind oft die einzigen Unterlagen, die wir zur Erhellung der Bevölkerungsbewegung weiter Regionen besitzen. Ihre Interpretation und Auswertung stellt den Historiker oft vor große Probleme.

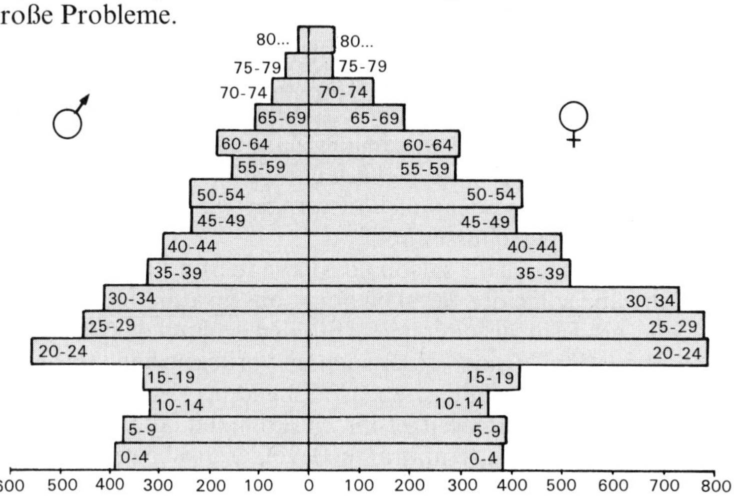

Alterspyramide der Stadt Bern 1764. Die Übervertretung der erwachsenen Jahrgänge rührt von der Zuwanderung auf den städtischen Arbeitsmarkt her.

B. Die Wirtschaft

1. Die landwirtschaftliche Produktion

Die Strukturen der schweizerischen Landwirtschaft

Während des ganzen Ancien Régime war der größte Teil der Bevölkerung in der Landwirtschaft beschäftigt. Im 18. Jahrhundert lebten noch 90 % der Einwohner von ihr. Die Industrie, die auf dem Lande eingeführt wurde, war im allgemeinen nur komplementär zum Ackerbau und trat nie an die erste Stelle. Die Viehzucht, die seit dem Ende des Mittelalters den Ackerbau teilweise zu ersetzen begann, nahm im 18. Jahrhundert zu. Daneben kamen neue landwirtschaftliche Strukturen und mit ihnen der Anbau neuer Produkte auf.

Außer dem Wallis und einigen Gegenden von Graubünden, wo die Landwirtschaft eine fast vollständige Autarkie ermöglichte, teilte sich die Schweiz seit der Krise des 14. Jahrhunderts in zwei große landwirtschaftliche Gebiete: einerseits die Alpen und Voralpen, wo man sich auf die Viehzucht konzentrierte, andererseits das Mittelland, wo der Getreide-, vor allem der Dinkelanbau vorherrschte.

Abraham-David Pilet (1745–1810), «Das Pays d'Enhaut zwischen Moulins und Montbovon». Das heute zum Kanton Waadt gehörende voralpine Viehzuchtgebiet zeigt die typischen Alpweiden und Wälder, die als Lawinenschutz dienten.

In der Ebene wurde Dreizelgenwirtschaft betrieben, was sowohl die Anbaumethoden als auch die Gesellschaftsstrukturen bestimmte. Nicht nur die Arbeiten während des ganzen Jahres mußten aufeinander abgestimmt werden, sondern auch die Dorfgemeinde mußte sich solidarisch verhalten. Die Einzelinitiative war somit durch eine Anzahl von kollektiven Lasten, wie die Weide- und Wegrechte, begrenzt. Hingegen sicherte dieses System das Gleichgewicht und die Stabilität der Gesellschaft, da die Ausdehnungsmöglichkeiten in Grenzen gehalten wurden. Die Zehnten und die Feudalabgaben, die eng mit diesem Gemeinschaftssystem zusammenhingen, wurden nicht auf dem einzelnen, sondern auf der Gesamtheit der pflichtigen Felder des Dorfes erhoben. Erst in einer zweiten Stufe fand die Verteilung auf die verschiedenen Bauern statt. Jede Strukturänderung hatte deshalb Folgen für das gesamte System des Ancien Régime. Die gegenseitige Abhängigkeit der wirtschaftlichen, sozialen und politischen Phänomene erklärt die Schwierigkeit landwirtschaftlicher Reformen und die entsprechende Vorsicht der Regierungen.

Die demographische Entwicklung und die industriellen Möglichkeiten seit dem 17. Jahrhundert stellten das traditionelle Landwirtschaftssystem in Frage. Die Einzelnutzung von Feldern und Wiesen auf Allmendland begann im 16. Jahrhundert. Diese Tendenz wurde durch den schlechten Zustand vieler Allmenden noch begünstigt. Die Aufteilung, die an vielen Orten seit der ersten Hälfte des 18. Jahrhunderts stattfand, erlaubte eine erhöhte Produktion, verschärfte aber auch die sozialen Unterschiede in den Dörfern. Die kleinen Bauern, deren Fortkommen oft von der Nutzung der Allmend abhing, waren in ihrer Existenz bedroht, denn meist konnten nur die reichen Vollbauern von dieser Entwicklung profitieren.

Die Einschläge

Eine ähnliche Situation ergab sich auch für die Einschläge, d. h. die Felder und Weiden, die der kollektiven Nutzung entzogen wurden. Mit dem Einschlag mußte auf die Weide- und Wegrechte verzichtet werden, dafür waren die Erträge ergiebiger, und es konnten neue Kulturen, wie der Anbau von Klee und Kartoffeln, eingeführt werden. Diese Entwicklung stellte schließlich die Dreizelgenwirtschaft selbst in Frage. Neue Produkte und die wachsende Bedeutung der Viehzucht beschleunigten den Prozeß. Der Anbau von Klee und anderen Futterpflanzen ersetzte teilweise die Weiden und ermöglichte es, das Vieh im Stall zu halten, wodurch der Mist besser ausgenützt werden konnte. Durch das Düngen der Felder konnte man schließlich auf die Brache verzichten und die Dreizelgenwirtschaft abschaffen. Diese Veränderung der landwirtschaftlichen Organisation war ein langsamer Vorgang, der erst im 20. Jahrhundert zum Abschluß kam.

Die ersten Fälle von Abzweigungen von Allmendland und Einschlägen gehen auf das 17. Jahrhundert, manchmal sogar noch weiter zurück. In der ersten Hälfte des 18. Jahrhunderts nahmen die Aufteilung und der Verkauf von Allmenden zu, in der zweiten Hälfte kamen die Verwendung von Dünger und der Anbau von Futterpflanzen auf. Die Folge dieser Reformen war die Individualisierung der Landwirtschaft; die Dorfgemeinschaften wurden durch den landwirtschaftlichen Unternehmer ersetzt.

Ein neues Produkt gewann immer mehr an Bedeutung: die Kartoffel. Sie wurde seit dem Beginn des Jahrhunderts vor allem in den Voralpengebieten, die nicht dem Zehnten unterstanden, angebaut und verbreitete sich wegen des Mangels an anderen Nahrungsmitteln schnell in der ganzen Schweiz. Sie hielt die Armen über Wasser in einem Augenblick, wo die traditionellen Vorteile der Dorfgemeinschaften für die Kleinbauern und Taglöhner – die sogenannten Tauner – langsam verschwanden. Die Regierungen, die nur mit Schwierigkeiten einen Zehnten auf der Kartoffel erheben konnten, betrach-

Der Berner Bär auf diesem Faßboden aus Aigle (VD) (1750) erinnert an die Zeit, als die Waadt noch bernisch war. Der Weinbau hatte in dieser Gegend vorrangige Bedeutung.

Leinwandhandel in St. Gallen im 17. Jahrhundert. Im 18. Jahrhundert verdrängte die Baumwolle in der Ostschweiz die alte Leinenindustrie, die sich nur im Aargau noch halten konnte.

Der Besuch in der Sennhütte, um 1820. Aquatinta von C. Meichelt nach einer Zeichnung von G. Danzer. Innenansicht einer Alpkäserei mit allen für die Käseherstellung nötigen Geräten. Schon im 18. Jahrhundert erregten die Sennen das Aufsehen der Touristen.

teten diese zuerst mit Mißtrauen. Andererseits erkannten sie deren Bedeutung für die Volksernährung. Man konnte die Kartoffel überall pflanzen, in den Bergen und auf sonst unbrauchbarem Land; sie brachte also, wie die beginnende industrielle Arbeit, einen Ersatz für die verlorenen Möglichkeiten. Man kann sagen, daß die Kartoffel seit der großen Krise von 1770/71 in der ganzen Schweiz angepflanzt wurde.

Die Getreideernten fielen von Jahr zu Jahr unterschiedlich aus, was zu Preiserhöhungen und -senkungen, zu Knappheit und Überfluß führte. Um diese Schwankungen aufzufangen, begann der Staat im 18. Jahrhundert in den guten Erntejahren Vorräte anzulegen; denn die Schweiz erzeugte nur zwei Drittel des benötigten Getreides und war immer vom Ausland abhängig.

Während des ganzen Ancien Régime war der Wein das Hauptgetränk der Bevölkerung des Mittellandes. Die Städte bezogen ihn von den großen Rebbergen an den Schweizer Seen, aber auch der Import von Wein nahm immer mehr zu. Getreide und Wein bildeten das Grundeinkommen des Staates und der Kirche, die ihre Beamten zum großen Teil in diesen Naturalien bezahlten.

Flachs und Hanf wichen zusehends der Baumwolle, die man importieren mußte. Auch die Einfuhr von Tabak war erfolgreich. Die zahlreichen Verbote beweisen die Verbreitung dieses Genußmittels seit der zweiten Hälfte des 17. Jahrhunderts; im folgenden Jahrhundert konnte sein Gebrauch nicht mehr verhindert werden. Die Regierungen – vor allem in Bern – fanden sich damit ab und beschränkten sich darauf, die Einfuhr zu begrenzen und den Anbau von Tabak im eigenen Land zu propagieren. So blieb wenigstens das Geld in der Schweiz.

Weinfaß aus Langenthal (BE) mit der Jahrzahl 1695; das Wappen mit der Bischofsmitra deutet auf die Herkunft aus dem benachbarten Kloster St. Urban hin. Wein war kein Luxusprodukt, sondern vor allem für die städtische Bevölkerung ein nahrhaftes Alltagsgetränk.

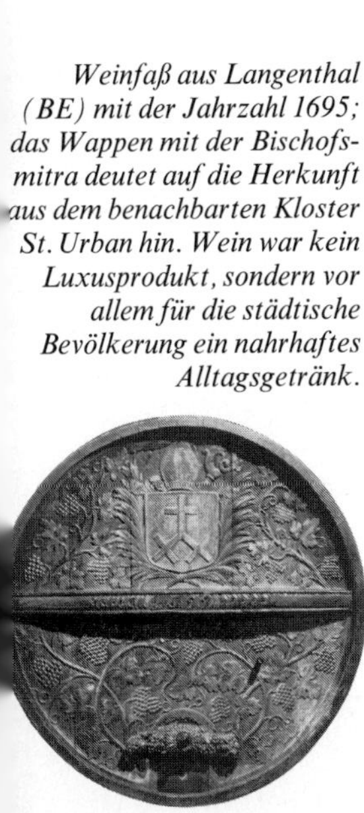

Dieser Stich aus dem Jahr 1786 zeigt eine Holzgleitbahn in den Alpen und Holzfäller bei der Arbeit. Die Schweiz lieferte beträchtliche Holzmengen an holländische und französische Schiffswerften.

Die Viehzucht

In den Berggegenden ersetzte seit der Krise des späten Mittelalters die Viehzucht den Getreidebau, der dort nicht viel einbrachte. Durch diese Aufteilung wurden die Berg- und Talregionen voneinander abhängig. Mit dem Export von Käse und Vieh konnte man sich auf die Viehzucht beschränken und die anderen Produkte importieren. Der Bedarf der großen Städte im Elsaß, in Deutschland und Italien an Fleisch und Käse sicherten ein recht geregeltes Einkommen.

Ein Preisvergleich im 18. Jahrhundert deutet auf die Hochkonjunktur des Käseexportes hin. Als Folge der fortschreitenden Inflation verdoppelte sich der Brotpreis in diesem Jahrhundert beinahe, der Käsepreis jedoch verdreifachte sich. Das trieb auch den Wert der Alpweiden in die Höhe; die Viehzucht wurde immer wichtiger. In den Voralpen wurden Äcker zu Viehweiden, und der Getreidebau mußte der Milchwirtschaft weichen. Durch den Anbau von Kartoffeln in diesen Gebieten mußte kein Getreide mehr eingeführt werden, und so wurden Krisen zum Teil vermieden. Neben der Käseproduktion brachte auch der Viehexport in alle angrenzenden Gebiete ein regelmäßiges Einkommen. In den Alpen wurde Rinderzucht, im Mittelland auch Pferdezucht in beträchtlichem Ausmaß betrieben.

Gegen Ende des 18. Jahrhunderts wurde mit den Alpen oft spekuliert, und die städtischen Investitionen in die Viehzucht ermöglichten den Aufschwung des Käsegroßhandels. Man begann, Käsereien einzurichten, wie wir sie seit Beginn des 19. Jahrhunderts kennen.

Wälder und Bergwerke

Die Schweiz exportierte Holz, vor allem für die holländischen und französischen Schiffswerften, aber auch für die Bergwerksöfen im Tirol und anderswo. Die Regierungen sahen sich gezwungen, die

Bleibergwerk von Trachsellauenen im Berner Oberland 1790, kolorierte Radierung von J. N. Schiel. Die einzelnen Orte machten erhebliche Anstrengungen, um möglichst alle Bodenschätze in ihrem sonst rohstoffarmen Gebiet auszunützen.

Nutzung des bisher kaum geschützten Waldes durch eine strenge Forstgesetzgebung zu kontrollieren. Die Wälder lieferten nicht nur das Holz, sondern dienten auch als Viehweiden, was ihren Wert stark verminderte. Wie auf der Allmend wurden die Weiderechte in den Wäldern begrenzt und eine zügellose Abforstung verhindert.

Im 17. und 18. Jahrhundert begann man auch, intensiver nach Bodenschätzen zu suchen. Man glaubte, der Betrieb von Bergwerken führe am leichtesten zu Reichtum. Es wurde fieberhaft in solche Projekte investiert – aber wie im Mittelalter folgte öfter der Ruin als das große Geld. Die Versuche zur Erzgewinnung wirkten sich direkt auf die Wälder aus, da die Öfen mit Holzkohle beheizt wurden.

Der Handel mit landwirtschaftlichen Produkten

Der Nahrungsbedarf konnte auch außerhalb von Krisenzeiten nie durch die eigene Produktion gedeckt werden. Es mußten also landwirtschaftliche Produkte importiert werden. Die Ausfuhr von Vieh und Käse und die Einfuhr von Futtermitteln bildeten die Basis des Handels mit dem Ausland. In den Alpen wurden Produkte für die großen Städte, allen voran Mailand, hergestellt. Das jurassische Vieh wurde ins Elsaß, bis nach Straßburg, exportiert. Süddeutschland, das Elsaß und die Franche-Comté lieferten das benötigte Getreide. Aus Italien kamen Getreide und Reis.

Das für Mensch und Tier lebenswichtige Salz mußte während des ganzen Ancien Régime importiert werden. Nur Bern besaß Salinen in Bex, deren Ertrag den schweizerischen Bedarf nicht deckte. Die Franche-Comté, Tirol und Bayern lieferten den Rest.

Wechselnde Gewohnheiten des täglichen Lebens hatten ebenfalls ihre Auswirkungen auf den Handel mit landwirtschaftlichen Produkten. Der Siegeszug des Kaffees in allen Gesellschaftsschichten weckte das Interesse für Kolonialwaren.

Die Krisen

Die Krisen müssen im Zusammenhang mit dem Klima betrachtet werden. Die Ernten waren vom Wetter abhängig. Das Ende des 17. Jahrhunderts war in Europa durch eine allgemeine Abkühlung gekennzeichnet. Die Ernten der Jahre 1693–1700 und 1709 waren schlecht. Die erste Hälfte des 18. Jahrhunderts brachte mehr Wärme im Sommer und Herbst und somit eine Verbesserung; darauf folgte aber eine erste Serie von Mißernten von 1739–1743 und ein Rückgang der Temperaturen in der zweiten Hälfte des Jahrhunderts. Lange Winter verursachten Mißernten in den Jahren 1770–71, 1789–90 und 1793–95. Die Abkühlung sollte in den ersten Jahrzehnten des 19. Jahrhunderts andauern und die große Krise von 1817–18 entscheidend beeinflussen.

Das Interesse für meteorologische Phänomene war im 18. Jahrhundert ebenso groß wie das für die Demographie; deshalb sind genügend Unterlagen für ein Studium der klimatischen Probleme in jener Zeit überliefert.

Eine schlechte Ernte führte zu schwerwiegenden Versorgungsschwierigkeiten, besonders wenn die Krise in einem großen Teil Europas herrschte und deshalb der Import gefährdet war. Die Regierungen mußten versuchen, Hungersnöte zu verhindern. In den großen Städten war dies hauptsächlich ein Organisationsproblem, in den ländlichen Kantonen war es eine Geldfrage. Die Versorgung der Landschaft in Krisenzeiten gehörte zu den Regierungspflichten, und seit der großen Krise von 1770–71 wurde ein Konjunkturüberwachungssystem aufgebaut. Die Regierungen intervenierten massiv im Getreidehandel, importierten direkt aus dem Burgund, dem Elsaß, Schwaben und sogar aus Sizilien und Afrika, verkauften das Getreide zu einem reduzierten Preis und erreichten so eine völlige oder fast völlige Versorgung der Bevölkerung. Zürich und Bern konnten mit solchen Maßnahmen Hungersnöte verhindern, die die politische Stabilität bedroht hätten. Ihre finanziellen Möglichkeiten waren praktisch unbegrenzt, so daß sie immer Getreide einkaufen konnten. Diese Getreide-Großeinkäufe in den Krisenjahren 1789–90 und 1793–95 erhöhten die Bedeutung der beiden Städte in der Eidgenos-

Rund 500 Zollposten bei Stadttoren, Brücken und Kantonsgrenzen bildeten auf dem Gebiet der Schweiz ein Hindernis für das wirtschaftliche Wachstum. Hier der Zollposten an der Zihlbrücke mit Zollgebäude und Wachposten in einer Radierung von Caspar Leuntius aus dem Jahr 1792.

senschaft beträchtlich. Ihre Wirtschaftspolitik beschränkte sich nicht auf die Versorgung ihres eigenen Gebietes, sondern umfaßte auch die Ost- und Teile der Innerschweiz.

Trotz den Maßnahmen der Regierungen hatten die Mangeljahre katastrophale Folgen für die Bevölkerung. Die Lebensmittelpreise stiegen enorm an, aber die Löhne veränderten sich nicht. Die Krisen verschärften die mißliche Lage der Armen, die jedesmal in noch tieferes Elend gestürzt wurden.

2. Transport und Reisen

Die Infrastruktur

Das beste Transportmittel war das Schiff. Wo immer möglich benützte man für den Warentransport und das Reisen Schiffe oder oft auch Flöße. Die Straßen waren mit Wagen kaum befahrbar, und erst im Laufe des 18. Jahrhunderts wurden die Verbindungen zwischen den großen Zentren ausgebaut. Strategische Überlegungen und Handelsinteressen führten von den vierziger Jahren an zur Anlage neuer Straßen, und gegen Ende des 18. Jahrhunderts verkehrten die Postkutschen regelmäßig zwischen den großen Städten. Die Fahrpreise waren jedoch so hoch, daß nur die Reichen sie benutzen konnten. Die Reise von Bern nach Genf kostete mehr als 18 Pfund, was drei Wochenlöhnen eines Arbeiters entsprach. Die meisten reisten deshalb zu Fuß. Am schnellsten ging es zu Pferd; die Reise von Bern nach Zürich per Postkutsche dauerte zwei bis drei Tage, ein Reiter hingegen, der sein Pferd regelmäßig wechselte, legte diese Entfernung in einem Tag oder in einer Nacht zurück.

Zürcher Studenten auf einer Schweizerreise; das Titelblatt des handschriftlichen Reiseberichtes aus dem Jahr 1773 lehnt sich stilistisch an die Bilderchroniken des 15. und 16. Jahrhunderts an. Unter der Führung eines Geistlichen durchwanderte die Gruppe, begleitet von Trägern, in zweieinhalb Monaten die ganze Schweiz – ein zugleich patriotisches und touristisches Unternehmen. Wie die Ausländer fanden auch die Schweizer an Reisen durch ihr Land Gefallen.

Die Alpenübergänge waren nicht mit Wagen befahrbar. Jede Gemeinde hatte zudem Anrecht darauf, ihre Träger und Wechselpferde zu stellen, was den Transport in den Bergen stark verzögerte. Die Bergbevölkerung hatte wenig andere Verdienstmöglichkeiten und wehrte sich hartnäckig gegen jede Änderung der alteingespielten Saumrechte.

In der Schweiz hatte Bern – unter Leitung der Familie Fischer – das am besten funktionierende Postsystem. Die Post wurde im 18. Jahrhundert immer besser ausgebaut und wurde langsam zu einer

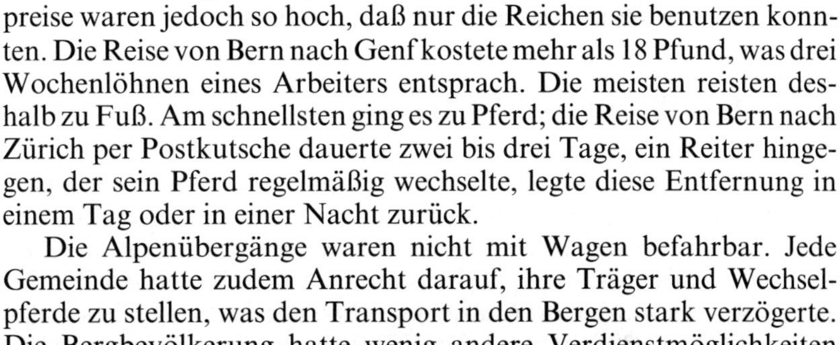

Straßenbau im Kanton Bern, Ausschnitt aus dem Titelblatt zur Rechnungsablage 1795. Kupferstich von Balthasar Anton Dunker. Das bernische Straßennetz galt im 18. Jahrhundert als vorbildlich. Damals fuhren die Wagen auf der linken – nicht wie heute auf der rechten Fahrbahnhälfte. Im Hintergrund ein Gasthaus, das auch Umspannort war.

gewohnten Einrichtung. Sie blieb jedoch lange eine schwerfällige und kostspielige Angelegenheit, da es auf nationaler und auf internationaler Ebene an Koordination fehlte.

Der Tourismus

In dieser Zeit kam eine neue Art von Reisenden auf: die Touristen. Bis zum 18. Jahrhundert reiste nur derjenige, der dazu gezwungen war. Nun begannen die Reichen zum Vergnügen und zu verschiedenen Studienzwecken zu reisen. Die Europareise wurde zur Mode für vornehme junge Herren. Man besuchte die Schweiz auf dem Weg von einer Hauptstadt zur andern, zuerst die Ufer des Genfersees und dann immer mehr die Berge; der Tourist wurde eine bekannte Figur, deren wirtschaftliche Bedeutung man bald begriff. In den letzten Jahrzehnten des Jahrhunderts erschienen die ersten Touristenführer. Der kultivierte Mensch besuchte nun malerische Orte und beobachtete die Einheimischen bei ihrem Tun. Seit Mitte des 18. Jahrhunderts hatte die Stadt Lausanne eine englische Kolonie aufzuweisen.

Aber auch die Schweizer entdeckten das Reisen als Vergnügen. Schülergruppen machten sich zu Fuß auf und lernten ihre Heimat und ihre Miteidgenossen kennen. Neue Transportmöglichkeiten und vor allem die Tatsache, daß man reiste, führten zu vermehrtem Kontakt zwischen Regionen und Menschen und ermöglichten im 18. Jahrhundert einen regen Austausch von Informationen.

3. Gewerbe und Industrie

Das städtische Gewerbe war immer noch, wie im Mittelalter, in Handwerksgesellschaften, den Zünften, organisiert. Die zünftischen Privilegien garantierten eine absolute Überlegenheit des städtischen Gewerbes über dasjenige auf dem Lande. Durch die Konzentration des Gewerbes wurden die Städte und Marktflecken zu größeren und kleineren Wirtschaftszentren. Die Zünfte verhinderten eine zügellose Konkurrenz und begrenzten die Expansionsmöglichkeiten des einzelnen; sie garantierten jedoch auch eine stetige und sichere Produktion, die im allgemeinen für die täglichen Bedürfnisse genügte. Als Gewerbe bezeichnete man nicht nur die Berufe, die wir heute noch so nennen, sondern auch denjenigen des praktischen Arztes und – in vielen Gegenden der Schweiz – des Notars.

Die Abschaffung der Privilegien des Gewerbes während der Helvetischen Republik zeigte die Nachteile und die Vorteile des städtischen Zunftsystems deutlich auf. Die Zünfte verhinderten die Handels- und Gewerbefreiheit und verunmöglichten jegliche harte Konkurrenz, andererseits übten sie eine wirksame Kontrolle über Qualität und Kontinuität der Produktion aus.

Auf dem Lande wurde nur noch das für das ländliche Leben notwendige Gewerbe geduldet; oft waren es wandernde Handwerker, die von Dorf zu Dorf und von Hof zu Hof zogen und ihre Dienste anboten. Die Gastwirte spielten wegen ihrer sozialen Bedeutung eine besondere Rolle. Sie gehörten oft zur wirtschaftlichen und politi-

Strumpfwirkerstuhl, angefertigt von Pierre Bastardot in Bern 1771. Solche Maschinen waren von hugenottischen Flüchtlingen in die Schweiz gebracht worden und fanden bald weite Verbreitung – ein Beispiel dafür, daß schon vor dem Aufkommen der Dampfmaschine Handarbeit durch Maschinenarbeit ersetzt wurde.

Der industrielle Aufschwung Ende des 18. Jahrhunderts. Die wichtigsten Industriezweige in der Schweiz

Uhrmacherei
Baumwolle
Leinwand
Seide

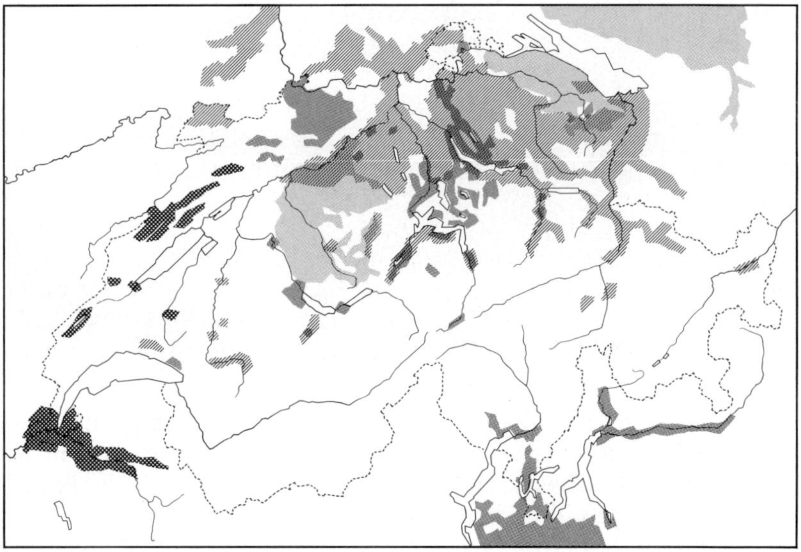

schen Elite des Dorfes. So findet man regelmäßig Gastwirte unter den Führern von Revolten und den Befürwortern der Ideen der Französischen Revolution. Durch ihre Stellung wurden sie nicht in den traditionellen Rahmen gepreßt und bildeten so die Vorhut der neuen Ideen.

Die Textilindustrie

Die Textilindustrie stellte im 17. und 18. Jahrhundert den wichtigsten Anteil an der schweizerischen Produktion. Schon im 16. Jahrhundert waren neue Verarbeitungsformen und neue Produkte – z. T. durch die einwandernden Hugenotten – eingeführt worden. Dazu gehört die Seidenbandindustrie und die Baumwollverarbeitung. Ein analoges Phänomen ereignete sich gegen Ende des 17. Jahrhunderts. Durch die Aufhebung des Ediktes von Nantes im Jahr 1685 fanden 10000 bis 20000 protestantische Franzosen Asyl in der Schweiz. Es wurden nur solche Flüchtlinge aufgenommen, von denen man eine Bereicherung der Wirtschaft erhoffte. Die Flüchtlinge waren eine Elite, die der schweizerischen Industrie in der Krise neue Anregungen brachte.

Die Seidenindustrie hatte durch die europäischen Krisen stark gelitten und erholte sich nur langsam. Auch mit den anderen Geweben aus Wolle und Flachs stand es nicht besser. Das neue Produkt, das seit Anfang des 18. Jahrhunderts in großen Mengen auf den Markt kam, die Baumwolle, war seit zwei Jahrhunderten bekannt, spielte aber in der schweizerischen Industrie vorerst nur eine untergeordnete Rolle. Die Herstellung von Baumwollgeweben breitete sich jedoch – ausgehend von Zürich und Genf – zwischen 1700 und 1730 aus und verdrängte alle anderen Gewebe auf den zweiten Platz. Die erhöhten Investitionen, die für die Herstellung von Baumwollstoffen nötig waren, konzentrierten die wirtschaftliche Macht in den Händen einer kleinen Gruppe von kapitalkräftigen Personen. Die Baumwolle wurde aus Afrika und dem Nahen Osten über die norditalienischen

Zwar waren Fabriken im 18. Jahrhundert noch selten, die zunehmend komplizierten Produktionsschritte machten jedoch schon früh eine Zentralisierung notwendig, so etwa in der Stoffdruckerei, die nicht im Rahmen der ländlichen Industrie bewerkstelligt werden konnte. Das Bild zeigt eine Indienne-Fabrik bei Zürich aus dem Jahr 1780. Die beiden symmetrischen Gebäudekomplexe, zwischen denen sich ein in französischem Stil angelegter Garten befand, zeugen vom Geist des Spätrokoko.

und französischen Häfen von den Genfer Händlern importiert, die die ganze Schweiz mit dem Rohmaterial versorgten. Vor allem in der Zentral- und Ostschweiz, rund um Zürich herum, wurde die Baumwollverarbeitungsindustrie eingeführt.

Die Produktion wurde seit dem 16. Jahrhundert im Verlagssystem gehandhabt. Um die Vorschriften der städtischen Zünfte zu umgehen, wurde die Fabrikation aufs Land verlegt. Auch der Bedarf an billigeren Arbeitskräften verdrängte die Produktion in den Städten. Die Unternehmer jedoch wohnten in der Stadt. Sie kauften das Rohmaterial ein, ließen es auf dem Land verarbeiten und verkauften schließlich die fertigen Produkte auf den schweizerischen und europäischen Märkten. Der ländliche Arbeiter war wohl an den Risiken, kaum aber am Profit beteiligt. Er war für die Beschaffung des Rohmaterials sowie für den Verkauf der Produkte völlig vom Unternehmer abhängig. Der Textilhandel beschränkte sich auf jene privilegierten Städte, die ihre Rechte sorgfältig wahrten. Arbeitskräfte waren reichlich vorhanden, da die Bevölkerung ständig zunahm, und oft wurden Textilverarbeitung und Landwirtschaft gleichzeitig betrieben. Neben der industriellen Tätigkeit züchtete der Arbeiter Kleinvieh und pflanzte Gemüse an. Der Einschlag war für ihn lebenswichtig; denn so konnte er Kartoffeln und andere Produkte für seinen persönlichen Bedarf anbauen. Damit sicherte er sich eine abwechslungsreichere Nahrung als der Bauer, der von Weizenanbau und Viehzucht lebte, und unterlag einer geringeren Sterblichkeit.

Das Verlagssystem wurde nicht nur in der Textilindustrie, sondern auf allen anderen Gebieten der industriellen Produktion angewendet. Im 18. Jahrhundert verlor die Verarbeitung von Flachs ihre Vorrangstellung. Jedoch war sie im Aargau noch stark vertreten, wo wahrscheinlich das Kapital zur Gründung der Baumwollindustrie fehlte. Die Herstellung von Seidengewebe und Seidenfaden konzentrierte sich in der Innerschweiz, wo die Arbeitskräfte noch billiger waren. In St. Gallen, das durch Genf und Zürich von seiner Stellung als Textilmetropole verdrängt wurde, spezialisierte man sich von 1750 an auf die Stickerei. In Basel wurden hauptsächlich Bänder hergestellt, die sich besonders für den Export eigneten. Auch Strick-

Plan der Gemeinde Inkwi (Bern) aus dem Jahr 1749 Die typische Flureinteilun eines Dorfes im Kornland is deutlich erkennbar: rund un das Dorf die Gärten; anschlie ßend die in Privatbesitz de Bauern stehenden Felder, di auf drei große Parzellen sogenannte Zelgen, vertei sind. Diese Dreiteilung ent spricht den Bedürfnissen de Dreizelgenwirtschaft. Di Wälder und das Allmendlan waren meist Gemeinbesitz

MITTERNACHT
Inckwyler Buchwald
Oberezelg
Hinderezelg
RÖTENBACH
INCKWYL
Die Obere matt
Die Undere matt
Mooss
INCKWYLER SEE
Die Underezelg
Inckwyler Önzberg
SOLOTHURN GEBIET
ABEND
MORGEN
PLAN DER HERRSCHAFT INCKWYL
Samt denen darin gelegenen Waldungen, Feld und Mattlandes, auch deroselben Herrschaft March.
In Grund gelegt durch I. A. Rüdiger Ing.
Inhalt dises Plans
Maßtab von 300 Ruthen, eine à 10 Schu
MITTAG

waren wurden immer mehr produziert, vor allem seit der Einführung der ersten Strickmaschinen, die man auch den Hugenotten zu verdanken hatte.

Die Herstellung bedruckter Stoffe, der *Indiennes,* veränderte die Situation. In Frankreich war die Fabrikation dieser sehr gefragten Ware verboten, um die Privilegien der *Compagnie des Indes orientales* zu wahren. Dieser neue Industriezweig nahm in Genf seinen Anfang und verbreitete sich über die ganze Schweiz. Hier waren besonders große Investitionen nötig, da eine Zentralisierung unumgänglich war. Die ersten richtigen Fabriken entstanden. Genf, Neuenburg und Mülhausen wurden zu blühenden Zentren der *Indienne*-Industrie.

Die zwei ersten Drittel des 18. Jahrhunderts waren erfolgreich für die schweizerische Industrie. Die Exportmöglichkeiten waren gut, und die Ausbreitung nahm weiter zu. Dann zeichnete sich in den siebziger Jahren die Krise ab. Die ständig wachsende Konkurrenz in Europa schuf immer mehr Probleme. In England wurden bessere Produkte zu günstigeren Preisen hergestellt: Die industrielle Revolution in Großbritannien hatte begonnen. Die neuen maschinellen Produktionsverfahren waren ein schwerer Schlag für die schweizerischen Industriellen, von denen viele in Konkurs gerieten. In den achtziger Jahren erfaßte die Krise alle Gebiete. So war das Ende des Jahrhunderts gekennzeichnet durch die Suche nach neuen Produktionsformen, die einen frischen Start ermöglichen sollten. Die ersten Versuche mit englischen oder nachgebauten Spinnmaschinen brachten nur Enttäuschungen. Erst im 19. Jahrhundert, unter anderen politischen Voraussetzungen, fand in der Schweiz die industrielle Revolution statt.

Die Uhrenindustrie

Wie die *Indienne*-Druckerei nahm auch die Uhrmacherei ihren Anfang in Genf und entwickelte sich von einem Handwerk zur exportorientierten Industrie. Seit dem 17. Jahrhundert begann sie andere, in Genf beheimatete Gewerbe, wie das Vergolden und den Buchdruck, zu überflügeln. Die Herstellung von Taschenuhren wurde zu einem äußerst komplexen Verfahren mit ausgeprägter Arbeitsteilung. Die Fabrikation der einfachen Einzelteile erfolgte auf dem Lande, während das Zusammenfügen und die hochspezialisierten Arbeiten in der Stadt ausgeführt wurden. Genf wurde zum wichtigsten Zentrum der Uhrenindustrie: Waren im 17. Jahrhundert nur einige 100 Personen mit der Uhrenherstellung beschäftigt, so gab es 1784 schätzungsweise 20000 Uhrenarbeiter. Viele von ihnen wohnten auf dem Lande in der Nähe der Stadt und arbeiteten für die städtischen Unternehmer. Auch hier also regelte das Verlagssystem die Produktion und die Verteilung der Arbeiten zwischen Stadt und Land.

In der zweiten Hälfte des Jahrhunderts dehnte sich die Uhrenindustrie in die Neuenburger Berggebiete und ins Bistum Basel aus. Unter dem Einfluß von Einwanderern ging die Expansion etwa von 1750 an rasch vonstatten. Da in diesen Gebieten jegliche Art von Industrie neu war, wurde sie auch nicht durch Zunftregeln gehemmt.

In Genf wurden Luxusuhren hergestellt, während die Industrie in Neuenburg und im Jura den Bedarf an bescheideneren Modellen deckte.

Andere Unternehmen

Neben der Textil- und Uhrenindustrie existierte eine Zahl weiterer Industriezweige, die aber auf einzelne Regionen beschränkt blieben. Sie waren jedoch für den Inlandmarkt wichtig. Es gab zahlreiche Töpfereien, aber einzig das Porzellan von Nyon war mehr als nur Gebrauchsgeschirr. In einigen Teilen der Innerschweiz wurden Möbel hergestellt und exportiert. Die täglichen Gebrauchsgegenstände wurden durch das Gewerbe produziert, das nicht für den Export arbeitete.

4. Der Handel und die Banken

Der Jahrmarkt, hier derjenige auf dem Münsterhof in Zürich im 18. Jahrhundert, war überall ein Zentrum des regionalen und lokalen Handels. Erst im 19. Jahrhundert verlor er mit dem Aufkommen von Warenhäusern an Bedeutung.

Der Import von Baumwolle und der Export von Textilprodukten und Uhren waren Teil des internationalen Handels, der im 18. Jahrhundert zum Welthandel wurde. Lyon und Marseille in Frankreich und Genua und Livorno in Italien waren die Hauptumschlagplätze der Textilindustrie. Die Kaufleute und Bankiers von Genf, die den Baumwollimport handhabten, wurden außerhalb der Schweizer Grenzen zum Begriff, so daß das Wort «Genfer» ein Synonym für Kaufmann und Bankier wurde. Aber auch Industrielle und Finanzleute anderer Städte und Regionen waren am großen internationalen Handel beteiligt. Das Unternehmen Zellweger von Trogen besaß Vertretungen in Barcelona, Bordeaux, Frankfurt, Leipzig und Moskau sowie Niederlassungen in Lyon und Genua. Das Haus Pourtalès von Neuenburg hatte Vertretungen in Amerika und Afrika. Auch die Basler Handelshäuser hatten in der ganzen Welt Niederlassungen.

Die Schweiz war begünstigt durch ihre geographische Lage am Kreuzpunkt der Handelsströme zwischen Nord- und Südeuropa. In den Niederlanden und Deutschland, wo man sich von den Krisen des vergangenen Jahrhunderts und vom Dreißigjährigen Krieg erholt hatte, bestand eine große Nachfrage nach industriellen Produkten. Die Schweizer Kaufleute vergrößerten in kurzer Zeit ihr Angebot und beteiligten sich auf diese Weise am Welthandel; schon im 18. Jahrhundert waren sie auch im Kolonialhandel vertreten, zuerst durch Gelegenheitsunternehmen, dann aber bald durch ständige Verbindungen mit den englischen, französischen und holländischen Kolonien, die als Absatzmärkte erschlossen wurden und gleichzeitig ihre Produkte – wie Zucker und Kaffee – und Rohmaterialien für unsere Industrie lieferten.

Die Banken

Die Banken waren mit Handel und Staat eng verbunden. Die großen Bankiers waren auch die großen Kaufleute. Genf, Zürich und Basel waren schon im Ancien Régime die wichtigsten Bankzentren. Der ständige Geldbedarf der Großmächte – Frankreichs vor allem für seine endlosen Kriege und Englands für die Verwaltung seiner Kolonien – sicherten das Geschäft. Eine erste Krise erfolgte gegen

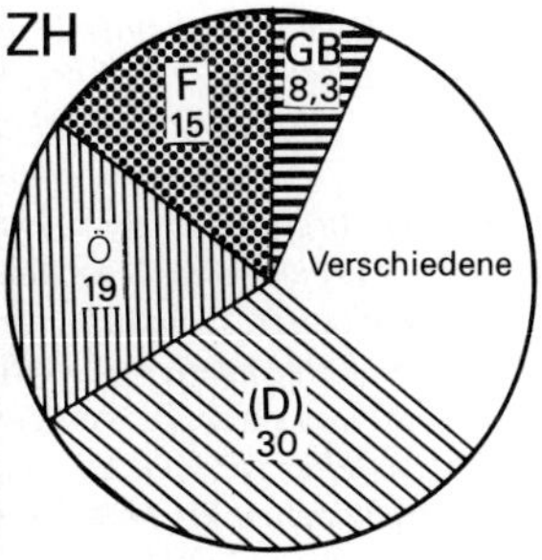

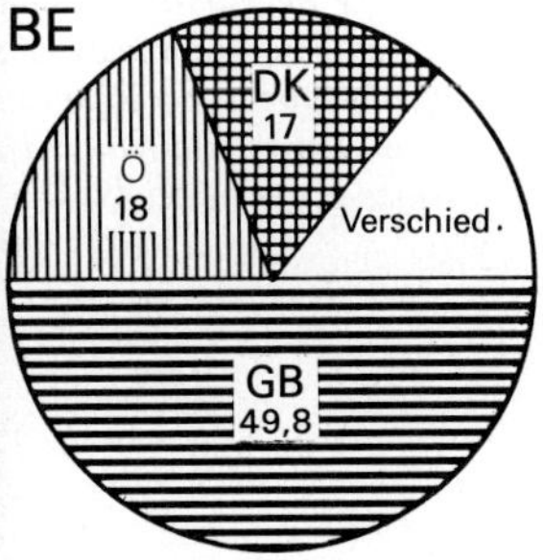

Die von Zürich und Bern Ende des 18. Jahrhunderts ans Ausland gewährten Darlehen. Aufteilung der Darlehen auf die hauptsächlichen Schuldner-Staaten (in %)

(D) deutsche Fürsten und Städte
F Frankreich
Ö Österreich
GB Großbritannien
DK Dänemark

1720–1730, als die Finanzabenteuer von John Law nicht nur viele Franzosen, sondern auch eine große Zahl von Schweizer Firmen ruinierten, die vom Spekulationsfieber ergriffen worden waren. Darauf folgte wieder eine Hochkonjunktur, die aber in den Jahren der Französischen Revolution zusammenbrach.

Neben den Privatbanken stiegen auch die Staaten mit der Zeit ins Bankgeschäft ein. Zürich und Bern, die beide über große Mittel verfügten, legten ihr Kapital im Ausland an. Bern begann im 18. Jahrhundert in bescheidenem Rahmen an England und die Niederlande auszuleihen. Der Erfolg war so groß, daß der Staat Bern seine finanziellen Aktivitäten ausdehnte und verschiedenen deutschen Prinzen beträchtliche Summen lieh. England blieb jedoch der größte Kunde. Gegen Ende des Jahrhunderts kam ein Drittel des Bargeldeinkommens des Staates Bern aus Investitionen in England. Zürich gründete eine Staatsbank und investierte nicht nur öffentliches, sondern auch privates Geld im Ausland. Die Bank Leu – sie trägt den Namen des damaligen Zürcher «Finanzministers» – öffnete 1755 ihre Tore und investierte ebenfalls öffentliche und private Gelder. Im Gegensatz zu Bern, das Frankreich als zu riskant betrachtete, trat Zürich in enge Beziehungen zum benachbarten Königreich und verlor durch die Revolution große Summen.

Die Bank Leu verkörperte eine neue Art von Bank, die nicht nur Geld investierte, sondern auch von Privaten gegen einen kleinen Zins, meist 3 %, Einlagen annahm. Damit bahnte sie den Weg für die Ersparniskassen, die gegen Ende des 18. Jahrhunderts aufkamen. Die Bankgeschäfte waren von besonderer Bedeutung in einer Wirtschaft, die z. T. noch auf Tauschhandel aufgebaut war. Die landwirtschaftlichen Produkte waren nicht leicht in Geld umzuwandeln; der Geldverkehr teilte sich auf in einen regionalen Umlauf mit kleinen kantonalen Münzen und eine internationale Zirkulation, die ausschließlich in fremder Währung erfolgte. Das Geldgeschäft war eine Bedingung für den wirtschaftlichen und administrativen Fortschritt der Schweiz und gleichzeitig auch dessen Ergänzung.

5. Die Verflechtung des wirtschaftlichen Lebens

Symbiose

Die schweizerische Wirtschaft des 17. und 18. Jahrhunderts ist gekennzeichnet durch eine Symbiose der Landwirtschaft und der Industrie. Die letztere überlagerte die erstere, ohne das ländliche Aussehen der Schweiz grundlegend zu verändern. Die Industrie, die hauptsächlich im Verlagssystem organisiert war, beschäftigte die ländlichen Arbeitskräfte, die reichlich und an Ort und Stelle vorhanden waren. Erst die industrielle Revolution brachte mit Maschinen und Fabriken eine Konzentration der Produktion in den Städten. Die gleichzeitige Entwicklung der industriellen und der landwirtschaftlichen Strukturen ermöglichten den Produkten, sich auf den internationalen Märkten durchzusetzen.

Die Ausfuhr von Vieh, Käse, Textilprodukten und Uhren einerseits und die Einfuhr von Getreide und Rohmaterialien andererseits waren nicht neu, sondern wurden nur intensiviert und machten die Schweiz mehr als je zuvor von der internationalen Wirtschaft und Politik abhängig.

Ulrich Bräker mit seiner Frau porträtiert von Joseph Reinhard. Ulrich Bräker (1735–1798) aus Wattwil im Toggenburg (SG) war Soldat in preußischen Diensten, Kleinbauer, Heimarbeiter, Kleinunternehmer, Autodidakt und einer der wenigen Schriftsteller der Zeit, der aus bescheidenen Verhältnissen stammte; er fand besonders im aufgeklärten Bürgertum Anklang und erreichte eine gewisse Berühmtheit. Seine Selbstbiographie ist eine wertvolle Quelle zur Kenntnis von Leben und Nöten der Armen aus dem Blickwinkel der Betroffenen.

C. Die Gesellschaft

1. Die ländliche Gesellschaftsordnung

Die ländlichen Gebiete der Schweiz galten als die wohlhabendsten Europas. In der Tat waren die Lebens- und Arbeitsbedingungen im internationalen Vergleich sehr günstig. Es gab keinen Großgrundbesitz, und das Recht zum Landerwerb stand grundsätzlich jedem zu. Aber die reichen Bauern, die von ganz Europa bewundert wurden, die lesen und schreiben konnten und deren Lebensstil oft demjenigen der Städter gleichkam, bildeten die Ausnahme im Landleben des Ancien Régime.

Die traditionellen Strukturen

Die ländlichen Gesellschaftsstrukturen spiegelten die wirtschaftlichen Bedingungen eines Dorfes oder einer Talschaft. Die Dorfgemeinde war die Einheit, in der sich die Bauern zusammenschlossen. Zusammenarbeit, gemeinsame Lasten und Interessen verbanden die Mitglieder einer solchen Einheit. Den Kern der Dorfgemeinde bildeten die Grundbesitzer, unter denen es wenige reiche und viele arme Bauern gab. Wir können uns ein Bild der gesellschaftlichen Struktur auf dem Lande machen, wenn wir die Verteilung des Grundbesitzes betrachten. Man nimmt an, daß mindestens 3 ha Land nötig waren, um eine Bauernfamilie zu ernähren. Aber nur wer mehr als 8–10 ha Land besaß, konnte sich die Zugtiere leisten, die für die Landarbeit gebraucht wurden.

Vermögensverteilung in der Gemeinde Schwarzenegg (BE) am Ende des 18. Jahrhunderts. Da seit dem 17. Jahrhundert in den bernischen Gebieten keine direkten Steuern erhoben wurden, ist man zur Abschätzung der Vermögensverteilung auf zufällige Hinweise angewiesen. Die Kurve beruht auf den Spenden zu einem Orgelbau im Jahre 1797.

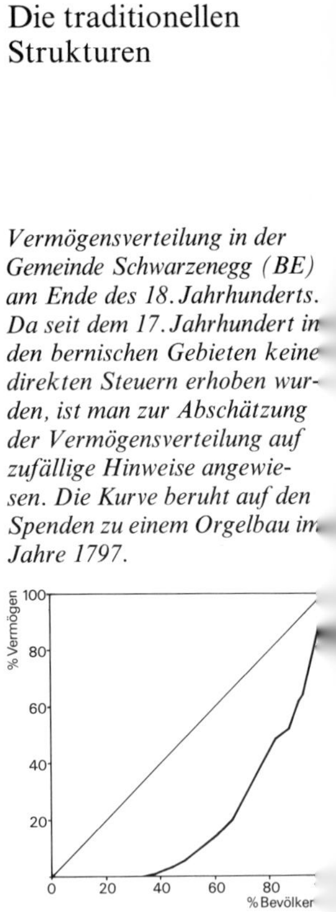

Die Großbauern, nur etwa ein Viertel der Landwirte, beherrschten die Dorfgemeinschaft. Die andern Bauern mußten die Zugtiere bei diesen ausleihen. So wurden Abhängigkeiten geschaffen, die die soziale Hierarchie festlegten. Aus dem Milieu der Großbauern rekrutierte sich die Führungselite der Dörfer, die Gemeindevorsteher und Eherichter. Diese wurden oft auch von den Herren beauftragt, die Zehnten und andere Abgaben einzutreiben, denn sie waren als einzige in der Lage, deren Transporte zu sichern. Der Rest der Dorfbevölkerung war also wirtschaftlich und politisch von dieser bäuerlichen Elite abhängig, die somit eine Art ländliches Patriziat verkörperte.

Nach den Vollbauern folgten die Bauern, die genügend Land besaßen, um ihre Familien zu ernähren, die sich aber keine Zugtiere leisten konnten. Man nannte sie oft «Halbbauern», was ihre Mittelstellung gut umschreibt. Ein großer Teil der Landbevölkerung besaß

aber nur 1–2 ha Land, d. h. nicht genug, um eine Familie zu ernähren. Diese Unterschicht – die Tauner – mußte also weitere Einnahmequellen suchen und arbeitete oft im Taglohn bei den reichen Bauern. Unter den Taunern standen die Menschen, die nicht zur Dorfgemeinschaft gehörten. Sie hatten keine Rechte, und ihre Randexistenz wurde oft sichtbar durch ihre Behausung. In gewissen Regionen mußten sie außerhalb der Dörfer auf der Allmend oder in Schachensiedlungen wohnen.

Der Wandel der ländlichen Strukturen im 18. Jahrhundert verschärfte die sozialen Unterschiede auf dem Lande. Die traditionelle Dreizelgenwirtschaft hatte unerträgliche Unterschiede verhindert. Mit den Agrarreformen wurde die Stabilität gestört. Die Aufteilung der Allmend und die Abschaffung der Brache erhöhten das Einkommen der reichen Bauern; die Kleinbauern jedoch konnten von keinem Gemeindebesitz mehr profitieren. Es blieben ihnen nur noch ihre eigenen Gemüsegärten und die Kleinviehzucht, die ihnen durch den Einschlag ermöglicht wurden. Der landwirtschaftliche Ertrag erhöhte sich, aber die Lage der vielen Armen wurde dadurch nur noch schlimmer.

Die Randgruppen

Die Armut war seit langem eines der großen Probleme der Kantone. Die Gemeinden mußten für ihre armen Einwohner aufkommen. Der Pauperismus nahm im 18. Jahrhundert bedenkliche Ausmaße an. Oft war ein Fünftel oder ein Viertel der Bevölkerung armengenössig. Die demographische Entwicklung und der Rückgang von Arbeitsplätzen in der Landwirtschaft schufen eine Klasse von Elenden, die für die entstehende Industrie und die Emigration ein unerschöpfliches Reservoir darstellte.

In Krisenzeiten war manchmal mehr als die Hälfte der Bevölkerung unterstützungsbedürftig. Seit dem 17. Jahrhundert war deshalb

In den beiden Dörfern Lengnau und Endingen im Aargau konnten die jüdischen Gemeinden in religiöser Autonomie leben. Der Stich aus dem 18. Jahrhundert zeigt ein Begräbnis auf dem jüdischen Friedhof. Nach den Verfolgungen des Mittelalters wurden die Juden seit dem 17. Jahrhundert in der Schweiz toleriert, mußten jedoch in einer der beiden Gemeinden, die unter Aufsicht der eidgenössischen Obrigkeiten standen, Wohnsitz nehmen.

in den Dörfern wie in den Städten versucht worden, das Bürgerrecht zu begrenzen. Eine große Zahl von Heimatlosen zog von einer Gemeinde zur andern und lebte von der Bettelei und in seltenen Fällen von etwas Arbeit. Dies führte im 18. Jahrhundert zu richtigen Bettlerjagden, was aber natürlich die Ursachen der Armut nicht beseitigte. Aus dem Bild des Ancien Régime sind die Heimatlosen und Bettler nicht wegzudenken. Diese Randgruppen, vor allem die Zigeuner, wurden brutal verfolgt, eingesperrt und auf die venetianischen Galeeren verfrachtet. Die Bevölkerungsgruppe, welche am wenigsten in die Gesellschaft und Denkweise des Ancien Régime paßte, waren die Juden. Sie standen völlig außerhalb der kirchlichen Verfügungen, und die Regierungen nahmen ihnen gegenüber eine unentschlossene Haltung ein. Schließlich ließ man sie in einigen Dörfern der gemeinen Herrschaft Baden wohnen und drückte gleichzeitig die Hoffnung aus, sie möchten nach Deutschland auswandern. Aber die jüdischen Dörfer des Aargaus blieben während des ganzen 18. Jahrhunderts bestehen. Der Viehhandel zwischen den großen Städten der Schweiz sicherte ihnen zur Hauptsache ihr Auskommen.

Ebenso wie im Flachland war auch in den Berggebieten die Gesellschaft nicht einheitlich. Die Großviehzüchter besaßen den Hauptanteil der Alprechte, während die armen Bauern, die oft nur Schafe und Ziegen züchteten, mit mageren Alpweiden vorlieb nehmen mußten. Auch in den Bergen herrschte also die politische und wirtschaftliche Elite. – Es gab in der Schweiz zwei Typen ländlicher Gesellschaft mit analogen Strukturen: die Dorfgemeinschaften des Mittellandes und die Alpgemeinschaften im Berggebiet. Ihr Leben war durch ihre Arbeit geprägt, die Nahrung hing vom Anbau und den Erträgen ab. In der Ebene lieferten Acker- und Obstbau die Hauptnahrung, in den Bergen überwogen die Milchprodukte. Fleisch wurde wenig gegessen, denn die Viehzucht war einerseits für den Export und anderseits für die Milchwirtschaft bestimmt.

Eine neue ländliche Klasse

Die sich entwickelnde Industrie veränderte im 18. Jahrhundert die traditionellen Strukturen. Die Masse der Armen, ohne Land und ohne Arbeit, bildete das Reservoir an Arbeitskraft. Nur die Industrie konnte in der Epoche des Bevölkerungszuwachses und der Landreformen Arbeit anbieten. Das Verlagssystem schuf eine ländliche Klasse, die zur Hälfte Bauern und zur Hälfte Arbeiter war und deren Lebensbedingungen sich immer mehr vom traditionellen Bauerntum abhoben.

Diese ländlichen Arbeiter lebten nur noch zum Teil von ihrem eigenen Anbau; meist pflanzten sie Kartoffeln und Gemüse an und hielten etwas Kleinvieh. Was sie sonst brauchten, mußten sie sich kaufen. Von der Tauschwirtschaft ging man immer mehr zur Geldwirtschaft über. In Perioden der Hochkonjunktur konnte der Lebensstandard dieser Arbeiter über dem bäuerlichen Durchschnitt liegen, in Krisenzeiten litten sie mehr als die Bauern. Ihre Krisen und ihre Hochkonjunkturen waren nicht dieselben wie diejenigen der Bauern. So entwickelten sich zwei Lebensrhythmen auf dem Lande; der eine war vom Ackerbau, der andere von der internationalen industriellen Nachfrage bestimmt.

Die täglichen Gewohnheiten auf dem Lande änderten sich. Neue Produkte hielten Einzug, z. B. der Kaffee, der sehr schnelle Verbreitung fand. Auch das Brot begann das traditionelle Mus zu verdrängen. Der Alkoholismus breitete sich aus und spiegelte das soziale Ungleichgewicht, das durch die Strukturveränderungen entstanden war. Das Leben war nicht mehr ausschließlich von den Jahreszeiten, sondern zunehmend vom Lohn für geleistete Arbeit abhängig – was einen tiefen Einfluß auf das Denken und Zusammenleben der Menschen ausübte.

Diese neue Situation führte zu neuen sozialen Unterschieden. Obwohl die Privilegien der städtischen Unternehmer zum großen Teil die Entwicklung industrieller Initiative der Untertanen verhinderten,

Genfer Familiensitze aus dem 18. Jahrhundert. Oben: Stadthäuser an der Rue des Granges. Rechts: Landsitz von Horace-Bénédict de Saussure in Creux-de-Genthod (GE), erbaut von Ami Lullin. Die Oberschichten unterstrichen durch ihre Wohnhäuser ihre gesellschaftliche Stellung. Vor allem in den Handelsstädten setzte sich das Großbürgertum durch seine Wohnkultur von den Handwerkern ab.

gelang es kleinen Unternehmern, die die Verbindung zwischen der Stadt und den ländlichen Werkstätten herstellten, Einfluß zu gewinnen und ein beträchtliches Vermögen zu erwerben. Neben der traditionellen ländlichen Elite entstand somit eine neue industrielle Elite, die energisch Anspruch auf die städtischen Privilegien erhob. Und in dieser neuen Führungsklasse fielen die Ideen der Französischen Revolution auf fruchtbaren Boden.

2. Die städtische Gesellschaft

Wirtschaftliche Grundlagen

Auch die städtische Gesellschaft war stark von den wirtschaftlichen Gegebenheiten geprägt. In den Städten, die am Fernhandel und der Industrialisierung teilhatten, wie Basel, Neuenburg, Genf und Zürich,

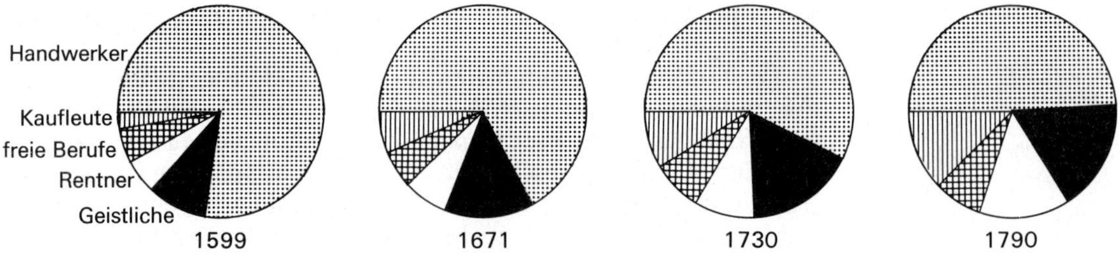

rekrutierte sich die Führungsklasse aus den großen Verlagsherren, den Bankiers und Kaufleuten. Im Gegensatz dazu bildeten in Städten wie Bern, Freiburg und Solothurn der Grundbesitz, der Dienst in fremden Heeren und die Magistratur die Basis der großen Vermögen.

Die Handwerker machten in allen Städten den Hauptanteil der Bevölkerung aus. Aber sie hatten ihre Bedeutung an die Kaufleute, Industriellen und Magistraten verloren. Sie waren in den Räten noch vertreten, hatten aber weder die Zeit noch die Ausbildung, um irgendeinen Einfluß auf die Beschlüsse auszuüben. Die Landwirtschaft, die früher sogar in den Städten eine wichtige Rolle spielte, verlor immer mehr an Bedeutung oder wurde durch den Gartenbau ersetzt.

Das Patriziat

Das Patriziat, die regierende Klasse, schuf sich seinen eigenen Lebensstil und wohnte in prächtigen Villen in der Stadt und auf dem Lande; es nahm die französische Sprache und Kultur an und setzte sich klar von der traditionellen Handwerkergesellschaft und den früheren städtischen Sitten ab. Seine Haltung und Mentalität waren jedoch von Stadt zu Stadt verschieden. In den Handelsstädten spielte der kaufmännische Erfolg die Hauptrolle; in Bern hingegen wurde der Handel als eines Magistraten unwürdig betrachtet und war des-

Die Oberschicht des 18. Jahrhunderts suchte einen neuen verfeinerten Lebensstil. Dieser Stich von B. Herrliberger aus dem Jahr 1751 gestattet einen Blick auf die Tischsitten der vornehmen Zürcher.

Berufsstruktur der Zürcher Bürger im 17. und 18. Jahrhundert

Auf dem Fuß des Pokals aus dem Jahr 1668 ist eine Darstellung der Stadt Baden (AG) eingraviert. In dieser typischen Munizipalstadt fand bis 1714 die jährliche Tagsatzung der Orte statt; rechts im Bild ist das Schloß des Landvogts zu erkennen.

halb für alle Mitglieder des Großen Rates verboten. Ihr Stolz lag im Grundbesitz und in der Magistratur; sie betrachteten sich als die würdigen Erben der Tugenden des alten Rom. In Solothurn und Freiburg war das Patriziat vor allem stolz auf die militärischen Ehren, die es sich in fremden Diensten errungen hatte.

In allen Städten nahm die Zahl der Rentner zu. Sie lebten von ihrem Vermögen oder einer Militärrente, waren weder im Handel noch in der Wirtschaft tätig und konnten so ihre ganze Zeit der Magistratur und einem Lebensstil nach dem Muster des internationalen Adels widmen. Nicht nur in den großen Städten, die die Politik der Eidgenossenschaft beherrschten, bestand ein solches Patriziat. Die Munizipalstädte richteten sich – was ihre Institutionen und Räte betraf – auf das Vorbild der Hauptstädte aus. Die politische, wirtschaftliche und soziale Elite der blühenden Mittelstädte, wie z. B. Lausanne und Winterthur, stand in bezug auf Prestige und Reichtum kaum hinter derjenigen der herrschenden Städte zurück.

Reichtum und Armut

Es ist schwierig, die Verteilung der Vermögen und der Einkommen im Ancien Régime zu eruieren, da im Gegensatz zum Mittelalter keine Steuerbücher mehr geführt wurden. Direkte Steuern wurden seit dem 17. Jahrhundert größtenteils nicht mehr erhoben. So sind wir über die gesellschaftliche Struktur des 18. Jahrhunderts weniger gut orientiert als über diejenige des 15. Jahrhunderts, und wir müssen uns oft mit einer juristischen Definition der führenden Klasse begnügen, ohne ein klares Bild ihrer wirklichen Situation zu haben. Wir kennen weder die Rolle der armen Patrizier noch diejenige der Reichen, die kein Anrecht auf die Privilegien der regierenden Klasse hatten. Auch in den Städten bestand das Problem des Elends, aber die

Möglichkeiten, den Armen zu helfen, waren hier besser als auf dem Land. Der städtische Pauperismus entstand erst mit der Industrialisierung. Die Abschließung des Bürgerrechts und die Beschränkung der Einwohnerzahl verhinderten ein unkontrolliertes Anwachsen der Armut, wie es auf dem Land der Fall war. Die Städte waren noch von Mauern umgeben und die Tore wurden in der Nacht geschlossen, so daß ein unerwünschtes Eindringen nicht möglich war. Trotzdem gab es städtische Armut, sie reichte von den Gelegenheitsarbeitern bis zu den Dienstboten der Bürgerfamilien. Die Zahl der betroffenen Personen war hoch, meist etwa 10 % der Bevölkerung. Die Dienstboten kamen oft vom Land, und ihre Stelle in der Stadt ermöglichte ihnen ein mageres Auskommen. Meistens waren es Frauen, männliche Dienstboten waren selten. Das tägliche Überleben, teils in der Familie, teils am Rande der Gesellschaft, war gerade knapp gesichert. Diese sozusagen hingehaltene Armut ermöglichte in der Regel keinen sozialen Aufstieg.

Silbernes Trinkgefäß der bernischen Zunft zu Pfistern. Das Prunkgeschirr der Zünfte diente nicht nur Repräsentationszwecken, sondern war auch Kapitalanlage. In Krisenzeiten wurde das Silber geschmolzen und ausgemünzt.

Die Städte waren die Verwaltungszentren des Staates und der Kirche; aus dem Bild der städtischen Gesellschaft sind Beamte, Lehrer und Schüler nicht wegzudenken. In katholischen Gebieten konzentrierten sich die Geistlichen in den Städten, sie machten z. B. in Luzern über 5 % der Bevölkerung aus. So waren die Städte nicht nur die politischen und wirtschaftlichen, sondern auch die intellektuellen und kulturellen Zentren. Auch in den kleinsten Städten verfügte man über Bibliotheken, Theater und Unterhaltungslokale. Der Tourismus, überhaupt die Verbesserung und Zunahme des Reiseverkehrs führten im Laufe des Ancien Régime zur Vermehrung von Gasthäusern und anderen Orten der Begegnung.

Die Bürger waren stolz auf ihre Stadt und fühlten sich trotz der internen Spannungen solidarisch mit ihr. Diese Solidarität gab der städtischen Gesellschaft Halt und garantierte eine gewisse politische Stabilität. Die Verschönerung der Städte und die Bemühungen, sie sauber zu halten, waren im 18. Jahrhundert ein äußeres Zeichen dieser Haltung. Aus hygienischen, aber auch aus Prestigegründen ersetzte Genf seine offenen Abwässer durch ein Kanalisationssystem. Bern seinerseits subventionierte die Renovation der Häuserfassaden.

Die Stadt war stolz auf ihre juristische und topographische Trennung vom Land. Der Mauergürtel war nicht nur nützlich für die Sicherheit und die Kontrolle der Bevölkerung, er war auch das Symbol einer Gerichtsbarkeit, die sich von derjenigen des angrenzenden Landes abhob. Nur an den Markttagen durften die Bauern und die Händler vom Lande ihre Waren in der Stadt verkaufen. – Dieser Geist der Exklusivität zeigte sich auch bei den Eheschließungen. Die Mitglieder der regierenden Familien konnten es sich nicht leisten, außerhalb ihrer Klasse zu heiraten. Die verschiedenen städtischen Gruppen schlossen sich immer mehr ab, und die Verwandtschaftsbande unter den regierenden Familien wurden immer enger. Dieses Phänomen, das übrigens auch in den Dörfern anzutreffen war, ließ die Bindungen an den eigenen engen Kreis noch stärker werden.

Allianz zwischen Ludwig XIV. und den eidgenössischen Orten 1663. Die aus Frankreich stammende Darstellung zeigt die Ankunft der barhäuptigen eidgenössischen Gesandten vor dem einen Hut tragenden Franzosenkönig. Dadurch enthält das Bild eine Beleidigung der Schweizer, hatten diese doch das Recht mit bedecktem Kopf vor den König zu treten

D. Die Politik

1. Europa und die Schweiz – Der Einfluß Frankreichs

Am Ende des Dreißigjährigen Krieges stellte sich das Gleichgewicht unter den europäischen Staaten wieder her. Die Schweiz erhielt endlich einen befriedigenden völkerrechtlichen Status; sie war aber nicht imstande, ihre inneren Strukturen zu ändern, und konnte somit keine wirksame Außenpolitik betreiben. Eine unabhängige Stellung im Seilziehen der Mächte war nicht möglich; die Politik der eidgenössischen Orte war eine reine Reaktion auf die Maßnahmen und Aktionen ihrer Nachbarn.

Die französische Grenze

Der Antagonismus zwischen Österreich und Frankreich dominierte weiterhin die internationalen Beziehungen in Europa und somit auch die schweizerische Politik. Seit dem Mittelalter hatte Frankreich die Politik gewisser Orte stark beeinflußt, und am Ende des 17. Jahrhunderts hatte der französische Nachbar bei weitem das größte Gewicht innerhalb der Eidgenossenschaft. Seit dem Dreißigjährigen Krieg wurde die gemeinsame Grenze immer länger, bis schließlich Frankreich fast der einzige westliche Nachbar der Schweiz war. Im Jahre 1648 hatte Frankreich die österreichischen Rechte im Elsaß wieder übernommen und kontrollierte damit ein Gebiet, das für die Versorgung der Kantone äußerst wichtig war. Schon seit dem Beginn des Jahrhunderts beschäftigte die Nähe Frankreichs zu Genf die reformierten Orte, die mit Genf verbündet waren.

Das Bündnis von 1663

Die aggressive Politik Ludwigs XIV. blieb nicht ohne Einfluß auf die Schweiz. Frankreich versuchte, die Verträge aus dem Beginn des 16. Jahrhunderts zu erneuern. 1663 wurde ein Bündnis geschlossen, das die Frage der schweizerischen Truppen im Dienste Frankreichs regelte. Weiter enthielt es die Anerkennung der neuen französischen Grenzen durch die Schweiz und sah eine baldige Festsetzung der schweizerischen Handelsprivilegien in Frankreich vor. Dieser letzte Punkt war nicht unwichtig und sollte in den folgenden Jahren noch an Bedeutung gewinnen; aber das Abkommen über die wirtschaftlichen Rechte blieb ein leeres Versprechen. So hatte Frankreich die Möglichkeit, den Schweizer Kaufleuten, je nach politischer Notwendigkeit, Privilegien zuzugestehen oder zu verweigern.

Mit der Aneignung der Franche-Comté im Laufe der Kriege mit Spanien gewann Frankreich einen politischen Trumpf erster Ordnung gegenüber der Eidgenossenschaft, denn die Westschweiz bezog den Hauptanteil ihres Salzbedarfes aus dieser Gegend. Die definitive Einverleibung dieser Provinz im Jahre 1674 machte Frankreich nicht nur zum westlichen Nachbarn der Schweiz, sondern lieferte auch ein wirksames Mittel, um auf die Eidgenossenschaft wirtschaftlichen Druck auszuüben. Die Vereinigung von Straßburg mit Frankreich im Jahr 1681 schließlich beeinträchtigte die Integrität der Schweiz: Die

Stadt Straßburg war zugewandter Ort von Zürich und Bern, die ihr geholfen hatten, ihre Neutralität während der europäischen Kriege zu bewahren. Eine Abkühlung zwischen den reformierten Orten und Frankreich war die Folge und wurde noch verstärkt durch die Aufhebung des Ediktes von Nantes 1685. Zu dieser Zeit hatten auch Österreich und die Niederlande ihren Einfluß in Zentraleuropa verstärkt und boten ein gewisses Gegengewicht zu Frankreich.

Die Tatsache, daß alle Nachbarländer der Eidgenossenschaft katholisch waren, erleichterte die schweizerische Politik beträchtlich. Damit verringerte sich nämlich die Gefahr, daß sich andere Länder in die inneren Angelegenheiten der Eidgenossenschaft einmischten, um die eine oder andere Konfession zu unterstützen. Auch eine gemeinsame Aktion, die die Existenz der Eidgenossenschaft gefährdet hätte, war wegen des Antagonismus zwischen den zwei Großmächten Frankreich und Österreich unwahrscheinlich. Ein einziges Mal – während des Siebenjährigen Krieges (1756–1763) – vereinigte eine Koalition die beiden Reiche; aber ihr Interesse richtete sich nach dem Norden Europas, und die Schweiz blieb verschont.

Beschwörung der Allianz von 1777 zwischen den Eidgenossen und Frankreich in der neuen St. Ursen-Kathedrale in Solothurn. Im Chor die Deputierten der Orte, in der Mitte der Bürgermeister von Zürich und der französische Botschafter.

Das Bündnis von 1663 lief acht Jahre nach dem Tod Ludwigs XIV., also 1723, ab. Eine Erneuerung stieß auf den Widerstand der reformierten Orte, die befürchteten, in eine zu starke Abhängigkeit von diesem großen Nachbarn zu geraten. Ein allgemeines Bündnis wurde weiter erschwert durch das Separatabkommen, das Frankreich 1715 mit den katholischen Orten abgeschlossen hatte. Diese ihrerseits wollten ein allgemeines Bündnis von der Wiedererlangung der gemeinen Herrschaften abhängig machen, die sie im Bürgerkrieg von 1712 verloren hatten. Ein Abkommen aller Stände mit Frankreich kam erst im Jahre 1777 zustande, als die Frage des europäischen Gleichgewichts von neuem eine wichtige Rolle spielte. Joseph II. von Österreich verfolgte damals eine Arrondierungspolitik, die für die Schweiz gefährlich werden konnte. Die erste Teilung Polens 1772 erweckte bei den Eidgenossen die Befürchtung, daß ihnen ein gleiches Schicksal widerfahren könnte. Eine Annäherung an Frankreich erschien als wirksames Gegengewicht. Im Prinzip war das Bündnis von 1777 eine Erneuerung desjenigen von 1663. Es umfaßte alle eidgenössischen Orte und Zugewandten, auch das Wallis, nicht aber Graubünden, das immer noch unter österreichischem Einfluß stand. Wie 1663 wurde wieder eine wirtschaftliche Einigung in Aussicht gestellt, die aber nie zustandekam. Das Bündnis war für 50 Jahre abgeschlossen und wäre also – hätten die Dinge nicht einen anderen Verlauf genommen – erst 1826 ausgelaufen.

Bis auf weiteres war die Existenz der Schweiz durch das Kräftegleichgewicht zwischen Frankreich und Österreich gesichert. Dieses Gleichgewicht wirkte sich immer auch auf die Verhältnisse innerhalb der Eidgenossenschaft aus. Trotz des zunehmenden Gewichtes von Österreich erhöhte sich der französische Einfluß seit dem 17. Jahrhundert zusehends und wurde schließlich zum dominierenden Faktor der schweizerischen Politik.

Manöver in der Gegend von Wallisellen (Zürich) im Jahr 1786. Stich von J. J. Aschmann. Solche Übungen wurden durch die Militärische Gesellschaft in Zürich unter Beizug von Freiwilligen aus der Landschaft durchgeführt, ein Beispiel für die von Privaten unternommenen Anstrengungen zur Verbesserung der Milizarmee.

Die fremden Dienste

Die Söldnertruppen, die im 16. und 17. Jahrhundert der Schweiz im Ausland einen Namen gemacht hatten, verloren an Bedeutung. Sie stellten in der schweizerischen Außenpolitik keinen Trumpf mehr dar. Im Gegenteil, das Ausland betrachtete nun das Soldwesen als eine Gunst, die es der Schweiz gewährte. Es war nicht mehr Frankreich, das um Truppen bettelte, sondern die Schweiz, die um den Unterhalt ihrer Regimenter bat. Die Kriegskunst hing nicht mehr von fremden Truppen ab, die ohnehin oft undiszipliniert waren. Die Schweizer Regimenter im Ausland, von denen etwa die Hälfte in französischen Diensten standen, blieben jedoch für die regierenden Familien ein Mittel, um Geld zu verdienen. Sie kassierten die Pensionen, und ihre Söhne verbrachten oft einen Teil ihrer Jugend als Offiziere in fremden Heeren.

2. Das Spiel der Mächte unter den Orten

Gegensätze und Parteiungen

Die dreizehnörtige Eidgenossenschaft und ihre Zugewandten hatten als Verfassung nur die Bundesbriefe aus dem Mittelalter und als gemeinsame Institution nur die eidgenössische Tagsatzung. Sie war das einzige Instrument einer gemeinsamen Politik; sie bewahrte die Illusion einer Verbindung von unabhängigen Ständen, die alle dieselbe Bedeutung hatten. Aber schon immer überlagerten unterschiedliche Interessen und verschiedene Gruppierungen der Orte den durch die Tagsatzung verkörperten eidgenössischen Zusammenhalt.

Der sichtbarste Konflikt, der immer wieder zu Explosionen führte, war die konfessionelle Trennung. Die reformierten und die

katholischen Stände bildeten zwei separate Blöcke und vereinigten sich in gesonderten Tagsatzungen. Das konfessionelle Gleichgewicht war durch den zweiten Kappeler Landfrieden von 1531 geregelt, der die reformierte Konfession als eine vollendete Tatsache akzeptierte, aber der katholischen Konfession in den gemeinen Herrschaften einen Vorteil einräumte. Diese Regelung trug jedoch der wachsenden wirtschaftlichen und politischen Bedeutung der reformierten Orte, besonders Zürichs und Berns, nicht Rechnung, so daß die Krise nicht behoben wurde. Im 17. Jahrhundert wurde der eidgenössische Frieden fast jedes Jahr wegen irgendeiner konfessionellen Reiberei gestört.

Der religiöse Konflikt überdeckte einen anderen, grundlegenderen, der seit dem 15. Jahrhundert bestand. Es waren dies die Spannungen zwischen der Innerschweiz und den Städten des Mittellandes, deren Interessen völlig entgegengesetzt waren. Die Reformation verhärtete diese Positionen noch, da die meisten Städte des Mittellandes sich dem neuen Glauben zuwandten.

Die aquarellierte Zeichnung eines Marineoffiziers aus dem Jahr 1785 zeigt die bernische Flotte auf dem Genfersee, die in erster Linie den Schutz der Stadt Genf gewährleisten sollte.

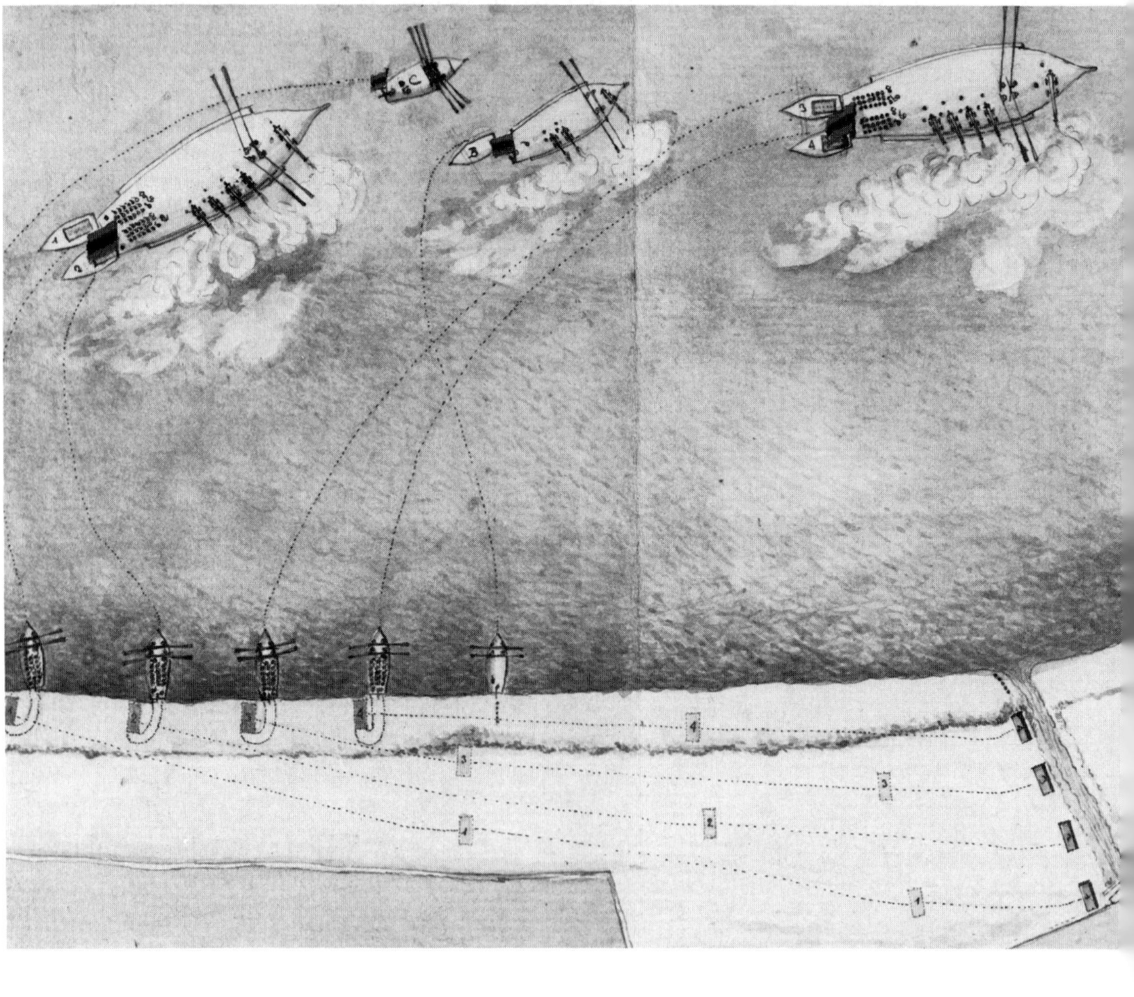

Die Villmergerkriege

Im Jahr 1656 beschlossen Zürich und Bern, die Beziehungen zwischen den zwei konfessionellen Blöcken zu ihren Gunsten zu verändern. Nicht alle Orte nahmen an dem Krieg teil. Solothurn, Freiburg, Basel und St. Gallen blieben neutral. Die Niederlage der Reformierten bei Villmergen, in der aargauischen gemeinen Herrschaft Freiamt, gewährte den katholischen Ständen noch 50 Jahre lang eine Vorherrschaft, die ihrer wirtschaftlichen Lage nicht mehr angemessen war. 1712 brach der Konflikt wieder aus. In der Folge von Unruhen im Toggenburg, wo sich die reformierten Einwohner von den Forderungen ihres Herrn, des Abtes von St. Gallen, bedroht fühlten, standen sich dieselben verfeindeten Gruppen ein zweites Mal auf dem Schlachtfeld von Villmergen gegenüber.

Der Ort dieser Kämpfe ist bedeutsam. Die gemeinen Herrschaften im Aargau trennten die Einflußzonen von Bern und Zürich. Die Herrschaft Baden gehörte den acht alten Orten, die Herrschaften des Freiamts den sieben, Bern besaß dort keine Rechte. Das katholische Übergewicht in der Regierung dieser gemeinen Herrschaften sicherte den Innerschweizer Orten eine Vormachtstellung. Der Kampf wurde also genau an diesem neuralgischen Punkt der alten Eidgenossenschaft ausgetragen.

Die Reformierten gewannen die zweite Schlacht bei Villmergen. Nun konnten sie das politische Gleichgewicht zu ihren Gunsten verändern. Nur der südliche Teil des Freiamtes blieb gemeine Herrschaft der acht alten Orte. Der nördliche Teil sowie die Herrschaft Baden kamen in den Besitz von Zürich, Bern und des reformierten Teils von Glarus. Bern wurde nun auch an den gemeinen Herrschaften Thurgau, Sargans und Rheintal beteiligt. Auch das Verfahren an der Tagsatzung wurde geändert. Religiöse Fragen wurden nicht mehr durch das Mehr entschieden, das bisher immer zugunsten der Katholiken gewirkt hatte, sondern durch ein Schiedsgericht, das zu gleichen Teilen aus Katholiken und Reformierten bestand. Der zweite Villmergerkrieg brachte also die Anerkennung des Übergewichtes der reformierten Stände und vor allem der bedeutenden Rolle von Zürich und Bern in der Eidgenossenschaft.

Neben der konfessionellen Trennung existierten noch weitere Konflikte innerhalb der Eidgenossenschaft. Die Wirtschaft der Zentral- und Ostschweiz orientierte sich nach Zürich; man handelte mit Geld, das den Zürcher Werten entsprach, die wiederum mit der süddeutschen Währung übereinstimmten. Die Westschweiz wurde vom französischen System beeinflußt; das meistgebrauchte Geld war hier das bernische, das sich an die französische Währung anlehnte. In Basel waren beide großen Systeme vertreten, da es sich nach dem Rheinland und dem Elsaß orientierte. Diese wirtschaftlichen Einheiten folgten anderen als den konfessionellen Grenzen. Die Diskussionen an der Tagsatzung über die Schaffung einer einheitlichen Münzprägung dauerten 300 Jahre – ohne Erfolg; schließlich verzichtete man darauf, da man einsah, daß die Interessen zu unterschiedlich waren. Zürich und Bern wünschten jedoch beide eine feste Ordnung in der

Schweiz, die ihre wirtschaftlichen Interessen nicht in direkte Konkurrenz treten ließ und die politische Stabilität im Lande garantierte.

Noch auf einem dritten Gebiet bestanden beträchtliche Unterschiede: zwischen den Städten und dem Land. Gemeinsame Probleme mit den Untertanen und die parallele Entwicklung der Aristokratien führten zu einem nahen Kontakt unter den Städten. Luzern und Bern blieb nichts anderes übrig als zusammenzuarbeiten, um die Ruhe im Entlebuch und im Emmental zu sichern. Der große Bauernkrieg im Jahr 1653 zeigte auf dramatische Weise, daß die absolutistischen Tendenzen der Städte vielen unerträglich schienen. Kurz, die Städte einerseits und die Länderorte andererseits stellten zwei Blöcke mit meist unterschiedlichen Interessen dar.

Militärisches Exerzieren in Zürich 1759. Ähnliche Übungen fanden in allen Orten der Eidgenossenschaft statt.

Die gemeinsame Politik

So umfaßte die Eidgenossenschaft Orte und Zugewandte, die sich je nach den angesprochenen Problemen verschieden gruppierten. Dies verunmöglichte auf der einen Seite wirksames gemeinsames Handeln, auf der anderen Seite aber neutralisierten die unterschiedlichen Konflikte und die Durchkreuzung der Interessen eine gefährliche Polarisierung. Die Existenz der alten Eidgenossenschaft wurde also nicht durch die Harmonie ihrer Glieder gewährleistet, sondern durch das Gleichgewicht der Konflikte und durch den Willen, die gemeinsame Existenz zu verteidigen.

Der Dreißigjährige Krieg bewies die Notwendigkeit, die sehr unterschiedlichen Streitkräfte zu koordinieren. Die Einigungen, die dabei erzielt wurden, stellten ein Minimum dessen dar, was an gemeinsamer Organisation notwendig war. Das Defensionale von 1647 wurde 1668 erneuert und blieb die Basis der gemeinsamen militärischen Organisation. Das Vorbild für das Defensionale von 1668 fand man in den Niederlanden, die überhaupt das politische Denken in der Schweiz stark beeinflußten. Theoretisch gab sich die Eidgenossenschaft für Kriegszeiten eine Zentralregierung mit allen Vollmachten. In Wirklichkeit war das Mißtrauen der Stände zu groß, als daß das Defensionale hätte funktionieren können.

Es lag in der Kompetenz des eidgenössischen Kriegsrates, die Aktionen der verschiedenen kantonalen Armeen zu koordinieren. Während der europäischen Kriege des 17. und 18. Jahrhunderts drängten sich Grenzbesetzungen auf, um Übergriffe fremder Truppen zu verhindern. Die Neutralitätserklärung von 1674 – während der Eroberung der Franche-Comté durch die Franzosen – war die erste Stellungnahme dieser Art. Nachher wurde die Bewachung der bedrohten Grenzen regelmäßig eingehalten und stellte eine der seltenen Maßnahmen dar, in der sich die Orte einig waren. Die Koordination der kantonalen Armeen wurde wohl diskutiert, aber nie an die Hand genommen.

Ein weiterer Gegenstand, der die Zusammenarbeit der Stände erforderte, war die Verwaltung der gemeinen Herrschaften. Diese Verwaltung mußte auch in Krisen- und Konfliktzeiten weitergeführt werden. Nur die ennetbirgischen Vogteien im Tessin gehörten aber allen Orten außer Appenzell.

Auch in der Außenpolitik pflegten die Orte und ihre Zugewandten gemeinsam vorzugehen. Verträge mit fremden Mächten, vor allem mit Frankreich, wurden an den Tagsatzungen diskutiert. Die Bündnisse von 1663 und 1777 stellten eigentliche Höhepunkte einer gemeinsamen Außenpolitik dar.

Gegen Ende des 18. Jahrhunderts wurde die Notwendigkeit einer gemeinsamen Politik allgemein anerkannt. Da aber weder die wirtschaftliche noch politische Ausrichtung der Orte sich geändert hatte, blieben die alten Spannungen bestehen, obwohl sich die konfessionelle Frage etwas beruhigt hatte. Die Tagsatzung war nicht imstande, die wünschenswerten Strukturreformen herbeizuführen, doch darf dieses eidgenössische Ritual trotzdem in seiner Bedeutung für die Entstehung des nationalen Bewußtseins nicht unterschätzt werden. Die Ausrufung eines gemeinsamen eidgenössischen Bettages für Katholiken und Protestanten im Jahr 1795 zeigt den Wunsch nach einheitlichem Handeln, aber auch die Unmöglichkeit einer wirkungsvollen Reform des politischen Systems der Schweiz.

Das Gewicht von Zürich und Bern

Da die Tagsatzung nicht das Organ einer zugriffigen und wirkungsvollen Politik sein konnte, wie sie die europäische Situation im 18. Jahrhundert verlangte, wurden die politischen Entschlüsse immer mehr von den großen Ständen, von Zürich und Bern, gefaßt. Hier verfügten die Kanzleien über eine Dokumentation, die schnelle Entscheidungen ermöglichte. Die Geheimen Räte von Zürich und Bern wurden die Zentren der schweizerischen politischen Aktivität. Die zwei großen Städte hatten, besonders seit dem zweiten Villmergerkrieg, ein enormes Übergewicht, dem die anderen Orte, deren Verwaltungen noch rudimentär waren, nichts entgegensetzen konnten. Das führte so weit, daß in der Schweiz nichts geschah, ohne daß Zürich und Bern davon wußten und darüber verhandelten. Hier ein Beispiel: Während der Unruhen auf der Zürcher Landschaft im Jahr 1795 bot sich Glarus als Vermittler zwischen der Regierung und den Aufständischen an und schickte in diesem Sinne einen Brief an Zürich. Diese Geste wurde natürlich als Herausforderung eines ländlichen Kantons gegenüber der großen Stadt angesehen. Glarus schickte auch eine Kopie seines Briefes an Luzern, das die Politik der Innerschweiz koordinierte, und nach Bern. Luzern schickte sofort eine weitere Kopie des Glarner Briefes an die bernische Kanzlei und fragte an, was zu machen sei. Auch Zürich sandte eine Kopie nach Bern. Die Berner Kanzlei besaß also schließlich drei Exemplare desselben Briefes in einer Angelegenheit, die Bern nur sehr indirekt etwas anging. Der bernische Geheime Rat prüfte diese Korrespondenz, teilte Zürich seine Meinung mit und gab den zwei anderen Orten Ratschläge, wie sie sich verhalten sollten.

Rangordnung an der eidgenössischen Tagsatzung im 18. Jahrhundert

Die Gesandten der acht alten Orte saßen auf erhöhten Plätzen. Die Lehnsessel der Vertreter der jüngeren und der zugewandten Orte standen etwas tiefer. Die Diener der Gesandten waren in den entsprechenden Stadt- oder Landesfarben gekleidet.

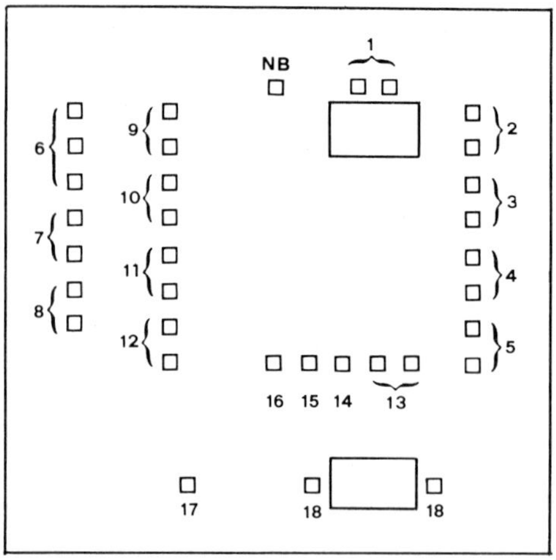

1. Zürich
2. Bern
3. Luzern
4. Uri
5. Schwyz
6. Unterwalden
7. Zug
8. Glarus
9. Basel
10. Freiburg
11. Solothurn
12. Schaffhausen
13. Appenzell
14. Abt von St. Gallen
15. Stadt St. Gallen
16. Biel
17. Landvogt
18. Protokollisten

NB. Fremde Gesandte

Die schweizerische Innenpolitik war also ein sehr komplexes Spiel, in dem jede Veränderung unkontrollierbare Folgen haben konnte. Die Beziehungen zwischen den Ständen fanden auf verschiedenen Interessenebenen statt. Das mehr oder weniger stabile Gleichgewicht dieses Systems erlaubte keine wirksamere Koordination als die eidgenössische Tagsatzung, die gleichzeitig den kollektiven Willen und die Grenzen der gemeinsamen Politik zum Ausdruck brachte.

Die zugewandten Orte

Um den Kern der dreizehn Stände gruppierten sich die zugewandten Orte, die verschieden eng mit ihnen verbündet waren. An der Tagsatzung nahmen regelmäßig die Abtei St. Gallen und die Städte St. Gallen und Biel teil; sie bildeten die Gruppe, die am festesten an die Eidgenossenschaft gebunden war. Die anderen zugewandten Orte hatten nur mit einigen Ständen Verträge abgeschlossen, so Mülhausen und Genf mit den reformierten. Der Fürstbischof von Basel und das Fürstentum Neuenburg waren vor allem mit Bern liiert, das gleichzeitig die Rolle des Verbündeten und des Beschützers innehatte.

Zwei Republiken, die selber eine Art Eidgenossenschaft darstellten, hatten mehr oder weniger starke Bande mit den dreizehn Ständen: das Wallis und Graubünden. Die Zenden des Oberwallis bildeten einen Bund, der den Rest des Tales beherrschte. Graubünden war ein kompliziertes politisches Gefüge. Die Bauernkriege des 16. Jahrhunderts hatten zu einer extremen Eigenständigkeit der einzelnen Gerichtsgemeinden geführt. Die Republik, die sich aus drei sehr heterogenen Bünden zusammensetzte, war als Ganzes wenig handlungsfähig. Auch erholte sich Graubünden nur sehr langsam von den Verwüstungen des Dreißigjährigen Krieges. Da eine konstitutionelle Macht fehlte, übernahmen die großen Familien die Führung. Die von Salis kontrollierten im 18. Jahrhundert den größten Teil der bündnerischen Wirtschaft und Politik.

Die mit der Eidgenossenschaft verbündeten Kirchenfürsten waren gleichzeitig Reichsfürsten. Die geographische Lage ihrer Länder erlaubte ihnen jedoch weder im Reich noch in der Eidgenossenschaft eine eigenständige Politik.

Mülhausen, Neuenburg und Genf waren nur mit den reformierten Orten verbündet. Mülhausen war gleichzeitig elsässisch und eidgenössisch und konnte aus dieser Doppelstellung wirtschaftliche Vorteile ziehen. Seine Stellung als zugewandter Ort war nicht unbestritten. Im 16. Jahrhundert hatten die katholischen Kantone jegliche Verbindung mit der reformierten Stadt abgebrochen, und erst in der zweiten Hälfte des 18. Jahrhunderts wurde Mülhausen wieder als zur Schweiz gehörig anerkannt, nachdem sich Stadtschreiber Josua Hofer 50 Jahre lang für dieses Ziel eingesetzt hatte. Der Höhepunkt dieser Annäherung war das Bündnis von 1777, an welchem sich Mülhausen beteiligte.

Die Stellung Neuenburgs war ähnlich ambivalent. Im Jahr 1707, als das Haus de Nemours-Longueville ausstarb, mußte die Frage der Nachfolge geregelt werden. Die Liste der Anwärter war lang. Sogar der Kanton Uri meldete seinen Anspruch an, der noch auf die Zeit zurückging, da Neuenburg 1512–1529 gemeine Herrschaft gewesen war. Die Wahl des Königs von Preußen als Fürsten von Neuenburg war weise. Er war reformiert, er residierte weit entfernt und war der bernischen Regierung genehm, die Neuenburg als zu ihrer Einflußsphäre gehörend betrachtete. Unter der preußischen Regierung kam Neuenburg schließlich definitiv zur Schweiz. Wie in Mülhausen beherrschte ein schweizerisches Nationalgefühl das politische Denken der regierenden Familien.

Die Lage Genfs war heikler. Seine Anlehnung an die Schweiz war eine Folge der Gefahr, die seiner Unabhängigkeit von seiten Frankreichs und Savoyens drohte. Das Bündnis mit Bern war ein zweischneidiges Schwert: Es garantierte wohl seine territoriale Integrität, aber forderte als Preis die Unterordnung auch der inneren Angelegenheiten Genfs unter die bernischen Wünsche.

Schließlich verblieben auch im 18. Jahrhundert noch eine Anzahl Gebiete, deren Status nicht klar definiert war. So gab es z. B. mitten im Zentrum der Eidgenossenschaft die Republik Gersau, einen unabhängigen Staat unter dem Protektorat der Innerschweizer Orte. Weder verbündet noch untertan bestand die Republik bis 1798. Im Tessin konnte sich Brissago immer noch als «Reichsdorf» behaupten. Diese Republiken ergänzten das bunte Bild des *Corpus helveticum*. Die Schweiz glich einem Mosaik aller unter dem Ancien Régime möglichen Herrschaftsformen: Es gab Demokratien, Aristokratien und Monarchien sowie Untertanengebiete jeglichen Grades der Abhängigkeit, und das Ganze wurde zusammengehalten durch ein komplexes und heterogenes Bundesgeflecht.

3. Die interne Politik der Orte

Die Städte und ihre Regierungen

Jede Stadt fühlte sich als Republik. Das politische Denken war beherrscht von der tief verwurzelten Idee der Freiheit. Darunter verstand man noch nicht die individuelle Freiheit, wie sie die Französische Revolution dann proklamieren sollte, sondern die Autonomie des Gemeinwesens. Die Republik baute sich auf einer Idee von Gleichheit auf, die der mittelalterlichen «Billigkeit» nahekam. In diesem Sinne war Gleichheit kein Widerspruch zur etablierten Gesellschaftsordnung, sondern bedeutete Gleichheit unter Menschen des gleichen Standes. Freiheit und Gleichheit begründeten das republikanische Denken nicht nur der Städte, sondern auch der Landschaft. Die Französische Revolution führte hier keine neuen Begriffe ein, sie gab ihnen aber einen neuen Inhalt.

In den großen Städten hatte der Große Rat fast überall, oft schon im Mittelalter, den Platz der Bürgerversammlungen eingenommen; in den kleineren Städten erfolgte der Wechsel später. In Mülhausen z. B. wurde der Große Rat erst 1740 eingeführt. Die Volksversammlung als souveräne Gewalt blieb nur in Genf bestehen und hatte seit langem einen eher symbolischen Charakter.

Letzte Sitzung des Grossen Rates der Stadt Mülhausen im Jahre 1798, Gemälde von Matthäus Mieg.

Der Aufbau der Mülhauser Regierung im 18. Jahrhundert

Kleiner Rat

1. 3 Bürgermeister	vom Großen Rat
2. Kanzlist	auf Vorschlag des Kleinen Rates
3. 9 Räte	gewählt
4. 12 Zunftmeister	von den Zünften gewählt

Großer Rat

zusätzlich zu den Mitgliedern des Kleinen Rates:

5. 18 Räte	von den Zünften gewählt
6. 36 Räte	vom Großen Rat auf Vorschlag der Zünfte gewählt

Die drei Bürgermeister führen abwechslungsweise für drei Monate das Präsidium.

Die Zünfte von Mülhausen: Schneider, Rebleute, Metzger, Bäcker, Kaufleute, Ackerleute

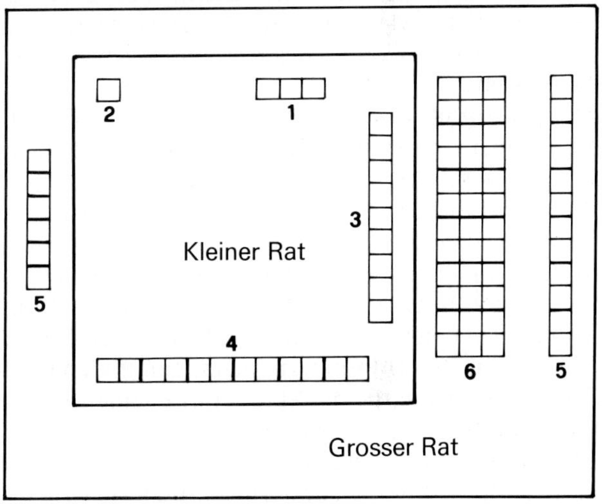

Verengung der regierenden Kreise

Die Regierungsvollmacht und Souveränität lagen im allgemeinen beim Großen Rat. Er vereinigte die legislative, exekutive und richterliche Gewalt. Alle andern Räte waren nur Kommissionen, die ihm unterstellt waren. Die Zugehörigkeit zum Großen Rat war der Ausgangspunkt jeder politischen Karriere. Es war daher für die Mitglieder der herrschenden Familien wichtig, in den Großen Rat aufgenommen zu werden. Vor allem in den Städten, wo die Ämterlaufbahn die wirtschaftliche Grundlage der regierenden Familien bildete, verstärkten sich die oligarchischen Tendenzen zusehends. Man wollte verhindern, daß die einträglichen Posten unter eine zu große Zahl von Bürgern verteilt werden mußten. Bern wurde im Ancien Régime als Modell einer Aristokratie mit oligarchischen Tendenzen betrachtet. Diese Entwicklung war dadurch begünstigt worden, daß die Verwaltung von rund 50 Landvogteien dem bernischen Patriziat die Möglichkeit bot, sich fast ausschließlich den Staatsgeschäften zu widmen. In den anderen Schweizer Städten wie Zürich, Basel, Schaffhausen und St. Gallen war das Interesse am Staatsdienst weniger ausgeprägt. Die Bürger waren Kaufleute oder Industrielle und weniger begierig auf politische Posten. Aber die oligarchische Tendenz war überall vorhanden.

Auf diesem von J. F. Funk II. geschaffenen Thron präsidierte der bernische Schultheiß die Verhandlungen der Räte. Die Herzogskrone, das Szepter, das Schwert und das Liktorenbündel deuten auf antike und moderne Vorbilder. Die Inschrift «Freiheit – Gleichheit» beruft sich auf republikanische Grundsätze, die noch nicht in ihrer revolutionären Bedeutung verstanden wurden.

Um die Zahl der Kandidaten für die öffentlichen Ämter zu reduzieren, mußte man lediglich die Aufnahme von Bürgern beschränken und die Anzahl der Magistratsfähigen herabsetzen. Der Fall Bern ist ein eindrückliches Beispiel dieser Politik. Im 17. Jahrhundert wurde beschlossen, keine neuen Burger mehr aufzunehmen. Viele Familien starben im Laufe der Zeit aus, so daß zwischen 1650 und 1784 die Zahl der Burgerfamilien von 542 auf 243 zusammenschrumpfte. Die tatsächlich im Großen Rat vertretenen Familien sanken in derselben Zeit von 120 auf 76.

Die Zugehörigkeit zum Großen Rat war für ein Mitglied einer regierenden Familie lebensnotwendig, denn sie ermöglichte den Zugang zu den einträglichen Ämtern, z. B. zu den Landvogteien. Die Gesetze sollten jede Korruption verhindern, aber die Rechnungsbücher der großen Familien jener Zeit belehren uns, was eine Wahl kosten konnte.

Der Einfluß des Großen Rates auf die Geschäftsführung ging jedoch überall zurück, weil er mit seinen vielen Mitgliedern für eine schnelle und diskrete Politik zu schwerfällig war. Dagegen wurde im Laufe der Jahrhunderte die Machtfülle des Kleinen Rates – der Kommission, welche die Geschäfte des Großen Rates vorbereitete – immer größer. Schließlich wurde der Kleine Rat zur *de facto*-Regierung; er kam täglich oder fast täglich zusammen, was ihm gegenüber dem Großen Rat einen beträchtlichen Vorteil verschaffte.

Seit dem 17. Jahrhundert entstanden in den großen Städten noch kleinere Gremien, die die Macht des Kleinen Rates verdrängten. Es waren die Geheimen Räte, in denen nur die höchsten Magistraten saßen. Die Geheimen Räte von Bern und Zürich leiteten nicht nur die schweizerische Politik, sondern befaßten sich auch mit den wichtigeren inneren Angelegenheiten der eigenen Republik. Obwohl sie offiziell nur mit besonderen Aufgaben betraute Kommissionen waren, wie es deren noch andere gab, wurden die Geheimen Räte zum wirksamsten Regierungsinstrument.

Die Chorgerichtssatzung von 1746 für die Waadt widerspiegelt den christlichen Absolutismus und macht deutlich, daß auch kirchliche Belange in den Aufgabenkreis der

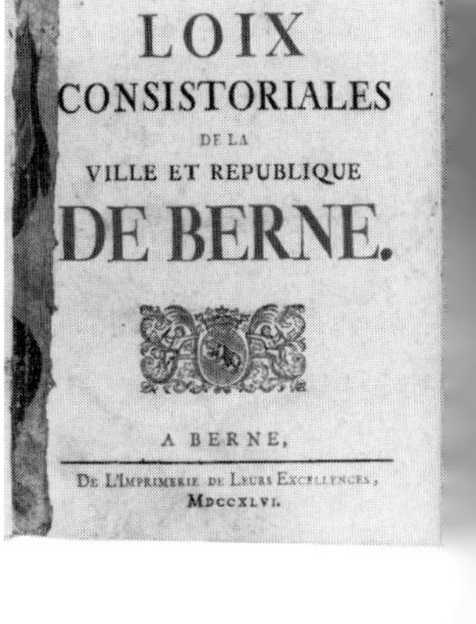
LOIX
CONSISTORIALES
DE LA
VILLE ET REPUBLIQUE
DE BERNE.
A BERNE,
DE L'IMPRIMERIE DE LEURS EXCELLENCES,
MDCCXLVI.

Diese Entwicklung blieb freilich nicht unwidersprochen. In den Städten kritisierte die Opposition vor allem zwei Punkte: einerseits den immer deutlicheren Ausschluß eines großen Teils der Bürgerschaft von der Teilnahme an den Staatsgeschäften und anderseits die Tendenz, die wichtigen Entscheidungen einem sehr begrenzten Kreis von hohen Magistraten zu überlassen. In beiden Punkten konnte sich die Opposition auf die offizielle republikanische Ideologie berufen, welche die Gleichheit unter den Bürgern und die Souveränität des Großen Rates verkündete.

Nicht eine Stadt in der Schweiz blieb von inneren Spannungen verschont. Überall gab es Kämpfe innerhalb der Bürgerschaft. In einer ersten Phase zwischen 1680 und 1720 bildete sich dort, wo die Zünfte einen direkten Einfluß auf die Zusammensetzung der Räte bewahrt hatten, eine grundsätzliche Opposition gegen die oligarchischen Tendenzen. 1689 in Schaffhausen, 1691 in Basel und 1713 in Zürich verlangten die Zünfte stürmisch die Erhaltung ihrer Rechte. Sie konnten den Kaufleuten die Regierung nicht wegnehmen, aber sie sicherten sich immerhin eine ansehnliche Zahl von Vertretern im Großen Rat.

In den Städten, wo ein Patriziat herrschte, das im Staatsdienst, im Militärdienst im Ausland und durch den Grundbesitz reich geworden war – wie in Bern, Freiburg, Solothurn und Luzern – manifestierten sich die Spannungen seit dem 18. Jahrhundert. In Bern wurde 1749 eine Verschwörung von nicht ratsfähigen Bürgern aufgedeckt und schwer bestraft. In Solothurn und Freiburg war wohl eine Opposition vorhanden, aber sie konnte sich nicht offen äußern. In Luzern, wo die kirchliche Politik die Meinungen polarisierte, waren vor allem die Jahre 1764–1770 durch Kämpfe unter den städtischen Parteien gekennzeichnet.

Die Unruhen von Genf

In Genf stießen die Parteien am heftigsten aufeinander. Hier dauerten die Wirren und Kämpfe um die Verfassung während des ganzen Jahrhunderts an und mündeten in die große Umwälzung zur Zeit der Französischen Revolution. Man hat Genf das «Laboratorium der Revolution» genannt, da hier, wie in den Vereinigten Staaten und den Niederlanden – revolutionäre und gegenrevolutionäre Aktionsmodelle erprobt wurden.

Die außerordentliche Heftigkeit der Genfer Konflikte erklärt sich zum Teil aus der wirtschaftlichen Situation einer Industriestadt mit sehr ausgeprägter gesellschaftlicher Schichtung. Riesige Vermögen und große Armut bestanden nebeneinander, die sozialen Unterschiede waren viel größer als in den anderen Schweizer Städten. Weiter fehlte hier auch der innerstädtische Zusammenhalt, der in den anderen Städten durch die Herrschaft über die Landschaft gewährleistet war: Die Angst vor einem Bauernaufstand einigte dort die Bürger regelmäßig im letzten Moment. In Genf, das fast keine Untertanen hatte, spielte diese Hemmung nicht.

Regierung gehörten. Die strenge Hierarchie kommt in der Anrede zum Ausdruck, die die Unterschiede zwischen Magistraten, Behörden und Volk festhält.

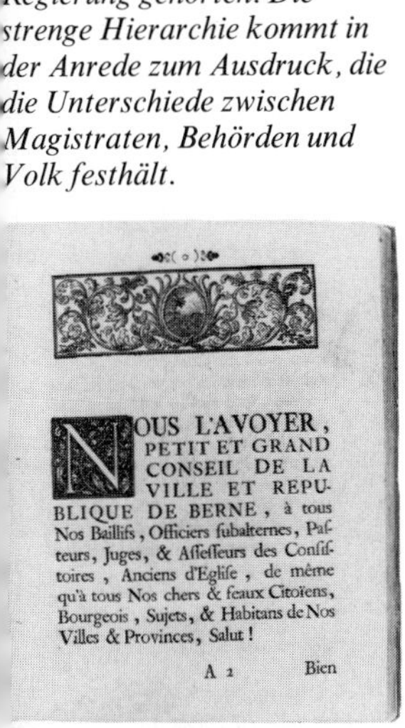

NOUS L'AVOYER, PETIT ET GRAND CONSEIL DE LA VILLE ET REPUBLIQUE DE BERNE, à tous Nos Baillifs, Officiers fubalternes, Pafteurs, Juges, & Affeffeurs des Confiftoires, Anciens d'Eglife, de même qu'à tous Nos chers & feaux Citoïens, Bourgeois, Sujets, & Habitans de Nos Villes & Provinces, Salut!

A 2 Bien

Die Bevölkerung war, abgesehen von den Ausländern, in vier Klassen eingeteilt: die altansässigen *citoyens*, die *bourgeois*, die *natifs* und die *habitants*. Zwar war es während des ganzen Ancien Régime möglich, durch den Kleinen Rat ins Bürgerrecht aufgenommen, also zum *bourgeois* zu werden. Doch wurde dies zunehmend schwieriger und kostspieliger. Die *bourgeois* saßen neben den *citoyens* in der Bürgerversammlung, dem Generalrat, und konnten in seltenen Fällen auch in den Großen Rat gelangen. Der Kleine Rat blieb ihnen aber verschlossen. Erst ihre Söhne bekamen den Namen *citoyen* und die damit verbundenen Rechte. Die Neuzuzüger, *habitants* genannt, erhielten für sich und ihre Nachkommen, die *natifs*, nur das Niederlassungsrecht. Sie hatten keine politischen Rechte und waren zudem wirtschaftlich und sozial benachteiligt.

Der Generalrat verlor durch die sich zu Beginn des 18. Jahrhunderts durchsetzenden oligarchischen Tendenzen jede Bedeutung. Die Macht konzentrierte sich im Großen und vor allem im Kleinen Rat, die sich durch Kooptation selbst ergänzten. Um die Befugnisse der Räte entbrannten deshalb Auseinandersetzungen, die ein erstes Mal bei der Erhebung unter Pierre Fatio 1707 in Gewalt umschlugen. 1738 wurde der Generalrat offiziell zur höchsten Instanz der Republik mit voller Souveränität erklärt. Wie bei allen Genfer Konflikten mischten sich Frankreich, Bern und Zürich als Vermittler ein. So wie der französisch-österreichische Antagonismus die Existenz der Schweiz sicherte, so bewahrten die Spannungen zwischen Bern und Frankreich die Unabhängigkeit Genfs. Aber beide Beschützer unterstützten die aristokratischen Tendenzen, vor allem in der zweiten Hälfte des Jahrhunderts, da sowohl in Frankreich wie in Bern die konservativen Kräfte die Oberhand gewonnen hatten.

1768 erhielt der Generalrat das Recht, die Hälfte der Mitglieder des Großen Rates zu nominieren. Die Rivalitäten, die bis anhin zwischen *citoyens* und *bourgeois* bestanden hatten, begannen sich auszudehnen. Die *natifs* wollten ebenfalls an der Politik teilhaben. Als 1781 die Kämpfe wieder aufloderten, wurde eine echte Verbreiterung der politischen Mitbestimmung gewährt. Das *Edit bienfaisant,* wie man die neue Bestimmung nannte, beunruhigte die Aristokratien und Monarchien Europas beträchtlich, denn sie befürchteten, an anderen Orten könnten auch solche Rechte gefordert werden. Eine militärische Intervention Berns und Frankreichs stellte die alte Ordnung wieder her und kürzte sogar die Rechte, die der Generalrat im Laufe des Jahrhunderts erworben hatte. Der Ausbruch der Französischen Revolution verhinderte zu Beginn der neunziger Jahre eine erneute französische oder bernische Intervention und löste wieder Unruhen aus; die neuen Ideen erhielten Aufwind und triumphierten schließlich.

Am Beispiel Genfs kommen die Spannungen, die in der städtischen Gesellschaft des Ancien Régime existierten, deutlich zum Ausdruck. In anderen Städten wurden ähnliche Konflikte durch andere Probleme gedämpft und äußerten sich weniger ausgeprägt und weniger heftig.

Die Länderorte

In den Länderorten wurden die Beschlüsse durch die Bürger an der Landsgemeinde gefaßt. Die meisten Einwohner waren auch Bürger, und es gab keinen Grund, einen Teil von ihnen auszuschließen. Das politische Denken war demokratisch, nicht aber die Machtstrukturen. Die großen Familien, welche die Wirtschaft des Kantons beherrschten, wollten auch die Landsgemeinde dominieren. Die Streitigkeiten unter diesen einflußreichen Clans setzten sich in den Versammlungen fort. Die Ämter wurden den Meistbietenden verkauft, und dieser Handel ging in aller Öffentlichkeit vonstatten. Man nahm sich nicht einmal die Mühe, ihn wie in den Städten zu verschleiern. Die Summen, die ein Kandidat für ein Amt in einer Landvogtei auslegen mußte, wurden offen oder beinahe offen diskutiert. Als 1764 ein Schwyzer, der schamlos eine übertriebene Summe geboten und bezahlt hatte, trotz allem Landvogt von Lugano wurde, enthob man ihn einfach der Pflicht zu schwören, er habe seinen Posten nicht gekauft. Die Städte betrachteten mit einer gewissen Verachtung die archaischen Einrichtungen der Länderorte und vor allem die Kämpfe zwischen den Familien, die äußerst heftig ausgetragen wurden und die man als eines aufgeklärten Jahrhunderts unwürdig betrachtete.

Im 18. Jahrhundert stürzten stürmische Volksversammlungen die Oligarchien von Zug, Schwyz und Appenzell Innerrhoden, aber neue Koalitionen formten sich sogleich wieder und brachten die vertriebenen oder andere dominierende Familien an die Macht. Die Protestbewegungen auf dem Lande waren nicht imstande, die Hauptprobleme, die durch die bestehende politische Struktur geschaffen wurden, zu lösen. Die Vorherrschaft der reichen und mächtigen Familien, welche die kleinen Länder regierten, wurde wohl hier und dort gebrochen,

Beispiel einer Landsgemeinde: Glarus 1887

Die Institution der Landsgemeinde ist mit dem Untergang des Ancien Régime nicht verschwunden; noch heute gibt es sie in fünf Kantonen und Halbkantonen, nämlich AI, AR, GL, NW, OW.

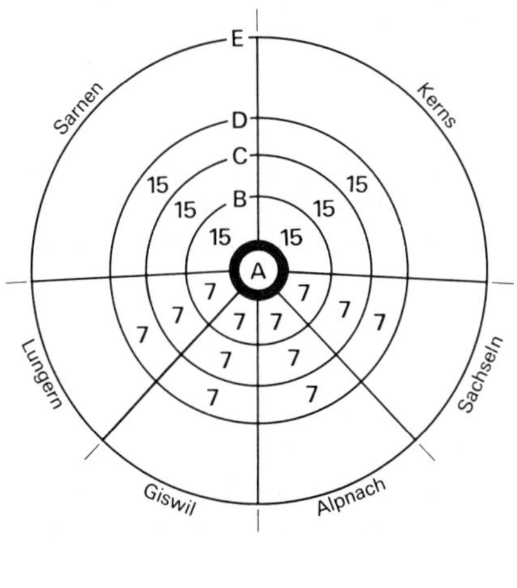

Die Obwaldner Regierung im 18. Jahrhundert

A Häupter: regierender Landammann, stillstehender Landammann, Landeshauptmann, Pannerherr, Seckelmeister, Bauherr
B Landrat: 58 Mitglieder
C zweifacher Landrat: 116 Mitglieder
D dreifacher Landrat: 174 Mitglieder
E Landsgemeinde: Versammlung aller eingebürgerten, erwachsenen Landleute

aber eine Ordnung, die die oligarchischen Ansprüche verhindert hätte, konnte nicht gefunden werden.

Die Politik der Länderorte war meist schwerfällig. Jeder wichtige Beschluß mußte von der Volksversammlung gefaßt werden, die nicht oft zusammentrat. Die eidgenössische Politik wurde mehr und mehr von den Städten gemacht, besonders von den großen Städten und ihren modernen Kanzleien. Die Länderorte flüchteten sich in den Konservativismus, denn sie befürchteten mit Recht, daß jede Modernisierung ihre Stellung in der Eidgenossenschaft noch mehr gefährde. Sie hüteten ihre Unabhängigkeit eifersüchtig und wehrten sich gegen jede Änderung der Institutionen, sogar wenn ihre Verteidigungsmöglichkeiten, z. B. durch eine wenn auch bescheidene Vereinheitlichung des Militärwesens, verbessert worden wären.

Die Länderorte wurden verachtet wegen ihrer heftigen inneren Kämpfe, sie wurden bewundert als Wiege der eidgenössischen Freiheit und gefürchtet als Beispiel der Demokratie, das in den Untertanengebieten nachgeahmt werden könnte. Somit bildeten sie weniger durch wirtschaftliche Macht als durch die historischen Traditionen ein Gegengewicht zur Vorherrschaft der Städte. Das Nationalgefühl verband sich vor allem mit den Strukturen dieser Kantone, in denen man die Bewahrung eidgenössischer Freiheit sah.

Die Untertanengebiete

In den Untertanengebieten wurde die Herrschaft durch die regierenden Orte ausgeübt. Die gemeinsamen Eroberungen, wie die gemeinen Herrschaften im Tessin oder Thurgau, wurden abwechslungsweise von den Orten verwaltet, die an der Eroberung teilgenommen hatten.

Unter dem Ancien Régime hatte ein großer Teil der Gebiete, die den heutigen territorialen und politischen Bestand der Kantone ausmachen, den Status eines Untertanenlandes. Wenn z. B. von der Herrschaft Berns oder den Bernern gesprochen wird, so sind die Bürger und die Behörden der Stadt gemeint; die Bewohner des Mittellandes oder des Emmentals waren genau wie die Waadtländer Untertanen. Nach Schätzungen hatten weniger als 200 000 Einwohner in der ganzen Eidgenossenschaft theoretisch oder praktisch Zugang zu den Souveränitätsrechten; der Rest, mehr als eine Million Einwohner im 18. Jahrhundert, nahm an der Ausübung der Macht nicht teil. Überdies genossen bestimmte Untertanenländer eine größere Autonomie als andere oder besaßen ihre eigenen Untertanen. Im Prinzip war die rechtliche Situation dieser Länder bei ihrer friedlichen oder militärischen Aneignung durch die regierenden Orte nicht geändert worden.

Am mächtigsten war die Stadt Bern, die über 51 Landvogteien herrschte und sich überdies an der Verwaltung der gemeinen Herrschaften beteiligte. Auch Zürich besaß ein ansehnliches Territorium und kontrollierte die geistlichen Stellen der reformierten Ostschweiz. Die anderen Orte verfügten nur über kleinere Gebiete.

Die Verwaltung der Untertanenländer wurde im Prinzip überall gleich gehandhabt. Die Autonomie der Gemeinden und der Regio-

Der Emmentaler Bauernführer Niklaus Leuenberger kleidete sich der Obrigkeit zum Trotz nach der im 17. Jahrhundert auf der Landschaft verbotenen Mode. Er trug ein besticktes Wams, Schlotterhose und bunte Bänder. Konterfei aus dem Jahr 1653.

nen wurde respektiert, und die Herrschaft wurde durch einen Landvogt ausgeübt. Alle subalternen Funktionen wurden den Einheimischen überlassen. So regierte Bern z.B. das Waadtland mit nur 11 bernischen Landvögten, alle anderen Posten wurden von Waadtländern versehen. Die Stadt- und Länderorte wären kaum fähig gewesen, eine komplizierte Verwaltung einzurichten; dazu fehlten ihnen die finanziellen Mittel. Überdies stellten die Untertanenländer Soldaten für ihre Heere. Kein Ort versuchte zu jener Zeit ernstlich, eine Berufsarmee zu bilden, wie dies in den absolutistischen Staaten Europas geschah. Bern laborierte wohl an einem solchen Projekt herum, verzichtete aber darauf im Hinblick auf die enormen Kosten, die eine solche Armee verursacht hätte.

Der Landvogt leitete das Gericht und kontrollierte die lokale Verwaltung. Er sorgte vor allem dafür, daß die herrschaftlichen Abgaben bezahlt wurden und daß die Armee im Bedarfsfalle bereit war. Unter den Untertanen hatten die Munizipalstädte eine privilegierte Stellung. Die wirtschaftlich starken Waadtländer, Aargauer oder Tessiner Städte hatten dieselbe politische Struktur wie die regierenden Städte. Die privilegierte Bürgerschaft teilte die Ratsposten unter sich und bildete ein Patriziat. Aber auch die Dörfer hatten ihre regierenden Familien, die dank ihres Reichtums und ihrer politischen Tradition richterliche Funktionen erhielten oder Amtleute wurden und manchmal sogar Offiziersstellen in der Armee ihres Landes bekleideten. Diese Hierarchie von Privilegien hatte eine stabilisierende Wirkung auf das politische System: Die etablierte Ordnung garantierte Vorteile nicht nur für die regierenden Orte, sondern auch für die mächtigen Untertanen.

Die gegenseitigen Beziehungen waren jedoch nie völlig ausgewogen, denn die wirtschaftlichen Veränderungen stellten die Bedingungen der Ordnung selbst in Frage. Zudem gefährdete die wachsende Konzentration der Verwaltung – eine Tendenz, die schon im Mittelalter begonnen hatte – die alten Rechte und Privilegien der Landschaften. Diese zwei Ursachen waren jeweils der Ausgangspunkt der schweren Kämpfe, die im 17. und 18. Jahrhundert die Eidgenossenschaft erschütterten.

Der Bauernkrieg von 1653

Der Bauernkrieg von 1653 wurde durch einen doppelten Konflikt hervorgerufen: Es ging gleichzeitig um die Wiederherstellung der alten Privilegien und um die Umformung des politischen Systems der Eidgenossenschaft. Das Zusammentreffen von langfristiger Veränderung und aktuellem Anlaß führte zu einem Volksaufstand, der die Gebiete von Luzern, Bern, Solothurn und Basel erfaßte. Die Hochkonjunktur während des Dreißigjährigen Krieges hatte die sozialen Unterschiede auf dem Land verschärft. Die Wirtschaftskrise, die nach Beendigung des Krieges folgte, schuf eine revolutionäre Stimmung. Die Opposition gegen die behördlichen Maßnahmen zur wirksameren Steuerverwaltung oder zur Vereinheitlichung des Rechts und der Währungspolitik wirkte als Zündstoff für den Aufstand.

Die Unruhen begannen im Entlebuch, einem Untertanenland von Luzern, das eine relativ große Unabhängigkeit genoß. Die Feindseligkeiten breiteten sich schnell aus und erfaßten auch die Bauern des Emmentals, der Solothurner und Basler Landschaft und des Aargaus. Die Lage der Herren war schwierig, denn es handelte sich nicht um einen isolierten Aufstand, sondern um ein Bündnis von mehreren Untertanenländern. Neben der Abschaffung der neuen Steuern und der Wiederherstellung ihrer alten Rechte forderten die Bauern die Schaffung eines Bauernbundes, welcher als Partner der Tagsatzung der regierenden Orte zu betrachten gewesen wäre. Damit hätte man eine Eidgenossenschaft auf zwei Ebenen gehabt, diejenige der Herren einerseits und diejenige der Untertanen anderseits. Die Aufständischen forderten also nicht gleiche Rechte für alle, sondern lediglich die gegenseitige Respektierung der Rechte beider Gruppen. Die Legenden von Wilhelm Tell und von der Befreiung der Innerschweiz inspirierten das Denken der Bauernführer.

Der Bauernkrieg gab Anlaß zu einer der letzten Anstrengungen um eine gesamteidgenössische Vermittlung. Die katholischen Orte boten ihre guten Dienste zwischen Luzern und seinen Untertanen an; Zürich und die reformierten Orte schlugen vor, mit Bern und seinen Untertanen zu verhandeln. Aber diese Vermittlung, die in den eidgenössischen Abkommen vorgesehen war, entsprach nicht mehr der Idee der absoluten Souveränität der Stände. Trotz berechtigten Hoffnungen auf einen Erfolg zerschlugen sich die Bemühungen, und die Revolte wurde von den vereinigten Armeen der Orte blutig niedergeschlagen.

Der Bauernkrieg zeigte deutlich, daß es für die Schweiz unmöglich war, zu einem modernen Staat zu werden: Die Rechte der Landschaft konnten nicht entscheidend verändert werden; die direkte Besteuerung blieb eine außerordentliche Maßnahme, die sich nicht in regelmäßige Staatseinnahmen verwandeln ließ. Auf der anderen Seite stärkte der Krieg die herrschaftliche Autorität der Orte; ihre Souveränität war wichtiger als die eidgenössischen Abkommen. Eine Vermittlung zwischen Untertanen und Herren kam nicht mehr in Frage, denn dies hätte implizit die Anerkennung der Untertanen als Rechtspersonen bedeutet. In den Fällen, wo im 18. Jahrhundert eine Vermittlung angeboten wurde, war sie eher als Herausforderung denn als Hilfe gemeint.

Der große Bauernkrieg von 1653 war die letzte Revolte, die mehrere Orte erfaßte. Die Aufstände des 18. Jahrhunderts blieben isoliert und gefährdeten die Eidgenossenschaft als Ganzes nicht. Die Ereignisse von 1653 hatten noch einmal die Dimensionen und den Charakter der Bauernkriege des beginnenden 16. Jahrhunderts angenommen; sie bedeuteten das Ende einer politisch bestimmten Tradition bäuerlicher Freiheit.

Die Unruhen des 18. Jahrhunderts

Im 18. Jahrhundert fanden Volkserhebungen im Toggenburg und im Bistum Basel statt, wo die Kirchenfürsten einen zentralistischen Staat nach dem Muster ihrer Kollegen im deutschen Reich gründen

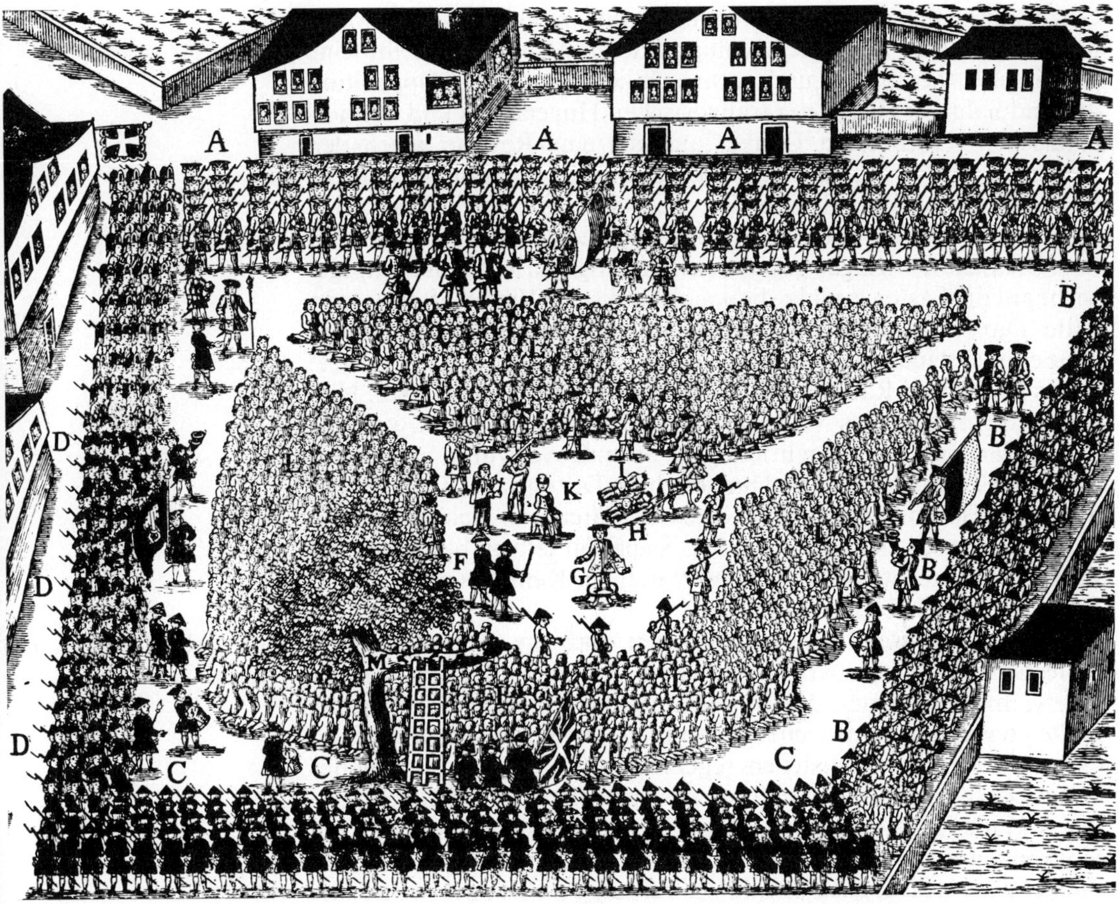

Die Rädelsführer der Revolte von 1755 in der Leventina werden in Faido (TI) hingerichtet. Die Einwohner mußten kniend und entblößten Hauptes dieser Demonstration obrigkeitlicher Gewalt beiwohnen.

wollten. Die Leventina, Untertan und zugewandter Ort von Uri, verlor ihre Rechte nach den Unruhen von 1755. Das Greyerzerland fühlte sich bedroht, als Freiburg durch die Verminderung der Festtage und die Aufhebung des Klosters Valsainte ins religiöse Leben eingriff. Diese für einen zentralistischen und aufgeklärten Staat typischen Maßnahmen bedeuteten eine Einmischung in die Rechte und Bräuche der Landschaft. Unter der Führung von Pierre-Nicolas Chenaux kam es im Jahr 1781 zu einem Aufstand gegen die Stadt Freiburg. Bern, Luzern und Solothurn stellten durch eine militärische Intervention die Ordnung wieder her. Die regierenden Orte waren gegen die Untertanenländer ungeachtet der konfessionellen Grenzen in unverbrüchlicher Solidarität vereint.

Eine ansehnliche Zahl von größeren und kleineren Unruhen ereignete sich fast überall in der Schweiz. Sie waren unkoordiniert und gefährdeten die Herren nicht unmittelbar; aber sie verlangten doch deren Wachsamkeit.

Die erstaunlichste Erhebung gegen den Staat war die Aktion des Majors Jean Abraham Daniel Davel im Waadtland. Sie war, im

Gegensatz zu den anderen Bewegungen, die Tat eines einzigen Mannes und entstand aus einem völlig anderen Motiv. Sie stellte eine prinzipielle, theologisch und naturrechtlich begründete Opposition dar und nahm die Ideen der französischen Hugenotten und der holländischen reformierten Denker auf, die eine Revolte gegen den Tyrannen rechtfertigten. In diesem Fall war der Tyrann Bern, das in den Augen Davels durch eine schlechte Verwaltung der Waadt seine Legitimität verloren hatte und zum ungerechten Herrn geworden war. Die Liste der Klagen gegen Bern war lang und legte das Hauptgewicht auf die Lasten, welche die waadtländische Wirtschaft zu tragen hatte. Davel – allein, ohne Komplizen – mobilisierte sein Bataillon, ohne es über seine Absicht zu informieren. Am 31. März 1723 besetzte er das Lausanner Rathaus und wollte das Waadtland befreien. Niemand folgte ihm. Das Volk verstand seine Absicht nicht, und die Aristokraten im Rat benachrichtigten Bern. Davel wurde festgenommen, zum Tode verurteilt und hingerichtet. Der einsame Träumer der waadtländischen Freiheit sollte erst viel später zum Helden der Unabhängigkeit seines Landes werden. Seine Tat jedoch bewirkte, daß Bern einige berechtigte Klagen der Waadt zur Kenntnis nehmen und einige Mißstände beheben mußte.

Der Absolutismus und seine Grenzen

Zusammenfassend kann man sagen, daß die Verwaltung der Untertanenländer den absolutistischen Willen der Herren manifestierte, ihre Rechte und ihre Souveränität zu vermehren. Anderseits fehlten diesen absolutistischen Staaten die Mittel, sie waren unfähig, ein stehendes Heer aufzustellen, regelmäßige Steuern zu erheben oder eine moderne zentrale Verwaltung zu organisieren. Die Feudalabgaben und die Zölle blieben weiterhin ihr Haupteinkommen, und die Untertanen mußten weiterhin durch ihre Kontingente die Armeen ihrer Herren stellen. Die zentrale Verwaltung beschränkte sich auf die Ausübung der Herrschaftsrechte, während die lokalen Probleme von den Untertanen selbst gelöst wurden.

E. Die Kultur

1. Die europäischen Strömungen

Die absolutistische Kontrolle

Das kollektive Verhalten, das, was wir das kulturelle Leben nennen, war einem doppelten Druck unterworfen: der Orthodoxie protestantischer wie katholischer Observanz einerseits und dem Absolutismus staatlicher und kirchlicher Institutionen anderseits. Kirche und Staat beherrschten das Leben jedes einzelnen und mußten grundsätzlich alle Bedürfnisse befriedigen. Der Staat befaßte sich mit den diesseitigen Dingen, die Kirche bemühte sich, die Seelen zu retten. Sie unterstützten einander und bildeten eine Einheit, die alle Aspekte des menschlichen Lebens kontrollierte.

Theoretisch waren außerhalb der beiden Institutionen keine Formen des Zusammenlebens möglich. Praktisch war die Kontrolle jedoch keineswegs vollständig, denn die Behörden konnten unmöglich alle Lebensäußerungen jedes einzelnen überwachen. Auch der moderne Staat hat nicht alle althergebrachten Überzeugungen und Traditionen abschaffen können. Besonders auf dem Lande wurden Lebensformen bewahrt, die der Regierungskontrolle entgingen. Anderseits entstanden seit dem 17. Jahrhundert auch neue Interessen und intellektuelle Bedürfnisse, die nicht in das bestehende System paßten. Innerhalb und außerhalb der Universitäten breitete sich ein neuer profaner Geist aus und stellte bestimmte fundamentale Grundsätze für die moderne Wissenschaft auf.

Die Aufklärung

Die Gelehrten wurden sich als erste einer Situation bewußt, die sich nicht in das hergebrachte System der Institutionen einordnen ließ. Es ist typisch, daß der Ausdruck «Gelehrtenrepublik» im 17. Jahrhundert entstand. In ihm kommt der Wille zum Ausdruck, eine besondere Gruppe zu bilden, deren Daseinsberechtigung weder vom Staat noch von der Kirche abhing. Die Bezeichnung «Jahrhundert der Aufklärung und der Vernunft» für das 18. Jahrhundert drückt nichts Neues aus, sondern nur die Ausbreitung von Denkformen und die Vermittlung von Ideen, die im 17. Jahrhundert auf eine kleine Zahl von Gelehrten beschränkt gewesen waren. Nicht die Wissenschaften veränderten sich, sondern ihr Publikum. Das Interesse für die wissenschaftlichen Entdeckungen verallgemeinerte sich und wurde eine Mode. Ein Zeichen dafür war die Veränderung des wissenschaftlichen Sprachgebrauchs: Das Latein wurde zugunsten

Die Umsetzung wissenschaftlicher Erkenntnisse in die Praxis beschleunigte sich im 18. Jahrhundert. Dieser in Genf konstruierte Theodolit erleichterte die Kartographie, die damals bedeutende Fortschritte machte.

der Umgangssprachen aufgegeben. Die Wissenschaften waren nicht mehr für Spezialisten reserviert, jeder Gebildete und Interessierte konnte sich damit befassen.

Alles wurde wissenschaftlich bearbeitet, sogar die Theologie und die politische Theorie. Das Ziel der Wissenschaft, das Wissen, schien immer mehr der einzige Weg, um das Glück des Menschen zu begründen, dessen Natur und Bedürfnisse man zu analysieren begann. Robinson Crusoe war der Held einer Gesellschaft, die in Berichten aus fremden Ländern Nahrung suchte für ihren Traum vom «Zurück zur Natur» und den Mythos der natürlichen Güte des Menschen. So wurden die Wissenschaften, denen das allgemeine Interesse galt, bald zu praktischen Zwecken – zu Reformen – verwendet. Ohne die Kirche und den Staat in Frage zu stellen, sollten diese neuen wissenschaftlichen Dimensionen durch die Schaffung neuer Formen des öffentlichen Lebens langsam das gesellschaftliche Dasein verändern.

Die so oft angerufene Vernunft war nur eine Seite der Gedankenwelt des 18. Jahrhunderts. Neben der Rationalität behauptete sich auch die Irrationalität. Das 18. Jahrhundert ist nicht nur das Jahrhundert Voltaires, sondern auch das Cagliostros. Das wissenschaftliche Interesse und der Kult des Irrationalen schlossen einander nicht aus, beide kamen vereint in denselben Köpfen vor. Beide Tendenzen drückten den gleichen Willen aus, das Geheimnis des Lebens experimentell zu entdecken.

Kulturelle Vielfalt

Die geographische Lage der Schweiz, ihre politische und konfessionelle Pluralität machten sie zum Ort der Begegnung für alle intellektuellen Strömungen in Europa. Das kulturelle Leben im Ancien Régime fand auf verschiedenen Ebenen statt. Am wenigsten bekannt und der Kenntnis oft auch entzogen, ist die traditionelle Volkskultur. Dagegen erscheinen Kirche und Staat als treibende Kräfte des kulturellen Lebens; sie beeinflußten vor allem die kollektive Mentalität und das kollektive Verhalten. Schließlich eröffneten neue Formen der Verbreitung von Ideen neue Lebensräume.

2. Die traditionelle Volkskultur

Das tägliche Leben war von einer großen Zahl von Traditionen gekennzeichnet, die oft auf vorchristliche Zeit zurückgingen. Die Feiern, die zu bestimmten Jahreszeiten stattfanden, wie Weihnachten und Ostern, waren an verschiedenen Orten noch von heidnischen Reinigungsriten und Geisteraustreibungen begleitet, die weder von der offiziellen Religion assimiliert noch von den Behörden abgeschafft werden konnten. In den Gegenden, wo der Einfluß des Staates gering war, haben sich die Silvester- und Fasnachtsbräuche sogar bis in unsere Tage gehalten. Die Abschnitte des menschlichen Lebens waren ebenfalls durch mysteriöse Glaubensvorstellungen und geheimnisvolle Bräuche gekennzeichnet, gegen die Verbote ohne jede Wirkung blieben. So wurden im Jahr 1743 den Hebammen in Bern

Stadtplan von Genf, den der Architekt und Ingenieur Jean-Michel Billon (1705–1778) aufgrund des Grundbuchregisters 1726 erstellte. Als Grenzstadt war Genf auf seine Befestigungsanlagen angewiesen. Aber auch weniger gefährdete Städte legten Wert auf solche Bollwerke, die ein Symbol der Macht und der Herrschaft über die Landschaft waren.

PLAN
DE LA VILLE DE GENEVE

In keinem Kalender fehlten die planetarischen Symbole, die den Funktionen des menschlichen Körpers zugeordnet waren, wie dieses Beispiel aus dem 16. Jahrhundert zeigt. Der Glaube an astrologische Einflüsse wurde erst im 19. Jahrhundert durch eine wissenschaftlichere Medizin verdrängt.

alle abergläubischen Praktiken verboten. «Die Hebammen zu Statt und auf dem Land, sollen vor Ihrer Annemmung und Bestätigung verwarnet werden, sich allerley abergläubigen Sachen und Ceremonien, mit Creutzgen, Flißmen, Sprechung sonderbarer Wörteren, Versegnen, und anders dergleichen zu müssigen, bey Meydung Unserer Straff.» Jede Gegend hatte ihre Überlieferungen, die oft an die besonderen Gegebenheiten des Ortes angepaßt waren. Diese Vielzahl von Bräuchen konnte im 18. Jahrhundert von den vereinheitlichenden Tendenzen des Staates nicht unterdrückt werden.

Die Sterne steuerten das tägliche Leben. Der Almanach instruierte die Bauern, wann die Sterne günstig standen für die Arbeiten auf dem Feld und für medizinische Behandlungen. Die Angst vor Hexen lebte fort, auch nachdem die Behörden die Verfolgungen einzustellen begannen. Die letzte Hinrichtung einer der Hexerei angeklagten Frau in der Schweiz fand 1782 in Glarus statt. Dieses Ereignis wurde in aufgeklärten Kreisen als Skandal empfunden, zeigt aber, wie stark die alten Glaubensvorstellungen noch verwurzelt waren.

Bräuche, Legenden und Lieder wurden von Generation zu Generation mündlich weitergetragen. Deshalb kann ihr Ursprung weder datiert noch ihre Entwicklung genau verfolgt werden. Nur durch Verbote der Regierungen und zufällige Berichte erhalten wir gelegentlich einen unvollständigen Einblick in diese Welt.

Seit dem 18. Jahrhundert begannen sich die Gelehrten für die Traditionen des Volkes zu interessieren. Die welschen und schweizerdeutschen Dialekte wurden wissenschaftlich untersucht. Man begann, die Legenden und Lieder zu sammeln und paßte sie oft dem literarischen Geschmack der Epoche an.

3. Die offizielle Kultur

Die Kirche

Kirche und Staat bildeten zusammen die Obrigkeit. Diese zwei Institutionen, die man als gottgegeben betrachtete, beherrschten alle Seiten des menschlichen Lebens. Man konnte sich niemanden außerhalb des Bezugssystems der Kirche vorstellen. Die Religion war nicht eine persönliche Angelegenheit, sondern ein Element der staatlichen Ordnung. Es war gar nicht möglich, seine Bürgerpflichten ohne die Hilfe der Kirche zu erfüllen.

Die Tauf-, Heirats- und Todesregister wurden ausschließlich von den Geistlichen geführt; die Gemeindezugehörigkeit bezog sich auf Staat und Kirche zugleich. Die Pfarrer und Priester predigten nicht nur das Wort Gottes, sondern verlasen auch die Mitteilungen des Staates. Der Kirchgang war also nicht nur für das Seelenheil, sondern auch für die Information der Bürger unerläßlich.

Die politischen und kirchlichen Behörden ergänzten sich in mancher Hinsicht. Das Armenwesen war Sache der Kirche. Die Sittengerichtsbarkeit war ebenfalls eng mit der Kirche verbunden. In den reformierten Gebieten saßen die Verantwortlichen der Dörfer und Städte mit den Pfarrern über kleinere Vergehen – wie Abwesenheit vom Gottesdienst oder Nachtlärm – zu Gericht. Das Chorgericht, wie diese Institution genannt wurde, erfüllte neben ihrer polizeilichen Funktion eine wichtige Aufgabe als unterste Instanz des Armenwesens.

In den reformierten Orten war die Oberhoheit des Staates über die Kirche unangefochten, aber in der Praxis bewahrte die Kirche eine gewisse Autonomie. Die katholischen Orte hüteten sorgfältig ihre Privilegien, die ihnen einen großen Einfluß auf die kirchlichen Angelegenheiten garantierten. Eine oft antiklerikale, nicht aber antireligiöse Politik dämmte die Unabhängigkeit der Kirche ein.

Die Geistlichen vertraten gleich wie die Magistraten die Obrigkeit. Die Einheit der politischen und geistlichen Regierung wurde noch gestärkt durch die Tatsache, daß die Vertreter von Staat und Kirche oft aus denselben herrschenden Klassen der Städte stammten. Aber die Rekrutierung der Geistlichkeit wurde immer etwas weniger exklusiv gehandhabt als diejenige der Magistraten. Die geistliche Laufbahn stellte eine Möglichkeit des sozialen Aufstiegs dar. Vor allem in den katholischen Gebieten wurde dieser Weg oft gewählt. In den protestantischen Gebieten konnten die Einwohner der Untertanenstädte allein durch das Pfarramt in die herrschende Schicht aufsteigen.

Die Zugehörigkeit zu einer der beiden Konfessionen bestimmte zum großen Teil auch den Rahmen der intellektuellen Beziehungen. Die Welt der Reformierten erstreckte sich von den Niederlanden bis nach Ungarn. Der Wille, gegen die katholische Reform zu kämpfen, einte die reformierten und calvinistischen Länder. Die Beziehungen zwischen den reformierten Orten und den Niederlanden, die bis zum Beginn des 18. Jahrhunderts sehr intensiv gepflegt wurden, stärkten die Bande unter den Ländern gleicher Konfession. Die katholischen Orte ihrerseits unterhielten Kontakte mit Italien und Österreich. Mailand, wo das *Collegium helveticum* bestand, war eine Stätte der Begegnung und des Gedankenaustausches für die Schweizer Katholiken.

Die konfessionellen Konflikte – nicht nur in der Schweiz, sondern in ganz Europa – machten aus der Theologie ein Kampfinstrument. Die Orthodoxie im Katholizismus wie im Protestantismus war Ausdruck der kämpferischen Religiosität. Der Wunsch, die Richtigkeit seines eigenen Glaubens und den Irrtum des Gegners zu beweisen, führte zu starren Dogmen. Als dann eine Entspannung zwischen Katholiken und Reformierten eintrat, schlug die Theologie eine andere Richtung ein. Die seelsorgerischen Aufgaben erhielten eine neue Bedeutung, und die Orthodoxie, obwohl immer noch vorhanden, spielte eine untergeordnete Rolle. Die Theologie des 18. Jahrhunderts ist gekennzeichnet durch das Gewicht, das sie auf die Ethik und auf die praktische Anwendung des religiösen Unterrichts legt. Die Toleranz gründet sich nicht auf die Anerkennung der Dogmen

Die Täufer wurden während des ganzen Ancien Régime als unbequeme Minderheit verfolgt, da sie ihr religiöses Leben nicht der Autorität der Staatskirche unterwerfen wollten. Erst im Laufe des 18. Jahrhunderts begegnete man ihnen mit mehr Toleranz.

der anderen Konfession, sondern auf die Hoffnung, den andern durch das gelebte Vorbild zu überzeugen. Der Zürcher Johann Kaspar Lavater, dessen Bedeutung die konfessionellen Grenzen weit überschreitet, ist ein eindrückliches Beispiel der Strömungen dieses Jahrhunderts.

Wie in den früheren Jahrhunderten mußten sich die reformierten Orte mit religiösen Gruppen befassen, die sich nicht in die Kirche integrierten. Die Wiedertäufer stellten sich weiterhin gegen das System der Kirche und des Staates. Sie verweigerten die Kindertaufe, womit sie die Registrierung durch den Staat verweigerten. Das Bistum Basel war ein Zufluchtsort für die vor allem im Kanton Bern Verfolgten. Innerhalb der reformierten Kirche selbst gewann der Pietismus immer mehr Boden.

Die pietistische Frömmigkeit legte das Hauptgewicht auf die persönliche religiöse Erfahrung und nicht auf die Organisation der Kirche, ohne damit die Institution der Kirche in Frage zu stellen. Die Bewegung wurde z. T. toleriert, z. T. bekämpft und bildete ein starkes Gegengewicht zur rationalistischen Theologie. So zeigte sich auch in der Theologie der Antagonismus des Jahrhunderts zwischen dem wissenschaftlichen Geist und dem Wunsch nach mystischer Erfahrung. Der katholischen Theologie ihrerseits gelang es, eine große Anzahl von Glaubensformen mit den Institutionen der Kirche zu vereinigen. Die Kapuziner spielten beim Volk eine beträchtliche Rolle und halfen den Gemeindepriestern, ihre seelsorgerischen Aufgaben zu erfüllen.

Der Elementarunterricht

Der Unterricht gehörte zu den Aufgaben der Kirche und des Staates. Die protestantische und die katholische Reform ermöglichten es, die Volksschule zu verallgemeinern. Die Verwaltung, die sich von den städtischen Zentren aus ausdehnte, war auf eine wachsende Alphabetisierung der Bevölkerung angewiesen. Die Zahl der Plakate, Formulare und Vorschriften nahm von Jahr zu Jahr zu; es war also notwendig, daß sich der Kreis von Menschen, die lesen und schreiben konnten, vergrößerte, damit der Staat seine Untertanen durch das geschriebene Wort erreichen konnte. Die Kirche ihrerseits sah im Elementarunterricht den besten Weg, die Orthodoxie in der Bevölkerung zu erhalten.

Die Schule, die fast überall direkt von der Kirche kontrolliert wurde, war also auf deren Anliegen ausgerichtet. Lesen, Schreiben, vor allem Religion, manchmal ein wenig Rechnen oder Singen, das waren die Fächer der Volksschulen. Man lernte auswendig; das Verständnis eines Textes war weniger wichtig. Die Gestaltung der Schulbücher war entsprechend. Der Katechismus – eine Folge von Fragen und Antworten – bildete die Grundlage. Wenn das Kind die richtigen Antworten auf die gestellten Fragen auswendig wußte, war das Ziel des Unterrichts erreicht.

Die Lehrer verfügten in der Regel über keine Vorbildung. Ihr Einkommen, das aus einer Vergütung der Gemeinde und einem Schulgeld von jedem Schüler bestand, reichte zum Leben nicht aus.

Die Bildfolge erzählt von den Gefahren, unter denen ein Nidwaldner Bauer und Holzfäller sein Leben verdient, und ruft den Schutz der Mutter Maria an.

Die meisten waren daher Bauern oder Handwerker; in den katholischen Gegenden waren oft die Geistlichen neben ihrer seelsorgerischen Tätigkeit mit der Schule betraut. Im Prinzip war der Schulbesuch obligatorisch, aber die Obrigkeit verfügte über keine Mittel, die Eltern dazu zwingen, ihre Kinder zur Schule zu schicken. Die Kinder mußten schon sehr jung arbeiten, und die Schule bedeutete für die Familie einen Verlust an Arbeitskraft, obwohl sie nur im Winter abgehalten wurde. Im Sommer hatten die Arbeiten auf dem Felde den Vorrang. Erst im 19. Jahrhundert sollte auch im Sommer regelmäßig unterrichtet werden.

Schulbuch aus dem 17. Jahrhundert mit einer Kinderzeichnung. Am zweisprachigen lateinisch-deutschen Katechismus wurde das Lesen

Die Grundschule war also rudimentär und unvollkommen. Die Stunden wurden von den Kindern unregelmäßig oder überhaupt nicht besucht. Aber im Vergleich zu den Nachbarländern war die Situation in der Schweiz bemerkenswert. Der Analphabetismus bestand zwar noch, aber die Anzahl von Personen, die lesen konnten, genügte, um die Bevölkerung mit einem geschriebenen Text zu erreichen. Lesen bedeutete aber nicht Schreiben; es bestand also ein Teil-Analphabetismus, dessen Ausmaß schwer zu schätzen ist.

Die vielen Versuche einer Schulreform stießen regelmäßig auf die Opposition der Eltern, die auf keine Arbeitskraft verzichten wollten, und der Gemeinden, die die Kosten solcher Reformen scheuten. In den Städten jedoch gewannen die Schulen im Laufe des 18. Jahrhunderts an Bedeutung. Neue Unterrichtsformen und neue Fächer, wie Zeichnen, Geographie und Rechnen, bereiteten die Kinder auf anspruchsvolle Berufe vor.

Das höhere Bildungswesen

Nur die Städte verfügten über Schulen, die eine höhere Bildung vermittelten. Das Ziel dieses Unterrichts war die geistliche Laufbahn; die Theologie bildete also die Basis des Lehrprogramms. Die Universalsprache der Gebildeten, das Latein, war die Barriere zwischen Volk und geistiger Elite. Bis zum Ende des 18. Jahrhunderts wurden

Die systematische Metaphysik – so bezeichnete man allgemein die Philosophie – wird hier symbolisch als Baum dargestellt; die ihr eigenen traditionellen Denksysteme wurden besonders an Hohen Schulen und Universitäten gelehrt. Die moderne Philosophie jedoch entfaltete sich vor allem außerhalb der Schulen und entfernte sich rasch von den übertriebenen Systematisierungsversuchen der traditionellen Lehre.

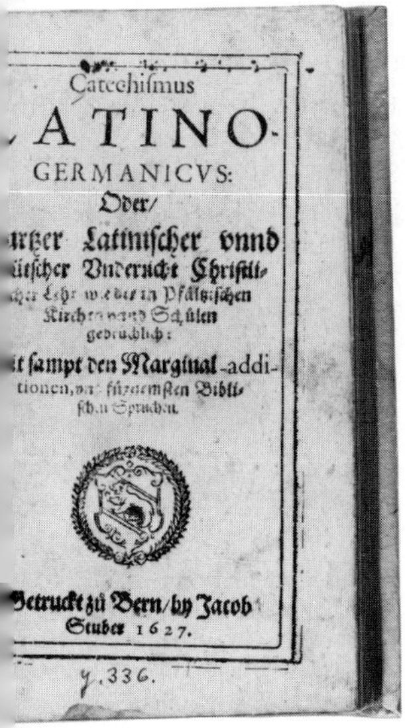

zugleich in der Muttersprache und im Latein eingeübt, das noch immer die gebräuchliche Sprache der Wissenschaft war.

die meisten Vorlesungen an der Universität in dieser Sprache erteilt. Viele Städte, auch die kleinen, besaßen deshalb eine Anstalt, die den Schülern das Latein beibrachte, um sie für die Akademie oder die Universität vorzubereiten.

Die Universität Basel, die im 15. Jahrhundert gegründet wurde, war die einzige in der Schweiz. Im 16. und 17. Jahrhundert gründeten die Städte Hohe Schulen, die im Gegensatz zu den Universitäten nicht autonom waren. Die reformierten Hohen Schulen und die Gymnasien der Jesuiten spielten eine wichtige Rolle in der geistlichen Organisation der Kantone. Bis zum Ende des 17. Jahrhunderts bestand ihre Aufgabe vor allem darin, Theologie zu unterrichten und Priester und Pfarrer auszubilden. Der allgemeine Unterricht, der nebenbei erteilt wurde, nahm in der Folge an Bedeutung zu. Es wurden neue Fächer, welche die Grenzen der reinen Theologie überschritten, eingeführt. Die Rechtswissenschaft fand als erste einen Platz in den akademischen Programmen.

Das Gewohnheitsrecht, das in der schweizerischen Rechtssprechung vorherrschte, erforderte keine Universitätsstudien. Juristen gab es nicht viele. Das sich entwickelnde Naturrecht hingegen wurde ein wichtiger Teil des Unterrichts. Jean Barbeyrac aus Lausanne und Jean-Jacques Burlamaqui aus Genf zählten zu dessen berühmtesten Vertretern. Andere Disziplinen wurden von der Philosophie unabhängig, in der sie entstanden waren und die schon immer eine gewisse allgemeine Kultur vermittelt hatte. Lehrstühle für Geschichte, Mathematik und Physik entstanden im 18. Jahrhundert. Die ehemaligen Theologenschulen näherten sich so den Universitäten, die im 19. Jahrhundert gegründet werden sollten: Im 18. Jahrhundert begann eine Entwicklung, die erst 100 Jahre später abgeschlossen war.

Die Astronomie – hier durch eine allegorische Frauenfigur verkörpert – wurde seit dem 16. Jahrhundert zur modernen Wissenschaft. Dank Beobachtungen und immer genaueren Berechnungen verbreitete sich das heliozentrische Weltbild zuerst unter Gelehrten, bis es, seit dem 18. Jahrhundert, zur allgemein akzeptierten Theorie wurde.

Gleichzeitig wurde die Ausbildung zu bestimmten Berufen, die man bis anhin eher als Handwerk betrachtet hatte, der Universität zugewiesen. Die praktische Medizin war noch nicht so weit, aber es wurden große Anstrengungen unternommen, um die Ausbildung der Ärzte zu verbessern, was schließlich zum medizinischen Universitätsstudium führte. Im 18. Jahrhundert gab es sehr wenig Ärzte, die studiert hatten; die meisten eigneten sich ihr Wissen direkt in der Praxis an.

Die Hohen Schulen bildeten nicht mehr nur Geistliche aus; die Vorbereitungsschulen, also die ehemaligen Lateinschulen, genügten den sich ständig weiterentwickelnden gesellschaftlichen und wirtschaftlichen Bedürfnissen nicht mehr. Neue Lehranstalten, die in die Zukunft wiesen, wurden deshalb in den großen Städten gegründet; der Unterricht in modernen Sprachen, in technischem Zeichnen, in Buchhaltung und Korrespondenz bereitete die Schüler für Handels- und Handwerksberufe vor. Aber obwohl auf allen Stufen sehr viel von nötigen Reformen gesprochen wurde, war deren Verwirklichung ein langsamer Prozeß. Die Pläne des 18. Jahrhunderts bildeten die Grundlage der Reformen des 19. Jahrhunderts.

Neben dem öffentlichen Unterricht spielte der Hauslehrer eine wichtige Rolle. Viele reiche Familien ließen ihre Kinder vor allem

Die Schweiz und ihre Nachbarn 1714

Konfession, Hohe Schulen, Jesuitenkollegien. Frankreich stößt an den Jura vor.

- katholische Gebiete
- vorwiegend katholische Gebiete
- reformierte Gebiete
- vorwiegend reformierte Gebiete
- paritätische Gebiete
- Universitäten
- Akademien
- Jesuitenkollegien
- französische Erwerbungen 1674–97
- savoyische und österreichische Erwerbungen 1714

F Frankreich
Ö Österreich
R Rottweil
MH Mülhausen
Mb Montbéliard
W Württemberg

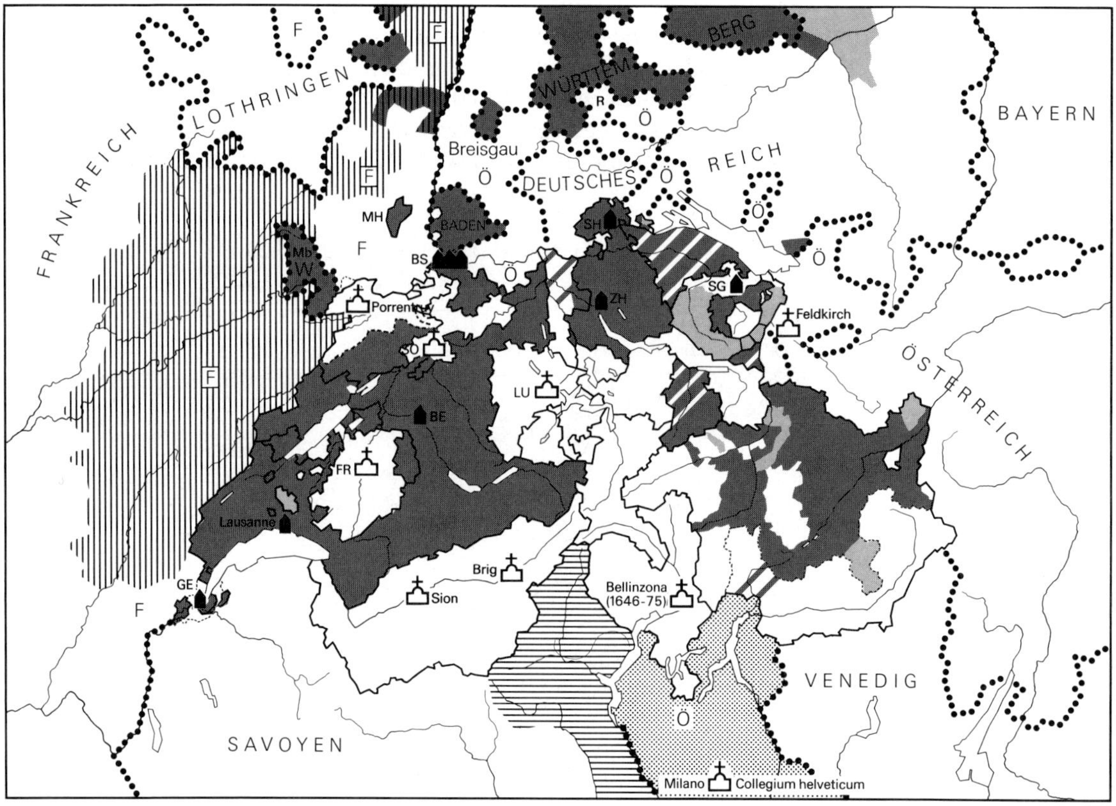

durch junge Geistliche ausbilden, die den Unterricht im Hause ihrer Schüler erteilten und sie auch auf ihren Studienreisen durch ganz Europa begleiteten. Die höhere wissenschaftliche Ausbildung holte man sich oft im Ausland. Unter den reformierten Universitäten stand Göttingen vor den niederländischen Universitäten an erster Stelle, und Dillingen zog viele katholische Schweizer an.

Die Repräsentation des Staates

Der absolutistische Staat pflegte seine Macht zu zeigen. Sein göttlicher Ursprung verlieh ihm eine Würde, die er geltend zu machen wußte. Aber nur die geistlichen Fürsten konnten in der Schweiz das absolutistische Repräsentationsbedürfnis voll entfalten. Sie hatten ihren Hof, der dem Bild des Herrschers den entsprechenden Rahmen verlieh. Die Republiken konnten die Zeichen ihrer Macht weniger zur Schau stellen. Trotzdem entwickelte sich eine republikanische Repräsentation, die allen die Allgewalt der weltlichen Macht vor Augen führte.

Die Magistraten unterschieden sich vom Rest der Bevölkerung durch ihre Kleidung. Die Symbole der Macht, Siegel, Schwert und Zepter, drückten ihre absolutistischen Ansprüche aus. Die feierlichen Anlässe, die Landsgemeinde, die Ratssessionen und die eidgenössische Tagsatzung, liefen nach einem strikten Zeremoniell ab, das wohl nur den Rahmen bildete, aber doch die politische Szene strukturierte und hervorhob. Die eigentlichen Entscheide wurden nicht im Großen Rat, in der Landsgemeinde oder in der eidgenössischen Tagsatzung gefällt, aber der Respekt, den man diesen Institutionen zollte, zeigt, wie lebendig das republikanische Bewußtsein war.

Die Repräsentation des Staates beschränkte sich nicht auf die Demonstration der Souveränität oder der magistralen Autorität, bei bestimmten Gelegenheiten umfaßte sie die ganze Bevölkerung. In den Untertanenländern war auch der Treueeid gegenüber der Regierung, der regelmäßig erneuert wurde, eine Manifestation ihrer Macht. Das Recht, Waffen zu tragen, zeichnete den freien Mann aus: Die Staaten besaßen keine Berufsarmeen; wer Waffen tragen durfte, wußte, daß er zu einem freien Volk gehörte; die Entwaffnung einer Region in der Folge von Unruhen stellte eine entehrende und gefürchtete Bestrafung dar.

Im schweizerischen politischen Bewußtsein gehörten die zwei Formen der Repräsentation des Staates zusammen: Sie drückten sowohl die Überzeugung aus, ein freies Volk zu sein, als auch die Zugehörigkeit zu einem Staatswesen, dessen Strukturen ewig und dessen Macht absolut schienen.

4. Die Verbreitung der Ideen

Das gedruckte Wort

Mit der zunehmenden Alphabetisierung der Bevölkerung bekam die Verbreitung des geschriebenen Wortes eine neue Bedeutung. Neu war nicht der Buchdruck, sondern die Vermehrung der gedruckten Texte.

Es gab mehr Bücher, aber es gab auch neue Drucksachen, die sich zuerst in den Städten verbreiteten. Das wichtigste Phänomen war die Entstehung von Zeitungen. Die ersten Schweizer Zeitungen gehen auf die Wende zum 17. Jahrhundert zurück, aber erst gegen Ende des Jahrhunderts erschienen sie regelmäßig. Die ständig von der Zensur bedrohten schweizerischen Blätter enthielten auch politische Meldungen über das Ausland. Der «Mercure Suisse», der unter verschiedenen Namen von 1732–1782 erschien, war die meistverbreitete Zeitung. Die regelmäßige Presse wurde das wirksamste Instrument der politischen Information. Die Politik verließ die Geheimsphäre der Regierenden und wurde eine öffentliche Angelegenheit. Mit der Französischen Revolution wurde die politische Information unentbehrlich, und die Verbreitung fremder Zeitungen, vor allem des Pariser «Moniteur», vollzog sich rasch.

Konzert des Musikkollegiums im Musikzimmer der deutschen Schule in Zürich; Stich von J. M. Füssli aus dem Jahr 1713. Die Gesellschaften waren zuerst noch oft wie mittelalterliche Zünfte organisiert und wurden erst im 18. Jahrhundert zu modernen, allgemein zugänglichen Vereinen.

Die Information durch die Presse beschränkte sich auf eine wirtschaftliche und intellektuelle Elite. Trotzdem nahmen die Informationsmöglichkeiten auch in anderen Schichten zu. Umherziehende Sänger und Erzähler verbreiteten seit Jahrhunderten Neuigkeiten bei den Leuten, die nicht oder nur wenig lesen konnten. Volkskalender wie der «Hinkende Bote», denen man die wichtigen Markttage und astrologische und medizinische Ratschläge entnahm, enthielten auch jedes Jahr politische Nachrichten, besonders über sensationelle Ereignisse wie Erdbeben und große Kriege. Im 18. Jahrhundert erreichte eine große Zahl von kleinen Publikationen in Form von Broschüren und Traktaten die Volksmassen, die bis anhin nur wenig Kontakt mit Gedrucktem gehabt hatten. Die Zahl der in diesem Jahrhundert erschienenen Broschüren und ihre Verbreitung ist schwer zu schätzen. In den meisten Fällen betrug die Auflage wohl nur einige 100 oder gar weniger Exemplare. In Genf zählte man über 6000 solcher Broschüren, von denen die meisten in den letzten Jahren vor der Französischen Revolution herauskamen. Diese Broschüren wurden nicht nur in den Städten, sondern auch auf dem Lande durch Hausierer verbreitet. Ihre Tätigkeit ist bekannt durch die amtlichen Protokolle über Personen, die des Verkaufes von subversiven Texten verdächtigt und festgenommen wurden. So wurde zum Beispiel im Jahr 1795 ein St. Galler Hausierer in Bern verhaftet. In zwei Wochen war er von St. Gallen via Zürich, die Innerschweiz und Luzern nach Bern gezogen und hatte unterwegs von seinen 1500 Broschüren 500, vor allem in den Städten, verkauft. Die Möglichkeiten der Verbreitung von Ideen vermehrten sich, und politische Nachrichten wurden rasch und überallhin weitergegeben.

Auch auf anderen Gebieten nahm die Produktion von Büchern mit dem steigenden Interesse der Bevölkerung zu. Bisher waren hauptsächlich theologische Texte gedruckt worden; im 18. Jahrhundert nahmen die Wissenschaften und die Philosophie den ersten Platz ein. Ein neues literarisches Publikum entstand, in welchem zum Erstaunen der kultivierten Schichten auch Bauern und Handwerker vertreten waren. Diese Popularisierung löste eine große Kontroverse aus. Die einen befürchteten, daß das Lesen von Romanen und allgemeinbildenden Werken die öffentliche Ordnung und die Religion gefährden und die Arbeitsamkeit der Bevölkerung verringern werde. Andere wieder sahen darin die Möglichkeit, das moralische und wirtschaftliche Verhalten zu beeinflussen. Die intellektuelle Elite, die eine solche Entwicklung befürwortete, rekrutierte sich zum Teil aus der alten politischen Führungsschicht, aber ebenso auch aus den sozialen Schichten, die durch wirtschaftlichen Erfolg oder Bildung aufgestiegen waren.

Die Zensur gab es weiterhin, wie in den früheren Jahrhunderten. Aber ihre Wirksamkeit nahm proportional zur Masse der gedruckten Texte ab, da es nicht mehr möglich war, alles, was erschien, zu kontrollieren. Man maß der Zensur mit der Zeit auch weniger Bedeutung zu. Die Werke von Jean-Jacques Rousseau wurden zuerst verboten, dann verbrannt, aber das verhinderte ihre Verbreitung nicht. Im Gegenteil: sie wurden nur noch begehrter. Außerdem konnte man sich Bücher und Zeitungen auch im Ausland beschaffen, und während der Revolution waren Broschüren und Traktate die bevorzugten Waffen der Subversion.

Auch die Korrespondenz, die der Zensur nicht unterworfen war, nahm beträchtlich zu. Sie bildete ein Netz, durch das in ganz Europa die Gelehrten, Philosophen und Politiker miteinander verbunden waren, und wurde so zu einem der wichtigsten Mittel der Information und der Verbreitung von Ideen.

Die Gesellschaften

Die Entstehung neuer Formen von Vereinigungen im 18. Jahrhundert stand in direktem Zusammenhang mit der Ausbreitung des gedruckten Wortes. Die traditionellen Gruppierungen – Zünfte und religiöse Gemeinschaften – genügten den Kommunikationsbedürfnissen nicht mehr. Die Sozietäten, die in großer Zahl vor allem in der zweiten Hälfte des Jahrhunderts entstanden, waren etwas Neues. Sie waren unabhängig von Staat und Kirche und bildeten das Forum der neuen Ideen. Ihre Ziele konnten verschieden sein, aber in ihrer Struktur waren sie einander alle ähnlich. Sie bauten sich nach neuen Kriterien auf und werteten ihre Mitglieder nach den persönlichen Verdiensten und nicht nach dem Stande. In diesem Sinne waren die Gesellschaften des 18. Jahrhunderts eine Präfiguration des idealen bürgerlichen Staates der Revolution.

Im 18. Jahrhundert entstanden weit über 100 solche Sozietäten in der Schweiz. Über viele unter ihnen besitzen wir wenig Informationen. Die eher informellen – wie die Salons, wo man nur von Zeit zu Zeit zusammenkam – hinterließen keine Archive; auch die geheimen Gesellschaften wie die Freimaurer entziehen sich der Forschung. Immerhin kann man anhand ihrer Aktivitäten verschiedene Typen von Gesellschaften unterscheiden.

In der zweiten Hälfte des 18. Jahrhunderts entstanden in allen großen Städten und manchmal auch auf dem Lande und in den Marktflecken Lesegesellschaften. Sie waren die direkte Folge eines erhöhten Lesebedürfnisses. Indem sie sich zusammentaten, konnten die Mitglieder mehr Bücher und Zeitschriften kaufen. In den Lesegesellschaften verbrachte man auch einen Teil der Freizeit. Neben den Büchern spielten der Kaffee und der Tabak eine große Rolle.

Die Freimaurerlogen wurden von Offizieren, die im Ausland gedient hatten, in der Schweiz eingeführt. Ihr Ziel, die Verbesserung der Menschheit durch die Schaffung einer Elite aufgeklärter Männer, und ihre parareligiöse und geheime Form zogen viele an; sie kamen dem mystischen Bedürfnis der Zeit entgegen.

Die wichtigsten Gesellschaften wollten das öffentliche und private Leben reformieren. Der Wunsch, die Welt durch die Verbreitung von Wissen zu verbessern, ist ein Grundzug des Denkens dieses Jahrhunderts. Die angestrebten Reformen betrafen alle Bereiche des menschlichen Lebens. So wollten die moralischen Gesellschaften durch die ethische und religiöse Erneuerung das Glück der menschlichen Gemeinschaft vorbereiten und zum politischen Nutzen beitragen. Durch die Pflege geschichtlicher und geographischer Studien bemühten sich die patriotischen Gesellschaften, das Nationalgefühl zu wecken.

Die ökonomischen Gesellschaften erregten am meisten Aufmerksamkeit. Sie wurden in den großen Städten gegründet und wollten die Modernisierung der Landwirtschaft fördern, indem sie den bestehenden Zustand analysierten, neue Methoden verbreiteten und Versuchsprojekte durchführten. Die Mitglieder – fast ausschließlich Magistraten – beabsichtigten, die wirtschaftlichen Strukturen im Rahmen des bestehenden Systems zu verbessern. Sie beschränkten sich nicht auf die Landwirtschaft, sondern befaßten sich mit allen Aspekten des technischen Fortschrittes, den ersten demographischen Untersuchungen, der Finanzwissenschaft und den nötigen Strategien, um Versorgungskrisen zu vermeiden. Ihr praktischer Einfluß kann nur in wenigen Fällen nachgewiesen werden, aber ihre kulturelle Bedeutung war groß, denn in diesen Gesellschaften wurde man sich der wirtschaftlichen und sozialen Zusammenhänge bewußt. Neuerungen wurden angeregt und verbreitet durch Publikationen, die Ausschreibung von Wettbewerben und die Verleihung von Preisen. Preisgekrönte Musterbauern dienten als Beispiele für die ganze Bevölkerung. Jede Gesellschaft hatte mindestens einen Musterbauern, auf den sie ihre Hoffnungen setzte.

Alle bisher geschilderten Gesellschaften beschränkten sich auf eine Stadt oder eine Gegend. Nur eine erreichte nationale Bedeutung: die im Jahr 1761 gegründete «Helvetische Gesellschaft». Ihr Ziel war, die Bewohner der verschiedenen Teile der Schweiz einander näherzubringen, die konfessionellen und politischen Unterschiede zu überwinden und alle Schweizer, die der gemeinsamen Heimat eine gute Zukunft wünschten, zu vereinen. Die Mitglieder der «Helvetischen Gesellschaft» versammelten sich einmal im Jahr, zuerst in Schinznach, dann in Olten und schließlich in Aarau, um das Erlebnis der nationalen Einheit zu teilen. Diese Jahresversammlungen wurden zum Symbol eines schweizerischen politischen Willens und zogen

Trinkbecher der «Helvetischen Gesellschaft». Gefüllt mit Wein, der auf dem ehemaligen Schlachtfeld von St. Jakob an der Birs gewachsen war, wurde der Becher unter Absingen patriotischer Lieder von einem Mitglied zum andern gereicht und geleert. Der Becher (1782) stammt aus der Hand des Schaffhauser Künstlers Alexander Trippel, der dafür Ehrenmitglied der Gesellschaft wurde. Am Fuß des Bechers der Nationalheld Wilhelm Tell nach dem Apfelschuß; das 18. Jahrhundert liebte es, Tell als zärtlichen Vater darzustellen.

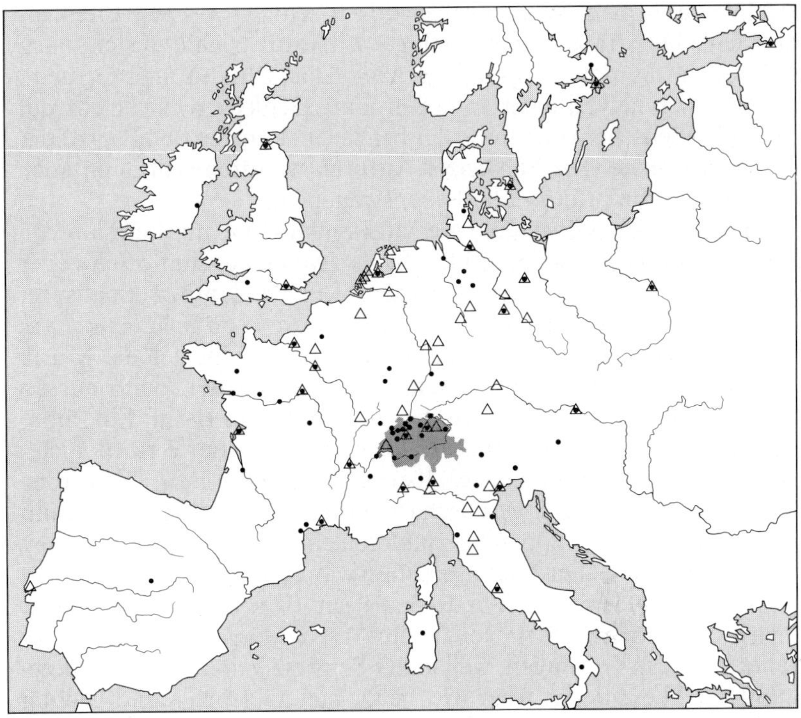

Beispiele kultureller Beziehungen im Europa des 18. Jahrhunderts

△ Korrespondenten des Genfer Naturforschers Charles Bonnet
• Korrespondenten der «Ökonomischen Gesellschaft» in Bern

immer mehr Leute an. Die politische und geistige Elite des Ancien Régime und die zukünftige Elite der Helvetischen Republik trafen sich in dieser patriotischen Versammlung. Gegen Ende des Jahrhunderts besuchten ungefähr 200 Personen die Zusammenkünfte der «Helvetischen Gesellschaft».

5. Literatur, bildende Kunst und Wissenschaft

Ein neuer Künstler-Typus

Die neue Öffentlichkeit, die durch Presse und Sozietäten geschaffen wurde, brachte auch einen neuen Typus des Künstlers hervor. Bis zu dieser Zeit waren die bildenden Künste, die Musik und die Literatur eher handwerkliche oder nebenamtliche Tätigkeiten. Der Künstler, der von seiner Kunst lebte und als solcher anerkannt wurde, war für die Schweiz eine Erscheinung des 18. Jahrhunderts. Die helvetischen Schriftsteller waren oft Magistraten oder Geistliche; Albrecht von Haller war Arzt, Philippe Sirice Bridel war Pfarrer. Nun aber tauchten die ersten Berufsschriftsteller auf, deren sozialer Status schwer zu definieren war; Jean-Jacques Rousseau und Heinrich Pestalozzi bereiteten dieses neue Phänomen vor. Der Kult des Genies, der sich – wie überall – in der Schweiz in der zweiten Hälfte des 18. Jahrhunderts ausbreitete, kam dem Wunsch entgegen, den Künstler als Persönlichkeit außerhalb der traditionellen gesellschaftlichen Strukturen zu akzeptieren.

Man kann nicht von einer spezifisch schweizerischen Literatur sprechen. Die französischsprachige Literatur richtete sich nach Frankreich, die deutschsprachige nach Deutschland aus. Gemeinsam war der helvetischen Literatur und Denkweise vielleicht der «gesunde Menschenverstand», der bei vielen Autoren den Begriff der Vernunft ersetzte. Die Schweizer Autoren wandten sich denn auch mit Vorliebe den praktischen Lebensfragen zu.

Die bildenden Künste und die Musik lösten sich nur langsam von ihrem handwerklichen Charakter. Es gab wenig berühmte Schweizer Maler, Kupferstecher oder Musiker. Der brillanteste Schweizer Komponist des 18. Jahrhunderts, Franz Leonti von Schauensee aus Luzern, begann mit einer politischen Laufbahn. Um sich der Musik widmen zu können, wurde er schließlich Geistlicher, denn nur im Rahmen der Kirche galt Musizieren als ernsthafter Beruf. Ein Publikum außerhalb der offiziellen Institutionen existierte noch nicht. Langsam jedoch begannen sich Konzerte einzubürgern; sie wurden vor allem von Liebhabergesellschaften oder Musikkollegien organisiert. Komödiantentruppen begründeten eine neue Theatertradition.

Die Gelehrten

Auf dem Gebiet der Wissenschaften war die Schweiz – ohne große Universität – im Hintertreffen. In Basel genoß die Bernoulli-Dynastie einen internationalen Ruf. Der größte Arzt der Epoche, Albrecht von Haller, lehrte in Göttingen, weil in der Schweiz kein moderner Medizinunterricht existierte. Aber wie die meisten Gelehrten und Dichter suchte auch er einen Weg in die Magistratur. Deshalb betrieb er seine Forschungen als Mitglied des Großen Rates von Bern und als Direktor der Salzsalinen von Bex. Sein Fall illustriert die traditionelle helvetische Mentalität, die der Literatur, den Künsten und der Wissenschaft bei weitem nicht das gleiche Prestige zumaß wie einer wichtigen politischen oder wirtschaftlichen Stellung.

6. Der Helvetismus

Die nationale Geschichte

Literatur und Kunst kreisten immer stärker um ein Hauptthema des schweizerischen Denkens: die gemeinsame Heimat. Das Nationalgefühl, das seit dem 15. Jahrhundert zu erkennen ist, erlebte im 18. Jahrhundert einen neuen Aufschwung. Dieses Gefühl gründete auf einer gemeinsamen Vergangenheit und auf den Legenden über die Entstehung der Eidgenossenschaft. In dieser Zeit der politischen Schwierigkeiten erinnerte man sich von neuem der überlieferten Geschichte. Seit dem 18. Jahrhundert wurde sie zum Unterrichtsstoff der höheren Schulen. An den Akademien wurden Lehrstühle für Schweizer Geschichte geschaffen; ihr berühmtester Inhaber war Johann Jakob Bodmer in Zürich. Die ersten Publikationen geschichtlicher Quellen erschienen, und die Legenden wurden einer Kritik unterzogen. Als im Jahr 1760 die Broschüre «Der Wilhelm Tell. Ein dänisches Mährgen» darlegte, daß die Geschichte Tells ein Motiv war, welches man auch in anderen Gegenden fand, brach allgemeine Entrüstung aus. Die

Publikation wurde verboten und in der Innerschweiz sogar durch den Scharfrichter verbrannt. Die Schweizer Geschichte war nicht nur das Feld wissenschaftlicher Forschung, sondern auch der Gegenstand nationaler Devotion. In der gemeinsamen Geschichte verschwanden die konfessionellen und politischen, wirtschaftlichen und sozialen Unterschiede und wichen der Idee einer geeinten und friedlichen Schweiz. In seinen «Geschichten der Schweizer» (begonnen 1780) gab der Schaffhauser Johannes von Müller der nationalen Vergangenheit eine Interpretation, die mehr als 100 Jahre lang die Geschichtsschreibung beherrschen sollte.

Schrank mit Darstellungen aus der Gründungsgeschichte der Eidgenossenschaft (Teufen, Appenzell, 1782). In der Regel wurden auf den vier Türfüllungen eines Schrankes die Jahreszeiten dargestellt. Hier wurden sie durch die Geschichten von Wilhelm Tell und dem Rütlischwur verdrängt, die im 18. Jahrhundert durch patriotische Lieder, Festreden und zahlreiche Darstellungen eine ungeheure Popularität erlangten.

Der Mythos der Alpen

Neben der gemeinsamen Geschichte bildete der Mythos der Alpen ein weiteres Band. Die Berge wurden zum Mittelpunkt des Interesses. Der entstehende Tourismus, die Wissenschaft, die Literatur, die Künste, das Nationalgefühl – alle zogen Vorteil aus den Bergen. Die Alpen wurden das Zentrum einer geopolitischen Auffassung, welche die Idee einer gemeinsamen Geschichte ergänzte und verstärkte. Damals entstand die Vorstellung, daß die Alpen das Herz des Landes bildeten. Und damit verbunden war das Gefühl, man gehöre zu einem Volk von Hirten, ob man nun aus der Stadt oder vom Land, katholisch oder protestantisch, reich oder arm war.

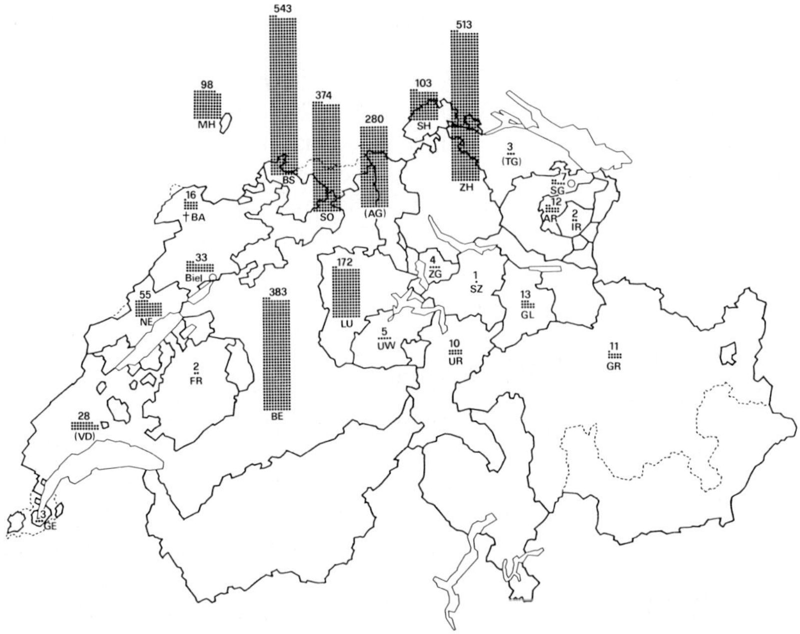

Die Mitglieder der «Helvetischen Gesellschaft»

Total der Anwesenden an den Sitzungen der Gesellschaft zwischen 1761 und 1797 nach ihrem Herkunftsort

Der Helvetismus bereitete in einer Zeit, als die politische Einigung noch in weiter Ferne war, die politische Reform vor. In der «Helvetischen Gesellschaft» kam dieses gemeinsame Nationalgefühl am deutlichsten zum Ausdruck. Man fand sich im Gebrauch der gleichen Worte, auch wenn diese Worte nicht für alle dieselbe Bedeutung hatten.

F. Übergang und Erneuerung

1. Das Ende des Ancien Régime

Die Grenzen der Reformen

Die Verbesserung der landwirtschaftlichen Methoden, des Schulunterrichts und der industriellen Produktion blieben nicht ohne Einfluß auf das politische Leben. Zwischen 1750 und 1800 bekam die Welt des 18. Jahrhunderts ein neues Gesicht. Die demographische und wirtschaftliche Entwicklung und das neue kollektive Verhalten schufen eine neue Gesellschaft, die viel weniger einheitlich war und gegen die traditionelle politische Beherrschung zu opponieren begann. Eine neu entstehende industrielle, landwirtschaftliche und intellektuelle Elite stellte die Rolle der herrschenden Klasse in Frage.

Die Reformbewegung, die vom Staat gefördert und meistens von Mitgliedern der regierenden Familien geführt wurde, mußte dort anhalten, wo die Grundlagen des Staates selbst gefährdet waren. Die Feudaleinkünfte bildeten die finanzielle Basis des Ancien Régime;

jede Reform, die diese Einkünfte in Frage stellte, brachte den Staat ins Wanken.

Vielleicht wäre es möglich gewesen, die Reformen schrittweise zu verwirklichen, die Lebensbedingungen der Bevölkerung allmählich zu heben, ohne die politischen Strukturen zu verändern. Aber es bereitete sich unmerklich ein fundamentaler Umschwung in der Einstellung zur traditionellen Autorität vor.

Der Begriff des Staates und der Gesellschaft

Die Ordnung der Gesellschaft und die Regierung wurden immer noch als gottgegeben betrachtet. Die Menschen kamen zur Welt und starben nach einer vorbestimmten Ordnung, die hauptsächlich durch die Geburt festgelegt war. Diese Auffassung spiegelte sich in der Diskussion über den Luxus, die im 18. Jahrhundert viele Geister bewegte. Luxus ließ sich nicht allgemein definieren, sondern nur im Hinblick auf den sozialen Stand. Was für einen Bauern Luxus war, brauchte es nicht unbedingt für einen Städter zu sein. Die Kleider- und Sittenmandate dienten dazu, eine Verwischung dieser Grenzen zu verhindern. Wenn man im 18. Jahrhundert den Hang zum Luxus beklagte, so übersah man, daß sich darin eine tiefgreifende Wandlung der sozialen Strukturen ausdrückte. Mit dem Luxus bekämpfte man die äußeren Symptome eines sozialen Wandels, dessen Ursachen man nicht erkennen wollte oder konnte.

Die Begriffe des Naturrechts stehen nicht unbedingt mit der Theorie des göttlichen Ursprungs der bestehenden Ordnung im Widerspruch. Solange sich die Diskussion auf die natürliche Ordnung der menschlichen Gesellschaft in einer fernen Vergangenheit oder bei fremden Völkern beschränkte, geriet sie nicht mit der politischen Realität in Konflikt. Die Idee der Gleichheit aller Menschen wurde kaum angezweifelt, aber ihre Anwendung gehörte in eine andere Welt. Seit dem Altertum war die Theorie des Gesellschaftsvertrags weit verbreitet, aber es kam nicht in Frage, sie auf die bestehenden Staaten anzuwenden. Die Philosophie des 18. Jahrhunderts unternahm es nun, die politischen Realitäten des Jahrhunderts mit

Der moderne Staat stellte sich in seiner Architektur dar und griff auf antike Vorbilder zurück. Auch in Bern begnügte man sich nicht mehr mit dem alten, gotischen Rathaus, sondern suchte, wie dieses Projekt von Jacques-Denis Antoine aus dem Jahr 1788 zeigt, neue Formen der Repräsentation.

den philosophischen Postulaten zu konfrontieren. Das war neu! Schon zu Beginn des Jahrhunderts definierte der Berner Beat Ludwig von Muralt den Philosophen als «einen Mann, der seine Idee in die Tat umsetzen möchte». Das Naturrecht wurde so zur Wissenschaft der politischen Praxis und der Staat zum Gegenstand der menschlichen Perfektionsfähigkeit. Diese grundsätzliche Veränderung in der Haltung gegenüber dem Staat war sicher nicht die Ursache der Revolution, aber sie sollte deren Form weitgehend beeinflussen.

Die revolutionäre Opposition

Die Opposition gegen den Staat war nichts Neues. Eine fast ununterbrochene Folge von Revolten begleitete seit dem Mittelalter die Geschichte der eidgenössischen Orte. Das 15. und der Beginn des 16. Jahrhunderts waren durch oft heftigen Widerstand gegen die Zentralisierungsmaßnahmen gekennzeichnet. Zum letzten Mal bedrohte im Jahr 1653 ein großer Aufstand die absolutistischen Tendenzen der regierenden Orte. Auch im 18. Jahrhundert blieb die Opposition bestehen. Die Tat von Major Jean Abraham Daniel

Wilhelm Tell, von Johann Heinrich Füssli, um 1780/90. Die heroische Geste spiegelt die politischen Hoffnungen der vorrevolutionären Zeit wider.

Davel, die Erhebung in der Leventina, die Unruhen in den Städten zeigten auf dramatische Weise, daß die Stabilität des Systems nicht der allgemeinen Ruhe, sondern dem Gleichgewicht zwischen verschiedenartigen Spannungen zu verdanken war. Die Gefahr einer latenten Opposition, die jederzeit plötzlich ausbrechen konnte, wurde zu einem mächtigen Band unter den örtlichen regierenden Eliten. Die oft so unterschiedlichen Interessen der Teile des *Corpus helveticum* fanden sich, wenn es darum ging, die Ordnung, die für alle Existenzgrundlage war, zu erhalten.

In den letzten Jahren des 18. Jahrhunderts änderte die Opposition ihren Charakter. Bis zu jenem Zeitpunkt stellten die Forderungen der

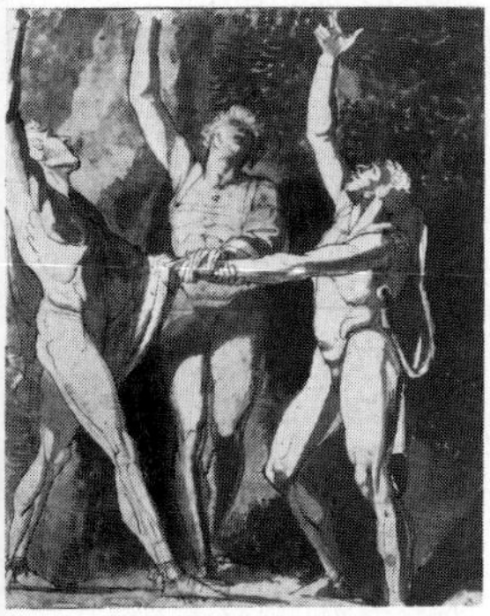

Wie Wilhelm Tell waren auch die Drei Eidgenossen ein Symbol der nationalen Einheit. Die heroische Darstellung des Rütlischwurs von Johann Heinrich Füssli hebt sich von den traditionsgebundenen Darstellungen aus dem 17. Jahrhundert ab. Das Bild der alten Freiheit wurde Programm einer neuen Zeit.

Opponierenden das politische System kaum grundlegend in Frage, sondern zielten auf Privilegien im Rahmen des bestehenden Systems. Man wollte alte Rechte, die der absolutistische Staat abgeschafft hatte, wiederherstellen. Oft verlangte man die Rückkehr zu den Gewohnheiten der «guten alten Zeit».

Die amerikanische Revolution lieferte das charakteristische Beispiel eines ganz neuen Typus von Revolte. Die Unabhängigkeitserklärung und die Verfassung von 1786 verkündeten Ideale, die nichts mehr mit dem Ancien Régime zu tun hatten. Man stellte nicht mehr einzelne Forderungen, sondern verkündete eine vollkommen neue Auffassung der Gesellschaft. Die amerikanische Verfassung wurde das Vorbild für eine Staatsordnung, die in sozusagen wissenschaftlicher Deduktion die Bedingungen des menschlichen Zusammenlebens aus dem Naturrecht ableitete. Auch bei den Verfassungskämpfen in Genf ging es um dieselben grundlegenden Fragen.

Die Französische Revolution löste die revolutionäre Bewegung in der Schweiz aus. Dem Sturm auf die Bastille am 14. Juli 1789 und der Erklärung der Menschen- und Bürgerrechte folgte eine Reihe von Revolten vor allem in den industrialisierten und hochspezialisierten landwirtschaftlichen Gebieten. Im Waadtland, in der Schaffhauser Landschaft und im Wallis wurden 1790 und 1791 Volksaufstände mit oft brutaler Gewalt von der Obrigkeit niedergeschlagen, und in den Randgebieten der Schweiz bedrohten Unruhen die traditionelle politische Ordnung. In Genf, Graubünden und im Bistum Basel stürzte das alte Regime zusammen. Truppen von Bern und Zürich waren fast ständig im Alarmzustand. Als in den Jahren 1795 und 1796 im Zürichseegebiet schwere Unruhen ausbrachen, wurde die Stabilität des gesamten politischen Systems gefährlich in Frage gestellt. Zürich und Bern, die Zentren der schweizerischen Macht, waren durch innere Unruhen und durch die drohende Gefahr an ihren Grenzen gelähmt.

Die neuen Ideen fanden nicht nur auf dem Lande und in den Untertanenstädten Anhänger. Auch in den herrschenden Familien weckte die Aussicht auf eine grundlegende Reform des Staates nach dem amerikanischen und französischen Muster wachsende Sympathie. Die Begeisterung für die Ideen der Revolution und die Bereitschaft zu akzeptieren, was unvermeidlich war, gab dieser Reformgruppe ein zunehmendes Gewicht.

Frankreich, das seit dem Mittelalter die Geschicke der Schweiz wie kein anderes Land beeinflußt hatte, löste auch jetzt die schweizerischen Ereignisse aus. Die Revolution nährte die Hoffnung auf einen umfassenden Wandel. Frankreich betrachtete die Ausbreitung der revolutionären Grundsätze als heilige Mission. Indem es Anhänger der neuen Ideen auf der ganzen Welt zu Ehrenbürgern ernannte, demonstrierte das revolutionäre Frankreich den universalen Charakter der Veränderungen. In der Schweiz unterschrieb z. B. Heinrich Pestalozzi seine Briefe mit: Pestalozzi, Bürger von Zürich und Frankreich. Die Menschenrechtserklärung wurde rasch zum Katechismus

Grenzbesetzung im Jahr 1792 bei der Pierre Pertuis, wo die Grenze zwischen dem eidgenössischen und dem zum Reich gehörenden Teil des Bistums Basel verlief. Während der Koalitionskriege mobilisierten die Eidgenossen ihre Armee zum Schutz der Neutralität. Aquarell von Johann Billwiller (1779–1832).

der Revolutionäre. Und Frankreich unterstützte im Namen der ganzen Menschheit die revolutionären Bewegungen Europas.

Frankreich und die helvetische Revolution

Nach der ersten revolutionären Phase veränderten sich seit 1795 mit der Konsolidierung des bürgerlichen Staates und den militärischen Erfolgen die Ziele Frankreichs. Die Politik Napoleons schloß ganz selbstverständlich an das Hegemoniestreben des Königreichs an. Zu diesem Zeitpunkt wurde die Schweiz in die strategische Planung Frankreichs einbezogen. Das Ziel der siegreichen Republik war, sich mit einer Reihe von verbündeten Staaten zu umgeben, um ihre eigene revolutionäre Entwicklung, die von den europäischen Monarchien bedroht war, zu schützen. Im Namen der Freiheit und der Menschenrechte drangen die französischen Truppen in der Schweiz ein. Doch zeigte sich bald, daß diese Aktion in den Gesamtrahmen des europäischen Krieges gehörte. Die Schweizer Revolutionäre, die auf die Schaffung einer neuen Ordnung durch Frankreich hofften, wurden bitter enttäuscht. Während mehr als zwei Jahren war die Schweiz das Schlachtfeld Europas. Wirtschaftliche Ausbeutung und Kriegselend prägten die Zeit der französischen Besetzung. Die Ernüchterung sollte so groß sein, wie die Hoffnungen gewesen waren. Der Unmut äußerte sich in zahlreichen Liedern und Pamphleten, so auch in einer Parodie des französischen Revolutionsliedes «Ça ira, ça ira»

Saira-saira- sairassa!
Geld ist besser als Assigna!
Assigna ist Lumpengeld;
Patriote ziehnd i's Feld,
Ohni Strümpf und ohni Schue
Laufed sie der Heimat zue.

Die Assignaten, auf die angespielt wird, waren Schuldscheine der französischen Republik, die sich bald als wertlos erwiesen.

Die Ereignisse, die zum Sturz der alten Eidgenossenschaft führten, müssen im Zusammenhang mit der gesamten europäischen Geschichte betrachtet werden. Der Friede von Campoformio – nach der Niederlage Österreichs – im Oktober 1797 bedeutete den endgültigen Einbezug der Schweiz in die Hegemonialsphäre Frankreichs, dessen Einfluß zu einer direkten Gefahr wurde. In einigen Monaten brach ein politisches System zusammen, das auf dem Mächtegleichgewicht zwischen Frankreich und Österreich beruht und während mehr als 300 Jahren funktioniert hatte. Der Zusammenhalt unter den Orten, die durch die Ereignisse im Innern gelähmt und weniger denn je zu einem gemeinsamen Vorgehen fähig waren, löste sich auf. Die Annexion des südlichen Teils des Bistums Basel durch die französischen Truppen im Dezember 1797 erfolgte ohne Widerstand der Orte. Eine Stadtrepublik nach der andern wechselte ihre Verfassung, allen voran Basel. Dort war unter der Leitung von Peter Ochs, der selbst einer der höchsten Würdenträger der alten Republik gewesen war, die Macht friedlich auf eine Nationalversammlung übergegangen. Die eidgenössische Tagsatzung, die sich Ende Dezember 1797 versammelte, zeigte ein letztes Mal ihre Unfähigkeit zu gemeinsamem Handeln, obwohl ein glühendes Nationalgefühl und eine unerschütterte Bundestreue zum Ausdruck kamen.

Die Schlacht bei Neuenegg, kolorierte Umrißradierung eines unbekannten Künstlers. Am 5. März 1798 schlugen Berner Truppen die angreifenden Franzosen bei Neuenegg (BE) über die Sense zurück. Gleichentags mußte jedoch Bern nach der Niederlage im Grauholz kapitulieren.

Von Januar bis März 1798 breiteten sich die inneren Unruhen zugleich mit dem Vordringen Frankreichs weiter aus. Durch die italienischen Kriege stieg die strategische Bedeutung der Schweiz als Durchgangsland zwischen Frankreich und Italien. Im Namen der Revolution besetzten die französischen Truppen immer neue Gebiete. Die kantonalen Armeen waren derart desorganisiert, daß kein wirksamer Widerstand möglich war. Überall, wo die französischen

Freiheitsbäume gehörten zur gebräuchlichen Symbolik der Zeit seit dem amerikanischen Unabhängigkeitskrieg. Während der Französischen und der Helvetischen Revolution wurden solche Bäume in allen Städten und Dörfern errichtet wie hier in Basel 1798. Sie wurden zu einem Symbol der Helvetischen Republik.

Truppen eindrangen, waren die Einrichtungen des Ancien Régime schon verschwunden. Die Untertanen hatten sich befreit, bevor die Befreier auftauchten. Nur die Innerschweiz leistete bis zum Monat Mai Widerstand; dann mußte sie der militärischen Übermacht nachgeben.

2. Die Helvetische Republik

Die Verfassung von 1798

Es entsprach der revolutionären Doktrin, daß der neue Staat sich als erstes eine neue Verfassung zu geben hatte. Ein entsprechender Entwurf war von den Basler Revolutionären zusammen mit der französischen Regierung bereits vorbereitet worden. Kaum einen Monat nach dem Sturz der alten Eidgenossenschaft trat die Helvetische Verfassung in Kraft, noch bevor der Widerstand in der Innerschweiz gebrochen war. Sie umschrieb nicht einen bestehenden Zustand, sondern formulierte ein Programm. Unter Berufung auf die Prinzipien der Volkssouveränität und der Menschenrechte führte sie eine repräsentative und zentralistische Demokratie nach dem Muster Frankreichs und seiner Schwesterrepubliken ein. Das Konzept des neuen Staates war eine einheitliche Nation mit einer zentralen Verwaltung. Der erste Paragraph der Verfassung unterstreicht diese neue revolutionäre Wirklichkeit:

«Die helvetische Republik macht Einen unzertheilbaren Staat aus. Es giebt keine Grenzen mehr zwischen den Cantonen und den unterworfenen Landen, noch zwischen einem Canton und dem an-

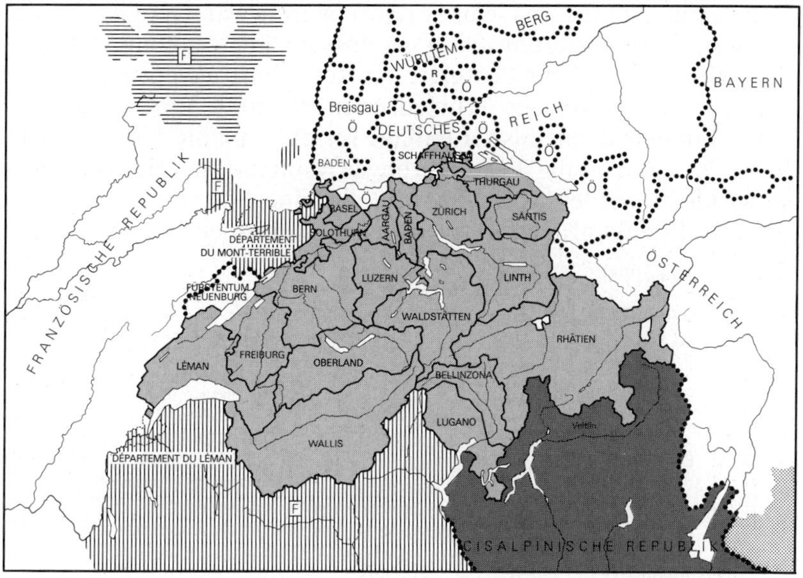

Die Schweiz und ihre Nachbarn 1798

Die Kantone der Helvetischen Republik. Die Franzosen in Biel, Genf und an der Südgrenze

- französische Erwerbungen 1766
- französische Erwerbungen 1792–98
- Satellitenrepubliken
- österreichische Erwerbungen 1797

Ö Österreich
F Frankreich
R Rottweil

dern. Die Einheit des Vaterlands und das allgemeine Interesse vertritt künftig das schwache Band, welches fremdartige, ungleiche, in keinem Verhältnisse stehende, kleinlichen Lokalitäten und einheimischen Vorurtheilen unterworfene Theile zusammenhielt, und aufs Gerathewohl leitete. So lange alle einzelne Theile schwach waren, mußte auch das Ganze schwach seyn. Die vereinigte Stärke Aller wird künftig eine allgemeine Stärke bewirken.»

Der Grundsatz der Gewaltenteilung wurde eingeführt. Die Trennung der legislativen, exekutiven und richterlichen Gewalt sollte die Unabhängigkeit und die demokratische Kontrolle der Institutionen garantieren. Die Kantone wurden zu reinen Verwaltungseinheiten ohne irgendwelche Autonomie. Einige der alten Orte wurden zugunsten der neuen politischen Bedürfnisse sogar auseinandergerissen und zu neuen Einheiten gruppiert. Um eine bessere Kontrolle der Innerschweiz zu gewährleisten, wurden Uri, Schwyz, Unterwalden und Zug zu einem einzigen Kanton Waldstätte zusammengefaßt. Die traditionsreichen Länder sollten nicht zu Zentren der Opposition gegen die Republik werden. Der Kanton Bern, das Symbol des Ancien Régime, wurde in vier Teile geteilt: Das Waadtland, der Aargau und das Oberland wurden als eigene Kantone abgetrennt.

Die Verfassung der Helvetischen Republik wirkte trotz der kurzen Dauer des neuen Regimes noch lange weiter. Die Vereinheitlichung der Maße und Gewichte, des Geldes, der Gesetze und der Armee, wie sie die Verfassung von 1798 vorsah, blieb während der folgenden 50 Jahre Thema der politischen Diskussion. Auch das laizistische Programm der strikten Trennung von Kirche und Staat beeinflußte die spätere Politik der Schweiz nachhaltig. Die Verfassung von 1798 legte besonderen Nachdruck auf das Schulwesen: Der aufgeklärte Staat sah es als seine Aufgabe an, durch Erziehung ein

Volk heranzubilden, das seiner Freiheit würdig war. Der Glaube, daß der Mensch verbesserungsfähig sei, und die Überzeugung, daß jeder aufgeklärte Mensch die Postulate der Revolution akzeptieren müsse, gaben dem Ausbau der Schulen erste Priorität. Eine eingehende Schul-Enquête diente als Grundlage für die geplante Unterrichtsreform. Wenn auch die Verbesserungen während der Helvetik nicht verwirklicht werden konnten, so sollte doch der damit gegebene Anstoß alle zukünftigen Regierungen zu Reformen stimulieren.

Die Institutionen der Helvetischen Republik: vereinfachendes Schema

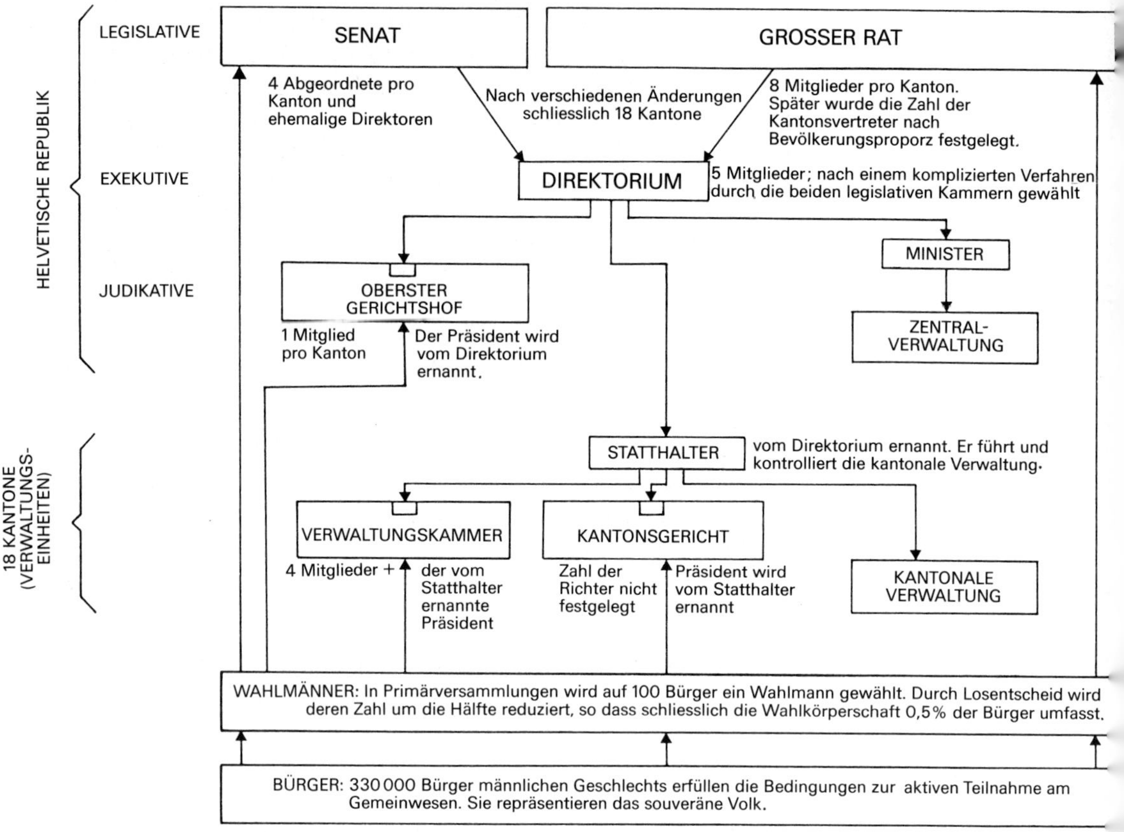

Nachdem die Helvetische Republik alle administrativen Strukturen des Ancien Régime abgeschafft hatte, mußte sie die bisherigen Aufgaben der Kantone und der Kirche übernehmen. Sie mußte nebst der Gründung von Schulen eine Armee, einen Verwaltungsapparat und eine neue Gerichtsorganisation ins Leben rufen, ohne sich auf die alten Amtsträger stützen zu können.

Die Abschaffung der Feudallasten wurde beschlossen. Es war jedoch schwierig, sich darüber zu einigen, wie die Feudaleinkünfte durch eine allgemeine Steuer zu ersetzen seien. Die Helvetische Republik war ein Staat ohne Geld, und damit geriet sie in einen Teufelskreis. Ohne Geld war es unmöglich, eine wirksame Verwaltung zu

Tell an der Druckerpresse. Radierung von Balthasar Anton Dunker 1798. Die neuerrungene Pressefreiheit dauerte freilich nur wenige Monate. Während des revolutionären Umbruchs stieg die Zahl der Zeitungen stark an. In der Zeit der Helvetik erschienen über 120, allerdings meist sehr kurzlebige Zeitungen.

schaffen, aber ebenso unmöglich war es, ohne einen Verwaltungsapparat Steuern einzubringen. Das Budget der Republik sah für 1799 Einkünfte von ungefähr 13,5 Millionen Franken vor, in die Kassen flossen aber nur 3,8 Millionen.

Gleichzeitig mit der Abschaffung des Feudalsystems ging die Helvetische Republik daran, eine moderne Wirtschaftsordnung aufzubauen. Die Privilegien der städtischen Zünfte hatten der Handels- und Gewerbefreiheit zu weichen. Damit wurde die Welt des 19. Jahrhunderts vorbereitet, die sich auf die Macht des Geldes und des Wissens gründen sollte. Kapital und Bildung ersetzten die Privilegien des Ancien Régime. Vorerst aber zerrüttete die helvetische Gesetzgebung die Wirtschaft, was zur Instabilität des neuen Regimes beitrug.

Die Proklamation der Pressefreiheit führte zu einem raschen Aufschwung der Presse und der Broschürenliteratur. Aber die sich nun entfaltende freie politische Diskussion wandte sich bald gegen die Republik. Die Wiedereinführung der Zensur und die Unterdrükkung kritischer Stimmen machen deutlich, daß die neue Regierung sich bei allem Erneuerungswillen in eine politische Zwangslage gebracht hatte.

Die Gleichheit der politischen Rechte brachte es auch mit sich, daß niemand dem Staat entrinnen konnte. Alle Bürger mußten einen Eid auf die neue Verfassung leisten und sich mit Leib und Seele der Erhaltung des politischen Systems verschreiben. Die Erteilung des Bürgerrechts an alle Einwohner war nicht nur der Ausdruck einer humanitären Idee, sie war auch eine gewissermaßen totalitäre Indienstnahme durch den revolutionären Staat.

Der Mißerfolg

Es war unmöglich, die Utopie zur Wirklichkeit zu machen in einem Lande, das zum Schlachtfeld Europas geworden war, das der Hegemonialpolitik Frankreichs ausgeliefert war und wo die Bevölkerung, so sehr sie Änderungen wünschte, nicht von einem Tag auf den andern alle althergebrachten Traditionen vergessen konnte.

Der Preis für die Befreiung durch die französischen Truppen war hoch. Drückende Abgaben und die Verpflegung der Belagerungstruppen leerten die von den alten Regierungen geäufneten Staatskassen. Der zweite Koalitionskrieg von 1799–1800 fand auf helvetischem Boden statt. Für einige Monate stellten die österreichischen Truppen das Ancien Régime in den Kantonen der Ostschweiz wieder her, sehr zum Erstaunen der kürzlich befreiten Einwohner. Diese Episode bewies, daß eine Rückkehr zu den Zuständen vor 1798 nicht möglich war. Die französischen Siege beendeten die kurze Restauration, aber das Land war verwüstet.

Dazu kam, daß die für die helvetische Politik Verantwortlichen sich nicht darüber einigen konnten, welche Ziele sie erreichen wollten, vor allem welcher Grad von Demokratisierung und von Zentralisierung wünschenswert war. Die einen verlangten eine möglichst breite Beteiligung des Volkes an den Entscheidungen, die andern wollten die Macht nur einer beschränkten Elite zugestehen. Die Kämpfe zwischen zentralistischen und föderalistischen Kräften spielten sich innerhalb der Regierung selbst ab, was ihre ohnehin wankende Position noch mehr schwächte. Es war keine kantonale oder regionale Zwischeninstanz mehr vorhanden, die als Puffer in den heftigen inneren Kämpfen des Einheitsstaates gewirkt hätte; die Geschichte der Helvetischen Republik ist eine Serie von Staatsstreichen. Zu den unterschiedlichen Meinungen gesellten sich die persönlichen Rivalitäten unter den Regierenden. Die Zentralregierung war zusammengesetzt aus Genies und Unfähigen, aus Enthusiasten und Opportunisten; wie sollte sie so je die Stabilität aufweisen, die nötig gewesen wäre, um eine gerade und unabhängige politische Linie zu finden? Die Ordnung wurde deshalb von der französischen Armee garantiert, die auch dafür sorgte, daß die Politik der französischen Regierung befolgt wurde. Die vier Staatsstreiche zwischen 1800 und 1802 bewiesen, wie schwach die neue Verfassung war. Von Jahr zu Jahr wurde es offensichtlicher, daß man die Kantone wieder zum Leben erwecken mußte.

Münze des Kantons «Saane und Broye», der nur einige Monate Bestand hatte. Auf der Vorderseite das Liktorenbündel als Symbol der republikanischen Stärke, darüber der Freiheitshut, der in der Schweiz als Geßlerhut interpretiert wurde. Die Devise «Liberté – Egalité» auf der Rückseite war die der Helvetischen Republik.

Mit der Beendigung der europäischen Kriege im Jahre 1801 fand auch die Helvetische Republik ihr Ende. Die Schweiz hatte ihre strategische Bedeutung verloren, aber ihre Instabilität beunruhigte Napoleon, der sein Kaiserreich aufbauen wollte. Am 20. Mai 1802 trat die mühsam ausgehandelte zweite Helvetische Verfassung in Kraft. Indem man Enthaltung als Zustimmung zählte, konnte man behaupten, die Verfassung sei vom Volk angenommen worden. Diese Verfassung gab den Kantonen wieder mehr Gewicht und knüpfte,

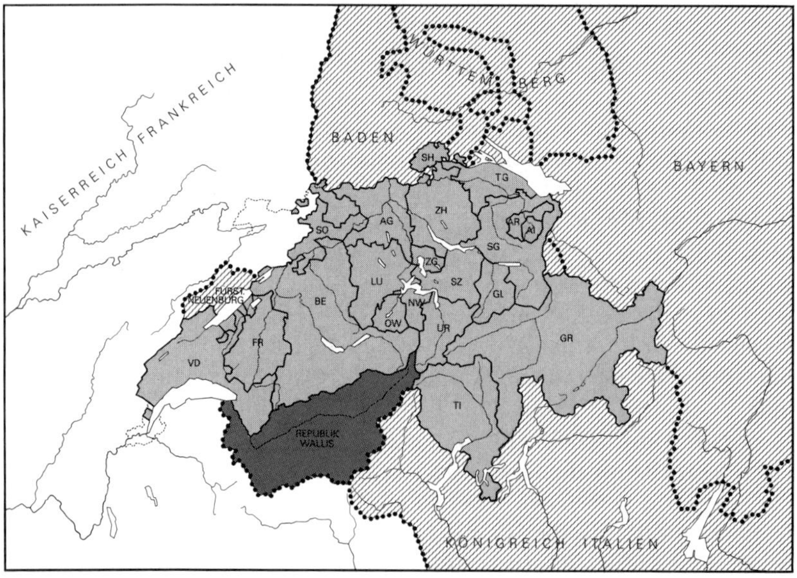

Die Schweiz und ihre Nachbarn 1805

Die Kantone der Mediationszeit. Frankreich als Vormacht auf dem Kontinent.

Satellitenmonarchien

Satellitenrepubliken

ohne den Einheitsstaat aufzugeben, an die alten Traditionen an. Aber durch einen Geniestreich verhinderte Napoleon, daß sich die Ordnung ohne sein Dazutun wiederherstellte. Im Sommer 1802 zog er die französischen Truppen aus der Schweiz ab.

Darauf brach sofort eine Reihe von Volksaufständen aus. In Bern und in der Innerschweiz griffen die Gegner der Republik zu den Waffen. Die Truppen der Helvetischen Republik genügten nicht, um das Land unter Kontrolle zu bringen. Die Zentralregierung verlor den letzten Rest von Autorität und konnte ein totales Chaos nicht verhindern. Überall war man gegen das revolutionäre Regime, nur die Gründe waren verschieden. Die Bauern waren unzufrieden, weil die Regierung die Frage des Zehnten nicht regelte; die Aristokraten träumten von einer Rückkehr zum Ancien Régime; die Katholiken glaubten, ihre Religion sei in Gefahr. Frankreich überließ den Staat, den es geschaffen hatte, aber nicht mehr brauchte, seinem eigenen Schicksal. Aber ohne Frankreich war es nicht möglich, in der Schweiz wieder Ordnung herzustellen. In dieses Chaos, das er selber hervorgerufen hatte, setzte Napoleon seine Mediation.

3. Die Mediation

Der Staat von 1803

Die Helvetische Republik hatte versucht, das Maximum an zentralistischer Staatsverwaltung zu verwirklichen, die Mediationsakte Napoleons beschränkte die zentrale Gewalt auf das absolute Minimum und gab den Kantonsregierungen ihr Gewicht zurück. Die neue Verfassung enthielt somit in erster Linie die Kantonsverfassungen. Sie unterschied zwischen drei Kantonstypen: den Länderkantonen, wo die Landsgemeinde wiederhergestellt wurde (Uri, Schwyz, Unterwalden, Glarus, Zug, Appenzell), den ehemaligen Stadtkantonen, die zu einem gemäßigten aristokratischen und ständischen System zurückkehrten, und schließlich den neuen Kantonen (St. Gallen, Aargau, Thurgau, Tessin, Waadt), wo eine repräsentative Demokratie eingeführt wurde. In Graubünden wurde die traditionelle Verfassung den modernen Bedürfnissen angepaßt.

Die 19 Kantone – Genf war 1798 zu Frankreich gekommen, das Wallis wurde 1802 eine unabhängige Republik, und Neuenburg blieb bis 1806 bei Preußen – hatten ihre Identität wiedergefunden. Die Rückkehr zu den politischen Traditionen des Ancien Régime unter Beibehaltung eines Teils der Freiheiten, die man sich während der Revolution angeeignet hatte, brachte Ruhe in die Schweiz. Die eidgenössische Tagsatzung versammelte sich einmal im Jahr, nacheinander in Freiburg, Bern, Solothurn, Basel, Zürich und Luzern. Der Schultheiß oder Bürgermeister des Kantons, in dem die Tagsatzung stattfand und der als Vorort wirkte, trug den Titel «Landammann der Schweiz»; er vertrat die Eidgenossenschaft nach außen. Die eidgenössische Kanzlei, die einzige ständige Institution, zog jedes Jahr an den Sitz des Vororts um.

Die eidgenössische Regierung hatte wenig Kompetenzen; sie sollte sich mit der Außenpolitik und der Organisation der Armee befassen, Zolltarife ratifizieren und als Schiedsgericht bei kantonalen Streitigkeiten wirken. Die Außenpolitik blieb eng an die französische gebunden; die Defensivallianz und die Militärkapitulation von 1803 verunmöglichten jegliche Unabhängigkeit. So blieb die Schweiz dem französischen Druck ausgeliefert und mußte Truppen stellen, die Napoleons Feldzüge bis zum Zusammenbruch des Kaiserreichs mitmachten. Das schweizerische Heerwesen baute sich wieder auf kantonalen Kontingenten auf. Jeder Kanton stellte eine bestimmte Anzahl Soldaten und bezahlte einen Beitrag in die eidgenössische Kriegskasse. In der Mediation entstand zum ersten Mal eine eidgenössische militärische Elite, eine Vorstufe des eidgenössischen Generalstabs, der nach 1815 definitiv geschaffen wurde. Im übrigen waren die gesamteidgenössischen Einwirkungen gering. Es war praktisch unmöglich, in die internen Angelegenheiten der Kantone einzugreifen. Die Kantone weigerten sich, das eidgenössische Schiedsgericht anzuerkennen. Es waren nicht die gemeinsamen Entscheide der Tagsatzung, sondern die Abkommen unter den Kantonen, die sogenannten Konkordate, die eine wirksame Politik ermöglichten.

Die Mediation brachte die teilweise Rückkehr zu den früheren Regierungsformen, und die aristokratischen Familien des Ancien Régime übernahmen wieder die Macht. In den Stadtkantonen war das Übergewicht der früheren Hauptstädte erdrückend. In den Großen Räten saßen wieder vor allem die Mitglieder des städtischen Patriziats. Das Wahlverfahren sorgte dafür, daß das Volk an den politischen Entscheiden nicht teilhaben konnte. Während der Mediation waren die Kantone Republiken von Besitzenden, Aristokraten und Notabeln. Der Unwille des Volkes über die Rückwendung zum Alten explodierte 1804 im Bockenkrieg. Die Bewohner der Zürcher Landschaft wehrten sich gegen die restaurativen Maßnahmen ihrer Regierung. Der Aufstand wurde von den eidgenössischen Truppen niedergeschlagen. Sie stellten die Ordnung wieder her, ohne daß die Ursachen der Unzufriedenheit ausgeräumt wurden.

In den Unspunnenfesten bei Interlaken (BE) von 1805 und 1808 wurde das Wunschbild einer einigen und starken Schweiz Wirklichkeit. Die Feste wurden von der bernischen Regierung organisiert, um die Bande zwischen Stadt und Land fester zu knüpfen und die alte eidgenössische Eintracht wiederherzustellen. In der überhöhten Älpler- und Hirtenkultur fanden die Schweizer ihre neue Identität.

Trotzdem war die Mediation eine Zeit der politischen Konsolidierung und Stabilität. Das Mächtespiel unter den Kantonen wurde wieder aufgenommen unter ähnlichen Bedingungen wie im Ancien Régime. Immerhin hatte die Schaffung neuer Kantone zu Gewichtsverlagerungen geführt. Vergleicht man die Beiträge an die eidgenössische Armee, welche die Mediationsakte den einzelnen Kantonen auferlegte, dann fällt die hier zum ersten Mal in Zahlen ausgedrückte Diskrepanz zwischen dem demographischen und dem wirtschaftlichen Gewicht eines jeden Kantons ins Auge. Zürich, Bern, Basel, Solothurn, Schaffhausen, Aargau und Waadt zahlten höhere Geldbeiträge, als es der Zahl ihrer Einwohner, die aus dem Mannschaftskontingent ersichtlich ist, entsprochen hätte. Diese in der Mehrzahl reformierten Kantone des Mittellandes verkörperten einen wirtschaftlichen Machtfaktor, der sich im 19. Jahrhundert durchsetzen sollte.

An der Schwelle zur modernen Zeit

Während im Innern ein neues politisches Gleichgewicht entstand, beeinflußten die europäischen Ereignisse weiterhin die Lebensbedingungen in der Schweiz. Die wirtschaftlichen Maßnahmen Frankreichs wirkten sich stark auf die schweizerische Industrie aus. Um die französische Produktion zu schützen, beschränkte Napoleon die Einfuhr von Textilien nach Frankreich und brachte damit die Schweizer Fabrikanten in größte Schwierigkeiten. Die Boykottmaßnahmen gegen England (die Kontinentalsperre), die Frankreich von 1806 an auch von der Schweiz verlangte, hatten eine doppelte Wirkung: Der Import von Rohmaterialien wurde erschwert, die englische Konkurrenz hingegen, welche die schweizerische Produktion seit dem Ende des 18. Jahrhunderts bedrohte, war ausgeschaltet. Die schweizerische Textilindustrie organisierte sich neu: Sie führte die Spinnmaschinen ein, die dem traditionellen Verlagssystem ein Ende bereiteten. Die Herstellung von Garnen wurde durch die Maschinen an die Antriebskräfte gebunden. Die Arbeit, die überall auf dem Land verteilt gewesen war, konzentrierte sich in den Fabriken. Damit trat die schweizerische Industrie trotz den permanenten Krisen, die der französische Protektionismus verursachte, in eine neue Phase ihrer Entwicklung.

Es gelang der Mediation, die alte Aristokratie und die neuen sozialen Eliten zu versöhnen; zusammen sollten sie die herrschende Klasse im 19. Jahrhundert bilden. Die wirtschaftlichen Kräfte, die im Ancien Régime politisch benachteiligt gewesen waren, vereinten sich mit den traditionellen Kräften, um eine politische Ordnung aufrechtzuerhalten, welche für beide von Vorteil war. Man besann sich auf die Integrationsfunktion der alten nationalen Traditionen. Den Höhepunkt dieses reaktivierten Nationalgefühls bildeten die Unspunnenfeste von 1805 und 1808, wo sich die Schweiz Einheimischen und Fremden als Land der Hirten, der Einfachheit und Freiheit präsentierte.

Aber die engen Bande zu Frankreich verwickelten die Schweiz weiter in die europäischen Ereignisse. Der Rußlandfeldzug, der Sturz des Kaiserreichs und der Sieg der Koalition bedeuteten das Ende der Mediation. Nach den französischen Niederlagen suchte die Eidgenossenschaft sogleich den Kontakt mit Österreich und England, um ihre Unabhängigkeit zu sichern. So wie 1798 die französischen Truppen die Revolution gebracht hatten, so stellten 1814 die österreichischen Truppen die alte Ordnung wieder her. Die völlige Rückkehr zum Ancien Régime, die sich die Mitglieder der konservativen Regierungen erhofften und die auch im Sinne Österreichs und seiner Verbündeten gewesen wäre, war jedoch nicht mehr möglich. Die Restauration von 1815 brachte lediglich eine Verstärkung der Tendenzen, die schon seit 1803 bestanden.

Bibliographie und Forschungsstand

Neue Wege der Forschung

Für kaum eine andere Epoche hat die neue Forschung das Bild, das man sich von ihr machte, so grundlegend verändert wie für das Ancien Régime. Die traditionelle Institutionengeschichte betrachtete das 17. und 18. Jahrhundert als statisch. Der Ausdruck «Ancien Régime» selbst zeigt, daß die Zeit zwischen den Religionskriegen und den bürgerlichen Revolutionen lange in bezug auf die folgende Zeit interpretiert wurde, das «Nouveau Régime». Dem Ancien Régime schienen die großen politischen Ereignisse – und der Gesellschaft jede Fähigkeit, sich zu erneuern, zu fehlen; die Politik schien dekadent.

Dieses Bild veränderte sich bereits mit den ersten Arbeiten zur Wirtschafts- und Sozialgeschichte, die die großen Wandlungen im 17. und 18. Jahrhundert in den Rahmen einer gesamtgeschichtlichen Betrachtung stellten. Auf dem Hintergrund einer schnellen demographischen, wirtschaftlichen und sozialen Entwicklung zeigten auch die Institutionen, obwohl sie scheinbar unverändert blieben, eine gewisse Entwicklung und Veränderung; die großen Themen der politischen- und Institutionengeschichte, die man ausgeschöpft glaubte, müssen in neuer Sicht wiederaufgenommen werden.

Der gegenwärtige Forschungsstand erlaubt noch keine breitangelegten Synthesen. Obwohl die Arbeiten mit neuen Perspektiven immer häufiger werden, bewegen sich ebensoviele in den altbekannten Bahnen; die beiden Forschungstendenzen bestehen nebeneinander, ohne jedoch den Dialog miteinander zu suchen; erst durch die Verbindung der beiden kann jedoch eine Synthese erreicht werden. Neue Ansätze zur Erforschung des Ancien Régime gehen auf den Beginn unseres Jahrhunderts zurück, erst nach dem Zweiten Weltkrieg gelang jedoch ihr Durchbruch unter dem entscheidenden Einfluß der französischen Geschichtsschreibung (Schule der Annales).

W. E. Rappard ist einer der ersten in unserem Land, der diese neuen Ansätze aufgriff mit: Le facteur économique dans l'avènement de la démocratie moderne en Suisse, 1re partie: L'Agriculture à la fin de l'Ancien Régime, Genève 1912 (nur der erste Teil ist erschienen). Der Autor weist schon auf die Voraussetzungen einer modernen Geschichtsforschung hin, die die Zusammenhänge zwischen Ökonomie, Gesellschaft und Politik studieren will.

Die wirtschaftsgeschichtlichen Arbeiten bleiben einstweilen notwendigerweise regional beschränkt. Die Forschungsmethoden der Zeit erlaubten es noch nicht, ein ganzes Land zu behandeln. Wir besitzen also heute eine beträchtliche Zahl regionaler Studien, die in ihrer Gesamtheit einen ersten Eindruck vermitteln. Man muß aber wohl noch einige Zeit warten, um zu einer fundierten und vollständigeren Synthese zu kommen. Ein neuer Blickwinkel wirft immer auch Periodisierungsprobleme auf. Die politische Geschichtsschreibung richtet sich nach Daten und Zeitabschnitten, die sich aus der Ereignisgeschichte ergeben. Ökonomie und Gesellschaft verlangen eine andere Periodisierung, die mit der der Ereignisgeschichte oft nicht zusammenfällt. So ist das Ende des 18. Jahrhunderts auf der Ebene von Politik und Verfassung ein tiefer Einschnitt, jedoch in keiner Weise das Ende einer ökonomischen oder demographischen Entwicklung.

In der historischen Demographie hat vor allem eine Arbeit einen entscheidenden Einfluß auf die künftige Forschung ausgeübt: L. Henry, Anciennes familles genevoises. Etude démographique, XVIe–XXe siècle, Paris 1956. Die hier angewandte Methode der Familienrekonstitution zur Erforschung des demographischen Verhaltens wird seither allgemein befolgt. Um nicht bereits erwähnte Literatur aus dem vorangehenden Kapitel zu wiederholen, werden in der Folge nur Untersuchungen zur Bevölkerungsexplosion des 18. und frühen 19. Jahrhunderts genannt. Den gegenwärtigen Stand der Forschung findet man bei M. Mattmüller, Das Einsetzen der Bevölkerungswelle in der Schweiz, in: Vierteljahresschrift für Sozial- und Wirtschaftsgeschichte 1976.

Die ländlichen Regionen waren in den letzten Jahren Gegenstand vieler Untersuchungen. Vorerst verdienen einige Titel genannt zu werden, die noch in der Nachfolge von W. E. Rappard stehen: R. Bircher, Wirtschafts- und Lebenshaltung im schweizerischen Hirtenland am Ende des 18. Jahrhunderts, Zürich 1938, und G.-A. Chevallaz, Aspects de l'agriculture vaudoise à la fin de l'Ancien Régime, Lausanne 1949.

Seit etwa zehn Jahren haben Studien zur ökonomischen und sozialen Struktur einiger Regionen zugenommen. Besonders die Alpen- und Voralpengebiete waren Gegenstand genauerer Untersuchungen: J. Bielmann, Die Lebensverhältnisse im Urnerland während des 18. und zu Beginn des 19. Jahrhunderts, Basel 1972, und S. Bucher, Bevölkerung und Wirtschaft des Amtes Entlebuch im 18. Jahrhundert, Luzern 1974. Zwei Arbeiten über Appenzell erlauben es, industrialisierte und nicht-industrialisierte Gebiete zu vergleichen: M. Schürmann, Bevölkerung, Wirtschaft und Gesellschaft in Appenzell Innerrhoden im 18. und frühen 19. Jahrhundert, Appenzell 1974, und H. P. Ruesch, Lebensverhältnisse in einem frühen schweizerischen Industriegebiet. Sozialgeschichtliche Studien über die Gemeinden Trogen, Rehetobel, Wald, Gais, Speicher und Wolfhalden des Kantons Appenzell Außerrhoden im 18. und frühen 19. Jahrhundert, Basel, Stuttgart 1979.

Die Beziehung zwischen landwirtschaftlicher Struktur und Institutionen in einer bestimmten Region sind auf exemplarische Weise von F. Häusler, Das Emmental im Staate Bern bis 1798, 2 Bde., Bern 1958/1968, untersucht worden. Es fehlen jedoch besonders noch Arbeiten über Gebiete, in denen die Viehzucht keine entscheidende Rolle spielte. E. Menolfi, Sanktgallische Untertanen im Thurgau, St. Gallen 1980, macht einen Anfang. Die Industriegebiete um Zürich und Basel waren Gegenstand einiger Untersuchungen: R. Braun, Industrialisierung und Volksleben. Die Veränderung der Lebensformen in einem ländlichen Industriegebiet vor 1800, Zürich, Stuttgart 1960, hat viele Anstöße gegeben. Die ländliche Industrialisierung, die auf die landwirtschaftlichen Strukturen aufgepfropft wurde, kommt in zwei Arbeiten über die Basler Landschaft zur Sprache: F. Gschwind, Bevölkerungsentwicklung und Wirtschaftsstruktur der Landschaft Basel im 18. Jahrhundert, Liestal 1977; S. Huggel, Die Einschlagsbewegung in der Basler Landschaft. Gründe und Folgen der wichtigsten agrarischen Neuerung im Ancien Régime, Liestal 1979.

Was die ländliche Gesellschaft betrifft, konsultiere man G. C. Schmidt, Der Schweizer Bauer im Frühkapitalismus, 2 Bde., Bern, Leipzig 1932, ein klassisches und immer noch aktuelles Werk, und M. Mattmüller, Bauer und Tauner im schweizerischen Kornland um 1700, in: Schweizer Volkskunde 1980. Dieser Artikel gibt eine erste Zusammenfassung der Bedingungen ländlicher Hierarchie. Ein Bild vom Alltagsleben in einem Waadtländer Dorf gibt G. Duplain, Le gouverneur du Milieu du Monde, Lausanne 1976. Ein Kapitel Sozialgeschichte, das der Armen und Marginalisierten, schrieb K. Geiser, Geschichte des Armenwesens im Kanton Bern, Bern 1894. Diese fundierte Untersuchung steht beispielhaft für ein Stück traditioneller Geschichtsschreibung, die noch nichts an Bedeutung verloren hat. Ein neueres Buch zum gleichen Thema schrieb A. M. Dubler, Armen- und Bettlerwesen in der Gemeinen Herrschaft «Freie Ämter», 16.–18. Jahrhundert, Basel 1970. Die Geschichte der Juden wurde behandelt von A. Weldler-Steinberg, Geschichte der Juden in der Schweiz vom 16. Jahrhundert bis nach der Emanzipation. Bearbeitet und ergänzt von F. Guggenheim-Grünberg, Bd. 1, Goldach 1966.

Die Zusammenhänge zwischen Agrarkonjunktur und Klima wurden aufgezeigt von CH. PFISTER, Agrarkonjunktur und Witterungsverlauf im westlichen Schweizer Mittelland zur Zeit der ökonomischen Patrioten, 1750–1797, Bern 1975. Der Autor beschreibt auch die Versuche des bernischen Staates bei den Wirtschaftskrisen des 18. Jahrhunderts korrigierend einzugreifen.

Auch für die Städte ist es noch nicht möglich, eine Gesamtübersicht zu geben. Die im vorangehenden Kapitel erwähnten Arbeiten von A. PERRENOUD und W. BURRI können beispielhaft für eine moderne Analyse stehen. Einzig für den Kanton Luzern gibt es eine neuere Studie, die die ländliche und städtische Entwicklung in Zusammenhang bringt; H. WICKI, Bevölkerung und Wirtschaft des Kantons Luzern im 18. Jahrhundert, Luzern, München 1979.

Zum Problem der Migration konsultiere man L. SCHELBERT, Einführung in die schweizerische Auswanderungsgeschichte der Neuzeit, Zürich 1976. Neue Aspekte zum Thema der fremden Dienste finden sich bei H. C. PEYER, Die wirtschaftliche Bedeutung der fremden Dienste für die Schweiz vom 15.–18. Jahrhundert, in: Beiträge zur Wirtschaftsgeschichte 1978. Einige punktuelle Untersuchungen erlauben es, sich über Bedeutung und Funktionieren der fremden Dienste zu informieren: H. STEFFEN, Die Kompanien Kaspar Jodok von Stockalpers. Beispiel eines Soldunternehmens im 17. Jahrhundert, Brig 1975; W. BÜHRER, Der Zürcher Solddienst im 18. Jahrhundert. Sozial- und wirtschaftsgeschichtliche Aspekte, Bern 1977; H. SUTER, Innerschweizerisches Militärunternehmertum im 18. Jahrhundert, Zürich 1971.

Die Geschichte der schweizerischen Industrie fand eine ausgezeichnete Synthese in J.-F. BERGIER, Naissance et croissance de la Suisse industrielle, Bern 1974 (Monographien zur Schweizergeschichte, 8). Im weiteren muß man auf folgende Titel Bezug nehmen; W. BODMER, Schweizerische Industriegeschichte. Die Entwicklung der schweizerischen Textilwirtschaft im Rahmen der übrigen Industrien und Wirtschaftszweige, Zürich 1960, und vom selben Autor, Die Wirtschaftspolitik Berns und Freiburgs im 17. und 18. Jahrhundert, Bern 1973, sowie P. STOLZ, Basler Wirtschaft in vor- und frühindustrieller Zeit. Ökonomische Theorie und Wirtschaftsgeschichte im Dialog, Zürich 1977. Zur Bankengeschichte lese man H. C. PEYER, Von Handel und Bank im Alten Zürich, Zürich 1968, ohne dabei die alten Werke von J. LANDMANN, Die auswärtigen Kapitalanlagen aus dem bernischen Staatsschatz im 18. Jahrhundert, in: Jahrbuch für Schweizergeschichte 1903/1904, sowie Leu & Co. 1755–1905, Zürich 1905, zu vergessen.

Staat und Politik

Die zahlreichen Werke zur Institutionengeschichte können durch das neue Werk von H. C. PEYER, Verfassungsgeschichte der alten Schweiz, Zürich 1978, als überholt betrachtet werden. Zum erstenmal werden hier verfassungsgeschichtliche Fragen nicht unter dem Aspekt der Immobilität betrachtet, sondern dynamisch und unter Einbezug wirtschaftlicher und sozialer Faktoren, was für einige Punkte eine völlig neue Sicht öffnet.

Zur Organisation des Militärs im Ancien Régime können wir nur einige Studien aufzählen, die erlauben sollen, Forschungsperspektiven zu zeigen: G. GROSJEAN, Berns Anteil am evangelischen und eidgenössischen Defensionale im 17. Jahrhundert, Bern 1953; A. NIETHAMMER, Das Vormauernsystem an der eidgenössischen Nordgrenze, Basel 1944. Die eidgenössische Tätigkeit der Tagsatzung, 1649–1712, Zürich 1948. Die neuen Fragen der gegenwärtigen Forschung werden zu einer Überprüfung der eidgenössischen Politik führen müssen, besonders in bezug auf die Verwaltung der gemeinen Herrschaften, die bisher noch ungenügend berücksichtigt wurde.

Die Beziehungen zwischen der Schweiz und Frankreich bildeten ein unerschöpfliches Thema der Geschichtsschreibung der internationalen Beziehungen. Wir wollen nur zwei neuere Werke festhalten: P. GERN, Aspects économiques des relations franco-suisses sous Louis XVI, Neuchâtel 1970, und F. GRÖBLI, Ambassador Du Luc und der Trücklibund 1715, Basel 1975.

Für die politische Entwicklung in den beiden wichtigsten Städteorten der Eidgenossenschaft konsultiere man P. GUYER, Verfassungszustände der Stadt Zürich im 16., 17. und 18. Jahrhundert unter der Einwirkung der sozialen Umschichtung der Bevölkerung, Zürich 1943, und C. VON STEIGER, Innere Probleme des bernischen Patriziates an der Wende zum 18. Jahrhundert, Bern 1954.

Die Arbeiten zur Ereignisgeschichte sprengen den Rahmen einer Kurzbibliographie; Angaben finden sich im Handbuch der Schweizer Geschichte, Bd. 2, Zürich 1977, und in unzähligen regionalen und lokalen Publikationen. Eine Gesamtübersicht über die Ereignisgeschichte gibt umfangreich J. DIERAUER, Geschichte der Schweizerischen Eidgenossenschaft, 5 Bde., 1. Aufl., Gotha 1887–1917. Trotz seines Alters ist dieses Werk wegen seiner lebendigen Erzählung und seiner genauen Forschungsgrundlage von großem Wert geblieben.

Die Kirchengeschichte wird durch die Darstellung von P. WERNLE illustriert, Der Schweizer Protestantismus im 18. Jahrhundert, 3 Bde., Tübingen 1922–1925, und Der Schweizer Protestantismus in der Zeit der Helvetik, 2 Bde., Zürich, Leipzig 1938–1942. Diese Arbeiten gehen weit über eine bloße Geschichte der protestantischen Konfession hinaus, denn sie geben in weiten Teilen eine Geschichte des intellektuellen Lebens im Ancien Régime. Für die katholische Schweiz fehlt ein vergleichbares Werk. Neuere Arbeiten weisen auf die Schwierigkeit bei der Erforschung des Verhältnisses zwischen Kirche und Staat hin: C. WEBER-HUG, Der Klosterhandel von Luzern 1769/70, Bern 1971.

Schule und Bildung

Ein neues Interesse bringt man heute den Schulen entgegen. Weil damit soziale Fragen verbunden sind, erlaubt es das Studium des Unterrichtes und der unterschiedlichen Bildungsmöglichkeiten der verschiedenen Schichten im Ancien Régime, unser Bild von der Gesellschaft zu vervollständigen. Die hauptsächliche Informationsquelle dazu bildet die große Enquête der Helvetischen Republik, die heute im Bundesarchiv zugänglich ist. Viele Arbeiten beziehen sich auf diese Quelle, ohne jedoch den kantonalen Rahmen zu sprengen: G. PANCHAUD, Les écoles vaudoises à la fin du régime bernois, Lausanne 1952; E. SCHNEIDER, Die bernische Landschule am Ende des 18. Jahrhunderts, Bern 1906. Komparative Studien fehlen, und die volle Auswertung des Materials ist ohnehin nur mit quantitativen Methoden zu leisten. Die Geschichte der Hohen Schulen und der Jesuitenkollegien muß größtenteils neu geschrieben werden. Eine neue Sicht vermittelt bereits A. STAEHELIN, Geschichte der Universität Basel 1632–1818, 2 Bde., Basel 1957. Über die protestantischen Schulen vergleiche man U. IM HOF, Die Hohen Schulen der reformierten Schweiz im 18. Jahrhundert, in: Schweizer Beiträge zur allgemeinen Geschichte 1957.

Eine kürzlich erschienene Arbeit behandelt die Luzerner Schule und die Aufhebung des Jesuitenordens : D. LEISIBACH, Die Aufhebung des Luzerner Jesuitenkollegiums 1774, Baldegg 1978. Laufende Forschungsprojekte an den Universitäten von Bern und Zürich werden es in einigen Jahren erlauben, die Kenntnisse über die Vorläufer unserer Universitäten zu erweitern.

Orthodoxie und Aufklärung

Das Zeitalter der Aufklärung, das 18. Jahrhundert, ist zu einem der wichtigsten Forschungsgebiete der Geistesgeschichte geworden. Das 17. Jahrhundert ist dagegen noch wenig bekannt. Die Welt der Orthodoxie scheint allzu früh be- und verurteilt worden zu sein. Eine vorurteilsfreiere Analyse könnte sicher unerwartete Resultate bringen.

Unter den wenigen vorhandenen Werken sei hingewiesen auf M. GEIGER, Die Basler Kirche und Theologie im Zeitalter der Hochorthodoxie, Basel 1952. Zwischen Orthodoxie und Aufklärung kann man die Anfänge des naturrechtlichen Unterrichts lokalisieren: P. MEYLAN, Jean Barbeyrac, 1674–1744 et les débuts de l'enseignement du droit naturel dans l'ancienne Académie de Lausanne, Lausanne 1937; B. GAGNEBIN, Burlamaqui et le droit naturel, Genève 1944. Die biographische Forschung nimmt bei der Untersuchung dieser Zeit einen breiten Raum ein und geht oft über den Rahmen einer einzelnen Person hinaus: U. IM HOF, Isaac Iselin, 2 Bde., Bern 1947, und vom selben Autor, Isaac Iselin und die Spätaufklärung 1764–1782, Bern 1967. In einem allgemeineren Rahmen wird die Geistesgeschichte behandelt von CH. GUYOT, La vie intellectuelle et religieuse en Suisse française à la fin du XVIIIe siècle. Henry David de Chaillet 1751–1832, Neuchâtel 1966. Eine erste Zusammenfassung über die Aufklärung in der Schweiz gibt U. IM HOF, Aufklärung in der Schweiz, Bern 1970 (Monographien zur Schweizergeschichte, 5). Für die Wissenschaftsgeschichte konsultiere man E. FUETER, Geschichte der exakten Wissenschaften in der schweizerischen Aufklärung 1680–1780, Leipzig 1941. Über A. von Haller gibt es jetzt: Albrecht von Haller. Zehn Vorträge, gehalten am Berner Haller-Symposion, Bern 1977. Für die Medizingeschichte kann eine regionale Studie als Beispiel dienen: E. OLIVIER, Médecine et santé dans le pays de Vaud, 4 v., Lausanne 1962–1963.

Zur schweizerischen Literatur allgemein: G. DE REYNOLD, Histoire littéraire de la Suisse au 18e siècle, 2 v., Lausanne 1909/1912.

Die schweizerdeutsche Literatur wurde von H. TRÜMPY, Schweizerdeutsche Sprache und Literatur im 17. und 18. Jahrhundert, Basel 1955, behandelt. Der englische Einfluß auf das Geistesleben ist der Gegenstand des Buches von E. GIDDEY, L'Angleterre dans la vie intellectuelle de la Suisse romande au XVIIIe siècle, Lausanne 1974.

Die neuen Kommunikationsmittel und -formen erwecken neben der Gesellschaftsbewegung seit einigen Jahren das Interesse der Forscher. Es werden Publikationen und Zeitschriften analysiert, die Resultate sind jedoch noch zu wenig abgesichert. Für die Zeitschriften der deutschen Schweiz vergleiche man C. L. LANG, Die Zeitschriften der deutschen Schweiz bis zum Untergang der Alten Eidgenossenschaft, Leipzig 1930. Die Rolle der Sozietäten wird erst seit einigen Jahren beachtet; jetzt ganz neu dazu: U. IM HOF, Das gesellige Jahrhundert. Gesellschaft und Gesellschaften im Zeitalter der Aufklärung, München 1982. Allerdings gibt es schon eine Reihe verschiedener Untersuchungen, die einzelne Gesellschaften behandeln: zur Freimaurerei die Geschichte der Zürcher Loge, 200 Jahre Freimaurerloge Modestia cum libertate im Orient von Zürich, 1771–1971, Zürich 1971; dieses Buch bildet eine Ausnahme in einer häufig eher mittelmäßigen Geschichtsschreibung. Zu den ökonomischen Gesellschaften: F. RUDIO, Die Naturforschende Gesellschaft 1746–1896, in: Festschrift der Naturforschenden Gesellschaft Zürich, 1. Teil, Zürich 1896, und C. BÄSCHLIN, Die Blütezeit der Ökonomischen Gesellschaft in Bern, 1759–1766, Laupen 1917.

Zu den Lesegesellschaften: D. SPEICH, Une société de lecture à la fin du XVIIIe siècle et au début du XIXe siècle: La «Allgemeine Lesegesellschaft» de Bâle 1787–1832, Bâle 1975; B. M. MILSTEIN, Eight Eighteenth Century Reading Societies: A Sociological Contribution to the History of German Literature, Berne, Frankfurt 1972. Die Helvetische Gesellschaft wird in zwei laufenden Forschungsarbeiten behandelt: U. IM HOF, Die Helvetische Gesellschaft 1761–1798. Spätaufklärung und Vorrevolution in der Schweiz, und F. DE CAPITANI, Zum Entstehen einer politischen Öffentlichkeit in der Schweiz: Die Mitglieder und Gäste der Helvetischen Gesellschaft 1761–1797, Diss. Bern 1980; die Arbeiten werden in nächster Zeit in zwei Bänden im Buchhandel erscheinen.

Revolution und Helvetische Republik

Sehr unterschiedlich bewertet wurde von den Historikern die Helvetische Revolution, was im übrigen ja auch für die Französische Revolution gilt. Einerseits hat die Helvetische Revolution die Grundlagen der modernen Schweiz gelegt, anderseits war sie verbunden mit einer ausländischen Intervention. Lange war daher die Helvetische Republik eine unangenehme Episode, die man lieber verschwieg. Untersuchungen über die Wurzeln der Revolution in der Schweiz selber, sowie sozial- und wirtschaftsgeschichtliche Arbeiten halfen diese bewegte Zeit in einen größeren Rahmen zu stellen. Die Publikation von Quellen der Helvetischen Republik erlaubte eine gerechtere und realitätsbezogenere Interpretation der Ereignisse: Amtliche Sammlung der Akten aus der Zeit der Helvetischen Republik, 16 Bde., Bern 1886–1966. Der Helvetismus als geistige Grundlage der Revolution wurde von D. FREI, Die Förderung des schweizerischen Nationalbewußtseins nach dem Zusammenbruch der alten Eidgenossenschaft, Zürich 1964, und S. SPAHR, Studien zum Erwachen helvetisch-eidgenössischen Empfindens im Waadtland, Zürich 1963, behandelt.

Die Vorgeschichte der Revolution wird aus kantonalem Blickwinkel dargestellt von H. BÜCHI, Die Vorgeschichte der Helvetischen Revolution mit besonderer Berücksichtigung des Kantons Solothurn, Bd. 1: Die Schweiz in den Jahren 1789–1798, Solothurn 1926, und W. VON WARTBURG, Zürich und die französische Revolution, Basel 1956. Neue Fragen werden aufgeworfen von D. KRAUSE-VILMAR, Liberales Plädoyer und radikale Demokratie. H. Pestalozzi und die Stäfner Bewegung, Meisenheim 1978.

Die Geschichte der Helvetischen Republik wird wiederaufgenommen von A. RUFER, La Suisse et la Révolution française, Paris 1974, (ein Neudruck des Artikels, den der Autor für das Historisch-biographische Lexikon der Schweiz geschrieben hat). Regionale Untersuchungen bilden wichtige Grundlagen zum Verständnis der Epoche: J. R. SURATTEAU, Le département du Mont-Terrible sous le régime du Directoire (1795–1800), Paris 1964; H. WEBER, Die zürcherischen Landgemeinden in der Helvetik, Zürich 1971; P. SCHÄRER, Stadt und Distrikt Olten in der Helvetik, in: Jahrbuch für solothurnische Geschichte 1979; zum Ende der Helvetik schließlich: E. ZÜGER, Alois Reding und das Ende der Helvetik, Zürich 1977.

«Der Zeichner», ein Spielzeugautomat, den Pierre Jaquet-Droz und sein Sohn Henri-Louis vor 1774 in La Chaux-de-Fonds (NE) gebaut haben. Solche mechanischen Meisterwerke sind nur auf dem Hintergrund einer blühenden Uhrenindustrie zu erklären. Sie erregten in ganz Europa derartiges Aufsehen, daß man Jaquet-Droz sogar der Magie verdächtigte.

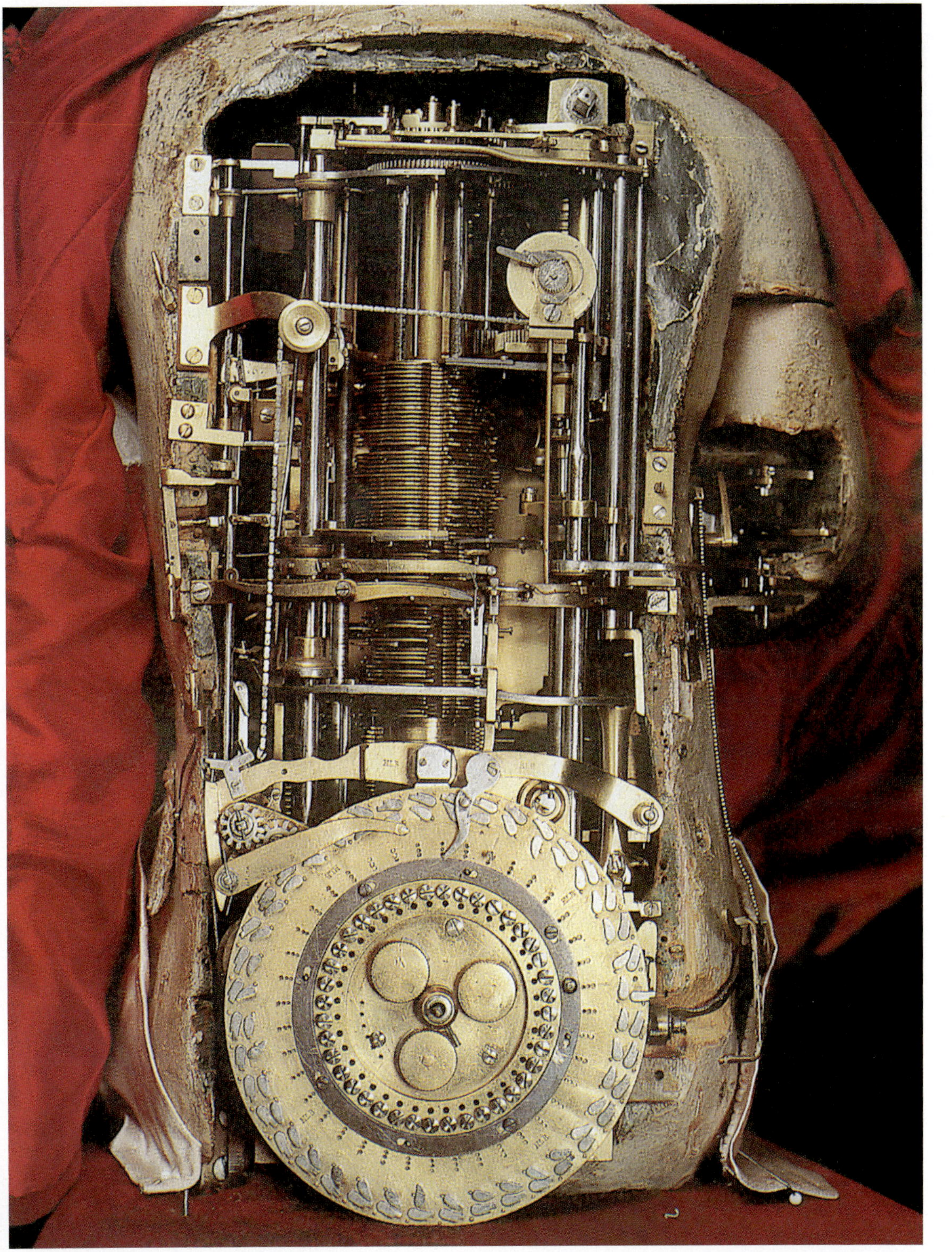

Kapitel 6 *Georges Andrey*

Auf der Suche nach dem neuen Staat (1798–1848)

A. Ein erster Überblick

Zwischen der langen Periode des für das Ancien Régime charakteristischen politischen Immobilismus und der relativen institutionellen Stabilität, die die Eidgenossenschaft seit 1848 auszeichnet, durchlief die Schweiz in der ersten Hälfte des 19. Jahrhunderts einen äußerst bewegten Zeitabschnitt. In nur zwei Generationen erlebte sie mehr konstitutionelle Veränderungen als während der gesamten zwei Jahrhunderte vorher. Der damit einhergehende Wandel war allerdings nicht nur politischer, sondern ebenso wirtschaftlicher und technischer als auch sozialer und kultureller, ja selbst ökologischer Natur. Auf welche Weise sich diese Umwälzung im einzelnen manifestierte und in welchem Maße sie ihre Epoche zu beeinflussen vermochte, soll im folgenden dargestellt werden.

Das europäische Umfeld

Die Jahre 1815, 1830 und 1848 waren deutliche Marksteine am Wege einer europäischen Schicksalsgemeinschaft, innerhalb derer auch die Schweiz ihren festen Platz hatte. Gleichwohl waren in der Eidgenossenschaft die Auswirkungen und die Bedeutung dieser historischen Etappen nicht immer dieselben wie im übrigen Europa. Vor allem dann nicht, wenn man bei einer vergleichenden Betrachtung die nationalen und die kantonalen Partikularismen berücksichtigt. Das napoleonische Empire – in der Schweiz die Mediation – erhielt durch zwei zeitlich voneinander getrennte Ereignisse den Todesstoß: durch die Niederlage der französischen Armee vom 18. Oktober 1813 in der Völkerschlacht bei Leipzig sowie durch das Debakel von Waterloo vom 18. Juni 1815. Letzteres besiegelte das Ende des Abenteuers der Hundert-Tage, dem die erste oder «Kleine Restauration» (Ende 1813 bis Februar 1815) vorausgegangen war. Die eigentliche oder «Große Restauration» nahm noch im gleichen Jahr mit der Schlußakte des Wiener Kongresses ihren Anfang und dauerte bis Juli 1830. Ihr folgte in manchen Ländern eine Ära mehr oder weniger ausgeprägter Liberalisierung: die Julimonarchie in Frankreich, die Unabhängigkeit Belgiens und Griechenlands, die in der Schweiz mit Begeisterung aufgenommen wurden, sowie eine immer deutlicher zutage tretende Bejahung des Nationalitätenprinzips. Auch in der Schweiz kam es zu tiefgreifenden Veränderungen. War die Einführung der repräsentativen Demokratie zunächst nur das Privileg einiger weniger Kantone, sollte diese neue Staatsform doch schließlich von der Mehrheit übernommen werden (Regeneration). Diese neue, praktisch irreversible Strömung mündete in die europäischen Revolutionen von 1848. Auch in der Schweiz lieferten sich liberale und katholisch-konservative Kräfte erbitterte Auseinandersetzungen, die in einem kurzen, wenig blutigen Bürgerkrieg ihren Höhepunkt und Abschluß fanden: Die Gegner des liberalen, stärker zentralisierten Staates, die sich 1845 zum sogenannten Sonderbund zusammengeschlossen hatten, unterlagen 1847 im «Sonderbundskrieg» den eidgenössischen Truppen. Dieser Krieg gab den Weg frei für die Ausarbeitung der Bundesverfassung vom 12. September 1848, die in revidierter Form auch heute noch Gültigkeit hat.

Diese allgemeine Entwicklung prägte die Geschichte der Eidgenossenschaft und ihrer Kantone. Für eine Darstellung ihrer Einzelgeschichten ist hier natürlich nicht der Platz. Doch scheint es angebracht, einen kurzen Überblick über die Voraussetzungen zu geben,

Europa zwischen Revolution und Reaktion 1815–1848

Monarchie:
absolute
konstitutionelle
parlamentarische

Deutscher Bund

liberale oder nationale Revolutionen und Aufstände

militärische Intervention

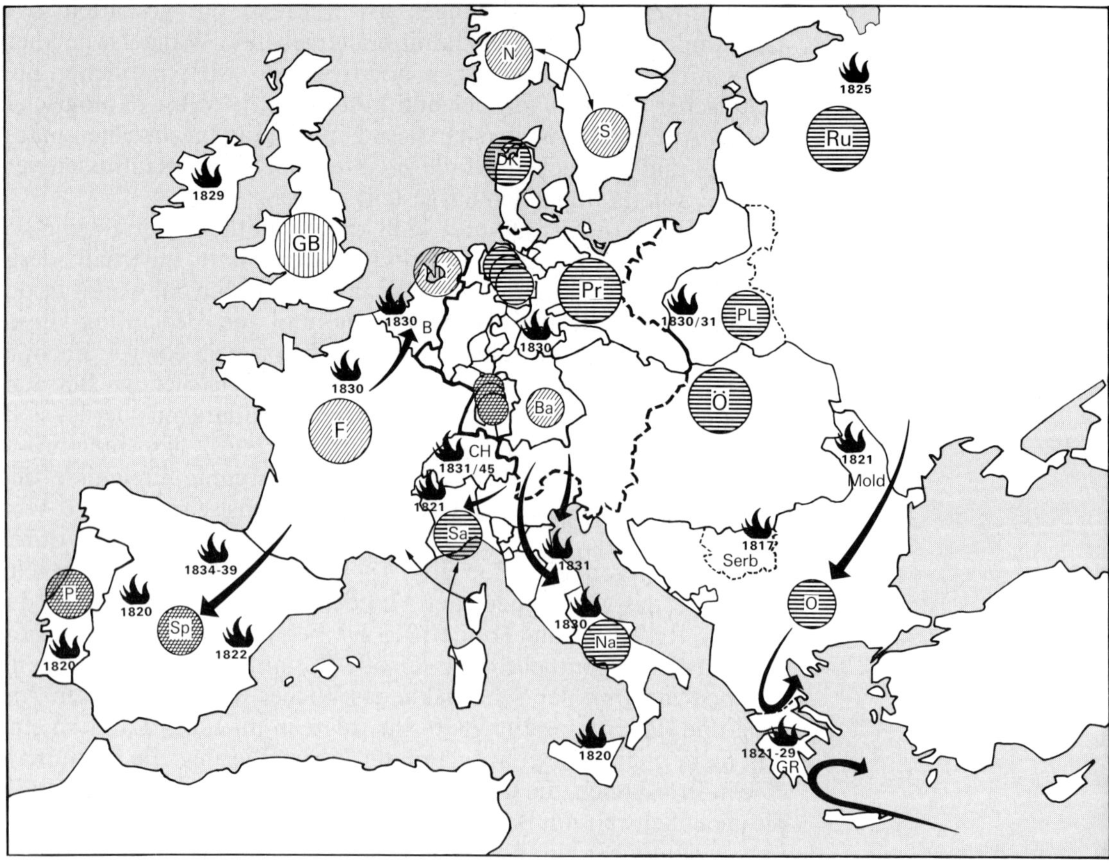

die das politische Werden der Schweiz bis 1848 entscheidend mitbestimmt haben.

Die Schweiz und Frankreich

In außenpolitischer Hinsicht bedeutet die Periode zwischen 1798 und 1814 den Höhepunkt des französischen Einflusses in der Schweiz und die Krönung der langen Geschichte der besonderen Beziehungen, die zwischen der Tagsatzung und dem König von Frankreich seit der Unterzeichnung des Ewigen Friedens von 1516 bestanden. Es ist daher auch nicht verwunderlich, daß in der mit dem Ersten Konsul am 27. September 1803 geschlossenen Defensivallianz ausdrücklich an diesen Frieden erinnert wird. Dieser Allianz vorausgegangen war die Vermittlung Bonapartes unter den Konfliktparteien, durch die die Ordnung wiederhergestellt werden konnte und die schließlich am 19. Februar 1803 mit der Unterzeichnung der Mediationsakte in Paris abgeschlossen wurde. Aus dem Einheitsstaat der Helvetischen Republik war wieder ein Bundesstaat geworden, in dem wie früher die Kantone ihre eigenen Verfassungen besaßen, während andererseits die gesamteidgenössischen Kompetenzen von einer Tagsatzung wahrgenommen wurden, in welcher, ebenfalls wie früher, die Gesandten der Kantone nach Instruktionen abstimmten. Außerhalb der Sessionen lag die Führung der Geschäfte in den Händen eines Landammanns, den jährlich wechselnd die sechs Stände Freiburg, Bern, Solothurn, Basel, Zürich und Luzern (drei katholische und drei protestantische Kantone) stellten. Durch die Anerkennung von sechs neuen Ständen (St. Gallen, Graubünden, Aargau, Thurgau, Tessin und Waadt) wurde das drückende Übergewicht der sechs alten Stadtorte jedoch etwas kompensiert.

Nach Carl Hilty stützt sich die Mediationsakte auf die Schiedsgerichtsklausel im Bündnis der katholischen Orte mit Frankreich von 1715, nach welcher der französische König bei innereidgenössischen Streitigkeiten zum Schiedsrichter bestellt werden konnte. Als weiterer Schachzug napoleonischer Strategie muß die Tatsache angesehen werden, daß sich Bonaparte den Titel «Mediator» gegeben hatte, um der ruhmreichen schweizerischen Demokratie die Schande zu ersparen, sich als Untertan eines monarchischen oder imperialen Regimes zu fühlen: 1804 krönte Napoleon sich selbst zum Kaiser. Und wie dieser Mann des Krieges, der die Schweiz als Reservoir hervorragender Söldner kannte, sein Handwerk verstand, zeigt der Abschluß einer Militärkapitulation, die am gleichen Tag wie die Defensivallianz unterzeichnet wurde und die an die lange Tradition von Schweizer Soldaten in französischen Diensten anknüpfte: «Ehre und Treue!»

Mit diesen beiden Abkommen erreichte Bonaparte zwei Ziele zugleich: Einerseits verpflichtete er die Schweiz zur Verteidigung ihrer eigenen Grenzen und entlastete damit seine eigenen Truppen, und anderseits nahm er den Eidgenossen durch den Umstand, daß sie laut Abkommen ein ständiges Söldnerkontingent von 16000 Mann für den Dienst in der *Grande Armée* zu stellen hatten, von vornherein jegliche Ambition, gegen den Zuchtmeister Europas aufzumucken.

Nach den Schrecken der Helvetik dämpfte überdies der Wunsch nach Frieden eventuell aufkommende Gefühle verletzten Nationalstolzes und ließ schon von daher einen etwaigen Waffengang mit dem westlichen Nachbarn als wenig realistisch erscheinen. Daß daneben der Freiburger Louis-Auguste-Philippe d'Affry, vormals Oberst des Versailler Schweizergarde-Regiments, dazu ausersehen wurde, erster Landammann der mediatisierten Schweiz zu werden, war bezeichnend für diese von Bonaparte meisterhaft inszenierte Demonstration der Stärke. Mit dem katholischen und französischsprachigen Freiburg wurde ein Stand erster Direktorialkanton, der nicht nur seit 1481 Mitglied der Eidgenossenschaft gewesen war, sondern auch die Unterzeichner des Friedens von 1516 in seinen Mauern empfangen und in der alten Eidgenossenschaft vor 1798 zu den eifrigsten Verfechtern der Allianz mit Frankreich gehört hatte.

Angesichts dieser Voraussetzungen bedeutete der Zusammenbruch des napoleonischen Imperiums begreiflicherweise für die Schweiz kein nationales Unglück. Im Gegenteil, man war froh darüber, einen Mediator loszuwerden, der ebenso nutzlos wie lästig geworden war. Und so hatte man jetzt auch kaum mehr Hemmungen, offen mit den Alliierten als den Befreiern zu sympathisieren und mit ihnen gemeinsame Sache zu machen. Während der Hundert Tage schlossen sich die Schweizer Truppen den Alliierten an, um den Usurpator endgültig zu vertreiben. Was folgte, war das denkwürdige und wenig ruhmreiche Abenteuer in der Freigrafschaft, der letzte Anlaß übrigens, bei dem eine Schweizer Armee ihren Fuß auf ausländischen Boden setzte und umgekehrt ausländische Truppen Schweizer Boden betraten.

Die Mediationsakte konnte natürlich ihren Mediator nicht überdauern, und so waren es selbstverständlich die Alliierten und die

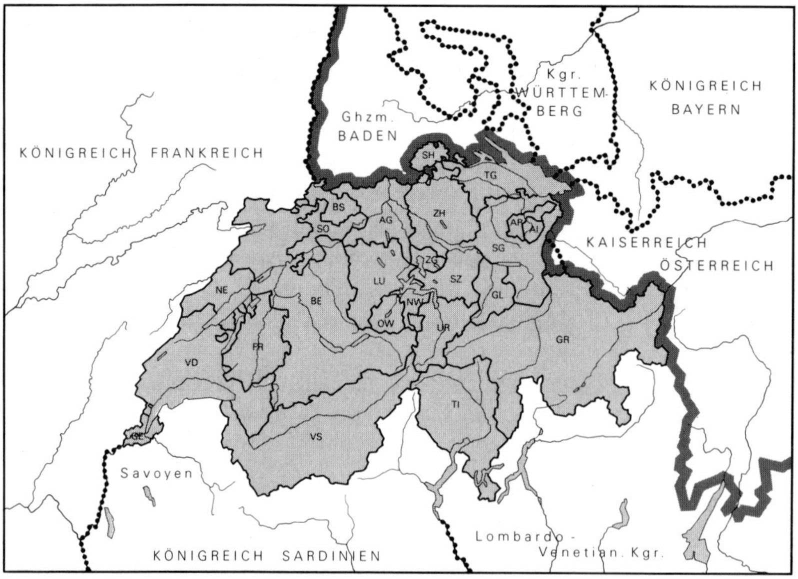

Die Schweiz und ihre Nachbarn 1815

Grenzen des Deutschen Bundes

neuen Herren in Frankreich, die der Schweiz ihren neuen Platz in der internationalen Gemeinschaft zuwiesen und die auch über Geist und Form ihrer Institutionen befanden: Die Restauration war ihrem Wesen nach ein Kind der Reaktion. Die Betonung des theokratischen Legitimitätsprinzips, wie Louis de Bonald und Karl Ludwig von Haller es formulierten, hatte eindeutig gegenrevolutionären Charakter. Das Staatsideal der gottgewollten Ordnung lebte in einigen Kantonen wieder auf, so z. B. in Freiburg, wo Haller dem Protestantismus abschwor und wo man sich eifrig darum bemühte, durch den Abschluß einer neuen Militärkapitulation mit den Bourbonen die alten Bande zum französischen Hof wiederherzustellen.

Garantie der Neutralität

Als Ergebnis der Friedensverhandlungen, für die der Wiener Kongreß die Voraussetzungen geschaffen hatte, heißt es im zweiten Pariser Frieden vom 20. November 1815, daß «die Neutralität und Unverletzbarkeit der Schweiz sowie ihre Unabhängigkeit von jedem fremden Einfluß dem wahren Interesse aller europäischen Staaten entspreche». Die juristische Konkretisierung dieser Klausel bedeutete für die Schweiz die formelle Anerkennung ihrer «immerwährenden Neutralität». Diese Garantie konnte allerdings die im gleichen Jahr begründete «Heilige Allianz» – ein auf christlicher Grundlage zunächst zwischen Preußen, Rußland und Österreich geschlossenes Bündnis zur Repression liberaler, demokratischer oder revolutionärer Regungen – nicht davon abhalten, mit oftmals wenig diplomatischen Mitteln immer dann auch in der Schweiz zu intervenieren, wenn sie der Ansicht war, daß diese Strömungen eine Gefahr für den internationalen Frieden und für die Sicherheit in Europa darstellten. Das war der Fall beispielsweise bei der Pressefreiheit und in der Flüchtlingsfrage. Wie die Ereignisse um den «Napoleonhandel» beweisen, auferlegte sich auch Frankreich nicht gerade Zurückhaltung, wenn es um die Verteidigung der eigenen Interessen ging.

Innere Verhältnisse

Innenpolitisch basierte die Restauration in der Schweiz auf einem sehr locker organisierten Staatenbund. Die Funktion des Landammanns wurde abgeschafft und die alte fast unbeschränkte Souveränität der Kantone wiederhergestellt. Zu den 19 Kantonen der Mediation kamen drei neue hinzu: Wallis, Neuenburg und Genf. Die Schweizerische Eidgenossenschaft, wie sie von nun an offiziell hieß, zählte damit 22 Gliedstaaten. Die alten Kantone achteten peinlich darauf, daß sich die Neulinge, vor allem die aus den revolutionären Ereignissen hervorgegangenen, in politischem Wohlverhalten übten und Verfassungen annahmen, die dem konservativen Zeitgeist entsprachen. Doch alle diese Maßnahmen konnten nicht verhindern, daß sich auch die neuen Ideen noch vor Ausbruch der französischen Julirevolution von 1830 in den Volksversammlungen durchzusetzen begannen und in Forderungen nach Einführung der repräsentativen Demokratie und persönlicher Freiheiten zum Ausdruck kamen. In der Folge sahen sich denn 1830–1833 auch rund zehn Kantone genötigt, ihre Verfassungen in diesem Sinne zu revidieren. Der Bundesvertrag hingegen blieb trotz mehrerer Reformversuche weiterhin

Die außerordentliche Landsgemeinde von Hundwil (AR) am 3. März 1833. An der Landsgemeinde, der direktesten Form der Demokratie, richtete sich der Unmut des Volkes nicht selten gegen seine Behörden. So geschah es auch 1833 in Hundwil, als sie die Revision des Bundesvertrages und der kantonalen Verfassung (Landbuch) durchbringen wollten. Diese Ablehnung wurde auf seiten der regenerierten Kantone als schwere Niederlage empfunden. Man sah darin eine konservative Reaktion der Massen auf die progressiven Ideen der Radikalen. Die Abwehr von Neuerungen, schon im Ancien Régime ein bekanntes Phänomen, machte sich weiterhin bemerkbar. Deutlich manifestierte sich diese Haltung im «Züriputsch» von 1839.

unverändert. Der Graben, der von nun an die restaurierte von der regenerierten Schweiz trennen sollte, vertiefte sich im Laufe der dreißiger und vierziger Jahre noch mehr und bildete den Auftakt zum Sonderbundskrieg von 1847 mit all seinen bekannten Folgen.

Die hier kurz geschilderten Ereignisse sagen wenig über den tiefgreifenden Wandel aus, den die Schweiz in der ersten Hälfte des 19. Jahrhunderts erlebte. Sie stellen lediglich ein grobmaschiges Koordinatennetz dar, in das sich die wirtschaftlichen, sozialen und politischen Probleme und Entwicklungen in ihrer Interdependenz einordnen lassen.

B. Bevölkerung und Wirtschaft

Protestantische und katholische Wirtschaftsgesinnung

Schon lange vor Max Weber hat sich der im reformierten Neuenburg wirkende Freiburger Pfarrer Joseph Aebischer mit den «Causes de la Prospérité des Protestants» auseinandergesetzt. In einer nicht publizierten Schrift von 1836 kam er zu der Feststellung, daß es zwischen protestantischen und katholischen Gebieten ein auffallendes Wohlstandsgefälle gebe – eine Tatsache, die selbst von katholischer Seite nicht bestritten werde. Die Ursachen sah er zum einen in der römischen Religion selbst, in ihren Forderungen und in ihrer Ethik, zum andern aber auch in der Disziplinlosigkeit der Gläubigen, die faul, maßlos, verschwenderisch und nicht fromm genug seien. Der Katholizismus schaffe für den Erwerb materiellen Reichtums weniger günstige Voraussetzungen als der Protestantismus, da er das Anhäufen irdischer Güter verdamme und Armut als Christenpflicht ansehe. Der Hauptgrund für die wirtschaftliche Rückständigkeit der Katholiken liege darin, daß sie durch den freiwilligen und bewußten Verzicht auf das Streben nach Wohlstand und Luxus ihre Unterlegenheit akzeptierten. Von seinem Gehalt und von seiner Ausstrahlung her, betont Aebischer, sei dieser Glaube wenig geeignet, den Menschen dieser Welt zu schaffen, den Großbauern, den gewandten Finanzier, den geschäftstüchtigen Kaufmann und den rastlosen Industriellen.

Auf eine kurze Formel gebracht heißt das: Die Armut ist der Wille Gottes und das Leben auf Erden ein Jammertal, durch das man gehen muß, um ins Paradies zu gelangen – ein Konzept, das kaum geeignet war, angesichts der fortschreitenden Verelendung der Massen, der Arbeitslosigkeit, des Bettler- und Vagabundenwesens und noch weniger angesichts der sozialen Probleme der Industrialisierung zufriedenstellende Lösungen anzubieten. In dem Maße, wie die alte Schweiz derartige Vorstellungen verkörperte und eine entsprechende Gesellschaft hervorbrachte, mußte sie auch früher oder später auf brutale Weise mit der neuen Schweiz zusammenprallen, einer Schweiz, die wirtschaftliche Dynamik entwickelte und vorwiegend protestantisch war. Lag hierin nicht der eigentliche Hintergrund des Sonderbundes, seines Entstehens und seines unglücklichen Endes? Gerade in diesem Zusammenhang muß das Zeugnis Aebischers, dieses Freiburger Katholiken in der Diaspora, von besonderem Interesse sein: Seine die Webersche These vorwegnehmende Sicht liefert der Geschichtsschreibung die Grundlagen für eine religiös-ökonomische Interpretation der großen politischen Krise von 1847. Danach wäre die Bundesverfassung von 1848 Ausdruck einer Anpassung der Institutionen an die neuen Realitäten der Schweiz, oder, wenn man so will, eine Antwort auf die drängenden Bedürfnisse von

Theodor von Deschwanden, «Die Taufe» (1850). Ein Bild voller Heiterkeit und Andacht, das in einer Zeit bereits rückläufiger Geburtenraten für die religiöse Bedeutung der Ehe und kinderreicher Familien wirbt.

Wirtschaft und Gesellschaft. In diesem Punkt deckt sich Aebischers Deutung erstaunlicherweise mit der frühen materialistischen Revolutionsanalyse von Antoine Barnave, der zum Schluß kommt, daß die Umverteilung des Vermögens unweigerlich eine Umverteilung der Macht mit sich bringe. Eine Problematik, die der französische Nationalökonom Claude-Henri de Saint-Simon im Jahre 1817 in die Frage kleidete: Wie kommt es, daß die großen politischen Erschütterungen stets von industriellen Errungenschaften begleitet werden?

Für eine eingehende Untersuchung einer derartigen Wechselbeziehung fehlt hier leider der Raum. Es scheint uns aber dennoch opportun, auf Zusammenhänge hinzuweisen, die offenbar schon den Zeitgenossen aufgefallen sind und deren Wirksamkeit gerade in der Epoche, über die hier zu berichten sein wird, besonders deutlich wird. Geht man davon aus, daß Wirtschaft und Gesellschaft die Grundlagen der politischen und institutionellen Entwicklung darstellen, dann gilt natürlich auch, daß Politik und Institutionen in starkem Maße von wirtschaftlichen und sozialen Faktoren beeinflußt werden. Umgekehrt wirkt die politische und institutionelle Entwicklung gleichzeitig auf Wirtschaft und Gesellschaft ein. In diesem Sinne wird zunächst die demographische und ökonomische Entwicklung in großen Zügen dargestellt; anschließend sollen einige Aspekte der Gesellschaft, ihre Schichtung, ihre Wertvorstellungen und kulturellen Äußerungen einer näheren Betrachtung unterzogen werden.

1. Bevölkerungszunahme und Wanderungen

Volkszählungen und Statistiken

Jede Untersuchung der demographischen Entwicklung des frühen 19. Jahrhunderts ist auf die Ergebnisse der damals noch in den Kinderschuhen steckenden Bevölkerungsstatistik angewiesen. Die zahlreichen zwischen 1798 und 1850 auf Bundes- und Kantonsebene durchgeführten Volkszählungen liefern leider nur ein sehr lückenhaftes und oft auch ungenaues Bild der tatsächlichen Verhältnisse. Das gilt insbesondere für die Zahlen, die zu Beginn unserer Periode ermittelt wurden (1798–1800, 1811, 1828, 1836–1838) und auf die man sich nur bedingt verlassen kann. Die aus verschiedenen Quellen gewonnenen Angaben stimmen häufig nicht überein, so daß man sich mit gerundeten Zahlen behelfen muß. Immerhin bleiben die Abweichungen in der Regel unter 10 % und werden im Laufe der Jahre zusehends kleiner, was für die Verbesserung der statistischen Methoden und für die wachsende Effizienz der öffentlichen Verwaltung zeugt. Trotz ihrer Mängel sind die zur Verfügung stehenden quantitativen Grundlagen mehr als bloße Schätzungswerte und rechtfertigen daher eine genauere demographische Analyse.

Von 1798–1850 wuchs die Bevölkerung der Schweiz um 42 %, was einer mittleren jährlichen Zunahme von 7‰ entspricht. Verglichen mit dem Bevölkerungswachstum in anderen europäischen Ländern blieb diese Zunahme allerdings bescheiden. Zwar lag sie höher als in

Das gemeinsame Schicksal von Mann und Frau wird auf diesen Medaillons eines Appenzeller Hochzeitsschrankes aus dem Jahr 1823 mit Darstellungen aus vier Lebensaltern illustriert; das bürgerliche Familienideal hat sich durchgesetzt.

Österreich, Italien, Frankreich und auf der iberischen Halbinsel, aber sie bewegte sich doch deutlich unter den Zuwachsraten, die im Deutschen Bund, in Belgien, in den Niederlanden, den skandinavischen Ländern und vor allem in England zu verzeichnen waren (die britische Bevölkerung verdoppelte sich von 1800–1850). Die Schweiz nahm also nicht nur in geographischer Hinsicht, sondern auch in bezug auf das Bevölkerungswachstum eine Mittelstellung auf dem europäischen Kontinent ein. Das entspricht der allgemein beobachteten Tendenz zu Beginn der Bevölkerungsexplosion, wonach die Bevölkerung im Norden insgesamt schneller wuchs als im Süden.

Die Bevölkerungszunahme in der Schweiz während der ersten Jahrhunderthälfte war weder in ihrem Ablauf noch in den verschiedenen Regionen einheitlich. Das stärkste Wachstum fällt in den Zeitraum zwischen 1820 und 1840. Von 1810–1820 und nochmals von 1840–1850 läßt sich eine gewisse Stagnation beobachten. Im ersten Falle verursachten die napoleonischen Kriege und die Agrarkrise von 1816/17 eine erhöhte Sterblichkeit, im zweiten Fall führte die allgemeine Verschlechterung der wirtschaftlichen Lage zum Rückgang der Eheschließungen und damit der Geburten.

Ein Blick auf die Kantone

Wie aus umstehender Tabelle 2 hervorgeht, waren die Unterschiede im Bevölkerungswachstum von einem Kanton zum anderen sehr ausgeprägt. Auch zwischen den Perioden vor und nach 1837, dem Jahr der allgemeinen, von der Tagsatzung verfügten Volkszählung, sind deutliche Differenzen erkennbar. So variiert das kantonale Bevölkerungswachstum im gesamten Zeitraum von 1798–1850 von +81 % (Basel-Stadt) bis −19,5 % (Appenzell Innerrhoden). Diese

Tabelle 1: Die Bevölkerung der Schweiz von 1798–1850

Jahr	Zahl	Dichte pro km²	Index (1798 = 100)
1798	1 680 000	41	100
1810	1 820 000	44	108
1820	1 910 000	47	114
1837	2 190 000	53	130
1850	2 393 000	58	142

letzte Angabe scheint freilich angesichts der deutlichen Wachstumstrends in allen anderen Kantonen und Halbkantonen zumindest fragwürdig. Appenzell Außerrhoden, das an vorletzter Stelle steht, weist immerhin noch eine Zunahme von mehr als 15 % auf, und Graubünden schließt mit 20 % an. Zuverlässiger scheinen dagegen die Angaben für die Spitzenreiter. Zunächst einmal fällt auf, daß sich in den ersten 12 Positionen kein Bergkanton befindet: Schwyz ist an 13. Stelle der wachstumsstärkste Kanton der alpinen Region. Darüber hinaus figuriert mit Solothurn auch nur ein katholischer Kanton in der Spitzengruppe. Abgesehen vom Sonderfall Basel-Stadt befinden sich aber auch die reformierten Stadtkantone eher im Mittelfeld. Stärker als die Konfession scheint sich die wirtschaftliche Entwicklung auf das demographische Verhalten auszuwirken.

Das wird noch deutlicher, wenn man das unterschiedliche Wachstum der Kantone in den beiden Perioden 1798–1837 und 1837–1850 vergleicht. In der zweiten Periode haben offensichtlich die katholischen Kantone ihren Rückstand aufgeholt. Die protestantischen Kantone behaupteten zwar mit Basel-Stadt, Neuenburg und Basel-

Tabelle 2: Bevölkerungszunahme nach Kantonen (1798–1850)

Kanton	1798[1]	1837	1798–1837 Zunahme in %	1850	1837–1850 Zunahme in %	1798–1850 Zunahme in %
Bern	282 700	407 913	44,3	458 301	13,8	62,1
Zürich	181 000	231 576	27,9	250 698	8,3	39,3
Waadt	144 200	183 582	27,3	199 575	8,7	38,4
St. Gallen	128 800	158 853	23,3	169 625	6,8	31,7
Aargau	120 400	182 755	51,8	199 852	9,4	66,0
Tessin	90 300	113 923	26,2	117 759	3,4	30,4
Luzern	88 800	124 521	40,2	132 843	6,7	49,6
Graubünden	75 000	84 506	12,7	89 895	6,4	19,9
Thurgau	70 800	84 124	18,8	88 908	5,7	25,6
Freiburg	67 700	91 145	34,6	99 891	9,6	47,6
Wallis	60 300	76 590	27,0	81 559	6,5	35,3
Neuenburg	46 600	58 616	25,8	70 753	20,7	51,8
Solothurn	45 300	63 196	39,5	69 674	10,3	53,8
Genf	44 000	58 666	33,3	64 146	9,3	45,8
Appenzell AR	37 700	41 080	9,0	43 621	6,2	15,7
Schwyz	31 800	40 650	27,8	44 168	8,7	38,9
Basel-Land	29 000[2]	41 103	41,7	47 885	16,5	65,1
Glarus	24 100	29 348	21,8	30 213	2,9	25,4
Schaffhausen	23 300	32 582	39,8	35 300	8,3	51,5
Basel-Stadt	16 400[2]	24 321	48,3	29 698	22,1	81,1
Appenzell IR	14 000	9 796	−30,0	11 272	15,1	−19,5
Zug	12 500	15 322	22,6	17 461	14,0	39,7
Uri	11 800	13 519	14,6	14 505	7,3	22,9
Obwalden	10 600	12 368	16,7	13 799	11,6	30,2
Nidwalden	8 500	10 203	20,0	11 339	11,1	38,4
	1 665 600	2 190 258	31,5	2 392 740	9,2	43,7

1 Näherungswerte
2 Zu dieser Zeit bildeten Basel-Stadt und Basel-Land noch einen Kanton.

Land die ersten drei Ränge, belegen aber mit Glarus auch den letzten. Eine deutliche Verlangsamung des Wachstums ist in den beiden benachbarten Kantonen Aargau und Luzern zu verzeichnen. Kann man aus diesem Umstand schließen, daß die beiden großen Gegenspieler im Sonderbundskrieg nicht nur aus politischen und religiösen Ursachen aneinandergeraten sind, sondern daß auch handfeste wirtschaftliche Gründe eine wesentliche Rolle gespielt haben müssen? Es erscheint auf jeden Fall plausibel, daß wirtschaftliche Schwierigkeiten die bereits bestehenden Spannungen verschärft haben könnten, die in den vierziger Jahren das politische Klima zwischen beiden Kantonen vergifteten.

Lokale Besonderheiten

Das uneinheitliche Bevölkerungswachstum wird noch durch andere Daten aus lokalen und mikroregionalen Untersuchungen unterstrichen. Die Skala der durchschnittlichen jährlichen Zuwachsraten reicht von +16‰ in der Stadt Luzern bis −4‰ in Brienz (BE) und Lumbrein (GR). Für diese Unterschiede gibt es zahlreiche Gründe. Sie können je nach Gemeinde und Kirchsprengel verschieden sein. Neben dem Verhältnis zwischen Geburten und Todesfällen spielen Faktoren wie Häufigkeit und Dauer der Ehen, Fruchtbarkeitsverhalten, Familienplanung und Lebenserwartung eine Rolle, aber auch die Zu- und Wegwanderung, die ihrerseits mit der wirtschaftlichen Konjunktur und klimatischen Bedingungen zusammenhängt. Es versteht sich von selbst, daß diese gleichen, von der historischen Demographie untersuchten Faktoren auch für die unterschiedliche Bevölkerungsentwicklung in den Kantonen maßgebend sind. Von daher ist es auch angezeigt, bei der Interpretation von Zahlenangaben stets Vorsicht walten zu lassen und vor allem nicht von einem spezifischen Fall auf eine allgemeine Tendenz schließen zu wollen, wie auch umgekehrt die Gesamtentwicklung selten für den Einzelfall zutrifft.

Geburten und Sterblichkeit

Trotz der Vielzahl der Faktoren, die auf die demographische Entwicklung einwirken, sind Natalität und Mortalität nach wie vor die eigentlichen Gradmesser zur Beurteilung des Bevölkerungswachstums. Sowohl 1800 als auch 1850 differieren die Angaben über Geburten und Sterblichkeit sehr stark von einem Ort zum anderen. Gleichwohl zeigt sich im Laufe dieser 50 Jahre doch ein ausgeprägter Wandel: Die Natalität sinkt von 29–45‰ auf 22–39‰, die Mortalität von 23–42‰ auf 15–29‰. Dabei fällt auf, daß die Mortalität stärker rückläufig ist als die Natalität, die Lebenserwartung also steigt. Diese Differenz muß als die Hauptursache der Bevölkerungszunahme in der Schweiz zwischen 1800 und 1850 angesehen werden.

Bei der Analyse des Zahlenmaterials ist zu beachten, daß zwischen 1800 und 1850 die großräumige Durchmischung der Bevölkerung in der Schweiz noch behindert war durch die allgemein sehr restriktive kantonale Gesetzgebung, die limitierte Niederlassungsfreiheit und das Verbot konfessioneller Mischehen. Auch die Urbanisierung steckte noch in den Anfängen. So gab es z. B. in der Schweiz um 1850 nur acht Städte, die mehr als 10000 Seelen zählten und deren Einwohnerzahl insgesamt 154000, d.h. 6,4% der Gesamtbevölkerung, betrug. Rechnet man alle Gemeinden über 5000 Einwohner zu den Städten, dann erhöht sich dieser Anteil auf 12%. Das bedeutet, daß in der ersten Hälfte des 19. Jahrhunderts die Schweiz zu 88% eine agrarische oder zumindest ländliche Gesellschaft war.

Ein- und Auswanderung

Aber diese ländliche Schweiz war bereits kosmopolitisch! Allerdings bevorzugten die in der Eidgenossenschaft lebenden Ausländer – 54767 oder 2,5% der Wohnbevölkerung im Jahre 1837; 71970 (3%) im Jahre 1850 – die Städte, beziehungsweise ganz bestimmte Regionen. Die grenznahen Städte übten auf die Ausländer eine besondere Anziehungskraft aus. So verzeichneten Basel und Genf mit 21,5, beziehungsweise 20,1% der Wohnbevölkerung einen derartigen Zustrom, daß wohl mit einigem Recht von Überfremdung gesprochen werden darf. Überdies konzentrierten sich mehr als drei Viertel der ausländischen Wohnbevölkerung auf nur acht Kantone: Zürich, Bern, Basel-Stadt, St. Gallen, Tessin, Waadt, Neuenburg, Genf. Schon in jener Epoche gehörte die Schweiz zu den europäischen Ländern mit besonders hoher Ausländerdichte. Gründe dafür gab es zahlreiche: Spracheinheit mit den Nachbarregionen, wirtschaftlicher Aufschwung, Bedarf an qualifizierten und saisonalen Arbeitskräften, Entwicklung des Tourismus, großzügige Handhabung des Asylrechts für politisch Verfolgte. Daneben mögen auch andere Ursachen eine gewisse Rolle gespielt haben wie beispielsweise der gute Ruf einiger Bildungsanstalten – der große Zulauf ausländischer Studenten scheint dies zu belegen –, ein höherer Lebensstandard als anderswo und vor allem Sauberkeit und Ordnung.

War die Zahl der Ausländer, die sich in der Schweiz niederließen, groß, so war das Heer der Schweizer, die ihr Glück im Ausland suchten, noch größer. Obschon nur Schätzungen verfügbar sind, steht fest, daß der Wanderungssaldo für die Schweiz negativ war: Auf 50000 Einwanderer kamen 100000 Auswanderer, was einen Verlust von 50000 Personen innerhalb von nur 50 Jahren bedeutet. Die negative Wanderungsbilanz konnte allerdings durch den einheimischen Geburtenüberschuß leicht aufgefangen werden.

Ziele der schweizerischen Auswanderung

Die Auswanderung aus der Schweiz war ziviler und militärischer Natur, wobei freilich das Soldwesen im Laufe der Jahre immer mehr an Bedeutung verlor. Schätzungen zufolge sollen allein die napoleonischen Kriege rund 50000 Schweizer Soldaten das Leben gekostet haben. Diese traurige Tatsache konnte jedoch so manchen Kanton, war er nun katholisch oder reformiert, nicht davon abhalten, unmittelbar nach dem Sturz Bonapartes neue Militärkapitulationen mit dessen Nachlaßverwaltern zu unterzeichnen. So dienten im Jahre 1816 23000 Schweizer als Söldnertruppe der Reaktion unter den Fahnen Frankreichs, der Niederlande und Preußens. Wenig später kamen noch das Königreich Neapel und der Kirchenstaat hinzu. In den vierziger Jahren war dann die Zahl der Schweizer Söldner auf ein paar Tausend zusammengeschrumpft: Die Einführung von nationalen Armeen auf der Grundlage der allgemeinen Wehrpflicht bedeu-

Die Auswanderung gehörte wegen des Bevölkerungsdruckes zur Alltagsrealität der Schweiz und Europas im 19. Jahrhundert. Selbst in idealisierenden Darstellungen wird ein Stück historischer Wirklichkeit sichtbar: Meist waren es – wie hier 1821 – junge Paare mit Kindern, die das Land für immer verließen und allen Mut zusammennehmen mußten, um in der Fremde ein neues Leben zu beginnen.

tete das Ende des Söldnerwesens und der fremden Dienste. Immerhin, einige Sonderformen hatten weiterhin Bestand und bildeten für manch abenteuerlustigen Zeitgenossen das Ventil für kriegerische Ambitionen oder waren letzte Station von Außenseitern der Gesellschaft. In diesen Kontext gehört zweifellos die von Louis-Philippe 1831 gegründete berühmt-berüchtigte Fremdenlegion, als deren Kommandant eine zeitlang der Thurgauer Oberst Stoffel von Arbon fungierte. Viele Angehörige der Kapitulationsregimenter Karls X., die der Bürgerkönig nach der Julirevolution aufgelöst hatte, fanden in der neugegründeten Fremdenlegion Unterschlupf.

In den folgenden Jahren wurde die Auswanderung für viele Menschen zum letzten Rettungsanker, bot sie sich doch als die gangbarste und einfachste Lösung an, um dem wachsenden Bevölkerungsdruck und der heraufziehenden allgemeinen Verelendung zu entrinnen. Noch zu Beginn des 19. Jahrhunderts war Europa einschließlich Rußland Hauptziel der Schweizer Auswanderer. Die noch vorwiegend individuelle Emigration in die Nachbarländer Frankreich, Italien, Deutschland und Österreich wurde vor allem von den großen Städten absorbiert. Doch schon bald sollte Amerika in den Mittelpunkt des Interesses rücken. Die Siedlungsgebiete Nord- und Südamerikas boten die Voraussetzungen zur organisierten Massenauswanderung vor allem ländlicher Kreise und ganzer Familien. In vielen Fällen leisteten die Behörden Hilfe bei der Vorbereitung, so etwa bei der Gründung von Nova Friburgo in Brasilien im Jahre 1819 oder später beim Auswanderungszug nach New Glarus im heutigen US-Staat Wisconsin. Auch utopische Vorstellungen haben bei den Auswanderungsmotiven eine Rolle gespielt: New Helvetia (Missouri) wurde auf Initiative einiger Fourieristen gegründet, die eine Schweiz nach ihrem Sinne auf dem neuen Kontinent erstehen lassen wollten. Auch Afrika mußte sich der europäischen Ausbreitung öffnen. Nach der Eroberung Algeriens förderte Frankreich die Gründung der Schweizer Kolonie in Sétif.

Binnenwanderung

Neben der Auswanderung nach Europa und Übersee gab es in der Schweiz auch eine gewisse Binnenwanderung, und zwar sowohl auf kommunaler als auch auf kantonaler Ebene. Nach dem heutigen Forschungsstand scheinen die bedeutendsten Wanderungen in den am stärksten von der Industrialisierung betroffenen Kantonen stattgefunden zu haben, z. B. in Glarus mit seinen im Unterland konzentrierten Fabriken. Für die Glarner war die Binnenwanderung in der Schweiz jedoch weniger verlockend als die Auswanderung nach Übersee. Jene, die im Lande blieben, siedelten sich vorwiegend in den grenznahen Kantonen an: Graubünden, St. Gallen und Zürich. Nachbarschaft, die gleiche Sprache und mehr noch die Konfession spielten dabei eine entscheidende Rolle. Aber auch hier läßt sich keine feste Regel aufstellen, denn was für den einen Kanton galt, konnte für den anderen bedeutungslos sein. Während wir in Basel-Stadt, Neuenburg und Genf eine ausgeprägte Bevölkerungsmischung vorfinden, war dieses Phänomen in der Mehrzahl der Voralpen- und Alpenregionen praktisch unbedeutend. Auch für die Binnenwanderung waren die Stadtkantone, die Grenzgebiete und die sich im Aufbau befindenden Industrieregionen die Hauptanziehungspunkte. Am wenigsten Einwohner außerkantonaler Herkunft hatte das Tessin, das als italienischsprachiger Kanton von der Binnenwanderung nicht berührt wurde und isoliert blieb. Diesen Nachteil kompensierte der Kanton durch seine besonderen Beziehungen zu Italien, welches den

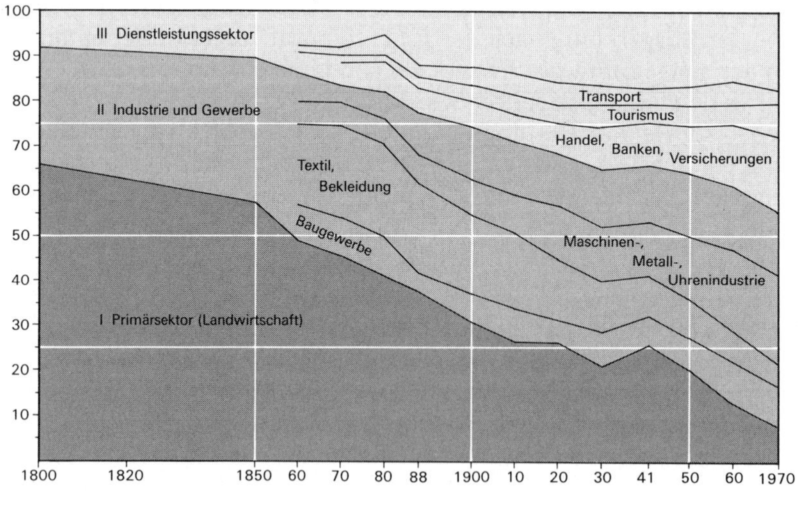

Beschäftigungsstruktur 1800–1970

Bis 1930 sind die Teilzeitbeschäftigten nicht in der Statistik enthalten; ab 1941 sind sie im Total der Beschäftigten inbegriffen.

größten Teil der hier lebenden Ausländer stellte, unter denen sich zahlreiche politische Flüchtlinge befanden. Zusammen mit Genf und dem Wallis – wo andere Faktoren berücksichtigt werden müssen – war das Tessin der einzige Kanton in der Eidgenossenschaft, in dem die Zahl der Ausländer diejenige der außerkantonalen Schweizer überstieg. Wie die Ausländer waren auch die außerkantonalen «Fremden» sehr ungleich verteilt: In einem Drittel der Kantone, in Basel-Stadt, Neuenburg, Genf, Waadt, St. Gallen, Freiburg, Bern und Zürich lebten rund drei Viertel (73 %) aller Binnenwanderer. Basel-Stadt stellt einen frühen Fall eines schon vom ortsfremden Element dominierten Kantons dar: Ausländer und Außerkantonale stellten 56,4 % der Basler Wohnbevölkerung.

2. Wirtschaftsstruktur und Konjunktur

Über die schweizerische Wirtschaft im Zeitraum von 1800–1850 liegen uns widersprechende zeitgenössische Urteile vor. Während die einen die Schweiz für das am stärksten industrialisierte Land des Kontinents, ja der Welt hielten, blieb sie für die anderen die unberührte Natur Jean-Jacques Rousseaus oder Albrecht von Hallers glückliches Land der Hirten. Victor Hugo schrieb 1840: «Der Schweizer melkt seine Kuh und lebt in Frieden.» Wie dem auch sei, Frankreichs führender Romantiker betrachtete die Eidgenossen als Leute, die «zugleich das erste der Rechte, die Freiheit, und die erste der Pflichten, die Arbeit, erfüllen» («Der Rhein», 25. Brief). In der Tat wurde in der Schweiz hart und intensiv gearbeitet. Hierin lag das Geheimnis ihrer Prosperität, die allgemein Anerkennung und Bewunderung fand. Daß dieser Wohlstand überwiegend in den protestantischen Regionen anzutreffen war, tat der Wertschätzung keinen Abbruch. In welchem Rahmen und unter welchen Bedingungen in der Schweiz der ersten Hälfte des 19. Jahrhunderts gearbeitet wurde, soll im folgenden dargestellt werden.

Die Wirtschaftssektoren

Für die Zeit vor der Gründung des modernen Bundesstaates sind die Basisstatistiken über die Wirtschaft der Schweiz noch dürftiger als die Angaben über ihre Bevölkerung. Offizielle Zahlen fehlen sozusagen völlig. Man verfügt lediglich über Schätzungen heutiger Spezialisten, die auf zeitgenössischen Beschreibungen und Untersuchungen aus der zweiten Hälfte des 19. Jahrhunderts beruhen. Sie können aber ungefähre Anhaltspunkte sein, Größenordnungen oder Ansätze, die zumindest ein Mosaik der wirtschaftlichen Realität aus einer Zeit zu liefern vermögen, in welcher Statistiken, wie sie heute gang und gäbe sind, noch weitgehend unbekannt waren.

Die nach Wirtschaftssektoren gruppierte erwerbstätige Bevölkerung gibt zu Beginn wie auch noch in der Mitte des Jahrhunderts den Aufbau einer traditionellen Volkswirtschaft wieder. Die Landwirtschaft (Primärsektor) beschäftigte am meisten Menschen, gefolgt von der Industrie (Sekundärsektor) und dem Dienstleistungsgewerbe

(Tertiärsektor). Trotz dieser führenden Stellung verlor die Landwirtschaft in den folgenden Jahren nach und nach an Bedeutung. Zwar vermochte sie die absolute Zahl ihrer Beschäftigten von 500000 im Jahre 1800 auf 620000 im Jahre 1850 zu steigern, mußte aber im gleichen Zeitraum einen relativen Rückgang von 65,8 % auf 57,4 % der aktiven Bevölkerung hinnehmen – eine Verlagerung, die dem Dienstleistungssektor (+ 2,2 %), vor allem aber der Industrie (+ 6,2 %) zugute kam. Mit dieser allmählichen Entwicklung bot die Schweiz der ersten Hälfte des 19. Jahrhunderts ein gutes Beispiel von langsamer Frühindustrialisierung. Naturgemäß findet der Arbeitskräfte-Transfer vom Primär- zum Sekundärsektor in einem derartigen Prozeß kaum auf spektakuläre Weise statt. Die nach wie vor bedeutende Heimindustrie trotzte mit Erfolg der zunehmenden Konkurrenz der Fabriken und konnte sogar die Zahl der Beschäftigten von 120000 auf 130000 erhöhen. Die Heimindustrie mit der für sie typischen Lohnarbeit war vor allem eine Domäne der Landbevölkerung, für welche diese Form der Arbeit ein willkommenes, oft sogar lebensnotwendiges Zusatzeinkommen bedeutete. Noch im Jahre 1820 stellten die ländlichen Heimarbeiter etwa die Hälfte aller in der Industrie beschäftigten Personen, 30 Jahre später immer noch mehr als ein Drittel. Erst im letzten Viertel des Jahrhunderts sollte es der Fabrik endgültig gelingen, der Werkstatt in der Stube den Rang abzulaufen.

Ländliche Industrialisierung

Die Symbiose von Landwirtschaft und Industrie in diesem Stadium der wirtschaftlichen Entwicklung ist eine Erklärung für die nur langsam voranschreitende Urbanisierung. Zwischen dem für das Jahr 1800 ermittelten ländlichen Bevölkerungsanteil von 88 % und dem im gleichen Jahr in der Landwirtschaft tätigen Bevölkerungsanteil von 65,8 % klafft zwar auf den ersten Blick eine Lücke, für die es aber eine dreifache Erklärung gibt: Erstens war die Heimindustrie überwiegend auf dem Lande zu Hause – viele Familien lebten ausschließlich von Heimarbeit, sind also in den 65,8 % des Primärsektors nicht erfaßt. Zweitens siedelten sich praktisch alle Fabriken außerhalb der Städte an, um von der billigen Wasserkraft zu profitieren. Dies zog zwangsläufig die Arbeiter nach, die ja aus naheliegenden Gründen nicht weit von ihrem Arbeitsplatz wohnen konnten und deshalb auch zu den 88 % Landbevölkerung gezählt wurden, und drittens haben unsere Statistiker praktisch die gesamte auf dem Lande lebende und arbeitende Handwerkerschaft dem Sekundärsektor zugeschlagen, sie also nicht dem in der Landwirtschaft tätigen Bevölkerungsanteil zugerechnet. Man muß diese Verzerrungen berücksichtigen, will man das Übergewicht des Primärsektors auch über 1850 hinaus einigermaßen richtig beurteilen.

Wald (ZH), vom hinteren Dändler aus. Farblithographie von Heinrich Zollinger, um 1860. Im Zürcher Oberland hat sich die Vernunftehe zwischen Industrie und Landwirtschaft offensichtlich bewährt. Der zugleich romantische und realistische Ausblick erweckt optimistische Zukunftsvisionen: Der Ausflug ins Grüne und das Picnic sind Vorboten der Freizeitgesellschaft.

Der wichtigste Wirtschaftszweig des Landes, die Landwirtschaft, erlebte tiefgreifende Veränderungen, die sich positiv auf die Ertragslage auswirkten. Trotzdem war sie weiterhin – wie schon in früheren Jahrhunderten – nicht in der Lage, eine ständig wachsende Bevölkerung zu ernähren. Der Aufschwung, den die Landwirtschaft in der

«Merkwürdige Beschreibung der beispiellosen Theuerung des Jahres 1817», volkstümliche Darstellung im Kanton St. Gallen, die die Heimsuchung als Gottesstrafe deutet.)ie Not war so groß, daß Leute «hungererstorben auf dem ₹elde gefunden wurden» (Bild 4). Das Schlimmste war die Arbeitslosigkeit, die die Armen zu Bettlern machte. Oft suchten die Hungernden mit lem Vieh ihre Nahrung auf den Feldern (Bild 2). In vielen Dörfern starben jede Woche nehr als zehn Leute im besten Alter an Unterernährung (Bild ł). Auf Weisung der kantonalen Behörden mußte jede Gemeinde selber für ihre Armen sorgen. In einigen Gemeinden gelang dies, in andern nicht, so laß die Leute sich zur Auswanderung gezwungen sahen, die jedoch bald auch verboten wurde: Überall stand Polizei, und die Auswanderungswilligen mußten nachweisen, daß ;ie genügend Geld für die Reise besaßen (Bild 1). Da das Jahr 1817 wieder eine gute Ernte brachte, wurde die Not überwunden. Die Lebensmittelpreise erreichten zu Beginn des Sommers ihren höchsten Stand.

ersten Hälfte des 19. Jahrhunderts trotz des Einbruchs der Hungerjahre 1816/17 und 1845/46 nahm, war in erster Linie dem erfolgreichen Zusammenwirken der drei Produktionsfaktoren Boden, Kapital und Arbeit zu verdanken. Natürlich kam die Bevölkerungszunahme den beiden letztgenannten Faktoren besonders zugute: Arbeitskräfte waren im Überfluß vorhanden und somit billig. Überdies gewann als Folge der allgemeinen Alphabetisierung, der Volksschulerziehung und der Berufsausbildung die Arbeiterschaft insgesamt an Qualifikation. Der für die Arbeitgeber günstige Arbeitsmarkt führte dazu, daß es sich die Betriebsinhaber leisten konnten, auf kostspielige Investitionen wie die Anschaffung von besserem Arbeitsgerät oder modernen Maschinen zu verzichten. Die technische Modernisierung setzte daher nur langsam ein. Daß sie überhaupt vorankam, war vor allem das Verdienst bekannter Agronomen wie des Genfers Charles Pictet de Rochemont und des Waadtländers Elie-Victor-Benjamin Crud. Wesentlichen Anteil an der neuen Entwicklung hatten aber auch die ökonomischen Gesellschaften, die landwirtschaftlichen Genossenschaften und private Lehranstalten wie diejenige in Hofwil, die von Philipp-Emanuel von Fellenberg gegründet und geleitet wurde.

Meliorationsarbeiten

Mit Beginn der Restauration begannen nun auch die Behörden diese Initiativen mehr oder weniger direkt zu unterstützen. Schwerpunkte bildeten dabei Maßnahmen zur Anhebung der Viehqualität und zur Seuchenbekämpfung. Schon seit der Mediation war damit begonnen worden, Meliorationsarbeiten zur Verbesserung des Bodens und zur Vergrößerung der landwirtschaftlichen Nutzfläche zu fördern, wie die Entwässerung des Bodens, die Trockenlegung von Mooren und die Korrektion von Wasserläufen. Die wohl bekannteste dieser Unternehmungen stellt zweifellos die große Linth-Korrektion (1804–1822) dar. Vom Beginn bis zur Mitte des Jahrhunderts wurden aber auch Verbauungsarbeiten an den Flußläufen der Emme, Reuß, Sihl, Thur und Töß sowie Seekorrektionen am Sempachersee und Wauwilermoos im Kanton Luzern und in Lungern im Kanton Obwalden durchgeführt.

Agrarindividualismus

Von den drei Produktionsfaktoren Boden, Kapital und Arbeit wurde nicht nur von den Behörden, sondern auch von den Menschen, die von seinen Erträgen lebten, dem Boden zentrale Bedeutung beigemessen. Die Art und Weise, wie er bebaut, wie sein Besitz verteilt und wie er besteuert wurde, änderte sich so grundlegend, daß man mit Recht von einem Wandel der Landwirtschaft sprechen kann. Zwar hatte dieser Wandel nicht erst 1798 eingesetzt. Aber verglichen mit der vorher schleppenden Entwicklung schritt er nun so schnell voran, daß man heute vielerorts geneigt ist, ihn als «Agrarrevolution» zu bezeichnen. In Anlehnung an einen Ausdruck des Mediävisten Marc Bloch kann man von einem endgültigen Triumph des «Agrarindividualismus» über die von gemeinschaftlicher Nutzung und kollektiven Lasten geprägte Landwirtschaft des Ancien Régime sprechen. Der Abbau dieser überkommenen Strukturen bestand im wesentlichen darin, daß die Allmenden nun überall aufgeteilt und der Boden der Einzelnutzung überlassen wurde. Die bis anhin praktizierte Dreizelgenwirtschaft und der freie Weidgang wurden allgemein aufgegeben. Diese beiden Neuerungen bedingten einander und entsprachen einem langfristigen Entwicklungsprozeß, der bereits am Ende des Mittelalters begonnen hatte, aber erst im 18. Jahrhundert irreversibel wurde.

Zum Agrarindividualismus gehörte noch ein drittes Element, das den beiden vorher beschriebenen an Bedeutung nicht nachstand, nämlich die Abschaffung des Zehnten und der sogenannten Feudallasten. Zwar waren die persönlichen Lasten längst verschwunden, es existierten aber teilweise noch die Reallasten wie der bereits genannte Zehnte, der Grundzins und die Handänderungsabgaben. Der von den neuen Ideen durchdrungene Mensch des 19. Jahrhunderts wollte sich selbstverständlich auch von diesen Überbleibseln einer vergangenen Epoche befreien. Aus vielerlei Gründen – Widerstand der Nutznießer des alten Systems, Mißtrauen gegenüber allem Neuen, hohe Loskaufsummen – kamen die Auswirkungen der am 10. November 1798 verordneten Aufhebung der Feudallasten nur sehr langsam zum Tragen. Es ist auch bezeichnend, daß die Restaurationsregierungen dieser neuen Entwicklung passiv gegenüberstanden, während die liberalen und radikalen Regierungen bestrebt waren, den Prozeß zu einem erfolgreichen Ende zu bringen. Die Ablösung der Reallasten, die seit der Mediation auf freiwilliger Grundlage erfolgte, wurde nun obligatorisch erklärt. Nichts konnte die enge Verbindung zwischen Wirtschaft und Politik treffender verdeutlichen als die wechselvolle Geschichte des landwirtschaftlichen Steuerwesens.

Tabelle 3: Ablösung des Großen Zehnten (1798–1849)

Jahr	beteiligte Kantone
1791	Genf (f)
1798 (10. November)	«Gesetz über die Abschaffung der Feudallasten», obligatorische Ablösung des Großen Zehnten durch alle Kantone
1800 (15. September)	Rücknahme des Gesetzes von 1798 wegen Ausführungsschwierigkeiten
1801 (9. Juni)	«Gesetz über Loskäuflichkeit der Zehnten und Vorschriften für deren diesjährigen Bezug»
1802	Waadt (o)
1803	Aargau (f), Bern (f), Freiburg (f), Luzern (f), Wallis (o), Zürich (f)
1804	Basel (f), St. Gallen (f), Solothurn (f), Tessin (o), Thurgau (f)
1805	Schaffhausen (f)
1806	Graubünden (f)
1836	Thurgau (o)
1837	Solothurn (o)
1840	Schwyz (f)
1844	Freiburg (o)
1845	Bern (o)
1849	Neuenburg (o)

Abkürzungen: f = Ablösung freiwillig, o = Ablösung obligatorisch

Bemerkung: Die Tabelle enthält nur die erstmaligen Verfügungen jedes Kantons betreffend die freiwillige und obligatorische Ablösung. Nicht erwähnte Kantone haben während des hier betrachteten Zeitraumes keine gesetzlichen Bestimmungen darüber erlassen, da sie im allgemeinen den Großen Zehnten nicht kannten.

Neue Anbaumethoden

Von den Zwängen der Dreizelgenwirtschaft und eines mit Recht als ungerecht empfundenen Besteuerungssystems befreit, entwickelte die Landwirtschaft in der Folge eine neue Dynamik. Die Abschaffung der Brache und der Anbau von Futterpflanzen trugen ganz entscheidend zur Erhöhung der landwirtschaftlichen Produktion und Produktivität bei. Gleiches gilt auch für den rationelleren Einsatz von Naturdung (Stallmist, Jauche) und organischem Kunstdünger (Knochenmehl, Guano) sowie von Zusatzstoffen wie Kalkmehl und Gips. Bisher war wegen des freien Weideganges die Verwendung von tierischem Dünger wenig verbreitet gewesen.Der Übergang zur Stallfütterung löste eine zyklisch verlaufende Kettenreaktion aus: Mehr Mist ermöglichte den Anbau von Futtermitteln, mit denen mehr Vieh versorgt werden konnte, das wiederum mehr Dünger lieferte.

Diese Entwicklung machte sich auch im Ackerbau spürbar bemerkbar. Die Getreideproduktion erhöhte sich um ein Mehrfaches, und gegen Mitte des Jahrhunderts soll sie sogar den Bedarf der Schweiz zu sechs Siebteln gedeckt haben. Der Hackfruchtbau weitete sich ebenfalls kräftig aus. Während die Kartoffel als Nahrungsmittel für Mensch und Vieh sowie für Alkoholherstellung seit langem Verwendung fand, gelangte die Zuckerrübe erst im Gefolge der Kontinentalsperre (1806–1814) zu großer Bedeutung und führte im Jahre 1810 zur Gründung der ersten schweizerischen Raffinerien (Basel,

Nyon). Bei den industriell genutzten Kulturen konnte der Tabak seine Stellung in den traditionellen Anbaugebieten (Waadt, Freiburg, Bern, Tessin) behaupten, während bei den Textilpflanzen (Hanf, Lein) eine rückläufige Tendenz zu beobachten war. Einen starken Aufschwung erlebte auch der Obstbau in den Regionen am Zürichsee, am Bodensee und um den Vierwaldstättersee. Der Weinbau hingegen steckte in einer tiefen Krise, die vor allem den Nordosten vor ernste Probleme stellte und insgesamt einen Terrainverlust dieses traditionellen Wirtschaftszweigs mit sich brachte.

Die Viehzucht konnte alles in allem der expandierenden Konkurrenz des Ackerbaus standhalten: Zwar machten sich auch in dieser neuen Entwicklungsphase Getreide und Gras die neuen Böden streitig, die durch die Abschaffung der Brache, die Trockenlegung der Moore und die Aufhebung der Allmenden gewonnen werden konnten. Für die Viehzüchter sah die Bilanz folgendermaßen aus: Rückgang beim Pferd und beim Schaf, Aufschwung beim Rindvieh und vor allem beim Schwein, dessen Rassen durch neue Kreuzungen verbessert wurden.

Neben der Viehzucht erlebte auch die Milchwirtschaft eine tiefgreifende Umwälzung, deren Ursprung ebenfalls auf den Beschleunigungszyklus von Dünger-Futter-Vieh zurückging: Die bis dahin fast ausschließlich auf die Bergregion beschränkte Käserei verlagerte sich mehr und mehr ins Unterland und bereitete den enormen Aufschwung der milchverarbeitenden Industrie in der zweiten Jahrhunderthälfte vor.

Expansion der Industrie

Wie überall im Westen Europas spielte während der Industrialisierungsphase zwischen 1800 und 1850 der Faktor Arbeit eine wichtigere Rolle als der Faktor Kapital. Nur dank seinen billigeren Arbeitskräften war das europäische Festland in der Lage, mit der führenden Industrienation England den Konkurrenzkampf aufzunehmen. Nicht daß es an Geld mangelte, aber die großen Investoren, allen voran die Banken, waren wenig geneigt, ihr Geld in einem Bereich anzulegen, der noch zu jung und zu neu war, als daß er ihr Vertrauen verdient hätte. Dies um so weniger, als der junge Außenseiter auf die ihn periodisch alle acht bis zehn Jahre heimsuchenden Krisen äußerst empfindlich reagierte. So stand die Geschichte der schweizerischen Protoindustrialisierung weit über das Jahr 1800 hinaus überwiegend im Zeichen der Selbstfinanzierung.

Wie die politische Entwicklung verlief auch die Industrialisierung mit unterschiedlicher Beschleunigung, ohne freilich stets dem gleichen Rhythmus zu folgen. 1803, 1815 und 1830 waren keine Marksteine in der schweizerischen Industriegeschichte, wohl aber die ein halbes Jahrhundert auseinanderliegenden historischen Weichenstellungen von 1798 und 1848. Der Zentralismus, der den Föderalismus des Ancien Régime und der alten Tagsatzung ablöste, gab dem nun von allen Fesseln befreiten Sekundärsektor einen starken Impuls. Die Abkehr vom Zunftsystem, an dessen Stelle überall die Handels-, Gewerbe- und Niederlassungsfreiheit trat, war sichtbarer Ausdruck

Arcade du Bourg-de-Four, Genf. Das als Rest einer mittelalterlichen Burg übriggebliebene Torgewölbe fiel 1841 dem modernen Städtebau zum Opfer.

des gleichen Wirtschaftsindividualismus, der auch im agrarischen Bereich spielte. Aber während das Jahr 1848 unwiderruflich den Auftakt zu einem langfristigen Wachstum bildete, markierte das Jahr 1798 nur den Beginn eines kurzen Strohfeuers. Das fünfjährige Intermezzo der zudem recht bewegten Helvetischen Republik reichte bei weitem nicht aus, um der Industrialisierung ebenso wie der Landwirtschaft und den Dienstleistungen eine landesweite und dauerhafte Entwicklung zu sichern. Einen relativ steilen, allerdings immer wieder von Krisen gehemmten Aufschwung, erlebten in den Jahren von 1800–1850 nur einige wenige, bereits industrialisierte Regionen wie im Westen der Jura zwischen Genf und Basel und im Nordosten das von den Kantonen Zürich, St. Gallen, Glarus und Aargau gebildete Dreieck. Die Industrialisierung der Schweiz vollzog sich also schrittweise in oft brutalen Beschleunigungs- und Bremsbewegungen.

Mechanisierung der Textilindustrie

Die Mechanisierung, die den Übergang von der handwerklichen zur industriellen Fertigungsweise ermöglichte, scheint die Hauptursache für diese konjunkturgebundene Zickzackentwicklung gewesen zu sein. Die Textilindustrie, im Jahre 1850 noch mit mehr als der Hälfte der im sekundären Sektor Beschäftigten der bei weitem bedeutendste Industriezweig, ist hierfür ein gutes Beispiel. Die Mechanisierung begann zuerst in den Baumwollspinnereien: 1801 eröffnete der Waadtländer Marc-Antoine Pellis in St. Gallen als erster eine mit den neuen *Mule-Jennys* (Wagenspinnmaschinen) ausgerüstete Spinnerei. Er wurde sofort von vielen anderen nachgeahmt. Die Verbreitung dieses Verfahrens ging mit fast unvorstellbarer Geschwindigkeit vor sich: 1814 war das traditionelle Handspinnen in der Schweiz praktisch verschwunden, gleichzeitig arbeiteten bereits 74 mechanische Spinnereien im ganzen Land. In dieser kurzen Zeitspanne von nicht einmal 15 Jahren waren pro Jahr durchschnittlich fünf bis sechs neue Fabriken aus dem Boden gestampft worden. Immerhin war diese Entwicklung von beträchtlichen Fluktuationen gekennzeichnet: Die günstigen Perioden der Jahre 1801–1803, 1806–1811 und 1813–1815 wurden unterbrochen von den Krisen der Jahre 1803–1806 und 1811–1812, die allerdings nicht so schwerwiegend waren wie jene von 1816/17, die mit katastrophalen Mißernten zusammenfiel.

Die technische Innovation beeindruckt nicht nur durch ihren beispiellosen Erfolg, sondern auch durch die Schnelligkeit ihrer Fortschritte und vor allem durch ihre Auswirkungen. Die Maschinen wurden ständig perfektioniert, um in immer kürzerer Zeit immer mehr zu produzieren. Die halbautomatische Feinspinnmaschine *(Halb-Selfaktor)* in der Spinnerei und die mechanischen Webstühle des Engländers Edmund Cartwright und des Franzosen Joseph-Marie Jacquard in der Weberei waren Ausdruck dieser rasanten Entwicklung. Gleiches gilt für das Chlor-Bleichverfahren, das wetterunabhängig unter Dach vorgenommen werden konnte. Es verdrängte rasch das Bleichen der Gewebe an der Sonne, das sehr viel Platz und Arbeitskräfte erfordert hatte. Der während der dreißiger Jahre in den größten Fabriken einsetzende Trend zur Konzentration der Textilproduktion wurde vor allem von der neuen Technologie ausgelöst und durch die in- und ausländische Konkurrenz noch beschleunigt. So ging die Gesamtzahl der Spinnereien zwar zurück, der Ausstoß pro Fabrik aber nahm deutlich zu.

Regionale Verteilung der Industrien

Abgesehen von einzelnen geographischen Konzentrationsbewegungen, die durch die Ausnutzung der Wasserläufe im Einzugsgebiet von Aare und Rhein oder durch die weiträumige Siedlung von Heimarbeitern gegeben waren, überwog in der schweizerischen Industrielandschaft stets die regionale Spezialisierung. Das Gebiet der Kantone Basel, Aargau, Thurgau, St. Gallen, Appenzell und Glarus blieb das Reich der Textilindustrie. Allerdings muß hier wiederum nach lokalen Partikularismen unterschieden werden: Tuch in Zürich, Bänder in Basel, Stickereien in St. Gallen, Stoffdruck *(Indiennerie)* in Glarus. Die Jurakette zwischen Genf und den Freibergen war die Heimat der von der Wasserkraft unabhängigen Uhrenindustrie. Die Prosperität dieses Industriezweigs mag wohl eine Erklärung sein für den überdurchschnittlich hohen Anteil von Ausländern und anderen Schweizern im Kanton Neuenburg und in Genf. Die Kantone Freiburg, Aargau und Tessin waren florierende Zentren der Strohflechterei – ein ländlicher Handwerkszweig, der eng mit der Ausbreitung des Getreidebaus verknüpft war und zunächst ausschließlich auf Heimarbeit basierte, in der zweiten Jahrhunderthälfte dann aber seine Industrialisierung erfuhr. Während einige Industriezweige im Laufe der Jahre an Bedeutung verloren oder gänzlich verschwanden, konnten andere sich behaupten, und es entstanden auch völlig neue, die später zu Eckpfeilern der schweizerischen Wirtschaft werden sollten. Zu den erstgenannten gehörte vor allem die Leinenindustrie, die nach einer kurzen Erholung unter der Mediation endgültig zusammenbrach. Auch die Geschichte der Spitzenfabrikation war ein einziger Mißerfolg. Der Kanton Neuenburg, der zusammen mit Genf das Hauptgebiet dieser Industrie bildete, mußte zudem den Niedergang der *Indienne*-Druckerei erleben, von dem auch der Raum Aargau–Zürich–Thurgau betroffen war. Nur im Kanton Glarus konnte sich die *Indienne*-Industrie halten und auf die Dauer heimisch werden.

Neue Branchen

Auf der anderen Seite wirkte der Textilbereich als Geburtshelfer für zwei neue Industrien, nämlich Maschinenbau und chemische Industrie. Die Bedürfnisse der industrialisierten Baumwollverarbeitung und die mechanischen Erfahrungen der Uhrmacherei verbanden sich zur Entwicklung von Spinn- und Webmaschinen. So entstanden die Maschinenfabriken Escher, Wyß & Cie. in Zürich, J. J. Rieter im Tößtal, Kaspar Honegger in Siebnen und Georg Fischer in Schaffhausen, bald gefolgt von den Schmiedewerken der Gebrüder Sulzer in Winterthur. Wie die Maschinenindustrie war auch die chemische Industrie ein Kind der Textilverarbeitung. Lieferte sie zunächst nur die Farben für Stoffdruck und -färberei, so versorgte sie schon wenig später die Papierindustrie, welche ebenfalls einen Mechanisierungsprozeß durchlief. Die erste Maschine zur Herstellung von Papier – die Nachfrage nach diesem kostbaren Produkt wuchs ständig – soll in der

Mechanische Werkstätte Rieter in Winterthur. Bereits um die Mitte des 19. Jahrhunderts hat sich eine funktionale Fabrikarchitektur entwickelt, die gute Beleuchtung und logische Anordnung von Maschinen und Werkzeugen ermöglichte. Eindrücklich sind auch die Größe der Fabrikhalle, die moderne Technologie (etwa die verschiebbare Zugwinde in der Mitte) und die zentrale Bedeutung der Energie, die durch die vielen Transmissionsriemen und Antriebsräder unterstrichen wird.

Schweiz im Jahre 1824 installiert worden sein. Die Schwerindustrie ließ ebenfalls nicht lange auf sich warten. Im Jahre 1813 gründete von Roll in Kriegstetten im Kanton Solothurn das erste Hüttenwerk auf Schweizer Boden.

In einem ganz anderen Bereich, in der Lebensmittelindustrie, trat die Schokolade ihren Siegeszug an: Sie sollte zu einem der Aushängeschilder der Schweizer Wirtschaft werden. Obwohl unsere südlichen und westlichen Nachbarn die Schokolade schon lange vor 1800 zu schätzen wußten, ist ihre erstmalige Herstellung in der Schweiz erst für das Jahr 1803 verbürgt, und zwar in zwei verschiedenen Gegenden: im Tessin und am Ufer des Genfersees. Wie bei so vielen anderen Produktionszweigen auch waren die Anfänge der Schweizer Schokoladenindustrie zunächst handwerklicher Natur. Aber schon 1819 entstand in Vevey die erste eigentliche Fabrik auf maschineller Basis. Unmittelbar nach Cailler folgte Suchard, dessen Fabrik 1826 in Serrières (NE) den Betrieb aufnahm, während die Firma Lindt & Sprüngli erst 1845 gegründet wurde. Die ständige Verbesserung der Herstellungsverfahren machte die Schokoladenindustrie im 20. Jahrhundert weltberühmt.

3. Ausbau der Dienstleistungen

Diversifizierung

Von den drei Wirtschaftssektoren hatten von 1800–1850 die Dienstleistungen das stärkste relative Wachstum zu verzeichnen: 83,3 % gegenüber 75,0 % des Sekundär- und 24,0 % des Primärsektors. Die Zahl der im Dienstleistungsgewerbe Beschäftigten stieg von 60 000 auf 100 000 Personen. In einer sich industrialisierenden Volkswirtschaft nimmt zwangsläufig auch der Austausch zu, und es eröffnen sich Tätigkeitsfelder. Aus zwei Gründen drängt sich die gesonderte Betrachtung der Ausweitung und Vermehrung der Dienstleistungen auf: Zum einen, weil uns die Statistik hier einmal mehr im Stich läßt und keine Angaben über das Volumen des Waren- und Güteraustausches zur Verfügung stellt. Zum anderen, weil das Aufkommen von neuen Branchen und Berufsfeldern den Modernisierungsvorgang während des 19. Jahrhunderts deutlich werden läßt, auf den auch in anderem Zusammenhang noch eingegangen werden muß. Selbstverständlich spielten aber auch die traditionellen Branchen, insbesondere jene, die mit der Entwicklung mithalten konnten, weiterhin eine Rolle, sowohl im Handel als auch im Transport- und Verkehrswesen und im Geldgeschäft.

Der Handel

Durch die industrielle Expansion wurde die Schweiz um 1830 zu demjenigen Land Europas, das wertmäßig pro Kopf der Bevölkerung am meisten exportierte, nämlich fast doppelt so viel wie Großbritannien, dreimal so viel wie Belgien und die Niederlande und fünfmal so viel wie Frankreich. In absoluten Zahlen stand das Exportvolumen der Schweiz im siebten Rang. Schätzungen für das Jahr 1840 zufolge trugen zum Sozialprodukt von 1,3 Milliarden Franken der Export 16 % und der Import 18,5 % bei. Von 1817–1849 verdoppelte sich das Importvolumen, einschließlich Transitverkehr, während sich der Ertrag der Grenzzölle sogar verdreifachte. Die nach Warenwert aufgeschlüsselten Ausfuhrzahlen für 1840 geben auch einen Hinweis auf die Bedeutung der jeweiligen Exportindustrien: Mit 73 % aller Exporte stehen die Textilien einsam an der Spitze vor der Uhrenindustrie (8 %). Auf den nächsten Plätzen folgen landwirtschaftliche Produkte, Maschinen und chemische Erzeugnisse. Innerhalb des beherrschenden Textilsektors nahmen die Baumwollerzeugnisse zwar mengenmäßig die erste Stelle vor den Seidenwaren ein, wertmäßig aber machten die Seidenwaren allein 39 % des gesamten schweizerischen Exports aus.

Behinderung des freien Austausches

Die Modernisierung der schweizerischen Volkswirtschaft ging Hand in Hand mit dem Aufbau einer leistungsfähigen Exportwirtschaft. Das bedeutete vor allem die Schaffung einer verarbeitenden Industrie und Veredelungsverkehr. Ohne Rohstoffe und ohne direkten Zugang zum Meer hatte das Land auch gar keine andere Wahl. Zudem steckte seine Handelsbilanz in den roten Zahlen – für 1842 wird ein Handelsbilanzdefizit von 10 Millionen Franken angenommen. Der Binnenmarkt war eng und wenig aufnahmefähig. Dazu kamen die inneren Handelsbarrieren: Als Erbe des Ancien Régime behinderten eine Mehrzahl von Binnenzöllen, unterschiedliche Währungen sowie ungleiche Maße und Gewichte den Güteraustausch in einem so hohen Maße, daß sich manch ein Spediteur veranlaßt sah, seine Warenlieferungen von St. Gallen nach Genf über Deutschland und Frankreich umzuleiten. Viele zeitgenössische Klagen sprechen eine deutliche Sprache: Es gab vor 1848 weder einen einheitlichen Wirtschaftsraum noch ein gemeinsames Wirtschaftsbewußtsein im Lande der 22 Kantone. Die politischen Grenzen der Schweiz stimmten – obschon es Ansätze zu einer eidgenössischen Zollorganisation gab – nicht mit den wirtschaftlichen Grenzen überein.

Um diese Anarchie zu beseitigen oder zumindest ihre Nachteile zu vermindern, wurden Anstrengungen sowohl im Innern als auch nach außen unternommen. Zum einen sollte die Tagsatzung, die noch 1803 die Beibehaltung der Vereinheitlichungsmaßnahmen der Helvetik nicht für sinnvoll gehalten hatte, sich der unglücklichen Situation annehmen und zwischen 1817 und 1836 wiederholt darüber beraten. Es ging im wesentlichen darum, den Binnenverkehr des Landes zu vereinheitlichen. Wie das deutsche Beispiel den Eidgenossen vor Augen führte, konnte ein Freihandelsraum sehr wohl als wirksames Ankurbelungselement für die heimische Wirtschaft gelten. Anderseits bildeten der Süddeutsche Zollverein von 1829 zwischen Bayern und Württemberg und dann der Deutsche Zollverein von 1834 ein ernst zu nehmendes Hindernis für die Schweizer Exporteure. Vor allem diejenigen, deren Hauptabsatzgebiet der süddeutsche Raum war, träumten davon, diese Barriere durch den Beitritt zum Zollverein zu überwinden. Es darf wohl auch angenommen werden, daß der von Friedrich List seit 1819 propagierte Plan einer Zollunion aller deutschsprachigen Regionen unter den Ostschweizer Geschäftsleuten nicht auf taube Ohren gestoßen ist.

Ansätze zur handelspolitischen Vereinheitlichung

Daß die wirtschaftliche Integration – auch wenn ein greifbares Ergebnis vor 1848 noch nicht verzeichnet werden konnte – schließlich doch vorankam, war weniger der Vermittlungstätigkeit der Tagsatzung zu verdanken als vielmehr dem Abschluß von interkantonalen Konkordaten, die im politischen Leben der Eidgenossenschaft eine wichtige Rolle spielten. Auf das Retorsionskonkordat von 1822 wird noch einzugehen sein. In den Zusammenhang der interkantonalen Konkordate gehört auch die große Zollkonferenz von Aarau, die im September und Oktober 1847 stattfand und an der Vertreter von 12 Kantonen, darunter der am stärksten industrialisierten nordostschweizerischen, teilnahmen. Ziel dieser Zusammenkunft war nichts anderes als die Schaffung einer schweizerischen Zollunion. Die Verhandlungen waren auch schon recht weit gediehen, als am 24. Oktober 1847 die Einberufung einer außerordentlichen Tagsatzung zur Lösung der Sonderbundskrise der Konferenz ein abruptes Ende bereitete. Bezeichnend war übrigens, daß bei den Verhandlungen in Aarau weder Vertreter der Sonderbundskantone noch der welschen Kantone und des Tessins zugegen waren. Bei der Ausarbeitung des Zolltarifs von 1848 wurden dennoch alle bereits in Aarau gefaßten Beschlüsse von den eidgenössischen Räten übernommen.

Ein weltumspannendes Netz

Als exportorientiertes Land war die Schweiz darauf angewiesen, sich neue Absatzmärkte zu erschließen. In diesem Sinne arbeiteten Unternehmer und Behörden zusammen. Beiden ging es vornehmlich darum, nach Möglichkeit die Schutzzölle und andere Handelsbeschränkungen und Absperrungen zu kompensieren, deren direkte oder indirekte Auswirkungen dem ungehinderten Waren- und Güteraustausch im Wege standen. Der Versuch, dieses Ziel durch den

Abschluß von Handelsverträgen zu erreichen, verlief jedoch enttäuschend. So wurde das mit Frankreich auf wiederholtes Ersuchen der Schweiz vereinbarte Abkommen vom 30. Mai 1799 von Paris nicht ratifiziert. Auch einem 1832 mit Mexiko ausgehandelten Vertrag widerfuhr das gleiche Schicksal, und eine 1840 mit den Niederlanden geschlossene Vereinbarung wurde schon ein Jahr nach Inkrafttreten von der Regierung im Haag aufgekündigt. Was den am 26. Juni 1812 mit dem Großherzogtum Baden unterzeichneten Zoll- und Handelsvertrag betrifft, so wurde er nur zum Teil erfüllt, und die Schweiz sah sich veranlaßt, in Karlsruhe Beschwerde einzulegen. Nach einer Laufzeit von zehn Jahren stand er von 1825 an erneut zur Verhandlung. Der 1826 unterzeichnete *Modus vivendi* wurde aber 1834 mit der Gründung des Zollvereins endgültig gekündigt. Angesichts der handelspolitischen Schwierigkeiten ließen die schweizerischen Unterhändler übrigens keine Möglichkeit außer acht. Zwischen 1798 und 1817 wurde regelmäßig versucht, den Abschluß von Militärkapitulationen von der Gewährung gewisser Zoll- und Handelserleichterungen abhängig zu machen. Aber solche Kompensationsgeschäfte ließen sich nie unter Dach bringen.

Die Konsulate

Als erfolgsträchtiger dagegen erwies sich der Aufbau eines noch rudimentären Netzes von Konsulaten und entsprechender ausländischer Vertretungen in der Schweiz. Neben der Wahrnehmung der nationalen Interessen bestand die Aufgabe des jeweiligen Mandatsträgers im Schutz der Bürger und in der Förderung der wirtschaftlichen Beziehungen des von ihm vertretenen Landes. Aus der Liste der konsularischen Vertretungen läßt sich deshalb sowohl die Entfaltung des Schweizer Handels in der Welt als auch die Verbreitung neuer Schweizer Siedlungskolonien ablesen. Beide Aspekte waren im allgemeinen eng miteinander verknüpft, und der ausschlaggebende Grund für die Eröffnung einer Schweizer Auslandsvertretung läßt sich heute kaum noch feststellen. So mußte sich z. B. der 1819 für Rio de Janeiro ernannte Konsul wohl in erster Linie um die Schweizer Einwanderer kümmern, die hier ihr Nova Friburgo gründeten, während die früher errichteten 16 Konsulate in Europa vorwiegend auf handelspolitische Motive zurückgingen. Darüber hinaus fällt ins Auge, daß von den 45 vor 1848 errichteten Auslandmissionen sich mehr als drei Viertel in bedeutenden Hafenstädten mit internationalem Handelsverkehr befanden. Mit zehn Schweizer Vertretungen nahm Italien den ersten Platz ein, gefolgt von den Vereinigten Staaten mit acht und Frankreich mit sechs Missionen. Zusammen entfiel also auf diese drei Länder mehr als die Hälfte aller diplomatischen Vertretungen. Auffallend ist weiter, daß sich die Außenposten während zweier kurzer Perioden besonders stark vermehrten: 1815–19 wurden zehn und 1845–48 elf neue Konsulate geschaffen. Es waren dies Jahre starker Auswanderungen als Folge der Hungersnöte von 1816/17 und 1845/46 und der ernsten konjunkturellen Schwierigkeiten, die die Schweizer Unternehmen zur Suche nach neuen Absatzmärkten zwangen.

Zu diesen beiden großen Krisen kamen die Auswirkungen der Kontinentalsperre während der Mediation und der Schutzzollpolitik der wichtigsten Handelspartner der Schweiz, vor allem Frankreichs während der Restauration. Die von 1829 an in Deutschland gegründeten Zollvereine trugen ebenfalls dazu bei, daß unsere Handelshäuser in immer weiter entfernten Gegenden nach Kunden Ausschau halten mußten. Die Textilindustrie lieferte ihre Produkte bis nach Ostasien und paßte sich dem Geschmack ihrer neuen Abnehmer an. So gehörten zum Sortiment der Glarner *Indienne*-Druckereien türkische *Yasmas* und indonesische *Batiks*. Es war also der ständige Druck widriger Umstände, der die Schweizer Exportindustrie dazu zwang, innerhalb weniger Jahrzehnte ein dichtes Handelsnetz um den Erdball zu spannen. Das Interesse an wirtschaftlichen Kontakten war aber keineswegs einseitig. Schon 1830 ernannten die Vereinigten Staaten ihren ersten Generalkonsul in Basel – ein Vorspiel zur Unterzeichnung des Handelsvertrages von 1855, der seither ständig erneuert und erweitert wurde. Die frühe Präsenz der Amerikaner auf dem Schweizer Markt geht vielleicht auf die gleiche Sympathie und Geistesverwandtschaft zurück, die auch zwischen Eidgenossen und Engländern herrschte. Die Amerikaner schätzten offensichtlich den Pragmatismus und das Know-how unserer Unternehmer. Mit der Gründung des ersten schweizerischen Gewerbevereins 1843 begann auch der organisatorische Zusammenschluß der Unternehmer. Ein erfolgreiches Mittel zur Absatzförderung stellten auch die gemeinsam organisierten Industrie- und Gewerbeausstellungen dar, die ihre Nachfolger in den Mustermessen und dem Comptoir Suisse haben. Die wirtschaftliche Macht setzte sich bereits auch in politischen Einfluß um: Die interkantonale Zollkonferenz in Aarau 1847 stand in enger Verbindung mit der gleichzeitig dort tagenden Unternehmerschaft.

Mehr noch als durch die neuen Ausstellungen und Messen wurden Entwicklung und Expansion der Wirtschaft durch den Ausbau des Transportwesens gefördert und vorangetrieben. Auch dieser Bereich erlebte – wenn auch anfangs noch zaghaft – zahlreiche Neuerungen und Verbesserungen. Die kantonalen Straßenbaugesetze jener Zeit lassen die allgemeine Tendenz erkennen, dem Staat die Verantwortung für Bau, Unterhalt und Vereinheitlichung des Straßennetzes zu überbinden. So unterteilte beispielsweise das bernische Straßenbaugesetz von 1834 die Straßen in vier Klassen: Transit- und Landstraßen, Verbindungs- und Gemeindestraßen. Für die drei ersten Kategorien war allein der Staat, in diesem Falle der Kanton, zuständig. Im Laufe der Jahre verdichtete sich das schweizerische Straßennetz zusehends; besondere Anstrengungen wurden in den Alpen unternommen, wo nun die Pässe Gotthard, Julier, Maloja, San Bernardino, Simplon, Splügen, Umbrail-Stelvio und Susten von Fuhrwerken befahren werden konnten oder zumindest leichter passierbar wurden. Der Prozeß der staatlichen Übernahme der Verkehrswege hatte bereits 1803 begonnen, als zunächst die Gemeinden nach und nach ihre Kompetenzen an die Kantone abtreten mußten, welche

Tabelle 4: Die wichtigsten Gewerbe- und Landwirtschaftsausstellungen vor 1850

Jahr	Ort	Wirtschaftszweig	Bereich
1804	Bern	Industrie und Gewerbe	kantonal
1810	Bern	Industrie und Gewerbe	kantonal
1820	Bern	Industrie und Gewerbe	kantonal
1828	Genf	Industrie und Gewerbe	kantonal
1830	Basel	Industrie und Gewerbe	kantonal
1833	Genf	Industrie und Gewerbe	interkantonal
1833	Lausanne	Industrie und Gewerbe	kantonal
1839	Lausanne	Industrie und Gewerbe	kantonal
1843	St. Gallen	Industrie und Gewerbe	interkantonal [1]
1844	Liestal	Landwirtschaft	kantonal
1845	St. Gallen	Landwirtschaft	kantonal
1846	Bürglen (TG)	Landwirtschaft	kantonal
1846	Zürich	Landwirtschaft	kantonal [2]
1846	Zürich	Industrie und Gewerbe	kantonal
1846	Solothurn	Landwirtschaft	kantonal
1847	Solothurn	Industrie und Gewerbe	kantonal
1847	Bern	Landwirtschaft	kantonal
1848	Bern	Industrie und Gewerbe	interkantonal
1849	Zürich	Landwirtschaft	kantonal [3]

1 Mit 11 teilnehmenden Kantonen gilt die St. Galler Ausstellung von 1843 als erste von nationaler Bedeutung.
2 Seither jährlich.
3 Die Zürcher Ausstellung von 1849 fand im Rahmen eines Landwirtschaftsfestes unter dem Patronat des Staates statt.

Die Tabelle enthält keine Fachausstellungen wie z. B. die permanente Schau von landwirtschaftlichen Geräten und Maschinen, die 1825 in Genf eröffnet wurde.

ihrerseits nach 1848 zugunsten des Bundes zurückzustehen hatten. In technischer Hinsicht mag die erstmalige Verwendung von Asphalt von Interesse sein, der schon seit dem 18. Jahrhundert im Val de Travers abgebaut wurde, aber erst von 1850 an im Straßenbau allgemeine Verbreitung fand.

Die Intensivierung des Verkehrs aufgrund des erhöhten Waren- und Güteraustauschs und die Behinderung durch Binnenzölle und mangelnde Koordination führten jedoch dazu, daß das Schweizer Verkehrswesen weit davon entfernt war, die eigenen, geschweige denn die internationalen Bedürfnisse zu befriedigen. Die moderne Wirtschaft verlangte nach neuen Verkehrsmitteln – vor allem nach Eisenbahnen. In dieser Beziehung wurde die Schweiz, zumindest in der Anfangsphase des Schienenverkehrs, ihrer internationalen Bestimmung als Transitland nicht gerecht.

Die Eisenbahn läßt auf sich warten

Erst im Jahre 1844 bekam die Schweiz mit der Eröffnung der Linie Straßburg–Basel einen Anschluß an das europäische Eisenbahnnetz. Der erste auf Schweizer Boden liegende Streckenabschnitt maß freilich nur 1,86 km! Die Inbetriebnahme der ersten rein schweizerischen Eisenbahnlinie erfolgte erst drei Jahre später. Am 9. August 1847 war es soweit: Die Linie Zürich–Baden, die Spanisch-Brötli-Bahn, konnte dem Verkehr übergeben werden. Fast zehn Jahre hatten die Eidgenossen auf ihre Bahn warten müssen, da sich alle Projekte, die seit 1836 vorangetrieben wurden, wieder zerschlugen. Neben technischen und topographischen Schwierigkeiten und Finanzierungsproblemen standen der Eisenbahn in der Schweiz vor allem politische Hindernisse im Wege: der Föderalismus und die interkantonalen Rivalitäten. Immerhin werden in der bewegten Entstehungsgeschichte der schweizerischen Eisenbahnen bereits zwei Entwicklungen sichtbar. Die erste betrifft den Einfluß des englischen Vorbilds. Ein in London gegründetes privates Konsortium, die «Grande Société Helvétique», bot den schweizerischen Behörden den Bau einer Eisenbahnlinie an, die von Genf über Lausanne, Freiburg, Bern, Luzern, Zug und Zürich nach Konstanz führen sollte. Mit dieser Linienführung sollte zum einen ein möglichst großes Gebiet bedient und den Ballungsräumen Rechnug getragen werden, zum anderen auf die kantonalen Eigenheiten und Empfindlichkeiten der drei Vorortkantone Bern, Luzern und Zürich Rücksicht genommen werden. Die zweite Entwicklung zielt in Richtung eines gesamtschweizerischen Eisenbahnnetzes. Ihr war der Plan des Freiburgers Jean-Joseph Berset aus dem Jahre 1846 verpflichtet, der schon in recht deutlichen Zügen das aus dem Schweizerkreuz abgeleitete Konzept einer Streckenführung über die beiden großen Achsen Basel–Lugano und Genf–St. Gallen enthielt. Diese Konzeption sollte sich dann beim Eisenbahnbau wie später bei den Autobahnen durchsetzen. Die Tagsatzung zeigte sich von diesem Plan eingenommen, überließ die Initiative aber den Kantonen, was zur Folge hatte, daß auch er das Schicksal seiner Vorgänger teilte.

Die Postverbindungen

Ebenso wie der Eisenbahnbau hat auch das Postwesen erst durch die Schaffung des Bundesstaates 1848 eine Vereinheitlichung und Verbesserung erfahren. Von den fünf Jahren der Helvetik abgesehen, war das Postregal in den Händen der Kantone, die es auch – wie Bern

Die neue Zürcher Post, 1838. Vor dem Aufkommen der Eisenbahn wurden Personen, Frachtgut, Pakete und Briefe per Postkutsche transportiert. In ihrer großzügigen Bauweise nahmen die neuen Poststationen die Dimensionen der späteren Bahnhöfe voraus. Ein Beispiel ist die neue Post in Zürich, die von 1836–1838 von Conrad Stadler erbaut wurde. In den beiden zweigeschossigen Längstrakten waren Brief- und Paketschalter untergebracht. Die angrenzende geräumige Säulenhalle diente als Warendepot.

und Schaffhausen – an private Gesellschaften übertragen konnten. Die durch dieses System hervorgerufenen Nachteile waren derart gravierend, daß die sofortige Übernahme dieses bedeutenden öffentlichen Dienstes durch den Bund nur allzu erklärlich ist. Die interkantonalen wie die internationalen Verbindungen konnten nur so verbessert werden.

Trotz ihrer offenkundigen Mängel waren die Postunternehmen und Fuhrhaltereien eine Konkurrenz für die Fluß- und Seenschifffahrt, die sich früh der neuen Dampftechnologie bediente. Das von einem amerikanischen Ingenieur konstruierte Dampfschiff «Guillaume Tell» verkehrte von 1823 an auf dem Genfersee. Im Basler Rheinhafen machte der erste Dampfer 1832 fest. In den vierziger Jahren lieferten sich bereits zwei Basler Schiffahrtsunternehmen einen ruinösen Konkurrenzkampf auf Europas wichtigster Wasserstraße, der beide von der Bildfläche verschwinden ließ, noch ehe die neu aufkommende Eisenbahn der Rheinschiffahrt insgesamt einen empfindlichen Schlag versetzen konnte.

Zunahme des Tourismus

Das Flüsse und Seen schnell erobernde Dampfschiff wurde zum bedeutenden Auftraggeber der Maschinenindustrie (Escher-Wyß baute von 1837 an entsprechende Motoren) und gab der vom Touristenboom profitierenden Vergnügungsschiffahrt neue Impulse. Überhaupt war der Fremdenverkehr bereits damals ein gern gesehenes Zusatzgeschäft für die Schweizer Wirtschaft und trug dazu bei, die negative Handelsbilanz aufzubessern. Schon seit dem 18. Jahrhundert bereiste das englische Großbürgertum mit Vorliebe die schweizerische Bergwelt mit ihren sonnenbeschienenen Gipfeln, um der eigenen flachen nebelverhangenen Landschaft zu entfliehen. Durch unzählige Reisebeschreibungen und -führer in allen Sprachen bekannt gemacht – Carl Baedeker veröffentlichte 1844 in Koblenz sein berühmt gewordenes «Handbüchlein» –, stellte sich die Schweiz resolut auf den neuen Wirtschaftszweig ein. Zählte das 1816 auf Rigi-Kulm eröffnete Hotel in seiner ersten Saison noch bescheidene 294 Gäste, waren es 1827 bereits 1489. Die großen Schweizer Hoteliers

Tabelle 5: Die Dampfschiffahrt auf den Schweizerseen vor 1850

Jahr der Betriebsaufnahme	Name des Schiffes	See
1823	Guillaume-Tell	Genfersee
1825	Winkelried	Genfersee
1826	Léman	Genfersee
1826	Union	Neuenburgersee
1834	Industriel	Neuenburgersee
1835	Minerva	Zürichsee
1835	Bellevue	Thunersee
1836	Linth-Escher	Walensee
1837	Ludwig	Bodensee
1837	Stadt Luzern	Vierwaldstättersee
1839	Republikaner	Zürichsee
1840	Helvétie	Genfersee
1848	Ticino	Luganersee

Rigi-Kulm – ein Beispiel für den Aufschwung des alpinen Tourismus. Von Goethe bis Mark Twain besuchten nicht wenige Berühmtheiten diesen außerordentlichen Aussichtspunkt. Zu ihnen gehörten Carl Maria von Weber und Victor Hugo, Kaiser Alexander von Rußland und Königin Viktoria von England. Zuerst waren es Pilger, die zur Maria zum Schnee auf Rigi-Klösterli wallfahrteten; dann kamen Erholungsuchende, die durch die Molkenkuren angezogen wurden. Mitte des 19. Jahrhunderts, nach der Eröffnung der Zahnradbahn 1857 und dem Bau einer Aussichtsterrasse wurden jährlich 30 000 bis 40 000 Besucher gezählt. Die Hotellerie entwickelte sich von der einfachen Pilgerzufluchtsstätte (rechts) zum Grand-Hotel (oben). Zum Teil war dieser Erfolg einer regen Werbetätigkeit zu verdanken: Reiseführer, Panoramen und Reiseberichte propagierten die Rigi als Touristenziel.

paßten sich der Entwicklung an und vereinheitlichten 1843 ihre Tarife. Inzwischen war der Touristenzustrom von der britischen Insel derart angeschwollen, daß man beispielsweise das kleine Interlaken für eine englische Kolonie hätte halten können!

Übten einerseits die Schweizer Berge mit ihrer erstklassigen Hotellerie eine besondere Anziehungskraft auf die Briten aus, so wurde auf der anderen Seite der in Europa führenden britischen Industrie von den Schweizern uneingeschränkte Bewunderung gezollt. Die Unternehmer beider Länder verband vor allem die Faszination, die vom Eisenbahnbau ausging. Das Eisenbahnfieber stieg mit der Höhe der erwarteten Gewinne. Steigende Investitionen, Vermehrung von Aktien und Obligationen, Intensivierung des Banken- und Börsengeschäfts, Gründung von Versicherungsgesellschaften und Versicherungskassen – all das waren Fakten, die ebenso in direktem Zusammenhang mit dem Aufstieg der Eisenbahn standen wie mit dem Werden der modernen Volkswirtschaft überhaupt.

Großer Speisesaal im «Limmathof» in Baden (AG). Im Kurhotel verbanden sich der aufstrebende Tourismus, die Heilbäder und die Gastronomie. Die heißen Quellen von Baden entspringen dem Flußbett der Limmat, die auch dem 1835 erbauten Hotel den Namen gab. Der neubarocke Speisesaal von 1910 erinnert an den Höhepunkt der Badekultur um die Jahrhundertwende.

Das Währungsdurcheinander in der Schweiz vor 1848 war der Gründung einer Börse nicht günstig. Dennoch florierte das Wertpapiergeschäft immer mehr: Basel, Genf und Zürich waren bereits Finanzplätze von internationalem Ruf, was nicht zuletzt darauf zurückzuführen war, daß angesichts der fehlenden wirtschaftlichen Integration der Schweiz viele Bankkaufleute es vorzogen, ihr Geld im Ausland anzulegen, wobei allerdings in der Regel die grenznahen Regionen wie Süddeutschland, das Elsaß, Mülhausen oder Dijon bevorzugt wurden – Gegenden, zu denen übrigens oft auch familiäre Bindungen bestanden. Auf der anderen Seite versuchten geschäftstüchtige Börsenmakler Gelder aus der Schweiz ins Ausland zu locken. So konnte man z. B. am 2. November 1845 in der «Neuen Zürcher Zeitung» die Annonce eines Vermittlers aus Frankfurt am Main lesen, in welcher für die Zeichnung einer Staatsanleihe des Königreichs Sardinien geworben wurde. Schon am 28. September war den Lesern der gleichen Zeitung die Ausgabe von Aktien der in Gründung begriffenen Nordostbahngesellschaft angekündigt worden. Die provisorische Direktion empfahl den potentiellen Anlegern, sich mit der Zeichnung zu beeilen, da mit einer starken ausländischen Nachfrage gerechnet werden müsse, sobald man dort von der anstehenden Zeichnung erführe. Obwohl als Börsenplatz lange Zeit im Schatten von Basel und Genf, gewann Zürich als aufstrebende Handels- und Industriestadt auch im Wertpapiergeschäft zunehmend an Bedeutung. Im Jahre 1835 wurde der Beruf des Börsenmaklers liberalisiert, das aus dem Zunftwesen hervorgegangene «Kaufmännische Direktorium» wurde abgeschafft und durch eine kantonale Organisation öffentlichen Rechts ersetzt. Die Regeneration brachte nicht nur einen politischen Wandel, sondern legte auch den Grundstein zu einer neuen Wirtschaftsordnung.

Zwei Hauptfaktoren scheinen den Geldumlauf beschleunigt und den Kapitalverkehr erhöht zu haben: die Ablösung der Reallasten,

Bauernhaus in Schmitte (FR) um 1830. Die äußer Behäbigkeit erweckt de Eindruck, als ob die Land wirtschaft sich gegenüber de aufstrebenden Industrie be haupten könne. Dieser Haus typ, ein Frontgiebelbogen haus, erscheint seit Ende de 18. Jahrhunderts im Sense bezirk und im südlichen See bezirk. Wegen ihrer großzüg gen Raumaufteilung wurde solche Bauten oft zu Gast häusern. Der Kamin diente zur Räuchern von Fleisch un Würsten, während der gewölbt Keller ein guter Aufbewah rungsort für das Winte gemüse wa

die hauptsächlich in Naturalien geleistet worden waren, und die Finanzierungsbedürfnisse der Industrie, deren Maschinen immer schneller amortisiert werden mußten. Die Kapitalisierung der Wirtschaft – im ursprünglichen Sinne des Wortes – kam Banken und Versicherungen zugute, deren eigene Entwicklung durch den gleichen Diversifizierungsprozeß gekennzeichnet war, der den gesamten Tertiärsektor erfaßt hatte.

Die Banken

Im Jahre 1800 steckte das schweizerische Bankensystem noch in den Kinderschuhen. Es existierten weder staatliche Notenbanken und Hypothekarkassen noch große Kreditinstitute. Bern, Genf und Basel waren die einzigen Schweizer Städte, die über eine Sparkasse verfügten. Eine Pionierleistung ganz besonderer Art gelang der Textilstadt St. Gallen mit der Gründung eines branchenspezifischen Geldinstituts. Seit 1815 setzte sich, wie die untenstehende Tabelle 6 zeigt, im ganzen Land das Banksparen durch. Dennoch betrug 1830 die Bilanzsumme aller 72 Sparkassen noch nicht mehr als 12 Millionen Franken (Durchschnitt pro Kasse 166 000 Franken). Die erste schweizerische Banknote wurde 1826 durch die Depositokassa der Stadt Bern ausgegeben. Mit der Eröffnung der ersten kantonalen Notenbank öffentlichen Rechts führten die Berner 1834 eine weitere Neuerung ein, die 1847 von Genfern und Waadtländern übernommen wurde. Schon 1840 hatte der italienische Graf Joseph Corvaia die damals noch utopisch anmutende Idee einer schweizerischen

Tabelle 6: Sparkassen und nichtprivate Banken von 1800–1850

Jahr	Sparkassen	Kantonal-banken	Hypothekar-kassen	andere Lokalbanken	Total	Bilanzsumme (Mio Fr.)
1800	3[1]			1[2]	4	8
1805	4			1	5	7
1810	5			1	6	6
1815	9			1	10	7
1820	31			1	32	8
1825	48			2[3]	50	13
1830	72			2	74	19
1835	106	1[4]		2	109	26
1840	134	1		4[5]	139	46
1845	149	1		5[6]	155	60
1850	150	5[7]	3[8]	13	171	104

1 Dienstenzinskasse der Stadt Bern, gegründet 1787; Caisse d'escompte, d'épargne et de dépôt, Genf (1789); Zinskasse Basel (1792).
2 Mousselin- und Leinwandkasse St. Gallen, eine Fusion zweier 1752 und 1787 gegründeter Institute.
3 Deposito-Cassa der Stadt Bern (1825).
4 Kantonalbank von Bern (1834).
5 Bank in St. Gallen; Bank in Zürich (1837).
6 Giro- und Depositenbank, Basel (1844).
7 Hypothekarkasse des Kantons Bern (1846); Banque Cantonale Vaudoise (1845); öffentlich-rechtliches Statut für die Caisse d'épargne de la République et Canton de Genève (1847) und die Caisse hypothécaire du Canton de Genève (1848).
8 Leih- und Sparkasse vom Seebezirk und Gaster, Uznach, Kanton St. Gallen (1848); Basellandschaftliche Hypothekenbank, Liestal, Basel-Land (1849); Bucheggbergische Spar- und Hülfskasse, Aetingen, Kanton Solothurn (1850).

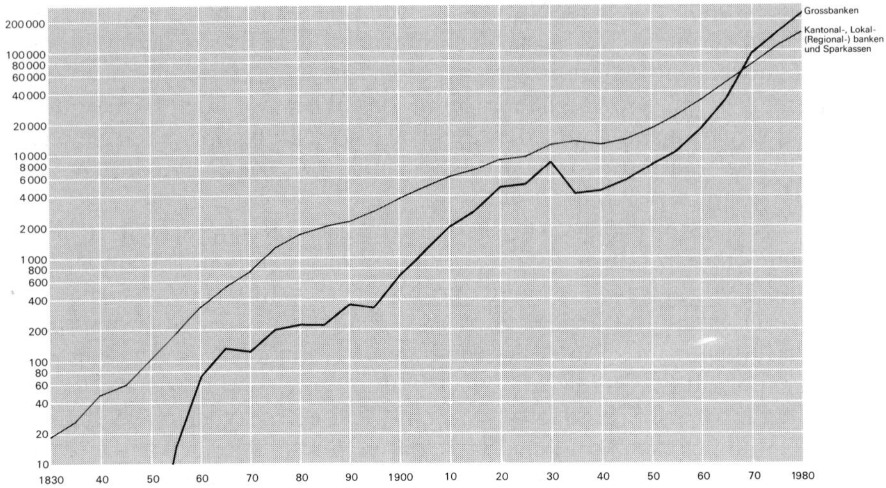

Bilanzsumme der Banken 1830–1980

(in Millionen Franken)

Notenbank in die Debatte geworfen. In jener Zeit begann sich auch das Hypothekarkreditwesen zu institutionalisieren, und zwar zunächst in den überwiegend ländlichen Kantonen (St. Gallen, 1848; Basel-Landschaft 1849; Solothurn 1850), in denen der Hypothekarkredit vor allem beim Loskauf der Feudallasten eine wichtige Rolle spielte. Inzwischen war die Zahl der privaten Sparkassen auf 150 angewachsen; ihre Bilanzsumme bezifferte sich insgesamt auf 45 Millionen Franken, was einem Durchschnitt von 300000 Franken pro Sparkasse entsprach. Daneben gab es aber auch noch 171 öffentliche Banken mit einer Bilanz von 104 Millionen Franken. Die Klientel der Sparkassen setzte sich auch in der Jahrhundertmitte vorwiegend aus den unteren Bevölkerungsschichten zusammen: Kleinbauern, kleine Angestellte, Dienstboten und Hauspersonal sowie vor allem Arbeiter, die von ihren Chefs ermuntert wurden, sich Rücklagen für schlechtere Zeiten zu schaffen. Überhaupt traten die Unternehmer sehr oft als Sparförderer in Erscheinung. Dies könnte auch eine Erklärung dafür sein, daß im Jahre 1850 die Mehrzahl der stark industrialisierten Ortschaften über eine eigene Sparkasse verfügte.

Die Unternehmer selbst arbeiteten vorzugsweise mit den zahlreichen Privatbanken in den großen Städten. Die meisten dieser Geldinstitute sind aus den Aktivitäten der großen Handelshäuser und der Export- und Importfirmen hervorgegangen. Die Exporttätigkeit setzte in jedem Unternehmen eine solide und gut organisierte Bankabteilung voraus, die sich nach und nach zu einem eigenständigen, von den jeweiligen Mutterfirmen unabhängigen Unternehmen entwickelte. Bis zum Ende der dreißiger Jahre lag praktisch der gesamte Zahlungs- und Kreditverkehr in den Händen dieser Privatbanken.

Ein kurzer Überblick über die Anfänge der schweizerischen Versicherungskassen und -gesellschaften bestätigt die gängige Meinung, wonach der Schutz von Sachen vor dem Schutz der Menschen kam! Wie aus Tabelle 7 hervorgeht, kamen Lebensversicherungen erst relativ spät auf, während Kranken- und Unfallversicherungen sogar noch gänzlich unbekannt waren. Dies mag im wesentlichen an drei Faktoren gelegen haben: erstens dem Fortbestand des traditionellen Systems der öffentlichen Fürsorge (Schutz des einzelnen durch die Gemeinschaft), zweitens dem unerschütterten Vorsehungsglauben oder einer fatalistischen Haltung gegenüber der menschlichen Existenz und drittens dem Mißtrauen des Versicherten gegenüber dem Versicherer. Immerhin begannen die mächtigen ausländischen Versicherungsgesellschaften aus England, Frankreich und Deutschland bereits erfolgreich in der Schweiz Fuß zu fassen – ein Umstand, der letztlich auch den Mißerfolg der ersten schweizerischen Versuche in Basel 1830, Zürich 1839, St. Gallen 1840 und Bern 1841 erklären könnte.

Energieprobleme

Wenn auch die im Werden begriffene moderne Wirtschaft und Gesellschaft begann, sich durch die neuen Versicherungen gegen alle möglichen Risiken abzusichern, so war sie doch den traditionellen Versorgungskrisen, wie sie in den Jahren 1816/17 und 1845/46 auftraten, hilflos ausgeliefert. Engpässe in der Nahrungsversorgung und noch mehr die unzureichende Energieversorgung mußten eine noch embryonale Industriegesellschaft in ihrem Lebensnerv treffen.

Die Wasserkraft

Wasser war zwar im Überfluß vorhanden; woran es fehlte, waren jedoch die technischen Möglichkeiten zu seiner Nutzung. Das sollte sich mit der Ausbreitung der Mechanisierung entscheidend ändern: Die Muskelkraft von Mensch und Tier mußte endgültig der Wasserkraft weichen. Noch zu Beginn des Jahrhunderts hatte das Schaufelrad eine beherrschende Stellung. Zu seinem Betrieb genügte das Gefälle der zahllosen kleinen, strömungsstarken Wasserläufe. Mit der Vergrößerung und Vervielfachung von Fabriken und Maschinen war man aber gezwungen, sich an den Ufern der größeren Flüsse anzusiedeln, was zu zahlreichen Standortwechseln von Firmen und den damit verbundenen Nachteilen für Arbeitgeber und Arbeitneh-

Tabelle 7: Die ersten Versicherungskassen und -gesellschaften der Schweiz

Jahr	Ort	Versicherungstyp
1782	Stadt Zürich	Gebäude-Brandversicherung
1803	Kanton Zürich	Kantonale Viehseuchenkasse
1804	Kanton Bern	Kantonale Viehseuchenkasse
1805	Kanton Aargau	Kantonale Brandversicherungskasse
1805–1812	In 12 Kantonen	Kantonale Brandversicherungskassen
1818	Ajoie (Jura)	Hagelversicherungsgesellschaft
1825	Kanton Bern	Nach dem verheerenden Gewitter vom 30. Juli 1824 Gründung einer Hagelversicherungsgesellschaft
1826	Schweiz	Mobiliarversicherungsgesellschaft
1827	Schweiz	Schweizerische Hagelversicherungsgesellschaft
1830	Basel	Lebensversicherungsgesellschaft
1839	Zürich	Lebensversicherungsgesellschaft
1840	St. Gallen	Lebensversicherungsgesellschaft
1841	Bern	Lebensversicherungsgesellschaft

mer führte. Noch im Jahre 1827 wurden mehr als drei Viertel der Spindeln in der schweizerischen Textilindustrie mit der herkömmlichen Methode betrieben. Da sich jedoch zeigte, daß vor allem in Trockenperioden und bei großer Kälte die Wassermenge nicht genügte, wurden seit den vierziger Jahren Turbinenanlagen entwickelt. Die Wasserturbine hat sich in der Schweiz rascher durchgesetzt als die Dampfmaschine, da die Kohle teuer war. Die hydraulischen Installationen der Fabriken gehörten denn auch zu den bedeutendsten Aufträgen an die noch junge Maschinenindustrie. Die Industrialisierung wurde durch die Schwierigkeiten, die sie zu überwinden hatte, weiter vorangetrieben.

Holzverknappung und Forstgesetzgebung

Der Kohlebedarf wurde sowohl durch Importe als auch Eigenherstellung von Holzkohle gedeckt. Gegen 1840 gab es in der Schweiz 12 Hochöfen, die 16 Hütten- und Walzwerken als Zulieferer dienten, welche wiederum einen Großteil des einheimischen Roheisenbedarfs erzeugten. Die Erzverhüttung mit Holzkohle verschärfte natürlich den Holzmangel, an dem das Land seit Jahrhunderten schwer zu tragen hatte. Die Industrialisierung hat zu der allgemeinen Holzverknappung beigetragen, wenn auch nicht in einem derartigen Ausmaß wie die kräftige Bevölkerungszunahme: Holz war für die Menschen nicht nur das wichtigste Brennmaterial, sondern auch das meist verwendete Baumaterial. Erst in der zweiten Jahrhunderthälfte haben ganz aus Stein oder zementiertem Mauerwerk errichtete Häuser in den Städten die Holzbauten verdrängt. Hinzu kam, daß der Ertrag der Wälder bei weitem nicht die heute gewohnte Höhe erreichte. Das lag in erster Linie an den Folgen des freien Weidgangs, der den Bauern das Recht gab, ihr Klein- und Großvieh herdenweise in den Wäldern weiden zu lassen, was dem Jungwuchs und dem Unterholz schadete. Der vom übermäßigen Holzschlag ohnehin schon arg in Mitleidenschaft gezogene Wald konnte sich auf diese Weise nicht erholen. Die Holzverknappung war übrigens ein überall in Europa verbreitetes Phänomen, das die Holzpreise in die Höhe schnellen ließ und Waldbesitzern – Privatpersonen wie Korporationen – fette Gewinne einbrachte. Der Holzhandel auf dem Binnenmarkt wie mit dem Ausland war denn auch ein wichtiger Geschäftszweig.

Eine derart prekäre Situation konnte natürlich auch die Behörden nicht gleichgültig lassen. Dennoch änderte sich an der bisherigen Gesetzgebung so gut wie nichts. Die vor allem in Deutschland (Heinrich Cotta) und Frankreich (Duhamel de Monceau) angewandten Prinzipien der modernen Forstwirtschaft fanden kaum Eingang in die schweizerische Forstpraxis. Immerhin trat auch auf diesem Gebiet die Helvetische Republik als Wegbereiter auf. Ihre kurzlebige zentrale Forstadministration nahm sich der Pflege der Nationalwaldungen an und förderte Initiativen, die mit den heutigen Flächennutzungsplänen vergleichbar sind. Folgendes Beispiel verdient an dieser Stelle erwähnt zu werden: Zur Sicherstellung des Holzbedarfs der damals größten Schweizer Glashütte in Semsales (FR) und zu deren

Die Eisenhütten von Reuchenette (1836). Radierung von Bourcart nach einer Zeichnung von Anton Winterlin (1805–1894). Bevor die deutsche Steinkohle im Zuge des Eisenbahnbaus die schweizerische Holzkohle konkurrenzunfähig machte, wurde auch in der Schweiz versucht, aus Eisenerzminen und -gruben die zunehmend mechanisierte Industrie zu versorgen. Alte Gruben wie diejenige von La Reuchenette (BE) wurden während dieses «revolutionären Wandels» (P. L. Pelet) zwischen 1830 und 1840 wieder in Betrieb genommen. Die im 17. Jahrhundert durch Franz von Schönau, Fürstbischof von Basel, errichtete und 1840 von der «Société des Forges d'Undervelier & Dépendences» übernommene Anlage wurde an der Landesausstellung von 1857 sogar mit einer Goldmedaille ausgezeichnet. Aber 1862 führte der Mangel an Holzkohle zur Schließung des Werkes. In den folgenden Jahren wurden überall in der Schweiz die Hochöfen eingestellt. Nur derjenige von Choindez (BE) war 1884 noch in Betrieb. Die Überreste dieser Anlagen sind heute für die Industriearchäologie von großer Bedeutung.

Ausbau – die Einrichtung einer Musterfabrik war im Gespräch – ersuchte die zentrale Minenverwaltung im Einklang mit der Zentral-Forstinspektion die Regierungen, ihr 1800 Jucharten Land (1 Jucharte = 0,357 ha) während der für die Wiederaufforstung erforderlichen 100 Jahre zur Verfügung zu stellen. Diese Planung beruhte also auf Überlegungen, die der heutigen Suche nach erneuerbaren Energiequellen entsprechen.

Mit dem Ende der Helvetik wurden auch diese Pläne hinfällig. Die nachfolgenden Verfassungen setzten die Kantone und Gemeinden wieder im alten Umfang in die Forstkompetenzen ein, während die Zentralverwaltungen von Bodenschätzen und Nationalwaldungen verschwanden. Immerhin haben verständige Männer wie der Berner Albert Kasthofer und Organisationen wie die 1843 gegründete Forstgesellschaft dafür gesorgt, daß die Bewirtschaftung der Wälder nach ökonomischen und ökologischen Gesichtspunkten sich doch langsam durchsetzte.

C. Gesellschaft und Alltag

Die Beziehung des Menschen zu seiner Umwelt ist nicht nur durch politische, demographische und ökonomische Bedingungen bestimmt, sie ist es auch und in erster Linie durch ökologische und soziale Notwendigkeiten. Sein Dasein wird von einer ganzen Reihe gesellschaftlicher Faktoren beeinflußt, die im kulturellen Bereich anzusiedeln sind: Erziehung und Bildung, Information, Religion und Mentalität. Nur ein – wenn auch beschränkter – Einblick in die

Bauernmalerei (1865) von Joseph Sudan. Das Giebelbrett stammt von einer Scheune, die der Zimmermann Joseph Piller für Jacques Oberson in Vil-

konkreten Lebensbedingungen der Menschen des frühen 19. Jahrhunderts erlaubt es, ihre Abhängigkeit von Macht, Eigentum und Wissen, den drei Bausteinen jeder organisierten Gesellschaft, zu ermessen.

1. Lebenshaltung und Umwelt

Wandel der Landschaft

Trotz ihrer relativ begrenzten Ausmaße hinterließen Bevölkerungswachstum und wirtschaftliche Veränderungen doch bleibende Spuren in Stadt und Land. Das dichtere und bessere Straßennetz begann die Landschaft zu prägen. Und der Reisende jener Tage konnte von seiner von vier oder fünf Pferden gezogenen Postkutsche aus Bauern bei der Arbeit zusehen, die z. T. ihren Boden bereits mit modernem Gerät und Maschinen bearbeiteten. Der Übergang von der Sichel zur Sense, vom herkömmlichen Schwing- und Schaufelpflug zum modernen *Dombasle*-Pflug mit starrem Streichbrett war im Gange. Hier und da hatten die ersten Sämaschinen die manuelle Aussaat verdrängt,

«Blick auf Rossinière von Sonnenaufgang her gesehen» von Abraham-David Pilet (1745–1810). Mit seinen umzäunten Feldern, Gärten und Hanfpflanzungen im Talgrun[d] und dem Vieh auf den Alpen illustriert das waadtländische Dorf Rossinière im Pays d'En[-] haut auf seine Weise den Über[-] gang der Alpwirtschaft zur Moderne: Unbelastet von der hier unbekannten Dreifelderwirtschaft, verzichtete man immer mehr auf den Getreideanbau und ging zur Herstellun[g] und zum Export von Käse übe[r]. Die große Herberge in der Mitte ist bereit zum Empfang der zahlreichen Touristen, die sich bald einstellen werde[n].

lariaz (FR) errichtete. Das Mittelmedaillon mit der Taufe Jesu stellt den bäuerlichen Arbeitsalltag, zu dem auch schon die Dreschmaschine auf der rechten Seite gehört, noch immer in sakralen Zusammenhang. Während die Kirche weiterhin auf dem Erlösungswert der Arbeit beharrte – «im Schweiße deines Angesichts sollst du dein Brot essen» –, zögerten auch die frommen Bauern nicht, sich die zeitgemäßen Arbeitserleichterungen zunutze zu machen. Die «protestantische Ethik» Max Webers fand offenbar auch in den katholischen Gebieten Eingang.

Drei Mittel, um Feuersbrünste zu verhindern: Ziegeldächer, Steinmauern und die gewissenhafte Arbeit des Kaminfegers. Dieser Ausschnitt aus dem Wocher-Panorama in Thun vereinigt diese drei Elemente präventiver Brandbekämpfung (Marquard Wocher, 1760–1830, Panorama von Thun, BE, Ölgemälde, 1809–1814 entstanden).

war das rhythmische Stampfen der Dreschflegel auf der Tenne dem monotonen Rattern der Dreschmaschinen gewichen. Immerhin sollten aber noch Jahre ins Land gehen, bis die Maschine überall die traditionellen Arbeitsgänge verdrängen konnte.

Als Folge des Agrarindividualismus bot die immer noch dominierende Landwirtschaft ein vielgestaltigeres Bild. Das lag nicht nur an den neuen Kulturen, sondern auch an der veränderten Bodenbearbeitung. Entwässerung, Fruchtwechsel und gesteigerte Düngung beeinflußten nachhaltig die Bodenqualität. Aus einem landwirtschaftlichen wurde so im Endeffekt ein ökologischer Wandel. Allerdings sollten die Folgen dieser Entwicklung erst im 20. Jahrhundert spürbar werden.

Nicht nur das Land, auch die Stadt veränderte ihr Gesicht. Die wuchtigen mittelalterlichen Stadttore entsprachen nicht mehr den Anforderungen des gesteigerten Verkehrs und wurden sukzessive den Erfordernissen der neuen Zeit angepaßt. Weniger behutsam verfuhr man mit Stadtmauern und Befestigungsanlagen. Sie standen den hochfliegenden Projekten der Stadt- und Verkehrsplaner nun immer öfter im Wege und wurden geschleift, während man die dazugehörigen Gräben zuschüttete. Die Straßen wurden verbreitert, die ausladenden Vordächer verkürzt oder abgerissen. Licht und Luft hieß die Devise! Auch das Holzhaus verschwand zusehends aus dem Stadtbild. Bei Neubauten gab man dem Steinhaus den Vorzug, das solider und zudem weniger feuergefährlich war, was den Wünschen und Vorschriften von Stadtvätern und Feuerversicherungen entsprach. Die Verwendung von Stein erlaubte auch die Vermehrung der Geschoßzahl und brachte eine wesentliche Verdichtung der städtischen Bausubstanz – eine Verdichtung, die sich auch im zunehmenden Verlust von Grünflächen äußerte. Stadtwiesen, auf denen sich in buntem Durcheinander und in relativer Freiheit Klein- und Federvieh tummelte, dem die öffentlichen Brunnen als Tränke dienten, wurden seltener. Noch war die Stadt jedoch ländlich geprägt. Es gab nicht nur Pflanzgärten, sondern auch Stallungen und Misthaufen. Die tierischen und menschlichen Exkremente, die Abfälle und Abwässer wurden anders als auf dem Lande, wo sie auf den Feldern eine natürliche Verwendung fanden, mehr und mehr zu einem hygienischen Problem, das die Behörden nun ernsthaft beschäftigte. Man begann Kanalisationssysteme anzulegen, die die Abwässer aufnahmen und wegführten und dadurch zur Reinhaltung der Stadt beitrugen. In einigen am Hang gelegenen Städten wie Freiburg ließen die Behörden bei Verschmutzung der Straßen und Gassen kurzerhand die Wasserreservoire öffnen und vollzogen damit künstlich nach, was einst vornehmlich Aufgabe des Regens gewesen war.

Dem Gebot der Sauberkeit und Übersichtlichkeit folgend, gaben die Stadtbaumeister bei der durch die Bevölkerungsvermehrung notwenig werdenden Erneuerung und Erschließung von Quartieren geraden Straßenführungen den Vorrang. Die Installation von Straßenlampen zumindest an Kreuzungen wurde zur Regel, und die ersten Gaslaternen begannen die alten düsteren Öllampen zu verdrängen. Zur neuen Rationalität gehörte auch die Vereinheitlichung der Zeit. Während die Taschenuhr ihres hohen Preises wegen noch dem Bemittelten vorbehalten war, riefen öffentliche Uhren mit ihrem Glockenschlag alle zur Pünktlichkeit. In der ganzen Schweiz gingen die Uhren nun gleich, nachdem Basel sich 1798 zur Zeitanpassung seiner Lokalzeit bereit gefunden hatte und das reformierte Graubünden sich 1811 endgültig mit dem Gregorianischen Kalender abfinden konnte.

Probleme der Umweltverschmutzung

Während einerseits die Sanierungsmaßnahmen wie die Entsumpfung der Linthebene eindeutig Verbesserungen darstellten, wurde die Umwelt anderseits auch verstärkt belastet. Die Verunreinigung des Wassers durch traditionelle Gewerbezweige wie Papierherstellung und Gerberei war eine altgewohnte Plage. Nun aber kam eine neue Dimension hinzu. Die Schornsteine der ersten Fabriken und Dampfschiffe begannen ihre dunklen Rauchschwaden in den blauen Himmel zu speien. Daß auf zeitgenössischen Darstellungen die Hochkamine als Säulen der industriellen Machtentfaltung, die Rauchfahnen als Wölkchen erscheinen, zeigt, wie wenig man sich eines Problems bewußt wurde, das sich freilich erst im 20. Jahrhundert in seiner ganzen Schärfe zeigen sollte. Immerhin gab es auch in jener Epoche Stimmen, die Dampfmaschinen und Eisenbahnen als «ein Werk des Teufels» bezeichneten.

Zugegeben, die industrielle Umweltverschmutzung war insgesamt noch unbedeutend. Dagegen fügte der Mensch der Natur auf andere Weise großen Schaden zu. So wurde der Wildbestand derart dezimiert, daß trotz der gesetzlichen Jagdbeschränkungen einige Tierarten sehr selten wurden oder ganz ausstarben wie etwa der Wolf, der Luchs und vor allem der Bär. Einer der letzten freilebenden Bären wurde im Jahre 1822 im Kanton Uri erlegt und verspeist. Wie es heißt, soll sein Fleisch äußerst schmackhaft gewesen sein. Ein weiteres als besonders schwerwiegend empfundenes Problem war die Zerstörung der Landschaft wegen des übermäßigen Abholzens der Wälder. Zahlreiche Berichte, vor allem über die Berggebiete, heben die Folgen hervor: Bodenerosion, Auswaschungen, Bergstürze, Lawinen. Aber auch Überschwemmungen waren nicht selten, wo der Wald den Wasserhaushalt nicht mehr regulierte. Das ökologische Gleichgewicht war gestört: Das Abholzen der Wälder führte zur Verödung und diese wiederum zur Entvölkerung der betroffenen Regionen. Der übermäßige Holzschlag, der zu einem guten Teil auf das allgemeine Bevölkerungswachstum zurückzuführen war, wirkte also seinerseits auf das Bevölkerungsverhalten zurück. Neben der Industrialisierung haben diese ökologischen Zusammenhänge die Wanderungsbewegungen stark beeinflußt.

Einheimische und Zuzüger

Indem sie Arbeitsplätze schuf, wurde die im Entstehen begriffene Industrie für das Leben gerade der untersten Bevölkerungsschichten bestimmend. Sie gab den Ausschlag für den Wohnsitz, indem sie einerseits die erwähnten Wanderungsbewegungen auslöste, ander-

Denkt man sich Nescafé-schachtel und Aluminium-büchsen aus diesem Bild eines Zigeunerlagers um die Mitte unseres Jahrhunderts weg, erhält man einen Eindruck von den ärmlichen Verhältnissen, in denen ein Großteil der Bevölkerung im frühen 19. Jahrhundert lebte.

Porträts von Heimatlosen, die 1850 aufgrund des Bundesgesetzes betreffend die Heimatlosigkeit den Kantonen zugewiesen wurden. Diese rechtlich und wirtschaftlich unterprivilegierte Gruppe, der selbst die Niederlassung lange streitig gemacht wurde, stand auf der untersten Stufe der Gesellschaft. Ihre schwierige Lebenssituation spiegelt sich im schwermütigen und gehetzten Ausdruck: Ursula Mäschli macht mit 15 Jahren schon den Eindruck einer Erwachsenen.

seits es aber zumindest einem Teil der unbehausten und vagabundierenden Randexistenzen ermöglichte, seßhaft zu werden. Die von Ort zu Ort wandernden Gelegenheitsarbeiter und Armen stellten – vor allem in Krisenzeiten – ein echtes soziales Problem dar, das durch die Bindung der Armenunterstützung an das Ortsbürgerrecht noch verschärft wurde. Die Gemeinden waren nur ihren eigenen Bürgern gegenüber zu Unterstützungsleistungen verpflichtet. Wenn sie sich daneben auch um die aus anderen Gemeinden stammenden Niedergelassenen kümmerten, so nur nach eigenem Ermessen. Rücksichtslos dagegen verfuhr man mit den sogenannten Heimatlosen, die weder ein Ortsbürgerrecht noch eine Niederlassungsbewilligung hatten und die man sich gegenseitig zuschob. So war es denn eine der Hauptaufgaben der Landjäger, die Heimatlosen über die Kantonsgrenzen zu schaffen. Auch die Tagsatzung mußte sich oft mit dem Heimatlosen-Problem befassen, das man durch interkantonale Konkordate und Einbürgerungen zu lösen suchte. Aber erst nach 1848 sollte der Bundesstaat in dieser Angelegenheit endgültige Entscheidungen treffen.

Die Industrialisierung gab den Bettlern und Armen, die in dem Ruf standen, eine Gefahr für öffentliche Ruhe und Ordnung zu sein, Gelegenheit zu regelmäßiger Arbeit. Damit erleichterte sie einerseits die Aufgabe der Behörden und trug andererseits dazu bei, diese unsichere und schwer zu kontrollierende Randgruppe in die Gesellschaft zu integrieren. Ein weiterer Nebeneffekt war die allmähliche Veränderung der traditionellen Beziehungen zwischen Stadt und Land. Die meist in ländlichen Orten abseits der bedeutenden Zentren angesie-

Lichtensteig (SG), Ansicht von Nordwesten, 1810. Das Handelsstädtchen – es zählte um 1800 etwa 400 Einwohner – liegt oberhalb der Thur, welche während Jahrhunderten die Energie für Getreidemühlen, Hanf- und Flachsmühlen sowie Sägereien, die wichtigsten örtlichen Gewerbe, lieferte. Schon bald sollte neben der gedeckten Holzbrücke die erste mechanische Spinnerei erbaut werden: Kontinuität im Wandel!

delten Fabriken zogen zahllose Arbeiter an, die nicht selten die von Großbauern und Notabeln beherrschte dörfliche Sozialordnung störten. Die Urbanisierung der ländlichen Regionen begann mit der Industrialisierung. Sie wurde verstärkt durch den Strom der Mädchen, die für einige Zeit in der Stadt in Dienst gingen und dann zu ihren Familien aufs Land zurückkehrten. Die Dienstboten machten in den Städten die mit Abstand größte und bedeutendste Gruppe weiblicher Arbeitnehmer aus. Sie waren in der Regel bei wohlhabenden Familien in Stellung, lernten dort gutes Benehmen und nahmen eine gewisse städtische Mentalität an, die sie dann mit aufs Land brachten.

Waren häusliche Dienstboten zahlreich, so gab es sie auf dem Lande im Überfluß. Hier machten sich die ersten Auswirkungen des zunehmenden Bevölkerungsdrucks bemerkbar: Abwanderung und vor allem die durch Erbteilung hervorgerufene Zerstückelung des Grundeigentums. Die schmalen Erträge und Einkünfte aus der Landwirtschaft zwangen die oft kinderreichen Kleinbauern, die überflüssige Arbeitskraft an bessergestellte Kollegen zu verkaufen. Das ländliche Proletariat setzte sich vor allem aus dieser Gruppe und aus der Klasse der mittellosen Grundbesitzer zusammen. Die Abschaffung des freien Weidgangs und die damit verbundene Aufteilung der Allmenden sowie die Ablösung der Reallasten mußten sich gerade für diese Gruppe verheerend auswirken. Da die Betroffenen nicht immer über die finanziellen Mittel verfügten, um den aus dieser Maßnahme erwachsenden Pflichten nachzukommen, bedeutete die neue Landwirtschaft für viele der Kleinbauern den Ruin. Und nicht die kleinen und mittellosen Bauern waren es, die diese neue Landwirtschaft wollten und ihr zum Durchbruch verhalfen, sondern die reichen und begüterten Großbauern!

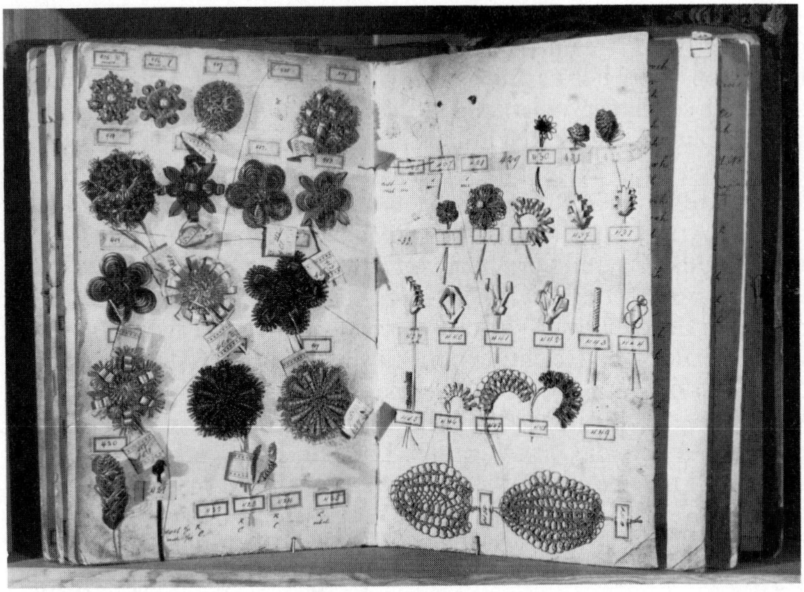

Musterkatalog einer Strohflechterei, aus dem sich ablesen läßt, zu welcher Perfektion es die Hausindustrie gebracht hat.

Große und kleine Grundbesitzer

«Die ländlichen Grundbesitzer sind im allgemeinen reiche Leute», erklärte der Freiburger Advokat und Großrat Louis Wuilleret 1846 bei einer Steuerdebatte im Freiburger Großen Rat. Sicher darf man ihm glauben, daß die meisten Großbauern links und rechts der Saane zu den wohlhabenderen Bevölkerungsschichten gehörten. Das Heer der Kleinbauern aber befand sich eindeutig am unteren Ende der sozialen Leiter, obwohl doch fast alle Grundbesitz ihr eigen nennen konnten. Nach Stefano Franscini kamen im Kanton Freiburg 4,4 Einwohner auf einen Grundeigentümer, gegenüber einem Verhältnis von 6,2:1 für die ganze Schweiz. Wenn es auch zutrifft, daß die Schweiz (und Freiburg) ein Land der Grundeigentümer war, so sagt dieser Umstand doch nichts über die Einkommensverhältnisse aus. Die Statistik spricht nicht über die vielen Kleinbauern, die für teures Geld ein Stück Land zu ihrer eigenen Parzelle hinzupachten mußten, um sich überhaupt ernähren zu können, oder von anderen, die gezwungen waren, ihre kargen Erträge durch Heimarbeit aufzubessern. Dieser Nebenerwerb erfolgte in der Regel im Verlagssystem, wie die Strohflechterei in den Kantonen Freiburg, Aargau und Tessin, die Textilherstellung in der Ostschweiz oder die Uhrmacherei im Jura. Daß die Verlagsherren damit recht einträgliche Geschäfte machten, versteht sich am Rande. Groß war auch die Zahl derer, die, obgleich Eigentümer ihrer meist recht bescheidenen Behausungen, sich als Hilfsarbeiter beim reichen Nachbarn verdingen mußten und so die von Dorf zu Dorf ziehenden Tagelöhner konkurrenzierten, die nichts anderes als ihre Arbeitskraft besaßen.

Nach den von Franscini angestellten Erhebungen kam Großgrundbesitz, wie man ihn aus anderen Ländern kannte, in der Schweiz sozusagen nicht vor. Ihm galt ein Waadtländer Bauer mit 15 Jucharten Wies- und Ackerland als wohlhabend und ein Berner Landwirt, der 150 Jucharten sein eigen nennen konnte, als reich. Ob es sich bei diesen Werten um Ausnahmeerscheinungen in den jeweiligen Kantonen handelte, darüber macht Franscini keine Angaben. Wie dem auch sei, dieser bäuerliche Wohlstand war Teil jener protestantischen Schweiz, deren Reichtum unserem Pfarrer Joseph Aebischer aufgefallen war. Man sollte sich jedoch vor dem falschen Schluß hüten, daß in jenen Regionen die in katholischen Gegenden so verbreitete Armut und das Elend unbekannt waren. Zu Beginn des 19. Jahrhunderts und vor allem von den dreißiger Jahren an war der Pauperismus in der ganzen Schweiz ein wichtiges Thema. Zwar berichten die zahllosen Reisebeschreibungen jener Tage durchwegs vom Überfluß und Reichtum der Schweiz. Man muß sich angesichts dieser Berichte fragen, ob die fremden Gäste die vom Wohlstand Vergessenen nicht zu sehen bekamen. Wahrscheinlich nicht, denn die wenigen Armen, die ihnen auf den Landstraßen begegneten, waren auf jeden Fall eine Minderheit: Die Mehrzahl der Armengenössigen hütete sich wohlweislich vor einem Verlassen der Heimatgemeinde, die ihnen Unterstützung gewähren mußte. Im Waadtland z. B. erhielt gegen 1827 ein Achtel der Bevölkerung regelmäßige oder gelegentliche Fürsorgeleistungen. Ein amtlicher Bericht über die Armengenössigen aus dem Jahre 1834 nennt für einige Bezirke noch höhere Zahlen: Moudon 14,9 %; Pays d'Enhaut 15,1 %; Echallens 16,7 %; La Vallée 18,3 %; Oron 19,2 %; bei einem kantonalen Mittel von 10,6 %. Die Verfasser des Waadtländer Armenberichtes stellten fest, daß die Bezirke mit den größten Armenlasten auch den höchsten Anteil an Bettlern aufwiesen. Sie warfen deshalb die grundsätzliche Frage auf, ob das Prinzip der öffentlichen Fürsorge als solches richtig sei und ob ein Mehr an Leistungen nicht ein Mehr an Bittstellern zur Folge habe. Wirtschaftliche Überlegungen dieser Art wurden während der Frühindustrialisierung in ganz Europa angestellt. So sprachen sich in der Schweiz die Genfer Antoine-Elisée Cherbuliez und François-Marc-Louis Naville gegen die öffentliche Armenunterstützung aus. Im Sinne des Utilitarismus basierte ihre Menschenfreundlichkeit auf der Devise: «Hilf dir selbst, so hilft Dir Gott!» Armut galt immer als selbstverschuldet, als Mißbrauch der Freiheit und Verantwortlichkeit vor Gott, kurz als Folge der Faulheit. Der Mangel an Arbeitsplätzen oder andere wirtschaftliche Ursachen des verbreiteten Pauperismus wurden nicht einmal in Erwägung gezogen.

Pauperismus und Armenpflege

Besitz, Vermögen, Ansehen und geschäftlicher Erfolg galten dagegen als sichtbarer Ausfluß des göttlichen Segens, den der reiche Bauer, der wohlhabende Geschäftsmann und der geschickte Bankier genossen. Die Besitzenden standen am oberen Ende der sozialen Leiter, Seite an Seite mit den neuen Aristokraten, den Industriebaronen, deren Typus der französische Maler Ingres in seinem Porträt des dicken Monsieur Bertin verewigt hat. Dieser «aufstrebenden Bourgeoisie» (Charles Morazé) brachte der Manchester-Liberalismus rasch riesige Gewinne. Wenn am Ende des 18. Jahrhunderts die Neuenburger Stoffdrucker noch Gott zum Zeugen für ihre unglaub-

Der neue Reichtum

Das «Langgebäu» in Bühler (AR), Lithographie von J. J. Lutz. Das 1805 erbaute und 1909 abgerissene Gebäude ist ein frühes Beispiel für den modernen Sozialwohnungsbau. Das Holzhaus glich einem Bienenstock, unter dessen Dach sich auf verschiedenen Stockwerken das Leben der fleißigen und kinderreichen Arbeiterfamilien abspielte. Für geringen Lohn waren sie in Textilbetrieben des Unternehmers Rudolf Binder beschäftigt, dem auch das Arbeiterwohnhaus gehörte.

lichen Profite anriefen, häufte der Zürcher Spinnerkönig Heinrich Kunz in nur wenigen Jahrzehnten ein Vermögen an, das sich 1859 auf 25 Millionen Franken bezifferte. Er besaß zu diesem Zeitpunkt acht Fabriken mit zusammen 150 000 Spindeln, d.h. rund ein Achtel der schweizerischen Spinnereikapazität! Sein Landsmann, Heinrich Bodmer-Escher zur Arch, war nach Meinung der «Zürcher Freitagszeitung» der reichste und geizigste Bürger des Kantons. Er stammte aus einer Familie, die im Seidengeschäft groß geworden war, und verdankte seinen Erfolg neben guten Branchenkenntnissen wohl vor allem dem Verlagssystem, das sich auf die Heimarbeit von qualifizierten Ostschweizer Arbeitern stützte. Es kam eben immer noch wesentlich billiger, die Produktion zu dezentralisieren als große Fabriken zu bauen und amortisieren zu müssen, wie Kunz und andere es getan haben. Zudem war Wasserkraft billiger als Dampfkraft, und die Löhne befanden sich auf einem extrem niedrigen Niveau.

Hinter der simplen Feststellung, daß es der Schweiz dank ihrer billigen Arbeitskräfte möglich war, auf dem Textilmarkt mit dem übermächtigen England in Wettbewerb zu treten, steht eine bittere soziale Realität: das Elend eines Großteils der Arbeiterschaft zu Beginn des industriellen Zeitalters. Diese Verelendung war eine unmittelbare Folge des freien Spiels von Angebot und Nachfrage, das seit der Abschaffung des Zunftsystems die Beziehung zwischen Kapital und Arbeit regelte. Generationen von Männern, Frauen und Kindern wurden auf diese Weise auf dem Altar des aufkommenden Industriekapitalismus geopfert. Durchdrungen vom allgegenwärtigen, elitären Liberalismus, wandten die Unternehmer auch bei den Löhnen ihrer Arbeiter «ohne Rücksicht auf das Existenzminimum» (François Schaller) das Prinzip von Angebot und Nachfrage an. Wegen des ausgeprägten Überangebots waren die Arbeitskräfte denn auch äußerst billig.

Billige Arbeitskräfte

Hinzu kam, daß die mit dem Einsatz von Maschinen immer weiter vorangetriebene Arbeitsteilung die Anstellung von immer mehr qualifizierten Arbeitern ermöglichte. Die Folge war, daß die Entlöhnung der Heimarbeiter auf niedrigstes Niveau gedrückt werden konnte. Dies wiederum führte zur Verelendung ganzer Gegenden oder zumindest jener bäuerlichen Heimarbeiter, die von der «Reservearmee» (Erich Gruner) des ländlichen Proletariats ständig konkurrenziert wurden. Das Fehlen eines echten Klassenbewußtseins machte es den Arbeitern unmöglich, sich zu organisieren und ihre Forderungen zu vertreten.

Was ihnen blieb, war die Revolte. Am 22. November 1832 kam es im Zürcher Oberland zum denkwürdigen Fabriksturm von Uster. Handweber steckten die erste mechanische Weberei in Brand, weil sie um ihre Arbeitsplätze fürchteten. Dieser Fall von Luddismus, einer der wenigen übrigens, den die Schweiz erlebte, erregte großes Aufsehen und wird auch von Sozialhistorikern als folgenschwerste Episode der Anfänge der Schweizer Industrie betrachtet. Es war weniger der materielle Schaden, der aufhorchen ließ, als die Auswirkungen auf die Arbeitsmoral, die bereits damals in der Schweiz äußerst strikt gehandhabt wurde.

Kinderarbeit

Diese Arbeitsmoral wurde schon beizeiten eingeübt. Es gab keine Schonfrist für die Heranwachsenden. Die Hauptsorge der Eltern und Vorgesetzten bestand darin, die Kinder so früh wie nur irgend möglich in den Wirtschaftskreislauf zu integrieren. Das bedeutete auf dem Hof die Teilnahme an der Feldarbeit, in der häuslichen Werkstatt die Leistung von Hilfsarbeiten, in der Fabrik einen Arbeitstag von zehn bis vierzehn Stunden – und das noch vor Erreichen des zehnten Lebensjahres! Aber hatten nicht alle nur Vorteile von diesem System? Für die Eltern bedeutete es ein Mittel zur Beaufsichtigung, für die Kinder selbst ein Einstieg ins Berufsleben, für die Familie als ganzes eine lebensnotwendige Einnahmequelle und für die Unternehmer willige und billige Arbeitskräfte. Mahnende Stimmen wurden mit dem Hinweis auf die ausländische Konkurrenz zum Verstummen gebracht. So behaupteten Kunz und andere Unternehmer in den dreißiger Jahren, daß eine Arbeitsverkürzung für Kinder den Ruin schweizerischer Industrie bedeuten würde. Die von den Einkünften ihrer Kinder abhängigen Eltern dachten ihrerseits kaum daran, ihren Nachwuchs in die Schule zu schicken. Das macht die Widerstände verständlich, die den ersten Versuchen zur Reglementierung der Kinderarbeit in den Fabriken entgegengesetzt wurden. Trotzdem waren die noch vor 1848 in der Schweiz erreichten Fortschritte in der Arbeitsgesetzgebung beachtlich. Die im Jahre 1815 vom Kanton Zürich erlassene Verordnung über die Kinderarbeit in Fabriken suchte ihresgleichen in Europa. Auch der Kanton Glarus erbrachte auf diesem Gebiet Pionierleistungen: Das erste Fabrikgesetz über die Arbeitszeitregelung für männliche Arbeiter von 1846 kam vor den entsprechenden Regelungen in England und Frankreich zustande. Gegen den Widerstand der Unternehmer wurde es 1848 von der Landsgemeinde bestätigt.

Niedriger Lebensstandard

Ein anderes Bild bot sich bei den Löhnen. Die Nominallöhne der schweizerischen Textilindustrie hinkten deutlich hinter denen der französischen und englischen her. Ein Vergleich auf Indexbasis (1875 = 100) veranschaulicht diesen Unterschied: 1830 erreichte die Schweiz 46 Punkte, Frankreich 59 und Großbritannien 64 Punkte. Über die Armseligkeit der Fabrikarbeiterlöhne sind sich alle zeitgenössischen Berichte einig. Das Fehlen von allgemeinen, genauen und regelmäßig geführten Statistiken erschwert jedoch eine exakte quantitative Beurteilung der Lebensbedingungen der verschiedenen Bevölkerungsschichten. Um so wertvoller sind daher zeitgenössische Einzeluntersuchungen wie die von Alexis Forel über das Waadtland. Sie wurde 1844 von der kantonalen Gemeinnützigen Gesellschaft zu einem Zeitpunkt veröffentlicht, als in der ganzen Schweiz sich philanthropische Vereinigungen mit der Verelendung und Proletarisierung der Massen zu beschäftigen begannen und Abhilfemaßnahmen diskutierten. Wenn Forel seine Studie mit dem Hinweis auf den steigenden Lebensstandard der Massen schließt, so muß er doch einräumen, daß Schattenzonen bestehen geblieben seien, in denen eine Anhebung des Lebensniveaus «nicht stattgefunden hat und auch so schnell nicht stattfinden wird».

Die Untersuchung Forels zeigt, unter Berücksichtigung von Preisen und Löhnen, die konkrete Situation der Beschäftigten in der Fabrik (insbesondere Weberei, Papier- und Schokoladenwerk, Gerberei, Metallurgie) und in der Heimarbeit (u. a. Strohflechterei). Fest steht demnach, daß der Schweizer Textilarbeiter am unteren Ende der Lohnskala zu finden war. Das bedeutete aber nicht, daß ein in der besser zahlenden Papier- oder Schokoladeindustrie angestellter Familienvater den Lebensunterhalt seiner Familie allein bestreiten konnte! Auch hier mußten Frau und Kinder mithelfen, das tägliche Brot zu verdienen. Gleiches kann auch für die Arbeiter der Glas- und Bergbauindustrie von Semsales im Kanton Freiburg gesagt werden. Als Beispiel mag die Arbeiterfamilie Gothuey zu Beginn der Sommersaison 1801 dienen. Als Torfstecher übte Joseph Gothuey eine untergeordnete Tätigkeit aus, die natürlich weniger gut bezahlt wurde als beispielsweise die der Glasbläser. Im Mai und Juli arbeitete die Familie an sechs Tagen in der Woche. Auch der neunjährige

Tabelle 8: Arbeit und Lohn einer Arbeiterfamilie in der Glashütte von Semsales im Jahr 1801 (Torfgewinnung)

Datum der monatlichen Zahlung	3. Mai	6. Juni	4. Juli	9. August	8. September
	Anzahl Arbeitstage				
1. Joseph Gothuey, 7 Batzen pro Tag	21	26	20½	24	18
2. Marie, seine Frau 3½ Batzen	12	26	20½	23	18
3. Jean, ihr Sohn 16 Jahre, 7 Batzen	21	26	20½	23	18
4. Joseph, ihr Sohn 14 Jahre, 3½ Batzen	21	26	20½	25	18
5. Laurent, ihr Sohn 9 Jahre, 2½ Batzen	12	26	20½	25	18
Total der monatlichen Arbeitstage	87	130	102½	120	90
Monatslohn der Familie (in französischen Pfund)	62,16	87,10	68,16	80,12	59,12

Nach einem offiziellen Bericht von 1801 bewirtschaftete diese Familie neben ihren Arbeitstagen in der Torfgewinnung noch ein eigenes Stück Land.

Laurent wurde nicht verschont. Sein Lohn belief sich auf zweieinhalb Batzen. In jenen Tagen kostete, je nach Lage auf dem Getreidemarkt, das Pfund Brot ein bis zwei Batzen – ein Preis, der während der Versorgungskrisen von 1816/17 und 1845/46 wesentlich höher lag. Das bedeutete, daß in diesen schwierigen Perioden ein Junge seines Alters im wahrsten Sinne des Wortes nicht mehr imstande war, sein tägliches Brot zu verdienen.

Die Preise

Immerhin kann man feststellen, daß in der ersten Hälfte des 19. Jahrhunderts eine unleugbare Erhöhung der Nominal- und wahrscheinlich auch der Reallöhne stattfand. Zwischen 1800 und 1844 sanken die Preise für Lebensmittel und einige andere Produkte. Zucker, Kaffee und Seife, zu Beginn unserer Periode noch Luxusartikel, wurden im Laufe der folgenden Jahrzehnte für weite Kreise erschwinglich. Aber die Kartoffel, die man auf vielerlei Art zubereitete, blieb zusammen mit dem Brot das Grundnahrungsmittel sowohl der Landleute als auch der Städter. So erklärt auch die seit 1843 auftretende Kartoffelkrankheit das Ausmaß der Hungersnot von 1845/46. Mit dem Ausbau der Viehzucht wuchs auch der Fleischkonsum. Im Kanton Freiburg gehörte Speck zur täglichen Kost des Bauern. Ob dies aber überall so war, läßt sich nicht mit Bestimmtheit

Eröffnung des großen eidgenössischen Ehr- und Freischießens und der Vierhundertjahrfeier der Schlacht von St. Jakob an der Birs, Basel 1844. «Mögen daher Sophisten und Heuchler immerhin sich in Spott ergießen über diese Freudenfeste des schweizerischen Volkes – mögen Bannstrahlen gegen dieselben geschleudert, und die Schützenfahne höhnend ‹ein Fetzen Seide› genannt werden: sie werden doch nie vermögen, das Gefühl der Kraft in dieser Einheit und des Glückes in wahrhafter Freiheit aus dem Gemüthe des Volkes hinwegzuspotten ...» (aus der Rede von Landammann Brosi, Zentralpräsident des «Eidgenössischen Schützenvereins»).

sagen. In der Innerschweiz jedenfalls galt nach wie vor: «Fleischtag, Festtag!».

Die Feste

Gefeiert wurde nicht oft in diesen Jahren. Die wenigen von allen begangenen profanen Feste waren mit dem landwirtschaftlichen Jahresablauf verbunden: Sie beschränkten sich auf Erntedankfeste, Alpabfahrten und regionale Jahrmärkte. Recht zahlreich dagegen – Heilige verpflichten – waren die kirchlichen Feste bei Katholiken. Dieser religiöse Eifer war den Reformierten fremd, die in dem Ruf standen, fleißiger zu sein als die «papistischen Nichtstuer». Und da man Bettler und Arme weit häufiger in katholischen Landen anzutreffen pflegte, lag es da nicht nahe, zwischen Faulheit und Armut einen Zusammenhang herzustellen? Der der protestantischen Ethik innewohnende Geist von Nüchternheit und Strenge war auch der Grund dafür, daß Zwinglianer und Calvinisten einerseits und Katholiken anderseits dem Sonntag eine unterschiedliche Bedeutung beimaßen. Für die Reformierten war der wöchentliche Ruhetag weniger eine soziale Wohltat oder Notwendigkeit als vielmehr die bevorzugte Gelegenheit, seinem Glauben nach außen hin sichtbaren Ausdruck zu verleihen. Das erklärt, weshalb z. B. in Basel die Stadttore sonntags geschlossen blieben und keine Rede davon sein konnte, draußen in der Natur zu lustwandeln.

«Steinstoßet auf der Rigi» von Franz Hegi (1774–1850) nach Ludwig Vogel. Seltene und um so mehr geschätzte Anlässe zu Begegnung und Geselligkeit boten die Hirtenfeste. Unter den Augen eines zugleich kritischen und bewundernden Publikums, darunter auch zahlreiche Frauen und sogar Geistliche, wetteiferten die starken Männer hemdsärmlig, wer den schweren Stein am weitesten stoßen konnte.

Wohl als Kompensation dieser innerweltlichen Askese blieben die Basler als einzige Protestanten der Tradition der Fasnacht treu und taten es in dieser Hinsicht den Katholiken gleich, für die das Bedürfnis, sich einmal auszutoben, kaum ein moralisches Problem darstellte. Auf die Wochen kollektiver Permissivität folgte ja unausweichlich der Aschermittwoch als Tag der Besinnung und Auftakt zur langen Buß- und Fastenzeit, in der die Seele wieder gereinigt und vorbereitet wurde auf das Osterfest, Höhepunkt des Kirchenjahres und Frühling des neuen Menschen. Karneval, Spektakel und burleske Manifestationen glichen nicht nur die religiösen Zwänge ein wenig aus. Sie dienten auch dazu, die Armen die Härte des täglichen Existenzkampfes ein wenig vergessen zu lassen. Es waren Inversionsriten, durch die der Unscheinbare, der Schwache und der Benachteiligte für einen Tag zum König wurde, Ventile für die unausgesprochene Verbitterung und den unterschwellig vorhandenen Protest gegen die bestehende Ordnung. Gewissermaßen als Sicherheitsventil setzten sie eine Energie frei, in der sich subversive Gelüste und latenter Ungehorsam erschöpfen konnten. Diese regulierende Funktion war es auch, die erklärt, warum die Behörden diese Art vorübergehender Respektlosigkeit duldeten.

Verfemte Freuden

Die Toleranz der Obrigkeit war um so bemerkenswerter, als man sich zu normalen Zeiten wohlweislich davor hütete, sich mit den zivilen, kirchlichen und militärischen Autoritäten anzulegen. Und doch war es mit dem bürgerlichen Gehorsam nicht immer allzu weit her. So wurden die einschränkenden Verordnungen über Tanz und Lustbarkeiten häufig umgangen. Pfarrer und Pastoren wetterten vergebens von der Kanzel gegen den Sittenverfall. Sie richteten auch wenig aus gegen den alten Brauch des Kiltgangs, der vor allem in ländlichen Gegenden der Partnerwahl und der Anbahnung intimer Kontakte diente. Bei den großen Jahrmärkten und Festen wurde ebenfalls regelmäßig über die Stränge geschlagen: Zechgelage und Raufereien waren an der Tagesordnung. Alkoholismus war ein weit verbreitetes Übel, das durch die Schnapsbrennerei sowie durch den für Kinder und Jugendliche üblichen Weinkonsum erleichtert und gefördert wurde. Für die Zeitgenossen gab es da allerdings keine Bedenken, waren die meisten Jungen doch schon vollwertige Arbeiter, die am Leben der Erwachsenen teilhatten und früh deren Gewohnheiten annahmen. Für die Armen und Unterdrückten jeden Alters stellten Alkohol und Spiel, Ausschweifung und Vagabundieren, aber auch Selbstmord und Auswanderung ebenso wie der Rückzug ins Kloster Formen der Evasion dar, eine Flucht vor den kaum zu tragenden Zwängen des täglichen Lebens.

Wettkämpfe und Ertüchtigung

Für die etablierten Mittel- und Oberschichten gab es andere Möglichkeiten des Ausgleichs. Zahlreiche Feste waren mit sportlichen Wettkämpfen verbunden. Im alpinen und bäuerlichen Bereich spielten Schwingen und Steinstoßen, wie es in Unspunnen seit 1805 im festlichen Rahmen gezeigt wurde, eine große Rolle. Während sich Aristokraten und Studenten der Hochschulen im Fechten und klassischen Tanz übten, stand für das Bürgertum das Schießwesen im Vordergrund. Die wehrfähigen Männer fanden sich zu traditionellen Wettschießen, ein Integrationsfaktor, dessen Bedeutung durch die Gründung des Eidgenössischen Schützenvereins (1824) und der Offiziersgesellschaft (1833) noch verstärkt wurde. Der paramilitärischen Ausbildung der Jugendlichen zwischen zehn und fünfzehn

Pestalozzis Neuhof in einem Kupferstich von Johann Jakob Aschmann. In diesem heute zur Gemeinde Birr-Lupfig (AG) gehörenden Gut nahm Pestalozzi seit 1775 arme Kinder zur Erziehung und Schulung auf. Hierhin zog sich der Pädagoge auch im Alter zurück. Er wurde auf dem Friedhof des Ortes begraben und erhielt 1846 vom Kanton Aargau ein Denkmal.

Jahren dienten die Kadettenkorps. Der Schweizerische Turnverein wurde ebenfalls in diesen Jahren ins Leben gerufen (1832) und veranstaltete alljährlich das große Schweizerische Turnfest. Das Turnen erfreute sich großer Beliebtheit, obschon innerhalb der Turnbewegung keine Einigkeit herrschte. Die Schweizer Phokion Heinrich Clias und Johann Heinrich Pestalozzi stritten gegen die Theorien des Franzosen Amoros und vor allem gegen die des Turnvaters Jahn, dessen Methode dank der zahlreichen deutschen Emigranten weite Verbreitung gefunden hatte. Drei bis vier Stunden Leibesübungen und Körperpflege täglich standen auf dem Stundenplan der Pensionsschüler des von Pestalozzi von 1805–1825 geleiteten Instituts in Yverdon. In Bern eröffnete Clias während der Restauration die erste Schwimmschule des Landes und im Marzili eines der ersten großen Schwimmbäder in Europa. Daneben veröffentlichte Clias 1829 unter dem Titel «Kallisthenie» eine auch für das schwache Geschlecht empfehlenswerte Turnmethode. Neben dem Turnen wurde das Bergsteigen immer populärer. Diese Männerdisziplin hatte bereits im 18. Jahrhundert ihre Anhänger gefunden und entwickelte sich nun im Zuge der wissenschaftlichen Erforschung der Bergwelt und des sportlichen Leistungsstrebens zu voller Blüte. Deutsche, Engländer und Franzosen wetteiferten mit Schweizern um die Erstbesteigung der Alpengipfel. Nach und nach wurden die Jungfrau (1811 und 1828), das Finsteraarhorn (1812 und 1828), das Breithorn (1813), der Tödi (1824 und 1835) und der Monte Rosa (1847) bezwungen. Es gab also genug Möglichkeiten, sich sportlich zu betätigen und den gesellschaftlichen Frustrationen persönliche Erfolgserlebnisse entgegenzusetzen. Neben dem sportlichen Wettstreit war bereits seit dem letzten Viertel des 18. Jahrhunderts auch eine beschaulichere Art körperlicher Betätigung in Mode gekommen: das Wandern. Die Schweizerreise zu Fuß wurde zum Teil der Jugendbildung.

Heilanstalten

Nicht nur Sportler und Touristen zogen in die Berge, sondern auch die Kranken. Im Jahre 1841 eröffnete der Bündner Arzt Luzius

Rüedi in Davos eine Heilanstalt für skrofulöse Kinder. Seine Initiative legte den Grundstein für die bekannten Höhenkuren, die seit der zweiten Hälfte des Jahrhunderts in speziellen Erholungsheimen und Sanatorien durchgeführt wurden. Mit der 1833 erfolgten Gründung des Spitals von Lavey (VD) gewann auch die Badetherapie als wirksames Mittel im Kampf gegen die Tuberkulose breite Anerkennung. Überhaupt erlebte das seit dem Altertum bekannte Heilbaden nach dem relativen Rückgang zu Ende des 18. Jahrhunderts eine stürmische Renaissance. Neben Neueröffnungen (Bex, VD und Rheinfelden, AG, beide 1846) wurden alte Bäder wie Yverdon wiederentdeckt oder wie Bad Schauenburg (BL) weiter ausgebaut.

Krankheiten und Gesundheitswesen

Trotz des neuen Gesundheitsbewußtseins waren die Krankheiten aber noch immer allgegenwärtig. Eine neue Seuche, die Cholera, griff seit den dreißiger Jahren auf Europa über. In der Schweiz hatte das Tessin 1836 die ersten Opfer zu beklagen. In nur zweieinhalb Monaten wurden in 20 Ortschaften 293 Krankheitsfälle gezählt, von denen 183 tödlich verliefen. Das als Präventivmaßnahme gegen die Cholera gedachte interkantonale Konkordat von 1829 über Epidemien konnte die Ansteckung der Bevölkerung, die zudem seit 1831 auch noch unter einer anhaltenden Grippewelle zu leiden hatte, nicht verhindern. Neben diesen vorübergehenden Epidemien blieben die Pocken weiter eine endemische Seuche. Noch 1811 wurden in Genf bei 40 % der eingezogenen Rekruten Pockennarben festgestellt. Dank der Schutzimpfungen konnte diese Krankheit in der Folge nach und nach zurückgedrängt werden. Dagegen war einer anderen Geißel, dem Alkoholismus, kaum beizukommen – auch nicht durch den Einsatz der nun überall in der Schweiz entstehenden Mäßigkeitsvereine. Wein und Schnaps, oft von minderer Qualität, wurden von den Alkoholikern bevorzugt. In großen Mengen getrunken, erzeugten gewisse Branntweinsorten nicht selten schwere Vergiftungen, so vor allem der berüchtigte Absinth, den Henri-Louis Pernod seit 1797 in Couvet im Val de Travers herstellte.

Alkoholiker, Nervenkranke und geistig Behinderte erfuhren in der Regel die gleiche Behandlung. Solange sie gutartig blieben, ließ man sie ohne Betreuung in Freiheit; wenn sie dagegen eine Belastung darstellten, sperrte man sie wie Kriminelle ein. Die Behandlung von Irren und Devianten bediente sich der gleichen Methoden wie der Strafvollzug: Körperstrafen, Einschließung und Anketten. Renitente Patienten wurden mittels rotierender Stühle und durch kalte Duschen und Bäder beruhigt. Alle unheilbaren Kranken wurden ohne Unterscheidung in den gleichen Anstalten zusammengepfercht. Getrieben von philanthropischen und humanitären Erwägungen, aber auch aus wissenschaftlichem oder beruflichem Interesse, begannen nun einige Ärzte sich des Durcheinanders in den Asylen anzunehmen, die bis dahin allein der Willkür der Wärter überlassen waren. Der Genfer Gaspard de la Rive und der Basler Friedrich Brenner haben hier Pionierarbeit geleistet. In der ganzen Schweiz entstanden in der Folge eigentliche neue Irrenanstalten, die den Status von Spitälern erhielten und folglich mit medizinischem Personal ausgestattet wurden, so in der Waadt schon 1810, in Zürich 1813, in Genf 1838 und in den vierziger Jahren im Thurgau, in Basel-Stadt, in St. Gallen und Neuenburg. Die Spitalversorgung der Schweiz wurde ferner durch die Gründung der verschiedensten Spezialanstalten erweitert, die sich vor allem der Blinden und Gehörlosen annahmen. Die zunächst in Bern, dann in Basel eröffneten Diakonissenanstalten leisteten mit der Ausbildung von Krankenschwestern einen bedeutenden Beitrag im Kampf gegen die Krankheiten. Auch die Geburtshilfe wurde verbessert. Der Kanton Luzern beispielsweise sah bereits zu Beginn des Jahrhunderts die Erhöhung seines Hebammenkontingents vor: Jede Gemeinde sollte ihre eigene Hebamme haben, was vor allem der Landschaft zugute kam, wo im Jahre 1800 eine Hebamme auf 1210 Einwohner kam, gegenüber 719 in der Hauptstadt. Bei den Ärzten – akademisch ausgebildete Mediziner und Praktiker – betrugen die entsprechenden Proportionen 1:857 für die Landschaft und 1:288 für die Stadt. Zur gleichen Zeit gab es in Lausanne für 8818 Einwohner vierzehn Ärzte, nämlich acht Mediziner und sechs Chirurgen (1:630).

2. Lebenserwartung und Familienverhalten

Kindersterblichkeit

Die freilich noch bescheidenen Fortschritte kamen dem einzelnen wie der ganzen Familie zugute. Noch war dem Menschen im allgemeinen nur eine relativ kurze Existenz auf Erden beschieden. Die Lebenserwartung bei der Geburt lag im größten Teil der Schweiz noch unter 40 Jahren: Genf (zwischen 1800 und 1820) 39,9 Jahre, Conthey (VS) ca. 35 Jahre und Vully (reformierte Kirchgemeinde von Môtier, FR) 34,5 Jahre. Die hohe Säuglings- und Kindersterblichkeit trug das Ihre dazu bei, diese Zahlen niedrig zu halten. Eines von fünf oder sechs Kindern starb noch vor der Vollendung des ersten Lebensjahres. In Luzern fiel mehr als die Hälfte aller Sterbefälle von Säuglingen in den ersten Lebensmonat und ein Viertel noch auf den Tag der Geburt, nicht selten gleich nach der Entbindung. Besonders schlecht waren die Überlebensaussichten für Zwillinge: Zwischen 1816 und 1825 starb in der gleichen Stadt jeder zweite im Laufe des ersten Lebensjahres.

Zu normalen Zeiten hatte die Säuglingssterblichkeit (Kinder unter 13 Monate) sowohl exogene wie auch endogene Ursachen. Die sogenannte exogene Sterblichkeit war eine Folge von endemischen Infektionskrankheiten sowie von Erkrankungen des Nervensystems, der Atem- und Verdauungswege, die allesamt durch die mangelnde Hygiene und die noch unzureichende medizinische Geburtshilfe stark begünstigt wurden. Die endogene Mortalität dagegen beruhte u.a. auf Erbkrankheiten sowie dem schlechten Gesundheitszustand der Mutter. Beide Morbiditäts- und Mortalitätsursachen kamen in allen Bevölkerungsschichten gleichermaßen vor, jedoch mit deutlich unterschiedlicher Häufigkeit. So war z.B. im Kanton Bern die Kindersterblichkeit in patrizischen Familien kleiner als in bürgerlichen oder ländlichen Familien. Diese Ungleichheit vor dem Tod trat während der Krisenjahre 1816/17 und 1845/46 noch krasser zutage: Die Sterblichkeit war in den schlecht ernährten Unterschichten extrem hoch. Abgesehen von solchen Ausnahmesituationen galt ein demographisches Gesetz, das in jener Zeit schon bekannt war: viele Geburten, viele Todesfälle; wenig Kinder, wenig Tote.

Familiengrößen und Ehehäufigkeit

Demographische Einzeluntersuchungen haben gezeigt, daß die durchschnittliche Kinderzahl pro Familie von Region zu Region, von einem Dorf zum anderen stark variieren konnte. Die höchsten Zahlen finden sich nach gegenwärtigem Forschungsstand in den Luzerner Ortschaften Triengen und Büron mit 6,3 beziehungsweise 6,2 Kindern pro Familie, gefolgt von der Gemeinde Appenzell (6,0 in der Zeit von 1800–1829). Die weitere Reihenfolge lautete: 5,9 in Entlebuch (LU); 5,2 in Speicher (AR); 4,4 in Silenen (UR); 4,3 in Wohlen (AG) und 4,0 in Môtier (FR). Die niedrigsten bis heute bekannten Werte stammen aus der großen Kirchgemeinde von Conthey im Wallis (3,6 Kinder im Jahre 1800 und 3,8 1850) und vor allem aus Genf, wo 1831 pro Haushalt durchschnittlich 3,7 Personen gezählt wurden. Deutet diese vergleichsweise geringe Kinderzahl auf empfängnisverhütende Praktiken hin? Die Meinungen der Demographen zu diesem Punkt sind geteilt. Für den Fall Conthey darf man wohl eine Steuerung der Geburtenzahlen durch die dort üblichen späten Heiraten annehmen. Das mittlere Heiratsalter in dieser Walliser Gemeinde betrug bei Frauen 26 Jahre, bei Männern 29 Jahre. Gleiches kann für die reformierte Kirchgemeinde Môtier gesagt werden. In Conthey variierte die Ehehäufigkeit in der Zeit von 1802–1846 zwischen 6,2‰ (1816) und 8,0‰ (1822). Nicht viel anders verhielt es sich von 1805–1834 in Genf mit einer Ehehäufigkeit zwischen 6,8‰ (1822) und 8,2‰ (1834). Eine andere Erklärung für die unterdurchschnittliche Fruchtbarkeit könnte auch die etwa im Wallis häufige Ehe unter Blutsverwandten sein.

Von den besonderen Verhaltensweisen der verschiedenen sozialen Schichten einmal abgesehen, stellt man für die gesamte Schweiz fest: Männer und Frauen heirateten leichter als früher, zeugten aber im allgemeinen weniger Kinder als ihre Vorfahren. Dies war zweifellos einer der hervorstechendsten Züge der neuen «Ehephilosophie» (Alfred Perrenoud). Sie war auch der Grund dafür, daß nach und nach die traditionellen jahreszeitlichen Präferenzen für die Hochzeit eingeebnet wurden. In Genf z. B. schreckten die jungen Leute nun weniger davor zurück, im Monat Mai in den Stand der Ehe zu treten. Das Sprichwort «Maienhochzeit, Totenhochzeit» verlor an Überzeugungskraft. Natürlich war die Stadt auch weniger als das Land von den jahreszeitlich bedingten Zwängen abhängig. Für die bäuerliche Bevölkerung bestimmte weiter der Rhythmus der Feldarbeiten das Leben. Im freiburgischen Vully sorgte z. B. die Weinlese dafür, daß die Eheregister im September und Oktober nahezu leer blieben – Zeit für den Pfarrer, die eigene Ernte einzubringen!

Eine Familie zu gründen war wohl leichter geworden als früher, blieb aber trotzdem für viele ein Privileg. Die im Vergleich zu heute sehr viel weniger liberale Ehegesetzgebung untersagte die Heirat von Personen, bei denen zu befürchten war, daß sie eines Tages der Fürsorge anheimfallen könnten. Daneben waren konfessionelle Mischehen praktisch unmöglich, ohne daß einer der Partner seinem angestammten Glauben abgeschworen hätte. Diese Beschränkungen führten, da sie die Niederlassungsfreiheit berührten, wegen des Fehlens gesamteidgenössischer Regelungen übrigens nicht selten zu Mißhelligkeiten unter den Kantonen.

Scheidungen waren die Ausnahme in jener Zeit: In Genf befanden sich 1816 unter 25000 Einwohnern nur dreizehn Frauen und zwei Männer in dieser Lage. Witwen und Witwer dagegen waren sehr viel häufiger als heute, wobei die Frauen sowohl in der Stadt als auch auf dem Land das größere Kontingent stellten. Dieser für moderne Bevölkerungen typische Aspekt wird allgemein auf den Frauenüberschuß zurückgeführt. In Luzern kamen 1810 auf 100 Männer 116 Frauen, in Genf 1816 auf 100 Männer 123 Frauen. Die Witwer hatten also bessere Heiratschancen als die Witwen, ein maskulines Privileg, das die zahlenmäßige Überlegenheit der Frauen ausglich!

Die Traditionen

Es ist durchaus denkbar, daß ein ausgeprägtes demographisches Ungleichgewicht der Geschlechter – starker Frauen- oder Männerüberschuß – zu einer gewissen Lockerung der Sitten beiträgt. So könnte der Frauenüberschuß in den Städten den schlechten Ruf erklären, in dem das urbane Leben bei der ländlichen Bevölkerung stand. Moral und Unmoral haben jedoch vielfältige Gründe. So ist die ausgesprochen hohe Rate unehelicher Kinder in Genf (von 1806–1812 8,9% aller Geburten) wahrscheinlich darauf zurückzuführen, daß die Calvinstadt auch Garnisonsstadt war. Diese Ursache fällt für die ebenfalls recht hohen Unehelichenraten in einigen ausschließlich ländlichen Gemeinden wie Charmey und Môtier jedoch außer Betracht. Die Zahlen für Vully wiesen überdies eine steigende Tendenz auf: von 2,47% zwischen 1800 und 1824 erhöhten sie sich auf 3,89% für den Zeitraum von 1825–1849. Erwähnenswert ist auch, daß in den beiden Kirchgemeinden (Charmey war katholisch und Môtier protestantisch) mehr als die Hälfte der Frauen zum Zeitpunkt ihrer Eheschließung bereits schwanger waren. Das kann aber, so paradox es klingen mag, statt auf eine Lockerung der Sitten auch auf die noch immer starke Verbindlichkeit religiöser Vorstellungen zurückgehen. Bedeutete eine sterile Frau nicht ein Zeichen göttlicher Verdammnis? Dieser Gefahr galt es aus dem Wege zu gehen. Der Brauch der ehelichen Verbindung in zwei Etappen – erst Verlöbnis, dann Eheschließung – muß in diesem Zusammenhang gesehen werden. Die Verlobung war demnach nichts anderes als eine Ehe auf Probe, und auch die voreheliche Empfängnis hatte nichts Unehrenhaftes, vorausgesetzt, die Eheschließung wurde vor der Geburt des Kindes vollzogen. Für die Bestätigung oder die Widerlegung dieser Hypothese fehlen allerdings genauere Untersuchungen.

Die Mentalitätsgeschichte ist überhaupt noch schlecht erforscht. Immerhin hat man gewisse Vorstellungen über die Intimität der Lebensgemeinschaft in ländlichen Dörfern oder städtischen Quartieren. Sie erklärt sich aus der Intensität der sozialen Beziehungen, der gegenseitigen Abhängigkeit und verpflichtenden Hilfe, dem direkten Kontakt sowie dem völligen Fehlen von Anonymität. Jeder wußte alles über jeden. Die dörflichen Berufe und Funktionen waren an die Person gebunden und wurden entsprechend personifiziert. Der Mühle-Hans, der Schmiede-Jakob verkörperten ihr Gewerbe. Wer sich nicht einordnete, wurde als Fremdkörper empfunden, wurde zum Außenseiter. In dieser engen Gemeinschaft mußte Konformismus zwangsläufig zur Intoleranz führen. Wer anders war, auf den wurde mit dem Finger gezeigt, der wurde lächerlich gemacht, gebrandmarkt und gestraft. Der Aktionsradius des einzelnen war eng begrenzt. Jeder hatte seine feste Rolle zu spielen, und alles war so geordnet, daß diese Rolle auch tatsächlich gespielt wurde. Widersprüche, Konflikte und Feindschaften gab es oft und reichlich, auch dies infolge der Intensität der persönlichen Beziehungen. Aber sie wurden immer wieder normalisiert, ins reine gebracht und in die relativ engen Grenzen eines ungeschriebenen, aber verbindlichen Verhaltenskodexes gelenkt.

Modernisierung

Langsam zeichnete sich in den gesellschaftlichen Beziehungen jedoch eine Änderung ab. Mit dem Wegfallen der sozialen und ökonomischen Zwänge der alten Dorfgemeinden und Zunftorganisationen wurden überkommene Bindungen aufgebrochen – gleichzeitig aber entstanden neue Zugehörigkeiten auf freiwilliger Basis wie die Gesellschaften und Vereine oder durch Obligatorien wie die allgemeine Schulpflicht. Diese Änderung verlief nicht ohne Irritationen. Der Mangel an Bildung und Wissen war die Ursache, daß oftmals Erregbarkeit und Überempfindlichkeit Verstand und Logik in den Hintergrund drängten. Wie anders sonst soll man sich die Häufigkeit der aus den geringfügigsten Gründen entstehenden Raufereien erklären? Auf einer höheren Ebene entwickelte sich jedoch ein soziales Bewußtsein, das sich an den Forderungen nach Gerechtigkeit und vor allem Gleichheit orientierte. Hierin war der Ansatzpunkt für die Durchsetzung von Neuerungen, wie z. B. die Steuerreform. So entschied man sich zwischen 1833 und 1850 auf Anregung von Bernhard Socin in Basel für die Erhebung einer progressiven Steuer auf Einkommen und Vermögen. Das Besteuerungssystem, das die Rheinstadt einführte, war als erstes in ganz Europa den Vorstellungen angepaßt, die seit der Französischen Revolution überall laut wurden.

In gleichem Maße, wie die neuen persönlichen Freiheiten an Boden gewannen, machte auch die Humanisierung des Justizverfahrens und des Strafvollzugs Fortschritte. Die Helvetik hatte Folter und Todesstrafe abgeschafft, doch führte die Restauration sie wieder ein. Die Regeneration befaßte sich erneut mit Reformen, die noch lange über 1848 hinaus zu ausführlichen Debatten Anlaß gaben. Langsam gewannen Toleranz und die Achtung vor der menschlichen Würde an

Schreinerwerkzeug, 1822. Toggenburger Hinterglasmalerei. Hobel, Winkelmaß, Zirkel und Axt sind die wichtigsten Werkzeuge des Schreinermeisters Eusebius Moosmann aus Mogelsberg (SG). Der Berufsstolz des unabhängigen Handwerkers steht im Gegensatz zur religiösen Demut des Gläubigen, die sich in den folgenden Versen spiegelt:

«Bei Fleiß und Treu sich Gott ergeben
Ein ewig Glück in Hoffnung seh'n;
Dies ist der Weg zum Heil und Leben:
Gott, lehre diesen Weg auch geh'n!

Boden. Allerdings genügte ein Wiederaufflackern der Kriminalität, wie dies besonders in Krisenzeiten der Fall war, um den Befürwortern der Todesstrafe, die von deren abschreckender Wirkung fest überzeugt waren, neuen Zulauf zu bringen. Selbst mehrere regenerierte Kantone behielten die Praxis der öffentlichen Hinrichtung bei. So wurde in Bern am 15. Oktober 1836 der wegen Raubmordes zum Tode verurteilte Jakob Gattiker in Anwesenheit der Behörden und einer großen Menge Schaulustiger enthauptet.

Trotz der neuen Ideen über die Freiheit und die freie Entfaltungsmöglichkeit des Individuums verharrte die Masse weiterhin in Fatalismus und Aberglauben. Zwar vermochte der Kampf gegen die zerstörende Gewalt des Feuers und der Berge, der Kampf auch gegen Hunger und Elend bei Mißernten stets Energien freizusetzen und in aktive Hilfe umzuwandeln, aber nach wie vor waren die Köpfe der Menschen von der magischen Kraft der Elemente beherrscht. Die Felslawine, die am 2. September 1806 das Dorf Goldau unter sich begrub und 457 Menschenleben forderte – eine Folge des übermäßigen Holzschlags? – war die größte Naturkatastrophe in der Schweizer Geschichte. Aber auch ein so harmloses Phänomen wie die Sonnenfinsternis von 1842 rief die unterschiedlichsten Reaktionen hervor. Vor den Demonstrationen göttlicher Allmacht verharrte die Mehrzahl der einfachen Leute in Furcht und Faszination.

3. Die Wege des Wissens

Religion und Konfession

Die Religion, das Wissen um das Heil, wurde von der Masse nicht auf die gleiche Weise erlebt wie von den Eliten. Die Theologie und die Frömmigkeit des Armen, des Unwissenden und des Einfachen waren nicht dieselben wie die des Reichen, des Gebildeten und des Ästheten. Jener verinnerlichte das Übersinnliche auf seine Weise. Aus soziologischer Sicht ist die Tatsache interessant, daß die Bindungen der Mehrzahl der Menschen an die Kirchgemeinde weitaus stärker ausgeprägt waren als das Zugehörigkeitsgefühl zur politischen und bürgerlichen Gemeinde. Obschon der Staat seinen Einfluß auf Erziehung und Fürsorge auf Kosten der Kirche vergrößerte, verstand diese – gleichgültig ob katholisch oder reformiert – es sehr gut, ihre Vorrechte zu verteidigen. Zu diesem Zweck scheute sie sich auch nicht, für sich die neuen Freiheiten in Anspruch zu nehmen. Sie hatte ihre Lektion in der Helvetik gut gelernt und war aus der für sie schwierigen Prüfung gestärkt hervorgegangen. Das Elend des Krieges, Leiden, Hunger und Unsicherheit füllten die Kirchen. Die kultivierten Kreise öffneten sich der Romantik, die eine Alternative zum Rationalismus darstellte und deren Streben nach einem höheren Ideal der Suche nach dem Jenseits förderlich war.

Exvoto aus Mariahilf (FR). Worin mag das von Maria bewirkte Wunder bestehen? Handelt es sich um die Errettung von schweren Verbrennungen bei einem Betriebsunfall oder etwa um die Verwandlung von Most in Alkohol, den Trostspender bei allen Sorgen?

Die Erweckungsbewegung bei den Reformierten, Illuminismus und Mystizismus bei den Katholiken zeugten durch ihren Erfolg und ihre Übersteigerung von einer religiösen Renaissance. Eifer und

Leidenschaft im Dienste Gottes und des Nächsten kamen auch in der Gründung der protestantischen Basler Mission 1815 zum Ausdruck. Ihr Engagement in Übersee, wo sie eine intensive soziale und humanitäre Tätigkeit entfaltete, war wohl einer der positivsten Beiträge der Schweiz in der überseeischen Welt. Protestantismus und Katholizismus liberaler Prägung und Ausrichtung unterschieden sich von der dogmatischen Strömung der Zeit durch ihren Geist der Toleranz und auch ihre Öffnung in Richtung auf eine gewisse Ökumene, aber vor allem auch durch ihre Sensibilität gegenüber den neuen ideologischen Herausforderungen. Ihr Einfluß war von unterschiedlichem Erfolg. Gegen die intellektuelle Autorität eines Alexandre Vinet im Waadtland stand der Mißerfolg des Deutschen David Friedrich Strauß in Zürich. Auf katholischer Seite machte man 1815 den Reformen im Bereich des Gottesdienstes und der kirchlichen Disziplin, die der Konstanzer Generalvikar Ignaz Heinrich von Wessenberg durchzuführen trachtete, ein Ende. In den dreißiger Jahren erlebte der Febronianismus noch einmal eine kurze Blüte, um dann durch die energische Intervention des Vatikans endgültig erstickt zu werden: Mit Gregor XVI. waren wieder Dogmatik und bedingungslose Autorität ins römische Kirchengebäude eingezogen. Um so stärker mußte den katholischen Klerus der Schock der stürmischen liberalen und radikalen Entwicklung treffen. Die protestantische Kirche dagegen, obwohl mehrheitlich von einer gemäßigt-konservativen Geistlichkeit gesteuert, zeigte sich im allgemeinen flexibler und vermochte sich leichter an die neuen politischen Verhältnisse der dreißiger und vierziger Jahre anzupassen.

Schule und Erziehung

Die Rivalität zwischen Kirche und Staat um die Kontrolle des Schulwesens verschärfte sich zusehends. Durch seine antiklerikale Haltung und sein Bestreben, die bis anhin kirchliche Domäne des Schul- und Erziehungswesens für seine Zwecke einzusetzen, forderte der liberale Staat den Widerstand der Kirche heraus. Dieser Widerstand war um so härter, als das gesamte Schulwesen, von der Primarschule bis zu den Hochschulen, sich im Um- und Ausbau befand. Aber nicht nur Kirche und Staat machten einander das Erziehungs-

Schulzimmer um 1820. Die Aufteilung der Schülergruppen in der Pultreihe und in Halbkreisen um einen Tutor gehört zu der berühmten Methode des gegenseitigen Unterrichts: Der fortgeschrittene Schüler wurde zum Lehrer des Anfängers. Diese Methode wurde besonders von Pater Grégoire Girard und seinem Genfer Konkurrenten François-Marc-Louis Naville angewendet.

Ein moderner Tempel des Wissens – die 1842 eingeweihte neue Kantonsschule in Zürich.

wesen streitig, der Streit wurde auch von Befürwortern und Gegnern der Volksschule als obligatorische und unentgeltliche Institution geführt. Die allgemeine Schulpflicht und das Recht auf freien Zugang zu den Bildungsanstalten waren Postulate, die sich aus den Grundsätzen der Freiheit und Gleichheit ergaben. Deshalb wurde in den liberalen und radikalen Kantonsverfassungen in der Regel die Verantwortung des Staates für das Bildungswesen betont und die Freiheit des Unterrichtes garantiert. Die großen Erzieher jener Zeit, allen voran Johann Heinrich Pestalozzi, Philipp Emanuel von Fellenberg und der Freiburger Franziskaner Grégoire Girard, vertraten diese liberale Konzeption. Nicht zuletzt ihrer nationalen und internationalen Reputation war es zu verdanken, daß die Sache der Volksschule schließlich den Sieg davontrug, wenn auch ihre Verwirklichung auf lokaler und kantonaler Ebene des öftern lange auf sich warten ließ und die obligatorische Volksschule nicht immer auch gleich unentgeltlich war.

Diese Verzögerung ging nicht nur auf den Widerstand der reaktionären Kräfte zurück, die ein letztes Rückzugsgefecht lieferten, sondern auch, so paradox das klingen mag, auf denjenigen der Betroffenen. «Von Volksbildung will das Volk nichts wissen», schrieb Girard 1835. Einer der Gründe lag, wie bereits gezeigt worden ist, im wirtschaftlichen Bereich, ein anderer war psychologischer Natur: Viele Eltern waren dagegen, daß ihre Kinder mehr wissen könnten als sie selbst. Was die Kinder selbst betraf, so wurden sie nicht gefragt. Man darf jedoch davon ausgehen, daß bei vielen Jugendlichen und auch bei zahlreichen erwachsenen Analphabeten ein gewisser Widerstand bestand. Der 1838 in Genf gegründete Grütliverein gab sich die Devise «durch Bildung zur Freiheit», ein Programm, das natürlich von denen abgelehnt wurde, die seit 1798 in der Ausbildung der Masse eine Gefahr für die Gesellschaftsordnung und den Keim zur Revolution erblickten. Dem hielten die Befürworter des neuen Bildungswesens entgegen, daß es im Gegenteil die Unwissenheit der Massen und die Uneinsichtigkeit der Altgesinnten gewesen seien, die der Revolution den Boden bereitet hätten.

In der Schuldebatte standen sich jedoch keineswegs zwei wohldefinierte Lager gegenüber: hier Liberale, Radikale und Sozialreformer, dort Theokraten, Traditionalisten und Konservative beider Konfessionen. Es gab vielmehr graduelle Unterschiede, denn die antidemokratischen Liberalen und sogar Anhänger einer liberalen Demokratie führten nur zu gern den geringen Bildungsgrad der breiten Masse ins Feld, um dieser entscheidende politische Verantwortung verweigern zu können. Sie hielten dafür, daß am öffentlichen Leben nur «rechte Leute» teilzunehmen hätten – eine Qualifikation, die nicht nur moralisch, sondern auch kulturell und vor allem ökonomisch zu verstehen war. Besitz und Bildung charakterisierten die Leute, die es im Leben zu etwas Rechtem gebracht hatten und damit Geltung beanspruchen konnten. Ein solches Demokratieverständnis wurde von den Radikalen entschieden abgelehnt. Sie setzten sich für die Schulung und bürgerliche Erziehung aller Bevölkerungsschichten ein.

Für diesen ideologischen Gegensatz gibt es vielleicht eine soziale und kulturelle Erklärung. Es standen sich in jener Zeit zwei Generationen gegenüber, die wegen der großen Fortschritte der Volksbildung vom Beginn des 19. Jahrhunderts bis zu den dreißiger und vierziger Jahren eine unterschiedliche Schulrealität erlebt hatten. So konnten sich die frühen Liberalen, zu deren Erfahrung der mangelhafte Elementarunterricht gehörte, eine Mitwirkung der breiten Masse bei der Führung des Gemeinwesens kaum vorstellen, denn die Ausübung der Demokratie verlangt ja vom Bürger ein Mindestmaß an Bildung. Die sich später formierenden Radikalen dagegen hatten bereits den Wandel miterlebt. Sie lehnten die Einwände ihrer geistigen Väter ebenso ab wie deren pädagogische Konzepte. Mechanisches Auswendiglernen mochte eine didaktische Notwendigkeit gewesen sein in einer Zeit, als Katechismus und Bibel für Schüler und Lehrer die einzigen bekannten Lehrmittel darstellten. Nun aber setzten sich profane Bildungsinhalte durch, die den Anforderungen der durch die Industrialisierung geprägten Gesellschaft entsprachen. Der Fächerkatalog und die Didaktik der Volksschule wurden in den dreißiger und vierziger Jahren diesen neuen Erfordernissen angepaßt.

Die Presse

Die Fortschritte im Schul- und Erziehungswesen schufen die Voraussetzungen für die Entwicklung des kritischen Denkens. Der ungeahnte Aufschwung der Presse tat das Seine, um dieses geistige Erwachen zur Entfaltung zu bringen. Wie zwischen Schule und Religion bestand auch zwischen Schule und Presse eine enge Verbindung, die sogar verfassungsmäßig verankert wurde. So hieß es bereits 1798 in Artikel 7 der Helvetischen Verfassung: «Die Pressefreiheit ist eine natürliche Folge des Rechtes, das jeder hat, Unterricht zu erhalten.» Eine einleuchtende Argumentation, denn in gleichem Maße wie die

«Der Geist unserer Zeit», Kupferstich von David Heß (1770–1843). Die Karikatur des alternden Zürcher Patriziers nimmt die Verbreitung der neuen Ideen durch die Pressefreiheit aufs Korn. Der schreckliche Dämon verteilt Schmähschriften und aufrührerische Blätter wie die «Appenzeller Zeitung», tritt die römisch-katholische Religion mit Füßen und propagiert durch Anschläge das neue Evangelium: Freiheit und Volksbeglückung werden als Schwindelparolen denunziert.

Schule Leser heranbildete, mußte die Presse für Lesestoff sorgen. Mit anderen Worten: Die Entwicklung der Presse hing unmittelbar mit der Entwicklung der Schule zusammen.

Geht man von Anzahl und Vielfalt der Zeitungen aus, so waren Helvetik und Regeneration Perioden einer freiheitlichen, Mediation und Restauration Perioden einer repressiven Pressepolitik. Freilich sollte man sich vor allzu pauschalen Einteilungen hüten. Erscheinungshäufigkeit und Erscheinungsdauer der einzelnen Zeitungen und Zeitschriften zeigen, daß die Existenzbedingungen der Presse nach 1830 eindeutig besser waren als während der unsicheren Helvetik. Und wenn auch die Jahre zwischen 1803 und 1829 eine schlechte Zeit für die Meinungsfreiheit waren, so muß doch gerechterweise gesagt werden, daß gerade in diesen Jahren im Schulbereich erhebliche Anstrengungen unternommen wurden, die zu einer allgemeinen Anhebung des Bildungsniveaus führten. Damit wurde zweifellos ein breiteres und nicht zuletzt anspruchsvolleres Leserpotential, als es vor 1803 bestanden hatte, geschaffen, ohne dessen Zutun sich der rechtliche und wirtschaftliche Status der Presse bei der Wiedererlangung der Freiheit im Jahre 1830 wohl kaum hätte konsolidieren lassen.

Es ginge natürlich zu weit, die Durchsetzung der Pressefreiheit als einen Sieg der lesenden Massen zu feiern. Wie Charles Gilliard gezeigt hat, trachtete die große Mehrheit der Bevölkerung vor allem danach, erst einmal die materiellen Bedürfnisse zu befriedigen und die rechtliche Gleichstellung im Staate zu erlangen. Wie schon bei der Schule traten auch bei der Presse die Liberalen als Vorkämpfer der Freiheit auf. Und wieder gingen sie an den Wünschen derjenigen vorbei, die sie zu vertreten vorgaben. Die Radikalen erkannten das rasch und machten sich die Situation zunutze.

Die Presse war eine gefährliche Waffe in den Händen derjenigen, die sich ihrer zu bedienen wußten. Nicht ohne Grund bezeichnete sie der britische Historiker Thomas Carlyle 1837 als vierte Gewalt im Staat. Die Meinungspresse entwickelte sich tatsächlich zu einer einflußreichen Kraft innerhalb des politischen Lebens, und das in ganz besonderem Maße in der Schweiz. Wie die umstehende Graphik zeigt, stieg die Zahl der neu gegründeten Zeitungen und Zeitschriften – insgesamt 739 von 1798–1848 – vor allem nach 1830 stark an. Freilich handelte es sich bei den erfaßten Blättern nicht nur um politische Zeitungen, sondern auch und in überwiegendem Maße um Anzeigen-Gazetten sowie Fachzeitschriften und -revuen. Die drei letztgenannten Kategorien stellen sogar das mit Abstand größte Kontingent. Die Unterdrückung der Meinungspresse während der Restauration und Mediation bedeutete nicht, daß überhaupt kein Lesestoff mehr angeboten werden konnte. Selbst im Jahre 1810, das in der hier untersuchten Periode den geringsten Presseausstoß aufwies, erschienen noch insgesamt 45 Publikationen – eine stattliche Zahl, wenn man bedenkt, daß die Schweiz damals erst eine Bevölkerung von 1,8 Millionen aufwies. Die Beschränkung der freien Mei-

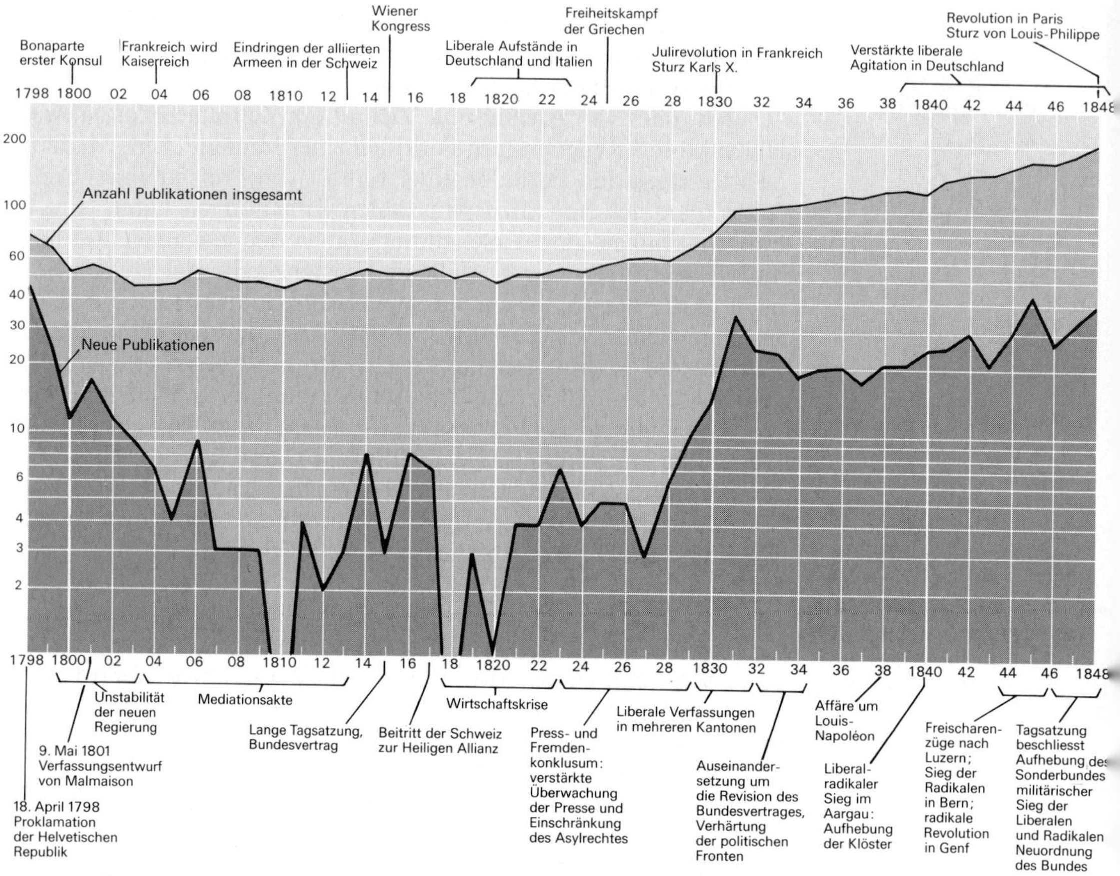

Die schweizerische Presse 1798–1848

nungsäußerung wurde jedoch immer stärker empfunden. Es bildete sich eine öffentliche Meinung, die je länger je weniger bereit war, die bestehende Bevormundung hinzunehmen. Als in Trogen im Kanton Appenzell Außerrhoden, der keine Zensur kannte, 1828 die oppositionelle liberale «Appenzeller Zeitung» gegründet wurde, war das ein Ereignis von gesamtschweizerischer Bedeutung. Die Pressefreiheit, ohne die eine Demokratie nicht denkbar ist, begann sich endgültig durchzusetzen.

Auf dem Weg zu einer neuen Kultur

Die fortschreitende Alphabetisierung und die Entwicklung der Presse regten die Leselust an, steigerten das Angebot an Information, verbreiteten neues Wissen und ließen damit immer breitere Schichten der Gesellschaft am kulturellen Leben im weitesten Sinne des Wortes teilhaben. Auch wenn diese Entwicklung jenen mißfällt, die im Entstehen der öffentlichen Meinung «die Geburt des Ungeheuers» (Bernard Faÿ) sehen, bleibt doch festzustellen, daß das gesamte Geistesleben durch diese Öffnung eine wesentliche Bereicherung erfuhr. Eine neue Art zu leben, zu denken, zu fühlen und zu handeln brach sich langsam Bahn und fand ihren lebendigen Ausdruck in den veränderten Beziehungen innerhalb der Sprach- und Religionsgemeinschaften wie in der Wahrnehmung und geistigen Durchdringung der Welt.

Parteien und Doktrinen

Durch die engen personellen Beziehungen zum Ausland, mehr noch durch die vielen Emigranten, die sie aufnahm, bot die Schweiz den Zeitgenossen eine bunte Palette der wichtigsten politischen Strömungen der Epoche. Nach heutigem Sprachgebrauch erstreckte sich das politische Spektrum von der äußersten Rechten bis zur äußersten Linken. Der konservative Staatstheoretiker Ludwig von Haller veröffentlichte von 1816–1825 in Paris seine berühmte «Restauration der Staatswissenschaften», die ihm persönlich den Ehrentitel «Restaurator» eintrug und einer ganzen Epoche ihren Namen gab. Von größerer Wirkung auf ihre Zeit aber waren die Liberalen: als politischer Denker Benjamin Constant, im Bereich der Wirtschaftswissenschaft Jean-Charles-Léonard Simonde de Sismondi und Christoph Bernoulli, in der Theologie Alexandre Vinet und in der Philosophie Charles Secrétan und Ignaz Paul Vital Troxler, der neben dem deutschen Emigranten Ludwig Snell dem Radikalismus der Regeneration die Argumente lieferte. Die äußerste Linke vertrat Wilhelm Weitling, der in Paris mit dem religiösen und egalitären Frühsozialismus in Berührung gekommen war und 1841 in Vevey die «Garantien der Harmonie und Freiheit» veröffentlichte. Durch ihn wurden die deutschen Handwerkervereine und die schweizerische Öffentlichkeit mit kommunistischen Ideen bekannt.

In den dreißiger und vierziger Jahren war die Schweiz so etwas wie ein Schmelztiegel der Meinungen und Ideen, aus denen die verschiedensten Bewegungen und Gruppierungen aufstiegen. 1830 gründete Jean-Jacques de Sellon den Genfer Friedensverein. Wilhelm Marr und August Becker dagegen predigten zwischen 1842 und 1845 Gewalt und Atheismus. Mit der Gründung der Großloge Alpina im Jahre 1844 fand die Freimaurerei neue Verbreitung und konnte sogar in katholischen Hochburgen wie Freiburg Brüder rekrutieren. Die verschiedenen Spielarten des französischen Sozialismus wurden rasch zur Kenntnis genommen. Der Saint-Simonismus fand vor allem in der Westschweiz Anhänger, und der Fourier-Schüler Victor Considérant hielt in der Lausanner Akademie einen Kurs über Sozialismus. In Bern war der Armenarzt Pierre Coullery von Pierre Leroux und Philippe Buchez beeinflußt. Pierre-Joseph Proudhons Frühwerke wurden in Zürich ins Deutsche übersetzt, und die Ideen Louis Blancs fanden in Johann Jakob Treichler ein lautstarkes Sprachrohr.

Der Erfolg dieser sozialen Ideen und Bewegungen, mochte er auch noch so begrenzt sein, beunruhigte die konservativen Kräfte und trug wesentlich zu einer Verhärtung der Fronten bei. Der linkshegelianische Einfluß auf den wachsenden Radikalismus und der immer offener zur Schau getragene Antiklerikalismus taten ein übriges, um die bereits bestehenden Spannungen zwischen «Junger Schweiz» und «Alter Schweiz» weiter aufzuheizen.

Die Schweiz war eine Drehscheibe des intellektuellen Austausches zwischen Deutschland und Frankreich und kam der ihr oft zugeschriebenen Rolle als Bindeglied und Vermittlerin nach. Sie war jedoch nicht nur Durchgangsstation, sondern wurde von den Zeitströmungen selber ergriffen. Das wachsende Nationalgefühl führte dazu, daß französisches und deutsches Selbstbewußtsein stärker in Konflikt gerieten. Das hatte seine Auswirkungen auf die schweizerischen Sprachgruppen. Es zeugt für die beginnende Sensibilisierung, daß der radikale «Nouvelliste Vaudois» 1840 unter dem Titel «Suisse allemande et Suisse française» gegen den Zürcher Bürgermeister Johann Jakob Heß zu Felde zog, der angeblich gesagt haben sollte, drei Viertel der Schweizer sprächen Deutsch und es sei nötig, daß auch das letzte Viertel sich anschließe. Ob solche Worte nun gefallen waren oder nicht, Parolen dieser Art mußten den Welschen unangenehm in den Ohren klingen und Widerstand herausfordern. Auf jeden Fall zeigt dieser Zwischenfall, daß die Empfindlichkeit der welschen Schweiz hinsichtlich des sprachlichen Gleichgewichts entgegen der gängigen Meinung um einiges älter ist als der moderne Bundesstaat. Die Saane wurde als Scheidelinie empfunden, die deutsche Schweiz und französische Schweiz nicht nur geographisch trennte.

Die Bezeichnung «Suisse romande» oder «welsche Schweiz» war zu diesem Zeitpunkt bereits geläufig. Der volkskundlich interessierte Doyen Philippe Bridel verwendete sie schon 1814. Der Name der 1834 gegründeten «Société d'histoire de la Suisse romande» zeugt für die Verfestigung dieses Sprachgebrauchs. In der französischsprachigen Schweiz diente die Verwendung des Ausdrucks «romand» wie des später aufgekommenen «alémanique» in erster Linie dazu, die schweizerischen Sprachregionen als kulturelle Einheiten gegenüber den Nachbarn Frankreich und Deutschland abzugrenzen. Die drei großen Landessprachen Deutsch, Französisch und Italienisch waren übrigens schon in der Helvetischen Republik als gleichwertige Amtssprachen anerkannt, bevor die Bundesverfassung von 1848 dieses Prinzip erneut festlegte. Das hinderte nicht, daß sich das Verhältnis der Sprachen aufgrund innerer und äußerer Einflüsse verschob. Unter der napoleonischen Herrschaft breitete sich das Französische aus, während der Restauration das Deutsche. In Biel und im Wallis war die französische Sprache im Vormarsch, im Jura dagegen die deutsche. In Freiburg wechselte je nach der politischen Ausrichtung die Amtssprache. Noch wurden diese Veränderungen der Sprachenkarte keineswegs als bedrohlich empfunden. Sie ergaben sich vor allem aus der wirtschaftlich bedingten Binnenmobilität. Sowohl die traditionelle Wanderschaft der Handwerksgesellen, als auch die vom Arbeitsplatzangebot gesteuerte Verlagerung des Wohnortes machten vor den Sprachgrenzen nicht halt. Das führte zu engen gegenseitigen Kontakten und verbesserte das gegenseitige Verstehen. Daß die Sprachenfrage zu einem ernsten Problem werden sollte, hängt nicht zuletzt mit der abnehmenden Mobilität und der zunehmenden Sicherung der Arbeitsplätze zusammen.

In der Anfangsphase der Industrialisierung überwogen im sekundären Sektor noch durchaus Produktionsweisen, die im Sprachge-

Die Volksversammlung von Flawil (SG), 7. August 1836. Ein Manifest, drei Resolutionen, neun Redner, 74 Organisatoren, 8000 bis 10000 Teilnehmer – Frauen und Kinder nicht mitgezählt –, dies ist die Bilanz dieser politischen Großkundgebung. Anlaß dazu waren die ausländische Einmischung in die inneren Angelegenheiten der Eidgenossenschaft und die Revision des Bundesvertrages. Endlich sollte aus dem Volk eine Nation werden. Das Vorbild Flawils machte Schule: Weitere Massenkundgebungen fanden in der ganzen Schweiz statt. Für die europäischen Kabinette wurde Flawil zum Symbol der Revolution und «Flawilisieren» zum Schimpfwort. Die Tagsatzung ihrerseits weigerte sich, den in Flawil aufgestellten Forderungen stattzugeben, und beschloß sogar, ihre Erwähnung aus den Protokollen zu streichen.

Stehet auf, Eidgenossen, wie wir, benutzet die gegenwärtige Volksentrüstung zur Rettung des Vaterlandes, zur Schaffung einer neuen gerechten Bundesverfassung. –
Lasset Euch die Nacht nicht übereilen, wo es, wie in Polen zu spät wäre, und wir nicht mehr wirken könnten. –
Aus dem Aufruf der Volksversammlung zu Damyt vom 7 August 1836.

brauch der Zeit «Kunst und Gewerbe» hießen. In jedem Handwerker steckte noch der Künstler, der keine großen Serien herstellte, sondern jedem Werkstück seine unverwechselbare Eigenart gab. Wenn es in der ersten Hälfte des 19. Jahrhunderts Serienproduktion gegeben hat, dann paradoxerweise in der Landschaftsmalerei, die für teures Geld flüchtig hingeworfene Abbildungen für die zahllosen Reisenden und Touristen herstellte. «Diese kolorierte Schweiz, diese Schweiz der Geschäftemacher ..., diese nicht mehr wiederzuerkennende Schweiz ist die einzige, die man in den vier Weltenden kennt!», ereiferte sich Rodolphe Toepffer in seiner 1837 erschienenen Schrift «Du touriste et de l'artiste en Suisse». Noch bevor sich die Welt durch die Industrialisierung tatsächlich wandelte, wurde ihr Abbild durch die veränderte Beziehung zwischen Künstler und Publikum banalisiert. Die oberflächliche Romantik wurde zum Artikel des Massenkonsums. Gefördert wurde diese Tendenz durch die eben erfundene Lithographie. Sie ermöglichte die Illustration der unzähligen Reiseberichte und Reiseführer. Nur der ausgeprägte Individualismus einiger Künstler, die ihre Bilder als persönliches Bekenntnis verstanden, entzog sich diesen Zwängen. Die Meisterwerke eines Maximilien de Meuron, eines François Diday und eines Alexandre Calame legen davon Zeugnis ab. Ähnliches gilt für die Literatur: Aus der großen Zahl der Autoren ragen diejenigen hervor, denen es gelang, die gesellschaftlichen Realitäten zu durchschauen. Das gilt für Toepffer ebenso wie für Jeremias Gotthelf, dem wir einzigartige Beschreibungen der ländlichen Verhältnisse verdanken, und vor allem für den jungen Gottfried Keller. Auch das Volkstheater bekam neue Im-

Franz Niklaus König (1765–1832) erlebte wie die andern Kleinmeister Johann Ludwig Aberli, Sigmund Freudenberger und Gabriel Ludwig Lory den Übergang der Schweiz vom Ancien Régime zum modernen Staatswesen. Als vielseitiger Künstler von unermüdlicher Arbeitskraft, der eine große Familie ernähren mußte, wurde er durch seine «Reise in den Alpen» zum Propagandisten der Eigenart des Berner Oberlandes und der bäuerlichen Kultur. Hier zeigt er den Kiltgang, eine alte Sitte der ländlichen Jugend, die im 19. Jahrhundert wie viel anderes Brauchtum verschwand.

pulse. So nahm 1836 der Zürcher Jakob Stutz den vier Jahre zurückliegenden Fabriksturm von Uster zum Anlaß, um Nöte und Ängste des entstandenen Arbeiterproletariats zu schildern.

Die vervielfältigte Landschaftsdarstellung im Postkartenstil bereitete den Siegeszug einer neuen – vorerst als Kunst verstandenen – Abbildungstechnik vor: der Photographie. Die erste Ausstellung von Lichtbildern fand 1840 in der Schweiz statt. Zu sehen waren Daguerreotypien des St. Gallers Johann Baptist Isenring, die leider nicht erhalten geblieben sind.

Die geglückte Verbindung vo Schönheit und technischer Perfektion machte die Freiburger Hängebrücke zu einer Touristenattraktion von europäischem Ruf. Das 1834 vollendete Werk des französische Ingenieurs Chaley zeugt vom wirtschaftlichen Aufschwung der Zähringerstadt z Beginn der Regeneration und vom Willen der damals politisch dominierenden Liberalen den Kanton aus seiner Isolierung herauszuführen.

Die frühe Verwendung photographischer Verfahren zeigt die Innovationsbereitschaft der damaligen Schweiz. Die Verbesserung alter Techniken, wie etwa die Erfindung der galvanoplastischen Vergoldung, waren an der Tagesordnung. Während der Ingenieur und künftige General Guillaume-Henri Dufour kühne Hängebrükken konstruierte, gelang dem Walliser Isaac de Rivaz 1804 der Bau eines gasbetriebenen Motors, mit dem ein Wagen angetrieben werden konnte: das erste Automobil mit Explosionsmotor. Eine neuentwikkelte Werkzeugmaschine für die Uhrenherstellung, die 1839 bei Vacheron & Constantin in Genf in Betrieb genommen wurde, erregte die Aufmerksamkeit des jungen Karl Marx. Auch die Naturwissenschaften, so etwa die biologischen Forschungen von Nicolas-Théodore de Saussure und Alexandre Moritzi, trugen das Ihre dazu bei, einer von Wissenschaft und Technik geprägten Zivilisation den Weg zu bereiten.

D. Das Werden des modernen Staates

Territorium, Bevölkerung und Regierung – die drei Grundkomponenten, die im völkerrechtlichen Sinne den Staat ausmachen – durchliefen in der ersten Hälfte des 19. Jahrhunderts einen Integrationsprozeß, der in seinem Ergebnis die moderne Schweiz hervorgebracht hat.

1. Äußere und innere Grenzen

Die territoriale Integration ergab sich aus dem Zusammenwirken der verschiedensten Bestrebungen und Bedürfnisse der Kantone wie auch ihrer großen Nachbarstaaten. Sie war das Resultat der zahlreichen Umgestaltungen, die Europa während der napoleonischen Kriege und der anschließenden Friedensschlüsse erlebte. Nicht nur der rechtliche Status der Eidgenossenschaft, sondern auch der Verlauf ihrer Grenzen wurde von den politischen Entscheiden bestimmt, die in jenen Jahrzehnten gefallen sind.

Unabhängigkeit und Neutralität

Unabhängigkeit *de jure,* Abhängigkeit *de facto,* das war die Situation der Schweiz zwischen 1798 und 1815. Napoleon, für den die Lage eines Staates dessen Politik bestimmte, erklärte 1809 auf der Höhe seiner Macht: «Mir gegenüber ist eure Neutralität ein Wort ohne Sinn, sie kann euch nur solange dienen, als ich will». Sechs Jahre später, vom unfreiwilligen Aufenthalt auf Elba zurückgekehrt, war er aus taktischen Gründen anderer Meinung. Inzwischen hatte nämlich die Tagsatzung am 18. November 1813, einen Monat nach der Völkerschlacht bei Leipzig, die Neutralität der Schweiz proklamiert. Die Alliierten nahmen darauf bei ihrem Durchmarsch nach Frankreich im Dezember des gleichen Jahres jedoch keine Rücksicht. Die immerwährende Neutralität der Schweiz, wie sie in einer Zusatzurkunde zum zweiten Pariser Frieden am 20. November 1815 festgelegt wurde, entsprach dann aber dem Interesse der unter sich wieder uneinigen Sieger, diente sie doch dem europäischen Gleichgewicht. Ihre Anerkennung war dem diplomatischen Geschick des Genfers Charles Pictet de Rochemont zu verdanken, der als Vertreter der ganzen Eidgenossenschaft auftrat. Zur Abrundung des neuen Kantons Genf und zur Herstellung einer Landbrücke zwischen der Rhonerepublik und der Schweiz sah das Vertragswerk von Paris ferner die Angliederung von savoyischem Gebiete vor.

Grenzbereinigungen

Bei den mühsamen Verhandlungen in Paris und Turin wurde die Abtretung einiger Gemeinden des Pays de Gex an den Kanton Genf mit der Zollbegünstigung im Grenzgebiet und dem Einbezug Nordsavoyens in die schweizerische Neutralität verbunden (Turiner Vertrag von 1815). Auf der anderen Seite gingen für die Schweiz die zugewandte Stadt Mülhausen und das bündnerische Veltlin für immer verloren. Der Verlust des katholischen Veltlins an Österreich wurde freilich von den reformierten Schweizern nicht allzu schmerzhaft empfunden. Im übrigen wurden verschiedene Grenzbereinigungen zur Diskussion gestellt. Während der Hundert Tage hatte sich der französische Ex-Emigrant Scey-Montbéliard als Präfekt des Departements Doubs für den Anschluß der Freigrafschaft an die Eidgenossenschaft eingesetzt, ein Unternehmen, das jedoch weder diesseits noch jenseits des Juras Rückhalt fand. Ohne Schwierigkeiten erfolgte dagegen der endgültige Erwerb des österreichischen Fricktals, während die Grenzen des Fürstentums Neuenburg erst 1824 bereinigt werden konnten und sich die Verhandlungen mit Frankreich über das strategisch nicht unbedeutsame Dappental sogar bis 1862 hinzogen. Zwar sollten auch später noch kleinere Grenzberichtigungen erfolgen, grundsätzlich aber kann man mit William Martin feststellen, daß «mit Datum vom 16. März 1816 das Staatsgebiet der Schweiz seine endgültige Form gefunden hatte».

Die Neuumschreibung des Genfer Kantonsgebietes war in mehr als einer Hinsicht von Bedeutung. Zum einen zeigt sie, daß die politische Zugehörigkeit Genfs zur Schweiz auch geographisch verstanden wurde. Daneben scheint bei den Wiener und Pariser Entscheidungen die Vorstellung eines einheitlichen Wirtschaftsraums eine Rolle gespielt zu haben, wie aus der Schaffung der sogenannten Freizonen hervorgeht. Und schließlich waren militärisch-strategische Überlegungen bei der Neutralisierung Nordsavoyens ausschlaggebend. Die dreifachen Genfer Grenzen sind mit ihrer unterschiedlichen militärischen, wirtschaftlichen und topographischen Ausdehnung ein gutes Beispiel des damaligen geopolitischen Denkens, in dem Altertümliches und Modernes sich kreuzten. Daß solche Überlegungen, die an mittelalterliche Rechtsverhältnisse gemahnen, zu neuen Schwierigkeiten führen mußten, kann nicht erstaunen. Die Zonenfrage sollte bis ins 20. Jahrhundert hinein die schweizerische Außenpolitik belasten.

Neue Kantone

Das wichtigste Ergebnis der territorialen Neuordnung war jedoch die Aufnahme Genfs in den Kreis der Schweizer Kantone. Zusammen mit dem Wallis und Neuenburg kam es zu den sechs neuen Ständen hinzu, die bereits 1803 diesen Status erreicht hatten. Die rechtliche Integration dieser Gebiete war nicht nur eine Folge des neuen politischen Gleichheitsstrebens, sondern auch der bitteren Erfahrungen der jüngsten Vergangenheit: Die von Napoleon der Schweiz entfremdeten Gebiete – neben dem Fürstentum Neuenburg auch das Wallis und das Bistum Basel – waren unter dem Ancien Régime keine gleichberechtigten Orte der alten Eidgenossenschaft gewesen. Frankreich hatte es meisterlich verstanden, diese Ungleichheit zur Befriedigung der eigenen machtpolitischen Ambitionen auszunützen. Nachdem nun das napoleonische Empire zerschlagen war, sahen die Alliierten ihrerseits, daß es für sie von Vorteil war, die Randgebiete als vollwertige Kantone an die Schweiz zu binden. Auf die alten Stände, die bestrebt waren, den Zustand vor 1798 wiederherzustellen, wurde deshalb Druck ausgeübt, damit sie den neuen Kantonen die volle Rechtsgleichheit zugestanden.

Wenn auch die äußeren Grenzen seit 1816 endgültig Gestalt angenommen hatten, so waren doch im Inneren der Eidgenossenschaft keineswegs alle Probleme territorialer und rechtlicher Art gelöst. Die Zwitterstellung Neuenburgs, die Angliederung des Juras an Bern und die Rechtsungleichheit zwischen Hauptort und Landschaft, wie sie am deutlichsten in Basel hervortrat, sollten zu weiteren Schwierigkeiten Anlaß geben.

Die Zwitterstellung Neuenburgs

Im Jahre 1806 machte Napoleon seinen Kriegsminister, Marschall Alexandre Berthier, zum Fürsten von Neuenburg. Damit wurden die rechtlichen Bindungen zwischen Neuenburg und Preußen für acht Jahre unterbrochen. Am 14. Januar 1814 kam Neuenburg wieder an den König von Preußen, der dem Fürstentum am 18. Juni eine monarchische Verfassung gab, gleichzeitig aber auch dessen Rückkehr zur Eidgenossenschaft im Rang eines Kantons gestattete. Diese doppelte Zugehörigkeit sollte bis ins Jahr 1857 andauern und sich zu einer ständigen Bedrohung für die gesamte Schweiz entwickeln. So sprach sich beispielsweise der preußische General von dem Knesebeck in einem Memorandum vom 28. September 1814 gegenüber dem Freiherrn von Stein dafür aus, die Schweiz in die «deutsche Gesamtheit» zurückzuholen. Der österreichische Kanzler Metternich widersetzte sich jedoch diesem Ansinnen. Auch Napoleon hatte sich übrigens 1809 mit dem Gedanken getragen, die ganze Schweiz von seinem Marschall Berthier, dem Fürsten von Neuenburg, regieren zu lassen.

Mit Beginn der Regeneration erreichten die schweizerisch-preußischen Beziehungen einen Tiefpunkt. Nach den gescheiterten republikanischen Erhebungen von 1831, in deren Verlauf die Aufständischen die Nachbarstaaten Waadt und Freiburg um Hilfe ersucht hatten, forderten die Royalisten die völlige Trennung Neuenburgs von der Eidgenossenschaft. Die Tagsatzung, die zur Wiederherstellung von Ruhe und Ordnung Truppen aufgeboten hatte, ließ sich jedoch nicht einschüchtern und verlangte den neuenburgischen Tagsatzungsgesandten den Bundeseid ab. Drei Jahre später kam es zu einem neuen Trennungsversuch, worauf die Tagsatzung der Neuenburger Regierung untersagte, im Verkehr mit ihr weiterhin die Bezeichnung «Fürstentum» zu verwenden. Im Frühling des Revolutionsjahres 1848 kamen dann auch in Neuenburg die Republikaner zum Zuge: Am 5. März konnte die neugebildete provisorische Regierung im Neuenburger Schloß feierlich verkünden: «Die Existenz der neuenburgischen Republik und ihre Aufnahme in die große Schweizer Familie sind mit dem heutigen Tage Wirklichkeit geworden.» Die neue republikanische Verfassung wurde von den Kommissären der Eidgenossenschaft eigenmächtig anerkannt. Sie beendete einseitig und stillschweigend die Beziehungen Neuenburgs zum König von Preußen. Vergeblich versuchten die Royalisten 1856 dies rückgängig zu machen. Der junge Bundesstaat nahm eine feste Haltung ein und konnte mit dem Pariser Vertrag vom 26. Mai 1857 die «Neuenburger Frage» endgültig lösen.

Man kann die Rückkehr Neuenburgs unter die angestammte Oberhoheit dem 1814 geltenden Legitimitätsprinzip, die 1803 erfolgte Schaffung von sechs neuen Kantonen dem Nationalitätenprinzip zuschreiben. Das Prinzip jedoch, mit dem 1815 die Angliederung Biels und des Fürstbistums Basel an den Kanton Bern gerechtfertigt wurde, das Kompensationsprinzip, ging auf eine wesentlich ältere politische Praxis zurück. Im Jahre 1814 war der fürstbischöfliche Jura «herrenloses Land», da keines der geistlichen Fürstentümer, die unter der Revolution säkularisiert worden waren, wiederhergestellt wurde. Das Bistum Basel wurde so zum Kompensationsobjekt, das man dem verkleinerten Bern anbot. Die bernischen Räte sprachen sich jedoch am 31. März 1814 «für jetzt und immer dauernd» gegen die Aufnahme des Juras in den Kanton aus. Dieser endgültige Verzicht war allerdings nicht von langer Dauer, denn ein Jahr später beschloß der Wiener Kongreß am 20. März 1815 nicht weniger endgültig: «Es soll das genannte Bistum sowie die Stadt und das Gebiet Biel künftighin ein Bestandteil des Kantons Bern sein» (Artikel 3 der Erklärung der alliierten Mächte). Damit wurde Bern für den Verlust der Waadt und des Aargaus, auf dessen Rückgewinnung es gehofft hatte, entschädigt. Am 28. April genehmigte der Große Rat mit 134 gegen 87 Stimmen die Einverleibung des jurassischen Gebiets, mit dessen südlichem Teil Bern bereits früher verburgrechtet gewesen war.

Von nun an herrschte Unschlüssigkeit in den Tälern des ehemaligen Fürstbistums. Sowohl die katholische Bevölkerung als auch Biel strebten zeitweise die Bildung eines eigenen Kantons an. Während sich die Bieler jedoch nach und nach mit ihrer Eingliederung in den Kanton Bern abfanden, blieb bei den jurassischen Katholiken der Wunsch nach Autonomie weiter lebendig. Sie konnten sich dabei auf die Vereinigungsurkunde vom 14. November 1815 stützen, wenn auch die Forderungen der Jurassier nicht soweit gingen, «die territoriale Einheit des Kantons wieder in Frage zu stellen» (Bernard Prongué). Das in Europa weiter an Boden gewinnende Nationalitätenprinzip trug dazu bei, die Flamme der Hoffnung in den Tälern des Juras nicht erlöschen zu lassen. Der jurassische Partikularismus manifestierte sich vor allem in den Petitionen vom Dezember 1830, von 1836 und 1839 sowie in den Volksabstimmungen von 1831 und 1846, die den Einwohnern des ehemaligen Fürstbistums Gelegenheit gaben, ihrer Identität innerhalb des Kantons Bern Ausdruck zu verleihen. Die zunehmende Vereinheitlichung des kantonalen und nationalen Lebens in wirtschaftlicher und rechtlicher Hinsicht wie auch die Verschärfung der ideologischen und konfessionellen Gegensätze im katholischen Norden (Sonderbund, Kulturkampf) begünstigten die allmähliche Ausformung eines jurassischen Selbstbewußtseins, das durch die Sprachfrage zusätzlich an Gewicht gewann. Diese Entwicklung mündete gegen Mitte der fünfziger Jahre des 20. Jahrhunderts in einen organisierten Separatismus, der dann ein Vierteljahrhundert später zur 1815 versäumten Gründung des 23. Kantons der Schweizerischen Eidgenossenschaft führen sollte.

Basler Truppen in Liestal, 18. Januar 1831. Die Truppen der Basler Regierung besetzten 1831 mehrmals den zukünftigen basellandschaftlichen Hauptort Liestal und ließen jeweils die dort errichteten Freiheitsbäume umlegen. So geschah es auch am 18. Januar 1831, als am frühen Nachmittag zwei Soldaten mit ihren Beilen den Baum zu fällen begannen. Vom Kirchturm her suchten einige Heckenschützen Widerstand zu leisten, während auf der Straße die Frauen sich anschickten, die Truppen mit requirierten Lebensmitteln zu versorgen. Der links abgebildete Freiheitsbaum stand vor dem Gasthaus «Zum Schlüssel», wo der revolutionär gesinnte Wirt Ambrosius Brodbeck 1797/1798 wirkte. «Liestal ist gut patriotisch», hatte damals Bonaparte auf der Durchreise befriedigt feststellen können.

Rechtsungleichheit führt zur Trennung Basels

Die Abtrennung des mehrheitlich katholischen und französischsprachigen Nordjura vom Kanton Bern und seine Erhebung zu einem eigenen Kanton ist anderthalb Jahrhunderte nach der 1833 erfolgten Teilung des in sprachlicher und konfessioneller Hinsicht einheitlichen Kantons Basel vorgenommen worden. Das mag erstaunlich erscheinen, hat aber politische und psychologische Gründe. Nach dem kurzen Zwischenspiel der direkten Einverleibung des Jura in das napoleonische Kaiserreich, die – wie der französische Historiker Jean-René Suratteau meint – von der betroffenen Bevölkerung als negative Erfahrung empfunden wurde, begrüßten die Jurassier ihren Anschluß an die Schweiz. Auch wenn ihnen das Privileg kantonaler Eigenständigkeit versagt blieb, so kam ihnen doch die Zugehörigkeit

zum großen und mächtigen Kanton Bern zugute. Darüber hinaus garantierte gemäß den Beschlüssen des Wiener Kongresses Artikel 19 der Vereinigungsurkunde dem Jura die gleichen politischen Rechte wie dem alten Kanton sowie den Schutz seiner religiösen Interessen. In Basel dagegen hatte die Restauration zwar nicht die Untertanenverhältnisse des Ancien Régime, aber immerhin doch deutliche Rechtsungleichheiten zwischen Stadt und Land wiederhergestellt. Für die Bevölkerung der Landschaft bedeutete das eine schwere Enttäuschung, um so mehr als die Stellung Basels innerhalb der Eidgenossenschaft keine Aufwertung erfuhr.

Schon 1798 hatte Johann Jakob Schaefer, im Einverständnis mit liberalen Kreisen der Stadt, für die Landschaft die Forderung nach völliger rechtlicher Gleichstellung erhoben. Unter dem Eindruck der wachsenden Unruhen gab der Große Rat damals rasch nach. 1830 fand die Landschaft in Stefan Gutzwiller einen neuen Führer im Kampf um ihre Gleichstellung. Ihr Verlangen nach einer proportionalen Vertretung im Großen Rat, d.h. einer der Bevölkerungszahl angemessenen Sitzzahl, wurde bei der Verfassungsrevision aber nicht erfüllt. Nachdem die Basler Regierung auch Forderungen nach Steuererleichterungen zurückgewiesen hatte, brach im Januar 1831 der Aufstand los. Die Regierungstruppen warfen die Erhebung nieder, besetzten Liestal und stellten innert kürzester Frist die Ruhe wieder her. Die eingeschüchterten Landschäftler stimmten daraufhin der neuen Verfassung zu, obwohl sie sie als unzureichend empfanden. Die Tagsatzung deckte das Vorgehen der Stadt, indem sie die Verfassung gewährleistete. Die Schärfe der gegen Gutzwiller und die anderen Rädelsführer ausgesprochenen Strafen entfachte im August jedoch erneut eine Erhebung, die bei den Radikalen der regenerierten Kantone Unterstützung fand. Es brach ein eigentlicher Bürgerkrieg aus, der beide Seiten Tote und Verwundete kostete. Darauf kam es zur Intervention der eidgenössischen Truppen, die im September Basel besetzten. Die Abspaltung der Landschaft von der Stadt zeichnete sich ab.

Eine kantonale Volksabstimmung über die Trennungsfrage fand Ende November 1831 statt. Die Separatisten boykottierten jedoch die Urnen, so daß das Ergebnis – 820 Ja gegen 3865 Nein nach Roger Blum – von vorneherein fragwürdig war. Daraufhin entzog die Stadt den 46 Gemeinden, die sich nicht mehrheitlich für das Verbleiben im Kanton erklärt hatten, am 22. Februar 1832 die staatliche Verwaltung. «Das ist Wasser auf unsere Mühlen», frohlockte Gutzwiller. Die ausgestoßenen Gemeinden waren durchaus fähig, sich selbst zu verwalten, und schlossen sich zum Kanton Basel-Landschaft zusammen, dessen Verfassung am 4. Mai von den Stimmbürgern angenommen wurde.

Damit hatten die Auseinandersetzungen aber keineswegs ein Ende. Sie wurden verschärft durch die wirtschaftlichen Spannungen, die zwischen Stadt und Landschaft bestanden. So waren die ländlichen Bandweber in hohem Maße von den in der Stadt lebenden Verlagsherren abhängig. Das erklärt z.T., warum das Baselbiet keine geschlossene Einheit darstellte. Neben stadttreuen Enklaven gab es zahlreiche Ortschaften mit starken Minderheiten, auf die natürlich Druck ausgeübt wurde. Die Stadt bestand, anders als 1798, auf ihren angestammten Rechten. Bei einem Versuch, diese wahrzunehmen, kam es am 3. August 1833 bei Gelterkinden und bei Pratteln zu bewaffneten Auseinandersetzungen, die 67 Menschen das Leben kosteten, davon allein 63 auf baselstädtischer Seite. Darauf schlossen sich die Gemeinden, die bisher der Stadt die Treue gehalten hatten, dem neuen Kanton an. Die Tagsatzung, deren Interventionstruppe die Auseinandersetzungen nicht hatte verhindern können, anerkannte am 26. August die Trennung des Kantons, ohne freilich die Zahl der eidgenössischen Stände zu erhöhen. Jeder der beiden Halbkantone

Der Freiheitsbaum von Binningen (BL), 23. Juli 1832. Für die abtrünnigen Basellandschäftler bedeutete die Lostrennung nicht nur politische, sondern auch wirtschaftliche Freiheit. Der unter dem Freiheitsbaum sitzende Stricker weigert sich, den Gnädigen Herren in der Stadt noch länger Rechenschaft abzulegen. Während diese versuchen, ihre Autorität durchzusetzen, ruft die Frau des Unbotmäßigen im Hintergrund den Himmel um Schutz an. Einen religiösen Akzent hatte auch die bei Errichtung des Freiheitsbaumes von Emmanuel Jundt, Sohn, gehaltene Rede: «Bis hierher hat uns Gott geholfen, Er wird uns ferner beistehen!»

hatte fortan eine halbe Stimme auf der Tagsatzung. Eine zur Ausscheidung des Kantonsvermögens eingesetzte Kommission sprach – entsprechend der Bevölkerungszahl – einen Drittel des Staatsgutes Basel-Stadt und die verbleibenden zwei Drittel Basel-Land zu.

Neuumschreibung der Bistümer

Wie überall in Europa ging auch in der Schweiz mit der territorialen Ausgrenzung des modernen Staates eine Neueinteilung der Diözesen der römisch-katholischen Kirche einher. Die Bedeutung der in der ersten Hälfte des 19. Jahrhunderts vorgenommenen Veränderungen läßt sich an der Tatsache ablesen, daß die damals neugezogenen Diözesangrenzen, von wenigen Ausnahmen abgesehen, bis auf den heutigen Tag Bestand haben.

Die Neuordnung der kirchlichen Verwaltungseinheiten folgte insofern der allgemeinen Tendenz zu vermehrter politischer Integration, als überall die Diözesangrenzen nun mit den Staatsgrenzen in Übereinstimmung gebracht und die alten übernationalen Einheiten abgebaut wurden. Bis zum Ende des Ancien Régime unterstanden die meisten Schweizer Bistümer ausländischen Erzbischöfen: Die Bistümer Basel und Lausanne waren Teil des Erzbistums Besançon; Como (Tessin und Poschiavo) gehörte zum Erzbistum Mailand; die Bistümer Chur und Konstanz (die gesamte Ostschweiz bis zur Aare) fielen unter die Jurisdiktion des Erzbischofs von Mainz. Sitten dagegen war direkt Rom unterstellt. Genf war bis 1801 Teil der Diözese Annecy. Durch das Konkordat zwischen Pius VII. und Bonaparte kam die Rhonestadt dann bis 1815 an die Diözese Chambéry. Der Kanton Genf umfaßte nach seiner territorialen Abrundung durch savoyisches Gebiet auch Gemeinden katholischer Konfession. Deshalb schlug der streitbare, aus Savoyen stammende Abbé Vuarin die Errichtung einer schweizerischen Diözese Genf vor. Doch der Vatikan entschied sich 1819 aufgrund des energischen Protests der Genfer Regierung schließlich für die Eingliederung des Kantons in die Diözese Lausanne und Freiburg. Auch anderswo war Bewegung in die Kirchenlandschaft gekommen. Die Französische Revolution und ihre Folgen hatten das Verschwinden zahlreicher europäischer Erzbistümer und übernationaler Diözesen verursacht. So verlor das Erzbistum Konstanz 1813 die Jurisdiktion über die Ostschweiz, die 1819 zunächst an das Bistum Chur, dann an das Doppelbistum Chur und St. Gallen überging (1823). Mit dem Konkordat vom 26. März 1828 wurde die neue Diözese Basel geschaffen, in deren Administration die Kantone Aargau, Basel, Bern, Luzern, Solothurn, Schaffhausen, Thurgau und Zug fielen, wobei der Bischofssitz von Pruntrut nach Solothurn verlegt wurde. St. Gallen mit Appenzell erhielt 1847 den Status einer eigenständigen Diözese, während das Bistum Chur neben Graubünden die Urkantone und Zürich umfaßte. Aber erst ein Bundesbeschluß von 1859 machte der fremden Episkopaljurisdiktion auf Schweizer Boden ein Ende, indem die Rechte der Bistümer Mailand und Como über das Tessin und Poschiavo aufgehoben wurden. Die Gründung des Bistums Lugano, das allerdings nominell Basel unterstellt blieb, erfolgte jedoch erst 1888.

Wenn diese Neuordnung der kirchlichen Zuständigkeiten das nationale Selbstgefühl dennoch nicht zu befriedigen vermochte, so hatte das seinen Grund darin, daß der Einfluß ausländischer Erzbistümer durch die direkte Unterstellung der schweizerischen Diözesen unter den Papst und seinen verlängerten Arm in der Schweiz, den apostolischen Nuntius, abgelöst wurde. Schon während der Helvetik und Mediation dachte man an die Bildung einer das ganze Land umfassenden Kirchenprovinz. An diese Bestrebungen knüpfte das neue, vor allem von den liberalen Luzerner Katholiken getragene Projekt von 1816 an, ein gesamteidgenössisches Erzbistum mit Sitz in Luzern zu schaffen. Die vor allem vom Luzerner Eduard Pfyffer und vom St. Galler Gallus Jakob Baumgartner angeregten Badener Artikel von 1834 stellten einen Schritt in diese Richtung dar. Die Signatarkantone – Aargau, Basel-Land, Bern, Luzern, St. Gallen, Solothurn und Thurgau – verpflichteten sich gegenseitig, die bisherigen Immediatsbistümer, denen sie angehörten, einem Metropoliten zu unterstellen. Doch war auch dieser Versuch, den Einfluß Roms zurückzudrängen, mit der Verwerfung durch die päpstliche Enzyklika vom 17. Mai 1835 zum Scheitern verurteilt. Die Angelegenheit entfachte jedoch die politischen Leidenschaften und trug durch ihren religiösen Hintergrund zur Verschärfung einer Auseinandersetzung bei, die rund ein Dutzend Jahre später im Sonderbund ihren Höhepunkt finden sollte und die erst mit der Neuordnung der Beziehungen zwischen Staat und Kirche in der Bundesverfassung von 1848 beigelegt wurde.

2. Entstehung eines Nationalbewußtseins

Haben sich die Menschen, die während der ersten Hälfte des 19. Jahrhunderts innerhalb der sich noch mehr oder weniger in Bewegung befindenden Landesgrenzen lebten, als Schweizer verstanden? Gab es über die Kantons-, Sprach- und Konfessionsgrenzen hinweg ein Zusammengehörigkeitsgefühl? Diese Frage kann wohl mit einigem Recht bejaht werden, wenn auch unterschieden werden muß zwischen den Eliten, bei denen sich ein nationales Bewußtsein deutlich auszuprägen begann, und den Massen, die noch kaum davon erfaßt waren. Die fremden Truppen, die das Land 1798–1802 und 1813–1814 besetzt hatten, das napoleonische Protektorat 1802–1813 und die unablässigen, oft rücksichtslosen Einmischungen von außen im Zeitraum 1815–1848 haben zur Entstehung des Nationalbewußtseins bei Regierenden und Regierten nicht wenig beigetragen. Die Art und Weise, wie es sich öffentlich artikulierte und manifestierte, deutet darauf hin, daß mit der Zeit die Bindung an das gemeinsame Vaterland in allen Schichten der Bevölkerung stark empfunden wurde.

Sieht man sich freilich die zeitgenössischen Äußerungen näher an, so tritt viel Widersprüchliches hervor. So ermächtigten die Helvetischen Räte am 12. März 1799 unter Berufung auf «die Ehre und das

Das eidgenössische Übungslager bei Schwarzenbach (SG), August 1836. Das achte Übungslager – das zweite in Schwarzenbach – stand unter dem Kommando des Freiburger Obersten Philippe de Maillardoz, der vormals in französischen Diensten gestanden hatte. Er kampierte übrigens wie ein gewöhnlicher Soldat (oben). Die Teilnahme an der Übung war den Kantonen freigestellt. Sie bestand einerseits aus Exerzieren, Märschen, Schießen und Stellungsbezügen, sollte andererseits aber auch die organisatorischen Fähigkeiten der Offiziere unter Beweis stellen. Die geladenen Besucher und Besucherinnen scheinen nach zeitgenössischen Berichten vom vaterländischen Geist der Veranstaltung beeindruckt gewesen zu sein (unten). War doch die Armee mangels einer gemeinsamen Regierung Ausdruck der eidgenössischen Einheit.

Wohl der Nation» das Direktorium zur Teilnahme an den «glänzenden Siegen der Franzosen» über Österreich. Und die Vermittlungsakte wurde vom Helvetischen Senat am 5. März 1803 «mit der innigsten Dankempfindung von dem Ersten Konsul der französischen Republik und Präsidenten der italienischen Republik» entgegengenommen, worauf der erste Landammann, Louis d'Affry, den Einwohnern der 19 eidgenössischen Kantone verkündete, die Mediationsverfassung sei geschaffen, «um der schweizerischen Nation jene Achtung wiederzuerwerben, die sie stets genossen hat» und die sie an der Seite ihres großen Verbündeten Frankreich weiterhin genießen werde. Der Bundesvertrag von 1815 wurde «für das Wohl des gesamten Vaterlandes» geschlossen. Acht Jahre später aber klagte der enttäuschte Frédéric-César de Laharpe, «was uns arme Schweizer betrifft, so sind wir keine Nation mehr». Auch die Regeneration änderte an diesem Pessimismus wenig. Am 22. Dezember 1832, nach dem Scheitern des Bundesvertrages, schrieb der Zürcher Bürgermeister Johann Jakob Heß in demokratischer Resignation an den Berner Karl Schnell, daß man sich wohl mit der alten Eidgenossenschaft zufrieden geben müsse, «bis das Volk belehrt ist und eine Nation werden will». Der in den vierziger Jahren offen zutage tretende Riß zwischen Konservativen und Radikalen ließ diese gemeinsame Nation in den Augen vieler in weite Ferne rücken. Der Genfer Protestant Antoine-Elisée Cherbuliez, der als echter Liberaler auch gegenüber den Verdiensten der römischen Kirche nicht blind war, sah sich damals zu der Feststellung veranlaßt: «Der Katholizismus ist antinational.» Der eben entstehende Sonderbund wurde von seinen Gegnern denn auch als eine Absage der schweizerischen Katholiken an das gemeinsame Vaterland interpretiert.

Staat und Nation

Wenn die Schweiz auch keine Nation und sicher kein Nationalstaat war, so gab es doch, als Erbe des Helvetismus des 18. Jahrhunderts, einen ausgeprägten Patriotismus oder – um einen zeitgenössischen Ausdruck zu verwenden – einen «Nationalgeist». Freilich entsprach er nicht den wohlbekannten Klischeedarstellungen schweizerischer Vaterlandsliebe und Heldentradition. Die Sachlage war, wie schon die eben angeführten Zitate zeigen, viel komplexer. Was auf den ersten Blick wie eine zunehmende Abkehr von der eigenen Nation anmutet, erweist sich bei näherem Zusehen als eine immer anspruchsvollere Zuwendung zum eigenen Staat. Man sollte auch die Berufung auf die Nation, wie die Staatsmänner der Helvetik und der Mediation sie liebten, nicht als Heuchelei oder Perversion der Vaterlandsliebe abtun. Die zwischen 1798 und 1802 unternommenen Anstrengungen, dem Land mehr Unabhängigkeit zu verschaffen, sind unleugbar. Ein Peter Ochs, ein Frédéric-César de Laharpe waren von der Vision einer politisch und gesellschaftlich modernen Schweiz erfüllt. Und die Politiker der Mediations- wie der Restaurationszeit waren auf ihre Weise fest davon überzeugt, daß die Eidgenossenschaft innerhalb der neuen Ordnung ihren Platz haben müsse, sei es im Europa des Empire oder im Europa der Heiligen Allianz. Sie hatten alle die Erfahrung zu machen, daß die Schweiz sich den wechselnden politischen Realitäten nicht entziehen kann.

Trotzdem ist es erstaunlich, mit welcher Leichtigkeit die französischen Armeen 1798 das Land besetzen konnten und wie unbestritten die Kantone 1803 die Mediation Napoleons annahmen. Was sagte das nationale Ehrgefühl dazu? Es hat sich kaum geregt. Das war wohl z.T. darauf zurückzuführen, daß revolutionäres Sendungsbewußtsein einen neuen, von den Unitariern getragenen Patriotismus entstehen ließ. Die Anhänger der «einen und unteilbaren» Republik blieben jedoch stets in der Minderheit. Der Hauptgrund für den Zusammenbruch von 1798 und mehr noch für die Unterwerfung von 1803 lag in der jahrhundertelangen Bindung an den mächtigen Nachbarn im Westen. Das System der «Schwesterrepubliken» ebenso wie das der Mediation waren nur andere, vollkommenere Strategien der ersten Macht des Kontinents, sich die Schweiz als Satelliten zu erhalten.

Die Randregionen

Wie stand es in den Randregionen, die 1814/15 zur Eidgenossenschaft zurückkehrten, mit dem Nationalgefühl? Zumindest im Fürstentum Neuenburg, aber auch im benachbarten Jura, war es noch wenig ausgeprägt. 1820 teilte der Neuenburger Charles-Godefroi de Tribolet seine Landsleute in vier Gruppen ein: Da war zunächst einmal die Schweizerpartei, «wie es den Anschein hat, zahlenmäßig die größte Gruppe», die «ungern den Hauptteil der Steuergelder nach Berlin fließen sieht». Dann gab es die Anhänger des Ancien Régime, die umgekehrt der Tagsatzung den ihr zustehenden Geldbeitrag mißgönnten. Die dritte Gruppe stellten die Preußenpartei und die Royalisten dar, die «jeder Organisation, die den Republikanismus stärkt», feindlich gesinnt war. Und schließlich gab es im oberen Kantonsteil die Frankophilen, die sich von geschäftlichen Interessen leiten ließen und von jeher gegen die Konzentration der politischen Macht im Unterland aufmurrten.

Auch im Jura, jedenfalls in seinem nördlichen Teil, war das nationale Zugehörigkeitsgefühl wenig entwickelt. So sah es jedenfalls Jules Thurmann, Gründungsmitglied der «Société jurassienne d'émulation». In einer Aufsehen erregenden Rede zog er 1853 eine bittere Bilanz der jüngsten Geschichte seiner Heimat, in der er das alte, «auf deutsche Art regierte und von französischer Sitte beherrschte» Fürstbistum dem neuen Zustand gegenüberstellte: «Seit vierzig Jahren ist der Jura durch Verträge schweizerisch. Aber in diesen vierzig Jahren hat sich kaum jemand darum gekümmert, ihn auch mit dem Herzen an die Eidgenossenschaft zu binden, ihn teilhaben zu lassen an den Annehmlichkeiten und Vorzügen des helvetischen Lebens, ihm den eidgenössischen Odem einzublasen ... Armes, verlorenes Kind! Durch die Ströme der Politik seines väterlichen Heimes beraubt und rücksichtslos in eine Familie gesteckt, die schon in sich gegründet und fertig war, sah sich der Neuankömmling lauter Brüdern gegenüber, die sich selbst genügten und anderes zu tun hatten als sich ihm zuzuwenden. Nicht genug, daß er einfach links liegengelassen wurde. Aber dadurch, daß er keine Einheit mehr bildete und trotz seiner ausgeprägten Individualität auf ein Rumpfgebilde reduziert war, blieb ihm jede eigene Initiative von vornherein abgeschnitten.»

Bevormundung weckt Selbstgefühl

Der Jura und Neuenburg waren Ausnahmefälle, von denen nicht auf die übrigen Randregionen und noch weniger auf die im Landesinnern gelegenen Kantone geschlossen werden kann. Im übrigen trug die Heilige Allianz, die sich nicht nur als Hüterin der schweizerischen Neutralität, sondern auch des Bundesvertrages betrachtete, durch ihre ständige Einmischung in die inneren Angelegenheiten der Eidgenossenschaft dazu bei, das Selbstgefühl und den Abwehrwillen der Schweizer zu wecken. Das Preß- und Fremdenkonklusum der Tagsatzung vom 14. Juli 1823 nennt schon in seinem Titel die beiden Problemkreise, die in der Folge über die kantonalen Grenzen hinweg zusehends die Geister mobilisierten und an der Bildung eines echten nationalen Bewußtseins entscheidenden Anteil hatten.

Für die Presse bedeutete der Beschluß von 1823 nur die Bestätigung eines Tatbestandes, der bereits durch das 1812 von der Tagsatzung angenommene Pressekonklusum geschaffen worden war, das seinerseits auf eine ähnliche Zensurverordnung aus dem Jahre 1805 zurückging. Die ausländischen Mächte erhoben immer wieder durch ihre diplomatischen Vertreter einzeln oder gleichzeitig Beschwerde bei den schweizerischen Behörden gegen Texte und Artikel, die sie als respektlos, beleidigend oder verleumderisch erachteten. Die Folge davon war, daß die Pressefreiheit auch in den wenigen Kantonen, in denen sie noch existierte, beseitigt wurde, wie etwa 1824 im Kanton Aargau. Aber diese systematische Repression ließ nur das Streben nach Meinungsfreiheit stärker werden, und die Tagsatzung, die ohnehin der Heiligen Allianz mißtrauisch gegenüberstand, setzte im Jahre 1829 das erst sechs Jahre vorher verfügte Konklusum außer Kraft.

Hinsichtlich des politischen Asyls war die Tagsatzung weniger geneigt, die Mächte offen herauszufordern. Von 1819–1838, d. h. von den Karlsbader Beschlüssen bis zur Aufhebung des von der Tagsatzung am 11. Juli 1836 erlassenen neuen Fremdenkonklusums, bestand ein wesentlicher Teil der schweizerischen Außenpolitik in der Bearbeitung von Beschwerden, die sich gegen die zahlreichen Emigranten in der Schweiz richteten, deren Verhalten manchmal zu Recht, aber doch meistens zu Unrecht als subversiv und als Gefahr für die innere und äußere Sicherheit der europäischen Staaten angesehen wurde. Die Reaktionen auf diese Interventionen waren sehr unterschiedlich. Es gab einerseits Schweizer, die sich den Mächten der Heiligen Allianz als Denunzianten anboten; so hat es z. B. der «Restaurator» Karl Ludwig von Haller, wie übrigens auch andere Gegner der neuen Ideen, für richtig befunden, geheime Berichte an ausländische Regierungen zu senden, die geeignet waren, diese über die Zustände im Inneren der Eidgenossenschaft zu beunruhigen und zu mehr oder weniger direktem Eingreifen zu veranlassen. Anderseits kam es in vielen Kantonen nach dem Erlaß des Konklusums von 1836 zu eindrücklichen Volksversammlungen, die gegen die ausländische

Bevormundung protestierten. Der radikale Waadtländer Henri Druey war der Ansicht, daß diese Versammlungen «dem Vaterland einen hervorragenden Dienst» erwiesen haben. Im gleichen Geiste reagierte die Freiburger Regierung zwei Jahre später im Zusammenhang mit dem «Napoleonhandel», als Paris die Ausweisung des unbequemen Prätendenten mit schweizerischem Ehrenbürgerrecht durch einen Truppenaufmarsch zu erzwingen suchte. Sie verurteilte diese Einschüchterungsmaßnahme in einer Proklamation als Verletzung «der nationalen Ehre und Souveränität», denn es gehe um die Frage, «ob die Schweiz eine freie und unabhängige Nation ist oder nicht!»

Die Einmischungen und Druckversuche der Mächte hätten aber kaum allein das schweizerische Nationalgefühl hervorbringen können, wenn nicht ein verstärktes Einheitsstreben innerhalb der Eidgenossenschaft selbst vorhanden gewesen wäre. Es war jener *«instinct de sociabilité»,* der Geselligkeitstrieb, als dessen vernünftige Ausformung Jean-Louis-Benjamin Leresche im 1836/37 in Lausanne erschienenen «Dictionnaire géographique-statistique de la Suisse» den *«esprit d'association»,* die gesellschaftliche Vereinigung bezeichnete. Und er fährt fort: «Man überwindet die von Egoismus und Vorurteilen aufgetürmten Barrieren, man sucht den Nachbarn, man verbindet sich zu den unterschiedlichsten Zwecken.» Er zählt in der Folge 14 überkantonale oder nationale Gesellschaften auf, deren Jahresversammlungen bald hier, bald dort stattfanden und die in hohem Maße zur «Festigung der eidgenössischen Bande» beitrugen, so die «Helvetische Gesellschaft», die «Schweizerische Naturfor-

Mensur in Göttingen 1838. Lithographie von C. Rohde. Zahlreiche Schweizer Studenten studierten zu jener Zeit an deutschen Universitäten, von wo sie die dort üblichen Sitten und Bräuche nach Hause brachten. Göttingen war berühmt für seine schlagender Verbindungen. Die Mensur galt als Sport, militärischer Vorunterricht und Schulung der Männlichkeit. Von je einem Sekundanten unterstützt, versuchten die in lederverstärkten Anzügen steckenden Gegner, einander Verletzungen am Kopf beizubringen Nach dem Kampf nähte der Chirurg die klaffenden Wunden mit einer besonders grober Nadel, damit die Narbe – der Stolz des schlagenden Studenten – ein Leben lang sichtbar blieb.

schende Gesellschaft», die «Schweizerische Gemeinnützige Gesellschaft», die «Schweizerische Musikgesellschaft», der studentische «Schweizerische Zofingerverein», der «Schweizerische Schützenverein», die «Schweizerische Offiziersgesellschaft», der «Schweizerische Turnverein», der «Schweizerische Schutzverein», der «Schweizerische Nationalverein», die «Schweizerische Gesellschaft für die Verbesserung des Volkes» sowie der «Katholische Verein» und auch die Freimaurerei (Großloge Alpina).

Neben diesen militärischen und paramilitärischen, staatsbürgerlichen und philanthropischen, kulturellen und religiösen, wissenschaftlichen und technischen Gesellschaften nahm Leresche aber auch Unternehmen wie die «Schweizerische Feuerversicherungsgesellschaft» in seine Liste auf. Die Volkstümlichkeit dieser Vereine, bei

Erstes eidgenössisches Sängerfest, Zürich 25./26. Juni 1843. Wie zur Beschwörung der sich abzeichnenden nationalen Krise, die vier Jahre später ausbrechen sollte, fanden sich 2184 Sänger – die Sängerinnen waren nur als Zuhörerinnen geduldet – aus 15 Kantonen in Zürich ein. Im Chor sangen sie den Schweizerpsalm von Zwyssig und genehmigten einstimmig die Statuten des «Eidgenössischen Sängervereins», die unter dem Motto: «Für Gott, Freiheit und Vaterland» standen.

einzelnen auch die bis ins 18. Jahrhundert zurückgehende Tradition, schlugen sich in Einfluß und hohen Mitgliederzahlen nieder. Aber auch fachbezogenere, wahrscheinlich einem breiten Publikum weniger bekannte Gesellschaften spielten eine beachtliche Rolle bei der Integration der schweizerischen Eliten.

Hinter der Bezeichnung «helvetisch», «schweizerisch», «national», «eidgenössisch» und «patriotisch» wirkten diese Gesellschaften als Koordinationsstellen in den unterschiedlichsten Bereichen, vorzugsweise jedoch auf dem Gebiet der Kultur im weitesten Sinne. Im Jahre 1808 wurde die «Schweizerische Pädagogische Gesellschaft» gegründet, zu deren Mitgliedern so bekannte Pädagogen wie Heinrich Pestalozzi und Emanuel von Fellenberg gehörten. Das in Freiburg freilich nicht im Rahmen einer Gesellschaft entworfene

Projekt einer «Helvetischen Akademie» ordnet sich in die Bestrebungen ein, die seit dem 16. Jahrhundert der 1889 erfolgten Gründung der katholischen Universität vorausgingen. Im Kanton Waadt formierte sich 1834 die unter dem Namen «Chant national» bekannte Sängerbewegung, deren Schöpfer Johann Bernhard Kaupert 1842 den «Eidgenössischen Sängerverein» gründete. Bereits 1806 hatte sich die «Schweizerische Künstlergesellschaft» gebildet. Der Versuch, 1799 eine schweizerische Nationalbühne ins Leben zu rufen, scheiterte zwar, weist aber bereits voraus auf die nun einsetzende Selbstdarstellung durch Heroisierung der eidgenössischen Vergangenheit.

Nationalkulte

Das Theater in der Schweiz beschäftigte sich im wesentlichen mit der Pflege und der Beschwörung der gemeinsamen Traditionen. Unter freiem Himmel, auf der Bühne und sogar in den Schulen, vor allem in den Jesuitenkollegien, wurde einem wachsenden Publikum die eigene Geschichte vorgeführt. Oft fanden diese Aufführungen in Form von Festspielen statt. So feierte man zum Beispiel 1805 in Sarnen ein «Fest der nationalen Eintracht», bei dem ein historisches Schauspiel in vier Akten geboten wurde. Die szenische Darstellung war jedoch nur eine Form, die Erinnerung an die heldenhafte Vergangenheit wachzuhalten. Mit ihrem St. Jakobsfest gedachten die Basler alle fünf Jahre der ruhmreichen Schlacht bei St. Jakob an der Birs von 1444. Die Vierhundertjahrfeier von 1844, die mit dem eidgenössischen Schützenfest zusammenfiel, wurde besonders glanzvoll begangen. 1821 wurde das Luzerner Löwendenkmal zur Erinnerung an die Selbstaufopferung der Schweizergarde beim Tuileriensturm von 1792 feierlich eingeweiht. In Aarau befand sich zwischen 1821 und 1829 der Sitz des Sempachervereins, der die Erinnerung an den Sieg über Österreich im Jahre 1386 pflegte, um die Söhne durch das Andenken an die Heldentaten der Väter zu stärken. Seine Mitglieder pilgerten alljährlich zu den bedeutenden historischen Stätten der Schweiz. In einigen Städten pflegte man sorgsam bestimmte Bäume, die ein Stück nationaler Geschichte verkörperten wie etwa der Nußbaum von Solothurn, die Eiche auf dem Basler Petersplatz oder die Linden in Freiburg, Murten und Schaffhausen.

Das erwachende Geschichtsbewußtsein war selbstverständlich auch Sache der Historiker, die sich an die Worte Alexandre Vinets hielten: «Eine Nation ist erst dann wirklich eine Nation, wenn sie ihre Geschichte kennt.» Als Nachfolgerin der schon 1811 gegründeten «Schweizerischen Geschichtsforschenden Gesellschaft» konstituierte sich 1841 aus Anlaß des 550. Geburtstages der Eidgenossenschaft die «Allgemeine Geschichtforschende Gesellschaft der Schweiz». Oftmals im Wettstreit mit ausländischen Kollegen machten sich nun Gelehrte, Forscher und Populärwissenschaftler daran, die Geschichte der Eidgenossenschaft aufzuarbeiten und Zeitschriften ins Leben zu rufen wie die «Etrennes helvétiques», die «Helvetia», den «Schweizerischen Geschichtsforscher», das «Schweizerische Museum» und die «Revue suisse», ein allgemeines Kulturmagazin

Die «Union» – das erste Dampfschiff auf dem Neuenburgersee. Es wurde 1826 auf Initiative von Albert du Thon aus Yverdon noch aus Holz gebaut. Erst 1834 folgte mit der «Industriel» ein aus Eisen konstruiertes Schiff.

nach dem Vorbild der französischen «Revue des Deux Mondes». Ein erstes Projekt einer «Helvetia Christiana» wurde lanciert. Der gleiche vaterländische und patriotische Geist führte auch zur Gründung von regionalen Vereinigungen, so 1837 in Lausanne der «Société d'histoire de la Suisse romande» und 1843 in Luzern des «Fünförtlichen Historischen Vereins».

Der Patriotismus der Zeitgenossen orientierte sich gleichzeitig an der Vergangenheit und an der Zukunft, an kriegerischen und friedlichen Vorstellungen. Das Zusammenwirken dieser Elemente brachte vier verschiedene Formen und vier Inkarnationen des nationalen Bewußtseins hervor. Für die Tradition des inneren Friedens stand Nikolaus von der Flüe, der um Ausgleich bemühte Vermittler an der Stanser Tagsatzung von 1481. Seine kriegerischen Gegenstücke waren der Held von Sempach, Arnold von Winkelried, und vor allem Wilhelm Tell. Die Befreiungssage wurde in der Form, die Friedrich Schiller ihr 1804 gegeben hatte, zum Klassiker des patriotischen Bühnenrepertoires überhaupt. Neben diese legendären Gestalten aus der Zeit des Kampfes gegen Österreich traten zwei jüngere Symbolfiguren, die den Widerstand gegen das revolutionäre Frankreich verkörperten: der Schwyzer Kapuzinerpater Paul Styger, der sich von 1798–1802 mit an die Spitze der Schwyzer Widerstandsbewegung gegen die fremde Besetzungsmacht gestellt hatte, und die Bündnerin Anna Marie Bühler, die als «Kanonenmaid von Ems» in die Schweizer Geschichte einging, nachdem sie 1799 die mit ihren Kanonen vorrückenden Franzosen in dem Dorf Ems hatte aufhalten können. Sie wurde beim eidgenössischen Freischießen in Chur 1842 begeistert gefeiert und zusammen mit Wilhelm Tell als Verteidigerin der nationalen Unabhängigkeit verehrt.

Ebenso wie der vergangenheitsbezogene Patriotismus hatte auch der zukunftsorientierte eine kämpferische Ausrichtung in der «Jungen Schweiz», die sich zu dem von Giuseppe Mazzini begründeten «Jungen Europa» bekannte. Auch die Studentenverbindung «Helvetia» vertrat eine aggressive Spielart schweizerischen Nationalgefühls. Dagegen war die Helvetia, die den Kopf des Bundesvertrages von 1815 ziert, deutlich den Figuren von Tell und Winkelried übergeordnet und darf sicher als Sinnbild der nationalen Eintracht und – nach den Wirren von Krieg und Revolution – des Friedens mit den Nachbarn gedeutet werden.

3. Die politischen Institutionen

Von der Utopie zur Realität

Untrennbar verbunden mit der Entwicklung des Nationalgefühls war im Bewußtsein der Bevölkerung die Frage nach einer gesamtschweizerischen Regierung. Zwischen dem Ende des kurzen unitarischen Abenteuers und der Entstehung fester bundesstaatlicher Institutionen durchlief die Idee eines gesamtschweizerischen Staatswesens drei aufeinanderfolgende Phasen: Utopie bis 1830; realisierbare Utopie zwischen 1830 und 1848; Realität von 1848 an.

Als von außen aufgezwungenes und importiertes Modell, war der Staat der Helvetischen Republik, er mochte noch so modern sein, kaum lebensfähig. Die fünf Jahre seines Bestehens reichten nicht aus, um bei seinen Bürgern ein Zugehörigkeitsgefühl entstehen zu lassen, das über die kantonalen Grenzen hinausging. In jener Zeit und noch auf lange verstand man unter dem Staat in der Regel den Kanton. Und trotz den Verbesserungen, die der Helvetik zu verdanken waren, konnten die Schweizer nicht verschmerzen, daß ihre Kantone zu bloßen Verwaltungsdistrikten degradiert oder sogar verstümmelt worden waren. Dies begriffen zu haben, war das Verdienst Bonapartes, der die kantonalen Souveränitäten und die Tagsatzung wiederherstellte, die eher ein Forum für Verhandlungen als ein gesetzgebendes Organ war. Einzig der Landammann war eine Erinnerung an die helvetische Vereinheitlichung. Er präsidierte die Tagsatzung und führte zwischen deren Sessionen die Geschäfte der Eidgenossenschaft. In dieser Funktion spielte er die Rolle des Staatschefs. Der Bundesvertrag von 1815 beseitigte auch das Amt des Landammanns wieder und stellte die Verhältnisse des Ancien Régime weitgehend wieder her. Der Vorortskanton war nicht viel mehr als ein Briefkasten für die Korrespondenz der in- und ausländischen Kanzleien.

Ohne Regierung und Parlament «war die Schweiz kein Staat mehr», folgerte Jean-François Aubert. Die Verträge von 1815 sprechen denn auch von den «Staaten der Schweiz» und von der *Union helvétique*. Wenn dies eine Anspielung auf das Unionssystem der Vereinigten Staaten von Amerika war, so hatten die beiden Föderationen doch so gut wie nichts gemein. Und jede Hoffnung auf eine Verbesserung der Lage mußte vergeblich erscheinen, solange die

Die Freiheit war das zentrale Thema der zeitgenössischen schweizerischen Ideologie; Künstler, Handwerker und Dilettanten versuchten diesen abstrakten Begriff in Darstellungen von Tell, Winkelried und Rütlischwur zu konkretisieren.

«Rütlischwur», Fuß eines Silberpokals, 1893, Luzern.

«Rütlischwur», dargestellt mit ausgestopften Fröschen von François Perrier, Estavayer-le-Lac (FR), ehemals Hauptmann in päpstlichen und neapolitanischen Diensten, 19. Jahrhundert.

Abneigung gegen alles, was nur irgendwie an Helvetik und Mediation erinnerte, lebendig blieb.

Mit dem wachsenden Nationalbewußtsein, das immer stärker das Fehlen gesamtschweizerischer Behörden fühlbar machte, trat ein Wandel der Auffassungen ein. Vor der liberalen Staatstheorie, die sich seit den dreißiger Jahren in den meisten Kantonen durchgesetzt hatte, konnte weder der Bundesvertrag von 1815 noch dessen Organ, die Tagsatzung, bestehen. Es fehlte beiden die Legitimation durch das Volk: Der Bundesvertrag hatte keiner Volksabstimmung unterlegen, und die Tagsatzung war eine bloße Konferenz der Gesandten, die Entscheidungen nur nach vorheriger Instruktion treffen konnten.

Butterbrett aus dem 19. Jahrhundert, «Winkelried», Bischofszell (TG).

Mit den Jahren starben auch die letzten Überlebenden des Ancien Régime aus und machten einer jüngeren Generation Platz, die mit der Revolution herangewachsen war und unter den Freiheitsbäumen getanzt hatte.

Die Begeisterung, die die Pariser Julirevolution in der Schweiz auslöste, bewies, daß einerseits die Ideen von 1789 in den Köpfen der

Menschen verwurzelt geblieben waren und daß sich andererseits die schlechten Erinnerungen an die französische Besatzungszeit weitgehend verwischt hatten. Die Gunst der öffentlichen Meinung neigte sich wieder dem Nachbarn im Westen zu, nachdem die Interventionspolitik der Heiligen Allianz und des Metternichschen Systems die Mißbräuche und Schikanen der jakobinischen und napoleonischen Agenten und Kommissare in Vergessenheit hatten geraten lassen. Für diese Verdrängung zeugt nicht zuletzt die Volkstümlichkeit des aufkommenden Napoleonkultes. Dieser Umschwung bildete den Rahmen für die in den Jahren 1831–1835 unternommenen Versuche, den Bundesvertrag von 1815 zu revidieren und zu modernisieren. Es war die Zeit der realisierbaren Utopie.

Versuche einer Bundesrevision

In dem als nationales und patriotisches Unternehmen angepriesenen *Dictionnaire* von 1836/37 widmet Leresche diesen Revisionsversuchen breiten Raum. Gestützt auf die Tagsatzungsabschiede zeichnet er die wichtigsten Etappen nach: Der auf der Tagsatzung von 1831 präsentierte Vorschlag des Kantons Thurgau für eine Revision des Bundesvertrages fand nicht nur in weiten Kreisen der Bevölkerung Zustimmung; 16 Kantone und ein Halbkanton sprachen sich auf der Luzerner Tagsatzung 1832 grundsätzlich für eine Revision aus. So kam es zur Ausarbeitung eines ersten Entwurfes, der zusammen mit dem Bericht des Genfers Pellegrino Rossi den Kantonen vorgelegt wurde. Die wesentlichen Punkte dieses Entwurfes waren die Umwandlung der Tagsatzung in eine Legislative, die Schaffung eines Bundesrates als Exekutive und die Gründung eines Bundesgerichts als Judikative. Als Hauptstadt des neuen Bundesstaats war Luzern vorgesehen. Angesichts der Opposition der Mehrheit der Kantone, die wohl eine Revision im Prinzip gutgeheißen hatten, vor deren praktischer Durchführung aber zurückschreckten, wurde auf der außerordentlichen Tagsatzung von 1833 in Zürich die Ausarbeitung einer neuen Fassung beschlossen. Aber auch dieser zweite, abgeschwächte Zürcher Entwurf fand keine Gnade vor Volk und Großen Räten der Kantone. Die Tagsatzung beschloß darauf, die Reform bis auf weiteres aufzuschieben, die Kantone aber durch Kreisschreiben über ihre Ansichten zu einer Total- oder Teilrevision des Bundesvertrages zu vernehmen. Nach der schwierigen Auswertung der Antworten entschied der Vorort Zürich für eine Teilrevision. Die Tagsatzung von 1834 bestellte eine neue Kommission, die aber auch nicht zum Ziel gelangte. Einige Delegierte befürworteten die Wahl einer verfassunggebenden Versammlung durch das Volk. 1835 bekannten sich 13 Kantone und ein Halbkanton zur Notwendigkeit und Nützlichkeit der Bundesrevision, ebensoviele verwarfen die Wahl einer Konstituante, aber es fand sich auch keine Mehrheit für die Fortführung der Revisionsarbeit durch die Tagsatzung. Angesichts dieser verfahrenen Situation glaubte Leresche, nur ein Meinungsumschwung zugunsten der verfassunggebenden Versammlung könnte eine Lösung anbahnen.

Es war dann aber doch die Tagsatzung, die 13 Jahre später mit 13 Stimmen selbst die Modernisierung des Bundesstaates einleitete, indem sie den Bundesvertrag durch eine Verfassung ersetzte und ihre eigene Auflösung beschloß. Auch das Volk wurde befragt: 14 Kantone und ein Halbkanton sprachen sich für diesen dritten Entwurf aus, der nach dem Tagungsort Berner Entwurf genannt wurde und der die Aarestadt zur Hauptstadt der Schweiz bestimmte.

Bruch und Kontinuität

Der Übergang vom Staatenbund von 1803 und 1815 zum Bundesstaat von 1848 ging nicht ohne Kämpfe und Gewaltanwendung vonstatten. Der Bürgerkrieg von 1847 erinnert in gewisser Hinsicht an den Stecklikrieg von 1802, der seinerzeit dem Übergang vom unitarischen Staat zum Staatenbund vorausgegangen war. In beiden Fällen kam es zu einem schmerzhaften Bruch, der jedoch den Beginn einer neuen Verfassungsordnung ermöglichte. Auch die Kantone erlebten 1830 und in den folgenden Jahren einen mehr oder weniger brutalen Wandel von der Oligarchie der Restauration zur repräsentativen Demokratie der Regeneration. Die Periodisierung der Schweizergeschichte folgt üblicherweise den rechtlichen und institutionellen Wegmarken. So einleuchtend und klar eine solche Einteilung ist, sie hat doch den Nachteil, die Mechanismen der Machtwechsel und die Kontinuität der Verwaltung und des Rechtes zu verwischen, die der Anarchie entgegenwirken und die Hierarchie zwischen Regierenden und Regierten aufrechterhalten.

Diese Kontinuität läßt sich an drei Beispielen leicht aufweisen: Da sind zunächst einmal die Gemeinsamkeiten, die von der nicht in Kraft gesetzten Verfassung von Malmaison vom 29. Mai 1801 über die Mediationsakte von 1803 und den Rossi-Entwurf von 1832 bis hin zur Bundesverfassung vom 12. September 1848 reichen. Gemeinsam ist all diesen Texten, auch wenn sie sich in wesentlichen Punkten unterscheiden, der französische oder genauer napoleonische Einfluß. Das kommt unter anderem im Zweikammersystem zum Ausdruck, auch wenn 1848 das amerikanische Vorbild stärker zum Tragen kam. Das zweite Beispiel ist die Überführung der interkantonalen Vereinbarungen aus der Mediationszeit in die Restaurationszeit. Artikel 14 des Bundesvertrages von 1815 bestimmte ausdrücklich: «Alle eidgenössischen Konkordate und Verkommnisse seit dem Jahr 1803 (...) verbleiben in ihrem bisherigen Bestand.»

Die politischen Eliten

Als drittes und letztes Beispiel sei die Kontinuität der politischen Eliten erwähnt. Obschon sich über die gesamte Periode hinweg Revolutionäre und Konterrevolutionäre die Macht streitig machten und einander in den kantonalen Spitzenpositionen ablösten, konnte sich eine Gruppe von Männern, die über genügend Flexibilität verfügte, nahezu ohne Unterbrechung in der Regierungsverantwortung halten. Dieser Politikertypus, der trotz seiner unbestrittenen Verdienste keineswegs beliebt war, ist vor allem wegen seiner Funktion als Bindeglied zwischen den politischen Systemen interessant, denn er war es, der in den kritischen Momenten während und vor allem nach den Regimewechseln die politische und administrative Maschinerie in Gang hielt. Einer der eindrücklichsten Vertreter dieses Typus war der Freiburger Jean de Montenach, genannt der Türke, der von den letzten Jahren des Ancien Régime bis in die Regeneration (1791–1837) ununterbrochen zu den geachtetsten und einflußreichsten Politikern der «Stadt und Republik Freiburg» gehörte. Soziologisch betrachtet waren die Verhältnisse im Wallis in dieser Hinsicht noch bezeichnender. Wie Jean-Henri Papilloud gezeigt hat, wurde die politische Stabilität dort nicht so sehr durch einige starke Persönlichkeiten als durch Familienverbände gewährleistet, die sich mit den klassischen Mitteln der Vererbung und des Nepotismus ein Ämtermonopol zu sichern verstanden. Überhaupt zeigt in den meisten Kantonen die lange Amtszeit der hohen Beamten, daß die Verwaltungsapparate fähig waren, den politischen Wandel zu überdauern, vor allem in einer Zeit, wo Anwärter auf öffentliche Funktionen noch nicht im Überfluß zur Verfügung standen.

Stärken und Schwächen der Tagsatzung

«Die Tagsatzung erinnert an jene Greise, deren schwindende Kräfte und geschwächte Körper gerade noch in der Lage sind, sie am Leben zu erhalten», schrieb Antoine-Elisée Cherbuliez im Jahre 1843. Dieser Grabgesang auf ein überaltertes System stand nicht alleine. Schon vor der Regeneration hatte Johann Kaspar Zellweger 1829 die ehrwürdige Institution als überholt bezeichnet. Zur gleichen Zeit verurteilte Heinrich Zschokke, der Verfasser der «Schweizerlandgeschichte für das Schweizervolk», in einer Präsidialrede vor der Helvetischen Gesellschaft den Bundesvertrag von 1815, der das Land zu einem Verein von «Pygmäenstaaten» gemacht habe. Doch legte er in der gleichen Rede auch ein Bekenntnis zur Unauflöslichkeit der Eidgenossenschaft ab.

In der Tat sollte die Schwäche des «dekadenten» eidgenössischen Bundes nicht überbetont werden. Sein politischer Zusammenhalt ergab sich schon daraus, daß er eine republikanische Insel im Meer der monarchischen Staaten bildete. Zudem wahrte der Bundesvertrag mit der Beibehaltung der Strukturen und des archaischen Vokabulars des Ancien Régime das Erbe des Westfälischen Friedens von 1648, d.h. die internationale Anerkennung der schweizerischen Unabhängigkeit. Damit setzte man sich gegenüber Österreich ab, dessen Stellung durch die Schwächung Frankreichs gestärkt worden war. Die negative Erfahrung der Helvetik mit ihrer inneren und äußeren Ohnmacht wertete die alte Schweiz des Friedens und des Wohlstandes wieder auf. Nach Krieg, fremder Besetzung und Elend ging es den Kantonen in erster Linie darum, neuen Einbrüchen vorzubeugen. Der Bundesvertrag von 1815 war, dem Buchstaben und Geiste nach, vor allem ein Verteidigungspakt, ein militärisches Bündnis zwischen souveränen Staaten. Durch die in Artikel 2, 3 und 4 festgelegten Bestimmungen und Maßnahmen zur besseren Verteidigung des Landes und zur Aufrechterhaltung der Ordnung wurden die Schwächen der Bundesorganisation von 1798 z.T. ausgemerzt und eine besser ausgerüstete, stärker koordinierte Armee geschaffen. Die Tagsatzung wurde mit Befugnissen ausgestattet, die im Bedarfsfalle wirklich wahrgenommen werden konnten und unter anderem im Falle innerer oder äußerer Gefahr die normalerweise von den Kantonen befehligten eidgenössischen Truppenkontingente unter eidgenössischen Oberbefehl stellten. Artikel 9 sah zudem bei außerordentlichen Umständen die Bildung einer Art Krisenstab aus sechs Repräsentanten zur Unterstützung des Vorortkantons vor. Schließlich legte Artikel 8 fest: «Die Tagsatzung trifft alle erforderlichen Maßregeln für die äußere und innere Sicherheit der Eidgenossenschaft» – eine Bestimmung, «die ihr praktisch uneingeschränkte Vollmacht verlieh», wie Alexis de Tocqueville treffend bemerkte. Und er fährt fort: «Selbst die stärksten Föderationsregierungen haben keine weitergehenden Rechte. Ich glaube durchaus nicht, daß die Kompetenzen der Zentralgewalt in der Schweiz zu eingeschränkt seien, sondern im Gegenteil, daß sie zu weit gefaßt sind.» Auch Tocqueville hat sich gefragt, worin denn die Schwäche der eidgenössischen Tagsatzung liege. Sein Befund ging dahin, daß die allmächtigen Kantone sie lähmten. Das imperative Mandat, an das ihre Abgeordneten gebunden seien, verunmögliche rasche Entscheidungen. Die Kantone paralysierten einander und ließen «die einer föderativen Behörde innewohnende Unbeweglichkeit» zu einer Art «seniler Debilität» degenerieren. Damit kam auch Tocqueville wie Cherbuliez zum Schluß, daß die zu weit gehende Dezentralisierung das politische System der restaurierten Eidgenossenschaft zu einem Anachronismus mache.

E. Die Kantone und der Bund

1. Die Anfänge der liberalen Demokratie

Die Errichtung des modernen Nationalstaats war untrennbar verbunden mit der liberalen Bewegung der ersten Hälfte des 19. Jahrhunderts. Sie schuf auch in der Schweiz die Voraussetzung für die «Realisierung der Utopie», für die Bildung eines modernen Bundesstaates innerhalb eines Rahmens, der vom Kampf für die bürgerlichen Rechte und die Demokratisierung der Institutionen auf kantonaler Ebene vorgegeben war.

Friedliche Revolutionen

Verglichen mit der von Gewalt geprägten Entwicklung in den umliegenden Staaten, verlief der Kampf um die liberale Demokratie in den Kantonen eher friedlich. Dennoch ist unbestritten, daß ihre Durchsetzung auch hierzulande im Zeichen der Revolution stand, mag diese gezähmte, selten überbordende Revolution auch eher wie eine Evolution in Schüben als wie ein brutaler Bruch mit dem Vergangenen erscheinen.

Erklärungen für das, was Felix Bovet «friedliche Revolutionen» genannt hat, fehlen nicht: So ist auf den Wellenbrechereffekt des Föderalismus aufmerksam gemacht worden, auf die Verwurzelung demokratischer Strukturen in Stadt und Land seit dem Mittelalter, auf die gleichmäßige Entwicklung von Wirtschaft, Gesellschaft und Kultur als Ergebnis der frühen Alphabetisierung und des weitgehenden Fehlens von unerträglichen Ungleichheiten und auch auf die Friedfertigkeit der Schweizer, ihren Sinn für Recht und Ordnung, ihr Mißtrauen gegenüber den verschiedenen Ideologien, diesen Fermenten jeder politischen Revolution.

Mit Voraussetzungen dieser Art läßt sich das Beharrungsvermögen vor allem der katholischen Schweiz erklären. Für die Bevölkerung stellten ein gewisses Gefühl der Geborgenheit und das Bedürfnis, das Erworbene zu bewahren, gute Gründe dar, sich dem revolutionären Abenteuer zu verweigern. So verlief die Geschichte Freiburgs, wie sie Marius Michaud beschrieben hat, mit ihren eher strukturellen als konjunkturellen, eher soziologischen als dogmatischen Wechseln fast ungebrochen. Die sogenannte revolutionäre Periode (1789–1815) war in dieser agrarischen und rein katholischen Republik im Grunde nichts anderes als eine Episode in einer langen gegenrevolutionären Tradtion. Das Volk hieß zwar 1798 die Revolution willkommen, wandte sich aber rasch wieder von ihr ab. Michaud spricht von Enttäuschung, aber mehr noch von tief verwurzelter Abneigung gegen jede Veränderung. Er erinnert an den übermächtigen Einfluß der in Jahrhunderten gewachsenen Gewohnheiten und betont die naturgegebene Autorität der traditionellen Herren und alteingesessenen Familien, in einer *de facto* und *de jure* inegalitären Gesellschaft.

Anders lagen die Dinge in der protestantischen Schweiz, die wesentlich besser auf den Wandel vorbereitet war. Die Erhebung gegen das Ancien Régime erfolgte hier sehr viel spontaner, und dessen Verschwinden verursachte weniger Betroffenheit. Auch die neuen Freiheiten fanden hier eine größere Resonanz. Nach der Erstarrung der Gesellschaft und der Blockierung des Elitenwechsels im Ancien Régime brachte die Helvetik eine Blutauffrischung und Belebung, die um so mehr vonnöten war, als die wirtschaftliche Modernisierung immer weiter voranschritt. Aber dieser erste Anlauf wurde rasch gebrochen: «Herr Ochs, die Revolution ist zu Ende», mußte sich der Basler Staatsmann 1803 in Paris beim Empfang der Mediationsakte von Bonaparte sagen lassen.

Es verging noch mehr als ein Vierteljahrhundert, bis die neuen Freiheiten in den Kantonsverfassungen der Regeneration bestätigt und festgeschrieben wurden. Innovation bedeutete aber nicht gleichzeitig Revolution. Antoine-Elisée Cherbuliez erklärte den Erfolg der Bewegung von 1830 durch den Umstand, daß die Pariser Revolution die öffentliche Meinung Europas durch ihre Mäßigung gewonnen habe. Ein Urteil, das im darauffolgenden Jahr von der Presse bestätigt wurde: «Kein vernünftiger Mensch kann die Revolution wollen», versicherte der «Courrier fribourgeois» am 31. August 1831 wie vorher schon der «Messager Suisse» seinen Lesern. Nicht viel anders sahen ausländische Beobachter die schweizerischen Ereignisse. François-René de Chateaubriand berichtete 1832: «In Bern angekommen, erfuhren wir von einer großen Revolution in der Stadt. Aber wohin ich auch schaute, die Straßen lagen wie ausgestorben, und überall herrschte Ruhe. Die schreckliche Revolution trug sich im Stillen zu, beim friedlichen Rauch einer Pfeife im gemütlichen Winkel irgendeiner Schenke.» Vielleicht war es dieser ruhige Ablauf der Revolution *«à la Suisse»,* der Henri-Frédéric Amiel zu der Feststellung veranlaßte: «Politische Revolutionen sind in der Geschichte nur von zweitrangiger Bedeutung.»

Innerkantonale Spaltungen in Schwyz

Immerhin gab es auch harte Auseinandersetzungen zwischen den Anhängern der alten Ordnung und den Neuerern, die in mehreren Fällen zu tiefgehenden kantonalen Spaltungen führten. Dies war vor allem der Fall in Schwyz, in Glarus und im Wallis. Die rechtliche und wirtschaftliche Benachteiligung der vier «äußeren Bezirke» Einsiedeln, Küßnacht, Pfäffikon und March durch das «altgefreite» Land Schwyz führte zu einem Trennungsversuch unter der Führung des Landammanns Joachim Schmid. Schon im Jahre 1814 hatten sich erste Bestrebungen bemerkbar gemacht, die auf eine Kantonsteilung abzielten. Zu einem Höhepunkt der seitdem nicht mehr abreißenden Spannungen kam es aber erst 1830, als die «Äußeren» nach dem Beispiel der Basler Landschaft eine Verfassungsreform forderten und abgewiesen wurden. Als Antwort auf dieses Nein trennten sich die äußeren Bezirke von Inner-Schwyz und bildeten Anfang 1831 einen selbständigen «Kanton Schwyz, äußeres Land» mit eigener Administration und eigenen Truppen. Nach einigen vergeblichen Vermittlungsversuchen anerkannte die Tagsatzung 1833 den neuen Halbkanton, behielt aber eine spätere Wiedervereinigung vor. Einstweilen wurde den Teilen auf eidgenössischer Ebene je eine halbe Stimme zugesprochen. Von einigen anderen konservativen Kantonen ermutigt, unternahmen die «Innern» in der Folge einen militärischen Vorstoß in der Absicht, die Trennung mit Waffengewalt rückgängig zu machen. Die Tagsatzung reagierte sofort und ließ eidgenössische Truppen in Schwyz einrücken. Beide Parteien wurden zur Ausarbeitung einer gemeinsamen Verfassung an den Verhandlungstisch gezwungen. Die neue Schwyzer Verfassung von 1833 entsprach dann weitgehend den Wünschen der äußeren Bezirke. Doch schon fünf Jahre später kam es zu neuen Auseinandersetzungen, diesmal zwischen der kleinbäuerlichen Partei der «Klauenmänner» und den großbäuerlichen konservativen «Hörnermännern». Dank den gemeinsamen Bemühungen der Tagsatzung und des Kantons Uri konnte nach der blutigen Landsgemeinde von Rothenthurm vom 6. Mai 1838 der Konflikt beigelegt werden.

In Glarus

Die Parteiungen, die seit 1815 die Kantone Glarus und Wallis in zwei Lager teilten, hatten andere Ursachen. In Glarus hatte die Restauration den Katholiken, die nur ein Achtel der Bevölkerung stellten, 1814 ihre eigene, seit der Glaubensspaltung verbriefte Verwaltung und Landsgemeinde zurückgegeben. Der Kanton sah sich jedoch Geschäften gegenüber, die keine Sonderrechte für eine Konfessionsgruppe mehr zuließen; deshalb hob man die beiden konfessionellen Sonderlandsgemeinden auf. Unter Berufung auf die eidgenössische Vermittlung von 1683 widersetzten sich die Katholiken, worauf die Regierung die Gemeinden Näfels und Oberurnen militärisch besetzen ließ und so den Widerstand brach.

Im Wallis

Die Auseinandersetzungen zwischen den auf ihren Vorrechten beharrenden Oberwallisern und den minderberechtigten, französischsprachigen unteren Zenden führten 1839 zu einer ersten Krise. Die von der Hinhaltetaktik der Konservativen erbitterten liberalen Unterwalliser rissen im Sittener Landtag die Macht an sich, nachdem Vertreter der oberen Zenden einer grundlegenden Verfassungsreform erneut ihre Zustimmung versagt hatten. Die Konservativen verließen daraufhin den Landtag, der sich nun als verfassunggebende Versammlung konstituierte. Nach der Annahme der neuen Verfassung im Unterwallis hatte der Kanton nun zwei Regierungen: Während die alte sich nach Siders zurückzog und von dort aus das Oberwallis verwaltete, saß die neue in Sitten und regierte den restlichen Kanton. Am 11. Juli 1839 sprach sich die Tagsatzung mit einem Mehr von 14 Stimmen für die Verfassungseinheit im Wallis aus. Eine neue von den Unterwallisern am 25. August angenommene Verfassung erhielt jedoch die eidgenössische Gewährleistung nicht. Eine Trennung des Kantons schien sich anzubahnen. Im Frühjahr 1840 kam es zur bewaffneten Auseinandersetzung, in deren Verlauf die Truppen des Oberwallis bei Bramois von den Unterwallisern überrannt wurden. Am 6. April anerkannten die Abgeordneten der oberen Zenden die Regierung in Sitten, und Großratspräsident Joseph-Hyacinthe Barman konnte verkünden: «Von den Quellen der Rhone bis an die Ufer des Genfer Sees hat das Land das gleiche Interesse.»

Die Folgen der Julirevolution

Die von der Pariser Julirevolution 1830 ausgehenden Signale lösten in der Schweiz – wie die vorstehenden Beispiele zeigen – eine breite, landesweite Bewegung aus, an deren Ende die Errichtung der liberalen Demokratie stand. Ihre ersten Gehversuche machte die neue Staatsform während der dreißiger Jahre in den Kantonen, bevor sie sich 18 Jahre später auch auf Bundesebene durchsetzte. Die Kantone als politische «Versuchslaboratorien», wie Roland Ruffieux sie nennt, erprobten die neuen Freiheiten und Rechte, die Eingang in ihre Verfassung gefunden hatten: persönliche Freiheit, Schutz vor willkürlicher Verhaftung, Glaubens- und Religionsfreiheit, Pressefreiheit, Meinungsfreiheit, Vereins- und Versammlungsfreiheit, Recht auf Eigentum, Handels- und Gewerbefreiheit sowie die damit verbundene Niederlassungsfreiheit.

Seit der französischen Erklärung der Menschen- und Bürgerrechte von 1789 waren diese Freiheiten in allen nach liberalen Vorstellungen verfaßten Staaten gesichert. Für Benjamin Constant lag in ihnen der entscheidende Unterschied zwischen der antiken und der modernen Demokratie. Während seiner Ansicht nach in der Antike die Demokratie den Sinn gehabt habe, dem Individuum die Teilnahme am öffentlichen Leben zu ermöglichen – eine Konzeption, die einzig auf der «kollektiven Freiheit» beruhte, strebe die moderne Demokratie danach, die Freiheit des Individuums und seine Unabhängigkeit gegenüber Staat und Gesellschaft sicherzustellen. Zur Veranschaulichung dieses Unterschieds nannte Constant das Beispiel der Glaubensfreiheit: «Die freie Religionswahl, die wir als eines unserer wertvollsten Rechte betrachten, wäre in der Antike als Verbrechen oder gar als Verstoß gegen die göttliche Ordnung empfunden worden.»

Das Demokratieverständnis des schweizerischen Liberalismus gab der Freiheit den Vorrang vor der Gleichheit. Hier lag das Problem, das die Radikalen von den Liberalen trennte und auch den Gegensatz zwischen Stadt und Land hervorrief. Wie Charles Gilliard betont, hatten für die städtischen Eliten die individuellen Freiheiten Priorität, für die breite Masse der Land- und Stadtbevölkerung aber zählte vor allem die Gleichheit. Die radikalen Regierungen, die die liberalen ablösten, gaben der kollektiven Gleichheit vor der individuellen Freiheit den Vorzug und nahmen damit einen Kurswechsel vor. Damit war eine auch die Gesellschaft erfassende Umwälzung eingeleitet, die freilich erst durch die demokratische Bewegung in der zweiten Jahrhunderthälfte zu Ende geführt wurde, was wiederum für den evolutionären Charakter der schweizerischen Revolutionen zeugt. Das scheint selbst für den von Gérald Arlettaz untersuchten Fall der Waadt zu gelten, obwohl der institutionelle Übergang von der Restauration zur Regeneration hier vergleichsweise abrupt und brutal erfolgte.

Freiheit und Gleichheit

Die repräsentative Demokratie

Der endgültige Durchbruch der repräsentativen Demokratie bedeutete natürlich die Ausarbeitung von Verfassungen mit entsprechenden Inhalten: Volkssouveränität, Gewaltentrennung, Öffentlichkeit der Parlamentsdebatten, politische Rechte, und zwar vor allem Wahl- und Stimmrechte. Aus dem Prinzip der Volkssouveräni-

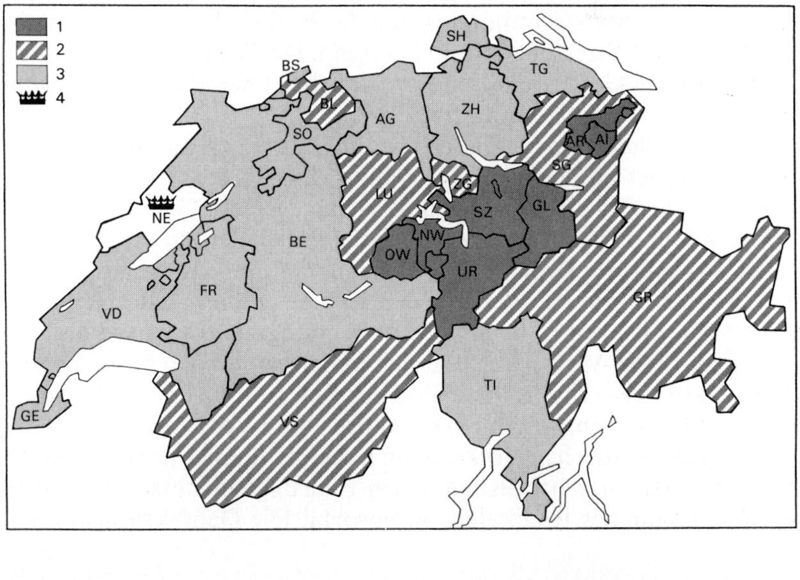

Regierungsformen in der Schweiz um 1840

1 direkte Demokratie (Landsgemeinde für Wahlen und Abstimmungen)
2 halbdirekte Demokratie (mit obligatorischem oder fakultativem Referendum oder Veto; oder mit einer Landsgemeinde für die Behördenwahlen)
3 repräsentative Demokratie
4 konstitutionelle Monarchie (in der Form eines Fürstentums)

tät leiteten sich nicht nur die individuellen Freiheiten und deren Umschreibung in den Verfassungen ab, sondern auch die freiwillige Unterwerfung eines jeden Bürgers unter die legitime Autorität. Das ist der Sinn der Theorie des Gesellschaftsvertrags, wie sie Jean-Jacques Rousseau in seinem 1762 erschienenen Werk konzipierte. Die Demokratie knüpfte mit ihrer Definition des Volkswillens wieder an die antike an, wie sie Benjamin Constant 1819 beschrieben hatte, wobei sie allerdings eine andere Art der Machtlegitimation brachte. Das Wahl- und Stimmrecht, durch das der Volkswille sich geltend machen konnte, gehörte deshalb zum Instrumentarium des demokratischen Staates. In der Schweiz hat zudem die direkte Demokratie – die Zeitgenossen sprachen von «wahrer Demokratie» – als Vorbild für die neuen Formen der politischen Willensbildung gedient und zu repräsentativen Demokratien mit gewissen direkt-demokratischen Elementen geführt.

Direktdemokratische Elemente

Die Schweiz der Regeneration bot auf Kantonsebene verfassungsmäßig kein einheitliches Bild. Zu Beginn der vierziger Jahre gab es unter den 25 Kantonen und Halbkantonen 16 repräsentative und 8 direkte Demokratien (die Landsgemeindekantone Uri, Schwyz, Obwalden, Nidwalden, Glarus, Zug, Appenzell Innerrhoden und Appenzell Außerrhoden) sowie eine konstitutionelle Monarchie, das Fürstentum Neuenburg. Der Block der 16 bildete zudem kein homogenes Ganzes. Während die meisten von ihnen Initiative und Referendum bei Verfassungsänderungen kannten – dadurch waren sie im Bedarfsfalle in der Lage, ihre Verfassungen in periodischen Abständen, in der Regel alle sieben bis acht Jahre, zu revidieren –, sahen einige Kantonsverfassungen zusätzliche Mechanismen vor, mit deren Hilfe der Stimmbürger die Behörden und deren Entscheidungen vermehrt kontrollieren konnte. St. Gallen (1831), Basel-Landschaft (1832) und Luzern nach der Verfassungsrevision von 1841 führten das fakultative Veto gegen neuerlassene Gesetze ein. Ein obligatorisches Veto kannten Graubünden und das Wallis, das 1844 zum obligatorischen Gesetzesreferendum überging. Die Waadt hatte seit 1845 das fakultative Gesetzesreferendum, daneben aber als erster Kanton auch schon die Gesetzesinitiative.

Das vor allem vom St. Galler Theodor Curti analysierte Veto war die Urform des modernen Referendums. Es gab den Stimmbürgern lediglich die Möglichkeit, mit einem Nein gegen ein Gesetz zu opponieren. Während beim Referendum die Mehrheit der Stimmenden den Ausschlag gibt, lag dem Veto die Anzahl der eingetragenen Stimmberechtigten zugrunde. Wer sich der Stimme enthielt, galt nach dem Grundsatz «Schweigen bedeutet Zustimmung» automatisch als Befürworter – eine Auffassung, die sich in der heute noch bestehenden Referendumsfrist erhalten hat: Wird das Referendum innerhalb dieser Frist nicht ergriffen, so gilt ein Gesetz als vom Volke angenommen.

Auswirkungen der Volksrechte

Die demokratischen Volksrechte haben sich nicht in jedem Falle zugunsten der fortschrittlichen neuen Führungsschichten, der Liberalen und dann der Radikalen, ausgewirkt. Die Demokratie konnte auch eine Waffe zur «Verteidigung der alten Gesellschaft» (Alexis de Tocqueville) werden. So haben es die konservativen Kräfte verstanden, durch Rückgriff auf religiöse Motive 1839 in Zürich, 1841 in Luzern und 1844 im Wallis die Massen zu mobilisieren und die demokratischen Institutionen zum Sturz der liberalen und radikalen Regierungen zu benutzen. Im Wallis gelang es dem konservativen Regime, den Kanton in eine «volkstümliche und theokratische Diktatur» (Gérald Arlettaz) umzuwandeln, deren meistgefürchtetes Werkzeug, das Zentralgericht, die Opposition im Lande so nachhaltig unterdrückte, daß sich selbst bei den auswärtigen Sympathisanten dieser Art von Demokratie Besorgnis regte. In dieser Ausnahmesituation fühlten sich die Walliser angesichts des übermächtigen schweizerischen Radikalismus, dieses gottlosen Werkzeugs des Satans, bedrängt und beschlossen am 10. Oktober 1847 mit 12286 gegen 257 Stimmen bei einer Stimmbeteiligung von 61,5 % den Beitritt des Kantons zum Sonderbund. Nur wenige Wochen später, am 30. November, besetzten eidgenössische Truppen das Rhonetal und machten den Weg frei für die erste und einzige radikale Regierung in der Geschichte des Kantons (1848–1857). Die anderen Verlierer des Sonderbundskriegs erlitten das gleiche Schicksal, und alle hatten unter dem nun folgenden, ihnen aufgedrängten, kurzlebigen Regime mehr oder weniger starke Beschneidungen ihrer Freiheiten und Rechte hinzunehmen, die der Staatsräson und dem Allgemeinwohl geopfert wurden.

Das Wahlrecht

Die radikal, liberal und konservativ regierten Kantone nutzten ihre Souveränität, um jeder auf seine Weise die Rechte seiner Bürger und die Wahl- und Stimmverfahren zu regeln, da der Bundesvertrag in dieser Beziehung nur sehr vage Bestimmungen enthielt. So wurde das allgemeine Wahlrecht, das 1798 eingeführt, 1803 eingeschränkt und 1815 abgeschafft worden war, nach 1830 keineswegs uneingeschränkt wieder hergestellt. Es wurde durch indirekte Wahlverfahren, Zensus und Kooptation abgeschwächt. Die Kantone Bern, Freiburg, Solothurn und Wallis führten ein indirektes Wahlrecht ein, bei dem vorerst Wahlmänner erkoren wurden. Das Zensuswahlsystem, das um 1842 noch in Basel-Stadt, Bern und Neuenburg bestand, verlangte den Ausweis über ein bestimmtes Einkommen oder Vermögen zusätzlich zu den allgemein geltenden Bedingungen wie männliches Geschlecht, Volljährigkeit, Rechtsfähigkeit, Bürgerrecht und guter Leumund. Durch das vor allem in Bern, Solothurn und Zürich angewandte Kooptationssystem konnten die aus den Wahlen hervorgegangenen Großen Räte zusätzlich eine bestimmte Anzahl ihrer Mitglieder selbst ernennen. Im Zuge der Verfassungs- und Gesetzesrevisionen wurden diese Einschränkungen des allgemeinen Wahl- und Stimmrechts allmählich beseitigt, doch blieben zahlreiche diskriminierende Regelungen noch weit über 1848 hinaus bestehen.

Das Prinzip der Mehrheitsentscheide

Neben der Wiedereinführung des allgemeinen Wahlrechts haben die dreißiger und vierziger Jahre aber auch eine weitere Grundregel des demokratischen Zusammenlebens endgültig festgelegt: das Prinzip der Mehrheitsentscheide mit den sich daraus ergebenden Folgen, nämlich der Respektierung der Minderheit durch die Mehrheit und der loyalen Anerkennung der Mehrheit durch die Minderheit. Was uns heute selbstverständlich erscheint, war es damals durchaus noch nicht. Das zeigte sich in der Tagsatzung, wo das Mehrheitsprinzip von den Vertretern des Einstimmigkeitsprinzips bestritten wurde. Sie faßten die Eidgenossenschaft als ein völkerrechtliches Bündnis auf, das durch den Bundesvertrag von 1815 begründet worden war. Diese Interpretation mochte zwar juristisch vertretbar sein, politisch war sie auf jeden Fall diskutabel. Aus ihr entstanden die Konflikte um den Sarnerbund und den Sonderbund, deren Mitglieder den Standpunkt vertraten, daß die Tagsatzung über eine mögliche Bundesrevision nur einstimmig beschließen dürfe. Als sie nicht durchdrangen, verließen sie unter Protest die Tagsatzung. An diesem Verhalten wird der Graben deutlich, der die alte Auffassung vom Staatenbund souveräner, durch Gesandte vertretener Kantone von der modernen eines demokratisch verfaßten Bundesstaates trennte.

Staatsbürgerliche Rechte

Überkommene Vertretungsformen und modernes Demokratieverständnis gingen auch bei der Mitwirkung der Bürger an den Entscheidungen und Wahlen auf Gemeinde-, Kantons- und Bundesebene noch lange nebeneinander her. Noch zu Beginn der vierziger Jahre ließ keine der 16 repräsentativen Demokratien ihre Regierung vom Volke wählen. Dies blieb ein Vorrecht des Parlaments, das sich übrigens bei der Wahl des Bundesrates durch die Bundesversammlung bis heute erhalten hat. Auch die Bestimmungen über die Partizipation an den staatsbürgerlichen Rechten waren noch unterschiedlich. Während die liberalen Verfassungen in der Regel das aktive und passive Wahlrecht erst den über 20jährigen Bürgern zuerkannten, hielten die Landsgemeindekantone an den alten Vorstellungen über die Wehrhaftigkeit fest. Schwyz legte 1833 das Wahlalter auf 18 Jahre fest, und Nidwalden kehrte 1814 wieder zum Mindestalter von 14 Jahren für die Teilnahme an der Landsgemeinde zurück, sofern die Jungen einer Bürgerfamilie angehörten. Umgekehrt gingen hier wie auch in den anderen Kantonen die Kantonsfremden ihrer politischen Rechte in der Mediation wieder verlustig. Das von der Helvetischen Republik geschaffene Schweizer Bürgerrecht wurde erst 1848 wieder hergestellt.

Diesem Umstand ist es auch zuzuschreiben, daß die erste gesamtschweizerische Abstimmung über die abgeänderte Helvetische Verfassung vom 25. Mai 1802 bis 1848 auch die letzte blieb. Eine Analyse dieser ersten allgemeinen Volksabstimmung, wie sie Pierre-André Steiner vorgenommen hat, gibt einen Einblick in das damalige Stimmverhalten, der auch Rückschlüsse auf die verschiedenen kantonalen Abstimmungen der folgenden Jahrzehnte erlaubt. Dabei fallen drei Dinge ins Auge: zum einen die niedrige Stimmbeteiligung, die insgesamt unter 50% lag, vom einen Kanton zum anderen jedoch erhebliche Unterschiede aufwies. Die politische Aktivierung der Bevölkerung war offenbar von Region zu Region, ja von Gemeinde zu Gemeinde noch sehr ungleich. Zweitens gab es eine Vielzahl von Gründen für die Annahme oder Ablehnung des Verfassungsentwurfs, da die Schweiz trotz vier Jahren unitarischen Regimes politisch noch wenig integriert war. Es gab weder landesweit organisierte Parteien noch eine einheitliche Abstimmungspropaganda. Und schließlich wurden die Nichtstimmenden gemäß zeitgenössischer Gepflogenheit als Annehmende gezählt, was die Interpretation des Stimmverhaltens zusätzlich erschwert. Dieses Verfahren wurde noch 1848 bei der Abstimmung über die Bundesverfassung im Kanton Luzern angewandt, wie vorher bei den Abstimmungen über die Basler Kantonsteilung von 1831, die St. Galler Verfassung vom gleichen Jahr und den liberalen Verfassungsentwurf von 1839 im Wallis. In allen diesen Fällen – wie auch bei der Volksabstimmung von 1802 – hat dieser Abstimmungsmodus dazu beigetragen, den Vorlagen zur Annahme zu verhelfen.

2. Krieg und Frieden zwischen den Kantonen

Der Weg zum handlungsfähigen modernen Bundesstaat führte durch Krisen und Spannungen verschiedenster Art, durch verdeckte Konflikte und offene Auseinandersetzungen, die nur hin und wieder durch Annäherungen und Akte der Versöhnlichkeit überbrückt wurden. Vor allem die eidgenössischen Schützenfeste gaben jeweils Anlaß zur Bekundung von brüderlicher Solidarität und gemeinsamem Patriotismus. Krieg und Frieden zwischen den Kantonen waren der Ausdruck einer mühevollen Suche, eines langen Marsches von der alten Eidgenossenschaft zum modernen Bundesstaat. Konflikte und Spannungen kamen den Zeitgenossen stärker zum Bewußtsein als die Ansätze zu friedlicher Konfliktlösung. Auf institutioneller Ebene gab es aber beides, Konkordate und Konventionen auf der einen, Abspaltungen und Sonderbündnisse auf der anderen Seite, die das eidgenössische Zusammenleben zwischen 1803 und 1848 positiv und negativ beeinflußten. Die erste Hälfte des 19. Jahrhunderts läßt sich, im Blick auf diese interkantonalen Vereinbarungen, in zwei gegensätzliche Abschnitte unterteilen: die Epoche der Konkordate bis zum Beginn der dreißiger Jahre, darauf die Zeit der Sonderbünde.

Die Zeit der Konkordate

Von 1803–1848 wurden zwischen den Kantonen Dutzende von Konkordaten geschlossen, wovon die meisten vor dem Einsetzen der Bemühungen um eine Bundesrevision zustande kamen. In ihrer Mehrzahl waren sie technischer Natur und betrafen vorwiegend zivilrechtliche Angelegenheiten und Niederlassungsfragen, wie das Konkordat vom 8. Juli 1808 über das Bürgerrecht der Ehefrau. Daneben gab es auch eine ganze Reihe administrativer Vereinbarungen wie die Konkordate vom 3. August 1819 und 7. Juli 1828 über die Heimatlosen oder das Konkordat vom 8. Juni 1809 über die Auslieferung von Straftätern. Dazu kamen Abkommen, die eine teilweise Vereinheitlichung von Zoll-, Handels-, Münz- und Postwesen anstrebten und die direkte Auswirkungen auf die Wirtschaft hatten. Auch politische Konventionen wurden geschlossen, so das Konkordat, das am 29. Dezember 1813 von zehn Kantonen unterzeichnet wurde, um nach der Aufhebung der Mediationsakte bis zum Inkrafttreten des Bundesvertrages von 1815 die Verfassungslücke zu überbrücken, oder das Siebnerkonkordat vom September 1832. Ebenfalls technischer oder politischer Natur waren die sogenannten Konklusa, die jedoch nicht Verträge zwischen den Kantonen, sondern von der Tagsatzung erlassene Beschlüsse oder Verfügungen waren. Bekannt geworden ist hier vor allem das Preß- und Fremdenkonklusum von 1823.

Ob es sich nun um Verträge handelte, die die Kantone in eigener Kompetenz untereinander abschlossen, oder um Beschlüsse, die sie im Rahmen der Tagsatzung faßten, jedenfalls regelten alle diese Abkommen in vielen Rechtsbereichen die Beziehungen der Eidgenossen untereinander. Eine genaue staatsrechtliche Definition der Konkordate und Konventionen ist oft nicht möglich. Es ist wohl auf diese begriffliche Unklarheit zurückzuführen, daß der Bundesvertrag von 1815 in Artikel 6 von interkantonalen «Verbindungen» spricht, wenn es um das Verbot von Abkommen geht, die dem eidgenössischen Frieden Schaden zufügen könnten. Diese terminologische Unklarheit führte in den dreißiger Jahren zu ernsthaften Schwierigkeiten, als es darum ging, die Unvereinbarkeit von Sonderbündnissen und Konkordaten mit dem Bundesvertrag zu beurteilen. Konventionen, Konkordate und Konklusa als typischen Ausdruck des friedlichen Miteinanders der Kantone bezeichnen zu wollen, ist von daher zumindest problematisch. Sie konnten auch zur Quelle von Konflikten und Spannungen werden. Immerhin kann man sagen, daß sie den Sinn hatten, die Zusammenarbeit über die kantonalen Grenzen hinweg zu fördern oder zumindest die wohlerworbenen Rechte der Unterzeichner zu schützen. Es war nicht so sehr der Inhalt als die unterschiedliche Interpretation einiger Abkommen, die während der Regenerationszeit das gegenseitige Mißtrauen verschärften und schließlich zu offenen Feindseligkeiten zwischen den Kantonen führten.

Bereits während der Restauration hatten manche Konkordate zu Mißhelligkeiten zwischen den Kantonen geführt. Das bekannteste Beispiel dafür ist wohl das am 23. August 1822 unter dem Namen «Retorsionskonkordat» geschlossene Zollabkommen, dem 13 Kantone und ein Halbkanton beitraten. Es handelte sich um die Koordination von Kampfmaßnahmen gegen die französischen Schutzzölle, die den schweizerischen Export landwirtschaftlicher Erzeugnisse behinderten. Befürworter und Gegner der Retorsionsmaßnahmen ließen sich darauf in eine von der Presse unterstützte Polemik ein, die zu einem eigentlichen Zollkrieg zwischen Konkordats- und Nicht-Konkordatskantonen ausartete. Der französische Botschafter in der Schweiz, Marquis de Moustier, verstand es zudem, mehrere Signatarkantone zum Rücktritt vom Konkordat zu bewegen. Um der Einheit und des eidgenössischen Friedens willen gaben auf der Tagsatzung vom Juli 1824 auch die letzten Konkordatskantone den Kampf auf. Damit scheiterte der Versuch, die Schweiz durch interkantonale Abkommen zu einem «Gemeinsamen Markt» zu machen. Auch in diesem Fall war es äußerer Druck gewesen, der das Bewußtsein nationaler Einheit gefördert hatte.

Zweck der interkantonalen Abkommen

Die zahlreichen interkantonalen Vereinbarungen und Abkommen stellten zweifellos einen Ausgleich der föderalistischen Ordnung des Bundesvertrags von 1815 dar, sie waren aber auch Ausfluß der Vereinheitlichungskräfte, die vom Beginn des Jahrhunderts an in der Eidgenossenschaft am Werke waren. Der Einheitsstaat der Helvetik hatte trotz seiner kurzen Dauer die Mängel der vorausgegangenen wie der folgenden Zustände aufgedeckt. Um den institutionell eher schwachen Zusammenhalt der Eidgenossenschaft zu wahren, sahen denn auch die Verfassungen von 1803 (Artikel 21) und 1815 (Artikel 5) wie später der Entwurf Rossi von 1832 und die Bundesverfassung von 1848 (Artikel 14) ein Vermittlungs- und Schiedsgerichtsverfahren oder zumindest eine Klausel zur friedlichen Beilegung von Streitfällen zwischen den Kantonen vor. Danach hatten sich die Glieder der Eidgenossenschaft im Konfliktsfall jeglicher Gewaltanwendung zu enthalten. Ferner verfügte die Tagsatzung über geeignete Mittel, um ihre Entscheide durchzusetzen. Sie konnte mit sehr weitgehenden Vollmachten ausgestattete Kommissäre und vor allem auch die Armee einsetzen, deren Aufgabe in erster Linie in der Aufrechterhaltung von Ruhe und Ordnung im Innern bestand. Ganz allgemein dienten die außerordentlichen zivilen und militärischen Kompetenzen der Tagsatzung – insbesondere während der Gültigkeitsdauer des Bundesvertrages von 1815 – dazu, die eidgenössische Eintracht zu gewährleisten und, sofern es sich als notwendig erweisen sollte, sie wieder herzustellen. Diese *pax helvetica* wurde denn auch kaum ernsthaft gestört bis zur Wende von 1832/33, als der gescheiterte Revisionsversuch und die beiden ersten anfechtbaren Sonderbündnisse unter den Kantonen allmählich ein Klima gegenseitigen Mißtrauens schufen, das die Beziehungen vergiftete und schließlich das ganze Land in den Bürgerkrieg trieb.

Spannungen unter den Kantonen

Im Januar 1848 erklärte Alexis de Tocqueville anläßlich einer Sitzung der Pariser «Académie des Sciences morales et politiques»: «Die Schweiz befindet sich seit 15 Jahren im Zustand der Revolution»; er meinte damit jene Umwälzung, die er selbst «demokratische Revolution» genannt hat und die er, wie auch Cherbuliez, als Ursache der konstitutionellen Veränderungen betrachtete, die die Kantone seit Ende der zwanziger Jahre und vor allem seit den dreißiger Jahren durchliefen. Auf Bundesebene wurden ihre Auswirkungen allerdings erst spürbar, als die Mehrheit der Kantone, oder zumindest die gewichtigsten, von der Welle der Veränderungen erfaßt wurden. Es ist ja eine Konstante der schweizerischen Geschichte – und das Scheitern der Helvetischen Republik bestätigt sie –, daß die tiefgreifenden und dauerhaften institutionellen Reformen von unten nach oben verlaufen, daß sie zuerst in den Gemeinden, dann in den Kantonen und schließlich auf Bundesebene durchgesetzt werden.

Innerhalb eines knappen Jahres führte die Hälfte der Kantone ihre Regeneration durch, die der Epoche zwischen 1830 und 1848 den Namen gab. Sie drängten darauf, auch den Bund zu regenerieren. Die bereits geschilderten Revisionsversuche zu Beginn der dreißiger Jahre sind auf diese Bestrebungen zurückzuführen. Ihr Scheitern wegen innerer Zwistigkeiten und der seit 1831 verstärkten europäischen Reaktion hatte schwere Konsequenzen für das politische Leben der gesamten Eidgenossenschaft. Die Spannungen zwischen den Kantonen verschärften sich, bis sie sich schließlich in einem landesweiten Flächenbrand entluden. Doch im Gegensatz zum Bürgerkrieg von 1802, der eine neuerliche ausländische Bevormundung mit sich gebracht hatte, sollte dieser Konflikt die europäische Stellung der Schweiz festigen. Es wird heute nur allzu leicht vergessen, daß es der überlegte Einsatz der Interventionsmittel und die Mäßigung der Tagsatzung waren, denen das Überleben einer unabhängigen Schweiz zu verdanken ist.

Die Zeit der Sonderbünde

Die Entwicklung, die zu diesem glücklichen Ausgang führte, war allerdings von eklatanten Rechtsbrüchen und Gewalttaten begleitet. Der Einsatz war hoch, ging es doch um die Frage, wer die Schweiz gestalten und regieren sollte. Diese Frage stand hinter den Parteiungen der dreißiger und vierziger Jahre und den Sonderbünden, die sich in diesen Jahren bildeten, dem Siebnerkonkordat und dem Sarnerbund von 1832 wie später dem eigentlichen Sonderbund von 1845. Es war der Bundesvertrag von 1815 mit seinen Mängeln und Unklarheiten, der diese Sonderbündnisse gefördert hat, die schließlich das Gefüge der Eidgenossenschaft sprengten und die Tagsatzung auseinanderfallen ließen.

Die Dynamik der politischen Auseinandersetzungen während der Zeit der Sonderbünde war durch eine kumulative Ausweitung der Konflikte gekennzeichnet: Sie führte zur Generalisierung, Polarisierung, Konfessionalisierung, Internationalisierung und schließlich Militarisierung der politischen Differenzen. Ohne die Äußerungsformen dieser Auseinandersetzung genau anordnen zu wollen, lassen sich zwei Hauptphasen unterscheiden: die Zeit des kalten Krieges der Jahre 1832–1844, die auf die vorher geübte friedliche Koexistenz folgte, und die Zeit des offenen Bürgerkrieges 1844–1847, nach der die Rückkehr zum inneren Frieden möglich wurde.

Kalter Krieg

Die außerordentliche Tagsatzung vom März 1832 stand im Zeichen allgemeiner politischer Unsicherheit, die sich in dem Entschluß der Kantone Luzern, Zürich, Bern, Solothurn, St. Gallen, Aargau und Thurgau niederschlug, ein «Konkordat über die gegenseitige Garantie der Verfassungen» abzuschließen. Daß unter den Eidgenossen ein gewisser Pessimismus herrschte, wird allein schon durch die Tatsache unterstrichen, daß die drei ersten und wichtigsten Signatarkantone dieses Siebnerkonkordats die Vorortkantone waren. Die erste Begeisterung über die kantonalen Verfassungen von 1830 war der Befürchtung gewichen, es könnte zu einer Trendwende kommen, als deren Anzeichen das gleichzeitige Scheitern der Regeneration im Kanton Neuenburg und in der Basler Landschaft angesehen wurden.

Das Siebnerkonkordat

Deshalb garantierten die sieben Kantone einander am 17. März 1832 «in Ermangelung näherer Bestimmungen des Bundesvertrages» ihre Verfassungen, schufen ein eigenes Schiedsverfahren und vereinbarten das Erlöschen des Konkordats, sobald der Bundesvertrag der Eidgenossen revidiert sein werde. Damit hatten sie für die kommenden 16 Jahre den Weg der Schweiz vorgezeichnet.

Der Sarnerbund

Aus dem gleichen Gefühl der Bedrohung heraus und weil die Tagsatzung den als zu konservativ erachteten Verfassungen von Basel-Stadt und Inner-Schwyz die eidgenössische Gewährleistung verweigerte, schlossen sich Mitte November 1832 in Sarnen die Kantone Basel, Uri, Schwyz, Unterwalden, Neuenburg und Wallis zur «Bewahrung des Bundes» ihrerseits zusammen. Offiziell bekanntgegeben wurde dieses Bündnis allerdings erst durch eine der Tagsatzung am 7. August 1833 übergebene Note, in der die Sarnerbundkantone ihr Fernbleiben begründeten. Die Tagsatzung verlangte die unverzügliche Rückkehr zu den gemeinsamen Beratungen und löste gleichzeitig «die unter der Benennung Sarner Konferenz bekannte Verbindung» wegen ihrer Unvereinbarkeit mit Artikel 6 des Bundesvertrages mit sofortiger Wirkung auf (Beschluß vom 12. August). Schon am 21. August konnte die Tagsatzung den Vollzug ihrer Anordnung zu Protokoll nehmen: Der sogenannte Sarnerbund hatte zu bestehen aufgehört. Das Siebnerkonkordat dagegen blieb bis zum Jahre 1848 in Kraft. Zu keiner Zeit hat die Tagsatzung eine ähnliche Verurteilung dieses Bündnisses in Erwägung gezogen, obwohl es, wie einer seiner Promotoren, der St. Galler Gallus Jakob Baumgartner, im privaten Kreise zugab, offensiven und defensiven Charakter hatte. Immerhin verlor es in den vierziger Jahren durch den Umschwung in Luzern seine Bedeutung, und aus der neuen Konstellation ging ein drittes interkantonales Bündnis hervor, der sogenannte Sonderbund.

Konfessionalisierung des Konflikts

Bei den beiden Sonderbündnissen von 1832 hatten konfessionelle Parteiungen noch keine Rolle gespielt. Auf beiden Seiten fanden sich reformierte und katholische Kantone zusammen. Zu einer Konfessionalisierung kam es Schritt für Schritt, als die kirchlichen Belange – Badener Artikel (1834), Aufhebung der aargauischen Klöster (1841), Berufung der Jesuiten nach Luzern (1844) – die politischen Gegensätze verschärften, die Diskussionen verbitterten und zu einer Polarisierung führten. In diesem Klima wurden alle Bereiche des öffentlichen Lebens zum Gegenstand allgemeiner und grundsätzlicher politischer Auseinandersetzungen. Die Presse trug das Ihre zur Verbreitung der Parteiparolen und zu ihrer Verhärtung auf extreme Positionen bei. Es kam zu einer eigentlichen Blockbildung, bei der sich die Anhänger einer «Jungen Schweiz» und der «Alten Schweiz» gegenüberstanden. Die politischen Konzeptionen dieser beiden Gruppierungen – liberale Demokratie und autoritäre Theokratie – waren in jeder Beziehung unvereinbar. Jede hatte ihr Glaubensbekenntnis und ihr Weltbild, jede ihre eigene Vorstellung von der politischen, sozialen und wirtschaftlichen Bestimmung des Vaterlandes.

In einer Zeit, in der Religion und Klerus vor allem in katholischen Gegenden, wo es wesentlich mehr Geistliche gab als in den reformierten Regionen, noch einen beherrschenden Einfluß auf die breite Masse ausübten, mußte der konfessionelle Faktor in der politischen Auseinandersetzung eine entscheidende Rolle spielen. Das zeigte sich in besonderem Maße seit der Einführung des allgemeinen Wahlrechts, mit dem der Bevölkerung bei entscheidenden Fragen ein Machtmittel in die Hand gegeben war. Vor allem dort, wo Fragen zur Diskussion standen, die das religiöse Selbstverständnis betrafen, wie das beim Lehramt der Jesuiten in den Kantonen Wallis, Freiburg, Schwyz und Luzern der Fall war, ließen sich die Massen mobilisieren. Dadurch wurde der Haß unversöhnlich und die bewaffnete Auseinandersetzung schließlich unvermeidlich. In den vierziger Jahren erreichte diese verhängnisvolle Entwicklung, die von einigen Notabeln aus Überzeugung oder Kalkül noch durch das bewährte gegenrevolutionäre Schlagwort «die Religion ist in Gefahr» angeheizt wurde, ihren Höhepunkt.

Vor diesem Hintergrund ist die Klosterfrage im Kanton Aargau zu sehen. Am 13. Januar 1841 beschloß der Große Rat des Kantons Aargau im Sinne der radikalen und antiklerikalen Mehrheit, alle aargauischen Klöster – vier Männer- und vier Frauenklöster – aufzuheben, obwohl der Bundesvertrag in Artikel 12 den Fortbestand der Klöster ausdrücklich garantierte. Die Angelegenheit wurde vor die Tagsatzung gebracht, die am 2. April 1841 das Vorgehen des Kantons als unrechtmäßig verurteilte. Der Konflikt zog sich jedoch hin, und am 31. August 1843 gab sich die Tagsatzung mit einem halben Entgegenkommen des Aargaus zufrieden. Sie nahm die Wiedereröffnung der vier Nonnenklöster zur Kenntnis und gestattete die Aufhebung der vier Männerklöster.

Der Bürgerkrieg

Was zu anderen Zeiten als salomonisches Urteil hätte gelten können, löste nun bei den Katholiken nur noch größere Verbitterung aus. Sie fühlten sich von der Tagsatzung im Stich gelassen und unterdrückt. Die Spannungen zwischen Luzern und dem Aargau verschärften sich zusehends. Die Verhältnisse hatten sich gründlich geändert, seit die beiden Kantone 1834 die Badener Artikel unterzeichnet und sich verpflichtet hatten, einander beizustehen, «wenn die Rechte des Staates in Kirchensachen gefährdet oder nicht anerkannt würden» (Artikel 14). Das war kurz nach der Regeneration gewesen, inzwischen aber hatten sich die Wege der beiden Kantone getrennt. Während sich im Kanton Aargau die Radikalen durchsetzten, gewannen in Luzern die Ultramontanen die Oberhand. Im Januar 1841 erhoben sich die Bauern des katholischen aargauischen Freiamts gegen die am 5. Januar vom Volke angenommene neue Kantonsverfassung. Nur mit Truppen und Waffengewalt gelang es der Regierung, den Aufstand niederzuwerfen und die Ordnung wiederherzustellen. Dieser dritte Villmergerkrieg weckte unangenehme

Erinnerungen an die Religionskriege vergangener Jahrhunderte. Die Ordensgeistlichen galten als die eigentlichen Drahtzieher des Aufstandes, was die Begründung für die Klosteraufhebung abgab. Nachdem die aargauische Klosterfrage zu einer gesamtschweizerischen Angelegenheit geworden war, bestand die Gefahr, daß jeder neue Streit zwischen den beiden Nachbarkantonen sich ausweitete. Genau das ist nach 1844 geschehen, als Luzern als Reaktion auf die Aargauer Klosteraufhebung seine höheren Schulen den Jesuiten anvertraute, dem Orden, der als Werkzeug der Gegenreformation gegründet worden war und der nun als bester Helfer der katholischen Reaktion galt.

Freischarenzüge und Sonderbund

Damit wurde der Konflikt zu einer bewaffneten Auseinandersetzung, vom Freischarenkrieg in den Jahren 1844–1845 zum offenen Krieg von 1847. Da Luzern bei der Jesuitenberufung das Recht auf seiner Seite hatte und die Tagsatzung für die Respektierung des Rechts eintrat, griffen die Radikalen zur Selbsthilfe. Ihre Befürchtungen, der Vorortkanton Luzern könnte unter ein Jesuitenregiment kommen, waren nicht unbegründet, war es doch nicht die eher zurückhaltende Kirche, die den Orden gerufen hatte, sondern die Kantonsregierung selbst. Diese Regierung aus dem Sattel zu heben, war das Ziel der antiklerikalen Umsturzversuche, die als sogenannte Freischarenzüge vom Dezember 1844 und März 1845 in die Geschichte eingegangen sind. Waren vorerst vor allem Luzerner und Aargauer beteiligt, so stand der zweite Freischarenzug bereits im Zeichen der Ausbreitung der Auseinandersetzung. Die Mehrheit der 3500 bewaffneten Freiwilligen stammte nun aus den Kantonen Aargau, Bern und Solothurn. Obwohl wesentlich besser vorbereitet als das erste Unternehmen, schlug auch dieser zweite Versuch fehl. Die Eindringlinge, die glaubten, Luzern und die übrige Schweiz vom ultramontanen Feind befreien zu müssen, wurden in kurzem Kampf zurückgeschlagen und schnell zerstreut. Rund 100 Freischärler mußten ihr Abenteuer mit dem Leben bezahlen. Die Verletzung des eidgenössischen Friedens war offensichtlich, und die Tagsatzung erließ ein Verbot bewaffneter Freischaren. Der angegriffene Kanton Luzern erachtete es jedoch als notwendig, noch zusätzliche Sicherheitsvorkehren zu treffen. Dieser Ansicht waren auch sechs weitere katholische Kantone, Uri, Schwyz, Unterwalden, Zug, Freiburg und Wallis, und es wurde zur gemeinsamen Verteidigung im geheimen am 11. Dezember 1845 ein Bündnis abgeschlossen, das einen gemeinsa-

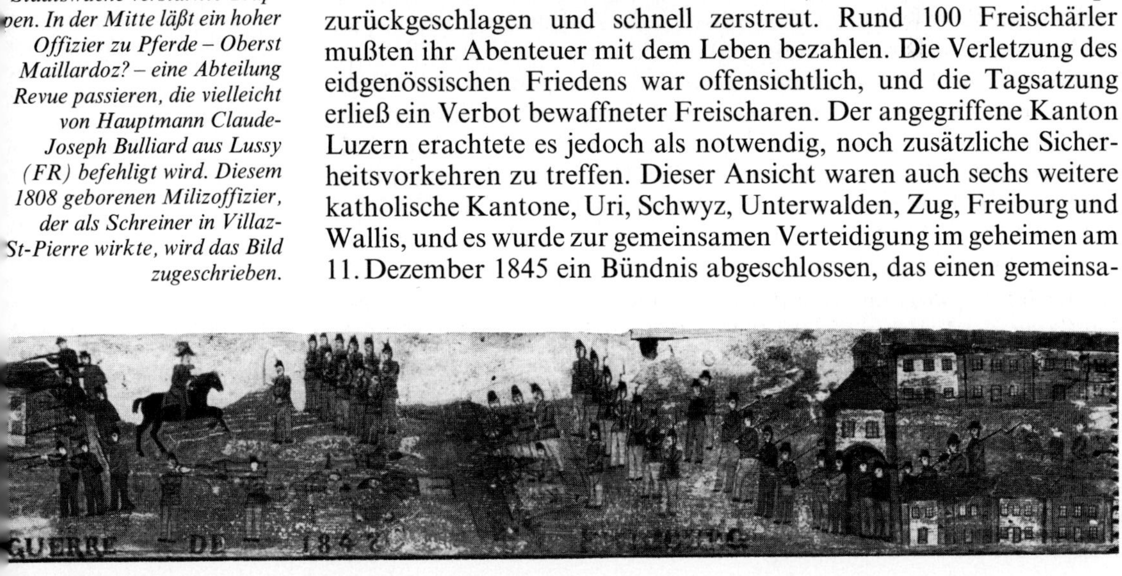

Der Krieg von 1847 in Freiburg. Ölgemälde an der Stirnwand einer Scheune des Gehöfts Richoz in Villaz-St-Pierre (FR). Die naive Darstellung zeigt Szenen aus dem Sonderbundskrieg in Freiburg: links das Gefecht bei der St. Jakobs-Schanze, aus dem Verwundete auf einem Fuhrwerk weggebracht werden; rechts durch die Freiburger Staatswache verstärkte Truppen. In der Mitte läßt ein hoher Offizier zu Pferde – Oberst Maillardoz? – eine Abteilung Revue passieren, die vielleicht von Hauptmann Claude-Joseph Bulliard aus Lussy (FR) befehligt wird. Diesem 1808 geborenen Milizoffizier, der als Schreiner in Villaz-St-Pierre wirkte, wird das Bild zugeschrieben.

men Kriegsrat einsetzte. Als dieser Sonderbund im Juni 1846 bekannt wurde, löste das im ganzen Land stürmische Reaktionen aus. Die allgemeine Erregung kam den Radikalen in den bisher zurückhaltenden Kantonen zugute und mündete in die Entscheidung vom 20. Juli 1847, mit der die Tagsatzung den Sonderbund als rechtswidrig auflöste, wie sie es bereits 15 Jahre zuvor mit dem Sarnerbund getan hatte. Doch während die Auflösung damals friedlich erreicht werden konnte, mußte sie nun mit Waffengewalt erzwungen werden.

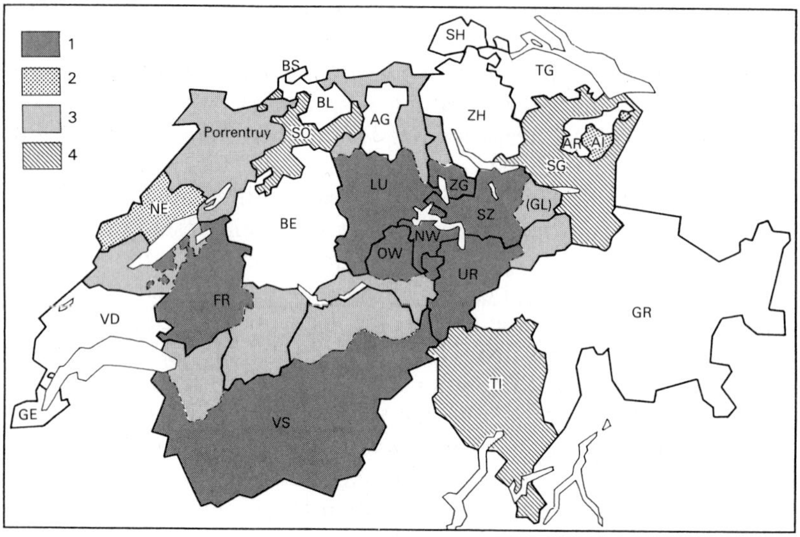

Die Sonderbundskantone und der Neuordnungsplan von Siegwart-Müller

1 Sonderbundskantone
2 neutrale Kantone
3–4 vom Führer der Katholisch-Konservativen geplante politische und territoriale Veränderungen
3 von den liberalen Kantonen abzutretende Gebiete
4 Kantone, die eine katholisch-konservative Regierung erhalten sollten

Die Sonderbundskantone erklärten den Entscheid für illegal, bezichtigten die Tagsatzung der Einmischung in ihre inneren Angelegenheiten und verweigerten deshalb auch die Auflösung ihres, wie sie geltend machten, zu Verteidigungszwecken geschlossenen Schutzbündnisses. Da sie gleichzeitig engere Verbindungen mit den Nachbarmächten Österreich, Frankreich und Sardinien aufnahmen, um militärische oder zumindest diplomatische Unterstützung zu erhalten, internationalisierte sich der Konflikt. Die Sonderbundskantone glaubten sich ihrer Sache so sicher, daß sie bereits eine Revision des Bundesvertrages ins Auge faßten, die eine bessere Garantie des konfessionellen Gleichgewichts und eine Neuumschreibung der Kompetenzen der Tagsatzung vorsah. Beide Lager bereiteten sich nun auf den Krieg vor: In den politischen Beratungen der Kantonsbehörden, in Volksversammlungen und Petitionen kam die Spannung zum Ausdruck, die auf dem ganzen Land lastete. Während auf der einen Seite die Tagsatzungsabgeordneten ermächtigt wurden, für eine Auflösung des Sonderbunds durch Waffengewalt zu stimmen, erklärten auf der anderen Seite die von religiöser Begeisterung erfüllten Katholiken ihre Bereitschaft, für Gott und Vaterland zu sterben. Am 29. Oktober verließen die Abgeordneten der Sonderbundskantone

«Letzter Augenblick Siegwarts auf schweizerischem Boden.» Karikatur. Am 28. November 1847 um vier Uhr morgens verließ Konstantin Siegwart-Müller, der politische Führer des Sonderbundes, über den schon verschneiten Simplon die Schweiz und erreichte erschöpft Domodossola. Der Flüchtling durchlebt im Geist nochmals die wichtigsten Stationen des Dramas. Die politischen, diplomatischen und militärischen Phasen sind hier – von oben nach unten – aus radikaler Sicht dargestellt: geheimes Einverständnis zwischen Aristokratie und katholischer Geistlichkeit und vereitelte Verschwörung der monarchistischen Mächte gegen die liberale und republikanische Schweiz.

die Tagsatzung, was als formelle Trennung aufgefaßt und am 4. November mit dem Beschluß einer militärischen Intervention beantwortet wurde. Noch am gleichen Tag richtete die Tagsatzung eine Proklamation an die bereits Gewehr bei Fuß stehende Armee, in der sie ihrerseits den Allmächtigen anrief: «Gott erhalte das Vaterland und segne unsere Sachen.»

Der Sonderbundskrieg

Religionskrieg, erster Kulturkampf, Sezessionskrieg, Bürgerkrieg – all dies fiel beim Waffengang von 1847 zusammen. Dennoch dauerten die militärischen Operationen nur 26 Tage. Die Sonderbundskantone waren nicht nur strategisch in schlechter Lage, sondern auch zahlenmäßig unterlegen. Die Waffen- und Munitionslieferungen aus dem Ausland nach Freiburg und der Innerschweiz konnten unterwegs im Waadtland und im Tessin abgefangen werden. Die eidgenössischen Truppen dagegen hatten im Genfer General Guillaume-Henri Dufour einen fähigen Feldherrn, der mit gezielten Operationen vorging. Schon am 14. November kapitulierte Freiburg, am 21. Zug, drei Tage darauf auch Luzern, und eine Woche später,

am 30. November, war der letzte Widerstand gebrochen. Beide Seiten hatten zusammen kaum mehr als 100 Tote zu beklagen. Auch die europäischen Mächte fanden sich schließlich mit der neuen Lage in der Schweiz ab. Die diplomatische Hilfe Großbritanniens verhinderte vorerst eine von Preußen und den katholischen Mächten gemeinsam geplante Intervention. Der Ausbruch der Pariser Februarrevolution von 1848 und ihr Übergreifen auf die anderen Staaten zwang dann die Regierungen, sich ihren eigenen inneren Schwierigkeiten zuzuwenden.

Die Rückkehr zum Frieden

Auch wenn die Tagsatzung zeitweise, so vor allem während der Gewaltausbrüche der Freischarenzüge, den Einfluß auf den Gang der Ereignisse verloren hatte, so gelang es ihr letzten Endes doch, die verfassungsmäßige Ordnung durchzusetzen. Die politischen Leidenschaften gerieten nur vorübergehend außer Kontrolle. Auch Dufour, der die Weisung hatte, über die Disziplin seiner Truppen zu wachen, hat seinen Auftrag vorbildlich erfüllt. Die Proklamation am 4. November war trotz der gespannten Situation in einem gemäßigten Ton gehalten. Sie rief zwar zur Tapferkeit auf, aber mehr noch zur Besonnenheit und zu «zurückhaltender Begeisterung», sie erinnerte zwar an die «unerbittlichen Gesetze des Krieges», aber auch daran, daß die Gegner Eidgenossen waren, «Brüder, die wieder in Pflicht zu nehmen, Eure Aufgabe ist». Nachdem die Kapitulation der Sonderbundskantone erfolgt war, wies die Tagsatzung am 7. Februar 1848 mit Geschick und Entschlossenheit ein französisches Vermittlungsangebot sowie «jede andere Art der Einmischung durch die Mächte» zurück.

Der schnelle Zusammenbruch des Sonderbunds, das geringe Blutvergießen, das fast völlige Fehlen von Ausschreitungen und die Vermeidung schwerer Demütigungen bilden einen auffallenden Gegensatz zu den Ausbrüchen von Haß und Gewalt, die dem Bürgerkrieg vorausgegangen waren. Diese Mäßigung gehört jedoch auch zu jener ersten Hälfte des 19. Jahrhunderts, die bei allen Gegensätzen und Spannungen nach vermittelnden Lösungen, nach dem *«juste milieu»* suchte. Der Schock der Revolution konnte so aufgefangen und langsam verarbeitet werden durch Kompromisse, wie sie 1803, 1815 und auch wieder 1848 geschlossen wurden. Die Verfassung von 1848 brachte schließlich eine Teilung der Souveränität zwischen Bund und Kantonen.

Bibliographie und Forschungsstand

Die erste Hälfte des 19. Jahrhunderts ist ein beliebtes Forschungsgebiet ereignisgeschichtlich orientierter Geschichtswissenschaft, bei der die Beschreibung von Ereignissen, Institutionen und einzelnen Persönlichkeiten im Vordergrund steht. Neuerdings beginnt sich jedoch das Interesse der Historiker über die traditionelle politische Geschichte hinaus auf alle Bereiche menschlichen Denkens und Handelns auszuweiten.

Allgemeine Literatur

Die Überblicksdarstellungen der Schweizergeschichte behandeln die ganze Zeit zwischen 1798 und 1848 recht ausführlich. Zu den meistverwendeten gehören: E. GAGLIARDI, Geschichte der Schweiz von den Anfängen bis zur Gegenwart, Bd. 3, Zürich, Leipzig 1938; P. DÜRRENMATT, Schweizer Geschichte, Bern 1957; S. WIDMER, Illustrierte Geschichte der Schweiz, Zürich 1965, und in französischer Sprache CH. GILLIARD, Histoire de la Suisse, 7. Aufl., Paris 1978; W. MARTIN, Histoire de la Suisse. Essai sur la formation d'une Confédération d'Etats, 8. Aufl., Lausanne 1980. Jüngste Darstellung dieser Art mit reichen Literaturhinweisen und, für unsere Zeit, zusätzlicher Bibliographie bildet das Handbuch der Schweizer Geschichte, Bd. 2, Zürich 1977. Diesen Darstellungen gemeinsam sind der politisch-institutionelle Blickwinkel, die darauf basierende Periodisierung der Ereignisse in Helvetik, Mediation, Restauration und Regeneration sowie die betont liberale Sicht. Aus sozialistischer Perspektive dagegen sei jetzt hingewiesen auf CL. und F. MASNATA-RUBATTEL, Macht und Gesellschaft in der Schweiz. Demokratie und Unterdrückung, Darmstadt 1978. In gänzlich nonkonformistischem Stil sind geschrieben: S. GOLOWIN, Lustige Eid-Genossen, Zürich 1974, der das schon ältere Buch von J. ROLLAN, Petit maltraité d'histoires suisses, 2 v., Lausanne 1957–1964, vervollständigt.

Folgende Quelleneditionen und Hilfsmittel zur Erschließung der Quellen seien für unsere Zeit erwähnt: J. STRICKLER, A. RUFER, Akten der Helvetischen Republik, 16 Bde., verschiedene Erscheinungsorte 1886–1966; J. KAISER, J. K. F. AMRHYN, Repertorium der Abschiede der eidgenössischen Tagsatzung aus den Jahren 1803–1813, Bern 1886; W. FETSCHERIN, Repertorium der Abschiede der eidgenössischen Tagsatzung aus den Jahren 1814–1848, 2 Bde., Bern 1874–1876. Neuere Arbeiten bieten dazu Ergänzungen: D. BOURGEOIS, Les archives de la Diète sous le régime de l'Acte de Médiation (1803–1813), Bern 1976 (Studien und Quellen, 2), und G. HUNZIKER, Das Archiv der Tagsatzungsperiode 1814–1848, Bern 1980. Eine chronologische Übersichtstafel für die Zeit findet man schließlich bei W. KELLER, Zeittabellen von 1800–1978, Bern 1980.

Die Schweiz und das Ausland

Die internationalen Beziehungen stehen natürlich in engem Zusammenhang mit der Frage der Neutralität, die von E. BONJOUR, Geschichte der schweizerischen Neutralität. Kurzfassung, Basel, Stuttgart 1978, zusammengefaßt wurde. Die vielen detaillierteren Untersuchungen zu diesem Problem beschreiben die politischen, diplomatischen und kulturellen Einflüsse des umliegenden Europas auf die Schweiz: J.-R. SURRATEAU, La Suisse dans le système français (1799–1813), in: Les pays sous domination française (1799–1814), Paris 1968, W. MARTIN, La Suisse et l'Europe 1813–1814, Lausanne 1931; A. WINKLER, Metternich und die Schweiz, in: Zeitschrift für schweizerische Geschichte 1927; J.-CH. BIAUDET, La Suisse et la Monarchie de Juillet 1830–1838, Lausanne 1941. Die revolutionären Ereignisse von 1830 und 1848 und ihre Hintergründe untersuchten CL. H. CHURCH, Switzerland and the Problems of the European Revolutions, o. O. u. D., und J. HALPÉRIN, La transformation de la Suisse, prélude aux révolutions, in: Le printemps des peuples, Paris 1948. J.-CH. BIAUDET, F. NICOD, (Ed.) Correspondance de Frédéric-César de la Harpe et Alexandre Ier, 3 v., Neuchâtel 1978–1980, gibt wesentlich mehr als eine blosse Beschreibung der Beziehungen zwischen dem Waadtländer Erzieher und dem Zaren. Die Unterstützung der griechischen Erhebung und den Philhellenismus behandeln zahlreiche Studien, so z. B.: E. ROTHPLETZ, Zur Geschichte des Philhellenismus im 19. Jahrhundert. Die Griechenbewegung in der Schweiz während des hellenischen Freiheitskampfes 1821–1830, Affoltern a. A. 1948; E. DALLEGIO, Les Philhellènes et la guerre de l'indépendance, Athènes 1949; F. BLASER, Die philhellenistische Bewegung in Luzern, in: Der Geschichtsfreund 1960; M. BOUVIER-BRON, Jean-Gabriel Eynard 1775–1863 et le philhellénisme genevois, Genève 1963. Über die kulturellen Beziehungen der Schweiz zu ihren Nachbarn schrieben W. NÄF, Deutschland und die Schweiz in ihren kulturellen und politischen Beziehungen während der ersten Hälfte des 19. Jahrhunderts, Bern 1936 (Berner Untersuchungen zur allgemeinen Geschichte, 9), und L. MAZZUCCHETTI, A. LOHNER, Die Schweiz und Italien. Kulturbeziehungen aus zwei Jahrhunderten, Zürich 1941 (Sammlung deutscher, französischer und italienischer Texte).

Von ganz besonderer Bedeutung sind die Beziehungen zu Frankreich; in den Grenzgebieten sind diese besonders intensiv, wie S. DAVEAU, Les régions frontalières de la Montagne jurassienne, Trévoux 1959, in einer anthropologisch und geographisch ausgerichteten Studie zeigte. Zwischen 1798 und 1848 ergaben sich sowohl im zivilen wie im militärischen Bereich Wanderungen erheblichen Ausmasses: Ihre Geschichte wurde teilweise geschrieben von A. MAAG, aus dessen Werken Die Schicksale der Schweizerregimenter in Napoleons I. Feldzug nach Rußland 1812, Biel 1890, und die Geschichte der Schweizertruppen in französischen Diensten während der Restauration und Julirevolution (1816–1830), Biel 1899, besonders erwähnt seien. Die beträchtlichen Wandlungen in der militärgeschichtlichen Forschung, die nun auch vermehrt ökonomischen, soziologischen und anthropologischen Faktoren Bedeutung beimißt, fanden noch fast keinen Niederschlag. Vorläufig muß man sich mit Biographien, Untersuchungen zum militärischen Denken, zu Organisation, Strategie, Ausbildung und Rüstung usw. begnügen.

Bevölkerungsgeschichte

Auch in der Bevölkerungsgeschichte haben sich neue Schwerpunkte ergeben: Demographiegeschichte und historische Demographie, die einander ergänzen, ringen in Konkurrenz um neue Ansätze. Standardwerk zur Demographiegeschichte bildet immer noch W. BICKEL, Bevölkerungsgeschichte und Bevölkerungspolitik der Schweiz seit dem Ausgang des Mittelalters, Zürich 1947. Die historische Demographie ist erst seit 1970 im Aufschwung, obwohl L. HENRY schon während seiner Genfer Studienzeit in den fünfziger Jahren Methoden der Familienrekonstitution erarbeitete. Genf ist bis heute eine Hochburg der historischen Demographie geblieben, wofür das Werk von A. PERRENOUD, La population de Genève du seizième au début du dix-neuvième siècle, v. 1: Structures et mouvements, Genève, Paris 1979, zeugt. Daß der Autor chronologisch am Beginn der industriellen Gesellschaft aufhört, ist nicht zufällig; die Bevölkerungsentwicklung des Ancien Régime ist nicht die des Mittelalters und noch weniger die unserer Epoche. Im übrigen zwingt die Quellengrundlage weitgehend zur Befolgung eines bestimmten Vorgehens: Da die Taufregister die hauptsächlichen Quellen sind und alle Arbeiten zur historischen Demographie sich auf diese stützen, enden diese Forschungen notwendigerweise zwischen 1800 und 1850. H. RUESCH, Die Demographie der Alpen zwischen 1650 und 1850, in: Schweizerische Zeitschrift für Geschichte 1979, gibt einen Überblick über diese historisch-demographischen Arbeiten; er beschränkt sich nicht auf die Alpen, sondern macht, mit Ausnahme der großen Städte, Angaben über die Entwicklung im Mittelland und Voralpengebiet.

Während Rußland als Auswanderungsziel immer noch anziehend wirkte, wie H. GANDER-WOLF, Chabag. Schweizer Kolonie am Schwarzen Meer, Diss. Zürich 1974, zeigte, begann auch schon die Auswanderung nach Übersee. Dank einiger ausgezeichneter Monographien kann man allmählich ihren Umfang abschätzen: D. BRUNNSCHWEILER, New Glarus (Wisconsin). Gründung, Entwicklung und heutiger Zustand einer Schweizerkolonie im amerikanischen Mittelwesten, Zürich 1954; N. HALDER, Andreas Dietsch und seine Utopistenkolonie Neu-Helvetia in Missouri, Aarau 1961; M. NICOULIN, La genèse de Nova Friburgo. Emigration et colonisation suisse au Brésil 1817–1827, Fribourg 1973; M. SCHWEIZER, Neu-Schweizerland 1831–1880. Genese und Funktion einer schweizerischen Einwanderersiedlung in den Vereinigten Staaten von Nordamerika, Zug 1979. Die Archivbestände sind allmählich erschlossen und die großen Linien gezogen. Die Haltung der Behörden und der öffentlichen Meinung zu dieser Frage werden behandelt von R. A. NATSCH, Die Haltung eidgenössischer und kantonaler Behörden in der Auswanderungsfrage, 1803–1874, Zürich 1966, und M. AMIET-KELLER, Die Kolonisation im Urteil schweizerischer Staatstheoretiker, Wirtschaftstheoretiker und Historiker, 1815–1914, Bern 1974, die den Blick für die Beziehungen der Schweiz zur Dritten Welt öffnet. Nicht vergessen darf man schließlich L. SCHELBERT, Einführung in die schweizerische Auswanderungsgeschichte der Neuzeit, Zürich 1976. Im Gegensatz dazu bleibt die Einwanderung ausländischer Arbeitskräfte in die Schweiz – obwohl offenbar von beträchtlichem Ausmaß – noch stark im Dunkeln. Immerhin sei auf P. GUICHONNET, L'émigration des Savoyards originaires du Faucigny pendant la première moitié du XIXe siècle (1783–1860), in: Revue de géographie alpine 1945, hingewiesen, wo besonders die Genfer Verhältnisse behandelt werden.

Wirtschaftsgeschichte

Über die wirtschaftliche Entwicklung geben A. HAUSER, Schweizerische Wirtschafts- und Sozialgeschichte von den Anfängen bis zur Gegenwart, Erlenbach-Zürich, Stuttgart 1961, und J.-F. BERGIER, Problèmes de l'histoire économique de la Suisse, Bern 1968 (Monographien zur Schweizergeschichte, Bd. 2), einen Überblick. In der ganzen Literatur zur Wirtschaftsgeschichte kristallisieren sich zwei Hauptfragen heraus: einerseits die Frage nach dem Übergang von der vorindustriellen, agrarischen zur industriellen Epoche, anderseits die Frage nach dem Zusammenhang von Politik und Wirtschaft. Hat die Schweiz ihre «industrielle Revolution» zwischen 1800 und 1850 gemacht? Diese Frage bejahen J.-F. BERGIER, Naissance et croissance de la Suisse industrielle, Bern 1974 (Monographien zur Schweizergeschichte, Bd. 8), B. BIUCCHI, Die industrielle Revolution in der Schweiz, in: Europäische Wirtschaftsgeschichte, Bd. 4, Stuttgart, New York 1977, F. KNESCHAUREK, Wandlungen der schweizerischen Industriestruktur seit 1800, in: Ein Jahrhundert schweizerischer Wirtschaftsentwicklung, Bern 1964, und W. WITTMANN, Die Take-off-Periode der schweizerischen Volkswirtschaft, in: Zeitschrift für die gesamte Staatswissenschaft 1963. Dabei stellt J.-F. BERGIER ein Modell auf, das in gewisser Beziehung Ähnlichkeiten mit dem englischen und amerikanischen Modell des *«take-off»* aufweist, das sich aber in vielen Bereichen auch von ausländischen Vorbildern unterscheidet. In der Tat ist ja das Phänomen des *«take-off»* geographisch beschränkt. Auf ganze Regionen, selbst im Mittelland, trifft es nicht zu, wie E. BUXCEL, Aspects de la structure économique vaudoise (1803–1850), Lausanne 1981, zeigt; das Schwergewicht dieser Arbeit liegt allerdings mehr in der Untersuchung der Vorbedingungen des *«take-off»*, die, nach der Meinung des Autors, in der Waadt wohl gegeben waren. Trotz statistischer Lücken bemüht sich die laufende Forschung (H. SIEGENTHALER), die Beiträge einzelner Branchen oder Sektoren zur Industrialisierung zu quantifizieren; Ziel der Forschung wäre es, eines Tages Angaben über das Bruttosozialprodukt als wichtigen Indikator des industriellen Aufschwungs machen zu können. Solche Untersuchungen sollten es erlauben, eine Diskussion mit weitgehenden Implikationen fortzuführen, geht es doch darum zu wissen, ob die industrielle Revolution vor, mit oder nach der politischen Revolution erfolgte. In diesem Zusammenhang sind die Arbeiten von W.-E. RAPPARD, besonders Le facteur économique dans l'avènement de la démocratie moderne en Suisse, Genève 1912, noch keineswegs veraltet.

Landwirtschaft

W.-E. RAPPARD untersuchte vorerst die Landwirtschaft. Diese ist uns in großen Zügen durch H. BRUGGER, Die schweizerische Landwirtschaft in der ersten Hälfte des 19. Jahrhunderts, Frauenfeld 1956, bekannt. Ergänzung dazu bilden A. HAUSER, Wald und Feld in der alten Schweiz, Zürich 1972, und einige regionale Studien: W. BODMER, R. RUFFIEUX, Histoire du gruyère en Gruyère du 16e au 20e siècle, Fribourg 1972; J. BRÜHWILER, Der Zerfall der Dreizelgenwirtschaft im schweizerischen Mittelland, Zürich 1975, und F. WALTER, Agriculture et société. Le Canton de Fribourg dans la première moitié du XIXe siècle, Fribourg 1981. Über die Subsistenzkrisen von 1816–1817 und 1845–1846 gibt es noch keine die Hintergründe beleuchtende Studie. Bei den kantonalen Untersuchungen sei auf M. SALZMANN, Die Wirtschaftskrise im Kanton Zürich 1845 bis 1848: ihre Stellung und Wertung im Rahmen der wirtschaftlich-sozialen Entwicklung in der ersten Hälfte des 19. Jahrhunderts, Bern 1978, hingewiesen. Über die Krise von 1816–1817 gab M. R. SCHÄRER eine kritische Besprechung der Literatur: M. R. SCHÄRER, Herausforderung der Gesellschaft: Wie reagierte sie auf die Hungerkrise von 1816/17 in der Schweiz?, Vevey 1981 (Symposium: Famine in History).

Industrie

Über die Industrie gibt es wesentlich mehr Untersuchungen als über die Landwirtschaft. Neben den schon erwähnten Arbeiten von J.-F. BERGIER sei hingewiesen auf H. WARTMANN, Industrie und Handel der Schweiz im 19. Jahrhundert, Bern 1902; L. WEISZ, Studien zur Handels- und Industriegeschichte der Schweiz, Zürich 1940, und W. BODMER, Die Entwicklung der schweizerischen Textilwirtschaft im Rahmen der übrigen Industrien und Wirtschaftszweige, Zürich 1960. Neben der Textilwirtschaft im allgemeinen gibt es eine Studie über die Baumwolle im speziellen: B. VEYRASSAT-HERREN, Les centres de gravité de l'industrialisation en Suisse au XIXe siècle, in: L'industrialisation en Europe au XIXe siècle, Paris 1972. Auch andere Industriesektoren wurden untersucht: die Maschinenindustrie von H. HOFMANN, Die Anfänge der Maschinenindustrie in der deutschen Schweiz 1800–1875, Zürich 1962; der Waadtländer Bergbau von A. CLAUDE, Un artisanat minier. Charbon, verre, chaux et ciments au Pays de Vaud, Lausanne 1974; die Strohflechterei von R. RUFFIEUX, L'industrie des pailles tressés en Gruyère au XIXe siècle. Histoire d'une décadence, in: Annales fribourgeoises 1965–1966, A. HÄNGGLI, Die Freiämter Strohindustrie im 19. Jahrhundert, Freiburg i. Ue. 1973, und M. BOSCHUNG, Die Strohflechterei im Sensebezirk, in: Beiträge zur Heimatkunde 1977.

Obwohl die Wirtschaftsgeschichte einiger Kantone recht gut aufgearbeitet ist, fehlt noch eine große Geschichte der Uhrenindustrie; man ist hier noch auf A. Pfleghart, Die schweizerische Uhrenindustrie, ihre geschichtliche Entwicklung und Organisation, Leipzig 1908, und auf E. Jaquet, A. Chapuis, Histoire et technique de la montre suisse de ses origines à nos jours, Basel, Olten 1945, angewiesen. Unter den Monographien einzelner Firmen seien besonders erwähnt: A. Bürgin, Geschichte des Geigy-Unternehmens von 1758 bis 1939, Basel 1958, und P. Caspard, La Fabrique-Neuve de Cortaillod. Entreprise et profit pendant la révolution industrielle 1752–1854, Fribourg 1979.

Die Reihe Schweizer Pioniere der Wirtschaft und Technik, 1953 ff., von der schon über 30 Bände erschienen, beschreibt Leben und Werk berühmter Unternehmer und Techniker. Kurze Beschreibungen einzelner Unternehmen findet man sodann in den Beiträgen zur Geschichte der schweizerischen Industrie und Gewerbe, Bd. 1, Zollikon 1949.

Tertiärsektor

Der Tertiärsektor stößt zunehmend auf das Interesse der Historiker, die jedoch noch große Lücken in der Forschung schließen müssen. Den Großhandel untersuchen H. Lüthy, Der schweizerische Großhandel in Geschichte und Gegenwart, 3. Aufl., Basel 1944, und R. Vogel, Les conditions de la politique commerciale de la Suisse, Montreux 1966. B. de Cérenville, Le système continental et la Suisse, 1803–1813, Lausanne 1906, schrieb eine umstrittene Dissertation, der eine fundierte Antwort erst noch folgen muß. Eine andere Dissertation verweist auf die Zusammenhänge von Wirtschaft und Politik in den französisch-schweizerischen Beziehungen: W. von Schewen, Die Wechselwirkung zwischen Staats- und Wirtschaftspolitik in den schweizerisch-französischen Beziehungen der Restaurationszeit, Bern 1921. Für die deutschschweizerischen Handelsbeziehungen interessierten sich E. Dietschi, Die Schweiz und Deutschland in ihren handelspolitischen Beziehungen in der Zeit der Entstehung des deutschen Zollvereins 1815–1835, in: Zeitschrift für die Geschichte des Oberrheins 1930, und A. Hauser, Die wirtschaftlichen Beziehungen der Schweiz zu Deutschland in der ersten Hälfte des 19. Jahrhunderts, in: Schweizerische Zeitschrift für Geschichte 1958. Einen Weg in die Quellen zu handelspolitischen Fragen weisen G. Arlettaz, Libre-échange et protectionnisme. Questions aux Archives de la République helvétique, Bern 1981 (Studien und Quellen, 7), und Ph. Gern, Approche statistique du commerce franco-suisse de l'an V à 1821, ebenda; dabei werden nicht nur schweizerische, sondern auch französische Quellenbestände erschlossen. Grundlegend zur Banken- und Sparkassengeschichte ist F. Ritzmann, Die Schweizer Banken. Geschichte, Theorie, Statistik, Bern 1973. Über die Stellung der Schweiz auf dem internationalen Wertschriftenmarkt schrieb sodann M. P. Zerres, Der internationale Wechselverkehr, Zürich 1978, und zum Börsenwesen H. R. Schmid, R. T. Meier, Die Geschichte der Zürcher Börse, Zürich 1977.

Über Tourismus und Hotellerie gibt es seit 100 Jahren eine Menge Artikel und Bücher von unterschiedlichem Wert. Anspruchsvollere Arbeiten sind: F. Heinemann, Moderne Kulturgeschichte der schweizerischen Verkehrstechnik und Touristik, Luzern 1922; P. Grellet, La Suisse des diligences, Lausanne 1921; P. P. Bernard, Rush to the Alps. Evolution of Vacationing in Switzerland, New York 1978. Über das Berner Oberland gibt es ein älteres Werk von A. Wäber, Zur Geschichte des Fremdenverkehrs im engeren Berner Oberland 1763–1835, in: Jahrbuch des Schweizer Alpenclubs 1903, und neuerdings A. Kröner, Grindelwald. Die Entwicklung eines Bergbauerndorfes zu einem internationalen Touristenzentrum, Stuttgart 1968; zum Luzerner Tourismus schließlich R. H. C. Ottinger, Luzerner Hotelbauten von 1833–1871. Entwicklung einer Fremdenverkehrsstadt, Diss. Zürich 1976. Einen Überblick über Reisebeschreibungen durch die Schweiz erlangt man am besten durch die Bibliographie von G. R. de Beer, Travellers in Switzerland, London 1949.

Die für die Entwicklung der Verkehrsverhältnisse und des Transportwesens so wichtige Zeit erfährt diesbezüglich keine spezielle Behandlung. Gute populärwissenschaftliche Darstellungen sind: F. Gigon, Geschichte und Geschichten über Alpenpässe, Lausanne 1979, und A. Wyss, Sankt Gotthard, via Helvetica, Lausanne 1979, letzteres mit einer Karte über die Postverbindungen in der Schweiz Mitte des 19. Jahrhunderts. Die Post, die in jener Zeit auch Brief- und Reisepost war, wurde in politischer und administrativer Sicht betrachtet von Ch. Pasteur, Das Postwesen und die Tagsatzung und die Übernahme der kantonalen Posten durch den Bund 1803–1848, in: Zeitschrift für schweizerische Statistik 1908, und A. Ritter, Vereinheitlichungsbestrebungen im Postwesen der Schweiz von 1815–1848, in: Postjahrbuch der Schweiz 1913. Laufende Forschungsarbeiten betonen heute die Rolle der Post bei der kantonalen Integration und als Wegbereiter des Handels und des Fortschritts schlechthin.

Geld und öffentliche Finanzen

Post, Zoll- und Münzwesen werden gleichermaßen von Vereinheitlichungsbestrebungen erfaßt, welche recht ausführlich beschrieben wurden: A. Huber, Die Entwicklung des eidgenössischen Zollwesens vom Beginn der ersten Tarife bis zur Bundesverfassung des Jahres 1848, Bern 1890; C. Blaum, Das Geldwesen der Schweiz seit 1798, Straßburg 1908; W. Schlesinger, Das Geldproblem in der öffentlichen Meinung der Schweiz 1803–1850, St. Gallen 1936; E. Weisskopf, Das schweizerische Münzwesen von seinen Anfängen bis zur Gegenwart, Bern 1948, und schließlich P. Meier, Der Währungswirrwarr von der Helvetik bis zur Bundesverfassung, Bern 1951. Zum Steuerwesen gibt es eine wichtige Arbeit von G. Schanz, Die Steuern der Schweiz in ihrer Entwicklung seit Beginn des 19. Jahrhunderts, Stuttgart 1890. Einige Kantone besitzen seit einiger Zeit gute Arbeiten über ihre öffentlichen Finanzen: P. Borella, Le finanze pubbliche e la situazione economica del cantone Ticino nel periodo della mediazione napoleonica 1803–1813, Friburgo 1971; H. Jezler, Zölle und Weggelder im Thurgau von der Helvetik bis zum Bundesstaat, in: Thurgauische Beiträge zur vaterländischen Geschichte 1976, und A. Lasserre, Finances publiques et développement. Le canton de Vaud 1831–1913, Lausanne 1981. Die Aufhebung der Feudalrechte in diesem Kanton ist durch G.-P. Chamorel, La liquidation des droits féodaux dans le canton de Vaud 1798–1821, Lausanne 1944, bekannt. H. Schenkel, Die Bemühungen der Helvetischen Regierung um die Ablösung der Grundlasten 1798–1803, Affoltern a. A. 1931, behandelt das Thema auf der Ebene des Gesamtstaates. H. Bauer, Von der Zunftverfassung zur Gewerbefreiheit in der Schweiz 1798–1874, Basel 1929, zeichnet seinerseits den fundamentalen Wandel in der Wirtschaftsverfassung. Allen diesen wirtschaftshistorischen Arbeiten ist gemeinsam, daß sie die problematischen Seiten der Industrialisierung wenig beachten und der Faszination des wirtschaftlichen Aufschwungs erliegen. So gibt es beispielsweise keine Untersuchung über Energiebedarf und -ressourcen, obwohl statistische Angaben vorhanden wären; nicht nur S. Franscini, Neue Statistik der Schweiz, Bern 1848–1851, und J.-L.-B. Leresche, M. Lutz, Dictionnaire géographique – statistique de la Suisse, 2 v., Lausanne 1836–1837, auch viele andere Zeitgenossen sammelten statistisches Material. Die Wiederauflage der Historisch-geographisch-statistischen Gemälde der Schweiz, St. Gallen 1834–1859, Genf 1978, ist daher besonders zu begrüßen.

Gesellschaft und soziale Schichtung

Die Historiographie des Alltages widerspiegelt die Gesellschaft der Epoche zwischen 1798 und 1848: es herrscht Überfluß und Mangel. Überfluß an lokal und anekdotisch gefärbter Literatur, Mangel an guten Monographien und Überblicksdarstellungen. Ein umfassendes Bild der Vergangenheit zu zeichnen erfordert daher in diesem Bereich besonders viel Arbeit; die verschiedensten ökologischen, sozialen, politischen, kulturellen und mentalen Aspekte müssen in einer Analyse des Alltagslebens einbezogen werden. Am besten würde man vielleicht mit der Analyse der natürlichen Umwelt beginnen, wozu einige neuere Werke erwähnt werden können: J.-F. BERGIER (Hg.), Geschichte der Alpen in neuer Sicht, in: Schweizerische Zeitschrift für Geschichte 1979; P. GUICHONNET (Ed.), Histoire et civilisation des Alpes, 2 v., Toulouse, Lausanne 1980; CL. LACOSTE, Le thème des Alpes dans la littérature française (1800–1850), 4 v., Paris 1977.

Die Gegensätze zwischen katholischen und protestantischen Kantonen sowie zwischen Bergregionen und Flachland wurden schon von den Zeitgenossen beachtet. Von Interesse kann dazu ein Artikel von J.-L. PIVETEAU sein, La perception des disparités économiques régionales en Suisse depuis la fin du XVIIIe siècle, in: Espace géographique, Paris 1974. Die Stadt-Land-Beziehungen werden meistens unter dem Aspekt von Urbanisierung und Industrialisierung abgehandelt. R. BRAUN, Sozialer und kultureller Wandel in einem ländlichen Industriegebiet im 19. und 20. Jahrhundert, Zürich 1965, richtet sein Augenmerk sodann auf soziokulturelle Wandlungen als Begleiterscheinungen der Industrialisierung.

Die Sozialgeschichte erhält ihrerseits eine immer größere Bedeutung. Die grundlegenden Arbeiten sowie einen Überblick über die Literatur zur Lage der Frau findet man über V. BODMER-GESSNER, Bibliographie zur Geschichte der Schweizer Frau im 19. und 20. Jahrhundert, Zürich 1967, in der auch eine Chronologie zur Geschichte der Frauen in der Schweiz zwischen 1774 und 1967 enthalten ist. Dieses wertvolle Hilfsmittel wurde ergänzt von L. SYED-ENGEL, Bibliographie zur Geschichte der Schweizer Frau im 19. und 20. Jahrhundert. Nachtrag 1967–1975, Zürich 1975.

Verweisen wir, was die Lage der Bauern betrifft, lieber auf ältere Arbeiten: G. CUNCHE, La société paysanne bernoise dans la première moitié du XIXe siècle d'après les romans de Jeremias Gotthelf, Neuchâtel 1921; G. C. SCHMIDT, Der Schweizer Bauer im Zeitalter des Frühkapitalismus, 2 Bde., Bern 1932; H. ZOPFI, Das Bauerntum in der Schweizergeschichte, Zürich 1947. Zu den industriellen Unternehmern können wir eine ganze Reihe, auch neuerer Arbeiten erwähnen: E. HIS, Basler Handelsherren des 19. Jahrhunderts, Basel 1929; A. BÜRGIN (Hg.), Schweizerisches und baslerisches Unternehmertum im 19. Jahrhundert, Zürich 1967; B. BIUCCHI, L'entrepreneur suisse au 19e siècle, Pavia 1970; P. CARONI, Glanz und Untergang des «bourgeois riche vaudois», in: Festgabe zum Schweizerischen Juristentag 1979, Bern 1979; F. NOIRJEAN, Les bourgeoisies jurassiennes du 19e siècle, Fribourg 1973; D. MOOSBRUGGER, Le patriciat et la bourgeoisie de la ville de Fribourg sous la Restauration, Fribourg 1980; E. GRUNER, Das bernische Patriziat und die Regeneration, Bern 1943. Letzterer hat 25 Jahre später in seinem Buch Die Arbeiter in der Schweiz im 19. Jahrhundert, Bern 1968 und Nachdruck 1980, eine ausführliche Beschreibung der Arbeitswelt gegeben.

Zur Arbeiterbewegung seien im weiteren erwähnt: F. BRUPBACHER, Die Helvetische Revolution und die Arbeiterbewegung in der Schweiz, 1798–1851, Zürich 1912; O. BRUGGER, Geschichte der deutschen Handwerkervereine in der Schweiz 1836–1843, Bern, Leipzig 1932; J. RAGAZ, Die Arbeiterbewegung in der Westschweiz, Aarau 1938; J.-M. LECHNER, Le travail industriel de l'enfance en Suisse et sa protection légale jusqu'en 1874, Genève 1942; E. SCHRAEPLER, Handwerkerbünde und Arbeitervereine. 1830–1853, Berlin, New York 1972; Arbeitsrecht, sowie soziale und ökonomische Rechte des einzelnen behandeln im besonderen W.-E. RAPPARD, La révolution industrielle et les origines de la protection légale du travail en Suisse, Bern 1914; A. BABEL, Essai sur les causes et le développement de la législation du travail en Suisse, Genève 1925; F. SCHALLER, Un aspect du nouveau courant social. De la charité privée aux droits économiques et sociaux du citoyen, Neuchâtel, Paris 1950; P. WEIDMANN, Die soziale Entwicklung des zürcherischen Arbeitsrechts von 1815–1870, Zürich 1971; D. GROBÉTY, La Suisse aux origines du droit ouvrier. Etude du rôle joué par les cantons et la Confédération suisse dans l'élaboration d'un droit ouvrier interne et international au XIXe siècle, Zürich 1979. Auch Marginalgruppen finden jetzt Beachtung, jedenfalls in Genf: R. ROTH, Pratiques pénitentiaires et théorie sociale: l'exemple de la prison de Genève 1825–1862, Genève 1981; C. ZAMUDIO, La criminalité à Genève au XIXe siècle. Vol et voleurs de 1816 à 1832, Lizentiatsarbeit Genf 1978. Für das Wallis und Genf gibt es sodann Analysen der staatlichen Fürsorge: M. MAYOR-GAY, L'Assistance publique au Valais de 1800 à nos jours, Lausanne 1978, und E. PRALONG, L'assistance à Genève pendant les premières années de l'annexion à la France, Lizentiatsarbeit Genève 1979. Schließlich ist der Neuabdruck einer Pauperismusenquête aus dem 19. Jahrhundert erwähnenswert, da diese mit Vorwort und Nachwort reichlich kommentiert wird: Enquête sur le paupérisme dans le canton de Vaud, et Rapport du Conseil d'Etat à ce sujet, Lausanne 1977. Zum selben Fragenkomplex seien schließlich noch erwähnt N. LUDI, Die Armengesetzgebung des Kantons Bern im 19. Jahrhundert, Bern 1975, sowie U. KRATTIGER, Mündigkeit. Ein Fragenkomplex in der schweizerischen Diskussion im 19. Jahrhundert, vor allem zur Zeit der Armennot von 1840–1860, Bern 1972.

Sport und Gesundheit sind relativ gut erforschte Themen. Über Theorie und Praxis des Sportes schreiben: J. NIGGELER, Geschichte des eidgenössischen Turnvereins, Biel 1882; E. STRUPPLER, Die Anfänge der modernen Leibesübungen in der Schweiz bis 1833, Winterthur 1955; L. BURGENER, Sport Schweiz. Geschichte und Gegenwart, Derendingen 1974; H. R. ZINGG, Das Turnen der Mädchen an den bernischen Schulen im 19. Jahrhundert, Diplomarbeit Bern 1979. Die Geschichte des Gesundheitswesens ist noch nicht geschrieben, obwohl es einige wichtige Zeitschriften gibt, die ihr ihre Spalten öffnen: so die Schweizer Archive für Tierheilkunde, Médecine et hygiène und besonders die Zürcher medizingeschichtlichen Abhandlungen.

Kulturgeschichte

Der Kulturgeschichte, wie wir sie definiert haben – Schule, Presse, Religion, Mentalität, Wissenschaft und Technik –, fehlt trotz reichlichem Material ebenfalls eine Synthese, die die Hauptlinien herausarbeiten würde. Die Schulgeschichte beginnt mit der Geschichte der großen Pädagogen Pestalozzi, Girard und Fellenberg: Seit 1927 sind PESTALOZZI, Sämtliche Werke, im Erscheinen, zum 100. Todestag von Girard kam die Père-Girard-Gedenkschrift zur Erinnerung an das Zentenar seines Todes, Freiburg i. Ue. 1953, heraus und ergänzte damit A. DAGUET, Le Père Girard et son temps, 2 v., Paris 1896. K. GUGGISBERG, Philipp Emanuel von Fellenberg und sein Erziehungsstaat, 2 Bde., Bern 1953, schrieb die Biographie dieses bedeutenden Pädagogen. Neben diesen drei wären natürlich noch andere für die Entwicklung des Schulwesens bedeutende Persönlichkeiten zu nennen, so Johann Melchior Schuler, Friedrich Fröbel, Johann Rudolf Steinmüller, Philipp Albert Stapfer und Eduard Pfyffer. Einen Überblick über das Schulwesen gibt noch immer nur D. HUNZIKER, Geschichte der schweizerischen Volksschule in gedrängter Darstellung, 3 Bde., Zürich 1880–1882. Recht gut sind die Probleme in einzelnen Kantonen untersucht: G. MÜTZENBERG, Genève 1830. Restauration de l'école, Lausanne 1974; H. J. GALLIKER, Die Geschichte des Gymnasiums und der philosophischen Abteilung des Lyzeums in Luzern 1830–1847, Bern 1978. Für die Genfer Akademie ist zu erwähnen: J. STELLING-MICHAUD (Ed.), Le Livre du Recteur de l'Académie de Genève, 1559–1878, Genève 1959. Umfangreicher ist das Material zur Basler Universität: M. TRIET, P. MARRER, H. RINDLISBACHER (Hg.), Universität Basel: Die Matrikel der Universität Basel, Basel 1951 ff., und E. BONJOUR, Die Universität Basel von den Anfängen bis zur Gegenwart 1460–1960, 2. durchgesehene Aufl., Basel 1971.

Parallel zum Aufschwung des Schulwesens geht derjenige der Presse. Obwohl die Geschichtsschreibung zum Pressewesen eine lange Tradition hat, beschränken wir uns auf die Erwähnung der jüngsten Arbeiten: M. BAUER, Die politische Presse und ihre Verhältnisse im Kanton Schwyz. Von den Anfängen bis 1850, Freiburg i. Ue. 1975; B. GIRARD, Un journal légitimiste à Fribourg sous la Régénération: «Le Véridique» in; Annales fribourgeoises 1975–1976, und A. CABANIS, La presse politique vaudoise sous la République Helvétique, Lausanne 1979. Einen ersten Gesamtüberblick für unsere Zeit, basierend auf einem gründlichen Studium der Bibliographie von F. BLASER, Bibliographie der Schweizer Presse mit Einschluß des Fürstentums Liechtenstein, 2 Bde., Basel 1956–1958, gibt R. RUFFIEUX, La presse politique en Suisse durant la première moitié du XIXe siécle. Esquisse de ses caractéristiques socio-économiques, in: Festschrift Gottfried Boesch, Schwyz 1980.

Über die Kirchengeschichte kann man sich recht gut in den einschlägigen Gesamtdarstellungen informieren: W. HADORN, Kirchengeschichte der reformierten Schweiz, Zürich 1907; P. WERNLE, Der schweizerische Protestantismus in der Zeit der Helvetik, 2 Bde., Zürich, Leipzig 1938–1942; TH. SCHWEGLER, Geschichte der katholischen Kirche in der Schweiz von den Anfängen bis auf die Gegenwart, 2. umgearbeitete und vermehrte Aufl., Stans 1943; F. GUGGENHEIM-GRÜNBERG, Die Juden in der Schweiz, Zürich 1961, und als breitere Darstellung des oft konfliktbeladenen Verhältnisse der Juden in der Schweiz A. WELDLER-STEINBERG, Geschichte der Juden in der Schweiz vom 16. Jahrhundert bis nach der Emanzipation, 2 Bde., Goldach 1966–1970. Nicht zu vergessen sind Arbeiten über religiöse Minderheiten, so etwa S. GEISER, Die Taufgesinnten-Gemeinden, 2. Aufl., Brugg 1971, und E. STAEHELIN, Die Christentumsgesellschaft in der Zeit der Aufklärung und der beginnenden Erweckung, Basel 1970. Dem letzten Generalvikar von Konstanz, Ignaz Wessenberg, gilt ein Buch von K. ALAND, W. MÜLLER (Hg.), Ignaz Heinrich von Wessenberg, unveröffentlichte Manuskripte und Briefe, 8 Bde., Freiburg i. Br., Basel, Wien 1968 ff. Für die Verhältnisse zwischen Staat und Kirche bleibt man auf U. LAMPERT, Kirche und Staat in der Schweiz. Darstellung ihrer rechtlichen Verhältnisse, 3 Bde., Bd. 1: Basel, Freiburg 1929, Bd. 2 und 3: Freiburg, Leipzig 1938–1939, angewiesen. Neuere Arbeiten verlassen allmählich den hagiographischen Stil und stellen den einzelnen vermehrt in breitere Zusammenhänge, so etwa P. THOMPSON, La religion de Benjamin Constant, Fribourg 1979, und O. PFYL, Alois Fuchs 1794–1855. Ein Schwyzer Geistlicher auf dem Weg vom Liberalismus zum Radikalismus, in: Mitteilungen des Historischen Vereins des Kantons Schwyz 1971, und vom selben Autor, Alois Fuchs 1794–1855, daselbst 1979.

Die Untersuchungen der Religiosität breiterer Volksschichten, die sich als spontaner und weniger dogmatisch als die offizielle erweist, steckt noch in den Anfängen; einen bescheidenen Anfang macht R. CREUX, Les ex-voto racontent, Fribourg 1979.

Die Mentalitätsgeschichte bleibt noch vollkommen unerforscht, obwohl hier ein riesiges Forschungsgebiet erschlossen werden könnte, glaubt man jedenfalls E. H. MÜLLER, der dazu schon 1925 einen Anfang machte: Die Greuel von Wildensbuch. Ein Beitrag zur Geschichte psychischer Epidemien, in: Schweizerische Monatshefte für Politik und Kultur 1925.

Zur Wissenschafts- und Technikgeschichte erwähnen wir schließlich W. STAUB, A. HINDERBERGER, Die Schweiz und die Forschung, 2 Bde., Bern 1943–1944.

Politische Geschichte

Die Angliederung neuer Kantone an die Eidgenossenschaft ist Gegenstand zahlreicher Untersuchungen; erwähnt seien P. WAEBER, La formation du canton de Genève, 1814–1816, Genève 1974; E. PICTET, Biographie, travaux et correspondance de Charles Pictet de Rochemont 1755–1824, Genève 1892, und L. CRAMER (Ed.), Pictet de Rochemont et François d'Ivernois. Genève et les traités de 1815. Correspondance diplomatique, Paris, Vienne, Turin 1814–1816, 2 v., Genève 1914. Über das Wallis und das alte Bistum Basel informieren die allgemeinen Darstellungen genügend. Zum Jura kann natürlich noch auf H. VON GREYERZ, A. COMMENT, H. HUBER, Gutachten über die Vereinigungsurkunde des Jura mit dem Kanton Bern. An den Regierungsrat des Kantons Bern, Bern 1948, und auf J.-J. LIENGME, La Rauracie et la France. Etude historique sur pièces d'archives, Lausanne 1978, verwiesen werden.

Die Loslösung Neuenburgs und seine Wiederangliederung 1814 löste seinerzeit heftige wissenschaftliche Debatten aus; die gegensätzlichen Standpunkte wurden von S. DE CHAMBRIER, La cession de Neuchâtel en 1806, sa reprise en 1814, Neuchâtel 1911, und A. PIAGET, La cession de Neuchâtel en 1806, sa reprise en 1814. Réponse à M. Samuel de Chambrier, Neuchâtel 1912, vertreten. Reichlich Literatur gibt es zu der Trennung Basels: K. WEBER, Die Revolution im Kanton Basel 1830–1833, Basel 1907, und vom selben Autor, Entstehung und Entwicklung des Kantons Basel-Landschaft, Liestal 1932; K. A. BRODTBECK, Die Trennung Basels im Lichte des Bundesrechts, Liestal 1932; E. SIEBER, Basler Trennungswirren und nationale Erneuerung im Meinungsstreit der Schweizer Presse 1830–1833, Basel, Stuttgart 1964; R. BLUM, Die politische Beteiligung des Volkes im jungen Kanton Baselland 1832–1875, Liestal 1977. Die Diözesangrenzen und die Reorganisation der Bistümer sind ihrerseits durch mehrere Arbeiten bekannt geworden: F. GSCHWEND, Das Doppelbistum Chur-St. Gallen. Historische Grundlage und rechtlicher Bestand 1798–1836, Freiburg i. Ue. 1909, und vom selben Autor, Die Errichtung des Bistums St. Gallen, Stans 1909; E. ISELE, Die Säkularisation des Bistums Konstanz und die Reorganisation des Bistums Basel dargestellt mit besonderer Berücksichtigung der Entstehung und Rechtsnatur des Diözesanfonds, Basel, Freiburg 1934; J. AUF DER MAUR, Das Einsiedler Bistums-Projekt vom Jahre 1818, in: Mitteilungen des Historischen Vereins des Kantons Schwyz 1967; H. BIERI, Zeitgenössische Korrespondenz zur Reorganisation des Bistums Basel 1815–1828, Zürich 1975.

Nationalbewußtsein

Der erwachende Patriotismus und Nationalismus wurde zuerst indirekt über die eine oder andere der grossen schweizerischen Gesellschaften untersucht: J. J. SIEGFRIED, Geschichte der Schweizerischen Naturforschenden Gesellschaft zur Erinnerung an den Stiftungstag vom 6. Oktober 1815 und zur Feier des fünfzigjährigen Jubiläums in Genf, Zürich 1865; H. NABHOLZ, Die Helvetische Gesellschaft 1761–1848, Zürich 1926; O. ZINNIKER, Der Geist der Helvetischen Gesellschaft des 19. Jahrhunderts, besonders zwischen 1807 und 1849. Ein Beitrag zur Geschichte des Liberalismus in der Schweiz, Biel 1932. Direkter und ausführlicher wurde das Problem sowohl auf kantonaler als auch auf Bundesebene angegangen von H. VON GREYERZ, Nation und Geschichte im bernischen Denken. Vom Beitrag Berns zum schweizerischen Geschichts- und Nationalbewußtsein, Bern 1953; S. SPAHR, Studien zum Erwachen helvetisch-eidgenössischen Empfindens im Waadtland, Zürich 1963; D. FREI, Das schweizerische Nationalbewußtsein, Zürich 1964, und schließlich A. LENHERR, Das schweizerische Militärwesen der Restaurationszeit als Dokumentation eines nationalen Bewußtseins. Insbesondere die sechs Übungslager von 1820–1830, Osnabrück 1976. Eine Studie zum Preß- und Fremdenkonklusum, R. BAUM, Die Schweiz unter dem Pressekonklusum von 1813–1829, Straßburg 1947, verdeutlicht ausländische Eingriffe in die Souveränität der Schweiz und ihre Wirkung als Förderer des Nationalbewußtseins.

Politische Behörden

Die politischen Behörden stehen im Zentrum der Betrachtungen der Institutionengeschichte. Die Texte der Verfassungen findet man bei D. LASSERRE, Alliances confédérales 1291–1815, Erlenbach-Zürich 1941, und bei H. NABHOLZ, P. KLÄUI, Quellenbuch zur Verfassungsgeschichte der Schweizerischen Eidgenossenschaft und der Kantone von den Anfängen bis zur Gegenwart, Aarau 1947. Hingewiesen sei auch noch auf die wichtigsten Lehrbücher des öffentlichen Rechtes: E. HIS, Geschichte des neueren schweizerischen Staatsrechts, 2 Bde., Basel 1920–1927; F. FLEINER, Z. GIACOMETTI, Schweizerisches Bundesstaatsrecht, Zürich 1949; J.-F. AUBERT, Traité de droit constitutionnel suisse, 2 v., Neuchâtel, Paris 1967. Organisation und Funktionieren der eidgenössischen Behörden wurden beschrieben von J. DÜRSTELER, Die Organisation der Exekutive der Schweizerischen Eidgenossenschaft seit 1798 in geschichtlicher Darstellung, Aarau 1912; R. HAGNAUER, Der Landammann der Schweiz in der Vermittlungsakte, Leipzig 1922; A. HUNZIKER, Der Landammann der Schweiz in der Mediation 1803–1813, Zürich 1942. Das 100jährige Jubiläum der Bundesverfassung gab Anlaß zu weiteren Untersuchungen: W. RAPPARD, Die Bundesverfassung der schweizerischen Eidgenossenschaft 1848–1948, Zürich 1948, und J.-CH. BIAUDET, M. BRIDEL, Centenaire de la Constitution fédérale de 1848, Lausanne 1949. Das lebhafte politische Leben der ersten Hälfte des 19. Jahrhunderts hinterließ Spuren in Form von Memoiren, Erinnerungen und Korrespondenzen, die aufzuzählen hier kein Platz ist. Die meisten führenden Politiker sind in Biographien untersucht worden; im folgenden sei auf die besten Arbeiten der letzten fünfundzwanzig Jahre hingewiesen: A. LASSERRE, Henry Druey. Fondateur du radicalisme vaudois et homme d'Etat suisse 1799–1855, Lausanne 1960; R. FLURY, Johann Matthias Hungerbühler 1805–1884. Landammann des Schicksalskantons St. Gallen, St. Gallen 1962; A.-W. SCHOOP, Johann Konrad Kern, 2 Bde., Frauenfeld, Stuttgart 1968; G. CALGARI, Vita di Stefano Franscini. Un racconto nella storia, Locarno 1968; A. ROHR, Philipp Albert Stapfer 1766–1840, Aarau 1980; E. SPIESS, Ignaz Paul Vital Troxler. Der Philosoph und Vorkämpfer des Bundesstaates, dargestellt nach seinen Schriften und den Zeugnissen der Zeitgenossen, Bern, München 1967; V. ERARD, Xavier Stockmar, patriote jurassien, 2 v., Delémont 1968–1971; H. R. SCHNEIDER, Giovanni Antonio Marcacci 1769–1854. Ein Tessiner als schweizerischer Politiker und Diplomat zwischen Ancien Régime und Regeneration, Diss. Basel 1977; P. WYRSCH, Landammann Nazar von Reding-Biberegg 1806–1865, Baumeister des Kantons Schwyz, in: Mitteilungen des Historischen Vereins des Kantons Schwyz 1977; R. SOLAND, Joachim Leonz Eder und die Regeneration im Thurgau 1830–1831, Weinfelden 1980; W. KAEGI, Jacob Burckhardt. Eine Biographie, 7 Bde., Basel 1947–1982; L. LEITNESS, I. NOSEDA, B. WEIBEL, Martin Disteli ... «und fluchend steht das Volk vor seinen Bildern», Olten 1977.

Mit dem politischen Leben befaßt sich auch die Soziologie der Macht. Die Frage, wer denn effektiv herrschte, ist sehr schwer zu entscheiden. Die Biographie als Gattung, obwohl oft verwendet, erlaubt kaum allgemeine Schlüsse; Sammlungen von Biographien hingegen sind schon interessanter. Man wird deshalb E. GRUNER, Die Schweizerische Bundesversammlung 1848–1920, 2 Bde., Bern 1966 (Helvetica politica, A 1, 2), konsultieren, wo die Lebensläufe von mehr als 200 Notabeln verzeichnet sind, welche vor der Gründung des Bundesstaates geboren wurden und in der Zeit des Bundesvertrags von 1815 ein öffentliches Amt bekleideten. Ebenfalls zu diesem Thema schrieb E. F. J. MÜLLER, Altschweizer Eliten im Bundesstaat von 1848, in: Innerschweizerisches Jahrbuch für Heimatkunde 1959–1960. Auf kantonaler Ebene sei sodann verwiesen auf H. WEBER, Die zürcherischen Landsgemeinden in der Helvetik 1798–1803, Zürich 1971; B. PRONGUÉ (Ed.), La Députation jurassienne 1831–1921, Porrentruy o. D., und J.-H. PAPILLOUD, Le personnel politique (1802–1848), in: Histoire de la démocratie en Valais (1798–1914), Sion 1979. Schließlich sei die zeitgenössische Analyse von A.-E. CHERBULIEZ, De la démocratie en Suisse, 2 v., Paris 1943, die nach dem Vorbild von Alexis de Tocqueville geschrieben ist, erwähnt.

Revolution und Gegenrevolution

Die Kontroversen, die der politische Wandel auslöste, kreisten um die Begriffe Demokratie – Aristokratie, Revolution – Gegenrevolution und neue – alte Freiheit (sowohl der Individuen wie der Kantone). Aus der überaus reichhaltigen Forschung kann wiederum nur auf einige wenige Werke hingewiesen werden: D. SCHEFOLD, Volkssouveränität und repräsentative Demokratie in der schweizerischen Regeneration, Basel 1966; der Durchbruch der modernen Demokratie in den dreißiger und vierziger Jahren des 19. Jahrhunderts wird generell in der Literatur begrüßt, so unter anderen R. BLUM, Die politische Beteiligung des Volkes im jungen Kanton Baselland (1832–1875), Liestal 1977. Über das erste gesamtschweizerische Referendum gibt P.-A. STEINER, Interprétation de la votation du 25 mai 1802, Neuchâtel 1969, Auskunft. Eine seit 1815 im Entstehen begriffene öffentliche Meinung bildet den Gegenstand der Untersuchung von H. MOSER, F. KOST, W. HOLDENER, Zur Geschichte der politischen Bildung in der Schweiz, Stuttgart 1978. Beispiele aus den Anfängen der Parteiengeschichte geben P. H. EHINGER, Die Anfänge des liberalen Parteiwesens im Kanton St. Gallen, Zürich 1970, und M. BOVEY, L'Association patriotique du canton de Vaud et son intervention dans la politique vaudoise 1845, in: Revue historique vaudoise 1979.

Revolution und Gegenrevolution sind Begriffe, mit denen nicht nur einzelne Abschnitte der Geschichte umschrieben werden, sondern auch einzelne Ereignisse wie der «Ustertag» oder der «Züriputsch»: C. DÄNDLIKER, Der Ustertag und die politische Bewegung der dreißiger Jahre im Canton Zürich, Zürich 1881; B. SCHMID, Der Ustertag im Spiegel seiner Zeit. Festschrift zur 150. Wiederkehr des 22. November 1830, Uster 1980; E. GAGLIARDI, Der Zürcher Putsch von 1839 in französischer Beleuchtung, in: Festgabe Paul Schweizer, Zürich 1922, und, um die bernischen Ereignisse nicht zu vergessen, R. FELLER, Berns Verfassungskämpfe 1846, Bern 1948. Weniger emotional geschriebene Arbeiten, die um die Auseinandersetzung zwischen revolutionären und reaktionären Kräften kreisen, sind M. MICHAUD, La contre-révolution dans le canton de Fribourg (1789–1815), Fribourg 1978; K. BÜCHI, Die Krise der Luzerner Regeneration, 1839–1841, Zürich 1967, und L.-E. ROULET, Fiction et réalité des révolutions neuchâteloises, in: Schweizerische Zeitschrift für Geschichte 1953.

Das Problem von neuer und alter Freiheit behandelt L. VON MURALT, Alte und Neue Freiheit in der helvetischen Revolution, in: Der Historiker und die Geschichte. Aufsätze und Vorträge, Zürich 1960. E. REINHARD, Karl Ludwig von Haller, der Restaurator der Staatswissenschaft, Münster 1933, und K. GUGGISBERG, Carl Ludwig von Haller, Frauenfeld, Leipzig 1938, beschreiben einen Anhänger der alten Freiheit. Zum Komplex der neuen Freiheit, zum Liberalismus, sind einige Werke über drei ihrer wichtigsten Exponenten zu nennen: Madame de Staël, Benjamin Constant und Alexandre Vinet: B. W. JASINSKI (Ed.), Germaine de Staël, Correspondance générale, Paris 1960ff.; A. FABRE-LUCE, Benjamin Constant, Paris 1978; E. HOFMANN, Bibliographie analytique des écrits sur Benjamin Constant (1796–1980), Lausanne 1980; J.-D. CANDAUX, Benjamin Constant. Une vie au service de la liberté, 1767–1830, Zürich 1980; E. HARPAZ (Ed.), Benjamin Constant. Recueil d'articles 1820–1824, Genève 1981. G. ARLETTAZ, Les tendances libérales an Valais 1825–1839, Fribourg 1971, und A. MAILLARD, Essai sur les ambiguïtés de la pensée libérale à l'époque de la Régénération 1830–1847, in: Annales fribourgeoises 1953, interessieren sich für kantonale Ausprägungen des Liberalismus im speziellen. Konkrete Auswirkungen und Widersprüche der politischen Anwendung liberaler Ideologie werden in einer zweiten Studie von G. ARLETTAZ für das Waadtland beschrieben: Libéralisme et société dans le canton de Vaud, 1814–1845, Lausanne 1980. Schließlich sei noch verwiesen auf Le concept de liberté de 1815 à 1914 dans l'espace rhénan supérieur, Mulhouse 1976 (Actes du colloque international de Mulhouse, octobre 1974).

Andere Geistesströmungen in der Schweiz, so der Kommunismus, sind in den letzten 20 Jahren vermehrt untersucht worden: G. M. BRAVO, Wilhelm Weitling e il communismo tedesco prima del Quarantotto, Torino 1963, und vom selben Autor, Il communismo tedesco in Svizzera: August Becker 1843–1846, Milano 1963; M. VUILLEUMIER, Frankreich und die Tätigkeit Weitlings und seiner Schüler in der Schweiz 1841–1845, in: Archiv für Sozialgeschichte, Bd. 5, 1965, sowie M. VUILLEUMIER (e. a. Ed.), Révolutionnaires et exilés du 19e siècle, Genève 1973.

Deutsche und italienische Einflüsse auf die Schweiz, so etwa die «Junge Schweiz» unter dem Einfluß von Giuseppe Mazzini, stoßen schon bald auf Widerstände der «alten Schweiz», die noch immer an ihren kantonalen Eigenarten hing; zu diesen Einflüssen lese man M. MAUERHOFER, Mazzini et les réfugiés italiens en Suisse, in: Zeitschrift für schweizerische Geschichte 1932; A. CATTANI, Die Schweiz im politischen Denken Mazzinis, Zürich 1951; K. RUST, Die «Junge Schweiz» 1835–1836. Ein Beitrag zur Ideengeschichte der Regeneration, Lizentiatsarbeit Zürich 1970. Die Problematik des Föderalismus, die schließlich im Sonderbundskrieg ausgetragen wurde, ist beschrieben bei E. BONJOUR, Das Schicksal des Sonderbundes in zeitgenössischer Darstellung, Aarau 1947, und E. BUCHER, Die Geschichte des Sonderbundskrieges, Zürich 1966; beide Autoren verstanden es, eine der umstrittensten Fragen der Schweizergeschichte aus den emotionalen Debatten herauszuführen.

Kapitel 7 *Roland Ruffieux*

Die Schweiz des Freisinns (1848–1914)

Die für Europa schicksalhaften Jahre 1848 und 1914 markieren die beiden Endpunkte eines Zeitabschnittes, der auch für die Entwicklung der modernen Schweiz entscheidend war. Er läßt sich in drei in sich geschlossene Phasen unterteilen. Die erste deckt den Zeitraum zwischen 1848 und dem Beginn der siebziger Jahre des 19. Jahrhunderts ab. Der Bundesstaat, der ursprünglich als Grundlage der Aussöhnung und als einigendes Band zwischen den Kantonen dienen sollte, wurde zusehends zum Instrument einer dynamischen Politik, zur Stütze einer schnell wachsenden Wirtschaft und zum Schmelztiegel einer neuen Gesellschaft. Spannungen mit dem Ausland und erbitterte Auseinandersetzungen im Innern machten diese Anfänge zu einer Orientierungsphase, die künftigen Entwicklungen Raum ließ. Unter dem Eindruck der Konflikte von 1866 und 1870/71 stand die zweite Phase dann ganz im Zeichen der Integration im Innern und der Geschlossenheit nach außen. Im Bereich der Wirtschaft war diese Integration stärker spürbar als im politischen System, das weiterhin pluralistisch blieb. Unter dem inneren und äußeren Druck gewann auch die Neutralität des Landes immer mehr an Festigkeit. Mit Beginn der neunziger Jahre brach für die Schweiz ebenso wie für die übrigen europäischen Länder ein neues Zeitalter an. Die Beziehungen mit dem Ausland und die internationalen Verflechtungen intensivierten sich, während die innereidgenössische Solidarität neue politische

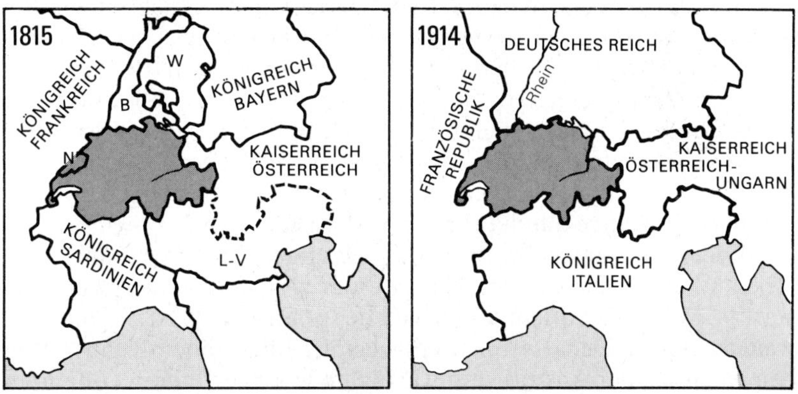

Die Nachbarn der Schweiz 1815 und 1914

B Großherzogtum Baden
W Königreich Württemberg
N Fürstentum Neuenburg (Preußen)
L-V Lombardo-venetianisches Königreich (Österreich)

Mechanismen hervorbrachte. Insgesamt war diese Phase weniger durch Kontinuität gekennzeichnet als vielmehr durch die Veränderungen, die auch in den übrigen europäischen Ländern spürbar wurden. Gerade in diesem Umfeld wird aber die Besonderheit der schweizerischen Entwicklung deutlich.

A. Die Anfänge des Bundesstaates (1848–1870)

Die Anfänge der modernen Schweiz boten eine Fülle von genutzten und ungenutzten Möglichkeiten. Der Übergang vom Staatenbund zum Bundesstaat war weniger durch die Erfahrungen der Vergangenheit geprägt als durch die Zukunftserwartungen einer neuen Politikergeneration. Die politische und administrative Modernisierung war daraufhin angelegt, eine neue Führungselite heranzubilden, die Anlaufschwierigkeiten auf realistische Weise anzugehen und die politischen Gegner im Zaum zu halten. Damit war der Rahmen für eine «Rekonstruktion» (1848–1865) abgesteckt, die an die amerikanische Entwicklung nach der Niederwerfung des «Sonderbundes» der Südstaaten im Sezessionskrieg erinnert. Die Innenpolitik bewegte sich in vorgegebenen Bahnen, wenn auch das Zusammenspiel der einzelnen Elemente wegen der ungebrochenen Vitalität der Kantone komplex bleiben mußte.

Dagegen hatte es die Außenpolitik mit rasch wechselnden Realitäten zu tun. Auf den gescheiterten «Völkerfrühling» folgte die Vereinnahmung der nationalen Bewegungen durch autoritäre Einheitsbestrebungen, die dem föderativen Prinzip eher ablehnend gegenüberstanden. Vor diesem Hintergrund erlebte der junge Bundesstaat mit dem Neuenburgerkonflikt und dem Savoyerhandel seine größten Belastungsproben. Der schweizerischen Wirtschaft kamen die Vereinheitlichung des Zollwesens, das Bekenntnis zum Freihandel und der Erfolg in einigen Sparten der Textil- und Metallverarbeitung zugute. Das schnelle Wirtschaftswachstum unter gleichzeitiger Bewahrung eines sozialen Gleichgewichtes in der Schweiz erklärt sich weniger durch den Eisenbahnbau, der für den wirtschaftlichen Aufschwung der Vereinigten Staaten bestimmend war, als durch die Initiative der Unternehmer und die Zähigkeit der Arbeiter sowie durch die günstige, wenn auch nicht ungebrochene Konjunktur. Sowohl im außenpolitischen wie auch im wirtschaftlichen Bereich waren die Anfänge durchaus nicht unbelastet.

Woher kam unter diesen Voraussetzungen der Wille zum politischen Wandel, der sich im Verlaufe der sechziger Jahre noch verstärkte? War es der offene Charakter des politischen Systems oder die weiterlaufende Debatte um Zentralismus und Föderalismus? Wie dem auch sei, der Anstoß kam wie in den vierziger Jahren von unten

Die Bundesverfassung vom 12. September 1848 als Pfand der nationalen Versöhnung: Die symbolische Darstellung führt die Krieger von gestern und die Arbeiter aller Zeiten unter der neuen Verfassung zusammen (Titelblatt einer Erinnerungsschrift von 1848).

und breitete sich gerade in dem Augenblick aus, als Europa von kriegerischen Auseinandersetzungen geschüttelt wurde. Wie schon 1848 sah sich die Schweiz angesichts der europäischen Wende von 1870/71 wieder in einer Krise, in der sie von neuem ihre Eigenart bewies.

1. Vom Bundesvertrag zur Bundesverfassung

Die Bundesrevision

Als im Februar 1848 in Paris die Revolution ausbrach und für ganz Mitteleuropa ein Signal setzte, hatten die Radikalen in der Schweiz den militärischen Widerstand des Sonderbundes bereits gebrochen und nahezu alle besiegten oder neutral gebliebenen Kantone für die ein Jahr zuvor beschlossene Verfassungsrevision gewonnen. Zwei Ereignisse kamen den Radikalen dabei entgegen und ermöglichten ihnen einen weiteren Ausbau ihrer Überlegenheit: die Uneinigkeit der Konservativen auf Bundesebene sowie das Ausfallen der europäischen Mächte, die noch am 18. Januar die Einstimmigkeit der Kantone als Voraussetzung für jede Revision des Bundesvertrags gefordert hatten.

Günstiges Klima: der «Völkerfrühling»

Im Windschatten des «Völkerfrühlings», der die Aufmerksamkeit der Regierungen zusehends in Anspruch nahm, gelang es den Revisionsanhängern in der Schweiz, immer weiterreichende Verfassungsänderungen vorzuschlagen, die schließlich zur Umwandlung des Staatenbundes in einen Bundesstaat führten. Die «Gründerväter», die in der Revisionskommission den Ton angaben – der Zürcher Jonas Furrer, der Berner Ulrich Ochsenbein, der Solothurner Josef Munzinger, der St. Galler Wilhelm Matthias Naeff sowie die beiden Redaktoren, der Thurgauer Johann Konrad Kern und der Waadtländer Henri Druey –, zogen das Verfassungsprojekt durch, wobei sie freilich in einigen wenigen, aber wichtigen Punkten Kompromisse eingehen mußten. Zwischen den kühnen Plänen der extremen Radikalen und dem harten Widerstand der überzeugten Föderalisten gelang es ihnen, die Unterstützung der gemäßigten Radikalen und der liberalen Konservativen zu gewinnen, die um einen Ausweg aus der Krise bemüht waren. Die Arbeiten der Kommission begannen am 16. Februar und endigten am 8. April mit der Vorlage eines Berichts, der als Muster an Klarheit und gesundem Menschenverstand bezeichnet werden kann.

Am 15. April konnte die Tagsatzung endlich wieder vollzählig zusammentreten. Die Mitglieder der Revisionskommission vertraten nun ihre Vorschläge, soweit ihre Instruktionen dies zuließen. In den kantonalen Legislativen waren darüber heftige Debatten geführt und der ursprüngliche Entwurf einer scharfen Kritik unterzogen worden. Deshalb kamen in der Tagsatzung auch Mehrheiten für den Revisionsentwurf nur um den Preis wesentlicher Zugeständnisse zustande: Die militärische Zentralisation wurde abgeschwächt, die Kompetenzen des Bundes im Schulwesen auf die Möglichkeit zur Gründung eidgenössischer Hochschulen beschränkt, das Straßennetz weitgehend der kantonalen Zuständigkeit vorbehalten, die Bundesbeamten für ihre Amtsführung verantwortlich erklärt und die drei Landessprachen verankert. Trotz dieser Konzessionen an die Kantone blieb es auch bei der anschließenden Abstimmung vom 27. Juni mit 13 annehmenden Kantonen bei der gleichen knappen Mehrheit wie schon zehn Monate zuvor, als über das Prinzip der Bundesrevision abgestimmt worden war.

Die Volksabstimmung

Die zwischen dem 5. August und dem 3. September in allen Kantonen mit Ausnahme Freiburgs abgehaltenen Volksabstimmungen zeitigten ein besseres Ergebnis für die Revision. Jetzt nahmen 15 ½ Kantone an, während 6 ½ verwarfen. Die Stimmbeteiligung schwankte zwischen 19 % in Bern und 75 % in den drei Kantonen mit Stimmzwang, Aargau, Thurgau und Schaffhausen. Von den annehmenden Ständen ließen die Mittellandkantone von Genf bis Romanshorn eine fortschrittliche Tendenz erkennen, die sich aus dem wirtschaftlichen Entwicklungsstand und der Gewöhnung an die repräsentative Demokratie erklären läßt. Allerdings schwächte die ablehnende Haltung der katholischen Gebiete diese Tendenz etwas ab. Die Ergebnisse der Landsgemeindekantone Glarus und der beiden Appenzell bestätigten die Voraussagen. Mit Ausnahme von Basel-Stadt und Graubünden überwog in den Kantonen, in denen in erster Linie Zollinteressen auf dem Spiele standen, die Ablehnung. Ein Patt gab es bei den von den radikalen Minderheitsregierungen geführten Kantonen: Luzern und Freiburg nahmen den Revisionsentwurf an, Zug und Wallis lehnten ihn ab.

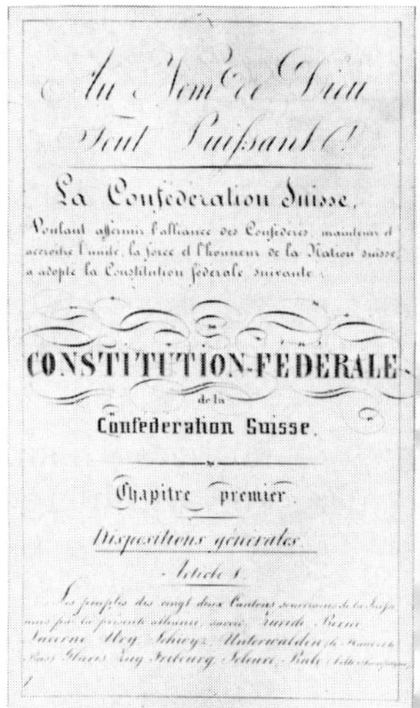
Au Nom de Dieu
Tout Puissant!
La Confédération Suisse,
CONSTITUTION FÉDÉRALE
de la
Confédération Suisse.
Chapitre premier.
Dispositions générales.
Article 1.

Titelseite des Originals der Bundesverfassung von 1848. Die im Vergleich zu früheren Dokumenten einfache Gestaltung widerspiegelt den neuen Stil republikanischer Einfachheit, der für die erste Zeit des Bundesstaates bezeichnend ist.

Am 12. September 1848 nahm die Tagsatzung von diesem Volksentscheid Kenntnis: Sie stellte aufgrund der Kantonsergebnisse fest, die neue Verfassung sei von den Schweizerbürgern im Verhältnis von sechs zu eins angenommen worden. Eine genaue Stimmenauszählung ergab jedoch nur ein Verhältnis von sieben zu drei Stimmen für die Revision. Bei einer Beteiligung von insgesamt 55 % der Stimmberechtigten, die 19 % der Gesamtbevölkerung ausmachten, wurden rund 40 % Ja-Stimmen und etwa 15 % Nein-Stimmen abgegeben. Die

Nichtstimmenden waren mit ca. 45 % schon damals die bedeutendste politische Gruppe.

Die politische Option, die mit der Abstimmung verbunden war, hat, abgesehen von einigen altliberalen Gruppen, vor allem die katholische Minderheit in die Isolation geführt, während weder die Sprachenzugehörigkeit noch regionale Eigenheiten eine Rolle spielten. Es war vielmehr der Grad des Vertrauens gegenüber dem neuen Bundesstaat, der die Kantone in drei Lager schied: Zehn Kantone sprachen sich mit großer Mehrheit für seine Schaffung aus, sechs weitere stimmten ihm wegen des beachtlichen Gewichts, das er den Kantonen weiterhin beließ, zu, eine etwa gleich große Gruppe aber beharrte auf ihrem Föderalismus. Ob der für die Annahme der neuen Verfassung ausschlaggebende Einfluß während dieses entscheidenden Jahres von der Meinungspresse ausging, wie Karl Weber vermutet, oder von den politischen Führern und den kollektiven Verhaltensweisen der einzelnen Kantone, wie Jürg Segesser meint, ist nicht auszumachen. Am 12. September erwahrte die Tagsatzung die Ergebnisse der ersten allgemeinen Volksabstimmung und schloß am 22. September ihre Verhandlungen.

Die neue Verfassung: Zweck und Mittel

Die Bundesverfassung von 1848 gliedert sich in eine Präambel, drei Abschnitte mit insgesamt 114 Artikeln und einige Übergangsbestimmungen. Sie war zehnmal länger als der Bundesvertrag von 1815. Ihr Umfang ergab sich daraus, daß sie gewachsenes Recht in modifizierter Form festhielt, daß sie neue Institutionen begründete und deren Aufgaben festlegte und daß sie die künftige Entwicklung vorzeichnete. Diese drei Funktionen waren geschickt ausgewogen und ergaben insgesamt eine offene Verfassung, die einer dynamischen Gesellschaft in einer instabilen politischen Situation entsprach. An die Stelle des alten Staatenbundes trat der neue Bundesstaat, dessen einzelne Glieder sich in wesentlichen Fragen der neuen Zentralgewalt unterzuordnen hatten. Die Beziehungen zwischen den Kantonen und zwischen Kantonen und Bund waren nun nicht mehr vertraglicher, sondern institutioneller Natur. Eine Änderung dieser Beziehungen war jedoch jederzeit möglich, und zwar durch Abstimmungsverfahren, bei denen sich die neuen Repräsentativorgane oder auch der Souverän selbst mit einfacher oder qualifizierter Mehrheit aussprechen konnten. Neues Recht konnte normalerweise durch die Gesetzgebung geschaffen werden, die auf Bundesebene die Konkordate ablöste. Die in der Verfassung verankerte Revisionsmöglichkeit, die in den fortschrittlicheren Kantonen bereits erprobt worden war, öffnete zudem den Weg zu tiefergreifendem Wandel.

Die Verbindung zwischen Vergangenheit und Zukunft war ein wichtiges Ziel der neuen Verfassung, die, wie es in der Präambel heißt, angenommen worden war, um die «Einheit, Kraft und Ehre der schweizerischen Nation zu erhalten» und «den Bund der Eidgenossen zu befestigen». Deshalb wurden zwei Zweckbestimmungen des Bundesvertrags von 1815 übernommen: Behauptung der Unabhängigkeit nach außen, Handhabung von Ruhe und Ordnung im Innern.

Daß diesen Aufgaben erste Priorität eingeräumt wurde, hatte seine Ursache in den Auseinandersetzungen mit den europäischen Mächten, deren Meinungsverschiedenheiten glücklicherweise eine Intervention verhindert hatten, und vor allem natürlich in der Sonderbundskrise, die allen Beteiligten noch frisch in Erinnerung war. Die gewählte Lösung gab dem Bund die alleinige Befugnis, mit dem Ausland Bündnisse und Staatsverträge abzuschließen. Darüber hinaus entschied er allein über Krieg und Frieden. Dieses außenpolitische Monopol schloß das Verbot der Militärkapitulationen mit ein. Was die Aufrechterhaltung von Ruhe und Ordnung im Innern betraf, die zu garantieren oder in Krisenzeiten wiederherzustellen sich die Eidgenossenschaft von 1815 als unfähig erwiesen hatte, so fiel sie in die Kompetenz der Bundesbehörden, die im Bedarfsfalle entweder auf Ersuchen der Kantone oder nach eigenem Ermessen entsprechende Maßnahmen treffen konnten. Die Epoche der kantonalen «Putsche» und der gegenseitigen Hilfe unter den Kantonen schien abgeschlossen. Die neugeschaffene Interventionsmöglichkeit des Bundes sollte hier ausgleichen, indem sie einer allfälligen Bürgerkriegsgefahr wirksam vorbeugte.

Grundrechte und Freiheiten

Ein weiteres ausdrückliches Ziel des neuen Bundesstaates war der Schutz der Freiheit und der Grundrechte der Schweizer. Es wurde kein Zusammenhang hergestellt mit der Rechte-Erklärung, die als Präambel die Helvetische Verfassung von 1798 als magere Kopie des französischen Vorbildes eingeleitet hatte. Die Väter der neuen Verfassung versuchten, die Probleme der Zeit dadurch in den Griff zu bekommen, daß sie die Bestimmungen der fortschrittlichen Kantonsverfassungen übernahmen und vervollständigten. Ein typisches Beispiel hierfür war die neue Regelung der Niederlassungsfreiheit. Sie erlaubte den Schweizerbürgern, überall im Lande Wohnsitz zu nehmen, und garantierte ihnen die Ausübung ihrer Grundrechte, einschließlich der politischen Rechte, die der Entwurf von 1833 noch nicht gewährt hatte. Damit sollte ein Gefühl der Zusammengehörigkeit und der Gleichheit geschaffen und verankert werden, aus dem heraus dann die «schweizerische Nation» erwachsen sollte. Der Verwirklichung dieses Ziels diente der Abbau von diskriminierenden Beschränkungen, wie er in der Anerkennung der Kultusfreiheit für Angehörige christlicher Konfessionen, der Vereinsfreiheit sowie der Integration von Heimatlosen zum Ausdruck kam.

Schließlich wurde als letzter, aber im Sinne der liberalen Doktrin von 1848 sicher nicht unwichtigster Zweck des Bundes die «Beförderung der gemeinsamen Wohlfahrt» in der Verfassung verankert. Erste Schritte in dieser Richtung erfolgten mit der Beseitigung der materiellen Hindernisse, die dem freien Spiel der Kräfte im Wege standen, wie etwa die Zollhoheit der Kantone oder die verschiedenen Maßeinheiten. Gleichzeitig wurde aber auch die Handhabe zu Förderungsmaßnahmen geschaffen, wie z. B. durch die Übernahme der Oberaufsicht über die Verkehrswege (Artikel 21 der Bundesverfassung von 1848, der zur Grundlage der eidgenössischen Subventionspolitik wurde) oder durch die Möglichkeit, Hochschulen zu errichten. Daß die Bundeskompetenzen im Artikel 27 auf diesen Bereich des Bildungswesens beschränkt blieben, zeigt den Abstand zu den Forderungen der Radikalen im Hinblick auf die Volksschule als Instrument zur geistigen Befreiung – Forderungen, die im entscheidenden Augenblick nur von drei Kantonen unterstützt wurden.

Die Kritik am Bundesvertrag von 1815 aus den Reihen der Liberalen und später der Radikalen hatte sich stets gegen dessen faktische Ohnmacht gewendet. Nachdem eine zentralistische Lösung ein für allemal ausschied, stellte sich die Frage, ob das Instrumentarium des neuen Bundesstaates und seine Ausstattung diesem Mangel abhelfen konnten. Eine der grundlegendsten Neuerungen bestand in den Organen des neuen Bundesstaats: Parlament, Regierung und Ansätze zu einem Bundesgericht.

Die drei Gewalten

Die Bundesversammlung mit ihren beiden Kammern, die der repräsentativen Demokratie und dem alten Vertretungsanspruch der Kantone entsprachen, war das Ergebnis langwieriger Verhandlungen und nicht etwa eine direkte Nachahmung des nordamerikanischen Vorbildes. Das Zweikammerparlament sollte sich, nachdem es seine Kinderkrankheiten überwunden hatte, eindeutig bewähren. Das faktische Übergewicht des Nationalrates und das parlamentarische Milizsystem trugen dazu ebenso bei wie die Geschäftsordnung, die das reibungslose Funktionieren sicherstellte und durch die Kommissionen das Gewicht der Fraktionen verringerte.

Die erwiesene Schwäche des alten Vorortssystems war der Grund für die Einmütigkeit bei der Schaffung des siebenköpfigen Bundesrats, dessen Kompetenzen gegenüber dem Entwurf von 1833 noch erweitert wurden. Indem festgelegt wurde, daß der Bundesrat nicht vom Volk, sondern von der Bundesversammlung zu wählen sei, war auch der Entscheid für ein Kollegialsystem gefallen, ohne daß dies jedoch in einem besonderen Verfassungsartikel festgehalten worden wäre. Eine gewisse Zurückhaltung schlug sich auch in den Bestimmungen über das Bundesgericht nieder, das auf zivil- und strafrechtliche Kompetenzen beschränkt blieb, während die Verfassungsgerichtsbarkeit dem Bundesrat zukam.

Wie schon der Entwurf von 1833 sah auch die neue Verfassung mehrere Einnahmequellen für den Bund vor, von denen die Zölle die bedeutendsten waren. In diesem Bereich wurde denn auch der zentralistische Einfluß am stärksten fühlbar. Für die Erhebung der Außenzölle und die Tarifgestaltung wurde der Bund allein zuständig. Die Zolleinnahmen dienten vorerst der Entschädigung der Kantone und flossen dann in die Bundeskasse.

Der Bundesvertrag von 1815 hatte der damaligen Eidgenossenschaft nur sehr wenig Machtmittel in die Hand gegeben. Überdies besaß sie keinerlei Möglichkeit, diese beschränkten Kompetenzen von sich aus zu erweitern. Hierin lag der eigentliche Grund für die langanhaltenden Streitigkeiten, die schließlich in die Sonderbundskrise mündeten. Die neue Verfassung verlängerte die Liste der Bundeskompetenzen und legte vor allem die Möglichkeit künftiger Erweiterungen durch Revision fest. Wie die meisten Verfassungen der regenerierten Kantone sollte auch die Bundesverfassung jederzeit modifizierbar sein. Die entsprechenden Bestimmungen unter Abschnitt III waren eindeutig. Danach konnte ein Revisionsbegehren entweder von einem der eidgenössischen Räte oder von mindestens 50 000 stimmberechtigten Bürgern (eine Zahl, die bereits 1848 niedrig war) gestellt werden. Damit war auf Bundesebene die direkte Demokratie eingeführt. Der Weg zu einer Verfassungsänderung war aber noch sehr kompliziert: Wurde eine diesbezügliche Initiative eingereicht, so mußte zunächst einmal darüber abgestimmt werden, ob überhaupt eine Revision stattfinden solle. War dies der Fall, mußten die Räte neu gewählt werden, um einen Entwurf auszuarbeiten. Dieser Entwurf mußte schließlich Volk und Ständen zur Annahme vorgelegt werden. Dabei wurde nicht unterschieden zwischen Total- und Teilrevision. Dieses differenzierte Verfahren erwies sich jedoch als derart mühsam, daß es von den Behörden während fast 20 Jahren nicht ein einziges Mal angewendet wurde. Die Verfassung und die durch sie geschaffenen Institutionen konnten sich in dieser Zeit einleben.

Die im Art. 33 der Bundesverfassung vorgesehene Übernahme der Post durch den Bund wurde durch das Organisationsgesetz von 1849 verwirklicht. Es brachte Einheitsbriefmarken für das ganze Land und regelte die Posttaxen je nach Distanz. Die Verluste, die die Kantone dadurch erlitten, wurden durch die Verteilung von 1,5 Millionen Franken aus den Gewinnen der Bundespost teilweise wieder kompensiert; allerdings konnten diese Beiträge in den ersten Jahrzehnten noch nicht vollumfänglich ausgeschüttet werden.

2. Die Modernisierung von Politik und Verwaltung

Auch wenn die Verfassungsrevision nicht völlig mit der Vergangenheit brach, wie das 1798 der Fall gewesen war, schuf sie doch ein neues Staats- und Regierungssystem. Über die Durchsetzung der neuen bundesstaatlichen Ordnung gingen freilich die Ansichten auseinander. Wenn die Zentralisten auf Maßnahmen von oben setzten, so sprachen sich andere für eine Lösung in Anlehnung an die fortschritt-

Der von 1852–1857 unter der Leitung von Friedrich Studer erbaute Westflügel des Bundeshauses unterstreicht in seiner Monumentalität die hochgesteckten Ziele des neuen Bundesstaates: nationale Unabhängigkeit, individuelle Freiheit und Wohlstand für alle (Lithographie von I. Durheim).

Bedeutung und Tragweite der Veränderungen

lichen Kantone aus. Es stellte sich zudem die Frage, wie weit mit dem Widerstand der besiegten Sonderbundskantone gerechnet werden mußte. Auch wenn die Mehrzahl der Schweizer sich im allgemeinen zur Demokratie bekannte, so änderte das nichts daran, daß die Meinungen über die Art und Weise ihrer Realisierung zunächst einmal geteilt waren. Ging es den Konservativen um die Aufrechterhaltung der historisch gewachsenen Strukturen, so legten die Liberalen den Schwerpunkt eher auf die schrittweise Durchsetzung der persönlichen Freiheiten, forderten die Radikalen mehr Gleichheit und Garantien für eine größere Beteiligung des Volkes am Staatsleben und verlangte eine noch wenig formierte Linke die Befriedigung der gesellschaftlichen Bedürfnisse und die Beseitigung der ins Auge springenden Ungleichheiten.

Der Bundesstaat – eine Zielvorstellung

Angesichts dieser verschiedenen Erwartungen stellte der Bundesstaat zunächst noch eher eine Zielvorstellung als eine in sich gefestigte Realität dar. Hinzu kam, daß sich die Modernisierung des politischen Lebens zwischen 1848 und den siebziger Jahren des 19. Jahrhunderts in der Form einer Polarisierung zwischen den Kräften des «Fortschritts» und der «Beharrung» vollzog. Die Fortschrittspartei des Freisinns, die Liberale und Radikale umfaßte, suchte vorerst die repräsentative Demokratie nicht zu erweitern, sondern eher dadurch zu stärken, daß sie den Bundesbehörden gegenüber den Kantonen und dem Ausland den Rücken stärkte. Sie wollte historisch bedingte Eigenarten, die ihr nicht mehr zeitgemäß erschienen, abbauen und ihre politischen Gegner auf legalem Wege zu Neuerungen zwingen. Die Konservativen, die jeden Zusammenhalt verloren hatten, wurden denn auch völlig in die Defensive gedrängt und mußten alle Hoffnung auf eine baldige Revanche fahren lassen. Ihre Taktik bestand darin, die neue Legalität als Bollwerk für den Schutz ihrer eigenen Freiheiten in Anspruch zu nehmen und die als zu zentralistisch empfundenen Gesetze dadurch zu bekämpfen, daß sie deren Anwendung in den Kantonen nach Kräften behinderten.

Seit den sechziger Jahren wurde diese Polarisierung angesichts neuer, kurzlebiger Interessen durch weniger starre Fronten abgelöst. Die Spaltung der Radikalen stärkte das liberale Zentrum, das auch von der Rechten Zulauf erhielt. Die Annäherung der Konservativen an das System schien die Voraussetzung für die Bildung einer großen «Zentrumspartei» zu schaffen. Das Scheitern dieses Versuchs im Zusammenhang mit dem ersten Anlauf für eine Verfassungsrevision führte jedoch wieder in die Verhärtung zurück, diesmal allerdings unter anderen Vorzeichen als 1848.

Die Organisation der Bundesbehörden

Die Verfassung von 1848 hatte einen Rahmen geschaffen, der nun ausgestaltet werden mußte. Einstweilen begnügte man sich mit wenigen, aber wirksamen Instrumenten. Der maßvolle Einsatz der Gesetzesmaschinerie im Vergleich mit dem, was sich nach den radikalen Revolutionen in den Kantonen abgespielt hatte, und das Fehlen jeglicher Verfassungsrevision während eines Zeitraumes von 18 Jahren deutet darauf hin, wie wenig zentralistisch diese Periode war.

Sie beschränkte sich auf die Einsetzung neuer Behörden und auf den Erlaß einer Reihe organisatorischer Gesetze zur Absicherung der Beziehungen mit den Kantonen und dem Ausland. Sehr viel nachdrücklicher hingegen gestaltete sich die Übernahme der neuen Machtpositionen durch eine sozial eng umschriebene politische Elite.

Die erste Bundesversammlung

Die beiden im Oktober 1848 gewählten Kammern konstituierten sich am 6. November zur Bundesversammlung. Die Wahlverfahren für die Räte waren unterschiedlich und sollten es auch noch lange Zeit bleiben: indirektes Wahlsystem nach dem freien Ermessen der Kantone für den Ständerat; Listenwahlen nach Majorzverfahren in Wahlkreisen, notfalls in mehreren Wahlgängen, für den Nationalrat, ein Wahlrecht übrigens, dessen Ungerechtigkeiten auch durch das Gesetz vom 21. Dezember 1850 nicht behoben wurden. Die beiden Räte gaben sich in der Folge Geschäftsreglemente und legten durch das Bundesgesetz vom 21. Dezember 1849 betreffend den Geschäftsverkehr ihre gegenseitigen Beziehungen nach dem Grundsatz der Gleichstellung fest. Am 16. November 1848 wählte die Bundesversammlung zum ersten Male den aus sieben Mitgliedern bestehenden Bundesrat, der ein getreues Spiegelbild der Mehrheitsverhältnisse im Parlament war, und am 28. wurde Bern als Bundesstadt erkoren. Die Regierungsgeschäfte wurden nach dem Departementssystem geordnet, der Bundesrat aber auf das Kollegialsystem verpflichtet (Gesetz vom 16. Mai 1849). Die Verantwortlichkeit des Bundesrates wie auch der neugeschaffenen Bundesverwaltung wurde durch das Bundesgesetz vom 9. Dezember 1850 geregelt. Mit den zwischen 1849 und 1853 verabschiedeten Gesetzen erhielt das zunächst noch nicht ständige Bundesgericht begrenzte Kompetenzen. Die Tätigkeit der Bundesbehörden beruhte im wesentlichen auf dem in Kantonen und Gemeinden üblichen Milizsystem: Es gab nur etwa 50 vollamtliche Funktionäre, die ein Anfangsbudget von rund fünf Millionen Franken verwalteten.

Eine weitere Serie von Gesetzen ordnete die in der Verfassung vorgesehenen Bundeskompetenzen: das Gesetz über die Militärorganisation vom 1. Mai 1850, das im wesentlichen Bestehendes weiterführte, die Gesetze über das Pulverregal, das Post- und Telegraphenwesen, die Zollverwaltung und der erste Zolltarif von 1849, der unter dem Einfluß der fortschrittlichsten und am stärksten industrialisierten Kantone klar freihändlerisch gestaltet wurde. Dank den nun von Post und Zoll erzielten Einnahmen konnte die Höhe der kantonalen Beiträge an die neue Bundeskasse durch das Gesetz von 1851 geregelt werden – ein Gesetz, das allerdings bis ins 20. Jahrhundert hinein toter Buchstabe blieb.

In einigen anderen Bereichen stieß man auf erwartete, aber auch auf unvorhergesehene Schwierigkeiten. Die Vereinheitlichung von Maß und Gewicht ebenso wie die des Geldes führten zu harten Auseinandersetzungen zwischen den mit den jeweiligen Nachbarländern wirtschaftlich verbundenen Regionen. Das Gesetz vom 23. Dezember 1851, das eine drei Jahre vorher getroffene Entscheidung über die

In einem erbitterten Kampf besiegen die Frankenfüßler die Guldenfüßler, und Helvetia kann wieder Wohlstand über das Land streuen, während die fremden Währungen über die Grenze abziehen. Satirische Darstellung der «Münzrevolution» von 1851.

einheitliche Verwendung von Fuß, Maß und Pfund bestätigte, brachte die Romands auf, die für das metrische System optiert hatten. Mit besonderer Genugtuung wurde daher in der Westschweiz das Ergebnis der Münzreform zur Kenntnis genommen, die auf dem französischen Centime- und Frankensystem beruhte und die Abkehr von der mitteleuropäischen Guldenwährung und vom Hexagesimalsystem bedeutete. Der Münzstreit von 1850 lieferte ein erstes Beispiel dafür, wie aus einer Meinungsverschiedenheit über ein ursprünglich rein technisches Problem ein Politikum ersten Ranges werden konnte, das sich mit Hinweisen auf das noch republikanische Frankreich auf der einen und das monarchische Deutschland auf der anderen Seite anreichern ließ. Die Spannungen nahmen noch zu, als sich die Bundesversammlung mit dem schwierigen Komplex der Handelsverträge zu beschäftigen hatte, für die der Bund nach der Verfassung allein zuständig war.

Die Achtundvierziger und ihr Regime

Die schnelle Schaffung einer Reihe von Organisationsgesetzen, die sich durch Qualität und Kohärenz auszeichneten, war der ersten Legislative des neuen Bundesstaates zu verdanken, die kurz nach dem Bürgerkrieg unter schwierigen Bedingungen gewählt worden war. Dieser Erfolg ließ eine Veränderung deutlich werden, die sich auch in anderen Bereichen abzeichnete und deren Auswirkungen bis zum Ende des Jahrhunderts anhalten sollten: den Aufstieg einer neuen politischen Elite, die zur Verteidigung und zur Entwicklung des bestehenden Staates entschlossen war. Erich Gruner hat diese soziale Schicht und ihre Einflußmechanismen in seinen Arbeiten analysiert.

Triumph des radikalen Bürgertums

Mit dem Sieg des Radikalismus, der seine Anhänger überwiegend aus dem protestantischen Lager und dem industrialisierten Mittelland rekrutierte, gelang dem Bürgertum auch der Griff nach der politischen Macht, nachdem es zuvor bereits eine beherrschende Stellung in Wirtschaft und Kultur erobert hatte. Als *homo novus* war der typische Vertreter der neuen Parlamentariergeneration väterlicherseits im allgemeinen nicht politisch vorbelastet. Er brachte in der Regel eine Universitätsausbildung mit, die er in den meisten Fällen im Ausland erworben hatte. Herkunftsmäßig läßt er sich drei privilegierten sozio-professionellen Gruppen zuordnen: führende kantonale Magistraten (33,9 % der Nationalratsmitglieder 1851); Advokaten (23,2 %) sowie Unternehmer aus Industrie und Gewerbe (22,3 %). Bauern, Angestellte und Berufspolitiker fehlten noch in einer Szenerie, wo materielle Fragen unter dem Gesichtspunkt des reinen Manchester-Liberalismus behandelt wurden. Diese Zusammensetzung des Parlaments blieb erhalten bis zu Beginn der siebziger Jahre, als die direkten Vertreter des Kapitals die politische Bühne betraten (1872 lebten 11,1 % der Nationalräte von Kapitaleinkommen).

Die neue radikale Elite gewann ihr Profil vor allem aus dem Kontrast zu den alten Führungsklassen. Sie setzte sich aus Patrioten zusammen, die sich in den politischen Kämpfen in ihren Heimatkantonen bewährt hatten und die sich eng mit den neuen Institutionen verbunden fühlten. Darüber hinaus zeichnete sie eine bislang ungekannte Volksnähe aus, die dazu führte, daß die Konservativen jetzt nicht nur wegen ihres Widerstandes gegen Neuerungen angegriffen wurden, sondern sich auch den Vorwurf der Ignoranz gegenüber den echten Bedürfnissen des Volkes gefallen lassen mußten.

Vier Monate nach der Abtretung Savoyens an Frankreich fand vom 4.–6. August 1860 in Genf ein schweizerischer Offizierstag statt. Außenpolitische Gesichtspunkte traten in den Hintergrund, während in der kollektiven Festbegeisterung allmählich der Gedanke an eine Zentralisierung der Armee heranreifte.

Die eigentliche Heimat des Achtundvierziger-Radikalismus war das Gebiet zwischen Genf und Romanshorn. Mit Ausnahme der eher liberalen Kantone Waadt, Basel-Stadt und Graubünden war nahezu das gesamte Mittelland radikal. Selbst in den ehemaligen Sonderbundskantonen hielt sich der katholische Konservatismus vorübergehend im Hintergrund. Der Grad des radikalen Einflusses war je nach politischer Tradition und Orientierung der Kantonsregierungen unterschiedlich, er ging von den Städten und größeren Ortschaften aus, verebbte aber auf dem Lande und in den Dörfern, wo sich Gasthaus und Pfarrhaus gegenüberstanden und wo oft Notable wie Ärzte und Advokaten die einzigen Radikalen waren. Wenn der Radikalismus aufgrund des Rückhaltes im Mittelstand eine Volksbewegung war, so war er aufgrund seiner weiträumigen Verbreitung auch eine nationale Bewegung.

«Rekonstruktion» und Parteikämpfe

Innenpolitisch läßt sich die Periode zwischen der Gründung des Bundesstaats und dem Ausbruch des deutsch-französischen Krieges in drei Abschnitte unterteilen: Der Zeitraum von 1848–1857 kann in Anlehnung an die amerikanische Nachbürgerkriegsperiode als Phase der «Rekonstruktion» bezeichnet werden. Der daran anschließende Zeitabschnitt von 1857–1866 brachte eine Sammlung der politischen Kräfte zur Bewältigung neuer Aufgaben, während der dritte und letzte Zeitraum im Zeichen einer Tendenzwende stand, auf die weiter unten noch näher einzugehen sein wird.

Auch die politischen Auseinandersetzungen spielten sich auf drei Schauplätzen ab: während der Wahlkämpfe anläßlich der Nationalratswahlen; in den beiden Räten, wo über einige Geschäfte hitzige Debatten ausgetragen wurden; in den Kantonen, wo die Machtkämpfe zur Intervention der gesamtschweizerischen radikalen Mehrheit führten.

Die Nationalratswahlen

Die seit 1848 in dreijährigen Intervallen stattfindenden Nationalratswahlen waren zumindest theoretisch zusammen mit der Wahl der Kantonsparlamente der demokratischste Vorgang im Lande. Das allgemeine, direkte Wahlrecht, das 1848 wie in anderen europäischen Ländern eingeführt worden war, hatte in der Schweiz zunächst mit einigen Anlaufschwierigkeiten zu kämpfen. Wie Erich Gruner gezeigt hat, brachten die eidgenössischen Wahlen jeweils die Probleme und die Machtverteilung im Lande deutlich zum Ausdruck.

Im Zeichen der «Konsolidierung des Bundesstaates» kam es 1848 zu einem Schulterschluß. Er schloß jeden Dialog mit den Feinden von gestern aus, die keine Gnade verdienten. Das Volk segnete die radikale Vorherrschaft ab, deren Voraussetzungen durch eine geschickte Wahlkreisgeometrie und durch Anwendung der offenen Stimmabgabe geschaffen worden waren. Drei Jahre später mußte der Bundesstaat, der nun vom Idealbild zur Wirklichkeit wurde, gegen die An-

fechtungen von links und rechts verteidigt werden, vor allem gegen die Rechte, die auf die Unterstützung der europäischen Reaktion zählen konnte. Was den Wahlslogan von 1854 betrifft – «Im Zeichen der Fusion» –, so kam darin der Versöhnungswille der Mehrheit mit dem einstigen Gegner zum Ausdruck, was aber nicht Unnachgiebigkeit gegen jene ausschloß, die sich weiterhin der Zusammenarbeit bei der Entwicklung des Bundesstaates entzogen.

Die wiederholten Appelle zur Eintracht erwiesen sich für die Erhaltung einer liberal-radikalen Mehrheit um so notwendiger, als diese Mehrheit sich bei bedeutenden Entscheidungen von nationaler Tragweite nicht voll durchsetzen konnte. So machte sie im ersten Eisenbahngesetz (28. Juli 1852) privaten Interessen wie auch den Kantonen erhebliche Zugeständnisse. Sie gab die Idee einer schweizerischen Universität auf und beschränkte sich auf die Gründung eines eidgenössischen Polytechnikums (4. Februar 1854). Ihren einzigen unangefochtenen Erfolg konnte sie mit der Abschaffung der fremden Dienste verbuchen. Das 1859 erlassene Werbeverbot machte auch den katholischen Kantonen, die ihren Jugendlichen keine berufliche Alternative anbieten konnten, keinerlei Konzessionen.

Die Grenzen der «Rekonstruktion»

Das wesentlichste Element der «Rekonstruktion» bestand jedoch in einer politischen und ideologischen Regenerationskur, die der schweizerische Radikalismus den Besiegten des Sonderbundes verordnete. Auch wenn sie in mancher Beziehung nicht mehr geschlossen war, fand sich die Mehrheit in den eidgenössischen Räten noch einmal zusammen, um die Volkspetitionen der Walliser und Freiburger Konservativen abzulehnen, die bis 1852 beziehungsweise 1856 unter dem Regiment von Minderheitsregierungen standen. Im Tessin erklärte die Bundesversammlung die Wahlen von 1854 für ungültig und unterstützte statt dessen das liberale *pronunciamento* von 1855, das dem Kanton ein Regime aufzwang, das in Bern als fortschrittlich angesehen wurde.

Der zwischen 1855 und 1867 erbaute Damm der Eisenbahnlinie Zürich–Winterthur–Konstanz mit der Brücke über die Limmat – eines der großen Bauwerke aus der Zeit des Eisenbahnfiebers. Mit der Nordostbahngesellschaft machte Alfred Escher, der Gründer der Schweizerischen Kreditanstalt, Zürich zu einem bedeutenden Eisenbahnknotenpunkt.

Von der Mitte der fünfziger Jahre bis in die Hälfte des darauffolgenden Jahrzehnts hinein verlagerte sich das Schwergewicht der eidgenössischen Politik auf wirtschaftliche und außenpolitische Fragen. Damit verloren die mit dem Bruch von 1847 zusammenhängenden Probleme allmählich an Bedeutung. Das zentrale Thema des hitzig geführten Wahlkampfes von 1857 war die Eisenbahn. Der Kampf um die Linienführung und die erbittert geführte Diskussion über die zivilisatorische Rolle der Bahn entzweiten die Radikalen, während sie auf der anderen Seite ein wenn auch kurzlebiges Zusammenrücken ihrer Gegner begünstigten. Für Jahrzehnte verstärkte das aufkommende Eisenbahnfieber die politische Zersplitterung der Schweiz, da, wie das Beispiel Berns und der Waadt zeigt, auch auf kantonaler Ebene nun keine Einmütigkeit mehr herzustellen war.

Die Auswirkungen der politischen Zersplitterung

Der Wahlkampf von 1860 wurde noch ganz im Zeichen des Savoyerhandels ausgefochten. Auch innerhalb der gleichen Partei standen sich Tauben und Falken gegenüber. Der Abbau der alten ideologischen Solidaritäten beschleunigte und verschärfte sich 1863 noch und bestätigte die Verschiebung der Kräfteverhältnisse. 15 Jahre nach der Gründung des Bundesstaates und nach sechs Nationalratswahlen hatte sich die eidgenössische Volksvertretung den sozialen Realitäten angeglichen. Die Wahlen von 1848, die mancherorts unter dem Schutz von Bundestruppen durchgeführt worden waren, hatten den linken und ultralinken Radikalen ein deutliches Übergewicht (82 von 111 Sitzen, d.h. 75 %) gegenüber dem liberalen Zentrum (11 Sitze) und vor allem der Rechten (18 Sitze) verschafft. Im Jahre 1863 hatte sich das Bild geändert: Zur Erringung der absoluten Mehrheit (65 Sitze von 128) benötigten die Radikalen die Unterstützung ihres linken Flügels, während sich die beiden Minderheiten in die andere Hälfte der Sitze teilten (32 für das liberale Zentrum, 31 für die Rechte). Auch im Ständerat hatte das Pendel wieder zur Mitte und sogar nach rechts ausgeschlagen: Nachdem beide Gruppierungen zusammen im Jahre 1848 nur 6 Sitze erringen konnten, waren es 1863 schon 14 von insgesamt 44.

3. Die Außenpolitik im Zeitalter der Nationalbewegungen

Auf der Suche nach einer neuen Formel

Das erste Vierteljahrhundert des neuen Bundesstaates war nicht nur entscheidend für die innere Entwicklung der Eidgenossenschaft, sondern es schuf auch die Grundlagen für den künftigen Kurs ihrer Außenpolitik. Die Bundesgründer von 1848 standen in außenpolitischer Hinsicht praktisch vor dem Nichts: Seit 1815 war der Schweiz mangels entsprechender Mittel und Möglichkeiten eine eigenständige Außenpolitik versagt. Wann immer eine politische Neuerung einen der Kantone in Unruhe versetzte, fühlten sich die europäischen Mächte zum Eingreifen berufen, auch wenn sie es nicht immer taten. Und jedesmal wenn politisch Verfolgten Asyl gewährt wurde, waren

135 Jahre vor der Einführung des Taktfahrplanes brachte die erste Eisenbahnlinie Zürich und Baden (AG) einander näher und wurde damit zu einem Markstein in der Entwicklung der industriellen Schweiz (Werbeanschlag der Schweizerischen Nordbahn).

die Mächte schnell mit dem Vorwurf bei der Hand, die Schweiz unterstütze gescheiterte oder geplante Revolutionen. Der Schutz der eigenen Unabhängigkeit gehörte daher zu den vordringlichsten Zielen des neuen Bundesstaates, nicht aber die Wahrung der Neutralität, die zunächst ein einfaches politisches Instrument blieb, über dessen Einsatz der Bund sich die Entscheidung vorbehielt.

Trumpfkarte Demokratie

Die Schweiz von 1848 entschied sich, auf die Karte der Demokratie zu setzen. Sie nahm damit auf ihre Weise an der großen europäischen Nationalbewegung teil. Die konservative Reaktion, die bis 1859 eine beherrschende Rolle in Europa spielte, machte ihr zuerst das Leben schwer. Als dann im Laufe des darauffolgenden Jahrzehnts die nationale Einigungsbewegung in eine entscheidende Phase trat, sah sich die junge Eidgenossenschaft einer neuen Bedrohung gegenüber: Der Imperialismus der Nachbarländer wuchs zu einer Gefahr für den Bestand der territorialen Einheit heran. Die Widerstände und Rivalitäten, die durch den nationalen Expansionswillen geweckt wurden, führten jedoch dazu, daß die Schweiz von einer ernsten Zerreißprobe verschont blieb. Sie schuf sich das Konzept der «Kulturnation». Die Periode, die gern als «die ideenärmste der modernen Schweizergeschichte» (Ernst Gagliardi) bezeichnet wird, war gerade in außenpolitischer Hinsicht besonders einfallsreich. Während der großen Krisen dieser Zeit spielten weniger die Parteien als vielmehr die Persönlichkeiten eine Rolle, und die ersten Früchte der jungen Demokratie kamen in der Reife der öffentlichen Meinung zum Ausdruck. In nur 20 Jahren hatte es das revolutionärste Land Europas verstanden, die Spielregeln der Gesinnungsneutralität zu erlernen.

Die Nachwirkungen des Schocks von 1848

In dem Augenblick, als die Schweizer gerade einen Bürgerkrieg hinter sich hatten und daran gingen, ihre Institutionen zu reformieren, brach das Erdbeben der achtundvierziger Revolutionen herein, mit ihren Forderungen nach gesellschaftlicher Veränderung und nach Emanzipation der unterdrückten und unterworfenen Nationalitäten. In der Schweiz hielten die Radikalen die Gelegenheit für gekommen, sich am Kreuzzug der Völker gegen die Fürstenmacht zu beteiligen und die Fahne der Demokratie hochzuhalten. Demgegenüber fürchteten die Konservativen die Gefahr einer Ansteckung von außen und Formen fremder Einmischung, die viel unberechenbarer sein würden als die bisher erlebten. Eine Analyse der welschen Presse, die als kritische Beobachterin der europäischen Revolutionen von 1848 auftrat, zeigt die ganze Skala von Ansichten und Meinungen, die sich, immer unter dem Gesichtspunkt der Neutralität, vom kämpferischen Engagement bis zur völligen Ablehnung erstreckte.

Angesichts der schlechten Großwetterlage von 1848/50 sollte die Diskussion bald das akademische Stadium verlassen. Ausländische Druckversuche von Norden wie von Süden brachten das Land erneut in eine heikle Situation. Während des Krieges zwischen Piemont und Österreich hatte König Albert von Sardinien-Piemont der Schweiz im April 1848 den Abschluß eines Schutz- und Trutzbündnisses angeboten, was von der Tagsatzung jedoch abgelehnt worden war. Das mit dem *risorgimento* eng verbundene Tessin stellte der italienischen Einigungsbewegung jedoch Freischaren zur Verfügung. Nach der Schlacht von Custozza (Juli 1848) fanden dann 20000 Flüchtlinge Aufnahme. Der österreichische Befehlshaber Radetzki belegte den Kanton daraufhin mit einer strengen Grenzsperre, und der Bundesrat sah sich zu Konzessionen an Österreich gezwungen, verweigerte jedoch standhaft die Auslieferung der Flüchtlinge (Vertrag von Mailand, März 1855).

Wiedereinnahme des Schlosses in Neuenburg unter Oberst Denzler am Morgen des 4. September 1856. Diese letzte militärische Aktion brachte die endgültige Eingliederung Neuenburgs in den schweizerischen Bundesstaat.

Ähnlich war die Lage an der Rheingrenze, wo sich schon seit Jahren deutsche und Schweizer Liberale verbrüdert hatten. Die badischen Aufstände (Februar und Oktober 1848; Mai 1849) riefen republikanische Deutsche aus der Schweiz und preußische Interventionstruppen gleichermaßen auf den Plan. Zur Beschwichtigung seiner nördlichen Nachbarn ließ der Bundesrat die Haupträdelsführer aus der Schweiz ausweisen. Dagegen wurden die nach dem bonapartistischen Staatsstreich vom Dezember 1851 ins Land gekommenen französischen Emigranten geduldet. Die Anwesenheit und Tätigkeit der politischen Flüchtlinge brachten die Schweiz erneut in den Ruf, ein Hort der Revolution zu sein. Die Abschiebung der als gefährlich geltenden Gäste nach England oder Amerika schuf jedoch die Voraussetzung für die Verbesserung der Beziehungen mit dem konservativen Europa.

Der Neuenburgerkonflikt

Obschon seine Anfänge weit vor 1848 zurückreichen, war der Neuenburgerkonflikt die letzte große Nachwirkung des «Völkerfrühlings». Er ergab sich aus der Doppelstellung des Kantons als Stand der Eidgenossenschaft seit 1815 und als preußisches Fürstentum, das seit 1707 mit dem preußischen Königshaus in Personalunion verbunden war. Im März 1848 war in Neuenburg die Republik ausgerufen worden, die der preußische Landesherr nicht anerkannte. Im September 1856 kam es zur royalistischen Gegenrevolution, deren klägliches Scheitern zur Intervention der Garantiemächte von 1815 führte. Der Festigkeit Englands und dem Geschick von Napoleon III. war es zu verdanken, daß die Krise nicht nur zugunsten der Schweiz gelöst werden konnte, sondern daß auch dem preußischen König Friedrich Wilhelm IV. ein Gesichtsverlust erspart blieb. Von nun an war die Außenpolitik der Schweiz endgültig von der Hypothek der aufgezwungenen Verträge von 1815 entlastet.

Der Ehrensäbel, den die Republikaner Oberst Denzler für seine Verdienste während des Neuenburgerhandels überreichten.

Hatte der kulturelle Faktor bei der Gründung der modernen Eidgenossenschaft nur eine untergeordnete Rolle gespielt, so gelangte er jetzt durch die nationalen Bewegungen zu tragender Bedeutung. In dem Maße, wie sich rings um die Schweiz die nationalen Einigungen vollzogen, wurde es für die Eidgenossen der verschiedenen Sprach- und Kulturgemeinschaften zusehends schwieriger, zu entscheiden zwischen der Verbundenheit mit einem größeren Kulturkreis und der Zugehörigkeit zu einer schweizerischen Nation, die sich noch auf der Suche nach sich selbst befand. Die Einigungskriege der sechziger Jahre stellten daher die Neutralität des Landes nochmals auf eine harte Bewährungsprobe.

Schlappe im Savoyerhandel

Ein Nebenaspekt des italienischen Krieges führte zum Savoyerhandel, bei dem die Berner Behörden wesentlich weniger gut abschnitten als bei der erfolgreichen Beilegung des Neuenburgerkonflikts kurz zuvor. Als Entschädigung für die Hilfe gegen Österreich hatte sich Napoleon III. von Sardinien-Piemont die Abtretung Savoyens und Nizzas zusichern lassen. Der Bundesrat seinerseits glaubte nun, unter Berufung auf die Verträge von 1815 einen Anspruch auf den nördlichen Teil Savoyens geltend machen zu können, obschon die Schweiz von ihrem Recht auf militärische Besetzung im Spannungsfall bisher noch nie Gebrauch gemacht hatte. Die Hoffnungen auf eine Abtretung Nordsavoyens an die Schweiz wurden noch verstärkt, als sich die Erfüllung der den Franzosen von Camillo Cavour in Plombières gemachten Zusagen durch die eben in London laufende Aushandlung des Cobden-Vertrages verzögerte. Zudem hatte ein Drittel der Einwohner Nordsavoyens, vor allem in den Landschaften Chablais und Faucigny, eine Petition für den Anschluß an die Eidgenossenschaft unterschrieben. Aber während der nun einsetzenden Abstimmungskampagne im Hinblick auf das im Abtretungsvertrag vom 24. März 1860 festgelegte Plebiszit gelang es den französischen Agenten, diesem Volksbegehren die Wirkung zu nehmen. Napoleon III. hatte nämlich eine Regelung zugesagt, die wirtschaftliche Zugeständnisse vorsah. Die kleine savoyische Zollfreizone um Genf sollte auf eine weitere Region ausgedehnt werden. Das Problem schien gelöst, als sich in der Schweiz eine von Bundesrat Jakob Stämpfli angeführte Kriegspartei um die Helvetia und die Genfer Radikalen zu formieren begann. Obschon der Bundesrat sich vergeblich bemühte, sein militantes Mitglied und dessen Gefolgsleute in die Schranken zu weisen, wurden eine Flut von Adressen verfaßt, zahllose Volksversammlungen einberufen und sogar ein lächerlicher Handstreich versucht. Da aber die europäischen Regierungen nicht gewillt waren zu intervenieren, hatte sich die Schweiz schließlich dem Ergebnis des Plebiszits zu beugen. Am 22. April 1860 sprach sich eine überwältigende Mehrheit der Savoyarden für die Formel *«oui et zones»* aus, was die Idee einer Gebietsabtretung an die Schweiz für die Zukunft ausschloß. Immerhin konnte zwei Jahre später die Dappentalfrage geregelt werden, wodurch eine andere alte Grenzstreitigkeit mit Frankreich beigelegt wurde.

Henri-Guillaume Dufour (1787–1875) erhielt seine Ausbildung in Frankreich an der renommierten Ecole Polytechnique und diente in der französischen Armee, bevor er in die Schweiz zurückkehrte. Als Offizier im schweizerischen Generalstab war er Mitbegründer der Eidgenössischen Zentralmilitärschule in Thun. Dort war Prinz Louis-Napoléon sein Schüler und erlangte das Brevet als Hauptmann der Artillerie. Auf das Verhältnis zwischen Schüler und Lehrer spielt die Karikatur von E. Affolter an, die sich wahrscheinlich auf den Neuenburgerhandel 1856 bezieht. Dufour, zum dritten Mal General der Schweizer Armee, mahnte seinen ehemaligen Schüler, den Kaiser der Franzosen, zur Mäßigung.

Sowohl die Neuenburgerfrage wie der Savoyerhandel gaben Anlaß zu Diskussionen über die materiellen und moralischen Möglichkeiten der Außenpolitik angesichts des Abbröckelns der Ordnung von 1815. Der Bundesrat bemühte sich um eine Verbesserung der militärischen Abwehrkraft, ohne dabei die Kompetenzen der Kantone anzutasten. Durch höhere Militärausgaben konnten die im Ausland entwickelten modernen Waffen beschafft und damit die Schlagkraft der Armee entscheidend verbessert werden. Mit der Unterzeichnung der «Genfer Konvention betreffend die Linderung des Loses der im Felddienst verwundeten Militärpersonen» vom 22. August 1864 erhielt die Neutralität aber auch einen humanitären

Zeitgeschichte für das Volk auf einem Heimberger Kachelofen von 1864: Bundesrat Jakob Stämpfli (mittlere Reihe, ganz rechts), der Kämpfer für die Staatsbahn, neben Marschall de Saint-Arnaud und dem Imam Chamyl, zwei Berühmtheiten aus dem Krimkrieg.

Der humanitäre Aspekt der Neutralität

Aspekt. Vorausgegangen waren entsprechende Initiativen Henri Dunants und des ein Jahr zuvor gegründeten Internationalen Komitees vom Roten Kreuz, aber auch ein vermehrtes Engagement in den Unterzeichnerstaaten. Durch den zunehmenden Einfluß der Presse und die Ausweitung des Telegraphennetzes auf ganz Europa geriet die Außenpolitik immer stärker unter den Druck der öffentlichen Meinung, was während der Ereignisse von 1863 und 1866 deutlich wurde. Diese neue Kraft, die durch ihren häufigen Sinneswandel unbequem und unberechenbar war, zwang den Bundesrat, sich auf den schlüpfrigen Boden der Gesinnungsneutralität zu stellen.

4. Auf dem Weg zu einer Wirtschaft von europäischem Format

Absehbare und ungewisse Entwicklungen

War die Schweiz in der Mitte des 18. Jahrhunderts ein noch relativ armes Land gewesen, so durfte man sie um 1848 durchaus als wohlhabend bezeichnen, und 1914 hatte sie auf wirtschaftlichem Gebiet mit den bedeutendsten Industrienationen gleichgezogen. Der wirtschaftliche Wandel stand also dem politischen an Bedeutung nicht nach und läßt sich wie dieser durch verschiedene Ursachen erklären. Wegen des Mangels an Rohstoffen, wegen des hohen Qualitätsstandards der Arbeitskräfte und nicht zuletzt wegen des nahezu im Überfluß vorhandenen Kapitals drängte sich eine Spezialisierung geradezu auf, die in der zweiten Hälfte des 19. Jahrhunderts, wie der hohe Pro-Kopf-Wert des Exports beweist, ständig vorangetrieben wurde.

Aber die «industriellen Selektionsfaktoren» (François Cardis, Werner Rham) hingen daneben auch noch von anderen, unkalkulierbaren Phänomenen ab. Durch die deutsche und die italienische Einigung erhielt das erst spät errichtete schweizerische Eisenbahnnetz europäische Bedeutung. Das durch den Freihandel hervorgerufene Wirtschaftswachstum ging auf die allgemeine Übernahme einer Wirtschaftsdoktrin zurück, von der sich die Schweizer bereits seit 1830 leiten ließen. Und schließlich war der Ausbau der industriellen Schwerpunkte darauf ausgerichtet, einen Anschluß an die europäischen Handelsströme und oft sogar an die überseeischen Märkte herzustellen.

Eine Reihe günstiger Bedingungen

Nach Francesco Kneschaurek wurde das wirtschaftliche Leben der Schweiz über die gesamte zweite Hälfte des 19. Jahrhunderts bis 1914 von vier zentralen Bedingungen beherrscht, deren kumulative Wirkung bereits vor 1848, wenn auch in unterschiedlichem Grade, spürbar geworden war. Das wirtschaftliche Denken war noch in stärkerem Maße vom Liberalismus geprägt, dessen Einfluß durch eine lange Friedensperiode (abgesehen von einigen kriegerischen Zwischenspielen) an Gewicht gewann und wie nie zuvor den Optimismus der Unternehmer befeuerte. Die allgemeine Hochstimmung erhielt noch zusätzlichen Auftrieb durch die Gründung des Bundesstaates, der nicht nur die traditionellen Gegensätze abbaute (er schuf auch wieder neue), sondern neben einem Ausgleich zwischen den Kantonen auch eine Verbesserung der Beziehungen mit dem Ausland brachte.

Ein derart optimistisches Klima konnte der Ausbreitung der Mechanisierung – ein weiterer dominierender Zug der industriellen Entwicklung der Schweiz nach 1848 – nur förderlich sein. Neben dem technischen Interesse war für die Mechanisierung eine doppelte Überlegung ausschlaggebend: Erhöhung der Produktion zur Erschließung von neuen und entfernten Märkten, aber gleichzeitig auch Entwicklung eigener Produkte, mit denen man der Konkurrenz vor der Haustür entgegentreten konnte. In der Logik der Industrialisierung verlagerte sich das Schwergewicht von Qualität und Quantität im gleichen Maße, in dem einerseits die Maschine imstande war, die Versorgung mit Massenprodukten zu gewährleisten und andererseits

Die aus Winterthur stammende Familie Sulzer erlangte im 19. Jahrhundert eine führende Stellung in der Industrie, besonders in Gießerei und Maschinenbau. Unter Johann Jakob (1782–1853) und seinen Söhnen Jakob (1806–1883) und Salomon (1809–1869) nahm die Firma einen großen Aufschwung. Die folgenden Unternehmergenerationen, die der technischen Entwicklung zu folgen wußten, verlagerten das Schwergewicht von der Eisengießerei auf Dampfmaschinen und Turbinen, Zentralheizungsinstallationen und sogar Schiffe. Die Abbildung zeigt eine Gesamtsicht der Sulzer-Werke Ende des 19. Jahrhunderts.

der Rückgang des Handwerks die Nachfrage nach hochwertigen Erzeugnissen steigerte.

Diese komplexen Zusammenhänge zeigten sich besonders deutlich in der Textilindustrie. Zwar konnte hier die Baumwollverarbeitung weiterhin ihre dominierende Stellung halten, neben ihr entstand aber eine Reihe anderer Textilbranchen, die bis dahin eine feste Domäne des Handwerks gewesen waren. Dennoch blieb der Baumwollspinnerei auch jetzt noch die spektakulärste Wachstumsrate vorbehalten: Bei der gleichen Anzahl von Unternehmen und lediglich einer Verdoppelung des Personals (21 000 Beschäftigte 1872) stieg die Zahl der Spindeln von 660 000 im Jahre 1844 auf 2 059 000 am Vorabend der Krise der siebziger Jahre. Dampfmaschine, Diversifizierung der Produkte, automatische Garnwinden – das waren die Faktoren, die diese Pionierbranche zu einer exzessiven Konzentration trieben, die ihrerseits die späteren Schwierigkeiten erklärt.

Obwohl die geographischen Voraussetzungen die gleichen waren wie bei der Spinnerei, durchlief die Weberei einen weniger raschen Industrialisierungsprozeß. Durch technische Verbesserungen (fliegendes Weberschiffchen, Jacquard-Verfahren) gelang es dem Handwebstuhl und der Heimarbeit, der Konkurrenz der Fabrik sehr viel länger standzuhalten. Dies änderte sich jedoch schlagartig im letzten Drittel des Jahrhunderts: Von den 1840 bestehenden 90 000 Handwebstühlen waren zum Zeitpunkt der Krise nur noch die Hälfte in Betrieb, dagegen zählte man bereits 22 000 mechanische Webstühle. Die Entstehung eines «schweizerischen Manchester» (Walter Bodmer) im Zürcher Oberland war wohl das typischste Beispiel dieses raschen Wandels. Freilich vollzog sich der Übergang zur Maschine und je nach Fall zur Fabrik nicht in allen Branchen mit derselben Geschwindigkeit: Die Stickerei der Ostschweiz behielt ihren familiä-

Der nach seinem Lyoner Erfinder benannte Jacquard-Stuhl, zuerst ein Handwebstuhl, wurde 1823 dem mechanischen Betrieb angepaßt. Er ermöglichte die Herstellung gemusterter Gewebe in einem Arbeitsgang, verhinderte Fehler und sparte Personal. Hier ein um 1890 gebauter Webstuhl, der für eine Werkstatt in Herisau bestimmt und den reduzierten Dimensionen der Appenzeller Häuser angepaßt ist.

Glarus um 1870. Der nach dem Brand von 1861 wieder aufgebaute Ort in ländlicher Umgebung ist von den «Schlössern» der Textilfabriken umgeben (Lithographie von H. Steiner).

Das Plakat zeigt die neuen Gebäude der Brauerei Cardinal. Sie verkörpert den Typ der mittelgroßen Unternehmung, wie ihn die zweite industrielle Revolution um die Jahrhundertmitte in großer Zahl hervorbrachte.

Unterschiedlicher Industrialisierungsgrad

ren Charakter; die Basler und Aargauer Seidenbandweberei verlagerte ihre Produktion nur langsam in größere Werkstätten, während bei Wollindustrie und Strohflechterei die Dezentralisierung weiterhin die Regel blieb. Nach einer Übersicht von Erich Gruner erhöhte sich der Anteil der Fabrikarbeiter an der Gesamtzahl der Beschäftigten zwischen 1850 und 1870 von einem Fünftel auf einen Drittel (68 000 von insgesamt 189 000).

Von der Textilindustrie zur Maschinenindustrie

Die Tatsache, daß 1870 nur 67 000 Personen in der Maschinenindustrie arbeiteten, unterstreicht die zweitrangige Rolle einer Branche, die doch schon damals zu den Exportindustrien der Schweiz gehörte. Die Uhrenindustrie, in der man inzwischen die klassischen 54 Arbeitsgänge der Uhrenherstellung reduziert hatte, war für drei Viertel der Beschäftigten immer noch die Hauptarbeitgeberin. Die Einführung der Serienproduktion sowie der Erfolg auf den ausländischen Märkten ließ diesen Wirtschaftszweig über die traditionellen Produktionsgebiete (Genf, Neuenburg) hinaus expandieren. Im Zusammenhang mit dem Eisenbahnbau und dem Export der ersten Werkzeugmaschinen, die nicht selten verbesserte Kopien der ausländischen Konkurrenz waren, erlangte in den sechziger Jahren die Entwicklung anderer Bereiche der technischen Industrie eine eigene Dynamik. Die Angebotserweiterung der Schwerindustrie fällt zusammen mit dem Aufstieg alter Unternehmen wie Escher-Wyß, Rieter und Sulzer, die von Hause aus Textilfirmen waren, sowie dem ersten Auftreten der zukünftigen «Großen» wie Saurer, der Waggonfabrik Neuhausen (1853) und Hasler (1865).

Standhalten der Kleinbetriebe

Die meisten Untersuchungen über die industrielle Revolution in der Schweiz neigen dazu, die Existenz der übrigen Branchen stillschweigend zu übergehen, wohl weil die Fabrik sich hier nur in begrenztem Maße durchsetzte und der Kleinbetrieb noch während

Werkstatt der Schnitzereischule Brienz im Berner Oberland. Durch den aufkommenden Tourismus im 19. Jahrhundert erlebte die Region einen raschen Aufschwung, an dem das Kunsthandwerk durch geschickte Verbindung traditioneller Vorbilder mit dem Zeitgeschmack teilhatte.

langer Zeit die Regel blieb. Gegenüber der Textilindustrie mit 54 % aller Beschäftigten und der Maschinenindustrie mit 13 % gaben die anderen Branchen 1850 aber immerhin einem Drittel aller Erwerbstätigen Lohn und Brot. In Baugewerbe, Land- und Holzwirtschaft, Nahrungsmittel- oder anderer Konsumgüterherstellung gab es fast nur Kleinunternehmen oder eigentliche Handwerksbetriebe, deren Mechanisierung enge Grenzen gesetzt waren. Dennoch ging der technische Fortschritt auch an ihnen nicht spurlos vorüber: Bald gab es Kondensmilch (1866), Kindermehl (1870), Trockensuppen (1866), gedrehte Zigarren (1850) und Serienschuhe (1869).

Die Bedeutung des Handwerks läßt sich mit den Berechnungen von Stefano Franscini für das Jahr 1850 belegen: Die Zahl der Erwerbstätigen in den verschiedenen Gewerben war annähernd gleich

Der aus Österreich stammende Carl Franz Bally (1821–1899) und besonders sein Sohn Eduard (1847–1926) spielten beim Übergang vom Handwerk zur Schuhindustrie und zur maschinellen Herstellung elastischer Gewebe in Schönenwerd (SO) eine bedeutende Rolle. Ihre Firma gelangte schließlich zu Weltruhm. Der Maschinenpark wurde von einer einzigen noch hydraulischen Energiequelle angetrieben. Dies führte dazu, daß die früheren Heimarbeiterinnen jetzt nach amerikanischem Vorbild, das die Bally übernahmen, in der erfolgversprechenden Fabrikindustrie arbeiteten.

Handwerker, Unternehmer, Arbeiter

groß wie die der Industriearbeiter. Dabei lassen sich drei große Gruppen unterscheiden: die Meister als Betriebsinhaber, die Gesellen und Lehrlinge und die Bauarbeiter, die wegen ihres wechselnden Arbeitsplatzes eine Sondergruppe darstellen. Diese ausgewogene Verteilung hielt sich noch bis zu Beginn der achtziger Jahre, als den 280000 Fabrikarbeitern immerhin noch 200000 Handwerker und 70000 Bauarbeiter gegenüberstanden.

Das schnelle Wachstum der Industrie und die außerordentliche Vermehrung der Dienstleistungsberufe führten zu einer Abnahme der bäuerlichen Bevölkerung. Von den 620000 Bauern, die um die Mitte des Jahrhunderts gezählt wurden, waren 1880 noch 558000 übrig (– 11 %). Zu den ersten, die abwanderten, gehörten die Nutznießer des Agrarindividualismus wie Tauner und Kleinbauern, denen die Allmendteilung und die Ausdehnung der Einschläge ein Stückchen eigenes Land eingebracht hatten. Aber auch die mittleren Betriebe bekamen den Schlag zu spüren, den ihnen die durch den Ausbau des Eisenbahnnetzes näher gerückte ausländische Konkurrenz versetzte. So stiegen die Nahrungs- und Konsumgüterimporte zwischen 1840 und 1880 von 22 auf 41 % der Gesamteinfuhren des Landes, was einer Vermehrung um 270 Millionen Franken entsprach! Die Bauern gingen zur Gras- und Milchwirtschaft über, verlegten sich vermehrt auf die Versorgung der städtischen Bevölkerung und bemühten sich um den Ausbau ihrer traditionellen Exportproduktion.

Aufschwung der Dienstleistungen

Einen kräftigen Sprung nach vorn machte auch der Dienstleistungsbereich. Er steigerte seine Beschäftigtenzahl von 110000 im Jahre 1850 auf mehr als 280000 im Jahre 1880. Wegen des Widerstandes gegen die Zentralisation war der Aufschwung des Tertiärsektors weniger der öffentlichen Verwaltung als der Privatwirtschaft zuzuschreiben. Die meisten Arbeitsplätze stellten Transport und Handel, vor allem Banken, Versicherungen und Handelsunternehmen. Zu letzteren gehörten neben den großen Handelshäusern auch die Einzelhandelsgeschäfte, die bereits die Konkurrenz der Konsumgenossenschaften mit ersten Stützpunkten in Zürich (1851) und Basel (1865) zu spüren bekamen. Schließlich nahm in diesen Jahren auch der Tourismus weiter zu. Auf die Gastwirte mit ihren Familienbetrieben folgten die Hoteliers mit ihrem geschulten Personal. Anders als die in einem Konzentrationsprozeß steckende Industrie blieben die Dienstleistungen dezentralisiert und boten bis in die Bergtäler hinauf Arbeitsplätze.

Mit dem Projekt eines Eiffelturmes im Lauterbrunnental schaltete sich auch der Nebelspalter 1889 in die Pläne zur raschen touristischen Erschließung der Alpenwelt ein.

Die Auswirkungen der Eisenbahn, die beim Aufbau der modernen Schweiz eine wichtige Rolle spielten, waren stärker wirtschaftlicher als politischer Natur (Rondo Cameron). Weder der Verfassungskompromiß von 1848 noch das erste Eisenbahngesetz aus dem Jahre 1852 erwiesen sich als besonders wirksames Mittel gegen die Zersplitterung der privaten Initiativen. Erst nach der Verlegung von 1420 km Schiene gelang dem Bund von 1870 an die Durchsetzung einer Teilkontrolle.

Die mangelhafte Planung des ersten Streckennetzes hatte ihren Grund sowohl in den gewaltigen finanziellen Mitteln, die für seinen

Der Kampf um die Eisenbahnen

Bau aufgebracht werden mußten (allein 340 Millionen Franken für die ersten 1000 km), als auch in dem Umstand, daß der Staat im Gegensatz zu der in anderen Ländern üblichen Praxis den Hauptteil der Verantwortung der Privatwirtschaft überließ. Der erbitterte Konkurrenzkampf jedoch, den sich die in der Mehrzahl französischen Geldgeber (Rothschild, Crédit Mobilier, Pereire) lieferten, erklärt sich vor allem aus der geographischen Lage der Schweiz. Zwischen dem französischen Eisenbahnnetz, das diese Finanzierungsgesellschaften untereinander aufgeteilt hatten, und den Strecken in Mitteleuropa, die sie bereits kontrollierten oder unter ihren Einfluß zu bringen hofften, lagen Piemont und die Schweiz, die leichter zugänglich waren als die deutschen Staaten.

Konkurrierende Projekte

Die vom Bundesrat mit der Ausarbeitung eines ersten Entwurfs für eine nationale Linienführung beauftragten Briten Robert Stephenson und Henry Swinburne legten im Jahre 1850 ihren Plan vor. Er sah im Kern ein Eisenbahnkreuz von 750 km vom Bodensee zum Genfersee und von Basel nach Luzern mit Olten als Schnittpunkt vor. Ein paar Jahre darauf bot sich bereits ein verwirrendes Bild: Drei Hauptgesellschaften und einige kleinere Unternehmen wetteiferten um die inzwischen in Angriff genommenen oder geplanten Projekte. Schuld an dieser verworrenen Situation waren einige einflußreiche Kantone, die die Bedeutung des neuen Verkehrsmittels erkannt hatten und sich einen größeren Anteil am zukünftigen Eisenbahnnetz sichern wollten. Am besten gelang dies der Basler Zentralbahngesellschaft mit der Linie Basel–Olten und den Nebenstrecken nach Aarau, Luzern, Bern und Biel. Die in Zürich ansässige Nordostbahn als Domäne Alfred Eschers fuhr von Aarau nach Zürich und weiter nach Konstanz. In der Westschweiz sollte die Bahnlinie ursprünglich am Genfersee entlanggeführt werden. Die Frage ihres Anschlusses an das Deutschschweizer Netz (Oronlinie, Broyeebene, Jurafuß) entzweite jedoch die welschen Kantone. Die mit bedeutenden ausländischen Mitteln gegründeten Gesellschaften stießen auf Schwierigkeiten, die ihre Ursachen in kantonalen Rivalitäten ebenso wie in geographischen Hindernissen und in der Entmutigung der Geldgeber hatten.

Diese durch die Krise in der Mitte der fünfziger Jahre noch verschlimmerten Schwierigkeiten führten zu einer verstärkten Intervention der französischen Hochfinanz. Der von Pereire 1854 unternommene Versuch, die Zentralbahngesellschaft mit der Nordostbahn zu verschmelzen, scheiterte schließlich an der Rivalität zwischen Basel und Zürich. Den Rothschilds gelang es mit der Unterstützung der Regierungen von Genf und Freiburg, einerseits den Ausbau der Westbahn abzublocken, was die Durchsetzung der Oronlinie zur Folge hatte, und andererseits Pereire aus der Nordostbahn zu verdrängen. Der Crédit Mobilier beteiligte sich 1855 an der Westbahn, ohne jedoch eine Fusion mit der Zentralbahn zu erreichen, die er ebenfalls maßgeblich unterstützt hatte.

Es war die Konkurrenz um das piemontesische Eisenbahnnetz, die Emile Pereire in der Westschweiz auf den Plan gerufen hatte. Er

Zürich zur Zeit der Landesausstellung von 1883. Auf dem linken Limmatufer die dicht an die Fabriken der Industrievororte grenzenden Ausstellungshallen, im Hintergrund Altstadt und Zürichsee

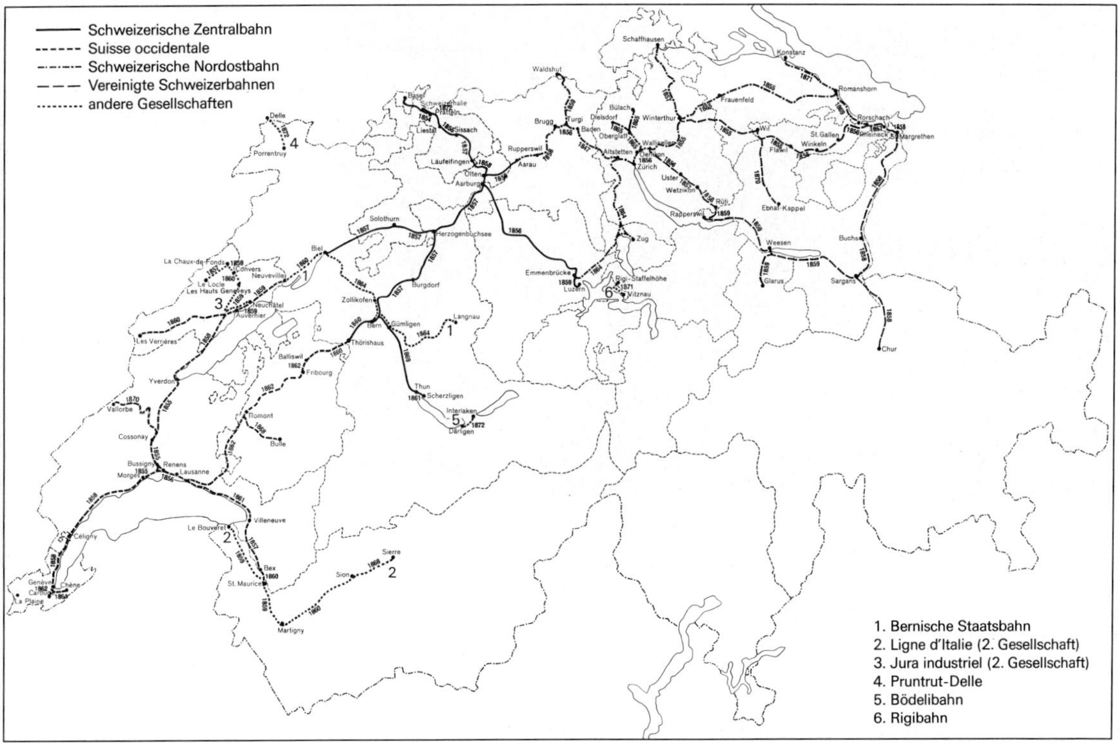

Das schweizerische Eisenbahnnetz und seine Entwicklung bis 1872

stand hinter der Gründung der französisch-schweizerischen Gesellschaft (Franco-Suisse) für eine jurassische Verbindung über Neuenburg und projektierte sogar einen Simplondurchstich, durch den die ostfranzösische Bahnlinie nach Italien verlängert werden sollte.

Auf die Phasen des ungezügelten Eisenbahnbaues und der gescheiterten Fusionen folgte die der Finanzkrise der sechziger Jahre. Sie bildete den Auftakt zu einer ersten Annäherung. In Anbetracht des hohen Kilometerpreises und bei noch rudimentären Anlagen war das Schweizer Eisenbahnnetz wenig rentabel. Die direkten Kosten beliefen sich fast auf die Hälfte des Rohertrags, der Nettogewinn überstieg kaum 3,6 % des investierten Kapitals, und die Aktien wurden manchmal nur zu einem Zwanzigstel ihres Nennwertes gehandelt. Nur die Zentral- und die Nordostbahn fuhren mit Gewinn. Angesichts der Gefahr einer Übernahme durch den Bund (ein entsprechender Entwurf von Jakob Stämpfli wurde 1863 noch einmal abgelehnt) gründeten die Geldgeber eine schweizerische Eisenbahngesellschaft mit der Auflage, einen Vertrag über den gemeinsamen Betrieb abzuschließen (1867). Die erste bedeutende Konsequenz dieser Annäherung war der 1873 erfolgte Zusammenschluß der drei welschen Gesellschaften zur Westschweizerischen Eisenbahngesellschaft («Chemins de fer de la Suisse occidentale»).

Die Krise der sechziger Jahre

Inzwischen kam auch die Alpenbahnfrage einer Lösung näher. Zwischen der österreichischen Brennerlinie (Eröffnung 1867) und

Die Albulabahn war einer der schwierigsten Abschnitte der rhätischen Bahnen. Um die Jahrhundertwende war die Brücke bei Solis im Bau, die mit einer Spannweite von 42 m in 90 m Höhe über die Schlucht führt.

dem französischen Mont-Cenis-Tunnel (1871) konnte das sich über 400 km erstreckende Alpengebiet mit einigen der höchsten Berge Europas nicht allein dem Straßenverkehr überlassen bleiben. Von 1855 an wurden die Kosten für verschiedene Projekte wie Splügen, Lukmanier, Gotthard, Simplon und St. Bernhard errechnet. Die entsprechenden Zahlen gingen von 160 bis 205 Millionen Franken. Trotz des Vorpreschens von La Vallette und des Baubeginns der Linie nach Italien wurde schließlich der Gotthard dem Simplon vorgezogen und 1869 der entsprechende Vertrag unterzeichnet.

Hochkonjunktur im Zeichen des Freihandels

Der gesamthaft gesehen durch Wachstum gekennzeichnete Konjunkturverlauf zwischen 1848 und 1871/72 läßt sich nach Hans Böni in vier Phasen unterteilen: Aufschwung von 1849–1857; im Anschluß

Der 1858 fertiggestellte Hauensteintunnel – das Kernstück der von der Zentralbahngesellschaft erbauten Strecke Basel–Olten. Auf dem zur Einweihung herausgebrachten Erinnerungsbild wird am Rande auch der Opfer gedacht, die zur Bezwingung des Berges und seiner Geister gebracht werden mußten.

daran kurze Weltwirtschaftskrise; die folgenden Jahre geprägt durch den amerikanischen Sezessionskrieg und die europäischen Konflikte; schließlich kurze Überhitzung zu Beginn der Ära Bismarck in Europa. Wenn sich aus dieser Kurve auch der Einfluß der Ereignisse im Ausland ablesen läßt, so sollte er doch nicht über die Eigendynamik einer expandierenden Wirtschaft hinwegtäuschen. Die treibende Kraft dieser Entwicklung war zuerst bis zur Weltwirtschaftskrise die Baumwolle; dann die Eisenbahn, die während des Gründerfiebers pro Jahr durchschnittlich 40 Millionen Franken an Investitionen erforderte, und schließlich der Wohnungsbau, der sich mit der Urbanisierung beschleunigte.

Die Anfänge des Bundesstaates brachten 1851 auch die Schaffung des ersten eidgenössischen Zolltarifs. Er war wie alle folgenden pragmatisch, schützte die Absatzmärkte der expandierenden Industrie, sicherte die Versorgung mit billigen Rohstoffen und ermöglichte es ferner dem Bund, die Kantone zu entschädigen. Bei den Betroffenen herrschte Uneinigkeit über seine Wirkung, und der Graben zwischen freihändlerischer Industrie und protektionistischem Gewerbe vertiefte sich. Immerhin erwiesen sich die Folgen dieser Zollpolitik als vorteilhaft: Zwischen 1851 und 1870 stieg der Wert der Exporte im Fünfjahresdurchschnitt bei den Baumwollgarnen um das Fünffache, bei den Baumwollgeweben um die Hälfte und bei den Seidenwaren um einen Drittel.

Die Weltwirtschaftskrise von 1857 – die erste übrigens, die durch Überproduktion hervorgerufen wurde –, zwang die Schweizer Wirtschaft zu einer unfreiwilligen Atempause, die in einigen Sektoren durch die Störungen der sechziger Jahre noch verlängert wurde. Als Folge der Blockade gegen die amerikanischen Südstaaten führte die Verknappung der Baumwolle zu einem scharfen Preisanstieg und beschleunigte die Verlagerungen im Textilsektor: Abkehr von groben Stoffen, verstärkte Hinwendung zu Seidenwaren und anderen Spezialitäten. Durch den Sezessionskrieg wurde aber auch der schweizerische Handel mit Asien und dem Fernen Osten angekurbelt, wohin schon 1860 Waren für 100 Millionen Franken exportiert wurden.

Sieg des Freihandels

In der Zollpolitik erwies sich die freihändlerische Devise, der die Schweiz wie England folgte, für den innereuropäischen Handel als vorteilhaft. Unser Land profitierte vom Cobden-Chevalier-Vertrag (1860) und konnte sich die Meistbegünstigung in den mit Frankreich (1864), Österreich (1868), Italien (1869) sowie den deutschen Staaten (1869) geschlossenen Verträgen sichern. Die Nachbarstaaten importierten aber schon damals kaum mehr als 40 % der schweizerischen Ausfuhren, während noch immer mehr als die Hälfte der Gesamtimporte aus diesen Ländern kam. Die Schweiz war also sehr intensiv mit der europäischen Wirtschaft verflochten, die bald durch die Krise der siebziger Jahre schwer erschüttert werden sollte.

5. Ein neuer politischer Aufbruch

Die Rolle der Kantone

Die 25 Kantone und Halbkantone, die das politische Leben im Rahmen des Bundesvertrags von 1815 gestaltet und diesen schließlich zerbrochen hatten, waren von 1848 an keine souveränen Staaten mehr. Diese Rückstufung vollzog sich freilich nicht ohne Widerstände. Artikel 6 der Verfassung von 1848 enthielt die Regeln, denen sich die Kantone künftig innerhalb des Bundesstaates zu fügen hatten: Die Ausübung der politischen Rechte nach republikanischen – repräsentativen oder demokratischen – Formen war zu sichern, was sich außer in Neuenburg von selbst verstand, Verfassungsänderungen mußten auf Verlangen der absoluten Mehrheit der Stimmbürger möglich sein, was angesichts der während der Krisen der vierziger Jahre eingerissenen politischen Gewohnheiten problematischer war. Schließlich und vor allem durften die Verfassungen nichts enthalten, was der neuen eidgenössischen Ordnung zuwiderlief, worüber die beiden Kammern zu wachen hatten.

Kantonale Verfassungsrevisionen

Die Verfassung von 1848 stellte, wie gezeigt worden ist, einen Mittelweg zwischen den fortschrittlichsten und den konservativsten Ansichten dar. Wie sollte nun die institutionelle Entwicklung weitergehen? Würden die radikalen Kantone zu einer Revision der Bundesverfassung drängen und so die allzu Konservativen zur Liberalisierung zwingen? Oder würden die Konservativen unter Ausnutzung der europäischen Reaktion die Entwicklung bremsen? Tatsächlich ließen beide Lager die neue Verfassung fast 20 Jahre lang unangetastet. Alle Veränderungen spielten sich in den Kantonen ab, was aber kaum zu einer Vereinheitlichung führte, und die Bundesversammlung machte zwar mit politischen Hintergedanken, aber relativ diskret von ihrer Kontrollgewalt Gebrauch. Nach der von Antoine-Elisée Cherbuliez vorgeschlagenen Einteilung lassen sich drei Tendenzen ausmachen: Die direkte Demokratie wurde zurückgebunden, das liberale Repräsentativsystem kam allgemein in Übung, das radikale Modell der durch das Volk kontrollierten Demokratie machte begrenzte Fortschritte.

Die direkte Landsgemeindedemokratie gab es in den Urkantonen und einem Teil der Ostschweiz. Nach dem Sonderbundskrieg griffen hier die Sieger ein. Uri, Ob- und Nidwalden führten 1850 Verfassungsrevisionen durch, die jedoch nur zum Teil die eidgenössische Gewährleistung erhielten, während Appenzell Innerrhoden sich widersetzte. Diese Kantone sowie Glarus, wo bereits Ansätze zu moderner Sozialgesetzgebung vorhanden waren, behielten schließlich ihre Landsgemeinde; Schwyz und Zug (1848) und auch Graubünden (1854) wechselten unter eidgenössischem Druck zum Repräsentativsystem, wie es in den meisten übrigen Kantonen bestand. Seine Ausgestaltung hing vom Ausgang der politischen Kämpfe ab. Liberale und Konservative bremsten die Entwicklung in Basel-Stadt (1858) und Appenzell Außerrhoden (1852, 1854). In den Kantonen, wo der Radikalismus vor dem Sonderbund gesiegt hatte, mußte er

Die politische Struktur der Kantone vor 1874

Im Jahre 1874 kennen:

1. die Landsgemeindekantone
   - Gesetzesreferendum
   - Gesetzesinitiative
2. die Kantone mit reiner Repräsentativverfassung trotz Verfassungsrevisionen
   - weder Gesetzes-referendum
   - noch Gesetzesinitiative
   - noch Direktwahl der Regierung
3. die Kantone mit beschränkter Repräsentativverfassung mindestens
   - Gesetzesreferendum
4. die Kantone mit erweiterten Volksrechten
   - Gesetzesreferendum
   - Gesetzesinitiative
   - Direktwahl der Regierung

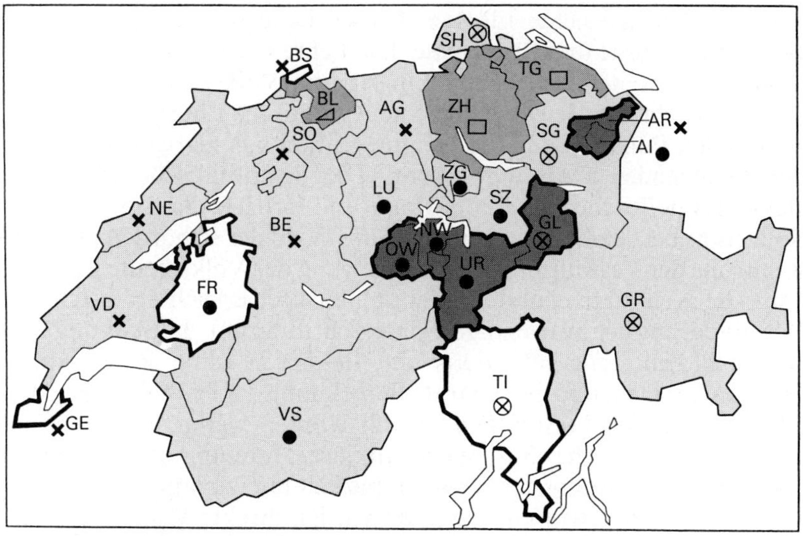

Homogene Regierungssysteme
- 1. Landsgemeindekantone
- 2. Kantone mit reiner Repräsentativverfassung

gemischte Regierungssysteme
- 3. Kantone mit beschränkter Repräsentativverfassung
- 4. Kantone mit erweiterten Volksrechten (neue direkte Demokratie)

● katholisch-konservative Vorherrschaft
× freisinnige Vorherrschaft
⊗ Beteiligung von zwei oder mehr Parteien

□ demokratische Vorherrschaft
◁ demokratischer Einfluß

sich zur «Fusion» mit den Konservativen bequemen, so in Bern, wo zwischen 1846 und 1893 jegliche Verfassungsrevision vermieden wurde; in Solothurn (1852), Aargau (1853), Tessin (1855) und St. Gallen (1861) hielt sich das bestehende radikale System. In Luzern (1848, 1863), Freiburg (1848, 1857) und im Wallis (1848, 1853), wo radikale Minderheitsregierungen eingesetzt worden waren, übernahm die konservative Reaktion bei Verfassungsrevisionen deren Mißtrauen gegenüber den Volksrechten.

In einer letzten Gruppe von Kantonen schließlich stellten sich starke Repräsentativregierungen dem Drängen nach Demokratisierung entgegen: in Zürich unter dem «System» Escher (1849, 1851) sowie in Schaffhausen (1849, 1852, 1855) und im Thurgau (1849). Genf (1846) und Neuenburg (1848) waren in ihrer Verfassungsentwicklung vor allem von internationalen Einflüssen geprägt. In Baselland (1851) brachen erneut schwere Unruhen aus, die denjenigen der Trennungsbewegung von 1833 kaum nachstanden. Im ganzen gesehen erwies sich in den fünfziger Jahren das Repräsentativmodell, das sich mit der Gründung des Bundesstaates durchgesetzt hatte, als anpassungsfähig und fortschrittlich.

Die demokratische Welle: das Volk im Vormarsch

In den sechziger Jahren hingegen erfolgten tiefgreifende Veränderungen, die in den betreffenden Kantonen die Grundlagen des politischen Systems erschütterten und langfristig zur Ausweitung der demokratischen Rechte führten. Dieser Umbruch des politischen Bewußtseins hatte drei Ergebnisse: Die Lehre von der Volkssouveränität wurde weiter gefaßt; der Eingriff des Volkes veränderte das Gleichgewicht der Gewalten; eine neue politische Elite entstand.

In allen Punkten ging die Neuintegration aus heftiger Kritik an der bestehenden Ordnung hervor. Die demokratische Ideologie stellte das politische Mandat in Frage und forderte den Vorrang des Souveräns bei der Gesetzgebung, bei der Wahl der Behörden und der Kontrolle der Verwaltung. Die Erweiterung der Volksrechte ging bis zur Gesetzesinitiative, und ihr Gebrauch wurde erleichtert durch die Verminderung der notwendigen Unterschriftenzahl, die Senkung der Finanzlimiten, innerhalb derer die Behörden ohne Referendum handeln konnten, und die separate Berechnung der Enthaltungen, die bis anhin zu den Ja-Stimmen gezählt worden waren. Andererseits wurde den radikalen «Systemen» unklare Trennung der Gewalten sowie Nichtbeachtung der Unvereinbarkeit und zu lange Ausübung von Ämtern vorgeworfen. Deshalb wurden direkte Wahlen für die Behörden und sogar für Verwaltungsbeamte gefordert. Die radikale und liberale Elite wurde beschuldigt, ihre eigenen Interessen mit dem öffentlichen Wohl verwechselt und sich sozusagen lebenslängliche Lehen angeeignet zu haben.

Neue soziale Schichten

Durch die demokratische Bewegung kamen neue soziale Schichten zum Zug, die bisher fast völlig von den Wahlämtern ausgeschlossen gewesen waren: Intellektuelle ohne Vermögen, sozialistisch motivierte Philanthropen, Politiker vom Lande. Diese neue Koalition forderte die Demokratisierung des Kredits, die unentgeltliche Schule, den Schutz der Lohnempfänger, direkte Steuern mit starker Progression. Es war ein Aufstand der Kleinstädte gegen die Hauptstädte und eine Antwort auf die Folgen der Industrialisierung. Handelte es sich um einen Elitenwechsel innerhalb der aufstrebenden Bourgeoisie oder um das erste Auftreten einer proletarischen Avantgarde? Die demokratische Gegen-Elite hatte von beidem etwas.

Die in sich so uneinheitliche demokratische Bewegung verbreitete sich in mehreren Wellen, vom ersten Anstoß in Baselland bis zur Volksbewegung in Zürich, die am heftigsten verlief. Der von Natur aus unstabile Basler Halbkanton brachte es nach demagogischen Kämpfen zu einer Verfassungsrevision, welche die wichtigsten demokratischen Postulate verwirklichte (1864); die Ruhe kehrte trotzdem nicht ein, denn die Streitigkeiten um die Ausübung des Stimmrechtes gingen weiter. In den Kantonen Aargau, Thurgau und Bern betrafen die demokratischen Fortschritte vor allem das Referendum (1869/70).

Die Erschütterung in Zürich entsprach der Stärke seiner Regierung, die auch im Bund den Ton angab. Die Macht der liberalen Partei war allgegenwärtig, und der Stil Alfred Eschers, der im verborgenen regierte, erinnerte an die Praktiken von Guillaume Guizot und Andrew Jackson. Der Angriff auf die «Freiherren von Regensberg» kam von verschiedenen Seiten: von enttäuschten Liberalen, die von

Die Volksbewegung in Zürich

der Diktatur des «Systems» genug hatten, von sozialistischen Vorkämpfern wie Johann Jakob Treichler und Karl Bürkli, von demokratischen Pamphletisten wie Friedrich Albert Lange oder dem wahren Kopfjäger Friedrich Locher. Im Dezember 1867 forderten Volksversammlungen eine Verfassungsrevision. Zur Überraschung aller wurde diese mit überwältigender Mehrheit beschlossen, und die von den Demokraten beherrschte verfassunggebende Versammlung nahm deren wichtigste Programmpunkte auf. Die neue Verfassung gewährte dem Zürcher Volk sehr ausgedehnte Rechte: die Wahl der Behörden und Beamten, die Gesetzesinitiative, den Schutz der Arbeitnehmer und sogar die Bestimmung des Salzpreises.

Auswirkungen auf Bundesebene

Wenn die Revision der Bundesverfassung auch durch die Erfolge der demokratischen Bewegung vorgezeichnet war, so wurde sie durch äußere Umstände beschleunigt. Der französisch-schweizerische Handelsvertrag von 1864 brachte die gegenseitige Anerkennung der Niederlassungsfreiheit der Bürger beider Länder, was die französischen Juden in der Schweiz in eine bessere Lage versetzte als die Schweizer Juden in ihrem eigenen Land.

Einmal in Gang gesetzt, erfaßte die Revisionsbewegung bald alle hängigen Fragen und entflammte von neuem den Konflikt unter den verschiedenen Richtungen des Freisinns. Die Liberalen wie Alfred Escher wollten sich nicht mitreißen lassen, die junge Schule mit Jakob Dubs sah die Gelegenheit zu einer Teilrevision, und der demokratische Flügel forderte eine Totalrevision. Auch die Minderheitsgruppen waren sich nicht einig. Schließlich schlug der Bundesrat den Kammern neun Verfassungsänderungen vor, wovon fünf die Rechtsgleichheit der Schweizer und vier die wirtschaftliche Entwicklung betrafen. Am 14. Januar 1866 wurde nach einer äußerst bewegten Kampagne und mit knappster Mehrheit (170000 Ja: 149000 Nein; 12 ½ : 10 ½ Kantone) eine einzige angenommen: die volle Niederlassungsfreiheit, sogar für Anhänger nicht anerkannter christlicher Konfessionen. Die beiden Extreme (Radikale, Demokraten, Föderalisten aller Schattierungen) hatten sich somit gegen die opportunistische Mitte zusammengefunden. Die Nationalratswahlen von 1866 sollten die Auswirkungen dieser Allianz noch vertiefen. Das war ein Alarmzeichen für die «Bundesbarone» des Repräsentativsystems, das die Zeit der Massendemokratie einläutete.

Auf diesem 1904 entstandenen Bild stellt Max Alfred Buri (1868–1914) die Politiker seines heimatlichen Emmentals vor. Die Szene illustriert die Ausbreitung der modernen Demokratie auf lokaler Ebene.

B. Umgruppierung und Integrationskrisen (1871–1891)

Die zweite Phase in der Entwicklung des Bundesstaates wurde zwar durch einen gesamteuropäischen Wendepunkt eingeleitet, ihr Ende aber ergibt sich aus der schweizerischen Innenpolitik. Dieser Kontrast weist auf die doppelten Einflüsse hin, die vom durch Bismarcks

Politik geprägten europäischen Staatensystem einerseits, von den Wandlungen der schweizerischen Gesellschaft andererseits ausgingen. Daß daraus ein, wenn auch begrenzter, Zusammenschluß der Kräfte resultieren mußte, erschien unumgänglich.

Die gestärkte, mit Liktorenbündel und Banner versehene Helvetia kann den Schweizern mehr Rechte und besseren Schutz gewähren: So erschien der Bundesstaat den Zeitgenossen nach der Revision von 1874 (Lithographie von E. Conrad).

Es gibt viele Gründe, warum die in verschiedene Richtungen wirkenden Kräfte eine rasche Entwicklung des jungen Bundesstaates verhinderten. Nach einem Vierteljahrhundert des Aufschubs wurden die Verfassungskämpfe erneut so heftig und intolerant geführt wie in den vierziger Jahren und brachten einige wichtige Änderungen des politischen Systems. Anstelle der völligen Zentralisierung ergab sich eine Demokratie der Gruppen, die freiwillig, aber nicht uneigennützig einen Teil der Staatsaufgaben übernahmen. Ein noch schwacher Bundesstaat und eine zunehmend dynamische Gesellschaft meisterten zusammen die Probleme der «großen Depression». Im Gegensatz zu den oft stürmischen Aufbrüchen der Jahre 1850–1860 verlief die Außenpolitik im Schatten des deutschen Reiches ruhiger und versuchte dem Einfluß Bismarcks zu widerstehen, indem auf Gesinnungsneutralität verzichtet und die Expansion der europäischen Wirtschaft schlecht und recht kanalisiert wurde.

Gegen 1890 hatte die Schweiz die meisten der Züge angenommen, die man allgemein einem modernen Bundesstaat zuspricht. In verkleinertem Maßstab glichen die Lösungen, die für die Probleme des Regierungssystems gefunden wurden, denen der Vereinigten Staaten.

1. Von der Totalrevision zum dauernden Kompromiß

Neuer Anlauf zur Revision

Trotz des Fiaskos von 1866 war die Verfassungsrevision nicht aufgegeben. Die Verwirrung der Geister und die internationale Lage komplizierten jedoch das Vorgehen. Bis 1869 hieß der Slogan «ein Recht, eine Armee», und die Wahlen dieses Jahres stärkten, ohne in der Frage Total- oder Partialrevision einen Entscheid zu bringen, die freisinnige Mehrheit (73 von 120 Mandaten im Nationalrat). Das erlaubte dem Bundesrat, aufgrund der Motion Ruchonnet im Einverständnis mit den Räten am 17. Juni 1870 eine Botschaft zu veröffentlichen, die aus innenpolitischen Gründen tiefgreifende Änderungen empfahl.

Neue Revisionspunkte

Der deutsch-französische Krieg hatte anfänglich wenig Einfluß auf den Gang der Revision, aber die Proklamation der Unfehlbarkeit des Papstes in Glaubensfragen durch das Vatikanische Konzil vom Juli 1870 führte zu deutlich antikatholischen Reaktionen in den vorberatenden Kommissionen. In den Diskussionen vom 6. November 1871 bis zum 5. März 1872 wurden vom National- und Ständerat die Vereinheitlichung des Rechtes und die Erweiterung der Volksrechte verstärkt. Die zentralistische Absicht war so offensichtlich geworden, daß sie bei der revisionsfreundlichen Mehrheit zu einem Bruch führte und die konservative Opposition abstieß.

Als die Kammern zur Schlußabstimmung schritten, verließ Jakob Dubs den Bundesrat und übernahm die Führung einer Oppositionskoalition, die ein doppeltes Ziel verfolgte: Einerseits wollte sie einen konfessionellen Konflikt verhindern, indem sie die katholischen und protestantischen Deutschschweizer wieder zusammenbrachte; andererseits wollte sie die Isolierung der welschen Zentralisationsgegner verhindern. Die Rechnung ging auf, aber das ablehnende Mehr am 12. Mai 1872 war äußerst knapp. Die Rechte und ein Teil der Mitte behaupteten sich mit 260859 Nein-Stimmen gegen 255606 Ja der disziplinierteren Linken. Das Ständemehr war deutlicher: 13 Nein (darunter die 7 Kantone des Sonderbundes) gegen 9 Ja.

«Es lebe die Revision!»

Einige Tage nach der Abstimmung faßte die «Neue Zürcher Zeitung» die Haltung der Revisionsfreunde in dem Schlachtruf zusammen: «Die Revision ist tot, es lebe die Revision!» Der Abstimmungskampf hatte die Fronten, die sich schon in den parlamentarischen Debatten abgezeichnet hatten, verhärtet. Die Wahlen von 1872, deren Hauptthema zum dritten Mal die Verfassungsrevision war, gestalteten sich zum Plebiszit. Zwei Gräben trennten die Lager, ein sprachlicher und ein religiöser. Die mit 62,1 % höher als sonst liegende Beteiligung war auch auf die geheime Wahl und die willkürliche Einteilung in Wahlkreise zurückzuführen, welche die Radikalen mit dem Gesetz von 1872 erreicht hatten. Es illustriert die Härte des Kampfes, daß sich der Führer der welschen Zentralisten, Paul Cérésole, in einem bernischen Wahlkreis aufstellen lassen mußte, während der Zürcher Jakob Dubs sich von den welschen Föderalisten wählen ließ. Die Antirevisionisten brachten es vor allem dank den Gewinnen der Katholisch-Konservativen auf 35,5 % der Sitze im Nationalrat.

Die Stunde der Laizisten

Der zweite Revisionsversuch nahm einen ähnlichen Verlauf wie der erste, führte aber zu einem ganz anderen Ergebnis, da er taktisch viel geschickter vorbereitet war und ihm äußere Umstände zugute kamen. Der Bundesrat setzte sich nun unter der Führung von Friedrich Emil Welti, den man mit Bismarck verglichen hat, für die Revision ein. Der neue Verfassungsentwurf vom Sommer 1873 war ein Versuch, die Nein-Front aufzulockern, indem man den einen Teil zu gewinnen trachtete und den anderen in Bann tat.

Konzessionen an die Welschen

Die Konzessionen an die föderalistischen welschen Radikalen *(«Il nous faut les Welsches»)* lagen vor allem auf dem Gebiet von Armee, Recht und Schule. Die Treue der Demokraten wurde mit der Beibehaltung des Gesetzesreferendums belohnt. Dagegen wurden die Ausnahmeartikel von 1872 um zwei weitere Schikanen erweitert: das Verbot, neue Orden oder Klöster zu gründen, und die Bestimmung, daß die Errichtung neuer Bistümer die Genehmigung des Bundes erforderte. Die neue Verfassung, die nur wenig verändert aus drei Lesungen im Herbst 1873 hervorging, war in der Form überzeugend und im Inhalt teilweise bahnbrechend: Die Eidgenossenschaft behielt ihre föderative Struktur aus dem Jahre 1848, vermehrte aber ihre Kompetenzen, vor allem auf sozialem, weniger auf wirtschaftlichem

Gebiet. Im Katalog der persönlichen Rechte waren drei Neuerungen zu verzeichnen, die das Abstimmungsergebnis beeinflussen sollten: Die Glaubens- und Gewissensfreiheit befriedigte die Laizisten, da sie alte Beschränkungen beseitigte; die Handels- und Gewerbefreiheit kam den Manchester-Liberalen entgegen; die Niederlassungsfreiheit verärgerte zwar die in den meisten der 3000 Gemeinden bestehenden Bürgergemeinden, sicherte aber die Zustimmung der gewöhnlichen Einwohner.

Philipp Anton von Segesser, der führende Kopf der Konservativen, publizierte 1875 eine scharfsinnige Analyse des Kulturkampfes, die ihm jedoch den Vorwurf eintrug, dem Kanton Luzern das päpstliche Unfehlbarkeitsdogma aufgedrängt und damit den Kulturkampf ausgelöst zu haben (Karikatur aus dem «Nebelspalter», 1875).

Diese etwas machiavellistische Dosierung wirkte Wunder. Am 19. April 1874 nahm das Schweizer Volk, bei einer Beteiligung von über 80 %, die neue Verfassung mit 340 199 : 190 013 Stimmen an. Die Trennung in zwei Lager war in jeder Beziehung noch viel deutlicher als zwei Jahre zuvor: Die äußerste Linke, die radikale Linke und die Hälfte der liberalen Mitte, kurz die protestantische, industrielle, städtische Schweiz stimmte Ja. Die andere Seite hatte seit 1872 mehr als 20 % der Stimmen verloren. Das Gros bestand hier aus den konservativen Katholiken (vermutlich 150 000), die protestantischen Konservativen und die gemäßigten Liberalen trugen nicht viel zum Ergebnis bei. Die ländlichen Gegenden und die Berggebiete hatten nicht mehr viel zu sagen. Dementsprechend hatte sich das Stimmenverhältnis unter den Ständen umgekehrt. Die sieben Sonderbundskantone hatten nur noch das Tessin, wo der Große Rat den Ausschlag gab, und den ewigen Nein-Sager Appenzell Innerrhoden, also 8 ½ Stände, auf ihrer Seite. In den drei welschen Kantonen hatten sich die Revisionsfreunde vervierfacht, während die Ablehnenden auf die Hälfte zusammenschrumpften. Wie 1848 standen sich wieder zwei Fronten scharf gegenüber. Die Sieger sahen sich durch den Segen des Volkes berechtigt, ihr Programm zu vollenden, die Besiegten fühlten sich nun auch noch moralisch gedemütigt.

Wiederaufleben des Kulturkampfes

Der Kulturkampf, der schon zu Beginn der Verfassungsrevision als taktisches Mittel eingesetzt worden war, erhielt durch den Sieg

vom April 1874 neuen Aufschwung. Wenn er in der Schweiz auch dem allgemeinen Muster folgte, so doch nach einem eigenen Rhythmus und entsprechend den besonderen lokalen Gegebenheiten. Der Konflikt zwischen dem liberalen Rechtsstaat und der römischen Kirche, der durch den Widerstand der Katholiken gegen den jungen Bundesstaat ausgelöst worden war, erhielt neue Nahrung, als das Vatikanische Konzil im September 1870 die päpstliche Unfehlbarkeit verkündete. Dabei ging es auch in unserem Lande ebenso um eine Kraftprobe zwischen rivalisierenden Gewalten wie um die Auseinandersetzung zwischen Glauben und Wissenschaft.

In seiner akuten Phase entzündete sich der Kulturkampf an zwei

Der Kulturkampf erreichte seinen Höhepunkt in Genf mit der Ausweisung Monsignore Mermillods am 17. Februar 1873. Der Versuch, im «protestantischen Rom» ein katholisches Bistum zu errichten, erklärt die Härte der Maßnahmen.

Hauptkonflikten. In Genf widersetzten sich die Behörden der Schaffung eines Bistums, wie sie der neueingesetzte apostolische Vikar Monsignore Mermillod anstrebte. Im Bistum Basel stieß die von Bischof Lachat geforderte Anerkennung des Unfehlbarkeitsdogmas auf den Widerstand der radikalen Regierungen der Diözesankantone. Sie förderten in der Folge die Entstehung einer von Rom unabhängigen katholischen Kirche, und nachdem eine Synode der christkatholischen Gemeinden eine Kirchenverfassung angenommen hatte, genehmigte der Bundesrat auch die Errichtung eines eigenen Bistums. Im Berner Jura wie in Genf wiesen die Regierungen die romtreuen kirchlichen Würdenträger aus, um sie durch gefügigere Partner zu ersetzen. Da der Bundesrat diese Politik unterstützte, kam es im Dezember 1873 zum Abbruch der diplomatischen Beziehungen mit dem Heiligen Stuhl.

Kulturkampf in Solothurn: Sanktionen gegen Geistliche, Aufhebung der Klöster, Entsetzung und Ausweisung von Bischof Lachat (1873). In der Vorstellung der Radikalen geisterte noch immer das Schreckgespenst des katholischen Obskurantismus herum.

Übertriebene Reaktionen

Die Schärfe der Kämpfe erklärt sich aus der Kumulation von Problemen, jedoch schossen die Reaktionen der Regierungen über jedes vernünftige Maß hinaus. Sie zeigen den zwiespältigen Charakter der Religionsfreiheit, wie sie in der revidierten Verfassung umschrieben war. Der laizistische Staat wurde durch den preußischen Sieg über Frankreich begünstigt; aber die Katholiken verachteten ihn und bekundeten Mühe, sich den Erfordernissen dieser neuen Gesellschaft anzupassen. Die im Zeichen des siegreichen Kulturkampfes stehenden Wahlen von 1875 bestätigten den Bruch und den energischen Anspruch des Staates auf Loslösung von der Kirche.

Emil Welti saß 1866–1891 im Bundesrat und spielte in den Reformen jener Zeit eine entscheidende Rolle. Die Karikatur nimmt die Kühnheit aufs Korn, mit der er die neue Militärorganisation anpackte.

Die Zeit der plebiszitären Wahlkämpfe und Verfassungsabstimmungen war nun vorbei. Die zwei ersten Referenden (Zivilstands- und Ehegesetz, Bestimmungen über die politischen Rechte) führten zu einer Annahme und einer Verwerfung. Der Souverän hatte durch die neuerworbenen Rechte die Möglichkeit bekommen, dem freisinnigen Block in den Räten wechselnde Mehrheiten entgegenzusetzen. Dabei handelte es sich nicht darum, das repräsentative System zu untergraben, wie es den Demokraten vorgeschwebt hatte, sondern um einen zweiten Weg, den Volkswillen zum Ausdruck zu bringen. Die das Parlament und die Regierung beherrschende freisinnige Elite mußte bald auf eigene Kosten erfahren, was die Referendumsdrohung bedeutete. Der Einfluß dieses Instruments auf die Wahlen war beträchtlich: Die Schweiz war in die Ära der halbdirekten Demokratie eingetreten.

Das Referendum, ein zweischneidiges Schwert

In den 15 Jahren, die auf die Revision von 1874 folgten, entwickelten sich neue Spielregeln, die nicht nur zu einer Veränderung der politischen Szene führten, sondern auch zur Ausbildung einer Demokratie der Interessengruppen, die der entstehenden Industriegesellschaft besser entsprach. Der freisinnige Staat verlor sein Charisma und sah sich mit drei Konstellationen konfrontiert: In der für ihn günstigsten konnte er sich auf das in den Jahren 1872–74 in einem nationalen Konsens festgelegte Programm abstützen und eine Reihe von pragmatischen Organisationsgesetzen erlassen, die dem Fortschrittsgedanken entsprachen; in einer zweiten Situation, die vor allem im Zeichen des Kompromisses stand, wurden durch verschiedene Kreise mit Unterstützung eines Teils des Freisinns neue Probleme auf manchmal originelle Art geregelt; der dritte Kreis von Problemen überstieg die Fähigkeiten des neuen Staates und mußte nach oft wirren Kämpfen vertagt werden, weil die Föderalisten die von den progressiven Radikalen vertretene Zentralisierung verwarfen, ohne eine Gegenlösung anbieten zu können. Das war der Preis der bewußt offen gestalteten Verfassung, die durch die rasche Veränderung von Wirtschaft und Gesellschaft noch offener wurde. Die «Säkularisation» der schweizerischen Demokratie erfuhr damit Schritt für Schritt ihre Ausweitung.

Das neue Zivilstandsgesetz vom 24. Dezember 1874 brachte im Namen der Rechtsgleichheit den Bruch mit traditionellen Gewohnheiten und Bräuchen. Hauptverliererin war die Kirche («Nebelspalter», 1875).

Die eidgenössische Armee, die schon seit 1815 bestand, wurde durch den Bundesstaat verstärkt. Von 1852–1861 galt nach mehreren Anläufen die vierte Ordonnanz. Unter der Fahne mit dem weißen Kreuz in seiner ursprünglichen Form defilieren hier Tambouren, der Stab mit General Dufour, Infanterie, Scharfschützen, Artillerie, reitende Kanoniere und Dragoner.

Das Gesetz vom 14. November 1874 über die Militärreform war die erste Frucht der Verfassungsrevision. Von nun an bestimmte der Bund über die Truppenordnung, stellte Vorschriften über die Ausbildung auf (die Rekrutenschulen wurden von 30 auf 45 Tage verlängert) und entschied über die Bewaffnung; die Kantone behielten beschränkte Kompetenzen hauptsächlich über die Infanterie-Einheiten. Der finanzielle Aspekt dieser von den Gegnern als «preußisch»

und «antirepublikanisch» verschrieenen Reform wurde von Bundesrat Emil Welti vorsichtigerweise durch ein Sondergesetz geregelt: Das Militärsteuergesetz, das in die Steuerhoheit der Kantone eingriff und die Militärdienstersatzpflichtigen – mehr als die Hälfte der Männer im Wehralter – belastete, wurde denn auch in zwei Volksabstimmungen (1876 und 1877) abgelehnt, bevor es schließlich 1878 seine genehme Form fand. Das Militärbudget war nämlich zum Hauptposten der eidgenössischen Ausgaben aufgestiegen, da die Armee auf Wunsch der beiden Räte in der Lage sein sollte, die Neutralität der Schweiz wirksam zu verteidigen. Zwischen 1860 und 1880 stiegen dadurch die Staatsschulden wegen der Rüstungs- und Mobilisationskosten von 1.69 auf 12.27 Franken pro Kopf der Bevölkerung.

Auch eine gemäßigte Zentralisation von Maß und Gewicht und von Naturschutzmaßnahmen wurden auf dem Gesetzesweg geregelt, ohne daß das Referendum ergriffen wurde. Das Gesetz vom 3. Juni 1875 führte das metrische System ab 1877 ein, und eine Reihe gesetzlicher Bestimmungen (1874–77) ermöglichten es dem Bund, Fauna und Flora zu schützen und die Wälder vor den schlimmsten Auswirkungen der Industrialisierung zu bewahren. Die Mißerfolge von 1866 und 1872 ließen die Radikalen in bezug auf die Vereinheitlichung des Rechts vorsichtig werden, um so mehr als das erste Referendum im Jahre 1875 gegen den Gesetzesvorschlag über Ehe und Zivilstand ergriffen wurde. Weitere große Konflikte konnten vermieden werden, obschon der Staat den Kulturkampf weiterführte und der Kirche ihre Rechte betreffend Geburt, Ehe, Scheidung und Tod streitig machte. Anfang 1883 trat das eidgenössische Obligationenrecht in Kraft. Es war das Werk der Kronjuristen, die Vertragssicherheit und Klarheit bei wirtschaftlichen Transaktionen anstrebten. Das Strafrecht hingegen blieb ganz in der Kompetenz der Kantone, die 1879 sogar nach einem denkwürdigen Abstimmungskampf die Aufhebung des Verbots der Todesstrafe erwirkten.

Zwei gelungene Kompromisse

Den erfolgreichen Interessenausgleich im ersten Jahrfünft nach der Totalrevision markieren auf ganz verschiedenen Gebieten das eidgenössische Fabrikgesetz und der sogenannte Gotthard-Kompromiß. Nach Erich Gruner ist der erste wirksame Schutz der Arbeiter

auf eine kumulative Bewußtseinsbildung zurückzuführen, zu welcher die Schulreform, die frühsozialistischen Theorien, die Neuinterpretation der Aufgaben eines modernen Staates und das Beispiel der Modellgesetzgebung von Glarus (1869) beigetragen haben. Der Gesetzgebungsprozeß durchlief zum ersten Mal die drei Phasen, die später zur Selbstverständlichkeit wurden. Der Bundesrat setzte eine Expertenkommission zur Prüfung von über 60 Petitionen und Eingaben ein. Im Parlament drangen die damals stark vertretenen Wortführer der Industrie mit ihren Verzögerungstaktiken nicht durch: Das Gesetz, das sogar über dasjenige von Glarus hinausging (es brachte einen Normalarbeitstag von 11 anstatt 12 Stunden) wurde angenommen. Das Referendum, das mit 55000 Unterschriften innerhalb von zwei Monaten zustande kam, trennte das Land in zwei Lager: Auf der einen Seite stand die Mehrheit der Industriellen, unterstützt von den Föderalisten, auf der anderen Seite eine heterogene, den Graben des Kulturkampfes überbrückende Koalition der politischen Linken, der deutschschweizerischen katholischen Rechten und der philanthropischen Intellektuellen. Obschon es zusammen mit zwei weiteren Vorlagen vors Volk kam – was unvorhersehbare Rückwirkungen haben kann – wurde das Gesetz am 21. Oktober 1877 mit 181204 gegen 170857 Stimmen angenommen. Als erster, noch bescheidener Sieg der entstehenden Massenorganisationen erschloß die Arbeiterschutzgesetzgebung dem Bund das weite Feld der Sozialpolitik, deren Grundlage Artikel 34 der Bundesverfassung bildete.

Die Referendumsstürme

In den achtziger Jahren trat eine Situation ein, die die Radikalen gegenüber wechselnden Koalitionen ihrer Gegner in die Defensive drängte. Zwar war der Freisinn im Parlament weiterhin stark vertreten. Nach Verlusten im Jahre 1878 erreichte er bei den Wahlen von 1881, 1884 und 1887 wieder eine beträchtliche Mehrheit, was z. T. auf die Erweiterung des Nationalrates um zehn Sitze nach der Volkszählung von 1880 zurückzuführen war, die vor allem seinem städtischen Wahlreservoir zufielen. Das Referendum konnte jedoch, wie die Statistik beweist, weiter unabhängig vom Stimmenergebnis der Wahlen spielen. Zwischen 1875 und 1879 billigte das Volk nur in drei von sieben Fällen die Arbeit des Parlaments; zwischen 1880 und 1884 brachten sogar alle fünf Referenden einen negativen Entscheid, und nach 1885 folgten dann zwei Annahmen und eine Verwerfung. Auf dem Gebiet der Gesetzgebung war die hemmende Wirkung des Volkswillens viel ausgeprägter als bei Verfassungsänderungen, wo von sechs Vorlagen während der ganzen Zeit nur zwei abgelehnt wurden.

Die politischen Leidenschaften erreichten am 26. November 1882 einen Höhepunkt, als der radikale Bundesrat Karl Schenk die Schaffung eines eidgenössischen Schulsekretärs vorschlug und damit drei Viertel der Stimmbürger mobilisierte. Die Vorlage wurde im Verhältnis drei zu zwei verworfen. Weniger als zwei Jahre später lehnte der Souverän ein Bündel von verschiedenen Maßnahmen etwas weniger deutlich ab. In beiden Fällen hatten die Gegner ein zündendes Schlagwort gefunden. 1882 vermochte der «Schulvogt» historische Aversionen zu erwecken, zwei Jahre später zog das «vierhöckerige Kamel» eine wuchernde Verwaltung ins Lächerliche.

Langsame Entspannung seit 1884

Die Erneuerungswahlen des Nationalrates vom Herbst 1884 standen im Zeichen dieser beiden Abstimmungen, die tiefgehende Gegensätze bloßgelegt hatten. Die Oppositionsgruppen hofften, eine Mehrheit für einen Machtwechsel gewinnen zu können. Die Katholiken wünschten eine Revision der Bundesverfassung; die Motion Zemp-Keel-Pedrazzini, die im Juni 1884 begründet wurde, forderte einen Abbau des radikalen Übergewichtes und eine bessere Berücksichtigung der Minderheiten. Die Freisinnigen glaubten, den neuen Demokratisierungsprozeß unter Kontrolle halten zu können, und empfahlen dem Bundesrat die Annahme dieser Motion, um die Einführung des Proporzwahlrechtes zu verhindern. Obschon sie in bezug auf die religiösen Ausnahmeartikel fest blieben, ließen sie sich jetzt doch zu Befriedungsmaßnahmen herbei, was zwischen 1884 und 1886 zur Beilegung von zwei Diözesanstreitigkeiten und schließlich zur Bildung des Bistums von Basel und Lugano, des größten der Schweiz, führte.

Die weiteren Wahlen von 1887 und 1890 bestätigten die allgemeine Entspannung, den ideologischen Waffenstillstand und die Behauptung der kantonalen Rechte. In dem Maße, in dem der Sturm sich legte, konnten die Radikalen sich wieder als Verteidiger der Republik profilieren: gegen die extreme Linke, die 1890 zum ersten Mal den 1. Mai feierte, wie gegen die Rechte aus Anlaß der «Tessiner Revolution» im selben Jahr. Die Wahlkreisgeometrie und die mangelnde Verständigung zwischen der Mitte und der Rechten brachten den Radikalen noch einmal die Mehrheit im Nationalrat (74 der 147 Sitze), aber man wurde sich doch der Tatsache bewußt, daß dieser Vorherrschaft keine reale Basis mehr entsprach. So gewannen die Radikalen im Oktober 1890 bei einer Wahlbeteiligung von 59 % zwar 50,4 % der Sitze, aber nur 40,1 % der Stimmen.

Das Klima des Wandels und der Neuorientierung bildete den Hintergrund für die Erweiterung der Volksrechte, mit der diese Periode schließt. Gewiß war die Teilrevision der Bundesverfassung das direkte Ergebnis der Motion Zemp-Keel-Pedrazzini, aber sie ging doch schon auf frühere Ansätze zurück. Bei den Revisionen von 1872 und 1874 waren die politischen Lager keineswegs einig darüber gewesen, wie Initiative und Referendum zu kombinieren seien. Die große Referendumswelle zwischen 1875 und 1885 hatte gezeigt, daß die Gegner die Gesetzgebung nicht nur zu verzögern suchten, sondern daß sie oft auch gegen die Grundsätze angingen, die in gesetzliche Form gebracht werden sollten. Die Idee, das Volk zu diesen Grundsätzen Stellung nehmen zu lassen, faßte langsam Fuß, wie 1880 der Versuch des Bundesrates bei der recht unorthodoxen Abstimmung über das Banknotenmonopol zeigte.

Neue Wege der Verfassungsänderung

Um die Lage endgültig zu bereinigen und die Kontrolle über die institutionelle Entwicklung wiederzugewinnen, schlug die Botschaft von 1890 vor, auch eine Teilrevision der Bundesverfassung zu ermöglichen, und zwar sollte hierfür eine Volksinitiative in Form einer Anregung unter den 1848 und 1874 umschriebenen Bedingungen ergriffen werden können; bei ihrer Annahme hätten die Kammern einen entsprechenden Entwurf auszuarbeiten, aber ohne daß vorher Gesamterneuerungswahlen stattfinden müßten. Im Unterschied zu 1870 und 1872 legte diesmal der Ständerat eine Alternative vor: Die formulierte Verfassungsinitiative sollte, wenn sie angenommen wurde, direkt in die Verfassung übergehen. Dem Parlament blieb in diesem Falle einzig die Möglichkeit, den Stimmbürgern einen Gegenvorschlag vorzulegen. Obschon dieses Verfahren außerordentlich kompliziert war, gab es analoge Regelungen in zahlreichen Kantonen. Die in diesem Sinne ergänzte Vorlage wurde ohne Aufhebens am 5. Juli 1891 bei einer Stimmbeteiligung von 46 % im Verhältnis von drei zu zwei und mit einem Zweidrittelmehr der Stände angenommen. Der erste Sieg der vereinigten Sozialdemokraten und Konservativen wurde kaum als Revolution empfunden, obwohl er viel zur Durchsetzung des bisher gegängelten Volkswillens beitrug. Numa Droz interpretierte das Ergebnis als den Übergang von der Demokratie zur Demagogie; er übersah jedoch, daß das Volk inzwischen weiser geworden war und seine Rolle als Souverän nicht mehr mit der anfänglichen Begeisterung wahrnahm.

2. Auf dem Weg zur Demokratie der Gruppen

Der Prozeß der Gruppenbildung

Das Solidaritätsdenken, das eng mit der Entwicklung der alten Eidgenossenschaft verquickt war, lebte auch nach ihrem Ende weiter. Zusammenschlüsse, wenn auch in moderner Form, zeugen für die Vitalität der gemeinsamen Interessen wie auch für den wachsenden Willen des einzelnen, sich in der gesellschaftlichen Form zu engagieren, die ihm die beste scheint. Wenn man ihr Auftauchen auf Bundesebene als eine entscheidende Etappe dieser ebenso verschiedenartigen wie zahlreichen kollektiven Bestrebungen ansieht, dann beginnt mit dem 19. Jahrhundert für unser Land die Demokratie der Gruppen, die sich auf freiwilliger Basis ohne Einmischung des Staates aufbaut.

Vor 1848 zeigte die Gründung kultureller Vereinigungen die Fortschritte der bundesstaatlichen Idee an, in der sich die schweizerische Form des Nationalbewußtseins verkörperte. Eine zweite Etappe wurde durch die beruflichen Neugruppierungen eingeleitet, die sich aus der Arbeitsteilung und den gesellschaftlichen Folgen der Industrialisierung ergaben. Mit einiger Verzögerung, die Überschneidungen nicht ausschließt, entstanden dann die modernen Parteien als «Kinder der Volksrechte» (Erich Gruner) und bald des Parlamentarismus. Schließlich brachten Integrationsschwierigkeiten aller Art, innerhalb oder am Rande der kulturellen Gemeinschaften, Minderheiten hervor, die sich zu informelleren Gruppierungen zusammenfanden, auf deren Probleme die Schweiz schon vor dem 20. Jahrhundert positive und negative Antworten fand. Die so entstehende De-

Die Heimindustrie konnte sich in der Schweiz in einigen spezifischen Sektoren wie Uhrmacherei, Weberei, Stickerei, Strickerei und Konfektionsmacherei während des 19. Jahrhunderts behaupten. Bei dieser Verbindung herkömmlicher handwerklicher Arbeit mit modernen industriellen Methoden waren jedoch schlechte Arbeitsbedingungen, mißbräuchliche Zwischengewinne und niedrige Löhne an der Tagesordnung. Vor allem Frauen suchten durch Heimarbeit das Familieneinkommen aufzubessern. William Aubert (1856–1942) zeigt mit seinem Gemälde «Die Näherinnen» nur die idyllischen Seiten dieser Arbeit.

mokratie der Gruppen erinnert an die von Pitirim Sorokin beschriebenen «Schneewehen»: Die Gesamtstruktur bedingt keine engeren Bindungen zwischen den Elementen.

Arbeitsteilung und Berufsorganisationen

Die Restauration im Jahre 1815 ließ die Zünfte in den meisten Kantonen wieder aufleben; ihr politischer Einfluß war allerdings durch die wirtschaftlichen Neuerungen nur noch gering. Nach der Anerkennung der Vereinsfreiheit und schließlich der Handels- und Gewerbefreiheit (1874) hatten sie völlig ausgespielt, wenn sie die Kantone nicht schon vorher abgeschafft hatten. Trotzdem zeigten die Berufsorganisationen gewisse zünftische Züge, sei es in der Arbeitsgesinnung ihrer Mitglieder oder auch in den Auswirkungen einer Ideologie, die den Klassenkampf ablehnte.

Frühe Organisation der Unternehmer

Immerhin erklärt diese Ausrichtung nicht, warum die Unternehmer und Handwerker sich vor den Arbeitern und Landwirten in neuer Form organisierten. Die internationale wirtschaftliche Verflechtung der Schweiz und das unterschiedlich entwickelte Bewußtsein der sozialen Schichten spielten dabei eine größere Rolle. 1870 gründeten die Industriellen den Handels- und Industrie-Verein, als Antwort auf die Erfordernisse der Exportwirtschaft und der Rechtsvereinheitlichung. Mit Sitz in Zürich von 1882 an (daher die Bezeichnung Vorort) und unter der langjährigen Führung von Conrad Cramer-Frey übte sein Direktorium durch die Teilnahme an den Tarifvertragsverhandlungen einen beträchtlichen Einfluß auf den Außenhandel aus. Die «Gründerkrise» führte 1879 ihrerseits zur endgültigen Gründung des «Schweizerischen Gewerbeverbandes» (SGV), der protektionistisch ausgerichtet war. In beiden Fällen baute man auf einem bereits bestehenden Organisationsnetz auf. Man könnte von einem vertikalen, durch die Berufsverbände gebildeten und von einem horizontalen, die kantonalen Kammern umfassenden Raster sprechen.

Die indirekte Mitgliedschaft und die Möglichkeit, mehreren Verbänden anzugehören, brachten es mit sich, daß die Anzahl der Mitglieder über den Einfluß dieser zwei Verbände nichts aussagt. Ihre Bedeutung für die zukünftige Entwicklung hing eher von der Organisationsform ab. 1890 siegte bei den 26 Sektionen des Vororts das Territorialprinzip mit 17 Handelskammern, während sich beim SGV die Branchengruppen mit 53 von 77 Sektionen behaupteten. Mit der Wendung zum Protektionismus bot der Bund 1882 und 1884 beiden Verbänden eine Subventionierung ihrer Zentralsekretariate an. Dafür lieferten sie Gutachten und Statistiken nach Bern und nahmen so regelmäßig und quasi offiziell an der Wirtschafts- und Sozialpolitik des Bundes teil.

Verspätung der Arbeiterschaft

Die Gründe für die im Vergleich zur Unternehmerschaft verspätete Organisation der Arbeiter sind komplex. Ihre Integration hatte bereits früh, unter dem Einfluß des Frühsozialismus, begonnen, war aber erst zu Beginn der neunziger Jahre abgeschlossen. Zu dieser Verspätung trugen verschiedene Faktoren bei: die kleinräumige Struktur des Landes, der kulturelle Pluralismus, das Fehlen der Schwerindustrie und der großen städtischen Agglomerationen und der leichte Zugang zur politischen Mitbestimmung. Auch die verschiedenen Strömungen innerhalb der sozialistischen Bewegung (Pluralismus, Syndikalismus, Anarchismus) spielten eine Rolle. Dazu kam die Ausrichtung auf profilierte Führerpersönlichkeiten wie den Deutschen Johann Philipp Becker, den schweizerischen Sekretär der internationalen Arbeiterassoziation von 1867 an, den Adoptivzürcher Herman Greulich als unermüdlichen Organisator, den Internationalisten Pierre Coullery und den Anarchisten James Guillaume.

Das dritte Viertel des Jahrhunderts brachte zudem eine ganze Reihe von wichtigen und wegweisenden Anläufen. Als erste gründeten 1858 die Typographen eine gesamtschweizerische Gewerkschaft; auf sie folgten 1863 die Schneider und 1867 die Schuhmacher. Mit der Erweiterung der Volksrechte schien sich die rasche Entwicklung einer politisch ausgerichteten Gewerkschaftsorganisation abzuzeichnen. Da eröffnete 1864 die Erste Internationale eine neue Dimension. Durch ihre Kongresse und die Begeisterung, die sie in der Arbeiterwelt auslöste, entstanden in der Schweiz zahlreiche neue, sehr tätige Sektionen, die in Konkurrenz zu den ersten Gewerkschaften und den gut verwurzelten Sektionen des 1838 gegründeten Grütlivereins traten. Die Folge waren harte Konfrontationen: Schweizer gegen Ausländer, Deutschschweizer gegen Welsche, Patrioten gegen Internationalisten, Gewerkschafter gegen Politiker.

In diesem durch Auseinandersetzungen gekennzeichneten Klima wurde 1873 am Kongreß von Olten der «Schweizerische Arbeiterbund» gegründet. Er war politisch neutral und konnte sich durch sein gemäßigtes Programm und durch die Unterstützung, die ihm zuteil wurde, schnell entfalten: Ende der siebziger Jahre zählte er 125 Sektionen und mehr als 6300 Mitglieder (einschließlich der Grütlianer). Es fehlte ihm aber eine zentrale Leitung, die angesichts der Radikalisierung der Arbeitskämpfe durch die Wirtschaftskrise dringend nötig gewesen wäre.

An seinem siebenten Kongreß (1880) beschloß der Arbeiterbund, sich aufzulösen, um einer rein gewerkschaftlichen, sozialistisch ausgerichteten Organisation Platz zu machen: dem «Schweizerischen Gewerkschaftsbund», vorerst mit Sitz in Genf. Die Anfänge waren, vor allem aus Geldmangel, schwierig. 1886 wurde dann nach einem Schlosserstreik in Zürich die «Allgemeine schweizerische Arbeiterreservekasse» geschaffen, und der Gewerkschaftsbund, der Grütliverein und die Sozialdemokratische Partei begannen zusammenzuarbeiten. 1891 übernahm der Gewerkschaftsbund die Reservekasse, gab sich Statuten, welche die Mitgliedschaft von Branchen und Regionalkartellen regelten, und stellte ein Programm auf, das weitgehend soziale Reformen forderte. Damit setzte ein rasches Wachstum ein: Zwischen 1880 und 1891 erhöhte sich die Zahl der Mitglieder von 133 auf 6950 und der Sektionen von 12 auf 196; 1902 waren es 27097 Mitglieder (dank dem Beitritt der Eisenbahner und Uhrmacher) und 512 Sektionen.

1887 wurde ein zweiter «Schweizerischer Arbeiterbund» gegründet, in dessen Rahmen mit Hilfe von Bundesbeiträgen das Arbeiterse-

Ein Töpfer an der Drehscheibe, umgeben von seinen Produkten als Emblem der Krankenkasse der Töpfergesellen. Der 1825 als eine der ersten derartigen Organisationen entstandene Hilfsverein trat dem 1880 gegründeten «Schweizerischen Gewerkschaftsbund» (SGB) bei. Unter den über 30 Vereinen und Branchenverbänden, die Anfang des 20. Jahrhunderts dem SGB angeschlossen waren, gehörte er zu den kleinsten; er stellte nie wesentlich mehr als 200 der insgesamt 15000 Mitglieder – ein Beispiel unter vielen für die dezentralisierte Struktur der Gewerkschaftsbewegung.

kretariat entstand und die soziale Gesetzgebung vorangetrieben wurde. Hier beteiligten sich auch die Katholiken, die ihre Arbeiterschaft seit dem Kulturkampf nach dem Modell der deutschen Kolpinggesellschaften organisiert hatten. Ihre Statuten untersagten den Streik, und wenn sie auch über das karitative Ideal des Piusvereins hinausgingen, so strebten sie eine Versöhnung der Klassen an. Der zweite Arbeiterbund geriet jedoch bald in Konflikt mit dem «Schweizerischen Gewerkschaftsbund», womit die Entstehung einer einheitlichen schweizerischen Arbeiterbewegung auf unbestimmte Zeit vertagt war.

Am Anfang ihrer Geschichte wiesen die schweizerischen Parteien noch nicht alle jene Eigenschaften auf, die ihnen Erich Gruner zuschreibt. Als Volks- und Massenparteien wirkten sie vorerst auf kantonaler Ebene; dann wurde ihre Entwicklung durch die politische Aufsplitterung des Landes und durch die endlosen Kämpfe zwischen Föderalisten und Zentralisten beeinflußt. All das erklärt die verspätete Parteienbildung auf nationaler Ebene und die Schwäche der Dachorganisationen. Um die Jahrhundertwende waren die «schweizerischen» Parteien, soweit es sie überhaupt gab, noch kaum in ihre heute üblichen Funktionen hineingewachsen, wie die Kontrolle der verschiedenen politischen Kräftefelder im Lande, die friedliche Beilegung von Konflikten und die Beteiligung an breiten Koalitionsregierungen.

In bezug auf das Parteileben zerfallen die ersten Jahrzehnte des neuen Bundesstaates in zwei Phasen: Bis zum Jahr 1880 ging der Kampf zwischen fortschrittlicher Dynamik und konservativem Widerstand, der mit der Regeneration begonnen hatte, weiter; dann bildete sich die freisinnige Vorherrschaft heraus, die bis zum Ende des Ersten Weltkrieges andauerte. Schon in der ersten Phase war der freisinnige Radikalismus die treibende Kraft; er war weniger eine einheitliche Partei als eine Koalition von Tendenzen, die durch die Feindschaft der extremen demokratischen Linken und der konservativen Rechten zusammengeführt wurde. Nach 1880 verfestigten sich die bisher noch schwankenden Fronten, und die Entstehung von eigentlichen dominierenden Regierungsparteien in manchen Kantonen brachte die Freisinnigen auf die Idee, das gleiche zu tun, um die Wirksamkeit der Oppositionsgruppen zu begrenzen. Diese griffen darauf zur Waffe des Referendums, da ein Machtwechsel, wie Großbritannien ihn kannte, nicht möglich war.

Die Trümpfe des Radikalismus

Die Radikalen waren nach den Erfolgen von 1847–48 im Vorteil einerseits gegenüber den Liberalen, deren progressiven Flügel sie auf ihre Seite brachten, und andererseits gegenüber den Konservativen, die sie für lange Zeit isolieren konnten. Der neue Bundesrat verwirklichte, was die Institutionen anbelangt, einen Teil ihrer Postulate, aber weder der soziale Egalitarismus noch der wirtschaftliche Interventionismus setzten sich durch. Was die Beteiligung des souveränen Volkes betraf, an das ihr nationalistischer Appell sich richtete, so beschränkte sie sich auf die Wahl des Nationalrates und die Verfassungsrevision, die erstmals 1866 in Gang gesetzt wurde. Der Radikalismus scharte also seine Truppen um ein eher republikanisches als demokratisches Ideal, um den Antiklerikalismus und um die Behauptung der schweizerischen Unabhängigkeit. An Organisationen gab es nur den 1835 gegründeten Nationalverein und die kantonalen Volksvereine, die das unabdingbare Netz von Vertrauensmännern stellten. Seit den fünfziger Jahren kamen dazu die Altherren der Studentenverbindungen, vor allem die Männer-Helvetia. Ihre Führer, die meist zugleich auch Offizierschargen innehatten, bildeten die eigentlichen Kader. Als die demokratische Bewegung dem Radikalismus eine bessere Organisation entgegensetzte, trat dieser die Flucht nach vorn in den Revisionismus an.

1873 wurde ein neuer «Schweizerischer Volksverein» gegründet, in dem sich vorübergehend die Mitglieder der «freisinnigen Großfamilie» (Liberale, Radikale, Demokraten) sammelten, was zum Erfolg der Verfassungsrevision von 1874 führte. Es gelang, unter Benutzung der Verbindungen von unzähligen beruflichen und geselligen Vereinen über 100000 Mitglieder in einer rudimentären Massenpartei zu vereinigen. Die Statuten legten die Aufgaben des Zentralvorstandes und der Delegiertenversammlung bis ins einzelne fest. Aber schon die ersten Referenden zeigten, daß auch damit die Volksmehrheit nicht garantiert war.

Eroberung der absoluten Mehrheit

Die eigentlichen Schlüsselstellungen waren jedoch die politischen Mandate. Die Radikalen bemächtigten sich der Kontrolle der wichtigsten Positionen im Bundesrat und in den Räten. Ein Klüngel von freisinnigen Politikern, die von ihren Feinden als «Bundesbarone» apostrophiert wurden, verstand es, seinen Einfluß geltend zu machen: Auf der Höhe seiner Macht konnte Alfred Escher 70 bis 80 Stimmen im Nationalrat mobilisieren. Dieser «innere Kreis» organisierte sich nach den Wahlen von 1878 als radikal-demokratische Fraktion und verfügte in den achtziger Jahren über das absolute Mehr, obschon in gewissen Fragen innere Spannungen nicht zu vermeiden waren. Vor dem Wendepunkt von 1891 war die Integration der drei Linien der freisinnigen Familie noch nicht einmal in den von ihr regierten Kantonen beendet, und eine schweizerische freisinnige Partei existierte noch nicht. Ein schönes Beispiel dafür, wie eine nur durch die Ideologie definierte Gruppe ohne ständigen Apparat mit Hilfe verschiedenster Verbindungen und Taktiken eine Machtstellung behaupten kann.

An den beiden Enden des noch wenig verfestigten politischen Spektrums suchte die katholische und die sozialistische Minderheit, ihre Identität zu finden und die Wirksamkeit ihrer Aktionsformen zu erproben. Obschon sie über ein dichtes Netz von Vereinen und auch über Presseorgane verfügten (die Katholiken früher als die Sozialisten), waren sie ins Ghetto eingeschlossen – die einen in ein konfessionelles, die anderen in ein soziales. Dieser Belagerungszustand verzögerte die Entstehung gesamtschweizerischer Parteien, die beide, wenn auch aus verschiedenen Gründen, anstrebten.

Widersprüche bei den Katholiken

Für die Katholiken, die in den vierziger Jahren geglaubt hatten, ein föderalistisches Rezept für den Zusammenhalt gefunden zu ha-

«Der Kampf zwischen Kapital und Arbeit», Flugblatt des sozialistischen Komitees für die Nationalratswahlen 1899. Die Minderheiten führten den Wahlkampf gegen den Freisinn und seine Sozialpolitik. Die Anspielung auf die Opfertat Winkelrieds zeugt von der Anziehungskraft historischer Symbolik auch auf der Linken.

ben, bedeutete die gewaltsame Auflösung des Sonderbundes zugleich eine Niederlage und einen Neuanfang. Die durch Niederlassungsfreiheit und Industrialisierung in Gang gesetzte Mobilität brachte eine unterschiedliche Entwicklung der Mentalitäten, je nachdem, ob es sich um die traditionellen katholischen Zentren, um paritätische Gebiete oder um die Diaspora handelte. Trotzdem entstanden überall ähnliche Defensivverbände. Der «Schweizerische Studentenverein» (1841 gegründet) und der Piusverein (1857) spielten eine wichtige Rolle für die Bildung von Eliten, die sich schon in den fünfziger Jahren zu einer interkonfessionellen konservativen Fraktion zusammenfanden; einige regionale Zeitungen trugen zu einer modernen Sicht der religiösen und sozialen Probleme bei. Aber das Vatikanische Konzil, die Revision der Bundesverfassung und der Kulturkampf führten zur Verschärfung der internen Meinungsverschiedenheiten zwischen Anhängern und Gegnern der bundesstaatlichen Lösung. Die Gegensätze zwischen alten Föderalisten, klerikalen Konservativen und sozialen Katholiken, die um die Führung innerhalb der katholischen Bewegung rangen, ließen im letzten Viertel des Jahrhunderts verschiedene Versuche zu einer gesamtschweizerischen Neuformierung scheitern.

Ein erster Anlauf, der im Jahre 1874 von den Ultramontanen der Kantone Freiburg und Wallis mit Unterstützung des Piusvereins genommen wurde, blieb ohne Erfolg. 1881 gründeten die Konservativen der Zentralschweiz zusammen mit protestantischen Kreisen die Konservative Union, die sich auch nicht halten konnte, aber immerhin eine auf Bundesebene organisierte parlamentarische Fraktion hinterließ. Nach dem Eintritt von Josef Zemp in den Bundesrat (1891) bildete sich im Jahr 1894 eine Katholische Volkspartei, die entschieden gegen den von Interessengruppen regierten Bundesstaat auftrat. Wie bei den Radikalen entstanden auch bei den Konservativen die ersten homogenen Gruppierungen in den Kantonen, so in Luzern, in Freiburg und im Wallis.

Der Weg zur Sozialdemokratie

Die Anfänge des Sozialismus als politische Kraft waren noch nicht durch den Klassenkampf, sondern durch den Wunsch nach mehr Demokratie gekennzeichnet. Um die Jahrhundertmitte gaben sich die ersten sozialistischen Parteien in Genf, Bern und Zürich Programme, die sich kaum von denen des Linksradikalismus unterschieden. Dies um so mehr, als der Grütliverein einen nationalistischen Einfluß ausübte, der mit den französischen und englischen sozialistischen Theorien rivalisierte. Die Erste Internationale löste eine Welle weiterer Parteigründungen aus, ohne daß sich eine klare Scheidung der verschiedenen Formen der Arbeiterbewegung ergab.

Ein erster Versuch zu einer gesamtschweizerischen Organisation ging 1870 von Zürich aus, wo Herman Greulich einige Sektionen der Internationalen um die von ihm geleitete «Tagwacht» vereinigte. Diese schweizerische sozialdemokratische Partei wurde vom Arbeiterbund verdrängt, tauchte aber 1880 wieder als politischer Partner des Gewerkschaftsbundes auf. 1888 gründete der Berner Albert Steck

Der Arbeiter

Eine Zeitung für das Volk.

Erscheint jeden Samstag in Bern

Man abonnirt auf dem Bureau, Arbergergasse Nr. 63, Schattseite, zwei Treppen hoch, gegen die Gasse. Der Abonnementspreis ist vierteljährlich 12, halbjährlich 24, jährlich 48 Batzen, und wird, wenn man denselben nicht direkt zusendet, auf der Post nachgenommen. Briefe und Gelder franko. Redaktion und Verlag auf genanntem Bureau.

Jedes Mitglied des „Grütli-Vereins" ist Abonnent dieses Blattes. 1851. Man abonnirt mit ¼ Neu-Frkn. per Quartal bei den Sektionspräsidenten.

Der Grütlianer,

Organ für die Interessen des Grütli-Vereins.

№ 1. Mittwoch, 1. Oktober

eine demokratische Volkspartei, die sein Biograph als «Verlängerung des Freisinns auf den Vierten Stand» charakterisierte. Zwar ging ihr Programm über die Ansichten des nun politisch agierenden Grütlivereins und des Radikalismus hinaus und forderte energisch den Staatssozialismus, aber es fehlten ihr die Intellektuellen, die sie zu einer Kraft ähnlich der englischen Arbeiterbewegung hätten machen können. Der Eintritt des ersten Sozialdemokraten in den Nationalrat im Jahre 1890 macht die Schwäche und Verspätung der Partei im Vergleich zur deutschen Sozialdemokratie deutlich.

Vor 1848 hatte das Sprachenproblem von Zeit zu Zeit eine politische Rolle gespielt, wenn jeweils in den drei zweisprachigen Kantonen (Bern, Freiburg, Wallis) ein Regierungswechsel stattfand. Auf Bundesebene war die Sprachenfrage kaum von Bedeutung; so wurde Artikel 109 der Verfassung, der drei offizielle Sprachen anerkennt, im letzten Moment beigefügt. Erst nach der Entstehung des neuen Staates zeigten sich in der Praxis Probleme, die meist empirisch gelöst wurden: Vertretung der Romands im Bundesrat, Kommandosprache in der Armee, Unterrichtssprachen an der einzigen eidgenössischen Hochschule, dem Polytechnikum Zürich. Das Problem blieb begrenzt, weil es vorwiegend die Gebildeten betraf, bei denen die Zweisprachigkeit zur Erziehung gehörte.

Die sprachlichen Minderheiten

Während der Verfassungskämpfe von 1872 und 1874 erkannten die Deutschschweizer die Bedeutung einer Allianz mit der französischen Schweiz. *«Il nous faut les Welsches»,* betonten die Freisinnigen zwischen den beiden Abstimmungen. Nach der Revision begann die Schweiz vorsichtig, einen mehrsprachigen Staat aufzubauen, im gleichen Augenblick, wo diese Lösung im übrigen Europa, außer in Österreich, verworfen wurde. Die Gleichberechtigung der Minderheitssprachen setzte sich im letzten Viertel des Jahrhunderts rasch für das Französische, langsamer für das Italienische durch; das Rätoromanische blieb eine Angelegenheit Graubündens. Die Zweisprachigkeit wurde durch die Reform von 1874 in der Armee, mit der Zeit dann auch im Parlament, in den Gerichten und in der Verwaltung eingeführt, wobei man sich von den Erfahrungen in den Kantonen leiten ließ, so daß die Rechte der Minderheiten schließlich in den wichtigsten Bereichen respektiert wurden. Die eidgenössischen Verwaltungen und die großen Transportunternehmen anerkannten ihrerseits das Territorialprinzip als unabdingbare Grundlage der Mehrsprachigkeit. Das gleiche geschah in den gesamtschweizerischen Vereinigungen, wo die Entwicklung schon früher eingesetzt hatte.

Reibungen und Konflikte

Aber die Dynamik der gesellschaftlichen Entwicklung überholte rasch die rechtlichen und administrativen Regelungen. Die erhöhte Mobilität der Menschen und die veränderten religiösen und kulturellen Beziehungen ließen immer mehr Minderheitsgruppen entstehen. Das 1712 und nochmals 1815 hergestellte Gleichgewicht wurde durch Verlagerungen und Enklaven in Frage gestellt, die neue Integrationsmechanismen und auch Widerstände hervorriefen. Die Kirche, die

Die Fortschritte des Sozialismus waren in starkem Maß an den Erfolg seiner Presse gebunden. Nachdem in der Anfangsphase viele kurzlebige Blätter nebeneinander erschienen waren, erfolgte eine Konzentration auf einige bedeutende Zeitungen. Von den hier gezeigten Beispielen überlebte das Organ P. Coullerys das Jahr 1851 nicht, während der gleichzeitig gegründete «Grütlianer» bis zur Auflösung des Grütlivereins (1925) herausgegeben wurde.

Wirtschaft und die Politik nutzten diese neue Lage aus, noch bevor sich das imperialistische Ausland einzumischen begann. Die Folge war eine Vermehrung der Konfliktherde auf schweizerischer und kantonaler Ebene. Um 1870 bedrohte der Murtener Separatismus die bereits prekäre Einheit des Kantons Freiburg, die schon durch das kulturelle Übergewicht der Hauptstadt mit der Gründung einer internationalen katholischen Universität belastet war. Im Wallis wurden die wiedererwachten Spannungen zwischen dem deutschsprachigen Oberwallis und dem französischsprachigen Unterwallis noch durch das ungeschickte Verhalten der Post- und Eisenbahnverwaltung erhöht. Im Kanton Bern wurde der Jura durch den Kulturkampf, den Eisenbahnimperialismus Basels im Norden und die Schwierigkeiten der sozialen Integration der Zugezogenen in den südlichen Tälern gefährlichen Spannungen ausgesetzt.

Südlich der Alpen wurden im Tessin die ohnehin gespannten Beziehungen mit der übrigen Schweiz noch durch den Durchstich des Gotthardtunnels (1882) erschwert. Entlang der Gotthardlinie siedelten sich eine deutschschweizerische und bald auch eine deutsche Kolonie an, und von der Lombardei her strömten Italiener in den Kanton, was dem Irredentismus Tür und Tor öffnete. Auch in Graubünden zeigte sich die Gefahr der Germanisierung auf Kosten des Romanischen; dieses wurde von einem Drittel der Bevölkerung gesprochen und erlebte um 1860 eine Renaissance, die von 1872 an vom Bund unterstützt wurde, indem wichtige offizielle Texte ins Rätoromanische übersetzt wurden. Der junge Bundesstaat versuchte nicht, die Probleme durch einen künstlichen Helvetismus zu überspielen, sondern sie zu durchschauen und negative Auswirkungen der kulturellen Ansprüche in Grenzen zu halten.

3. Die «große Depression» und die erste Umstrukturierung der Wirtschaft

Die «Gründer» auf Bewährungsprobe

Als erster stark durch die Industrialisierung mitbestimmter europäischer Konflikt führte der deutsch-französische Krieg von 1870/71 in den nichtbeteiligten Ländern, so auch in der Schweiz, zu einer wirtschaftlichen Überhitzung. Die als Folge des Frankfurter Friedensvertrags zuströmenden Milliarden lösten jenseits des Rheins eine eigentliche Gründungswelle und ein neues Eisenbahnfieber aus, was der Schweiz 1000 km neue Schienen und 300 Millionen Franken Kapital für die Gesellschaften brachte. Kredite waren außerordentlich leicht zu haben, und so traf während der «Gründerjahre» eine wirtschaftliche Überexpansion mit der institutionellen Veränderung zusammen.

Zusammenbruch und Unsicherheit

1873 setzte die Krise ein, der eine lange Depression folgte, die die gesamte industrielle Welt bis in die Mitte der neunziger Jahre – mit kurzen Erholungspausen – traf. In der Schweiz zeigte sie sich zuerst in den Schwierigkeiten der Eisenbahngesellschaften und führte zu Konkursen, kostspieligen Rettungsaktionen oder Einstellung der Dividendenzahlungen. Weniger offensichtlich, aber ebenso schwer waren die industriellen Unternehmen betroffen, vor allem die neugegründeten, die nicht von der vorhergehenden Expansion zehren konnten. Zwischen 1872 und 1877 gingen die Uhrenexporte mengenmäßig um drei Fünftel zurück; die Baumwoll- und Seidenindustrie verzeichnete Rückschläge, während die Stickerei weiter florierte. Der Tiefpunkt war 1887 erreicht, dann begann der Wiederanstieg. Die Textil- und die Uhrenproduktion konnten ihre alten Märkte wieder gewinnen, oft mit Hilfe von technischen Neuerungen wie der Mechanisierung der Weberei und der Konzentration der Herstellung in Fabriken. Während der Schienenverkehr weiterhin in Schwierigkeiten steckte, spielte das Bauwesen mit der Beschleunigung der Urbanisierung die Rolle eines Konjunkturpuffers.

Stickerin am Fenster. Nicht immer gestaltete sich Heimarbeit so idyllisch, wie sie Rodolphe Piguet auf diesem Kupferstich darstellt.

Die achtziger Jahre waren durch wirtschaftliche Unsicherheit gekennzeichnet. Auf eine Rezession zwischen 1881 und 1885 folgte zwischen 1886 und 1890 eine Erholung. Gesamthaft gesehen nahm die Diversifikation der wichtigsten Branchen zu und brachte eine neue Rangordnung, die zu Ende des Jahrhunderts sichtbar wurde. Nach den Schätzungen von Francesco Kneschaurek für 1879 und 1887 zeichnete sich eine scharfe Trennung zwischen den rückläufigen und den sich ausdehnenden Branchen ab. Gemessen an der Gesamtproduktion während dieses Zeitraums gingen die Baumwollherstellung von 17,4 auf 10,5 % und die Seidenindustrie von 36,5 auf 29,4 % zurück. (Ausnahme: Die Stickerei nahm von 7,6 auf 15,5 % zu.) Hingegen stieg der Anteil der Uhrenindustrie von 9,5 auf 12,8 % und derjenige der Metall- und Maschinenindustrie von 4 auf 7,4 %.

Fabriken verdrängen die Werkstätten

Die Depression beschleunigte die Verlagerung der Beschäftigten zwischen den verschiedenen Wirtschaftssektoren. Der Anteil der Landwirtschaft an der aktiven Bevölkerung sank von 42 auf 37 %. Diese Entwicklung kam teils den Dienstleistungen, teils dem Sekundärsektor zugute, bei dem jedoch die interne Umschichtung wichtiger war als der numerische Anstieg. Die Entwicklung führte nämlich vor allem zu einer Vermehrung der Fabrikarbeiterschaft (von 8 auf 15 %), während das Handwerk, das Bauwesen und die Heimarbeit stagnierten oder leicht rückläufig waren. Die veränderte Sozialstruktur spiegelte sich im Rückgang der Selbständigerwerbenden von 40 auf etwa 30 % der aktiven Bevölkerung.

Ein Blick auf die wachstumsstärksten Sektoren der schweizerischen Wirtschaft macht die Rolle deutlich, die die Mechanisierung bei diesen Veränderungen spielte. So konnte die Produktion der Baumwollspinnerei durch die verbesserten Winde- und Zwirnmaschinen bei gleichbleibendem Personalbestand erhöht werden. In der Bunt- und Weißweberei wurden die Handwebstühle, außer bei der Heimarbeit, völlig abgeschafft. Auch in der Seidenweberei und in der Stickerei konnte die Maschine den Modeströmungen besser folgen.

Ein schönes Beispiel für den synkretistischen Charakter der Volkskunst: Diese Stickerei aus dem Kanton St. Gallen stilisiert Tierdarstellungen, aus der Naturbeobachtung abgeleitete Motive und religiöse Inhalte.

Zwischen 1860 und 1890 nahm die Anzahl der Fabrikarbeiter in der Textilindustrie bei einem gleichbleibenden Total von ungefähr 185 000 Personen von 20 auf 60 % zu.

In der Metall- und Maschinenindustrie blieb die Werkstatt die Regel, aber die Fabrik wurde häufiger. Die Gründungswellen während der kurzen Erholungsphasen der großen Depression gehen auf die Risikofreude einzelner Unternehmer oder die noch bescheidenen Anfänge von Aktiengesellschaften zurück, z. B. die Maschinenfabrik Oerlikon (1876), die Alu-Suisse in Neuhausen (1888), die Brown Boveri in Baden (1891) und die Ateliers Sécheron in Genf (1891, Wiederinbetriebnahme einer 1882 gegründeten Firma). In der Uhrenindustrie entstanden vor allem in den Kantonen, wo sie spät eingeführt worden war (Bern, Solothurn, Baselland), die ersten Fabriken, die jedoch nicht mehr als einen Zehntel der Beschäftigten erfaßten. Die Krise führte bei den traditionellen Industrien eher zu einer Verhärtung des Widerstands gegen die Mechanisierung. Das gleiche läßt sich für die Nahrungsmittelindustrie feststellen; die kleinen Unternehmen für die Herstellung von Kondensmilch und Schokolade blieben die Regel wie auch in der Arzneimittelherstellung (1880 wurde das Antipyrin erfunden), in der Chemie, der Holzverarbeitung, der Papierfabrikation und im graphischen Gewerbe (die Rotationsmaschine wurde 1870 eingeführt).

Keine übermäßige Konzentration

Im Gegensatz zu England, Deutschland und – weniger ausgeprägt – Frankreich brachten die Maschinen in der Schweiz keine übermäßige Konzentration. Gegen Ende der achtziger Jahre überstieg die Zahl der in Industrie und Handwerk tätigen Personen zwar diejenige im Primärsektor, aber von den 1888 gezählten rund 543 000 Arbeitnehmern im Sekundärsektor waren weniger als ein Viertel in Fabri-

Preise wichtiger Bedarfsgüter (schweizerische Durchschnittswerte), 1830–1914, in Rappen

Jahr	Halbweißbrot	Kartoffeln	Milch	Butter	Rindfleisch	Kaffee	Eier	Buchenholz	Schuhe	Baumwolltuch	Strümpfe	Männerhemd	Frauenrock	3-Zimmer-Wohnung	Jahr
	(kg)	(kg)	(Liter)	(kg)	(kg)	(kg)	(Stück)	(Klafter)	(Paar)	(m)	(Paar)	(Stück)	(Stück)	(Jahr)	
1830	36	4,3	9,0	135	58	157	–	–	–	–	85	–	–	–	1830
1835	32	2,8	12,0	144	63	222	–	–	–	–	–	120	540	–	1835
1840	–	4,5	9,9	151	56	160	3,0	2500	550	250	63	–	470	15 000	1840
1845	34	3,6	8,3	152	69	135	4,3	2810	–	210	–	–	–	15 000	1845
1850	32	7,0	8,5	133	61	150	3,5	2280	640	–	55	275	500	–	1850
1855	–	9,0	10,0	164	84	170	–	2590	–	–	–	–	–	–	1855
1860	40	8,5	12,7	178	95	180	5,0	3750	510	–	–	225	550	–	1860
1865	33	6,6	11,3	188	98	240	5,4	4260	–	250	–	–	550	27 500	1865
1870	45	7,0	12,5	216	119	240	6,0	4660	1100	190	–	285	–	–	1870
1875	43	8,6	16,0	244	–	270	8,1	5050	1050	190	50	–	–	24 000	1875
1880	39	7,0	18,0	240	119	–	7,1	4800	1025	–	35	275	375	19 000	1880
1885	32	7,0	18,7	233	158	140	7,2	4680	–	167	–	375	350	24 000	1885
1890	33	8,3	19,0	261	155	240	7,8	4830	860	–	55	–	–	27 000	1890
1895	27	7,4	19,4	255	166	215	8,2	5360	780	–	55	375	–	41 000	1895
1900	28	6,9	18,5	256	155	135	8,5	5130	750	–	–	–	900	37 500	1900
1905	31	9,0	20,0	300	–	132	8,9	5190	780	64	–	475	900	35 000	1905
1910	33	9,2	23,1	349	175	195	9,9	5500	–	–	–	–	1000	47 500	1910
1914	39	17,0	23,4	362	193	250	11,1	6100	835	92	130	350	900	52 000	1914

ken tätig (d. h. in Unternehmen mit mehr als 20 Beschäftigten). Zwei Drittel der schweizerischen Arbeiter lebten noch in handwerklichen Verhältnissen. Nach der anfänglichen Angst, endgültig von Maschine und Technik verdrängt zu werden, begannen die Handwerker, sich positiv zu den Veränderungen einzustellen und neue Verfahren in ihren Werkstätten und sogar in der Heimarbeit einzuführen. Die Industrialisierung erfolgte also in der Schweiz auf dezentralisierte Weise und ohne die Gesellschaft tiefgreifend zu erschüttern.

Die Rolle des Staates in Wirtschaft und Finanzen

Bund und Kantone konnten einer solchen technischen Entwicklung nicht gleichgültig gegenüberstehen. Im Laufe der Verfassungsrevision der siebziger Jahre ging aus den Konflikten zwischen Manchester-Liberalen, pragmatischen Reformisten und Staatssozialisten schließlich eine gewisse Interventionspolitik des Staates hervor. Die Depression zwang die Verantwortlichen zum «Interventionismus wider Willen» (Erich Gruner). Dabei ging es weniger um eine völlig neue Erscheinung als um die Erweiterung seit langem geübter Eingriffe. Die Wirtschaftspolitik, die daraus hervorging, war in zwei entgegengesetzte Tendenzen gespalten: die Suche nach staatlichen Garantien in Krisenzeiten und den nicht weniger ausgeprägten Willen, den freien Wettbewerb der Unternehmer zu erhalten.

Selbst in diesem beschränkten Rahmen hatte der neue Staatsinterventionismus unvorhersehbare Folgen. Die erste war das Ausscheiden der Manchester-Liberalen, die dieses Prinzip kategorisch ablehnten. Einer nach dem anderen verschwanden die Eisenbahnbarone und die großen Industriellen (Alfred Escher und seine Freunde Eduard Haeberlin, Friedrich Peyer im Hof und Carl Feer-Herzog sowie ihre Basler Rivalen Alphons Koechlin-Geigy und Johann Jakob Stehlin) von der eidgenössischen Bühne und mit ihnen das liberale Zentrum, das sie im Parlament vertreten hatten. Die zweite Folge war die Förderung von halboffiziellen Interessenvertretungen in der Form von beruflichen Dachorganisationen, in welchen der Bund wertvolle Gesprächspartner erkannte und deren Sekretariate er sogar subventionierte. Nachdem dem Vorort 1869 diese Rolle zugebilligt worden war, folgte 1887 das Arbeitersekretariat und 1897 dann das Bauernsekretariat. Als dritte Folge beschloß die 1878 gegründete radikal-demokratische Fraktion in den Räten ein Programm, das begrenzte Staatseingriffe befürwortete und von so einflußreichen Männern wie Simon Kaiser, Theodor Curti und Georges Favon im Parlament und Louis Ruchonnet, Adolf Deucher, Walter Hauser und Emil Frey im Bundesrat unterstützt wurde. Dieser Interventionismus sollte die schwachen oder bedrohten Wirtschaftszweige sowohl durch Gesetzgebung als auch durch Subventionen schützen.

Hilfe für die Landwirtschaft

Am überraschendsten war dabei die Stützungspolitik zugunsten der Landwirtschaft – überraschend deshalb, weil dieser Wirtschaftszweig sich bis anhin energisch gegen staatliche Einmischung gewehrt und sich eher als das Herzstück der Gesellschaft an sich denn als ein Rad im Wirtschaftsgetriebe betrachtet hatte. Aber die rasche Verschlechterung der Lage zwang die Bauern, ihre Haltung zu ändern.

Die «Alpfahrt 1879» von Franz Anton Heim (1830–1890) widerspiegelt die große Bedeutung, die der Landwirtschaft im Bewußtsein des Volkes zukam.

Die Getreideanbaufläche, die um 1850 noch 300 000 ha betragen hatte, war gegen Ende der achtziger Jahre aus verschiedenen Gründen um einen Drittel geschrumpft. Die transozeanische Schiffahrt und der Bau der Eisenbahnen erleichterten die Zufuhr von überseeischem Getreide, was die Preise innerhalb von 20 Jahren um die Hälfte fallen ließ und die Selbstversorgung der Schweiz auf 40 % verringerte. Dies führte zu einer Diversifikation der Kulturen. Es wurden mehr Kartoffeln, Tabak und Reben angepflanzt. Gleichzeitig erweiterte sich das Grasland und nahm die Zahl der Rinder um einen Fünftel zu (1 200 000 im Jahr 1886), so daß neue Absatzmöglichkeiten für die Milchprodukte gesucht werden mußten.

Der Rückgang des einheimischen Getreidebaus, die notwendige Subventionierung der Milchprodukte, die Kontrolle der landwirtschaftlichen Preise, deren Erhöhung die einkommensschwachen Stadtbewohner traf, die wachsende Hypothekarverschuldung der Bauern (40 % des Bodenwertes in den achtziger Jahren) und die Einführung landwirtschaftlicher Maschinen: All dies rechtfertigte die staatliche Intervention. Das erste eidgenössische Gesetz von 1876 beschränkte sich allerdings auf den Schutz des Waldbestandes.

Die seit 1878 wie in den großen Nachbarstaaten eingeleitete Revision des Zolltarifs von 1851 diente vorerst noch fiskalischen Zwekken, machte aber 1887 auf Drängen der Bauern Kampftarifen Platz. Andererseits brachten die aufgrund einer Vergleichsstudie mit dem Ausland 1884 ergriffenen Interventionsmaßnahmen die Subventionierung von Landwirtschaftsschulen, Agrarforschung und Bodenverbesserungen. Auch das Gewerbe und die Industrie erhielten eine entsprechende Unterstützung und profitierten auch von den Tarifrevisionen, die aufgrund ihrer Klagen erfolgten.

Diskreter verhielt sich der Staat gegenüber der Entwicklung der öffentlichen und privaten Dienstleistungen, deren Beschäftigtenzahl zwischen 1860 und 1888 von 8 auf 14 % der aktiven Bevölkerung stieg.

Die Genfer Telephonzentrale von 1883 war eine der ersten in Europa.

Im Banken- und Versicherungssektor, wo das *laissez-faire* sich am besten hielt, beschränkten sich Bund und Kantone vor dem Aufkommen einer modernen Währungspolitik auf eine mehr platonische Kontrolle. Bis in die siebziger Jahre hielt sich die traditionelle Trennung zwischen Bank und Geschäft; die zunehmenden wirtschaftlichen Erfordernisse verlangten jedoch eine Anpassung der Kreditsysteme. Mit der Zeit wurden Geschäftsbanken in Form von Aktiengesellschaften, Kantonalbanken mit Staatsgarantie, Hypothekar- und Sparkassen immer häufiger und einflußreicher.

Entstehung der Großbanken

Die Krise führte keineswegs zu einer Verknappung des flüssigen Kapitals oder zu einer Veränderung der schweizerischen Anlagegewohnheiten. Sie regte sogar die Entstehung einer neuen Form von Finanzinstituten an, der Großbanken, die in verschiedenen Typen auftraten. Der erste war dem Modell des «Crédit Mobilier de France» der Brüder Pereire (1852) nachgebildet, das mit einem großen Anfangskapital zu attraktiven Bedingungen auslieh. Das bekannteste Beispiel dieser Art wurde die «Schweizerische Kreditanstalt» (1856). Der zweite Typ ging aus dem Zusammenschluß oder der Fusion einer Anzahl mittelgroßer Banken hervor, die sich damit auf ein nationales Niveau hißten. In diese Kategorie gehört die «Schweizerische Bankgesellschaft», die 1897 auf Betreiben der St. Galler Finanzkreise entstand. Die Geschichte dieser Bankinstitute hängt zusammen mit den großen öffentlichen Arbeiten während des Booms (drei der größten waren mit den bedeutendsten Eisenbahngesellschaften liiert) und mit ihrer Fähigkeit, auch die nachfolgende Krise zu meistern.

Als «Dampfmaschine» des expandierenden Kapitalismus und Geldgeber der öffentlichen Hand spielten die Banken in der schweizerischen Finanzpolitik eine entscheidende Rolle. Um die Jahrhundertwende zählte man 199 kleine und große, öffentliche und private Banken, die damals schon eine Gesamtbilanz von 2 Milliarden Franken erreichten.

Aber es fehlte in diesem dichten Netz immer noch eine Nationalbank. Das erste Münzgesetz von 1850 nahm die reine Silberwährung wieder auf; zehn Jahre später folgte die Gold/Silberwährung. Der Beitritt zur Lateinischen Münzunion (1865) und der Abfluß des Silbers führten dazu, daß 1880 die Silberprägung suspendiert werden mußte. Die Krise brachte auch eine Papiergeldschwemme hervor: 1880 waren 93 Millionen Franken davon im Umlauf, im Vergleich zu 7,6 Millionen um 1850. Die Intervention des Bundes, die im Artikel 39 der Verfassung von 1874 für solche Fälle vorgesehen war, stieß vorerst auf den Widerstand der Föderalisten, die sich jedoch nicht auf dem Konkordatsweg einigen konnten. 1880 scheiterte ein erster Versuch, Artikel 39 zu revidieren, und auch das Gesetz von 1882, das u. a. eine 40prozentige Edelmetalldeckung der in Zirkulation befindlichen Noten vorschrieb, erwies sich bald als ungenügend. Im zweiten Anlauf brachte die Revision von Artikel 39 dem Bund 1891 schließlich das Banknotenmonopol. Er wurde auch ermächtigt, eine Nationalbank zu gründen oder seine Rechte einer von ihm kontrollierten Bank zu übertragen. Damit war das Dilemma Staatsbank–Privatbanken zur Hälfte gelöst.

Der schweizerische Außenhandel entwickelte sich parallel zur Industrialisierung im Inland und vor allem auch zum Aufschwung des europäischen Handelsverkehrs. Die Schaffung des Bundesstaates ermöglichte die Zollvereinheitlichung im Zeichen des Freihandels, aber erst um 1860 kamen freihändlerische Verträge mit dem Ausland zustande. Nun konnten die Früchte dieser Handelspolitik eingebracht werden. Zwischen 1866 und 1876 wurde der schweizerische Zolltarif um 50 % gesenkt, und der Außenhandel verdoppelte sich.

Übergang zum Protektionismus

Von da an zwangen die ersten protektionistischen Maßnahmen der anderen Staaten auch die Schweiz zu einem drastischen Kurswechsel, um so mehr als die Zolleinnahmen als Folge der allgemeinen Krise sanken und die öffentlichen Ausgaben durch die vermehrten Kompetenzen des Bundes zunahmen. Zwischen 1874 und 1890 verdreifachten sich die Ausgaben des Bundeshaushaltes beinahe (von 14,9 auf 38,2 Millionen Franken), was vor allem auf das Anwachsen der Militärausgaben (von 4,5 auf 20,6 Millionen Franken) und die verschiedenen Subventionen zurückzuführen war. Da die Zollerträge hinter dem Ausgabenwachstum zurückblieben, mußte der Tarif revidiert werden, stammten die Bundeseinnahmen doch zu drei Vierteln aus den Zöllen.

Der Übergang zum Protektionismus erfolgte in drei Phasen, die mit dem Ablauf der «großen Depression» in Zusammenhang standen. Zu Beginn der Krise wurde 1878 die erste Tarifrevision, welche die Zolleinnahmen verdoppelte, gegen den Widerstand der noch immer starken Freihandelsbefürworter durchgeführt. Während der achtziger Jahre begann die zweite Phase, in welcher der Schweiz durch die Kampfpolitik der großen Nachbarländer ein Verhandlungstarif aufgezwungen wurde, ein politischer Notbehelf anstelle von Kampfzöllen, wie sie die Wirtschaft schon damals forderte. Der Übergang zum

Protektionismus erfolgte gegen Ende des Jahrzehnts auf Drängen der Landwirtschaft und des Gewerbes. Der Tarif von 1887 ermöglichte von Fall zu Fall den Rückgriff auf Retorsionsmaßnahmen.

Eine einschneidende Veränderung

Die Ursachen und Wirkungen dieses wenn auch zögernd eingeleiteten Umschwungs der schweizerischen Handelspolitik sind schwer auszumachen, da das Ausmaß des Außenhandels sich kaum veränderte und die Depression sich vor allem in einem Preiszerfall äußerte. Die Krise fiel zusammen mit einer Neustrukturierung der Wirtschaft, die durch die Mechanisierung ausgelöst und durch überhitzte Investitionstätigkeit während der kurzen Aufschwungsphasen vorangetrieben wurde. Ein weiteres Indiz war der vorübergehende Stillstand im Wachstum des Nettosozialprodukts. Langfristig gesehen (1860–1913) lag die Schweiz, was das Volkseinkommen betraf, hinter Italien und Deutschland, aber vor Frankreich auf dem dritten Platz. Schließlich scheint der Protektionismus der Schweiz durch die Haltung der europäischen Länder aufgezwungen worden zu sein, mit welchen sich mehr als vier Fünftel des Außenhandels abwickelten. Die Schweiz lehnte vorerst diese Wirtschaftspolitik ab, schickte sich schließlich aber darein, um die Folgen der Krise abzuschwächen und ihre internationale Stellung zu verteidigen.

4. Zurückhaltung in der Außenpolitik

Ein notwendiger Umschwung

Die Jahre 1870/71 brachten für ganz Europa, aber vor allem für seinen westlichen Teil, eine Wende. Der deutsch-französische Krieg und die Verschiebung des Mächtegleichgewichts, das Vatikanische Konzil und die angeschlagene Stellung der katholischen Kirche, die Veränderungen in der internationalen Arbeiterbewegung verlangten eine Neuorientierung sowohl der äußeren Beziehungen als auch der Innenpolitik. Obschon ihre Neutralität sie abschirmte, war auch die Schweiz in mancher Hinsicht davon betroffen. Zum ersten Mal seit 1815 hatten in allen vier Nachbarländern grundlegende institutionelle Neuerungen stattgefunden. Die Schweiz sah sich auf diplomatischem, militärischem, wirtschaftlichem und kulturellem Gebiet einer neuen Situation gegenüber. Erich Gruner, der die Bedeutung dieser historischen Wende hervorhebt, hält dafür, daß unser Land anders als 1848/49 einen mittleren Weg einschlug.

Das Verhältnis zu den Nachbarn im Norden und im Westen, wo die Veränderungen am spürbarsten wurden, führte zu einer Erschütterung der Neutralität. Beim Ausbruch des deutsch-französischen Krieges hielten sich Sympathien und Antipathien für die beiden Parteien aus verschiedenen Gründen die Waage. Für die Wirtschaftskreise fiel ins Gewicht, daß der Freihandelsvertrag mit Frankreich seit 1864 bereits seine Vorteile gezeigt hatte, während das entsprechende Abkommen mit dem Norddeutschen Bund und der Gotthardvertrag, beide aus dem Jahre 1869, noch keine Auswirkungen haben konnten. In den politischen Kreisen war die Lage umgekehrt:

Die Erinnerung an den Grenzübertritt der französischen Ostarmee und ihre Internierung in der Schweiz wurde durch das Bourbaki-Panorama von E. Castres in Luzern wachgehalten. Hier eine Farblithographie von E. Jeanmaire aus dem Jahr 1890 als Werbung für das Panorama.

Beim Übertritt der Bourbaki-Armee bei Les Verrières (NE) im Februar 1871 stand eine Ambulanz mit dem Roten Kreuz bereit. Gute sieben Jahre nach der Annahme der Genfer Konvention unterstrich damit die Schweiz durch Taten die von Henri Dunant aufgestellten Prinzipien (Entwurf zu einem Ausschnitt des Bourbaki-Panoramas in Luzern von E. Castres).

Der betonte, in der römischen Frage aber schließlich erfolglose Klerikalismus Napoleons III. und seine Kompensationsforderungen, die als Bedrohung der schweizerischen Integrität empfunden wurden, kosteten den Kaiser der Franzosen alle Sympathien. Dagegen gab die kleindeutsche Politik Preußens zu keinerlei Unzufriedenheit Anlaß.

Verwirrung und Beruhigung

Bismarcks Triumph und die diplomatische Ausweitung der militärischen Überlegenheit Preußens verwirrten die Geister. Zur Schwächung des traditionellen Rückhaltes, den Frankreich geboten hatte, kam der Wegfall der Rückendeckung durch Österreich im Osten seit 1866, und mit einem süddeutschen Gegengewicht gegen Preußen konnte auch nicht mehr gerechnet werden. Diese endgültige Umgestaltung des Metternichschen Europas löste ein Gefühl der Angst vor dem eisernen Kanzler aus, das die Unberechenbarkeit Napoleons III. rasch in Vergessenheit geraten ließ. Die Isolierung der Schweiz setzte sich in einen Minderwertigkeitskomplex um, der seine Wurzeln in der offenkundigen militärischen Schwäche hatte, wie auch in der Einsicht, daß eine in sich gespaltene Eidgenossenschaft eine leichte Beute war.

Das Bewußtsein der Machtlosigkeit eines kleinen Staates angesichts der Neuformierung der Großmächte konnte zu zwei gegensätzlichen Haltungen führen. Man konnte sich wie 1815 nach dem Sieger richten, oder man konnte sich mit den Schwachen und Besiegten solidarisieren und gleichzeitig seine Unabhängigkeit behaupten wie 1848. Tatsächlich schlug die Schweiz einen neuen Weg ein, der durch eine Reihe von Optionen abgesteckt wurde: Zuerst einmal ließ man sich vom siegreichen Reich nicht beeinflussen, sondern bekundete dem geschwächten Frankreich aktive Sympathie, so durch die Intervention des Gesandten Johann Konrad Kern anläßlich der Belagerung von Paris und durch die Aufnahme der Internierten der Bourbaki-Armee. Bald darauf jedoch – nach dem Kommune-Aufstand und dem darauf folgenden Bürgerkrieg – schwenkte man zu Preußen ab, dessen Ordnungssinn und Disziplin vor allem den Deutschschweizern ein Zeichen der kulturellen Überlegenheit schienen. Die drakonischen Bedingungen des Frankfurter Friedens veränderten dann die Ausrichtung aufs neue.

Grundhaltungen und Sympathien

Die Pendelbewegungen der öffentlichen Meinung verlangsamten sich, als der Friede endgültig eingekehrt war; die Grundhaltungen aber blieben. Sie gingen auf stereotype Bilder Deutschlands, Frankreichs und Italiens zurück, die ein Mosaik von unvereinbaren Ideen und Vorurteilen darstellten, weil sie in verschiedenem sozialem Umfeld mit je eigenem geistigem Horizont verhaftet waren.

Die verschieden ausgerichteten sozialen Gruppen ließen einander gewöhnlich in Frieden, und die Forderung nach Gesinnungsneutralität, die der Bundesrat anläßlich der Neutralitätserklärung vom Dezember 1870 aufgestellt hatte, stieß auf keine Schwierigkeiten. Im Gegenteil, den Schweizern wurde es immer klarer, daß die Einheit ihres Landes weder auf die Rasse noch auf die Sprache oder die Religion abgestützt war. Sie gewöhnten sich daran, nach den Regeln einer doppelten Zugehörigkeit zu leben und zu denken, nach denen das Bekenntnis zu einem Kulturkreis, einer universalen Religion oder einer Hoffnung wie dem internationalen Sozialismus die Treue zum schweizerischen Vaterland nicht in Frage stellte. Anders als noch 1848 berief sich nun sogar der militante Patriotismus auf die Prinzipien des Völkerrechts und bekannte sich auch zu den humanitären Idealen. Die Außenpolitik der Nichteinmischung zeigt sich auch in dem geringen Einfluß, den der Kulturkampf auf die Beziehungen zu Frankreich ausübte: In den Jahren 1872–74 unternahm der radikale Bundesrat nichts gegen die monarchistischen Restaurationsbestrebungen jenseits des Juras – und die französische Regierung ignorierte die Appelle des Episkopats, dafür zu sorgen, daß die Verfolgung der schweizerischen Katholiken aufhöre.

Ausländische Kontrolle der Schweizer Eisenbahnen

In der Mitte des 19. Jahrhunderts kam die Schweiz – wie Jean Bouvier meint – den ausländischen Finanzleuten wie ein «Kolonialgebiet» vor, das auf Eroberung wartete. In den zwei ersten Jahrzehnten nach der Gründung des Bundesstaates rissen sich ausländische Gruppen um die Kontrolle der großen schweizerischen Verkehrsachsen. Als die großen Alpendurchstiche geplant wurden, verschärften sich die Rivalitäten noch. Neben der diplomatischen Umgruppierung, die 1881 zum Dreibund führte, belastete der Übergang zum Protektionismus die Finanzierungskämpfe im Eisenbahnbau. Frankreich übte nun verstärkten Einfluß auf das schon bestehende Netz, während Italien und Deutschland sich auf die neue Gotthardlinie konzentrierten. Unter dem Druck von außen konnte die Schweiz ihren Willen, die politische Kontrolle über ihr Eisenbahnnetz wieder zu übernehmen, nur unter größten Schwierigkeiten durchsetzen.

Zwischen 1870 und 1877 wurde das Schienennetz um weitere 1000 km – vor allem Nebenlinien der großen Hauptachsen – vergrößert. Die Krise zwang die großen Eisenbahngesellschaften, finanzielle Sanierungsmaßnahmen zu ergreifen, die wieder vor allem ausländischen Gruppen Profite brachten. 1875 boten die Zentralbahn und die Nordostbahn der «Compagnie de la Suisse occidentale», die vor dem Konkurs stand, ihre Hilfe an. Da sie aber selber bald in Schwierigkeiten gerieten, konnten Genfer Finanzkreise mit Pariser Unterstützung die deutschen Geldgeber verdrängen und die «Schweizerische Gesellschaft für die Eisenbahnindustrie» gründen, die von 1876 an erfolgreich war. Das Pariser Comptoir d'Escompte bot der Zentralbahn und der Nordostbahn darauf seine Hilfe bei der Ausgabe von Obligationen auf dem französischen Markt an. Die Pariser Börse kotierte zwar die Obligationen der Zentralbahn, ließ aber die Nordostbahn nicht zu, worauf das Comptoir d'Escompte die Schwierigkeiten umging, indem es eine Schweizerische Eisenbahnbank in Basel gründete. Das Eingreifen der französischen Regierung bei diesem Geschäft erklärt sich aus der Furcht, daß französisches Kapital dem Gotthardunternehmen des Rivalen zugute kommen könnte.

Zentrale Verbindung durch den Gotthard

Tatsächlich einigten sich am Vorabend des deutsch-französischen Krieges (1869) nach kurzen Verhandlungen die Zentral- und die Nordostbahn sowie die Städte Basel und Zürich über den Bau der Gotthardlinie. Für die 273 km zwischen Rotkreuz und Chiasso, die eine Reihe von Tunnelbauten und Viadukten erforderten, rechnete man mit 187 Millionen Franken. Die deutschen Staaten (ab 1871 das Reich) und die Schweiz übernahmen je 20 Millionen, Italien 25, die Stadt Genua 10, die im Besitz des Hauses Rothschild stehende Oberitalienische Bahn 10, also gesamthaft 85 Millionen Franken. Die restlichen 102 Millionen wurden von privaten Geldgebern in der Schweiz und ihren Nachbarstaaten aufgebracht. Da das Unternehmen auf einer soliden finanziellen Basis unter Mitwirkung der öffentlichen Hand und moderner Banken beruhte, verhalf ihm das noch intakte Prestige Alfred Eschers in der Schweiz zu genügendem Ge-

Der Gottharddurchstich 1872–1880 – eine technische Leistung, die soziale Opfer kostete. Bei Streikunruhen in Göschenen im Juli 1875 schoß eine freiwillige Bürgerwehr aus dem Kanton Uri auf streikende italienische Tunnelarbeiter, wobei es vier Tote gab (Skizze von Ingenieur G. Specht).

wicht; die Räte ratifizierten das internationale Abkommen ohne Verzug (Juli 1870).

Sogleich wurden die Bauarbeiten durch ein deutsches Konsortium mit vorwiegend italienischen Arbeitern aufgenommen. Der Tunneldurchstich wurde vom Schweizer Ingenieur Louis Favre geleitet. Bereits 1874 wurde klar, daß der Kostenvoranschlag zu tief lag und weitere 40 Millionen Franken nötig waren. Deutschland und Italien übernahmen je 10, die Gesellschaft 12 Millionen. Den Rest mußte die Schweiz zusammen mit den betroffenen Kantonen aufbringen. Bei der Zusprechung der entsprechenden Subvention stellte sich nicht nur das dornenvolle Problem der Gewährung von öffentlichen Mitteln an eine private Gesellschaft, sondern auch das der Gleichbehandlung von anderen Alpenbahnprojekten.

Ein politischer Kompromiß

Nach mühsamen Verhandlungen wurde das Subventionsgesetz am 28. September 1878 von den Räten unter zwei Bedingungen angenommen: Die erste, eher peinliche war, daß Escher als Sündenbock zu gehen hatte; die zweite, weniger parteiliche verpflichtete den Bund, auch die Splügenbahn und sicher den Simplondurchstich entsprechend zu subventionieren.

Die Demokraten und die welschen Föderalisten ergriffen trotzdem das Referendum gegen den «Gotthard-Kompromiß». Am 19. Januar 1879 hieß ihn jedoch das Schweizervolk gut. Die Presse sah darin mehr den Erfolg eines wohlangebrachten Nationalismus als die Zustimmung zu einem gigantischen Bauwerk, das ohnehin zu zwei Dritteln durch private Mittel finanziert werden mußte. Bund und Kantone kostete die große Nord-Süd-Verbindung weniger als 30 Milllionen Franken, eine Kleinigkeit im Vergleich zu der Summe, die die Eidgenossenschaft 1898 beim Rückkauf bezahlen mußte, um den größten Teil des schweizerischen Bahnnetzes zu erwerben.

Der Simplon als Westachse

Die Annahme des Gotthard-Kompromisses trieb das Simplonprojekt voran, das früher aufgegriffen worden war, aber später zum

Auch der zweite große Alpendurchstich, der Simplontunnel, konnte nur mit Hilfe zahlreicher ausländischer Arbeiter bewältigt werden. Der Simplon, der seit römischer Zeit begangen, seit dem 16. Jahrhundert durch eine Postverbindung und seit napoleonischer Zeit durch eine Straße erschlossen war, stellte nun eine weitere wichtige Eisenbahnverbindung dar.

Das Bergbahnfieber beschäftigte den Nebelspalter auch noch 1892. Helvetia muß schließlich doch ordnend eingreifen, damit die Touristen nicht zu unfreiwilligen Seiltänzern werden.

Ziel kam. Nach dem Konkurs der Ligne d'Italie 1872 wurde es zwei Jahre später von französischen und Genfer Finanzkreisen wieder aufgenommen, die sich für einen Durchstich einsetzten, der das Rhonetal mit Domodossola verbinden sollte. Zu der Rivalität zwischen Gotthard und Simplon um die Beherrschung des transalpinen Verkehrs kam nun ein viel allgemeinerer Kampf um die Kontrolle über die schweizerischen Handelsverbindungen mit dem Ausland.

Deutschland und Italien, die mit der langfristigen Schwächung Frankreichs rechneten, boten Zollvorteile an, um möglichst viel Waren entweder nach Bremen und Hamburg oder nach Genua und Venedig zu schleusen. Die traditionelle Stellung Frankreichs verlor an Bedeutung, obwohl die Compagnie Paris–Lyon–Marseille sich weiterhin bemühte, schweizerische Erzeugnisse von ihrem großen Mittelmeerhafen nach dem Nahen und Fernen Osten zu befördern. Der Beitrag deutscher Bankhäuser zur Überwindung der Schwierigkeiten bei der Fertigstellung der 1882 eröffneten Gotthardbahn erklärt sich aus Überlegungen, die sich aus den internationalen, nach Osten weisenden Wirkungen des Kompromisses ergaben.

Die Befürworter des Simplons leiteten daraus die Forderung an die westlichen Kantone nach einer Einigung und einer Subventionszusage für ihre Linie ab, was mit dem Abkommen von 1885 erreicht wurde. Die Umgruppierung der politischen Kräfte beschleunigte ihrerseits die Konzentration der Unternehmen. Die Westbahn übernahm 1888 die Simplonlinie und dann eine Verbindung zum bernischen Mittelland, was 1890 zur Gründung der Jura-Simplon-Bahn führte. Diese neue, nach Frankreich orientierte Gruppe kontrollierte das Netz Pruntrut–Genf–Brig und bildete ein Gegengewicht zu der durch den Dreibund beherrschten Verkehrsachse durch die Zentralschweiz. Am Ende dieser Entwicklung hatte das Ausland insgesamt mehr als eine Milliarde Franken in die großen Eisenbahnlinien investiert, allen voran Frankreich mit zwei Fünfteln, gefolgt von Deutschland mit einem Fünftel dieser Summe. Da der Aktienmarkt in Bewegung blieb, war jedoch schließlich nur etwa ein Zehntel der ursprünglichen Investitionen in ausländischer Hand. Die finanzielle Vormundschaft nahm dank der Verflechtung der internationalen Geschäftsverbindungen mit der Zeit eher ab.

Unterschiedliche Beurteilung

Dieses turbulente Geschehen ist den meisten Historikern entgangen, deren Betrachtungsweise an der Oberfläche der Ereignisgeschichte bleibt und die so das letzte Viertel des 19. Jahrhunderts für die ruhigste Periode der Außenpolitik halten. Man kann den Optimismus von Bundesrat Numa Droz, der vom Hauptdarsteller zum Chronisten dieser Jahre wurde, einigermaßen erklären; weniger begreiflich ist Eduard Fueters positive Beurteilung. Der Altmeister der Neutralitätsgeschichte, Edgar Bonjour, ist klarsichtiger. Er weist darauf hin, daß sich nach 1870 das Machtdenken in Europa ausgebreitet habe, weil im Zuge der Realpolitik die großen Staaten die kleinen mißachteten, und er kommt zum Schluß, daß damals der Eindruck entstand, die Schweiz sei von der Bühne der internationalen

Politik abgetreten. Seine Beurteilung bleibt jedoch differenziert. Einerseits, so meint er, habe der Durchschnittsschweizer danach getrachtet, seine Geschäfte hinter dem soliden Schutzschild der Neutralität in Frieden abwickeln zu können. Andererseits erkläre das Primat der wirtschaftlichen Interessen vor der großen Politik den sparsamen Einsatz der Diplomatie, was auch im jährlichen Wechsel des Departementes des Äußern (von 1875 an politisches Departement), das jeweils dem Bundespräsidenten anvertraut wurde, zum Ausdruck kommt. Die gleichmäßige Verteilung der Kompetenzen zwischen den Räten und der Regierung gemäß den Artikeln 85 und 102 der Bundesverfassung erlaubte ebenfalls keine dynamische Außenpolitik.

Von Zeit zu Zeit brachten jedoch Ansprüche und Herausforderungen, die ihren Ursprung im komplizierten Spiel der internationalen Beziehungen hatten, die schweizerische Außenpolitik in Bewegung. Handelte es sich um ein plötzliches Aufschrecken aus sanftem Schlummer, um das langsame Anlaufen des entstehenden diplomatischen Apparates, um die tastende Suche nach Zielen, die den noch bescheidenen Mitteln des Bundesstaates angepaßt waren? Etwas von all dem ist in der Ausrichtung zu spüren, die der Bundesrat seinen Beziehungen zu den anderen Staaten, vor allem zum mächtigen deutschen Reich, gab.

Das Gewicht des Bismarckschen Systems

Um nach der nationalen Einigung auch eine Vormachtstellung in Europa zu erreichen, die das Werk Metternichs weit übertreffen sollte, ging Bismarck daran, ein Bündnissystem aufzubauen, das vorerst gegen das völlig isolierte Frankreich gerichtet war, aber schließlich alle Mächte von größerer und mittlerer Bedeutung einschloß. Durch ihre Neutralität und mehr noch durch ihre Kleinheit geschützt, bekam die Schweiz doch den Druck zu spüren, um so mehr als ihre zentrale geographische Lage sie der Gefahr aussetzte, in dem rings ausgespannten diplomatischen Netz erdrosselt zu werden. Hatte der Bundesrat sich vorerst von dem großen Staatsmann im Guten (militärische und administrative Reformen) wie im Unerfreulichen (Kulturkampf) beeinflussen lassen, so zog er sich schließlich Bismarcks Zorn wegen der immer wieder aktuellen Flüchtlingsfrage zu, die seit der Aufhebung des Edikts von Nantes so oft die Großmächte erbost hatte.

Als der Reichstag 1878 unter dem Druck des Kanzlers das Sozialistengesetz annahm, beschlossen einige Flüchtlinge und ihre Schweizer Freunde, dem Reich die Stirn zu bieten. Es herrschte in vielen Punkten Übereinstimmung zwischen dem Programm der deutschen Sozialdemokratie und den Zielen der Sozialisten und sogar der Radikalen in der Deutschschweiz, die übrigens z. T. aus Deutschland stammten. In verschiedenen Kantonen nahe des Rheins waren die Behörden gegen das geheime Überwachungssystem aufgebracht, mit welchem das Reich die Flüchtlinge gegeneinander auszuspielen suchte, um damit ihre Ausweisung aus der Schweiz zu erwirken.

Nach dem Erfolg des Berliner Kongresses (1878) und dem Abschluß des Dreibundes (1881) war Bismarck damit beschäftigt, Frankreich nach Afrika abzulenken, England zu gewinnen und den Rückversicherungsvertrag mit Rußland vorzubereiten, so daß der Druck auf die Schweiz etwas nachließ. Die Umtriebe von Anarchisten, von denen einige übrigens ausgewiesen wurden (Brousse 1878, Kropotkin 1881), führten jedoch zu vermehrtem Aufsehen, und die Verschärfung der Ausnahmegesetze brachte wieder mehr Flüchtlinge. Einige fanden im Kanton Zürich ein – nach Ansicht des Kanzlers – zu tolerantes Asyl, denn ihre angeblich die kaiserliche Familie beleidigenden Publikationen wurden dort nicht verboten und fanden ihren heimlichen Weg auch nach Deutschland. Auf die Proteste aus Berlin hin verwies der Bundesrat schließlich einige besonders aktive Publizisten des Landes (April 1888).

Das Reich droht mit Repressalien

Die Verärgerung des alternden Kanzlers, der sich mit dem eigenmächtigen jungen Wilhelm II. schlecht vertrug, erreichte ihren Höhepunkt 1889 mit der Affäre Wohlgemuth, die das zweifelhafte Vorgehen der deutschen Polizeispitzel in der Schweiz an den Tag brachte. Der deutsche Polizeikommissar wurde, als er mit einem sozialistischen Landsmann zusammenkam, den er vermutlich als *agent provocateur* gewinnen wollte, verhaftet und anschließend aus der Schweiz ausgewiesen, was zu einem Proteststurm aus Berlin führte. Als die Schweiz sich weigerte, über die Grenzen des Asylrechts zu verhandeln, drohte Bismarck mit den schlimmsten Repressalien: wirtschaftliche Blockade; Aufhebung der Neutralitätsgarantie; gemeinsames Vorgehen mit Rußland und Österreich, die ähnliche Probleme hatten.

Der Bundesrat und vor allem Numa Droz, der sich auf den Grundsatz der Gesinnungsneutralität berief, gaben nicht nach, und Wilhelm II. selber beendigte das Ärgernis, wahrscheinlich, um den lästig gewordenen Kanzler kaltzustellen. Bismarck versuchte noch, den Kaiser und die schweizerische Regierung gegeneinander auszuspielen, da in Bern und Berlin gleichzeitig der Plan einer internationalen Konferenz über Arbeiterschutz verfolgt wurde. Der Kaiser gefiel sich jedoch in der Rolle des Großzügigen und überließ den Schweizern die Konferenz, worauf der Kanzler sich zurückzog. Der Erfolg des Bundesrates war sicher z.T. darauf zurückzuführen, daß das politische Departement seit 1887 nicht mehr jährlich die Hand wechselte und eben in Numa Droz einen Vorsteher gefunden hatte, der bis 1894 die Linie der noch wenig gefestigten Außenpolitik klarer ausziehen konnte.

C. An der Schwelle zum 20. Jahrhundert (1891–1914)

Die zweite Phase des Bundesstaates hatte sich hauptsächlich auf der innenpolitischen Szenerie unter gelegentlich hinderlicher Bevormundung durch das Ausland abgespielt. Die dritte widerspiegelt die zugleich tiefen und verschiedenartigen äußeren Einflüsse, die die Schweiz den internationalen Verwicklungen nun stärker aussetzten.

Die Stoßkraft der Imperialismen, die sich in nationalstaatlicher Expansionspolitik und verschärfter Wirtschaftskonkurrenz äußerte, sprengte die Schranken zwischen Außen- und Innenpolitik. Wenn die Schweizer eine gerechtere und verantwortungsbewußtere Demokratie erstrebten, so gleichermaßen um die sozialen Kämpfe zu dämpfen und einer trotz Friedensbemühungen immer bedrohlicheren Umwelt wirksam begegnen zu können.

Der schwankende Konjunkturverlauf stellte die Strukturen einer weitgehend außenorientierten Wirtschaft nicht in Frage. Doch die extreme Verflechtung der Interessen, Frucht der erneuten europäischen Expansion, forderte das Land nichtsdestoweniger heraus. Praktizierte die Schweiz, ein politischer Zwerg unterwegs zur Wirtschaftsgroßmacht, einen verkappten Kolonialismus?

Die schweizerische Gesellschaft war im Laufe der zweiten Hälfte des 19. Jahrhunderts zur Reife gelangt. Die soziale Mobilität betonte die Gegensätze, stellte Reichtum der Armut, Geld und Wissen der Fabrikarbeit gegenüber. Der Erfindergeist, der Geschmack, die zwischenmenschlichen Beziehungen wandelten sich. Aber der Erste Weltkrieg brach den Elan. Das Ende des 19. Jahrhunderts, der Zusammenbruch der optimistischen Erwartungen der *«Belle Epoque»* fällt ins Jahr 1914.

1. Die politischen Entwicklungslinien

Für eine verantwortungsbewußtere Demokratie

Ein Staat und ein Recht, eine Armee und die Neutralität: So lauteten die Parolen der Revisionsbewegung der siebziger Jahre. 20 Jahre später hatten sich diese Ziele, obwohl sie noch nicht völlig verwirklicht waren, unter dem Einfluß des neuen Zeitgeistes der Jahrhundertwende, dem Fortschrittsglauben, verändert. Auf innenpolitischem Feld sprengte der rege Gebrauch der Volksrechte bereits den Rahmen der Honoratiorenrepublik und verlieh der werdenden Nation eine unvorhergesehene Dynamik. Die neue Ausrichtung stand zur Diskussion: Vervollkommnung der Demokratie bei den Verfechtern eines graduellen Fortschritts, Risiko des Staatssozialismus für die freisinnigen Inhaber des Regierungsmonopols, Durchbruch zu einer gerechteren Gesellschaft nach den Wünschen der Minderheiten.

Eine Übergangsphase

Tatsächlich erscheinen die zwei Jahrzehnte, die in unvorhergesehener Weise in die Julikrise von 1914 ausmündeten, in der Innenpolitik wie in den Beziehungen zum Ausland als eine Übergangsphase. Die großen Umwälzungen, die die Entwicklung im Innern kennzeichnen, ergeben bei näherem Hinsehen ein verwirrendes Bild. Instabile Koalitionen formierten sich nicht nur zwischen den Parteien oder den gesellschaftlichen Gruppen, sondern auch um kurzlebige Weltanschauungsbewegungen. Die Außenpolitik war, was die bilateralen Beziehungen betrifft, durch eine Verringerung des Handlungsspielraumes des Landes gekennzeichnet, ein Nachteil, der durch das Bestreben aufgewogen wurde, Anschluß an die entstehende internationale Gemeinschaft zu finden.

Bremsende Rolle des Referendums

Hinsichtlich der Ausübung der Volksrechte lagen die neunziger Jahre weitgehend im Kielwasser der vorangehenden Phase. Die Kontrolle der Gesetzgebung erfolgte weiterhin in konservativem Sinn, d. h. wachsam gegen mögliche Übergriffe des Bundesstaates, während das neue verfassungsmäßige Instrumentarium Alternativen zu eröffnen suchte. Trotz wachsenden Fiskaleinnahmen, die die Mittel des Bundes zwischen 1889 und 1900 verdoppelten, blieben die föderalistischen, oder besser kantonalistischen, Reflexe kräftig genug, um das Parlament jedesmal zu desavouieren, wenn seine Gesetzesvorhaben neue Ausgaben erwarten ließen. So fielen nacheinander das Gesetz über die Pensionierung des Bundespersonals (1891), das Gesetz über die diplomatischen Vertretungen (1893), der zweite Anlauf zur Zentralisation des Militärwesens (1895) und das neue Nationalbankgesetz (1897) der Referendumsguillotine zum Opfer.

Eine bemerkenswerte Ausnahme bestätigte die Regel: Die nach erbittertem Abstimmungskampf vom Volk im Verhältnis zwei zu eins am 20. Februar 1898 angenommene Verstaatlichung der fünf größten Eisenbahngesellschaften beendete einen langwierigen, vom Bund zielbewußt geförderten Konzentrationsprozeß. Damit war der Weg frei zur Schaffung der Bundesbahnen (1906) unter staatlicher Regie, in der sich zugleich die nationale Souveränität und der neue Verwaltungsstaat manifestierten.

Die Referendumskontrolle wurde nach 1900 spürbar lückenhafter, aber der dominierende Freisinn errang zwei wichtige Erfolge durch die Anwendung des Verfahrens der wiederholten Vorstöße. Vorbereitet durch entschlossenes Engagement der verantwortlichen Kreise und das Ansteigen der internationalen Spannungen wurde die Revision des Militärorganisationsgesetzes am 3. November 1907 knapp angenommen (mit 55 % Ja gegen 45 % Nein). Damit war die Bahn frei für die Reform von 1911, die das Abwehrpotential der Milizarmee weiter verbesserte. Mit der Annahme der *Lex* Forrer über die Versicherungen (4. Februar 1912) reihte sich die Schweiz unter die Länder mit fortschrittlicher Sozialgesetzgebung, auch wenn sich die etatistische Lösung nicht durchsetzen konnte, wie es die Sozialdemokraten und christlichen Sozialpolitiker gehofft hatten. Im einen wie im andern Fall deckte sich die siegreiche Koalition weder mit regionalen Grenzen noch mit sozialen Schichten noch gar mit politischen Parteien; sie war einfach das Ergebnis einer Gelegenheitsmehrheit.

Geringe Wirkung der Initiative

Noch magerer präsentierte sich der Ertrag der durch die Teilrevision der Verfassung von 1891 möglich gewordenen Initiativen. Von den zehn bis zum Ersten Weltkrieg eingereichten Initiativbegehren wurden nur vier angenommen, die vorher zustandegekommenen, aber erst nach Kriegsende vom Volk sanktionierten eingeschlossen. Es erwies sich, daß dieses Instrument in den Händen des Souveräns weit weniger wirksam war als das Referendum in den achtziger Jahren: Die Schwierigkeit, die Unterschriften zusammenzubringen (das Absinthverbot 1907 mobilisierte nur 20 % der Stimmberechtigten), die rasche Abnahme der durchschnittlichen Stimmbeteiligung, die Erholung der Parteien und das gerade bei innovativen Anliegen ungünstige psychologische Klima trugen dazu bei. Seither setzte sich der schon beim Referendum angewandte Grundsatz des Erfolgs durch Wiederholung auch bei den wichtigeren durch eine Partialrevision der Verfassung angestrebten Vorlagen durch.

Die Einführung des Proporzwahlrechts

auf Kantonsebene (Legislativen) Jahr der Einführung	auf Bundesebene (Nationalrat)
1891 Neuenburg, Tessin	
1892 Genf	
1894 Zug	
1895 Solothurn	
1898 Schwyz	
1905 Basel-Stadt	4.11.1900 Scheitern der 1. Initiative
1909 Luzern	
1911 Sankt Gallen	23.10.1910 Scheitern der 2. Initiative
	1913 Einreichung der 3. Initiative
1916 Zürich	
1919 Basel-Land, Thurgau	13.10.1918 Annahme durch das Volk
1920 Glarus, Wallis	1919 erste Wahlen auf Bundesebene aufgrund des neuen Wahlrechts
1921 Aargau, Bern, Freiburg	

Den besten Beweis dafür liefern die drei für die Einführung des Proporzwahlrechts eingereichten Initiativen von 1899, 1909 und 1913. Diese Anläufe zeugen für die fortschreitende Hinwendung der Kantone zu einem gerechteren und der wachsenden Macht der modernen Parteien besser entsprechenden Wahlmodus. Die Reform war ein Postulat der demokratischen Bewegung der siebziger Jahre und richtete sich gegen die Grundlagen eines Repräsentativsystems, in welchem die Wahlkreise zu Lehen von manchmal unabsetzbaren Abgeordneten geworden waren. Ein halbes Dutzend Kantone und mehrere große Städte wandten das Proporzwahlrecht bereits an, als die wie unterworfene Minderheiten behandelten Sozialdemokraten und Katholiken die Forderung nach dem Proporz mit derjenigen nach der Direktwahl des Bundesrates verbanden. Am 4. November 1900 wurde die Doppelvorlage im Stimmenverhältnis von drei zu zwei und mit klarem Ständemehr abgewiesen. Die von denselben Kreisen wiederaufgenommene Nationalratswahlreform scheiterte äußerst knapp am 23. Oktober 1910 mit 47,5 % Ja-Stimmen und 12 Standesstimmen. Der dritte Anlauf vermochte zwar 1913 das Parlament umzustimmen, doch die Annahme durch das Volk kam erst im Oktober 1918 in einem durch die Generalstreikdrohung belasteten politischen Klima. In der Zwischenzeit hatte das Bedürfnis nach besserer Behandlung der Minderheiten in der Öffentlichkeit Raum gewonnen, und die Koalitionsregierungen hatten ihre Effizienz konkret bewiesen.

Der schwer erkämpfte Sieg des Proporzes bestätigte im nachhinein die Schwäche der Sozialdemokraten (Schlappe für das «Recht auf Arbeit» 1892) und auch die Machtlosigkeit der Föderalisten (Scheitern der Zollinitiative 1894, des sogenannten «Beutezuges»). Die Erfolge des Schächtverbots (1892) und des Absinthartikels (1907) gingen eher auf das Konto der Massenemotionen, einer neuen Kraft, deren Bedeutung der Krieg zeigen sollte.

Das unruhige Bild der direkten Demokratie kontrastiert mit der Stetigkeit der einzigen Volkswahlen auf Bundesebene, der Wahlen in den Nationalrat, wo sich die freisinnige Vorherrschaft mangels wirkungsvoller «schweizerischer» Alternativen weiter behauptete. Die Thematik der acht Wahlkämpfe zwischen 1890 und dem Kriegsausbruch war beherrscht vom siegreichen Widerstand der «großen alten Partei», des Freisinns, gegen die junge Sozialdemokratie, ein Widerstand, dessen Kernpunkte vor allem die Ablehnung des Klassenkampfes oder der Wahlrechtsreform waren. Dabei beschränkte sich die herrschende, seit 1894 organisierte Partei weder nach der 1888 erfolgten Gründung der Sozialdemokratischen Partei noch während entsprechender Versuche der Konservativen (1894, 1912) nur auf die Defensive. 1890 hatten die Freisinnigen zusammen mit ihren demokratischen Verbündeten 89 von 147 Sitzen inne und ließen damit 20 dem liberalen Zentrum, 37 der Rechten und einen einzigen den Sozialdemokraten. Nach den Wahlen von 1911, in einer auf 189 Sitze erweiterten Volkskammer, beanspruchte die «freisinnige Groß-

Bei den Nationalratswahlen von 1893 griffen die Kandidaten zu jedem Hilfsmittel, um auf die «Insel der Seligen» zu gelangen – eine Anspielung auf das berühmte Bild von Arnold Böcklin. Nur die Katholisch-Konservativen erlitten Schiffbruch, sie fielen von 36 auf 29 Sitze zurück, was freilich die politischen Gewichte nicht stark verschob («Nebelspalter», 1893).

familie» weiterhin den Löwenanteil mit 132 Mandaten gegen 38 der katholischen Rechten und 17 der Sozialdemokraten. Der als Argument zur Beschwichtigung der Gegner ins Feld geführte «freiwillige Proporz» hatte kaum Fortschritte gemacht, und die Öffentlichkeit blieb unzufrieden angesichts einer noch willkürlicheren Verteilung der Beute an Regierungs- und Verwaltungsstellen.

Die große Debatte

Aber hinter dieser täuschenden Fassade der Stabilität fand seit 1904 eine heftige Debatte über die Demokratie statt. War diese Regierungsform auch allgemein anerkannt, so ging es doch um die Ausweitung ihrer Anwendung und den Zugang neuer sozialer Schichten zur Politik, wobei sich die Verfechter der direkten Demokratie traditionalistischer Färbung und die Anhänger einer modernen, auf wirtschaftsliberalen Grundsätzen beruhenden Regierungsform gegenüberstanden. Meinungsverschiedenheiten über die Effizienz demokratischer Modelle verwischten dabei den alten Gegensatz zwischen Föderalisten und Zentralisten, ohne ihn freilich aufzuheben. Diese Situation begünstigte die Annäherung der regierenden Partei an die Katholiken und sogar an die Sozialdemokraten, die weniger den revolutionären Weg als die Sozialreform anstrebten; sie setzte in der Welschschweiz zudem eine reaktionäre, antidemokratische Strömung frei, die unter dem Einfluß der Action française stand.

Die Landesausstellungen von Zürich (1883), Genf (1896) und Bern (1914) boten willkommene Gelegenheiten, die Einheit des Landes sichtbar zu machen; in einer vom Zeitgeschmack geprägten Symbolik wurde wirtschaftliches und gesellschaftliches Leben über die Alltagswirklichkeit hinausgehoben.

Wenn sich die Schweizer auch nicht über die beste Form von Demokratie einigen konnten, so nahmen unter dem Zwang neuer Bedürfnisse die Aufwendungen des Bundesstaates ständig zu. Militärische Sicherheitspolitik und wirtschaftlicher Interventionismus führten zu einer Verdreifachung der Ausgaben des Bundes zwischen 1890 und 1913 von 38,2 auf 121,2 Millionen Franken. Ihnen vermochten die Einnahmen, an denen die Zollerträge mit mehr als 85 % des Ganzen beteiligt waren, kaum zu folgen. Das Geheimnis des ausgeglichenen Finanzhaushaltes ist wohl im starken Wiederanstieg des internationalen Handelsaustausches und in der Prosperität der einheimischen Wirtschaft zu suchen, die eine zu hohe Verschuldung unnötig machten. Da die öffentlichen Lasten 2 % des Nationaleinkommens nicht überschritten, blieb der Staat in einem nun reichen Land spartanisch.

Auswirkungen des Imperialismus

Mit Beginn der neunziger Jahre waren Europa und dann die Welt in die Ära des Imperialismus eingetreten. Unter dem Gesichtspunkt der Machtpolitik betrachtet, zog das Phänomen zwei Konsequenzen nach sich. Zum einen mündete das durch sozialdarwinistische Doktrinen untermauerte Ausgreifen der Großmächte in immer häufigere Konfrontationen: örtlich begrenzte Kriege oder Konflikte. Zum andern ergab sich eine Neubewertung der mittleren und kleinen Staaten als Folge neuer Einflußschwerpunkte in und außerhalb Europas. Die Schweiz sah sich zu einer wachsameren Neutralität und zur restriktiveren Handhabung des Asylrechts genötigt. Die Jahrhundertwende brachte aber auch wachsende pazifistische Bemühungen zugunsten der Kodifizierung des internationalen Rechts, Bemühungen, die der Bund nach Kräften förderte. Diplomatie, Generalstab, Politiker und Juristen unterstützten von Fall zu Fall die Regierung bei der Rechtfertigung einer Außenpolitik, die zugleich aktiver, aber auch umstrittener war als diejenige der vorangehenden Jahrzehnte.

Abbröckeln des Dreibundes

Die Haltung der vier Nachbarn der Schweiz war zwischen 1890 und 1914 Veränderungen unterworfen, die vom Abbröckeln des Bismarckschen Systems und noch mehr von der Rivalität der imperialistischen Zielsetzungen herrührten. Jenseits des Rheins propagierte der «neue Kurs» Wilhelms II., dessen Initiativen dazu beitrugen, die Deutschschweizer Öffentlichkeit mit dem deutschen Reich zu versöhnen, die Idee einer friedlichen Koexistenz, der sich die mehr und mehr mit inneren Schwierigkeiten beschäftigte Wiener Regierung vollumfänglich anschloß. Die Generalstäbe des Zweibundes, die mit einem möglichen Krieg rechneten, bauten auf die Zuverlässigkeit der schweizerischen Neutralität und versicherten sich ihrer durch Absprachen; nur Italien, in den Irredentismus verstrickt, hegte Vorbehalte, die man auch im andern Lager fand. Aus dem Osten und Süden kamen übrigens die lebhaftesten Vorhaltungen gegen die Nachsicht der Schweizer Regierung gegenüber anarchistischen Königsmördern. Zwar zog die Ermordung der Kaiserin Elisabeth in Genf (1898) nicht den Bruch mit Wien nach sich, doch schlachtete Rom den Silvestrelli-Handel (1900–1902) weidlich aus. Ein Strafgesetz gegen die Verherrlichung der Gewalt (1906) und die Errichtung einer Bundesanwaltschaft brachen mit der durch Mißbräuche angeschlagenen Toleranz.

Die Beziehungen zu Frankreich standen unter dem Eindruck einer nach der Meinung von Paris allzu dreibundfreundlichen Haltung der Schweiz, entwickelten sich aber auch im wirtschaftlichen Bereich wenig befriedigend. In der Tat präsentierte sich die Bilanz dieser Periode negativ: Sie ist gekennzeichnet durch das hartnäckige Mißtrauen gegenüber der Neutralität, das überall Argumente fand bis hin zu den Rüstungskäufen des schweizerischen Generalstabs (Krupp wurde Schneider vorgezogen), durch übertriebenen Protektionismus auf beiden Seiten und das Wiederaufflackern der Savoyerfrage. Kaum besser waren die Beziehungen zu Großbritannien, dessen kontinentale Gleichgewichtspolitik früher stets der Schweiz günstig gewesen war. Die lebhaften Kritiken, mit denen die Schweizer Presse die britische Politik während des Burenkrieges (1898–1900) überhäuft hatte, blieben nicht ohne Spuren und ließen in London zeitweise die Idee aufkommen, die Schweiz orientiere sich nach den Mittelmächten.

Verstimmung der Entente

Trotz der Sorgfalt, mit der die Schweiz zu den entstehenden Blökken Distanz zu halten suchte, gelang es ihr nicht, ihnen Vertrauen einzuflößen, und ihre Isolierung verstärkte sich. Das war der Preis einer offiziellen Neutralität, deren Rechtfertigung schwieriger geworden war. In demselben Maß, wie sich die Informationspresse ausbreitete, interessierten sich auch breitere Kreise für die internationale Lage und beanspruchten Einfluß auf das Handeln der Regierenden. Das bezeichnendste Beispiel dafür lieferte die Erneuerung des

Gotthardvertrages, die am Vorabend des Krieges das Ausmaß einer nationalen Krise annahm.

Krise um den Gotthardvertrag

Der Rückkauf der Eisenbahnen durch den Bund konnte nicht ohne Auswirkung auf die verlängerungsbedürftigen Verträge mit Deutschland und Italien von 1869 und 1882 bleiben.

Da eine Weiterführung der ursprünglichen Bestimmungen sich als unmöglich erwies, um so mehr, als die zwei genannten Länder ihren Einfluß behalten wollten, kündigte die Schweiz die Abkommen und bot gleichzeitig an, die Verstaatlichung durch Tarifkonzessionen für den Transitverkehr abzugelten. Ihre Partner wußten aus diesem Angebot noch nahrhaftere Vorteile herauszuschinden, und der neue Vertrag wurde am 15. Oktober 1909 unterzeichnet. Gegen den Verzicht auf die Kapitalbeteiligung und die Nutzungserträge erhielten Berlin und Rom Vorrechte, die der Auflage einer Meistbegünstigungsklausel auf dem ganzen schweizerischen Eisenbahnnetz gleichkamen. Der reputierte Kronjurist Carl Hilty erblickte darin eine Art Protektorat, worin ihm weite Kreise beipflichteten.

Der Gotthardvertrag vom 20. April 1909 zwischen Deutschland, Italien und der Schweiz begünstigte wirtschaftlich den nördlichen Nachbarn, was in verschiedenen Regionen unseres Landes heftige Opposition entstehen ließ. Man sah die nationale Unabhängigkeit in Gefahr (zeitgenössische Karikatur).

Die tiefgreifende Wirkung der Gotthardkrise erklärt sich durch die Tatsache, daß der 1903 mit Italien geschlossene Simplonvertrag, dem sich Frankreich 1908 anschloß, keine derartigen Vorrechte enthielt. Nicht von ungefähr nahm gerade in der simplonfreundlichen Welschschweiz nach der Ratifizierung des Vertrages durch Deutschland und Italien 1909 ein Petitionensturm seinen Anfang, welcher auf die Gefahr einer Germanisierung des Landes hinwies. Nachdem die Bundesversammlung unter dem Einfluß der freisinnigen Mehrheit beschlossen hatte, ihrerseits die eingegangenen Verpflichtungen zu erfüllen, lancierten die Liberalkonservativen der Westschweiz, unterstützt von nationalistisch gesinnten Deutschschweizer Kreisen, eine Initiative, die internationale Verträge von mehr als 15 Jahren Dauer dem obligatorischen Referendum unterstellen wollte. Nach kriegsbedingter Verzögerung fand der neue Artikel 89, Absatz 3 der Bundesverfassung 1921 eine breite Zustimmung.

Aktivere internationale Beziehungen

Ein weiterer Aspekt der internationalen Beziehungen während der zweiten Hälfte des 19. Jahrhunderts war das Bestreben, die zivilisierten Staaten in einer Rechtsgemeinschaft zusammenzufassen, um dem Recht und der Vernunft zum Sieg über Willkür und Gewalt zu verhelfen. Darauf entwickelte sich eine Zusammenarbeit in den verschiedensten Bereichen, an der die Schweiz aktiv teilnahm, indem sie den Sitz von internationalen Organisationen übernahm und sie mit Führungspersonal versah. Zwischen 1869 und dem Jahrhundertende ließen sich in Bern die Organe der internationalen Telegraphenverwaltung, des Weltpostvereins und der Ämter für Eisenbahntransport und Geistiges Eigentum mit materieller Unterstützung der Bundesbehörden nieder. Mehrere altgediente Bundesräte (Eugène Borel, Emil Frey, Numa Droz, Eugène Ruffy) wechselten an die Spitze solcher Organisationen hinüber und unterstrichen damit das schweizerische Bemühen, von der europäischen Neutralität zu einem universelleren Engagement überzugehen.

Sobald der Friede Thema internationaler Konferenzen auf Regierungsebene wurde, beteiligte sich auch die Schweiz daran, unabhängig von der Rolle, welche die Pazifisten auf inoffizieller Ebene spielten. Sie nahm teil an der Haager Friedenskonferenz (1899) und paraphierte deren Konventionen, widersetzte sich jedoch der Rüstungsbeschränkung und sah von einer Unterzeichnung der Landkriegsbestimmungen ab, weil sie Massenerhebungen zur Vaterlandsverteidigung untersagten. An der zweiten Friedenskonferenz (1907), wo sie Rückhalt bei Deutschland fand, unterzeichnete die Schweizer Delegation sämtliche Konventionen über Rechte und Pflichten der Neutralen einschließlich derjenigen zur See. Aber die Bereitschaft, Delegierte zur Verfügung zu stellen, die die Anwendung der Beschlüsse der internationalen Konferenzen an Ort und Stelle beaufsichtigen sollten – wie z. B. den Algeciras-Vertrag über Marokko (1906) – fand nicht immer Gnade vor dem Parlament. Die Politik der guten Dienste bewegte sich noch innerhalb enger Grenzen. Immerhin anerkannte die Weltöffentlichkeit die in der Schweiz unternommenen Anstrengungen, so durch Verleihung von drei Friedensnobelpreisen im ersten Jahrzehnt des neuen Jahrhunderts, darunter einen 1901 an den geisti-

Vorder- und Rückseite einer 1896 im Auftrag der St. Galler Sektion des «Schweizerischen Roten Kreuzes» zu Ehren Henri Dunants geprägten Medaille.

gen Vater des Roten Kreuzes, Henri Dunant. Dieser Pazifismus, der Ausdruck des allgemeinen Kulturoptimismus war, verlor jedoch in dem Augenblick in der öffentlichen Meinung an Boden, da die Krisen im Mittelmeerraum, dann im Balkan und schließlich in ganz Europa den Großmächten die Verantwortung für einen sich zum Weltkrieg ausweitenden Konflikt aufbürdeten.

2. Spezialisierung als wirtschaftlicher Entwicklungsfaktor

Günstige Konjunkturentwicklung

Trotz vorübergehenden Rezessionen waren die Jahrzehnte um die Jahrhundertwende gekennzeichnet durch ein stetiges Wachstum der Wirtschaft, das der Erste Weltkrieg noch stärken sollte. Das langsame, aber ungebrochene Ansteigen der Exporte, die sich wie die Importe zwischen 1840 und 1914 verdoppelten, bildete dabei die Hauptantriebskraft. Viel trugen dazu bei die Erneuerung des Wirtschaftsgefüges in den ersten Jahrzehnten des Bundesstaates, die Auswirkungen der Elektrifizierung, die eine noch größere Dezentralisierung der Industrie ermöglichten, und ein dritter Schub im Bahnbau, der vor allem touristischen Zwecken diente.

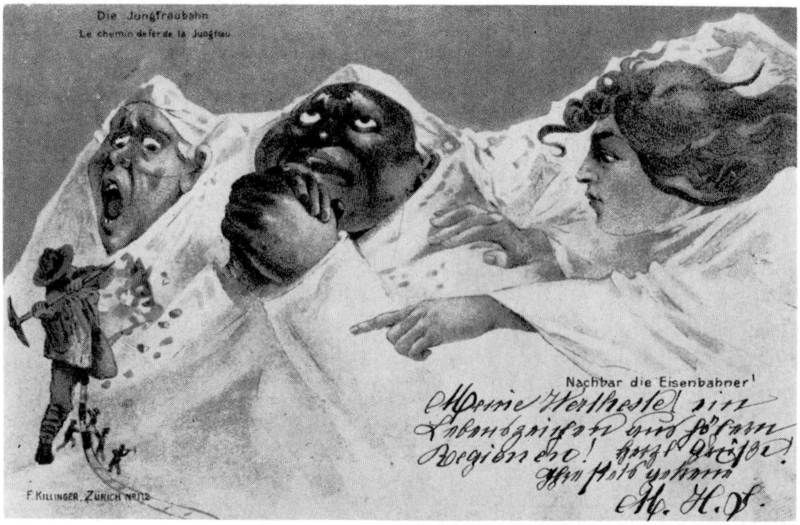

«Nachbar – die Eisenbahner» ruft die aufgeschreckte Jungfrau ihrem Nachbarn Mönch zu. Die Postkarte erinnert an die Aufregung, die der Bau der Bahnen in der Öffentlichkeit hervorrief, und vermittelt dem Empfänger «ein Lebenszeichen aus höheren Regionen».

Schubweises Wachstum

Die einzigen Stockungen in dieser günstigen Entwicklung wurden verursacht durch drei kurze internationale Rezessionen (1890–94, 1900–04, 1908–09) und langfristig durch die starke Teuerung der knapper gewordenen Rohstoffe und den Investitionshunger. Der Konjunkturaufschwung wurde also in regelmäßigen Abständen durch Einbrüche unterbrochen, wobei Impulse im Bausektor, die auf die fortschreitende Verstädterung zurückgingen, ausgleichend wirkten. Ferner gaben auch die anhaltenden Überschüsse in der Zahlungsbilanz Anlaß zu Optimismus.

Daneben setzte sich der sozio-professionelle Wandel, den die vorhergehende Periode eingeleitet hatte, im Namen des Fortschritts unaufhaltsam fort. Die aktive Bevölkerung übertraf bald die Hälfte der gesamten Wohnbevölkerung, was vor allem auf die Anwesenheit eines starken Ausländerkontingentes (15% der Wohnbevölkerung am Vorabend des Krieges) zurückzuführen ist, das mehr Arbeitende als Nichtarbeitende umfaßte. Von 1888–1910 konnte der Primärsektor seinen Bestand in absoluten Zahlen dank einer landwirtschaftsfreundlichen Politik behaupten, ein einzigartiger Fall in Westeuropa. Das Wachstum der Beschäftigten aufgrund der Bevölkerungsvermehrung kam der Industrie zugute, die eine Viertelmillion neue Arbeitskräfte aufzuweisen hatte – wovon mehr als 200000 in den Fabriken und dem Dienstleistungssektor, wo die Zuwachsraten etwa dieselben waren. Blaue und weiße Kragen trugen also am meisten zum Wachstum der schweizerischen Wirtschaft bei, was sich konkret in der Schaffung von durchschnittlich mehr als 20000 Arbeitsplätzen pro Jahr in dieser Periode äußerte. Der Anteil des öffentlichen Sektors von ungefähr einem Viertel war zu einem großen Teil auf die Verstaatlichung der Bahnen zurückzuführen.

Die zweite industrielle Revolution

Innerhalb der Industrie vollzog sich ein Diversifikationsprozeß, der mit einer Entwicklung zusammenhing, die von einigen Autoren als zweite industrielle Revolution bezeichnet wird. Dieses Phänomen wird trotz fehlender Produktionsstatistik in der Beschäftigungsstruktur und den Exportbewegungen faßbar. Obwohl ihr Anteil an der Gesamtheit der Arbeitsplätze von 35 % auf 27 % zurückging, blieb die Textilbranche am Vorabend des Krieges noch immer führender Exportsektor (45 % der Gesamtexporte gegenüber 38 % in Großbritannien). Der schon lange anhaltende Niedergang der Baumwolle wurde kompensiert durch den Aufschwung der Stickerei und die Widerstandskraft der Seidenbranche. Mit einer wachsenden Belegschaft, ausgenommen in der Uhrenindustrie, wurden in den anderen Exportzweigen zwischen 1887 und 1913 erhebliche Gewinne erzielt: Der Anteil an der Gesamtausfuhr wuchs von 7 % auf 15 % in der Metall- und Maschinenindustrie, von 2 % auf 5 % in der Chemie, von 11 % auf 15 % in der Nahrungsmittelindustrie; nur die Uhrenindustrie blieb auf 13 % stehen.

Diese Entwicklung, die sich mehr und mehr derjenigen Deutschlands anglich, brachte eine Stagnation des Handwerks und den Rückgang der Heimarbeit mit sich, die einst typisch für die erste Phase der Industrialisierung gewesen waren. Im Unterschied zu ihrem nördlichen Nachbarn war die Schweiz jedoch kein großes Land, und die

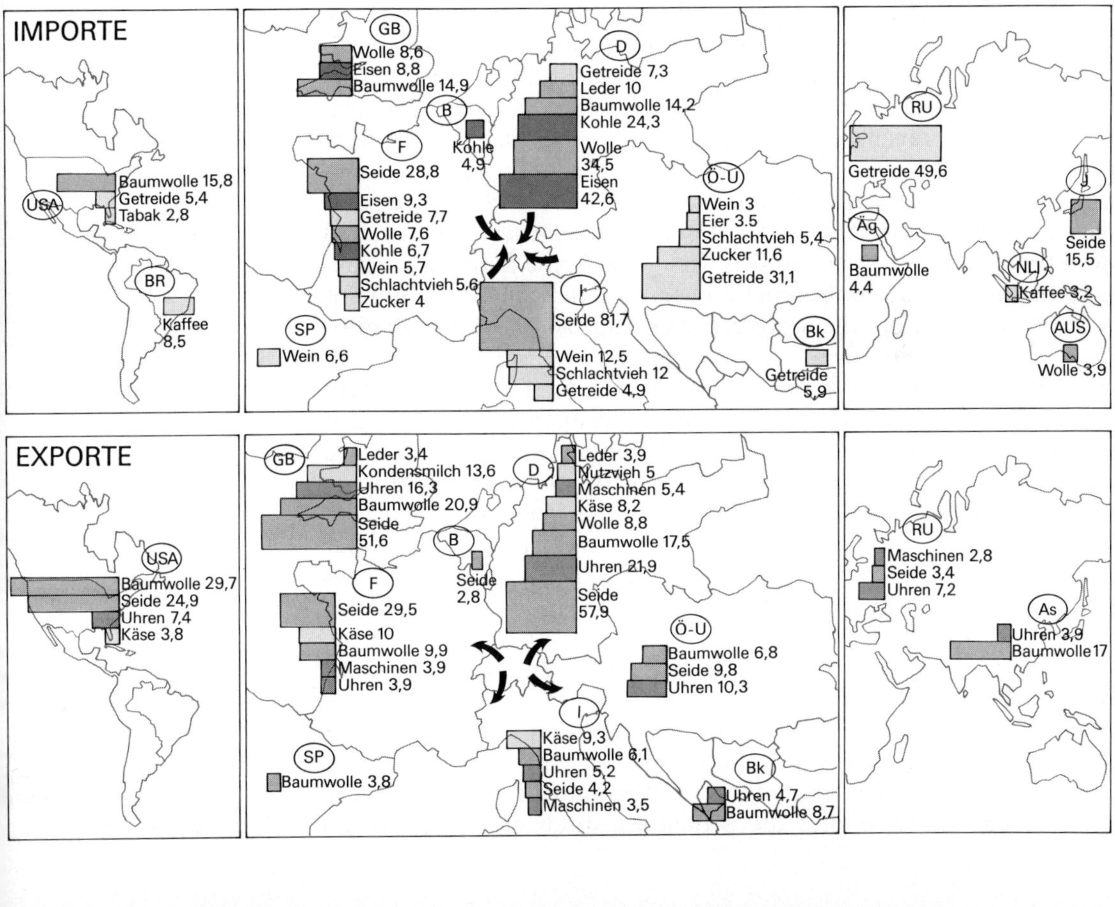

Der schweizerische Außenhandel 1891–1894

Jährlicher Durchschnittswert der wichtigsten Handelsgüter in Millionen Franken

Äg	Ägypten
As	asiatische Länder
AUS	Australien
B	Belgien
Bk	Balkanländer
BR	Brasilien
D	Deutschland
F	Frankreich
GB	Großbritannien
I	Italien
J	Japan
NLI	Niederländisch-Indien
Ö-U	Österreich-Ungarn
RU	Rußland
SP	Spanien
USA	Vereinigte Staaten von Amerika

Steigerung ihrer Importe bewies die Unmöglichkeit jeglichen Autarkiestrebens. Noch immer entfiel ein Drittel der Einfuhren auf Nahrungsmittel, die Textilien gingen auf einen Viertel zurück, und die dynamischsten Sektoren der heimischen Industrie waren noch am Vorabend des Krieges mit einem Fünftel an den im Ausland getätigten Einkäufen beteiligt.

An der Weltspitze im Maschinenexport

Diese Industrie tat gegen Ende des 19. Jahrhunderts einen nicht geringen Sprung nach vorne, den mehrere Indizien belegen. Gewiß verringerte sich langfristig (1830–1913) der Anteil der schweizerischen Exporte am europäischen Handel um die Hälfte, aber zwischen 1880 und 1913 betrug diese Verringerung nur 1 % eines sich beträchtlich vermehrenden Gesamtaustauschvolumens. Mit einem Defizit von 15 Dollar pro Einwohner im Außenhandel mit Agrarprodukten belegte die Schweiz einen ehrenvollen Rang unter den kleinen Ländern Europas. 1913 stand sie mit 5,4 Dollar pro Einwohner schon an der Spitze der Weltrangliste der Maschinenexporte (Großbritannien 4,2, Deutschland 3,4, Frankreich 0,7) und führte wahrscheinlich sogar in bezug auf die Gesamtheit der Exporte.

Die Firma Saurer, Pionier des schweizerischen Automobilbaus, fertigte 1898 diesen «Char à bancs» genannten Personenwagen, der von einem Explosionsmotor angetrieben wurde.

Diese hohe Pro-Kopf-Rate des Außenhandels beließ die Schweiz sogar nach ihrer Bekehrung zum Protektionismus in der Gruppe der Länder mit freihändlerischer Tradition wie Großbritannien, die Niederlande und Belgien. Damit stellt sich die allgemeinere Frage nach der wechselseitigen Beeinflussung von Konjunktur, Industrialisierung und Zollpolitik. Schenkt man Alfred Boßhardt und Alfred Nydegger Glauben, dann ist es den Schutzzollmaßnahmen des Auslandes nicht gelungen, die Dynamik des schweizerischen Außenhandels zu zügeln, was sich vor allem mit wachstumsinhärenten Faktoren erklären läßt. Abgesehen von den technologischen Bedingungen und dem geringen Preis der Arbeitskraft ist die Tatsache festzuhalten, daß der Protektionismus gegen außen weniger auf eine Doktrin zurückging als auf Aktionen politischer Kräfte, die einen inneren Protektionismus vertraten, um die soziale Unruhe im Gefolge einer raschen Entwicklung zu dämpfen.

Verstärkung des Protektionismus

Die Anfangserfolge der Landwirtschaft in der Tarifpolitik ermutigten das Gewerbe und in der Folge auch die noch anfälligen Sektoren der Industrie und sogar die Konsumenten, sich vernehmen zu lassen. Diese Interventionen politischer Natur lassen sich institutionell erklären mit der Möglichkeit, gegen Zolltarifgesetze das Referendum zu ergreifen. Die Heftigkeit der Auseinandersetzungen kam aber auch daher, daß in einem veränderten europäischen Staatensystem nach 1890 der Dreibund sich wieder zum Freihandel hin orientierte, an dem Großbritannien festgehalten hatte, während das isolierte Frankreich sich in geradezu prohibitive Schutzzollmauern einschloß, was nur Rußland nachahmte.

Angesichts dieses bewegten internationalen Horizontes bildeten sich in der Schweiz, als die Zolltarifverträge von 1887 umfassend revidiert werden sollten, zwei Blöcke. Das Komitee von Olten, das die Bauern, das Gewerbe und die protektionistisch gesinnten Kreise

Der Festzug am Winzerfest in Vevey – hier 1869 – vergegenwärtigt den traditionellen Lauf der Jahreszeiten in militärisch verbrämtem Zeremoniell (Gemälde von A. Effinger).

In der Maschinenhalle der Zürcher Landesausstellung von 1883 stellte sich einer der dynamischsten Sektoren der schweizerischen Wirtschaft zur Schau. Das Gebäude war ein Werk der Gießerei von Roll in Solothurn.

umfaßte, forderte die Erhöhung der Zölle, ja sogar einen Kampftarif. Auf der Gegenseite zeigte sich die Liga gegen die Verteuerung der Lebensmittel, die von der freihändlerisch gesinnten Industrie, der sozialistischen Linken und den Konsumenten unterstützt wurde, beunruhigt über zu erwartende Retorsionsmaßnahmen der Partner und befürwortete einen gemäßigten Generaltarif. Der nach einem mühsamen parlamentarischen Hin und Her zustandegekommene Generaltarif brachte eine erhebliche Erhöhung der Zollansätze und wurde von den liberal gesinnten Kreisen vergeblich mit dem Referendum bekämpft (18. Oktober 1891). Durch die in den folgenden Jahren geschlossenen Handelsverträge wurde immerhin mit den Dreibundstaaten ein Ausgleich erreicht, während ein Zollkrieg mit Frankreich (1893–95) den traditionell auf dieses Land hin orientierten Industriellen erhebliche Verluste eintrug.

Übergang zu Kampfzöllen

Dieser Konflikt beschleunigte eine Entwicklung, die der Schweiz vermehrte wirtschaftliche Unabhängigkeit von ihren Nachbarn eintrug, was angesichts der immer enger werdenden Verflechtung ihrer Wirtschaft mit dem Welthandel unabdingbar wurde und sich auch aus der fortschreitenden Verdrängung der französischen Mittlerposition ergab. Die Tarifrevision der Jahre 1901 und 1902 brachte eine Wiederholung der Vernehmlassungen und der Konflikte der beiden Interessenkoalitionen. Die protektionistisch gesinnten Kreise setzten diesmal ein Kampfinstrumentarium durch, das die schweizerische Produktion gegen die mehr und mehr von Kartellen beherrschte ausländische Konkurrenz schützen sollte. Es gelang ihnen, die öffentliche Meinung davon zu überzeugen, daß Kampfzölle keine nennenswerten Rückwirkungen auf die Lebenshaltungskosten hätten, sondern den Arbeitnehmern zugute kämen. Das Volk sprach sich

denn auch mit einem Mehr von zwei zu eins zugunsten des Tarifs aus (15. März 1903). Die anschließenden Verhandlungen mit den wichtigsten Ländern des Kontinents stärkten die schweizerischen Exportinteressen – außer in Frankreich – und erlaubten es, den direkten Handelsaustausch mit dem britischen Empire und dem amerikanischen Kontinent zu verbessern.

Das augenfälligste Ergebnis dieser Tarifpolitik bestand darin, daß sich die landwirtschaftlichen Exporte der Schweiz von ungefähr 90 Millionen Franken 1887 auf 220 Millionen am Vorabend des Krieges steigern ließen. Während das Vieh weiterhin in die Nachbarländer ging, eroberten sich Milchprodukte und Käse überseeische Märkte. Der Schutzzoll trug auch dazu bei, die Stellung der Uhrmacherei und der Stickerei zu halten, deren Produkte nun weltweit exportiert wurden. Schließlich schützte der Tarif wie in den Vereinigten Staaten die Entwicklung neuer Branchen: Präzisionsinstrumente, Automobile, synthetische Fasern.

Ein verdeckter Kolonialismus?

Die politische Seite des Imperialismus – Eroberung und Herrschaft – war stets ein Stein des Anstoßes für die Schweizer, die durch die europäischen Verträge seit 1815 in unverrückbare Grenzen eingeschlossen waren und keine anderen kolonialen Abenteuer kannten als die Auswanderung. Doch der wirtschaftliche Imperialismus blieb nicht auf koloniale oder halbkoloniale Erscheinungsformen beschränkt. Auch die Schweiz als fortgeschrittene Industrienation konnte sich an den wirtschaftlichen Abenteuern der eigentlichen Kolonialmächte beteiligen und eigene Initiativen ergreifen durch einen Bank- oder Börsenimperialismus, der sich nicht immer mit den wichtigen Märkten des Außenhandels deckte. Zwei Formen der Durchdringung zeichneten sich ab: die mit dem Außenhandel verbundenen auswärtigen Stellungen, die sich aus bilateralen Beziehungen ergaben, und die Beteiligung an Unternehmungen des internationalen Kapitalismus vermittels eines komplizierten multilateralen Geflechts, das den Charakter eines verdeckten Kolonialismus annahm.

Für die wirtschaftliche Expansion unseres Landes, das zu Ende des Jahrhunderts hinter den vier Großen zusammen mit Belgien und Holland (die beide ein Kolonialreich im Rücken hatten) und Schweden zu den mittleren Wirtschaftsmächten zählte, war nicht allein der Güteraustausch maßgebend. Die Schweiz war für den Ausgleich ihrer ständig defizitären Handelsbilanz auf die Kapitalbewegungen und Dienstleistungen angewiesen. Die seinerzeit oft von amtlichen Stellen im Ausland veröffentlichten Daten lassen auf eine für die Schweiz ungünstige Zahlungsbilanz schließen. Doch wissenschaftliche Schätzungen führen zum gegenteiligen Resultat. So schätzt Eduard Kellenberger den Wert der ausländischen Aktien und Obligationen in der Schweiz auf 6 Milliarden Franken, und Paul Bairoch beziffert den Bruttobestand des außerhalb der Grenzen angelegten Kapitals auf 11 bis 17 Milliarden am Vorabend des Krieges. Auf die Einwohnerzahl umgerechnet, stand die Schweiz mit einer Quote von 550 bis 750 Dollar pro Kopf vor Großbritannien an der Spitze der Investoren.

Die alte Reisebeschreibung in neuem Kleide – von einem Schweizer für den ausländischen Markt verfaßt. Der Freiburger Victor Tissot (1845–1917) wurde in Paris als Publizist mit seinem Werk «Voyage au pays des milliards» (1875) berühmt, das den Franzosen das Deutschland Bismarcks vorstellte. 1888 gab er für die französischen Touristen «La Suisse inconnue» heraus, einen realistischeren Führer durch unser Land als «Tartarin dans les Alpes» von Alphonse Daudet.

Diese dominierende Stellung wird durch zwei weitere Tatsachen erhärtet. Erstens verstärkte sich die Drehscheibenfunktion der Schweiz als Finanzzentrum und Steueroase mit der Eröffnung von Zweigstellen französischer Finanzinstitute wie der Société générale. Bei jeder schweren Krise oder angesichts einer drohenden Steuerreform vermehrten sich die Einlagen und stiegen nach Marcel Brion von 749 Millionen Franken im Jahr 1895 auf 1655 Millionen im Jahr 1909. Diese Kapitalien konnten entweder in Staatspapieren (was eine schon alte Tradition war) oder in industriellen Unternehmungen angelegt werden, da die Eisenbahnen mit der Verstaatlichung als Investitionsmöglichkeit ausfielen. Zweitens stieg der schweizerische Finanzplatz zu internationalem Ansehen auf. Durch die verspätete Gründung der Nationalbank (1907), die sich zudem nur in geringem Maße mit ausländischen Wertpapieren befaßte, blieb die Initiative den Privatbanken und Börsen überlassen. Die Börsen nahmen sukzessive in Genf (von 1863 an), Basel (1876) und Zürich (1877) ihre Tätigkeit auf und wurden nach dem Gründerkrach zu Beginn der großen Depression gesetzlichen Regelungen unterstellt. Am Vorabend des Ersten Weltkrieges überwog die Zahl der dort gehandelten ausländischen Wertpapiere – Staatsanleihen und vor allem Effekten – bei weitem die der schweizerischen: Mehr als 230 Titel waren an den Börsen kotiert, und ihr Kurswert betrug allein bei den Aktien das Sechsfache der einheimischen Werte.

Finanztransaktionen und Kapitalzustrom

Dieses Engagement erklärt die Beteiligung schweizerischer Interessen an den großen internationalen Unternehmungen, z. B. im Mittleren Osten. Die Rolle der «Banque protestante franco-suisse» beim Bau des Suezkanals hatte dazu ein erstes Beispiel geliefert. Die ottomanischen Anleihen zogen zunehmend schweizerische Banken an, zuerst über französische Vermittler, direkter dann 1913–14. Am

Die Effektenbörse im großen Saal des 1880 fertiggestellten Börsengebäudes in Zürich mit den nachträglich eingerichteten Telephonkabinen.

Riesenprojekt der Bagdadbahn, wo Deutschland bestrebt war, andere Länder zu beteiligen, ohne die Kontrolle zu verlieren, partizipierte die Schweiz mit 4% des Aktienkapitals, nicht inbegriffen die indirekte Beteiligung an der französischen Gruppe. Die Erstellung der in drei Abschnitten geplanten Linie wurde einer Baugesellschaft anvertraut, deren Sitz sich in Glarus befand, um den Zufluß von Kapitalien aus Frankreich und Italien zu erleichtern; ihr Verwaltungsrat umfaßte auch zwei Schweizer, deren Aufgabe es war, das Gleichgewicht zwischen den verschiedenen Lagern zu wahren. Die schweizerischen Banken sollten auch einen Teil der für den Bau der Bahn aufgelegten Anleihen übernehmen, deren Fertigstellung dann der Krieg verhinderte.

Trennung von diplomatischem und wirtschaftlichem Bereich

Im Gegensatz zu großen Ländern wie Frankreich, die ihre Finanzanlagen relativ unabhängig von den Außenhandelsbeziehungen abwickelten, wurde ein guter Teil des schweizerischen Kapitals in den Ländern investiert, mit denen auch ein reger Handelsverkehr bestand. Weil die Trennung zwischen Diplomatie und Wirtschaft sich mit der Errichtung des Handels-, Industrie- und Landwirtschaftsdepartements, dem auch der Außenhandel unterstellt war, seit 1895 noch verstärkte, wurden die privaten Finanzbeziehungen nicht als diplomatische Waffe benutzt. Wenn es also einen verdeckten Kolonialismus gab, dann einzig aufgrund der Initiative von Investoren und Geschäftsleuten; der Staat sollte sich hier erst nach dem Ersten Weltkrieg einmischen.

3. Glanz und Elend der Gesellschaft

Die Bevölkerungsbewegung und ihre Auswirkungen

Mit einer Bevölkerung, die sich zwischen 1800 und 1910 mehr als verdoppelte (224 Indexpunkte auf der Basis 1800 = 100), lag die Schweiz in der Mitte zwischen dem geburtenfreudigen Großbritannien (405 Indexpunkte) und dem malthusianischen Frankreich (145 Indexpunkte). Im Verlauf der zweiten Jahrhunderthälfte wurde dieses allgemeine Wachstum zunächst gebremst durch die Krise, die auf den Geburten lastete und gleichzeitig die Erwachsenen zur Auswanderung ermunterte, dann beschleunigte es sich durch die Wirkung einer Tendenzwende zugunsten der Einwanderung, die am Vorabend des Krieges zu einer positiven Wanderungsbilanz führte. Die Zuwanderung und Geburtenüberschüsse, die allerdings 5–10‰ im Jahr nicht überstiegen, ließen die Bevölkerung zwischen 1850 und 1910 von ungefähr 2,4 auf über 3,8 Millionen anwachsen.

Die regionale Verteilung dieser Bevölkerungsvermehrung war keineswegs gleichmäßig, um so mehr als sie von einer Binnenwanderung überlagert wurde, die in dieselbe Richtung wirkte: vom Dorf in die Stadt, von der Landwirtschaft in die Fabrik und ins Büro. 1850 lebten 42% der Schweizer in Gemeinden von weniger als 1000 Einwohnern, 52% in Orten mittlerer Größe und 6% in Städten mit mehr als 10000 Einwohnern. Am Vorabend des Krieges betrugen die

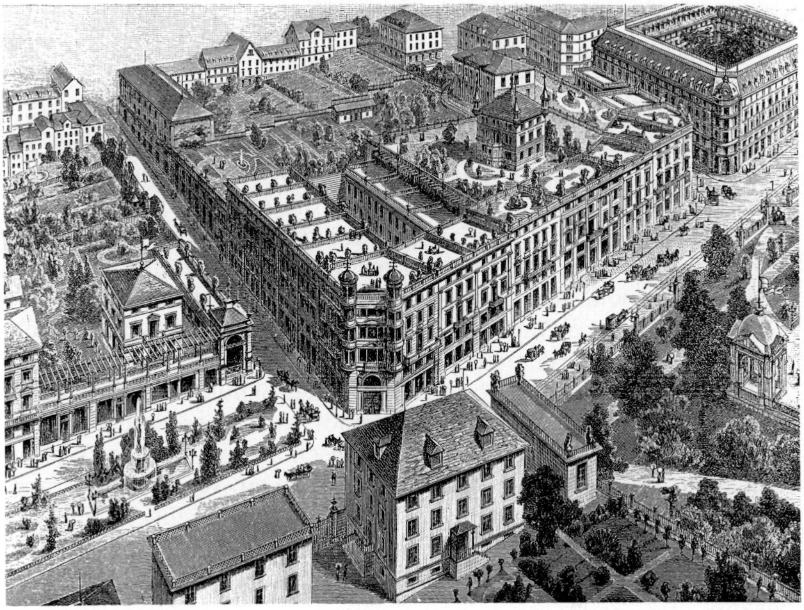

In den letzten Jahrzehnten des 19. Jahrhunderts beflügelte das Wachstum der Städte die planerische Phantasie: Zwischen 1881 und 1885 versuchte der Architekt Heinrich Ernst, der selber im Quartier wohnte, die Zürcher Rämistraße zu einer großzügigen Anlage umzugestalten, die den Bedürfnissen von Handel und Verkehr gerecht werden sollte.

jeweiligen Anteile an den drei Kategorien 23, 51 und 26 %. Über die Zwischenstation der halbstädtischen Ortschaften, wo immer noch die Hälfte der Gesamtbevölkerung lebte, hatte sich eine enorme Verlagerung vom flachen Land in die Städte vollzogen, die nun fast eine Million Einwohner beherbergten. Die acht größten Städte der Schweiz hatten ihre Einwohnerzahl verfünffacht, und drei davon erreichten bereits eine respektable Größe: Zürich mehr als 200 000 als Folge der Eingemeindung von Vororten (1893); Basel und Genf über 130 000.

Die zweigeteilte Schweiz

Diese Mobilität trug dazu bei, daß unser Land nun in zwei Zonen zerfiel, die sich in bezug auf ihr Verhalten gegenüber dem wirtschaftlichen Wandel stark unterschieden. Die dynamische Schweiz des Mittellandbogens, der Industrialisierung und dem Verkehr geöffnet, nahm einen doppelten Zustrom von schweizerischen und ausländischen Zuwanderern auf, der ihren niederen Geburtenüberschuß verdeckte. Die statischere Schweiz der Voralpen und Alpen verharrte in sozialer Stagnation, die sich zugleich aus einer starken Auswanderungstradition und dem Fehlen von neuen Arbeitsplätzen erklärt; die Bevölkerung lehnte hier das malthusianische Verhalten der Stadt noch ab. In den Kantonen dieser Zone, die schweizerischer blieb als die andere, war der Anteil der in ihrem Heimatort Wohnhaften am größten (gesamtschweizerisch betrug er 1910 65 %), was für den Willen der kleinsten Gemeinden zeugt, an einem ländlichen Lebensstil festzuhalten.

Die «Promenades artistiques au village suisse», ein Führer durch die Genfer Landesausstellung von 1896, zeigen eine durchaus traditionelle, ja museale Schweiz.

Andere Faktoren trugen dazu bei, die Schweiz nicht nur nach geographischen Regionen, sondern auch nach soziokulturellen Schichten zu differenzieren. Das vorwiegend städtische gehobene Bürgertum, reich geworden durch die Ausübung leitender Funktionen in Staat und Gesellschaft, richtete sich kulturell nach ausländischen Vorbildern. Es umfaßte im Jahre 1910 weniger als 100000 Personen, wenn man die von der Berufsstatistik den Selbständigerwerbenden zugeschlagenen Kleinhändler und Handwerker abzählt. Auf der andern Seite waren immer noch, wie im Jahre 1860, ungefähr 200000 Erwerbstätige der bäuerlichen Lebensweise verpflichtet. Um aber den Einfluß der alten, ländlichen Volkskultur richtig einschätzen zu können, muß dieser Gruppe auch rund ein Drittel der 900000 Arbeiter und ein Teil der Handwerker zugerechnet werden. Zwischen diesen beiden Kulturen lag ein *«melting pot»* mittelständischer Verhaltensweisen, die für die Mehrheit der Arbeiter und die Mittelschichten maßgeblich wurden (ungefähr 350000 erwerbstätige Personen 1910). Die Akkulturation wurde hier von den Schulen und den vielfältigen Vereinen besorgt, die einem demokratisch geprägten Wertsystem mit starkem nationalistischem Einschlag und geringer Weltoffenheit verpflichtet waren. Ein anderes Element sozialer Uniformierung stellte die unaufhaltsame Zunahme der Lohnbezüger dar, deren Anteil an der aktiven Bevölkerung zwischen 1860 und 1910 von 61 auf 73% stieg und die die überkommenen Berufsmuster zu verwischen begann.

Bourgeoisie zwischen Pioniergeist und Konservatismus

Seit Ende des 18. Jahrhunderts weiteten die europäischen Bourgeoisien, gestützt auf Recht, Wissenschaft und Technik, ihr Tätigkeitsfeld unaufhaltsam aus und gaben dem alten Kontinent ein neues Gesicht, bevor sie sich in koloniale Abenteuer zur Eroberung der Welt stürzten. Auch die schweizerische Bourgeoisie war, wenn auch nur durch ihre Geschäfte, an dieser Bewegung in mannigfacher Weise beteiligt.

Die Vorposten des «heimlichen Imperiums» – so der abschätzige Name für die schweizerische Präsenz im Ausland – wurden durch die Pioniere aus Unternehmertum und Finanz gehalten. Die frühen Unternehmer entsprachen einem Typus, dessen Züge das 19. Jahrhundert festschrieb. Meist der Mittelklasse entstammend, hatten sie eine ziemlich lange Lehrzeit hinter sich, die durch Reisen und Auslandaufenthalte vervollständigt wurde; vielen erleichterte eine polytechnische Ausbildung die Karriere in Politik und Armee. Die Mittel für die notwendigen Investitionen brachten sie zuerst im weitern Familienkreis, später durch die Gründung von Aktiengesellschaften zusammen. Ihre innovativen Fähigkeiten gründeten in einer jahrhundertealten Überlieferung technischen Könnens, bezogen aber schon in starkem Maße die Wissenschaft ein. Ebenso bedienten sich die Bankiers alter familiärer Beziehungen, um auf dem internationalen Parkett vorwärtszukommen.

Wenn man auf diese schweizerische Hochbourgeoisie das von Jean Lhomme entwickelte Schema der drei Machtsphären anwendet, so zeigt sich, daß ihre anfängliche politische Vorrangstellung (20% der Sitze im ersten Parlament) mit der Zeit gegenüber dem wirtschaftlichen Einfluß zurückging, während das soziale Prestige kaum ins Gewicht fiel. Die Mannigfaltigkeit des Landes spiegelt sich auch in

«Die Eltern», 1899. Das in der Manier eines mittelalterlichen Altarbildes gemalte Bild des Böcklin-Schülers Albert Welti (1862–1912) ist eine Huldigung an seine im Transportgeschäft reich gewordenen Eltern.

der Zusammensetzung der Arbeitgeberschaft, vor allem wenn man die mittelgroßen Unternehmungen miteinbezieht. Im Rücken der Abenteurer, die auf den Freihandel und die Konkurrenz im Weltmaßstab setzten, standen die ängstlicheren Verteidiger des nationalen Marktes, die für eine verspätete, aber ausgeprägte Kartellisierung im Windschatten des Protektionismus sorgten.

In denjenigen Kantonen, die nur am Rande von der Industrialisierung erfaßt worden waren, blieben Unternehmer- und Beamtenbourgeoisie ausgesprochen konservativ. Mangel an Wagemut und Einfluß religiöser oder aber humanitärer Gesinnung gaben ihrem Liberalismus eine betont provinzielle Färbung. Man wird also auf die Gesamtheit des übrigens heterogenen Bürgertums die Webersche These eines von den Werten protestantischer Askese dominierten Kapitalismus kaum anwenden können, auch wenn die Fülle seiner sozialen Werke und das beeindruckende Ausmaß seines Reichtums einige Beweise dafür zu liefern scheinen.

Höhepunkt des Pauperismus

Die Bevölkerungsvermehrung, die Knappheit der natürlichen Ressourcen, die ungenügende Vermehrung der Arbeitsplätze und die Verstädterung führten dazu, daß die Massenarmut in der zweiten Hälfte des 19. Jahrhunderts wahrscheinlich ihren Höhepunkt erreichte. Die erste statistische Erhebung, die der Bundesstaat diesem Problem widmete, zählte im Jahr 1890 mehr als 119 000 Bedürftige, zu deren Unterstützung die öffentliche Hand gegen 19 Millionen Franken ausgab und über 790 Institutionen unterhielt, nicht eingerechnet das Wirken privater Organisationen. Die große Depression offenbarte auch die sozialen Bedingungen dieses Pauperismus, der allerdings weniger ausgebreitet war als in den Ländern mit vergleichbarem Industrialisierungsniveau. Tatsächlich verringerte sich die oft weibliche Heimarbeit spürbar erst zwischen 1888 und 1910 und pendelte sich bei 70 000 Arbeitnehmern ein, gegenüber 130 000 im Jahre 1850. Ebenso vergrößerte sich der Anteil der Arbeiterbauern an

Durch die Industrialisierung wurde die Steinkohle zu einem der wichtigsten Rohstoffe. Besonders in der zweiten Hälfte des 19. Jahrhunderts stiegen die Importe vor allem aus Deutschland um das Fünffache an. Das «Brot der Industrie» lieferte mit seinen Derivaten auch das Heizmaterial für die Städte und bildete einen nicht zu vernachlässigenden Posten in jedem Haushaltungsbudget, auf den in Krisenzeiten oft verzichtet werden mußte. Hier suchen Arbeiterfamilien in der Schlacke eines Gaswerks nach brennbaren Kohleresten.

der ländlichen Gesellschaft. Sie stellten um die Jahrhundertwende die Mehrheit der insgesamt 80% Familien mit Grundbesitz. Weitere Indikatoren wiesen auf den Ernst der Lage hin: der hohe Konsum von reinem Alkohol pro Einwohner, der 1893–1902 fast 16 Liter betrug; die Verheerungen der Tuberkulose, deren Sterblichkeitsrate 1890–1894 bei 2,05‰ lag, und schließlich eine geringere Lebenserwartung der unteren Bevölkerungsschichten. In den achtziger Jahren verkürzten die gefährlichen Berufe die 43 Jahre, die der Schweizer im Durchschnitt bei seiner Geburt vor sich hatte, noch um einen Drittel.

Zwar vermochte das Handwerk, das sich z.T. aus den ärmeren Bevölkerungsschichten rekrutierte, der sozialen Frage etwas die Spitze zu brechen, doch sie blieb drängend angesichts der stockenden wirtschaftlichen Konjunktur. Auf das starke Wachstum der Industrielöhne während der Gründerzeit folgte eine Abschwungphase von sektoriell unterschiedlicher Stärke, die erst im ersten Jahrzehnt des 20. Jahrhunderts endgültig aufgefangen wurde. Aufs Ganze gesehen machten die Arbeitslöhne von 1910 rund das Doppelte derjenigen von 1875 aus. Diese allgemeine Verbesserung ist zurückzuführen auf die Anfänge der Fabrikgesetzgebung, das wachsende soziale Verantwortungsbewußtsein bei einem Teil der Arbeitgeber, aber auch auf die Arbeitskämpfe, die das Entstehen der Gewerkschaftsbewegung begleiteten. Eine vom schweizerischen Arbeitersekretariat erstellte Statistik für die Jahre 1860–1894 zeigt, daß 338 von 520 Streikaktionen zum Erfolg führten. Die Analyse von Haushaltbudgets liefert einen weiteren Beleg für die Entwicklung. Um die Jahrhundertwende mußte eine Arbeiterfamilie fast drei Viertel ihres Einkommens zur Deckung ihres Grundbedarfs ausgeben, dagegen erreichte der Anteil der Ausgaben für den sogenannten Wahlbedarf bei den Mittelschichten mit administrativer Funktion bereits einen Drittel; obwohl vom Statistischen her bescheiden, ist der Unterschied qualitativ gesehen nichtsdestoweniger bedeutsam.

Langfristige Entwicklung der Preise und Löhne

Indexziffern (1913/14 = 100)

	Verbraucherpreise	Nominallöhne	Reallöhne
1840	48	24	50
1870	66	59	89
1885	69	57	83
1900	77	78	101
1913/14	100	100	100
1920	224	214	95
1930	158	203	128
1939	138	183	136
1949	222	344	155
1960	251	491	194
1970	354	952	270
1980	571	1793	314

Die maßgebenden Löhne basieren bis 1913/14 auf Tages- und hernach auf Wochenverdiensten.

Das Ausmaß der Wanderungen

Das sozioökonomische Gefälle innerhalb der Schweiz erklärt sowohl das Ausmaß der interkantonalen Wanderungsbewegungen als auch der Auswanderung, zwei Erscheinungen, die eng zusammenhängen. Die Wanderungen führten gesamthaft gesehen in der Periode 1870–1910 zu einer im Verhältnis zum Geburtenüberschuß nur geringen Zunahme der Wohnbevölkerung (41 000 gegen 1 057 000 Einheiten). Dabei wurden die beträchtlichen Verluste in Bern (– 116 000) und im Aargau (– 31 000) durch die starke Zunahme in Zürich (+ 97 000), Genf (+ 63 000) und Basel (+ 50 000) ausgeglichen. Diese Verschiebungen bedeuteten eine Niederlassung ohne Genuß örtlicher Bürgerrechte. Die sogenannten Zuzüger wurden nicht immer gerne gesehen und mußten über eine gewisse Anpassungsbereitschaft verfügen. Immerhin war dies ein bescheidenes Opfer im Vergleich zur Entwurzelung durch eine Auswanderung, die im allgemeinen wegen der hohen Reisekosten und der Aufgabe der heimischen Lebensverhältnisse endgültig war. Der Exodus ins Ausland entführte in diesem Zeitraum jahraus jahrein mehr als 6000 Menschen. Er folgte dem Rhythmus der Menschenwogen, die sich auf dem Alten Kontinent durchmischten oder in die Neue Welt brandeten. Von 1850–1888 vertauschten über 200 000 Schweizer Umwelt und Lebensweise, gleich viele folgten ihnen bis zum Ausbruch des Ersten Weltkrieges.

Prozentualer Anteil der nicht im Wohnkanton Heimatberechtigten an der Gesamtbevölkerung

	1836/38	1888	1950	1970
ZH	6,2	25,6	50,8	59,3
BE	5,2	10,2	19,6	29,3
LU	3,2	12,2	29,5	38,0
UR	4,2	13,0	27,9	31,9
SZ	3,3	14,0	33,0	43,7
OW	4,1	16,5	31,0	35,3
NW	3,9	19,1	37,8	47,7
GL	3,8	21,8	42,3	52,7
ZG	7,4	39,4	66,2	77,0
FR	8,7	15,8	20,6	29,0
SO	6,3	26,9	49,9	61,1
BS	56,4	70,4	51,7	58,2
BL	12,4	28,9	54,4	74,1
SH	5,3	26,0	52,7	65,0
AR	5,8	25,9	45,8	60,3
AI	1,3	10,4	16,4	23,2
SG	9,1	29,0	41,4	51,4
GR	5,8	14,8	28,4	37,4
AG	4,2	10,8	34,7	52,4
TG	7,1	27,8	55,5	67,3
TI	3,1	15,9	27,4	40,2
VD	10,3	25,8	44,2	53,8
VS	2,8	4,9	11,9	20,8
NE	30,3	55,2	53,2	67,5
GE	34,9	62,1	67,2	72,4
CH	8,0	23,0	38,9	50,0

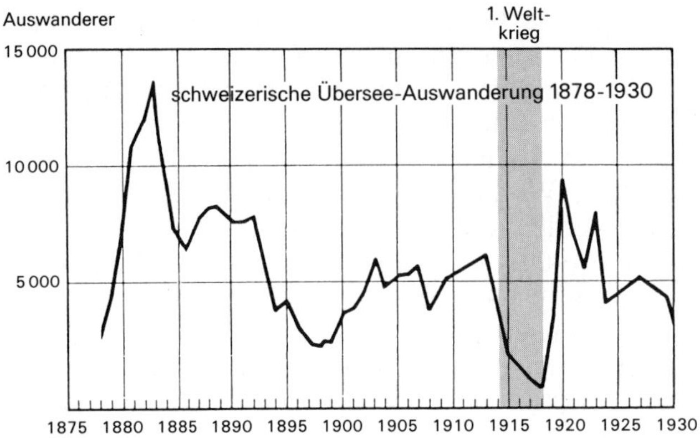

Die schweizerische Auswanderung nach Übersee

Auswanderung nach Übersee

Amerika, das drei Viertel der Auswanderer aufnahm, zog vorerst die Abgeschobenen an, dann aber auch jene, deren Wunsch nach sozialem Aufstieg durch den Traum vom Eldorado und die Veränderungen des schweizerischen Milieus geweckt worden war. Als erste gingen die Bauern, angelockt von den weiten Räumen des mittleren Nordens, später des Westens. Es folgten die Handwerker und die Arbeiter, denen sich um die Jahrhundertwende eine größere Zahl von Angestellten anschloß, die meist in den Städten des atlantischen Bereichs haltmachten. Die Zahl der Auswanderer war nicht überall in der Schweiz gleich stark; wenig Welschschweizer, ein mittelstarkes Kontingent aus dem industriellen Mittelland und ein starker Anteil aus der Zentralschweiz, den östlichen Alpentälern und dem Tessin. Wenn die Schweizer sich leicht in die amerikanische Demokratie integrierten, deren Werte ihnen vertraut waren, so sicherte ihnen doch eine starke Neigung zur Vereinsbildung gegenseitigen Rückhalt

Während des letzten Drittels des 19. Jahrhunderts wurde Amerika zum wichtigsten Auswanderungsgebiet nach Übersee. Der größte Teil der Emigranten – ungefähr drei Viertel – fand in den Vereinigten Staaten ein neues Zuhause, die restlichen in andern Ländern des Kontinents, einige wenige in andern Erdteilen. Das Bild zeigt die Schweizerkolonie «Bernstadt» in Laurel (Kentucky) im Jahr 1881. Die Vermessungsinstrumente im Vordergrund deuten auf die Aufbauphase. Die Kolonien entwikkelten sich unterschiedlich und wurden z. T. bald unabhängig von Unterstützungsträgern aus der Heimat.

und wurden Erinnerungen an die Heimat durch mit der Vorsilbe «Neu» geschmückte Ortsnamen und die Beibehaltung beruflicher Traditionen am Leben erhalten. 1893 registrierte eine Statistik 233 Schweizervereine in den Vereinigten Staaten, deren Heimatverbundenheit und Zweisprachigkeit zeigt, daß die Auswanderer keine völlige Assimilation anstrebten.

Die herausragende Rolle, die der amerikanische Kontinent bei der Entstehung einer neuen schweizerischen Diaspora spielte, zeichnete sich seit 1880 deutlich ab. In diesem Jahr zählte Johann Durrer bereits 108 000 in Amerika ansässige Schweizer, davon weniger als ein Fünftel außerhalb der großen Republik, nämlich 11 % in Argentinien, 4 % in Kanada und 2 % in Brasilien. Diese Tendenz verstärkte sich bis zum Ersten Weltkrieg, da der Anteil der andern Kontinente an der Auswanderung 5 % kaum überstieg. Während weiterhin vor allem landwirtschaftlich Tätige nach Kanada und Lateinamerika gingen, zogen Afrika, Asien und Ozeanien mehrheitlich Missionare, Kaufleute, Handwerker oder Bergarbeiter an, wie jene Tessiner, die den australischen «Goldrausch» verpaßten und von denen ein Teil, neuen Trugbildern folgend, an die amerikanische Ostküste weiterzog.

Ausländische Bevölkerung 1850–1975 (Anteil an der Gesamtbevölkerung)

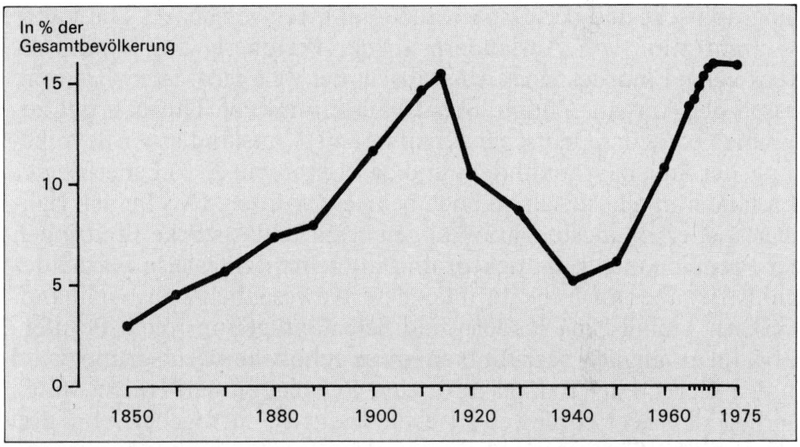

Ausländische Wohnbevölkerung nach Nationalität 1860–1975

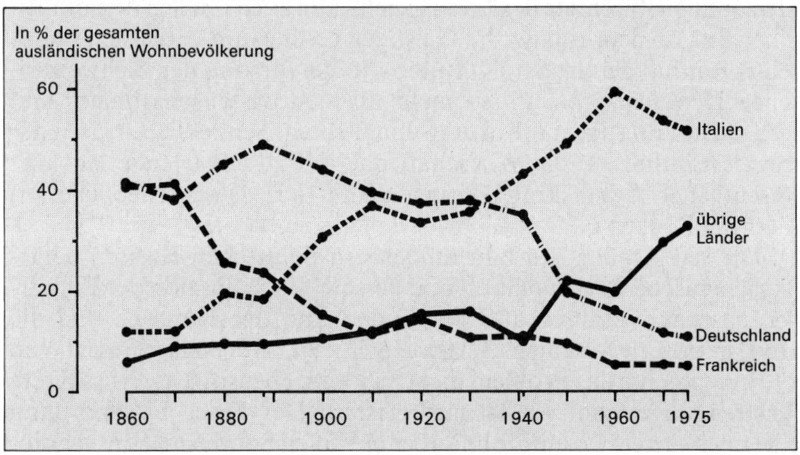

Osmose mit den Nachbarn

Parallel zur Abwanderung nach Übersee ging auch die viel früher begonnene Austauschbewegung zwischen der Schweiz und den europäischen Staaten weiter. Die Nachbarländer spielten dabei eine den Vereinigten Staaten vergleichbare Rolle, indem sie fast die Gesamtheit der Auswanderer absorbierten. Um die Jahrhundertwende wurde dieser Austausch jedoch ungleichgewichtig: Während sich die Zahl der Schweizer in den vier Nachbarstaaten und der Bürger dieser Staaten in der Schweiz um 1860 mit über 100 000 und 20 Jahre später mit ungefähr 200 000 etwa die Waage hielt, war 1914 das Verhältnis 250 000 gegen rund 700 000 (davon 90 000 Saisonniers). Die Ausländer machten mehr als 17 % der Wohnbevölkerung aus. Damit entstand das «Überfremdungsproblem», das vor allem durch den auswuchernden Nationalismus genährt wurde, der zu einem eigentlichen Kolonialismus führte. So benahm sich die deutsche Kolonie, einst Zuflucht republikanischer Liberaler und sozialistischer Arbeiter, wie in einem «Reichsland», aktiv unterstützt von den alldeutschen Kreisen. Ähnliches galt von der italienischen Kolonie, wo der irredentistische Ton vorherrschte.

LA TRIBUNA SUPPLEMENTO illustrato della Domenica

I DISORDINI DI ZURIGO.

Ungelöste soziale Probleme und wachsende Fremdenfeindlichkeit führten 1896 zu Angriffen der einheimischen Bevölkerung auf ansässige italienische Arbeiter. Die Anwesenheit ausländischer Anarchisten schürte zusätzlich die Wut der aufgebrachten Menge, welche erst nach einigem Zögern von Armee und Polizei in die Schranken gewiesen wurde («La Tribuna», 1896).

Das Gefühl einer gefährlichen Übervölkerung wurde durch geographische und berufsspezifische Faktoren verschärft. Die starke Konzentration von Ausländern an der Peripherie des Landes erweckte den Eindruck eines Ausfransens der weit geöffneten Grenzen: Basel, der Aargau, Zürich, Schaffhausen und der Thurgau mit zusammen 65 % der Deutschen, Genf mit 40 % ausländischer Bevölkerung, der Süden Graubündens und das Tessin mit 28 % beherbergter Ausländeranteile, die als zu hoch beurteilt wurden. Das Fehlen jeglicher Niederlassungsbeschränkungen erklärte das starke Eindringen der Fremden in den Bausektor und in nichtspezialisierte Berufe der Industrie, aber auch die auffallendere Anwesenheit von Fachhandwerkern, technischen Kadern und Selbständigen in freien Berufen. Obwohl anfänglich begrüßt, kam diese gehobene Berufsgruppe bald in den Geruch der Exklusivität, zum Beispiel an den Universitäten und in der deutschschweizerischen Industrie. Umgeben von drei Monarchien, fürchtete das Land gleichzeitig auch um den demokratischen Stil, an dem es hing. Im Geistigen drohte ihm unter dem politischen Einfluß der großen Kulturen die Verwirrung der «schweizerischen Denkungsart», um so mehr als sich wissenschaftliches und technisches Prestige mit Rassenwahn färbten. Schließlich stellten der fremde Einfluß auf die Wirtschaft und der zu erwartende Rückruf wesentlicher Arbeitskraftkontingente im Kriegsfall erhebliche zusätzliche Risiken dar.

Die seit Anfang des Jahrhunderts in politischen Kreisen befürwortete raschere Assimilation und bessere Koordination der Einbürgerungspraxis prallten auf den Widerstand der Kantone und die Obstruktion der lokalen Bürgergemeinden. Auch das Gesetz von 1903 vermochte das Problem nicht zu lösen, ebensowenig wie spätere Anstrengungen zur Verfassungsrevision. Der Krieg brachte dann eine unerwartete Lösung, ohne aber die tiefen Spuren eines psychologischen Konflikts verwischen zu können, der sich auf der Ebene der Mentalitäten vor dem Hintergrund einer unvollendeten nationalen Integration abspielte.

4. Vom Wissenschaftsglauben zum ästhetischen Bruch

Impulse durch die Technik

Es bleibt nun noch das Zusammenfallen des «bürgerlichen Zeitalters» mit dem Aufkommen eines Wissenschaftsglaubens im Gewand einer Zukunftsreligion aufzuzeigen. Bis in die Mitte des 19. Jahrhunderts hatte die Schweiz einen gewissen Rückstand gegenüber den großen Zentren der Wissenschaft. Die Organisation der Grundlagenforschung und der praxisorientierten Arbeiten litt unter dem Provinzialismus der Universitäten, dem Mangel an technischen Bildungsstätten und auch dem Fehlen jeglicher Bundesgesetzgebung über das geistige Eigentum, eine Lücke, die erst ein Gesetz von 1889 füllen sollte. Gegen Ende des Jahrhunderts änderte sich die Lage rasch: Universitäten und Industrie spannten zusammen, und auch die reine Forschung nahm einen Aufschwung, dessen Resultate schon vor dem Krieg sichtbar wurden. Geniale Ansätze fanden zwar noch nicht die Beachtung der Zeitgenossen, sondern sollten erst die Wissenschaft der zweiten Hälfte des 20. Jahrhunderts befruchten: so die Formulierung der Relativitätstheorie (1905) durch den damals unbekannten Albert Einstein und die linguistischen Arbeiten von Ferdinand de Saussure, dem verkannten Vater des Strukturalismus.

Das Interesse, das Reisende und Touristen den Alpen entgegenbrachten, übertrug sich auf Geologen und Feldmesser. Raphael Ritz (1829–1894), der Maler eines noch unberührten Wallis, beobachtet hier zwei mit alpiner Triangulation beschäftigte Geometer.

Beziehungen zwischen Technik und Industrie waren seit den Anfängen der industriellen Revolution gepflegt worden. In mehreren führenden Sektoren trugen sie im Verlauf der zweiten Jahrhunderthälfte Früchte: die Textilmaschine von Hans Georg Bodmer, die Zahnradbahn von Niklaus Riggenbach, die Sulzer-Dampfmaschine von Charles Brown und eine mit derselben Energie betriebene Turbine von Heinrich Zoelly. Ebenso forderte der Bau von Eisenbahnen in schwierigem Gelände die Begabung des Brückenbauers Richard La Nicca heraus und führte Konradin Zschokke zur Vervollkommnung der Unterwasserfundamentierung. Charles Brown junior, der das Problem der Übertragung von elektrischer Energie über große Distanzen gelöst hatte, demonstrierte die damit erschlossenen neuen Möglichkeiten 1891, als er erstmals die Dampfkraft durch Wasserkraft ersetzte, die seit der Jahrhundertwende mit dem Bau der ersten Staumauern genutzt werden sollte. Jakob Erwin Brandenberger wies der Verpackungsindustrie neue Wege, indem er 1908 das Cellophan erfand.

Die Zeit der theoretischen Entwürfe

Der wissenschaftliche Fortschritt verwirklichte sich indessen nicht nur auf den Werkplätzen der öffentlichen Bauten und in den Ingenieurbüros großer Unternehmungen; das 20. Jahrhundert eröffnete auch die Ära der Versuchslaboratorien und der theoretischen Entwürfe, die die Beherrschung der konkreten Welt vorwegnahmen.

Schon früh gingen zwei Nobelpreise in die Schweiz: einer 1909 an Theodor Kocher für seine Arbeit über die Funktion der Schilddrüse, der andere 1913 an den Chemiker Alfred Werner für die Theorie der komplexen Salze. Die Entwicklung der medizinischen Ausbildung hatte übrigens in dieser Epoche wissenschaftlichen Fortschritts und wachsenden Austausches auch in der Fremde ihre Wirkung, so die Entdeckung des Pestbazillus 1894 durch Alexandre Yersin, einen damals in Indochina arbeitenden Waadtländer. Sein Landsmann César Roux führte in der Welschschweiz mit der chirurgischen Behandlung auch die wissenschaftliche Bezeichnung *«Appendizitis»* für ein Leiden ein, das bisher den fatalen Namen *«Miserere»* getragen hatte.

Zweckfreiere Forschungen

Die im Jahre 1815 gegründete «Naturforschende Gesellschaft der Schweiz» erhielt von 1860 an die Unterstützung des Bundes für die von ihren Kommissionen betreuten Arbeiten, ohne daß sie jedoch stets die Effizienz der ausländischen Akademien erreicht hätte. Immerhin ist ihrer Initiative das große Unternehmen der geologischen Karte der Schweiz zu verdanken, die 1890 vollendet wurde, ferner die Fortschritte der Glaziologie und Limnologie ebenso wie die Anfänge der prähistorischen Anthropologie. Andere spezialisierte Gesellschaften förderten die Naturwissenschaften, besonders die Kenntnis von Fauna und Flora.

Unterschiedliche Entwicklung der Humanwissenschaften

Bei den Humanwissenschaften übten die wenig lukrativen Anwendungsmöglichkeiten und die föderalistische Struktur des Landes oft einen retardierenden Einfluß aus und brachten erstaunliche Gegensätze hervor. Das Schweigen der Psychologie scheint das

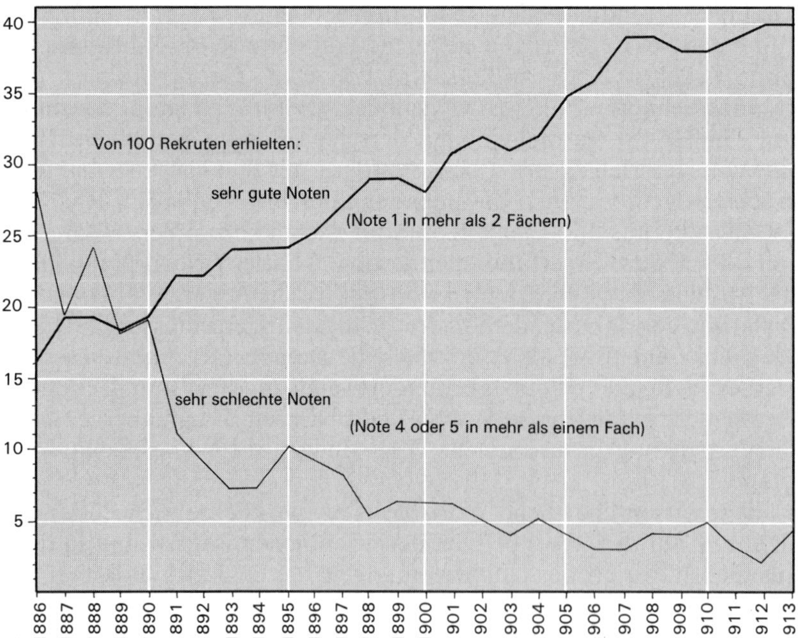

Rückgang des Analphabetismus 1886–1913

Entwicklung der anläßlich der pädagogischen Rekrutenprüfungen ermittelten Ergebnisse

Aufkommen der Psychiatrie mit Auguste Forel, dem Pionier der Hypnose, und Eugen Bleuler, der die Schizophrenie klinisch definierte, nicht aufgehalten zu haben. Die Pädagogik zog sich nach Heinrich Pestalozzi und Pater Grégoire Girard auf die Erstellung von Schulprogrammen zurück, worin es die Schweizer zur Meisterschaft brachten. Sie fand ihre Stimme erst wieder mit der Gründung des Institut Jean-Jacques Rousseau durch Edouard Claparède, den Pionier der Experimentalpsychologie, die sich in der Folge als fruchtbar erweisen sollte. Die zweite Hälfte des 19. Jahrhunderts war ebenfalls eine auf bessere Zeiten folgende Dürreperiode in der Orientalistik, der Linguistik, der Literaturwissenschaft und der Ethnologie, deren Vertreter vor allem außerhalb Europas arbeiteten.

Rechts- und Geschichtswissenschaft dagegen erhielten durch die Schaffung des Bundesstaates und seine inneren Kämpfe ihren genau umrissenen Gegenstand. Unter den juristischen Leistungen ragen das Werk Eugen Hubers, das ins 1912 eingeführte Zivilgesetzbuch ausmündete, und die Beiträge zur Verfassung und Gesetzgebung von Staatsrechtlern wie Johann Jakob Blumer, Carl Hilty und Jakob Schollenberger heraus. Aus dem Gewirr von historischen Studien, die vorwiegend romantischer Kenntnis lokaler Vergangenheit oder der Diskussion um die Gründungsmythen galten, erhoben sich schließlich der Positivismus Wilhelm Oechslis und der philosophische Höhenflug Jacob Burckhardts, der als einziger mit seinen «Weltgeschichtlichen Betrachtungen» und seinen kulturhistorischen Studien über Griechenland und das Italien der Renaissance Berühmtheit erlangte.

Literarischer Regionalismus und Kosmopolitismus der Kunst

Wenn die Wissenschaft, zumindest die Naturwissenschaft, nicht dem Regionalismus verfiel, so gilt das nicht in derselben Weise für die Kunst. Vor allem die Literaturen, von denen es in unserem Lande ja vier gibt, zogen ihre Originalität gerade daraus, daß sie jeder Vereinheitlichung widerstanden. Auf deutschschweizerischem Boden standen die Romane von Gottfried Keller und seinen Epigonen im Zeichen des schon etwas abgegriffenen republikanischen Ideals, während sich die ersten Dialekterzählungen eher am Moralismus Jeremias Gotthelfs orientierten, der die erste Hälfte des 19. Jahrhunderts beherrscht hatte. Den Gegenpol zum *«genius loci»,* das Sehnen nach dem Universalen, fanden Conrad Ferdinand Meyer in der intensiv erlebten Vergangenheit und Carl Spitteler in der Zeitlosigkeit der Natur.

In der Welschschweiz, wo der bedrohliche Niedergang der Dialekte die volkstümliche Ader, mit Ausnahme des Chansons, ausgetrocknet hatte, gab es zwei Richtungen: zum einen die Entwurzelten, die mit oder ohne Hoffnung auf Rückkehr in ihre Provinzheimat Paris eroberten, so Edouard Rod, der pariserisch genug geworden war, um in die «Académie française» aufgenommen zu werden, Charles Ferdinand Ramuz oder Gonzague de Reynold, die dort ihre innere Schweiz und die Notwendigkeit der Rückkehr entdeckten; zum andern die nach innen Blickenden, fähig, das Wesentliche an Ort zu erreichen, so wie auf tragische Art Henri Frédéric Amiel, der Erforscher seiner eigenen Abgründe, oder Philippe Monnier, der liebenswerte Zeuge des dörflichen Alltags.

Eklektischer oszillierte das *ottocento* der italienischen Schweiz zwischen einem wissenschaftlichen Helvetismus, wie ihn Stefano Franscini vertrat, der Wiederentdeckung von Land und Leuten und der Debatte über das zukünftige Italien im Dialog mit den zahlreichen Flüchtlingen.

Die erste eidgenössische Volkszählung (1850) holte die rätoromanischen Sprachen aus der Isolation hervor und enthüllte ihre prekäre Lage. Nun wurde die unterbrochene literarische Tradition erneuert. Im Romanischen setzte Giachen Caspar Muoth epische Akzente und Caspar Decurtins, Soziologe und feuriger Politiker, erfüllte mit seiner Chrestomatie eine dringende Aufgabe. Im ladinischen Raum erhob Peider Lansel, Herold eines Poetengeschlechts, für den die Fremde inneres Exil bedeutete, den Ruf der Wiedergeburt: *«Ni Talians, ni Tudaischs»* (weder Italiener noch Deutsche).

Kommerzieller Kreislauf für die schönen Künste

Die Demokratisierung der Gesellschaft und der Aufstieg der Geschäftsbourgeoisie beeinflußten nur in geringem Maße die Situation der Schriftsteller, denen die Feder kein Broterwerb war. Sie

Am Winzerfest in Vevey wurden 1905 die traditionellen Motive der Jahreszeiten und der bäuerlichen Arbeiten dem Geschmack der Zeit entsprechend in einem neuen Stil dargestellt (Illustration von E. Bieler im Festkalender).

veränderten hingegen diejenigen Kunstgattungen, deren Produkte der Kommerzialisierung ausgeliefert waren, zu der staatliche Aufträge und ein wachsendes privates Mäzenatentum beitrugen. Mehr noch als die 1866 erfolgte Gründung der «Gesellschaft schweizerischer Maler, Bildhauer und Architekten» prägte der Zeitgeist die Entwicklung der schönen Künste in einer Schweiz, die empfänglich für den Einfluß der großen Kunstzentren war. Die Landschaft, vor allem die alpine, als ästhetischer Reflex der nationalen Idee, ging von

Porträt Ferdinand Hodlers, in Holz geschnitten von Emil Orlik (1870–1932) in einer Zeit, da die Druckgraphik noch mit der Photographie wetteiferte. Der Blickwinkel weist auf die gewollte Isolation des Malers.

der wilden Romantik eines Alexandre Calame zu einem pittoresk verbrämten Realismus über. Die Tradition der Kleinmeister des 18. Jahrhunderts mündete mit Albert Anker in die Darstellung bäuerlicher Abgeklärtheit, ohne die Agrarfrage zur Kenntnis zu nehmen. Unterdessen huldigte die historische Malerei dem Patriotismus. Den Umgetriebenen wie Karl Stauffer und Frank Buchser gaben die Irrfahrten in der Fremde Gelegenheit zur Selbstverwirklichung.

Den Bruch mit einer allzu akademischen Kunst bahnte Ferdinand Hodler an, der den Realismus überwand, um zu einer neuen Realität zu gelangen. Danach strebte auch die Photographie, die das konventionelle Bild hinter sich ließ und aufbrach, das Leben in seiner Vielfalt festzuhalten und das Feld der Reportage und sogar der Werbung zu erobern. Die Gründung des «Schweizerischen Tonkünstlervereins» 1900 markierte den Willen, von den dominierenden Einflüssen des romantischen Deutschlands freizukommen und neue Formen zu erproben. In der Tat waren Basel und Zürich auf Richard Wagner und Johannes Brahms eingeschworen, die in der Schweiz nicht nur komponiert, sondern auch selbst den Taktstock geführt hatten. Volkstümlicher aber als die Instrumentalmusik war seit Beginn des Jahrhunderts der vierstimmige Chorgesang, der zu Preisausschreiben und Festspielpartituren anregte und beeindruckende Sängerscharen an den Bundesfeiern zusammenführte.

Bibliographie und Forschungsstand

Quellen und Übersichten

Anders als für die erste Hälfte des 19. Jahrhunderts gibt es für die zweite erst seit kurzem kritische Quelleneditionen. Es handelt sich v.a. um die im Erscheinen begriffenen Diplomatischen Dokumente der Schweiz 1848–1945. Für die hier behandelte Zeit sind zwei Bände erschienen (Bd. 2: 1866–1872, Hg. R. Ruffieux, Bern 1985 und Bd. 5: 1904–1914, Hg. H. Lüthy und G. Kreis, Bern 1983). Auch in der Literatur trat diese Zeit während der Zwischenkriegszeit und in den vierziger Jahren in den Hintergrund; seit zwanzig Jahren wurde dieser Rückstand durch einige wichtige Publikationen z. T. wieder aufgeholt. Die Entwicklung der Geschichtswissenschaft wird im Handbuch der Schweizer Geschichte, Bd. 2, Zürich 1977, wiedergegeben. H. von Greyerz hat das vorhandene Material in den sechziger Jahren optimal ausgewertet und damit ein neues Bild der Zeit gezeichnet. H. U. Jost hat diese vorbildliche Arbeit noch durch ein bibliographisches Nachwort ergänzt und das Neue des Ansatzes noch klarer werden lassen. Diese neue Sicht wurde vorbereitet durch die Pionierarbeit von E. Fueter, Die Schweiz seit 1848, Zürich, Leipzig 1928, die P. Stadler, Zwischen Klassenkampf, Ständestaat und Genossenschaft. Politische Ideologien im schweizerischen Geschichtsbild der Zwischenkriegszeit, in: Historische Zeitschrift 1974, mit der traditionellen Geschichtsschreibung verglichen hat. Letztere hat viele sehr ähnliche Werke hervorgebracht, die in einigen Punkten zwar noch nützlich sein können, in andern jedoch völlig veraltet sind. Dazu zu rechnen wären: E. Gagliardi, Geschichte der Schweiz von den Anfängen bis zur Gegenwart, Bd. 3, 3. Aufl., Zürich, Leipzig 1938; W. Martin, Histoire de la Suisse. Essai sur la formation d'une Confédération d'Etats, Lausanne 1929 (1959 neu aufgelegt); H. Schneider, Geschichte des Schweizerischen Bundesstaates 1848–1918, Stuttgart 1931 (nur der erste Band von 1848–1874 ist erschienen als letzter Band der Geschichte von Dierauer); E. Bonjour, Geschichte der Schweiz im 19. und 20. Jahrhundert, in: H. Nabholz (u. a.), Geschichte der Schweiz, Zürich 1938. Einige Werke, die sich besonders mit den Institutionen befassen, sind immer noch aktuell: E. His, Geschichte des neueren schweizerischen Staatsrechts, Bd. 3: Der Bundesstaat von 1848–1914, Basel 1938; W.-E. Rappard, L'individu et l'Etat dans l'évolution constitutionnelle de la Suisse, Zürich 1936; Z. Giacometti, Schweizerisches Bundesstaatsrecht, neubearbeitet von F. Fleiner, Zürich 1949; J.-F. Aubert, Petite histoire constitutionnelle de la Suisse, Bern 1974 (Monographien zur Schweizergeschichte, Bd. 9), gibt einen neuen und leicht lesbaren Abriß seines großen Werks über die schweizerische Verfassungsgeschichte. Die politische Wissenschaft hat kürzlich eine Synthese geliefert mit dem Handbuch politisches System der Schweiz, Bd. 1: Grundlagen, (Hg.) A. Riklin, Bern 1983 und Bd. 2: Strukturen und

Prozesse, (Hg.) U. KLÖTI, Bern 1984. Wichtige Quellen für die Zeit sind die offiziellen Publikationen des neuen Bundesstaates: die Amtliche Sammlung der Bundesgesetze, welche für die Zeit von 1848–1947 als Bereinigte Sammlung erschienen ist (Bern 1949–1955); das Bundesblatt, das ebenfalls seit 1848 erscheint; das Amtliche stenographische Bulletin der schweizerischen Bundesversammlung erscheint seit 1891 und seit 1907 für National- und Ständerat getrennt. Eine wichtige Quelle zur Kenntnis der Zeit bildet das zwischen 1896 und 1909 von K. HILTY, nachher von W. BURCKHARDT herausgegebene Politische Jahrbuch der Schweizerischen Eidgenossenschaft, Bern 1896–1917. Für die ökonomischen und sozialen Prozesse sind einige Lexika wichtig geworden, die ihrerseits zu eigentlichen Quellensammlungen wurden: N. REICHESBERG (Hg.), Handwörterbuch der Schweizerischen Volkswirtschaft, Sozialpolitik und Verwaltung, Bde. 1–3, Bern 1903–1911; A. FURRER (Hg.), Volkswirtschafts-Lexikon der Schweiz, Bde. 1–4, Bern 1885–1892. Zu den allgemeinen Darstellungen gesellt sich der Abriß von J. F. BERGIER, Die Wirtschaftsgeschichte der Schweiz, Zürich 1983.

Die Schweiz unter der Verfassung von 1848

E. BUCHER hat die Entstehung der Bundesverfassung von 1848 im Handbuch der Schweizer Geschichte, Bd. 2, Zürich 1977, analysiert und vervollständigt damit die klassischen Bücher von W.-E. RAPPARD, La constitution fédérale de la Suisse 1848–1948, Neuchâtel 1948, und J.-C. BIAUDET, M. BRIDEL, Les origines de la Constitution fédérale de 1848. L'esprit et la destinée de la Constitution fédérale de 1848, Lausanne 1949. Die Dynamik des politischen Lebens ist dank zwei grundlegenden Werken E. GRUNERS bekannt: Die schweizerische Bundesversammlung 1848–1920, Bde. 1–2, Bern 1966 (Helvetia politica, A 1/2); Die Wahlen in den schweizerischen Nationalrat, 3 Bde., Bern 1978. Letzteres behandelt auch die Entstehung der modernen Parteien, die bereits in einem früheren Buch vom selben Autor untersucht worden ist, Die Parteien in der Schweiz, 2. Aufl., Bern 1977 (Helvetia politica, B 4). Hinzuweisen ist auch auf J. SEGESSER, Die Einstellung der Kantone zur Bundesrevision und zur neuen Bundesverfassung im Jahre 1848, Bern 1965, und J. DÜBLIN, Die Anfänge der schweizerischen Bundesversammlung, Bern 1978 (Helvetia politica, A 5). Den Standpunkt der Besiegten erläutert H. BORNER, Zwischen Sonderbund und Kulturkampf. Zur Lage der Besiegten im Bundesstaat von 1848, Luzern 1981.

Zur Außenpolitik jener Zeit gibt E. BONJOUR, Geschichte der schweizerischen Neutralität, Bd. 2, Basel, Stuttgart 1965, einen Überblick. Bilaterale Beziehungen und einzelne spezifische Probleme wurden in einigen Dissertationen behandelt: G. HUNZIKER, Die Schweiz und das Nationalitätsprinzip im 19. Jahrhundert. Die Einstellung der eidgenössischen Öffentlichkeit zum Gedanken des Nationalstaates, Basel 1970 und R. BECK, Roulez tambours. Politisch-militärische Aspekte des Neuenburger Konfliktes zwischen Preußen und der Schweiz 1856/57, Frauenfeld 1982.

Für die Beziehungen zu Frankreich sehe man M. VUILLEUMIER, La Suisse du milieu du XIXe siècle vue par la diplomatie française, in: Revue d'histoire diplomatique, Paris 1964–1965, sowie die wichtige Biographie A.-W. SCHOOP, Johann Konrad Kern, Bd. 2: Die Gesandtschaft in Paris, Frauenfeld, Stuttgart 1976. Zu einem kritischen Problem konsultiere man V. CONZEMIUS, Der schweizerische Bundesstaat und das I. Vatikanische Konzil (1869–1870), in: Schweizerische Zeitschrift für Geschichte 1965.

Die ökonomische Entwicklung im 19. Jahrhundert wurde in gedrängter Form behandelt von W. BODMER, Schweizerische Industriegeschichte. Die Entwicklung der schweizerischen Textilwirtschaft im Rahmen der übrigen Industrien und Wirtschaftszweige, Zürich 1960, und von A. HAUSER, Schweizerische Wirtschafts- und Sozialgeschichte von den Anfängen bis zur Gegenwart, Erlenbach-Zürich, Stuttgart 1961. Eine teilweise neue Sicht erscheint bei J.-F. BERGIER, Naissance et croissance de la Suisse industrielle, Bern 1978 (Monographien zur Schweizergeschichte, Bd. 8), ebenso bei B. M. BIUCCHI, Die industrielle Revolution in der Schweiz 1700–1850, in: Europäische Wirtschaftsgeschichte, Bd. 4, Stuttgart, New York 1977. Die Geschichte der sozialen Schichtung wurde schon von S. FRANSCINI, Neue Statistik der Schweiz, Bern 1848–1851, skizziert. Seither wurde sie, von einigen Ausnahmen abgesehen, vergessen; solche Ausnahmen bilden B. M. BIUCCHI, L'entrepreneur suisse au XIXe siècle, in: Annales cisalpines d'histoire sociale 1970, und besonders R. BRAUN, Sozialer und kultureller Wandel in einem ländlichen Industriegebiet (Zürcher Oberland) unter Einwirkung des Maschinen- und Fabrikwesens im 19. und 20. Jahrhundert, Bd. 2, Erlenbach-Zürich, Stuttgart 1965. Mehrere Überblicke über Wirtschaft und Gesellschaft sowie statistische Angaben finden sich in: Ein Jahrhundert schweizerischer Wirtschaftsentwicklung. Festschrift zum hundertjährigen Bestehen der Schweizerischen Gesellschaft für Statistik und Volkswirtschaft 1864–1964, in: Schweizerische Zeitschrift für Volkswirtschaft und Statistik 1964.

Der Eisenbahnbau wurde von H. BAUER in der Festschrift Ein Jahrhundert Schweizer Bahnen, 1847–1947, Bd. 1, Frauenfeld 1947, behandelt. Auf gesamteuropäischer Ebene hat sich R. CAMERON, La France et le développement économique de l'Europe 1800–1914, Paris 1971, mit dieser faszinierenden Frage befaßt, ebenso J. BOUVIER, La grande crise des compagnies ferroviaires suisses, in: Annales. Economies, Sociétés, Civilisations 1956. Schließlich wurde die Integration der industriellen Schweiz in das internationale Kreditwesen von M. LÉVY-LEBOYER, Les banques européennes et l'industrialisation internationale dans la première moitié du XIXe siècle, Paris 1964, untersucht.

Zu den politischen Veränderungen in den sechziger Jahren konsultiere man die bereits erwähnten Übersichtsdarstellungen sowie H. GMÜR, Die Entwicklung der Volksrechte in der Schweiz, in: Die Volksrechte, St. Gallen 1948, und E. DIETHELM, Der Einfluß der Theorie der Volkssouveränität auf die eidgenössischen und kantonalen Verfassungen nach 1798, Pfäffikon-Zürich 1959. Im Gegensatz zu diesen hob G. ANDREY die personelle Konstanz in der parlamentarischen Vertretung hervor: G. ANDREY, Personnalité politique et carrière parlementaire. Aspects de la longévité de fonction au Conseil national suisse sous le régime majoritaire (1848 à 1918), in: Festschrift für E. Gruner, Bern 1975.

Zur demokratischen Bewegung konsultiere man M. SCHAFFNER, Die demokratische Bewegung der 1860er Jahre. Beschreibung und Erklärung der Zürcher Volksbewegung von 1867, Basel 1982; ferner auch: P. GILG, Die Entstehung der demokratischen Bewegung und die soziale Frage, Affoltern a. A. 1951.

Das alte Interesse ausländischer Spezialisten an der politischen Kultur der Schweiz ist betont worden von F. DA POZZO, Die Schweiz in der Sicht des Auslandes, Bern 1977. Einige Sammelbände haben kürzlich eine vielversprechende Problematik aufgegriffen, z. B. P. DU BOIS (Hg.), Union et division des Suisses. Les relations entre Alémaniques, Romands et Tessinois aux XIXe et XXe siècles, Lausanne 1983; N. BERNARD und Q. REICHEN (Hg.), Gesellschaft und Gesellschaften. Festschrift zum 65. Geburtstag von Ulrich Im Hof, Bern 1982. Dazu gehört auch die Dissertation von R. J. RUTGERS, Les rapports entre la Suisse alémanique et la Suisse romande de 1848 à 1895, envisagés comme un aspect du fédéralisme suisse, Fribourg 1984.

Die Revision von 1874 und ihre Folgen

Die doppelte Funktion der Verfassungsrevision wird allgemein in der Literatur unterstrichen. Einerseits haben die allgemeinen Darstellungen gezeigt, daß das liberal-repräsentative System von 1848 in bezug auf die Volksrechte verbessert wurde und daß die öffentliche Meinung der Zeit dies auch so verstanden hat, so jedenfalls R. HÄBERLI, Die Revision der Bundesverfassung 1872/74 im Lichte der öffentlichen Meinung, Bern 1949. Anderseits hat sich durch die Revision von 1874 und die nachfolgende politische Praxis eine Referendumsdemokratie herausgebildet, was bereits von TH. CURTI, Geschichte der schweizerischen Volksgesetzgebung, Zürich 1882, gesehen wurde. In diesem Kontext sei auch hingewiesen auf J. SCHOLLENBERGER, Die Schweizerische Eidgenossenschaft von 1874 bis zur Gegenwart, Berlin 1910, und L. NEIDHART, Plebiszit und pluralitäre Demokratie. Eine Analyse der Funktion des schweizerischen Gesetzesreferendums, Bern 1970 (Helvetia politica, B 5). Neuere Aspekte zur Bundesrevision und ihren Folgen findet man in Centenaire de la Constitution fédérale 1874–1974. La Constitution fédérale hier – aujourd'hui – demain, in: Zeitschrift für Schweizerisches Recht, Bd. 1, 1974.

Über zwei wichtige Abstimmungen gibt es Monographien: zum Fabrikgesetz von 1877 von H. DÄLLENBACH, Kantone, Bund und Fabrikgesetzgebung. Die parlamentarische Debatte und die publizistische Diskussion zu den schweizerischen Fabrikgesetzen von 1853–1877, Zürich 1961; zur «Schulvogtvorlage» jene von F.-X. HARD, Der eidgenössische Erziehungssekretär. Bestrebungen zu einer gesamtschweizerischen Schulkoordination im Jahre 1882, Zürich 1974. Auf einen ausländischen Standpunkt zu den Praktiken der Referendumsdemokratie trifft man bei A. COSTE-FLORET, Les votations populaires en Suisse de 1874 à 1935, Montpellier 1938.

Die Literatur zum Kulturkampf verläßt nun allmählich das Feld politisch-religiöser Auseinandersetzung. Die protestantische Sicht erscheint in objektivierter Form bei A. LINDT, Protestanten, Katholiken, Kulturkampf. Studien zur Kirchen- und Geistesgeschichte des 19. Jahrhunderts, Zürich 1963, und V. CONZEMIUS hat auf katholischer Seite ein neues Bild gegeben in einer sehr weit gefaßten Biographie: Philipp Anton von Segesser 1817–1888. Demokrat zwischen den Fronten, Zürich, Einsiedeln, Köln 1977. Erschienen ist der erste Band der von V. CONZEMIUS herausgegebenen Korrespondenz: Briefwechsel Philipp Anton von Segesser (1817–1888), Bd. 1: 1840–1848, Zürich, Einsiedeln, Köln 1983. Über die Ereignisse in einem Kanton, die internationales Echo fanden, lese man M. PFEIFFER, Der Kulturkampf in Genf (1864–1873), Zürich 1970, und zur Interdependenz von Außen- und Innenpolitik R. RUFFIEUX, Le Kulturkampf: une épreuve de politique extérieure? Sous l'angle particulier des rapports franco-suisses, in: Innen- und Außenpolitik Primat oder Interdependenz? Festschrift zum 60. Geburtstag von Walther Hofer, Bern, Stuttgart 1980. Die Verhältnisse im Berner Jura schildert W. HUMBEL, Der Kirchenkonflikt oder «Kulturkampf» im Berner Jura 1873 bis 1878, unter besonderer Berücksichtigung des Verhältnisses zwischen Staat und Kirche seit der Vereinigungsurkunde von 1815, Bern 1981. Kürzlich ist eine umfassende und tiefgründige Gesamtdarstellung erschienen: P. STADLER, Der Kulturkampf in der Schweiz. Eidgenossenschaft und Katholische Kirche im europäischen Umkreis 1848–1888, Frauenfeld, Stuttgart 1984.

Parteien und Verbände

Die Gruppendemokratie wurde nach heute veralteten Gesichtspunkten in ihrer historischen Entstehung von H. WEILENMANN, Die vielsprachige Schweiz. Eine Lösung des Nationalitätenproblems, Basel, Leizpig 1925, untersucht.

In einem soziologisch beeinflußten Abriß weist E. GRUNER, Politische Führungsgruppen im Bundesstaat, Bern 1973 (Monographien zur Schweizergeschichte, Bd. 7), auf die Bedeutung der Eliten hin. Auch die Kenntnisse zur Arbeiterbewegung wurden durch E. GRUNER bereichert: Die Arbeiter in der Schweiz im 19. Jahrhundert. Soziale Lage, Organisation, Verhältnis zu Arbeitgeber und Staat, Bd. 1, Bern 1968 (Helvetia politica, A 3). Ältere Darstellungen behalten trotzdem ihren Wert: F. HEEB, Der Schweizerische Gewerkschaftsbund 1880–1930, Bern 1930, und E. WECKERLE, Gewerkschaften in der Schweiz, Bern 1947; zusätzlich sei auf die Gedenkschrift zum 100jährigen Jubiläum des Schweizerischen Gewerkschaftsbundes hingewiesen: L'Union syndicale suisse 1880–1980, Fribourg 1980. Der Dachverband der Arbeitgeber wurde untersucht von B. WEHRLI, Aus der Geschichte des Schweizerischen Handels- und Industrievereins, Erlenbach-Zürich, Stuttgart 1970. Die Dachverbände von Handwerk, Gewerbe und Kleinhandel wurden ebenfalls in einem historischen Überblick gewürdigt: A. GUTERSOHN, Das Gewerbe in der schweizerischen Wirtschaftspolitik, St. Gallen 1954. Die Ausdehnung des Einflusses dieser Verbände ist untersucht worden von B. HAUSER, Wirtschaftsverbände im frühen schweizerischen Bundesstaat (1848–1874): vom regionalen zum nationalen Einzugsgebiet, Basel 1985.

Neben dem grundlegenden Werk E. GRUNERS über die Parteien gibt es einige Studien über die wichtigsten Tendenzen im Entstehungsprozeß gesamtschweizerischer Parteien, so E. STEINMANN, Geschichte des schweizerischen Freisinns, Bd. 1: Der Freisinn als Gründer und Gestalter des Bundesstaates 1830–1918, Bern 1955; U. ALTERMATT, Der Weg der Schweizer Katholiken ins Ghetto. Die Entstehungsgeschichte der nationalen Volksorganisation im Schweizer Katholizismus 1848–1919, Zürich, Einsiedeln, Köln 1972; M. GRIDAZZI, Die Entwicklung der sozialistischen Ideen in der Schweiz bis zum Ausbruch des Weltkrieges, Zürich 1935; P. BIELER, Albert Steck 1843–1899. Der Begründer der Sozialdemokratischen Partei der Schweiz, Olten 1960. Das Problem der Minderheiten wurde von U. IM HOF, Die Viersprachigkeit der Schweiz als Minoritätsproblem des 19. und 20. Jahrhunderts, in: Festschrift für E. Gruner, Bern 1975, wieder aufgenommen.

Für wirtschaftliche Fragen behält die ältere Literatur ihre Gültigkeit. E. GRUNER, Die Wirtschaftsverbände in der Demokratie. Vom Wachstum der Wirtschaftsorganisationen im schweizerischen Staat. Erlenbach-Zürich 1958, hat einen Abriß zum Thema Demokratie und Verbände gegeben. Für speziellere Themen und mit andern Ansätzen seien erwähnt: J. NEUHAUS, Die Entwicklung der bundesstaatlichen Agrarpolitik seit 1848, Bern 1948; W.-E. RAPPARD, La révolution industrielle et les origines de la protection légale du travail en Suisse, Bern 1941; H. SIMMLER, Bauer und Arbeiter in der Schweiz in verbandlicher, politischer und ideologischer Sicht, Winterthur 1966. Die Wirtschaftskrise Ende des 19. Jahrhunderts ist unter psychologischen Gesichtspunkten betrachtet worden von H. SIEGENTHALER, Konsens, Erwartungen und Entschlußkraft: Erfahrungen der Schweiz in der Überwindung der Großen Depression vor hundert Jahren, in: Schweizerische Zeitschrift für Volkswirtschaft und Statistik 1983.

Innen- und Außenpolitik

Die Außenpolitik wurde wie erwähnt von E. BONJOUR in seinen Arbeiten behandelt; die Außenwirtschaftsbeziehungen finden jetzt Eingang bei R. M. W. VOGEL, Les conditions de la politique commerciale de la Suisse, Montreux 1966. Die Rückwirkungen dieser Beziehungen auf die Innenpolitik wurden von E. GRUNER, La Suisse et le tournant européen de 1870/71, in: Revue d'histoire moderne et contemporaine 1971, dargestellt. Die politische Bedeutung des Eisenbahnbaues wurde beim Gotthardbau deutlich, wie bereits M. S. Wey, Die Entwicklung und Verstaatlichung der Gotthardbahn, Bern 1914, sah.

Die deutsche Einigung wurde in der Schweiz aufmerksam verfolgt, ihre Beurteilung Bismarcks blieb jedoch sehr unterschiedlich. Diese unterschiedliche Einschätzung wird in zwei Büchern deutlich: E. A. Picard, Die deutsche Einigung im Lichte der schweizerischen Öffentlichkeit 1866–1871, Zürich, Leipzig 1940, und H. Renk, Bismarcks Konflikt mit der Schweiz. Der Wohlgemuth-Handel von 1889. Vorgeschichte, Hintergründe und Folgen, Basel 1972. Über Numa Droz und viele andere Bundesräte der Zeit fehlen noch Biographien, wodurch man auf E. Teucher, Unsere Bundesräte, Bern 1944, oder G. Heer, Der schweizerische Bundesrat von 1848–1908, Glarus 1911–1921, zurückgeworfen wird. Die Ergebnisse einer französisch-schweizerischen Studientagung sind veröffentlicht worden von R. Poidevin und L.-E. Roulet, Aspects des rapports entre la France et la Suisse de 1843 à 1939, Neuchâtel 1982. Ein Einzelproblem der Periode behandelt die Monographie von E. Leimgruber-Didierjean, Die Wende von 1878 in der schweizerischen Politik, Zürich 1980.

Entwicklungstendenzen um die Jahrhundertwende

Das Fehlen wichtiger Teilrevisionen der Bundesverfassung in dieser Zeit führte zur Frage nach dem Demokratieverständnis in der Schweiz, die von H. Schuepp, Die Diskussion über die schweizerische Demokratie von 1904–1914, Zürich 1969, gestellt worden ist. Zu den Einflüssen imperialistischer Theorien ist man weiterhin auf R. E. Behrendt verwiesen: Die Schweiz und der Imperialismus. Die Volkswirtschaft des hochkapitalistischen Kleinstaates im Zeitalter des politischen und ökonomischen Nationalismus, Zürich 1932; der theoretische Ansatz scheint allerdings heute überholt. Einen andern Sektor, der sich zunehmend entwickelte, nämlich die internationalen Finanzbeziehungen, behandelt jetzt P. Bairoch in bezug auf die Schweiz: Commerce extérieur et développement économique de l'Europe au XXe siècle, Paris 1976. Einen Einzelaspekt untersucht F. Walter, Finance et politique à la Belle Epoque. La France et les emprunts de la Confédération helvétique (1890–1914), in: Schweizerische Zeitschrift für Geschichte 1982.

Zur Außenpolitik gibt es jetzt neben der längerfristigen Darstellung von E. Bonjour eine Reihe von Dissertationen, die meist in Basel entstanden sind und häufig über den zeitlichen Rahmen von 1891–1914 hinausgehen. Für die Beziehungen zu den für die Schweiz wichtigsten Ländern seien erwähnt A. Lacher, Die Schweiz und Frankreich vor dem Ersten Weltkrieg. Diplomatische und politische Beziehungen im Zeichen des deutsch-französischen Gegensatzes 1883–1914, Basel, Stuttgart 1967; M. Todt, Die Beurteilung der deutschen Politik 1894–1900 und ihrer leitenden Persönlichkeiten durch schweizerische Diplomaten, Tübingen 1964; O. Uhl, Die diplomatisch-politischen Beziehungen zwischen Großbritannien und der Schweiz vor dem Ersten Weltkrieg (1890–1914), Basel 1961; I. Brosi, Der Irredentismus und die Schweiz, Basel 1935; R. Dannecker, Die Schweiz und Österreich-Ungarn. Diplomatische und militärische Beziehungen von 1866 bis zum Ersten Weltkrieg, Basel, Stuttgart 1966. Als Vorspiel zur Publikation der Diplomatischen Dokumente der Schweiz der Jahrhundertwende: Y. Collart u. a., Les relations extérieures de la Suisse à la fin du XIXe siècle. Reflets d'une recherche documentaire, in: Studien und Quellen, 9, 1983.

Den schweizerischen Beitrag zu dauerhaften Friedensregelungen behandeln unter anderen R. Lüthi, Die europäischen Kleinstaaten und die Haager Friedenskonferenz von 1899, Winterthur 1954, sowie K. W. Stamm, Die guten Dienste der Schweiz, Bern 1974. Die Gotthardfrage am Vorabend des Ersten Weltkrieges ist das Thema von zwei neuen Arbeiten, die den verschiedensten Aspekten Rechnung tragen: F. Bosshard, Der Gotthard-Vertrag von 1909. Ein Beitrag zur schweizerischen Innen- und Außenpolitik vor Ausbruch des Ersten Weltkrieges, Zürich 1973; S. Wegelin, Der Kampf um den Gotthardvertrag. Schweizerische Selbstbesinnung am Vorabend des Ersten Weltkrieges, Teufen 1973. Neue Erkenntnisse brachte die zum hundertjährigen Jubiläum im Tessin organisierte Studientagung; siehe dazu Il San Gottardo e l'Europa. Genesi di una ferrovia alpina, 1882–1982. Atti del convegno di studi Bellinzona, 14–16 maggio 1982, Bellinzona 1983. Für das Jubiläum des anderen großen Durchstichs konsultiere man G. Benz, Le percement du Simplon. 50 ans de négociations en faveur de l'Europe, Genève 1983.

Wie für die vorangehenden Epochen muß man für die Bevölkerungsgeschichte vorerst auf W. Bickel, Bevölkerungsgeschichte und Bevölkerungspolitik der Schweiz seit dem Ausgang des Mittelalters, Zürich 1947, zurückgreifen. Die sozialen Prozesse haben verschiedene Untersuchungen angeregt, die z. T. schon für frühere Zeitabschnitte zitiert wurden. Die Mentalitätsgeschichte steckt in der Schweiz noch in der Anfangsphase. Der sehr anregende Ansatz von E. Dürr, Urbanität und Bauerntum in der Schweiz, in: Die Schweiz. Nationales Jahrbuch 1934, wurde leider nicht aufgenommen. Eine bedeutsame Erweiterung der Geschichtsschreibung ist versucht worden mit: Frauen. Zur Geschichte weiblicher Arbeits- und Lebensbedingungen in der Schweiz, (Hg.) R. Wecker und B. Schnegg, in: Schweizerische Zeitschrift für Geschichte 1984. Zur Organisationsgeschichte: N. Escher, Entwicklungstendenzen der Frauenbewegung in der deutschen Schweiz 1850–1918/19, Zürich 1985. Auswanderung und Gründung der «Fünften Schweiz» wurden am besten von L. Schelbert, Einführung in die schweizerische Auswanderungsgeschichte der Neuzeit, Zürich 1976, dargestellt. Die Behandlung des wichtigsten Auswanderungsgebietes wurde von G. Arlettaz, L'intégration des émigrants suisses aux Etats-Unis 1850–1939, in: Relations Internationales 1972, angegangen. Die Frage der Ausländer in der Schweiz vor 1914 wurde von R. Schlaepfer, Die Ausländerfrage in der Schweiz vor dem Ersten Weltkrieg, Zürich 1969, behandelt. Eine Bilanz über die Entwicklung von Wissenschaft, Kunst und Literatur gibt P. Seippel (u. a.), La Suisse au XIXe siècle, 3 v., Lausanne, Bern 1900, – ein Versuch, der bis anhin nicht mehr gemacht wurde. Über Literatur und Denken in der welschen Schweiz gibt es eine Arbeit von A. Berchtold, La Suisse romande au cap du XXe siècle, Lausanne 1963.

Auf vielen Einzelgebieten gibt es inventarische Untersuchungen, die sich jedoch nicht in Übereinstimmung mit neuesten Fragestellungen der Kulturgeschichte befinden. Dies gilt für alle hier abschließend genannten Titel: D.W. H. Schwarz, Die Kultur der Schweiz, Zürich 1967; G. Calgari, Storia delle quattro letterature della Svizzera, Milano 1958. Zur Malerei kann man auf H.-C. von Tavel, Un siècle d'art suisse. Peinture et sculpture, de Böcklin à Giacometti, Genève 1969, auf einen Katalog aus dem Kunstmuseum Bern: Kunstszene Schweiz 1890, Bern 1980, sowie auf H. A. Lüthy und H.-J. Heusser, L'art en Suisse 1890–1980, Lausanne 1983 verweisen.

Kapitel 8 *Hans-Ulrich Jost*

Bedrohung und Enge (1914–1945)

A. Die wichtigsten Themen und Phasen in der Zeit von 1914 bis 1945

1. Stellung der Schweiz in der Weltwirtschaft

«Der Krieg hat die wirtschaftlichen Verhältnisse grundlegend geändert, die Werte verschoben und ganz neue und verschiedene Produktionsbedingungen geschaffen», erklärte der Vorsteher des schweizerischen Volkswirtschaftsdepartements und enge Vertraute von Industrie und Kapital, Bundesrat Edmund Schultheß, im Jahre 1929 vor dem Parteitag der Freisinnig-demokratischen Partei.

Schultheß, seit dem Ersten Weltkrieg einer der wichtigsten Bundesräte, versuchte diese Einsicht politisch umzusetzen; die Zeit bis zu seinem Rücktritt im April 1935, im Höhepunkt der Wirtschaftskrise, erhielt seinen Namen: Ära Schultheß.

Außenhandel und Währungspolitik

Tatsächlich hatte der Erste Weltkrieg wirtschaftliche Zerrüttungen größten Ausmaßes gebracht. Es wurde dabei deutlich, daß die Schweiz als Teil des kapitalistischen Weltwirtschaftssystems auch voll mit in die wirtschaftliche Kriegsführung hineingerissen wurde. Vergeblich hoffte man dann am Ende des Ersten Weltkrieges, die vermeintlich idyllischen Zustände der Zeit um 1900 würden sich von selbst wieder einstellen.

Schon im Ancien Régime bedeutete der Handel für die Schweiz – oder jedenfalls für wichtige Gebiete der Schweiz – ein lebenswichtiges Element; mit dem Aufkommen von Industrie und Banken intensivierten sich die Wirtschaftsverflechtungen mit dem Ausland. Die von der Schweiz mit allen Mitteln hochgehaltene Freihandelspolitik förderte diese Entwicklung. Ein letztes bewirkten dann die Banken: Ihr beinahe explosionsartiges Anwachsen im letzten Viertel des 19. Jahrhunderts, verbunden mit einer institutionellen Absicherung dank Schaffung der Nationalbank 1907, brachte die Schweiz auf den Stand eines gewichtigen internationalen Finanzplatzes. Die Schwächung von Paris 1871 und geschickter Umgang mit Kriegsanleihen trugen zur Stärkung der Schweizer Banken bei. Mit der Übernahme des deutschen Anteils am internationalen Versicherungswesen nach dem Ersten Weltkrieg gelang auch in diesem Finanzsektor eine entscheidende Ausweitung. Der Kapitalexport vermag die Bedeutung des schweizerischen Finanzplatzes anzudeuten: Bezogen auf die Einwohnerzahl, stand die Schweiz hinter England an der Spitze der kapitalexportierenden Länder. Die hohe internationale Verflechtung von Handel und Finanzen ließen Handels- und Währungsprobleme zu zentralen Faktoren der nationalen Existenz werden, weshalb sich einige generelle Bemerkungen zu diesen Fragen aufdrängen.

In der Konjunktur der mittleren und späteren zwanziger Jahre schloß sich die Schweiz der Goldwährung an und hielt an dieser noch fest, als angesichts der Weltwirtschaftskrise schon sämtliche Industriestaaten davon abgekommen waren. Diese Politik setzte der schweizerischen Exportindustrie hart zu. Anscheinend hatten aber die Bedeutung des Finanzplatzes und der Mythos vom harten Schweizer Franken schon absolute Priorität. Außerdem hatten die innenpolitischen Auseinandersetzungen gezeigt, daß der durchschnittliche Schweizer Politiker die Problematik der modernen Weltwirtschaft kaum mehr begreifen konnte, wodurch auch das politische System in seinen Anpassungsfähigkeiten beschränkt wurde. Immerhin kam es endlich im September 1936 noch zu einer 30prozentigen Abwertung des Frankens. Die Schweiz mußte sich auch hier den weltwirtschaftlichen Erfordernissen beugen.

Die Verflechtung der Schweiz mit der Weltwirtschaft war immer sehr groß, erreichte nun aber ausgerechnet am Vorabend des Ersten Weltkrieges einen bisher nur einmal, 1887, ausgewiesenen Umfang. Die Einfuhr betrug 1913 1,92 Milliarden Franken oder 46,1 %, die Ausfuhr 1,38 Milliarden oder 33 % des Nettosozialproduktes. Ähnlich hohe (relative) Zahlen wurden später nie mehr erreicht. In den Depressionsjahren 1937/38 fiel dann der Anteil des Außenhandels am Nettosozialprodukt auf 19,2 % (Einfuhr), respektive 14,8 % (Ausfuhr) zurück.

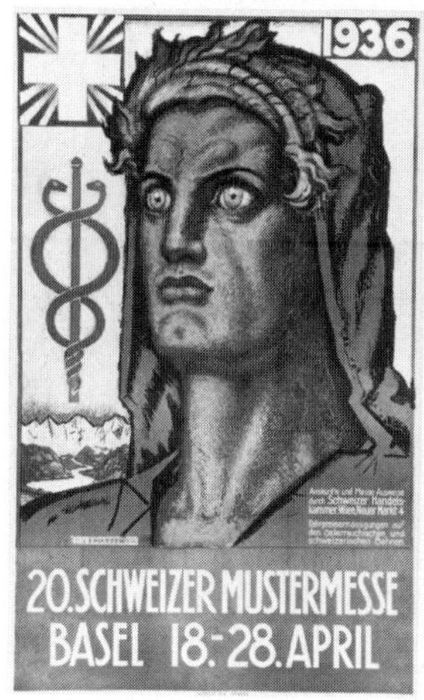

Die neuen nationalen Messen und Ausstellungen (Schweizer Mustermesse in Basel seit 1917, Comptoir Suisse in Lausanne seit 1920) sind ein Aspekt jener Entwicklung, die durch die verstärkte Präsenz der Wirtschaft in allen Lebensbereichen gekennzeichnet ist.

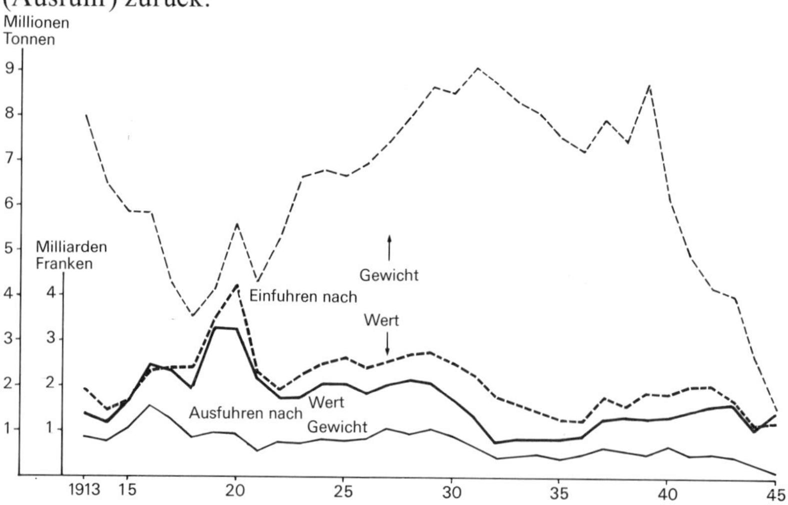

Der schweizerische Außenhandel 1913–1945

Die Exportindustrie

Die Textilindustrie hatte den wertmäßig größten Anteil am Export, nämlich 48 % in den Jahren 1912/13; sie erlitt aber in der Weltwirtschaftskrise auch den größten Einbruch und fiel auf 21 % zurück. Demgegenüber steigerte sich der zweitstärkste Exportzweig, die Maschinenindustrie, von 16 % auf 34 % und wurde so zum führenden Sektor der schweizerischen Exportindustrie. Die Uhrenindustrie, ein traditioneller Zweig der Exportindustrie, vermochte ihren Anteil von etwa einem Sechstel zu halten. Die stärkste Zuwachsrate zeigte allerdings die chemische Industrie, deren Anteil am Export von 5 % auf 16 % stieg; der kriegsbedingte Bedarf an Pharmazeutika half bei der Entwicklung der Schweizer Chemie entscheidend mit. Ein letzter Sektor des Exportes darf nicht vergessen werden: Trotz ungenügender eigener Deckung des Inlandbedarfes exportierte die Schweiz ein beträchtliches Quantum von Agrarprodukten und Nahrungsmitteln; der Anteil am Gesamtexport betrug vor dem Kriege 16 % und fiel bis zum Zweiten Weltkrieg auf 8,9 % zurück.

Die Importe

In der Einfuhr stehen, neben den Rohstoffen für die Textilindustrie, die Nahrungs- und Genußmittel an erster Stelle. Sie umfassen zwischen 1914 und 1915 gut ein Drittel des gesamten Imports; ihr Anteil wird erst in der Nachkriegszeit durch die gesteigerte Einfuhr von Apparaten und Maschinen geringer. Die Auslandabhängigkeit der Versorgung der Schweiz wird noch durch den Brenn- und Treibstoffbedarf verstärkt; dieser Anteil am Import stieg von 6,3 auf 10,5 %.

Fazit dieses statistischen Überblicks: Mit dem Ersten Weltkrieg begann eine grundlegend neue Epoche der schweizerischen Außenwirtschaft. Zwar nahm die Auslandverflechtung der Exportindustrie etwas ab, aber durch den hohen Bedarf an Versorgungsgütern blieb die Schweiz in enormem Maße auslandabhängig.

Die Entwicklung der Wirtschaftspolitik

Die Kriegswirtschaft und die monopolistische Außenhandelspolitik der Großmächte zwangen auch die Schweizer Behörden zu handelspolitischer Aktivität, nachdem man im Ersten Weltkrieg noch passiv der Aushöhlung der Souveränität im wirtschaftlichen Bereich zugesehen hatte. 1921 wurde mittels der Dringlichkeitsklausel ein provisorischer Gebrauchszolltarif erlassen, der dann allerdings die ganze Zwischenkriegszeit über in Kraft blieb. Ebenso griff der Bundesrat 1925, um über ein Kampfmittel bei Verhandlungen über Wirtschaftsverträge zu verfügen, zu einem ebenfalls als provisorisch deklarierten Generalzolltarif. Nach Ausbruch der Weltwirtschaftskrise ging man dann zu einem System von Clearingverträgen über, das der Bundesrat durch strenge Ausführungsbestimmungen zu steuern versuchte. Der Außenhandel und die Außenhandelspolitik kamen dabei zusehends in Konflikt mit der Neutralitätspolitik und führten zu Spannungen, die noch heute unsere Außenbeziehungen wesentlich prägen.

Im Zweiten Weltkrieg wurde die Schweiz weitgehend in den Wirtschaftsraum der Achsenmächte einbezogen. Am Ende des Krieges lag über eine Milliarde Clearingguthaben in Deutschland. Dieser Handelsverkehr, aber auch umfangreiche Transaktionen mit Gold und Devisen brachten die Schweiz bei den Alliierten in Mißkredit. Wie die anderen Neutralen wurde sie 1944 zur Aufgabe des Handelsverkehrs mit den Achsenmächten aufgefordert und zugleich davor gewarnt, deutsches Raubgold weiterhin in irgend einer Form anzunehmen und umzusetzen. Doch in der Schweiz betrachtete man die Verflechtungen mit der faschistischen Wirtschaft als statthaft und der Neutralität nicht widersprechend – ja, gewisse Kreise sahen darin sogar eine durchaus vernünftige Existenzsicherung. Und schließlich stand man, dank Blockadeverträgen, auch mit den Alliierten in einem wenn auch äußerst bescheidenen Handelsverkehr.

Nach der Niederlage der Deutschen bei Stalingrad ging der Handel mit Deutschland zurück, während sich der Druck der Alliierten rasch verstärkte. Am Ende des Krieges stellten die USA die rechtlich fragwürdige Forderung auf Herausgabe der deutschen Guthaben in der Schweiz. So kam auch für die Schweiz der neue Machtanspruch der USA deutlich zur Geltung.

Doch die Schweiz reihte sich schließlich dem westlichen Wirtschaftsblock ein und schreckte selbst mit dem Beitritt zur «Organisation européenne de coopération économique» (OECE) vor einem die Neutralität tangierenden Schritt nicht zurück. Dafür wurde ihr erlaubt, mit ihren Exporten in die vom Kriege zerstörten Wirtschaftsräume einzuziehen. Innenpolitisch legitimiert wurde diese wirtschaftliche Neuintegration in den Welthandel mit dem Schlagwort «Neutralität *und* Solidarität» (Bundesrat Max Petitpierre)!

2. Die Außenpolitik

Wandlungen der Neutralitätspolitik

Der Begriff der Neutralität führt uns zur politischen Konzeption der Außenpolitik, die im 20. Jahrhundert geradezu zum konstitutiven Element der schweizerischen Staatsidee wurde. Dem war nicht immer so. In den siebziger und achtziger Jahren des 19. Jahrhunderts, angesichts des beeindruckenden Aufkommens der neuen Nationalstaaten, war beispielsweise die Neutralität auch von hochgestellten politischen Persönlichkeiten in Zweifel gezogen worden. 1912, angesichts der kriegerischen Lage in Europa, nahm der Bundesrat sogar den Anschluß an eine kriegführende Macht in Aussicht, falls ein Konflikt sich zu lange hinziehen würde und die Landesversorgung dadurch in Bedrängnis käme. Bei Kriegsausbruch verkündete er dann zwar feierlich die Neutralität, doch einzelne Ereignisse während des Ersten Weltkrieges ließen erkennen, daß das Neutralitätsbewußtsein bei weitem nicht so gesichert war, wie die offizielle Haltung vorgeben wollte.

Die eigentlichen Schwierigkeiten in den Außenbeziehungen lagen allerdings in erster Linie im Wirtschaftlichen. Die Sorge um die Landesversorgung zwang die Regierung zum Nachgeben gegenüber den kriegswirtschaftlichen Forderungen des Auslandes. Zugleich bela-

Der Völkerbund 1920

- Gründerstaaten
- auf Einladung beigetretene Staaten
- Kolonien der Mitgliedstaaten
- Mandatsgebiete

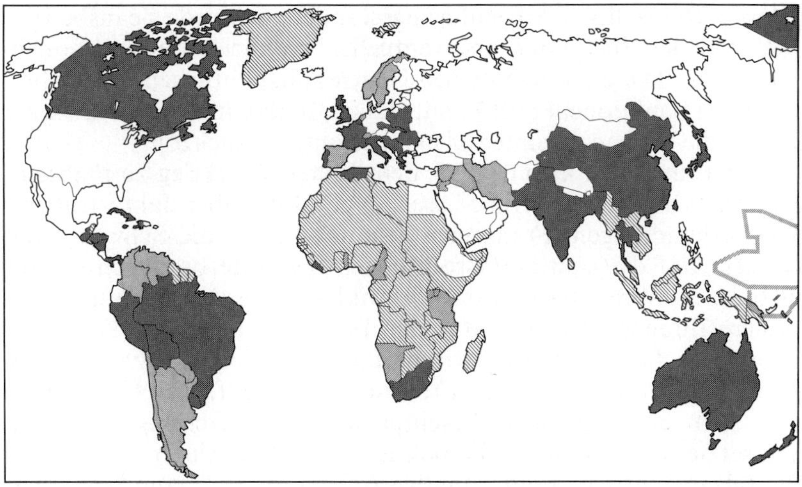

stete eine rücksichtslose private Spekulation sowie die nicht unbedeutende Munitions- und Kriegsmaterialfabrikation zuhanden der Kriegführenden das Verhältnis zum Ausland. Hinzu kam nun noch, daß zwischen welschem und deutschschweizerischem Bevölkerungsteil wegen der Parteinahme für Frankreich respektive Deutschland ein Graben aufbrach und die Schweiz noch vermehrt in den Morast der Kriegspropaganda geriet. Angesichts dieser inneren Zerrüttung war eine aktive Außenpolitik kaum möglich.

Beitritt zum Völkerbund

Nach dem Kriege vermochte der Völkerbundsgedanke für einige Zeit neu zu integrieren, doch opponierten auch hier schon wieder wichtige Teile der politischen Szene, so die Sozialdemokraten einerseits und deutschfreundliche konservative Kräfte andererseits. Immerhin bestätigte die schweizerische Bevölkerung in einem Plebiszit am 16. Mai 1920 mit 416870 Ja gegen 323719 Nein den Beitritt zum Völkerbund. In einer speziellen Erklärung der Mächte wurden der

Die wichtigsten Bündnissysteme im Europa der zwanziger Jahre

- westliche Alliierte
- kleine Entente 1920
- Frankreichs Bündnispartner 1920–27
- Italien
- italienisches Einflußgebiet
- deutsch-russische Verträge 1922/1925/1926

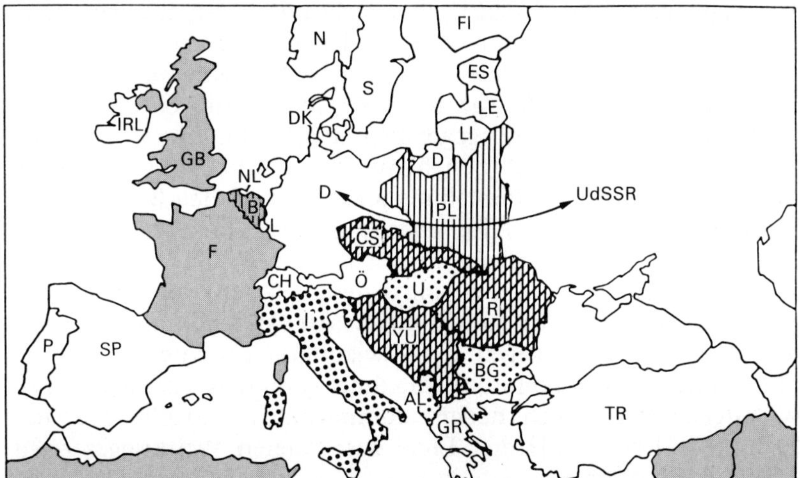

Schweiz Neutralitätsvorbehalte zugestanden; so wurde sie insbesondere von der Teilnahme an eventuellen militärischen Sanktionen entbunden. Diese «differentielle» Neutralitätspolitik scheiterte aber schon am Sanktionenkonflikt mit Italien, so daß man sich 1938 wieder auf die volle, d. h. «integrale» Neutralität zurückzog.

Konflikte mit Frankreich

Mit Frankreich kam es nach dem Ersten Weltkrieg zu mühseligen, das schweizerisch-französische Verhältnis über Jahre trübenden Verhandlungen. Frankreich gelang es 1919, die Schweiz zum Verzicht auf die neutralitätsrechtlichen Servitute bezüglich Nordsavoyen zu veranlassen, wofür Frankreich die Anerkennung der immerwährenden Neutralität in den Friedensvertrag von Versailles einbrachte. Bezüglich der wirtschaftlichen Zonen in Savoyen und dem Pays de Gex, d.h. der Freizonen um Genf, ließ Frankreich nun aber einseitig seine Machtposition zur Geltung kommen und setzte die Zollinie an die politische Grenze. Ein erster, für die Schweiz ungünstiger Kompromißvertrag wurde 1923 vom Schweizer Volk verworfen. Die daran anschließenden Auseinandersetzungen mit Frankreich wurden erst 1932/33 zugunsten der Schweiz mit einem Urteil des Internationalen Gerichtshofes beigelegt. In ähnlicher Weise mußte sich die Schweiz gegenüber Frankreich für eine freie Rheinschiffahrt zur Wehr setzen. Diese Konflikte belasteten in der gesamten Zwischenkriegszeit das Verhältnis zu Frankreich aufs schwerste und wirkten sich entscheidend auf die gesamte außenpolitische Orientierung der Schweiz aus.

Beschwichtigungspolitik im Zweiten Weltkrieg

Für den Zweiten Weltkrieg wiederholte sich das Schauspiel des Ersten. Der feierlichen Neutralitätserklärung standen die unter macht- oder wirtschaftspolitischem Druck eingegangenen Konzessionen gegenüber. Der Bundesrat verfolgte – seiner Ansicht nach im höheren Interesse des Landes – den faschistischen Mächten gegenüber eine Beschwichtigungs- und Verständigungspolitik, während in der Öffentlichkeit die Linke und Teile des Bürgertums eine aktive antifaschistische Front aufzubauen versuchten. Die unklare Lage in den Außenbeziehungen wurde aber nicht durch den eigenen politischen Willen, sondern durch die Siege der Alliierten bereinigt.

Mangelnder außenpolitischer Realismus

Wichtiger noch als diese der europäischen Kräfteentwicklung angepaßte Außenpolitik war die sehr ambivalente Grundhaltung der Schweiz dem Ausland gegenüber überhaupt. Ein xenophober Kleinstaatkomplex mischte sich mit dem Stolz über die starke Außenhandels- und Finanzstellung und trübte oft den Blick für eine einigermaßen realistische Einschätzung der politischen Weltlage. So war man sich während des Ersten Weltkrieges über den Stellenwert der USA kaum im klaren, und in der Zwischenkriegszeit glaubte Bundesrat Giuseppe Motta, der Leiter der Außenpolitik bis 1940, mit einer militanten, gegen die Sowjetunion gerichteten Haltung eine zentrale außenpolitische Maxime gefunden zu haben. Die Wichtigkeit der beiden neuen, dominierenden Großmächte des 20. Jahrhunderts wurde erst Ende des Zweiten Weltkrieges recht eigentlich begriffen.

Die Schweiz und der Faschismus

In Giuseppe Motta, Bundesrat von 1911–1940 und damit einer der am längsten amtierenden Magistraten, widerspiegelte sich recht typisch die Ambivalenz des Verhältnisses der Schweiz zum Ausland. Als Katholisch-Konservativer einer abendländisch-paternalistischen Christlichkeit verpflichtet, versuchte er, mit dem Beitritt zum Völkerbund der Schweiz einen idealistischen, weltoffenen Impuls zu geben. Dieselbe Grundlage führte ihn aber in wohlwollende Nähe zum faschistischen Italien und zum Spanien Francos. Nazideutschland gegenüber, das der Weltanschauung Mottas nur insofern entsprach, als er in ihm ein Bollwerk gegen den Bolschewismus sah, war die Haltung wechselhaft: Bald stand die Behauptung der schweizerischen Unabhängigkeit und der politischen Integrität beinahe heroisch im Vordergrund, bald ließ man sich wieder durch die billigsten Erpressungstricks einschüchtern. Mottas Nachfolger, der freisinnige Marcel Pilet-Golaz, vernebelte mit seiner intellektuellen Überheblichkeit diese Verhältnisse noch derart, daß Jahre später in der Öffentlichkeit die historische Bewältigung dieser Zeit unter die Schlagworte «Anpassung oder Widerstand» zu stehen kam. Allzu rasch hat man später diese Fragestellung auf einzelne Persönlichkeiten konzentriert und diese, wie etwa Pilet-Golaz, zu Sündenböcken gemacht, wobei geflissentlich übersehen wurde, daß weite Kreise hinter dieser Politik gestanden hatten.

Unter Mitberücksichtigung der wirtschaftspolitischen Gegebenheiten dürfte «Anpassung» – verbunden mit gelegentlicher patriotischer Bockigkeit und begleitet von einem permanenten Mißtrauen großer Teile der Bevölkerung allen ausländischen Einflüssen gegenüber – die treffende Bezeichnung für die Außenbeziehungen der Jahre 1914–1945 sein.

Die Schweiz und die Dritte Welt

Die Entwicklungsländer, die Dritte Welt von heute, spielten im außenpolitischen Bewußtsein nur eine geringe Rolle. Dies erstaunt, weil doch gerade der Handel mit diesen Gebieten von einer nicht zu unterschätzenden Bedeutung ist. Da in der Regel die Außenhandelsbilanzen mit den europäischen Partnern und auch mit den USA negativ sind, bedeuten die Ausfuhrüberschüsse in die Regionen der Dritten Welt eine wesentliche Bereicherung unserer Volkswirtschaft. Dennoch blieb die außenpolitische Präsenz in diesen Gebieten gering und die diplomatischen Dienste wurden nicht selten von Handelsvertretern im Nebenamt wahrgenommen. Aktiv trat die offizielle Schweiz nur partiell in Erscheinung, etwa wenn es darum ging, in lokalen Konflikten zu vermitteln, wie beispielsweise im kolumbianisch-venezolanischen Grenzkonflikt von 1922.

Die Politik der guten Dienste

Die Schiedsgerichtspolitik war denn auch der wichtigste Beitrag der Schweiz zur internationalen Sicherheit und zur zwischenstaatlichen Verständigung. Der Berater des politischen Departements, Max Huber, legte im Dezember 1919 der Bundesversammlung einen richtungweisenden Bericht vor, der die Grundlage für den ersten Schieds- und Vergleichsvertrag vom 3. Dezember 1921 mit Deutschland bildete. Es folgten insgesamt noch 23 solche Verträge. Das Prinzip der

Schieds- und Vergleichsverträge wurde auch vom Völkerbund übernommen. Dieselbe Politik vertrat Max Huber mit recht gutem Erfolg als Mitglied des Internationalen Gerichtshofes im Haag.

Dies gehörte zur traditionellen Politik der guten Dienste, die der Schweiz einiges Ansehen in der internationalen Politik gab. Sie wurde als Surrogat der Neutralitätspolitik verstanden. Es muß allerdings vermerkt werden, daß eine solche Vermittlungspolitik nur in kleinen Fällen, nicht aber in großen Konflikten positive Wirkung haben konnte. Versuche von Friedensvermittlungen im Ersten und im Zweiten Weltkrieg blieben entweder bedeutungslos oder gefährdeten gar, wie etwa die Sondierungen über einen Separatfrieden zwischen Deutschland und Rußland im Jahre 1917, unsere Außenbeziehungen. So blieb der Schweiz in diesen kriegerischen Auseinandersetzungen meist nur die Aufgabe der Wahrung fremder Interessen. Im Ersten Weltkrieg waren es 25, im Zweiten 43 Staaten, die der Schweiz diese Aufgabe überbanden.

Die humanitäre Hilfe galt ebenfalls als subsidiärer Teil der Neutralitätspolitik. Unter dem Zeichen des Roten Kreuzes kamen in beiden Weltkriegen zahlreiche Hilfsaktionen zustande. Diese positive Bilanz darf aber nicht die Schwachstellen unseres humanitären Verhaltens vergessen lassen. Als größte Belastung erwies sich die engherzige Flüchtlingspolitik während des Zweiten Weltkrieges, als unter dem bundesrätlichen Schlagwort «das Boot ist voll» die Grenzen geschlossen und verfolgte und bedrohte Flüchtlinge gar direkt den deutschen Grenzstellen übergeben wurden.

3. Das politische System

Vollmachtenregime

Die Periode von 1914–1945 enthält neuneinhalb Kriegsjahre. Beinahe ein Drittel dieser Zeit steht unter einem politischen Ausnahmezustand, dem sogenannten Vollmachtenregime, das in den beiden Kriegen Demokratie und Verfassung in starkem Maße unterlief. Hinzu kam nun noch, daß in der Zwischenkriegszeit von 293 rechtssetzenden Erlassen 148 mittels der sogenannten Dringlichkeitsklausel (Art. 89 der Bundesverfassung von 1874) dem Referendum und damit der üblichen demokratischen Diskussion entzogen wurden. Insgesamt stellen wir also eine im Vergleich mit den verfassungsmäßigen Grundlagen eingeengte Demokratie fest.

Seit den 1880er Jahren hatte sich der Bund zunehmend zu einem Exekutivstaat entwickelt, der praktisch in alle Lebensbereiche mittels Interventionen, Kontrollen, Vorschriften und Subventionen eingriff. In der Milizarmee, einem immer bedeutungsvollen gesellschaftspolitischen Bereich der Schweiz, hielt zugleich der preußische Militärgeist Einzug. Angesichts dieser autoritären Tendenzen im politischen System und in der Gesellschaft ist es kaum verwunderlich, daß der Bundesrat während des Ersten Weltkrieges in der Handhabung der Regierungsvollmachten recht selbstherrlich verfuhr. Nach Kriegsende ging die Normalisierung nur zögernd vonstatten; verschiedene Vollmachtenbeschlüsse blieben noch lange in Kraft.

Anstelle der kriegsbedingten Vollmachtenbeschlüsse traten dann in der Weltwirtschaftskrise die sogenannten dringlichen Bundesbeschlüsse. Zwar wurde im Januar 1939 diese Dringlichkeitspraxis eingeschränkt, aber der Ausbruch des Weltkrieges im selben Jahr verhinderte eine eigentliche Normalisierung. Diesmal setzte die Bundesversammlung jedoch beratende Kommissionen ein, die das bundesrätliche Vollmachtenregime zu überwachen hatten.

Diese Herrschaftspraxis entsprach letztlich einer autoritären Mentalität, die in weiten Kreisen der politischen und gesellschaftlichen Elite Eingang gefunden hatte. Sie war besonders während des Ersten Weltkrieges sehr ausgeprägt. In den dreißiger Jahren fand sie bei konservativen und faschistischen Kräften einen gewissen Widerhall. Aber auch durchaus liberale bürgerliche Kreise pflegten der schwerfälligen Diskurs- und Konkordanzdemokratie Ideen eines korporativen Ordnungsstaates entgegenzustellen.

In der unvermeidlichen Neuorientierung nach dem Zweiten Weltkrieg kamen dann die Gegenkräfte zum Zug. Eine sogenannte «Rückkehr-zur-Demokratie»-Initiative wurde am 11. September 1949 vom Volk angenommen. Ihre langfristigen Auswirkungen müssen allerdings noch kritisch beleuchtet werden.

Proporzwahlsystem und Referendumsdemokratie

Dieser Entwicklung muß ein formaler Umbruch des politischen Systems gegenübergestellt werden, der auf den ersten Blick eine Erweiterung der Demokratie zu versprechen schien. Am 13. Oktober 1918 kam das Majorzwahlsystem und mit ihm die Hegemonie der freisinnigen Partei zu Fall. Der Freisinn büßte bei den ersten Nationalratswahlen unter dem neuen Proporzsystem seine Majoritätsstellung ein und verlor 45 von seinen 105 Mandaten. Er war nun auf Koalitionspartner angewiesen. Diese fand er in erster Linie bei den Katholisch-Konservativen, denen bekanntlich schon seit 1891 mit der Wahl eines Vertreters in den Bundesrat ein «freiwilliger» Proporz

Die Nationalratswahlen von 1917 und 1919

Parteien	Parteianteil in Prozent der Wähler		Parteianteil in Prozent der Wahlberechtigten	
	Wahlen von 1917 %	Wahlen von 1919 %	Wahlen von 1917 %	Wahlen von 1919 %
Sozialdemokraten und Grütlianer	22,8	26,2	13,8	20,5
Freisinnige	46	28,8	23,8	22,8
Liberale	3,5	3,8	2,1	3,1
Konservative	14	21	9,4	16,4
Demokraten	1,5	2,8	0,9	3,1
Bauern	–	15,3	–	12,1
Verschiedene	12,2	2,1	10	2,4
Nichtwähler	–	–	40	19,6
Total	100	100	100	100

zugestanden worden war. So konnten die Katholisch-Konservativen mit einem zweiten Vertreter in den Bundesrat einziehen. Von 1919–1940 war außerdem mit Heinrich Walther ein machiavellistischer Politiker katholisch-konservativer Fraktionspräsident, der es mit einer geradezu unheimlichen Kabinettspolitik verstand, dem rechtsbürgerlichen Lager einen entscheidenden Einfluß zu sichern.

Die Sozialdemokraten und die neue Bauern- und Bürgerpartei profitierten vom Proportionalwahlsystem am stärksten. Während aber die Sozialdemokraten in einem auch von ihren bürgerlichen Gegnern immer wieder geschürten «Klassenkampf» – er war indessen mehr verbaler als manifester Art – verblieben, setzte sich die Bauern- und Bürgerpartei von Anfang an zum bürgerlichen Block, wo sie sich u. a. als antisozialistisches Bollwerk anzubieten suchte. Ihr wurde 1929 ein Bundesratssessel eingeräumt.

Formal gab diese bürgerliche Koalition dem politischen System ein differenzierteres Aussehen, das kaum mehr dem Bild der freisinnigen Volkseinheit von 1848 entsprach. Unter dem emotionell vorgetragenen Integrationsbegriff «Nation» versuchte man nun, in Anknüpfung an den Rütlibund und vermischt mit genossenschaftlich-korporativem Gedankengut, eine neue Volksgemeinschaft zu konstruieren. Diese diffuse Massenideologie, die sich zudem nostalgisch gegen Verstädterung und Industrialisierung wandte, bewirkte in der Politik in erster Linie eine abwehrende Blockbildung und negative Stigmatisierung der Linken und der liberalen Intelligenz.

Diese Entwicklung und die zunehmende Einflußnahme von extraparlamentarischen Machtgebilden wie Verbänden und elitären Honoratiorenclubs engten die Demokratie nun ebenfalls ein. Die Volksvertreter wurden noch offensichtlicher zu Vertretern von Interessengruppen – in diesen Jahren entstand das Wort von der «Verwirtschaftlichung der Politik» –, während in aufwendigen Referendumskämpfen sich eine Art Ersatzdemokratie auszubilden begann. Die in solchen Auseinandersetzungen um Sachfragen ständig wechselnden Koalitionen und Zielsetzungen bewirkten eine zunehmende Zersplitterung und Verunsicherung in der politischen Bildung und im politischen Bewußtsein des Durchschnittsbürgers.

Obwohl nun in zahlreichen Kantonen die Einführung des Proporzes auch auf dieser unteren Ebene die formale Demokratie erweiterte, blieben die Tendenzen zu einem stärkeren Staat, zu einer Art Etatismus, bedeutungsvoller. Die neuen wirtschaftspolitischen Erfordernisse, die den Liberalismus faktisch beiseite schoben, brachten ihrerseits den Staat vermehrt zur Geltung. Diese Entwicklung trat für den einfachen Bürger in der direkten Bundessteuer besonders deutlich zutage. Man führte sie im Ersten Weltkrieg als «einmalige» Kriegssteuer ein, kassierte 1932 noch die letzte Rate und kam dann, angesichts der Krise, schon Ende 1933 mit einer neuen direkten Bundessteuer (Krisenabgabe).

War der größte Teil der Jahre 1914–1945 durch die bürgerliche Blockbildung gekennzeichnet, so fand dann während des Zweiten

Weltkrieges eine entscheidende Wendung statt. Unter dem Eindruck der faschistischen Bedrohung hatte sich schon 1935 auch der noch (ideologisch) klassenkämpferisch verbliebene Teil der Sozialdemokraten dem bürgerlichen Staatsdogma – symbolisiert in der Anerkennung von Landesverteidigung und Militär – untergeordnet und damit gesellschaftsfähig gemacht. Die Sozialdemokraten suchten darauf, noch immer mißtrauisch betrachtet, eine enge Zusammenarbeit mit breiteren bürgerlichen Kreisen. Ende 1943, wohl auch angesichts der sich verändernden Weltlage, boten ihre Mandatsgewinne im Nationalrat Anlaß zur Wahl eines ersten sozialdemokratischen Bundesrates.

Stärkeverhältnis der politischen Parteien

Bis zu diesem Jahre hatten sich in den parteipolitischen Kräfteverhältnissen kaum wesentliche Veränderungen gezeigt. Die Anteile der Mandate der drei größten Parteien im Nationalrat (Freisinnig-demokratische, Katholisch-Konservative, Sozialdemokratische) lagen alle zwischen 20 und 30 %, und auch deren Anhängerschaft blieb überaus stabil. Nach dem Ersten Weltkrieg hatten die Freisinnigen noch einen gewissen Vorsprung (32 %), während die dreißiger Jahre die Sozialdemokraten für kurze Zeit zur relativ stärksten Partei werden ließen. Von eigentlichen Machtverschiebungen kann allerdings nicht gesprochen werden. Solche lassen sich nur in einzelnen Kantonen feststellen, wo zu den gesamtschweizerischen Tendenzen lokale Umschichtungen (z. B. in der Bevölkerungsstruktur) oder durch Skandale verstärkte politische Krisen hinzukommen (z. B. Kanton Genf).

Auch «neue» Parteien wie die Bauern- und Bürgerpartei reihten sich, ohne weitere Erschütterungen zu verursachen, in das politische System ein. Weniger integrationswillige Gruppen wie der Landesring der Unabhängigen (entstanden 1935/36) oder die Kommunisten vermochten anderseits die Machtverhältnisse nicht zu beeinflussen. Die faschistischen Gruppen der dreißiger Jahre wiederum verzeichneten zwar kurzfristig in einzelnen Kantonal- und Kommunalparlamenten Erfolge, blieben aber auf Bundesebene wirkungslos. Allein der Aufschwung der Linken gegen Ende des Zweiten Weltkrieges, wo nun auch die Kommunisten (neu organisiert unter dem Namen «Partei der Arbeit») einige spektakuläre Erfolge verzeichneten, gab für kurze Zeit den Eindruck einer machtpolitischen Wende. Es blieb aber bei einem harmlosen Strohfeuer.

B. Bevölkerung und Wirtschaft

1. Bevölkerungsentwicklung

Auch wenn man den Interdependenzen von Wirtschaft, politischer Mentalität und Bevölkerungsentwicklung nur bedingte Bedeutung beimessen wollte, fällt für unsere Zeitspanne doch das Zusammenfal-

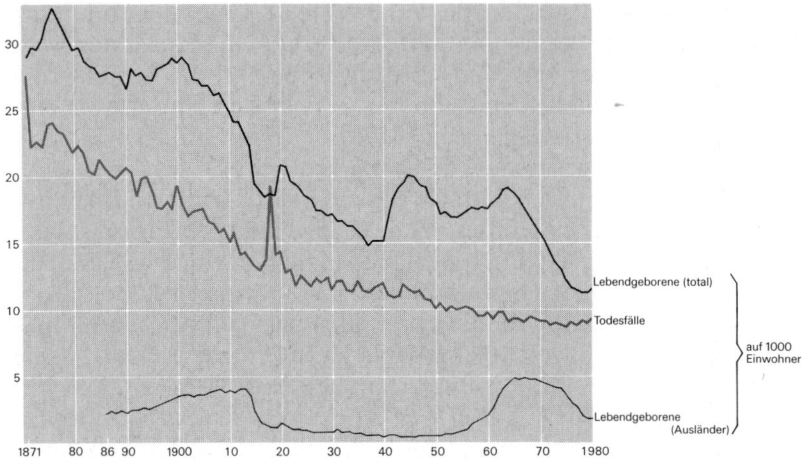

Geburten- und Sterberaten 1871–1980

len von ökonomischer Stagnation, konservativer Konsolidierung der bürgerlichen Herrschaft und starkem Rückgang der Geburtenziffern auf. Während des Zweiten Weltkrieges findet diese rezessive Phase eine Wendung; zugleich kommt es auch zu einem raschen Bevölkerungswachstum.

Schwankungen im Bevölkerungswachstum

1914 zählte die schweizerische Bevölkerung 3,9 Millionen. Die Zunahme bis 1945 betrug nur eine halbe Million (4,4 Millionen), wobei der eigentliche Zuwachs allein in den Jahren 1940–1945 erfolgte. Interessant sind die Vergleiche mit den Zuwachsraten der vorangegangenen und der nachfolgenden Periode. In der Zeit 1888/1914 war diese doppelt so groß, 1941/1960 etwa eineinhalbmal so groß wie zwischen 1914 und 1941. Die Stagnation in der Bevölkerungsentwicklung erreichte in der Zwischenkriegszeit einen seit dem Ancien Régime nie erlebten Tiefpunkt (mit einer Geburtenziffer von 15,9‰ gegenüber 26,9‰ in der Vorkriegszeit). Bei Kriegsende 1945 erreichten die Geburtenzahlen wieder jene der Zeit vor dem Ersten Weltkrieg, doch blieb die relative Zunahme geringer (Geburtenüberschuß 1900/10: 10,2‰, 1941/50: 8,1‰).

Die andauernde relative Entvölkerung der ländlichen Gebiete und der kleinen Gemeinden sowie das Wachstum der Städte hielt trotz der Bevölkerungsstagnation auch in der Zwischenkriegszeit an. Der Anteil der Bevölkerung in Ansiedlungen unter 5000 Einwohnern nahm um ein Achtel ab, während die Zunahme in den größeren Ortschaften und Städten (über 5000) mehr als ein Viertel betrug. Dabei ist noch nicht berücksichtigt, daß ein Teil der mittleren Ortschaften als Vorortsgemeinden von Städten schon längst faktisch in den urbanen Bereich einbezogen wurden. Mit der Verstädterung und der Bildung städtischer Agglomerationen läuft der Abbau der in der Landwirtschaft tätigen Bevölkerung einher; ihr Anteil fiel von 26 auf 20% zurück. Die Industriearbeiterschaft umfaßte weiterhin etwa 45% der aktiven Bevölkerung, während der Dienstleistungsbereich von 27 auf 36% stieg.

Ähnlich wie im kriegführenden Ausland wurde auch in der Schweiz 1914 mit Enthusiasmus und exaltiertem Patriotismus auf den Kriegsausbruch reagiert (Postkarte, September 1914). Diese Stimmung sollte aber bald schon in einen scharfen Kontrast zu dem sich zunehmend verschlechternden sozialen Klima treten

CONFÉDÉRATION
SUISSE

Vor dem Zweiten Weltkrieg wohnte demnach beinahe die Hälfte der Bevölkerung in urbanen Gebieten, die Hälfte der aktiven Bevölkerung war in der Industrie tätig, während sowohl die bäuerliche Bevölkerung wie auch die in der Landwirtschaft Tätigen beständig schrumpften. Im übrigen verschwand in der Zwischenkriegszeit die Heimarbeit, einst die breite Grundlage der schweizerischen Industrie, beinahe vollständig. Diese Entwicklung verlangt eine sozialpolitische Kommentierung. Obwohl nämlich praktisch die Hälfte der Bevölkerung in der Industrie tätig ist und in städtischem Milieu lebt, stützt sich die Ideologie der politisch führenden Elite weitgehend nur auf die bürgerlich-freisinnige Oberschicht, auf die zumeist im Ländlichen verhafteten Katholisch-Konservativen und auf die Bauernschaft protestantischer Gebiete. Es gelang sogar, insbesondere in der Zeit der Geistigen Landesverteidigung vor und während des Zweiten Weltkrieges, diese partikularen Wertmuster mit dem Nationalgedanken zu allgemein verbindlichen Staats- und Gesellschaftsnormen zu verschmelzen.

Die Ausländer in der Schweiz

Eine solche Mentalität war nicht sonderlich geeignet, das Verhältnis zur ausländischen Bevölkerung und zum sogenannt «Fremden» überhaupt zu verbessern. Bekanntlich war es vor dem Ersten Weltkrieg mit einem Ausländerbestand von 15 % schon zu empfindlichen Spannungen gekommen. Im Krieg, dann aber auch in der Zwischenkriegszeit ging dieser Anteil beständig zurück und betrug 1940 schließlich noch 5 %. Trotzdem kam es zu zwei fremdenfeindlichen Initiativen, die eine Verschärfung der Einbürgerungs- und Ausweisungspraxis verlangten. Die Initiativen wurden zwar 1922 vom Volk verworfen, gaben aber dem Bund dennoch Anlaß, 1925 und 1927 Gesetze zur besseren Ausländerkontrolle einzuführen. Das Gespenst der Überfremdung erhielt nun amtlichen Charakter.

Eine Fremdenpolizei wurde systematisch auf- und ausgebaut. Die sich darin nicht selten bemerkbar machende, mit Antisemitismus unterlegte Geisteshaltung kommt deutlich in einer Aussage des Chefs der Fremdenpolizei, Heinrich Rothmund, aus dem Jahre 1938 zum Ausdruck: «Wir haben seit dem Bestehen der Fremdenpolizei klar Stellung genommen. Die Juden gelten im Verein mit den andern Ausländern als Überfremdungsgefahr. Es ist uns bis heute gelungen, durch systematische und vorsichtige Arbeit die Verjudung der Schweiz zu verhindern.» Diese Einstellung sollte schließlich zum Grundprinzip der äußerst restriktiven Flüchtlingspolitik während der Kriegszeit werden.

Die Ausländer in der Schweiz waren im übrigen größtenteils Arbeiter der untersten Berufsgruppen. Italiener und Deutsche (zusammen mit den Österreichern) stellten die größten Kontingente, wobei bei letzteren die große Zahl der Frauen auffällt. Die zwanziger Jahre waren eben noch die Zeit, wo bessere Schweizer Familien sich ein «deutsches Dienstmädchen» – die Schweizer Mädchen waren immer weniger für diese Tätigkeit zu gewinnen – leisten konnten.

2. Abriß der Konjunkturentwicklung

Eine deskriptive Darlegung des Konjunkturverlaufs hat an sich wenig Sinn, insbesondere im Falle der Schweiz, wo die notwendigen statistischen Unterlagen fehlen, da brauchbare Angaben erst für die Zeit nach dem Zweiten Weltkrieg zur Verfügung stehen. Wenn hier trotzdem eine solche summarische Konjunkturbeschreibung folgt, so nur deshalb, um die später immer wieder eingeschobenen wirtschaftshistorischen Bemerkungen durch ein grobes Entwicklungsbild in einen notwendigen Zusammenhang zu stellen.

Der Konjunkturverlauf bis in die zwanziger Jahre

Vor dem Ersten Weltkrieg befand sich die Schweiz im oberen Bereich einer langen Konjunkturphase. Es herrschte eine rege Bautätigkeit und die Maschinenindustrie, von den Rüstungsanstrengungen der Weltmächte profitierend, erweiterte ihren Export. 1913 zeigten sich aber schon, von den Zeitgenossen zwar meist nicht wahrgenommen, ernsthafte Krisensymptome. Die Materialschlachten der ersten Kriegsjahre verhinderten dann vorerst noch einen Wirtschaftszusammenbruch. Die Kriegskonjunktur betraf die Schweiz allerdings sehr ungleichmäßig. Bereiche wie die Metallindustrie und die Landwirtschaft florierten, während beispielsweise das Bauwesen stark zurückging. Zugleich bewirkte die große Nachfrage bei gleichzeitiger Verminderung des Güterstromes, verbunden mit dem Einfließen von ausländischem Gold und Silber, eine massive Inflation. 1918 kam es schließlich zu einem weitgehenden Zusammenbruch, der nur 1919/20 durch das trügerische Strohfeuer einer oberflächlichen Nachkriegskonjunktur unterbrochen wurde und schließlich in die vom europäischen Valutazerfall geprägte Nachkriegskrise der Jahre 1921/22 hineinführte.

Die Stabilisierung der deutschen Währung, der Dawes-Plan und die amerikanische Wirtschaftsexpansion führten auch die Schweizer Wirtschaft in die goldenen zwanziger Jahre. Der Ausbau der Schweiz zum internationalen Finanzplatz bildete dabei ein wesentliches Element, was sich etwa daran zeigt, daß die Zunahme des Volkseinkommens größer war als jene von Produktion und Export. Das Volkseinkommen nahm in dieser Konjunkturphase der zwanziger Jahre schätzungsweise um ein Viertel bis ein Drittel zu.

Weltwirtschaftskrise und Kriegskonjunktur

Die Weltwirtschaftskrise erfaßte die Schweiz nur schleichend. Dank der noch aufliegenden großen Bauvorhaben (u. a. Kraftwerke) hielt die Binnenkonjunktur an. Dann aber machte sich der Zerfall der Export- und Fremdenindustrie immer stärker bemerkbar. Die Krise erreichte 1935/36 ihren Höhepunkt. Ihre Auswirkungen waren in der Schweiz zwar nicht in gleichem Maße gravierend wie im Ausland, doch hielten sie länger an. Die Abwertung des Schweizer Frankens im September 1936 sowie die beginnende Rüstungskonjunktur brachten schließlich wieder einen langsamen Aufschwung, doch wurde vor Ausbruch des Zweiten Weltkrieges der Stand von 1929 noch nicht erreicht. Einzelne Bereiche, vor allem die Textilindustrie, erholten sich nicht mehr richtig. Andererseits ist durch Einführung und Ausbau der elektrischen Energie eine positive Umstrukturierung und Erweiterung des Produktionspotentials festzustellen.

Im Zweiten Weltkrieg konnte die Wirtschaft weitgehend auf dem Stand von 1939 gehalten werden. Eine bestens vorbereitete kriegswirtschaftliche Organisation schuf die dazu notwendigen Voraussetzungen. Ein massiver Einsatz von Bundesmitteln, größtenteils über Anleihen aufgebracht, belebte die Binnenwirtschaft. Der Außenhandel wurde trotz Umklammerung und Blockade aufrechterhalten – allerdings stellte man erneut auf den Export von Kriegsgütern um. Als es 1944 doch noch zu ernsthaften wirtschaftlichen Engpässen kam, kompensierten die nie abgebrochenen Kapital- und Devisentransaktionen (insbesondere auch mit Deutschland) die handelspolitischen Schwächen. Volkseinkommen und Teuerung hatten etwa gleichermaßen zugenommen, das Bruttosozialprodukt erfuhr nur eine minime Minderung und verblieb auf einem hohen Stand.

Bilanz

Die Bilanz: Die schweizerische Wirtschaft mußte in dieser von Kriegen und Krisen gezeichneten Epoche entsprechend den weltweiten Entwicklungen Einbrüche hinnehmen, doch waren diese meist gedämpft oder durch den Kapitalmarkt korrigiert. Zwar war das Produktionsniveau nicht stark gewachsen, aber die Steigerungen in den Wachstumsphasen konnten, insgesamt gesehen, gehalten werden. Das Produktionspotential wurde sogar erhöht, so daß am Ende dieser Phase die Schweiz im Vergleich mit dem Ausland gestärkt dastand, dies um so mehr, wenn man den stark vergrößerten, aber leider kaum faßbaren internationalen Kapitalmarkt des schweizerischen Bankensystems mit berücksichtigt. Dieser Entwicklung ist ein tiefer Strukturwandel der schweizerischen Wirtschaft inhärent: Im industriellen Sektor zerfiel die Textilindustrie, und die Maschinenindustrie wurde zum führenden Sektor; die Chemie wird dank einem großen Wachstum zu einem wichtigen Teil des Exports; und der Dienstleistungssektor schließlich gewinnt volkswirtschaftlich die gleiche Bedeutung wie die Industrie.

Die Entwicklung der Löhne von 1913–1955

Stundenlohn, 1913 = 100

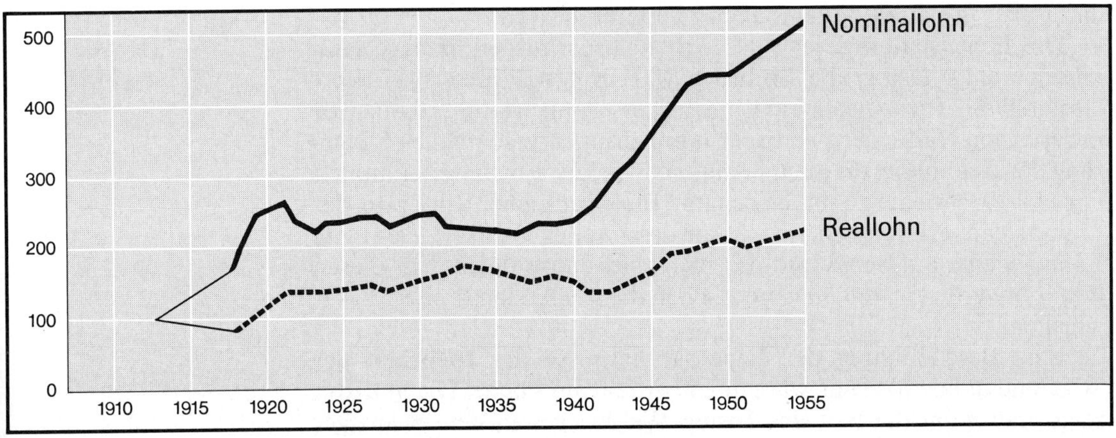

3. Soziale Lage

Wie die Heftigkeit der Krisen im 20. Jahrhundert insgesamt überraschten nun auch die großen, z.T. langanhaltenden Wellen von Arbeitslosigkeit. Der Erste Weltkrieg brachte schon partielle Arbeitslosigkeit, bedingt durch die Umstrukturierung der Industrieproduktion und die kriegswirtschaftlichen Engpässe, führte aber noch nicht zu einer beständigen Arbeitslosigkeit im ganzen Land. Die patriotische Euphorie verdeckte im übrigen diese Probleme nur allzu gerne.

Die Krisen der Zwischenkriegszeit

Dies änderte sich in der Krise von 1921/22. Die Arbeitslosigkeit betrug nun im Jahresmittel 67000 (1922) und lag kurzfristig Ende Februar 1922 auf knapp 100000, eine Zahl, die selbst in der Weltwirtschaftskrise nur um weniges übertroffen wurde. Immerhin kam die Schweiz im Vergleich zum Ausland durchgehend besser weg, da die Arbeitslosigkeit langfristig nie mehr als 4,5% der aktiven Bevölkerung umfaßte.

Das Baugewerbe war jeweils am stärksten betroffen. In der Nachkriegskrise war ungefähr ein Sechstel der Arbeitslosen Bauarbeiter, während der Weltwirtschaftskrise gar ein Drittel. In der Uhrenindustrie war die Arbeitslosigkeit ebenfalls groß; ein Fünftel der Arbeitslosen kam aus dieser Branche, im Hauptkrisenjahr 1936 allerdings dann weniger als ein Zehntel. Metallindustrie und insbesondere die chemische Industrie trugen zur Arbeitslosigkeit nur wenig bei. Die nachfolgende, unter der kriegswirtschaftlichen Organisation und der Mobilisation stehende Zeit nach 1939 läßt sich natürlich kaum mit der Zwischenkriegszeit vergleichen. Immerhin kann man einen entscheidenden Abbau der Arbeitslosigkeit – sie fiel nach 1941 unter 10000 – feststellen.

Lebenshaltung und Lohnniveau

Krisen und Arbeitslosigkeit trafen die verschiedenen sozialen Schichten auf unterschiedliche Art. Die Arbeiterschaft erlitt beispielsweise in der Weltwirtschaftskrise eine relativ kleine Lohneinbuße, mußte dafür aber die zahlreichen Entlassungen hinnehmen, während die Schicht der Angestellten weniger die Arbeitslosigkeit, dafür aber größere Lohneinbußen zu spüren bekam.

Die Lebenshaltung, jene des Arbeitslosen ausgenommen, sank relativ wenig. Der große Einbruch war in den Jahren 1917–1921 erfolgt. Dank Preiszerfall und Lohnverbesserungen kam es dann aber in der ersten Hälfte der zwanziger Jahre zu einer wesentlichen Steigerung der Reallöhne, die auch in abgeschwächter Form weiter anhielt und erst 1934 wieder zu sinken begann. Ein eigentlicher Rückgang des Lohnniveaus erfolgte erst am Anfang des Zweiten Weltkrieges, als die Löhne wieder auf den Stand der zwanziger Jahre fielen. Für diesen Reallohnverlust waren im wesentlichen die steigenden Preise verantwortlich.

Eine Beschönigung der Lebensverhältnisse der Mehrheit der arbeitenden Bevölkerung wäre nun aber fehl am Platze. Die Statistik zeigt, daß wohl die Not des Ersten Weltkrieges in den zwanziger

Jahren korrigiert wurde, daß aber im weiteren keine großen Verbesserungen zu verzeichnen sind. So lag das Auskommen immer noch nur wenig über dem Lebensnotwendigen, wobei dieses allerdings in der Schweiz im Vergleich mit dem Ausland schon recht anspruchsvoll war. Daraus läßt sich möglicherweise die Tatsache der relativ zahmen Lohn- und Arbeitskonflikte erklären. Nach der gesellschaftspolitischen Hauptauseinandersetzung im Landesstreik von 1918 und den nachfolgenden lokalen Generalstreiks vom Sommer 1919 wurden die Arbeitskonflikte gewissermaßen formalisiert, zuerst in einem Referendumskampf um den eben eingeführten Achtstundentag, den die Arbeiterschaft 1924 mit Erfolg bestand, dann in sozialpartnerschaftlichen Arbeitsverträgen mit Friedenspflicht, wie sie 1937 die Metallindustrie und ihre Gewerkschaften einführten.

Genf wurde nach den Ereignissen vom 9. November 1932 militärisch besetzt. Zuvor hatte der Einsatz von unerfahrenen Rekruten anläßlich einer Protestdemonstration der Linken gegen eine Veranstaltung der faschistischen Rechten zu schweren Zusammenstößen geführt (13 Tote und 60 Verwundete).

Streiks und Sozialkonflikte

Natürlich kam es dennoch in der gesamten Epoche von 1914–1945 zu zahlreichen Streiks und heftigen Sozialkonflikten, doch verdichteten sich solche nie mehr zu grundsätzlichen, das nationale politische System in Frage stellenden Auseinandersetzungen. In der Regel kamen nur noch isolierte, lokale und oft spontane Konflikte vor, wie z. B. 1932 der blutige Krawall im sozialistischen Zürich, wo unter kommunistischer Leitung stehende Streikende von den sozialdemokratischen Behörden mit dem traditionellen Mittel der Polizei bekämpft wurden. Das zweite ähnlich gravierende Ereignis bildete der Zusammenstoß von Faschisten und Sozialisten am 9. November 1932 in Genf. Die bürgerlichen Behörden forderten für den Ordnungsdienst Militär an. Der unfähige Einsatz junger Rekruten forderte 13 Tote und zahlreiche Verletzte.

Wirtschaftlich gesehen blieben die Lohnkämpfe in einem bescheidenen Rahmen. 1928, in einem Jahr relativ starker Streiktätigkeit, gingen nur etwa 100000 Arbeitstage, und 1932, einem Jahr mit größter Streiktätigkeit, nur 1‰ der Arbeitstage verloren.

4. Sozialpolitik

Bis zum Ende des Zweiten Weltkrieges hatte die Sozialpolitik nur zum Zweck, in Krisenmomenten die Gemeinden (als Träger der Armenfürsorge) vor finanzieller Überlastung zu schützen, die Zuspitzung sozialer Spannungen zu verhindern und den wirtschaftlich Unterprivilegierten wenigstens die schlimmste Not zu lindern. Von einer modernen Sozialpolitik im Sinne von *«investing in human capital»* (Gaston Rimlinger) war keine Rede. Wohl brachten die Krise und der Generalstreik von 1918 einen beinahe euphorischen sozialpolitischen Aufbruch, doch fiel dieser rasch wieder einer neuen bürgerlichen Reaktion zum Opfer. Übrig blieb schließlich nur der Grundsatz einer Alters- und Hinterlassenenversicherung in der Verfassung (1925), die Verwirklichung aber ließ bis 1947 auf sich warten.

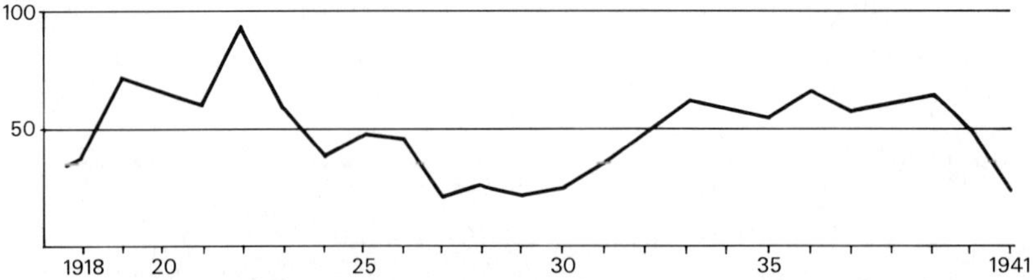

Bundessubventionen für Sozialpolitik 1918–1941

in Millionen Franken (nominale Beträge)

Versagen der Sozialpolitik

Besonders kraß versagte die eidgenössische Sozialpolitik während des Ersten Weltkrieges. Es erfolgten weder Maßnahmen gegen die gewaltige Inflation noch für die Kontrolle der Arbeitsbedingungen – im Gegenteil, das Fabrikgesetz als einzig wirksames Mittel der Sozialpolitik wurde bei Kriegsausbruch außer Kraft gesetzt. Militärdienst und Entlassungen brachten die arbeitende Bevölkerung rasch in eine Notlage. Der Lebenskostenindex stieg bis Kriegsende von 100 auf 229, der Reallohnverlust breiter Arbeiterschichten betrug 30 % – trotzdem versuchte der Bundesrat erst im Sommer 1917 zögernd eine Kontrolle der Lebensmittelversorgung einzuführen.

In der politischen Aufbruchphase von 1919/1920 wurde dann zwar der sozialpolitische Versicherungsgedanke aufgegriffen, aber schließlich weder in der Alters- und Hinterlassenen- noch in der Arbeitslosenfrage realisiert. Einzig die eidgenössischen Beamten und Angestellten erhielten 1921 eine Versicherungskasse. Eine Gesetzesvorlage für eine Alters- und Hinterlassenen-Versicherung (AHV), allerdings eher dünnste Armenfürsorge als effektive Sozialversicherung, wurde 1931 vom Volk verworfen. Der Bund begnügte sich in der Zeit von 1929–1942 mit der Ausrichtung von 47,5 Millionen Franken an die Stiftung für das Alter.

Die 1917 eingeführte Unterstützung für notleidende Arbeitslose wurde laufend abgebaut und 1924 in ein Subventionsgesetz übergeführt, das privaten und öffentlichen Kassen Beiträge zuführen sollte, wobei die gewerkschaftlichen Arbeitslosenkassen mit Absicht benachteiligt wurden – auch dies eine Art von Sozialpolitik. Unter diesen Voraussetzungen konnte es während der Weltwirtschaftskrise nur zu unkoordinierten Fürsorgeaktionen mit bescheidenem finanziellem Einsatz kommen.

Sozialversicherungen

Erst der Zweite Weltkrieg brachte auch in der Sozialpolitik einen Durchbruch. Das auf dem Solidaritätsgedanken beruhende Leistungsprinzip fand in der Lohn- und Verdienstausfallsentschädigung für Wehrmänner eine erste Konkretisierung. Der Arbeitslosenunterstützung wurde 1942 durch einen Vollmachtenbeschluß eine generelle Anspruchsberechtigung beigefügt. Und die Ausarbeitung einer umfassenden AHV, 1947 dann verwirklicht, begann noch vor Kriegsende. So erhielt die Schweiz schließlich als einer der letzten «modernen» Staaten ein Sozialversicherungswerk, dem allerdings immer noch ein wesentlicher Teil, die Krankenversicherung, fehlt. Denn das Kranken- und Unfallversicherungsgesetz von 1912 (1918 in die Praxis umgesetzt) schuf nur eine Bundesversicherung für Unfälle in Fabrikbetrieben und erfaßte damit keineswegs die Mehrheit der Bevölkerung.

Die Bemühungen um einen Verfassungsartikel für Familienpolitik zeigen dieselben Züge einer zurückhaltenden, wenn nicht gar reaktionären Sozialpolitik. Der Idee von Familienausgleichskassen begegneten die Arbeitnehmerorganisationen schon 1930 mit einer kategorischen Ablehnung. Eine stark ideologisch motivierte Initiative der Katholisch-Konservativen für einen Familienschutzartikel (1942) führte dann zwar 1945, erneut unter dem Einfluß der kriegsnotwendigen neuen Sozialpolitik, zur Einführung eines entsprechenden Artikels (34quinquies) in der Bundesverfassung, doch folgte die Gesetzgebung ähnlich wie bei der AHV 1925 nur zögernd.

Bezüglich der Sozialpolitik gilt es allerdings in der gesamten Schweiz zu beachten, daß einzelne Kantone und städtische Gemeinden schon seit Jahren über fortschrittliche Institutionen verfügten; doch die damit verbundene Ausgabenpolitik blieb auch auf dieser Ebene restriktiv. Leider steht aber eine genaue Angaben liefernde Untersuchung noch aus.

C. Kultur, Staat und Gesellschaft

1. Prolog: Ungleichzeitigkeiten und Entfremdungen in der politischen Kultur

Der Erste Weltkrieg und die Jahre 1918/1919 haben offensichtlich einen Umbruch und die Einleitung einer neuen Epoche, vergleichbar mit der Zäsur von 1814/1815 gebracht. Haben sich Wirtschaft, politisches System und Gesellschaft der Schweiz diesem Wandel angepaßt? Zu einem guten Teil läßt sich dies für Wirtschaft und Politik bejahen, weniger indessen für die politische Kultur und das öffentliche Bewußtsein. Man gewinnt vielmehr den Eindruck, daß eine stabile, wenn nicht gar verharschte bürgerliche, den Normen und Werten des 19. Jahrhunderts verpflichtete politische Kultur das tiefere Wesen der Schweiz weiterhin durchzog. In dieser Ungleichzeitigkeit (Ernst Bloch) erblicken wir auch in unserem Lande den Widerspruch von technisch-wirtschaftlicher Moderne und verkrampftem politischem Kleinbürgertum, von weltweit politisch-ökonomischer Verzahnung und provinzieller Kultur – Ungleichzeitigkeiten, die bekanntlich breite Schichten der Gesellschaft faschistischen Anschauungen näher bringen können, so auch, trotz anscheinend ungebrochener Demokratietradition, in der Schweiz der Zwischenkriegszeit.

Die existentiell empfundene Bedrohung durch das nationalsozialistische Deutschland ließ dann aber eine nationale Einheit entstehen, die die Tradition der alten Eidgenossenschaft und auch demokratische Ideale bewahren half. Mit dem Bewußtsein nationaler, aber oft engstirniger und engherziger Eigenständigkeit und mit einer guten Portion opportunistischer Anpassung an die wechselnden politischen Machtverhältnisse der Welt gelang es, das Land und vor allem seine industriell-kapitalistische, im europäischen Vergleich überaus stark entwickelte Wirtschaft durch die Krise und den Zweiten Weltkrieg zu bringen.

Vom Graben zur nationalen Einheit

Der Wirtschaftskrieg 1914–1919 hatte das scheinbare innere Gleichgewicht der Schweiz zerrüttet, einen Graben zwischen Deutsch und Welsch aufgerissen und aus der sozialen Not den größten gesamteidgenössischen Konflikt seit 1847, den Landesstreik von 1918, geboren. Der bürgerliche Bundesrat (sechs Freisinnige und ein Katholisch-Konservativer) gab sich zwar mit Hilfe seines Vollmachtenregimes überlegen autoritär, vermochte aber in keiner Weise die sozioökonomische Krise in den Griff zu bekommen. Zudem wurde die Entfremdung zwischen den beiden großen Kulturbereichen der deutschen und welschen Schweiz unter dem Eindruck des Kriegsgeschehens politisiert und verschärft, wobei allerdings dieser vielgenannte Graben in erster Linie das Bildungsbürgertum und die politische Elite mit ihrer aufgehetzten Presse berührte, während das einfachere Volk unter sich weit ungezwungener zu verkehren schien (leider stehen dazu breitere Untersuchungen noch aus). In dieser Lage schuf die militärische Führung mit ihrer selbstherrlichen und weitgehend deutschfreundlichen Haltung zusätzlich innenpolitischen Zündstoff.

Der Abstimmungskampf 1922 über das Staatsschutzgesetz (erste Lex Häberlin) führte einen aggressiven und oft diffamatorischen politischen Stil ein, der zu einem wesentlichen Merkmal des politischen Klimas der Zwischenkriegszeit werden sollte.

Dem bürgerlichen Lager gelang es zwar dann, in der Abwehr des Landesstreiks und in einem verhetzten Kampf gegen Sozialismus und Bolschewismus eine Art nationale Einheit neu zu bilden; im tieferen Wesen der politischen und gesellschaftlichen Welt dauerte aber die Zerrissenheit auch in der Zwischenkriegszeit an. Die Bedrohung durch den Faschismus veranlaßte dann die Arbeiterschaft zur Anlehnung an die bürgerliche Demokratie und zur Integration in das bestehende politische System. Der linke Flügel des Sozialismus wurde durch Verbote der kommunistischen Partei geschwächt und in die Illegalität getrieben. Übrig bleibt die Frage, ob das Ende von Zwischenkriegszeit und Krise und ob die sogenannte «Bewahrung» im Zweiten Weltkrieg die Gesellschaft und das politische System tatsächlich zu heilen vermochten.

Der Preis der demokratischen Integration

Im formalen politischen Bereich sind zweifelsohne Fortschritte zu verzeichnen: Man befand sich auf dem Weg der Konkordanzdemokratie, in der nun auch die breiten Schichten des arbeitenden Volkes mitberücksichtigt erschienen; und man hatte die Notwendigkeit einer modernen Sozialpolitik erkannt und machte sich an die Verwirklichung der AHV. Aber man hatte diese demokratische Integration zugleich mit fragwürdigem Kulturverständnis und einer widersprüchlichen Geisteshaltung erkauft. Gemeint ist hier die Geistige Landesverteidigung einerseits und die anpasserische Politik an die faschistischen Gewaltverhältnisse der Zeit andererseits. Man kam zwar schließlich wieder einmal durch die Bedrohungen und Zerstörungen des Krieges, hatte Wirtschaft und politisches System gerettet und z. T. auch weiter entwickelt, dafür aber wesentliche Teile eines offenen Freiheitsgeistes und eines humanen Kulturverständnisses geopfert. Die Voraussetzungen für eine konzeptionslose und egoistische Konsumgesellschaft der Nachkriegszeit waren somit gegeben.

2. Kulturpolitik am Vorabend des Ersten Weltkrieges

In den achtziger Jahren des 19. Jahrhunderts hatte der Bundesrat mit aktiver Kulturpolitik begonnen. Diese stand durchaus in logischer Übereinstimmung mit der Entwicklung des politischen Systems, wo die staatliche Sphäre durch enge Kooperation von Interventionismus und Industriekapitalismus zu einer gesteigerten Bedeutung kam.

Eine offizielle Kultur

Am Anfang standen die Bundesbeschlüsse zur Bewahrung der vaterländischen Altertümer (1886) und zur Förderung der Kunst (1887). Diese führten über zu den ersten großen Kulturinstitutionen des Bundes, dem 1898 in Zürich eröffneten Landesmuseum und der 1900 in Bern errichteten Landesbibliothek. Zugleich unterstützte der Staat nun eine Unzahl meist patriotisch orientierter Kulturveranstaltungen, wie beispielsweise die Landesausstellungen von Zürich 1883, Genf 1896 und Bern 1914. Man verstand zudem die immer pompöseren und einem stilistischen Eklektizismus unterworfenen öffentlichen Bauten, so auch das 1894–1902 errichtete Bundeshaus, als nationale Kulturmanifestation. Dieser amtlichen Bundeskultur entsprach eine zunehmend überbordende Festspielkultur, die das Land jährlich in der Sommerzeit zu überziehen pflegte.

Die Aktivität der eidgenössischen Kunstkommission mit ihrem jährlichen Kredit von 100000 Franken ließ eine gewissermaßen amtlich abgesegnete nationale Kultur entstehen. Besonders in der Malerei manifestierte sich, nach dem Durchbruch Ferdinand Hodlers, dessen Fresken im Landesmuseum noch zu vehementen öffentlichen Auseinandersetzungen geführt hatten, eine gesellschaftspoli-

Ferdinand Hodler, «Der Rückzug von Marignano» (Landesmuseum Zürich, 1900).

Auf der Suche nach einem nationalen Selbstverständnis nahm sich die Bundespolitik am Ende des 19. Jahrhunderts auch der Kunst an. So entwickelte sich insbesondere um die Fresken Hodlers im Landesmuseum Zürich, das 1898 eingeweiht wurde, ein ausgedehnter und heftiger Kunststreit. Einige Jahre später wurden die Hodlerschen Helden aber doch gemeinhin als Verkörperung eidgenössischer Tugend anerkannt. In der Ungewißheit der Nachkriegszeit bildete sich in Anlehnung an Hodler eine nationale Kunstrichtung aus. Sie verstand sich als Bollwerk gegen die moderne zeitgenössische Kunst und griff, die liberale Schweiz des 19. Jahrhunderts außer acht lassend, auf die Symbole der alten Eidgenossenschaft zurück. Sie fand dabei in politischen Kreisen breite Anerkennung und vermochte in so starkem Maße das offizielle kulturelle Leben der Zwischenkriegszeit zu beeinflussen, daß sie schließlich beim Ausbruch des Zweiten Weltkrieges zum allein gültigen Ausdruck der Geistigen Landesverteidigung wurde.

Charles L'Eplattenier, «Der Rütlischwur» (Schloß Colombier, NE 1936–1945).

tisch verdichtete Nationalkunst, geprägt von pathetischem Idealismus und kriegerischem Patriotismus.

Kritische Reaktionen

Unbestritten war diese Kultur des Bundesstaates allerdings nicht. Schon in den Anfängen der freisinnigen, noch auf den Idealen der politischen Verfassung beruhenden Kulturstaatsidee, fanden einzelne konservative Kulturträger wie Jacob Burckhardt und Philipp Anton von Segesser treffende Worte der Kritik. Mit der allmählichen Institutionalisierung einer staatlichen Kulturpolitik und deren Ideologisierung erwuchs nun auch aus dem eigenen Lager Kritik. Gottfried Keller stellte 1886 mit «Martin Salander» erstmals die politische Kultur der freisinnigen Demokratie in Frage. Später kam bei Jakob Boßharts «Ein Rufer in der Wüste» (1921) eine geradezu grundsätzliche Entfremdung von Staat und Politik zutage. In der welschen Schweiz entstand eine Abwehrhaltung gegen den Bundesstaat aus dem widersprüchlichen Zusammenfließen von Föderalismus, Latinität und konservativem Gedankengut im Sinne von Charles Maurras. So setzte insgesamt in der Schweiz ein Bewußtseinsprozeß ein, der zahlreiche Schriftsteller und Kulturkritiker in einen grundsätzlichen Widerspruch zum schweizerischen Bundesstaat brachte.

Dementsprechend kam die offizielle Kulturpolitik des Bundes gelegentlich ins Kreuzfeuer der öffentlichen Kritik, die bis hinein ins Parlament wirkte. Diese Angriffe richteten sich in erster Linie gegen die eidgenössische Kunstkommission, die über ansehnliche Bundesmittel verfügte und in den Ruf gekommen war, zum Hort der eidgenössischen, aber von partikularen Interessenkreisen dominierten Kulturidee geworden zu sein. Eine ähnliche Funktion hatten die eidgenössischen Kommissionen für Kunstdenkmäler, für angewandte Kunst, die Gottfried-Keller- und die Schiller-Stiftung.

3. Die Kulturkrise nach dem Ersten Weltkrieg

Zwischen Modernismus und Tradition

Obwohl eine breite Untersuchung noch aussteht, gewinnt man den Eindruck, daß der Umbruch der Jahre 1918/1919 die Kultur in besonderem Maße berührte. Im Ersten Weltkrieg schon war die schweizerische Kulturszene, wenn auch am Rande nur, verunsichert worden. So ging ein progressiver Kulturimpuls von kleinen Emigrantenzirkeln aus, die beispielsweise den Expressionismus in die Schweiz brachten oder als Dadaisten in Zürich den Eindruck einer kulturellen Revolution erweckten. In Genf, um hier noch ein weiteres Beispiel anzuführen, stellte sich eine kleine Gruppe moderner Maler unter dem Namen «Le Falot» der herrschenden Hodlerschen Kunstrichtung entgegen.

Die Nachkriegsjahre wurden dann zum Ausgangspunkt einer die gesamte Zwischenkriegszeit beherrschenden Krise. Die Gesellschaft sei, so konnte man nun in zahlreichen Artikeln verschiedenster politischer Färbung lesen, von der Großstadt, den entwurzelten Massen und dem Materialismus der politischen Kultur zersetzt. Otto von Greyerz, ein Vertreter der neuen traditionalistischen Heimatkultur, klagte, in den Städten werde die Kultur von «einem heimatlosen Literatengeschlecht, entwurzelten Reingeistigen, unter denen es dem Ewigen Literaturjuden besonders wohl sei», beherrscht. Daneben kam allenthalben auch die Angst vor einem «Künstlerproletariat» zum Ausdruck, für dessen Entstehung möglicherweise auch die Kunstsubventionen des Bundes verantwortlich seien.

Seit den zwanziger Jahren scheint in den Augen gewisser bürgerlicher Kreise das kulturelle Leben durch die großstädtischen Zentren, durch das Proletariat und alles, was dem «modernen» Leben zugezählt werden kann, bedroht. Maler der «modernen» Richtung wie ein Otto Morach («Asphaltarbeiter») kamen deshalb in einen heftigen Konflikt mit den Vertretern der ‹nationalen› Kunst.

Nach dem Ersten Weltkrieg begann man in allen Sparten des Kunstschaffens die individualistische Dekadenz und die mangelnde Verbindung zu Volk und Heimatkunst zu kritisieren. In der Literatur sei es nicht gelungen – so Robert Faesi – jenen Gleichschritt mit Volk und Politik aufrecht zu erhalten, der Jeremias Gotthelf und vor allem Gottfried Keller eigen gewesen sei. Ähnliche Vorwürfe galten dem Theater, das, weitgehend von ausländischen Bühnenschaffenden getragen, nur noch für eine intellektuelle, städtische und ausländisch orientierte Oberschicht da sei. Als Gegenbewegung begrüßte man das Volks- und Heimattheater. 1926 entstand eine Gesellschaft für schweizerische Theaterkultur. In der welschen Schweiz hatte schon

Ein neuer Ansatz zu moderner Stadtgestaltung, wie er beispielsweise in der Siedlung «Neubühl» in Zürich versucht wurde (1929/31), kam über bescheidene Anfänge nicht hinaus.

Dem Aufbruch der «Moderne» wurde das «heimelige» Schweizer Chalet, Symbol einer idyllisch verklärten Tradition, entgegengestellt.

vor dem Ersten Weltkrieg das Théâtre du Jorat die alte Festspielkultur in ein neues Volkstheater überzuführen versucht. Ende des Ersten Weltkrieges entstand aber auch hier eine Krise, weil es letztlich nicht gelang, moderne linksrevolutionäre Zeitströmungen mit der traditionellen und konservativen Volks- und Heimatkultur zu verbinden. Eine ähnliche Spannung äußerte sich in den «Cahiers vaudois», die anfänglich den Aufbruch einer neuen helvetischen Literatur zu signalisieren schienen, dann aber am inneren Widerspruch von Moderne und Tradition scheiterten.

Die Architektur

Besonders augenfällig war die Orientierungslosigkeit in der Architektur. Im Bauboom der zwanziger Jahre wurden städtebaulich wertvolle Quartiere zerstört, ohne aber durch eine zielgerichtete Neugestaltung ersetzt zu werden. Einerseits verdammte man die gesamte bisherige urbane Architektur, lehnte aber auch die neue Sachlichkeit ab. Le Corbusier mußte im Ausland bauen. Seine *Cité universitaire* in Paris, vom Bund mitfinanziert, fand in der Schweiz kaum Anerkennung. Nur kleine Kreise, z. B. an der Architekturabteilung der Eidgenössischen Technischen Hochschule (ETH), suchten einen konstruktiven Anschluß an die Moderne. Bezeichnend ist auch, daß man für die Repräsentation des Staates bei öffentlichen Gebäuden keine Ausdrucksmittel mehr fand. Dafür spielte sich die Praxis ein, einen kleinen Promillesatz der Bausumme für ein künstlerisches Werk bereitzustellen, welches dann beziehungslos neben oder an das Bauwerk zu stehen kam.

Entfremdung und Kritik

Die Entfremdung prominenter Kulturschaffender von Staat und Gesellschaft setzte sich weiter fort. Dem Werk Carl Spittelers stand man verständnislos gegenüber, obwohl es doch gerade dieser Dichter gewesen war, der im Dezember 1914 mit seiner Rede «Unser Schweizer Standpunkt» den wertvollsten politischen Beitrag zur Einigung unserer zerrissenen Nation geleistet hatte. Einer der wichtigsten Vertreter der jüngeren Generation, Jakob Schaffner, orientierte sich an Deutschland und seinem Faschismus. Gonzague de Reynold schließlich eröffnete 1929 mit seinem Buch «La Démocratie et la

Suisse» eine Diskussion, die den freisinnigen Bundesstaat des 19. Jahrhunderts vollends in Frage stellte. Ihn übertraf 1937 nur noch Charles Ferdinand Ramuz, als er die Existenz eines Schweizer Volkes überhaupt bezweifelte und zudem polemisch fragte, ob die Einwohner dieses Alpenlandes kulturell zu mehr fähig seien als zum Hotelportier (Brief von Ramuz an Denis de Rougemont, in: «Esprit», 1. Oktober 1937). Das war aber auch schon die Klimax der Kulturkrise, denn es gelang nun, die konservativ-heimattümelnden Kulturkritiker zusammen mit den traditionalistischen, aber oft staatsverdrossenen Intellektuellen in der Geistigen Landesverteidigung zu einem nationalen Block zusammenzuführen.

Film und Radio

Die breiten Schichten der Bevölkerung wandten sich indessen den neuen Medien, dem Film und dem Radio zu. In den meisten größeren Städten hatten sich schon vor dem Ersten Weltkrieg Kinematographentheater eingerichtet. Nach dem Kriege nahm das Kinogewerbe, auch ein Resultat des Eingreifens der USA in Europa, einen ungeheuren Aufschwung. Man benutzte im übrigen den wirtschaftlichen Erfolg dieser Unterhaltungskultur zur Finanzierung traditioneller Kultur. Mittels Billetsteuer subventionierte beispielsweise die Stadt Bern ihr defizitäres Theater mit jährlich fast 200 000 Franken. So finanzierten die unteren Schichten die in die Krise geratene bürgerliche Kultur. Das hinderte die Kulturkritik allerdings nicht, den Film weiterhin zu verdammen, obwohl ausgerechnet Carl Spitteler schon 1916 in einem Aufsatz «Meine Bekehrung zum Kinema» den Film als Kunstform anerkannte. Erst die Geistige Landesverteidigung, wo der schweizerische Berg- und Heimatfilm sowie die halbamtliche Wochenschau zentrale Funktionen hatten, brachte eine breite Anerken-

Trotz einiger Ansätze zu einer eigenständigen Filmproduktion in den zwanziger Jahren blieb das einheimische Filmwesen mehr als mittelmäßig. Ein gewisser Aufschwung stellte sich erst, nicht zuletzt unter dem Einfluß der Geistigen Landesverteidigung, Ende der dreißiger Jahre ein (z. B. «Füsilier Wipf», 1938).

Die ersten Kinos, vereinzelt schon vor dem Ersten Weltkrieg anzutreffen, breiteten sich in den zwanziger Jahren zunehmend aus (Bild: Cinéma Apollo in Lausanne). 1936 zählte man dann 343 Lichtspieltheater mit insgesamt 126 000 Plätzen.

Die Anfänge des Radios: das Studio in Lausanne, ausgestattet 1923. Der erste, 1922 eingerichtete Sender der Schweiz war jener von Bern. 1931 stellte der Bund das Radiowesen auf eine neue Grundlage und organisierte die drei Landessender Beromünster, Sottens und Monte Ceneri.

nung des Filmwesens. Selbst der Bundesrat sah nun im Kino einen «Kulturfaktor» und schuf zwecks Förderung und Kontrolle eine schweizerische Filmkammer.

Auch das Radio gehörte inzwischen zum helvetischen Alltag. 1938 zählte man über eine halbe Million Apparate mit schätzungsweise zwei Millionen Hörern. Bundesrat und Politikern gelang es mit einigem Erfolg, sich dieses Kommunikationsmittel nutzbar zu machen.

Der Kampf um die Bewahrung des Kulturgutes und die Auseinandersetzung mit den modernen Zeiten bewirkten eine permanente, aber ziellose Aktivität des Bundes bei der Organisation der Kultursubventionen. Das Budgetdefizit von 1913 und insbesondere der Erste Weltkrieg hatten vorerst eine massive Einschränkung der Kulturausgaben bewirkt. Doch 1917 schon kam eine weitere Sparte des Kunstschaffens, die angewandte, gewerbliche und industrielle Kunst, ins Förderungsprogramm des Bundes; er beteiligte sich 1925 mit der hohen Summe von 300000 Franken an der internationalen Ausstellung für moderne, dekorative und angewandte Kunst in Paris. Eine ebenso hohe Summe stellte der Bundesrat in der Nachkriegskrise zum Ankauf von Bildern bereit, um so den notleidenden Künstlern zu helfen.

Die Kulturpolitik des Bundes

Die verschiedenen Verordnungen zu den Bundesbeschlüssen von 1886 und 1887 wurden 1924 in einer grundsätzlichen Regelung, die einerseits den Kunstschaffenden mehr Einfluß einräumen sollte und andererseits die Kompetenzen des Bundesrates erweiterte, neu zusammengestellt.

Die Sozialdemokraten

Bei diesen kulturpolitischen Geschäften traten die Sozialdemokraten stark in Erscheinung. Ihre Vertreter, meist ehemalige Lehrer wie Ernst Reinhard und der nachmalige Bundesrat Ernst Nobs übernahmen unkritisch das kulturelle Erbe des Bürgertums des 19. Jahrhunderts und verlangten dessen Popularisierung in der verunsicherten Gesellschaft der Nachkriegszeit. Robert Grimm, der 1918 noch mit klassenkämpferischen Tönen gegen das Bürgertum anging, ließ 20 Jahre später das bernische Rathaus in der alten Pracht der Bürger und Patrizier restaurieren. In der Kulturpolitik der zwanziger Jahre hatten die Sozialdemokraten ihre nahtlose Integration in die bürgerliche Geistige Landesverteidigung des Zweiten Weltkrieges vorbereitet. Auch die als alternativ verstandene Arbeiterkultur (z. B. schweizerische Arbeiterbildungszentrale), die sich u. a. auf die Schrift «Die pädagogische Revolution» (1919) von Leonhard Ragaz berief, erlag in den dreißiger Jahren der aufkommenden bürgerlichen Volkskultur der Geistigen Landesverteidigung.

4. Die Kultur der Geistigen Landesverteidigung

Auf der Suche nach einem Konsens

Die Kulturkritik der zwanziger Jahre fand um 1930 durch eine Häufung von Aufsätzen, in denen Staat, Demokratie und bürgerliche Gesellschaft in Frage gestellt wurden, eine markante politische Steigerung. Hinzu kam dann auch die äußere Bedrängnis durch die faschistische Kulturpropaganda. Aus der Abwehr dieser Erscheinungen – aber oft auch gerade in Übereinstimmung mit der obgenannten konservativen Kultur- und Gesellschaftskritik – entstand die Geistige Landesverteidigung. 1934 erschienen unter diesem Schlagwort die ersten größeren Aufsätze, und 1935 setzten sich die eidgenössischen Räte damit auseinander. Ein nationaler Kulturkonsens bahnte sich an.

Dazu gehörte aber noch, als unabdingbare Voraussetzung, eine Annäherung der deutschen und welschen Schweiz. Diese vollzog sich, wenn vermutlich auch nur oberflächlich, anfangs der dreißiger Jahre. Die Verbindung führte vom konservativen Kulturföderalismus zu einer mythischen Volks- und Bodenideologie, die den Zusammenschluß von Gonzague de Reynold und Charles Ferdinand Ramuz mit dem neuerweckten gotthelfschen Patriotismus erlaubte.

Magna Charta der Schweizer Kultur

So ist es denn nicht verwunderlich, daß ausgerechnet der vom christlichen Ständestaat inspirierte katholisch-konservative Bundesrat Philipp Etter 1938 jene 48seitige Kulturbotschaft – bald *Magna Charta* der Schweizer Kultur genannt – schuf, die praktisch alle politischen Lager zu integrieren vermochte. In einer ständigen, geradezu beschwörend vorgetragenen Wiederholung postulierte Etter zwei Prinzipien:

- die Zugehörigkeit der Schweiz zu den drei geistigen Lebensräumen des christlichen Abendlandes und deren Zusammenfassung zu einem schweizerischen, und
- die kulturpolitische Identität der bündischen Gemeinschaft und der spezifisch schweizerischen Demokratie.

Diese relativ offenen Prinzipien werden allerdings durch eine kleinbürgerliche, aber intransigente Betonung des «Schweizerischen» – wobei dessen Wesen recht unklar bleibt – und durch eine konservative Reduktion der kulturellen Werte eingeschränkt. Für Geist und

Charles L'Eplattenier
Politisches Plaka[t]
gegen die sozialdemokratisch[e]
Kriseninitiative (1935)

ROTER FUENFJAHRPLAN
2. JUNI
NEIN
NATIONALE
KAMPF-
GEMEINSCHAFT
L'EPLATTENIER

Literatur, meint Etter, genüge ein Name: Jeremias Gotthelf. Karl Barth nannte das Ganze ein «Spottgebilde eines neuen helvetischen Nationalismus». Um den Eindruck einer staatlich dirigierten Kultur zu vermeiden, sollte eine vom Bund finanzierte Stiftung die in der Kulturbotschaft umschriebenen Aufgaben übernehmen. Nach Ausbruch des Krieges kam jedoch vorerst nur eine Arbeitsgemeinschaft unter dem Namen «Pro Helvetia» zum Einsatz, deren Untergruppe «Heer und Haus» vor allem stark hervortrat. Während die «Pro Helvetia» dann 1949 in der vorgesehenen Form einer Stiftung ihre kulturpolitische Tätigkeit aufnehmen konnte, wurde «Heer und Haus» im kalten Krieg als fragwürdiges «Informationsbüro» der Armee reaktiviert.

Pro Helvetia

5. Die Kirchen in der Gesellschaft

Politischer Katholizismus

Gerade im Hinblick auf die Kulturpolitik kommt man vom Eindruck nicht los, daß die Zeit nach dem Ersten Weltkrieg die späte Revanche des politischen Katholizismus gegenüber dem freisinnigen «Kulturstaat» sei. Zwar konnten weder die institutionellen Verhältnisse von Staat und Kirche und von Schule und Kirche noch die konfessionellen Ausnahmeartikel der Bundesverfassung verändert werden; doch in der politischen Subkultur und bei den generellen gesellschaftlichen Werten gewann der Katholizismus an Boden.

Diese Entwicklung wurde 1920 durch die Wiederzulassung der Nuntiatur eingeleitet. Der Nuntius, dies muß allerdings deutlich festgehalten werden, war nicht der eigentliche Anlaß der katholischen Reaktivierung. Er bildete vielmehr nur das Symbol des gestärkten politischen Katholizismus und diente dann zeitweise als gesellschaftliche Vermittlungsstelle der geistlichen und politischen Honoratioren. Die einflußreichen Mitglieder der katholisch-konservativen Fraktionen der Bundesversammlung, insbesondere Heinrich Walther, pflegten einen emsigen Kontakt mit der Nuntiatur.

Nuntius Maglione selber besuchte in spektakulärer Weise die katholischen, dann aber auch die paritätischen Kantone und schließlich selbst Diasporagemeinden in reformierten Kantonen. 1922 nahm er an verschiedenen Ostergottesdiensten in Zürich, der Stadt Zwinglis, teil und ließ sich auch von der Zürcher Regierung empfangen. Dies brachte die Protestanten, die auf die Zulassung der Nuntiatur nicht reagiert hatten, erneut für kurze Zeit in eine polemische Kampfstellung gegen den Katholizismus.

Die kulturpolitisch wichtige Wendung des Katholizismus lag allerdings in erster Linie in der Annäherung an die faschistischen Bewegungen, die bekanntlich durch die Arrangements des Vatikans mit Mussolini und mit Nazideutschland und durch die Enzyklika *Quadragesimo anno* einen allgemeinverbindlichen Charakter trug. So verband sich ein Teil des politischen Katholizismus in der Schweiz kurz mit den faschistischen Fronten, um dann aber bald in der Geistigen Landesverteidigung, die ja vom christlich-konservativen Gedankengut entscheidend mitgeprägt war, seine politisch-patriotische Integration in die schweizerische Gesellschaft zu finden.

Nach dem verspäteten und abgeschmackten Kulturkampf im Zusammenhang mit der Nuntiatur suchte der Protestantismus eine innere Stärkung in der ökumenischen Bewegung. In diesem Sinne wurde der «Schweizerische Evangelische Kirchenbund» gegründet, der den Kontakt zwischen den autonomen kantonalen Kirchen und damit den inneren Zusammenhalt der Protestanten verbessern sollte.

Drei protestantische Strömungen

Die politische Entwicklung ließ aber auch die Reformierten nicht unberührt. Während sich im Gefolge von Karl Barth eine Art «bekennende Kirche» aktiv gegen den Faschismus stellte, kamen andere Pfarrherren ins Schlepptau der frontistischen Bewegungen. Die Mehrheit der Kirche blieb allerdings passiv, und als die Zürcher Synode nach dem Zweiten Weltkrieg gegen Mitglieder, die in deutsch- und faschistenfreundlichen Bewegungen aktiv gewesen waren – sie gehörten beispielsweise zu den Unterzeichnern der «Eingabe der Zweihundert» –, Sanktionen in Erwägung zog, lehnte die

Mehrheit ab. So entzog sich die Kirche letztlich einer eindeutigen Stellungnahme.

Eine dritte, im Ersten Weltkrieg gesellschaftspolitisch sehr engagierte Strömung, die Religiös-Sozialen unter Leonhard Ragaz, setzte zwar nach dem Kriege mit starker Betonung des Pazifismus ihre Aktivität fort, schrumpfte aber zu einem kleinen Kreis zusammen. Zudem spalteten sich jüngere Theologen dieser Richtung ab (dialektische Theologie um Karl Barth und Emil Brunner) und zogen sich auf rein kirchliche Positionen zurück.

6. Epilog: Kulturelle Verarmung in der Enge von Abwehr und Geistiger Landesverteidigung

Heimatlich-patriotische Selbstbeschränkung

Die kulturpolitische Krise der Zwischenkriegszeit fand scheinbar einen harmonischen Abschluß in einer heimatlich-patriotischen Selbstbesinnung. Symbolhaft und in geradezu sakraler Verklärung erscheint uns die schweizerische Landesausstellung von 1939 in Zürich, wo die Fahnen sämtlicher Gemeinden ein einfach verständliches und idyllisches Dach über den Schweizer breiteten. Doch in der kulturpolitischen Abwehr gegen den ausländischen Totalitarismus und in der Besinnung auf heimatliche Werte erwuchs eine Art helvetischer Totalitarismus, der eine künstlerische Enge und eine kulturpolitische Beklemmung entstehen ließ.

Selbst literarisch hochstehende Romane wie Meinrad Inglins «Schweizerspiegel» (1938) konnten sich diesem Druck nicht entziehen. Es ist außerdem wohl bezeichnend, daß die kritische künstlerische Freiheit sich beinahe nur noch auf den kleinen, verrauchten Bühnen des Kabaretts (z. B. «Cornichon» in Zürich und «Le Coup de Soleil» in Lausanne) äußern konnte. Und die heute vielgerühmte kulturelle und gesellschaftskritische Leistung des Zürcher Schauspielhauses wurde weitgehend von deutschen Emigranten getragen, die ständig unter dem Druck der Fremdenpolizei um ihre Existenz bangten.

Als dann bei Kriegsschluß der äußere Druck nachließ, stand die kulturelle Schweiz keineswegs aufbruchfreudig und offen da. Ein Igelbewußtsein, eine geistige Enge und vor allem ein selbstgefälliges Heimatbewußtsein legten einen Wertraster, der bis heute das kulturelle Verständnis einer großen Mehrheit zu prägen vermochte. Möglicherweise steht dahinter das schlechte Gewissen, in einer Zeit schlimmer menschlicher und politischer Exzesse sich egoistisch und selbstsüchtig einer Stellungnahme entzogen zu haben.

)urch die Landesausstellun- ·en von 1914 und 1939 ver- ·uchte die Schweiz ihrem ;elbstverständnis Ausdruck u geben. Jene aus dem Jahre '914 vermittelte eine dörfli- he Heimatidylle (Postkarte on 1914), während die Landi» von 1939, im Hin- lick auf die Geistige Landes- erteidigung, eine neue Ge- ıeinsamkeit zu evozieren ersuchte (Höhenweg der Gemeindefahnen).

D. Erster Weltkrieg und Nachkriegskrisen (1914–1923)

1. Verlust der Illusionen

Mangelnde Vorbereitung

Die Vorstellung eines umfassenden Wirtschaftskrieges war den schweizerischen Politikern völlig fremd. Zwar beschäftigte sich der Bundesrat 1912 anläßlich der Balkankrise, beraten vom Generalstab, mit kriegswirtschaftlichen Fragen, doch man besprach nur die Getreideversorgung der Armee und kam rasch zu jenem leichtfertigen Beschluß, die Schweiz müsse sich bei längerer Kriegsdauer zwecks Sicherstellung der Landesversorgung einer der kriegführenden Mächte anschließen. So bestand die einzige Kriegsvorbereitung in einem knapp zwei Monate reichenden Getreidevorrat.

Die Schweiz war aber nicht nur in komplexer Weise mit der Weltwirtschaft verflochten, sondern auch bezüglich Nahrungsmitteln und Energieträgern zu zwei Fünfteln vom Ausland abhängig. Der in aller Breite, insbesondere von England und Frankreich geplante Wirtschaftskrieg mußte auch die Schweiz treffen.

Die Maßnahmen des Bundesrates trugen dem kaum Rechnung und gingen in erster Linie nur darauf hinaus, die Versorgung der Armee mit wichtigen Gütern sicherzustellen. Bezüglich Landesversorgung oder neutralitätsgefährdender Konterbande hatte der Bundesrat wenig Mittel, oder er vermochte sich nicht durchzusetzen. Die Privatwirtschaft bediente sich hemmungslos aller wirtschaftlicher Freiheiten und versuchte nicht selten, kriegswirtschaftlich wichtige Güter der einen Partei verarbeitet und mit ansehnlichem Gewinn bei der anderen Partei abzusetzen.

Verlust der wirtschaftlichen Souveränität

Die dagegen immer schärfer vorgehenden Alliierten erzwangen schließlich im Sommer 1915 die Errichtung einer «Société Suisse de Surveillance Economique» (SSS), eine der Form nach privatrechtliche Organisation, die aber durch eine geheime Note des Bundesrates eine offizielle Legitimation erhielt. Der SSS gelang es, den größten Teil des Außenhandels und selbst den Kompensationsverkehr mit den Zentralmächten zu kontrollieren. Die schweizerische Außenwirtschaft war zu einem manipulierbaren System geworden, dem sich die Bundesbehörden zu fügen hatten. Die SSS diente auch nach dem Kriege bis Ende 1919 den Interessen der Siegermächte, womit einmal mehr auch in der Schweiz der zentrale wirtschaftspolitische Aspekt des Ersten Weltkrieges deutlich wurde.

Die Zentralmächte versuchten, allerdings mit weit geringerem Druck, über eine sogenannte Treuhandstelle die Außenwirtschaft zu beeinflussen. Sie konnten, zumindest in den ersten Kriegsjahren, auf ein großes Wohlwollen der Bundesbehörden zählen. Erst als sich der Handelskrieg 1916 verschärfte, griff auch Deutschland zu folgenreichen Sperrungen der Kohlelieferungen. Auch der unbeschränkte U-Boot-Krieg würgte die Zufuhren ab.

Die Schweiz hatte offensichtlich einen Teil ihrer Souveränität eingebüßt. Dies vermochten weder die Anerkennung der Neutralitätserklärung vom 4. August 1914 noch die Bewahrung des Territoriums vor fremdem Zugriff wettzumachen. Der Bundesrat kam immer mehr in eine schizophrene Haltung, indem er einerseits den Verlust der wirtschaftlichen Souveränität tief beklagte, andererseits aber stolz auf die vermeintliche Unabhängigkeit und Neutralität verwies. Anscheinend war noch nicht bewußt, daß nun Wirtschaft und Politik, Handel und Krieg zu einer nicht mehr entflechtbaren Einheit geworden waren.

Binnenwirtschaftliche Hilflosigkeit

Dieser Wirtschaftskrieg griff auch tief in die Binnenwirtschaft hinein. Die Behörden standen dieser teilweise chaotischen Entwicklung hilflos gegenüber. Anfangs 1915 wandelte man zwar das eidgenössische Handelsdepartement zu einem Volkswirtschaftsdepartement um – wobei die Handelsabteilung bezeichnenderweise dem politischen Departement unterstellt wurde –, doch konnte sich dessen Vorsteher, der der Industrie nahestehende Bundesrat Edmund Schultheß, zu keiner wirkungsvollen Wirtschaftspolitik durchringen. Es kam nur zu vereinzelten und oft zu späten Maßnahmen, wie beispielsweise der Monopolisierung der Getreideeinfuhr im Januar 1915 oder den Rationierungen von 1917 an. Inzwischen bereicherten sich einzelne Wirtschaftszweige maßlos, und auch die Bauernschaft machte gute Gewinne, während andere Sektoren und die Landesversorgung mit lebensnotwendigen Gütern in eine Krise gerieten.

Mit jenem peinlich euphorischen Heroismus, wie ihn auch die übrigen europäischen Länder kannten, war am 3. August 1914 die außerordentliche Bundesversammlung zusammengetreten und hatte dem Bundesrat weitreichende Vollmachten erteilt. Allein die Sozialdemokraten formulierten einige Vorbehalte; zwei ihrer Mitglieder enthielten sich der Stimme.

Der Dienst in den grenznahen Unterkünften war für die Truppe ermüdend und langweilig. Im Mittel leistete der Soldat des Auszuges 550 bis 600, jener der Kavallerie 400 bis 450 und der Landwehrsoldat 250 Tage Dienst.

Der Graben

Doch schon bei der Wahl des Generals riß jener Graben zwischen Deutschschweizern und Welschen auf, der in der Folge das politische Klima der Kriegs- und Nachkriegszeit schwer belastete. Der zum General gewählte Ulrich Wille stand geistig ganz auf seiten Deutschlands und war persönlich mit der kaiserlichen Familie und der hohen Armeeführung verbunden. Aber auch sein Generalstabschef, Theophil von Sprecher, hatte schon vor dem Kriege durch geheime Bündnisentwürfe eine fatale Annäherung an Deutschland und Österreich-Ungarn in die Wege geleitet. So kann es denn nicht verwundern, daß während des Krieges zwei Generalstabsobersten einseitig zugunsten der Zentralmächte Nachrichten vermittelten und daß sie, als man die Affäre gerichtlich verfolgte, durch ihre Vorgesetzten voll gedeckt wurden. General Wille suggerierte auch in einem Brief an den Bundesrat vom 20. Juli 1915 den Eintritt der Schweiz in den Krieg auf seiten der Zentralmächte.

In der Beurteilung des Überfalls auf Belgien waren die beiden großen schweizerischen Kulturräume weitgehend auseinandergebrochen. Mit Ausnahme der sozialdemokratischen rechtfertigte die gesamte deutschschweizerische Presse den neutralitätswidrigen Gewaltakt der Deutschen. Die dagegen völlig deutschfeindliche welsche Presse war allerdings nicht nur von idealistischer Sympathie für die Alliierten erfüllt, sondern stand zum Teil in direkten französischen Diensten. Weder der Aufruf des Bundesrates zur Mäßigung (1. Oktober 1914) noch die ermahnende Rede des Dichters Carl Spitteler (14. Dezember 1914) vermochten zu besänftigen.

Die so auch von außen geschürte Krise des politischen Systems kam im März 1916 anläßlich der Diskussion des Neutralitätsberichtes in den eidgenössischen Räten deutlich zum Ausdruck. Doch die Welschen wurden von den Deutschschweizern mühelos majorisiert und der mehrheitlich deutschfreundliche Bundesrat – Arthur Hoffmann und Edmund Schultheß waren tonangebend – konnte dank seinen Vollmachten den innenpolitischen Konflikt vernachlässigen. Höhepunkt dieser im Weltgeschehen situierten Krise bildeten 1917 die geheimen Vermittlungsversuche von Bundesrat Arthur Hoffmann für einen Separatfrieden zwischen Deutschland und Rußland, vermittelt übrigens durch den Sozialdemokraten Robert Grimm, der zu einem Besuch im revolutionären Rußland weilte. Hoffmann mußte, als die Sache öffentlich ruchbar wurde, zurücktreten. Mit seinem Nachfolger, dem Genfer Gustave Ador, erhielt die französische Schweiz endlich wieder einen zweiten Bundesrat.

General Ulrich Wille und die Armeeführung schütteten in dieser innenpolitischen Konfliktsituation noch Öl ins Feuer. Wille verstand seine Aufgabe nicht rein militärisch. Wohl versuchte er mit einer sturen Drillschule, die bald einmal zu großer Militärverdrossenheit führte, das Kriegsgenügen der Armee zu fördern; er glaubte aber auch im gesellschaftspolitischen Bereich seine Prinzipien von Disziplin und Ordnung durchsetzen zu müssen. So kam die Armee, zwar an der Grenze postiert, in erster Linie im Innern zum Einsatz. Auch die

Militärjustiz griff scharf ins Zivilleben ein. Armeekritische Journalisten und Zeitungen bekamen unverhältnismäßige Sanktionen zu spüren. Einer dieser Eingriffe führte im Mai 1917 zu schweren Unruhen in La Chaux-de-Fonds. Mit Gewalt befreiten dort Arbeiter den von der Militärjustiz wegen Beleidigung der Armee verurteilten Sozialisten Paul Graber aus dem Gefängnis. Darauf wurde die Stadt militärisch besetzt.

Interventionen der Armeeführung

Angesichts dieser Krisen darf allerdings nicht vergessen werden, daß der Krieg dem Bundesstaat neue Aufgaben zuführte und ihn so stärkte. Zur Deckung der enormen Mobilisationskosten – zwischen 1913 und 1925 verdreifachte sich die Staatsschuld – wurde 1915 die erste direkte Bundessteuer eingeführt. Auch brachte die Modernisierung der Armee, die Einführung des einheitlichen Feldgraus, eines neuen Stahlhelms und des Maschinengewehrs, die Präsenz des uniformierten bürgerlichen Einheitsstaates anschaulich neu zur Geltung.

Der von General Ulrich Wille angeordnete preußische Drill griff die Moral der Truppe um so mehr an, je länger der Aktivdienst dauerte. Wille forcierte diese Form der Ausbildung, weil er anfänglich die Kriegsbereitschaft der Armee als ungenügend erachtete.

2. Kriegsende und Landesstreik

Der Export kapitalintensiver Güter, Mangel an Waren, Fluchtgelder und die rapide anwachsenden Bundesausgaben heizten Teuerung und Inflation an. Der Lebenskostenindex stieg von 1914–1920 von 100 auf 229; die Teuerung der Lebensmittel, der Kleider und der Heizung war noch größer. Demgegenüber hielten die Löhne nicht mit, so daß für den Arbeiter eine Reallohneinbuße von ca. 30 % entstand. Für die Soldaten, die im Durchschnitt rund 500 Tage Dienst zu leisten hatten, bestanden weder eine Verdienstausfallentschädigung noch verbindliche Hilfen für die alleingelassenen Familien. Der Tagessold reichte gerade für drei kleine Gläser Bier und ein Päckchen Zigaretten. Als sich gegen Ende 1916 auch noch die allgemeine Versorgungslage verschlechterte, regten sich die ersten gewaltsamen Demonstrationen gegen diese unhaltbare soziale Lage. Im Juni 1918 zählte man schließlich 692 000 notstandsberechtigte Personen, ein Sechstel der gesamten Bevölkerung. Selbst Teile der Angestellten und Beamten kamen in Not.

Verschlechterung des sozialen Klimas

Es fehlte nicht nur an sozialer Vorsorge. Durch die Aufhebung des Fabrikgesetzes verschlimmerten sich auch Arbeitsmarkt und Arbeitsbedingungen. In einzelnen Bereichen wie etwa der Munitionsfabrikation arbeitete man mit Überstunden, während in anderen Sektoren Arbeitslosigkeit herrschte. Arbeitslosenversicherungen bestanden nur rudimentär auf privater Basis.

Die Arbeiterschaft suchte Schutz und Hilfe bei den Gewerkschaften und der Sozialdemokratischen Partei (SPS). Nach Kriegsausbruch zählte der «Schweizerische Gewerkschaftsbund» 65 000 Mitglieder. In den Jahren 1917/18 stieg diese Zahl auf 148 000, bis 1920 dann sogar auf 223 000. Die SPS, die sich erst kurz vor dem Weltkrieg zu einer Massenpartei auszubilden begann, wuchs nun rasch von 27 000 Mitgliedern (1912) auf 40 000 im Jahre 1917. Wohl war der Organisationsgrad der Arbeiterschaft noch nicht sehr groß, aber in den städtischen Zentren, wo Partei und Gewerkschaften in Arbeiterunionen zusammengefaßt waren, entstanden bedeutende und wohlorganisierte politische Kräfte.

Proteststreik vom 9. November 1918: Aufmarsch der Kavallerie auf dem Paradeplatz, dem Zentrum der Banken Zürichs. Die Kavallerie galt als besonders geeignet, um Manifestationen aufzulösen.

Die SPS hatte sich dem Vollmachtenregime und dem Burgfrieden (einem inoffiziellen Stillhalteabkommen der Parteien) nur mit dem Vorbehalt gefügt, daß soziale Vorsorge und nationale Solidarität die arbeitende Bevölkerung vor den negativen Auswirkungen des Krieges schützen sollten. Eine rücksichtslose Spekulationsgesinnung und Preistreiberei sowie die Aufhebung des Arbeiterschutzes offenbarten aber eine völlig andere Realität.

Unter diesen Umständen setzte sich zusehends eine neue militante Strömung in der SPS durch. Klassenkampf und Kritik am Militär, in dem man das Machtsymbol des bürgerlichen Staates sah, bestimmten die Parolen. Doch zu einer eigentlich linksradikalen Programmatik kam es nicht. Auch übten die Gewerkschaften noch Zurückhaltung. Einer der wohl besten politischen Köpfe dieser Epoche, der gelernte Typograph und Redaktor der «Berner Tagwacht», Robert Grimm, sammelte ein gleichaltriges politisches Kader um sich und führte die Partei in eine konsequente Opposition. Mit Hilfe zweier von ihm organisierter internationaler Zusammenkünfte, der Zimmerwalder-Konferenz vom 5.–8. September 1915 und der Kientaler-Konferenz vom 24.–30. April 1916, holte er sich internationales Ansehen. Es ging um die Sammlung jener Sozialisten, die sich der Burgfriedenspo-

Besetzung der Städte durch die Armee bei Ausbruch des Landesstreiks 1918: Eine Mitrailleur-Kompanie richtet sich auf dem Waisenhausplatz in Bern ein.

litik der nationalen Parteien widersetzten. Die Parole lautete, den Kampf gegen den Krieg durch die Bekämpfung der bürgerlichen Kriegsregierungen aufzunehmen, wobei man damit auch einen sozialistischen Umschwung vorzubereiten hoffte. Die SPS schloß sich dieser Programmatik an. Am linken Flügel dieser Bewegung verlangten kleine Gruppen und einzelne Persönlichkeiten eine radikalere Gangart. Lenin, der dank Vermittlung schweizerischer Sozialdemokraten im September 1914 in die Schweiz kommen konnte, versuchte, mit eher mäßigem Erfolg, auf diese Linke Einfluß zu nehmen. Doch nur Teile der sozialistischen Jugendorganisation stiegen auf die revolutionäre Gangart ein und gaben der bürgerlichen Presse durch ihre Krawalle die Möglichkeit, das politische Klima als revolutionär zu interpretieren.

Landesweit aufschreckend, weil es erstmals Tote gab, wirkte ein Krawall am 17. November 1917 – einem Samstagabend! – in Zürich. Er war aus einer spontanen, nur von marginalen Pazifisten und jugendlichen Linkskreisen veranlaßten «Feier» zur Russischen Revolution entstanden. Obwohl die offiziellen Partei- und Gewerkschaftskreise diesen Ereignissen hilflos und passiv gegenüberstanden, sprach man ihnen die volle Verantwortung zu.

Die politische Lage wurde 1918 durch eine Zivildienstvorlage des Bundesrates, eine Art totalitäre Indienstnahme der Arbeit durch eine allgemeine Zivildienstpflicht, verschärft. Grimm nahm den Kampf mit Hilfe eines improvisiert zusammengestellten Komitees von Gewerkschafts- und Parteileuten auf. Dieses Oltener Komitee verhandelte dann mit dem Bundesrat über verschiedenste innenpolitische Angelegenheiten, z. B. auch über die Höhe des Milchpreises. Im Juli 1918 erhielt es durch den ersten Schweizerischen Arbeiterkongreß die Legitimation, mit der Generalstreikdrohung auftreten zu dürfen.

Landesstreik 1918 in Lausanne: Dragoner bereiten sich zur Räumung der Place de la Riponne vor.

Der Landesstreik 1918

Vorerst schien sich die Lage jedoch zu entspannen. Erst im Spätherbst 1918, angesichts der Jahresfeier zur Russischen Revolution, gelang es der tendenziösen Schwarzmalerei einiger bürgerlicher Persönlichkeiten, unter ihnen auch des Generals Wille, den Bundesrat zu einem Truppenaufgebot zwecks vorsorglicher Besetzung von Zürich zu veranlassen. Das Oltener Komitee antwortete mit Proteststreiks, die zum Generalstreik vom 12.–14. November 1918 überleiteten. Es stellte dazu ein Neun-Punkte-Programm auf, das politische Elemente (z. B. sofortige Neuwahl des Nationalrates auf der Grundlage des Proporzes und Einführung des Frauenstimmrechts), vor allem aber soziale Postulate (u. a. Einführung der 48-Stunden-Woche und einer Alters- und Hinterlassenenfürsorge) enthielt. Demgegenüber verlangte der Bundesrat, zeitweise zwar nicht über Ängstlichkeit erhaben, die totale Kapitulation, eine Forderung, die die Armeeführung mit Freuden übernahm. Der mobilisierten Armee gegenüber, der die Arbeiterschaft diszipliniert und ohne nennenswerte Gewaltakte gegenüberstand, mußte sich das Oltener Komitee bedingungslos ergeben. Dieser schwere Konflikt war im übrigen von der Grippe überschattet, die vor allem bei der Truppe zahlreiche Opfer forderte.

Die Gewaltprobe hatte allerdings die tiefe soziale Konfliktsituation in keiner Weise gelöst. Im bürgerlichen Lager war zwar auch die Einsicht vorhanden, den Anliegen der Arbeiterschaft solle grundsätzlich Rechnung getragen werden. So kam es für einige Wochen zu einem kleinen sozialpolitischen Aufbruch. Nicht weniger als 11 Motionen wurden im Nationalrat eingebracht. Doch der reformfreudige Aufbruch verflachte rasch. Greifbares Resultat waren allein die Einführung der 48-Stunden-Woche – zu einem gut Teil zustande gekommen unter dem Einfluß der internationalen Vereinbarung von

Der soziale Konflikt verhärtete sich gegen Ende des Krieges zusehends. So bedienten sich jetzt die Ordnungstruppen bei ihrem Einsatz im Innern der «modernen» Mittel (Generalstreik in Basel, 1919).

Washington –, die Vorarbeiten für einen AHV-Verfassungsartikel und die Neuregelung des Arbeitsverhältnisses bei den Bundesbahnen.

Verhärtung der Gegensätze

Inzwischen hatte sich das gesellschaftspolitische Klima erneut verschärft. Schon während des Generalstreiks hatten sich Bürgerwehren gebildet, die nun zusammen mit rechtskonservativen Kreisen den Klassenkampf neu aufnahmen. Als im Sommer 1919 die militanten Arbeiterführer der Städte Basel und Zürich einen partikularen Lohnkonflikt zu einem neuen Generalstreik auszuweiten versuchten, besetzten Bürgerwehren hoch zu Roß gemeinsam mit der Armee die Arbeiterquartiere. Das Vorgehen der Ordnungstruppen war bedeutend schärfer als während des Landesstreiks. In beiden politischen Lagern fraß sich die Verbitterung fest und half mit, die politische Entfremdung zwischen Arbeiterschaft und Bürgertum, die noch Jahrzehnte anhalten sollte, zu vergrößern.

Die Schwere dieses Konfliktes kann man daran ermessen, daß 1920 selbst die Schweizer Bischöfe nicht davor zurückschreckten, im

Bettagsmandat den Sozialismus scharf anzugreifen und den Gläubigen jegliche Tätigkeit in sozialdemokratischen Organisationen zu verbieten. Neu war nun auch eine aggressive und verketzernde Art der Abstimmungskämpfe, wie sie beispielsweise bei der Vermögensabgabeinitiative der SPS von 1922 zwecks Deckung der Kriegsschulden (verworfen mit 736000 gegen 109000 Stimmen) zum Ausdruck kam. Der Einsatz von Massenmedien wie Flugblätter, Rotationspresse, Großreklame, Kirchenkanzel und Sportplatz war total. Die politische Sprache wurde salopp und hetzerisch. Die Abstimmung über die Vermögensabgabe wurde beispielsweise unter dem Schlagwort «Match Rußland-Schweiz» popularisiert. In diese Geisteshaltung paßte auch ein Staatsschutzgesetz von Bundesrat Heinrich Häberlin (*Lex* Häberlin), das 1922 zur Volksabstimmung kam und knapp mit 376000 gegen 303000 Stimmen verworfen wurde. Die konservative und reaktionäre bürgerliche Blockbildung erhielt allerdings in den Nationalratswahlen vom Herbst desselben Jahres eine erneute Stärkung.

Unter heftigem Einsatz der neuen politischen Propaganda wurde die sozialdemokratische Initiative für eine Vermögens-

Der Sozialdemokratie setzte dieser gesellschaftspolitische Konflikt und die gleichzeitige Neuorientierung des Sozialismus erheblich zu. Schon vor dem Landesstreik hatte sich außerhalb der Partei eine kleine anarcho-kommunistische Partei (Altkommunisten) gebildet.

Spaltung der Linken

Gleichzeitig arbeiteten im Innern der Partei linkssozialistische Kreise zusammen mit der sozialistischen Jugendorganisation auf eine Neuorientierung hin. Doch die Hinführung der SPS zum Kommunismus und zur Komintern gelang nicht. Eine Urabstimmung über den Beitritt zur Kommunistischen Internationale brachte nur ein Drittel befürwortende Stimmen. Die Parteilinke verließ die SPS und gründete am 5./6. Mai 1921 zusammen mit der sozialistischen Jugendorganisation und den Altkommunisten die Kommunistische Partei der Schweiz (KPS). Während sich die Sozialdemokraten im Laufe der zwanziger Jahre langsam von diesem Aderlaß zu erholen vermochten, stagnierte die KPS und zerfiel schließlich in den dreißiger Jahren weitgehend, wobei allerdings Parteiverbote in verschiedenen Kantonen, schließlich auch auf Bundesebene (1940) diesen Prozeß förderten.

3. Nachkriegskrise 1921/22

Außenpolitische Orientierungsschwierigkeiten

Die ersten Nachkriegsjahre bedeuteten für die Schweiz eine Zeit großer Verunsicherung. Eine Welt von Konventionen, das traditionelle europäische Staatensystem, das Gleichgewicht der Großmächte und die Weltwirtschaft des 19. Jahrhunderts waren zusammengebrochen. Den Zerfall und die Ausschaltung Deutschlands aus der Weltpolitik empfanden zahlreiche Schweizer der führenden Kreise als persönliche Schmach. Demgegenüber stand an der Westgrenze ein übermächtiges Frankreich, dessen überhebliche Politik man bald zu spüren bekam. So wurde die Anerkennung der Neutralität im Frieden von Versailles (Art. 435) gekoppelt mit der Aufhebung der Neu-

abgabe bekämpft. Sie erlitt in der Volksabstimmung vom 3. Dezember 1922 eine vernichtende Niederlage.

tralität der alten nordsavoyischen Freizonen und dem zwar nur noch *de jure* vorhandenen Recht zur Besetzung durch die Schweiz im Falle kriegerischer Verwicklung.

Doch nicht allein an der Grenze zu Frankreich stellte sich Beunruhigung ein. Der Zerfall Österreich-Ungarns veranlaßte das Vorarlberg, sich in einer provisorischen Volksabstimmung für einen Anschluß an die Schweiz auszusprechen. Mehrheitlich stand man zwar einem Anschluß negativ gegenüber, aber dennoch wurde einmal mehr die kleinstaatliche Konzeption der Schweiz in Frage gestellt. Die Siegermächte beließen jedoch im Frieden von St. Germain das Vorarlberg beim nunmehr kleinen Österreich. Mit dem Aufstieg Mussolinis stellte sich auch an der Südgrenze Unruhe ein. Die faschistische Sammlungs- und Expansionsbewegung beanspruchte den Tessin.

Alle außenpolitischen Anfälligkeiten belasteten den heterogenen schweizerischen Kulturraum. Das Auftreten von zwei neuen, ideologisch äußerst aktiven Weltmächten, den USA und der Sowjetunion, trug das Seine zur Verunsicherung der inneren Orientierung des Schweizers bei. Diese Situation wurde noch durch das Staatsvertragsreferendum von 1921 verschärft. Es stellte langfristige Staatsverträge unter den Referendumsvorbehalt und erzwang damit eine Auseinandersetzung über Außenpolitik im Innern. Eine klare Orientierung kam damit keineswegs besser zustande, da das außenpolitische Verständnis des Schweizer Volkes in der Regel sehr rudimentär ist.

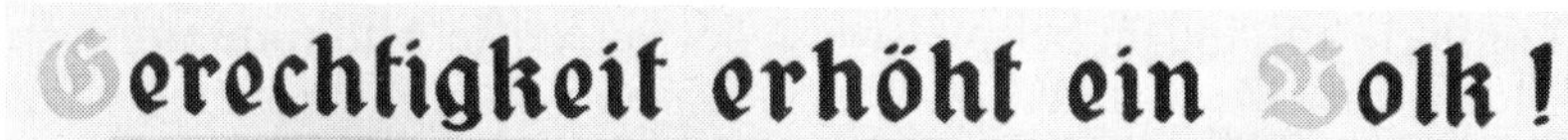

Kampf um den Proporz: Der freisinnige Vielfraß soll zum anständigen helvetischen Tischgenossen werden. Die Einführung des neuen Wahlsystems wurde am 13. Oktober 1918, nach zwei erfolglosen Anläufen in den Jahren 1900 und 1910, vom Volk mit 300 000 gegen 150 000 Stimmen (bei 19½ gegen 2½ Ständestimmen) angenommen.

Ein Spiegelbild davon gab die Auseinandersetzung um den Beitritt zum Völkerbund, wo partikulare Sympathien und Interessen mit weltpolitischen Theorien und Ideologien wild durcheinander gingen.

Im Innern beunruhigte, neben dem grundsätzlichen Sozialkonflikt, die Umstellung des politischen Systems. Am 13. Oktober 1918 hatte das Volk das Proporzwahlsystem angenommen (mit 299 000 gegen 149 000 Stimmen und 19 ½ gegen 2 ½ Kantonen). Auf kantonaler Ebene fand übrigens vielerorts eine ähnliche Wandlung statt. So wurde nun auch in folgenden Kantonen der Proporz eingeführt: Zürich (1916), Thurgau, Baselland, Glarus (alle 1919), Bern, Aargau und Wallis (1920), Freiburg (1921). Waadt und Schaffhausen folgten nach dem Zweiten Weltkrieg (1948 und 1956). Majorzkantone blieben noch Appenzell Außer- und Innerrhoden sowie Uri und Graubünden.

«Wilhelm der Tell im Jahrhundert der Lex Häberlin» – so kamen Geschichtsmythen in den politischen Kampf.

Die vorgezogenen Nationalratswahlen vom Herbst 1919 machten nun den Sturz des Freisinns evident. Er verlor seine Mehrheitsstellung und mußte demzufolge bei der Bestellung der Exekutive einen Koalitionspartner, die Katholisch-Konservativen, verstärkt zum Zuge kommen lassen. So trat 1919 der Freiburger Jean-Marie Musy in den Bundesrat und bildete mit Giuseppe Motta, der schon im Dezember 1911 gewählt worden war, den konservativen Flügel. Obwohl die Freisinnigen mit fünf Sitzen noch immer die Mehrheit innehielten, bestimmte ein tiefes Spannungsverhältnis das bundesrätliche Kollegium. Das lag wohl einerseits an der allgemeinen politischen Orientierungsproblematik, wurde aber auch durch individuelle Mißverhältnisse bedingt, wie etwa durch die Person Musys, dessen unkollegiales und intrigantes Verhalten den Bundesrat vor manche Zerreißprobe stellte. Andererseits traten grundsätzliche Interessenkonflikte auf, indem beispielsweise der versteifte Antikommunismus Mottas und Musys mit den wirtschaftspolitischen Zielsetzungen – die Sowjetunion war schließlich auch ein Absatzmarkt – von Edmund Schultheß kollidierte.

Die politischen Parteien

Krisenerscheinungen zeigten sich auch im Leben der Parteien. Die Freisinnigen der französischen Schweiz trennten sich unter dem Eindruck des deutschschweizerisch-welschen Grabens für einige Zeit von der Mutterpartei. Die kantonalbernische Partei ihrerseits, beeindruckt von der sozialen Krise, distanzierte sich vom Zürcher Wirtschaftsfreisinn und gab sich den Namen «Bernische Fortschrittspartei». Große Teile ihrer Mitglieder gingen zudem zur neuen Bauern-, Gewerbe- und Bürgerpartei, einige wenige zu den Sozialdemokraten über. Im Kanton Graubünden spaltete sich der Linksfreisinn als «Demokratische Partei» ab.

Die kriselnde Herrschaft der bürgerlichen Parteien wurde letztlich aber noch durch eine feste Klammer zusammengehalten: den Antikommunismus und Antisozialismus. Konservatives Staatsdenken begann zunehmend den Rest der liberalen Gesellschaftsideologie des 19. Jahrhunderts zu ersetzen. Dies versuchte Bundesrat Häberlin mit seiner antiliberalen Staatsschutzgesetzgebung noch zu verankern.

Wirtschaftliche Schwierigkeiten

Bei all diesen Betrachtungen gilt es zu beachten, daß die Schweiz in einer heftigen Wirtschaftskrise stand. In der zweiten Hälfte des Jahres 1919 brach, einem Strohfeuer ähnlich, eine trügerische Nachkriegs-

…ert der Lex Häberlin.

konjunktur auf. Doch schon im Herbst 1920 begann eine durch den allgemeinen Währungszerfall gekennzeichnete Weltwirtschaftskrise. Sie brachte etliche Schweizer Banken in arge Bedrängnis und führte zugleich zu einer Überschwemmung des Binnenmarktes mit billigen ausländischen Konsumwaren. Die Exportindustrie verlor durch den hohen Kurs des Frankens ihre Konkurrenzfähigkeit und suchte dem mittels Senkung der Produktionskosten, d.h. in erster Linie durch Lohnkürzungen, abzuhelfen. Vom Januar 1920 bis zum Juni 1922 sanken der Großhandelsindex um beinahe 50 %, die landwirtschaftlichen Produzentenpreise um 40 %. Es kam zu einer Arbeitslosigkeit von ähnlichem Ausmaß wie in der Weltwirtschaftskrise der dreißiger Jahre; im Dezember 1921 waren 10,5 % der Erwerbstätigen gänzlich arbeitslos.

Angesichts der bisher geschilderten politischen und gesellschaftlichen Situation ist leicht einzusehen, daß die Maßnahmen des Bundes kaum einer neuen, grundsätzlichen Orientierung entspringen konnten. So gaben Bund und Kantone zwar für Arbeitsbeschaffung, für Arbeitslosenfürsorge und für Stützung einzelner Industriezweige zwischen 1920 und 1922 die damals ansehnliche Summe von beinahe 500 Millionen Franken aus; eine weiterführende Sozialpolitik, beispielsweise eine Arbeitslosenversicherung, blieb aber aus. Außerdem scheiterte auch, in erster Linie am Widerstand von Industrie und Gewerbe, ein Versuch von Bundesrat Schultheß, durch ein umfassendes Bundesgesetz die Arbeitsverhältnisse im Sinne der späteren Gesamtarbeitsverträge zu regeln.

Ansätze zu wirtschaftspolitischen Neuerungen

Hingegen zeichnete sich ein neues Vorgehen in der Wirtschaftspolitik ab: die direkte Zusammenarbeit des Bundesrates mit Spitzenführern der Wirtschaft. So arrangierte beispielsweise Schultheß Konferenzen mit Vertretern aus Handel und Industrie, die die «Neue Zürcher Zeitung» in idealistischer Verklärung als «Landsgemeinden» bezeichnete. Diese Form außerparlamentarischer Politik kam besonders deutlich bei der Schaffung des neuen Zolltarifs von 1921 zur Geltung. Er wurde praktisch im Alleingang vom Generalsekretär des Volkswirtschaftsdepartementes, vom Präsidenten des Handels- und Industrievereins und vom Sekretär des Bauernverbandes erarbeitet. Um ihn dem Referendum zu entziehen, wurde er als provisorisch erklärt – er blieb dann allerdings faktisch 38 Jahre in Kraft!

In den letzten Kriegs- und den ersten Nachkriegsjahren durchlief die Schweiz eine tiefe geistige und materielle Krise. Sie wurde nicht eigentlich gelöst, sondern vielmehr nur durch eine bürgerliche Blockbildung, die selbst von Widersprüchen nicht frei war, überbrückt. Daraus resultierten bei nicht wenigen Bürgern jene Staatsverdrossenheit und jene bittere Kritik an den bestehenden Wertvorstellungen von Staat und Gesellschaft, wie sie im Kapitel zur Kulturpolitik geschildert wurden.

E. Prosperität und Weltwirtschaftskrise (1924–1936)

1. Verwirtschaftlichung der Politik

Der Alltag des Arbeiters in einer Textilmaschinenfabrik des Zürcher Oberlandes.

In der zweiten Hälfte der zwanziger Jahre erfolgte ein Wirtschaftsboom, auf dessen Hintergrund die sozioökonomische Krise an Bedeutung verlor. 1929 waren nur noch 8000 oder 0,5% der aktiven Bevölkerung arbeitslos. Dies erlaubte der Wirtschaft einen Ausbau und eine Konsolidierung, deren monopolistische Tendenzen nun deutlicher zum Ausdruck kamen. Am meisten profitierten das Bankenwesen und die um die Jahrhundertwende aufgekommenen multinationalen Unternehmen wie Nestlé, Brown-Boveri, Sulzer, die Aluminium-Industrie Neuhausen und die chemischen Industrien Basels. Sie stellten den neuen Typ von Finanzgesellschaften dar, die das traditionelle Familienunternehmertum des 19. Jahrhunderts ablösten.

Die dem Fabrikgesetz unterstellten Unternehmen vergrößerten ihren Arbeiterbestand von 391000 auf 480000. Der Ausbau erfolgte vor allem in der Maschinenindustrie, während die Textilindustrie stagnierte. Zugleich begann der große Aufschwung des Dienstleistungssektors.

Von 1924–1929 stieg das Volkseinkommen schätzungsweise von 7,7 auf 9,5 Milliarden Franken, und die industrielle Produktion nahm um 60 bis 70% zu. Ein besonders großes Wachstum war im Bausektor zu verzeichnen. Auch der Außenhandel nahm zu, doch nicht in gleichem Umfang wie das Volkseinkommen. Bestimmend war demnach ein Zuwachs der Kapitaleinkommen, deren Anteil am Volkseinkommen von 49 auf 56% stieg. Verbunden damit war der Aufschwung des Bankenwesens.

Der Bund half bei der Entwicklung des Kapitalverkehrs entscheidend mit. Das Ziel war, die Dollarparität und den Goldstandard zu erreichen. Dies gelang faktisch 1924, wobei der Finanzminister, Bundesrat Jean-Marie Musy, durch eine größere Dollaranleihe, die er praktisch in eigener Kompetenz aufnahm, massiv eingriff. Der Staat war somit aus seiner passiven liberalen Rolle herausgetreten und zu einer aktiven Kooperation mit Kapital und Wirtschaft übergegangen. Was allerdings noch fehlte, war eine eingehende theoretische Reflexion dieser neuen Rolle. Denn offiziell tat man immer noch so, als ob sich von selber wieder die vermeintlich idyllischen Zustände der Vorkriegszeit einstellen würden.

Wichtiger als die Wachstumsprozesse war die Ausbildung des Kartellwesens. Die neuen Finanzgesellschaften boten günstige Voraussetzungen für Markt- und Preisabsprachen und monopolähnliche Kontrollen. In der Zementindustrie, der Aluminiumindustrie, der Chemie, der Uhrenindustrie und auch in der Milchwirtschaft setzten

Abstimmungskämpfe um di Arbeitszeitverkürzung an Anfang der zwanziger Jahre Gegen die Einführung de 8-Stunden-Tages in de öffentlichen Transportbetrie ben wurde das Referendur ergriffen, doch das Vol stimmte dem neuen Gesetz ar 31. Oktober 1920 mit 36900 gegen 277000 Stimmen z (Plakat links). 1924 wurd dann auch die Lex Schulthess die eine Erweiterung de 48-Stunden-Woche vorschlug verworfen (Plakat rechts. Der neue aggressive Stil de politischen Propagand kommt deutlich in den Plaka ten, wie beispielsweise jener der «Union de défense écono mique» (UDE) von Genf zum Ausdruck (links). Au der Vereinigung der UDE m dem «Ordre politique natio nal» von Georges Oltramar entstand 1932 die «Unio nationale», die stärkste fa schistische Bewegung de Westschweiz (rechts).

ACHTSTUNDENTAG
DA LIEGT ER AUF
DER FAULEN HAUT,
STATT
DASS ER S'HAUS
ZU ENDE BAUT
SOZI-ARBEITS-
ZEITGESETZ
NEIN

PROLONGATION de la DURÉE
du TEMPS de TRAVAIL
NON

U.D.E
SOCIALISTE
RADICAL
SI
VOUS
NE VOULEZ
PAS „ÇA"
VOTEZ
POUR L'
U.D.E

Gare à l'infection...
BAISSE des SALAIRES
IMPÔTS NOUVEAUX
DÉSORDRES
FAILLITE de GENÈVE
VOTEZ
UNION NATIONALE

Die Gießerei einer Maschinenfabrik.

sich Kartelle oder kartellähnliche Verbände zusehends durch. 1924 und 1926 kam es im Nationalrat zu ersten Interpellationen, die Untersuchungen über das Kartellwesen forderten. Der Bund ergriff aber erst auf dem Höhepunkt der Weltwirtschaftskrise einige Maßnahmen; sie konnten zudem nur indirekt über die Preisüberwachung erfolgen. In einem Entwurf zu Wirtschaftsartikeln von 1937 hätte dann der Bund weitreichende Kompetenzen zur Kartellgesetzgebung erhalten sollen. In den 1947 endgültig festgelegten Wirtschaftsartikeln sind diese allerdings weitgehend eliminiert worden.

Mit der Macht der Kartelle und Verbände und der vor allem bei Handelsvertragsabschlüssen notwendigen starken Präsenz des Staates entstand ein neuer, zusehends wichtiger werdender Bereich der Politik. Dies war auch schon bei der Schaffung des Gebrauchs- und des Generalzolltarifs 1921/25 deutlich zum Ausdruck gekommen. Nun übernahm auch der Bund die monopolistischen Ansätze der Wirtschaft. Ausgehend von der Sorge um die Landesversorgung mit Getreide legte der Bundesrat eine Verfassungsvorlage für ein Getreidemonopol vor. Sie erlitt in der Volksabstimmung eine knappe Ablehnung, worauf der Bundesrat 1929 eine monopolfreie Getreideordnung durchbrachte und 1932 durch ein Bundesgesetz verwirklichte, das den Bund zu einer garantierten und preisgebundenen Übernahme des inländischen Getreides verpflichtete.

Landwirtschaftspolitik

Diese Getreideordnung war auch ein Element des Landwirtschafts- und Bauernschutzes, der zunehmend zu einer Existenzgarantie für die Bauernschaft ausgebaut wurde. Tatsächlich befand sich die Landwirtschaft seit dem Zusammenbruch des Kriegsbooms in ihrer schwersten Krise. Der Bund half 1922 vorerst mit Subventionen, legte 1925 ein umfassendes Programm für den Bergbauernschutz auf, verbesserte 1929 das Bundesgesetz betreffend Förderung der Landwirtschaft und griff von 1930 an mit massiven Milchpreisstützungen helfend ein. Mit einem Kreditbeschluß versuchte der Bund 1928, auch der zunehmend untragbaren Verschuldung beizukommen. Eine tiefgreifende Sanierung erwuchs der Landwirtschaft aber erst dank der Landwirtschaftspolitik und der Anbauschlacht im Zweiten Weltkrieg.

Am Rande der modernen, städtischen Gesellschaft herrschte oft noch ein einfaches, ja dürftiges Leben: Knaben aus dem Emmental, dreißiger Jahre.

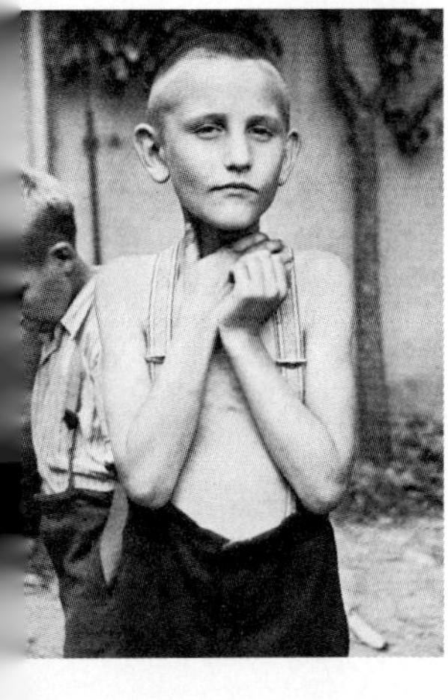

Gerade im Agrarsektor zeigt sich deutlich, wie die allgemeine Politik ins Schlepptau wirtschaftlicher Bedürfnisse geriet. Die wirtschaftlichen Schwierigkeiten der Landwirtschaft waren mit ein Grund, daß die Bauern sich zu einer eigenen Partei formiert hatten, während sich der Bauernverband andererseits immer mehr in die allgemeine Politik einmischte. Bauernparteien hatten sich, befördert durch die Einführung des Proporzes, zuerst auf kantonaler Ebene (Zürich 1917, Bern 1918, Waadt 1921) gebildet und dann, ergänzt durch rechtsbürgerliche und gewerbliche Kreise, 1936 zur Bauern-, Gewerbe- und Bürgerpartei (BGB) zusammengeschlossen. Allerdings vertraten diese Bauernpolitiker mehr die Interessen der reichen Flachlandbauern, während die Klein- und Bergbauern immer hilfloser dahinsiechten.

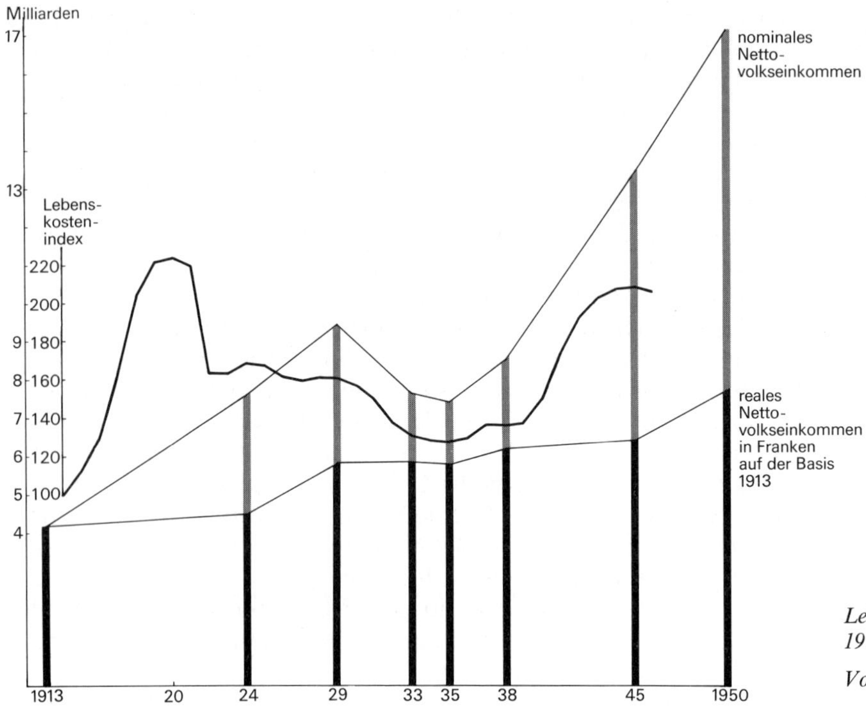

Lebenshaltungskosten 1914–1946

Volkseinkommen 1913–1950

Einfluß der wirtschaftlichen Interessengruppen

Allenthalben verbanden sich in ähnlicher Weise, wenn auch meist nur informell, wirtschaftliche Interessengruppen öffentlicher, halböffentlicher und privater Natur mit Parteien und gesellschaftspolitischen Organisationen. Sie vermochten sich außerdem in der Regel direkten Zugang zu Bundesrat und Verwaltung zu schaffen. Die freisinnige Partei, die sich im 19. Jahrhundert noch als allumfassende liberale Volkspartei verstanden hatte, liierte sich in ihrem Machtzentrum Zürich mit dem Industriekapital und zwang von dort her auch die noch liberalen oder gar radikalen Kantonalparteien unter den neuen politökonomischen Trend.

Im Bund hatte das, was nach dem Kriege in informellen Wirtschaftskonferenzen begann, zu einer der Öffentlichkeit weitgehend entzogenen Zusammenarbeit von Spitzenverbänden, Verwaltung und Bundesrat geführt. 1927 subventionierte der Bund auch eine Schweizerische Zentrale für Handelsförderung, ein Organ, das in der Folge großen Einfluß auf die Außenhandelspolitik zu nehmen vermochte.

2. Entwicklung der innenpolitischen Verhältnisse

Die zwanziger Jahre zeichneten sich trotz der zahlreichen Strukturkrisen durch eine überraschende politische Stabilität aus; darin ist allerdings auch viel Stagnation enthalten. Das mag, angesichts des tiefen Konflikts zwischen Bürgerblock und Sozialdemokratie, erstaunen. Doch gerade diese Polarisierung trug zur politischen Stabilität bei.

Plebiszitäre Kämpfe

Die Sozialdemokraten, vom Bürgerblock nicht nur von der Macht ferngehalten, sondern auch gesellschaftspolitisch in ein Ghetto gedrängt, glaubten in Initiativen und Referenden die wirksamsten politischen Kampfmittel gefunden zu haben. Tatsächlich gaben ihnen zahlreiche plebiszitäre Kämpfe eine Art neue Selbstbestätigung. Sie wurden aber dadurch auch ans bestehende politische System gebunden und so politisch besser einschätzbar.

Eines der in dieser Hinsicht wichtigsten Referenden war der Kampf um die Erhaltung der nach dem Kriege eingeführten 48-Stunden-Woche. Der BGB-Nationalrat Roman Abt verlangte 1921, unterstützt von 102 Kollegen, die Verlängerung der ordentlichen Arbeitszeit auf 54 Stunden pro Woche. Bundesrat Edmund Schultheß legte einen entsprechenden Gesetzesentwurf vor, der in der Volksabstimmung vom 17. Februar 1924 bei einer großen Stimmbeteiligung von 77% mit 436000 gegen 320000 Stimmen abgelehnt wurde. Die Sozialdemokraten feierten dies, nur wenig mehr als fünf Jahre nach dem Generalstreik, als epochemachenden Sieg der Arbeiterschaft. Ähnlich empfanden sie 1925 auch die Annahme des neuen AHV-Artikels. Diese Euphorie kann nicht anders gewertet werden denn als deutliches Zeichen für die fortschreitende Integration der Sozialdemokratie in die bürgerliche Demokratie.

Eintritt der BGB in den Bundesrat

Ende der zwanziger Jahre, angesichts der Tatsache, daß man die Sozialdemokraten nur noch mit Mühe als wilde Revolutionäre diskriminieren konnte, schienen sich Änderungen im politischen Machtkonsens anzubahnen. Als Marcel Pilet-Golaz – von vielen als Verlegenheitskandidat angesehen – Ende 1928 den abtretenden Ernest Chuard im Bundesrat ersetzen sollte, erfolgte seine Wahl zwar noch ohne besondere Vorkommnisse. 1929 aber, als es zwei Neuwahlen durchzuführen galt (für den verstorbenen Karl Scheurer und den abtretenden Robert Haab), begann ein intriganter Wahlkampf, der auch typisch für die folgenden Bundesratswahlen werden sollte. Die Katholisch-Konservativen, schon eindeutig unter dem Rechtstrend der Zeit stehend, blockierten die Wahl eines Sozialdemokraten (Stadtpräsident Emil Klöti von Zürich) und verhinderten sogar auch jene eines linksfreisinnigen Kandidaten (Oskar Wettstein) zugunsten eines Wirtschaftsvertreters des rechten Flügels (Albert Meyer). Einhellig hatte man zuvor mit Rudolf Minger den ersten Vertreter der Bauern-, Gewerbe und Bürgerpartei (BGB) in den Bundesrat genommen. Mit den Bundesratswahlen von 1929 kam deutlich zum Ausdruck, daß die Entwicklung der politischen Schweiz bürgerlich, mit nicht unwesentlichen rechtskonservativen Tendenzen, erfolgen sollte.

Ablehnung des ersten AHV-Gesetzes

Ansonsten erscheint uns die politische Entwicklung der zweiten Hälfte der zwanziger Jahre, mit Ausnahme der Auseinandersetzung um die Getreideordnung, recht farblos. Der Bund ordnete das Alko-

Der Verkehr in Lausanne (Place Saint-François) Anfang der dreißiger Jahre. Die Zahl der Automobile nahm in der Zeit von 1921–1939 von 12000 auf 126000 zu. Dieser Entwicklung vermochte die Gesetzgebung allerdings nicht recht zu folgen: Ein erster Gesetzesentwurf wurde 1927 verworfen, und dem Bundesgesetz von 1932 gelang nur eine rudimentäre Regelung des aufkommenden Verkehrs.

holwesen neu, traf Maßnahmen gegen die Überfremdung, versuchte erfolglos, den Automobil- und Fahrradverkehr in den Griff zu bekommen und setzte schließlich die Amtsdauer von National- und Bundesrat neu auf vier Jahre fest. Ein geradezu betrüblicher Abschluß dieser Phase erfolgte im Dezember 1931 mit der Ablehnung einer ersten, sehr dürftigen Gesetzesvorlage zur AHV (531 000 Nein gegen 338 000 Ja) und der Tabakbesteuerung (verworfen mit 425 000 gegen 423 000). 1932 dann war ein Jahr beinahe ereignisloser Normalität; diese wurde 1933/34 durch die nun endgültig eingebrochene Weltwirtschaftskrise, den faschistischen Frontenfrühling und neue Spannungen in der bürgerlichen Koalition mehr als lebhaft aufgehoben.

Die zwanziger Jahre und insbesondere deren zweite Hälfte sind allerdings mit dieser Schilderung nur schlecht wiedergegeben. Die Geschichtsforschung hat bisher diese Periode sehr vernachlässigt. So sind wir über den sozialen Wandel und die politischen Entwicklungen im Untergrund unseres Landes kaum unterrichtet. Gewisse Anzeichen deuten auf grundlegende Entwicklungen hin. So ist beispielsweise die SPS die einzige Partei, die von 1922–1928 einen relevanten Zuwachs von Wählern – sie erhöhen sich von 170 000 auf 220 000 – verzeichnen kann. Zugleich kommt es in städtischen Gemeinden zu roten Mehrheiten, 1917 schon in Bern, 1921 in Biel, 1925 in Zürich, das 1928 auch einen sozialdemokratischen Stadtpräsidenten erhält. Im gleichen Jahr treten in Zürich die Sozialdemokraten auch in die Kantonsregierung ein. In Genf entwickelte sich zur selben Zeit die sozialistische Partei zu einer wirkungsvollen, aggressiven Opposition gegen die verharschte und z. T. korrupte bürgerliche Honoratiorenregierung.

Andererseits hatten sich nicht wenige Kreise, Bünde und kleine Gesellschaften gebildet, die entweder einem nostalgischen Traditionalismus nachhingen, staats- und gesellschaftskritischen Nihilismus

Die Mitarbeit der Kinder und Jugendlichen in der noch kaum mechanisierten Landwirtschaft gehörte zum Alltag: Imbiß beim Mistzetten, Moosseedorf (BE), um 1935.

zeigten oder mit dem Blick nach Italien und Frankreich faschistisches Gedankengut aufnahmen. Die alte politische Kultur sah sich zudem immer mehr von neuen Sparten einer Massen- und Freizeitkultur, von Film und Sport beispielsweise, konkurrenziert. Der solcherart zum Ausdruck kommende soziale Wandel, dessen politisches Erscheinungsbild 1933 im Frontenfrühling scheinbar unvermittelt aufbrach, ist von der Forschung bisher leider noch nicht erfaßt worden.

3. Weltwirtschaftskrise

Besonderheiten des Krisenverlaufs in der Schweiz

Die Überproduktion an Konsumwaren in den goldenen zwanziger Jahren, der Börsenkrach vom Oktober 1929 in New York und der Rückzug und die Kündigung der zahlreichen amerikanischen Kredite im europäischen Finanzsystem leiteten die Weltwirtschaftskrise ein, der auch die Schweiz in allen Bereichen unterlag. Vier spezifische Gesichtspunkte charakterisierten die Weltwirtschaftskrise in der Schweiz:

1. Der Einbruch der Krise erfolgte verzögert, dafür dauerte die Depressionsphase, im Vergleich zum Ausland, um so länger. 1929/31 ging die Konjunktur dank der anhaltenden Bautätigkeit – wegen Nachholbedarf und längerfristigen öffentlichen Projekten wie Kraftwerken und Elektrifizierung der Bundesbahnen – nur wenig zurück. 1931/32 wirkte sich dann der Zerfall des Welthandels auf unsere Exportindustrie voll aus und fiel, am Ende der Periode, mit einem kompletten Rückzug der Bautätigkeit zusammen; 1933/36 herrschte eine stagnierende Depression; aus ihr führten schließlich die sich erholende Weltwirtschaft – der Aufschwung begann 1934 – und die neuangekurbelte Rüstungsindustrie heraus.

2. Die Auswirkungen der Krise waren, im Vergleich zum Ausland, relativ mild. Die lange Dauer und die heftigen politischen Auseinandersetzungen um wirtschaftspolitische Fragen bewirkten aber, daß sich Krise und Notlage tief im Bewußtsein des Volkes festsetzten.

3. Das Finanz- und Bankwesen spielte für den Verlauf der Krise eine maßgebende Rolle. Einerseits war die Schweiz als internationaler Finanzplatz direkt von den Zusammenbrüchen der ausländischen Banken betroffen; andererseits wurde die Krisen- und Währungspolitik weitgehend von den Interessen des Finanzkapitals und des Finanzplatzes Schweiz bestimmt. Der stabile Franken war Staatsheiligtum (so verbot der Bundesrat beispielsweise eine öffentliche Erörterung der Abwertung).

4. Die bundesrätliche Krisenpolitik war bescheiden und im ganzen wenig wirksam. Die Sparpolitik, Versuche einer Deflationspolitik erfolgten weitgehend auf dem Rücken des kleinen Mannes. Der Bundesrat lavierte, abstrakt gesagt, zwischen Wirtschaft und Währung, wobei die Währung zum Prestigefaktor erhoben und damit die Wirtschaft zur Leidtragenden gestempelt wurde. Zur Überwindung der Krise trug diese Haltung nichts bei.

Die Wirtschaft in den Krisenjahren

Der Ablauf der Krise soll nun anhand einer Analyse der Bereiche Banken, Volkseinkommen und Produktion, Landwirtschaft sowie – für den einfachen Bürger wohl am tiefsten spürbar – Arbeitslosigkeit, umrissen werden.

In den zwanziger Jahren hatte sich das Bankensystem unter der Führung der Großbanken in umfassender Weise in das internationale Finanzgeschäft eingeschaltet. So ging beispielsweise jährlich eine halbe Milliarde Franken ins Ausland. Umfang und Komplexität der Finanzverflechtungen erreichten 1930 einen Höhepunkt. Über die Auslandguthaben, vor allem jene in Deutschland, erlitten die Banken während der Krise erhebliche Verluste. Da die meisten Länder zur Devisenbewirtschaftung übergegangen waren, konnten die Guthaben nur langsam repatriiert werden. Eine sichere Analyse des Finanzverkehrs wird allerdings dadurch erschwert, daß auch während der Krise die Schweiz laufend von Flucht- und Spekulationsgeldern überschwemmt wurde. Die Verluste sollen dennoch 1,7 Milliarden Franken oder 7% der Gesamtbilanzsumme ausgemacht haben. Neben einigen kleineren Banken gingen auch drei Großbanken ein; zahlreiche Institute mußten, oft mit Hilfe des Bundes, saniert werden. Der Bund wandte dazu rund 200 Millionen Franken auf. Eine Folge dieser Interventionen war schließlich das neue Bankengesetz von 1934.

Das Volkseinkommen verminderte sich von 9,4 auf 7,5 Milliarden Franken. Die Dividenden der industriellen Aktien fielen um mehr als die Hälfte, betrugen aber 1935 im Durchschnitt immer noch 3,9%. Der schweizerische Export ging wertmäßig um zwei Drittel, bezüglich des Volumens um die Hälfte zurück. Die Importe verringerten sich aber nur um 17% – ein Indiz für den doch verhältnismäßig hohen Lebensstandard – und standen 1931 noch auf einem absoluten Höchstwert; durch die tiefen Weltmarktpreise wurden die Unternehmer zum Anlegen größerer Rohstofflager veranlaßt. Im industriellen

Traditioneller Markt vor dem Bundeshaus in den dreißiger Jahren. Diese Art des Lebensmittelhandels wurde bald durch neue Verkaufsorganisationen, wie jene der Migros, bedrängt. Die Migros begann 1925 den Verkauf auf Lastwagen und errichtete 1927 die ersten Läden, wo die Waren um 20 bis 30% unter dem üblichen Marktwert angeboten wurden.

Landwirtschaftlicher Reinertrag in Prozent des Aktivkapitals

1914/19	8 %
1920/22	1,38 %
1923/30	2,50 %
1931/34	1,00 %
1935/38	2,99 %
1938/39	3,46 %
1939/40	3,69 %
1940/41	4,47 %
1941/42	5,34 %
1942/43	6,12 %
1943/44	5,86 %
1946/50	3,77 %

Sektor war die Textilindustrie am stärksten betroffen. Ihre Exporte fielen von 317 auf 91 Millionen Franken. Die Textilindustrie vermochte sich von diesem Aderlaß nicht mehr zu erholen. Auch die Fremdenindustrie bekam die Weltwirtschaftskrise stark zu spüren. Der Bund versuchte, mit einem Hotelbauverbot einzugreifen.

Die Landwirtschaft befand sich schon seit der Nachkriegsdepression in einer permanenten Krise. Mit dem Sinken der Preise in den dreißiger Jahren wurde diese stark verschärft. So fiel 1931 der Endrohertrag der Landwirtschaft von 2,05 (1920/21) auf 1,4 Milliarden Franken zusammen. Betroffen wurden vor allem die kleinen Betriebe bis zu 5 ha Umfang. Ihr Anteil am Total der Betriebe nahm zwischen 1919 und 1939 um 20 % ab. Mit Schutzmaßnahmen gegen bäuerliche Zwangsversteigerungen, mit Abnahme von Produkten durch den Staat und mit der Schaffung von Bauernhilfskassen versuchte man zu helfen. Die direkten Bundessubventionen stiegen von 2,5 Millionen Franken im Jahre 1930 auf 3,9 Millionen Franken im Jahre 1939. Eine kurzfristige Rettung erfolgte aber erst während des Zweiten Weltkrieges, als die Landwirtschaft zwecks Sicherung der Landesversorgung durch ein großzügiges Bundesprogramm saniert wurde.

Die Arbeitslosigkeit

Doch letztlich war der Hauptaspekt der Krise des Kapitals der Verlust von Arbeit und Einkommen der breiten Bevölkerungsschichten. 1932 stieg die Arbeitslosenziffer auf 54000 und erreichte dann 1936 mit 93000 oder ca. 5 % der aktiven Bevölkerung den Höchststand. Die Löhne waren seit 1931 nominal, seit 1934 dann auch real ständig zurückgegangen. Insgesamt dürfte der Lohnabbau 6 bis 10 % betragen haben, was im Vergleich zum Ausland, wo er zwischen 15 bis 30 % lag, noch relativ bescheiden war. Angesichts eines Lohnniveaus, das in der Regel gerade die Lebenskosten deckte, sind solche «bescheidene» Einbußen nicht minder tragisch. Im Verlust der Arbeitsplätze – die Zahl der Fabrikarbeiter ging um etwa ein Viertel zurück – liegt wohl auch manches Schicksal verborgen, das in der Statistik, die ja im Vergleich zum Ausland eher günstige Werte zeigt, nicht zum Ausdruck kommt.

Arbeitslosigkeit 1921–1941

Stellensuchende in Tausend; gleitende Jahresdurchschnitte

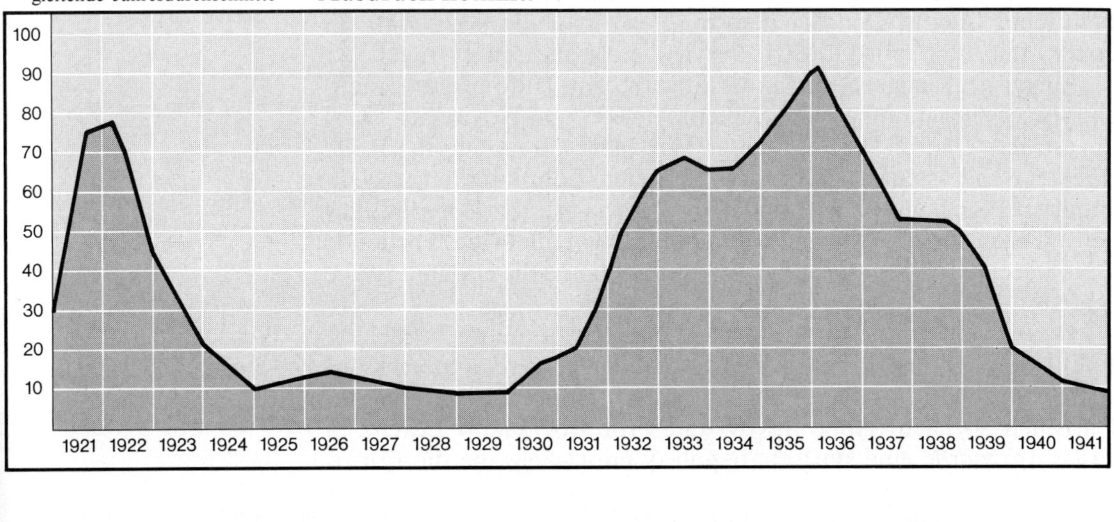

In 13 Kantonen bestand ein mehr oder weniger verbindliches Obligatorium für Arbeitslosenversicherung. Ein Bundesbeschluß vom 23. Dezember 1931 erlaubte die Unterstützung der ausgesteuerten Arbeitslosen, doch gab der Bund 1932–1942 insgesamt nur 48 Millionen Franken aus, bedeutend weniger als in der vergleichsweise kurzen Nachkriegskrise. Die Hauptlast trugen die Kantone und Gemeinden. Eine Anspruchsberechtigung für Unterstützungsbedürftige sprach der Bundesrat erst 1943, im Zeichen des Solidaritätsgedankens während des Krieges, aus.

Bankengesetz, Hotelbauverbot, Landwirtschaftshilfe und Arbeitslosenunterstützung haben uns schon die meist zufällige und punktuelle Krisenpolitik des Staates demonstriert. Es war ein unüberlegter Interventionismus wider Willen. Nur in den Staatsfinanzen und in der Währungspolitik wurde eine grundsätzliche Politik versucht. Der Finanzminister, Bundesrat Jean-Marie Musy, drückte die Grundidee am 19. April 1934, als man im Ausland schon allenthalben zu einer aktiven, modernen Krisenpolitik übergegangen war, mit folgenden Worten aus: «Die Geldentwertung würde die Lage der Banken gefährden, ohne die öffentlichen Finanzen zu sanieren.»

Die Krisenpolitik des Bundesrats

Ein ausgeglichener Staatshaushalt und das Festhalten an der Goldwährung waren die einzigen festen Zielvorstellungen der Regierung. Hinzu kam dann die Forderung nach Deflation, die der sonst pragmatische Wirtschaftsbundesrat Edmund Schultheß in einer vielbeachteten Rede in Aarau im November 1934 als neue staatspolitische Maxime vortrug. Als dann aber in der Schweiz die Wirtschaft trotz Aufschwung des Welthandels weiterhin stagnierte und schließlich auch die internationale Währungslage eine Abwertung unumgänglich machte – selbst Frankreich hatte nun abgewertet –, erfolgte am 27. September 1936 eine 30prozentige Abwertung des Frankens. Dies war nun übrigens um so besser möglich, als die Banken ihre Situation zu bereinigen vermochten und ihren ultimativen Widerstand gegen die Abwertung aufgegeben hatten. Es war aber nur noch eine Anpassung an die aktuelle Lage und kein wirklicher wirtschaftspolitischer Impuls. Den Schaden mußten zuvor die Wirtschaft, in erster Linie die Exportindustrie, sowie die Arbeiterschaft tragen.

Ein ausgeglichener Staatshaushalt wurde mit Hilfe zweier dringlicher Finanzprogramme (vom September 1933 und November 1935) angestrebt. Zentrale Punkte dieser Vorlagen waren eine maßvolle direkte Bundessteuer, als Sparmaßnahmen Lohnkürzungen beim Bundespersonal und Subventionsabbau sowie massive Zollerhöhungen auf Konsumgütern – ein Programm, das vor allem die arbeitende Bevölkerung traf, aber die hohen Einkommen und die Kapitalerträge schonte.

Wirtschaftspolitische Alternativkonzepte

Dieser vom Bürgertum allgemein mit Zustimmung bedachten Politik standen in der politischen Öffentlichkeit zwei andere Konzepte gegenüber. In Kreisen der Katholisch-Konservativen und der Christlich-Sozialen (Abbé Savoy und Professor Jakob Lorenz in Fribourg) wurde eine Wirtschaftspolitik entwickelt, die die Prinzi-

Die großen Warenhäuser, in denen man typische Zeichen der Großstadt und der modernen Zeit sah, wurden in der Krise der dreißiger Jahre zur Zielscheibe einer heftigen politischen und ökonomischen Kritik. Der Bundesrat versuchte 1933 mit einem Bundesbeschluß der Vergrößerung und weiteren Verbreitung der Warenhäuser entgegenzuwirken.

pien des italienischen Faschismus und der Enzyklika *Quadragesimo anno* zu vereinbaren und in ein helvetisches Mäntelchen zu stecken versuchte. Auf eidgenössischer Ebene war diesen Bestrebungen kein Erfolg beschieden. Ein Gesetz über obligatorische kollektive Arbeitsverträge, das in Genf von diesen Kreisen durchgebracht worden war (1936), wurde auf Verlangen der Gewerkschaften vom Bundesgericht schlicht annulliert.

Dagegen hatten der «Schweizerische Gewerkschaftsbund» und die Sozialdemokratische Partei, die sich an modernen volkswirtschaftlichen Theorien zu orientieren versuchten (z. B. von John Maynard Keynes), ein bedeutend gewichtigeres und realistischeres Programm vorzuweisen. Es enthielt im wesentlichen die Forderung nach Arbeitsbeschaffungsmaßnahmen und aktiver Ausgabenpolitik des Staates *(deficit spending)* sowie Lohn- und Preisvorschriften und Sicherung von Minimaleinkommen. Unter Leitung des Gewerkschaftsbundes kam 1934 eine entsprechende Kriseninitiative zustande, die aber am 2. Juni 1935 bei einer ungewöhnlich hohen Stimmbeteiligung von 84,4% mit 567000 gegen 425000 Stimmen verworfen wurde. Erneut war es dem Bürgertum und den wirtschaftlichen Interessengruppen gelungen, den Anlauf zu einer sozialen und demokratischen Schweiz schon im Ansatz zu stoppen.

4. Schweiz und Faschismus

Der Faschismus in der Schweiz darf nicht als begrenzte, unter dem Eindruck der ausländischen Ereignisse stehende Episode der dreißiger Jahre verstanden werden. Er ist vielmehr ein Teil der geistigen und politischen Krise, die schon am Ende des Ersten Weltkrieges deutlich zum Ausdruck gekommen war. In den zwanziger Jahren entwickelte sich in zahlreichen, teils marginalisierten Gruppen von Intellektuel-

Die faschistische Ästhetik gibt sich allenthalben, im Inwie im Auslande, ähnlich: Umzüge (Bild: Nationale Front in Luzern, 1937), Fahnen, Uniformen. Der Bundesrat versuchte diesen Erscheinungen mit einem Uniformenverbot entgegenzutreten (Bundesbeschluß vom 12. Mai 1933).

len jenes gesellschaftspolitische Malaise, das den geistigen Rahmen für die nachfolgenden faschistischen Bewegungen bot.

Die Bewegungen der dreißiger Jahre, generell als Fronten bezeichnet, waren dann unter dem Eindruck der Weltwirtschaftskrise sozial viel breiter abgestützt und erfaßten selbst traditionelle Parteien und die Elite des politischen Systems. Nach einigen kleineren Wahlerfolgen 1933, meist in Listenverbindungen mit bürgerlichen Parteien, scheiterte 1935 der Durchbruchsversuch auf nationaler Ebene. Der Versuch, mit Hilfe einer Totalrevision der Bundesverfassung das politische System der Schweiz grundlegend zu ändern, schlug fehl.

In jener Zeit wurde das Bild der Schweiz aber nicht nur durch diese inneren, oft schwer faßbaren Bewegungen, sondern in starkem Maße auch durch die offizielle außenpolitische Haltung bestimmt. Richtungweisend war auch hier ein militanter Antikommunismus, der dazu führte, daß man im Faschismus und Nationalsozialismus weniger eine Bedrohung der Demokratie als vielmehr eine notwendige Barriere gegen die vermeintliche sozialistische Weltrevolution sah.

Die Wurzeln des Faschismus

Der Faschismus der dreißiger Jahre hatte seine Wurzeln in der Nachkriegszeit. Noch während des Landesstreiks hatten sich in zahlreichen Orten Bürgerwehren gebildet. Im Kanton Bern erfolgten oft Gründungen von lokalen Sektionen der Bauern-, Gewerbe- und Bürgerpartei (BGB) parallel mit der Bildung einer Bürgerwehr. Vereinzelt wurden von Armeestellen auch Waffen zur Verfügung gestellt, und 1919 kam es anläßlich der Streiks in Zürich und Basel zum Einsatz solcher Bürgerwehren an der Seite von Militär und Polizei. Aus der Zusammenfassung dieser Bürgerwehren und weiterer konservativ-militaristischer Bünde entstand der «Vaterländische Verband»; er bildete ein im bürgerlichen Untergrund wirkendes Informationsnetz, dessen Auswirkung auf die Politik und die öffentliche Meinung nicht zu unterschätzen war.

Der «Vaterländische Verband» ist aber nur ein Beispiel einer Organisation, die weitgehend den frühfaschistischen Bewegungen in Deutschland und Italien entsprach. Allenthalben hatten sich nach dem Kriege ähnliche Zirkel gebildet. «Ordre et Tradition» beispielsweise entstand aus einem 1919 in Lausanne gebildeten Studentenkreis, die «Nationalsozialistischen Eidgenossen» gehen auf eine Gruppe zurück, die sich 1921 unter dem Namen «Schweizerring» gesammelt hatte. Ähnlich entstanden auch im «Volksbund für die Unabhängigkeit der Schweiz» – anfänglich nur eine prodeutsche, die Außen- und Völkerbundspolitik des Bundes bekämpfende Honoratiorengruppe – faschistische Strömungen. Sie alle bildeten den Boden für jene politischen Gruppen, die sich in den dreißiger Jahren dann als Erneuerungsbewegungen (wegen der häufigen Verwendung von «Front» im Parteinamen auch als «Frontenbewegung» bezeichnet) anboten.

In der sogenannten Frontenbewegung floß die Aktivität einer Unzahl politischer Gruppen und Faktionen zusammen, die in einem unübersichtlichen Wechselspiel auftauchten, fusionierten, sich spalte-

Die Nationale Front im Jura, 1935. Die frontistischen Organisationen versammelten sich mit Vorliebe auf dem Lande und an historischen Gedenkstätten.

ten und wieder untergingen. Die politisch-programmatischen Grundzüge sind meist kaum vergleichbar. Bestenfalls schälen sich gemeinsame Tendenzen heraus, wie Kritik der bestehenden parlamentarischen Demokratie und des zugrundeliegenden Wirtschaftssystems, Betonung korporativen Gedankenguts, Sympathien für autoritäre Führerprinzipien und Evozierung nostalgischer, mystisch und völkisch verklärter Tugenden der alten Eidgenossen. In der Folge sollen nur drei Bewegungen exemplarisch aufgezeigt werden: die Genfer «Union Nationale», die «Nationale Front» der deutschen Schweiz und die faschistischen Tendenzen in den Bauernorganisationen.

Die «Union Nationale»

In Genf zerfiel 1919, wie bekanntlich auf Bundesebene auch, die traditionelle Herrschaft der Radikal-Liberalen. Der freisinnige Genfer Honoratiorenclub wurde außerdem wegen Korruption und Verwicklung in den Skandal der halbstaatlichen «Banque de Genève» auch moralisch in starkem Maße angeschlagen. Indessen wuchs während den zwanziger Jahren rasch eine radikale, meist aus zugewanderten Arbeiterschichten bestehende Linke heran. Aus dieser politischen Krise suchte eine aus Wirtschaftsleuten, Industriellen und faschistischen Intellektuellen bestehende Gruppierung Nutzen zu ziehen. Unter der Führung von Georges Oltramare, einem dandyhaften und mit Gabriele d'Annunzio vergleichbaren Schriftsteller aus bester Genfer Gesellschaft, formierte sich schließlich im Juni 1932, nach zahlreichen Vorspielen in den zwanziger Jahren, die «Union Nationale» (UN). Sie provozierte auch gleich in bester faschistischer Tradition, mit Frontstellung gegen die Sozialisten, eine Politik der Krawalle.

Auf parlamentarischer Ebene blieb der UN der Erfolg allerdings verwehrt. Sie erhielt in den Großratswahlen vom November 1933 nur neun Sitze, während die Sozialisten als neue Kraft beinahe die Hälfte des Rates und die Mehrheit des Staatsrates stellten. Im politischen Kampf der Bürgerlichen gegen dieses rote Genf spielte die UN nun, zwar ohne formelle Koalitionsabsprache, den Sturmbock. Neben Oltramare trat ein ehemaliger Freiburger Gendarmeriekommandant, Arnold de Muller, auf. Er verschaffte der Bewegung auch beträchtliche Gelder. Zu Nationalsozialisten und italienischen Faschisten wurden intensive Kontakte aufgenommen, und mit den verwandten Bewegungen der deutschen und der welschen Schweiz kam es zu Absprachen.

Als schließlich 1936 die sozialistische Regierung Léon Nicoles diesem Ansturm erlag, sah sich die UN um den Erfolg geprellt. Wie ähnliche Bewegungen in der übrigen Schweiz zerfiel sie langsam. Oltramare stellte sich im besetzten Frankreich den deutschen Machthabern zur Verfügung. Nach dem Krieg nahm die Schweiz an ihm peinliche Rache, setzte ihn ins Gefängnis und ließ ihn in gesellschaftlicher Ächtung verkommen.

Die «Nationale Front»

An der Universität Zürich entstand 1930 die sogenannte «Neue Front», eine aus jungliberalen Kreisen heraustretende studentische Gruppe. Sie vereinigte sich im März 1933 mit anderen faschistischen Kreisen zum «Kampfbund Neue und Nationale Front» (NF). Diese Bewegung fand auch bei Personen des «Volksbundes für die Unabhängigkeit der Schweiz», einem Honoratiorenclub rechtsbürgerlicher und deutschfreundlicher Kreise, tatkräftige Unterstützung. Höhepunkt der Frontenpolitik war die Listenverbindung und der gemeinsame Wahlkampf mit den bürgerlichen Parteien anläßlich der Zürcher Gemeinde- und Stadtratswahlen vom September 1933. Neue Propagandaformen, wie ein pathetischer Fackelzug, wurden eingeführt. Doch auch hier waren die Fronten kaum Nutznießer der Wahlen, ging doch die Linke als Sieger hervor.

Die größten Wahlerfolge der «Union Nationale» in Genf und der «Nationalen Front» in der deutschen Schweiz zwischen 1933 und 1939 (Prozent der Stimmen)

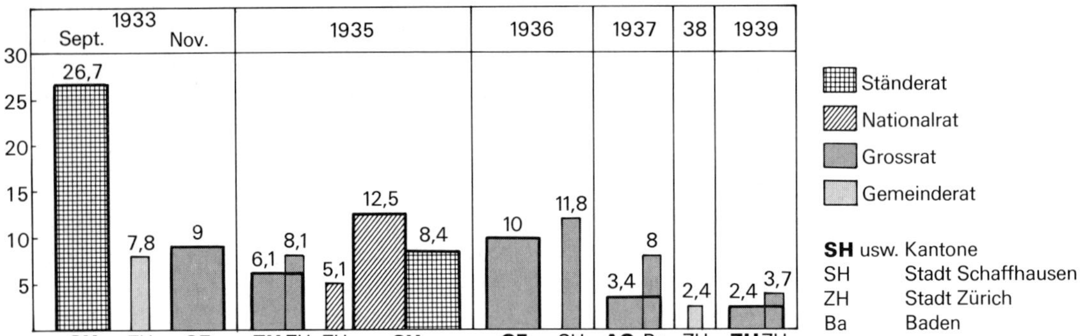

Nach ähnlichen relativ erfolglosen Versuchen im lokalen Bereich versuchte die NF 1935 einen Durchbruch auf nationaler Ebene. Im August 1934 verfolgten die Fronten, die Jungkonservativen und korporative Kreise des Welschlandes gemeinsam das Ziel einer Totalrevision der Bundesverfassung. Ihre Initiative wurde aber am 8. September 1935 mit 511000 gegen 196000 Stimmen verworfen. Das eindeutige Resultat kam vor allem dank dem kompromißlosen Einsatz der Sozialdemokraten und Gewerkschaften zustande, die sich in die Abwehrfront der Bürgerlichen einreihten, obwohl diese kurz zuvor, am 2. Juni, mit Hilfe der Fronten und weiterer Rechtskreise die linke Kriseninitiative in einem äußerst polemisch geführten Abstimmungskampf abgelehnt hatten.

Völkische Strömungen in den Bauernorganisationen

Weitere, aber andersgeartete völkische Strömungen waren in den politischen Bauernorganisationen aufgetreten. Die sozioökonomische Krisenlage sowie das seit Jahren gepflegte antisozialistische Credo machten die Bauernschaft für solche Tendenzen ansprechbar. Ernst Laur, der Führer des Bauernverbandes, lobte sogar in der deutschen Öffentlichkeit die neue nationalsozialistische Herrschaft.

Die Blut- und Bodenideologie hatte sich in den zwanziger Jahren in Form von Jungbauernlandsgemeinden zur Geltung gebracht. Bei den wirtschaftlich bedrängten Bauern des Berner Oberlandes hatte die 1925 gegründete, sich auf die Bekämpfung von Judentum und Freimaurerei spezialisierende «Heimatwehr» etwelchen Erfolg.

Der Bauernstand stellte sich zudem immer stärker als Eckpfeiler der abendländischen Kultur der kapitalistischen Urbanität entgegen. Von 1933 an traten Gruppen solcher Bauernbewegungen auch im politischen Alltag in Erscheinung, und 1935 kam es schließlich bei der BGB zu einer Abspaltung der sogenannten Jungbauern. Deren sozialpolitische und antikapitalistische Attitüden verhinderten allerdings eine Annäherung an die Fronten. Die Jungbauern unterstützten vielmehr die sozialistische Kriseninitiative. Ihr Einfluß blieb aber in der Folge nur auf wenige Kantone – in der Regel deutschschweizerische Agrargebiete mit vorwiegend protestantischer Bevölkerung – beschränkt. Ihr Anhang rekrutierte sich aus jüngeren, oft verschuldeten Kleinlandwirten, ländlichen Gewerbetreibenden und Landschullehrern.

Der Verfall der Fronten

Der schweizerische Faschismus, der 1933 in Verbindung mit bürgerlichen Parteien einen raschen Aufschwung zu nehmen schien, war 1935 schon wieder am Abflauen. Zu einer Massenbewegung kam es nie. Die eigentlichen Fronten vermochten, mit Ausnahme einzelner Führer wie etwa Robert Tobler, selten mehr als 10 % der Wähler hinter sich zu sammeln. Die föderalistische Struktur des Landes, die Zersplitterung der Bewegungen, der oft intrigante Kampf einzelner «Führer»-Gestalten und die gelegentlich für Schweizer befremdliche Nachahmung der ausländischen Vorbilder standen einer Breitenwirkung entgegen. Die ambivalente Haltung einzelner bürgerlicher Parteien erlaubte außerdem den Frontenmitläufern und -sympathisanten immer wieder eine Rückkehr in die traditionellen Parteiformationen. Zudem bot sich mit dem sozialpolitisch-populistischen Landesring der Unabhängigen von Gottlieb Duttweiler (gegründet 1936) eine neue oppositionelle Sammelbewegung an, der viele enttäuschte Frontenanhänger zuliefen.

Die Fronten- und Faschistengruppen hatten zwar in der Wahl- und Plebiszitdemokratie Schiffbruch erlitten und waren zu Splitterformationen zerfallen, die z. T. nur noch als landesverräterische Organisationen zu überleben vermochten; dennoch gelang es ihnen in den folgenden Jahren, sich in günstigen politischen Konstellationen –

etwa 1940 nach dem Sieg der Nationalsozialisten in Europa – bis in die höchsten politischen Gremien hinein bemerkbar zu machen. Erst als die Alliierten den Nationalsozialismus und Faschismus endgültig militärisch besiegt hatten, gingen die Schweizer Demokraten daran, ihre faschistischen Anhängsel endgültig zu verstoßen. So publizierte der Bundesrat nach dem Kriege eine Liste von jenen 173 Persönlichkeiten, die 1940 eine Anpassung an das neue Europa Hitlers gefordert hatten («Eingabe der Zweihundert»).

Die Frontenbewegung war ein Teil der politischen Krise des traditionellen Parteien- und Gesellschaftssystems. Ein Widerhall davon fand sich auch in der eidgenössischen Regierung. Ein Symptom dafür war beispielsweise der erneute Versuch zur Einführung eines autoritären Staatsschutzgesetzes durch Bundesrat Häberlin (verworfen am 11. März 1934 mit 488000 gegen 419000 Stimmen). Häberlin trat darauf zurück, Ende Jahr dann auch Jean-Marie Musy, der in den faschistischen Bewegungen ein neues Tätigkeitsgebiet zu sehen glaubte. In den Ersatzwahlen wurde erneut den Sozialdemokraten der Sitz bestritten. Mit der Wahl von Philipp Etter anstelle von Musy kam nicht nur ein prononciert katholisch-konservativer Politiker, sondern auch ein Repräsentant ständestaatlicher Tendenzen in den Bundesrat. So gesehen vollzog sich auch auf der Ebene der Landesregierung eine Art Amalgamierung der verschiedenen Ansätze der Frontenbewegung. Damit wurde es möglich, im traditionellen Rahmen der helvetischen Politik und unter Ausschluß der Linken das politische System zu stabilisieren.

Bei der Abstimmung über die zweite Lex Häberlin tauchte der Maulkorb, ein altes, schon in den vierziger Jahren des 19. Jahrhunderts verwendetes Symbol im Kampf gegen überrissene Staatsschutzgesetze erneut auf. Die Staatsschutzvorlage wurde am 11. März 1934 mit 488000 gegen 419000 Stimmen verworfen.

F. Sammlung und Integration der Kräfte (1937–1943)

1. Der außenpolitische Druck

Angesichts der Zunahme der internationalen Spannung und der aggressiven Politik Nazideutschlands kam auch die Schweiz unter einen starken außenpolitischen Druck, der den schweizerischen Entscheidungsspielraum weitgehend zu beeinflussen vermochte. Dieser hatte aber zugleich schon seit Jahren eine besondere innere Prägung erfahren: Intransigenz gegenüber sozialistischen Strömungen und gegenüber dem kommunistischen Rußland, weitgehend gleichgültige Verständnislosigkeit gegenüber der angelsächsischen Welt, feindliches Mißtrauen gegenüber Frankreich und entgegenkommende Verständigungsbereitschaft für den aufkommenden Faschismus – dies waren die wichtigsten Grundzüge der allgemeinen äußeren Orientierung.

Ein wesentliches Element der Außenpolitik war die sogenannte «geschmeidige» Haltung von Außenminister Giuseppe Motta. Es geht nun allerdings keineswegs darum, für die gesamte äußere Orientierung allein diesen Bundesrat verantwortlich zu machen. Dahinter standen vielmehr einflußreiche Repräsentanten des diplomatischen Dienstes (z.B. Georges de Wagnière und Hans Frölicher), Vertreter der Wirtschaft und nicht zuletzt eine Mehrheit der politischen Parteien, die in der Regel diese Politik abzusegnen pflegten. Wenn im folgenden Motta des öftern Erwähnung findet, so ist damit weniger seine Person als die damit repräsentierte Haltung der schweizerischen Außenpolitik angesprochen.

Motta und Mussolini

Das Verständnis für den aufkommenden Faschismus kam im Verhältnis zu Italien deutlich zum Ausdruck. Mit Mussolini, der doch schon 1921 in der italienischen Kammer aggressive Worte gegen das Tessin und die Schweiz fallen ließ, nahm Motta geradezu freundschaftliche Beziehungen auf. Er feierte 1924 überschwenglich den italienisch-schweizerischen Schiedsvertrag und fand in der Folge nur freundliche Worte für Italien, obwohl dessen faschistische Bewegungen allein 1928 über 100 diplomatisch zu erledigende Anstände provozierten. Im innern diplomatischen Verkehr versuchte er zwar, die Position der Schweiz fest zu verteidigen, dokumentierte aber diese Haltung in der Öffentlichkeit kaum. Anläßlich einer Ferienreise 1934 kam es, veranlaßt durch Mussolini, zu einem offiziellen Bankett und anschließenden vertraulichen Gespräch auf dem Sofa. Solche Gesten bestätigten das Mißtrauen der politischen Opposition gegenüber Mottas Außenpolitik. So verwundert es denn keineswegs, daß die Schweiz 1935 anläßlich des Abessinienkonfliktes Sanktionen gegenüber Italien ablehnte und daß der Bundesrat die unbedeutenden Maßnahmen, die unter dem Druck des Völkerbundes doch getroffen wurden, rasch wieder aufhob.

Forderungen der Nationalsozialisten

Den neuen Machthabern in Deutschland versuchte Motta mit einer verständnisvollen Verbindlichkeit zu begegnen. Diese verlangten immer vehementer auch eine Angleichung der öffentlichen Meinung. Der Bundesrat kam schon 1934 diesem Druck entgegen, indem er die Pressefreiheit einzuschränken begann (Bundesratsbeschluß vom 26. März 1934). Nach Kriegsausbruch wurde die Kontrolle des gesamten Presse- und Nachrichtenwesens der Armee übertragen – am 1. Februar 1942 dann allerdings wieder dem Bundesrat unterstellt. Insgesamt kann zwar nicht von einer umfassenden Zensur gesprochen werden, doch bewirkten das Kontroll- und vor allem das Selbstkontrollsystem sowie die möglichen Sanktionen (z.B. Zeitungsverbot) eine überaus wirksame «Mäßigung» der öffentlichen Meinung, mit der die nationalsozialistische Propaganda eigentlich hätte zufrieden sein sollen.

Dem nationalsozialistischen Treiben in der Schweiz begegnete man mit äußerster Zurückhaltung. Zwar wurde die Leitung der Auslandsorganisation der Nationalsozialistischen Deutschen Arbeiterpartei (NSDAP) nach der Ermordung ihres «Landesleiters» Gust-

Erntedankfest der Auslandsorganisation der NSDAP Hitlers, betehend aus Mitgliedern der deutschen Kolonie in der Schweiz, 1935 in Zürich. Der Bundesrat beschloß 1936 die Aufhebung der Landes- und Ortsgruppenleitungen, doch bald danach übernahm diese Aufgabe ein Mitglied der deutschen Botschaft, S. von Bibra.

loff in Davos (4. Februar 1936) verboten, doch gestattete man schon im August des gleichen Jahres mehr oder weniger offiziell dem in der deutschen Gesandtschaft in Bern tätigen Freiherrn von Bibra, einem fanatischen Nazi, die Neuorganisation und Leitung der noch bestehenden NSDAP-Gruppen. Diese wurden erst am 1. Mai 1945 aufgelöst! Auch gewalttätige Übergriffe, wie etwa 1935 die Entführung des deutschen Emigranten Jacob durch die Gestapo, bewirkten keine grundsätzliche Änderung in der schweizerischen Haltung.

Obwohl man nun von der aggressiven Propaganda und der Gewaltpolitik der Nationalsozialisten Kenntnis hatte, zeigten sich die Vertreter der Schweiz dem neuen Deutschland gegenüber mehr als verständnisvoll. Selbst als Hitler am 11. März 1938 Österreich gewaltsam an sich riß und damit ein unzweideutiges Beispiel der möglichen Bedrohung der Schweiz gab, fand Bundesrat Motta gegenüber dem deutschen Gesandten dermaßen verbindliche Worte der Anerkennung, daß diese als eigentliche Gratulation verstanden wurden. In diese Haltung fügt sich die *De-jure*-Anerkennung des Franco-Regimes, einen Monat bevor dessen Truppen in Madrid einzogen, bestens ein.

Rückkehr zur integralen Neutralität

Ausgerechnet in dieser Phase erfolgte der Rückzug aus der im Rahmen des Völkerbundes gepflegten außenpolitischen Aktivität. Die Schweiz trat mit einem Gesuch um Entbindung von der wirtschaftlichen Sanktionenpflicht vor den Völkerbund; dieser nahm am 14. Mai 1938 in einem Bericht von dieser Sachlage Kenntnis, womit die Schweiz, ohne formell die Völkerbundsmitgliedschaft aufgegeben zu haben, wieder ihre integrale Neutralität hergestellt hatte. Angesichts der Tatsache, daß der Völkerbund als Block der Weststaaten und der Sowjetunion von Deutschland und Italien geächtet wurde, bedeutete dies eine der generellen außenpolitischen Verhaltensweise der Schweiz durchaus gemäße Anpassung.

Es gilt hier nun allerdings doch eine wesentliche Differenzierung anzubringen. Der «geschmeidigen» Außenpolitik waren durch eine geradezu mystisch verstandene Unabhängigkeitsmaxime gewisse Grenzen gesetzt. So muß auch eine einstündige Unterredung von alt Bundesrat Edmund Schultheß mit Hitler vom 23. Februar 1937 verstanden werden, wo Schultheß ähnlich wie Motta deutsch-schweizerische Gemeinsamkeiten (z. B. den Antikommunismus) betonte, Hitler dafür aber die Bestätigung der schweizerischen Neutralität abrang.

Der Anschluß Österreichs begann nun aber auch den Widerstandswillen eines Teils der schweizerischen Öffentlichkeit zu wekken. Der Bundesrat sah sich aus diesem Grunde veranlaßt, seinen Unabhängigkeitswillen vor den eidgenössischen Räten feierlich zu beteuern (21. März 1938) – eine klare Stellungnahme zum Anschluß Österreichs wurde allerdings peinlichst vermieden. Die nachfolgenden Gewaltakte Hitlers, die Annexion des Sudetenlandes im Oktober 1938 und jene der Tschechoslowakei am 15. März 1939 erregten erneut weite Kreise der Schweizer Bevölkerung. Dieser kritischen Stimmung nahm sich nun sogar ein Bundesrat, der freisinnige Solothurner Hermann Obrecht, an. In einer Rede vor der «Neuen Helvetischen Gesellschaft» in Basel vom 16. März erklärte er, die Schweizer würden nicht ins Ausland «wallfahren» gehen – eine Anspielung auf die demütigenden Besuche Kurt Schuschniggs und Emil Hachas bei Hitler – und jedem Angreifer warte bei uns der Krieg. Obrechts Rede blieb allerdings ein Einzelfall, und eine Art Wallfahrt war mit dem Besuch alt Bundesrat Schultheß' bei Hitler schon längst erfolgt.

Das Verhältnis zur Sowjetunion

Im Gegensatz zur verständnisvollen Haltung gegenüber dem Faschismus gestaltete sich das Verhältnis der Schweiz zur Sowjetunion denkbar schlecht. 1918 war die sowjetische Mission in der Schweiz ausgewiesen worden. Die Übergriffe während der Revolution auf Schweizer Vermögen und Schweizer Bürger wurden nie vergessen. 1923 kam es dann in der Schweiz zu einem Zwischenfall, der dieses gespannte Verhältnis erneut belastete. Ein Rußlandschweizer, Werkzeug antisowjetischer Geheimorganisationen, ermordete den offiziösen russischen Konferenzbeobachter Worowski. Der Attentäter, Moritz Conradi, fand im anschließenden Prozeß nicht nur die Sympathien eines durch die Presse emotional aufgepeitschten Publikums, sondern auch das Wohlwollen der Bundesbehörden und der Untersuchungsorgane. Der Attentäter wurde freigesprochen, während man die zugegebenermaßen aggressiven sowjetischen Anklagen mit kühler Reserve konterte. Nur die Bedürfnisse der schweizerischen Exportindustrie führten dennoch zu einer Annäherung an die Sowjetunion. Es kam 1927 in Berlin zur Aufhebung der gegenseitigen Sperrmaßnahmen. Die Aufnahme diplomatischer Beziehungen mit der Sowjetunion fand aber erst nach dem Zweiten Weltkrieg statt.

Die Beziehungen zu Frankreich

Leider vermochte das Verhältnis zu den Westmächten die einseitige Außenpolitik der Schweiz nur wenig zu korrigieren. Bekanntlich waren die Beziehungen zu Frankreich seit Ende des Ersten Weltkrieges ziemlich frostig. Als sich die deutsche Kriegspolitik immer deutlicher abzuzeichnen begann, traten in Frankreich Vermutungen auf, die Schweiz würde einem möglichen deutschen Durchmarsch keinen genügenden Widerstand entgegenstellen. Umgekehrt kam die Einschätzung Frankreichs durch die schweizerische Außenpolitik auf einen eigentlichen Tiefpunkt, als Léon Blum mit seiner Volksfront an die Macht kam.

Im Frühjahr 1939 brachte ein Garantieversprechen der Westmächte die schweizerische Neutralitätspolitik in Verlegenheit. Der Bundesrat mußte der Idee entgegentreten, die Westmächte hätten nach einem Angriff auf die Schweiz dieser unaufgefordert beizustehen. Deutschland reagierte auf dieses Garantieversprechen heftig und verlangte von der Schweiz Rechenschaft.

Das Bild der offiziellen schweizerischen Außenpolitik blieb schillernd und zweideutig. Es trug in keiner Weise dazu bei, die Stellung der Schweiz zu klären, vermied aber auch eine nicht rückgängig zu machende Verpflichtung der Schweiz. Im Rahmen eines pragmatischen Opportunismus kann dies durchaus als Neutralitätspolitik bezeichnet werden.

2. Innenpolitische Stabilisierung ohne grundlegende Reformen

Die Überwindung der wirtschaftlichen und politischen Krise der dreißiger Jahre, die 1937 begann, stand schon weitgehend unter der Vorahnung und Vorbereitung des kommenden Krieges. «Die mächtige Totenhand der Kriegsrüstung mußte mithelfen, die Schweiz aus dem beklemmenden Tal der Wirtschaftsdepression herauszuführen», schrieb Hans von Greyerz, und dieses Bild ist nun durchaus auch für weitere Aspekte der Entwicklung nach 1937 gültig.

Vorbereitung auf den Krieg

Die folgenden, oft schon am kommenden Krieg orientierten Elemente bestimmen das Bild dieser Zeit:

Im Januar 1937 nahm eine neugeschaffene kriegswirtschaftliche Abteilung im Volkswirtschaftsdepartement ihre Arbeit auf. Die neue Militärorganisation von 1935 konnte dank einer vierfach überzeichneten Anleihe auch von der Rüstungsseite her in Angriff genommen werden. Angesichts des drohenden Konflikts mit dem Faschismus stellte sich die Sozialdemokratische Partei hinter die militärische Landesverteidigung, während im Konflikt von Arbeit und Kapital durch eine Vereinbarung zwischen Arbeitgebern und Arbeitnehmern Streik und Aussperrung, d.h. die direkte soziale Konfrontation, gebannt wurden. Die faschistischen Erneuerungsbewegungen waren inzwischen auch versandet, so daß sich die traditionellen bürgerlichen Parteien in ihrer allein staatstragenden Rolle bestätigt zu sehen

Die innerste Halle des Armeepavillons an der Landesausstellung von 1939, mächtig dominiert durch H. Brandenbergers «Wehrwille». In dieser Figur schmelzen helvetischer Realismus und Geistige Landesverteidigung zur offiziellen Staatskunst zusammen.

glaubten. Dieses Selbstbewußtsein fand, in eine offizielle Kulturpolitik umgesetzt, 1939 in der Landesausstellung in Zürich eine sinnbildhafte Weihe. Und selbst der bisher völlig versagenden Wirtschaftspolitik des Bundesrates eröffneten sich neue Horizonte: In Form neuer Verfassungsartikel wurden wirtschaftspolitische Konzeptionen öffentlich zur Diskussion gestellt.

Die Stabilisierung des politischen Systems angesichts des zu erwartenden Krieges erfolgte in drei Bereichen. Zum einen bewirkte die Stärkung der Sozialdemokratischen Partei (SPS) und der Gewerkschaften sowie deren Öffnung gegenüber dem bürgerlichen Linksliberalismus einen Abbau der innenpolitischen Spannung; zum anderen gab die aus nationalen Abwehrreflexen erwachsene Besinnung auf Staat und Heimat den bürgerlichen Parteien ein neues Selbstbewußtsein; und zum dritten erlaubte der kurze Brückenschlag von der Wirtschaftskrise zum Weltkrieg den nahtlosen Ausbau des autoritären Dringlichkeits- und Notstandregimes, das zur Krisenbewältigung wie zur Integration der politischen Kräfte noch immer unentbehrlich war. Hinter dieser Entwicklung hatten die vom wirtschaftlichen Aufschwung getragenen neuen Hoffnungen, trotz Kriegsgefahr, ihre heilsame Wirkung.

Arbeiterschaft und bürgerlicher Staat

Der «Schweizerische Gewerkschaftsbund» (SGB) – um damit einen Blick auf die Entwicklung der Arbeiterschaft zu werfen – war durch die Krise nicht etwa geschwächt worden, sondern vermochte trotz Abbau der Arbeitsplätze seine Mitgliederzahl zwischen 1929 und 1937 um 36000 auf 222000 zu steigern. Zugleich kamen in seinen Reihen nun dynamische Kader zum Zuge, wie etwa der wissenschaftliche Mitarbeiter und spätere Bundesrat Max Weber oder der pragmatische Führer des Metall- und Uhrenarbeiterverbandes, Konrad Ilg. Schon vor Ausbruch der Weltwirtschaftskrise hatte sich der SGB auch formell vom marxistischen Klassenkampfdenken gelöst. Acht Jahre später kam es dann in der Metall- und Maschinenindustrie zu jenem «Friedensabkommen», das die Ära der Gesamtarbeitsverträge und der auf Schiedsgerichtsbarkeit beruhenden Sozialpartnerschaft einleiten sollte. Am 19. Juli 1937 unterzeichneten Konrad Ilg im Namen der gewerkschaftlichen Seite und Ernst Dübi als Vertreter der Unternehmer ein Abkommen, das die Auseinandersetzungen um Arbeit und Lohn auf den Verhandlungsweg verwies und Streik und Aussperrung unter Androhung von Konventionalstrafen verbot. Die Arbeiterschaft erhielt dadurch gesicherte Lohn- und Arbeitsverhältnisse, wurde aber in ihrem politischen Bewußtsein, das sie bisher in starkem Maße aus den Arbeitskämpfen zog, geschwächt.

Der Annäherung der Sozialpartner im Arbeitsbereich geht die Wandlung der SPS zur reformistischen Volkspartei der Arbeitnehmer und des Mittelstandes parallel. Dies hatte heftige innerparteiliche Kämpfe zur Folge. So wurde u. a. nach Kriegsausbruch der Genfer Linkssozialist Léon Nicole, ein blinder Befürworter von Stalins Politik, aus der Partei ausgeschlossen. Nicole gründete darauf die «Fédération socialiste suisse» (FSS), der 70 % der welschen Sozialisten beitraten. Die FSS wurde aber schon im Mai 1941 verboten, worauf ein Teil ihrer Anhänger wieder der SPS beitrat.

Das neue Programm der SPS von 1935 bejahte den bestehenden Staat, und 1937 anerkannte der Parteitag mit überwältigendem Mehr die militärische Landesverteidigung. Die Partei versuchte nun auch bei linksliberalen Angestellten und Beamten Fuß zu fassen und die Zusammenarbeit mit den bürgerlichen Parteien, beinahe im Sinne einer «Volksfront der Mitte», zu fördern. Zu diesem Zwecke wurde in sogenannten «Richtlinien» ein Minimalprogramm aufgestellt, das aber die bürgerlichen Parteien trotz anfänglichem Interesse nicht aufnahmen.

Seit 1929 beteiligte sich die SPS zudem an den Bundesratswahlen, doch wurde ihr Kandidat immer wieder vom bürgerlichen Lager, insbesondere von den Katholisch-Konservativen, abgeblockt. Erst 1943, als die SPS in den Nationalratswahlen zu ihrem bisher größten Wahlerfolg kam und zur stärksten Partei anwuchs, konnte – insbesondere auch angesichts der kriegsbedingten Parole der nationalen Solidarität – eine sozialdemokratische Regierungsbeteiligung nicht mehr zurückgewiesen werden.

Stärkung der bürgerlichen Parteien

Die bürgerlichen Parteien überwanden gleichzeitig in einer patriotischen Aufwallung ihre Identitätskrise. Symptomatisch war die Werbung für die Militäranleihe des Bundes 1936, die mit großem Aufwand von der Mehrheit der politischen Honoratioren propagiert wurde. Der Erfolg der Anleihe war aber auch darauf zurückzuführen, daß sie eine günstige Anlage für Geld bot, das in der Krise schwer unterzubringen war. Hinzu kam auch, daß die «neue» bürgerliche

Partei, die Bauern-, Gewerbe- und Bürgerpartei (BGB), sich Ende 1936 endlich auf gesamtschweizerischem Boden zu organisieren vermochte und so ihrem Vertreter im Bundesrat, dem populären und volksnahen Berner Rudolf Minger eine breitere politische Basis gab. So gelang es Minger, der dem Militärdepartement vorstand, die Armee neu aufzurüsten.

Nachdem die Wahl Philipp Etters 1934 noch von der Krise der frontistischen Erneuerung überschattet gewesen war, erfolgte 1935 mit der Wahl des Freisinnigen Hermann Obrecht eine gewisse Neuorientierung im Bundesrat. Obrecht löste nämlich den Wirtschaftsminister Schultheß, dessen zuletzt widersprüchlicher Krisenpolitik offensichtlich der Erfolg versagt blieb, ab und gab mit den kriegswirtschaftlichen Plänen der Wirtschaftspolitik einen neuen Boden.

So kamen die Bundespolitik und das politische System wieder zu festeren Grundlagen, wenn auch Krisenerscheinungen, insbesondere in der Außenpolitik und 1940 nach dem Fall Frankreichs auch im Innern, zu einigen Erschütterungen führten. Es ist außerdem festzuhalten, daß das Verhältnis unter den Parteien noch nicht geläutert, sondern vielmehr durch ein unausgesprochenes Stillhalteabkommen und dann durch die kriegsbedingte *union sacrée* nur oberflächlich beruhigt war.

Repressionsmaßnahmen gegen die extreme Linke

Man darf im übrigen auch nicht übersehen, daß diese bürgerliche Konsolidierung einmal mehr von Repressionsmaßnahmen gegen die extreme Linke begleitet war. Antikommunistische Bewegungen wie die «Entente contre la IIIe Internationale», die «Commission pro Deo» und die «Action nationale suisse contre le communisme» unter alt Bundesrat Jean-Marie Musy vermochten sich vor allem in der welschen Schweiz stark bemerkbar zu machen. Es kam schließlich 1937/38 zum Verbot der Kommunistischen Partei (KP) in Neuenburg, Waadt und Genf. Schon 1936 hatte der Bundesrat Maßnahmen gegen kommunistische Umtriebe getroffen, und am 26. November 1940 verbot er schließlich die KP in der ganzen Schweiz. Die Kommunisten versuchten, in der SPS unterzukommen oder in der Illegalität zu überleben. Sie formierten sich dann im Oktober 1944 neu unter der Bezeichnung «Partei der Arbeit» (PdA).

Die gegen die Kommunisten erlassene Gesetzgebung wurde nun auch teilweise durch ein ähnliches Vorgehen gegen die Restbestände und Neuorganisationen der faschistischen Fronten ergänzt. Am 5. Dezember 1938 erließ der Bundesrat eine Verordnung «betreffend Maßnahmen gegen staatsgefährliche Umtriebe und zum Schutze der Demokratie», und am 8./19. November 1940 verbot er drei Nachfolgeorganisationen der Fronten.

Vollmachtenregime und Kriegswirtschaft

Das Krisennotrecht wurde nach Kriegsausbruch beinahe ungebrochen ins Vollmachtenregime übergeführt. Im Gegensatz zum Ersten Weltkrieg versuchte man mit einer parlamentarischen Kommission den Bundesrat zu kontrollieren. Hans Zopfi bezeichnete diese Kommission, in richtiger Einschätzung des autoritären Regimes, als «Kronrat». Das Vollmachtenregime brachte schließlich eine derartige Fülle und Konzentration gesetzgeberischer und verwaltungsrechtlich-praktischer Kompetenzen, daß von einer rechtsstaatlichen Krise gesprochen werden muß.

Zu einem wichtigen demokratischen Zwischenspiel kam es noch 1938/39 im Finanzwesen. Erstmals wurden wieder Finanzvorlagen vors Volk gebracht. Sie wurden mit großem Mehr angenommen. Die zweite Vorlage trug den bezeichnenden Titel «Ausbau der Landesverteidigung und Bekämpfung der Arbeitslosigkeit». Darin ist in knappster Form die innenpolitische Programmatik dieser Jahre enthalten. Die schon lange vorliegenden kriegswirtschaftlichen Pläne kamen verzugslos zum Einsatz und hatten vornehmlich zum Ziel, unter allen Umständen die Wirtschaft und die Arbeitsplätze zu sichern, d.h. die Vollbeschäftigung herzustellen. Nach Kriegsausbruch griff man zur Finanzierung auch auf die Vermögen, indem 1940 und 1942 ein sogenanntes Wehropfer erhoben wurde, das die üblichen Staatseinnahmen aufbesserte.

1937 wurde mit dem Aufbau einer kriegswirtschaftlichen Schattenorganisation begonnen, in der einflußreiche Vertreter der Wirtschaft zusammen mit eidgenössischen Beamten neue, an Planwirtschaft gemahnende Formen der Wirtschaftspolitik erarbeiteten. Noch vor Kriegsausbruch war Vorratshaltung verordnet worden. Unter Beizug kompetenter Experten der Privatindustrie wurden Handelsdelegationen ernannt, die die Versorgung der Schweiz sicherzustellen hatten. Nach Kriegsausbruch verfügte der Bund über eine umfassende Handelskontrolle, die zusammen mit kriegswirtschaftlichen Syndikaten und den Sektionen der Kriegswirtschaft ein beinahe lückenloses wirtschaftspolitisches Netz zu bilden vermochte, wobei allerdings der Spielraum der Wirtschaft dank Beizug zahlreicher Experten der Privatwirtschaft und durch ständige Konsultationen mit den Spitzenverbänden, insbesondere dem «Handels- und Industrie-Verein», gewährleistet blieb.

Dabei spielte auch der landwirtschaftliche Auf- und Ausbau, eingeleitet am 12. Dezember 1938 durch die Botschaft des Bundesrates über Maßnahmen zur weiteren Förderung des Ackerbaus, in der Folge organisiert und popularisiert durch den späteren Bundesrat Friedrich Traugott Wahlen, eine wichtige Rolle. In einer über den Krieg hinausführenden Sicht erweist sich diese «Anbauschlacht» aber nicht allein als Teil der schweizerischen Selbstbehauptung, sondern ebensosehr als Versuch, die Landwirtschaft grundsätzlich zu sanieren und sie in eine volkswirtschaftlich und politisch privilegierte Stellung hineinzuführen. Wenn auch die Sanierung nur partiell gelang, so erhielten doch die Landwirtschaft und die Bauern nach dem Krieg mit den Wirtschaftsartikeln von 1947 und den Landwirtschaftsgesetzen von 1952 eine gewissermaßen staatliche Existenzgarantie.

Mit dem Strafgesetzbuch von 1938, der späten Verwirklichung des Verfassungssatzes von 1898, erhielt der Exekutivstaat auch noch seine strafrechtliche Handhabe.

3. Mobilisation und Krieg

Priorität der Handelsabkommen

In den Monaten vor Kriegsausbruch verschloß sich die schweizerische Außenpolitik immer ängstlicher vor jeder Stellungnahme zum düsteren Zeitgeschehen. Anstelle der Außenpolitik trat eine ausschließlich auf den Krieg ausgerichtete Außenhandelspolitik, deren Leitung nicht mehr vom traditionellen diplomatischen Dienst, sondern von beauftragten Spitzenleuten der Wirtschaft wahrgenommen wurde. Mit den wichtigsten Handelspartnern suchte man Vereinbarungen zwecks Versorgung der Schweiz im Kriegsfalle. Die Ergebnisse dieser Verhandlungen bleiben vorerst bescheiden. Erst im Laufe des ersten Kriegsjahres kam es zu Abkommen, wobei jenes mit Deutschland von zentraler Bedeutung war. Vor dem Fall Frankreichs, d. h. in der Zeit der *drôle de guerre,* blieb der Stand des schweizerischen Außenhandels auf jenem der Vorkriegszeit, mit dem Unterschied allerdings, daß die Kriegsmateriallieferungen – in den ersten Kriegsmonaten vor allem zugunsten der Alliierten – einen beträchtlichen Teil des Exportes ausmachten.

Im Innern war wohl kein Land, mit Ausnahme von Deutschland, so gut auf den Krieg vorbereitet wie die Schweiz. Seit Frühjahr 1939 hatte auch eine seltsame Kriegseuphorie weite Teile des Volkes ergriffen. «Die Schweiz fieberte und stand am Vorabend großer Ereignisse», schreibt, zeitgenössisch verklärt, Edgar Bonjour.

Die Mobilisation

Am 30. August 1939, nachdem die Bundesversammlung dem Vollmachtenbeschluß zugestimmt hatte, wählte sie mit großem Mehr Henri Guisan, einen konservativen waadtländischen Gentleman-Bauern und seit dem Ersten Weltkrieg praktisch Berufsoffizier, zum

Die Bildung von Ortswehren im Mai 1940 vervollständigte die Mobilisation der Bevölkerung. In die Gruppen der Lokalverteidigung wurden aus der obligatorischen Dienstpflicht entlassene ältere Männer und Jünglinge ab 16 Jahren aufgenommen.

Zu Beginn des Frankreichfeldzuges zog sich ein Teil der Grenzbevölkerung überstürzt in die Zentralschweiz zurück.

General. Der Bundesrat ließ auch, wie üblich, den kriegführenden Mächten eine Neutralitätserklärung zukommen.

Vom 3.–5. September 1939 vollzog sich ohne nennenswerte Schwierigkeiten die Mobilisation der Armee. Operationspläne waren allerdings noch keine vorhanden. Guisan ließ in der Folge über eine mögliche Zusammenarbeit mit Frankreich bei einem deutschen Überfall auf die Schweiz verhandeln. Diesbezügliche Akten wurden später von den Deutschen in La Charité-sur-Loire aufgefunden und dienten, wenn auch nur am Rande, als politisches Druckmittel.

Nach dem Fall Frankreichs und der Umschließung der Schweiz durch die Achsenmächte wurde die Verteidigungsplanung auf den Alpenraum beschränkt (Réduit national), wobei Beherrschung oder Zerstörung der Alpentransversalen als Faustpfand dienen sollte. Von deutscher Seite wurden Angriffspläne gegen die Schweiz routinemäßig ausgearbeitet; eine Besetzung schien zwar kostspielig, aber ohne größere Schwierigkeiten durchführbar. Doch bestand weder bei der militärischen noch der politischen Führung jemals ernsthaft die Absicht einer Eroberung der Schweiz; im Gegenteil, zahlreiche Stimmen insbesondere aus militärischen und wirtschaftspolitischen Kreisen rieten davon ab. In den ersten Tagen des Frankreichfeldzuges kam es trotzdem zu höchster Alarmbereitschaft an der Grenze, weil die sichtlich nervöse Armeeführung einem Täuschungsmanöver der Deutschen erlegen war. Zugleich ergriffen Teile der Zivilbevölkerung aus Basel und der Rheingegend panikartig die Flucht.

Innere Mobilisierung

Ebenso wichtig wie die militärische Grenzbesetzung war die innere Mobilisierung. Im September 1939 begann die stufenweise Rationierung der Verbrauchsgüter. Am 20. Dezember folgte die Lohn- und Verdienstersatzordnung für Wehrmänner, die, laufend ausgebaut, nicht nur der sozialen Sicherheit, sondern auch der Erhaltung der Kaufkraft und damit der Binnenwirtschaft diente. Der

Bundesrat verordnete auch Kündigungsschutz für Dienstverhältnisse und Pachtverträge sowie Mietpreisstop und Preiskontrolle. Es kam schließlich 1943 zur Allgemeinverbindlicherklärung der Gesamtarbeitsverträge und 1944 zur Verlängerung des Friedensabkommens in der Metallindustrie. So entstand unter dem Zwang des Krieges eine soziale Schweiz, die gegen Kriegsende auch auf die Mentalität weiter Bevölkerungsteile abfärbte und damit die Sozialwerke der Nachkriegszeit fördern half.

Der Plan Wahlen

In dieser inneren wirtschaftlichen und psychologischen Mobilisierung kam dem Plan Wahlen, der sogenannten «Anbauschlacht», eine wichtige Rolle zu. Vom Bund beinahe planwirtschaftlich in Szene gesetzt und massiv subventioniert, dehnte sich die Anbaufläche von 180000 ha auf 350000 ha aus, oft gegen beträchtliche Widerstände der Landwirtschaft selber. Trotz Preisstop erreichten die Bauern schon 1940 den Paritätslohn zur Industriearbeiterschaft. 1943, als letztere die größte Reallohneinbuße erlitt, erwirtschafteten die Bauern ihren höchsten Reinertrag. Der sozialpsychologische Aspekt dieser Anbauschlacht darf nicht außer acht gelassen werden: Mit dem Arbeitseinsatz der städtischen Bevölkerung auf dem Lande – von den Bauern allerdings mit etwelcher Skepsis betrachtet – sollte auch vermehrt Verständnis für die Werte des Bauerntums geweckt werden.

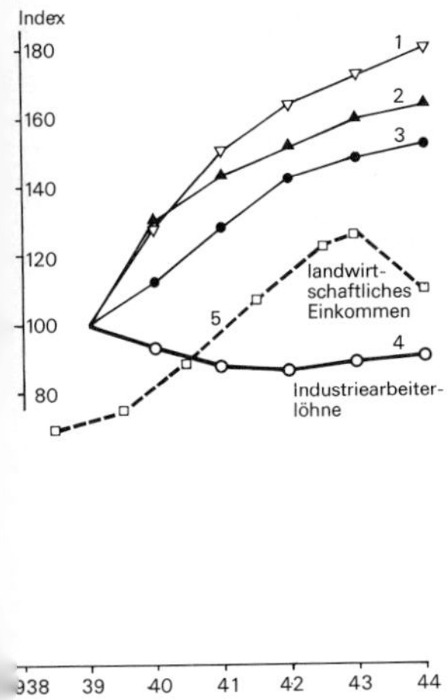

Industriearbeiterlöhne und landwirtschaftliches Einkommen 1939–1944

1 Indexpreise der landwirtschaftlichen Produktion
2 landwirtschaftliche Produktionsmittelpreise
3 Lebenshaltungskosten (Index der Konsummittelpreise)
4 Reallöhne (Stundenverdienst) ungelernter Arbeiter
Indizes 1–4 Januar–August 1939 = 100
5 landwirtschaftlicher Reinertrag in % des Aktivkapitals

Die «Anbauschlacht» (Plan Wahlen) zur Versorgung der Bevölkerung mit Grundnahrungsmitteln: Kartoffelfelder wurden selbst inmitten der großen Städte, hier in Zürich, angelegt.

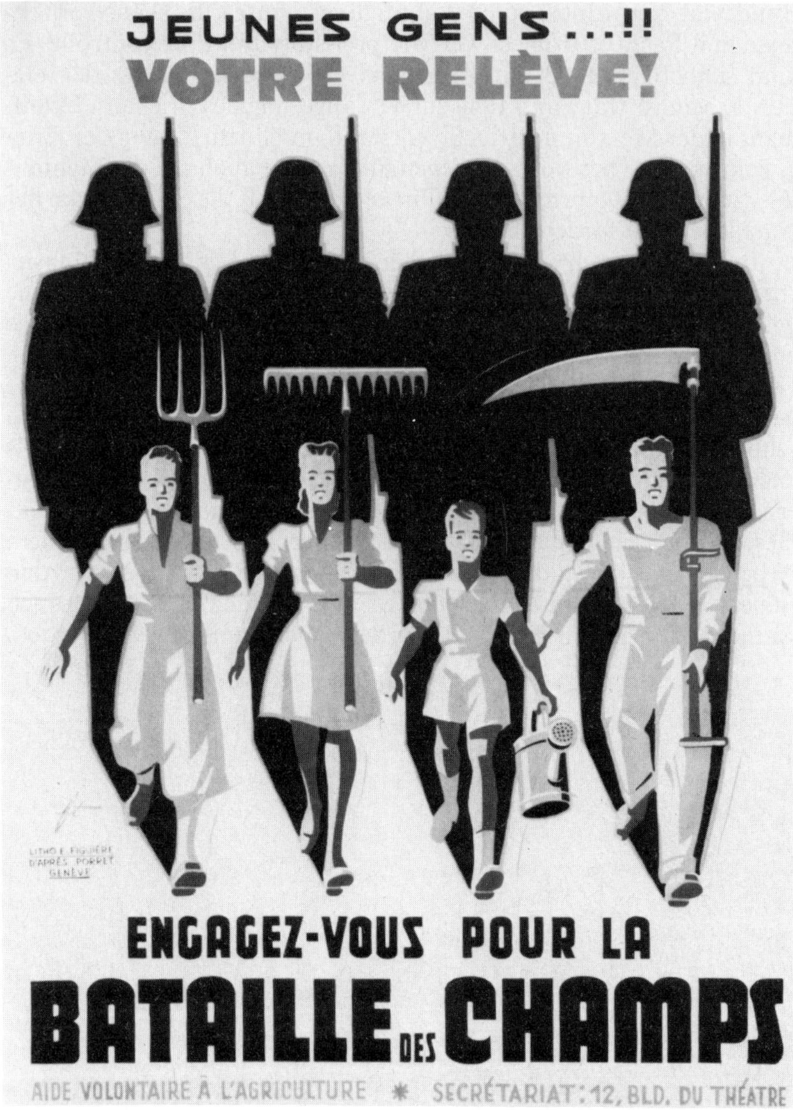

Zur Unterstützung des «Plans Wahlen» wurde eine breite nationale Kampagne eröffnet, die – über das anvisierte Ziel hinaus – die nationale Solidarität stärkte, daneben aber auch, zusammen mit der allgemeinen Mobilisation, der Unterordnung des Individuums unter die staatliche Autorität Vorschub leistete.

Zudem sollte der Auftrag an die Industrie, mit ihrer Arbeiterschaft selber landwirtschaftlichen Boden zu bearbeiten, den Arbeiter endlich emotionell an die heimatliche Scholle binden.

Sondermaßnahmen

Einige Bürger suchten aber auch in diesem Krieg nur ihren persönlichen Vorteil. Der Bund mußte gegen Schwarzmarkt und Korruption vorgehen. Selbst beim Ausbau der Landesverteidigung kam es zu betrügerischen Bereicherungen, indem beispielsweise beim Bunkerbau ungenügendes Material zu hohen Preisen verwendet wurde («weiche» Bunker). Vom Bund eingesetzte Strafkommissionen – sie stellten eine Art neue Justizbehörde dar – versuchten zu ahnden. Bis 1943 hatte man schon 65000 Vergehen gegen das Kriegswirtschaftsgesetz aufgedeckt.

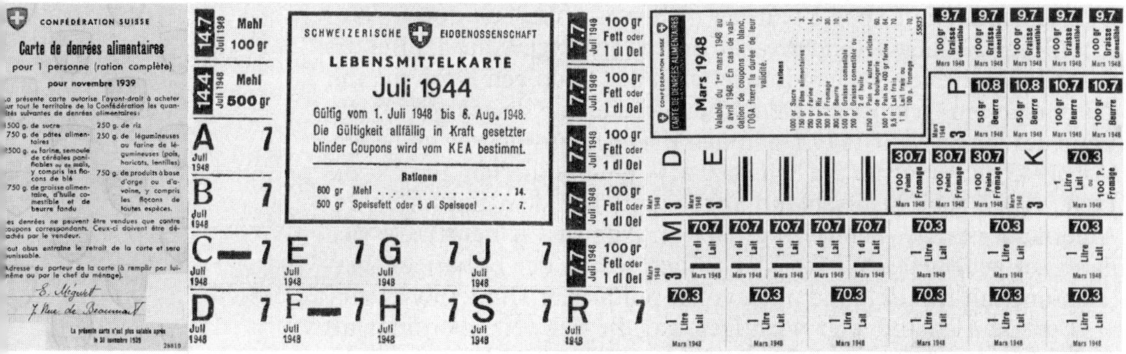

Ganz im Unterschied zum Ersten Weltkrieg, wo mit der Rationierung erst 1917 begonnen wurde, war am Vorabend des Zweiten Weltkrieges alles Notwendige vorbereitet, so daß beispielsweise Rationierungskarten schon kurz nach Kriegsausbruch ausgegeben werden konnten.

Die politische Normalität wurde auch durch die schon erwähnte Zensur des Presse- und Nachrichtenwesens eingeschränkt. Hinzu kam 1940 die polizeiliche Überwachung aller politischer Veranstaltungen.

Der Außenhandel bestimmte in erster Linie die existentielle Grundlage des Landes und den Spielraum der schweizerischen Souveränität. Zielsetzung war die Aufrechterhaltung der Wirtschaft bei weitestgehender Vollbeschäftigung. Bezüglich letzterer argumentierte man – nicht ohne zweideutige Zweckideologie –, nur Vollbeschäftigung könne soziale Unruhe bei der Arbeiterschaft, die sowohl zum Faschismus als auch zum Bolschewismus führen könnte, verhindern. Im Hintergrund stand wohl aber die handfestere Tatsache, daß auch im Kriege eine Exportindustrie erhebliche Profite zu erarbeiten vermochte. Ein bekannter Waffenfabrikant erhöhte 1939/45 sein Einkommen von 6,8 auf 56 Millionen Franken und das versteuerte Vermögen von 8,5 auf 170 Millionen Franken.

Mit allen Kriegführenden erfolgten intensive und oft sehr zähe Verhandlungen. Mit den Alliierten kam es am 25. April 1940 zu einem Blockadevertrag, der trotz der kompromißlosen Wirtschaftskriegsführung einen schweizerisch-deutschen Handel zuließ. Dieses Abkommen wurde aber faktisch gegenstandslos, als schon einen Monat später die Schweiz von den Achsenmächten umschlossen war.

Der Handel mit Deutschland

Die entscheidenden Verhandlungen betrafen den schweizerisch-deutschen Handel. Sie begannen im April und fanden einen ersten Abschluß mit dem Vertrag vom 9. August 1940. Dazwischen lag der Fall Frankreichs, d. h. die Einkreisung der Schweiz durch die Achsenmächte. Dies und die lebenswichtige Abhängigkeit von deutscher Kohle bestimmten nun die schweizerische Position. *De facto* wurde die Schweiz dem deutschen Wirtschaftsraum eingegliedert, konnte sich jedoch *de jure* von formellen Blockadeverpflichtungen freihalten. Mit England bestand beispielsweise immer ein wenn auch minimaler Handelsverkehr.

Der schweizerische Export, zu einem großen Teil Kriegsmaterial, erfolgte nun zugunsten Deutschlands und seiner Verbündeten. 1941/42 arbeiteten schätzungsweise 60 % der Waffenindustrie, 50 % der optischen Industrie und 40 % der Maschinenindustrie für

Deutschland. Die Exporte wurden nicht ausschließlich durch deutsche Gegenleistungen, sondern auch durch Clearingkredite des Bundes bezahlt. Mit harten Verhandlungen und der ständigen Drohung mit Zufuhrsperren gelang es Deutschland, diesen Clearingkredit bis Ende des Krieges auf 1119 Millionen Franken anwachsen zu lassen. Von 1943 an versuchte die Schweiz, z.T. unter alliiertem Druck, die Lieferungen nach Deutschland abzubauen. Mit dem Eintreffen der Amerikaner an der Schweizergrenze im August 1944 eröffnete sich dann ein neuer Handelsweg, der jedoch wegen der bisherigen Verflechtung mit Deutschland noch voller politischer Hindernisse war.

Für Deutschland weit wichtiger war die Schweiz allerdings als Goldumschlagplatz. Um kriegswichtige Güter selbst bei befreundeten Nationen wie Rumänien einkaufen zu können, war Deutschland auf frei konvertierbare Devisen, basierend auf der seit 1934 bestehenden Goldparität des Dollars, angewiesen. Da die meisten Länder, auch die Neutralen wie Schweden und Portugal, sich weigerten, deutsches Gold anzunehmen, bot sich nur noch die Schweiz als zentraler Gold- und Devisenumschlagplatz an. Reichsbankminister Funk etwa meinte, Deutschland könne nicht länger als zwei Monate auf diese schweizerische Dienstleistung verzichten. Insgesamt wurde für 1637 Millionen Franken Gold in freie Devisen umgewandelt. All dies erfolgte unter Leitung der Nationalbank und mit Billigung des Bundesrates. Trotz forcierter Abgabe dieses Goldes an den freien Markt nahm während des Krieges der Goldbestand der Nationalbank in erheblichem Maße zu.

Die politischen Implikationen dieses Handels waren jedoch bedenklich. Das deutsche Gold war zu einem guten Teil geraubtes Gold. Darunter befand sich auch solches, das von den Opfern der Konzentrationslager stammte. Die Problematik des Raubgoldes war den schweizerischen Verantwortlichen durchaus bewußt. Trotz eindeutiger Warnung durch die Alliierten verschanzte man sich aber hinter der fadenscheinigen Begründung, man müsse in gutem Treu und Glauben und aus neutralitätspolitischen Gründen dieses Gold ohne Vorbehalte annehmen. Gewiß war diese Dienstleistung eine Trumpfkarte zur Aufrechterhaltung der schweizerischen Existenz.

Die Währungsreserven der Nationalbank (Gold und Devisen)

Ende	Millionen Franken	Vermehrung	
		von Jahr zu Jahr	von 1939–1945
1939	2622		
1940	3171	549	
1941	3550	379	
1942	3622	072	
1943	4240	618	
1944	4655	615	
1945	4940	285	2318

Ob jedoch die Erhaltung der ohnehin schon stark eingeschränkten Unabhängigkeit mittels dieser moralisch bedenklichen Aktionen zu rechtfertigen ist, bleibt eine offene Frage. Daß im übrigen gerade dieser Gold- und Devisenhandel von der schweizerischen Historiographie kaum aufgenommen wurde, weist auf die unkritische Haltung dieser Wissenschaft in der Schweiz wie auch auf eine gewisse Tendenz der Vergangenheitsverschleierung hin.

4. Widerspruchsvolle Innenpolitik

Die politische Krise von 1940

Die Stabilisierung der Wirtschaft und die Integration der gesellschaftlichen und politischen Kräfte können insgesamt als erfolgreich bezeichnet werden. Nur 1940 kam es zu einer ernsthaften Krise. Es traten defätistische Tendenzen, insbesondere bei der Regierung auf, und politische Gruppierungen forderten eine Anpassung der Schweiz an das neue Europa.

Im Bundesrat erfolgten im Laufe des Jahres 1940 vier Neubesetzungen. Nach dem Tode Mottas am 23. Januar übernahm der Waadtländer Radikale Marcel Pilet-Golaz, seit 1928 im Bundesrat, das außenpolitische Departement. Er hatte zugleich das Bundespräsidium inne. So vermochte die zweideutige politische Haltung Pilet-Golaz' dem Jahr das Gepräge zu geben. Zudem trat nun Ende Juni, schon vom Tode gezeichnet, Hermann Obrecht, der aktivste Widerstandsgeist des eher zurückhaltenden Bundesratskollegiums, vorzeitig zurück. Dann stärkte auch die Ablösung Rudolf Mingers durch den konservativen Stadtberner Eduard von Steiger jene Kreise, die ständestaatlich-korporativem Gedankengut nachhingen (wie Bundesrat Philipp Etter) oder sich faschistischen Bewegungen gegenüber offen zeigten (wie Bundesrat Ernst Wetter).

Die Rede von Pilet-Golaz

Die politische Krise kam im Juni erstmals zum Ausbruch. Am 20. gab Obrecht seinen Rücktritt ein, am 22. fiel Frankreich, und am 25. beschwor Pilet-Golaz in einer Radiorede die «innere Wiedergeburt» und forderte das Volk eloquent und überheblich auf, «der Regierung

Während des Zweiten Weltkrieges kam es allein in der Luft zu ernsthaften Kämpfen, insbesondere im Juni 1940 gegen Görings Luftwaffe, wobei zur Hauptsache Flugzeuge vom Typ Messerschmitt 109 eingesetzt wurden. Das Gros der Schweizer Fliegertruppe setzte sich jedoch aus in der Schweiz in Lizenz hergestellten Morane D-3801 (Bild) zusammen.

zu folgen als einem sicheren und hingebenden Führer, der seine Entscheidungen nicht immer wird erklären, erläutern und begründen können». Diese zwiespältige Rede zeugte von einer kränklichen Demokratieauffassung und von verschwommenen Ideen über Neuordnung und Anpassung, wurde indessen von weiten Kreisen des Volkes kaum verstanden und nur wenig beachtet.

Symptomatisch für die Ängstlichkeit in jenen Tagen war auch, daß Bundesrat und General den kampfeslustigen Schweizer Militärpiloten, die mit gutem Erfolg bei Grenzzwischenfällen deutsche Flugzeuge in Luftkämpfen bezwungen hatten, die Annäherung an die Grenze verbot. Deutschland und der in seiner Eitelkeit verletzte Hermann Göring hatten allerdings auch mit scharfen Noten reagiert.

Das Problem der Kontrolle des Luftraumes beschäftigte in der Folge die Schweizer Behörden ständig. Gegen die z.T. massiven neutralitätsverletzenden Überflüge der vorwiegend alliierten Bomber protestierte der Bundesrat zwar, vermochte sie aber nicht einzudämmen.

Wiederaufleben der Fronten

Im Juli regten sich nun auch wieder die deutschfreundlichen Kreise des «Volksbundes für die Unabhängigkeit der Schweiz» (dem übrigens auch Bundesrat von Steiger angehörte). Am 1. August ließ sich Pilet-Golaz von einer Delegation des Volksbundes über deren politische Forderungen orientieren. Sie verlangte Maßnahmen gegen die deutschkritische Presse und eine außenpolitische Anpassung. Dieselben Punkte wurden, unterstützt von gewichtigen Kreisen der Armee und der Industrie, von denselben Initianten im November dem Bundesrat schriftlich vorgelegt («Eingabe der Zweihundert», indessen insgesamt nur 173 Unterschriften). Inzwischen hatte Pilet-Golaz auch noch die Vertreter der faschistischen «Nationalen Bewegung der Schweiz» empfangen und dabei den Eindruck entstehen lassen, es stehe schon eine Neuordnung nach nationalsozialistischem Vorbild zur Diskussion.

Es war indessen nicht nur der Bundesrat, der sich solchen Tendenzen öffnete. Ende August fanden sich beispielsweise in Zürich wichtige Vertreter aus Handel, Industrie und Politik zu einer privaten Aussprache über die neue Lage. Ähnliche Töne hörte man an Generalversammlungen bekannter Industriegesellschaften. Und selbst General Guisan gelangte am 9. November mit dem Vorschlag an den Bundesrat, mit einer Sondermission in Berlin Verständigung zu suchen.

Die Reaktion der politischen Parteien und der kritischen Presse gebot dieser Haltungskrise ein Ende. Der Bundesrat mußte sich vor dem Parlament wegen der Audienz der Faschisten rechtfertigen. Er verbot zudem zur inneren Beruhigung die «Nationale Bewegung der Schweiz», zugleich aber auch die Kommunistische Partei.

Helvetischer Totalitarismus

Der Krieg hatte die Integration der traditionell antagonistischen Kräfte gebracht, die Zentralgewalt bis an die Grenzen des Rechtsstaates gestärkt und dem militärischen Denken eine durchdringende, die Massen mobilisierende Kraft gegeben. In diesem

Am 25. Juli 1940 beorderte General Guisan einen großen Teil der höheren Offiziere aufs Rütli, wo er sie, auf den historischen Ort verweisend, zu unverminderter Verteidigungsbereitschaft aufrief. Diese klaren Worte in einer Zeit von Unsicherheit und politischer Schwäche waren von großem symbolischem Wert, veranlaßten allerdings auch Deutschland und Italien zu heftigem Protest.

Sinne erfolgte auch eine Anpassung breiter Volksschichten an die neue Zeit: Es entstand ein helvetischer Totalitarismus, der in der vermeintlichen Verteidigung von Unabhängigkeit und Demokratie nicht selten die politische Kultur des faschistischen Gegners aufnahm. Widerstandsorganisationen wie der «Gotthardbund» sprachen der «inneren Erneuerung» das Wort und verlangten «eine zielbewußte, entschlossene Führung, der jedermann innerhalb der Grenzen Gehorsam schuldet». Man war unduldsam gegen alles «Unschweizerische» und ritualisierte die Idee der Volksgemeinschaft bis zum Blut- und Bodenkult.

Die Todesstrafe des Militärstrafrechts wurde vom Kriegsfall auf den Aktivdienst ausgedehnt, so daß nun ausgerechnet im demokratischsten Rechtsstaat das politische Verbrechen allein mit dem Tode bestraft wurde. 17 Urteile wurden unter Zustimmung praktisch der Gesamtheit des Volkes vollzogen. Unter den Erschossenen fanden sich auch naive Verführte, die für eine weit größere, aber sich in den gesellschaftlichen Oberschichten versteckt haltende Schuld büßen mußten. Die Militarisierung des Landes bedeutete aber auch, daß subalterne militärische Stellen sich zwecks «Wahrung der Sicherheit des Landes» beispielsweise der kantonalen Polizei überordnen konnten. Schließlich verordnete der Bundesrat 1943 auch noch, daß im Ausland gegen die Sicherheit der Schweiz agierende Schweizer ausgebürgert werden konnten.

Der helvetische Totalitarismus fand aber am traditionellen Partikularismus, an der chronischen Eigenbrötelei des Schweizers und an der heterogenen politischen Kultur seine Grenzen. So begann denn schon vor Kriegsende ein gesellschaftspolitischer Aufbruch, in dem sich erneut das traditionelle politische Spiel der Vorkriegszeit entfaltete.

Die Frau im Dienste des Landes

Im Februar 1940 wurde in der Armee mit der Aufstellung eines Frauenhilfsdienstes begonnen. Mit dem allerdings freiwilligen Einbezug in die militärische Landesverteidigung übertrug der Staat der Schweizer Frau erstmals eine sonst ausschließlich den Männern vorbehaltene Rolle. So entstand ein nichtkombattantes Corps von ungefähr 20000 Frauen, die den verschiedensten Hilfsdiensten der Armee zugeordnet wurden. Obwohl der Frau noch immer die politischen Rechte verweigert wurden, nahm man sie für die Landesverteidigung in einer dem Manne beinahe gleichgestellten Funktion in Anspruch.

Einer der ersten Kurse des im Februar 1940 aufgestellten Frauenhilfsdienstes (FHD). Nach einer militärischen, aber waffenlosen Ausbildung wurden die aufgebotenen Frauen für verschiedenste Aufgaben der Truppe zugeteilt.

Die Forderung nach politischer Gleichberechtigung der Frau war schon 1872 anläßlich der Diskussion um die Totalrevision der Bundesverfassung in den Räten aufgetaucht, vermochte aber keine eigentliche Debatte zu entfachen. Am Ende des 19. Jahrhunderts entstand, wie in den meisten andern europäischen Ländern auch, die politische Frauenbewegung. Sie beschränkte sich in der Schweiz aber vor allem auf sozialpolitische Aspekte. Frauenbewegungen mit militant politischer Zielsetzung, wie etwa jene kleine, um die Zeitschrift «Die Vorkämpferin» gescharte Gruppe der Sozialdemokratischen Partei, blieben eher selten.

Während des Ersten Weltkrieges mußten die Frauen oft die mobilisierten Männer am Arbeitsplatz ersetzen. Ihr Einsatz wurde jedoch nach dem Kriege nicht belohnt, scheiterten doch ausnahmslos die in sechs Kantonen unternommenen Versuche, die politische Gleichberechtigung einzuführen. Immerhin stärkten diese Aktionen die Frauenbewegung insgesamt, so daß deren Forderungen nun doch einen größeren Widerhall fanden. So kamen 1929 beispielsweise 800000 Besucher an die Schweizerische Ausstellung für Frauenarbeit

(SAFFA), und eine Petition für das Frauenstimmrecht erhielt schon 250000 Unterschriften.

Dieser relative Erfolg wurde nun aber wieder durch die konservative Rechte und die faschistischen Bewegungen bedrängt. In den dreißiger Jahren, nicht zuletzt auch im Zeichen der Wirtschaftskrise, wurde der Ruf immer stärker, die Frau sei wieder in ihre primäre Rolle als Hausfrau und Mutter zurückzuführen. Und 1940, als die Frau in die militärische Landesverteidigung eintrat, verlangte eine Studienkommission, die unter Leitung von Bundesrat Etter Direktiven zwecks Beeinflussung der öffentlichen Meinung erarbeitete, die Rückkehr der Frau zu Kirche und Haus. Man müsse, hieß es unter anderem, endlich «weg vom courtisanenhaften Girltyp».

Das konservative Frauenbild fand sich kaum verändert im Familienschutzartikel von 1945 wieder. Es erstaunt deshalb nicht, daß die Forderung nach der Gleichberechtigung der Frau im Dezember 1945 erneut erfolglos in den Räten diskutiert wurde und daß das Frauenstimmrecht erst ein Vierteljahrhundert nach Kriegsende eingeführt werden konnte.

G. Am Ende des Zweiten Weltkrieges

1. Umstellung auf die neuen Machtverhältnisse in Europa

Nachdem die Alliierten schon 1942 in Nordafrika Fuß zu fassen vermochten, fiel Ende Januar 1943 Stalingrad; damit hätte eigentlich jedermann der Zerfall des deutschen Machtanspruchs klar werden sollen. Wohl ging es bis zur eigentlichen Niederlage noch einige Zeit. Am 6. Juni 1944 erfolgte die Landung in der Normandie, Ende August standen die Amerikaner an der Schweizergrenze, und im April 1945 erfolgte der Vorstoß von General Jean-Joseph-Marie de Lattre de Tassigny entlang der Schweizergrenze – dies übrigens gemäß dem Wunsche General Guisans, der sowohl die Amerikaner wie auch eine deutsche SS-Einheit von der Grenze entfernt halten wollte.

Schwierige Wirtschaftsverhandlungen

Der 1943 einsetzende Machtumschwung fand unverzüglich in der Schweiz seinen Niederschlag. Mit Deutschland hatte schon am 15. Januar 1943 ein handelspolitisch vertragsloser Zustand eingesetzt, weil die Schweiz sich einer weiteren Ausdehnung der Kriegsgüterlieferung und einer Erhöhung des Clearingkredites widersetzte. Als im April die Verhandlungen mit Deutschland begannen, stand die Schweiz zugleich unter kriegswirtschaftlichem Druck der Alliierten, die den ohnehin schon knappen Blockadeverkehr abschnürten. In den neuen Abkommen mit Deutschland (23. Juni/1. Oktober 1943) kam es nun zwar zu einer Kontingentierung der schweizerischen Kriegsmateriallieferungen, aber der von den Alliierten geforderte totale Abbau blieb aus. Erst als die Amerikaner sich der Schweizergrenze näherten und nachdem im Frühjahr 1944 eine alliierte Zufuhrsperre erneut die Machtkonstellation unterstrich, setzte die Schweiz in einer neuen Vereinbarung mit Deutschland (29. Juni 1944) die Kriegsmateriallieferungen auf 20 % der Ausfuhr von 1942 herunter und verbot sie am 1. Oktober 1944 schließlich ganz. Formell endeten die schweizerisch-deutschen Handelsbeziehungen mit einem Schlußprotokoll vom 28. Februar 1945; informelle Geschäfte, insbesondere solche mit Gold, gingen noch weiter. Am 8. Mai 1945 hob der Bundesrat dann die deutsche Gesandtschaft in Bern auf und wies den Gesandten Otto C. Köcher aus. Der schweizerische Gesandte in Berlin, Frölicher, der sich seit seinem Amtsantritt 1938 als gefügiger Interpret des Nationalsozialismus gegeben hatte, mußte mittels Radio Beromünster aus seinem Réduit in Bayern abberufen werden.

Wirtschaftlicher Druck der Alliierten

Die Blockadepolitik der Alliierten hatte sich laufend verstärkt, und seit den Resolutionen von Bretton Woods (Juli 1944) konzentrierte sich der Druck auf die Frage der deutschen Vermögen und des Raubgoldes. Mit der Ernennung von Edward R. Stettinius zum Staatssekretär kam es zu einem Höhepunkt der feindseligen Haltung der USA gegenüber der Schweiz. Am 12. Februar 1945 erschien eine alliierte Kommission, die in einem Abkommen (8. März 1945) die Schweiz zur Aufgabe des Handels mit Deutschland und zur Beschlagnahmung der deutschen (allerdings nur privaten!) Guthaben zwang. Die endgültige Regelung erfolgte im sogenannten Washingtoner Abkommen vom 25. Mai 1946, das unter erpresserischen Drohungen der USA zustande kam. Die Schweiz gab den Alliierten 58 Millionen Dollar in Gold und einen Teil der deutschen Guthaben ab. Spätestens hier entlarvte sich auch für die Schweiz das wahre Gesicht der USA, die als Retterin von Demokratie und Freiheit nach Europa gekommen war.

Normalisierung der Beziehungen zur Sowjetunion

Die mit Stalingrad signalisierte Wende ließ in der Schweiz den Ruf nach Normalisierung der Beziehungen mit der Sowjetunion verstärkt aufkommen. Die Voraussetzungen dazu waren aber denkbar schlecht. Pilet-Golaz hatte vollumfänglich die antikommunistische Haltung Mottas übernommen, ja, er ließ sich im Februar 1943 (!) sogar dazu hinreißen, beim amerikanischen Gesandten mit der Idee zu intervenieren, man solle doch von den Deutschen ablassen, damit diese die Rolle der antibolschewistischen Kraft in Europa besser wahrnehmen könnten. Stalin war ohnehin längst wegen den schweizerischen Waffenlieferungen an die deutsche Armee und wegen den profaschistischen Tendenzen in der Schweiz aufs höchste erbost. So kam es denn auch am 1. November 1944 zu einer schimpflichen Ablehnung der schweizerischen Annäherung. Noch im gleichen Monat demissionierte Pilet-Golaz; seinem Nachfolger Max Petitpierre gelang im März 1946 die Wiederaufnahme der diplomatischen Beziehungen mit Sowjetrußland. Ihr waren im Sommer 1945 Verhandlungen mit einer russischen Militärdelegation zwecks Bereinigung von Klagen bezüglich der Internierung von russischen Soldaten vorangegangen.

Die Flüchtlingspolitik

Zur außenpolitischen Isolation in den letzten Kriegsjahren trug auch die äußerst restriktive Flüchtlingspolitik das Ihre bei. Sie hatte schon in den dreißiger Jahren eingesetzt, erfuhr dann aber nach Kriegsausbruch unmenschliche Verschärfungen. Juden galten nicht als politische Flüchtlinge und mußten somit grundsätzlich zurückgewiesen werden. 1942 befahl der Bundesrat auch die Rückweisung von Flüchtlingen, die offensichtlich an Leib und Leben gefährdet waren. «Man nahm sich», heißt es im offiziellen Bericht aus dem Jahre 1957 (!), «oft zu Füßen der Schweizer Soldaten das Leben, nur um nicht in die Hände der Deutschen zu fallen.» Bundesrat von Steiger beschönigte seine Politik mit dem beschämenden Wort vom «vollen Rettungsboot». Die Judenverfolgungen waren in der Schweiz durchaus bekannt.

Flüchtlinge und Flüchtlingspolitik – das düsterste Kapitel der Geschichte während des Zweiten Weltkrieges. Die Abteilung Presse und Rundspruch gab dieses Bild nicht zur Publikation frei, um zu verhindern, daß die Bevölkerung durch dieses Problem beunruhigt werde.

1942, im Jahre der restriktivsten Aufnahmepolitik, befanden sich ca. 10000 Flüchtlinge in der Schweiz. Ende 1943, angesichts der Wende auf den Schlachtfeldern und auch auf Druck der Alliierten hin, waren es 75000, am Ende des Krieges dann über 100000. Für Flüchtlinge und Militärinternierte gab der Bund 175 Millionen Franken aus, also etwa 2 % der Summe, die für Militär und Landesversorgung aufgewendet wurde. Daneben setzten sich glücklicherweise engagierte Kreise der Bevölkerung für die Flüchtlinge ein und kritisierten auch scharf die bundesrätliche Politik. Man kann aber nicht sagen, die Mehrheit des Schweizer Volkes hätte sich gemäß der an patriotischen Feiern oft evozierten humanitären Tradition verhalten.

2. Innenpolitik und Gesellschaft

Versuch eines innenpolitischen Aufbruchs

Schon vor Kriegsende begann ein sozialpolitischer Aufbruch, ähnlich wie er kurz 1919 am Ende des Ersten Weltkrieges festzustellen war. Im Dezember 1942 legte die Sozialdemokratische Partei ihr Programm «Die Neue Schweiz» vor. Aufgebaut auf der Idee einer gemeinwirtschaftlichen Ordnung sah es auch die Verstaatlichung von Banken und Industrien mit Monopolcharakter vor, tastete aber im übrigen weder an Demokratie noch Privatbesitz, ja beließ selbst die wichtigsten marktwirtschaftlichen Grundlagen. Selbstverständlich genügten den Bürgerlichen die wenigen Hinweise auf Verstaatlichung, um dieses Programm undiskutiert zu verwerfen. Die SPS lancierte zur gleichen Zeit eine Initiative «Wirtschaftsreform und Rechte der Arbeit» (1947 verworfen mit 539000 gegen 245000 Stimmen), die noch durch die Initiative «Recht auf Arbeit» des Landesrings (1946 verworfen mit 525000 gegen 125000 Stimmen) konkurrenziert wurde. Selbst der Freisinn, dessen linker Flügel sich im Laufe des Krieges wieder stärker bemerkbar machte, stellte am Parteitag vom 10./11. April 1943 in einem «Sofortprogramm» einen langen Katalog sozialpolitischer Postulate auf. Und obwohl der freisinnige Bundesrat Walther Stampfli 1943 noch öffentlich betonte, an eine Verwirklichung der Alters- und Hinterlassenenversicherung könne in Kürze nicht gedacht werden, mußte er unter dem Druck der Entwicklung in seiner Neujahrsansprache vom Januar 1944 dem Volk mitteilen, der Bundesrat habe nun die sofortige Ausarbeitung der AHV beschlossen.

Die Katholisch-Konservative Partei dagegen sah ihre Aufgabe vorzüglich in einer polemischen Bekämpfung des sozialdemokratischen Programms. Dem sozialpolitischen Aufbruch folgte sie nur mit der Forderung nach einem Familienschutzartikel. Sie hatte schon 1941/42 eine diesbezügliche Initiative lanciert, diese dann aber 1945 zugunsten des bundesrätlichen Gegenvorschlages zurückgezogen. Wichtiger blieb ihr jetzt, nachdem die ständestaatliche Idee nicht mehr sehr gesellschaftsfähig war, die Parole, die Demokratie müsse «eine christliche sein oder dann nicht sein» (so Nationalrat Joseph Scherrer).

Aufschwung der Sozialdemokraten und der extremen Linken

Die sozialpolitische Bewegung war von einem Aufleben der SPS begleitet, die von 1942 an ihren Mitgliederbestand wesentlich zu steigern vermochte: zuerst um 10% auf 33000, dann bis zum Ende des Krieges auf 41000. Die erste sichtbare Auswirkung dieses Aufschwungs war der Erfolg in den Nationalratswahlen vom 31. Oktober 1943; die SPS gewann im Nationalrat 11 Mandate (insgesamt 56 Sitze) und 2 Ständeratssitze (insgesamt nun 5), wurde so zur stärksten Partei und erhielt mit Ernst Nobs, wegen seiner führenden Rolle im Generalstreik 1918 seinerzeit mit sechs Wochen Gefängnis bestraft, ihren ersten Bundesrat.

Die in der Illegalität wirkenden Mitglieder der «Fédération socialiste suisse» und der Kommunisten begannen sich im Laufe des Jahres

1943 in verschiedenen Kantonen zu Parteien der Arbeit zu formieren und schlossen sich im Oktober 1944 zur Partei der Arbeit der Schweiz (PdA) zusammen. In den waadtländischen Großratswahlen vom Frühjahr 1945 eroberten sie gleich 42 Sitze (19%). Ähnliche Erfolge gelangen ihnen in Genf und Neuenburg, später auch in Basel-Stadt. Ihre sture Orientierung nach Moskau und die Ablehnung jeglicher Zusammenarbeit mit der SPS – nur in der Westschweiz kam es, bedingt durch die traditionelle Verwandtschaft aus der Nicole-Zeit, zum gelegentlichen Zusammengehen – isolierten die Partei und machten diese Erfolge bald rückgängig.

Keine Wende in der Sozialpolitik

Die kleine Linkswendung von 1943 hatte nun allerdings nicht eine sozialistische Sozialpolitik zur Folge. Schon das erste Auftreten von Ernst Nobs als Bundesrat zeigte, daß hier nicht mehr der «Klassenkämpfer» von 1918, sondern ein Sozialpolitiker mit bürgerlichen Manieren, der sich dem traditionellen Bundesrat voll anpaßte, die Linke vertrat. Die konkreten Maßnahmen waren denn auch entsprechend, so etwa die Sozialhilfe für das Gewerbe durch das Bundesgesetz über den unlauteren Wettbewerb (angenommen am 29. Oktober 1944 mit 343000 gegen 305000 Stimmen). Ähnlich geartet war der neue Verfassungsartikel über Familienschutz (Art. 34quinquies, angenommen am 25. November 1945 mit 548000 gegen 170000

Eine Ahnung von den Realitäten des modernen Krieges erhielt die Schweiz durch verschiedene irrtümliche Bombardierungen, wie beispielsweise jene vom 1. April 1944 in Schaffhausen, wo ein Angriff von 20 amerikanischen Flugzeugen 40 Menschen das Leben kostete.

Stimmen), dessen praktische Auswirkungen zuerst die Landarbeiter und die Bergbauernfamilien, dann den Mütterschutz betrafen.

Die Arbeitswelt wurde nun ganz von den Werten geprägt, die Arbeitsfriede und allgemeinverbindliche Gesamtarbeitsverträge setzten. Dies wurde durch den grundsätzlichen Willen des Bundesrates untermauert, auch in Zukunft die kriegswirtschaftliche Devise von der Vollbeschäftigung aufrecht zu erhalten. Diese Sozialpolitik vermochte denn auch die Nachkriegszeit wesentlich zu prägen, während die Idee der «Neuen Schweiz» einmal mehr als Utopie aus dem helvetischen Alltag verwiesen wurde.

Im Bereich von Lohn und Arbeit stellten sich aber seit 1945 schnell wieder die traditionellen Fronten ein. Gegen das Begehren der Gewerkschaften auf vollen Teuerungsausgleich im Frühjahr 1945 machten Industrie, Gewerbe und Bauernverband gemeinsam Front. Mit dem Hinweis, die Bauern hätten 1944 auch keine Preiserhöhungen erhalten, wurden die Begehren der Arbeiterschaft abgelehnt. Dabei übersah man allerdings geflissentlich, daß die Reallöhne der Arbeiter noch nicht einmal den Vorkriegsstand erreicht hatten, während das bäuerliche Einkommen diesen längst überschritten hatte.

Der Alltag

Dieser helvetische Alltag hatte im übrigen noch eine Dimension, die der politischen und sozialen Geschichte oft entfällt. Da herrschen Ereignisse vor, die wir als «faits divers» fälschlicherweise zu rasch der Vergessenheit anheim geben. Der Luftkrieg griff beispielsweise beinahe täglich auf unser Land über. Abgeschossene, notgelandete und internierte Flugzeuge wurden zu realen Zeugen des Krieges. Verschiedentlich kam es auch zu irrtümlichen Bombardierungen, am schlimmsten am 1. April 1944 in Schaffhausen, wo 40 Menschen den Tod fanden.

Zum Bild des Alltags gehörte auch der seit den zwanziger Jahren immer stärker aufkommende Schausport. Er diente zudem der Integration der Volksgemeinschaft, und dafür ist bezeichnend, daß sich General Guisan des öfteren an Sportveranstaltungen blicken ließ. Im Fußball kam es gar noch zu einer politischen Manifestation, gelang es doch der Schweizer Mannschaft am 20. April 1941 in Bern, fanatisch unterstützt von einer lautstarken Zuschauermenge, Großdeutschland zwei zu eins zu bezwingen, das übrigens 1938 in Paris schon einmal mit vier zu zwei besiegt worden war. Im gleichen Jahr wurde ebenfalls unter großer Publikumsbeteiligung die Tour de Suisse wieder aufgenommen, wobei sich ein junger Mann namens Ferdi Kübler erstmals profilierte.

Daneben entwickelte sich in einer Mischung von Sportbegeisterung und Wehrhaftigkeit der Volkssport, den der Bund mit dem beliebten Sportabzeichen förderte. 1940 hatte das Volk zwar noch in einem Anflug von föderalistischer Staatskritik den ähnliche Ziele verfolgenden militärischen Vorunterricht verworfen, doch wurde dann im Laufe des Krieges in den Schulen die dritte Turnstunde eingeführt, und 1944 legte der Bund in Magglingen den Grundstein für die Eidgenössische Turn- und Sportschule.

Kriegsende und Orientierungslosigkeit

Das Ende des Krieges in Europa am 8. Mai 1945 wurde zwar mit großer Erleichterung, aber ohne euphorische Gemütsäußerungen aufgenommen. Eine letzte Demonstration der das Volk umfassenden Wehrgesinnung bot die Fahnenehrung vor dem Bundeshaus am 19. August 1945. Darauf trat der General zurück, und der Krieg fand auch in der Schweiz offiziell sein Ende.

Die innere geistige Lage der Schweiz blieb allerdings ungewiß. Im März 1944 spielte das Schauspielhaus in Zürich «Wir sind noch einmal davongekommen» von Thornton Wilder, was von vielen Schweizern als Eröffnung eines neuen, amerikaorientierten Horizonts empfunden wurde. Das im November des gleichen Jahres aufgeführte Stück «Die Fliegen» von Sartre fand hinwiederum wenig Resonanz; die Jugend zeigte sich zwar begeistert, doch die Älteren lehnten ab – gesellschaftspolitische Differenzen der Nachkriegszeit deuteten sich schon an. Dem Schweizer Film, der im Auftrag der Geistigen Landesverteidigung eine beträchtliche, wenn auch qualitativ mittelmäßige Aktivierung erfuhr, gelang kurz vor Kriegsende mit dem Flüchtlingsfilm «Die letzte Chance» ein international anerkanntes Werk; die Chance einer weiterführenden künstlerischen Produktion wurde dann leider nicht mehr wahrgenommen.

Die ganze Epoche seit 1914, besonders aber der Zweite Weltkrieg, hatte eine große geistige Enge gebracht. Doch ein Neuaufbruch nach Kriegsende, der auch weite Teile der Bevölkerung mitgerissen hätte, blieb aus. 1945 wurde zum 100. Geburtstag Carl Spittelers dessen Gesamtwerk herausgegeben, und obwohl die Presse den Dichter und Mahner würdigte, reagierte das Publikum kaum. In der geistigen

In mancher Beziehung vermochte der Sport die Politik zu überrunden, insbesondere dann, wenn die Schweiz, wie im Fußball, Großdeutschland besiegte, so in Paris 1938, Bern 1941 und Wien 1942 (Photo), was natürlich den Mitgliedern der Nationalmannschaft die Aura des Heldentums verlieh.

Enge und im Umfeld einer kulturellen Entfremdung aufgewachsen, entwickelte die neue Generation der Intellektuellen, wie etwa Max Frisch, bald einmal ein kritisches Verhältnis zu Staat und Gesellschaft. Denn diese standen am Ende des Krieges recht orientierungslos da und vermochten bestenfalls ihre wirtschaftlichen Bedürfnisse zu befriedigen, um bald danach ohne viel Reflexion der Ideologie des kalten Krieges anheim zu fallen. Im übrigen steht auch der Historiker vor einem Bild mit vielen grauen Flecken, das den Eindruck eines verkümmerten geistigen Standortes der Schweiz zur Zeit noch verstärkt.

Der Film «Die letzte Chance» (1945) von Leopold Lindtberg nahm in eindrücklicher Weise, doch leider erst am Ende des Krieges das Flüchtlingsproblem auf.

Bibliographie und Forschungsstand

Quellenlage und Bibliographien

Die Quellenlage ist für unsere Zeit (1914–1945) etwas ungünstig, weil bis vor kurzem – der 50-Jahre-Sperrfrist wegen – die Akten des Bundesarchivs nicht allgemein zugänglich waren. Partielle Ausnahmen und schließlich die Aufhebung der strikten Sperrfrist erlaubten in den letzten Jahren eine bessere Einsicht, doch fehlen heute noch mit wenigen Ausnahmen größere Quellenpublikationen. Wichtigste Quellensammlungen zur Zeit sind: E. Bonjour, Geschichte der schweizerischen Neutralität. Dokumente, Bd. 7–9, Basel, Stuttgart 1974–1976, und die von der Nationalen Kommission für die Veröffentlichung diplomatischer Dokumente der Schweiz herausgegebenen Diplomatischen Dokumente der Schweiz, Bd. 6: 1914–1918, Bd. 7/1: 1918/19 und Bd. 9: 1925–1929, Bern 1979, 1980 und 1982 bis jetzt erschienen. Hinweise über Aktenbestände geben nun auch Publikationen des Bundesarchivs, so z. B. Zensurakten aus der Zeit des Zweiten Weltkrieges. Eine Analyse des Bestandes E 4450, Presse und Funkspruch 1939–1945, Bern 1979, die von Ch. Graf bearbeitet wurde. Daneben sind immer noch unentbehrlich das Bundesblatt der Schweizerischen Eidgenossenschaft und das Stenographische Bulletin der Bundesversammlung. Im übrigen besteht noch zu einem wichtigen Ereignis eine spezielle Quellensammlung: W. Gautschi (Hg.), Dokumente zum Landesstreik 1918, Zürich, Einsiedeln, Köln 1971. Für die gesamte Geschichte der Arbeiterschaft des 19. und 20. Jahrhunderts liegt auch eine populärwissenschaftliche, aber anregende Quellensammlung vor: Schweizerische Arbeiterbewegung. Dokumente zu Lage, Organisation und Kämpfen der Arbeiter von der Frühindustrialisierung bis zur Gegenwart, 3., erweiterte und nachgeführte Aufl., Zürich 1980.

Eine repräsentative oder gar ausführliche Bibliographie erübrigt sich, weil in jüngster Zeit in drei Arbeiten die wichtigste Literatur weitgehend erfaßt worden ist. H. von Greyerz, Der Bundesstaat seit 1848, in: Handbuch der Schweizer Geschichte, Bd. 2, Zürich 1977, gibt einerseits eine ausgewählte Bibliographie am Schluß des Artikels und enthält anderseits in sehr umfangreichen Anmerkungen nicht nur die wichtigste Literatur, sondern auch zahlreiche Hinweise auf zeitgenössische Aufsätze und Schriften, die heute eine Art Quellenwert besitzen. Repräsentativ ist auch die Bibliographie bei R. Ruffieux, La Suisse de l'entre-deux-guerres, Lausanne 1974. Schließlich besteht für die Zeit des Zweiten Weltkrieges eine kommentierte Bibliographie, die zugleich die wichtigsten Themen und den aktuellen Forschungsstand diskutiert: G. Kreis, Die Schweiz und der Zweite Weltkrieg: Bilanz und bibliographischer Überblick nach dreißig Jahren, in: La seconda guerra mondiale nella prospettiva storica a trent'anni dall'epilogo, Como 1975.

Traditionelle Geschichtsschreibung und neue Ansätze

Die nun folgenden Hinweise zur Literatur haben nur den Sinn, Aspekte des Forschungsstandes zu diskutieren und gewisse Wendepunkte in der Interpretation aufzuzeigen.

Mit H. von Greyerzs Bundesstaatsgeschichte, geschrieben um 1960, entstand erstmals eine moderne Interpretation der neusten Schweizergeschichte, wobei allerdings das Hauptgewicht immer noch auf der sich in der freisinnigen Demokratie verwirklichenden politischen Geschichte liegt. Diesem «klassischen» Interpretationsmodell folgt auch R. Ruffieux, jedoch schon durch sozialgeschichtliche und wirtschaftliche Aspekte erweitert. E. Bonjour, Geschichte der schweizerischen Neutralität, 6 Bde., 5. durchgesehene Aufl., Basel 1970, gibt umfangreich, aber ohne kritischen Apparat, eine ausschließlich unter dem Neutralitätsaspekt stehende Außenpolitik wieder; dabei kommen die implizierten innenpolitischen Gegebenheiten oft einseitig zum Ausdruck. Eine vor allem wirtschaftlich erweiterte außenpolitische Betrachtung geben einzelne Beiträge in: A. Riklin, H. Haug, H. Ch. Binswanger (Hg.), Handbuch der schweizerischen Außenpolitik, Bern 1975; dieses Werk ist jedoch auf die neuste Zeit nach dem Zweiten Weltkrieg hin orientiert. Sehr knapp in der Darstellung, aber mit einer guten Literaturübersicht, ist P. Stadler, Die Schweiz seit 1919, in: Th. Schieder (Hg.), Handbuch der europäischen Geschichte, Bd. 7, Stuttgart 1979.

Alle bisher genannten Werke tendieren zur Überbewertung des vermittelnden Pluralismus der bürgerlichen Demokratie, geben nur eine spärliche und zudem nie integriert dargestellte Wirtschaftsgeschichte und schenken dem Einfluß der äußeren Ereignisse auf die Geschichte der Schweiz meist nur wenig Beachtung.

Zur Differenzierung dieser klassischen politischen Geschichte ist eine Untersuchung über die Entscheidungsprozesse der direkten Demokratie wichtig geworden: L. Neidhart, Plebiszit und pluralitäre Demokratie. Eine Analyse der Funktion des schweizerischen Gesetzesreferendums, Bern 1970 (Helvetia politica, B 5). Neidhart stützt sich, ohne dies allerdings deutlich klarzumachen, auf eine nun schon dreißigjährige Arbeit, deren Ansatz aber lange nicht aufgenommen wurde: K. Eichenberger, Die oberste Gewalt im Bunde, Zürich 1949. Nun sind aber neuere Untersuchungen über diese plebiszitären Entscheidungsverfahren aufgenommen worden, z. B.: O. Sigg, Die eidgenössischen Volksinitiativen 1892–1939, Bern 1978 (Helvetia politica, B 13), und R. Ruffieux (Ed.), La démocratie référendaire en Suisse au XXe siècle, Fribourg 1972; letztere behandelt in vier Aufsätzen den Beitritt zum Völkerbund, die Einführung des Proportionalwahlsystems, die Getreideordnung von 1929 und die Alters- und Hinterlassenenversicherung.

Parteien und Verbände

Zur politologischen Darstellung gehören auch Untersuchungen über die Bundesversammlung und die politischen Parteien. Eine dieses Thema umfassende Kombination von Statistik und politologischer Analyse gibt E. Gruner, Die schweizerische Bundesversammlung 1920–1968, Bern 1970 (Helvetia politica, A 4). Wer sich diese doch recht komplexe Darstellung ersparen will, kann auf die leicht zugängliche Fassung desselben Autors in Taschenbuchausgabe greifen: Politische Führungsgruppen im Bundesstaat, Bern 1973 (Monographien zur Schweizergeschichte, 7). Eine ähnlich gelagerte Darstellung, die, obwohl nur einen Kanton umfassend, doch auch repräsentative Einsichten für die gesamte Schweiz vermittelt, bietet R. Ruffieux, Les élections au Grand Conseil vaudois de 1913 à 1966, Lausanne 1974. Der Versuch einer umfassenderen Beschreibung des politischen Systems von J. Steiner (Hg.), Das politische System der Schweiz, München 1971, bewegt sich nicht nur in den altbekannten Pfaden der traditionellen politischen Geschichte, sondern ist in seinen politologischen Ansätzen z. T. gar recht banal. Hingegen lassen sich gute Rückschlüsse auf das politische System anhand von zwei Studien über den Bundesrat machen: A. F. Reber, Der Weg zur Zauberformel. Schweizer Bundesratswahlen 1919–1959, Bern, Frankfurt a. M. 1979, und P. Menz, Der «Königsmacher» Heinrich Walther. Zur Wahl von vierzehn Bundesräten 1917–1940, Freiburg i. Ue. 1976. Wichtig für denselben Themenkreis bleibt aber auch immer noch eine Artikelserie von H. BÖSCHENSTEIN, Der Bundesrat in der Zwischenkriegszeit, in: Neue Zürcher Zeitung vom 7., 8., 9. Dezember 1966.

Die staatsrechtlich undefinierte Stellung der Parteien in der Schweiz hat auch auf die wissenschaftliche Bearbeitung abgefärbt. Die Geschichte behandelte die Parteien nur am Rande. Einen ersten großen Abriß mit einem Versuch einer politologischen Erfassung von Meinungsbildung, Interaktion und Sozialstruktur gibt E. GRUNER, Die Parteien in der Schweiz, neu bearbeitete und erweiterte Aufl., Bern 1977 (Helvetia politica, B 4). Breite Studien zu den einzelnen Parteien fehlen aber immer noch. U. ALTERMATT, Der Weg der Schweizer Katholiken ins Ghetto. Die Entstehungsgeschichte der nationalen Volksorganisation im Schweizer Katholizismus 1848–1919, Zürich, Einsiedeln, Köln 1972, umfaßt leider gerade die für den politischen Katholizismus entscheidende Phase der Zwischenkriegszeit nicht. Hier ergänzt in etwa, aber nur aus einem peripheren Aspekt heraus: O. GEHRIG, Das Christlichsoziale in der Politik unter besonderer Berücksichtigung des Christlich-sozialen Arbeiterbundes der Schweiz, 1919–1939, Winterthur 1969, und – was das Verhältnis der katholischen Kirche zu Arbeiterbewegung und Sozialismus betrifft – M. ROSENBERG, Der schweizerische Episkopat und die Gewerkschaftsfrage, Freiburg i. Br. 1975. Angesichts des ausgesprochen föderalistischen Aufbaus der schweizerischen Parteien müssen Darstellungen der Landespartei die Parteienrealität immer unvollständig wiedergeben. Notwendig wäre deshalb eine Reihe von kantonalen Parteiengeschichten. Einen guten Anfang dieser Art machte E. JOOS, Parteien und Presse im Kanton Schaffhausen, Zürich, Thayngen 1975. Vom Thema her höchst interessant, aber in der Gestaltung etwas nachlässig, ist H. HERREN, Die Freisinnige Partei des Kantons Zürich in den Jahren 1917–1924, Bern, Frankfurt a. M. 1975. Im übrigen sei auf die kritische Literaturbesprechung im erwähnten Buch E. GRUNERS über die Parteien verwiesen. Für den Gegenpart, die Sozialdemokratische Partei, liegt keine umfassende Darstellung vor. Hingegen erschien kürzlich eine leider etwas unübersichtliche Studie zu den ersten zehn Jahren der Kommunistischen Partei: P. STETTLER, Die Kommunistische Partei der Schweiz 1921–1931, Bern 1980. Über die Entwicklung der äußersten Linken sind auch die Mémoires, 4 Bde., Neuchâtel 1969–1974 von J. HUMBERT-DROZ, einem militanten schweizerischen Sozialisten und Funktionär der Kommunistischen Internationalen beizuziehen. Es gilt allerdings zu beachten, daß HUMBERT-DROZ oft unkontrollierbar subjektiv berichtet. Im übrigen war der Autor in den zwanziger Jahren in erster Linie für die Komintern tätig, womit der Blick für die schweizerische Lage dieser Zeit entfällt. Dem Schweizerischen Gewerkschaftsbund wurde nun auch auf sein Jubiläum hin eine neue, relativ kritische Gesamtdarstellung gewidmet: PH. GARBANI, J. SCHMID, Le syndicalisme suisse. Histoire politique de l'Union syndicale, 1880–1980, Lausanne 1980.

Die wichtigsten Entscheidungsträger im politischen System sind nun aber nicht die Parteien, sondern vielmehr die Spitzenverbände der Wirtschaft, die in direkter Verbindung zu Verwaltung und Bundesrat stehen. Diese Beziehungen wurden schon grundsätzlich in kritischem Sinne von H. HUBER, Staat und Verbände, Tübingen 1969, behandelt. Ausführliche Analysen der schweizerischen Situation wie auch Monographien einzelner Spitzenverbände stehen allerdings noch weitgehend aus. Die vorliegenden sind in der Regel unkritische Festschriften oder durch subjektive Interessenlage des Autors gefärbte Darstellungen, wie etwa jene zum wichtigsten Wirtschaftsverband der Schweiz: B. WEHRLI, Aus der Geschichte des Schweizerischen Handels- und Industrievereins, 1870–1970, Erlenbach-Zürich, Stuttgart 1970. Als Übersichtsdarstellung zu einer groben Orientierung brauchbar, aber keineswegs die gesellschaftspolitische Macht der Verbände erfassend, eignet sich: K. MEYER, Verbände und Demokratie in der Schweiz, Olten 1968. Über die Funktion der Verbände im politischen System, allerdings nur von der Verfassung her betrachtet, orientiert E. GRUNER, Der Einbau der organisierten Interessen in den Staat, in: Schweizerische Zeitschrift für Volkswirtschaft und Statistik 1959.

Wirtschaft und Wirtschaftspolitik

Obwohl in der Zwischenkriegszeit nicht nur die Wirtschaft, sondern vor allem auch die Wirtschaftspolitik des Bundes zu stark erhöhter Bedeutung gelangten, fehlen immer noch einigermaßen umfassende Übersichtsdarstellungen wie auch abgerundete Einzelstudien. Einführende Standardwerke wie W. BICKEL, Die Volkswirtschaft der Schweiz, Aarau 1973, geben zwar einen knappen Überblick, lassen aber viele Fragen offen; das Schwergewicht von BICKELS Darstellung liegt zudem in der Zeit nach dem Zweiten Weltkrieg. Leider ist die Zeit von 1914–1945 auch in der sonst nützlichen Darstellung von J.-F. BERGIER, Naissance et croissance de la Suisse industrielle, Bern 1974 (Monographien zur Schweizergeschichte, 8), zu knapp ausgefallen. Diese Lücke wird nun etwas gefüllt mit dem Artikel von H. SIEGENTHALER, Switzerland 1920–1970, in: The Fontana Economic History of Europe, ed. by C. M. CIPOLLA, t. 6, part 2, Glasgow, Collins 1976.

Einen gewissen Ersatz bieten Aufsätze zu einzelnen Themenbereichen in zwei Festschriften: R. BEHRENDT, W. MÜLLER, H. SIEBER, M. WEBER (Hg.), Strukturwandlungen der schweizerischen Wirtschaft und Gesellschaft, Festschrift für Fritz Marbach zum 70. Geburtstag, Bern 1972, und Ein Jahrhundert schweizerischer Wirtschaftsentwicklung. Festschrift zum hundertjährigen Bestehen der Schweizerischen Gesellschaft für Statistik und Volkswirtschaft, 1864–1964, Bern 1964. Bezüglich des für die Schweiz durchwegs zentralen Außenhandels eignet sich als Übersicht über unsere Periode ein älterer, aber sehr verständlich geschriebener Aufsatz von W.-E. RAPPARD, La Suisse et le marché du monde, in: Die Schweiz als Kleinstaat in der Weltwirtschaft, St. Gallen 1945. Als Zeitdokument der Weltwirtschaftskrise ist immer noch wichtig: Festgabe für Bundesrat Dr. h. c. Edmund Schulthess zum 70. Geburtstag am 2. 3. 1938, Zürich 1938. Exakte quantitative Analysen, die außerdem auch brauchbare Vergleiche mit der Krise in den andern Industriestaaten erlauben würden, sind immer noch voller Widersprüche oder geben nur partielle Einsichten. Immerhin können die folgenden Arbeiten neue und interessante Ansätze vermitteln: P. BAIROCH, Le volume des exportations de la Suisse de 1851 à 1975, in: Schweizerische Zeitschrift für Geschichte 1978 (neuster Versuch einer Datenreihe von langer Dauer, der einen Vergleich mit dem Ausland erlaubt und zugleich als Ersatz für die ausstehenden Angaben zum Sozialprodukt dienen könnte); H. SIEGENTHALER, Große Depression und erfinderische Aktivität in der Schweiz, in: Finanz- und wirtschaftspolitische Fragen der Zwischenkriegszeit, Berlin 1973; A. STEBLER, Der industrielle Konjunkturverlauf in der Schweiz 1919–1939, Immensee 1946 (mit vermutlicherweise zu unsicherem Zahlenmaterial für eine umfassende Schlußfolgerung). Den staatlichen Sektor der Wirtschaftsentwicklung hält fest: W. WITTMANN, Die Entwicklung der öffentlichen Ausgaben in der Schweiz seit 1900, in: Schweizerische Zeitschrift für Volkswirtschaft und Statistik 1961, und vom selben Autor, Die Finanzgesinnung des Bundes im Lichte der parlamentarischen Beratungen. Von der Weltwirtschaftskrise bis zur Gegenwart, Zürich 1969. Zum gleichen Thema gibt es eine knappe, aber sehr aufschlußreiche Einführung eines ehemaligen Bundesrats und Finanzministers der Zeit nach dem Zweiten Weltkrieg: M. WEBER, Geschichte der schweizerischen Bundesfinanzen, Bern 1969 (Staat und Politik, 5).

Die Publikationen zum Finanz- und Bankwesen sind weit spröder und vermitteln nur selten relevante Einsichten, so z. B. F. RITZMANN, Die Schweizer Banken. Geschichte – Theorie –

Statistik, Bern, Stuttgart 1973; W. RUTZ, Die schweizerische Volkswirtschaft zwischen Währungs- und Beschäftigungspolitik in der Weltwirtschaftskrise – wirtschaftspolitische Analyse der Bewältigung eines Zielkonflikts, St. Gallen 1970 (mit der Schlußfolgerung, daß die Industrie dem stabilen Franken geopfert wurde). Demgegenüber sehr anregend, aber in der wissenschaftlichen Grundlegung noch nicht ganz abgesichert W. SCHMID, Geschichte des Schweizer Frankens, Bern 1975.

Eine noch während der Entstehung dieses Kapitels erschienene Festschrift enthält eine Reihe von Artikeln, die zwar keine umfassenden Themen enthalten, aber mittels einzelner Fallstudien wertvolle Einblicke vermitteln: U. ALTERMATT, J. GARAMVÖLGYI (Hg.), Innen- und Außenpolitik: Primat oder Interdependenz? Festschrift zum 60. Geburtstag von Walther Hofer, Bern, Stuttgart 1980. Beiträge handeln vom Einfluß der Wirtschaftsverbände auf die Politik (B. MESMER) und von den Beziehungen zu Österreich 1931–1933 (J.-C. FAVEZ); aus der Zeit während des Zweiten Weltkrieges wird ein Beispiel gegeben über das Verhältnis von General und Bundesrat (L.-E. ROULET) sowie Aufsätze über den landwirtschaftlichen Anbauplan (F. T. WAHLEN) und über die Medienzensur (CH. GRAF). Dieser etwas disparaten Aufzählung kann auch eine Studie über die gesamte Zwischenkriegszeit, aber nur einen kleinen Landesteil betreffend, angefügt werden: B. PRONGUÉ, Le Jura de l'entre-deux-guerres, Porrentruy 1978; diese Studie ist allerdings wichtig für die Geschichte der Gründung des Kantons Jura.

Tendenzen und Wendepunkte der Forschung

Im folgenden gehen wir nun chronologisch die einzelnen Phasen der Zeit von 1914–1945 durch und versuchen dabei anhand einzelner Literaturbeispiele aufzuzeigen, wo sich im Forschungsstand gegenüber den eingangs erwähnten Werken neue Differenzierungen eingestellt haben. Viele dieser Hinweise können allerdings nicht solche Wendepunkte signalisieren, sondern nur auf Tendenzen der sich in konventionellen Bahnen bewegenden und sich meist auf Detailstudien beschränkenden aktuellen Forschung verweisen. Die dabei erwähnte Literatur bleibt jeweils unvollständig und hat nur exemplarischen Charakter.

Zwei Darstellungen über die kriegswirtschaftliche Problematik 1914–1918 haben die große Abhängigkeit der Schweiz gegenüber den kriegsführenden Mächten aufgezeigt und damit den Stellenwert der Wirtschaftspolitik für die innere Entwicklung besser zur Geltung gebracht: H. OCHSENBEIN, Die verlorene Wirtschaftsfreiheit 1914–1918, Bern 1971, und P. LUCIRI, Le prix de la neutralité. La diplomatie secrète de la Suisse en 1914–1915 avec des documents d'archives inédits, Genève 1976. Damit kam auch die Bewertung des Landesstreiks von 1918 als Folge einer wirtschaftlichen Notlage (und nicht als Revolutionsversuch) besser zum Ausdruck. Eine solche Interpretation lieferte schon W. GAUTSCHI, Der Landesstreik 1918, Zürich, Einsiedeln, Köln 1968, in dessen Folge eine Reihe von Arbeiten zu diesem Thema erschienen, zuletzt das Kollektivwerk von M. VUILLEUMIER, F. KOHLER, E. BAILLIF, M. CERUTTI, La grève générale de 1918 en Suisse, Genève 1977. Die Einleitung und Übersicht von M. VUILLEUMIER enthält auch eine z. T. allerdings marxistisch überspitzte Kritik der bisher erschienenen Literatur.

Zwanziger Jahre: Regeneration oder Restauration?

Für die zwanziger Jahre besteht eine große Lücke und vor allem eine heute kaum mehr vertretbare Interpretation der generellen Entwicklungstendenz, in der man eine nationale Regeneration mit sozialpolitischen Kompromissen zu sehen glaubt. Erste genauere Untersuchungen, wie z. B. H. U. JOST, Die Altkommunisten. Linksradikalismus und Sozialismus in der Schweiz 1919–1921, Frauenfeld, Stuttgart 1977, und M. MATTMÜLLER, Leonhard Ragaz und die Schweiz in den Jahren nach dem Landesstreik, in: Der Aufbau 1977, und vom selben Autor, Leonhard Ragaz und der religiöse Sozialismus, Bd. 2, Zürich 1968, lassen eher eine anhaltende tiefgründige soziale Spannung und die Restauration einer rechtskonservativen bürgerlichen Politik vermuten. Demgegenüber sind die Verhältnisse bei der Linken in der Zeit der Spaltung der Sozialdemokratischen Partei der Schweiz und der Gründung der Kommunistischen Partei der Schweiz schon recht gut untersucht, so z. B. B. DEGEN, Richtungskämpfe im schweizerischen Gewerkschaftsbund 1918–1924, Zürich 1980; M. Bolliger, Die Basler Arbeiterbewegung im Zeitalter des Ersten Weltkrieges und der Spaltung der Sozialdemokratischen Partei, Basel 1970, und C. LOERTSCHER, Le parti communiste suisse et les syndicats 1920–1921, Lausanne 1977 (weitgehend Dogmen- und Organisationsgeschichte, schmale Quellenbasis). Daß die Linke nicht nur große innere Probleme zu bewältigen hatte, sondern vor allem einem enorm harten Ansturm der bürgerlichen Reaktion ausgesetzt war, zeigt H. SCHMID, Generalstreik 1919: Krieg der Bürger, Zürich 1980 (wertvoll auch wegen der zahlreich wiedergegebenen Quellen).

Für die äußeren Verhältnisse dieser Zeit stehen auch vermehrt Unterlagen zur Verfügung, z. B. CH. SCHWARZ, Die diplomatisch-politischen Beziehungen zwischen der Schweiz und Frankreich in der Zonenfrage in den Jahren 1919 bis 1923, Thayngen 1973; H. B. KUNZ, Die schweizerische Außenpolitik unter dem Eindruck der bolschewistischen Bedrohung 1918–1923, Bern 1981; R. SOIRON, Der Beitrag der Schweizer Außenpolitik zum Problem der Friedensorganisation am Ende des Ersten Weltkrieges, Basel, Stuttgart 1973; D. WITZIG, Die Vorarlberger Frage. Die Vorarlberger Anschlußbewegung an die Schweiz; territorialer Verzicht und territoriale Ansprüche vor dem Hintergrund der Neugestaltung Europas, 1918–1922, Basel 1974.

Um Lücken in der Literatur zu überbrücken, kann man sich mit Aufsätzen in Monatsschriften behelfen, wie etwa: Wissen und Leben, Zürich 1907–1925; Schweizerische Monatshefte für Politik und Kultur, Zürich April 1921 ff. Obwohl Organ der neuen reaktionären Rechten, haben letztere gegenüber den traditionellen Zeitschriften der Parteien den Vorteil, daß sie in den zwanziger Jahren in recht umfassender, wenn auch subjektiver Weise die politische Lage und die kulturelle Entwicklung wiedergeben. Indes sind nun auch kürzlich einige Einzelstudien erschienen, die zwar noch keine breiten Einsichten vermitteln, aber mithelfen, das Terrain aufzuklären, so z. B. P. BERNARDI-SNOZZI, Dalla difesa dell'italianità al filofascismo nel Canton Ticino (1920–1924), Mémoire de licence, Fribourg 1976; TH. KUNZ, Die deutschschweizerische Presse und das faschistische Italien 1922–1943, Zürich 1975, und K. KISTLER, Die Wiedererrichtung der Nuntiatur in der Schweiz (1920). Ein Beitrag zur schweizerischen Kirchenpolitik 1914–1925, Bern, Frankfurt a. M. 1974. Die zweite Hälfte der zwanziger Jahre, in denen es zu einer bedeutenden, die spätere Zeit bestimmenden innenpolitischen Konsolidierung kam, bleibt aber immer noch sehr schlecht dokumentiert.

Dreißiger Jahre: Theoriedefizit der Geschichtswissenschaft

Für die dreißiger Jahre finden sich nun schon bedeutend mehr Einzelstudien, wobei vor allem der Faschismus und der Nationalsozialismus in seinen verschiedenen Erscheinungsformen in der Schweiz im Zentrum des Interesses stehen (vgl. dazu H. VON

GREYERZ, Handbuch, op.cit., S.1174, Anm.165 und S.1249, Anm.5). Die meisten Arbeiten lassen aber eine konzise analytische Durchdringung vermissen. Auch hier macht sich das in der schweizerischen Historiographie vorhandene Theoriedefizit bemerkbar. Eine der neuesten Arbeiten, R. JOSEPH, L'Union nationale 1932–1939. Un fascisme en Suisse romande, Neuchâtel 1975, gibt das typische Beispiel solcher Mängel. Ähnlich im Deskriptiven verhaftet und ohne genügende Darstellung der soziopolitischen Querverbindungen ist das ansonsten ausführliche Werk von B. GLAUS, Die Nationale Front. Eine Schweizer faschistische Bewegung 1930–1940, Zürich, Einsiedeln, Köln 1969. Trotz akribischer Materialbewältigung ist dasselbe von F. ROTH, Die Schweizer Heimatwehr. Zur Frontenbewegung der Zwischenkriegszeit im Kanton Bern, in: Archiv des Historischen Vereins des Kantons Bern 1974, zu sagen. Die beste Untersuchung zu diesem Themenkreis, leider nur bis Anfang der dreißiger Jahre reichend, ist K. D. ZÖBERLEIN, Die Anfänge des deutsch-schweizerischen Frontismus, Meisenheim am Glan 1970 (Marburger Abhandlungen zur politischen Wissenschaft, 18). Eine neueste Untersuchung nimmt sich einer ganzen Reihe verschiedener Organisationen an: W. RÜTEMANN, Volksbund und SGAD. Nationalsozialistische Schweizerische Arbeiter Partei, Schweizerische Gesellschaft der Freunde einer autoritären Demokratie, Zürich 1979.

Damit ist aber nur eine Seite und keineswegs das Ensemble des politischen Geschehens in der Schweiz berührt. Welche Schichten da noch freizulegen wären, zeigen zum Teil schon Einzelstudien, die die komplexen politischen Verhältnisse in einzelnen Regionen des Landes beinhalten, so etwa jene Genfs, wo ein besonders heftiges Ringen zwischen Bürgertum und Sozialismus seine Schatten bis in die Bundespolitik warf: M. REY, Genève 1930–1933. La Révolution de Léon Nicole, Bern, Frankfurt a. M. 1978, und M.-M. GROUNAUER, La Genève rouge de Léon Nicole 1933–1936, Genève 1975. Für den Raum Zürich liegt eine leider ziemlich linksdogmatische Studie von Arbeitskämpfen vor: J. WANDELER, Die KPS und die Wirtschaftskämpfe 1930–1933, Zürich 1978. Von der größten von den Linken beherrschten Gemeinde, der Stadt Zürich, handelt S. LINDIG, Der Entscheid fällt an den Urnen. Sozialdemokratie und Arbeiter im Roten Zürich, Zürich 1979 (nicht nach wissenschaftlich strengen Kriterien, aber anschaulich). Wichtig vor allem auch für die Zeit des Faschismus ist Band 3 der Geschichte des Kantons Aargau (W. GAUTSCHI, Geschichte des Kantons Aargau, Bd. 3: 1885–1953, Aarau 1978).

Die Thematik der dreißiger Jahre ist sicher wesentlich durch die Wirtschaftskrise bestimmt, so daß die Diskussion um die Wirtschaftspolitik beinahe in alle Lebensbereiche hineinleuchtet. Auf die damit zusammenhängende Problematik im wirtschaftshistorischen Ansatz ist schon eingangs hingewiesen worden. Obwohl demnach für den Historiker leicht faßliche, auch die politische und soziale Geschichte genügend berücksichtigende Übersichtsdarstellungen fehlen, mangelt es nicht an Material und Einzelstudien. Zeitgenössische Aufsätze von gutem Quellenwert finden sich in der Schweizer Rundschau (SRS), in der Politischen Rundschau, Monatsschrift der Freisinnig-Demokratischen Partei der Schweiz (PRS), der Roten Revue, Monatsschrift der Sozialdemokratischen Partei (RR) und der Gewerkschaftlichen Rundschau (GRS). Einen guten Zugang zur Aufsatzliteratur dieser Zeit überhaupt erlaubt die Schweizerische Bibliographie für Statistik und Volkswirtschaft (Publikation der Schweizerischen Gesellschaft für Statistik und Volkswirtschaft) 1937ff. Für eine systematisch historische Auswertung würden sich auch eignen: Die Wirtschaftslage der Schweiz. Mitteilungen der Kommission für Konjunkturbeobachtung des Eidgenössischen Volkswirtschaftsdepartementes, Separatabdruck aus: Die Volkswirtschaft 1932ff. Schließlich finden sich zusammenfassende Studien, allerdings durchwegs in sehr spezifizierten Formen, in der Schweizerischen Zeitschrift für Volkswirtschaft und Statistik (Titel vor 1945: Zeitschrift für schweizerische Statistik und Volkswirtschaft). Die nun zum Schluß erwähnten Titel sollen einen Ansatzpunkt zum Schrifttum in diesem Themenbereich geben, sind aber keineswegs repräsentativ: F. SCHENKEL, Der Einfluß der Wirtschaftskrise 1930/36 auf den Finanzhaushalt der Schweiz, Weinfelden 1940; R. JOUVET, La révision des articles économiques de la Constitution fédérale, in: Mélanges d'études économiques et sociales, offerts à W.-E. Rappard, Genève 1944; F. KNESCHAUREK, Der schweizerische Konjunkturverlauf und seine Bestimmungsfaktoren, dargestellt auf Grund der Periode 1929–1939, St. Gallen 1951; M. HESS, Strukturwandlungen im schweizerischen Bankenwesen von der Schaffung des Bankengesetzes (1935) bis 1958, Winterthur 1963.

Der Zweite Weltkrieg: Kritik und Rechtfertigung

Die Zeit vor und während des Zweiten Weltkrieges, die seit den sechziger Jahren unter dem oft in die Irre führenden Schlagwort «Anpassung oder Widerstand» kontradiktorisch abgehandelt wurde, fand in jüngster Zeit nun auch differenziertere Darstellungen, z. B. D. BOURGEOIS, Le Troisième Reich et la Suisse, 1933–1941, Neuchâtel 1974, und J. ADAM, Die Haltung der Schweiz gegenüber dem nationalsozialistischen Deutschland im Jahre 1940, Mainz 1972. Eine einigermaßen abgeschlossene Beurteilung der Haltung der Schweiz gegen außen und ihrer innenpolitischen Situation steht aber noch aus. Wie stark die Geschichtsschreibung dieser Zeit immer noch unter einem Rechtfertigungssyndrom steht, zeigt erneut wieder eine Analyse des Kriegsjahres 1940: E. BUCHER, Die Schweiz im Sommer 1940, in: Schweizerische Zeitschrift für Geschichte 1979. An Personen, die zu Sündenböcken (wie Bundesrat Marcel Pilet-Golaz) oder zu nationalen Mythen (wie General Guisan) gemacht worden sind, entzünden sich auch heute noch breite Kontroversen. G. KREIS, Auf den Spuren von La Charité. Die schweizerische Armeeführung im Spannungsfeld des deutsch-französischen Gegensatzes 1936–1941, Basel, Stuttgart 1976, hat eine Bilanz über eine dieser Kontroversen – nämlich über die Militärverhandlungen General Guisans mit französischen Amtsstellen – zu ziehen versucht; die Reaktionen oder divergierenden Darstellungen zeigen aber, daß auch hier die Geschichtsschreibung im Schatten einer nicht ganz bewältigten Vergangenheit steht (vergleiche z. B. E. A. K., Triftige Gründe zu den Militärverhandlungen mit Frankreich von 1939/40, in: Neue Zürcher Zeitung vom 14. Januar 1968).

Einen Eindruck von der Lage in der welschen Schweiz gibt J. MEURANT, La presse et l'opinion de la Suisse romande face à l'Europe en guerre, 1939–1941, Neuchâtel 1976, eine leider sehr formalistische Pressestudie; interessant ist immerhin der Teil, der die Pilet-Rede und die Krise von 1940 behandelt.

Überhaupt scheint es sehr schwer, unvoreingenommen an die «heroische» Epoche heranzugehen. Die Militarisierung der Gesellschaft und die Geistige Landesverteidigung sind in der Erinnerung der Mobilisationsgeneration unantastbare Höhepunkte, wie beispielsweise eine solche Rechtfertigung zeigt: O. F. FRITSCHI, Geistige Landesverteidigung während des Zweiten Weltkrieges, Dietikon-Zürich 1972. Etwas kritischer gibt sich diesbezüglich W. MÖCKLI, Das schweizerische Selbstverständnis beim Ausbruch des Zweiten Weltkrieges, Zürich 1973. Daneben ist auch noch eine Literatur populär, die sich mit der Schweiz als Spionagedrehscheibe beschäftigt oder die auch militärisch-strategische Höhepunkte unseres Landes zu zeigen versucht, wie CH. VETSCH, Aufmarsch gegen die Schweiz. Der deutsche «Fall Gelb» – Irreführung der Schweizer Armee 1939/40, Olten, Feiburg i. Br. 1973. Dieser Literatur kann aber keine grundsätzliche Bedeutung für die Beurteilung der Schweiz während des Zweiten Weltkrieges zugesprochen werden.

Von großem Interesse ist natürlich die Betrachtung der schweizerischen Wirtschaft und vor allem des Außenhandels während der Kriegszeit. Ein Hauptverantwortlicher dieser Entwicklung, Direktor des Handels- und Industrievereins und Bevollmächtigter des Bundesrates, gibt eine knappe Übersicht, die aber mehr verhüllt als dokumentiert: H. HOMBERGER, Schweizerische Handelspolitik im Zweiten Weltkrieg, Zürich 1970. Etwas kritischer ist schon eine Artikelserie von K. URNER, Die schweizerisch-deutschen Wirtschaftsbeziehungen während des Zweiten Weltkrieges, in: Neue Zürcher Zeitung vom 27. November, 2. und 6. Dezember 1968; aber eine grundlegende Untersuchung fehlt und kann wohl auch erst – wenn überhaupt – erfolgen, sobald alle Akten des Bundesarchivs freigegeben werden. In M. PETITPIERRE, Seize ans de neutralité active, Neuchâtel 1980, erschienen Aufsätze von Zeitgenossen (ALFRED ZEHNDER, WILLY BRETSCHER und HEINRICH HOMBERGER), die das Kriegsende etwas ausleuchten helfen.

Aspekte der Innenpolitik sind z. T. recht breit bearbeitet, wobei aber auffällt, daß die Jahre 1942–1945 noch sehr blaß bleiben. Als wichtigste Schriften sind zu nennen: C. LUDWIG, Die Flüchtlingspolitik der Schweiz seit 1933 bis zur Gegenwart (Bericht im Auftrag des Bundesrates), 2. Aufl., Bern 1966, und G. KREIS, Zensur und Selbstzensur. Die schweizerische Pressepolitik im Zweiten Weltkrieg, Frauenfeld, Stuttgart 1973. Den verschiedenen Aspekten dieser Zeit widmet sich auch ein Sonderheft der Revue d'Histoire de la Deuxième Guerre mondiale, Paris 1981. Daß trotz Bericht LUDWIG auch in der Flüchtlingsfrage noch viel Unbehagen herrscht, beweisen die kürzlich von der Sozialdemokratischen Partei der Schweiz publizierten Auszüge aus der Flüchtlingsdebatte von 1942: Zentralsekretariat der Sozialdemokratischen Partei der Schweiz, ... mit dem Rücken zur Wand ...: Flüchtlingsdebatte des Nationalrates vom September 1942, Bern 1979.

Jede abstrakte, kurz gefaßte historische Darstellung entbehrt im Grunde des Einblicks in das konkrete Leben, das dem Bild der Zeit erst die ausgeleuchteten und oft widersprüchlichen Farben des subjektiven Sinnzusammenhanges zu geben vermag. Wir verweisen deshalb zum Schluß auf Tagebücher und Erinnerungen, die, zwar meist sehr einseitig ausgerichtet, doch eine notwendige und wertvolle Ergänzung für die historische Einsicht bedeuten: P. BÉGUIN, Le balcon sur l'Europe, Neuchâtel 1951 (Schweiz während des Zweiten Weltkrieges); H. BÖSCHENSTEIN, Bundesrat Karl Scheurer. Tagebücher 1914–1929, Bern 1971; E. LAUR, Erinnerungen eines Schweizer Bauernführers, Bern 1942 (Rückblick auf eine über vierzigjährige Tätigkeit an der Spitze des Schweizerischen Bauernverbandes); F. BRUPBACHER, 60 Jahre Ketzer, 2. Aufl., Zürich 1973 (luzide Schau der internationalen und schweizerischen Linken aus der Sicht eines Anarchisten); E. HEIMANN, Ein Blick zurück, 2. Aufl., Ostermundigen-Bern 1974 (Zwischenkriegszeit bis heute, sozial engagiert); K. HOFMEIER, Memoiren eines Schweizer Kommunisten 1917–1947, Zürich 1978 (eitle, aber aufschlußreiche Rechtfertigung eines umstrittenen Führers der KPS und PdA); M. HUBER, Denkwürdigkeiten 1907–1924, Zürich 1974 (kritisch-moralische Bilanz eines Liberal-Konservativen); A. OERI, Sorge um Europa. Außenpolitische Kommentare, ausgewählt und eingeleitet von J. Gauss, Basel, Stuttgart 1977 (Aufsatzsammlung eines der wichtigsten Meinungsmachers der Geistigen Landesverteidigung); J.-R. VON SALIS, Grenzüberschreitungen. Ein Lebensbericht, 2 Bde., Zürich 1975/1978 (der Historiker VON SALIS war der Autor der bekannten, am Radio durchgegebenen «Weltchronik» während des Zweiten Weltkrieges); P. SCHMID-AMMANN, Unterwegs von der politischen zur sozialen Demokratie, Zürich 1978 (Autobiographie des Bauernsekretärs und späteren Redaktors des sozialdemokratischen Zürcher «Volksrechts»).

Kapitel 9 Peter Gilg/Peter Hablützel

Beschleunigter Wandel und neue Krisen (seit 1945)

A. Geschichte unserer Zeit

Probleme und Aufgaben der Zeitgeschichte

Spätestens seit dem Ende des Zweiten Weltkrieges befinden wir uns im Raum der sogenannten Zeitgeschichte. Es ist die Geschichte unserer Zeit, der Zeit, die wir – ganz oder doch zum Teil – bewußt miterlebt haben. Zu den Ereignissen, Entwicklungen und Vorstellungen dieser Zeit haben wir ein unmittelbareres Verhältnis als zum Geschehen früherer Jahrzehnte und Jahrhunderte; wir sind weniger geneigt, sie in einer Weise darlegen und deuten zu lassen, die nicht dem Bild entspricht, das wir bereits von ihnen besitzen. Das macht die Aufgabe für den Historiker schwieriger, heikler, aber auch interessanter. Denn die Zeitgeschichte ist umstrittener als frühere Epochen, trägt sie doch die ungelösten Fragen unserer Gegenwart in sich, die uns entzweien.

Hierin liegt allerdings nicht die einzige Schwierigkeit für den Zeitgeschichtler. Zwar sieht er sich einer Überfülle von Material gegenüber – amtlichen Publikationen, Zeitungen, Zeitschriften, Büchern, Ton- und Bilddokumenten und, nicht zu vergessen, all den Eindrücken und Erinnerungen, die er selber oder seine Gesprächspartner gesammelt haben –, und doch bleibt ihm in öffentlichen und privaten Archiven Wichtiges verborgen, das sich späteren Generationen vielleicht einmal erschließt. Vor allem aber hat er dem «zünftigen» Historiker gegenüber den großen Nachteil, daß er von vielem noch nicht wissen kann, wie es herauskommt, und nach solcher Kenntnis des Ausgangs, der Folgen bestimmt sich doch weitgehend das Urteil darüber, was wichtig und was unwichtig gewesen ist.

Geschichte als Interpretation

Geschichte ist – wie alle Wissenschaft, die sich mit der Erfahrung der sozialen Wirklichkeit abgibt – weitgehend Urteil, Beurteilung, Interpretation. Doch nirgends wird dies so eindrücklich wie in der Zeitgeschichte, weil von dieser auch der Laie seine Erfahrungen hat. Der wissenschaftliche Betrachter tut im Grunde nichts anderes als der Laie: Er versucht, die Fülle der Tatsachen (Fakten) in einem verständlichen Zusammenhang zu sehen. Er wird dabei sowenig wie der Laie darum herumkommen, aus den vielen sich anbietenden Zusammenhängen einzelne als Leitlinien und Leitideen herauszugreifen und

Der beschleunigte Wandel seit dem Zweiten Weltkrieg erscheint besonders eindrücklich in den Randzonen der großen Siedlungsagglomerationen. Die beiden Luftaufnahmen zeigen dasselbe Gebiet am Westrand von Genf: links 1954, rechts unten 1980.

seine Interpretation nach diesen auszurichten. Nur so wird sich ihm ein umfassendes Bild ergeben, wird das Geschehen einen Sinn erhalten. Als Wissenschafter soll er dies allerdings so umsichtig, so kritisch wie möglich tun, und er soll Gewichtungen und Auswahl, die er angesichts der Faktenfülle notgedrungen vornehmen muß, offenlegen und begründen können.

Solche Leitlinien der Interpretation sind für den Historiker, was für den Naturwissenschafter die Modelle: Sie bieten Erklärungen für die vorerst einmal unverständliche Wirklichkeit. Sie sind brauchbar, wenn sich die wesentlichen Erscheinungen nach ihnen sinnvoll ordnen lassen. Sie sind aber nicht endgültig; neue Erkenntnisse und Einsichten der Wissenschaft, aber auch neue Erfahrungen der Lebenspraxis erfordern immer wieder, daß die Leitlinien historischer Interpretation erweitert, ergänzt oder gar ersetzt werden.

Da der Ausgang der Zeitgeschichte noch unbekannt und – wie wir glauben – auch immer prinzipiell offen ist, sind zeitgeschichtliche Erklärungsmodelle in besonderer Weise anfechtbar. Wenn der Historiker früherer Epochen die Tauglichkeit seiner Leitideen an einem längeren Ablauf überprüfen kann, so führen die Leitlinien zeitgeschichtlicher Interpretation in die noch ungewisse Zukunft. In ihr müssen wir den Sinn des jüngsten Geschehens suchen, und so wird es bedeutsam, was wir für die Zukunft befürchten und erhoffen. Daß sie vor dem Hintergrund solcher Furcht und Hoffnung geschrieben worden ist, kann unsere Darstellung nicht verleugnen; sie wird deshalb den einen Leser in seiner Anschauung bestätigen, den andern wohl eher befremden. Doch erst der Versuch, die Entwicklungslinien aus der Vergangenheit in die Zukunft zu ziehen, verleiht der jüngsten Geschichte die Perspektive, die es zur Orientierung im Strom der Zeit, zu einer historischen Ortsbestimmung der Gegenwart braucht. Und solche Orientierung bleibt letztlich das Ziel einer praktischen Wissenschaft, die die Gegenwart als historisch geworden und damit auch als politisch veränderbar begreift.

Vier Leitideen

Vier Leitideen sind es, mit denen wir das schweizerische Zeitgeschehen seit 1945 glauben erfassen zu können. Als erste und allgemeinste nennen wir einen beschleunigten Wandel der Verhältnisse. Kaum je haben sich die Dinge in einem vergleichbaren Zeitraum so rasch und umfassend verändert. Dieser Wandel ist so gut wie überall feststellbar: in wirtschaftlicher Tätigkeit, Siedlungsformen, Landschaftsgestalt, Bevölkerungszahl, sozialer Gliederung, Vorstellungs- und Ausdrucksformen sowie politischem Verhalten. Er hat mehr und mehr zu einer Krise geführt, da die veränderten Lebensbedingungen mit den traditionellen Normen, Gewohnheiten und Einrichtungen nicht mehr zu bewältigen waren, die erforderliche Umstellung und Anpassung aber nicht rasch genug erfolgte. Die gesteigerte Verflechtung der Schweiz mit der umliegenden Welt (Interdependenz) stellt die zweite Leitlinie unserer Interpretation dar. Trotz dem Versuch unseres Landes, selbständig und neutral zu bleiben, haben sich Wirtschaft, Gesellschaft, Vorstellungswelt, Kultur und Politik der allgemeinen Entwicklung nicht entziehen können, sind wir internationaler und damit abhängiger geworden. Als dritte Leitidee betonen wir eine zunehmende Verstärkung des Organisationsgrades von Wirtschaft und Gesellschaft («organisierter Kapitalismus») als Folge des allgemeinen Wandels und der sich verdichtenden Interdependenz. In immer mehr Lebensbereichen hat sich ein Bedürfnis nach Regelung und Ordnung geltend gemacht, weil die sich verschärfenden Ungleichheiten und Spannungen nicht mehr anders zu bewältigen sind.

Die landwirtschaftlich genutzten Flächen sind fast ganz verschwunden. Neue Überbauungen entstanden vor allem in Onex (Bildmitte) und in der Rhoneschleife: Die langgestreckten Blöcke von Le Lignon und die anschließenden Einfamilienhäuser von Aïre sind deutlich zu erkennen.

Die Verbindlichkeit solcher Regelungen kann aber letztlich nur der Staat gewährleisten. Dessen wachsender Einfluß begegnet jedoch starken Widerständen: zunächst privaten Interessen, die sich gegen eine wirksamere Kontrolle wirtschaftlicher Macht wenden, und darüber hinaus der Furcht weiter Kreise vor dem lähmenden Druck einer überhandnehmenden Bürokratie oder gar vor der Gefahr einer totalitären Entwicklung. Deshalb wird der schweizerische Staat in seinen Befugnissen und Mitteln und damit in seiner Leistungsfähigkeit in vergleichsweise engen Schranken gehalten, so daß er den an ihn gerichteten Anforderungen nicht zu entsprechen vermag. Die vierte Leitlinie schließlich bildet eine Art Gegenstück zur dritten. Sie besteht in der fortschreitenden Auflösung herkömmlicher Bindungen, die den einzelnen früher nicht nur äußerlich eingegliedert, sondern ihm auch innerlich Halt und Orientierung gegeben haben. Durch die rasche Veränderung der Lebensumstände büßen werthaltige Bezüge und Gemeinschaften wie Religion, Nation, Heimat, Familie, Ehe oder Beruf ihre Strahlungs- und Bindekraft mehr und mehr ein. Dasselbe gilt für modernere Gruppierungen wie Vereine, Parteien oder Gewerk- und Genossenschaften. Demgegenüber verbreiten sich in einem Teil der Gesellschaft, vor allem in der jüngeren Generation, neue Wertvorstellungen. Sie verändern die Beziehungen zwischen den Geschlechtern und den Altersgruppen, setzen neue Gebote für das Verhältnis zur Umwelt und zur internationalen Gemeinschaft, neue Ziele für die Gestaltung von Leben und Arbeit. Diese Ansätze zu neuer Sinngebung stehen zur geltenden Ordnung vielfach im Widerspruch und stellen damit die von den gesellschaftlichen Gruppen in den dreißiger Jahren gewonnenen gemeinsamen Grundvorstellungen, den nationalen Grundkonsens, in Frage.

Vier Perioden

Wird die Entwicklung seit 1945 in ihrer zeitlichen Abfolge betrachtet, so kann man vier Perioden unterscheiden, deren Übergänge freilich nicht scharf zu markieren sind. In der ersten (bis Anfang der fünfziger Jahre) wird die durch Krise und Krieg bedingte staatliche Lenkung von Wirtschaft und Gesellschaft weitgehend abgebaut und eine Rückkehr zu liberaler Demokratie und Marktwirtschaft angestrebt. In einer zweiten (bis zur ersten Hälfte der sechziger Jahre) vollzieht sich im Rahmen einer vom Neoliberalismus geprägten und vom kalten Krieg gestützten Ordnung ein rasches wirtschaftliches Wachstum, dessen nationale und internationale Auswirkungen noch kaum als fragwürdig empfunden werden. In der dritten (bis 1974) zeitigt dieses Wachstum mehr und mehr Krisenerscheinungen, die ein allgemeines Unbehagen, aber auch zukunftsfreudige Reformbestrebungen auslösen; dabei stellen sich von rechts wie von links her breite Bewegungen der vorherrschenden Entwicklungstendenz der Gesellschaft entgegen. Die vierte sodann (seit 1974) beginnt mit dem Einbruch einer weltweiten wirtschaftlichen Rezession, die das Wachstum unterbricht und seine Fortsetzung ungewiß macht. Dadurch kommt der Glaube an die Plan- und Reformierbarkeit der wirtschaftlichen und politischen Ordnung ins Wanken;

zugleich wird die Handlungsfähigkeit des Staates eingeschränkt. Daß die Wirtschaft dank der technologischen Entwicklung bald wieder zu neuem Wachstum ansetzt und ein konservativer Trend in weiten Kreisen, auch in der Jugend, um sich greift, könnte man als Anzeichen einer Überwindung der Krise deuten. Ungelöste soziale Probleme, die Polarisierung der zuvor im nationalen Grundkonsens verbundenen politischen Kräfte sowie das Fortwirken radikaler Oppositionstendenzen zu beiden Seiten des politischen Spektrums weisen allerdings auf ein Andauern der Krisensituation hin.

Sachliche Gliederung

Unsere Darstellung baut sich aber nicht in erster Linie nach dieser Periodeneinteilung auf. Da die verschiedenen Entwicklungsphasen nicht in allen Lebensbereichen in der gleichen zeitlichen Anordnung aufeinanderfolgen, ziehen wir eine Hauptgliederung nach Sachgebieten vor, versuchen aber in jedem den Wechsel von der Normalisierung der ersten Phase und vom geordneten Wandel der zweiten zum krisenhaften Wandel der dritten und vierten Periode sichtbar zu machen. Wir beginnen mit der Wirtschaft, da deren Wachstum – von einer weltweiten Bewegung erfaßt – als Haupttriebkraft der Veränderung wirkte; dabei haben wir zu zeigen, wie der Staat der privatwirtschaftlichen Tätigkeit den benötigten Rahmen zu bieten bestrebt war. Diese ordnende Funktion des Staates beschränkt sich im Gegensatz zur Epoche des klassischen Liberalismus nicht mehr darauf, Bestand und Verfügbarkeit des Eigentums sowie Freiheit der Bewegung und Betätigung zu gewährleisten und Regeln der Marktwirtschaft festzusetzen. Denn die wellenförmige Entwicklung der Konjunktur stellt dem Staat auch die Aufgabe, die auftretenden Schwankungen zu mildern und den gesamtwirtschaftlichen Kreislauf mit geld- und finanzpolitischen Mitteln auszubalancieren (Konjunkturpolitik). Außerdem nötigt der unterschiedliche Erfolg der einzelnen Wirtschaftsgruppen und Regionen zu einem Ausgleich zwischen günstigen und ungünstigen Voraussetzungen (Strukturpolitik). Als zweiten Bereich behandeln wir Infrastruktur und Staatsfinanzen. Hier geht es vorerst um die Sicherung oder Bereitstellung von natürlichen Produktionsfaktoren (Boden, Umwelt, Energie), von unentbehrlichen Verbindungsmöglichkeiten (Verkehr) sowie von Lebens- und Funktionsgrundlagen der Arbeitskraft (Wohnungs-, Gesundheits- und Bildungswesen). Weil diese Aufgaben wenig Profit abwerfen, hohe Investitionen erfordern und mit großem Risiko behaftet sind und da ihr Nutzen kaum einem begrenzten Kreis von zahlenden Konsumenten vorbehalten werden kann, sind sie ihrerseits mehr und mehr dem Staat zugefallen, der dabei nicht nur eine ordnende, sondern weitgehend auch eine wirtschaftendeRolle versieht. Da aber der Staat gerade für seine Tätigkeit im Bereich der Infrastruktur immer beträchtlicherer Mittel bedarf, tritt dieser Bereich allmählich in eine enge Beziehung zu den Staatsfinanzen, die wir deshalb unmittelbar anschließend behandeln. Die wachsenden Infrastrukturaufgaben belasten zunehmend die Budgets der Kantone und des Bundes; damit bestimmt sich die Erfüllung dieser Aufgaben mehr und mehr durch die Einnahmen, die den öffentlichen Haushalten und insbesondere dem zentralen Haushalt des Bundes gewährt werden. Als dritter Bereich folgt die Gesellschaft, deren Struktur durch die wirtschaftliche Entwicklung erheblich verändert wird. Daraus entstehen Ungleichgewichte und Spannungen, die der Staat durch Umverteilungsmaßnahmen (Sozialversicherung, Subventionen, Steuersystem) abzubauen versucht; darüber hinaus stellt sich ihm die Aufgabe, die Veränderungen selber zu kanalisieren. Solche Tätigkeit nimmt die Bedürfnisse und Forderungen der verschiedenen gesellschaftlichen Gruppen auf; sie kann aber auch als eine Dienstleistung im Interesse des privatwirtschaftlichen Systems verstanden werden, insofern sie dieses von belastenden Störungen befreit.

Nach der Darstellung der unmittelbar vom Wirtschaftsgeschehen bestimmten Gebiete wenden wir uns im vierten Teil den allgemeinen Vorstellungen und Verhaltensweisen zu. Hier geht es um die seelischen und geistigen Kräfte der Gesellschaft. Diese stehen wohl unter dem Einfluß der materiellen Entwicklung; sie tragen aber auch Keime zu deren Neugestaltung in sich. In engem Zusammenhang damit treten wir im fünften Teil auf die kulturellen Ausdrucksformen ein. Dabei beschränken wir uns auf gesellschaftlich bedeutsame Erscheinungen, womit wir freilich dem Individuellen, das die kulturelle Leistung weitgehend prägt, nicht Rechnung tragen können. Der sechste Teil behandelt die politische Struktur. Hier wird im Unterschied zur staatlichen Tätigkeit in den einzelnen Lebensbereichen das Gefüge der in der Politik wirksamen Einrichtungen, Kräfte und Methoden zu erfassen versucht, das durch den allgemeinen Wandel herausgefordert und seinerseits zu Umstellungen gedrängt wird. Anschließend fällt im siebenten Teil der Blick auf die Vorkehren des Staates für seine äußere und innere Sicherheit; dabei ist zu zeigen, wie sich die wachsende Interdependenz auf Idee und Form der Landesverteidigung auswirkt. Der achte Teil fügt den Bereich der Außenpolitik an, wo sowohl die ausgreifende Tätigkeit der großen Wirtschaftsunternehmungen wie auch ein Verlangen nach weltweiter Solidarität mit Benachteiligten und Unterdrückten zum traditionellen Abseitsstehen in Widerspruch tritt. Diese Situation gibt uns Anlaß zur Frage, wie schweizerische nationale Existenz in einer sich immer enger verflechtenden Welt zu verstehen und wie die Rolle der Schweiz in einer solchen Welt zu bestimmen sei.

Zum Schluß unternehmen wir den Versuch, die Entwicklung seit 1945 in ihrer Gesamtheit zu interpretieren. Dabei stellt sich die Frage nach ihrer Eigenständigkeit und ihrer Abgrenzung gegenüber der vorausgegangenen Epoche. Legt man nämlich besonderes Gewicht auf die Herstellung eines nationalen Grundkonsenses in den Jahren vor 1945 und auf dessen Verlust in den siebziger Jahren, so kann die Einheit des in diesem Kapitel dargestellten Zeitraums sehr wohl in Zweifel gezogen werden.

B. Die Wirtschaft

1. Kapitalismus der Nachkriegszeit

Die Geschichte der Nachkriegszeit ist weitgehend die Geschichte eines beispiellosen Erfolgs der kapitalistischen Wirtschaft. Kapitalistisch nennen wir diese Wirtschaftsform, weil sie im wesentlichen von privaten Kräften, d.h. von solchen, die keiner wirksamen öffentlichen Kontrolle unterstehen, belebt und bestimmt wird. Diese Kräfte sind es, die sich die Gewinne aneignen und frei über die Investition des angesammelten Kapitals entscheiden, ungeachtet der Tatsache, daß sie für ihre Unternehmungen die Arbeitsleistung des überwiegenden Teils der Gesellschaft beanspruchen und die ganze Bevölkerung von ihren Entscheidungen betroffen wird. Im Unterschied zu den Erfahrungen der Zwischenkriegszeit und entgegen allen Erwartungen bei Kriegsende ist es der kapitalistischen Wirtschaft während nahezu drei Jahrzehnten gelungen, die materielle Basis für eine expansive und dynamische Entwicklung ohne offene Krisen und ohne systemgefährdende Sozialkonflikte bereitzustellen. Dieser erstaunliche Wiederaufstieg des Kapitalismus ist im wesentlichen auf drei Voraussetzungen zurückzuführen:

Die Startbedingungen

1. Die Weltwirtschaftskrise der dreißiger Jahre und die Katastrophe des Zweiten Weltkriegs stellen gewissermaßen die makabren Startchancen für die erfolgreiche Entwicklung der Nachkriegszeit dar. Vernichtung ungeheurer Kapitalwerte, Arbeitslosigkeit und Schwächung der organisierten Arbeiterschaft sowie weitgehende Zerstörung der Produktionsapparate Europas und Ostasiens machten es möglich, daß der Prozeß der Kapitalakkumulation (Bildung und Konzentration von Kapital) von relativ tiefem Niveau und mit lukrativen Profitraten erneut seinen Ausgang nehmen konnte. Die durch den Krieg enorm gesteigerte Entwicklung der Technik (Luftfahrt, Atomtechnik, Elektronik, chemische Ersatzstoffe usw.) sowie das nach den schweren Menschenverlusten neu einsetzende Bevölkerungswachstum trugen das Ihre zum steilen und lang anhaltenden Aufschwung der Wirtschaft bei.

Globale Entwicklung

2. Der Kapitalismus ist im Grunde erst in der Nachkriegszeit in seine wahrhaft globale Entwicklungsphase eingetreten, die ihn seiner nationalen Fesseln größtenteils entledigt hat. Die kommunistische Machtübernahme in Osteuropa und China schloß ihn zwar von einem ansehnlichen Teil der Welt aus, erleichterte ihm aber umgekehrt die multinationale Durchdringung der ganzen sogenannten freien Welt, indem sich gerade vor dem Hintergrund tatsächlicher oder vermeintlicher Bedrohung durch das feindliche System jedwede nationale oder proletarische Opposition unschädlich machen ließ. Unter amerikanischer Vorherrschaft konnten in bezug auf Währung (System von Bretton Woods), Austauschregeln (Zollabbau durch das GATT: General Agreement on Tariffs and Trade), Kreditgewährung

(Marshall-Hilfe) und militärisch-politische Zusammenarbeit (Nordatlantikpakt NATO, Südostasienpakt SEATO, «Central Treaty Organization» CENTO) die Voraussetzungen für die Entfaltung des Welthandels geschaffen werden, dessen Umfang sich innerhalb von 25 Jahren mehr als verfünffacht hat. Folge davon sind eine weitgehende internationale Arbeitsteilung, die sich nach den jeweils günstigsten Kostenverhältnissen richtet, sowie eine intensive internationale Kapitalverflechtung, wobei sich die Industrieländer gegenseitig finanziell durchdringen, während die Entwicklungsländer einseitig von amerikanischem und europäischem Kapital abhängig werden (Neokolonialismus). Die neuen Möglichkeiten gesteigerten Imports und Exports von Gütern, Dienstleistungen, Kapital und Arbeitskraft machten den Kapitalismus wesentlich flexibler als in früheren Epochen und bildeten den notwendigen Rahmen für seinen rasanten Aufstieg.

Organisierter Kapitalismus

3. Der Kapitalismus als Wirtschaftssystem der soweit wie möglich privaten Entscheidungsgewalt hätte die Krise der dreißiger Jahre und des Zweiten Weltkriegs nicht erfolgreich überstehen können ohne eine weitreichende Intervention der Staatsgewalt in wirtschaftliche und soziale Belange. Diese an sich systemfremde Intervention erwies sich auch in der Wachstumsphase der Nachkriegszeit als zielkonform und unentbehrlich; sie half den ökonomischen Krisenzyklus (periodische Wiederkehr von Wirtschaftseinbrüchen) abschwächen oder strecken und seine sozialen Folgen dämpfen, und sie ermöglichte über sozialstaatliche Leistungen und einen vom Staat sichergestellten Massenkonsum jenen Kompromiß zwischen den Klassen, auf welchem die relative Stabilität der letzten 30 Jahre beruht. Obwohl die in bürgerlichen Kreisen verbreitete neoliberale Ideologie die zentrale Bedeutung des freien Marktes unterstreicht und dem Staat eine bloße Regelungsfunktion zuerkennt, kann man nicht darüber hinwegsehen, daß sich der Konzentrations- und Organisationsprozeß in der Nachkriegszeit beschleunigt fortgesetzt hat. Der zunehmend «organisierte Kapitalismus» ist dadurch gekennzeichnet, daß die wirtschaftliche Aktivität einerseits monopolistische Gebilde entstehen läßt und sich anderseits immer enger mit der regulierenden, verwaltenden und dienstleistenden Wirksamkeit der Staatsmacht verklammert. Indem Kartelle und mächtige Konzerne an Bedeutung gewinnen und indem der Staat in einem zwar beschränkten, aber doch wachsenden Umfang zur Lenkung der Wirtschaft und zur Intervention in die Gesellschaft übergeht, ersetzt das Prinzip der Organisation sukzessive dasjenige des Marktes, das die klassische kapitalistische Wettbewerbswirtschaft bestimmt hat; dabei werden allerdings weder die private Investitionsentscheidung noch die private Aneignung von Profiten grundsätzlich in Frage gestellt.

Defizite des Wachstumsprozesses

Günstige Akkumulationsbedingungen zu Ende des Zweiten Weltkriegs, technischer Fortschritt, Bevölkerungswachstum, globale Entfaltungsmöglichkeiten und staatliche Hilfeleistung hatten eine dynamische Wirtschaftsexpansion zur Folge, deren Ausmaß und lange

Dauer in der Geschichte einmalig sind. Von den Erfolgen immer höherer Konjunkturaufschwünge überdeckt, zeigten sich aber doch schon früh auch Defizite dieses Wachstumsprozesses, die indes zunächst weder die wirtschaftliche Entwicklung zu bremsen noch die Wachstumseuphorie zu verunsichern vermochten. Zum einen war die Expansion mit massivem Verschleiß von Rohstoffen, Energie und natürlichen Umweltreserven verbunden; Versorgungsschwierigkeiten und eine Bedrohung der individuellen Lebensqualität begannen sich abzuzeichnen. Zum andern zeigten sich immer mehr auch Ungleichheiten in der Entwicklung: Nicht alle Wirtschaftssektoren, Branchen, Gesellschaftsklassen und Regionen vermochten in diesem Wachstumsprozeß gleichermaßen mitzuhalten; namentlich die Unterschiede zwischen Industriestaaten und Entwicklungsländern wuchsen an. Die staatlichen Interventionen schließlich, die diese negativen Folgen des Wachstums abbauen sollten, verursachten immer höhere Kosten und trugen entscheidend bei zu einem Inflationsprozeß, der – im Gegensatz zu früheren Erfahrungen – nicht nur während der Aufschwungsphasen, sondern auch in den kurzen Stagnationsperioden kräftig voranschritt. Kaum daß man sich dieser Probleme versah und nach politischer Abhilfe suchte, lösten die Ungleichgewichte in der Weltwirtschaft zunächst monetäre und sodann gesamtwirtschaftliche Schwierigkeiten aus, die zusammen mit einer Verteuerung der Produktionsfaktoren Mitte der siebziger Jahre zu einem konjunkturellen Abschwung führten. Dieser entpuppte sich nicht nur als eine periodische Rezession, sondern auch als eine Krise der wirtschaftlichen Struktur: Die Produktion war auf so hohem Niveau angelangt, daß sich profitable Investitionsmöglichkeiten kaum mehr boten und der Wachstumsprozeß ins Stocken geriet; ein Ausweichen auf den Weltmarkt war nur noch teilweise und unter größeren Risiken möglich, und was die staatliche Intervention betraf, so sahen sich die politischen Systeme durch die anstehenden Probleme überfordert.

Krise des kapitalistischen Entwicklungsprozesses

Die günstigen Startchancen in der Nachkriegszeit haben also die Krise des kapitalistischen Entwicklungsprozesses wohl hinauszuzögern, nicht aber zu verhindern vermocht. Die mittleren siebziger Jahre mit ihren gewandelten weltwirtschaftlichen Rahmenbedingungen, mit ihren Nachfrage-, Zahlungs-, Energie- und Umweltproblemen markieren einen bedeutsamen Umbruch, und es stellt sich die Frage, ob – im Sinne einer Theorie langer Wellen der wirtschaftlichen Entwicklung – mit einer längeren Phase der Stagnation oder doch eines spürbar gedämpften, unsicheren Wachstums gerechnet werden muß. Selbst die erfolgversprechenden technologischen Innovationen und die verbesserten konjunkturellen Aussichten in der Mitte der achtziger Jahre vermögen die gewaltigen strukturellen Schwierigkeiten der modernen Wirtschaftsgesellschaft kaum zu überdecken. Auch den konservativen Restabilisierungsversuchen, die mancherorts den reformerischen Interventionismus abgelöst haben, ist es bisher nicht gelungen, so zentrale Probleme wie Verschuldung, Umweltüberlastung und Arbeitslosigkeit aus der Welt zu schaffen. Die Krise findet vielmehr ihren Niederschlag zusehends auch im politischen System, wo im heftig entbrannten Streit um die Staatsfunktion ein neuer tragfähiger Konsens über Möglichkeiten und Grenzen des Wohlfahrtsstaates noch kaum zu erkennen ist.

2. Entwicklung der Schweiz – Musterbeispiel und Sonderfall

Die schweizerische Wirtschaftsentwicklung der Nachkriegszeit ist nur innerhalb des eben skizzierten Rahmens verständlich. Sie nimmt sich einerseits geradezu als Paradebeispiel aus, jedenfalls was den Erfolg des Kapitalismus betrifft, andererseits aber auch als Sonderfall in bezug auf die spezifischen Bedingungen des wirtschaftlichen Wachstums. Der erfolgreiche Aufstieg des Kleinstaates Schweiz innerhalb der Weltwirtschaft bis hin zur 17. Industrie- und zur 11. Handelsnation sowie zum dritten Finanzplatz der Erde war nur aufgrund besonderer Bedingungen möglich:

Günstige Bedingungen

1. Die Schweiz verfügte zu Ende des Krieges über einen intakten Produktionsapparat und über ausreichende Kapitalreserven, um die Produktion für den großen Nachholbedarf der kriegsgeschädigten Länder sofort und in vollem Umfang aufnehmen zu können. Aus dem Gefälle zum übrigen Europa und zur Dritten Welt ließ sich ein besonderer Wettbewerbsvorteil schlagen, den die Exportindustrie weidlich auszunützen verstand.

2. Rohstoffarmut, Enge des Binnenmarktes und Begrenztheit der landwirtschaftlich nutzbaren Fläche haben der Außenwirtschaft innerhalb des ökonomischen Systems der Schweiz schon immer eine besondere Bedeutung zugewiesen. Zunehmende internationale Kapitalverflechtung und expandierender Weltmarkt boten nun dem Finanzplatz und der Exportwirtschaft einmalige Chancen. Da die Schweiz als Binnenland mit teuren Transportwegen seit langem auf arbeitsintensive und hochwertige Qualitätsprodukte (Uhren, technische Geräte, Werkzeugmaschinen, Chemie usw.) sowie auf Dienstleistungen (Banken, Versicherungen) spezialisiert war, hatte sie zunächst nur einen geringen Konkurrenzdruck aus dem Ausland zu verspüren. Durch geschickte ökonomische Integration wußte der neutrale Kleinstaat seine zunehmenden Gewinnmöglichkeiten im westlichen Wirtschaftssystem voll zu nutzen, zumal der billige Import von Produktionsfaktoren (vor allem Arbeitskräfte, Halbfertigprodukte und Kapital) ein rasches Breitenwachstum ohne große Rationalisierungskosten gestattete.

3. Im Unterschied zu vergleichbaren Ländern war der staatliche Interventionismus in der Schweiz relativ schwach entwickelt, und er wurde nach dem Krieg im Zeichen des Neoliberalismus gar noch beträchtlich abgebaut. Daraus resultierten größere Freiheiten für die private Wirtschaft als anderwärts; geringe Steuerbelastung, beschei-

dene Sozialleistungen und rechtlich-institutionelle Vorteile wie das rigorose Bankgeheimnis machten die Schweiz zum kostengünstigen und attraktiven Pflaster für in- wie ausländisches Kapital.

Diese spezifischen Bedingungen der Kapitalakkumulation in der Schweiz, die dem quantitativen Wirtschaftswachstum anfänglich zum Vorteil gereichten, erwiesen sich indes mit der Zeit als Nachteile für die qualitative Entwicklung und sind schließlich auch weitgehend dafür verantwortlich, daß die Schweiz von der Krise der siebziger Jahre besonders hart getroffen worden ist:

Nachteile für die qualitative Entwicklung

1. Die guten Startchancen der frühen Nachkriegszeit gaben wenig Anlaß, wichtige Rationalisierungsinvestitionen vorzunehmen, da die schweizerische Wirtschaft mit reinen Erweiterungsinvestitionen lange Zeit überdurchschnittlich verdienen konnte. Das reichlich vorhandene Kapital und der billige Import von Produktionsfaktoren (vor allem Arbeitskräfte) bewirkten, daß die Produktivität (Ausstoß pro Arbeitsstunde) hierzulande relativ schwach anstieg, weshalb die Schweiz mit teilweise veralteten Produktions-, Betriebs- und Branchenstrukturen in die Krise eintrat. Die verpaßten Modernisierungen mußten unter denkbar ungünstigen Bedingungen nachgeholt werden, um die Konkurrenzfähigkeit auf dem Weltmarkt zurückzuerlangen.

2. Die Ausrichtung auf den Export hat zu einer extremen Auslandabhängigkeit geführt, sowohl in bezug auf das Angebot von Energie, Rohstoffen und Arbeitskraft als auch insbesondere, was die Auslandnachfrage als wichtigste Stütze der Konjunktur betrifft. Die Fremdarbeiterbestände konnte man zwar in der Krise beträchtlich abbauen, was den Einbruch hinsichtlich der Beschäftigungslage weniger spürbar werden ließ, doch fiel dadurch auch der private Konsum zurück, der in anderen Ländern gerade in der Rezession als Konjunkturstütze neue Bedeutung gewann. Um den Konjunktureinbruch in Schranken zu halten, sah sich die schweizerische Wirtschaft vor die schwierige Aufgabe gestellt, den Export von Gütern, Diensten und Kapital just in einem Zeitpunkt zu forcieren, in welchem der Weltmarkt im Schrumpfen begriffen war.

3. So vorteilhaft den Unternehmern geringe Steuerbelastung und minimale staatliche Vorschriften auch erschienen, ein gewaltiger Rückstau an öffentlichen Aufgaben war bald die Kehrseite des staatlich wenig beengten schweizerischen Wirtschaftswunders, was langfristig auch wider die Gesamtinteressen des Kapitals verstieß. Der verpaßte Ausbau der notwendigen Infrastruktur (Verkehrswege, Wohnungen, Schulen, Spitäler usw.) mußte infolge der Inflation unter erhöhten Kosten nachgeholt werden, wodurch der Staat in eine tiefgreifende Finanzkrise geriet, die seine Handlungsfähigkeit gerade in der Rezession empfindlich beschnitt. Zudem fehlten zeitgemäße wirtschaftspolitische Befugnisse, um den Wachstumseinbruch mit antizyklischen Maßnahmen (Konjunkturbelebung durch Staatseingriffe) zu dämpfen und die strukturellen Schwierigkeiten planmäßig und effizient anzugehen.

Der konjunkturelle Abschwung Mitte der siebziger Jahre hat mithin in der Schweiz speziell auch Strukturprobleme und -verzerrungen hervortreten lassen, die eine Anpassung unter erschwerten Bedingungen nötig machen. Solange allerdings die Grundprinzipien der kapitalistischen Wirtschaft politisch unangetastet bleiben, werden die verschiedenen Branchen, Regionen und Bevölkerungsklassen die gesellschaftlichen Kosten dieser Umstrukturierung in sehr unterschiedlichem Ausmaß zu tragen haben. Weder die unbestreitbaren Erfolge z. B. in der Teuerungsbekämpfung noch der konjunkturelle Aufschwung seit Ende 1983 können verhindern, daß der Strukturbruch auch längerfristig seine Opfer fordert. Im Zeichen neuer Technologien garantiert Wachstum nicht mehr wie bisher Vollbeschäftigung und Ausbau sozialstaatlicher Sicherheit. Solange aber im daraus resultierenden Streit um die Staatsfunktion weder ein neuer Grundkonsens zwischen Kapital und Arbeit gefunden noch ein zukunftsweisender Ausgleich zwischen Ökonomie und Ökologie politisch erarbeitet und durchgesetzt werden kann, erscheint jede Hoffnung auf eine neue, krisenüberwindende Periode qualitativen Wachstums noch verfrüht.

Ein Beispiel der Mechanisierung und Spezialisierung in der Landwirtschaft: die Legebatterie. Die Hühner sind auf engem Raum zusammengedrängt, stehen auf Gitterböden, die ihre Füße verkrüppeln lassen, und werden mechanisch gefüttert. Die Eier rollen in einen Auffangbehälter.

3. Das Wirtschaftswunder der Nachkriegszeit

Bei Kriegsende sah sich die schweizerische Wirtschaftspolitik zunächst vor der Aufgabe, die für ein wirtschaftliches Wachstum günstigen äußeren wie inneren Bedingungen herzustellen. Auf den Ausbruch aus der politischen Isolierung der letzten Kriegsjahre durch Verständigung mit den Alliierten ist bereits im 8. Kapitel eingetreten worden, und die zunehmende Integration in die amerikanisch dominierte Weltwirtschaft wird an anderer Stelle noch zur Sprache kommen. Was die inneren Bedingungen betrifft, so wurde das Kriegswirtschaftssystem abgebaut und ein liberaler Rahmen für die private Wirtschaftstätigkeit geschaffen. Nach dem Ernährungstiefstand vom Frühjahr 1945 begann bereits im Herbst desselben Jahres die Aufhebung der Rationierung, deren letzte Maßnahmen im Sommer 1948 fielen. Länger dauerte die Preiskontrolle, da die Exportnachfrage schon früh einen Preisauftrieb zur Folge hatte. Die Verbände der Arbeitgeber und Arbeitnehmer schlossen sogar vorübergehend ein Abkommen über eine freiwillige Stabilisierung der Preise und Löhne. Anstelle des generellen Preiserhöhungsverbots trat dann eine Preisüberwachung, die sich auf einzelne gezielte Maßnahmen beschränkte; Pachtzinskontrolle und Mietzinsüberwachung sind z. T. bis heute in Kraft geblieben.

Liberaler Rahmen für die Wirtschaftstätigkeit

In der Frage der Staatsintervention gingen die Auffassungen auseinander. Eine freiheitlich-liberale Strömung forderte einen rigorosen Abbau der Eingriffe in die Wirtschaft. Etatistische Tendenzen wollten dagegen den Interventionismus der dreißiger Jahre und des Zweiten Weltkriegs in die Nachkriegszeit hinüberretten, allerdings

Staatsintervention

mit unterschiedlicher Stoßrichtung. Während man vor allem auf der Linken den Schutz der Arbeitsplätze vor neuen Krisen und zugleich die Verhinderung eines weiteren Anstiegs der Lebenskosten erstrebte, versuchten die Verbände verschiedener Wirtschaftszweige die ihnen gewährten Schutzordnungen mit Konkurrenzbeschränkung und Absatzförderung aufrechtzuerhalten.

Das auf Dringlichkeits- und Vollmachtenbeschlüssen beruhende Krisen- und Kriegsrecht, das zu einer Rechtskrise ausgeartet war, wurde nun sukzessive preisgegeben oder in ordentliches Recht übergeführt. Als neue Grundlage dienten hauptsächlich die revidierten Wirtschaftsartikel der Bundesverfassung. Diese waren schon im Herbst 1939 vom Parlament gutgeheißen worden; angesichts von Kriegsausbruch und Vollmachtenregime blieb dann aber die Sache in der Schwebe, bis am 6. Juli 1947 eine leicht veränderte Fassung die Volksabstimmung passierte. Die Annahme war sehr knapp (53 % der Stimmen und 13 Stände) und ist wohl nur dem gleichzeitigen triumphalen Erfolg der Altersversicherungsvorlage zuzuschreiben. Das Ergebnis war ein Kompromiß zwischen den erwähnten Strömungen: Die Handels- und Gewerbefreiheit bleibt oberste Norm; sie kann aber vom Bund im Interesse des Gesamtwohls eingeschränkt werden, insbesondere zur Erhaltung wichtiger Wirtschaftszweige und Berufe. Anderseits soll der Bund Maßnahmen zur Verhütung oder Bekämpfung von Wirtschaftskrisen treffen, und schließlich ist er zum Erlaß von Vorschriften gegen schädliche Auswirkungen von Kartellen (Verbindungen zur Beschränkung des Wettbewerbs) befugt.

Von der Weiterführung staatlicher Schutzpolitik profitierte namentlich die Landwirtschaft. Durch ein ganzes System von Gesetzen und Verordnungen über Preisstützungen, Abnahmegarantien, Einfuhrbeschränkungen und Ausfuhrerleichterungen ist sie zum weitaus am stärksten reglementierten und protegierten Wirtschaftszweig geworden. Die verfassungsmäßige Grundlage dieses Systems enthält freilich einen Widerspruch in der Zielsetzung: Einerseits soll ein gesunder Bauernstand – d. h. Familienbetriebe beschränkten Ausmaßes – erhalten, anderseits eine leistungsfähige Landwirtschaft entwikkelt werden, was eher eine betriebliche Konzentration nahelegen würde. Die Sicherung des bäuerlichen Einkommens über staatlich garantierte Preise steht denn auch dauernd zum Interesse der Konsumenten an billigen Produkten oder zum Interesse der Steuerzahler an niedrigen Staatsausgaben im Widerspruch.

Entsprechende protektionistische Regelungen für andere, insbesondere gewerbliche Wirtschaftszweige scheiterten meist an der Opposition liberaler Kreise. Dabei stellte sich der «Schweizerische Handels- und Industrie-Verein» (Vorort) offiziell zunächst auf die Seite der Protektionisten, während eine neue Unternehmervereinigung, die «Gesellschaft zur Förderung der schweizerischen Wirtschaft» (Wirtschaftsförderung), die vorerst keine Rücksichten auf andere Organisationen zu nehmen hatte, die liberale Tendenz verfocht. Deren Erfolg in mehreren Referendumsabstimmungen bewirkte, daß sich die Verbände von Gewerbe und Industrie nicht mehr auf einen direkten staatlichen Schutz ausrichten konnten, sondern die Interessen ihrer Mitglieder mehr indirekt, durch Mitwirkung im Gesetzgebungsverfahren, geltend machen mußten.

Nachdem Initiativen des Landesrings und der Sozialdemokraten, welche schärfere Staatseingriffe zur Vermeidung neuer Arbeitslosigkeit vorsahen, 1946 und 1947 verworfen worden waren, traf die Gesetzgebung in den frühen fünfziger Jahren einige Vorkehren zum Schutze der Arbeit, die freilich in ihrer Wirkkraft umstritten blieben (Rechtsgrundlagen für eine obligatorische Vorsorge durch Arbeitslosenkassen sowie für staatliche Arbeitsbeschaffung, Anreiz zur Bildung von Arbeitsbeschaffungsrücklagen der Unternehmungen). Ein Kartellgesetz kam erst 1962 zustande, nachdem eine Initiative für ein Kartellverbot 1958 abgelehnt worden war. Es beschränkte sich, seiner Verfassungsgrundlage gemäß, auf Vorkehren gegen «Mißbräuche», wobei die Entscheidungsgewalt nicht der Verwaltung, sondern dem Richter zusteht. Praktisch liegt aber das Schwergewicht bei der Tätigkeit der Kartellkommission, deren Empfehlungen bisher jeweils befolgt worden sind. In ihr sind auch die Wirtschaftsverbände vertreten, so daß die Erhaltung des Wettbewerbs typisch schweizerisch durch gütliches Einvernehmen der Betroffenen angestrebt wird.

Ordnungspolitischer Gesinnungswandel

Die wirtschaftspolitische Bereinigung nach Kriegsende stand in engem Zusammenhang mit einem ordnungspolitischen Gesinnungswandel: Es ging in erster Linie um die Setzung und Gewährleistung eines Rahmens, innerhalb dessen sich die private Wirtschaft möglichst frei sollte entfalten können. Da gleichzeitig auch das System der sozialen Sicherheit ausgebaut wurde, kann man von einem Durchbruch des neoliberalen Modells der sozialen Marktwirtschaft spre-

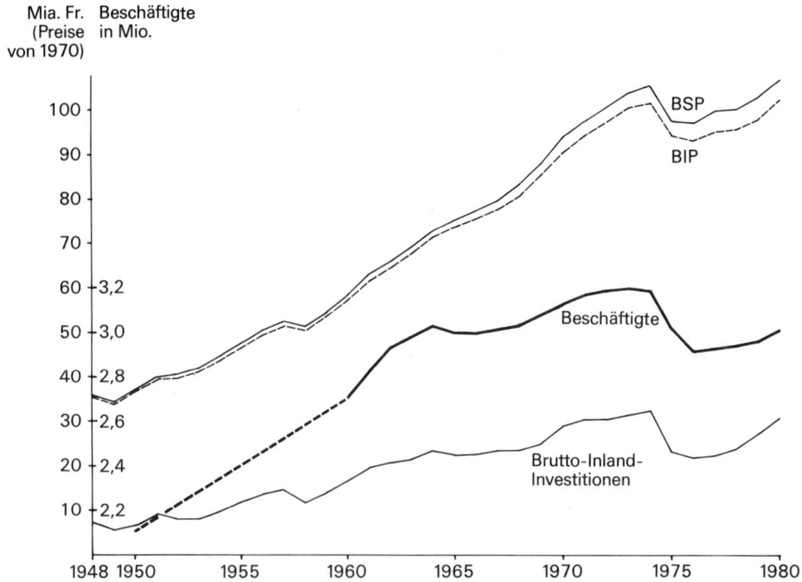

Konjunkturverlauf 1948–198

BSP Bruttosozialprodukt
BIP Bruttoinlandprodukt

Anteil der Außenwirtschaft am Bruttosozialprodukt

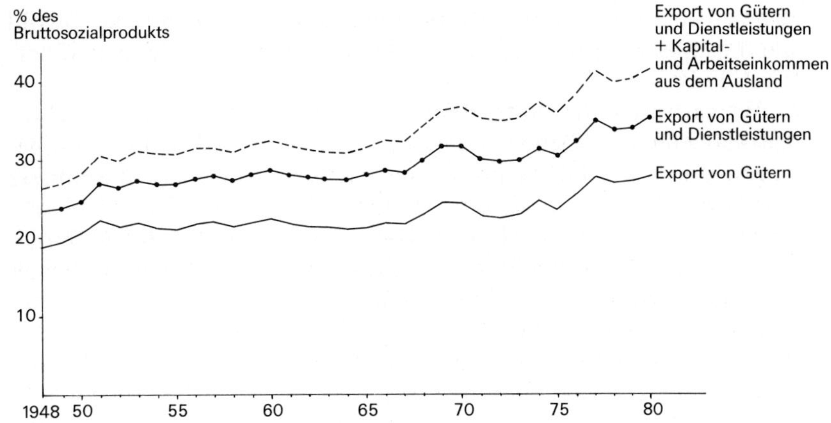

chen, wobei freilich die staatliche Garantie des Wettbewerbs und die breite Streuung des Privateigentums nicht so stark betont wurden wie in der deutschen Bundesrepublik. Auch Gewerkschaften und Sozialdemokraten ließen sich zunehmend in dieses neoliberale System integrieren und verzichteten auf eine grundsätzliche Kritik am Kapitalismus; die sozialistischen Hoffnungen der letzten Kriegsjahre entschwanden in Anbetracht des neoliberalen Wirtschaftswunders.

Zyklisches Wachstum

Der gewaltige Aufschwung der schweizerischen Wirtschaft in den Jahren 1945–1973 vollzog sich nicht stetig, sondern wie vorausgegangene Entwicklungen in Zyklen. Aber diese Wellenbewegung des Wachstumsprozesses fiel nun allerdings weniger auf als früher, da die Abschwünge nur kurze und schwache Stagnationsperioden waren und selten tatsächlich auch einen Rückgang des realen Bruttosozialprodukts (Gesamtertrag der wirtschaftlichen und beruflichen Leistungen) zur Folge hatten.

Die Aufschwünge wurden jedesmal zuerst von außen her, durch eine kräftige Ausweitung der Auslandnachfrage, veranlasst: Nach dem Tiefstand von 1945 machte sich der Nachholbedarf der kriegsgeschädigten Länder geltend, nach 1949 der Marshall-Plan, die Abwertung des britischen Pfundes und der Ausbruch des Koreakrieges; nach 1952 begann sich die Liberalisierung des Welthandels auszuwirken, und im vierten Nachkriegszyklus (nach 1958) schufen die Gründung von Europäischer Wirtschaftsgemeinschaft (EWG) und Europäischer Freihandelsassoziation (EFTA) sowie die Rückkehr wichtiger Währungen zur Konvertibilität (freie Umwechselbarkeit) erneut günstigere Voraussetzungen für die internationale Nachfrage. Auf den fünften Konjunkturzyklus nach 1967 werden wir noch besonders einzugehen haben. Erst in zweiter Linie kam es jeweils zu einer Belebung vom Binnenmarkt her, die durch neue Investitionen, Import von Produktionsfaktoren (vor allem ausländische Arbeitskräfte), Steigerung des privaten Verbrauchs und Errichtung zusätzlicher Infrastrukturanlagen bewirkt wurde. Bedeutsam für die inländische Nachfrage war, daß die Zahl der Beschäftigten dauernd zunahm, zugleich aber auch die gesamte Bevölkerung, die einheimische sowohl wie die eingewanderte; gerade die letztere trug zum Geburtenüberschuß kräftig bei.

Wegen rasch steigender Warenimporte entstanden in der Handelsbilanz massive Defizite. Diese wurden aber meist mehr als aufgewogen durch die Überschüsse aus Dienstleistungen (insbesondere Fremdenverkehr) und Kapitalerträgen, so daß die Ertragsbilanz, welche alle Erträge aus Handel, Dienstleistungen und Kapitalanlagen miteinander verrechnet, mit Ausnahme der frühen sechziger Jahre stets aktiv (positiv) blieb. Dazu strömte noch ständig ausländisches Kapital in die Schweiz, dessen Besitzer hier oft nur Schutz vor Besteuerung, Geldentwertung oder Enteignung suchten. Solcher Überfluß machte das Geld billig, hielt die Zinsen für Kredite niedrig.

Verhältnismäßig billig blieb auch die Arbeitskraft. Die Löhne waren zwar bei Kriegsende wesentlich höher als im übrigen Europa, aber trotz der Vollbeschäftigung stiegen sie langsamer. Die Verfügbarkeit ausländischer Arbeitskräfte ermöglichte es den Unternehmern, gegenüber Lohnforderungen härter zu bleiben. Immerhin weitete sich auch so der allgemeine Wohlstand kräftig aus.

Strukturverschiebungen

Das gewaltige Wirtschaftswachstum hatte auch Verschiebungen

Die Landwirtschaft vermochte mit den rasch wachsenden Löhnen und Gewinnen der Industrie nicht Schritt zu halten. Um das ihnen zugesicherte «paritätische» Einkommen erzielen zu können, verlangen die Bauern die Anpassung des Milchpreises durch den Bund und demonstrieren auch dafür, wie hier in Bern im Jahre 1962.

in den Strukturen zur Folge. Von besonderer Bedeutung war die Vergrößerung des Anteils der Ausfuhr am gesamten Wirtschaftsertrag, dann aber auch die Umschichtung der Beschäftigten zwischen den drei Wirtschaftssektoren. Von 1941–1960 ging der Anteil des ersten Sektors (Urproduktion, insbesondere Landwirtschaft) fast auf die Hälfte zurück. Die Hauptzunahme an Arbeitskräften erfuhr aber nicht der dritte Sektor (Dienstleistungen wie Handel, Bankwesen, Verkehr, Tourismus und Verwaltung), sondern der zweite (Industrie und Gewerbe), eine Entwicklung, die noch näher zu erläutern sein wird. Trotz dieser Umschichtung erhöhte auch die Landwirtschaft ihre Erträge; Voraussetzung dazu war die weitgehende Mechanisierung der Betriebe und z. T. auch eine Spezialisierung auf bestimmte Erzeugnisse.

Volkseinkommen pro Kopf in den einzelnen Kantonen 1950 und 1975

Abweichungen vom schweizerischen Durchschnitt in %

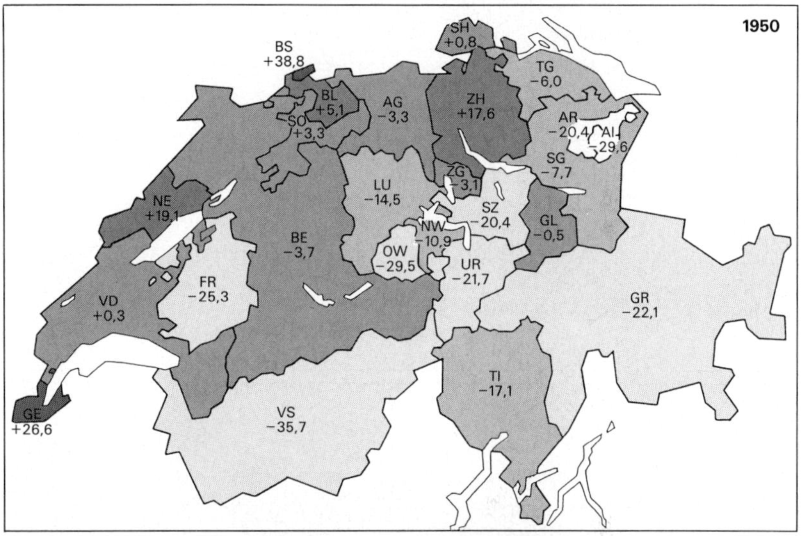

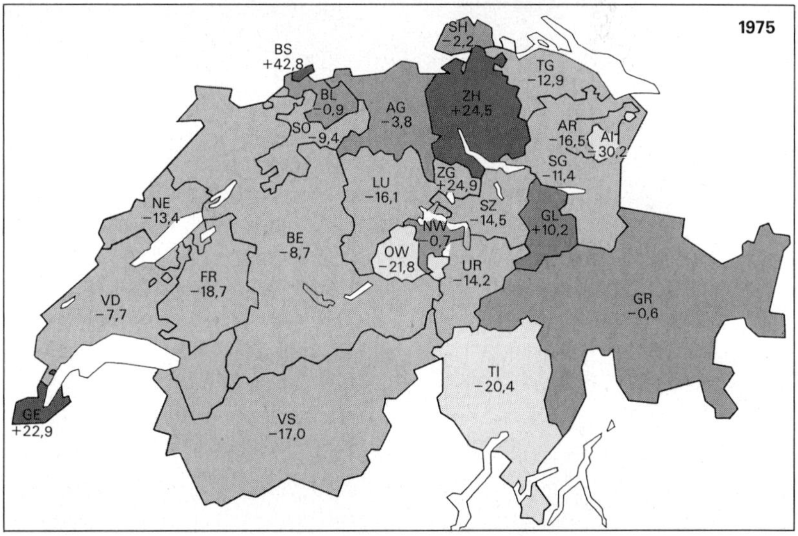

Bevölkerungsdichte in den Jahren 1850, 1900, 1950 und 1980 Einheit: Gemeinde

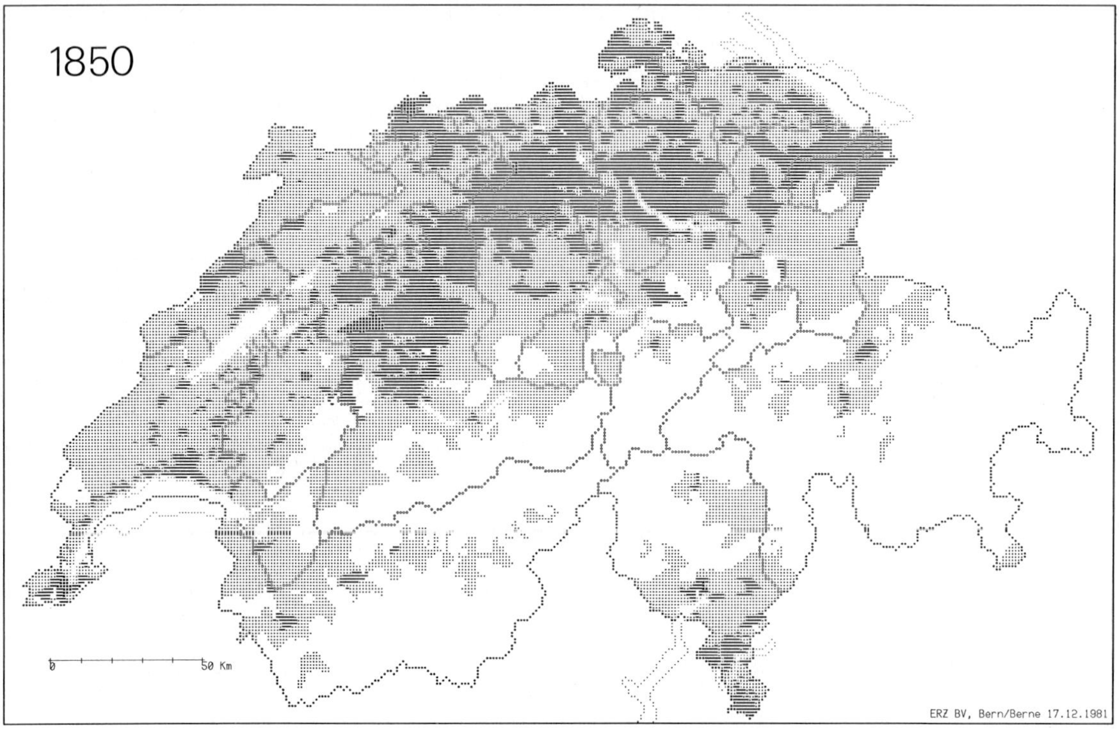

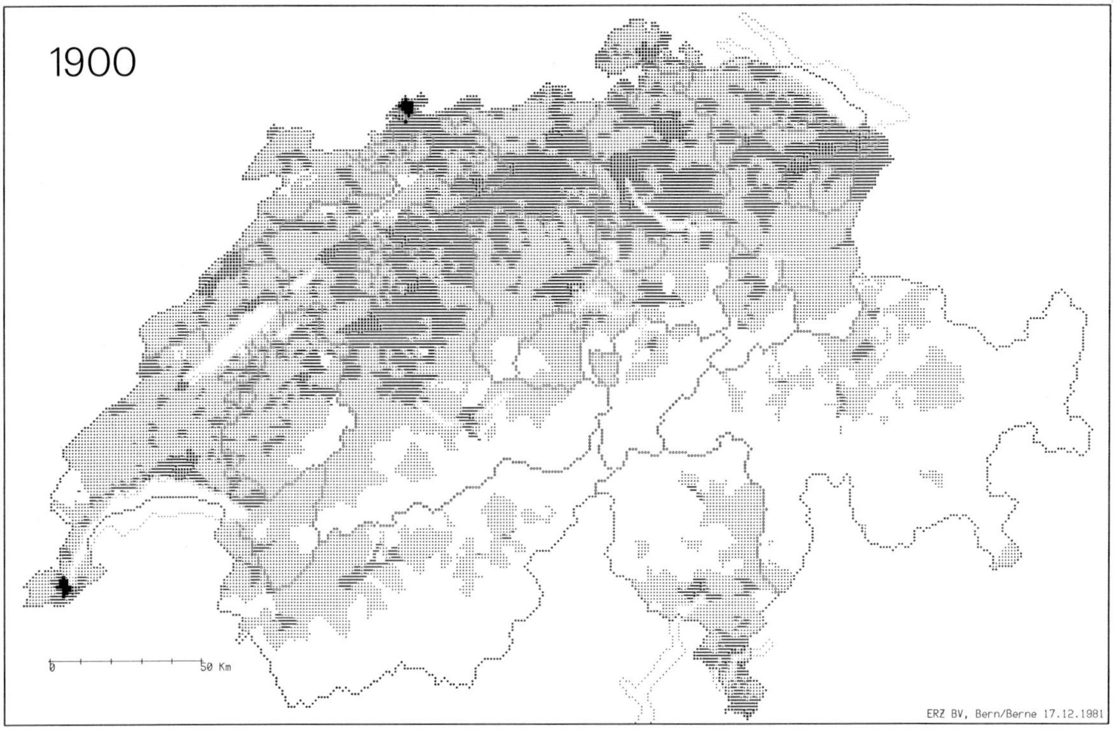

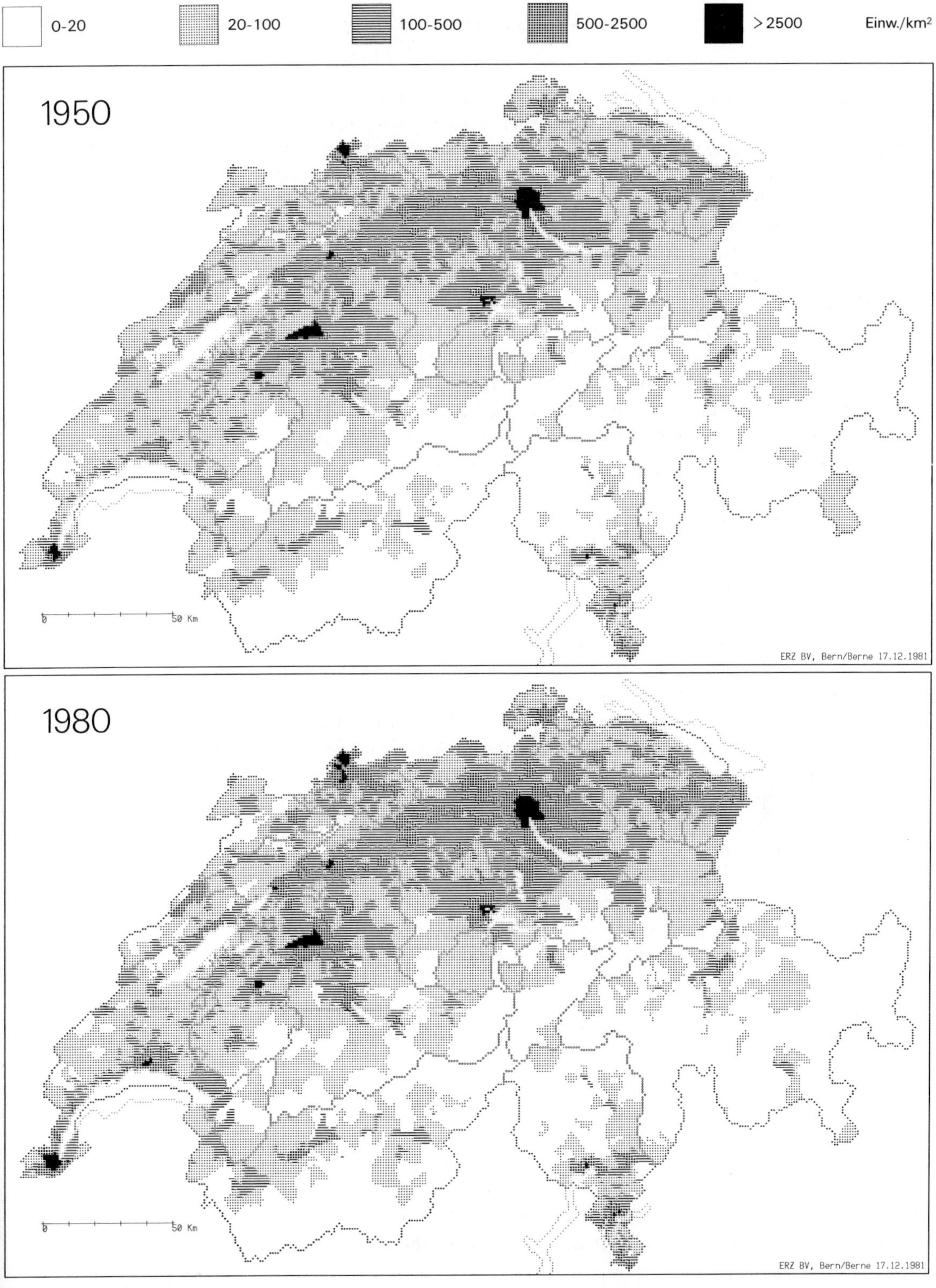
0-20
20-100
100-500
500-2500
>2500
Einw./km²
1950
0 50 Km
ERZ BV, Bern/Berne 17.12.1981
1980
0 50 Km
ERZ BV, Bern/Berne 17.12.1981

4. Belastende Folgen des Wachstumsprozesses

Wenn sich der Anteil der Beschäftigten im zweiten Sektor bis Mitte der sechziger Jahre auf rund 50 % vergrößerte, so ist dies ein Beispiel dafür, daß sich bereits in der eigentlichen Wachstumsphase gewisse Verzerrungen und Belastungen ergaben. In vergleichbaren modernen Volkswirtschaften geht der zweite Sektor zugunsten des dritten anteilsmäßig zurück, weil einerseits der Produktivitätsfortschritt einen höheren Ausstoß auch mit weniger Arbeitern ermöglicht, andererseits die Modernisierung der Wirtschaft einen Ausbau der Dienstleistungen gerade auch für die Industrieproduktion erfordert. Die Beschäftigtenzahlen markieren, daß das Wachstum in der Schweiz eben in erster Linie ein Breitenwachstum war; alte Produktionsanlagen wurden erweitert statt erneuert, und die Produktivität stieg deutlich langsamer an als in anderen Ländern.

Wanderungsbewegungen

Die Aufblähung des zweiten Sektors war nur möglich, weil infolge des Zustroms von Ausländern die Arbeitskraft relativ billig blieb. Die sozialen und politischen Probleme dieser Einwanderung werden in anderen Zusammenhängen zur Sprache kommen. Von wirtschaftlicher Bedeutung war, daß die Zuwanderer die Siedlungskonzentration in den Industriegebieten verstärkten, wodurch sich das Ungleichgewicht zwischen den verschiedenen Regionen des Landes vergrößerte. Dazu trug namentlich auch der Ausbau der bisher vernachlässigten Infrastruktur bei, von der an anderer Stelle eingehender die Rede sein wird. Die Erstellung von Wohnungen, Straßen, Schulen und Spitälern mußte in erster Linie dort gefördert werden, wo das wirtschaftliche Wachstum stattfand: in den Siedlungsagglomerationen des Unterlandes. Dadurch nahm die Attraktivität dieser Ballungszentren auch auf die Bevölkerung der Randgebiete zu, und da Industrie- und Dienstleistungsbetriebe höhere Einkommen zu bieten vermochten als die Land- und Bergwirtschaft, verstärkte sich die Binnenwanderung, die zur Entleerung ländlicher, vor allem gebirgiger Regionen führte. Um einer weiteren Abwanderung aus touristisch nutzbaren Erholungsräumen vorzubeugen und um die soziale Lage der Zurückgebliebenen zu verbessern, sah sich nach den Kantonen schließlich auch der Bund veranlaßt, den Ausbau der Infrastruktur und die Erweiterung der wirtschaftlichen Möglichkeiten in den Berggebieten systematisch zu unterstützen. Seit 1975 können Regionen, die umfassende Entwicklungskonzepte vorlegen, weitgehende Bundessubventionen beanspruchen.

Zunehmende Konzentration

Der gewaltige Nachholbedarf an Infrastruktur und die steigenden Bodenpreise in den Ballungszentren, indirekt aber auch die Erhaltung der kleinbäuerlichen Landwirtschaft und wenig produktiver gewerblicher Betriebe verteuerten jedoch die industrielle Produktion. Dazu gesellte sich von den sechziger Jahren an auch für die schweizerische Wirtschaft die Notwendigkeit, erhebliche Rationalisierungsinvestitionen vorzunehmen, um mit der wissenschaftlich-technischen

Rationalisierung der industriellen Produktion. Rechts: So sah es zur Zeit des Zweiten Weltkrieges in der Druck- und Papiermaschinenfabrik J. Bobst & Fils SA in Prilly bei Lausanne aus. In derselben Halle wurde Material gelagert, wurden von einer größeren Anzahl Arbeiter Stücke gefertigt und ganze Maschinen montiert. Unten: Heute wird die Fertigung elektronisch gesteuert. Vom Steuerungszentrum aus (vorn rechts) überwacht ein einzelner Techniker den automatisierten Vorgang. Lager wie Montage befinden sich in anderen Teilen des Werks.

Entwicklung Schritt halten und die internationale Konkurrenzfähigkeit bewahren zu können; dies nicht zuletzt auch deshalb, weil qualifizierte Fremdarbeiter immer mehr zur Mangelware wurden und durch Zuwanderer aus agrarischen Gebieten ersetzt werden mußten. Alle diese Belastungen verschärften die wirtschaftliche Konkurrenz und schlugen sich in einem deutlich zunehmenden Konzentrationsprozeß nieder, in welchem Zusammenschlüsse sehr großer Industriebetriebe wie Sulzer/Escher-Wyß (1966), Brown Boveri/Maschinenfabrik Oerlikon (1967), Brown Boveri/Sécheron (1970) und Ciba/Geigy (1970) spektakuläre Höhepunkte bildeten.

Inflation

Zum schwerwiegendsten Problem, welches das Wachstum nach sich zog, wurde aber die schnell ansteigende Inflation, die einerseits «hausgemacht» war, andererseits aus dem Ausland importiert wurde. Vom Inland her meldete sich eine zunehmende Nachfrage aus dem Bau von Wohnungen und staatlichen Infrastrukturanlagen. Da die Produktion schon durch den Export beansprucht war, vermochte das Angebot nicht mehr zu genügen, was zu einer allgemeinen Preissteigerung führte. Vom Ausland her übertrug sich zusätzlich ein Geldentwertungsprozeß, denn die festen Wechselkurse ließen die Preise der ausländischen Güter auch beim Import in die Schweiz ansteigen. Gleichzeitig kurbelte die ausländische Inflation den Export an, da die schweizerischen Produkte aufgrund der fixierten Währungsverhältnisse für die Abnehmerländer relativ billig blieben. Schließlich wirkte noch der bereits erwähnte Kapitalzustrom geldvermehrend und damit inflationsfördernd.

Umkehr in der Wirtschaftspolitik

Unter diesen Umständen vollzog sich in der ersten Hälfte der sechziger Jahre eine Umkehr in der Wirtschaftspolitik, die bisher mit allen Mitteln das Angebot zu fördern versucht hatte, in der Hoffnung, dadurch der Nachfrage zu genügen und den Preisauftrieb zu bremsen. 1961/62 erließen Bundesrat und Nationalbank Appelle an die Unternehmer, bei Investitionen und in der Einstellung ausländischer Arbeitskräfte Maß zu halten. Obwohl die führenden Wirtschaftsverbände entsprechende Empfehlungen abgaben, fruchtete die Methode der freiwilligen Beschränkung nichts, da insbesondere die Banken die zugesagten Kreditbegrenzungen überschritten. Deshalb griffen die Behörden zu wirksameren Mitteln. Einerseits verfügte der Bundesrat in eigener fremdenpolizeilicher Kompetenz eine Stabilisierung und schließlich eine allmähliche Herabsetzung der Zahl ausländischer Arbeitskräfte. Anderseits ließ er 1964 vom Parlament dringliche Bundesbeschlüsse fassen, welche die Bautätigkeit durch Verbote und Bewilligungspflicht einschränken (Baubeschluß) und die Geld- und Kreditschöpfung eindämmen sollten (Kreditbeschluß). Es wurde ein Gleichgewicht zwischen Sparen und Investieren angestrebt, wofür die Beschränkung der Aufnahme ausländischer Gelder und der Kredittätigkeit der Banken sowie eine Kontrolle der Emission von Anleihen vorgesehen waren. Beide Beschlüsse unterstanden nachträglich dem obligatorischen Referendum und drangen 1965 nach einer heftigen Kampagne mit einer eher knappen Mehrheit durch, wozu nicht zuletzt das wachsende Unbehagen über die ausländische Einwanderung beitrug.

Wenn die Einfuhr von Erdöl-produkten stockt. Die Erdöl-krise von 1973 veranlaßte den Bundesrat zu einem Fahr-verbot für Motorfahrzeuge an drei Sonntagen. Die Auto-straße wird zum einsamen Spazierweg

Wie behutsam die Behörden gegenüber den führenden Wirtschaftskreisen vorgingen, zeigt die Tatsache, daß sie die Ziele im Kreditwesen hauptsächlich durch Vereinbarungen zwischen Nationalbank und Privatbanken zu erreichen suchten, die der Bundesrat dann allgemeinverbindlich erklärte. Ein erster Versuch, der Nationalbank ordentliche gesetzliche Befugnisse zur Beeinflussung des Kreditwesens zu gewähren, mißlang. Dieses sogenannte Notenbankinstrumentarium sollte es u.a. ermöglichen, von den Banken Mindestguthaben einzufordern, ihre Inlandkredite zu begrenzen und die Anleihensemissionen zu überwachen. Formell kam die Vorlage 1969 namentlich wegen Zweifeln an ihrer Verfassungsmäßigkeit zu Fall, praktisch war es aber ein Erfolg der Banken, daß das kreditpolitische Wirken der Nationalbank erneut auf eine privatrechtliche Vereinbarung abgestützt werden mußte. Das Problem des Inflationsimports wurde ganz allgemein zuwenig ernst genommen. Die festen Wechselkurse waren ein Dogma, das sich für verschiedene Interessen auszahlte: Die Exporte blieben billiger und attraktiver, der für den Inlandmarkt produzierenden Industrie kamen die höheren Preise importierter Konkurrenzgüter wie ein Zollschutz zustatten, und die Banken zogen aus dem zunehmenden Kapitalverkehr Gewinn.

Die beiden Beschlüsse von 1964 traten 1966/67 außer Kraft. Sie hatten eine gewisse Dämpfung der Konjunkturüberhitzung in der zweiten Hälfte der sechziger Jahre zur Folge. Doch sie bewirkten auch Strukturverzerrungen, indem die jungen Betriebe ohne eigene Finanzkraft sowie die Unternehmungen mit hohem Anteil der Arbeitskosten durch die Drosselung des Angebots von Kapital und Arbeit einseitig getroffen wurden. Die Inflation machte zudem nicht halt. Deshalb flüchtete ein großer Teil des Kapitals in Sachwerte, vor allem in den Boden, der in der Schweiz teurer wurde als anderswo in der Welt. Einen überdurchschnittlichen Auftrieb erfuhr deshalb bald wieder die Bauwirtschaft; ihr Anteil am Bruttosozialprodukt stieg auf 20 % (in vergleichbaren Ländern nur ca. 12 %). Damit wurde sie zum eindeutig überdimensionierten Rückgrat der Konjunktur. Bei ihr setzten denn auch zuerst die Krisenerscheinungen der siebziger Jahre ein, und der Schrumpfungsprozeß war in dieser Branche am größten. Die Krise war also nicht nur aus dem Ausland importiert, sondern ebenso gut auch hausgemacht.

5. Von der Konjunkturüberhitzung in die Wirtschaftskrise

Nach der leichten konjunkturellen Abschwächung der Jahre 1966 und 1967 setzte sich – getragen von den meisten Industriestaaten des Westens – von 1968 an auch in unserem Land ein neuer Aufschwung durch. Dieser fünfte Nachkriegszyklus brachte einerseits eine rekordmäßige Expansion infolge der wieder anschwellenden Auslandnachfrage, andererseits war er speziell durch die Probleme der internationalen Wirtschaft geprägt, die ihre Auswirkungen auch in der Schweiz hatten. Der Welthandel nahm in den späten sechziger und frühen siebziger Jahren um 10 bis 15 % jährlich zu. Allerdings stieg auch der Preis- und Kostendruck enorm. Die Akkumulationsbedingungen hatten sich entscheidend verschlechtert, indem immer mehr Kapital pro Produktionsausstoß benötigt wurde. Neben den hohen Infrastrukturkosten machten sich auch die Belastungen und Ungleichgewichte im Weltwirtschaftssystem zunehmend bemerkbar, zunächst in einer Schwächung und sodann im Zusammenbruch des Weltwährungssystems von Bretton Woods, schließlich in einer massiven Teuerung der Rohstoffpreise, insbesondere im Erdölschock von 1973, der einen wachsenden Widerstand der Dritten Welt gegen die Strukturen des Weltwirtschaftssystems zum Ausdruck brachte und zu ungeheuren Zahlungsproblemen im weltweiten Maßstab führte.

Überhitzung der Konjunktur

In der Schweiz kam es zu einer enormen Überhitzung der Konjunktur. Vor allem die Auslandnachfrage, auf die sich weiterhin die wirtschaftliche Integration Europas auswirkte, stieg stark an, sekundär aber auch die Binnennachfrage. Insbesondere die Investitionstätigkeit verzeichnete in den Jahren 1970–1973 Rekordwerte; sie erreichte einen Anteil von 28 % des Bruttosozialprodukts, wesentlich mehr als in vergleichbaren Ländern. Der Bauboom und ein außerordentlicher Lageraufbau (Einkauf von Produktionsvorräten in Erwartung eines weiteren Preisauftriebs) trugen das Ihre zum Engpaß der Produktionskapazitäten bei und ließen die Geldentwertung nun auch in der Schweiz beinahe 10 % pro Jahr erreichen. Dadurch breitete sich in weiten Kreisen mehr und mehr eine Inflationsmentalität aus, wurde doch das Schuldenmachen attraktiver als das Sparen.

Dämpfungsmaßnahmen

Die Behörden reagierten diesmal schneller mit ihren Dämpfungsmaßnahmen. Nachdem der Bundesrat im Vorjahr vom Parlament die erforderlichen gesetzlichen Befugnisse erhalten hatte, schritt er bereits 1971 zu einer Aufwertung des Schweizer Frankens, um dem ungeheuren Kapitalzustrom aus dem Ausland zu steuern. Als das Währungssystem nicht mehr zu retten war, folgte 1973 der Übergang zu flexiblen Wechselkursen, was den Außenwert des Frankens, der bisher zu tief gelegen hatte, emporschnellen ließ und sich längerfristig in einer Abschwächung der ausländischen Nachfrage nach schweizerischen Produkten niederschlug. Die Industrie begann mehr und mehr Produktionsstätten in kostengünstigere Länder zu verlegen, um wieder zu attraktiveren Preisen verkaufen zu können.

Gegenüber der inländischen Nachfrage sah sich der Bundesrat 1972 zu einer erweiterten Neuauflage der Konjunkturdämpfungsbeschlüsse aus der Mitte der sechziger Jahre veranlaßt, nachdem verschiedene seit 1969 ergriffene Maßnahmen ohne größere Wirkung geblieben waren. Das vom Parlament in Eile beratene Paket umfaßte außer einem Kredit- und einem Baubeschluß vor allem auch eine Überwachung der Preise, Löhne und Gewinne, die einem besonderen Beauftragten übergeben wurde, der sich mit seiner jedermann zugänglichen Meldestelle bald breitester Popularität erfreute und in der welschen Schweiz als *Monsieur Prix* bekannt war. So erhielt denn das Maßnahmenpaket 1973 seine nachträgliche Genehmigung durch Volk und Stände fast mühelos, obwohl die staatliche Einflußnahme auf Preise und Löhne sowohl von Unternehmer- wie auch von Gewerkschaftsseite bekämpft wurde. Die Preisüberwachung blieb bis 1978 in Kraft.

Als Folge der neuen Maßnahmen wurden schon 1973 erste Anzeichen einer binnenwirtschaftlichen Entspannung erkennbar, und 1974 büßten die Auftriebskräfte spürbar an Dynamik ein. Die Wirkung war aber prozyklisch, d.h. sie verstärkte die Wellenbewegung der Konjunkturentwicklung, denn 1974 fiel die Weltwirtschaft in eine allgemeine Rezession. Der Abschwung wurde jedoch anfänglich sowohl von Kreisen der Großunternehmer, wo man die unproduktiven Betriebe sich gesundschrumpfen lassen wollte, als auch von den Behörden begrüßt, und es bestand gar nicht die Absicht, ihn mit antizyklischen (gegenläufigen) Maßnahmen aufzufangen.

Allgemeine Rezession

1975 und 1976 wurde indes deutlich, daß man in die größte Krise der Nachkriegszeit geschlittert war. Der prozentuale Rückgang des Bruttosozialproduktes war größer als in allen anderen Mitgliedstaaten der Organisation für wirtschaftliche Zusammenarbeit und Entwicklung (OECD) und selbst größer als der Rückgang in der Krisenzeit der dreißiger Jahre! Besonders betroffen wurde die Bauwirtschaft; eine Abschwächung erfuhren aber auch die Produktion von Investitionsgütern (Maschinen, Apparate) und sogar der private Konsum infolge eines drastischen Beschäftigungseinbruchs. Insgesamt gingen etwa 300000 oder ca. 10 Prozent aller Arbeitsplätze verloren. Die Zahl der Arbeitslosen erschien freilich weit geringer, vor allem weil sich die ausländischen Arbeitskräfte um rund 200000 verminderten und zahlreiche Ehefrauen, Jugendliche und Rentner ganz aus dem Erwerbsleben fielen, ohne von der Statistik erfaßt zu werden. Die Arbeitslosigkeit wurde also zu einem großen Teil exportiert oder im informellen Sektor (unentgeltliche Hausarbeit etc.) aufgefangen. Viel stärker als der Export ging der Import zurück. Dadurch stieg die Ertragsbilanz auf Rekordhöhe, was sich in einer Steigerung der Nachfrage nach dem attraktiven und sicheren Schweizer Franken auswirkte und dessen Kurs erneut in die Höhe trieb. Dies wiederum verteuerte die schweizerischen Güter und Dienstleistungen (auch den Fremdenverkehr) für das Ausland; der Export wurde somit weiter geschwächt, die Auslagerung von Kapital und Arbeitsplätzen dagegen vorangetrieben.

Werkplatz und Finanzplatz

Neben den multinationalen Unternehmungen, die diese neue Konstellation gewinnbringend auszunützen verstanden, erfreuten sich namentlich die Banken steigender Umsätze und wachsender Erträge. Vor allem das Auslandgeschäft der Großbanken gab zur Befürchtung Anlaß, der überdimensionierte Finanzplatz Schweiz verstärke den Kursauftrieb des Schweizer Frankens und gefährde damit tendenziell den Werkplatz Schweiz mit seinen industriellen Arbeitsplätzen. Als einige Bankskandale – namentlich die 1977 ruchbar gewordenen illegalen Transaktionen italienischer Fluchtgelder durch die Filiale Chiasso der Schweizerischen Kreditanstalt – zu Befürchtungen Anlaß gaben, die gesetzlichen Regelungen seien der sprunghaften Expansion des Finanzsektors nicht mehr gewachsen, lancierte die Sozialdemokratische Partei eine Volksinitiative zum Schutz der Bankkunden und zur Kontrolle der Bankenmacht, die über eine Lockerung des Bankgeheimnisses insbesondere auch die Steuerhinterziehung und die Hortung von Fluchtgeldern bekämpfen wollte. Die Finanzinstitute zeigten in der Abwehr dieses Vorstoßes etwelche Nervosität; es gelang ihnen aber mittels eigener Anstrengungen (Vereinbarung über die Sorgfaltspflicht) und millionenschwerer Propaganda, ihr angeschlagenes Image wieder aufzupolieren, so daß die Bankeninitiative in der Volksabstimmung 1984 deutlich auf der Strecke blieb.

Inflationsbekämpfung

Der Übergang zu flexiblen Wechselkursen, der das gefährliche Aufwärtsfloaten des Schweizer Frankens ausgelöst hatte, bildete auch die Voraussetzung zur aktiven Geldmengensteuerung durch die Nationalbank seit 1975; es gelang rasch, einen weiteren Import der ausländischen Inflation abzuwehren und die Kaufkraft des Frankens auf dem Inlandmarkt zu stabilisieren. Der Preis dieser geldpolitischen Roßkur für unsere kleine, exportabhängige Volkswirtschaft (Krisenverlängerung infolge wechselkursbedingter Absatzschwierigkeiten) schien selbst den Währungsbehörden zeitweise zu hoch zu sein. So intervenierte die Nationalbank 1978 auf dem Devisenmarkt in der Absicht, dem Aufwertungsdruck auf den Schweizer Franken entgegenzutreten, allerdings mit dem Ergebnis, daß die Teuerung wieder anzog. In der Folge hat sich eine eher pragmatische Stabilisierungspolitik eingespielt, die am Geldmengen- und Kaufkrafterhaltungsziel festhält, ohne indes auf kurzfristige Wechselkurspflege völlig zu verzichten.

Methoden der Krisenbekämpfung

In der Frage nach den Methoden der Krisenbekämpfung machten sich unterschiedliche Interessen geltend. Die auf den inländischen Markt ausgerichteten Zweige der Industrie und des Gewerbes – in der Regel weniger konzentrierte und weniger produktive Betriebe – bekundeten bald ein Bedürfnis nach einer antizyklischen Politik: nach einer Ausweitung des Kredits und der Staatsaufträge. Sie wurden dabei meist von der Arbeitnehmerschaft unterstützt; auf beiden Seiten war man von der Rezession besonders stark betroffen. Demgegenüber forderte die hochkonzentrierte und produktivere Exportindustrie und mit ihr die Banken eine möglichst geringe Steuerbelastung, einen Abbau der Inflation und deshalb eine Einschränkung der Staatsausgaben. Sie wollte vor allem mit ihren Produkten international konkurrenzfähig bleiben und erwartete Abhilfe von einer Bereinigung verzerrter Strukturen, von einer «Gesundschrumpfung» der Wirtschaft durch Schließung unrentabler Betriebe und Reduktion der Kosten der Arbeitskraft. Ein Teil der Exportwirtschaft wandte sich jedoch mit der Zeit – nicht zuletzt unter dem Druck der öffentlichen Meinung – gleichfalls einer antizyklischen Politik zu und befürwortete sogar – gegen den Widerstand der Banken und der Großindustrie – eine auf weitere Sicht wirksame Verbesserung der Bedingungen für die am härtesten betroffenen Branchen und Regionen durch den Staat (Strukturpolitik). Anfänglich versuchte der Bund die Krisenfolgen durch bloße «Konjunkturspritzen», namentlich durch eine Beschleunigung öffentlicher Investitionen, zu mildern und regte dabei mit besonderen Zuwendungen auch Kantone und Gemeinden zu entsprechenden Aufträgen an. 1978 ging er dann zu gezielten und längerfristigen Maßnahmen über, die vor allem der schwer geprüften Uhrenindustrie zugute kamen.

Es zeigte sich nun der Nachteil, daß der Bund gar nicht über die Befugnisse zu einer wirksamen Steuerung der Wirtschaftsentwicklung verfügte. Auch erkannte man die Notwendigkeit eines Eingreifens immer erst hinterher, wenn der Gang der Dinge schon kaum mehr beeinflußbar war. Der erste Anlauf zu einem Konjunkturartikel der Bundesverfassung, der eine breite Grundlage für Steuerungsmaßnahmen geboten hätte, scheiterte 1975 an der Stimmengleichheit der Stände; er war namentlich auf den doppelten Widerstand des interventionsfeindlichen Gewerbeverbandes und der westschweizerischen Föderalisten gestoßen. In der Folge gelang dann ein Kompromiß in der Kontroverse um die konjunkturpolitische Staatsintervention: 1978 passierte ein abgeschwächter Konjunkturartikel die Volksabstimmung, und gestützt darauf konnte nun das Parlament auch ein Notenbankinstrumentarium genehmigen; dieses bietet freilich nur beschränkte Möglichkeiten, die Entwicklung der Wirtschaftsstruktur mit kreditpolitischen Mitteln zu beeinflussen.

Landwirtschaft

Eine Krise ganz anderer Art zeichnete sich seit Mitte der siebziger Jahre im stark reglementierten Bereich der Landwirtschaft ab. Hier führte gerade die enorme Produktivitätssteigerung zu Milchschwemmen, Butter- und Käsebergen, deren teure Verwertungskosten den Konsumenten und Steuerzahler immer mehr belasteten. Technisierungskosten, hohe Bodenpreise und Verschuldung veranlaßten manche Bauern, ohne Rücksicht auf ökologische Folgen (Bodenüberdüngung, Wasserqualität etc.) die Produktion jener Güter zu intensivieren, deren Abnahme zu kostendeckenden Preisen der Bund garantiert hatte. Um die steigende Überproduktion von Milch einzudämmen, mußte man 1977 die einzelbetriebliche Kontingentierung einführen; jedoch mit dem Ergebnis, daß nun einerseits auch die pflanzliche Produktion übermäßig ins Kraut schoß, daß anderseits aber die Disparitäten innerhalb der Landwirtschaft sich eher noch verstärkten. Immer mehr begannen sich Klein- und Mittelbauern und die Berglandwirtschaft gegen eine Agrarpolitik zu wehren, welche die großen Talbetriebe bevorzugt und den Zollschutz auch bodenunabhängigen, auf Futtermittelimport basierenden Tierfabriken zukommen läßt, obwohl diese weder zur Landschaftserhaltung noch zur Kriegsvorsorge einen Beitrag leisten. 1979 ist der Bund von der auf die Produktion bezogenen Preispolitik etwas abgerückt und dazu übergegangen, der Landwirtschaft in steilen Hanglagen nach der bearbeiteten Fläche bemessene Beiträge auszurichten. Eine Preisdifferenzierung je nach Standort und abgelieferter Menge mit dem Ziel, den Anliegen der bäuerlichen Familienbetriebe besser Rechnung zu tragen, steht ebenfalls zur Diskussion. Es bedarf aber eines konzertierten Drucks der kleineren Produzenten und der ökologisch bewußter werdenden Konsumenten, um diese Instrumente einer modernen Agrarpolitik angemessen auszubauen. Die einflußreichen Landwirtschaftsverbände vertreten eher die Interessen der größeren Produzenten, des verarbeitenden Gewerbes und des Handels; sie zeigen Mühe, von der traditionellen Preispolitik Abschied zu nehmen.

6. Auf dem Weg in eine neue Wachstumsphase?

Überwindung der Rezession

Zögernd nur und später als im Ausland setzte ab 1977 auch in der Schweiz eine Erholung der Wirtschaft ein. Sie war in erster Linie dem Export zu verdanken, dessen Gewinnmargen im internationalen Wettbewerb allerdings zusammenschrumpften. Da vorerst kein stärkerer Aufschwung in Sicht war, hielten die Unternehmungen mit Erweiterungsinvestitionen zurück, die auf Schweizer Boden neue Arbeitsplätze geschaffen hätten; Anlagemöglichkeiten auf den internationalen Geld- und Kapitalmärkten schienen angesichts der Zinshausse lukrativer zu sein.

Das bescheidene Wachstum der Schweizer Wirtschaft wurde bereits 1981 von einer neuen Rezession abgelöst. Diesmal schlug sich der Beschäftigungseinbruch auch statistisch in einer Arbeitslosenquote von ca. einem Prozent nieder. Auf die spürbare Beunruhigung breiter Bevölkerungskreise reagierten die Bundesbehörden unter anderem mit einem Beschäftigungsprogramm (vorgezogene Aufträge, namentlich auch im Rüstungsbereich), dem aber kein durchschlagender Erfolg beschieden war. Obwohl die Schweiz seit Ende 1983 vom Wachstum der Weltwirtschaft (insbesondere USA und Japan) profitieren kann und erneut einen konjunkturellen Aufschwung erlebt, ist das Ziel der Vollbeschäftigung bisher nicht mehr erreicht worden. Dieses Arbeitsmarktproblem, je nach Branche und Region recht unterschiedlich, mag zwar im internationalen Vergleich als bescheiden gelten. Aber es deutet doch auf strukturelle Schwierigkeiten unserer Wirtschaft hin, die weder mit Hilfe einer antizyklischen Konjunkturpolitik überwunden noch mit extrem hohen Gewinnen im Finanzsektor auf die Dauer übertüncht werden können.

Der schwere Einbruch der siebziger Jahre und die nur langsam sich abzeichnende Erholung haben schockartig zum Bewußtsein gebracht, daß die internationale Konkurrenzfähigkeit der Schweiz gefährdet ist und der Wohlstand unseres exportabhängigen Landes nur erhalten bleiben kann, wenn die durch jahrelange Erfolge vielfach träge gewordene Wirtschaft ihre Innovationskraft und Anpassungsfähigkeit zurückerlangt. Die in den letzten Jahren von neuem ansteigenden Investitionen sind denn auch vorzugsweise zu Rationalisierungszwecken getätigt worden. Die neuen Technologien der modernen Computergeneration, so etwa die Prozeßsteuerung mit Hilfe der Mikroelektronik, haben flexibel agierenden Firmen neue Erfolge auch auf dem Weltmarkt ermöglicht, wie das Beispiel der Billiguhr Swatch beweist. Die Kehrseite solch produktivitätssteigernder Innovationen ist die Freisetzung von Arbeitskräften in der Industrie, die zunächst noch vom mächtig expandierenden Dienstleistungssektor absorbiert worden sind. Die erst jetzt richtig einsetzende Modernisierung des Bürobereichs steckt aber auch hier dem Arbeitsplatzangebot zunehmend Grenzen. Kein Wunder, daß sich deshalb in der Sozialpartnerschaft neue Konflikte anbahnen, auf die wir auch in anderem Zusammenhang näher eintreten werden.

Wirtschaft und Staat

Was die Umstellung der Wirtschaft auf die neuen Gegebenheiten des Marktes betrifft, so werden immer wieder warnende Stimmen laut, die Anstrengungen der Unternehmungen und des Staates seien noch ungenügend. Der Bund verstärkte zwar – auch mittels sogenannter Impulsprogramme – seine Unterstützung in der Forschung und Entwicklung neuer Technologien, und mehrere Kantone intensivierten ihre Wirtschaftsförderungsmaßnahmen. Doch eine staatliche Innovationsrisikogarantie für mittlere und kleinere Firmen wurde aus Wirtschaftskreisen mit ordnungspolitischen Argumenten heftig attackiert und 1985 im Abstimmungskampf zu Fall gebracht. Dem Unternehmertum, so argumentierte der Freisinn und ihm nahestehende Verbände, müsse die Investitionsentscheidung vorbehalten bleiben; der Staat habe sich nicht in diesen Bereich einzumischen und täte besser daran, über Steuerabbau und Deregulierung (Reduktion der Dichte gesetzlicher Regelungen) die Rahmenbedingungen für ein gewinnorientiertes Wirtschaften attraktiver zu gestalten. Neokonservative Exponenten der Marktwirtschaft gingen über diese Forderungen hinaus und verlangten eine Reprivatisierung bisher staatlicher Dienstleistungen sowie eine weitgehende Kommerzialisierung zum Beispiel im Mediensektor.

Andere Bereiche der Wirtschaftspolitik blieben von solch antietatistischen Attacken unbehelligt. Gegen einen Ausbau der Exportförderung etwa hatte die Wirtschaft nichts einzuwenden. Auch die Verstärkung des Bundesinstrumentariums zur Unterstützung strukturschwacher Regionen fand die Zustimmung von Parteien und Verbänden. Wo aber die Stärkung der Wettbewerbsordnung zur Diskussion stand, verleugneten die einflußreichen Wirtschaftskreise das sonst hochgehaltene marktwirtschaftliche Kredo. Zwar setzten sich die protektionistischen Forderungen des Detailhandels gegen die expandierenden Großverteiler nicht durch. Aber weder im Kartell- noch im Aktienrecht gelang es, dem Konzentrationsprozeß und der Anonymisierung wirtschaftlicher Macht wirksame Grenzen zu setzen; auch die von den Konsumenten mit einer Volksinitiative 1982 erzwungene wettbewerbsorientierte Preisüberwachung der Kartelle wurde in der bankenfreundlichen Ausführungsgesetzgebung so weit eingeschränkt, daß von einer Verletzung des Verfassungsrechts gesprochen werden kann.

Weder die Arbeitsbeziehungen noch die ordnungspolitischen Diskussionen geben in der Mitte der achtziger Jahre zur Hoffnung Anlaß, daß sich bald ein tragfähiger Konsens in der Wirtschaftspolitik finden läßt. Die meisten Reformvorhaben werden blockiert, und die neokonservative Haltung, die in manchen Ländern des Westens in Mode gekommen ist, hat auch unsere Wirtschaftskreise ergriffen. Dieser Strategie ist es aber bisher nicht gelungen, die anstehenden

Probleme zukunftsweisend und im Sinne eines sozial- und umweltverpflichteten qualitativen Wachstums zu meistern. Der Versuch, den Staat aus der Wirtschaft möglichst herauszuhalten, führt vielmehr zu krisenhaften Konflikten auch im politischen System.

C. Infrastruktur und öffentliche Finanzen

Bedarfsorientierte Infrastrukturpolitik

Die Herstellung und Verteilung von Gütern bedarf verschiedener Voraussetzungen. Die Produktionsfaktoren, welche die Wirtschaft aus der Natur (Boden, Umwelt, Energie, Rohstoffe) oder aus den Kräften des Menschen (Arbeit, Wissen) bezieht, müssen bereitgestellt, gesichert oder wieder aufbereitet werden; außerdem erfordert die Arbeitsteilung, daß Menschen, Waren und Nachrichten räumliche Distanzen leicht zurücklegen können. Die Einrichtungen, welche den eben genannten Zwecken dienen, fassen wir unter dem Begriff Infrastruktur zusammen. Aus Gründen, die schon in der Einleitung dieses Kapitels angeführt worden sind, hat die private Wirtschaft diesen Bereich mehr und mehr der öffentlichen Tätigkeit überlassen. Dadurch ist der Finanzhaushalt des Staates – auf der Ebene des Bundes, der Kantone wie der Gemeinden – beträchtlich erweitert und strapaziert worden.

Die staatliche Infrastrukturpolitik hat sich aber bisher weitgehend damit begnügt, von der wachsenden Nachfrage bewirkte Engpässe zu beseitigen. Diese Grundtendenz hatte oft zur Folge, daß die notwendigen Eingriffe zu spät vorgenommen wurden und daß sie der wirtschaftlichen Entwicklung keine Richtung wiesen. Zunächst versuchte man, die gesteigerte Nachfrage nach Infrastrukturleistungen mit Interventionen in Einzelfällen zu befriedigen. In den sechziger Jahren setzte sich hier und dort die Ansicht durch, daß der zukünftige Bedarf mindestens in gewissen Sektoren geplant werden müsse. Dabei ließ man sich allerdings nicht von erstrebenswert scheinenden Zielen leiten, sondern verlängerte die bisherige Entwicklung in die Zukunft und versuchte den Bedarf dergestalt zu errechnen. Als sich dann in den späten sechziger Jahren ein Planungsoptimismus zu verbreiten begann und außerdem die Knappheit der öffentlichen Finanzen einen rationellen Einsatz der Mittel nahelegte, erwies sich allmählich die Notwendigkeit einer umfassenderen Voraussicht, die auch die Zusammenhänge zwischen den verschiedenen Elementen eines ganzen Sachbereichs mit in Betracht zog. Folge dieser neuen Einsicht war, daß man sogenannte Bereichsplanungen an die Hand nahm wie vor allem die Gesamtkonzeptionen für Energie und Verkehr. Aber auch diese umfänglicheren Planungen gingen kaum von einem erstrebenswerten Zukunftsbild aus, sondern dienten der Dekkung des aufgrund bisheriger Entwicklungen geschätzten künftigen Bedarfs.

Der Wirtschaftseinbruch der siebziger Jahre hat die Planungseuphorie merklich erschüttert. Gerade die Gesamtplanungen mit

Infolge einer verspäteten und ungenügenden Raumplanung haben sich in alpinen Kurorten großstädtische Mammutbauten in die Berglandschaft eingefressen. Crans-sur-Sierre (VS).

ihrem Anspruch, alle Interessengegensätze möglichst auszugleichen, erweisen sich oft als zweifelhafte Instrumente, da sie wichtige politische Weichenstellungen auch verzögern oder gar verhindern können. Die wachsende Umweltproblematik und die finanziellen Engpässe erheischen zudem eine Politik, die nicht bloß im nachhinein reagiert, als sei der Gang der Dinge ein unabänderlicher Sachzwang. Gefragt ist vielmehr eine aktive Infrastrukturpolitik, die Schäden an der Quelle zu verhindern versteht, ohne die komplexen Auswirkungen staatlichen Handelns aus den Augen zu verlieren. Damit erlangen die Auseinandersetzungen um den Infrastrukturbereich eine zunehmende Bedeutung im Streit um die Staatsfunktion, um das Verhältnis von Markt und Plan und um den Stellenwert von Wirtschaftswachstum und Lebensqualität; die hier zu treffenden Reglementierungen und Investitionen erhalten immer mehr den Charakter von Schlüsselentscheidungen für die zukünftige Entwicklung der Gesellschaft als ganzer.

1. Raumordnung und Umweltschutz

Boden, Umwelt und Natur sind Güter, die nicht vermehrt werden können. Im Zuge des Wirtschafts- und Bevölkerungswachstums hat sich ihr Bestand sogar in gewissem Sinne vermindert. Durch den Bau von Fabriken, Büro-, Wohn- und Ferienhäusern, Straßen und anderen Verkehrsanlagen ist die landwirtschaftlich genutzte Fläche reduziert und sind Bereiche unberührter Natur zerstört worden. Die Errungenschaften der Chemie in Industrie, Landwirtschaft und

Haushalt haben Gewässer und Böden vergiftet, Motorfahrzeuge, Fabrikschlote und Ölheizungen die Luft verpestet. Schließlich hat die gesteigerte Nachfrage den Preis des Bodens in den Siedlungszentren so sehr in die Höhe getrieben, daß seine Nutzung für viele unerschwinglich geworden ist. Es brauchte aber meist schon alarmierende Zustände, bis erkannt wurde, daß die Entwicklung nur durch das Eingreifen des Staates unter Kontrolle zu bringen war.

Raumplanung

Eine gesamtschweizerische Raumordnungspolitik, die für eine allen Bevölkerungsgruppen dienende Verwendung, Erschließung und Erhaltung des Bodens gesorgt hätte, kam während der Wachstumsperiode nicht zustande. Die Raumplanung blieb vorerst Sache der Kantone, denen auf diesem Gebiet – im Gegensatz zur Wirtschaftspolitik – die Hände nicht gebunden waren, da man Nutzungsbeschränkungen nicht als Eingriffe in die Handels- und Gewerbefreiheit betrachtete. So entstanden in den sechziger Jahren da und dort kantonale Planungsgesetze, welche die Bautätigkeit auf bestimmte Zonen beschränkten. Eine gesamtschweizerische sozialdemokratisch-gewerkschaftliche Initiative ging hauptsächlich auf die Vermehrung des öffentlichen Grundbesitzes aus, um die Bodenpreissteigerung zu dämpfen. Sie wurde zwar 1967 verworfen, beschleunigte aber die Entwicklung auf Bundesebene. 1969 erhielt der Bund eine Kompetenz zur Aufstellung von Grundsätzen wie auch zur interkantonalen Koordination in der Raumplanung; dieser wurden freilich durch das gleichzeitig verankerte Recht auf Eigentum und auf volle Entschädigung im Falle der Enteignung enge Grenzen gesetzt. Immerhin versuchte man, die neue Kompetenz voll auszuschöpfen. 1972 veranlaßte ein dringlicher Bundesbeschluß die Kantone zur Ausscheidung von Landschaftsschutz- und Erholungszonen, um der fortschreitenden Zersiedelung durch gesteigerte Bautätigkeit Einhalt zu gebieten. Aufgrund von Studien des Instituts für Orts-, Regional- und Landesplanung an der Zürcher Eidgenössischen Technischen Hochschule (ETH) wurde in der Bundesverwaltung ein Leitbild für die Entwicklung der Schweiz bis zum Jahre 2000 entworfen. Doch ein erster Anlauf zu einem definitiven Raumplanungsgesetz scheiterte 1976 am Referendum; dabei machten sich einerseits föderalistische Vorbehalte sowie Gegnerschaft aus Gewerbe- und Hauseigentümerkreisen geltend, anderseits der Umstand, daß der Bauboom und die alarmierende Steigerung der Boden- und Mietpreise in der mittlerweile eingebrochenen Rezession nachgelassen hatten. Eine neue Fassung, die 1979 durchdrang, trug den Interessen der Grundbesitzer und der Selbständigkeit der Kantone mehr Rechnung. Da die Kantone die ihnen übertragenen Aufgaben zum Teil nur sehr mangelhaft erfüllen, gerät die Raumplanungspolitik zunehmend in eine echte Vollzugskrise. Ernsthafte Zweifel, ob sich mit ihren Instrumenten die Bodenprobleme, insbesondere auch in der Landwirtschaft, lösen lassen, schlagen sich unter anderem auch in einer 1983 eingereichten Volksinitiative nieder, die den Boden als ein beschränktes, immer wertvolleres Gut der Spekulation entziehen will.

Ausverkauf der Heimat

Ein besonderes Raumordnungsproblem hing mit dem bereits erwähnten Kapitalzustrom aus dem Ausland zusammen. Ein Teil der ausländischen Anlagen ging in Grund- und Hausbesitz, wobei der Erwerb von Ferienhäusern und Zweitwohnungen in den Fremdenverkehrsgebieten besonders beliebt war. Aus dieser Nachfrage zogen zwar das Baugewerbe und der Tourismus der bevorzugten Regionen Nutzen; daß aber in den Erholungszentren des Landes immer mehr Boden an kapitalkräftige Ausländer überging und die Grundstückpreise dadurch gesteigert wurden, erregte in weiten Bevölkerungskreisen Unmut. Der Bund traf deshalb von 1961 an gesetzliche Maßnahmen gegen den sogenannten «Ausverkauf der Heimat»; mit Rücksicht auf die wirtschaftlichen Interessen der betroffenen Kantone wurde die Entwicklung freilich nur mäßig gebremst. Mißbräuche und Umgehungsversuche führten dann zu einer Verschärfung des Instrumentariums. Ein rigoroser Verkaufsstopp an Ausländer, den die Nationale Aktion mit einer Volksinitiative verlangt hatte, wurde 1984 nur knapp abgelehnt.

Umweltschutz

Auf dem Gebiet der Umwelterhaltung nahm sich der Bund schon früh der Frage der Gewässerverschmutzung an, nachdem er 1953 die erforderliche Befugnis erhalten hatte. Doch das erste Gewässerschutzgesetz, das 1957 in Kraft trat, erwies sich als stumpfe Waffe, da es die Schutzmaßnahmen weitgehend dem Belieben der Kantone überließ. 1971 kam eine Revision zustande, die den Gemeinden für die Verwirklichung der Reinigung aller Abwässer eine zehnjährige Frist setzte und dafür die Subventionen erhöhte; zugleich wurde eine raumplanerische Wirkung angestrebt, indem man das Bauen ohne Anschluß an ein Reinigungssystem grundsätzlich verbot. Doch die Finanzknappheit erzwang bald eine Erstreckung der gesetzten Frist, und die Entwicklungsbedürfnisse der Berggebiete erwirkten eine Auflockerung des Anschlußzwangs. Man erkannte dem Gewässerschutz nur noch eine zweitrangige Bedeutung zu.

Für die übrigen Bereiche des Umweltschutzes wurde der Bund 1971 als zuständig erklärt. Wie in der Raumplanung kam es auch hier zunächst zu einem Fehlschlag, indem ein erster Gesetzesentwurf schon im Vernehmlassungsverfahren dem Widerstand der betroffenen Interessen erlag. Eine wesentlich abgeschwächte Vorlage wurde 1983 vom Parlament genehmigt. Die immer deutlicher werdenden Umweltschäden («Saurer Regen», Luftverschmutzung in den Städten etc.) und die zunehmend virulenteren Reaktionen der Bevölkerung bewirkten eine Neubesinnung in der Umweltpolitik. Als sich 1984 zeigte, daß bereits ein Drittel des gesamten Baumbestandes der Schweiz vom «Waldsterben» betroffen war, griffen die Behörden auch zu schärferen Maßnahmen (Geschwindigkeitsbeschränkungen, harte Abgasvorschriften etc.), deren Akzeptanz vor allem im Autogewerbe und in der welschen Schweiz zunächst umstritten war, obwohl sie das Ziel, die Luftbelastung auf das Ausmaß der fünfziger Jahre zurückzuführen, kaum zu erreichen vermögen. Es stellt sich immer mehr die Frage, ob die lebensbedrohende Umweltverschmutzung (nicht zuletzt auch im Abfallbereich) allein mit Hilfe einer stärkeren Belastung der Verursacher und mit internationalen Absprachen rückgängig zu machen ist oder ob es härterer Eingriffe in das Marktgeschehen (Treibstoffkontingentierung, Verbot gewisser Verpakkungen etc.) bedarf.

2. Energie

Zunahme des Verbrauchs

Die beträchtliche Steigerung der wirtschaftlichen Produktion und des allgemeinen Lebensstandards seit dem Zweiten Weltkrieg war von einer gewaltigen Zunahme des Energieverbrauchs begleitet. Auch im Gewerbe und in der Landwirtschaft, im Verkehr und im Haushalt verdrängten Maschinen und Motoren mehr und mehr die Körperkraft. Dabei kam es zu einer völligen Umstellung im Verhältnis zwischen den einzelnen Energieträgern. Wenn in der unmittelbaren Nachkriegszeit die Kohle und das aus ihr gewonnene Gas noch mehr als 40 % des Verbrauchs deckten, ging deren Anteil auf ein fast belangloses Ausmaß zurück. Dafür vergrößerte sich der Anteil des Erdöls und der aus ihm erzeugten Produkte von rund einem Viertel auf vier Fünftel am Ende der Wachstumsperiode. Der Verbrauch von Elektrizität aus Wasserkraftwerken erhöhte sich gleichfalls ständig bis gegen Ende der sechziger Jahre, anteilmäßig nahm er jedoch ab. Denn der weitere Ausbau der Wasserkraftnutzung näherte sich einer Grenze, da einerseits die Baukosten stark anstiegen, andererseits aber in der Bevölkerung Widerstände gegen die Beeinträchtigung des Naturhaushalts, der landschaftlichen Schönheiten und damit auch der touristischen Anziehungskraft des Landes fühlbar wurden. Da sich die Opposition ebenso vehement gegen die Umweltbelastung durch ölbetriebene thermische Kraftwerke wandte, erfolgte Mitte der sechziger Jahre – im internationalen Vergleich relativ spät – die Zuwendung der Elektrizitätswirtschaft zur Atomenergie.

Die Elektrizitätsproduktion wird in der Schweiz seit langem weitgehend von Kantonen und Gemeinden getragen, die sich dafür allerdings meist der privatrechtlichen Form der Aktiengesellschaft bedienen, die keiner öffentlichen Kontrolle untersteht. Seit den sechziger Jahren hat der Bund mehr und mehr eine Lenkungsaufgabe übernommen. So begünstigte der Bundesrat, der auf eine Reduktion der einseitigen Abhängigkeit vom Erdöl bedacht war, den Übergang zur Kernenergie und suchte zugleich den Bau von Ölleitungen nach der Schweiz und die Errichtung inländischer Raffinerien einzuschränken. Dabei dienten ihm neue energiepolitische Befugnisse, die sich der Bund hatte übertragen lassen (Atomenergie 1957, Rohrleitungen 1961). Durch Verhandlungen mit Uran exportierenden Staaten, vor allem mit den USA, wurde die Versorgung mit atomarem Brennstoff sichergestellt. Dagegen erlitt die Förderung des Eigenbaus schweizerischer Atomreaktoren Schiffbruch, da der Bund den Einsatz seiner Mittel beschränkte und die interessierten

Als monumentale Konstruk tionen durchziehen heute vier oder sechsspurige Autobahne fast alle Kantone der Schweiz Sie entlasten viele Siedlunge vom Durchgangsverkehr, zer schneiden und verbetoniere aber die Landschaft und ver breiten in ihr Abgase und Lärn Die N 2 bei Arisdorf (BL

Das einzige große Erdölkraftwerk der Schweiz in Chavalon bei Vouvry (VS). Um den Forderungen nach Reinhaltung der Luft in der Rhoneebene zu entsprechen, wurden die Anlagen hoch über der Talsohle errichtet.

Das Atomkraftwerk von Gösgen (SO), das als erstes zur Vermeidung einer zu starken Erwärmung des Flußwassers mit einem Kühlturm ausgestattet werden mußte.

Unternehmungen kein größeres Risiko eingehen mochten. Neben der Erzeugung von Kernenergie unterstützte der Bund auch die Einfuhr von Erdgas. Aufgrund einer engen Zusammenarbeit der regionalen Gaswerke gelang der Anschluß an ein internationales Leitungssystem.

Als 1969 in Beznau (AG) das erste schweizerische Atomkraftwerk seine Produktion aufnahm, begannen sich nun auch gegen die neue Energiequelle Bedenken und Widerstände zu regen, wie wir noch an anderer Stelle zeigen werden. Der Bau weiterer Werke verzögerte sich; 1979 wurde in Gösgen (SO) das vierte eröffnet, das erste, das aufgrund strengerer Vorschriften mit einem Kühlturm ausgestattet werden mußte. Im gleichen Jahr verschärfte man – unter dem Druck einer nur knapp verworfenen Volksinitiative – das Atomenergiegesetz: Aufgrund einer vorerst befristeten Ergänzung sollen künftige Anlagen nur bewilligt werden, wenn für sie ein Bedarf nachgewiesen und die sichere Endlagerung der radioaktiven Abfälle gewährleistet ist. Die mit den Forschungsarbeiten für die atomare Entsorgung beauftragte Gesellschaft (NAGRA) sah sich praktisch überall, wo Bohrungen für die Abklärung geeigneter Zwischen- und Endlager vorgenommen werden sollten, einem massiven Widerstand der lokalen Bevölkerung ausgesetzt; der Nachweis, daß sich das Entsorgungsproblem wirklich lösen lasse, blieb umstritten. Als 1984 eine weitere Volksinitiative gegen den Bau zusätzlicher Atomkraftwerke keine Mehrheit erreichte, erteilten die Behörden dem in der Nordwestschweiz von allen Parteien und Bevölkerungsschichten bekämpften Werk Kaiseraugst eine Rahmenbewilligung. Ob allerdings dieses und andere Kernkraftwerke überhaupt noch gebaut werden, ist nicht nur eine Frage des Widerstands der sensibilisierten Bevölkerung und des geschätzten künftigen Energiebedarfs, sondern zunehmend auch der Rentabilität solch kapitalintensiver Großanlagen.

Die schweizerische Wirtschaft ist in ihrer Abhängigkeit von der Versorgung mit Energie aus dem Ausland besonders verletzlich. Im Auftrag des Bundesrates hat eine Kommission die Möglichkeiten untersucht, wie diese Abhängigkeit durch sparsameren Verbrauch, durch den Ausbau bereits genutzter Energiequellen (Atomkraft, Kohle, Erdgas) oder durch die Entwicklung sogenannter Alternativenergien (Sonnenstrahlung, Wärmepumpen) zu mildern wäre (Bericht über eine Gesamtenergiekonzeption von 1978). Einer wirksamen Lenkung des Energieverbrauchs stehen jedoch die Interessen der Industrie weitgehend entgegen, und es bedürfte dazu nicht nur zusätzlicher Befugnisse des Bundes, sondern auch einer größeren Bereitschaft zu Einschränkungen in der Bevölkerung. Ein Verfassungsartikel, der auf der Gesamtenergiekonzeption basierte, scheiterte 1983 knapp am Ständemehr, da er den Wirtschaftskreisen zu weit, den Umweltverbänden aber nicht weit genug ging. Eine Energieinitiative als Grundlage für stärkere Lenkungseingriffe blieb ein Jahr später auf der Strecke, so daß der Bund eine aktivere Energiepolitik vorläufig den Kantonen überlassen muß.

3. Verkehr

Verdichtung des Verkehrs

Die wirtschaftliche Entwicklung und die Wandlung der Lebensgewohnheiten brachten eine enorme Verdichtung des Verkehrs. Einerseits ließ die Erweiterung und Vermehrung der Produktionsstätten die Warentransporte zunehmen. Andererseits vergrößerten sich in den wachsenden Siedlungsagglomerationen die Abstände zwischen Wohnung und Arbeitsstätte, da in den Stadtzentren die Dienstleistungsbetriebe immer mehr Platz beanspruchten und den Wohnraum in die Außenquartiere und Vororte verdrängten; dadurch schwoll die Zahl der täglichen Pendler beträchtlich an. Obgleich die Schweiz schon ein dichtes Eisenbahnnetz besaß, das manchenorts noch auf Doppelspur erweitert wurde, gaben Unternehmungen und Einzelpersonen immer häufiger dem Auto als dem beweglicheren Transportmittel den Vorzug. Für die ständige Zunahme der Motorfahrzeuge bot der sich steigernde Wohlstand eine wesentliche Voraussetzung. So ergoß sich der zusätzliche Verkehr hauptsächlich auf die Straße.

Der gewaltig angewachsene Straßenverkehr hat auch in Großstädten Kunstbauten entstehen lassen, durch die das Stadtbild stark verändert worden ist. Beim Escher-Wyß-Platz in Zürich.

Um eine reibungslose Verbindung zwischen den Ballungszentren und außerdem den Anschluß an die Autobahnen des Auslandes sicherzustellen, erhielt der Bund 1958 die Kompetenz, den Bau von Nationalstraßen zu organisieren; zur Finanzierung wurden die Kantone und durch Zollzuschläge auf den Treibstoffen vor allem die Benützer herangezogen. Man plante das Netz mit Rücksicht auf die Interessen der Kantone sehr dicht und baute bald einmal gleichzeitig an zahlreichen Stellen, so daß sich die Vollendung selbst der Hauptachsen West–Ost und Nord–Süd verzögerte. Seit den siebziger Jahren machte sich zunehmend auch Widerstand der betroffenen Bevölkerung gegen den Endausbau des Nationalstraßennetzes bemerkbar. Einer Überprüfung der noch nicht in Angriff genommenen Strecken fiel die Verbindung Berner Oberland–Wallis (Rawil) zum Opfer, allerdings vorwiegend aus technischen Gründen.

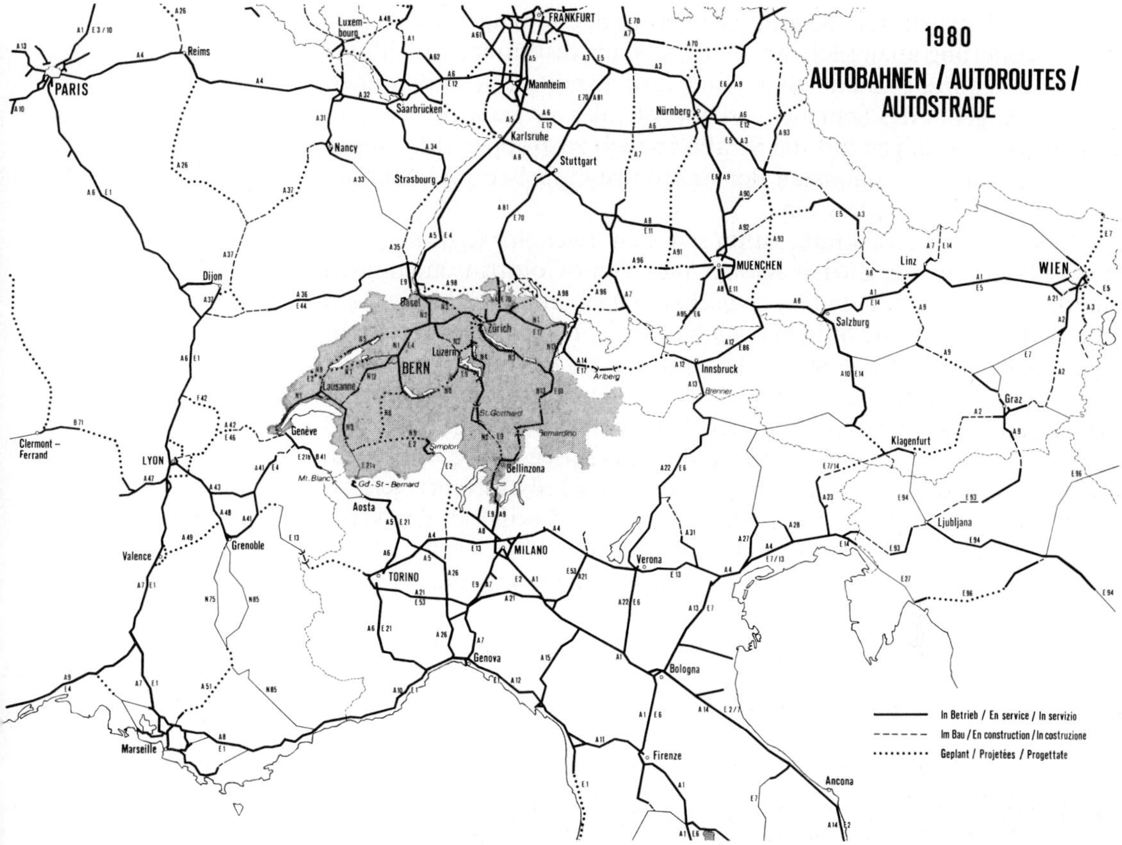

Die gewaltige Vermehrung des Motorfahrzeugverkehrs, die auch durch kantonale Straßenbauten gefördert wurde, belastete mehr und mehr die Umwelt – vor allem in den Städten – und führte die Eisenbahnen von der Mitte der sechziger Jahre an in die roten Zahlen. Zur Aufrechterhaltung der Verbindungswege, namentlich in abgelegenen Regionen, sah sich der Bund gezwungen, die nur beschränkt rationalisierungsfähigen Bahnen mit großen Summen zu subventionieren. Um die Defizite nicht noch stärker anwachsen zu lassen, verpflichtete man die SBB zu Rationalisierungsmaßnahmen und kostenbewußterem Unternehmerverhalten. Unter dem Eindruck der zunehmenden Finanzierungsschwierigkeiten ist die Bereitschaft gewachsen, den Verkehr als Einheit zu betrachten. Der 1978 vorgelegte Expertenbericht über eine Gesamtverkehrskonzeption und die darauf basierenden Verfassungsvorlagen sehen freilich eine Unterstützung des öffentlichen durch den privaten Verkehr nur in Ausnahmefällen vor. Als besonders privilegiert erscheint der private Gütertransport mit Lastwagen, der den Bahnen ihre Haupteinnahmequelle empfindlich beschneidet, aber nicht einmal an die Bau- und Unterhaltskosten der Straßen einen angemessenen Beitrag entrichtet. Erst unter dem Ein-

Der Schwerverkehr erobert sich die Alpenpässe. Kurve auf hohen Kunstbauten an der zweispurigen Nationalstraße über den Gotthard; in der Tiefe das Bedrettotal.

druck der Umweltkrise beginnt sich Mitte der achtziger Jahre eine Neuorientierung abzuzeichnen: Mittels Neuinvestitionen in Milliardenhöhe (Konzept «Bahn 2000») und Tarifverbilligungsmaßnahmen soll das Angebot des Schienenverkehrs attraktiver gemacht werden, um die Verlagerungen auf die Straße endlich zu stoppen oder sogar eine Trendumkehr zugunsten der umweltfreundlichen und energiesparenden Bahn zu bewirken.

Eine starke Entwicklung nahm seit dem Zweiten Weltkrieg auch der Luftverkehr. In Zürich-Kloten und Genf-Cointrin entstanden interkontinentale Flughäfen, zwischen Basel und Mülhausen ein kontinentaler. Das Vorhaben, auch bei Bern einen solchen zu errichten, scheiterte am Widerstand der betroffenen Bevölkerung. Unerfüllt blieb gleichfalls das Verlangen west- und nordostschweizerischer Kreise nach einer Erschließung der Wasserwege zwischen Basel und dem Neuenburger- beziehungsweise dem Bodensee. Insbesondere im welschen Landesteil erwartete man von der Flußschiffahrt verbesserte Bedingungen für die regionale Industrie. Zweifel an der Wirtschaftlichkeit der erforderlichen Investitionen und Rücksicht auf den Gewässerschutz haben den Bundesrat zu einer hinhaltenden Politik bewogen.

4. Wohnungsbau und Miete

Wechselnde Interventionspraxis

Das Wohnungswesen ist diejenige Infrastrukturfunktion, die bei uns am weitgehendsten der Privatwirtschaft zufällt. Der Staat und die Gemeinden sehen sich hier vor allem aus sozialpolitischen Gründen zum Eingreifen veranlaßt, um den wenig bemittelten Schichten, insbesondere größeren Familien, erschwinglichen Wohnraum zu verschaffen. Dies geschieht einerseits durch Subventionen, anderseits durch Kontrolle der Mietpreise und durch Beschränkung des Kündigungsrechts. In Zeiten ungenügender Bautätigkeit haben Bund und Kantone aber auch ganz allgemein die Produktion von Wohnungen zu steigern versucht. Dies war im Zweiten Weltkrieg und in der frühen Nachkriegszeit der Fall. 1950 erwirkte indessen die neue liberale Strömung die Einstellung der Subventionen in der Wohnwirtschaft, und im Laufe der beiden folgenden Jahrzehnte wurden auch die Mietzinsbeschränkungen allmählich aufgehoben. Doch der Zudrang einheimischer und ausländischer Arbeitskräfte zu den Siedlungsagglomerationen gab schon Ende der fünfziger Jahre Anlaß zur Wiederaufnahme des subventionierten sozialen Wohnungsbaus; durch Erweiterung des Angebots von Wohnraum sollte das Ansteigen der freigegebenen Mietzinse gebremst werden. Aber trotz erheblicher Zunahme der Bautätigkeit blieb der Bestand an leeren Wohnungen äußerst gering; dies war nicht zuletzt eine Folge der Emanzipation der Jugend, die früher als bisher das elterliche Heim verließ. Als 1970 eine Initiative für ein «Recht auf Wohnung» nur mit 51 % der Stimmen verworfen wurde, kehrte man zum eben aufgehobenen Mieterschutz

Wohnbau an den Agglomerationsrändern. Rechts mächtige Wohnblöcke in Le Lignon (Vernier) bei Genf. Unten eine Terrassensiedlung mit Einfamilienhäusern in Meilen am Zürichsee.

zurück: 1972 erhielt der Bund eine entsprechende Befugnis, die dazu führte, daß für Gemeinden mit Wohnungsknappheit erneut eine gewisse Mietzinsüberwachung verfügt wurde. Zugleich übertrug man dem Bund nun die Aufgabe, den Wohnungsbau und ebenso den Erwerb von Wohnungseigentum auch über sozialpolitische Erfordernisse hinaus zu begünstigen. Die Rezession ließ die Nachfrage nur vorübergehend abflauen. Daß die Mietzinse davon kaum beeinflußt wurden, machte deutlich, wie wenig die Gesetze der Marktwirtschaft im Wohnungsbereich wirksam sind. Der Anlagebedarf des Finanzsektors ist im Zeichen des Ausbaus der beruflichen Vorsorge noch gestiegen; riesige Kapitalmassen überschwemmen den Immobilienmarkt und treiben die Bodenpreise weiter in die Höhe, so daß der Durchschnittsschweizer seine Altersvorsorge nicht zuletzt auch über erhöhte Wohnungszinsen finanzieren muß, während die Chancen für

den Erwerb eines Eigenheims zusehends schwinden. Um die Spekulation auf dem Wohnungsmarkt einzudämmen, reichten die Mieterverbände 1982 erneut eine Mieterschutzinitiative ein. Behörden und Wirtschaftskreise betonten demgegenüber die Selbstregulierungskraft des Marktes; ein Versuch, die Wohnbauförderung des Bundes auf das Berggebiet zu beschränken, wurde allerdings 1984 abgelehnt.

5. Gesundheit, Bildung und Forschung

Zur Infrastruktur können in einem weiteren Sinne auch jene Einrichtungen gezählt werden, die – wirtschaftlich betrachtet – der Erhaltung, Erneuerung und Aufbereitung des Produktionsfaktors Arbeit dienen wie das Gesundheits- und das Bildungswesen. Diese Bereiche haben gleichfalls eine bedeutsame sozialpolitische Seite, sind doch die weniger bemittelten Schichten nur sehr beschränkt in der Lage, sich an den Kosten der hier erbrachten Leistungen zu beteiligen. Die Aufgabe des Staates besteht aber nicht nur in einem entsprechenden sozialen Ausgleich (durch abgestufte Tarife für Arzt- und Spitalleistungen sowie durch Stipendien), sondern darüber hinaus in der Sicherstellung des erforderlichen Leistungsangebots, dessen Finanzierung im Zuge der Entwicklung von Wissenschaft und Technik immer umfänglichere Mittel erheischt.

Kostenexplosion im Gesundheitswesen

Im Zentrum der Gesundheitspolitik stand der Ausbau der Spitäler. Das Bevölkerungswachstum, die zunehmende Überalterung und die naturwissenschaftlichen und technischen Fortschritte der Medizin hatten eine außerordentliche Erhöhung der Aufwendungen für Investitionen und Betrieb zur Folge. Das Spitalwesen blieb aber Sache der Kantone, der Gemeinden und privater Organisationen; der Bund beteiligte sich nur an der Ausbildung des Personals, dessen Zunahme angesichts der rasch steigenden Nachfrage nicht ausreichte. So entwickelte sich die medizinische Infrastruktur sehr ungleich: In gewissen Ballungszentren kam es infolge falscher Bevölkerungsprognosen zu einer Überversorgung, während schwächere Kantone mit den Bedürfnissen nicht Schritt halten konnten. Vor allem das Pflegeangebot für Chronischkranke, die infolge der Überalterung zugenommen haben, sowie die spitalexternen und damit billigeren Dienstleistungen scheinen der wachsenden Nachfrage noch nicht zu genügen. Die weithin mangelnde Wirtschaftlichkeit der Gesundheitseinrichtungen trug zur explosiven Kostenentwicklung bei, die angesichts des sich abzeichnenden Ärzteüberflusses kaum unter Kontrolle gehalten werden kann. Die Vervollkommnung der medizinischen Methoden warf aber auch die Frage nach dem Sinn einer bloß physischen Lebensverlängerung auf und gab Anlaß zum Ruf nach einer passiven oder gar aktiven Sterbehilfe. Stärker als früher fallen heute die Streßerscheinungen und psychosomatischen Erkrankungen ins Gewicht, wobei neben dem Konsum von Pharmazeutika auch alternative Heilmethoden an Bedeutung gewinnen.

Typisch für eine pragmatische, der Planung abgeneigte Mentalität ist die Tatsache, daß die vorbeugende Gesundheitsbetreuung (Präventivmedizin) in der Schweiz weniger entwickelt ist als in einigen anderen Ländern. Auf die Probleme der Krankenversicherung werden wir an anderer Stelle zu sprechen kommen.

Bildung und Forschung

Bildung und die mit ihr praktisch eng verbundene Forschung sind für das Wachstum der Wirtschaft von zentraler Bedeutung. Man spricht von einem besonderen Produktionsfaktor Wissen. Während sich der Boden nicht vermehren läßt, Arbeitskraft, Energie und Rohstoffe knapper werden und die Erträge aus dem Einsatz von Kapital allmählich zurückgehen, bleibt dieser Faktor ausbaufähig und ermöglicht damit die Weiterentwicklung der Produktion in qualitativer Hinsicht. Deshalb steigerten sich die Anforderungen an Bildung und Forschung im Laufe der Wachstumsphase. Die Aufwendungen für diesen Sektor rückten bereits in den fünfziger Jahren auf den ersten Platz im Rahmen des gesamten Haushalts der öffentlichen Hand (Bund, Kantone und Gemeinden) vor und stehen – trotz verschiedener Sparmaßnahmen und sinkender Schülerzahlen – auch heute noch einsam an der Spitze.

Dabei hat sich in der Schweiz allmählich eine Art Dreiteilung der Kompetenzen und Aufgaben herausgebildet. Das Bildungswesen liegt noch zum größten Teil in der Hand der Kantone und Gemeinden, die nicht wirtschaftlichen Zwecken dienende Forschung (Grundlagenforschung) wird seit den fünfziger Jahren mehr und mehr vom Bund, insbesondere von der Stiftung Schweizerischer Nationalfonds, getragen, und die direkt auf die Produktion ausgerichtete «angewandte» Forschung bleibt der Industrie überlassen. Allerdings hat der Bund sein Engagement im Laufe der Entwicklung verstärkt. Nach der Gründung einer Technischen Hochschule in Zürich hatte er seinen Einfluß schon im 19. Jahrhundert auf die Gymnasien und in der Zwischenkriegszeit auf die Berufsschulen ausgedehnt. Doch erst um 1960 begann er, zu einer umfassenden Bildungspolitik überzugehen. Da der zunehmende Wohlstand und die steigende Nachfrage nach qualifizierter Arbeitskraft die Kantone zum Ausbau ihrer Mittelschulen veranlaßte, zeichnete sich die Gefahr eines Engpasses an den Hochschulen ab, der ohne Bundeshilfe nicht mehr zu bewältigen war. Der Ruf nach solcher Hilfe gab aber Anlaß zur Forderung nach einer Koordination zwischen den Universitäten zwecks rationellen Einsatzes der Mittel. Darüber hinaus stellte sich die Frage einer Studienreform, die namentlich von der Studentenbewegung der späten sechziger Jahre gefordert wurde. Bestrebungen für eine Bildungsreform meldeten sich auch auf den unteren Stufen, und die von der Wirtschaftsentwicklung stark geförderte Freizügigkeit der Bevölkerung ließ eine Angleichung der kantonalen Schulsysteme dringend werden. Der Konkordatsweg erwies sich dabei allerdings als mühsam; es bedurfte sogar einer Änderung der Bundesverfassung, um die Kantone wenigstens auf einen gemeinsamen Schuljahresbeginn im Spätsommer zu verpflichten.

Der Bund begann 1966 den Kantonen Hochschulsubventionen auszurichten, und 1968 entlastete er die Waadt zusätzlich durch Übernahme der Technischen Hochschule von Lausanne. Die Befugnisse für eine Steuerung des gesamten Bildungswesens wurden ihm aber verweigert. Eine entsprechende Verfassungsrevision scheiterte 1973 am Ständemehr. So blieb die Bildungspolitik weitgehend den Kantonen und ihrer Zusammenarbeit anheimgestellt. Weder auf der Ebene der Universität noch auf derjenigen der Primar- und Mittelschulen sind die Bestrebungen für eine engere Koordination weit gediehen. Projekte für neue Hochschulen im Aargau und in Luzern scheiterten in der zweiten Hälfte der siebziger Jahre an der Knappheit der Finanzen und am verbreiteten Mißtrauen gegenüber den Akademikern. Immerhin ist es einstweilen gelungen, Beschränkungen in der Zulassung zum Studium *(Numerus clausus)* zu vermeiden und die Nichthochschulkantone für eine Beteiligung an den Kosten des Universitätsunterrichts zu gewinnen. Nicht nur die Zahl der Studierenden, auch der Anteil der Frauen erhöhte sich laufend. Als Kehrseite dieser an sich begrüßenswerten Entwicklung zeichnet sich – zumindest in einigen Fächern – ein Überschuß an Akademikern und namentlich auch an Lehrern ab. Der rasche Wandel vor allem im technologischen Bereich rückt neben der Eliteförderung immer mehr auch die lebenslange Fortbildung auf allen Stufen in den Vordergrund, deren konsequente Verwirklichung dem demokratischen Postulat der Chancengleichheit noch besser Rechnung tragen könnte als die auf erhöhte Durchlässigkeit zielende, in der Praxis aber meist steckengebliebene Schulreform auf der Mittelstufe. In der Forschungspolitik setzt der Bund seine Beiträge vermehrt für gesellschaftlich und politisch bedeutsame Projekte ein, die über Nationale Forschungsprogramme koordiniert werden. Unter dem Eindruck der Finanzklemme ist aber auch hier der Rotstift angesetzt worden. Daß sich die Sparbemühungen nicht immer auszahlen, zeigt die Entwicklung der ETH, wo in Lehre und Forschung heute ein Nachholbedarf befriedigt werden muß, um nur den internationalen Standard zu halten und den Bedürfnissen der Wirtschaft – zum Beispiel im Bereich der Informatik – einigermaßen Rechnung zu tragen.

6. Die öffentlichen Finanzen

Reagieren statt Regieren in der Finanzpolitik

Ähnlich wie der Ausbau der Infrastruktur wurde auch die Entwicklung der öffentlichen Finanzen in der Nachkriegszeit weitgehend von den unmittelbaren Wachstumsbedürfnissen der Wirtschaft bestimmt. Die Staatsausgaben gingen vorerst – nach der gewaltigen Steigerung im Kriege – etwas zurück und wuchsen dann erneut mit der Nachfrage des privaten Sektors nach öffentlichen Dienstleistungen und öffentlicher Infrastruktur sowie mit den Erfordernissen der Sozialversicherung, von der noch die Rede sein wird. In bezug auf seine Einnahmen verhielt sich der Staat nach rein fiskalischen Gesichtspunkten, d. h. er versuchte, die nachfragebedingten Ausgaben möglichst ohne Budgetdefizite zu finanzieren. Er hielt sich gewissermaßen an die Grundsätze des sparsamen Hausvaters und suchte zu vermeiden, daß die öffentlichen Ausgaben stärker als das Bruttosozialprodukt zunahmen, weil die vorherrschende liberale Strömung von einer solchen Entwicklung eine kalte Sozialisierung befürchtete. So blieb der Finanzpolitik eine Steuerung der wirtschaftlichen Entwicklung versagt. Desgleichen spielte der Gedanke einer sozialen Umverteilung mit Hilfe der Staatsfinanzen in der Schweiz – verglichen mit anderen Ländern – eine nur sehr bescheidene Rolle. Obwohl man seit dem Kriegsende immer wieder von den konjunkturpolitischen Möglichkeiten der Haushaltführung sprach, ging von dieser Diskussion kein merklicher Einfluß auf das Verhalten der öffentlichen Hand aus.

Bereits während der Wachstumsphase ergaben sich mehr und mehr Ungleichgewichte innerhalb der föderativen Finanzordnung. Das grundsätzliche Trennsystem, das dem Bund, den Kantonen und den Gemeinden unterschiedliche Aufgaben und Einnahmequellen zuordnete, erwies sich als problematisch, da sich die Ausgaben und Einnahmen auf den drei öffentlichen Ebenen immer weniger aufeinander abstimmen ließen. Solchermaßen in Schwierigkeiten verstrickt und durch den gewaltigen Nachholbedarf im Infrastruktursektor finanziell zunehmend belastet, trat die Schweiz in die Wirtschaftskrise der siebziger Jahre ein, in welcher sich die Schere zwischen dringlichen Ausgaben und schwindenden Einnahmen bedrohlich öffnete, was den Staat in eine gravierende Finanzkrise riß.

Vergebliches Bemühen um eine dauerhafte Bundesfinanzordnung

Mit der Rückkehr zu normalen Verhältnissen nach dem Krieg stellte sich die Aufgabe, die auf Vollmachten des Bundesrates beruhenden Steuern (hauptsächlich die direkte Wehrsteuer und die indirekte Warenumsatzsteuer) abzulösen oder aber in der Verfassung zu verankern. Eine dauernde und großzügige Lösung dieser Aufgabe, die der Finanzpolitik auch eine konjunkturpolitische Funktion zugewiesen hätte, scheiterte indes mehrmals an privatwirtschaftlichen Interessen, am liberalen Widerstand gegen eine Ausweitung der Staatsfunktion und an föderalistischen Befürchtungen, der Bund könnte die hauptsächliche Einnahmequelle der Kantone, die direkten Steuern, zu stark anzapfen. So ist es bis heute bei Provisorien geblieben.

Der Bundesrat unterbreitete dem Parlament bereits 1948 einen Vorschlag, der neben der Verrechnungssteuer und einer Umsatzsteuer auch eine direkte Bundessteuer beibehielt, die – mit Progressionssätzen bis zu 20 % – eine Abtragung von fünf Milliarden Franken Bundesschulden innerhalb von 60 Jahren erzielen sollte. Das Problem des Finanzausgleichs wünschte die Regierung mittels einer differenzierten Subventionszumessung anzugehen, die auf die Finanzkraft der einzelnen Kantone Rücksicht nähme. Nach scharfen Auseinandersetzungen beschloß das Parlament, sowohl echten wie vorgeschobenen föderalistischen Einwänden folgend, eine

Vorlage, die anstelle der progressiven Einkommenssteuer jährliche Kontingente der Kantone in der Höhe von 70 Millionen Franken vorsah. Diese Lösung, die auf Vorstellungen früherer Jahrhunderte zurückgriff, erntete aber in der Volksabstimmung vom 4. Juni 1950 schon deshalb keinen Erfolg, weil die Kantone ihrerseits die Steuern kräftig hätten erhöhen müssen, um die Kontingente bezahlen zu können.

Der negative Volksentscheid zwang zur Fortführung der Notrechtsordnung aus der Kriegszeit, die als Übergangslösung für weitere vier Jahre die Zustimmung des Souveräns erhielt. Alternative Vorstellungen waren nicht gefragt; eine Initiative der Partei der Arbeit auf Abschaffung der die Konsumenten ohne Rücksicht auf ihre materielle Lage belastenden Warenumsatzsteuer und eine sozialdemokratische Initiative auf nochmalige Erhebung des Wehropfers (Vermögensabgabe) fanden ebensowenig die Zustimmung des Volkes wie eine bundesrätliche Vorlage, die – im Zusammenhang mit dem Koreakrieg – eine Rüstungsfinanzierung durch Zuschläge zur Wehrsteuer und eine Getränkesteuer verlangte.

Auch der zweite Versuch einer neuen Bundesfinanzordnung erlitt Schiffbruch. Der Bundesrat hielt im wesentlichen an seiner Konzeption aus dem Jahre 1948 fest. Er verzichtete jedoch auf einen starren Schuldentilgungsplan, da die Überschüsse aus guten Jahren ohnehin zur Entschuldung des Bundes beizutragen begannen, in Krisenzeiten aber aus konjunkturpolitischen Gründen auf eine Steuererhöhung verzichtet werden sollte. Kernstück des Vorschlags bildeten wiederum die Wehr- und die Warenumsatzsteuer, die man als finanzpolitische Zwillinge behandelte, aber sowohl zeitlich wie durch Höchstsätze (15 beziehungsweise 4 %) beschränkte. Diese Lösung, mit der man einen Kompromiß zwischen den verschiedenen Interessen anstrebte, die aber zugleich die für die Westschweiz schwer verdauliche Getränkesteuer neu auflegte, wurde im Abstimmungskampf als «Faß ohne Boden» diffamiert und im Dezember 1953 verworfen, worauf der Finanzminister, der Sozialdemokrat Max Weber, zurücktrat.

Von Provisorium zu Provisorium

Als typisch für die Finanzgesinnung mit ihrer Abneigung gegen hohe Staatsausgaben und ausgedehnte Bundeskompetenzen erscheint auch die Initiativtätigkeit der mittleren fünfziger Jahre: Der Bund wurde zum Sparen gedrängt und – trotz Hochkonjunktur und Vollbeschäftigung – zu konjunkturpolitisch verfehlten Steuerreduktionen gezwungen; die Einführung des Referendums gegen Ausgabenbeschlüsse scheiterte allerdings in der Volksabstimmung. Die Regierung war von ihren Abstimmungsniederlagen so weit entmutigt, daß sie ihre Pläne für eine eigentliche Reform der Bundesfinanzordnung begrub und sich fortan damit begnügte, befristete Verlängerungen des Steuersystems der Kriegszeit mit geringfügigen Änderungen vorzuschlagen. Damit hatte sie beim Souverän Erfolg, auch 1958, als die Sozialdemokraten wegen der erheblichen Entlastung der begüterten Schichten (Wegfall der Vermögens- und der Luxussteuer) opponierten. Gleichzeitig wurde der Bund verpflichtet, den Finanzausgleich zwischen armen und reichen Kantonen zu fördern – insbesondere auch im Hinblick auf die Berggebiete – und in seinem Finanzgebaren auf die Wirtschaftslage Rücksicht zu nehmen: regional- und konjunkturpolitische Aufträge, zu deren Verwirklichung indes dem Bund ausreichend flexible finanzpolitische Handhaben versagt blieben. Ein Versuch, den Grundsatz einer direkten und einer indirekten Bundessteuer ohne zeitliche Befristung in der Verfassung zu verankern und die konkrete Ausgestaltung der Gesetzgebung zu überlassen, scheiterte 1970 am Ständemehr.

Von der Finanzschwemme in die Finanzklemme

Ähnlich wie schon nach dem Ersten Weltkrieg gingen die Ausgaben des Bundes auch in der zweiten Nachkriegszeit nur langsam zurück. Große Summen wurden weiterhin für eine Verbilligung der Lebenshaltung, für die Förderung des Wohnungsbaus sowie für die neu hinzukommenden Leistungen an die Sozialversicherung verwendet. Immerhin war es möglich, das Bundesbudget, das in der Kriegszeit auf zweieinhalb Milliarden Franken jährlich angewachsen war, bis um die Mitte der fünfziger Jahre in der Regel unter der Zwei-Milliarden-Grenze zu halten. Da die auf Notrechtsbasis eingeführten Kriegssteuern weiterflossen und als Provisorium von Dauer waren, ergaben sich im Bundeshaushalt Einnahmenüberschüsse, mit deren Hilfe ein Teil der im Krieg angewachsenen Schulden abgetragen werden konnte. Die langjährige Finanzschwemme beim Bund ist damit zu erklären, daß sich seine hauptsächlichen Einnahmen, die indirekten Steuern und die Zölle, im wesentlichen parallel zum allgemeinen Wirtschafts- und Bevölkerungswachstum entwickelten, während gleichzeitig die traditionellen Bundesausgaben hinter diesem Wachstum zurückblieben.

Die grundsätzlich sparsame Haushaltführung auf allen staatlichen Ebenen hatte indes mit der Zeit ein eklatantes Mißverhältnis in der Befriedigung privater und öffentlicher Bedürfnisse zur Folge, ja, das wirtschaftliche Wachstum war auf lange Sicht infolge der zurückgebliebenen Ausgaben des Staates gefährdet, da sich vor allem in der Infrastruktur Versorgungsengpässe als zwangsläufige Folge der vorangegangenen Expansion der privaten Wirtschaft einstellten. Der Nachholbedarf an öffentlichen Leistungen kam in den sechziger Jahren explosionsartig zum Durchbruch und heizte die Konjunktur entsprechend an. Obwohl die Einnahmen der Gemeinden und Kantone aufgrund der überwiegenden Einkommens- und Vermögenssteuern infolge der Progression überproportional zum Wirtschaftswachstum zunahmen, gerieten die öffentlichen Haushalte unterhalb der Bundesebene in eine langfristige Finanzklemme, da ihnen der weitaus größte Teil der Errichtung und des Betriebs der Infrastruktur zufiel.

Damit stellte sich nun aber mit wachsender Dringlichkeit das Problem eines Finanzausgleichs, und zwar sowohl eines vertikalen zwischen Kantonen und Bund als auch eines horizontalen zwischen armen und reichen Kantonen, da das Wirtschafts- und Bevölkerungswachstum in den einzelnen Landesteilen recht unterschiedlich verlief. Das Problem der Finanzknappheit der Kantone und Gemeinden wurde im wesentlichen nicht über eine Neuverteilung der Aufgaben zwischen diesen und dem Bund angegangen; einzig im Straßenbau (Nationalstraßen) kam es zur direkten Aufgabenübertragung an den Zentralstaat. In allen anderen Bereichen beschränkte man sich darauf, den Bund zur Ausrichtung von Subventionen an die Kantone zu ermächtigen. So vollzieht sich der vertikale Finanzausgleich in immer zunehmendem Maße über zweckgebundene Beiträge des Bundes an die Kantonsausgaben. In den meisten Fällen ist dabei dieser vertikale Finanzausgleich auch horizontal wirksam, indem auf die unterschiedliche Finanzkraft der Kantone Rücksicht genommen wird. Ein zusätzlicher Ausgleichseffekt kommt dadurch zustande, daß sich andere Subventionsleistungen des Bundes (Landwirtschaft, Berggebiete) auf bestimmte Regionen konzentrieren. Wiewohl die finanzschwachen Kantone auf einen solchen Ausgleich angewiesen sind – beziehen sie doch z. T. über die Hälfte ihrer Einnahmen aus der Bundeskasse – wehren sie sich vehement gegen die sogenannte Harmonisierung der verschiedenen kantonalen Steuersysteme, welche die Flucht starker Steuerzahler in Kantone mit günstigeren Bedingungen eindämmen würde. Entsprechende Vorstöße blieben erfolglos, so namentlich 1977 die Reichtumsteuerinitiative der Sozialdemokratischen Partei, die eine einheitliche Besteuerung der juristischen Personen sowie der größten Einkommen und Vermögen für die ganze Schweiz und die Abschaffung gewisser kantonaler Steuerprivilegien verlangte. Einzig für eine formelle Harmonisierung der kantonalen

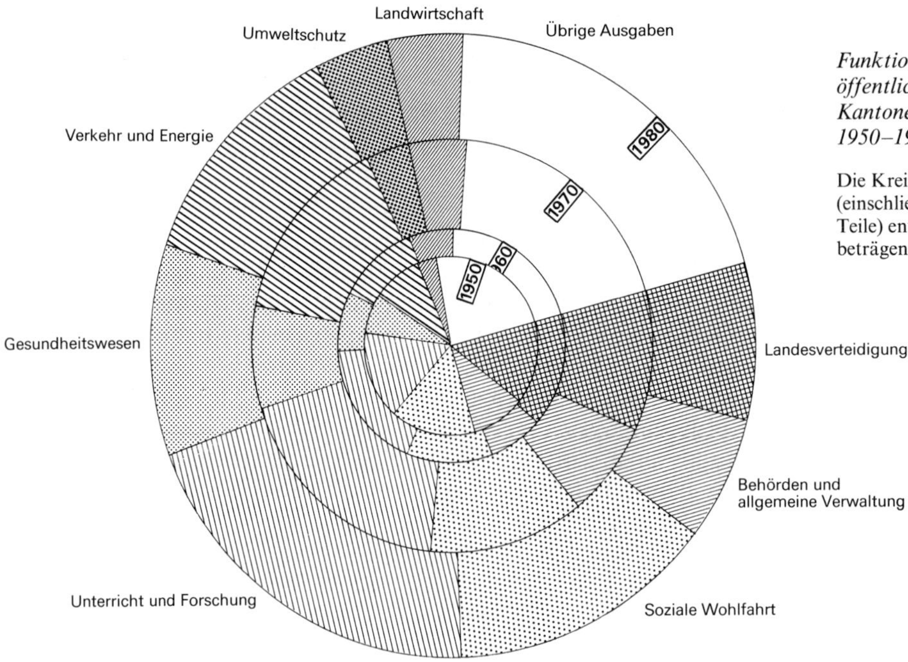

Funktionale Gliederung der öffentlichen Ausgaben (Bund, Kantone und Gemeinden) 1950–1980

Die Kreis- und Sektorflächen (einschließlich der verdeckten Teile) entsprechen den Nominalbeträgen der Ausgaben.

Steuern – also ohne Steuersätze und Abzüge – wurde 1977 eine Verfassungsgrundlage geschaffen.

Aufgrund der wachsenden Bundessubventionen an Kantone und Sozialversicherung sowie infolge der massiven Inflation stieg das Budget des Bundes bis in die siebziger Jahre über die Zehn-Milliarden-Grenze an. Da der Bund gleichzeitig durch den Zollabbau der Handelspolitik in einer seiner wichtigsten Einnahmenquellen beschnitten wurde, fiel auch der zentrale Staatshaushalt in die roten Zahlen, noch ehe die wirtschaftliche Rezession hereinbrach.

Rezession und Finanzkrise des Staates

Die siebziger Jahre brachten somit ein Übergreifen der Finanzkrise von den Kantonen und Gemeinden auf den Bund, der sich über seine Möglichkeiten hinaus im vertikalen Finanzausgleich engagiert hat. Die Budgetdefizite von oft mehr als einer Milliarde Franken jährlich bringen zum Ausdruck, daß sich die wirtschaftliche und gesellschaftliche Entwicklung der Nachkriegszeit längerfristig in eine Erweiterung der Staatsaufgaben umgesetzt hat. Diese Ausdehnung des öffentlichen Sektors im Zeichen der Wachstumsforcierung blieb wenig umstritten, solange sie gleichsam im Huckepack-System von der florierenden Wirtschaft problemlos getragen werden konnte. Durch den konjunkturellen Einbruch hat sich jedoch die Situation drastisch verändert. Die Rezession hat einerseits die Aufgaben des Staates und insbesondere seine ökonomischen Funktionen in ihrer Bedeutung zunehmen lassen, verknappt aber anderseits die Einkommen und Gewinne, aus deren Besteuerung die staatlichen Aktivitäten finanziert werden sollten. Es geht nicht mehr um die Verteilung von Überschüssen, sondern um den Ausgleich namhafter Defizite, was die gesellschaftliche und politische Frontbildung gerade auch in der Finanzpolitik erneut aktualisiert hat.

In einer solchen Situation bieten sich dem Staat im wesentlichen drei finanzpolitische Strategien an, die jedoch alle früher oder später auf prinzipielle Grenzen ihrer Wirksamkeit stoßen. 1. Das klassische Mittel, die Steuerschraube anzuziehen, verkehrt seine Wirkung ins Gegenteil, wenn es die Finanzquelle des Staates, die werteschaffende Wirtschaft, zum Schrumpfen oder gar zum Versiegen bringt. 2. Die Finanzierung der Defizite über staatliche Kreditaufnahme stößt dort auf ihre Grenzen, wo der Kapitalmarkt mit spürbaren Zinserhöhungen reagiert und die Kredite für privatwirtschaftliche Investitionen verteuert werden. 3. Ein Abbau staatlicher Leistungen schließlich ist ökonomisch nur soweit rational, als die private Wirtschaft das vom Staat nicht mehr Geleistete selber zu günstigeren Bedingungen besorgen kann.

Wie die Entwicklung der Bundesfinanzen zeigt, sind in der Schweiz während der siebziger Jahre alle drei erwähnten Strategien angewendet worden. Man versuchte zunächst, über eine Erhöhung der Warenumsatzsteuer den Verbrauch stärker zu belasten, was aber erst in einem zweiten Anlauf (1975) in bescheidenem Umfang gelang. Eine Finanzreform, die anstelle der Warenumsatzsteuer eine Mehrwertsteuer (Belastung des jeweiligen Wertzuwachses auf jeder Stufe des Produktionsprozesses) und damit namhafte Mehreinnahmen gebracht hätte, scheiterte sowohl 1977 wie auch – in leicht abgeänderter Form – 1979 an der Hürde der Volksabstimmung. Da sich Volk und Stände deutlich gegen solche mit Steuererhöhungen verbundene Vorlagen aussprachen, sah sich der Bund gezwungen, mit den vorhandenen Mitteln sparsamer umzugehen; Sparpakete und Ausgabenbremsen fanden die Zustimmung des Souveräns. Da aber die wirtschaftliche Entwicklung gleichzeitig staatliche Arbeitsbeschaffungsprogramme notwendig machte und die Mehrheit der Stimmbürger einen weiteren Ausbau des Sozialstaats unterstützte, blieb schließlich nichts anderes übrig, als die immer noch hohen Defizite über Kreditaufnahmen am Kapitalmarkt zu finanzieren, was bei schwacher Investitionstätigkeit der Privatwirtschaft und rückläufigen Zinssätzen keine großen Probleme bot.

Sparpolitik

Immerhin, die rigorosen Sparmaßnahmen in verschiedenen Bereichen (Personalstopp, Subventionskürzungen usw.) blieben – bei gleichzeitig sinkender Teuerungsrate – nicht ohne Wirkung: Seit 1974 hat sich das Wachstum der Ausgaben merklich abgeschwächt, und zwar stärker als dasjenige der Einnahmen; damit ist es im wesentlichen gelungen, eine weitere Öffnung der Schere zwischen Einnahmen und Ausgaben zu verhindern. Die Sparpolitik setzte sich auch auf den unteren staatlichen Ebenen durch, und gegen Ende der siebziger Jahre schienen die Kantone und Gemeinden ihre bisher beachtliche Finanzmisere zu überwinden, allerdings immer noch mit beträchtlicher Hilfe des Bundes, dessen finanzielle Übertragungen an die Kantone bis 1980 praktisch unangetastet blieben. Um so dringlicher stellt sich deshalb die Frage, ob die Finanzprobleme des föderativen Systems ohne eine grundlegende Neuordnung der Kompetenzverteilung überhaupt vernünftig gelöst werden können.

Da die Finanzplanung bei Fortschreibung der bisherigen Politik für die achtziger Jahre erneut massive Bundesdefizite prognostizierte, unternahm der Bundesrat mit seinem Legislaturprogramm für 1979–1983 einen weiteren Anlauf zur Sanierung des Haushalts. Während das Parlament die vorgeschlagenen Sparbemühungen akzeptierte, scheiterten die meisten Versuche zur Verbesserung der Einnahmen, so insbesondere die Unterstellung der bei den Schweizer Banken massiv anwachsenden Treuhandgelder unter die Verrechnungssteuer. Eine neue Verlängerung der Finanzordnung im Jahre 1981 sicherte zwar die direkte Bundessteuer und die leicht erhöhte Warenumsatzsteuer für weitere zwölf Jahre, und 1983 konnten die Einnahmen aus den Treibstoffzöllen der öffentlichen Hand auch für eine Zeit des reduzierten Autobahnbaus aufrechterhalten werden, indem man ihre Zweckbindung erweiterte. Einnahmenverluste resultieren nun aber aus dem vom Parlament durchgesetzten Ausgleich der kalten Progression sowie aus Forderungen der Wirtschaft nach Abschaffung der versteckten Investitionsbelastung (Taxe occulte) bei der Warenumsatzsteuer und aus der auch vom Bundesgericht gegenüber den Kantonen verlangten steuerlichen Gleichbehandlung von

Ehe- und Konkubinatspaaren, Einnahmenausfälle, für die vorläufig keine Kompensation in Aussicht steht. So ist denn trotz aller Anstrengungen die Bundeskasse auch Mitte der achtziger Jahre noch keineswegs in einem strukturellen Gleichgewicht, und bessere Rechnungsabschlüsse scheinen nur vorübergehender Natur zu sein, weshalb den Bemühungen um eine sparsame und effiziente Staatsführung weiterhin vorrangige Bedeutung beigemessen wird.

Die Sparpolitik des Staates, die namentlich von bürgerlicher Seite betrieben wird, wirft aber ihrerseits konjunktur- und sozialpolitische Probleme auf und führt insbesondere zu einer prinzipiellen Auseinandersetzung um Funktionen, Möglichkeiten und Grenzen des politischen Systems. Während von seiten der Wirtschaftswissenschaft betont wird, der Staat sollte seine Ausgaben im Sinne einer antizyklischen Politik gerade in Zeiten der Rezession erhöhen, zielen die meisten Reformvorschläge unter dem Eindruck der Finanzknappheit auf eine Reduktion und «Verwesentlichung» der Staatsfunktionen; auch der Ausbau des Sozialstaats ist durch solche Reformansätze in Frage gestellt, zumal gleichzeitig von seiten der bürgerlichen Parteien und der Wirtschaft einer Steigerung der Militärausgaben das Wort geredet wird. Kein Wunder, daß deshalb gerade die Finanzpolitik zur Akzentuierung der gesellschaftlichen Gegensätze und zur Verschärfung des politischen Klimas beiträgt.

D. Die Gesellschaft

1. Entwicklung von Wohlstand und Sozialstaat

Steigerung des materiellen Wohlstands

Vergleicht man die schweizerische Gesellschaft der letzten Jahrzehnte mit derjenigen früherer Epochen, so fällt zunächst eine enorme Steigerung des materiellen Wohlstands auf. Noch nie haben so gut wie alle Schichten über so viel Einkommen, Freizeit, Bewegungsmöglichkeit und Gelegenheit zur Ausstattung und Gestaltung ihres Daseins verfügt. Die Rezession der siebziger Jahre hat die Entwicklung aufs Ganze gesehen nur wenig zurückgebogen.

Die allgemeine Hebung des Lebensniveaus ist eine Frucht des beschleunigten Wachstums der Wirtschaft. Das private Gewinnstreben, das dem kapitalistischen System zugrunde liegt, hat den Gesamtertrag gewaltig vermehrt; eine ausgewogene Verteilung ist dabei freilich nur beschränkt zustande gekommen. Soweit nicht eine Verknappung des Angebots von Arbeitskräften die Löhne steigen läßt, bedarf es außerwirtschaftlicher Kräfte, um einer Vergrößerung der sozialen Unterschiede – und damit einer Verschärfung der entsprechenden Spannungen – entgegenzuwirken. Daß der Staat, z. T. auch im langfristigen Interesse des kapitalistischen Wirtschaftssystems, in diesem Sinne tätig ist, haben wir bereits festgestellt. Von Bedeutung sind aber auch die Organisationen, in denen sich benachteiligte Bevölkerungsschichten zur Vertretung ihrer Ansprüche zusammenschließen.

Ausgleich auf dem Verhandlungswege

Kennzeichnend für die schweizerische Entwicklung seit dem Zweiten Weltkrieg ist, daß sich die Auseinandersetzung zwischen den organisierten Gruppen der Gesellschaft im allgemeinen friedlich, auf dem Verhandlungsweg, vollzog. Dies gilt namentlich für das Verhältnis zwischen den Gewerkschaften und den Unternehmerverbänden. Dadurch kam es bei der Verteilung des Sozialprodukts auf die verschiedenen Schichten der Erwerbstätigen zu einer gewissen Verfestigung der Stufenleiter; anderseits wurde das Wachstum der Gesamtwirtschaft durch den sozialen Frieden gefördert. Zugleich gewöhnte sich der einzelne Arbeitnehmer an eine kampflose Verbesserung seines Einkommens, und sein Interesse galt mehr und mehr dem persönlichen Fortkommen unter Anerkennung der bestehenden Wirtschaftsordnung. Das ständig zunehmende und sich im Vergleich zum Einkommen verbilligende Angebot von Gütern und Dienstleistungen trug zu dieser Umstellung bei. So wuchsen die unteren Arbeitnehmerschichten aus den Entbehrungen der dreißiger Jahre in eine Konsumgesellschaft hinein, deren Annehmlichkeiten für die fortdauernde Unfreiheit am Arbeitsplatz entschädigten, eine sinnvolle Lebensgestaltung aber nicht zu gewährleisten vermochten.

Neue Staatsaufgaben

Wenn die gesellschaftlichen Interessenorganisationen – neben den Gewerkschaften namentlich auch die Bauernverbände – dafür sorgten, daß die von ihnen erfaßten Bevölkerungsgruppen ihre Anteile am steigenden Sozialprodukt mehr oder weniger wahren konnten, fiel dem Staat die Aufgabe zu, etwas für die Schlechtorganisierten zu tun. Im Vordergrund standen dabei soziale Mangellagen, die jedermann treffen konnten, wie Alter, Krankheit, Unfall, Invalidität, Familienlasten, Arbeitslosigkeit und Wohnungsnot. Wie bei den Eingriffen im Bereich der Infrastruktur überwog in der staatlichen Tätigkeit das Beheben von bereits vorliegenden Schäden und Ungleichgewichten; von einer Lenkung der gesellschaftlichen Entwicklung wurde im allgemeinen mit Rücksicht auf die Grundsätze der Marktwirtschaft Abstand genommen. Immerhin verstärkte der Staat die bereits seit Jahrzehnten im Aufbau begriffene Organisation gesellschaftlicher Vorsorge, die sogenannte Sozialversicherung, die man der bloßen Fürsorge mit ihren entwürdigenden Wirkungen vorzog. Dabei verschaffte er auf einzelnen Gebieten – so namentlich auf dem der Altersvorsorge – dem Prinzip der Solidarität aller Volksschichten durch ein allgemeines Obligatorium Nachachtung; zur Finanzierung der Vorsorgelasten wurde neben der öffentlichen Hand vermehrt auch die Wirtschaft herangezogen.

Die erwähnten Maßnahmen haben freilich das Bestehen sozialer Not nicht zum Verschwinden gebracht. Bewohner abgelegener Bergtäler, kinderreiche Familien, Invalide, vor allem aber zur Eingliederung Unfähige wie rückfällige Strafentlassene, Arbeitsscheue oder

Die Entwicklung zur Konsumgesellschaft. Rechts: In der unmittelbaren Nachkriegszeit wurden bei neuen Wohnbauten kleine einstöckige Quartierläden eingerichtet. Hier eine Filiale der Konsumgenossenschaft (heute Coop) im Westteil von Bern. Unten: Das Wachstum der Agglomerationen und die allgemeine Verbreitung des Autos führten zur Errichtung großer Einkaufszentren an den Rändern der Siedlungsgebiete. Den Kunden, die man aus einem weiten Umkreis erwartet, steht ein großer Parkplatz zur Verfügung (Zentrum der Waro AG in Volketswil östlich von Zürich).

Drogengeschädigte fallen weiterhin öffentlicher und privater Fürsorge anheim. Seit der Rezession der siebziger Jahre hat sich die Zahl solcher Randexistenzen vermehrt, nicht zuletzt durch langandauernde Beschäftigungslosigkeit, die von der Arbeitslosenversicherung nicht mehr erfaßt wird. Es stellt sich aber außerdem die Frage, ob das in der Wachstumsperiode kräftig ausgebaute System der sozialen Sicherheit auch unter wirtschaftlich ungünstigeren Verhältnissen standzuhalten vermag.

2. Ausbau der sozialen Sicherung

Am Ende des Zweiten Weltkrieges besaß die Schweiz ein recht lückenhaftes System der sozialen Sicherheit. Für die Mehrzahl der industriellen und gewerblichen Arbeitnehmer bestand eine obligatorische Unfallversicherung. Eine Vielfalt von staatlich subventionierten Krankenkassen erfaßte etwas mehr als die Hälfte der Bevölkerung. Ähnlich lagen die Verhältnisse in der Arbeitslosenversicherung. Das öffentliche Personal besaß seine Pensionskassen. In der Privatwirtschaft gab es Entsprechendes nur für eine Minderheit; eine allgemeine Altersversicherung kannten bloß vereinzelte Kantone.

Familienausgleichskassen, die den Arbeitnehmern Kinderzulagen ausrichteten, waren vor allem in der Westschweiz geschaffen worden; für Landarbeiter und Bergbauern hatten die Kriegsvollmachten eine Bundeslösung gebracht. Besondere Einrichtungen leisteten schließlich ein Entgelt für Beeinträchtigungen durch den Militärdienst: Neben die ältere Haftung des Bundes für gesundheitliche Schäden (sogenannte Militärversicherung) war im Zweiten Weltkrieg (im Gegensatz zum Ersten) nun auch eine Lohn- und Verdienstersatzordnung getreten.

Alters- und Hinterlassenenversicherung

Dieses kriegsbedingte Sozialwerk milderte nicht nur die materielle Belastung der unteren Schichten durch den Aktivdienst, sondern schuf auch wesentliche Voraussetzungen dafür, daß die zu Beginn der dreißiger Jahre gescheiterte Alters- und Hinterlassenenversicherung (AHV) in einem zweiten Anlauf verwirklicht werden konnte. Übernommen wurde vor allem die Beitragsordnung, die jedermann dazu verpflichtete, einen bestimmten Teil seines Erwerbseinkommens (anfänglich 4 %) zu entrichten – wobei die Hälfte der Beiträge der Unselbständigerwerbenden von den Arbeitgebern zu tragen war; dasselbe gilt für die Verwaltung der Mittel durch Ausgleichskassen der beruflichen Unternehmerverbände und der Kantone und schließlich für die Subventionierung des ganzen Werkes durch Kantone und Bund. Grundlegend für das System der AHV wurde jedoch die Bevorzugung des Umlageverfahrens: Die von den Erwerbstätigen erhobenen Beiträge dienen zur Hauptsache nicht der Äufnung eines Kapitals, aus dem später einmal ihre eigenen Renten bezahlt werden sollen, sondern fließen zum größten Teil unmittelbar an die Rentnergeneration. Außerdem wurden für die Renten Minimal- und Maximalbeträge angesetzt. So entstand ein Kompromiß zwischen dem individuellen Versicherungsdenken und der durch die äußere Bedrohung stark geförderten Idee der Solidarität aller Schichten und Altersstufen. Diese Solidarität bewirkte denn auch den triumphalen Erfolg des Verständigungswerks, das immerhin in Kreisen der Unternehmer, der welschen Föderalisten und der katholischen Konservativen auf einen gewissen Widerstand stieß. In der Volksabstimmung vom 6. Juli 1947 wurde es bei nahezu 80prozentiger Beteiligung mit einer Mehrheit von drei Vierteln angenommen.

Die AHV war ursprünglich als sogenannte Basisversicherung gedacht; ihre Renten (anfänglich mindestens 480 Franken im Jahr) reichten zur Sicherung der Existenz nicht aus. Das Wirtschaftswachstum ließ aber bald Verbesserungen zu. Mehrheitlich blieb man jedoch dabei, daß die staatliche Altersvorsorge allein nicht genügen könne. In den sechziger Jahren verbreitete sich die Konzeption eines «Drei-Säulen-Systems»: Neben der AHV sollten berufliche Vorsorgeeinrichtungen der Privatwirtschaft und der Verwaltungen einen zweiten Träger bilden, während das individuelle Sparen und die Privatversicherung den dritten darstellte. Immerhin erfuhr die AHV nach der Übernahme des Eidgenössischen Departements des Innern durch den Sozialdemokraten Hans Peter Tschudi einen raschen Ausbau.

1965 wurden die Kantone durch Subventionen veranlaßt, Rentnern mit besonders niedrigem Einkommen Ergänzungsleistungen auszurichten. 1968 erhöhte man erstmals die Versicherungsbeiträge über vier Lohnprozente hinaus. Gleichzeitig setzte man das Verhältnis zwischen Maximal- und Minimalrente auf zwei zu eins herab.

Umstrittener Ausbau der Altersvorsorge

Das «Drei-Säulen-System» war aber gerade auf Arbeitnehmerseite nicht unangefochten. Wohl zeigten sich die Gewerkschaften bestrebt, die Betriebsvorsorge allgemein durchzusetzen, weil sie auf deren Verwaltung Einfluß zu nehmen hofften. In der Partei der Arbeit (PdA) und in der sich leicht radikalisierenden Sozialdemokratischen Partei trat man dagegen für eine staatliche Volkspension ein, die einen namhaften Teil des durch Erwerbstätigkeit erzielten Einkommens zu sichern hätte und in der die vielen Vorsorgekassen mit der Zeit aufgehen sollten. Die Werbekraft eines solchen Modells, das an das schwedische System erinnerte, drängte bürgerliche Kreise zu einer wirkungsvollen Alternative. Man fand sie in einem Obligatorium für die zweite Säule: Diese sollte die Fortsetzung der gewohnten Lebenshaltung ermöglichen, in ihrer Ausgestaltung aber möglichst frei gehalten werden. So gedachte man, den Staat daran zu hindern, sich die Kontrolle über einen bedeutenden Teil des Sozialprodukts anzueignen; dafür eröffnete man dem privaten Versicherungswesen Aussichten auf eine solche Anwartschaft. Gemeinsam war jedoch allen diesen Vorschlägen, welche in drei Volksbegehren Ausdruck fanden, die im Grund kleinbürgerliche Voraussetzung, daß die zugesicherten Renten je nach dem früheren Einkommen erheblich abzustufen seien. Nicht einmal die Initiative der PdA trug dem von großbürgerlichen Kritikern vorgebrachten Einwand Rechnung, daß bereits das bisherige Altersvorsorgesystem beträchtliche Mittel verschwende, um den besser situierten Rentnern Mehrleistungen zukommen zu lassen, die sie gar nicht nötig hätten. So fiel es den Sozialdemokraten nicht allzu schwer, sich dem nur wenig veränderten bürgerlichen Konzept anzuschließen, so daß dieses 1972 als Gegenentwurf zur PdA-Initiative mit Glanz obsiegte.

Die neue Verfassungsgrundlage verlangte vor allem die Einführung des Obligatoriums für die berufliche Vorsorge sowie die Festlegung gewisser Mindestanforderungen. Die Ausgestaltung auf Gesetzesstufe erforderte ein volles Jahrzehnt; sie vollzog sich in einem zähen Ringen zwischen gegensätzlichen Konzeptionen und unter dem Eindruck der sich verschlechternden Wirtschaftslage. Den bürgerlichen Auffassungen entsprechend entschied man sich nicht für das Umlageverfahren wie bei der AHV, sondern für die Bereitstellung eines ausreichenden Deckungskapitals. Dieses ist durch Lohnprozente zu finanzieren, die von Arbeitnehmern und Arbeitgebern aufgebracht werden. Da das Gesetz bloß bescheidene Ausgleichsmaßnahmen vorsieht, gewährt es den Jahrgängen, die nicht mehr während der ganzen Zeit ihrer Berufstätigkeit Beiträge entrichten können (Eintrittsgeneration) stärker oder schwächer reduzierte Renten. Ganz allgemein ist zu sagen, daß es gegenüber der ursprünglichen

Vorstellung erhebliche Einschränkungen aufweist. Doch es hat immerhin für etwa einen Sechstel der Arbeitnehmer die zweite Säule der Altersvorsorge endlich geschaffen und sie für ebenso viele verbessert.

Der 1972 revidierte Artikel 34quater fordert aber auch einen weiteren Ausbau der AHV, deren Renten mindestens der Preisentwicklung angepasst werden sollen; dies ermöglicht grundsätzlich den Übergang zu der namentlich von der Linken geforderten Dynamisierung, d.h. zu einer Rentengestaltung, die dem Wachstum des Sozialprodukts entsprechen würde. 1978 tat man dazu einen ersten Schritt, indem man beschloß, die Renten mit dem Mittel zwischen Lohn- und Lebenskostenentwicklung (Mischindex) steigen zu lassen. Um die knapper gewordenen Finanzen rationeller einzusetzen, hat man jedoch das in den siebziger Jahren vorschwebende Ziel aufgegeben, daß die eigentlichen AHV-Renten einen anerkannten Existenzbedarf decken und die Ergänzungsleistungen überflüssig werden sollten. Diese letzteren werden nunmehr gezielt zur Schließung von Lücken verwendet, die sich aus der unterschiedlichen Belastung der einzelnen Rentner ergeben.

Invalidenvorsorge

Die Invalidenversicherung wurde 1960 in enger Anlehnung an das System der AHV eingeführt und mit dieser weiterentwickelt. Sie begnügt sich nicht damit, die Behinderten mit Renten zu entschädigen, sondern gewährt auch Mittel zu ihrer Wiedereingliederung ins Erwerbsleben. Ganz allgemein erleichterten die steigenden Erträge der Wirtschaft zur Zeit der Hochkonjunktur den Einsatz von reichhaltigeren öffentlichen und privaten Mitteln für körperlich und geistig Benachteiligte.

Kranken- und Unfallversicherung

Während man bei der Alters-, Hinterlassenen- und Invalidenvorsorge das früher Versäumte recht großzügig nachholte, kam es auf dem Gebiet der Krankenversicherung zu keinen durchgreifenden Neuerungen. Zwar nahm die Zahl der Versicherten kräftig zu und stieg im Laufe der sechziger Jahre auf über 90% der Bevölkerung; dazu trugen namentlich kantonale und kommunale Verfügungen sowie Gesamtarbeitsverträge bei, die den Beitritt für weite Kreise obligatorisch erklärten. Doch die Belastung der sozialen Schichten blieb sehr ungleich, da die Höhe der Beiträge den Einkommensunterschieden nur sehr beschränkt Rechnung trägt und die Versicherung der Kinder wenig bemittelte Familien übermäßig beansprucht. Zudem versagen die Kassen im Falle sogenannter Großrisiken (insbesondere kostspielige Spitalbehandlung) eine dauernde Sicherheit.

Bestrebungen der Linken und der Krankenkassen, ein allgemeines Obligatorium zu erwirken, erwiesen sich angesichts des Widerstandes von bürgerlicher Seite und aus der Ärzteschaft als aussichtslos. Ein deutliches Verdikt gegen allgemeine Gesundheitspflichten sprachen die Stimmbürger 1949 aus, als sie ein Tuberkulosegesetz, das Obligatorien für Schirmbildaufnahmen und längerfristig auch für die Versicherung der unteren Einkommensschichten vorsah, wuchtig verwarfen. So mußte sich eine Revision des Versicherungsgesetzes, die 1964 zustande kam, in beschränktem Rahmen halten: Man erweiterte die Mindestleistungen der Kassen und erhöhte die Bundesbeiträge, die künftig der Kostenentwicklung folgen sollten. Die bereits erwähnte Kostensteigerung im Gesundheitswesen ließ aber die Mängel der bestehenden Regelung immer schwerer wiegen. Deshalb wurde anfangs der siebziger Jahre eine grundlegende Neuordnung versucht. Eine sozialdemokratische Initiative forderte erneut den Übergang zum allgemeinen Obligatorium und schlug dafür eine Finanzierung mit Lohnprozenten nach dem Beispiel der AHV vor. Mit ihr stand ein Gegenentwurf in Konkurrenz, der das Obligatorium für die Krankengeldversicherung der Arbeitnehmer (Entschädigung für Lohnausfall) und Lohnprozente nur für die Finanzierung bestimmter Zwecke (vor allem Großrisiken) vorsah; er war aus einem Kompromiß zwischen Ärzten und Kassen hervorgegangen und sollte sowohl den einen wie den andern möglichst viel Handlungsfreiheit wahren. Keine der beiden Varianten vermochte jedoch in der Doppelabstimmung von Ende 1974, über der bereits der Schatten der Rezession stand, durchzudringen.

Seit dem Bruch in der Konjunkturentwicklung ist die Finanzierung des Gesundheitswesens noch problematischer geworden. Während der Bund seine Subventionen limitiert, sehen sich die Kassen fortgesetzt zu Prämienerhöhungen gezwungen, die vor allem einkommensschwache und kinderreiche Versicherte belasten. Bundesrat und Parlament tun sich schwer, zwischen den widerstreitenden Forderungen der Beteiligten, die sich in neuen Volksbegehren niedergeschlagen haben, einen Kompromiß zum Tragen zu bringen.

Einen Ausbau erfuhr ferner die Unfallversicherung, deren Obligatorium 1981 auf alle Arbeitnehmer ausgedehnt wurde. Man wies aber die dadurch neu Erfaßten nicht der öffentlich-rechtlichen Schweizerischen Unfallversicherungsanstalt (SUVA) zu, um das Tätigkeitsfeld der privaten Versicherungsgesellschaften nicht zu beeinträchtigen.

Familienausgleich und Mutterschaftsversicherung

Als während des Zweiten Weltkrieges der Ausbau der sozialen Sicherung zum zentralen politischen Thema wurde, setzten sich namentlich katholische Kreise für einen besonderen Schutz der Familie ein und erwirkten mit einer Volksinitiative die Verankerung dieses Anliegens in der Bundesverfassung. Der Familienschutzartikel, der unter anderem zentrale Regelungen für Kinderzulagen und eine Mutterschaftsversicherung ermöglicht, ist aber weitgehend Programm geblieben. Zwar gibt es seit 1965 in allen Kantonen Familienzulagengesetze; eine eidgenössische Ordnung kam aber – hauptsächlich infolge der Opposition von Arbeitgeberseite – nur für einen Teil der Landwirtschaft zustande. Eine eigentliche Mutterschaftsversicherung, die über die von den Krankenkassen bereits gewährten Leistungen hinausginge, ist bis heute nicht verwirklicht worden. Ein Volksbegehren, das ein allgemeines Obligatorium sowie die Finanzierung eines neunmonatigen, Vätern oder Müttern zustehenden Elternurlaubs anstrebte, wurde 1984 mit erdrückendem Mehr verworfen.

In jüngster Zeit sind Bestrebungen wirksam geworden, Ehe und Familie gegenüber neuen Gemeinschaftsformen nicht zu benachteiligen. So hat das Bundesgericht 1984 die steuerliche Besserstellung von Konkubinats- gegenüber Ehepaaren als verfassungswidrig erklärt.

3. Das Arbeitsverhältnis im Zeichen der Sozialpartnerschaft

Die Entwicklung der Arbeitswelt stand weit weniger im Zeichen der Staatsintervention als diejenige der sozialen Sicherheit. Für das Verhältnis zwischen Arbeitnehmern und Arbeitgebern wurde mehr und mehr die neue Form der sozialen Auseinandersetzung maßgebend, die das bereits erwähnte Friedensabkommen in der Maschinen- und Metallindustrie von 1937 vorgezeichnet hatte: An die Stelle des Klassenkampfes trat ein Verhandlungsverfahren, das Gewerkschaften und Unternehmerverbände zur sogenannten Sozialpartnerschaft verband. Zwar gaben die Reallohnverluste während der Kriegsjahre – die starke Teuerung wurde erst nach 1945 voll ausgeglichen – Anlaß zu neuen Arbeitskonflikten, sobald die äußere Bedrohung wich. 1946 gingen durch Streiks mehr Arbeitstage verloren als je seit 1930. Doch dann folgte rasch eine Beruhigung; ein vorübergehendes Aufflackern der Streiktätigkeit war jeweils nur bei einem Rückgang der Konjunktur festzustellen.

Gesamtarbeitsverträge

Der Übergang vom Klassenkampf zum Verhandlungsverfahren ließ den Gesamtarbeitsvertrag in den Mittelpunkt der Arbeitspolitik treten. Durch die Regelung der individuellen Arbeitsbedingungen für ein Unternehmen oder – innerhalb eines größeren oder kleineren Gebiets – für eine ganze Branche wurde der einzelne Arbeitnehmer in seinem Verhältnis zum Arbeitgeber geschützt. Als Garanten der Regelung wirkten die Gewerkschaft und – wo es sich um mehrere Firmen handelte – der Arbeitgeberverband. Gesamtarbeitsverträge gab es in der Schweiz seit Jahrzehnten; ihre Zahl nahm aber in der unmittelbaren Nachkriegszeit rasch zu. Seit 1944 war aufgrund eines dringlichen Bundesbeschlusses auch die Allgemeinverbindlicherklärung durch den Bund oder einzelne Kantone möglich; dadurch konnte vermieden werden, daß nichtorganisierte Unternehmer oder Arbeiter weniger günstige Bedingungen vereinbarten. 1956 wurde diese notrechtliche Maßnahme von einem Gesetz abgelöst. Im Laufe der Wachstumsperiode verlor freilich die Allgemeinverbindlichkeit an Bedeutung, da die starke Nachfrage nach Arbeitskräften eine Unterbietung der Vertragsvorschriften kaum zuließ.

Arbeitsgesetzgebung

Die Funktion des Staates beschränkte sich jedoch nicht auf eine solche Rahmengesetzgebung für die freie Entwicklung der Sozialpartnerbeziehungen. Zu einer umfassenderen Organisation der im Wirtschaftsprozeß Stehenden in sogenannten Betriebs- und Berufsgemeinschaften, wie sie vor, während und nach dem Zweiten Weltkrieg diskutiert wurden, kam es allerdings nicht; im Zuge der liberalen Zeitströmung und unter dem Eindruck der steigenden Konjunktur traten solche Ordnungsvorstellungen, die an die korporativen Modelle der katholischen Soziallehre oder gar des Faschismus erinnerten, zurück. Dagegen war man auf gewerkschaftlicher Seite an einer Erweiterung des Fabrikgesetzes zu einem allgemeinen Arbeitsgesetz interessiert, das nicht nur in den bisher erfaßten Fabrikbetrieben, sondern auch in anderen Wirtschaftsbereichen bessere Arbeitsbedingungen gewährleisten sollte. Die Vorbereitungen für ein solches Gesetz zogen sich zwei Jahrzehnte lang hin, bis das Parlament 1964 einen Kompromiß guthieß; dieser hatte nun auch für das Gewerbe und die Dienstleistungsbetriebe (mit Ausnahme der Verwaltung und des öffentlichen Verkehrs mit ihren Sonderregelungen) Geltung. Den Hauptstreitpunkt bildete die Arbeitszeit, die schließlich im Prinzip auf 45 Stunden pro Woche (für Angestellte und Industriearbeiter jedoch einstweilen auf 46 Stunden) angesetzt wurde.

Lohnentwicklung

Die Verhandlungspolitik der Gewerkschaften führte dank dem anhaltenden Wirtschaftswachstum zu einer beträchtlichen Steigerung der Löhne, auch unter Berücksichtigung der Geldentwertung (Reallöhne). Allerdings hielt die Zunahme des durchschnittlichen Arbeitnehmereinkommens mit dem Wachstum der Arbeitsproduktivität (Bruttoinlandprodukt je Beschäftigten) nicht Schritt; stärker als diese erhöhte sich dagegen das durchschnittliche Einkommen der Selbständigerwerbenden. Das Zurückbleiben der Arbeitslöhne, das zu einem Teil dem Kapital der Unternehmen zugute kam, hängt zweifellos damit zusammen, daß die Zuwanderung aus dem Ausland das Angebot an Arbeitskräften stark erweiterte. Es stellt sich aber auch die Frage, ob eine weniger friedliche Strategie der Gewerkschaften mehr hätte herausholen können. Die Wachstumsperiode hat außerdem nur wenig zu einem Ausgleich zwischen den Lohnhöhen der verschiedenen Arbeitnehmerschichten beigetragen. Wohl holten die Frauen gegenüber den Männern, die Ungelernten gegenüber den Gelernten und die Arbeiter gegenüber den Angestellten etwas auf, doch die Unterschiede blieben beträchtlich. Die Nivellierung machte namentlich in Zeiten des Arbeitskräftemangels (Kriegsjahre, Spätphase der Hochkonjunktur) Fortschritte. In der dazwischen liegenden Periode wirkte sich der unterschiedliche Organisationsgrad aus, so daß vor allem die von den Gewerkschaften schwächer erfaßten Frauen das Nachsehen hatten. Da anderseits die einzelnen Berufsverbände an einer Erhöhung ihres Mitgliederbestandes interessiert waren, setzten sie sich praktisch für die Aufrechterhaltung der Abstufungen ein, um für jede Kategorie von Arbeitnehmern verhältnismäßig attraktiv zu bleiben.

Struktureller Wandel der Arbeitnehmerverbände

Die Zahl der organisierten Arbeitnehmer stieg in der Zeit unmittelbar vor und nach Kriegsende kräftig an. In den sechziger Jahren verflachte sich das Wachstum und wurde sogar von einer leicht rückläufigen Tendenz abgelöst, bis die siebziger Jahre noch einmal einen

Anstieg brachten. Rückläufig war die Entwicklung vor allem bei einem Teil der Arbeiterverbände, während die Angestelltenverbände stetiger zunahmen. Darin spiegelt sich die Tatsache, daß sich der dritte Sektor (Dienstleistungen) seit Mitte der sechziger Jahre auf Kosten des zweiten (Industrie und Gewerbe) vergrößerte, wodurch sich die Zahl der Angestellten stärker vermehrte als diejenige der Arbeiter. Die geringe Zunahme der organisierten Arbeitnehmer zwischen 1960 und 1970 stand aber in einem Mißverhältnis zur Zuwachsrate der Unselbständigerwerbenden insgesamt. Der Organisationsgrad der Arbeitnehmer, der erst den – international gesehen – niedrigen Stand von etwa 35 % erreicht hatte (Arbeiter: 43 %), nahm in der Hochkonjunkturperiode wieder ab: Einerseits erschien der verbandliche Zusammenschluß namentlich jüngeren Jahrgängen mehr und mehr entbehrlich, und anderseits kam es nur sehr allmählich zur Eingliederung ausländischer Zuwanderer.
Mit der Entwicklung der Sozialpartnerschaft veränderte sich aber auch die innere Struktur der Gewerkschaften. Diese wurden aus Kampforganisationen zu Verhandlungsapparaten, die nicht nur die Arbeiterinteressen gegenüber den Unternehmern vertraten, sondern auch das neue gemeinsame Interesse der Sozialpartner an einer friedlichen Entwicklung gegenüber dem einzelnen Arbeiter. Dieser begann sich dadurch seiner Organisation zu entfremden; zwischen Spitze und Basis der Gewerkschaften entstand mehr und mehr eine Distanz.

4. Wandlung der Bevölkerungs- und Sozialstruktur

Zuwanderung von Ausländern

Die Konjunkturperiode der fünfziger und sechziger Jahre hat die Struktur der schweizerischen Bevölkerung verändert. Als schwerwiegendste Umgestaltung wurde weithin die Aufnahme von rund 800 000 Einwanderern empfunden. Diese erhöhte den Anteil der

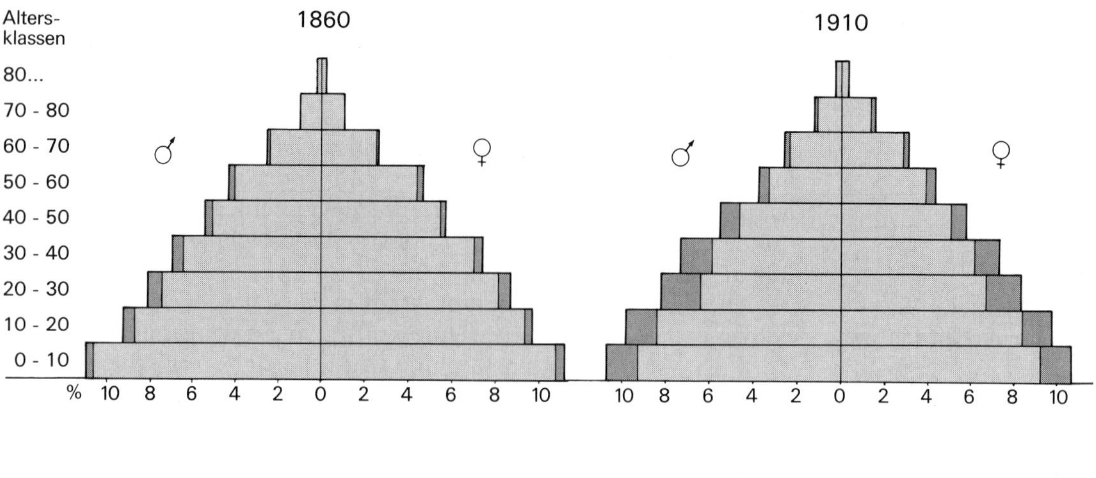

Ausländer von einem Zwanzigstel bei Kriegsende auf mehr als einen Sechstel um 1970 (1984: 15 %) und trug wesentlich dazu bei, daß die Gesamteinwohnerschaft in dieser Zeit nahezu um die Hälfte anwuchs. Der Bevölkerungseinstrom verursachte soziale und politische Spannungen, denn die Zugewanderten kamen zu einem immer stärker überwiegenden Teil aus den Mittelmeerländern, so daß sie sich in ihren Lebensgewohnheiten von den Einheimischen erheblich unterschieden, dies im Gegensatz zur Einwanderungswelle vor dem Ersten Weltkrieg. Der fremde Zustrom diente nicht nur der Wirtschaft zur bequemen Versorgung mit Arbeitskraft, sondern trug – mindestens bis etwa 1960 – auch zur Wiederherstellung einer normalen Altersstruktur bei. Denn da die Geburtenziffern in den späten zwanziger und in den dreißiger Jahren beträchtlich abgesunken waren, hatte die Alterspyramide zur Zeit des Zweiten Weltkrieges eine Zwiebelform angenommen. Durch die Aufnahme junger Ausländer konnte das Defizit der schwachen Jahrgänge bis um 1960 ausgeglichen werden. In der Folgezeit schwoll allerdings diese Generation übermäßig an. 1970 betrug der ausländische Anteil an den 25–35jährigen über 30 %; dieselbe Quote erreichten die Ausländergeburten in den folgenden Jahren. Doch bereits war in der Bevölkerungsentwicklung eine neue Wendung eingetreten: Mit dem Aufkommen der empfängnisverhütenden Pille nahm von 1964 an die Geburtenrate der Schweizer und bald darauf auch diejenige der Ausländer ab (Pillenknick). So bildete sich in den siebziger Jahren erneut eine zwiebelförmige Altersstruktur heraus. Gleichzeitig stieg die Lebenserwartung, so daß sich das Verhältnis zwischen den Rentnerjahrgängen und dem im erwerbsfähigen Alter stehenden Bevölkerungsteil allmählich verschoben hat und angesichts der abnehmenden Geburtenzahl für die Zukunft mit einer gesteigerten Überalterung zu rechnen ist.

Binnenwanderung

Neben der Einwanderung führte auch die Binnenwanderung zu starken Umlagerungen. Zur Zeit des Zweiten Weltkrieges lebte erst ein Drittel der Bevölkerung in Städten von mehr als 10 000 Einwohnern; 1970 waren es 45 %. 1980 zählte man 43 %, doch bezieht man

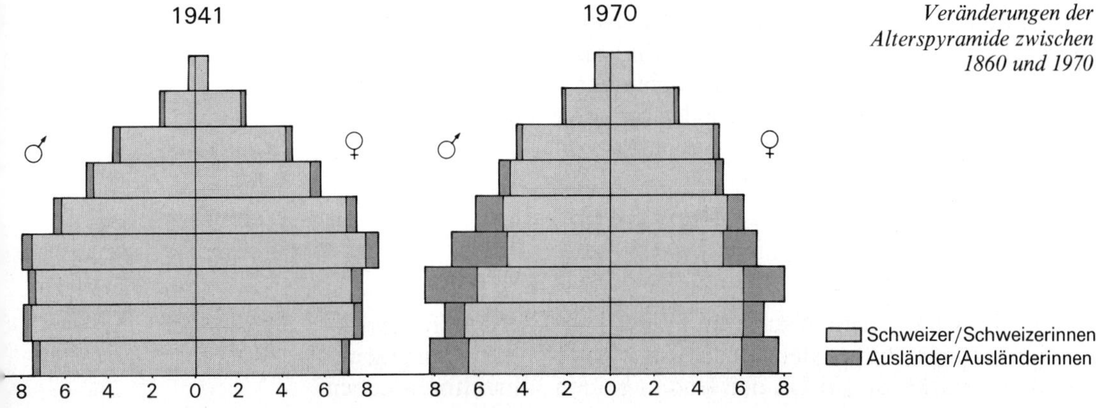

Veränderungen der Alterspyramide zwischen 1860 und 1970

Ausländische Arbeiter in der Schweiz. Links: Das bei den Italienern besonders beliebte Bocciaspiel – unmittelbar neben der Wohnbaracke. Rechts oben: Mit großem Gepäck kehren viele Italiener über die Festtage in die Heimat zurück. Szene auf dem Zürcher Hauptbahnhof. Unten: Ausländer bei Straßenarbeiten auf dem Zürcher Paradeplatz.

die gut 30 sogenannten Siedlungsagglomerationen in vollem Umfang ein, so kommt man bereits auf 61 %, die in städtischen Verhältnissen wohnten. Dagegen entvölkerte sich manches Alpental. In den Ballungsgebieten winkte den jüngeren Generationen die Aussicht auf individuelle Unabhängigkeit, höheres Einkommen und sozialen Aufstieg; der Preis, den viele dafür bezahlten, bestand im Verlust natürlicher Umwelt und sozialer Geborgenheit und in der Unrast von Erwerbstätigkeit und Freizeitbeschäftigung.

Einkommen und Vermögen

Wie erwähnt, stiegen im Durchschnitt die Einkommen der Arbeitnehmer weniger stark an als diejenigen der Selbständigerwerbenden. Nach einer neuen Studie zu schließen, kam es jedoch in der Entwicklung der persönlichen Einkommen – mindestens während des letzten Jahrzehnts der Hochkonjunkturperiode – zu einem leichten Ausgleich zwischen den Extremen. Dazu dürften außer der großen Nachfrage nach Arbeitskräften und der Wirksamkeit der Gewerkschaften auch der Ausbau des Bildungswesens und der Altersvorsorge beigetragen haben. Eine gewisse Angleichung ist gesamtschweizerisch auch bei den persönlichen Vermögen festzustellen. Die verfügbaren Untersuchungen über die persönlichen Einkommens- und Besitzverhältnisse enthalten allerdings einen erheblichen Unsicherheitsfaktor, da sie sich letztlich auf die individuellen Steuererklärungen stützen.

5. Neue sozialpolitische Probleme und Forderungen

Ausländerfrage

Die vom wirtschaftlichen Wachstum in unserer Gesellschaft bewirkten Veränderungen haben neue Bedürfnisse und Spannungen erzeugt oder alte verstärkt. So sind in den letzten beiden Jahrzehnten neben

die bereits erwähnten sozialen Probleme andere getreten, die zuvor keine oder nur eine geringe Bedeutung besaßen. Zu den umfassendsten Auseinandersetzungen kam es dabei in der Ausländerfrage. Bereits um 1960 erhob sich Kritik an der liberalen Einwanderungspraxis. In der Arbeiterschaft, wo man sich von der Anwesenheit so vieler Fremdländer am unmittelbarsten betroffen fühlte, entstand Unmut, dem einerseits die Gewerkschaften, anderseits fremdenfeindliche politische Gruppen Ausdruck gaben. Eine von der Verwaltung eingesetzte Expertenkommission beanstandete überdies die Tendenz, die Aufenthaltsbewilligungen so zu handhaben, daß sich die Ausländerbestände dauernd erneuerten. Solche Rotation sollte vermeiden, daß sich die Einwanderer das Recht auf Niederlassung ersäßen; sie hatte jedoch zur Folge, daß sie aus immer ferner liegenden Gebieten kamen, immer weniger qualifiziert waren und immer größere Schwierigkeiten hatten, sich gesellschaftlich einzugliedern. Als nun aber der Bundesrat 1964 das Rotationsprinzip aufgab und mit Italien ein neues Abkommen traf, das den Eingewanderten den Nachzug ihrer Familien erleichterte und auf Eingliederung ausgerichtet war, ging erst recht eine Welle der Entrüstung hoch, da man vom neuen Abkommen eine nochmalige Verstärkung des Zustroms befürchtete. Auf dem Weg der Volksinitiative wurde ein massiver Abbau des ausländischen Bevölkerungsanteils gefordert. Der Bundesrat, im Kreuzfeuer zwischen der Volkswut und den Begehren der Wirtschaft nach zusätzlichen Arbeitskräften, wählte den Weg einer dosierten Beschränkung der Einwanderung, wobei er zunächst den einzelnen Betrieben Höchstziffern für ihre Personalbestände auferlegte. Als man jedoch auf diese Weise die weitere Vermehrung der ausländischen Erwerbstätigen nicht zu verhindern vermochte und eine neue, verschärfte Initiative des konservativen Zürcher Publizisten James Schwarzenbach in breiten Bevölkerungskreisen Anklang fand, sah sich die Landesregierung 1970 gedrängt, die Gesamtzahl der jährlichen Zulassungsbewilligungen zu begrenzen. Dadurch blieb einerseits der «Schwarzenbach-Initiative» ein Abstimmungserfolg versagt, anderseits aber verzeichnete man eine Abnahme der erwerbstätigen Ausländer. Die ausländische Gesamtbevölkerung stieg freilich wegen ihres starken Geburtenüberschusses weiter an, bis die Rezession zu einer massiven Verminderung führte. Weitere fremdenfeindliche Initiativen wurden kräftig verworfen (1974 und 1977).

Auf die psychologischen Ursachen der Bewegung gegen die sogenannte «Überfremdung» werden wir an anderer Stelle zu sprechen kommen. Hier sei jedoch vermerkt, daß diese Bewegung nicht nur von Wirtschaftskreisen, die um ihre Arbeitskräfte bangten, bekämpft wurde, sondern auch von humanitären Bestrebungen, die sich dagegen richteten, daß in der Schweiz ein neues, nicht nur sozial, sondern auch rechtlich benachteiligtes Unterproletariat entstand. So wurde 1977 eine Gegeninitiative eingereicht, die ursprünglich von katholischen Arbeitnehmerorganisationen ausging und später namentlich von der äußersten Linken unterstützt wurde: Unter dem Stichwort

«Mitenand» strebte sie die Aufhebung aller Diskriminierungen an und forderte insbesondere ein Vernehmlassungsrecht der Ausländer zu sie betreffenden Fragen sowie die Aufhebung der Klasse der sogenannten Saisonarbeiter, die nur während eines Teils des Jahres im Lande bleiben und ihre Familien nicht mitbringen dürfen. Sie wurde freilich 1981 massiv verworfen. Ein Jahr später fiel der negativen Grundstimmung gegenüber den Einwanderern sogar ein Gesetz zum Opfer, das die bisherige Stabilisierungspolitik des Bundesrates bestätigen und die Rechtsstellung der verschiedenen Kategorien von Ausländern nur geringfügig verbessern sollte. Die Eingewanderten haben sich seit den sechziger Jahren ihrerseits politisch zu organisieren begonnen, um ihre Anliegen geltend zu machen. Von der neuen Zuspitzung der Ausländerfrage durch das vermehrte Auftreten von Flüchtlingen aus der Dritten Welt wird gleichfalls an anderer Stelle die Rede sein.

Die Freigabe des Schwangerschaftsabbruchs wurde in den 1970er Jahren ein Hauptkampfziel militanter Frauenkreise. Eine Kundgebung in Zürich im Jahre 1976.

Kampf um die Gleichberechtigung der Frau

Seit den sechziger Jahren ist auch die vielfache Zurücksetzung des weiblichen Geschlechts mehr und mehr zum Problem geworden. Wie noch in anderem Zusammenhang zu zeigen sein wird, verstärkte sich unter den Frauen selber das Verlangen nach Gleichberechtigung. Das Beispiel anderer Länder, die Bewegung in der Jugend und die erhöhte Nachfrage nach weiblicher Arbeitskraft wirkten in dieser Richtung. Zwar hatte sich – gerade infolge solcher Nachfrage – die Stellung der Frau seit dem Zweiten Weltkrieg allmählich verbessert; dem geschärften Empfinden erschien jedoch die noch bestehende Ungleichheit um so stoßender. Aus einem Kongreß, der 1975 anläßlich des von den Vereinten Nationen (UNO) proklamierten Jahres der Frau in Bern durchgeführt wurde, ging eine Volksinitiative hervor, die innert fünf Jahren die völlige Gleichberechtigung, namentlich in Familie, Bildung, Beruf und Entlöhnung forderte. 1981 wurde der grundsätzliche Gehalt des Begehrens in die Bundesverfassung aufgenommen, allerdings ohne zeitliche Fixierung. 1985 ist sodann eine Revision des Eherechts durch die Volksabstimmung sanktioniert worden; sie hebt die gesetzliche Überordnung des Mannes in der ehelichen Gemeinschaft auf und stellt beide Partner auch in erbrechtlichen Fragen gleich. Die berufliche Emanzipation hat dagegen mit der Rezession, durch welche viele Frauen aus dem Erwerbsleben wieder verdrängt worden sind, einen Rückschlag erfahren.

Randgruppen

Ein kritischeres Gesellschaftsverständnis versucht seit den sechziger Jahren verschiedenen Randgruppen unvoreingenommener zu begegnen. Eine Reform des Strafgesetzbuches von 1971 trägt dem Bestreben nach Wiedereingliederung der Delinquenten in die Gesellschaft stärker Rechnung als zuvor; in den kantonalen Strafanstalten erfolgt jedoch die Anpassung an modernere Vorstellungen nur langsam. Der gesellschaftliche Wandel hat anderseits das Hineinwachsen der Jugendlichen in die Welt der Erwachsenen erschwert. Von den vielfältigen Angeboten der Konsumgesellschaft beherrscht, haben die Eltern oft das Interesse an der Erziehung ihrer Kinder verloren. Diese werden deshalb sowohl durch Nachgiebigkeit verwöhnt wie

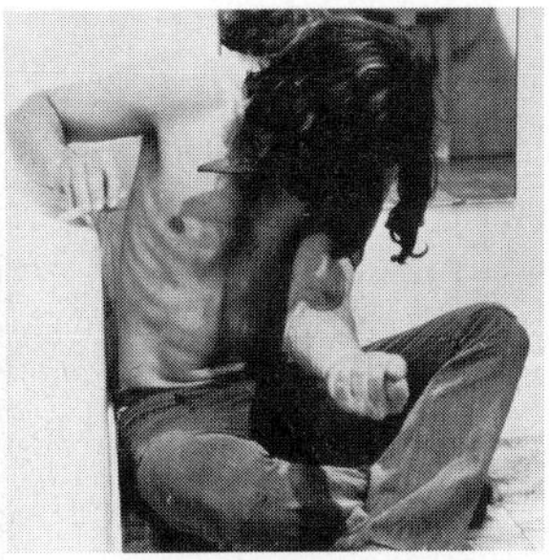

Drogenelend: der Fixer im Toilettenraum. Szene aus dem Film «Kleine frieren auch im Sommer» von Peter von Gunten.

durch Verständnislosigkeit isoliert und in ihren Lebensäußerungen beengt. Damit im Zusammenhang stehen Ausbrüche in einem Teil der Großstadtjugend, von denen noch die Rede sein wird, aber auch das Umsichgreifen jugendlicher Kriminalität und vor allem des jugendlichen Drogengenusses, dessen jährlich erfaßte Fälle in die Tausende gehen. Bei einer Revision des Betäubungsmittelgesetzes sind 1975 die Strafen für Händler und Opfer stärker differenziert und Fürsorgemaßnahmen eingebaut worden. Damit hat man allerdings das Problem nicht in den Griff bekommen. Auf zusätzliche Schwierigkeiten stößt die Integration aller Randgruppen seit Mitte der siebziger Jahre wegen der härteren Konkurrenz auf dem Arbeitsmarkt. Dies gilt auch für die arbeitsfähigen Behinderten, die es allerdings zusehends lernen, ihre Anliegen selber in der Öffentlichkeit zu vertreten.

Die Veränderungen in der Arbeitswelt gaben anfangs der siebziger Jahre Anlaß zu einer Neuorientierung der Gewerkschaften. Die Stagnation in der Mitgliederentwicklung legte eine Überprüfung des bisherigen Kurses nahe, und im Zuge der gesellschaftlichen Gärung, auf die wir später eingehen werden, begann man den Arbeitsfrieden innerhalb und außerhalb der gewerkschaftlichen Organisationen in Frage zu stellen. In den Vordergrund rückte aber zunächst das Begehren nach Mitbestimmung. Hatte man sich bis dahin hauptsächlich um die Aushandlung materieller Verbesserungen für die Arbeiter bemüht, so forderte man nun eine Änderung der Arbeitsverfassung, die den Gewerkschaften mehr gesellschaftliche Macht bringen sollte. Den Anstoß gab der «Christlichnationale Gewerkschaftsbund», für den ein Mitwirkungsrecht der Arbeitnehmer im eigenen Betrieb in der Linie der korporativen Ordnungsvorstellungen lag, die er früher vertreten hatte. Verstärkt wurden solche Bestrebungen durch die Studentenbewegung der späten sechziger Jahre, die vor allem für die Bildungseinrichtungen eine Beteiligung aller Betroffenen an den Entscheiden verlangte. Die Forderung ergab sich aber auch aus dem Konzentrationsprozeß in der Wirtschaft, der die Beziehungen zwischen den Unternehmen und ihrem Personal weitgehend anonym und undurchschaubar werden ließ und beim einzelnen das Gefühl des Ausgeliefertseins erweckte. Schließlich verbreitete sich gerade in der jüngeren Generation die Einsicht, daß völlige Abhängigkeit am Arbeitsplatz die Bereitschaft und Fähigkeit zur Teilnahme am politischen Leben schwäche und eine Tendenz zur Scheindemokratie fördere. Dies alles trug dazu bei, auch den «Schweizerischen Gewerkschaftsbund» nach anfänglichen Bedenken für die Idee der betrieblichen Mitbestimmung zu gewinnen. Das neue Modell war freilich geeignet, das Schwergewicht der Arbeitspolitik von der Branche auf die einzelne Unternehmung zu verlagern. Deshalb zeigten sich mehr und mehr Arbeitgeber bereit, der Belegschaft gewisse Mitspracherechte einzuräumen, um sie am Leben der Firma zu interessieren und damit zugleich deren Leistungsfähigkeit zu steigern.

Neue Arbeitnehmerpostulate

Um die Gefahr eines Verlustes an Einfluß zu vermeiden, erhoben die Gewerkschaften den Anspruch, in den Arbeitervertretungen der

Betriebe Einsitz zu nehmen; für die Maschinenindustrie wurde dies 1974 vertraglich erreicht. 1971 reichten sie eine Initiative ein – erstmals taten dies die beiden großen Gewerkschaftsbünde gemeinsam –, in der sie nicht nur Mitbestimmung in Angelegenheiten des Betriebs (Arbeitsbedingungen und Personalfragen) forderten, sondern auch in solchen der Unternehmensführung (Produktionsprogramm, Investitionen, Unternehmensorganisation). Beide Ansprüche wurden von Arbeitgeberseite bekämpft. 1976 wurde dem Souverän neben der Initiative zugleich ein Gegenentwurf des Parlaments vorgelegt, der sich auf eine innerbetriebliche Mitbestimmung ohne gewerkschaftliche Beteiligung beschränkte. Der Urnengang brachte den Initianten eine empfindliche Niederlage: Die Zahl der Befürworter des Volksbegehrens blieb deutlich unter der Mitgliederstärke der beteiligten Verbände. Das neue Postulat hatte die Basis nicht wirklich zu mobilisieren vermocht. Da auch der Gegenentwurf das absolute Mehr nicht erreichte, blieb die Frage in der Schwebe. Bemühungen des Parlaments und der Regierung um einen Kompromiß gelangten angesichts der Kluft zwischen den Sozialpartnern beziehungsweise den ihnen nahestehenden Parteien zu keinem Erfolg.

Das Ende der Hochkonjunkturperiode brachte einen Rückgang der Nachfrage nach Arbeitskraft und damit eine härtere Haltung der Arbeitgeber. Da Verhandlungserfolge für die Gewerkschaften nun schwieriger wurden, versuchten diese vermehrt, eine Verbesserung der Arbeitsbedingungen durch gesetzliche Maßnahmen zu erreichen. Sie sahen sich dazu auch durch die Konkurrenz neuer Linksgruppen gedrängt, die mit Volksbegehren für die Beschränkung der Arbeitszeit auf 40 Stunden pro Woche und für eine Herabsetzung des Pensionierungsalters vorstießen. Ursprünglich zur Mobilisierung der Arbeiter für den Klassenkampf gedacht, erhielt namentlich die Arbeitszeitinitiative durch die Rezession sozialpolitische Bedeutung: So vermochte das Argument, daß bei einem Rückgang der Beschäftigung jeder einzelne weniger arbeiten sollte, den sozialdemokratischen Parteitag zu gewinnen. Beide Initiativen wurden jedoch – 1976 beziehungsweise 1978 – massiv verworfen, da man allzu einschneidende Nebenwirkungen (Eingehen kleinerer Betriebe, Finanzierungs-

Die Rezession gab namentlich in der Westschweiz Anlaß zu sozialen Konflikten. 1976 lösten Entlassungen im Waadtländer Metallbauunternehmen Matisa einen wilden Streik aus, der den «Schweizerischen Metall- und Uhrenarbeitnehmer-Verband» nachträglich zur Unterstützung der Arbeiterforderungen nötigte. Streikende vor dem Werk in Renens (VD).

schwierigkeiten für die zahlreicheren Altersrenten) befürchtete. Das hinderte den «Schweizerischen Gewerkschaftsbund» nicht, 1979 gemeinsam mit den Sozialdemokraten eine Initiative für eine Ausdehnung des Ferienanspruchs einzureichen und 1984 eine solche für die 40-Stunden-Woche. Erstere erlitt zwar 1985 eine Niederlage; sie hat aber eine großzügigere Ferienregelung im Obligationenrecht bewirkt.

Konsumentenschutz

Die zunehmende Beherrschung der Lebensweise durch die rasch wechselnde Fülle der angebotenen Waren und Dienstleistungen bot Anlaß zur Forderung nach einem besseren Schutz der Konsumenten vor Übervorteilung und Ausbeutung verschiedener Art. Die Interessenvertretung und die Mobilisierung der Betroffenen sind auf diesem Gebiet freilich schwieriger als im Bereich des Arbeitsverhältnisses. Die Verbände, die sich vor allem seit den sechziger Jahren den Verbraucheranliegen widmen, werden zur Hauptsache von Organisationen getragen, für die andere Ziele im Vordergrund stehen (Frauenorganisationen, Gewerkschaften, Großdetailhandelsunternehmen). 1981 ist immerhin ein Verfassungsartikel zustande gekommen, der sie als Sprecher der Konsumenten anerkennt und den Bund auch in diesem Bereich zu Schutzmaßnahmen verpflichtet. Als Erfolg der Konsumentenmobilisierung konnte 1982 die Annahme der Verfassungsinitiative für eine Preisüberwachung gebucht werden. Auf der Ebene der Gesetzgebung sitzen freilich die Unternehmerverbände am längeren Hebelarm, wie etwa der Leidensweg der Reform im Kleinkreditwesen zeigt.

6. Wirtschaftskrise und Grenzen des Sozialstaates

Die zunehmenden Ansprüche an die Sozialversicherung, die wir für die frühen siebziger Jahre festgestellt haben, richteten sich an einen Staat, der bereits durch den Nachholbedarf an Infrastruktur mehr und mehr in eine Finanzkrise geriet. Mit der Rezession von 1974/76 wurden auch die Wachstumsaussichten der Wirtschaft ungewiß, die für den Ausbau des Wohlfahrtsstaates die tragende Grundlage geboten hatten. Die um sich greifende wirtschaftliche Unsicherheit verstärkte aber wiederum das Bedürfnis nach sozialer Sicherung. So geriet die Sozialpolitik in ein Dilemma zwischen erhöhten Anforderungen und schwindender Leistungsfähigkeit.

Arbeitslosigkeit

Die unmittelbarste Folge der wirtschaftlichen Krise war Arbeitslosigkeit. Statistisch nahm diese bei uns freilich ein weit geringeres Ausmaß an als in anderen Ländern. Die Zahl der Ganzarbeitslosen erreichte ihren Höhepunkt im Februar 1976 mit 32000; Teilarbeitslose gab es Ende 1975 deren 136000. Das waren 1 bzw. 5% der Erwerbstätigen. Durch die Verminderung der ausländischen Arbeitskräfte in den Rezessionsjahren wurde die Arbeitslosigkeit größtenteils exportiert. Kaum meßbar ist sodann die Zahl der Frauen, Jugendlichen und Rentner, die aus dem Arbeitsprozeß ausschieden, da sie sich nur zum Teil bei den Arbeitsämtern gemeldet haben.

Bund und Kantone reagierten rasch durch eine Reorganisation der in der Hochkonjunktur vernachlässigten Arbeitslosenversicherung. Mangels einer allgemeinen Beitrittspflicht war die Zahl der Versicherten am Vorabend der Krise auf weniger als einen Fünftel der Unselbständigerwerbenden gesunken. Durch ein eidgenössisches Obligatorium für praktisch alle Arbeitnehmer, durch eine Finanzierung mit Lohnprozenten und durch die Ausdehnung der Wirksamkeit auf beschäftigungsfördernde Maßnahmen wurde die Institution 1976 auf eine neue Grundlage gestellt. Zugleich wurden die Leistungen erheblich erweitert. Nach einem Provisorium für die Übergangszeit trat 1983/84 das Ausführungsgesetz in Kraft. Dieses gewährt freilich einem Stellenlosen nur für eine begrenzte Zeit Taggelder (maximal 8 Monate innerhalb von zwei Jahren), und deren Dauer hängt davon ab, wie lange er zuvor Beiträge entrichtet hat. Eine wachsende Schar von «Ausgesteuerten» fällt erneut der Fürsorge anheim.

Unsichere Arbeitsplätze

Seit Mitte der siebziger Jahre haben die Reallöhne im Durchschnitt zwar weiter zugenommen, ein namhafter Teil der Arbeitnehmer, vor allem im zweiten Sektor, erlitt aber reale Einkommensverluste. Für andere ging mindestens das verfügbare Einkommen zeitweise zurück, weil die Steuerlast infolge des nominellen Lohnanstiegs stärker zunahm als das Realeinkommen (kalte Progression). Schwerwiegender scheint, daß – wie bereits ausgeführt – die Exportwirtschaft sich zur Verbilligung ihrer Produktion gezwungen sieht und damit die Zahl der Arbeitsplätze in der Schweiz weiter abzunehmen droht. So lastet Ungewißheit über die künftige Beschäftigung auf vielen Arbeitnehmern. Sie hat häufig zu einer Disziplinierung geführt, so daß die Leistungen im Verhältnis zum Lohn angewachsen sind. Wo dagegen Entlassungen vorgenommen wurden – was oft ohne jede Vorbereitung der Betroffenen geschah –, kam es gelegentlich zu wilden Streiks, welche die Gewerkschaften in eine schwierige Lage brachten. Da die neuen Linksgruppen die Arbeiter erneut für den Klassenkampf zu gewinnen versuchten, sahen sich auch führende Gewerkschafter veranlaßt, die bisher weithin als absolut betrachtete Friedenspflicht im Arbeitsverhältnis in Frage zu stellen und vom Verhalten der Unternehmer abhängig zu machen. Von gewerkschaftlicher Seite verlangte man nun aber auch einen besseren gesetzlichen Kündigungsschutz, der den Arbeitgeber zur Rechtfertigung seiner Entlassungsgründe veranlassen sollte.

Ein großer Teil der Jugend fühlt sich nicht mehr von den herkömmlichen geselligen und kulturellen Anlässen angezogen, sondern besucht Veranstaltungen, die ihrem neuen Lebensgefühl Ausdruck geben. Die Zuschauer am Folk Festival von Nyon (VD) von 1979 sitzen auf einer Wiese und haben ein internationales Wahrzeichen für Liebe und Frieden aufgepflanzt.

Die ungewissen Aussichten für die wirtschaftliche Zukunft nähren anderseits Zweifel an der Dauerhaftigkeit unseres Sozialversicherungssystems. Warnende Stimmen, welche die finanzielle Grundlage der Alters- und Hinterlassenenversicherung für unzureichend erklärten, boten bürgerlichen Kreisen Anlaß, nach einem sozialpolitischen Marschhalt zu rufen. Die Sparmaxime, mit der man dem chronischen Defizit des Bundeshaushalts beizukommen versuchte, wurde auch auf die Finanzierung der sozialen Sicherheit bezogen. Die

Ungesichertes System der sozialen Sicherheit

LOVE

Linke setzte sich allerdings vehement gegen eine «soziale Demontage» zur Wehr, da diese geeignet war, die unteren Schichten mit den Krisenfolgen weit fühlbarer zu belasten als die oberen. Die Entwicklung von Beschäftigung und Lebenserwartung bewirkt jedoch, daß auf weitere Sicht einer stagnierenden Zahl von Erwerbstätigen eine ständig zunehmende Zahl von Rentnern gegenübersteht. Somit wird der einzelne Erwerbstätige eine wachsende Belastung durch die aufzubringenden Renten auf sich nehmen müssen.

Der Sozialstaat läuft aber nicht nur wegen der Überalterung der Bevölkerung Gefahr, aus dem Gleichgewicht zu geraten. Die Verhältnisse in den meisten westlichen Industrieländern geben Anlaß zur Befürchtung, daß die neue Technologie wohl ein weiteres Wachstum ermöglicht, nicht aber zugleich die Vollbeschäftigung. Damit droht auch uns mit der Zeit eine Spaltung der Gesellschaft in Träger und Nutznießer des Wachstums einerseits und ein neues Proletariat von Arbeitslosen anderseits, das mit Hilfe von Sozialversicherung und -fürsorge wohl überleben, an der wirtschaftlichen und sozialen Entwicklung aber nicht teilhaben kann.

Gibt es Alternativen?

Angesichts solcher Perspektiven hat man in den letzten Jahren in Rechts- wie in Linkskreisen nach Alternativen gesucht. Sowohl die liberale Abneigung gegen staatliche Reglementierung und Bürokratie wie auch die progressive Vorstellung von einer sich selber verwaltenden Gesellschaft führen zu Modellen der Dezentralisation und der Selbsthilfe. Sozialpolitik soll damit bürgernäher, stärker auf Beteiligung der Hilfebedürftigen ausgerichtet und zugleich kostengünstiger werden. Die Übertragung sozialpolitischer Befugnisse vom Bund auf die Kantone – wir werden auf sie im Zusammenhang mit dem Versuch einer Neuverteilung der Aufgaben im Bundesstaat zurückkommen – stößt freilich dort auf Widerstand, wo Gefahr besteht, daß schwache Kantone bisher vom Bund wahrgenommene Funktionen vernachläßigen. Anderseits kann die Bildung von Selbsthilfegruppen nur wirksam werden, wo freiwillige Kräfte in Aktion treten, wo sich ein soziales «Milizsystem» entwickelt. Ein solches kann den Sozialstaat nicht ersetzen, wohl aber – auch bei geeigneter staatlicher Förderung – entlasten.

E. Vorstellungswelt und Verhaltensweisen

1. Auf der Suche nach der Normalität

Die Schweiz hat zum Ausgang des Zweiten Weltkriegs nichts Wesentliches beigetragen, deshalb erlebte sie das Kriegsende nicht als Erfolg oder Scheitern eigener Anstrengungen, sondern als Wegfall eines äußeren Drucks, als Abschluß einer bangen Wartezeit. Wohl hatte es auf dem Höhepunkt der Machtentfaltung des Dritten Reiches manchem geschienen, als sei das bürgerlich-liberal-demokratische Europa samt seiner sozialistischen Opposition endgültig in die Vergangenheit versunken; der Zusammenbruch des nationalsozialistischen Deutschland und die Wiederherstellung der früheren staatlichen Verhältnisse rundum ließen den bösen Alptraum entschwinden und den Glauben wachsen, es sei alles wieder «normal» geworden. «Normal» – das hieß vor allem einzelstaatliche Unabhängigkeit, freie Meinungsbildung und demokratische Entscheidung, Rechtssicherheit und vielleicht auch – trotz den düsteren Erfahrungen der dreißiger Jahre – freier Welthandel und wirtschaftliche Prosperität.

Nationaler Grundkonsens

Dieses Streben nach «Normalität» war aber nicht einfach konservativ. Nicht in allen Bereichen erschien eine Rückkehr zu früheren Verhältnissen wünschbar. So war es in den Krisen- und Kriegsjahren weithin zu einem neuen Verhältnis zwischen Bürgertum und Arbeiterschaft gekommen. Zu dessen Entspannung hatte – trotz der fast ausschließlich bürgerlichen Zusammensetzung des Offizierskorps – der engere menschliche Kontakt im militärischen Aktivdienst beigetragen. Dazu verstärkte die sozialistische Welle, die dem Zusammenbruch der rechtsextremen Diktaturen in Europa gefolgt war, auch in der Schweiz weitherum die Bereitschaft zu sozialen Reformen und staatlichen Lenkungsmaßnahmen. Eine Repräsentativumfrage vom März 1946 ergab, daß mehr als 70 % ein betriebliches Mitspracherecht der Arbeitnehmer befürworteten, und zwar ohne größere Abweichungen von Schicht zu Schicht, daß sich aber keine 2 % vom Klassenkampf eine Verbesserung der sozialen Verhältnisse versprachen. Nicht die zerrissene Schweiz von 1918, sondern die in einem nationalen Grundkonsens geeinte, die in der «Landi» von 1939 ihre Idealisierung erfahren hatte, schwebte als Leitbild vor.

Beibehaltung der Neutralität

Hatten somit äußere Bedrohung und Isolation die nationale Solidarität gefördert, so galt in bezug auf die internationale eher das Gegenteil. Zwar lösten die Bilder des Elends und der Verwüstung in den Nachbarländern zunächst eine spontane Welle der Hilfs- und Spendebereitschaft aus. Daß sich anderseits – namentlich in der deutschen Schweiz – bis in die sechziger Jahre eine verbreitete Abneigung gegen die Deutschen erhielt, ist noch als Folge der Abwehrhaltung gegenüber dem Dritten Reich zu erklären. In dem großen Mißtrauen jedoch, das man von Anfang an der UNO entgegenbrachte, wirkten nicht nur unglückliche Erfahrungen mit dem Völkerbund nach, sondern die in den Kriegsjahren entwickelte Igelmentalität gegenüber der Außenwelt schlechthin. In der erwähnten Umfrage sprachen sich mehr als zwei Drittel für eine Beibehaltung der Neutralität aus, auch wenn diese einer Zusammenarbeit mit der UNO im Wege stünde. Im Gegensatz zur Zeit nach dem Ersten Weltkrieg zeigten sich die Welschen nunmehr ebenso neutralitätsbewußt wie die Deutschschweizer. Karl Schmid hat solches Abseitsstehen auf eine seelische Anlage des Schweizers zur Unzeitgemäßheit und Gegenläufigkeit zurückgeführt, die sich aus der kleinstaatlichen Existenz zwischen drei großen Nationen ergebe.

2. Neue Abwehrhaltung

Antikommunismus

Der Schweizer strebte zum «Normalen» – möglicherweise zu einem etwas besseren, menschlicheren «Normalen» – zurück, aber die Welt rund herum wurde nur teilweise «normal». Spätestens im Februar 1948, als die Kommunisten in der Tschechoslowakei die Macht übernahmen, zeigte es sich, daß das Ende des Zweiten Weltkriegs nicht einfach den Sieg der in Westeuropa und Nordamerika beheimateten liberalen Demokratie und Marktwirtschaft bedeutete, sondern zugleich eine enorme Stärkung des totalitären und planwirtschaftlichen Systems, das sich in Rußland entwickelt hatte. Dem Aufatmen über den Zusammenbruch des nationalsozialistischen Terrorregimes folgte neue Beklemmung angesichts der Expansion einer kommunistischen Weltmacht, die sich über Meinungsfreiheit und öffentliche Kontrolle der Staatsgewalt mit gleicher Brutalität hinwegsetzte wie die Diktaturen Hitlers und Mussolinis. Hatte man eben angefangen, die Fühler vorsichtig nach der veränderten Welt auszustrecken, so zog man sie nunmehr gegenüber der östlichen Seite wieder brüsk zurück. Die defensiven Denk- und Verhaltensformen, die man unter der nationalsozialistischen Bedrohung entwickelt hatte, wurden reaktiviert und auf die kommunistische Macht und Ideologie übertragen. Und wenn man seinerzeit gegen die «braunen Fäuste» nur vorsichtig stichelnd und verhüllt polemisierend vorzugehen gewagt hatte, so konnte man nun hinter dem Schirm der NATO-Streitkräfte mit vollem rhetorischem Geschütz auf die «roten» losfeuern; nicht nur gesellschaftlicher und kultureller, sondern auch wirtschaftlicher Boykott des östlichen Staatensystems schien jetzt vielen geboten. Während man damit freilich den Kreml nicht allzu sehr zu beeindrukken vermochte, hielt man sich – zumindest im deutschsprachigen Landesteil – um so mehr an die «Lakaien» des verhaßten Systems im eigenen Haus, an die Partei der Arbeit, die ihre engen Beziehungen zur sowjetischen Schwesterpartei nicht preisgab. Nicht nur wurde einem sowjetischen Künstler wie dem Geiger David Oistrach in mehreren Deutschschweizer Städten das Auftreten verwehrt, auch die schweizerischen Kommunisten wurden östlich der Saane gesellschaftlich boykottiert, ja gelegentlich tätlich angegriffen. Dieser Antikommunismus war in sozialdemokratischen und gewerkschaftlichen Kreisen kaum weniger verbreitet als in bürgerlichen. Dadurch wurde die innenpolitische Verständigung zwischen den großen Parteien und zwischen den Sozialpartnern gefördert, zugleich aber auch die Expansion der Privatwirtschaft von sozialpolitischem Druck entlastet.

Solidarität mit bedrohten Kleinstaaten

Höhepunkt der antikommunistischen Gefühlswelle war der November 1956, der die militärische Niederwerfung des ungarischen Volksaufstandes gegen die sowjetische Vormachtstellung brachte. Massendemonstrationen, an denen sich namentlich auch die Jugend beteiligte, bekundeten die Solidarität mit den Unterdrückten. Die

Die Niederwerfung des ungarischen Aufstands von 1956 durch die Sowjetunion erzeugte in der schweizerischen Bevölkerung eine breite Protestwelle: Links: Demonstranten verbrennen vor der sowjetischen Botschaft in Bern eine sowjetische Fahne. Unten: Aus Solidarität mit dem ungarischen Volk wurden im ganzen Lande drei Schweigeminuten eingehalten. Aufnahme aus der Berner Altstadt.

Begeisterung für die ungarische Erhebung hatte freilich nicht nur einen antikommunistischen Aspekt. Wie siebzehn Jahre zuvor beim Angriff der Sowjetunion auf Finnland identifizierte man sich in der Schweiz weithin mit dem um seine Selbständigkeit ringenden Kleinstaat.

Entsprechendes gilt für das Verhältnis zu Israel. Der ägyptische Staatschef Nasser erschien als neuer Hitler. Waren auch antisemitische Empfindungen manchem Schweizer seinerzeit nicht fremd gewesen, so gewährte man dem fernen Judenstaat nun um so mehr volle Solidarität. Daß der israelisch-arabische Konflikt in erster Linie in das allgemeinere Verhältnis zwischen Industrie- und Entwicklungsländern einzuordnen sei, begann man erst in den sechziger Jahren zu erkennen. Und diese Erkenntnis trug eher dazu bei, das Verständnis für die Entwicklungsländer zu erschweren als die Sympathien für Israel zu beeinträchtigen.

3. Überfremdungsangst

Entwicklung einer Konsumgesellschaft

Aber nicht nur der Ost-West-Konflikt und die Ansprüche der Dritten Welt durchkreuzten das schweizerische Normalitätsbedürfnis, auch das eigene Land begann mehr und mehr «anormale» Züge anzunehmen. Die erhoffte wirtschaftliche Prosperität und der internationale Austausch nahmen zwar nie erträumte Ausmaße an, doch sie forderten ihren Preis. Das Bangen um den Arbeitsplatz wich bei vielen dem Wettrennen um eine einträglichere Stelle, und in einzelnen Branchen wie etwa dem Baugewerbe machte sich mancher mit raschem Erfolg an den Aufbau einer selbständigen Existenz. Obwohl der Zugang zur Berufsbildung breiter wurde, verlor der Beruf in der Hektik des Erfolgsstrebens an Verbindlichkeit; er wurde zum leicht auswechselbaren Job. Gleichzeitig gestaltete sich das Angebot an Konsumgütern immer reichhaltiger. Die Lebenshaltung stieg: Kühlschrank, Auto und Fernsehapparat wurden mehr und mehr Allgemeingut. Dies führte dazu, daß sich die Arbeiter je länger je weniger als Proletarier fühlten, wodurch sich die sozialen Gegensätze weiter entschärften. Die ständige Vervielfachung des Angebots erzeugte aber auch eine sich auf alle Lebensgebiete ausdehnende Verbraucherhaltung und lenkte damit von den gesellschaftlichen und politischen Problemen ab.

Veränderung der Landschaft und ihrer Bewohner

Die unablässig steigende Konjunktur veränderte außerdem das Aussehen der Siedlungen und der Landschaft. Die Städte wuchsen in die Breite und in die Höhe, und die gewohnten Gebäudeformen, die den Charakter eines Ortsbildes geprägt hatten, machten kahlen kubischen Blöcken Platz. Das Straßennetz verdichtete sich und überzog sich mit Asphalt und Beton, vermochte aber den immer weiter anschwellenden Verkehr gleichwohl nicht zu bewältigen. Das Wasser begann nach Abfall, die Luft nach Auspuff zu stinken, und Motorenlärm wurde zur allgegenwärtigen Geräuschkulisse. Als einschneidendste Veränderung empfand man jedoch weithin die massive Einwanderung von Arbeitern aus den Mittelmeerländern, die allmählich in allen Landesteilen und Wirtschaftszweigen ihren Platz einnahmen, deren Familien die Mietwohnungen bevölkerten und deren Kinder die Schulbänke besetzten. Diese Zuwanderer waren oft lauter und lebhafter als die Einheimischen, weniger auf Sauberkeit und Ordnung bedacht als zumal die Deutschschweizer, gelegentlich auch gewandter im Erzielen kleiner Vorteile. Während die meisten von ihnen sich nur vorübergehend in der Schweiz aufzuhalten gedachten und wenig Neigung zur Eingliederung in eine fremde Gesellschaft bekundeten, wurden sie von vielen Ansässigen als Eindringlinge betrachtet, deretwegen man nicht mehr «unter sich» sein könne.

Abwehr gegen Überfremdung

In den Landesteilen, die am konjunkturellen Aufschwung weniger Anteil hatten, und namentlich in der älteren Generation verbreitete sich angesichts dieser Veränderungen ein wachsendes Unbehagen, ein Zweifel an der politischen und wirtschaftlichen Ordnung und ihren Repräsentanten. Es entstand insbesondere eine neue Abwehrhaltung gegen das, was man in der deutschen Schweiz die «Überfremdung» nannte. Sie gipfelte in der eidgenössischen Volksabstimmung vom 7. Juni 1970, als – bei einer seit langem nicht mehr erreichten Beteiligung von drei Vierteln der männlichen Aktivbürger – 46 % mit James Schwarzenbach die Ausweisung von rund 400000 Ausländern verlangten. Im nationalen Konsens war ein ernsthafter Riß entstanden.

Die Abnahme des ausländischen Bevölkerungsanteils infolge der Rezession von 1974/76 brachte vorübergehend eine Entspannung in der Überfremdungsfrage. Der Zudrang von Drittweltflüchtlingen seit dem Ende der siebziger Jahre hat freilich den Emotionen neue

Nahrung gegeben. Begegnete man der Emigration aus dem kommunistischen Indochina noch mit einem gewissen politischen Verständnis, so blieb den übrigen Asiaten und den Afrikanern ein solches mehr und mehr versagt; sie erschienen leicht als bloße «Wirtschaftsflüchtlinge», nach deren Arbeitskraft nach dem Ende der Hochkonjunktur kaum Nachfrage bestand. Wie vier Jahrzehnte zuvor hieß es wieder, das Boot sei voll. Das erst 1979 im Sinne der humanitären Tradition erlassene Asylgesetz wurde unter dem Druck der Fremdenfeindlichkeit bald einschränkenden Revisionen unterzogen.

Die Universität wurde von den oppositionellen Studenten einerseits als Instrument zur Heranziehung gefügiger Arbeitskräfte des bürgerlichen Systems verurteilt, anderseits als Hebel zur Umgestaltung der Gesellschaft zu benützen versucht. Wandparole im Genfer Universitätsgebäude.

4. Alternative Bewegungen

Um die Mitte der sechziger Jahre befand sich die schweizerische Vorstellungswelt noch in einer Art von labilem Gleichgewicht. Die Landesausstellung von 1964, die «Expo» am Seegestade von Lausanne, versuchte den Zwiespalt zwischen Bindung an die Vergangenheit und Ausblick auf die Zukunft mit Charme, aber ohne eigentliche Analyse der Probleme zu überbrücken. Gleichzeitig stellte der Basler Staatsrechtslehrer Max Imboden eine schleichende Krise, das «helvetische Malaise», fest. Er erfaßte damit den Beginn einer Periode allgemeiner Ungewißheit infolge der Entkräftung von Wertvorstellungen, die bis dahin das gesellschaftliche Dasein geprägt hatten. In dieser allmählich um sich greifenden Orientierungskrise wurden nun auch

Brüske Veränderungen im gewohnten Landschaftsbild. Hinter dem malerischen Schlößchen Wittigkofen am Ostrand von Bern entsteht die Großüberbauung des oberen Murifeldes.

in der Schweiz Bewegungen wirksam, die sich durch die vom Wachstum veränderten Industrieländer verbreiteten und das Leben nach neuen Inhalten auszurichten strebten.

Im Jahre 1968 kam es bei uns wie anderswo zu einer Auflehnung gegen die gesellschaftlichen Ordnungen, die von einem Teil der jungen Generation getragen wurde. Wenn sich das Gros der Heranwachsenden der fünfziger Jahre, skeptisch gegenüber großen Zielsetzungen, auf die Wahrnehmung der beruflichen Chancen konzentriert hatte, so brach in der Jugend der späten sechziger Jahre der Überdruß an einer Gesellschaft durch, deren bestimmende Werte mehr und mehr Leistung und Konsum geworden waren. Die von Elternhaus und Schule vertretenen Traditionen – Vorstellungen, Sitten und Ordnungen – wirkten unglaubwürdig und wurden als Fesseln empfunden, von denen man sich zu emanzipieren strebte. Man rief nach Freiräumen und sprengte in schockierender Unbekümmertheit die überkommenen äußeren Formen: in Kleidung und Haartracht, im zwischenmenschlichen Verkehr, im Umgang mit dem anderen Geschlecht.

Die 68er Bewegung

Die Bewegung war von ausländischen Universitäten ausgegangen und wurde auch in der Schweiz hauptsächlich von Studenten aufgenommen. Das gab ihr einen intellektuellen, darüber hinaus aber auch einen missionarisch-revolutionären Charakter. Man griff auf die marxistische Analyse des Kapitalismus zurück, ergänzte sie jedoch durch die von Sigmund Freud beeinflußte neuere Sozialpsychologie.

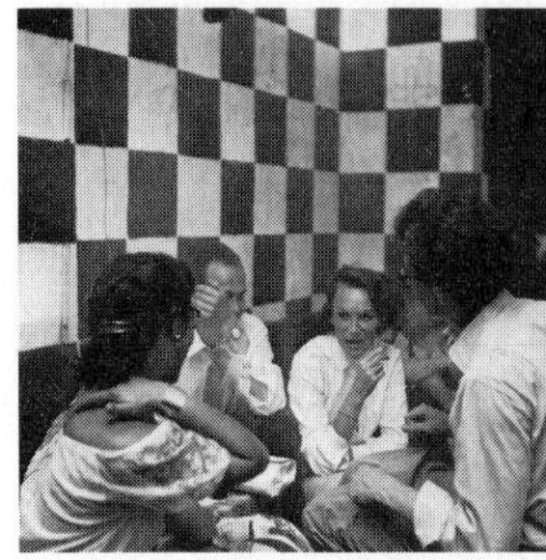

Wandel in den Ausdrucksformen der Jugend. Oben: Diskussionsgruppe in einem privaten Kellerlokal in Bern aus dem Anfang der 1950er Jahre. Links: Jugend der Zeit nach 1968 an der «Riviera» beim Bellevue in Zürich.

Nicht nur die Ausbeutung der Arbeitskraft durch das Kapital erschien kennzeichnend für die gesellschaftlichen Verhältnisse, mehr noch eine allgemeine Repression, insbesondere eine durch Ehe und Familie aufrechterhaltene psychische Unterdrückung des Trieblebens, welche die jungen Menschen zu Untertänigkeit und Leistungswilligkeit abrichtete. Doch die erstrebte Emanzipation wurde nicht primär als eine individuelle, sondern als eine gesellschaftliche verstanden. Man demonstrierte nicht allein für autonome Jugendzentren, sondern für eine Umwandlung der Strukturen an den Bildungsanstalten, im Staat, in der Armee. Dabei stieß man mit den Inhabern der Disziplinargewalt und mit der Polizei zusammen. In den Jahren 1968–1974 kam es namentlich in den Großstädten zu zahlreichen Zwischenfällen, die häufig Verletzte forderten. Man fühlte sich solidarisch mit anderen revolutionären Bewegungen, vor allem mit solchen der Dritten Welt. Che Guevara und Ho Chi Minh wurden zu Symbolfiguren. Eine leidenschaftliche Kampagne richtete sich sodann gegen ein 1969 an alle Haushaltungen verteiltes Zivilverteidigungsbuch, das nicht nur Anweisungen für das Verhalten bei Luftangriffen bot, sondern zugleich die Gefahr eines revolutionären Umsturzes in einer Weise beschwor, die von engagierten Akademikern und Künstlern als diffamierend empfunden wurde. Man erstrebte aber auch eine Kampfgemeinschaft mit benachteiligten sozialen Gruppen im eigenen Lande: mit Arbeitern oder Mietern. Doch die der proletarischen Entbehrung und Deklassierung zusehends entwachsende Unterschicht begegnete den intellektuellen Utopisten überwiegend ohne Verständnis.

Der Widerstand, den Behörden und Institutionen den jugendlichen Revolutionären entgegensetzten, veränderte die Bewegung. Da die antiautoritäre, anarchistische Auflehnung nicht weiter führte, verlegten sich viele nun auf das Mittel der Organisation, sei es mit dem

Unruhige Jugend der 68er Generation. Rechts: Im Juni 1968 kam es vor dem ehemaligen «Globus»-Gebäude an der Bahnhofbrücke in Zürich zu schweren Zusammenstößen zwischen Demonstranten, die ein autonomes Jugendzentrum forderten, und der Polizei, die sich Mißhandlungen zuschulden kommen ließ. Polizisten führen einen Demonstranten ab. Unten: «Sit-in» in der unterirdischen Laden-Passage Shop-Ville beim Zürcher Hauptbahnhof. Durch ein Megaphon wendet sich ein Wortführer an die Demonstranten.

«langen Marsch» durch Gewerkschaften oder Linksparteien oder durch Gründung neuer Formationen. Andere zogen sich in weniger politische Aktivitäten zurück und erprobten in Wohngemeinschaften oder selbstverwalteten Kleinbetrieben neue Formen des Zusammenlebens und Zusammenwirkens.

Die 68er Bewegung kann als besondere Ausdrucksform einer breiteren zeitgeschichtlichen Erscheinung gedeutet werden, die man etwa als Alternativ- oder Gegenkultur bezeichnet. Diese bietet eine Antwort in der Orientierungskrise, in welche die Wachstumsentwicklung geführt hat. Sie bildet ein Gegenstück zur Überfremdungsbewegung, indem sie den Ausweg nicht wie diese in rückwärtsgewandter nationaler Isolierung sucht, sondern in der Ausrichtung nach neuen, alternativen Werten und Zielen, die sie als allgemein menschliche versteht. Sie hat ihre Vorläufer in Kreisen, die seit den späten fünfziger Jahren in Opposition zu den dominierenden Kräften getreten waren: in Schriftstellern, die eine Gesellschaft kritisierten, welche sich allzusehr auf ihre Vergangenheit verließ, in Theologen und Journalisten, die gegen einen selbstzufriedenen und jede Neuorientierung verketzernden Antikommunismus Front machten, in den Gegnern einer Atombewaffnung der schweizerischen Armee. Durch die Erweiterung und Radikalisierung dieser Tendenzen vollzogen die «Alternativen» einen eigentlichen Bruch im nationalen Konsens. Wohl sind sie durchaus keine Einheit; im Vordergrund des Interesses stehen je nachdem Umwelterhaltung, natürliche Lebensweise, Gleichberechtigung der Geschlechter, neue Gemeinschaftsformen, Zivildienst, Abrüstung oder Solidarität mit der Dritten Welt. Doch sind die verschiedenen Tendenzen durch zahlreiche Beziehungen verbunden, und es ist vor allem die jüngere Generation, in der sie Verbreitung gefunden haben. Auf zwei Hauptrichtungen gehen wir im folgenden ein.

Die Umweltbewegung

Widerstände gegen die Zerstörung von Naturlandschaften gab es schon vor dem Zweiten Weltkrieg; sie verhinderten die Errichtung einzelner Großspeicherwerke in den Alpen. Einen Höhepunkt erreichte die Bewegung gegen den Wasserkraftwerkbau in den fünfziger Jahren, als Naturschutzkreise in den Kantonen Zürich und Schaffhausen breite Bevölkerungsschichten gegen die Aufstauung des Rheins zwischen Rheinfall und Rheinau mobilisierten, in der Volksabstimmung von 1954 aber außerhalb ihrer Region erfolglos blieben. Projekte für erdölbetriebene thermische Kraftwerke, von denen man eine Verschmutzung der Luft befürchtete, lösten neue regionale Bewegungen aus; dies trug wesentlich dazu bei, daß sich die Elektrizitätswirtschaft von 1965 an der Atomenergie zuwandte. Erst gegen Ende der sechziger Jahre begann man, vor allem im Umkreis von Basel, in welchem sich die Kernkraftwerkprojekte häuften, auch auf die Gefahren dieser neuesten Energiequelle aufmerksam zu werden. Neben der Energieproduktion gab der Luftverkehr schon früh Anlaß zu oppositionellen Aktionen.

1977 kam es vor dem seiner Vollendung entgegengehenden Atomkraftwerk Gösgen (SO) zu Zusammenstößen, bei denen die Polizei mit Tränengas gegen die Demonstranten vorging.

Atomkraftwerkgegner demonstrieren vor dem Bundeshaus in Bern. Familienidyll vor makabrem Hintergrund.

Die Verbreitung eines eigentlichen Umweltbewußtseins blieb jedoch den siebziger Jahren vorbehalten. Das vom Europarat für 1970 proklamierte «Jahr der Natur» gab den Auftakt, die eidgenössische Abstimmung über den Umweltschutzartikel vom Juni 1971, an der erstmals auch die Frauen teilnehmen konnten, bildete einen wirksamen Kristallisationspunkt. Der Jugendprotest gegen die Konsumgesellschaft hatte den Boden aufgelockert. Aber über die junge Generation hinaus erhoben sich jetzt viele gegen einen weiteren Ausbau der technischen Infrastruktur, der die Wohnlichkeit der Siedlungen zerstörte, die Landschaft verbetonierte und die Bergwelt zum touristischen Rummelplatz verunstaltete. Wachstum wurde fragwürdig, wenn es auf Kosten der Umwelt ging. Zum symbolhaften Warnzeichen entwickelte sich das Atomkraftwerk (AKW); es wurde zum Gegenstand neuer Protestkundgebungen. 1975 besetzte eine von den Sympathien weitester Kreise getragene regionale Aktionsgruppe während zweieinhalb Monaten das Baugelände von Kaiseraugst östlich von Basel. In der Folge verbreitete sich die Anti-AKW-Bewegung über das ganze Land und fand auch in kantonalen und eidgenössischen Volksbegehren Ausdruck. 1979 hätte eine Initiative für ein Genehmigungsrecht der umwohnenden Bevölkerung beim Bau von Atomanlagen wohl ein Volksmehr erreicht, wenn die Bedeutung von Ja und Nein nicht von einem Teil der Stimmenden verwechselt worden wäre. 1984 brachte es ein Begehren für den Verzicht auf einen weiteren Ausbau der Atomenergieproduktion auf immerhin 45 % Ja-Stimmen.

Ein neues wirksames Warnsymbol lieferte 1983 die Natur selber mit dem sogenannten Waldsterben. Die massenhafte Erkrankung von Nadel- wie von Laubhölzern ließ erkennen, daß die Luftverschmutzung durch Verkehr, Heizung und Industrie das zulässige Maß überschritten hatte. Dieses Fanal verstärkte in der Bevölkerung wie bei den Behörden die Bereitschaft zu einer Verschärfung der Schutzvorkehren. Es konnte freilich auch zur Legitimierung einer atomaren Energieversorgung dienen, insofern diese als einzige entwicklungsfähige Alternative zum Erdölverbrauch erschien.

Die gegenkulturelle Tendenz, die den Kern der Umweltbewegung bildet, zielt jedoch über eine bloße Abwehr der Gefahren, die der Umwelt von Wirtschaft und Technik drohen, hinaus. Sie vertritt ein neues Verständnis der Lebensqualität. Deshalb bemüht sie sich um Wohnlichkeit der Siedlungen, schöpferische Freizeitgestaltung, naturnähere Ernährung und Gesundheitspflege, dann aber auch um freiere und echtere zwischenmenschliche Beziehungen, nicht nur im privaten Raum, sondern auch in der Organisation der Arbeit, im Sozialbereich und im Bildungswesen.

Die Frauenbewegung

Der traditionellen Rollenverteilung zwischen den Geschlechtern entsprechend lag auch in der 68er Bewegung die Führung bei Männern. Dies veranlaßte weibliche Sympathisanten zu einer Ausweitung der Forderung nach Emanzipation. Eine «Frauenbefreiungsbewegung» verlangte nun in erster Linie eine Überwindung der Männergesellschaft, und zwar durch die Frauen allein. Sie setzte sich zu älteren

Frauenrechtsbestrebungen in Gegensatz, indem sie sich gegen jede Differenzierung der Geschlechterrollen wandte und die Freigabe der Abtreibung forderte. Diese Impulse haben namentlich in der jüngeren Frauengeneration eine Mobilisierung und Radikalisierung gefördert und zur Wandlung des Frauenbildes auch bei jüngeren Männern beigetragen. Die weitere Entwicklung der Frauenbewegung hat aber nicht nur die Verbreitung des Gleichheitsprinzips in neuen Bereichen, z. B. in der Sprache, gebracht, sondern auch eine neue Besinnung auf weibliche Eigenart, die vor bloßer Nachahmung des bisher dominierenden Geschlechts bewahren soll.

5. Zwischen Bewegung und Restabilisierung

Reform und Reaktion

Die Orientierungskrise der Jahre um 1970 bereitete nicht nur den Boden für revolutionäre Bewegung, sondern auch für Reformbestrebungen und Reformbereitschaft. Einerseits ließ das andauernde wirtschaftliche Wachstum alles machbar erscheinen, anderseits riefen die Schäden, die es mit sich brachte, nach Korrekturen, und die Unruhe der Jugend stimulierte den Willen, die Probleme durch Änderungen innerhalb des bestehenden politischen und sozialen Systems zu bewältigen. Im Vordergrund standen dabei die Verbreiterung, die Koordination und eine inhaltliche Modernisierung des Bildungswesens und außerdem der Ausbau der politischen Planung auf allen Gebieten: In Prognosen und Entwürfen beschäftigte man sich lebhaft mit der Schweiz des Jahres 2000.

Konservative Kräfte setzten sich jedoch nicht allein gegen jugendliche Unbotmäßigkeit, sondern ebenso gegen den legalen Neuerungseifer zur Wehr. Der unerwartete Konjunktureinbruch von 1974/76 wirkte zu ihren Gunsten. Der Glaube an die Voraussehbarkeit und Machbarkeit der Zukunft schwand, und auch die 68er Bewegung verlor ihre Spannkraft. Enttäuschung über den geringen Erfolg, Sorge um die materielle Existenz, zunehmender Gegendruck von seiten der Etablierten sowie eine Verlagerung des Interesses der nachfolgenden Jahrgänge auf individuelle Lebensbewältigung ließen den Kampf gegen die gesellschaftliche Ordnung verebben. Eine erneute Anpassung an die bestehenden Verhältnisse griff rasch um sich. Diese begünstigte die Anstrengungen der Wirtschaft, mit Hilfe technischer und organisatorischer Neuerungen das unterbrochene Wachstum wieder aufzunehmen. Eine allgemeine Stabilisierung der Verhältnisse, eine Überwindung der Bewußtseins- wie der Wirtschaftskrise, schien zu gelingen.

Unter der stabilisierten Oberfläche

Die alternativen Tendenzen blieben trotz solcher Rückschläge lebendig. Nach außen traten sie vor allem in Widerstands- und Protestaktionen gegen die Errichtung von Werken der Großtechnologie (Atomenergie, Hochleistungsstraßen) sowie gegen den Abbruch von Wohnhäusern zutage, in frühen achtziger Jahren dann auch in Massenkundgebungen für den erneut bedroht erscheinenden Weltfrieden.

1980 brachen in verschiedenen Großstädten neue Jugendunruhen aus. Diese Rebellion wurde im Unterschied zur Bewegung von 1968 überwiegend von nichtakademischen Jugendlichen getragen. Man erklärte sie auf der einen Seite mit erzieherischer Vernachläßigung, die zu irrealen Ansprüchen an das Leben geführt habe, auf der anderen mit einem weit verbreiteten Gefühl der Entfremdung gegenüber einem undurchschaubaren und von Sachzwängen beherrschten Gesellschaftssystem. Auch diese neue Bewegung hatte ihre ausländischen Parallelen. Mit starken kreativen Ansätzen erschien sie als Ausdruck der Gegenkultur; sie entbehrte aber gesellschaftlicher Zielvorstellungen und war von Zukunftsangst geprägt. Mit ihrer Forderung nach Freiräumen nahm sie die anarchistischen Anfänge der 68er Bewegung wieder auf, doch verharrte sie anders als jene konsequent in einer Verweigerungshaltung, die sich angesichts der Verständnislosigkeit der Behörden und der Bevölkerungsmehrheit zu zunehmender Gewalttätigkeit steigerte und schließlich der polizeilichen Repression erlag.

In der Mitte der achtziger Jahre ist keine Jugendunruhe mehr zu erkennen. Anpassung bestimmt das Bild. Doch es fehlt im allgemeinen eine wirkliche Übereinstimmung mit der Gesellschaft. Wie ein neuer Bericht feststellt, hat sich die jüngste Generation ins Private zurückgezogen, oft in einen konsumfreudigen Egoismus, dem ideelle Ziele und solidarische Haltung fremd sind. Man zweifelt an der Veränderbarkeit gesellschaftlicher Strukturen und verdrängt die Zukunft. So ist man auch an der Politik nicht interessiert.

Wirkungen der neuen Bewegungen

Im folgenden sei versucht, die wesentlichen Wandlungen zusammenzufassen, welche die Vorstellungen und Verhaltensweisen seit Mitte der sechziger Jahre erfahren haben. Vor allem sind die zwischenmenschlichen Beziehungen offener und direkter geworden. Geschlechtliche Zurückhaltung und Respekt vor Autoritätspersonen werden insbesondere in der jüngeren Generation meist als unecht empfunden. Zugleich hat die Frau weithin ein neues Verständnis ihrer Rolle in der Gesellschaft gewonnen: Sie beansprucht Gleichstellung in Bildung, Beruf und zunehmend auch in der häuslichen Gemeinschaft, deren traditionelle Strukturen sich wandeln. Die Zahl der Ehescheidungen hat sich seit der Mitte der sechziger Jahre mehr als verdoppelt. In städtischen Verhältnissen tritt an die Stelle der Ehe oft das Konkubinat. Die Geburtenrate ist von 1964 bis 1978 auf knapp drei Fünftel abgesunken, wozu die empfängnisverhütende Pille wesentlich beigetragen hat. Die strafrechtlichen Sanktionen gegen den Schwangerschaftsabbruch finden bei rund der Hälfte der Stimmbürger keine Unterstützung mehr. Alternative Kreise sehen in Wohngemeinschaft und Teilzeitarbeit neue soziale Organisationsformen, die den veränderten Bedürfnissen besser entsprechen könnten.

Einzelne öffentliche Institutionen sind durch den Eintritt einer kritischen Generation offener geworden. Dies gilt vor allem für die Massenmedien, wie noch gezeigt werden soll. Das Bildungswesen, von den 68ern einst zum Hebel für die Umgestaltung der Gesellschaft ausersehen, hat freilich von seinem leistungs- und ordnungsorientierten Charakter nur wenig verloren. Konservative Kräfte haben prononcierte Gegner der bestehenden Ordnung aus dem Lehrkörper aller Stufen weitgehend fernzuhalten vermocht, wobei ihnen die Verknappung des Stellenangebots infolge des Geburtenrückgangs zustatten kam. Zunehmende Probleme bereitet der Schule eine psychische Verfassung der Kinder, die durch mangelnde Nestwärme, durch beengende Wohnverhältnisse in den Städten sowie durch allzu viele schwer zu bewältigende Eindrücke, nicht zuletzt am Fernsehschirm, bedingt erscheint.

Die Einstellung zur Nation hat sich versachlicht. Die starke Angleichung der gesellschaftlichen und politischen Verhältnisse in den westlichen Industriestaaten und die enorme Steigerung der Reisemöglichkeiten für den Großteil der Bevölkerung hatten schon seit den fünfziger Jahren die emotionale Bindung an den heimatlichen Staat gelockert; dies kam etwa im nachlassenden Interesse am Nationalfeiertag zum Ausdruck. Die Gesellschaftskritik der 68er Bewegung anerkannte überhaupt keine nationale Solidarität mehr, nur eine internationale. Heute wird die militärische Landesverteidigung, die der 68er Jugend fragwürdig erschienen war, im allgemeinen wieder akzeptiert, doch mit größerer innerer Distanz. Die älteren Generationen zeigen zwar wenig Verständnis für Dienstverweigerer, doch sind sie nicht geneigt, für die Finanzierung der Armee besondere Opfer zu bringen.

Die Erschütterung des Wachstumsdenkens hat in einem Teil der Bevölkerung ein kritischeres Verhältnis zur privaten Wirtschaft entstehen lassen. Anpassung und Karrierestreben haben für viele etwas von ihrer unbedingten Geltung eingebüßt. Unter dem Eindruck einer ungesicherten wirtschaftlichen Zukunft behalten sie freilich erhebliches Gewicht. Der Ausbau des Bildungswesens hat aber das Verlangen nach Befriedigung, Selbständigkeit und Mitsprache im Arbeitsbereich gesteigert. Ungebrochen erscheint jedoch in breiten Schichten die Ausrichtung auf den Konsum. Trotz der Verbreitung des Umweltbewußtseins läßt sich im Energieverbrauch und in der Verwendung des privaten Motorfahrzeugs, das zu einer Art Symbol der Handlungsfreiheit geworden ist, kaum eine Tendenzwende erkennen.

Es ist dem Unternehmertum zweifellos gelungen, verlorenes Prestige zurückzugewinnen, wie etwa die starke Verwerfung der sozialdemokratischen Bankeninitiative bezeugt. Vor allem befindet sich seit Ende der siebziger Jahre das Vertrauen in eine staatliche Kontrolle wirtschaftlicher Macht im Schwinden; der Erfolg der Preisüberwachungsinitiative bildet hiebei eine Ausnahme, die wohl mit der ausgeprägten Konsumorientierung zusammenhängt.

Zwei Epochen des Schweizer Films.
Oben: Leicht theatralische Szene aus dem Gotthelf-Film «Uli der Pächter» von Franz Schnyder (1956).

Unten: Der Film «Les petites fugues» von Yves Yersin (1978) zeigt das bäuerliche Leben im Umbruch der Gegenwart.

F. Kultureller Ausdruck

1. Wandlungen des künstlerischen Ausdrucks

Kulturelles Schaffen und Wirken hängt eng mit Vorstellungen und Verhaltensweisen zusammen: Es geht aus ihnen hervor und wirkt wieder auf sie zurück. Dabei hat die gesellschaftliche Arbeitsteilung auch die kulturelle Tätigkeit weitgehend spezialisiert. Die Kulturschaffenden sind zu einer Art von Fachleuten geworden, die von der Allgemeinheit oft nicht verstanden werden. Wie die Angehörigen anderer Eliten neigen sie, sofern sie sich nicht in Einsamkeit absondern, zu Kontakten über die Landesgrenzen hinweg. Dies gilt vor allem für die Vertreter der bildenden Kunst und der Musik, die nicht durch sprachliche Schranken an engere Räume gebunden sind. Seit der Mitte unseres Jahrhunderts hat zudem die Entwicklung der Nachrichtentechnik und der Verkehrsmittel die Internationalisierung des Kulturlebens wesentlich gefördert.

Eine vom Grundsatz der Geistigen Landesverteidigung bestimmte nationale Kulturtätigkeit konnte somit nach dem Kriegsende von 1945 nicht unangefochten bleiben. Immerhin wirkten das Erlebnis der äußeren Bedrohung und die Besinnung auf schweizerische Eigenart längere Zeit nach, im Publikum noch länger und stärker als bei den Kulturschaffenden. So orientierten sich Literatur und Film zunächst überwiegend an traditionellen Werten und Stilmustern: Heimatverbundenheit, Innerlichkeit, bäuerliches oder kleinbürgerliches Idyll standen im Vordergrund. In der deutschen Schweiz erlebte Jeremias Gotthelf durch Verfilmung und Hörspiel in Berner Mundart eine neue Renaissance.

Dieser konservativen Tendenz gegenüber, die durch die antikommunistische Abwehrhaltung noch verstärkt wurde, hatte gesellschaftskritisches Schaffen einen schweren Stand. In Lausanne erschien 1950–1953 die Zeitschrift «Rencontre», in der sich ein vom französischen Existentialismus und Marxismus angeregtes Engagement meldete. Doch in der Folge dominierte in der westschweizerischen Literatur wieder die Ausrichtung auf das individuelle oder das regionale Schicksal; wenn man sich schon engagierte, dann tat man es für seine engere Heimat: Maurice Chappaz für das Wallis, Jacques Chessex für die Waadt und wieder andere für den Jura. In der deutschen Schweiz dagegen gelang zwei opponierenden Autoren der Durchbruch: Max Frisch und Friedrich Dürrenmatt stellten die traditionellen Bilder von Gesellschaft und Nation entschieden in Frage und fanden damit weit über die Landesgrenzen hinaus Echo, vor allem in der deutschen Bundesrepublik, wo nach den Jahren der Gleichschaltung und des Krieges vorerst eine unbefriedigte Nachfrage nach gesellschaftsbezogener Literatur bestand. Das Interesse an deutschschweizerischen Autoren hat sich im deutschsprachigen Ausland seither nicht verringert.

Engagiertes Straßentheater zu Beginn der 1980er Jahre. Auf dem Zürcher Paradeplatz wirbt eine Gruppe für die Verankerung der Gleichberechtigung der Frau in der Bundesverfassung. Figuren eines staubsaugernden Mannes und einer fensterputzenden Frau symbolisieren die neue Partnerschaft.

Avantgardistische Stilrichtungen

Die traditionelle schweizerische Vorstellungswelt wurde aber in den fünfziger Jahren nicht nur durch gesellschaftskritische Literatur herausgefordert, sondern auch durch ein künstlerisches Schaffen, das bewußt neue Ausdrucksformen suchte, ohne sich um den vorherrschenden Geschmack zu kümmern (Avantgarde). So gab es in Malerei und Bildhauerei die sogenannte Zürcher Schule mit Max Bill, welche die vom Holländer Piet Mondrian schon vor 1914 begründete «konkrete Kunst» vertrat (die aber nicht konkrete Gegenstände, sondern abstrakte Ideen in geometrischen Symbolen darstellen und damit «konkretisieren» will). Die Reduktion des künstlerischen Ausdrucks auf elementare Formen und Beziehungen wurde von Eugen Gomringer auf die lyrische Dichtung übertragen. Als Gegenbewegung zu den «Konkreten», die der Wirklichkeit eine objektive Ideenwelt entgegensetzen wollten, verbreitete sich, von Paris und von New York her kommend, auch der «Tachismus» in der Schweiz, der das Individuelle, Spontane betonte und oft das Wirken des Zufalls einbezog. Beide Richtungen wurden freilich an den großen nationalen Ausstellungen bis zur Jahrzehntmitte noch als Außenseiter behandelt.

In einer analogen Situation befand sich das musikalische Schaffen. Viele jüngere Komponisten wandten sich von den traditionellen Vorbildern ab und schlossen sich der Zwölftonmethode des Österreichers Arnold Schönberg an oder versuchten wenigstens, diese neue Regelhaftigkeit mit ihrem persönlichen Ausdruckswillen zu verbinden wie z.B. Frank Martin. Das breite Publikum machte diesen Stilwandel allerdings nicht mit, und sogar Dirigenten wie Ernest Ansermet, der sich mit seinem «Orchestre de la Suisse Romande» auch für moderne Komponisten einsetzte, lehnten die Zwölftonmusik ab. In den frühen fünfziger Jahren verschärfte sich die neue Regelhaftigkeit zur seriellen Musik, in der Tonhöhe, Tondauer, Tonstärke und Klangfarbe streng determiniert sind. Als Gegensatz dazu entstand die Aleatorik, in welcher das Zufallsprinzip eine Rolle spielt und in der kompositorischen Aussage vieles offenläßt.

Von den Anhängern der «ernsten» Musik, der traditionellen wie der modernen, meist als minderwertig eingestuft, war während der Zwischenkriegszeit der in den USA entwickelte Jazz bei uns bekannt und vor allem in der Jugend beliebt geworden. In der kulturellen Isolation des Zweiten Weltkriegs hatte sich ein besonderes schweizerisches Jazz-Berufsmusikertum gebildet, das aber nach der Öffnung der Grenzen ziemlich rasch zerfiel. Viele Jazzmusiker wechselten in die Sparte der Unterhaltungsmusik, von der sich der Jazz seit den vierziger Jahren immer deutlicher trennte. In den fünfziger Jahren übernahm dann eine jüngere Generation die neuen Jazzrichtungen (Bebop, Cool Jazz, Hard Bop); diese wurden vor allem von Mittelschülern und Studenten gespielt und gehört. Von 1951 an stiftete das Zürcher Jazzfestival den schweizerischen Zusammenschluß der lokalen Szenen. Die Renaissance des Dixieland Jazz führte gleichzeitig zur Bildung einer breiten Amateurbewegung.

Bruch mit der Tradition in den sechziger Jahren

Im Laufe der sechziger Jahre, parallel zum Auftreten der allgemeinen Bewußtseinskrise, setzten sich im kulturellen Schaffen und teilweise auch im Publikum die Tendenzen durch, die mit den Traditionen brachen und sich der Macht des Bestehenden entzogen. So griff eine neue Generation deutschschweizerischer Schriftsteller nicht nur neue Gegenstände auf, sondern verwendete auch neue Formen: Kurzgeschichte, Lyrik in knappen, unpoetischen Wendungen, Mundart ohne Heimatschutzcharakter – ihr Hauptförderer Kurt Marti will sie als bloße Umgangssprache verstanden wissen. Die Abwendung vom defensiven Patriotismus der Kriegsgeneration führte 1970 zur Spaltung des «Schweizerischen Schriftsteller-Vereins», dessen Präsident, der traditionsbewußte Welschwalliser Maurice Zermatten, die französische Ausgabe des umstrittenen Zivilverteidigungsbuchs bearbeitet hatte.

Im welschen Landesteil war die Bewegung in der Literatur weit schwächer; dagegen entwickelte sie sich hier in einem filmischen Schaffen, das zunehmend auch östlich der Saane seine Entsprechung fand. Der neue Schweizer Film, der sich aus schwierigen Anfängen zu internationaler Geltung emporzuarbeiten vermochte, setzte sich von der traditionalistischen Tendenz der fünfziger Jahre deutlich ab, wandte sich aber in seinem kritischen Bestreben mit Vorliebe den Problemen des eigenen Landes zu.

Daß kulturelle Tätigkeiten, die das Bestehende in Frage stellten, mehr und mehr das Interesse des Publikums auf sich zogen, zeigt nicht zuletzt das Aufkommen der Kleintheater. In diesen lebte etwas vom Geist und der Atmosphäre des politischen Kabaretts wieder auf, das im Klima des wirtschaftlichen Konjunkturaufschwungs nicht zu überdauern vermochte. Schon seit den fünfziger Jahren entstand hier eine Alternative zum traditionellen Bühnenbetrieb, und zwar sowohl durch den Charakter der dargebotenen Stücke wie auch durch die

Intimität des Raumes, die einen direkteren Kontakt mit dem Publikum ermöglichte. Politisch engagierte Truppen suchten diesen Kontakt durch provozierende Kurzaufführungen auf der Straße zu intensivieren. Die Entwicklung beschränkte sich nicht auf die Großstädte, sondern strahlte auch auf die Landschaft aus, dies ganz besonders in den späteren siebziger Jahren. Die sogenannte Alternativkultur ist neuerdings, wie noch in anderem Zusammenhang gezeigt werden soll, zum brisanten Politikum geworden.

Steigerung des Avantgardismus

In der bildenden Kunst und in der Musik richtete sich der Bruch mit traditionellen Vorstellungen freilich in der Regel nicht direkt gegen die gesellschaftliche Ordnung. Da sich aber die neuen Stilrichtungen der fünfziger Jahre in einem engeren «Publikum» (Veranstalter von Ausstellungen und Konzerten, interessierte Besucher, Kritiker) mehr und mehr durchsetzten und insbesondere die avantgardistischen Werke der Malerei und Plastik bereits wieder zu Konsumgütern und Statussymbolen wurden, steigerte sich der Drang zu Schöpfungen, die alles Bisherige an Neuartigkeit übertrafen und damit auch der Gefahr entrannen, im schon wieder Gewohnten zu verharren. In diesem Bestreben, das an die Verweigerungshaltung des Dadaismus zur Zeit des Ersten Weltkriegs erinnerte, wurde etwa die mechanische Bewegung ins Kunstwerk aufgenommen wie in den Maschinen Jean Tinguelys. Einen neuen Bezug zur Wirklichkeit brachte die Verwendung vorgefundener Gegenstände in Collagen oder Assemblagen (z. B. in den Eisenplastiken Bernhard Luginbühls). Ausstellungen, die solche neo-avantgardistischen Tendenzen präsentierten, erregten gelegentlich öffentlichen Unmut, trugen aber auch dazu bei, die neuesten internationalen Strömungen den interessierten Kreisen unseres Landes bekannt zu machen. Durch die internationale Kunstmesse «Art» in Basel fand schließlich auch die neue Avantgarde ihren Markt.

Für den Komponisten der ernsten Musik eröffnete sich in entsprechender Weise ein unüberschaubares Feld von Möglichkeiten (historische Zitate und Collagen, elektronische und Computer-Musik,

Um die Bevölkerung mit den neuesten Tendenzen der bildenden Kunst bekannt zu machen, scheute die Berner Kunsthalle auch schockierende Veranstaltungen nicht. Für die Ausstellung «12 environments» wurde 1968 der neoklassizistische Bau in ungewohnter Weise verkleidet.

Jean Tinguelys spektakuläre Maschine «Heureka», an der Hunderttausende von Besuchern der «Expo» von 1964 vorbeizogen, wurde von vielen als Allegorie auf den Leerlauf der Hochkonjunktur verstanden.

Einbezug von Naturlauten und Geräuschen der technisierten Welt usw.). Auch hier vermochte das große Publikum den Sinn der neuen Werke nicht zu erkennen; es empfand sie allenfalls als Abbild einer zunehmend chaotischen Welt oder aber als Effekthascherei.

Ähnliches gilt für den Jazz, der in den sechziger Jahren zunehmend aus der Gunst der Jugend verdrängt wurde. Diese wandte sich der Pop-, Rock- und Folkmusik zu und fand in ihr einen Ausdruck für ihr neues, sich von der Wachstumsgesellschaft distanzierendes Selbstverständnis. Erste Schweizer Rockgruppen (z. B. Les Sauterelles) erregten in der zweiten Hälfte des Jahrzehnts Aufsehen und Tumulte. Gleichzeitig trug das Aufkommen des avantgardistischen Free Jazz mit seiner Idee des rein intuitiven Improvisierens zu einem weiteren Popularitätsverlust und zu einer Zersplitterung der Jazzfreunde bei. Der Free Jazz erlaubte es aber schweizerischen Jazzmusikern erstmals, die nationalen Grenzen zu sprengen und in eine europäische Identität einzugehen. Über den Jazz hinaus verstand sich die frei improvisierte Musik der sechziger und siebziger Jahre ganz allgemein als Opposition gegen eine Entwicklung, welche die Tonkunst zur Geheimwissenschaft oder aber zur Ware hatte werden lassen. Nahm doch die Verdinglichung und Kommerzialisierung der traditionellen Musikwerke mit Hilfe technischer Mittel (Schallplatte, Tonband, Radio, Fernsehen) noch nie dagewesene Ausmaße an. Zunehmend kommerzialisiert wurde auch die folkloristische Musik («Ländlermusik»), wodurch die Reste der echten Volksmusik vollends ins Abseits gerieten.

Ist das wirklich Kunst?, scheinen die Gesichter dieser beiden älteren Besucher einer Ausstellung von moderner Eisenplastik zu fragen.

Rückwendung zum Konkreten und Individuellen

Als die 68er Bewegung abzuebben begann, veränderte sich die Szene des kulturellen Schaffens erneut. Auf eine Umfrage über das gesellschaftliche Engagement des Schriftstellers antwortete der hauptsächlich als Musikkabarettist bekannte Franz Hohler schon anfangs der siebziger Jahre, er könne die Wörter «Gesellschaft» und «Engagement» nicht mehr hören: Darin äußerte sich das Verlangen nach Befreiung von einem kollektiven, als «modisch» empfundenen Druck. In der jüngeren Schriftstellergeneration der deutschen Schweiz ist eine deutliche Rückwendung zum Konkreten und Nahen, namentlich zur engeren regionalen Umwelt, erkennbar. Diese wird aber nicht mehr als vertraute Heimat, sondern aus kritischer Distanz betrachtet. Doch an die Stelle des Willens zur gesellschaftlichen Veränderung ist die Suche nach einem individuellen Weg in einer vielfach fremden, ja unheimlichen Welt getreten. Umgekehrt meldet sich in der französisch- und italienischsprachigen Literatur des Landes mehr Gesellschaftskritik als zuvor, so daß man eine gewisse gegenseitige Annäherung feststellen kann.

In der bildenden Kunst hatte das Individuelle schon in den ausgehenden sechziger Jahren neue Bedeutung erlangt. Junge Künstler suchten die persönliche Auseinandersetzung mit der eigenen Umwelt, wobei sie meist von einer optimistischen Grundstimmung getragen waren. Man hat diese Tendenz als «neuen Subjektivismus» oder «individuelle Mythologie» bezeichnet. Sie wies ihrerseits regionale Bezüge auf und konzentrierte sich vor allem auf Aarau und Luzern. Mit dem Ende der Hochkonjunktur verbreitete sich dann Verunsicherung in der jungen Künstlerschaft, die zu einer Endzeitstimmung führen konnte, wie sie auch in den Jugendunruhen von 1980 zum Ausdruck kam, oder aber zum Rückzug in die Natur oder in die Vergangenheit. Inzwischen strömten Massen von Besuchern in traditionelle Gemäldeausstellungen wie namentlich diejenigen über Albert Anker in Ins.

Von Rückwendung kann auch in der ernsten Musik der späten siebziger Jahre gesprochen werden. Einige jüngere Komponisten verwendeten wieder tonale Mittel und schlossen sich damit der in den USA entstandenen «Neuen Einfachheit» an, die mit Rückgriffen auf frühere Epochen und Elementen außereuropäischer Volksmusik der Isolation zu entkommen sucht. Die Pop-, Rock- und Folkmusik büßte mit dem Auslaufen der 68er Bewegung vieles von ihrem gesellschaftskritischen Charakter ein. Immerhin erhielt sich dieser im Schweizer Mundartrock, der in den siebziger Jahren vor allem von Polo Hofer und der Gruppe «Rumpelstilz» entwickelt wurde. Zur gleichen Zeit bildeten sich nun auch in der Schweiz Mischungen aus Jazz, Rock und Klassik. Die in einem Teil der Jugend sich verbreitende Angst und Hoffnungslosigkeit fand im Punk Rock sarkastischen Ausdruck.

Der Sprayer von Zürich. Ende der 1970er Jahre erregten in Zürich nächtlicherweile an Gebäudemauern gesprayte Figuren Aufsehen. Der Künstler, Harald Naegeli, wurde nach seiner Entdeckung wegen Sachbeschädigung zu einer Gefängnisstrafe verurteilt.

2. Äußere Bedingungen des Kulturlebens

Mehrsprachigkeit

Ein wesentliches Merkmal des schweizerischen Kulturlebens ist seine Mehrsprachigkeit. Was die Äußerungsformen betrifft, die sich des Wortes bedienen, befinden sich deshalb alle vier schweizerischen Sprachgebiete in bezug auf die großen europäischen Kulturräume in Randpositionen. Während es aber deutschschweizerischem Sprachschaffen dank der Dezentralisierung des deutschen Kulturlebens seit 1945 vermehrt gelungen ist, im Ausland Echo zu finden, leidet das welschschweizerische unter dem französischen Zentralismus, der auch den Geschmack des heimatlichen Publikums erheblich beeinflußt. Noch schwerer hat es die einheimische Sprachkultur im italienischen und vollends im rätoromanischen Landesteil, wo die Eigenständigkeit von der allzu expansiven Gegenwart deutschsprachiger Zuwanderer und Touristen bedroht ist. So wiesen die Literaturen aller drei lateinischen Sprachgebiete der Schweiz auch noch in den siebziger Jahren Züge einer regionalen Abwehrhaltung auf. Im ehemals bernischen Jura wurde diese zu einer Triebkraft der politischen Autonomiebewegung. Der Versuch jedoch, daraus ein starkes kulturelles Zusammengehörigkeitsbewußtsein des französischen Landesteils zu schaffen, wie es das wallonische Belgien kennt, ist gegenüber dem traditionellen Kantonalföderalismus nicht durchgedrungen.

Mehrsprachigkeit könnte eine Bereicherung bedeuten. Leider leben jedoch die vier Sprachgebiete mehr neben- als miteinander. Wohl kommt es zu Begegnungen und zu vermittelnden Bemühungen von Journalisten und Übersetzern (so z. B. in der CH-Reihe). Aber in einer breiteren Öffentlichkeit, auch unter der akademischen Jugend, ist das Interesse an Sprache und Kultur der Miteidgenossen geringer geworden. Die Gefahr eines Auseinanderlebens der Sprachgruppen wird noch dadurch verstärkt, daß man in der deutschen Schweiz seit dem Ende der sechziger Jahre die deutsche Hoch- oder Standardsprache aus einer Reihe von Bereichen durch die Mundart verdrängt. Im Unterschied zum französischen Sprachraum, wo er bereits im 19. Jahrhundert bis auf wenige Restgebiete verschwunden war, hat sich der Dialekt in der ganzen übrigen Schweiz erhalten, doch mit unterschiedlicher Tendenz: Während die Rätoromanen eine in jüngster Zeit geschaffene Standardsprache (Rumantsch-Grischun) allein für den Schriftgebrauch zu akzeptieren bereit sind, setzt sich im Tessin die italienische Standardsprache zunehmend auch im Alltag durch. Die deutschschweizerischen Dialekte finden dagegen heute bereits auf allen Schulstufen, in den Massenmedien und selbst zum privaten Schreibgebrauch Verwendung. Diese Entwicklung hängt mit einem stärkeren Bedürfnis der jungen Generation nach spontanem Ausdruck zusammen; sie beeinträchtigt aber die Beherrschung der Hochsprache und läßt für den zwischensprachlichen Kontakt Verständnisbarrieren entstehen.

Wie bereits angedeutet, ist das schweizerische Kulturleben über die Mehrsprachigkeit hinaus stark von der föderalistischen Struktur des Landes geprägt. Im Unterschied zu den Nachbarstaaten richtet es sich nicht nach wenigen Zentren aus. So gibt es auch in ländlichen Gebieten eine mehr als nur folkloristische kulturelle Aktivität, die ihre Lebendigkeit stets wieder neu bezeugt.

Öffentliche Unterstützung

Die Jahrzehnte des wirtschaftlichen Wachstums haben eine Zunahme der öffentlichen Unterstützung des kulturellen Lebens ermöglicht. Das private Mäzenatentum dagegen – soweit es nicht von Wirtschaftsunternehmungen, namentlich Banken, gepflegt wird – ist zurückgegangen. Die großstädtischen Theater- oder Konzertbesucher decken heute mit ihren Eintrittskarten nur noch 5 bis 25 % der Aufwendungen. Das stärkere Gewicht der Subventionen hat freilich auch die Ungleichheiten verschärft: Kleinere und ärmere Gemeinwesen konnten mit den finanzkräftigen nicht Schritt halten. Die Hauptlast der Unterstützungen tragen die Gemeinden, vor allem die größeren Städte. Deren Zuwendungen gehen aber überwiegend an den traditionellen Theater- und Konzertbetrieb. Außerdem gewinnen die Musikschulen eine stärkere Verbreitung. Im Bereich des kulturellen Schaffens kommt die bildende Kunst noch am ehesten zum Zuge, da verschiedene Gemeinwesen bei öffentlichen Bauten einen festen Kostenanteil der künstlerischen Ausstattung vorbehalten. Die Anschaffung zeitgenössischer Werke setzt aber bei den entscheidenden Instanzen ein entsprechendes Verständnis voraus, das sich erst allmählich entwickelt hat.

Während dem konventionellen Kulturbetrieb somit namhafte öffentliche Mittel zufließen, bleibt alternativen Bestrebungen eine entsprechende Förderung versagt. Dafür ist in den späten siebziger Jahren eine illegale Kulturszene entstanden. Straßenmusikanten, die den Beifall der Passanten genießen, nehmen öffentlichen Grund in

Seit den späten 1970er Jahren treten in Straßen und Unterführungen größerer Städte junge Leute auf, die volkstümliche oder klassische Musik vortragen und für klingenden Lohn irgendwelche Behälter hinlegen. Behörden und Polizei zeigen von Ort zu Ort ungleiche Toleranz. Eine Gruppe im Zürcher Niederdorf.

Anspruch, und Spraygraphik überzieht die Mauern. Im Zusammenhang mit der Jugendrebellion von 1980 begannen Demonstranten den Besuch von Galavorstellungen zu behindern, was zur direkten Konfrontation mit der Polizei führte.

Da die Kulturförderung als Angelegenheit der Kantone (oder Gemeinden) gilt, hat sich der Bund der Unterstützung kultureller Tätigkeiten nur zurückhaltend angenommen. Eine zielgerichtete nationale Kulturpolitik gibt es nicht mehr; wegleitend ist das Prinzip des Pluralismus der Stile und Tendenzen. Fast allein auf den Bund angewiesen ist das schweizerische Filmschaffen. Seine Wiederbelebung in den sechziger Jahren wurde aber dadurch erschwert, daß das 1963 in Kraft getretene eidgenössische Filmgesetz bis 1970 Spielfilme von Produktionsbeiträgen ausschloß; bedeutsam war deshalb die Starthilfe des Westschweizer Fernsehens. Die hauptsächlich in katholischen Kantonen bestehende Filmzensur und die sie ergänzende bundesgerichtliche Strafpraxis haben sich mit dem Wandel der allgemeinen Sittlichkeitsvorstellungen stark gelockert. Dagegen stieß noch 1976 ein Streifen, der die Glaubwürdigkeit der nationalen Abwehrhaltung im Zweiten Weltkrieg in Zweifel zog («Die Erschießung des Landesverräters Ernst S.»), an die Grenzen kulturpolitischer Toleranz: Wegen seiner provokativen Geschichtsdeutung wurde ihm die eidgenössische Qualitätsprämie versagt.

Anstöße aus der Westschweiz veranlaßten den Bundesrat 1969, Stand und Aufgaben der Kulturförderung durch eine Expertenkommission unter dem Vorsitz des ehemaligen neuenburgischen Unterrichtsdirektors Gaston Clottu untersuchen zu lassen. Die Veröffentlichung des Berichts erfolgte freilich erst nach Einbruch der Rezession, so daß die zahlreichen Anregungen im Reif eines frostigen Finanzklimas erstarrten.

3. Die Kirchen

Kirchen sind Kulturträger besonderer Art; sie verstehen ihre Aussagen nicht als bloßes Wirken von Mensch zu Mensch, sondern als Dienst in einem das Menschliche überschreitenden Auftrag. Aber wie die Kulturschaffenden sehen sie sich mit Gesellschaft und Staat konfrontiert; sie können das Bestehende als Gott wohlgefällig rechtfertigen oder als von Gott verordnet ertragen oder aber von ihrem Auftrag her in Frage stellen.

In der Zeit des Zweiten Weltkriegs betonte man in den schweizerischen Kirchen die Bejahung des gegebenen demokratischen Kleinstaats, der berufen erschien, die Würde des Menschen angesichts der totalitären Bedrohung zu verteidigen. Überwiegend betrachtete man in den fünfziger Jahren eine gleiche Abwehrhaltung gegenüber der Sowjetunion und dem Kommunismus als christliche Pflicht. Es erregte deshalb Ärgernis, daß der in Basel wirkende reformierte Theologe Karl Barth eine solche Gleichsetzung verwarf und im

Wandlung kirchlicher Ausdrucksformen. Links: Noch 1953 entstand in Crêt-Bérard bei Puidoux (VD) eine reformierte kirchliche Besinnungsstätte, für die man den Stil eines mittelalterlichen Klostergebäudes wählte. Unten: 1968 baute man bei den Hochhäusern des Tscharnerguts im Westteil Berns aus vorfabrizierten Elementen eine katholische Kirche, deren Form an ein Zelt gemahnt.

Kommunismus einen zwar anfechtbaren, aber ernsthaften Versuch zur Lösung sozialer Probleme sah, nachdem er das Reich Hitlers kompromißlos bekämpft hatte.

Die Periode der Hochkonjunktur, die der Erhaltung von Bindungen und Normen nicht günstig war, lockerte weithin die Beziehungen der Bevölkerung zu den Kirchen. Zwar wurde die äußere Zugehörigkeit in der Regel beibehalten, aber die innere Entfremdung war unverkennbar. Deshalb begann man in den sechziger Jahren mit zunehmendem Einsatz, den Veränderungen der Lebensverhältnisse und des Bewußtseins durch einen zeitgemäßeren Ausdruck Rechnung zu tragen. Zugleich war man bestrebt, die zwischen den Kirchen bestehenden Schranken, die in den konfessionell stark gemischten Siedlungszentren immer weniger verstanden wurden, abzubauen.

Ökumenische Öffnung und Zusammenarbeit

Auf reformierter Seite überwand man zwar den dogmatischen Stellungskrieg zwischen den im 19. Jahrhundert entstandenen Richtungen und erweiterte die kirchliche Tätigkeit durch neue Formen zwischenmenschlicher Begegnung; konservative Tendenzen in den Gemeinden hielten jedoch die Reform in Schranken. Dagegen änderte der Katholizismus sein Gesicht grundlegend. Entscheidend dafür war, daß das zweite Vatikanische Konzil 1962–1965 sowohl für das *«Aggiornamento»* (Ausrichtung auf die Welt von heute) als auch für die ökumenische Öffnung grünes Licht gab. Wohl blieb die Handlungsfreiheit der katholischen Geistlichkeit letztlich durch das hierarchische System der Weltkirche begrenzt, aber es gelang, die Laien in der «Synode 72», die von 1972–1975 in den schweizerischen Bistümern tagte, zu weitgehender Mitarbeit an kirchlichen Entscheidungen heranzuziehen. Die Erneuerung der gottesdienstlichen Formen verlief so stürmisch, daß sich eine traditionalistische Opposition bildete, die dem Unbehagen eines Teils des Kirchenvolkes Ausdruck gab. In Ecône (Unterwallis) baute der französische Bischof Marcel

Lefebvre ein kirchliches Gegenzentrum auf, das sich dem offiziellen Reformkurs widersetzt.

Das Verhältnis zwischen den beiden Hauptkonfessionen wurde 1969 durch eine Regelung der Mischehenfrage, nach welcher die Katholiken praktisch auf einen Vorrang in der Kindererziehung verzichten, wesentlich entspannt. Es entwickelte sich vielerorts eine ökumenische Zusammenarbeit, der seit 1971 eine «Arbeitsgemeinschaft christlicher Kirchen der Schweiz» eine institutionelle Grundlage bot. So war es konsequent, daß 1973 die Ausnahmebestimmungen der Kulturkampfzeit, die namentlich die Tätigkeit des Jesuitenordens einschränkten, aus der Bundesverfassung gestrichen wurden. Diese Bereinigung wurde allerdings gegen die Mehrzahl der reformierten Stimmen durchgesetzt, was erkennen ließ, daß das Bild eines autoritären und auslandabhängigen Katholizismus im protestantischen Volksteil noch weit verbreitet war. Ein entsprechendes Unbehagen meldete sich 1984, als mit Johannes Paul II. erstmals seit Jahrhunderten wieder ein Papst offiziell die Schweiz besuchte und dabei auch vom gesamten Bundesrat empfangen wurde.

Kirche und Gesellschaft

Die Verschärfung der Gesellschaftskritik durch die 68er Bewegung griff auch auf kirchliche Kreise über. So wandten sich engagierte Gruppen gegen den Dienst in der Armee oder gegen bestehende Macht- und Ausbeutungsverhältnisse in den Entwicklungsländern. Eine von der römisch-katholischen «Synode 72» angeregte, freilich inoffizielle «Schweizerische Evangelische Synode», die 1983 mit ihren Tagungen begann, griff neben dem Thema der kirchlichen Erneuerung auch aktuelle politische Fragen auf. Die Abneigung gegen alles Institutionelle in der jungen Generation hat aber deren Entfremdung von den Kirchen noch weiter verstärkt. Als eine Art moderne Seelsorger wirken heute zunehmend Psychiater und Psychologen. Anderseits fehlt es gerade in der Jugend nicht an neuen religiösen Tendenzen, doch diese streben oft nach sektiererischer Absonderung. Als freilich um die Mitte der siebziger Jahre im Kanton Zürich und im Bund Volksinitiativen die Trennung von Kirche und Staat verlangten, zeigte es sich, daß weder Behörden und Parteien noch die Mehrheit der Stimmbürger an der traditionellen öffentlich-rechtlichen Stellung der anerkannten Landeskirchen rütteln wollen.

G. Die politische Struktur

1. Ausbau der Verhandlungsdemokratie

Nationale Besonderheiten

Wenn im folgenden von der politischen Struktur der Schweiz die Rede ist, so sind damit nicht allein die staatlichen Institutionen gemeint, sondern das ganze Gefüge von Mächten und Kräften, die beim Zustandekommen und beim Vollzug politischer Entscheidungen wirksam werden (politisches System), und zugleich die Methoden und Verfahren, die dabei Anwendung finden. Die politische Struktur unseres Landes weist gewisse Besonderheiten auf, die in unserer nationalen Geschichte begründet sind. Sie wird aber auch von Entwicklungen geprägt, die allen westlichen Industrieländern gemeinsam sind.

Das Gefüge politischer Einrichtungen, wie es sich in der Schweiz im Laufe des 19. Jahrhunderts herausgebildet hat, unterscheidet sich von demjenigen der meisten europäischen Staaten in zweifacher Hinsicht: durch seinen traditionellen Aufbau aus Bund, Kantonen und Gemeinden (Föderalismus), der den regionalen und lokalen Eigenarten eine möglichst freie Entfaltung gewähren soll, und durch die häufig benützten Instrumente des Referendums und der Initiative (Volksrechte, «halbdirekte» Demokratie), die den Bürgern auch eine Mitwirkung bei Sachentscheiden ermöglichen. Den Föderalismus hat die Schweiz namentlich mit den USA gemeinsam, die halbdirekte Demokratie gibt es in vergleichbarem Ausmaß nirgends sonst. Diese Besonderheiten haben unserem Staat einst den Ruf eingetragen, daß er seinen Bewohnern ein Maximum an Selbst- und Mitbestimmung einräume.

Parteien und Verbände im modernen Staat

Damit ist aber erst die Außenansicht der politischen Realität erfaßt. Politische Mitbestimmung ist in einer modernen Gesellschaft nur durch Bildung von Gruppen möglich. Wie im 7. Kapitel gezeigt worden ist, entstanden im 19. Jahrhundert auch bei uns einerseits Parteien, die durch Besetzung staatlicher Ämter (Parlamente und Regierungen) oder durch Benützung von Referendum und Initiative ihren politischen Grundvorstellungen Geltung zu verschaffen strebten; anderseits organisierten sich Berufe, Wirtschaftsgruppen und Gewerkschaften, die sogenannten Verbände, um ihre besonderen Interessen zu vertreten, sei es durch direkte Kontakte mit der Verwaltung, durch Einwirkung auf die Wahlen oder durch Handhabung der Volksrechte. Während also die Parteien im wesentlichen den Rahmen ausfüllten, den die liberal-demokratische Verfassung für den politischen Entscheidungsprozeß vorgezeichnet hatte, wuchsen die Verbände in ein Nebenverfahren hinein, welches das Hauptverfahren nicht nur zu korrigieren, sondern in vielen Fällen auf den zweiten Platz zu verdrängen geeignet war: In zunehmendem Maße wurden die staatlichen Entscheidungen nicht mehr in erster Linie von den Beratungen des Parlaments und damit von den Kräfteverhältnissen der in diesem vertretenen Parteien bestimmt, sondern von den vorausgehenden Verhandlungen zwischen der Exekutive und den stärksten Verbänden (vorparlamentarisches Verfahren), deren Ergebnis das Parlament im wesentlichen bestätigte. Neben oder vor die klassische Repräsentation des Volkes im Parlament trat eine Repräsentation der in der Gesellschaft wirksamen Interessen, die sich nicht auf öffentliche Wahlen stützte.

Dieses Übergewicht des Verbandseinflusses ist als eine Auswirkung des Referendums erklärt worden. Um zu vermeiden, daß vom Parlament gefaßte Beschlüsse nachträglich durch einen finanz- und werbekräftigen Verband mit einer Unterschriftensammlung angefochten und in einer Volksabstimmung zu Fall gebracht würden, habe der Bundesrat die Praxis entwickelt, sich jeweils vorgängig mit den mächtigsten Interessengruppen über seine Gesetzesvorlagen zu verständigen. Zweifellos hat das Referendum auf die erwähnte Weise zur Umwandlung der parlamentarischen Demokratie der Parteien in eine Verhandlungsdemokratie der Verbände beigetragen, doch zeigt eine entsprechende Entwicklung in anderen Staaten, daß Interessenorganisationen auch ohne Referendum maßgebenden Einfluß auf den politischen Entscheidungsprozeß gewinnen können: Einerseits ist der moderne Staat in seiner Interventionstätigkeit vielfach auf die spezielle Sachkenntnis solcher Organisationen und ihrer ausgebauten Sekretariate angewiesen. Anderseits vermögen diese ihre Mitglieder durch die Vertretung wirtschaftlicher Interessen enger an sich zu binden als Parteien mit ihren politischen Konzepten und Programmen. Beides gibt den Verbänden eine Art Blockierungspotential, mit dem nicht nur das Zustandekommen einer gesetzlichen Neuerung, sondern darüber hinaus die Wirksamkeit staatlichen Handelns überhaupt ernstlich beeinträchtigt werden kann. Die großen Interessenverbände bilden heute Zentren wirtschaftlicher und gesellschaftlicher Macht, ohne deren ausdrückliches oder stillschweigendes Einverständnis ein westlicher Sozialstaat unregierbar zu werden droht, deren Mitwirkung dagegen die Durchführung und Durchsetzung staatlicher Maßnahmen oft erst ermöglicht.

Ausnahmerecht in Krisenzeiten

Die Schweiz hat in der Epoche der beiden Weltkriege die Besonderheiten ihres politischen Systems nicht durchzuhalten vermocht. In Zeiten äußerer oder innerer Krisen bezweifelten die leitenden Behörden wiederholt, daß sie die zur Bewältigung der Probleme notwendig scheinenden Maßnahmen in nützlicher Frist durchsetzen könnten, wenn sie sich an die Regeln der föderalistischen Referendumsdemokratie hielten. In der Wirtschaftskrise der dreißiger Jahre regierte der Bundesrat mit Hilfe von dringlichen Beschlüssen des Parlaments, für welche die Verfassung oft keine tragfähige Grundlage bot. Im Ersten wie im Zweiten Weltkrieg nahm er zu außerordentlichen Vollmachten Zuflucht. Um so deutlicher zeigte sich in den Perioden des Ausnahmerechts die gestärkte Position der großen Verbände, namentlich der Unternehmerorganisationen; diese wurden vom Bundesrat vor wichtigen wirtschaftspolitischen Entscheiden konsultiert und auch zu deren Vollzug beigezogen.

Das Vollmachtenregime des Bundesrates im Zweiten Weltkrieg beließ den übrigen Organen und Kräften des politischen Systems sehr unterschiedliche Entscheidungsanteile. Die Stimmbürger wirkten an keinen lebenswichtigen Beschlüssen mit. Das Parlament besaß ein nachträgliches Genehmigungsrecht, was praktisch ohne Bedeutung war; seine Vollmachtenkommissionen hatten indessen in der Regel Gelegenheit zur vorgängigen Begutachtung der notrechtlichen Erlasse. Angesichts der Vertraulichkeit dieser Konsultationen blieben auch die Parteien vom Entscheidungsprozeß so gut wie ausgeschlossen. Einen größeren Einfluß behaupteten wie erwähnt die sogenannten Spitzenverbände der Wirtschaft, vor allem der «Schweizerische Handels- und Industrie-Verein» und der «Schweizerische Bauernverband», die seit Jahrzehnten enge Beziehungen zur Bundesverwaltung unterhielten und deren Mitarbeit in der Organisation der Kriegswirtschaft unentbehrlich war. Ausser den Verbänden wurden auch die Kantone zur Durchführung der Vollmachtenbeschlüsse herangezogen. Es ist schon in anderem Zusammenhang gezeigt worden, wie ein Teil der auf Vollmachten beruhenden Neuerungen nach Kriegsende in das verfassungsmäßige Recht eingebaut werden konnte. Unter starkem Druck liberaler und föderalistischer Kreise wurden die letzten Vollmachtenerlasse auf Ende 1952 außer Kraft gesetzt.

Legalisierung der politischen Funktion der Verbände

Zugleich erhielt nun aber auch die Mitwirkung der Verbände in Gesetzgebung und Gesetzesvollzug, die sich seit dem späten 19. Jahrhundert allmählich herausgebildet hatte, ihre rechtliche Grundlage. Dies geschah im Rahmen der gleichfalls bereits erwähnten Revision der Wirtschaftsartikel der Bundesverfassung. Schon in der Version von 1939 war neben den Einschränkungen der Handels- und Gewerbefreiheit, welche die Dringlichkeitspraxis gebracht hatte, auch die Mitwirkung der Interessenverbände an Rechtssetzung und Rechtsvollzug anerkannt worden. In seiner 1947 von der Volksabstimmung sanktionierten Form legt der neue Artikel 32 fest, daß «die zuständigen Organisationen der Wirtschaft» bei der Vorbereitung von wirtschaftspolitischen Gesetzen angehört werden müssen und zu ihrer Durchführung herangezogen werden können. Seither ist jedoch eine solche «Anhörung» der interessierten Verbände auch in der übrigen Gesetzgebung zur Regel geworden. Formell bleibt es dem Bundesrat und der Verwaltung anheimgestellt, wer jeweils in die vorbereitenden Expertenkommissionen aufzunehmen oder im sogenannten Vernehmlassungsverfahren um seine Meinung zu befragen sei; praktisch fällt bei dieser Auswahl vor allem ins Gewicht, wieweit eine Interessengruppe die Realisierung des Vorhabens in Frage zu stellen vermöchte.

Die Spitzenverbände

Fünf Organisationen sind es, die in der neuen Verhandlungsdemokratie einen maßgebenden Einfluß ausüben. Der «Schweizerische Handels- und Industrie-Verein» (SHIV) faßt die Branchen- und Regionalverbände zusammen, denen die Unternehmungen der Industrie, des Großhandels und verwandter Wirtschaftszweige wie Versicherungswesen, Energieversorgung und Hotellerie angeschlossen sind. Sein leitender Ausschuß trägt die alteidgenössisch anmutende Bezeichnung «Vorort», die oft auch für den ganzen Verband verwendet wird. Für die sozialpolitischen Belange steht ihm der «Zentralverband schweizerischer Arbeitgeber-Organisationen» zur Seite, mit dem er enge Beziehungen unterhält. Unabhängig von beiden gilt auch die «Schweizerische Bankiervereinigung» als Spitzenverband, obwohl verschiedene Banken gleichzeitig Gliedverbänden des SHIV angehören. In dieser Anerkennung kommt die besondere Stellung der Großbanken in unserem Lande zum Ausdruck. Einen ähnlichen

Aufbau wie der SHIV besitzt der «Schweizerische Gewerbeverband» (SGV), in welchem vor allem Kleinindustrie, Baugewerbe, Handwerk, Detailhandel, Transportwirtschaft und Gastgewerbe vertreten sind. Verschiedene Branchenorganisationen sind beiden Spitzenverbänden zugleich angeschlossen, so seit 1962 auch der «Schweizerische Baumeisterverband», was die Entwicklung der Bauwirtschaft vom Handwerk zur Industrie dokumentiert. Nachdem der SGV vor dem Zweiten Weltkrieg stark zu einer vom Staat geschützten korporativen Ordnung geneigt hatte, stellte er sich im Laufe der fünfziger Jahre entschieden auf einen gegen jede Staatsintervention gerichteten Kurs um, wobei er besonderen Nachdruck darauf legte, Steuern und Soziallasten niedrig zu halten. Demgegenüber sieht sich der «Schweizerische Bauernverband» (SBV) zur Erhaltung des bäuerlichen Anteils am Sozialprodukt auf eine Anlehnung an den Staat angewiesen, ist doch die von seinen Zweigverbänden geschaffene Produktions- und Absatzorganisation der Landwirtschaft in der ordentlichen Gesetzgebung verankert worden. Allerdings gibt diese enge Bindung seit den sechziger Jahren in Kleinbauernkreisen zunehmend zu oppositioneller Gruppenbildung Anlaß.

Den Unternehmerorganisationen der verschiedenen Wirtschaftszweige stehen die Arbeitnehmerverbände gegenüber; deren Hauptsprecher ist der «Schweizerische Gewerkschaftsbund» (SGB). Seine Gliedverbände umfassen freilich nur einen Teil der organisierten Lohnempfänger. In der Arbeitnehmerschaft hat sich auch in der zweiten Hälfte dieses Jahrhunderts eine Scheidung nach Ständen und weltanschaulichen Richtungen erhalten, so daß einerseits die Angestelltenverbände und ein Teil der Beamtenschaft, anderseits der «Christlichnationale Gewerkschaftsbund» (CNG) und weitere sogenannte Minderheitsgewerkschaften den vom SGB angestrebten Zusammenschluß zu einer umfassenden Gesamtorganisation ablehnen. Während die kleineren Formationen eher bürgerlichen Parteien nahestehen, ist der SGB durch seine führenden Persönlichkeiten mit der Sozialdemokratischen Partei verbunden. Gegenüber den dreißiger Jahren hat sich aber sowohl der SGB von seinen planwirtschaftlichen wie der CNG von seinen berufsständischen Vorstellungen abgewandt, so daß sich die gewerkschaftliche Politik allgemein auf dem Boden einer durch Sozialgesetzgebung beschränkten Marktwirtschaft bewegt.

Übergang zum Regierungsproporz

Neben dem verfassungsrechtlichen Einbau der Interessenorganisationen in die Bildung und den Vollzug des Staatswillens nimmt sich die Umgestaltung des Bundesrates zur sogenannten Allparteienregierung mehr wie eine Folgewirkung aus. Nachdem sich der SGB einmal seinen festen Platz im politischen System erobert hatte – dazu hatte der Übergang zum Arbeitsfrieden wesentlich beigetragen –, erschien der Ausschluß der ihm nahestehenden Sozialdemokratischen Partei (SP) von der Landesregierung nicht mehr sinnvoll. Es bedurfte allerdings einer längeren Anpassungsperiode, bis die Parlamentsdemokratie der Parteien die von der Verhandlungsdemokratie der Verbände vorgezeichnete Entwicklung nachvollzog. Das Zugeständnis einer bloßen Einervertretung an die Partei des Landesstreiks von 1918, das im Kriegsjahr 1943 erfolgte, stand noch im Zeichen verbreiteter Vorbehalte. Eine solche Juniorpartnerstellung, analog zu derjenigen der an Wählern weit schwächeren Bauern-, Gewerbe- und Bürgerpartei (BGB), war für die SP unbefriedigend, um so mehr als man ihr die besonders umstrittene Finanzpolitik zugewiesen hatte. Nachdem es weder Ernst Nobs noch seinem Nachfolger Max Weber gelungen war, eine für ihre Partei akzeptable Bundesfinanzordnung durchzubringen – der zweite quittierte 1953 seine Niederlage in der Volksabstimmung mit dem Rücktritt –, erklärte sich die SP zu einer weiteren Regierungsbeteiligung nur noch mit einer Zweierdelegation bereit. Während die Freisinnig-demokratische Partei (FDP) diesen Anspruch zurückwies, gewährte ihm die Konservative Volkspartei (KVP), die noch bei den Wahlen von 1951 als «Kernwerk» der bürgerlichen Front gegen die Linke aufgetreten war, von 1954 an ihre Unterstützung. Sie sorgte zunächst für eine Beseitigung des freisinnigen Übergewichts im Bundesrat (1930–1943 und wieder 1954: vier FDP, zwei KVP und ein BGB) und verschaffte sich so eine taktische Schlüsselstellung (1955–1959: drei FDP, drei KVP, ein BGB). Das Erstarken des christlichsozialen Flügels, der sich auf die wachsende Zahl katholischer Arbeitnehmer in den Siedlungsagglomerationen stützte und 1957 die Einführung der erweiterten Bezeichnung Konservativ-christlichsoziale Volkspartei (KCVP) erwirkte, ließ im übrigen den traditionellen Rechtskurs nicht unangefochten. So kam es 1959 zur Umbildung der Landesexekutive nach der «Zauberformel», d. h. zur Vertretung der vier großen Parteien proportional zu ihrer Wählerschaft (zwei FDP, zwei KCVP, zwei SP, ein BGB).

Neben diesen großen Vier, deren Wähleranteil bis gegen Ende der sechziger Jahre nie unter 80 % sank, führten die übrigen Parteien auf Bundesebene bloß eine Randexistenz. Nur zwei von ihnen nahmen ausdrücklich eine Oppositionsrolle wahr: Die kommunistische Partei der Arbeit (PdA) wandte sich grundsätzlich gegen die bestehende Gesellschaftsordnung; dies hinderte sie aber bald einmal an einer breiteren Mobilisationswirkung. Insbesondere in der deutschen Schweiz wurde sie vom Druck der antikommunistischen Gefühlswelle in ein Ghetto gedrängt. Nur in den Kantonen Waadt, Neuenburg und Genf blieb sie bis an die Schwelle der achtziger Jahre – in einer gewissen Analogie zum benachbarten Frankreich – eine ernst zu nehmende Größe. Der Landesring der Unabhängigen (LdU) dagegen profilierte sich als Vorkämpfer für eine liberale Demokratie und kämpfte von der Mitte aus gegen alle Versuche in Politik und Wirtschaft, durch Bildung von Interessengemeinschaften Vorzugsstellungen zu sichern und Außenseiter fernzuhalten. So legte er sich immer wieder quer zu den Ergebnissen der Verhandlungsdemokratie, namentlich dort, wo es um die Beschränkung des freien Spiels der Marktkräfte ging. Bei der Abwehr von Bestrebungen, protektionistische Regelungen der Kriegszeit in die ordentliche Gesetzgebung

Stilwandel im Spiegel der Abstimmungsplakate:
Oben: Straßenverkehrsprobleme 1951 und 1961. Links: 1951 wurde die Weiterführung gesetzlicher Beschränkungen für Straßentransporte, wie sie während des Krieges eingeführt worden waren, durch das Referendum angefochten. Das Ja-Plakat verkörpert

Unten: Arbeitszeitverkürzung 1958 und 1976. Links: 1958 wurde eine Initiative des Landesrings für die gesetzliche 44-Stunden-Woche von bürgerlicher wie von gewerkschaftlicher Seite bekämpft, da man sozialpartnerschaftliche Vertragslösungen vorzog. Das Plakat der erfolgreichen Gegner wirkt stark formali-

noch den markig-heroischen Stil der Kriegsjahre. Rechts: 1961 brachte der «Touring Club der Schweiz» eine Vorlage zu Fall, die zur Finanzierung des Nationalstraßenbaus einen Zuschlag auf den Treibstoffzöllen vorsah. Das Nein-Plakat ist in einem formlosen, an Kinderzeichnungen erinnernden Stil gehalten.

stisch. Rechts: 1976 scheiterte eine Initiative kleiner Linksgruppen für die 40-Stunden-Woche; auch diesmal stand der «Schweizerische Gewerkschaftsbund», der eine eigene Initiative plante, auf der gegnerischen Seite. Das Ja-Plakat ist auf die Mobilisierung zum Klassenkampf ausgerichtet.

überzuführen, stand er in vorderster Front. Der LdU hatte als einzige der in den dreißiger Jahren neu entstandenen politischen Gruppen überlebt, was hauptsächlich der Popularität seines Führers Gottlieb Duttweiler sowie seinem finanziellen Rückhalt bei der Großunternehmung «Migros» zuzuschreiben ist. Er behielt seinen Hauptschwerpunkt in Zürich; in der welschen Schweiz vermochte er nie richtig Fuß zu fassen.

2. Erweiterung demokratischer Mitwirkungsrechte

Das System der Verhandlungsdemokratie erhielt nicht nur durch den Regierungsproporz eine folgerichtige Ergänzung, sondern auch durch die Beschränkung des Dringlichkeitsrechts. Der Bundesrat hatte in den dreißiger Jahren die Volksabstimmung systematisch umgangen, indem er umstrittene Beschlüsse vom Parlament dringlich erklären ließ, womit laut Artikel 89 der Verfassung von 1874 das Referendum entfiel. Diese Praxis war nicht nur bei den Linksparteien, sondern auch bei den Spitzenverbänden auf Kritik gestoßen, entzog sie ihnen doch ein bewährtes Druckmittel im vorparlamentarischen Verfahren. Nach Kriegsende waren es aber vor allem konservative waadtländische Föderalisten, die neben einer raschen Aufhebung der Vollmachtenerlasse der Kriegszeit auch eine Beseitigung der älteren Einschränkungen der Volksrechte forderten. Unter dem Motto «Rückkehr zur direkten Demokratie» verlangten sie für dringlich erklärte Bundesbeschlüsse die Möglichkeit einer nachträglichen Außerkraftsetzung durch Volksentscheid: Der Verfassung gemäße sollten dem fakultativen, verfassungswidrige dem obligatorischen Referendum unterstehen. Ihre Initiative wurde zwar von den großen Parteien und den meisten Spitzenverbänden abgelehnt, fand aber die Unterstützung des Landesrings. Mit einem Zufallsmehr von 50,7 % der Stimmen und 12½ Ständen und bei einer für jene Zeit ungewohnt niedrigen Beteiligung von 42,5 % drang sie 1949 durch, als einziges Volksbegehren zwischen 1929 und 1982. Damit wurde der Rückgriff auf die Dringlichkeit für zwei Jahrzehnte wieder zur Ausnahme.

Die Ausdehnung des Referendums auf dringliche Bundesbeschlüsse erhöhte jedoch den Anteil der Stimmbürger an den politischen Entscheiden nur vorübergehend. Das ausgebaute Verhandlungssystem funktionierte bis zum Beginn der siebziger Jahre so gut, daß die bedeutsameren Gesetzgebungsarbeiten durch keinen Appell ans Volk in Frage gestellt wurden. Erfolgreich verliefen trotz dem obligatorischen Referendum auch mehrere Verfassungsrevisionen, die es dem Bund ermöglichen sollten, dringende Aufgaben im Bereich der Infrastruktur an die Hand zu nehmen. Ungelöst blieb dagegen die zentrale Frage der Finanzordnung, in der sich die politischen Kräfte stets wieder nur über Provisorien verständigen konnten.

Frauenstimmrecht

Die schweizerische Referendumsdemokratie erfuhr im Laufe der Hochkonjunkturperiode außer der sachlichen Ausdehnung auf das Dringlichkeitsrecht auch eine Erweiterung in personeller Hinsicht: durch die Gleichstellung der Frau in den Bürgerrechten. Sie holte damit eine Entwicklung nach, welche parlamentarisch regierte Staaten schon vor der Jahrhundertmitte hatten vollziehen können. Zwar hatte sich auch bei uns mit der fortschreitenden beruflichen Emanzipation der Frau die Idee der politischen Gleichberechtigung in führenden Kreisen mehr und mehr durchgesetzt, aber in zahlreichen kantonalen Volksabstimmungen reagierte die direkte Männerdemokratie noch lange ablehnend. Immerhin nahmen die Frauen allmählich Einsitz in Gerichten und Verwaltungskommissionen. Als dann auch ihre Heranziehung zum Zivilschutz wünschbar wurde, unterbreiteten die Bundesbehörden 1959 die Frage erstmals einem eidgenössischen Volksentscheid. Die Gegner siegten zwar noch im Verhältnis zwei zu eins, doch die westschweizerischen Stände Waadt, Neuenburg und Genf wiesen annehmende Mehrheiten auf. Damit war der Weg für die Einführung des Frauenstimmrechts in drei Kantonen gebahnt; die konziliante Lebensart des Welschschweizers, der den Gang zur Urne weniger als Statussymbol empfand als der konservativere Alemanne, wirkte als günstige Voraussetzung.

In der zweiten Hälfte der sechziger Jahre begann der Umschwung auch in den übrigen Sprachgebieten. Im Hinblick auf einen Beitritt zur Menschenrechtskonvention des Europarates ohne allzu viele Vorbehalte – ein solcher Schritt schien zur Vermeidung einer Isolierung der Schweiz ratsam – ergriff der Bundesrat erneut die Initiative und erntete in der Volksabstimmung vom 7. Februar 1971 einen unerwartet großen Erfolg. Der Durchbruch auf Bundesebene zog fast alle restlichen Kantone nach. Seit Ende 1972 enthalten nur noch die beiden Appenzell den Frauen die politische Mündigkeit vor, was z. T. mit der Sorge um die Durchführbarkeit der traditionellen Landsgemeinde begründet wird. Eine wesentliche Änderung des Stimm- und Wahlverhaltens brachte der Einbezug der Frauen nicht. Meinungsumfragen zeigen, daß das Verhältnis zwischen Ja- und Nein-Stimmen bei beiden Geschlechtern meistens ähnlich ausfällt. Immerhin läßt eine solche Umfrage annehmen, daß die Revision des Eherechts 1985 von den Frauen gegen eine ablehnende Mehrheit der Männer durchgesetzt worden ist. Die in den siebziger Jahren noch deutlich geringere Stimmbeteiligung des weiblichen Geschlechts hat sich in letzter Zeit derjenigen der männlichen Bürgerschaft etwas angeglichen. Nur sehr allmählich vollzieht sich der Einzug der Frauen in politische Ämter. Während der weibliche Anteil bis 1986 in einzelnen Kantonsparlamenten einen Viertel erreicht hat, beträgt er in der Bundesversammlung erst 10 %. Von symbolischer Bedeutung war 1984 die Wahl der ersten Bundesrätin Elisabeth Kopp.

Wählerstärke der Parteien und Wahlbeteiligung bei den Nationalratswahlen 1848–1979

Bis 1917 erfolgten die Wahlen nach dem Majorzwahlrecht. Bei Proporzwahlen (seit 1919) werden die Parteistimmen zugrunde gelegt; das Panaschieren wird also berücksichtigt. Bei stillen Wahlen sind die Parteistimmenzahlen der vorangegangenen Urnenwahl einbezogen worden. Die ungültigen und leeren Stimmen sind den Nichtwählern zugerechnet. Anteile von weniger als ¼ % der Wahlberechtigten sind nicht berücksichtigt. Die Zäsur von 1971 trägt einerseits der Veränderung des Parteienspektrums und anderseits der Einführung des Frauenstimmrechts Rechnung.

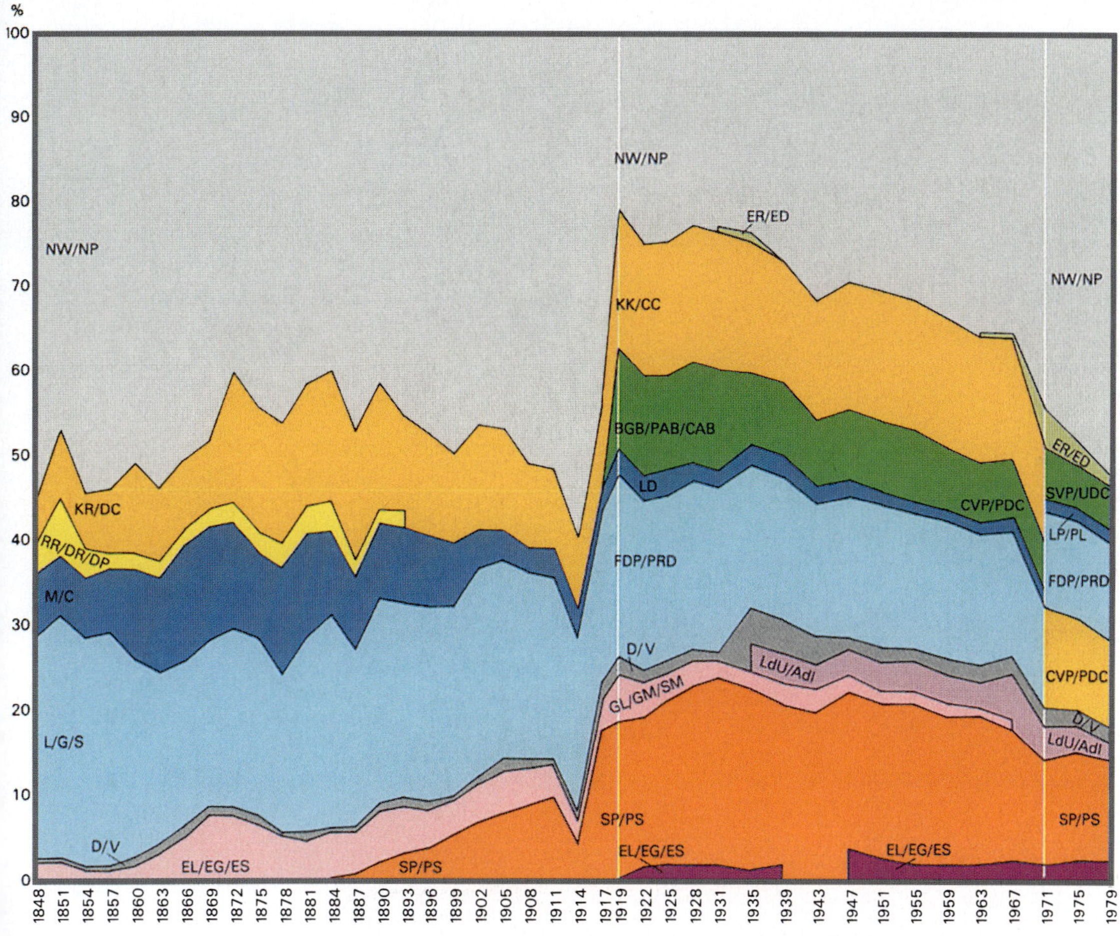

1848...

NW Nichtwähler
NP Non-participants
Non partecipanti

KR Katholische Rechte
DC Droite catholique
Destra cattolica

RR Reformierte Rechte
DR Droite réformée
DP Destra protestante

M Mitte (Liberale)
C Centre (libéraux)
Centro (liberali)

L Linke (Radikale, Freisinnige)
G Gauche (radicaux)
S Sinistra (radicali)

D/ V Diverse / Divers / Vari

EL Extreme Linke des 19. Jh.
EG Extrême-gauche du XIXe s.
ES Estrema sinistra dell'ottocento
(ohne Sozialdemokraten)
(sans socialistes)
(senza socialisti)

1884...

SP Sozialdemokratische Partei
PS Parti socialiste
Partito socialista

...1919...

NW/NP

1931-39

ER Extreme Rechte: Fronten
ED Extrême-droite: fronts
Estrema destra: fronti

KK Katholisch-Konservative
CC Conservateurs-catholiques
Conservatori cattolici

BGB Bauern-, Gewerbe- und Bürgerpartei
PAB P. des paysans, artisans et bourgeois
CAB P. dei contadini, artigiani e borghesi

LD Liberal-Demokraten
Libéraux-démocrates
Liberali democratici

FDP Freisinnig-demokratische Partei
PRD Parti radical-démocratique
Partito radicale democratico

D/ V

1935...

LdU Landesring der Unabhängigen
AdI Alliance des indépendants
Anello degli indipendenti

GL Gemässigte Linke (Demokraten, Grütlianer usw.)
GM Gauche modérée (démocrates, Grutléens, etc.)
SM Sinistra moderata (democratici, Grutleani ecc.)

SP/PS

EL Extreme Linke: Kommunisten, Linkssozialisten...
EG Extrême-gauche: communistes, soc. de gauche...
ES Estrema sinistra: comunisti, soc. della sinistra...

...1971/79

NW/NP

ER Extreme Rechte: Nat. Aktion, Republikaner...
ED Extrême-droite: Action nat., républicains...
Estrema destra: Azione naz., repubblicani...

SVP Schweizerische Volkspartei
UDC Union démocratique du centre
Unione democratica di centro

LP Liberale Partei
PL Parti libéral
Partito liberale

FDP/PRD

CVP Christlichdemokratische Volkspartei
PDC Parti démocrate-chrétien
Partito democratico cristiano

D/ V

LdU/AdI

SP/PS

EL Extreme Linke: PdA, POCH, PSA...
EG Extrême-gauche: PdT, progressistes, PSA...
ES Estrema sinistra: PdL, progressisti, PSA...

3. Wandlung der politischen Kräfte und Ausdrucksformen

Die wirtschaftlichen, sozialen und bewußtseinsmäßigen Entwicklungen der fünfziger und sechziger Jahre brachten nun aber neue Voraussetzungen für das politische Leben und stellten höhere Anforderungen an das politische System. Einerseits wandelten sich die Verhaltensweisen und Ausdrucksformen der Bürger und mit ihnen das Feld der politischen Kräfte. Anderseits genügte die geschilderte «Normalisierung» und Erweiterung der Referendumsdemokratie je länger je weniger zur Bewältigung der Aufgaben, denen sich die öffentlichen Institutionen gegenübersahen. So bietet die schweizerische Politik seit zwei Jahrzehnten das Bild einer schleichenden Krise, die wie zur Zeit der dreißiger Jahre den Ruf nach grundlegenden Neuerungen hat laut werden lassen.

Stark verändert haben sich fürs erste die Mittel der politischen Meinungsbildung. Eine wesentliche Ursache hat dieser Wandel in der Entwicklung der elektronischen Übermittlungstechnik, die das Fernsehen zum dominierenden Massenmedium werden ließ. Als dieses am Ende des Zweiten Weltkriegs seinen Siegeszug durch den europäischen Kontinent begann, begegnete es in der Schweiz zunächst beträchtlichen Widerständen. So war namentlich im deutschsprachigen Landesteil eine kulturell und weltanschaulich begründete Ablehnung verbreitet: Man befürchtete eine Gefährdung bisheriger Wertvorstellungen und Verhaltensweisen durch das neue Medium. Indem man sich gegen jede staatliche Förderung des Fernsehens zur Wehr setzte, zog man freilich nicht in Betracht, daß die Schweiz, wenn sie keine eigenen Programme ausstrahlte, ihre schaulustige Bevölkerung einfach dem Einfluß ausländischer Sendungen überließ.

Entwicklung der Medien

Während das Radio von unten her, von privaten Pionieren und von regionalen Gemeinwesen, aufgebaut worden war, bildeten beim Fernsehen – nicht zuletzt angesichts der erhöhten technischen und finanziellen Anforderungen – zentrale Landesinstitutionen wie die PTT und die Trägerorganisation des Radios, die «Schweizerische Rundspruchgesellschaft» (SRG, heute «Schweizerische Radio- und Fernsehgesellschaft»), die treibenden Kräfte. Der Bundesrat beantragte dem Parlament die Finanzierung eines befristeten Versuchsbetriebes; 1953 wurde dieser in Zürich und Genf aufgenommen. Die Verankerung der beiden elektronischen Medien in der Bundesverfassung scheiterte freilich 1957 in der Volksabstimmung, wozu vor allem die noch verbreitete Abneigung gegen das Fernsehen beitrug. Doch das hinderte dessen weiteren Ausbau nicht. Die SRG erhielt für das neue Medium ebenfalls eine Konzession; diese sah für jede der drei Hauptsprachregionen ein Studio vor. 1961 begann man auch in der italienischen Schweiz, in Lugano, ein Fernsehprogramm auszustrahlen. Die Zahl der Gebühren entrichtenden Empfänger, der sogenannten «Konzessionäre», stieg im ganzen Lande geradezu sprunghaft an.

Da das Fernsehen aber trotzdem nicht selbsttragend wurde, ließ der Bundesrat 1964 auf dem Bildschirm – im Gegensatz zum Radio – in beschränktem Umfang Werbesendungen zu.

Der Erfolg des Fernsehens zwang die älteren Medien zu Umstellungen. So legte das Radio vermehrtes Gewicht auf die Information, die es stündlich wieder erneuern kann. Anderseits trug es nicht wenig zum Durchbruch neuer, vor allem jugendliche Hörer ansprechender Tendenzen in der Musik bei. Seine weitere Verbreitung wurde durch das Aufkommen des Transistors stark gefördert. Organisatorisch vollzog sich – nicht ohne Widerstände seitens der regionalen Radiogenossenschaften – eine Angleichung an das zentralisierte Fernsehen.

In der Presse lösten sich namentlich die Zeitungen, die einer bestimmten politischen Richtung verpflichtet waren, die sogenannte «Meinungspresse», nicht so leicht von traditionellen Maßstäben. Doch die Konkurrenz des Marktes wirkte zugunsten von Blättern, die sich stärker auf Bedürfnisse und Aufnahmefähigkeit breiterer Schichten und ganz allgemein auf die durch das Fernsehen noch geförderte Verbraucherhaltung einstellten. Einerseits drang das Augenfällige, rasch Erfaßbare, Sensationelle vor, anderseits wurden politische Polemik und Rhetorik durch reich dokumentierte aktuelle Reportagen ersetzt. Die «neutralen», von Rücksichten gegenüber Parteien und Behörden freieren Zeitungen gewannen zusehends an Boden. Mehrere von ihnen entwickelten sich zu eigenständigen politischen Kräften, während die parteinahe Presse schrumpfte oder stagnierte. Die infolge technischer Neuerungen ständig steigenden Herstellungskosten und das Auftreten zahlreicher Gratisanzeiger beschleunigten dann von etwa 1972 an den Konzentrationsprozeß. Daß dabei auch traditionsreiche Blätter wirtschaftlichen Kalkulationen zum Opfer fielen, erregte Besorgnis um die politische Vielfalt und Eigenständigkeit der schweizerischen Presse. Allerdings stießen Bestrebungen, die auf eine Erhaltung dieser Vielfalt mit Hilfe von Subventionen ausgingen, auf Widerspruch, wobei die Gefahr einer staatlichen Beeinflussung der Meinungsbildung geltend gemacht wurde.

Auf Stil und Tendenz der Massenmedien wirkt sich seit den späten sechziger Jahren auch das Heranwachsen einer neuen Journalistengeneration aus, die gegenüber traditionellen Anschauungen und Autoritäten kritischer eingestellt und zugleich mehr an ausländischen Vorbildern orientiert ist. Der veränderte Tonfall fand namentlich beim Fernsehen Eingang und vermittelte diesem stärkeres politisches Profil. Konservative Kreise setzten sich dagegen zur Wehr, wobei sie die Verpflichtung der konzessionierten Medien zur Unparteilichkeit geltend machten. Bei einem zweiten Anlauf für eine verfassungsmäßige Regelung der Tätigkeit von Radio und Fernsehen sah deshalb das Parlament eine unabhängige Beschwerdeinstanz vor, die einen Mißbrauch der Monopolstellung verhindern sollte. Doch Volk und Stände verweigerten 1976 erneut ihre Zustimmung, wobei sich die Opposition vor allem gegen eine politische Kontrolle der Programme richtete.

Montag-Morgenblatt 22. Januar 1945 — 101. Jahrgang, Nr. 31 Montag-Morgenblatt

Basler Nachrichten

mit **Finanz- und Handelsblatt**

(Intelligenzblatt der Stadt Basel)

SBB.-Gesetz vermutlich angenommen

Auch Basel stimmt der Bundesbahnsanierung zu

Dr. Blocher (soz.) Zivilgerichtspräsident / Strafrichter: 1. Wahlgang ohne Ergebnis

Russischer Einbruch in das oberschlesische Industriegebiet

Tilsit, Neidenburg und Kaschau gefallen — Offensive der Franzosen zwischen Vogesen und Mülhausen

Innerpolitische Krise nach der Unterhausrede Churchills überwunden

Pläne der Russen zeichnen sich immer deutlicher ab

Erste französische Armee überraschend zum Angriff gegen die Tasche von Colmar übergegangen

Waffenstillstand mit der ungarischen Regierung von Debrecen in Moskau unterzeichnet

Zweite Ausgabe
Diese Nummer enthält 2 Beilagen

Basler Zeitung

Montag, 29. Juni 1981 · 148

Kämpferische SP-Frauen

Laufenburg: Museumsfest

Wetter
Regnerisch

Toto und Lotto

Morgen wählt Israel

TdF und die Schweizer

Sandoz-Zusicherungen

Pech für Dörflinger

OAU um Frieden in der Sahara bemüht

Iran: Attentat auf Swissair und Partei-Zentrale

Freiburg 500 Jahre bei der Eidgenossenschaft

VCS ergreift Initiative

‹Hammer II› ist zu Ende

Walesa: Die Polen wollen keine Konterrevolution

Regierung in Rom vereidigt

Freude an der Schule

Benedict

Die Presse verändert ihr Gesicht. Links: Die «Basler Nachrichten» 1945. Die ganze Seite besteht fast nur aus Text, der durch Titel und fettgedruckte Hervorhebungen gegliedert wird. Der vierspaltige Satz begünstigt eine symmetrische Anordnung. Rechts: Die «Basler Zeitung» (1977 aus einer Fusion von «National-Zeitung» und «Basler Nachrichten» entstanden) 1981. Starke Auflockerung des Bildes durch fünfspaltigen Satz, Fotos, Ankündigungen von Artikeln im Blattinnern und Inserate.

1984 ist endlich ein dritter Versuch zur Schließung der verfassungsrechtlichen Lücke gelungen, aber auf dem Hintergrund einer wesentlich veränderten Situation. Die neuen technischen Möglichkeiten im elektronischen Bereich sind geeignet, eine Kontrolle der Entwicklung von Radio und Fernsehen, wie sie Bundesbehörden und SRG jahrzehntelang ausgeübt haben, aus den Angeln zu heben. Radiosender jenseits der Grenze oder Fernsehübertragungen durch Satelliten vermögen staatliche Vorschriften über Sendegehalt oder Werbung zu überspielen und die Werbeeinkünfte der SRG wie auch der Presse zu beschneiden. Ein kapitalkräftiges Unternehmertum wendet sich den elektronischen Medien zu, und eine gewisse Monopolmüdigkeit im unterhaltungshungrigen Publikum verspricht ihm Marktchancen. Der Bundesrat ist diesen Tendenzen entgegengekommen und hat mit einer provisorischen Verordnung grünes Licht für die Eröffnung lokaler Radiosender und die Ausstrahlung SRG-unabhängiger Fernsehprogramme gegeben. So fand der neue Verfassungsartikel, der dem Bund einwandfreie Regelungskompetenzen für alle elektronischen Medien gewährt, die meisten umstrittenen Fragen aber der Gesetzgebung überläßt, nicht mehr viel Opposition. Die

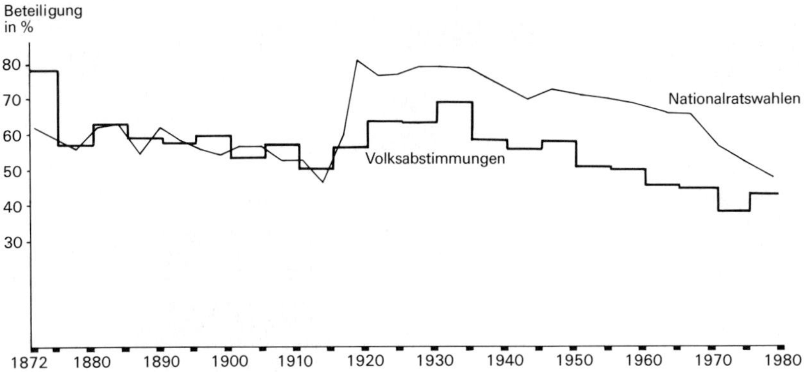

Stimm- und Wahlbeteiligung auf Bundesebene 1872–1980

Jahrfünftdurchschnitte der Beteiligung an den eidgenössischen Volksabstimmungen und Beteiligung an den Nationalratswahlen

Beschwerdeinstanz wurde als unvermeidlich akzeptiert. Obwohl 1982 ein Expertenbericht über eine Medien-Gesamtkonzeption veröffentlicht worden ist, hat es nicht den Anschein, als wolle der Bundesrat den Einfluß der medientechnischen Revolution auf die Gesellschaft nach bestimmten Grundvorstellungen steuern; das technisch Machbare und kommerziell Verwertbare droht mehr und mehr den Lauf der Dinge zu bestimmen.

Entfremdung zwischen Bürger und politischem System

Die Entwicklung der Massenmedien und der Wandel der Formen der Meinungsbildung stehen im Zusammenhang mit einer viel allgemeineren Veränderung, die einen Grundzug der neuen politischen Krise bildet: mit der Entfremdung zwischen Bürger und politischem System. Es soll freilich nicht der Eindruck erweckt werden, als seien die Schweizer in der ersten Jahrhunderthälfte staats-, ja regierungstreuer gewesen als heute. Waren doch die Jahrzehnte vor dem Zweiten Weltkrieg eine Periode schärfster politischer Kämpfe. Was aber die heutige Situation von der damaligen unterscheidet, ist die weitverbreitete Geringschätzung der vom politischen System gebotenen Gelegenheit zur Einflußnahme. Auffälligstes Zeichen dafür ist der Rückgang der Stimm- und Wahlbeteiligung. Schon vor der Einführung des Frauenstimmrechts reduzierte sich die Teilnahme an eidgenössischen Volksabstimmungen im Fünfjahresdurchschnitt von 58 auf 45 %, diejenige an den Nationalratswahlen von 72 auf 66 %. Gewiß variiert die Beteiligungshöhe je nach Gegenstand und von Ort zu Ort. Aber offensichtlich ist eine zunehmende Zahl von Stimmberechtigten zum Urnengang nicht mehr motiviert. Ein Hauptgrund dafür liegt wohl in der wachsenden Komplizierung der gesellschaftlichen und politischen Verhältnisse. Während sich in der Zwischenkriegszeit der überwiegende Teil der Bürger einem bestimmten sozialen Stand, einer Partei oder einem weltanschaulichen Lager zugehörig fühlte, befinden sich heute die meisten in einem vielfältigen Spannungsfeld zahlreicher Gruppen: Mit mehreren von diesen haben sie gewisse Interessen und Wertvorstellungen gemeinsam, in vielem stimmen sie aber mit ihnen wieder nicht überein. Zugleich hat sich der Charakter der politischen Auseinandersetzungen geändert. Bildeten

Der Gebrauch der Volksrechte auf Bundesebene

Anzahl der eingereichten Initiativen und fakultativen Referenden in Fünfjahrperioden 1875–1980

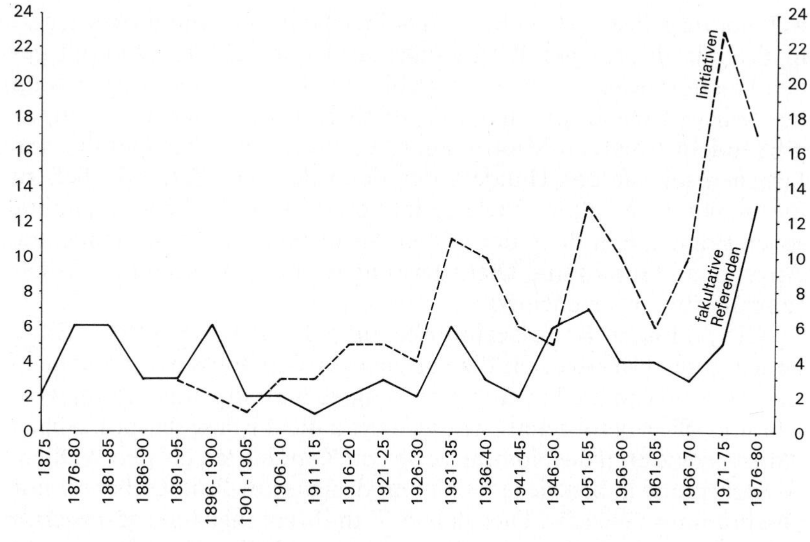

sich früher immer wieder verhältnismäßig einfache Blöcke, die dem einzelnen die Stellungnahme erleichterten, so zeigt sich die Verhandlungsdemokratie bestrebt, eine Konfrontation zwischen zwei Lagern zu vermeiden; sie sucht ihre Mehrheit von der Mitte aus und verliert damit an mobilisierender Kraft. Dazu kommt, daß die stark erhöhte Freizügigkeit zahlreiche Menschen aus ihrer gesellschaftlichen Um-

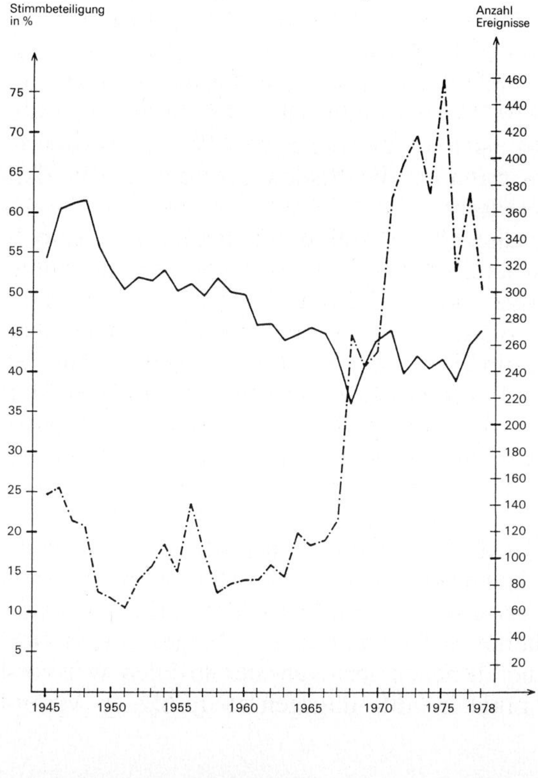

Entwicklung der Stimmbeteiligung an eidgenössischen Volksabstimmungen und der Häufigkeit politischer Aktivierung in weniger traditionellen Formen 1945–1978

—— Stimmbeteiligung: Zur Ausschaltung zufälliger Schwankungen sind für die einzelnen Jahre jeweils Durchschnittswerte eines dreijährigen Zeitraums verwendet.

–·–·– Ereignisse: Zahl der von den Autoren der benützten Untersuchung erfaßten nicht routinemäßigen Aktionen mit basismobilisierendem Charakter (Volksbegehren, fakultative Referenden, Demonstrationen, Streiks, Besetzungen, Flugblattaktionen, Boykotte, Anschläge usw.).

welt herausgelöst und damit auch politische Bindungen zerrissen hat; in den gleichförmigen Wachstumszonen der Siedlungszentren gedeiht nicht so leicht ein neues Zugehörigkeitsgefühl. Die Vermeidung des Volksentscheids durch die Verständigung der Interessengruppen gibt zudem Anlaß zu Mißtrauen; es verbreitet sich das Gefühl, daß Urnenentscheide das Handeln der Behörden gar nicht wirklich zu bestimmen vermöchten. Viele desinteressieren sich vollends an politischen Fragen, läßt doch der höhere Wohlstand und das reichlichere Angebot an Gütern und Dienstleistungen eine politische Lebenshaltung überflüssig erscheinen.

Bedeutungsverlust der Parteien

Die politische Krise beeinflußte auch das Parteiensystem. Es ist bereits gezeigt worden, wie die Parteien von den Spitzenverbänden im Entscheidungsprozeß in eine zweitrangige Stellung abgedrängt worden sind. Sie organisieren zwar weiterhin die Auslese der politischen Amtsträger durch die Nominierung von Kandidaten bei den Wahlen. In Sachfragen haben sie jedoch – mindestens auf Bundesebene – nur beschränktes Gewicht. Dies liegt z. T. in ihrem meist ausgesprochen föderalistischen Aufbau begründet. Kantonale Parteiorganisationen entziehen sich oft gesamtschweizerischen Parolen. Sodann verfügen Landes- wie Kantonalparteien nur über bescheidene Finanzmittel, die zur Erarbeitung der erforderlichen Sachkunde nicht genügen.

Angesichts der sich in der Bevölkerung ausbreitenden Verbraucherhaltung ließen die Parteien im Laufe der fünfziger Jahre ihre weltanschaulichen Gegensätze zurücktreten. Im Bestreben, vor den Wählern als Förderer eines allgemeinen Wohlstandes zu erscheinen, glichen sie sich in der Werbung einander an. 1959 gaben sich die Sozialdemokraten ein neues Programm, das nicht mehr – wie noch 1942 – einen sozialistischen Umbau in den Vordergrund stellte, sondern nach dem Beispiel der westdeutschen Schwesterpartei die allmähliche Entwicklung einer staatlich gelenkten Wettbewerbswirtschaft. Es bildete gewissermaßen die Visitenkarte der SP für den Wiedereintritt in den Bundesrat.

Veränderungen im Parteiensystem

Die «Entideologisierung» der Parteipolitik machte sich jedoch nicht lange bezahlt. Das bereits erwähnte Unbehagen über die rapide Veränderung der Lebensverhältnisse kam erstmals 1967 in den eidgenössischen Wahlen zum Ausdruck und brachte vorübergehend dem Landesring einen Erfolg auf Kosten der Regierungsparteien. Aus der konservativen Überfremdungsbewegung und der progressiven 68er Bewegung entwickelten sich jedoch bald einmal radikalere Oppositionsgruppen. Eine neue Rechte sammelte verunsicherte Kleinbürger und Arbeiter, indem sie die Anwesenheit von mehr als einer Million Ausländer als augenfälliges Alarmsignal aufgriff. Sie versuchte das Rad der Entwicklung zurückzudrehen, wobei sich die Nationale Aktion gegen die Überfremdung von Volk und Heimat mehr gegen Wirtschaftsexpansion, Verstädterung und Umweltzerstörung wandte, die Republikaner James Schwarzenbachs mehr gegen eine Öffnung zur Außenwelt und zu neuen geistigen und sozialen Wertvorstellungen. Eine neue Linke erfaßte dagegen zu radikalen Veränderungen neigende Intellektuelle und unbefriedigte Jugendliche. Sie erstrebte eine von den Zwängen der Privatwirtschaft befreite Gesellschafts- und Weltordnung unter Sprengung nationaler und kontinentaler Schranken. Mit ihrer klassenkämpferischen Aktivität wurde sie nicht nur für die Sozialdemokraten zur unbequemen Mahnerin an preisgegebene Zielsetzungen, sondern auch für die Partei der Arbeit zu einer bedrängend dynamischen Konkurrenz. Den stärksten Wähleranteil gewannen vorerst die von der SP abgespaltenen Autonomen Sozialisten im Tessin; auf die deutsche Schweiz beschränkten sich die mit ihnen verbündeten Progressiven Organisationen (POCH), während die trotzkistisch orientierte Revolutionäre marxistische Liga (seit 1980: Sozialistische Arbeiterpartei) in allen drei Sprachgebieten auftrat.

Es war insbesondere die Gärung in weiten Kreisen der Jugend, die von den historischen Parteien nicht ignoriert werden konnte. Junge Kräfte gewannen in den bisherigen Nachwuchsformationen und zunehmend auch in den Parteigremien eigenständiges Gewicht. Ihr Verlangen nach Bewegung und Grundsätzlichkeit blieb nicht ohne Einfluß auf die Gestaltung von Organisation und Programm. Die ausgeprägteste Umstellung nahmen die Konservativ-Christlichsozialen vor, auf die der Erneuerungsgeist des zweiten Vatikanischen Konzils eine zunehmende Wirkung ausübte. Unter der erneut veränderten Bezeichnung Christlichdemokratische Volkspartei (CVP) gaben sie sich 1970 eine straffere Organisation, und ihre initiativen Kräfte richteten sich mit progressiv anmutenden Zielsetzungen (Ansätze zu einem parlamentarischen Regierungssystem, stärkerer Ausbau des Sozialstaates) auf eine Politik der «dynamischen Mitte» aus. Das Widerstreben konservativer Kreise in den katholischen Stammlanden hat freilich den Neuerungseifer der Parteileitung wirksam zu dämpfen vermocht, um so mehr als es der CVP nicht gelang, nennenswerte nichtkatholische Wählerschichten anzusprechen. Das Grundsatzprogramm von 1978 ist deshalb eher zurückhaltend formuliert. Die CVP nimmt aber heute unter den Bundesratsparteien nicht nur taktisch, sondern auch ihrer sachlichen Ausrichtung nach eine Scharnierstellung ein, in der sie zwischen der SP und den übrigen bürgerlichen Partnern zu vermitteln bestrebt ist. Diese letzteren haben im Laufe der siebziger Jahre gleichfalls organisatorische und programmatische Neuerungen getroffen, ohne dadurch allerdings ihren Platz rechts von der Mitte aufzugeben. Die von Wählerschwund beunruhigte Bauern-, Gewerbe- und Bürgerpartei versuchte 1971 ihr ständisches Image abzustreifen, indem sie ihrerseits einen anderen Namen wählte. Dessen deutsche Fassung (Schweizerische Volkspartei, SVP) betont die gesellschaftliche Erweiterung, die französische und italienische dagegen (Union démocratique du centre, Unione democratica di centro, UDC) das Streben nach einer Mittelposition. Gleichzeitig löste sich die linksbürgerliche Gruppe der Demokraten auf, wobei sich die zürcherische Kantonalorganisation – Erbin der demokratischen Bewegung der sechziger

Jahre des 19. Jahrhunderts – dem Freisinn, die bündnerische und die glarnerische der SVP anschlossen. Von parteipolitischen Gärungen am stärksten erschüttert wurden die Sozialdemokraten, deren linker Flügel durch Anhänger der 68er Bewegung kräftigen Zulauf erhielt und die mehr gewerkschaftlich orientierten Mitglieder in die Defensive drängte. Die parteiinterne Auseinandersetzung um Umweltprobleme, Jugendfragen, um Selbstverwaltung und Regierungsbeteiligung führte einigenorts gar zu Spaltungen, und am Luganeser Parteitag von 1982 gelang es nur bedingt, die Bruchlinien programmatisch zu kitten.

Neue Formen der Opposition

Die erwähnten Neuerungen vermochten aber die Stellung der Parteien im politischen System nicht zu festigen. Versuche, sie durch verfassungsrechtliche Anerkennung und staatliche Zuwendungen zu kräftigen, begegneten vor allem in liberalen Kreisen dem Einwand, die Entfremdung der Bürger könnte dadurch noch verstärkt werden. Politisch engagierte Kräfte verfolgten in den siebziger Jahren ihre Ziele häufig außerhalb der traditionellen Organisationen, sei es in neuen Parteien oder in Gruppen, die sich auf eine konkrete Aufgabe beschränkten wie den Kampf gegen die Umweltzerstörung oder den Atomkraftwerkbau. Dabei bot sich die Volksinitiative, von der seit dem Übergang zur Vierparteienregierung nur noch vereinzelt Gebrauch gemacht worden war, als Instrument der Einflußnahme an. 1969 begann die Zahl der eingereichten Begehren sprunghaft anzusteigen, wobei die Urheber meistens Außenseiter waren. Da aber der Initiativweg – insbesondere auf Bundesebene – nur selten zum unmittelbaren Erfolg führt, wandten sich oppositionelle Gruppen vermehrt unkonventionellen Methoden zu: Mit Demonstrationen und Besetzungen versuchten sie den Vorsprung wettzumachen, den etablierte Kreise dank finanziellen Mitteln, sozialem Prestige und guten Beziehungen zu den Behörden besitzen. Dabei liehen ihnen die Massenmedien mit ihrem ständigen Aktualitätshunger willkommene Verstärkerdienste. Solche Aktionen, für die man in der deutschen Schweiz heute oft die nördlich des Rheins gebräuchliche Bezeichnung «Bürgerinitiative» verwendet, erfreuen sich gelegentlich bei der betroffenen Bevölkerung ausgesprochener Popularität und lassen damit erkennen, daß die schwindende Stimmbeteiligung nicht gleichbedeutend mit einem Absterben des politischen Interesses ist.

Eine «grüne» Welle

Nach der Bildung einer neuen Rechten und einer neuen Linken hat Ende der siebziger Jahre noch eine dritte Oppositionsrichtung parteipolitische Gestalt angenommen: die «Grünen». Diese lassen sich nicht mehr recht ins geläufige Spektrum einordnen; für sie steht weder der Gegensatz zwischen Kapital und Arbeit noch die Verteilung des Sozialprodukts auf die verschiedenen gesellschaftlichen Gruppen im Mittelpunkt, sondern die Erhaltung der Umwelt und die Erhöhung der Lebensqualität angesichts der Gefahren einer technokratischen Entwicklung. Auch diese jüngste Kraft des politischen Systems tritt organisatorisch nicht geschlossen auf: Eher zur Mitte neigt die «Föderation der Grünen Parteien», zu deren Kreis seit 1983 vier Nationalräte und seit 1986 auch zwei Mitglieder der Berner Kantonsregierung zählen. Die «Grüne Alternative» steht dagegen der neuen Linken nahe, deren Hauptgruppe, die POCH, eine Sammlung aller «grünen» und linken Oppositionskräfte anstrebt. Eine «grüne» Tendenz hat ferner im Landesring die Führung übernommen und diesem neuen Auftrieb gegeben. Schließlich hat auch die Nationale Aktion die Erhaltung der Umwelt auf ihre Fahnen geschrieben; ihre Hauptaktivität richtet sich zur Zeit allerdings gegen die Aufnahme von Drittweltflüchtlingen, was ihr seit 1982 wieder zu erheblichen Wahlerfolgen verholfen hat.

4. Entwicklung und Grenzen der Staatstätigkeit

Während sich das politische Leben von den herkömmlichen Formen und Gewohnheiten entfernte, begannen die staatlichen Institutionen langsam den veränderten Voraussetzungen Rechnung zu tragen. Die neuen Aufgaben erforderten neue Methoden und Befugnisse. Wie wir schon in anderem Zusammenhang erwähnt haben, erwies sich eine vorausschauende, planende Politik als immer dringender. Anlaß dazu boten einerseits Engpässe in der Infrastruktur, soziale Spannungen infolge der Masseneinwanderung, Konjunkturüberhitzung, Inflation und Rezession, anderseits die zunehmende Knappheit der Finanzen. So begann man in den sechziger Jahren zunächst in bestimmten Bereichen der Staatstätigkeit zu planen; daraus ergab sich ein Bedürfnis nach umfassenderen Konzeptionen, mit denen man Widersprüche zwischen den verschiedenen Bereichen zu vermeiden strebte. Wenn man aber die Vorstellungen und Pläne miteinander in Einklang bringen wollte, so mußte auch eine Koordination zwischen den einzelnen Verwaltungszweigen erreicht werden. Dies konnte nur auf der Ebene der Regierung geschehen. So wurde die Regierungsplanung zu einem wesentlichen Instrument der Politik.

Planung auf Regierungsebene

Zwei Ereignisse um die Mitte der sechziger Jahre brachten die Dinge ins Rollen. 1964 erregte der Bundesrat den Unmut weiter Kreise, als er eine massive Kostenüberschreitung bei der Beschaffung von Kampfflugzeugen des französischen Typs Mirage bekanntgab. Die eidgenössischen Räte griffen zum ungewohnten Mittel einer parlamentarischen Untersuchung und stellten erhebliche Eigenmächtigkeiten im Militärdepartement fest. Sie forderten einerseits eine Verstärkung ihrer Aufsicht über die Verwaltung, anderseits drangen sie darauf, daß der Bundesrat seinerseits die Verwaltungstätigkeit besser leite und koordiniere. 1967 ergab sich dann, daß auch die parlamentarische Grundlage der Landesregierung, die Koalition der vier großen Parteien, in einer zentralen Frage versagte: Bei der Beratung von Steuererhöhungen, mit denen die steigenden Bundesausgaben gedeckt werden sollten, brach sie auseinander, nicht zuletzt weil weder die Sozialdemokraten noch die Freisinnigen in einem Wahljahr für einen wenig populären Kompromiß eintreten mochten. Der christlichdemokratische Reformpolitiker Leo Schürmann verlangte darauf, daß der Bundesrat den Räten jeweils nach den Wahlen Richtlinien mit einer Dringlichkeitsordnung vorlege, um die Regierungspolitik zielstrebiger zu gestalten und zugleich das Parlament, mindestens moralisch, an sie zu binden.

Der Bundesrat entsprach diesen Begehren, indem er einerseits die Bundeskanzlei zum koordinierenden Stabsorgan ausbaute und anderseits schon 1968 die ersten Richtlinien aufstellte. Die Richtlinien sind freilich kein eigentliches Regierungsprogramm. Sie haben eine gewisse Verbindlichkeit für den Bundesrat und namentlich für die Verwaltung, nicht aber für das Parlament, da dieses an ihrer Ausarbeitung nicht mitwirkt und auch ihre Abänderung nur beschränkt beeinflussen kann. Ohnehin läuft Regierungsplanung in der schweizerischen Verhandlungs- und Referendumsdemokratie ständig Gefahr, von der Opposition starker Verbände und vom Nein der Stimmbürger durchkreuzt zu werden. Die Richtlinien wiesen überdies in den Anfängen den Mangel auf, daß sie den finanziellen Voraussetzungen der vorgeschlagenen Maßnahmen zuwenig Beachtung schenkten.

Einsatz wissenschaftlicher Experten

Im Zusammenhang mit der politischen Planung, die mehr und mehr auch in den Kantonen und Gemeinden Eingang fand, stieg die Nachfrage nach wissenschaftlichen Experten. Man begnügte sich nicht mehr damit, die Vertreter der verschiedenen Interessengruppen zu versammeln und mit ihnen eine möglichst konsensfähige Lösung der dringenden Probleme zu suchen. Vermehrt zog man Spezialisten für Fragen der Wirtschaft, der Organisation und der Technik bei, um Entwicklungen vorauszuberechnen und Modelle ausarbeiten zu lassen. Die Mitwirkung solcher Experten diente aber nicht nur dazu, umsichtiger den Weg in eine gedeihliche Zukunft zu bahnen; sie sollte den Vorschlägen der Regierung auch höheres Prestige verleihen, und die Auswahl der Sachverständigen wurde oft im Hinblick auf eine gewünschte Zielrichtung getroffen. Für die meisten Bürger blieb die Expertentätigkeit schwer verständlich und unkontrollierbar. Als dann 1974 ganz unerwartet die Rezession einsetzte und einen großen Teil der Vorhersagen widerlegte, fiel der Glaube an die Zukunftsforschung rasch zusammen, und nie verstummte Zweifel an der Möglichkeit einer geplanten Politik nahmen erneut überhand.

Die Rolle des Parlaments und der Regierungsparteien

Wie schon die Ausgestaltung des vorparlamentarischen Verhandlungsverfahrens steigerte auch der Aufbau einer politischen Planung das Übergewicht der Regierung gegenüber dem Parlament. Dieses war an keinem der beiden neuen Instrumente, die der Vorbereitung der Entscheide dienten, wirksam beteiligt. Die eidgenössischen Räte hatten freilich zur Zeit der Miragekrise das Heil nicht in erster Linie von einer Stärkung des Bundesrates erwartet. Im Bewußtsein, daß die Bundesverfassung immer noch das Parlament als «oberste Gewalt» anerkannte, gedachten sie vor allem ihre eigene Stellung aufzuwerten. Indem sie wieder eine selbständigere gesetzgeberische Tätigkeit aufnahmen (Neubelebung der parlamentarischen Initiative) und sich zugleich geeignete Arbeitsinstrumente schufen (Dokumentationsdienst, Befugnis zur Vorladung von Beamten zu «Hearings»), versuchten sie ihren Einfluß auf die politischen Entscheidungen zu erhöhen. Vorschläge für grundlegendere Änderungen, die der Volksvertretung auch mehr Gewicht und Unabhängigkeit gegenüber den Wirtschaftsverbänden verleihen sollten (Annäherung an das Mehrheitswahlverfahren nach westdeutschem Beispiel, Übergang zum Berufsparlament), wurden dagegen als allzu kühne Abweichungen vom Gewohnten zurückgewiesen.

Nicht das Parlament als ganzes, wohl aber die im Bundesrat vertretenen Parteien zeigten sich bestrebt, auch auf die Regierungsplanung Einfluß zu gewinnen. Es waren namentlich Christlichdemokraten, welche die Zusammenarbeit im Siebnerkollegium durch eine engere Verbindung unter den Regierungsparteien unterbauen wollten. Nach den Wahlen von 1971 kam erstmals eine Vereinbarung über ein Minimalprogramm zustande, allerdings ohne daß der Bundesrat bei der Gestaltung seiner Richtlinien darauf Rücksicht nahm. 1975 scheiterten entsprechende Bemühungen, weil die in den Wahlen erfolgreichen Sozialdemokraten darauf bestanden, daß die Vereinbarung ihren besonderen Anliegen stärker Rechnung trage. Die regelmäßigen Kontakte unter den großen Vier blieben zwar erhalten, doch entwickelte sich zwischen der SP einerseits und der von der SVP unterstützten FDP anderseits eine erhöhte Spannung, die 1978/79 erneut dazu führte, daß man in der Finanzpolitik zu keiner Verständigung gelangte. Angesichts der Verknappung der staatlichen Mittel wollten die Sozialdemokraten Macht und Ausgaben des Bundesstaates im wesentlichen nur auf militärischem und polizeilichem Gebiet beschränken, die sozialen Einrichtungen aber mit Hilfe neuer Einnahmen ausbauen; auf bürgerlicher Seite setzte man dagegen die Prioritäten in umgekehrter Weise. Mit dem Ruf nach «weniger Staat» – das hieß vor allem: weniger Sozialstaat – vermochte namentlich der Freisinn von 1979 an in Bund und Kantonen Wahlerfolge zu erzielen. Als dann die bürgerlichen Fraktionen 1983 bei der Gesamterneuerung des Bundesrates einer offiziellen sozialdemokratischen Kandidatin die Unterstützung verweigerten und der SP wie schon wiederholt einen ihnen genehmen Vertreter aufdrängten, brach in der Parteiführung der Überdruß an der Regierungsbeteiligung durch. Doch am darauf folgenden Parteitag vermochte der Antrag, in die Opposition zu gehen, keine Mehrheit zu gewinnen; zu stark wogen die Vorteile auch einer beschränkten Mitwirkung in der Landesexekutive. So bestand die Konkordanzregierung nach der Zauberformel ihre schwerste Belastungsprobe seit 1959. Damit scheint aber die Polarisierung zwischen den Bundesratsparteien auch ihr Maximum überschritten zu haben, wie an anderer Stelle noch deutlicher gezeigt werden soll.

Widerstände gegen die Staatstätigkeit

Schon vor der Verschärfung der Gegensätze zwischen den Regierungsparteien war die Verwirklichung von Kompromißlösungen für die andrängenden Probleme schwieriger geworden. Um rascher auf die sich mehrenden Krisenerscheinungen reagieren zu können, kehrte der Bundesrat zur lange vermiedenen Dringlichkeitspraxis zurück.

Zunächst war es die Konjunkturdämpfung, die bereits 1964 und erneut 1971/72 zu diesem außerordentlichen Vorgehen Anlaß gab. Dann legten Währungspolitik, Raumplanung, Mieterschutz und Finanzknappheit dringliche Maßnahmen nahe, und die Rezession verstärkte den Bedarf danach erst recht. Eine Tendenz zeichnete sich ab, Anpassungen an rasche Veränderungen der Lage zunächst einmal auf notrechtlichem Wege vorzunehmen und erst später in der ordentlichen Gesetzgebung zu verankern. Die Methode hatte Erfolg: Keiner von den dringlich erklärten Erlassen kam nachträglich durch eine Volksabstimmung zu Fall. Dagegen scheiterten Neuordnungen auf weitere Sicht, namentlich wenn sie größere Kosten erwarten ließen, an negativen Referendumsentscheiden; dies gilt vor allem für das Bildungswesen und die Bundesfinanzen, aber auch Konjunkturpolitik, Raumplanung und Entwicklungshilfe wurden davon betroffen. Andere Entscheidungsprozesse erfuhren durch die Opposition von Verbänden oder Parteien starke Verzögerungen; so nahm die Ausarbeitung eines Gesetzes über den Umweltschutz mehr als ein Jahrzehnt in Anspruch, und für dasjenige über die berufliche Vorsorge dauerte es kaum weniger lang. Nicht nur Interessengegensätze hemmen freilich das staatliche Handeln. In gewissen Fragen werden widerstrebende Kräfte auch von Bedenken bewegt, künftige Generationen durch die Einleitung unumkehrbarer Entwicklungen zu belasten; eindrücklichstes Beispiel dafür ist die Atomenergieproduktion. Oft bildet sich Widerstand gegen ein staatliches Vorhaben vor allem in einer besonders betroffenen Region; auf diese Weise wird außer der Errichtung atomarer Anlagen namentlich der Waffenplatzbau behindert. Solche Erschwerungen für das Zustandekommen politischer Entscheide gaben Anlaß, die reger gewordene Initiativ- und Referendumstätigkeit als eine Überforderung sowohl der Behörden und der Verwaltung wie auch der Stimmbürger zu werten. Diesen wurden deshalb 1977 einige Beschränkungen für den Gebrauch der Volksrechte vorgelegt, und die Gegnerschaft der Linken vermochte ihre Annahme nicht zu verhindern. Eine erhebliche Verminderung der eingereichten Begehren wurde damit allerdings nicht erreicht.

5. Veränderungen in der föderativen Struktur

Der Wandel der wirtschaftlichen und gesellschaftlichen Verhältnisse bewirkte aber nicht nur Veränderungen in den Aufgaben und Methoden der staatlichen Organe, sondern auch Verschiebungen im Gefüge von Bund, Kantonen und Gemeinden, in der föderativen Struktur. Daß diese neben Initiative und Referendum ein besonderer Wesenszug des schweizerischen Staates ist, war in den Jahren der faschistischen Bedrohung erneut bewußt geworden. Deshalb meldete sich, als es nach Kriegsende darum ging, vom Vollmachtenregime zu einer neuen Friedensordnung überzugehen, auch eine föderalistische Strömung, die für die Kantone wieder mehr Selbständigkeit forderte. Sie war vor allem im welschen Landesteil verbreitet, da eine sprachliche Minderheit durch eigene Behörden und Gesetze am wirksamsten geschützt werden kann. In der deutschen Schweiz machte sich dagegen oft eine Art Pseudoföderalismus geltend: eine Tendenz, dem Bund Eingriffsmöglichkeiten gegenüber Unternehmern und Grundbesitzern zu verwehren, damit sich diese in kleinen und schwachen Kantonen besondere Vorteile wahren könnten.

Zunehmende Abhängigkeit der Kantone

Das wachsende Bedürfnis nach staatlichen Interventionen auf den Gebieten der Infrastruktur, der Sozialpolitik und der Konjunkturpolitik gab jedoch Anlaß zu einer weiteren Verlagerung der Gewichte von den Kantonen auf den Bund. Denn die gesteigerten Anforderungen an den Staat konnten von den Bundesgliedern immer weniger selbständig befriedigt werden; Koordination und Leitung durch die Zentralgewalt drängten sich auf. So erhielt der Bund für neue Bereiche die verfassungsmäßige Zuständigkeit, und in anderen baute er seine Gesetzgebung aus. Die Kantone blieben freilich an dieser Entwicklung der Staatstätigkeit nicht unbeteiligt. Seit dem 19. Jahrhundert war in der Schweiz das föderative Prinzip wirksam, daß ein Teil der Bundesgesetze durch die kantonalen Verwaltungen vollzogen wurde; nach dem Zweiten Weltkrieg fand dieses immer breitere Anwendung. Der Bund vermied es, seine wachsenden Kompetenzen durch einen eigenen Apparat auszuüben, einesteils aus finanziellen Gründen, wohl aber noch mehr aus einer traditionellen Scheu, die Tätigkeit der kantonalen Organe einzuengen und den Bürgern direkt als Staatsgewalt zu begegnen. So entwickelte sich zwischen dem Bund und seinen Gliedstaaten der sogenannte «Vollzugsföderalismus», welcher der kantonalen Verwaltung ihre Arbeitsbereiche beließ, ja diese noch beträchtlich erweiterte, sie aber zunehmend der eidgenössischen Kontrolle unterstellte. Dadurch entstand eine enge Zusammenarbeit zwischen den beiden Verwaltungsstufen, was nicht ausschloß, daß die Vorschriften des Bundes in den einzelnen Kantonen recht unterschiedlich gehandhabt wurden.

Obwohl der Bund seinen Gliedern für ihre administrativen Leistungen Subventionen ausrichtete, fühlten sich die schwächeren unter ihnen mehr und mehr überfordert. In der ersten Hälfte der siebziger Jahre sprach man von einer Krise im Vollzug der Bundesgesetze. Da sich gleichzeitig auch die kantonalen Finanzen verschlechterten, begann man sich sowohl auf der Ebene des Bundes wie auf derjenigen der Kantone ernsthaft mit einer Neuverteilung der beidseitigen Aufgaben – und Ausgaben – zu beschäftigen.

Kooperativer Föderalismus

Um der wachsenden Abhängigkeit der Kantone vom Bund zu begegnen, meldeten sich schon um die Mitte der sechziger Jahre Bestrebungen, die einer engeren Zusammenarbeit zwischen den Kantonen das Wort redeten. Die Verfechter eines solchen «kooperativen Föderalismus» wollten Aufgaben, welche die Kräfte eines einzelnen Bundesgliedes überstiegen oder einer einheitlichen Lösung bedurften, nicht mehr der Initiative des Bundes überlassen; die Kantone sollten sie vielmehr durch Vereinbarungen oder durch Einsetzung gemeinsamer Organe ohne Hilfe der Zentralgewalt zu bewältigen suchen. Besonderen Widerhall fand diese Konzeption bezeichnenderweise in der welschen Schweiz. Dank dem Einsatz der «Neuen Helvetischen Gesellschaft» gelang es 1967, alle Kantone zur Gründung einer gemeinsamen Institution zusammenzuführen, die einen solchen horizontalen Föderalismus durch Studien und Anregungen fördern sollte: die «Stiftung für eidgenössische Zusammenarbeit». Seither haben die Kantone vor allem in regionalen Gruppen – Westschweiz, Nordwestschweiz, Ostschweiz und Zentralschweiz – vermehrt gemeinsame Lösungen für bestimmte Aufgaben gesucht. Das vor 1848 gebräuchliche Mittel des interkantonalen Vertrags, das sogenannte Konkordat, erlebte eine Renaissance. Als freilich 1972 der Versuch scheiterte, durch ein Konkordat den Beginn des Schuljahres in der ganzen Schweiz zu vereinheitlichen, erlitt die Bewegung einen merklichen Rückschlag.

Eine ähnliche Entwicklung spielte sich eine Stufe tiefer, auf der Ebene der Gemeinden, ab. Auch hier führte die Zunahme der öffentlichen Aufgaben in den sechziger Jahren zu Zusammenschlüssen, zur Bildung von privat- oder öffentlich-rechtlichen Verbänden, da sich die einzelne Gemeinde mehr und mehr überfordert sah. Durch die Übertragung von kantonalen beziehungsweise kommunalen Funktionen auf solche Verbindungen (Konkordate beziehungsweise Gemeindeverbände) leidet freilich die direktdemokratische Kontrolle; der Vollzug der betreffenden Aufgaben wird zur Sache von Spezialisten, die praktisch keiner breiteren Öffentlichkeit Rechenschaft schuldig sind.

6. Bestrebungen zur Bildung neuer Kantone

Das vom Bundesstaat 1848 übernommene Gefüge von 19 Voll- und 6 Halbkantonen ist im 20. Jahrhundert an zwei Stellen ernstlich angefochten worden: durch die Bewegungen für eine Wiedervereinigung der 1833 getrennten Gliedstaaten Basel-Stadt und -Land sowie für eine Verselbständigung des 1815 an Bern angeschlossenen Gebiets des einstigen Fürstbistums Basel im Jura. In beiden Fällen sprach die Wirtschafts- und Siedlungsentwicklung eher für die Bildung beziehungsweise Bewahrung der größeren Einheit. In beiden obsiegte aber der Wille zu regionaler Autonomie, was darauf hindeutet, daß föderalistisches Empfinden in der Schweiz weiterhin lebendig ist.

Scheitern der Basler Wiedervereinigung

Das Verlangen nach einer Wiedervereinigung der beiden Basel hatte sich in der Wirtschaftskrise der dreißiger Jahre nicht nur im eng umgrenzten Stadtkanton, sondern auch in der Landschaft durchgesetzt; hier war es die Bevölkerung der mehr und mehr mit der Stadt verwachsenden Vorortgemeinden, die zum Zusammenschluß drängte. 1947/48 nahmen die eidgenössischen Räte zu entsprechenden Verfassungsänderungen der beiden Halbkantone ablehnend

Der Jura vor der Französischen Revolution (1780–1792)

- Grenzen des Fürstbistums
- Kantons- und Staatsgrenzen sowie Grenzen zwischen einzelnen Teilen des Fürstbistums
- voll als schweizerisch anerkanntes Gebiet
- nur teilweise als schweizerisch anerkanntes Gebiet
- gemeinsame Souveränität des Fürstbistums und Berns
- gemeinsame Souveränität des Fürstbistums und des Fürstentums Neuenburg (preußisch)
- protestantische Gebiete
- ab 1815 bestehende Grenzen zwischen den Kantonen Bern und Basel bzw. Bern und Neuenburg auf dem ehemaligen Gebiet des Fürstbistums

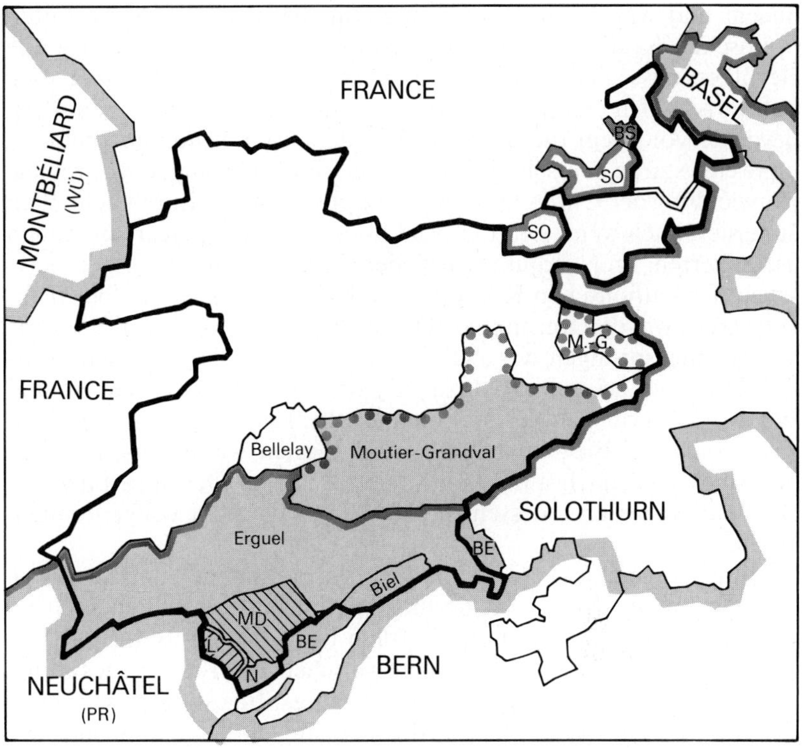

L	Lignières
MD	Tessenberg (Montagne de Diesse)
M.-G.	Moutier-Grandval
N	Neuenstadt (La Neuveville)
PR	Preußen
WÜ	Württemberg

Das Fürstbistum Basel war bis 1792 ein Fürstentum des Reiches. Seine südlichen Teile waren jedoch in internationalen Verträgen als voll oder teilweise zur Schweiz gehörig anerkannt und besaßen gegenüber dem Fürstbischof weitgehende Autonomie. Eine Sonderstellung nahm auch das Kloster Bellelay ein. Das Fürstbistum teilte sich mit Bern in die Herrschaft über den Tessenberg (Montagne de Diesse) und mit dem Fürstentum Neuenburg in diejenige über Lignières. Biel war zugewandter Ort der Eidgenossenschaft. Die voll oder teilweise als eidgenössisch anerkannten Gebiete waren – mit Ausnahme der nördlichen Teile der Propstei Moutier-Grandval – reformiert.

Stellung, da die Auffassung vorherrschte, Bundesglieder könnten ihre Selbständigkeit nicht aufgeben. Unter dem Eindruck einer wiederholten Willenskundgebung in Basel-Land gab das Bundesparlament dann 1960 grünes Licht für die Wahl eines gemeinsamen Verfassungsrats. Dessen Werk wurde 1969 den Bürgern beider Gliedstaaten vorgelegt. Doch nur der Stadtkanton stimmte zu; in der Landschaft gaben nun die stadtferneren Bezirke, die von der Vereinigung ein Übergewicht der Rheinmetropole befürchteten, den Ausschlag. Die verbesserte Wirtschaftslage ließ eine Lösung der grenzüberschreitenden Probleme auf dem Weg interkantonaler Zusammenarbeit bekömmlicher erscheinen als den brüsken Schritt einer neuen Staatsgründung.

Separatismus im Jura

Im Jura war der Ruf nach einem eigenen Kanton schon mehrmals laut geworden, zuletzt in der Zeit der Jahrhundertwende und des Ersten Weltkriegs. Nach dem zweiten Kriegsende ertönte er von neuem und wurde zum Inhalt einer für die Schweiz ungewohnten politischen Kraft, die – mindestens im katholischen Norden – alle Bevölkerungsschichten durchdrang. Die neuartige Bewegung ging auf verschiedene Ursachen zurück. Eine Distanzierung von Bern bewirkte vor allem die Sprache. Seit dem 19. Jahrhundert beunruhigte eine starke deutschschweizerische Einwanderung, die durch die Entwicklung der Uhrenindustrie bedingt war, die kulturell bewußten Jurassier, auch wenn sich die Nachkommen der Zuzüger sprachlich assimilierten. Im Nordjura wurde der Gegensatz durch das Vorherrschen der katholischen Konfession verschärft; man hatte hier nicht vergessen, wie das freisinnige Bern im Kulturkampf mit der Papstkirche umgesprungen war. Schließlich trug die wirtschaftliche Entwicklung nur beschränkt dazu bei, den Jura an Bern zu binden. Wohl orientierte sich der stärker industrialisierte Süden nach dem zweisprachigen Biel; im Norden und Westen wandte man jedoch den Blick eher nach außerkantonalen Zentren. Der Jura blieb für Bern ein Nebenland, dessen Bevölkerung sich nicht vollgenommen fühlte.

Der Kampf um einen Kanton Jura wurde mit allen augenfälligen Mitteln geführt. Eine von Jurawappen flankierte Wandparole.

Eine Ungeschicklichkeit im Kantonsparlament – man verweigerte einem jurassischen Regierungsmitglied aus sprachlichen Gründen die Übernahme des wirtschaftlich bedeutsamen Bau- und Verkehrsressorts – löste 1947 in allen welschen Bezirken Proteste und eine Autonomiebewegung aus. Durch einige Zugeständnisse konnte der Konflikt entschärft werden, doch ein Teil der Bewegung gab sich nicht zufrieden und drängte weiter auf die Bildung eines neuen Kantons. Er organisierte sich im Rassemblement jurassien (RJ) und erhielt in Roland Béguelin einen dynamischen und unnachgiebigen Führer.

Das RJ erstrebte sein Ziel zunächst auf dem Weg einer Volksinitiative, welche die Befragung der Jurassier über eine Trennung von Bern verlangte. Das Begehren wurde 1959 verworfen, und zwar auch im protestantischen Südjura. Die separatistische Bewegung hatte nur den katholischen Norden erfaßt. Um ihr Ziel trotzdem zu erreichen, änderte sie nun ihre Methode. Durch umfassende Organisation ihrer Anhänger, durch unablässige Kampfpropaganda und mehr und mehr auch durch fortgesetzte Störung der öffentlichen Ordnung – das besondere Metier der Jugendorganisation «Bélier» – war sie bestrebt, ihre Gegner im Jura, in Bern und in der übrigen Schweiz mürbe zu machen. Zugleich übernahm das RJ von Minderheitsbewegungen in anderen europäischen Staaten eine ethnische Betrachtungsweise: Es erklärte die antiseparatistische Mehrheit im Süden mit der alemannischen Einwanderung und verlangte ein Plebiszit, von dem die Zugezogenen und ihre Nachkommen ausgeschlossen werden sollten.

Entstehung des 23. Kantons

Diese Taktik war insofern erfolgreich, als sich der Bundesrat diskret in den Konflikt einzuschalten begann und die bernische Regierung 1967 einen ernsthaften Lösungsversuch unternahm, der die Bildung eines neuen Kantons in Betracht zog. Es wurde ein dreistufiges Trennungsverfahren (Abstimmungen im Gesamtjura, in den

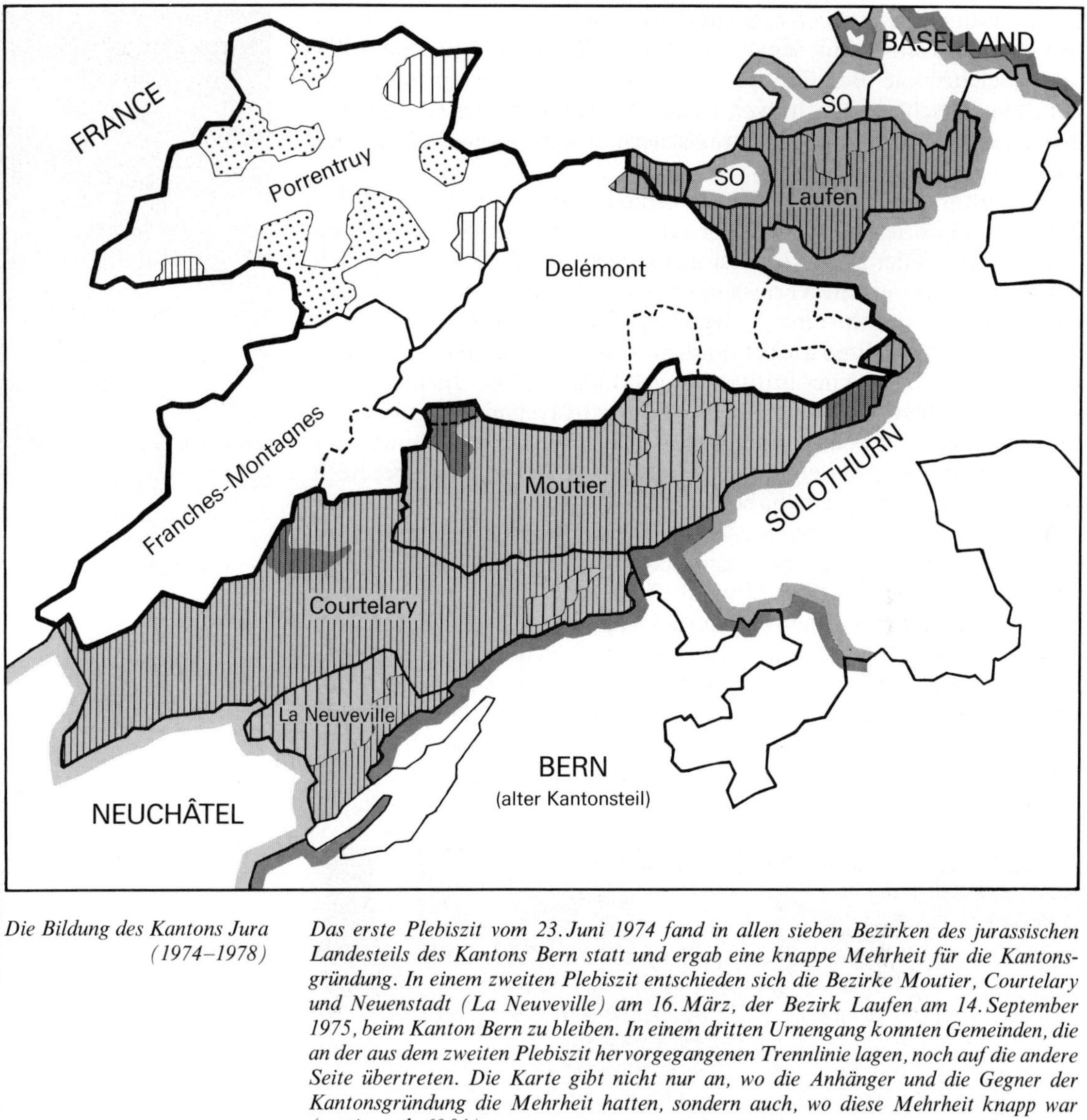

Die Bildung des Kantons Jura (1974–1978)

Das erste Plebiszit vom 23. Juni 1974 fand in allen sieben Bezirken des jurassischen Landesteils des Kantons Bern statt und ergab eine knappe Mehrheit für die Kantonsgründung. In einem zweiten Plebiszit entschieden sich die Bezirke Moutier, Courtelary und Neuenstadt (La Neuveville) am 16. März, der Bezirk Laufen am 14. September 1975, beim Kanton Bern zu bleiben. In einem dritten Urnengang konnten Gemeinden, die an der aus dem zweiten Plebiszit hervorgegangenen Trennlinie lagen, noch auf die andere Seite übertreten. Die Karte gibt nicht nur an, wo die Anhänger und die Gegner der Kantonsgründung die Mehrheit hatten, sondern auch, wo diese Mehrheit knapp war (weniger als 60 %).

Plebiszit vom 23. Juni 1974

- 40–49,9 % Nein-Stimmen
- 50–59,9 % Nein-Stimmen
- 60 und mehr % Nein-Stimmen

Volkszählung von 1970. Mehrheitsverhältnisse unter den Schweizer Bürgern:

- französischsprachig und protestantisch
- deutschsprachig und katholisch
- deutschsprachig und protestantisch

- Grenzen des Kantons Jura
- Grenzen der anderen Kantone sowie der Bezirke des Kantons Jura und des Berner Juras
- ------ aufgehobene Bezirksgrenzen

Bezirken und in einzelnen Gemeinden) entwickelt, das darauf angelegt war, nur Gebiete mit separatistischer Mehrheit von Bern loszulösen. Gleichzeitige Bemühungen, den Konflikt ohne Trennung zu beheben, zerschlugen sich, weil weder das RJ noch die Kantonsbehörden eine Autonomie des Juras innerhalb des bernischen Staates wirklich wollten.

So nahm der Trennungsprozeß seinen Gang und führte in den heftig umkämpften Plebisziten der Jahre 1974 und 1975 zur Spaltung des Juras längs der alten konfessionellen Scheidelinie. Nachdem sich der Norden eine eigene Verfassung gegeben hatte, wurde er im September 1978 durch eine eidgenössische Volksabstimmung als 23. Kanton in den Bund aufgenommen. Damit bewies der schweizerische Bundesstaat seine Entwicklungsfähigkeit. Die Jurafrage ist aber nicht gelöst, und sie stellt das Föderativsystem auf eine harte Probe. Denn in Delsberg erstrebt man eine «Wiedervereinigung» der südlichen Bezirke mit dem neuen Kanton, und in einzelnen bei Bern verbliebenen Gemeinden haben die Separatisten in den achtziger Jahren die Mehrheit gewonnen. Eine Genugtuung erfuhr Bern, als sich die Stimmbürger des Bezirks Laufen 1983 für das Verbleiben im alten Kanton entschieden, obwohl ihnen das Trennungsverfahren mit Rücksicht auf ihre geographische Lage den Anschluß an einen Nachbarkanton erlaubt hätte. Dem französischsprachigen «Berner Jura» wie dem katholischen Laufental sind gewisse regionale Autonomierechte gewährt worden, um das durch den Aderlaß verstärkte Übergewicht des deutsch-protestantischen Altbernertums zu mildern.

Plakatartige Bemalung einer Verkehrsstraße während des Abstimmungkampfes.

Der mittelalterliche Sturmbock (Bélier) wurde das Symbol der separatistischen Jugendorganisation. Szene aus dem Umzug am «Fest des jurassischen Volkes» von 1976 in Delsberg.

7. Auswege aus der politischen Krise?

Totalrevision der Bundesverfassung

Als sich um die Mitte der sechziger Jahre eine Krise des politischen Systems zu entwickeln begann, erhoben liberale Kreise den Ruf nach einer Totalrevision der Bundesverfassung. Durch eine Überprüfung und Reorganisation der Staatsordnung sollte die Entfremdung der Bürger überwunden werden. Der Bundesrat ging vorerst nur zögernd auf das vom Parlament unterstützte Verlangen ein und ließ durch ein Vernehmlassungsverfahren Vorschläge einholen; diese entfernten sich jedoch selten weit vom Gewohnten. Das Unternehmen vermochte keine Grundwelle auszulösen. Da übernahm 1974 der christlichdemokratische Chef des Justiz- und Polizeidepartements, Kurt Furgler, die Leitung der Arbeiten. Vier Jahre später lag ein Entwurf vor, der die Weiterentwicklung des Interventionsstaates dadurch zu erleichtern strebte, daß er es der bloßen Gesetzgebung überließ, einerseits die Verfügungsfreiheit der Unternehmer und Grundbesitzer einzuschränken und anderseits in allen Bereichen der Staatstätigkeit für die Kantone verbindliche Grundregeln aufzustellen. Dieses Konzept einer «offenen» Verfassung stieß aber auf heftigen Widerspruch, namentlich bei Vertretern des wirtschaftlichen Liberalismus und bei welschen Föderalisten, die sich dagegen zur Wehr setzten, daß die bestehende Ordnung nicht mehr den Schutz des obligatorischen Verfassungsreferendums genießen solle. In der Folge wurden neue Verfassungsentwürfe, die der geäußerten Kritik Rechnung trugen, zur Diskussion gestellt; zwei Staatsrechtler steuerten eine Variante bei, die durch Betonung des Umweltschutzes der Revision besonderes politisches Gewicht zu verleihen versuchte. Angesichts des abgeflauten öffentlichen Interesses spielte der Bundesrat 1985 den Ball ans Parlament zurück, um sich den zwanzig Jahre zuvor erhaltenen Auftrag bestätigen zu lassen.

Neue Aufgabenverteilung zwischen Bund und Kantonen

Gewissermaßen als bescheidenere Alternative zum steckengebliebenen Revisionsprojekt förderte der Bundesrat die Bestrebungen für eine Neuverteilung der Staatsaufgaben zwischen Bund und Kantonen. Ohne grundlegende Änderung der Kompetenzordnung erarbeitete er mit Vertretern der Kantone eine Reihe von Vorschlägen, die eine Entflechtung der beidseitigen Obliegenheiten und damit eine Vereinfachung der bundesstaatlichen Struktur bringen sollten. Das Unternehmen wurde anfänglich vor allem von Föderalisten und von Anhängern des Wirtschaftsliberalismus begrüßt. Unter dem Druck der Bundesdefizite traten freilich die finanziellen Auswirkungen allmählich in den Vordergrund: Gemäß dem Prinzip, daß Kompetenz und Finanzierung zusammengehörten, gedachte man auf seiten des Bundes verschiedene Aufgabenbereiche den Kantonen zu übergeben und damit den eigenen Haushalt zu entlasten. Eine wesentliche Vereinfachung der Verhältnisse im Bundesstaat erwies sich aber als unerreichbar: einmal weil das Zusammenwirken eidgenössischer und kantonaler Verwaltungsstellen bereits zu eng geworden war, dann aber auch weil das Entflechtungsziel mit dem Grundsatz des sozialen Ausgleichs zwischen reicheren und ärmeren Gliedstaaten in Konflikt geriet. Interventionistische Mehrheiten brachen im Parlament oder in der Volksabstimmung erhebliche Brocken aus dem vorgelegten Gefüge, da trotz einer Verstärkung des bundesstaatlichen Finanzausgleichs Zweifel bestehen blieben, ob etwa in der Wohnbauförderung oder bei den Stipendien alle Kantone den bisherigen Standard aufrechtzuerhalten vermöchten.

Suche nach Konsensmöglichkeiten

Nicht nur die großen Strukturkonzepte einer Totalrevision oder einer Neuverteilung der Aufgaben im Bundesstaat scheinen im Widerstreit der Tendenzen und Interessen zu zerbröckeln; auch zur Realisierung von Bereichsplanungen, wie sie für Energie, Verkehr und Medien entworfen worden sind, zeigt sich das politische System zur Zeit kaum fähig. Wer nach Auswegen aus der politischen Krise fragt, sieht sich einstweilen auf Versuche verwiesen, die allerdringendsten Nöte der Gesellschaft zu bewältigen. Daß die Umweltbelastung eine solche Not darstellt, wird in immer weiteren politischen Kreisen erkannt. Während die Landesregierung hier wie überall eher behutsam vorgeht, so daß ihr mangelnder Führungswille zur Last gelegt wird, scheint sich in den leitenden Gremien der Bundesratsparteien ein Bestreben herauszubilden, selber die Initiative zu ergreifen. Anzeichen dafür sind gemeinsame Programmpunkte für den Kampf gegen die Luftverschmutzung und für die Förderung des öffentlichen Verkehrs. Man erhält den Eindruck, die Träger der Zauberformel seien sich nach der Überwindung ihrer «Koalitionskrise» von 1983/84 der Gefahren einer weiteren Polarisierung bewußt geworden: daß diese nämlich einerseits die Lösung dringlicher Sachfragen blokkiert, anderseits aber von den Wählern nicht honoriert wird, wie die Erfolge der Nationalen Aktion und der «Grünen» auf Kosten der großen Parteien zeigen. Sollte die sich abzeichnende «Notgemeinschaft» Bestand haben, so könnte sie auch dazu beitragen, das Übergewicht der Spitzenverbände abzubauen, zumal deren Zusammenarbeit, vor allem diejenige zwischen Unternehmern und Gewerkschaften, seit den späteren siebziger Jahren schwieriger geworden ist und die neuen Probleme der Umwelt und der Lebensqualität gar nicht beschlägt.

Für eine mehr als bloß punktuelle Annäherung unter den Regierungsparteien bedarf es namentlich einer Entschärfung des Streits um die Funktion des Staates. Unabweisbare Gründe für den gesteigerten freisinnigen Antietatismus sind einerseits die geringere finanzielle und administrative Belastbarkeit einer Wirtschaft, deren Wachstum unsicher geworden ist, und anderseits die oft mangelhafte Effizienz staatlicher Leistungen. In sozialdemokratischen Kreisen beginnt man sich der Notwendigkeit einer Erhöhung dieser Effizienz und zugleich der Grenzen des Leistungsvermögens administrativer Apparate stärker bewußt zu werden. Wenn man freilich nicht nur die Verwaltungstätigkeit wirksamer gestalten will, wie es zur Zeit ernsthaft versucht wird, sondern auch die Dichte staatlicher Regelungen ohne Schaden für die schwächeren Gesellschaftsglieder einschränken möchte, so ist ein neuer Grundkonsens möglichst aller beteiligten und betroffenen Gruppen vonnöten, von dem wir noch weit entfernt sind.

H. Äußere und innere Sicherheit des Staates

1. Militärische Landesverteidigung im Wandel

Das Kriegsende brachte 1945 der Schweiz – anders als 1918 – keine Krise der Landesverteidigung. Die Armee konnte ihre Aktivdienstaufgabe ohne gesellschaftliche Anfechtung niederlegen; keine innenpolitische Kraftprobe belastete sie mit dem Image des Klasseninstruments. Daß das Land erneut vom Krieg verschont geblieben war, galt als Zeichen ihrer Bewährung. Die Landesverteidigung wurde indessen rasch auf Friedensstand zurückgeführt, und das Militärbudget nahm wieder Vorkriegsdimensionen an.

Auseinandersetzung über die Einsatzdoktrin

Wenn somit die militärische Verteidigung im Grundsatz praktisch unbestritten blieb, so kam es doch bald – vor allem unter Offizieren – zu einer lebhaften Auseinandersetzung über die zu befolgende Methode, über die Einsatzdoktrin. Welche Erfahrungen aus dem jüngsten Weltgeschehen sollte man nutzen: War ein offensiver Bewegungskrieg der Schweiz angemessen oder der zähe Abwehrkampf der zurückweichenden deutschen Truppen oder gar die Partisanentaktik der Résistance? Daß die Armee eines europäischen Kleinstaates einen Angreifer durch Offensiven über die Landesgrenze hinaus bekämpfen könnte, behauptete freilich seit dem Ersten Weltkrieg niemand mehr. Aber eine dem Zürcher Großbürgertum nahestehende Offiziersgruppe verfocht die Konzeption der sogenannten *«Mobile Defence»,* nach der eingefallene Verbände durch vollmotorisierte Divisionen mit Unterstützung einer schlagkräftigen Flugwaffe vernichtet werden sollten. Demgegenüber setzte sich ein vor allem in Bern und

An einer Waffenschau der Armee bei Schaffhausen im Jahre 1978 wird der schweizerische Panzer 68 dem Volk nahegebracht. Er kann von Jung und Alt besichtigt und bestiegen werden.

Basel verankerter Offizierskreis für eine entschiedener defensive, auf vorbereitete Stellungen und eine starke Infanterie gestützte Kampfweise ein. Die Zürcher Gruppe berief sich auf die Überlegenheit der seit 1953 aufgekommenen taktischen Atomwaffen, die einen Kampf in Stellungen verunmöglichen würden; sie wurde anderseits verdächtigt, sie wolle die Schweizer Armee den Anforderungen der NATO anpassen. Man kann ihre Doktrin als eine Art militärisches Gegenstück zum Expansionsdrang der Exportindustrie betrachten. Die Gegengruppe, deren Wortführer im kritischen Jahre 1940 als Vorkämpfer der Idee des unbedingten Widerstandes tätig gewesen waren, erklärte die *«Mobile Defence»* unter den räumlichen und finanziellen Bedingungen eines europäischen Kleinstaates als undurchführbar.

Die allgemeine Entwicklung der Verhältnisse begünstigte in der Folge einen weiteren Ausbau der militärischen Verteidigung. Einerseits brachte die einsetzende Konjunktur seit 1949 zunehmende Steuereingänge, anderseits erzeugte die Verschärfung des Ost-West-Gegensatzes ein neues Gefühl der Bedrohung. Der Umsturz in der Tschechoslowakei, die Blockade Berlins und der Ausbruch des Koreakrieges veranlaßten das Parlament 1951 zur Bewilligung eines Rüstungsprogramms mit leichten Panzern. Doch die Einführung zusätzlicher Steuern, welche die Finanzierung bequemer gestalten sollten, wurde von den Stimmbürgern verweigert. 1954 kam sogar eine namentlich von welschen Kreisen unterstützte Initiative für Senkung der Militärausgaben um 50 % zustande; sie wurde aber vom Parlament aus formalen Gründen als ungültig erklärt und der Abstimmung entzogen. Eine neue Welle der Wehrfreudigkeit löste der ungarische Aufstand von 1956 aus; sie zielte indessen nicht auf Panzer und Flugzeuge, sondern auf eine bessere Bewaffnung der traditionellen Infanterie. Inzwischen hatte sich jedoch der neue Chef des Militärdepartements, Paul Chaudet, für die Bewegungsdoktrin entschieden. Bundesrat und Parlament stimmten 1960 einer entsprechenden Truppenordnung zu, die allerdings die Forderungen der Zürcher Gruppe nur teilweise erfüllte.

Krisenerscheinungen und Reformversuche

Zu Krisenerscheinungen kam es in der Landesverteidigung erst in den sechziger Jahren, als Folge der wachsenden internationalen Verflechtung und eines entsprechenden Bewußtseinswandels in der jungen Generation. Ihr Vorbote war der Streit um die Atombewaffnung. In der zweiten Hälfte der fünfziger Jahre galt in Armeekreisen – ungeachtet der Verteidigungskonzeption – die Beschaffung atomarer Waffen als wünschbar. Unter dem Eindruck der namentlich in England und der Bundesrepublik wogenden öffentlichen Debatte über Sinn und Unsinn der Atomrüstung bildete sich 1958 ein Initiativkomitee für ein verfassungsmäßiges Atomwaffenverbot. Die Befürworter der Initiative betonten die Bedrohung der ganzen Menschheit durch die unvergleichlich stärkere Vernichtungswirkung der neuen Kampfmittel in Raum und Zeit. In der ablehnenden Propaganda wurde jedoch die Auseinandersetzung mit Erfolg auf die Frage für oder gegen die Landesverteidigung reduziert. 1962 unterlag das Begehren in der Volksabstimmung einer gegnerischen Mehrheit von 65%; in der französischen und italienischen Schweiz überwogen freilich die Ja-Stimmen.

Die Atomrüstungsdebatte ließ die Grenzen der militärischen Landesverteidigung grundsätzlicher bewußt werden als der Streit um die Verteidigungskonzeption. Der Bundesrat verschloß sich dieser Problematik nicht: Er unterzeichnete schon 1963 einen internationalen Verzicht auf Atomwaffenversuche und 1969 den Atomsperrvertrag, welcher der Schweiz dieselbe Pflicht auferlegte, die das Volksbegehren in der Verfassung hatte verankern wollen.

Der Aufbruch eines neuen Selbst- und Weltverständnisses in der Jugend führte nun Ende der sechziger Jahre zu einer weit verbreiteten Infragestellung der militärischen Landesverteidigung überhaupt. In einer Generation, die Krieg und nationale Bedrohung nur vom Hörensagen kannte, konnte die Armee leicht als bloßes Disziplinierungsinstrument einer herrschenden Schicht erscheinen. Für das politische Weltbild vieler wurde der Vietnamkrieg bestimmend, nicht der Überfall auf die Tschechoslowakei; dieser nährte eher noch Hoffnungen auf die Macht eines gewaltlosen Widerstandes. So wurde die Armee zum Gegenstand des Protestes und der Auflehnung. 1972 begannen die sogenannten «Soldatenkomitees» ihren Kampf gegen die militärische Disziplin und für eine «Demokratisierung» des Dienstbetriebes. Gleichzeitig nahm die Zahl der gesellschaftskritisch begründeten Dienstverweigerungen zu, und die Rekrutierung der Kader begegnete wachsendem Widerstreben. Daß ein großer Teil der Bevölkerung militärischen Bedürfnissen weniger Gewicht beimaß als zuvor, kam in der Volksabstimmung über die Initiative für ein Waffenausfuhrverbot zum Ausdruck. Die Bewegung, die durch illegale Lieferungen der Firma Bührle nach dem nigerianischen Bürgerkriegsschauplatz veranlaßt war, erzielte 1972 49,7% der Stimmen, obwohl die Gegner betonten, die Armee sei auf die Dienste einer

Die Bestrafung der Militärdienstverweigerer mit Gefängnis und das Fehlen eines zivilen Alternativdienstes wird seit den 1970er Jahren von zahlreichen jungen Leuten nicht mehr verstanden. Demonstranten deponieren zum Protest ihre militärische Ausrüstung beim Kantonalen Zeughaus in Bern.

durch Exporte gesicherten einheimischen Rüstungsindustrie angewiesen.

Der Bundesrat zeigte sich bestrebt, die Unruhe in der Armee nicht bloß durch Disziplinarstrafen und Militärgerichtsurteile zu bekämpfen, sondern auch durch Reformmaßnahmen aufzufangen. So wurden die Methoden und Formen der Ausbildung überprüft und bereits auf 1971 Verfügungen erlassen, die zu einer Entkrampfung von Haltung und Umgang führen sollten. Langsamer ging es mit Revisionen des Dienstreglements und des Militärstrafgesetzes; durch einen Entscheid des Europäischen Gerichtshofes für Menschenrechte von 1976 sah man sich schließlich genötigt, auch die gerichtliche Appellation gegen Arreststrafen zuzulassen. Zugleich versuchte man, für Dienstverweigerer einen zivilen Ersatzdienst einzuführen, wie es ein 1972 eingereichtes Volksbegehren forderte. Bundesrat und Parlament wollten aber eine solche Ausweichmöglichkeit nur beim Nachweis religiöser oder ethischer Gewissensnot gewähren. Die Reform scheiterte 1977 in der Volksabstimmung, weil sie den einen schon zu weit, den andern aber zuwenig weit ging. Ein neuer Initiativvorstoß, der dahin zielte, eine Gewissensprüfung zu vermeiden und eine Wahl zwischen Militärdienst und einer länger als dieser dauernden zivilen Dienstleistung zu ermöglichen, erlitt 1984 dasselbe Schicksal, da die Mehrheit den Ersatzdienst höchstens als Ausnahme zuzulassen bereit war.

2. Von der Landesverteidigung zur Sicherheitspolitik

Revision und Erweiterung der Verteidigungskonzeption

Mit dem Abebben der 68er Bewegung und unter dem Druck der Rezession scheint die von formalem Ballast befreite Armee eine neue innere Stabilität gefunden zu haben. Anderseits hat sich aber die Konzeption der schweizerischen Landesverteidigung verändert und über das Militärische hinaus erweitert. Die Konzeption der militärischen Verteidigung erfuhr schon um die Mitte der sechziger Jahre eine Revision. Die 1960 scheinbar siegreiche Bewegungsdoktrin scheiterte bald einmal am Übereifer der Verwaltung. Bei einer Weiterentwicklung des französischen Kampfflugzeugtyps Mirage für den Lizenzbau in der Schweiz überschritt man im Militärdepartement die bewilligten Kosten um Hunderte von Millionen. Als das Parlament darauf die vorgesehene Hochleistungs-Luftflotte drastisch reduzierte, gab dies Anlaß, zu einer stärker defensiven Kampfform zurückzukehren. Die gegensätzlichen Strömungen in der Armee einigten sich auf einen Kompromiß, der 1966 die Zustimmung der Bundesbehörden erhielt.

Das unablässige Fortschreiten der rüstungstechnischen Entwicklung bringt dem schweizerischen Kleinstaat immer deutlicher die Grenzen seiner Verteidigungsmöglichkeiten zum Bewußtsein. Die Finanzknappheit behindert ein Schritthalten auf dem Gebiet der

Schweizerische Kampfflugzeuge des Typs Mirage in Reih und Glied.

Beschaffung von Kriegsmaterial, und aus Sorge um industrielle Arbeitsplätze läßt man den Preis der Rüstungsgüter noch höher steigen, indem man diese zu einem guten Teil von kostspieliger produzierenden Unternehmen im Inland herstellen läßt. Sodann beengen die dichte Besiedlung des Landes und die Anforderungen des Landschafts- und Umweltschutzes den Spielraum für die Ausbildung einzelner Waffengattungen: Kampfflugzeuge üben bereits auf einer auch von Truppen verschiedener NATO-Staaten benützten italienischen Mittelmeerbasis, und bei der Suche nach einheimischem Panzergelände stößt man in der ansäßigen Bevölkerung auf hartnäckigen Widerstand. Diese erschwerten Umstände haben die Diskussion über die militärische Verteidigungskonzeption wieder aufleben lassen. Während man auf der einen Seite erneut der Konzentration auf die Infanterie das Wort redet, betonen führende Exponenten der Armee die Notwendigkeit, für hochtechnisierte Waffensysteme berufsmäßige Truppenbestände aufzustellen.

Angesichts der begrenzten Wirksamkeit einer militärischen Abwehr ging man schon Ende der sechziger Jahre daran, alle Zweige der Verteidigung enger zu koordinieren. Neben der Armee sollten auch Zivilschutz, wirtschaftliche Vorsorge und die psychologischen Erfordernisse eines Krieges zu erhöhter Geltung kommen. 1969 wurde eine besondere Organisation für die sogenannte Gesamtverteidigung geschaffen. Die zunehmende Abhängigkeit der Schweiz von der Welt und ein gesteigertes Verlangen nach mehr Wirksamkeit in dieser Welt drängten zu einer Erweiterung der Landesverteidigung zur umfassenden Sicherheitspolitik. In diese wurde grundsätzlich auch eine aktive Friedensförderung einbezogen, und der Bundesrat hob in seiner 1973 vorgelegten Konzeption hervor, daß Reformfähigkeit des Staates und eine gerechte Gesellschaftsordnung wesentliche Voraussetzungen für den Willen zur Verteidigung bildeten. Linke Kreise waren bestrebt, zur Förderung des Friedens auch eine umfassende Konfliktforschung einzusetzen und gewaltlose Widerstandsformen zur Diskussion zu stellen. Damit stießen sie freilich auf bürgerlicher Seite, wo man eine Abwertung der militärischen Landesverteidigung befürchtete, auf Ablehnung. Eine Kontroverse entwickelte sich auch um die Frage einer Einordnung der Frau in die Gesamtverteidigung. Eine weibliche Dienstpflicht wurde von Angehörigen beider Geschlechter als Konsequenz der politischen Gleichberechtigung befürwortet, von gesellschaftspolitisch engagierten Frauenkreisen jedoch zurückgewiesen.

Schutz der öffentlichen Ordnung

Zur Sicherheitspolitik gehört auch der Schutz der öffentlichen Ordnung. Dieser ist im wesentlichen Aufgabe der kantonalen Polizei; die Bundesgewalt beschränkt sich vorwiegend auf administrative Funktionen. In den sechziger Jahren ließen wachsende Risiken – bei internationalen Konferenzen oder bei Unruhen im Zusammenhang mit inneren Konflikten – die Hüter der Ordnung nach einem wirksameren Instrument Ausschau halten. Da man einen Einsatz der Armee angesichts der unheilvollen Erfahrungen aus früheren Jahrzehnten

möglichst vermeiden wollte, neigte man zu einer organisatorischen Zusammenfassung kantonaler Polizeikontingente unter Leitung oder Mitwirkung des Bundes. Doch eine solche Verstärkung des Ordnungsapparates erwies sich als unpopulär. 1970 scheiterte ein erster Versuch, der sich auf ein vom Bund subventioniertes Konkordat stützte, an Referendumsbewegungen in einzelnen Kantonen. 1978 kam dann eine bundesgesetzliche Lösung durch Volksentscheid zu Fall. Diese sah vor allem eine Spezialtruppe zur Bekämpfung des internationalen Terrorismus vor, dessen Aktivitäten in der Schweiz vermehrt zu spüren waren. Die sogenannte «Busipo» (Bundessicherheitspolizei) sollte aber grundsätzlich auch bei inneren Unruhen zur Verfügung stehen. Dies erregte verbreiteten Argwohn, und es zeigte sich, daß sich das Mißtrauen gegen den Staat – namentlich in den unteren Schichten – auch auf dessen Ordnungstätigkeit erstreckt.

I. Die Schweiz in der Welt

1. Die Grundfragen der schweizerischen Außenpolitik

Internationale Wirklichkeit und nationale Identität

Unser Land ist als kleiner, rohstoffarmer Binnenstaat in seiner wirtschaftlichen Entfaltung seit jeher auf den Import angewiesen und auf den Export hin orientiert. Die Veränderung der Welt in den letzten 100 Jahren hat diese tatsächliche Auslandabhängigkeit der Schweiz enorm verstärkt; die internationale Ausbreitung des Kapitalismus bewirkte eine zunehmende weltwirtschaftliche Integration; diese Entwicklung ist in der Nachkriegsära noch beschleunigt worden. Dessen ungeachtet, blieb jedoch die traditionelle Zielsetzung der Außenpolitik – die Erhaltung der nationalen Unabhängigkeit – im Bewußtsein der Bürger meist tief verankert. Ja, die Neutralität, ursprünglich bloß ein Mittel zur Bewahrung der Unabhängigkeit und zur Vermeidung innenpolitischer Spannungen, hat sich von ihrem historischen Begründungszusammenhang weitgehend gelöst und ist zu einem zentralen Inhalt unseres nationalen Selbstverständnisses, unserer Identität, geworden. Eine den «Welthändeln» abgewandte, isolationistische Außenpolitik schien sich auch im 20. Jahrhundert zu bewähren, ließ sich doch die Verschonung unseres Landes vor den Greueln zweier Weltkriege auf ihr Konto buchen.

Die offizielle Außenpolitik der Schweiz hat den wachsenden Widerspruch zwischen der internationalen Wirklichkeit und der nationalen Identität damit zu bewältigen versucht, daß sie zwischen weltweiter Zusammenarbeit und isolationistischer Abkapselung von Fall zu Fall lavierte. Während sie nur auf dem Felde der wirtschaftlichen Beziehungen international aktiv wurde, befleißigte sie sich in der eigentlichen Außenpolitik strikter Zurückhaltung. Damit erntete sie im Schatten des kalten Krieges zunächst manchen Erfolg. Seit Ende

Der Abstimmungskampf um die Bundessicherheitspolizei (Busipo) inspirierte 1978 den Karikaturisten Martial Leiter zur Vision eines schweizerischen Polizeistaats.

der sechziger Jahre zeigen sich jedoch zunehmend Schwierigkeiten: Die politischen Folgen der wirtschaftlichen Integration und die politischen Forderungen nach einer Neuordnung der Weltwirtschaft machen die bisher vorteilhafte Trennung von Außenwirtschaftspolitik und Außenpolitik fragwürdig; die neue weltpolitische Konstellation erheischt vielmehr eine Aktivierung und eine Öffnung unserer Außenpolitik auch gegenüber den an Bedeutung gewinnenden internationalen Organisationen. Dadurch wird aber die traditionelle Neutralitätsvorstellung angefochten und die innere Geschlossenheit gestört. Unsere auswärtigen Beziehungen so zu gestalten, daß sie nach außen hin glaubwürdig bleiben, ohne die demokratische Legitimierung im Innern zu verlieren, erweist sich als ein immer heikleres Unterfangen.

«Neutralität und Solidarität»

Auf die empfindliche Isolierung der Schweiz zu Ende des Zweiten Weltkriegs ist bereits im letzten Kapitel hingewiesen worden. Das Beharren auf der Neutralität bis zum deutschen Zusammenbruch verärgerte die Alliierten sehr, zumal die Achsenmächte während Jahren den Gotthard als wichtigen Verbindungsweg benützt, Waffen und Munition aus Schweizer Fabriken bezogen und den Bankplatz Schweiz für ihre zweifelhaften Finanztransaktionen verwendet hatten. Durch den Siegeszug der alliierten Armeen wurde die Schweiz zwar aus der faschistischen Umklammerung befreit, geriet aber sogleich in eine neue Abhängigkeit, und es bedurfte weitgehender Zugeständnisse an die Siegermächte, um die lebensnotwendigen Wirtschaftskontakte mit dem Ausland wieder knüpfen zu können.

Eine Aufnahme der Schweiz in die neu entstehende Weltorganisation der Vereinten Nationen (UNO) wäre nur unter Preisgabe der Neutralität möglich gewesen, weshalb man auf ein Beitrittsgesuch verzichtete. Um aber einer totalen Selbstisolierung vorzubeugen, – und wohl auch aus einem latent vorhandenen schlechten Gewissen gegenüber den kriegsgeschädigten Nationen – wurde die schweizerische Außenpolitik aktiver, vor allem im humanitären Bereich. Dies signalisierte die erweiterte Maxime «Neutralität und Solidarität», wie sie Bundesrat Max Petitpierre geprägt hatte. Die Solidarität kam in einer karitativen Tätigkeit für die Kriegsopfer (Schweizer Spende, nach 1948 Europahilfe) und in der Aufnahme von Flüchtlingen zum Ausdruck, wobei sich allerdings die Schweiz, klassisches Asylland des 19. Jahrhunderts, bis heute nicht zu einem subjektiven Recht der Flüchtlinge auf Asyl bereitfinden konnte. Zur Tätigkeit in humanitären Organisationen und zur Unterstützung des ganz aus Schweizern bestehenden «Internationalen Komitees vom Roten Kreuz» (IKRK) gesellten sich die Bemühungen um einen Ausbau des humanitären Völkerrechts: Der Bundesrat veranlaßte 1949 eine diplomatische Konferenz in Genf, an welcher über 50 Staaten vier Abkommen zum Schutze der Kriegsopfer genehmigten; 1977 wurden diese – wiederum aufgrund einer schweizerischen Initiative – noch weiter ergänzt. Erwähnt sei in diesem Zusammenhang auch das Bestreben unseres Landes, in den zahlreichen Spezialorganisationen der UNO (Internationaler Gerichtshof, Organisationen für Arbeit, Ernährung, Entwicklung, Gesundheit, Erziehung usw.) mitzuarbeiten.

Disponibilität und Universalität

Folge der Solidaritätsmaxime war sodann die Proklamation der Disponibilität der Schweiz, der Bereitschaft zur Leistung guter Dienste: Die Eidgenossenschaft stellte ihre Hilfe für Vermittlungsaktionen und ihr Territorium für internationale Konferenzen sowie für den Sitz internationaler Organisationen zur Verfügung und ließ sich mit der diplomatischen Vertretung der Interessen verfeindeter Nationen betrauen. So übernahm sie 1953 ein Mandat bei den Waffenstillstandskommissionen in Korea, beherbergte 1954 in Genf die Indochina-Konferenz und gewährte 1961 bei den französisch-algerischen Verhandlungen in Evian den algerischen Diplomaten Gastrecht. Der Politik der guten Dienste waren aber auch Grenzen gesetzt; als der Bundesrat anläßlich der Suezkrise 1956 die Großmächte zu einer Konferenz auf Schweizer Boden einlud, zogen diese eine Behandlung des Problems im Rahmen der UNO vor. Logische Folge der Disponibilität zu guten Diensten war der Grundsatz der Universalität, die Bereitschaft, mit allen Ländern gleichmäßig diplomatische Kontakte zu pflegen. So anerkannte die Schweiz die neu in die Unabhängigkeit entlassenen ehemaligen Kolonialgebiete und als einer der ersten nichtkommunistischen Staaten bereits 1950 die chinesische Volksrepublik. Gegenüber den im kalten Krieg geteilten Ländern gestaltete sich die Verwirklichung des Grundsatzes schwieriger: Erst in den siebziger Jahren nahm der Bundesrat mit der Deutschen Demokratischen Republik, mit Nordvietnam und Nordkorea diplomatische Beziehungen auf.

1946 hielt der britische Kriegspremier Winston Churchill in Zürich eine Rede, in der er das kontinentale Westeuropa zur Gründung «einer Art von Vereinigten Staaten Europas» aufrief. Er gab damit einen bedeutsamen Impuls zur europäischen Integration. Fahrt des berühmten Gastes durch die Menschenspaliere am Limmatquai.

2. Wirtschaftliche Integration

Daß es der Schweiz allmählich gelang, die außenpolitische Isolierung zu überwinden, ist jedoch nicht in erster Linie auf ihre Solidaritätspolitik zurückzuführen. Vielmehr spielte hier der bald nach Ende des Zweiten Weltkriegs einsetzende kalte Krieg eine entscheidende Rolle. Bis in die sechziger Jahre hinein blieb das weltpolitische System durch den Gegensatz zwischen den Führungsmächten USA und UdSSR geprägt. Während die internationalen Organisationen keine effektive Autorität zu erlangen vermochten, ergaben Rüstungswettlauf und berechnende Machtpolitik ein Gleichgewicht des Schreckens, das die Gefahr eines direkten Zusammenpralls der beiden Großen verminderte und offene Konflikte in die Randzonen der früheren Kolonialgebiete verdrängte (Korea, Naher Osten, Afrika, Vietnam). Obwohl die Schweiz ihre Neutralität betonte und auf den Beitritt zu militärischen und politischen Organisationen verzichtete, gehörte sie doch nach der Einstellung ihrer Bürger und weitgehend auch nach der praktischen Ausrichtung eines Teils ihrer Politik zum westlichen Lager.

So gelang es ihr auch unter dem Schutz der amerikanischen Vormachtstellung, sich voll in das westlich dominierte Weltwirtschaftssystem zu integrieren. Sie beteiligte sich 1947 an der Pariser Konferenz für den Wiederaufbau Europas (Marshall-Plan) und 1948 an der Gründung der Organisation für europäische wirtschaftliche Zusammenarbeit (OEEC), die durch fortschreitende Liberalisierung des Handels und Einführung eines gemeinsamen Zahlungsverkehrs die Verwirklichung des Marshall-Planes erleichtern sollte und 1961 – nach Beitritt außereuropäischer Staaten – zur Organisation für wirtschaftliche Zusammenarbeit und Entwicklung (OECD) erweitert wurde. Dem Währungsabkommen von Bretton Woods und der daraus entstehenden Weltbank trat die Schweiz zwar nicht als Vollmitglied bei, hielt sich jedoch in ihrer Währungspolitik an die Grundsätze dieses durch den Dollar bestimmten Systems fester Wechselkurse.

Dieses Hineinwachsen der Schweiz in ein weltweites Wirtschaftssystem der kapitalistisch orientierten Länder stieß Mitte der fünfziger Jahre auf ein politisches Hindernis. Das Projekt einer westeuropäischen Staatengemeinschaft, das sowohl eine wirtschaftliche wie eine politische Vereinigung der vom Krieg in ihrem nationalen Selbstbewußtsein erschütterten Nationen anstrebte, widersprach dem schweizerischen Bemühen, aktive Außenwirtschaft mit passiver Außenpolitik zu verbinden. Die geplante Gemeinschaft, deren Gründungsmitglieder alle dem westlichen Verteidigungsbündnis angehörten, sollte mit überstaatlichen Hoheitsrechten ausgestattet werden. Wenn die Schweiz ihr beigetreten wäre, so hätte eine Fortsetzung der bisherigen Neutralitätspolitik nicht mehr glaubwürdig erscheinen können. Außerdem wäre die Souveränität von Volk und Ständen den Entscheiden internationaler Organe untergeordnet und namentlich einer übernationalen Wirtschaftspolitik (z. B. gemeinsamer Zolltarif gegenüber Nichtmitgliedern, gemeinsame Landwirtschaftsordnung) unterworfen worden.

Da ein solcher Beitritt nicht in Frage kam, beteiligte sich die schweizerische Diplomatie zunächst an den Bemühungen, die entstehende Europäische Wirtschaftsgemeinschaft (EWG, heute gebräuchlicher: Europäische Gemeinschaften EG) davon abzuhalten, gegenüber allen Nichtmitgliedern eine neue Zollmauer aufzubauen. Doch die Idee, alle der OEEC angehörenden Staaten in einer Freihandelszone zu verbinden, scheiterte; die EWG trat 1957 ins Leben. Die Schweiz wirkte darauf an der Gründung einer Europäischen Freihandelsassoziation (EFTA) mit, die 1960 die nicht der EWG beigetretenen Mitglieder der OEEC zusammenschloß und unter ihnen einen stufenweisen Abbau der Zölle auf Industriewaren einleitete. Damit konnte sie die Handelshindernisse mindestens gegenüber Großbritannien und einigen Kleinstaaten allmählich beseitigen, wobei ihr Augenmerk freilich auf eine spätere Verwirklichung des größeren Freihandelsraumes gerichtet blieb. Nachdem ein erster Versuch 1963 am Widerstreben des französischen Staatschefs de Gaulle gescheitert war, führten nach dessen Rücktritt neue Verhandlungen zum Ziel. Während Großbritannien und Dänemark 1973 den Europäischen Gemeinschaften (EWG, Europäische Gemeinschaft für Kohle und Stahl, Euratom) beitraten, schloß die Schweiz mit diesen wie die übrigen EFTA-Staaten ein Freihandelsabkommen ab. Dessen Zollabbau, der bis 1977 verwirklicht wurde, erfaßte nur die Industrieprodukte. Er ermöglichte es der Schweiz, sich ohne formelle Souveränitätseinbußen und ohne Preisgabe ihrer eigenen Landwirtschaftspolitik einem freien Markt von 300 Millionen Westeuropäern anzuschließen. Um auch das Volk an der Verantwortung für diesen Schritt zu beteiligen, wurde das Abkommen ohne verfassungsrechtliche Notwendigkeit Volk und Ständen unterbreitet und von diesen im Dezember 1972 auch glänzend angenommen.

Der Abschluß des Freihandelsvertrags bildete einen Höhepunkt in der schweizerischen Außenwirtschaftspolitik, die durch Liberalisierung des internationalen Waren- und Kapitalverkehrs das Sozialprodukt zu vermehren bestrebt war, womit sie zugleich dem Expansionsdrang der Privatwirtschaft den Weg ebnete. Ein weiteres Mal war es gelungen, solche aktive Außenwirtschaftspolitik ohne Beeinträchtigung der neutralen Außenpolitik zum Ziel zu führen. Der liberale Kurs wurde auch in der Rezession noch mit einigem Erfolg fortgesetzt. So konnten im Rahmen des GATT, dem die Schweiz seit 1966 als Vollmitglied angehört, die Zollhürden für den Warenaustausch über Westeuropa hinaus weiter gesenkt und in der OECD neue protektionistische Strömungen zurückgebunden werden, ohne daß auf den Zollschutz für die schweizerische Agrarproduktion ganz verzichtet werden mußte. Bei der Süderweiterung der EG in den achtziger Jahren stieß diese für die schweizerische Wirtschaft vorteilhafte Politik allerdings auf einige Schwierigkeiten.

Die Integration Europas

Europarat: Gründung 5. Mai 1949
- 10 Gründerstaaten: Belgien, Dänemark, Frankreich, Großbritannien, Irland, Italien, Luxemburg, Niederlande, Norwegen, Schweden
- 11 spätere Mitglieder: 1949 Griechenland, Türkei; 1950 Island; 1951 BRD; 1956 Österreich; 1961 Zypern; 1963 Schweiz; 1965 Malta; 1976 Portugal; 1978 Spanien, Liechtenstein

EWG: Gründung 25. März 1957
- 6 Gründerstaaten: Belgien, BRD, Frankreich, Italien, Luxemburg, Niederlande
- 1973 traten Dänemark, Großbritannien und Irland bei. 1981 erhielt auch Griechenland, 1986 Portugal und Spanien die Mitgliedschaft. Griechenland und Spanien waren vorher schon assoziiert, 1986 sind es noch Malta, die Türkei und Zypern.

EFTA: Gründung 3. Mai 1960
- 7 Gründerstaaten: Dänemark, Großbritannien, Norwegen, Österreich, Portugal, Schweden, Schweiz
- 1970 wurde Island, 1986 Finnland (vorher assoziiert) aufgenommen. Dänemark und Großbritannien traten 1973, Portugal 1986 zur EWG über. Liechtenstein ist über die Schweiz mit der EFTA verbunden.

COMECON:
Gründung 25. Januar 1949
- 6 Gründerstaaten: Bulgarien, Polen, Rumänien, Sowjetunion, Tschechoslowakei, Ungarn
- 5 spätere Mitglieder: 1949 Albanien (seit 1962 nur noch formell dabei), 1950 DDR, 1962 Mongolische Volksrepublik, 1972 Kuba, 1978 Vietnam
- Assoziierter Staat: Jugoslawien

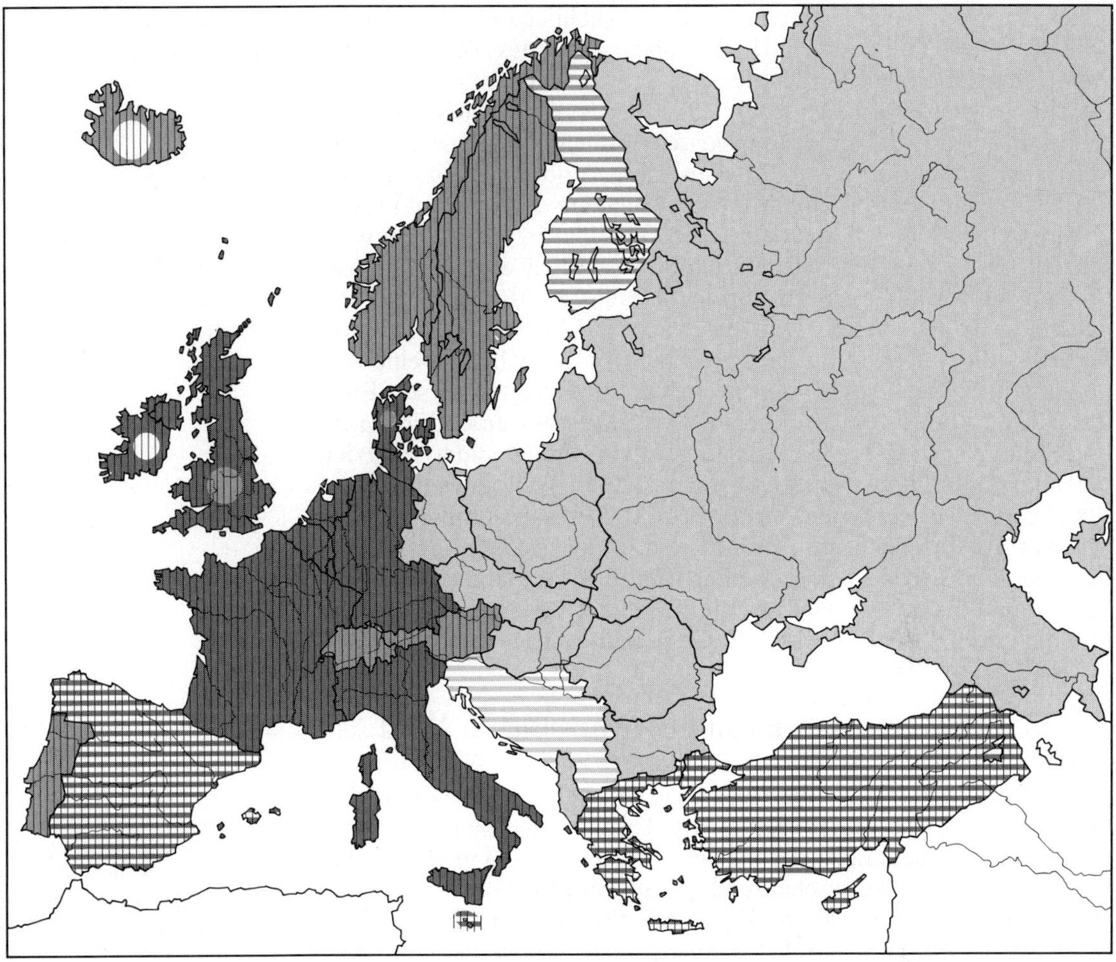

Europarat: Mitgliedstaaten 1980
EWG: Mitgliedstaaten 1960
EWG: Mitgliedstaaten 1980
EWG: Assoziierte Staaten
EFTA: Mitgliedstaaten 1960
EFTA: Mitgliedstaaten 1980
EFTA: Assoziierte Staaten
Comecon: Mitgliedstaaten 1980
Comecon: Assoziierte Staaten 1980

Veränderungen seit 1980 siehe Randspalte nebenan

Das fortschreitende Hineinwachsen in die Weltwirtschaft steigerte aber nicht nur den Wohlstand und die internationale Geltung der Schweiz, sondern verstärkte, wie bereits erwähnt, auch ihre Abhängigkeit. So ist unser Land heute in bezug auf Nahrungsmittel zu 45 %, in bezug auf Energie zu 80 % und in bezug auf Rohstoffe zu annähernd 100 % auf Einfuhr angewiesen. Dazu kam eine immer engere Kapitalverflechtung. Auch kleinere Firmen begannen, ihre Produktion ins Ausland zu verlagern, um die Kosten zu senken. So schritt die Multinationalisierung unserer Volkswirtschaft kräftig voran. Wenn man nur die großen multinationalen Unternehmungen rechnet (mit Niederlassungen in mehr als zehn Ländern), so stand die Schweiz Anfang der achtziger Jahre mit 5,1 Einheiten pro Million Einwohner eindeutig an der Spitze (USA: 1,4).

Die negativen Auswirkungen dieser Entwicklung wurden erst in den siebziger Jahren augenfällig, als die schweizerische Wirtschaft durch die Erdölverteuerung und den Frankenauftrieb in Bedrängnis

Wachsende Abhängigkeit

geriet. Nunmehr zeigte es sich, daß die tatsächliche wirtschaftliche, politische und militärische Macht unseres Landes zum Ausmaß seiner internationalen Verflechtung in keinem Verhältnis steht. Der Beitritt zur Internationalen Energieagentur der OECD (1974), die in einer künftigen Erdölversorgungskrise verpflichtende Weisungen für Verbrauchseinschränkungen erteilen kann, und die Abhängigkeit des Frankenkurses von einem internationalen währungspolitischen Zusammenspiel bieten deutliche Hinweise dafür, daß außenwirtschaftliche Zwänge die Schweiz heute wesentlich enger an andere Staaten binden, als es die traditionelle Neutralitätspolitik in Friedenszeiten früher zuließ. Daß die wachsende wirtschaftliche Verflechtung die Souveränität der Schweiz in Frage stellt und eine Anpassung ihrer Rechtsordnung erzwingen kann, zeigte sich seit Ende der siebziger Jahre vor allem bei den Nuklearexporten und in Bank- und Steuerfragen. Der massive Zustrom von Fluchtgeldern aus den Nachbarstaaten und aus Ländern der Dritten Welt sowie die Hortung kriminell erworbener Vermögen (z. B. Mafiagelder und Börsengewinne aus Insider-Transaktionen, die in den USA strafbar sind) verleihen der Schweiz einen zweifelhaften Ruf als Hehlernation und bewirken, daß auch hierzulande die einschlägigen Gesetze überprüft und die internationale Rechtshilfe ausgebaut werden müssen.

3. Die Schweiz in einer sich wandelnden Welt

Seit den sechziger Jahren zeichnet sich in der Weltpolitik in dreifacher Hinsicht ein tiefgreifender Wandel ab, der den bisherigen Erfolg der auswärtigen Beziehungen der Schweiz und ihr Rezept einer strikten Trennung von Außenwirtschaft und -politik zunehmend in Frage stellt.

1. Die ungeheure Verstärkung des zwischenstaatlichen Austauschs von Gütern, Kapital, Arbeitskraft und Wissen hat die gegenseitige Abhängigkeit verdichtet. In immer mehr Bereichen des gesellschaftlichen Lebens schwinden die Möglichkeiten einzelstaatlicher Eigenständigkeit. So ist aus der wirtschaftlichen Integration eine politische Interdependenz geworden. Die daraus entstehenden Probleme können meist nur noch im Rahmen multilateraler (mehrere Staaten erfassender) Abkommen und Organisationen einigermaßen vernünftig angegangen werden.

2. Diese gegenseitige Abhängigkeit hindert nicht, daß das internationale Staatensystem trotz der formellen Verselbständigung der ehemaligen Kolonialgebiete immer noch ausgeprägte Herrschaftsverhältnisse aufweist. Das Entwicklungsgefälle zwischen Nord und Süd hat sich noch vergrößert. Mit Ausnahme einiger Erdölländer befinden sich die Staaten der Dritten Welt in einer prekären Finanzsituation, die sie von den Bedingungen des internationalen Kapitalmarktes abhängig macht. Sie streben deshalb im Rahmen der Weltorganisationen, in denen sie die Mehrheit besitzen, eine neue Weltwirtschaftsordnung an, um ihre Benachteiligung abzubauen.

Noch einmal Straßenbau – aber in der Dritten Welt. Ein Baufachmann des schweizerischen Entwicklungshilfswerks «Helvetas» bildet kenianische Techniker am Nivellierinstrument aus. Ziel des schweizerischen Einsatzes ist die Unterstützung der praktisch allein vom Staat getragenen Berufsbildung und darüber hinaus die Förderung eines arbeitsintensiven staatlichen Straßenbaus zur Entwicklung des Verkehrsnetzes und zur Erschließung der ländlichen Gebiete. Viele der Ausgebildeten wechseln freilich in die stark von ausländischem Kapital abhängige Privatwirtschaft hinüber. Ihre Kenntnisse und Fähigkeiten können auch dort dem Lande zugute kommen; problematisch ist aber, daß ein Teil der Entwicklungshilfe damit als Gewinn wieder in die Industrieländer, auch in die Schweiz, zurückfließt.

3. Die beiden Supermächte haben durch militärische, politische und finanzielle Schwächen und Mißerfolge an Überlegenheit eingebüßt. Durch Spannungen und Spaltungen innerhalb der Blöcke, durch Bildung eines dritten, neutralistischen Lagers und durch den Aufstieg Chinas hat sich aus dem zweipoligen ein mehrpoliges Weltstaatensystem entwickelt. Dadurch haben die internationalen Organisationen mindestens als Schauplätze der Auseinandersetzung an Bedeutung gewonnen. Zugleich erscheint die auf Freihandel gegründete westliche Weltwirtschaftsordnung ernsthaft in Frage gestellt, nachdem das Währungssystem von Bretton Woods zusammengebrochen, die Zahlungsbilanzen vieler Staaten aus dem Gleichgewicht geraten und die Erdöl und andere Rohstoffe produzierenden Entwicklungsländer mindestens zeitweilig gar zum Angriff angetreten sind.

Diese Entwicklungen erhöhen für die Schweiz die Dringlichkeit, ihr Verhältnis zur Welt grundsätzlich zu überdenken. Wenn die Weltwirtschaft mehr und mehr zum Gegenstand machtpolitischer Auseinandersetzungen wird, dürfte es einer nur auf wirtschaftliche Anliegen ausgerichteten Außenhandelspolitik immer schwerer fallen, die von unserem Export benötigten Absatzgebiete zu erschließen.

Öffnung der schweizerischen Außenpolitik

Ebensowenig ist eine prinzipiell zurückhaltende Außenpolitik der zunehmenden Organisation und Multilateralität der internationalen Beziehungen auf die Dauer gewachsen. Einerseits läuft die Schweiz bei außenpolitischer Passivität Gefahr, durch Beschlüsse europäischer und weltweiter Organisationen vor vollendete Tatsachen gestellt zu werden, ohne auf den Gang der Dinge Einfluß nehmen zu können. Anderseits droht sich die tatsächliche Abhängigkeit unseres Landes von der Welt schneller zu entwickeln, als dies der Öffentlichkeit bewußt wird; das jedoch hätte zur Folge, daß unser Volk die Welt, die sein Schicksal mitbestimmt, immer weniger verstehen würde.

Das Problem der demokratischen Verankerung

Behörden und breite Teile der politischen Führungsschicht versuchen heute, den Zwiespalt zwischen internationaler Wirklichkeit und nationaler Identität dadurch zu bewältigen, daß sie die traditionellen Grundsätze uminterpretieren. Behauptung der Unabhängigkeit heißt demnach, die tatsächliche Abhängigkeit zur Kenntnis nehmen, sich an der politischen Integration Europas und der Welt beteiligen und den Verlust an Selbständigkeit durch Mitsprache wettmachen. Und Neutralität soll nicht mehr in einem Abseitsstehen, sondern unter Teilnahme an allen Äußerungen des internationalen Lebens zum Ausdruck gebracht werden. Die Umsetzung solcher Einsicht in die Praxis erfolgt allerdings erst zögernd. Einerseits hat man die schweizerischen diplomatischen Vertretungen noch mehr als bisher in den Dienst der Exportförderung gestellt; zugleich sind Erleichterungen für die Finanzierung der Ausfuhren geschaffen worden. Auch die internationale Verschuldung, für die der Finanzplatz Schweiz als Drehscheibe von Bedeutung ist, erzwingt ein größeres Engagement der Behörden in den für Konsolidierungs- und Umschuldungsmaßnahmen zuständigen Gremien. Anderseits hat man die außenpolitischen Beziehungen zu bisher wenig beachteten Partnern stärker betont: Bundesräte reisten nach Osteuropa, Asien und Afrika, und die Schweiz nahm auch als Gast an Konferenzen der sogenannten blockfreien Staaten teil. An der Konferenz für Sicherheit und Zusammenarbeit in Europa (1973–75) und an deren Folgeverhandlungen betätigte sich die Schweiz – in Zusammenarbeit mit anderen Neutralen – vermittelnd zwischen den Blöcken und erreichte mit einem Vorschlag für ein obligatorisches System zur friedlichen Regelung von Streitfällen Beachtung.

Während der Vietnamkrieg in den etablierten Kreisen noch lange als Abwehrkampf gegen den Weltkommunismus verstanden wurde, sympathisierte die 68er Jugend mit den Guerillas der «Nationalen Befreiungsfront» (FNL). 1971 spannten tollkühne Kletterer zwischen die Türme der Lausanner Kathedrale ein Transparent, das dem FNL den Sieg wünschte.

Progressiven Kreisen, die auf eine Öffnung unserer Außenpolitik drängen, ist allerdings nicht entgangen, daß diese diplomatischen Aktivitäten nicht völlig frei sind von einer egoistischen Interessenwahrung unseres Landes und namentlich seiner Wirtschaft. Sie kritisieren, daß trotz des 1972 erlassenen Kriegsmaterialgesetzes Waffen und Kampfflugzeuge schweizerischer Hersteller in Spannungsgebieten zum Einsatz kommen. Solche Rücksichtnahme auf Profitinteressen beeinträchtigt die Glaubwürdigkeit unseres verbalen Einsatzes für Abrüstungsbemühungen. Rüstungswettlauf und zunehmende Spannungen zwischen den Machtblöcken zu Beginn der achtziger Jahre haben auch hierzulande der Friedensbewegung Auftrieb verliehen. Eine Friedensdemonstration im Jahre 1981 versammelte 30 000 Teilnehmer auf dem Berner Bundesplatz.

Die behutsamen Versuche zu einer Öffnung unserer Außenpolitik haben freilich auch die Opposition isolationistischer Kräfte herausgefordert, die der zunehmenden Interdependenz durch eine Abkapselung der Schweiz begegnen wollen. Eine solche Igelmentalität pflegen einerseits die Überfremdungsgegner, anderseits Gewerbekreise, in denen die Konzentration und Multinationalisierung der Industrie Unbehagen verursacht. Wie die erfolgreiche Referendumsbewegung gegen ein Darlehen an die Internationale Entwicklungsorganisation IDA 1976 gezeigt hat, finden die isolationistischen Argumente ein breites Echo. Es ist die Gefahr sichtbar geworden, daß die Bereitschaft zur internationalen Öffnung Sache einer Elite bleibt und die Behörden innenpolitisch ins Abseits geraten, wenn sie die außenpolitisch gebotene Aktivität zu entfalten suchen. Unter dem Eindruck dieser Gefahr hat der Bundesrat zwar schon 1977 dargelegt, daß ein Beitritt zur UNO im wohlverstandenen Interesse der Schweiz liege, dem Parlament aber erst 1981 einen entsprechenden Antrag unterbreitet. Dieser erhielt zwar die Zustimmung beider Räte, wurde aber in der Volksabstimmung vom 16. März 1986 mit einer Dreiviertelmehrheit verworfen.

Die Verständnislosigkeit breiter Volksschichten gegenüber außenpolitischen Erfordernissen ist zu einem Teil dem Umstand zuzuschreiben, daß die auswärtigen Beziehungen der öffentlichen Diskussion und der direktdemokratischen Kontrolle lange Zeit fast gänzlich entzogen blieben. Staatsverträge, welche die Schweiz nicht länger als 15 Jahre verpflichteten, waren bis 1977 dem Referendum nicht unterstellt. Mit der wachsenden internationalen Verflechtung erhielten jedoch einzelne Verträge eine innenpolitische Tragweite, die derjenigen eines referendumspflichtigen Gesetzes nicht nachstand, so etwa das Einwanderungsabkommen mit Italien von 1964 oder die Europäische Menschenrechtskonvention, welche die Schweiz – seit 1963 Mitglied des Europarats – 1972 unterzeichnete und 1974 ratifizierte. Deren sozialpolitisches Gegenstück, die Europäische Sozialcharta, wurde zwar 1976 unterzeichnet; ihre Ratifikation ist allerdings auf Druck von Arbeitgeberseite 1984 gescheitert. Um gegen derartige Änderungen der Rechtsordnung eine Handhabe zu gewinnen, verlangte die Nationale Aktion mit einer Initiative die Erweiterung des Referendums auf alle, auch die bereits in Kraft stehenden Staatsverträge. Der Souverän stimmte jedoch 1977 einem Gegenvorschlag des Parlaments zu, der den Beitritt zu Organisationen für kollektive Sicherheit (z.B. UNO) und zu supranationalen Gemeinschaften (z.B. EG) dem obligatorischen, denjenigen zu weiteren internationalen Organisationen und zu rechtsvereinheitlichenden Vereinbarungen dem fakultativen Referendum unterstellte. So kann eine breitere Öffentlichkeit zur Beschäftigung mit internationalen Fragen veranlaßt werden. Dadurch gewinnen die außenpolitischen Entscheide der Schweiz eine erhöhte demokratische Legitimität, zugleich nimmt aber auch das Risiko zu, daß negative Volksentscheide die Öffnung nach der Welt behindern.

Die Schweiz und die Dritte Welt

Mit der zunehmenden Bedeutung der Entwicklungsländer in der Weltpolitik ist neben der West-Ost-Spannung der Nord-Süd-Gegensatz stärker in den Vordergrund gerückt. Wie die Schweiz trotz ihrer grundsätzlichen Neutralitätspolitik ihren Standort praktisch immer im Westen hatte, so nimmt sie auch in den neuen Auseinandersetzungen eine eindeutige Haltung ein: auf der Seite der hochentwickelten Industrie- und Dienstleistungsnationen kapitalistischer Prägung. Mochte das Nebeneinander von passiver Außenpolitik und aktiver Außenwirtschaftspolitik im vorwiegend militärisch-politischen West-Ost-Konflikt noch angemessen sein, so ist es in den hauptsächlich wirtschaftlichen Streitfragen zwischen Nord und Süd fragwürdig geworden.

Die Schweiz pflegt ja mit den Entwicklungsländern intensive Wirtschaftsbeziehungen. Sie exportiert pro Kopf der Bevölkerung mehr Industrieprodukte und Kapital in die Dritte Welt als jede andere Industrienation; mit dem sich daraus ergebenden Handelsbilanzüberschuß hält sich die Schweiz – auf den gesamten Warenverkehr bezogen – an einsamer Spitze. Ihre privaten Investitionen dürften ihr über Zinsen und Kapitalrückflüsse auf lange Sicht mehr Finanzmittel aus den Entwicklungsländern einbringen, als sie je hat hineinfließen lassen. Dazu bergen ihre Banken beträchtliche Fluchtgelder aus der Oberschicht jener Länder, die dort für die Entwicklung dringend nötig wären.

Wohl leisten private Organisationen mit ihren Sammelaktionen seit langem einen beachtlichen Beitrag an die Entwicklungshilfe. Seit

1961 stellt auch der Bund größere Kredite für technische Zusammenarbeit und Finanzhilfe bereit, doch mit diesen öffentlichen Mitteln, die bis 1980 nicht über 0,25 % des Bruttosozialprodukts hinauskamen, blieb die Schweiz weit unter dem Durchschnitt aller Industrienationen. So bildet die staatliche Entwicklungshilfe gleichsam ein dreiprozentiges Skonto auf die Verkäufe der privaten Unternehmungen nach der Dritten Welt. In der Rezession hat diese für unsere Wirtschaft noch erhöhte Bedeutung gewonnen. Dies kommt auch im 1976 erlassenen Entwicklungshilfegesetz zum Ausdruck, das zwar die Hilfe der Schweiz auf die ärmsten Länder konzentrieren und als Hilfe zur Selbsthilfe gestalten will, ihr aber gleichzeitig zum Ziel setzt, die Aufnahmefähigkeit der Partnerländer für schweizerische Exporte und Investitionen zu stärken.

Die Schweiz hat ihre Mitarbeit in Entwicklungsorganisationen der UNO und an Konferenzen wie derjenigen über internationale wirtschaftliche Zusammenarbeit in Paris (1975–77) intensiviert; sie vertritt dabei aber den Interessenstandpunkt eines kapitalistischen Industrielandes. Damit wird ihre Neutralitätsmaxime für entwicklungspolitisch engagierte Kritiker unglaubwürdig. Sie verlangen von unserem Staat eine echte Solidarität mit allen Benachteiligten, die sich in der Mitarbeit am Aufbau einer gerechteren Weltwirtschaftsordnung zu erweisen und in partnerschaftlichem Sinne auf westliche Überheblichkeit gegenüber anderen Kulturen zu verzichten hätte. So steht die Schweiz in den achtziger Jahren vor der Frage, ob sie ihre nationale Identität in der Abkapselung, im Interessenkampf um die Märkte der Dritten Welt oder im Beitrag zu einer nach umfassendem Ausgleich strebenden Weltinnenpolitik finden will.

K. Überlegungen zu einer historischen Ortsbestimmung der Gegenwart

Am Schluß dieses Kapitels über die Schweiz seit 1945 wollen wir die Frage zu beantworten versuchen, ob die Nachkriegszeit als eine geschichtliche Epoche, d.h. als ein Zeitraum von weitgehend einheitlicher Thematik zu verstehen ist und wie sie in den größeren historischen Zusammenhang eingeordnet werden kann. Mit diesem Versuch möchten wir auch einige Hinweise geben für eine historische Ortsbestimmung unserer Gegenwart.

Auf die besonderen Schwierigkeiten bei der Deutung und Periodisierung zeitgeschichtlicher Entwicklungen haben wir bereits in der Einleitung zu diesem Kapitel hingewiesen. Die Bedeutung historischer Fakten und Zusammenhänge ergibt sich immer erst aus ihren Folgen. Der Stellenwert von Ereignissen der jüngsten Vergangenheit ist deshalb schwer bestimmbar, weil deren Auswirkungen in die für uns unbekannte Zukunft hineinreichen. Da der Historiker selber als

Betroffener und Handelnder mitten in diesen Wirkungsprozessen drinsteht, haftet zeitgeschichtlichen Interpretationen allemal ein stark subjektiver und vorläufiger Charakter an. Die Erfahrungen der Gegenwart können unsere Perspektiven verändern, und unter ihrem Eindruck erscheint die Vergangenheit – namentlich die jüngste Vergangenheit – immer wieder in einem etwas andern Licht. Diese erkenntnistheoretische Besonderheit der Zeitgeschichte ist den Autoren bei den Arbeiten für die neue Ausgabe des vorliegenden Buches wiederum deutlich bewußt geworden. Als wir Ende der siebziger Jahre die 1. Auflage vorbereiteten, standen wir unter dem dominierenden Eindruck des eben miterlebten Wirtschaftseinbruchs und seiner direkten Folgen. Aus dieser Perspektive erschien die Nachkriegszeit als inhaltlich geschlossene Phase, weitgehend beherrscht von der wirtschaftlichen Thematik, vom historisch einmaligen Wachstumsschub, seinen zunehmenden Ungleichgewichten und seinem krisenhaften Zusammenbruch. Als wir uns ein Jahrzehnt nach der schweren Rezession an die Ergänzung und Überarbeitung des Textes machten, sahen wir uns veranlaßt, die Akzente teilweise anders zu setzen und die Periodisierungsfrage neu zu diskutieren. Nicht nur die Entwicklungen der letzten Jahre in der schweizerischen Wirtschaft, Gesellschaft und Politik haben unsere Fragestellungen etwas modifiziert, auch neue Ergebnisse der Forschung und der wissenschaftlichen Diskussion flossen in die Neufassung des Kapitels ein. So hat uns namentlich auch die Neokorporatismus-Debatte der Politologen beeinflußt, die das Verhältnis von Staat und Gesellschaft unter einem neuen Blickwinkel angeht.

Wirtschaftliche und soziokulturelle Kräfte

Am zentralen Stellenwert der Wirtschaftskräfte für die gesamtgesellschaftliche Entwicklung der Nachkriegszeit kann kaum gezweifelt werden. Diese wirkten als Hauptantrieb für alle vier Veränderungsdimensionen, die wir in der Einleitung als Leitlinien für die historische Interpretation unseres Zeitabschnitts skizziert haben: für den beschleunigten und umfassenden Wandel der Verhältnisse, für die wachsende internationale Verflechtung, für den zunehmenden Organisationsgrad von Wirtschaft und Gesellschaft bei erweiterter Staatsfunktion sowie für die fortschreitende Auflösung der traditionellen Bindungen und Orientierungsmuster. Diese dynamischen Wirtschaftskräfte haben aber – und das ist erst in den letzten Jahren unübersehbar geworden – ihr natürliches und kulturelles Umfeld nicht nur umgepflügt und neu strukturiert, sondern auch im Übermaß ausgebeutet. Sie haben damit ihre eigenen Grundlagen in Frage gestellt. Denn das vom Gewinnstreben geleitete Wirtschaftswachstum und die Kommerzialisierung sämtlicher Lebensbereiche drohen sowohl den kulturell vermittelten «sozialen Kitt» (also z. B. die mitmenschliche Solidarität) als auch die natürlichen Umweltressourcen zu zerstören.

Diese Problematik und der Widerstand, der sich gegen solch gefährliche Entwicklungen wendet, haben den Bereich des Bewußtseins und der Werte, haben die soziokulturellen Bedingungen und

Kräfte wieder vermehrt ins Blickfeld des Historikers gerückt. Denn einerseits vermögen sie sich in der Gegenwart erneut stärker zur Geltung zu bringen und geben mitunter auch zu Hoffnungen bezüglich der künftigen Entwicklung unserer Gesellschaft Anlaß. Anderseits drängt sich damit aber die historisch bedeutsame Frage auf, weshalb es den Wirtschaftskräften überhaupt möglich war, zu solchem Übergewicht zu gelangen.

Neokorporatismus

In diesem Zusammenhang wird nun der Begriff des Neokorporatismus wichtig, mit dem die Politologen heute ein hochentwickeltes kapitalistisches Gesellschaftssystem kennzeichnen, das unter der Vorherrschaft großer Interessenverbände (moderner Korporationen) steht. Indem man die Industriegesellschaft des mittleren Drittels unseres Jahrhunderts als neokorporatistisch versteht, relativiert man das bisher vorherrschende Erklärungsmodell des Pluralismus, dessen Gesellschaftsanalyse das freie Spiel vielfältiger Kräfte betont hat. Vielmehr hebt man hervor, daß es im Gefolge der Wirtschaftskrise der dreißiger Jahre einigen wenigen Spitzenverbänden gelungen ist, die Interessen ihrer verschiedenen Zweigorganisationen zusammenzufassen, mit ihren Partnern Kompromisse auszuhandeln und diese dann auch gegenüber ihren Mitgliedern durchzusetzen, zum Teil mit Hilfe des von ihnen mehr und mehr kontrollierten politischen Systems. Grundlage für eine solche Machtstruktur, mit der es gelang, die Wirtschaft aus ihrem Tief in eine neue Wachstumsepoche hineinzuführen, bot in der Schweiz der nationale Grundkonsens zwischen Arbeitgebern und Arbeitnehmern, der unter dem Eindruck der Krise und der faschistischen Bedrohung entstanden war und sich in der Kriegszeit gefestigt hatte. Dieser Konsens beruhte auf gegenseitigen Zugeständnissen: Die Gewerkschaften schworen den revolutionären Ideen ab und halfen mit, der Wirtschaftsentwicklung möglichst alle Hindernisse aus dem Weg zu räumen, in der Erwartung, vom wachsenden Wirtschaftskuchen profitieren zu können. Die Arbeitgeber zeigten sich zu Konzessionen in den Arbeitsbedingungen bereit und wehrten sich nicht mehr gegen den Ausbau des Sozialstaats, der die Risiken der Lohnarbeit absichern sollte. Gemeinsame Handlungsperspektive bildete das Wachstum, daß die Interessen beider Seiten zu befriedigen erlaubte. Dieser «Pakt» wurde durch die Bildung einer Konkordanzregierung auch auf parteipolitischer Ebene abgesegnet.

Sicher hat dieser Neokorporatismus breiten Schichten etwas gebracht, namentlich wachsende Konsumkraft, die den Arbeitnehmer mit seiner abhängigen Stellung versöhnte und gleichzeitig die Wirtschaft ankurbelte. Aber der Neokorporatismus war auch mit negativen Wirkungen verbunden: Das «Machtkartell» der Spitzenverbände dominierte nicht nur die politische Willensbildung (Input) und bestimmte damit, welche Probleme überhaupt politisch bearbeitet werden konnten. Es beeinflußte auch die Leistungen des politischen Systems (Output) durch Übernahme von Vollzugsaufgaben und sorgte für eine Art Disziplinierung der Gesellschaft, indem die Spitzenverbände ihre «Klientel» (Mitglieder, Teilorganisationen und nahestehende politische Parteien) in den nationalen Konsens einbanden, auch wenn deren unmittelbare Interessen durch die ausgehandelten Kompromisse nicht immer voll befriedigt wurden. So erst wurde eine breit abgestützte Definition nationaler Interessen und politischer Programme möglich. Um die Klientel bei der Stange zu halten, mußte man sie mit Leistungen des Staates versorgen, die Wirtschaft mit Infrastrukturen, Exportförderung usw., die Arbeitnehmer mit Sozialversicherungen und Arbeitsplatzsicherheit. Das ging alles gut, solange das Wirtschaftswachstum diese erhöhten Staatsleistungen finanzieren konnte und seine negativen Auswirkungen auf die kulturelle und die natürliche Umwelt dem politischen Bewußtsein noch verborgen blieben.

In den späten sechziger Jahren gab es erste Schwierigkeiten von den politischen «Rändern» her: Auf der einen Seite rebellierten zu kurz gekommene Kleinbürger, die ihre gewohnte Heimat bedroht sahen und sich in einem konservativen Nationalismus verschanzten, auf der andern progressive junge Intellektuelle, die sich mit der Konsumgesellschaft nicht zufrieden gaben. Dem neokorporatistischen Kartell war es noch einmal möglich, die Probleme zu meistern, indem es zugestand, daß das politische System mit Hilfe von Reformen, Planung und gesteigerten staatlichen Leistungen eine neue Dynamik entwickelte. Doch das war mit wachsenden Defiziten verbunden, und als die Wirtschaft in die Rezession tauchte, wurde dieser Strategie der Boden entzogen.

In der neuen Wirtschaftssituation seit Mitte der siebziger Jahre ist das neokorporatistische System in eine Krise geraten: Einmal ist Wachstum nicht mehr im selben Ausmaß möglich, und so garantiert es die Ansprüche der Gewerkschaften auf Vollbeschäftigung und soziale Sicherheit nicht mehr. Sodann wird es für die Spitzenverbände immer schwieriger, die Interessen aller Mitglieder auf einen Nenner zu bringen, man denke nur an Differenzen zwischen Export- und Binnenindustrie oder zwischen Groß- und Kleinbauern. Und schließlich eignet sich die eingeübte Aushandlungspraxis, die für die Verteilung des wachsenden Wirtschaftskuchens entwickelt worden war, wenig für die Lösung neuer Probleme, die wie Umwelterhaltung, Lebensqualität oder Gleichberechtigung der Geschlechter mit dem Wertewandel zusammenhängen. Diese dreifache Blockierung des neokorporatistischen Systems bedeutet eine Krise, aber auch eine Chance für die Politik. Zwar polarisierten sich die traditionellen Parteien zunächst nach dem alten Links-Rechts-Schema; durch die Wahlerfolge von Randgruppen werden sie aber zu einer erneuten Suche nach Konsens gerade auch in den neuen, wertbestimmten Themen gezwungen. Damit ist der Einfluß der Wirtschaft freilich noch lange nicht gebrochen, aber die Grenzen des Verbandssystems sind sichtbar geworden und lassen die Herausbildung neuer Kräfteverhältnisse möglich erscheinen.

Wenn man die Geschichte der Schweiz in den letzten Jahrzehnten unter dem Aspekt der gesellschaftlichen Machtstrukturen betrachtet, so wird es fraglich, ob die Zeit seit 1945 als eine Einheit gelten kann. Einerseits erscheint das Ende des Zweiten Weltkrieges nicht mehr als grundlegender Einschnitt, anderseits erhalten die Veränderungen am Ende der Hochkonjunkturperiode verstärktes Gewicht. Man könnte deshalb den Zeitraum zwischen der Mitte der dreißiger Jahre und der Mitte der siebziger Jahre als eine besondere Epoche betrachten, die im Zeichen des Neokorporatismus stand.

Kontroverse Zukunftsbilder

Wodurch ist dann aber die Zeit seit der Mitte der siebziger Jahre gekennzeichnet? In was für eine Epoche sind wir eingetreten? Auf diese Frage sind mehrere Antworten möglich; erst die Zukunft wird zeigen, welche die richtige ist. Wir greifen im folgenden drei gegensätzliche Blickrichtungen auf, die in der politischen Diskussion der Gegenwart dominieren:

1. Die siebziger Jahre bilden keinen tieferen Einschnitt in der Geschichte der Schweiz. Der durch Technik und Organisation geprägte gesellschaftliche Entwicklungsprozeß, den man Modernisierung zu nennen pflegt, ist ein weiteres Mal in eine Krise geraten, doch diese ist im Grunde schon überwunden. Man kann im wesentlichen mit den bisherigen Methoden und Orientierungsmustern weiterfahren. – Diese Ansicht, die sowohl auf der rechten wie auf der linken Seite des traditionellen politischen Spektrums ihre Vertreter findet, unterschätzt die Bedeutung der neuen Problembereiche.

2. Das «sozialdemokratische Zeitalter» (Dahrendorf) des Wohlfahrtsstaates ist abgeschlossen. Eine Fortsetzung des wirtschaftlichen Wachstums ist nur möglich, wenn der Sozialstaat abgebaut und die Unternehmerfreiheit wesentlich gestärkt wird. Jedermann muß die Verantwortung für sein Fortkommen zur Hauptsache wieder selber übernehmen. Widerstände gegen eine solche Entwicklung sind durch eine Straffung der öffentlichen Ordnung und durch die Erziehung zu hartem Leistungsdenken mit entsprechender Reform des Bildungswesens zu überwinden. – Diese neokonservative Tendenz möchte das Rad der Geschichte zurückdrehen und die sozialpolitischen Reformen der letzten Jahrzehnte ungeschehen machen. Auch die Umweltproblematik bleibt dem Marktgeschehen ausgesetzt.

3. Wir erleben eine ganz grundsätzliche «Wendezeit» (Capra) und stehen am Anfang eines neuen Zeitalters. Das vom technischen Fortschritt und vom wirtschaftlichen Wachstum beherrschte Denken ist an ein Ende gekommen; eine neue, die emotionalen und intuitiven Kräfte entwickelnde Kultur muß sich durchsetzen. – Solche utopischen Erwartungen, die in alternativen Kreisen gehegt werden, laufen ihrerseits Gefahr, das Gewicht des historisch Gewachsenen zu unterschätzen, sei es, daß sie die Rückkehr in ein goldenes Zeitalter erstreben oder aber notwendige Stufen einer kommenden Entwicklung überspringen wollen.

Wenn man sich keiner dieser drei hier idealtypisch skizzierten Haltungen voll anzuschließen vermag, so kann man versuchen, plausible Elemente derselben in einer vermittelnden Position zu kombinieren: Die neuen Problembereiche, die bisher vernachlässigt wurden, müssen ernst genommen werden, insbesondere das Verlangen nach freiheitlicheren Formen der zwischenmenschlichen Beziehungen und nach einer sinnerfüllten, sich in die natürliche Umwelt einfügenden Lebensgestaltung. Doch die Gesellschaft bedarf ökonomischer Grundlagen, und diese sind ohne moderne Technik und Innovation und ohne eine gewisse Bewegungsfreiheit nicht gewährleistet. Gleichzeitig ist aber eine Weiterentwicklung von Gerechtigkeit und sozialem Ausgleich erforderlich, wenn man nicht zunehmende Spannungen und Unfreiheit in Kauf nehmen will. Dazu braucht es aber auch in Zukunft einen starken Staat. Damit dieser jedoch mit seinem Regulierungssystem das wirtschaftliche und soziale Leben nicht über Gebühr beengt, müssen seine Funktionen eine andere Qualität annehmen: im Sinne einer Dienstleistung gegenüber der gesamten Gesellschaft und ihrer Zukunft, worin auch die Sorge um die Umwelt einbegriffen ist.

Welche dieser Auffassungen durch die Geschichte recht bekommt, liegt nicht zuletzt auch an uns als denkenden und handelnden Zeitgenossen. So berühren sich in einer zeitgeschichtlichen Ortsbestimmung der Gegenwart wissenschaftliche Theorie und politische Praxis.

Bibliographie und Forschungsstand

Ein Überblick über die wichtigste Literatur und den Stand der Forschung im Bereich der jüngsten geschichtlichen Epoche begegnet besonderen Schwierigkeiten. Im Unterschied zur Behandlung früherer Zeiträume stehen bei der Ergründung der Probleme der letzten Jahrzehnte Sozial-, Wirtschafts- und Rechtswissenschaft im Vordergrund. Da sich die eigentliche geschichtliche Bearbeitung eher bescheiden ausnimmt, können wir unsere bibliographischen Hinweise nicht auf sie beschränken. Sodann sind die Ergebnisse der verschiedenen Untersuchungen über die Entwicklung seit 1945 viel ungesicherter und kontroverser, als es für die vorangegangenen Epochen gilt. Die offenen Fragen lassen sich kaum aufzählen, da noch so gut wie alles offen ist.

Allgemeine Literatur

Eine grundlegende Gesamtdarstellung, die auch die zentralen Themen der Gegenwart erfassen würde, gibt es nicht. Im verzögert erschienenen Handbuch der Schweizer Geschichte, Bd. 2, Zürich 1977, hat H. VON GREYERZ seine an Erscheinungen wie an Bezügen reiche Darstellung des Bundesstaates nur bis 1963/64 geführt; tiefe Umbrüche trennen uns von diesem Endpunkt. E. GRUNER glaubt in dem von ihm herausgegebenen Sammelband Die Schweiz seit 1945, Bern 1971 (Helvetia politica, B 6), bereits den Beginn einer neuen Epoche feststellen zu können; den einzelnen Beiträgen, die aus einer Volkshochschulreihe hervorgegangen sind, fehlt aber meist eine solche Perspektive. Der bis an die Gegenwart heranführenden Publikation von CHR. DEJUNG, Schweizer Geschichte seit 1945, Frauenfeld 1984, liegt gleichfalls ein Volkshochschulkurs zugrunde; sie ist originell und enthält manches Quellenmaterial, wirkt aber wenig übersichtlich und verzichtet auch auf eine sachlich begründete Periodisierung. Zukunftsorientiert ist W. WITTMANNS Analyse Wohin treibt die Schweiz?, Bern 1979; sie schlägt ihrerseits den Bogen über die ganze «Nachkriegszeit», die sie Mitte der siebziger Jahre in der Rezession enden läßt. Zur Frage der Abgrenzung von Epochen sei auch auf H. SIEGENTHALER, Entscheidungshorizonte im sozialen Wandel, in: Schweizerische Zeitschrift für Geschichte 1983, hingewiesen; hier werden die Jahre um 1970 als eine der wiederkehrenden Entwicklungskrisen sich modernisierender Gesellschaften gewertet, deren epochale Bedeutung angesichts einer fortschreitenden Restabilisierung fraglich erscheint. Erwähnt seien im übrigen die neuesten populären Darstellungen der ganzen Schweizer Geschichte von E. BOHNENBLUST (1974), P. DÜRRENMATT (1976) und S. WIDMER (1977) sowie die Fortsetzung derjenigen von W. MARTIN durch P. BÉGUIN und A. BRUGGMANN (1980), die alle in unserer allgemeinen Bibliographie aufgeführt sind, und außerdem enzyklopädische Werke wie Die Schweiz vom Bau der Alpen bis zur Frage nach der Zukunft, Zürich 1975, oder die von A. EISELÉ besorgte alphabetische Enzyklopädie der aktuellen Schweiz, 4 Bde., Lausanne 1974–1975. Elemente einer Gesamtdarstellung der politischen, wirtschaftlichen und sozialen Entwicklung bieten die vom Forschungszentrum für schweizerische Politik in Bern seit 1965 bearbeiteten Jahresübersichten Schweizerische Politik im Jahre...; sie behandeln eingehend alle wesentlichen Entscheidungsprozesse und enthalten zahlreiche Hinweise auf Quellen und Sekundärliteratur.

Unter den wichtigsten Quellen seien zunächst einige offizielle Publikationen genannt: Bundesblatt (bis 1977: Bundesblatt der Schweizerischen Eidgenossenschaft), für Regierungsbotschaften und Parlamentsbeschlüsse, Amtliches Bulletin der Bundesversammlung (bis 1962: Amtliches stenographisches Bulletin der Bundesversammlung), sowie Statistisches Jahrbuch der Schweiz, als Hauptsammlung des wichtigsten Zahlenmaterials. Eine Art Spektrum der öffentlichen Meinung zu jeweils aktuellen Sachfragen bietet das Jahrbuch der Neuen Helvetischen Gesellschaft (bis 1958: Die Schweiz. Ein nationales Jahrbuch). Seit 1977 erscheinen nach den einzelnen eidgenössischen Volksabstimmungen und den Nationalratswahlen jeweils die VOX-Analysen, die auf repräsentativen Nachbefragungen basieren; sie werden von der Schweizerischen Gesellschaft für praktische Sozialforschung in Zusammenarbeit mit Universitätsinstituten (bis 1984 immer Forschungszentrum für schweizerische Politik in Bern) durchgeführt.

Von Interesse sind auch einige nicht von Historikern verfaßte Analysen der zeitgenössischen Schweiz. Linksorientierte Gesellschaftskritik prägt die in ihren Urteilen nicht durchwegs fundierten Darstellungen von J. ZIEGLER, Eine Schweiz – über jeden Verdacht erhaben, Darmstadt 1976, sowie von C. UND F. MASNATA-RUBATTEL, Macht und Gesellschaft in der Schweiz: Demokratie und Unterdrückung, Darmstadt 1978. Aus linker Sicht ist auch der Sammelband Wohlstand und Ordnung? Zur Soziologie der Schweiz heute, Basel 1978, konzipiert. Eine distanziertere und gut dokumentierte Beschreibung aus ausländischer Sicht bietet J. ROHR, La Suisse contemporaine. Société et vie politique, Paris 1972 (Collection U 2, 192). Wertvolle Beiträge zur Wirtschafts- und Sozialgeschichte bis in die Wachstumsperiode nach dem Zweiten Weltkrieg enthält Ein Jahrhundert schweizerischer Wirtschaftsentwicklung, in: Schweizerische Zeitschrift für Volkswirtschaft und Statistik 1964; eine Reihe von Analysen der wirtschaftlichen und sozialen Entwicklungen vereinigt die Festschrift für Fritz Marbach, Strukturwandlungen der schweizerischen Wirtschaft und Gesellschaft, Bern 1962.

Wirtschaft

Als umfassende und verständliche Einführung in Probleme und neuere Entwicklung der schweizerischen Volkswirtschaft eignet sich immer noch W. BICKEL, Die Volkswirtschaft der Schweiz. Entwicklung und Struktur, Aarau 1973. Neueren Datums sind das Lehrbuch von H. KLEINEWEFERS, R. PFISTER, Die schweizerische Volkswirtschaft. Eine problemorientierte Einführung in die Volkswirtschaftslehre, 3. Aufl., Frauenfeld 1982, und die Analyse von J. DEISS, Economie politique et politique économique de la Suisse, Fribourg 1979. Einen guten Überblick über die schweizerische Wirtschaftsgeschichte der Nachkriegszeit bietet der Bericht der Expertengruppe «Wirtschaftslage», Lage und Probleme der schweizerischen Wirtschaft 1977/78, Bern 1977, sowie aus marxistischer Sicht Autorenkollektiv, Krise. Zufall oder Folge des Kapitalismus? Die Schweiz und die aktuelle Wirtschaftskrise, Zürich 1976 (Rote Welle, 1). Als heilsame Herausforderung begreift F. KNESCHAUREK, Der «Trendbruch» der siebziger Jahre und seine wirtschaftlichen Konsequenzen, Dießenhofen 1980, und ders., Der Schweizer Unternehmer in einer Welt im Umbruch. Strategien zur Bewältigung des weltwirtschaftlichen Strukturwandels, Bern 1980, die Krise der siebziger Jahre.

Als wichtige Hilfsmittel kommen in Betracht Eidgenössisches Statistisches Amt, Revidierte Reihen der Nationalen Buchhaltung der Schweiz 1948–1976, 3 Bde., Bern 1977–1978 (Beiträge zur schweizerischen Statistik, 45–47), die beiden von der Wirtschaftsredaktion der Neuen Zürcher Zeitung verfaßten Übersichten Organigramm der schweizerischen Wirtschaft und Öffentliche Träger der schweizerischen Wirtschaftspolitik, Zürich 1977 beziehungsweise 1978 (NZZ-Schriften zur Zeit, 36 beziehungsweise 39), sowie das von der Schweizerischen Gesellschaft für Statistik und Volkswirtschaft herausgegebene Handbuch der schweizerischen Volkswirtschaft, 2 Bde., Bern 1955, und das etwas modernere Lexique de l'économie suisse, Neuchâtel 1965. Von Bedeutung sind ebenfalls verschiedene Periodika, so Die Volkswirtschaft, die als Beilage die Mitteilungen der Kommission für Konjunkturfragen enthält, die Schweizerische Zeitschrift für Volkswirtschaft und Statistik, Wirtschaft und Recht, Außenwirtschaft, sowie die Revue économique et sociale, und die verschiedenen von der Gesellschaft zur Förderung der schweizerischen Wirtschaft herausgegebenen Publikationen. Von großem Gewinn für die Wirtschaftshistoriker sind auch die Jahresberichte der Nationalbank, des Vorortes und der Schweizerischen Bankiervereinigung sowie die Tätigkeitsberichte des Schweizerischen Gewerkschaftsbundes.

Die Wirtschaftsordnung behandeln F. GYGI, Die schweizerische Wirtschaftsverfassung, 2., erweiterte Aufl., Bern 1978 (Berner Beiträge zur Nationalökonomie, 34), sowie E. SCHÄTTI, Die Wirtschaftsordnung der Schweiz. Entwicklungstendenzen seit 1945, Zürich 1978. Kritische Beiträge liefern H. CH. BINSWANGER, Eigentum und Eigentumspolitik. Ein Beitrag zur Totalrevision der Schweizerischen Bundesverfassung, Zürich 1978, und B. HOTZ, Politik zwischen Staat und Wirtschaft. Verbandsmäßige Bearbeitung wirtschaftspolitischer Probleme und die daraus resultierenden Konsequenzen für die Aktivitäten des Staates im Falle der Schweiz, Dießenhofen 1979 (Wirtschaftspolitik, 2), der die Bedeutung der Wirtschaftsorganisationen und den Wandel der Staatsfunktionen anhand der Wettbewerbs- und der Stabilisierungspolitik herausarbeitet.

Zum konjunkturpolitischen Verhalten von Verbänden und Behörden vergleiche man U. BIRCHLER, Die Konjunkturpolitik in der Schweiz von 1950–1975 unter besonderer Berücksichtigung der wirtschaftspolitischen Träger. Dießenhofen 1979 (Untersuchungen des Instituts für Wirtschaftsforschung der Eidgenössischen Technischen Hochschule Zürich, Neue Folge 20) und G. PRADER, 50 Jahre schweizerische Stabilisierungspolitik, Zürich 1981 (Basler sozialökonomische Studien, 14). Wie stark die allgemeine Wirtschaftsentwicklung und Wirtschaftspolitik in einer kleinen, von der Umwelt abhängigen Volkswirtschaft mit der Geld- und Währungspolitik verknüpft sind, zeigen CH. LUTZ, Die dringlichen Bundesbeschlüsse über die Bekämpfung der Teuerung. Ein Kapitel Geschichte schweizerischer Wirtschaftspolitik, Winterthur 1967, H. KLEINEWEFERS, Inflation und Inflationsbekämpfung in der Schweiz, Frauenfeld 1976, und H. BALTES, Schweizerische Geldpolitik im Dienste der Inflationsbekämpfung. Das Beispiel der Maßnahmen des Jahres 1972, Zürich 1978. Die Problematik fixer oder flexibler Wechselkurse beleuchten O. KNAPP, Die schweizerische Wechselkurspolitik in der Zeit von 1968–1975. Analyse und Ausblick, Samedan 1977, und H. SIEBER, Der flottierende Schweizerfranken. Ein Befund, Zürich 1978 (Veröffentlichungen des Schweizerischen Instituts für Außenwirtschafts-, Struktur- und Marktforschung an der Hochschule St. Gallen, 30). Einen guten Überblick bietet nun auch die Festschrift 75 Jahre Schweizerische Nationalbank. Die Zeit von 1957 bis 1982, Zürich (1982).

Die Studien von G. FISCHER, Der Wohlstand der Kantone, Bern 1980, und Die Entwicklung der kantonalen Volkswirtschaften seit 1965, Bern 1981 (Publikationen des Schweizerischen Nationalfonds aus den Nationalen Forschungsprogrammen , 3/I und II) machen darauf aufmerksam, daß es auch in der hochindustrialisierten Schweiz periphere Wirtschaftsregionen gibt. Die Ergebnisse des Nationalen Forschungsprogramms 5, das dieser Problematik gewidmet war, sind in sieben Schlußberichten publiziert worden, von denen wir die zwei wichtigsten zitieren: G. FISCHER, E. A. BRUGGER (Hg.), Regionalprobleme in der Schweiz, und E. A. BRUGGER, R. L. FREY, Regionalpolitik Schweiz, Bern 1986 (Publikationen des Schweizerischen Nationalfonds aus den Nationalen Forschungsprogrammen, 34/1 und 7). Erwähnt sei auch der umfangreiche Sammelband E. A. BRUGGER (u. a.; Hg.), Umbruch im Berggebiet. Die Entwicklung des schweizerischen Berggebietes zwischen Eigenständigkeit und Abhängigkeit aus ökonomischer und ökologischer Sicht, Bern 1984. In engem Zusammenhang mit dem regionalen Entwicklungsgefälle steht die Situation der Landwirtschaft, über die der Bundesrat dem Parlament laufend rapportiert: Sechster Bericht über die Lage der schweizerischen Landwirtschaft und die Agrarpolitik des Bundes, Bern 1984 (auch im Bundesblatt 1984, III). Eher aus der Sicht der Bauernsame ist C. QUARTIER, Paysans aujourd'hui en Suisse, Lausanne 1978, geschrieben, während H. HAUSER (u. a.), Die Einführung der einzelbetrieblichen Milchkontingentierung in der Schweiz, Bern 1983 (Publikationen des Schweizerischen Nationalfonds aus den Nationalen Forschungsprogrammen, 21) und P. HALBHERR, A. MÜDESPACHER, Agrarpolitik – Interessenpolitik?, Bern 1985 (Res publica helvetica, 17), den kritischen Standpunkt der modernen Ökonomie vertreten. Eine allgemeinverständliche Übersicht liefert H. BRUGGER, Die schweizerische Landwirtschaft 1914–1980, Frauenfeld 1985.

Der Mangel an Produktionsfaktoren und Absatzmärkten macht die schweizerische Wirtschaft extrem auslandabhängig. P. BERWERT, Export und Wirtschaftswachstum. Der Fall der Schweiz, Bern 1977, belegt diese Abhängigkeit, während A. BARTH, Die wirtschaftliche Verflechtung der Schweiz mit dem Ausland, Winterthur 1966, und F. HÖPFLINGER, Das unheimliche Imperium. Wirtschaftsverflechtung in der Schweiz, Zürich 1977, ihre Folgen schildern. Die jüngste Entwicklung diskutieren S. BORNER, F. WEHRLE, Die Sechste Schweiz. Überleben auf dem Weltmarkt, Zürich 1984. R. SENTI (Hg.), Die Schweiz und die internationalen Wirtschaftsorganisationen, Zürich 1975, beschreibt die immer wichtiger werdende multilaterale Wirtschaftspolitik der Schweiz. Einen guten Überblick bietet auch B. VON TSCHARNER, Außenwirtschaft und Außenwirtschaftspolitik der Schweiz, Zürich 1984.

Aus international vergleichender Sicht stellt M. G. SCHMIDT, Der schweizerische Weg zur Vollbeschäftigung, Frankfurt 1985, der Arbeitsmarktpolitik ein gutes Zeugnis aus, betont aber auch ihre negativen Folgen für die Fremdarbeiter. Im Zeichen des Überganges von der Industrie- zur Dienstleistungsgesellschaft hat der schon immer bedeutende Finanzsektor an Gewicht noch gewonnen. H. SCHMID, Geld, Kredit und Banken, Bern 1979 (Bankwirtschaftliche Forschungen, 55), die jährliche Publikation der Schweizerischen Nationalbank, Das schweizerische Bankwesen im Jahre..., aber auch das Handbuch des Geld-, Bank- und Börsenwesens der Schweiz, 3. Aufl., Thun 1977, geben umfassend Auskunft. Während M. IKLÉ, Die Schweiz als internationaler Bank- und Finanzplatz, Zürich 1970, und F. RITZMANN, Die Schweizer Banken. Geschichte – Theorie – Statistik, Bern 1973 (Bankwirtschaftliche Forschungen, 8), das Wachstum der Bankgeschäfte positiv beurteilen, üben M. MABILLARD, R. DE WECK, Scandale au Crédit Suisse, Genève 1977, und R. H. STRAHM, Bildungsdossier Banken. Materialien zum Finanzplatz Schweiz und zur Banken-Initiative der SPS, Bern 1978, heftige Kritik an den Auswüchsen einer rapiden Entwicklung.

Infrastruktur und öffentliche Finanzen

Über Literatur zur politischen Planung orientieren wir weiter unten. Das schweizerische Bodenrecht, die Verteilung des Grundbesitzes und die sich daraus ergebenden Folgen werden von H. TSCHÄNI, Wem gehört die Schweiz?, Zürich 1986, einer radikalen Kritik unterzogen. Die Entwicklung des Bodenmarktes und der Bodenpolitik seit den dreißiger bis in die sechziger Jahre analysiert A. TSCHUDI, Die sozialdemokratisch-gewerkschaftliche Verfassungsinitiative gegen die Bodenspekulation aus dem Jahre 1963, Diss. Konstanz 1979. Die anschließende Phase beginnender eidgenössischer Raumordnungspolitik behandelt J. FISCHER, Das Raumplanungsgesetz als Beispiel einer politischen Planung in der Schweiz, Reinheim 1975, allerdings noch ohne das Scheitern des ersten Gesetzgebungsversuches; darüber berichtet als Beteiligter J.-P. VOUGA, De la fosse aux ours à la fosse aux lions, Vevey 1976. Das Zusammenwirken der verschiedenen Verwaltungsebenen untersucht M. WEMEGAH, Administration fédérale et aménagement du territoire, St-Saphorin 1979. Eine Übersicht über die jüngsten Entwicklungen in der Raum- und Regionalpolitik des Bundes – und generell auch der Kantone – findet sich bei W. HESS, Regional- und raumpolitische Ziele und Maßnahmen von Bund und Kantonen, Bern 1979 (Publikationen des Schweizerischen Nationalfonds aus den Nationalen Forschungsprogrammen, 2), sowie bei M. LENDI, H. ELSASSER, Raumplanung in der Schweiz. Eine Einführung, Zürich 1985. Einen Überblick über die Probleme der räumlichen Mobilität geben M. BASSAND (u.a.), Les Suisses entre la mobilité et la sédentarité, Lausanne 1985. Zur Umweltproblematik seien erwähnt Die Bedrohung unseres Lebensraumes, Zürich 1969 (NZZ-Schriften zur Zeit, 12), sowie die naturwissenschaftliche Studie von K.C. EWALD, Der Landschaftswandel. Zur Veränderung schweizerischer Kulturlandschaften im 20. Jahrhundert, Birmensdorf 1978 (Berichte der Eidgenössischen Anstalt für das forstliche Versuchswesen, 191). Einen engagierten Standpunkt beziehen H. WEISS, Die friedliche Zerstörung der Landschaft und Ansätze zu ihrer Rettung in der Schweiz, Zürich 1981, K. BRANDENBERGER (u.a.), Das Märchen von der sauberen Schweiz. Pleite im Umweltschutz, Basel 1982, und E.R. MÜLLER, Unser Boden – der letzte Dreck?, Gümligen 1985, während W. BUSSMANN, Gewässerschutz und kooperativer Föderalismus in der Schweiz, Bern 1981 (Publikationen des Schweizerischen Nationalfonds aus den Nationalen Forschungsprogrammen, 6) die Implementationsprobleme umweltpolitischer Programme beispielhaft aufzeigt.

Als Hauptquelle zur Planung in der Energiepolitik ist der Schlußbericht der Eidgenössischen Kommission für die Gesamtenergiekonzeption, Das schweizerische Energiekonzept, 2 Bde., Bern 1978, zu nennen. Den Höhepunkt der Auseinandersetzung um den Wasserkraftwerkbau behandelt E. SCHÄPPI, Der Kampf ums Kraftwerk Rheinau 1951–1954, Zürich 1978. Für die Entstehung und den Ausbau der Gesetzgebung über die Atomenergie verweisen wir auf H. RAUSCH, Schweizerisches Atomenergierecht, Zürich 1980.

Im Bereich der Verkehrspolitik ist als Zeugnis der politischen Planung der Schlußbericht der Eidgenössischen Kommission für die schweizerische Gesamtverkehrskonzeption, GVK-CH: Gesamtverkehrskonzeption Schweiz, Bern 1977, zu nennen, der auch einen Überblick über die neueste Verkehrsgeschichte enthält. Ein umweltgerechtes Verkehrs-Leitbild präsentiert der Verkehrs-Club der Schweiz (VCS), Umwelt, Verkehr, Umkehr, Herzogenbuchsee 1983. Sehr kritisch setzt sich ST. STUDER, Nationalstraße – Nationalstrafe oder Die Demokratie bleibt auf der Strecke. Macht und Ohnmacht im schweizerischen Nationalstraßenbau, Zürich 1985, mit den Straßenverkehrsinteressen und der offiziellen Straßenbaupolitik auseinander.

Über das Geschehen auf dem Wohnungsmarkt und in der auf diesen ausgerichteten Politik des Bundes seit 1950 orientieren T. ANGELINI, P. GURTNER, Wohnungsmarkt und Wohnungspolitik in der Schweiz, Bern 1978 (Schriftenreihe Wohnungswesen, 5), und M. BASSAND (u.a.), Politique et logement, Lausanne 1984. Vor allem mit den Interventionen im Bereich der Mietpreise beschäftigt sich U. ENDERLE, Die Mietpreispolitik des Bundes von 1936 bis 1967, Zürich 1969. Als gesellschaftskritische Fallstudie über eine Vorortüberbauung bei Zürich sei erwähnt: Autorenkollektiv an der Architekturabteilung der Eidgenössischen Technischen Hochschule Zürich, «Göhnerswil» – Wohnungsbau im Kapitalismus. Eine Untersuchung über die Bedingungen und Auswirkungen der privatwirtschaftlichen Wohnungsproduktion ..., Zürich 1972.

Zum Gesundheitswesen gibt es kaum historisch orientierte Beiträge. Eine kritische Analyse, die insbesondere die wirtschaftlichen Aspekte beleuchtet, bieten P. GYGI, H. HENNY, Das schweizerische Gesundheitswesen, 2. überarbeitete und ergänzte Aufl., Bern 1977.

Über die Entwicklung des Schulwesens und seiner Reformen informieren E. EGGER, E. BLANC, Neuerungen im schweizerischen Schulwesen. Besonderheiten und Tendenzen, Genf 1977 (Informationsbulletin, Konferenz der kantonalen Erziehungsdirektoren, 9). Die eidgenössische Hochschulpolitik, namentlich zur Zeit der ausbaufreudigen sechziger Jahre, untersucht C. LERCH, Der Bund und die kantonalen Hochschulen, Bern 1971 (Europäische Hochschulschriften, II 37). Die Wende zu den mageren Jahren kommentiert R. DEPPELER, Sechs Jahre Hochschulkonferenz. Versuch eines Fazits aus der Sicht des Sekretariats, Bern 1975. Zur Forschungspolitik erwähnen wir G. LATZEL, Prioritäten der schweizerischen Forschungspolitik im internationalen Vergleich. Die Nationalen Forschungsprogramme, Bern 1979 (St. Galler Studien zur Politikwissenschaft, 6); W. HILL, I. RIESER, Die Förderungspolitik des Nationalfonds im Kontext der schweizerischen Forschungspolitik, Bern 1983 (Schriftenreihe des Betriebswirtschaftlichen Instituts an der Universität Basel, 11), und die kritische Studie von D. FREIBURGHAUS, W. ZIMMERMANN, Wie wird Forschung politisch relevant?, Bern 1985 (Publikationen des Schweizerischen Nationalfonds aus den Nationalen Forschungsprogrammen, 28). Eine Übersicht über das im internationalen Vergleich gut abschneidende Berufsbildungswesen erhält man bei E. WETTSTEIN (u.a.), Die Berufsbildung in der Schweiz, Luzern 1985.

Den besten Überblick über die Bundesfinanzpolitik findet man noch immer bei M. WEBER, Geschichte der schweizerischen Bundesfinanzen, Bern 1969 (Staat und Politik, 5). Eine gute statistische Grundlage bietet die jährlich vom Bundesamt für Statistik herausgegebene Zusammenstellung Öffentliche Finanzen der Schweiz (Statistische Quellenwerke der Schweiz). Während H. LETSCH, Öffentliche Finanzen und Finanzpolitik in der Schweiz, Bern 1972 (Finanzwirtschaft und Finanzrecht, 6), und W. WITTMANN, Bundesfinanzen und Sozialstaat, Dießenhofen 1978, sowie ders., Die Bundesfinanzen, Bern 1979 (Die Orientierung, 71), das Thema eher aus konservativer Sicht beleuchten, liefern B. HOSANG, Die sieben mageren Jahre. Schweizer Finanzpolitik auf dem Buckel der Schwachen, Zürich 1978 (Rote Welle, 7), und P. HABLÜTZEL, Staatsverschuldung. Die hintertriebene Sanierung der Bundesfinanzen, Basel 1984 (Standpunkte/kontrovers, 3) eine engagierte Kritik von links. Der enge Zusammenhang zwischen Finanzpolitik und Wirtschaftsentwicklung, den J. WEILENMANN, Der Einfluß des Bundeshaushalts auf den schweizerischen Konjunkturverlauf. Eine empirische Untersuchung des Zeitraums 1950–1970, Bern 1974 (Europäische Hochschulschriften V 76), untersucht, erklärt das besondere Interesse der Wirtschaftswissenschafter am Thema: S. BORNER (u.a.), Schweizerische Stabilisierungs- und Finanzpolitik. Grundlagen und Vorschläge für eine Reform der lang-, mittel- und kurzfristigen Finanzpolitik, Dießenhofen 1978, sowie die Notwendigkeit der finanzpolitischen Planung: A. WINTER, Die Entwicklung der Finanzplanung des Bundes, Dießenhofen 1978 (Öffentliche Finanzen, 2). Die Probleme der finanzpolitischen Verbundwirtschaft zwischen Bund und Kantonen in der Defizitära behandelt kompetent E. BUSCHOR, Die öffentliche Finanzwirtschaft zwischen Automatismen und Mittelverknappung, Bern 1983 und ders. (u.a.), Neue Finanzpolitik der Kantone, Bern 1984 (Staat und Politik, 28 und 29).

Gesellschaft

Als statistische Grundlage für die Bereiche des Arbeitsmarktes, der Löhne und des Verbrauchs kann bis 1971 das vom Bundesamt für Industrie, Gewerbe und Arbeit (BIGA) herausgegebene Handbuch der schweizerischen Sozialstatistik 1932–1971, Bern 1973 (Sonderheft 85 der Volkswirtschaft), dienen.

Über die Entwicklung der Lebenshaltung in der Wachstumsperiode geben von einer deutschschweizerischen Wochenzeitschrift veranlaßte Repräsentativumfragen Aufschluß, so vor allem Wachsender Wohlstand. Wie sie leben – 1965. Eine Untersuchung über Lebensstandard und Konsumgewohnheiten der Abonnenten des Schweizerischen Beobachters heute und im Vergleich zu 1950 und 1960, durchgeführt ... vom Forschungs-Institut der Schweizerischen Gesellschaft für Marktforschung Zürich, Basel 1965. Für die welsche Schweiz sind entsprechende Erhebungen, und zwar in erweiterter und vertiefter Form, der Initiative einer sozialpolitischen Organisation entsprungen: Aisance et privations. Après 20 ans de haute conjoncture. Une enquête scientifique sur les conditions de vie des familles salariées de Suisse romande, réalisée par le Mouvement populaire des familles (MPF), avec la collaboration et sous le contrôle de l'Institut suisse d'opinion publique (ISOP), 6 Hefte, Genève 1968–1969, und Comment vivent-ils? Les ménages salariés romands en chiffres, Genève 1979. Die personelle Einkommens- und Vermögensverteilung und ihre Entwicklung seit Mitte der fünfziger bzw. Ende der sechziger Jahre ist aufgrund von Steuerstatistiken von U. Ernst, Die Wohlstandsverteilung in der Schweiz. Stand und Entwicklung der personellen Einkommens- und Vermögensverteilung, Dießenhofen 1983 (Basler sozialökonomische Studien, 18) untersucht worden.

Von den einzelnen Bevölkerungsgruppen haben die ausländischen Einwanderer eine besonders reichhaltige Publikationstätigkeit ausgelöst; aus ihr kann hier nur eine beschränkte Auswahl von Titeln angeführt werden. Eine kritische Analyse der offiziellen Ausländerpolitik vom Standpunkt der Solidarität mit den Eingewanderten gibt W. Haug, «... und es kamen Menschen». Ausländerpolitik und Fremdarbeit in der Schweiz 1914 bis 1980, Basel 1980. Ein vom BIGA herausgegebener Bericht einer amtlichen Studienkommission, Das Problem der ausländischen Arbeitskräfte, Bern 1964, behandelt die rechtliche und soziale Lage der Immigranten in den früheren sechziger Jahren und erörtert auch die wirtschaftlichen und staatspolitischen Aspekte. Aufgrund von Befragungen analysiert R. Braun, Sozio-kulturelle Probleme der Eingliederung italienischer Arbeitskräfte in der Schweiz, Erlenbach-Zürich 1970, die Einwanderungsmotive, Arbeits- und Lebensbedingungen speziell der italienischen Arbeiter sowie die Voraussetzungen für eine Eingliederung bei Einwanderern und Ansässigen. Unter Einbeziehung der früheren Welle aus der Zeit vor dem Ersten Weltkrieg beschreibt und erläutert H.-M. Hagmann, Les travailleurs étrangers, chance et tourment de la Suisse, Lausanne 1966, das Einwanderungsphänomen, wobei er den politischen Auswirkungen besondere Aufmerksamkeit schenkt. Von Interesse sind schließlich Darstellungen aus der Sicht der Immigranten selber: D. Castelnuovo-Frigessi, Elvezia, il tuo governo. Operai italiani emigrati in Svizzera, Torino 1977 (Einaudi serie politica, 54), gibt eine marxistische Deutung der schweizerischen Ausländerpolitik vor und während der Rezession und illustriert die Einwandererexistenz mit Hilfe von Interviews. Zahlreiche Ausländerzitate enthält auch die kritische Darstellung einer Autorengruppe für eine fortschrittliche Ausländerpolitik, Basta! Fremdarbeiter in den 80er Jahren, Zürich 1980.

Auch die Verhältnisse und Probleme der Betagten sind vor der Rezession von einer Expertengruppe, der Kommission für Altersfragen, untersucht worden: Die Altersfragen in der Schweiz, Bern 1967. Eine journalistische Darstellung aus derselben Periode bietet A. A. Häsler, Im Schatten des Wohlstandes. Das ungelöste Altersproblem in der Schweiz, Zürich 1971. Der auf einer Umfrage beruhende neue Situationsbericht von W. Schweizer, Die wirtschaftliche Lage der Rentner in der Schweiz, 2 Bde., Bern 1980 (Publikationen des Schweizerischen Nationalfonds aus den Nationalen Forschungsprogrammen, 4), ist in sozialpolitisch engagierten Kreisen als zu beruhigend beurteilt worden; vgl. P. Gilliand, Rentiers AVS. Une autre image de la Suisse. Inégalités économiques et sociales, Lausanne 1983, und A. Lüthi, Die wirtschaftliche Ungleichheit im Rentenalter in der Schweiz, Freiburg/Schweiz 1983 (Freiburger Studien zur Verteilung von Einkommen und Vermögen, 2). Die Lage und die Rolle der Frau und zugleich die Geschichte ihrer Emanzipation hat erst in jüngster Zeit eine offizielle Behandlung erfahren: Die Stellung der Frau in der Schweiz. Bericht der Eidgenössischen Kommission für Frauenfragen, 4 Teile, 1979–1984; eine wissenschaftliche Analyse, die zugleich Einstellungen und Verhaltensweisen erfaßt und die Unterschiede zwischen den einzelnen Schichten und Milieus herausarbeitet, geben Th. Held, R. Levy, Die Stellung der Frau in Familie und Gesellschaft, Frauenfeld 1974 (Soziologie in der Schweiz, 1). Eine offizielle Bestandesaufnahme mit Empfehlungen für öffentliche Maßnahmen gibt es auch für den Bereich der Familie: Familienpolitik in der Schweiz. Schlußbericht zuhanden des Vorstehers des Eidgenössischen Departements des Innern, erstattet von der Arbeitsgruppe Familienbericht, Bern 1982.

Auf Literatur über Bewegungen in der Jugend werden wir weiter unten hinweisen; hier sei als Überblick über die Entwicklung der Jugendkriminalität und der entsprechenden Sanktionspraxis erwähnt: G. Heine, J. Locher, Jugendstrafrechtspflege in der Schweiz. Eine Untersuchung des Sanktionensystems mit Dokumentation, Freiburg i. Br. 1985 (Beiträge und Materialien aus dem Max-Planck-Institut für ausländisches und internationales Strafrecht, Freiburg i. Br., S 1); ferner als Bestandesaufnahme über das Drogenproblem: H. Solms, H. Feldmann, M. Burner (Ed.), Jeunesse, drogue, société en Suisse 1970–1972, Lausanne 1972.

Eine Übersicht über den gesamten Bereich der Sozialpolitik einschließlich Bildungs- und Gesundheitswesen mit historischen Hinweisen und Literaturangaben bietet A. Wagner, Wohlfahrtsstaat Schweiz. Eine problemorientierte Einführung in die Sozialpolitik, Bern 1985 (Soziale Arbeit, 4). Unter den verschiedenen Interventionsbereichen hat namentlich die Sozialversicherung zu Kontroversen geführt. Das ganze Sicherheitssystem beschreibt vom Verwaltungsstandpunkt aus A. Saxer, Die soziale Sicherheit in der Schweiz, 4., auf den neuesten Stand gebrachte Aufl., Bern, Zürich 1977. Die geschichtliche Entwicklung, insbesondere auch die politische Auseinandersetzung über Ausbau und Finanzierung der Alters- und Hinterlassenenversicherung, behandelt die liberalen Kritikern nahestehende Darstellung von J. Sommer, Das Ringen um soziale Sicherheit in der Schweiz, Dießenhofen 1978 (Arbeits- und Sozialwissenschaft, 1). Eine ökonomisch orientierte Darstellung der Geschichte der AHV gibt St. Müller, Entstehung und Entwicklung der AHV von 1945 bis 1978, Freiburg/Schweiz 1978. R. Rechsteiner, Das 200-Milliarden-Geschäft. Pensionskassen in der Schweiz – Eine Einführung in die Probleme der «2. Säule» für Versicherte und Stiftungsräte, Zürich 1984, beschreibt und kritisiert auf gemeinverständliche Weise die Berufsvorsorge und ihre wirtschaftlichen und sozialen Konsequenzen.

Das BIGA hat anläßlich seines 50jährigen Bestehens eine Art Standortbestimmung veröffentlicht, welche die staatlichen Interventionen auf dem Arbeitsmarkt in den wirtschaftlichen und sozialen Gesamtzusammenhang stellen soll: Grundzüge und Probleme der schweizerischen Arbeitsmarktpolitik, 2 Bde., Bern 1980. Über die Entwicklung des Arbeitsverhältnisses zur Sozialpartnerschaft orientiert die Branchenstudie von H.-M. Tschudi, Die Gestaltung der Arbeitsverhältnisse durch die Sozialpartner des schweizerischen Baugewerbes. Dargestellt an der Entwicklung des Landesmantelvertrages für das schweizerische Hoch- und Tiefbau-, Zimmer-, Steinhauer- und Steinbruchgewerbe 1938–1976, Zürich 1979 (Schweizer Schriften zum Handels- und

Wirtschaftsrecht, 42). Mit der Entwicklung der Diskussion um die Mitbestimmung befaßt sich A. SONDEREGGER, Mitbestimmung als Gewerkschaftsforderung. Die wirtschaftspolitische Rolle der Schweizer Gewerkschaften am Beispiel der Mitbestimmung, Dießenhofen 1979. Zur Dokumentation der Mitbestimmungsverhältnisse und -forderungen dient A. THOMMEN, «Mitbestimmung» in der Schweiz, Zürich 1972. Weitere Literatur zur Arbeiter- und Gewerkschaftsbewegung wird unten im Zusammenhang mit den Wirtschaftsverbänden besprochen. Mit den Problemen des Konsumentenschutzes und seiner Organisation befassen sich A. DÖRLER, Konsumentenpolitik in der Schweiz, Dießenhofen 1982, und M. WEBER-JOBÉ, Mouvements de consommateurs et transformation sociale. La Fédération romande des consommatrices, Lausanne 1976 (Institut de science politique, Mémoires et documents, 6). Über die Geschichte des vereinheitlichten Strafrechts orientiert H. SCHULTZ in seiner Abhandlung Dreißig Jahre schweizerisches Strafgesetzbuch, in: Schweizerische Zeitschrift für Strafrecht 1972, sowie in seiner im Auftrag des Eidgenössischen Justiz- und Polizeidepartements verfaßten Standortbestimmung Bericht und Vorentwurf zur Revision des Allgemeinen Teils des Schweizerischen Strafgesetzbuches, 1985, die auch einen Überblick über die neueste Entwicklung der Kriminalität bietet.

Vorstellungswelt und Verhaltensweisen

Eine Geschichte der schweizerischen Mentalität seit dem Zweiten Weltkrieg findet sich erst in Ansätzen. Einen kurzen Überblick über die politischen Leitvorstellungen enthält die Studie von H. MOSER, F. KOST, W. HOLDENER, Zur Geschichte der politischen Bildung in der Schweiz, Stuttgart 1978. Der Entwicklung des Antikommunismus ist eine ausgiebig dokumentierte, aber stark auf Personen und Organisationen ausgerichtete Darstellung linker Autoren gewidmet: J. FRISCHKNECHT (u. a.), Die unheimlichen Patrioten. Politische Reaktion in der Schweiz, 5. erw. Aufl. mit Nachtrag 1979–84, Zürich 1984).

Erwähnt seien nun zunächst Publikationen, welche Auffassungen zum Ausdruck bringen, die während der Zeit bis etwa 1965 im Vordergrund standen. Eine kommentierte Auswahl von Antworten auf eine von der Neuen Helvetischen Gesellschaft 1946 veranstaltete «Volksumfrage» zu zentralen politischen Themen, zugleich aber auch die Ergebnisse der im Text erwähnten Repräsentativbefragung bietet Die Schweiz hält durch, Zürich 1948. Eine Repräsentativumfrage über Einstellungen, Meinungen und Wünsche zu Beginn der sechziger Jahre wertet L. BOLTANSKI, Le bonheur suisse, Paris 1966, aus. Eine im Text zitierte Deutung des schweizerischen Selbstverständnisses, die auf der Tiefenpsychologie C. G. Jungs basiert, gibt K. SCHMID, Versuch über die schweizerische Nationalität, in: Aufsätze und Reden, Zürich 1957.

Erhöhten Quellenwert besitzen einige Schriften, die das vorherrschende Image der Schweiz in Frage stellen, so L. BURCKHARDT, M. FRISCH, M. KUTTER, Achtung: die Schweiz, Basel 1955 (Basler politische Schriften, 2); M. IMBODEN, Helvetisches Malaise, Zürich 1964 (Polis, 20); oder Expo 64. Trugbild der Schweiz, Basel 1964. Zeugnisse von Opfern des Antikommunismus enthält «Niemals vergessen!» Betroffene berichten über die Auswirkungen der Ungarn-Ereignisse 1956 in der Schweiz, Zürich 1976 (Rote Welle, 2). Die Bewegung gegen die Atomwaffen und ihre historische Bedeutung analysiert die unveröffentlichte Studie von M. HEINIGER, Die schweizerische Antiatombewegung 1958–1963, Lizentiatsarbeit Universität Zürich 1980. Zur Überfremdungsbewegung nennen wir den Versuch einer kritischen Analyse von C. HOLENSTEIN, Mit dem Rücken zur Zukunft. Die geistige Welt des James Schwarzenbach, Zürich 1971, und als rechtfertigende Antwort darauf J. SCHWARZENBACH, Im Rücken das Volk, Zürich 1980, ferner eine sprachsoziologische Leserbriefanalyse von U. WINDISCH (mit J.-M. JAEGGI und G. DE RHAM), Xénophobie? Logique de la pensée populaire, Lausanne 1978. Zur Wendung in der Flüchtlingsfrage vgl. M.-C. CALOZ, Flüchtlings-Politik am Ende? Von den politischen Flüchtlingen zu den «neuen» Flüchtlingen, Zürich 1982.

Die Gesamtentwicklung des Jugendprotests von den späten sechziger Jahren bis zur Bewegung der achtziger Jahre versucht H. KRIESI, Die Zürcher Bewegung. Bilder, Interaktionen, Zusammenhänge, Frankfurt 1984, zu erfassen, wobei er den Begriff der Gegenkultur heranzieht. Die 68er Bewegung ist von verschiedenen Ansätzen her analysiert worden. Aufgrund einer Repräsentativumfrage im Kanton Zürich bringen R. BLANCPAIN, E. HÄUSELMANN, Zur Unrast der Jugend, Frauenfeld 1974 (Soziologie in der Schweiz, 2), Einstellungen und Verhaltensweisen mit sozialstrukturellen Voraussetzungen in Zusammenhang. Parallel dazu analysiert R. BAUTZ, Zur Unrast der Jugend, Frauenfeld 1975 (Soziologie in der Schweiz, 3), die gesellschaftliche Bedingtheit politischer Vorstellungen mit Hilfe von Gruppendiskussionen und Einzelinterviews. Journalistische Recherchen bilden die hauptsächliche Basis der Darstellung von A. A. HÄSLER, Der Aufstand der Söhne, Zürich 1969, die nach dem Verebben der Bewegung vom gleichen Verfasser in Das Ende der Revolte, Zürich 1976, eine mehr historisch orientierte Ergänzung erhalten hat. W. HOLLSTEIN, Die jugendlichen Protestbewegungen in der Schweiz – Versuch einer Typologie, in: Gymnasium Helveticum 1973, bemüht sich um eine Differenzierung des Phänomens; O. WOODTLI, Vier Jugendgenerationen, in: Schweizer Monatshefte 1977, unternimmt es, verschiedene Erscheinungsformen der Jugend in ihrer zeitlichen Folge voneinander abzuheben. Besondere Ausprägungen beschreiben und deuten Religion im Untergrund. Die religiösen Randgruppen Jugendlicher in der Schweiz – eine Herausforderung, herausgegeben vom Schweizerischen Beratungsdienst Jugend + Gesellschaft, Zürich 1975, sowie R. HERZOG, Kommunen in der Schweiz, Basel 1972. Für die Jugendunruhen der achtziger Jahre verweisen wir neben der erwähnten Darstellung von H. KRIESI auf die überwiegend konservativ orientierte Sammlung von Artikeln aus der Neuen Zürcher Zeitung H. BÜTLER, T. HÄBERLING (Hg.), Die neuen Verweigerer. Unruhe in Zürich und anderen Städten, Zürich 1981, ferner auf den verständnisvollen, auch im Ausland beachteten Bericht der Eidgenössischen Kommission für Jugendfragen, Thesen zu den Jugendunruhen 1980, Bern 1980. Die gleiche Kommission hat sich auch mit der neuesten Jugendsituation befaßt: Mutter Helvetia und Vater Staat. Zur Lage der Jugendlichen in der Schweiz, Bern 1985.

Die als Glaubenssystem gedeutete Umweltbewegung untersucht J. M. ZÜRCHER, Umweltschutz als Politikum, Bern 1978 (Helvetia politica, B 12), wobei er sowohl ihre Entstehung wie ihre Wirkung behandelt. Die engagierte Selbstdarstellung eines Vorkämpfers bietet F. WEBER, Die gerettete Landschaft. Wie ein Einzelner der Zerstörung Einhalt gebieten kann, erweiterte deutsche Fassung, München 1978. Einen Überblick über die Antiatomenergiebewegung enthält H. KRIESI, AKW-Gegner in der Schweiz. Eine Fallstudie zum Aufbau des Widerstands gegen das geplante AKW in Graben, Dießenhofen 1982. Für den Wandel der Einstellungen zur Armee sei auf K. W. HALTINER, Milizarmee – Bürgerleitbild oder angeschlagenes Ideal? Eine soziologische Untersuchung über die Auswirkungen des Wertwandels auf das Verhältnis Gesellschaft–Armee in der Schweiz, Frauenfeld 1985, verwiesen. Persönliche Zeugnisse über die Verarbeitung des Wertwandels im Rahmen der bestehenden Strukturen finden sich in R. BLUM, P. ZIEGLER (Hg.), Einspruch. 12 Vierzigjährige zur politischen Situation in der Schweiz, Zürich 1985.

Eine Analyse der verschiedenen Zukunftsvorstellungen aus dem Beginn der siebziger Jahre enthält nebst einem eigenen Programm W. WITTMANN, Wohin geht die Schweiz? Strategien des Überlebens, München 1973. Der Ertrag der Bemühungen zahlreicher Arbeitsgruppen um die Zukunft der Schweiz erscheint zusammengefaßt in Anno 709 p. R. Schlußbericht der Prospektivkonferenz der Neuen Helvetischen Gesellschaft, Aarau 1973.

Kultureller Ausdruck

Für die Literaturentwicklung der Epoche seit 1945 ist grundlegend die von M. GSTEIGER herausgegebene Darstellung Die zeitgenössischen Literaturen der Schweiz, 2 Bde., Frankfurt 1980 (Kindlers Literaturgeschichte der Gegenwart, Aktualisierte Ausg., 7 und 8). Sie behandelt sowohl stil- und geistesgeschichtliche wie sozialgeschichtliche Aspekte. Der Herausgeber hat neben einer Einführung die Behandlung des französischen Sprachbereichs verfaßt, der deutsche ist von E. PULVER, der italienische von A. VOLLENWEIDER, der rätoromanische von L. UFFER bearbeitet. Über die neueste Entwicklung orientiert der Sammelband von J. L. FLOOD (Hg.), Modern Swiss literature: unity and diversity, London 1985, der mehrere schweizerische Beiträge enthält. Als Quelle zur geistesgeschichtlichen Situation nach 1968 sei beigefügt Der Schriftsteller in unserer Zeit. Schweizer Autoren bestimmen ihre Rolle in der Gesellschaft, Bern 1972.

Für die bildende Kunst führt der systematisch aufgebaute und reich illustrierte Band von H. A. LÜTHY und H.-J. HEUSSER, Kunst in der Schweiz 1890–1980, Zürich 1983, bis an die Gegenwart heran; bis in die sechziger Jahre reicht ein ähnliches Werk von H. CH. VON TAVEL, Ein Jahrhundert Schweizer Kunst. Malerei und Plastik von Böcklin bis Alberto Giacometti, Genf 1969. Als Nachschlagewerk sei das vom Schweizerischen Institut für Kunstwissenschaft herausgegebene Lexikon der zeitgenössischen Schweizer Künstler, Frauenfeld 1981, erwähnt. Die Entwicklung der sogenannten ernsten Musik, und zwar einschließlich von Musikpflege und -politik, wird in der Festschrift des Schweizerischen Tonkünstlervereins zu seinem 75jährigen Bestehen, Tendenzen und Verwirklichungen, Zürich 1975, dargestellt. Für den Jazz verweisen wir auf J.-R. HIPPENMEYER, Le jazz en Suisse 1930–1970, Yverdon 1971, sowie auf H. FAAS, Der Jazz in der Schweiz, Zürich 1976. Das Filmwesen findet eine ausführliche Behandlung mit Illustrationen, Autoren- und Werkeverzeichnis bei F. BUACHE, Le cinéma suisse, Lausanne 1974; als neuere filmgeschichtliche Publikationen nennen wir Film in der Schweiz, München 1978 (Film, 17), für die ältere Periode speziell die umfangreiche Darstellung von W. WIDER, F. AEPPLI, Der Schweizer Film 1929–1964. Die Schweiz als Ritual, 2 Bde., Zürich 1981, und für die jüngere M. SCHAUB, Die eigenen Angelegenheiten. Themen, Motive, Obsessionen und Träume des neuen Schweizer Films 1963–1983, in: Cinema 1983. Für das Cabaret und seine Ablösung durch das Kleintheater sei auf C. KEISER, Herrliche Zeiten. 1916–1976: 60 Jahre Cabaret in der Schweiz, Bern 1976, verwiesen.

Über Kulturförderung und Kulturpolitik orientiert am umfassendsten der zwar in amtlichem Auftrag, aber in kritischer Freiheit abgefaßte Bericht der Kommission CLOTTU: Beiträge für eine Kulturpolitik in der Schweiz, Bern 1975. Die sprachgeschichtliche Entwicklung sowie die heutigen Verhältnisse und Probleme in allen Landessprachen einschließlich der Dialekte behandelt eingehend und übersichtlich R. SCHLÄPFER (Hg.), Die viersprachige Schweiz, Zürich 1982. Mit der Problematik der Beziehungen zwischen den drei Hauptsprachgruppen befaßt sich auch J.-P. VOUGA, Romands, Alémaniques, Tessinois – mieux nous écouter pour mieux nous comprendre, Neuchâtel 1978. Für die Deutschschweizer Mundarten gibt R. HOTZENKÖCHERLE, Die Sprachlandschaften der deutschen Schweiz, Aarau 1984 (Sprachlandschaft, 1), einen kompetenten Überblick. Über die Lage und die Schwierigkeiten der vierten Sprachgruppe orientiert W. CATRINA, Die Rätoromanen zwischen Resignation und Aufbruch, Zürich 1983.

Die kirchliche Entwicklung im protestantischen Raum seit der Zwischenkriegszeit behandelt A. MOBBS, Die evangelischen Kirchen der Schweiz im Zeitalter der Ökumene und der zwischenkirchlichen Hilfe, Zürich 1970. Die politische Aktivität der überragenden Theologengestalt Karl Barths bringt D. CORNU, Karl Barth und die Politik, Wuppertal 1969, zur Darstellung. Eine Analyse der Großstadtwirkungen auf das religiöse Verhalten gibt aufgrund einer Repräsentativumfrage R. J. CAMPICHE, Urbanisation et vie religieuse, Thèse Lausanne 1958. Zur Auseinandersetzung über die Frage einer Trennung von Kirche und Staat vergleiche man Kirche–Staat im Wandel. Eine Dokumentation, Bern 1974.

Politische Struktur

Eine breitangelegte systematische und historische Bestandesaufnahme bietet das von der Schweizerischen Vereinigung für Politische Wissenschaft herausgegebene Handbuch Politisches System der Schweiz, Bern 1983 ff., von dessen vier Bänden deren drei erschienen sind. Für die Entwicklung des politischen Systems auch nach 1945 grundlegend ist immer noch die Analyse von L. NEIDHART, Plebiszit und pluralitäre Demokratie, Bern 1970 (Helvetia politica, B 5), die einen systemtheoretischen Ansatz mit gründlicher Kenntnis der geschichtlichen Verläufe verbindet. Die zentrale Bedeutung, die sie dem Referendum für die Ausbildung des Verbandseinflusses auf die Politik beimißt, ist freilich durch die internationale Diskussion über den Neokorporatismus etwas relativiert worden; vgl. in diesem Zusammenhang P. FARAGO, H. KRIESI (Hg.), Wirtschaftsverbände in der Schweiz, Grüsch 1986. Analytisch weniger ergiebig, aber mit über 100 kurzen Ablaufstudien informativ ist J. MEYNAUD, La démocratie semidirecte en Suisse 1945–1968, 2 v., Montréal 1969–1970 (Université de Montréal; série ronéotée, 3,5).

Die Entscheidungsvorgänge in der Demokratie sind in jüngster Zeit vor allem im Rahmen eines Nationalen Forschungsprogramms untersucht worden. Außerhalb desselben ist die Arbeit von H. KRIESI, Entscheidungsstrukturen und Entscheidungsprozesse in der Schweizer Politik, Frankfurt 1980 (Forschung, 164), zu nennen, die sich insbesondere für die Bedeutung der politischwirtschaftlichen Elite interessiert. Eine populäre Behandlung derselben Problematik bietet H. TSCHÄNI, Wer regiert die Schweiz? Eine kritische Untersuchung über den Einfluß von Lobby und Verbänden in der schweizerischen Demokratie, Zürich 1983. Von einem pragmatischen Standort aus geschrieben ist die didaktisch ausgerichtete Einführung von J.-F. AUBERT, So funktioniert die Schweiz. Dargestellt anhand einiger konkreter Beispiele, 4. Aufl., Muri (BE) 1984, in welcher gleichfalls mehrere Entscheidungsprozesse zum Ausgangspunkt genommen werden. Interessante Aufschlüsse über die politischen Einstellungen und Verhaltensweisen gibt die Publikation von D. SIDJANSKI (u. a.), Les Suisses et la politique, Berne 1975, die auf einer 1972 durchgeführten Repräsentativbefragung beruht. Als statistische Quelle zum Wahlgeschehen mit zunehmend analytischen Kommentaren dient die periodische Veröffentlichung des Bundesamtes für Statistik (bis 1982: Eidgenössisches Statistisches Amt), Nationalratswahlen ... (Statistische Quellenwerke der Schweiz, beziehungsweise Beiträge zur schweizerischen Statistik). Von Bedeutung sind ferner das Schweizerische Jahrbuch für Politische Wissenschaft mit seinen meist thematisch geschlossenen Bänden wie demjenigen von 1983 zur Regierbarkeit der Schweiz, und die Zeitschrift für Schweizerisches Recht (z. B. 1984, II, mit den Beiträgen von A. AUER und R. A. RHINOW über Grundprobleme der schweizerischen Demokratie sowie von B. KNAPP und P. SALADIN über den Föderalismus).

Für die Wirtschaftsverbände ist immer noch unentbehrlich die umfassende, mehr politologische als historische Behandlung durch J. MEYNAUD (in Zusammenarbeit mit A. KORFF), Les organisations professionnelles en Suisse, Lausanne 1963. Die Organisation industrieller Verbände und ihre Funktionen im politischen System werden unter neuesten Gesichtspunkten untersucht in der bereits erwähnten Publikation P. FARAGO, H. KRIESI (Hg.), Wirtschaftsverbände in der Schweiz. Organisation und Aktivitäten von Wirtschaftsverbänden in vier Sektoren der Industrie, Grüsch 1986. Was die einzelnen Interessengruppen betrifft, sei auf B. WEHRLIS offizielle Jubiläumsschrift Aus der Geschichte des Schweizerischen Handels- und Industrie-Vereins 1870–1970, Erlenbach-Zürich 1970, verwiesen, ferner auf die vergleichende Darstellung von H. SIMMLER, Bauer und Arbeiter in der Schweiz in verbandlicher, politischer und ideologischer Sicht, Winterthur 1966, vor allem aber auf einzelne Analysen der Gewerkschaftsbewegung, so J. SIEGENTHALER, Die Politik der Gewerkschaften. Eine Untersuchung der öffentlichen Funktionen schweizerischer Gewerkschaften nach dem Zweiten Weltkrieg, Bern 1968 (Helvetia politica, B 2); F. HÖPFLINGER, Industriegewerkschaften in der Schweiz, Zürich 1976, und Die anderen Gewerkschaften. Angestellte und Angestelltenverbände in der Schweiz, Zürich 1980; J.-N. REY, Le syndicalisme suisse à la recherche de nouvelles voies, Berne 1979, sowie PH. GARBANI, J. SCHMID, Le syndicalisme suisse. Histoire politique de l'Union syndicale 1880–1980, Lausanne 1980. Als kommentierte Quellensammlung zur Arbeiterbewegung mit starker Betonung der systemverändernden Tendenzen sei beigefügt Schweizerische Arbeiterbewegung, herausgegeben und eingeleitet von der Arbeitsgruppe für Geschichte der Arbeiterbewegung Zürich, 3., erweiterte und nachgeführte Aufl., Zürich 1980 (Schriftenreihe der Stiftung Studienbibliothek zur Geschichte der Arbeiterbewegung, 2).

Als Grundlage für Geschichte und Organisation der Parteien ist auch hier E. GRUNER, Die Parteien in der Schweiz, neubearbeitete und erweiterte Aufl., Bern 1977 (Helvetia politica, B 4), anzuführen. Programmtexte findet man in Schweizerische Parteiprogramme, 2. Aufl., Bern 1973. Eine Analyse der Sozialdemokratischen Partei der Schweiz (SPS) auf dem Höhepunkt der Konkordanzpolitik bietet F. MASNATA, Le Parti socialiste et la tradition démocratique en Suisse, Neuchâtel 1963; die Schwierigkeiten der Partei in den achtziger Jahren schildert R. H. STRAHM, Vom Wechseln der Räder am fahrenden Zug, Zürich 1986. Die Entwicklung der Beziehungen der SPS zu den kleinen Linksparteien wird beschrieben von H. VON GUNTEN, H. VOEGELI, Das Verhältnis der Sozialdemokratischen Partei zu andern Linksparteien in der Schweiz (1912–1980), 2. Aufl., Bern 1980. Die Freisinnig-demokratische Partei (FDP) hat neben der parteioffiziellen Darstellung von E. DIETSCHI, 60 Jahre eidgenössische Politik, Bern 1979, eine ideologiekritische Analyse durch R. MEIER, Der schweizerische Freisinn. Bewahrung einer geschichtlichen Doktrin in der Gegenwart? Zürich 1978, erfahren. Sowohl Kritik wie Rechtfertigung enthält der Sammelband von U. ALTERMATT, H. P. FAGAGNINI (Hg.), Die CVP zwischen Programm und Wirklichkeit, Zürich 1979. Von Interesse ist ferner die Geschichte des Landesrings von J. MEYNAUD, A. KORFF, Die Migros und die Politik. Der Landesring der Unabhängigen, Zürich 1967. Über die Entwicklung des Wirtschaftsunternehmens, das bis in die jüngste Zeit maßgebend auf diese Partei einwirkte, vgl. A. A. Häsler, Das Abenteuer Migros, Zürich 1985.

Über die Entwicklung der elektronischen Massenmedien gibt es die offizielle Darstellung von O. PÜNTER, Schweizerische Radio- und Fernsehgesellschaft 1931–1970, Bern 1971; über Stand und jüngste Entwicklungstendenzen im gesamten Medienbereich berichtet die Expertenkommission für eine Medien-Gesamtkonzeption: Medien-Gesamtkonzeption, Bern 1982. Neuere Entwicklungen beim Radio behandeln kritisch W. VON BÜREN, J. FRISCHKNECHT, Kommerz auf Megahertz? Dossier Radioszene Schweiz, Basel 1980 (Mediaprint, 1); für den Bereich der sogenannten neuen Medien verweisen wir auf J. FRISCHKNECHT (Hg.), Kalte Kommunikation. Der Millionen-Poker um Videotex und andere neue Medien, Basel 1985 (Mediaprint, 8). Mehrere Autoren befassen sich ferner mit Veränderungen im Pressewesen: E. BOLLINGER, La presse suisse, Lausanne 1986, und CH. PADRUTT, Zur Lage der Schweizer Presse, 2. Aufl., Zürich 1977 (Diskussionspunkt, 4), haben vor allem den unternehmerischen Konzentrationsprozeß und seine Auswirkungen untersucht; U. HALDIMANN, Der verkaufte Leser. Presse unter Inserentendruck, Basel 1980 (Mediaprint, 2), behandelt den Einfluß der Werbung, und K. NUSPLIGER, Pressefreiheit und Pressevielfalt, Dießenhofen 1980, geht der Frage nach, wieweit die Bemühungen um staatliche Hilfen und Garantien für die Presse eine breitere politische Partizipation der Bürger zu fördern vermögen.

Für die Erweiterung der demokratischen Mitwirkungsrechte auf die Frauen verweisen wir auf S. WOODTLI, Gleichberechtigung. Der Kampf um die politischen Rechte der Frau in der Schweiz, Frauenfeld 1975. Eine engagierte Auseinandersetzung mit den Problemen einer wirklichen Gleichstellung der Frau in der Politik enthält C. TORRACINTA-PACHE, Le pouvoir est pour demain. Les femmes dans la politique suisse, Lausanne 1984.

Von den zahlreichen Untersuchungen über die Krise der institutionellen Partizipation erwähnen wir einerseits den im Auftrag des Eidgenössischen Justiz- und Polizeidepartements ausgearbeiteten Bericht von L. NEIDHART, J.-P. HOBY, Ursachen der gegenwärtigen Stimmabstinenz in der Schweiz, Zürich 1977, sowie die auf den Kanton Schaffhausen beschränkte sozialpsychologische Analyse von A. GIGER, Der politische Bürger, Zürich 1976; beide führen die Stimmabstinenz hauptsächlich auf eine Entfremdung der Bürger vom politischen System zurück. Anderseits betonen A. RIKLIN, R. KLEY, Stimmabstinenz und direkte Demokratie. Ursachen – Bewertungen – Konsequenzen, Bern 1981 (St. Galler Studien zur Politikwissenschaft, 9), die einen Überblick über den Forschungsstand geben, eine Überforderung des Schweizer Bürgers durch das politische System, namentlich auch im internationalen Vergleich. Ernüchternd sind die Forschungsergebnisse von H. P. HERTIG über Meinungsbildung und Problemlösungsfähigkeit der Stimmbürger (in der nachfolgend erwähnten Publikation von E. GRUNER, H. P. HERTIG, Der Stimmbürger und die «neue» Politik, 1983).

Das Problem der Opposition in der schweizerischen Referendumsdemokratie und seine geistigen wie sozialen Hintergründe haben E. GRUNER wiederholt beschäftigt. Auf die Situation um 1968 bezogen ist seine Studie Regierung und Opposition im schweizerischen Bundesstaat. Alte und neue Opposition in der Schweiz und ihre Funktion in einem modifizierten Regierungssystem, Bern 1969 (Staat und Politik, 7). Die unkonventionelle Politik der neuen alternativen Bewegungen steht im Mittelpunkt seiner weitausgreifenden Gegenwartsanalyse in E. GRUNER, H. P. HERTIG, Der Stimmbürger und die «neue» Politik. Wie reagiert die Politik auf die Beschleunigung der Zeitgeschichte?, Bern 1983 (Publikationen des Schweizerischen Nationalfonds aus den Nationalen Forschungsprogrammen, 17). Eine statistische Erhebung über die unkonventionellen Aktivitäten ist von H. KRIESI (u. a.), Politische Aktivierung in der Schweiz 1945–1978, Dießenhofen 1981, versucht worden; sie wird durch Fallstudien und eine Typologie der Oppositionspotentiale ergänzt in H. KRIESI (Hg.), Bewegung in der Schweizer Politik, Frankfurt 1985. Eine Popularisierung der Erhebungsergebnisse bieten R. LEVY, L. DUVANEL, Politik von unten. Bürgerprotest in der Nachkriegsschweiz, Basel 1984. Die von der 68er Bewegung ausgelösten oppositionellen Tendenzen innerhalb und außerhalb der traditionellen Parteien beschreibt P. GILG, Jugendliches Drängen in der schweizerischen Politik, Bern 1974 (Helvetia politica, B 9). Mit der Funktion der Volksinitiative seit dem Zweiten Weltkrieg beschäftigen sich H. WERDER, Die Bedeutung der Volksinitiative in der Nachkriegszeit, Bern 1978 (Helvetia politica, B 14), und J.-D. DELLEY, L'initiative populaire en Suisse, Lausanne 1978.

Die Frage, wie stark sich die Rechtssetzungstätigkeit des Bundes seit dem Ende des Vollmachtenregimes entwickelt habe, ist von W. LINDER, Überrollt uns eine Gesetzesflut? Eine empirische Untersuchung über die quantitative Entwicklung des schweizerischen Rechts, in: Schweizerisches Zentralblatt für Staats- und Gemeindeverwaltung 1985, zeitlich und sachlich differenziert beantwortet worden; vollständiger und detaillierter ist die französische Publikation W. LINDER, ST. SCHWAGER, F. COMANDINI, Inflation législative? Une recherche sur l'évolution quantitative du droit suisse, Lausanne 1985 (Recherches sur le secteur public suisse, 1). Eine Einführung in die Geschichte und Problematik der politischen Planung mit Fallbeispielen, die auch die Ebenen von Kanton und Gemeinde repräsentieren, gibt der im Institut für Orts-, Regional- und Landesplanung der Eidgenössischen Technischen Hochschule Zürich entstandene Band von W. LINDER, B. HOTZ, H. WERDER, Planung in der schweizerischen Demokratie, Bern 1979 (Res publica Helvetica, 11). Eine rechtsgeschichtliche und rechtsvergleichende Darstellung der Regierungsplanung bietet W. E. PFISTER, Regierungsplanung und Richtlinien der Politik, Bern 1974 (Europäische Hochschulschriften, II 108). Stärker politologisch orientiert ist die sich mit der Mitwirkung des Parlaments befassende Studie von CH. LANZ, Politische Planung und Parlament, Bern 1977 (Helvetia politica, B 10). Einen Überblick über Entwicklungen in der Verwaltung auf Bundes- und Kantonsebene findet man bei P. BISCHOFBERGER, R. E. GERMANN, R. RUFFIEUX, Verwaltung im Umbruch, Bern 1972 (Staat und Politik, 12). Über den spektakulären Fall, der wesentlich zur Einleitung von Reformen beigetragen hat, gibt es eine Analyse von P. URIO, L'affaire des Mirages. Décision administrative et contrôle parlementaire, Genève 1972. Eingehende Untersuchungen über die eidgenössische Parlaments- und Verwaltungselite mit Hilfe mehrerer zeitlicher Querschnitte bieten E. GRUNER, Die Schweizerische Bundesversammlung 1920–1968. Mit Tabellen und Grafiken, Bern 1970 (Helvetia politica, A 4), sowie U. KLÖTI, Die Chefbeamten der schweizerischen Bundesverwaltung. Soziologische Querschnitte in den Jahren 1938, 1955 und 1969, Bern 1972 (Helvetia politica, B 8); Parlamentsanalysen, die auch das Selbst- und Rollenverständnis der Abgeordneten einbeziehen, liefern H. H. KERR, Unser Parlament, Neuallschwil/Basel 1983, und H.-P. HERTIG, Partei, Wählerschaft oder Verband? Entscheidfaktoren im eidgenössischen Parlament, Bern 1980 (Helvetia politica, B 16). Als ähnliche Untersuchung über die Experten sei R. E. GERMANN, Experts et commissions de la Confédération, Lausanne 1985, erwähnt.

Die Entwicklung der Probleme der föderativen Staatsstruktur wird für einen Teil unseres Zeitraumes in verfassungsrechtlicher Systematik aufgezeichnet von U. HÄFELIN, Die Fortbildung des schweizerischen Bundesstaatsrechts in den Jahren 1954–1971, in: Jahrbuch des öffentlichen Rechts der Gegenwart 1973; für den neuesten Stand verweisen wir auf den schon erwähnten Band der Zeitschrift für Schweizerisches Recht (1984, II). Eine politologische Untersuchung über die jüngsten Veränderungen im Verhältnis zwischen Bund und Kantonen liegt in K. NÜSSLI, Föderalismus in der Schweiz. Konzepte, Indikatoren, Daten, Grüsch 1985, vor. Reichhaltiges Quellenmaterial zur Föderalismusdiskussion bieten die Protokolle der von der Stiftung für eidgenössische Zusammenarbeit 1972/73 veranstalteten Hearings, Föderalismus-Hearings, 3 Bde., Zürich 1973 (vgl. den zusammenfassenden Bericht von L. NEIDHART, Föderalismus in der Schweiz, Zürich 1975). Für die Erscheinungen und Probleme der interkantonalen Zusammenarbeit sei auf U. K. SIEGRIST, Die schweizerische Verfassungsordnung als Grundlage und Schranke des interkantonalen kooperativen Föderalismus, 2 Bde., Zürich 1976–1978, verwiesen. Der Lage der Gemeinden ist die auf einer Umfrage basierende Analyse von J. MEYLAN, M. GOTTRAUX, PH. DAHINDEN, Schweizer Gemeinden und Gemeindeautonomie, Lausanne 1972, gewidmet. Zur Basler Wiedervereinigungsfrage gibt es die von der Stiftung für Baselbieter Zeitgeschichte herausgegebene Darstellung Baselland bleibt selbständig. Von der Wiedervereinigungsidee zur Partnerschaft, Liestal 1985, die den Standpunkt der Gegner vertritt; erwähnt sei auch der von A. BREITENMOSER veröffentlichte fusionsfreundliche Informationsband Für einen wiedervereinigten Kanton Basel, Neuallschwil-Basel 1957. Sehr umfangreich ist die Literatur über die Jurafrage. Von autonomistischer Seite sei die zurückhaltende Darstellung des Historikers B. PRONGUÉ in der Neuausgabe von P.-O. BESSIRES Histoire du Jura bernois et de l'ancien Evêché de Bâle, Moutier 1977, genannt, ferner der engagierte Bericht von V. PHILIPPE, Republik Jura. Der 23. Kanton der Schweiz, Frauenfeld, Zürich 1978, sowie die stärker reflektierende Deutung von J.-C. RENNWALD, Combat jurassien. Aliénation ethnique et nouvelle culture politique, Lausanne 1977 (Institut de science politique, Mémoires et documents, 10). Eine ethnologische Analyse mit konflikttheoretischem Ansatz hat H. P. HENECKA, Die jurassischen Separatisten, Meisenheim am Glan 1972 (Studia ethnologica, 3) durchgeführt; auf das föderalistische politische System bezogen ist die Untersuchung von H.-J. HARDER, Der Kanton Jura, Bern 1978 (Europäische Hochschulschriften, XXXI 14).

Zur Totalrevision der Bundesverfassung seien als Quellen die beiden Expertenberichte genannt: Arbeitsgruppe für die Vorbereitung einer Totalrevision der Bundesverfassung, Schlußbericht der Arbeitsgruppe, Bern 1973 (Totalrevision der Bundesverfassung, 6), sowie Expertenkommission für die Vorbereitung einer Totalrevision der Bundesverfassung, Bericht, Bern 1977; außerdem der Bericht über die Totalrevision der Bundesverfassung, den der Bundesrat dem Parlament Ende 1985 erstattet hat (in: Bundesblatt 1985, III). Eine kritische Analyse der ersten Phase des Prozesses bietet die Studie von R. E. GERMANN, Politische Innovation und Verfassungsreform. Ein Beitrag zur schweizerischen Diskussion über die Totalrevision der Bundesverfassung, Bern 1975 (St. Galler Studien zur Politikwissenschaft, 3); sie entwickelt zugleich die These, daß ein Übergang zum parlamentarischen Regierungssystem die Schweiz aus der politischen Stagnation herausführen könnte.

Sicherheit

Für die Geschichte der Verteidigungsdoktrin ist vor allem auf die zurückhaltende Darstellung eines Hauptbeteiligten, A. ERNST, Die Konzeption der schweizerischen Landesverteidigung 1815 bis 1966, Frauenfeld 1971, zu verweisen; die Erweiterung zur Gesamtverteidigungskonzeption schließt A. AEBI, Der Beitrag neutraler Staaten zur Friedenssicherung, untersucht am Beispiel Österreichs und der Schweiz, Zürich 1976 (Schriften des Schweizerischen Aufklärungsdienstes, 14) ein. Die Entwicklung von Reformbestrebungen im gesamten militärischen Bereich behandelt V. HOFER, Die Bedeutung des Berichtes General Guisans über den Aktivdienst 1939–1945 für die Gestaltung des schweizerischen Wehrwesens, Basel 1970 (Basler Beiträge zur Geschichtswissenschaft, 116). Als offizielles Standardwerk über die Armee sei erwähnt: H. R. KURZ (Hg.), Die Schweizer Armee heute, 7., nachgeführte und erweiterte Ausg., Thun 1976. Als Nachschlagemittel sei E. WETTER, Schweizer Militär Lexikon. Fakten, Daten, Zahlen 1984/85, Frauenfeld 1984, genannt; aufdatierte Neuausgaben im Zweijahresrhythmus sind vorgesehen. Was die Geschichte des Staatsschutzes betrifft, so gibt es eine sich namentlich auf Einzelereignisse stützende marxistische Kritik von R. THUT, C. BISLIN, Aufrüstung gegen das Volk. Staat und Staatsschutz in der Schweiz, Zürich 1977.

Außenpolitik

Mit A. RIKLIN, H. HAUG, H. CH. BINSWANGER (Hg.), Handbuch der schweizerischen Außenpolitik, Bern 1975 (Schriftenreihe der Schweizerischen Gesellschaft für Außenpolitik, 2) liegt eine umfassende Übersicht über die Beziehungen der Schweiz zu ihrer Umwelt vor, die auch eine beinahe vollständige Bibliographie zum Thema bietet. Was die Neutralität als handlungsleitende Maxime betrifft, so sei speziell auf D. FREI, Dimensionen neutraler Politik. Ein Beitrag zur Theorie der Internationalen Beziehungen, Genève 1969 (Etudes et travaux de l'Institut universitaire de hautes études internationales, 8), verwiesen. W. SPAHNI, Der Ausbruch der Schweiz aus der Isolation nach dem Zweiten Weltkrieg, Frauenfeld 1977, diskutiert die außenhandelspolitisch bedingte Neuorientierung der Neutralitätspolitik zu Beginn der Nachkriegsära, die aber nicht bis zu einem UNO-Beitritt führte, was H. HAUG, Das Verhältnis der Schweiz zu den Vereinten Nationen, Bern 1972 (Schriftenreihe der Schweizerischen Gesellschaft für Außenpolitik, 1), kritisiert.

Die Probleme der zunehmenden Interdependenz bringt der Sammelband von D. FREI (Hg.), Die Schweiz in einer sich wandelnden Welt, Zürich 1977 (Sozialwissenschaftliche Studien des Schweizerischen Instituts für Auslandforschung, Neue Folge, 5) zum Ausdruck. Dieselbe Problematik behandeln in methodisch anspruchsvoller Weise H. VOGEL, Der Kleinstaat in der Weltpolitik, Frauenfeld 1979, und M. SIEBER, Die Abhängigkeit der Schweiz von ihrer internationalen Umwelt, Frauenfeld 1981 (Zürcher Beiträge zur Politischen Wissenschaft, 1 und 3). K. W. DEUTSCH, G. SCHMIDTCHEN, Außenpolitik und Öffentlichkeit in der direkten Demokratie, Bern 1977 (Schriftenreihe der Schweizerischen Gesellschaft für Außenpolitik, 4), zeigen das Dilemma der schweizerischen Außenpolitik in einer interdependenten Welt, daß die notwendige Öffnung gegen außen in einen demokratischen Legitimationsnotstand zu laufen droht, denn das Bewußtsein der Schweizer ist immer noch stark isolationistisch geprägt, wie D. FREI, H. KERR, Wir und die Welt. Strukturen und Hintergründe außenpolitischer Einstellungen, Bern 1974 (Pädagogische Rekrutenprüfungen, Wissenschaftliche Reihe, 1), und G. SCHMIDTCHEN, Schweizer und Entwicklungshilfe. Innenansichten der Außenpolitik, 2 Bde., Bern 1971 (Res publica, 4), aufgrund von Meinungsumfragen belegen.

Neben Neutralität, Verhältnis zu internationalen Organisationen und demokratischer Legitimierung rückt in zunehmendem Maße auch die Stellung der Schweiz im Nord-Süd-Konflikt ins Zentrum des Interesses. Der Sammelband von R. BÜCHI, K. MATTER (Hg.), Schweiz – Dritte Welt. Solidarität oder Rentabilität?, Zürich 1973, und das engagierte Bändchen Entwicklungsland Welt – Entwicklungsland Schweiz. Vorschläge für eine neue schweizerische Entwicklungspolitik, herausgegeben von einer Kommission schweizerischer Entwicklungsorganisationen, 2. Aufl., Basel 1975, beleuchten die Widersprüche zwischen privaten Profitinteressen und öffentlicher Entwicklungshilfe. Wichtig in diesem Zusammenhang sind auch die zahlreichen Entwicklungspolitischen Diskussionsbeiträge sowie die Studien und Berichte, die das Institut für Sozialethik des Schweizerischen Evangelischen Kirchenbundes herausgegeben hat. Teilaspekte des Verhältnisses der Schweiz zur Dritten Welt beleuchten P. HAMMER, Funktion und Verfassungsmäßigkeit der schweizerischen Entwicklungspolitik, Grenchen 1974; G. BERWEGER, Investition und Legitimation. Privatinvestitionen in Entwicklungsländern als Teil der schweizerischen Legitimationsproblematik, Dießenhofen 1977; U. HAYMOZ, Finanzplatz Schweiz und Dritte Welt, Basel 1978, und R. GERSTER, Patentierte Profite. Zur Rolle schweizerischer Patente in der Dritten Welt, Basel 1980. Ein guter Überblick über Konzepte und Instrumente der Entwicklungszusammenarbeit findet sich bei D. VON SCHRÖTTER, Schweizerische Entwicklungspolitik in der direkten Demokratie, München 1981 (Materialien zu Entwicklungen und Politik, 20), ein kritisches Fazit bei A. IMFELD, Hunger und Hilfe – Provokationen, Zürich 1985.

Zeittafel

Die hier aufgeführten Daten sollen es dem Leser erleichtern, die wichtigsten Ereignisse der schweizerischen Geschichte in einen übergreifenden Entwicklungszusammenhang einzuordnen. Sie stellen keine in sich geschlossene Chronologie dar, sondern lediglich ein Hilfsmittel, das die alte, ereignisbezogene Geschichtssicht mit der neuen, strukturbezogenen zusammenführt.

Zeitraum	geologische Epochen	historische Epochen	Menschenarten ethnische Gruppen	Kulturen, Zivilisationen, Kunst	Klima, Vegetation
3 000 000	unteres Pleistozän	Altpaläolithikum	Australopithecus		
500 000	mittleres Pleistozän		Pithecanthropus (Archanthropinen)	Acheuléen; Faustkeil, Pratteln, BL	Rißeiszeit, Zwergbirken, Tundra
100 000	oberes Pleistozän	Mittelpaläolithikum	Neandertaler (Paläoanthropinen)	Moustérien; Höhlen von Cotencher, Wildkirchli	Warmzeit; Birken, Eichen, Nußbäume, Linden
40 000					Würmeiszeit, durch verschiedene wärmere Phasen unterbrochen
35 000		Jungpaläolithikum			
12 000			Homo sapiens (Neanthropinen)	Magdalénien; Höhlen: Keßlerloch, Villeneuve-Scé, Siedlung von Moosseedorf-Moosbühl	Vegetation nähert sich dem heutigen Zustand
10 000	Holozän	Epipaläolithikum		Azilien	Präboreal; Kiefern
7 000		Mesolithikum		Sauveterrien Tardenoisien	Boreal; Nußbäume Eichenmischwald
5 000		Frühneolithikum		Bandkeramikkultur Cardiumkeramikkultur	Haustiere: Hund, Ziege, Schaf, Rind, Schwein;
4 000		Mittelneolithikum		Cortaillod, Chassey Lagozza, Pfyn	Atlantisch; Eichenmischwald
2 500		Jungneolithikum		Horgen, Lüscherz	
2 000		Endneolithikum		Glockenbecherkultur, Schnurkeramikkultur	Subboreal; Übergang vom Eichenwald zum Buchenwald, Birken
1 800		ältere Bronzezeit		um 1600 Grabstätte von Strättligen-Renzenbühl, BE	
1 500		mittlere Bronzezeit			
1 250		jüngere und jüngste Bronzezeit	Protokelten		
750		Hallstattzeit (ältere Eisenzeit)		650–550 Goldbecher, Zürich-Altstetten; 570 Hydria, Grächwil, BE;	
500			Kelten, Germanen	befestigte Siedlungen, Importe aus Griechenland	
450		La Tène (jüngere Eisenzeit, bis heute)		befestigte Siedlungen *(oppida)*	Birkenwälder

Europa	Politische Geschichte	Wirtschaft, Gesellschaft, Recht	Kunst, Literatur	Religion
	450 helvetische Einwanderung im schweizerischen Mittelland; VS: Nantuates (Saint-Maurice), Veragri (Martigny), Seduni (Sion), Uberi (Oberwallis)			
			400–370 Goldschatzfund von Erstfeld, UR	
	197–194 Unterwerfung der Insubri (Südtessin)			
125–121 Römer fassen in Südgallien Fuß 118 Gründung von Narbonne, Hauptstadt der Provinz *Gallia Transalpina* 113 Wanderungen der Cimbern und Teutonen		Ende des 2. Jahrhunderts: Importe aus Karthago: Glasringe (Grab von Saint-Sulpice, VD)		
	107 Sieg der Helvetier über die Römer bei Agen			
102 Niederlage der Teutonen bei Aix-en-Provence 101 Niederlage der Cimbern bei Vercelli		2.–1. Jahrhundert: Münzschatzfund in gallo-römischem Heiligtum in Martigny: lokale Nachahmung der massiliotischen Drachme	80 keltische Holzstatue, Villeneuve, VD	
	62 Wanderungen des Ariovist; Aufstand der Allobroger, GE, die unterworfen und der *Gallia Transalpina* angegliedert werden			
58–52 Gallischer Krieg	58 helvetische Wanderungen; Niederlage bei Bibrakte und Rückkehr ins schweizerische Mittelland			
			51 Darstellung des Gallischen Krieges durch Caesar	
		49 Die Insubri werden römische Bürger.		
44 Tod Caesars	45–44 Kolonie *Julia Equestris* (Nyon, VD) 44–43 Munatius Plancus gründet die Kolonien Lyon und *Raurica* (Augst, BL).			
25 Unterwerfung der Salasser und Gründung der Kolonie *Augusta Praetoria* (Aosta)		25 Öffnung des Kleinen St. Bernhard		

Europa	Politische Geschichte	Wirtschaft, Gesellschaft, Recht	Kunst, Literatur	Religion
	16–15 Unterwerfung der südlichen Alpentäler, Eroberung Rätiens und Einbezug des schweizerischen Mittellandes		15 Horaz feiert die Alpenfeldzüge des Tiberius und Drusus: Carmina 4,4 und 4,13. um 15 Keramik von Arezzo, sog. *terra sigillata,* erscheint in der Schweiz.	
Ab 12 Vordringen der Römer nach Germanien 7–6 Errichtung des Denkmals von La Turbie: zusammenfassende Darstellung der Unterwerfung der Alpenstämme		12 Einweihung der Kaiserkultstätte, des Mittelpunktes des gallischen Provinziallandtages in Lyon, wohin auch die Helvetier Abgeordnete entsandten		
			10 Der helvetische Töpfer Vepotalus vertreibt sog. imitierte *terra sigillata* im Mittelland.	
Zeitwende				vor Chr.
				nach Chr.
14 Tod des Augustus	17 Bei der augusteischen Militärstation entsteht das Legionslager von Vindonissa, AG.		17 Töpfer Villo (Vindonissa) beginnt mit der Produktion von imitierter *terra sigillata;*	
		1. Viertel des 1. Jahrhunderts: Import von griechischem und italienischem Wein		
	unter Kaiser Claudius vor 47: Die vier Stämme des Wallis werden in einer einzigen *civitas Vallensium* zusammengefaßt. Hauptstadt: Martigny *(Forum Claudii Vallensium)* vor 47: Abtrennung des Wallis von Rätien	41 Genf kommt in den Genuß des römischen Bürgerrechts.	1. Hälfte des 1. Jahrhunderts: mit Vögeln verziertes, emailliertes Glas (Grab, Locarno, TI)	
		47 Ausbau der Reichsstraße über den Großen St. Bernhard		
69–79 Vespasian ist Kaiser.	69 Aufstand der Helvetier wegen Parteinahme für einen Thronprätendenten niedergeschlagen. Zerstörung von *Aquae Helveticae* (Baden, AG) um 71 *Colonia Pia Flavia Constans Emerita Helvetiorum* (Avenches, VD)	1. Jahrhundert: Einbezug der Helvetier, Räter und Walliser ins römische Heer	2. Hälfte des 1. Jahrhunderts: Stier mit drei Hörnern, Martigny	

Europa	Politische Geschichte	Wirtschaft, Gesellschaft, Recht	Kunst, Literatur	Religion
				Ende des 1. Jahrhunderts: Sabazioshand, Avenches
85 Abtrennung und Bildung der Provinzen *Germania Inferior* und *Germania Superior* (mit der heutigen Schweiz) von der *Gallia Belgica*		1.–2. Jahrhundert: intensive rechtliche Romanisierung	ab 106 Schilderung des Helvetieraufstandes durch den Historiker Tacitus	
		1. Hälfte des 2. Jahrhunderts: Mauern von Avenches; *villa* von Pully, VD	1. Hälfte des 2. Jahrhunderts: Minervastatue, Avenches 1. Hälfte des 2. Jahrhunderts: Delphin von Munzach, BL	1. Hälfte des 2. Jahrhunderts: Cigogniertempel, Avenches; Isistempel, Baden
		2. Hälfte des 2. Jahrhunderts: Bronzeetuis des Gemellianus	2. Hälfte des 2. Jahrhunderts: Bacchus von Avenches	
			Ende des 2. Jahrhunderts: den Ärzten und Lehrern gewidmetes Denkmal, Avenches	Ende des 2. Jahrhunderts: Kaiserkulttempel in Avenches
		212 Edikt des Caracalla: Mit wenigen Ausnahmen erhalten alle Untertanen des Reiches das römische Bürgerrecht.	200–230 Mosaiken von Orbe, VD	
260 Fall des obergermanisch-rätischen *limes*. Rhein bildet wieder Grenze	259–260 Alemanneneinfälle. Das seit 101 aufgegebene Legionslager von Vindonissa wird verstärkt.	Mitte des 3. Jahrhunderts: Vergrabene Münzschätze bezeugen Alemanneneinfälle; Niedergang der Städte Augst, Avenches, Nyon		
300 Neuordnung des Heeres mit Trennung in mobiles Feldheer und stationäres Grenzheer; Bildung der Provinz *Maxima Sequanorum*, der die Sequaner, Helvetier und Rätier angehören; Trennung der Provinz Rätien in *Raetia Prima* (Statthaltersitz in Chur) und *Raetia Secunda*	um 300: Neuordnung der Rheingrenze durch Diokletian: Errichtung einer Kastellkette am linken Rheinufer; Kastelle in: Tenedo (Zurzach), AG; Tasgetium bei Stein am Rhein, SH; Irgenhausen, ZH; Bau der Festung Kaiseraugst durch Konstantin		um 350 Silberschatz von Kaiseraugst, AG	313 Durch das Toleranzedikt von Mailand erhält das Christentum offizielle Anerkennung; konfiszierte Kirchengüter zurückerstattet 325 Konzil von Nikäa
354 Constantius II. kämpft bei Basel gegen die Alemannen.				

Europa	Politische Geschichte	Wirtschaft, Gesellschaft, Recht	Kunst, Literatur	Religion
	371 Valentinian vollendet die Kastellkette am linken Rheinufer durch eine Kette von kleinen Wachttürmen und die Errichtung weiterer Kastelle: Solothurn, Olten, Altenburg bei Brugg, Windisch, Pfyn, Arbon usw. 374 Kaiser Valentinian hält sich in der Nähe von Basel (Basilia) auf.		2. Hälfte des 4. Jahrhunderts: Ammianus Marcellinus schildert u. a. die Feldzüge der Kaiser Constantin und Julian gegen die Alemannen.	
				377 Inschrift des Statthalters der Provinz *Alpes Graiae et Poeninae* mit einem christlichen Zeichen 379 Genf wird Bischofssitz. 380 Edikt des Theodosius: Katholizismus wird Staatsreligion 381 Theodorus, Bischof von Octodurus; erstgenannter Bischof der Schweiz
	401 provisorischer Rückzug der Römer von der Rheingrenze; faktisches, nicht nominelles Ende der römischen Herrschaft in der Schweiz			4.–5. Jahrhundert: Christianisierung der gallo-römischen Bevölkerung Anfang des 5. Jahrhunderts: Einführung des Kultes von Mauritius und der thebäischen Legion
407–436 burgundisches Föderatenreich um Worms 410 Rom von den Westgoten geplündert			2. Viertel des 5. Jahrhunderts: Eucherius, Bischof von Lyon, berichtet über das Martyrium der thebäischen Legion.	
	443 Burgunder als Föderaten in der Sapaudia von Aetius angesiedelt			
2. Hälfte des 5. Jahrhunderts: die Alemannen am rechten Ufer des Rheines			456–57 Sidonius Apollinaris (Dichter) erwähnt in Gedichten die Alemannen.	
476 Rücktritt des Romulus Augustulus 481 Chlodwig König der Franken 491 Bekehrung Chlodwigs zum Christentum 493 Theoderich König der Ostgoten	um 470 größte Ausdehnung des Burgunderreiches (bis Durance) 473–516 Gundobadus König der Burgunder		5. Jahrhundert: Kastellkirche Tenedo (Zurzach), AG; Saalkirche, Schiers, GR	5. Jahrhundert: Jurenser Patres; gallo-römisches Mönchtum

Europa	Politische Geschichte	Wirtschaft, Gesellschaft, Recht	Kunst, Literatur	Religion
496 Schlacht bei Zülpich: Alemannen verlieren Rhein-Main-Raum				
	ab Anfang des 6. Jahrhunderts: alemannische Siedlungsbewegung am linken Rheinufer	um 501–515 *lex Gundobada* vor 506 *lex Romana Burgundionum*	um 500 Baptisterium von Riva San Vitale, TI; Kirchenburg von Crap-Sogn-Parcazi, GR	
	515 Burgunderkönig Sigismund wird katholisch		515 Kathedrale St. Pierre, Genf	515 Sigismund gründet Saint-Maurice, VS. 529 Benedikt von Nursia auf dem Monte Cassino
	534 Burgunderreich als Teilreich ins fränkische Reich integriert 537 Beginn der fränkischen Einflußnahme auf die Alemannen			
				546 letzte Erwähnung eines Bischofs von Augst
561 Teilung des merowingischen Frankenreiches: Austrasien, Neustrien, Burgund 568 Die Langobarden dringen in Norditalien ein.	ab 2. Hälfte des 6. Jahrhunderts: alemannische Besiedlung des Mittellandes	561 (?) Vindonissa wird verlassen.	2. Hälfte des 6. Jahrhunderts: Marius B. von Avenches: Chronica	um 563 zahlreiche Kapellen am Genfersee erbaut
	574 Die Franken schlagen die Langobarden bei Bex, VD.			um 570–80 Verlegung der Bischofssitze von Avenches nach Lausanne und von Martigny nach Sitten 590 Columban gründet das Kloster Luxeuil.
		um 600–650 *pactus Alemannorum:* Stammesrecht der Alemannen		um 600 Gründung des Bistums Konstanz
	610 Schlacht bei Wangas (ev. Wangen, SO) zwischen Alemannen und Burgundern		1. Hälfte des 7. Jahrhunderts: Chronik des Fredegar	610 Columban und Gallus am Bodensee 614 Gallus wird Eremit. 7.–8. Jahrhundert: Christianisierung der Alemannen um 630 Kloster von Romainmôtier, VD und Säckingen, Baden um 640 Moutier-Grandval, St-Imier, BE
639 nach dem Tod Dagoberts I. Niedergang des Merowingerreiches				
		643 *edictum Rothari:* Stammesrecht der Langobarden		

Europa	Politische Geschichte	Wirtschaft, Gesellschaft, Recht	Kunst, Literatur	Religion
687 Nach dem Sieg Pippins II. bei Tertry regieren karolingische Hausmeier das gesamte Frankenreich.				
	709–712 Feldzug Karl Martells gegen die Alemannen			
		717–19 *lex Alemannorum:* Stammesrecht der Alemannen mit der Kodifikation herzöglicher Ansprüche		
				720 Abtei St. Gallen 724 Kloster Reichenau, Bodensee 725 Kloster Pfäfers, SG
	732 Abt Heddo von Reichenau nach Uri verbannt 744–46 Die Alemannen werden von den Franken unterworfen. Aufhebung des Herzogtums Alemannien			
751 Pippin II. wird König der Franken.		um 750 *lex Romana Raetica Curiensis:* von rätischen Gewohnheiten durchsetztes römisches Recht für Churrätien		um 750 Kloster Disentis, GR; St. Leodegar in Luzern 2. Hälfte des 8. Jahrhunderts: Kloster St. Peter, Mistail, GR Ende des 8. Jahrhunderts: Kloster Müstair, GR
773–74 Die Franken erobern das Langobardenreich.				
800 Kaiserkrönung Karls des Großen		um 802 *capitula Remedii:* Ergänzung zur *lex Romana Raetica Curiensis:* Verstärkung fränkischer Rechtsanschauungen	um 800 Fresken von Müstair, GR um 820 St. Galler Klosterplan	
	807 Unter dem Franken Bischof Remedius von Chur verliert Rätien seine Sonderstellung.		9. Jahrhundert: karolingische Renaissance, in St. Gallen besonders unter Abt Grimalt (841–872)	
				816–17 Klosterreform unter Ludwig dem Frommen um 820 Frauenkloster Schänis, SG
843 Vertrag von Verdun (Teilung des Frankenreiches)		um 843 im Zusammenhang mit der Reichsteilung von Verdun: churrätisches Reichsguturbar		

Europa	Politische Geschichte	Wirtschaft, Gesellschaft, Recht	Kunst, Literatur	Religion
		um 850 Bau der königlichen Pfalz in Zürich für Ludwig den Deutschen		
	853 Uri kommt an das Fraumünsterstift in Zürich.			853 Ludwig der Deutsche gründet Fraumünsterstift in Zürich 858 Kloster Rheinau wiederhergestellt
870 Nach dem Tod Lothars II. wird das Mittelreich im Vertrag von Meersen aufgeteilt.			um 870 Psalmenbuch des Folchard, St. Gallen; Notker Balbulus: Gesta Karoli Magni und 40 Sequenzen zum Kirchenjahr 884 Ratpert: Casus Sancti Galli	
887 Ende der Herrschaft der Karolinger in Italien; ab 888 italienische Nationalkönige Ende des 9. Jahrhunderts: Landnahme ungarischer Stämme im Donauraum	888 Rudolf I. König von Hochburgund Ende des 9. Jahrhunderts: Grafschaft Genf			
Anfang des 10. Jahrhunderts: Herzogtum Burgund 909 Einfall der Ungarn in Schwaben		seit Ende des 9. Jahrhunderts: Formierung der späteren Hochadelsfamilien		909 Kloster Cluny in Südfrankreich – Klosterreform
911 Ende der karolingischen Herrschaft in Deutschland				
	917 jüngeres Stammesherzogtum Schwaben; Basel von den Ungarn gebrandschatzt			
919 Beginn der alten sächsischen Dynastie in Deutschland	919 Sieg Herzog Burchards von Schwaben über Rudolf II. von Burgund bei Winterthur: Ende der burgundischen Expansion			
		924 erste Münzprägung der schwäbischen Herzöge in Zürich		
	926 Die Ungarn plündern St. Gallen und Rheinau. 940 Die Sarazenen zerstören Saint-Maurice, VS.			934–48 Kloster Einsiedeln, SZ erbaut
			10. Jahrhundert: Plan mit Markt und Hafen von Rorschach, SG	

Europa	Politische Geschichte	Wirtschaft, Gesellschaft, Recht	Kunst, Literatur	Religion
951 Beginn der Italienzüge Ottos I. 955 Niederlage der Ungarn bei Augsburg				
				962 Payerne wird cluniazensisch: Beginn der cluniazensischen Reform in der West- und Nordwestschweiz
987 Aussterben der französischen Karolinger, auf welche mit Hugo Capet die Kapetinger folgen				Ende des 10. Jahrhunderts: Einsiedeln von Gorze reformiert 995 Die Reform greift von Einsiedeln auf Disentis, GR und später auf andere Klöster Schwabens über.
	999 Rudolf III. von Burgund übergibt die Grafschaftsrechte im Wallis dem Bischof von Sitten und Moutier-Grandval dem Bischof von Basel.	um 1000 Zürich erhält Marktrecht;		
	1006 Rudolf III. setzt Heinrich II. als Erben ein und gibt Basel als Pfand dem Reich. 1011 Rudolf III. von Burgund übergibt die Grafschaftsrechte in der Waadt dem Bischof von Lausanne.	seit dem 11. Jahrhundert: zunehmender Landesausbau; Ausbau der Adelsherrschaften, Aufstieg der Ministerialen	seit Beginn des 11. Jahrhunderts: Übersetzung von Klassikern und kirchlichen Werken ins Althochdeutsche durch Notker Labeo, St. Gallen	
			1. Hälfte des 11. Jahrhunderts: Wipo, Priester aus dem Bistum Lausanne: Gesta Chuonradi II imperatoris 1019 Einweihung des Basler Münsters: Goldaltar	1. Hälfte des 11. Jahrhunderts: Locarno und Bellinzona kommen vom Bistum Mailand zum Bistum Como.
	1030 Tod Herzog Ernsts II. von Schwaben; Zürich kommt zum Reich. 1033 Angliederung des Königreichs Burgund an das deutsche Reich		970–1070 Blüte der St. Galler Buchmalerei	um 1027 Kloster Muri, AG

Europa	Politische Geschichte	Wirtschaft, Gesellschaft, Recht	Kunst, Literatur	Religion
1049–54 mit Leo IX. Beginn der Kirchenreform an der Kurie Mitte des 11. Jahrhunderts: Kommunalbewegung in den italienischen Städten; Ausdehnung von Venedig und Mailand				
			um 1057 Ekkehard IV. in St. Gallen: Continuatio casuum Sancti Galli	
				1061 Synode von Basel, Wahl des Gegenpapstes Honorius II.
1075 Ausbruch des Investiturstreites			1064 Kirche von Allerheiligen, SH 2. Hälfte des 11. Jahrhunderts: Fresken von S. Carlo in Negrentino, TI	
				1084 Gründung des Kartäuserordens
1096–99 1. Kreuzzug	1092 Berthold II. von Zähringen wird Herzog von Schwaben. 1098 Ausgleich zwischen Berthold von Zähringen und Friedrich von Staufen: Ende des alten Herzogtums Schwaben um 1100 Beginn des Grenzstreites zwischen Einsiedeln und Schwyz		1090–1100 S. Vittore, Locarno-Muralto, TI	1098 Gründung des Zisterzienserordens
1107 Die Synode von Reims regelt die französische Investiturfrage und bahnt die Verbindung Frankreichs mit dem Papsttum an.		12. Jahrhundert: Der Simplon wird wieder zu einem europäischen Transportweg.		
				1120 Prämonstratenserorden gegründet
1122 Wormser Konkordat beendet Investiturstreit				
	1127 Konrad von Zähringen wird Rektor von Burgund. 1129–48 Vogtei Saint-Maurice an Savoyen			
1138 mit Konrad III. Beginn der staufischen Dynastie deutscher Kaiser und Könige			1130–40 Deckengemälde in Zillis, GR 1135–1232 Kathedrale St. Pierre in Genf	1131 Frienisberg, BE: Zisterzienserkloster 1138 Hauterive, FR: Zisterzienserkloster

Europa	Politische Geschichte	Wirtschaft, Gesellschaft, Recht	Kunst, Literatur	Religion
Ab 1140 savoyische Besitzungen in der Dauphiné	12. Jahrhundert: Savoyen beherrscht das Unterwallis. Schloß Chillon; Bischof von Sitten unter savoyischem Einfluß	Mitte des 12. Jahrhunderts: Acta Murensia (von Muri, AG) mit Nachrichten über Alpwirtschaft		
1146–49 2. Kreuzzug 1152 Friedrich I. Barbarossa wird deutscher König.	1152 Berthold IV. von Zähringen erhält das Rektorat in Burgund und in der Provence.	seit der 2. Hälfte des 12. Jahrhunderts: Walserwanderungen		
			1156 Kirche von Grandson, VD	
	1157 Berthold von Zähringen gründet Freiburg. 1173 Aussterben der Lenzburger; Reichsvogtei Zürich mit Uri geht an Zähringer, Besitzungen im unteren Reußtal an Habsburger; Reichsvogtei Blenio, TI an die Familie Torre		1170–1279 Kollegiatkirche Neuenburg 1179–1210 Kirche von St-Ursanne, JU 1185–1225 Neubau des Basler Münsters um 1180 Mariensequenzen von Muri, AG	
1183 Friede von Konstanz beendet Kampf des Kaisers gegen die oberitalienischen Städte				1181–1226 Franz von Assisi 1190/98 Gründung des Deutschen Ordens
1189–92 3. Kreuzzug	1191 Berthold von Zähringen gründet Bern. Ende 12. Jahrhundert/1218 städtischer Rat in Zürich	um 1200 Öffnung der Schöllenen: Der Gotthard wird internationaler Verkehrsweg. 1201 In Poschiavo, GR werden Silberminen erwähnt.	Ende des 12. Jahrhunderts: bedeutende Buchillustrationen in Engelberg, OW unter Abt Frowin	
	1207 Moudon kommt zu Savoyen.			
1212 Friedrich II. wird deutscher König.				
	1213 Aufstand der Leventina und Blenios gegen Rudolf von Orello nach 1200 Gründung Luzerns			
1214 Schlacht bei Bouvines: Verschiebung der europäischen Machtverhältnisse zugunsten Frankreichs		1200–1225 letzte und größte Stadtmauern in Zürich	um 1165–1215 Hartmann von Aue (aus Eglisau, ZH?): Erek; Ivain um 1210 Ulrich von Zatzikofen aus Zezikon, TG: Lanzelet	
				1216 Anerkennung des Dominikanerordens

Europa	Politische Geschichte	Wirtschaft, Gesellschaft, Recht	Kunst, Literatur	Religion
	1218 Aussterben der Zähringer; das Erbe geht an die Uracher, Kyburger und Habsburger (Reichsvogtei über Uri).	13. Jahrhundert: große Welle der Städtegründungen		
1220/1231–32 Fürstengesetze im Reich bringen praktische Anerkennung der werdenden Landesherrschaft		1222 Schaffhauser Tuch in Notariatsregistern in Genua erwähnt		1221–23 Regel des Franziskanerordens
	1224 Beginn der bernischen Ausdehnung ins Oberland			
		1225 Bau einer Rheinbrücke in Basel	um 1225 Rose der Kathedrale von Lausanne	
				1227 Zisterzienserkloster in Wettingen, AG
	1231 Uri wird reichsunmittelbar.		1228–40 Lonon von Estavayer: Chartulaire von Lausanne	
		1235 Hospiz auf dem Simplon; 1237 Säumerstatuten von Osco		
	1240 Urkunde von Faenza: Schwyz wird reichsunmittelbar.	1240 St. Gallen schließt mit Bodenseestädten eine Münzkonvention ab. 1241 Uri: *consuetudo terrae* (Landrecht)		
	1243 Erneuerung des Burgrechts zwischen Bern und Freiburg (ältester noch erhaltener Bundesbrief) 1247–48 Luzern von Anhängern des Kaisers belagert			
		1249 Freiburger Handveste		
1250–73 Interregnum			1250–87 Konrad von Würzburg in Basel: späthöfische und bürgerliche Dichtung	
	1251 burgundische Eidgenossenschaft			
1254–57 rheinischer Städtebund		1252 1. geschworener Brief in Luzern; Mitte des 13. Jahrhunderts: Höhepunkt des Verkehrs über den Simplon	Mitte des 13. Jahrhunderts: Osterspiel von Muri, AG	
		1263 Kommunalbewegung in Bern		
	1264 Aussterben der Kyburger: Es erben Habsburger und Savoyer (in der Waadt).	1264 Basler Handveste		
		1267 Lausanner Händler in Genua und in der Champagne nachgewiesen		

Europa	Politische Geschichte	Wirtschaft, Gesellschaft, Recht	Kunst, Literatur	Religion
1268–1355 Krieg zwischen Savoyen und der Dauphiné		1268 Weinbau in Altdorf nachgewiesen		
	1271–73 Konflikt zwischen Rudolf von Habsburg und dem Bischof von Basel	2. Hälfte des 13. Jahrhunderts: Aufschwung des Seidengewerbes		
1273 Rudolf von Habsburg deutscher König: Revindikation des entfremdeten Reichsgutes	1273 Begründung des Hauses Neu-Kyburg			
	1275 Bündnis zwischen Bern und Hasli			
	1277 Freiburg wird habsburgisch.			
		1280 Der König bestätigt Rechte, Gewohnheiten und Satzung der Bürger von Solothurn.		
			1283–1344, 1370–1490 Bau der Kathedrale St. Nicolas, Freiburg	
	1285 Habsburg erwirbt die Reichsvogtei über Urseren, UR.			
Seit Ende des 13. Jahrhunderts: städtische Revolten in Deutschland («Zunftrevolutionen»)	1288 Savoyen erhält Vizedominat über Genf	Seit dem 13. Jahrhundert ist das Soldwesen in der Innerschweiz belegt.	1250–1305 Chronist Heinrich von Klingenberg	
1291 Tod Rudolfs von Habsburg; antihabsburgische Aufstände in Schwaben, Kärnten und Steiermark	1291 Kauf von Luzern durch die Habsburger; Bündnis UR-SZ-NW; Bündnis ZH-UR-SZ auf drei Jahre	1291 Wochenmarkt in Luzern; St. Galler Handveste		
1292 Adolf von Nassau wird König.	1292 Albrecht von Österreich belagert Zürich.			
		1295 Rheinbrücke in Schaffhausen		
	1297 Adolf von Nassau bestätigt Reichsunmittelbarkeit von Uri und Schwyz			
1298 Albrecht I. von Österreich wird deutscher König.				
		1300 Zürich verbietet die Zünfte.	um 1300 Manessische Liedersammlung. In Zürich bildet sich ein Zirkel um Roger II. Manesse.	
1308 Ermordung Albrechts von Österreich in Königsfelden, AG				

Europa	Politische Geschichte	Wirtschaft, Gesellschaft, Recht	Kunst, Literatur	Religion
1308 Heinrich VII. von Luxemburg wird deutscher König.	1309 Landfriede zwischen LU-UR-SZ-NW-OW; Heinrich VII. bestätigt die Privilegien der Waldstätte.			
1311 Visconti erlangen Herrschaft in Mailand	1311 Grenzstreit zwischen Einsiedeln und Schwyz			1311 Klarissen und Franziskaner in Königsfelden, AG
1314 Doppelwahl Ludwigs des Bayern und Friedrichs des Schönen	1314 Schwyzer plündern Einsiedeln		1314 Heinrich von Radegg: Capella Heremitarum	
	1315 Schlacht am Morgarten; Erneuerung des Bundes von 1291 in Brunnen	1315–17 Hungersnot und hohe Sterblichkeit	1. Hälfte des 14. Jahrhunderts: Chronica de Berno	
	1316 Ludwig der Bayer bestätigt alle Privilegien der Waldstätte.			
	1318–23 Waffenstillstand zwischen Österreich und den Waldstätten			
	1323 Bündnis zwischen Bern und den Waldstätten			
	1324 Bern erwirbt Laupen.			
1325 Versöhnung zwischen Ludwig dem Bayern und Friedrich dem Schönen		1303–1330 Erstellung des Habsburgerurbars	1325–30 Kirchenfenster von Königsfelden, AG	
1328 Haus Valois stellt den französischen König	1328 Verschwörung in Luzern			
1332 Beteiligung der Zünfte am Stadtregiment in Straßburg	1332 Luzern wird 4. Ort der Eidgenossenschaft.			
		1333 Der Abt von Disentis versucht den Gotthardverkehr zu unterbinden.		
	1334 Oberland und Haslital werden bernisch.		um 1335 Christian Kuchimeister: Nüwe casus Sancti Galli monasterii	
	1336 Schiedsspruch zwischen Österreich und den Waldstätten; LU bleibt österreichisch. Zürich: Beteiligung der Zünfte am Regiment (Zunftverfassung)	1336 Brunsche Revolution in Zürich 1336/39 Privilegien für die Stadt Sitten: Zendenmitsprache		
1337 Beginn des 100jährigen Krieges zwischen England und Frankreich	1337 Ludwig der Bayer bestätigt die zürcherische Verfassung; Beteiligung der Zünfte am Regiment in Basel		1337 Conrad von Ammenhausen: Schachzabelbuch	

Europa	Politische Geschichte	Wirtschaft, Gesellschaft, Recht	Kunst, Literatur	Religion
	1339 Schlacht bei Laupen 1340 Bellinzona kommt zu Mailand. 1342 Locarno zu Mailand; Zunftregiment in Konstanz		um 1340 Fresken in der Kirche von Oberwinterthur, ZH 1340–47 Johannes von Winterthur: Chronik	
1346 Karl IV. von Luxemburg wird deutscher König.				
		1348–50 große Pest; Mitte des 14. Jahrhunderts: Zurzacher Messe		
	1350 Aufstand der Gemeinden im Wallis gegen den Bischof von Sitten 1351 Zürich wird 5. Ort der Eidgenossenschaft. 1352 Glarus und Zug werden 6. und 7. Ort der Eidgenossenschaft. 1353 Bern wird 8. Ort der Eidgenossenschaft. 1355 Regensburger Friede mit Österreich		1350 Ulrich Boner: Edelstein (Fabeldichtung) um 1350 Elsbeth Stagel: Leben der heiligen Schwestern zu Töß (Mystik) 1316–1361 Heinrich von Dießenhofen: Chronik	
1356 Goldene Bulle regelt die Königswahl und die Rechte der Kurfürsten	1356 Bündnis zwischen Zürich und Österreich			
	1359 Amadeus VI. von Savoyen kauft die Grafschaft Waadt. 1362 Zunftverfassung in St. Gallen			
1363 Tirol kommt zu Österreich. Philipp der Kühne erhält das Herzogtum Burgund.		1363 Säumerordnung für Uri und Ursern		
	1367 Gotteshausbund in Graubünden			
		1370 Pfaffenbrief		
	1375 Einfall der Gugler			
1376 1. schwäbischer Städtebund	1376 St. Gallen tritt dem schwäbischen Städtebund bei. 1377 Appenzeller Gemeinden treten dem schwäbischen Städtebund bei.	1376 «Böse Fasnacht» in Basel		
				1378 Beginn des großen Schismas: Clemens VII. in Avignon, Urban VI. in Rom

Europa	Politische Geschichte	Wirtschaft, Gesellschaft, Recht	Kunst, Literatur	Religion
		1380 Luzern nimmt Landsassen als Pfahlbürger auf.		
1381 2. rheinischer Städtebund				
	1384 Bündnis Bern–Savoyen; Aufteilung des Wallis zwischen dem Bischof von Sitten und Savoyen			
Seit 1385 Aufstieg des Hauses Medici in Florenz	1385 Konstanzer Bund: Verbindung von ZH, BE, SO, ZG mit dem schwäbischen und rheinischen Städtebund			
	1386 Schlacht bei Sempach			
		1387 Genfer Handveste		
1388–89 erfolgloser rheinischer und schwäbischer Städtekrieg gegen den Adel (1. Städtekrieg)	1388 Schlacht bei Näfels			
	1389 Waffenstillstand der Eidgenossen mit Österreich			
	1392 Friede zwischen dem Bischof von Sitten und Savoyen; endgültige Teilung des Wallis			
	1393 Bündnis zwischen Zürich und Österreich	1393 Sempacherbrief		
	1394 20jähriger Friede mit Österreich			
	1395 Grauer Bund in Graubünden			
		1397 Handelsabmachung zwischen Bern und dem Wallis		
1400 König Wenzel abgesetzt; Ruprecht von der Pfalz neuer deutscher König	1400 Bündnis Basels mit Solothurn und Bern		um 1400 Heinrich Wittenwiler: «Der Ring»	
	1403 Uri erwirbt die Leventina; Burg- und Landrecht des Bischofs von Sitten mit UR, UW und LU			
	1403–08 Appenzellerkriege			
1410 Sigismund von Luxemburg deutscher König	1410 Eroberung des Eschentals durch die inneren Orte			
	1411 Burg- und Landrecht von Eidgenossen mit Appenzell (ZH, LU, UR, SZ, UW, ZG, GL)			
1414 Bündnis zwischen England und Burgund				1414–18 Konzil von Konstanz

Europa	Politische Geschichte	Wirtschaft, Gesellschaft, Recht	Kunst, Literatur	Religion
1415 Sieg Englands über Frankreich bei Azincourt	1415 Eidgenossen erobern den Aargau; Schaffhausen wird reichsfrei.			
1417–34 Hussitenkriege				1417 Ende des großen Schismas
	1419 Eidgenossen außer Bern erwerben Bellinzona			
		1420–65 Filiale der Medici-Bank in Genf	1420 Justinger: Berner Chronik; Chronik der Stadt Zürich	
	1422 Nach der Schlacht bei Arbedo gehen die ennetbirgischen Besitzungen verloren.	um 1415–58 Diesbach-Watt Handelsgesellschaft		
	1426 Friede zwischen Mailand und den Eidgenossen			
	1436 Tod des letzten Grafen von Toggenburg; Zehngerichtebund in Graubünden			
	1437 Schiedsspruch über das Toggenburger Erbe			
1438 Albrecht II. von Habsburg deutscher König	1438 Zürich belagert Uznach, Gaster, Schwyz und Glarus.			
	1440–46 Alter Zürichkrieg (Schlacht bei St. Jakob an der Birs 1444)		um 1440 Gemeine Schwyzer Chronik	
		1441 2. Kapitulat von Mailand über die Leventina; Verankerung von Handelsprivilegien		
1444 französisch-englischer Waffenstillstand; Ende des 100jährigen Krieges			1444 Conrad Witz, Maler: «Fischzug Petri»	
		1445–51 «Böser Bund» im Berner Oberland		
				1448–49 Konzil von Basel nach Lausanne verlegt
1449–50 2. Städtekrieg in Deutschland	1450 Friede der Eidgenossen mit Österreich	um 1450 Höhepunkt der Genfer Messe	um 1450 Felix Hemmerli: Dialogus de nobilitate et rusticitate	
	1451 Burg- und Landrecht zwischen ZH, LU, SZ, GL und der Abtei St. Gallen			
1453 Eroberung Konstantinopels durch die Türken				
	1454 Bündnis ZH, BE, LU, SZ, ZG, GL mit der Stadt St. Gallen			

Europa	Politische Geschichte	Wirtschaft, Gesellschaft, Recht	Kunst, Literatur	Religion
	1460 Eroberung des Thurgaus	1460 Gründung der Universität Basel	um 1460 Chronik von Klingenberg, TG	
1461 Ludwig XI. französischer König				
	1466 Allianz zwischen Mülhausen, Bern und Solothurn			
1467 Karl der Kühne wird Herzog von Burgund.	1467 Mailänder Kapitulat: Mailand tritt die Leventina ab.			1467 Niklaus von Flüe wird Eremit im Ranft, OW
	1468 Sundgauerzug und Friede von Waldshut mit Österreich			
1469 Friede von St-Omer zwischen Burgund und Österreich	1469–71 Twingherrenstreit in Bern um Durchsetzung der Landeshoheit			
1473 Friede von Nancy: Lothringen zu Burgund				
	1474 Friede von Konstanz mit Österreich («Ewige Richtung»);	Seit Mitte des 15. Jahrhunderts beginnt das Söldncr- und Pensionenwesen.	um 1474 H. Schriber: Weißes Buch von Sarnen	
1476 Friede von Lausanne zwischen Österreich und Burgund	1474–76 Burgunderkriege: Schlachten bei Héricourt, Grandson, Murten, Nancy			
1477 Heirat zwischen Maria von Burgund und Maximilian von Österreich; Habsburg setzt sich im Streit um das burgundische Erbe durch.	1477 Erbeinigung Österreichs mit den acht alten Orten und Solothurn	1477 Saubannerzug von innerschweizerischen Haufen	um 1477 Tellenlied	
	1478 Freiburg wird Reichsstadt; Bellenzerzug, Schlacht bei Giornico;			
	1480 Friede von Mailand; Uri erhält die Leventina.	Um 1480 wird St. Gallen zu einem Zentrum der Textilindustrie.		
	1481 Stanser Verkommnis; Freiburg und Solothurn werden 9. und 10. Ort der Eidgenossenschaft.			
			1484 D. Schilling: Berner Chronik	
1487–88 Gründung des Schwäbischen Bundes				
	1490 Rorschacher Klosterstreit (St. Gallerkrieg)			
			1491 In der Buchdruckerei des J. Froben in Basel wird eine lateinische Bibel gedruckt.	

Europa	Politische Geschichte	Wirtschaft, Gesellschaft, Recht	Kunst, Literatur	Religion
1492 Kolumbus entdeckt Amerika. 1493 Teilungsvertrag von Tordesillas durch Schiedsspruch des Papstes zwischen Portugal und Spanien; Maximilian I. wird deutscher Kaiser. 1494 Italienfeldzug Karls VIII. von Frankreich 1495 Wormser Reichstag – Reichsreform; 1496 Erzherzog Philipp der Schöne heiratet Johanna von Kastilien (Verbindung Habsburg–Spanien). 1498 Entdeckung des Seeweges nach Indien durch Vasco da Gama			1496 K. Dürst, Arzt in Zürich, erstellt erste Karte der Schweiz	
	1499–1500 Schwabenkrieg; Friede von Basel zwischen den Eidgenossen und dem Reich 1501 Basel und Schaffhausen werden 11. und 12. Ort der Eidgenossenschaft.			
			1502–09 D. Schilling: Schweizer Chronik	
	1503 Pensionenbrief; Blenio und Bellinzona von den Innerschweizer Orten erworben			
			1507 P. Etterlin: Kronica von der loblichen Eydtgnoschaft	
1508 Liga von Cambrai (Papst, Kaiser, Frankreich, Spanien) gegen Venedig	1510–11: VS: Mazze gegen Kardinal Schiner			
1511 Heilige Liga (Papst, Kaiser) u. a. gegen Frankreich	1510–15 Mailänderfeldzüge 1513 Dijonerzug; Appenzell wird 13. Ort der Eidgenossenschaft.	1513–16 Bauernunruhen und Pensionenunruhen in Bern, Luzern, Solothurn, Zürich	1512 UR: Urner Spiel von Wilhelm Tell 1514 N. Manuel: Totentanz	
1515 Franz I. König von Frankreich	1515 Niederlage bei Marignano gegen Frankreich; Schweiz verliert das Eschental mit Domodossola; 1516 Ewiger Friede mit Frankreich; VS: Sturz Schiners			

Europa	Politische Geschichte	Wirtschaft, Gesellschaft, Recht	Kunst, Literatur	Religion
			1517 M. Neithart: Fassade zu S. Lorenzo in Lugano	1517 M. Luther: Thesen gegen den Ablaßhandel; Beginn der Reformation in Deutschland 1518 Zwingli Leutpriester in Zürich
1519 Karl V. wird Kaiser.	1519 1. Burgrecht zwischen Genf und Freiburg 1521 Allianz mit Frankreich	1519 Pest in Zürich		
		1523–25 Bauernunruhen in Basel, Bern, Solothurn, Zürich, Schaffhausen und Abtei St. Gallen	1521–29 Erasmus in Basel 1523 H. Holbein d. J.: Erasmus von Rotterdam	1523 Zürcher Disputation
1525 großer deutscher Bauernkrieg	1525 Glaubenskonkordat der katholischen Orte 1526 Burgrecht zwischen Bern, Freiburg und Genf	1525 Hohe Schule in Zürich 1526 Ehe- und Sittengericht in Zürich ZH: Pfarrküche	1525 das Alte Testament in Zürich bei Froschauer gedruckt 1526 G. Beretta baut Sta. Maria del Ponte in Brissago, TI (1526–28); Paracelsus Arzt und Professor in Basel	1525 ZH wird reformiert; erste Täufergemeinden 1526 Disputation zu Baden
	1527 Christliches Burgrecht der reformierten Orte			1527–30 Reformation in SG, BE, BS, SH, TG, GR, NE
1528 Reichstag in Speyer		1528 Hohe Schule in Bern; BE: Oberländer Unruhen; BS: Reformationsunruhen		1528 Berner Disputation; Zwingli: Streitschriften gegen die Täufer
1529 Marburger Religionsgespräch (Luther-Zwingli)	1529 Christliche Vereinigung der 5 Orte mit Österreich; 1. Kappelerkrieg und 1. Landfriede	1529 BS: Pfarrküche 1529–32 Lebensmittelteuerung	1529 B. Luini: Passion Christi	
1530 Friede von St-Julien zwischen BE, FR, GE und Savoyen				
1531 Schmalkaldischer Bund der deutschen Protestanten	1531 2. Kappelerkrieg und 2. Landfriede	1531–32 Nachkriegsunruhen in Bern und Zürich		1531 M. Servet: Schriften zur Trinitätslehre; Zwingli: Christianae fidei
	1532 1. Glarner Landesvertrag	1532 Wiedereröffnung der Basler Universität		1532 Farel predigt in Genf. Calvin: De clementia 1534 Gründung des Jesuitenordens; Viret predigt in Genf, Calvin in Basel.
			1535 Olivetanus: französische Bibelübersetzung	

Europa	Politische Geschichte	Wirtschaft, Gesellschaft, Recht	Kunst, Literatur	Religion
	1536 Savoyen verliert Waadt, Chablais, Genevois, Gex an BE, FR, VS			1536 Disputation in Lausanne; Genf wird reformiert. 1536 Calvin: Christianae Religionis Institutio
		1537 Hohe Schule in Lausanne		
				1538 Taufdisputation in Bern 1541 Calvin endgültig in Genf
1545-47 Konzil von Trient, 1. Tagungsperiode			1547–48 J. Stumpf: Schweizer- und Reformationschronik	1548 Beza in Lausanne
				1549 *Consensus Tigurinus:* Glaubensbekenntnis zwischen Zwinglianern und Calvinisten
1551–52 Konzil von Trient, 2. Tagungsperiode				
		1554 Conrad Gessner Stadtarzt in Zürich		
1555 Augsburger Religionsfriede	1555 Grafschaft Greyerz an Bern und Freiburg verkauft			1555 Ausweisung der reformierten Locarneser
1556 Karl V. dankt ab.		1556 Feuerstättenzählung in Bern		1556 Bern führt die Reformation im Obergreyerz ein.
1559 Friede von Cateau-Cambrésis zwischen Frankreich und Spanien	1559 Beginn des Glarnerhandels	1559 Calvin gründet in Genf eine Hohe Schule.		
	1560 Allianz der katholischen Orte ohne Freiburg mit Savoyen	1560 Zürich unterbindet Aufnahme von Neubürgern		
1561–63 Konzil von Trient, 3. Tagungsperiode 1562 Beginn der Religionskriege in Frankreich			1562 Bullinger: Reformationschronik	1561 neue Kirchenordnung in Genf
	1564 2. Glarner Landesvertrag; Lausanner Vertrag zwischen Bern und Savoyen	1564 GL sperrt Aufnahme ins Bürgerrecht	1564–85 Bau der Schaffhauser Befestigungsanlagen (Munot)	1564 katholische Orte bekennen sich zum Konzil von Trient
	1565 Allianz der 5 inneren Orte mit dem Papst	1565 E. Zanino begründet Seidenindustrie in Zürich		1566 *Confessio Helvetica posterior:* reformiertes Glaubensbekenntnis

Europa	Politische Geschichte	Wirtschaft, Gesellschaft, Recht	Kunst, Literatur	Religion
1567 Beginn des niederländischen Befreiungskampfes	1567 Bern tritt das Chablais, Genevois und Gex an Savoyen ab.			1567 Priestersynode in Konstanz
		1568 Gründung der Genfer Staatsbank		
	1569 Vertrag von Thonon: VS tritt Chablais an Savoyen ab			
	1570 Bündnis Berns mit Savoyen; *«mode de vivre»* zwischen Genf und Savoyen	1570 Seidenindustrie durch Gebrüder Pellizari in Basel begründet	1570 A. Tschudi: Chronicon helveticum	1570 1. Schweizer Visitation durch Kardinal Borromeo
1572 Bartholomäusnacht in Paris		1572 H. Lochmann gründet mit staatlichen Mitteln Wolltuchindustrie in Zürich		1572 reformierter Fähnlilupf in den Drei Bünden
				1575 Ch. Blarer von Wartensee wird Bischof von Basel.
			1576 J. Simler: Regiment Gemeiner loblicher Eydgenossenschaft	
	1577 neuer Allianzvertrag zwischen Savoyen und den 5 Orten (ab 1578 mit Freiburg)			1577 Jesuitenkollegium in Luzern
	1579 Bündnis zwischen den katholischen Orten und Bischof Blarer; Vertrag von Solothurn zum Schutze Genfs	1579 Wolltuchverlagsgesellschaft des H. Ratze in Freiburg		1579 *Collegium helveticum* in Mailand
			1580 Ch. Wurstisen: Basler Chronik	1580 Jesuitenkollegium in Freiburg
		1581 Liquidation der Genfer Staatsbank 1582–87 große Kälteperiode, schlechte Ernten, Hungersnot		
				1583 schweizerische Ordensprovinz der Kapuziner mit Sitz in Luzern
	1584 Zürich tritt dem Burgrecht zwischen Bern und Genf bei.			
	1586 Goldener Bund der katholischen Orte (Borromäischer Bund)			1586 ständige Nuntiatur in Luzern
1588 Untergang der spanischen Armada; Beginn der englischen Seemacht	1588 Allianz BE–ZH–Straßburg			

Europa	Politische Geschichte	Wirtschaft, Gesellschaft, Recht	Kunst, Literatur	Religion
	1588–89 Allianz der katholischen Orte mit Spanien		1588–92 Sta. Croce in Riva San Vitale, TI	
	1589–93 Krieg von Bern, Genf und Frankreich gegen Savoyen	1590–1600 Höhepunkt der Hexenprozesse		
	1591 Bern: Steuerunruhen; Basel: Rappenkrieg			1591 Jesuitenkollegium in Pruntrut, JU
	1597 Appenzell in 2 Halbkantone geteilt		1597 1. Monatszeitung in Rorschach, TG	
1598 Edikt von Nantes zugunsten der Hugenotten			1598 F. Guillimann: De rebus Helvetiorum	
		1599 Steuerunruhen auf der Zürcher Landschaft; Eisenhütte in Undervelier, JU		
1600 Der Krieg zwischen Frankreich und Savoyen wird 1601 durch den Frieden von Lyon beendet.	1600 Allianz der Drei Bünde mit dem Wallis			
	1601 Erneuerung des eidgenössischen Bündnisses mit Frankreich	1601 Uhrmacherzunft in Genf		
	1602 Escalade in Genf; Friede von St-Julien zwischen Genf und Savoyen			
				1603 Mazze im Wallis zur Bekämpfung der Reformation
				1604 Ausweisung der Reformierten aus dem Wallis
	1605 Zürich tritt dem Genfer Schirmvertrag von 1579 bei.			
			1606 J. J. Rüegger: Schaffhauser Chronik	
			1608–13 Wallfahrtskirche Werthenstein, LU	
			1610 1. Wochenzeitung in Basel	
				1613 Der Bischof von Lausanne verlegt seinen Sitz nach Freiburg.
	1614 Zürich tritt dem Soldbündnis mit Frankreich bei.			
	1615 Allianz Berns und Zürichs mit Venedig			

Europa	Politische Geschichte	Wirtschaft, Gesellschaft, Recht	Kunst, Literatur	Religion
	1617–39 Bündner Wirren; Graubünden als Schauplatz des 30jährigen Krieges			
1618 Beginn des 30jährigen Krieges	1619 Aufruhr gegen den Bischof von Sitten			1618–19 Synode von Dordrecht
			1622 In Zürich erscheinen 2 Wochenzeitungen.	
	1623 3. Glarner Landesvertrag; Bündnis des Wallis mit den katholischen Orten			
			1624 in Zürich wird Theater verboten	
		1629 allgemeine Pestwelle		
1630 Schweden tritt in den Krieg ein.				
			1631 M. Stettler: Schweitzer-Chronik	
1635 französische Kriegserklärung an Spanien				
	1638 Tagsatzung beschließt Neutralität, Durchmarschverweigerung			
			1639–41 Neubau der Hofkirche St. Leodegar in Luzern mit Schnitzereien von N. Geiser	1639 Beginn des reformierten Buß- und Bettages
	1641 Steuerunruhen in Bern und Zürich 1642 Beginn des Baus der Stadtbefestigung in Zürich		1642 M. Merian: Topographia Helvetiae; R. Scotti: Helvetia profana et sacra	
1643 Ludwig XIV. wird französischer König.				
	1646 ZH: Unruhen in Wädenswil und Knonau 1647 Defensionale von Wil (eidgenössische Militärordnung)			
1648 Westfälischer Friede	1648 Freiheit und Exemtion der Schweiz im Westfälischen Frieden bestätigt			1648 Jesuitenkollegium in Solothurn
1649–58 Revolution in England				
	1653 schweizerischer Bauernkrieg 1656 1. Villmergerkrieg und 3. Landfriede			

Europa und die Welt	Politische Geschichte	Wirtschaft	Gesellschaft, Recht	Kultur, Wissenschaft Religion
1659 Pyrenäenfrieden: Frankreich gewinnt Übergewicht über Spanien.				
	1663 Allianz mit Frankreich 1668 Defensionale von Wil erneuert		1663–70 letzte große Pestepidemie	
1674 Frankreich besetzt die Freigrafschaft.			1669–83 Uri, Zürich, Solothurn und Freiburg sperren Aufnahme ins Bürgerrecht	1675 *Formula Consensus,* Glaubensbekenntnis der evangelischen Orte
1679 *Habeas Corpus*-Akte bestätigt die persönliche Freiheit der englischen Bürger.				1679 T. Bonet: Sepulchretum (pathologische Anatomie)
1681 Straßburg zu Frankreich 1685 Revokation des Ediktes von Nantes			Ab 1685 kommen protestantische Flüchtlinge aus Frankreich in die Schweiz.	
		1687 Kommerzienrat in Bern		
1688 Glorreiche Revolution in England				
				1690 J. Bernoulli: Integralrechnung; um 1690 Beginn des Pietismus in der Schweiz
	1693 Militärkapitulation zwischen Zürich und Niederlanden			
			1694 Bern sperrt Aufnahme ins Bürgerrecht	
1701–13 Spanischer Erbfolgekrieg; endet mit Friede von Utrecht		um 1700 Einführung der Baumwollindustrie; ab 1705 Aufschwung der Uhrmacherei in Neuenburg		
1700–21 Nordischer Krieg: Rußland, Polen, Sachsen, Dänemark gegen Schweden	1707 Neuenburg wird preussisch. Genfer Unruhen unter P. Fatio: *bourgeois* verlangen mehr Rechte		1705–18 Mülhausen, Luzern, Schwyz und Basel sperren Aufnahme ins Bürgerrecht	
	1712 2. Villmerger Krieg und 4. Landfriede			1712 J. J. Scheuchzer: Karte der Schweiz
	1715 Allianz der katholischen Orte mit Ludwig XV.			
				1716 J. F. Ostervald: Arguments et réflections

Europa und die Welt	Politische Geschichte	Wirtschaft	Gesellschaft, Recht	Kultur, Wissenschaft Religion
	1718 Friede von Baden 1723 Aufstand des Majors Davel in Lausanne			1721–23 Diskurse der Maler (literarische Zeitung, Zürich) 1725 B. L. von Muralt: Lettres sur les Français et les Anglais
	1726–39 Unruhen im Fürstbistum Basel: Stände gegen absolutistische Tendenzen des Fürstbischofs			1729 A. von Haller: Die Alpen
1733–35 Polnischer Thronfolgekrieg	1728–36 Kämpfe zwischen «Linden» und «Harten» im Kanton Schwyz 1737–38 Kämpfe zwischen *bourgeois* und aristokratischer Partei in Genf: *illustre médiation*	1735 Verlag Orell-Füßli in Zürich		1738 kinetische Theorie der Gase durch D. Bernoulli
1740 Friedrich II. König von Preußen 1740 Maria Theresia Königin von Österreich 1741–48 Österreichischer Erbfolgekrieg		ab 1740 Erneuerung des Straßennetzes im Kanton Bern		1747 J. J. Burlamaqui: Principe de droit naturel
	1749 Henzi-Verschwörung in Bern	1749–50 große Ernährungskrise	1751 D. Guyot führt in Genf die 1. Pockenimpfung durch.	
	1755 Aufstand in der Leventina gegen Uri	1754 Gründung der Bank Leu in Zürich		1755 L. Euler: Differentialrechnung
1756–63 Siebenjähriger Krieg			1759 Ökonomische Gesellschaft in Bern	1760 U. Freudenberger: Der Wilhelm Tell – ein dänisches Mährgen; Höhepunkt des Pietismus in der Schweiz
	1764–68 Konflikt um Rousseau und seine Schriften löst in Genf erneut Unruhen zwischen *bourgeois* und Aristokraten aus		1761 Helvetische Gesellschaft 1761–77 unter U. von Salis, «Philanthropin» (Eliteschule) in Marschlins und Haldenstein, GR	1762 J. J. Rousseau: Emile und Contrat social 1767 J. C. Lavater: Schweizerlieder 1768–70 L. Euler: Integralrechnung
		1770 Ernährungskrise		

Europa und die Welt	Politische Geschichte	Wirtschaft	Gesellschaft, Recht	Kultur, Wissenschaft Religion
1772 1. polnische Teilung 1774 Ludwig XVI. französischer König 1775–83 Unabhängigkeitskrieg der nordamerikanischen Staaten gegen England 1776 amerikanische Unabhängigkeits erklärung und Erklärung der Menschenrechte	1777 Allianz der Eidgenossen mit Frankreich			1770–80 B. de Felice Encyclopédie d'Yverdon 1775, 1779 Goethes Schweizerreisen
	1781 Chenaux-Aufstand in Freiburg 1782 repräsentative Republik in Genf von der Aristokratie mit Hilfe von außen unterdrückt			
		1783 1. Spinnereiversuche in Appenzell		1783 S. Bridel: Etrennes helvétiques
				1786 J. von Müller: Schweizergeschichte
			1787 H. B. de Saussure besteigt den Mont-Blanc.	
1789 Französische Revolution 1792 In Paris wird die Schweizergarde massakriert und aufgelöst. 1792–97 1. Koalitionskrieg 1793–94 jakobinische Terrorherrschaft 1793 2. polnische Teilung 1795 3. polnische Teilung	1790–98 in den meisten Orten und Untertanengebieten Unruhen unter dem Einfluß der Französischen Revolution (Stäfner-Handel, Toggenburger Unruhen usw.)			
1797 Friede von Campoformio zwischen Frankreich und Österreich	1797 Veltlin kommt zur Cisalpinischen Republik; letzte eidgenössische Tagsatzung			1797 Aufhebung des *Collegium helveticum* in Mailand
1798–1801 2. Koalitionskrieg	1798 Lemanische Republik in der Waadt; Basel befreit Untertanen; Einmarsch der Franzosen; Helvetische Republik; Allianz mit Frankreich	1798 Gesetz zur Ablösung der Feudallasten		
1799 Napoleon Bonaparte wird 1. Konsul.				1799 E. Fellenberg: Hofwiler Schulen

Europa und die Welt	Politische Geschichte	Wirtschaft	Gesellschaft, Recht	Kultur, Wissenschaft Religion
	1800 1. und 2. Staatsstreich			
1801 Friede von Lunéville: Bestätigung des Friedens von Campoformio	1801 Verfassung von Malmaison; 3. Staatsstreich	1801 1. mechanische Spinnerei in St. Gallen		
	1802 Wallis wird unabhängige Republik; 1. Volksabstimmung in der Schweiz; Stecklikrieg 1803 Mediationsverfassung; neue Kantone: SG, GR, AG, TG, TI, VD; Allianz mit Frankreich	1802 G. Fischer (Giesserei) in Schaffhausen gegründet		
1804 Napoleon wird Kaiser.	1804 Bockenkrieg	1804 1. Industrieausstellung in Bern		1804 F. Schiller: Wilhelm Tell
1805 3. Koalitionskrieg	1805–13 Neuenburg an Frankreich	1805 Spinnerei Escher-Wyß in Zürich		1805 Säkularisierung des Klosters St. Gallen
1806 Ende des Heiligen Römischen Reiches Deutscher Nation 1806 4. Koalitionskrieg, Kontinentalsperre				
		1807 I. de Rivaz konstruiert das 1. Automobil der Schweiz	1807–16 Linthkorrektion	
				1808 Schweizerische Musikgesellschaft
1809 5. Koalitionskrieg		1809 von Roll Metallwerke; Zürich: Gewerbeschule; Beginn der Berufsausbildung in der Schweiz		
	1810 VS wird französisches Departement		1810 Schweizerische Gemeinnützige Gesellschaft	1810 G. de Staël: De l'Allemagne
1812 Rußlandfeldzug				
	1813 Aufhebung der Mediationsverfassung		1813 Typhusepidemie	
1814–15 Neuordnung Europas auf dem Wiener Kongreß	1814–15 Lange Tagsatzung in Zürich; Anerkennung der «immerwährenden Neutralität» durch die Mächte; Bundesvertrag der 22 Kantone (neue Kantone: VS, NE, GE). Das Veltlin geht verloren, und der Jura kommt zu Bern.			

Europa und die Welt	Politische Geschichte	Wirtschaft	Gesellschaft, Recht	Kultur, Wissenschaft Religion
1815 Gründung der antiliberalen Heiligen Allianz	1815–30 Restauration		1815 ZH: Gesetz über Kinderarbeit	
			1816–17 Hungersnot	1816–25 K. L. v. Haller: Restauration der Staatswissenschaften
	1818 Zentralmilitärschule, Thun, BE	1818 1. chemische Fabrik, Uetikon, ZH	1818 1. lokale Kranken-, Invaliden- und Sterbekasse der Typographen in Aarau	1817–20 B. Constant: Cours de politique constitutionelle
1819 Karlsbader Beschlüsse gegen Lehrfreiheit und Presse		1819 Schokoladefabrik Cailler, Vevey, VD; Schweizerkolonie Nova Friburgo, Brasilien	1819 Zofingerverein (Studentenverbindung)	1819 S. de Sismondi: Nouveaux principes d'économie politique; GE kommt zum Bistum Lausanne.
1821–29 Freiheitskampf der Griechen			Ab 1821 unterstützt G. Eynard (GE) die griechische Unabhängigkeitsbewegung (Philhellenenvereine).	
		1822 Schweizerkolonie Chabag, Bessarabien		1822 Löwendenkmal, Luzern; H. Zschokke: Des Schweizerlands Geschichte für das Schweizervolk
1823 Monroe-Doktrin der USA	1823 Preß- und Fremdenkonklusum	1823 1. Dampfschiff auf dem Genfersee (Guillaume Tell)		1823 Bistum Chur-St. Gallen
			1824 1. eidgenössisches Schützenfest, Aarau	
		1825 1. mechanische Feinspinnerei, Rieter, Niedertöß, ZH 1826 Schweizerische Mobiliarversicherungsgesellschaft		
				1828 Bistum Basel-Solothurn 1829–40 R. Toepffer: Nouvelles genevoises
1830 Julirevolution in Frankreich	1830–31 Regeneration; liberale Verfassungen in einigen Kantonen 1832 Revisionsversuch des Bundesvertrages; Siebnerkonkordat der liberalen Kantone; Sarnerbund der konservativen Kantone 1832–33 Teilung Basels	1832 Fabriksturm von Uster, ZH	1832 1. eidgenössisches Turnfest	1833 Universität Zürich

Europa und die Welt	Politische Geschichte	Wirtschaft	Gesellschaft, Recht	Kultur, Wissenschaft Religion
1834 Deutscher Zollverein	1834 Badener Artikel	1834 Maschinenfabrik Sulzer, Winterthur, ZH		1834 Universität Bern
			1835 Nationalverein; «Junge Schweiz», Ableger von Mazzinis «Jungem Europa»	
	1836 Tagsatzungsbeschluß auf Beschränkung des Asylrechts, Massenausweisung deutscher Handwerker und Anhänger des «Jungen Europa» (Mazzini)			1836 Bistum St. Gallen
1837 Regierungsantritt der Königin Viktoria von England				1837 J. Gotthelf: Der Bauernspiegel
	1838 Affäre um Louis-Napoléon Bonaparte		1838 Schweizerischer Grütliverein, GE	1838 1. Lehrerinnenseminar, Thun, BE
		1839 Escher-Wyß baut 1. Dampfmaschine		
				1840 General G.-H. Dufour: Cours de tactique
	1841–43 Aargauer Klosterstreit	1843 1. Gaswerk der Schweiz in Bern 1843 Zürich gibt die 1. Briefmarke auf dem Kontinent heraus.	1842 1. eidgenössisches Sängerfest	1843 A.-E. Cherbuliez: De la démocratie en Suisse
	1844 Berufung der Jesuiten nach Luzern 1844–45 Freischarenzüge 1845 Bildung des Sonderbundes	1844 1. Bahnhof der Schweiz in Basel eröffnet		1845–64 Dufour-Karte 1845 R. Toepffer: Voyages en zigzag
	ab 1845–46 radikale Regierungen in VD, GE, ZH, BE			
1846 Aufhebung der Kornzölle in England; Übergang zum Freihandel		1846 Massenauswanderung der Glarner nach Übersee – Höhepunkt der Auswanderungswelle seit 1840	1846 1. gesetzliche Beschränkung der Arbeitszeit in Glarus 1846–47 Ernährungskrise und Teuerung	
	1847 Sonderbundskrieg; Jesuiten aus der Schweiz ausgewiesen	1847 1. schweizerische Eisenbahn in Betrieb	1847 Schweizerischer Volksverein	

Europa und die Welt	Politische Geschichte	Wirtschaft	Gesellschaft, Recht	Kultur, Wissenschaft Religion
1848 Revolution in Europa; Frankreich: 2. Republik Deutschland: Einberufung des 1. deutschen Parlaments in der Frankfurter Paulskirche; 1848/49 Aufstände in Italien gegen Österreich; Nationalitätenkämpfe in der Habsburgermonarchie	1848 neue Bundesverfassung; Bern Bundesstadt; NE wird Republik; Bündnisangebot Sardiniens von der Schweiz abgelehnt			1848–51 S. Franscini: Neue Statistik der Schweiz
		1849 Bundesgesetze über Post- und Zollwesen		
1850 oktroyierte Verfassung in Preußen	1850 Bundesgesetz über die Militärorganisation	1850 Münzreform, neuer Schweizerfranken; GE: 1. Börse in der Schweiz		
1851 Staatsstreich Louis-Napoléons, der sich im folgenden Jahr zum Kaiser krönen läßt; 1. Weltausstellung in London	1851 neuer Zolltarif	1851 1. Telephonlinie; Bally, 1. Großunternehmen der Schuhindustrie	1851 1. Konsumverein in der Schweiz u. a. in Zürich unter K. Bürkli und J. J. Treichler	
1852 Paris: Crédit mobilier, 1. Geschäftsbank; «Au Bon Marché», 1. Warenhaus		1852 Eisenbahngesetz bringt privaten Eisenbahnbau		
1853–56 Krimkrieg				
				1854 Zürich: Eidgenössische Technische Hochschule; G. Keller: Der grüne Heinrich
	1856 Neuenburgerkonflikt	1856 Schweizerische Kreditanstalt; Schweizerische Lebensversicherungs- und Rentenanstalt		1856 H.-F. Amiel: Roulez, tambours!
1857 weltweite Wirtschaftskrise infolge Überproduktion			1857 Piusverein	1857 1. Bundesratshaus fertiggestellt
1859 Krieg Sardiniens und Frankreichs gegen Österreich	1859 Verbot der fremden Kriegsdienste			
1860–61 Einigung Italiens (Königreich)	1860 Savoyerhandel mit Frankreich; erweiterte Freizone um Genf; 1. gesamtschweizerische Volkszählung			1860 eidgenössisches Statistisches Büro; J. Burckhardt: Kultur der Renaissance in Italien

Europa und die Welt	Politische Geschichte	Wirtschaft	Gesellschaft, Recht	Kultur, Wissenschaft Religion
1859–64 Bau des Suezkanals	1861 Beginn der demokratischen Bewegung gegen die Vorherrschaft des Freisinns		1861 Kaufmännischer Verein Zürich, 1. lokale Angestelltenorganisation von Dauer 1863 Internationales Komitee vom Roten Kreuz; Schweizerischer Alpenclub	
1864 dänischer Krieg; Genfer Konvention des Roten Kreuzes 1861–65 Sezessionskrieg in den Vereinigten Staaten	1864 Handelsvertrag mit Frankreich	1864 BS: Ciba 1865 BE: Wander AG 1865 Beitritt zur lateinischen Münzunion	1864 Glarner Fabrikgesetz	
1866 Krieg Preußens gegen Österreich und dessen deutsche Verbündete;	1866 Partialrevision der Bundesverfassung; Gleichberechtigung der Juden 1. Internationale in Genf			
1867 Norddeutscher Bund		1867 Nestlé, Vevey, VD	1867 Bundesreserve- und Widerstandskasse der Typographen, 1. zentrale Unterstützungskasse der Schweiz	1867 1. Medizinstudentin an der Universität Zürich
1869–70 1. Vatikanisches Konzil 1870–71 deutsch-französischer Krieg; 3. Republik in Frankreich	1870–71 Grenzbesetzung	1869 Schweizerische Volksbank	1870 Schweizerischer Handels- und Industrie-Verein (Vorort)	
1871 Aufstand der Kommune 1871 Proklamation des deutschen Kaiserreiches in Versailles 1871 Beginn des Kulturkampfes in Deutschland, nach dem päpstlichen Infallibilitätsdogma von 1870	1871 Internierung der Bourbaki-Armee	1871 1. Zahnradbahn Europas (Vitznau-Rigi); Lokomotiv- und Maschinenfabrik Winterthur	1871 Tonhallekrawall in Zürich wegen deutscher Siegesfeier (gegen deutschen Chauvinismus)	
	1872 1. Totalrevisionsversuch der Bundesverfassung scheitert	1872 Basler, später Schweizerischer Bankverein	1872 Revision des Glarner Fabrikgesetzes bringt den 11-Stundentag	1872 Genfer Akademie wird Universität
1873 Beginn der großen Wirtschaftskrise (große Depression); stagnierendes Wachstum bis in die 90er Jahre	1873 Ausbruch des Kulturkampfes: Konflikt um Bistum Basel, Aufhebung der Nuntiatur		1873 1. Arbeiterbund 1873 2. Schweizerischer Volksverein (freisinnige Freunde der Verfassungsrevision)	
1874 Weltpostverein mit Sitz in Bern	1874 Revision der Bundesverfassung bringt Referendum, Handels- und Gewerbefreiheit u. a.			1874 1. Technikum der Schweiz in Winterthur

Europa und die Welt	Politische Geschichte	Wirtschaft	Gesellschaft, Recht	Kultur, Wissenschaft Religion
	1875 Bundesgericht in Lausanne	1875 Einführung des metrischen Systems	1875 Eidgenössischer Verein (protestantisch, konservativ, anti-etatistisch); Bundesgesetz über Ehe und Zivilstand	1875 C. F. Meyer: Jürg Jenatsch
		1876 Basler Börse eröffnet; Maschinenfabrik Oerlikon		
	1877–78 Gotthard-Kompromiß Schweiz-Italien-Deutschand	1877 Zürcher Börse eröffnet	1877 eidgenössisches Fabrikgesetz	
1878 Berliner Kongreß beendet russisch-türkischen Krieg; Neuordnung Südosteuropas				1878 J. Dubs: Das öffentliche Recht der schweizerischen Eidgenossenschaft
			1879 Schweizerischer Gewerbeverband 1880 Schweizerischer Gewerkschaftsbund 1881 schweizerisches Obligationenrecht	
1882 Dreibund Deutschlands	1882 «Schulvogtvorlage» verworfen	1882 Eröffnung der Gotthardbahn		1882 Th. Curti: Geschichte der schweizerischen Volksgesetzgebung, zugleich eine Geschichte der schweizerischen Demokratie
			1883 1. Landesausstellung in Zürich	
		1884/1888 Höhepunkte der Auswanderung wegen Wirtschaftskrise 1886 Sandoz, BS		1886 G. Keller: Martin Salander; C. Hilty: Politisches Jahrbuch (bis 1917)
1887 deutsch-russischer Rückversicherungsvertrag	1887 Alkoholmonopol des Bundes; Erfindungsschutz in der Verfassung verankert		1887 2. Schweizerischer Arbeiterbund, mit ständigem Arbeitersekretär	1887 Bundesbeschluß über Kunstförderung
1888 Wilhelm II. deutscher Kaiser			1888 Schweizerischer Gemeinnütziger Frauenverein 1888 endgültige Gründung der SPS	1888 Bistum Basel-Lugano
1889 Weltausstellung in Paris	1889 Wohlgemuthhandel: Konflikt mit dem deutschen Reich	1889 Bundesgesetz über Schuldbetreibung und Konkurs		1889 römisch-katholische Universität Freiburg i. Ue.
1890 Bismarck von Kaiser Wilhelm entlassen	1890 1. Sozialdemokrat im Nationalrat; Tessiner Putsch mit nachfolgender eidgenössischer militärischer Intervention		1890 1. Mai erstmals als Kampf- und Feiertag begangen; Verband schweizerischer Konsumvereine, später Coop Schweiz, gegründet	1890 Universität Lausanne 1890 Schweizerisches Landesmuseum

Europa und die Welt	Politische Geschichte	Wirtschaft	Gesellschaft, Recht	Kultur, Wissenschaft Religion
1891 Enzyklika *Rerum novarum* Papst Leos XIII. zur sozialen Frage	1891 1. katholisch-konservativer Bundesrat; Banknotenmonopol des Bundes; Einführung der Verfassungsinitiative; SPS ergreift Initiative «Recht auf Arbeit» 1892 1. Proporzwahlen im Kanton NE	1891 Brown Boveri, Baden, AG; 10-Stundentag in der Maschinenindustrie errungen	1891 1. August als Bundesfeiertag eingeführt; Erinnerungsfeiern 600 Jahre Eidgenossenschaft	1891 C. Hilty: Die Bundesverfassungen der schweizerischen Eidgenossenschaft; Statistisches Jahrbuch der Schweiz, hg. vom Eidgenössischen Statistischen Amt
		1893 Bundesgesetz zur Förderung der Landwirtschaft 1893–95 Zollkrieg mit Frankreich	1893 Käfigturmkrawall in Bern; Liberale Partei der Schweiz (Zentrum)	1893 E. Rod: Vie privée de Michel Teissier
1894 Beginn der Dreyfus-Affäre in Frankreich	1894 Bundesgesetz gegen Propaganda der Anarchisten (Bundesstrafrecht)	1894 Hoffmann-La Roche, BS	1894 Freisinnig-demokratische Partei; 1. Katholische Volkspartei 1895 Schweizerische Depeschenagentur	1894 Schweizerische Landesbibliothek, Bern 1895 R. Kisslings Telldenkmal in Altdorf, UR, eingeweiht
1896 1. olympische Spiele in Athen 1897 1. Zionistenkongreß in Basel			1896 Landesausstellung in Genf, Thema: «Deutschschweizer – Romands» 1897 Schweizerischer Bauernverband mit Bauernsekretariat; 1. schweizerischer Kongreß für die Interessen der Frau in Genf	
1898 Faschodakrise 1899 Friedenskonferenz im Haag (Landkriegsordnung)	1898 Verstaatlichung der Hauptbahnen, daraus: Schweizerische Bundesbahnen	1898 1. elektrische Lokomotive in Betrieb		1898 F. Hodlers Fresken im Landesmuseum in Zürich 1899 Handelshochschule St. Gallen; G. Segantini: Werden, Sein und Vergehen
		1900 1. Automobilfabrik, Arbon, TG	1900 Bund Schweizerischer Frauenvereine 1901 Henri Dunant erhält Friedensnobelpreis	
	1902 Silvestrellihandel	1902 neuer Zolltarif, verstärkter Protektionismus		1902 Einweihung des Parlamentsgebäudes in Bern
1904 *Entente cordiale* zwischen England und Frankreich; russisch-japanischer Krieg 1905–06 1. Revolution in Rußland 1906 Algeciras-Konferenz beendet 1. Marokkokrise		1905 1. eidgenössische Betriebszählung		

Europa und die Welt	Politische Geschichte	Wirtschaft	Gesellschaft, Recht	Kultur, Wissenschaft Religion
1907 2. Haager Konferenz; englisch-russische *Entente*	1907 Bundesgesetz über Militärorganisation	1907 Schweizerische Nationalbank als zentrale Notenbank	1907 Zivilgesetzbuch angenommen	
			1908 Zentralverband Schweizerischer Arbeitgeberorganisationen	1908 R. Walser: Der Gehülfe
	1909 Gotthardvertrag mit Deutschland und Italien; Staatsvertrag mit Frankreich über Simplonzufahrt		1909 Schweizerische Vereinigung für Frauenstimmrecht	1909 Universität Neuenburg
			1910 Beginn der Luftfahrt in der Schweiz; 1. Flugplatz: Dübendorf	
1911 2. Marokkokrise (Panthersprung nach Agadir)				
1912–13 Balkankriege: Türkei verliert europäische Gebiete	1912 Besuch Kaiser Wilhelms in der Schweiz	1912 Schweizerische Bankgesellschaft	1912 Katholisch-konservative Volkspartei der Schweiz; Bundesgesetz über Kranken- und Unfallversicherung angenommen	1912 Institut J. J. Rousseau
1914–18 1. Weltkrieg	1914 nach Kriegsausbruch: Mobilmachung der Armee und Grenzbesetzung; Bundesrat erhält unbeschränkte Vollmachten	1914 Revision des Fabrikgesetzes (10-Stundentag), nach Mobilisation rückgängig gemacht	1914 Höchststand der Ausländer an der Wohnbevölkerung (15,4 %); Schweizerische Landesausstellung in Bern; Neue Helvetische Gesellschaft	1914 C. Spitteler: Unser Schweizer Standpunkt
		1915 deutsche Treuhandstelle (Wirtschaftskontrolle durch Achsenmächte); Société Suisse de surveillance économique (Wirtschaftskontrolle durch Alliierte); Erhebung einer Kriegssteuer (1. direkte Bundessteuer)	1915 Zimmerwaldnerkonferenz	
	1916 Oberstenaffäre; Kundgebung gegen General Wille und bundesrätliche Vollmachten			1916 Zürich: Dadaismus; Cabaret Voltaire
1917 Russische Revolution; Kriegseintritt der USA	1917 Affäre Grimm-Hoffmann; Abreise Lenins nach Rußland	1917 Rationierung der Lebensmittel	1917 in mehreren Städten Kundgebungen gegen den Hunger	1917 L. Ragaz: Die neue Schweiz

Europa und die Welt	Politische Geschichte	Wirtschaft	Gesellschaft, Recht	Kultur, Wissenschaft Religion
1918 Kapitulation der Zentralmächte	1918 Annahme der Initiative auf Proporzwahl des Nationalrates; Landesgeneralstreik; Abbruch der diplomatischen Beziehungen zu Sowjetrußland	1918 LU: Schweizerische Unfallversicherungsanstalt	1918 1/6 der Bevölkerung notstandsberechtigt; Grippeepidemie	
1919 Deutschland: Nationalversammlung in Weimar	1919 Wahl des Nationalrates nach Proporz, Freisinnige verlieren Mehrheit; Katholisch-Konservative erhalten 2. Sitz im Bundesrat; Vorarlberg wird nicht 23. Kanton der Schweiz.	1919 Einführung des 8-Stundentages	1919 Vaterländischer Verband	
1919/20 Versailler Vertrag und Pariser Vorortsverträge	1920 Beitritt der Schweiz zum Völkerbund; Wiederzulassung einer Nuntiatur; Post- und Währungsabkommen mit Liechtenstein	1920 Errichtung eines eidgenössischen Arbeitsamtes		1920 Schaffung des Schweizerischen Evangelischen Kirchenbundes; Gründung von Volkshochschulen; R. Grimm: Geschichte der Schweiz in ihren Klassenkämpfen
	1921 neuer Gebrauchszolltarif (Erhöhung)		1921 Spaltung der SPS und Gründung der KPS	1921 J. Boßhart: Ein Rufer in der Wüste
1922 Rapallo-Vertrag zwischen Deutschland und Rußland; Italien: Mussolini gelangt an die Macht (Regierungschef).	1922 Ablehnung der *Lex* Häberlin (Staatsschutzgesetz)	1922 Höhepunkt der Nachkriegskrise (130000 Arbeitslose)	1922 1. Radiosender (Lausanne, Bern)	1922 J. Schaffner: Johannes
1923 Vertrag von Lausanne; französische Besetzung des Ruhrgebietes	1923 Ermordung Worowskis: Konflikt mit der UdSSR; Verwerfung des Zonenabkommens mit Frankreich		1923 Eröffnung der Radiosender Genf und Lausanne	1923 J. Piaget: Etude sur la logique de l'enfant
		1924 Verwerfung der *Lex* Schultheß, die eine Verlängerung der Arbeitszeit beabsichtigte	1924 Bundesgesetz über Beiträge an die Arbeitslosenkasse; Radiosender Zürich	1924 neue Kunstverordnung des Bundes; Gründung der Filmgesellschaft Präses
1925 Konferenz von Locarno	1925 Annahme des Verfassungsartikels über Alters- und Hinterlassenenversicherung		1925 Schweizerischer Protestantischer Volksbund	1925 G. Oltramare: Le Pilori
		1926 Verwerfung des Getreidemonopols durch den Bund; 1. vollautomatische Telephonzentrale		

Europa und die Welt	Politische Geschichte	Wirtschaft	Gesellschaft, Recht	Kultur, Wissenschaft Religion
	1927 Berliner Erklärung: Beilegung des Konfliktes mit der UdSSR	1927 Zentrale für Handelsförderung	1927 Beamtengesetz des Bundes 1928 1. Schweizerische Ausstellung für Frauenarbeit (SAFFA)	1927 Institut des Hautes Etudes Internationales 1928 C. G. Jung: Die Beziehung zwischen dem Ich und dem Unbewußten; G. de Reynold: La démocratie et la Suisse
1929 Börsenkrach in den USA	1929 1. BGB-Bundesrat; Petition für Frauenstimmrecht (250 000 Unterschriften)	1929 Revision des Bundesgesetzes zur Förderung der Landwirtschaft; Annahme der Getreidevorlage		
	1930 Annahme der Alkoholgesetzrevision	1930 Gründung des BIGA (Nachfolge des eidgenössischen Arbeitsamtes)	1930 Spaltung der KPS: Parteiopposition in SH schließt sich 1935 der SP an; Neue Front; Nationale Front	
	1931 Verlängerung der Amtsdauer von National-, Stände- und Bundesrat	1931 Schaffung einer eidgenössischen Preiskontrolle; Beginn der Krise in der Schweiz	1931 Eröffnung der Radiosender Sottens und Beromünster	
1932 Abrüstungskonferenz in Genf	1932 Zusammenstoß zwischen Sozialisten und Militär in Genf (13 Tote)	1932 Beginn der dringlichen Bundesmaßnahmen gegen die Krise	1932 Union Nationale in Genf	1932 C.-F. Ramuz: Farinet ou la fausse monnaie
1933 Hitler Kanzler		1933 dringlicher Bundesbeschluß für Krisenhilfe und Finanznotrecht; eidgenössische Krisenabgabe (2. direkte Bundessteuer) 1933 Ablehnung des Lohnabbaus für Bundespersonal	1933 Radiosender Monte Ceneri	1933 L. Ragaz: Erneuerung der Schweiz
	1934 Ablehnung der 2. *Lex* Häberlin (Staatsschutzgesetz); Motta lehnt Beitritt der UdSSR zum Völkerbund ab	1934 Bundesgesetz über Sparkassen und Banken		1934 Cabaret Cornichon in Zürich
1935 Wiedereinführung der allgemeinen Wehrpflicht in Deutschland; deutsch-englisches Flottenabkommen 1935–36 italienisch-abessinischer Krieg	1935 Verwerfung der Kriseninitiative; Ablehnung der Totalrevisionsinitiative; Schweiz distanziert sich von gewissen Völkerbundssanktionen gegen Italien wegen Abessinienkonflikt		1935 SPS-Programmrevision: Anerkennung der Landesverteidigung, Streichung der «Diktatur des Proletariats»	
1936 «Achse» Berlin-Rom, Antikominternpakt 1936–39 spanischer Bürgerkrieg	1936 Wehranleihe des Bundes; Maßnahmen des Bundesrates gegen kommunistische Umtriebe	1936 Höchststand der Arbeitslosigkeit (93 000); Abwertung des Frankens um 30 %		1936 *Forum helveticum*

Europa und die Welt	Politische Geschichte	Wirtschaft	Gesellschaft, Recht	Kultur, Wissenschaft Religion
1936–37 Volksfront-regierung in Frankreich		1937 Friedensabkommen in der Metallindustrie	1937 Gründung der Schweizerischen BGB; Gründung des Landesrings der Unabhängigen; Richtlinienbewegung (Versuch gemeinsamer Politik der SPS mit bürgerlichen Parteien)	1937 La peste rouge (antisozialistischer Agitationsfilm)
1938 Anschluß Österreichs; Münchner Abkommen	1938 Rückkehr zur integralen Neutralität	1938 Bundesbeschluß über die Sicherstellung der Landesversorgung; Aufbau einer kriegswirtschaftlichen Organisation	1938 Annahme des neuen Strafgesetzbuches	1938 M. Inglin: Schweizerspiegel; A. Honegger: Johanna auf dem Scheiterhaufen; L. Lindtbergs Film Füsilier Wipf 1938 Rätoromanisch wird 4. Landessprache
1939 Beginn des 2. Weltkrieges mit deutschem Angriff auf Polen	1939 Annahme der Finanzvorlage «Ausbau der Landesverteidigung und Bekämpfung der Arbeitslosigkeit»; Generalmobilmachung; Pressekontrolle	1939 kriegswirtschaftliche Organisation eingesetzt	1939 Landesausstellung in Zürich	1939 Insektizid DDT (Ciba, BS); Pro Helvetia; A. Zollinger: Die große Unruhe; H. Erni: Wandmalereien an der Landesausstellung
1940 Kapitulation Frankreichs; Kriegseintritt Italiens	1940 Einführung der Todesstrafe im Aktivdienst; Radiorede Pilet-Golaz'; Eingabe der 200	1940 Beginn des «Plans Wahlen»; Erhebung von Kriegsgewinnsteuer, Wehropfer, Wehrsteuer, Warenumsatzsteuer; Einführung der Lohnersatzordnung; Abschluß eines Handelsvertrages mit Deutschland	1940 Verbot der KP; Auflösung der Nationalen Front	1940 A. Zollinger: Pfannenstiel
1941 Kriegseintritt Japans und der USA; deutscher Angriff auf die UdSSR		1941 Bundesbeschluß über Allgemeinverbindlichkeit von Gesamtarbeitsverträgen	1941 Verbot der Fédération Socialiste Suisse	
1942 alliierte Landung in Nordafrika	1942 Verschärfung der Flüchtlingspolitik	1942 Rationierung von Fleisch und Brot		
1943 deutsche Niederlage bei Stalingrad	1943 Wahl des ersten Sozialisten in den Bundesrat	1943 Auslauf des Handelsvertrages mit Deutschland, in der Folge nur kurzfristige Abkommen; Abkommen mit den Alliierten (Einschränkung des Handels mit Deutschland)	1943 Verbot der Eidgenössischen Sammlung (Nachfolgeorganisation der Fronten)	1943 M. Frisch: J'adore ce qui me brûle
1944 alliierte Invasion in der Normandie	1944 UdSSR lehnt Aufnahme diplomatischer Beziehungen ab; schwerster Bombenangriff (auf Schaffhausen: 40 Tote)		1944 Gründung der Partei der Arbeit	

Europa und die Welt	Politische Geschichte	Wirtschaft	Gesellschaft, Recht	Kultur, Wissenschaft Religion
1945 Ende des 2. Weltkrieges; UNO UNESCO	1945 alliierte Mission Currie-Foot (Forderung nach deutschen Guthaben in der Schweiz); Annahme des Familienschutzartikels in der Verfassung; Ende der Aktivdienstzeit 1946 Aufnahme diplomatischer Beziehungen zur UdSSR; Abkommen mit den USA über deutsche Vermögenswerte in der Schweiz			1945 Die letzte Chance (Spielfilm); A. Piccard: Bathyskaph (Tiefseetauchgerät)
1947 USA geben den Marshall-Plan bekannt; GATT; Abkommen von Bretton-Woods 1948 kommunistische Machtübernahme in der Tschechoslowakei; Gründung der OEEC; Gründung des Staates Israel; Beginn der Berlinblockade		1947 neue Wirtschaftsartikel in der Volksabstimmung angenommen	1947 Einführung der AHV in der Volksabstimmung angenommen	1947 Uraufführung von F. Dürrenmatt: Es steht geschrieben
1949 Gründung der NATO; Gründung der BRD und der DDR; Europarat geschaffen	1949 Initiative «Rückkehr zur Demokratie» (Regelung des Dringlichkeitsrechts) in der Volksabstimmung angenommen			
1950–53 Koreakrieg	1950 Anerkennung der Volksrepublik China	1950 föderalistische Bundesfinanzordnung in der Volksabstimmung verworfen; Fortführung der Wohnbauförderung in der Volksabstimmung abgelehnt		1950 Zeitschrift Rencontre in Lausanne
	1952 letzte Kriegsvollmachtenbeschlüsse treten außer Kraft	1952 Landwirtschaftsgesetz in der Volksabstimmung angenommen		1952 Nationalfonds zur Förderung der wissenschaftlichen Forschung
	1953 Schweiz beteiligt sich an der Überwachung des Waffenstillstandes in Korea; Rücktritt des einzigen Sozialdemokraten aus dem Bundesrat	1953 neue Vorlage für eine definitive Bundesfinanzordnung verworfen	1953 Gewässerschutzartikel angenommen; Aufnahme des Fernsehversuchsbetriebes in Zürich und Genf	

Europa und die Welt	Politische Geschichte	Wirtschaft	Gesellschaft, Recht	Kultur, Wissenschaft Religion
				1954 Gotthelf-Film Uli der Knecht von F. Schnyder; M. Frisch: Stiller
1955 österreichischer Staatsvertrag; Gründung des Warschauer Paktes				
1956 Volksaufstand in Ungarn durch die Sowjetunion unterdrückt			1956 Protestkundgebungen gegen Unterdrückung des Ungarnaufstandes	1956 F. Dürrenmatt: Der Besuch der alten Dame
1957 Gründung der Europäischen Wirtschaftsgemeinschaft (Römer Verträge)		1957 Atomenergieartikel angenommen	1957 1. Vorlage für einen Radio- und Fernsehartikel verworfen	
1958 5. Republik in Frankreich; die wichtigsten europäischen Länder kehren zur Währungskonvertibilität zurück		1958 Initiative für ein Kartellverbot verworfen; neue befristete Bundesfinanzordnung angenommen; Nationalstraßenartikel angenommen		1958 Filmartikel angenommen
	1959 Einführung des Frauenstimmrechts für den Bund verworfen, für die Kantone VD und GE angenommen; Wahl des Bundesrates nach der Zauberformel		1959 Schaffung der Invalidenversicherung; neues Programm der SPS: marktwirtschaftliche Orientierung	1959 K. Marti: Republikanische Gedichte
1960 Gründung der Europäischen Freihandelsassoziation, der auch die Schweiz beitritt; zahlreiche europäische Kolonien in Afrika werden unabhängig	1960 neue, von der Bewegungsdoktrin beeinflußte Truppenordnung			
	1961 1. mehrjähriger Rahmenkredit für Entwicklungshilfe	1961 Bewilligungspflicht für den Erwerb von Grundstücken durch Ausländer		
1962 Kubakrise; 1962–65 2. Vatikanisches Konzil	1962 Initiative für ein Verbot der Atomwaffen verworfen	1962 Kartellgesetz		1962 Filmgesetz
	1963 Beitritt zum Europarat		1963 Stabilisierung der Zahl der ausländischen Arbeitskräfte (Höchstgrenzen für Personalbestände der Betriebe)	

Europa und die Welt	Politische Geschichte	Wirtschaft	Gesellschaft, Recht	Kultur, Wissenschaft Religion
	1964 Mirage-Affäre; Einwanderungsabkommen mit Italien	1964 1. Konjunkturdämpfungsbeschlüsse	1964 Arbeitsgesetz; Landesausstellung in Lausanne	1964 M. Imboden: Helvetisches Malaise
1965–73 offenes Eingreifen der USA in den Konflikt zwischen Nord- und Südvietnam	1965 Unterzeichnung eines Abkommens mit den USA zur Deckung des Uranbedarfs		1965 Einreichung der 1. Überfremdungsinitiative (Zürcher Demokraten)	
1966 Kulturrevolution in China	1966 die Schweiz wird Vollmitglied des GATT; Bericht des Bundesrates über die Konzeption der militärischen Landesverteidigung; parlamentarische Motionen für eine Totalrevision der Bundesverfassung			
1967 6-Tagekrieg im Nahen Osten; Krieg um Republik Biafra in Nigeria	1967 Stiftung für eidgenössische Zusammenarbeit	1967 Bodenrechtsinitiative der SPS verworfen		
1968 Studentenunruhen und Generalstreik in Frankreich; Einmarsch von Truppen des Warschauer Pakts in der Tschechoslowakei beendet den «Prager Frühling»	1968 Bundesrat legt zum 1. Mal Richtlinien der Regierungspolitik vor		1968 Beginn der Jugendunruhen in Genf und Zürich	1968 M. Chappaz: Le Match Valais-Judée; Hochschulförderungsgesetz; Übernahme der Polytechnischen Schule Lausanne durch den Bund
1969–73 Ostverträge der deutschen Bundesrepublik mit der Sowjetunion und Polen und Grundvertrag mit der DDR	1969 Unterzeichnung des Atomsperrvertrages; Scheitern der Basler Wiedervereinigung durch Verwerfung der Verfassung für einen Kanton Basel in BL	1969 Bodenrechtsartikel angenommen; Inbetriebnahme des 1. Atomkraftwerkes	1969 neue Linksparteien: Partito socialista autonomo (TI), Progressive Organisationen (BS; später POCH), Revolutionäre marxistische Liga (später Sozialistische Arbeiterpartei); Zivilverteidigungsbuch erregt Proteste	1969 J. Chessex: Portrait des Vaudois
	1970 Einleitung von Reformen der militärischen Erziehung und Ausbildung	1970 3. Vorlage für eine definitive Bundesfinanzordnung scheitert am Ständemehr	1970 2. Überfremdungsinitiative (Schwarzenbach) verworfen; Initiative «Recht auf Wohnung» verworfen	1970 Spaltung des Schweizerischen Schriftstellervereins: Bildung der Gruppe Olten; Konkordat über die Schulkoordination

Europa und die Welt	Politische Geschichte	Wirtschaft	Gesellschaft, Recht	Kultur, Wissenschaft Religion
	1971 Einführung des Frauenstimmrechts auf eidgenössischer Ebene		1971 Republikanische Bewegung; Umweltschutzartikel angenommen; aus BGB und Demokraten von GL und GR entsteht die SVP	1971 Arbeitsgemeinschaft christlicher Kirchen der Schweiz
1972 Großbritannien, Dänemark und Irland beschließen den Beitritt zu den Europäischen Gemeinschaften; Abkommen über die Begrenzung strategischer Rüstung SALT 1	1972 Freihandelsvertrag mit den EG	1972 Wohnbauförderungsartikel angenommen; dringliche Maßnahmen in der Raumplanung; neue dringliche Konjunkturdämpfungsbeschlüsse	1972 Mieterschutzartikel angenommen, Wiedereinführung der Mietzinsüberwachung; AHV-Revision mit Verankerung der 2. Säule angenommen; Unterzeichnung der Europäischen Menschenrechtskonvention	1972–75 Synode 72 in den römisch-katholischen Bistümern der Schweiz
1973 Weltwährungssystem von Bretton Woods bricht zusammen; «Erdölkrise» 1973–75 Konferenz über Sicherheit und Zusammenarbeit in Europa	1973 Sicherheitsbericht des Bundesrates	1973 Bundesrat und Nationalbank gehen zum flexiblen Frankenkurs über		1973 neue Bildungsartikel scheitern am Ständemehr; Aufhebung des Jesuitenverbots angenommen
1974 weltweite Rezession; Sturz der Diktatur in Portugal	1974–75 Plebiszite für die Gründung eines Kantons Jura	1974 Investitionshilfegesetz	1974 3. Überfremdungsinitiative (Nationale Aktion) verworfen; SPS-Initiative und Gegenvorschlag zur Revision der Krankenversicherung verworfen	
1975 nach Tod Francos Rückkehr Spaniens zur Demokratie; 1975–77 Konferenz über internationale wirtschaftliche Zusammenarbeit (Nord-Süd-Konferenz)		1975 Nationalbank geht zu gezielter Geldmengenpolitik über; Konjunkturartikel scheitert am Ständepatt	1975 Besetzung des Baugeländes für ein Atomkraftwerk bei Kaiseraugst, AG	
1976 Zusammenbruch des antikommunistischen Regimes in Südvietnam; Tod Mao Zedongs	1976 Entwicklungshilfegesetz; Darlehen an die Internationale Entwicklungsagentur verworfen	1976 Raumplanungsgesetz verworfen	1976 Mitbestimmungsinitiative der Gewerkschaften samt Gegenvorschlag verworfen; Unterzeichnung der Europäischen Sozialcharta (Ratifikation 1984 abgelehnt)	1976 Expertenbericht über Kulturpolitik

Europa und die Welt	Politische Geschichte	Wirtschaft	Gesellschaft, Recht	Kultur, Wissenschaft Religion
	1977 Erweiterung des Staatsvertragsreferendums angenommen; jurassische Verfassung in kantonaler Abstimmung angenommen; Bundesrat für UNO-Beitritt	1977 einzelbetriebliche Milchkontingentierung eingeführt; Bundesfinanzordnung mit Mehrwertsteuer verworfen; Annahme einer 1. Sparvorlage	1977 Fristenlösungsinitiative verworfen; 1. Zivildienstinitiative verworfen	
	1978 Expertenentwurf für eine neue Bundesverfassung veröffentlicht; Schaffung einer Bundessicherheitspolizei verworfen; Aufnahme des Juras als 23. Kanton in den Bund	1978 2. Vorlage für einen Konjunkturartikel angenommen; Gesamtkonzeptionen für Verkehr und Energie		1978 Projekt der Universität Luzern scheitert in der kantonalen Volksabstimmung
1979 Europäisches Parlament erstmals in allgemeinen Wahlen bestellt; NATO beschließt Stationierung von Mittelstreckenraketen in Westeuropa; sowjetischer Einmarsch in Afghanistan	1979 Revision des Militärstrafrechts	1979 Atomschutzinitiative verworfen, Verschärfung des Atomenergiegesetzes angenommen; auch reduzierte Mehrwertsteuervorlage verworfen; neue Fassung des Raumplanungsgesetzes vom Parlament genehmigt		1979 Kantone vereinbaren Konkordat über Hochschulbeiträge
1980–81 gewerkschaftliche Opposition gegen das kommunistische Regime in Polen 1981 Griechenland wird EG-Mitglied		1980 finanzpolitisches Sanierungsprogramm des Bundesrates; Eröffnung des Gotthardstrassentunnels	1980–81 Jugendunruhen in mehreren Städten	1980 Initiative für Trennung von Staat und Kirche verworfen
1981 konservativer Kurs in den USA unter Präsident Reagan; Verschärfung der internationalen Verschuldungsprobleme	1981 1. Vorlage für eine Neuverteilung der Aufgaben zwischen Bund und Kantonen	1981 Konsumentenschutzartikel angenommen; Annahme einer Bundesfinanzordnung bis 1994	1981 Verfassungsartikel über die Gleichheit der Geschlechter angenommen; große Friedensdemonstration in Bern	
1982 Einmarsch Israels im Libanon		1982 Preisüberwachungsinitiative angenommen	1982 Ausländergesetz verworfen; Gesetz über die berufliche Vorsorge (2. Säule)	
	1983–84 Kontroverse um Regierungsbeteiligung in der SPS	1983 Energieartikel verworfen	1983 Schlußdebatten über das Umweltschutzgesetz unter dem Eindruck des Waldsterbens	

Europa und die Welt	Politische Geschichte	Wirtschaft	Gesellschaft, Recht	Kultur, Wissenschaft Religion
	1984 erste Frau im Bundesrat	1984 neue Verkehrsabgaben angenommen; Bankeninitiative verworfen; Atom- und Energieinitiative verworfen	1984 2. Zivildienstinitiative verworfen; Radio- und Fernsehartikel (3. Vorlage) angenommen	
			1985 Initiative «Recht auf Leben» verworfen; neues Eherecht angenommen	1985 einheitlicher Schuljahrbeginn angenommen
1986 Spanien und Portugal werden EG-Mitglieder	1986 UNO-Beitritt verworfen			

Erklärung der Fachausdrücke

Die folgende Liste von Worterklärungen enthält nur Ausdrücke, die in den einzelnen Kapiteln der «Geschichte der Schweiz – und der Schweizer» vorkommen. Berücksichtigt wurden vor allem politische Fachausdrücke und Fremdwörter, die sich nicht adäquat übersetzen lassen. Weitergehende Informationen findet der Leser in den einschlägigen Lexika und Wörterbüchern.

Abschied, eidgenössischer. Amtliche Aufzeichnungen und Beschlüsse über die Verhandlungen aller oder mehrerer Orte und ihrer Verbündeten auf gemeinsamen «Tagen» (Tagsatzung); meist in der Form von summarisch gehaltenen Niederschriften zum Zweck der Berichterstattung an die einzelnen Obrigkeiten oder zum Einholen von Instruktionen.

68er Bewegung. Protest- und Aufbruchbewegung gegen die bestehenden Wertvorstellungen und gesellschaftlichen Verhältnisse, die 1968 in der Schweiz wie in andern Ländern Europas ihren Höhepunkt hatte. In der welschen Schweiz bezieht man die Bewegung nach französischem Beispiel speziell auf den Monat Mai, in welchem die Staatsordnung Frankreichs zugleich durch Massenstreik und Fabrikbesetzung herausgefordert wurde; im Mai kam es auch in Genf zu den ersten größeren Unruhen. In der deutschen Schweiz markierte äußerlich der Zürcher Globus-Krawall von Ende Juni den Beginn der Bewegung.

Agaunum. Alter Name für St-Maurice (Wallis).

Akkulturation. Übernahme fremder geistiger und materieller Kulturgüter (Sprache, Lebensgewohnheiten) durch Einzelpersonen oder ganze Gruppen.

Akkumulation. Allgemein die schrittweise Anhäufung von Gütern oder Kapital. In der marxistischen Ökonomie heißt «Anwendung von Mehrwert als Kapital oder Rückverwandlung von Mehrwert in Kapital» Akkumulation des Kapitals.

Allmend. Nach germanisch-deutschem Recht das Gemeineigentum der Gemeindeglieder, besonders von Grundherr und Dorfgenossen. Sie bestand meist aus Weide, Wald, Ödland und Gewässern. Der Begriff Allmend weitete sich im Laufe des Mittelalters auf jedes gemeinsame Nutzungsrecht aus (auch an Straßen, Brükken usw.).

Amphitheater. Theaterbau, in welchem der Zuschauerraum rings um die ovale Arena läuft und in welchem Tierhetze, Fechtspiele und Gladiatorenkämpfe dargeboten wurden (vergleiche das Kolosseum in Rom).

Apsis. Halbkreisförmiger oder polygonaler, meist halbkugelig überwölbter Chorraum im Osten der altchristlichen Basilika. Die Apsis wurde aus der spätantiken Architektur übernommen.

Archäomagnetismus. Mittel zur Datierung archäologischer Gegenstände (besonders von gebranntem Ton) mit Hilfe ihrer Magnetisierung.

Arma Christi. Darstellung der Leidenswerkzeuge der Passion Christi. Oft als (heraldisches) Wappen für Christus gebraucht (lat. Arma = mhdt. Wappen).

Ausburger/Pfahlburger. Bürger von Städten, die außerhalb der Stadt ansässig waren. Zuerst waren es Leibeigene eines Territorialherrn, die sich durch Aufnahme ins städtische Bürgerrecht dem Hörigkeitsverhältnis zu entziehen suchten, später waren es auch sozial höher gestellte Schichten.

Austrasien. Unter den Merowingern der östliche Reichsteil, seit dem 7. Jahrhundert das östliche Teilreich des Frankenreiches im Unterschied zu Neustrien und Burgund. Zu Austrasien gehörten das Rhein-Maas-Mosel-Gebiet, die Champagne und die Herrschaft über rechtsrheinische Stämme.

Basilika. In römischer Zeit weit verbreitete Form eines öffentlichen, dem Marktverkehr und der Rechtspflege dienenden Gebäudes. Es bestand in der Regel aus einem hohen Mittelraum und einem (oder zwei) niedrigeren, durch Säulen getrennten Umgang. Daraus entwickelte sich die christliche Basilika, als kirchlicher Versammlungsraum für die Gemeinde.

Bourgeois. Neubürger in der Stadt Genf. Sie waren erst in der zweiten Generation in die Räte wählbar, bildeten aber die wirtschaftliche Oberschicht.

Brief. Rechtsverbindliches Schriftstück. Man spricht etwa von Bundesbrief, Pensionenbrief usw.

Bruttosozialprodukt. Als Sozialprodukt bezeichnet man den neu geschöpften Gesamtwert der in einem bestimmten Zeitraum (in der Regel in einem Jahr) in der Volkswirtschaft eines Landes erzeugten Güter und geleisteten Dienste, welche von privaten oder öffentlichen Haushalten verbraucht, investiert oder gegen ausländische Produkte beziehungsweise Forderungen ausgetauscht werden. Die Beiträge aller einzelnen Wirtschaftsbereiche ergeben das Bruttoinlandprodukt. Rechnet man die von Inländern im Ausland verdienten Einkommen hinzu und die von Ausländern im Inland verdienten Einkommen ab, so erhält man das Bruttosozialprodukt.

Bundesgericht. 1848 als nichtständiges, mit engen Zuständigkeiten ausgestattetes oberstes Gericht des Bundesstaates geschaffen, wurde es 1874 in ein ständiges Gericht mit erweiterten Zuständigkeiten umgewandelt: Als Rechtsmittelinstanz befaßt es sich im wesentlichen mit der Überprüfung von kantonalen Verwaltungsakten und Gerichtsurteilen sowie von Erlassen und Verfügungen der Bundesverwaltung. Es beurteilt ferner als einzige Instanz gewisse Streitigkeiten aus dem Gebiet des Staats-, Zivil- und Strafrechts; dabei sind jedoch «die von der Bundesversammlung erlassenen Gesetze und allgemein verbindlichen Beschlüsse, sowie die von ihr genehmigten Staatsverträge für das Bundesgericht maßgebend» (Art. 113 Bundesverfassung). Das Bundesgericht amtet gegenüber dem Bundesgesetzgeber also nicht als Verfassungsgericht.

Bundesrat. Mit der Bundesverfassung von 1848 geschaffene, als Kollegialbehörde organisierte Exekutive des Bundesstaates, die aus sieben Mitgliedern besteht. Charakteristisch ist die Stellung des einzelnen Bundesrates, der einerseits Mitglied der Kollegialbehörde «Bundes-

rat» ist, anderseits Vorsteher eines Departements. Das Präsidium wechselt in jährlichem Turnus.
Bundestag. Oberstes Organ der Drei Bünde; darin hatte jede Gemeinde (Gerichtsgemeinde) einen Delegierten, größere Gemeinden erhielten deren zwei.
Bürger. Ursprünglich freie, vollberechtigte Einwohner einer Stadt im Unterschied zu Hintersäßen und Unfreien. Das Bürgerrecht war eine erwerbbare und verleihbare Rechtsstellung. Das Wort Bürger ist seit der Französischen Revolution in den meisten Ländern gleichbedeutend mit Staatsbürger; der Unterschied zwischen Einwohnergemeinde und Ortsbürgergemeinde hat sich in der Schweiz jedoch bis heute erhalten.
Bürgermeister/Schultheiß. Seit dem 13. Jahrhundert der Vorsitzende des städtischen Rates, der in der Frühzeit in der Regel vom Vogt, später von den städtischen Räten gewählt wurde. Außer dem Vorsitz in den Räten kam dem Bürgermeister auch der Vollzug von Beschlüssen und Verwaltungsmaßnahmen zu.
Burgfriedenspolitik. Begriff für die Politik der sozialdemokratischen Parteien nach Ausbruch des Ersten Weltkrieges. Im nationalen Interesse wurden Internationalismus und Klassenkampf vorübergehend zurückgestellt, was sich etwa in der Zustimmung der sozialdemokratischen Parteien zu den Militärbudgets äußerte. Seither allgemein verwendet zur Charakterisierung einer reformistischen im Gegensatz zu einer klassenkämpferischen Politik der politischen Linken.
Burgrecht. Aufnahme von einzelnen oder Gemeinden in den Rechtsschutz einer Stadt.
Burgund. Französische Historiker unterscheiden zwischen den Gebieten diesseits *(«cisjurane»)* und jenseits *(«transjurane»)* des Juras von Paris aus gesehen. Das Königreich Burgund umfaßte Gebiete zwischen Aare, Saône und Rhone. – Das fränkische Teilreich Burgund lag zwischen Loire und Rhonebecken (Hauptstadt: Orléans); das Königreich Hochburgund zwischen Aare, Saône und Rhone, das Herzogtum Burgund westlich der Saône, die Freigrafschaft zwischen Jura und Saône mit Zentrum Besançon. Kleinburgund bezeichnet sodann den schweizerischen Teil des Burgunds.
Castra. Im römischen Heer das täglich während des Feldzuges oder übungsweise aufgeschlagene Marschlager. Das stehende Heer und der Grenzschutz bedingten seine Verfestigung zum Standlager mit Lagermauern, Türmen und angegliederter Vorstadt, und so wurde es zum stadtähnlichen Gebilde.
Cavea. Terrassenförmig aufsteigender Sitzraum in Theatern und Amphitheatern; in größeren Anlagen horizontal durch Umgänge in *prima, media* und *summa cavea* unterteilt, die verschiedenen Personengruppen zugeteilt waren.
Centena, Hundertschaft. Nach Tacitus eine ausgewählte Schar junger germanischer Krieger oder eine Gruppe von etwa 100 Männern, die den Fürsten zu den Gerichtsverhandlungen begleitete.
Chorgericht. In den reformierten Orten die Organe, welche die vorher von den Bischöfen ausgeübte kirchliche Gerichtsbarkeit wahrnahmen, bald aber ihre Kompetenzen auf den Bereich der Sittenpolizei ausdehnten. Die Chorgerichte bestanden in der Regel aus sechs bis acht Mitgliedern und waren gemischte geistlich-weltliche Behörden.
Christliches Burgrecht. In der Zeit der Reformation entstanden Sonderverbindungen der evangelischen Orte unter sich und mit deutschen reformierten Städten zum Zweck der Sicherung des neuen Glaubens. Im zweiten Kappeler Landfrieden von 1531 wurde das Christliche Burgrecht aufgelöst.
Christliche Vereinigung. Bündnis der fünf inneren Orte mit Österreich aus dem Jahr 1529; im ersten Kappeler Landfrieden mußte es aufgelöst werden. Es bildete auf katholischer Seite das Gegenstück zum Christlichen Burgrecht der evangelischen Orte.
Citoyens. Die alteingesessene Bürgerschaft der Stadt Genf. Die direkten Nachkommen der *bourgeois* konnten zu *citoyens,* d.h. politisch berechtigten Bürgern aufsteigen.
Civitas. Ursprünglich ein Personalverband, nach antikem Staatsverständnis also ein Staatswesen. *Civitas romana* bezeichnete sodann das römische Bürgerrecht, das durch Geburt, Freilassung oder Verleihung erworben wurde. Im weiteren bezeichneten die Römer mit *civitates* häufig fremde und unterworfene Gemeinwesen. In der Spätantike lag das Schwergewicht dieser selbstverwalteten Gebiete auf dem städtischen Mittelpunkt – daher der französische Begriff *«cité».*
Clearing. Art des Zahlungsverkehrs zwischen Staaten mit Devisenbewirtschaftung, bei der die gegenseitigen Forderungen von den Nationalbanken verrechnet werden, damit nur der sich ergebende Saldo vergütet werden muß.
Collegia/Scholae. Juristische Vereinigung von Personen (Verein) zu einem gemeinsamen, dauernden Zweck: Die Mindestzahl, die zur Bildung eines *collegium* notwendig ist, beträgt drei; besonders gebräuchlich für Begräbnisvereine und Berufsvereine (Zünfte).
Conseil général. Versammlung der Genfer Gemeinde (dazu gehörten die *citoyens* und *bourgeois),* die noch während des Ancien Régime zusammentrat, um über wichtige Fragen zu beraten.
Corpus helveticum. Bezeichnung für die dreizehn Orte der Eidgenossenschaft im barocken Zeitalter.
C-14-Datierung. Bestimmung des Alters von geologischen und historischen Funden mittels des radioaktiven Kohlenstoffisotops C-14. Die bekannte Halbwertzeit von 5730 Jahren erlaubt es, vom Anteil an C-14 auf das Alter eines Gegenstandes zu schließen.
Decurionen/Duoviri. Die beiden Bürgermeister einer Stadt römischen oder latinischen Rechts; die Doppelbesetzung erklärt sich aus dem republikanischen Grundsatz der Kollegialität, nach dem ein Amt stets doppelt oder mehrfach besetzt wurde.
Defensionale. 1647 geschaffene, 1668 erweiterte und erneuerte Wehrorganisation der Eidgenossen. Durch die Defensionale wurde ein eidgenössischer Kriegsrat geschaffen und die Größe der einzelörtischen Auszüge festgelegt. Die kleinen katholischen Orte zogen sich bereits von den siebziger Jahren des 17. Jahrhunderts an vom Defensionale zurück.
Deflation. Verringerung der umlaufenden Geldmenge, die bei gleichbleibendem Warenangebot zu einem entsprechenden Rückgang der Preise und der Löhne führt. Gegenteil von Inflation.
Dekumatenland. Kolonisatorisches Vorland des römischen Reiches zwischen Neckar und Rhein; teilweise wurde dieses romanisiert.
Dendrochronologie. Verfahren zur Datierung von Kulturüberresten aus den Jahresringen der darin enthaltenen Hölzer. Die Jahresringe lassen auch Rückschlüsse auf frühere Klimaverhältnisse einer bestimmten Region zu.
Depositenbanken. Banken, die neben der Besorgung des Zahlungsverkehrs in erster Linie das Depositengeschäft und das kurzfristige Kreditgeschäft betrieben. Deposi-

ten sind bei einem Kreditinstitut kurz- und mittelfristig hinterlegte Gelder. Neben den Spargeldern sind die Depositeneinlagen die wichtigste Quelle zur Finanzierung des Kreditgeschäftes.

Depression. Absinken der Wirtschaftstätigkeit, gekennzeichnet durch Unterbeschäftigung sowie stark verminderte Investitionen und Gewinne.

Devisen. Auf ausländische Währung lautende und im Ausland zahlbare Geldforderung.

Diözese. Im römischen Reich seit Diokletian den Provinzen übergeordnete Verwaltungseinheit. Dann Amtsbereich eines katholischen Bischofs.

Direktorium (Helvetik). Exekutivbehörde in der Helvetik. Das fünfköpfige Direktorium wurde durch ein indirektes Wahlverfahren von den Räten ernannt.

Domkapitel. Korporation von Geistlichen an einer Kathedralkirche (bischöfliche Kirche), die nach einer bestimmten Regel (Kanon) zusammenlebten. Ursprünglich Berater des Bischofs, wurde das Domkapitel immer mehr zu einer von ihm getrennten Korporation, deren Zustimmung er zu den meisten Verwaltungsgeschäften einholen mußte. Im 12./13. Jahrhundert erlangte das Domkapitel das Recht der Bischofswahl.

Drachme. Nach orientalischem Vorbild gestaltete Gewichts- und Rechnungseinheit sowie Silbermünze. Sie kam in Europa zuerst auf dem Peloponnes vor. In hellenistischer Zeit wog eine Drachme 4,36 Gramm, ihr Wert sank jedoch in der Folge.

Drei Bünde. In Graubünden bildeten seit spätestens 1524 die unter sich verbundenen Bünde (Zehngerichtebund, Grauer Bund, Gotteshausbund) eine urkundlich festgelegte Einheit, die «Gemeinen Drei Bünde».

Dreifelderwirtschaft/Dreizelgenwirtschaft. Die landwirtschaftliche Betriebsform, bei der das Ackerland unter regelmäßigem Wechsel in Wintergetreide, Sommergetreide und unbestelltes Brachland eingeteilt wurde. Erste Spuren gehen auf das 8./9. Jahrhundert zurück, seit dem 12. Jahrhundert setzte sie sich in vielen Regionen allgemein durch und hielt sich bis zur weitgehenden Ablösung durch die Fruchtfolgebewirtschaftung.

Dringlichkeit. Bei der Einführung des fakultativen Referendums für die Bundesgesetzgebung 1874 wurde dem Parlament die Möglichkeit belassen, seine Beschlüsse, wenn sie «dringlicher Natur» waren, der Volksabstimmung zu entziehen. 1949 wurde diese Möglichkeit wesentlich eingeschränkt. Dringlich erklärte Bundesbeschlüsse können seither nicht länger als ein Jahr ohne Volksabstimmung in Kraft bleiben, wenn das Referendum gegen sie ergriffen wird. Findet ihr Inhalt in der Bundesverfassung keine Grundlage, so unterstehen sie sogar dem obligatorischen Referendum.

Druiden. Keltische Priester, die zu Caesars Zeit eine bevorzugte Klasse bildeten. Sie waren von Kriegsdienst und Steuern befreit; als Erzieher unterrichteten sie die Jugend, und als Richter schlichteten sie Streit. Die Druiden verkörperten den Widerstand gegen die Romanisierung Galliens. Allmählich verloren sie an Einfluß und waren schließlich nur noch Zauberer und Wahrsager.

Dukat. In der Spätantike Feldherrenwürde, im Mittelalter Bezeichnung für Herzogtum.

Ehrschatz. Handänderungsgebühr von einem Pachtgut, Zinsgut, Erbleihe, Erbpacht u.a. an den Herrn (in den eidgenössischen Orten an die Obrigkeit) für sein Einverständnis mit dem Besitzwechsel.

Einschlag/Einhegung. Die Einzäunung von Fluren, die sich zunächst aus der Umwandlung von Ödland in Akkerland und schließlich aus der Öffnung des Ackerlandes für den Weidgang ergab; die Einzäunung stand im Zusammenhang mit der Aufteilung von Gemeineigentum (Allmend) in Privateigentum.

Ertragsfaktor. Verhältnis zwischen Aussaatmenge und Ernteerträgen, generell zwischen Aufwand und Ertrag.

Etichonen. Adelsgeschlecht, welches auf Eticho (auch Adalrich) zurückgeht, der als Parteigänger des Franken Pippin II. 673 Herzog im Elsaß wurde und zugleich Teile des Juras (die Gegend von Moutier-Grandval) seinem Herzogtum einverleibte. Das Herzogtum verschwand nach der endgültigen Eingliederung der Alemannen ins fränkische Reich nach 739.

Euergetismus. Wohltätigkeit. *Euergetes* war ursprünglich profaner Ehrentitel, den die griechischen Städte verdienten Männern, Fürsten und Völkern verliehen. Zu den bürgerlichen Ehren traten bald kultische hinzu.

Fahnlehen. Im alten deutschen Reich ein unmittelbar vom König verliehenes Lehen, das mit der Fahnenlanze, als Sinnbild von Heerbann und Gerichtsbarkeit, verliehen wurde.

Febronianismus. Seit der zweiten Hälfte des 18. Jahrhunderts in der katholischen Kirche bestehende Bestrebung, die päpstliche Jurisdiktion nach anglikanischem Vorbild zugunsten einer Nationalkirche zurückzudrängen.

Fibel. In vorgeschichtlicher Zeit verwendete Nadelkonstruktion, Vorläufer der modernen Sicherheitsnadel, zum Zusammenheften der Kleidung. Man unterscheidet eingliedrige, zweigliedrige und Scheibenfibeln. Ihre künstliche Ausgestaltung war der Mode unterworfen und erlaubt deshalb die Datierung von Funden.

Floating. Freie Kursgestaltung der Währung am Markt aufgrund von Angebot und Nachfrage. Man unterscheidet *clean floating* (ohne jegliche Intervention der Notenbanken) von *dirty floating* (grundsätzlich freier Markt mit zeitweilig gezielten Interventionen der Notenbanken).

Forum. Zentraler Platz der römischen Stadt, der als Zentrum der städtischen Organe sowie als Markt- und Versammlungsort diente. Tempel, Rednertribünen, Tabernen, Basiliken, Triumphbogen und Siegessäulen umgaben den offenen Platz, dessen Länge und Breite variierte.

Freier Weidegang. Besonders in der Dreifelderwirtschaft wichtiges Recht des Bauern, sein Vieh auf Allmenden, Brache und im Wald weiden zu lassen. Mit dem Aufkommen von Fruchtwechselwirtschaft und Stallfütterung erübrigte sich der freie Weidegang.

Freischaren. Von den Regierungen der radikalen Kantone stillschweigend geduldete bewaffnete Auszüge gegen das katholisch-konservative, ultramontane Luzern in den Jahren 1844 und 1845.

Fremde Dienste (Solddienst). Die Söldner wurden aufgrund von Werbelizenzen mit den eidgenössischen Obrigkeiten angeworben und bildeten eigene Einheiten unter kantonaler Jurisdiktion. Die Bundesverfassung von 1848 verbot neue Militärkapitulationen sowie das Pensionenwesen. Erst im revidierten Militärstrafgesetz von 1927 wurde jeglicher fremder Dienst, auch der freiwillige, unter Strafe gestellt.

Gallia Cisalpina. Gebiete nördlich des Rubico, von den Römern kurz vor dem zweiten Punischen Krieg erobert, zuerst als Provinz eingerichtet, später zu Italien geschlagen.

Gallia Narbonensis. Südlichster Teil Galliens, der Gebiete vom Genfersee bis zu den Pyrenäen umfaßte. Die Provinz (seit etwa 120 v. Chr. römisch) wurde begrenzt durch Alpen, Mittelmeer, Pyrenäen und Cevennen.

Geheimer Rat. Ausschuß des Kleinen Rates in den Städteorten; er hatte die eigentliche Regierungsgewalt inne. Geheime Räte entstanden in Analogie zu den im Ausland als Beratungs- und Regierungsorgane des Herrschers geschaffenen Hof- oder Staatsräten im Zeitalter des Absolutismus.

Gemeindeversammlung. Versammlung aller in vollen Rechten stehenden Bürger einer Gemeinde. Besonders in größeren Gemeinden verlor die Gemeindeversammlung bald an Gewicht gegenüber den Gemeindebehörden und wurde immer seltener einberufen.

Gemeine Herrschaft. Gemeinsam von zwei, meist aber mehreren Orten der Eidgenossenschaft verwaltete Untertanengebiete (Kondominate). Turnusgemäß stellte jeder der an der Verwaltung beteiligten Orte für eine bestimmte Zeit – in der Regel zwei Jahre – den Landvogt für das Gebiet. Gemeine Herrschaften gingen in der Regel aus gemeinsamen Eroberungen der Eidgenossen hervor.

Geopolitik. Lehre von der Raumbezogenheit der politischen Zustände. Grenzfach zwischen Geographie, Staatswissenschaft und Geschichte.

Gerichtsbarkeit. Allgemein die Gesamtheit der Einrichtungen, die Rechtsprechung und Rechtspflege zur Aufgabe haben. Für Mittelalter und frühe Neuzeit sind zu unterscheiden: Die hohe Gerichtsbarkeit; sie befaßt sich mit Verbrechen gegen Eigentum, Leib und Leben, soweit sie todeswürdig sind. Man bezeichnet solche als *causae majores*. Die niedrige Gerichtsbarkeit befaßt sich grundsätzlich mit *causae minores*, den weniger schwerwiegenden Rechtsverletzungen.

Gerichtsherrschaft *(Seigneurie)*. Ursprünglich Herrschaften (meist ein Dorf) eines kleinen Adligen, später oft in der Hand von Patriziern aus der Stadt und in den Staat eingebaut. Die Gerichtsherren verfügten in der Regel über die niedrige Gerichtsbarkeit der Herrschaft, unterstanden aber der kantonalen oder eidgenössischen Obrigkeit.

Germania Superior/Inferior. Römische Provinz, im Jahre 90 n. Chr. geteilt; *Germania Superior* bezeichnete die Gebiete des Oberrheines, *Germania Inferior* jene des Niederrheines.

Gesamtarbeitsvertrag. Arbeitsrechtlicher Oberbegriff für die zwischen Arbeitgebern und Arbeitnehmern und ihren Organisationen branchenweise abgeschlossenen Betriebsvereinbarungen. Die Wirksamkeit der Gesamtarbeitsverträge hängt stark von ihrer Allgemeinverbindlichkeit ab.

Ghibellinen. In Italien seit 1215 nachweisbare Parteibezeichnung für Anhänger des Stauferkaisers Friedrich II., im Gegensatz zu den päpstlichen Parteigängern, den Guelfen.

Girobank. Eine Bank, die in erster Linie den bargeldlosen Zahlungsverkehr organisiert. Dem Funktionieren einer solchen Bank ist ein großer Kundenkreis förderlich, da die Bank Forderungen und Guthaben ihrer Kunden miteinander verrechnen kann.

Goldener Bund. Separatbündnis von 1586, nach 1655 auch Borromäischer Bund genannt, zwischen den sieben Kantonen Uri, Schwyz, Unterwalden, Zug, Luzern, Freiburg und Solothurn (später auch Abtei St. Gallen). Zweck des Goldenen Bundes war die Verteidigung der katholischen Religion.

Großer Rat. In den Städteorten Organ, das über alle grundsätzlichen Fragen des Gemeinwesens entschied. Der Große Rat trat mit dem Kleinen Rat zusammen als Inhaber der Souveränität an die Stelle der Gemeindeversammlung, verlor jedoch bis ins 17. Jahrhundert an Macht gegenüber dem Kleinen Rat. Je nach Stadt spielten die Zünfte eine mehr oder weniger entscheidende Rolle im Großen Rat. Seit der Regeneration: Bezeichnung für kantonale Parlamente.

Großer Rat (Helvetik). Neben dem Senat die zweite legislative Kammer der Helvetik, in der jeder Kanton mit acht Deputierten vertreten war. Der Große Rat konnte Gesetze und Beschlüsse vorschlagen, der Senat sie genehmigen oder verwerfen.

Grundlasten. Belastung des Bodens mit wiederkehrenden Leistungen wie Fronden, Renten, Bodenzinsen und Zehnten als Entgelt für die Nutzung. Die Ablösung der Grundlasten (Reallasten) und ihre Ersetzung durch ein allgemeines, modernes Steuersystem wurde von der Helvetik eingeleitet.

Gült. Grundpfandgesicherter Schuldbrief (Realschuld), der nur das Grundstück belastet. Der Schuldner haftet also nicht persönlich für die Schuld.

Habitanten. Ewige Einwohner, die wirtschaftlich den Stadtbürgern gleichgestellt waren, jedoch keinerlei politische Rechte besaßen.

Habitants. Neuzugezogene Nichtbürger in der Stadt Genf, die in der zweiten Generation zu *natifs* erklärt wurden.

Häupter. In den eidgenössischen Orten die Bezeichnung für die Träger der höchsten Ämter; abgesehen von den Schultheißen/Bürgermeistern beziehungsweise Landammännern diejenigen Ratsherren, die für die finanzielle, wirtschaftliche und militärische Verwaltung zuständig waren.

Heimatlose. Personen ohne Heimat- oder Ortsbürgerrechte und deshalb ohne Anspruch auf Armenunterstützung, die in der Regel auch keine längerfristigen Aufenthaltsbewilligungen hatten.

Hintersäßen. Einwohner, die nicht das volle Bürgerrecht ihres Wohnortes besaßen, ökonomisch jedoch weitgehend die gleichen Rechte hatten wie die Vollbürger. Hintersäßen hatten eine Einzugsgebühr und eine spezielle Abgabe (Hintersaßengeld) zu entrichten.

Hofrat. Seit dem 13. Jahrhundert ein den König beziehungsweise den Landesherrn umgebendes Kollegium aus dauernd am Hof weilenden und in bestimmten Fällen zusammengerufenen Räten zur Beratung von Regierungsangelegenheiten. Seit dem 15. Jahrhundert allmählich ein geschlossenes Kollegium.

Hörige. Halbfreie Bauern, die keinen Grundbesitz, aber bewegliche Güter erwerben konnten, denen ein Grundherr Schutz und Schirm gewährte und Land zur selbständigen Bewirtschaftung lieh, wofür der Hörige Abgaben und Dienste leistete (dingliche Abhängigkeit).

Hydria. Kannenartiges Gefäß mit runder Mündung, einem Vertikal- und zwei Horizontalhenkeln. Die Hydria wurde als Urne, vor allem als Wasserkrug verwendet.

Ikonographie. Ursprünglich die wissenschaftliche Beschreibung von Bildnissen des Altertums. Später wurde der Begriff auf die Erforschung und Deutung von Bildgegenständen zuerst christlichen, immer mehr aber auch profanen Inhalts angewandt.

Indienne. Bedruckter Baumwollstoff, der ursprünglich aus «Indien» eingeführt, seit dem 18. Jahrhundert auch in Europa hergestellt wurde.

Indogermanen. Bezeichnung für die durch Sprachvergleichung erschlossene Gruppe der nach ihrer Sprache zusammengehörigen Völker. Zum Beispiel: Griechen, Römer, Kelten, Germanen, Slawen, Inder usw.

Inflation: Verminderung der Kaufkraft des Geldes, bedingt durch die Ausweitung der umlaufenden Geldmenge, die bei gleichbleibender oder nicht im gleichen Verhältnis zunehmender Warenmenge zu einem Anstieg der Preise führt. Das Gegenteil der Inflation ist die Deflation.

Initiative. Die Initiative – oder Volksbegehren – ist das Recht des Volkes, mittels Unterschriftensammlung am Prozeß der Gesetzgebung oder Verfassungsgestaltung mitzuwirken. Schon 1848 war das Recht auf Totalrevision der Bundesverfassung verankert worden, 1891 kam dasjenige auf Partialrevision hinzu. Vor 1977 mußte eine Initiative von 50000 Stimmberechtigten unterzeichnet sein, nach 1977 von 100000. Die Initiative kann in Form einer allgemeinen Anregung oder eines ausgearbeiteten Entwurfes gestellt werden. Wird das Begehren in Form eines ausgearbeiteten Entwurfes gestellt, kann das Parlament einen Gegenvorschlag dazu entwerfen und mit der Initiative zur Abstimmung bringen. Während das Initiativrecht auf Bundesebene auf «Erlaß, Aufhebung und Abänderung bestimmter Artikel der Bundesverfassung» beschränkt bleibt, kennt man in den meisten Kantonen auch die Gesetzesinitiative.

Inkrustierung. Einlegen, beziehungsweise Überziehen der Oberfläche eines Gegenstandes mit einem sich von der Oberfläche abhebenden Stoff. Mit dem krustenbildenden Material wurden Rillen und Grübchen ausgefüllt, um eine Verzierung zu erhalten.

Insula. Durch Straßen begrenzter Wohnblock, in dem meist mehrere Parteien wohnten; seit der Kaiserzeit meist vielstöckige Wohnbauten.

Interpretatio Romana. Aus Tacitus übernommene Formel. Bezeichnung der Gewohnheit der Römer, den fremden Göttern die Namen ihrer eigenen Gottheiten zu geben, wenn irgend eine Ähnlichkeit bestand. In den Provinzen verbargen die lateinischen Namen oft einheimische Gottheiten.

Investiturstreit. Bezeichnung für den zwischen Papst und Königtum vor allem seit 1075 geführten Streit um die Investitur (Besitzeinweisung) der Bischöfe und Äbte in ihr weltliches und geistliches Amt, der zum grundsätzlichen Konflikt zwischen geistlicher und weltlicher Gewalt wurde. In Deutschland im Wormser Konkordat von 1122 mit einem Kompromiß beigelegt.

Kapitulation/Militärkapitulation. Vertrag zwischen Orten und ausländischen Mächten, mit welchem jene diesen erlaubten, gegen Bezahlung von Pensionen Truppen auf ihrem Gebiet anzuwerben.

Kirchenpatronat. Gesamtheit der Rechte und Pflichten, die der oft adelige Besitzer oder Gründer gegenüber seiner Stiftung hatte. Zum Beispiel: Vorschlagsrecht bei Stellenbesetzung, Ehrenrechte, Besoldungspflicht usw.

Kleiner Rat. In der Regel der ältere der beiden städtischen Räte, der erst in späterer Zeit durch den Großen Rat ergänzt wurde. Beim Kleinen Rat lag das Schwergewicht von Politik und Verwaltung.

Kolonie. Siedlung außerhalb des Mutterlandes, wie sie besonders von den Griechen, dann auch von den Römern geschaffen wurde. Bei den Griechen spielten Handelsinteressen eine wichtige Rolle. Die Römer legten ihre Kolonien auf erobertem Gebiet an, meistens zur Herrschaftssicherung (militärische Vorposten), später zur Versorgung der eigenen Bevölkerung.

Königsfreie. Besonders in der Karolingerzeit Personengruppe, teils unfreier Herkunft, unter besonderem Schutz des Königs. Als königliche Militär- und Rodungsbauern zu Erbrecht auf Königs- oder Rodungsland sitzend.

Konjunktur. Allgemeine Bezeichnung für die Wirtschaftslage: gute beziehungsweise schlechte Konjunktur. Konjunktur umschreibt alle nichtsaisonalen, periodischen Schwankungen der Wirtschaftstätigkeit, also Auf und Ab von Produktionsvolumen, Einkommen, Beschäftigungszahl, Preisentwicklung, Umsätzen und Geldumlauf.

Konklusum. Andere Bezeichnung für einen Tagsatzungsbeschluß. Der Begriff wird besonders im Zusammenhang mit dem Preß- und Fremdenkonklusum von 1823 und dem Beschluß zur Einschränkung des Asylrechts von 1836 verwendet.

Konkordat. Vertrag zwischen zwei oder mehreren Orten/Kantonen.

Kontokorrent. Geschäftsverbindung, bei der die beidseitig entstehenden Ansprüche und Verbindlichkeiten nebst Zinsen in Form eines Kontokorrentkontos in Rechnung gestellt werden und in regelmäßigen Abständen der Saldo festgestellt wird. Die einzelnen Forderungen können nicht für sich allein geltend gemacht werden, sie werden durch Feststellen des Saldos getilgt, der als neue Forderung an ihre Stelle tritt.

Krater. Das von Homer erstmals genannte Gefäß zum Mischen von Wasser und Wein mit weiter Öffnung.

Kredit. Vertragliche Zusicherung eines Gläubigers (z.B. einer Bank) an einen Schuldner, diesem einen bestimmten Geldbetrag oder einen Höchstbetrag leihweise und zu den vereinbarten Bedingungen (Zinsen) zur Verfügung zu stellen.

Kulturkampf. In den siebziger Jahren des 19. Jahrhunderts geprägter Begriff für den Kampf des säkularisierten Staates gegen die ultramontane katholische Kirche. Angestrebt wurde die weltliche Aufsicht über die kirchlichen Behörden, die staatliche Bewilligungspflicht kirchlicher Publikationen und Erlasse, die Einführung der Zivilehe usw.

Landammann. Titel für die Staatsoberhäupter der Landsgemeindeorte. Vorläufer des Landammanns sind die grundherrlichen Vögte, die seit dem 13. Jahrhundert durch die einheimischen Häupter abgelöst wurden. Der Landammann hatte richterliche Funktionen, war das Haupt der Behörden und führte den Vorsitz an der Landsgemeinde. In den Drei Bünden führten die Häupter einiger Hochgerichte den Titel Landammann. – Zwischen 1803 und 1815 führte der Vorsitzende des eidgenössischen Vororts diesen Titel, nach der Regeneration die Präsidenten der Großen Räte einiger Kantone.

Landeshauptmann. Im Wallis ursprünglich der Vogt des Bischofs von Sitten; seit dem 16. Jahrhundert vom Landrat gewählter und etwa einem Landammann entsprechender Magistrat.

Landfriedensbündnisse. Zwischen mehreren Orten (in früherer Zeit auch zwischen Fürsten, Städten usw.) geschlossener Bund zur Durchführung des Landfriedens. Er bezweckte die Wahrung des Friedens gegen den Mißbrauch der Fehde. Nach der Reformation auch als Bezeichnung für die vier Religionsfriedenstraktate gebraucht (erster und zweiter Kappeler Landfriede, erster und zweiter Villmerger Landfriede).

«Landi». Gebräuchliche Abkürzung für die Landesausstellung von 1939 in Zürich.

Landrat. In den Länderorten im 14. Jahrhundert entstandener Ausschuß (auch Kleiner Rat genannt) neben der Landsgemeinde und den Häuptern; er wurde nicht von der Landsgemeinde, sondern von den Gemeinden oder andern selbständigen Gebietsteilen gewählt. Er führte die laufenden Geschäfte und zog immer mehr Kompetenzen an sich. Aus ungefähr sechzig Mitgliedern bestehend, konnte er in bestimmten Fällen zum zweifachen oder dreifachen Landrat erweitert werden, wenn die Gemeinden zwei oder drei Vertreter schickten. – In einigen autonomen Landschaften hieß die Vertretung der dörflichen oder städtischen Gemeinden Landrat. Er war hier meist Ersatz für die teils fehlende Landsgemeinde.

Landschaft. Untertanengebiete der Städteorte (ländliche Untertanen und Munizipalstädte); man spricht von Berner Landschaft usw., mundartlich von «Bernbiet» usw. – Autonome Landschaften waren ferner Gebiete mit großer Selbstverwaltung und z.T. eigenen Behörden; die Obrigkeit besaß hier nur noch ein letztes Kontrollrecht und das militärische Oberkommando.

Landschreiber. Sekretär eines Länderortes, Vorsteher der Kanzlei. Im Wallis eine der wichtigsten Funktionen neben dem Landeshauptmann; wenn dessen Stelle vakant war, übernahm der Landschreiber die Geschäfte.

Landsgemeinde. In den Landkantonen die Versammlung aller in vollen Rechten stehenden Landsleute. Bei ihr lag die Souveränität des Gemeinwesens. Die Landsgemeinde trat in der Regel einmal jährlich zusammen und entschied über Krieg und Frieden, Bündnisse, Verträge und hatte die Gesetzgebung inne; sie befand über Aufnahmen ins Landrecht, wählte die Beamten usw. Jährliche Landsgemeinden gibt es heute noch in den beiden Appenzell, in Ob-, Nidwalden und Glarus.

Landtag. Personengruppe – Geistliche, Adelige, Bürger und Bauern – die seit dem späten Mittelalter vom Landesherrn (Obrigkeit) zusammengerufen wurde, um mit ihm über wichtige Angelegenheiten (Krieg und Frieden, Steuern usw.) zu beraten und zu entscheiden.

Latinisches Bürgerrecht. Status von Bürgern im römischen Reich, die alle Rechte außer den politischen hatten (vergleiche auch: römisches Bürgerrecht).

Lehenswesen. Auf einem formalisierten Leihverhältnis beruhende Rechts-, Gesellschafts- und Staatsordnung des 10. bis 13. Jahrhunderts. Das gegenseitige Vertragsverhältnis zwischen Herr und Mann (Vasall) wurde begründet durch Mannschaft, Treueid und Investitur in das Lehen; der Vasall war dem Lehensherrn zu Gehorsam und Dienst (meist Waffendienst) verpflichtet und der Herr dem Vasallen zu Gewährung von Schutz und Unterhalt. Durch das Aufkommen von Söldnerheeren und eines neuen Beamtenstandes verlor das Lehenswesen an Bedeutung.

Leibeigene. Personen, die sich in unterschiedlicher persönlicher Abhängigkeit von einem Herrn befanden und die nur eine eingeschränkte Rechtsfähigkeit besaßen im Gegensatz zu den Hörigen, die vor allem dinglicher Abhängigkeit unterworfen waren. Im Spätmittelalter verwischten sich die Grenzen zwischen Hörigen und Leibeigenen allmählich.

Leibrente. An das Leben einer oder mehrerer Personen gebundene Rente. In der Regel wird eine Leibrente durch einmalige Hingabe von nicht rückzahlbarem Kapital erworben.

Limes. Ursprünglich römische Bezeichnung des Grenzweges zwischen zwei Grundstücken. Das Wort wurde auf den militärischen und staatlichen Bereich übertragen und schließlich in der Bedeutung von Reichsgrenze gebraucht. Diese wurde durch Palisadenzäune, Wälle und Gräben geschützt.

Lotharingien. Das durch die Erbteilung von 855 gebildete Reich Lothars II. zwischen Schelde, Maas, Rhein und Saône mit einem schmalen rechtsrheinischen Streifen; es wurde begrenzt durch das westfränkische und das ostfränkische Reich. Seit 928 Herzogtum Lothringen.

Luddismus. Spontane Aufstände gegen den Einsatz von Maschinen und die von Arbeitslosigkeit und Armut begleitete Mechanisierung im frühen 19. Jahrhundert. Die Revolten zielten auf die Zerstörung der modernen Produktionsmittel.

Magdalénien. Geologische Zeit innerhalb des Paläolithikums, der Altsteinzeit. Als Magdalénien bezeichnet man die letzte paläolithische Stufe, die gegen 10000/9000 vor unserer Zeitrechnung endete. Sie ist charakterisiert durch die Zunahme von Gerätschaften aus Knochen und das stärkere Aufkommen von Felsmalerei.

Majorz. Wahlverfahren, bei dem in einem Wahlkreis diejenige Partei (Gruppierung) alle zu vergebenden Sitze erlangt, die die Mehrheit der abgegebenen Stimmen erreichte.

Mannfall. Begriff für den Tod eines Vasallen. Nach dem Mannfall mußte der Lehenserbe um Lehenserneuerung nachsuchen, da das Lehen an den Lehensherrn zurückgegangen war (Heimfall).

March. Nordöstlicher Teil des Kantons Schwyz. Das Gebiet wird begrenzt durch die Berge des Wägitales im Osten, durch jene des Sihltales im Westen und durch Linth und Zürcher Obersee im Norden; die untere March meint sodann die links der Wägitaler Aa gelegenen Teile der March. Obwohl ursprünglich freie Leute, kamen die Bewohner der March immer mehr ins Untertanenverhältnis zu den «Inneren Landen».

Markgenossenschaft/Genossenschaft. Markgenossenschaft bezeichnete einen wirtschaftlichen Verband, der auf der Allmend (auch gemeine Mark genannt) beruhte. Meist bestand sie aus einzelnen oder mehreren Dörfern, beziehungsweise Einzelhöfen. Die Rechte der Markgenossenschaft standen nur dieser als Gesamtheit zu, die einzelnen Mitglieder hatten nur Nutzungsrechte. In der Gestalt von Alpgenossenschaften gibt es Markgenossenschaften noch heute.

Mazze. Holzkeule, in welche die Walliser zum Zeichen ihrer Teilnahme an einer Volkserhebung Nägel einschlugen und die von der Volksmenge bei ihrem Protestmarsch mitgetragen wurde.

Merkantilismus. Bezeichnung für das System der Staatswirtschaftspolitik des Absolutismus. Durch die Förderung von Handel und Manufaktur, durch Verbesserung der Verkehrswege, Bevölkerungsvermehrung sowie durch die Sicherung der Rohstoffe mittels Zoll- und Kolonialpolitik sollten Autarkie und aktive Handelsbilanz erreicht werden.

Metropolit. Seit dem 8. Jahrhundert teilweise gleichbedeutend mit Erzbischof. Vorsteher einer Kirchenprovinz, in der mehrere benachbarte Diözesen zusammengefaßt waren.

Ministerialen: Ursprünglich unfreie Dienstmannen, die für König, Herzöge, Bischöfe und Äbte Hof-, Verwaltungs- und Kriegsdienste leisteten. In den geistlichen Herrschaften begannen sie sich seit dem 11. Jahrhundert zu einem besonderen Stand mit eigenem Recht und eigener Gerichtsbarkeit sowie Erblichkeit der Dienstlehen zusammenzuschließen; sie stiegen besonders unter den Staufern sozial auf und verloren dann ihre Unfreiheit.

Moustérien. Mittelpaläolithische Kultur (etwa 150000–80000) nach dem ersten Fundort Le Moustier (Dordogne) in Frankreich benannt.
Munizipalstädte. Städte in den Untertanengebieten der Hauptorte mit weitgehend selbständiger Verwaltung und eigenen Behörden; etliche verfügten über ein eigenes, kleines Untertanengebiet. Die Munizipal- oder Freistädte waren der letzten Kontrolle eines obrigkeitlichen Landvogtes, der Tagsatzung oder dem Rat der Hauptstadt unterstellt.
Natifs. Die Nachkommen der *habitants* in Genf, die keine politischen Rechte ausübten.
Nationalrat. Seit der Bundesverfassung von 1848 eine der beiden legislativen Kammern des Bundesstaates. Im Gegensatz zum Ständerat, der Vertretung der Kantone, stellt der Nationalrat mit seinen heute 200 Mitgliedern die Volksvertretung dar. Zusammen mit dem Ständerat bildet der Nationalrat die Vereinigte Bundesversammlung als verfassungsmäßig oberstes Organ der Eidgenossenschaft. Seit 1919 wird der Nationalrat im Proporz-, vorher wurde er im Majorzverfahren gewählt.
Nekropole. Vorchristliche Begräbnisstätte des Altertums und der vorgeschichtlichen Zeit (Totenstädte).
Neolithische Revolution. Mit der industriellen Revolution der Neuzeit vergleichbarer Umbruch von Produktionsweise, Gesellschaftsstruktur und nachfolgendem Bevölkerungswachstum. Im besonderen meint die neolithische Revolution den Übergang zur Seßhaftigkeit, die Entwicklung von Vorratshaltung usw.
Nominallohn. Lohn, der sich im zahlenmäßigen Geldbetrag ausdrückt, der also nichts über Kaufkraft aussagt.
Noricum/norisch/Noreia. Römische Provinz zwischen Rätien und Pannonien, das Ostalpengebiet östlich vom Inn bis zur Wasserscheide des Wienerwaldes umfassend. Die dort ansässige Bevölkerung gliederte sich in mehrere Einzelstämme; einer von diesen waren die Norici. Ihr Gebiet geriet schon früh unter römischen Einfluß und wurde schließlich in eine Provinz umgewandelt.
Notenbank. Bank, die das Recht zur Ausgabe von Banknoten besitzt. Mit der Entwicklung des Geldwesens erhielten die Notenbanken weitere Aufgaben, so z. B. die Regelung der Geld-, Kredit- und Kapitalversorgung des Landes, die Vermittlung des Zahlungsverkehrs mit dem Ausland, den Schutz der Landeswährung usw. Einzige Notenbank der Schweiz ist seit 1906/07 die Schweizerische Nationalbank.
Oberster Gerichtshof (Helvetik). Durch die Helvetische Verfassung wurde erstmals in der Schweiz ein Oberster Gerichtshof als Appellationsinstanz geschaffen. Im Obersten Gerichtshof war jeder Kanton mit einem Richter vertreten.
Onomastik. Namenkunde, Namenforschung.
Oppidum. Ursprünglich die Burg eines Stammes, der durch Wall gesicherte Vorort einer *civitas*. Durch Bevölkerungskonzentration und soziale Differenzierung wurde die Burgsiedlung zur Stadt und *oppidum* zum Begriff für dieses stadtähnliche Gebilde, vorwiegend in keltischem, spanischem und nordafrikanischem Bereich.
Orchestra. Der kreisrunde Tanz- und Spielplatz, die eigentliche Bühne des Theaters. In deren Mitte stand anfangs der Opferaltar, der jedoch mit der Entwicklung der Tragödie an den Rand gedrängt wurde. Der Spielplatz verlagerte sich allmählich von der *orchestra* auf das podiumartig erhöhte Proskenium, einer Spielfläche zwischen *orchestra* und Skene.
Ort. Alte Bezeichnung für die Mitglieder der Eidgenossenschaft. – *Acht alte Orte:* die zuerst miteinander verbundenen Orte der Eidgenossenschaft: Uri, Schwyz, Unterwalden, Zürich, Bern, Luzern, Zug und Glarus. – *Dreizehn Orte:* die bis 1513 zur Eidgenossenschaft zusammengeschlossenen: Zürich, Bern, Luzern, Uri, Schwyz, Unterwalden, Zug, Glarus, Basel, Freiburg, Solothurn, Schaffhausen und Appenzell. – *Vier Orte:* die zur Reformation übergetretenen Städte: Zürich, Bern, Basel und Schaffhausen. – *Fünf Orte:* die fünf katholischen Orte der Zentralschweiz: Uri, Schwyz, Unterwalden, Luzern und Zug. – *Sieben Orte:* die sieben katholischen Orte der Eidgenossenschaft: Uri, Schwyz, Unterwalden, Zug, Luzern, Freiburg, Solothurn.
Ottonen. Fürsten aus dem altsächsischen Adelsgeschlecht der Lindolfinger, das mit Heinrich I. (919) die deutsche Königswürde und mit Otto I. (962) die Kaiserwürde erlangte. Herrschende Dynastie im deutschen Reich bis zum Aussterben im Mannesstamm 1024.
Pagus. In den nördlichen, ländlichen Gebieten des römischen Reiches Gau mit kleineren und größeren Siedlungen und einem zentralen Heiligtum. Die Versammlung der *pagani* (Gaugenossen) erledigte administrative Aufgaben.
Parität. Gleichberechtigung verschiedener gesellschaftlicher Gruppen im Staat, in einer Organisation oder Institution. In der alten Eidgenossenschaft meinte Parität besonders die Gleichberechtigung der beiden Konfessionen an der Tagsatzung (Entscheide werden immer häufiger nach Parität der Konfession und nicht nach Mehrheit getroffen) und in den gemeinen Herrschaften. In den gemeinen Herrschaften wurde sie erst seit 1712 voll ausgebildet.
Partialanleihe. Ausgabe einer Anleihe durch die Vermittlung einer Bank, die sich gegen Bezahlung einer Kommission um die Zeichnung von Obligationen in beliebiger Höhe bemüht. Diese Art der Obligationenemission mittels Subskription wurde in Basel seit dem beginnenden 16. Jahrhundert, in Lyon erstmals 1555 praktiziert.
Patriziat. Geschlossene Führungsschicht in den Städten der Eidgenossenschaft, die sich ursprünglich nicht scharf von den übrigen Bürgern trennte, jedoch die Führung auf politischem und geistigem Gebiet innehatte. Durch Abschließung behaupteten die zu dieser Schicht gehörenden Familien seit dem 16. Jahrhundert ihre politische Vormachtstellung.
Patronus. Schutzherr in einem persönlichen, vererbbaren Abhängigkeitsverhältnis. Der *patronus* hatte den von ihm abhängigen Klienten wirtschaftlich und rechtlich zu schützen und beanspruchte dafür Dankbarkeit und politische Gefolgschaft. – In der katholischen Kirche dann ein Heiliger, dessen Schutz man sich anvertraute.
Patrozinien. Schutzherrschaft eines Patrons, vor allem eines Heiligen, über eine Kirche, einen Altar usw.
Pensionen. Zahlungen fremder Staaten an schweizerische Orte (allgemeine Pensionen), ihre Behörden (Rollenpensionen) oder an ausgewählte Mitglieder derselben (private Pensionen), für die Bewilligung, Söldnertruppen anzuwerben.
Peristyl. Die den Hof begrenzende Säulenhalle und seit späthellenistischer Zeit der ganze Säulenhof eines in griechischem Stil erbauten Hauses.
Pilum. Wurf- und Stoßwaffe im römischen Reich mit unterschiedlicher Größe und Gewicht.
Pithecanthropus. Eine der ältesten, auf Java in den Ablagerungen des frühen Pleistozäns (geologische Zeit im letzten Abschnitt der Entwicklung der Erdgeschichte) entdeckten Menschenformen.

Populus. Bezeichnung für Volk, Volksstamm und Völkerschaften *(populi)*.
Porticus. Die römische Säulenhalle, die jedoch nur selten ein autonomer Hallenbau war wie die griechische Stoa. *Porticus* erstreckten sich längs von Häuserblocks, waren an Theatern als Foyers angebaut und umgaben Gartenanlagen.
Posamenterie. Herstellung von Textilerzeugnissen wie Borten, Fransen, Zierknöpfen, Schnüren usw. zum Verzieren von Polstermöbeln, Uniformen und Trachten.
Praeses. Seit dem 2. Jahrhundert n. Chr. allgemeine Bezeichnung für Provinzstatthalter, wurde *praeses* durch die Verwaltungsneuordnung unter Diokletian und Konstantin dem Großen zum Sondertitel der Provinzstatthalter der untersten Rangstufe der Verwaltungsorganisation (siehe Viktoriden).
Progressivsteuer. Steuer, die Einkommen oder Vermögen mit zunehmender Höhe prozentual stärker belastet.
Proporz. Wahlverfahren, bei dem in einem Wahlkreis die zu vergebenden Sitze proportional zu den für die einzelnen Parteien/Gruppierungen abgegebenen Stimmen verteilt werden.
Prosopographie. Allgemein Personengeschichte; speziell aus den Quellen erarbeitetes Verzeichnis der Angaben zu einem bestimmten Personenkreis in einer begrenzten Epoche.
Protektionismus. Der Schutz der einheimischen Wirtschaft gegen die Konkurrenz des Auslandes durch Schutzzölle, Einfuhrverbote, Kontingentierung usw.
Raetia Prima. Aus der Teilung der Provinz Raetia in spätrömischer Zeit hervorgegangene Provinz mit der Hauptstadt Chur, das ganze vom Bodensee südwärts gelegene Gebiet der heutigen Ostschweiz und Graubündens umfassend.
Reallasten. Auf dem bebauten Boden lastende Natural- oder Geldabgaben an den Grundherrn, die Kirche oder den Staat.
Reallohn. Lohn, der sich durch seine Kaufkraft bestimmt, d.h. durch die Gütermenge, die man damit kaufen kann.
Referendum. Unterstellung von durch die Bundesversammlung verabschiedeten Verfassungsänderungen und Gesetzen unter die Volksabstimmung. Das obligatorische Referendum gilt seit 1848 für Total- und Partialrevisionen der Verfassung, seit 1920 für gewisse Staatsverträge und seit 1949 für dringliche Bundesbeschlüsse. Es bedarf zur Annahme sowohl des Volks- als auch des Ständemehrs. Seit 1874 ist auch das fakultative Referendum in der Bundesverfassung verankert; es ist das Recht von 30000 (seit 1977 von 50000) Stimmbürgern, über ein von der Bundesversammlung verabschiedetes Gesetz oder einen allgemein verbindlichen Bundesbeschluß eine Volksabstimmung zu verlangen. Auch in Kantonen und Gemeinden kennt man das Referendum.
Reformorden. Orden der römisch-katholischen Kirche, die sich für die Reform der Kirche, seit der Reformation besonders für die Durchsetzung der katholischen Reform einsetzten. Beispiele: Cluniazenser, Zisterzienser, Franziskaner, Jesuiten, Kapuziner usw.
Reichsfreiheit/Reichsunmittelbarkeit. Im alten deutschen Reich (bis 1806) staatsrechtliche Stellung derjenigen Adeligen, Städte und Landesteile, die nicht der Landeshoheit anderer Personen oder Korporationen unterworfen waren, sondern unmittelbar unter königlicher oder kaiserlicher Herrschaft standen; dazu gehörten Landesherren, Reichsstände, Reichsdörfer, Reichsstädte und Reichsbeamte. In der Schweiz erlangten alle Orte vom 13. bis 15. Jahrhundert schrittweise die Reichsunmittelbarkeit.
Reichslehen. Unmittelbar vom deutschen Kaiser abhängiges Lehen, auch Fahnenlehen genannt.
Retorsion. Gegenmaßnahme eines Staates auf unfreundliche Akte eines andern Staates, besonders im wirtschaftspolitischen Bereich.
Ritter. Seit karolingischer Zeit bis ins 11. Jahrhundert der vollgerüstete, zu Pferd kämpfende Krieger, der seinerseits über Grundbesitz verfügen mußte. Im 10. und 11. Jahrhundert bildeten die Ritter einen erblichen Stand. Allmählich verloren sie militärisch und wirtschaftlich an Bedeutung und machten im wesentlichen den niederen Adel aus.
Romanen. Eine vom sprachlichen, nicht stammesmässigen Gesichtspunkt als Einheit zusammengefaßte Gruppe von Völkern, deren Sprachen auf das Lateinische zurückgehen.
Römisches Bürgerrecht. Rechtsstatus, der eine privilegierte Rechtsstellung auf wirtschaftlichem, politischem und sozialem Gebiet begründete. Es wurde durch Geburt, Freilassung oder Verleihung erworben; sein Besitz entschied, bei dem die Antike beherrschenden Personalitätsprinzip, über die Anwendbarkeit der römischen Rechtsordnung.
Rudolfinger. Zweig des älteren welfischen Geschlechts und nach dem Begründer Rudolf I. (888–912) benannte Königsdynastie in Hochburgund, sowie Bezeichnung dieses Reiches selbst (Rudolfingerreich).
Saum. Für den Verlad auf Saumtiere übliche Transporteinheit, meist aus zwei Bastlasten (Ballen, Fässer, Säcke) zusammengesetzt. Ein Saum wog rund vier Zentner oder 200 Kilogramm.
Scaena/Orchestra. *Scaena* (auch Skene) war im antiken Theater die «Bühnenwand» hinter der *orchestra* (eigentlicher Spielplatz, «Bühne»). In griechischer Zeit waren es vorerst nur einfache Bauten, die die *scaena* bildeten; die mehrgeschossige *scaena* ist erst römisch.
Schiedsverfahren. Schon in den frühesten Bündnissen zwischen eidgenössischen Orten erwähntes und praktiziertes Verfahren zur Konfliktregelung. Erstmals wurde es im Bündnis zwischen Zürich und den Waldstätten 1351 genau festgelegt: Jede Partei hatte zwei Richter zu stellen, die ihrerseits einen Obmann berufen mußten. Dieses Schiedsgericht fällte dann ein verbindliches Urteil (eidgenössisches Recht). Später ergänzte sich das Schiedsverfahren durch die Verpflichtung von Basel, Schaffhausen und Appenzell, nach ihrem Eintritt in die Eidgenossenschaft bei Konflikten zwischen Orten sich nicht einzumischen, sondern zu vermitteln. Aus dem Schiedsverfahren zwischen den Orten entwickelten sich seit dem 14. Jahrhundert auch solche zur Beilegung innerörtlicher Streitigkeiten.
Schirmherrschaften/Protektorate. Gebiete, die einem oder mehreren Orten in dem Sinne untergeordnet waren, daß sie deren Schutz anerkannten; die Schutzmächte traten nur im Fall von Konflikten zum Schutz dieser Gebiete auf. Schirmherrschaften und Protektorate sind daher scharf zu trennen von gemeinen Herrschaften. In der Schweiz waren solche Gebiete: Fürstabtei St. Gallen, Toggenburg, Rapperswil, Gersau, Engelberg, zeitweise Mülhausen u. a.
Seckelmeister. Der mit den Finanzen und dem Steuerwesen betraute Beamte in einigen Städteorten der Eidgenossenschaft. Der Seckelmeister gehörte zu den Häuptern und war Mitglied der Räte.

Senat (Helvetik). Eine der beiden durch die Helvetische Verfassung geschaffenen legislativen Kammern. Im Senat, wo jeder Kanton vier Abgeordnete hatte, wurden die vom Großen Rat vorgeschlagenen Gesetze und Beschlüsse angenommen oder verworfen.
Signorie. Die durch die Ablösung des Republikanismus in italienischen Städten sich herausbildende, meist lokale Herrschaft; die Magnaten erhielten durch Übertragung von Vollmachten durch das Volk, zuerst zeitlich beschränkt, dann auf Lebenszeit, dann auch erblich die alleinige Gewalt.
Stadtschreiber/Ratsschreiber. In den Städteorten Vorsteher der Kanzlei, der das gesamte Schreibwesen des städtischen Rats unter sich hatte.
Stadtwechsel. In den Städten übliche Form der Staatsbank. Ursprünglich waren es nur Wechselstuben, seit dem 16. Jahrhundert tätigten die Stadtwechsel jedoch alle damals üblichen Bankgeschäfte, behielten aber ihren ursprünglichen Namen bei.
Ständerat. Mit der Bundesverfassung von 1848 geschaffene zweite legislative Kammer neben dem Nationalrat. Jeder Kanton hat im Ständerat, der «kleinen Kammer», zwei, Halbkantone haben einen Vertreter.
Stele. Ursprünglich ein flacher oder runder aufgerichteter Stein. Stelen wurden hauptsächlich als Grab-, Votiv- und Ehrendenkmäler verwendet.
Stift. Seit dem Hochmittelalter auftretendes, mit Grundvermögen ausgestattetes Kollegium von kanonisch lebenden, meist adeligen Geistlichen an einer Kirche (Kollegiatskirche) oder einem Dom (Domkapitel), dem die Verrichtung des Chordienstes übertragen war. Durch die Reformation wurden diese häufig in Schulen usw. umgewandelt, behielten jedoch häufig die Bezeichnung Stift.
Strackfuhr. Die direkte Beförderung der Ware durch z. T. auswärtige Säumer, die nicht an den einzelnen Gemeindesusten zum Umladen halten mußten, sondern eine größere Strecke in einem Zug bewältigten.
Syndikat. Organ zur Kontrolle der landvögtischen Verwaltung in den gemeinen Herrschaften. Für die nördlich der Alpen gelegenen gemeinen Herrschaften fand diese auf der Jahresrechnungstagsatzung in Baden, für die vier im Tessin gelegenen durch eine Sondergesandtschaft, das «ennetbirgische Syndikat», in Lugano und Locarno statt.
Synkretismus. Nach Plutarch zunächst die innere Verbundenheit der sonst uneinigen Kreter gegen äußere Feinde; seit dem Humanismus Bezeichnung für die Vermischung von Elementen verschiedener Religionen und Kulte.
Synode. In der katholischen Kirche eine kirchliche Versammlung unter Leitung des zuständigen Geistlichen (Diözesansynoden, Provinzialsynoden, Papstsynoden). In der schweizerischen reformierten Kirche entstanden bald nach der Reformation Synoden als Versammlungen und Organe zur kirchlichen Selbstverwaltung.
Tagsatzung. Versammlung der Vertreter der eidgenössischen Orte. Mit der Zeit wurde Zürich Vorort und Baden, von 1715 an Frauenfeld ständiger Versammlungsort. Auch die zugewandten Orte hatten teilweise Sitz und Stimme an der Tagsatzung. Die Gesandten stimmten nach Instruktion. Besonders im 16. und 17. Jahrhundert gewannen Sondertagsatzungen der katholischen und reformierten Orte an Gewicht. Zwischen 1803 und 1848 war die Tagsatzung als Versammlung der Gesandten der Kantone, die sich in wechselnden Orten trafen, oberstes Beschlußorgan für gemeinsame Angelegenheiten.
Tauner. Ländliche Unterschicht, die zuwenig Grund und Boden besaß, um sich zu ernähren und deshalb auf Lohnarbeit im Taglohn angewiesen war; die Tauner stellten das Arbeitskräftereservoir für die Industrialisierung dar.
Terra sigillata. Bezeichnung für das antike, hartgebrannte Geschirr mit roter Oberfläche. Ornamental oder figürlich verziert und damit der Mode unterworfen, bildet sie ein wichtiges Datierungsmittel für die Forschung. Die Herstellungsstempel erlauben Rückschlüsse auf Herstellungsort und Handelsströme.
Thermen. In griechischer Zeit meist noch bescheidene, in römischer Zeit voll ausgebaute Badeanlagen, die meistens zu bestimmten Zeiten für Männer beziehungsweise Frauen geöffnet waren. Der Badevorgang erfolgte über mehrere Stufen: Kaltwasserbad – Lauwarmwasserbad – Warmwasserbad – Sauna.
Thermoluminiszenz. Verfahren zur Analyse von mineralischen Stoffen, das auf der Messung der Strahlung beruht, die bei Erwärmen abgegeben wird.
Todfall/Fallrecht. In der mittelalterlichen Rechtsgeschichte die Abgabe, die dem Grund- oder Leibherrn nach dem Tod des Leibeigenen oder Hörigen zufiel. Unter Fallrecht versteht man in einigen Teilen des deutschen Reiches sodann das Recht, wonach beim Tod des Längstlebenden ohne Testament und Abkömmling das Erbe an die väterliche oder mütterliche Seite fiel oder auch zwischen beiden Seiten aufgeteilt wurde.
Torques. Runder Metallschmuck mit einander fast berührenden und z. T. figürlich ausgestalteten Enden. Er wurde von den Galliern als Halsschmuck getragen.
Tropaeum Alpium. Großes Siegesdenkmal des Augustus für die Unterwerfung der gesamten Alpen im heutigen La Turbie, auf 486 m über Monte Carlo gelegen. Für die Forschung besonders wertvoll ist die Aufzählung aller im Krieg unterworfenen Alpenstämme.
Uechtland. Gebiet zwischen Aare und Saane rund um die Stadt Freiburg, welches dem freiburgischen Territorium vor 1536 entsprach.
Venner. In einigen Städten der Bannerherr eines Viertels der Stadt. In Bern und Freiburg, wo die Venner seit dem 13. Jahrhundert aus den vier vornehmsten Zünften gewählt wurden, bildeten sie eine Art Kriegsrat, und im 15. Jahrhundert wurden ihnen auch Gericht und Verwaltung in neu erworbenen Gebieten unterstellt.
Verfassung. Allgemein spricht man von Verfassung im materiellen Sinn und meint damit die geschriebenen oder ungeschriebenen Grundsätze, auf denen das Verhältnis zwischen Machtträgern und Machtadressaten, Regierenden und Regierten beruht. Verfassung meint in diesem Sinn sowohl den gesetzlichen Rahmen als auch die gesamte gesellschaftliche Struktur des Gemeinwesens. – Seit der Amerikanischen und Französischen Revolution versteht man unter Verfassung im formellen Sinn eine geschriebene Urkunde, die Grundzüge der staatlichen Organisation, der staatlichen Kompetenzen und Rechte der Mitglieder des Staates enthält. – Die Begriffe von formeller und materieller Verfassung sind auch heute noch zentrale Begriffe der staatsrechtlichen Literatur.
Vergobret. Keltische Bezeichnung für den höchsten Magistraten einiger Stämme.
Verkommnis. Urkundlich besiegeltes Abkommen über grundlegende Fragen des Gemeinwesens zwischen den Orten der alten Eidgenossenschaft (siehe: Stanser Verkommnis). Für die Verkommnisse wurde die Bezeichnung Brief verwendet (Sempacherbrief, Pfaffenbrief).

Verlagssystem. Betriebsform gewerblicher Erzeugung (vor allem Textilien und Metallwaren), bei der die Produktion durch Heimarbeit von der Zulieferung der Materialien und dem Vertrieb der Ware durch den Unternehmer (Verleger) getrennt war.
Vernehmlassungsverfahren. Im Bund, in den Kantonen und in den größeren Gemeinden geübte Praxis, daß die Exekutive ihre gesetzgeberischen Entwürfe vor der parlamentarischen Beratung den interessierten Organisationen zur Stellungnahme (Vernehmlassung) unterbreitet. Sie versucht dabei insbesondere zu vermeiden, daß solche Organisationen ein Gesetz nachträglich in einer Referendumskampagne anfechten und zu Fall bringen.
Vicus. Häusergruppe (beziehungsweise Dorf) innerhalb eines Stammes, die die Funktion eines Marktfleckens hatte.
Viktoriden. In Graubünden im 7. und 8. Jahrhundert herrschendes Geschlecht, aus dem das Amt des Bischofs und des *praeses* (ursprünglich römischer Provinzstatthalter mit zivilen und militärischen Kompetenzen) besetzt und vom letzten Viktoriden in einer Person vereinigt wurde.
Villa. Ursprünglich im Gegensatz zum Stadthaus *(domus)* und zur Hütte *(casa)* der Acker mit dem landwirtschaftlich benutzten Bauernhaus. Mit der Zeit löste sich das Herrenhaus *(villa)* von den landwirtschaftlichen Bauten und erhielt ein herrschaftliches Aussehen.
Villikationssystem/Fronhofsverband. Organisationsform der früh- bis hochmittelalterlichen Großgrundherrschaft. Im Mittelpunkt standen die Herrenhöfe (Fronhöfe) mit größerer Eigenwirtschaft, denen mehrere bäuerliche Wirtschaften (Hufen) zugeordnet waren. Die abhängigen Bauern waren abgabe- und frondienstpflichtig.
Vollbauern. Bauern, die einen vollen Zug, d. h. vier Zugtiere, besaßen. Sie waren immer Inhaber eines größeren Hofes und stellten die Dorfnotabilität.
Vollmachten. Bei Ausbruch des Ersten und des Zweiten Weltkrieges von der Bundesversammlung dem Bundesrat erteilte Vollmacht, die zur Wahrung der Sicherheit, Unabhängigkeit und Neutralität des Staates sowie der wirtschaftlichen Interessen des Landes erforderlichen Maßnahmen zu verfügen, ohne eine Genehmigung durch Parlament oder Volksabstimmung einzuholen. Im Zweiten Weltkrieg behielt sich das Parlament eine halbjährlich zu erteilende nachträgliche Genehmigung vor. Nach Kriegsende wurden jeweils zahlreiche Vollmachtenbeschlüsse noch mehrere Jahre lang in Kraft belassen und dem ordentlichen Gesetzgebungsverfahren entzogen.
Vorort. In der alten Eidgenossenschaft, während der Mediation und Restauration Bezeichnung des die Tagsatzung präsidierenden und für den Bund geschäftsführenden «Ortes» (Kantons): ursprünglich abwechselnd Zürich, Bern und Luzern, im 16. bis 18. Jahrhundert immer Zürich, 1803–1813 Freiburg, Bern, Solothurn, Basel, Zürich und Luzern, 1815–1848 nur noch Zürich, Bern und Luzern. – Im 19. Jahrhundert wandten gesamtschweizerische Organisationen die Bezeichnung auf ihren Zentralvorstand an, wenn sie diesen jeweils an einem bestimmten Ort konzentrierten, so auch der «Schweizerische Handels- und Industrie-Verein». Dessen leitender Ausschuß behielt die Bezeichnung auch nach dem Übergang zu einer interkantonalen Zusammensetzung bei; sie wurde allmählich als Kurzform für den ganzen Verein üblich.
Waldstätte. Die drei ältesten Orte der Eidgenossenschaft: Uri, Schwyz und Unterwalden, letzteres aus den zwei Halbkantonen Ob- und Nidwalden bestehend.
Wechsel. Wertpapier in gesetzlich genau vorgeschriebener Form, wobei folgende Varianten bestehen: 1. Die Zahlungsanweisung (Tratte), in welcher der Aussteller den Bezogenen beauftragt, dem Wechselnehmer eine Geldsumme zu bezahlen. 2. Das Zahlungsversprechen, auch Eigenwechsel genannt; es ist ein vom Schuldner ausgestelltes Zahlungsversprechen in Form eines Wechsels.
Wechselkurs. Preis ausländischer Währung in Einheiten der einheimischen Währung.
Welfen. Ältere Welfen: seit Mitte des 8. Jahrhunderts auftretendes fränkisches Hochadelsgeschlecht, das über die verschiedenen Teilreiche verzweigt war. Jüngere Welfen: aus Oberitalien stammendes Geschlecht, das durch Heirat mit der Erbtochter aus dem älteren Welfengeschlecht diesem verbunden war und im Kampf zwischen Kaiser und Papst der päpstlichen Partei den Namen gab (Guelfen).
Wergeld. Im germanisch-deutschen Recht bis ins 12. Jahrhundert die Sühnezahlung, die zur Ablösung der Blutrache vom Totschläger, beziehungsweise dessen Sippe an die Sippe des Erschlagenen zu leisten war. Die Höhe des Wergeldes richtete sich nach dem Stand des Getöteten.
Zehnten. Wiederkehrende Abgabe eines Bruchteils (bis 10 %) aller oder bestimmter Erträge eines Grundstückes. Seit dem 6. Jahrhundert von der Kirche beanspruchte Abgabe der Laien zwecks Unterhalt der Priester. Seit dem 8. Jahrhundert auch von Klöstern, dann auch von Laien für ihre Eigenkirchen erhoben. Seit dem 13. Jahrhundert auch in der Form des Geldzehnten. Die Zehnten bildeten die wichtigste Einnahmequelle der Kirche.
Zenden. Politische Unterteilung des Wallis bis 1798; ihr Ursprung ist ungeklärt. Die sieben Zenden waren: Goms, Brig, Visp, Raron, Leuk, Sierre und Sion. Zusammen beherrschten sie das Unterwallis als Untertanengebiet. Die Verfassung von 1815 schuf noch einmal eine neue Zendeneinteilung von 13 Zenden.
Zugewandter Ort. Vertraglich mit einer Gruppe vollberechtigter Orte verbundenes Gemeinwesen; in der Regel begründete diese Verbindung ein Schutzverhältnis zu Lasten des Zugewandten. Zugewandte hatten keinen Anteil an den gemeinen Herrschaften und waren an der Tagsatzung minderberechtigt oder gar nicht vertreten. Einigen gelang es, in den Rang vollberechtigter Orte erhoben zu werden.
Zunftstädte. Städte, in denen die Zünfte konstitutiv für die Zusammensetzung der Räte waren.
Zyklus. Periodische Schwankungen der Wirtschaftstätigkeit (vergleiche auch: Konjunktur). Im einzelnen lassen sich lange Wellen (zyklische Bewegungen von 40 Jahren), mittlere Wellen (7–11 Jahre) und kurze Wellen (40 Monate) unterscheiden.

Allgemeine bibliographische Hinweise

Die hier zusammengestellte Bibliographie hat den Zweck, auf die wichtigsten Hilfsmittel und grundlegende Werke hinzuweisen und damit den Zugang zur Spezialliteratur zu erleichtern. Zwar gibt die schweizerische Landesbibliothek seit 1913 laufend jedes Jahr die Bibliographie der Schweizergeschichte heraus. Eine zusammenfassende Gesamtbibliographie, die einen raschen Zugang zu einzelnen Themenbereichen ermöglichen könnte, fehlt jedoch. Es wurde versucht, einen möglichst breiten Überblick zu geben und vor allem auch neue Forschungsgebiete einzubeziehen. Dagegen wurden Quelleneditionen nicht berücksichtigt, da auf so engem Raum keine befriedigende Auswahl möglich ist. Bei den kantonalen Geschichten werden in der Regel nur die wichtigsten oder neuesten Werke verzeichnet. Es sei hier auch daran erinnert, daß in der Schweiz viele regionale und kantonale Fachzeitschriften und Periodika erscheinen, die nicht aufgelistet werden konnten. Repräsentativ ist die Zeitschrift für schweizerische Geschichte (1921–1950), seit 1951 Schweizerische Zeitschrift für Geschichte, die von der Allgemeinen Geschichtforschenden Gesellschaft der Schweiz herausgegeben wird. Diese Gesellschaft publiziert auch ein internes Bulletin, das seit der sechsten Nummer periodisch eine Liste der an schweizerischen Universitäten bearbeiteten oder abgeschlossenen Dissertationen und Lizentiatsarbeiten gibt.

1. Bibliographien, Nachschlagewerke und Hilfsmittel

H. Ammann, K. Schib, Historischer Atlas der Schweiz / Atlas historique de la Suisse / Atlante storico della Svizzera, Aarau 1951, 2. Aufl. 1958.

H. Barth, Bibliographie der Schweizer Geschichte. Enthaltend die selbständig erscheinenden Druckwerke zur Geschichte der Schweiz bis Ende 1912, 3 Bde., Bern 1914–1915 (Reprint 1969).

H. Barth, Repertorium über die in Zeit- und Sammelschriften der Jahre 1891–1900 enthaltenen Aufsätze und Mitteilungen schweizergeschichtlichen Inhalts, Basel 1906.

A. Berchtold, La Suisse romande au cap du XXe siècle, Annexe: Matériaux pour une bibliographie, Lausanne 1963.

Bibliographie der Schweizerischen Landeskunde/Bibliographie nationale Suisse, Bern 1892–1945.

F. Blaser, Bibliographie der Schweizer Presse / Bibliographie de la presse suisse, 2 Halbbde., Basel 1956–1958 (Quellen zur Schweizer Geschichte, Neue Folge, IV. Abteilung, Bd. 7).

V. Bodmer-Gessner, Bibliographie zur Geschichte der Schweizer Frau im 19. und 20. Jahrhundert, Zürich 1967.

J. L. Brandstetter, Repertorium über die in Zeit- und Sammelschriften der Jahre 1812–1890 enthaltenen Aufsätze und Mitteilungen schweizergeschichtlichen Inhaltes, Basel 1892 (Reprint 1967).

A. und B. Bruckner, Schweizer Fahnenbuch, 2 Bde., St. Gallen 1942.

W. Bruckner, Schweizerische Ortsnamenkunde, Basel 1945 (Volkstum der Schweiz, 6).

H. Brugger, Statistisches Handbuch der schweizerischen Landwirtschaft / Manuel statistique de l'agriculture suisse, Bern 1968.

C. Brun, Schweizerisches Künstler-Lexikon / Dictionnaire des artistes suisses, 4 Bde., Frauenfeld 1905–1917.

R. de Courten, Bibliographie et ouvrages de référence suisses (et plus particulièrement suisses romands), Neuchâtel 1982.

A. Crivelli, Atlante preistorico e storico della Svizzera italiana, v. 1, Bellinzona 1943.

Lexikon der zeitgenössischen Schweizer Künstler / Dictionnaire des artistes suisses contemporains / Catalogo degli artisti svizzeri contemporanei, Frauenfeld 1981.

Geographisches Lexikon der Schweiz / Dictionnaire géographique de la Suisse, 6 Bde., Neuenburg 1901–1910.

Historisch-biographisches Lexikon der Schweiz / Dictionnaire historique et biographique de la Suisse, 8 Bde., Neuenburg 1921–1934.

Die Schweizerische Bundesversammlung 1848–1920 / L'Assemblée fédérale suisse 1848–1920, Bd. 1: Biographien / Biographies, bearbeitet von E. Gruner, unter Mitwirkung von K. Frei u. a., Bd. 2: Soziologie und Statistik / Sociologie et statistique, von E. Gruner und K. Frei, Bern 1966.

Die Schweizerische Bundesversammlung 1920–1968 / L'Assemblée fédérale suisse 1920–1968, bearbeitet von E. Gruner unter Mitwirkung von A. Baechtold, P. Gilg, U. Klöti, F. Reymond, Bern 1970 (Helvetica politica, Serie A, 4).

G. E. Haller, Bibliothek der Schweizer Geschichte, 7 Bde., Bern 1785–1788.

Institut für Denkmalpflege der ETH, Bibliographie zur schweizerischen Kunst und Denkmalpflege / Bibliographie de l'art suisse et de la conservation des monuments historiques / Bibliografia dell'arte svizzera e della conservazione dei monumenti storici, Zürich 1979 ff.

W. Keller, Zeittabellen von 1800–1978. Wichtige Daten in vergleichender Darstellung, herausgegeben vom Schweizerischen Gewerkschaftsbund zum 100jährigen Bestehen, 1880–1980, Bern 1980.

E. Pluess, H. C. von Tavel, Künstler-Lexikon der Schweiz. XX. Jahrhundert, 2 Bde., Frauenfeld 1958–1967 (Reprint 1974).

Schweizergeschichtliches Repertorium III, 1901–1912. Bibliographie der in Zeit- und Sammelschriften der Jahre 1901–1912 enthaltenen Aufsätze und Mitteilungen schweizergeschichtlichen Inhalts, Basel 1943.

E. Refardt, Schweizer Musiker-Lexikon, mit: Nachtrag 1965 / Dictionnaire des musiciens suisses, avec: Supplément 1965, Zürich 1964.

J.-L. Santschy, Manuel analytique et critique de bibliographie générale de l'histoire suisse, Bern 1961.

Schweizerische Gesellschaft für Ur- und Frühgeschichte, Archäologische Führer der Schweiz / Guides archéologiques de la Suisse, Frauenfeld 1969.
Statistisches Jahrbuch der Schweiz / Annuaire statistique de la Suisse, herausgegeben vom Eidgenössischen Statistischen Amt, Bern 1891 ff.
P. ZINSLI, Ortsnamen, Strukturen und Schichten in den Siedlungs- und Flurnamen der deutschen Schweiz, Frauenfeld 1971 (Schriften des deutschschweizerischen Sprachvereins, 7).

2. Allgemeine Darstellungen

E. BOHNENBLUST, Geschichte der Schweiz, Erlenbach-Zürich 1974.
R. BRAUN, Das ausgehende Ancien Régime in der Schweiz. Aufriß einer Sozial- und Wirtschaftsgeschichte des 18. Jahrhunderts, Göttingen 1984.
J. DIERAUER, Geschichte der Schweizerischen Eidgenossenschaft / Histoire de la Confédération Suisse, 5 Bde., verschiedene Aufl., Gotha 1919–1922 / Lausanne 1910–1919.
H. SCHNEIDER, Geschichte des schweizerischen Bundesstaates, 1848–1918, Zürich 1931 (Bd. 6 der Geschichte der Schweizerischen Eidgenossenschaft von J. Dierauer).
P. DÜRRENMATT, Schweizer Geschichte / Histoire illustrée de la Suisse, 2 Bde., Zürich 1951–1959, 2. Aufl. 1976 / Lausanne 1959–1960.
R. FELLER, E. BONJOUR, Geschichtsschreibung der Schweiz: vom Spätmittelalter zur Neuzeit, 2 Bde., Basel, Stuttgart 1962, 2. durchgesehene und erweiterte Aufl., Basel 1979.
E. FUETER, Die Schweiz seit 1848. Geschichte, Politik, Wirtschaft, in: Der Aufbau moderner Staaten, Bd. 1, Zürich 1928.
E. GAGLIARDI, Geschichte der Schweiz von den Anfängen bis zur Gegenwart / Histoire de la Suisse, 3 Bde., / 2 v., Zürich 1920–1927, 3. Aufl., Zürich 1938 / Lausanne 1925.
C. GILLIARD, Histoire de la Suisse, 7e éd. mise à jour par J.-J. BOUQUET, Paris 1978 (Que sais-je, 140).
Handbuch der Schweizer Geschichte, 2 Bde., Zürich 1972–1977.
Histoire et civilisation des Alpes, publié sous la direction de P. GUICHONNET, 2 v., Toulouse, Lausanne 1980.
Illustrierte Geschichte der Schweiz, herausgegeben von W. DRACK, K. SCHIB, S. WIDMER, E. SPIESS, 3 Bde., 2. durchgesehene und erweiterte Aufl., Olten 1971.
U. IM HOF, Geschichte der Schweiz, Stuttgart 1974, 2. Aufl., Stuttgart 1976 (Urban Taschenbücher, 188).
U. IM HOF, Die Schweiz: illustrierte Geschichte der Eidgenossenschaft, Küsnacht/Zürich 1984.
W. MARTIN, Histoire de la Suisse, 1e éd., Paris 1929, 8e éd. avec une suite de P. BÉGUIN, complétée par A. BRUGGMANN, Lausanne 1980.
E. MEYER, Die Schweiz im Altertum, Bern 1946 (Sammlung Dalp, 20).
H. NABHOLZ, L. VON MURALT, R. FELLER, E. DÜRR, E. BONJOUR, Geschichte der Schweiz, 2 Bde., Zürich 1932–1938.
M.-R. SAUTER, Suisse préhistorique des origines aux Helvètes, Neuchâtel 1977, Übersetzung aus dem Englischen: Switzerland. From Earliest Times to the Roman Conquest, London 1976 (Ancient Peoples and Places, 86).
Schweizer Kriegsgeschichte / Histoire militaire de la Suisse, Heft 1–12, Bern 1916–1935 / 1915–1936.
F. STAEHELIN, Die Schweiz in römischer Zeit, 1. Aufl., Basel 1927, 3. neu bearbeitete Aufl., Basel 1948.
S. WIDMER, Illustrierte Geschichte der Schweiz, 1. Aufl., Einsiedeln, Köln, Zürich 1960–1961, 4. erweiterte Aufl., München 1977.

3. Institutionen, Politik und Kultur

J.-F. AUBERT, Traité de droit constitutionnel suisse, 2 v., Paris, Neuchâtel 1967.
J.-F. AUBERT, Petite histoire constitutionnelle de la Suisse, 1e éd., Berne 1974, 3e éd. augmentée, Bern 1979 (Monographies d'histoire suisse, 9).
Die schweizerische Referendumsdemokratie im 20. Jahrhundert / La démocratie référendaire en Suisse au 20e siècle, par R. RUFFIEUX, H. MESMER, A. LASSERRE, R. NATSCH avec la collaboration d'un groupe de chercheurs, Fribourg 1972.
E. DIETSCHI, 60 Jahre eidgenössische Politik. Ein Beitrag zur Parteigeschichte des schweizerischen Freisinns, Bern 1979.
A. GASSER, Entstehung und Ausbildung der Landeshoheit im Gebiet der Schweizerischen Eidgenossenschaft. Ein Beitrag zur Verfassungsgeschichte des deutschen Mittelalters, Aarau, Leipzig 1928.
Z. GIACOMETTI, Schweizerisches Bundesstaatsrecht. Neubearbeitung des gleichnamigen Werkes von F. FLEINER, Zürich 1949 (Reprint 1976).
E. GRUNER, Politische Führungsgruppen im Bundesstaat, Bern 1973 (Monographien zur Schweizer Geschichte, 7).
E. GRUNER, Die Parteien in der Schweiz, Bern 1969, 2., neu bearbeitete und erweiterte Aufl., Bern 1977 (Helvetia politica, Serie B, 4).
E. GRUNER (u. a.), Schweizerische Nationalratswahlen / Elections au Conseil national suisse, 3 Bde., Bern 1978 (Helvetia politica, Serie A, 6/1A, 6/1B, 6/2, 6/3).
Handbuch politisches System der Schweiz, Bd. 1: Grundlagen, Hg. A. RIKLIN, Bern 1983 und Bd. 2: Strukturen und Prozesse, Hg. U. KLÖTI, Bern 1984.
B. HARDMEIER, Geschichte der sozialdemokratischen Ideen in der Schweiz (1920–1945), Zürich 1957, 2. Aufl., Zürich 1958.
A. HAUSER, Das eidgenössische Nationalbewußtsein. Sein Werden und sein Wandel, Zürich 1941.
A. HEUSLER, Schweizerische Verfassungsgeschichte / Histoire des constitutions suisses, Basel 1920 / Lausanne, Genève 1924.
E. HIS, Geschichte des neueren schweizerischen Staatsrechts, 3 Bde., Basel 1920–1938.
K. MOMMSEN, Eidgenossen, Kaiser und Reich. Studien zur Stellung der Eidgenossenschaft innerhalb des heiligen römischen Reiches, Basel, Stuttgart 1958 (Basler Beiträge zur Geschichtswissenschaft, 72).
L. NEIDHART, Plebiszit und pluralitäre Demokratie. Eine Analyse der Funktion des schweizerischen Gesetzesreferendums, Bern 1970 (Helvetia politica, Serie B, 5).
H. C. PEYER, Verfassungsgeschichte der alten Schweiz, Zürich 1978.
Das politische System der Schweiz, herausgegeben von J. STEINER, München 1971 (Piper-Sozialwissenschaft, 5).
W.-E. RAPPARD, La constitution fédérale de la Suisse,

1848–1948. Ses origines, son élaboration, son évolution, Boudry-Neuchâtel 1948.
D. DE ROUGEMONT, Die Schweiz, Modell Europas. Der schweizerische Bund als Vorbild für eine europäische Föderation / La Suisse ou l'histoire d'un peuple heureux, Wien, München 1965 / Paris 1965, 2e éd., Paris 1970 (Le Livre du mois, 9).
R. SCHAFFHAUSER, Die direkte Demokratie in der komplexen Form der Gemeindeorganisation, St. Gallen, Wil 1978.
Schweizer Presse 1933–1958 / Presse suisse 1933–1958 / Stampa svizzera 1933–1958, Festschrift zum 75jährigen Bestehen des Vereins der Schweizer Presse, Bern 1958.
A. SIEGFRIED, Die Schweiz. Eine Verwirklichung der Demokratie / La Suisse. Démocratie-témoin, Zürich 1949 / 4e éd. revue et augmentée par P. BÉGUIN, Neuchâtel 1969.
O. SIGG, Die eidgenössischen Volksinitiativen 1892–1939, Bern 1978 (Helvetia politica, Serie B, 13).
Sport: Schweiz / Sport: Suisse / Sport: Svizzera, Offizielles Dokumentationswerk des Schweizerischen Landesverbandes für Sport, Baar 1980 ff.

4. Bevölkerung, Gesellschaft und Wirtschaft

J.-F. BERGIER, Die Wirtschaftsgeschichte der Schweiz, Zürich/Köln 1983.
J.-F. BERGIER, Naissance et croissance de la Suisse industrielle, Berne 1974 (Monographies d'histoire suisse, 8).
J.-F. BERGIER, Problèmes de l'histoire économique de la Suisse. Population, vie rurale, échanges et trafics, Berne 1968 (Monographies d'histoire suisse, 2).
W. BICKEL, Bevölkerungsgeschichte und Bevölkerungspolitik der Schweiz seit dem Ausgang des Mittelalters, Zürich 1947.
W. BICKEL, Die Volkswirtschaft in der Schweiz. Entstehung, Entwicklung und Struktur, Aarau, Frankfurt 1973.
W. BODMER, Die Entwicklung der schweizerischen Textilwirtschaft im Rahmen der übrigen Industrien und Wirtschaftszweige, Zürich 1960.
H. BRUGGER, Die schweizerische Landwirtschaft in der ersten Hälfte des 19. Jahrhunderts, Frauenfeld 1956.
H. BRUGGER, Die schweizerische Landwirtschaft 1850–1914, Frauenfeld 1979.
A.-M. DUBLER, Maße und Gewichte im Staat Luzern und in der alten Eidgenossenschaft, Luzern 1975.
O. DUDLE, 50 Jahre Christlichnationaler Gewerkschaftsbund, Bern 1957.
N. ESCHER, Entwicklungstendenzen der Frauenbewegung in der deutschen Schweiz 1850–1918/19, Zürich 1985.
PH. GARBANI, J. SCHMID, Le syndicalisme suisse. Histoire politique de l'Union syndicale 1880–1980, Lausanne 1980.
E. GRUNER, Die Arbeiter in der Schweiz im 19. Jahrhundert. Soziale Lage, Organisation, Verhältnis zu Arbeitgeber und Staat, Bern 1968 (Helvetia politica, Serie A, 3).
A. GUTERSOHN, J. WEIBEL, Das Gewerbe in der schweizerischen Wirtschaftspolitik. Der Schweizerische Gewerbeverband 1879–1954 / Les arts et métiers dans la vie économique de la Suisse. L'Union suisse des arts et métiers 1879–1954, Bern 1954.
W. HAUG, «... und es kamen Menschen». Ausländerpolitik und Fremdarbeit in der Schweiz, 1914–1980, Basel 1981.
A. HAUSER, Schweizerische Wirtschafts- und Sozialgeschichte von den Anfängen bis zur Gegenwart, Erlenbach-Zürich, Stuttgart 1961.
F. HEEB, Der schweizerische Gewerkschaftsbund 1880–1930 / L'Union syndicale suisse 1880–1930, Bern 1930.
Ein Jahrhundert schweizerischer Wirtschaftsentwicklung, Festschrift zum hundertjährigen Bestehen der Schweizerischen Gesellschaft für Statistik und Volkswirtschaft, 1864–1964, Bern 1964.
P. HUGGER, Sozialrebellen und Rechtsbrecher in der Schweiz. Eine historisch-volkskundliche Studie / Rebelles et hors-la-loi en Suisse. Genèse et rayonnement d'un phénomène social, Zürich 1976 / Lausanne 1977.
M. KÖNIG, H. SIEGRIST, R. VETTERLI, Warten und aufrücken: die Angestellten in der Schweiz 1870–1950, Zürich 1985.
F. T. KÜLLING, Bei uns wie überall? Antisemitismus, Zürich 1977.
F. RITZMANN, Die Schweizer Banken. Geschichte – Theorie – Statistik, Bern, Stuttgart 1973 (Bankwirtschaftliche Forschung, 8).
L. SCHELBERT, Einführung in die schweizerische Auswanderungsgeschichte der Neuzeit, Zürich 1975 (Beihefte der Schweizerischen Zeitschrift für Geschichte, 16).
Schweizerische Bankiervereinigung, 50 Jahre Schweizerische Bankiervereinigung, 1912–1962. Jubiläumsbericht und 50. Jahresbericht über das Geschäftsjahr vom 1. April 1961 bis 31. März 1962 / 50ème anniversaire de l'Association suisse des banquiers. Rapport du jubilé et rapport sur le 50ème exercice du 1er avril 1961 au 31 mars 1962, Basel 1962.
Strukturwandlungen der schweizerischen Wirtschaft und Gesellschaft. Festschrift für Fritz Marbach zum 70. Geburtstag, herausgegeben von R. F. BEHRENDT, W. MÜLLER, H. SIEBER und M. WEBER, Bern 1962.
L. STUCKI, Das unheimliche Imperium: wie die Schweiz reich wurde / L'empire occulte. Les secrets de la puissance helvétique, Bern 1968 / Paris 1970.
M. WEBER, Geschichte der schweizerischen Bundesfinanzen, Bern 1969 (Staat und Politik, 5).
E. J. WALTER, Soziologie der Alten Eidgenossenschaft. Eine Analyse ihrer Sozial- und Berufsstruktur von der Reformation bis zur Französischen Revolution, Bern 1966.
B. WEHRLI, Aus der Geschichte des Schweizerischen Handels- und Industrie-Vereins 1870–1970. Zum 100-jährigen Bestehen des Vororts, Erlenbach-Zürich 1970.

5. Sprache, Kunst und Kultur

B. ANDERES, Guida d'arte della Svizzera italiana, edita dalla Società di Storia dell'Arte in Svizzera, Porza-Lugano 1980.
Barock in der Schweiz, herausgegeben von O. EBERLE, Einsiedeln 1930.
R. R. BEZZOLA, Litteratura dals Rumauntschs e Ladins, Cuira 1979.
G. CALGARI, Die vier Literaturen der Schweiz / Storia delle quatro letterature della Svizzera, Olten 1966 / Milano 1958.
E. ERMATINGER, Dichtung und Geistesleben der deutschen Schweiz, München 1933.
J. GANTNER, A. REINLE, Kunstgeschichte der Schweiz / Histoire de l'art Suisse, 4 Bde., Leipzig, Frauenfeld 1936–1961 / 2 v., Neuchâtel 1941–1952.
P. GANZ, Geschichte der Kunst in der Schweiz von den Anfängen bis zur Mitte des 17. Jahrhunderts, Basel, Stuttgart 1960.

V. GILARDONI, Vita e costumi popolari nell'arte delle valli e delle terre ticinesi, Bellinzona 1969.
S. GOLOWIN, Hausbuch der Schweizer Sagen, Wabern 1981.
Hausbuch der Schweizer Volkslieder, herausgegeben von M. P. BAUMANN, Wabern 1980.
INSA. Inventar der neueren Schweizer Architektur, 1850–1920: Städte, herausgegeben von der Gesellschaft für Schweizerische Kunstgeschichte, Bd. 1, Bern 1984, Bde. 3 und 4, Bern 1982.
Die Kunstdenkmäler der Schweiz, Bd. 1 ff., Basel 1927 ff.
Kunstführer durch die Schweiz, begründet von H. JENNY, herausgegeben von der Gesellschaft für schweizerische Kunstgeschichte, 3 Bde., 5. vollständig neu bearbeitete Aufl., Bern 1971–1982.
C. LAPAIRE, M. SCHÄRER, Musées et collections de la Suisse, Berne 1980.
S. MORGAN, Eglises romanes et châteaux forts (Suisse romande, alémanique, rhétique et italienne), 3 v., Genève, Lausanne 1972–1977.
R. MOOSBRUGGER-LEU, Die Schweiz zur Merowingerzeit. Die archäologische Hinterlassenschaft der Romanen, Burgunder und Alemannen, 2 Bde., Bern 1971 (Handbuch der Schweiz zur Römer- und Merowingerzeit).
G. MUETZENBERG, Destin de la langue et de la littérature rhéto-romanes, Lausanne 1974.
V. ROSSEL, Histoire littéraire de la Suisse romande des origines à nos jours, Neuchâtel 1903.
D. W. H. SCHWARZ, Die Kultur der Schweiz, Zürich 1967 (Handbuch der Kulturgeschichte).
Schweizer Museumsführer / Guide des musées suisses / Guida dei musei svizzeri, mit Einschluß des Fürstentums Liechtenstein, begründet von C. LAPAIRE, vollständig neu bearbeitet von M. R. SCHÄRER, 3. Aufl., Bern 1980.
Scrittori della Svizzera italiana, 2 v., Bellinzona 1936.
K. SPEICH, H. R. SCHLÄPFER, Kirchen und Klöster in der Schweiz / Eglises et monastères suisses, Zürich 1978 / Zurich 1979.
H. C. VON TAVEL, Ein Jahrhundert Schweizer Kunst. Malerei und Plastik von Böcklin bis Alberto Giacometti / Un siècle d'art suisse. Peinture et sculpture de Böcklin à Giacometti, Genf 1969.
Ur- und frühgeschichtliche Archäologie der Schweiz, herausgegeben von der Schweizerischen Gesellschaft für Ur- und Frühgeschichte, 6 Bde., Basel 1968–1979.
J. URBAIN, La Chanson populaire en Suisse romande, 2 v., Lausanne 1977–1978.
R. WEISS, Volkskunde der Schweiz, Erlenbach-Zürich 1946.
A. ZAECH, Die Dichtung der deutschen Schweiz, Zürich 1951.
Die zeitgenössischen Literaturen der Schweiz, herausgegeben von M. GSTEIGER, München, Zürich 1974 (Kindlers Literaturgeschichte der Gegenwart seit 1945).

6. Kirche und religiöses Leben

H. BÜTTNER, I. MÜLLER, Frühes Christentum im schweizerischen Alpenraum, Einsiedeln, Zürich, Köln 1967.
Helvetia Sacra, begründet von R. Henggeler, herausgegeben von A. BRUCKNER, Bern 1972 ff.
U. LAMPERT, Kirche und Staat in der Schweiz, 3 Bde., Basel, Freiburg 1929–1939.
R. PFISTER, Kirchengeschichte der Schweiz, 3 Bde., Zürich 1964–1984.
T. SCHWEGLER, Geschichte der katholischen Kirche in der Schweiz von den Anfängen bis auf die Gegenwart, Einsiedeln 1945.
P. STADLER, Der Kulturkampf in der Schweiz. Eidgenossenschaft und Katholische Kirche im europäischen Umkreis 1848–1888, Frauenfeld/Stuttgart 1984.
A. WELDLER-STEINBERG, Geschichte der Juden in der Schweiz vom 16. Jahrhundert bis nach der Emanzipation, bearbeitet und ergänzt durch F. GUGGENHEIM-GRÜNBERG, 2 Bde., Zürich, Goldach 1966–1970.
P. WERNLE, Der schweizerische Protestantismus im 18. Jahrhundert, 3 Bde., Tübingen 1922–1925.
P. WERNLE, Der schweizerische Protestantismus in der Zeit der Helvetik 1798–1803, 2 Bde., Zürich, Leipzig 1938–1942.

7. Außenpolitik und Neutralität

E. BONJOUR, Geschichte der schweizerischen Neutralität. Drei Jahrhunderte eidgenössischer Außenpolitik / Histoire de la neutralité suisse. Trois siècles de politique extérieure fédérale, Basel 1946 / Neuchâtel 1949.
E. BONJOUR, Geschichte der schweizerischen Neutralität. Vier Jahrhunderte eidgenössischer Außenpolitik, 6 Bde., Basel, Stuttgart 1970, und 3 Bde.: Dokumente 1939–1945, Basel, Stuttgart 1974–1976.
E. BONJOUR, Histoire de la neutralité suisse pendant la Seconde guerre mondiale, 3 v., Neuchâtel 1970–1971.
E. BONJOUR, Geschichte der schweizerischen Neutralität. Kurzfassung / La neutralité suisse. Synthèse de son histoire / Storia della neutralità svizzera, Basel 1978 / Neuchâtel 1979 / Bellinzona 1981.
Handbuch der schweizerischen Außenpolitik, herausgegeben von H. C. BINSWANGER, H. HAUG, A. RIKLIN, Bern 1975 (Schriftenreihe der Schweizerischen Gesellschaft für Außenpolitik, 2).
H. R. KURZ, Schweizerschlachten, 1. Aufl., Bern 1962, 2. bearbeitete und erweiterte Aufl., Bern 1977.
H. R. KURZ, Hundert Jahre Schweizer Armee / Cent ans d'Armée suisse / Cento anni di esercito svizzero, Thun 1978, 2. Aufl., Thun 1979 / Lugano-Porza 1981.
W.-E. RAPPARD, Cinq siècles de sécurité collective (1291–1798), Genève, Paris 1945.
E. ROTT, Histoire de la représentation diplomatique de la France auprès des cantons suisses, de leurs alliés et de leurs confédérés (1430–1704), 11 v., Berne 1900–1935.
K. W. STAMM, Die guten Dienste der Schweiz. Aktive Neutralitätspolitik zwischen Tradition, Diskussion und Integration, Bern/Frankfurt a. M. 1974.

8. Geschichte der Kantone und benachbarter Regionen

Für Kantone, die hier nicht erwähnt sind, sei auf den entsprechenden Artikel im Historisch-biographischen Lexikon der Schweiz verwiesen.

F. R. ALLEMANN, 25mal die Schweiz. Panorama einer Konföderation, München, Zürich 1965, 3., überarbeitete und ergänzte Neuaufl., München, Zürich 1977.
B. AMIET, H. SIGRIST, Solothurnische Geschichte, Bd. 1: Stadt und Kanton Solothurn von der Urgeschichte bis zum Ausgang des Mittelalters, Bd. 2: Von der Reformation bis zum Höhepunkt des patrizischen Regimes, Bd. 3: Die Spätzeit und das Ende des patrizischen Regimes, Solothurn 1952–1981.
Appenzeller Geschichte. Zur 450-Jahresfeier des Appen-

zellerlandes 1513–1963, Bd. 1: Das ungeteilte Land, von der Urzeit bis 1597, verfaßt von R. FISCHER, W. SCHLÄPFER, F. STARK, unter Mitarbeit von H. GROSSER und J. GISLER, Bd. 2: Appenzell Außerrhoden, von 1597 bis zur Gegenwart, von W. SCHLÄPFER, Herisau 1964–1972.
K. S. BADER, Der deutsche Südwesten in seiner territorialstaatlichen Entwicklung, Stuttgart 1974, 2. Aufl., Stuttgart 1978.
P.-O. BESSIRE, Histoire du Jura bernois et de l'ancien Evêché de Bâle, Moutier 1968, 2e éd. avec une postface (de 1936 à nos jours) de B. PRONGUÉ, Moutier 1977.
P. BURCKHARDT, Geschichte der Stadt Basel. Von der Reformation bis zur Gegenwart, Basel 1942, 2. Aufl., Basel 1957.
K. H. BURMEISTER, Geschichte Vorarlbergs – Ein Überblick, München 1980.
A. CASTEL, Geschichte des Landes Schwyz, Einsiedeln, Zürich, Köln 1954.
R. CESSI, Storia della Repùbblica di Venezia, 2 v., nuova ed., Milano 1968 (Biblioteca storia Principato 23, 26).
J. EGGS, Walliser Geschichte, 1. Teil: Die Geschichte des Wallis im Mittelalter, mit einer Vorgeschichte des Wallis, Einsiedeln 1930.
Encyclopédie illustrée du pays de Vaud, v. 4–9 bisher erschienen, Lausanne 1973–1980.
R. FELLER, Geschichte Berns, 4 Bde., Bern 1946–1960, 2., korrigierte Aufl., Bern 1974.
Geschichte des Kantons Luzern von der Urzeit bis zum Jahr 1500, von W. SCHNYDER, K. MEYER, P. X. WEBER, Luzern 1932.
Geschichte des Kantons Luzern im 16. und 17. Jahrhundert, von S. GRÜTER, Luzern 1945.
Geschichte der Landschaft Basel und des Kantons Basel-Landschaft, von D. K. GAUSS, L. FREIVOGEL, O. GASS, K. WEBER, 2 Bde., Liestal 1932.
D. GRIBAUDI, M. A. LEVI, P. BREZZI et al., Storia del Piemonte, 2 v., Torino 1960.
Groupe valaisan de sciences humaines, Histoire de la démocratie en Valais (1798–1914), Sion 1979.
E. GRUBER, Geschichte des Kantons Zug, Bern 1968 (Monographien zur Schweizer Geschichte, 3).
N. HALDER, H. STAEHELIN, W. GAUTSCHI, Geschichte des Kantons Aargau, 1803–1953, 3 Bde., Aarau, Baden 1935–1978.
E. HERDI, Geschichte des Thurgaus, Frauenfeld 1943.
Histoire de l'Alsace, publiée sous la direction de P. DOLLINGER, Genève 1977.
Histoire de la Franche-Comté, publiée sous la direction de R. FIÉTIER, Toulouse 1977 (Univers de la France, 40).
Histoire de Mulhouse des origines à nos jours, publiée sous la direction de G. LIVET et R. OBERLE, Strasbourg 1977.
Histoire de la Savoie, publiée sous la direction de P. GUICHONNET, Toulouse 1973.
Histoire du Canton de Fribourg, publiée sous la direction de R. RUFFIEUX / Geschichte des Kantons Freiburg, 2 Bde., Freiburg i. Ue. 1981.
Histoire de Genève, publiée par la Société d'histoire et d'archéologie de Genève, 2 v., Genève 1951–1956.
Histoire de Genève, publiée sous la direction de P. GUICHONNET, Toulouse, Lausanne 1974.
A. LARGIADÈR, Geschichte von Stadt und Landschaft Zürich, 2 Bde., Erlenbach-Zürich 1945.
Neuchâtel et la Suisse, par L. MONTANDON (et autres), Neuchâtel 1969.
Lombardia, a cura di A. CAIZZI et al., Milano 1973.
E. MAZZALI, G. SPINI, Storia della Valtellina e della Valchiavenna, Sondrio 1968 ff.
F. ODERMATT, Der Kanton Unterwalden nid dem Wald im 19. Jahrhundert, Stans 1937.
F. PIETH, Bündnergeschichte, Chur 1945.
G. ROSSI, E. POMETTA, Storia del cantone Ticino dai tempi più rimoti fino al 1922, Lugano 1941, 2a ed., Locarno 1980.
Geschichte des Kantons Tessin, deutsch bearbeitet von M. GÜLLER-MINDER, Bern 1944.
K. SCHIB, Geschichte der Stadt und Landschaft Schaffhausen, Schaffhausen 1972.
Staat Luzern, 1178–1978. Beiträge zur Geschichte der Stadt, Luzern 1978.
G. THÜRER, St. Galler Geschichte. Kultur, Staatsleben und Wirtschaft in Kanton und Stadt St. Gallen von der Urzeit bis zur Gegenwart, 2 Bde., St. Gallen 1953–1972.
R. WACKERNAGEL, Geschichte der Stadt Basel, 4 Bde., Basel 1907–1924 (Reprint 1968).
E. VONDERMÜHLL, Register der Personen- und Ortsnamen zu R. WACKERNAGELS Geschichte der Stadt Basel. Aufgrund der nachgelassenen Handschriften von E. VONDERMÜHLL, bearbeitet und herausgegeben von J. K. LINDAU, Basel 1954 (Reprint 1968).
K. UND A. WELLER, Württembergische Geschichte im südwestdeutschen Raum, 7. Aufl., Stuttgart, Aalen 1972.
J. WINTELER, Geschichte des Landes Glarus, 2 Bde., Glarus 1952–1954.
A. ZANOTTO, Storia della Valle d'Aosta, Aosta 1979.

Die Kantone der Schweizerischen Eidgenossenschaft in der offiziellen Reihenfolge

ZH	Zürich
BE	Bern
LU	Luzern
UR	Uri
SZ	Schwyz
OW	Obwalden
NW	Nidwalden
GL	Glarus
ZG	Zug
FR	Freiburg
SO	Solothurn
BS	Basel-Stadt
BL	Basel-Landschaft
SH	Schaffhausen
AR	Appenzell Außerrhoden
AI	Appenzell Innerrhoden
SG	St. Gallen
GR	Graubünden
AG	Aargau
TG	Thurgau
TI	Tessin
VD	Waadt
VS	Wallis
NE	Neuenburg
GE	Genf
JU	Jura

Nachweis der Abbildungen

Bildnachweis

Die Zahlen beziehen sich auf die Seiten; o = oben, m = mitte, u = unten, r = rechts, l = links

Archives d'Etat, Genève; *Photo G. Zimmermann:* 369, Tafel neben 494.
Archives d'Etat, Sion: 156.
Archives de l'église mennonite, La Tanne; *Photo F. Enard:* 497.
Archiv Huber Verlag, Frauenfeld: 763, 765, 797.
Archives Payot, Lausanne: 480, 696.
Archives Rencontre, Lausanne: 768.
ATP, A. Pfister, Zürich: 890 o.
Bally AG, Schönenwerd: 660 u.
Basler Zeitung, Basel: 921.
Baugeschichtliches Archiv der Stadt Zürich: 715, 717 u.
Bernisches Historisches Museum, Bern: 31, 34 u; *Photo S. Rebsamen:* 14 u, 17; *Photo G. Zimmermann:* 41, 58, 96.
Bibliothèque nationale, cabinet des estampes, Paris: 429.
Bibliothèque publique et universitaire, cabinet des estampes, Genève: *Photo F. Martin:* 431.
Bild und News AG, Zürich: 881, 936, 937.
J. M. Biner, Bramois: 193, 239.
J. Bobst et Fils S. A., Lausanne: 841.
H. Bögli, *Die Schweiz zur Römerzeit,* Bern 1972: 67.
F. Borer: 389.
N. Bouvier, Genève (SNTO): 416 o.
Brasserie Cardinal Fribourg S. A., Fribourg: 658 u.
R. Broggini, Bellinzona: 405.
Bundesarchiv, Bern: 642, 720.
Burgerbibliothek, Bern: 274, 306, 423, 517; *Photo S. Rebsamen:* 13, 14 o; *Photo G. Howald:* 498–499.
F. de Capitani, Bern: 484–485, 511 m.
A. Carpi, Bellinzona: 125 o.
Cinémathèque suisse, Lausanne: 756, 757, 814, 883, 900–901.
Comet-Flugaufnahme, Zürich: 842–843, 851, 855, 859, 894 l, 896, 909 o.
Crêt-Berard, Puidoux: 910 r.
J.-Cl. Curchaud, Lausanne: 884.
Département d'Anthropologie, Université de Genève; *Photo A. Gallay:* 32–33.
Die Zeit der frühen Habsburger, Dome und Klöster 1279–1379, (Niederösterreichische Landesausstellung), Wiener Neustadt 1979: 144 u.
W. Drack, Zürich: 115, 118.
DU, Kunstzeitschrift, Verlag Conzett und Huber, Zürich (September 1967): 766.
A. Eggermann [u. a.], *Die Bahn durch den Gotthard,* Zürich 1981: 723.
Eidgenössisches Departement für auswärtige Angelegenheiten, Direktion für Entwicklungszusammenarbeit und humanitäre Hilfe, Bern: Tafel neben 950.
Eidgenössische Landestopographie, Wabern: 822, 823.
Eidgenössische Militärbibliothek, Bern: 767.
P. Forster, Schaffhausen: 20.
Freiämter Strohmuseum Wohlen; *Photo G. Zimmermann:* 569.
D. Fromaigeat, Genève: 253 r.
Germanisches Nationalmuseum Nürnberg: *Photo G. Zimmermann:* 402 u.
D. Gignoux, Genève: Tafel neben 886.
J. Grand-Carteret, *Les mœurs et la caricature en Allemagne, en Autriche, en Suisse, Paris 1885:* 587, 629.
Heimatmuseum Appenzell; *Photo G. Zimmermann:* 449.
Heimatmuseum, Herisau; *Photo G. Zimmermann:* 658 o.
A. Held, Ecublens-Lausanne: Tafel neben 84.
Historisches Institut der Universität Bern: 566, 567; *Photo S. Rebsamen:* 18.
Historisches Museum Baden; *Photo G. Zimmermann:* 471.
Historisches Museum Basel: 237 u, 253 l, 293, 302; *Photo M. Babay:* 152.
Historisches Museum Bern: 467 o, 485 o, 512; *Photo S. Rebsamen:* 455 o, 457, 460: *Photo G. Zimmermann:* 379, 455 u, 472; Tafel neben 382.
Historisches Museum Blumenstein, Solothurn; *Photo G. Zimmermann:* 473, 474.
Historisches Museum Schloß Thun: 686; *Photo W. Studer:* 680 u; *Photo G. Zimmermann:* 656.
Historisches Museum Stans; *Photo G. Zimmermann:* 496, 533.
Historisches Museum St. Gallen; *Photo G. Zimmermann:* 234, 395, 454 u, 535.
Industrie- und Gewerbemuseum St. Gallen; *Photo G. Zimmermann:* 687.
Internationales Komitee vom Roten Kreuz, Genf: 707.
P. Izard, Lausanne: 778 o.
H. U. Jost, Lausanne: 760, 772–773, Tafel neben 774 o l, 788, 793, 803, 806.
Kantonale Dienststelle für Kunstdenkmäler, Bern; *Photo M. Messet:* 509.
Kantonsarchäologie Thurgau, Frauenfeld: 32.
Kantonsbibliothek, Aarau; *Photo S. Rebsamen:* 15.
Kantonsbibliothek St. Gallen: 413.
Kantonsbibliothek Zürich: 421, 435.
Kantonsmuseum Baselland, Liestal: 99 l; *Photo F. Gysin:* 597, 598.
Keystone, Zürich: 880, 882, 902, 908, 934, 952.
Klostermuseum St. Georgen, Stein am Rhein; *Photo J. Mohr:* 299.
M. Körner, Stettlen: 389, 415; Tafel neben 414.
Korporationsgemeinde Luzern: Tafel neben 260; *Photo F. Borer:* Tafel neben 430.
Kunstgewerbemuseum, Zürich: 693 u, 704–705, 732, 770, 771 o, 771 u, 782, 916–917.
Kunsthaus Zürich: 510, 511 o; 752 o *Photo G. Zimmermann:* 716–717; *Dreißiger Jahre Schweiz. Ein Jahrzehnt im Widerspruch* (Ausstellungskatalog), 1981–82: 755 l, Tafel neben 758, 783, 785, 790, 798, 809.
Kunstmuseum Basel: 140 u, 141, 207 o., 668–669;
Kunstmuseum Basel, Kupferstichkabinett: 229, 230–231, 234 u, 319, 323, 345, 353, 396, 397, 416, 424, 489.
Kunstmuseum Bern: 591; *Photo M. Jacot:* 904;
«Stiftung für Foto, Film und Video», *Photo P. Senn:* 775 u, 778–779, 780.
Kunstmuseum Solothurn; *Photo G. Zimmermann:* 754.
Kunstmuseum St. Gallen: 689.
Kunstmuseum Winterthur: 207 m.
M. Leiter, Yverdon: 944.
Lycée cantonal de Porrentruy; *Photo F. Enard:* 125 u.
J. P. Maeder, Lausanne: 311.
M. Martin, Basel: 118 r.
Maschinenfabrik Rüti AG, Rüti: 774, 775 o.
W. Meyer, Basel: 158, 177.
J. Mohr, Genève: 225, 893 o.
S. Morgan, Genève: 104.
Musée d'archéologie et d'histoire, Lausanne: 122–123.
Musée archéologique Sion; *Photo G. Zimmermann:* 52, Tafel neben 36.
Musée d'art et d'histoire, Fribourg: 236, 282, 583, 716, 717, 727; *Photo L. Hilber:* Tafel neben 228, 518, 519; *Photo G. Zimmermann:* 361, 592.
Musée d'art et d'histoire, Neuchâtel; *Photo G. Zimmermann:* Tafeln neben 526.
Musée cantonal d'archéologie, Neuchâtel, 35.
Musée cantonal d'art et d'histoire, Lausanne; *Photo G. Zimmermann:* 79, 98.

Musée cantonal de Valère, Sion; *Photo Schweizerisches Landesmuseum:* 34 o.
Musée du Château, Montbéliard; *Photo Tchirakadzé:* 86.
Musée communal, Estavayer; *Photo G. Zimmermann:* 608 u.
Musée gruérien, Bulle: 564 o, 626–627.
Musée d'histoire des sciences Genève; *Photo G. Zimmermann:* 493.
Musée d'histoire, Mulhouse; *Photo J. P. Schwarz:* 483.
Musée de l'Hospice du Grand-Saint-Bernard; *Photo Schweizerisches Landesmuseum:* 91, 95 (Übersetzung: E. Howald, E. Meyer, *Die römische Schweiz. Texte und Inschriften mit Übersetzung,* Zürich o. J. [1940], Nr. 25).
Musée du Léman, Nyon; *Photo Schweizerisches Landesmuseum:* 54.
Musée Romain, Avenches; *Photo Schweizerisches Landesmuseum:* 40; *Photo G. Zimmermann:* 97, 99 r, Tafel neben 68.
Musée Romain de Vidy, Lausanne: 76 (Übersetzung: E. Howald, E. Meyer, *Die römische Schweiz. Texte und Inschriften mit Übersetzung,* Zürich o. J. [1940], Nr. 152).
Musée du Vieil Yverdon; *Photo G. Zimmermann:* Tafel neben 606.
Musée du Vieux-Genève, Genève: 651 o, 673, 714, 747, 750, 751, 756 u, 757 o, 761, 774 o r und u, 800, 801.
Musée du Vieux Pays-d'Enhaut, Château-d'Œx: *Photo G. Zimmermann:* 453, 564 u, Tafel neben 366.
Musée du Vieux-Vevey, Vevey; *Photo G. Zimmermann:* Tafel neben 710.
Musée historique, La Chaux-de-Fonds; *Photo G. Zimmermann:* Tafel neben 678.
Musée militaire, Colombier: 693 o, 752 u.
Musée Vaudois de la Vigne et du Vin, Aigle: 454 r.
Museum Allerheiligen, Schaffhausen; *Photo G. Zimmermann:* 368, 370–371 u.
Museum Herisau; *Photo G. Zimmermann:* 532.
Office National Suisse du Tourisme, Zürich: 655 (Revue Suisse 1, 1973), 659.
S. Oppliger, Penthalaz: 936.
Ortsmuseum Bischofszell; *Photo G. Zimmermann:* 609.
Rätisches Museum, Chur: 258, 320, 325, 451; *Photo G. Zimmermann:* 45, 48–49, 51, 434.
Ringier Verlag, Zürich: 711, 799, 805, 811, 813, 871 u, 895, 906–907, 910 r, 939, 941, 943, 946.
Römermuseum, Augst; *Photo E. Schulz:* 87.
Rosgartenmuseum, Konstanz: 26–27.
Sandoz Bulletin, 19, 1970; *Photo K. Buri:* 322.
Saurer AG, Arbon: 710.
H. Schmid, *Generalstreik 1919: Krieg der Bürger,* Zürich 1980: 769.
H. R. Schmid, R. T. Meier, *Die Geschichte der Zürcher Börse,* Zürich 1977; *Photo W. Benders Erben:* 713.
E. Schulz, Basel: 75, 98, 103, 105.
Schweizerisches Alpines Museum, Bern; *Photo G. Zimmermann:* 556–557.
Schweizerische Landesbibliothek, Bern: 411 u. 491, 563, 577, 646, 652, 654 o, 660 o, 670, 672, 673 l, 675 o, 675 m, 684, 690, 695, 703, 706, 722, 726; *Photo G. Zimmermann:* 521; *Photo S. Rebsamen:* 16, 19, 21, 22, 163 r.
Schweizerisches Landesmuseum, Zürich: 30, 36, 44–45, 88, 118 l, 130, 147, 151, 166–167, 180, 211, 245, 336, 398, 439, 504, 507, 514, 557 u, 600, 654 u, 675 u; *Photo G. Zimmermann:* 28, 38, 175, 207 l, 242, Tafel neben 292, 372, 375, 608 r: *Photo R. Wyss:* Tafel neben 52.
Schweizerisches Museum für Volkskunde, Basel, Katalog: *Couleurstudenten in der Schweiz.* Basel 1979: 604.
Schweizerisches PTT-Museum, Bern (wiedergegeben mit Erlaubnis der PTT): 664 o.
Service cantonal des monuments historiques et recherches archéologiques, Direction des fouilles d'Octodurus, Martigny: 47.
E. Spieß, *Illustrierte Geschichte der Schweiz,* Zürich 1961: 680 o.
Staatsarchiv Basel-Stadt: 237 o, 376.
Staatsarchiv Bern: 459, 476; *Photo H. Frutig:* Tafel neben 462.
Staatsarchiv Glarus: 487.
Stadt- und Münstermuseum Basel; *Photo G. Zimmermann:* 300.
Stadtverwaltung Bern, Dokumentationsstelle für Bau- und Planungsfragen: 871 o.
E. Steinmann, Trogen: 571.
Stiftsarchiv St. Gallen: Tafel neben 132.
W. Studer, Bern: 138–139, 140 o, 144 o, 161, 254–255, 833, 836, 854, 856 m, 856 u, 890 r, 892–893, 894 r, 897, 905 u.
W. Studer, Großhöchstetten: 394, 558, 567 o.
Gebr. Sulzer AG, Winterthur; *Photo G. Zimmermann:* 657.
Toggenburger Museum, Lichtensteig: *Photo G. Zimmermann:* 370–371 o, 543, 568, 582.
Trésor de l'Abbaye de Saint-Maurice; *Photo C. Kobler:* Tafel neben 164.
Ufficio cantonale dei monumenti storici ed artistici; Bellinzona: 295.
Universitätsbibliothek Basel: 148, 206, 415.
Vindonissa-Museum, Brugg: 72–73, 78; *Zeichnung von M. Hartmann,* Archäologie der Schweiz, 1, 1978, 3: 124.
Wocher Panorama in Thun, Besitz der Gottfried Keller-Stiftung, Bern; *Photo G. Zimmermann:* 565.
Zentralbibliothek Luzern: 575, 584.
Zentralbibliothek Zürich: 110, 235, 255, 280–281, 335, 348, 377, 402 o, 410, 412 o, 411 l, 456, 458, 462, 464, 467 u, 470 u, 475, 478, 495, 498 u, 499 u, 502, 513, 539, Tafel neben 542, 549, 555, 574, 585, Tafel neben 590, 605, 641, 648, 651 u, 661, 697, 708.
G. Zimmermann, Genève: 62, 73, 77, 82, 83, 89, 90 o, 92, 127, 134, 137, 159, 191, 194, Tafel neben 196, 198, 217, 218, 224, 238, 240, 241, 243 o, 250, 259, 260, 267, 272, 291, 310, 339, 401, 469, 547, Tafel neben 662 (Privatsammlung), 664, 712, Tafel neben 742.

Nachweis der Karten, Graphiken und Tabellen

Die Karten und Graphiken sind von den Editions Payot Lausanne nach Angaben der Autoren hergestellt worden, z. T. aufgrund folgender Vorlagen (bei den mit einem Stern * versehenen Seitenzahlen handelt es sich um unveränderte Übernahmen):

Almanach der Schweiz, Bern, 1978: 721*.
G. Andrey, *Les émigrés français dans le Canton de Fribourg (1789–1815),* Neuchâtel 1972: 573.
Archäologie der Schweiz, 1, 1978, 2: 85.
Archäologische Bodenforschung des Kantons Basel-Stadt: 50.
G. Arlettaz, *L'émigration suisse outre-mer de 1815 à 1920,* in: Studien und Quellen 1, Bundesarchiv, Bern 1975: 720*.
J.-F. Bergier, *Genève et l'économie européenne de la Renaissance,* Paris 1963: 232.
Bernisches Historisches Museum: 39.
W. Bickel, *Bevölkerungsgeschichte und Bevölkerungspolitik der Schweiz seit dem Ausgang des Mittelalters,* Zürich 1947: 535, 536.
F. Blaser, *Bibliographie der Schweizer Presse,* Basel 1956–1958: 588 (Zahlenmaterial).
P. Blickle u. a., *Aufruhr und Empörung? Studien zum bäuerlichen Widerstand im Alten Reich,* München 1980, nach *Historischer Atlas der Schweiz,* Aarau 1958.* 262.
W. Bodmer, *Die Entwicklung der schweizerischen Textilwirtschaft im Rahmen der übrigen Industrien und Wirtschaftszweige,* Zürich 1960: 234*.
F. Brugger, *Die schweizerische Landwirtschaft in der ersten Hälfte des 19. Jahrhunderts,* Frauenfeld 1956: 545.
E. Bucher, *Die Geschichte des Sonderbundskrieges,* Zürich 1966: 628.
S. Bucher, *Die Pest in der Ostschweiz,* St. Gallen 1979: 366.

Bundesamt für Statistik, Bern: (Zahlenmaterial): 338–339, Tafel neben 918, 922, 935.

Bundesamt für Straßenbau, Bern: 857*.

Bundeskanzlei, Referendumsvorlagen, Dringliche Bundesbeschlüsse, Volksinitiativen, Volksabstimmungen. 1848–1974, Bern 1974 (Zahlenmaterial): 923 o.

H.-R. Burri, *Die Bevölkerung Luzerns im 18. und frühen 19. Jahrhundert,* Luzern 1975: 362, 363, 365 (Zahlenmaterial).

A. Custer, *Die Zürcher Untertanen und die französische Revolution,* Zürich 1942: 448 Nr. 2.

H. C. Daeniker, *Unternehmer und Sozialversicherung: Die AHV in der Zwischenkriegszeit,* Seminararbeit, Zürich 1975 (Zahlenmaterial): 748.

Das schweizerische Bankwesen im Jahre 1975 und 1979, Zürich 1976 u. 1980: 360 (Zahlenmaterial).

Die Zeit der frühen Habsburger, Dome und Klöster 1279–1379, (Niederösterreichische Landesausstellung), Wiener Neustadt 1979: 142, 208.

R. Domeniconi, *Jura – Le plébiscite du 23 juin 1974,* Delémont 1974: 935.

dtv-Atlas zur Weltgeschichte, Bd. 2, München 1964: 528.

Encyclopédie illustrée du Pays de Vaud, t. 4: Histoire, Lausanne 1973; Photo Swissair, Plan nach den Aufnahmen von H. Bögli: 80.

G. Fischer, *Berechnung und Vorausschätzung regionaler Volkseinkommen in der Schweiz 1950–1980,* St. Gallen 1969 und: *Der Wohlstand der Kantone,* Bern 1980: 837.

V. Gawronski, *Entwicklung des Realeinkommens und Lebensstandards schweizerischer Arbeitnehmer,* in: Die Volkswirtschaft, Heft 1, Bern 1981: 718–719.

F. Glauser, *Der Gotthardtransit von 1500 bis 1660,* in: Schweizerische Zeitschrift für Geschichte 29/1979: 378.

Graphischer statistischer Atlas der Schweiz, Bundesamt für Statistik, Bern 1897: 709.

Großer Historischer Weltatlas, München 1970: 56, 132, 296.

E. Gruner, *Die Parteien in der Schweiz,* Bern 1969: 739.

E. Gruner, *Die Wahlen in den schweizerischen Nationalrat 1848–1919,* Bd. 3, Bern 1978 (Zahlenmaterial): Tafel neben 918, 922 (Wahlen).

P. Guichonnet, *Histoire de Genève,* Lausanne, Toulouse, 1974: 505.

P. Guyer, *Die soziale Schichtung der Bürgerschaft Zürichs vom Ausgang des Mittelalters bis 1798,* in: Schweizerische Zeitschrift für Geschichte 1952: 470.

J. Heers, *L'Occident du XIVe au XVe s. Aspects économiques et sociaux,* Paris 1973: 231.

Historischer Atlas der Schweiz, Aarau 1958: 126, 145, 271, 303, 350, 461, 933.

U. Im Hof, *Ancien Régime, Aufklärung, Revolution und Fremdherrschaft 1648–1815,* Aarau 1974: 430.

Jahrbuch der Schweizerischen Gesellschaft für Ur- und Frühgeschichte, 33, 1942: 78.

Kanton Bern, Historische Planungsgrundlagen. Hg. vom Kantonalen Planungsamt. Bearbeitet vom Geographischen Institut der Universität Bern. Bern 1973: 933.

E. Kellenberger, *Die Währungspolitik,* in: *Strukturwandlungen der schweizerischen Wirtschaft und Gesellschaft,* Festschrift für Fritz Marbach, Bern 1962: 802.

F. Kneschaurek, *Wandlungen der schweizerischen Industriestruktur seit 1800,* in: Ein Jahrhundert schweizerische Wirtschaftsentwicklung, Bern 1964: 540 (Zahlenmaterial).

H. Kriesi, *Politische Aktivierung in der Schweiz 1945–1978,* Dießenhofen, 1981: 923 u.

N. Morard, *Florins, ducats et marcs d'argent à Fribourg et à Genève au XVe siècle: cours des espèces et valeur de la monnaie de compte (1420–1481),* Fribourg 1979: 244*.

Öffentliche Finanzen der Schweiz 1980, Bundesamt für Statistik, Bern 1982: 866.

A. Perrenoud, *La population de Genève du seizième au début du dix-neuvième siècle,* Genève 1979: 362, 363, 365.

F. W. Putzger, *Historischer Schulatlas,* Bielefeld-Berlin, 1961: 735 o.

A. Reinle, *Kunstgeschichte der Schweiz,* Bd. 1, Frauenfeld 1968: 81*.

Répertoire de préhistoire et d'archéologie de la Suisse, 1962/4: 60, 100.

Revidierte Reihen der Nationalen Buchhaltung der Schweiz 1948–1976, Bd. 1, Bundesamt für Statistik, Bern 1978 (Zahlenmaterial): 834–835.

F. Ritzmann, *Die Schweizer Banken, Geschichte, Theorie, Statistik,* Bern, Stuttgart 1973: 559, 560 (Zahlenmaterial).

R. Ruffieux, *Du Noir et Blanc au Rouge et Blanc,* Fribourg 1975: 724.

R. Ruffieux, *La Suisse de l'entre-deux-guerres,* Lausanne 1974: 745*, 781*.

Schweizer Weltatlas, Zürich 1981. Reproduziert mit Bewilligung der Atlasdelegation der Erziehungsdirektorenkonferenz: 1056/1057*.

Service cantonal des monuments historiques et recherches archéologiques, Martigny: 43.

H. J. Siegenthaler, *Zum Lebensstandard schweizerischer Arbeiter im 19. Jahrhundert,* in: Schweizerische Zeitschrift für Volkswirtschaft und Statistik 1965: 687.

W. Sommer, *Die Volkszählung der Stadt Bern im Jahre 1764,* in: Zeitschrift für schweizerische Statistik und Volkswirtschaft 1944: 452.

Statistisches Jahrbuch der Schweiz (Zahlenmaterial): 742, 878–879, 922, (Volksabstimmungen).

Ch. Strahm, *Deux stations lacustres sur le lac de Neuchâtel,* in: *Archeologia 99,* Dijon, 1976, nach *Eburodunum, recueil de travaux publié par l'Institut d'archéologie Yverdonnoise,* 1975: 29.

R. Thiessin et M. Paschoud, *Les chemins de fer suisses après un siècle 1847–1947,* Neuchâtel 1947: 663.

Übersicht der in den schweizerischen Kantonen in Folge Tagsatzungsbeschlusses vom 9. Herbstmonat 1836 in den Jahren 1836, 1837 und 1838 aufgenommenen Volkszählungen, Bern 1969 (Reprint): 719.

Ur- und frühgeschichtliche Archäologie der Schweiz, Bd. 5, Basel 1975: 66*, 70/71*, 102*.

H. Wermelinger, *Lebensmittelteuerung, ihre Bekämpfung und ihre politischen Rückwirkungen in Bern vom ausgehenden 15. Jahrhundert bis in der Zeit der Kappeler Kriege,* Bern 1971: 383, 384.

Westermanns Atlas zur Weltgeschichte, Berlin 1956: 735 u.

P. Zinsli, *Ortsnamen, Strukturen und Schichten in den Siedlungs- und Flurnamen der deutschen Schweiz,* Frauenfeld 1975, und S. Sonderegger in: *Ur- und frühgeschichtliche Archäologie der Schweiz,* Bd. 6, Basel 1979: 119.

Orts- und Personenregister

Abkürzungen zum Register

dt. = deutsch
eidgen. = eidgenössisch
engl. = englisch
frz. = französisch
geistl. = geistlich
Herrsch.= Herrschaft
Hl. = Heilige(r)
Jh. = Jahrhundert
kant. = kantonal
kathol. = katholisch
kirchl. = kirchlich
ländl. = ländlich
ma. = mittelalterlich
med. = medizinisch
milit. = militärisch
österr. = österreichisch
polit. = politisch
preuss. = preussisch
röm. = römisch
schwed. = schwedisch
schweiz. = schweizerisch
span. = spanisch
städt. = städtisch
weltl. = weltlich
wirtsch. = wirtschaftlich

A

Aarau 223, 419, 504, 551, 553, 606, 662, 782, 906
Aarberg 248
– Valangin, Dynastie 252, 304
Aarburg 226f., 254
Aare 50, 65, 77, 120, 123, 131, 136, 154, 204, 216, 227, 252f., 287, 302f., 548, 599
– tal 65, 141, 203f., 251
Aargau 55, 168, 206, 222, 228, 246, 253ff., 258, 278, 280, 282ff., 287, 292, 313, 358, 367f., 381, 398, 408, 462, 468, 477, 489f., 515, 519f., 529, 537, 547f., 569, 596, 599f., 603, 624ff., 642, 659, 667f., 702, 719, 722, 772, 786, 862
Aarwangen 135
Abessinien 789
Abt, Roman 777
Adda 340
Ador, Gustave 764
Adria (Nekropole) 47
Aebischer, Joseph 532f., 570
Aetius, Heermeister 113f.
Affry, Louis Auguste Philippe d' 530, 601
Afrika 227, 458, 464, 540, 699, 721, 807, 947, 952
Agathias 117
Agaunum siehe Saint-Maurice
Agen, Schlacht 54
Ägeri 259f.
– see 175
Agnadello, Schlacht 335f.
Agno 126
Ägypten 36, 98
Aigle 311, 327, 375
Aime 64f., 95
Aimon von Savoyen 192
Aix-en-Provence 53f.
Alanen 117
Albert von Wittelsbach 320
Albrecht I. von Habsburg, dt. König 174
Albrecht II. von Habsburg 181, 184f.
Albrecht VI. von Habsburg 281, 283, 286f., 289
Albrun 48, 89
Alemannen 86, 101, 105, 112ff., 116ff., 123, 125, 130ff., 135, 157, 162
Alemannien 131
Alesia 49
Alexander VI., Papst 335
Alexandrien 100
Algeciras, Vertrag 707
Algerien 540, 946
Allobroger 49, 53, 57f., 91
Alpen 24, 26f., 42ff., 47f., 53ff., 59. ff., 83, 87, 89f., 93f., 97, 111ff., 116, 121, 126, 129ff., 143f., 147ff., 152ff., 162, 164, 166, 170, 189f., 215, 219ff., 224ff., 230f., 237ff., 241, 246, 248, 253, 257f., 276, 278f., 286, 311, 315, 340ff., 346f., 349, 359, 362, 367, 369, 376, 391, 416, 432, 436, 453, 456f., 468, 507, 540, 553, 557, 577, 663f., 696, 715, 720, 756, 798, 880, 896
Alpes Graiae et Poeninae 64, 89, 95, 103
Alpnachersee 179
Alt de Tieffenthal, François-Joseph-Nicolas d' 15
Altdorf 377, 405
Altreu 203
Altstätten 273
Alzay, Schlacht 207
Amadeus V. von Savoyen 190
Amadeus VII. von Savoyen 195
Amadeus VIII. von Savoyen 304
Amadeus IX. von Savoyen 304
Ambrosianische Täler siehe auch Blenio, Leventina, Riviera 124, 143, 164, 196f.
Amerbach, Basilius 428
– Bonifazius 407
Amerika siehe auch Lateinamerika, Südamerika, Vereinigte Staaten von Amerika 450f., 464, 539, 712, 721
Amiel, Henri-Frédéric 615, 726
Ammann, Hektor 216, 300
Ammianus Marcellinus 101
Amoros, François 577
Amstalden, Peter 313
Amsterdam 379
Anatolien 36, 46
Andalusien 227
Angera 129
Anjou, Dynastie 329
Anker, Albert 727, 906
Anna von Bretagne 316
Annecy, Diözese 599
Annunzio, Gabriele d' 785
Ansermet, Ernest 902
Antigorio 254, 340
Antoine, Nicolas 409
Antwerpen 297, 319, 326, 376f.
Aosta 61, 64
– tal 42, 61f., 129, 139
Apollo 38, 96f.
Appenzell 226, 228, 232, 238, 240f., 261ff., 270, 272, 282, 285, 292, 315, 320, 360, 385ff., 400, 406, 418, 424, 428ff., 438, 451, 479, 519, 548, 580, 599
– Außerrhoden 406, 428, 536, 618, 642, 666, 719, 772, 918

– Innerrhoden 392, 406, 428, 487, 535, 618, 642, 666, 672, 719, 772, 918
Aquae Helveticae siehe Baden
– Sextiae siehe Aix-en-Provence
Aquileja
– Konzil 98
– Patriarchat 123, 145
Aragon, Dynastie 231, 306, 309, 336,
Arbedo, Schlacht 269, 340
Arbon 113, 125, 232
Arconciel 222
Arezzo 86
Argentinien 721
Ariovist 57, 59
Aristoteles 412
Arlberg 263, 281
Arlettaz, Gérald 617, 619
Armagnaken 280, 283, 286f.
Ärmelkanal 42, 296
Arona 330, 333, 345f.
– Vertrag 333, 353
Artemis 47
Artio 96
Artois 316
Arverner 53
Ascona 415
Asien siehe auch Kleinasien 553, 665, 721, 827, 952
Asper, Hans 415
Asti 330f.
Atlantik 319, 325, 360
Attinger, Victor 18
Attinghausen, Geschlecht 153, 181, 194f., 210
– Johann von 257
Aubert, Jean-François 22, 608
Aubigné, Agrippa d' 414
Aubonne 59
Augsburg 90, 95, 225, 227, 279, 282, 318f., 360, 376
Augst 60, 63, 65, 74ff., 81ff., 86, 90ff., 95, 101, 104, 113, 116, 123
Augustus, röm. Kaiser 60ff., 65f., 68f., 87, 92
Australien 721
Austrasien 130
Autun 49, 81
Auvernier 30, 37
Avenches 49, 68f., 72ff., 90ff., 94f., 97, 100f., 116, 123, 168
Aventia 96
Aventicum siehe Avenches
Avignon 231, 276
Axima (Forum Claudii Ceutronum) siehe Aime
Azincourt, Schlacht 242

B

Baar 259, 421
Bacchus siehe auch Dionysos 100
Bächler, Emil 26
Baden 65, 69, 83, 86, 174, 227, 253f., 278f., 341, 386f., 409, 468, 477, 554, 687, 786
– Artikel 600, 625f.
– Disputation 418
– Verkommnisse 334
Baden (D) 174, 552, 654
– Dynastie 379
Baedeker, Carl 556
Bagdad, Bahn 714
Bainville, Jacques 316
Bairoch, Paul 712
Baissey, Antoine de 330
Bajuwaren 117
Balbani, César 373
Balerna 126, 340
Balkan 707, 762
Balsthal 436
Baltikum 42
Barbeyrac, Jean 499
Barcelona 230f., 302, 319, 464
Barmann, Joseph-Hyacinthe 616
Barnave, Antoine de 534
Barth, Karl 759ff., 909
Basel 51, 55, 59f., 102, 120, 123, 133, 142, 148, 150f., 154, 165, 167, 204, 207f., 215, 222ff., 228ff., 233ff., 248, 253f., 256, 262, 278, 280, 282f., 288, 292, 297f., 300ff., 306f., 315, 319, 321, 325f., 345, 349, 358ff., 367f., 371, 373f., 376f., 379ff., 385f., 392, 394, 396ff., 400ff., 406, 408f., 411ff., 420f.,423f., 427f., 431, 437f., 462, 464, 469, 477, 484f., 489f., 506, 513f., 519, 529, 538, 545, 547f., 553ff., 558f., 561, 566, 575, 579, 582, 595, 597ff., 606, 621, 659, 661f., 685, 695, 713, 715, 719, 722, 727, 769, 774, 784, 791, 798, 858, 896f., 909, 940
– Bistum
  – geistl. Herrsch. (Diözese) 123, 125, 145, 599, 673, 677
  – weltl. Herrsch. (Fürstbistum) 134, 142, 204, 208, 279, 309, 375, 385, 394, 400, 410, 423, 427f., 436f., 463, 481, 490, 497, 511, 513, 594, 596, 932
– Frieden (1499) 324, 326, 385
– Geltenzunft 416
– Konzil 229, 281
– Kunstmesse «Art» 904
– Mission 584
– Münsterhügel 49f., 63, 104
– Spießhof 416
– Universität 401, 411f., 414, 499
Basel-Landschaft 536f., 560, 598ff., 615, 618, 625, 667f., 687, 702, 719, 772, 932f.
Basel-Stadt 535f., 538, 540f., 579, 598f., 619, 625, 642, 650, 666, 702, 719, 811, 932f.
Baume-Montrevel, Geschlecht 304
Baumgartner, Gallus Jakob 600, 625
Bayern 61, 223, 235, 264, 457, 551, 808
Bäzberg 138
Beccaria, Giovanni 424
Beckenried 259
Becker, August 589
– Johann Philipp 680
Béguelin, Roland 934
Belenus 96
Belger 57
Belgien 527, 535, 550, 710, 712, 764, 907
Belley 139
Bellinzona 129, 138, 143, 197, 257, 266ff., 293, 326, 329f., 332f., 340, 346, 350, 375f.
Bellinzonese 143
Belmont, Geschlecht 198
Berchem, Denis van 42, 63, 72, 84
Bergamo 48
Bergier, Jean-François 22, 221, 223, 299, 358, 371
Berlin 699, 791, 808, 940
– Kongreß 699
Bern 16, 20, 44, 122, 137, 141, 148, 151, 154, 166ff., 172, 184f., 188f., 195, 201ff., 208, 210, 215f., 222, 226ff., 231, 233ff., 242, 248f., 251ff., 256, 265, 268f., 279f., 282, 285ff., 292, 295, 297f., 300ff., 308, 310, 312ff., 325ff., 334f., 337, 345ff., 349, 351f., 358ff., 368ff., 373f., 381, 385, 388f., 392, 394f., 397, 399ff., 403, 406, 408, 413ff., 417ff., 436f., 447, 452, 455, 457ff., 465, 470, 472, 474, 476ff., 488ff., 494, 497, 502, 506, 511, 515, 519f., 529, 538, 541, 546, 553, 555, 559, 561, 569f., 577, 579, 583, 589, 595ff., 599f., 611, 615, 619, 624, 627, 642, 648, 652, 662, 667f., 673, 683ff., 687, 699, 702, 706, 719, 751, 756, 772, 775, 778, 784, 808, 812, 858, 882, 926, 932, 934, 936, 939, 952
– Disputation 408
– Engehalbinsel 49ff., 78, 83, 86
– Hohe Schule 401
– Marzili 577
– Oberland 68, 169, 185, 208, 218, 220, 254, 268, 282, 304, 367, 370, 418, 420, 515, 787, 856
Bernhard von Sachsen-Weimar 436
Bernoulli, Geschlecht 506
– Christoph 589
Berset, Jean-Joseph 555
Bertha, Königin von Hochburgund 133
Berthier, Alexandre 595
Berthold II. von Zähringen 136
Berthold V. von Zähringen 139
Bertrand, Elie 15
Besançon 68
– Erzbistum 145, 599
Bex 375, 457, 506, 578
Beza, Theodor 401, 412
Beznau 855
Biasca 126, 267, 332f.
Biberlikopf 63
Bibra, Hans Sigismund von 790
Bibracte 49
– Schlacht 56ff.
Bickel, Wilhelm 358f.
Biel 168, 223, 345, 385, 400, 420, 428, 438, 481, 590, 596, 662, 778, 934
– See 37, 42, 44, 113, 304, 369
Bigorio 406
Bill, Max 902
Bipp 204
Birs 323
– tal 406
Bischofszell 232
Bismarck, Otto von 665, 669ff., 693, 698f., 705

Bittmann, Karl 300, 308
Bivio 200
Blamont 394
Blanc, Louis 589
Blankenburg, Schloss 20
Blarer von Wartensee, Jakob Christoph 375, 406, 427f.
Blenio, Tal 124, 143, 161, 196f., 266f., 269, 331
Bleuler, Eugen 725
Bloch, Ernst 750
– Marc 544
Bludenz 247
Blum, Léon 792
– Roger 598
Blumer, Johann Jakob 725
Bodensee 55, 58ff., 63ff., 68, 83, 90, 102, 112, 123, 135, 170ff., 180, 182, 232, 247, 263, 273, 321f., 359, 376, 437, 546, 662, 858
Bodmer, Hans Georg 723
– Escher zur Arch, Heinrich 571
– Johann Jakob 15, 506
– Walter 22, 658
Böhmen 46f., 224, 402
Boier 57
Bologna 197
Boltigen 370
Bona von Savoyen 328f.
Bonald, Louis de 531
Bonaparte
– Napoleon I. 512, 519ff., 527ff., 538, 593ff., 597, 599ff., 608, 610f., 614
– Louis Napoleon (III.) 531, 604, 654f., 693
Bonhomini, Giovanni Francesco 404
Böni, Hans 664
Bonjour, Edgar 19, 21, 697, 797
Bonn 65
Bonstetten, Albrecht von 13
– Hermann von 261
Bordeaux 57. 464
Borel, Eugène 706
Bormio 340, 350, 358, 385, 434
Bornholm 114
Borromeo, Carlo 404f.
Borromini, Francesco 417
Boscéaz 84
Boßhardt, Alfred 710
Boßhart, Jakob 753
Bourbonen, Dynastie 531
Bourguet, Louis 15
Bouvier, Jean 694
Bovet, Felix 613
Bözberg 90
Brabant 230, 233
Brahms, Johannes 727
Bramois 616
Brandenberger, Jakob Erwin 723
Brandenburg 451
Brasilien 540, 721
Bregenz 264, 273
Breisach, Frieden 283
Breisgau 248, 279, 287, 301, 307
Breithorn 577
Bremen 697
Bremgarten (AG) 421f.
Brenner 63, 129, 143, 163, 171, 376, 663
– Friedrich 578
Brennwald, Heinrich 13
Brescia 48
Bresse 352
Bretagne 305
Bretton Woods, Abkommen 808, 827, 844, 947, 951
Briançonnais 164
Bridel, Philippe 590
– Philippe Sirice 505
Brienz 185, 537
Brig 377, 391, 697
Brion, Marcel 713
Brissago 482
– Santa Maria del Ponte 416
Britannien siehe England
Brixen, Bistum 291
Brousse, Paul 699
Brown, Charles 723
– Charles jun. 723
Broye 352
– tal 221, 662
Bruderholz, Schlacht 321
Brügge 227, 297, 310
Brun, Rudolf 171, 180f., 185, 201
Brünig 170, 260
Brunner, Emil 761
Bubenberg, Adrian von 228, 310, 329
Buchez, Philippe 589
Buchser, Frank 727
Buchsgau 252
Bühler, Anna Marie 607
Bullinger, Heinrich 14, 401f.
Bundesrepublik Deutschland 835, 901, 923, 929, 940
Burchard I. von Schwaben 133, 135
Burckhardt, Jacob 725, 753
Büren 203, 248
Burgdorf 137, 204, 223
Burgenrain 45f.
Burgund 36, 200, 233, 368f., 458
– Arelat 136
– Dynastie 133, 135, 229f., 279, 294, 298, 302, 304ff., 315, 330
– Freigrafschaft 297f., 309, 311f., 315f., 330, 338, 457, 473, 479, 530, 594
– Herzogtum 305, 310f., 313, 316, 342
– Hochburgund 128, 132ff., 139f.
– Kleinburgund 137, 168f., 252
– Königreich 140
– Landgrafschaft 170
– merowingisches Teilreich 130
Burgunder 105, 113ff., 120, 123
– reich 114ff., 130
Bürkli, Karl 669
Burlamaqui, Jean-Jacques 499
Büron 580
Byzantiner 129

C

A. Caecina Alienus 69
Caesar siehe C. Iulius Caesar
Cagliostro, Alexander 494
Calame, Alexandre 591, 727
Calven 322
Calvin, Johannes 379, 401, 408, 412
Cambrai
– Frieden 351
– Liga 334ff., 338
Cameron, Rondo 661
Campoformio, Frieden 513
Capra, Fritjof 958
Caracalla, röm. Kaiser 103
Cardis, François 656
Carlotta von Savoyen 304
Carlyle, Thomas 587
Carmagnola, Francesco 269
Carolina, Kolonie 451
Cartwright, Edmund 547
Casaccio, Hospiz 161
L. Cassius Longinus 54
Castaneda 48
Castellio, Sebastian 409
Castelseprio 129
Castiglione, Schlacht 294
Castro 130
Cateau-Cambrésis, Frieden 426
Cavour, Camillo 655
Celtillos 52
Centovalli 269
Céresole, Paul 671
Chablais 139, 298, 352, 358, 406, 427, 655
Chaillet, Henri-David 15
Chalon, Geschlecht 304, 310
Châlons-Arlay, Geschlecht 174
Châlons-sur-Marne 128
Chambéry 347
– Diözese 599
– Hof 304
Chamblandes 32
Chamonix 140
Champagne 44, 46, 192, 224f., 298
– Messen 150, 221, 225f., 297
Chappaz, Maurice 901
Charmey 221, 581
Château Bard 129
– d'Œx 252, 423
Chateaubriand, François-René de 615
Châtel-sur-Montsalvens 222
Châtillon-sur-Glâne 42, 45
– sur-Seine 39, 42
Chaudet, Paul 940
Che Guevara, Ernesto 894
Chenaux, Pierre-Nicolas 491
Cherbuliez, Antoine Elisée 570, 601, 612ff., 623, 666
Chessex, Jacques 901
Chiasso 339f., 695, 845
Chiavenna 129, 133, 135, 230f., 340, 350, 358, 375f., 385, 434
Chillon, Schloß 140
China, Volksrepublik 827, 946, 951
Christophorus, Hl. 122
Chuard, Ernest 777
Chur 63, 65, 90, 98, 199, 231, 271, 276, 278, 282, 284, 320f., 376, 378, 408, 434, 607
– Bistum
  – geistl. Herrsch. (Diözese) 123, 130, 145 599

– weltl. Herrsch. 143, 150, 152, 198 f., 239, 272, 321
Churwalden 256, 320
Cicero siehe M. Tullius Cicero
Claparède, Edouard 725
Claudius, röm. Kaiser 64, 69, 81, 90, 95
Claudius Cossus 69
Clias, Phokion Heinrich 577
Clottu, Gaston 909
Colonia Augusta Praetoria siehe Aosta
– Augusta Raurica siehe Augst
– Augusta Vindelicum siehe Augsburg
– Julia Equestris siehe Nyon
– Julia Vienna siehe Vienne
Columban, Hl. 125
Commugny 84
Como 48, 55, 91, 188, 196 f., 230, 257, 268, 270, 300
– Bistum
– geistl. Herrsch. (Diözese) 123, 143, 145, 599
– weltl. Herrsch. 133, 143
– Frieden 197
Condate siehe Saint-Claude
Conradi, Moritz 791
Considérant, Victor 589
Constant, Benjamin 589, 616, 618
Conthey 195, 311, 327, 579 f.
Corbières 222, 394
Córdoba 227
Cornaux-Les-Sauges 44
P. Cornelius Tacitus 68 f.
Corvaia, Joseph 559
Cotencher 26
Cotta, Heinrich 562
Coullery, Pierre 589, 680
Courrendlin 375
Couvet 578
Cramer-Frey, Conrad 679
Crécy, Schlacht 242
Cremona 340, 342
Crud, Elie Victor Benjamin 543
Curti, Theodor 618, 688
Custozza, Schlacht 654
Cysat, Renward 368

D

Daguet, Alexandre 17
Dahrendorf, Ralf 958
Dändliker, Karl 19 f.
Daneau, Lambert 412
Dänemark 306, 948
Dangstetten 63
Dante Alighieri 412
Dappental 594, 655
Dauphiné 162 f.
Davel, Jean Abraham Daniel 491 f., 510
Davos 256, 320, 578, 790
Decurtins, Caspar 726
Dekumatenland 67, 114, 117
Delphi 38
Delsberg 373, 936
Den Haag
– Internationaler Gerichtshof 736, 738, 945 f.
– Konferenzen und Konventionen (1899/1907) 707
Deucher, Adolf 688
Deutsche Demokratische Republik 946
Deutscher Bund 535
Deutsches Reich (ab 1871) 693, 695, 698, 705
Deutschland siehe auch Bundesrepublik Deutschland, Deutsche Demokratische Republik, Deutscher Bund, Deutsches Reich, Norddeutscher Bund 25, 32, 48, 117, 221, 223 ff., 229 ff., 233 f., 242, 249, 253, 260, 262, 264, 280 f., 285, 297, 307, 316, 318, 326, 332, 354, 360 f., 368, 374, 379 ff., 415, 438, 451, 456 f., 464, 468, 506, 539, 550 f., 553, 558, 561 f., 589 f., 649, 656, 662, 665, 670, 681, 685, 687, 692 ff., 706 f., 709 f., 714, 727, 733 ff., 737 f., 744 f., 750, 755, 759, 762, 764, 770, 780, 784, 788 ff., 797 f., 801 f., 804, 807 f., 812, 888, 939, 945
Diana siehe Artemis
Diday, François 591
Dierauer, Johannes 19 f.
Diesbach, Niklaus von (Clewi Goldschmied) 236
– Niklaus von, Kammerherr Ludwigs XI. 302, 305, 308 ff.
Dießenhofen 246, 292 f., 411
Dijon 343, 345, 558
– Vertrag 343, 345
Dillingen 501
Diodati, Charles 373
Diokletian, röm. Kaiser 95, 101 ff.
Dionysos 98
Disentis 121
– Abtei 131, 143, 198, 434
Divico 54
Divonne 409
Döffingen, Schlacht 207, 247
Domitian, röm. Kaiser 94
Domodossola 340, 345 f., 350, 375, 697
Donat von Toggenburg 255 f.
Donau 28, 42, 45 f., 54, 61 f., 64 f., 227
Dordrecht, Synode 414
Dornach, Schlacht 16, 323
Doubs, frz. Departement 594
Drachenloch 26
Drance 358
Droz, Numa 678, 697, 699, 706
Druey, Henri 604, 641
Drusus, Bruder des Kaisers Tiberius 63
Dübi, Ernst 794
Dubs, Jakob 669, 671
Duchcov (Dux) 47
Dufour, Guillaume-Henri 592, 629 f.
Dumézil, George 52
Dunant, Henri 656, 707
Durance 116
Dürr, Emil 246, 302, 347
Dürrenmatt, Friedrich 901
– Peter 21
Durrer, Johann 721
Duttweiler, Gottlieb 787, 917

E

Eberhard III. von Württemberg 247
Eburodunum siehe Yverdon
Echallens 304, 310, 570
Eck, Johann 403
Ecône 910
Edlibach, Gerold 13
Eduard IV., engl. König 305, 309
Eduard von Savoyen-Achaia 194
Egloff, Michel 32 f.
Egolzwil 28, 30
Einsiedeln 121, 181, 399, 411, 615
– Abtei 135, 175, 220, 404
Einstein, Albert 723
Elba 593
Elbe 65
Elisabeth, Gemahlin Kaiser Franz Josephs 705
Elisabeth von Matsch 273 ff.
Elsaß 55, 59, 117, 141 f., 170, 174, 200, 203 f., 206, 235, 247 f., 279, 301 ff., 305 ff., 309, 312, 368 f., 417, 431, 438, 456 ff., 473, 477, 558
Embrach 250
Emme 136, 544
Emmental 398, 408, 478, 488, 490
Ems 607
Engadin 143, 320, 434, 451
Engelberg, Abtei 162, 220, 261, 385
England 42, 46, 48, 64, 72, 90, 221, 223 f., 229 f., 233, 242, 279, 283, 296, 305 f., 309, 312, 339, 463 ff., 521 f., 535, 546, 550, 553, 556 f., 561, 571 f., 630, 654, 665, 681, 683, 687, 699, 705, 709 f., 712, 714, 732, 762, 801, 940, 948
Ensisheim, Frieden 280
Entlebuch 206, 260 f., 313, 366, 375, 398, 478, 490, 580
Entremont 139
Erasmus von Rotterdam 399, 407, 412, 414
Erlach 248, 304
Ernst II. von Schwaben 135
Erstfeld 44, 147
Eschental 257, 268 f., 327, 329
Eschenz 83, 102
Escher, Alfred 662, 667 ff., 682, 688, 695 f.
Estavayer 223, 352
Etichonen 130, 141
Etrurien 45
Etrusker 47
Etsch 206, 322
Etter, Philipp 758 f., 788, 795, 803, 807
Etterlin, Petermann 13
Etzelpaß 265
Eucherius, Bischof von Lyon 98
Evian 946

F

Faesi, Robert 754
Farel, Guillaume 400 f.
Farnsburg 287
Fäsi, Johann Konrad 15
Fatio, Pierre 486

Faucigny 191, 655
Favon, Georges 688
Favre, Adhemar 192
– Louis 696
Fay, Bernard 588
Feer-Herzog, Carl 688
Feldkirch 203, 273 f.
Felix und Regula 128
Fellenberg, Philipp Emanuel von 543, 585, 605
Feller, Richard 20 f.
Ferdinand I., dt. Kaiser 379, 420
Ferdinand II., König von Aragon 333, 341 ff., 345, 349
Ferner Osten 665, 697
Fernpaß 64
Ferrara 339
– Alfons von 339
Ficino, Marsiglio 412
Filzbach 63
Fininger, Geschlecht 430
Finnland 890
Finsteraarhorn 577
Fischer, Geschlecht (BE) 459
Fiume 336
Flamen 221, 223, 226, 229 f., 232 f.
Flandern 223 ff., 233, 319, 424
Flavier 72
Flavius Sabinus 72, 74
Florenz 222, 224 f., 270, 345
Flüelen 138, 257
Flums 275
Fontana, Domenico 417
Forel, Alexis 573
– Auguste 725
Forrer, Ludwig 701
Forum Tiberii 68
Fourier, Charles 589
Fourieristen 540
Franco, Francisco 737, 790
Franken 281
– Stamm 113, 115 ff., 123, 125 f., 129 ff., 143,
Frankfurt a. M. 230, 464, 558
– Frieden 685, 694
– Messen 376, 412
Frankreich 22, 27 32, 38 f., 53, 134, 150, 221, 223, 225, 229 f., 235, 240, 242, 279 f., 283, 287, 296, 298, 304 ff., 308 f., 311, 320, 327, 329 ff., 334 ff., 344 f., 347, 349 ff., 358, 360, 363, 371, 374, 379 ff., 418, 424, 426 f., 429 ff., 433 ff., 437, 456, 462 ff., 473 ff., 479, 482, 486, 506, 511 ff., 517 ff., 527, 529 ff., 535, 538 ff., 550, 552 f., 561 f., 572, 589 f., 593 f., 601, 607, 612, 622, 628, 630, 649, 655, 662 ff., 669 f., 674, 683, 685, 687, 692 ff., 697 ff., 705 f., 710 ff., 714, 735 f., 762, 764, 770 f., 779, 782, 786, 788, 792, 795, 797 f., 801, 803, 901, 907, 916, 946
Franscini, Stefano 569 f., 660, 726
Franz I., frz. König 337 f., 344 f., 347 ff., 351 f., 379
Frastanz, Schlacht 321
Frauenfeld 292, 322, 387
Freiamt, Freie Ämter 387, 406, 421 f., 477, 626
Freiberge 548
Freiburg i. Ue. 40, 137, 141, 148, 151, 154, 168 f., 189, 195, 203f., 208, 216 f., 221 f., 227, 232 ff., 242, 246, 248, 251, 254, 276, 287 ff., 297 ff., 301, 304, 310, 312 ff., 325, 331, 334, 337 ff., 345, 347, 349, 351 f., 359 f., 368, 370 ff., 385 f., 389, 392, 394 f., 400, 402 ff., 410, 413, 415, 418, 423, 426 ff., 470 f., 477, 485, 491, 519, 529 f., 531, 541, 546, 548, 555, 565, 569, 574, 589 f., 595, 604 ff., 612, 614, 619, 626 f., 629, 642, 651, 662, 667, 683 ff., 702, 719, 772, 782
– Diözese 599
– Frieden 350
– Universität 606, 685
Freud, Sigmund 893
Freudenberg 273, 292
Freudenberger, Uriel 16
Frey, Emil 688, 706
Fricktal 246, 292, 358, 375, 594
Friedrich I., Barbarossa, dt. Kaiser 136, 197
Friedrich II., dt. Kaiser 141, 149, 171
Friedrich III., dt. Kaiser 278 ff., 283, 302, 317
Friedrich der Schöne, dt. König 171, 174 f.
Friedrich IV. von Habsburg 251, 254, 256, 263, 273 f., 292,
Friedrich I., preuß. König 482
Friedrich V. von Steiermark siehe Friedrich III.
Friedrich V. von Toggenburg 273
Friedrich VII. von Toggenburg 226, 250 f., 255 f., 262, 265 f., 271 ff.,
Friedrich Wilhelm III., preuß. König 595
Friedrich Wilhelm IV., preuß. König 654
Frisch, Max 814, 901
Froburg, Dynastie 148
Frölicher, Hans 789, 808
Frutigtal 162
Fueter, Eduard 19 f., 22, 697
Fulach, Geschlecht 392
Funk, Walther 802
Furgler, Kurt 937
Furka 64, 89, 95, 195
Furrer, Jonas 641
Fürstenberg, Dynastie 379
Füßli, Johann Heinrich 15
– Johann Konrad 15

G

Gagliardi, Ernst 21, 653
Gaillard 358, 406, 427
Gais 428
Galba, röm. Kaiser 69
Galdinus, Bischof von Mailand 138
Gallarate, Vertrag 346 f., 350, 353
Gallia Aquitania 68
– Belgica 68, 89, 94
– Cisalpina 53
– Comata 59, 68
– Lugdunensis 68 f.
– Narbonensis 49, 53 f., 57 f., 94
Gallien 47, 53, 59 ff., 68 f., 74, 81, 84, 87, 90 f., 98, 101
– röm. Diözese 103
– röm. Präfektur 103
Gallienus, röm. Kaiser 101
Gallier 39, 43, 47 f., 51, 53, 59, 62
Gallo-Romanen 113 f.
– Römer 52, 112, 116
Gallus, Hl. 125
Ganymedes 84
Garonne 54
Gasser, Adolf 300, 308
Gaster 275, 284, 406, 420, 422, 425 f.
– Windegg 250 f., 256, 273 f.
Gattiker, Jakob 583
Gaulle, Charles de 948
Geldern 306
Gelterkinden 598
Gemellianus 86
Genava 96
Genevois 140 f.
Genf 26, 49, 53, 55, 58, 76, 89 ff., 94, 98, 103 f., 110, 114, 141, 148, 166, 190 ff., 194, 216, 222 f., 225 ff., 229 ff., 235, 253 f., 276, 297 ff., 313, 319, 349, 352, 358 ff., 369 ff., 376 f., 379, 381 ff., 390 ff., 396, 400 ff., 408 ff., 412, 414 f., 424 ff., 430 f., 447, 459, 461 ff., 469, 472 f., 481 f., 485 f., 499, 502, 511, 519, 531, 538, 540 f., 547 f., 550, 555, 558 f., 578 ff., 585, 589, 592 ff., 599, 642, 650, 655, 659, 662, 667, 673, 680, 683, 687, 695, 697, 702, 705, 713, 715, 719, 722, 736, 741, 747, 751, 753, 778, 783, 785 f., 795, 811, 916, 918, 919
– Bistum
  – geistl. Herrsch. (Diözese) 123, 145, 359, 599
  – weltl. Herrsch. 140 f., 190 ff., 352, 400
– Château de l'Ile 190 f.
– Cointrin 858
– Dynastie 137, 140 f., 190 ff.
– Hohe Schule 401
– Kathedrale St. Pierre 123
– Konferenz und Abkommen (1949) 945
– Konferenz (1954) 946
– Konvention (1864) 655
– Messen 150, 190, 226, 230, 253, 266, 297 ff., 376
– See 32, 42, 45, 53, 55, 57, 59, 77, 90, 94, 97, 114, 120, 123 f., 131, 140, 216, 253, 268, 304, 337, 359, 426, 430, 460, 549, 556, 616, 662
– Vertrag (1515) 349
Genolier 124
Gent 303
Genua 130, 222, 224 f., 227, 230 ff., 334, 344, 351, 376, 464, 695, 697
Georg von Wittelsbach 320
Georg Friedrich von Baden-Durlach 433, 436
Germanen 54, 57 ff.
Germania Inferior 65, 89, 94
– Superior 65, 68, 89, 94
Germanien 62, 65 f.
Gerolden, Geschlecht 140
Gersau 385, 482
Gessler, Geschlecht 250

Gessner, Conrad 411
Ghibellinen, Dynastie 143
Gibbon, Edward 100
Gibraltar 227
Gilliard, Charles 21, 587, 617
Giornico, Schlacht 329, 346
Giovio, Paolo 412
Girard, Grégoire 585, 725
Gitermann, Valentin 20
Giubiasco 48
Glâne 352
– tal 221
Glanzenberg 149
Glarus 55, 63, 121, 141, 162, 182ff., 201, 208, 246, 260, 274ff., 279, 284f., 291, 346f., 359, 385, 400, 406, 417f., 424ff., 428f., 477, 479f., 495, 519, 537, 540, 547f., 553, 572, 615, 618, 642, 666, 676, 702, 714, 719, 772, 926
Glatt 227
Glutz von Blotzheim, Robert 17
Godefroy, Jacques 414
Godet, Marcel 18
Goldau 583
Gomringer, Eugen 902
Goms 121, 138, 153, 160, 181, 195
Gonzen 375
Gonzenbach, Victorine de 84
Göring, Hermann 804
Göschenen 147
Gösgen 855
Gotaweg, Joseph 573
Gotthard 44, 109, 131, 138, 141f., 144, 150, 153f., 156, 162, 164f., 171, 174f., 178f., 183, 189, 196f., 200, 209f., 225f., 230f., 238, 248, 256, 265ff., 269ff., 285, 293, 313, 326, 328, 330, 332, 337, 345, 369, 375ff., 387, 553, 664, 675, 685, 694ff., 706, 945
– Hl. 138, 144
Gotthelf, Jeremias 591, 725, 754, 758f., 901
Göttingen 501, 506
Graber, Paul 765
Grächen 411
Grächwil 40, 42
Graf, Urs 415
Grandson 304, 310
– Schlacht 312, 319, 322
Grasser, Johann 14
Graubünden 47, 55, 95, 120f., 143, 152f., 161, 181, 198ff., 211, 216, 226, 230, 239, 251, 262, 272, 320ff., 329, 340, 375, 385, 421, 434f., 451, 453, 474, 481, 511, 519, 529, 536, 540, 566, 599, 618, 642, 650, 666, 684f., 719, 722, 772, 926
Grebel, Conrad 407
Gregor XIII., Papst 405
Gregor XVI., Papst 584
Grenoble 139
Greulich, Herman 680, 683
Greyerz 220ff., 238f., 251f., 394, 423ff., 491
– Dynastie (FR) 242, 394
– Hans von 21, 792
– Michael von, Graf 423
– Otto von 753
– Rudolf IV. von 252
Griechen 43, 79
Griechenland 36, 38, 45, 53, 87, 98, 527, 725
– Großgriechenland 40, 42
Griespaß 254
Grimm, Robert 20, 757, 764, 767f.
Grimsel 138, 254
Grinau, Burg 272, 275
Großbritannien siehe England
Gruner, Erich 22, 571, 649f., 659, 675, 678, 681, 688, 692
Grüningen 250, 277
Gruoba, Geschlecht 172
Gsteig 218
Guicciardini, Francesco 412
Guillaume, James 680
Guilliman, Franz 14
Guisan, Henri 797f., 804, 807, 812
Guise, Geschlecht 429f.
Guizot, Guillaume 668
Gustav II. Adolf, schwed. König 436
Gustloff, Wilhelm 789f.
Gutzwiller, Stefan 598
Gyger, Hans Conrad 411

H

Haab, Robert 777
Häberlin, Heinrich 770, 772, 788
Habsburg, Dynastie 13, 141, 144, 153f., 165f., 168ff., 177ff., 182f., 189, 192, 203, 209, 212, 226, 228f., 241, 246ff., 250, 252, 258, 260, 264, 266, 274, 278, 280, 282ff., 291f., 302, 306, 317f., 320, 322, 334, 336, 338, 340, 351, 435
– Laufenburg, Dynastie 171, 181
Hacha, Emil 791
Häduer 49
Haeberlin, Eduard 688
Hagenbach, Peter von 303, 306
Hallau 408
Haller, Albrecht von 505f., 541
– Berthold 401
– Gottlieb Emanuel von 15f.
– Karl Ludwig von 531, 589, 603
Hamburg 376, 379, 697
Hannibal 43
Hans II. von Habsburg-Laufenburg 180
Hard, Schlacht 321
Hartmann IV. von Kyburg 141
Haslital 138, 141, 162, 188, 375
Hauenstein 142, 208, 254
Hauser, Albert 22
– Henri 342f.
– Walter 688
Heddo, Abt von Reichenau 131
Heers, Jacques 230
Hegau 286, 321
Heinrich I., dt. König 135
Heinrich III., dt. Kaiser 134
Heinrich VI., dt. Kaiser 137, 139
Heinrich (VII.), dt. König 153
Heinrich VI., engl. König 305
Heinrich VIII., engl. König 342, 344, 349
Heinrich II., frz. König 379, 424
Heinrich III., frz. König 429f.
Heinrich IV., frz. König 379, 430ff., 434
Heinrich von Fürstenberg 323
Heinrich von Navarra siehe Heinrich IV.
Heinrich II. von Orléans-Longueville 438
Helvetien 52, 59, 72, 74, 84, 94, 98, 104
Helvetier 14, 44, 49, 51f., 54ff., 63, 68f., 72ff., 81, 83, 92ff., 97
Hemmerli, Felix 281
Henneburg 45f.
Herakles 43
Herbst, Hans 415
Héricourt, Schlacht 310
Hermann II. von Schwaben 135
Heß, Johann Jakob 590, 601
Heudorf, Bilgri von 306
Heusler, Andreas 19
Hilarius, Hl. 125
Hilty, Carl 529, 706, 725
Hirzel, Johann Konrad 452
– Peter 373
His, Eduard 19
Hitler, Adolf 788, 790f., 889f., 910
Hochdorf 40
Ho Chi Minh 894
Hodler, Ferdinand 727, 751, 753
Hofer, Josua 481
– Polo 906
Hoffmann, Arthur 764
Hofmann, Samuel 415
Hofwil 543
Hohenstaufen, Dynastie 136, 141, 143, 165f., 170f., 196
Hohler, Franz 906
Holbein, Hans d. J. 414f.
Holland siehe auch Niederlande 374, 376, 402, 456, 464, 492, 712
Honorius, röm. Kaiser 105
Hottinger, Johann Heinrich 414
– Johann Jakob 17
Huber, Eugen 19, 725
– Max 737f.
Hugo, Victor 541
Humbertiner 139
Humbert Weißhand 135
Hundwil 261
Hunnen 114
Hurden 277
Hussiten 281
Huttwil 135

I

Iberische Halbinsel 535
Ilg, Konrad 794
Illens 304
Illyrien, Italien und Afrika, röm. Präfektur 103
Imboden, Max 892
Imperium Romanum siehe Römisches Reich
Indochina 892, 946
Ingenuus, Usurpator 101
Inglin, Meinrad 761
Ingres, Dominique 570

Innsbruck 435
– Ausgleich 320
– Hof 321, 332
Ins 906
Insubrer 55, 58
Interlaken 220, 557
Iran siehe Persien
Irgenhausen 102
Isaac, Bischof von Genf 98
Iselin, Johann Rudolf 15
Isenring, Johann Baptist 592
Isèretal 95
Isis 98
Isola Comacina 129
Isone 333
Israel 890
Italien32f., 36, 38, 42, 44, 47f., 53f., 61f., 64, 82, 85, 87, 90, 94, 97, 112, 130f., 133ff., 140, 143, 150, 159f., 185, 190, 197, 221, 223, 225f., 229, 233, 253, 257, 260, 262, 269, 294, 297f., 308, 310, 316, 326ff., 331, 333, 335ff., 340ff., 349, 351, 353, 358, 360, 369, 374ff., 405, 408, 451, 456f., 461, 464, 496, 513, 535, 539f., 552, 654, 656, 663ff., 692, 694ff., 705f., 714, 725f., 736f., 779, 784, 789, 791, 845, 881, 943, 953
– röm. Diözese 103
Ittingen, Karthause 418
C. Iulius Caesar 49, 51ff., 55ff., 64, 68, 73, 75, 91, 96
– Vindex 69
Izzeli, Geschlecht 172

J

Jackson, Andrew 668
Jacob, Berthold 790
Jacquard, Joseph-Marie 547
Jacquart, Jean 344, 348, 350
Jahn, Friedrich Ludwig 577
Jakob von Romont 304, 310
Japan 848
Jenatsch, Jürg 435
Johanna die Wahnsinnige, Königin von Kastilien 336
Johannes Paul II., Papst 911
Jolanda, Regentin von Savoyen 304, 310
Joseph II., dt. Kaiser 474
Jost, Hildebrand 433
Jougne 174, 224, 304, 310
– Col de 84, 90
Jud, Leo 423
Jugoslawien 61
Julierpaß 48, 64, 90, 553
Julius II., Papst 335ff., 341f.,
Jungfrau 577
Juno 75
Jupiter 75, 84, 96f.
– Poeninus 94, 97
Jura 36, 39, 44, 55, 57, 59f., 68, 83, 90, 94, 97, 113, 120f., 123, 125, 130f., 133f., 142, 148, 154, 166, 169, 204, 208, 215f., 218, 229, 246, 248, 298, 310f., 338, 342, 374ff., 385, 457, 464, 547f., 569, 590, 594ff., 602f., 662f., 673, 685, 694, 901, 907, 932ff., 936
– Kanton 596, 932ff., 936
Jussy 222
Justinger, Konrad 176
Justinianus, Bischof der Rauraker 98
Jütland 53

K

Kaiser, Simon 688
Kaiseraugst 98, 101, 104f., 113, 124, 855, 897
Kaiserstuhl 246, 293
Kanada 721
Kappel 421
– Landfrieden, erster 421
– Landfrieden, zweiter 400, 406, 422, 424f., 476
Karl IV., dt. Kaiser 171, 185, 192, 199ff.
Karl V., dt. Kaiser 336f., 340, 342, 344, 351
Karl VII., frz. König 279, 296, 348
Karl VIII., frz. König 316, 320, 327, 329ff., 333
Karl X., frz. König 539
Karl der Kühne, Herzog von Burgund 254, 298ff., 316f., 319, 326, 328, 336
Karl III. von Savoyen 349, 351f.
Karl Albert, König von Sardinien-Piemont 653
Karlsbad, Beschlüsse 603
Kärnten 203
Karolinger 127, 130f., 135, 143
Kasthofer, Albert 563
Katalonien 227, 230, 297
Kaupert, Johann Bernhard 606
Keel, Johann Joseph 677
Kellenberger, Eduard 712
Keller, Gottfried 591, 725, 753f.
Kelten 38, 44, 46ff., 96
– Protokelten 38
Kendall, Paul Murray 301, 306
Kern, Johann Konrad 641, 693
Kesselring, Kilian 436
Keynes, John Maynard 783
Kienholz 185
Kiental, Konferenz 767
Kimbern 49, 53f.
Kinzigpaß 156
Kirchenstaat 336, 538
Klagenfurt 54
Klausenpaß 156
Kleinasien 38, 98, 224
Klettgau 286, 321, 368
Kloten 227, 250
Klöti, Emil 777
Kneschaurek, Francesco 657, 686
Knesebeck, Karl Friedrich von dem 595
Koblenz 556
Köcher, Otto Carl 808
Kocher, Theodor 724
Koechlin-Geigy, Alphons 688
Kolmar 297, 301, 307
Köln 230, 360
– Erzbistum 306
Kolumbien 737
Konrad, Dux in Transjuranien 132
Konrad von Freiburg i. Br. 251f.
Konrad von Zähringen 136
Konstantin, röm. Kaiser 98, 101ff.
Konstanz 170, 224f., 230ff., 247, 264, 307, 319, 321f., 325, 400, 419, 423f., 436, 555, 662
– Bistum
  – geistl. Herrsch. (Diözese) 123, 125, 132, 135, 145, 390, 403f., 417, 599
  – weltl. Herrsch. 279
– Frieden 266
– Konzil 229, 292
Kopp, Elisabeth 918
– Joseph Eutych 21
Korea siehe auch Nordkorea 835, 864, 940, 946f.
Krain 203
Krakau 227
Kreta 40, 46
Kriegstetten 549
Kropotkin, Peter 699
Kübler, Ferdi 812
Kunigunde von Toggenburg 250f.
Kunz, Heinrich 571f.
Küßnacht 615
Kybele 98
Kyburg
– Dynastie 141, 166, 168, 242, 246, 250
  – Neu-Kyburg 168f., 204f., 252
– Grafschaft 250f., 277f.

L

La Charité-sur-Loire 798
Lachat, Eugène 673
La Chaux-de-Fonds 765
Lachen 264
Lagoia, Giovanni Antonio de 415
Lago Maggiore 129, 138
Laharpe, Frédéric-César 601
Lancaster, Dynastie 305
Landenberg
– Burg 176f.
– Geschlecht 394
Landquart 273
Landwasser 273
Lange, Friedrich Albert 669
Langensee siehe Lago Maggiore
Langobarden 113, 123, 125, 129f., 143
– reich 131
Langres 68
Languedoc 227, 297
La Nicca, Richard 723
Lansel, Peider 726
Larche, Col de 338
Lascaux 27
La Soie, Schloß 190
Lasserre, David 314
Lateinamerika 721
La Tène 43f., 47
Latobici 55f.
La Trémouille, Louis de 343
Lattre de Tassigny, Jean-Joseph-Marie de 807
La Turbie 43, 62f.

Lauenen 218
Laufenburg 246, 292, 301, 436
Laufental 373, 385, 423, 936
Lauffer, Johann Jakob 14
Lauinen 164
Laupen, Schlacht 169f., 184, 242
Laur, Ernst 787
Lausanne 15, 32, 49, 83, 90, 104, 114, 123, 222, 225, 401, 413, 460, 471, 492, 499, 555, 579, 589, 604, 607, 761, 784, 862, 892, 901
– Bistum
 – geistl. Herrsch. (Diözese) 123, 145, 403f., 599
 – weltl. Herrsch. 134, 137, 140, 168, 252, 279, 403
– Disputation 400
– Hohe Schule 401
– Vertrag (1476) 317
– Vertrag (1564) 406, 426
– Vidy 76f., 82, 86
Lauterbrunnental 375
La Vallée (VD) 570
La Vallette, Adrien de 664
Lavater, Johann Kaspar 497
Lavey 578
Law, John 465
Le Clerc, Jean 414
Le Corbusier 755
Lect, Jacques 414
Lefebvre, Marcel 910f.
Leipzig 227, 464
– Messen 376
– Schlacht 527, 593
Lengnau 409
Lenin (Wladimir Iljitsch Uljanow) 767
Lenz 200
Lenzburg 78, 83, 227
– Geschlecht 136, 141, 143, 250
Leo X., Papst 342f., 345f., 349
Leopold I. von Habsburg 175
Leopold III. von Habsburg 203ff., 247
Leopold IV. von Habsburg 247
Lepontier 48, 55
Leresche, Jean-Louis-Benjamin 604f., 610
Leroux, Pierre 589
Le Roy Ladurie, Emmanuel 359
Leu, Johann Jakob 15, 18
Leuk 194, 432
Leventina 48, 124, 130, 138, 143, 156, 196f., 257f., 266ff., 293f., 326, 331, 491, 510
Leyden 412
Lhomme, Jean 716
Lichtensteig 232
Licinius, röm. Kaiser 98
Liechtenstein 263
Liestal 99, 598
Ligurien 223, 230
– röm. Provinz 103
Limmat 227, 408
Lindau 225
Lingonen 68
Linth 544, 566
– tal 63, 226, 251, 262, 265, 272f.
Linthal 425
List, Friedrich 551
Livorno 464
Locarnese 129, 143, 197
Locarno 126, 197, 257, 268, 293, 330, 333, 341, 350, 374, 387, 406, 424
Locher, Friedrich 669
Lochmann, Hans Heinrich 373
Lodi 294, 350
Loire 305
Lombardei 223f., 230, 234, 253f., 256f., 268, 276, 315, 326, 328ff., 337ff., 341f., 344, 347, 351, 685
London 222, 379, 555
– Vertrag (1474) 309
Lorenz, Jakob 782
Lothringen 44, 298, 310f., 376
– Dynastie 279
Louise von Savoyen 352
Louis-Philippe, frz. König 539
Lousonna siehe Lausanne
Loys de Bochat, Charles Guillaume de 16
Lucca 374
Ludovico il Moro siehe Sforza
Ludwig der Deutsche, dt. König 131f.
Ludwig II., dt. Kaiser 132
Ludwig IV. der Bayer, dt. Kaiser 169, 171, 174f.
Ludwig XI., frz. König 280, 296f., 300f., 304ff., 311,
Ludwig XII., frz. König 320, 324, 327, 329ff., 342ff., 348
Ludwig XIV., frz. König 473f.
Ludwig von Brandenburg, Markgraf 184
Ludwig von Orléans siehe Ludwig XII.
Ludwig I. von Savoyen 287ff.
Lüen 161
Lug 96
Lugano 293, 300, 330, 333, 339f., 350, 375, 387, 415f., 424, 487, 555, 919, 926
– Bistum (Diözese) 599, 677
– San Lorenzo 416
Luginbühl, Bernhard 904
Lugoves 96
Luini, Bernardino 415
Lukmanier 161, 664
Lumbrein 537
Luna 84
Lungern 544
Lure, Kloster 133
Lussy, Melchior 404f., 426
Luther, Martin 354, 399f., 402f., 412
Lüttich 233, 303
Luxeuil, Kloster 125
Luzern 15, 150, 154, 172, 174, 178ff., 182ff., 189, 196, 202, 205f., 208, 221, 226, 228, 235, 246, 252, 254, 257f., 269, 285, 310, 313f., 326f., 329ff., 334, 359f., 362f., 368, 370f., 375ff., 385, 388ff., 392ff., 402ff., 410, 415ff., 419, 421, 423, 425, 427, 472, 478, 480, 485, 489ff., 502, 506, 519, 529, 537, 555, 579, 581, 599f., 606f., 610, 618f., 621, 624ff., 629, 642, 662, 667, 683, 702, 719, 862, 906
– Frieden 277
– Kloster 131
– Ritterpalast 415
Luziensteig 321
Lyon 61, 116, 233, 297ff., 319, 361, 373f., 376, 379, 412, 424, 464
– Frieden 430
– Konzil 343
– Messen 297f., 376

M

Machiavelli, Niccolo 412, 414
Maderna, Carlo 417
Madrid 790
Magdalenenberg 39f., 46
Magdeburg, Bistum 128
Mageran, Michael 433
Maggiatal 268f., 341, 350, 387
Magglingen 812
Maglione, Luigi 759
Mähren 408
Maienfeld-Malans 256, 320f., 324
Mailand 48, 91, 133, 138, 177, 188, 196f., 224f., 230, 234, 254, 256ff., 266ff., 293f., 298, 304, 306, 310, 316f., 324, 327ff., 336f., 339ff., 349, 351, 376f., 429, 434f., 457
– Collegium helveticum 405, 496
– Erzbistum
 geistl. Herrsch. 123f., 130, 138, 143, 145, 599
 – weltl. Herrsch. 143f., 164, 196f., 293f., 326
– Frieden (1426) 270
– Toleranzedikt 98
– Vertrag (1855) 654
Main 54, 117
Mainz 65, 94
– Erzbistum 145, 599
Mallet, Paul-Henri 17
Malmaison, Verfassung 611
Maloja 48, 64, 90, 111, 553
Malthus, Thomas Robert 452
Manching 48
Männedorf 250
Manuel, Niklaus 415
Manz, Felix 407f.
Marc Aurel, röm. Kaiser 79, 97
March 181, 184, 202, 256, 264, 272ff., 615
Margarethe von Österreich 316, 343
Maria von Burgund 302
Marignano, Schlacht 338, 347ff., 353
C. Marius 54
Marius, Bischof von Avenches 123f.
Marokko 87, 707
Marot, Clément 412
Marr, Wilhelm 589
Mars 84, 96f.
– Caturix 96
Marseille 42, 53, 227, 233, 464, 697
Marti, Kurt 903
Martigny 47, 55, 61, 64f., 74, 76ff., 82f., 88, 93, 96, 99, 123, 311
Martin, Frank 902
– Hl. 125f.
– William 21, 594
Marx, Karl 592
Masera-Crevola, Schlacht 329
Massilia siehe Marseille

Massongex 89, 93, 97
Matile, Georges-Auguste 218
Matres 96
Maurienne 139, 164
Mauritius, Hl. 124, 128
Maurras, Charles 753
Maxima Sequanorum 103
Maximilian I., dt. Kaiser 302, 316ff., 320ff., 327f., 331f., 334, 336, 339, 341ff., 345, 349f., 384
May, Beat Emanuel von 16
Mayer, Theodor 21
Mazzini, Giuseppe 607
Mecheln, Liga 342
Medeglia 333
Meersen, Vertrag 131f.
Mellingen 227, 421f.
Mels 275
Mendrisio 340, 350, 387
Mentzinger, Johann Jakob 411
Menzingen 259
Merian, Matthäus 14, 411
Merkur 84, 96f.
– Cissonius 96
Mermillod, Gaspard 673
Merowinger 116, 128
– reich 130
Mesolcina 266
Mesopotamien 28
Messmer, Kurt 394
Metternich, Klemens Lothar, 595, 610, 693, 698
Metz 69
Meuron, Maximilien de 591
Mexiko 552
Meyer, Albert 777
– Bruno 21
– Conrad Ferdinand 725
– Ernst 63
– Karl 21
Michaud, Marius 614
Micheli, Horace 373
Minerva 75, 96f.
Minger, Rudolf 777, 795, 803
Minnodunum siehe Moudon
Minotaurus 84
Misox (Mesocco) 48, 161
Mithras 98
Mittelland 26f., 32, 36, 42, 44, 46, 54, 57, 59, 65, 68f., 73, 83f., 87, 89, 93f., 101ff., 120, 147, 149, 155, 157, 189, 204, 216ff., 223ff., 227, 229, 235, 241, 253, 261, 288, 298, 302, 367f., 448, 453, 455f., 468, 476, 488, 520, 642, 650, 697, 715, 720
Mittelmeer 24, 33, 38, 42, 44f., 53, 93, 98f., 109, 116, 121, 130, 224f., 227, 230ff., 285, 296, 319, 325, 360, 369, 707, 879, 891, 943
Mittlerer Osten 713
Monaco 43, 62
Moncalieri, Liga 310
Monceau, Duhamel de 562
Mondrian, Piet 902
Monnard, Charles 17
Monnier, Philippe 726
Montafon 247
Montaigne, Michel de 412
Montbéliard 394
Mont Beuvray 49
– Cenis 129, 337, 345, 376, 664
– Genèvre 61, 163f., 337, 345
– Vully 49
Monte Ceneri 333
– Dongo 269
– Piottino 197
– Rosa 577
Montenach, Jean de 611
Montfort, Geschlecht 242, 246f.
– Wilhelm von 250
Monthey 358, 385, 426
Montpellier 231
Monza 346
Moos von, Geschlecht 196
Morazé, Charles 570
Morgarten, Schlacht 16, 170, 175f., 182, 220
Moritzi, Alexandre 592
Morus, Alexander 414
Moryson, Thomas 414
Moskau 464
Môtier (FR) 579ff.
Motta, Giuseppe 736f., 772, 789ff., 803, 808
Moudon 49, 140, 223, 570
Moustier, Clément-Edouard de 622
Moutier-Grandval, Kloster 125, 132ff.
Mülhausen 286, 291, 303, 319, 358, 385, 400, 420, 430ff., 436, 463, 481, 558, 593, 858
Muller, Arnold de 786
Müller, Johannes von 16f., 19, 507
L. Munatius Plancus 60
Münster (GR), Kloster 321
– tal 320, 434
Münster (LU) 246
Münster (Westf.) 438
Münstertal (BE) 428
Munzach 99
Munzinger, Josef 641
Muoth, Giachen Caspar 726
Muralt, Beat Ludwig von 510
– Leonhard von 21
Muralti, Geschlecht 197
Muret, Jean-Louis 452
Muri, Kloster 157
Murten 137, 141, 167f., 304, 606, 685
– Frieden 289
– Schlacht 228, 312, 319, 322
– See 69, 170
Mussolini, Benito 759, 771, 789, 889
Musy, Jean-Marie 772, 774, 782, 788, 795
Myconius, Friedrich 401
Mykene 33, 36

N

Nabholz, Hans 21
Naeff, Wilhelm Matthias 641
Näfels 616
– Schlacht 208, 215, 246f., 249
Naher Osten 697, 947
Nantes, Edikt 431, 450, 461, 474, 698
Nantuaten 55, 61f.
Napoleon I. siehe Bonaparte
Napoleon III. siehe Bonaparte
Nasser, Gamal Abd el 890
Naville, François Marc Louis 570
Neapel 327, 330, 333
– Königreich 306, 329, 333, 336, 538
Nemours 345
– Longueville, Dynastie 481
Neptun 97
Nero, röm. Kaiser 69
Neuenburg 15, 18, 31, 168, 216, 223, 251f., 369, 385, 400f., 410, 413, 429, 448, 463f., 469, 481f., 531f., 536, 538, 540f., 548, 570, 579, 594, 625, 659, 663, 667, 702, 719, 795, 811, 916, 918
– Dynastie 242, 304, 379
– Fürstentum 481f., 519, 594ff., 602f., 618f., 640, 654, 666
– See 26, 37, 42ff., 858
Neuhausen 687
Neuß 307, 311f.
Neustrien 131
New Glarus 540
– Helvetia 540
– York 779, 902
Nicole, Léon 786, 794, 811
Nidau 203, 248
Nidberg 273
Niederlande siehe auch Holland 65, 226, 296, 298, 316, 319f., 322, 376, 415, 464f., 474, 478, 485, 496, 501, 535, 538, 550, 552, 710
Nigeria 941
Niklaus von der Flüe 228, 315, 344, 415, 607
Nikolaus von Cusa 291
Nîmes 81, 230
Nitiobriger 54
Nizza 298, 310, 655
Nobs, Ernst 741, 757, 810f., 916
Nordamerika siehe Vereinigte Staaten von Amerika
Norddeutscher Bund 692
Nordkorea 946
Nordsee 207
Nordvietnam 946
Noreia 53
Noricum 53f., 61f.
Normandie 305, 807
Nova Friburgo 540, 552
Novara 257, 331f.
– Schlacht 342, 348
Noviodunum siehe Nyon
Nürnberg 224f., 227, 230, 279, 318f., 360, 376
Nydegger, Alfred 710
Nyon 49, 59, 63, 74ff., 78f., 81ff., 91, 95, 97, 104, 464, 546
– Frieden 430

O

Oberalp 64, 156
Oberendingen 409
Oberhausen-Augsburg 64, 66, 90

Oberland, Kanton 515
Oberurnen 616
Obrecht, Hermann 791, 795, 803
Ochs, Peter 513, 601, 614
Ochsenbein, Ulrich 641
L. Octavius 60
Octodurus (Forum Claudii Vallensium) siehe Martigny
Oechsli, Wilhelm 19, 725
Oekolampad, Johannes 412
Ofenberg 375
Oistrach, David 889
Olivone 161
Olten 204, 226, 254, 374, 504, 662, 680, 710
– Komitee (1918) 768
Oltramare, Georges 785f.
Orbe 84, 304, 310
Orgetorix 51f., 57
Orient 28, 97, 100, 224
Oron 83, 570, 662
Orumbovier 55
Osco 139, 196
Osiris 98
Österreich 16, 61, 169ff., 174f., 177ff., 188f., 192, 199ff., 228, 246ff., 254, 256, 262ff., 266, 274ff., 278ff., 285ff., 300ff., 305ff., 318, 320ff., 325, 338, 353, 358, 368, 381, 417, 421, 434ff., 473f., 486, 496, 513, 517, 522, 531, 535, 539, 593, 601, 606f., 612, 628, 653ff., 663, 771, 790f.
– Ungarn 665, 684, 693, 699, 705, 764, 771
– Vorderösterreich siehe Vorlande
Ostfränkisches Reich 131f.
Ostgoten 116, 118, 129f.
– reich 130
Oströmisches Reich 130
Otto von Habsburg, Herzog von Österreich 179
Ottonen, Dynastie 128, 133f., 143
Ozeanien 721

P

Padua 268
Pannonien 61
Papilloud, Jean-Henri 612
Cn. Papirius Carbo 53
Paracelsus, Theophrastus 411
Paris 222, 361, 430, 529, 589, 593, 609, 614, 616, 630, 641, 693, 695, 725, 731, 755, 757, 902
– Frieden (1815) 531, 593
– Konferenz (1975–77) 954
– Vertrag (1857) 595
Paul III., Papst 403
Pavia 340
Payerne 168, 304
– Abtei 133
Pays d'Enhaut 570
– de Gex 59, 191, 358, 406, 427, 430, 593, 736
Pedrazzini, Martino 677
Pellikan, Konrad 407
Pellis, Marc-Antoine 547
Peney 222
Pennelocus siehe Villeneuve
Pepoli, Geschlecht 197
Pereire, Emile 662
Pergamon 38f.
Pernod, Henri-Louis 578
Perpignan 309
Perrenoud, Alfred 363, 580
Persien 28, 98, 101
Pestalozzi, Johann Heinrich 505, 511, 577, 585, 605, 725
Peter I. Gelyto 199
Peter II von Savoyen 141, 162
Petit-Chasseur 32f.
Petitpierre, Max 734, 808, 945
Petrarca, Francesco 412
Peyer, Hans Conrad 19, 235, 300
– Im Hof, Friedrich 688
Pfäfers 292
– Kloster 131, 406
Pfäffikon 277, 615
Pfullendorf, Geschlecht 143
Pfyffer, Geschlecht 390
– Eduard 600
– Ludwig 383, 404, 430
Pfyn 68, 95
– wald 55
Philipp I. der Schöne, König von Kastilien 316, 336
Philipp II., König von Makedonien 47
Philipp, Landgraf von Hessen 421
Philippe von Bresse 304
Piacenza 346
Picardie 424
Pico della Mirandola, Giovanni 412
Picquigny, Vertrag 309, 312
Pictet de Rochemont, Charles 543, 593
Piemont 276, 298, 344, 346, 352, 424, 662
Pierre Pertuis 90
Pilet-Golaz, Marcel 737, 777, 803f., 808
Pinerolo 344
Pisa, Konzil 340
Pius II., Papst 291f.
Pius IV., Papst 425ff.
Pius VII., Papst 599
Plaffeyen 304
Planta, Geschlecht 434
– Johann von 434
Plantin, Jean-Baptiste 14
Platter, Felix 411
Plessur 273
Plinius d. Ä. 48, 55
Plombières 655
Plutarch 412
Poebene 47f., 139, 346
Polen 207, 224, 402, 409, 474
Polybios 43
Pompeia Gemella 72
Portugal 802
Poseidonios von Apamea 44, 54
Potnia theron 40
Pratteln 598
Prättigau 256, 320
Preußen 519, 531, 538, 595, 630, 654, 673, 693
Prongué, Bernard 596
Protasius, Hl. 126
Proudhon, Pierre-Joseph 589
Provence 130, 133, 227, 233
– Arelat 136
Pruntrut 404, 427, 599, 697
Ptolemaios 68
Pully 84f.
Pury, Jean-Pierre de 451
Purysburg 451
Puschlav 143, 413, 599
Pyrenäen 53

Q

Quesnay, François 452

R

Radetzki, Josef von 654
Raetia 14, 64, 68, 83, 89, 95, 103
– Prima 103, 123
– Secunda 103
Ragaz 275, 282, 292
– Leonhard 758, 761
Ramuz, Charles Ferdinand 725, 756, 758
Ranft 315
Rappard, William 19f., 22
Rapperswil (SG) 171, 180f., 184, 202, 206, 246, 282, 287, 291f., 406, 422
Raron 32
– Geschlecht 277, 284
Räter 55, 59f., 62ff., 67, 69
Rätien 55, 62ff., 90, 124f., 129ff., 135, 143, 156, 281
– röm. Provinz siehe Raetia
Ratze, Hans 373
Rauraker 55, 57, 59f., 68, 92, 94
Ravenna, Schlacht 339
Ravensburg 231
Rawil 856
Reding, Ital d. Ä. 265, 270ff., 275ff.
Regensberg 250
– Geschlecht 149
Reichenau, Kloster 131f.
Reichenburg 265
Reims 68
Reinhard, Ernst 757
Remigius, Hl. 125
Reschenpaß 63f.
Reuß 65, 131, 227, 544
Reynold, Gonzague de 20, 725, 755f., 758
Rham, Werner 656
Rhäzüns 200, 321
Rhein 39, 42, 54f., 57ff., 68f., 90, 101f., 109, 114, 117, 129, 136, 139, 141, 150, 205, 215, 225f., 241, 246ff., 251, 253f., 262f., 266, 276, 278f., 281f., 284, 286, 290, 292, 301ff., 305ff., 318ff., 325f., 331, 376, 379, 423, 477, 548, 556, 654, 685, 698, 705, 736, 798, 896, 926
– tal 48, 55, 121, 199, 225f., 229, 246ff., 262f., 265, 272f., 278, 297, 321, 325, 387, 420ff., 437, 477
Rheinau 896
Rheineck 247, 273, 322
Rheinfelden 137, 246, 283, 292, 301, 436, 578
– Geschlecht 136

Rheinwald 200
Rhodos 40
Rhone 42, 53, 55ff., 59, 91, 115, 133, 190f., 241, 298, 305, 325, 616
– tal 54, 83, 112, 114, 116, 128, 135, 139, 224, 227, 232, 253f., 285, 297, 619, 697
Richelieu 434f.
Riedmatten, Adrian von 432f.
Riggenbach, Niklaus 723
Rigi 556
Rimlinger, Gaston 748
Rio de Janeiro 552
Riva San Vitale, Santa Croce 416
Rivaz, Isaac de 592
Rive, Gaspard de la 578
Riviera, Tal 124, 196, 269, 332f.
Rod, Edouard 725
Rohan, Henri 435
Roll, Walter 405, 424
Rom siehe auch Römisches Reich, Oströmisches Reich, Weströmisches Reich 38, 46f., 52f., 58, 69, 78, 87, 91f., 97, 101, 103, 109, 112, 417, 471
– kathol. Kirche 399, 599f., 673
Romagna 336
Romainmôtier, Kloster 124f., 133
Romanen 112ff., 124ff., 129
Romanshorn 642, 650
Römer 37f., 43, 45, 47ff., 52ff., 57ff., 111, 114, 117
Römisches Reich 55, 58, 63, 72ff., 76, 79, 87ff., 94, 97f., 100ff., 109ff., 113, 116
Romont 223, 352, 427
Rorschach 414
Roset, Michel 427
Rossi, Pellegrino 610f., 623
Röteln 254
Rothenburg 206
Rothenthurm 615
Rothmund, Heinrich 743
Rothschild, Bankiers 662, 695
Rotkreuz 695
Rottweil 286, 319, 358, 385
Rouen 361
Rougemont, Denis de 756
Rousseau, Jean-Jacques 228, 503, 505, 541, 618
Roussillon 309
Roux, César 724
Ruchat, Abraham 16
Ruchonnet, Louis 670, 688
Rudolf I. von Habsburg, dt. König 141f., 144, 163, 172ff., 178, 204, 289
Rudolf IV. von Habsburg, Herzog von Österreich 200f.
Rudolf I., König von Hochburgund 132
Rudolf II., König von Hochburgund 133
Rudolf von Hochberg 254
Rudolf II. von Neu-Kyburg 204f.
Rue 352
Rüedi, Luzius 577f.
Ruffieux, Roland 616
Ruffy, Eugène 706
Rumänien 802
Ruoda, Hartmann von 179
Ruprecht von der Pfalz, dt. König 264
Rusca, Geschlecht 197
Rußland siehe auch Sowjetunion 522, 531, 539, 699, 710, 738, 764, 768, 788, 889

S

Saane (Sarine) 120, 140, 168, 232f., 278, 569, 590, 889, 903
Saanen 218, 252, 423
Sabazios 79, 98
Sachseln 416
Sachsen 224
Säckingen 141, 182, 301, 436
Saillon 194
Saint-Brais 26
– Claude 124
– Denis 128
– Germain, Frieden 771
– Gingolph 426
– Imier siehe Sankt Immer
– Julien, Vertrag (1530) 352
– Julien, Vertrag (1603) 430, 433
– Léonard 32
– Maurice 89, 98, 139f., 311, 385
  – Abtei 124, 128, 132
– Omer, Vertrag 301, 303, 305ff.
– Saphorin 90
– Simon, Claude Henri de 534, 589
– Ursanne, Kloster 125
Sala 130
Salasser 61
Salier, Dynastie 128
Salis, Geschlecht 434, 481
Salluvier 53
Salodurum siehe Solothurn
Saluzzo 345
Samnaun 320
San Bernardino 48, 161, 200, 226, 553
– Michaele 129
Sancy, Harlay de 430
Sankt Andreas 149, 201, 206
– Bernhard, Grosser 42, 47, 61f., 64, 69, 89f., 93f., 111, 123, 128f., 133, 139, 163, 224, 298, 341, 664
– Bernhard, Kleiner 61, 64, 163
– Gallen 151, 154, 178, 224f., 227, 230ff., 235, 241, 261ff., 266, 285f., 291f., 320, 326, 328, 358ff., 364, 366f., 369, 371, 373, 375, 379, 383, 385, 390, 400, 402, 408, 411, 413, 415, 420f., 425, 438, 462, 477, 481, 484, 502, 519, 529, 538, 540f., 547f., 550, 555, 559ff., 579, 599f., 618, 621, 624, 667, 690, 702, 719
  – Abtei 127f., 131f., 240f., 261ff., 266, 276, 284f., 385, 397, 404, 406, 420ff., 436, 477, 481
  – Bistum 599
– Immer, Kloster 125
– Immertal 428
– Jakob an der Birs, Schlacht 280, 606
– Jakob an der Sihl, Schlacht 279
Santoner 57
Saône 42
– tal 229, 298
Sapaudia 113f.
Sardinien-Piemont 558, 628, 653, 655
Sargans 225f., 247, 256, 265, 273ff., 277, 282, 292, 375, 387, 421, 437, 477
Sarnen 606, 625
– Bund 620, 624f., 628
Sartre, Jean-Paul 813
Sausenberg 254
Saussure, Ferdinand de 723
– Nicolas-Théodore de 592
Savièse 190
Savoy, André 782
Savoyen 128, 140, 144, 163, 190, 297f., 304, 308, 313, 327, 330f., 337, 347, 351f., 369, 396, 400, 423, 599, 655
– Dynastie 135, 137, 139ff., 144, 154, 164ff., 168, 177, 189ff., 202, 206, 231, 241, 252, 254, 268, 270, 279, 287ff., 294, 297f., 304f., 310f., 327, 329, 337, 352, 358, 379, 394, 400, 406, 425ff., 430f., 433, 435, 482
– Nordsavoyen 593f., 599, 640, 652, 655, 705, 736, 771
Sax, Geschlecht 198, 266ff.
Saxon 194
Schächental 147
Schaefer, Johann Jakob 597
Schaffhausen 55, 154, 224f., 233, 235, 246, 285f., 293, 315, 325f., 345, 349, 359f., 367, 369f., 382f., 385f., 391, 394ff., 399f., 408, 415, 417f., 420, 423f., 431, 438, 484f., 511, 520, 548, 556, 599, 606, 642, 667, 719, 722, 772, 786, 812, 896
Schaffner, Jakob 755
Schaller, François 571
Schams 161, 200
Schanfigg 161, 256, 320
Schänis 276
Schauenburg, Bad 578
Schauensee, Franz Leonti von 506
Schenk, Karl 676
Scherrer, Joseph 810
Scheurer, Karl 777
Schiller, Friedrich 607, 753
Schilling, Diebold d. Ä. (Verfasser der Amtlichen Berner Chronik und der Spiezer Chronik) 13
– Diebold d. J. (Verfasser der Luzerner Chronik) 13
Schiner, Matthäus 328, 336ff., 343, 345ff., 352ff.
Schinznach 504
Schlesien 224
Schlettstadt 297, 301, 307
Schmid, Joachim 615
– Karl 888
Schnell, Karl 601
Schnyder, Werner 216
Schollenberger, Jakob 725
Schöllenen 44, 138
Schönberg, Arnold 902
Schottland 402
Schulthess, Edmund 731, 763f., 772f., 777, 782, 791, 795
Schüpfheim 366
Schürmann, Leo 927
Schuschnigg, Kurt 791

Schwaben 132f., 135f., 143, 170, 203, 205f., 223, 226, 232, 235, 247, 263f., 273, 276, 279, 281f., 318, 326, 369, 458
Schwaderloo 322f.
Schwanau, Burg 176
Schwanden (GL) 425
Schwarzenbach, James 881, 891, 924
Schwarzes Meer 42
Schwarzwald 39, 46, 248, 278f., 301, 306, 321
Schweden 436f., 712, 802, 873
Schweizer, Paul 19
Schwyz 16, 162, 165, 171ff., 182ff., 189, 196, 201, 203, 206, 210, 220, 226, 238, 249, 259ff., 268f., 274ff., 284f., 291, 293, 295, 315, 331ff., 339f., 346, 349, 385, 404, 417, 420f., 423, 425, 487, 515, 519, 536, 607, 615, 618, 620, 625ff., 666, 702, 719
– Außerschwyz 615
– Innerschwyz 615, 625
Secrétan, Charles 589
Seduner 55, 62
Seeb 84
Segesser, Jürg 643
– Philipp Anton von 18, 753
Seine 42
Sellon, Jean-Jacques de 589
Sempach 206
– Schlacht 200, 206ff., 215, 221, 242, 246f., 249, 265, 284, 287, 606f.
– See 544
Semsales 562, 573
Senlis, Vertrag 316, 338
Septimer 111, 150, 199f.
Sequaner 57, 59, 68
Sequania 103
Serapis 98
Servet, Michel 408f.
Sétif 540
Sforza, Dynastie 326, 330, 333, 342
– Bianca Maria 316, 328, 341
– Francesco 294
– Francesco Maria 351
– Galeazzo Maria 294, 328
– Giangaleazzo 329
– Ludovico il Moro 324, 328f., 331f., 341
– Massimiliano 341, 343, 345ff., 349
Siders (Sierre) 616
Sidonius Appolinaris 114f.
Siebnen 548
Sigg, Otto, 370, 392
Sigismund, dt. Kaiser 230, 251, 254f., 270, 274, 292
Sigismund, König der Burgunder 123, 128
Sigmaringen 45
Sigmund von Habsburg 281, 283, 286f., 291f., 301f., 304ff., 316, 320f.
Sihl 544
Silenen 147, 580
– Geschlecht 194f.
– Jost von 308, 327, 329, 338
P. Silius Nerva 63
Simler, Josias 14, 414
Simplon 89, 150, 153, 192ff., 197, 248, 270, 330, 377, 391, 553, 663f., 696f., 706
Sismondi, Jean Charles Léonard Simonde de 589
Sitten (Sion) 32f., 55, 123, 190, 194f., 432, 616
– Bistum
– geistl. Herrsch. (Diözese) 123, 145, 404, 599
– weltl. Herrsch. 134, 137, 139, 164, 192ff., 197, 239, 268, 290, 311, 327, 338, 385, 432f.
Sixtus IV., Papst 328
Sizilien 40, 458
Skandinavien 535
Sklapfer, Othmar 230
Snell, Ludwig 589
Socin, Bernhard 582
Sol 84
Solothurn 49, 55, 102, 113, 120, 125, 128, 154, 168, 170, 204f., 208, 216, 223, 254, 280, 286, 297, 301, 303f., 310, 312ff., 325, 334, 337, 345, 347, 349, 360, 373, 378, 385f., 389, 392, 394f., 398, 402ff., 410, 417f., 423, 425ff., 430, 436, 470f., 477, 485, 489ff., 519f., 529, 536, 560, 599f., 606, 619, 624, 627, 667, 687, 702, 719
– Vertrag 427
Somme 305
Sopraceneri 95, 124
Sorokin, Pitirim 679
Sottoceneri 55, 58, 91, 94, 103, 129, 130, 133, 257
Souleuvre, Vertrag 312
Sowjetunion 736, 771f., 788, 791, 808, 811, 889f., 909, 947, 951
Spanien 38, 87, 224, 227, 230, 283, 297, 336, 339, 341, 343, 345f., 351, 380, 408, 426, 428ff., 433ff., 473, 737
Speicher (AR) 580
Spina (Nekropole) 47
Spitteler, Carl 725, 755f., 764, 813
Splügenpaß 48, 64, 90, 111, 200, 226, 376, 553, 664, 696
Sprecher, Theophil von 764
Stabio 129
Stalin, Josef 794, 808
Stalingrad, Schlacht 734, 807f.
Stämpfli, Jakob 655, 663
Stampfli, Walther 810
Stans 405, 416
– Verkommnis 228, 309, 314ff., 386, 418f., 607
Stansstaad 179
Staufer siehe Hohenstaufen
Stauffacher, Geschlecht 210
Stauffer, Karl 727
Stazzona siehe Angera
Steck, Albert 683
Stehlin, Johann Jakob 688
Steier, 203
Steiger, Eduard von 803f., 809
Stein, Karl Freiherr vom 595
Steinach 125
Stein am Rhein 83, 102, 246, 285f., 293
Steiner, Pierre André 620
– Werner 173f.
Stephenson, Robert 662
Stettinius, Edward 808
Stettler, Michael 14
Stilfserjoch 341
Stilicho 105
Stimmer, Tobias 415
Stockalper, Geschlecht 391
Stoffel, Eugène Georges Henri Céleste 539
Stoffeln, Kuno von 240, 247, 263f.
Stoß, Schlacht 263
Strabon 59
Strahlegg 63
Straßburg 72, 90, 150, 204, 279, 297, 301f., 306f., 360, 379, 412, 421, 431f., 457, 473f., 554
– Bistum 309
Strauß, David Friedrich 584
Stumpf, Johannes 14, 411
Stüssi, Rudolf 274, 276f.
Stuttgart 40
Stutz, Jakob 592
Styger, Paul 607
Südamerika 539
Sudetenland 791
C. Suetonius Tranquillus 72
Suezkanal 713
Suleviae 96
Sundgau 279, 281, 286, 301, 306f., 310, 321f.
Supersaxo, Georg 338
– Walter 311
Suratteau, Jean-René 597
Surenenpaß 156
Sursee 226
Susa (I) 344
Sustenpaß 553
Swinburne, Henry 662
Syagrius 115
Syrien 224

T

Tacitus siehe P. Cornelius Tacitus
Taranis 96f.
Tarent 40
Tarentaise, Erzbistum 145
Tarnaiae siehe Massongex
Tasgetium siehe Eschenz
Tavel, Geschlecht 191
– Guichard 190, 194
Tell, Wilhelm 13, 16, 175f., 415, 490, 506, 607
Tenedo siehe Zurzach
A. Terentius Varro Murena 61
Ternier 358, 406, 427
Tessin 47f., 55, 110, 126, 129, 153, 159ff., 163, 181, 188, 196f., 257, 266, 269, 294, 332, 335, 340, 346, 349f., 353, 406, 451, 479, 482, 488f., 529, 538, 540f., 546, 548f., 551, 569, 578, 599, 629, 651, 654, 667, 672, 677, 685, 702, 719f., 722, 771, 789, 907, 925
Teufen 261
Teutates 96
Teutonen 49, 53f., 62
Theodorus, Bischof von Octodurus 98

Theodulpaß 42, 89
Theseus 84
Thierstein 394
– Geschlecht 242, 394
Thomas I. von Savoyen 140
Thonon, Vertrag 426
Thun 137, 204, 223
– See 204
Thur 265, 273, 544
Thurgau 141, 170, 206, 228, 246, 263 f., 266, 282, 287, 291 f., 325, 387, 397, 409, 420 ff., 436 f., 477, 488, 519, 529, 548, 579, 599 f., 610, 624, 642, 667 f., 702, 719, 722, 772
Thurmann, Jules 602
Thusis 200
Tiberius, röm. Kaiser 63, 66
Tiguriner 49, 54 f.,
Tinguely, Jean 904
Tinizong 200
Tirano 375
Tirol 159, 163, 176, 199, 203, 206, 246 f., 263, 284, 286, 291, 319, 321, 434, 456 f.
– Dynastie 164 f., 321
Titus, röm. Kaiser 72
Tobler, Robert 787
Tocqueville, Alexis de 613, 619, 623
Tödi 577
Toepffer, Rodolphe 591
Toggenburg 247, 256, 265, 273, 275 ff., 284, 406, 420 ff., 477, 490
– Dynastie 242, 248, 255, 266, 271 ff., 284, 290
Torre, Artusio da 164, 196
– Schwur 164, 196
Tortosa 230
Toskana 223
Töß 544
– tal 548
Tougener 54
Toulouse 57, 229
Transjuranien 132, 142
Transsylvanien 409
Treichler, Johann Jakob 589, 669
Triboldingen, Schlacht 321
Tribolet, Charles-Godefroi de 602
Triengen 580
Trient, Konzil 358, 403 f., 425 f.
Trier 68, 81, 89, 94
Triest 53, 336
Trivulzio, Gian Giacomo 348, 350
Trogen 464, 588
Troxler, Ignaz Paul Vital 589
Troyes 225
Tscharner, Vinzenz Bernhard 15
Tschechoslowakei 791, 889, 940 f.
Tschudi, Aegidius 14 f., 174, 388, 411, 414, 421, 425 f.
– Hans Peter 872
– Jost 275
– Valentin 407
Tulinger 55 f.
M. Tullius Cicero 58, 412
Turicum siehe Zürich
Turin 139, 593
– Vertrag 593
Türkei 713
Türken 291
Türler, Heinrich 18
Turn, Geschlecht 194 f.
– Anton von 190
Turrettini, François 373, 390
Twann 37

U

Uberi 48, 55, 62
UdSSR siehe Sowjetunion
Uetliberg 42
Ufenau 277
Ulm 136, 225, 282, 319
Ulrich, Johann Kaspar 16
Ulrich von Württemberg 394
Umbrail 553
Undervelier 375
Ungarn 143, 224, 230, 306, 402, 496, 889, 940
Unspunnen 522, 576
Unterwalden 16, 171, 174, 184, 196, 206, 220, 259 ff., 285, 291, 327, 385, 417 f., 420, 515, 519, 625, 627
– Nidwalden 172 f., 330, 332 f., 392, 618, 620, 666, 719
– Obwalden 172, 210, 221, 256 ff., 260, 266 ff., 313, 618, 666, 719
Uri 13, 16, 55, 131 f., 137, 141, 153, 162 f., 166, 171 ff., 181 f., 194, 196 f., 206, 226, 232, 238, 249, 256 ff., 260, 266 ff., 285, 291, 293 ff., 315, 326 ff., 330 ff., 340, 346, 349, 377, 385, 404, 417 f., 420, 425, 481, 491, 515, 519, 566, 615, 618, 625, 627, 666, 719, 772
– Zwing Uri 176
Urnäsch 261
Uromagus siehe Oron
Ursern 121, 138, 156, 196, 198, 258, 267
Ursus, Hl. 125, 128
USA siehe Vereinigte Staaten von Amerika
Uster 572, 592
Uznach 256, 273 ff., 278, 284, 406, 422, 425 f.

V

Vadian 14, 411
Vaduz 321
Vaison-la-Romaine 53
Val d'Hérémence 195
– de Travers 554, 578
Valence 90
Valencia 230 f.
Valentinian, röm. Kaiser 102
Valerian, röm. Kaiser 101
Vallis Poenina siehe Wallis
Vallorbe 90
Valsainte, Kloster 491
Varese 270, 333, 339, 345 f.
Vatikan 584, 599, 759
– Konzil I 670, 673, 683, 692
– Konzil II 910, 924
Vaughan, Richard 300
Vaz, Geschlecht 198
Veltlin 133, 143, 230, 257, 327, 329, 340, 350, 358, 369, 385, 406, 434 f., 593
Venedig 150, 224 f., 230, 233, 256, 268, 270, 294, 326, 328, 334 ff., 338 ff., 344 f., 375 f., 433 ff., 697
– Liga 331
Venezuela 737
Vepotalus 86
Veragrer 47, 55, 61 f.
Verbigener 55
Vercelli 345
– Frieden 331
– Schlacht 54
Vercingetorix 52, 58
Verdun, Vertrag 131
Vereinigte Staaten von Amerika 402, 485, 511, 539, 552 f., 608, 611, 640, 645, 650, 654, 665, 670, 712, 720 ff., 734, 736 f., 744, 756, 771, 779, 802, 807 f., 813, 827 f., 832, 848, 854, 889, 903, 906, 912, 947, 949 ff.
Verena, Hl. 128
Verona 129, 171, 224 f., 268
Versailles 530
– Frieden 736, 770
Vervins, Frieden 430
Verzascatal 268 f., 341
Vespasian, röm. Kaiser 67, 72, 82
Vetera siehe Xanten
Vevey 68, 83, 223, 549, 589
Vicenza 268
Vienna, röm. Provinz 103
Vienne 81, 91, 139, 408
– Erzbistum 145
Vierwaldstättersee 138, 172, 178, 188, 546
Vietnam siehe auch Nordvietnam 941, 947
Viktor, Hl. 125, 128
Viktoriden 129
Villafranca 340
Villeneuve 83
Villingen 39
Villmergen 477
Villo 86
Vindex, Statthalter siehe C. Iulius Vindex
Vindoliker 64
Vindonissa siehe Windisch
Vindonnus 96
Vinet, Alexandre 584, 589, 606
Vintschgau 320
Vinxtbach 65
Viret, Pierre 400 f.
Visconti, Dynastie 197, 257
– Filippo Maria 268 f., 293 f.
– Galeazzo 324
– Gian Galeazzo 266
– Valentina 327
Visp 195
– Schlacht 195
Vitellius, röm. Kaiser 69
Vitodurum siehe Winterthur
Viviscus siehe Vevey
Vix 39 f., 42
Vocontier 53
Vögelinsegg, Schlacht 263
Vogesen 279
Volpe, Giovanni Antonio 404

Voltaire 494
Vorarlberg 121, 163, 203, 226, 246, 263 f., 266, 287, 321, 771
Vorderer Orient 28, 36, 233
Vorlande 177, 181, 185, 200 ff., 207, 263, 283 f., 286, 291, 301
Vuarin, Jean-François 599
Vuillemin, Louis 17
Vully 579 ff.

W

Waadt 120, 134, 136, 140 f., 154, 169, 190, 216, 221 f., 229, 241, 253, 298, 304, 310, 312, 330, 337 f., 347, 351 f., 358, 369, 394, 398, 400 f., 403, 410, 424, 426 f., 433, 452, 488 f., 491 f., 511, 515, 519 f., 529, 538, 541, 546, 559, 569 f., 573, 579, 584, 595 f., 606, 617 f., 629, 650, 652, 719, 772, 775, 795, 811, 862, 901, 916 ff.
Wädenswil 423
Wägital 264
Wagner, Johann Jakob 14
– Richard 727
Wagnière, Georges de 789
Wahlen, Friedrich Traugott 796, 799
Waldmann, Hans 317, 329
Waldshut 301, 303 f., 436
– Frieden 301 ff.
Waldstätte 16, 169 ff., 174 f., 178 ff., 184 f., 188, 201, 206, 216, 238, 246, 249, 251, 257, 260 f., 267 ff., 271, 310, 313 f., 316, 329, 340 f., 347, 352, 417
– Kanton 515
Walensee 63, 68, 83, 90, 112, 256
Walenstadt 273 ff., 292
Wallgau 321
Wallis 14, 28, 32, 42, 47, 61 ff., 89, 93, 95 f., 98, 101, 103, 110, 123 f., 131, 134, 138 f., 161, 192 ff., 216, 239, 270, 290, 321, 327, 329 f., 337 ff., 345, 352, 358, 369, 385, 388, 406, 423, 426, 429, 432 ff., 453, 474, 481, 511, 519, 531, 541, 580, 590, 594, 612, 615 f., 618 f., 621, 625 ff., 642, 651, 667, 683 ff., 702, 719, 772, 856, 901
– Oberwallis 48, 55, 121, 195, 254, 481, 616, 685
– Unterwallis 55, 139, 192 f., 195, 238, 310 f., 385, 616, 685, 910
Walser 121, 138, 156, 160, 199
Walther, Heinrich 740, 759
Wandalen 117
Waser, Johann Heinrich 452
Washington
– Abkommen (1919) 769
– Abkommen (1946) 808
Waterloo, Schlacht 527
Watt, Joachim von, siehe Vadian
Wattenwyl, Alexander Ludwig von 15
Wauwilersee 28, 544
Weber, Karl 643
– Max 532 f., 717
– Max, Bundesrat 794, 864, 916
Weesen, 251, 273 f.
Weisshand, Humbert 134 f.
Weitling, Wilhelm 589
Welfen, Dynastie 136, 143
Welti, Friedrich Emil 671, 675
Werdenberg 426
– Geschlecht 242, 246 f., 261, 273
– Sargans, Heinrich von 274 f.
Werdmüller, David und Heinrich 373
Werner, Alfred 724
Wernle, Paul 18
Werthenstein 416
Wesen siehe Weesen
Wessenberg, Ignaz Heinrich von 584
Westdeutschland siehe Bundesrepublik Deutschland
Westfalen, Frieden 325, 438, 612
Westfränkisches Reich 132 f.
Weströmisches Reich 101
Wetter, Ernst 803
Wettingen 153
Wettstein, Johann Rudolf 438
– Oskar 777
Widmer, Sigmund 21
Wien, Kongreß 527, 531, 596 f.
Wil 232
– Defensionale 437, 478
Wildenmannlisloch 26
Wilder, Thornton 813
Wildkirchli 26
Wilhelm II., dt. Kaiser 699, 705
Wilhelm IV., Graf von Vienne 136
Wille, Ulrich 764, 768
Willisau 246, 252
Windisch 65 ff., 78, 84, 86 ff., 90, 94, 101, 123
Winkelried, Arnold von 607
Winterthur 49, 63, 83, 102, 133, 135, 250, 292, 471, 548
Wittelsbach, Dynastie 318
Wittenberg 402
Wittnauerhorn 45 f.
Wohlen (AG) 580
Wohlgemuth, August 699
Wolfenschießen, Geschlecht 210
Wolfhart V. von Brandis 273
Wolhusen 206
Wolleb, Heinrich 323
Wollerau 277
Worms, Reichstag (1495) 318, 324
Worowski, Waclaw 791
Wuilleret, Louis 569
Württemberg 551
– Dynastie 279, 379
Wyl, Jakob von 415

X

Xanten 65

Y

Yersin, Alexandre 724
Yverdon 49, 102, 223, 577 f.
Yvorne 90

Z

Zähringen, Dynastie 136 ff., 148, 151, 166, 168
Zanino, Evangelista 372
Zeller, Gaston 343
Zellweger, Johann Kaspar 612
Zemp, Josef 677, 683
Zermatten, Maurice 903
Zihl 43
Zimmerwald, Konferenz 767
Zoelly, Heinrich 723
Zofingen 223
– Disputation 408
Zollikofer, Laurenz 383
Zopfi, Hans 795
Zschokke, Heinrich 17, 612
– Konradin 723
Zuber, Sebastian 433
Zug 149 f., 182 ff., 189, 201 ff., 205 f., 210, 246, 259 ff., 269, 285, 311, 347 f., 385, 392 f., 395, 402, 417, 423, 487, 515, 519, 555, 599, 618, 627, 642, 666, 702, 719
Zülpich 117
Zürich 15, 63, 65, 83, 89 f., 102, 113, 128, 135 ff., 141, 148, 150 f., 154, 165 f., 170 ff., 178, 180 ff., 196, 201 ff., 205 f., 209 f., 215 f., 222 ff., 233, 235 ff., 246, 249 ff., 255 ff., 264 ff., 268 f., 271 f., 274 ff., 288, 292 f., 310 ff., 316, 329 ff., 335, 347 ff., 358 ff., 365, 367 ff., 377, 381 f., 385 f., 388, 390, 392 ff., 397 ff., 406 ff., 410 f., 413 ff., 417 ff., 427, 431 ff., 436 f., 447 f., 452, 458 f., 461 f., 464 f., 469, 474, 476 f., 479 f., 484 ff., 488, 490, 502, 506, 511, 519 f., 529, 538, 540 f., 547 f., 554 f., 558, 561, 572, 579, 584, 589, 599, 610, 619, 624, 661 f., 667 f., 679 f., 683 f., 695, 699, 702, 713, 715, 719, 722, 727, 747, 751, 753, 759, 761, 767 ff., 772, 775 f., 778, 784, 786, 793, 804, 813, 861, 896, 911, 917, 919, 925, 939
– Altstetten 40
– Disputation 399, 417
– Fraumünsterabtei 131, 151
– Hohe Schule 401
– Jazzfestival 903
– Kloten 858
– Lindenhof 63
– Oberland 275, 449, 658
– See 32, 265, 277 f., 511, 546
Zurlauben, Beat Fidel von 16
Zurzach 65, 90, 98, 102, 113, 124, 128, 225
– Messen 233, 376
Zwingli, Huldrych 300, 340, 346, 379, 388, 399 f., 402 f., 407 f., 417 f., 423, 759

Sachregister

A

Abgaben (Feudallasten) 146, 219, 239ff., 245, 250, 261f., 264, 288f., 453, 466, 489, 492, 508f., 516, 544, 560
Abkommen, internationales, siehe auch Konvention
– Bretton Woods 808, 827, 844, 947, 951
– Genf (1949) 945
– Washington (1919) 769
– (1946) 808
Abrüstung 896, 952
Absinth 578, 702f.
Absolutismus 397f., 414, 439, 478, 483ff., 492, 501, 510f.
Abwertung 732, 744, 779, 782
Achsenmächte 733f., 798, 801, 945
68er Bewegung 20, 861, 883, 893ff., 897ff., 906, 911, 924, 926, 942
Ackerbau siehe auch Getreidebau 39, 147f., 370, 453, 468, 545f.
Action Française 704
Adel 51f., 116, 131f., 137, 147, 152ff., 157, 164, 166, 169, 192f., 205, 228, 238ff., 248, 250, 261, 263f., 272f., 278ff., 283ff., 302, 325, 394
– städt. 151f., 190, 205, 242, 252, 286, 390, 394, 396
Adelsherrschaft 143f., 147, 152ff., 177, 205
Agglomerationen 742, 840, 856, 858, 880, 916
Agrarreformen 454, 467
– revolution 544ff.
AHV (Alters- und Hinterlassenenversicherung) 748f., 751, 768f., 777f., 810, 872ff., 886
Akademie 499, 506, 606
Akkulturation 74ff., 716
Alkoholismus 469, 576, 578, 718
Alliierte
– 1813–15 530, 593f.
– 1914–18 762, 764
– 1939–45 734, 736, 788, 797, 801f., 804, 807ff., 832, 945
Allmend 179, 370, 453f., 457, 467, 544, 546, 568, 661
Alphabetisierung 402, 497f., 501ff., 543, 588, 614
Alpwirtschaft 147ff., 152ff., 219ff., 237ff., 367ff., 453, 456, 468, 546, 840, 847
Altsteinzeit (Paläolithikum) 23, 26f.
– Magdalénien 27
Meliorationen 543f., 566
Amerbachsches Kabinett 414
Amphitheater 66, 78f., 84, 99
Ämter 52, 64, 89, 91ff., 229, 501, 504f.
– eidgen. 387, 395, 479, 519, 529ff., 608
– ländl. 161, 182, 192ff., 201, 203, 261, 388f., 391, 433, 466, 486f.
– städt. 75, 77, 91f., 179, 185, 191, 388ff., 401, 470ff., 483ff., 496
Analphabetismus 498, 585
Anarchismus 680, 699, 705, 899
Angestellte 560, 649, 720, 746, 766, 794, 877f., 915
Anleihen 245, 289, 379, 392, 424, 713f., 731, 745, 774, 792, 794, 842f.
Antiklerikalismus 496, 584, 589, 626f., 682
– kommunismus 736f., 750, 772, 784, 788, 791, 795, 808, 889f., 896, 901, 916
– semitismus 743, 787, 809, 890
– trinitarier 408f.
Aquädukt 79
Arbeiter 86, 237, 372f., 392, 462, 468, 542f., 546, 560f., 568, 571ff., 592, 598, 640, 659, 661, 669, 679ff., 686ff., 716ff., 720f., 742, 746ff., 750, 758, 765f., 768f., 777, 781f., 793f., 799ff., 812, 827, 846, 870ff., 876ff., 881, 883f., 886, 888, 891, 894, 924
– bewegung 679ff., 683f., 692
– schutz 675f., 699, 703, 766
– sekretariat 680f., 688, 718
Arbeitsbeschaffung 773, 783, 834, 868
– gesetzgebung 572, 783, 799, 834, 877
– kampf siehe auch Streik 680, 718, 747, 769, 794
– losigkeit 300, 391f., 533, 746, 766, 773f., 781, 796, 827, 830, 845, 848, 871, 885, 887
– zeit 572, 676, 747, 768f., 777, 877, 884f.
Architektur 76ff., 81ff., 99, 415ff., 592, 723, 755
Arianismus 123, 125
Aristokratie siehe Sozialstruktur
Armenwesen 391, 400, 495f., 567, 570, 717, 748
Armut siehe auch Pauperismus 88, 236, 391f., 459, 467f., 485, 532f., 567, 571, 575f.
Artillerie 242, 282, 323, 348
Asylpolitik siehe Flüchtlingspolitik
Atomenergie 854f., 896ff., 930
– kraftwerke 855, 896f., 926, 930
– sperrvertrag 941
– waffen 896, 940f.
Aufklärung 14ff., 19, 493f.
Aufstandsbewegung siehe auch Bauernaufstand 68f., 94, 180, 194f., 197, 204, 309, 334, 396ff., 431f., 487, 490ff., 510, 519, 572, 595, 893ff.
– Außerschwyzer 615
– Baselbieter 597f.
– Unterwalliser 616
Aufwertung 844
Aunjetitzerkultur 36ff.
Ausburger (Pfahlburger) 152, 205, 249
Ausfuhr siehe Export
Ausgrabungen 32, 37, 43, 47, 49ff., 60, 69, 72ff., 81ff., 86ff., 97f., 101, 104, 119, 124f., 138
Ausländer siehe auch Fremdarbeiter, Überfremdung
– anteil 538, 541, 708, 722, 743, 831, 845, 878f., 881, 891
– politik 743, 778, 881f., 891f.
Außenhandelspolitik siehe auch Freihandel, Protektionismus, Zollpolitik, Zolltarif 622f., 679, 691f., 733, 776, 797, 867, 945, 947f., 950f., 953f.
Außenpolitik 19, 179, 182, 188, 226, 249f., 253, 269, 271, 284, 293, 312f., 315f., 327, 331, 333f., 343f., 353f., 387f., 419, 425, 439, 473, 475, 479, 520, 529, 594, 603, 640, 644, 652ff., 670, 692ff., 697ff., 704f., 714, 734ff., 771, 784, 788ff., 795, 797, 808, 826, 944ff.
Ausstellung siehe auch Landesausstellung 553f., 757, 806f.
Auswanderung (Emigration) 300, 367, 438, 450f., 467, 538ff., 552, 576, 714f.
Auto 592, 778, 856, 891
Autonome Sozialisten 925
Auvernier-Kultur 33

B

Badener Artikel 600, 625f.
Bäder
– med. 578
– röm. 65, 79, 85, 99
Bagdadbahn 714
Balkankrise 762
Banken, Bankiers siehe auch Nationalbank, Notenbank 318, 378ff., 383, 438, 464f., 546, 557ff., 661, 690, 712ff., 716, 731f., 745, 773f., 779f., 782, 842f., 845f., 868, 900, 908, 914, 953

Bankgeheimnis 831, 845
- noten 559, 677, 691
Barock 14, 415, 417
Bauern 49, 83, 85, 126, 146f., 152f., 157ff., 183, 189, 199, 207, 218ff., 228, 237ff., 258f., 261ff., 273, 278, 281, 288ff., 306, 313, 373, 392, 394ff., 408, 432, 453f., 462, 466ff., 472, 498, 502, 519, 560, 568ff., 580, 649, 661, 679, 688f., 710, 716, 720, 743, 763, 775, 787, 796, 799, 812, 833, 847, 870, 872, 901, 915, 957
- aufstand 241, 263, 281, 290, 396ff., 418, 481, 485, 626
- krieg 397f., 478, 489f.
- sekretariat 688
Bauern- und Bürgerpartei, Bauern-, Gewerbe- und Bürgerpartei (BGB) siehe auch Schweizerische Volkspartei 740f., 772, 775, 777, 784, 787, 795, 916, 925
Baugewerbe 86, 660, 686, 708, 722, 744, 746, 774, 779, 843, 845, 853, 890
Beamte 642, 649, 668f., 701, 748, 766, 794, 915
Befreiungstradition 13ff., 21, 176, 415, 490, 506f., 522, 606f., 740
Beginen 281
Bekleidung 31, 34f., 115, 119f.
Bernische Fortschrittspartei 772
Berufsbildung 543, 861, 891
Besiedlung 51, 83, 112ff., 116ff., 129f.
Bettlertum 300, 391f., 468, 533, 567, 570, 575
Bevölkerungsdichte 149, 216f., 237, 360, 838f.
- entwicklung 148, 215ff., 221ff., 227, 241, 284, 337, 358ff., 371, 375, 382, 388, 391, 410, 438, 447ff., 467f., 508, 534ff., 543, 562, 564ff., 708, 714, 717, 742, 823, 827f., 836, 860, 865, 879
- struktur 123, 130f., 360, 452, 581, 860, 878f., 887
Bibel 111, 399f., 403, 586
Bildung 402, 582, 585ff.
Bildungswesen siehe Schulwesen
Binnenwanderung siehe auch Landflucht 367, 540f., 566ff., 714, 719, 742, 840, 879f.
Bistum siehe auch Ortsregister 122ff., 145, 404, 599, 671, 673, 677
Bodenpreis 382, 394, 840, 843, 847, 852, 859
Bolschewismus 737, 750, 801
Börse 557f., 712f.
Bourbaki-Armee 693
Bourgeois 485f.
Brauchtum 157, 494f., 575f.
Bronzezeit 33ff., 42, 48
Buchdruck 13, 372f., 412f., 463, 501f.
- kunst 127f.
Bund (Bundesgeflecht) 13f., 122, 168ff., 178ff., 202f., 210, 265f., 277, 282ff., 312ff., 334, 385ff., 419f., 422, 481f.
- Appenzeller 265, 270f., 285, 315
- Berner 184f., 215
- Glarner 182f., 189, 202
- Konstanzer 205
- Luzerner (Vierwaldstättebund) 179f., 182, 314
- ob dem See 263f.
- Sankt Galler 266, 285
- Schmalkaldischer 424
- Schwäbischer 317, 320ff., 325
- Torre 164, 196,
- Waldstätte 171ff.
- Zuger 183f., 189, 202
- Zürcher 155, 181f., 188, 195, 197, 215
Bundesbeschwörung 419
- brief 160, 162, 172ff., 269, 325, 386, 475
- eintritte
  - BS 315, 325
  - FR 315
  - GR 321
  - SH 285, 315, 325
  - SO 315
- tag (GR) 434
Bund (Bundesstaat) siehe auch Finanzen, öffentliche, Kompetenzen 17ff., 316, 529, 555f., 567, 590, 595, 608, 610ff., 616, 620f., 624, 630, 639ff., 657, 665ff., 669ff., 673, 678f., 683, 685, 688, 690f., 696, 698, 700f., 706f., 717, 724f., 738, 743, 748, 753, 756f., 759, 765, 770, 773ff., 781f., 784, 795f., 799f., 802, 809, 812, 840, 846ff., 852ff., 872, 876, 885f., 909, 911, 916ff., 924, 929, 931f., 936f., 954
Bundesanwaltschaft 705
- archiv 17
- beschluß, dringlicher 739, 842, 852, 876, 913, 917
- gericht 610, 645, 648, 783, 868, 876, 909
- kanzlei 928
- präsident 698
- rat 610, 620, 645, 648, 654ff., 662, 669ff., 673, 676f., 681ff., 688, 694, 698f., 702, 733f., 736, 738ff., 748, 750f., 757, 762ff., 768, 772f., 776ff., 782, 788f., 791ff., 798f., 802ff., 808ff., 842, 844, 854f., 858, 863f., 868, 875, 881f., 884, 909, 911ff., 927ff., 934, 937f., 940ff., 945f., 952
- revision siehe auch Verfassungsrevision 610f., 620f., 623f., 628, 641ff.
- verfassung 17, 20, 528, 533, 590, 600, 611, 621, 623, 630, 643ff., 666, 669ff., 677, 698, 706, 738, 749, 759, 793, 811, 861, 867, 873, 875, 882, 885, 911, 913, 919, 921, 928
- versammlung 22, 620, 645, 648f., 651, 666, 706, 739, 759, 763, 797, 918
- vertrag 531, 601, 603, 607ff., 619f., 622ff., 628, 641, 643, 645, 666
- verwaltung 648, 677, 684, 698, 776, 852, 914, 927f., 931, 937
Bündnerwirren 433ff.
Bündnis siehe auch Soldvertrag, Vertrag
- Habsburg-Laufenburg 171, 180
- Mühlhausen 286
- Österreich 169, 181, 185, 203, 209, 247, 278f., 282f., 420f.
- Rottweil 286
- Savoyen 206, 254, 287, 288f., 426
Burg 45, 176f., 196, 237, 253
- frieden 766f.
- rechtsvertrag
  - BE/BS/SO 254
  - BE/FR 168f., 251, 254, 287, 289
  - BE/FR/GE 400
  - BE/FR/LU/SO/ZH 314
  - BE/GE/ZH 427
  - BE/NE 251f.
Burgenbruch 175f.
Bürgerrecht siehe auch Ausburger 59, 73, 91ff., 103, 389f., 468, 472, 484f., 517, 567, 620f., 719, 722
- tum (Bourgeoisie) siehe auch Kleinbürgertum 88, 150ff., 166, 172, 190ff., 204, 207, 219, 228ff., 235f., 242, 244f., 255, 258f., 273, 281, 288ff., 362, 382f., 392, 394, 396, 415, 472, 482ff., 570, 576, 649, 668, 715ff., 736, 750, 757f., 769, 782f., 888

C

Calvinismus 402, 496, 575
CENTO (Central Treaty Organization) 828
Chassey-Kultur 32
Chiasserzug 339, 348
Chorgericht (Ehegericht) 400ff., 410, 496
Christentum 98, 122ff.
Christianisierung 98, 122ff.
Christlichdemokratische Volkspartei (CVP) 925, 929
Christliches Burgrecht 419f.
Christliche Vereinigung 420f.
Christlichnationaler Gewerkschaftsbund 883, 915
Christlich-Soziale 782f., 916
Citoyens 485f.
Clearingkredit 733, 802, 807
Collegia 77, 88, 94
Cortaillod-Kultur 32

D

Dadaismus 753, 904
Dampfkraft 571
- maschine 562, 566, 658, 723
- schiff 556, 566
Dawes-Plan 744
Defensionale 437, 478
Demokraten, demokratische Bewegung 617, 667ff., 671, 674, 681f., 696, 702, 925
Demokratie 151, 153, 211, 259, 263ff., 272, 281, 312f., 323, 439, 486, 488, 518, 586, 613f., 616ff., 653, 674, 678f., 700, 738ff., 758, 824
- direkte 313, 618, 646, 666, 703f., 912, 917f., 932, 952
- Konkordanzdemokratie 739, 751, 912ff., 923, 928f., 956
- repräsentative 514, 519, 528, 531, 611, 617f., 620, 642, 645, 647, 666, 674
Demokratische Partei (GR) 772
Depression 375, 378, 382f., 397, 670, 685ff., 691f., 708, 713, 717, 732, 779, 792, 824, 829, 831, 845f., 848, 852, 859, 863, 867, 869, 871, 875, 881f., 884f., 891, 909, 928, 930, 942, 948, 954f., 957

Dienstboten 472, 560, 568
– leistungssektor 541 f., 549 ff., 661, 686, 689 f., 708, 712 ff., 742, 745, 774, 830, 836 f., 840, 848, 877 f.
– verweigerung 900, 911, 941 f.
Diözese (kirchl. Verwaltungseinheit) siehe auch Ortsregister 123, 126, 145, 599
Diözese (röm. Verwaltungseinheit) siehe auch Ortsregister 103
– der 7 Provinzen 103
Diplomatische Vertretungen 552 f., 701, 951
Direktorium (Helvetische Republik) 516, 601
Disputation (Religionsgespräch)
– Baden 418
– Bern 408
– Lausanne 400
– Zofingen 408
– Zürich 399, 417
Dolmen (Megalithen, Menhire) 32
Dorf siehe auch vicus 35 f., 149, 217 f., 466, 468, 472, 489, 582, 650, 714
– gemeinde 219, 417, 453 f., 466, 582
Dreibund 694, 697, 699, 705, 710 f.
Drei Bünde 321, 327, 340, 358, 369, 377, 385, 388, 400, 406, 429, 432 ff., 481
Dreifelderwirtschaft 148, 219, 368, 453 f., 467, 544 f.
Drei-Säulen-System 872 f.
Dreisiegelbrief 434
Dringlichkeitsrecht siehe auch Bundesbeschluß, dringlicher 733, 738, 793, 833, 914, 917 f., 929
Drittes Reich 887 f.
Dritte Welt siehe auch Entwicklungsländer 737, 830, 844, 890 ff., 894, 896, 927, 950, 953 f.
Druiden 51 f.

E

Edikt von Nantes 431, 450, 461, 474, 698
EFTA (European Free Trade Association) 835, 948
EG (Europäische Gemeinschaften) 948
Eherecht 361, 403, 537, 581, 674 f., 882, 918
Eidgenössische Turn- und Sportschule 812
Einfuhr siehe Import
Einhegung, Einschlag 221, 370, 392, 454, 462, 467, 661
Einheitsstaat 514 ff., 529, 611, 623
Einwanderung (Immigration) 438, 450, 463, 538, 714 f., 840, 842, 877 f., 881 f., 891 f.
Eisenbahn 554 f., 566, 640, 651 f., 657, 659, 661 ff., 685 f., 689 f., 694 ff., 701, 706, 707 f., 713, 723, 856 ff.
– Schweizerische Bundesbahnen 701, 769, 779, 857
– zeit 37 ff., 48, 53, 86
  – ältere (Hallstattzeit) 37 ff., 45 f., 52, 89
  – jüngere (Latènezeit) 37 ff., 46 ff., 51 f., 86, 89
Eiszeiten 23 f., 26
Elektrizität 707, 745, 779, 854
Elite siehe auch Sozialstruktur
– polit. 93, 147, 151, 173 f., 181, 210, 291, 322, 380, 396 ff., 423, 432 f., 460 f., 466, 468 ff., 483 ff., 503, 505, 510, 522, 611 f., 640 f., 643, 648 ff., 668, 739, 743, 750, 784, 951
– wirtsch. 236, 389 ff., 460 f., 466, 468 ff., 502, 508, 522, 570
Energie siehe auch Atomenergie, Elektrizität, Erdöl, Wasserkraft 561, 762, 825, 829, 831, 854 f., 896 f., 900, 949
– politik 850, 854 f., 938
Ennetbirgische Vogteien 369, 375, 434, 479
Entente 705
Entwicklungshilfe 930, 953 f.
– länder siehe auch Dritte Welt 737, 828 f., 890, 911, 951, 953
Enzyklika
– 1835 600
– Quadragesimo anno 759, 783
Epidemien siehe Seuchen
Erbrecht 240 ff., 882
– teilung 147, 154, 243, 245, 247, 392, 568
Erdgas 855
– öl 844, 854, 897, 949 ff.
Erfindungen 547, 592, 687, 723
Ernährung 31, 35, 87, 219 f., 237, 450, 455, 458, 462, 468 f., 574 f., 897
Erziehung 725, 882, 899
Escalade 430
ETH – Eidgenössische Technische Hochschule 651, 684, 755, 852, 861 f.
Ethnie 120, 934
Euratom (Europäische Atomgemeinschaft) 948
Europäische Gemeinschaft für Kohle und Stahl (Montanunion) 948
– Sozialcharta 953
Europäischer Gerichtshof für Menschenrechte 942
Europarat 897, 918, 953
EWG (Europäische Wirtschaftsgemeinschaft) 835, 948
Ewige Richtung 307, 310, 317
Existentialismus 901
Export 44, 87, 149 f., 231 ff., 257, 337, 368 f., 371, 374 ff., 382, 456 f., 462 ff., 468, 550 ff., 622, 656, 659, 665, 686, 707, 709 f., 712, 732 ff, 744 f., 780 f., 801 f., 828, 831, 837, 842 f., 845, 848, 944, 951, 953 f.
Expressionismus 753

F

Fabrik 463, 465, 521, 540, 542, 547 f., 561 f., 566, 568, 571, 573, 592, 658 f., 686 f., 708, 714, 749, 877
– gesetz 572, 675 f., 718, 748, 766, 774, 877
Fähnlilupf 434
Familienschutz 749, 807, 810 f., 875 f.
Faschismus 734, 736 f., 739, 741, 747, 750 f., 755, 758 ff., 771, 778 f., 783 ff., 801, 803 ff., 807 f., 877, 930, 945, 956
Fédération socialiste suisse 794, 810
Fehde 147, 167 f., 172, 190, 198 ff., 434
Felsmalerei 27
Fernsehen siehe auch Massenmedien 891, 900, 919 ff.
Feste 522, 575 ff., 606 f., 621, 751
Feudalismus 149, 155, 157, 160, 163 f., 190, 192, 198, 229, 237, 263, 272, 275, 290, 517
Film (Kino) 756 f., 779, 813, 901, 903, 909
Finanzen, öffentliche 382 ff., 517, 825, 831, 862 ff.
– Bund 645, 648, 675, 691, 701, 704, 765, 782, 796, 825 f., 850, 861, 863 ff., 886, 916 f., 927, 930 f., 937 f., 940
– Kantone 648, 825, 850, 861, 863 ff., 931, 937 f.
– Gemeinden 850, 861, 863, 865 ff.
Finanzplatz 379, 424, 558, 713, 731 f., 744, 779 f., 830, 845, 945, 951
– politik 419, 782, 825, 863 ff., 929
Fluchtgeld 765, 780, 845, 950, 953
Flüchtling 117, 372 f., 383, 390, 450, 461, 541, 698 f., 726, 891 f., 927
Flüchtlingspolitik 461, 531, 538, 603 f., 654, 698 f., 704, 738, 743, 809, 892, 945
Föderalismus 295, 518, 546, 555, 613, 623, 640 f., 643, 669, 671, 674, 676, 681 ff., 691, 696, 701, 703 f., 753, 787, 812, 847, 852, 863, 868, 872, 907 f., 912, 914, 917, 924, 930 ff.
Forstgesetzgebung 457, 562
Forum 75 ff., 82
Frauenarbeit 382, 573, 717, 743, 806, 845, 877, 882, 885
– bewegung 806, 882, 897 f.
– hilfsdienst (FHD) 806
– stimmrecht 768, 806 f., 897, 918, 922
Freihandel 551, 640, 648, 657, 665, 691, 710 f., 717, 731, 948, 951
Freiheit 146, 153, 158 ff., 193 ff., 199, 210, 219, 222, 239 ff., 278, 395 ff., 482, 488, 490, 501, 617
Freiheitsrechte siehe auch Menschenrechte 531, 582, 614, 618, 644
  – Glaubens- und Gewissensfreiheit 407, 616 f., 672
  – Handels- und Gewerbefreiheit 460, 517, 546, 616, 672, 679, 833, 852, 914
  – Kultusfreiheit 644
  – Meinungsfreiheit 587, 603, 616
  – Niederlassungsfreiheit 241, 261, 537, 546, 581, 616, 644, 669, 672
  – Pressefreiheit 517, 531, 586 ff., 603, 616, 789
  – Religionsfreiheit 409, 616, 673
  – Vereins- und Versammlungsfreiheit 616, 644, 679
Freimaurer 503 f., 589, 787
Freischaren 627, 630, 654
Freisinn, Freisinnig-demokratische Partei (FDP) 647, 669 f., 674, 676 f., 681 f., 684, 700 f., 703 f., 706, 731, 739 ff., 743, 750, 753, 759, 772, 776 f., 785, 810, 849, 916, 926 f., 929, 938
Freizeitkultur 504, 779, 897
Freizone 594, 655, 736, 771
Fremdarbeiter 722, 743, 830 f., 835 f., 840 ff., 845, 877 ff., 881 f., 885, 891

Fremdenfeindlichkeit 736, 743, 881 f., 891 f.
– verkehr 16, 460, 472, 507, 538, 556 f., 577, 591, 661, 744, 781, 836, 853
Fremder Dienst siehe auch Solddienst 16, 380, 389 f., 395, 402, 450, 470 f., 475, 539, 651
Frieden siehe auch Landfrieden
– Basel (1499) 324, 326, 385
– Brandenburger 184 f., 202
– Breisach 283
– Cambrai 351
– Campoformio 513
– Cateau-Cambrésis 426
– Como 197
– Ensisheim 280
– Frankfurt 685, 694
– Freiburg 350
– Konstanzer 266
– Luzerner 277
– Lyon 430
– Mailand (1426) 270
– Murten 289
– Nyon 430
– Paris (1815) 531, 593
– Regensburger 185, 202
– St. Germain 771
– Torberger 201
– Vercelli 331
– Versailles 736, 770
– Vervins 430
– Waldshut 301 ff.
– Westfälischer 325, 438, 612
– Zwanzigjähriger 209
Friedensbewegung (Pazifismus) 589, 704, 707, 761, 767, 898, 952
Frömmigkeit siehe auch Heiligenverehrung 122, 399, 406, 418, 497, 583 f.
Fronten 759 f., 779, 784 ff., 795
Führungsschicht siehe Elite
Fundorte 26 ff., 30, 32, 39 ff., 44 ff.

G

Gas siehe auch Erdgas 854
GATT (General Agreement on Tariffs and Trade) 827, 948
Gau (pagus) 51, 55, 92
Geburtenkontrolle 364, 449, 580, 879, 899
Gegenreformation 402 ff., 424 ff., 438
Geistlichkeit 203, 228 ff., 399 ff., 409, 417, 423, 472, 495 ff., 505 f., 576, 584, 626 f., 910
Geldwirtschaft 39, 47, 88, 239, 465, 468
Gemeinde siehe auch Dorfgemeinde, Kommune, Finanzen, öffentliche 467, 553, 563, 567, 583, 624, 741, 748, 782, 846, 853 f., 858 ff., 908 f., 928, 932
– ländl. 153, 160 ff., 193 f., 196 f., 199 f., 206, 275, 278, 280, 432 ff.
– städt. 206, 242, 278, 280
– autonomie 153, 418, 420 f., 428, 434, 482, 488
– versammlung 238
Gemeine Herrschaften 254, 276, 284, 292, 385, 387, 395, 400, 406, 418 ff., 424, 474, 476 f., 479, 488
Generalrat
– GE 400, 485 f.
– VS 193
– stab 520, 704 f., 762
– streik siehe Landesstreik
Genossenschaft 152 f., 155 f., 160 ff., 166, 196, 199, 220, 239, 259 f., 263, 281, 543, 661, 824
Gerichtsbarkeit 147, 182, 191, 194, 203, 247, 261, 270, 285, 288, 321, 397, 473
– wesen siehe auch Bundesgericht 173, 199, 318, 325, 395, 489, 516, 684
Gesamtarbeitsvertrag 773, 794, 799, 812, 874, 876
Geschichtsschreibung 13 ff., 24, 207, 301, 357, 413 ff., 507, 533 f., 606 f., 725, 803
– wissenschaft 17, 25, 111 f., 499, 506 f., 606 f., 725, 778, 821 f., 954 f.
Gesellen 236, 389, 590, 661
Gesellschaften siehe Sozietäten und Vereine
Gesetzgebungsverfahren 618, 668 f., 676, 834, 912 ff.
Gesinde 85, 236
Gestapo 790
Gesundheitswesen 449, 500, 578 f., 718, 724 f., 825, 831, 860 f., 874 f.
Getreidebau 28, 35, 87, 149, 220 f., 234, 300, 367 f., 370 f., 375, 453, 455 f., 462, 545 f., 548, 689
– politik 365, 382, 455, 458 f.
Gewaltenteilung 515, 617, 645, 668
Gewerbe 146, 148, 166, 215, 221 ff., 235, 276, 299 f., 460 f., 665, 692, 710 f., 773, 811 f., 833, 837, 840, 846, 877 f., 915, 952
– verein 553
Gewerkschaften 680 f., 718, 747 f., 766 ff., 783, 786, 793 f., 812, 824, 835, 844, 852, 870, 873, 876 ff., 880 f., 883 f., 886, 889, 895, 912, 915, 926, 938, 956 f.
Gewohnheitsrecht 240, 245, 288, 386, 395 ff., 499
Gewürzhandel 224, 231, 297
Gladiatoren 78 f.
Glarnerhandel 425 f.
Glaubensspaltung 358, 387, 407, 419, 429, 475 f., 496, 615
Gleichheit siehe auch Rechtsgleichheit 397, 482, 484, 509, 582, 617, 898
Glockenbecherkultur 32 f.
Golasecca-Kultur 48
Goldener Bund 429
Gotik 417
Gotteshausbund 199, 320 f., 324, 434
– leute 162, 193, 240
Gotthardbund 805
Grafschaftsverfassung 131
Grauer Bund 321, 324, 331, 434 f.
Grenzbefestigungen 65, 74, 101 f., 109, 112, 117, 129
– streitigkeiten 594, 655, 736
Grundbesitz 84, 88, 146 f., 159, 229, 288 f., 392, 466, 470 f., 569 f., 718, 853
– herr 146 f., 159 ff., 217, 219 f., 229, 238 ff., 288 f.
– herrschaft 146 f., 153, 159 ff., 210
– rechte siehe Freiheitsrechte
– rente 382
Grüne 926 f., 938
Grütliverein 585, 680, 683 f.
Gute Dienste 707, 737 f., 946

H

Habitants 485 f.
Handel 47, 61, 69, 87, 146, 148 ff., 166, 221 ff., 229 ff., 234 f., 244 f., 250, 253 f., 256 f., 268 f., 282, 288 f., 296 ff., 325 f., 375 ff., 390 f., 438, 456 ff., 464, 550 ff., 661, 830, 914
– Außenhandel siehe auch Export, Import 550 ff., 665, 691 f., 710 ff., 714, 731 ff., 737, 745, 762, 774, 797, 801 ff., 807 f.,
– Binnenhandel 550 f.
– Fernhandel 146, 180, 192, 223 ff., 376, 390, 469
– Kolonialhandel 458, 464
– Welthandel 464, 711, 734, 779, 782, 828, 835, 843
Handelsbilanz 550, 556, 712, 737, 836, 953
– gesellschaft
  – Ravensburger 230 f.
  Watt-Diesbach 231, 235, 285, 302
– kammern 679
– privilegien 267, 333, 337, 380, 473
– vertrag
  – Alliierte (1940) 801
  – Baden 552
  – Deutschland 665, 692, 797, 801, 807 f.
  – EG 948
  – Frankreich 552, 665, 669, 692
  – Italien 665
  – Mexiko 552
  – Niederlande 552
  – Österreich-Ungarn 665
  – USA 553
– wege, – ströme 33, 41 f., 84, 138 f., 225 ff., 230 f., 253, 255 ff., 266, 272, 285, 296 ff., 302, 319, 326, 365, 376 f., 464
Handwerk, Handwerker siehe auch Kunsthandwerk 31 ff., 86 f., 149 ff., 180, 229, 233 ff., 250, 371 ff., 391, 450, 470, 498, 502, 542, 591, 658, 660 f., 679, 686 ff., 709, 716, 718, 720 ff.
– vereine 589
Heer siehe auch Militär 102
– folge 147
Heeresversammlung 52
Heer und Haus 759
Heidentum 122, 125, 494
Heilige Allianz 531, 601, 603, 610
Heiligenverehrung 98, 124 f., 128, 139, 399, 403, 419
Heiliger Stuhl 338 f., 342, 426, 673
Heiliges Römisches Reich siehe Reich
Heimarbeit, -industrie 450, 542, 548, 569, 571, 573, 658, 686 f., 709, 717, 743
Heimatlose 468, 567, 644
– wehr 787
Hellenismus 39, 44, 93
Helvetik 18, 20, 516, 530, 551, 555, 563, 582 f., 587, 600 f., 609, 612, 614, 623

Helvetische Republik 460, 505, 514ff., 529, 547, 562, 590, 608, 620, 623
Helvetisches Bekenntnis 402
Helvetismus 506ff., 601, 726
Hexerei 409f., 495
Hintersäßen 162
Hirtenkultur 157ff., 172, 507, 522
Hochschule siehe Universität
Holzwirtschaft 456f., 562f., 566, 660, 687
Horgener Kultur 33
Hörige 51, 160, 172, 240
Hugenotten 429f., 450, 461, 463, 492
Humanismus, Humanisten 14, 16, 399, 407f., 412, 438
Hundert Tage 527, 530, 594
Hungersnot 220, 235, 237, 364ff., 370, 458f., 543, 552, 561, 574
Hygiene 79, 236ff., 449, 472, 565, 579

I

Iberische Kultur 38
IDA (International Development Association) 952
Immunität (ma.) 133
Imperialismus 700, 704, 712
Import 44, 48, 85, 87, 150, 231ff., 257, 337, 368f., 374, 376, 455ff., 462, 464, 466, 521, 550, 562, 661, 665, 707, 709f., 732f., 780, 828, 830f., 835f., 842, 845, 944, 949
Industrialisierung 469, 472, 533, 540ff., 546ff., 562, 566ff., 570ff., 586, 590f., 657ff., 668, 678, 685ff., 708ff., 715
– Protoindustrialisierung 546
Industrie 224, 371ff., 378ff., 390f., 438, 448, 450, 453, 455, 461ff., 465, 467f., 508, 521, 541ff., 546ff., 559, 566ff., 657ff., 665, 685ff., 708ff., 722f., 731ff., 742ff., 773f., 779ff., 791, 801, 804, 812, 830, 837, 840, 843ff., 848, 855, 861, 878, 914, 952, 957
– Bergbau, Schwerindustrie 224, 374f., 391, 457, 549, 562, 573, 659
– Chemie 548, 687, 709, 733, 745f., 774
– Maschinen, Metall 548, 556, 562, 573, 640, 659f., 686f., 709, 733, 744ff., 774, 794, 799, 801, 845, 876, 884
– Nahrungsmittel 549, 573, 660, 687, 709
– Uhren 373, 463f., 548, 569, 592, 659, 686f., 709, 712, 733, 746, 774, 847, 934
– gesellschaft 25, 561, 674, 956
Industrielle Revolution 463, 465, 659, 709
Infanterie 323, 348, 674, 940, 943
Inflation 154, 235, 244f., 276, 380ff., 422, 456, 459, 708, 744ff., 748, 765, 829, 831f., 842ff., 846, 867, 876
Initiative
– Gesetzesinitiative 618, 668f.
– Verfassungsinitiative
  – Bund 646, 678, 702, 925f., 930
  – kant. 618
Inschriften 73
Interdikt siehe Kirchenbann
Interessengruppen 670, 674, 678ff., 740, 777, 783, 924, 928
Internat. Amt für Geistiges Eigentum 706
– Arbeiterassoziation (I. Internationale) 680, 683
– Energieagentur 950
– Gerichtshof 736, 738, 945f.
– Organisation siehe auch einzelne Organisationen 706, 945ff., 950
Interpretatio Romana 96
Investitionen 372, 392, 394f., 416, 456, 461, 463, 465, 543, 557, 665, 692, 708, 712ff., 716, 829, 831, 835, 840, 842, 844, 848, 953f.
– öffentliche 416, 465, 846
Investiturstreit 136
Irredentismus 685, 705, 722

J

Jagd 26ff., 157, 566
– recht 397
Jesuiten 404ff., 415, 432, 499, 625ff., 911
Juden siehe auch Antisemitismus 16, 244, 409, 468, 669, 743, 754, 809
Jugendbewegung 899, 909
– probleme 882f., 900
Julimonarchie 527
Jungbauern 787
Jungsteinzeit (Neolithikum) 27ff., 36, 42
– Kupfersteinzeit 33
Jurafrage 596, 933ff.
Justiz siehe auch Gerichtsbarkeit 386f., 582, 800

K

Kaiserkult 75, 78, 97
– tum 133f., 136, 143f., 166, 168, 170f., 177, 180, 196, 200f., 240, 261, 274, 284, 317
Kantone siehe auch Länderkantone, Stadtkantone, Finanzen, öffentliche, Kompetenzen, Souveränität 14, 467, 515f., 518ff., 528f., 535ff., 555, 581, 593ff., 608, 610ff., 639ff., 650f., 662, 665ff., 671ff., 677ff., 683ff., 688, 690, 696, 701f., 722, 740f., 749, 770, 772, 782, 806, 811, 840, 846, 849, 852ff., 861f., 872f., 875f., 886, 914, 918, 928ff., 937f., 944
– katholische siehe auch Orte, katholische 481, 529, 536f., 625ff., 651, 909
– protestantische (evangelische, reformierte) siehe auch Orte, protestantische 520, 529, 536f., 541, 625
Kantonsparlament 598, 619f., 642, 650, 679, 741, 785f., 811, 918
– regierung 519, 619f., 650, 667, 673, 778, 785f., 926
– verfassung 519, 531, 585, 595, 598, 614ff., 624ff., 644, 646, 666f.
Kapitalakkumulation 383f., 827, 831
Kapitalismus 372ff., 383, 402, 571, 690, 717, 751, 787, 827ff., 869, 893, 944, 947, 953f., 956
– organisierter 823, 828
Kapitulat siehe Soldvertrag
Kapuziner 405f., 428, 432, 497
Karlsbader Beschlüsse 603
Kartell 373, 711, 717, 774f., 828, 833, 849
– gesetzgebung 775, 834, 849
Kartoffelanbau 454ff., 462, 468, 545, 574, 689
Kartographie 411
Käserei 221, 369, 456, 546
Kastell (castra) 101f., 113, 117, 124
Kastellaneysystem 144, 190f., 193
Katholische Volkspartei 683
Katholisch-Konservative siehe auch Katholische Volkspartei, Konservative Union, Konservative Volkspartei 20, 528, 650, 671, 678, 704, 737, 739ff., 743, 749f., 759, 772, 777, 782f., 788, 794, 810, 872
Katholizismus siehe auch Kirche, Orte 19, 402ff., 413, 417ff., 474ff., 492, 496f., 519, 532f., 570, 575f., 596, 599ff., 614ff., 625ff., 642f., 671ff., 677, 681ff., 694, 702, 704, 759f., 875, 877, 881, 910f., 934, 936
Kaufleute 88, 151, 196f., 199f., 224, 227ff., 244f., 267, 289, 293, 297ff., 372, 375ff., 378f., 383, 388, 390, 438, 464, 470, 484f., 721
Kavallerie (Reiterei) 282, 323, 348
Keltiberische Kultur 38
Keltische Kultur 38, 53, 74, 96f.
Keramik 28, 30f., 33f., 36, 39, 42, 45f., 82, 86f., 464
Ketzerverfolgung 408f.
Kinderarbeit 572ff.
Kirche 449, 492ff., 515f., 909ff.
– christkatholische 673
– katholische 122ff., 130, 134ff., 281, 292, 339f., 361, 363, 399f., 402ff., 479, 496, 575f., 583f., 599ff., 625ff., 673ff., 692, 759f., 769f., 910f., 934
– protestantische (evangelische, reformierte) 399ff., 407ff., 479, 496f., 575f., 583f., 760f., 910f.
Kirchenbann 169, 292
– reform 400ff.
– väter 399
Kirchgemeinde 397, 400, 403f., 583, 910
Klassenkampf 228, 679, 683, 703, 740, 766, 769, 794, 884, 886, 888, 925
Kleinbürgertum 750, 901, 924, 957
Klerus siehe Geistlichkeit
Klima 23f., 26ff., 35, 45, 148, 370, 458
Klöster siehe auch Ortsregister 125, 127f., 131ff., 144, 220, 237, 243, 383, 399f., 403ff., 418, 576, 625ff., 671
Kohleversorgung 562, 763, 801
Kollegialsystem 645, 648
Kolonialismus 700, 712, 714, 828
Kolonien siehe auch Militärkolonien 464, 946, 950
Komintern 770
Kommission
– Expertenkommission 676, 909, 914, 928
– parlamentarische 645, 670, 739, 795
Kommunale Bewegung 141, 150f., 160, 190, 192, 195

Kommune siehe auch Gemeinde
- ländl. 302
- städt. 150, 188, 190, 197, 302
Kommunismus 589, 747, 827, 889, 892, 909f.
Kommunistische Partei siehe auch Partei der Arbeit 741, 750, 770, 795, 804, 810
Kompetenzen
- Bund 554, 642ff., 648, 671, 674ff., 796, 833, 847, 852ff., 859, 864, 866, 887, 921, 931, 937f., 943f.
- kant. 553, 563, 642, 674f., 852ff., 860ff., 887, 909, 931, 937f., 943f.
Konferenzen, internationale
- Den Haag (1899/1907) 707
- Genf (1949) 945
- Genf (1954) 946
- Kiental 767
- Paris (1975–77) 954
- Konferenz für Sicherheit und Zusammenarbeit in Europa (KSZE) 952
- Zimmerwald 767
Konflikt siehe 68er Bewegung, Arbeitskampf, Aufstandsbewegung, Klassenkampf, Revolution
Kongreß
- Berliner 699
- Wiener 527, 531, 596f.
Königtum 132f., 135f., 139f., 143, 166f., 170f., 174, 185, 221, 229, 279
Konjunktur siehe auch Depression 223ff., 235f., 295f., 299f., 369ff., 377ff., 397, 416, 438, 489, 546f., 574, 640, 664f., 685ff., 700, 707ff., 732, 742, 744ff., 772ff., 779ff., 824f., 829, 831f., 835, 843ff., 848, 865, 867, 874ff., 880, 884, 886, 891f., 898, 903, 906, 910, 918, 940, 958
- artikel 847
- politik 779, 782, 825, 842ff., 846ff., 863ff., 869, 929ff.
Konkordat, interkantonales 520, 551, 611, 621ff., 643, 932
- Bürgerrecht 621
- Epidemien 578
- Heimatlose 567, 621
- Retorsionskonkordat 622f.
- Schuljahresbeginn 932
- Straftäter 621
Konkordat (Kirche und Staat) 404
- Napoleon I. 599
Konservative Union 683
Konservative Volkspartei (KVP), Konservativ-christlichsoziale Volkspartei (KCVP) siehe auch Christlichdemokratische Volkspartei 916, 925
Konservativismus siehe auch Katholisch-Konservative 488, 589, 601, 616, 619, 641, 647, 650f., 653, 666f., 670, 681, 683, 703, 717, 735, 739, 742, 753, 758, 769f., 772, 807, 825, 829, 849, 898, 900f., 917, 920, 925, 958
- liberaler 642, 706
- protestantischer 672
Konsistorium siehe Chorgericht
Konsulate siehe diplomatische Vertretungen
Konsumentenorganisationen 711, 885
Kontinentalsperre 521, 545, 553
Konvention siehe auch Abkommen, internationales
- Genfer (1864) 655
- Haager (1899/1907) 707
Konzentration (Wirtschaft) 461, 687, 690, 774f., 828, 841, 849, 883, 952
Konzil
- Aquileja 98
- Basel 229, 281
- Konstanz 229, 292
- Lyon 343
- Pisa 340
- Trient 358, 403f., 425f.
- Vatikan I 670, 673, 683, 692
- Vatikan II 910, 924
Kreditwesen siehe auch Banken 379, 389f., 392, 560, 668, 690, 842ff., 885
Kretische Kultur 33
Krieg
- Abessinienkrieg 789
- Alter Zürichkrieg 209, 271ff., 286, 291, 293, 312, 315, 317
- Appenzellerkrieg 261ff., 284
- Bockenkrieg 520
- Burenkrieg 705
- Burgdorferkrieg 204f.
- Burgunderkriege 145, 209, 295ff., 316, 326, 329f., 347
- Dreißigjähriger 367, 371, 374, 378, 380, 385, 395, 397, 406, 433ff., 450, 464, 473, 478, 481, 489
- dt.-frz. (1870/71) 639, 670, 685, 692ff.
- Hugenottenkriege 429f.
- Hundertjähriger 221, 253, 296, 305
- Italienkriege 17, 269f., 293f., 326ff., 377, 415
- Kalter 759, 814, 824, 944, 946f.
- Kappelerkrieg, erster 421
- Kappelerkrieg, zweiter 422
- Koalitionskriege 512ff., 517ff., 522, 535, 538, 593f.
- Koreakrieg 835, 864, 940
- Kyburgerkrieg siehe Burgdorferkrieg
- Mailänderkriege siehe Italienkriege
- Müßerkrieg 421
- napoleonische Kriege siehe Koalitionskriege
- preuß.-österr. (1866) 639
- Rosenkriege 242
- Sardinien-Österr. (1848) 653f.
- Sardinien-Österr. (1859) 655
- Schwabenkrieg 17, 209, 317ff., 331, 384f.
- Sezessionskrieg 665
- Siebenjähriger 474
- span. Bürgerkrieg (1936–39) 790
- Stecklikrieg 611
- Vietnamkrieg 941
- Villmergerkrieg, erster 477
- Villmergerkrieg, zweiter 474, 477, 479
- Waldshuter 303
- Weltkrieg, erster 20, 700, 707, 731ff., 746, 748ff., 753, 756f., 761ff., 783, 792, 795, 806, 810, 904, 913, 933, 939
- Weltkrieg, zweiter 63, 733f., 736ff., 745f., 748ff., 758, 775, 781, 792f., 795ff., 824, 827f., 830, 832f., 858, 862, 864f., 871f., 875ff., 879, 887ff., 903, 909, 913, 917, 919, 939, 945, 956, 958
Kriegsrecht 58, 183
Kriminalität 583, 883
Kulte 26, 38, 52, 77, 93, 95ff., 122
Kulturkampf 596, 672ff., 683, 685, 694, 698, 911, 934
- kritik 753, 756, 758, 894
- politik 751ff., 757ff., 793, 908f.
Kunst siehe auch Architektur, Film, Literatur, Malerei, Musik, Photographie, Plastik, Theater 52f., 100, 122, 414ff., 505ff., 591, 725ff., 751ff., 901ff.
- handwerk 36, 40
Kurfürstenkolleg 282, 302

L

Lagozza-Kultur 32
Laizismus 515, 672f.
Landflucht 219, 392, 840, 879f.
- frieden 167ff., 175, 178, 182, 184, 202
  - Kappeler, erster 421
  - Kappeler, zweiter 400, 406, 422, 424f., 476
  - Dritter 422, 477
  - Vierter 477
  - Reichslandfrieden 317f.
- schaft 154, 188, 222, 229, 250, 260, 264, 288f., 366f., 373, 382, 391ff., 458, 462f., 472, 478, 482, 485, 489ff., 595, 597f., 617
- wirtschaft siehe auch Ackerbau, Getreidebau, Milchwirtschaft, Schafzucht, Viehzucht, Weinbau 35, 146ff., 152ff., 215, 218ff., 227, 237ff., 261, 290, 300, 367ff., 375, 380, 397, 438, 448, 450, 453ff., 462, 465, 467f., 470, 504, 508, 535, 541ff., 564f., 568ff., 660f., 686, 687f., 692, 708, 710, 712, 714, 742ff., 775, 781, 796, 799, 830, 833, 837, 840, 847, 852, 875, 915
- wirtschaftspolitik 688f., 708, 775, 781f., 796, 799, 833, 847, 948
Länderkantone siehe auch Länderorte 388, 480, 519
- orte siehe auch Länderkantone 174, 177, 181, 184, 188f., 203, 210f., 249, 258ff., 271, 312ff., 318, 387, 389, 391f., 395, 478, 486ff.
Landesausbau 137, 148
- ausstellung 751, 761, 793, 888, 892
- herrschaft 134, 144, 154f., 157, 160, 163f., 177, 189, 202f., 205, 209, 248
- ring der Unabhängigen (LdU) 741, 787, 810, 834, 916f., 924, 927
- streik 20, 703, 747f., 750, 768f., 784, 810
- verteidigung 612f., 655, 675, 701, 704, 741, 750, 762, 764, 792, 794, 796ff., 800, 804, 806f., 826, 888, 896, 900, 930, 939ff.

– Geistige 21, 743, 751, 756, 758 ff., 813, 901
Landsgemeinde 397, 426, 486, 501, 519, 572, 615 f., 618, 620, 642, 666, 918
– knechte 320, 322, 332, 345
Lateinische Münzunion 691
Lebensstandard 79, 87, 154, 215, 236, 300, 439, 468, 538, 541, 573, 746 f., 780, 836, 869
Ledergerberei 233 f.
Legion 59, 65, 72, 90 f., 109
– thebäische 98, 124 f., 128
Legionslager 65 ff.
Lehenswesen 133 f., 136, 141, 147, 188, 192 ff., 203 f., 304
Leibeigene 51, 153, 219, 240, 397
Levallois-Kultur 26
Lex Alemannorum 130
– Forrer 701
– Gundobada 116
– Häberlin 770
– hospitalitatis 114
Liberalismus siehe auch Demokraten, Freisinn, Radikale 528, 544, 570 f., 584 ff., 589, 597, 609, 613, 616 ff., 625, 643 ff., 647, 649 ff., 654, 657, 666, 668 f., 672 f., 681 f., 688, 711, 717, 739 f., 793 f., 824 f., 828, 830, 832 ff., 858, 863, 877, 887, 889, 914, 926, 937
Liga
– Cambrai 334 ff., 338
– Heilige (1511) 339 f.
– Heilige (1576) 429 ff.
– Mecheln 342
– Moncalieri 310
– Venedig 331
Limes siehe Grenzbefestigungen
Literatur 128, 412, 505 ff., 591, 725 f., 754 f., 813 f., 895, 901 ff., 906 f.
Löhne 373, 382, 392, 459, 571 ff., 718, 745 f., 748, 765, 773, 781 f., 799, 812, 832, 836, 844, 876 f., 886
Lollarden 281
Luftverkehr 858, 896
– waffe 804, 927, 939, 942 f.
Lüscherz-Kultur 33

M

Magistraten siehe Ämter
Majorzwahlrecht 648, 739, 772, 929
Malerei siehe auch Felsmalerei, Wandmalerei 228, 414 f., 506, 591, 726 f., 751 ff., 902, 904
Markt siehe auch Messen 76 f., 85, 135, 149, 219, 221 f., 239, 297, 372, 375, 575 f.
– recht 149
Marshall-Plan 828, 835, 947
Marxismus 794, 893, 901
Massenmedien 770, 899, 907, 919 ff., 926, 938
Maße und Gewichte 515, 550, 644, 648 f., 675
Mazze 432
Mechanisierung 463, 521, 543, 547 f., 561, 565, 657 f., 686 ff., 692
Mediation 519 ff., 527, 543 f., 548, 553, 587, 600 ff., 609, 620
Mediationsakte 519 f., 529 f., 601, 611, 614, 622 f.
Mediterrane Kultur 39, 42, 74, 79, 84 f.
Medizin siehe Gesundheitswesen
Mehrheitsprinzip 269, 315 f., 334, 385, 387, 428, 620
Meilenstein 90, 101
Meistbegünstigung 665, 706
Menschenrechte siehe auch Freiheitsrechte 512, 514
– Deklaration vom 26. Aug. 1789 511, 616
– Europäische Konvention zum Schutze der Menschenrechte und Grundfreiheiten (1950) 918, 953
Mentalität 28, 32, 243, 363, 469 ff., 494, 506, 509, 532 f., 568, 581 f., 614, 723, 739, 743, 799, 823 f., 826, 888 f., 893, 899, 952
Merkantilismus 372, 383
Mesolithikum 27
Messen
– Champagne 150, 221, 225 f., 297
– Frankfurt a. M. 376, 412
– Genf 150, 190, 226, 230, 253, 266, 297 ff., 376
– Leipzig 376
– Lyon 297 f., 376
– Zurzach 233, 376
Michelsbergerkultur 33
Mieterschutz 858, 860, 930
Mietzinsüberwachung 799, 832, 858 f.
Milchwirtschaft 149, 450, 456, 468, 546, 661, 689, 774 f., 847
Militär siehe auch Heer, Artillerie, Infanterie, Kavallerie, Luftwaffe 63 ff., 110, 209, 248, 253, 258, 293 ff., 312 f., 323, 343 f., 348, 386, 437, 478 f., 488 f., 492, 501, 513, 515 f., 520, 530, 576 f., 595, 598, 600, 612 f., 616, 623, 626, 642, 671, 674 f., 684, 693, 698, 701, 738, 747, 764 ff., 768 f., 784, 789, 797 f., 804 ff., 812, 888, 894, 927, 930, 939 ff.
– ausgaben 384, 655, 675, 691, 704, 869, 939 f.
– kolonien 59 f., 63, 69, 72 f., 81 ff., 91 ff.
– organisation 648, 701, 792
Ministerialen 148, 151, 153, 173, 205, 228 f., 242
Missionierung 126, 721
– Basler Mission 584
Mitbestimmung 883 f., 888
Mittelmächte 705, 762, 764
Mobilisation 746, 798
Mobilität 241, 438, 590, 683, 684, 700, 715
Monarchie siehe Königtum
Mönchsorden siehe auch einzelne Orden 148, 281, 405 f., 671
Mortalität 219, 227, 245, 363 ff., 388, 438, 449 f., 535, 537, 579 f., 742
Moustérien-Kultur 26
Multinationale Unternehmen 774, 845, 949
Münzen, Münzprägung 47, 53, 88 f., 135, 244 f., 378, 398, 419, 477, 621, 649, 691
Musik 128, 505 f., 727, 901 ff., 908, 920
Mykenische Kultur 33

N

Napoleonhandel 531, 604
Natalität 238, 245, 363 ff., 449 f., 535, 537 f., 580, 714, 742, 836, 879, 899
Natifs 485 f.
Nationalbank 691, 701, 713, 731, 802, 842 f., 846
– bewusstsein 283, 295, 319, 322, 354, 415, 479, 482, 488, 504, 506 ff., 513, 522, 590, 600 ff., 623, 678
– rat 645, 648, 670, 682, 684, 741, 769, 775, 778
– ratswahlen 22, 650 ff., 669 ff., 674, 676 f., 703 f., 739, 741, 770, 772, 786, 794, 810, 922, 924 ff., 929
– sozialismus, -sozialistische Deutsche Arbeiterpartei (NSDAP) 737, 750, 784, 786 ff., 804, 808, 888 f.
– sozialistische Eidgenossen 784
Nationale Aktion gegen die Überfremdung von Volk und Heimat 853, 924, 927, 938, 953
– Bewegung der Schweiz 804
– Front 786
Nationalismus 681, 683, 696, 716, 722, 759, 957
Nationalitäten 653
– prinzip 527 f., 596
NATO (North Atlantic Treaty Organization) 828, 889, 940, 943
Naturschutz 675, 896
– wissenschaften 24 ff., 411, 499 f., 506, 592, 723 ff.
Nekropolen siehe auch Ortsregister 47
Neue Front 786
Neuenburgerkonflikt 595, 640, 654
Neutralität 316, 334, 338, 424, 436, 439, 479, 531, 593, 603, 639, 653 ff., 670, 693 f., 698 f., 704 ff., 734, 736, 763 f., 770, 791, 798, 804, 888, 944 f., 947, 951, 954
– differentielle 736
– integrale 736, 790
Neutralitätspolitik 341, 733, 736, 738, 792, 802, 823 f., 947 f., 950, 953
Niedere Vereinigung 306 f., 319, 325
Notenbank 559 f.
Notrecht 795, 864 f., 876, 913, 930
Nuntiatur, Nuntius 404, 600, 759
Nuptialität 361 ff., 448, 450, 535, 580

O

Obligationenrecht 675, 885
OECD (Organization for Economic Cooperation and Development) 845, 947 f.
OECE (Organisation européenne de coopération économique) 734, 947 f.
Ökologie 563, 565 f., 832, 847
Ökumene 584, 760, 910 f.
Oligarchie siehe Sozialstruktur
Oltener Komitee (1918) 768
Oppidum 49 ff., 66, 74
Ordre et Tradition 784
Orte siehe auch Länderorte, Stadtorte 202 f., 208 ff., 249, 254, 256, 258, 261 f.,

268 f., 275 ff., 300, 302, 306 ff., 385 ff., 417 ff., 473 ff., 510, 513, 515
- acht 160, 215, 226 f., 264, 284, 313 ff., 328, 350, 385, 477
- dreizehn 383, 385, 388, 430, 432 f., 438, 475, 481
- fünf 403, 406, 417 ff., 425 ff., 432
- sieben 418 f., 427, 429, 432, 477
- katholische siehe auch Kantone, katholische 358, 361 f., 379, 400, 403 ff., 409, 417 ff., 472, 474, 476, 490, 496
- protestantische (evangelische, reformierte) siehe auch Kantone, protestantische 358, 362, 372, 379, 383, 390 f., 397, 400, 402, 406, 409, 418 ff., 473 ff., 481, 490, 496 f.

P

Pachtverhältnisse 219, 569, 799
Pädagogik siehe Erziehung
Papsttum 149, 166, 168, 170 f., 206, 231, 254, 258, 291 f., 328, 331, 335 ff., 354, 380, 425 ff., 599 f., 911, 934
Parität, konfessionelle 418, 426, 434, 683, 759
Parlament siehe Kantonsparlament, Räte, eidgenössische
Partei der Arbeit (PdA) 741, 795, 811, 864, 873, 889, 916, 925
Parteien siehe auch einzelne Parteien 621, 653, 678, 681 ff., 702 ff., 741, 766, 770, 772, 776 f., 784 ff., 789, 792 ff., 804, 824, 849, 884, 889, 895, 911 ff., 915 ff., 924 ff., 929 f., 938, 956 f.
Pässe siehe Ortsregister
Passpolitik 131, 135, 139 f., 142 f., 163 ff., 171, 178, 192, 197 ff., 298, 310, 326, 341, 432, 435 f.
- verkehr 42 ff., 61 f., 64, 89 f., 138 f., 150, 152 f., 158, 164, 174 f., 189, 193 f., 196 f., 199 f., 224 ff., 231 f., 256, 269 f., 313, 376 f.
Patriotismus 15, 601 f., 606 f., 621, 694, 727, 753, 903
Patriziat siehe Sozialstruktur
Patrozinien siehe auch Personenregister 125 f., 128, 138, 144
Pauperismus siehe auch Armenwesen 467, 472, 570, 717 f.
Pensionen 320, 330, 332 f., 341, 380, 387, 389, 391, 418, 430, 432, 475
- brief 334
Pensionskassen 871
Pest 215, 217, 242, 284, 359, 363 ff., 371, 377, 411, 449, 724
Pfaffenbrief 202 f., 205, 209, 386
Pfahlbauten 18, 30
Pfandschaft 154, 178, 202 ff., 206, 247, 250 f., 255, 258, 272 ff., 276, 293, 306 f., 309
Pfynerkultur 33
Philosophie 412, 499, 502, 509 f., 589
Photographie 592, 727
Pietismus 497
Piusverein 681, 683
Planung, politische 850 f., 898, 927 ff., 938, 957
Plan Wahlen 799 f.
Plastik 99 f., 902, 904
Politisches System siehe Regierungssystem
Polizei 395, 747, 784, 805, 894, 899, 909, 943 f.
- Fremdenpolizei 743, 761, 842
Polytechnikum siehe ETH
Postwesen 459 f., 555 f., 621, 648
Präfektur, röm. siehe auch Ortsregister 103
Prämonstratenser 148
Präsesverfassung 131
Preisüberwachung 775, 799, 832, 844, 849, 885, 900
Presse 15, 18, 414, 495, 502 ff., 517, 586 ff., 603, 606 f., 625, 643, 653, 656, 682 f., 696, 705, 750, 764 f., 767, 770, 789, 791, 801, 804, 920 f.
Preß- und Fremdenkonklusum 603, 622
Privatrecht siehe Zivilrecht
Progressive Organisationen (POCH) 925, 927
Pro Helvetia 759
Proporzwahlrecht 677, 702 ff., 739 f., 768, 772, 775
Prostitution 391
Protektionismus 521, 665, 679, 691 f., 694, 705, 710 f., 717, 833, 916, 948
Protektorat siehe Schirmherrschaft
Protestantismus siehe auch Kirche, Orte, Reformation 19, 399 ff., 407 ff., 417 ff., 473 ff., 492, 496 f., 531 ff., 570, 575 f., 614, 625 f., 649, 671 f., 717, 743, 760 f., 787, 910 f., 934, 936
Provinz, röm. siehe auch Ortsregister 68, 87, 89, 94 f., 103, 109

R

Radikale, Radikalismus 544, 584 ff., 589, 598, 601, 617 ff., 626 ff., 641 f., 645, 647, 649 ff., 655, 666, 668 f., 671 ff., 677, 681 ff., 698
Radio siehe auch Massenmedien 756 f., 919 ff.
Rassemblement jurassien (RJ) 934, 936
Rassismus 722
Rat 151, 179 f., 229, 250, 389 f., 401, 404, 470, 482 ff., 501
- Geheimer 423, 479 f., 484
- Grosser 389, 471, 482 ff., 501, 520, 598, 619
  - Helvetische Republik 516
- Kleiner 389 f., 484 ff.
Räte, eidgenössische siehe auch Nationalrat, Ständerat 551, 646, 650 f., 666, 674 ff., 678, 682, 685, 688, 696, 698, 703, 707, 753, 758, 764, 791, 806 f., 833, 842, 844, 847, 853, 863, 868, 875, 877, 884, 912 f., 919 f., 927 ff., 932 f., 937 f., 940, 942, 952 f.
Rationierung 763, 798, 832
Raubgold 734, 802, 808
Raumplanung 852 f., 930
Reallasten 239, 544, 558, 568
Recht siehe Bürgerrecht, Eherecht, Erbrecht, Gewohnheitsrecht, Marktrecht, Obligationenrecht, Stadtrecht, Strafrecht, Zivilrecht
Rechte siehe auch Freiheitsrechte
- grundherrliche 146 f., 175, 184, 239 ff.
- politische siehe auch Initiative, Referendum, Wahlrecht 150, 162, 486, 488, 517, 617 ff., 644, 666 ff., 674
Rechtsgleichheit 517, 594 ff., 669
- staat 673, 796, 804 f.
- vereinheitlichung 489, 515, 621, 670, 675
- wissenschaft 414, 492, 499, 509 ff., 725
Réduit 798
Referendum
- fakultatives
  - Bund 671, 674, 676 f., 681, 701, 912 f., 917, 925
  - kant. 618, 668
- obligatorisches
  - Bund 676, 917
  - kant. 618, 668
Reformation siehe auch Calvinismus 16 ff., 358, 361, 372, 376, 379, 388, 396 f., 399 ff., 406 ff., 413, 417 ff., 432, 434, 438, 476, 492
Refugiant siehe Flüchtling
Regeneration 528, 532, 558, 583, 587, 589, 595, 598, 601, 611 ff., 646, 681
Regierungssystem 385 ff., 396, 414, 439, 479, 482 ff., 489, 511, 516, 519 f., 611 ff., 617 ff., 639 f., 645 ff., 666 ff., 674, 676, 681, 701 f., 732, 738 ff., 749 ff., 764, 772 f., 777, 788, 793, 826, 830, 869, 911 ff., 937 f., 956 f.
Reich 13, 133 f., 137, 139, 142, 165, 182, 198, 201, 205, 251, 255, 272, 278, 284 f., 287, 290, 306, 317 ff., 323 ff., 335, 357, 384, 397, 424, 433, 438, 481, 490
Reichsacht 204, 251, 254, 273, 322
- freiheit, - unmittelbarkeit 16, 153, 165, 168, 171, 174, 177, 188 f., 194, 197, 205, 264, 283, 285, 317, 384
- heer 318, 384
- kammergericht 318, 320, 325, 384, 438
- städte 167, 170, 175, 184 f., 188, 201 f., 205, 240, 279, 282, 286
- steuer 261, 285, 318, 324, 384
- tag 318, 324, 417, 419
  - Worms (1495) 318, 324
Reisen siehe auch Fremdenverkehr 16, 460, 472, 556, 570, 577, 591
Reislaufen 300, 332
Religiös-Soziale 761
Renaissance 415 ff., 438, 725
- karolingische 127
Republikaner (Partei) 924
Restauration 517, 522, 527, 531 f., 543 f., 553, 577, 582, 587, 590, 597, 601, 611, 615, 617, 622, 679
Revolution
- Amerikanische 511
- Französische 461, 465, 469, 482, 485 f., 502, 511 ff., 582, 599
- Genfer 485 f., 511
- Helvetische 510 ff.

– Russische 767f., 791
– 1830 528, 531, 539, 609, 614, 616
– 1848 528, 595, 630, 641, 653f.
Revolutionäre Marxistische Liga (Sozialistische Arbeiterpartei) 925
Rezession siehe Depression
Risorgimento 654
Ritter 151, 154, 169, 175, 180, 195, 204ff., 228f., 242, 281, 306, 317ff., 390
– bünde 167, 205f.
– St. Jörgen Schild 264
Rodung 218, 220, 370
Rohstoffe 372, 374, 464, 466, 521, 665, 708, 733, 780, 829ff., 844, 949
Rokoko 15
Romanische Kultur 114f.
Romanisierung 72, 83ff., 91, 96, 157
Romantik 16f., 583
Rotes Kreuz (IKRK) 656, 707, 738, 945
Royalisten (NE) 595, 602, 654
Rüstung siehe auch Waffen 675, 705, 744, 792, 795, 848, 864, 940
Rüstungsbeschränkung 707
– exporte 745, 797, 801, 807f., 941f., 945
– industrie 735, 779, 801, 942
– wettlauf 947, 952

S

Sammlerwirtschaft 26ff., 30
Saône-Rhone-Kultur 33
Sarnerbund 620, 624f., 628
Saubannerzug 313
Säumerwesen 138, 150, 152, 196, 256, 377, 459
Savoyerhandel 640, 652, 655
Schafzucht 234, 300, 546
Schiedsgerichtsbarkeit 178ff., 185, 189, 251f., 259, 261, 264, 266, 275ff., 282, 302, 325, 386f., 424f., 428, 439, 477, 490, 520, 529, 623, 737f., 789
Schiffahrt siehe auch Wasserwege 82f., 282, 296, 377, 459, 556, 689, 736, 858
Schirmherrschaft 166ff., 171f., 252, 257, 260, 263, 267, 270, 291, 328, 341, 385, 482
Schisma 206, 340
Schlacht
– Agen 54
– Agnadello 335f.
– Alzay 207
– Arbedo 269, 340
– Azincourt 242
– Bibracte 56ff.
– Bruderholz 321
– Castiglione 294
– Crécy 242
– Custozza 654
– Döffingen 207, 247
– Dornach 16, 323
– Frastanz 321
– Giornico 329, 346
– Grandson 312, 319, 322
– Hard 321
– Héricourt 310
– Laupen 169f., 184, 242
– Leipzig 527, 593
– Marignano 338, 347ff., 353
– Masera-Crevola 329
– Morgarten 16, 170, 175f., 182, 220
– Murten 228, 312, 319, 322
– Näfels 208, 215, 246f., 249
– Novara 342, 348
– Ravenna 339
– Sempach 200, 206ff., 215, 221, 242, 246f., 249, 265, 284, 287, 606f.
– Stalingrad 734, 807f.
– St. Jakob an der Birs 280, 606
– St. Jakob an der Sihl 279
– Stoss 263
– Triboldingen 321
– Vercellae 54
– Visp 195
– Vögelinsegg 263
– Waterloo 527
Schnurkeramik siehe Keramik
Scholastik 399
Schulwesen 17, 400, 402, 404f., 496ff., 508, 515f., 543, 572, 582, 584ff., 626f., 642, 645, 668, 671, 676, 716, 812, 825, 831, 861f., 880, 893, 897ff., 930, 958
Schwangerschaftsabbruch 898f.
Schweizerische Bankiervereinigung 914
– Volkspartei (SVP) 925f., 929
– Zentrale für Handelsförderung 776
Schweizerischer Arbeiterbund 680f., 683
– Bauernverband 773, 775, 787, 812, 914f.
– Evangelischer Kirchenbund 760
– Gewerbeverband 679, 847, 915
– Gewerkschaftsbund 680f., 683, 766, 783, 793f., 883, 885, 915
– Handels- und Industrieverein (Vorort) 679, 688, 773, 796, 833, 914
– Nationalverein 605, 682
– Volksverein 682
Schweizerring 784
SEATO (South East Asia Treaty Organization) 828
Selbstverwaltung 92, 270, 281, 397
Sempacherbrief 209, 386
Senat
– Helvetische Republik 516, 601
– röm. 92
Separatismus
– Jura 596, 934ff.
– Murten 685
Sesshaftigkeit 28
Seuchen (Epidemien) 217, 219, 238f., 245, 359, 363ff., 439, 449, 543, 578
Siebnerkonkordat 622, 624f.
Siedlungsform 23, 30f., 35f., 45, 48ff., 823
Signorie 153, 197
Silvestrellihandel 705
Sklaverei (röm.) 61, 68, 85, 88, 94
Société Suisse de Surveillance Economique 762
Solddienst siehe auch Fremder Dienst 238, 279, 300, 330ff., 349ff., 387ff., 392, 418, 424, 430, 438, 450f., 529, 538f.
– vertrag
– Frankreich 320, 331, 334, 350f., 418, 432f., 473f., 479, 481, 520, 529f., 538
– Heiliger Stuhl 338, 426f., 538
– Mailand 294, 326, 328, 331, 337, 435
– Neapel 538
– Niederlande 538
– Preußen 538
– Savoyen 433
– Spanien 429
– Venedig 433
Sonderbund 528, 532f., 551, 596, 600f., 619f., 624f., 628ff., 641, 644f., 647, 650f., 666, 671f., 683
Souveränität
– kant. 314f., 333f., 490, 519, 531, 608, 619f., 630
– Volkssouveränität 514, 617, 668
Sozialdarwinismus 704
– demokratie, – demokratische Partei (SP) 678, 680, 683f., 701ff., 735, 740f., 747, 757f., 763f., 766ff., 770, 772, 777f., 783, 786, 788, 792ff., 806, 810f., 834f., 845, 852, 864, 866, 873, 875, 884f., 889, 900, 915f., 924f., 926f., 929, 938
– gesetzgebung 666, 681, 701
– partnerschaft 747, 794, 799, 849, 876ff., 889
– politik 676, 679, 703, 748f., 751, 769, 773, 810ff., 858, 860, 869ff., 885ff., 931, 953, 958
– struktur siehe auch Elite 37, 40, 51, 94, 115, 121, 125, 570, 576, 580, 686, 700, 715ff., 823
– ländl. 83f., 146f., 153, 173f., 181, 210, 388f., 391f., 453f., 466ff., 568ff.
– städt. 82, 98f., 151, 180, 206, 229, 233, 236, 288f. 383, 388ff., 394, 402f., 448, 469ff., 478, 483ff., 519f.
– versicherung 748f., 782, 798, 826, 862, 865, 867, 870ff., 885ff., 957
Sozialismus 589, 669, 676, 679f., 682ff., 688, 694, 698, 700, 711, 747, 750, 767, 770, 785f., 835, 888, 924
Sozietäten siehe auch Vereine 503ff., 543
Sport 576f., 779, 812
Sprachenfrage 590, 596, 684f.
Sprachgrenzen 120f., 144f., 590
– gruppen 114f., 120f., 434, 588, 590, 643, 654, 671, 684f., 706, 735, 750, 758, 764, 772, 888, 907, 934, 936
– regionen 120f., 495, 590, 758, 907, 918f., 925, 930f., 941
– wissenschaft 414, 725
SRG (Schweizerische Rundspruchgesellschaft, heute: Schweizerische Radio- und Fernsehgesellschaft) 919, 921
Staatsintervention 553, 681, 688f., 691, 704, 738, 751, 782, 826, 828ff., 832f., 847, 876, 913, 915, 931, 937
– kirchentum 401f.
– schutz 770, 772, 788, 795
– streich 518
– vertragsreferendum 706, 771, 952f.
Stadt 75ff., 81ff., 87, 91ff., 98f., 101, 104, 126, 137, 146, 148ff., 166ff., 190, 204ff., 217, 219, 221ff., 227ff., 232ff., 241f., 250, 252ff., 258, 261, 276, 299ff., 306f., 317, 319, 360ff., 365ff., 371ff., 382ff.,

388 ff., 447 ff., 455, 460, 462 ff., 468 ff., 476, 478 ff., 482 ff., 496 ff., 502, 504, 513, 537 f., 565 ff., 580 ff., 597 f., 617, 650, 672, 702, 714 f., 742 f., 749, 753 ff., 766, 778, 856 f., 879 f., 883, 894, 899 f., 908
– herrschaft 151
– kantone siehe auch Stadtorte 388, 519 f., 536, 540
– orte siehe auch Stadtkantone 174, 177, 183 f., 188 f., 203, 210 f., 249, 258 ff., 271, 312 ff., 318, 328, 368, 392, 478 ff., 489, 529
– recht 148, 201, 395
– staat 154, 197, 368, 387, 392, 394 f.
Städte siehe auch Reichsstädte, Verstädterung
– bau 565, 755, 891
– bund 167 ff., 186 f., 205, 286
  – elsässischer 205
  – mittelrheinischer 205
  – rheinischer 170
  – schwäbischer 171, 205
Stamm (civitas, populus) 49, 51, 89, 91 ff.
Ständerat 648, 652, 670, 678, 810
Stele 32 f., 72
Steuern 89, 179, 192, 236, 240 f., 250, 261, 289, 318, 324, 384, 397 f., 492, 516 f., 544 f., 598, 713, 826, 830 f., 863 ff., 876, 927, 940
– direkte 236, 471, 490, 668, 740, 765, 782, 863, 865, 868
– indirekte 89, 398, 756, 778, 864 f.
– Mehrwertsteuer 867 f.
– Militärsteuer 675
– Verrechnungssteuer 863, 868
– Warenumsatzsteuer 863 f., 867 f.
– Wehropfer 796, 864
– Wehrsteuer 863 f.
Steuerprogression 582, 668, 864 f.
– kalte 868, 886
Stiftung für eidgenössische Zusammenarbeit 932
Stimm- und Wahlbeteiligung 620, 642, 677 f., 702, 783, 917 f., 922, 924 ff.
Strafgesetzbuch 796, 882
– recht 172, 179, 675, 705
– vollzug 582 f., 882
Straßen 43, 64, 69, 81, 89 f., 101, 110 f., 196, 236 f., 252, 376, 459, 553 f., 564 f., 642, 664, 857, 891, 898
– Nationalstraßen 90, 856, 866
Streik siehe auch Landesstreik 680 f., 718, 747, 784, 792, 794, 876, 886
Studentenbewegung siehe 68er Bewegung
– verbindungen 605, 607, 682 f.
Subventionen 644 f., 679, 688 f., 691, 696 f., 738, 748, 754, 757, 775, 781 f., 826, 840, 853, 857 f., 862 f., 866 f., 872 f., 875, 908, 931
Suezkrise 946
Syndikalismus 680

T

Taglöhner siehe auch Tauner 236, 392, 454, 569
– satzung 18, 210, 306, 308, 311, 313, 315, 317, 322, 327, 330 ff., 338 ff., 344 ff., 349, 385 ff., 409, 417 ff., 424 ff., 428 f., 436 ff., 475 ff., 479, 481, 490, 501, 513, 519 f., 529, 546, 551, 555, 567, 593, 595, 598 f., 602 f., 608 ff., 615 f., 620, 622 ff., 642 f., 653
Täufer 397, 407 f., 497
Tauner 454, 467, 661
Technik, Technologie 224, 232 f., 504, 547 f., 556, 592, 658, 686 ff., 723, 825, 827 ff., 832, 848 f., 862, 887, 898, 958 f.
Tempel (röm.) 75 ff., 95, 99
Terra sigillata siehe Keramik
Territorialpolitik 139, 208
– staat 144, 206, 248, 283
Teuerung siehe Inflation
Textilindustrie 221, 223 ff., 232 ff., 262, 298 ff., 371 ff., 391 f., 448 f., 461 ff., 521, 547 f., 553, 562, 569, 572 f., 640, 658 ff., 686 f., 709, 733, 744 f., 774, 781
– Baumwolle 224, 374, 461 ff., 547 f., 658, 665, 686, 709
– Leinen 224, 232, 369, 371, 373, 548
– Seide 225, 233, 373 f., 461 f., 548, 659, 665, 686, 709
– Wolle 223 f., 232 ff., 373 f., 461, 659
Theater 77 f., 99, 414 f., 472, 506, 591 f., 606 f., 754 ff., 761, 813, 903, 908
Theologie 399, 401 ff., 407 ff., 412, 414, 492, 494, 496 ff., 502, 583 f., 589, 761, 895
Todesstrafe 401, 582 f., 675, 805
Totalitarismus 517, 761, 805, 824, 889, 909
Totenbestattung 32, 36, 39 f., 119, 125
Tourismus siehe Fremdenverkehr
Transitverkehr 376 ff., 391, 550, 706
Tropaeum Alpium 43, 62 f.

U

Überfremdung 538, 722, 743, 778, 881, 891, 924
Ultramontanismus 626 f., 683
Umweltbewegung 896 f.
– schutz 853, 897, 930, 937 f., 943
– verschmutzung 566, 829 f., 851 ff., 891, 897
Unfehlbarkeitsdogma 670, 673
Unfreiheit siehe auch Hintersäßen, Hörige, Leibeigene 146 f., 159, 193, 239 ff.
Union Nationale 785 f.
Union, protestantische 433
Unitarier 602
Universität siehe auch Akademie, siehe auch Ortsregister 17, 401 f. 405, 412, 414, 493, 499 ff., 506, 538, 576, 584, 606, 642, 645, 722 f., 861 f., 893
UNO (United Nations Organization) 882, 888, 945 f., 952, 954
Unternehmer 88, 285, 372 ff., 383, 390, 395, 454, 462, 469 f., 543, 553, 557, 560 f., 570 ff., 640, 649, 657, 679, 716 f., 774, 794, 831, 833, 836, 842, 844 f., 849, 870, 872, 876, 878, 885 f., 900, 913, 915, 921, 931, 937 f., 958
Unterricht siehe Schulwesen
Urbanisierung siehe Verstädterung
Urnenfelderkultur 36 ff.

V

Vaterländischer Verband 784
Vereine 573, 578, 582, 590, 602, 604 ff., 716, 720 f., 824
– gesamtschweiz. 17, 504 f., 508, 576 f., 604 ff., 682 f., 724, 726 f., 791, 903, 932
– Gründungen 18, 503 f., 576 f., 590, 605 ff., 682 f., 724, 726 f., 754
Verfassung siehe auch Bundesverfassung, Kantonsverfassung, Zunftverfassung
– Helvetische 514 ff., 586, 620, 644
– Malmaison 611
Verfassungsgerichtsbarkeit 645
– revision siehe auch Bundesrevision
  – Bund
    – Teilrevision 646, 669 f., 677 f., 917
    – Totalrevision 122, 646, 669 ff., 682, 784, 786, 937
  – kant. 531, 598, 615 ff., 666 ff.
Verkehr siehe auch Auto, Eisenbahn, Luftfahrt, Schiffahrt, Paßverkehr, Transitverkehr 44, 138 f., 150, 152 f., 166, 225 ff., 253 ff., 273, 279, 296 ff., 459, 550, 553 ff., 661, 715, 825, 856 ff., 891
– öffentlicher 857, 877, 938
Verkehrspolitik 850, 856 ff., 938
– wege siehe auch Straßen, Wasserwege, Eisenbahn 87, 89 f., 110 f., 138 ff., 144, 153, 167, 170, 202, 225 ff., 230 f., 255 ff., 262, 264 f., 267, 296 ff., 302, 318, 325, 553 f., 644, 830 f.
Verkommnis
– Badener 334
– Stanser 228, 309, 314 ff., 386, 418 f., 607
Verlagssystem 373 f., 392, 395, 462 f., 465, 468, 521, 569, 571, 598
Vernehmlassungsverfahren 914
Versicherungswesen, privates 557, 559 ff., 661, 690, 732, 748, 766, 871, 873 ff.
Verstaatlichung 701, 706, 708, 713, 810
Verstädterung 74, 89, 537 f., 542, 568, 665, 686, 708, 717, 742
Verteidigung, militärische, siehe auch Landesverteidigung 61 ff., 68, 101 f., 129, 268, 285 f., 292, 437, 478 f., 513
Vertrag siehe auch Bündnis, Burgrechtsvertrag, Handelsvertrag, Konkordat, Soldvertrag
– Algeciras 707
– Arona 333, 353
– Cobden-Vertrag 655, 665
– Deutschland 737
– Dijon 343, 345
– Frankreich 280, 308 f., 343, 345, 349, 427, 736
– Gallarate 346 f., 350, 353
– Genf (1515) 349
– Gotthardvertrag 664, 692, 696, 706
– Italien 789, 881, 953
– Lausanne (1476) 317
– Lausanne (1564) 406, 426
– London (1474) 309

– Mailand (1855) 654
– Meersen 131 f.
– Österreich 201, 204, 246, 249, 254, 283, 286, 291, 292, 307, 310, 317
– Paris (1857) 595
– Picquigny 309, 312
– Saint-Julien (1530) 352
– Saint-Julien (1603) 430, 433
– Saint-Omer 301, 303, 305 ff.
– Senlis 316, 338
– Simplonvertrag 706
– Solothurn 427
– Souleuvre 312
– Thonon 426
– Turin 593
– Verdun 131
Verwaltung siehe auch Bundesverwaltung, Selbstverwaltung, Zentralismus 64, 91 ff., 102 f., 110, 116, 118, 130 ff., 163, 190, 192, 200 f., 206, 222, 229, 239 ff., 244, 246 ff., 266, 284, 304, 318, 344, 387 ff., 395, 419 ff., 424, 426, 432 ff., 455, 472, 479, 484, 488 ff., 497, 514 ff., 562 f., 611 f., 661, 824, 877, 912, 931, 937 f.
– Finanzverwaltung 64, 89, 94, 489, 504, 645
– kirchl. 123 f., 126, 145, 397, 399 ff., 472, 496, 599 f., 677
– milit. 68, 94, 437, 478 f., 515 f., 520, 612 f., 642, 671, 674 f., 701, 792
Veto (Regeneration) 618
Vicus 68, 74, 82 f., 90, 92 f., 101
Viehzucht 28, 30, 147, 149 f., 155 ff., 219 ff., 239, 257, 300, 367, 369 ff., 453 f., 456, 462, 467 f., 468, 546, 574, 689
Villa 83 ff., 101, 146
Villikationssystem 146
Völkerbund 735 ff., 771, 784, 789 f., 888
– recht 58, 473, 694, 704, 707, 945
Volksabstimmung siehe Referendum
– bund für die Unabhängigkeit der Schweiz 784, 786, 804
– versammlung 313, 400, 432, 482, 487 f., 531, 603, 628, 655, 669
– zählung 447, 534 f., 676, 726
Vollmachtenregime 738 f., 750, 763 f., 766, 795 ff., 833, 872, 913 f., 917, 930
Vorort, eidgenössischer 210, 386, 519, 608, 624, 627, 645

W

Waffen, Bewaffnung siehe auch Atomwaffen 33 f., 40, 47, 115, 437, 655, 674, 765
Wahlkreis 648, 650, 671, 677
– recht (Stimmrecht) siehe auch Zensus 396, 516, 617 ff., 626, 648, 650, 668, 703
– verfahren siehe auch Majorz-. Proporzwahlrecht 520, 619, 648
Währung 87 f., 378, 477, 513, 515, 550, 558, 649, 691, 732, 744, 773 f., 802, 827, 835, 842 ff., 951
Währungspolitik 489, 690 f., 732, 774, 780, 782, 844, 846, 930, 947, 950
Waldnutzung siehe auch Holzwirtschaft 155, 179, 219 f., 397, 457, 562 f., 566, 689
Wanderungsbewegungen siehe auch Auswanderung, Binnenwanderung, Einwanderung, Mobilität 47 f., 53 f., 56 f., 111 ff., 116 ff., 121, 156, 160, 438, 566
Wandmalerei 66, 82 ff., 99
Wasserkraft 542, 561 f., 571, 723, 854
– kraftwerke 779, 854, 896
– wege siehe auch Schiffahrt 42, 45, 138, 226 f., 230 f., 858
Wehrfähigkeit 116, 147, 157, 452
– pflicht 538
Weinbau 147, 367, 369 f., 455, 546, 689
Weißes Buch 175 f.
Weltbank 947
– postverein 706
– wirtschaftskrise (20. Jh.) 732 f., 739 f., 744 ff., 748, 750 f., 775, 778 ff., 793 f., 807, 827 f., 888, 913, 932, 956
Westmächte 790, 792
Wettbewerb, unlauterer 811
Wirtschaft siehe auch einzelne Wirtschaftszweige 74, 86 ff., 146 ff., 152 ff., 166, 210, 218 ff., 229 ff., 254, 256 ff., 276, 296 ff., 318 f., 325 f., 367 ff., 425, 438, 448, 453 ff., 477, 489, 508, 512, 517, 521, 536 ff., 541 ff., 614, 639 f., 642, 656 ff., 685 ff., 700, 707 ff., 731 ff., 742 ff., 749 ff., 762 f., 772 ff., 779 ff., 799 ff., 807 f., 823 ff., 827 ff., 855, 862, 865, 868 f., 879 ff., 898, 900, 908, 938, 947 ff.
– Außenwirtschaft siehe auch Handel, Export, Import, Zahlungsbilanz 733, 762 f., 830
– Binnenwirtschaft siehe auch Handel 550, 745, 763, 798, 844
– Kriegswirtschaft 733, 745 f., 762 f., 792, 795 ff., 832, 914
– Weltwirtschaft 731 ff., 762, 770, 829 f., 832, 843 ff., 848, 944 f., 947 ff., 954
Wirtschaftsartikel 775, 796, 833, 914
– ordnung 517, 558, 571, 644, 688, 810, 824 f., 828, 834 f., 849, 851, 877
– politik siehe auch Konjunkturpolitik 679, 688, 740, 763, 773 ff., 782, 793, 795 f., 831 f., 842 ff., 849, 914, 948
– verbände siehe auch einzelne Verbände 679 f., 740, 773, 775 f., 796, 832 ff., 842, 847, 849, 870, 876 ff., 885, 912 ff., 924, 928 ff., 938, 956 f.
– wissenschaft 504, 589
Wohlgemuthhandel 699
Wohnungsbau 665, 825, 831, 842, 858 f., 865
– sozialer 858
Wohnverhältnisse 35, 69, 81 f., 85, 236 f., 900

Z

Zahlungsbilanz siehe auch Handelsbilanz 380, 708, 712
Zauberformel 916, 929, 938
Zehngerichtebund 320, 324, 434 ff.
Zehnt 126, 397, 407, 453 f., 466, 519, 544
Zeitung siehe Presse
Zenden 161, 192, 327, 385, 432 f., 481
– obere 194 f., 238, 432, 616
– untere 194, 432, 616
Zensur 414, 502 f., 517, 588, 603, 789, 801, 909
Zensus 619
Zentralismus (Verwaltung) 229, 240 f., 248, 317 f., 439, 489 ff., 510, 514 f., 518 f., 528, 546, 640, 642 ff., 670 f., 674 f., 681, 701, 704, 804, 931
Zentralmächte siehe Mittelmächte
Zentralverband schweizerischer Arbeitgeber-Organisationen 914
Ziegelei 67, 86
Zirkus (röm.) 84
Zisterzienser 148
Zivildienst 768, 896, 942
– gesetzbuch 725
– recht 19, 621, 675
– schutz 918, 943
Zoll 61, 89, 174, 224, 226 f., 231, 252 ff., 257, 267 ff., 294, 298, 326, 376 f., 397, 492, 550 ff., 621 f., 640, 642, 644 f., 691 f., 697, 703 f., 782, 827, 856, 865, 867 f., 948
– Binnenzoll 550, 554
– Brücken-, Straßen-, Wegzoll 42, 196, 247, 397
– Schutzzoll 551, 553, 622, 710 ff., 847, 948
Zollpolitik 178, 665, 710 ff., 948
– tarif 230, 520, 551, 648, 665, 689, 691, 710 ff., 733, 773, 775
– union 551
– verein
  – Deutscher 551 f.
  – Süddeutscher 551
Zugewandte Orte 284, 321, 327, 329, 341, 358, 385, 402, 421, 428, 430 ff., 436, 474 f., 478 f., 481 f.
Zunft siehe auch collegia 151, 180, 224 f., 233, 371 ff., 389, 396, 460, 462 f., 485, 503, 517, 546, 558, 571, 582, 679
– verfassung 151, 171, 180 ff., 185
Zweibund 705
Zweihundert, Eingabe der 760, 788, 804
Zweikammersystem 611, 645
Zweite Säule 873 f.

Karte der Schweiz →

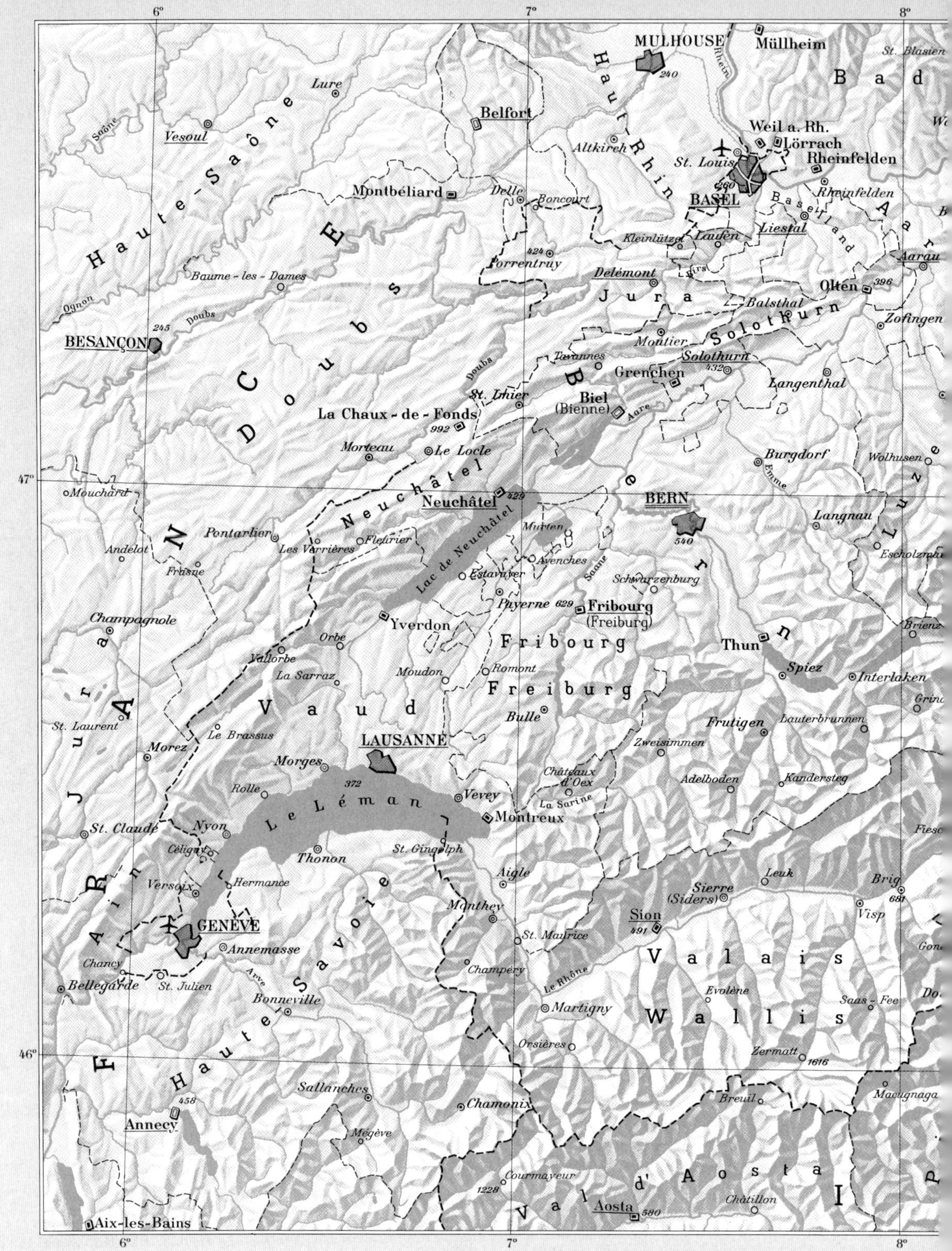

6°
7°
8°
47°
46°
MULHOUSE
240
Müllheim
St. Blasien
Rhein
B a d
Haut-Rhin
Lure
Belfort
Haute-Saône
Saône
Vesoul
Weil a. Rh.
Lörrach
Altkirch
St. Louis
Rheinfelden
260
Montbéliard
Delle
Boncourt
BASEL
Rheinfelden
Baselland
A
a
r
Kleinlützel
Laufen
Liestal
E
424
Porrentruy
Delémont
Birs
Aarau
Baume-les-Dames
Olten
396
Ognon
J u r a
Balsthal
Doubs
Solothurn
Zofingen
245
BESANÇON
Moutier
Doubs
Tavannes
Solothurn
432
Grenchen
Langenthal
Doubs
St. Imier
B
Biel
(Bienne)
La Chaux-de-Fonds
Aare
992
Morteau
Le Locle
Burgdorf
Wolhusen
Mouchard
e
Emme
Neuchâtel
429
BERN
Neuchâtel
Langnau
Luzern
Pontarlier
Les Verrières
Fleurier
Murten
540
Andelot
N
Lac de Neuchâtel
Avenches
Escholzmatt
Frasne
r
Saane
Estavayer
Schwarzenburg
Payerne
629
Fribourg
(Freiburg)
Champagnole
Yverdon
n
Brienz
Orbe
Fribourg
Thun
Vallorbe
Spiez
La Sarraz
Moudon
Romont
Interlaken
Freiburg
Grind
A
V a u d
Bulle
St. Laurent
Lauterbrunnen
Le Brassus
Frutigen
Zweisimmen
Morez
LAUSANNE
Morges
Châteaux d'Oex
Adelboden
Kandersteg
372
Rolle
Vevey
Le Léman
La Sarine
Montreux
St. Claude
Nyon
Fiesch
Céligny
Thonon
St. Gingolph
Leuk
Versoix
Hermance
Aigle
Brig
Sierre
(Siders)
R
681
Monthey
Visp
Ain
Sion
491
GENÈVE
St. Maurice
Annemasse
Gond
Chancy
V a l a i s
Champéry
Savoie
Arve
Bellegarde
St. Julien
Le Rhône
Evolène
Saas-Fee
Do
Bonneville
Martigny
W a l l i s
Haute
Orsières
F
Zermatt
1616
Haute-Savoie
Sallanches
Breuil
Macugnaga
458
Chamonix
Annecy
Mégève
Courmayeur
1228
Val d'Aosta
Châtillon
I
Aosta
580
Aix-les-Bains
6°
7°
8°

9°
10°
47°
46°
DEUTSCHLAND
Baden-Württemberg
Bayern
ÖSTERREICH
Vorarlberg
Tirol
LIECHTENSTEIN
ITALIA
Lombardia
Singen
Radolfzell
Überlingen
Ravensburg
Kempten
Schaffhausen
390
Ramsen
Konstanz
Friedrichshafen
Wangen
Iller
Stein a. Rh.
Kreuzlingen
Bodensee
Thurgau
Rafz
Thur
Romanshorn
Lindau
Immenstadt
420
Frauenfeld
Arbon
396
Bregenz
Sonthofen
Bülach
Rorschach
Winterthur
Wil
St. Margrethen
Dornbirn
ZÜRICH
St. Gallen
676
Oberstdorf
Dübendorf
Herisau
Altstätten
Uster
785
Wetzikon
Wattwil
Appenzell
A.R.
I.R.
Thalwil
Meilen
Wald
Lech
Zürichsee
Rapperswil
Feldkirch
Wädenswil
Wildhaus
Ill
Bludenz
Zug
Pfäffikon
Buchs
St. Anton
Landeck
816
Inn
Einsiedeln
Weesen
Walenstadt
Vaduz
Linth
436
Goldau
Schwyz
Glarus
Sargans
472
Rhein
Vierwaldstättersee
Bad Ragaz
Schiers
Stans
Nidw.
Landquart
Finstermünz
Linthal
Elm
Klosters
Altdorf
447
Chur
585
Flims
Engelberg
Davos
Scuol
Arosa
Susch
Trun
Ilanz
Graubünden
Grischun
Grigioni
Disentis
1147
Vorderrhein
Thusis
Zernez
Glurns
Reuss
Göschenen
Tiefenkastel
Bergün
Müstair
(Münster)
1436
Andermatt
Uri
Splügen
Hinterrhein
Airolo
1175
Olivone
St. Moritz
1822
Livigno
Bormio
En
Ticino
Mesocco
Maloja
Bignasco
Biasca
Castasegna
Poschiavo
325
Chiavenna
Brusio
Ponte di Legno
Roveredo
430
Tirano
Edolo
Sondrio
Locarno
Bellinzona
230
Adda
Sta Maria - Maggiore
Colico
Morbegno
Lago Maggiore
Lugano
Menaggio
Lago di Como
Luino
Ponte - Tresa
L. di Lugano
Campione
S. Martino - dei Calvi
Breno
Verbania
193
Clusone
Stresa
Lecco
Chiasso
Varese
Como
201
Lovere
Oglio
Orta
Cantù
Sesto Calende